Dorling Kindersley

DAS GROSSE JUGEND-LEXIKON

für
Nils, Tim und Janik
Weihnachten 2008
von
Opa Tjard

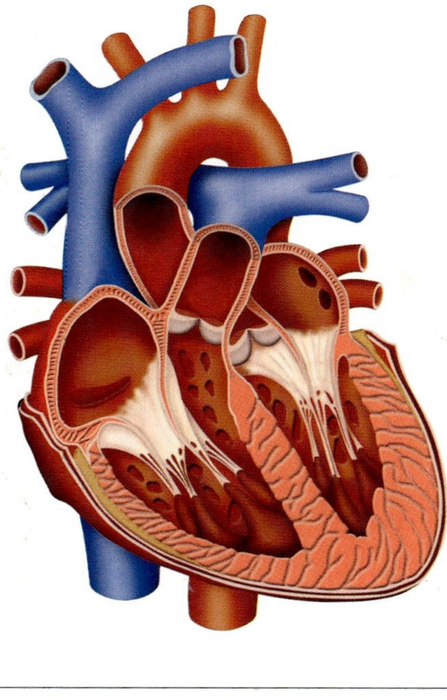

MINOLTA
AF ZOOM

Dorling Kindersley

DAS GROSSE JUGEND-LEXIKON

London • New York
Melbourne • München • Delhi

DORLING KINDERSLEY
London, New York, Melbourne, München und Delhi

Redaktion Jenny Finch, Aekta Jerath
Gestaltung Sheila Collins, Romi Chakraborty
Lektorat Fran Baines
Cheflektorat Linda Esposito
Chefbildlektorat Diane Thistlethwaite
Projektleitung Caroline Buckingham, Andrew Macintyre
Projektkoordination Laura Buller
Bildrecherche Bridget Tily
DK Picture Library Martin Copeland
Lektorat Kartografie Simon Mumford
Kartografie Ed Merritt
Herstellung Erica Rosen
DTP Design Siu Chan, Harish Aggarwal
DTP Koordination Pankaj Sharma
Umschlaggestaltung Phil Letsu

Für die deutsche Ausgabe:
Programmleitung Monika Schlitzer
Projektbetreuung Martina Glöde
Herstellungsleitung Dorothee Whittaker
Herstellung Petra Schneider

Bibliografische Information Der Deutschen Bibliothek
Die Deutsche Bibliothek verzeichnet diese Publikation
in der Deutschen Nationalbibliografie;
detaillierte bibliografische Daten sind im Internet über
http://dnb.ddb.de abrufbar.

Titel der englischen Originalausgabe:
Children's Illustrated Encyclopedia

Übersetzung Werner Horwath, Christian Kennerknecht,
Cornelia Panzacchi, Michael Schmidt
Redaktion Michael Holtmann
Konzept und Text einzelner Seiten Christiane Burkhardt

ISBN 10: 3-8310-0916-3
ISBN 13: 978-8310-0916-9

Colour reproduction by Colourscan, Singapore
Printed and bound in China by L.Rex

Besuchen Sie uns im Internet

Besuchen Sie uns im Internet
www.dk.com

INHALT

H

I

J

K

L

M

N

O

P

R

S

T

U

V

W

Z

ZAHLEN, DATEN, FAKTEN

So funktioniert das Buch

Das grosse Jugendlexikon von Dorling Kindersley enthält eine Fülle von spannenden Informationen zu vielen verschiedenen Themenbereichen. Wie du sie schnell und einfach findest, erfährst du auf den folgenden drei Seiten. Die Haupteinträge sind alphabetisch geordnet, von Affen bis Zoo. Jeder Haupteintrag umfasst eine oder auch mehrere Seiten. Wenn du ein bestimmtes Thema beim Durchschauen der Überschriften nicht findest, dann hat die von dir gesuchte Information keinen eigenen Eintrag. In diesem Fall schlägst du einfach im Register am Ende des Buches nach. Dort erfährst du, auf welcher Seite das gesuchte Thema behandelt wird.

ILLUSTRATIONEN
Detailreiche Illustrationen machen die Einträge lebendig. Diese Illustration stellt Untertanen des persischen Königs dar, die am Neujahrstag mit Geschenken zum Palast kommen.

BILDUNTERSCHRIFTEN
Illustrationen und Fotos werden in Bildunterschriften genauer erklärt.

KARTEN
Manche Einträge enthalten Karten, aus denen hervorgeht, wo auf der Welt ein bestimmtes Gebiet liegt. Diese Karte zeigt Lage und Ausdehnung des persischen Weltreichs.

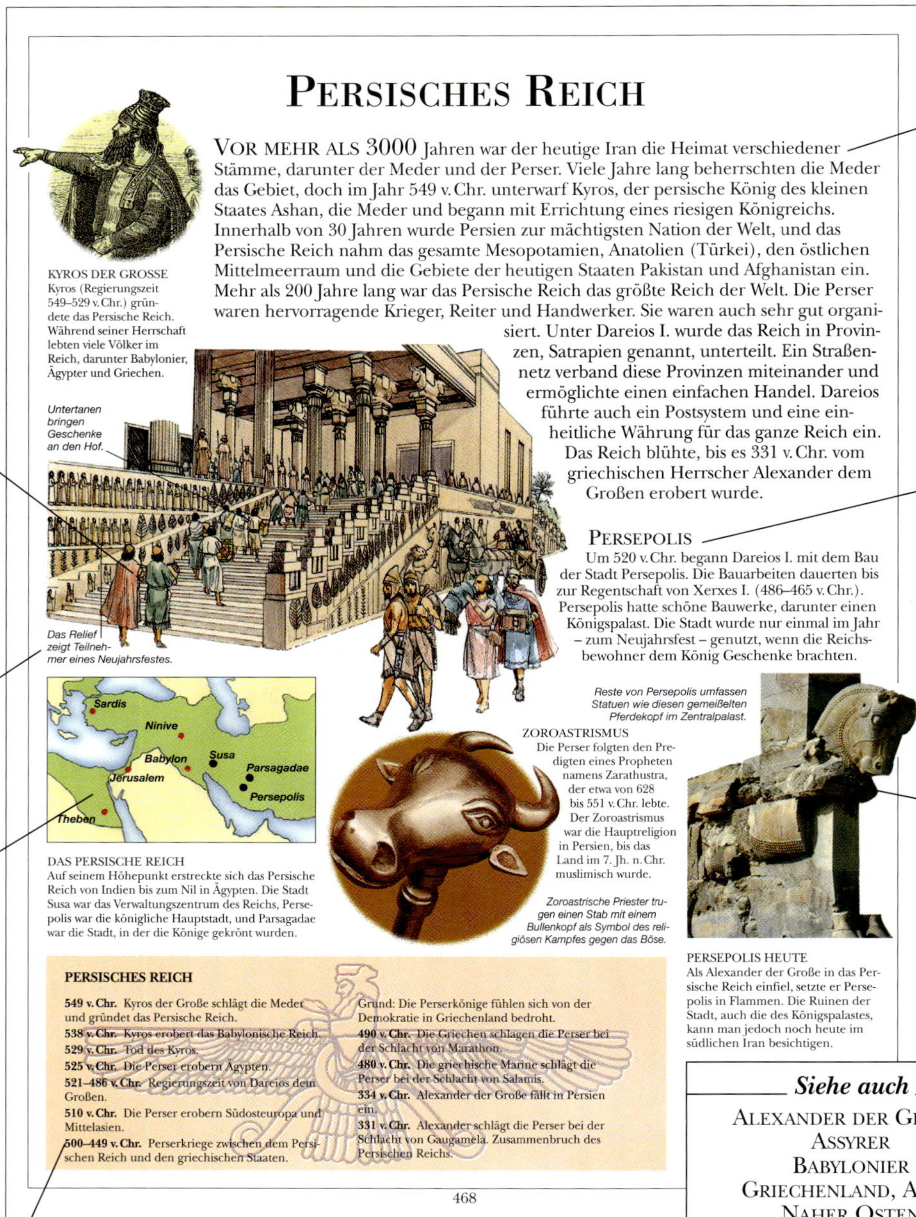

Persisches Reich

Vor mehr als 3000 Jahren war der heutige Iran die Heimat verschiedener Stämme, darunter der Meder und der Perser. Viele Jahre lang beherrschten die Meder das Gebiet, doch im Jahr 549 v. Chr. unterwarf Kyros, der persische König des kleinen Staates Ashan, die Meder und begann mit Errichtung eines riesigen Königreichs. Innerhalb von 30 Jahren wurde Persien zur mächtigsten Nation der Welt, und das Persische Reich nahm das gesamte Mesopotamien, Anatolien (Türkei), den östlichen Mittelmeerraum und die Gebiete der heutigen Staaten Pakistan und Afghanistan ein. Mehr als 200 Jahre lang war das Persische Reich das größte Reich der Welt. Die Perser waren hervorragende Krieger, Reiter und Handwerker. Sie waren auch sehr gut organisiert. Unter Dareios I. wurde das Reich in Provinzen, Satrapien genannt, unterteilt. Ein Straßennetz verband diese Provinzen miteinander und ermöglichte einen einfachen Handel. Dareios führte auch ein Postsystem und eine einheitliche Währung für das ganze Reich ein. Das Reich blühte, bis es 331 v. Chr. vom griechischen Herrscher Alexander dem Großen erobert wurde.

KYROS DER GROSSE
Kyros (Regierungszeit 549–529 v. Chr.) gründete das Persische Reich. Während seiner Herrschaft lebten viele Völker im Reich, darunter Babylonier, Ägypter und Griechen.

Untertanen bringen Geschenke an den Hof.

Das Relief zeigt Teilnehmer eines Neujahrsfestes.

PERSEPOLIS
Um 520 v. Chr. begann Dareios I. mit dem Bau der Stadt Persepolis. Die Bauarbeiten dauerten bis zur Regentschaft von Xerxes I. (486–465 v. Chr.). Persepolis hatte schöne Bauwerke, darunter einen Königspalast. Die Stadt wurde nur einmal im Jahr – zum Neujahrsfest – genutzt, wenn die Reichsbewohner dem König Geschenke brachten.

DAS PERSISCHE REICH
Auf seinem Höhepunkt erstreckte sich das Persische Reich von Indien bis zum Nil in Ägypten. Die Stadt Susa war das Verwaltungszentrum des Reichs, Persepolis war die königliche Hauptstadt, und Parsagadae war die Stadt, in der die Könige gekrönt wurden.

ZOROASTRISMUS
Die Perser folgten den Predigten eines Propheten namens Zarathustra, der etwa von 628 bis 551 v. Chr. lebte. Der Zoroastrismus war die Hauptreligion in Persien, bis das Land im 7. Jh. n. Chr. muslimisch wurde.

Zoroastrische Priester trugen einen Stab mit einem Bullenkopf als Symbol des religiösen Kampfes gegen das Böse.

Reste von Persepolis umfassen Statuen wie diesen gemeißelten Pferdekopf im Zentralpalast.

PERSEPOLIS HEUTE
Als Alexander der Große in das Persische Reich einfiel, setzte er Persepolis in Flammen. Die Ruinen der Stadt, auch die des Königspalastes, kann man jedoch noch heute im südlichen Iran besichtigen.

PERSISCHES REICH

549 v. Chr. Kyros der Große schlägt die Meder und gründet das Persische Reich.
538 v. Chr. Kyros erobert das Babylonische Reich.
529 v. Chr. Tod des Kyros.
525 v. Chr. Die Perser erobern Ägypten.
521–486 v. Chr. Regierungszeit von Dareios dem Großen.
510 v. Chr. Die Perser erobern Südosteuropa und Mittelasien.
500–449 v. Chr. Perserkriege zwischen dem Persischen Reich und den griechischen Staaten. Grund: Die Perserkönige fühlen sich von der Demokratie in Griechenland bedroht.
490 v. Chr. Die Griechen schlagen die Perser bei der Schlacht von Marathon.
480 v. Chr. Die griechische Marine schlägt die Perser bei der Schlacht von Salamis.
334 v. Chr. Alexander der Große fällt in Persien ein.
331 v. Chr. Alexander schlägt die Perser bei der Schlacht von Gaugamela. Zusammenbruch des Persischen Reichs.

468

Siehe auch

Alexander der Grosse
Assyrer
Babylonier
Griechenland, Altes
Naher Osten

EINLEITUNG
Jeder Haupteintrag beginnt mit einer Einleitung, die allgemeine Informationen und wichtige Fakten zum jeweiligen Thema liefert. Damit bekommst du ein bestimmtes Grundwissen über ein Thema, ehe du weiterliest.

EINTRÄGE
Hier findest du zusätzliche Informationen zu einem Thema, wie in diesem Beispiel, das die Stadt Persepolis, die Hauptstadt des alten Persiens, beschreibt.

FOTOS
Fast alle Einträge enthalten auch Fotos. Dieses Foto zeigt einen in Stein gehauenen Pferdekopf aus den Ruinen der altpersischen Stadt Persepolis.

ZEITLEISTEN
Viele Einträge zum Thema Geschichte enthalten eine Zeitleiste, welche die wichtigsten historischen Daten wie in einem Kalender auflistet und einen schnellen Überblick ermöglicht. Diese Zeitleiste verfolgt den Aufstieg der Perser von den Anfängen bis zum Zusammenbruch des persischen Weltreichs.

SIEHE AUCH
Der *Siehe-auch*-Kasten rechts unten am Ende eines jeden Eintrags zählt andere Haupteinträge aus verwandten Themenbereichen auf. Der *Siehe-auch*-Kasten bei den Persern beispielsweise weist dich auf fünf verwandte Einträge hin: Alexander der Große, Assyrer, Babylonier, Altes Griechenland und Naher Osten. Wenn du dort nachschlägst, erfährst du mehr über die Welt der Antike.

Vulkan	Berg	Historische Stätte	Hauptstadt	Großstadt	Stadt

SYMBOLLEISTEN
Symbole auf den Karten verweisen auf die jeweilige Hauptstadt, Großstädte und andere Städte sowie auf Berge, Vulkane und geschichtlich bedeutungsvolle Orte.

KARTEN

Für alle Erdteile und die großen Länder der Welt gibt es Karten. Diese zeigen die Hauptregionen, die Landschaftsformen, größere Städte und bedeutende historische Stätten. In einem Info-Kasten findest du wichtige Informationen über das jeweilige Land, Fotos vermitteln einen Eindruck von Land und Leuten.

INFO-KÄSTEN
Hier findest du Informationen zur Fläche des Landes, zur Bevölkerung, zu Sprachen, Religionen, Währung und Haupterwerbszweigen.

FLAGGE
Alle Karten zeigen auch die Flagge des jeweils dargestellten Landes. Dies ist die italienische Flagge.

SEHENSWÜRDIGKEITEN
Fotos zeigen charakteristische Szenerien des jeweiligen Landes. Diese Szene wurde in Mailand aufgenommen, dem Modezentrum Italiens.

NACHBARLÄNDER
Zu sehen sind auch die Flaggen kleinerer Nachbarländer oder abhängiger Gebiete. Ein Info-Kasten gibt dazu Hinweise über Fläche, Einwohnerzahl, Hauptstadt und Sprachen.

MASSSTAB
Jede Karte ist mit einem Maßstab versehen, sodass du Entfernungen bestimmen kannst.

WINDROSE
Eine Windrose zeigt die Himmelsrichtungen auf der Karte an, Norden, Süden, Osten und Westen.

In Schaubildern werden wissenschaftliche Theorien klar und verständlich dargestellt.

Einträge zum Thema Sport zeigen auch die für bestimmte Sportarten erforderliche Ausrüstung.

Über die Biografie einer Person kannst du dich in einem Kästchen auf einen Blick informieren.

Naturthemenseiten enthalten Karten, die einen Überblick vermitteln, wo auf der Welt bestimmte Tierarten leben.

GESTALTUNG DER HAUPTEINTRÄGE

Die Haupteinträge umfassen ein breites Themenspektrum aus den Bereichen Geschichte, Gesellschaft, Länderkunde, Tierwelt und Technik. Damit du dich schnell zurechtfindest, sind sämtliche Haupteinträge alphabetisch geordnet.

Zahlen, Daten, Fakten

Am Ende des Lexikons findest du auf einen Blick Informationen zu den Themen Weltgeschichte, Politik und Gesellschaft, Natur, Technik und Naturwissenschaften. Die Seiten sind übersichtlich aufgebaut, mit Tabellen und Grafiken. Sie ergänzen die Haupteinträge und sind zum Beispiel auch eine nützliche Hilfe bei den Schularbeiten.

Die Zeitleiste ermöglicht einen Vergleich der geschichtlichen Entwicklung auf den einzelnen Kontinenten. Ein Blick genügt, und du weißt, welche Entwicklung wann wo stattfand.

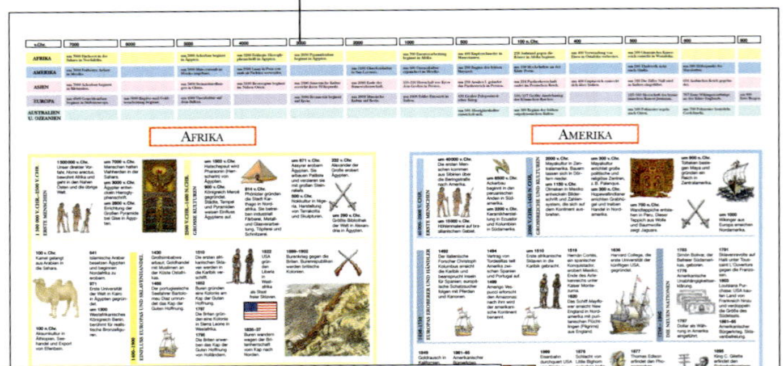

ZEITLEISTEN

Die historischen Überblicksseiten vermitteln eine knappe Zusammenfassung der geschichtlichen Entwicklung auf der ganzen Welt. Die Kontinente sind auf je einer Seite dargestellt.

DIE WELT

Drei Weltkarten zeigen unterschiedliche Aspekte der gegenwärtigen globalen Lage: Ländergrenzen und Bevölkerungswachstum, Energieproduktion und -verbrauch sowie Telekommunikation. Kurze Texte beschreiben momentane Entwicklungen und deren Folgen. Statistische Daten werden in Tabellen und Grafiken übersichtlich aufbereitet.

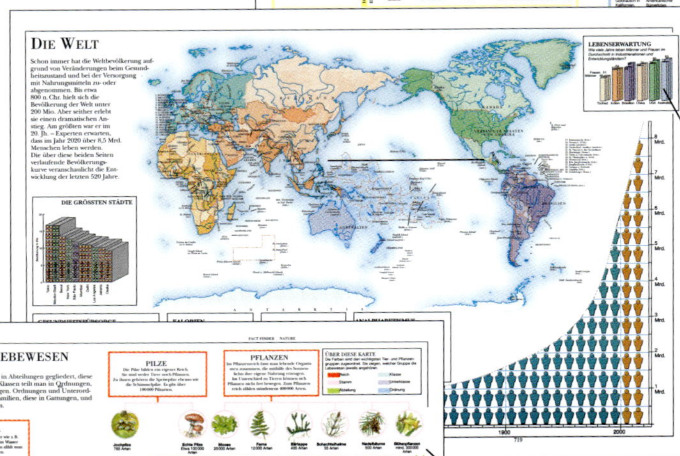

Dreidimensionale Säulendiagramme vergleichen statistische Daten einzelner Länder.

Tabellen stellen komplexe Themen verständlich dar.

BIOLOGIE

Hier findest du eine umfassende Klassifikation der Tiere und Pflanzen, eine Liste gefährdeter Arten und viele andere Fakten aus dem Tier- und Pflanzenreich.

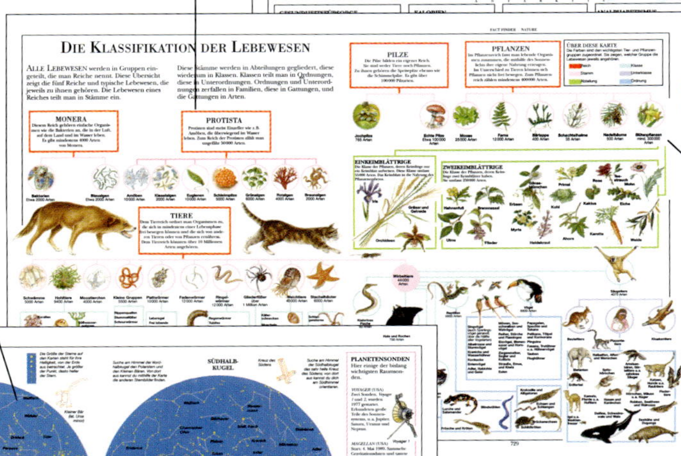

Zahlreiche Tier- und Pflanzenarten werden abgebildet.

Sternkarten zeigen die verschiedenen Sternbilder.

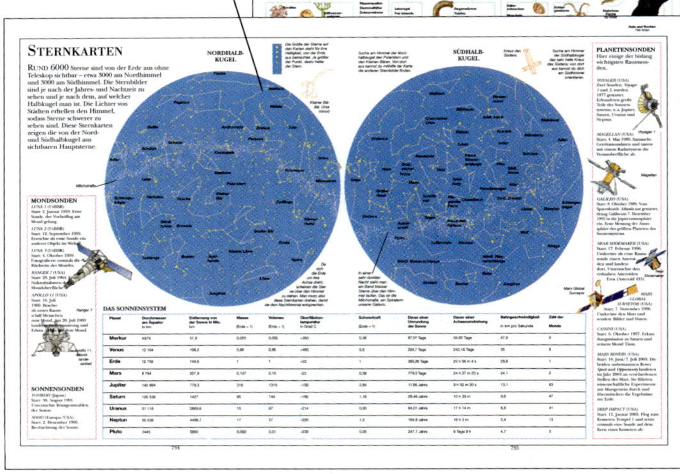

NATURWISSENSCHAFTEN

Auf diesen Seiten findest du Sternkarten, Umrechnungstabellen für Maße und Gewichte, mathematische Formeln und das Periodensystem chemischer Elemente.

GRÖSSENVERGLEICH UND ABKÜRZUNGEN

Hin und wieder werden dir dieses Mädchen oder dieser Junge begegnen. Sie sind etwa 1,20 m groß und sollen dir einen Anhaltspunkt geben, wie groß du dir einen Gegenstand oder ein Tier im Vergleich zu einem Kind vorstellen musst.

ABKÜRZUNGEN

Um in diesem Lexikon möglichst viele Informationen unterzubringen, werden manche Wörter abgekürzt. Diese Liste erläutert dir, für welches Wort eine bestimmte Abkürzung steht:

cm = Zentimeter
m = Meter
km = Kilometer
m^2 = Quadratmeter
km/h = Kilometer pro Stunde
g = Gramm
kg = Kilogramm
l = Liter
Mio. = Millionen
Mrd. = Milliarden
Jh. = Jahrhundert
Hl. = Heilige/-r
v./n. Chr. = vor/nach Christus
z. B. = zum Beispiel
d.h. = das heißt
ca. = circa (ungefähr)
°C = Grad Celsius
% = Prozent

REGISTER

Am Ende des Buches findest du ein Register, das alle in diesem Lexikon angesprochenen Begriffe auflistet. Die Zahlen verweisen auf die jeweilige Seitennummer.

- **Halbfett** gedruckte Zahlen verweisen auf die Haupteinträge von A bis Z.
- *Kursiv* gedruckte Zahlen verweisen auf Karteneinträge.
- Normal gedruckte Zahlen verweisen auf eine Erklärung oder Erwähnung des Stichworts im Lexikon.

Glas **249,** 394
Glas und Keramik **249**
Buntglas 249
Email 249
Glasbläser 249
Hitzebeständigkeit 249
Glasbläser 249
Glasfaseroptik 372
Glasgow *260*

Die Zahl 249 sagt dir, dass du auf Seite 249 den Haupteintrag über Glas findest.

Die Zahl 372 sagt dir, dass der Begriff Glasfaseroptik auf Seite 372 erwähnt wird.

Die Zahl 260 sagt dir, dass Glasgow auf Seite 260 auf einer Karte gezeigt wird.

A-Z

Affen

Zu den intelligentesten Tieren zählen die Menschenaffen: Schimpansen, Gorillas, Gibbons und Orang-Utans. Sie haben ein großes Gehirn, lange Arme, Finger und Zehen, und ihre Körper sind mit Fell bedeckt. Hinsichtlich ihres Körperbaus und ihrer Intelligenz ähneln sie den Menschen, die als Art auch zur Überfamilie der Menschenaffen gehören. Eng mit den Menschenaffen verwandt sind die Tier- oder Hundsaffen, eine Überfamilie, der unter anderem die Paviane, Makaken und Mantelaffen angehören. Der Körperbau der Tieraffen unterscheidet sich nicht stark von dem der Menschenaffen, doch sind Erstere kleiner: Ein Zwergseidenaffe wiegt nur 150 g, während ein großes Gorillamännchen 180 kg und mehr wiegen kann. Tieraffen und Menschenaffen haben beide rundliche Gesichter mit flacher Schnauze, kleine Ohren und große Augen, die nach vorne sehen. Sie setzen ihre Vordergliedmaßen als Arme ein und können mit den Händen fest greifen, aber auch zarte Berührungen ausführen. Die meisten Affen haben Schwänze, die beim Balancieren helfen. Manche Arten haben einen Greifschwanz. Menschenaffen haben keine Schwänze.

Orang-Utan

Orang-Utans leben in Südostasien in den Wäldern Borneos und Sumatras. Sie verbringen die meiste Zeit hoch oben in den Bäumen, wo sie nach Früchten, Trieben, Blättern und Insekten suchen. Außer in der Paarungszeit sind sie Einzelgänger.

Durch die Rodung von Regenwäldern sind auch die Orang-Utans bedroht.

Gorilla

Mit bis zu 2 m Körperlänge sind Gorillas die größten Menschenaffen. Solange sie sich nicht bedroht fühlen, sind sie sanft und behäbig. Sie ernähren sich von Blättern und Trieben. Gorillas leben in kleinen Gruppen, die langsam durch den Wald wandern. Sie fressen nie alle an einem Ort vorhandene Nahrung, sondern ziehen vorher weiter.

FORTPFLANZUNG
Einer Gorillagruppe gehören etwa zehn bis 15 Tiere an: ein großes Männchen, mehrere Weibchen und ihre unterschiedlich alten Jungen. Ein Weibchen bekommt etwa alle vier Jahre ein Baby.

PRIMATEN
Alle Affen und Halbaffen gehören der Ordnung der Primaten an. Heute stehen viele Primaten auf der Liste der bedrohten Arten, darunter auch die Gibbons.

MAKAKE
Affen und Halbaffen zeigen ein Verhalten, das wir als intelligent bezeichnen: Sie können ausgezeichnet miteinander kommunizieren, haben ein gutes Gedächtnis und können Probleme lösen. Ein berühmtes Beispiel ist dieser Japanmakak, der entdeckte, dass er Futter durch Waschen von Sand und Schmutz säubern kann. Andere Mitglieder seiner Gruppe taten es ihm nach.

GIBBON

Die kräftigen Arme eines Gibbons sind so lang, dass seine Fingerknöchel auch dann den Boden berühren, wenn er aufrecht steht. Gibbons leben in Familiengruppen zusammen, die aus einem Männchen, einem Weibchen und zwei bis vier Jungen bestehen. Es gibt 14 Gibbonarten. Die größten sind die Siamangs, die etwa 10 kg wiegen und sich deshalb nicht an die Spitzen dünner Zweige hängen können.

Gibbons fressen vor allem Früchte und junge Blätter.

Gibbons leben überwiegend in den Baumkronen und kommen nur selten auf den Boden.

KOMMUNIKATION

Bei vielen Affenarten verständigen die Tiere sich untereinander durch Laute. Der südamerikanische Brüllaffe kann ein ausgesprochen lautes Geheul erzeugen. Diese Laute warnen andere Brüllaffen davor, das Revier seiner Gruppe zu betreten. Der Gruppenchef ist meist der lauteste Brüller. Er ist noch in 3 km Entfernung zu hören.

Die meisten Affen sind auf Bäume angewiesen, die ihnen Nahrung und Schutz bieten.

ARTENSCHUTZ
Immer größere Flächen der Wälder, in denen Primaten leben, fallen Axt und Säge zum Opfer. Auch nachgepflanzte Bäume werden, sobald es geht, gefällt und stehen den Tieren daher nicht lange zur Verfügung. Dutzende von Affenarten sind bedroht, darunter auch die brasilianischen Spinnenaffen. Gemeinnützige Organisationen setzen sich für sie ein und entwickeln Programme, um die Tiere zu retten und die Öffentlichkeit zu informieren.

Junge Schimpansen verbringen viel Zeit damit, Gegenstände zu untersuchen und miteinander fangen zu spielen. So bereiten sie sich auf ihr Leben als Erwachsene vor.

SCHIMPANSE
Schimpansen ähneln den Menschen wohl am stärksten – vor allem wegen ihrer Mimik und ihrer Art zu spielen, Werkzeuge herzustellen und Probleme zu lösen. Schimpansen leben in Gruppen, die manchmal gegen ihre Nachbargruppen kämpfen. Ihre Hauptnahrung sind Früchte, Blätter, Samen, Blüten, Insekten und manchmal sogar das Fleisch von anderen Affen und von Hirschen. Sie leben in den Regenwäldern und dem Grasland Afrikas. Zwergschimpansen oder Bonobos gibt es nur in den dichten Wäldern der Demokratischen Republik Kongo (früheres Zaïre).

PAVIAN

Der afrikanische Pavian kann klettern, läuft oder galoppiert aber meist auf allen Vieren. Paviane lassen sich gut beobachten, denn sie leben in offener Landschaft. Mittlerweile wissen wir viel über ihr Gemeinschaftsleben. Paviane bilden Gruppen, die von älteren Weibchen und ihren Nachkommen geleitet werden. Heranwachsende Männchen leben meist allein. Wenn ein Männchen erwachsen ist, schließt es sich einer Gruppe an und muss dann mit anderen Männchen um einen Platz in der Rangleiter kämpfen. Die Gruppe schützt sich vor Raubtieren und vor anderen Pavianen, die ihr Revier betreten.

Siehe auch

AFRIKA, TIERE
ARTENSCHUTZ
SÄUGETIERE
TIERE
TIERE, WALD

AFRIKA

WENIGE REGIONEN DER ERDE sind so vielfältig wie Afrika. Auf diesem riesigen Kontinent gibt es 53 unabhängige Staaten sowie eine Vielzahl an Völkern und alten Kulturen. Nirgendwo sonst findet man so viele Berge, Täler, Ebenen und Sümpfe. Die Nordküste Afrikas ist reich und fruchtbar. Richtung Süden schließt sich die Wüste Sahara an, südlich von ihr wächst üppiger Regenwald. In Süd- und Ostafrika dominiert größtenteils die Savanne, eine trockene Ebene mit Bäumen und Sträuchern. Die Staaten Afrikas sind meist sehr arm, auch wenn einige, wie etwa Nigeria, reiche Bodenschätze haben. Viele Regierungen bleiben nicht lange im Amt, oft gibt es Bürgerkriege. Die wenigen Großstädte liegen meist in Küstennähe. Der übrige Kontinent ist offenes Land, wo die meisten Menschen ein traditionelles Leben führen.

Afrika hat in etwa die Form eines Dreiecks. Im Westen ist es vom Atlantischen Ozean begrenzt, im Osten vom Indischen. Im Nordwesten trennen Afrika von Europa nur wenige Kilometer Meer.

SCHULEN
Schulen in afrikanischen Städten gleichen meist denen anderswo auf der Welt. Doch zuweilen müssen die Schüler viele Kilometer von zu Hause bis zur Schule laufen.

Die Tuareg in der Sahara sind ein Hirtenvolk.

Die Ashanti aus Westafrika sind vorwiegend Bauern.

Die großgewachsenen Massai aus Kenia weiden Vieh auf den offenen Ebenen.

Pygmäen sind kaum größer als 1,50 m. Sie leben im dichten Regenwald am Kongo.

Die Buschmänner in den Wüsten des südlichen Afrika sammeln Nahrung in der rauen Wildnis.

VÖLKER

In Afrika leben viele Völker auf dem Land in Stammesdörfern. Einige, wie die Kikuyu in Ostafrika, sind Nachkommen von Stämmen, die seit vielen Jahrhunderten am selben Ort gelebt haben. Andere sind in neuerer Zeit aus anderen Teilen Afrikas oder aus anderen Kontinenten eingewandert. Die Staatsgrenzen berücksichtigen kaum diese vielfältigen Kulturen. Menschen aus derselben Kultur können in zwei verschiedenen Ländern leben, und in einem Staat gibt es oft über ein Dutzend Stammesgruppen.

Die Minarette der Moscheen beherrschen Kairos Skyline.

KAIRO
Kairo, die Hauptstadt Ägyptens, ist mit 15 Mio. Einwohnern die größte Stadt in Afrika. Sie liegt am Nil in der Nähe des Nildeltas. In den älteren Stadtteilen gibt es enge, gewundene Gassen, in den neueren Vierteln breite Straßen und moderne Büro- und Wohngebäude. Die Bewohner Kairos sind Ägypter, viele kommen aber auch aus Nordafrika sowie aus Europa und dem Nahen Osten.

KILIMANDSCHARO
Der höchste und schönste Berg Afrikas ist der Kilimandscharo in Tansania. Sein höchster Gipfel (5895 m) ist ein erloschener Vulkan. Der Berg liegt nur wenige Kilometer vom Äquator entfernt, doch seine Spitze ist stets mit Schnee bedeckt. Sie lässt sich in drei Tagen über einen Fußweg erreichen. An den tiefer gelegenen Hängen leben viele Menschen. Sie bauen tropische Früchte an.

Die Wüste Sahara

Die Sahara ist die größte Wüste der Erde und bedeckt fast ein Drittel von Afrika. Über viele Jahre hat sie sich ausgebreitet, vernichtete Ackerland und verursachte Hungersnöte. In manchen Gegenden wurde ihr Vordringen durch Bewässerung gestoppt, doch langfristig kann der Boden dadurch salzig und unfruchtbar werden. In dieser unwirtlichen Umwelt herrschen Temperaturen bis über 50 °C.

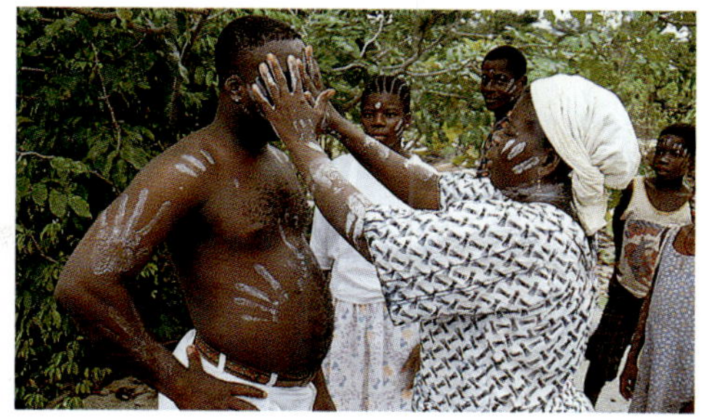

MEDIZIN UND HEILUNG

Zur Heilung von Krankheiten suchen manche Afrikaner westlich geschulte Ärzte auf, andere dagegen vertrauen traditionellen Heilern (oben). Diese haben ein hohes Ansehen. Sie kennen die heimischen Kräuter und Pflanzen sowie deren medizinischen Nutzen. Um die Ursache einer Krankheit zu ermitteln, versetzt sich der Heiler zuweilen in Trance, um Kontakt mit den Geistern aufzunehmen. Der Behandlung können auch Tieropfer dienen.

In Westafrika verstehen sich viele auf die Kunst des Trommelns. Einst dienten Trommeln der Nachrichtenübermittlung.

MUSIK UND KULTUR

Afrika hat eine reiche und vielfältige Kultur. Nordafrika verdankt den muslimischen Traditionen des Nahen Ostens herrliche Moscheen und Paläste. Die Musik Westafrikas ist stark rhythmisch, hier gibt es viele eindrucksvolle Tänze. In dieser Region besteht zudem eine blühende Holzschnitzerindustrie. Ost- und Südafrika sind berühmt für ihre wunderschönen Perlenarbeiten und für bunte Festgewänder.

KRIEG UND HUNGER

Bürgerkriege und Hungersnöte gibt es häufig in Afrika. Viele Kriege haben politische Ursachen, einige beruhen auf Stammeskonflikten. Im Tschad bekämpften sich über lange Jahre von Libyen unterstützte Wüstentuaregs und die Bauern der feuchteren Gebiete. In Ruanda und Burundi gab es bei Kämpfen zwischen Tutsis und Hutus Tausende Tote. Ein anderes Problem ist der Hunger. Traditionell bauten die meisten Völker genug Nahrung an, die bis zur nächsten Ernte reichte. Doch Afrikas Abhängigkeit vom Export bestimmter Anbauerzeugnisse kann in Verbindung mit dem rapiden Bevölkerungswachstum bei Ernteausfällen binnen weniger Monate Tausenden den Hungertod bringen.

Landleben

Auch wenn die Städte in Afrika ständig wachsen, leben noch viele Afrikaner auf dem Land. Sie bauen ihre eigene Nahrung an und können nur selten Überschüsse verkaufen oder gegen andere Güter tauschen. Viele Stämme bebauen das gleiche Land seit Generationen und leben mit ihren Verwandten in einfachen Dörfern. Manchmal ziehen die jungen Männer für eine Zeit in Städte und verdienen dort Geld. In den üppigen Tropenregionen werden Jamswurzeln, Maniok und Bananen angebaut, in trockeneren Gebieten züchten die Bauern Vieh und bauen Mais an.

Straßenbau in Nigeria

ENTWICKLUNG

Eine schwache Infrastruktur, also unzuverlässige Straßen und Eisenbahnen sowie eine schlechte Stromversorgung, verzögert das Wirtschaftswachstum vieler afrikanischer Staaten. Die meisten Länder sind auf Gelder westlicher Staaten und internationaler Banken angewiesen, um ihre Entwicklungsprogramme zu bezahlen.

Siehe auch

Afrika, Geschichte
Afrika, Osten
Afrika, Süden
Kontinente
Tiere, Polargebiete

DIE STAATEN AFRIKAS

Die unabhängigen Staaten Afrikas sind mit wenigen Ausnahmen gebietsmäßig identisch mit den Kolonien, aus denen sie hervorgingen. Noch bis Mitte der 60er-Jahre des vorigen Jahrhunderts gehörte ein Großteil Afrikas zu den Überseereichen der europäischen Staaten. Ende der 80er-Jahre war dann fast jedes Land unabhängig geworden. In vielen Fällen hatte man einfach die Regierungsform der europäischen Staaten übernommen, aber oft entwickelten sich die neuen Staaten zu Diktaturen. Doch seit einiger Zeit gibt es in Afrika immer mehr Staaten mit Mehrparteiendemokratie.

ÄGYPTEN
Fläche: 1 001 450 km²
Einwohner: 71 900 000
Hauptstadt: Kairo

ALGERIEN
Fläche: 2 381 740 km²
Einwohner: 31 800 000
Hauptstadt: Algier

ANGOLA
Fläche: 1 246 700 km²
Einwohner: 13 600 000
Hauptstadt: Luanda

ÄQUATORIALGUINEA
Fläche: 28 050 km²
Einwohner: 494 000
Hauptstadt: Malabo

ÄTHIOPIEN
Fläche: 1 128 221 km²
Einwohner: 70 700 000
Hauptstadt: Addis Abeba

BENIN
Fläche: 112 620 km²
Einwohner: 6 700 000
Hauptstadt: Porto Novo

BOTSUANA
Fläche: 581 730 km²
Einwohner: 1 800 000
Hauptstadt: Gaborone

BURKINA FASO
Fläche: 274 200 km²
Einwohner: 13 000 000
Hauptstadt: Ouagadougou

BURUNDI
Fläche: 27 830 km²
Einwohner: 6 600 000
Hauptstadt: Bujumbura

DSCHIBUTI
Fläche: 23 200 km²
Einwohner: 703 000
Hauptstadt: Dschibuti

ELFENBEINKÜSTE
Fläche: 322 463 km²
Einwohner: 16 600 000
Hauptstadt: Yamoussoukro

ERITREA
Fläche: 93 680 km²
Einwohner: 4 100 000
Hauptstadt: Asmara

GABUN
Fläche: 267 670 km²
Einwohner: 1 300 000
Hauptstadt: Libreville

GAMBIA
Fläche: 11 300 km²
Einwohner: 1 400 000
Hauptstadt: Banjul

GHANA
Fläche: 238 540 km²
Einwohner: 20 900 000
Hauptstadt: Accra

GUINEA
Fläche: 245 860 km²
Einwohner: 8 500 000
Hauptstadt: Conakry

GUINEA-BISSAU
Fläche: 36 120 km²
Einwohner: 1 500 000
Hauptstadt: Bissau

KAMERUN
Fläche: 475 440 km²
Einwohner: 16 000 000
Hauptstadt: Yaoundé

KAP VERDE
Fläche: 4030 km²
Einwohner: 463 000
Hauptstadt: Praia

KENIA
Fläche: 580 370 km²
Einwohner: 32 000 000
Hauptstadt: Nairobi

KOMOREN
Fläche: 2230 km²
Einwohner: 768 000
Hauptstadt: Moroni

KONGO, DEMOKRATISCHE REPUBLIK
Fläche: 2 345 410 km²
Einwohner: 52 800 000
Hauptstadt: Kinshasa

KONGO, REPUBLIK
Fläche: 342 000 km²
Einwohner: 3 700 000
Hauptstadt: Brazzaville

LESOTHO
Fläche: 30 350 km²
Einwohner: 1 800 000
Hauptstadt: Maseru

LIBERIA
Fläche: 111 370 km²
Einwohner: 3 400 000
Hauptstadt: Monrovia

LIBYEN
Fläche: 1 759 540 km²
Einwohner: 5 600 000
Hauptstadt: Tripolis

MADAGASKAR
Fläche: 587 040 km²
Einwohner: 17 400 000
Hauptstadt: Antananarivo

MALAWI
Fläche: 118 480 km²
Einwohner: 12 100 000
Hauptstadt: Lilongwe

MALI
Fläche: 1 240 190 km²
Einwohner: 13 900 000
Hauptstadt: Bamako

MAROKKO
Fläche: 689 670 km²
Einwohner: 30 600 000
Hauptstadt: Rabat

MAURETANIEN
Fläche: 1 025 520 km²
Einwohner: 2 900 000
Hauptstadt: Nouakchott

MAURITIUS
Fläche: 1860 km²
Einwohner: 1 200 000
Hauptstadt: Port Louis

MOSAMBIK
Fläche: 801 590 km²
Einwohner: 18 900 000
Hauptstadt: Maputo

NAMIBIA
Fläche: 824 290 km²
Einwohner: 2 000 000
Hauptstadt: Windhuk

NIGER
Fläche: 1 267 000 km²
Einwohner: 12 000 000
Hauptstadt: Niamey

NIGERIA
Fläche: 923 770 km²
Einwohner: 124 000 000
Hauptstadt: Abuja

RUANDA
Fläche: 26 340 km²
Einwohner: 8 400 000
Hauptstadt: Kigali

SAMBIA
Fläche: 740 720 km²
Einwohner: 10 800 000
Hauptstadt: Lusaka

SÃO TOMÉ UND PRÍNCIPE
Fläche: 964 km²
Einwohner: 175 900
Hauptstadt: São Tomé

SENEGAL
Fläche: 196 720 km²
Einwohner: 10 100 000
Hauptstadt: Dakar

SEYCHELLEN
Fläche: 280 km²
Einwohner: 80 000
Hauptstadt: Victoria

SIERRA LEONE
Fläche: 71 740 km²
Population: 5 000 000
Hauptstadt: Freetown

SIMBABWE
Fläche: 390 580 km²
Einwohner: 12 900 000
Hauptstadt: Harare

SOMALIA
Fläche: 637 660 km²
Einwohner: 9 900 000
Hauptstadt: Mogadischu

SÜDAFRIKA
Fläche: 1 221 040 km²
Einwohner: 45 000 000
Hauptstadt: Pretoria

SUDAN
Fläche: 2 505 815 km²
Einwohner: 33 600 000
Hauptstadt: Khartoum

SWASILAND
Fläche: 17 360 km²
Einwohner: 1 000 000
Hauptstadt: Mbabane

TANSANIA
Fläche: 945 090 km²
Einwohner: 37 000 000
Hauptstadt: Dodoma

TOGO
Fläche: 56 790 km²
Einwohner: 4 900 000
Hauptstadt: Lomé

TSCHAD
Fläche: 1 284 000 km²
Einwohner: 8 600 000
Hauptstadt: N'Djamena

TUNESIEN
Fläche: 163 610 km²
Einwohner: 9 800 000
Hauptstadt: Tunis

UGANDA
Fläche: 235 880 km²
Einwohner: 25 800 000
Hauptstadt: Kampala

ZENTRALAFRIKANISCHE REPUBLIK
Fläche: 622 980 km²
Einwohner: 3 900 000
Hauptstadt: Bangui

Vulkan	Berg	Historische Stätte	Hauptstadt	Großstadt	Stadt

BERGBAU

Seit über 2000 Jahren werden in Afrika Mineralien wie Eisenerz, Kupfer und Gold abgebaut und verarbeitet. In Wäldern Westafrikas gewonnenes Gold wurde von afrikanischen Händlern durch die Sahara transportiert und nach Europa und Asien gebracht. Während der Kolonialzeit wurde der Bergbau noch ausgebaut. Heute gibt es in Südafrika, Simbabwe, Sambia und der Dem. Rep. Kongo stark industrialisierte Bergbaugebiete, wo Gold, Diamanten, Kupfer und Uran abgebaut werden.

Große Bohrgeräte (oben) werden im Goldbergbau eingesetzt.

FAKTEN

Fläche: 30 278 093 km²

Einwohner: 849 384 400

Unabhängige Staaten: 53

Höchster Punkt: Kilimandscharo (Tansania) 5895 m

Längster Fluss: Nil, 6695 km

Größter See: Victoriasee 69 484 km²

Haupterwerbszweig: Landwirtschaft

Dogontänzer aus Mali (rechts) führen einen Bestattungstanz auf.

MASKEN UND TÄNZE

Maskentänze spielen in vielen Gemeinschaften in West- und Zentralafrika eine wichtige soziale Rolle. Der Kostümierte nimmt den durch die Maske dargestellten Charakter an. Oft werden Körperteile durch Wattierung oder Holzteile verstärkt (links). Die Tanzschritte, Lieder und Klänge vervollständigen die Kostümierung und stellen voller Energie sowohl die Welt der Geister als auch die Welt der Menschen dar.

KAP VERDE

Die unabhängige Republik der Kapverdischen Inseln liegt 620 km vor der Küste von Senegal im Atlantik. Die Inseln haben 463 000 Einwohner, aber fast doppelt so viele Kapverdier leben im Ausland.

HORN VON AFRIKA

Wegen seiner Form heißt der östlichste Punkt des afrikanischen Kontinents Horn von Afrika. Dies ist eine der ärmsten Regionen der Erde. Sie hat kaum natürliche Rohstoffe. Durch Dürren und Bürgerkriege kamen in jüngerer Zeit Tausende ums Leben; viele Menschen wurden obdachlos.

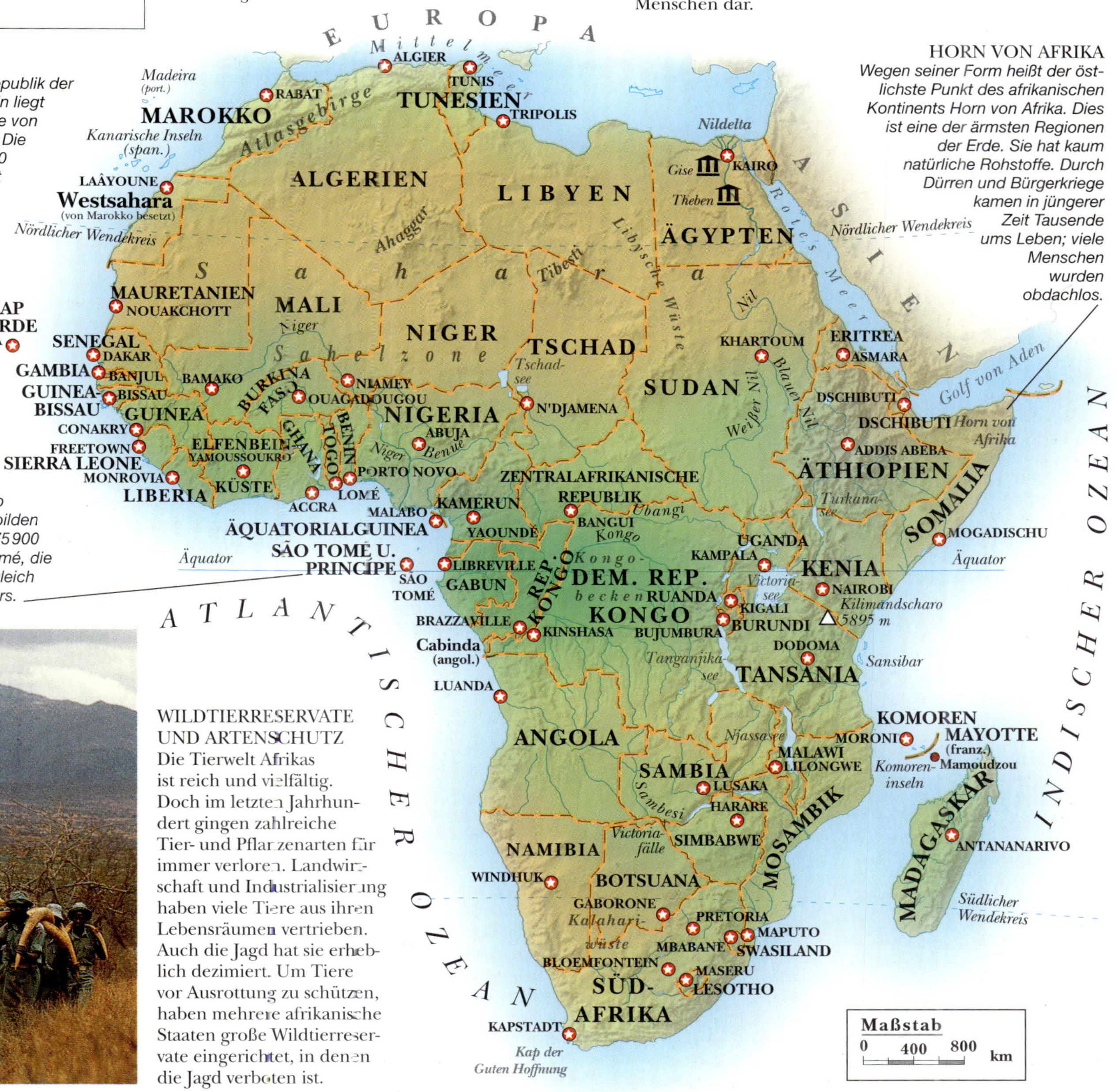

SÃO TOMÉ UND PRÍNCIPE

Die Vulkaninseln São Tomé und Príncipe bilden eine Republik mit 175 900 Einwohnern. São Tomé, die größere Insel, liegt gleich nördlich des Äquators.

WILDTIERRESERVATE UND ARTENSCHUTZ

Die Tierwelt Afrikas ist reich und vielfältig. Doch im letzten Jahrhundert gingen zahlreiche Tier- und Pflanzenarten für immer verloren. Landwirtschaft und Industrialisierung haben viele Tiere aus ihren Lebensräumen vertrieben. Auch die Jagd hat sie erheblich dezimiert. Um Tiere vor Ausrottung zu schützen, haben mehrere afrikanische Staaten große Wildtierreservate eingerichtet, in denen die Jagd verboten ist.

AFRIKA
NORDEN

An der nordafrikanischen Mittelmeerküste ist das Klima mild und das Land fruchtbar. Das Atlasgebirge und die Bergketten von Algerien und Tunesien trennen die Küstenregion von den Sand- und Steinwüsten der Sahara.

DIE LÄNDER NORDAFRIKAS wurden immer wieder durch fremde Mächte erobert. Am nachhaltigsten hat sich das Eindringen der Heere des Islam im 7. Jh. auf die Region ausgewirkt: Sie erhielt auf diese Weise eine gemeinsame Religion, Sprache und Identität. Nordafrika wird von der Sahara dominiert, der größten Wüste der Erde. In der Sahara leben nur wenige Menschen, vor allem Nomaden, deren Zahl stetig abnimmt. Die meisten Menschen leben am fruchtbaren Küstenstreifen an den Ufern des Nils. Die Großstädte ziehen immer mehr Landbewohner an – Kairo ist mit über 15 Mio. Einwohnern die am schnellsten wachsende Stadt der islamischen Welt. In Algerien und Libyen bergen die Wüsten immensen Reichtum: Hier liegen riesige Ölvorkommen. Antike Ruinen, mittelalterliche Städte und die Sonnenstrände ziehen viele Touristen nach Marokko, Tunesien und Ägypten.

KAIROUAN
Als islamische Araber Nordafrika im 7. Jh. eroberten, gründeten sie viele Städte, die noch heute von Bedeutung sind. Das ummauerte Kairouan in Tunesien ist ein heiliger Ort für die Muslime in Afrika. Die große Moschee wurde im 9. Jh. gebaut. Ihr imposanter Marmorinnenhof ist von Säulen umgeben. Hier beten die Gläubigen.

Die Menschen in den Wüstenregionen von Afrika, wie diese Berber (links), tragen lose Kleidung, um sich kühl zu halten, und Schleier, um sich vor den Sandwinden der Wüste zu schützen.

BERBER
Die Berber sind die Ureinwohner von Nordwestafrika. Sie konvertierten im 8. Jh. zum Islam. Arabische Eroberer vertrieben sie ins Atlasgebirge, wo viele noch heute in entlegenen Dörfern leben. In der Sahara führen Berber ein Nomadenleben mit ihren Kamel-, Schaf- und Ziegenherden.

NILLANDWIRTSCHAFT
Die Hochwasser des Nils bringen im Sommer große Mengen an fruchtbarem Schlamm aus den Hochländern Äthiopiens und des Sudans in die trockenen Wüsten Ägyptens. Dieses alljährliche Geschenk der Natur schuf die Grundlage für die Hochkultur des alten Ägyptens. Heute leben fast 99 % der Ägypter auf dem grünen und fruchtbaren Land an den Nilufern. Ägypten ist ein führender Erzeuger von Datteln, Melonen und Baumwolle. Die Bauern arbeiten meist mit uralten Methoden – noch heute ziehen Esel schwere Lasten.

LEPTIS MAGNA
Die römischen Ruinen aus dem 5. Jh. v. Chr. in Leptis Magna (rechts) sind die schönsten in Afrika. Die Stadt gehörte zum Römischen Reich und wurde nach der Eroberung durch die Araber im Jahr 643 aufgegeben.

ALGIER
Die algerische Hauptstadt bildet an der Mittelmeerküste ein riesiges Amphitheater aus blendend weißen Gebäuden. Das alte muslimische Viertel erstreckt sich über die Hügel, ein Labyrinth aus gewundenen Straßen und Häusern mit hohen Mauern. Am Hafen liegt das französische Kolonialviertel mit seinen Plätzen und von Bäumen gesäumten Boulevards. Die Franzosen hatten die Stadt, ein Zentrum rebellischer Piraten, 1830 eingenommen. 1962 wurde Algerien unabhängig.

Siehe auch
AFRIKA
AFRIKA, GESCHICHTE
ISLAM
WÜSTEN

Vulkan | Berg | Historische Stätte | Hauptstadt | Großstadt | Stadt

Maßstab 0 200 400 km

ÄGYPTEN
Fläche: 1 001 450 km²
Einwohner: 71 900 000
Hauptstadt: Kairo

MAROKKO
Fläche: 698 670 km²
Einwohner: 30 600 000
Hauptstadt: Rabat

ALGERIEN
Fläche: 2 381 740 km²
Einwohner: 31 800 000
Hauptstadt: Algier

TUNESIEN
Fläche: 163 610 km²
Einwohner: 9 800 000
Hauptstadt: Tunis

LIBYEN
Fläche: 1 759 540 km²
Einwohner: 5 600 000
Hauptstadt: Tripolis

WEST-SAHARA
Fläche: 266 000 km²
Einwohner: 273 000
Hauptstadt: Laâyoune
Status: Demokratische Arabische Republik, von Marokko 1979 annektiert

ATLASGEBIRGE

Das Atlasgebirge ist eine Gruppe von mehreren Bergzügen. Es verläuft etwa parallel zur Mittelmeerküste über 2410 km vom Südosten Marokkos bis zum Nordosten Tunesiens. Die Berge des Hohen Atlas erheben sich bis auf 4165 m (Jbel Toubkal). Aus den Gebirgsseen kommt das Wasser für die Bauern im Tiefland, und der Mittlere Atlas bietet gute Wintersportmöglichkeiten.

NIL
Der Nil ist mit 6695 km der längste Fluss der Erde. Er fließt ins Mittelmeer.

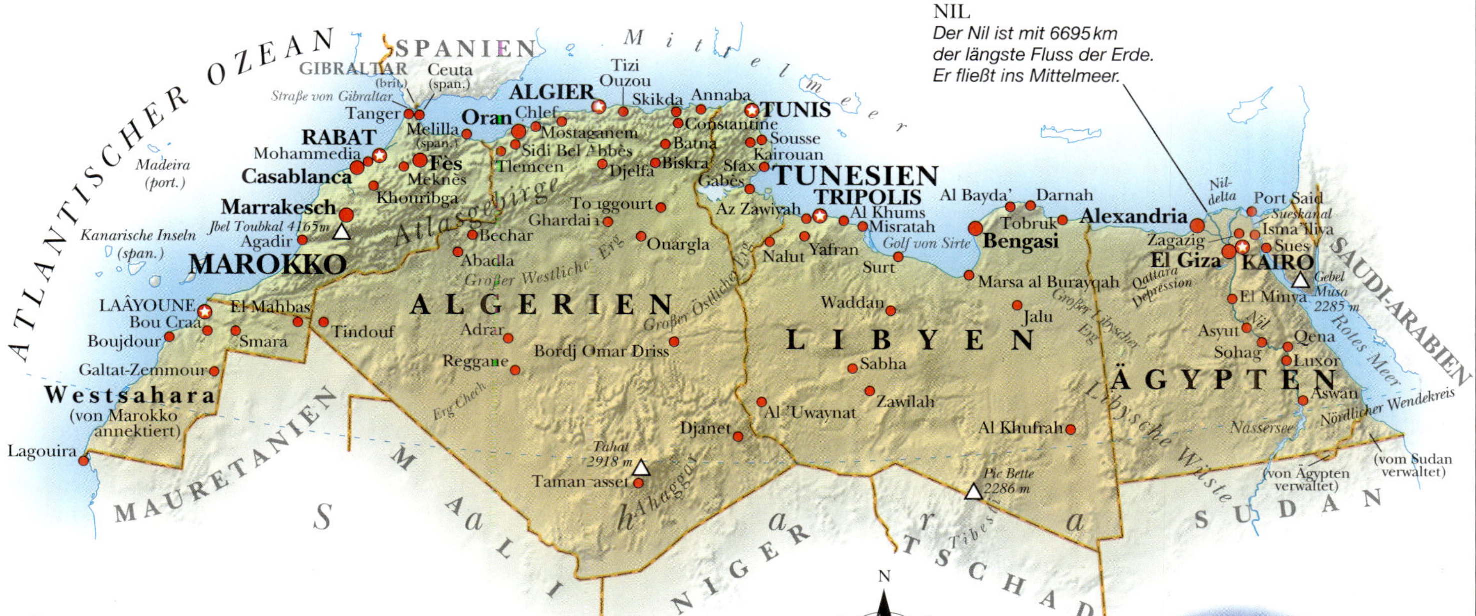

ÖLFELDER
Die Ölreserven Libyens wurden in den 50er-Jahren des 20. Jhs. entdeckt. Mit den Gewinnen aus dem Ölverkauf wurden Industrie und Landwirtschaft gefördert. Auch neue Straßen, Eisenbahnen, Schulen und Krankenhäuser wurden gebaut. In den 1980er-Jahren machte das Erdöl 99 % der libyschen Exporte aus. Die Regierung will seit längerem Industrie und Landwirtschaft ausbauen, um diese Überabhängigkeit vom Öl zu verringern.

WEBKUNST
Marokko ist berühmt für seine bunten, handgeknüpften Teppiche. Die Berber weben Teppiche, Zeltbehänge und fertigen sogar bestickte Stiefel (links).

SOUK

Der Souk (Markt) ist das Handelszentrum nordafrikanischer Städte. Jedes Gewerbe ist in einer bestimmten Straße angesiedelt. Geruchsintensive Gewerbe wie Gerbereien befinden sich stets so weit wie möglich von der Moschee entfernt.

Afrika
Westen

Die vielfältigen Klimazonen, Landschaften und Ressourcen der Länder von Westafrika haben schon immer Händler wie Kolonisatoren angezogen: Die Araber schickten Handelskarawanen durch die Wüste Sahara, während die Europäer auf Sklaven und auf Gold aus waren. Heute sind die meisten Länder dieser Region völlig verarmt; korrupte Regierungen, hohe Staatsschulden und immer wieder Bürgerkriege verschlimmern die Probleme noch. Die Menschen leben überwiegend von der Landwirtschaft. Kaffee, Kakao und Ölpalmen werden in den tropisch-feuchten Niederungen im Westen und Süden der Region angebaut, während in der Sahelzone die Nomaden Rinder, Schafe und Ziegen hüten. Riesige Ölreserven wurden im Nigerdelta und vor der Elfenbeinküste gefunden, ferner Minerale in Mauretanien und Sierra Leone, was aber das Leben der meisten Menschen nicht verbessert hat.

KOCHBANANEN
Kochbananen, eine Bananenart, sind gekocht und zerstampft in vielen Teilen des tropischen Westafrika ein Hauptnahrungsmittel.

Die meisten Länder dieser Region grenzen an den Atlantik. Die Staaten im Norden liegen an den Rändern der Wüste Sahara und der riesigen Halbwüste Sahel. Die tropischen Regenwälder im Westen und Süden werden von den drei großen Flüssen Niger, Volta und Senegal entwässert.

FISCHEREI IN MAURETANIEN
Mauretanien ist zu zwei Dritteln von der Wüste Sahara bedeckt. Nur 1 % des Landes – das vom Senegal entwässerte Gebiet – kann kultiviert werden. Doch Mauretanien hat einige der reichsten Fischgründe der Welt. Viele andere Länder fischen hier. Der Verkauf der Fänge erzielt über die Hälfte der Exporteinkünfte Mauretaniens.

Ein mauretanischer Fischer trägt seine Netze an einer Stange. Die Einheimischen fischen noch auf traditionelle Weise mit kleinen Erträgen.

Islam
Viele Länder in Westafrika sind islamisch. Die Religion wurde von arabischen Händlern verbreitet, die die großen Karawanenrouten durch die Sahara seit dem 8. Jh. kontrollierten. Die Herrscher der westafrikanischen Königreiche übernahmen den Islam seit dem 13. Jh. Die Große Moschee in Djenné in Mali ist das größte Schlammziegelbauwerk der Welt. Sie stammt aus dem 14. Jh., muss aber ständig renoviert werden.

WÜSTE SAHARA
Die Sahara breitete sich nach Süden aus und verwandelte große Teile von Mauretanien, Mali und Niger in Wüste. In Mauretanien gingen in den letzten 25 Jahren 75 % des Weidelandes verloren. Dürre, das Fällen von Bäumen für Brennholz und Überweidung fördern diesen Prozess. Wird der Boden nicht von den Wurzeln gehalten, weht ihn der Wind fort. Bäume und Sträucher werden als Windschutz gepflanzt, um das Vordringen der Wüste zu stoppen.

Marktstände und Straßenverkäufer säumen die Straßen von Senegals Hauptstadt Dakar. Die geschäftige, expandierende Hafenstadt hat über 1 Mio. Einwohner.

Landwirtschaft
In Westafrika leben die meisten Menschen als Kleinbauern. In Senegal werden Erdnüsse, Baumwolle und Zuckerrohr für den Export angebaut. Reis, Hirse und Sorghum sind Hauptnahrungsmittel. Viele Bauern fahren regelmäßig in die größeren Städte oder gar in die Hauptstadt Dakar, um ihre Überschusserzeugnisse zu verkaufen. Die meisten Bauern lassen ihr Land vom Hochwasser des Senegal bewässern. Staudämme stören diesen natürlichen Zyklus.

In diesem Tuch überwiegt Indigo, ein blauer, durch Zerstampfen der Blüte der Indigopflanze gewonnener Farbstoff.

Die Wodaabe sind nomadische Viehhirten, die nur zum Handel und zu Festen in die Städte kommen.

NIGERIANISCHE TEXTILIEN
Die Yoruba und Hausa sind die Hauptvolksgruppen in Nigeria. Die Hausa leben im Norden, die Yoruba, traditionell Stadtbewohner, im Südwesten. Beide Gruppen fertigen gemusterte, mit natürlichen Pflanzenextrakten handgefärbte Textilien.

Wodaabe

Die nomadischen Wodaabe lassen ihre Herden im Grenzgebiet von Nigeria und Niger weiden. Jedes Jahr halten sie einen Schönheitswettbewerb ab, bei dem die Männer um die Frauen konkurrieren. Unter den prüfenden Blicken der Frauen stellen sie sich mit einem Make-up zur Schau, das ihre Augen und Zähne betont.

Lagos

Lagos ist Nigerias größte Stadt, sein Haupthafen und war bis 1991 auch Hauptstadt. Bevor es 1861 unter britische Kontrolle kam, war es ein bedeutender portugiesischer Sklavenmarkt. Die Stadt erstreckt sich über die durch Brücken verbundenen Inseln und Sandbänke der Lagos-Lagune. Der Hauptteil der Bevölkerung lebt auf Lagos Island. Dessen Südwesten bildet das Handels-, Finanz- und Bildungszentrum der Stadt mit seiner Wolkenkratzersilhouette. Lagos ist mit seinem internationalen Flughafen die Verkehrsdrehscheibe von Nigeria und sein Exportumschlagplatz. Es leidet unter wachsenden Slums, Verkehrsstaus, Übervölkerung und Umweltverschmutzung.

BAMBUKU-KOPF
In vielen Teilen Westafrikas sind die traditionellen Religionen noch sehr lebendig. Die Ahnen werden angerufen, um Krankheiten zu heilen und Menschen in Schwierigkeiten zu helfen. Geister werden in Ritualen und Zeremonien verehrt. In Ostnigeria soll der wilde Ausdruck dieses Bambuku-Kopfes böse Geister vertreiben. Er steht am Dorfeingang in einem kleinen Schrein.

NIGERIANISCHES ERDÖL

Seit den 70er-Jahren des 20. Jhs. ist Nigeria wirtschaftlich von seinen riesigen Ölreserven im Nigerdelta abhängig. Es ist der zehntgrößte Erzeuger der Welt, und das Öl hat einen Exportanteil von 90 %. Früher war das Land ein Hauptexporteur tropischer Früchte, aber die Landwirtschaft ist zurückgegangen. Als der Ölpreis in den 80er-Jahren sank, war Nigeria auf die Hilfe der Weltbank angewiesen. Zunehmend Sorge bereitet auch die durch die Ölindustrie im Nigerdelta verursachte Umweltverschmutzung. Demonstrationen richten sich gegen die großen Ölfirmen, die in Nigeria operieren.

Der Einsatz modernen Geräts (links) in der Holzindustrie an der Elfenbeinküste beschleunigt die Entwaldung.

AFRIKANISCHES GOLD
Das Gold Westafrikas wird im Boden gefunden oder als feiner Staub durch Sieben in seichten Flussbetten gewonnen. Im 19. Jh. verschaffte das Gold europäischen Händlern großen Reichtum. In Asante in Ghana waren Goldschmiede eine privilegierte Klasse. Sie schufen diesen herrlichen Kopf, den die Briten 1874 erbeuteten.

Abholzung an der Elfenbeinküste

Die tropischen Regenwälder im feuchtwarmen Innern der Elfenbeinküste sind erheblich geschädigt. Viele Bäume wurden gefällt, um profitablere Kakaobäume anzupflanzen, die unter den tropischen Bedingungen gut gedeihen. Die Kakaobohnen werden in Fabriken an der Küste zu Kakaobutter verarbeitet, einem Bestandteil von Kosmetika und Schokolade. Die Exporte werden im Hafen der einstigen Hauptstadt Abidjan verschifft, der heute Westafrikas Haupthafen ist.

Der Ertrag von Kakaobäumen (rechts) ist sehr gering. Ein normaler Baum trägt nur 20 Kakaofrüchte.

KAKAOBOHNEN
Kakaobohnen wurden zuerst von den Azteken in Mexiko entdeckt. Sie bereiteten aus den Samen ein Getränk namens chocolatl, das durch spanische und portugiesische Kolonisatoren nach Europa exportiert wurde. Westafrika erzeugt heute über die Hälfte der Kakaobohnen der Welt. Durch Trocknen in der Sonne, Fermentieren, Rösten und Mahlen entseht aus den Samen Kakaobutter.

TOURISMUS IN GAMBIA
Gambia, ein schmales Land an den Ufern des Gambia, ist fast ganz von Senegal umgeben. Die meisten Menschen leben von der Landwirtschaft, aber immer mehr ziehen an die Küste. Sandstrände und milde Winter ziehen viele Besucher aus Nordeuropa an. Der Tourismus ist Gambias Wachstumsindustrie.

Liberianische Flüchtlinge, die der Bürgerkrieg heimatlos gemacht hat, müssen in Behelfshütten (links) leben, wo sie auf Nahrung und Medizin aus dem Ausland angewiesen sind.

Liberianische Flüchtlinge

Liberia war nie kolonisiert und ist damit die älteste unabhängige Republik in Afrika. Nach 1820 kamen freigelassene Sklaven aus den USA hierher – Liberia heißt »freies Land«. Die Abkömmlinge der amerikanischen Sklaven vermischten sich im Laufe der Jahre mit der aus verschiedenen Stämmen bestehenden einheimischen Bevölkerung. Jahrelang war Liberia verwüstetes Kriegsgebiet – Folge heftiger Konflikte zwischen den Volksgruppen der Kpelle, Bassa und Kru. Die heimatlosen Opfer der Kämpfe lebten in riesigen Flüchtlingslagern und litten unter Krankheiten und Nahrungsknappheit. Seit 2003 sorgen UN-Friedenstruppen für eine stabilere Entwicklung des Landes.

VOLTASEE
Einer der größten künstlichen Seen der Welt entstand 1965 beim Bau des Askosombodamms am Voltafluss von Ghana. Rund 78000 Menschen mussten aus 740 Dörfern umgesiedelt werden. Der Voltasee ist ein wichtiger Fischgrund und liefert auch den Bauern Wasser. Das Kraftwerk erzeugt den größten Teil von Ghanas Strom.

Siehe auch
Afrika
Afrika, Geschichte
Afrika, Tiere
Vulkane
Wüsten

Vulkan | Berg | Historische Stätte | Hauptstadt | Großstadt | Stadt

GUINEA-BISSAU
Fläche: 36 120 km²
Einwohner: 1 500 000
Hauptstadt: Bissau

NIGERIA
Fläche: 923 770 km²
Einwohner: 124 000 000
Hauptstadt: Abuja

BENIN
Fläche: 112 620 km²
Einwohner: 6 700 000
Hauptstadt: Porto Novo

GAMBIA
Fläche: 11 300 km²
Einwohner: 1 400 000
Hauptstadt: Banjul

LIBERIA
Fläche: 111 370 km²
Einwohner: 3 400 000
Hauptstadt: Monrovia

SENEGAL
Fläche: 196 720 km²
Einwohner: 10 100 000
Hauptstadt: Dakar

BURKINA FASO
Fläche: 274 200 km²
Einwohner: 13 000 000
Hauptstadt: Ouagadougou

GHANA
Fläche: 238 540 km²
Einwohner: 20 900 000
Hauptstadt: Accra

MALI
Fläche: 1 240 190 km²
Einwohner: 13 000 000
Hauptstadt: Bamako

SIERRA LEONE
Fläche: 71 740 km²
Einwohner: 5 000 000
Hauptstadt: Freetown

ELFENBEINKÜSTE
Fläche: 322 463 km²
Einwohner: 16 600 000
Hauptstadt: Yamoussoukro

GUINEA
Fläche: 245 860 km²
Einwohner: 8 300 000
Hauptstadt: Conakry

MAURETANIEN
Fläche: 1 025 520 km²
Einwohner: 2 900 000
Hauptstadt: Nouakchott

TOGO
Fläche: 56 790 km²
Einwohner: 4 900 000
Hauptstadt: Lomé

NIGER
Fläche: 1 267 000 km²
Einwohner: 12 000 000
Hauptstadt: Niamey

HARFENLAUTE
Die Kora, eine traditionelle Harfenlaute aus Mali, wird bei Zeremonien und Festen gespielt.

Maßstab
0 200 400 km

KÜRBISSE
Kürbisse (rechts) wachsen in den meisten Teilen Afrikas. Zurechtgeschnitten und getrocknet werden sie als Ess-Schüsseln und Klangkörper für Musikinstrumente verwendet. Kürbisse lassen sich mit Pflanzenfarben färben. Oft schneidet man vor dem Färben geometrische Muster in den Kürbis.

AFRIKA
ZENTRALAFRIKA

Der Äquator verläuft durch die Länder von Zentralafrika und hat einen starken Einfluss auf Klima und Vegetation. Der äußerste Norden der Region grenzt an die Wüste Sahara. Der Süden ist vom Becken des Kongo und von äquatorialem Regenwald beherrscht.

ZENTRALAFRIKA IST GROSSENTEILS von dichtem Regenwald bedeckt, der vom 4666 km langen Kongo entwässert wird. Die meisten Länder in dieser Region waren früher französische Kolonien und erleben seit der Unabhängigkeit in den 1960er-Jahren ein wechselvolles Schicksal. Die Demokratische Republik Kongo hat reiche Bodenschätze und fruchtbares Land, ist aber durch Bürgerkriege und den Konflikt mit Ruanda (1996/97) verarmt. Auch der Tschad leidet unter Bürgerkriegen, während die Zentralafrikanische Republik eines der ärmsten Länder der Welt ist. Im Westen profitieren Gabun, Kamerun und die Rep. Kongo von Öl und Nutzholz und sind vergleichsweise stabil. Überall leben die Menschen meist von der Landwirtschaft. Im feuchten tropischen Tiefland sind Krankheiten wie Malaria weit verbreitet, und es herrscht eine hohe Säuglingssterblichkeit.

FULANI
Das Nomadenvolk der Fulani breitete sich im 11. Jh. in Westafrika sowie im Tschad, Guinea und Kamerun aus. Im 14. Jh. konvertierte es zum Islam, den es dann selbst durch Mission und Eroberung weiter verbreitete. Manche Fulani sind noch heute Viehhirten, andere betreiben Landwirtschaft oder leben in Städten.

NUTZHOLZINDUSTRIE
Die äquatorialen Regenwälder von Zentralafrika sind ein wichtiger Lieferant von Hartholz wie Mahagoni, Ebenholz und Teak. Nutzholz ist ein wichtiges Exportprodukt für mehrere Länder, besonders Gabun und Kamerun. Doch die Nutzholzindustrie ist eine ernste Bedrohung für die Regenwälder, die Jahre zur Regenerierung brauchen. Außerdem gehören die meisten Holzfirmen Ausländern und entziehen den Ländern Profite.

Durch gezielte Brände wird Regenwald in Kamerun »abgefackelt« (oben), um Land für Landwirtschaft und Industrie zu gewinnen.

Der 1925 errichtete Virunga National Park (rechts) ist Afrikas ältester Nationalpark und gehört zum Welterbe.

VIRUNGA NATIONAL PARK
Der Virunga National Park liegt in der Nordostecke der Demokratischen Republik Kongo und wurde 1925 eingerichtet. Er wird beherrscht von den Virunga Mountains, einer Kette untätiger und tätiger Vulkane, die sich bis nach Ruanda und Uganda erstreckt. Die Berge sind von Nebelwäldern bedeckt und ein berühmtes Refugium für Gorillas, eine gefährdete Art. Der Edwardsee dominiert das Zentrum des Parks, und das offene Land um ihn herum ist von Elefanten- und Okapiherden bevölkert.

ÖLREICHTUM
Die Rep. Kongo, Gabun und Kamerun haben ausgiebige Ölreserven im Atlantischen Ozean erschlossen. Erdölexporte sind wirtschaftlich von großer Bedeutung, da sie diesen Ländern ausländische Devisen einbringen. In der Rep. Kongo haben sie einen Exportanteil von 85 %. Diese Überabhängigkeit vom Öl kann sich bei Schwankungen der Weltölpreise verheerend auswirken. In Gabun wird mit den Erdölprofiten das Gesundheitswesen gefördert, eines der besten in Afrika.

LIBREVILLE
Gabuns Hauptstadt Libreville (»freie Stadt«) wurde 1849 von befreiten Sklaven gegründet. Die Hafenstadt hat ein modernes Zentrum im europäischen Stil, das von traditionellen afrikanischen Dörfern umgeben ist.

Siehe auch
AFRIKA
AFRIKA, GESCHICHTE
AFRIKA, TIERE
SKLAVEREI

Vulkan | Berg | Historische Stätte | Hauptstadt | Großstadt | Stadt

ÄQUATORIAL-GUINEA
Fläche: 28 050 km²
Einwohner: 494 000
Hauptstadt: Malabo

GABUN
Fläche: 267 670 km²
Einwohner: 1 300 000
Hauptstadt: Libreville

KAMERUN
Fläche: 475 440 km²
Einwohner: 16 000 000
Hauptstadt: Yaoundé

KONGO, DEMOKRATISCHE REPUBLIK
Fläche: 2 345 410 km²
Einwohner: 52 800 000
Hauptstadt: Kinshasa

ZENTRALAFRIKANISCHE REPUBLIK
Fläche: 622 980 km²
Einwohner: 3 900 000
Hauptstadt: Bangui

PYGMÄEN

Pygmäen leben in den äquatorialen Regenwäldern der Zentralafrikanischen Republik. Sie sind selten größer als 1,50 m und bilden kleine Gruppen von bis zu 30 Haushalten. Die Frauen sammeln Waldfrüchte, die Männer jagen mit Pfeil und Bogen, Speeren, Jagdnetzen und Fallen. Viele Pygmäen treiben Handel mit Bauern an den Rändern der Wälder und arbeiten als Gelegenheitsarbeiter.

TSCHADSEE
Der flache, von Sanddünen umgebene Tschadsee wird vom Schari genährt. Er ist fischreich und hat sehr fruchtbare Ufer.

Maniok ist die Hauptfeldfrucht der Demokratischen Republik Kongo. Der giftige Saft wird durch Zerstampfen entzogen.

KONGO, REPUBLIK
Fläche: 342 000 km²
Einwohner: 3 700 000
Hauptstadt: Brazzaville

SÃO TOMÉ UND PRÍNCIPE
Fläche: 946 km²
Einwohner: 175 900
Hauptstadt: São Tomé

TSCHAD
Fläche: 1 284 000 km²
Einwohner: 8 600 000
Hauptstadt: N'Djamena

FLUSSVERKEHR
Der Kongo und seine vielen Nebenflüsse bilden zusammen 11 500 km lange schiffbare Wasserwege, lebenswichtig für die Demokratische Republik Kongo, die ein ganz unzulängliches Straßen- und Eisenbahnnetz hat. Flusshäfen sind lebhafte Marktzentren, versorgt von lokalen Händlern, die den Fluss mit Einbäumen befahren.

Afrika
Osten

OSTAFRIKA IST EINE REGION der großen Kontraste – von der Halbwüste des Nordens zu den fruchtbaren Hochländern von Äthiopien und Kenia, von den Küstentiefländern zu den waldbedeckten Gebirgen im Westen. Die meisten Menschen leben auf dem Land. Kaffee, Tee und Tabak werden für den Export angebaut, während Nomaden Vieh in der Savanne weiden, die den Großteil der Region beherrscht. Vier der ärmsten Länder der Welt – Äthiopien, Eritrea, Somalia und Dschibuti – liegen am Horn von Afrika. Ihre traditionellen Lebensformen (Ackerbau, Viehzucht und Fischerei) werden durch Dürre, Hungersnot und Bürgerkriege gestört. Kenia mit seinem fruchtbaren Land und seinem feuchtwarmen Klima ist dagegen politisch stabil und wohlhabend, auch dank des Tourismus. Ethnische Konflikte verschiedener Völker haben Sudan, Ruanda und Burundi ins Chaos gestürzt, während Uganda sich vom Bürgerkrieg erholt.

Ostafrika erstreckt sich über das Horn von Afrika hinweg und grenzt ans Rote Meer wie an den Indischen Ozean. Beherrscht wird es vom Great Rift Valley und im Norden von den Oberläufen des Nils. Die Wüste im Norden wird im Großteil der Region von der Savanne abgelöst.

Dinka
Die Dinka (oben) sind ein Nomadenvolk, das in den Hochländern des Sudans lebt. Sie ziehen mit ihren Viehherden den Jahreszeiten entsprechend herum und lassen sie im Frühjahr, wenn die Flüsse Hochwasser haben und das Land fruchtbar ist, auf den Savannen weiden. Rinder sind für die Dinka von größter Bedeutung. Sie gehören zur Mitgift einer Braut, und jungen Männern wird ein besonderer Ochse geschenkt – ihr Name als Erwachsene leitet sich von der Gestalt und Farbe des Tieres ab.

Teeanbau
Die Hochländer von Äthiopien und Kenia sind große Teeanbaugebiete. Das Aroma des Tees, der langsam in kühler Luft in Höhen von 1000–2000 m heranwächst, gilt als das beste. Die Blätter werden getrocknet, gerollt und in Heißluft fermentiert, wodurch eine kräftige schwarze Farbe sowie ein starkes Aroma entsteht.

Teesträucher werden regelmäßig geschnitten, um das Wachstum der zarten jungen Schösslinge und neuer Blätter anzuregen. Sie werden von Hand geerntet.

Die verschiedenen Baustile in Mogadischu (rechts) spiegeln die Geschichte der Stadt wider.

Mogadischu
Die Hauptstadt von Somalia entstand im 10. Jh. und war eine der frühesten arabischen Handelsniederlassungen in Ostafrika. Die Stadt hat einen großen Hafen und ist eine Mischung aus historischer islamischer und moderner Architektur. Der Bürgerkrieg gegen Ende des 20. Jh. hat sie großenteils zerstört.

Lalibela
Die Könige von Äthiopien konvertierten im 4. Jh. zum Christentum, aber erst im 12. Jh. wurde der überwiegende Teil der Bevölkerung christlich. König Lalibela baute elf bemerkenswerte Kirchen, die aus dem Gestein unter der Erdoberfläche herausgehauen wurden. Sie sind noch heute wichtige Pilgerzentren für äthiopische Christen.

Kampala
Seit 1962 ist Kampala die Hauptstadt von Uganda. Sie liegt im Südteil des Landes, auf den Bergen über dem Victoriasee, und ist ein Exportzentrum für Kaffee, Baumwolle, Tee, Zucker und Tabak. Heimische Erzeugnisse wie Maniok, Hirse und Süßkartoffeln werden auf den lebhaften Straßenmärkten verkauft. In Kampala regnet es fast jeden Tag, und an 242 Tagen im Jahr gibt es heftige Gewitter.

DAS GREAT RIFT VALLEY

Das Great Rift Valley, das sich von Syrien in Asien bis nach Mosambik erstreckt, ist eine riesige Kluft in der Erdoberfläche, die dort entstanden ist, wo Afrika und die Arabische Halbinsel sich allmählich auseinander bewegen. Sie bildete sich vor rund 30 Mio. Jahren, ist 6400 km lang und bis zu 64 km breit. In Kenia und Tansania wird das Tal durch tiefe, fjordartige Seen markiert. Anderswo haben sich Vulkangipfel erhoben, und weite Hochebenen wie die Athi Plains in Kenia entstanden dort, wo Lava durch die Erdoberfläche sickerte.

MASSAI

Das Volk der Massai weidet Vieh in den Grasländern von Kenia und Tansania. Die jungen Männer bemalen ihren Körper mit Ocker und tragen kunstvolle Zöpfchenfrisuren. Massaikrieger haben Perlenschmuck. Jeder Mann kann mehrere Frauen haben und ist für seine Viehherde verantwortlich, die in der Trockenzeit weit vom Dorf geweidet wird. Die Mütter vererben das Vieh auf ihre Söhne. Die Hauptnahrung der Massai sind Kuhmilch und Mais.

Die Massai halten ihr Vieh wegen der Milch. Sie trinken auch Blut aus den Venen lebender Kühe.

WILDE TIERE

In den weiten Ebenen Ostafrikas leben einige der spektakulärsten Tierarten der Welt. Kenia hat insgesamt 10 % seines Landes in über 40 Nationalparks einbezogen. Touristen nehmen an Safaris in Kenia teil, um Löwenherden, Antilopen, Leoparden und Elefanten zu sehen. Die Wilderei, insbesondere an Elefanten wegen ihres Elfenbeins, bleibt ein Hauptproblem, auch in den streng bewachten Nationalparks.

Eine Elefantenherde zieht durch die Savanne in Kenia auf der Suche nach Wasser. Die Löwen belauern die Elefanten, – bereit, jedes schwache Tier zu töten.

Krankheiten wie Cholera suchen überfüllte Flüchtlingslager wie dieses heim.

FLÜCHTLINGSLAGER

Viele Grenzen im mittleren Ostafrika wurden in der Kolonialzeit willkürlich gezogen, ohne auf die dort lebenden Völker zu achten. In Ruanda hatte der Aufstand der Hutu-Mehrheit gegen die herrschenden Tutsis schreckliche Folgen. Das Land versank in Chaos und Gewalt, und viele Menschen mussten in Flüchtlingslager in Tansania fliehen. Auch im benachbarten Burundi gibt es Konflikte zwischen Hutus und Tutsis.

GORILLAS

Die bewaldeten Berge von Ruanda und Uganda sind die letzte Zuflucht für Gorillas, die seltensten Affen der Erde. Sie sind seit langem das Ziel von Wilderern, Jägern und Sammlern. Der Albert National Park wurde 1925 zu ihrem Schutz errichtet, aber der Bürgerkrieg in den 1960er-Jahren störte die Gorillapopulation, zudem wurde immer mehr von ihrem Lebensraum, dem Wald, für die Landwirtschaft gerodet, und ihre Zahl nahm noch weiter ab. Seit den 1980er-Jahren werden Nationalparks streng bewacht und nur begrenzt Bildungs- und Touristenprogramme durchgeführt. Die Gorillazahlen in Ruanda sind gestiegen, aber durch die neuen Konflikte bedroht.

Siehe auch

AFRIKA
AFRIKA, TIERE
ELEFANTEN
LÖWEN
TIERE, GRASLAND

NUBISCHE WÜSTE
Die Nubische Wüste, der östliche Ausläufer der Sahara, liegt im Nordosten des Sudans zwischen Nil und Rotem Meer. Diese trockene Region ist großenteils ein Sandsteinplateau, durch das zahlreiche, nur zeitweilig Wasser führende Flüsse fließen.

KILIMANDSCHARO
Der Mt. Kibo in Tansania ist mit 5895 m Afrikas höchster Gipfel, einer der drei Vulkane der Kilimandscharo-Gruppe. Sein rauchender Krater zeigt an, dass er noch aktiv ist. Er erhebt sich zwar aus einer trockenen Ebene, aber an seinen oberen Hängen fällt im Jahresmittel 1780 mm Regen.

SUDD
Der Norden des Sudans ist Felswüste, aber im Süden fließt der Weiße Nil durch ein Sumpfgebiet, den Sudd, in dem ein Großteil des Wassers sich verteilt und verdunstet.

VICTORIASEE
Der Victoriasee ist der größte See Afrikas und der zweitgrößte Süßwassersee der Erde. Er liegt am Äquator zwischen Kenia, Tansania und Uganda und ist 69 500 km² groß. Sein einziger Abfluss ist der Nil im Norden.

JUBA
Dieser Fluss entspringt im Hochland von Äthiopien und fließt rund 1200 km südwärts zum Indischen Ozean. Der Juba und der Shebeli, der sich mit ihm etwa 30 km vor der Küste vereint, sind die einzigen ständigen Flüsse in Somalia.

ÄTHIOPIEN
Fläche: 1 128 221 km²
Einwohner: 70 700 000
Hauptstadt: Addis Abeba

BURUNDI
Fläche: 27 830 km²
Einwohner: 6 800 000
Hauptstadt: Bujumbura

DSCHIBUTI
Fläche: 23 200 km²
Einwohner: 703 000
Hauptstadt: Dschibuti

KENIA
Fläche: 580 370 km²
Einwohner: 32 000 000
Hauptstadt: Nairobi

SOMALIA
Fläche: 637 660 km²
Einwohner: 9 000 000
Hauptstadt: Mogadishu

TANSANIA
Fläche: 945 090 km²
Einwohner: 37 000 000
Hauptstadt: Dodoma

ERITREA
Fläche: 93 680 km²
Einwohner: 4 100 000
Hauptstadt: Asmara

RUANDA
Fläche: 26 340 km²
Einwohner: 8 400 000
Hauptstadt: Kigali

SUDAN
Fläche: 2 505 815 km²
Einwohner: 33 600 000
Hauptstadt: Khartum

UGANDA
Fläche: 235 880 km²
Einwohner: 25 800 000
Hauptstadt: Kampala

AFRIKA
SÜDEN

Im Westen am Atlantik, im Osten am Indischen Ozean gelegen, befindet sich ein Großteil des südlichen Afrikas in den Tropen. Die Landschaft prägen zudem die Wüsten Namib und Kalahari. Madagaskar, die viertgrößte Insel der Erde, liegt im Osten.

DIE LÄNDER IM SÜDEN AFRIKAS sind von trockener Savanne und Waldland geprägt, mit feuchten subtropischen Wäldern im Norden und der Kalahari- und Namibwüste im Zentrum und im Westen. Traditionell leben diese Länder von der Landwirtschaft, aber reiche Bodenschätze, insbesondere Diamanten, Uran, Kupfer und Eisen, werden vor allem in Namibia, Sambia und Botsuana abgebaut. Wirtschaftlich dominiert in der Region Südafrika, mit seiner gut entwickelten Bergbauindustrie und seinen Großstädten. Simbabwe hat große Vorkommen an Kohle, Gold und Nickel, aber die Wirtschaft des Landes erholt sich nur langsam von Problemen wie Dürre und Misswirtschaft. Die ehemaligen portugiesischen Kolonien Angola und Mosambik leiden seit der Unabhängigkeit unter Bürgerkriegen und den damit verbundenen Folgen für die Wirtschaft.

WÜSTENNOMADEN
Die San-Nomaden der Kalahari in Botsuana leben vom Sammeln von Obst und Gemüsen und von der Jagd auf Springbock und Gnu.

URANVORKOMMEN

Das größte Urantagebauvorkommen der Welt befindet sich in der Namibwüste. Es wurde 1976 von dem britischen, südafrikanischen, französischen und kanadischen Firmenkonsortium Rössing erschlossen. Namibia ist nicht nur der weltgrößte Uranerzeuger, sondern hat auch ausgiebige Zinn-, Blei-, Zink-, Kupfer-, Silber- und Wolframvorkommen und fördert 30 Prozent der Diamanten der Welt.

GOLDSTADT

Johannesburg, 1886 gegründet, war fast ein Jahrhundert lang das Zentrum der Goldbergbauindustrie Südafrikas und ist heute das Industrie-, Handels-, Produktions- und Finanzzentrum des Landes. Greater Johannesburg ist eine der größten Städte Afrikas, das Herz eines expandierenden Autobahnsystems und des südafrikanischen Eisenbahnnetzes.

VICTORIAFÄLLE

Die am Sambesi an der Grenze zwischen Simbabwe und Sambia gelegenen Victoriafälle sind an ihrer breitesten Stelle 1700 m breit und stürzen bis zu 108 m in die Tiefe. Das gewaltige Wasservolumen erzeugt ein mächtiges Donnern, von den Einheimischen »der Rauch, der donnert« genannt, das man noch in 40 km Entfernung hören kann. An den Fällen hat der Fluss eine schmale Schlucht ausgehöhlt. Er ergießt sich schließlich in den tiefen »Boiling Pot«.

NAMIBWÜSTE
Die Namibwüste erstreckt sich in einer Breite von etwa 150 km entlang der Küste von Südwestafrika. Ihre Sanddünen sind bis zu 240 m hoch. Die Feuchtigkeit der Küstennebel fördert eine gewisse Vegetation.

Siehe auch
AFRIKA
AFRIKA, GESCHICHTE
AFRIKA, TIERE
SÜDAFRIKA

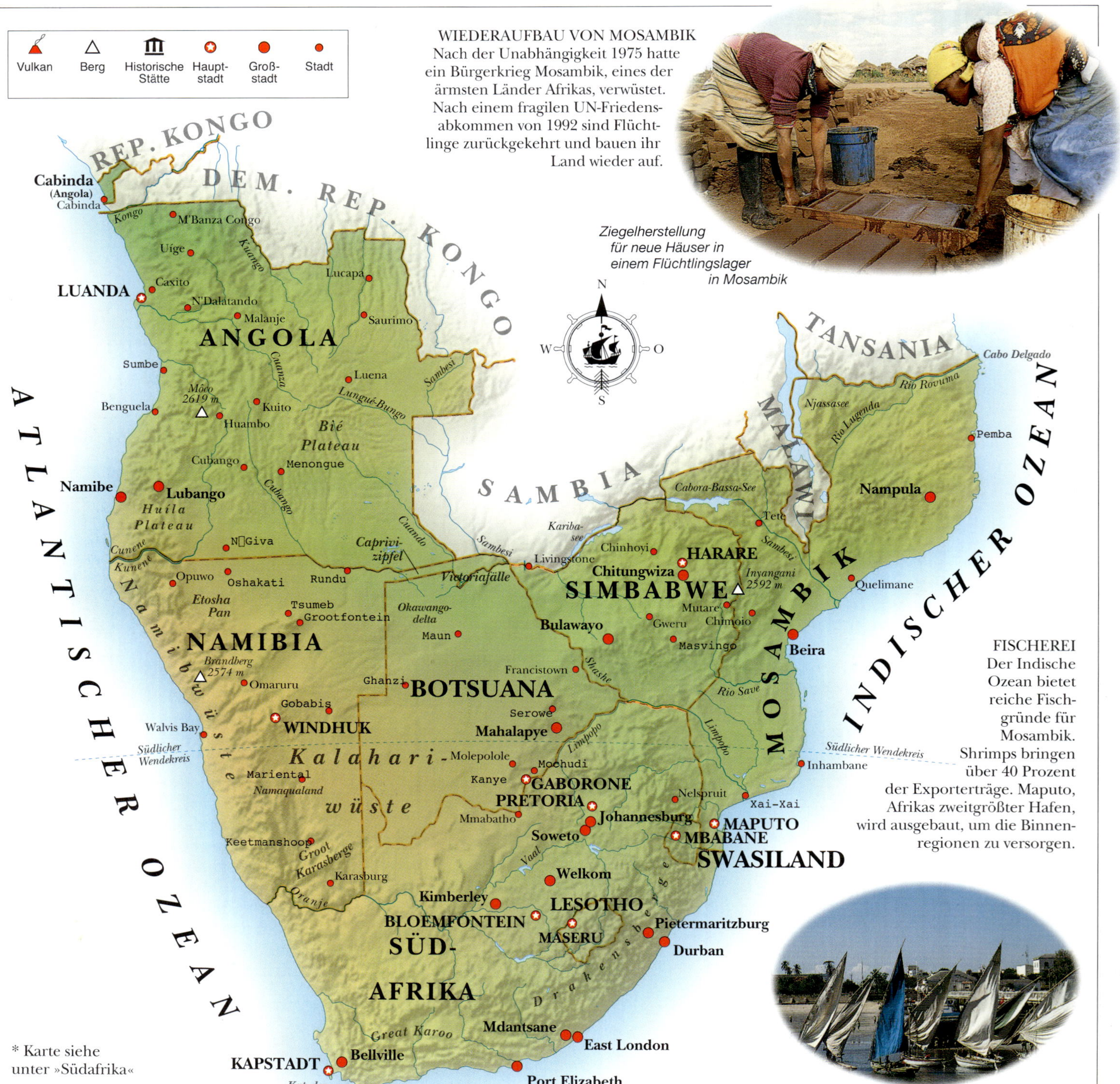

* Karte siehe unter »Südafrika«

WIEDERAUFBAU VON MOSAMBIK
Nach der Unabhängigkeit 1975 hatte ein Bürgerkrieg Mosambik, eines der ärmsten Länder Afrikas, verwüstet. Nach einem fragilen UN-Friedensabkommen von 1992 sind Flüchtlinge zurückgekehrt und bauen ihr Land wieder auf.

Ziegelherstellung für neue Häuser in einem Flüchtlingslager in Mosambik

FISCHEREI
Der Indische Ozean bietet reiche Fischgründe für Mosambik. Shrimps bringen über 40 Prozent der Exporterträge. Maputo, Afrikas zweitgrößter Hafen, wird ausgebaut, um die Binnenregionen zu versorgen.

ANGOLA
Fläche: 1 246 700 km²
Einwohner: 13 600 000
Hauptstadt: Luanda

BOTSUANA
Fläche: 581 730 km²
Einwohner: 1 800 000
Hauptstadt: Gaborone

MALAWI
Fläche: 118 480 km²
Einwohner: 12 100 000
Hauptstadt: Lilongwe

NAMIBIA
Fläche: 824 290 km²
Einwohner: 2 000 000
Hauptstadt: Windhuk

SÜDAFRIKA*
Fläche: 1 221 040 km²
Einwohner: 45 000 000
Hauptstadt: Pretoria

LESOTHO *
Fläche: 30 350 km²
Einwohner: 1 800 000
Hauptstadt: Maseru

MOSAMBIK
Fläche: 801 590 km²
Einwohner: 18 900 000
Hauptstadt: Maputo

SIMBABWE
Fläche: 390 580 km²
Einwohner: 12 900 000
Hauptstadt: Harare

SWASILAND*
Fläche: 17 360 km²
Einwohner: 1 100 000
Hauptstadt: Mbabane

AFRIKA
GESCHICHTE

LANGE ZEIT WAR AFRIKA von der restlichen Welt isoliert. Nur die mutigsten Reisenden gelangten durch die Wüste Sahara von Norden nach Süden. Die Völker Afrikas haben sich aus diesem Grund weitgehend für sich entwickelt. Um 1200 v. Chr. gab es wohlhabende und mächtige Reiche wie das alte Ägypten. Die Reiche verschwanden, hinterließen aber Bauwerke und andere Zeugnisse ihrer Existenz. Andere afrikanische Völker hielten ihre Geschichte in Liedern fest, die über zahllose Generationen überliefert wurden. Die Europäer ahnten nichts von dieser reichen Geschichte Afrikas, bis sie im 15. Jh. die Westküste erkundeten. Bald verschifften sie Tausende von Afrikanern als Sklaven nach Europa und Amerika, ein »Handel«, der viele traditionelle Gemeinschaften in Afrika zerstörte. Im späten 19. Jh. drangen die Europäer ins Innere Afrikas vor und teilten schließlich den Kontinent unter sich auf. Fast ganz Afrika war bis in die 50er-Jahre des 20. Jhs. unter europäischer Kontrolle, bis die Kolonien nach und nach unabhängig wurden. Heute sind die Völker Afrikas frei von direkter ausländischer Kontrolle.

BANTU
Die meisten Völker im südlichen Afrika sind mit den Bantu verwandt, die zwischen 3000 und 2000 v. Chr. im Westteil des Kontinents ihren Ursprung haben und um 400 n. Chr. nach Süden zogen.

Große Anlage in Groß-Simbabwe

GROSS-SIMBABWE
Die steinerne Stadt Groß-Simbabwe war im 14. Jh. ein wichtiges religiöses, politisches und wirtschaftliches Zentrum im südlichen Afrika. Durch Viehwirtschaft sowie den Abbau von Gold, Kupfer und Eisen war sie reich geworden. Die Bewohner von Groß-Simbabwe brachten ihre Erzeugnisse zum Küstenhafen Sofala im heutigen Mosambik und dann die Küste Afrikas hoch nach Arabien.

Eine Bronzemaske aus Benin

BENIN
Das westafrikanische Königreich Benin war zwischen dem 14. und 17. Jh. auf dem Gipfel der Macht. Seine Bewohner verkauften Elfenbein, Pfeffer, Palmöl und Sklaven an die Portugiesen. Sie fertigten auch kunstvolle realistische Bronzefiguren.

SPECKSTEINVÖGEL
Specksteinskulpturen heimischer Vögel auf Säulen standen in einer Umfriedung außerhalb von Groß-Simbabwe. Ein solcher Vogel ziert das Staatswappen von Simbabwe, seit das Land im Jahr 1980 seine Unabhängigkeit erlangte.

Kampf um Afrika

Bis etwa 1880 hatten die Europäer nur die Küstenregionen und die Hauptflusstäler Afrikas in Besitz genommen. In den 80er- und 90er-Jahren des 19. Jh. gab es dann einen Wettlauf der europäischen Mächte um afrikanische Kolonien. Bis 1900 war schließlich fast ganz Afrika in europäischer Hand. Unabhängig waren zu diesem Zeitpunkt nur noch das alte Königreich Äthiopien im Osten und das von freigelassenen Sklaven gegründete Liberia im Westen. Die Karikatur (links) zeigt den deutschen Adler, der auf Afrika »niederstößt«.

ZULUKRIEGE
Einige afrikanische Völker schafften es, den Europäern eine Zeit lang Widerstand zu leisten. Nach 1838 kämpften die Zulu im südlichen Afrika zunächst gegen die Buren (holländische Siedler) und dann gegen die Briten. Doch 1879 wurden sie schließlich von den Briten besiegt. 1887 wurde Zululand britische Kolonie. Das Bild oben zeigt Kämpfe zwischen Briten und Zulus.

UNABHÄNGIGKEIT
Die Unabhängigkeit für große Teile Afrikas nach 1956 brachte den neuen Staaten nicht immer Frieden und Wohlstand. Viele wurden von Hungersnöten und Dürren heimgesucht oder durch Bürgerkriege zerrissen. Nur wenige Staaten hatten fortwährend zivile Regierungen. Immer wieder übernahm das Militär die Macht. 1964 wurde Malawi (ehemals Njassaland) der 35. unabhängige Staat Afrikas. Oben: Einwohner Malawis feiern die Unabhängigkeit.

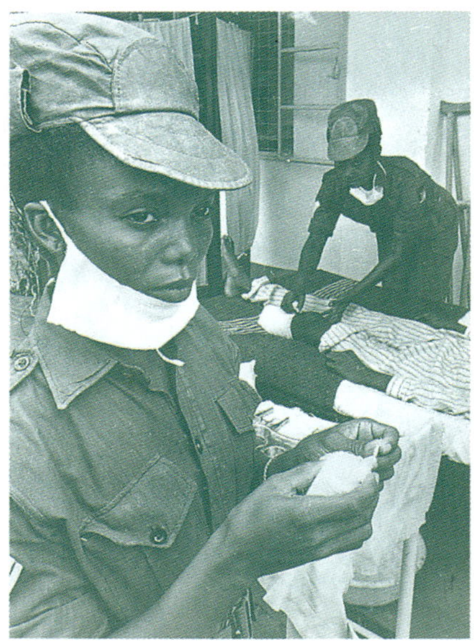

AFRIKANISCHE UNION
Trotz vieler politischer Konflikte leiden alle afrikanischen Staaten gemeinsam unter Armut, schlechter Gesundheitsfürsorge und fehlenden Schulen. 1963 wurde die Organisation der Afrikanischen Einheit (OAU) zur Koordinierung von Wirtschaft, Gesundheitsfürsorge und anderen politischen Feldern der 51 Mitgliedsstaaten gegründet, aus der im Jahr 2002 die Afrikanische Union (AU) hervorging. Oben behandeln zwei Sanitäter der OAU Bürgerkriegsopfer.

CHRONIK

700–1200 Das Königreich Ghana in Westafrika wird reich durch den Trans-Sahara-Handel mit den Arabern.

um 800–1800 Königreich Kanem-Bornu.

13. Jh. Blühende Handelsstädte an der Ostküste.

1235–1500 Königreich Mali.

1300–1600 Königreich Benin.

14. Jh. Blütezeit Groß-Simbabwes.

1350–1591 Königreich Songhai.

1500–19.Jh. Europäer verkaufen Afrikaner als Sklaven nach Amerika.

1838–79 Zulu kämpfen gegen Buren und Briten.

nach 1880 Europa kontrolliert fast ganz Afrika.

1957–75 Afrika wird überwiegend unabhängig.

1990 Namibia wird unabhängig.

APARTHEID

1948 kam die National Party in Südafrika an die Macht. Jahre der Apartheid (Rassentrennung) folgten. Die Weißen verwehrten den Schwarzen die meisten Rechte, so auch das Wahlrecht. 1990 wurde der von Nelson Mandela geführte African National Congress (ANC), die lange Zeit verbotene Bewegung der Schwarzen, wieder zugelassen, und die Apartheidgesetze wurden außer Kraft gesetzt. 1994 fanden die ersten freien, allgemeinen Wahlen statt.

NELSON MANDELA
1994 wurde Nelson Mandela (links), Führer des ANC, Präsident von Südafrika.

Siehe auch

Afrika
Ägypten, Altes
Erdgeschichte,
Entwicklung des Menschen
Sklaverei

Afrika
Tiere

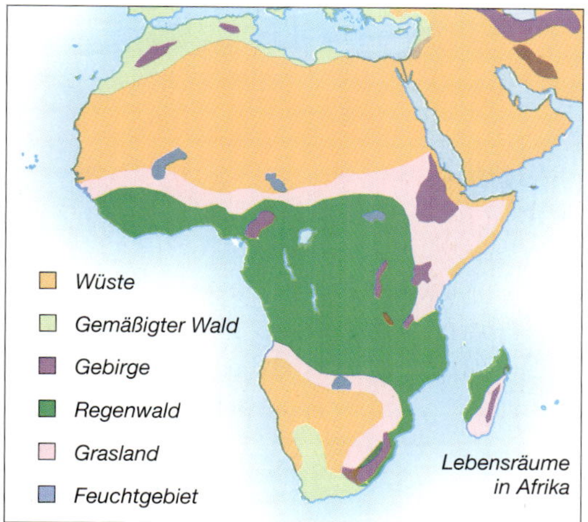

Lebensräume in Afrika

DIE TIERWELT AFRIKAS ist sehr artenreich. In Afrika lebt der Gepard, der schnellste Läufer unter den Tieren. In Flüssen, Seen und Sümpfen lauern Nilkrokodile. Große Herden von Gnus, Zebras und Büffeln streifen durch die Savannen, auf denen auch die Elefanten, die größten Landtiere, und die Strauße, die größten Vögel, anzutreffen sind. Die Regenwälder Zentralafrikas sind die Heimat der Gorillas und der Schimpansen. Die Wüsten Kalahari und Namib zählen zu den trockensten Gebieten der Erde. Trotzdem leben auch hier Tiere, z.B. Skinke oder Schlangen. Obwohl viele Waldflächen in Kulturland umgewandelt wurden, gibt es in Afrika noch viele Landstriche, die vom Menschen kaum erschlossen sind.

NATIONALPARKS
Viele ursprüngliche Landschaften Afrikas wurden zerstört, um Holz zu gewinnen und Felder anzulegen. Der Korup-Nationalpark in Kamerun ist einer der am wenigsten geschädigten tropischen Regenwälder Afrikas und steht unter Schutz.

GIRAFFE
Die Giraffe ist das höchste Tier der Welt. Bei einem großen Giraffenbullen kann die Scheitelhöhe 5 m betragen. Dank der langen Beine und des langen Halses erreichen Giraffen höhere Bereiche der Baumkronen als andere Huftiere. Der Schwanz mit dem langen Haarbüschel dient als Fliegenwedel.

SAVANNE
Die mit Gras bewachsenen Ebenen Afrikas nennt man Savannen. Auf ihnen leben viele große Säugetiere, u.a. Elefanten, Nashörner, Zebras und Löwen. Die Savannen bedecken fast ein Viertel der Fläche Afrikas.

Kopf und Hals des Ohrengeiers sind kahl. Er ernährt sich von Aas (toten Tieren).

Der Sekretär ist ein Greifvogel der Savanne. Er frisst Schlangen.

Zwei Flusspferdbullen kämpfen um ein Revier.

HYÄNE
Hyänen sind nachtaktiv und ernähren sich von Aas und von Tieren, die sie selbst erjagen, darunter Ziegen und andere Säugetiere, Vögel und Schlangen, sowie von Früchten. Hyänen sehen zwar Hunden ähnlich, sind aber näher mit den Schleichkatzen verwandt.

Gewässer und Sümpfe

An den Gewässern und in den Sümpfen Afrikas leben zahlreiche Reiher, Pelikane, Flamingos und andere Wasservögel. Im Wasser schwimmen Lungenfische und Buntbarsche. In der Wüste Kalahari liegt die größte Oase der Welt: das Okavango-Becken, in dem Krokodile und Flusspferde leben.

ERDMÄNNCHEN
Erdmännchen sind Mangusten. Sie ernähren sich von Insekten, Eidechsen und anderen kleinen Tieren. Wenn die Nahrung knapp wird, ziehen die Erdmännchen um. Sie leben gesellig in Erdbauen.

Erdmännchen halten in der Nähe des Baues nach Fressfeinden Ausschau.

FLUSSPFERD
Ein erwachsenes Flusspferd kann über 2,7 t wiegen. Damit zählen Flusspferde zu den schwersten Landtieren. Tagsüber wälzen sie sich im Schlamm oder baden in Flüssen und Seen. Gerne tauchen sie so tief ein, dass nur ihre Ohren, Augen und Nasenlöcher herausschauen. Nachts kommen sie an Land und grasen am Ufer.

SCHUPPENTIER
In Afrika und Asien gibt es sieben Arten von Schuppentieren. Sie leben in Grasland und Wäldern und fressen Ameisen, die sie mit der klebrigen Zunge auflecken. Bei Gefahr rollen sich die Tiere zu einem Ball zusammen. Die überlappenden Schuppen sind ein zusätzlicher Schutz.

Käfer und andere kleine Tiere fressen im Boden enthaltene Nährstoffe.

Siehe auch
ELEFANTEN
KATZEN, GROSSKATZEN
TIERE, MARSCHLAND UND SÜMPFE

ALTES ÄGYPTEN

DIE FRUCHTBAREN BÖDEN im Tal des Nils bildeten die Grundlage für die Entwicklung der altägyptischen Zivilisation, die vor mehr als 5000 Jahren entstanden ist und über 3000 Jahre Bestand hatte. Die Pharaonen regierten das Land mit Hilfe der Beamten, den so genannten Wesiren, die Steuern eintrieben und als Richter tätig waren. Die alten Ägypter verehrten viele Gottheiten und glaubten, nach dem Tod ins Jenseits zu gelangen. Die Pharaonen ließen für sich selbst kunstvolle Grabstätten errichten. Am bekanntesten sind die großen Pyramiden. Die alten Ägypter machten auch auf dem Gebiet der Medizin wichtige Entdeckungen. Mit der Zeit ging jedoch auch diese Zivilisation unter. Im Jahr 30 v. Chr. eroberten schließlich die Römer das ägyptische Reich.

PHARAONEN
Die Herrscher Ägyptens hießen Pharaonen, was so viel wie »Großes Haus« bedeutet. Sie galten als Gottheiten und hatten absolute Macht: Ihnen gehörte das ganze Land. Nach dem Glauben der Menschen waren sie Söhne des Sonnengottes Re. Diese Totenmaske (oben) zeigt den Pharao Tutanchamun, der mit nur 18 Jahren starb.

Das Innere der Großen Pyramide

PYRAMIDEN

Die Ägypter glaubten an ein ewiges Leben nach dem Tod. Die Leichen der Pharaonen wurden einbalsamiert und dann in Pyramidengräbern bestattet. Die ersten Pyramiden hatten Stufen. Die Menschen glaubten, dass der Geist des toten Königs die Treppen hinauf stieg, um an der Spitze zum Sonnengott zu gelangen. Später wurden die Pyramiden mit glatten Seiten errichtet. Oft wurden jedoch die Pyramiden ausgeraubt, weshalb später die Pharaonen im Tal der Könige in unmarkierten Gräbern bestattet wurden, die Tag und Nacht bewacht waren.

Die Ausschnitte zeigen, wie Götter darüber befinden, ob der Tote in das Jenseits darf.

Maler schmückten die Wände der Königsgräber mit Szenen von Göttern und aus dem Jenseits.

Ein Gemälde der damaligen Zeit zeigt den Viehtransport auf dem Nil mit breiten Booten.

HANDEL UND TRANSPORT
Der schnellste Transportweg in Ägypten war das Wasser. Die Boote transportierten die Waren auf dem Nil, und die ägyptischen Händler bereisten mit Booten aus Holz und Schilf die Häfen im östlichen Mittelmeer und am Roten Meer. Sie tauschten Gold, Getreide und Papyrus gegen Silber, Eisen, Pferde, Zedernholz und Elfenbein ein.

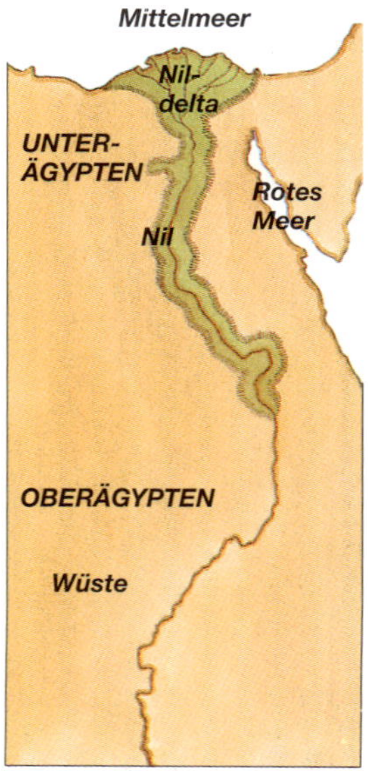

DER NIL

Jedes Jahr tritt der Nil über die Ufer und überschwemmt das Land mit Wasser und fruchtbarem Schlick. Diese Überflutung des Niltals machte das Land etwa 10 km beiderseits des Flusses sehr fruchtbar. Die Ägypter richteten ihre Landwirtschaft auf den Nil aus und bewässerten die Felder mit dem Nilwasser. Die Wüste beiderseits des Niltals war ein natürlicher Verteidigungsschutz und eine reiche Quelle für Mineralien und Gesteine.

Königsgräber wurden mit Lebensmitteln, Schmuck, Kleidung, Waffen, Werkzeug und Statuen von Dienern ausgestattet.

Das Innere eines Grabes

Bauern und Fischer

Die meisten Ägypter waren Bauern, die für Priester, reiche Landherren oder für den Pharao arbeiteten. Sie wurden mit Getreide bezahlt. Sie bewässerten das Land mit aufgestautem Wasser oder mit einem Wasserhebegerät, Shaduf genannt. Angebaut wurden Emmer für Brot, Gerste für Bier, Bohnen, Zwiebeln, Datteln, Melonen und Gurken. Daneben fingen sie Fische aus dem Nil.

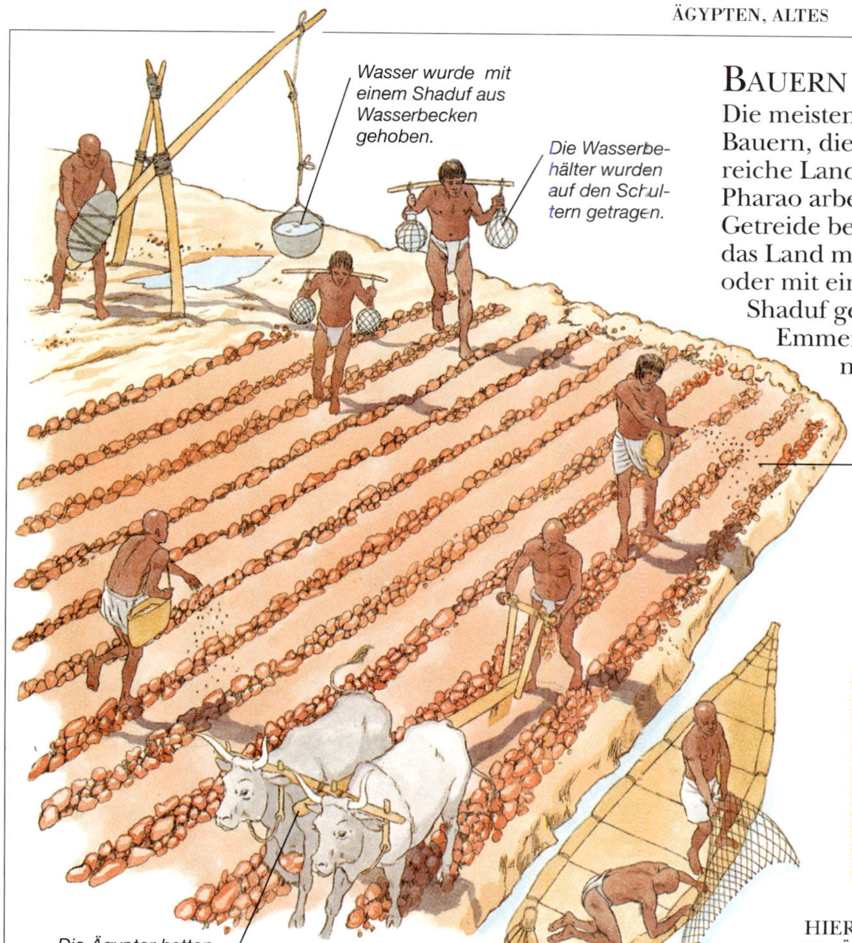

NOFRETETE
Nofretete war Gattin des Pharaos Echnaton, der von 1367–1355 v. Chr. Ägypten regierte. Sie hatte einen großen Einfluss auf die Politik ihres Mannes. Sonst waren die einzigen wichtigen Frauen nur die Priesterinnen.

HIEROGLYPHEN
Die Ägypter entwickelten die Bilderschrift oder Hieroglyphen um 3000 v. Chr. Zunächst wurde jedes Objekt durch sein Bild oder Piktogramm dargestellt. Später nahmen einzelne Bilder auch den Wert eines Lautes an, ähnlich den heutigen Buchstaben. So konnte gezeigt werden, wie man ein Wort ausspricht.

MEDIZIN UND MAGIE
Ägyptische Ärzte waren die ersten, die den menschlichen Körper wissenschaftlich untersuchten. Sie führten auch Zahnbehandlungen durch. Viele »Behandlungen« waren jedoch eher Zauberei.

Skarabäuskäfer waren den Ägyptern heilig. Sie benutzten sie als Amulette gegen Krankheiten.

Kopfstütze als Amulett

Dieses altägyptische Wandrelief zeigt medizinische Instrumente.

ALTES ÄGYPTEN

um 10 000–5000 v. Chr. Erste Dörfer am Nilufer. Langsames Emporkommen der Königreiche Ober- und Unterägypten.

um 2630 v. Chr. Erste Stufenpyramide in Sakkara.

um 2575 v. Chr. Zur Zeit des Alten Reiches wird Kupfer durch Bronze ersetzt. Pyramiden in Gise. Leichen werden einbalsamiert.

um 2134 v. Chr. Ende des Alten Reiches aufgrund von Machtkämpfen.

um 2040 v. Chr. Beginn des Mittleren Reiches. Adlige aus Theben einen das Land. Eroberung Nubiens.

um 1640 v. Chr. Ende des Mittleren Reiches.

1550 v. Chr. Beginn des Neuen Reiches. Ständige Armee.

1400 v. Chr. Ägypten auf dem Höhepunkt seiner Macht.

1070 v. Chr. Die Macht Ägyptens beginnt zu schwinden.

332 v. Chr. Alexander der Große erobert Ägypten.

51 v. Chr. Herrschaft Kleopatras.

30 v. Chr. Ägypten wird zur römischen Provinz.

MUMIEN

Die Ägypter dachten, wenn sie den Körper nach dem Tod präparierten, würden sie ewig »leben«. So machten sie Mumien – Leichen, die nicht verwesten. Balsamierer entnahmen dem Toten Leber, Lunge und Gehirn, ließen aber das Herz im Körper. Danach bedeckten Sie die Haut mit Natron, um sie auszutrocknen, und umwickelten schließlich den Leichnam mit Leinenbinden.

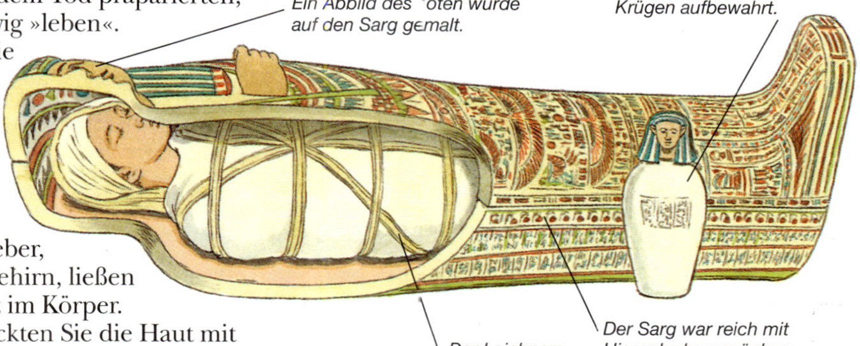

Siehe auch
AFRIKA, GESCHICHTE
ALPHABETE
ARCHÄOLOGIE
KATZEN

ALEXANDER DER GROSSE

ALEXANDER
Alexander (356–323 v. Chr.) war ein mutiger und intelligenter junger Mann. Er war Schüler des griechischen Philosophen Aristoteles, der ihn die griechische Kultur lehrte.

UM 323 V. CHR. BEHERRSCHTE EIN MANN den größten Teil der damals bekannten Welt. Er gründete ein Reich, das sich von Kleinasien (heutige Türkei) bis nach Indien erstreckte. Der Name des Königs war Alexander, heute kennt man ihn als Alexander den Großen. Er war Sohn von König Philipp II., dem Herrscher Makedoniens, eines kleinen griechischen Königreichs. Philipp wurde 336 v. Chr. ermordet und Alexander bereits mit 20 Jahren zum König ernannt. Alexander war auch ein ehrgeiziger und sehr guter Feldherr. Im Jahr 334 v. Chr. eroberte er das große Persische Reich des Königs Dareios III. Nach mehreren großen Siegen schuf Alexander dann ein riesiges Reich, das sich von Ägypten im Westen bis nach Indien im Osten erstreckte. Als Alexander mit nur 33 Jahren starb, hatte er seine Truppen 19000 km weit geführt und die griechische Kultur in der damals bekannten Welt verbreitet. Nach seinem Tod wurde das Reich geteilt. Er gilt als einer der größten Feldherren der Geschichte.

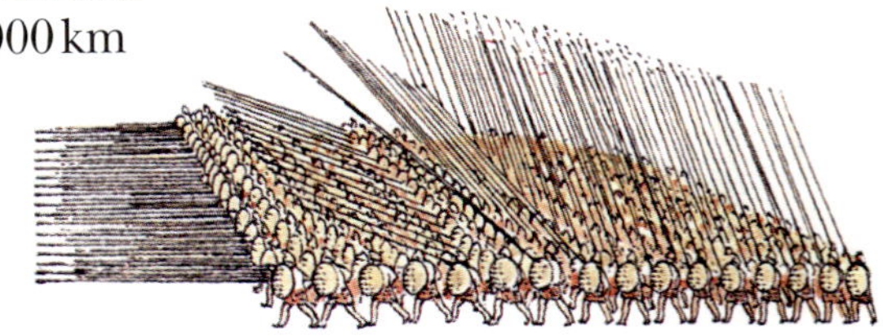

PHALANX
Die Truppen, mit denen Alexander Persien eroberte, bestanden vorwiegend aus Infanterie (Fußsoldaten), die mit langen Speeren bewaffnet waren. Die Infanterie kämpfte in einer Schlachtordnung, die man Phalanx nennt. Die Männer standen eng zusammen und richteten die Speere auf den Feind.

BUKEPHALOS
Alexander ritt bei den Schlachten auf seinem Lieblingspferd Bukephalos. Der Sage nach war Bukephalos ein wildes Pferd, das nur Alexander gehorchte. Nach Bukephalos' Tod baute Alexander ein Denkmal und errichtete ihm zu Ehren die indische Stadt Bukephala, die heute Jalalpur heißt.

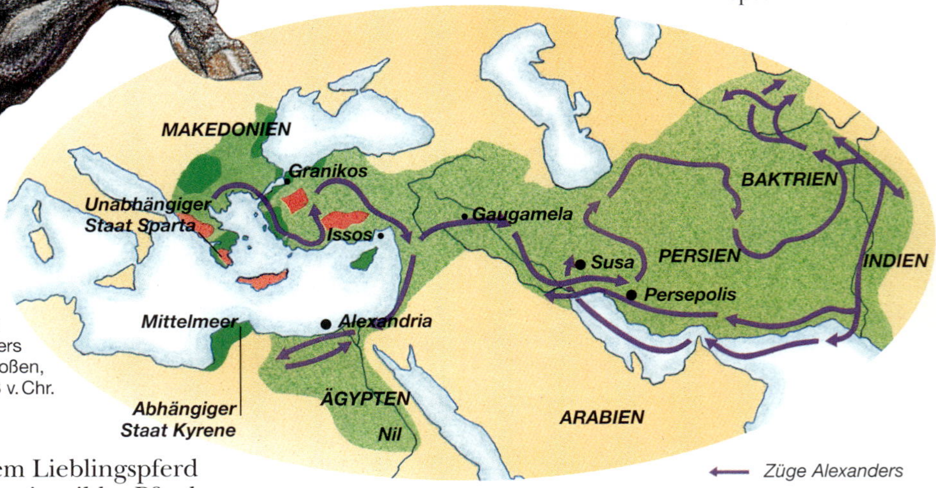

Das Reich Alexanders des Großen, 334–323 v. Chr.

ALEXANDRIA

Im Jahr 332 v. Chr. gründete Alexander die nach ihm benannte Stadt Alexandria an der ägyptischen Mittelmeerküste. Sie entwickelte sich bald zu einer wichtigen Hafenstadt und zu einem Zentrum der griechischen Kultur, weshalb sie Dichter und Gelehrte aus aller Welt anzog. Heute ist Alexandria die zweitgrößte Stadt Ägyptens.

Nach Alexanders Tod gründete Ptolemaios I. Soter, Herrscher von Ägypten, in Alexandria eine große Bibliothek. Sie enthielt mehr als 500 000 Buchrollen. 2002 wurde auf dem Gelände der Bibliothek des Altertums der Neubau der Bibliotheca Alexandrina eröffnet.

SCHLACHTEN
Alexander zog in viele Schlachten. Meist hatte er weniger Soldaten als der Feind, er gewann aber dennoch, da seine Männer besser ausgebildet und besser ausgerüstet waren. Bei der Schlacht von Issos 333 v. Chr. schlug Alexander mit 36000 Mann Dareios und dessen 110000 Soldaten. Zwei Jahre später bezwang er bei der Schlacht von Gaugamela Dareios erneut, obwohl dieser 100000 Soldaten hatte, Alexander aber nur 45000.

Siehe auch
GRIECHENLAND, ALTES

Alphabete

Für ihre ersten schriftlichen Aufzeichnungen benutzten die Menschen kein Alphabet. Statt dessen stellten sie die Objekte, über die sie schrieben, bildhaft dar. Diese Bilderschrift war sehr umständlich, da für jedes Wort ein eigenes Bild stand. Ein Alphabet besteht nicht aus Bildern, sondern aus Buchstaben oder Zeichen, welche die Laute einer Sprache repräsentieren. Durch die Aneinanderreihung dieser Zeichen werden gesprochene Wörter schriftlich nachgebildet. Der Mensch kann beim Sprechen ungefähr 35 unterschiedliche Laute erzeugen. Also reichen maximal 35 Buchstaben aus, um jedes Wort damit schreiben zu können. Das erste moderne Alphabet entwickelten die Phönizier, die vor etwa 3000 Jahren im heutigen Syrien lebten. Die Griechen übernahmen dieses Alphabet, das dann von den Römern weiterentwickelt wurde. Heute ist das römische Alphabet fast überall auf der Welt im Gebrauch.

Die Römer stellten auch die Zahlen mittels Buchstaben dar. C steht z. B. für hundert.

In jedem Alphabet erscheinen die Buchstaben in einer festen Reihenfolge. Wörterbücher, Telefonbücher und andere Nachschlagewerke sind alphabetisch geordnet. Das erleichtert das Auffinden der Einträge.

Beim so genannten Bleisatz werden die einzelnen Buchstaben, die Typen, auf das Papier gedruckt.

Den Buchstaben W kannten die Römer nicht. Für das J verwendeten sie das I und für U schrieben sie V.

abcdefghi
jklmnopqr
stuvwxyz

GROSS- UND KLEINBUCHSTABEN
Die Römer kannten nur Großbuchstaben. Kleinbuchstaben tauchten erstmals nach dem 8. Jh. auf. Im Deutschen werden Satzanfänge, Hauptwörter und Eigennamen groß geschrieben. Großbuchstaben werden auch in Abkürzungen verwendet, so in BRD für Bundesrepublik Deutschland.

.,;?!éäêç

SATZZEICHEN UND ANDERE SONDERZEICHEN
Neben den Buchstaben werden beim Schreiben auch Satzzeichen verwendet, so z. B. ein Punkt am Ende des Satzes. Die Pünktchen auf den Umlauten im Deutschen und die Accents im Französischen geben an, wie der Laut ausgesprochen wird.

Römisches Alphabet

Das im Deutschen und anderen europäischen Sprachen verwendete Alphabet basiert auf dem römischen, das ursprünglich aus 23 Buchstaben bestand. Auch einige Sprachen im Fernen Osten benutzen dieses Alphabet.

АБВГДЕЁЖЗИЙКЛМНОПРСТУФХЦЧШЩЪЬЫЭЮЯ
Kyrillisch (Russland)

Α Β Γ Δ Ε Ζ Η Θ Ι Κ Λ Μ Ν Ξ Ο Π Ρ Σ Τ Υ Φ Χ Ψ Ω
Griechisch

अ आ इ ई उ ऊ ए ऐ ओ औ ऋ क ख ग घ ङ च छ ज झ ञ ट ठ ड ढ ण त थ
द ध न प फ ब भ म य र ल व श ष स ह क्ष त्र ज्ञ श्र
Hindi (Indien)

MODERNE ALPHABETE
Neben dem römischen werden heute auch noch weitere Alphabete verwendet. Diverse andere Sprachen benutzen auch andere Zeichen zur Wiedergabe ähnlicher Laute. Die Wörter werden dabei ganz anders geschrieben und gelesen als im römischen Alphabet. So lesen die Japaner eine Zeile von rechts nach links oder, was auch möglich ist, die Seite von oben nach unten.

DER STEIN VON ROSETTE
Die Bilderschrift der alten Ägypter basiert auf Hieroglyphen. Die Bedeutung dieser Zeichen geriet vor 1600 Jahren in Vergessenheit, sodass ägyptische Dokumente unlesbar waren – bis 1799, als französische Soldaten eine bemerkenswerte Entdeckung machten. In der Nähe der ägyptischen Hafenstadt Rosette fanden sie einen Stein mit einem eingravierten Text. Der Hieroglyphenschrift war eine Übersetzung ins Altgriechische beigegeben. Auf diese Weise konnten Gelehrte die Bedeutung der Hieroglyphen entziffern.

KEILSCHRIFT
Vor etwa 5000 Jahren entstand in Mesopotamien (im heutigen Irak) die Keilschrift, eine Bilderschrift, die in ihrer weiteren Entwicklung dem alphabetischen System sehr nahe kam. Da man in Mesopotamien noch über kein Papier verfügte, ritzte man die Schriftzeichen mit einem keilförmigen Instrument in feuchten Ton. Daher der Name der Schrift.

Chinesische Piktogramme

In der chinesischen Schrift bezeichnen Piktogramme auch abstrakte Begriffe. Jedem einzelnen Wort entspricht ein Zeichen.

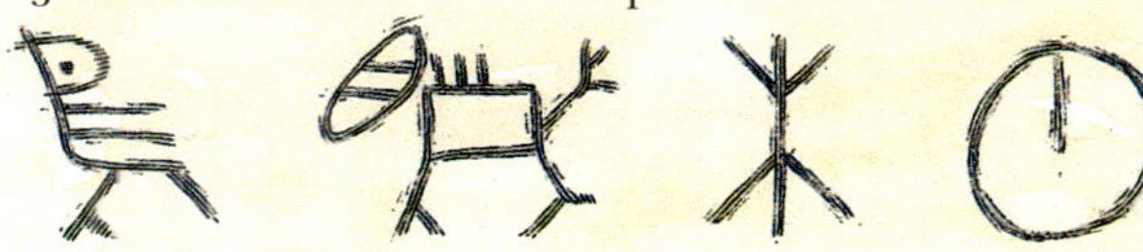

Siehe auch
Ägypten, Altes
Babylonier
Bronzezeit
Phönizier
Sprachen
Symbole und Zeichen

Ameisen und Termiten

AMEISENKOPF
Diese baumbewohnende Ameise frisst nur Insekten und hat deshalb einfache Kiefer. Kräftigere Kiefer haben Ameisen und Termiten, die Holz zerkleinern.

AUF DER ERDE leben mindestens 9000 Arten von Ameisen und 2750 Arten von Termiten. Uns Menschen fasziniert an diesen winzigen Tieren wohl am meisten, dass sie regelrechte Staaten bilden. Sie leben in großen Gruppen, so genannten Kolonien, in denen jedes Tier eine besondere Aufgabe hat. Die Königin, das einzige fruchtbare Weibchen, paart sich mit einem Männchen und verbringt den Rest ihres Lebens damit, Eier zu legen. Die Arbeiter sammeln Nahrung und ziehen den Nachwuchs auf. Soldaten bewachen den Bau und die Arbeiter. Ameisen ernähren sich von tierischer und pflanzlicher Nahrung (u. a. von Raupen, Blättern und Pilzen). Termiten fressen v. a. Pflanzenteile und sind wichtige Wiederverwerter.

AMEISENHÜGEL
Die meisten Eingänge eines Ameisenbaus liegen unter der Erde. Eier, Larven und Puppen werden in getrennten Bereichen aufbewahrt. Soldaten bewachen die Eingänge. In einem großen Bau leben etwa 100 000 Ameisen.

Termitenhügel

Viele Termiten legen sich in toten Bäumen oder unter der Erde Baue an. Manche Arten schaffen sich richtige Städte: Sie häufen einen Hügel an, der vielen Millionen Termiten Platz bietet. In heißen Regionen haben die Termitenhügel Tunnel und Belüftungslöcher und können über 6 m hoch sein. Oft werden sie mehr als 50 Jahre lang bewohnt. Ihre dicken Wände halten Fressfeinde fern. Die Königin eines Ameisen- oder Termitenvolks lebt gut geschützt in einer Kammer tief im Inneren des Baues.

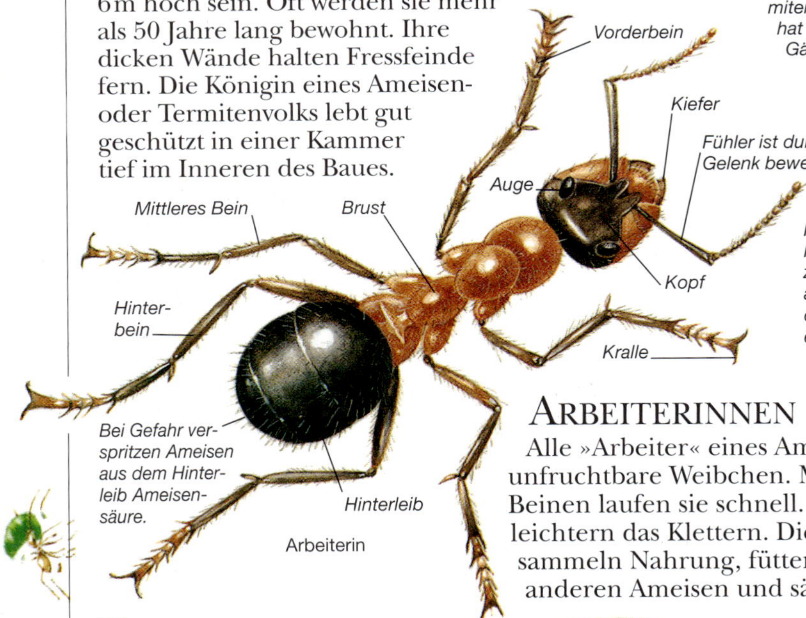

Arbeiterin

Arbeiterinnen

Alle »Arbeiter« eines Ameisenvolkes sind unfruchtbare Weibchen. Mit den langen Beinen laufen sie schnell. Die Krallen erleichtern das Klettern. Die Arbeiterinnen sammeln Nahrung, füttern damit die anderen Ameisen und säubern den Bau.

TERMITEN
Die Königin und die männlichen Termiten haben Flügel. Sie paaren sich im Flug. Die Königin wird den Bau danach nie wieder verlassen und wird von Arbeitern betreut. Eine männliche Termite, der »König«, ist größer als die Arbeiter. Er bleibt bei der Königin.

Treiberameisen

Die südamerikanischen Treiberameisen haben keine Baue. Das ganze Volk marschiert als Kolonie durch den Regenwald, frisst Insekten und greift auch größere Tiere an.

BLATTSCHNEIDERAMEISEN
Ameisen können Lasten tragen, die schwerer sind als sie selbst. Blattschneiderameisen schneiden Stücke aus Blättern und tragen sie zu ihrem unterirdischen Nest. Sie kauen die Stücke, bis eine Art Kompost entsteht, auf dem sie die Pilze ziehen, von denen sie sich ausschließlich ernähren.

Siehe auch
Afrika, Tiere
Insekten
Ökosysteme
Tiere

AMPHIBIEN

AMPHIBIEN SIND EINE KLASSE von Wirbeltieren, die sowohl auf dem Land als auch im Wasser leben kann. Zu ihr gehören Frösche, Kröten, Salamander, Molche und Blindwühlen. Amphibien gibt es schon seit Millionen von Jahren. Sie kommen weltweit vor, außer in der Antarktis und auf Grönland. Frösche sind die verbreitetsten Amphibien. Man trifft sie in Wüsten ebenso an wie in Regenwäldern und Gebirgen. Die beinlosen Blindwühlen dagegen findet man nur in den Tropen und Subtropen. Sie leben in der Erde oder im Wasser. Frösche haben lange Beine und können schwimmen, springen und auf Bäume klettern. Die meisten Amphibien vermehren sich im Wasser, in das sie Laich (Eier) ablegen. Daraus schlüpfen die Kaulquappen (Larven). In diesem Stadium atmen sie durch Kiemen. Die erwachsenen Tiere haben Lungen, mit denen sie an Land atmen können.

Die Augen der Frösche sind so scharf, dass sie damit Beute entdecken und Entfernungen abschätzen.

Bei der Landung wirken die Vorderbeine als Stoßdämpfer.

Klebrige Zehen

METAMORPHOSE

Einige Amphibien legen ihren Laich im Wasser ab. Andere legen ihre Eier außerhalb von Gewässern auf Blätter oder in Erdlöcher. Aus dem Laich schlüpfen beinlose Kaulquappen. Mit der Zeit bilden sie Glieder aus. Allmählich werden sie zu Fröschen. Dann klettern sie an Land. Diesen Vorgang nennt man Metamorphose.

Nach dem Schlüpfen schwimmt die Kaulquappe und atmet mit Kiemen.

Glieder und die Lunge bilden sich. Die Kaulquappe schnappt an der Oberfläche nach Luft.

Etwa 16 Wochen nach dem Schlüpfen verlässt der Frosch das Wasser.

Der Schwanz wird kleiner und verschwindet.

ROTAUGENFROSCH

Baumfrösche haben längere und schlankere Körper als Frösche, die vorwiegend im Wasser leben. In den Hinterbeinen hat ein Frosch viel Kraft. Er kann damit weit springen und gut schwimmen. Der Rotaugenfrosch (oben) hat an den Zehen klebrige Polster, mit denen er an Blättern Halt findet. Rotaugenfrösche sind vom Aussterben bedroht.

Feuersalamander

SALAMANDER

Nach dem Kaulquappenstadium klettert der Feuersalamander an Land und lebt von da an in feuchten Wäldern unter totem Laub. Die Weibchen kehren zum Wasser zurück, um dort zehn bis 15 lebende Junge zu gebären. Früher glaubte man, Feuer könne ihnen nichts anhaben; daher der Name.

Geknöpfter Krokodilmolch

MOLCHE

Salamander und ihre nächsten Verwandten, die Molche, gehören zur Ordnung der Schwanzlurche und erinnern von der Gestalt her an Echsen. Viele Molche bekommen in der Brutzeit leuchtende Farben. Diese Färbung warnt Fressfeinde, denn die Haut der Molche enthält Drüsen, die Gifte oder übel schmeckende Säfte produzieren.

Zipfelkrötenfrosch

AGA-KRÖTE

Die Aga-Kröte stammt aus Mittel- und Südamerika. In den 30er-Jahren des 20. Jh. führte man sie in Australien ein, um Schädlinge der Zuckerrohrfelder zu bekämpfen. Die Kröte verbreitete sich in starkem Ausmaß und gilt heute selbst als Schädling.

Die Aga-Kröte erreicht bis zu 23 cm Körperlänge.

Tomatenfrosch

Siehe auch

ARTENSCHUTZ
AUSTRALIEN, TIERE
TIERE

Antarktis

Die am südlichsten Punkt der Erde gelegene Antarktis bedeckt eine Fläche von etwa 14 Mio. km². Die nächstgelegenen Landmassen sind Südamerika und Neuseeland. Höchster Punkt ist das 4897 m hohe Vinson-Massiv.

Der Kontinent Antarktis, flächenmäßig größer als die USA, hat eine riesige, bis zu 2 km dicke Eisschicht. Er liegt um den Südpol herum und ist vom eisbedeckten Südpolarmeer umgeben. Starke Winde formen um den Kontinent herum einen Sturmgürtel und bringen Nebel und schwere Blizzards. Dies ist die kälteste und windigste Region der Erde. Selbst in den kurzen Sommern klettert die Temperatur kaum über den Gefrierpunkt, und das Meereseis schmilzt nur teilweise. Im Winter können die Temperaturen bis auf –80 °C sinken. An Land leben nur wenige Tiere und Pflanzen, aber in den Meeren wimmelt es von Fischen und Säugetieren. Wegen des rauen Klimas gibt es in der Antarktis keine ständigen Bewohner, sondern nur Wissenschaftler auf Forschungsstationen sowie Touristen. Tourismus und Forschungstätigkeiten werden sorgfältig überwacht, damit es durch sie zu keiner Umweltverschmutzung kommt. Weitere Umweltprobleme sind die Überfischung und die Zerstörung der Ozonschicht über der Antarktis.

Durch Peilsender können Forscher die Bewegungen der Pinguine verfolgen.

ANTARKTISCHE TEMPERATUREN

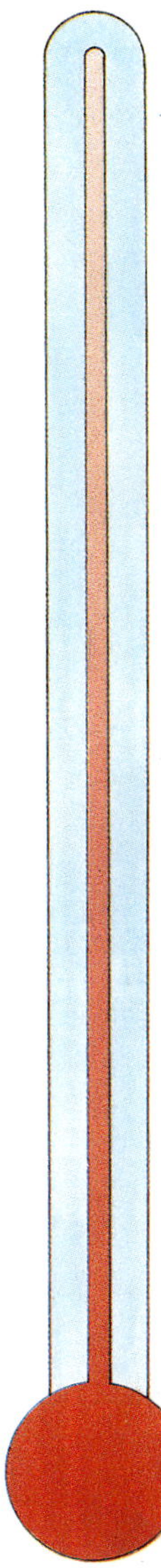

2 °C Meerwasser gefriert. An der Antarktisküste sind die Sommertemperaturen nur etwa ein Grad wärmer.

–25 °C Stahl kristallisiert und wird spröde.

–40 °C Synthetischer Gummi wird brüchig, der Kälte ausgesetzte Haut gefriert rasch.

–89 °C Tiefste jemals aufgezeichnete Temperatur, Wostok-Forschungsstation, Antarktis, 1983.

Forschungstätigkeit

Es gibt 40 ständige und etwa 100 zeitweilige Forschungsstationen in der Antarktis, die sich mit Projekten von 15 verschiedenen Ländern befassen. Forscherteams untersuchen die Tiere und Pflanzen und beobachten das Eis bezüglich der Veränderungen in der Erdatmosphäre. Der Antarktisforschung verdanken wir eine Reihe wichtiger Entdeckungen, wie zum Beispiel das Loch in der Ozonschicht über dem Kontinent.

TOURISMUS

Kreuzfahrtschiffe bringen Touristen seit den 50er-Jahren in die Antarktis. Seit 1983 fliegt man von Chile aus zum King George Island, wo ein Hotel für Urlauber gebaut wurde. Jedes Jahr kommen mehrere tausend Touristen in die Antarktis. Sie wollen die spektakuläre Landschaft und einzigartige Tiere wie die Königspinguine erleben.

Platin

Eisen

Gold

BODENSCHÄTZE

In der Antarktis gibt es reiche Vorkommen von Mineralien wie Gold, Kupfer, Uran und Nickel. Doch ihre Gewinnung kann die empfindliche Umwelt der Polarregion schädigen.

Siehe auch

Gletscher
Inuit
Kontinente
Polarforschung
Tiere, Polargebiete

Vulkan	Berg	Historische Stätte	Hauptstadt	Großstadt	Stadt	Forschungsstation

WALSCHUTZ

Die großangelegte Waljagd in den antarktischen Meeren begann im 20. Jh. Bald ging die Walpopulation zurück, und 1948 wurde die Internationale Walfangkommission (IWC) zu ihrer Überwachung gegründet. Nach einem internationalen Abkommen von 1994 wurde ein Walschutzgebiet geschaffen, um die Nahrungsgründe der Wale vor Überfischung zu schützen.

FAKTEN

Fläche: 13 900 000 km²

Einwohner: keine ständigen Bewohner

Hauptstadt: keine

Sprachen: Englisch, Spanisch, Französisch, Norwegisch, Chinesisch, Polnisch, Russisch, Deutsch, Japanisch

Währung: keine

Haupterwerbszweige: wissenschaftliche Forschung

Hauptexportgüter: keine

Hauptimportgüter: keine

ANTARKTISCHES EIS

Eisberge versperren über 90 Prozent der antarktischen Küstenlinie. Der Kontinent enthält über 80 Prozent des Süßwassers der Erde in Form von Eis.

AUSLÄNDISCHE TERRITORIEN

Verschiedene Länder – Australien, Frankreich, Neuseeland, Norwegen, Argentinien, Chile und England – beanspruchten Gebiete in der Antarktis, als sie im 19. Jh. entdeckt wurde. Doch diese Ansprüche wurden nach dem Antarktisvertrag von 1959 aufgehoben, der 1961 in Kraft trat. Danach darf der Kontinent nur für friedliche Zwecke genutzt werden. Forschungsstationen dürfen errichtet werden, Militärbasen sind verboten.

ZUGEFRORENE MEERE

In den kalten Wintermonaten frieren die Meere um die Antarktis zu, sodass sich die Größe des Kontinents fast verdoppelt.

LAMBERTGLETSCHER

Der Lambertgletscher ist die größte Gletscherkette der Erde. Er ist an der Küste 80 km breit und reicht 300 km ins Landesinnere.

PETER-I.-INSEL (norweg.)

TRANSANTARKTISCHES GEBIRGE

Das Transantarktische Gebirge verläuft quer über den Kontinent und teilt ihn in Groß- und Kleinantarktika.

ROSS-SCHELFEIS

Schelfeis ist eine schwimmende Eisschicht, die mit dem Land verbunden ist und ständig durch Gletscher genährt wird. Das Ross-Schelfeis ist 180–915 m dick und etwa 970 km lang.

Archäologie

Wenn ein Archäologe die Erde von einem zerbrochenen Krug abbürstet, ist es so, als würde er die Zeit abbürsten. Die Archäologie ist die Wissenschaft von den Resten vergangener Kulturen. Geschichtswissenschaftler oder Historiker arbeiten mit schriftlichen Dokumenten, während Archäologen an Gegenständen forschen. Sie suchen im Boden oder unter Wasser nach Knochen, Keramik und allem, was von unseren Vorfahren noch übrig geblieben ist. Sie suchen auch nach Samen, Feldgrenzen und anderen Zeichen, die auf die Landnutzung lange verschwundener Völker schließen lassen. Archäologen befassen sich aber nicht nur mit toten Menschen und vergrabenen Gegenständen. Sie helfen uns auch zu verstehen, was mit unserer Gesellschaft in Zukunft geschehen könnte: Die Archäologie hat gezeigt, dass menschliches Verhalten Klima und Umwelt so verändern kann, dass ganze Völker aussterben.

HEINRICH SCHLIEMANN
Der deutsche Archäologe Heinrich Schliemann (1822–1890) entdeckte 1870 die Reste von Troja in der Türkei. Er stellte auch die Grundregeln für Ausgrabungen auf, z. B. genaue schriftliche Aufzeichnungen. Er selbst befolgte aber nicht immer die Regeln. Durch seine Ungeduld zerstörte er manchmal die Schätze, nach denen er suchte.

Analyse

Die genaue Position der bei einer Ausgrabung entdeckten Objekte kann wichtige Informationen liefern. Aus diesem Grund zeichnen Archäologen alles genau auf, vermessen und analysieren es. Mit wissenschaftlichen Methoden wie der radioaktiven Datierung können sie das genaue Alter der viele tausend Jahre alten Objekte herausfinden.

Ausgrabung

Ausgrabungen liefern viele Informationen. Archäologen suchen die Ausgrabungsstätte aus, indem sie Luftbilder, alte Fotos, Karten, Dokumente oder Bodenmarkierungen auswerten. Die oberen Schichten tragen sie vorsichtig mit Kellen und anderen kleinen Instrumenten ab. Sie graben so lange weiter, bis sie Bodenschichten erreichen, die keine Spuren menschlicher Besiedlung mehr zeigen.

WERKZEUGE DER BRONZEZEIT
Archäologen finden oft Werkzeuge aus alten Zeiten. Das Beil und die Pfeilspitze (oben) stammen aus der Bronzezeit. Sie wurden vor schätzungsweise 3000 bis 8000 Jahren benutzt.

Stratifikation

Archäologen bestimmen mithilfe der Stratifikation das relative Alter der Fundstücke. Nach dem Prinzip der Stratifikation (Schichtung) sind ältere Gegenstände normalerweise in tieferen Schichten zu finden als neuere Objekte.

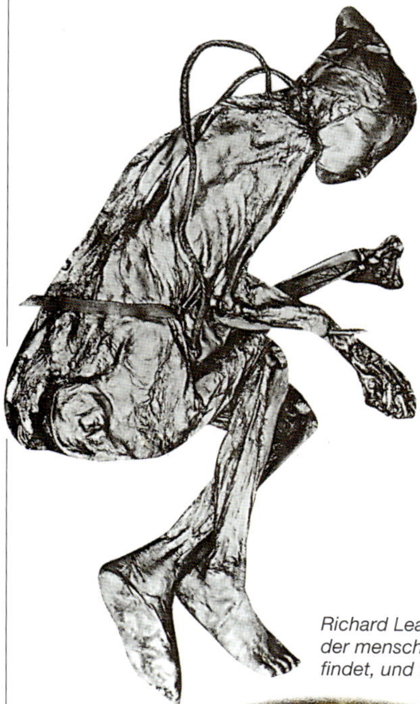

TOLLUND-MANN

Archäologen machten 1950 in Dänemark einen Aufsehen erregenden Fund: Sie entdeckten im Tollund-Moor die gut erhaltene Leiche eines Mannes. Der Mann wurde vor etwa 2000 Jahren gehängt und begraben. Normalerweise verwesen Leichen im Boden, doch der Torf im Moor hat den Tollund-Mann so gegerbt, dass sein Fleisch hart wie Leder wurde. Es waren viele Details erhalten – die Forscher konnten sogar erkennen, dass er zuletzt eine Art Haferbrei gegessen hatte.

LUFTBILDER

Die ersten Bilder aus der Luft wurden um 1920 aufgenommen. Für die Archäologie sind Luftbilder von Vorteil, da man aus der Höhe Spuren von Gebäuden, Straßen und Feldern erkennen kann, die am Boden unsichtbar sind.

Richard Leakey vermisst alle Teile der menschlichen Überreste, die er findet, und führt darüber Buch.

LEAKEY

Der Familie Leakey gelangen wichtige Entdeckungen über die Ursprünge der Menschen. Louis begann mit seiner Frau Mary um 1930 mit der Forschungsarbeit in der Olduvai-Schlucht in Tansania. Hier fanden sie 1,75 Mio. Jahre alte menschliche Überreste. Sie erkannten, dass die Entwicklung des Menschen in Afrika begann und nicht, wie vermutet, in Asien. Nach 1960 führte ihr Sohn Richard ihre Forschungen weiter. Er glaubt, dass die menschliche Rasse mehr als 2 Mio. Jahre alt ist.

Archäologen fanden bei der Erkundung des Wracks der Slava Rossi russische Ikonen (Heiligenbilder).

SCHIFFSWRACKS

In den letzten 50 Jahren ermöglichte die Entwicklung leichter Tauchgeräte den Archäologen, auch Fundstätten unter Wasser zu erkunden. Sie wenden dabei ähnliche Methoden an wie bei Ausgrabungen an Land. Die meisten Unterwasser-Archäologen suchen nach Schiffwracks, doch manchmal entdecken sie auch alte Gebäude und sogar ganze Städte früherer Zivilisationen.

Zu den im Grab des Tutanchamun gefundenen Gegenständen gehört diese Brosche in der Form eines Skarabäus-Käfers.

Howard Carter (links) fand den Sarkophag des Tutanchamun. Er war außerordentlich gut erhalten.

TUTANCHAMUN

Die Entdeckung des Grabes von Tutanchamun war eines der großartigsten Ereignisse der Archäologie-Geschichte. Tutanchamun war ein junger König, der vor 3500 Jahren über Ägypten herrschte. Der britische Archäologe Howard Carter (1873–1939) fand 1922 die reich ausgestattete Grabstätte im Tal der Könige. Rund um die Überreste des Königs lagen Schmuckstücke aus Gold und reich verzierte Möbel.

Siehe auch

Ägypten, Altes
Bronzezeit
Eisenzeit
Erdgeschichte,
Entwicklung des Menschen
Evolution
Fossilien
Geologie

Architektur

Diese um 200 v. Chr. erbaute indische Stupa oder Kuppel war ursprünglich ein Hügel über einer geweihten Stätte.

JEDES GEBÄUDE – ob Privathaus, Schule oder Flughafenterminal – wurde von einem Architekten geplant. Das Wort Architekt geht auf das griechische Wort für »Baumeister« oder »Zimmermann« zurück. Architekten wollen Gebäude entwerfen und errichten, die attraktiv, funktional und komfortabel sind. Mit Architektur bezeichnet man den Entwurf eines Gebäudes, aber auch den Baustil. Architekturstile ändern sich im Laufe der Zeit und von Kultur zu Kultur, verraten also viel über die Menschen. Die alten Griechen etwa errichteten einfache, ausgewogene Bauwerke, die ihre disziplinierte Lebensweise widerspiegelten. Architekten haben einen kreativen, künstlerischen Beruf, in dem sie sich aber auch immer nach den Vorstellungen ihrer Auftraggeber richten müssen.

447 v. Chr. entwarfen die griechischen Architekten Iktinos und Kallikrates den Parthenon in Athen, einen Tempel für die Göttin Athene. Mit seinen anmutigen Säulen ist er ein vollkommenes Beispiel klassischer Architektur.

Klassische Architektur

Die alten Griechen und Römer entwickelten einen Stil, den wir klassische Architektur nennen. Die meisten griechischen Bauwerke hatten Säulen, die ein Dach mit dreieckigem Giebel trugen. Bei diesen klassischen Säulen gab es verschiedene Stilformen. Alles war einfach und vollkommen ebenmäßig. Die Römer entwickelten dann Bogen, Kuppel und Gewölbe.

Elegant in mehreren Stufen gen Himmel strebende Pagoden wurden als Schreine für Buddha erbaut. Rechts die Pagode des Yakushi-ji-Tempels in Japan. Jedes Element des Bauwerks hatte ursprünglich eine religiöse Bedeutung.

Der Mailänder Dom in Italien (rechts) hat eine typisch spätgotische Architektur.

Gotische Architektur

Mit ihren vielen Spitzbögen, feinen Steinmetzarbeiten und komplexen Fenstern sind gotische Bauten das Gegenteil klassischer Schlichtheit. Der gotische Architekturstil entwickelte sich im 12. Jh. in Westeuropa und wurde vorwiegend beim Bau von Kathedralen und Kirchen angewandt. Die meisten gotischen Gebäude sind zwar groß, wirken jedoch mit ihren dünnen Wänden, Spitzbögen und großflächigen Buntglasfenstern leicht und filigran.

Frank Lloyd Wright

Der amerikanische Architekt Frank Lloyd Wright beeinflusste viele Architekten. Er wollte seine Bauten in ihre natürliche Umwelt einfügen und mit nur wenigen Wänden ein Raumgefühl erzeugen, sodass die Zimmer ineinander »fließen« konnten. In Bear Run im US-Staat Pennsylvania erbaute er Falling Water, ein Haus über einem Wasserfall.

Nach den Anweisungen des Bauherrn erstellt der Architekt eine Zeichnung (unten), die zeigt, wie das fertige Gebäude aussehen wird.

Architekten

Wer ein Haus bauen will, wendet sich an einen Architekten und schildert ihm seine Wünsche klar und präzise. Ein Architekt muss wissen, wozu das Gebäude dient, wie viele Menschen es benutzen werden und wie viel Geld zur Verfügung steht. Ein guter Architekt sorgt dafür, dass das neue Gebäude zu den existierenden Bauten in der Umgebung passt und aus geeigneten Materialien erbaut wird. Genehmigt der Kunde die Zeichnungen und Pläne des Architekten, kann mit dem Bau begonnen werden.

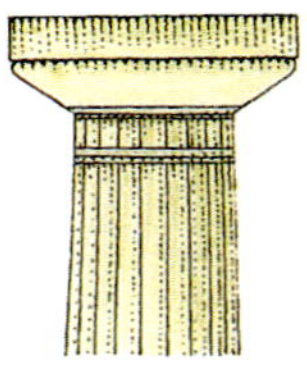

Dorische Säule

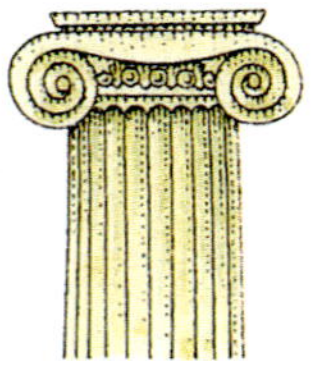

Ionische Säule

Korinthische Säule

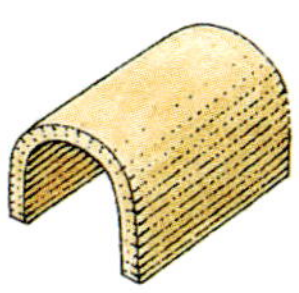

Tonnengewölbe

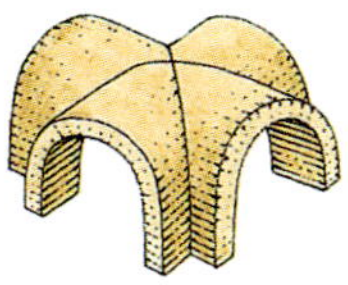

Kreuzgewölbe

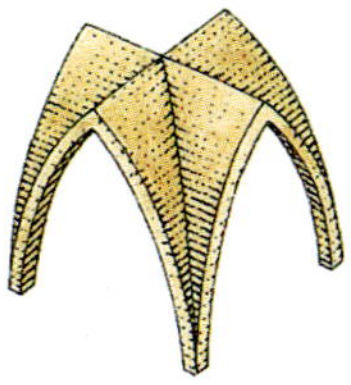

Kreuzrippengewölbe

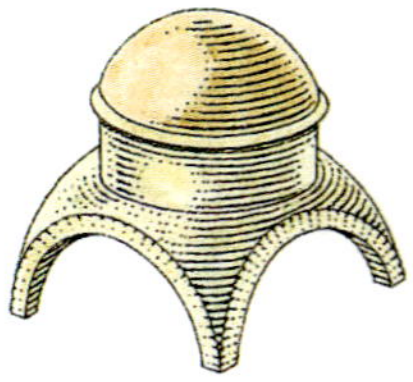

Kuppel

UNGEWÖHNLICHE ARCHITEKTUR

Manche Architekten entwerfen ausgefallene und wunderbare Gebäude, die wirklich einzigartig sind. In Marne-la-Vallée, einer neu angelegten Stadt außerhalb von Paris in Frankreich, gibt es viele ungewöhnliche, von verschiedenen kühnen Architekten entworfene Gebäude. Der Wohnkomplex links wirkt wie ein Monument, in dem Menschen leben können. Zwei kreisrunde Bauten stehen auf beiden Seiten eines zentralen Hofs. Der Wohnkomplex wurde von dem Spanier Manolo Nuñez-Yanowsky entworfen.

Jean Louis Charles Garnier war der Architekt der Pariser Oper (1861–75 erbaut). Sie ist neubarock – als Wiederbelebung des Barockstils.

BAROCKARCHITEKTUR

Im 16. Jh. wollten Architekten in Rom die klassischen Regeln von Einfachheit und Ebenmaß durchbrechen und aufregendere Gebäude errichten. Also versahen sie sie mit Kuppeln, Ansammlungen von Statuen und anderem Zierrat. Dieser so genannte Barockstil breitete sich von Italien in Europa aus. Viele Kirchen und großartige Paläste sind im Barockstil erbaut.

Das Chrysler Building, ein Wolkenkratzer in New York, wurde 1929 vollendet.

Das vom britischen Architekten Richard Rogers entworfene Bürogebäude von Lloyds in London hat alle Versorgungseinrichtungen, etwa die Wasserleitung, außen. So lassen sie sich leicht erneuern.

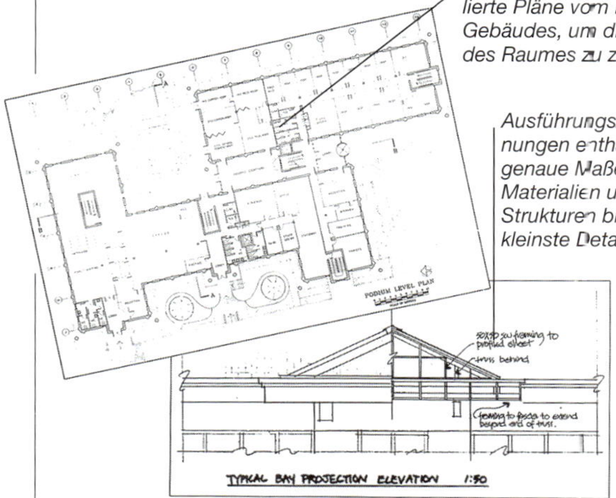

Der Architekt zeichnet detaillierte Pläne vom Inneren des Gebäudes, um die Nutzung des Raumes zu zeigen.

Ausführungszeichnungen enthalten genaue Maße, Materialien und Strukturen bis ins kleinste Detail.

Der Baumeister arbeitet beim Bau des Gebäudes nach Ausführungszeichnungen (oben).

MODERNE ARCHITEKTUR

Glas, Stahl und Beton sind die Baumaterialien moderner Architektur. Es gibt wenig Zierrat, da der Zweck eines Gebäudes meist mehr zählt als seine Form oder Gestaltung. Der »internationale Stil« – Glas und Beton in einem Stahlrahmen – ist fast überall auf der Welt zu sehen.

Giebel

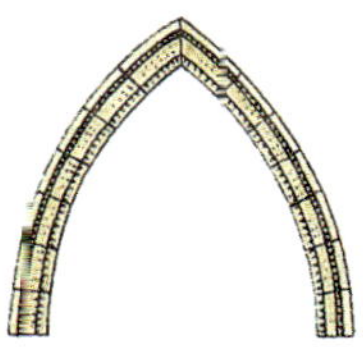

Gotischer Bogen

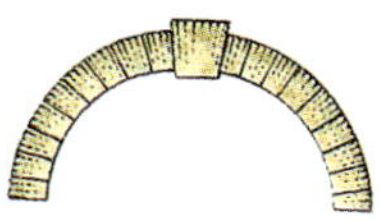

Romanischer Bogen

Gesims

Siehe auch

BAUTECHNIK
BILDHAUEREI
HÄUSER
KIRCHEN
STÄDTE

Argentinien

Argentinien erstreckt sich über 3460 km entlang der Südostküste Südamerikas. Im Westen wird es von den Anden begrenzt. Im Süden reicht es bis über die Magellanstraße hinaus.

Argentinien besteht aus drei Hauptregionen. Im Norden liegt der feuchtheiße Gran Chaco. Die gemäßigten Grasländer der Pampas in der Mitte zählen zum besten Weideland der Welt. Argentinien ist ein führendes Rindfleischexportland und ein Haupterzeugerland von Weizen, Mais, Obst und Gemüse. Im tiefen Süden ist die Halbwüste von Patagonien reich an Kohle-, Erdöl- und Erdgasvorkommen. Argentinien wurde ab 1543 von den Spaniern besiedelt. Die Urbevölkerung wurde durch eingeschleppte europäische Krankheiten sowie durch Konflikte mit den Spaniern erheblich dezimiert. Im 19. Jh. kamen viele Einwanderer aus Südeuropa, besonders aus Spanien und Italien. Neben der offiziellen Sprache Spanisch werden viele andere Sprachen gesprochen, von Baskisch bis Walisisch, was die unterschiedliche Herkunft vieler Siedler widerspiegelt.

Gauchos

Solche umherziehenden Cowboys in den argentinischen Pampas traten erstmals im 18. Jh. auf, als sie den Auftrag bekamen, entlaufene Pferde und Rinder zu fangen. Sie waren ausgerüstet mit Lasso, Messer und Bolas (Eisenkugeln an Lederschnüren, die um die Beine der flüchtenden Tiere geworfen wurden). Im 19. Jh. wurden die Gauchos von Viehzüchtern als Viehhirten eingestellt. Die heutigen Gauchos halten ihre Kultur lebendig – noch immer tragen sie den Poncho (ein Wollcape), hohe Lederstiefel und lange Faltenhosen.

ARGENTINISCHER WEIN
Europäische Reben wurden in Argentinien von spanischen Missionaren eingeführt und gediehen im gemäßigten Klima und auf den fruchtbaren Böden der Zentralregionen. Argentinien ist das viertgrößte Weinerzeugerland der Welt – ein Großteil wird nur dort verkauft.

Buenos Aires

Argentiniens Hauptstadt Buenos Aires ist eine der größten Städte in Südamerika. An der Mündung des Rio de la Plata gelegen, ist sie auch eine wichtige Hafenstadt und ein blühendes Industriezentrum. Sie wurde 1580 von spanischen Siedlern gegründet – einige historische Gebäude sind noch erhalten. Die Stadt wuchs stark im 19. Jh. durch viele europäische Einwanderer. Mit ihren Museen und Bibliotheken, dem Opernhaus und den Cafés hat sie ein europäisches Flair.

Anden

Dieser Gebirgszug bildet eine natürliche Grenze zwischen Argentinien und seinem westlichen Nachbarn Chile. 1881 unterzeichneten die beiden Länder einen Grenzvertrag. Im westlichen Argentinien erreicht der erloschene Vulkan Cerra Aconcagua als höchster Gipfel der südamerikanischen Anden eine Höhe von 6959 m.

Tangodarbietung auf einer Straße in Buenos Aires (unten). Die südamerikanische Version des Tangos ist eine Mischung aus der Musik afrikanischer Sklaven und spanischen Rhythmen.

TANGOTÄNZER
Der Tango entstand um 1880 in den ärmeren Vierteln von Buenos Aires. Schon 1915 war er in den Ballsälen Europas Mode geworden. Noch heute ist der von melancholischem Gesang begleitete sinnliche Tanz auf den Straßen von Buenos Aires sehr beliebt.

Siehe auch
Kohle
Südamerika
Tanz

FAKTEN
Fläche: 2 766 890 km^2
Einwohner: 38 400 000
Hauptstadt: Buenos Aires
Sprachen: Spanisch, Italienisch, Indiosprachen
Religionen: römisch-katholisch, jüdisch, protestantisch
Währung: Argentinischer Peso
Haupterwerbszweige: Dienstleistungen
Hauptexportgüter: Rindfleisch, Weizen, Obst, Wein
Hauptimportgüter: Maschinen und Apparate

TIERRA DEL FUEGO
Diese Inselkette ist vom südamerikanischen Festland durch die Magellanstraße getrennt und zwischen Argentinien und Chile aufgeteilt. Die Landschaft mit ihren Bergen, gefrorenen Seen und Gletschern ist öde und sturmumtost. Hier gibt es nur verkümmerte Bäume und Moose. Schafherden beweiden das Land. In dieser abgelegenen Gegend wurde auch Öl entdeckt.

FALKLANDINSELN

Die 1592 von den Engländern entdeckten Falklandinseln sind eine selbstverwaltete britische Kolonie rund 480 km vor der Küste Argentiniens. Die kühlen, windigen Inseln eignen sich nur zur Schafzucht. Fleisch und Wolle sind ihre wichtigsten Produkte. 1982 erhob Argentinien Anspruch auf die Inseln und besetzte sie. Nach 10 Wochen eroberten die Briten sie zurück. Noch immer sind hier britische Truppen stationiert.

ARKTIS

Mitten im Nordpolarmeer liegt der Nordpol, das nördliche Ende der Erdachse. Drei der längsten Flüsse der Welt, Ob, Jenissej und Lena, münden ins Nordpolarmeer. Alaska, Kanada, Grönland und Nordsibirien bilden die arktischen Regionen.

MITTEN IM NORDPOLARMEER, dem kleinsten Ozean der Welt, liegt der Nordpol. Zwischen Dezember und Mai ist das Nordpolarmeer größtenteils von bis zu 30 m dickem Eis bedeckt. Umgeben ist es von den arktischen Regionen, wo der Boden bis in 460–600 m Tiefe meist dauerhaft gefroren ist. In den langen, kalten Wintern im hohen Norden herrscht wegen des niedrigen Sonnenstands längere Zeit völlige Dunkelheit. Unter den Felsen der arktischen Regionen liegen reiche Eisen-, Nickel-, Kupfer-, Zink- und Ölvorkommen. Wegen der harten Klimaverhältnisse und der sehr begrenzten Transportwege sind diese Vorkommen noch kaum ausgebeutet. Dennoch leben schon seit mindestens 3000 Jahren Menschen wie die Inuit in Kanada und Grönland unter diesen rauen Bedingungen.

EISBRECHER

Zwar ist im Winter das Nordpolarmeer zur Hälfte von Eis bedeckt, doch Spezialschiffe, die Eisbrecher, können es noch befahren. In besonders rauen Wintern kann das Eis in den Häfen bis zum Meeresboden hinabreichen und die Schiffe monatelang einschließen. Eisbrecher zerdrücken das Eis mit ihrem Stahlrumpf und legen eine Fahrrinne für andere Schiffe an. Das russische Atomschiff Arktika ist der stärkste Eisbrecher der Welt. Er kann durch 2,1 m dickes Eis mit 11 km/h Geschwindigkeit fahren.

Ein Gespann der abgehärteten Husky-Hunde zieht einen Schlitten über den gefrorenen Boden.

SIEDLER IN DER ARKTIS

Die Arktis ist eine der am spärlichsten bevölkerten Regionen der Welt. Heute leben rund 120 000 Inuit (Eskimos) in Grönland, Alaska und Kanada. In den letzten 3000 Jahren haben sie sich ihrer eisigen Umwelt angepasst. Sie jagen mit Kajaks und Harpunen und leben von Karibus, Robben, Walfleisch und Fisch. Früher bewohnten sie auch Iglus aus gefrorenem Schnee oder halb unterirdische Erdhäuser. Heute haben Schneemobile (oben) die Schlitten abgelöst, und zur Jagd benutzt man Gewehre.

EISBÄREN

25 000 bis 40 000 Eisbären leben in der Arktis. Ihr weißes Fell ist eine perfekte Tarnung, und eine 10 cm dicke Schicht Körperfett hält sie warm. Von April bis Juli mästen sie sich mit Robben – acht Monate können sie dann ohne Nahrung überleben. Auf der Suche nach Beute schwimmen sie bis zu 150 km.

KOHLEBERGBAU

Die norwegische Insel Spitzbergen im Nordpolarmeer hat sehr ausgedehnte Kohlelager. Ihre Bergbaustädte sind völlig isoliert und trostlos. Die Seeroute zum rund 1000 km entfernten Norwegen ist vier Monate im Jahr zugefroren. Viele Eskimos sind in solche Siedlungen gezogen und arbeiten in den Bergwerken.

Siehe auch

GLETSCHER
INUIT
MEERE
POLARFORSCHUNG
TIERE, POLARGEBIETE

Vulkan | Berg | Historische Stätte | Hauptstadt | Großstadt | Stadt

FAKTEN

GRÖNLAND
Fläche: 2175516 km²
Status: autonomes Territorium Dänemarks
Annektiert: 1380
Einwohner: 56400
Hauptstadt: Nuuk

JAN MAYEN
Fläche: 381 km²
Status: norwegisches Territorium
Annektiert: 1929
Einwohner: keine
Hauptstadt: keine

SVALBARD
Fläche: 62906 km²
Status: norwegisches Territorium
Annektiert: 1920
Einwohner: 2700
Hauptstadt: Longyearbyen

Riesige Eisberge

Eisberge sind gefrorene Brocken Süßwasser, die von einem Gletscher abgebrochen sind. Die meisten arktischen Eisberge stammen von den Küstengletschern von Grönland, Baffin Island und Ellesmere Island. Jedes Jahr treiben etwa 375 Eisberge in den Nordatlantik – äußerst gefährlich für die Schifffahrt. Sie können so groß sein wie ein Klavier, aber auch wie ein 45 m hohes Hochhaus. Sie werden von Winden und Strömungen getrieben und schmelzen und zerbrechen nach etwa zwei Jahren im Ozean.

NORDLICHTER
Nordlichter (nördliche Polarlichter) entstehen, wenn hoch aufgeladene Sonnenwindteilchen mit Teilchen in der Erdatmosphäre kollidieren. Diese leuchtenden Lichtstreifen sind am Nordpol am hellsten.

KÜSTENSEESCHWALBE
Die Küstenseeschwalbe (links) brütet in der südlichen Arktis und überwintert in der Antarktis – die längste Strecke, die ein Zugvogel zurücklegt.

Heilbutt

ARKTISCHE FISCHE
Im Nordpolarmeer leben große Mengen Kabeljau, Schellfisch und Heilbutt. Die Fänge werden vor allem in Grönland verarbeitet.

GRÖNLAND
Grönland, die größte Insel der Welt, ist ein autonomes Territorium Dänemarks. Das Inland ist von einer gewaltigen, bis zu 3000 m hohen Eisschicht bedeckt. Die Küstenlinie wird von Fjorden geformt, die bis tief ins Land hineinreichen.

PRUDHOE BAY
Reiche Ölreserven enthält die Prudhoe Bay in Alaska. Eine 1280 km lange Pipeline transportiert Öl von hier bis zum eisfreien Hafen Valdez.

NORDPOLARMEER
Das Nordpolarmeer hat einen breiten Kontinentalschelf und ein tiefes Becken um den Nordpol.

Artenschutz

Pflanzen- und Tierarten sterben zur Zeit in Besorgnis erregendem Umfang aus. Im Laufe der Erdgeschichte verschwanden immer wieder Lebewesen infolge starker Veränderungen des Klimas, doch an der derzeitigen Bedrohung vieler Arten trägt hauptsächlich der Mensch die Schuld. Wir roden Wälder und legen Feuchtgebiete trocken, um Felder anzulegen oder Siedlungen zu vergrößern, und zerstören so natürliche Lebensräume. Dadurch verringern wir die Lebenschancen der Tiere, die auf sie angewiesen sind. Außerdem jagen Menschen Tiere wegen ihres Fleisches, ihres Felles oder ihrer Hörner oder Geweihe, aber auch als Sport oder weil sie sie als lästig oder schädlich ansehen. Auch die Umweltverschmutzung bedroht viele Arten, weil sie Meere, Süßwassergewässer und Wälder schädigt. Artenschutz hat das Ziel, bedrohte Arten vor dem Aussterben zu bewahren. Die Menschen sind sich heute der Gefahren, die wildlebenden Arten drohen, stärker als je zuvor bewusst, und in vielen Ländern wurden Organisationen gegründet, die Schutzgebiete einrichten, in denen bedrohte Tiere und Pflanzen leben und sich vermehren können.

GREENPEACE
Internationale Organisationen wie Greenpeace setzen sich für den Schutz bedrohter Arten der Polargebiete ein, besonders für Wale und Robben. Hier besprüht ein Greenpeace-Aktivist ein Robbenbaby mit (unschädlicher) roter Farbe, um den Pelz für Pelzjäger uninteressant zu machen, die es sonst töten würden.

ZWERGWILDSCHWEIN
Nach der Zerstörung ihres Lebensraums in Assam in Indien überlebten vermutlich weltweit nur 100 Tiere.

SIAM-KROKODIL
Unzählige Krokodile und Alligatoren wurden wegen ihrer Haut getötet, aus der man Taschen, Schuhe und Gürtel herstellt. Heute sind etwa 20 Arten aus der Ordnung der Krokodile vom Aussterben bedroht, darunter auch das Siam-Krokodil und das Orinoko-Krokodil.

Siam-Krokodil

GALAPAGOS-RIESENSCHILDKRÖTE
Diese riesigen Schildkröten sind heute aufgrund der Ratten, Hunde und anderen Tiere bedroht, die im Gefolge des Menschen auf die Galapagosinseln kamen.

KAKTUS
Sammler sind schuld daran, dass der mexikanische Ariocarpus-Kaktus und Dutzende anderer Arten bedroht sind.

Ariocarpus-Kaktus

Naturschutz

Um die Natur zu schützen, muss man zuerst natürliche Lebensräume erforschen, die in ihnen lebenden Tiere und Pflanzen bestimmen, und beobachten, was mit ihnen geschieht. Die Internationale Naturschutzunion (IUCN) arbeitet mit internationalen Organisationen wie UNEP (Umweltprogramm der UN) zusammen.

FRAUENSCHUH
Viele Orchideen sind in Gefahr, weil Sammler sie in der Natur ausgraben oder pflücken. Die indische Orchidee *Paphiopedilum druryi* (rechts) ist aus ihrem natürlichen Lebensraum fast verschwunden.

ROTBEIN-VOGELSPINNE
Die Rotbein-Vogelspinne aus Mexiko (links) ist in freier Natur selten geworden, weil viele Menschen diese Spinnen fangen und als Haustiere halten. Vogelspinnen heißen so, weil sie u.a. auch kleine Vögel fressen.

HEUSCHRECKEN
In Neuseeland gibt es viele Arten von Heuschrecken, und es wurden über 180 Mio. Jahre alte Fossilien gefunden. Heute sind mehrere Arten dieser Heuschrecken vom Aussterben bedroht, darunter die hier gezeigte.

FLEDERMAUS
Viele Fledermausarten sind bedroht, weil ihre Lebensräume in landwirtschaftliche Nutzflächen umgewandelt werden. Außerdem werden viele Insektenarten, von denen sie sich ernähren, mit Giften bekämpft.

JAPANISCHER RIESENSALAMANDER
Die größte Amphibie der Welt wird bis zu 1,5 m lang. Der Bestand nimmt laufend ab, weil das Fleisch des Riesensalamanders in Japan als Delikatesse gilt.

SCHAUFELFUSS
Es gibt mehrere Arten dieser Kröten. Der hier gezeigte Südliche Schaufelfuß ist besonders bedroht.

USAMBARA-VEILCHEN
Das Usambara-Veilchen ist eine beliebte Topfpflanze. Aus seinem natürlichen Lebensraum, den Bergwäldern Tansanias, ist es jedoch fast verschwunden.

DODO
Der Dodo oder die Dronte ist ein flugunfähiger Vogel, der auf Inseln im Indischen Ozean lebte. Um 1700 ist er ausgestorben.

GOLDGELBES LÖWENÄFFCHEN
Durch die Abholzung von Regenwäldern sind viele Affenarten bedroht. In Südamerika wurden außerdem viele Löwenäffchen und Pinseläffchen getötet, weil man glaubte, sie würden Malaria und Gelbfieber verbreiten.

MÖNCHSROBBE
Für die Mittelmeer-Mönchsrobbe wurden Schutzgebiete eingerichtet, damit die Tiere dort, wo sie ihre Jungen aufziehen, nicht gestört werden.

GRÜNER PARADIESVOGEL
Dieser große Schmetterling wurde erstmals 1855 von Sammlern beschrieben, die ihn zuvor mit dem Gewehr abgeschossen hatten. Heute sind viele Schmetterlingsarten bedroht, weil Sammler die Tiere töten.

BRILLENPINGUIN
Die Bestände dieses schwarzfüßigen Pinguins, der an den Küsten Südafrikas lebt, nahmen ab, weil das Meer verschmutzt ist und weil Fischerboote die Fische wegfangen, von denen sich der Brillenpinguin ernährt.

SUMATRA-NASHORN
Nashörner sind heute stark bedroht. Trotzdem töten Wilderer auch weiterhin diese Tiere, um an die Hörner zu kommen. Aus ihnen schnitzt man Dolchgriffe oder zermahlt sie zu einem Pulver, dem man besondere Wirkung zuschreibt. Auf Sumatra und dem südostasiatischen Festland leben nur noch ein paar hundert dieser Tiere.

ZUCHT IN GEFANGENSCHAFT
Bedrohte Arten versucht man oft durch Nachzucht in Gefangenschaft vor dem Aussterben zu retten. Tierexperten fangen einige wildlebende Exemplare und sorgen dafür, dass sie unter möglichst artgerechten Bedingungen gehalten werden. Später wird der Nachwuchs ausgewildert oder behutsam an die Freiheit gewöhnt. Der Takahe ist ein flugunfähiger Vogel, der als ausgestorben galt, bis er 1948 wieder entdeckt wurde. Eier wurden künstlich ausgebrütet, und die Jungen wurden von einem Pfleger mit einem Handschuh gefüttert, der den Vogeleltern ähnelte.

Verlust des Lebensraums

Tropische Regenwälder werden in beunruhigendem Tempo zerstört. Das so gewonnene Land wird zu Feldern oder Straßen umgewandelt. Vermutlich leben in den Regenwäldern viele Arten, die noch unbekannt sind. Auf jede Tier- oder Pflanzenart, die bedroht oder ausgestorben ist, könnten hundert oder mehr kommen, die wir bis heute noch gar nicht kennen.

Takahe

HANDELSKONTROLLEN
Manche Tiere werden wegen ihrer Felle, Hörner oder Zähne gefangen. Elefanten werden wegen ihrer Stoßzähne gejagt. Bunte Blumen werden zu Brei zerstampft, aus dem man Färbemittel herstellt. Das Washingtoner Artenschutzabkommen, abgekürzt CITES, stellt Listen mit den Namen von Hunderten von Pflanzen- und Tierarten zusammen. Diese Arten oder aus ihnen hergestellte Produkte dürfen nur mit besonderer Erlaubnis verkauft werden.

SCHLANGENHAUT
Die bunten Streifen auf dem Foto waren ursprünglich die Häute von Schlangen und Echsen. Sie wurden zu Leder gegerbt und gefärbt. Dann stellt man aus ihnen Taschen, Schuhe u.ä. her.

SCHNEELEOPARD
Der Schneeleopard lebt in großer Höhe im Himalaja und in Gebirgen Zentralasiens. Im Winter wird sein Fell dicker und schützt ihn vor der bitteren Kälte. Früher wurde der Schneeleopard wegen seines Winterfells von Pelzjägern getötet. Heute ist er wie andere Großkatzen durch das CITES-Abkommen geschützt, wird aber in abgelegenen Gegenden weiterhin gejagt.

Siehe auch

Ökosysteme
Pflanzen
Tiere
Tiere, Wald
Umweltverschmutzung

Ärzte

Wenn man krank ist, geht man gewöhnlich zum Arzt. Ein Arzt hat gelernt zu erkennen, woran kranke Menschen leiden und durch welche Mittel oder Maßnahmen sie geheilt werden können oder wie ihr Leiden gelindert wird. Meistens wird man zuerst von einem Hausarzt oder Allgemeinarzt untersucht. Diese Ärzte kennen viele Krankheitsbilder. Außerdem nehmen sie auch allgemeine Untersuchungen vor und impfen. Je nach Krankheit kann der Allgemeinarzt die Patienten zu einem Spezialisten schicken, z. B. zu einem Chirurgen. Chirurgen sind Ärzte, die operieren. Es gibt auch andere spezialisierte Ärzte, wie Kinderärzte oder Frauenärzte. Um Arzt zu werden, muss man Medizin studieren und vorher im Krankenhaus ein Praktikum absolvieren.

DER HIPPOKRATISCHE EID
Ärzte gibt es schon seit Tausenden von Jahren. Hippokrates war ein berühmter griechischer Arzt, der vor knapp 2500 Jahren lebte. Er schwor, Leben zu erhalten und für das Wohl der Menschen zu arbeiten. Nach Abschluss ihrer Ausbildung schwören Ärzte heute noch denselben Eid.

Das Stethoskop verstärkt die Geräusche der Lunge und des Blutkreislaufs, sodass Ärzte sie besser hören.

Die aufblasbare Manschette des Blutdruckmessgeräts staut das Blut kurz, sodass der Druck gemessen werden kann.

HILFSMITTEL
Um herauszufinden, woran ihre Patienten leiden, setzen Ärzte Röntgenstrahlen und zahlreiche Spezialinstrumente ein.

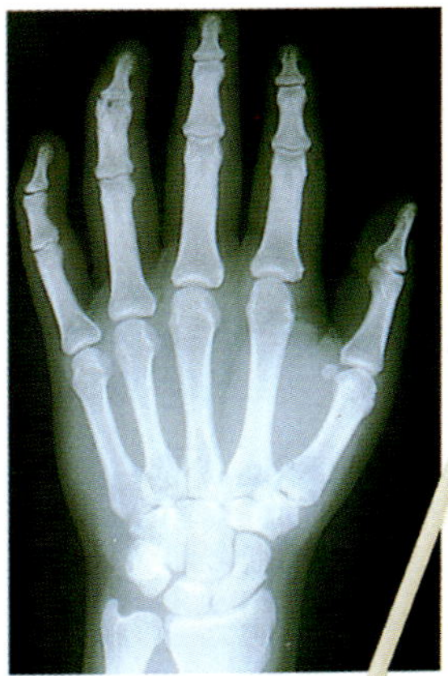

Auf Röntgenbildern erkennt man Knochenbrüche und manche Krankheiten.

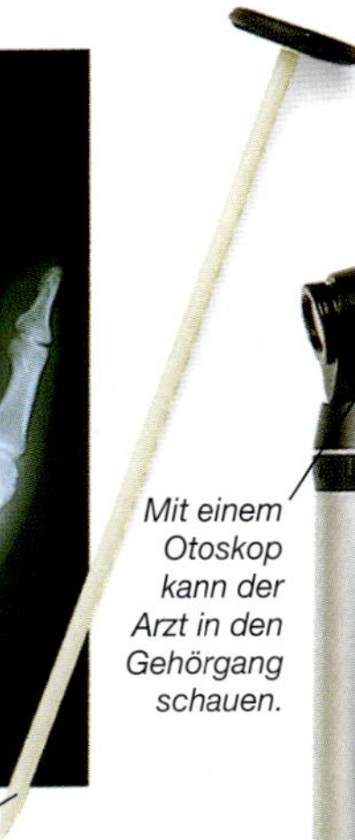

Mit dem Hammer werden Reflexe am Knie geprüft: Im Normalfall schnellt das Knie hoch.

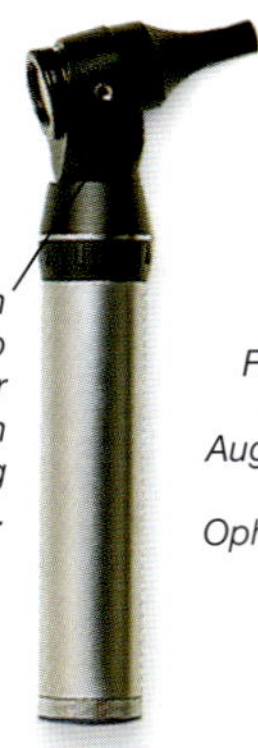

Mit einem Otoskop kann der Arzt in den Gehörgang schauen.

Für die Untersuchung der Augen benutzen Ärzte ein Ophthalmoskop.

Arztpraxis

Ein Hausarzt besucht kranke Patienten mitunter in deren Wohnung. Wer nicht ganz so krank ist, kommt in die Praxis. Hier stellt der Arzt Fragen und untersucht den Patienten. Dann stellt er seine Diagnose, d. h. er entscheidet, um welche Krankheit es sich handelt. Bevor er eine Behandlung beginnt, lässt der Arzt manchmal Röntgenbilder oder Bluttests machen.

REISENDE ÄRZTE
Dort, wo die Menschen weit verstreut leben, reisen Ärzte von Siedlung zu Siedlung, um Kranke zu behandeln. Wenn es nicht genug Ärzte gibt, lernen Krankenschwestern und Sanitäter, verbreitete Krankheiten selbstständig zu behandeln. In Australien und Kanada besuchen »fliegende Ärzte« die Kranken.

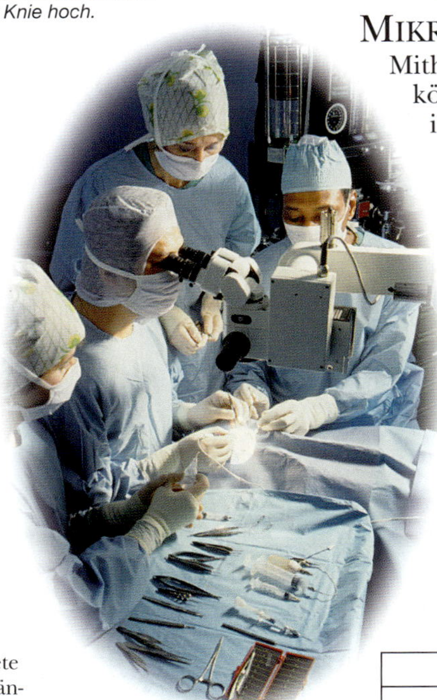

Mikrochirurgie

Mithilfe von Mikroskopen können Chirurgen auch in sehr empfindlichen Bereichen des Körpers operieren und Organe behandeln oder entfernen, die zu klein sind, als dass man an ihnen ohne Vergrößerung arbeiten könnte. Mikrochirurgische Eingriffe werden am Auge und im Ohr vorgenommen, oder um abgetrennte Finger und Zehen wieder anzunähen.

Siehe auch
Gesundheit und Fitness
Krankenhäuser
Krankheiten

Asien

Das Uralgebirge bildet die Grenze zwischen den Kontinenten Asien und Europa. Asien ist von Afrika durchs Rote Meer getrennt. Die nur 88 km breite Beringstraße markiert die Lücke zwischen Asien und Nordamerika. Australien liegt im Südosten.

ASIEN, DER GRÖSSTE der sieben Erdteile, nimmt ein Drittel der gesamten Landfläche der Erde ein. Der Kontinent ist großenteils unbewohnt. Im unwirtlichen Norden erstreckt sich die kalte Tundra. Trockene Wüsten und gewaltige Gebirge beherrschen die zentrale Region. Und doch ist Asien die Heimat von weit mehr als der Hälfte der Erdbevölkerung. Die meisten Menschen leben an seinem äußeren Rand. Allein China hat 1,3 Mrd. Einwohner, Indien über 1 Mrd. In den fünf Hauptzonen Asiens gibt es insgesamt 48 Staaten und zahlreiche Völker, Sprachen und Kulturen. Im Norden liegt Russland, ein Teil davon gehört zu Europa, aber seine riesige östliche Region vom Uralgebirge bis zum Pazifik liegt in Asien. Die Pazifikküste mit China, Korea und Japan heißt der »Ferne Osten«. Im Süden davon liegen die wärmeren, feuchteren Länder von Südostasien. Indien und Pakistan sind die Hauptländer des indischen Subkontinents in Südasien. Hier, im Industal, war die Wiege einer der ersten Zivilisationen der Welt. Im Westen, am Mittelmeer und an den arabischen Meeren, liegt der Nahe Osten – dort, wo Europa, Asien und Afrika aneinander grenzen.

Naher Osten

Die heißen, trockenen Länder des Nahen Ostens bilden die Südwestecke Asiens. Fast die gesamte Arabische Halbinsel zwischen dem Roten Meer und dem Persischen Golf ist Wüste. Im Norden, in Irak und Syrien, liegen die fruchtbaren Täler der Flüsse Euphrat und Tigris. Die meisten Menschen im Nahen Osten sind Araber.

Die Araber im Nahen Osten tranken Kaffee, lange bevor er andere Länder erreichte.

Sibirische Forscher erkunden Bodenschätze. Sie arbeiten bei Temperaturen weit unter Null Grad.

Sibirien

Die Nordküste Asiens grenzt ans Nordpolarmeer. Es ist fast das ganze Jahr gefroren. Auch die obere Bodenschicht ist immer gefroren – so genannter Permafrost. Dieses Gebiet – Sibirien – gehört zur riesigen Russischen Föderation, wie Russland offiziell heißt. Trotz der Kälte leben und arbeiten viele Menschen in Sibirien, da es reich an Bauholz, Kohle, Erdöl und Erdgas ist.

Alte Handelsrouten

Schon vor 2000 Jahren brachten Händler Seide, Gewürze, Juwelen und Keramik aus dem Fernen Osten nach Europa: auf Überlandrouten durch Indien und Pakistan, vorbei an den Bergen des Karakorum (oben). Diese Handelsrouten, Seidenstraße genannt, werden noch heute benutzt.

Tropische Regenwälder

Das überwiegend feuchtwarme Klima Südostasiens ist ideal für tropische Regenwälder, die in Ländern wie Myanmar (Birma) und Malaysia wachsen. Sie sind der Lebensraum vieler Tiere und die Heimat von Ureinwohnern, deren Lebensweise seit Jahrhunderten unverändert ist. Doch die Holzindustrie fällt die wertvollen Hartholzbäume des Regenwaldes in beängstigendem Tempo und gefährdet deshalb diese Lebensräume.

Die Sonne dringt durch das dichte Laub des Regenwaldes nur dort, wo Flüsse Schneisen gegraben haben.

WOHLSTAND

Einige asiatische Länder wie Japan und Singapur gehören zu den reichsten Nationen der Welt. Die Entdeckung von Erdöl hat eine Reihe anderer Länder wie Saudi-Arabien im Nahen Osten und Brunei in Südostasien sehr wohlhabend gemacht.

Bruneis Ölreichtum hat den Bau eines herrlichen neuen Sultanspalastes ermöglicht. Er heißt Istana Nurul Iman und ist für die Öffentlichkeit nur am Ende des islamischen Fastenmonats Ramadan geöffnet.

»Schwimmende Märkte« sieht man häufig auf den belebten Wasserwegen im Fernen Osten.

FERNER OSTEN

Ostasien wird oft Ferner Osten genannt. Im 19. Jh. unterschieden europäische Händler und Reisende damit Ostasien vom Nahen Osten. Zum Fernen Osten zählen China, Japan und Korea.

Der Hafen von Schanghai liegt an der Mündung des Jangtse.

JANGTSE

Der Jangtse (oder Chang Jiang), der drittlängste Fluss der Erde (6380 km), fließt von seiner Quelle in Tibet durch Mittelchina und mündet bei Schanghai ins Meer. 1994 wurde mit der Errichtung des Drei-Schluchten-Dammes begonnen, Chinas größtes Bauprojekt seit dem Bau der Großen Mauer. 2003 ging die erste Schleuse in Betrieb.

KOREA

Die koreanische Halbinsel erstreckt sich von Nordchina Richtung Japan. Die beiden koreanischen Staaten führten zwischen 1950 und 1953 Krieg gegeneinander. Seither stehen sie sich feindlich gegenüber, versuchen aber seit kurzer Zeit, sich einander wieder anzunähern. Südkorea hat eine boomende Wirtschaft und wird von den USA stark unterstützt. Das kommunistische Nordkorea ist eines der ärmsten Länder der Erde. Das Klima mit seinen warmen Sommern und eisigen Wintern begünstigt den Reisanbau.

Baustellen sind ein vertrauter Anblick in Südkorea, das für seine expandierenden Industrien neue Bürogebäude und Fabriken baut.

Vanillepflanzen gedeihen gut im warmen Klima Indonesiens. Frauen ernten die Schoten mit der Hand.

SÜDOSTASIEN

Viele Völker leben im tropisch-warmen Südosten Asiens. Hier gibt es zehn unabhängige Staaten. Einige – Myanmar (Birma), Laos, Thailand, Kambodscha und Vietnam sind auf dem Festland mit dem übrigen Asien verbunden. Weiter südlich liegen Brunei, Malaysia und der kleine Inselstaat Singapur sowie ganz im Süden der Region Indonesien, das sich über 13 500 Inseln erstreckt. Die Inseln der Philippinen liegen im Osten. Zwar sind einige dieser Länder sehr arm, doch Südostasien als Ganzes hat mit das schnellste Wirtschaftswachstum der Welt.

Hunderte von Sprachen werden auf dem indischen Subkontinent gesprochen, aber in indischen Schulen lernen die Schüler die offiziellen Landessprachen Hindi und Englisch.

INDISCHER SUBKONTINENT

Die dreieckige Landmasse von Südasien erstreckt sich südlich vom Himalajagebirge bis zu den warmen Gewässern des Indischen Ozeans. Diese Region, auch indischer Subkontinent genannt, umfasst außer Indien Pakistan, Nepal, Bangladesch und Bhutan. An der Südspitze liegt der Inselstaat Sri Lanka.

Siehe auch

CHINA
INDISCHER SUBKONTINENT
JAPAN
RELIGIONEN
RUSSLAND
SÜDOSTASIEN

DIE LÄNDER ASIENS

Asien, der größte Kontinent der Erde, ist eine Region voller Gegensätze. Nach dem Zusammenbruch der Sowjetunion entstanden fünf neue zentralasiatische Republiken. Die Länder im Süden sind vorwiegend muslimisch, aber durch religiöse Unterschiede und Konflikte gespalten. Indien ist die weltgrößte Demokratie, China ein mächtiger kommunistischer Staat.

AFGHANISTAN
Fläche: 652 090 km²
Einwohner: 23 900 000
Hauptstadt: Kabul

ARMENIEN
Fläche: 29 800 km²
Einwohner: 3 100 000
Hauptstadt: Jerewan (Eriwan)

ASERBAIDSCHAN
Fläche: 86 600 km²
Einwohner: 8 400 000
Hauptstadt: Baku

BAHRAIN
Fläche: 680 km²
Einwohner: 724 000
Hauptstadt: Manama

BANGLADESCH
Fläche: 143 998 km²
Einwohner: 147 000 000
Hauptstadt: Dhaka

BHUTAN
Fläche: 47 000 km²
Einwohner: 2 300 000
Hauptstadt: Thimphu

BRUNEI
Fläche: 5770 km²
Einwohner: 358 000
Hauptstadt: Bandar Seri Begawan

CHINA
Fläche: 9 396 960 km²
Einwohner: 1 300 000 000
Hauptstadt: Peking

GEORGIEN
Fläche: 69 700 km²
Einwohner: 5 100 000
Hauptstadt: Tiflis

INDIEN
Fläche: 3 287 590 km²
Einwohner: 1 070 000 000
Hauptstadt: Neu-Delhi

INDONESIEN
Fläche: 1 904 570 km²
Einwohner: 220 000 000
Hauptstadt: Jakarta

IRAK
Fläche: 438 320 km²
Einwohner: 25 200 000
Hauptstadt: Bagdad

IRAN
Fläche: 1 648 000 km²
Einwohner: 68 900 000
Hauptstadt: Teheran

ISRAEL
Fläche: 20 700 km²
Einwohner: 6 400 000
Hauptstadt: Jerusalem

JAPAN
Fläche: 377 800 km²
Einwohner: 128 000 000
Hauptstadt: Tokio

JEMEN
Fläche: 527 970 km²
Einwohner: 20 000 000
Hauptstadt: Sanaa

JORDANIEN
Fläche: 89 210 km²
Einwohner: 5 500 000
Hauptstadt: Amman

KAMBODSCHA
Fläche: 181 040 km²
Einwohner: 14 100 000
Hauptstadt: Phnom Penh

KASACHSTAN
Fläche: 2 717 300 km²
Einwohner: 15 400 000
Hauptstadt: Astana

KATAR
Fläche: 11 000 km²
Einwohner: 610 000
Hauptstadt: Doha

KIRGISISTAN
Fläche: 198 500 km²
Einwohner: 5 100 000
Hauptstadt: Bischkek

KUWAIT
Fläche: 17 820 km²
Einwohner: 2 500 000
Hauptstadt: Kuwait

LAOS
Fläche: 236 800 km²
Einwohner: 5 700 000
Hauptstadt: Vientiane

LIBANON
Fläche: 10 400 km²
Einwohner: 3 700 000
Hauptstadt: Beirut

MALAYSIA
Fläche: 329 750 km²
Einwohner: 24 400 000
Hauptstadt: Kuala Lumpur

MALEDIVEN
Fläche: 300 km²
Einwohner: 318 000
Hauptstadt: Male'

MONGOLEI
Fläche: 1 565 000 km²
Einwohner: 2 600 000
Hauptstadt: Ulan-Bator

MYANMAR (BIRMA)
Fläche: 676 550 km²
Einwohner: 49 500 000
Hauptstadt: Yangon (Rangun)

NEPAL
Fläche: 140 800 km²
Einwohner: 25 200 000
Hauptstadt: Kathmandu

NORDKOREA
Fläche: 120 540 km²
Einwohner: 22 700 000
Hauptstadt: Pjöngjang

OMAN
Fläche: 212 460 km²
Einwohner: 2 900 000
Hauptstadt: Maskat

OSTTIMOR
Fläche: 15 007 km²
Einwohner: 778 000
Hauptstadt: Dili

PAKISTAN
Fläche: 796 100 km²
Einwohner: 154 000 000
Hauptstadt: Islamabad

PHILIPPINEN
Fläche: 300 000 km²
Einwohner: 80 000 000
Hauptstadt: Manila

RUSSLAND
Fläche: 17 075 400 km²
Einwohner: 143 000 000
Hauptstadt: Moskau

SAUDI-ARABIEN
Fläche: 1 960 582
Einwohner: 21 000 000
Hauptstadt: Riad

SINGAPUR
Fläche: 620 km²
Einwohner: 4 300 000
Hauptstadt: Singapur

SRI LANKA
Fläche: 65 610 km²
Einwohner: 19 100 000
Hauptstadt: Colombo

SÜDKOREA
Fläche: 99 020 km²
Einwohner: 47 700 000
Hauptstadt: Seoul

SYRIEN
Fläche: 185 180 km²
Einwohner: 17 800 000
Hauptstadt: Damaskus

TADSCHIKISTAN
Fläche: 143 100 km²
Einwohner: 6 200 000
Hauptstadt: Duschanbe

TAIWAN
Fläche: 36 179 km²
Einwohner: 22 600 000
Hauptstadt: Taipeh

THAILAND
Fläche: 513 120 km²
Einwohner: 62 800 000
Hauptstadt: Bangkok

TÜRKEI
Fläche: 779 450 km²
Einwohner: 71 300 000
Hauptstadt: Ankara

TURKMENISTAN
Fläche: 488 100 km²
Einwohner: 4 900 000
Hauptstadt: Aschgabad

USBEKISTAN
Fläche: 447 400 km²
Einwohner: 26 100 000
Hauptstadt: Taschkent

VEREINIGTE ARABISCHE EMIRATE
Fläche: 83 600 km²
Einwohner: 3 000 000
Hauptstadt: Abu Dhabi

VIETNAM
Fläche: 329 560 km²
Einwohner: 81 400 000
Hauptstadt: Hanoi

ZYPERN
Fläche: 9251 km²
Einwohner: 802 000
Hauptstadt: Nikosia

Vulkan | Berg | Historische Stätte | Hauptstadt | Großstadt | Stadt

FAKTEN

Fläche: 46 366 908 km²

Einwohner: 3 954 612 000

Höchster Punkt: Mount Everest (Nepal) 8848 m

Längster Fluss: Jangtse (China) 6380 km

Größter See: Kaspisches Meer, 371 000 km²

Maßstab 0 500 1000 km

MOUNT EVEREST
Das Himalajagebirge erstreckt sich entlang der Grenze zwischen China und Nepal südöstlich des Pamirgebirges. Die Gruppe von Gipfeln und Tälern wird auch das »Dach der Welt« genannt. Der Mount Everest (rechts) ist der höchste Berg der Welt.

URALGEBIRGE
Das Uralgebirge ist eine natürliche Grenze zwischen Asien und Europa.

KURILEN
Die Inselkette der Kurilen gehört zu Russland, doch Japan beansprucht die südlichsten Inseln für sich.

SEOUL
Neben modernen Bürogebäuden gibt es in Seoul, der Hauptstadt von Südkorea, noch einige alte Gebäude. Das Südtor (unten) wurde Ende des 14. Jh. als Teil der Stadtmauer errichtet. Heute erstreckt sich Seoul weit über seine ursprünglichen Grenzen hinaus – das rapide Industriewachstum erfordert immer mehr Büros, Fabriken und Wohnhäuser.

OSTTIMOR
1975 besetzte Indonesien die portugiesische Kolonie Osttimor, den Ostteil der Insel Timor. Im Jahr darauf wurde die Region eine Provinz von Indonesien. In einem von der UN überwachten Referendum lehnten die Wähler 1999 die Herrschaft Indonesiens ab. Seit 2002 ist Osttimor unabhängig.

JAVA
Reisterrassen (rechts) liefern die Hauptnahrung Indonesiens. Diese Felder liegen auf der Insel Java, die nur 7 Prozent der Landfläche Indonesiens ausmacht, auf der aber rund 60 Prozent der Bevölkerung leben.

ASIEN
GESCHICHTE

AUF DEM RIESIGEN KONTINENT ASIEN sind die ältesten Zivilisationen und Religionen der Welt beheimatet. Da Asien viele praktisch unpassierbare Wüsten und Gebirge aufweist, entwickelten sich einzelne Länder unabhängig voneinander. Doch Verbindungen zwischen ihnen entstanden, als Kaufleute die Seidenstraße bereisten, indische Könige Nachbarländer eroberten, buddhistische Mönche den Himalaja überquerten und arabische Händler über den Indischen Ozean segelten. So verbreiteten sich die großen Religionen des Hinduismus, Buddhismus und Islam auf dem Kontinent. In den letzten 500 Jahren kontrollierte Europa große Teile Asiens, aber nach 1945 gewannen asiatische Länder ihre Unabhängigkeit zurück. Viele zählen heute wirtschaftlich zur Weltspitze.

FRÜHE ZIVILISATIONEN

Wegen Asiens extremer Landformen, wie den hohen Gipfeln des Himalaja, die Indien von China trennen, hatten frühe Kulturen miteinander oder mit der übrigen Welt kaum Kontakt. So konnten die ersten großen Zivilisationen – wie die im Industal auf dem indischen Subkontinent und die Shang-Dynastie in China – ganz unterschiedliche Kulturen entwickeln.

In China hergestelltes Trampeltier aus Keramik

HINDUISMUS

Der Hinduismus enstand in den alten Zivilisationen des Industals in Indien um 2500 v. Chr. und verbreitete sich im Laufe der Jahrhunderte über Indien nach Sri Lanka und zu den Inseln Südostasiens. Er ist die älteste noch heute praktizierte Religion der Welt und prägt die Geschichte Indiens.

ARABISCHE HÄNDLER

Arabische Kaufleute überquerten die Wüsten und Ozeane auf der Suche nach neuen Märkten, auf denen sie mit ihren Waren handeln konnten. Sie bekehrten die Einheimischen zur islamischen Religion, die Mohammed im frühen 7. Jh. in Arabien begründet hatte. So breitete sich der Islam bis zu den südostasiatischen Inseln aus.

SEIDENSTRASSE

Die Seidenstraße war eine wichtige Handelsroute, die sich im Osten von Loyang, Chinas Hauptstadt, durch Asien hindurch bis hin zum Mittelmeer im Westen erstreckte. Sie wurde nach der chinesischen Seide benannt, die auf ihr transportiert wurde. Die nicht zusammenhängende Straße bestand aus gut markierten Verbindungsrouten zwischen größeren Städten. Hier handelten Kaufleute mit ihren Waren und verbanden so Asien mit Europa.

Buddhistische Mönche haben geschorene Köpfe und tragen mit Safran gefärbte Gewänder.

BUDDHISTISCHE MÖNCHE

Siddharta Gautama, der Gründer des Buddhismus, wurde um 563 v. Chr. in Indien geboren. Bis zu seinem Tod um 483 v. Chr. hatte sich seine Lehre in ganz Indien verbreitet. Seit etwa 100 n. Chr. brachten Mönche den Buddhismus über den Himalaja nach China und über die Seidenstraße nach Zentralasien.

MONGOLEN

Die Mongolen waren wilde Krieger, die als Nomaden in den Steppen Zentralasiens lebten. Im 13. Jh. schufen sie ein Reich, das sich von China bis Osteuropa erstreckte. Ihre Macht zerfiel im 14. Jh., aber noch 1369 wurde ihr Führer, Tamerlan der Große, Herrscher von Zentralasien. Er erbaute in seiner Hauptstadt Samarkand viele herrliche Moscheen.

EUROPÄISCHE VORHERRSCHAFT

1498 segelte der portugiesische Forscher Vasco da Gama um die Südspitze Afrikas nach Indien und erreichte als erster Europäer Asien auf dem Seeweg. Andere Europäer folgten, und in den nächsten 400 Jahren beherrschten sie große Teile Asiens, erst als Händler und Kaufleute, dann als Eroberer und Kolonisatoren. Nur Persien (der heutige Iran), Afghanistan, Thailand und Japan blieben frei von europäischer Kontrolle.

Portugiesisches Kolonialhaus in Macau

ZWEITER WELTKRIEG

Im Zweiten Weltkrieg (1939–45) eroberte Japan China und große Teile Südostasiens. Manche begrüßten die japanischen Eroberer, da sie die europäischen Kolonialherren verjagten und den Menschen mehr Unabhängigkeit gaben. Nach Japans Niederlage 1945 übernahmen England, Frankreich, die Niederlande und die USA wieder die Kontrolle über ihre früheren Kolonien.

KOMMUNISTISCHES ASIEN

1949 kam die Kommunistische Partei in China nach jahrelangem Bürgerkrieg an die Macht. Kommunisten übernahmen auch in Nordkorea, der Mongolei, Nordvietnam, Kambodscha und Laos die Kontrolle. Die Regierungen dieser Länder hoben zwar den Lebensstandard, erreichten aber nicht den Wirtschaftserfolg Japans und anderer Länder Asiens.

Die Roten Garden, die Gefolgsleute des chinesischen Kommunistenführers Mao Zedong

Chinesische Studenten mit einem Porträt von Mao Zedong (1893–1976).

1967: Die Chinesen demonstrieren ihren revolutionären Eifer.

CHRONIK

um 2500 v. Chr. Hinduismus in Indien begründet.

um 563–um 483 v. Chr. Leben Buddhas.

6. Jh. v. Chr. Errichtung der Seidenstraße.

250 v. Chr. Buddhismus breitet sich nach Sri Lanka und Südostasien aus.

100 n. Chr. Mönche bringen den Buddhismus nach China und Zentralasien.

850–1200 Indische Cholakönige bringen den Hinduismus nach Sri Lanka und Südostasien.

1279 Größte Ausdehnung des Mongolenreiches unter Kubilai Khan.

1369 Tamerlan der Große schafft ein neues Mongolenreich in Samarkand.

1498 Vasco da Gama segelt nach Indien.

1600 Britische Kaufleute gründen für den Handel mit Indien die Ostindische Gesellschaft.

1619 Holländer kontrollieren die Ostindischen Inseln.

1757 Briten erobern Bengalen, dehnen ihre Herrschaft auf Indien aus.

um 1850 Franzosen beginnen Südostasien zu kontrollieren.

1937 Japanische Truppen erobern China.

1941–45 Der Zweite Weltkrieg wütet in Ostasien und im Pazifik.

1947/48 Ende der britischen Herrschaft in Indien.

1949 Indonesien wird unabhängig.

1999 Portugal gibt Macau an China zurück.

UNABHÄNGIGKEIT

Nach dem Zweiten Weltkrieg gewährten die europäischen Länder ihren asiatischen Kolonien die Unabhängigkeit. Indien wurde 1947/48 von Großbritannien, Indonesien 1949 von den Niederlanden unabhängig. Die letzte Kolonie – das portugiesische Territorium von Macau – kam 1999 wieder zu China.

TIGERSTAATEN

Japan und andere Länder bauten nach dem Zweiten Weltkrieg ihre Wirtschaft um. Sie konzentrierten sich auf Schwerindustrien wie Auto- und Schiffsbau sowie auf Hightech-Industrien wie Computertechnik und Elektronik. Heute ist Japan die zweitgrößte Wirtschaftsmacht der Welt, und Taiwan, Südkorea, Singapur und andere »Tigerstaaten« wurden Industriehochburgen.

Siehe auch

CHINA, GESCHICHTE
INDISCHER SUBKONTINENT, GESCHICHTE
JAPAN, GESCHICHTE
SÜDOSTASIEN, GESCHICHTE
WELTKRIEG, ZWEITER

Assyrer

Vor etwa 3000 Jahren entwickelte sich im Nahen Osten das mächtige Großreich der Assyrer. Das Reich bestand mehr als 300 Jahre und breitete sich über ein Gebiet aus, das vom Nil bis nach Mesopotamien reichte. Unter König Salmanassar I. (1273–1244 v. Chr.) eroberten die Assyrer Babylon sowie viele andere unabhängige Staaten und vereinten die gesamte Region in einem Reich. Die Assyrer waren nicht nur gute Kämpfer, sondern waren mit ihren bewaffneten Reitern, schnellen, zweirädrigen Streitwägen und riesigen Sturmböcken auch sehr gut ausgestattet. Unter kriegerischen Königen, wie Assurbanipal II. und Sanherib, breitete sich das Reich der Assyrer rasch aus. Dank großer Reichtümer und ausgezeichneter Handelsverbindungen konnten die Assyrer die Städte Nimrud und Ninive (ihre Hauptstadt) wieder aufbauen und die neue Stadt Chorsabad errichten. Assyrien gründete sich auf eine reiche, gut organisierte Gesellschaft, doch im 7. Jh. v. Chr. wurde das Reich zu groß, um sich selbst ausreichend schützen zu können. Um 612 v. Chr. zerstörten Babylonier und Meder die Hauptstadt Ninive, und das Assyrische Reich fiel auseinander.

KRIEGER
Die Assyrer waren für ihren unbändigen Kampfgeist berüchtigt. Sie entwickelten den Streitwagen und kämpften mit Schwertern, Schutzschilden sowie mit Pfeil und Bogen.

DAS ASSYRISCHE GROSSREICH
Im 7. Jh. v. Chr. erreichte das Assyrische Großreich seine größte Ausdehnung. Es erstreckte sich vom Persischen Golf im Süden bis an die Mittelmeerküste im Westen. Auch Babylon gehörte zu Assyrien.

LÖWENJAGD
Die Löwenjagd war eine Lieblingsbeschäftigung assyrischer Könige. Löwen verkörperten die Unbezähmbarkeit und Kraft der Natur. Es galt als edle Herausforderung, sie in der Wildnis zu töten. Es wurden auch gefangene Löwen gejagt, töten durfte sie aber nur der König.

KÖNIGLICHES LEBEN
Steinreliefs verraten viel über das Leben assyrischer Könige. Dieses Relief (links) zeigt König Assurbanipal II. (668–633 v. Chr.), mit der Königin im Garten. Das Bild erinnert an einen gemütlichen Abend, doch in einem anderen Teil des Bildes hängt von einem Baum ein Kopf: Es ist der Kopf des Elamiterkönigs Te-Umman, dessen Niederlage König und Königin hier mit Wein feiern.

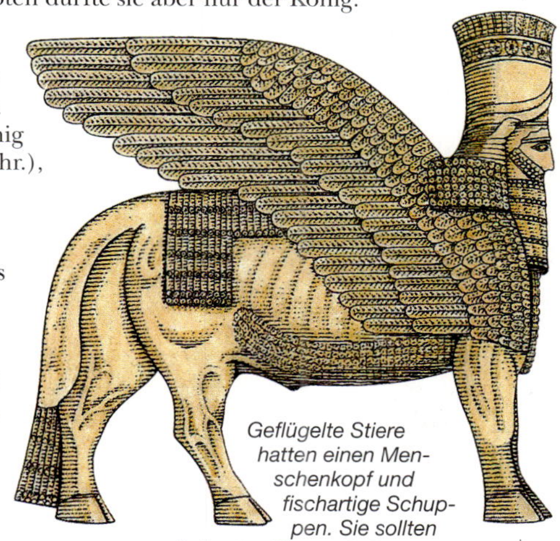

Geflügelte Stiere hatten einen Menschenkopf und fischartige Schuppen. Sie sollten die besten Eigenschaften von Mensch und Tier darstellen.

GEFLÜGELTE STIERE
An wichtigen Toren wurden zu beiden Seiten massive Steinskulpturen geflügelter Stiere (rechts) aufgestellt.

Assyrische Sklaven mussten die schweren Skulpturen zum Palast schleppen.

Siehe auch
Babylonier
Naher Osten

ASTRONAUTEN

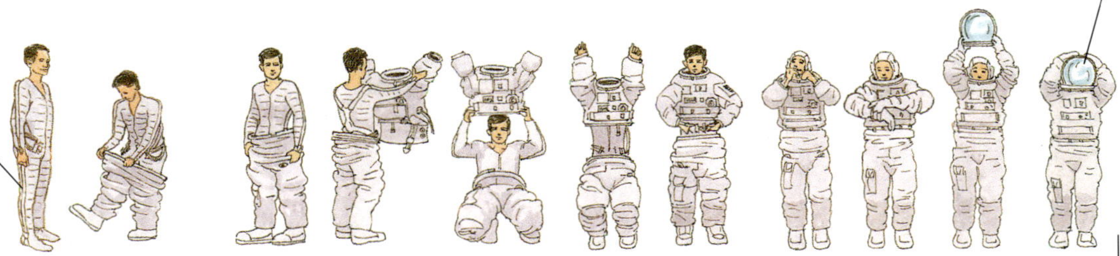

AM 12. APRIL 1961 STAUNTE DIE WELT, als der Russe Juri Gagarin von der Erde aus an Bord einer Raumkapsel mit einer riesigen Rakete ins All geschossen wurde. Er war der erste Kosmonaut, wie Astronauten in Russland genannt werden, ein Mensch, der für die Arbeit im Weltraum speziell ausgebildet ist. Acht Jahre später machte Neil Armstrong seine ersten Schritte auf dem Mond – der erste Mensch, der eine andere Welt fern von unserem Planeten betrat. Seither haben sich ein paar hundert Astronauten und Astronautinnen im All aufgehalten. Dort erledigen sie verschiedene Aufgaben: Sie helfen beim Aufbau der Internationalen Raumstation (ISS) und führen wissenschaftliche Experimente bei Schwerelosigkeit durch. Heute bereiten sich Astronauten auf die nächste Phase der Erkundung des Weltalls vor: die Reise zu anderen Planeten im Sonnensystem.

Kosmonaut Schapirow installiert Navigations- und Kommunikationsausrüstung an der ISS.

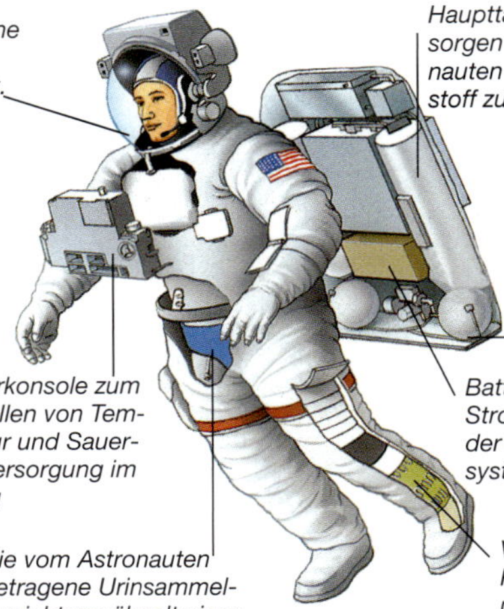

RAUMANZUG

Das Weltall ist ein gefährlicher Ort für Menschen. Es gibt keine Luft zum Atmen, und ohne einen schützenden Raumanzug würden Astronauten explodieren. Der menschliche Körper funktioniert nur unter dem ständigen Druck der Erdatmosphäre, die im All aber fehlt.

SCHWERELOSIGKEIT

Aufgrund der Schwerkraft der Erde haben wir ein Gewicht. Im All hält die Schwerkraft ein Raumschiff in einer Erdumlaufbahn. Auf die Astronauten im Raumschiff aber wirkt keine Schwerkraft, deshalb schweben sie darin herum. Dies nennt man Schwerelosigkeit.

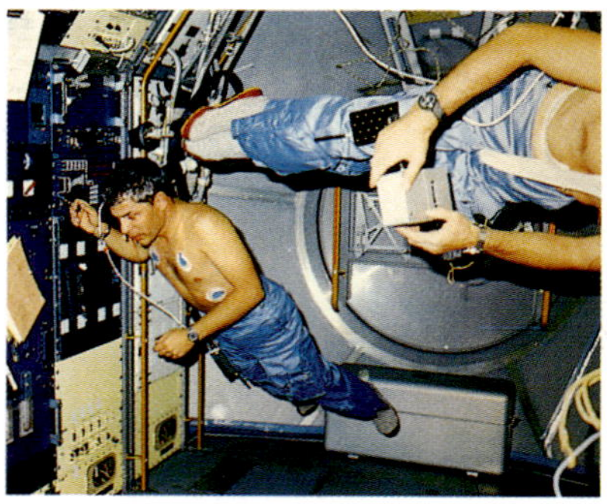

AUSBILDUNG

Astronauten müssen sich langen Ausbildungsprogrammen unterziehen und sehr fit sein. Diese Kosmonauten üben das Arbeiten in Schwerelosigkeit an einem Modell des Saljut-Raumschiffs in Originalgröße in einem riesigen Wassertank.

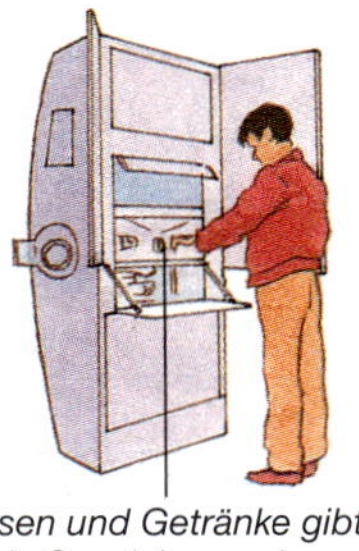

Essen und Getränke gibt es in Spezialverpackungen, aus denen nichts ausläuft. Speisen werden im Ofen erwärmt.

In manchen Raumschiffen sind die Schlafsäcke der Astronauten an den Kabinenwänden befestigt.

Spezielle Gymnastikübungen halten die Astronauten fit.

LEBEN IM WELTRAUM

An Bord eines Raumschiffs essen und trinken Astronauten wie auf der Erde. Da es weder Bad noch Dusche gibt, waschen sich Astronauten mit feuchten Tüchern. Damit Knochen und Muskeln nicht durch die Schwerelosigkeit geschwächt werden, ist regelmäßige Gymnastik unabdingbar.

Siehe auch
RAKETEN
RAUMFAHRT
SCHWERKRAFT
SOWJETUNION

ASTRONOMIE

DER HIMMEL BIETET FASZINIERENDE EINBLICKE in fremde Welten: große, glühende Gaswolken, in denen Sterne geboren werden, und gewaltige Explosionen, die am Ende eines Sternenlebens stehen. Astronomen sind Wissenschaftler, die alle Objekte im Universum erforschen, darunter Planeten, Monde, Kometen, Sterne und Galaxien. Die Astronomie ist eine alte Wissenschaft. Schon Araber und Griechen blickten im Altertum in den Himmel und versuchten, Monde, Sterne und Planeten zu verstehen. Die meisten dieser Himmelskörper sind jedoch so weit entfernt, dass die frühen Astronomen sie gar nicht sehen konnten. Erst nach Erfindung des Teleskops im 17. Jh. waren die Menschen in der Lage, tiefer in das All zu blicken. Heute steht den Astronomen eine große Auswahl modernster Hilfsmittel zur Erforschung des Weltalls zur Verfügung. Sie blicken durch stark vergrößernde, erdbasierte Teleskope, starten Raumsonden zu anderen Planeten des Sonnensystems und setzen Satelliten aus.

OBSERVATORIUM
Ein Observatorium (oben) dient den Astronomen zur Beobachtung des Alls. Observatorien liegen meist an Berggipfeln, wo die Luft klar ist. Dieses Foto wurde mehrere Stunden lang belichtet. Die Sterne scheinen aufgrund der Erdrotation kreisförmig am Himmel zu wandern.

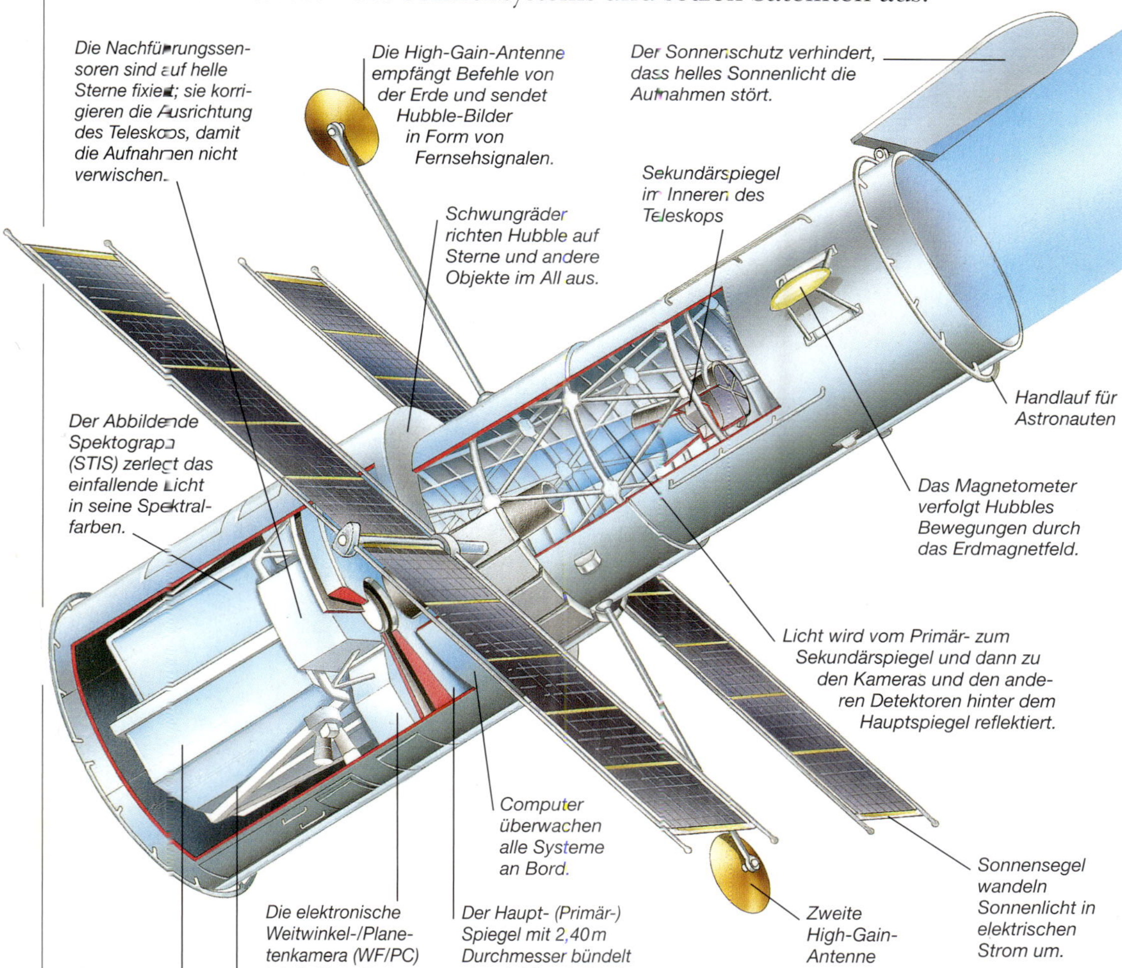

WELTRAUMTELESKOP

Optische Teleskope gehören zu den wichtigsten Arbeitsgeräten eines Astronomen. Die meisten in der Astronomie eingesetzten optischen Teleskope haben anstelle von Linsen einen großen, gewölbten Spiegel. Damit gelangt das gesamte Licht in das Teleskop – Linsen würden einen Teil des Lichts absorbieren. Das 1990 gestartete Hubble-Weltraumteleskop ist ein optisches Teleskop, das in einer Umlaufbahn um die Erde kreist – hier kann es ohne die störenden Einflüsse der Atmosphäre tief ins All blicken.

DATENÜBERMITTLUNG ZUR ERDE

Alle mit dem Hubble-Weltraumteleskop ausgetauschten Signale laufen über das Goddard Space Flight Center der NASA in Maryland, USA. Ingenieure überprüfen von hier aus täglich die einwandfreie Funktion des Teleskops. Hubble-Astronomen arbeiten an einem Forschungsinstitut, dem Space Telescope Science Institute, wo sie festlegen, was das Teleskop beobachtet. Dieser Astronom (rechts) betrachtet eine Hubble-Aufnahme vom Tarantelnebel (einer riesigen Ansammlung von Sternen).

Erforschung des Universums

Sterne und andere Objekte im Universum produzieren Teilchenströme und viele Arten von Wellen, z.B. Radiowellen. Mit Ausnahme des Lichts sind alle diese Wellen und Ströme unsichtbar, dennoch können Astronomen sie untersuchen. Die Atmosphäre filtert viele dieser Strahlen aus, deshalb werden die Empfänger an Satelliten oberhalb der Erdatmosphäre angebracht.

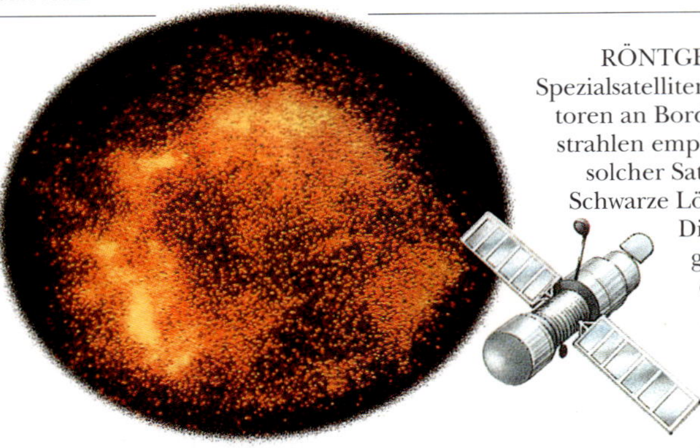

RÖNTGENSTRAHLEN
Spezialsatelliten haben Detektoren an Bord, die Röntgenstrahlen empfangen. Mittels solcher Satelliten wurden Schwarze Löcher entdeckt. Dies ist ein Röntgenstrahlenbild eines explodierenden Sterns, Supernova genannt.

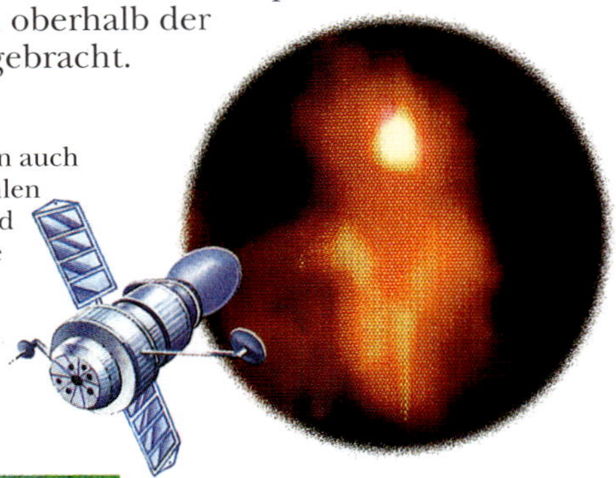

INFRAROTSTRAHLEN
Weltraumobjekte können auch Infrarot- (Wärme-) Strahlen aussenden. Satelliten und Teleskope nehmen diese Strahlen auf. Sie zeigen Galaxienzentren oder Nebel (rechts) – Gaswolken, in denen Sterne entstehen.

GAMMASTRAHLEN
Manche Satelliten empfangen hoch energetische Gammastrahlen. Diese Strahlen kommen von vielen Objekten, unter anderem von Pulsaren – den Resten explodierter Sterne. Diese Gammastrahlenkarte zeigt unsere Galaxie.

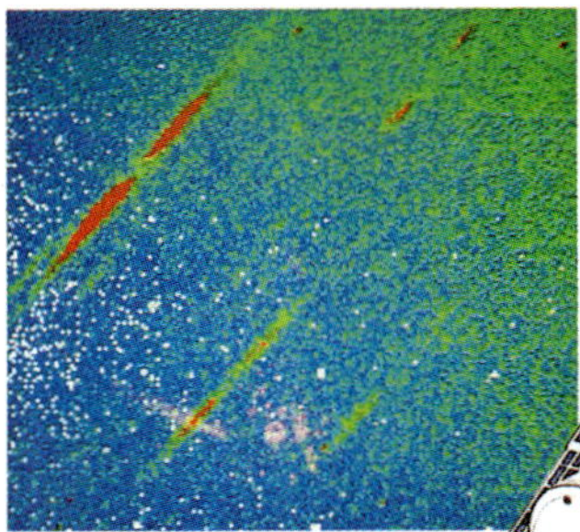

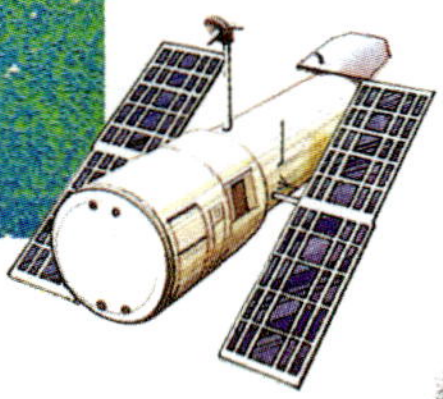

ULTRAVIOLETTE STRAHLEN
Astronomen können mithilfe ultravioletter Strahlen (mit kurzen Wellenlängen) die Zusammensetzung von Sternen erkennen. Ein vom Computer erzeugtes Bild ultravioletter Strahlen (links) lässt Zusammensetzung und Geschwindigkeit der Gase in der Atmosphäre eines Sterns erkennen.

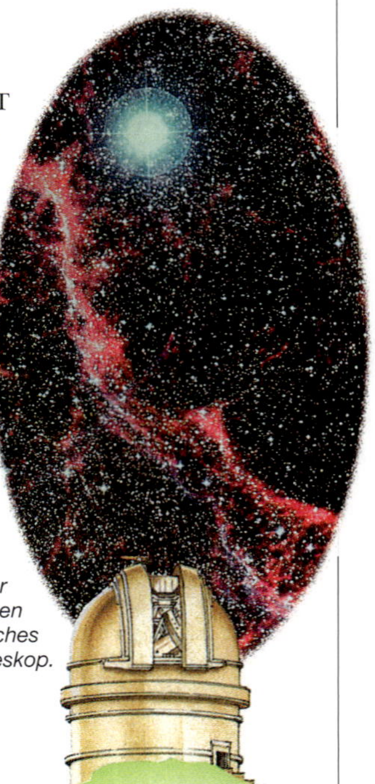

SICHTBARES LICHT
Teleskope fangen das von Planeten, Kometen, Sternen und Galaxien kommende Licht ein. Die Erdatmosphäre verzerrt jedoch die Lichtstrahlen, sodass Bilder verschwommen erscheinen. Computergestützte Teleskope können diese Verzerrung vermindern.

Reste einer Supernova – gesehen durch ein optisches Teleskop.

Radiobild eines Quasars. Quasare sind hell strahlende Galaxien.

RADIOWELLEN
Viele Himmelskörper senden Radiowellen aus, die die großen Schüsseln der Radioteleskope empfangen. Auf diesem Weg werden Objekte wie Pulsare, Quasare oder Radiogalaxien entdeckt.

RADARSIGNALE
Astronomen erzeugen Radarkarten von Planeten und Monden, indem sie Radiowellen an ihrer Oberfläche abprallen lassen. Diese Radarkarte der Venus (links) nahm die US-Raumsonde *Pioneer Venus* auf. Die Karte ist farbcodiert, um die Ebenen und Berge darzustellen.

DIE GESCHICHTE DER ASTRONOMIE

Im 3. Jh. v. Chr. nahm der griechische Wissenschaftler Aristarch an, dass Erde und Planeten um die Sonne andern. Mit dem Teleskop, das der Italiener Galilei als einer der ersten Astronomen einsetzte, wurde dies bestätigt. Das Teleskop ermöglichte viele Entdeckungen. Um 1920 erkannte Edwin Hubble, dass Sterne in Galaxien angeordnet sind und das Universum sich ausdehnt.

Zum alten Observatorium von Jaipur, Indien, gehören Steinbauten, mit deren Hilfe Astronomen die Stellung von Sonne, Mond, Planeten und Sternen beobachteten.

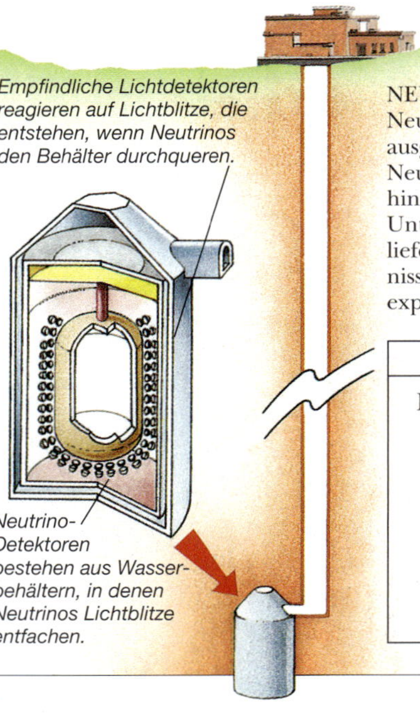

Empfindliche Lichtdetektoren reagieren auf Lichtblitze, die entstehen, wenn Neutrinos den Behälter durchqueren.

Neutrino-Detektoren bestehen aus Wasserbehältern, in denen Neutrinos Lichtblitze entfachen.

NEUTRINOS
Neutrinos sind winzige, von Sternen ausgesandte Teilchen. Die meisten Neutrinos dringen durch die Erde hindurch, deswegen werden sie im Untergrund gemessen. Neutrinos liefern den Astronomen Erkenntnisse über die Sonne und über explodierende Sterne.

Siehe auch

Ferngläser und Teleskope
Mond
Planeten
Raumfahrt
Satelliten
Schwarze Löcher
Sonne
Sterne
Universum

Atlantischer Ozean

SUBTROPISCHE SCILLYINSELN
Der Golfstrom, eine warme Meeresströmung, fließt an der Ostküste von Nordamerika entlang und dann hinüber nach Westeuropa, angetrieben von nordöstlichen Passatwinden, die Feuchtigkeit und Wärme vom Ozean an Land bringen. Daher können auf den englischen Scillyinseln subtropische Pflanzen auch im Winter gedeihen.

DIE UNTERWASSERLANDSCHAFT des Atlantiks wird vom Mittelatlantischen Rücken beherrscht, der längsten Gebirgskette der Welt. Einige Gipfel erheben sich über Meereshöhe als vulkanische Inseln wie Island und die Azoren. Der tiefste Teil des Atlantiks, der Puerto-Rico-Graben, fällt bis zu 9200 m ab. Der Atlantik hat reiche Erdöl- und Erdgasvorkommen. Küstennahe Erdölfelder werden im Golf von Mexiko, im Niger-Delta und in der Nordsee erschlossen. Sand-, Kies- und Muschelschalenlager werden auch von den USA und Großbritannien für die Bauindustrie abgebaut. Der Atlantik ist der produktivste und am stärksten befischte Fischgrund der Welt und liefert jährlich Millionen Tonnen an Fischen. Schifffahrtsrouten erschließen ihn seit vielen Jahrhunderten. Noch immer herrscht hier ein reger Seehandel, vor allem mit Rohstofftransporten (Öl, Eisen und Getreide) zu den Industriezentren.

Der Atlantische Ozean wird im Westen von Amerika, im Osten von Europa und Afrika begrenzt. Entlang dem Mittelatlantischen Rücken, einer langen Unterwassergebirgskette, durchbrechen hohe Vulkangipfel die Wasseroberfläche als Inseln.

Atlantiktourismus

Die Vulkaninseln, die aus dem Atlantischen Ozean aufragen, besonders die Kanaren, die Azoren und Madeira, sind Touristenattraktionen. Der fruchtbare vulkanische Boden der Kanaren ist ideal für den Anbau von Bananen, Tomaten, Zuckerrohr und Tabak. Das milde subtropische Klima zieht Winterbesucher aus Europa an.

Ein Trawler auf Hummerfang trotzt der rauen See des Atlantiks.

UNTERWASSERTÄTIGKEIT
Im Kalten Krieg von 1950 bis Ende der 80er-Jahre patrouillierten die amerikanische und die sowjetische Marine im Atlantik. Seit den 90er-Jahren nutzen Forscher beider Länder zu Verteidigungszwecken entwickelte Unterwassertechnologien zur Vermessung, Kartierung und Analyse der unbekannten Welt unter Wasser.

Atlantikfischfang

Der Atlantische Ozean, seit Jahrhunderten ein produktiver Fischgrund, enthält über die Hälfte der gesamten Fischbestände der Welt. Im Norden werden hauptsächlich Kabeljau, Schellfisch, Makrele und Hummer gefangen, im Südatlantik Seehecht, Tunfisch und Sardine. Gefriertrawler, die in einer Stunde eine Tonne oder mehr an Fischen fangen und verarbeiten, drohen den Atlantik zu überfischen. Die Anrainerländer beanspruchen Exklusivrechte für 370 km breite Zonen vor ihren Küsten, um die Fischbestände zu erhalten.

NAVIGATION
Ein Kompass ist zur Ozeanüberquerung unerlässlich. Die Kompassnadel zeigt zum magnetischen Nordpol in der kanadischen Arktis.

ISLÄNDISCHE HEIZUNG
Island entstand vor 65 Mio. Jahren durch Vulkantätigkeit entlang einer Verwerfungslinie in der Erdkruste. Noch heute gibt es hier über 100 teils aktive Vulkane. Die riesigen natürlichen Wärmereserven unter dem Inlandeis Islands werden genutzt, um die Bevölkerung mit Heißwasser und Heizwärme zu versorgen.

Dampfwolken steigen von einem geothermischen Kraftwerk auf (links). Island hat die meisten Solfatare (Vulkanschlote) und heißen Quellen der Erde. Die starke Hitze im Untergrund erzeugt sprudelnde heiße Quellen und Schlammtümpel.

Siehe auch

Boote und Schiffe
Meere
U-Boote
Vulkane
Wind

ÜBERSEE- UND ABHÄNGIGE GEBIETE

ASCENSION
Fläche: 88 km²
Status: von Großbritannien abh., zu St. Helena
Annektiert: 1673
Einwohner: 1200
Hauptstadt: Jamestown (St. Helena)

BERMUDA
Fläche: 53 km²
Status: britische Kronkolonie
Annektiert: 1612
Einwohner: 64 400
Hauptstadt: Hamilton

BOUVETINSEL
Fläche: 58 km²
Status: von Norwegen abhängig
Annektiert: 1928
Einwohner: keine
Hauptstadt: keine

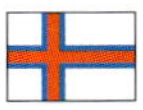

FÄRÖER-INSELN
Fläche: 1399 km²
Status: selbstverwaltetes Gebiet von Dänemark
Annektiert: 1380
Einwohner: 46 300
Hauptstadt: Tórshavn

FALKLAND-INSELN
Fläche: 12 173 km²
Status: von Großbritannien abhängig
Annektiert: 1832
Einwohner: 3000
Hauptstadt: Stanley

SANKT HELENA
Fläche: 122 km²
Status: von Großbritannien abhängig
Annektiert: 1673
Einwohner: 7400
Hauptstadt: Jamestown

TRISTAN DA CUNHA
Fläche: 98 km²
Status: von Großbritannien abhängig, zu St. Helena
Annektiert: 1612
Einwohner: 300
Hauptstadt: Jamestown (St. Helena)

SÜD-GEORGIEN UND SÜDLICHE SANDWICHINSELN
Fläche: 3592 km²
Status: von Großbritannien abhängig
Annektiert: 1775
Einwohner: keine
Hauptstadt: keine

Vulkan · Berg · Historische Stätte · Hauptstadt · Großstadt · Stadt

HOCHSEEREGATTEN
Die erste Hochseeragatta fand 1866 statt und führte von Connecticut, USA, nach Cowes auf der Isle of Wight. Das Rennen dauerte 13 Tage.

BERMUDADREIECK
Das Bermudadreieck liegt zwischen Bermuda, Florida und Puerto Rico. Viele Schiffe, U-Boote und Flugzeuge sind in seinen Gewässern verschwunden. 1872 entdeckte man ein verlassenes Segelschiff, die Mary Celeste, das über den Atlantik trieb – seine zehnköpfige Besatzung wurde nie gefunden.

Maßstab
0 1000 2000 km

UNABHÄNGIGE STAATEN

KAP VERDE
Fläche: 4030 km²
Einwohner: 463 000
Hauptstadt: Praia

ISLAND
Fläche: 103 000 km²
Einwohner: 290 000
Hauptstadt: Reykjavík

ATMOSPHÄRE

OHNE ATMOSPHÄRE gäbe es auf der Erde kein Leben. Die Atmosphäre bildet eine Hülle um die Erde, die uns vor gefährlichen Sonnenstrahlen und vor der Kälte aus dem Weltall schützt. Sie enthält unsere Atemluft sowie Wasserdampf und winzige Staubteilchen. Die Luft setzt sich aus den Gasen Wasserstoff, Kohlendioxid und Stickstoff zusammen. Alle diese Gase sind für uns lebensnotwendig. Der Wasserdampf bildet Wolken und sorgt für Regen. Die Atmosphäre reicht bis in rund 2000 km Höhe und wird von der Erdanziehungskraft festgehalten. Drei Viertel der gesamten Luft befindet sich in den unteren 10 700 m, da die Luft in größeren Höhen immer dünner wird. Am Gipfel des Mount Everest ist die Luft z. B. um ein Drittel dünner als auf Meereshöhe. Das ist der Grund, weshalb Bergsteiger Sauerstoff mitnehmen und warum Flugzeugkabinen luftdicht verschlossen sind und mit Luft gefüllt werden.

SCHICHTEN DER ATMOSPHÄRE

Die Erdatmosphäre ist in mehrere Schichten unterteilt. Von unten nach oben sind es diese Hauptschichten: Troposphäre, Stratosphäre, Mesosphäre, Thermosphäre und Exosphäre.

OZONSCHICHT

In der Stratosphäre besteht eine dünne Schicht aus Ozon – einer Sauerstoffverbindung, die Ultraviolettstrahlen von der Sonne aufnimmt. Ohne die Ozonschicht würden diese Strahlen den Boden erreichen und alle Lebewesen vernichten. Luftverschmutzung und manche Chemikalien zerstören Teile der Ozonschicht.

Im Vergleich zur Größe der Erde ist die Atmosphäre eine sehr dünne Schicht – ungefähr so wie die Schale einer Orange.

HIMMEL UND SONNENUNTERGANG

Wenn Lichtstrahlen die Atmosphäre durchdringen, treffen sie auf Pollen, Staub und andere winzige Teilchen. Dadurch wird das Licht in alle Richtungen zerstreut, wobei manche Farbanteile mehr zerstreut werden als andere.

ANDERE ATMOSPHÄREN

Die Atmosphären anderer Planeten unterscheiden sich stark von der Erdatmosphäre. Die Atmosphäre des Neptun (oben) besteht vorwiegend aus Methan. Jupiter und Saturn haben eine dicke, wolkenreiche Atmosphäre aus Wasserstoff.

BLAUER HIMMEL
Die Atmosphäre streut vorwiegend blaues Licht, daher erscheint der Himmel blau. Die anderen Farbanteile werden weniger zerstreut und gelangen direkt zur Erde, weshalb der Bereich um die Sonne gelblich erscheint.

SONNENAUFGANG UND -UNTERGANG
Bei Sonnenaufgang und -untergang steht die Sonne unter dem Horizont. Das Licht legt einen weiteren Weg durch die Atmosphäre zurück, bis es zu uns gelangt. Das blaue Licht wird dabei so stark zerstreut, dass es nicht mehr zu sehen ist. Wir können nur noch rotes Licht sehen.

Siehe auch

KLIMA
LUFT
PLANETEN
SAUERSTOFF
WETTER

Atmung

Zum Überleben brauchen wir Sauerstoff, und um Sauerstoff aufzunehmen, müssen wir atmen. Die durch Mund oder Nase eingeatmete Luft gelangt durch die Luftröhre in die beiden Lungenflügel in der Brust. Die Lungen übernehmen aus der eingeatmeten Luft möglichst viel Sauerstoff. Dieser gelangt mit dem Blut in die verschiedenen Teile des Körpers. Der Körper braucht den Sauerstoff, um Nährstoffe zu verbrennen und in Energie umzuwandeln. Beim Ausatmen wird das giftige Kohlendioxid ausgestoßen. Diesen gesamten Vorgang nennt man Atmung. Lunge, Luftröhre und Nasengänge bilden zusammen die Atemwege. Das Brustfell umgibt die Lunge und kleidet die Brusthöhle aus. In den Lungenflügeln sind die Bronchien, Blutgefäße und Millionen kleiner Luftsäcke, die Alveolen. Flach ausgebreitet würden die Alveolen einer Lunge einen Tennisplatz bedecken.

SO ERZEUGEN WIR LAUTE
Um Laute hervorzubringen, nutzen wir die Luft, die in die Lunge und aus der Lunge strömt. Wir sprechen, rufen und lachen, indem wir die Luft über zwei kleine Klappen streichen lassen, die man Stimmbänder nennt. Diese liegen in einem Teil des Kehlkopfs. Muskeln spannen die Stimmbänder, um hohe Töne zu erzeugen.

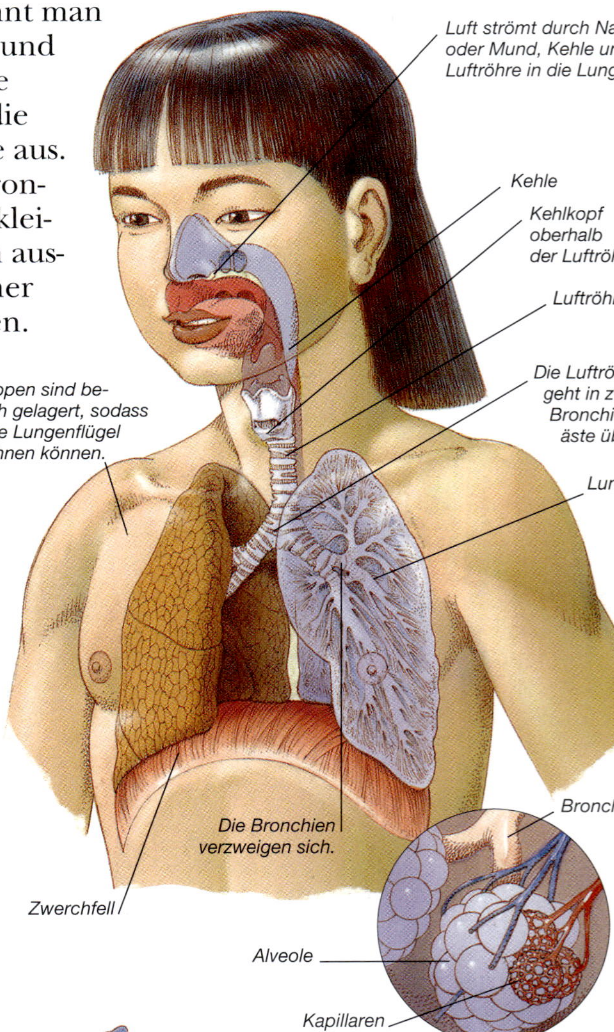

Die Alveolen oder Lungenbläschen sind zu Trauben angeordnet. Durch kleine Röhren, die Bronchiolen, strömt sauerstoffhaltige Luft ein.

ATMEN

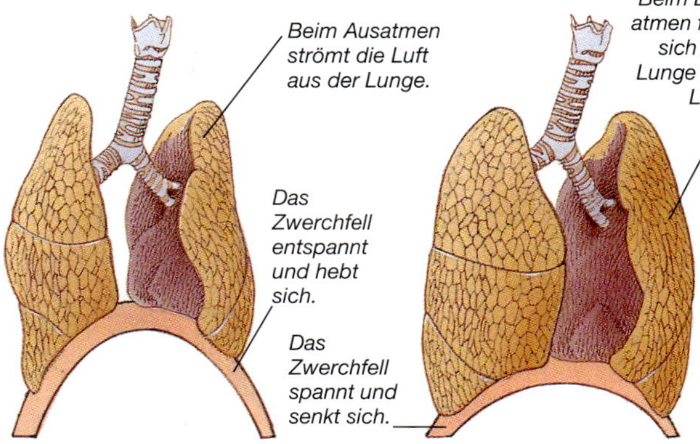

AUSATMEN
Beim Ausatmen entspannen sich Zwerchfell und Brustmuskel. Die Lungenflügel sind schwammig und elastisch, sodass sie sich nach dem Dehnen zuammenziehen. Dadurch wird die Luft ausgestoßen.

EINATMEN
Beim Einatmen zieht sich das Zwerchfell zusammen, wird flacher und zieht die Basis der Lunge nach unten. Die Muskeln zwischen den Rippen ziehen sich zusammen und richten Rippen und Brustkorb auf. Dadurch wird Luft eingesogen.

LUNGENFISCH
Die meisten Tiere, die auf dem Land leben, haben Lungen. Viele Wasserbewohner, darunter auch die Fische, atmen mit Kiemen. Der im Wasser enthaltene Sauerstoff gelangt über die stark durchbluteten Kiemen ins Blut des Fisches. Der Lungenfisch (links) ist ein sehr ungewöhnlicher Fisch, denn er hat zusätzlich zu den Kiemen eine Lunge und kann so auch außerhalb des Wassers atmen.

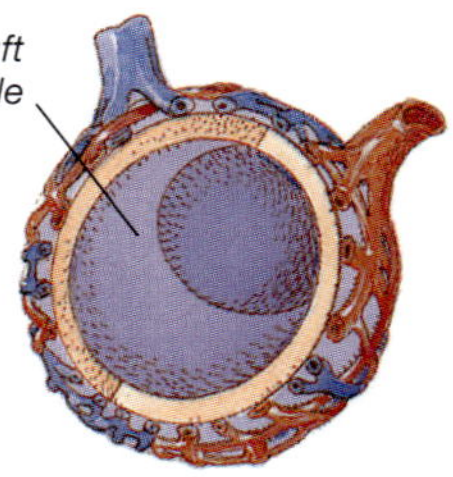

ALVEOLE
Jede Alveole ist von einem Netz sehr feiner Blutgefäße umgeben, die man Kapillaren nennt. Der Sauerstoff dringt aus dem Inneren der Alveole durch ihre Wand ins Blut. Das Kohlendioxid nimmt den umgekehrten Weg.

Siehe auch
Gehirn und Nerven
Herz und Kreislauf
Körper, Menschlicher
Muskeln
Sauerstoff
Skelette

Atome und Moleküle

Ein Wassertropfen enthält rund drei Milliarden Moleküle.

Auf der Welt gibt es unzählig viele verschiedene »Dinge«, von Metallen und Kunststoffen bis hin zu Menschen, Tieren und Pflanzen. Alle diese »Dinge« bestehen aus etwa 100 unterschiedlichen »Bausteinen«, die auf vielfältige Weise miteinander verbunden sind. Diese Bausteine sind winzige Teilchen, genannt Atome. Manche Substanzen, z. B. Eisen, setzen sich aus gleichartigen Atomen zusammen. Andere Stoffe, wie Wasser, enthalten Moleküle, die aus Gruppen unterschiedlicher Atome bestehen. Moleküle können ganz einfach oder auch sehr kompliziert aufgebaut sein. Jedes Wassermolekül besteht aus zwei Wasserstoff-Atomen und einem Sauerstoff-Atom. Kunststoffe setzen sich aus Molekülen zusammen, die manchmal Millionen Atome enthalten. Ein Atom selbst besteht aus einem dichten Zentrum, dem Kern. Um diesen Kern herum bewegen sich winzige, elektrisch geladene Teilchen, die man Elektronen nennt. Bei der Spaltung von Atomkernen wird gewaltige Energie freigesetzt, z. B. in Kernkraftwerken oder bei Atombomben.

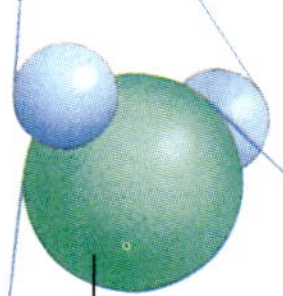

Ein Wassermolekül besteht aus drei Atomen – zwei Wasserstoff-Atomen und einem Sauerstoff-Atom.

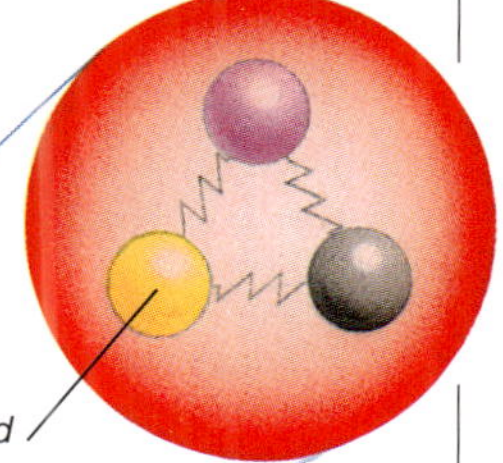

Protonen und Neutronen bestehen aus Quarks.

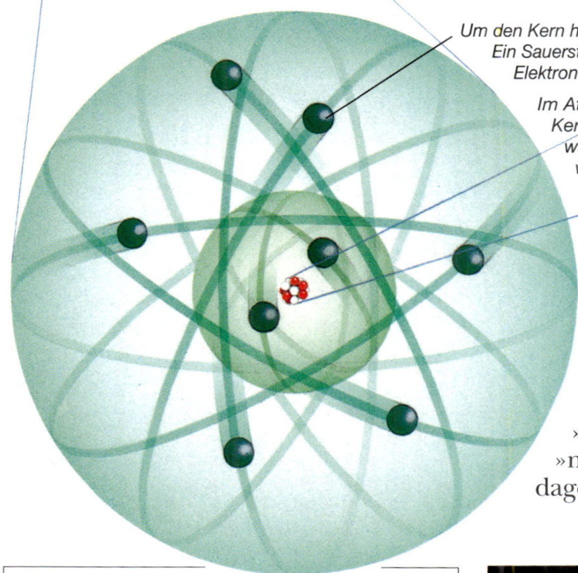

Um den Kern herum kreisen Elektronen. Ein Sauerstoff-Atom hat acht Elektronen.

Im Atom ist viel Freiraum. Hätte der Kern die Größe eines Tennisballs, wäre das nächste Elektron 1 km vom Kern entfernt.

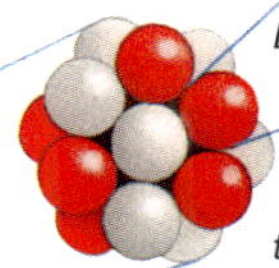

Der Kern eines Sauerstoff-Atoms hat acht Protonen und acht Neutronen. Der Kern wird von starken Kräften zusammengehalten.

Protonen und Neutronen

Der Kern eines Atoms besteht aus winzigen Teilchen, die man Protonen und Neutronen nennt. Diese wiederum bestehen aus noch kleineren Teilchen, so genannten Quarks. Protonen sind »positiv« geladen, Elektronen haben eine »negative« elektrische Ladung. Neutronen dagegen sind nicht elektrisch geladen.

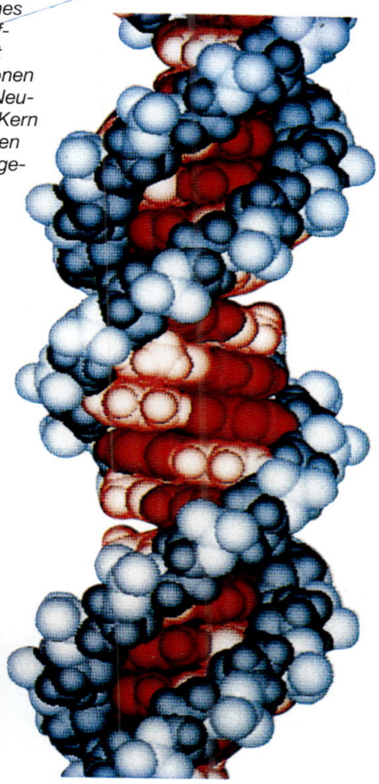

DNS
Die Zellen aller Pflanzen und Tiere enthalten DNS- (Desoxyribonucleinsäure-) Moleküle. Diese Moleküle tragen die Erbinformationen in sich: Die Informationen in den DNS-Molekülen bestimmen die Merkmale jedes einzelnen Lebewesens. Ein DNS-Molekül besteht aus Millionen von spiralförmig angeordneten Atomen.

Entdeckung des Atoms

Vor ungefähr 2400 Jahren behauptete der griechische Philosoph Demokrit, dass alles auf der Welt aus winzigen Teilchen besteht. Als Erster wies der englische Forscher John Dalton 1808 Atome nach. Um 1909 erkannte der Neuseeländer Ernest Rutherford (unten) erstmals Atomkerne.

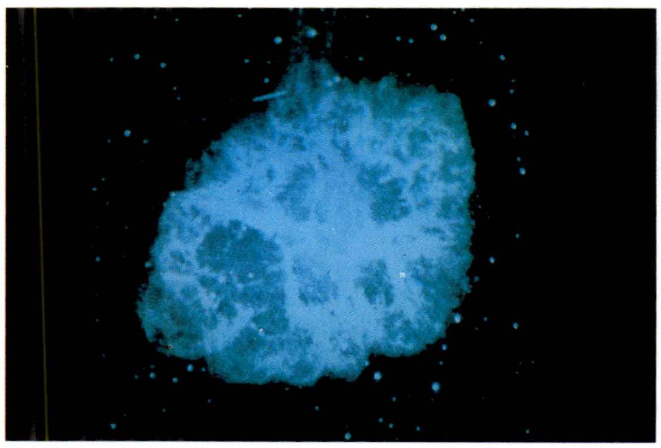

Unsterbliche Atome

Atome vergehen nicht, sondern wandern unablässig als Teil verschiedener Substanzen durch das Weltall. Alle leichten Atome sind bei der Entstehung des Weltalls vor rund 15 Mrd. Jahren entstanden. Es können auch schwerere Atome eines explodierenden Sterns, wie des Krebsnebels (oben), durch das All wandern und neue Planeten mit Gesteinen, Atmosphäre und Lebewesen bilden.

Siehe auch
Chemie
Fortpflanzung
Kunststoffe
Physik
Sauerstoff

ATOMZEITALTER

1945 WURDEN DIE ERSTEN ATOMBOMBEN auf die japanischen Städte Hiroshima und Nagasaki abgeworfen. Die Zeit seit 1945 wird zuweilen das Atomzeitalter genannt, da das Wissen, dass Atombomben die Menschheit vernichten können, politische Entscheidungen und die Einstellung zum Krieg beeinflusst. Damit wird aber auch die Entwicklung der Kernenergie bezeichnet. 1953 setzte sich US-Präsident Eisenhower vor der UN für die internationale friedliche Nutzung der Kernenergie ein, etwa zur Elektrizitätserzeugung. Heute glauben viele Menschen, dass die Kernenergie gefährlich ist. Das Atomwaffen-Wettrüsten zwischen den USA und der damaligen Sowjetunion begann 1945 und sorgte jahrelang für politische Spannungen. Um 1980 hatten beide Mächte genügend Kernwaffen, um jedes Lebewesen auf der Erde vernichten zu können. Viele Menschen wollten eine kernwaffenfreie Welt, sodass Ende der 80er-Jahre die Abrüstung begann.

KERNSPALTUNG
1939 entdeckten die deutschen Chemiker Fritz Straßmann (oben links) und Otto Hahn, dass sich durch Spaltung von Uranatomen Energie gewinnen lässt. Nach diesem Verfahren, Kernspaltung genannt, wurde später Energie für Elektrizität erzeugt – und die Atombombe entwickelt.

HIROSHIMA
Am 6. August 1945 warf ein amerikanisches Kriegsflugzeug eine Atombombe auf die Stadt Hiroshima ab, um Japan zur Kapitulation im Zweiten Weltkrieg zu zwingen. Die Stadt wurde zerstört, über 130000 Menschen kamen um. Alljährlich gedenkt man dieses Ereignisses in der »Friedensstadt« von Hiroshima.

KERNENERGIE
1954 gab es das erste Atomkraftwerk der Welt in der Sowjetunion. Heute erzeugen über 440 Kernkraftwerke 15 Prozent der Energie der Welt. Oben eine Kochvorführung aus den 1950er-Jahren: Eine Frau brät Hamburger mit Strom, der mit Atomkraft erzeugt wurde.

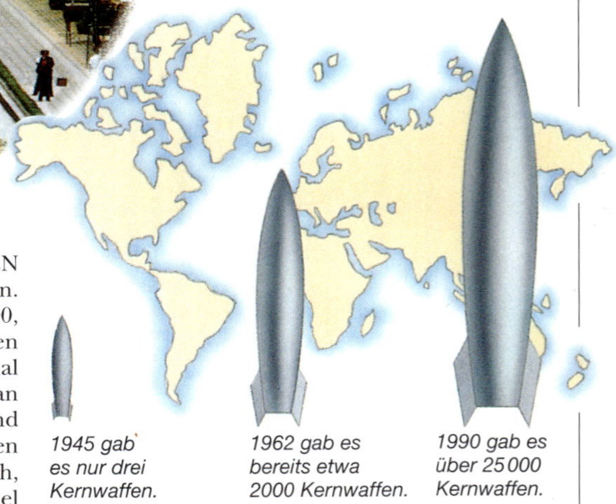

ENTWICKLUNG DER KERNWAFFEN
1945 gab es ganze drei Kernwaffen. 1962 waren es bereits etwa 2000, um 1990 rund 25000. Zusammen hatten diese Waffen eine Million mal mehr Sprengkraft als die auf Japan abgeworfenen Bomben. Die USA und die Sowjetunion besaßen die meisten Waffen, aber auch England, Frankreich, China, Indien, Pakistan und Israel haben Atomwaffen entwickelt.

ANTI-ATOMBEWEGUNGEN
Der Widerstand gegen Kernwaffen begann um 1950, als klar wurde, dass niemand einen Atomkrieg überleben würde. Auf der ganzen Welt demonstrierten Menschen unterm Friedenssymbol (links) gegen Kernwaffen.

ATOMARE ABRÜSTUNG
Ende der 1980er-Jahre beschlossen die USA und die Sowjetunion die atomare Abrüstung. 1987 einigten sich US-Präsident Reagan und Sowjetführer Gorbatschow auf die Demontage atomarer Mittelstreckenraketen (links). 1993 unterzeichneten US-Präsident Bush sen. und der russische Präsident Jelzin einen Vertrag zur Reduzierung ihrer Atomwaffenarsenale um zwei Drittel binnen zehn Jahren.

Siehe auch
KERNENERGIE
SOWJETUNION
VEREINIGTE STAATEN VON AMERIKA, GESCHICHTE
WELTKRIEG, ZWEITER

Aufzüge und Rolltreppen

Ohne Aufzüge und Rolltreppen hätte man oft Mühe, in einer Stadt zum Arbeitsplatz zu kommen, einzukaufen oder sich die Sehenswürdigkeiten anzuschauen. Man müsste in allen Wolkenkratzern, Kaufhäusern, Wohnblöcken und U-Bahnhöfen Treppen steigen. Ein Aufzug verkehrt zwischen den Etagen eines Gebäudes und befördert Menschen und Waren. Eine Rolltreppe ist eine Treppe, auf der man auf- oder abwärts fahren kann. Manche Aufzüge und Rolltreppen befinden sich außen an einem Gebäude.

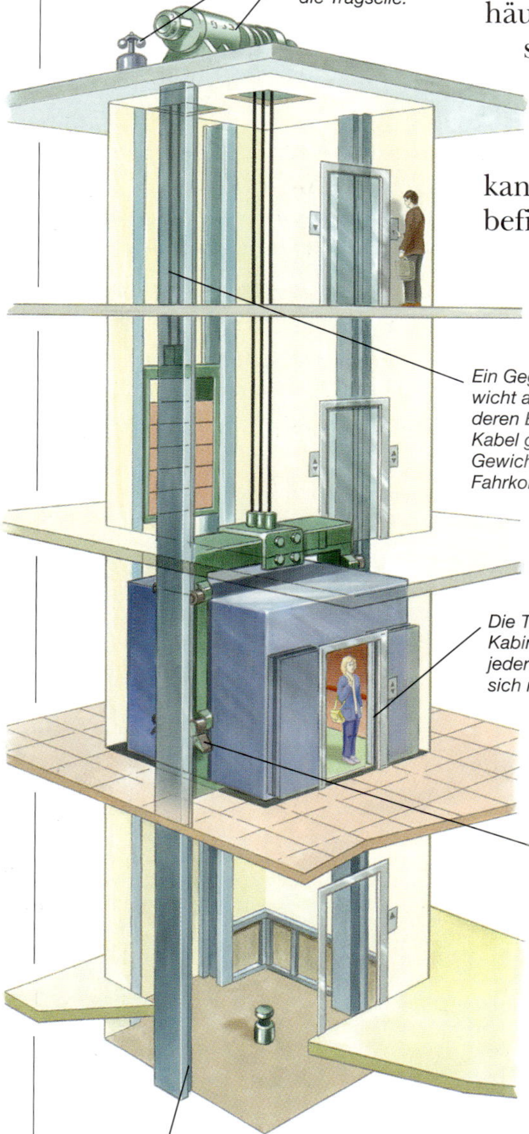

FAHRKORB (KABINE)
Über Knöpfe wird die Steuerungsautomatik betätigt, die den Aufzug zur richtigen Etage schickt. In einem Doppeldeckeraufzug halten zwei Kabinen übereinander gleichzeitig an zwei Etagen.

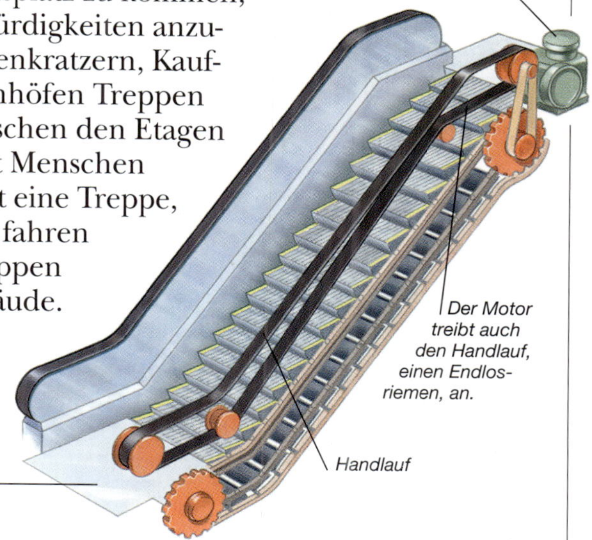

Rolltreppen

Alle Stufen einer Rolltreppe sind miteinander verbunden. Sie haben kleine Räder, die auf Schienen unter der Treppe laufen. Auf den oben liegenden Stufen des Bandes fährt man hinauf bzw. hinab. In einem Schacht gleiten die Stufen zum Ausgangspunkt zurück.

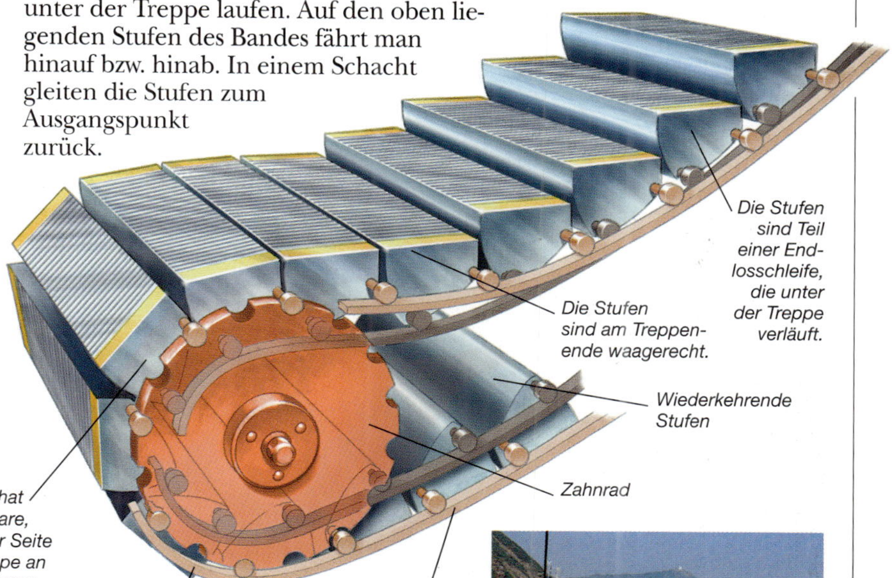

Aufzüge

Bei den meisten Aufzügen hängen die Kabinen und ein Gegengewicht an einem Seil, das über eine Trommel läuft und von einem Elektromotor angetrieben wird. Die Kabinen fahren an Führungsschienen auf und ab. So genannte Stempelaufzüge werden von einem langen Stahlrohr nach oben gedrückt.

Der Otis-Sicherheitslift

1854 führte der Ingenieur Elisha Otis seinen Sicherheitsaufzug vor. Er stellte sich auf die Plattform und befahl dann, das Halteseil zu kappen. Ein Sicherheitsmechanismus erfasste automatisch die Führungsschienen und stoppte den Fall des Aufzugs. Otis Erfindung ermöglichte den gefahrlosen Einsatz von Aufzügen in Wolkenkratzern.

SEILBAHNEN
Ein umlaufendes Stahlseil zieht Seilbahnen und Skilifte Berghänge und steile Hügel hoch. Hier eine Seilbahn in Hongkong.

Siehe auch
Architektur
Bautechnik
Maschinen

Augen

ADLERAUGEN
Der Steinadler hat von allen Tieren die schärfsten Augen. Er erkennt seine Beutetiere aus 1 km Entfernung.

DIESE SEITE KANN MAN nur mithilfe der Sehorgane lesen: mit den Augen. Unsere Augen teilen uns viel über unsere Umwelt mit. Jeder Augapfel hat etwa 2,5 cm Durchmesser und befindet sich an der Vorderseite des Schädels in einer Augenhöhle. Die Augen können sich in den Augenhöhlen so bewegen, dass wir Dinge sehen, die über uns, unter uns und seitlich von uns sind. Jedes Auge eines Augenpaars sieht die Gegenstände aus etwas anderer Perspektive. Die beiden Augen arbeiten zusammen und werden vom Gehirn gesteuert. Dies nennt man binokuläres Sehen. Durch die Linse des Auges dringen Lichtstrahlen und spiegeln ein Bild auf die Netzhaut, die innere Auskleidung des Auges. Die Netzhaut wandelt Licht in Nervensignale um. Diese werden dem Gehirn übermittelt, das daraus Bilder formt.

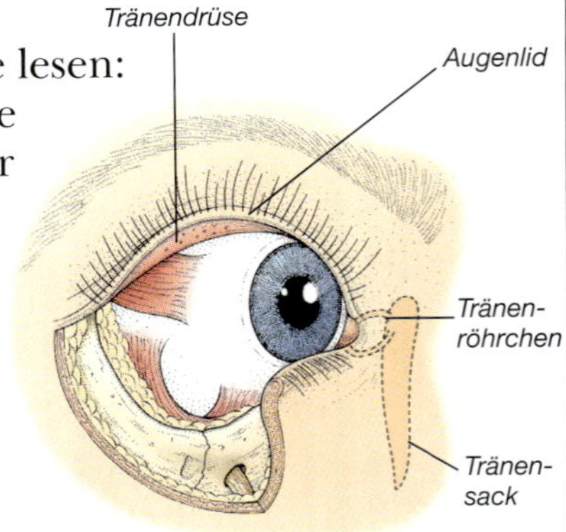

AUGENHÖHLEN
Lid und Wimpern schützen den vorderen Teil des Auges. Bei jedem Lidschlag befeuchten die Lider das Auge und reinigen es. Die Flüssigkeit entsteht in den Tränendrüsen über dem Auge. Diese Drüsen erzeugen auch die Tränen, die fließen, wenn man weint. Durch die Tränenröhrchen gelangt die Flüssigkeit in die Tränensäcke in der Nase.

ÄUSSERES AUGE
Lichtstrahlen fallen durch die stärker gebogene Vorderseite des Auges, die Hornhaut, ein, wo sie teilweise gebrochen werden. Die Strahlen gehen durch die Pupille, die sich bei schwachem Licht weitet, um mehr Licht einzulassen und sich bei hellem Licht verengt. Die Linse bricht die Lichtstrahlen stärker und wirft sie auf die Netzhaut.

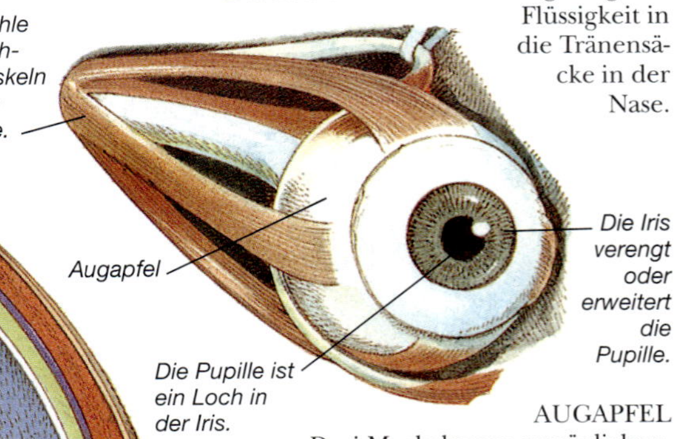

AUGAPFEL
Drei Muskelpaare ermöglichen, dass sich der Augapfel nach oben, unten und seitlich dreht. Fettansammlungen polstern das Auge und den Sehnerv ab, der von Augenbewegungen gedehnt wird.

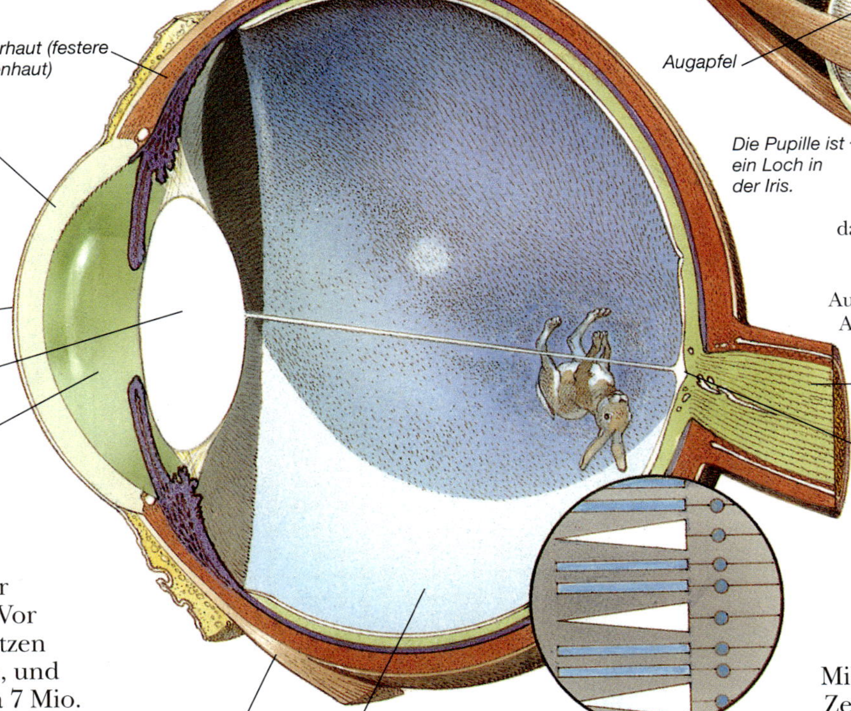

Inneres Auge

Die innere Rückwand des Augapfels ist mit der Netzhaut ausgekleidet. Vor allem an ihren Seiten sitzen etwa 120 Mio. Stäbchen, und meist hinten sitzen etwa 7 Mio. Zapfen. Auf der Netzhaut erscheint das Bild verkehrt herum. Im Gehirn wird es »umgedreht«.

Stäbchen und Zapfen

Auf der Netzhaut sitzen Millionen lichtempfindlicher Zellen: die Stäbchen und die Zapfen. Die Stäbchen reagieren auf Schwarzweißkontraste, die Zapfen auf Farben.

GUTES UND FEHLERHAFTES SEHEN
Gut und scharf sehen kann man, wenn die Linse die Lichtstrahlen im richtigen Winkel bricht, sodass auf der Netzhaut ein klares Bild entsteht. Weitsichtige haben entweder zu schwache Linsen, oder der Augapfel ist zu kurz für die Brechkraft der Linse. Bei Kurzsichtigen ist die Linse zu stark, oder der Augapfel ist für ihre Brechkraft zu lang. Brillengläser und Kontaktlinsen helfen dem Auge, die Lichtstrahlen richtig zu brechen.

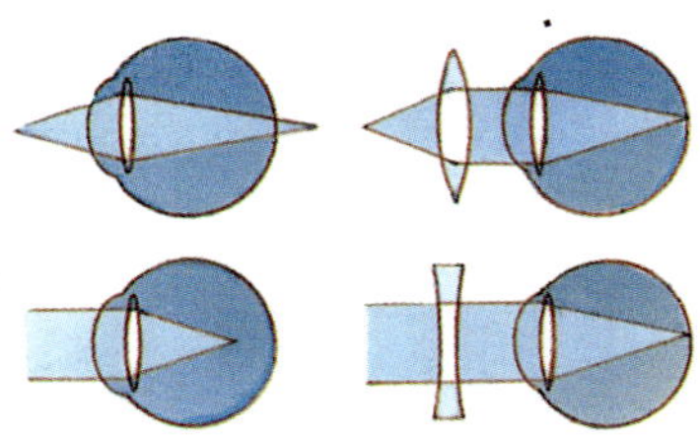

WEITSICHTIGKEIT
Die Strahlen werden hinter der Netzhaut gebündelt. Korrektur durch konvexe Linse.

KURZSICHTIGKEIT
Die Strahlen werden vor der Netzhaut gebündelt. Korrektur durch konkave Linse.

Siehe auch
FARBEN
FILMKAMERAS UND FOTOAPPARATE
KÖRPER, MENSCHLICHER
LICHT
OHREN

AUSTRALIEN

AUSTRALIEN LIEGT ALS INSELKONTINENT zwischen dem Indischen und dem Pazifischen Ozean und ist das sechstgrößte Land der Erde mit vielfältigen Landschaften: tropischen Regenwäldern, großen Wüsten, schneebedeckten Bergen, hügeligem Weideland und herrlichen Stränden. Die berühmtesten Naturschönheiten sind das Great Barrier Reef und Uluru (Ayers Rock). Fast 90 % der 19,7 Mio. Einwohner leben auf dem fruchtbaren Landstreifen an der Ost- und Südostküste, ein großer Teil von ihnen wohnt in Melbourne oder Sydney, den beiden größten australischen Städten, sowie in der Hauptstadt Canberra. Dünn besiedelt ist das trockene Landesinnere, Outback genannt. Die Aborigines, die Ureinwohner Australiens, vermochten unter den rauen Bedingungen, die dort herrschen, zu überleben. Doch nur eine kleine Zahl der 410 000 Aborigines führt heute noch ein traditionelles Leben im Outback. Die meisten Australier sind Nachkommen von Siedlern aus Europa und Südostasien.

Australien, das einzige Land, das auch ein Kontinent ist, liegt südöstlich von Asien zwischen dem Pazifik im Osten und dem Indischen Ozean im Westen. Zusammen mit mehreren Nachbarinseln hat es eine Gesamtfläche von 7,61 Mio. km².

SURFEN
Surfen ist ein beliebter Sport in Australien. Er wurde vor Jahrhunderten von Polynesiern erfunden; in neuerer Zeit umfasst er Windsurfen, Tricksurfen und Langstreckensurfen. Auf der Suche nach den besten Wellen reisen Surfer oft zu weit entfernten Stränden.

Bei einem Surffest demonstrieren Rettungsschwimmer ihr Können. Surfwettbewerbe ziehen viele Teilnehmer und Zuschauer an.

STRANDKULTUR
Die Mehrzahl der Australier lebt in Küstenstädten. Ihre Freizeit verbringen sie am liebsten am Strand. Australiens Klima ist ideal für Strandaktivitäten wie Surfen, Schwimmen, Segeln und Beach-Volleyball. Wegen der milden Winter lassen sich diese Sportarten das ganze Jahr über ausüben.

Bei der 200-Jahr-Feier Australiens versammelten sich Hochseesegelschiffe in Sydneys berühmtem Hafen.

SYDNEY

Sydney ist die älteste und größte Stadt Australiens. Sie wurde 1788 als britische Gefängniskolonie mit etwa 1000 Gefangenen und ihren Wachen gegründet; heute leben hier über 4 Mio. Menschen. Die Stadt liegt um Port Jackson, eine riesige, von der Sydney Harbour Bridge überbrückte natürliche Bucht. Sydney, Olympiastadt 2000, ist ein geschäftiges Industrie- und Touristenzentrum.

Australiens Währung ist der Australische Dollar. Die Münze zeigt auf einer Seite ein Porträt von Queen Elizabeth, dem Staatsoberhaupt.

FILMINDUSTRIE
Die australische Filmindustrie produziert jährlich eine Reihe wichtiger Filme. Einige, wie *Picnic at Hanging Rock* (1975), die Geschichte des mysteriösen Verschwindens einer Mädchengruppe, fanden internationale Anerkennung.

TASMANIEN

Die Insel Tasmanien liegt vor der Südostküste Australiens und ist ein eigener Bundesstaat mit fast einer halben Million Einwohner. Das Klima ist hier kühler und feuchter als auf dem Kontinent – die Insel ist berühmt für ihre Früchte, für Gemüse und Schafe. Zinn, Silber und andere Bodenschätze werden abgebaut. Der Westen ist kaum besiedelt und von dichtem Wald bedeckt, in dem zahlreiche Wildtiere wie der Beutelteufel (unten) leben.

GREAT DIVIDING RANGE

Entlang der Ostküste des Kontinents verläuft von Cape York nach Ballarat ein 3700 km langer Gebirgszug, die Great Dividing Range. Der höchste Berg ist der Kosciuszko mit 2228 m. Andere Gipfel sind viel niedriger. Das Gebirge trennt die fruchtbaren Küstenebenen vom trockenen Landesinneren und war einst ein großes Hindernis für Reisende und – selbst heute durchziehen es nur wenige Straßen und Eisenbahnen von Ost nach West.

Die Formation Three Sisters in New South Wales gehört zur Great Dividing Range.

Outback-Rancher sitzen auf Motorrädern oder auf Pferden, wenn sie Rinder und Schafe zusammentreiben.

OUTBACK

Nur wenige Menschen leben im trockenen Landesinneren, dem Outback. Hier werden Schafe und Rinder gezüchtet. Einige Güter, Stations genannt, bedecken Hunderte von Quadratkilometern. Wegen der großen Entfernungen leben die Menschen hier isoliert und halten per Funk Kontakt miteinander.

TAGEBAU

In Australien mit seinen riesigen Bodenschätzen ist der Bergbau eine bedeutende Industrie. Das Land erzeugt ein Drittel des für die Kernenergie weltweit genutzten Urans. Seit Jahren wird Eisenerz im Tagebau gewonnen. Gigantische Maschinen tragen ganze Berge ab.

ULURU (AYERS ROCK)

Eine der eindrucksvollsten Sehenswürdigkeiten in Australien ist Uluru (früher Ayers Rock genannt). Diese gewaltige, 335 m hohe Sandsteinmasse ragt mitten in einer weiten, flachen Wüste auf. Uluru, eine Haupttouristenattraktion mit eigenem Hotel, ist Hunderte von Kilometern von der nächsten Stadt entfernt. Bei Sonnenuntergang scheint der Felsen seine Farbe zu wechseln.

Alte Fels- und Rindenmalereien künden von einer Aborigineskultur fast 40 000 Jahre vor der Ankunft europäischer Siedler.

Perth

Das 1829 gegründete Perth (unten) ist die Hauptstadt von Western Australia und dessen Finanz- und Handelszentrum. Die meisten Australier leben in Städten, und die Bevölkerung von Perth spiegelt die europäische Herkunft vieler heutiger Australier wider.

CANBERRA

Canberra, die Hauptstadt von Australien, liegt im Australian Capital Territory (A.C.T.), einer vom Bundesstaat New South Wales umgebenen Fläche von 2360 km². Die Park- und Gartenstadt wurde vom amerikanischen Landschaftsarchitekten Walter Burley Griffin entworfen. Mit dem Bau der Stadt wurde im Jahr 1913 begonnen. Canberra ist eher ein Zentrum der Politik und der Bildung, weniger eine Handels- oder Industriestadt.

Die Hay Street (links) ist eine Fußgängerzone im Zentrum des Geschäftsviertels von Perth.

Adelaide

Adelaide (rechts) ist Hauptstadt und Haupthafen von South Australia. Der Grundriss ist als Raster angelegt. Er wurde entworfen von Colonel William Light, dem ersten Generalinspektor von South Australia. Die Stadt grenzt an 6,9 km² Parkland und wurde nach Adelaide, der Frau von König Wilhelm IV. von England, benannt.

Melbourne

Melbourne (unten), die Hauptstadt des Bundesstaats Victoria, ist Australiens zweitgrößte Stadt. Hier mischen sich Alt und Neu. Melbourne wurde 1835 vom australischen Farmer John Batman gegründet. Etwa 20 Jahre später wurde in Victoria Gold entdeckt, und die Bevölkerungszahl wuchs rapide. Heute ist Melbourne ein führender Seehafen und Victorias Handels- und Industriezentrum.

Brisbane

Brisbane (rechts), Hauptstadt und größte Stadt von Queensland, ist ein lebhafter Seehafen an der Mündung des Brisbane River in die Moreton Bay. Mit dieser Lage ähnelt es den anderen Hauptstädten der Bundesstaaten Australiens, die alle an Flüssen und Ozeanhäfen gegründet wurden. So ist auch Brisbane das Handelszentrum seines Bundesstaates, und sein Hauptgeschäftsviertel liegt am Hafen.

Erhaben ragt in Melbourne die nach 1880 von William Butterfield im neugotischen Stil erbaute St.-Paul's-Kathedrale inmitten moderner Gebäude auf.

Siehe auch
Architektur
Australien, Aborigines
Australien, Geschichte
Australien, Tiere
Kontinente
Städte

Vulkan	Berg	Historische Stätte	Hauptstadt	Großstadt	Stadt

FAKTEN

Fläche: 7 686 850 km^2
Einwohner: 19 700 000
Hauptstadt: Canberra
Sprachen: Englisch, Griechisch, Vietnamesisch, Aboriginessprachen
Religionen: römisch-katholisch, anglikanisch, United Church, Naturreligionen
Währung: Australischer Dollar
Haupterwerbszweige: Landwirtschaft, Bergbau, Viehhaltung
Hauptexportgüter: Bier, Wein, Kohle, Eisenerz, Gold, Bauxit, Kupfer
Hauptimportgüter: Fahrzeuge, Fertigerzeugnisse

WÜSTE
Das riesige, meist von Wüste bedeckte Landesinnere Australiens ist dünn besiedelt. Die vier größten Wüsten heißen Simpson, Gibson, Great Sandy und Great Victoria Desert – endlose Weiten voll wirbelndem Sand, der sich in gewaltigen Sanddünen sammelt.

Im Great Barrier Reef finden sich über 2000 Fisch- und zahlreiche Korallenarten – eine Unterwasserwelt von herrlicher Farbenpracht.

GREAT BARRIER REEF
Korallenriffe entstehen aus den Skeletten winziger Meeresbewohner, der Polypen. Über Wasser oder in kühlen Gewässern unter 30 m wachsen sie nicht. Das Great Barrier Reef entstand im Laufe von 600 000 Jahren durch das Aufwärtswachstum der Korallen, das durch den Anstieg des Meeresspiegels in dieser Zeit noch unterstützt wurde. Das Riff vor der Küste von Queensland erstreckt sich von Bundaberg bis zur Spitze von Cape York.

AUSGETROCKNETE SEEN
Viele »Seen« in Australiens riesigen Wüsten enthalten kein Wasser. Der Lake Eyre in South Australia etwa war bis 1950 ein Jahrhundert lang völlig leer.

NULLARBOR PLAIN
Die Nullarbor Plain ist völlig baumlos – daher ihr Name, nach Lateinisch »nulla«, kein, und »arbor«, Baum.

Maßstab
0 200 400 km

Australien
Geschichte

um 40 000 v. Chr. Die ersten Aborigines kommen von Asien nach Australien.

1770 Kapitän Cook landet in der Botany Bay und beansprucht Australien für Großbritannien.

1788 Britische Sträflinge treffen ein. Australien wird unabhängiges Dominion im British Empire.

1915 Australische Truppen kämpfen im Ersten Weltkrieg bei Gallipoli.

1945–65 Australien bezahlt armen europäischen Einwanderern die Überfahrt.

Bis zu Beginn des 17. Jh. waren die einzigen Menschen, die Australien kannten, die Aborigines, die dort bereits seit über 40 000 Jahren lebten. 1606 landete der niederländische Forscher William Jansz in Nordaustralien und erblickte so als erster Europäer das Land. Niederländische und britische Forscher fanden heraus, dass Australien vollständig von Meeren umgeben ist. 1770 beanspruchte der britische Kapitän James Cook die Ostküste für Großbritannien und nannte sie New South Wales. Die Briten schickten Sträflinge in ihre neue Kolonie. So entstand Sydney, heute die größte Stadt des Landes. Im 19. Jh. wuchs die Bevölkerungszahl Australiens, als weitere Sträflinge kamen; ihnen folgten Einwanderer. Für viele war das Leben hart, aber die britische Kolonie wurde mit der Entdeckung von Gold 1851 besser gestellt. 1901 wurde Australien ein unabhängiger Staat, stand aber noch viele Jahre Großbritannien nahe – in beiden Weltkriegen kämpften australische Truppen auf britischer Seite, und noch heute ist die britische Königin das Staatsoberhaupt Australiens.

ABORIGINES
Die ersten Aborigines kamen wohl vor etwa 40 000 Jahren von den Inseln in Südostasien nach Australien. 1770 gab es rund 300 000 Aborigines in Australien.

Die erste britische Siedlung in Australien war Port Jackson in Sydney Harbour – unweit des heutigen Opernhauses von Sydney.

BOTANY BAY
1770 ging der britische Forscher James Cook in der Botany Bay vor Anker, südlich vom heutigen Sydney. 1788 kamen die ersten 750 britischen Siedler nach Australien – von 250 Soldaten bewachte Sträflinge, die zur Entlastung der überfüllten Gefängnisse Großbritanniens hierher transportiert wurden. Sie lebten in einem Gefangenenlager an der Küste, dort wo heute Sydney Harbour ist. Nach entbehrungsreichen Jahren besserte sich das Leben der Siedler, und letztendlich kam die Kolonie zu Wohlstand. Seit 1868 gab es keine Gefangenentransporte mehr, und über 160 000 Sträflinge blieben in Australien.

ERFORSCHUNG

Die ersten Forscher erkundeten die Küste Australiens, ließen aber das Innere weitgehend unberührt. 1606 besuchte der niederländische Seefahrer William Jansz kurz den Nordosten. 1829/30 erforschte der Brite Charles Sturt die Flüsse im Süden, fand aber nicht das Binnenmeer, das sich angeblich im Zentrum des Landes befand. 1840 entdeckte Edward Eyre aus Großbritannien die riesigen trockenen Salzseen in Südaustralien und erkundete die Südküste. 1860/61 durchquerten der Ire Robert O'Hara Burke und der Brite William Wills als Erste Australien von Süden nach Norden. Erst nach 1930 war Australien vollständig vermessen.

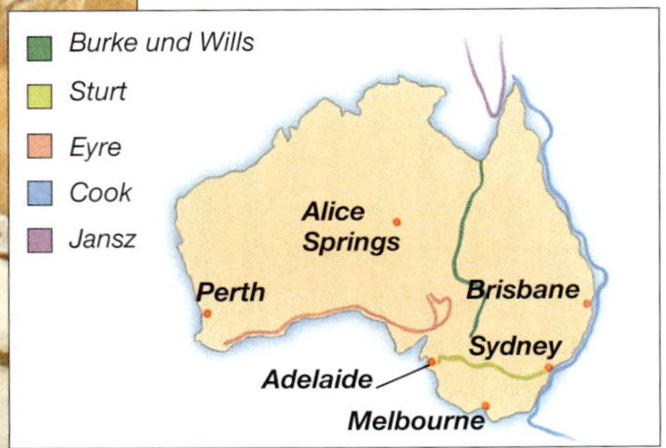

Karte mit den Routen der verschiedenen Erforscher Australiens

BURKE UND WILLS

1860 und 1861 gelang Burke und Wills die Süd-Nord-Durchquerung Australiens. Doch beide verhungerten auf dem Rückweg nach Süden.

Die Aborigines bestaunten die vielen weißen Menschen, die in ihr Land kamen.

GOLDRAUSCH

Gold wurde 1851 in New South Wales und in Victoria entdeckt. Tausende von Goldsuchern eilten aus aller Welt herbei, auch aus China, um in Australien reich zu werden. Die Bevölkerungszahl stieg von 400 000 im Jahr 1850 auf 1,1 Mio. im Jahr 1860. Für die Goldsucher war das Leben hart, und 1854 wollte eine Gruppe in Eureka Stockade bei Ballart in der Nähe von Melbourne die Lizenz für die Goldsuche nicht bezahlen. Als die Regierung Truppen schickte, wurden 24 Goldsucher und sechs Soldaten getötet.

NIEDERWERFUNG DER ABORIGINES

Im 19. Jh. zerstörten die europäischen Siedler die Lebensweise der Aborigines. Viele ihrer Sprachen und Sitten starben aus, als sie ihr Land verloren. Kinder wurden ihren Eltern weggenommen und europäisch erzogen. Von 300 000 Personen im Jahr 1770 ging die Zahl der Aborigines-Bevölkerung auf 60 000 im Jahr 1900 zurück.

EINWANDERUNG

1880 lebten nur 2 Mio. Menschen auf dem großen australischen Kontinent, ein Jahrhundert später fast 15 Mio. Die meisten waren aus Großbritannien, Italien und Griechenland gekommen. Um das Bevölkerungswachstum nach 1945 gezielt zu fördern, erbot sich die australische Regierung, armen Europäern einen Teil der Überfahrt zu bezahlen. Etwa 2 Mio. Menschen nutzten das Angebot, das 1965 endete. Allein eine Million kamen aus Großbritannien. Bis in die 60er-Jahre wurde Asiaten und anderen nichtweißen Menschen die Einreise verwehrt. Viele Kinder reisten allein. Diese Einwanderer (links) besteigen den Zug in London, um zu einer Landwirtschaftsschule in Westaustralien zu auszureisen.

URANABBAU

Australien ist reich an Bodenschätzen wie Uran, dem Rohstoff für Kernkraftwerke und Atombomben. Der Uranbergbau nahm zwar in den 70er-Jahren dramatisch zu, doch viele Australier waren wegen der Strahlengefahr dagegen. Außerdem liegen zahlreiche Uranlager im Stammesland der Aborigines. Daher wird gegen den Abbau dieses gefährlichen Minerals regelmäßig demonstriert.

Siehe auch

ATOMZEITALTER
AUSTRALIEN
AUSTRALIEN, ABORIGINES
COOK, JAMES

Australien

Aborigines

Die ersten Bewohner Australiens waren nomadisierende (wandernde) Völker, die vor ungefähr 40 000 Jahren den Kontinent von Südostasien aus erreichten. Als sich Ende des 18. Jhs. die ersten Europäer in Australien ansiedelten, bezeichneten sie diese Völker als »Aborigines«, was so viel bedeutet wie »Völker, die von Anbeginn der Zeit hier lebten«. Heute gibt es in Australien etwa 410 000 Aborigines. Die meisten leben in Städten, einige tausend führen aber noch einen traditionellen Lebensstil. Sie ziehen durch den Busch, jagen mit Speeren und Bumerangs (Wurfhölzern) und ernähren sich von Pflanzen, Maden und Insekten. Sie besitzen sehr wenig und alles, was sie brauchen, fertigen sie aus natürlichen Materialien. Diese Lebensart steht im Einklang mit der Natur des so genannten Outback (des Landesinneren Australiens).

KUNST
Die Kunst der Aborigines behandelt meistens die Traumzeit. In den Stammesgebieten sind die heiligen Felsen und Steine mit Malereien von Menschen, Geistern und Tieren der Traumzeit überzogen. Die Bilder sind mit rotem und gelbem Ocker sowie weißem Ton gemalt und manchmal mehrere tausend Jahre alt.

Stammeszeremonien und geheime Rituale sind für Aborigines ein wichtiger Teil des Lebens. Durch Tänze und Gesänge lernen junge Aborigines alles über die Traumzeit.

Tänzer, Sänger und Musiker bemalen die Körper mit kunstvollen Mustern.

Mit dem Didgeridoo, einem hölzernen Blasinstrument, werden die Grundtöne der Aborigines-Musik erzeugt.

Traumzeit

Die Aborigines in Australien glauben, dass ihre Vorfahren Tiere, Pflanzen und Menschen waren, die die Welt und alles in ihr erschaffen haben. Diesen Schaffungsprozess bezeichnen sie als »Traumzeit«. Über die Traumzeit gibt es viele Lieder und Mythen, die von Generation zu Generation überliefert werden.

STÄDTISCHES LEBEN
Die meisten Aborigines leben heute in Städten. Manche haben von den staatlichen Bildungs- und Hilfsprogrammen profitiert und ergriffen Berufe wie Lehrer, Ärzte oder Rechtsanwälte. Viele sind jedoch sehr arm und von der Gesellschaft abgeschottet. Gleichzeitig haben sie das traditionelle Leben der Aborigines aufgegeben, doch da sie nicht in die Gesellschaft der weißen Australier passen, können sie auch nicht an deren Wohlstand teilhaben. Inzwischen gibt es Bemühungen, das Interesse der städtischen Aborigines für die Kultur ihrer Vorfahren zu stärken.

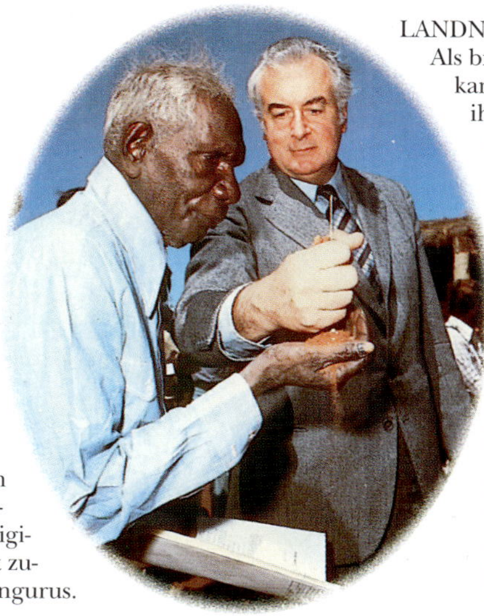

LANDNAHME
Als britische Siedler nach Australien kamen, beraubten sie die Aborigines ihrer heiligen Stätten und nahmen ihnen das Land. Mit Hilfe eigener Rechtsanwälte forderten die Aborigines ihr Land zurück. Die australische Regierung sprach 1976 den Aborigines Rechte an ihrem angestammten Land zu und gab ihnen weite Teile des Landes wieder zurück.

BUMERANGS

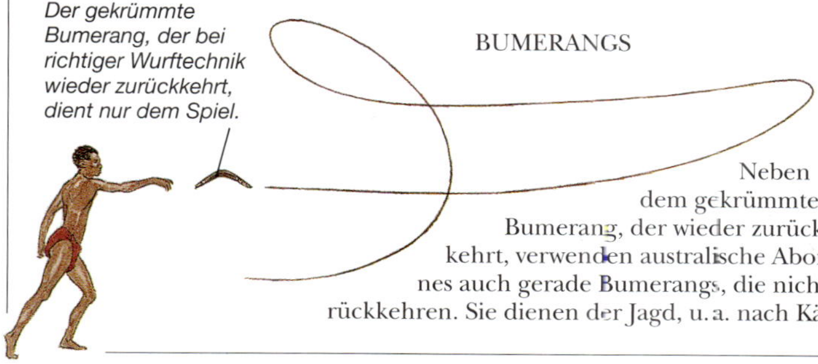

Der gekrümmte Bumerang, der bei richtiger Wurftechnik wieder zurückkehrt, dient nur dem Spiel.

Neben dem gekrümmten Bumerang, der wieder zurückkehrt, verwenden australische Aborigines auch gerade Bumerangs, die nicht zurückkehren. Sie dienen der Jagd, u.a. nach Kängurus.

Siehe auch

Australien
Australien, Geschichte
Australien, Tiere
Feiertage
Mythen und Sagen

AUSTRALIEN
TIERE

VON ALLEN KONTINENTEN besitzt Australien die eigenartigste Tier- und Pflanzenwelt. So lebt etwa die Hälfte der rund 250 Arten Beuteltiere ausschließlich in Australien. Zu dieser Unterklasse der Säugetiere zählen Kletterbeutler, Raubbeutler, Wombats und Beuteldachse. Schnabeltier und Ameisenigel – die weltweit einzigen Eier legenden Säugetiere – leben ebenfalls in Australien. Australien hat sehr unterschiedliche Landschaftsformen. Im Nordosten gibt es tropische Regenwälder und Sümpfe. Heiße Sand- und Felswüsten bedecken das Herz des Kontinents. Australien hat mehr Wüstenflächen als andere Kontinente, und in ihnen regnet es oft mehrere Jahre lang nicht. Im Süden ist das Klima milder. Hier herrschen hügeliges Grasland, Buschland und Eukalyptuswälder vor.

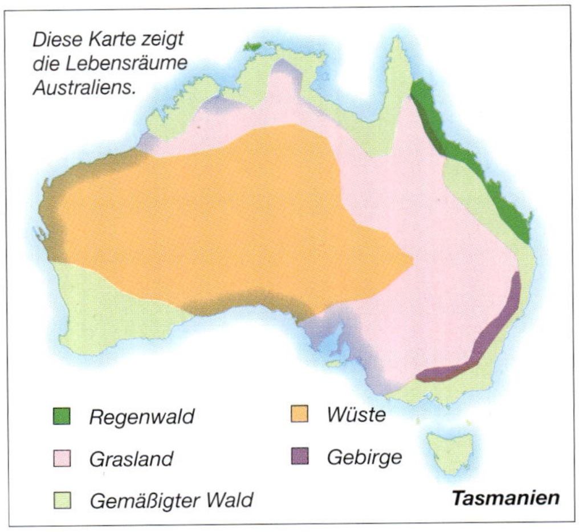

TRICHTERSPINNE
Die große haarige Trichterspinne ist nach dem trichterförmigen Netz benannt, mit dem sie ihre Beute fängt. Diese Spinnenart ist gefürchtet, weil ihr Gift auch für Menschen sehr gefährlich ist.

EUKALYPTUS
Auf der Welt gibt es 500 verschiedene Eukalyptusarten. Die meisten davon stammen aus Australien. Koalas ernähren sich hauptsächlich von den Blättern der Eukalyptusbäume.

KOALA
Koalas sind nur in den Eukalyptuswäldern Australiens heimisch. Sie leben auf Bäumen, fressen nachts und schlafen täglich bis zu 18 Stunden.

Kängurus sind Pflanzenfresser und ernähren sich hauptsächlich von Gras und Blättern.

Die kräftigen Hinterbeine eignen sich gut für weite Sprünge. Kängurus erreichen bis zu 90 km/h.

GRASLAND
Kängurus leben überwiegend im Grasland. Hier herrscht rotes Bartgras vor, das in etwa 50 cm hohen Büscheln wächst. In trockeneren Gebieten wächst das zähe Stachelkopfgras. Weite Teile des Graslands werden heute als Weiden genutzt.

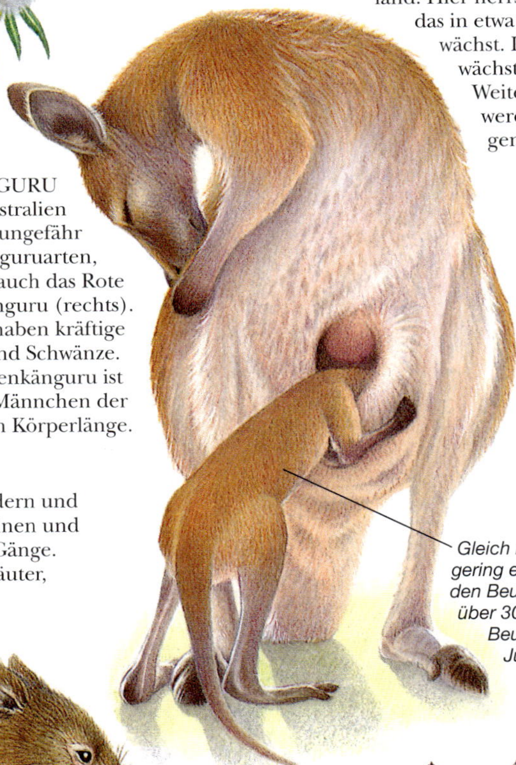

KÄNGURU
In Australien leben ungefähr 50 Känguruarten, darunter auch das Rote Riesenkänguru (rechts). Kängurus haben kräftige Hinterbeine und Schwänze. Das Rote Riesenkänguru ist das größte: Die Männchen der Art erreichen 2 m Körperlänge.

Gleich nach der Geburt klettert das gering entwickelte Kängurubaby in den Beutel der Mutter, in dem es über 30 Wochen lang bleibt. In dem Beutel sind Zitzen, an denen das Junge saugt.

BENNETTKÄNGURU
Wallabys sind kleinere, nur 0,5 bis 1 m große Mitglieder der Kängurufamilie. Das Bennettkänguru (rechts) ist ein Wallaby und wird in Australien auch »brusher« genannt, weil es dem offenen Grasland das Buschland (»brush«) vorzieht.

WOMBAT
Wombats leben in Grasland, Laubwäldern und Buschsteppen. Mit ihren kräftigen Beinen und den großen Krallen graben sie lange Gänge. Nachts verlassen sie ihre Baue, um Kräuter, Pilze, Gräser und Wurzeln zu fressen.

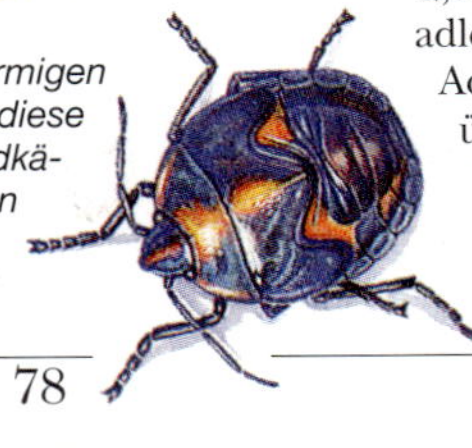

Nach ihrem schildförmigen Rückenpanzer werden diese Käfer in Australien »Schildkäfer« genannt. Sie ernähren sich von Pflanzensäften.

KEILSCHWANZADLER
Mit einer Spannweite von 2,5 m ist der Keilschwanzadler einer der größten Adler der Welt. Er fliegt über Buschland und Wüsten, um Kaninchen und ähnliche Beute aufzuspüren.

REGENWALD

Entlang der nördlichen und nordöstlichen Küste Australiens wachsen tropische Regenwälder, üppige Palmen, Araukarien, Baumfarne und bunte Orchideen. Es gibt in Australien aber auch andere Waldtypen, darunter subtropische Regenwälder an der mittleren Ostküste, in denen Kauribäume wachsen, und die temperierten Regenwälder mit Südbuchen in Teilen des Südostens und auf Tasmanien.

LAUBENVOGEL

In den Wäldern der wärmeren Regionen leben die Seidenlaubenvögel, deren Männchen die Weibchen auf einzigartige Weise anlocken: Sie gestalten keine »Lauben« oder »Gärten«, die sie aus Zweigen, Blättern und Blüten zusammenbauen und mit glänzenden bunten Beeren oder Abfall verzieren.

ORCHIDEE

In Australien gedeihen über 600 Orchideenarten. Manche Orchideen wachsen hoch oben in den Kronen der Bäume. Diese Arten bezeichnet man als Epiphyten oder Aufsitzer. Sie bilden Luftwurzeln.

Der Wüstenskorpion fängt Insekten und Würmer mit seinen Scheren. Der Stachel am Schwanz dient der Verteidigung.

LORIS

In Australien gibt es sieben Loriarten. Zu ihnen gehört auch der Regenbogenlori (rechts). Loris sind bunte und laute Cousins der Papageien, die sich zu großen Schwärmen versammeln. Mit der pinselartigen Zungenspitze lecken sie den Nektar aus Orchideen und anderen Blüten.

WÜRGEFEIGE

Die Würgefeige keimt auf einem Baum und lässt ihre Luftwurzeln um dessen Stamm herum nach unten wachsen. Sie nimmt dem Wirt das Licht und erdrosselt ihn.

WÜSTE

In Australien gibt es zahlreiche giftige Tiere, darunter Schlangen, Spinnen und Skorpione. Viele von ihnen leben in den Wüsten im Landesinneren. Trockenes Buschland und Wüsten bedecken mehr als die Hälfte der Fläche des Kontinents. Einer der verbreitetsten Bäume ist der Mulgabaum, eine strauchartige Akazienart, die auch in trockener Hitze gedeiht.

KLETTERBEUTLER

Kletterbeutler, Ringbeutler und Honigbeutler sind nachtaktiv. Sie leben in Waldgebieten und mögen den Nektar der großen Blüten der Banksie, eines immergrünen Strauches.

Mit seiner pinselartigen Zungenspitze leckt der Honigbeutler den Nektar aus den Banksienblüten. Weil er dabei Pollen von Blüte zu Blüte trägt, hilft er der Pflanze, sich zu vermehren.

NATIONALPARKS

Australien besitzt über 2000 Nationalparks, die zusammen eine Fläche von 80 Mio. ha einnehmen. Zu ihnen gehören Mungo National Park in New South Wales und Lamington National Park (Foto links).

In Australien leben viele Schlangenarten, darunter auch die Diamantpython.

WÜSTENERBSE

Sturts Wüstenerbse ist nach dem britischen Forschungsreisenden Charles Sturt (1795–1869) benannt. Sie wächst in Sandwüsten und blüht nur nach Regenfällen. Ihre Samen können im Boden jahrelang auf Regen warten.

Mamupurumpa, die Pfeifende Vogelspinne, erzeugt Geräusche durch Reiben ihrer Mundwerkzeuge. Sie jagt u. a. Frösche und Insekten.

WASSERRESERVOIRFROSCH

Die Trockenzeit verbringt der Frosch in 50 cm Tiefe im Boden, geschützt von einer Haut, die ihn wie eine Blase umgibt. Nach dem Einsetzen der Regenfälle erwacht der Frosch, streift die Haut ab und befreit sich aus seinem Erdloch. Nach der Eiablage in Pfützen fressen die Frösche, nehmen durch die Haut Wasser auf und graben sich wieder ein.

DINGO

Die Vorfahren des Dingo kamen vor 40000 Jahren zusammen mit den ersten Einwanderern, den Aborigines, nach Australien. Dingos haben einen vielseitigen Speiseplan, auf dem u. a. Kaninchen, Vögel, Reptilien und Wallabys stehen. Weil sie auch Schafe reißen, sind sie bei den Farmern nicht beliebt.

Siehe auch

AUSTRALIEN
AUSTRALIEN, GESCHICHTE
SÄUGETIERE
SPINNEN UND SKORPIONE
TIERE, WALD

Autos

Könnte man alle Autos der Welt hintereinander aufstellen, würden sie einen Verkehrsstau bis zum Mond bilden – und dieser Stau würde immer länger, da jede Sekunde ein neues Auto produziert wird. Die meisten Autos sind Familienwagen für Fahrten zu Schule, Arbeit und Einkäufen, zu Freunden und in den Urlaub. Es gibt aber auch spezielle Autos wie Taxis, Sportwagen, Polizeiautos und Krankenwagen. Benzin- oder Dieselmotoren treiben moderne Autos an, genauso wie die ersten Autos im 19. Jh. Aber heutige Autos unterscheiden sich sehr von Autos, die es vor 30 Jahren gab. Sie sind aerodynamischer und haben einen geringeren Luftwiderstand. Sie haben starke Bremsen und elektronisch geregelte Motoren, die sehr leistungsstark sind und dennoch weniger Treibstoff verbrauchen.

Wie ein Auto funktioniert

In den meisten Autos sitzt der Motor vorn und treibt die Vorder- oder Hinterräder (oder alle vier Räder) über Wellen und ein Getriebe an. Das Getriebe überträgt die Energie des Motors auf die Antriebswellen, die die Räder antreiben. Unterschiedliche Gänge werden zum Anfahren, zum Bergauffahren und Rückwärtsfahren gebraucht.

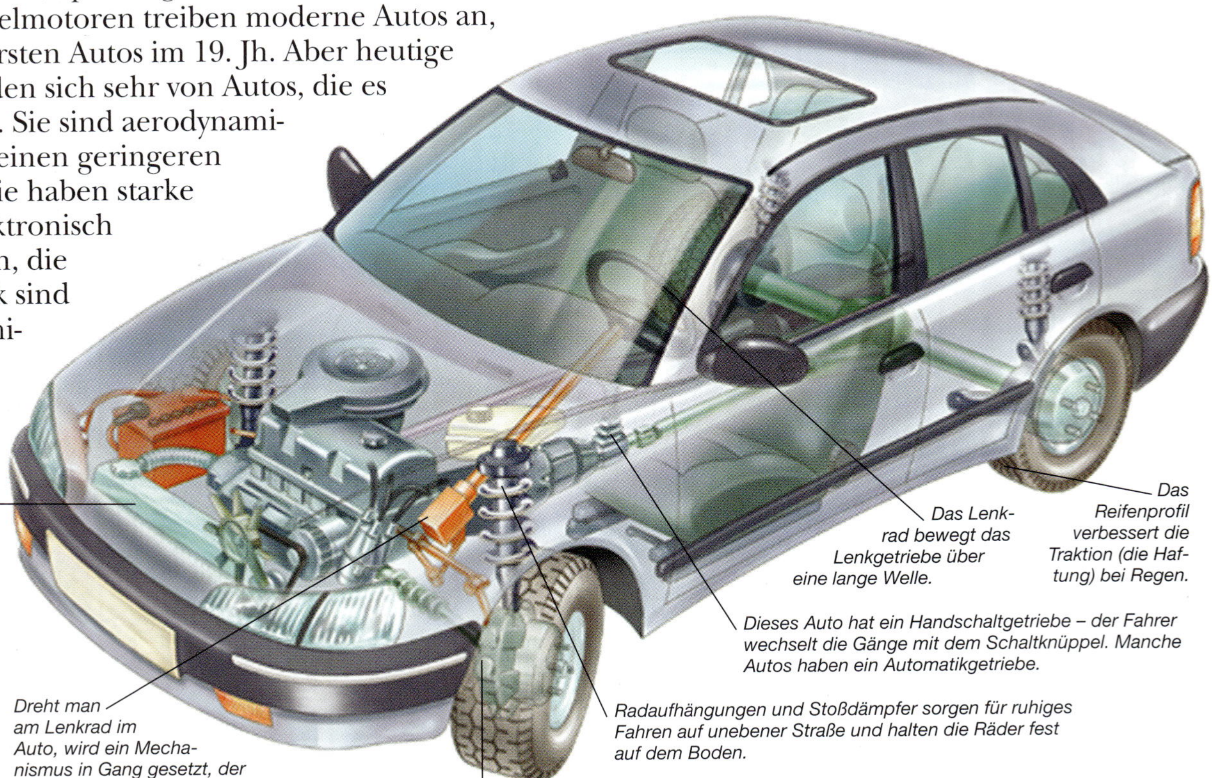

Ein Autokühler enthält Wasser, das eine Pumpe ständig um den Motor fließen lässt, um ihn zu kühlen. Beim Fahren streicht Kaltluft durch den Kühler und kühlt das Wasser vor seinem nächsten Kreislauf um den Motor.

Das Lenkrad bewegt das Lenkgetriebe über eine lange Welle.

Das Reifenprofil verbessert die Traktion (die Haftung) bei Regen.

Dieses Auto hat ein Handschaltgetriebe – der Fahrer wechselt die Gänge mit dem Schaltknüppel. Manche Autos haben ein Automatikgetriebe.

Radaufhängungen und Stoßdämpfer sorgen für ruhiges Fahren auf unebener Straße und halten die Räder fest auf dem Boden.

Dreht man am Lenkrad im Auto, wird ein Mechanismus in Gang gesetzt, der die Vorderräder nach links oder rechts bewegt.

Tritt man aufs Bremspedal, wird eine Spezialflüssigkeit durch Schläuche gedrückt, die wiederum auf Kolben an jedem Rad drückt. Die Kolben pressen die Bremsbacken gegen Stahlscheiben oder Trommeln an den Rädern, diese werden langsamer, und das Auto stoppt.

Umweltfreundlich

Abgase aus dem Motor eines Autos sind giftig und umweltschädlich. Darum haben die meisten Autos einen Spezialfilter, den Katalysator, der mit dem Auspuff verbunden ist. Der Katalysator entgiftet die Abgase.

Autotypen

Es gibt die verschiedensten Arten von Autos für fast jeden Zweck. Die meisten Familienautos haben ein großes Inneres und einen verbrauchsarmen Motor. Bei anderen, spezielleren Fahrzeugen hingegen wird eher auf Tempo, Luxus oder Motorstärke Wert gelegt.

Sicherheit

Die Autoinsassen sind in einem starken Stahlkäfig gegen einen Unfall geschützt. Aber das übrige Auto ist so konstruiert, dass es sich leicht verformt und den Aufprall dämpft. Sicherheitsgurte und Airbags schützen die Insassen zusätzlich vor Verletzungen.

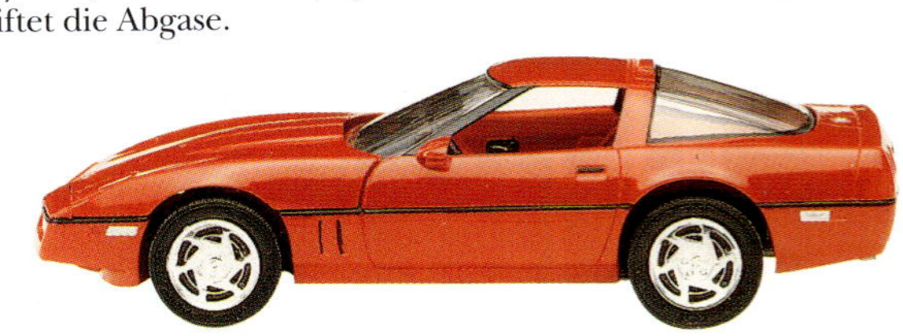

Sportwagen

Mit seinem starken Motor und seiner schnittigen Form ist ein meist nur zweisitziger Sportwagen für pures Tempo ausgelegt – manche Sportwagen erreichen um die 300 km/h.

Luxusauto

Große, sorgfältig verarbeitete Wagen wie der weltberühmte Rolls-Royce gehören zu den schönsten und teuersten Autos der Welt.

Geländewagen

Robuste Spezialfahrzeuge für Geländefahrten haben starke Motoren, Allradantrieb und besonders griffige Reifen mit grobem Profil.

Geschichte des Autos

Die Menschen lachten um 1880 über die ersten klapprigen »pferdelosen Kutschen«. Aber die technische Entwicklung von Autos machte rapide Fortschritte. 1903 waren Autos bereits schneller als 110 km/h. Aber sie waren teuer und blieben oft stehen. Seither sind Autos immer billiger und zuverlässiger geworden. Heute sind sie Alltagsverkehrsmittel für Millionen Menschen auf der ganzen Welt.

NICOLAS CUGNOT
Die ersten Straßenfahrzeuge wurden von Dampf angetrieben. 1769 baute der französische Ingenieuroffizier Nicolas Cugnot einen Dampfwagen für Kanonen. Der schaffte etwa 5 km/h Spitzengeschwindigkeit und blieb alle 10 Minuten stehen, um neuen Dampf zu bilden.

DAIMLER UND BENZ
Nach 1880 entwickelten die deutschen Ingenieure Carl Benz und Gottlieb Daimler unabhängig voneinander den ersten Benzinmotor. 1885 baute Benz seinen dreirädrigen Wagen (links), das erste mit Benzin angetriebene Auto.

PANHARD UND LEVASSOR
Um 1890 bauten die beiden Franzosen René Panhard und Émile Levassor das erste Auto mit Frontmotor – den heute meistverbreiten Autotyp.

Die Fertigungsstraße für den Ford Modell T

FORD MODELL T
Die ersten Autos waren handgefertigt und so teuer, dass nur Reiche sie sich leisten konnten. 1908 eröffnete Henry Ford eine Fabrik zur Großproduktion des Modells T (oben). Dieses war das erste für viele Menschen erschwingliche Auto.

NEUE DESIGNS

Prototypen (Testmodelle) neuer Autos sind voller Elektronik und Computer, die alles übernehmen, vom automatischen Einparken bis zum Erstellen der besten Route durch die Stadt. Viele Teile dieser Autos sind aus Kunststoffen und anderen neuen Materialien, wie Keramik- statt Metallkomponenten bei Motoren.

Rennauto

Formel-1-Rennwagen unterscheiden sich sehr von Straßenautos, da sie nur für hohe Geschwindigkeiten gebaut sind. Sie haben starke Motoren und sind ultraleicht. Dank ihrer aerodynamischen flachen Form können sie schnellstmöglich fahren – der Fahrer steuert in fast liegender Position.

Siehe auch

Lastwagen
Motoren
Rad
Straßen
Transport und Verkehr
Umweltverschmutzung

Azteken

Vor mehr als 700 Jahren entstand eine neue Zivilisation im Gebiet des heutigen Mexiko. Die Gründer dieser Zivilisation, die Azteken, waren die letzten indianischen Herrscher von Mexiko. Als Wandervolk besiedelten sie im 13. Jh. das Gebiet der heutigen Hauptstadt Mexikos. Hier bestanden bereits die Zivilisationen der Tolteken und Olmeken, von denen die Azteken viel übernahmen. In den nächsten 200 Jahren entwickelten die Azteken ein mächtiges Reich mit rund 12 Mio. Menschen. Die Azteken glaubten, dass die Welt unterginge, wenn sie ihrem Sonnengott, Huitzilopochtli, keine Menschenopfer brächten. So errichteten sie Pyramiden und Tempel, wo sie Gefangene aus den eroberten Städten opferten. Die spanischen Eroberer (Konquistadoren) kamen 1519 nach Mexiko und beendeten die Aztekenherrschaft. Montezuma II., der letzte Aztekenherrscher, wurde von seinen eigenen Leuten umgebracht. Danach ging das Aztekenreich unter.

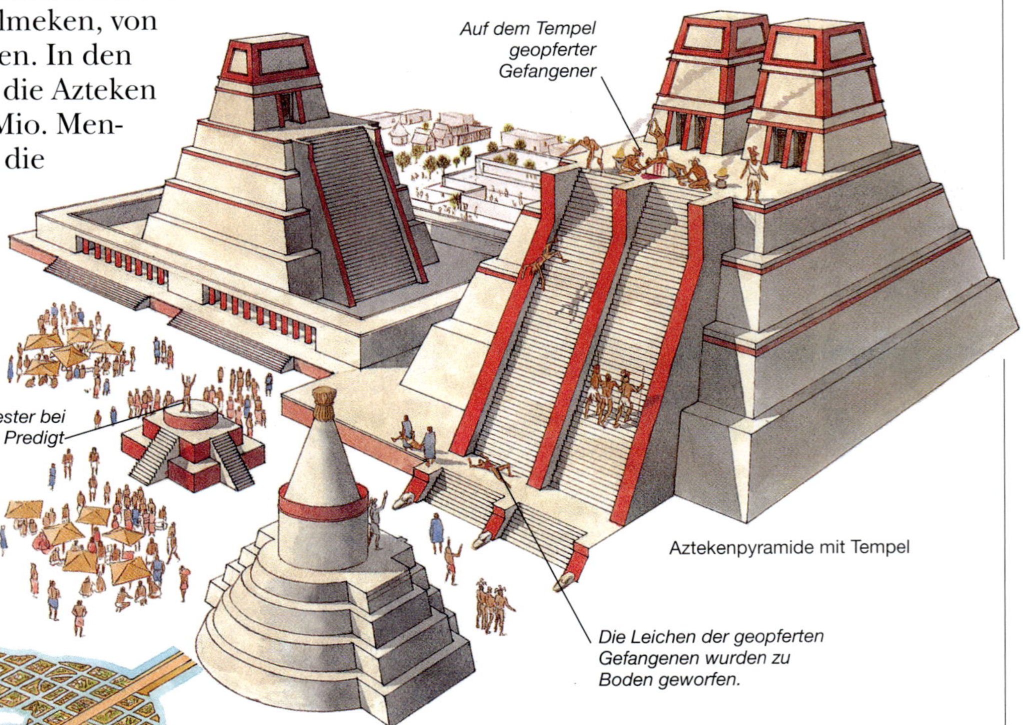

Aztekenpyramide mit Tempel

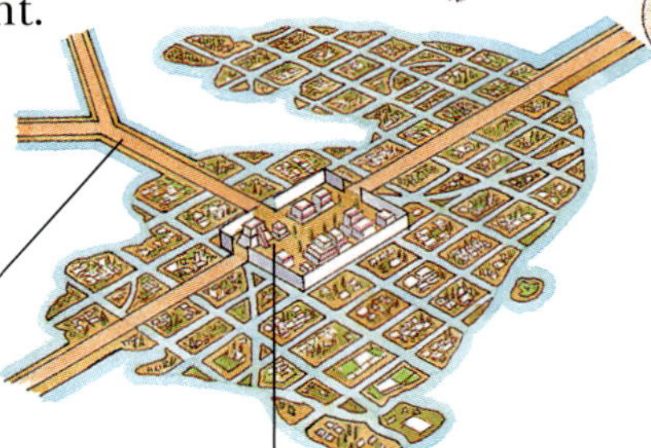

Tenochtitlán

Die Hauptstadt der Azteken, Tenochtitlán, war eine »schwimmende Stadt« im Texcoco-See. Sie wurde auf einer natürlichen und auf vielen künstlichen Inseln erbaut. Als Verbindung zum Festland bauten die Azteken Dämme. Heute ist hier die Hauptstadt Mexiko-Stadt.

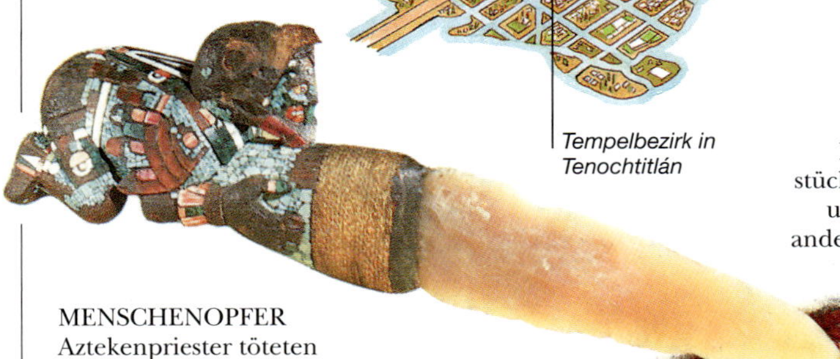

Azteken-Künstler

Die Azteken stellten schöne Schmuckstücke aus Gold, Türkis, Perlen, Muscheln und Federn her. Sie verarbeiteten auch andere Edelsteine, wie Obsidian und Jade.

Zeremonienmaske aus Jade

Menschenopfer

Aztekenpriester töteten mit ihren Steinmessern jede Woche bis zu 1000 Menschen, um ihre Herzen dem Sonnengott, Huitzilopochtli, zu opfern.

Abgaben

Die Azteken wurden sehr reich, da sie von unterdrückten Stämmen Abgaben einforderten. Träger brachten aus den eroberten Städten Kleidung, Mais, Töpferwaren und Luxusgüter nach Tenochtitlán, wo sie auf vier großen Märkten eingetauscht wurden. Beamte listeten die Abgaben mithilfe einer Bilderschrift auf. Die Azteken drohten jedem Stamm mit Krieg, wenn er keine Abgaben zahlen wollte.

Siehe auch

Entdecker
Südamerika, Geschichte

Babylonier

Eine der ersten Zivilisationen entwickelte sich vor ungefähr 6000 Jahren im Nahen Osten, zwischen den Flüssen Euphrat und Tigris – einem Gebiet, das als Mesopotamien oder »Zwischenstromland« bezeichnet wird. Das Land war sehr fruchtbar, und die Ackerbaumethoden waren bereits hoch entwickelt. Die Bewohner entwickelten ein Schriftsystem, erfanden das Rad und bauten Städte. Als eine dieser Städte wurde um 2000 v. Chr. Babylon gegründet. Sie wurde die Hauptstadt Babyloniens (das heute ein Teil Iraks ist). Babylon war ein wichtiges Handelszentrum. Es war außerdem ein religiöses Zentrum mit vielen prachtvollen Tempeln. Seine Bewohner verdankten ihren Wohlstand dem König Hammurabi, der die verschiedenen Gebiete zu einem Reich vereinte. Unter dem späteren König Nebukadnezar II. war Babylon noch wohlhabender. Im Jahr 538 v. Chr. wurde Babylon vom Perserkönig Kyros dem Großen erobert, und Alexander der Große eroberte es 331 v. Chr. Als schließlich die Römer Babylon einnahmen, verlor die Hauptstadt an Bedeutung, zerfiel und wurde Teil des Römischen Reiches.

ZYLINDERSIEGEL
Die Babylonier schrieben mit Zylindersiegeln. Diese Siegel bestanden oft aus Halbedelsteinen. Um ein Dokument zu beschriften, wurde ein Zylindersiegel über feuchten Ton abgerollt. Dieses Siegel zeigt den Gott Schamasch, die Göttin Ischtar (mit Flügeln) und den Gott Ra.

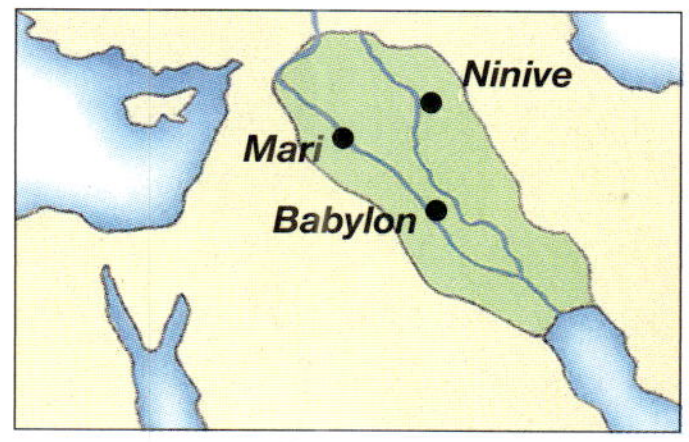

BABYLONISCHES REICH
Babylon war eine von mehreren wichtigen Städten in Mesopotamien. Innerhalb von 2000 Jahren erlebte die Stadt ihren Auf- und ihren Abstieg. Während ihrer Blütezeit unter König Hammurabi und später unter König Nebukadnezar II. beherrschte das Babylonische Reich den gesamten Süden Mesopotamiens.

Babylon

Die Stadt Babylon erlebte ihre Blütezeit um 600 v. Chr. Es war eine beeindruckende Stadt, mit dicken Mauern und schmuckvollen religiösen Bauten, u.a. eine pyramidenartige Zikkurat. In Babylon befanden sich auch die Hängenden Gärten – eines der Sieben Weltwunder des Altertums.

HAMMURABI
Unter König Hammurabi (1792–1750 v. Chr.) erlangte Babylon die Herrschaft über einen großen Teil Mesopotamiens. Hammurabi ist berühmt für seine Gesetze, die in steinerne Stelen eingemeißelt wurden. Diese Stele zeigt Hammurabi vor dem Gott Schamasch. Darunter sind die Gesetze in Keilschrift eingemeißelt. Sie behandeln alle Lebensbereiche und zeigen, dass Babylon eine fortschrittliche Zivilisation war.

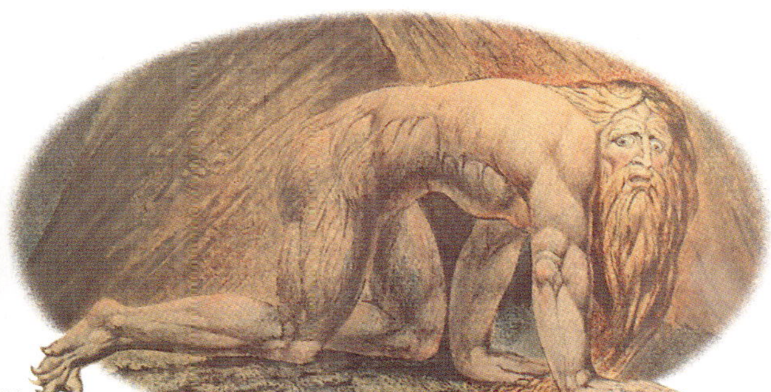

NEBUKADNEZAR
Nebukadnezar II. (605–562 v. Chr.) war einer der berühmtesten Könige Babyloniens. Er eroberte u. a. Jerusalem und zwang Tausende seiner Bewohner in die Babylonische Gefangenschaft. Diese Geschichte wird auch in der Bibel, im Buch Daniel, erzählt. Es heißt, dass Nebukadnezar am Ende seiner Herrschaft verrückt wurde, was auch dieses Bild Nebukadnezars des englischen Künstlers William Blake (1757–1827) zeigt.

RUINEN VON BABYLON
Etwa 90 km südlich von Bagdad im Irak liegen die Ruinen der alten Stadt Babylon. Die Ruinen lassen noch heute erkennen, wo die Paläste und die Zikkurat einst standen. Im 19. Jh. gruben Archäologen die Reste aus. Inzwischen wurden einige Abschnitte der alten Stadtmauer wieder aufgebaut (oben).

Siehe auch

Alphabete
Assyrer
Phönizier
Weltwunder, Die Sieben

Ballett

Ballettschuhe sind an der Spitze verstärkt, um die Verletzungsgefahr bei Schritten auf Zehenspitzen zu verringern.

Musik, Tanz und Gesichtsausdruck sind die Mittel, mit denen das Ballett eine Geschichte erzählt. Die ersten Tänzer traten vor 300 Jahren an den europäischen Fürstenhöfen auf. Seit der Zeit hat sich der Stil des klassischen Balletts kontinuierlich weiterentwickelt, aber noch heute sind die ursprünglich französischen Bezeichnungen für die Schritte im Gebrauch. Das 19. Jh. war die große Zeit des romantischen Balletts. Zu Beginn des 20. Jhs. gründete der Russe Sergej Diaghilew die Ballets Russes, eine der berühmtesten Ballett-Truppen aller Zeiten. Beim Ballett wird jeder Schritt und jede Bewegung programmmäßig festgelegt. Man nennt dieses Programm Choreographie. Große Choreographen wie der Russe Michail Fokin (1880–1942) gehören zu den Wegbereitern des modernen Balletts. Die Ausbildung beginnt meist im Kindesalter und erst nach Jahren des Trainings stehen die Tänzerinnen und Tänzer auf der Bühne.

Ohne ein hohes Maß an Fitness wären die anmutigen, nur scheinbar mühelosen Bewegungen beim Ballett nicht möglich.

Heutiges Ballett

Im frühen 20. Jh. lösten sich einige Tänzer vom klassischen Ballett, um einen freieren Tanzstil zu entwickeln. Isadora Duncan war eine Pionierin dieses natürlicheren Stils, bei dem die Tänzer ihre Gefühle in ausdrucksstarken Bewegungen darstellten. Später etablierte die Amerikanerin Martha Graham den Modern Dance. Heutige Tänzer durchlaufen oft eine klassische Ballettausbildung, ehe sie sich modernen Tanzformen widmen.

Fonteyn und Nurejew

Gegen Ende ihrer Karriere traf die britische Ballerina Margot Fonteyn auf den jungen russischen Tänzer Rudolf Nurejew. Ihre Zusammenarbeit, hier die beiden als *Romeo und Julia*, inspirierte sie wechselseitig und begeisterte das Publikum.

Anna Pawlowa

Die russische Ballerina Anna Pawlowa (1881–1931) gehört zu den größten Tänzerinnen aller Zeiten. Zu ihren berühmtesten Soli gehört der *Sterbende Schwan*, den Fokin mit ihr einstudierte.

1. Position 2. Position 3. Position 4. Position 5. Position

Die fünf Positionen
Fast alle Ballettschritte beginnen oder enden in einer der fünf Positionen, die aus dem 18. Jh. stammen. Mit ihnen hat der Tänzer einen festen Stand und wirkt doch elegant.

Siehe auch

Komponisten
Musik
Rock und Pop
Tanz
Theater

Ballons und Luftschiffe

HAST DU SCHON MAL BLASEN BEOBACHTET, die in kochendem Wasser aufsteigen? Genau so fliegen Ballons und Luftschiffe. Sie erheben sich nicht mit Flügeln in die Luft, sondern mithilfe eines riesigen, blasenartigen Sacks, der nach oben schwebt, da er ein Gas enthält, das leichter als die Luft um ihn herum ist. Früher war dies meist das explosive und gefährliche Wasserstoffgas. Heute fliegen Ballons mit Heißluft, Luftschiffe mit Heliumgas. Während Ballons dorthin treiben, wo der Wind sie hinbläst, haben Luftschiffe Motoren und fliegen, wohin der Pilot sie steuert. Ballons und Luftschiffe gab es lange vor der Erfindung von Flugzeugen. Aber nach 1930 wurden immer bessere Flugzeuge konstruiert, die Luftschiffe und Ballons verdrängten. Doch seit etlichen Jahren ist das Ballonfahren wieder beliebt, und immer neue Luftschiffe werden gebaut.

MONTGOLFIERE
Die französischen Brüder Joseph und Jacques Montgolfier bauten den ersten Ballon, der Menschen in die Luft trug. Der erste freie Flug erfolgte am 21. November 1783 in Paris in Frankreich – 120 Jahre bevor die Gebrüder Wright das erste Flugzeug bauten.

HINDENBURG-KATASTROPHE
Die Luftschiffe um 1930 waren riesig – das größte war die deutsche *Hindenburg:* über 244 m lang. Sie war mit leicht entzündlichem Wasserstoff gefüllt und wurde 1937 bei einer Explosion völlig zerstört.

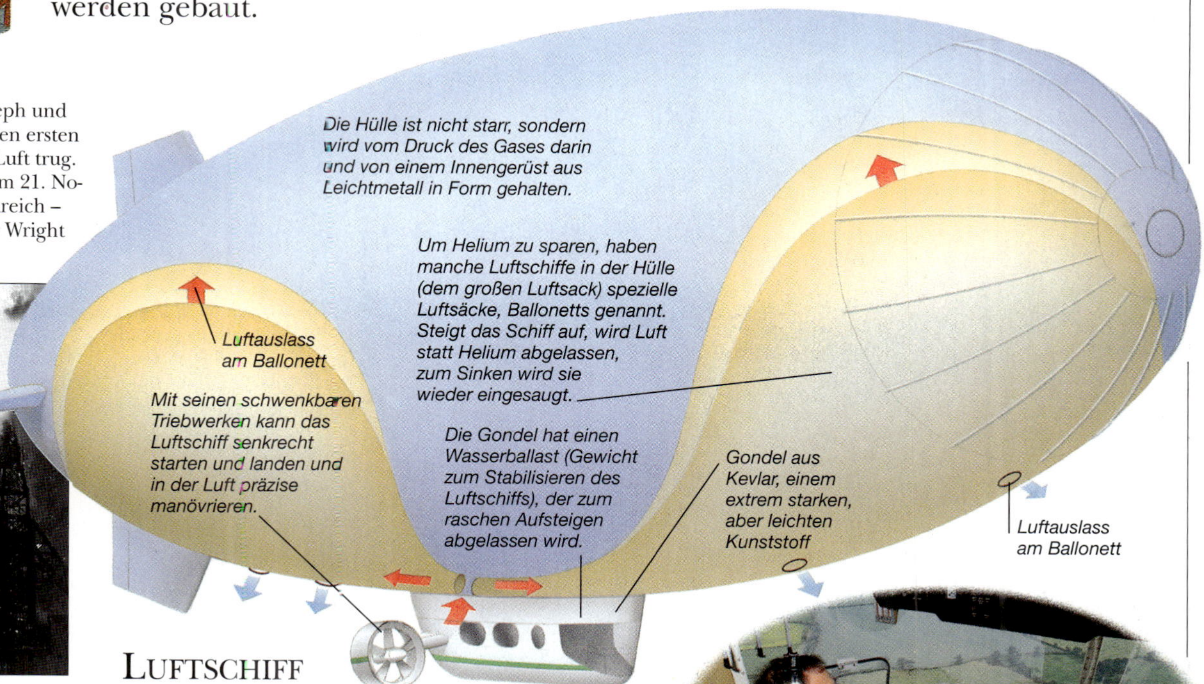

Luftschiff
Motoren steuern das Luftschiff in jede Richtung. Schwenkbare Triebwerke treiben dieses Luftschiff nach oben, unten oder vorwärts. Es ist über 90 km/h schnell.

GONDEL
Besatzung und Passagiere fahren in einer Kabine, die Gondel heißt. Sie ist eine ideale Beobachtungsplattform, da ein Luftschiff langsam und stetig fliegt und stundenlang in der Luft bleiben kann. Der Pilot oder Kapitän steuert das Luftschiff mit einem Steuerknüppel ähnlich wie bei einem Flugzeug.

Heissluftballon
Heißluftballons bestehen aus einem Weidenkorb und einer Hülle aus Nylon, die es in fast jeder Form gibt, vom Kamel bis zur Burg. Das Füllen der Hülle erfolgt mit Heißluft, die durch brennendes Propangas erzeugt wird. Das Gas befindet sich in flüssiger Form in Metallzylindern im Korb. Der Brenner ist über den Köpfen der Ballonfahrer.

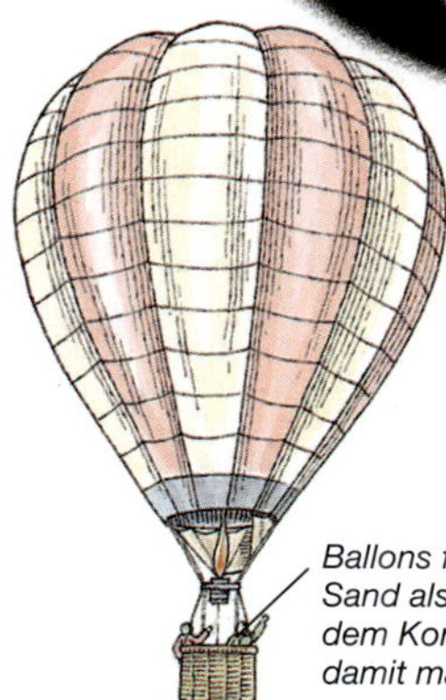

Ballons führen zuweilen Sand als Ballast mit, der aus dem Korb abgeworfen wird, damit man rasch Höhe gewinnt.

Vor jeder Ballonfahrt wird die Hülle auf dem Boden ausgelegt. Der Propangasbrenner wird gezündet, um die Hülle mit Heißluft zu füllen.

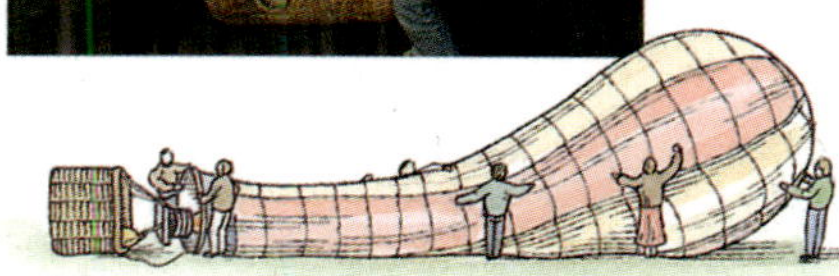

Füllt sich der Ballon mit Heißluft, erhebt er sich nach und nach. Enthält er genug Heißluft, um den Korb zu heben, kann die Fahrt beginnen.

Sobald der Ballon fährt, genügt ein gelegentlicher Heißluftstoß aus dem Brenner, um ihn auf gleicher Höhe zu halten.

Siehe auch
Flugzeuge
Gas
Kunststoffe
Luft
Transport und Verkehr

BALLSPORTARTEN

BEI VIELEN SPORTARTEN und Ballspielen werfen, schlagen oder rollen die Spieler einen Ball über das Spielfeld. Neben den Händen, den Füßen oder dem Kopf kommen dabei manchmal auch Schläger, Schlaghölzer und Stöcke zum Einsatz. Form und Größe des Balles variieren. Der Ball ist entweder massiv und hart wie bei Baseball und Billard oder hohl wie beim Tennis. Fußbälle sind rund und aus Leder. Beim Badminton ist der »Ball« mit Federn bestückt. Ballspiele gab es schon in prähistorischer Zeit. Damals dienten sie religiösen Zwecken. So glaubten die Menschen etwa, mit Ballspielen den Sommer verlängern oder die Winde beeinflussen zu können. Bei den alten Griechen stand erstmals das Vergnügen im Vordergrund. Auch bei den Maya und den Azteken in Mittelamerika hatten Ballspiele einen festen Platz im öffentlichen Leben. Heute unterscheidet man zwischen Mannschaftsspielen wie Fußball und Einzelsportarten wie Tennis und Golf.

JAI ALAI
Jai Alai, ein spanisches Spiel, wird auch Pelota genannt. Mit einem gebogenen Schlagholz schlagen die Spieler den Ball gegen die vordere Wand des Spielfelds.

Billardkugeln sind durchnummeriert von 1 bis 15.

Tischtennisschläger haben einen Belag aus Schaumstoff und Gummi.

Zwei bis drei Löcher in der Kugel sorgen beim Bowling für sicheren Halt.

Beim Fußball schützt eine Außenhaut aus Leder die innere, aufgepumpte Gummiblase.

MANNSCHAFTSSPIELE

Die am weitesten verbreiteten Mannschaftssportarten der Welt sind Ballspiele wie Baseball, Basketball und Fußball. Mannschaftsspiele sind sehr schnell. Gefragt bei den Spielern sind individuelle Fähigkeiten wie Schnelligkeit und Geschicklichkeit, aber auch Teamgeist. Mannschaftsspiele fördern den Gemeinsinn, die Disziplin und die Fähigkeit, mit anderen zusammenzuarbeiten.

RÜCKSCHLAGSPIELE
Hierzu zählen die Spiele, bei welchen die Spieler den Ball mit einem Schläger über ein Netz oder gegen eine Wand schlagen. Der Schläger besteht in der Regel aus einem Rahmen, in den ein Netz eingespannt ist. Die Spieler treten einzeln oder als Doppel an. Manche Rückschlagspiele kommen ohne Schläger aus: Beim Volleyball wird der Ball mit den Händen geschlagen.

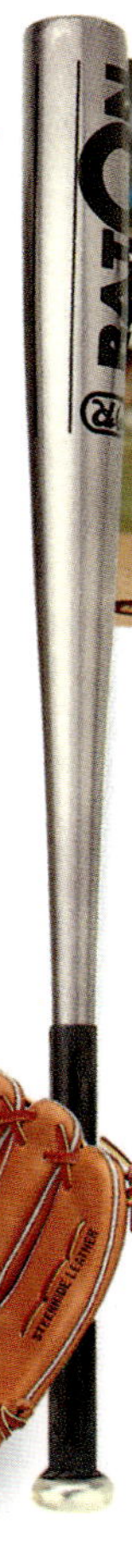

GOLF
Mit einem Spezialschläger, dem Putter, versuchen Golfer, den Ball in ein Loch im Rasen zu befördern. Auch bei anderen Ballspielen kommt es darauf an, gut zu zielen. Beim Bowling sollen zehn Kegel mit einer Kugel abgeräumt werden. Ziel beim Billard ist es, die Kugeln in Taschen zu versenken, die an den Ecken und Rändern des Tisches verteilt sind.

TENNIS
Tennis ging aus einem Hallenspiel hervor, das Real oder auch Royal Tennis genannt wurde und in manchen Ländern noch heute gespielt wird. In Frankreich wurde Real-Tennis schon vor tausend Jahren gespielt, und zwar in einem Raum mit Fenstern, Türen und einer schrägen Überdachung. Heute wird Tennis auf Rasen, auf Sand (Asche) oder auf einem Hartplatz gespielt. Berühmte Tennisturniere sind die British Open in Wimbledon, die French Open in Paris und die Australian Open in Melbourne. Spitzenspieler erzielen ein hohes Einkommen aus Preisgeldern und Werbeverträgen.

BASEBALL UND CRICKET
Baseball gilt als Nationalsport der Vereinigten Staaten. Alljährlich treten die Sieger der National League und der American League in der World Series gegeneinander an. Eine weniger harte Variante des Baseball, Softball, ist bei Amateuren beliebt. Cricket wird mit einem Holzschläger und einem Hartball gespielt. Weit verbreitet ist Cricket in England, Australien, Pakistan und Indien.

Siehe auch

AZTEKEN
FUSSBALL
SPORT

BALTISCHE STAATEN

UND WEISSRUSSLAND

Die baltischen Republiken nehmen einen kleinen Streifen der Ostseeküste ein, im Osten flankiert von Russland, im Westen von Polen und der russischen Enklave Kaliningrad. Im Süden schließt sich Weißrussland an, südlich begrenzt von der Ukraine.

DIE DREI BALTISCHEN STAATEN Litauen, Lettland und Estland waren, wie auch Weißrussland, einmal Sowjetrepubliken. Sie erklärten 1991 als Erste ihre Unabhängigkeit von der Sowjetunion. Traditionell betrieben die drei baltischen Länder mit ihrem fruchtbaren Land und Regenreichtum Landwirtschaft und Milchviehzucht. Doch die Sowjets förderten die Entwicklung von Schwerindustrie und Produktion und machten aus den kleinen Republiken Industriestaaten. Nach der Unabhängigkeit waren sie mit Preiserhöhungen, Lebensmittelknappheit und Umweltverschmutzung konfrontiert. Inzwischen vernetzen sie sich mit Ost- und Westeuropa und entwickeln neue Industrien, ab Mitte 2004 sind sie Mitglieder der Europäischen Union. Weißrussland, ebenfalls seit 1991 unabhängig, unterhält nach wie vor enge Verbindungen zu Russland.

ESTNISCHE IDENTITÄT
Während der Sowjetära wurden viele Russen ins Baltikum umgesiedelt. Dies führte zu Spannungen mit den baltischen Völkern, die ihre nationale Identität bewahren wollten. In Estland sind zwei Drittel der Bevölkerung Esten. Sie sprechen das mit dem Finnischen und dem Ungarischen verwandte finnougrische Estnisch.

RIGA
Die Hauptstadt Lettlands liegt an der Düna (Daugava), 15 km von der Ostsee entfernt. Im Jahr 1201 gegründet, wurde sie ein bedeutendes Ostseehandelszentrum. Erhaltene mittelalterliche Gebäude wie das Schloss und die Kathedrale spiegeln einstigen Wohlstand wider. Doch das historische Erbe wurde während der deutschen Besatzung im Zweiten Weltkrieg (1941–44) weitgehend zerstört. Heute ist Riga eine große Industrie- und Hafenstadt, auch wenn der Fluss zwischen Dezember und April nicht eisfrei ist.

DIE OSTSEEKÜSTE
Alle baltischen Staaten liegen an der Ostsee. Sie ist im Winter zugefroren, aber im Sommer ziehen ihre Seebäder Touristen an. Umweltverschmutzung gefährdet diese Küstenlinie.

ESTLAND
Fläche: 45125 km²
Einwohner: 1300000
Hauptstadt: Tallinn
Sprachen: Estnisch, Russisch

LETTLAND
Fläche: 64589 km²
Einwohner: 2300000
Hauptstadt: Riga
Sprachen: Lettisch, Russisch

LITAUEN
Fläche: 65200 km²
Einwohner: 3400000
Hauptstadt: Vilnius
Sprachen: Litauisch, Russisch

WEISSRUSSLAND
Fläche: 207600 km²
Einwohner: 9900000
Hauptstadt: Minsk
Sprachen: Weißrussisch, Russisch

Maßstab
0 50 100 km

Siehe auch
EUROPA, GESCHICHTE
MEERE
SOWJETUNION

BARBAREN

BIS ZUM 4. JH. N. CHR. verlor das einst große Römische Reich an Macht. Eine Gefahr stellten die Stammesgruppen dar, die außerhalb der Reichsgrenzen lebten. Die Römer verachteten diese Stämme. Sie hielten sie für unzivilisiert, da sie nicht in Städten lebten. Heute bezeichnen wir diese Stämme oft als Barbaren. In Wirklichkeit waren es jedoch sehr gute Handwerker, Bauern und Krieger mit durchdachten Gesetzen und festen Bräuchen. Um 370 n. Chr. zogen Horden eines bestimmten Stammes, der Hunnen, aus Zentralasien nach Westen und drängten andere Stämme über die Grenzen in das Römische Reich. Im Jahr 406 fielen Horden von Alanen und Wandalen nach Gallien (im heutigen Frankreich) ein, und 410 eroberten die Westgoten unter Alarich die Stadt Rom. Von da an breiteten sich die Barbaren im ganzen Römischen Reich aus. Im Jahr 452 fielen die von Attila geführten Hunnen in Norditalien ein. Das Reich wurde fortwährend von vielen Barbarenstämmen angegriffen, und jeder Stamm beherrschte das von ihm eroberte Gebiet auf seine eigene Weise.

ATTILA, DER HUNNE
Die Hunnen wurden von Attila (434–453) und dessen Bruder Bleda gemeinsam geführt. Attila fiel 452 nach Bledas Tod in Italien ein.

DIE EINNAHME ROMS
Der Westgotenkönig Alarich eroberte und plünderte im Jahr 410 die große Stadt Rom, die 800 Jahre lang unbesiegt war. Die Einnahme Roms schockierte die zivilisierte Welt, das Römische Reich brach aber erst 476 zusammen.

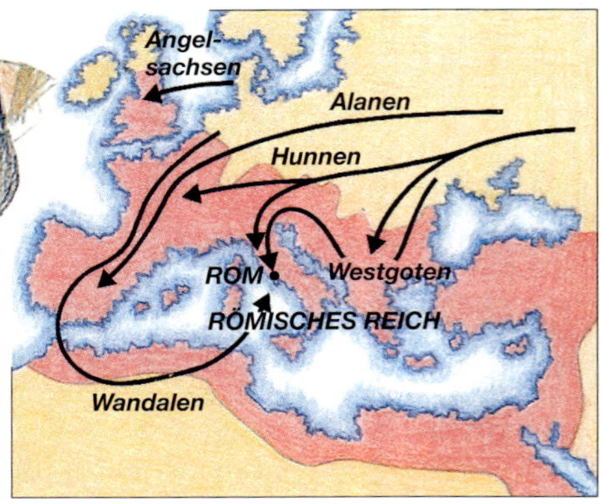

BARBARENEINFÄLLE
Bis um 500 n. Chr. hatten die Barbaren das westliche Römische Reich eingenommen. Sie unterteilten ihr Gebiet in einzelne Königreiche. Im Laufe der Zeit übernahmen sie römischen Lebensstil, Gesetze und einige lateinische Wörter.
Diese Karte zeigt den Verlauf der Barbarenzüge im 5. Jh.

HANDWERK
Jeder Stamm der Barbaren hatte seine eigene Kultur, eigene Gesetze und Bräuche. Schon vor dem Jahr 500 lebten bereits viele Barbaren im Römischen Reich, und viele haben das Christentum angenommen. Die Barbaren waren nicht nur Krieger. Sie stellten auch schöne Metallgegenstände und Schmuck her.

Mit Granat besetzte Goldschnalle

Diese Spange aus Gold und Emaille diente zur Befestigung des Umhangs eines Barbarenmannes.

Siehe auch
EUROPA, GESCHICHTE
KARL DER GROSSE
ROM, ALTES
WIKINGER

FRIEDRICH BARBAROSSA

DER TAPFERE RITTER UND KREUZFAHRER

Friedrich war 30 Jahre alt, als er 1152 zum deutschen König gewählt wurde. Es gelang ihm Staufer und Welfen zu versöhnen und Frieden im Reich zu schaffen. 1155 ließ er sich zum Kaiser krönen. Er sah sich als von Gott eingesetzter Kaiser, brach deshalb mit dem Papst und wollte das Heilige Römische Reich wiederherstellen. Durch seine Heirat mit Beatrix von Burgund konnte Friedrich Barbarossa sein Reich noch weiter vergrößern. 1190 ertrank er auf seinem dritten Kreuzzug.

DIE ITALIENFELDZÜGE

Als Kaiser des Heiligen Römischen Reiches wollte Friedrich seine Herrschaft auf Italien ausdehnen. In insgesamt sechs Italienfeldzügen unterwarf er Norditalien und Rom und versuchte dort seine Macht zu festigen. Doch die Italiener, die den Kaiser Barbarossa (Rotbart) nannten, wehrten sich mit zahlreichen Aufständen. Seuchen machten den deutschen Rittern ebenfalls zu schaffen. Als sich die Mailänder mit anderen Städten verbündeten, gelang es ihnen, das kaiserliche Heer zu schlagen und Friedrich Barbarossa zum Waffenstillstand zu zwingen.

1184 feierte Friedrich Barbarossa das prunkvollste Fest des ganzen Mittelalters: 40 000 bis 70 000 Gäste aus ganz Europa kamen an den Mainzer Hof.

STAUFERKAISER

Friedrich Barbarossa gehörte zum schwäbischen Geschlecht der Staufer, aus dem viele bedeutende Könige und Kaiser stammten. Die Staufer lieferten sich einen jahrelangen Kampf mit den Welfen, ebenfalls ein schwäbisches Herrschergeschlecht. Als Sohn eines staufischen Vaters und einer welfischen Mutter gelang es Barbarossa durch eine geschickte Politik, Frieden zwischen den verfeindeten Geschlechtern zu stiften.

KREUZRITTER

Schon als junger Mann begleitete Friedrich seinen Onkel Konrad III. auf zwei Kreuzzügen. Nachdem es dem türkischen Sultan Saladin 1187 gelungen war, das christliche Königreich Jerusalem einzunehmen, brach Barbarossa erneut ins Heilige Land auf. Doch der Kreuzzug blieb erfolglos: Beim Baden im Fluss Saleph in der heutigen Türkei ertrank der Kaiser, ohne Jerusalem je gesehen zu haben.

STREIT MIT DEM PAPST

Friedrich Barbarossa verstand sich als Nachfolger der römischen Kaiser. Für ihn war ein Kaiser gleichrangig mit dem Papst. Der damalige Papst Hadrian sah das anders. Seiner Meinung nach war die Ernennung zum Kaiser ein päpstliches Geschenk und der Kaiser dem Papst dementsprechend untergeordnet. Es kam zum erbitterten Streit. Nach dem Tod Hadrians weigerte sich Friedrich dessen Nachfolger Papst Alexander III. anzuerkennen und ernannte gefolgstreue Gegenpäpste. Diese Kirchenspaltung (Schisma) dauerte 18 Jahre, bis sich Kaiser und Papst 1177 im Frieden von Venedig wieder aussöhnten.

Siehe auch

CHRISTENTUM
DEUTSCHLAND, GESCHICHTE
KREUZZÜGE
MITTELALTER

Bären und Pandas

OBWOHL BÄREN oft als gemütlich und plump dargestellt werden, gehören sie zu den gefährlichsten Raubtieren. Es gibt sieben Großbärenarten. Der größte ist der Eisbär, der fast 3 m groß und über eine halbe Tonne schwer wird. Der kleinste Bär ist der südostasiatische Sonnenbär, der von Kopf bis Schwanzspitze nur 1,2 m misst. Weitere Großbärenarten sind der Braunbär mit vielen Unterarten und der indische Lippenbär. Alle Großbären sind Allesfresser und sehr kräftig gebaut. Mit den Großbären verwandt ist der schwarzweiße Große Panda oder Bambusbär. Er wiegt etwa 135 kg und ernährt sich von Bambussprossen. Der wesentlich kleinere Kleine Panda hat ein rotes Fell und ist näher mit dem Waschbären, der zu den Kleinbären gehört, verwandt. Bären sehen nicht gut und finden ihre Nahrung mithilfe des Geruchssinns.

TANZBÄR
Früher ließ man an vielen Orten abgerichtete Bären vor Publikum tanzen. Dieser Brauch war für die Tiere grausam und ist heute in den meisten Ländern verboten.

Schwarzbär

Es gibt zwei Arten von Schwarzbären (oder Baribals): eine lebt in Nordamerika und eine in Südostasien. Nicht alle Amerikanischen Schwarzbären sind vollständig schwarz. Manche sind dunkelbraun oder rötlichbraun (Zimtbären). Schwarzbären sind geschickte Kletterer und schnelle Läufer: Sie erreichen bis zu 40 km/h. Amerikanische Schwarzbären leben in Wäldern und Nationalparks.

TATZEN
Die Bärentatzen sind groß, breit und kräftig. Die dicken Krallen dienen zum Packen des Futters, zum Graben und zur Verteidigung. Ein Eisbär kann mit einem Tatzenhieb einen Menschen töten.

Grosser Panda

Der Große Panda oder Bambusbär lebt in Zentral- und Westchina und ernährt sich überwiegend von Bambussprossen. Weil in Freiheit nur noch einige hundert dieser Tiere leben, wurden sie zum Symbol des Artenschutzes.

Grizzlybär

Grizzlybären haben keine natürlichen Feinde – außer dem Menschen. Sie sind ebenso wie der Kodiakbär eine Unterart der Braunbären, die auch in Europa und Nordasien verbreitet sind. Die Bärin bringt im Winterlager zwei bis drei Junge zur Welt. Grizzlybären fressen fast alles: außer Fleisch und Fisch auch junge Pflanzentriebe, Früchte und Honig aus Bienennestern.

WASCHBÄR
Zu dieser Gattung gehören 17 Arten, die alle in Amerika leben. Sie sind schnell und sehr beweglich. Waschbären sind nachtaktiv und suchen sich ihr Futter inzwischen oft auf Bauernhöfen oder sogar auf Müllhalden.

Im Herbst fangen Grizzlybären Lachse, die zum Laichen (zur Eiablage) flussaufwärts schwimmen.

Siehe auch
ARTENSCHUTZ
NORDAMERIKA, TIERE
SÄUGETIERE
TIERE
TIERE, POLARGEBIETE

BÄUME

Die riesigen Sequoien, auch Redwood oder Mammutbäume genannt, sind die größten Lebewesen. Sie erreichen über 84 m Höhe und 2000 t Gewicht.

OHNE PFLANZEN gäbe es kein Leben auf der Erde. Ebenso wie andere Pflanzen betreiben Bäume Fotosynthese. Sie nehmen dabei Kohlendioxid aus der Luft auf und geben Sauerstoff ab. Die Wurzeln der Bäume befestigen den Boden, sodass er nicht so leicht vom Regen fortgespült werden kann. Ihre Blätter geben so große Mengen Wasserdampf ab, dass sie dadurch das Weltklima beeinflussen. Wälder bedecken über 39 Mio. km² der Erdoberfläche. Als Bäume bezeichnen wir Pflanzen, die einen holzigen Einzelstamm und eine Krone haben. Es gibt sehr große Bäume – die Redwoodbäume Nordamerikas – und sehr kleine – die Zwergweiden der Tundra.

Blätter

Eiche im Frühjahr und im Herbst

Knospen

Rinde

Eicheln sind die Früchte der Eiche. Sie entwickeln sich im Herbst aus befruchteten weiblichen Blüten.

Die Wurzeln eines Laubbaums wachsen manchmal so breit, wie die Krone des Baums ist.

NADELBÄUME

Tannen, Fichten, Pinien, Lärchen und Sequoien bezeichnet man als Nadelbäume oder Koniferen (»Zapfentragende«). Die Nadeln, die schmale Blätter sind, fallen nicht alle zu einer bestimmten Jahreszeit ab. Deshalb nennt man die Nadelbäume auch »immergrün«.

ZAPFEN

Jeder Baum hat seine besonderen Zapfen. Sie entwickeln sich aus weiblichen Blüten.

Lärchenzapfen

Die Nadeln der Waldkiefer bilden Paare.

Kiefernzapfen

Nadeln der Zirbel

Die reifen Zapfen der Sitkafichte sind braun.

Nadel

Die Sitkafichte ist ein immergrüner Nadelbaum, mit dem oft aufgeforstet wird.

Nadelbäume wurzeln flach und breit.

NADELN

Bei jeder Nadelbaumart sehen die Nadeln anders aus und sind anders angeordnet.

LAUBBÄUME

Eichen, Buchen und Weiden sind nur einige der vielen Laubbaumarten. Ihre Blätter sind flach und wesentlich breiter als die Nadeln der Nadelbäume. Viele Laubbäume werfen im Herbst ihr Laub ab. Deshalb bezeichnet man sie als »sommergrün«.

BLÄTTER

Laubbäume erkennt man anhand der Blattform und der Anordnung der Blätter an den Zweigen. Im Winter kann man einen Laubbaum auch mithilfe der Rinde, der Knospen und seiner Umrisse bestimmen.

Die Blätter der Stechpalme sind stachelig.

Die Blätter des Fächerahorns sind tief gelappt.

Die Blätter des Ginkgo sind fächerförmig.

Die Blätter der Esskastanie haben gesägte Ränder.

Die Blätter der Esche sind unpaarig gefiedert.

WACHSTUM

In den Früchten aller Bäume sind kleine Samen. Ein Samen enthält eine Reserve von Nährstoffen und den Embryo eines Baumes. Der Samen keimt, wenn Außentemperatur und Bodenfeuchtigkeit stimmen. Einen jungen Baum nennt man Setzling.

JAHRESZEITLICHES WACHSTUM

In gemäßigten Zonen mit klar unterscheidbaren Jahreszeiten wachsen die Bäume im Frühjahr und Sommer. Dabei tritt das Wachstum v.a. an den Spitzen der Zweige und Wurzeln auf. Die Zweige werden länger, und Blüten- und Blattknospen zeigen sich. Die Wurzelspitzen graben sich tiefer in den Boden. Wurzeln, Äste und Stamm werden dicker.

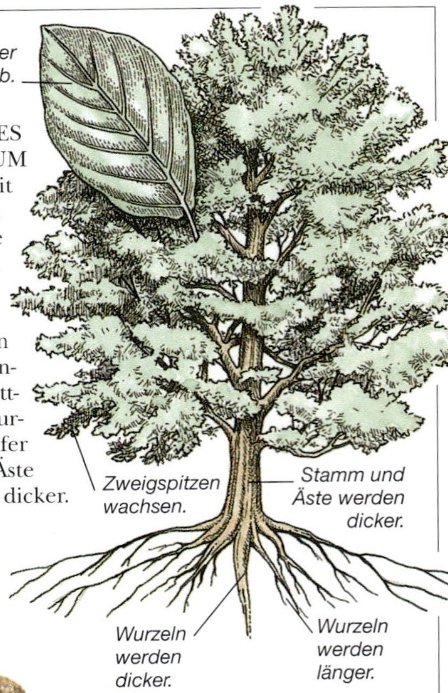

BAUMSTAMM

Bei Bäumen beginnt der jährliche Dickenzuwachs mit der Bildung von hellerem Frühholz im Frühjahr und Sommer und endet mit der Bildung von dunklerem Spätholz im Herbst. Je ein heller und ein dunkler Ring zeigen das Wachstum eines Jahres an. Weil Bäume in den Tropen das ganze Jahr über gleichmäßig wachsen, fehlen bei ihnen die Jahresringe.

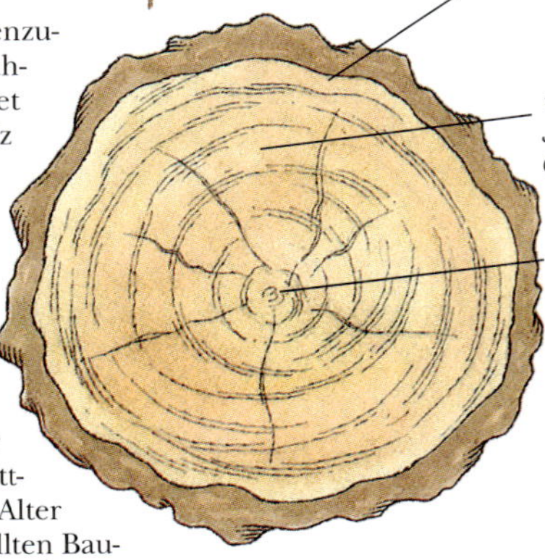

JAHRESRINGE

Die Anzahl der Ringe auf der Schnittfläche verrät das Alter des gefällten Baumes – z.B. dieser sehr alten Sequoie.

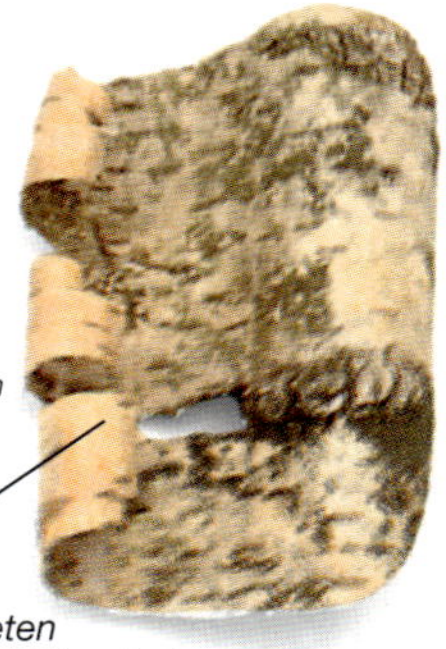

Die Indianer verwendeten die glatte Birkenrinde beim Bau von Kanus.

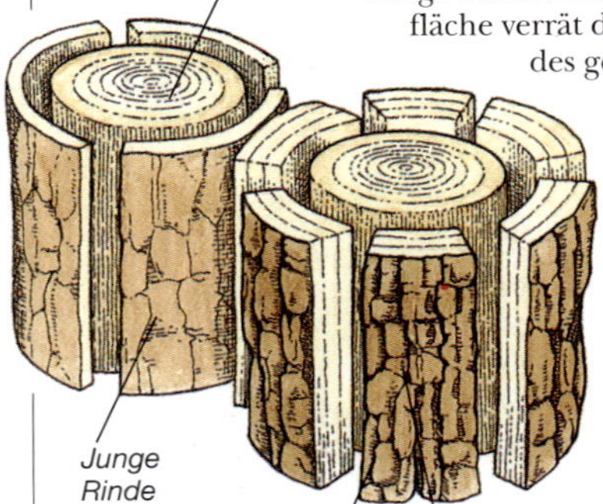

RINDE

Die Rinde eines Baumes ist seine Haut. Sie schützt das lebende Holz vor dem Austrocknen und vor extremer Kälte und Hitze. Sie schützt den Baum auch vor dem Befall durch Pilze und andere Parasiten, aber Tiere wie Hirsche und Biber nagen die Rinde ab, und bestimmte Käfer bohren sich in der Rinde Tunnel. Jede Baumart hat einen anderen Rindentyp.

Die dicke Rinde der Korkeiche wird alle acht bis zehn Jahre geerntet. Man stellt aus ihr Korken, Bodenfliesen u.a. her.

Kokospalme

PALMEN

Die 2800 Palmenarten gedeihen in den Tropen und Subtropen. Außer dem Holz und den Wedeln kann man auch die Früchte verwenden: süße Datteln, ölhaltige Palmnüsse und wohlschmeckende Kokosnüsse.

Aus den Fasern der Kokosnussschale stellt man Kokosmatten her (oben). Kokosnüsse sind ein wertvolles Lebens- und Futtermittel.

HOLZ

Jedes Jahr werden Tausende Tonnen Holz zu Bauholz, Papier, Werkzeug und Möbeln verarbeitet und als Brennstoff verheizt. Um Holz und Land zu nutzen, wurden große Waldflächen gerodet. Besonders in Südamerika ist der Regenwald durch Abholzung gefährdet. Das Schrumpfen der Wälder wirkt sich auf das Klima aus.

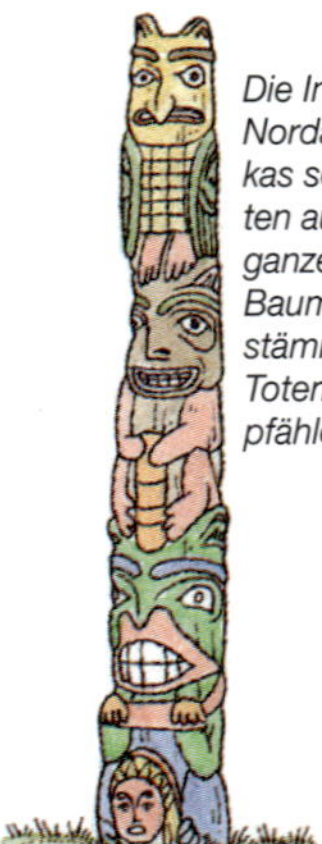

Die Indianer Nordamerikas schnitzten aus ganzen Baumstämmen Totempfähle.

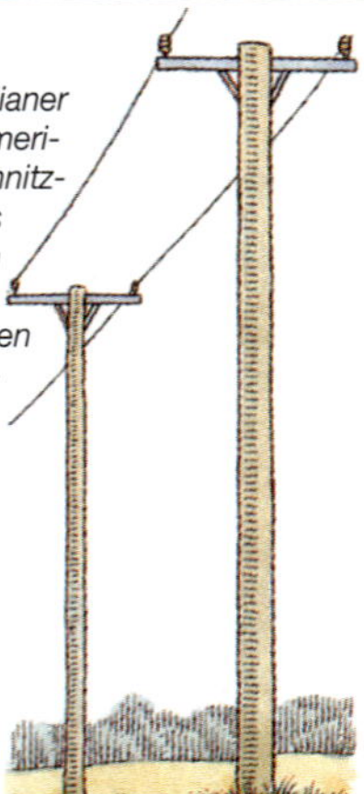

Ganze Baumstämme verwendet man für Masten.

Früher flößte man die Stämme zur Sägemühle.

Siehe auch

BÖDEN
FRÜCHTE UND SAMEN
PFLANZEN
TIERE, WALD

Bautechnik

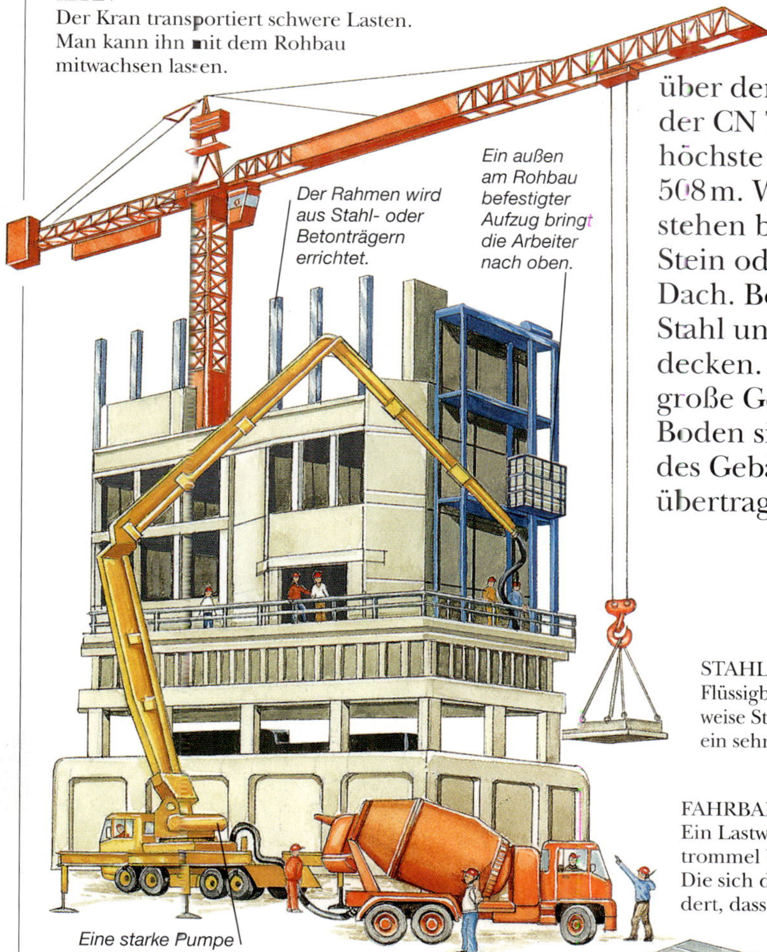

KRAN
Der Kran transportiert schwere Lasten. Man kann ihn mit dem Rohbau mitwachsen lassen.

Der Rahmen wird aus Stahl- oder Betonträgern errichtet.

Ein außen am Rohbau befestigter Aufzug bringt die Arbeiter nach oben.

Eine starke Pumpe drückt den Flüssigbeton durch ein Rohr vom Boden zu den oberen Etagen des Rohbaus.

WOLKENKRATZER RAGEN in vielen Städten über den Straßen auf. Das höchste frei stehende Gebäude, der CN Tower in Toronto in Kanada, ist 553 m hoch. Das höchste Bürogebäude ist der Taipei 101 in Taiwan mit 508 m. Wie sind solche Riesenbauten konstruiert, damit sie stehen bleiben? Die Wände eines Hauses werden aus Holz, Stein oder Ziegeln gebaut. Sie tragen die Fußböden und das Dach. Bei Wolkenkratzern ist das anders: Ein Gerüst aus Stahl und Beton trägt die vielen Geschossdecken. Normale Außenwände könnten das große Gewicht nicht tragen. Verborgen im Boden sind die Fundamente, die das Gewicht des Gebäudes auf den Untergrund übertragen.

STAHLBETON
Flüssigbeton wird in Formen gepumpt, die kreuzweise Stahlstäbe enthalten. Beim Aushärten entsteht ein sehr starkes Material, so genannter Stahlbeton.

FAHRBARER MISCHER
Ein Lastwagen mit einer Mischtrommel bringt Beton zur Baustelle. Die sich drehende Trommel verhindert, dass der Beton erstarrt.

PFÄHLE
Stahl- oder Betonträger, Pfähle genannt, tragen das Gewicht des Gebäudes. Ein großer mechanischer Hammer, eine so genannte Pfahlramme, treibt die Pfähle in den Boden.

Baustelle

Arbeiter an einer Baustelle tragen stets Schutzhelme. Mithilfe zahlreicher Maschinen errichten sie ein hohes Gebäude, etwa einen Wolkenkratzer. Einzelne Teile wie Stahlträger und Betonplatten werden anderswo gefertigt und zur Baustelle gebracht. Kräne heben sie in Position, und Arbeiter bauen sie zusammen.

Bagger schachten eine große Grube für das Fundament des Gebäudes aus.

PLANIERRAUPE
Die Baugrube wird mit starken Planierraupen eingeebnet. Die Schaufel beseitigt Vegetation und häuft den Boden auf.

BAGGER
Gräben und Löcher werden mit Baggern ausgehoben. Die Schaufel gräbt die Erde aus und lädt sie auf wartende Lastwagen.

FUNDAMENTE
Jedes Bauwerk wird von einem Fundament getragen. Es wird meist in einer großen Grube hergestellt. Der Baustoff ist Beton. Die tragenden Teile des Gebäudes ruhen auf den Fundamenten, die das gewaltige Gewicht des Gebäudes auf den Untergrund übertragen.

Baugerüst

Bauarbeiter errichten Gerüste aus Stahlrohren, sodass sie zu jedem Teil des Rohbaus gelangen. Im Fernen Osten bestehen starke Gerüste oft aus langen Bambusstangen.

Baumaterialien

Seit Urzeiten bauen Menschen mit Holz und Stein. Ziegel bestehen aus Lehm. Steinblöcke und Ziegel werden in Reihen ausgelegt und mit Mörtel verbunden. Holz wird zersägt und zu Bauteilen zusammengefügt. Aus Sand, Steinen, Zement und Wasser gemischter Beton lässt sich in alle Formen gießen.

Siehe auch
ARCHITEKTUR
AUFZÜGE UND ROLLTREPPEN
HÄUSER

Benelux-Staaten

TULPENFELDER
Seit dem 16. Jh., als die Tulpe aus Vorderasien nach Europa kam, ist Holland berühmt für seine Blumenzwiebeln. Im Frühjahr bieten die Tulpenfelder einen spektakulären Anblick. Schnittblumen werden in alle Welt exportiert.

DIE KLEINEN UND DICHT besiedelten Benelux-Staaten (Belgien, die Niederlande und Luxemburg) sind hoch entwickelte Industriestaaten mit blühender Wirtschaft. Fast ein Drittel liegt unter Meereshöhe. In den letzten 400 Jahren haben niederländische Ingenieure durch Zurückdrängen der Nordsee mit einem Netz von Deichen Land gewonnen. Im Norden Belgiens ist das Land ebenfalls flach, während es sich im Süden zum bewaldeten Hochland der Ardennen erhebt. Belgien wurde erst im 19. Jh. unabhängig. Es ist sprachlich geteilt: Im Norden wird Flämisch, im Süden Französisch gesprochen. Die Landwirtschaft ist in der ganzen Region wichtig. Der fruchtbare Boden in Verbindung mit dem kühlen, regenreichen Klima eignet sich ideal für Ackerbau und Viehzucht. Großindustrien produzieren Eisen und Stahl, Erdgas, Kleidung, Textilien und Elektrowaren. Das winzige Luxemburg hat den höchsten Lebensstandard in Europa und ist als Bankenzentrum bekannt.

Die Benelux-Staaten liegen in Nordwesteuropa. Im Osten grenzen sie an Deutschland, im Süden an Frankreich und im Westen an die Nordsee.

Amsterdam

Amsterdam, eine Stadt mit 1000 Brücken, ist mit der Nordsee durch einen Kanal verbunden. Die Stadt erhielt ihre bedeutende Stellung im Mittelalter, und viele alte Kirchen, Türme und Giebelhäuser erinnern noch an diese Zeit. Im 17. Jh. war Amsterdam das Finanzzentrum der Welt. Seit 1945 hat sich die Größe der Stadt durch neue Vorstädte auf Poldern (eingedeichtem Land) verdreifacht.

LUXEMBURG
Die Hauptstadt von Luxemburg liegt auf einem Sandsteinplateau, in das die Alzette tiefe Schluchten gegraben hat. Inmitten der Altstadt stehen der Großherzogspalast (1572), die Kathedrale und das Rathaus. Luxemburg ist ein blühendes Industrie- und Bankenzentrum.

LANDGEWINNUNG
Seit Jahrhunderten wird dem Meer tiefliegendes Land abgewonnen. Ingenieure umschlossen mit Deichen Seichtwasserflächen, die dann entwässert wurden. Vom 14. Jh. an wurde das Wasser mittels Windmühlen in Kanäle gepumpt. Die Windenergie war auf dem flachen Land sehr wirkungsvoll, ist aber inzwischen durch Dampf- und Elektropumpen ersetzt. Doch die Niederländer sind noch immer von Stürmen und Sturmfluten bedroht.

Käseträger auf dem berühmten Markt in Alkmaar

Käse

Der Käse aus den Niederlanden wird großenteils aus der Milch von Kühen erzeugt, die auf neu gewonnenem Land weiden. Die berühmtesten Käse sind der Gouda und der Edamer mit seiner roten Wachsrinde.

Windmühlen nutzen die Windenergie mithilfe von Flügeln auf einer rotierenden Welle.

Siehe auch

BLUMEN UND KRÄUTER
EUROPA
EUROPÄISCHE UNION
HÄFEN UND KANÄLE
WELTKRIEG, ERSTER

BELGIEN
Fläche: 33 100 km²
Einwohner: 10 300 000
Hauptstadt: Brüssel
Sprachen: Flämisch, Französisch, Deutsch, Niederländisch
Religionen: römisch-katholisch, muslimisch
Währung: Euro

LUXEMBURG
Fläche: 2586 km²
Einwohner: 453 000
Hauptstadt: Luxemburg
Sprachen: Letzebuergsch, Französisch, Deutsch
Religionen: römisch-katholisch, protestantisch, griechisch-orthodox, jüdisch
Währung: Euro

NIEDERLANDE
Fläche: 37 330 km²
Einwohner: 16 100 000
Hauptstadt: Amsterdam, Den Haag ('s-Gravenhage)
Sprachen: Holländisch, Friesisch
Religionen: römisch-katholisch, protestantisch, muslimisch
Währung: Euro

EU-ZENTRALE
1957 waren alle drei Staaten Gründungsmitglieder der Europäischen Wirtschaftsgemeinschaft (EWG), der heutigen Europäischen Union (EU), die ab 2004 insgesamt 25 Länder politisch und wirtschaftlich vereint. Brüssel ist das Verwaltungszentrum der EU, Luxemburg Sitz der Europäischen Investitionsbank und des Europäischen Gerichtshofs.

BELGISCHES BIER
Belgiens berühmtes Bier wird in vielen lokalen Brauereien gebraut und weltweit exportiert. Ein weiterer Exportschlager ist feine belgische Schokolade – Belgien ist der drittgrößte Schokoladeexporteur der Welt.

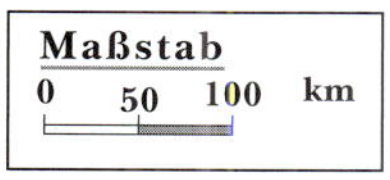

BRÜSSEL
Brüssel, die Hauptstadt Belgiens, ist ein internationales Wirtschaftszentrum. Im 19. Jh. expandierte die Stadt rasch und wurde das Zentrum von Belgiens wachsender Stahl-, Chemie- und Textilindustrie. Die Grande Place (oben) ist das Herz der Altstadt. Brüssel ist heute ein bedeutendes Finanzzentrum mit eigener Börse.

KRIEGSGRÄBER
Die Region Flandern in Südwestbelgien ist voller Erinnerungen an den Ersten Weltkrieg. Allein in Passchendaele fielen 1917 rund 800 000 alliierte und deutsche Soldaten. Riesige Soldatenfriedhöfe wie Tyne Cot bei Ypern (links) ziehen viele Besucher an.

Benelux-Staaten
GESCHICHTE

Karl von Burgund

Die Niederlande, Belgien und Luxemburg galten einst als eine einzige Region. Vom 12. bis zum 17. Jh. wurde sie von Europas Großmächten Deutschland, Frankreich und Spanien regiert. 1568 wandte sich die nördliche Region (die heutigen Niederlande) dem Protestantismus zu und rebellierte gegen das katholische Spanien. Dieses erkannte schließlich 1648 die Unabhängigkeit der Niederlande an, und das Land erlebte im 17. Jh. eine Blüte. Frankreich gewann im 18. Jh. die Macht über die Region zurück – bis zum Sturz Napoleons 1815, als die Niederlande, Belgien und das Herzogtum Luxemburg sich zum Königreich der Niederlande vereinten. Belgien erklärte 1830 seine Unabhängigkeit, Luxemburg 1890. Alle drei Länder waren Gründungsmitglieder der Europäischen Union.

BURGUND UND SPANIEN
Im 15. Jh. herrschte Burgund in den Niederlanden. 1516 wurde der Herzog Karl von Burgund König von Spanien und brachte die Niederlande unter spanische Herrschaft.

Holländische Kogge, ein seetüchtiges Frachtschiff

Kaufleute prüfen die Fracht: Gewürze, Gold und Porzellan.

Das Goldene Jahrhundert

Welthandel und Forschertätigkeit machten die Niederlande im 17. Jh. reich, das daher das »Goldene Jahrhundert« genannt wird. Amsterdam löste als Handelszentrum und Geldmarkt der westlichen Welt Antwerpen in Belgien ab, das von den Spaniern 1576 erobert wurde. Reiche Kaufleute bauten große Häuser an Amsterdams Kanälen.

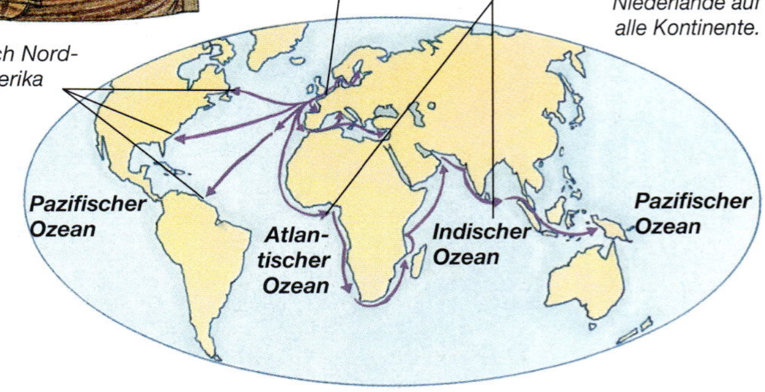

Amsterdam

Routen nach Afrika, Indonesien und Ozeanien

In seiner Blütezeit erstreckte sich das Reich der Niederlande auf alle Kontinente.

Routen nach Nord- und Südamerika

TULPENMANIE
Die Tulpe kam im 16. Jh. aus der Türkei nach Europa und wurde sofort eine Modeblume. Die »Tulpenmanie« erfasste die Niederlande zwischen 1634 und 1637. Man investierte Geld in Tulpen, und der Preis für seltene Zwiebeln ging in die Höhe, bis sie teurer als Gold waren. Als die Preise fielen, waren viele Menschen ruiniert.

NIEDERLÄNDISCHE KOLONIEN
Niederländisch-Ostindien (heute Indonesien) war im frühen 17. Jh. die größte Kolonie der Niederlande. 1634 eroberten die Niederländer die Antillen (Curaçao, Aruba, Bonaire, Saba, St. Eustatius und St. Martin) von Spanien. 1674 nahmen sie den Briten Suriname ab.

Niederländische Architektur in karibischen Farben auf Curaçao

DIE GROSSEN KAUFLEUTE
Die Niederlande wurden im 17. Jh. eine führende Seemacht und erschlossen neue Handelsrouten. Die niederländische Ostindische Kompanie wurde 1602 für den Handel mit Indonesien und Südafrika gegründet. Die 1621 entstandene niederländische Westindische Kompanie eröffnete Routen nach Amerika, Ozeanien und Westafrika.

KAMPF GEGEN DIE SEE
Große Teile der Niederlande liegen unterm Meeresspiegel. Seit Jahrhunderten kämpfen die Niederländer gegen die Nordsee an und verhindern Überschwemmungen mit großen Erdwällen, Deiche genannt. Mithilfe Tausender von Windmühlen pumpten sie das Wasser vom Land weg in Kanäle. Heute verwendet man elektrische Pumpen.

NEU-AMSTERDAM
1624 errichtete die niederländische Westindische Kompanie in Nordamerika eine Kolonie. Ihre Hauptstadt, Neu-Amsterdam, erbauten sie auf der Insel Manhattan, die sie den Indianern für Waren im Wert von 60 Gulden abgekauft hatten. 1664 übernahmen die Engländer die Kolonie gewaltsam und benannten sie in New York um.

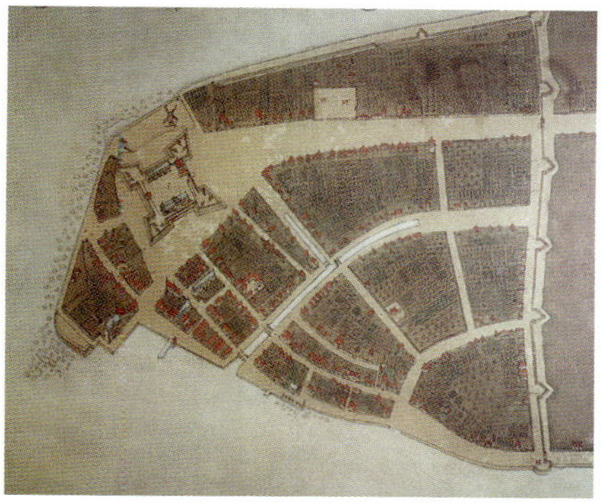

KRIEGE MIT ENGLAND
Zwischen 1652 und 1674 führten die Niederlande und England drei Kriege um die Kontrolle der Seehandelsrouten. Die Niederlande gewannen, selbst als sich Frankreich 1670 mit England verbündete. 1674 kam es zum Waffenstillstand.

WIENER KONGRESS
Nach Napoleons Niederlage bei Waterloo (1815) wollten die anderen europäischen Mächte verhindern, dass Frankreich erneut so mächtig wurde. Auf dem Wiener Kongress von 1815 stärkten sie die Niederlande, damit Frankreich nicht in dieser Richtung expandierte. Die Niederlande und Belgien wurden zum Königreich der Niederlande vereint, das Prinz Wilhelm VI. der Niederlande als König Wilhelm I. und Großherzog von Luxemburg regierte.

Karikatur der Diplomaten beim Wiener Kongress

Unabhängigkeit Belgiens

Belgien blieb unter spanischer Herrschaft, als die Niederlande 1568 ihre Unabhängigkeit erklärten, behielt also den katholischen Glauben und seine Traditionen bei. 1830 revoltierte es gegen die protestantischen Niederlande und erlangte seine Unabhängigkeit unter Charles Rogier. Nach einmonatigen Kämpfen wählte das Volk Prinz Leopold von Sachsen-Coburg zum ersten König, Leopold I.

CHRONIK

14./15. Jh. Burgund herrscht in der Region.

1516 Karl von Burgund wird König von Spanien.

1648 Spanien erkennt Unabhängigkeit der Niederlande an.

1652–74 Englisch-niederländischer Krieg.

1652 Niederländische Siedler treffen in Südafrika ein.

1776 Die Niederlande kämpfen auf der Seite der amerikanischen Kolonien im Unabhängigkeitskrieg.

1795–1814 Frankreich kontrolliert die Niederlande.

1815 Belgien und Niederlande vereint.

1830 Belgien erklärt seine Unabhängigkeit.

1890 Luxemburg erklärt seine Unabhängigkeit.

1914–18 Belgien auf Seiten der Alliierten im Ersten Weltkrieg; Niederlande bleiben neutral.

1948 Belgien, Niederlande und Luxemburg bilden die Wirtschaftseinheit Benelux.

1957 Benelux-Länder Gründungsmitglieder der Europäischen Wirtschaftsgemeinschaft (EWG).

1992 Benelux-Staaten Gründungsmitglieder der EU.

Panzer im Zweiten Weltkrieg

SCHLACHTFELD EUROPA
Die heutigen Benelux-Staaten waren Schauplatz vieler Schlachten. Napoleon wurde bei Waterloo in Belgien besiegt. Im Ersten Weltkrieg wurden die Schlachten von Ypern, Mons und Namur in Belgien ausgetragen; im Zweiten Weltkrieg tobte die Ardennenschlacht (1944) in Belgien und Luxemburg.

Luxemburg ist heute ein sehr wohlhabendes Land.

Luxemburg

Der Name Luxemburg bedeutet »kleine Burg«. Luxemburg war zunächst eine 963 erbaute Burg, wurde später aber ein Herzogtum, bis die Niederlande es 1443 übernahmen. 1815 wurde es zu einem von den Niederlanden regierten Großherzogtum gemacht. 1890 bestieg Königin Wilhelmina den niederländischen Thron; da Luxemburgs Gesetze die Herrschaft von Frauen nicht zuließen, beendete das Großherzogtum die Allianz. Heute ist Luxemburg ein unabhängiger Staat.

Siehe auch
EUROPA, GESCHICHTE
EUROPÄISCHE UNION
NAPOLEONISCHE KRIEGE

BIBER

ES GIBT SOWOHL europäische als auch nordamerikanische Biber. Beide gehören ebenso wie Ratten, Mäuse und Eichhörnchen zu den Nagetieren. Wie andere Nagetiere haben auch Biber lange scharfe Vorderzähne. Biber sind geschickte Baumeister. Sie setzen ihre Vorderzähne wie Meißel ein, um Äste und die Stämme junger Bäume zu durchtrennen. Diese schleppen sie dann an Wasserläufe und bauen daraus Wohnburgen und Dämme. Obwohl Biber ihr Futter an Land suchen, sind sie Wassertiere und verbringen die meiste Zeit im nassen Element. Sie haben Schwimmhäute zwischen den Zehen der Hinterfüße und sind gute Schwimmer. Beim Tauchen können sie mehrere Minuten lang unter Wasser bleiben. Der Schwanz der Biber ist flach und schuppig und dient beim Schwimmen als Ruder und dazu, das Tempo zu verstärken. Biber geben mit dem Schwanz auch Artgenossen Signale: Bei Gefahr schlagen sie damit kräftig auf die Wasseroberfläche. Im 18. und 19. Jh. jagte man Biber wegen ihres Fells, aus dem man Mützen und Mäntel machte. In einigen Teilen Nordamerikas waren sie beinahe ausgestorben. Inzwischen aber sind sie geschützt, und die Bestände konnten sich erholen.

ZÄHNE
Mit den großen Nagezähnen durchtrennt der Biber Rinde und Holz für seine Ernährung und den Bau von Dämmen.

DÄMME
An geeigneten Stellen von Wasserläufen bauen Biber aus Ästen, Steinen und Schlamm Dämme. Das aufgestaute Wasser bildet einen Teich, in dem die Biber ihre Wohnburg anlegen.

HOLZ FÜR DÄMME
Wenn Holz knapp wird, müssen die Biber auf der Suche danach weite Entfernungen zurücklegen. Um Holz zu ihrem Damm zu bringen, bauen die Biber Kanäle, durch die sie es flößen.

ERNÄHRUNG

Biber sind Pflanzenfresser. Ihre Ernährung richtet sich nach der Jahreszeit. In Herbst und Winter fressen sie Rinde und weiches Holz, z. B. von Espen und Weiden. Zweige und Äste lagern sie unter Wasser. Selbst wenn das Gewässer nahe dem Bau von einer Eisschicht bedeckt ist, kommen die Biber an ihr Vorratslager, denn die Eingänge ihrer Wohnburg liegen unter Wasser und damit unter der Eisdecke. Im Frühjahr und Sommer leben die Biber von Gras, Blättern und Wasserpflanzen.

NACHWUCHS
Die jungen Biber werden im Frühjahr geboren und können mit einem Monat schwimmen.

EINGANG UNTER WASSER
Die Wohnburg hat mehrere Eingänge unter Wasser. Im Inneren sind die Biber vor Raubtieren wie z. B. Wölfen sicher, denn diese können weder die dicken Wände aufgraben noch durch den Eingang schwimmen.

WOHNBURG

Die Biberfamilie lebt in einem Bau, den man Wohnburg nennt. Im Inneren des Hügels aus Zweigen und Schlamm höhlen die Biber eine trockene Kammer aus, die über dem Wasserspiegel liegt. Hier ruhen und schlafen die Tiere. Im Herbst überziehen sie den Bau mit einer Schicht aus Schlamm, die im Winter gefriert und zusätzlichen Schutz bietet.

Siehe auch

ARTENSCHUTZ
NAGETIERE
SÄUGETIERE
TIERE

Bibliotheken und Museen

Jedes Buch hat seinen eigenen ISBN-Code.

ISBN 0-7513-5770-7

9 780751 357707 >

ISBN-CODE
Jedes Buch hat einen eigenen ISBN-Code, die Internationale Standard-Buchnummer. Diese in einem Strichcode verschlüsselte Nummer enthält sämtliche Informationen, um ein Buch korrekt in den Katalog aufzunehmen.

MUSEEN SIND GEBÄUDE, in denen Kunstwerke und andere interessante Objekte gesammelt und ausgestellt werden. Für das Museum kauft der so genannte Kurator, der Leiter des Museums, neue Objekte hinzu und pflegt den bereits vorhandenen Bestand. Über diesen erstellt er Verzeichnisse, die Kataloge. Ist eines der Ausstellungsstücke beschädigt, sorgt er dafür, dass es fachmännisch restauriert wird. Bibliotheken sind spezielle Sammlungen von Büchern und Dokumenten. Aufgabe des Bibliothekars ist es, die Bücher nach Themen zu sortieren und sicher zu stellen, dass ein Buch schnell im Regal gefunden werden kann. Die ersten Museen und Bibliotheken gab es bereits in der Antike. Heute gibt es in fast allen Städten solche Einrichtungen. In ihnen können sich die Menschen zu allen möglichen Themen informieren.

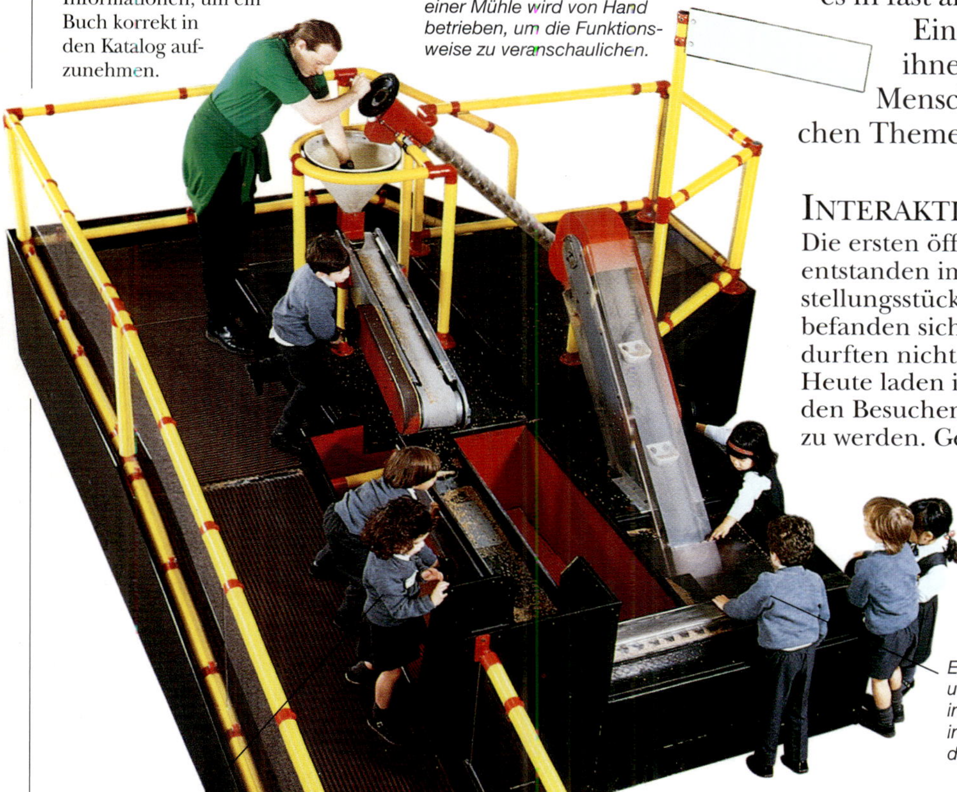

Dieses interaktive Modell einer Mühle wird von Hand betrieben, um die Funktionsweise zu veranschaulichen.

Eine Schulklasse untersucht ein interaktives Modell in einem Naturkundemuseum.

Kinder dürfen das Ausstellungsobjekt selbst in Bewegung setzen.

Interaktives Museum

Die ersten öffentlichen Museen entstanden im 19. Jh. Die Ausstellungsstücke (Exponate) befanden sich hinter Glas und durften nicht berührt werden. Heute laden interaktive Museen den Besucher ein selbst »aktiv« zu werden. Gerade in Naturkundemuseen gibt es oft Modelle, die der Besucher in Betrieb setzen kann.

Bibliotheken

Die erste öffentliche Bibliothek wurde in Alexandria um 300 v. Chr. eröffnet. Bis in das 18. Jh. hinein waren die meisten Bibliotheken so genannte Präsenzbibliotheken, wo die Bücher nur vor Ort gelesen, aber nicht ausgeliehen werden konnten.

Wikingerschiff mit hochgezogenem Bug

Das Guggenheim-Museum in Bilbao ist schon für sich ein Kunstwerk.

GEMÄLDEGALERIEN
Museen, die Bilder ausstellen, werden Galerien genannt. Die großen Galerien geben meist einen Überblick über die gesamte Kunstgeschichte, manche jedoch konzentrieren sich auf nur einen Künstler oder eine Epoche. Das Guggenheim-Museum in Bilbao in Spanien zeigt europäische und amerikanische Kunst des 20. Jh.

STADTMUSEUM
Die großen Nationalgalerien und Spezialmuseen befinden sich meist in den großen Städten, so auch das National Museum in Phnom Penh in Kambodscha oder das Deutsche Museum in München. Dagegen unterhalten kleinere Städte und Dörfer oft ein Museum, das die Geschichte der jeweiligen Gemeinde dokumentiert.

SPEZIALMUSEEN
Viele Museen haben sich auf ein bestimmtes Gebiet spezialisiert. Dazu gehören Naturkundemuseen, Museen für Naturgeschichte und solche, die sich auf eine bestimmte Geschichtsepoche wie etwa die Wikingerzeit konzentrieren. Viele kleinere Museen begannen als private Sammlung; sie spiegeln heute das Sammelinteresse des ursprünglichen Besitzers wider.

Siehe auch

BILDUNG
BÜCHER
MALER

Bienen und Wespen

Früher zerstörten die Imker den Bienenkorb und töteten die Bienen, um an den Honig zu kommen.

Honigbiene, Hummel und Gemeine Wespe sind den meisten Menschen bekannt, aber es gibt auch noch viele andere verwandte Arten, wie Hornissen, Stachellose Bienen, Grabwespen und Töpferwespen. Die ersten Bienen und Wespen lebten vor Millionen von Jahren und waren fast überall auf der Welt verbreitet. Diese Insekten sind ausgezeichnete Flieger, und die Bewegungen ihrer Flügel erzeugen ein summendes Geräusch. Viele Arten sind Einzelgänger und leben in Löchern im Boden oder in Baumstämmen. Andere, wie Hummeln und Honigbienen, leben in großen Gruppen oder Völkern auf Bäumen, an Dächern oder Felsen. Die Königin eines Hummelvolks ähnelt ihren Arbeiterinnen und beteiligt sich an deren Aufgaben. Einem Honigbienenvolk können 50 000 Bienen angehören.

Die Bienen erzeugen Honig als Futter für den Winter und lagern ihn im Bienenstock.

Den Sommer über legt die Bienenkönigin täglich 1500 Eier.

Nach wenigen Tagen schlüpfen aus den Eiern Larven, die sich später verpuppen.

Arbeiterinnen sammeln Nahrung, pflegen den Nachwuchs und säubern den Stock.

Drohnen befruchten die Königin.

Bienenstock

Imker setzen Bienenvölker in Stöcke, in denen die Bienen ihre Jungen aufziehen und den Honig lagern. Im Stock hängen Rahmen, in die die Bienen Wachswaben bauen, die als Kammern für Eier, Larven, Puppen und als Lager für Honig und Pollen dienen. In einem Stock leben etwa 40 000 Arbeiterinnen, einige hundert Drohnen (Männchen) und eine Königin.

PARASITISCHE WESPEN
Sie lähmen mit ihrem Stich Spinnen und Insekten und legen an ihnen Eier ab. Die Larven fressen das lebende Tier.

Aus den Wespeneiern entwickeln sich im Nest Larven.

WESPENNEST
Nach dem Winterschlaf baut die Wespenkönigin ein Nest, das wie aus Papier wirkt. Dazu kratzt und beißt sie Holz ab und vermischt es mit Speichel zu einem Holzbrei. Sie legt ihre Eier in sechseckigen Kammern im Inneren des Nestes ab und fängt und zerkaut sodann Insekten, mit denen sie die heranwachsenden Larven füttert. Aus den Larven werden Arbeiterinnen, die am Nest weiterbauen. Später im Sommer schlüpfen die Männchen und die neue Königin. In einem großen Nest können 5000 Arbeiterinnen leben. Sie ernähren sich von Pflanzensaft, Früchten und Nektar.

BIENENTANZ
Wenn eine Honigbiene eine gute Nahrungsquelle gefunden hat, informiert sie die anderen Bienen im Stock durch den »Tanz« einer Figur in Form einer Acht. Dies zeigt den anderen die Lage der Futterquelle an.

GEMEINE WESPE
Gelbe und schwarze Streifen warnen die anderen Tiere vor dem Gift der Wespe. Wespen stechen, um sich zu verteidigen oder um Beute wehrlos zu machen. Bienen stechen nur Angreifer.

Nur weibliche Wespen (Königin und Arbeiterinnen) stechen.

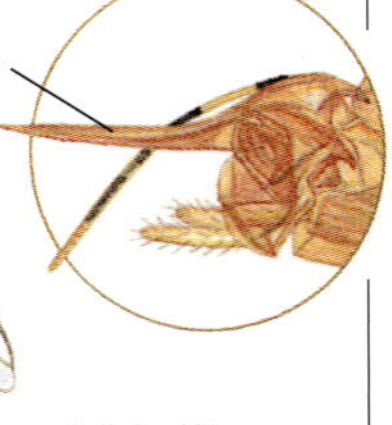

Stachel einer Wespe

Siehe auch
Blumen und Kräuter
Insekten
Tiere

Bildhauerei

RELIEF
Nicht alle Skulpturen stehen frei im Raum. Reliefs aus Holz, Metall oder Stein sind Bilder, die ihre Figuren aus der Ebene hervortreten und plastisch werden lassen. Im Altertum wurden oft große Ereignisse der Geschichte in Reliefs dargestellt.

HARTER MARMOR ODER flüssiges Metall sind das Material des Bildhauers. Daraus schafft er dreidimensionale Kunstobjekte. Skulpturen drücken wie Gemälde und Zeichnungen die Fantasie des Künstlers aus. Im Gegensatz zu Gemälden kann man eine Skulptur von mehreren Seiten betrachten und in manchen Fällen sogar anfassen und spüren, wie sie sich anfühlt. Aber das Besondere an einer Skulptur ist die Raumwirkung. Der Eindruck ändert sich, sobald man sie aus einem anderen Blickwinkel betrachtet. Aus diesem Grund stellen Stadtplaner gerne Skulpturen als Blickfang auf öffentlichen Plätzen auf. Abbildungen von Menschen oder Tieren werden Statuen genannt. Moderne Bildhauer schaffen aber meist abstrakte Skulpturen – Fantasieobjekte, die Ruhe oder Spannung oder eine andere Stimmung ausstrahlen.

HOLZBILDHAUEREI
Afrikanische Schnitzer sind Experten für Skulpturen aus Holz. Vor allem ihre Masken, Darstellungen von Geistern und Dämonen, haben europäische Künstler stark beeinflusst. Die Werke europäischer Schnitzer zieren Kirchenräume und Kathedralen. Die berühmtesten Schnitzarbeiten stammen von dem spätgotischen Meister Tilman Riemenschneider (um 1460–1531).

WERKZEUGE
Wegen der Verschiedenartigkeit ihrer Materialien arbeiten Bildhauer mit vielen unterschiedlichen Werkzeugen. Harte Materialien wie Stein werden mit schweren Meißeln bearbeitet. Für die Herstellung einer Bronzeskulptur dagegen reichen kleine Spachteln und Kratzer aus.

STEINSKULPTUREN
Bildhauer arbeiten mit mehreren Gesteinsarten, vorzugsweise jedoch mit Marmor, da dieser Stein beim Behauen nicht unerwartet splittert. Vor Beginn der eigentlichen Arbeit erstellt der Künstler meist ein kleineres Gipsmodell. Dann schlägt er mit Hammer und Meißel Gesteinsschicht um Gesteinsschicht ab, bis die gewünschte Form erreicht ist. Die fertige Skulptur wird nun noch poliert.

Bronzeguss

Die meisten gegossenen Skulpturen sind aus Bronze – eine Legierung (Mischung) aus Kupfer und Zinn. Am Anfang steht immer ein Modell der Skulptur in Gips oder Ton. Davon fertigt der Bildhauer eine identische Kopie in Wachs, die dann mit Gips umschlossen wird. Durch Erhitzen wird das Wachs ausgeschmolzen und zurück bleibt eine perfekte Gussform, in die das flüssige Metall gegossen wird. Nach dem Erkalten wird die Form abgeschlagen. Nun ist nur mehr die Oberfläche der fertigen Skulptur zu glätten.

MODERNE SKULPTUREN

Manche Künstler schaffen Skulpturen, um damit gesellschaftskritische Ideen auszudrücken. Der Amerikaner bulgarischer Herkunft Christo Jawatschew (geb. 1935) verpackt Landschaften und Gebäude. Christo möchte durch das Verbergen das Wesentliche offenbaren.

Die Verpackung durch Christo machte aus dem Pont Neuf in Paris ein Kunstwerk.

Siehe auch
Maler
Malerei
Metalle
Renaissance

Bildung

Lernen findet nicht nur in der Schule statt. Bildung – der Erwerb von Wissen – beginnt unmittelbar nach der Geburt und setzt sich lebenslang fort. Sprechen z. B. ist eine grundlegende Fertigkeit, die wir uns schon früh aneignen, indem wir die Laute anderer Menschen, meist von Eltern und Geschwistern, nachahmen und wiederholen. Mit zunehmendem Alter vermehren auch Lesen, Reisen und andere Freizeitbeschäftigungen unser Wissen. Bildung und Erziehung im eigentlichen Sinn setzt erst ein, wenn wir grundlegende Fertigkeiten wie das Sprechen beherrschen und vom Schulbesuch profitieren können. Die Grundschule bildet die Grundlage für den Besuch weiterführender Schulen wie Haupt- und Realschule oder Gymnasium. Alle drei Schulen unter einem Dach vereint bezeichnet man als Gesamtschule. Das Gymnasium berechtigt zum Besuch einer Universität oder Hochschule. Hier wird kein Allgemeinwissen mehr vermittelt, sondern ganz spezielle Kenntnisse, die zur Ausübung akademischer Berufe befähigen.

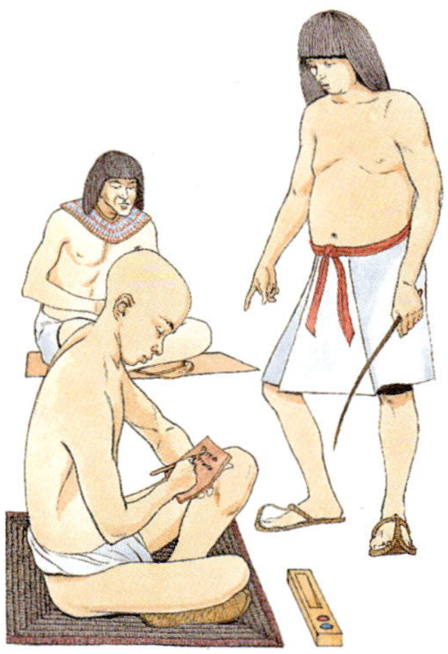

SCHULEN FÜR SCHREIBER
Im alten Ägypten konnten nur ausgebildete Schreiber lesen und schreiben. Jungen, die diesen Beruf anstrebten, schrieben zuerst auf wertlosem Material wie Tonscherben. Erst in fortgeschrittenem Stadium durften sie auf Papyrus schreiben, einem sehr wertvollen Papier. Mädchen waren für diese Ausbildung nicht zugelassen.

AUSBILDUNGSWEGE FÜR JEDES TALENT
Wir Menschen sind alle verschieden. Aus dem Grund gibt es Ausbildungswege für die unterschiedlichsten Begabungen. Wer eher praktisch veranlagt ist und gerne mit den Händen arbeitet, kann sich z. B. zum Schreiner oder Steinmetz ausbilden lassen. Eher theoretisch Veranlagte finden auf dem Gymnasium und später auf der Universität viele Möglichkeiten.

Im 19. Jh. herrschte in der Wissenschaft die Auffassung vor, bestimmte Regionen des Gehirns seien für bestimmte Wissensbereiche reserviert. Die moderne Medizin hat das widerlegt.

Hochschulen

Viele Schüler setzen ihre Ausbildung mit einem Studium an einer Fachhochschule oder Universität fort. Das dauert in der Regel drei bis sechs Jahre. Nach dem Abschluss erhalten viele Studenten ein Diplom.

BILDUNG NUR FÜR WENIGE
Bildung ohne Schulgeld wurde erst im Lauf der letzten 100 Jahre möglich. Davor war eine höhere Schulbildung den Kindern wohlhabender Eltern vorbehalten. Im 13. Jh. war Latein die Sprache der Gelehrten in Europa, unerlässlich für alle, die eine Laufbahn in der Kirche, beim Heer oder der Justiz anstrebten.

Bildung im alten Griechenland

Der griechische Philosoph Aristoteles war der festen Überzeugung, dass Kinder ab sieben Jahren die Fächer Turnen, Musik, Lesen, Schreiben und Zeichnen betreiben sollten. Später sollten die Fächer Physik, Philosophie und Politik dazukommen. Das Ideal des Aristoteles war ein wacher und neugieriger Geist in einem gesunden Körper.

PRAKTISCHES LERNEN
Bildung ist auf die Erfordernisse der Gesellschaft ausgerichtet. Kinder, die im tropischen Regenwald leben, erlernen für das Überleben wichtige Fertigkeiten wie Bootsbau und Jagen. In bereits weiter entwickelten Ländern dagegen werden Naturwissenschaftler und Ingenieure gebraucht.

Rudolf Steiner

WALDORFSCHULEN

1919 gründet der Leiter der Waldorf-Astoria-Zigarettenfabrik Stuttgart die erste Waldorfschule. Dort wird seitdem nach einer ganz neuen Methode unterrichtet, entwickelt von Rudolf Steiner (1861–1925). Bis sie 18 Jahre alt sind, gehen alle Jungen und Mädchen eines Jahrgangs in dieselbe Klasse, egal, wie gut ihre Leistungen sind. Auf künstlerische und handwerkliche Fähigkeiten wird besonders großer Wert gelegt. Damit sich die Kinder ohne Druck entfalten können, gibt es keine Noten. Auch vor dem Sitzenbleiben müssen Waldorfschüler keine Angst haben. Heute gibt es in Deutschland 160 Waldorfschulen, weltweit sind es etwa 650.

GRUNDSCHULE

Im Jahr 1920 wurde die vierjährige Grundschule eingeführt. Schulpflichtig sind alle Kinder, die bis zum 30. Juni eines Jahres sechs Jahre alt werden. Ein Test beim Schularzt stellt sicher, dass die zukünftigen Erstklässler geistig und körperlich ausreichend entwickelt sind.

Helene Lange

MÄDCHENERZIEHUNG

Bis Ende des 19. Jahrhunderts bekamen Mädchen so gut wie keine Schulbildung. Wer das Geld dazu hatte, beschäftigte Hauslehrer oder Gouvernanten. Andere Familien schickten ihre Töchter zur Ausbildung ins Kloster. Um diesen Zustand zu ändern, forderte die Frauenrechtlerin Helene Lange (1848–1930) eine eigenständige Mädchenbildung. Die jungen Frauen sollten nicht nur eine Höhere-Töchter-Schule besuchen dürfen, sondern ebenfalls Abitur machen können. 1893 wurde schließlich in Karlsruhe das erste Mädchengymnasium gegründet. Doch es dauerte bis 1908, bis man an deutschen Universitäten auch Frauen zuließ – 500 Jahre nach den ersten Universitätsgründungen!

BILDUNG

14. Jh. Die ersten deutschen Universitäten entstehen.

17. und 18. Jh. Erste Volksschulen werden gegründet.

1908 Frauen dürfen endlich auch studieren.

Nach 1950 Jungen und Mädchen werden gemeinsam erzogen.

Nach 1960 Erste Ganztags- und Gesamtschulen.

1990 Die ehemalige DDR übernimmt das Schulsystem der BRD.

2000 Die PISA-Studie vergleicht die Leistungen von Schülern aus 32 Ländern. Deutsche Schüler schneiden im Verhältnis schlecht ab.

WEITERFÜHRENDE SCHULEN

Als im 17. und 18. Jahrhundert die ersten Volksschulen entstanden, gingen die Kinder höchstens sechs bis acht Jahre lang zur Schule, um dort das Rechnen, Schreiben und Lesen zu lernen. Gleichzeitig entwickelten sich aus den Dom- und Klosterschulen des Mittelalters zwei weiterführende Schultypen: Das Gymnasium, in dem hauptsächlich Latein und Griechisch unterrichtet wurde, sowie die Realschule, bei der man mehr Gewicht auf naturwissenschaftliche Fächer legte. Wer heute eine Universität besuchen möchte, braucht als Schulabschluss in Deutschland das Abitur, in Österreich die Matura und in der Schweiz die Maturität. Das setzt zwölf bis dreizehn Schuljahre und den Besuch eines (Real-)Gymnasiums oder einer Fachoberschule voraus.

Zwei Ausländerinnen bei einem Deutschkurs

LEBENSLANGES LERNEN

Auch Erwachsene drücken die Schulbank. Manche machen auf speziellen Abendschulen ihren Schulabschluss nach, andere besuchen Sprachkurse. Viele nutzen auch das Angebot der Volkshochschulen, um sich fortzubilden. Dort gibt es auch viele kulturelle, kreative und sportliche Kursangebote.

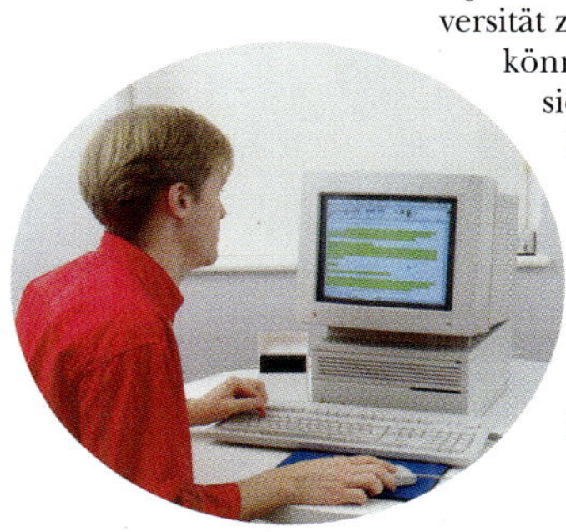

FERNSTUDIUM

Nicht jeder hat das Geld oder die Zeit, eine Universität zu besuchen. Doch auch Berufstätige können einen Studienabschluss machen – sie lernen einfach von zu Hause aus. Die Studienmaterialien und korrigierten Hausarbeiten kommen mit der Post. Bestimmte Vorlesungen können sich die Studenten im Fernsehen ansehen (Telekolleg), und über das Internet halten Sie Kontakt zu ihren Professoren. Die Prüfungen finden im Urlaub oder am Wochenende statt.

Siehe auch

PHILOSOPHIE
SCHULE

Biologie

BOTANIK
Die Pflanzenkunde nennt man auch Botanik. Sie ist einer der Hauptzweige der Biologie.

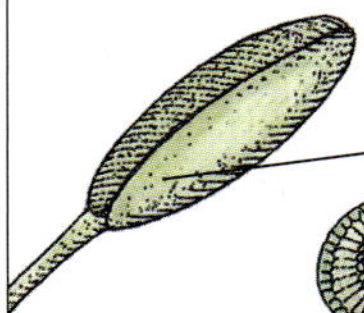

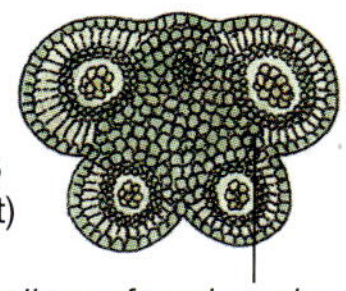

Botaniker erforschen den Aufbau und die Vermehrung von Pflanzen.

In der Natur gibt es vieles, was den Menschen geheimnisvoll erscheint: die Farben von Blütenblättern, das herrliche Rad eines Pfaus, das Wunder neu geborenen Lebens. Die Biologie ist die Wissenschaft, die sich mit allen Erscheinungsformen des Lebens befasst, mit winzigen Organismen, die man nur unter dem Mikroskop sehen kann ebenso wie mit den größten lebenden Tieren, den Walen. Biologie ist somit die Wissenschaft von allen Pflanzen und Tieren und ihrer Umwelt. Biologen erforschen, wie Lebewesen wachsen, sich ernähren und sich bewegen, und wie sich die Arten im Zuge der Evolution über lange Zeitspannen hinweg entwickelt haben. Die Biologie beschäftigt sich auf diese Weise mit einer sehr großen Anzahl von Themen und mit Millionen von Tier- und Pflanzenarten. Deshalb ist sie in viele verschiedene Bereiche unterteilt, nämlich die Humanbiologie (befasst sich mit dem Menschen), die Zoologie (Tieren), die Botanik (Pflanzen) und die Mikrobiologie (Mikroorganismen).

LABOR
Biologen arbeiten in besonders ausgestatteten Räumen, die man Labore nennt. Um Tiere und Pflanzen zu erforschen, wenden Biologen verschiedene Verfahren an. Größere Exemplare werden mitunter seziert. Durch das Mikroskop betrachten die Forscher Zellen und Bakterien.

ZOOLOGIE
Die Zoologie oder Tierkunde ist ein weiterer Hauptzweig der Biologie.

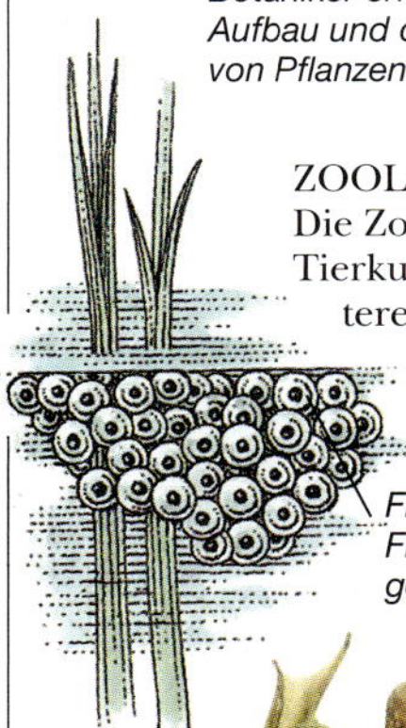

Zoologen erforschen das Leben von Tieren.

Biologie im Alltag

Überall finden ständig biologische Vorgänge statt. So geht z. B. Hefeteig auf, wenn er an einem warmen Ort steht. Der Grund dafür sind die Hefepilze im Teig. Sie geben Gase ab, die den Teig aufblähen und locker werden lassen.

Geschichte der Biologie

Der griechische Philosoph Aristoteles war einer der ersten Biologen. Um 350 v. Chr. studierte er Vögel und andere Tiere. Im 17. Jh. entdeckte der englische Gelehrte Robert Hooke mithilfe des neu erfundenen Mikroskops lebende Zellen. 1953 erforschten der Engländer Francis Crick und der Amerikaner James Watson die Struktur der Desoxyribonukleinsäure (DNS), die alle Zellen und Lebensvorgänge steuert.

Francis Crick (links) und James Watson

TAXONOMIE
Biologen teilen Pflanzen- und Tierarten in Gruppen ein, um die Beziehungen der Arten untereinander besser erkennen zu können. Motten und Nachtfalter gehören z. B. der gleichen taxonomischen Gruppe an: den Lepidoptera.

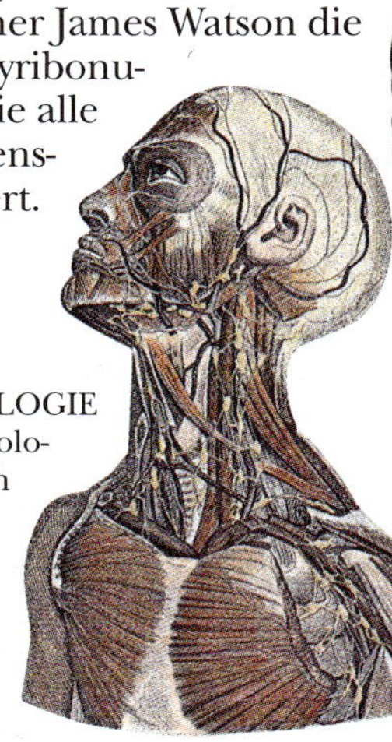

HUMANBIOLOGIE
Die Humanbiologie befasst sich mit den verschiedenen Systemen des menschlichen Körpers. Dazu zählen das Verdauungssystem, der Kreislauf, das Atmungssystem, das Fortpflanzungssystem und der aus Muskeln, Sehnen und Skelett bestehende Bewegungsapparat.

Siehe auch
Chemie
Darwin, Charles
Evolution
Fortpflanzung
Genetik
Körper, menschlicher
Pflanzen

OTTO VON BISMARCK

DER ERSTE DEUTSCHE REICHSKANZLER gilt als Gründer des deutschen Nationalstaats. 1815 kam er als Sohn einer Landadelsfamilie in Pommern zur Welt. Er studierte Jura und war Landtagsabgeordneter und Botschafter in St. Petersburg und Paris, bevor ihn der Preußenkönig Wilhelm I. zum Ministerpräsidenten machte. Bismarcks Ziel war ein einiges Deutsches Reich unter preußischer Führung. Um das zu erreichen, schreckte er auch vor Krieg nicht zurück. 1871 wurde er Reichskanzler und bestimmte die Innen- und Außenpolitik des Deutschen Reiches. Im Jahr 1890 musste er auf Drängen von Kaiser Wilhelm II. zurücktreten. Er zog sich auf seinen Landsitz zurück, wo er 1898 starb.

»Nicht durch Reden (....) werden die großen Fragen der Zeit entschieden (...), sondern durch Eisen und Blut.« (Otto von Bismarck)

Unterredung von König Wilhelm I. mit dem französischen Botschafter Benedetti am 13. Juli 1870 in Bad Ems

EMSER DEPESCHE

1870 kam es zwischen Preußen und Frankreich zum Streit über die spanische Thronfolge. Frankreich verlangte eine Verzichtserklärung Preußens, die Wilhelm I. in einem Telegramm an Bismarck empört ablehnte. Indem Bismarck das stark gekürzte Telegramm in den Zeitungen veröffentlichen ließ, brachte er die Franzosen dazu, Preußen den Krieg zu erklären.

DIE REICHSGRÜNDUNG

Um den deutschen Nationalstaat zu schaffen, führte Bismarck 1864, 1866 und 1870/71 drei Reichseinigungskriege: 1864 gegen Dänemark, 1866 gegen Österreich und 1870/71 gegen Frankreich. Am 18. Januar 1871 war es so weit: Im Spiegelsaal des Schlosses von Versailles rief man den preußischen König Wilhelm I. zum Kaiser des Deutschen Reiches aus, das 22 deutsche Königreiche und drei Freie Städte umfasste.

Versailles ist die größte Schlossanlage Europas. Hier wurde Wilhelm I. zum ersten deutschen Kaiser ausgerufen.

KAISER WILHELM I.

Wilhelm kam 1797 in Berlin zur Welt. Sein älterer Bruder Friedrich Wilhelm IV. wurde preußischer König, erkrankte jedoch schwer und starb 1861. Danach trat Wilhelm seine Nachfolge an. Ein Jahr später machte er den Grafen Otto von Bismarck zum preußischen Ministerpräsidenten. Ihm gelang es, einen deutschen Nationalstaat zu schaffen, ohne dass Preußen darin an Macht verlor. 1871 wurde Wilhelm zum ersten Kaiser des neu gegründeten Deutschen Reiches proklamiert. Obwohl er Kaiser war, hatte er Mühe sich gegen den starken Reichskanzler Bismarck durchzusetzen. 1888 starb Wilhelm I. in Berlin.

Um Arbeiterunruhen zu vermeiden, entwickelte Bismarck eine moderne Sozialgesetzgebung.

DER REICHSKANZLER

1871 wurde Bismarck vom Kaiser zum ersten deutschen Reichskanzler ernannt. Durch eine geschickte Bündnispolitik gelang es ihm, die Vorherrschaft Deutschlands in Europa zu sichern. Nach innen regierte er mit harter Hand: Mit seinem Sozialistengesetz von 1878 unterdrückte er Sozialdemokraten, Sozialisten und Kommunisten. Um die Arbeiter auf seine Seite zu bringen, führte er eine fortschrittliche Kranken-, Unfall-, Renten- und Invalidenversicherung ein. 1890 kam es zu großen Meinungsverschiedenheiten mit dem neuen Kaiser Wilhelm II., der Bismarck schließlich zum Rücktritt zwang.

Siehe auch

DEUTSCHLAND, GESCHICHTE
FRANKREICH, GESCHICHTE
PREUSSEN

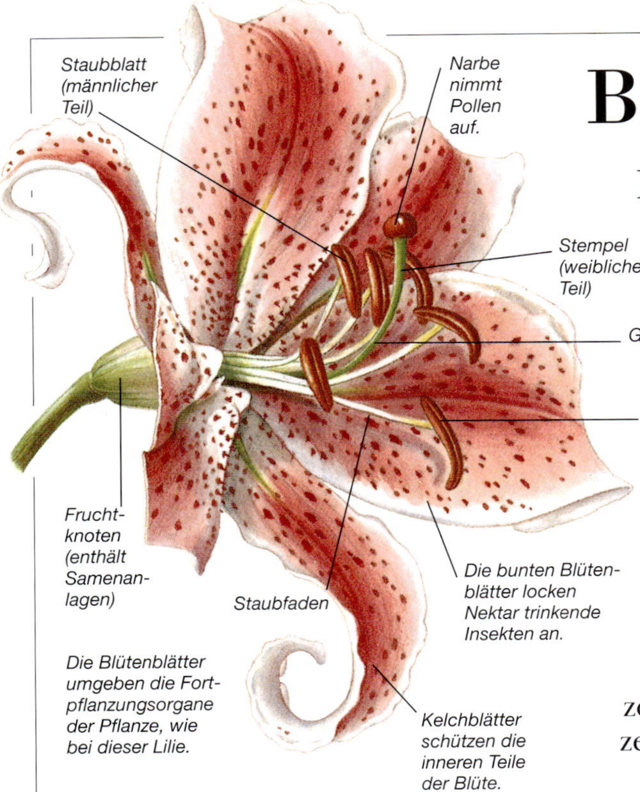

Die Blütenblätter umgeben die Fortpflanzungsorgane der Pflanze, wie bei dieser Lilie.

Blumen und Kräuter

IHRE EINZIGARTIGE SCHÖNHEIT, ihre Farben und Düfte machten die Blumen seit jeher zu den Lieblingen der Maler und Dichter. Blumen haben die unterschiedlichsten Formen und kommen in sehr verschiedenen Lebensräumen vor. Sie blühen in Wüsten, während des arktischen Sommers, in tropischen Regenwäldern und in unseren Gärten. Ohne die zahllosen Blumen und Kräuter, die auf der Erde wachsen, gäbe es wahrscheinlich keine Bienen, keine Schmetterlinge und keine Kolibris, und wir würden weder Blumenbeete noch Parfüms kennen. Im alltäglichen Sprachgebrauch verstehen wir unter »Blume« jede einigermaßen hübsche Blütenpflanze. Für Botaniker aber sind die der geschlechtlichen Fortpflanzung dienenden Teile einer Pflanze Blumen oder Blüten. Als »Kräuter« bezeichnen wir kleinere krautige (also nicht stark verholzte) Pflanzen mit eher unauffälligen Blüten und stark duftenden Blättern.

Aufbau der Blüte

Kelchblätter sind oft grün und schuppig. Sie schützen die Knospe und können nach dem Aufblühen abfallen. Die Blütenblätter können groß und bunt sein, um Bienen und Schmetterlinge anzulocken. Die männlichen Zellen sind im Blütenstaub der Staubbeutel. Die weiblichen Zellen sind im Fruchtknoten.

Kräuter

Kräuter haben überwiegend grüne, saftige Stängel, während Sträucher und Bäume verholzte Stämme haben. Einige Kräuter und Blütenpflanzen nennt man einjährig, weil sie nur ein Jahr lang leben. Andere nennt man zweijährig, weil ihr Lebenszyklus zwei Jahre dauert. Mehrjährige Pflanzen leben viele Jahre lang.

Kräutergarten

Die Pflege des eigenen Gartens war früher ein wichtiger Teil der Hausarbeit, denn man zog Gemüse und Kräuter meist selbst. Kräuter verwendet man als Speisegewürz und als Duftspender, aber auch als Heilmittel gegen Krankheiten. Viele unserer modernen Medikamente enthalten Wirkstoffe aus Kräutern. So ist in vielen Mitteln gegen Verdauungsstörungen Pfefferminze enthalten. Kräuteröle, auch als ätherische Öle bezeichnet, werden aus Kräutern gewonnen und für die Herstellung von Parfüm verwendet.

Basilikum wird in der Mittelmeerküche viel verwendet und hält auch Insekten ab.

Thymian verleiht Fleischgerichten mehr Würze und lindert Erkältungen und Husten.

Petersilie nimmt man zum Garnieren, als Zutat und als Heilmittel gegen Blasenleiden.

Salbei ist eine beliebte Zutat vieler Nudel- und Fleischgerichte und hilft auch gegen Halsweh und Schnupfen.

Rosmarin passt gut zu Lammfleisch. Als Tee hilft er gegen Kopfschmerzen und Übelkeit.

Lorbeer aromatisiert Ragouts und Brühen.

Aus Pfefferminze macht man Tee. Pfefferminzöl hilft auch bei Erkältung.

Estragon findet oft in der französischen Küche Verwendung.

Oregano (wilder Majoran) würzt Fleisch und Pizza und hilft gegen Magenverstimmung.

BESTÄUBUNG

Um einen Samen hervorzubringen, muss eine männliche Zelle (des Blütenstaubs oder Pollens) eine weibliche Zelle (im Fruchtknoten) befruchten, indem Pollen an die Narbe gebracht wird. Bei manchen Pflanzen ist der Blütenstaub sehr leicht und wird vom Wind übertragen.

GÄRTEN

Seit undenklichen Zeiten ziehen die Menschen Blumen, als Schmuck und wegen ihrer Düfte. Unsere Gartenrosen wurden aus Wildpflanzen gezüchtet und haben mehr und größere Blütenblätter, einen intensiveren Duft und eine längere Blühzeit als ihre wild wachsenden Verwandten.

BLUMEN UND BIENEN
Während die Biene Nektar und Pollen sammelt, bleibt Pollen an ihr hängen. Wenn sie damit an den Stempel einer Blüte kommt, wird diese befruchtet. So tragen Bienen und andere Fluginsekten zur Bestäubung bei.

NEKTAR
Viele Schmetterlinge und einige Fledermaus- und Vogelarten ernähren sich vom süßen, energiereichen Nektar der Blüten. Im Bienenstock wandeln Bienen Nektar in Honig um.

PAPAGEIENBLUME
Die Strelitzie oder Papageienblume ist an südafrikanischen Flussufern heimisch und wächst inzwischen auch bei uns in Parks und Gärten sowie als Topfpflanze. Die orangefarbenen Blüten erinnern an Kopf und Schnabel eines Vogels. Die Blüten befreien sich nacheinander aus einer langen, festen, rotgrünen Blatthülle.

Maiglöckchen duften süß. Auch die Blätter riechen gut.

PARFÜM
Blütenduft lockt nicht nur Bienen, sondern auch Menschen an. Öle aus Maiglöckchen und Rosen sind Bestandteil vieler Parfüms.

WILDBLUMEN UND ARTENSCHUTZ

Viele wilde Blütenpflanzen sind vom Aussterben bedroht. Sümpfe werden trockengelegt, Wälder müssen Siedlungen, Fabriken, Feldern und Straßen weichen. Die Blüten, die in diesen Lebensräumen heimisch sind, werden deshalb immer seltener. Die schönsten Blumen sind am stärksten gefährdet, weil Spaziergänger und Hobbybotaniker sie pflücken oder sogar ausgraben. Deshalb werden sie geschützt. Viele Blüten der Tropenwälder werden wohl verschwunden sein, bevor sie wissenschaftlich erfasst sind.

Siehe auch

ARTENSCHUTZ
BIENEN UND WESPEN
FRÜCHTE UND SAMEN
PFLANZEN

Böden

DÜNGEMITTEL
Landwirte fügen mageren Böden Dünger zu. Die Nährstoffe unterstützen das Pflanzenwachstum.

Der Boden gehört zu den wichtigsten und wertvollsten Rohstoffen der Erde. Er ist voller Leben. Schon der Boden eines kleinen Gartens enthält Millionen von Insekten und Mikroorganismen sowie organische Stoffe aus abgestorbenen Pflanzen oder toten Tieren. Der Boden gibt den Wurzeln Halt, ist Nahrungsquelle für die Pflanzen und Lebensraum für grabende Tiere wie den Maulwurf und für Millionen von Spinnen und Hundertfüßern. Es gibt viele verschiedene Bodenarten – von dicken Silt- und lockeren Sandböden bis zu wasserdurchtränkten Schlamm- und trockenen Wüstenböden. Böden entstehen durch Verwitterung von Gesteinen und brauchen viele Jahre für ihre Entwicklung – so benötigt z. B. die Bildung eines 6,5 cm dicken Bodens zwischen 100 und 2000 Jahren. Die Qualität der Böden ist unterschiedlich. In heißen Gebieten mit wenig Regen, wie in Afrika oder in Australien, ist der Boden sehr trocken. In gemäßigten Gebieten, wie in Europa oder Nordamerika, ist der Boden meist fruchtbar. Ein Boden kann aber auch zerstört werden, und das in wenigen Jahren. Beispielsweise hat die Überwirtschaftung des Landes in vielen Teilen der Erde zu Bodenerosion geführt.

Bodenarten

Böden können schwarz, braun, rot oder gelb sein – je nachdem, welche Mineralien sie enthalten. Für Gartenpflanzen ist dunkler Humusboden am besten geeignet.

Bodenschichten

Böden bestehen aus mehreren Schichten, die ineinander übergehen. Die oberste Schicht ist Humus, der aus abgestorbenen und verrottenden Pflanzenteilen besteht. Darunter befindet sich der Oberboden, in dem vermoderte Pflanzen- und Tierreste durch Insekten, Pilze und Bakterien zersetzt werden. Zwischen dem Oberboden und einer Schicht teilweise verwitterten Gesteins befindet sich der Unterboden, der nur noch wenig organische Materie enthält. Unter all diesen Bodenschichten liegt das harte Ausgangsgestein.

BODENEROSION
Auf überwirtschafteten Feldern oder in Gebieten, in denen die natürliche Vegetation zerstört wurde, ist der Boden nicht mehr vor Regen geschützt, oder er wird nicht mehr von Wurzeln festgehalten. Lockere Bodenpartikel und Staub werden vom Wind fortgeweht oder vom Regen weggespült. Das Land wird unfruchtbar und dient Tieren nicht mehr als Lebensraum.

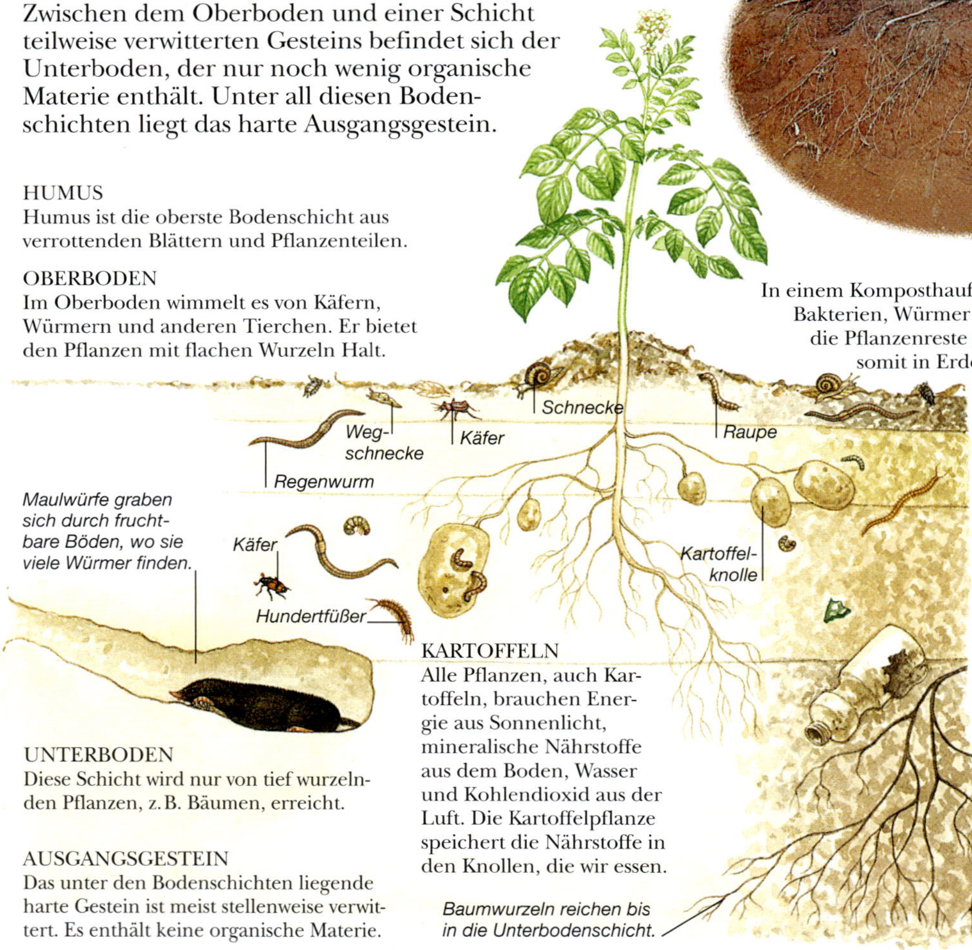

HUMUS
Humus ist die oberste Bodenschicht aus verrottenden Blättern und Pflanzenteilen.

OBERBODEN
Im Oberboden wimmelt es von Käfern, Würmern und anderen Tierchen. Er bietet den Pflanzen mit flachen Wurzeln Halt.

UNTERBODEN
Diese Schicht wird nur von tief wurzelnden Pflanzen, z. B. Bäumen, erreicht.

AUSGANGSGESTEIN
Das unter den Bodenschichten liegende harte Gestein ist meist stellenweise verwittert. Es enthält keine organische Materie.

KARTOFFELN
Alle Pflanzen, auch Kartoffeln, brauchen Energie aus Sonnenlicht, mineralische Nährstoffe aus dem Boden, Wasser und Kohlendioxid aus der Luft. Die Kartoffelpflanze speichert die Nährstoffe in den Knollen, die wir essen.

KOMPOST
In einem Komposthaufen leben Pilze, Bakterien, Würmer und Insekten, die Pflanzenreste zersetzen und somit in Erde umwandeln.

KREISLAUF
Alle Lebewesen verrotten und werden wieder zu Boden. Ein Komposthaufen beschleunigt diesen Prozess. Hier verwandeln sich organische Abfälle wie Apfel- oder Bananenschalen, Eierschalen und Gras zu Humus, der den Boden wieder bereichert. So werden wertvolle Nährstoffe recycelt.

Siehe auch

Bäume
Blumen und Kräuter
Pflanzen
Pilze

Boote und Schiffe

SCHIFFBAU
Moderne Schiffe bestehen aus zusammengeschweißten Stahlplatten. Schiffbauer fertigen alle Teile separat an und setzen das Schiff dann in der Werft zusammen. Nach monatelangen Sicherheitschecks auf See kann das Schiff in Dienst gehen.

SEIT UNSERE AHNEN ENTDECKT HATTEN, dass Holz auf Wasser schwimmt, spielten Boote und Schiffe eine wichtige Rolle in der Menschheitsgeschichte. Mithilfe der ersten Boote überquerten Menschen Bäche und Flüsse, und Jäger fuhren damit in seichte Gewässer zum Fischen. Bessere Techniken für den Schiffs- und Bootsbau entwickelten sich, als Menschen sich daran machten, neue Gebiete zu erkunden. Da über zwei Drittel der Erde von Wasser bedeckt sind, mussten Händler und Abenteurer aufs Meer hinaus, um neue Länder zu entdecken, und dazu brauchten sie Schiffe, die für lange Fahrten geeignet waren. Im Laufe der Jahrtausende wurden Schiffe und Boote vielfach verändert und weiterentwickelt. Heute gibt es Tausende Schiffs- und Bootstypen. Schiffe sind hochseetüchtig, Boote sind generell kleiner und fahren auf Küsten- oder Binnengewässern.

Traditionelle Schiffe wie diese chinesische Dschunke werden noch heute in manchen Teilen der Welt benutzt.

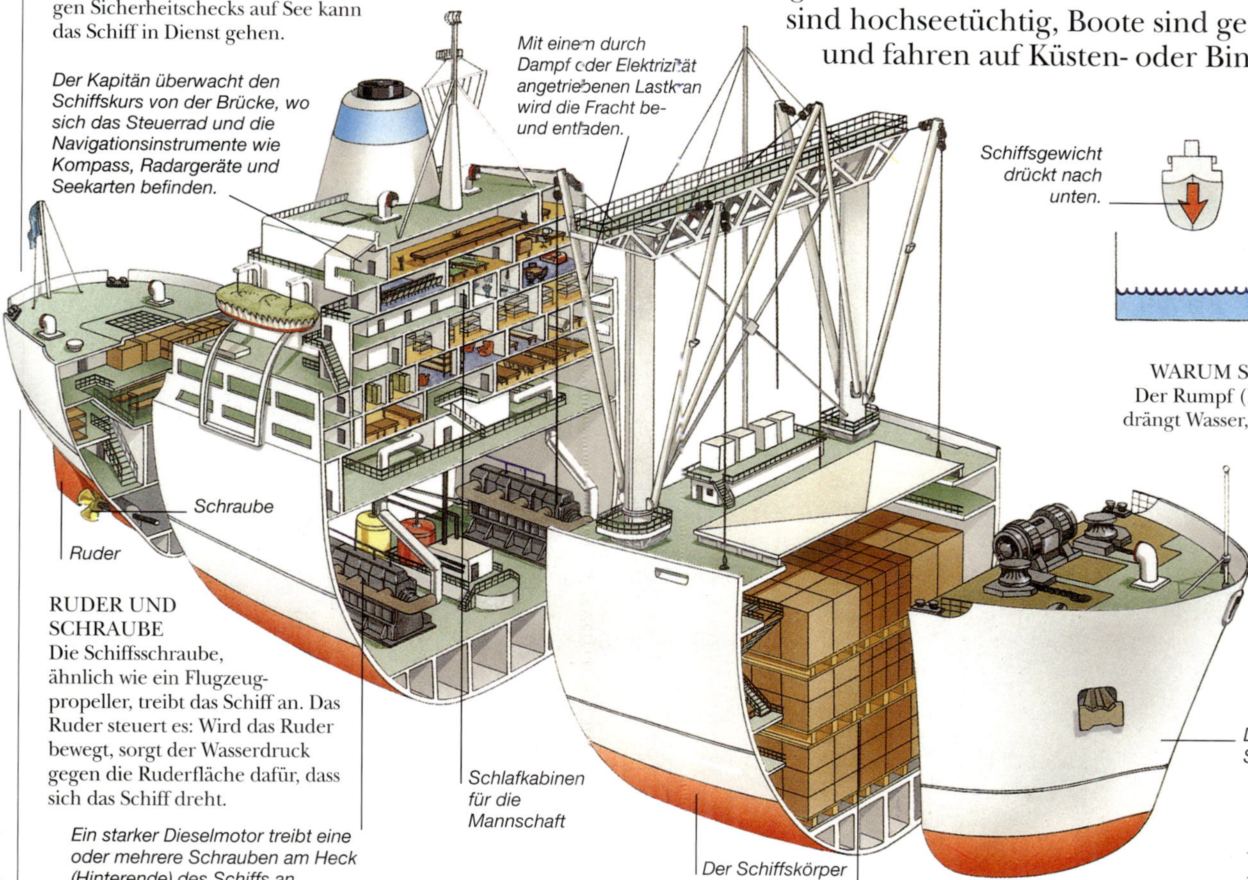

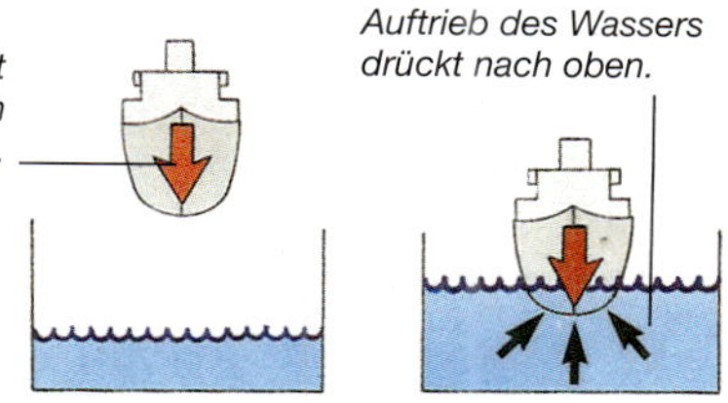

WARUM SCHIFFE SCHWIMMEN
Der Rumpf (Körper) eines Schiffs verdrängt Wasser, und dieses drückt gegen das Schiff mit einer Kraft namens Auftrieb zurück. Der Auftrieb gleicht das Gewicht des Schiffes aus und hält es über Wasser.

RUDER UND SCHRAUBE
Die Schiffsschraube, ähnlich wie ein Flugzeugpropeller, treibt das Schiff an. Das Ruder steuert es: Wird das Ruder bewegt, sorgt der Wasserdruck gegen die Ruderfläche dafür, dass sich das Schiff dreht.

Frachtschiff

Jedes Jahr befördern Frachtschiffe Millionen Tonnen an Gütern über die Ozeane der Welt. Manche Frachter, Containerschiffe genannt, haben ihre Ladung in großen Stahlboxen verstaut, die wie Bausteine gestapelt sind. Die größten derartigen Schiffe befördern über 4000 Container.

Schiffstypen

Es gibt viele Schiffstypen – von Passagierschiffen bis zu Frachtern, die alle möglichen Güter zwischen den Häfen der Welt befördern.

FÄHRE
Fähren transportieren Menschen und Güter über eine Wasserstrecke. Große Fähren befördern auch Autos, Lastwagen und Züge.

ÖLTANKER
Öl wird auf See in großen Tankern transportiert. Motoren und Brücke sind am Heck, damit mehr Speicherraum entsteht.

KREUZFAHRTSCHIFF
Linienschiffe befördern Passagiere auf planmäßigen Routen. Die meisten Linienschiffe sind schwimmende Hotels für ausgedehnte Kreuzfahrten.

TRAWLER
Trawler sind Fischkutter, die ein Schleppnetz (Trawl) über den Meeresboden ziehen, um dicht über dem Boden schwimmende Fische zu fangen.

Geschichte der Schiffe und Boote

Die Entwicklung von Schiffen begann vor über 6000 Jahren mit Flößen und Schilfbooten. Inzwischen gibt es mit Kernkraft angetriebene Schiffe und Boote aus leichten, stabilen Kunststoffen.

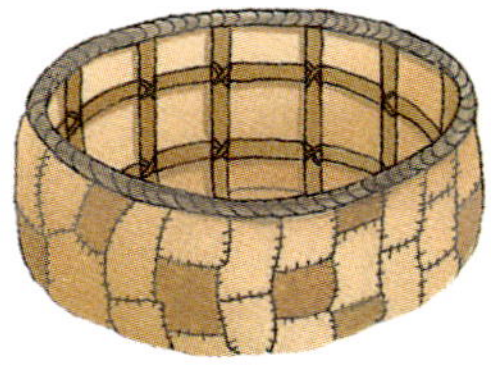

LEDERBOOT
Vor rund 6000 Jahren bauten die alten Ägypter Boote aus Korbgeflecht, das mit Tierhäuten bespannt war. Um 3200 v. Chr. erfanden sie die Segel.

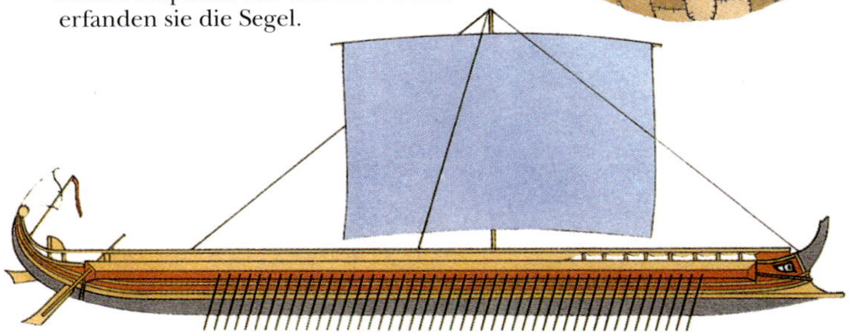

TRIREME
Die Griechen erfanden die Trireme (oben) um 650 v. Chr. Sie hatte Segel und mehrere Reihen mit Rudern. Die Römer bauten ähnliche Kriegs- und Handelsschiffe.

Gruppen von Ruderern saßen auf zwei Ebenen.

KLIPPER
Schnelle Segelschiffe, so genannte Klipper (oben), kamen im 19. Jh. auf dem Höhepunkt des Zeitalters des Segelns auf. Viele Segel und ein schlanker Rumpf erhöhten das Tempo. Klipper waren meist Handelsschiffe.

DAMPFSCHIFFE
Seetüchtige Dampfschiffe (unten) stachen im frühen 19. Jh. in See. Die frühesten Dampfer hatten mit der Maschine verbundene Schaufelräder und Segel zur Beschleunigung bei starken Winden. Schiffe mit Schrauben kamen um 1840 zum Einsatz.

Tragflächenboot

Ein Bootsmotor muss schwer arbeiten, um den Wasserwiderstand zu überwinden. Leichte, schnelle Tragflächenboote umgehen dieses Problem, da sie sich bei hohem Tempo auf Gleitflächen erheben. Bei schneller Fahrt verhält sich Wasser wie ein Feststoff, sodass das Tragflächenboot auf so genannten Tragflügeln über die Wasseroberfläche gleitet.

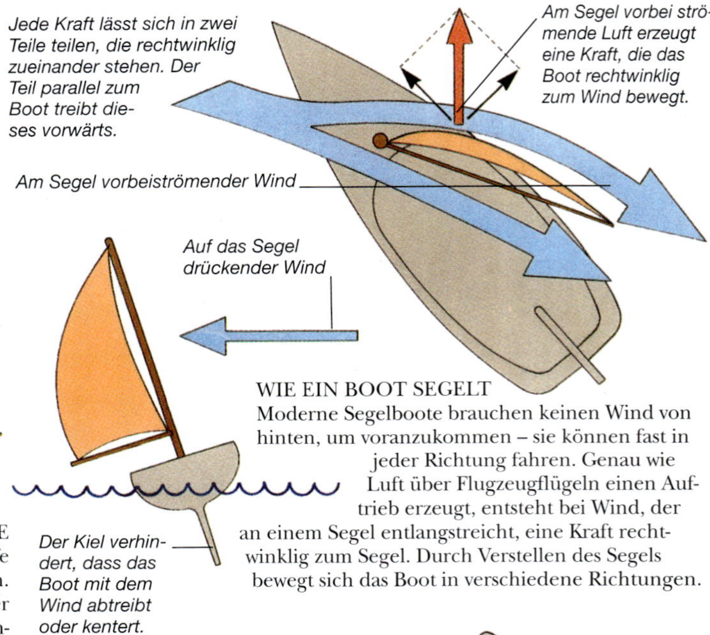

WIE EIN BOOT SEGELT
Moderne Segelboote brauchen keinen Wind von hinten, um voranzukommen – sie können fast in jeder Richtung fahren. Genau wie Luft über Flugzeugflügeln einen Auftrieb erzeugt, entsteht bei Wind, der an einem Segel entlangstreicht, eine Kraft rechtwinklig zum Segel. Durch Verstellen des Segels bewegt sich das Boot in verschiedene Richtungen.

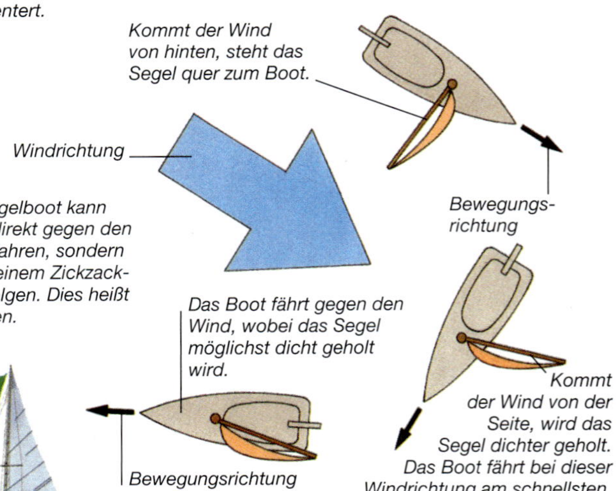

Bootstypen

Boote werden unterschiedlich genutzt. Viele Boote wie Jachten sind Freizeitboote; auf Schleppern und Fischerbooten jedoch wird hart gearbeitet.

RENNBOOT
Rennboote sind schnelle Boote mit starken Benzin- oder Dieselmotoren. Sie werden oft bei Rennen eingesetzt.

SCHLEPPER
Schlepper ziehen größere Schiffe durch schwierige oder seichte Seegewässer oder auf Binnenwasserstraßen wie Kanälen.

JACHT
Jachten sind Freizeitboote. Sie haben Motoren oder Segel. Rennjachten bestehen aus starken, leichten Materialien.

Siehe auch
Häfen und Kanäle
Navigation
Segeln und Rudern
U-Boote

Börse

KAFFEEHAUS-BÖRSE
Jonathan's Coffee House in London bildete den Vorläufer der Londoner Börse. In dem Café kamen 1760 erstmals Börsenmakler zusammen, um mit Aktien zu handeln. Die Bezeichnung Stock Exchange (engl. für Börse) prangt seit 1773 an dem Gebäude. Heute gehört die Londoner Börse zu den größten der Welt.

DIE BÖRSE IST EIN MARKT, an dem Aktien und Wertpapiere gehandelt werden. Kaufen und Verkaufen dürfen nur berechtigte Personen. Diese werden Börsenmakler genannt. Normalbürger, die Aktien kaufen oder verkaufen möchten, müssen einen Makler damit beauftragen. Eine Aktie ist eine Urkunde, aus der hervorgeht, dass der Besitzer Anteile einer Firma erworben hat. Viele Unternehmen geben Aktien aus, um mit dem eingehenden Kapital das Unternehmen auszubauen. Wer Aktien kauft, rechnet damit, dass der Wert seiner Aktien nach einer gewissen Zeit steigt. Verkauft er diese dann, macht er einen Gewinn. Die erste Börse in Europa wurde 1531 in Antwerpen gegründet und der Börsenhandel in New York, an der berühmten Wall Street, wurde 1792 aufgenommen. Die bedeutendsten Börsenplätze heute sind Tokio, Hongkong, London und New York.

BÖRSENKRACH AN DER WALL STREET
1929 verloren die Aktien vieler Unternehmen plötzlich an Wert. Es kam zu Panikverkäufen, woraufhin die Börse völlig zusammenbrach.

Aktienhandel

Lange Zeit war es üblich, dass die Börsenmakler an so genannten Ständen arbeiteten. An den Maklerständen wurden die Aktien nur jeweils einer bestimmten Branche gehandelt. Makler außerhalb dieser Stände gaben die Kundenaufträge zum Kauf oder Verkauf von Aktien an den jeweiligen Stand weiter. An den heutigen Börsen läuft der Handel über Telefon, E-Mail und Computer.

Aktienhandel an der New Yorker Börse

AKTIENINDEX
In jeder Börse geben große elektronische Anzeigetafeln einen Überblick über die aktuellen Aktienpreise. Um zu sehen, wie gut oder wie schlecht es den Unternehmen eines Landes insgesamt geht, wird aus den Aktienpreisen täglich ein Durchschnittswert errechnet. Dieser Wert wird Index genannt und in Punkten angegeben. Der bekannteste Aktienindex ist der an der New Yorker Börse errechnete Dow-Jones-Index.

WIE STEHEN DIE AKTIEN?
Aktien als Form der Kapitalanlage werden heute von einer breiten Bevölkerungsschicht genutzt. Manche Firmen zahlen sogar Teile des Gehalts ihrer Angestellten in Form von Firmenaktien. Den aktuellen Wert der Aktien eines bestimmten Unternehmens, d.h. ihren Kurs, kann jedermann täglich in der Zeitung nachlesen.

Saftorangen

Kaffeebohnen

TERMINGESCHÄFTE
Hierbei kauft man Aktien zu einem festen Preis und mit der Bedingung, dass der Vertrag erst zu einem späteren Zeitpunkt in Kraft tritt. Man kann z.B. Anteile an der Kaffee- oder Orangenernte des nächsten Jahres erwerben. Wenn der tatsächliche Preis dann höher liegt als der ursprünglich vereinbarte, macht der Käufer einen Gewinn.

Siehe auch
Asien, Geschichte
Geld
Handel und Geschäfte
Industrie und Handel

Brasilien

Brasilien grenzt an jedes Land in Südamerika, außer Chile und Ecuador. Seine Atlantikküste ist 7400 km lang.

BRASILIEN, das größte Land in Südamerika, ist ein Land der Gegensätze. Im Süden liegen die hügeligen Grasländer des brasilianischen Hochlands, im Nordosten trockene Wüsten. Drei Fünftel seiner Landfläche bedeckt der größte Regenwald der Erde, der das Entwässerungsgebiet des Amazonas bildet, des zweitlängsten Flusses der Welt. Der Regenwald wird aufgrund des Drucks der rapide wachsenden Bevölkerung zunehmend für Landwirtschaft, Viehzucht, Bergbau und Holzindustrie gerodet. Die Armut treibt viele Menschen vom Land in die überfüllten Städte. São Paulo, die am schnellsten wachsende Stadt des Kontinents, ist ein großes Industriezentrum. Brasilien wurde im 16. Jh. von den Portugiesen kolonisiert, die afrikanische Sklaven für die Zuckerplantagen importierten. Heute ist Brasilien das größte römisch-katholische Land der Welt und weist eine lebendige Mischung indianischer, portugiesischer und afrikanischer Kulturen auf.

Rio de Janeiro

Rio de Janeiro liegt an der Atlantikküste und erstreckt sich über Buchten, Inseln und die Ausläufer der Küstengebirge. Es wird beherrscht vom markanten Zuckerhutberg und der monumentalen Statue Christi des Erlösers. 1565 von den Portugiesen gegründet, war es von 1763 bis 1960 die Hauptstadt Brasiliens. Heute ist die rasch wachsende Großstadt ein wichtiger internationaler Hafen und ein Handels-, Produktions- und Kulturzentrum. Berühmt ist Rio auch wegen seiner Strände, seines Karnevals und seines Nachtlebens.

Elendssiedlungen

Vielen armen Menschen auf dem Lande scheinen Großstädte eine Chance auf ein besseres Leben zu verheißen. Doch der erhebliche Wohnungsmangel in Brasiliens Großstädten führte zur Bildung von Favelas. Diese Elendssiedlungen breiten sich auf dem Land aus, das sich für eine andere Bebauung nicht eignet.

Etwa 22 % des Kaffees der Welt kommen aus Brasilien. Er wird auf den warmen, fruchtbaren Böden von Zentral- und Südbrasilien angebaut.

Goldrausch

Brasiliens Bodenschätze reichen von Eisen und Zinn bis zu Gold und Edelsteinen wie Diamant und Topas. Seit den 80er-Jahren des 20. Jhs. strömen Tausende in die Region Serra Pelada und wühlen sich auf der Suche nach Gold oft mit bloßen Händen in die Berghänge.

Karneval in Rio

Jedes Jahr wird in Rio de Janeiro ein fünftägiger Karneval gefeiert. Riesige Umzüge schlängeln sich durch die Stadt. Fantasievoll kostümierte Sänger, Musiker und Tänzer bieten ein buntes Spektakel zu den Klängen der Sambamusik.

Karnevalsbesucher wetteifern miteinander um den Preis für das ausgefallenste Kostüm und den bestgeschmückten Karnevalswagen.

Scharen von Goldsuchern (Garimpeiros) an einem Berghang. Sie schlagen das Gestein mit Pickeln ab und hoffen, ein Goldvermögen zu finden.

Amazonasregenwald

Das größte Regenwaldgebiet der Erde befindet sich im Amazonasbecken. Es weist die größte biologische Vielfalt auf und enthält Millionen von Pflanzen- und Tierarten. Wissenschaftler schätzen, dass in einem einzigen Regenwaldbaum über 2000 Arten leben. Die Temperatur beträgt im Jahresmittel 26 °C, die jährliche Regenmenge bis zu 2000 mm. Regenwaldböden werden leicht weggespült, wenn Bäume und Pflanzen beseitigt werden. Wenn immer mehr Land für Landwirtschaft und Nutzholz gerodet wird, geht der Regenwald für immer verloren.

Werden Regenwälder in Äquatorregionen gerodet, erodiert starker Regen den Boden – zurück bleibt eine grüne Wüste. Unter diesen Bedingungen wachsen keine Feldfrüchte, und viele Tiere verlieren ihren natürlichen Lebensraum.

Tropische Harthölzer sind ein geschätzer Rohstoff, und holzverarbeitende Firmen zerstören einen Großteil der Regenwaldhabitate. Besiedeln Bauern ohne Landbesitz den Amazonasregenwald, roden sie ihn und bebauen das Land, bis es zu Buschland verkommt oder an Viehzüchter verkauft wird.

Paranüsse

Urwaldressourcen

Der Amazonasregenwald ist reich an vielen Ressourcen – von Heilpflanzen und Gummibäumen zur Erzeugung von Latex bis hin zu Paranüssen. Paranüsse (links) können gegessen oder zu Öl gepresst werden. Sie werden weltweit exportiert.

Amazonasindianer

Man schätzt, dass heute noch rund 220 000 Ureinwohner im Regenwald leben. Diese Menschen, auch Amazonasindianer genannt, führen ein traditionelles Leben. Sie jagen, fischen und roden kleine Parzellen für den Anbau von Mais und Maniok. Viele Indiostämme wurden durch Krankheiten oder landgierige Bergarbeiter, Siedler und Holzfäller ausgelöscht. Heute leben die Indianer meist in geschützten Gebieten.

In Manaus (oben) nehmen Lastwagen während der Trockenzeit Ladung am Amazonas auf.

Wasserstrasse

Der gewaltige Amazonas hat das größte Wasservolumen aller Flüsse der Erde. Er ist über seine Gesamtlänge von 6400 km schiffbar. Auf dieser Hauptverkehrsader werden 10 % aller Frachtgüter in Brasilien befördert. Auf dem Fluss wimmelt es von Last- und Passagierschiffen sowie Patrouillenbooten. Flusshäfen wie Manaus und Belém sind bedeutende Handelszentren.

Dieser Junge ist ein Yanomami-Indianer. Die traditionelle Lebensweise seines Volkes war zerstört, als es von Goldsuchern aus seinem Land vertrieben wurde.

Manaus

Der Reichtum von Manaus im 19. Jh. basierte auf der Gummiindustrie. Heute ist die Hauptstadt des Bundesstaats Amazonas ein Zentrum der Viehzucht-, Bergbau- und Nutzholzindustrie. Als Kulturzentrum dieser entlegenen Region ist sie wegen ihres Opernhauses berühmt. Mit 1 Mio. Einwohner ist Manaus ein Magnet für die arme Landbevölkerung.

Siehe auch

Feiertage
Flüsse
Fussball
Südamerika
Tiere, Wald

Vulkan | Berg | Historische Stätte | Hauptstadt | Großstadt | Stadt

FAKTEN
Fläche: 8 511 970 km²
Einwohner: 179 000 000
Hauptstadt: Brasília
Sprachen: Portugiesisch, Deutsch, Italienisch, Spanisch, Polnisch, Japanisch, Indianersprachen
Religionen: römisch-katholisch, protestantisch, indianische, afroamerikanische Naturreligionen
Währung: Real
Haupterwerbszweige: Dienstleistungen, Industrie, Kaffee- und Zuckeranbau
Hauptexportgüter: Kaffee, Sojabohnen, Zucker, Orangensaft, Stahl, Autos, Computer
Hauptimportgüter: Maschinen und elektrische Erzeugnisse

IGUAÇUFÄLLE

Diese hufeisenförmigen Wasserfälle liegen an der argentinisch-brasilianischen Grenze, wo sich der Iguaçu in rund 275 Wasserfälle teilt, die 60–82 m hoch sind. Viele Fälle werden durch hervorstehende Felsen gebrochen, und die Gischt bildet eine Wand von Regenbögen. Vom unteren Ende erhebt sich ein Nebelvorhang 150 m hoch in die Luft. Der spektakuläre Iguaçu-Nationalpark steht unter Naturschutz.

FUSSBALL
Fußball ist in Brasilien ein beliebter Sport, der viele Zuschauer findet und sogar auf den Straßen gespielt wird.

Der brasilianische Fußballstar Rivaldo

ABWANDERUNG
Nordostbrasilien wird von riesigen Ranches dominiert. Anhaltende Dürre treibt Millionen Farmer in die Städte im Süden.

BRASÍLIA
1960 wurde die brasilianische Hauptstadt in die künstlich errichtete Stadt Brasília verlegt. Man glaubte, dies würde die Entwicklung des spärlich bewohnten Landesinneren vorantreiben. Auf einem kreuzförmigen Grundriss errichtet, werden Brasílias breite Boulevards und große Plazas von avantgardistischen Gebäuden und Skulpturen gesäumt.

Bronzezeit

MESOPOTAMIEN
Eine der ersten Zivilisationen der Bronzezeit entwickelte sich in Mesopotamien, einer Ebene zwischen den Flüssen Euphrat und Tigris. Das fruchtbare Land bewirtschafteten Sumerer, Assyrer und Akkader.

ALS BRONZEZEIT BEZEICHNET man die Zeit, in der die meisten Gegenstände aus Bronze hergestellt wurden. Bei vielen Kulturen folgt sie auf die Stein- und die Kupferzeit. Nach ihr kam dann die Eisenzeit. Die Bronzezeit dauerte von etwa 3500 bis 1000 v. Chr., wobei sie in unterschiedlichen Teilen der Welt zu anderen Zeiten begonnen hat. Während der Bronzezeit erblühten die Zivilisationen in Ägypten, Mesopotamien, im Tal des Hwangho in China, auf den Ägäischen Inseln im Mittelmeer und im Tal des Indus. Die Menschen lernten, Getreide anzubauen und Tiere zu zähmen, sodass sie für die Nahrungsmittelsuche nicht mehr umherziehen mussten. Auf diese Weise hatten die Handwerker mehr Zeit, neue Metalle auszuprobieren.

Bronze wurde durch Zusammenschmelzen von Kupfer und Zinn gewonnen. Sie erwies sich als härter und beständiger als andere Metalle. Aus Bronze wurden Waffen und Ornamente hergestellt. Oft hat man schmelzflüssige Bronze in Formen gegossen, z. B. um Metallstifte zu gewinnen, oder sie wurde erhitzt und in Form geschlagen.

BRONZEZEIT

3500 v. Chr. Beginn der Bronzezeit im Nahen Osten. Erste Städte in Mesopotamien. Bronze wird verwendet.

3250 v. Chr. Die erste Bilderschrift in Mesopotamien.

3000 v. Chr. Das Rad wird in Mesopotamien verwendet und der Pflug wird zuerst in China benutzt.

2800 v. Chr. Ausbreitung der bronzezeitlichen Induskultur, einer landwirtschaftlichen Zivilisation in Indien.

2650 v. Chr. In Ägypten werden die großen Pyramiden gebaut.

2500 v. Chr. Bronzegegenstände breiten sich in ganz Europa aus. Der erste Teil von Stonehenge wird in England errichtet.

2100 v. Chr. Die sumerische Stadt Ur ist auf der Höhe ihrer Macht.

um 1600 v. Chr. Beginn der Bronzezeit in China. Herstellung schmuckvoller Zeremonienkessel aus Bronze.

um 1200 v. Chr. Entwicklung des Assyrischen Großreichs.

1000 v. Chr. Eisen löst langsam Bronze als wichtigstes Metall ab.

Ägäische Zivilisationen

Die Entwicklung der Zivilisationen in der Ägäis fiel mit der Bronzeverarbeitung im Mittelmeerraum zusammen. Während der ägäischen Bronzezeit (um 3000–1100 v. Chr.) entstanden mehrere wichtige Kulturen: v. a. die kykladische, minoische, mykenische und trojanische Kultur. Auch Architektur, Malerei und anderes Handwerk wurden weiterentwickelt. Metallarbeiter stellten aus Bronze Waffen her, wie diese mykenische Dolchklinge (rechts) und Alltagsgegenstände wie Beile oder Pinzetten. Die Toten wurden oft mit verschiedenen wertvollen Bronzewaffen, Haushaltswaren oder Schmuck beerdigt. Die ägäischen Völker stellten Bronzegegenstände in großer Zahl her.

DIE MYKENER
Die Stadt Mykene wurde vom sagenhaften König Agamemnon regiert, dessen Überreste man zusammen mit der goldenen Bestattungsmaske (rechts) fand. Mykene war berühmt für den großen Palast, die Burgfestung und die Kuppelgräber, in denen die Könige bestattet wurden. Die Mykener waren wohlhabend und mächtig. Ab 1450 v. Chr. beherrschten sie den ganzen ägäischen Raum.

SHANG-DYNASTIE
Im Tal des Hwangho in China fiel die Bronzezeit mit dem Aufstieg der Shang-Dynastie (um 1650–1027 v. Chr.) zusammen. Hier dauerte die Bronzezeit von 1500 bis 1000 v. Chr. Techniken der Shang zur Metallbearbeitung und deren Schrift breiteten sich in der ganzen Region aus. Die meisten Bronzegefäße (wie dieser Wasserkessel, unten) wurden für religiöse Zeremonien hergestellt. Aus Bronze wurden aber auch Waffen und Beschläge für Streitwägen gefertigt.

Die Schrift und das Rad

Die erste Schriftform, Keilschrift genannt, wurde in der Bronzezeit entwickelt. Sie war eine Erfindung der Sumerer, die auch die ersten Räder fertigten. Räder wurden für Lastkarren und Streitwägen sowie für die Töpferei verwendet. Dieser Streitwagen (links) stammt aus der Stadt Ur und wurde von Wildeseln gezogen.

Siehe auch
ASSYRER
BABYLONIER
ERDGESCHICHTE,
ENTWICKLUNG DES MENSCHEN
GRIECHENLAND, ALTES
KELTEN
SUMERER

Brücken

Brücken machen das Fahren auf dem Land leichter, sicherer und zügiger. Motorfahrzeuge und Züge können auf Brücken Seen, Flüsse und tiefe Täler rasch überqueren. Brücken leiten belebte Straßen über andere Straßen hinweg, sodass diese sich nicht schneiden. Hauptverkehrsstraßen und Eisenbahnlinien werden über lange Brücken (Viadukte) in Städte hinein geleitet. Auf Fußgängerbrücken kann man Straßen sicher überqueren.

Die ersten Brücken waren Baumstämme, die über Flüsse gelegt wurden, und flache Steine auf Felsen in seichten Bächen. Später bauten Menschen Seilbrücken aus geflochtenen Pflanzen und Steinbrücken mit starken Bögen. Noch heute baut man Brücken auf ähnliche Weise, allerdings aus Beton und anderen modernen Baustoffen. Stahlträger und Kabel dienen als Halterung. Die längste Brücke der Welt über den Lake Pontchartrain in den USA ist fast 39 km lang.

HÄNGEBRÜCKE
An zwei langen, an hohen Türmen (Pylonen) befestigten Stahlseilen ist die Fahrbahn aufgehängt. Hängebrücken sind leicht und können die weitesten Strecken überqueren.

BOGENBRÜCKE
Ein an den Ufern fest verankerter Bogen trägt die Brücke. Er hält starkem Druck stand.

AUSLEGERBRÜCKE
Beide Brückenhälften ruhen jeweils auf einer Stütze im Fluss. Wo sie aufeinander treffen, kann sich ein kurzes zentrales Verbindungsstück befinden.

SCHRÄGSEILBRÜCKE
An Türmen (Pylonen) befestigte Reihen gerader Stahlseile halten die Brücke von oben.

KLAPPBRÜCKE
Brückenabschnitte lassen sich wie bei einer Zugbrücke heben, sodass Schiffe durchfahren können.

TRÄGERBRÜCKE
Mehrere Pfeiler im Flussbett oder im Boden tragen die Brücke von unten. Manchmal besteht die Brücke aus einem Hohlträger, durch den Autos und Züge fahren können.

BRÜCKENARTEN
Es gibt verschiedene Möglichkeiten, Brücken über Flüsse und andere Hindernisse zu bauen. Die meisten Brücken ruhen auf festen Lagern. Pontonbrücken, die es an manchen Seen gibt, schwimmen auf der Wasseroberfläche.

Bau einer Hängebrücke

Zuerst werden die Stützen und die Enden der Brücke gebaut und im Boden oder im Flussbett und an den Ufern fest verankert. Dann wird das Tragwerk für die Straße oder die Schienen von den Enden und Stützen aus gebaut oder auf sie gehoben.

AUFHÄNGUNG DER SEILE
Die Türme einer Hängebrücke werden zuerst gebaut. Dann werden die Stahlseile darüber gelegt. Eine Maschine fährt an den Seilen entlang und verspinnt sie zu starken Stahlseilen.

BAU DES TRAGWERKS
Lange Seile, Hänger genannt, werden an den Tragseilen befestigt. Das Tragwerk wird anderswo in Abschnitten angefertigt, zur Brücke gebracht, in Position gehoben und an den Hängern befestigt.

DIE GRÖSSTEN SPANNWEITEN
Die Akashi-Kaikyo-Brücke in Japan ist die weitest gespannte Hängebrücke der Welt – sie ist 1990 m lang. Die Brücke wurde 1997 fertig gestellt. Die zweitlängste Spannweite hat die Storebaelt-Brücke in Dänemark mit 1624 m.

BRÜCKENEINSTURZ
Die Tacoma Narrows Bridge im US-Staat Washington stürzte 1940 ein. Der Wind brachte sie zum Schwingen, bis das Tragwerk zerbrach. Niemand wurde verletzt.

Aquädukte

Brücken, die Wasser leiten, heißen Aquädukte. Der Aquädukt kann Teil eines Kanals sein oder eine Stadt mit Wasser versorgen. Die Römer bauten viele Aquädukte mit hohen Steinbögen, von denen einige bis heute erhalten sind.

Siehe auch
Architektur
Bautechnik

Bücher

Beinahe alles, was die Menschen im Lauf der Zeit ersonnen und entdeckt haben, steht in Büchern. Das Buch ist eine der großen Erfindungen der Menschheit und noch dazu eine sehr vielseitige. Es gibt vielerlei Arten von Büchern, von Romanen und Erzählbänden bis hin zum Sachbuch. Letztere Gruppe umfasst Ratgeber, Wörterbücher und auch das Lexikon, in dem du gerade liest. Die ersten Bücher entstanden in Ägypten vor 5000 Jahren, und zwar in Form von Schriftrollen aus Papyrus – Papier, das aus Schilf hergestellt wurde. Die Römer schrieben erstmals in richtige Bücher mit Seiten aus speziell behandelten Tierhäuten, dem Pergament. Lange Zeit wurden alle Bücher von Hand geschrieben. Sie waren selten und kostbar. 1453 erfand dann Johannes Gutenberg den Buchdruck mit beweglichen Lettern. So ließen sich Bücher schneller und preiswerter herstellen. Immer mehr Menschen begannen zu lesen, was zu einer weiten Verbreitung des Wissens führte.

EVANGELIUM VON LINDISFARNE
Durch das ganze europäische Mittelalter hindurch (5.–15. Jh.) waren die Klöster die Träger der Bildung. Sie bildeten Schreiber und Buchbinder aus. Das Evangelium von Lindisfarne schrieben englische Mönche vor 1300 Jahren. Die kostbare Handschrift ist mit aufwändigen Malereien verziert.

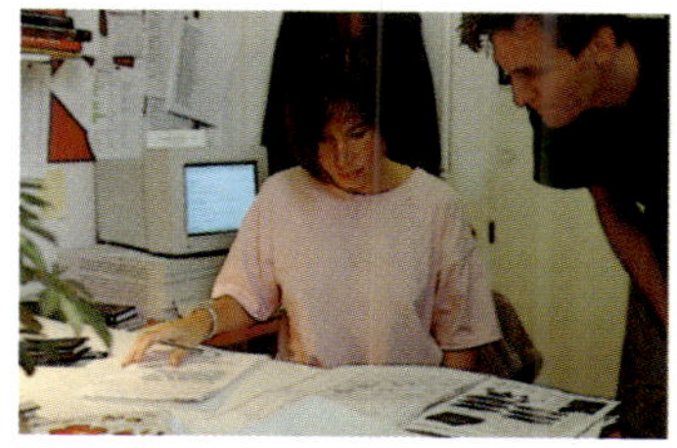

AUTOREN UND LEKTOREN
Der Autor schreibt das Buch. Der Lektor korrigiert Rechtschreibfehler und Stil und gibt das fertige Manuskript zum Drucker.

Ein Schuber aus Pappe wird mit Stoff überzogen.

Die Seiten oder gehefteten Bogen werden am Buchrücken verleimt.

Gaze oder Leinendrell dient zur Verstärkung.

Die Bogen werden in Einheiten von 16 Seiten zusammengeheftet.

Der Bucheinband besteht aus zwei Lagen Pappe.

So entstehen Bücher

Heutzutage verwenden die Drucker Computer für den Satz (die Anordnung der Buchstaben auf der Seite) und Kameras zur Erstellung der Druckplatte. Maschinen drucken, falten, heften und binden die Bücher in einem Arbeitsgang.

TASCHENBÜCHER

Die ersten Taschenbücher mit flexiblem Einband gab es um 1935 in England. Ihre Herstellung war billiger als die von Büchern mit festem Einband.

Der Verlag

Bei Verlagshäusern wie Dorling Kindersley erscheinen jedes Jahr hunderte von Büchern. Der Verleger entscheidet, welche Bücher gedruckt werden. Die fertigen Bücher werden über den Buchhandel verkauft.

Bibliotheken

Jede Sammlung von Büchern ist eine Bibliothek. Es gibt öffentliche und private Bibliotheken. Schulen und Universitäten unterhalten eigene Bibliotheken für Schüler und Studenten. Für die Bibliotheksleitung ist der Bibliothekar zuständig. Er ordnet die Bücher nach Autorennamen und Themen in die Regale ein. Romane und Sachbücher sind die beiden Hauptgruppen.

Verschiedene Formate

Bücher kommen in vielen unterschiedlichen Stärken und Formaten auf den Markt und sind keineswegs immer viereckig. Manche verfügen sogar über gefaltete Einsätze, die beim Aufschlagen automatisch hochklappen. Die kleinsten Bücher sind gerade einmal so groß, dass man sie bequem in jede Tasche stecken kann, während ein mehrbändiges Lexikon ein ganzes Regal benötigt. Bücher für den Lese-Anfänger sind oftmals in großer Schrift gedruckt, Bücher im Taschenformat eignen sich gut dazu, sie z. B. auf Reisen mitzunehmen.

Hörbücher

Bücher, die vorgelesen werden, nennt man Hörbücher. Der Autor oder ein Schauspieler spricht den Text auf Kassette oder CD, die man dann, wie Musik, beliebig oft abspielen kann. Viele Menschen verwenden Hörbücher zum Erlernen einer Fremdsprache; sie prägen sich die Vokabeln ein, indem sie das Band wiederholt abspielen. Eine große Erleichterung stellen Hörbücher für Blinde dar.

Ungewöhnliche Formate machen Spaß.

Der Umschlag

Fast alle Bücher haben einen abnehmbaren Umschlag, der den Einband mittels zweier Klappen umschließt. Er schützt das Buch und bietet Platz für Buchtitel und Namen des Autors. Auf den Umschlagklappen finden sich meist Informationen über den Autor und den Inhalt des Buches. Name und Logo des Verlags und der Barcode erscheinen auf der Rückseite.

Der Rückseitentext beschreibt den Inhalt des Buches.

Der Buchtitel muss deutlich sichtbar sein.

Logo

Barcode

Buchrücken

Titelbild

Impressum und Inhaltsverzeichnis

Das Impressum enthält wichtige Angaben über ein Buch wie u. a. den Namen des Verlages, das Erscheinungsjahr und die Besitzer des Urheberrechts. Viele Bücher, insbesondere Sachbücher, haben ein Inhaltsverzeichnis. Ihm entnimmt der Leser, worum es in den einzelnen Kapiteln geht und auf welcher Seite sie beginnen.

In Pop-up-Büchern entfalten sich Szenen aus Pappe.

Illustrationen

Ohne Bilder und Fotos wären viele Bücher nicht das, was sie sind, besonders Kinderbücher. Sie lockern auf und veranschaulichen den Text. Illustrierte Kinderbücher haben eine lange Geschichte: Die ersten Bilderbücher erschienen in der Mitte des 16. Jahrhunderts. Jeder Buchillustrator hat seinen eigenen Zeichenstil, manche werden für ihre Buchgestaltungen berühmt.

Siehe auch

Bibliotheken und Museen
Drucktechnik
Informationstechnologie
Papier

BUDDHISMUS

DER BUDDHISMUS IST eine der größten Religionen der Welt. Er hatte seinen Ursprung vor etwa 2500 Jahren in Indien. Heute hat der Buddhismus mehr als 350 Mio. Anhänger, vor allem in Asien. Alle Buddhisten folgen der Lehre des Buddha, dessen Name so viel wie »Der Erleuchtete« bedeutet. Buddha wurde um 563 v. Chr. geboren. Sein eigentlicher Name war Siddharta. Er war ein wohlhabender Prinz, den das Leiden in der Welt mit Abscheu erfüllte. Er ließ seine Familie und den Reichtum hinter sich, nahm den Namen Gautama an und begann zu meditieren. Nach drei Jahren kam ihm die Erleuchtung – oder vollkommene Erkenntnis. Er wurde Mönch und ging auf Reisen, um seine Gedanken anderen mitzuteilen. Buddhisten glauben, dass jeder nach dem Tod wiedergeboren wird. Das neue Leben hängt dabei vom Karma ab. Das Karma ist die Gesamtheit aller guten und schlechten Taten im vergangenen Leben. Das oberste Ziel der Buddhisten ist vollkommener Frieden – ein Zustand, den sie Nirvana nennen. Nach Buddhas Lehre kann man das Nirvana über den Achtfachen Pfad erreichen: rechte Ansicht, rechtes Denken, rechte Rede, rechte Handlung, rechter Lebenserwerb, rechte Anstrengung, rechte Achtsamkeit und rechte Konzentration.

GOLDENE PAGODE

Buddhistische Tempel enthalten meist Reliquien von Buddha, z. B. eine Kutte oder eine Sandale. Manche Pagoden, wie der Goldene Pavillon in Kyoto, Japan, sind großartige, mit Gold und Diamanten verzierte Bauwerke.

STATUEN

Buddha-Statuen gibt es in allen Größen. Sie stellen den auf einer Lotusblume sitzenden Buddha dar. In Häusern ist ein kleiner Buddha immer Teil eines Schreins. Das Abbild erinnert seine Anhänger an Buddhas Güte und unterstützt sie beim Meditieren und Beten.

Am Schrein verbrennen Buddhisten Weihrauch und legen Blumen ab.

FESTE

Bodhi-Tag – Der Tag, an dem Gautama zum Buddha wurde.

Parinirvana – Weggang Buddhas ins Nirvana.

Wesak oder Vesakha Puja – Dreitägiges Fest zur Feier der wichtigsten Ereignisse in Buddhas Leben.

Dharmachakra-Tag – Der Tag, an dem Buddha seine erste Predigt hielt.

MÖNCHE

Buddhistische Mönche geben alles auf, was sie besitzen. Sie behalten nur ihre safrangelben Kutten, eine Nadel, ein Rasiermesser, ein Wassersieb und eine Almosenschale. Mönche verbringen die Zeit mit Beten, Lehren und Meditieren. Um ihr Essen betteln sie auf der Straße. In manchen buddhistischen Ländern müssen alle Jungen eine kurze Zeit in einem Kloster verbringen.

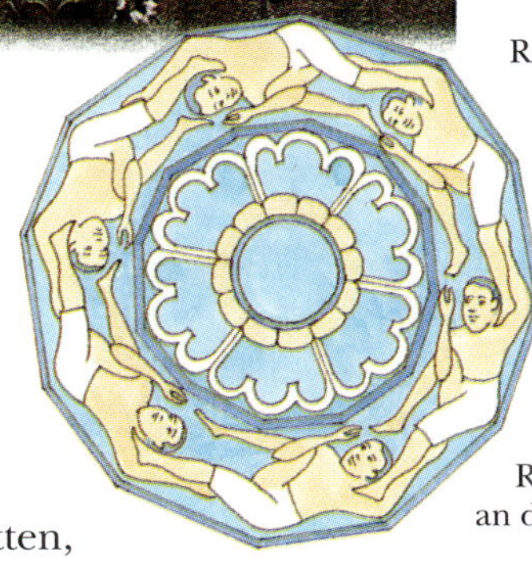

RAD DES LEBENS

Buddhisten teilen mit den Hindus den Glauben an das Rad des Lebens, auch Rad des Gesetzes genannt. Es stellt den unendlichen Kreislauf von Geburt und Wiedergeburt dar, der jeden Mensch vor Erreichen des Nirvana gefangen hält. Die Speichen des Rades erinnern die Buddhisten an den Achtfachen Pfad.

Siehe auch

ASIEN
CHINA
HINDUISMUS
JAPAN
RELIGIONEN

Burgen

SCHIESSSCHARTEN
Die Bogenschützen feuerten die Pfeile durch Schießscharten – schmale Maueröffnungen, die innen breiter waren als außen, damit sich die Bogenschützen besser bewegen konnten. Die Schießscharten befanden sich in den hohen Türmen, damit die Schützen über die Köpfe der eigenen Soldaten hinweg auf den Feind zielen konnten.

DIE MASSIVEN WÄNDE und Türme einer Burg wurden so gebaut, dass sie fremde Soldaten nicht zerstören konnten. Das Innere einer Burg war eine Welt für sich – hier lebten Adlige, Regierungsbeamte, Soldaten und Diener, es gab Tiere, Gärten, Schatzkammern und auch Verließe für die Gefangenen. Der beste Standort für eine Burg war auf einem Berg oder inmitten von Wasser. Wenn es dies in der natürlichen Landschaft nicht gab, wurden künstliche Hügel aufgeschüttet oder Gräben ausgehoben. Eine feste Burg mit einem guten Militärbefehlshaber konnte feindliche Angriffe über viele Monate abwehren. Die meisten Burgen wurden zwischen dem 9. und dem 16. Jh. erbaut, als in vielen Ländern immer wieder Krieg herrschte. Die ersten Burgen waren klein und aus Holz errichtet. In den späteren Steinburgen lebten so viele Menschen wie in einer ganzen Stadt. Viele alte Burgen stehen noch heute. Durch die Erfindung des Schießpulvers gegen Ende des 13. Jhs. wurde es schwer, eine Burg zu verteidigen. Als die Zeiten friedlicher wurden, zogen die Könige und Adligen in herrschaftliche Landhäuser.

Belagerungsmaschinen mussten so hoch sein, dass die Angreifer auf Burgsoldaten herunter schießen konnten.

Sandsäcke schützten die angreifenden Bogenschützen.

Aus der Mauer emporragende Türme ermöglichten den Bogenschützen eine gute Sicht auf die Angreifer, die die Mauern hochklettern wollten.

Wenn die Angreifer eine Brücke über den Wallgraben schlugen, wurden sie durch kochendes Wasser oder heißen Sand abgehalten.

Die Angreifer versuchten, mit einem Sturmbock die Zugbrücke zu durchbrechen.

Tiefe Wallgräben umgaben die Burgmauern.

Verteidigung einer Burg

Angreifer versuchten, die Mauern zu erklimmen, sie mit Belagerungsmaschinen zu überwinden oder die Burgbewohner auszuhungern. Die Verteidiger hielten die Angreifer zunächst mit Pfeil und Bogen von den Mauern fern. Wenn dies den Bogenschützen nicht gelang, drückten Soldaten die Leitern der Angreifer mit Stangen von der Mauer weg und gossen kochendes Wasser oder heißen Sand auf die Feinde. Tiefe Wallgräben oder Felsfundamente verhinderten, dass sich die Feinde unter den Mauern durchgruben. In Friedenzeiten übten die Ritter und Soldaten mit Kriegsspielen oder bei Turnieren ihren Kampfeinsatz.

ENTWICKLUNG DER BURGEN

Kriege, vor allem die Kreuzzüge im Mittelalter, führten zur Vergrößerung der Truppen, zu immer stärkeren Waffen und besseren Verteidigungstechniken.

NORMANNISCHE BURG
Die Normannen bauten zwischen dem 11. und 13. Jh. viele Steinburgen wie diese (oben) bei Dover, England.

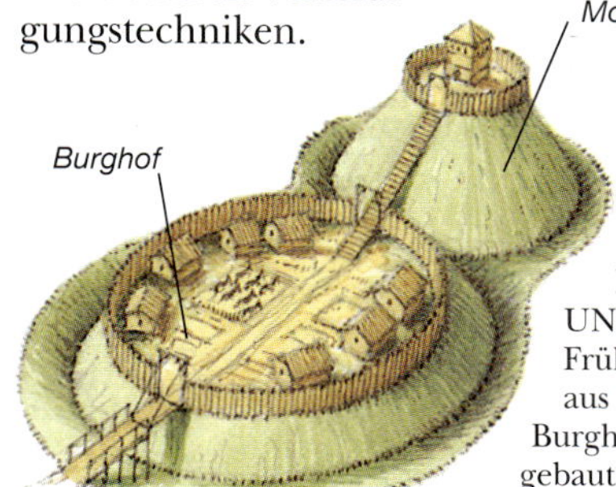

MOTTE UND BURGHOF
Frühe Burgen bestanden aus Motte (Turmhügel) und Burghof. Sie waren aus Holz gebaut und brannten leicht.

RUNDTÜRME
Spätere Burgen hatten Rundtürme. Geschosse prallten von den Rundungen ab.

SPANISCHE BURG
Manche Burgen, wie die Alcázar in Segovia, Spanien, waren herrschaftliche Königspaläste.

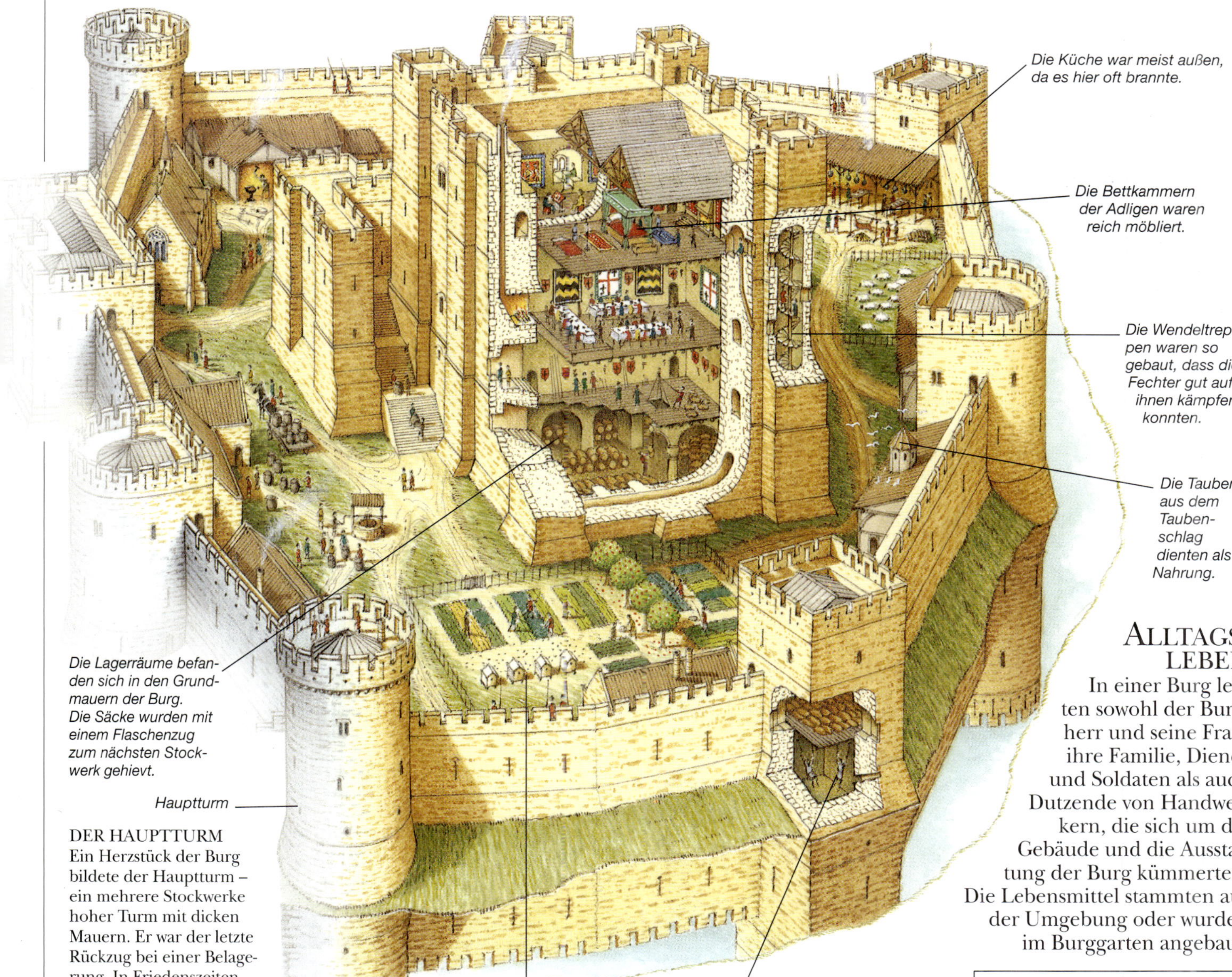

DER HAUPTTURM
Ein Herzstück der Burg bildete der Hauptturm – ein mehrere Stockwerke hoher Turm mit dicken Mauern. Er war der letzte Rückzug bei einer Belagerung. In Friedenszeiten wohnten darin die Adelsfamilien und ihre Bediensteten. Der Eingang zum Hauptturm lag immer im ersten Stock. Darüber befand sich ein großer Festsaal. Die Schlafzimmer der Adligen befanden sich im obersten Stockwerk.

ALLTAGSLEBEN

In einer Burg lebten sowohl der Burgherr und seine Frau, ihre Familie, Diener und Soldaten als auch Dutzende von Handwerkern, die sich um die Gebäude und die Ausstattung der Burg kümmerten. Die Lebensmittel stammten aus der Umgebung oder wurden im Burggarten angebaut.

Siehe auch

KREUZZÜGE
MITTELALTER
NORMANNEN
RITTER

Byzantinisches Reich

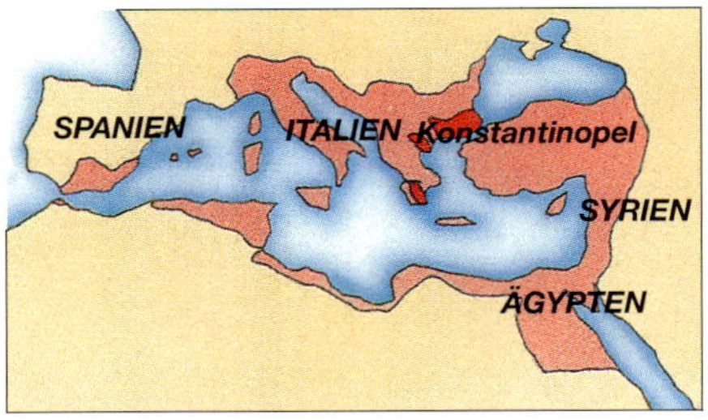

DAS BYZANTINISCHE REICH
Im Jahr 565 n. Chr. erstreckte sich das Byzantinische Reich von Spanien im Westen bis nach Syrien im Osten. Bis um 1350 verlor das Reich die meisten Gebiete.

ALS IM 4. JH. N. CHR. der Untergang des Römischen Reiches einsetzte, begann der Aufstieg des Byzantinischen Reiches. Der römische Kaiser Konstantin I. verlegte im Jahr 330 die Hauptstadt des Römischen Reiches von Rom nach Byzanz in der Türkei. Er benannte die Stadt – das heutige Istanbul – in Konstantinopel um, und sie wurde zum Zentrum des neuen Byzantinischen Reiches. Zunächst bestand das Reich nur aus dem östlichen Teil des Römischen Reiches. Nach dem Untergang des Weströmischen Reiches breitete sich auch hier das Byzantinische Reich aus. Das Christentum wurde zur Staatsreligion, und Konstantinopel entwickelte sich zu einem christlichen Zentrum. Künstler und Gelehrte aus ganz Europa und dem Nahen Osten kamen zum Studium nach Konstantinopel. Unter Kaiser Justinian I. nahm das Byzantinische Reich einen Großteil des Gebietes des alten Römischen Reiches ein. Handel, Kunst und Architektur erlebten eine Blütezeit. Um 642 fielen muslimische Araber in die byzantinischen Territorien in Nordafrika und im Nahen Osten ein. Langsam verlor das Reich auch seine Gebiete in Kleinasien (Türkei) und in Südosteuropa. Im Jahr 1453 eroberten die Osmanen Konstantinopel, was das Ende des Byzantinischen Reiches bedeutete.

HAGIA SOPHIA
Justinian I. (483–565) ließ die Hagia Sophia (»Heilige Weisheit«) im Zentrum Konstantinopels errichten. Es war die größte christliche Kirche der östlichen Welt und geistlicher Mittelpunkt des Byzantinischen Reiches. Nach 1453 wurde die Kirche in eine Moschee (muslimisches Gotteshaus) umgewandelt. Heute ist sie ein Museum.

DAS BYZANTINISCHE REICH

395 Das Römische Reich teilt sich in Ost und West auf. Konstantinopel wird Hauptstadt des östlichen Reiches.

476 Untergang des Weströmischen Reiches. Das Byzantinische (Oströmische) Reich nimmt das ganze Römische Reich ein.

527–65 Unter Justinian I. erobert das Byzantinische Reich große Teile des alten Römischen Reiches zurück.

635–42 Das Byzantinische Reich verliert den Nahen Osten und Nordafrika an die Araber.

1071 Das Byzantinische Reich verliert Kleinasien an die Türken.

1333 Die osmanischen Türken setzen sich in Europa fest und ziehen sich um Konstantinopel zusammen.

1453 Konstantinopel fällt an die osmanischen Türken. Ende des Byzantinischen Reiches.

KONSTANTIN DER GROSSE
Konstantin der Große (288–337) wurde 314 römischer Kaiser. Damals war das Christentum verboten, doch um 312 war Konstantin selbst zum Christentum übergetreten – es heißt, er habe ein Kreuz am Himmel gesehen. Aus dem Christentum des Byzantinischen Reiches entwickelte sich die heute in Osteuropa verbreitete orthodoxe Kirche.

BELAGERUNG KONSTANTINOPELS
Um 1453 sind die osmanischen Türken bis an die Tore Konstantinopels vorgedrungen. Unter Führung des Sultans Mehmed II. belagerten die Osmanen die Stadt und nahmen sie nach zwei Monaten ein. Die christlichen Bewohner Konstantinopels durften in der Stadt bleiben, die nun zur Hauptstadt des muslimischen Osmanischen Reiches wurde.

Siehe auch
CHRISTENTUM
OSMANISCHES REICH
ROM, ALTES

Cartoon und Zeichentrick

TRICKFILM
Neun Einzelzeichnungen vermitteln in schneller Folge den Eindruck eines Jungen, der seinen Pullover auszieht.

Trickfiguren machen

scheinbar mühelos die kühnsten Verrenkungen. Aber die Herstellung eines Trickfilms ist aufwändig und erfordert viel Geduld. Zwölf Zeichnungen einer Figur sind erforderlich, um einen Bewegungsablauf von nur einer Sekunde zu vermitteln. Diese Art Film wird animierter Cartoon genannt und erschien zum ersten Mal vor 100 Jahren auf einer Leinwand. Berühmt jedoch machte die Cartoons der Amerikaner Walt Disney. 1928 schuf er seine unsterbliche Mickey Mouse, und 1937 produzierte er seinen ersten Kinofilm, *Schneewittchen und die sieben Zwerge*. Animierte Filme können heute auch per Computer produziert werden. Ursprünglich bezeichnete das Wort die Papierskizze, die ein Maler für ein Gemälde anfertigte. Heute versteht man darunter meist eine witzige Zeichnung. Politische Cartoons (Karikaturen) nehmen Politiker aufs Korn, und die Figuren in einem Comic helfen uns, über uns selbst zu lachen, wenn das Leben einmal schwierig ist.

Animation

Um eine Zeichenfigur zum Leben zu erwecken, zeichnet ein Künstler jedes einzelne Stadium eines Bewegungsablaufs auf eine durchsichtige Zelluloidfolie (genannt »cel«). Der Hintergrund wird auf ein separates »cel« gemalt und hinter das durchsichtige »cel« gelegt. Wenn dann die »cels« in der richtigen Reihenfolge abfotografiert werden, bringt das die Figuren zum Tanzen.

Historische Cartoons

Cartoons oder Karikaturen können Politiker satirisch bloßstellen. Honoré Daumier, ein französischer Künstler des 19. Jh., war ein unerbittlicher Kritiker der französischen Regierung. Hier lässt Daumier die Dame Europa auf der Spitze eines Bajonetts balancieren, um auf die Gefährdung des Friedens in Europa hinzuweisen.

COMPUTERANIMATION
Heute entstehen Trickfilme oft vollständig am Computer. Das Prinzip ist das gleiche wie beim traditionellen Zeichentrickfilm – die Bilder werden jedoch nicht auf Folie gezeichnet, sondern entstehen am Computer und sind deshalb dreidimensional. Durch die enormen Fortschritte in der Technologie wirken computeranimierte Trickfilme sehr lebensecht. Die Animation des Films *Die Unglaublichen* (2004) wurde mit einem Oscar ausgezeichnet.

Comic strip

Comic Strips erzählen Geschichten in Bildern. Den Figuren werden mittels Sprechblasen Worte in den Mund gelegt. Figuren wie Snoopy (oben) und Superman haben Generationen von Kindern erfreut und auch viele Erwachsene nehmen an ihren Abenteuern Anteil.

Siehe auch
FILM
ZEICHNEN
ZEITSCHRIFTEN
ZEITUNGEN

GAIUS JULIUS
CÄSAR

100 v. Chr. Geboren in Rom.
65 v. Chr. Wahl zum Organisator der Spiele.
62 v. Chr. Wahl zum Prätor.
60 v. Chr. Gründung des Ersten Triumvirats.
59 v. Chr. Wahl zum Konsul.
58 v. Chr. Beginn des Gallienfeldzugs.
55 v. Chr. Einmarsch in Britannien.
49 v. Chr. Bürgerkrieg. Ernennung zum Diktator.
48 v. Chr. Sturz des Pompejus.
46 v. Chr. Sturz der Anhänger des Pompejus.
45 v. Chr. Diktator auf Lebenszeit.
44 v. Chr. Ermordung.

IM JAHR 49 V. CHR. errang der Feldherr und Staatsmann Gaius Julius Cäsar die Herrschaft über die Römische Republik. Cäsar machte sich beim Volk beliebt, da er die öffentlichen Spiele förderte. Nachdem er mehrere Ämter bekleidet hatte, unter anderem das eines Konsuls, erhielt er das Kommando über ein Heer, mit dem er die Grenzen der Römischen Republik ausdehnte. Er eroberte Gallien (heute Frankreich, Belgien und Schweiz) und fiel zweimal in Britannien ein. Der Senat – eine Gruppe gewählter Volksvertreter, die Rom regierten – befürchtete, dass er sich selbst zum König ernennen würde und verlangte von ihm die Entlassung seines Heeres. Cäsar aber marschierte in Rom ein. Pompejus der Große führte die Truppen des Senats. Im Jahr 48 v. Chr. wurde Pompejus ermordet, und 45 v. Chr. wurde Cäsar zum Diktator ernannt. Ein Jahr später wurde auch er umgebracht.

Als Cäsar nicht sicher war, ob er den Rubikon überqueren sollte, ist ihm der Sage nach ein überlebensgroßer Trompetenspieler erschienen, der ihn durch den Fluss geleitete. Cäsar betrachtete dies als Zeichen der Götter und gab seinen Truppen den Befehl, weiter zu marschieren.

TRIUMVIRAT

Im Jahr 60 v. Chr. wollte Cäsar zum Konsul gewählt werden und bildete daher mit Pompejus (oben) und Crassus einen Dreimännerbund, Triumvirat genannt. Dieser Bund entwickelte sich zur mächtigsten Politikergruppe in Rom.

ÜBERQUERUNG DES RUBIKON

Die Siege in Gallien machten Cäsar bei vielen Römern sehr beliebt. Andere jedoch fürchteten ihn. Im Jahr 49 v. Chr. befahl ihm der Senat, sein Heer zu entlassen. Cäsar weigerte sich, überquerte den Fluss Rubikon nach Italien und zettelte den Bürgerkrieg an.

Jeder Truppenverband, Legion genannt, trug eine eigene Standarte in Form eines Adlers.

CÄSARS TOD

Viele Politiker in Rom meinten, dass Cäsar zu viel Macht besaß. Unter Führung von Marcus Brutus und Gaius Cassius verschworen sich einige Anhänger des Pompejus gegen Cäsar und planten seine Ermordung. Am 15. März (den Iden des März) 44 v. Chr. griffen die Verschwörer Cäsar im Senat an und erdolchten ihn. Nach seinem Tod kam es zum Bürgerkrieg, aus dem Cäsars Adoptivsohn Augustus als Sieger hervorging und das Römische Reich gründete.

LORBEERKRANZ
Siegreiche römische Militärbefehlshaber trugen Lorbeerkränze als Symbol ihrer Macht. Spätere Kaiser trugen nach dem Sieg eine Krone aus goldenen Olivenblättern.

Siehe auch
ITALIEN, GESCHICHTE
ROM, ALTES

Chemie

Wie entsteht aus rohem, zähem Fleisch durch Kochen eine schmackhafte Mahlzeit? Kochen ist nur ein Beispiel einer chemischen Reaktion, die Rohstoffe in neue Substanzen umwandelt. Chemiker erzeugen mithilfe chemischer Reaktionen Kunststoffe, Arzneien, Farben und viele andere wichtige Materialien für unser Alltagsleben. Sie untersuchen auch, woraus Substanzen bestehen und wie sie sich zu neuen Materialien kombinieren lassen. Chemikalien sind die Rohstoffe, die ein Chemiker verwendet. Chemiker haben bisher mehr als 4 Mio. Chemikalien erzeugt und verwenden etwa 35 000 Chemikalien regelmäßig. Durch Kombination einfacher Substanzen, Elemente genannt, entstehen kompliziertere Substanzen, die Verbindungen. Einst glaubten die Chemiker, es gäbe nur vier Elemente: Feuer, Wasser, Luft und Erde. Heute wissen wir, dass 92 Elemente in der Natur vorkommen und weitere sich im Labor erzeugen lassen. Das meistverbreitete Element im Universum ist Wasserstoff, der Hauptbestandteil der Sterne.

GERÄTE
Chemiker mischen Chemikalien in Spezialkolben und -bechern und arbeiten mit elektronischen und automatischen Geräten.

Chemische Reaktionen

Verbinden sich verschiedene Substanzen zu neuen Materialien, läuft eine chemische Reaktion ab. Manche Reaktionen werden durch Wärme ausgelöst, andere erzeugen selbst Wärme.

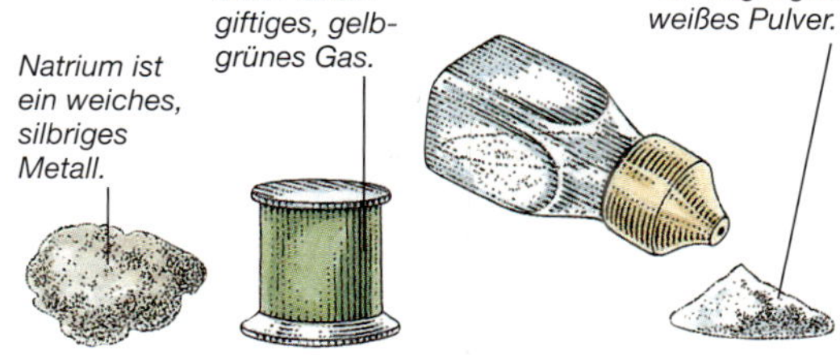

$$H_2O$$

Chemiker kennzeichnen Chemikalien mit einer Kurzschrift. H_2O ist das Symbol für Wasser und besagt, dass jedes Wassermolekül zwei Wasserstoffatome (H) und ein Sauerstoffatom (O) enthält.

ELEMENTE UND VERBINDUNGEN
Elemente sind Substanzen aus einer Atomart. Kombinieren sich verschiedene Elemente, vereinen sich ihre Atome zu Molekülen einer neuen Substanz, die man Verbindung nennt. Gewöhnliches Salz etwa ist eine Verbindung namens Natriumchlorid und entsteht durch die Kombination der Elemente Natrium und Chlor. Dabei bilden die beiden Elemente eine Verbindung, die sich völlig von den einzelnen Elementen unterscheidet, aus denen sie entsteht.

Geschichte der Chemie

Die Ägypter waren die ersten Chemiker. Das Wort Chemie geht auf *Chem* zurück, den Namen für das alte Ägypten. Die moderne Chemie begann um 1790, als der Franzose Antoine Lavoisier den Ablauf chemischer Reaktionen klärte. 1808 bewies der englische Chemiker John Dalton, dass Substanzen aus Atomen bestehen. 1871 erstellte der russische Lehrer Dimitri Mendelejew das Periodensystem, das die Elemente nach ihren Eigenschaften anordnet.

ALCHEMIE
Die frühe Chemie, Alchemie genannt, war eine Mischung aus Magie und Spekulation. Seit etwa 300 n. Chr. versuchten Alchemisten, Gold aus Blei, Quecksilber und anderen einfachen Metallen herzustellen. Sie suchten auch nach einem Elixier zur Verlängerung des Lebens. Diese Ziele erreichten die Alchemisten zwar nicht, doch es gelang ihnen u. a., Substanzen zu trennen und rein zu gewinnen.

Siehe auch
Ägypten, Altes
Atome und Moleküle
Naturwissenschaften, Geschichte
Physik
Wärme

CHINA

China ist das viertgrößte Land der Erde. Es liegt in Ostasien. Im Norden grenzt es an Russland und die Mongolei, im Süden und Westen an Südostasien und an den indischen Subkontinent. Im Osten liegt das Ostchinesische Meer.

UM CHINA ZU beschreiben, braucht man sehr große Zahlen. Das riesige Land bedeckt über 9,3 Mio. km². Chinas geschriebene Geschichte reicht 3500 Jahre zurück – weiter als die anderer Länder. Hier leben 1,3 Mrd. Menschen – ein Fünftel der Weltbevölkerung –, die jeweils einer von vier Hauptsprachfamilien angehören. Das Land ist ungeheuer vielfältig, was seine Klimazonen und Bodenbeschaffenheit angeht. Der Osten und Südosten, wo die meisten Menschen leben, sind grün und fruchtbar. Andere Landesteile sind trockene Sand- und Steinwüsten. Die Verwaltung und Ernährung dieses Riesenvolks ist eine gigantische Aufgabe. Seit 1949 versucht eine kommunistische Regierung alle Landesteile ausreichend mit Nahrung, Bildung und Gesundheitsfürsorge zu versorgen. Um 1980 hoben Wirtschaftsreformen einige staatliche Kontrollen auf und förderten das private Unternehmertum. So wurde China bis 1995 die drittgrößte Wirtschaftsmacht der Welt. Kritikwürdig ist jedoch noch immer Chinas Umgang mit den Menschenrechten und die politische Unterdrückung wie beispielsweise in Tibet.

Privatautos sind in China fast unbekannt. Haupttransportmittel für Menschen und Gepäck ist das Fahrrad.

Chinesische Bauern nutzen jedes geeignete Stück Land und bauen auf Stufen oder Terrassen an Hängen Reis und andere Feldfrüchte an.

Reis wird auf überschwemmten Feldern angebaut.

Tiananmen-Platz in Peking

PEKING
Die Hauptstadt Chinas ist Peking, heute auch Beijing genannt. Die moderne Stadt erstreckt sich um das alte Zentrum. Im Norden und Westen liegen Wohnviertel und die Universität, im Osten befindet sich das Industriegebiet. Das Herz bildet der Tiananmen-Platz, der Platz des Himmlischen Friedens. Hier werden an Nationalfeiertagen Paraden abgehalten. 1989 forderte die gewaltsame Unterdrückung einer Studentendemonstration für mehr Demokratie auf dem Platz Tausende von Menschenleben.

LANDWIRTSCHAFT UND -NUTZUNG

Die meisten Chinesen leben dicht gedrängt auf nur 15 % der Gesamtlandfläche, vorwiegend in Flusstälern im Osten. Drei von zehn Chinesen wohnen in Großstädten, die übrigen auf dem Land. Hier bauen sie Reis und Weizen an und halten Schweine und anderes Vieh. Der Großteil des Landes ist gebirgig und wild. In der trockenen und kalten Wüste Takla Makan im Westen leben kaum Menschen.

FAMILIENLEBEN

Die Familie ist die wichtigste Institution in China. Kinder respektieren ihre Eltern und kümmern sich im Alter um sie. Wegen des rapiden Bevölkerungswachstums versucht die Regierung seit langem, die Ein-Kind-Familie zu fördern – eine Politik, die in den Städten funktioniert, aber nicht auf dem Land, wo zum Bestellen der Felder große Familien gebraucht werden.

NEUJAHRSFEST
Chinas wichtigstes Fest ist das Neujahrsfest. Jedes Jahr ist nach einem Tier benannt, und die Menschen feiern den Jahreswechsel mit bunten Umzügen. Mandarinen mit Blättern sind die Glücksfrüchte des neuen Jahres. Ungerade Zahlen bringen Unglück, sodass sich die Menschen Mandarinen immer paarweise schenken.

Han-Chinesen

China hat zahlreiche Volksgruppen. Die Han-Chinesen machen etwa 90 % der Gesamtbevölkerung aus. Ihre Vorfahren könnten urprünglich aus Turkestan nach Osten gezogen sein. Turkestan liegt heute zum Teil in Westchina und teils in Zentralasien und Afghanistan. Die Han-Chinesen könnten jedoch auch von Mongolen abstammen, die nach Süden zogen.

Industriestaat Taiwan

Mit seinen hochgebildeten und fleißigen Arbeitskräften ist Taiwan eine der reichsten Volkswirtschaften Asiens. Das Land produziert etwa 10 % aller Computer weltweit und ist führender Fernsehgerätehersteller. Außerdem ist Taiwan führend bei der Produktion von Schuhen. Allerdings verfügt das Land nur über bescheidene Bodenschätze.

PANDAS
Der Riesenpanda lebt nur in den Bergwäldern von Südwestchina und ernährt sich fast ausschließlich von Bambus. Wegen des geringen Nährstoffgehalts müssen die Pandas täglich 38 kg an Blättern fressen, um zu überleben. Heute existieren von dieser gefährdeten Tierart kaum noch 1600 Exemplare in freier Wildbahn, in Wäldern, die der Staat als Naturreservate ausgewiesen hat.

LHASA
Die Klöster in Lhasa, der Hauptstadt Tibets, erinnern daran, dass hier einst das Zentrum des tibetischen Buddhismus, des Lamaismus, war. Früher lebte ein Sechstel aller Männer in Tibet als Mönche. Das religiöse Oberhaupt, der Dalai Lama, war auch der Herrscher des Landes. Doch seit 1950 hält das kommunistische China Tibet besetzt, und der Dalai Lama lebt im Exil.

SCHANGHAI
Schanghai, die größte Stadt in China (rechts), ist einer der bedeutendsten Seehäfen der Welt. Jahrhundertelang hatte sich China dem Westen verschlossen, aber 1842 öffnete der Vertrag von Nanking zwischen China und England den Hafen für den Westhandel. Seither ist Schanghai das führende Handels- und Industriezentrum Chinas. Heute wird über die Hälfte von Chinas Außenhandel über Schanghai abgewickelt.

Der spektakuläre Potala-Palast in Lhasa (links) wurde im 17. Jh. erbaut.

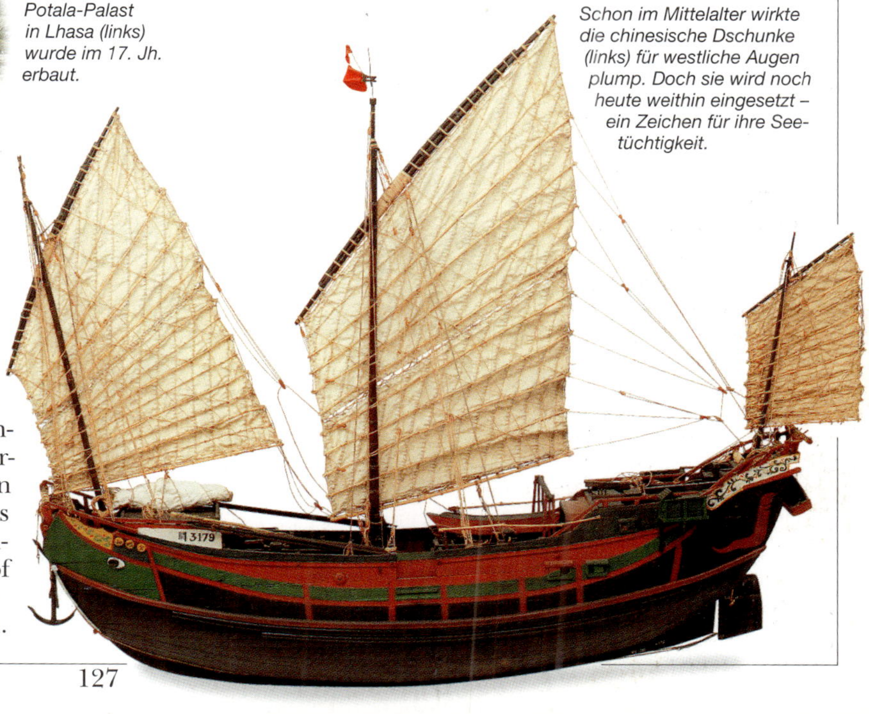

Schon im Mittelalter wirkte die chinesische Dschunke (links) für westliche Augen plump. Doch sie wird noch heute weithin eingesetzt – ein Zeichen für ihre Seetüchtigkeit.

Dschunken

Die Dschunke ist ein seetüchtiges Segelschiff, dessen Ursprünge nicht bekannt sind. Im Mittelalter segelten chinesische Dschunken bis Indonesien und Indien. Eine Dschunke hat bis zu fünf Segel aus Leinen- oder Mattenteilen, die durch Bambusstreifen gespreizt werden. Jedes Segel lässt sich wie ein Rollo öffnen und schließen. Ein gewaltiges Ruder, das das Schiff steuert, dient auch als Kiel und verhindert ein Umkippen oder Abtreiben. Der Rumpf ist mit massiven Schotten unterteilt, die erheblich zur Stabilität des Bootes beitragen.

Die meisten Chinesen arbeiten in der Landwirtschaft. Doch etwa ein Viertel aller Arbeitskräfte ist in Industrien wie der Textilherstellung (links) und der Elektronik tätig.

INDUSTRIE
Chinas Fabriken wurden zwar seit 1949 modernisiert, sind aber verglichen mit Fabriken in Japan und den USA meist noch altmodisch. Doch China ist inzwischen weltweit führender Hersteller von Fernsehgeräten und produziert andere elektronische Geräte, Landwirtschafts- und Werkzeugmaschinen, Spielzeug und Textilien. Bei einer so riesigen Bevölkerung sind Arbeitskräfte nicht knapp.

Medizin

Die chinesische Medizin ist eine Mischung aus Ost und West. Moderne Operationstechniken und Medikamente wurden aus Europa und den USA übernommen. Doch Chinas Ärzte verwenden noch immer traditionelle, seit Jahrtausenden bewährte Kräuter und andere Naturheilmittel. Gegen Schmerzen setzen chinesische Ärzte zuweilen die Akupunktur ein, bei der feine Nadeln an speziellen Körperpunkten angesetzt werden. Auf dem Land kümmern sich auch »Barfußärzte« oder Naturheiler um die Gesundheit der Bevölkerung.

Akupunkturtafeln zeigen die Position von Meridianen oder Energielinien, in die der Akupunkteur Nadeln steckt.

Ein chinesischer Apotheker oder Chemiker produziert und verwendet viele natürliche Pflanzen- und Tierheilmittel.

Die Chinesen essen mit Stäbchen. Sie halten sie in einer Hand und nehmen das Essen mit den Spitzen auf.

ESSEN
Reis ist neben Nudeln und vielen Gemüsen typisch für chinesisches Essen. Trockennahrungsmittel, Sojabohnen, Fische und Fleisch gehören ebenfalls zur chinesischen Küche, die große regionale Unterschiede aufweist.

Buddhistische Mönche in Tibet im Südwesten Chinas studieren und schreiben viel.

HONGKONG UND MACAO

In der Nacht vom 29. auf den 30. Juli 1997 erhielt China Hongkong (oben) zurück, das 157 Jahre lang britische Kolonie gewesen war. Zwei Jahre später gab Portugal seine Kolonie Macao, die nahe Hongkong liegt, an China zurück. Dies geschah offiziell in der Nacht vom 19. auf den 20. Dezember 1999.

Chinesische Sprache

Mandarin, die Hauptsprache Chinas, wird außer an der Südostküste überall gesprochen. In jeder Sprache gibt es viele Dialekte oder regionale Varianten. So unterschiedlich ihr Wortschatz auch ist, werden sie alle mit derselben Schrift geschrieben.

兒童百科全書

Die chinesische Schrift enthält Tausende von Symbolen – alle für ein anderes Wort oder einen anderen Gedanken.

Die Peking-Oper führt traditionelle und neue Werke auf, vorwiegend mit politisch-historischen Themen.

KULTUR
China hat eine überaus reiche und alte Kultur: Bilder, die in chinesischen Gräbern gefunden wurden, sind bis zu über 6000 Jahre alt. Künstlerische Traditionen leben heute in Form von Volkstanz und -musik weiter; Film, Oper und Theater sind ebenfalls sehr beliebt. Die Künstler wurden mitunter aufgefordert, in ihren Werken die Leistungen des chinesischen Volkes darzustellen.

Siehe auch
Asien
China, Geschichte
Kommunismus
Mao Zedong
Mongolisches Reich

Vulkan | Berg | Historische Stätte | Hauptstadt | Großstadt | Stadt

FAKTEN

Fläche: 9396960 km^2
Einwohner: 1300000000
Hauptstadt: Peking
Sprachen: Mandarin, Wu, Kantonesisch, Hsiang, Min, Hakka, Kan
Religionen: Nichtreligiöse (59 %), Naturreligionen, Buddhismus, Islam
Währung: Yuan
Haupterwerbszweig: Landwirtschaft
Hauptexportgüter: Chemikalien, Agrarerzeugnisse, Titan, Kohle
Hauptimportgüter: Maschinen, Getreide, Eisen

TEE

Wann Tee erstmals getrunken wurde, ist nicht bekannt. Doch der früheste Hinweis auf Tee stammt aus dem China des späten 3. Jh. Man nimmt an, dass der Teeanbau im Landesinneren begann und sich durch das Jangtsetal bis zu den Küstenprovinzen ausbreitete. Heute bieten Spezialteeläden wie dieser in Peking (rechts) die verschiedensten Teemischungen an.

Maßstab
0 500 1000 km

MOUNT EVEREST
Der Mount Everest an der Grenze zwischen China und Nepal ist der höchste Berg der Erde. Sein tibetischer Name Tschomolungma bedeutet »Göttin Mutter der Welt«.

TAIWAN

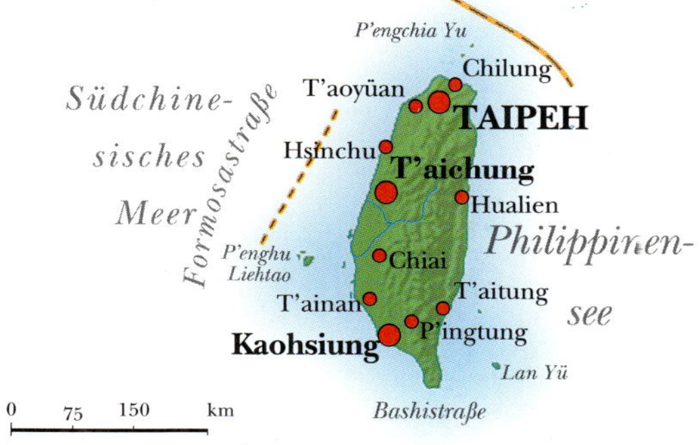

TAIWAN
Die Inselrepublik Taiwan heißt offiziell Republik China. Sie liegt 130 km vor der Südostküste Chinas und war viele Jahre lang ein Teil Chinas. Zum Bruch kam es 1949, als die nationalistische Regierung Chinas nach dem Sturz durch die Kommunisten vom Festland auf die Insel floh. Nur wenige Länder erkennen Taiwan als Staat an.

TAIWAN
Fläche: 36180 km^2
Einwohner: 22600000
Hauptstadt: Taipeh
Sprache: Chinesisch
Religionen: Buddhismus, Taoismus, Christentum
Währung: Taiwan-Dollar

CHINA
GESCHICHTE

CHINA HAT EINE ÄLTERE Zivilisation als jedes andere Land der Welt, und war dabei in der Entwicklung oft führend. Seit rund 500 000 Jahren leben Menschen in China. Vor etwa 5500 Jahren erbauten sie die ersten Städte, lange bevor das in Afrika, Amerika oder Europa geschah. Die Chinesen erfanden Papier, Tusche, Schrift, Seidengewebe, den Druck und das Schießpulver. Bis zum 20. Jh. wurde das riesige chinesische Reich von Kaisern aus verschiedenen Dynastien regiert. Bis zum 19. Jh isolierten sie China praktisch völlig gegenüber der übrigen Welt. 1912 wurde dann der letzte Kaiser zur Abdankung gezwungen. China wurde eine Republik, geriet aber bald in einen Bürgerkrieg und wurde zudem durch die japanische Besatzung ab 1931 geschwächt. 1949 übernahm die Kommunistische Partei die Macht und begann China in einen Industriestaat umzuwandeln. Seit 1980 fördert die Partei auch das freie Unternehmertum.

Die Körper der Figuren sind hohl und damit leichter.

Die Waffen waren echt. Als das Grab um 1970 entdeckt wurde, waren manche Schwerter noch ganz scharf.

Die Figuren wurden aus Einzelteilen gefertigt.

TERRAKOTTA-ARMEE

221 v. Chr. wurde Shih Huang Ti der erste Kaiser von China, der die rivalisierenden Königreiche durch seine riesige Armee vereinte. Als er 210 v. Chr. starb, schufen 700 000 Sklaven und Kunsthandwerker eine lebensgroße Kopie seiner Armee. Über 8000 Bogenschützen, Soldaten, Karren und Pferde aus Terrakotta bewachen das Grab des Kaisers.

CH'IN-DYNASTIE
China ist nach der Ch'in-Dynastie von Shih Huang Ti benannt, die China zwischen 221 und 206 v. Chr. regierte. Die Armee dieser rücksichtslosen Dynastie war unbesiegbar. Offiziere fuhren oft in leichten Karren und waren an ihrer Kopfbedeckung und Rüstung zu erkennen.

GROSSE MAUER
Die Große Mauer von China ist die längste Mauer der Welt. Sie ist 6200 km lang, 12 m hoch und zwischen 6 m und 15 m breit. Die Mauer wurde unter Shih Huang Ti errichtet, um Chinas Nordgrenzen gegen feindliche Stammesvölker aus Zentralasien zu verteidigen.

KONFUZIUS

Der Weise Konfuzius (551–479 v. Chr.) hatte mit seinen Lehren – die Menschen sollten höflich, loyal und selbstlos sein – großen Einfluss auf die Chinesen.

HAN-DYNASTIE
Die Han-Dynastie regierte von 206 v. Chr.–220 n. Chr. In dieser friedlichen Zeit erweiterte China sein Gebiet erheblich. Schulen wurden zur Förderung des Lernens gebaut. Damals wurden Papier und Tusche erfunden. Künstler schufen vor fast 2000 Jahren herrliche Objekte wie das »Pferd des Himmels« aus Bronze (oben).

T'ANG-DYNASTIE
Zur Zeit der reichen und mächtigen T'ang-Dynastie (618–907) fertigten Kunsthandwerker wunderschöne Keramiken und Skulpturen, Künstler malten großartige Aquarelle auf Seide. Unter der T'ang-Kaiserin Wu Tse-tien wurden Frauen für Regierungsämter geprüft. Die Goldschale unten zeigt den Reichtum der Dynastie.

MING-DYNASTIE
Die Verbotene Stadt in Peking (oben) wurde unter der Ming-Dynastie (1368–1644) erbaut. Die Ming-Kaiser und ihre Familien lebten in einem Palast in der Stadt, den normale Menschen nicht betreten durften.

DRACHENGEWAND

Nur der Kaiser oder ein Mitglied seiner Familie durfte das Drachengewand aus gelber Seide tragen. Das Gewand links wurde vor etwa 100 Jahren gewoben. Das Muster aus Meer, Wellen, Bergen, Wolken und Drachen zeigt, dass der Träger Herrscher des Universums war.

CHRONIK

vor 500 000 Jahren Der Pekingmensch fertigt Werkzeuge.

um 5000 v. Chr. Erste Dörfer werden errichtet.

um 3500 v. Chr. Erste chinesische Stadt.

um 1523–1027 v. Chr. Die Shang-Dynastie herrscht in Nordchina. Entwicklung von Schrift und Kalender; Städtebau.

551–479 v. Chr. Konfuzius.

221–206 v. Chr. Ch'in-Dynastie vereint China. Bau der Großen Mauer.

206 v. Chr.–220 n. Chr. Han-Dynastie. Buddhismus eingeführt. Papier und Tusche erfunden.

618–907 T'ang-Dynastie. Schießpulver und Druck erfunden.

868 Frühestes bekanntes Buch gedruckt.

960–1279 Sung-Dynastie; Kompass erfunden.

1279–1368 Mongolen erobern und beherrschen China.

1368–1644 Ming-Dynastie. Erste europäische Händler und Missionare treffen ein.

1644–1911 Mandschu-Dynastie (Quing). Ausländischer Einfluss nimmt zu.

1912 Thronverzicht des Kaisers. China wird Republik.

1921 Kommunistische Partei Chinas gegründet.

1931 Japan besetzt Mandschurei.

1937–45 Japan erobert und besetzt ganz China.

1945–49 Die Kommunisten bringen das Land unter ihre Kontrolle; Errichtung der Volksrepublik China unter Mao Zedong.

1989 Massaker der Sicherheitsorgane an demonstrierenden Studenten am Tiananmen-Platz.

SUN YAT-SEN

1911 kam es zur Revolte gegen die korrupte und schwache Mandschu-Dynastie, und 1912 wurde die Republik ausgerufen. Erster Präsident Chinas war Sun Yat-sen (1866–1925, rechts), der Gründer der Kuomintang (Chinesische Nationalpartei). Er wollte das Land modernisieren, aber seine Autorität war umstritten, und bald trat er zurück. Doch bis zu seinem Tod beherrschte er die Politik Chinas.

UNTERGANG DES KAISERREICHS
Im 19. Jh. wurde China von verschiedenen Staaten dazu gezwungen, ihnen Handelsrechte zu gewähren und ihren Bürgern zu gestatten, chinesisches Recht zu ignorieren. Auf der Karikatur oben teilen Großbritannien, Deutschland, Russland, Frankreich und Japan den chinesischen »Kuchen« unter sich auf. Aber die Chinesen rebellierten gegen die verhassten Ausländer.

MAO ZEDONG
Mao Zedong (1893–1976) war der Führer der 1921 gegründeten Kommunistischen Partei Chinas. Er zog in einen Bürgerkrieg gegen Tschiangkaischek, den Führer der Kuomintang. 1949 vertrieben die Kommunisten Tschiangkaischek und übernahmen selbst die Macht. Mao war Chinas Führer bis zu seinem Tod im Jahr 1976.

Siehe auch

CHINA
JAPAN, GESCHICHTE
KOMMUNISMUS
MAO ZEDONG

Christentum

Die Glasmalereien von Kirchenfenstern stellen Geschichten aus der Bibel dar.

Aus sehr bescheidenen Anfängen hat sich das Christentum zur größten aller Weltreligionen entwickelt. Christen sind Anhänger von Jesus Christus, einem Juden, der vor rund 2000 Jahren im heutigen Israel lebte. Jesus war ein Prophet, und nach christlichem Glauben war er der Sohn Gottes, der in die Welt kam, um die Menschen vor der Sünde zu bewahren. Jesus wurde von seinen Gegnern getötet, doch seine Jünger verkündeten, dass er von den Toten auferstanden und zu seinem Vater in den Himmel aufgefahren ist. Diese Auferstehung zählt zu den Grundlagen des christlichen Glaubens. Nach Jesus' Tod breiteten die Jünger seine Lehre weiter aus. Das Christentum gewann immer mehr Anhänger, doch war es in den meisten Ländern verboten, weshalb viele frühe Christen für ihren Glauben sterben mussten. Heute gehören dem Christentum mehr als 1,6 Mrd. Menschen in der ganzen Welt an. Innerhalb des Christentums gibt es mehrere Glaubensrichtungen. Die drei bedeutendsten sind die Protestanten, die römisch-katholische Kirche und die orthodoxe Kirche. Jede Richtung hat ihre eigene Art des Gottesdienstes. Trotz ihrer Unterschiede glauben alle christlichen Gruppen an Jesus Christus. Die meisten Christen treffen in Kirchengemeinden zusammen, wo sie miteinander beten und singen.

Im Neuen Testament vergleicht Jesus Gott mit einem guten Hirten, der sich um seine treuen »Schäfchen« kümmert.

Die Bibel

Die Bibel ist das heilige Buch sowohl der Christen als auch der Juden. Sie besteht aus zwei Teilen – dem Alten und dem Neuen Testament. Sowohl bei Juden als auch bei Christen ist das Alte Testament anerkannt. Das Neue Testament erkennen dagegen nur Christen an. Das Neue Testament enthält die Evangelien – die Predigten Jesu, die seine Apostel Matthäus, Markus, Lukas und Johannes niederschrieben. Christen folgen der zentralen Botschaft des Neuen Testaments, d.h. Gott und Mitmenschen zu lieben und Feinden zu vergeben.

Kommunion

Vor seinem Tod teilte Jesus ein einfaches Mahl aus Brot und Wein mit seinen Jüngern. Er bat sie, sich auf diese Weise immer wieder an ihn zu erinnern. Noch heute erinnert die Heilige Kommunion, bei der an Gläubige Brot und Wein ausgeteilt wird, an dieses letzte Abendmahl. Es soll helfen, dass sich die Gläubigen näher bei Gott fühlen. Die römisch-katholische und die orthodoxe Kirche feiern die Kommunion in Form der Messe.

Feste und Feiertage

Advent Vorbereitung auf Weihnachten.

Weihnachten 25. Dezember; Geburt Jesu Christi.

Palmsonntag Einzug Jesu in Jerusalem; Sonntag vor Ostern.

Karfreitag Tod Jesu Christi; Freitag vor Ostersonntag.

Ostersonntag März oder April; Auferstehung Jesu Christi.

Der Geburt Jesu Christi wird an Weihnachten gedacht. Das Fest ist heute auch bei Nicht-Christen beliebt, da es eine Atmosphäre des Friedens ausstrahlt.

Ostern ist im christlichen Kalender das wichtigste Fest. Es feiert die Wiederauferstehung Jesu von den Toten drei Tage nach der Kreuzigung.

Römisch-katholische Kirche

Anhänger der römisch-katholischen Kirche bilden die größte christliche Glaubensgemeinschaft. Für sie gilt der Papst, das Oberhaupt der katholischen Kirche, als Gottes Vertreter auf Erden. Der Papst lebt in einem winzigen unabhängigen Staat inmitten von Rom – der Vatikanstadt. Die römisch-katholische Kirche ist in aller Welt verbreitet und in vielen Ländern die Hauptreligion, z. B. in Spanien, Irland oder Frankreich. Viele Katholiken besuchen sonntags die Messe und beichten regelmäßig ihre Sünden. Neben Gott spielt für sie Jesus' Mutter Maria eine wichtige Rolle. Sie beten auch christliche Heilige an – tief religiöse Menschen, von denen viele für ihren Glauben gestorben sind.

ROSENKRANZ
Katholiken beten häufig mit einem Rosenkranz, einer symbolischen Perlenschnur. Für jede Perle sagen sie ein Gebet auf.

ORTHODOXE KIRCHE
Zunächst waren alle Christen »katholisch«. Im Jahr 1054 n.Chr. teilte sich die katholische Kirche jedoch auf. Der Papst in Rom und der Patriarch, das Kirchenoberhaupt von Konstantinopel (heute Istanbul, Türkei) stritten sich um die Führung der christlichen Welt. Das Ergebnis war, dass sich die Kirche in Rom (Katholiken) von der Ostkirche (Orthodoxe) trennte. Die römischen Katholiken und die Anhänger der östlichen orthodoxen Kirche, z. B. in Russland und in Griechenland, haben vieles gemeinsam. Die orthodoxen Christen erkennen allerdings nicht die Autorität des Papstes an. In den orthodoxen Kirchen gelten religiöse Porträts, so genannte Ikonen, als heilig.

Taufe

Erwachsene und Kinder werden über die Taufe in die christliche Kirche aufgenommen. Dazu werden sie mit Wasser besprengt oder in Wasser getaucht. Das Taufwasser wäscht den Menschen von den Sünden rein. Kinder erhalten bei der Taufe ihren Namen. Die Eltern versprechen dabei, sie zu guten Christen zu erziehen. In manchen Ländern finden die Taufen in Seen oder Flüssen statt. Jesus wurde im Fluss Jordan getauft.

In den USA stehen die meisten Christen der protestantischen Kirche nahe.

PROTESTANTISMUS
Im frühen 16. Jh. waren einige Christen der Ansicht, dass die römisch-katholische Kirche nicht mehr genau den Lehren Jesu Christi folgt. Martin Luther, ein Mönch in Erfurt, führte die Proteste an. Auch andere, die ihm zustimmten, lösten sich von der Kirche und bildeten Protestgruppen einer Bewegung, die als Reformation bekannt geworden ist. Heute werden die meisten Christen, die weder der römisch-katholischen Kirche noch den Orthodoxen angehören, als Protestanten bezeichnet. Manche protestantischen Kirchen, wie die evangelische Kirche, gehören zu den am schnellsten wachsenden christlichen Gemeinschaften der Welt und breiten sich vor allem in Afrika und in der Karibik aus.

MUTTER TERESA

Christen sehen es als ihre Pflicht an, die Leiden der Armen und Kranken zu lindern. Mutter Teresa gründete die »Kongregation der Missionarinnen der Nächstenliebe« in Indien. Sie wurde berühmt für ihre Arbeit mit Leprakranken. Im Jahr 1979 wurde sie mit dem Friedensnobelpreis ausgezeichnet. Mutter Teresa starb 1997.

Mutter Teresa wurde 1910 in Albanien geboren, nahm jedoch die indische Staatsbürgerschaft an. Alle Nonnen in ihrer Mission tragen ein indisches Gewand.

Siehe auch
Jesus Christus
Kirchen
Reformation
Religionen

Computer

VERSTECKTE COMPUTER
Computer stellt man sich meist mit einem Bildschirm und einer Tastatur vor. Aber viele Geräte, wie Waschmaschinen, Autos und Kameras, enthalten kleine Computer, die speziell programmiert sind, um ihre Funktionen zu steuern.

GENAUE WETTERVORHERSAGEN, sichere Flugreisen, verlässliche Medizintechnik – all das ist für uns heute selbstverständlich, wäre aber ohne Computer unmöglich. Ein Computer kann zwar nicht wie ein Mensch selbst »denken«, doch er funktioniert wie ein elektronisches Gehirn, wobei er sehr rasch Aufgaben erledigt und Daten (Informationen) auswertet. Der Computer in einem Flugleitsystem etwa kann Hunderte von Flugzeugen gleichzeitig beobachten und Routen ausgeben, denen sie, ohne miteinander zu kollidieren, folgen können. Ein PC kann viele Aufgaben übernehmen: von der Textverarbeitung bis zum Surfen im Internet und Senden von E-Mails. Ein Computer besteht aus Tausenden winziger elektronischer Schaltkreise. Bevor er arbeiten kann, muss er Anweisungen durch ein Programm (Software) erhalten, das den mechanischen und elektronischen Komponenten im Computer vorgibt, wie sie eine bestimmte Aufgabe erledigen sollen. Weitere Komponenten lassen sich in den Computer einbauen, etwa eine Speicherkarte oder ein internes Modem.

Personal Computer

In vielen Privathaushalten, Schulen und Büros gibt es Personal Computer – kleine Computer für eine Person. Sie bestehen aus vier Grundeinheiten: einer Tastatur zum Eingeben von Daten, einem Speicher zum Speichern der Informationen und Programme, einem Prozessor zum Umsetzen der Anweisungen der Programme und einem Bildschirm zum Anzeigen der Ergebnisse der Arbeit des Computers.

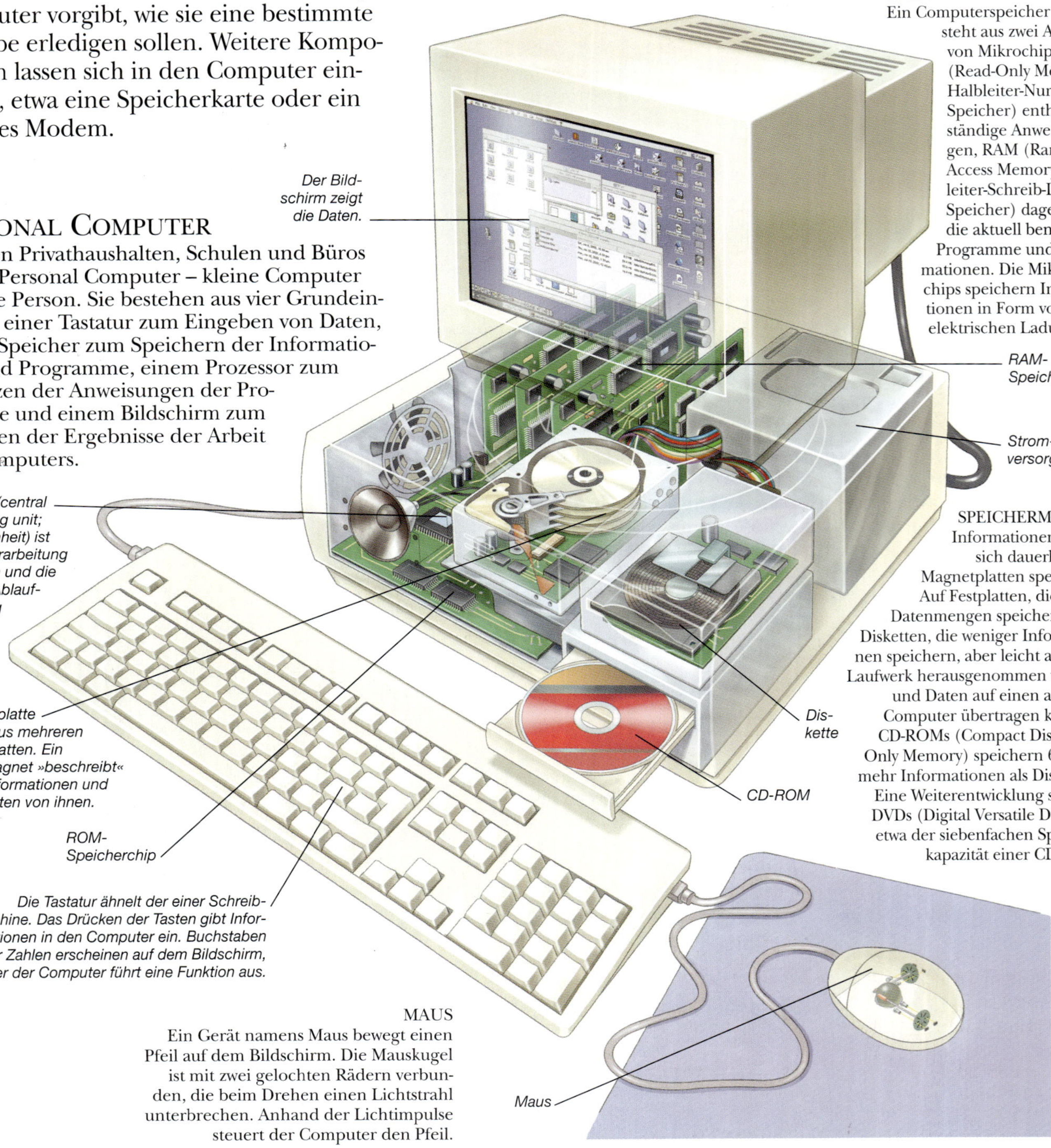

SPEICHER
Ein Computerspeicher besteht aus zwei Arten von Mikrochips: ROM (Read-Only Memory: Halbleiter-Nur-Lese-Speicher) enthält ständige Anweisungen, RAM (Random Access Memory: Halbleiter-Schreib-Lese-Speicher) dagegen die aktuell benötigten Programme und Informationen. Die Mikrochips speichern Informationen in Form von elektrischen Ladungen.

SPEICHERMEDIEN
Informationen lassen sich dauerhaft auf Magnetplatten speichern: Auf Festplatten, die große Datenmengen speichern, und Disketten, die weniger Informationen speichern, aber leicht aus dem Laufwerk herausgenommen werden und Daten auf einen anderen Computer übertragen können. CD-ROMs (Compact Disc-Read-Only Memory) speichern 650 mal mehr Informationen als Disketten. Eine Weiterentwicklung sind die DVDs (Digital Versatile Disc) mit etwa der siebenfachen Speicherkapazität einer CD-ROM.

MAUS
Ein Gerät namens Maus bewegt einen Pfeil auf dem Bildschirm. Die Mauskugel ist mit zwei gelochten Rädern verbunden, die beim Drehen einen Lichtstrahl unterbrechen. Anhand der Lichtimpulse steuert der Computer den Pfeil.

Wie Computer funktionieren

Ein Computer wandelt alle Informationen, etwa Buchstaben des Alphabets, in Zahlen um. Die Zahlen werden im Computer in Form von elektronischen Signalen gespeichert: »ein« steht für 1, »aus« für 0. Zahlen, Buchstaben und Bilder werden durch Abfolgen von Einsen und Nullen dargestellt. Dies nennt man Binärcode. Seine verschiedenen Aufgaben, etwa das Einfügen eines Wortes in einen Satz, vollzieht der Computer durch blitzschnelle Rechnungen mit diesen Zahlen. Anschließend übersetzt er die Zahlen in Worte und Bilder, die wir verstehen können.

Alle Computer arbeiten mit Mikrochips (links). Sie enthalten Millionen winziger elektronischer Teile, die elektronische Signale speichern und verarbeiten.

SOFTWARE

Die Programme, die einen Computer verschiedene Aufgaben ausführen lassen, heißen Software. Ein Computer arbeitet mit verschiedenen Softwareprogrammen, von Computerspielen und Textverarbeitungsprogrammen bis zu Malprogrammen und komplexen wissenschaftlichen Anwendungen.

HARDWARE

Die Computerkomponenten heißen Hardware. Es gibt verschiedene Arten von Hardware: Personalcomputer, tragbare Computer und Großrechner, an denen viele Menschen gleichzeitig arbeiten können. Zur Hardware gehören auch Bildschirme, Drucker und andere Computergeräte (unten).

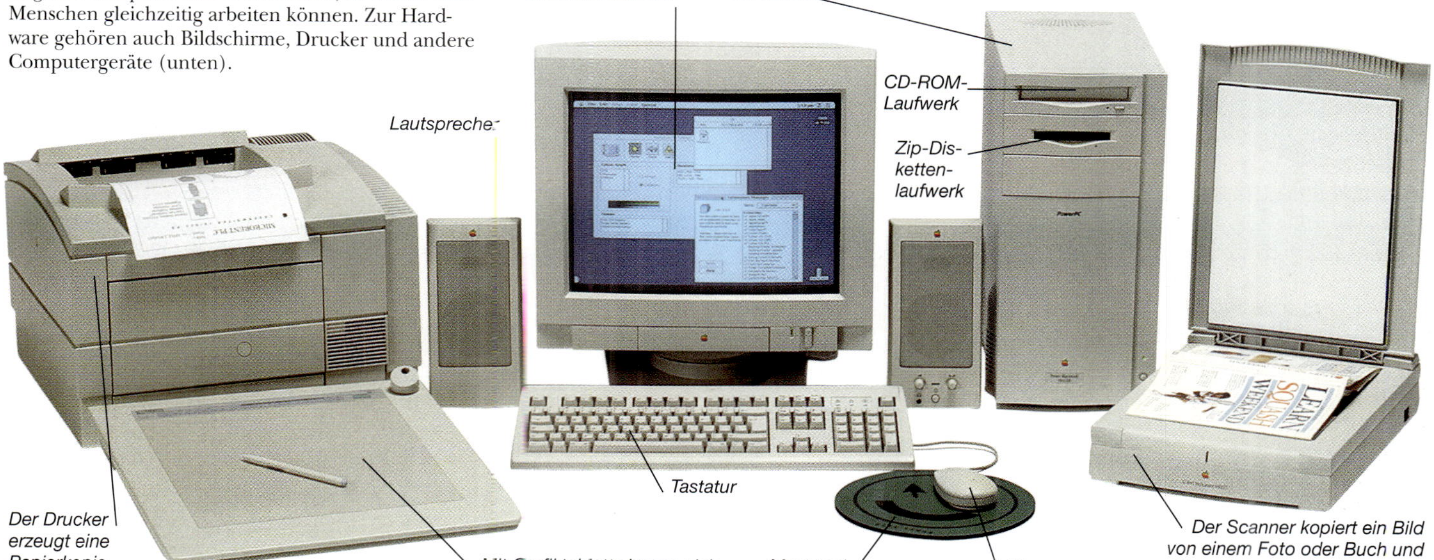

Der Bildschirm zeigt die Informationen.

Das Festplattenlaufwerk steckt im Tower.

Lautsprecher

CD-ROM-Laufwerk

Zip-Disketten-laufwerk

Tastatur

Der Drucker erzeugt eine Papierkopie des Bildschirminhalts.

Mit Grafiktabletts lassen sich Bilder mit einem Spezialstift auf den Bildschirm zeichnen.

Mauspad

Maus

Der Scanner kopiert ein Bild von einem Foto oder Buch und überträgt es in den Computer.

GESCHICHTE DES COMPUTERS

1834 erfand der Engländer Charles Babbage den ersten programmierbaren mechanischen Computer, den er jedoch nicht bauen konnte, da er für seine Zeit technisch zu komplex war. 1941 entwickelte der deutsche Ingenieur Konrad Zuse den ersten programmgesteuerten, elektromechanischen Digitalrechner. Der erste elektronische Computer, ENIAC, wurde 1945 in den USA gebaut. In den 80er-Jahren des 20. Jhs. wurden Computer dank Transistoren und Mikrochips kleiner und stärker. Einfache Softwareprogramme wie die von Microsoft sorgten für die Verbreitung von Computern in Privathaushalten.

*1975 gründete der Amerikaner Bill Gates (*1955) die Firma Microsoft.*

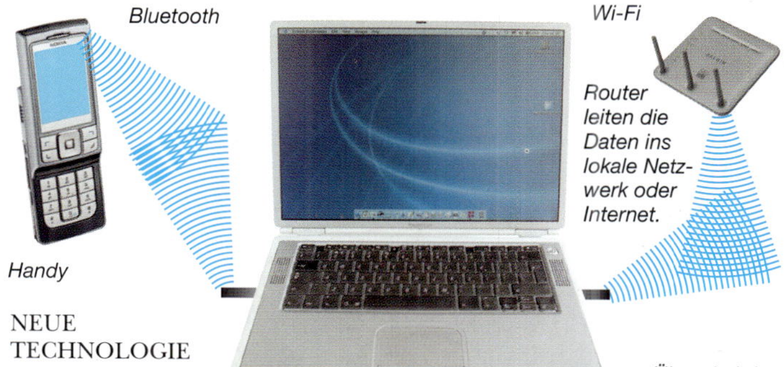

Bluetooth

Wi-Fi

Router leiten die Daten ins lokale Netzwerk oder Internet.

Handy

Über drahtlose Verbindungen kann man mit dem Laptop von fast überall E-Mails verschicken oder im Internet surfen.

NEUE TECHNOLOGIE

Computer werden immer handlicher und vielseitiger. Die WLAN -Technologie macht es möglich, sich über Funk ins Internet einzuwählen, und mithilfe der Bluetooth-Technologie können Computer drahtlos über kurze Entfernungen mit Taschencomputern, Handys oder sogar Druckern und Tastaturen verbunden werden.

Mit den so genannten Handhelds kann man E-Mails senden und empfangen, telefonieren und natürlich Dateien des Desktop-Computers bearbeiten.

Siehe auch

Elektronik
Maschinen
Mathematik
Roboter
Technik

JAMES COOK

1728 Geboren in Yorkshire, England.
1741 Dienst als Schiffsjunge auf dem Kohleschiff *Freelove*.
1759 Kartografierung des St.-Lorenz-Stroms in Kanada.
1772-75 Suche nach dem »Südkontinent«, dessen Existenz Wissenschaftler annahmen. Umrundung der Antarktis.
1775 Beförderung zum Kapitän.
1776–79 Suche nach einer Nordwestpassage um Nordamerika.
1779 Ermordung auf den Sandwichinseln (heute Hawaii).

IM JAHR 1768 verließ ein kleines Segelschiff den Hafen von Plymouth, England. Ziel seiner Reise war der Pazifische Ozean. Den Befehl über das Schiff führte James Cook, der heute zu den bekanntesten Entdeckern der Welt zählt. Cook war ein hervorragender Seefahrer und auch ein guter Kapitän. Er bestand darauf, dass die Matrosen Sauerkraut und frisches Obst aßen. Damit war er der erste Kapitän, der seine Mannschaft vor Skorbut bewahrte – einer Krankheit, die auf Vitamin-C-Mangel zurückzuführen ist. Die Reise dauerte drei Jahre. Nach seiner Rückkehr wurde Cook auf zwei weitere Reisen geschickt: eine in die Antarktis und eine in die Arktis. Cook besuchte auf seinen Reisen als erster Europäer zahlreiche Pazifikinseln und gelangte so weit nach Süden wie noch kein anderer Europäer vor ihm. Er entdeckte viele neue Länder für das Britische Weltreich, darunter Australien und Neuseeland.

ENDEAVOUR

Cooks Schiff, die *Endeavour*, war ursprünglich ein Kohleschiff. Cook wählte dieses Schiff, da es stabil, geräumig und leicht zu lenken war. Auf seiner Reise mit der *Endeavour* entdeckte er viele neue Länder.

Die Endeavour war 30 m lang, wog 360 t und hatte 112 Matrosen sowie fünf Wissenschaftler an Bord.

Cook reinigte einmal wöchentlich die Luft im Schiff, indem er Essig und Schießpulver verbrannte.

Cook füllte die Lagerräume bei jedem Landgang mit frischem Obst auf.

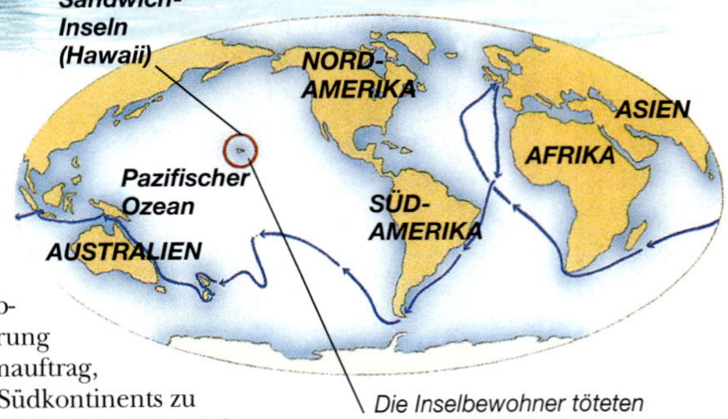

Die Inselbewohner töteten Kapitän Cook hier am 14. Februar 1779.

AUFZEICHNUNGEN

Cook zeichnete viele Landkarten, führte Messungen durch und schrieb alle Vorkommnisse der Reisen genau auf. Die Wissenschaftler an Bord sammelten die Pflanzenarten der Länder, die sie besuchten. Da es damals noch keine Fotografie gab, malten Künstler an Bord die Menschen, Pflanzen und Tiere der fremden Länder auf, um sie den Daheimgebliebenen zeigen zu können. Besonders in Australien entdeckten sie viele bis dahin unbekannte Pflanzen- und Tierarten.

Sydney Parkinson war ein Künstler an Bord der Endeavour. *Er zeichnete diese Pflanze,* Banksia serrata, 1, *um 1760.*

ERSTE REISE

Die britische Marine entsandte Cook auf seine erste Reise, um den Planeten Venus bei seinem Durchgang zwischen Erde und Sonne zu beobachten. Von der Regierung erhielt er den Geheimauftrag, die Existenz eines Südkontinents zu bestätigen, den sie in das Britische Weltreich aufnehmen wollte. Cook fand ihn zwar nicht, war aber der erste Europäer auf Neuseeland und an der Ostküste Australiens.

Siehe auch

AUSTRALIEN, GESCHICHTE
ENTDECKER
NEUSEELAND, GESCHICHTE

Dachse und Stinktiere

Die Dämmerung ist die Zeit, in der Dachse und Stinktiere am liebsten jagen. Dachse wie Stinktiere gehören zur Familie der Marder, deren Mitglieder in Europa, Amerika, Asien und Afrika verbreitet sind. Dachse sind rundliche, kräftige Tiere, die sich mit ihren Krallen unterirdische Baue graben. Ihr dickes Fell ist schwarz, weiß und braun (oder grau). Auch Stinktiere (oder Skunks) haben ein schwarzes und weißes Fell, doch der Schwanz ist buschig. Stinktiere leben in lichten Wäldern Nord- und Südamerikas. Es gibt drei Gattungen: Streifenskunk, Fleckenskunk und Ferkelskunk. Streifen- und Ferkelskunk leben in unterirdischen Bauen, der Fleckenskunk dagegen auf Bäumen. Sowohl Dachse als auch Stinktiere wehren ihre Fressfeinde auf wirkungsvolle Art ab: Sie verspritzen bei Gefahr ein Drüsensekret, das äußerst unangenehm riecht.

Baue

Dachse leben als Familiengruppe in Bauen mit vielen Gängen, die sie an Flussufern oder zwischen den Wurzeln eines Baumes anlegen. Im Laufe der Zeit erweitern die Dachse den Bau. Es gibt 100 Jahre alte Baue mit über 20 Eingängen, in denen bis zu 15 Tiere leben. Im Bau sind richtige Schlafzimmer, die sich die Dachse mit Gras, Blättern und Moos polstern. Dieses »Bettzeug« wird regelmäßig gelüftet und erneuert.

Honigdachs
Der afrikanische Ratel oder Honigdachs verdankt seinen Namen seiner Vorliebe für Honig, den er mithilfe des Honiganzeigers, eines Vogels, erbeutet. Dieser führt ihn zu Bienennestern, die der Dachs dann mit seinen Klauen aufbricht. Fell und Haut schützen den Dachs vor Stichen.

Dachse sind durch die schwarzen und weißen Streifen leicht von anderen Marderarten zu unterscheiden.

Stinktier

Die auffälligen schwarzen und weißen Steifen des Fells warnen andere Tiere vor dem Stinktier oder Skunk. Aus Drüsen in der Nähe des Afters spritzt das Tier ein Sekret. Wenn das Sekret in die Augen kommt, kann es sogar vorübergehende Blindheit bewirken. Es gibt 10 Skunkarten. Sie ernähren sich von kleinen Tieren, Insekten, Vogeleiern und von Früchten.

Bevor es spritzt, stampft das Stinktier mit den Vorderbeinen auf.

Chinesischer Sonnendachs

Amerikanischer Silberdachs

Streifen
Viele Dachse und Stinktiere haben Streifen am Körper und im Gesicht. Diese Streifen dienen als Tarnung, denn sie lösen die Umrisse des Tieres v.a. in der Dämmerung optisch auf. Dank der Streifen sieht jedes Tier anders aus, was das Wiedererkennen erleichtert.

Jungdachse

Im Spätwinter oder Frühjahr bringt das Dachsweibchen zwei oder drei Junge zur Welt. Im Sommer spielen sie vor dem Bau.

Siehe auch
Säugetiere
Tiere
Tiere, Baue und Nester

DÄMME UND STAUMAUERN

TÄGLICH BENÖTIGEN FABRIKEN und Haushalte große Mengen Wasser. Eine Erdölraffinerie etwa verbraucht zehnmal so viel Wasser wie sie Benzin erzeugt. Stauanlagen versorgen uns mit einem Großteil des Wassers, das wir brauchen, indem sie das Wasser von Flüssen stauen. Durch den Bau eines Dammes in einem Fluss entsteht ein großer See hinter dem Damm. Aus solchen Stauseen werden auch große landwirtschaftliche Flächen bewässert. Ein Damm kann auch Regenwasser speichern. Zudem verhindern Dämme auch Überschwemmungen. Flutdeiche stoppen Meerwasser, das in die Flussmündung drücken und die Ufer eines Flusses überspülen kann. Manche Stauanlagen liefern außer Wasser auch Strom. Ihre Wasserkraftwerke werden vom Wasser aus dem Stausee angetrieben.

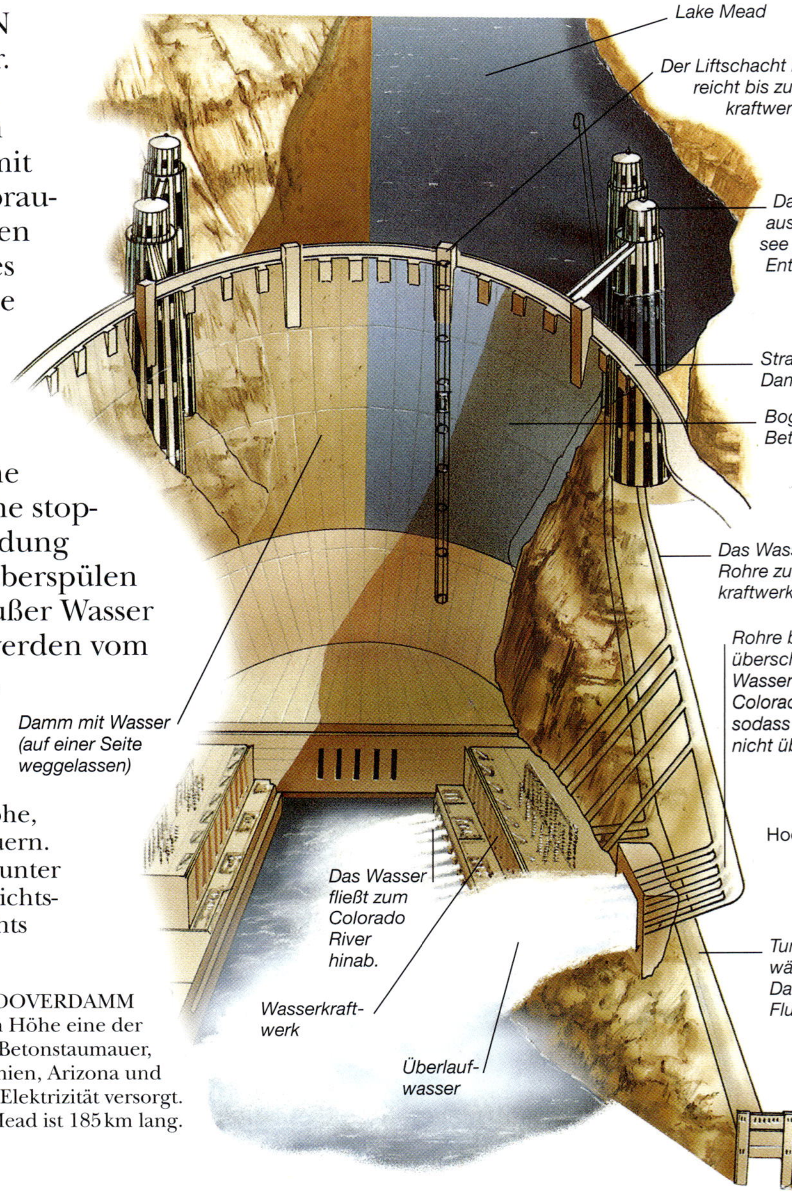

BETONSTAUMAUER

Es gibt zwei Arten von Betonstaumauern. Ein- oder mehrbogige Bogenmauern sind hohe, gekrümmte, mindestens 3 m dicke Betonmauern. Sie werden geometrisch so angelegt, dass sie unter dem Wasserdruck nicht brechen. Große Gewichtsmauern aus Beton halten wegen ihres Gewichts den Wassermassen stand.

HOOVERDAMM
Der Hooverdamm in den USA ist mit 221 m Höhe eine der höchsten Staumauern der Welt. Er ist eine Betonstaumauer, die den Colorado River staut und Kalifornien, Arizona und Nevada mit Wasser zur Bewässerung und mit Elektrizität versorgt. Der vom Hoverdamm gebildete Stausee Lake Mead ist 185 km lang.

AUFSCHÜTTUNGSDÄMME

Die größten Dämme sind Aufschüttungsdämme, die durch Aufhäufen von Erde und Gestein entstehen. Ein Kern aus Lehm oder Beton in der Mitte verhindert das Durchsickern von Wasser. Die Flussseite ist mit Steinen zum Schutz vor Wasser bedeckt. Der höchste Aufschüttungsdamm der Welt ist der 325 m hohe Rogunsky-Damm in Tadschikistan.

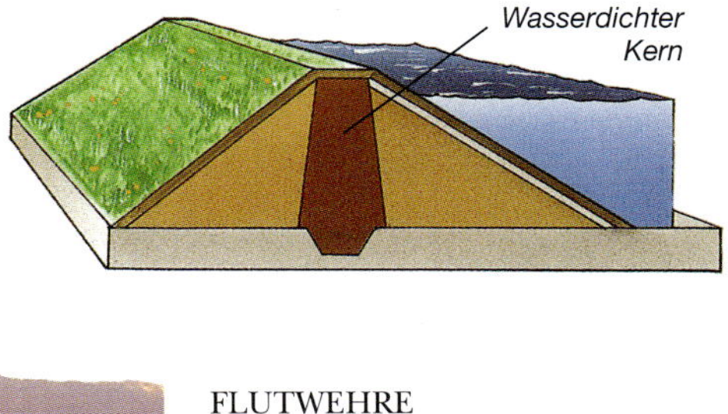

FLUTWEHRE
Bewegliche Dämme, Flutwehre genannt, verhindern an Flüssen Überschwemmungen. Dieses 1982 über die Themse in England gebaute Wehr schützt London vor Überschwemmungen durch Nordseesturmfluten. Steigt das Wasser zu sehr, werden große, gekrümmte Tore ausgefahren.

DIE FOLGEN VON DÄMMEN

Der Stausee, der im Tal hinter einem Damm entsteht, überschwemmt das Land und schadet oft der Umwelt. Der Assuan-Staudamm in Ägypten, der das Nilhochwasser regulieren soll, hat durch die Änderung des Flusslaufs das fruchtbare Land in seiner Umgebung zerstört.

Dämme hindern Fische wie z.B. Lachse daran, flussauf- und -abwärts zu schwimmen. Manche Dämme haben eine Fischtreppe, über die Fische den Damm überwinden.

Siehe auch
ELEKTRIZITÄT
FLÜSSE
LANDWIRTSCHAFT
SEEN
WASSER

CHARLES DARWIN

1809 Geboren in Shrewsbury in England.

1825–27 Medizinstudium an der Universität Edinburgh.

1827 Anstatt in Cambridge Theologie zu studieren, beschäftigt er sich mit Biologie, Zoologie und Geologie.

1831–36 Reise mit der *Beagle.*

1858 Stellt erstmals seine Evolutionstheorie vor.

1859 *Die Entstehung der Arten* erscheint.

1882 Darwin stirbt; wird in der Londoner Westminster Abbey beigesetzt.

AM 27. DEZEMBER 1831 stach die HMS *Beagle* vom englischen Hafen Plymouth aus in See, um die Ostküste und die Westküste Südamerikas zu erforschen. Charles Darwin war der Naturkundler der Expedition. Im Pazifischen Ozean besuchte das Schiff auch die Galapagos-Inseln und die Keeling-Inseln. Als Schüler war Darwin oft getadelt worden, weil er anstatt Griechisch und Latein zu lernen lieber Chemieexperimente durchgeführt und sich mit Naturkunde befasst hatte. Sein Interesse an Pflanzen und Tieren aber führte dazu, dass er bahnbrechende Entdeckungen über die Entwicklung des Lebens auf der Erde und die Erdgeschichte machte.

Als er 1836 von seiner Seereise zurückgekehrt war, heiratete er, ließ sich in London nieder und entwickelte auf der Grundlage seiner Aufzeichnungen seine Evolutionstheorie.

Die Beagle

Darwin zeichnete alle seine Beobachtungen auf.

Galapagos-Fink

Galapagos-Riesenschildkröte

DIE REISE DER *BEAGLE*

Auf ihrer fünf Jahre dauernden Reise machte die HMS *Beagle* oft Halt, und Darwin konnte Tiere, Pflanzen und Geologie verschiedener Regionen erkunden. Die *Beagle* besuchte die Kanarischen Inseln, überquerte den Atlantischen Ozean (hier stellte Darwin fest, dass die Kapverdischen Inseln vulkanischen Ursprungs sind), folgte der Ostküste Südamerikas, umrundete Kap Hoorn und fuhr an der Westküste entlang.

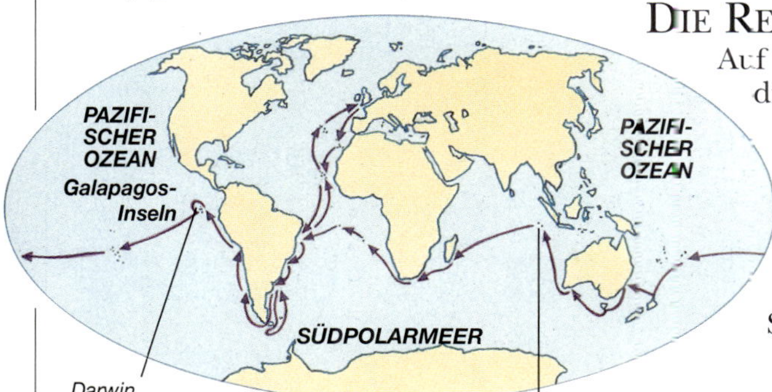

Darwin studierte die Schildkrötenarten der Galapagos-Inseln.

Das Schiff kehrte über Neuseeland, New South Wales und die Keeling-Inseln zurück.

KORALLEN
Auf den Keeling-Inseln erforschte Darwin Korallenriffe, deren Aufbau damals noch unbekannt war. Darwin glaubte, dass sie auf dem Meeresboden wuchsen, der sich gleichzeitig leicht absenkte. Moderne Tiefseebohrungen bewiesen später, dass Darwin Recht hatte.

DIE ENTSTEHUNG DER ARTEN
Aufgrund seiner Studien auf den Galapagos-Inseln glaubte Darwin, dass die Arten nicht immer gleich waren, sondern sich entwickelten, um sich ihrer Umwelt anzupassen. 1859 veröffentlichte er das Buch *Die Entstehung der Arten durch natürliche Zuchtwahl,* in dem er u.a. schrieb, die Menschen hätten sich aus Affen entwickelt

ALFRED WALLACE
Der walisische Naturkundler Alfred Wallace (1823–1913) führte Forschungen durch, die mit Darwins Theorien in Einklang standen. Auf seinen Reisen im Amazonasgebiet und in Malaysia fand er Hinweise darauf, dass in der Natur der Tüchtigste überlebt. Er schickte Darwin einen Artikel, und Freunde ermutigten die beiden, ihre Theorien zu veröffentlichen. Beide hielten am 1. Juli 1858 einen Vortrag.

Siehe auch
EVOLUTION
FOSSILIEN
GEOLOGIE
KORALLENTIERE UND QUALLEN

Demokratie

Das Wort Demokratie setzt sich aus den altgriechischen Wörtern *demos* (»Volk«) und *kratos* (»Kraft«, »Macht«) zusammen. Demokratie bedeutet demnach »Volksherrschaft«. In einer Demokratie haben alle Menschen das Recht, an der Regierung teilzuhaben. In den meisten Demokratien können alle Personen über 18 Jahre Parlamentsmitglieder wählen, die sie in der Volksvertretung vertreten. Das gleiche Prinzip gilt auch für die Wahl eines Bürgermeisters. Manchmal gibt es auch direkte Volksentscheide über ein bestimmtes Thema. Vor 2500 Jahren wurde in Athen eine Art der Demokratie eingeführt. Die Männer trafen sich an einem festgelegten Ort, um über Gesetze abzustimmen. Heute ist eine Demokratie repräsentativ, d. h., da zu viele Menschen in einem Land leben, können nicht immer alle abstimmen. Daher wählen sie Abgeordnete oder Repräsentanten, die die Entscheidungen in ihrem Sinne treffen sollen.

WAHLURNE
Bei einer Wahl kreuzen die Wähler auf dem Wahlzettel ihre Partei oder ihre Meinung an. Der Wahlzettel wird dann in eine Wahlurne geworfen. Die Wahl ist geheim, denn niemand weiß, wer welchen Wahlzettel ausgefüllt hat.

Dieser französische Zeitungsausschnitt zeigt den Wahlkampf US-amerikanischer Parteien von 1908.

REPRÄSENTATIVE DEMOKRATIE
Bei einer repräsentativen Demokratie wählen die Bürger einen Abgeordneten, der sie repräsentiert. In jedem Staat gibt es politische Parteien, und die Bürger wählen die Partei, die ihre Interessen am besten vertritt. Im Wahlkampf versuchen die Parteien, die Stimmen der Wähler zu gewinnen. In manchen Ländern war es ein langer Kampf, bis das Wahlrecht für alle Bürger durchgesetzt wurde.

Inder stehen Schlange, um die Wahlzettel in die Wahlurnen einzuwerfen.

Wahlen

Indien ist die größte repräsentative Demokratie der Welt: Mehr als 600 Mio. Menschen sind hier wahlberechtigt. Bei der Wahl 2004 gingen fast 400 Mio. Menschen zu den Wahlstellen, um für ihre Repräsentanten im Parlament zu stimmen. Wenn so viele Menschen wählen, kann die Auszählung der Stimmen mehrere Tage dauern.

MEHRHEITSHERRSCHAFT
Demokratie bedeutet Volksherrschaft, doch ein Teil des Volkes will das eine durchsetzen, der andere Teil etwas ganz anderes. In diesem Fall wird dem Wunsch der Mehrheit stattgegeben. Das könnte dazu führen, dass die Ansichten der Minderheit gar nicht beachtet werden, daher haben viele demokratische Staaten eine Gesetzgebung, die die Rechte des Einzelnen und der Minderheiten regeln. Es gibt auch Länder, die von einer Einzelperson regiert werden, die man dann als Diktator bezeichnet.

Kerzenwache pro-demokratischer Demonstranten in der früheren Tschechoslowakei

OSTEUROPA
Ab 1989 forderten die Völker der kommunistischen Staaten Osteuropas demokratisch gewählte Regierungen. Sie erkannten, dass sie keine Mitsprache in ihren Ländern hatten. Die Tschechoslowakei erklärte sich 1990 als erstes der vielen kommunistischen Länder Osteuropas zu einer Demokratie.

Siehe auch
Griechenland, Altes
Kommunismus
Rechtsprechung
Regierungsformen

Design

Schreibtischlampe mit schwenkbarem Arm

Sämtliche Gegenstände unseres Alltags haben eine ganz bestimmte Form, damit sie ihren Zweck möglichst gut erfüllen. Also muss sich vor ihrer Herstellung jemand Gedanken darüber gemacht haben, wie der Gegenstand aussehen soll. Man nennt diese Leute Designer, das Ergebnis ihrer Arbeit Design. Gutes Design bedeutet, dass ein Gegenstand schön und praktisch zugleich ist. Ein Stuhl z. B., der standfest und bequem ist, verfügt über ein gutes Design. Dasselbe gilt für eine schwenkbare Lampe, die den Arbeitsplatz gut ausleuchtet. Ist der Gegenstand zudem auch preiswert und sicher, dann ist das Design noch besser. Um all diese Anforderungen zu erfüllen, muss ein Designer die Eigenschaften seines Materials gut kennen. Man unterscheidet zwischen unterschiedlichen Design-Arten: Modedesign, Grafikdesign und Industriedesign. Heute entstehen viele Design-Entwürfe am Computer.

Früher entstanden alle Entwürfe am Zeichenbrett.

Industriedesign

Das Industriedesign beschäftigt sich mit der Entwicklung von Gebrauchsgegenständen wie Autos, Computer, Möbel und Lampen. Auch der Entwurf von Verpackungen und Firmenlogos gehört zur Arbeit des Industriedesigners.

Der Austin Mini des Designers Alec Issigonis sah gut aus, war sparsam im Benzinverbrauch und leicht zu parken.

Arbeitsweisen

Ursprünglich arbeiteten Designer am Zeichenbrett. Mit Stiften und Papier entwarfen sie zweidimensionale Pläne. Heute erstellen die meisten Designer am Computer dreidimensionale Modelle, die auf dem Bildschirm gedreht und aus jedem Blickwinkel betrachtet werden können.

Dreidimensionale Modelle am PC sind übersichtlicher.

Ein Bauhaus-Teeservice, entworfen von Walter Gropius

Entwicklungsstadien

Ein fertiges Design entsteht nie über Nacht. Die ursprüngliche Bedeutung des Wortes Design ist »Zeichnung«, und in der Regel beginnt ein Designer auch mit einer Zeichnung des geplanten Gegenstandes, z. B. eines Staubsaugers. Ausgehend von der Zeichnung entsteht dann ein Probemodell oder ein Prototyp. Dieser wird getestet, ob er auch einwandfrei und sicher funktioniert. Erst dann wird der Gegenstand in der Fabrik hergestellt.

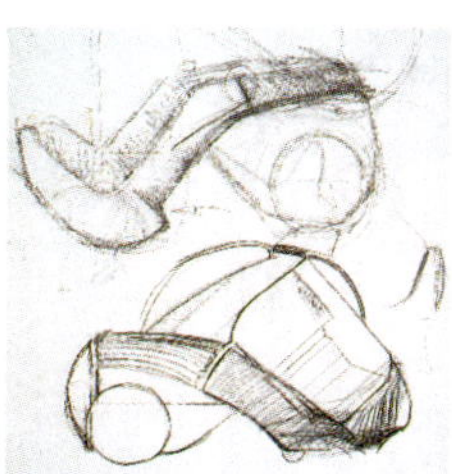

Entwurfs-Skizze

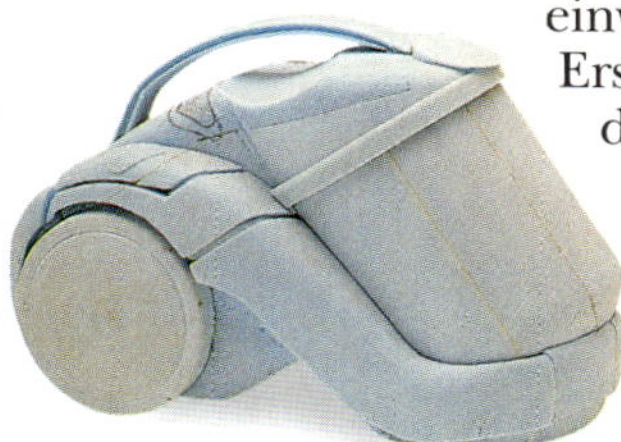

Probemodell oder Prototyp

Das fertige Produkt

Bauhaus

Der deutsche Architekt Walter Gropius (1883–1969) gründete im Jahr 1919 eine bedeutende Design-Schule, das Bauhaus. Die dort versammelten Künstler und Architekten fanden zu einem völlig neuen Stil, indem sie Kunst und Handwerk miteinander verbanden. Die von ihnen erschaffenen Gegenstände waren schön und zweckmäßig zugleich.

Stoffentwurf aus den 70er-Jahren im Bauhaus-Stil

Im späten 19. Jh. gehörte ein Cape zur Grundausstattung der Kleidung von Mann und Frau. Die Herren gingen nie ohne Zylinder und Stöckchen aus dem Haus, und für ihre Begleiterinnen waren große Hüte mit viel Beiwerk unerlässlich.

Im 18. Jh. waren fast alle Möbel verschnörkelt.

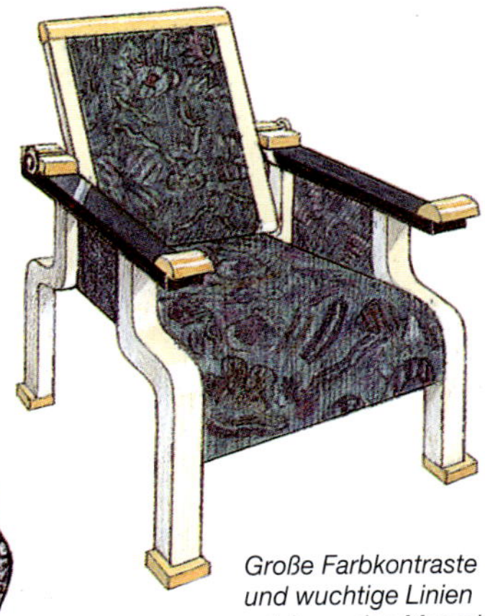

Große Farbkontraste und wuchtige Linien zeichnen den Memphis-Stuhl aus (um 1980).

Ein Shaker-Stuhl aus dem 19. Jh. hatte schlicht zu sein. Verzierungen galten als Verschwendung.

Design im Wandel

Mit dem Zeitgeschmack und der Verfügbarkeit neuer Materialien wandelt sich auch das Design. So waren die Möbel im 19. Jh. fast alle reich verziert. Der Thonet-Stuhl aus der Zeit um 1850 wurde in einem neuen Verfahren geformt, das die Herstellungskosten drastisch reduzierte. Das Aussehen eines Bauhaus-Stuhls richtete sich nach der Funktion, nämlich möglichst bequem zu sein. In den 70er-Jahren des 20. Jhs. wurde der Kniestuhl entwickelt, der eine den Rücken schonende Sitzpositon bietet.

Modedesign

Nichts ändert sich so schnell wie unsere Kleidung. Jedes Jahr versuchen die Designer mit neuen Modellen den Geschmack modebewusster Käufer zu treffen. Sie arbeiten mit neuen Geweben, die pflegeleicht sind und Wind, Regen und Kälte abhalten. Manche Entwürfe sind speziell auf die Bedürfnisse von Freizeitsportlern ausgerichtet, andere wiederum sollen bequem und doch chic sein. Selbst das Design von Windeln verspricht einen guten Sitz und optimale Saugfähigkeit. Die meisten Kleider jedoch sollen einfach hübsch, ansprechend oder manchmal auch gewagt aussehen.

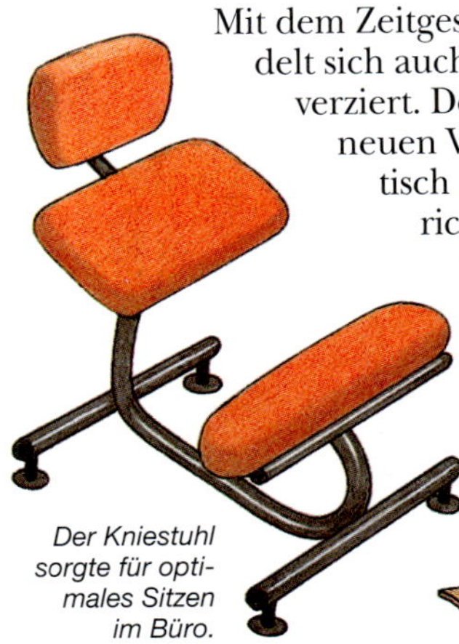

Der Kniestuhl sorgte für optimales Sitzen im Büro.

Der Thonet-Stuhl aus Biegeholz, entworfen um 1850, wurde mit neuen Techniken in großer Stückzahl gefertigt.

Die strengen Linien des Bauhaus-Ruhesessels passten sich an die Form des menschlichen Körpers an.

Möbeldesign

Innenarchitekten nutzen einen Raum optimal aus und erzeugen mit der Auswahl von Möbeln und Farben Atmosphäre. Für dieses Kinderzimmer hat der Architekt Gegenstände ausgesucht, die bequem, sicher und pflegeleicht sind: abwaschbare Tapeten, ungiftige Spielsachen, nicht brennbare Stoffe und gut isolierte Lampen. Die Regalbretter sind in der Höhe verstellbar.

Produktdesign

Gebrauchsgegenstände sollen zweckmäßig und schön zugleich sein: Eine Kaffeekanne z. B. muss hitzebeständig sein und noch dazu dem Benutzer gefallen. Der Designer berücksichtigt diverse Gesichtspunkte – Form, Material, Herstellungskosten und Ladenverkaufspreis.

Siehe auch

Architektur
Kleidung
Möbel
Werbung

Deutschland

Deutschland hat eine zentrale Lage im nördlichen Mitteleuropa und spielt mit über 82 Mio. Einwohnern im wirtschaftlichen, politischen und kulturellen Leben Europas eine bedeutende Rolle. Es ist ein altes Land, und seine Grenzen haben sich im Laufe der Jahrhunderte oft geändert. Fast die ganze zweite Hälfte des 20. Jhs. war Deutschland geteilt: in die Bundesrepublik Deutschland und die Deutsche Demokratische Republik. 1989 fiel die Berliner Mauer – Deutschland wurde wiedervereinigt. Seine Landschaft steigt sanft von den Sandküsten und Inseln von Nord- und Ostsee über die flachen Ebenen im Norden und die bewaldeten Mittelgebirge bis hin zu den hohen Gipfeln der Alpen im Süden an. Deutschland ist ein reiches und fruchtbares Land mit einer höchst produktiven, durch häufigen Regen begünstigten Landwirtschaft. Die Bauern erzeugen Fleisch- und Milchprodukte, Getreide, Kartoffeln, Zuckerrüben, Obst und Gemüse. Doch die meisten Menschen leben in den großen Städten und ihrem Umland, Deutschlands dynamischen Industriezentren.

Deutschland im Herzen Europas hat eine vielfältige Landschaft – von den Tiefebenen im Norden bis zu den schneebedeckten Gipfeln der Alpen.

WURST UND BIER
Deutschland produziert ausgezeichneten Wein und ist auch für sein Bier berühmt. Die Deutschen trinken es gern zur traditionellen Wurst mit Brötchen und Senf. Es gibt zahlreiche Wurstsorten – jede Region hat ihre Spezialität, z.B. Frankfurter oder bayerische Weißwürste.

Berlin

Berlin, an der Spree gelegen und durch Kanäle auch mit den Flüssen Elbe und Oder verbunden, ist seit 1990 wieder die Hauptstadt Deutschlands. Im Zweiten Weltkrieg zerstört wurde die Stadt 1949 zweigeteilt: in Ostberlin als Hauptstadt der DDR und Westberlin als Teil der BRD. 1961 verschärfte die Errichtung der Mauer durch die DDR die Teilung. Nach der Wiedervereinigung erlebte Berlin einen gewaltigen Bauboom – doch es wird noch eine Weile dauern, bis auch der Ostteil der Stadt völlig modernisiert ist.

PRÄZISIONSARBEIT
Die vielfältigen Industrien Deutschlands produzieren Elektrogeräte, Computer, Werkzeuge, Textilien und Medikamente. Deutschland ist außerdem bekannt für hochwertige Güter wie Autos und Kameras.

RHEIN
Der Rhein ist der längste Fluss Deutschlands. Er entspringt in der Schweiz und bildet später die deutsche Grenze zu Frankreich. Dann fließt er durch den Westteil Deutschlands in die Niederlande und ins Meer. Große Schleppkähne fahren auf dem Rhein bis nach Basel in der Schweiz. In den Weinbergen an den steilen Südhängen bis hinab zum Ufer des Flusses gedeiht der berühmte deutsche Weißwein.

Mit ihren 2964 m ist die Zugspitze der höchste Berg Deutschlands. Drei Bergbahnen bringen Wanderer und Skifahrer auf den Gletscher in den Bayerischen Alpen. Auf seinem Westgipfel steht das Münchner Haus, eine Wetterwarte und Umweltforschungsstation.

Wildschweine leben noch immer in den größeren Wäldern und werden wegen ihres Fleisches gejagt.

WÄLDER
Große Wälder bedecken viele Hügel und Berge in den zentralen und südlichen Regionen Deutschlands. Sie sind wegen ihrer Schönheit und ihres wertvollen Holzes geschätzt, das vornehmlich in der Industrie genutzt wird. Am berühmtesten sind der Thüringer Wald und der Harz in Mitteldeutschland sowie der Schwarzwald und der Bayerische Wald in Süddeutschland.

LANDSCHAFTLICHE VIELFALT

Geografisch gesehen, lassen sich drei große Naturräume unterscheiden: Im Norden liegt das Norddeutsche Tiefland mit seinen malerischen Buchten und Seenplatten. Diese reichen bis weit in die waldreichen Mittelgebirge hinein, die von der Oberrheinischen Tiefebene unterbrochen werden. Weiter südlich schließt sich das zur Donau hin absinkende Alpenvorland an, gefolgt vom Hochgebirge mit den Alpen.

SEEN
Deutschland besitzt viele natürliche Seen. Eine große ebene Fläche, die von mehreren Seen bedeckt wird, nennt man Seenplatte. Diese beliebten Urlaubsziele liegen in Holstein (Steinhuder Meer, Selenter See, Plöner See), in Mecklenburg (Schaalsee, Müritz, Schweriner, Plauer und Kummerower See) und im Alpenvorland (Chiemsee, Starnberger See und Ammersee).

Nicht umsonst wird der Bodensee auch Schwäbisches Meer genannt: Mit seinen 538,5 km² ist er der größte deutsche See überhaupt.

INSELN
Zu Deutschland gehört eine Vielzahl von Inseln. In der Nordsee liegen die Nordfriesischen Inseln Sylt, Föhr, Nordstrand, Pellworm und Amrum sowie die Ostfriesischen Inseln Borkum, Juist, Norderney, Baltrum, Langeoog, Spiekeroog und Wangerooge. Zu den Ostseeinseln zählen Fehmarn, Poel, Rügen, Hiddensee und Usedom. Eine Besonderheit bilden die so genannten Halligen vor der Westküste Schleswig-Holsteins. Diese Marschinseln aus Schlickablagerungen werden bei Sturmfluten fast völlig überschwemmt. Trotzdem sind einige davon besiedelt. Um die Häuser vor der Flut zu schützen, wurden sie auf künstlichen Erdhügeln errichtet.

In der Deutschen Bucht vor der Westküste Schleswig-Holsteins liegt das nur 4,2 km² große Helgoland, die einzige Hochsee- und Felseninsel Deutschlands.

Ab 1960 holte die Regierung viele türkische Gastarbeiter ins Land, um den industriellen Aufschwung zu beschleunigen.

Bundesländer

Die Bundesrepublik Deutschland ist ein Bundesstaat, der sich aus insgesamt 16 Bundesländern zusammensetzt. Nach der Wiedervereinigung 1990 kamen zu den elf alten Bundesländern Schleswig-Holstein, Hamburg, Bremen, (West-)Berlin, Niedersachsen, Nordrhein-Westfalen, Hessen, Rheinland-Pfalz, Saarland, Baden-Württemberg und Bayern die fünf neuen Länder Mecklenburg-Vorpommern, Brandenburg, Sachsen-Anhalt, Sachsen und Thüringen hinzu. Jedes dieser Länder hat seine eigene Verfassung, sein eigenes Parlament und seine eigene Regierung. Je nachdem, wie viele Einwohner ein Bundesland hat, darf es drei oder mehr Regierungsmitglieder in den Bundesrat entsenden. Der Bundesrat entscheidet bei der Gesetzgebung und bei der Verwaltung der Bundesrepublik Deutschland mit.

Seit 1999 tagt das deutsche Parlament wieder im Berliner Reichstag. Der Bau wurde 1884–1894 errichtet und im Dritten Reich durch Brandstiftung zerstört. Sein heutiges Gesicht mit der modernen Glaskuppel verdankt er dem britischen Architekten Sir Norman Foster.

Bevölkerung

Deutschland ist ein dicht besiedeltes Land mit rund 82 Mio. Einwohnern. Davon sind etwa 40 Mio. Männer und 42 Mio Frauen. Dass die Frauen überwiegen, liegt daran, dass sie eine höhere Lebenserwartung haben als Männer. Da mehr Personen sterben als geboren werden und nicht mehr so viele Menschen aus dem Ausland zuziehen, nimmt die Bevölkerung ständig ab. Das ist Anlass zur Besorgnis, da in Zukunft immer weniger junge Menschen für immer mehr alte Menschen sorgen und aufkommen müssen. Schon heute gibt es mehr Senioren über 65 als Jugendliche unter 15 Jahren. Knapp 10 Prozent der Bevölkerung hat keinen deutschen Pass. Die meisten der hier lebenden Ausländer stammen aus der Türkei, dem ehemaligen Jugoslawien, aus Italien und Griechenland.

Bundestag

Der Bundestag ist die Volksvertretung der Bundesrepublik Deutschland. Ihre Mitglieder nennt man Abgeordnete. Wer in den Bundestag einziehen darf, wird alle vier Jahre durch die Bundestagswahlen entschieden. Der Bundestag berät öffentlich. Bis auf wenige Ausnahmen können interessierte Bürger die Sitzungen mitverfolgen. Der Bundestag beschließt die Bundesgesetze, wählt den Bundeskanzler und entscheidet, wie die für den Bund bestimmten Gelder ausgegeben werden sollen. Letztlich beschließt der Bundestag auch über Krieg und Frieden.

Das Märchenschloss Neuschwanstein aus grauem Granit steht am Rand der Alpen.

Nationalfeiertag

Nach dem Mauerfall Ende 1989 wurde das geteilte Deutschland am 3.10.1990 wiedervereinigt. Seit 1991 ist dieser »Tag der deutschen Einheit« Nationalfeiertag. Er ersetzte den Feiertag 17. Juni, mit dem die alte Bundesrepublik an den Volksaufstand von 1953 in Ostberlin erinnerte, sowie den Tag der Republik (7. Oktober), den Staatsfeiertag der damaligen Deutschen Demokratischen Republik.

Bayern

Das den gesamten Südostteil bedeckende Bayern ist das größte deutsche Bundesland. Im Süden dieser an Wäldern und Feldern reichen Region bilden die Alpen eine natürliche Grenze zu Österreich. Touristen zieht es nach Bayern wegen seiner Märchenschlösser (oben) und seiner großartigen Landschaft. Bekannt ist Bayern auch wegen seiner Trachtenmode für Männer *(Lederhosen)* und Frauen *(Dirndl)*. Während Bayern noch bis nach dem Zweiten Weltkrieg hauptsächlich von Land- und Forstwirtschaft geprägt war, sind danach in den Städten München, Augsburg und Nürnberg große Industriezentren entstanden. Aus Bayern kommen vor allem Fahrzeuge, Maschinen und Elektrotechnik aber auch Kugellager, Porzellan und Spielwaren.

Silvester 1989: Aus ganz Deutschland reisten die Menschen zur Berliner Mauer, um zu feiern, was rund 50 Jahre lang unvorstellbar gewesen war: ein wiedervereinigtes Deutschland.

Made in Germany

Deutschland ist eine Exportnation, da es mehr Waren und Dienstleistungen aus- als einführt. Die wichtigsten Handelspartner sind Frankreich, die USA und Großbritannien. Der absolute Exportschlager sind Autos, aber auch Maschinen, chemische Erzeugnisse, Nachrichtentechnik, Eisen, Stahl, Medizin- und Messtechnik, optische Geräte, Gummi, Kunststoff, Metallerzeugnisse und Spielwaren sind international gefragt. Deutsche Produkte haben einen guten Ruf. Und das, obwohl das Logo »Made in Germany« ursprünglich alles andere als ein Gütesiegel war: 1887 wurde es in Großbritannien eingeführt, um die Käufer vor den angeblich minderwertigen Waren der deutschen Konkurrenz zu warnen. Doch schon 1893 stellte Deutschland die ausländischen Hersteller in den Schatten: Auf der Weltausstellung in Chicago wurden vor allem die deutschen Maschinen mit Preisen überhäuft. Plötzlich war »Made in Germany« ein Qualitätsmerkmal. Noch heute gelten deutsche Produkte als qualitativ hochwertig, umweltfreundlich und technologisch auf dem neuesten Stand.

AUTONATION
Die Wurzeln des Automobils liegen in Deutschland: Vor über 100 Jahren gelang es den deutschen Ingenieuren Carl Benz und Gustav Daimler unabhängig voneinander einen Kraftwagen zu entwickeln. Seit den 60er-Jahren des 20. Jhs. wurde das Auto zum Massenartikel, und die deutschen Marken VW, Audi, Porsche, Mercedes und BMW wurden weltbekannt. Neben den Wagen der Luxusklasse brachen vor allem zwei Modelle alle Verkaufsrekorde: der Käfer und der Golf.

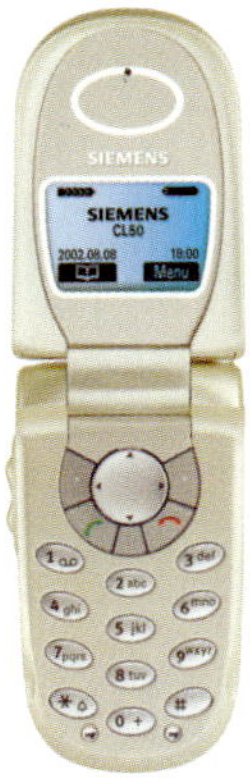

SIEMENS
Siemens ist einer der größten Arbeitgeber in Deutschland. Der Konzern gehört auf dem Gebiet der Elektrotechnik und Elektronik zur Weltspitze und produziert eine Vielzahl von sehr unterschiedlichen Produkten: Haushaltsgeräte gehören ebenso dazu wie Röntgenapparate, Computer und Schienenfahrzeuge. Vor allem Handys der Marke Siemens erfreuen sich großer Beliebtheit.

HAMBURGER HAFEN
Der Hamburger Hafen ist der größte Seehafen Deutschlands und nach Rotterdam der zweitgrößte Europas. Er verfügt über den modernsten Container-Terminal der Welt und hat Platz für rund 310 Seeschiffe. Hier werden jährlich über vier Millionen Container umgeschlagen bzw. über 90 Millionen Tonnen Güter verschifft. Von Hamburg aus werden über 800 Häfen weltweit angesteuert, vor allem in Asien, Nord- und Osteuropa. Das macht ihn zum wichtigen Außenwirtschaftszentrum Deutschlands.

RUHRGEBIET
Die deutsche Schwerindustrie konzentriert sich großenteils im Tal der Ruhr. Riesige Kohleflöze bildeten eine reiche Energiequelle. Nach dem Strukturwandel in den 70er-Jahren des 20. Jhs. ging der Bergbau immer weiter zurück. Die Fabriken in der Region produzieren Eisen, Stahl und Chemikalien. Das Ruhrgebiet ist die am dichtesten besiedelte Gegend Deutschlands.

Nussknacker aus dem Erzgebirge sind beliebte Souvenirs aus Deutschland.

KUNSTHANDWERK
Im Erzgebirge hat die Herstellung von Holzerzeugnissen eine lange Tradition. Früher waren hier viele Menschen im Bergbau beschäftigt. Nach Feierabend schnitzten sie zum Zeitvertreib Engel, Räuchermännchen oder Nussknacker. Diese Schnitzkunst wurde mit der Zeit so berühmt, dass sie sich zu einem eigenen Wirtschaftszweig entwickelte und wie der glitzernde Glas-Christbaumschmuck aus dem Thüringer Wald oder die Kuckucksuhren aus dem Schwarzwald in alle Welt verkauft wird.

SEMPEROPER

Der Architekt Gottfried Semper (1803–79) erbaute 1838–1841 mit dem Hoftheater in Dresden sein erstes Opernhaus. Fast 30 Jahre später brannte es ab, und die Oper musste ein Provisorium beziehen. Auf öffentlichen Druck hin schuf Semper zwischen 1871 und 1878 ein zweites Opernhaus im Stil der italienischen Hochrenaissance (rechts). Bei einem Luftangriff im Zweiten Weltkrieg wurde es zerstört und erst zwischen 1977 und 1985 in seiner ursprünglichen Form wieder aufgebaut. Große Schäden entstanden erneut 2002 bei der Jahrhundertflut an der Elbe. Mit ihrer herrlichen Akustik und ihrer opulenten Innenausstattung ist die Semperoper ein Vorbild für Opernhäuser auf der ganzen Welt.

ALBRECHT DÜRER

Der Nürnberger Künstler Albrecht Dürer (1471–1528) wurde berühmt durch seine Gemälde und Holzschnitte. Immer wieder malte er sich selbst – erstmals mit 13 Jahren. Dieses Selbstporträt (oben) entstand, als er 26 war. Mit 15 ging Dürer bei dem Maler und Buchillustrator Michael Wolgemut in die Lehre. Inspiriert von den Malern der italienischen Renaissance stellte er Menschen und Dinge detailgetreu dar. 1512 wurde Dürer Hofmaler bei Kaiser Maximilian und in der Folge international bekannt.

Dresden hatte einst den Beinamen »Elbflorenz«.

DRESDEN

Die Stadt Dresden war einst die Hauptstadt des historischen Staates Sachsen. Die herrlichen Bauten der Stadt wurden bei einem Bombenangriff der Alliierten im Zweiten Weltkrieg im Jahr 1944 größtenteils zerstört. Inzwischen sind durch den umfassenden Wiederaufbau viele der historischen Gebäude wie das ehemalige Schloss (links) wiederhergestellt worden.

SPORTNATION

Deutschland hat in den letzten Jahrzehnten einige ausgezeichnete Sportler hervorgebracht: Stars wie Steffi Graf im Tennis, Michael Schumacher im Autorennsport und Jan Ullrich im Radrennsport. Der Staat fördert den Breitensport vor allem aus Gesundheitsgründen. Siegreiche Leistungssportler verschaffen ihrem Land darüberhinaus weltweit großes Ansehen.

Die Wiedervereinigung Deutschlands brachte einige der besten Sportler der Welt zusammen. Davor profitierten ostdeutsche Sportler von ausgezeichneten Sporteinrichtungen und genossen in ihrem Land Sonderprivilegien. Insgesamt waren sie erfolgreicher als ihre westdeutschen Rivalen.

Gebrüder Grimm

Jacob (1785–1863) und Wilhelm (1786–1859) Grimm wurden in Hanau bei Frankfurt geboren, besuchten gemeinsam die gleiche Schule und Universität und lebten bis zu Wilhelms Tod zusammen. Berühmt sind die Gebrüder Grimm für ihre Sammlungen deutscher Volksmärchen wie *Aschenputtel, Hänsel und Gretel, Rapunzel, Schneewittchen, Dornröschen* und viele andere. Die Brüder schrieben diese Märchen nicht selbst, sondern sammelten sie aus mündlichen Überlieferungen und alten Büchern. Die meisten Geschichten sind Jahrhunderte alt.

Schneewittchen und die sieben Zwerge

Vulkan | Berg | Historische Stätte | Hauptstadt | Großstadt | Stadt

FAKTEN

Fläche: 357020 km²
Einwohner: 82500000
Hauptstadt: Berlin
Sprache: Deutsch
Religionen: protestantisch, römisch-katholisch, muslimisch
Währung: Euro
Haupterwerbszweige: Maschinenbau, verarbeitende Industrie
Hauptexportgüter: Kraftfahrzeuge, Maschinen, chemische Erzeugnisse
Hauptimportgüter: Chemische Erzeugnisse, Kraftfahrzeuge, Maschinen

AUTOS
Deutschland ist Europas größter Fahrzeughersteller und auf hochwertige Autos spezialisiert. Niederlassungen ausländischer Autofirmen profitieren von den erfahrenen Arbeitskräften.

ELBE
Die Elbe ist einer der Hauptströme Mitteleuropas und nach dem Rhein der verkehrsreichste Fluss Deutschlands. Von ihrer Quelle in der Tschechischen Republik bis zu ihrer Mündung in die Nordsee ist sie 1165 km lang.

FRANKFURT AM MAIN
Frankfurt am Main ist das Finanzzentrum Deutschlands. Hier hat die Börse ihren Sitz und alle großen deutschen und viele internationale Banken sind hier vertreten.

DEUTSCHE GRENZEN
Deutschland liegt genau in der Mitte Europas und grenzt an neun Länder. Kein Wunder, dass es die größte Handelsnation Europas ist. Viele verschiedene Arten von Rohstoffen werden aus dem Ausland nach Deutschland importiert, denn das Land hat wenig natürliche Ressourcen. Fertiggüter werden exportiert. Von allen deutschen Grenzen ist die zu Frankreich am belebtesten: Über 10 Prozent seines Handels wickelt Deutschland mit Frankreich ab.

Maßstab
0 50 100 km

DEUTSCHLAND
GESCHICHTE

KÖNIGREICH FRANKEN
Im 3. Jh. ließ sich der kriegerische Germanenstamm der Franken am Rhein nieder. Im 9. Jh. regierten die Westfranken das Gebiet des heutigen Frankreichs, die Ostfranken Deutschland. Die Franken waren geschickte Metallbearbeiter, wie die bronzene Gürtelschnalle oben beweist.

IM LAUFE SEINER GESCHICHTE bestand Deutschland größtenteils aus vielen unabhängigen Kleinstaaten mit eigenem Herrscher und eigenem Recht. Immer wieder gab es Versuche, diese Staaten zu einem Land zu vereinen. Im 9. Jh. regierte der Frankenkaiser Karl der Große in Deutschland und im Gebiet des heutigen Frankreich. Seine Nachfolger versuchten diese Einheit durch Errichtung des Heiligen Römischen Reiches zu erhalten, das aus Deutschland und seinen Nachbarstaaten bestand. Aber die einzelnen Staaten bewahrten entschieden ihre Unabhängigkeit. Im 16. Jh. wurde Deutschland als Folge der Reformation in protestantische und katholische Staaten geteilt. Preußen stellte als stärkster Staat die Vorherrschaft der österreichischen Habsburger in Frage. 1871 wurden die verschiedenen deutschen Staaten ein Land unter preußischer Vorherrschaft. Aber nach der Niederlage im Zweiten Weltkrieg (1939–45) wurde Deutschland erneut geteilt: in die kommunistische Deutsche Demokratische Republik und die Bundesrepublik Deutschland. 1990 wurden Ost- und Westdeutschland wiedervereinigt.

BAUERNKRIEGE
1524 erhoben sich die deutschen Bauern gegen ihre Lehnsherren. Sie forderten bessere soziale und wirtschaftliche Bedingungen wie das Recht, zu jagen und zu fischen oder ihre Geistlichen zu wählen. Ermutigt hatten sie die Lehren von Martin Luther (1483–1546), der die Kirche reformieren wollte. Luther aber unterstützte die Fürsten, die die Revolte ein Jahr später gnadenlos niederschlugen.

Im Mittelalter schlossen sich deutsche Kaufleute in so genannten Hansen zusammen, um den Nord- und Ostseehandel zu beherrschen.

DAS HEILIGE RÖMISCHE REICH
Im Jahr 800 wurde Karl der Große, der König der Franken, in Rom zum Kaiser gekrönt. Er sah sich als Nachfolger der antiken Kaiser und herrschte über ein riesiges Gebiet, zu dem das heutige Deutschland, Österreich, Tschechien, die Schweiz, Ostfrankreich, die Niederlande und Teile Nord- und Mittelitaliens gehörten. Dieses so genannte Heilige Römische Reich wurde 1000 Jahre lang von deutschen Königen beherrscht, die als Kaiser sogar noch über dem Papst standen. Doch mit der Zeit begann das Heilige Römische Reich immer mehr Macht zu verlieren. Im Mittelalter kam es zum Streit mit dem Papst, später wurde das Reich durch Religionskriege geschwächt. Nach dem Dreißigjährigen Krieg blieb nur noch ein loser Staatenbund übrig. Als man 1806 gegen Napoleon den Krieg verlor, löste sich das Heilige Römische Reich endgültig auf.

RELIGIONSKRIEGE
In der zweiten Hälfte des 16. Jh. wurden die Protestanten immer mächtiger. Die katholischen Fürsten versuchten diese Entwicklung gewaltsam aufzuhalten. Mit dem Dreißigjährigen Krieg (1618–1648) kam es in Europa zu einem schrecklichen Blutvergießen. Beinahe die Hälfte der deutschen Bevölkerung kam dabei ums Leben.

Die ersten Kaiser des Heiligen Römischen Reiches wurden vom Papst gekrönt. Diese mit Edelsteinen verzierte Krone wurde um 962 angefertigt und gehörte Kaiser Otto dem Großen.

Siehe auch

BARBAROSSA, FRIEDRICH
BISMARCK, OTTO VON
FRIEDRICH DER GROSSE
GERMANEN
HOLOCAUST
KARL DER GROSSE
PREUSSEN
REFORMATION
WELTKRIEG, ERSTER
WELTKRIEG, ZWEITER

DER DEUTSCHE BUND

Nach den Napoleonischen Kriegen versammelten sich die europäischen Fürsten und Staatsmänner in Wien, um neue Landesgrenzen zu ziehen. Auf diesem Wiener Kongress von 1815 wurde der Deutsche Bund gegründet, ein Zusammenschluss von 39 Staaten, die damals in Deutschland existierten. Es gab zwar eine gemeinsame Bundesversammlung in Frankfurt am Main, aber im Grunde blieben die einzelnen Staaten unabhängig. Vielen Menschen missfiel diese Kleinstaaterei. Durch die französische Fremdherrschaft hatten sie ein starkes Nationalgefühl entwickelt und wünschten sich einen eigenen Nationalstaat. Damit stießen sie bei den Österreichern auf großen Widerstand. Österreich bildete den größten Staat im Deutschen Bund und hatte nicht vor seine Macht aufzugeben. Um wenigstens den Handel zwischen den einzelnen Staaten zu erleichtern, gründete man 1834 den Deutschen Zollverein. So war Deutschland immerhin wirtschaftlich geeint.

In der Frankfurter Paulskirche fand 1848 die erste deutsche Nationalversammlung statt. Ihre Mitglieder wurden nicht von den Fürsten entsandt, sondern waren gewählte Volksvertreter.

An der Universität Jena und an vielen anderen deutschen Universitäten schlossen sich Studenten zu so genannten Burschenschaften zusammen. Am 18.10.1817 trafen sie sich auf der Wartburg bei Eisenach. Bei diesem Wartburgfest protestierten sie gegen den Deutschen Bund und forderten eine staatliche Einigung Deutschlands. Mit der Zeit fanden ihre liberalen und nationalen Ideen immer mehr Anhänger. 1848 weiteten sich die Unruhen aus, und es kam zur Märzrevolution. In ihrem Verlauf musste der damalige österreichische Staatskanzler Fürst von Metternich zurücktreten.

DIE FRANKFURTER NATIONALVERSAMMLUNG

Obwohl Deutschland den Deutschen Bund gegründet hatte, war es rückständiger und weniger wohlhabend als andere Länder Europas. Viele Menschen waren unzufrieden und wollten die Einheit. 1848 war aus freien Wahlen die Frankfurter Nationalversammlung hervorgegangen, die die deutsche Einheit vorbereiten sollte. Der Plan scheiterte 1849, als der Preußenkönig Friedrich Wilhelm IV. die Kaiserkrone ablehnte. Bald wurde der Deutsche Bund wiederhergestellt.

DAS DEUTSCHE REICH

Nach der gescheiterten Revolution von 1848 wurden die Gegensätze zwischen den beiden wichtigsten Mitgliedern im Deutschen Bund immer größer: Preußen wünschte sich die deutsche Einigung, die von Österreich strikt abgelehnt wurde. In dieser Situation führte der preußische Ministerpräsident Otto von Bismarck Krieg gegen Dänemark, Österreich und Frankreich, um die nord- und süddeutschen Staaten zusammenzuschweißen. Nach einem Sieg der deutschen Truppen über die Franzosen rief man 1871 im Schloss von Versailles das Deutsche Reich aus. Der preußische König Wilhelm I. wurde deutscher Kaiser, Bismarck wurde Reichskanzler. Das neu gegründete Reich war wirtschaftlich sehr erfolgreich. Vor allem in der Stahlproduktion und im Eisenbahnbau ließ es seine europäischen Nachbarn weit hinter sich. Doch bald folgte eine große Wirtschaftskrise, und Bismarck musste schließlich zurücktreten. Seine Nachfolger machten keine gute Außenpolitik und brachten Großbritannien, Frankreich und Russland dazu, sich gegen das Deutsche Reich zu verbünden. Das Deutsche Reich wiederum verbündete sich mit Österreich, das 1914 zunächst Serbien den Krieg erklärte. 1914–18 tobte der Erste Weltkrieg, in dem das deutsch-österreichische Bündnis eine schwere Niederlage erlitt, die zum Untergang des Deutschen Reiches führte.

AUSRUF DER REPUBLIK

Das Deutsche Reich drohte den Ersten Weltkrieg zu verlieren. Die Menschen waren am Ende ihrer Kräfte und sehnten den Frieden herbei. Im November 1918 begann die deutsche Flotte zu meutern. Danach kam es in Kiel zum Matrosenaufstand. Die Arbeiter organisierten Streiks und zwangen den Kaiser dazu, abzudanken. Dann wurde die Republik ausgerufen. Doch während der Sozialdemokrat Friedrich Ebert allgemeine Wahlen abhalten wollte, forderten Karl Liebknecht und Rosa Luxemburg eine kommunistische Räterepublik. Um die Revolution zu beenden, verbündete sich Friedrich Ebert mit ehemaligen Soldaten und anderen Freiwilligen, die die Arbeiteraufstände blutig niederschlugen. 1919 wurde eine neue Nationalversammlung gewählt, und aus dem ehemaligen Deutschen Reich wurde die Weimarer Republik. Ihr erster Reichspräsident war der Sozialdemokrat Friedrich Ebert.

KRUPP
Waffenhersteller wie die 1811 gegründete Firma Krupp (rechts) sorgten im 19. und 20. Jh. für eine starke, gut ausgerüstete deutsche Armee.

Die NSDAP hatte ihre eigenen Jugendorganisationen. Alle Jugendlichen zwischen 14 und 18 mussten der Hitler-Jugend (HJ) oder dem Bund Deutscher Mädel (BDM) beitreten.

DAS DRITTE REICH

1933 kam Adolf Hitler an die Macht. Seine NSDAP (Nationalsozialistische Deutsche Arbeiterpartei) errichtete einen diktatorischen Führerstaat und kontrollierte alle Teile der Gesellschaft. Um mehr »Lebensraum« für die Deutschen zu erlangen, löste Hitler schließlich den Zweiten Weltkrieg aus. Bis sein Drittes Reich 1945 zusammenbrach, ließ er allein 6 Millionen Juden ermorden.

WIRTSCHAFTSKRISE

Die deutsche Wirtschaft war aufgrund der zu leistenden Entschädigungszahlungen (Reparationen) nach dem Ersten Weltkrieg (1914–18) schwer angeschlagen. 1931 befand sich das Land wie die übrige Welt in einer Wirtschaftskrise. Millionen waren arbeitslos und mussten sich bei Notküchen anstellen. In ihrer Verzweiflung unterstützten viele radikale Parteien wie die NSDAP, von denen sie sich ein Ende ihrer Armut erhofften.

Der erste deutsche Bundeskanzler Konrad Adenauer (1949–1963)

DIE BUNDESREPUBLIK

Nach dem Zweiten Weltkrieg wurde Deutschland in vier Zonen eingeteilt, die von den Siegermächten Großbritannien, Frankreich, den USA und der UdSSR regiert wurden. Aus den drei Zonen der Westmächte entstand 1949 die Bundesrepublik. Dank der Hilfe der Amerikaner konnte sich das Land rasch erholen und erlebte ein richtiges »Wirtschaftswunder«. Im Kalten Krieg zwischen den Vereinigten Staaten und der UdSSR schloss sich die Bundesrepublik eng an die Westmächte an. Ein wiedervereinigtes Deutschland lag in weiter Ferne. Erst als der Kalte Krieg vorbei war, hatte die deutsche Teilung ein Ende. 1990 wurde die Bundesrepublik um die fünf neuen Länder der ehemaligen DDR erweitert.

DAS GETEILTE DEUTSCHLAND

Nach dem Zweiten Weltkrieg wurde Deutschland geteilt: in die Bundesrepublik Deutschland im Westen und in die kommunistische Deutsche Demokratische Republik im Osten.

DIE WIEDERVEREINIGUNG

1961 errichtete die DDR in Berlin eine große Mauer aus Beton und Stacheldraht, die die ehemalige deutsche Hauptstadt in Ost- und Westberlin teilte. Die unüberwindliche Grenze sollte die Flucht nach Westdeutschland verhindern, wo viel bessere Lebens- und Arbeitsbedingungen herrschten. 1989 fielen die Mauer und die anderen Grenzanlagen, ein Jahr später war Deutschland wiedervereinigt.

Der damalige Bundeskanzler Helmut Kohl (Mitte) und der Ministerpräsident der DDR Lothar de Maizière (hinten links) bei der Unterzeichnung des Staatsvertrags zwischen der Bundesrepublik und der DDR 1990.

CHRONIK

3. Jh. Franken siedeln am Rhein.

um 800 Karl der Große schafft ein großes Frankenreich in Westeuropa und eint erstmals Deutschland.

843 Ostfranken bilden das erste gesamtdeutsche Königreich.

962 König Otto I. wird als erster Kaiser des Heiligen Römischen Reiches gekrönt, einer losen Gruppierung deutscher Staaten.

14. Jh. Beginn der Herrschaft der österreichischen Habsburger über Deutschland.

1517 Martin Luther löst die Reformation aus.

1524–25 Bauernkriege.

1555 Religionsstreit nach der Reformation im Augsburger Religionsfrieden beendet.

1740–86 Preußens Aufstieg zum mächtigsten deutschen Staat.

1815 Deutscher Bund gegründet.

1848/49 Frankfurter Nationalversammlung versucht Deutschland zu vereinen.

1862 Bismarck wird Ministerpräsident von Preußen.

1914–18 Deutschland und Österreich kämpfen im Ersten Weltkrieg gegen Russland, Frankreich und Großbritannien.

1919 Versailler Verträge diktieren harte Bedingungen für Deutschland, das eine Republik wird.

1933 Machtübernahme durch die NSDAP.

1939–45 Deutschland im Zweiten Weltkrieg.

1945 Sowjetische, amerikanische und britische Truppen besiegen Hitler und besetzen Deutschland.

1949 Deutschland wird in zwei Staaten (BRD und DDR) geteilt.

1961 Bau der Berliner Mauer teilt die Stadt.

1989 Fall der Berliner Mauer.

1990 Wiedervereinigung Deutschlands.

DEUTSCHLAND
GESCHICHTE DER DDR

IM SELBEN JAHR, in dem die Bundesrepublik gegründet wurde, wurde aus der Sowjetischen Besatzungszone die Deutsche Demokratische Republik. Sie war ein sozialistischer Staat, der unter Führung der SED regiert wurde. Weil durch hohe Reparationszahlungen an die UdSSR die wirtschaftliche Situation viel schlechter war als in der BRD, setzten sich viele Menschen in den Westen ab. Um das zu verhindern, und wegen des einsetzenden Kalten Krieges, wurde 1961 die Mauer gebaut. DDR-Bürger durften nur noch in Ausnahmefällen ins westliche Ausland reisen. 1989 stürzte die Bevölkerung der DDR in einer friedlichen Revolution die Regierung. Ein Jahr später hörte die DDR auf zu existieren und ging in der BRD auf.

ERICH HONECKER
Der Vorsitzende der Sozialistischen Einheitspartei Deutschlands (SED) und des Staatsrates der DDR regierte von 1971–1989, bis ihn die Ostdeutschen in einer friedlichen Revolution stürzten. Für den Schießbefehl und den Bau von Selbstschussanlagen an der Berliner Mauer wurde er verhaftet und des Totschlags angeklagt. Wegen Honeckers schwerer Krebserkrankung stellte man den Prozess ein. 1993 durfte das ehemalige Staatsoberhaupt nach Chile ausreisen, wo er ein Jahr später starb.

Abschnitt der Berliner Mauer in Berlin-Kreuzberg

MAUER UND TODESSTREIFEN
1961 wurde die Berliner Mauer errichtet, um die Menschen daran zu hindern, in den Westen zu flüchten. Mit der Zeit wurde sie immer weiter ausgebaut. Die gesamte Grenze zwischen der DDR und der BRD war schließlich mit einem Grenzzaun aus Stacheldraht gesichert und von dem so genannten Todesstreifen umgeben. Dieses etwa 100 m breite Stück Niemandsland wurde Tag und Nacht streng bewacht. In Beobachtungstürmen saßen Grenzposten, die »Republikflucht« mit allen Mitteln verhindern sollten. Bei Fluchtversuchen an der Berliner Mauer kamen insgesamt 239 Menschen ums Leben.

DIE LEIPZIGER MONTAGSDEMONSTRATIONEN
Als Michail Gorbatschow das kommunistische System der UdSSR zu reformieren begann, fassten die Menschen in Mittel- und Osteuropa neuen Mut. Am Montag, dem 4. September 1989 versammelten sich vor der Leipziger Nikolaikirche über 1000 Menschen, um gegen den Staat zu protestieren. An den folgenden Montagen wurden es immer mehr. Erst waren es 8000, dann 20 000 und schließlich 120 000 friedliche Demonstranten. Sie forderten Reisefreiheit und riefen »Wir sind das Volk!«. Am 18. Oktober 1989 blieb Erich Honecker dann nichts anderes übrig als zurückzutreten.

In der Kinderorganisation »Junge Pioniere« wurden in der DDR Sechs- bis 14-Jährige zu jungen Sozialisten erzogen. Am roten Halstuch über dem weißen Hemd waren die Thälmann-Pioniere (9–14 Jahre) zu erkennen.

Siehe auch
KALTER KRIEG
SOWJETUNION

Dichter und Schriftsteller

Dichterische Sprache regt die Einbildungskraft des Lesers an. Beim Lesen durchstreift er Fantasiewelten, die der Schriftsteller speziell für ihn geschaffen hat. Die Verfasser historischer Romane oder von Sciencefiction führen uns zurück in die Vergangenheit oder hinein in eine ferne Zukunft. Andere Autoren wie z. B. Journalisten geben lebendige Schilderungen von Ereignissen, die sie miterlebt haben. Dichter ordnen das sprachliche Material rhythmisch oder in Reimen, sodass allein der Klang der Worte oder das Druckbild Vergnügen macht. Sie verfassen Verse, Poesie. Indem Sie ihren Worten einen rhythmischen Klang geben, unterscheiden sich ihre Texte von der Prosa, die in erzählender Sprache verfasst ist. Schriftsteller ist jeder, der Meinungen, Ideen oder Tatsachen in Worten ausdrückt. Die meisten Autoren wünschen sich, dass ihr Werk in Büchern oder Zeitschriften veröffentlicht und von Tausenden gelesen wird.

HOMER
Zu den bedeutendsten Schriftstellern gehört Homer, der vor rund 2700 Jahren im alten Griechenland lebte. Er schrieb Epen wie die *Ilias* und die *Odyssee*. In der *Odyssee* locken die Sirenen, vogelähnliche Wesen, mit ihrem Gesang vorbeifahrende Seeleute auf ihre Insel.

DIE ARBEIT DES SCHREIBENS
Selbst ein kurzer Roman besteht aus mehr als 50 000 Wörtern. Schreiben ist also Schwerstarbeit. Viele Schriftsteller organisieren ihre Arbeit sehr gründlich, wobei jeder seine eigenen Gewohnheiten entwickelt. Viele schreiben zwar am PC, aber auch Stift und Papier haben längst nicht ausgedient. Der Kriminalschriftsteller Raymond Chandler (1888–1959) hielt Zeit seines Lebens an einer bestimmten Vorgehensweise fest.

Wie jeder Autor hat auch Chandler Stadtpläne benutzt, um die Wege seines Helden in Los Angeles, wo viele seiner Romane spielen, genau nachzuzeichnen.

Chandler tippte die erste Fassung seiner Bücher auf gelbes Papier. Er verwendete nur Seiten halber Größe, da er Korrekturen nicht von Hand ausführte, sondern tippte. Eine ganze Seite komplett neu zu tippen, hätte zu lange gedauert.

Nachschlagewerke wie dieses Pistolen-Handbuch lieferten Chandler die genauen Informationen, die seine Bücher so lebendig und real erscheinen lassen.

Chandlers Sekretärin tippte die endgültige Fassung auf weißes Papier.

Bei der Arbeit trank Chandler Kaffee und rauchte Pfeife. Zuweilen trank er auch sehr viel Alkohol.

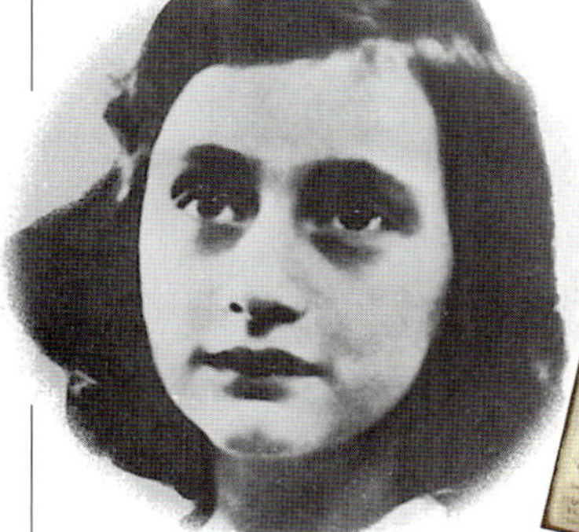

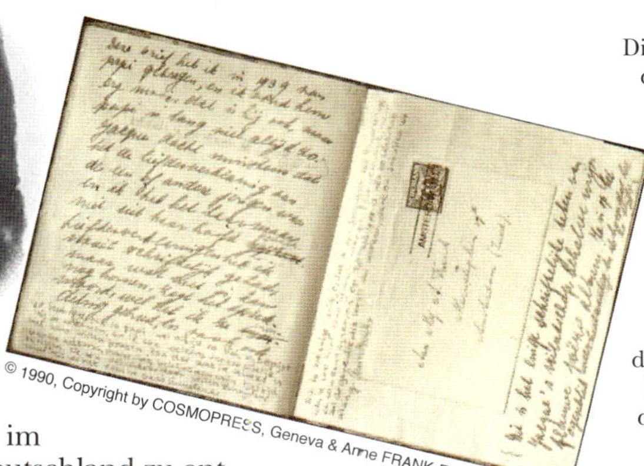

Anne Frank

Um der Judenverfolgung im nationalsozialistischen Deutschland zu entrinnen, flohen Anne Frank und ihre Familie nach Amsterdam. Dort versteckten sie sich auf einem Speicher. Das Tagebuch, das Anne in dieser Zeit führte, wurde später veröffentlicht. Es ist ein bewegender Bericht ihres Schicksals. Anne starb 1945 in einem Konzentrationslager.

MANUSKRIPT
Die handschriftliche oder mit der Maschine geschriebene Fassung eines Werks wird Manuskript genannt. Dieses wird im Verlag vom Lektor inhaltlich, stilistisch und auf Rechtschreibfehler geprüft und dementsprechend korrigiert. Der Hersteller setzt die Texte in das Seitenlayout ein und macht das Buch druckfertig.

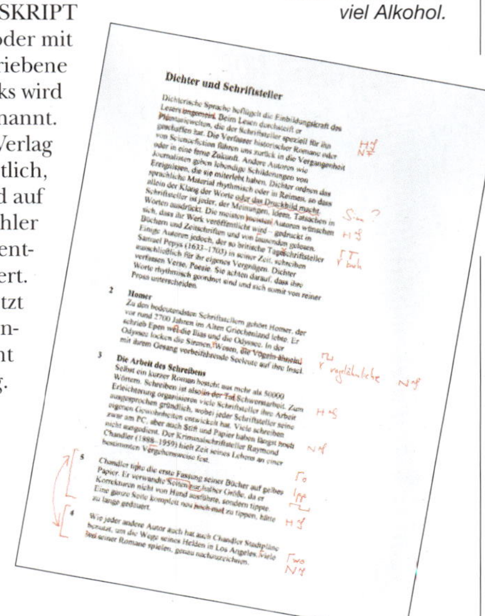

Das Manuskript für diese Buchseite mit den Korrekturen des Lektors

HEINRICH HEINE

Der Dichter und Satiriker Heinrich Heine wurde 1797 in Düsseldorf geboren. Der Sohn einer jüdischen Familie machte eine Ausbildung zum Kaufmann, studierte Jura und trat 1825 zum Christentum über. Nachdem Heine an die Nordsee, in den Harz und nach Italien gefahren war, veröffentlichte er seine Reiseerlebnisse in mehreren Bänden. Mit diesen unterhaltsamen *Reisebildern* hatte er großen Erfolg. 1827 verfasste er das *Buch der Lieder.* Die darin enthaltenen Lieder und Balladen wurden später von so bedeutenden Komponisten wie Franz Schubert und Robert Schumann vertont und weithin bekannt. Enttäuscht über das engstirnige, konservative Deutschland ging Heine 1831 nach Paris, wo er sich mit Karl Marx anfreundete. Er schrieb für deutsche und französische Zeitungen. Wegen seiner Kritik an Kirche und Staat begann man seine Werke in der Heimat zu verbieten. Vor allem in *Deutschland, ein Wintermärchen* machte er sich über seine biederen Landsleute lustig. 1848 wurde Heine schwer krank. Er war zeitweise gelähmt, halb blind und konnte das Bett nicht mehr verlassen. So oft er konnte, schrieb er in seiner »Matratzengruft« weitere Gedichte, Briefe und Aufsätze, bis er 1856 starb.

HERMANN HESSE

Der 1877 in eine Familie von Missionaren und Indienforschern hineingeborene Autor schrieb Romane und Erzählungen, die auf der ganzen Welt verschlungen werden. Vor allem Jugendliche lieben seine Bücher, weil sie von Menschen handeln, die sich gegen vorgegebene Regeln auflehnen und versuchen, ihren eigenen Platz im Leben zu finden. 1911 reiste Hermann Hesse nach Indien. Beeindruckt von der indischen Philosophie gelang ihm mit *Siddharta* einer seiner größten Bestseller. Der Roman erzählt die Geschichte eines jungen Inders aus reicher Familie. Dieser wird auf der Suche nach Weisheit erst zum Bettelmönch, dann zum reichen Kaufmann und schließlich zum bescheidenen Fährmann, den der Fluss das Leben lehrt. Hesse, der 1924 die Schweizer Staatsbürgerschaft annahm, starb 1962 im Tessin.

Mit den Streichen und Abenteuern der frechen Göre Pippi Langstrumpf wurde Astrid Lindgren berühmt.

ASTRID LINDGREN

Die berühmte schwedische Kinderbuchautorin kam 1907 auf einem Bauernhof zur Welt. Später arbeitete sie als Sekretärin. Als ihre Tochter Karin mit einer Lungenentzündung im Bett lag, begann sie ihr die verrückten Abenteuer von Pippi Langstrumpf zu erzählen. Später schrieb sie die Geschichten auf und reichte sie 1945 bei einem Verlagswettbewerb ein. Das Buch gewann den ersten Preis und wurde ein Riesenerfolg – genau wie ihre Bücher *Michel aus Lönneberga, Ronja Räubertochter, Karlsson vom Dach, Wir Kinder aus Bullerbü, Kalle Blomquist, Die Brüder Löwenherz* und viele mehr. 1978 erhielt Astrid Lindgren den Friedenspreis des Deutschen Buchhandels. 2002 starb sie im Alter von 94 Jahren.

CHARLES DICKENS

Einige der größten Romane der englischen Literaturgeschichte stammen von Charles Dickens (1812–70). Sie erzählen die spannenden Abenteuer von Oliver Twist, Nicholas Nickleby oder David Copperfield und schildern die Armut und die soziale Ungerechtigkeit im England des 19. Jahrhunderts.

THOMAS BERNHARD

Im Jahr 1931 kam der Österreicher Thomas Bernhard in den Niederlanden zur Welt. Er besuchte das Gymnasium in Salzburg, das er jedoch verließ, um eine kaufmännische Lehre zu machen. Als junger Mann erkrankte er schwer an Tuberkulose und lebte zwei Jahre lang in einer Lungenheilanstalt. Dort begann er zu schreiben. Nach einem Musik- und Kunststudium arbeitete Thomas Bernhard als freier Schriftsteller. Seine Theaterstücke und Romane wie *Der Theatermacher* oder *Holzfällen* hatten von Anfang an Erfolg, sorgten aber auch für Skandale: Wegen seiner bitterbösen Haltung gegenüber Österreich fühlten sich viele persönlich beleidigt und beschimpften ihn als Nestbeschmutzer. Bevor der Autor 1989 starb, machte er ein Testament, in dem er jede Neuinszenierung von Bühnenstücken sowie die Veröffentlichung weiterer Texte in Österreich verbot.

Siehe auch

LITERATUR
LITERATUR, DEUTSCHSPRACHIGE
MARX, KARL

DINOSAURIER

ERST SEIT 150 JAHREN WISSEN WIR, dass es Dinosaurier gab. Dabei beherrschten diese Lebewesen 160 Mio. Jahre lang die Erde. Um 1820 stellten Gelehrte fest, dass die großen Knochen, die öfters gefunden wurden, Dinosauriern gehört haben. Inzwischen wissen wir durch diese Fossilien, wo Dinosaurier lebten, wie sie aussahen und wovon sie sich ernährten. Dinosaurier waren Reptilien und lebten an Land. Ihr Name bedeutet »Schreckliche Echsen«, und wie Echsen hatten viele von ihnen eine von Schuppen bedeckte Haut. Es gab Hunderte von Arten, die man nach der Form ihres Beckens in zwei Gruppen aufteilt: die Ornithischier (Vogelbecken-Dinosaurier) wie z.B. *Protoceratops*, und die Saurischier (Echsenbecken-Dinosaurier) wie z.B. *Diplodocus*. Es gab auch kleine Dinosaurier – wie den hühnergroßen *Compsognathus* oder *Heterodontosaurus*, der die Größe eines großen Hundes hatte. Einige Arten wie *Tyrannosaurus rex* waren Karnivoren (Fleischfresser), andere wie *Stegosaurus* waren Herbivoren (Pflanzenfresser). Vor ungefähr 65 Mio. Jahren starben die Dinosaurier und ihre Zeitgenossen, die Wasser- und Flugsaurier, aus. Der Grund dafür ist noch unbekannt.

REPTILIEN
Dinosaurier waren Reptilien – wie die heutigen Krokodile und die hier abgebildete Echse. Ebenso wie andere Reptilien hatten auch Dinosaurier eine von Schuppen bedeckte Haut und legten Eier. Ihre Beine waren jedoch länger als die heutiger Reptilien.

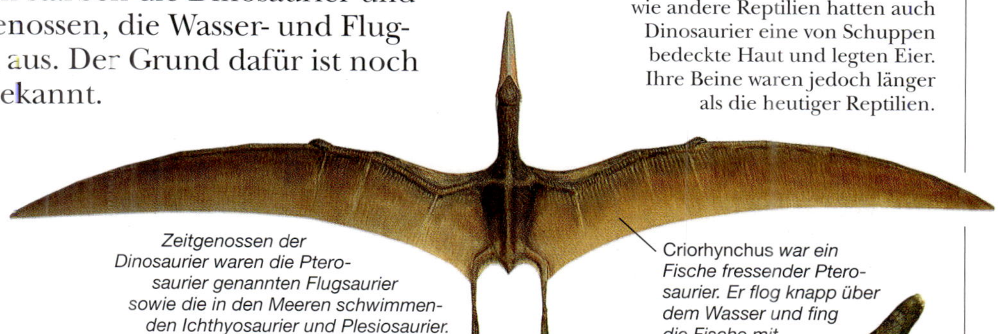

Zeitgenossen der Dinosaurier waren die Pterosaurier genannten Flugsaurier sowie die in den Meeren schwimmenden Ichthyosaurier und Plesiosaurier.

Criorhynchus *war ein Fische fressender Pterosaurier. Er flog knapp über dem Wasser und fing die Fische mit dem Schnabel.*

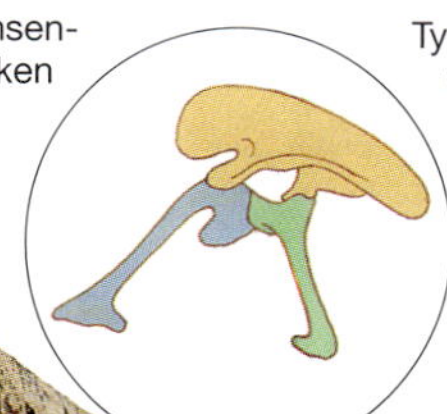

Echsenbecken

Tyrannosaurus rex *war ein so genannter Echsenbecken-Dinosaurier.*

Tyrannosaurus *hatte winzige Hände, die nicht zum Maul reichten. Wir wissen nicht, wie er sie einsetzte.*

TYRANNOSAURUS REX

Tyrannosaurus war der größte Fleisch fressende Dinosaurier. Außerdem ist er das größte Fleisch fressende Landtier aller Zeiten. Seine Fossilien wurden erstmals in Nordamerika gefunden. *Tyrannosaurus* war 14 m lang und konnte sich fast 6 m hoch aufrichten. Seine kräftigen Zähne waren über 15 cm lang. *Tyrannosaurus* wog knapp 7 t und war deshalb wohl zu schwer, um zu laufen und andere große Dinosaurier zu jagen. Man nimmt an, dass er sich von kleineren Sauriern und von Aas ernährte.

Fleisch fressende Dinosaurier hatten häufig große Krallen, mit denen sie ihre Beute packten. Diese Kralle gehörte einem Baryonyx, *dessen Name »Schwere Kralle« bedeutet.*

GORGOSAURUS
Fleisch fressende Dinosaurier wie *Gorgosaurus* besaßen große Zähne und kräftige Kaumuskeln. Doch nicht alle Dinosaurierzähne waren groß: Manche waren so klein wie menschliche Zähne.

Unterkiefer eines Gorgosaurus

DIPLODOCUS
Die größten Dinosaurier, zu denen *Diplodocus* zählte, gehörten zu einer Gruppe von Pflanzenfressern, den Sauropoden. Mit 27 m Körperlänge, deren größter Teil auf den Schwanz entfiel, war *Diplodocus* einer der Längsten, wog aber »nur« etwa 9 t.

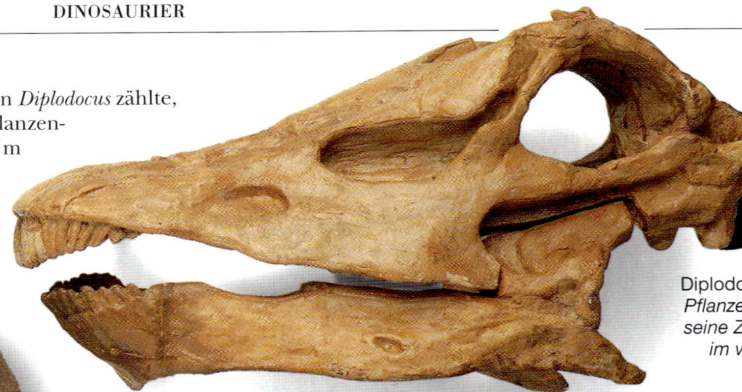

Diplodocus war ein Pflanzenfresser. All seine Zähne waren im vorderen Teil des Kiefers.

Protoceratops war etwa 2 m lang. Mit dem schnabelähnlichen Maul könnte er Pflanzen abgezupft haben.

PROTOCERATOPS
Forscher fanden Fossilien von *Protoceratops* in den 20er-Jahren des 20. Jh. in der Wüste Gobi in Asien. Der Fund bestand aus Knochen von erwachsenen und von jungen Tieren sowie aus Eiern. Vor etwa 80 Mio. Jahren hatten *Protoceratops*-Familien hier ihre Brutplätze.

FORTPFLANZUNG
Die Fossilien von *Protoceratops* zeigen, dass das Weibchen eine flache Grube grub und die Eier darin kreisförmig anordnete. Da man viele Nester nebeneinander fand, nimmt man an, dass diese Dinosaurier ähnlich wie die heutigen Vögel in großen Gruppen oder Kolonien brüteten.

TYPEN VON DINOSAURIERN

Die Dinosaurier waren hinsichtlich Größe und Aussehen sehr verschieden und lebten nicht alle gleichzeitig. Manche lebten vor 200 Mio. Jahren, andere vor 70 Mio. Jahren. Die Grafik zeigt sie im Größenvergleich mit einem zehnjährigen Kind.

Mio. J. = Millionen Jahren

Forscher konnten die Skelette einiger Arten rekonstruieren, wie dieses Skelett eines Tuojiangosaurus.

BARYONYX
1983 fand man im englischen Surrey fossile Krallen und Knochen eines Dinosauriers, den man *Baryonyx* nannte. Da in seinem Magen versteinerte Fischschuppen waren, könnte er sich von Fischen ernährt haben, die er mit seinen Krallen fing.

DER UNTERGANG DER DINOSAURIER
Über das Verschwinden der Dinosaurier gibt es viele Theorien. Der Grund könnte der Aufprall eines riesigen Meteoriten auf die Erde gewesen sein, der Staubwolken aufwirbelte, die die Sonne vedunkelten. Ohne Sonnenlicht konnten die Pflanzen nicht überleben, und mit ihnen starben die Tiere.

IGUANODON

Iguanodon war ein Pflanzenfresser, der bis zu 10 m lang wurde und an Händen und Füßen hufähnliche Krallen hatte. Man nimmt an, dass *Iguanodon* in Herden lebte, weil man in manchen Teilen Europas mehrere fossile Skelette von *Iguanodon* zusammen an einer Fundstelle entdeckte.

Iguanodon besaß vielseitige Hände. Die drei Mittelfinger hatten hufähnliche Krallen, der kleine Finger konnte Futter halten, und der mit einer Kralle bewehrte Daumen diente als Waffe.

Iguanodon gehörte zur Gruppe der Vogelbecken-Dinosaurier oder Ornithischier.

Der Schwanz half Iguanodon die Balance zu halten.

Vogelbecken

Siehe auch

ERDGESCHICHTE
ERDGESCHICHTE, ENTWICKLUNG DES MENSCHEN
EVOLUTION
FOSSILIEN

DRACHEN UND SEGELFLUGZEUGE

CHINESISCHE DRACHEN
Bunte Drachen, Vögel und Schmetterlinge mit flatternden Schwänzen sind traditionelle chinesische Drachenformen. Dieser tausendfüßerartige Drachen besteht aus 15 runden, aneinanderhängenden Drachen aus Papier und Bambus.

DRACHEN sind die ältesten Fluggeräte. In China ließ man schon vor über 3000 Jahren Seidendrachen steigen, und der Sage nach soll General Huan Theng 202 v. Chr. mit Drachen, deren straffe Schnüre gespenstisch im Wind pfiffen, seine Feinde erschreckt haben. 1500 Jahre später berichtete Marco Polo, der große italienische Asienreisende, aus China von riesigen Drachen, an denen Gefangene in die Luft gehoben wurden, um den Wind zu testen. In Europa sind Drachen schon seit über 1000 Jahren ein Kinderspielzeug. Auf Drachen gehen auch die Segelflugzeuge zurück: Um 1800 entdeckte der englische Erfinder George Cayley, dass ein Drachen mit gewölbten Flügeln und einem Schwanz durch die Luft gleitet, ohne dass es dazu einer Brise bedarf und ohne dass er an einer Schnur geführt wird. Später baute Cayley einen bemannten Gleitflieger, den einfachen Vorläufer all der stromlinienförmigen Flugzeuge, die wir heute weltweit nutzen.

FLACHDRACHEN
Die ältesten und einfachsten Drachen sind rautenförmig und haben flache Rahmen. Aneinandergereiht bilden sie spektakulär sich windende Schlangen.

Ohne eine Schnur, die ihn im richtigen Winkel zum Wind hält, könnte ein Drachen nicht fliegen.

DELTADRACHEN
Dreieckige Deltadrachen sind leicht zu bauen und fliegen gut bei leichtem Wind.

DRACHENFLIEGER
Drachen sind die einfachsten und kostengünstigsten Fluggeräte, und das Drachenfliegen ist ein beliebter Sport. In der Luft wölben sich die Segel des Drachens zu Tragflächen wie die eines Flugzeugs. Dadurch gleitet der Drachen durch die Luft und sinkt nicht ab.

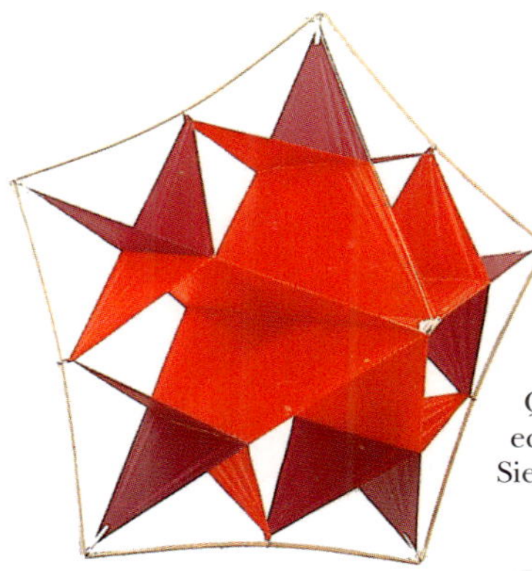

KASTENDRACHEN
Kunstvolle Kastendrachen haben einen Rahmen, in dem Quadrate, Dreiecke und Rechtecke kombiniert sein können. Sie sind die stabilsten Drachen.

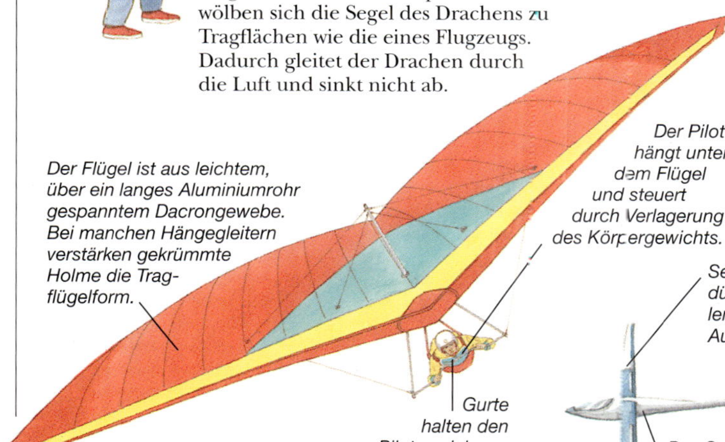

Der Flügel ist aus leichtem, über ein langes Aluminiumrohr gespanntem Dacrongewebe. Bei manchen Hängegleitern verstärken gekrümmte Holme die Tragflügelform.

Der Pilot hängt unter dem Flügel und steuert durch Verlagerung des Körpergewichts.

Gurte halten den Piloten sicher in Position.

SEGELFLUGZEUGE

Da ein Segelflugzeug keinen Motor hat, kann es nur gleiten, wobei es letztlich immer mehr an Höhe verliert. Damit sie lange in der Luft bleiben, sind moderne Segelflugzeuge stromlinienförmig und aus leichtem Fiberglas. Ein Flugzeug, eine Winde oder ein Auto ziehen die Segelflugzeuge in die Luft. Dann sucht der Pilot nach aufsteigender Warmluft, so genannter Thermik, in der er sehr hoch aufsteigen kann.

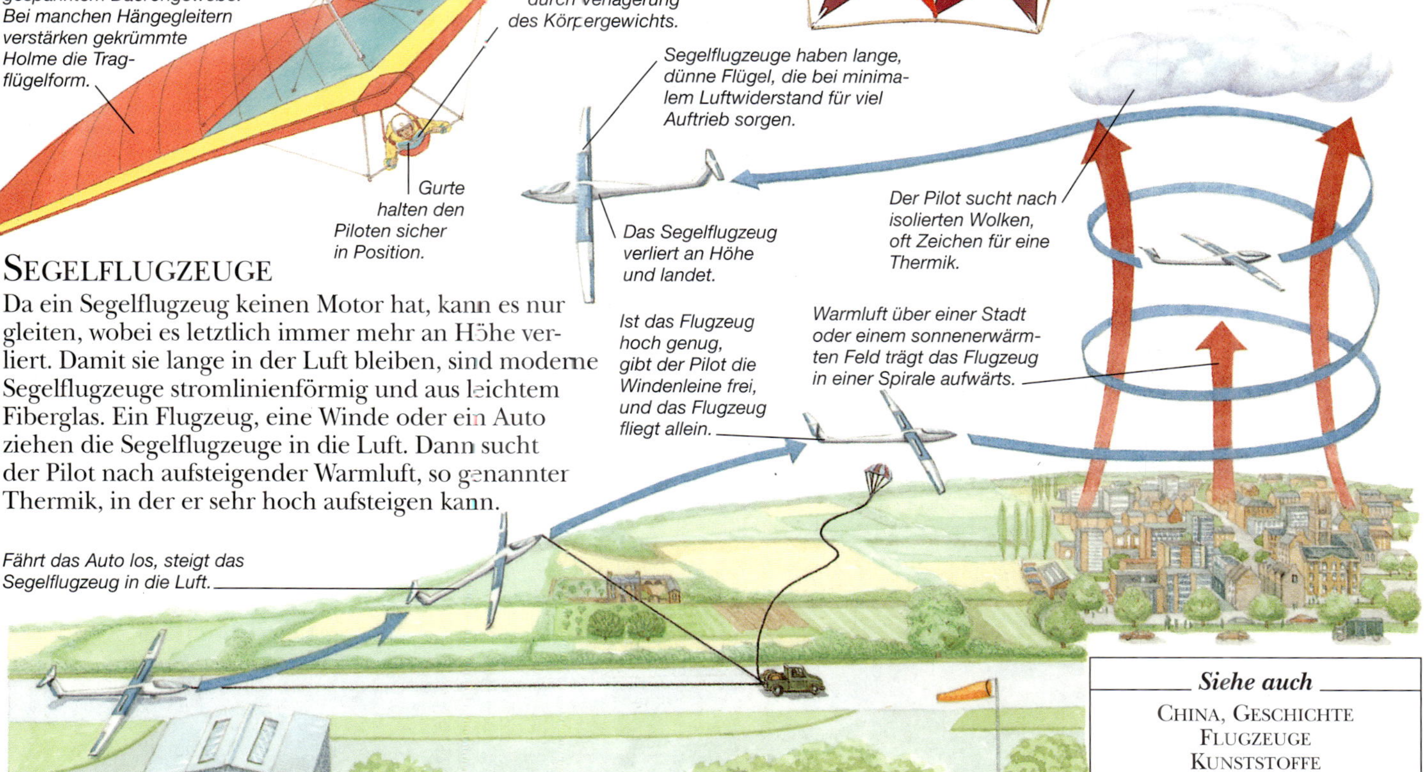

Segelflugzeuge haben lange, dünne Flügel, die bei minimalem Luftwiderstand für viel Auftrieb sorgen.

Das Segelflugzeug verliert an Höhe und landet.

Der Pilot sucht nach isolierten Wolken, oft Zeichen für eine Thermik.

Ist das Flugzeug hoch genug, gibt der Pilot die Windenleine frei, und das Flugzeug fliegt allein.

Warmluft über einer Stadt oder einem sonnenerwärmten Feld trägt das Flugzeug in einer Spirale aufwärts.

Fährt das Auto los, steigt das Segelflugzeug in die Luft.

Siehe auch
CHINA, GESCHICHTE
FLUGZEUGE
KUNSTSTOFFE

Drucktechnik

Gedruckten Wörtern und Bildern begegnen wir fast überall: in der Werbung, auf Straßenschildern, Lebensmitteletiketten, CDs, Kleidern, Zeitungen und natürlich in Büchern wie diesem. Heute sind diese Informationen für uns selbstverständlich, aber vor der Erfindung des Drucks musste jede Information mühsam mit der Hand geschrieben werden, und nur wenige Menschen konnten schreiben und lesen. Die Einführung des Drucks war eine Revolution. Dank der Drucktechnik lassen sich zahlreiche identische Kopien von Wörtern und Bildern rasch und billig herstellen. Druckerpressen drucken ein Spiegelbild des Originals mit Druckerfarbe auf Papier, Pappe und andere Materialien. Einst mussten Drucker die Seiten aus Metallblöcken zusammensetzen, die entweder einen einzigen Buchstaben oder eine Textzeile druckten. Heutzutage lässt sich die Vorlage für eine ganze Seite in sehr kurzer Zeit auf durchsichtigem Film oder digitalen Daten erzeugen, und durch den Einsatz von Computern ist das Druckverfahren weiter beschleunigt worden.

Ein Stempel muss spiegelbildlich sein, damit er richtig herum druckt.

1 Setzen
Um die Schrift für ein Buch zu setzen, werden die Wörter in einen Computer eingegeben. Dieser sendet Signale an eine Maschine, die über einen Laser die Wörter auf einen lichtempfindlichen Kunststofffilm druckt.

2 Farbauszug
Alle Farben und Illustrationen in einem Buch werden meist nur mit vier Farben gedruckt, mit jeweils einer Platte, die aus einem separaten Film entsteht. Für diese so genannten Farbauszüge werden alle Bilder auf einer sich drehenden Trommel von einem Laser vier Mal gescannt – einmal für jeden Auszug.

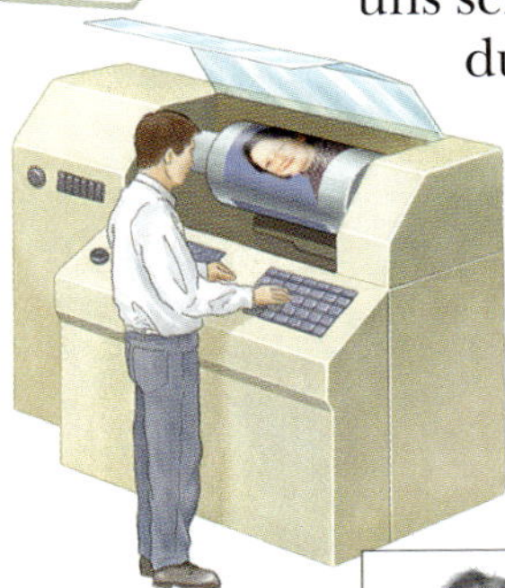

3 Druckerpresse
Die Druckplatten werden fotografisch erzeugt, indem Licht durch die Schrift- und Farbfilme geschickt wird, sodass die lichtempfindliche Schicht der Platte die Details festhält. Jede Platte wird mit Chemikalien behandelt, um das Druckbild herauszuholen, und dann auf Rollen in der Druckerpresse fixiert. Es sind insgesamt vier Platten – für jede Farbe eine. Während das Papier durch die Presse läuft, passiert es jede der vier eingefärbten Platten, die nacheinander die vier Farben auftragen. Separate Rollen färben die Platten ständig ein. Am anderen Ende kommt das Papier als Vierfarbendruck heraus.

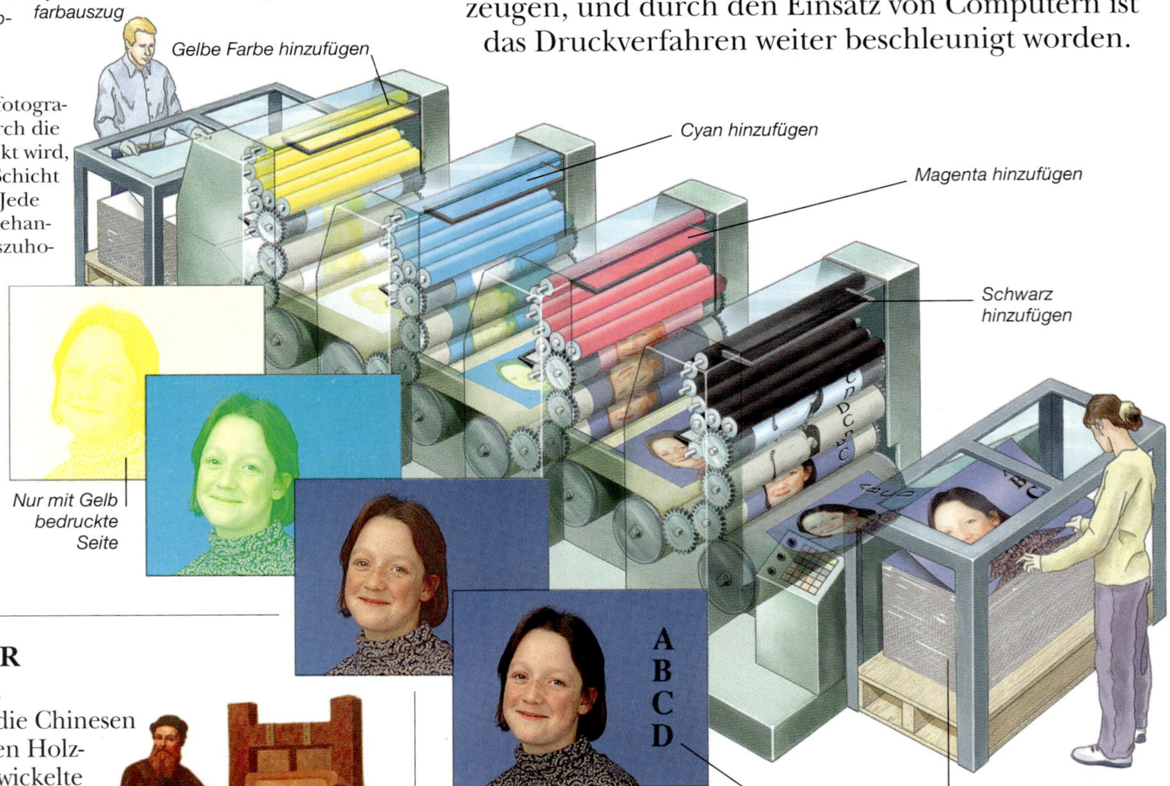

Geschichte der Drucktechnik

Im Jahr 868 druckten die Chinesen Bücher mit geschnitzten Holzblöcken. Um 1440 entwickelte Johannes Gutenberg bewegliche Lettern für jeden Buchstaben zum Druck auf einer Handpresse (rechts). Dieses Verfahren wurde erst 350 Jahre später von Druckmaschinen abgelöst, mit denen sich Bücher leichter drucken ließen.

Gutenberg und seine Presse

Vierfarbendruck
Alle Farben auf dieser Seite bestehen aus Punkten, die mit nur vier verschiedenen Druckfarben gedruckt sind: Gelb, Magenta (Blaurot), Cyan (Grünblau) und Schwarz. Mehr Farben verwendet man zuweilen für hochwertige Drucke, aber dies ist teurer, da die meisten Druckerpressen nur für den Vierfarbendruck eingerichtet sind.

Siehe auch
Bücher
Farben
Papier
Zeitungen

ECHSEN

DIE GRÖSSTE GRUPPE innerhalb der Klasse der Reptilien bildet die Unterordnung der Echsen, der ungefähr 4300 Arten angehören. Echsen sind in nahezu allen Lebensräumen verbreitet, nur nicht im offenen Meer und in den Polargebieten. Größte Echse ist der Komodo-Waran, während winzige Geckos von teilweise weniger als 2 cm Körperlänge die kleinsten Echsen sind. Eine typische Echse wie z. B. der Leguan hat einen lang gestreckten Körper, einen langen Schwanz, seitlich abgespreizte Beine und Füße mit fünf Zehen. Von dieser »Grundausstattung« gibt es allerdings auch viele Abweichungen. Skinke sind oft extrem lang und haben kurze Beine. Schleichenartige Echsen haben kurze Beine oder verloren ihre Beine im Laufe der Evolution ganz. Die Weibchen der meisten Arten legen Eier, die sie im Boden vergraben oder unter Felsen verstecken.

Grüner Leguan

NACKENSTACHLER

Diese Echse ist in Asien heimisch. Sie lebt überwiegend auf Bäumen, die in Wassernähe stehen. Im Unterschied zu den meisten anderen Echsen kann der Nackenstachler schwimmen. Eine weitere Besonderheit ist, dass er bei Gefahr auf zwei Beinen davonläuft und so eine hohe Geschwindigkeit erreicht.

ECHSENSCHWÄNZE

So wie bei Seesternen abgebrochene Arme nachwachsen, so wachsen auch bei Echsen die Schwänze nach. Wenn ein Fressfeind eine Echse am Schwanz packt, stößt die Echse den Schwanz ab. Die Schwanzwirbel haben Risse, sodass der Schwanz leicht abbricht. Das abgebrochene Teil windet sich oft minutenlang. Dies verwirrt den Angreifer, und die Echse hat Zeit zu fliehen. Das Nachwachsen dauert meist acht Monate.

KRAGENECHSE

Die australische Kragenechse hat am Hals einen Hautlappen, der im Ruhezustand flach am Körper anliegt. Die Echse kann diesen »Kragen« aufstellen, um größer zu erscheinen und Fressfeinde abzuschrecken. Wenn sie droht, bewegt sie auch Schwanz und Kopf.

Tokee

TOKEE

Die Zehen des Tokee sind an der Unterseite mit etwa einer Million haarfeiner Lamellen bedeckt, die ihm auch auf glatten Flächen sicheren Halt geben. Dadurch kann er an Wänden und Decken laufen.

Fünf Krallen an den Füßen

Gespaltene Zunge

TEJU

Tejus (links ein junges Tier) leben in tropischen Gebieten Südamerikas. Sie ernähren sich v.a. von jungen Vögeln und Säugern und fressen auch andere Echsen. Die Haut ist rau und schuppig, die Zunge gespalten, und an den Zehen sind Krallen.

Der männliche Rotkehl-Anolis bläht seinen Kehlsack auf.

ANOLIS

Anolis-Echsen gehören der Familie der Leguane an. Es gibt viele verschiedene Arten, die in tropischen Regionen Mittel- und Südamerikas leben. Anolis-Echsen erobern sich ein Revier und verteidigen es. Die Männchen blähen ihren roten Kehlsack auf, um Rivalen zu drohen. Manchmal bezeichnet man sie fälschlicherweise auch als Amerikanische Chamäleons.

Komodo-Warane fressen den Kadaver eines Hirsches.

KOMODO-WARAN

Mit bis zu 3 m Körperlänge ist der Komodo-Waran die größte Echse. Er frisst Aas und jagt auch Hirsche und Schweine. Komodo-Warane leben auf einigen der Kleinen Indonesischen Inseln.

GILA-KRUSTENECHSE

Es gibt nur zwei Echsen, deren Biss giftig ist: die Mexikanische Perleidechse und die Gila-Krustenechse. Die Krustenechse (rechts) lebt in trockenem Buschland. Tagsüber ruht sie in einem Bau, nachts jagt sie kleine Tiere, wie z. B. Mäuse, und frisst auch die Eier von Vögeln und anderen Reptilien.

Eine Gila-Krustenechse frisst junge Mäuse.

MADAGASSISCHER TAGGECKO

Viele Echsen sind durch ihre Farbe in ihrem Lebensraum gut getarnt. Auf Bäumen lebende Geckos wie dieser Taggecko sind oft leuchtend grün, sodass sie im Laub nicht auffallen. In Wüsten lebende Echsen sind sandfarben oder braun. Viele Chamäleons passen ihre Farbe der Umgebung an.

WÜSTENTEUFEL

Der Wüstenteufel lebt in Teilen Australiens. Sein Körper ist von der Schnauze bis zum Schwanz von Stacheln bedeckt. Lebensraum dieser Echsen sind trockene Regionen, in denen sie Ameisen jagen. Die Jungen sehen wie stachelige Miniaturausgaben ihrer Eltern aus.

MEERECHSEN

Wie alle Echsen können auch die zu den Leguanen gehörenden Meerechsen ihren Körper nur in einer warmen Umgebung erwärmen. Sie verbringen einen großen Teil des Tages damit, Sonnenbäder zu nehmen. Nur wenn sie warm sind, können sie sich schnell bewegen und jagen. Die auf den Galapagosinseln lebenden Meerechsen tauchen bis zu 11 m tief nach Algen.

Nach jedem Tauchgang nehmen Meerechsen ein Sonnenbad, um sich aufzuwärmen.

BLINDSCHLEICHE

Die Blindschleiche sieht wie eine Schlange aus, ist aber eine Echse. Sie ist auch keineswegs blind. Bei Gefahr bewegt sie sich rasch fort, indem sie ihren Körper wie eine Schlange windet. Blindschleichen leben in Feldern und Buschland in Europa, Nordafrika und Südwestasien. Die Weibchen bringen lebende, voll entwickelte Junge zur Welt.

Blindschleichen werden bis zu 50 cm lang.

Siehe auch

NORDAMERIKA, TIERE
REPTILIEN
TIERE, TARNUNG
TIERE, WÜSTE

Edelsteine und Schmuck

Edelsteine, z. B. Diamanten, funkeln im Licht, doch sind sie zunächst nichts weiter als glanzlose, im Gestein verborgene Steine. Ihre Schönheit erlangen sie erst durch die Arbeit von Edelsteinschleifern und von Juwelieren, die die Steine in Fassungen aus Silber, Gold oder anderen wertvollen Materialien einsetzen. Manche Menschen tragen Edelsteine als Glücksbringer. Meist werden sie jedoch zu Schmuck verarbeitet. Es gibt sehr wertvolle Steine, wie z. B. Rubine und Smaragde, und so genannte Halbedelsteine, wie z. B. Opal und Jade. Edelsteine werden auch in der Industrie angewandt: Rubine werden in Lasern eingesetzt, und die Spitzen der Bohrer, die im Gestein nach Erdöl suchen, sind mit Diamanten besetzt – dem härtesten Material der Welt.

Polierter Blausaphir

Jade besteht aus winzigen Kristallen.

KRONJUWELEN
Die britischen Kronjuwelen sind mit unbezahlbaren Edelsteinen besetzt. Das Königliche Zepter (oben) trägt den größten geschliffenen Diamanten der Welt, den »Stern von Afrika«.

Dieser Rubinkristall, Edwardes-Rubin genannt, ist für seine Größe und Qualität berühmt.

Geschliffener Rubin

SAPHIR UND RUBIN
Die Kristalle farbiger Mineralien bilden wertvolle Edelsteine. Saphir und Rubin sind Erscheinungsformen des Minerals Korund. Eisen- und Titanzusätze machen aus dem Korund einen Blausaphir. Chrom macht aus Korund einen roten Rubin.

Wertvolle Steine

Edelsteine werden aus durchsichtigen Mineralien gewonnen. In reiner Form sind diese Mineralien farblos. Die Farbe stammt von Metallen und anderen Verunreinigungen im Mineral. Das Metall Chrom sorgt beim farblosen Mineral Beryll für die grüne Färbung und macht daraus einen wertvollen Smaragd. Edelsteine sind oft in Flussbetten zu finden, wo das fließende Wasser das sie umgebende weichere Gestein abgetragen hat.

Opalvorkommen in Sedimentgestein

OPAL
Die wie Regenbogen schillernden Opale bestehen vorwiegend aus Silizium, einem Mineral, das auch in Sand zu finden ist. Opale müssen nicht geschliffen werden, denn winzige Siliziumteilchen reflektieren und brechen das Licht, wobei unterschiedliche Farben von milchigem Weiß bis zu Schwarz – der wertvollsten Opalart – entstehen.

Das Metall Titan eignet sich wegen seines Glanzes und seiner Färbung sehr gut für Schmuck.

Polierter weißer Opal

Fassung aus Gold

Tigerauge besteht vorwiegend aus Quarz.

Nachahmung einer Diamantbrosche aus geschliffenem Glas

Perlen aus den Schalen von Austern

Korallen sind die Reste winziger Meerestierchen.

Lapislazuli wird seit mehr als 6000 Jahren zu Schmuck verarbeitet.

Schmuck

Sowohl Frauen als auch Männer tragen Ringe, Broschen, Armbänder, Ohrringe und Halsketten als Schmuck. Wertvoller Schmuck besteht oft aus Gold und Edelsteinen. Schmuck wird aber auch aus Halbedelsteinen und organischem Material wie Perlen oder Bernstein oder sogar aus sehr günstigem Material wie Muscheln, Korallen, Holz und Plastik hergestellt. Nicht selten werden anstelle von Edelsteinen Nachahmungen aus Glas oder Plastik zu Schmuck verarbeitet.

STEINSCHLEIFER
Ein Edelstein funkelt aufgrund der abgeschrägten Flächen, Facetten genannt, die das Licht reflektieren und brechen. Edelsteinschleifer spalten zuerst die Steine, schleifen die gewünschten Facetten ein und polieren sie anschließend. Es gibt verschiedene Arten von Schliffen mit unterschiedlichen Facettenmustern.

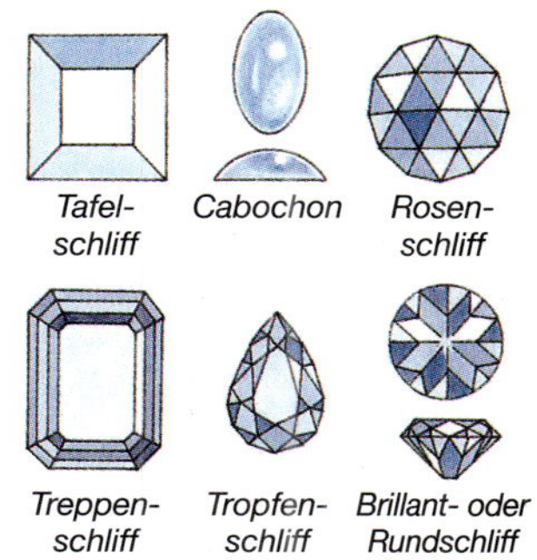

Siehe auch

Korallentiere und Quallen
Metalle
Mineralien und Steine
Muscheln und Tintenfische

ALBERT
EINSTEIN

1879 Geboren in Ulm.
1900 Diplom in Mathematik und Physik an der Hochschule in Zürich.
1902–09 Beamter am Eidgenössischen Patentamt, Bern.
1905 Erste Arbeit über die Spezielle Relativitätstheorie.
1916 Veröffentlichung der Allgemeinen Relativitätstheorie.
1921 Auszeichnung mit dem Physik-Nobelpreis.
1933 Emigration in die USA.
1955 Gestorben in Princeton, USA.

DER PHYSIKER ALBERT EINSTEIN gehört zu den größten Wissenschaftlern aller Zeiten. Seine Theorien bildeten die Grundlagen der modernen Physik und halfen uns, das Universum zu verstehen. Die bekannteste Theorie Einsteins ist die 1905 veröffentlichte Relativitätstheorie, mit der er die wissenschaftliche Elite ins Staunen versetzte. Mit dieser Theorie zeigte Einstein, dass für alles, das langsamer ist als Licht, Geschwindigkeit und Zeit relativ sind – d. h., je schneller sich etwas bewegt, desto langsamer scheint die Zeit zu vergehen. Einsteins Erkenntnisse über die Relativität führten später zu neuen Theorien über Energie und Masse, wofür er 1921 mit dem Nobelpreis ausgezeichnet wurde. Im Jahr 1933 wanderte Einstein in die USA aus.

DER JUNGE EINSTEIN
Einstein wurde in Deutschland geboren. Schon als Junge interessierte er sich für Naturwissenschaften. Mit 15 Jahren zog er mit der Familie in die Schweiz, wo er später auch studierte. Bereits als Student entdeckte er die Eigenschaften des Lichts. Neben seiner Arbeit im Patentamt verfasste er mit 26 Jahren die erste Relativitätstheorie.

Albert Einstein in seinem Arbeitszimmer in den USA

Einstein war für seine Unordnung bekannt.

Der Junge im abwärts fahrenden Aufzug lässt einen Ball fallen. Von außen betrachtet, scheint der Ball einen längeren Fallweg zu haben als es dem Jungen selbst vorkommt. Ist der Ball also schneller?

Ein optisches Rätsel hilft, die Relativitätstheorie leichter zu verstehen.

Unterschiedliche Blickpunkte verändern die Wahrnehmung.

RELATIVITÄT
Die Relativität ist schwer zu begreifen. Eine der wichtigsten Vorstellungen ist die »Zeitdehnung«, d. h. dass sich die Zeit zu verlangsamen scheint, wenn sich Dinge im Verhältnis zum ruhenden Beobachter bewegen. Dieser Effekt nimmt mit Annäherung an die Lichtgeschwindigkeit stark zu. Diese Zunahme ist schwer darstellbar, da wir sie nicht mehr wahrnehmen können. Nichts kann schneller sein als Licht, dessen Geschwindigkeit konstant ist.

FORSCHER

Einstein entwickelte seine revolutionären Theorien durch »Gedankenexperimente«. So stellte er sich z. B. vor, wie er aussähe, wenn er auf einem Lichtstrahl reiten würde. Solch einfache Fragen hatten oft überraschende Antworten, die Einstein mathematisch begründete. Zunächst waren Einsteins Theorien häufig umstritten, spätere Experimente zeigten jedoch, dass sie richtig waren.

ATOMENERGIE

Einstein schuf die berühmte Formel $E = mc^2$, d. h. Energie (E) = Masse (m) mal dem Quadrat der Lichtgeschwindigkeit (c). Die Formel zeigt, dass z. B. durch die Spaltung eines Atomkerns eine gewaltige Energie freigesetzt werden könnte. Diese Erkenntnis führte zur Entwicklung der Atombombe. Ab 1946 lehnte Einstein jedoch alle Atomwaffen ab.

Siehe auch

ATOME UND MOLEKÜLE
NATURWISSENSCHAFTEN, GESCHICHTE
ZEIT

Einwanderung und Auswanderung

Gerade die mitteleuropäischen Länder gehören mit zu den reichsten Ländern der Welt. Aus diesem Grund sind sie beliebte Einwanderungsländer. Doch das war nicht immer so. Im 19. Jahrhundert herrschte in vielen Teilen Europas bittere Armut. In dieser Zeit wanderten Millionen von Menschen nach Nord- oder Südamerika aus. Weitere flohen vor den beiden Weltkriegen. Heute suchen viele Menschen bei uns Zuflucht, um Armut, Naturkatastrophen und Krieg zu entgehen. Doch das Recht auf Asyl ist drastisch eingeschränkt worden. Aus diesem Grund tauchen viele Menschen unter und bleiben illegal im Land ihrer Wahl. Weil sie auf diese Weise wenig Rechte besitzen, werden sie oft hemmungslos ausgenutzt.

BERLIN-KREUZBERG
In Deutschland stammt ein Großteil der Einwanderer aus der Türkei. Das macht sich auch im Straßenbild bemerkbar, z. B. in Berlin-Kreuzberg, wo 132 000 Menschen türkischer Herkunft leben. Hier gibt es zahlreiche Kebab-Stände, türkische Gemüseläden, Cafés und Geschäfte.

1964 kam der einmillionste Gastarbeiter in Deutschland an. Es war der Portugiese Armando Sar Rodriguez. Zur Begrüßung bekam er ein Motorrad geschenkt.

Gastarbeiter

Nach 1950 ging es mit der deutschen Wirtschaft steil bergauf. In dieser Zeit des Wirtschaftswunders warb die Bundesregierung ungelernte Arbeiter aus der Türkei, Italien, Spanien, Portugal, Griechenland und Jugoslawien an. Diese so genannten Gastarbeiter sollten eine Weile in Deutschland arbeiten und dann in ihre Heimat zurückkehren. Die meisten blieben jedoch und holten ihre Familien nach.

MITEINANDER LEBEN
Obwohl viele Einwanderer bereits in der dritten Generation in Deutschland leben, haben sie immer wieder mit Fremdenhass zu kämpfen. Interessanterweise ist die Ausländerfeindlichkeit dort am größten, wo es nur wenige Ausländer gibt. Einheimische und Fremde müssen sich also erst einmal kennen lernen, um Vorurteile zu überwinden. Damit die Einwanderer nicht isoliert bleiben, ist es wichtig, dass sie die Möglichkeit bekommen, die deutsche Sprache zu erlernen. Nur dann können sie sich richtig in ihrer neuen Heimat einleben.

Grundrecht auf Asyl

1949 wurde das Grundrecht auf Asyl in der deutschen Verfassung fest verankert. In Art. 16 a heißt es ausdrücklich: »Politisch Verfolgte genießen Asylrecht.« Das bedeutet, dass Menschen, die der Staat in ihrer Heimat wegen ihrer Rasse, Religion, Nationalität oder politischen Einstellung verfolgt, in Deutschland Zuflucht finden. Für Menschen, die vor Armut oder Naturkatastrophen fliehen, gilt das allerdings nicht.

Ein- und Auswanderung

18. Jh. Die ersten Deutschen wandern nach Amerika aus.

19. Jh. Massen von verarmten Landarbeitern beginnen ein neues Leben in Amerika.

1914 Mit Ausbruch des Ersten Weltkriegs kommt es zu einer neuen Auswanderungswelle.

1933 Hitler und die NSDAP kommen an die Macht. 800 000 Juden und politisch Verfolgte fliehen ins Ausland.

1949 Das Grundrecht auf Asyl wird in der Verfassung verankert.

ab 1980 Die Zahl der Asylbewerber steigt.

1993 Der Bundestag schränkt das Grundrecht auf Asyl ein.

2001 Die Greencard für Computerspezialisten wird eingeführt.

AUSWANDERUNGSWELLE
Um 1816 kam es im Deutschen Reich zu einer riesigen Auswanderungswelle: Durch den Fortschritt der Medizin hatte sich die Bevölkerung in nur wenigen Jahren verdoppelt, und es herrschte große Armut. Zigtausende besitzlose Landarbeiter bestiegen in Bremen oder Hamburg ein Schiff, das sie in ihre neue Heimat brachte. Die meisten suchten in den USA, Kanada oder Argentinien ihr Glück.

Ellis Island – das goldene Tor nach Amerika: Auf dieser kleinen Insel vor New York befand sich von 1892 bis 1943 die Kontrollstelle für Einwanderer.

Siehe auch

Deutschland, Geschichte
Rechtsprechung
Regierungsformen

Eisen und Stahl

Riesige Öltanker und Brücken haben mit winzigen Objekten wie Muttern und Schrauben eines gemeinsam: Sie sind aus Stahl. Weltweit werden jährlich mehr als 800 Mio. Tonnen Stahl erzeugt – er ist das am häufigsten verwendete Metall. Stahl besteht aus Eisen, einem der meistverbreiteten Metalle in der Erdkruste, und aus Kohlenstoff, der aus Kohle gewonnen wird. Aus Eisen lassen sich z. B. Automotorenteile und Magnete fertigen. Unser Körper braucht Eisen, um richtig zu funktionieren. Eine gesunde Ernährung schließt eisenhaltige Nahrungsmittel wie grüne Gemüse ein. Eisenstücke fallen bisweilen als Meteoriten aus dem Weltall auf die Erde. Das meiste Eisen aber stammt aus Eisenerz, das im Tagebau abgebaut wird. Das Eisen wird durch Erhitzen des Erzes mit Koks (aus Kohle) gewonnen. Die Hethiter beherrschten schon um 1500 v. Chr. das Schmelzen von Eisen. Dies war der Beginn des Eisenzeitalters, in dem Waffen und Werkzeuge aus Eisen gefertigt wurden.

Aus Eisen und Stahl waren einst Waffen und Rüstungen, wie dieser Helm aus dem 16. Jh.

STAHLKONVERTER
Im Stahlkonverter wird heiße Luft oder Sauerstoff über das geschmolzene Eisen aus dem Hochofen geblasen. Im Gasstrahl verbrennt der Kohlenstoff, übrig bleibt geschmolzener Stahl. Bei diesem Prozess kann alter Stahl (z. B. von Autos) zugegeben und so recycelt werden.

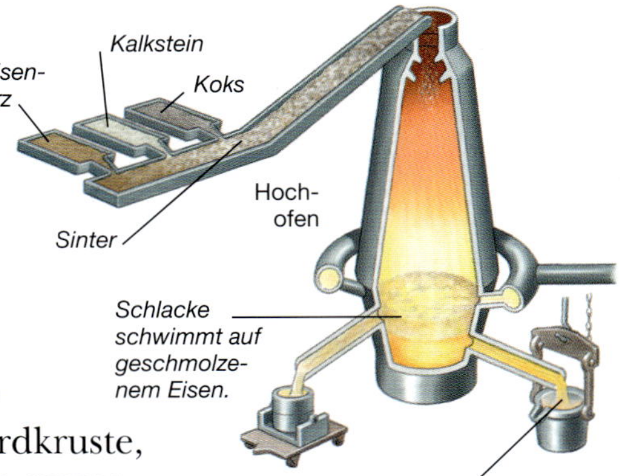

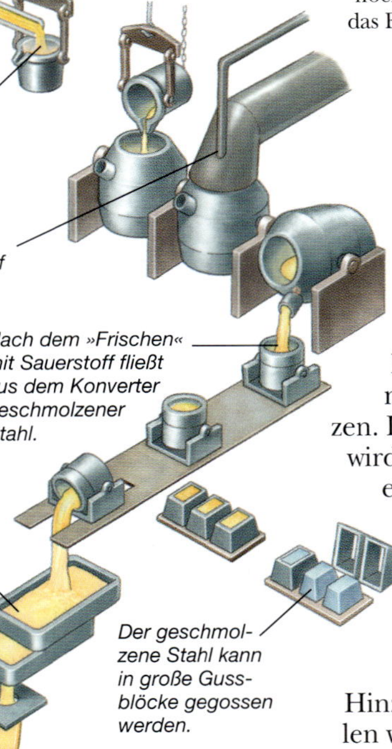

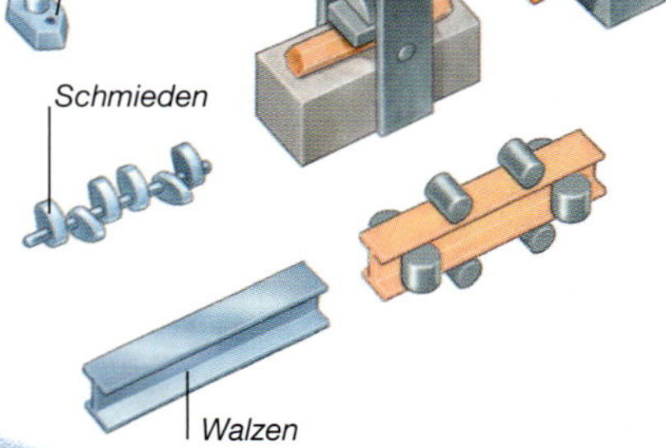

ROHSTOFFE
Bei der Eisenerzeugung werden zuerst Eisenerz, Koks (eine Form von Kohlenstoff) und Kalkstein vermischt und zu Klumpen von Sinter verarbeitet.

HOCHOFEN
Die Rohstoffe werden von oben in einen Hochofen gegeben und wandern dann nach unten. Die im Ofen nach oben strömende, hoch erhitzte Luft schmilzt das Eisen aus Erz und Koks. Der Kalkstein bindet Unreinheiten in Form von so genannter Schlacke.

Gewinnung von Eisen und Stahl

Die Gewinnung von Metallen aus Erz durch Erhitzen nennt man Schmelzen. In großen Fabriken wird Eisenerz mit Koks erhitzt, um Eisen zu gewinnen. Eisen ist reich an Kohlenstoff. Wird dieser großenteils entfernt, entsteht Stahl. Durch Hinzufügen von Metallen wie Nickel lässt sich die Qualität des Stahls erhöhen.

STRANGGIESSEN
Geschmolzener Stahl aus dem Konverter setzt sich beim Abkühlen ab und wird durch Walzen in Form gehalten. Der lange Strang wird dann zerschnitten und zu Stahlprodukten gewalzt.

ROST
Werden Eisen und Stahl Feuchtigkeit ausgesetzt, rosten sie. Feuchte Luft wandelt Eisen in Eisenoxid um, eine rotbraune Verbindung von Eisen und Sauerstoff. Rost schwächt das Metall, sodass es zerfällt.

STAHL FORMEN
Walzen pressen den heißen, weichen Stahlstrang zu Platten und Blechen. Durch Schmieden entstehen komplexere Formen. Beim Gießen kühlt der geschmolzene Stahl in Formen ab.

Verwendung von Stahl

Stähle unterscheiden sich nach dem Anteil von Kohlenstoff und anderen Metallen. Kohlenstoffarmer Stahl wird für Autokarosserien, kohlenstoffhaltigerer Stahl für Schiffe und Stahlträger verwendet. Kohlenstoffreicher Stahl ist sehr zäh, aber schwer zu formen und wird zu hoch belastbaren Federn und Schienen verarbeitet. Wolframhaltiger Stahl ist hitzefest – ideal für Düsentriebwerke.

ROSTFREIER STAHL
Durch Zufügen der Metalle Chrom und Nickel entsteht rostfreier Stahl. Bestecke und Kochtöpfe sind oft aus rostfreiem Stahl. Daraus fertigt man auch Geräte, die sehr sauber bleiben müssen, etwa für Krankenhäuser und Molkereien.

Siehe auch
Eisenzeit
Industrielle Revolution
Kohle
Metalle

Eisenbahn

ALS DIE ERSTEN EISENBAHNEN vor über 150 Jahren gebaut wurden, hielten viele Menschen sie für die wunderbarste Erfindung überhaupt. Andere jedoch sahen in den schnaufenden, rauchenden Dampfmaschinen hässliche Ungeheuer aus Eisen. Die Eisenbahn hat aber mit Sicherheit unsere Welt verändert. Bahndämme und Durchbrüche veränderten nicht nur die Landschaft, sondern zum ersten Mal konnten Menschen und Güter über weite Strecken in großen Mengen befördert werden – überdies ungeahnt schnell. Die Eisenbahn sorgte auch dafür, dass Städte größer wurden als je zuvor. Heute gibt es in vielen Ländern dichte Eisenbahnnetze. Alle Gleise der Hauptrouten der Welt hintereinander gelegt würden die Erde über 116 mal umrunden. Die Eisenbahn verbraucht weniger Treibstoff und verschmutzt die Umwelt weniger als Autos und Lastwagen. Wegen der höheren Umweltbelastungen durch Straßenfahrzeuge halten viele die Bahn für das Verkehrsmittel der Zukunft.

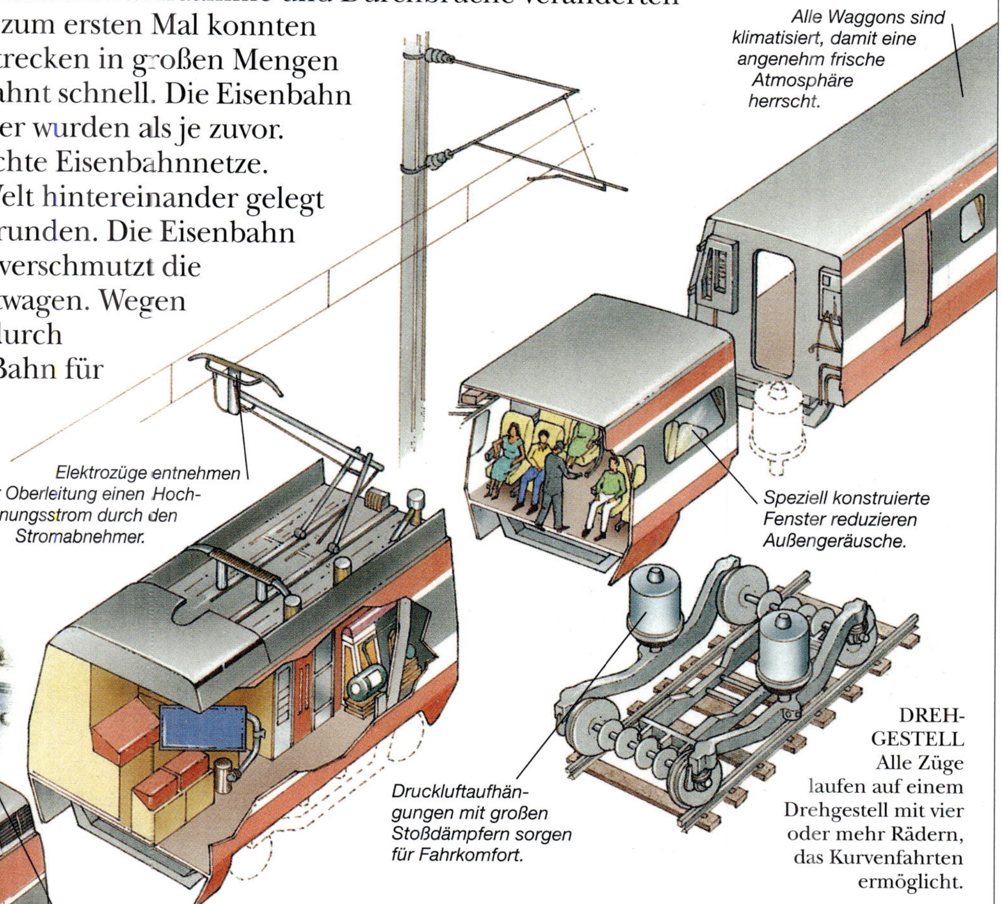

DREHGESTELL
Alle Züge laufen auf einem Drehgestell mit vier oder mehr Rädern, das Kurvenfahrten ermöglicht.

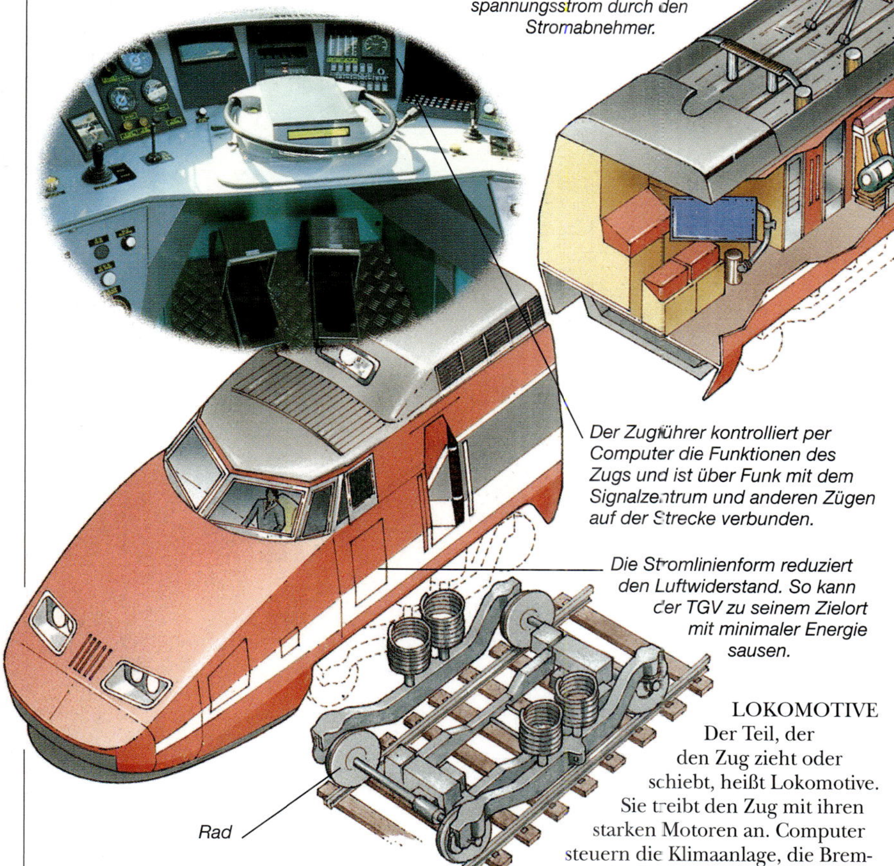

LOKOMOTIVE
Der Teil, der den Zug zieht oder schiebt, heißt Lokomotive. Sie treibt den Zug mit ihren starken Motoren an. Computer steuern die Klimaanlage, die Bremsen und andere Vorrichtungen.

Hochgeschwindigkeitszug

Der Train à Grande Vitesse (TGV), ein Hochgeschwindigkeitszug in Frankreich, erreicht eine Geschwindigkeit von 300 km/h (Rekord: 515,3 km/h). Er benötigt aber spezielle Gleise mit sanften Steigungen und weiten Kurven.

Weichen

Schienenverlegungsfahrzeuge verschweißen die Gleise meist durchgehend, sodass der Zug sehr glatt läuft. Abzweigungen, Weichen genannt, leiten Züge auf einen neuen Gleisabschnitt.

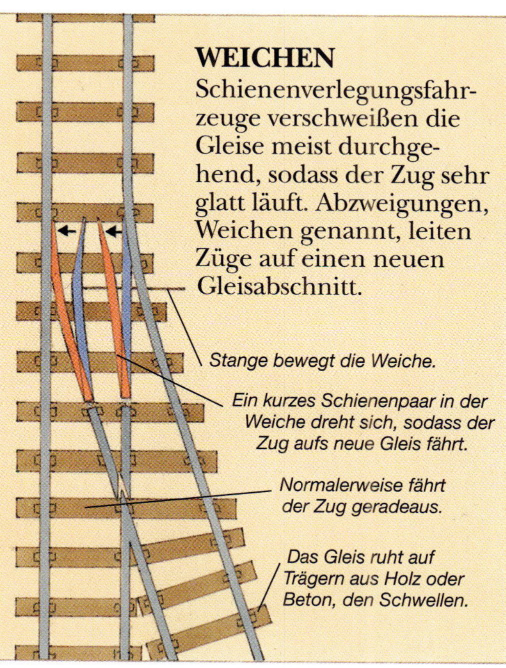

RICHARD TREVITHICK
1804 fuhr eine von dem Engländer Richard Trevithick gebaute Dampflokomotive erstmals auf Schienen. Für Trevithick lag die Zukunft in der Dampfkraft – er wettete, dass seine Dampfmaschine 9 t Eisen über ein 15 km langes Bergbaugleis in Wales schleppen könnte. Er gewann seine Wette; die Maschine beförderte nicht nur das Eisen, sondern auch 70 jubelnde Kohlebergleute.

U-BAHNZÜGE
In übervölkerten Städten sind U-Bahnen das schnellste Verkehrsmittel. Das erste U-Bahnnetz wurde 1863 in London eröffnet. Heute haben viele Städte eine U-Bahn. Die Metro in Paris hat eines der effizientesten U-Bahnnetze der Welt.

Die Rocket, 1829 vom britischen Ingenieur George Stephenson erbaut, läutete das Zeitalter des Personenzugs ein.

Bei frühen amerikanischen Lokomotiven erleichterte ein vorderer Rollblock das Fahren in Kurven.

Mitte des 19. Jhs. entstand in England ein großes Eisenbahnnetz.

Um 1930, auf dem Höhepunkt des Dampfzeitalters, erreichten Lokomotiven 200 km/h.

Dampflokomotiven waren um 1930 im Vergleich zu den ersten Maschinen hoch entwickelt.

DAMPFEISENBAHN

Schon vor 4000 Jahren schoben die Babylonier Karren in Rillen vorwärts. Das eigentliche Zeitalter der Eisenbahn begann im frühen 19. Jh., als Dampfmaschinen erstmals auf Schienen fuhren. 1825 wurde die erste Personenverkehrslinie in England eröffnet. Die erste Eisenbahn Deutschlands fuhr 1835 von Nürnberg nach Fürth. Gezogen wurde die Ludwigsbahn von der Dampflok »Adler«. Nur 20 Jahre später gab es in ganz Europa und Nordamerika riesige Eisenbahnnetze.

INTERCITYEXPRESS
Der ICE ist der deutsche Hochgeschwindigkeitszug. Er wurde 1991 zum ersten Mal eingesetzt – auf der Strecke Hamburg-Stuttgart-München. Inzwischen gibt es bereits die dritte Generation der Züge, die auf den Verkehrsstrecken eine Geschwindigkeit von bis zu 300 km/h erreichen.

EINSCHIENEN- UND MAGNETSCHWEBEBAHNEN

Eines Tages werden wir vielleicht lautlos mit 480 km/h in Magnetschwebebahnen über Spezialtrassen sausen. Ende 2002 wurde in China eine erste Strecke für den in Deutschland konstruierten Transrapid eröffnet. Einschienenbahnen sind elektrische Züge, die auf einer einzigen Schiene laufen oder an ihr aufgehängt sind.

ORIENTEXPRESS
Manche Züge sind berühmt wegen ihrer Geschwindigkeit, manche für ihren Luxus, wieder andere für die Länge ihrer Strecke. Von 1883 an fuhr der luxuriöse *Orientexpress* von Paris nach Konstantinopel (Istanbul) in der Türkei. Noch heute verkehrt er auf einem Teil dieser Route. Die Transsibirische Eisenbahn legt von Moskau nach Wladiwostok eine Strecke von 9289 km zurück.

Siehe auch

MOTOREN
REISE UND TOURISMUS
TRANSPORT UND VERKEHR

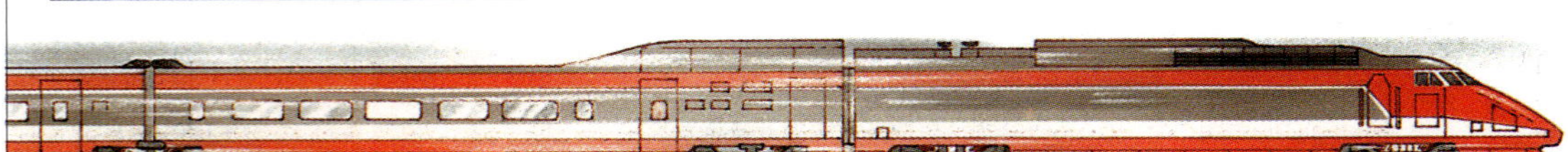

Eisenzeit

Dieses Rasiermesser ist rund 2500 Jahre alt und war einmal so scharf wie eine heutige Rasierklinge.

EISENZEIT

4000 v. Chr. Erste Objekte aus Eisen, hergestellt aus Meteoreisen, kommen im Nahen Osten auf.

um 1500 v. Chr. Völker im Nahen Osten gewinnen Eisen aus Eisenerz und bearbeiten es durch Erhitzen und Schmieden. Die Hethiter beherrschen den Eisenhandel.

1000 v. Chr. Die Eisenzeit beginnt im Nahen Osten und in Griechenland. Die Eisenbearbeitung breitet sich auch in Indien aus.

um 800 v. Chr. Ausbreitung des Eisens in Europa. Kelten werden zu den wichtigsten Erzeugern von Eisenwaren.

um 400 v. Chr. Chinesen entdecken die Verwendung von Gusseisen und gießen die ersten Objekte aus Formen.

1760 n. Chr. Die Industrielle Revolution führt zu neuen Verwendungsmöglichkeiten von Eisen. Es werden auch verbesserte Techniken der Eisenverarbeitung entwickelt.

IN MANCHEN ALTEN SPRACHEN bedeutete das Wort Eisen so viel wie »Himmelsmetall«. Dies kam daher, dass das erste, für Werkzeuge und Waffen verwendete Eisen aus Meteoriten stammte. Die Eisenbearbeitung begann vor rund 6000 Jahren im Nahen Osten. Zuerst wurde das Eisen kalt beschlagen. Später lernten die Menschen, wie sie Eisen aus Eisenerz gewinnen und bearbeiten konnten. Im Gegensatz zur damals schon bekannten Bronze schmolz Eisen nicht. Stattdessen wurde es in eine weiche Masse verwandelt, die so lange beschlagen und wieder erhitzt wurde, bis sie die gewünschte Form annahm. Für die richtige Temperatur wurden besondere Öfen benötigt. Die im Gebiet der heutigen Türkei lebenden Hethiter waren das erste Volk, das mit Eisen handelte. Es dauerte jedoch bis um 1000 v. Chr., bis sich die Kenntnisse der Eisengewinnung und -verarbeitung ausbreiteten und die Eisenzeit richtig begann. In Westeuropa waren es die Kelten, die zuerst Eisen verarbeiteten.

HÜGELFESTUNG
Die Kelten befestigten ihre Hügelsiedlungen mit Gräben und Wällen. Diese Festungen waren Zufluchtsorte in Kriegszeiten, dienten aber auch als Verwaltungs- und Handelszentren.

Eisenbearbeitung

Frühe Öfen waren flache Steinherde, die mit Eisenerz und Holzkohle gefüllt wurden. Mit einem Blasebalg ließ sich die Temperatur bis auf rund 1200 °C erhöhen – heiß genug, um Eisen formbar zu machen. Die Kelten bauten tiefere Öfen, in denen sich das Eisen am Boden sammelte und Verunreinigungen, so genannte Schlacke, oben blieben.

Spange aus Glasscheiben

KLEIDUNG
Die Kelten hatten Sinn für das Schöne. Ihre wollene Kleidung war oft mit Mustern verziert. Wohlhabendere Männer und Frauen trugen schwere Halsringe, Torques genannt, aus Gold oder Bronze und befestigten ihre Kleidung mit verzierten Spangen.

WERKZEUGE
Die Werkzeuge wurden aus Eisen hergestellt, wie diese gezackte Säge (links außen) und die Zange (links). Mit den Zangen wurde das Metall während der Bearbeitung festgehalten.

WAFFEN
Eisenwaffen waren viel besser als Bronzewaffen. Sie hatten schärfere Kanten und waren daher wirkungsvoller. Der Griff dieses Dolches hat die Form eines Menschen.

Siehe auch

BRONZEZEIT
EISEN UND STAHL
INDUSTRIELLE REVOLUTION
KELTEN

Elefanten

WOLLHAARMAMMUT
Das eiszeitliche Wollhaarmammut starb vor etwa 10000 Jahren aus. Gefrorene Kadaver wurden in Sibirien und Alaska gefunden.

LANGE STOSSZÄHNE, große Ohren und der kräftige Rüssel lassen Elefanten sehr beeindruckend wirken. Elefanten sind die größten auf dem Land lebenden Säugetiere und mit die ältesten. Sie sind sehr stark und intelligent und wurden schon vor Tausenden von Jahren dazu abgerichtet, dem Menschen zu helfen. Es gibt zwei Arten von Elefanten: Afrikanische und Asiatische (Indische). Afrikanische Elefanten sind etwas größer als Asiatische und haben wesentlich größere Ohren. Ein großer afrikanischer Elefantenbulle erreicht über 3 m Schulterhöhe und wiegt knapp 5,5 t. Mit seinem Rüssel reicht ein Elefant bis auf den Boden und hoch hinauf in die Baumkronen. Mit ihm kann das Tier trinken, riechen, Herdenmitglieder begrüßen und in tiefem Wasser schnorcheln.

RÜSSEL
Der Rüssel stellt eine Verlängerung der Nase und der Oberlippe dar. Er ist ein hoch empfindliches Geruchs- und Tastorgan. Mit dem Rüssel pflückt ein Elefant Früchte und Triebe und steckt sie in sein Maul. Wenn er trinken will, zieht der Elefant Wasser im Rüssel hoch und spritzt es sich ins Maul.

Zwei Nasenlöcher an der Spitze.

Asiatischer Elefant

In abgelegenen Wäldern Indiens, Chinas und Südostasiens gibt es inzwischen vermutlich weniger als 50000 wild lebende Elefanten. Zwischen zehn und 20 Jahre alte Elefantenkühe lassen sich relativ leicht zähmen. Sie werden gefangen und dann bei der Waldarbeit eingesetzt. Zudem werden Elefanten festlich geschmückt bei Prozessionen mitgeführt.

Afrikanischer Elefant

Ende der 70er-Jahre des 20. Jh. lebten in Afrika ungefähr 1,3 Mio. Elefanten. Heute gibt es nicht einmal halb so viele. Wilderer töten sie wegen des Elfenbeins der Stoßzähne, und ihre Lebensräume werden in landwirtschaftlich genutztes Land verwandelt. In den Schutzgebieten aber wuchsen die Elefantenbestände. Hier wird eine bestimmte Anzahl getötet, weil eine zu große Elefantenpopulation die Landschaft zerstören würde. Elefanten zählen zu den bedrohten Arten, und der Handel mit ihnen und mit Elfenbein wird international kontrolliert.

Siehe auch

AFRIKA, TIERE
ARTENSCHUTZ
SÄUGETIERE
TIERE

FORTPFLANZUNG
Ein neugeborenes Kalb wiegt etwa 100 bis 120 kg. Vier Jahre lang saugt es die Milch aus den Zitzen, die zwischen den Vorderbeinen seiner Mutter liegen. Die ersten zehn Lebensjahre verbringt ein junger Elefant bei seiner Mutter. Mit sechs Jahren wiegt er etwa 1 t, mit 15 Jahren ist das Tier fortpflanzungsfähig.

Elektrizität

Ein Blitz, der während eines Gewitters über den Himmel zuckt, ist eines der sichtbarsten Zeichen von Elektrizität. Ansonsten steht uns Elektrizität meist unsichtbar zur Verfügung. Sie ist eine Form von Energie und besteht aus Elektronen – winzigen Teilchen, die Teile von Atomen sind. Jedes Elektron hat eine kleine elektrische Ladung und damit eine Elektrizitätsmenge. Wenn man das Licht anschaltet, strömen pro Sekunde etwa eine Billiarde Elektronen durch die Glühlampe. In Wänden und Decken verborgene Kabel leiten Elektrizität durch Häuser und Fabriken und liefern Energie – und das meist auf Knopfdruck oder durch Betätigen eines Schalters. Aber es geht auch anders: Batterien erzeugen Elektrizität aus Chemikalien, Solarzellen aus der Energie des Sonnenlichts. Lampen, Motoren und Dutzende anderer Maschinen nutzen Elektrizität als Energiequelle. Elektrizität gibt auch Signale ab, dank derer Telefone, Radios, Fernseher und Computer funktionieren.

Elektrischer Strom

Es gibt zwei Formen von Elektrizität: fließende und statische, also unbewegliche Elektrizität. Fließende Elektrizität nennt man Strom. Milliarden von Elektronen fließen durch einen Draht und ergeben einen elektrischen Strom, der von einer Quelle wie einer Batterie oder einem Kraftwerk zu einer Maschine fließt und über einen anderen Draht zur Quelle zurückkehrt. Der Stromfluss wird in Ampere (A) gemessen.

Elektrizität fließt zu den Häusern durch Kabel, die entweder unterirdisch oder über Masten laufen.

Manche Kraftwerke erzeugen Elektrizität durch Verbrennen von Kohle oder Erdöl, andere durch Kernenergie.

Ein Transformator verstärkt die Stromspannung auf viele tausend Volt.

Hohe Masten tragen lange Kabel, die die Elektrizität sicher oberirdisch verteilen.

Ein weiterer Transformator reduziert die Stromspannung auf ein für Haushaltsgeräte geeignetes Maß.

Leiter und Isolatoren

Elektrizität fließt nur durch Materialien, die Leiter heißen, wie Kupfer und viele andere Metalle, deren Elektronen frei beweglich sind. Andere Substanzen, Isolatoren genannt, können Elektrizität nicht leiten – ihre Elektronen sitzen fest in ihren Atomen.

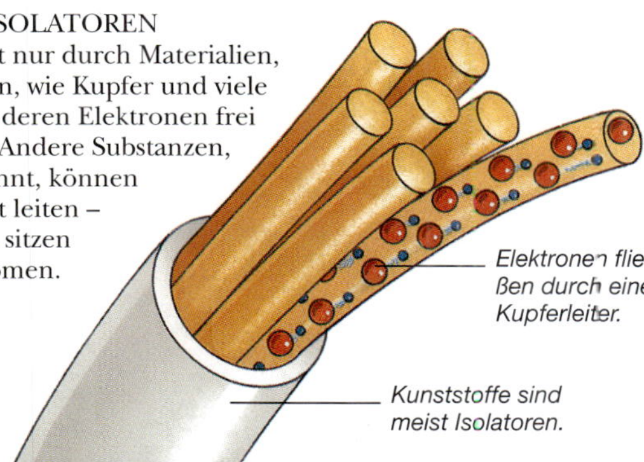

Elektronen fließen durch einen Kupferleiter.

Kunststoffe sind meist Isolatoren.

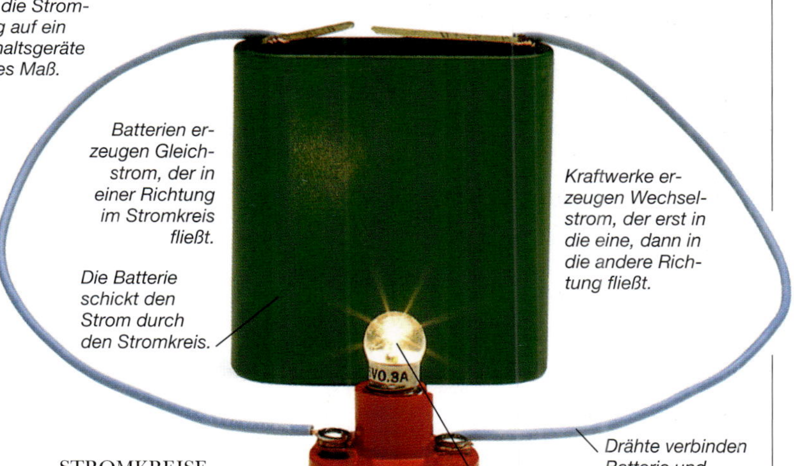

Batterien erzeugen Gleichstrom, der in einer Richtung im Stromkreis fließt.

Die Batterie schickt den Strom durch den Stromkreis.

Kraftwerke erzeugen Wechselstrom, der erst in die eine, dann in die andere Richtung fließt.

Drähte verbinden Batterie und Lämpchen zu einem Stromkreis.

Lämpchen in Fassung

Stromkreise

Elektrischer Strom benötigt zum Fließen eine ununterbrochene Schleife (einen Stromkreis). Ist er unterbrochen, kann die Elektrizität nicht mehr fließen.

Supraleiter

Normale Leiter lassen die meiste Elektrizität durchfließen, leisten ihr aber auch Widerstand. So geht Elektrizität verloren. Doch manche Materialien verlieren bei großer Kälte diesen Widerstand. Sie werden Supraleiter genannt.

Ein Supraleiter kann ein starkes Magnetfeld erzeugen, über dem ein kleiner Magnet schwebt.

Statische Elektrizität

Es gibt zwei Arten elektrischer Ladung: positive (+) und negative (–). In Objekten sind beide Ladungen meist gleich stark und heben sich damit auf. Reibt man ein Stück Bernstein an Wolle oder Fell, zieht es zusätzliche Elektronen mit negativer Ladung an. Diese Ladung nennt man statische Elektrizität. Sie erzeugt eine elektrische Kraft, durch die leichte Objekte wie Haare und Federn am Bernstein kleben.

GENERATOR

Generatoren erzeugen Elektrizität aus Bewegungsenergie. Eine Drahtspule bewegt sich zwischen den Polen eines Magneten. So entsteht ein Strom in der Spule. Einfache Generatoren, die Fahrradlampen speisen, heißen Dynamos. Große Generatoren in Kraftwerken versorgen Haushalte und Fabriken mit Strom.

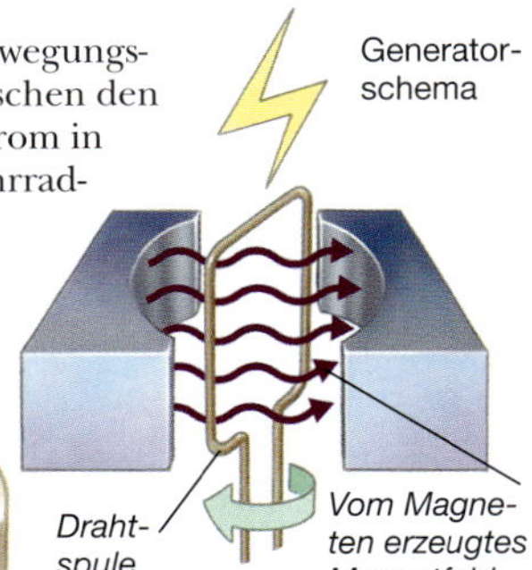

Ein einfacher Generator (oben) enthält eine Drahtspule, die sich zwischen den Polen eines Magneten dreht. Bewegt sie sich durchs Magnetfeld, fließt in ihr ein Strom.

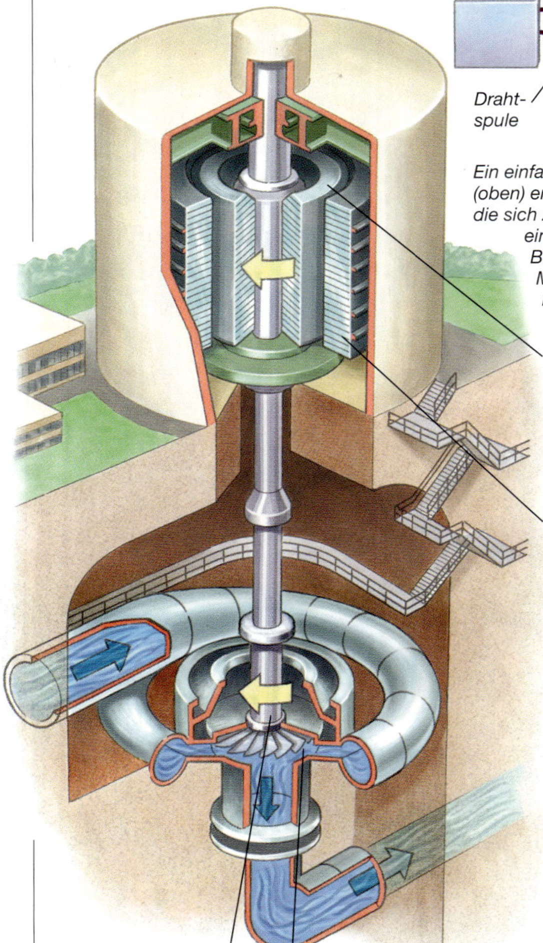

ELEKTRIZITÄT AUS CHEMIKALIEN

Chemische Energie aus Nahrung verwandelt sich in den Muskeln in Bewegung. Chemische Energie kann auch zu elektrischer Energie werden – so funktioniert eine Batterie: Chemikalien reagieren in der Batterie und erzeugen einen Strom. Wenn dann die Ausgangschemikalien verbraucht sind, endet der Stromfluss. Auch Brennstoffzellen erzeugen Elektrizität: aus gasförmigen Chemikalien.

ZITTERAAL

In den Flüssen Südamerikas ist der Zitteraal zu Hause. Er hat in seinem Körper spezielle Organe, die wie Batterien Elektrizität erzeugen. Mit einem starken Elektroschock lähmt der Aal seine Beute.

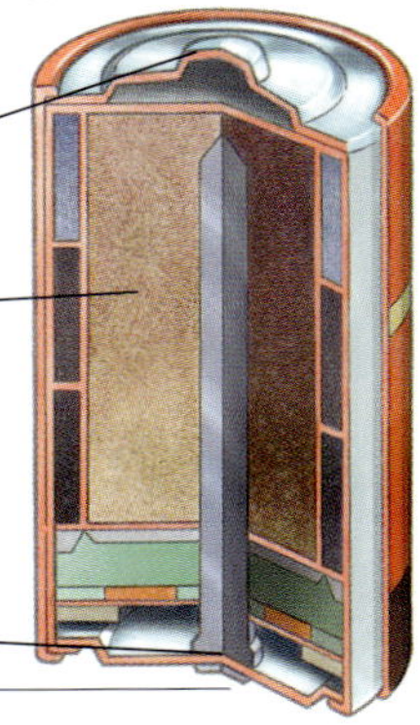

BATTERIE

Schließt man eine Batterie an einem Stromkreis an, erzeugen chemische Reaktionen einen Strom. Die Batterie erzeugt eine Spannung, die Elektronen durch den Stromkreis fließen lässt. Spannung wird in Volt gemessen.

In der Batterie fließen die Elektronen vom negativen zum positiven Pol.

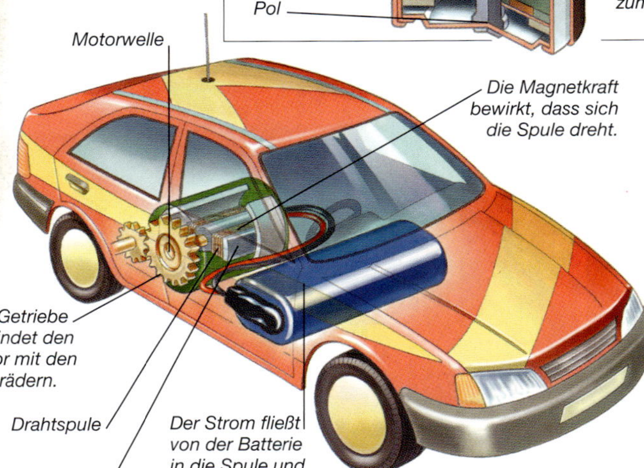

ELEKTROMOTOR

Viele Maschinen werden von einem Elektromotor angetrieben, der eine Drahtspule zwischen den Polen eines Magneten enthält. Der in den Motor eingespeiste Strom fließt durch die Spule und erzeugt ein Magnetfeld. Der Magnet wirkt auf die Spule ein, sodass sie sich dreht und die Motorwelle antreibt.

STROMSCHLÄGE

Lebewesen nutzen die Elektrizität in vielfältiger Weise. Schwache elektrische Signale laufen durch die Nerven zum und vom Gehirn. Sie betätigen die Muskeln, lassen das Herz schlagen und steuern die Funktionen des Körpers. Strom gibt einen Stromschlag ab, der den Körper schädigen und sogar tödlich sein kann. Also Hände weg vom Stromnetz!

Benjamin Franklin (1706–90) untersuchte die Elektrizität von Blitzen, indem er bei Gewitter einen Drachen steigen ließ.

ENTDECKUNGEN

Vor rund 2500 Jahren entdeckten die alten Griechen, dass beim Reiben von Bernstein (versteinertes Harz) statische Elektrizität entsteht. Bernstein heißt auf Griechisch »elektron« – daher der Begriff Elektrizität. Um 1750 entdeckte der Amerikaner Benjamin Franklin (links), dass Blitze Elektrizität sind, und erklärte, was elektrische Ladungen sind. Am Ende des 18. Jh. entwickelten die italienischen Forscher Luigi Galvani und Alessandro Volta die erste Batterie.

Ein Vogel, der auf einem Stromkabel sitzt, bekommt keinen Stromschlag. Die Elektrizität gelangt nicht in seinen Körper, da er nur einen Draht berührt und keinen Stromkreis schließt.

Siehe auch

ATOME UND MOLEKÜLE
ELEKTRONIK
ENERGIE
FISCHE
MAGNETISMUS

Elektronik

Der Halbleiter Silizium wird aus Sand gewonnen, einer Verbindung von Silizium und Sauerstoff.

Eine Diode besteht aus der Verbindung von Teilen von n- und p-Halbleitern.

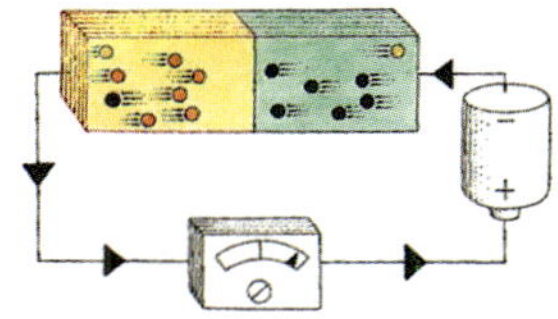

Eine Diode lässt den Strom nur in einer Richtung durchfließen. Er wird vom Fluss von den Löchern und Elektronen getragen.

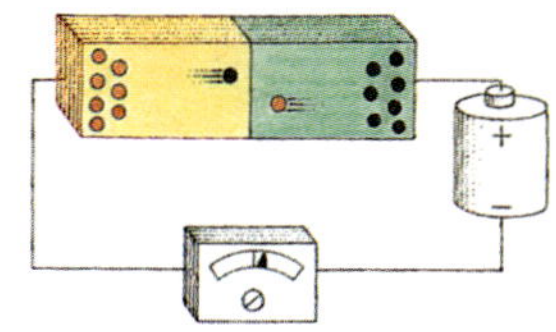

Wird eine Batterie andersherum angeschlossen, treffen Löcher und Elektronen aufeinander und heben sich auf – es fließt kein Strom.

HALBLEITER
Die meisten elektronischen Bauteile sind aus Materialien wie Silizium, die man Halbleiter nennt. Halbleiter steuern den Stromfluss, da sie eine variable Anzahl von Ladungsträgern (Strom führenden Teilchen) enthalten. In n-Halbleitern sind diese Ladungsträger negativ geladene Elektronen, in p-Halbleitern positiv geladene »Löcher« – Bereiche, wo Elektronen fehlen.

ELEKTRIZITÄT ist eine Energiequelle, die Maschinen antreibt und Wärme und Licht liefert. Sie dient auch der Erzeugung von Signalen, die Informationen weiterleiten und Geräte steuern. Eine solche Verwendung von Elektrizität heißt Elektronik. Wir sind von Tausenden elektronischer Geräte umgeben: Computern, CD-Playern, Telefonen und Fernsehern. All diese Geräte enthalten Stromkreise, durch die Ströme fließen. Kleine elektronische Bauteile in den Kreisen steuern den Stromfluss, um Signale zu erzeugen. Ein wechselnder Strom etwa kann Töne in einer Telefonleitung oder eine Zahl in einem Computer darstellen. Das wichtigste elektronische Bauteil ist der Transistor. Ein kleines Radio enthält ein Dutzend Transistoren, ein Computer Millionen miniaturisierte Transistoren in Mikrochips.

Leiterplatte

Ein elektronisches Gerät wie ein Telefon enthält einen elektronischen Schaltkreis, der aus mehreren Komponenten auf einer Leiterplatte besteht. Jeder Schaltkreis hat eine bestimmte Aufgabe. In einem Radio etwa empfängt und verstärkt er Radiowellen, sodass sie sich in Schall umwandeln lassen.

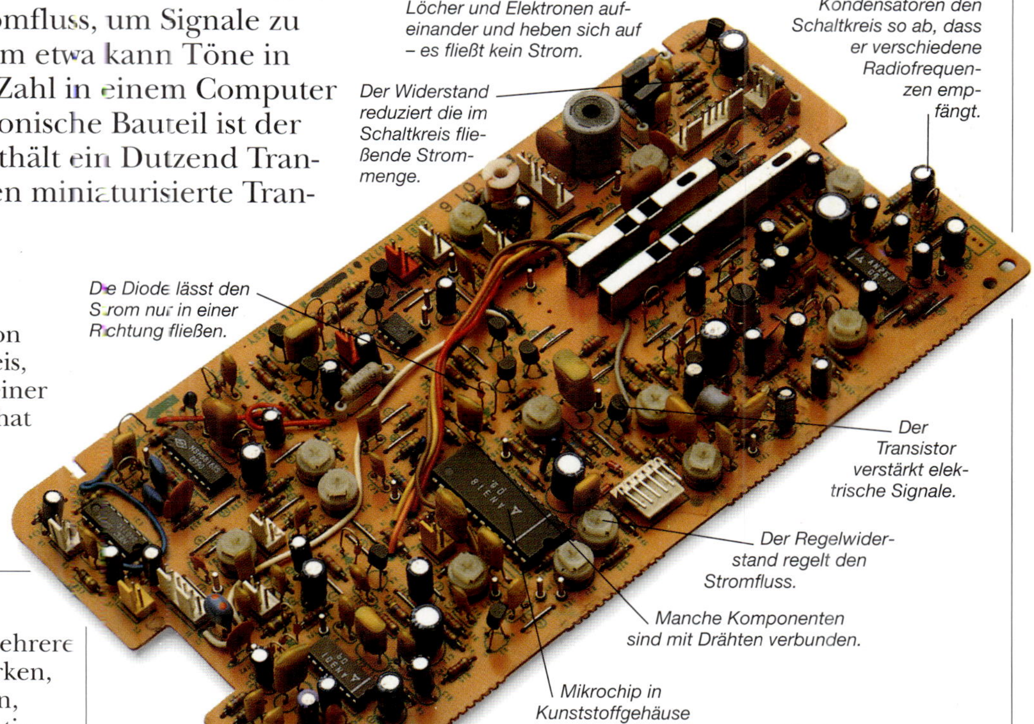

Der Kondensator speichert elektrische Ladung. In einem Radioschaltkreis stimmen Kondensatoren den Schaltkreis so ab, dass er verschiedene Radiofrequenzen empfängt.

Der Widerstand reduziert die im Schaltkreis fließende Strommenge.

Die Diode lässt den Strom nur in einer Richtung fließen.

Der Transistor verstärkt elektrische Signale.

Der Regelwiderstand regelt den Stromfluss.

Manche Komponenten sind mit Drähten verbunden.

Mikrochip in Kunststoffgehäuse

Metallstreifen auf der Unterseite der Karte verbinden Bauteile.

STROMSTEUERUNG

Elektronische Schaltkreise haben mehrere Aufgaben. Sie können Strom verstärken, einen oszillierenden Strom erzeugen, der die Richtung rasch ändert (wichtig für Radiowellen), oder Strom an- und ausschalten.

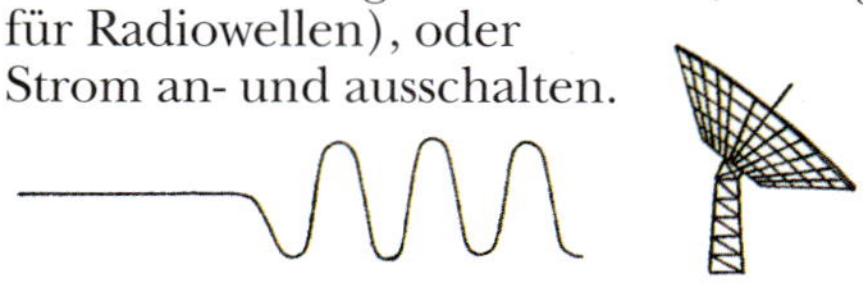

Oszillation: Manche Schaltkreise wandeln einen stetigen Gleichstrom (GS) in einen variablen Wechselstrom (WS) um.

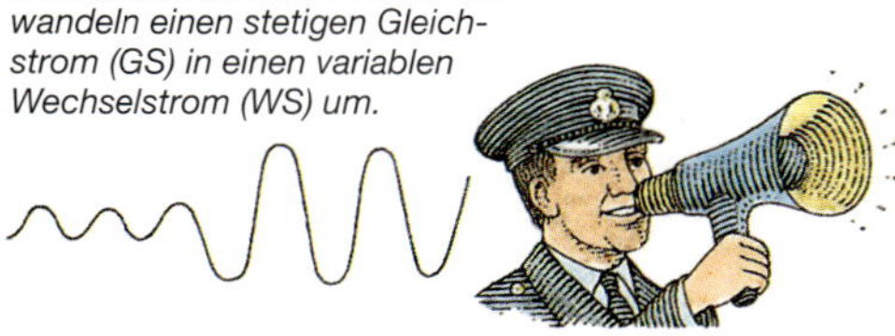

Verstärkung: Ein Verstärkerschaltkreis erzeugt einen starken WS, der eine exakte Kopie eines schwächeren WS ist.

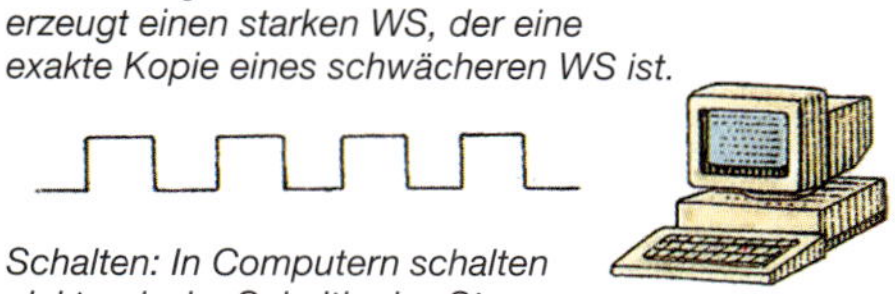

Schalten: In Computern schalten elektronische Schaltkreise Strom rasch an und aus, in einem Code, der Daten darstellt.

MIKROCHIPS
Mikrochips oder Siliziumchips enthalten Schaltkreise mit Hunderttausenden winziger Komponenten. Sie nehmen auf der Oberfläche eines Halbleiters nur eine Fläche von 25 mm² ein.

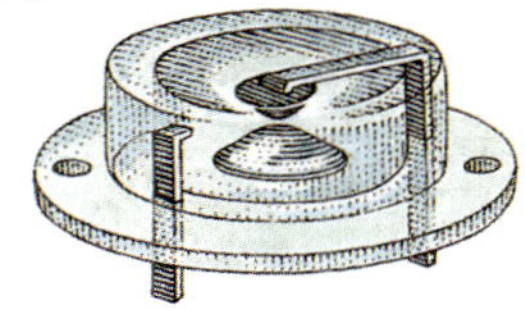

TRANSISTOR
Transistoren bilden das Herzstück der meisten elektronischen Geräte. Sie verstärken z. B. Strom und Spannung in Verstärkerschaltkreisen und speichern in Computern Informationen. Die Physiker William Shockley, John Bardeen und Walter Brattain erfanden den Transistor 1947.

Siehe auch

Computer
Elektrizität
Radio
Technik
Tonaufnahme

Energie

ARBEIT, ENERGIE UND LEISTUNG
Wenn Kraft ein Objekt bewegt, wird Energie auf das Objekt übertragen. Die Energieübertragung nennt man Arbeit. Die Menge der Arbeit hängt von der Größe der Kraft und von der Bewegungsstrecke ab. Dieser Gewichtheber verrichtet Arbeit, indem er das Gewicht hochhebt. Die Leistung hängt vom Tempo der verrichteten Arbeit ab: Der Gewichtheber erzeugt mehr Leistung, je schneller er das Gewicht hebt.

DAS FAHREN EINES AUTOS, das Licht einer Kerze – alles das ist ein Ausdruck von Energie. Die Energie ist Grundlage für alle Geschehnisse. Wenn du z. B. einen Stein wirfst, verleihst du ihm Bewegungsenergie, die sich wieder zeigt, wenn der Stein eine Glasscheibe zerbricht. Alle Lebensformen auf der Erde hängen von Energie ab, die fast immer von der Sonne kommt. Die Sonnenenergie lässt Pflanzen wachsen, die dann Nahrung für Tiere sind. Die Energie aus der Nahrung wird in den Muskeln der Tiere gespeichert, wo sie zur Umsetzung in Bewegung bereit steht. Energie kann man zwar weder sehen noch fühlen, man kann sie sich jedoch als etwas vorstellen, das entweder von Ort zu Ort wandert oder irgendwo gespeichert wird. So ist z. B. Energie in Wasser gespeichert, das oberhalb einer Staumauer ruht. Sobald das Wasser in die Tiefe stürzt, verwandelt sich die gespeicherte Energie in Bewegungsenergie.

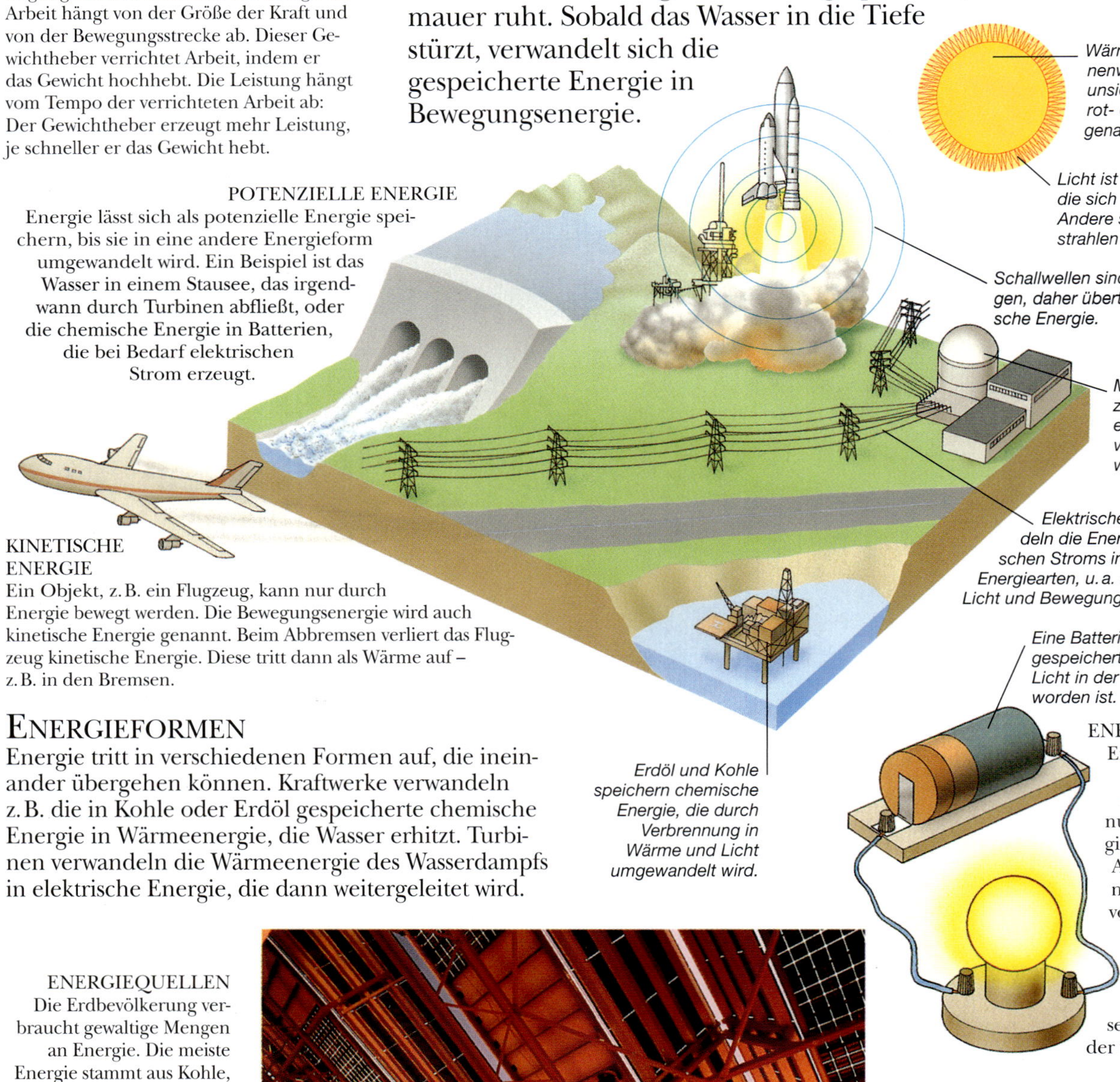

Wärmeenergie, z. B. Sonnenwärme, wird durch unsichtbare Wellen, Infrarot- oder Wärmewellen genannt, transportiert.

Licht ist eine Energieform, die sich wellenartig fortbewegt. Andere sind z. B. Röntgenstrahlen und Radiowellen.

Schallwellen sind Luftschwingungen, daher übertragen sie kinetische Energie.

Manche Kraftwerke produzieren Elektrizität aus Kernenergie, die aus dem Zerfall von Atomkernen gewonnen wird.

Elektrische Geräte verwandeln die Energie des elektrischen Stroms in viele andere Energiearten, u. a. in Wärme, Licht und Bewegung.

Eine Batterie ist leer, wenn die in ihr gespeicherte Energie in Wärme und Licht in der Glühbirne umgewandelt worden ist.

Erdöl und Kohle speichern chemische Energie, die durch Verbrennung in Wärme und Licht umgewandelt wird.

POTENZIELLE ENERGIE
Energie lässt sich als potenzielle Energie speichern, bis sie in eine andere Energieform umgewandelt wird. Ein Beispiel ist das Wasser in einem Stausee, das irgendwann durch Turbinen abfließt, oder die chemische Energie in Batterien, die bei Bedarf elektrischen Strom erzeugt.

KINETISCHE ENERGIE
Ein Objekt, z. B. ein Flugzeug, kann nur durch Energie bewegt werden. Die Bewegungsenergie wird auch kinetische Energie genannt. Beim Abbremsen verliert das Flugzeug kinetische Energie. Diese tritt dann als Wärme auf – z. B. in den Bremsen.

ENERGIEKREISLAUF
Energie lässt sich weder erzeugen noch zerstören. Sie lässt sich nur in eine andere Energieform umwandeln. Als Ausnahme erscheint nur die Umwandlung von Materie in Energie in einem Kernreaktor. Die Regel gilt aber trotzdem, da Materie und Energie dasselbe sind und ineinander übergehen können.

Energieformen

Energie tritt in verschiedenen Formen auf, die ineinander übergehen können. Kraftwerke verwandeln z. B. die in Kohle oder Erdöl gespeicherte chemische Energie in Wärmeenergie, die Wasser erhitzt. Turbinen verwandeln die Wärmeenergie des Wasserdampfs in elektrische Energie, die dann weitergeleitet wird.

ENERGIEQUELLEN
Die Erdbevölkerung verbraucht gewaltige Mengen an Energie. Die meiste Energie stammt aus Kohle, Erdöl, Erdgas und dem Kernbrennstoff Uran. Diese Brennstoffe werden jedoch langsam aufgebraucht und sind nicht zu ersetzen. Forscher arbeiten daher an erneuerbaren Energiequellen, die nicht zur Neige gehen können. Dazu gehören Sonne, Wind, Wellen und Gezeiten.

Sonnenkollektoren dienen der Gewinnung von Strom aus Sonnenenergie.

Siehe auch

ELEKTRIZITÄT
KERNENERGIE
LICHT
SCHALL
SONNE
WÄRME
WASSER
WIND

ENTDECKER

HEUTE WISSEN DIE Menschen über die entferntesten Länder der Erde Bescheid. Doch noch vor einigen Jahrhunderten wussten viele nicht einmal, dass es noch andere Länder außer dem eigenen Land gibt. Einer Legende nach soll im 6. Jh. der irische Heilige Brendan auf der Suche nach dem Land der Verheißung den Atlantik überquert haben. Es wurden jedoch erst im 15. Jh. seetüchtige Schiffe gebaut, mit denen Europäer, wie z.B. Christoph Kolumbus, erfolgreiche Entdeckungsfahrten durchführen konnten. Türkische Muslime beherrschten seit dem 11. Jh. den Landhandelsweg zwischen Europa und dem Fernen Osten in Asien. Sie verlangten für die asiatischen Waren so hohe Preise, dass europäische Händler versuchten, einen direkten Seeweg nach Ostasien zu finden, um die Türken zu umgehen. Auf der Suche nach diesen Wegen entdeckten die Seefahrer Amerika und andere Länder, die den Europäern zuvor unbekannt waren. Natürlich lebten in diesen »neuen« Ländern auch schon Menschen und die Folgen der »Entdeckung« waren für diese Völker oft verheerend. Häufig beuteten die Neuankömmlinge sie aus, nahmen sie als Sklaven und zerstörten ihre alten Kulturen.

WIKINGER
Die Wikinger lebten in Norwegen, Schweden und Dänemark. Auf der Suche nach neuem Land segelten sie mit ihren langen Schiffen nach Island, Grönland und Nordamerika. Sie orientierten sich an der Sonne und an den Sternen.

FRÜHE WELTBILDER
Die ersten Entdecker hatten noch keine Landkarten. Die frühen Weltbilder waren völlig ungenau. Viele Gelehrte glaubten, dass die Welt flach war und dass man am Rand hinunterfallen könne. Die Hindus glaubten, dass die Welt von einer riesigen Schildkröte getragen wurde (oben).

PAZIFISCHE INSELN
Europäer, die im 16. Jh. den Pazifischen Ozean erkundeten, waren überrascht, dass prähistorische Völker die Pazifischen Inseln schon lange vor ihnen entdeckt hatten. Schon um 30 000 v. Chr. besiedelten die ersten Polynesier von Südostasien kommend die Inseln im Westpazifik, obwohl sie nur sehr einfache Kanus besaßen. Bis um 1000 n. Chr. hatten sie sich auf Hunderten der kleinen Inseln niedergelassen.

Die Vorfahren der Maori auf dem Weg nach Neuseeland

GEFAHREN AUF HOHER SEE
Frühe Seefahrer waren vielen Naturgefahren wie Stürmen, Riffen, Eisbergen oder dichten Nebeln ausgesetzt. Die Meere waren noch unerforscht, und es gab Erzählungen von riesigen Meeresungeheuern. Diese Geschichten gründeten vermutlich auf der Sichtung von Walen und anderen Meerestieren, die heimgekehrte Matrosen voller Übertreibung schilderten. Auch Schriftsteller und Künstler fügten den Legenden immer wieder gruselige Details hinzu.

ENTDECKUNGEN

Die Entdecker brachten Gold und unbekannte Gemüsesorten aus Amerika nach Europa. Aus Asien brachten sie Seide, Edelsteine und Gewürze mit. Die Europäer waren begeistert und wollten mehr davon. Dies führte zu einer Zunahme des Handels zwischen Ost und West.

Seide aus Asien

Kartoffeln aus Südamerika

Tomaten und Chilischoten aus Amerika

Gewürze aus Asien

Schokolade aus amerikanischen Kakaobohnen

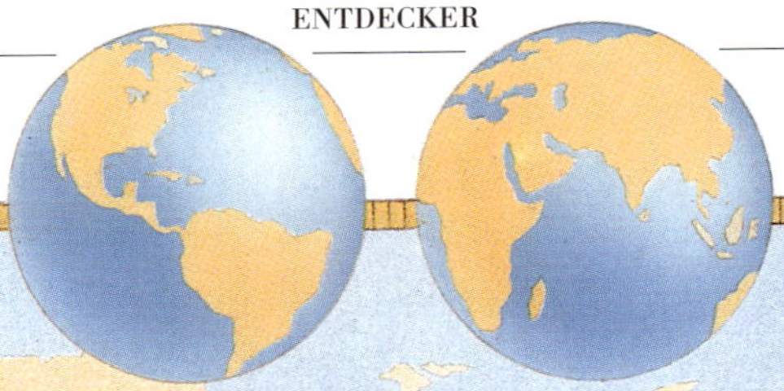

WISSBEGIERIGE EUROPÄER

Sobald die Europäer eine Vorstellung von der wirklichen Form der Erde hatten, begannen sie, die Erde zu erkunden. Manche waren von Neugierde geleitet, manche durch Habgier, und andere durch den Wunsch, die weit entfernt lebenden Menschen zum Christentum zu bekehren.

SIR HENRY MORTON STANLEY (1841–1904)
Der Waliser Henry Stanley arbeitete für eine New Yorker Zeitung. Er leitete eine Expedition nach Afrika, um nach dem verschollenen schottischen Entdecker David Livingstone zu suchen. Als er ihn fand, sprach er die berühmten Worte: »Dr. Livingston, I presume?« (»Dr. Livingston, nehme ich an?«).

MARY KINGSLEY (1862–1900)
Die furchtlose und entschlossene Engländerin Mary Kingsley reiste durch Westafrika, um Handel zu treiben und Forschungen zu unternehmen. Auf ihren Reisen geriet sie auch unter Kannibalen. Sie setzte sich für eine gerechte Behandlung der Afrikaner durch die Kolonialmächte ein.

AMERIGO VESPUCCI (1451–1512)
Amerigo Vespucci erkundete als erster Europäer die brasilianische Küste. Der Kontinent Amerika wurde nach ihm benannt. Er arbeitete bei einer Navigationsschule in Sevilla, Spanien. Vespucci erkannte, dass Amerika ein eigenständiger Kontinent ist.

FERDINAND MAGELLAN (1480–1521)
Als Leiter der ersten europäischen Weltumsegelung fand der portugiesische Entdecker Magellan eine Südwestpassage, die um Amerika herum durch den Pazifik nach Ostasien führt.

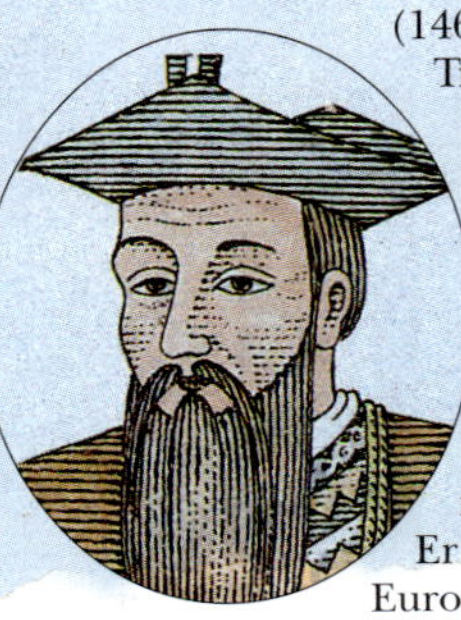

VASCO DA GAMA (1469–1524)
Trotz schlechter Wetterbedingungen erreichte der Portugiese Vasco da Gama die ostafrikanische Küste und konnte so beweisen, dass es eine Südostroute nach Indien gibt. Er umsegelte als erster Europäer die Südspitze Afrikas.

Marco Polo verlässt Venedig.

DIE WUNDER CHINAS
Auf seinen Reisen wurde Marco Polo zum Günstling des Mongolenherrschers Khubilai Khan. Später beschrieb er in seinem Reisebericht alle Wunder, die er gesehen hatte. Nur wenige glaubten dem Bericht, denn die Europäer wussten noch nichts von der großartigen Zivilisation im fernen Chinesischen Reich.

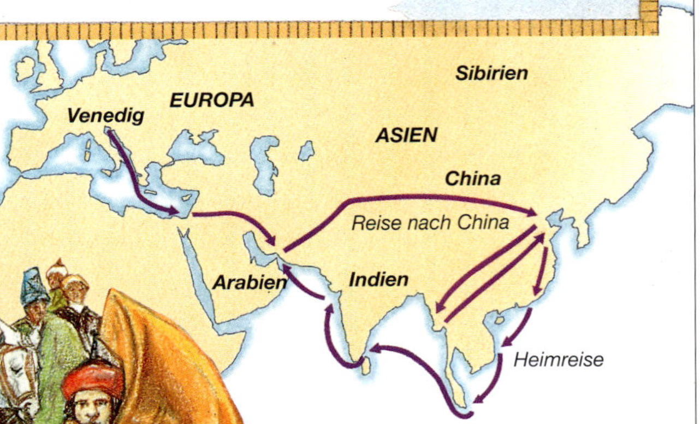

Marco Polos Reise von Italien nach China dauerte mehr als 24 Jahre.

MARCO POLO

Marco Polo (1254–1324) war ein italienischer Entdecker. Sein Vater und sein Onkel waren Händler aus Venedig, dem damals größten Handelszentrum Europas. Sie nahmen den 17-Jährigen mit auf eine Reise nach China.

Siehe auch

COOK, JAMES
KOLUMBUS, CHRISTOPH
KONQUISTADOREN
POLARFORSCHUNG

Enten, Gänse und Schwäne

Ein Schwan wiegt etwa 13 kg.

Um Abheben zu können, läuft er über das Wasser.

Er muss sehr kräftig mit den Flügeln schlagen.

Dank seiner starken Flügel gewinnt er an Höhe.

Beim Fliegen zieht er die Füße ein.

Enten, Gänse und Schwäne kann man unter der Bezeichnung »Wasservögel« zusammenfassen, denn sie leben auf und am Wasser. Viele von ihnen besitzen lange, bewegliche Hälse. Sie alle verbringen viel Zeit damit, ihr Gefieder mit dem Schnabel zu glätten und es dabei gleichzeitig mit Fetten aus besonderen Drüsen zu überziehen, die es wasserabweisend machen, sodass die Vögel nicht nass werden und warm bleiben. Die meisten Wasservögel leben außer in der Brutzeit in Schwärmen. Manche, wie z. B. Nonnengänse und Ringelgänse, unternehmen lange Wanderzüge, um bestimmte Brutgebiete aufzusuchen. Bestimmte Arten werden als Haustiere gehalten und liefern Eier, Fleisch und Federn.

SCHWAN
Das Weibchen des Schwarzhalsschwans trägt seine Jungen auf dem Rücken. Hier haben sie es warm und sind vor Fressfeinden sicher. Jungschwäne lernen im Alter von drei Monaten fliegen.

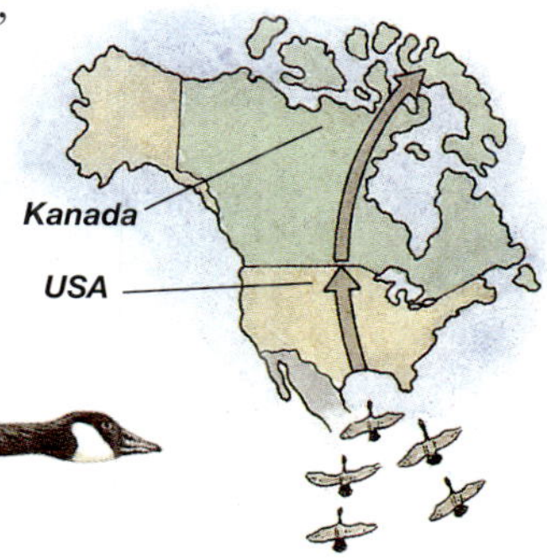

Kanadagänse fliegen paarweise zum Brüten in den Norden.

KANADAGÄNSE
Jedes Jahr im Frühjahr suchen Gänse aus Mexiko und dem Süden der USA ihre Brutplätze in Kanada auf. Sie fliegen in Keilformation und wechseln sich an der Spitze ab, damit die vorne fliegende Gans nicht zu stark ermüdet. Kanadagänse nisten auf Inseln und in Sumpfland in flachen Kuhlen, die sie mit Gras auspolstern. Wie bei den meisten Gänsen und Schwänen bleibt ein Paar lange Jahre zusammen und zieht die Jungen gemeinsam auf.

Tauchenten und Schwimmenten

Die beiden wichtigsten Gruppen der Enten sind die Tauchenten und die Schwimm- oder Gründelenten. Letztere, zu denen Stockenten und Krickenten gehören, suchen ihr Futter an der Wasseroberfläche oder tauchen nur mit Kopf und Hals ab, um es vom Grund zu fressen (»gründeln«). Tauchenten wie die Reiherente tauchen mit dem ganzen Körper ab und suchen unter Wasser nach Pflanzen und kleinen Tieren wie Würmern und Muscheln.

Die Beine sitzen weit hinten, was das Schwimmen erleichtert.

REIHERENTE
Reihernten ernähren sich von Wandermuscheln, kleinen Fischen, Kaulquappen und Wasserinsekten.

STOCKENTE
Bei den Schwimmenten sind die Erpel (Männchen) meist bunter als die Weibchen.

SCHWIMMFÜSSE
Die meisten Wasservögel haben kurze Beine und Schwimmfüße, die sie im Wasser wie Paddel einsetzen, mit denen sie an Land aber nur mühsam vorankommen.

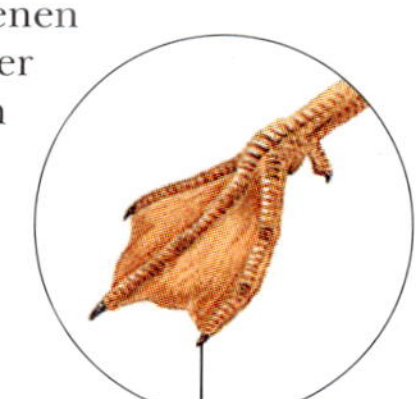

An den Zehen sind Krallen zum Aufscharren der Erde.

Siehe auch
Tiere, Flug
Tiere, Flüsse und Seen
Tiere, Wanderungen
Vögel

Erdbeben

Alle 30 Sekunden treten irgendwo auf der Welt leichte Erschütterungen im Boden auf. Diese Erschütterungen kann man zwar spüren, sie verursachen jedoch keinen Schaden. Alle paar Monate kommt es aber zu stärkeren Erdbeben. Dann schwankt der Boden so heftig, dass Straßen aufbrechen, Gebäude und Brücken einstürzen und viele Menschen zu Schaden kommen können. Erdbeben werden durch die Bewegung der riesigen Platten verursacht, aus denen sich die Erdkruste zusammensetzt. Normalerweise treten sie nur dort auf, wo diese Platten aufeinander treffen, z. B. an der San-Andreas-Spalte in Kalifornien, USA. In manchen Fällen können Wissenschaftler vorausberechnen, wann wieder ein Erdbeben auftreten könnte. So sagten sie z. B. 1974 ein Erdbeben in China voraus und konnten damit Tausende Menschen vor dem Tod bewahren. Genaue Voraussagen von Erdbeben sind allerdings nicht immer möglich. Im Jahr 1989 wurde San Francisco, USA, ohne Vorwarnung von einem Erdbeben erschüttert.

PLÖTZLICHES CHAOS
Die Zerstörung kann so rasch eintreten, dass den Menschen keine Zeit zur Flucht bleibt. Einstürzende Gebäude können Autos begraben und Straßen blockieren.

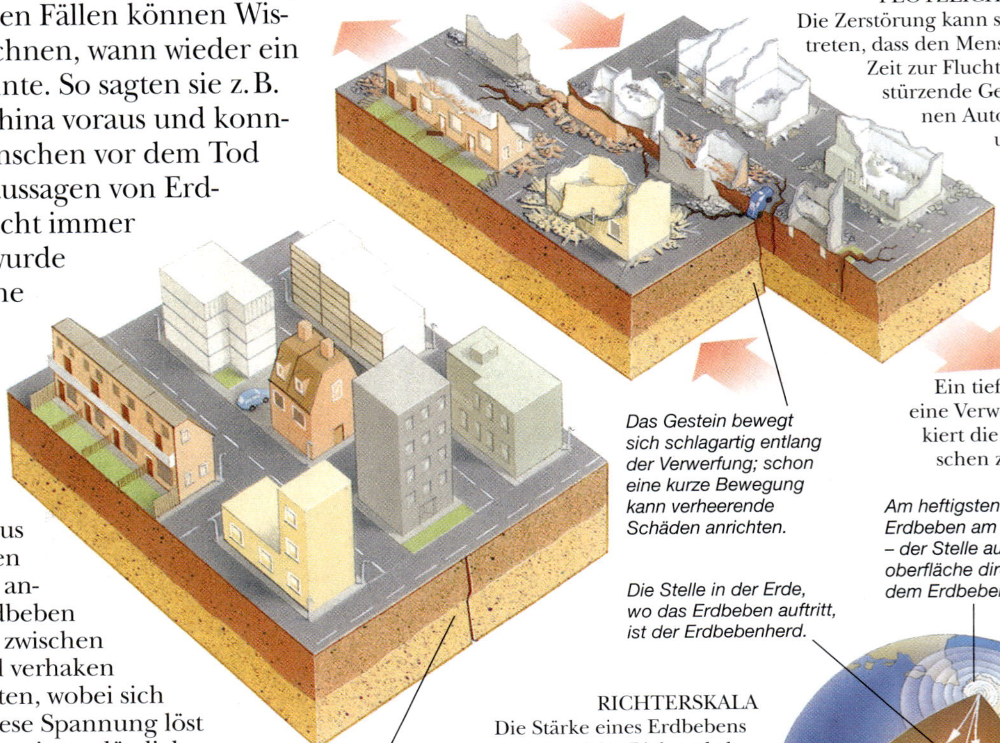

VERWERFUNG
Ein tiefer Riss oder eine Verwerfung markiert die Grenze zwischen zwei Platten.

Das Gestein bewegt sich schlagartig entlang der Verwerfung; schon eine kurze Bewegung kann verheerende Schäden anrichten.

Das Gestein verhakt sich entlang der Verwerfung.

Ursachen von Erdbeben

Die Erdkruste besteht aus mehreren großen Platten aus festem Gestein. Diese Platten bewegen sich sehr langsam aneinander vorbei. Starke Erdbeben treten meist an der Grenze zwischen zwei Platten auf. Manchmal verhaken sich die Ränder zweier Platten, wobei sich eine Spannung aufbaut. Diese Spannung löst sich dann schlagartig, was zu einer plötzlichen Bewegung der Platten – einem Erdbeben – führt.

RICHTERSKALA
Die Stärke eines Erdbebens wird auf der Richterskala gemessen. Ein Erdbeben der Stärke 8 kann eine ganze Stadt zerstören. Die Richterskala misst die Erschütterungen des Bodens und nicht das Ausmaß der Schäden, die von Ort zu Ort unterschiedlich sind.

Die Stelle in der Erde, wo das Erdbeben auftritt, ist der Erdbebenherd.

Am heftigsten ist das Erdbeben am Epizentrum – der Stelle auf der Erdoberfläche direkt über dem Erdbebenherd.

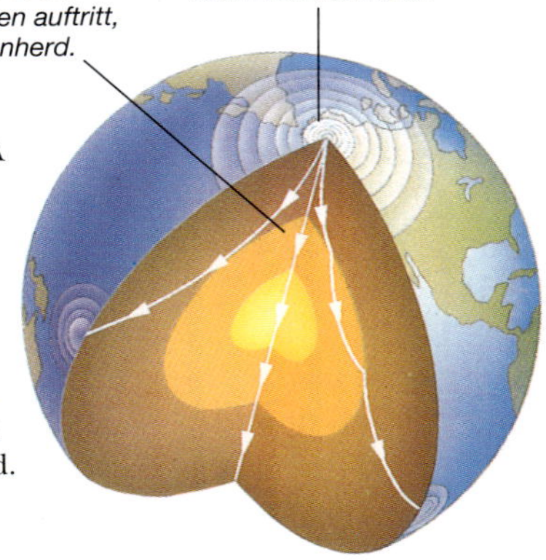

Ein Erdbeben im Indischen Ozean löste im Dezember 2004 mehrere Tsunamis in Teilen Südostasiens, Indiens und Afrikas aus.

TSUNAMIS
Erdbeben am Meeresboden verursachen häufig eine Riesenwelle, Tsunami genannt, die sich rasch der Küste nähert. Auf hoher See ist ein Tsunami nicht sehr hoch, kann sich jedoch in Küstennähe bis zu über 35 m aufbäumen. Wenn der Tsunami auf die Küste trifft, zerstört er ganze Häuser und schleudert Boote weit landeinwärts. Tsunamis, die oft auch als Flutwellen bezeichnet werden, können ebenso durch einen Unterwasservulkan entstehen.

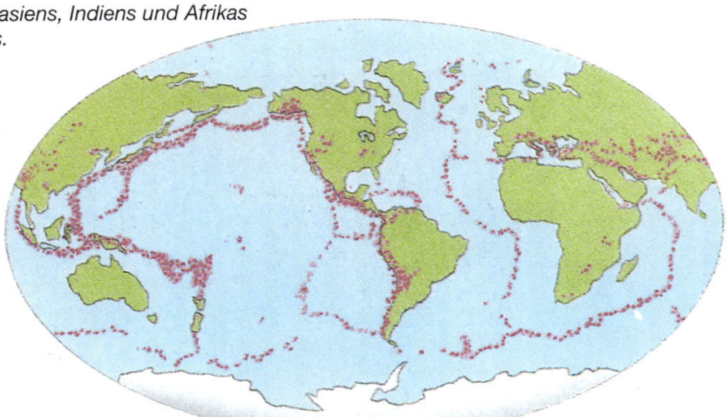

ERDBEBENGÜRTEL
Heftige Erdbeben treten nur in bestimmten Teilen der Erde auf. Diese Karte zeigt die Erdbebengürtel der Welt, die auch durch die Ozeane verlaufen. Zu den stärksten Erdbeben kommt es entlang der Grenzen zwischen den Platten der Erdkruste, daher folgen die Gürtel dem Verlauf der Plattenränder.

Seismologie

Empfindliche Geräte können die Erschütterungen eines Erdbebens auch in großer Entfernung erkennen, da die Bewegung der Gesteine Schockwellen hervorruft, die sich durch die Erde fortpflanzen. Die Wissenschaft von den Erdbeben nennt man Seismologie.

Siehe auch
Erde
Geologie
Kontinente
Vulkane

Erde

DIE ERDE IM ALL
Als Astronauten zum ersten Mal die Erde aus dem All sahen, waren sie von der Schönheit des blauen Planeten überwältigt. Dieses Bild zeigt die Erde über dem Mondhorizont.

WIR LEBEN AUF EINER großen Gesteinskugel, die mit hoher Geschwindigkeit durch das Weltall rast: die Erde. Die Erde ist einer von neun Planeten, die um die Sonne kreisen. Sie ist der einzige bekannte Ort, auf dem Leben existieren kann. Ihre Atmosphäre enthält Sauerstoff, und die Ozeane bestehen aus Wasser – zwei Stoffe, die für das Leben unerlässlich sind. Außerdem befindet sich die Erde von allen Planeten des Sonnensystems in einer Entfernung zur Sonne, in der es weder zu heiß noch zu kalt wird. Weniger als ein Drittel der Erdoberfläche besteht aus Landfläche. Mehr als zwei Drittel sind von Wasser bedeckt. Das Erdinnere setzt sich aus Gesteinsschichten zusammen, die sich um einen Kern aus Eisen und Nickel anordnen.

Die Vorgänge, die das Leben auf der Erde ermöglichen, befinden sich in einem natürlichen Gleichgewicht. Dieses Gleichgewicht kann jedoch durch Umweltverschmutzung, Übervölkerung und Rohstoffausbeutung gestört werden.

ATMOSPHÄRE
Die Erde ist von einer Lufthülle, Atmosphäre genannt, umgeben. Sie reicht bis in etwa 2000 km Höhe und enthält in den unteren Schichten vor allem die Gase Stickstoff und Sauerstoff. Die Atmosphäre schützt die Erde vor schädlichen Sonnenstrahlen und verhindert, dass es auf der Erde zu heiß oder zu kalt wird.

OZEANE
Die Ozeane sind riesige, mit Wasser gefüllte Hohlformen der Erdkruste. Ihre Durchschnittstiefe beträgt 3,5 km.

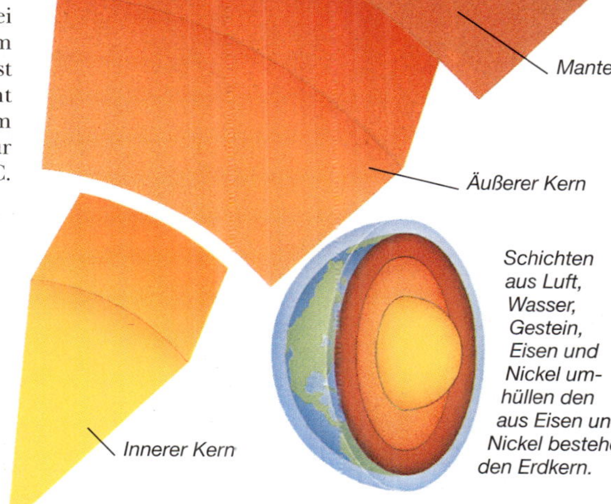

MANTEL
Unter der Kruste liegt der Mantel, eine etwa 2900 km mächtige Gesteinsschicht. Zur Unterseite des Mantels hin steigt die Temperatur bis auf 3700 °C an, doch bleibt das Gestein wegen des hohen Drucks fest.

KRUSTE
Die obere Gesteinsschicht an der Erdoberfläche bezeichnet man als Kruste. Unter den Kontinenten reicht sie bis in eine Tiefe von 70 km, unter den Ozeanen ist sie oft nur 6 km mächtig. Zur Unterseite der Kruste hin steigt die Temperatur bis auf etwa 1100 °C an.

ÄUSSERER KERN
Der Erdkern besteht aus zwei Schichten – dem Äußeren und dem Inneren Kern. Der Äußere Kern ist rund 2000 km mächtig und besteht überwiegend aus glutflüssigem Eisen und Nickel. Die Temperatur liegt bei ungefähr 2200 °C.

INNERER KERN
Den Erdmittelpunkt bildet eine Kugel aus Eisen und Nickel mit einem Durchschnitt von etwa 2740 km. Die Temperatur im Zentrum liegt bei ungefähr 4500 °C.

FLÜSSIGES GESTEIN
Im Erdinneren ist es sehr heiß, was auf den Zerfall radioaktiver Elemente zurückzuführen ist. Aufgrund der hohen Temperaturen ist dort das Gestein geschmolzen. Das glutflüssige Gestein gelangt durch Vulkane an die Erdoberfläche, wo es dann Lava genannt wird.

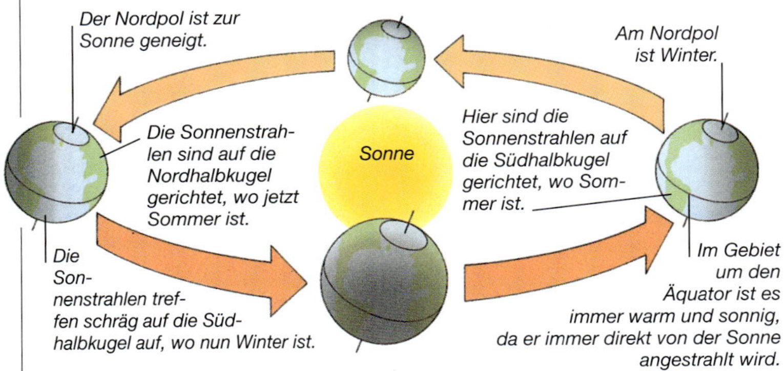

JAHRESZEITEN
Mit Ausnahme der Region am Äquator verändern sich die Jahreszeiten, wenn die Erde die Sonne umläuft. Da die Erdachse um 23,5° zur Umlaufebene geneigt ist, sind die Pole zu unterschiedlichen Jahreszeiten von der Sonne abgewandt.

DIE ERDE IN ZAHLEN

Durchmesser am Äquator	12 756 km
Durchmesser an den Polen	12 714 km
Äquatorumfang	40 075 km
Landfläche	29,2 % der Erdoberfläche
Wasserfläche	70,8 % der Erdoberfläche
Masse	6 Trilliarden (6 x 1021) Tonnen
Rotationsdauer	23 Stunden, 56 Minuten, 4 Sekunden
Umlaufzeit	365 Tage, 6 Stunden, 9 Minuten, 9 Sekunden
Entfernung zur Sonne	150 Mio. km

Die Erde dreht sich um die eigene Achse, die vom Nord- zum Südpol reicht. Gleichzeitig umläuft sie die Sonne.

Entstehung der Erde

Die Erde ist ungefähr 4,6 Mrd. Jahre alt. Manche Mondgesteine und Meteoriten (Gesteinsbrocken aus dem All) haben dasselbe Alter. Daraus kann man schließen, dass das ganze Sonnensystem zur gleichen Zeit entstanden ist. Sonne, Erde und die anderen Planeten haben sich aus einer gewaltigen Staub- und Gaswolke im All gebildet.

1 Eine Wolke aus Gas und Staub ballte sich vor 4,6 Mrd. Jahren zusammen und bildete die Sonne. Auch die Wolkenreste ballten sich zu großen Eis- und Gesteinsbrocken zusammen. Diese stießen zusammen, vereinigten sich und bildeten schließlich die Planeten.

2 Die Erde hat sich in ungefähr 100 Mio. Jahren in eine Gesteinskugel verwandelt. Der Planet war noch sehr heiß, da die Gesteinsbrocken aufeinander prallten. Die Oberfläche war schmelzflüssig, und die junge Erde glühte rot.

3 Radioaktivität in den Gesteinen verursachte noch mehr Hitze, und der ganze Planet schmolz. Geschmolzenes Eisen sank zum Erdmittelpunkt und bildete den Kern. Die leichteren Gesteine schwammen auf dem Eisen. Vor etwa 4,5 Mrd. Jahren kühlte die Oberfläche zur festen Kruste ab. Vulkane stießen heiße Gase aus, die sich in der Atmosphäre ansammelten. Wasserdampf kondensierte zu Wasser und füllte die Weltmeere.

Das Wasser der Ozeane kann auch mit Kometen gekommen sein, die mit der jungen Erde zusammenprallten.

4 Vor rund 3,5 Mrd. Jahren entstanden die ersten winzigen Lebewesen. Manche davon produzierten Sauerstoff, der sich vor etwa 2,3 Mrd. Jahren in der Atmosphäre anreicherte. Die Kontinente brachen auseinander und nahmen langsam ihre heutige Lage ein. Ihre Bewegung hält immer noch an, was die so genannte Kontinentaldrift zur Folge hat.

GEOTHERMISCHE ENERGIE
Wärme aus dem Erdinneren ist eine sichere, saubere Energiequelle, geothermische Energie genannt. Oberflächennahe, heiße Gesteine sind z. B. in Island und in Italien zu finden. Diese Gesteine erhitzen das Wasser im Untergrund. Durch Bohrlöcher im Gestein gelangen das heiße Wasser und der Dampf an die Oberfläche, wo sie zur Stromgewinnung und zum Heizen von Gebäuden verwendet werden.

THEORIEN VON DER ERDE

Früher glaubten die Menschen, dass die Erde flach sei. Vor etwa 2500 Jahren erkannten die Griechen, dass sie rund ist. Der Grieche Aristarch behauptete um 260 v. Chr., dass die Erde um die Sonne wandert – was der polnische Astronom Nikolaus Kopernikus (1473–1543) erst 1543 bestätigte. Auch heute werden noch neue Theorien aufgestellt. So besagt z. B. die Gaia-Theorie, dass sich der Planet wie ein lebender Organismus verhält.

Siehe auch
Atmosphäre
Geologie
Klima
Kontinente
Meere
Mineralien und Steine
Radioaktivität
Weltall

Erdgeschichte

Als der Planet Erde vor ungefähr 4,6 Mrd. Jahren entstand, gab es noch kein Leben. Es tobten heftige Gewitter, und Vulkane stießen giftige Gase aus. Es gab auch noch keine Atmosphäre, die die Erde vor Sonnenstrahlen schützte. Erst langsam haben sich warme, flache Meere entwickelt. Im Schutz dieser Meere entstanden dann die ersten Lebensformen. Wir bezeichnen diese Zeit als »prähistorisch«, da es über sie keine Aufzeichnungen gibt. Fossilien – Reste von Pflanzen und Tieren – sind die einzigen Zeugnisse prähistorischen Lebens. Dank einiger mehr als zwei Milliarden Jahre alter Fossilien wissen wir, dass die ersten Lebensformen Bakterien waren. Langsam haben sich Pflanzen, so genannte Blaugrün-Algen, entwickelt. Diese produzierten Sauerstoff – das Gas, das Pflanzen und Tiere zum Leben benötigen. Sauerstoff wurde aus dem Meer in die Luft freigesetzt, wo er eine schützende Ozonschicht in der Atmosphäre bildete. Das Ozon filterte die gefährlichen Sonnenstrahlen aus, und Lebewesen bevölkerten später das Land und die Luft. Millionen von Tier- und Pflanzenarten haben sich entwickelt – manche, wie Insekten, haben überlebt. Andere, z.B. die Dinosaurier, sind ausgestorben.

VOR 2 MRD. JAHREN
Erste Lebensformen waren Bakterien und Blaugrün-Algen. Die Algen wuchsen in Ringen oder kurzen Verbünden, Stromatolithen genannt, die als Fossilien erhalten sind. Stromatolithen entstehen in tropischen Meeren noch heute.

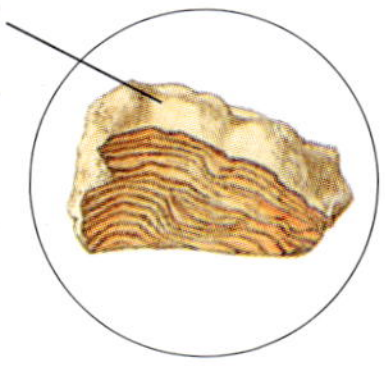

Versteinerte Stromatolithen gehören zu den ältesten Spuren des Lebens auf der Erde.

VOR 600 MIO. JAHREN
Seltene Fossilien von Weichtieren zeigen uns, dass sich viele unterschiedliche Tiere entwickelt hatten. Dazu gehören auch die ersten Quallen, Korallen, Seefedern und Würmer.

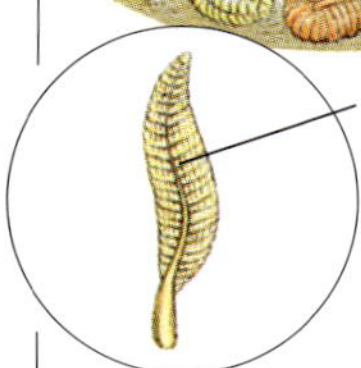

Seefedern gab es schon vor 600 Mio. Jahren.

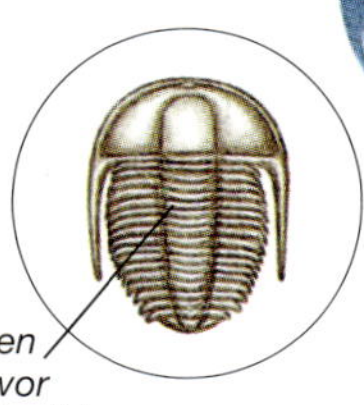

Trilobiten waren vor 450 Mio. Jahren weit verbreitet. Sie sind alte Vorfahren der Krabben.

VOR 450 MIO. JAHREN
Fossilien aus dieser Zeit sind häufiger zu finden, da die Tiere harte Schalen entwickelt haben, die sie gut erhielten. Dazu zählen Trilobiten, Nautiloiden, Seeigel und mehr als 2,50 m lange Eurypteriden oder Seeskorpione.

Einer der ersten Fische, etwa 390 Mio. Jahre alt

VOR 390 MIO. JAHREN
Fische waren die ersten Lebewesen mit Rückgrat. Sie entwickelten sich schnell weiter in viele unterschiedliche Arten. Schritt für Schritt formten sich bei ihnen Kiefer und Flossen aus. Im Schlamm der Küstengewässer erschienen die ersten einfachen Landpflanzen wie z.B. Moose.

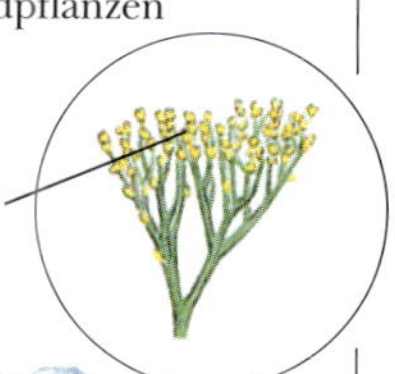

Die Cooksonia zählte zu den ersten Landpflanzen der Erde.

WOHER KENNEN WIR DAS ALTER DER FOSSILIEN?

Erdzeitalter	*Mio. Jahre vor heute (MJ)*
Quartär	*2 MJ – heute*
Tertiär	*65-2 MJ*
Jura und Kreide	*195–65*
Trias	*230–195*
Karbon und Perm	*345–230*
Devon	*395–345*
Ordovizium und Silur	*500–395*
Kambrium	*570–500*
Präkambrium	*4000–570*

Wissenschaftler, so genannte Paläontologen, können das Alter eines Fossils mithilfe des benachbarten Gesteins herausfinden. Dies nennt man eine relative Datierung. Sie messen aber auch die Menge radioaktiver Substanzen im Gestein, um das Alter zu bestimmen. Dies nennt man absolute Datierung.

Die prähistorische Zeit wird in verschiedene Erdzeitalter eingeteilt. Jedes dieser Erdzeitalter dauerte viele Millionen Jahre an. Wenn man tief in die Erdoberfläche gräbt, kann man die Fossilien von Tieren und Pflanzen der unterschiedlichen Zeitalter finden.

VOR 350 MIO. JAHREN
Nachdem sich Pflanzen auf dem Land ausgebreitet hatten, folgten bald die ersten Landtiere, z.B. Tausendfüßer und Insekten. Bäume mit hölzernen Stämmen, die an Nadelbäume erinnerten, wurden mehr als 30 m hoch. In den Meeren schwammen Haie und viele andere Fische.

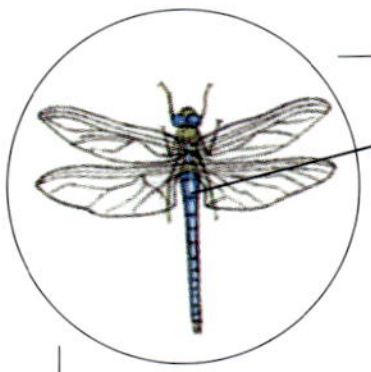

Insekten, wie die Libelle, kamen vor etwa 350 Mio. Jahren auf.

VOR 300 MIO. JAHREN
Die ersten Amphibien waren bereits 50 Mio. Jahre zuvor dem Wasser entstiegen. Langsam entwickelten sie kräftigere Gliedmaßen und dickere Häute für das Leben an Land. Die Eier legten sie weiterhin im Wasser ab. In den warmen Sümpfen wuchsen Riesenfarne und Schachtelhalme.

VOR 150 MIO. JAHREN
Dinosaurier bevölkerten das Land. Reptilien wie Plesosaurier beherrschten die Meere, und andere Reptilien, die Pterosaurier, flogen durch die Lüfte. Es gab auch schon Vögel und Säugetiere. In den Meeren waren Ammoniten weit verbreitet.

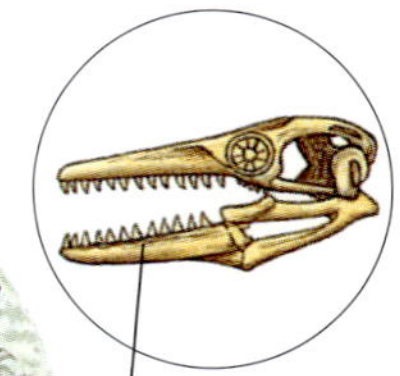

Der Mosasaurier zählte zu den ersten Meeresreptilien. Seine scharfen Zähne zeigen, dass er ein Fleischfresser war und vermutlich Fische jagte.

Die ersten Fledermäuse erschienen vor rund 50 Mio. Jahren.

VOR 65 MIO. JAHREN
Blühende Bäume, wie Magnolien, erschienen erstmals vor mehr als 100 Mio. Jahren auf der Erde. Später, vor rund 65 Mio. Jahren, starben Dinosaurier und viele andere Lebewesen aus. In den darauf folgenden Jahrmillionen breiteten sich viele unterschiedliche Säugetier- und Vogelarten aus.

Säbelzahntiger lebten vor 19 bis 2 Mio. Jahren. Mit ihren riesigen Zähnen konnten sie große Tiere reißen.

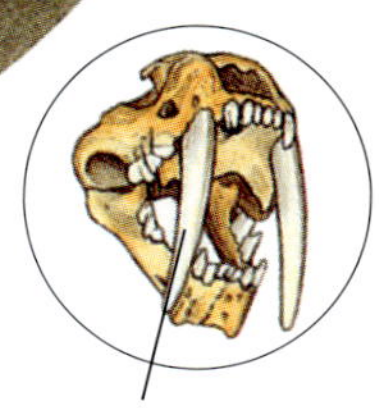

Die grosse Eiszeit

Vor etwa 2 Mio. Jahren setzten mehrere Eiszeiten ein, die von wärmeren Zwischeneiszeiten unterbrochen wurden. Die Menschen entwickelten sich – vermutlich in Afrika – und breiteten sich über die ganze Welt aus. Im Norden jagten sie behaarte Mammuts, Nashörner und Säbelzahntiger. Vor rund 18 000 Jahren lag fast ganz Nordeuropa unter einer dicken Eisdecke.

ARTENSTERBEN

Man macht sich heute Sorgen darüber, dass viele Tiere und Pflanzen vom Aussterben bedroht sind. Doch seit es Leben auf der Erde gibt, sind Tiere und Pflanzen ausgestorben und wurden durch andere ersetzt. Dieser Prozess ist ein Teil der Natur. Wenn sich die Umweltbedingungen auf der Erde verändern, können sich manche Lebewesen nicht anpassen. Wissenschaftler nehmen an, dass 99 Prozent aller Pflanzen und Tiere, die es jemals auf der Erde gab, auf natürliche Weise ausgestorben sind. In prähistorischer Zeit sind oft Hunderte verschiedener Arten gleichzeitig ausgestorben. Solche Massensterben waren meist auf starke Klimaveränderungen zurückzuführen. Vor ungefähr 225 Mio. Jahren starben 90 Prozent aller Meereslebewesen aus. Heute trägt allerdings auch der Mensch zum Aussterben mancher Arten bei.

STEGOSAURUS
Dieser Dinosaurier lebte vor etwa 150 Mio. Jahren in Nordamerika. Vor rund 140 Mio. Jahren starb er aus.

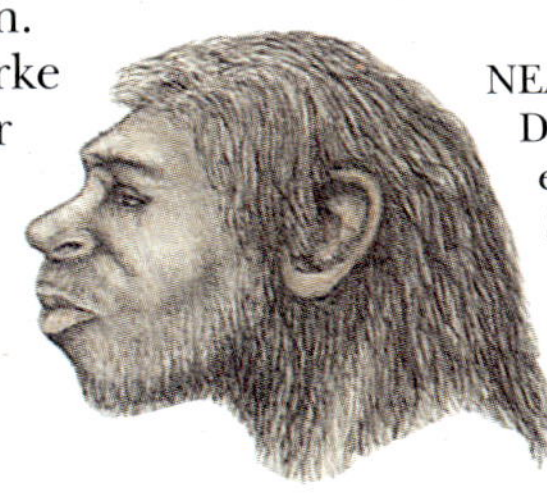

NEANDERTALER
Die Neandertaler lebten vor etwa 120 000–35 000 Jahren. Sie waren die direkten und kleineren Vorfahren des *Homo sapiens* (des modernen Menschen). Als sich die Menschen entwickelten, starb diese Art aus.

Siehe auch
Dinosaurier
Erdgeschichte,
Entwicklung des Menschen
Evolution
Fossilien
Kohle

ERDGESCHICHTE
ENTWICKLUNG DES MENSCHEN

ENTWICKLUNG DES MENSCHEN

um 7 000 000 v. Chr. Affen und Hominiden entwickeln sich in verschiedene Richtungen.

um 2 500 000 v. Chr. Erste Steinwerkzeuge. Beginn des Paläolithikums (Altsteinzeit).

um 1 500 000 v. Chr. Entwicklung des *Homo erectus*.

um 125 000 v. Chr. Erste Neandertaler (eine frühe Form des *Homo sapiens* – »wissender Mensch«).

um 50 000 v. Chr. Entwicklung der ersten modernen Menschen, *Homo sapiens*.

um 8000 v. Chr. Beginn des Neolithikums (Neusteinzeit).

um 7000 v. Chr. Ackerbaudörfer und Keramik.

um 3500 v. Chr. Sumerer in Mesopotamien entwickeln die Schrift. Sumerer bauen erste Städte.

um 3000 v. Chr. Metallwerkzeuge und -waffen ersetzen den Stein als Werkstoff.

IM VERGLEICH zur Geschichte anderer Lebensformen ist die des Menschen noch ziemlich kurz – sie begann erst nach dem Zeitalter der Dinosaurier und nach dem Beginn des Zeitalters der Säugetiere. Die Geschichte der menschlichen Entwicklung ist nicht vollständig datierbar, da viele fossile Zeugnisse niemals gefunden wurden. Menschenähnliche Säugetiere entwickelten sich erstmals vor etwa fünf Mio. Jahren im zentralen Afrika. Sie stiegen von den Bäumen und begannen, auf zwei Beinen zu gehen. Hominiden, frühe Menschen, waren mehr affen- als menschenähnlich und lebten im Freien. Erst nach Millionen von Jahren lernten sie, aufrecht zu gehen. Dank eines größeren Gehirns konnten sie Sprache und gemeinsames Handeln entwickeln. Hominiden lebten in Gruppen und teilten sich Arbeit und Nahrung. Sie zogen übers Land auf der Suche nach Obst, Wurzeln, Nüssen, Beeren und Samen und jagten Tiere. Durch den aufrechten Gang hatten sie die Hände frei, um Werkzeug und Waffen herzustellen, um Unterkünfte zu bauen und Feuer zu machen.

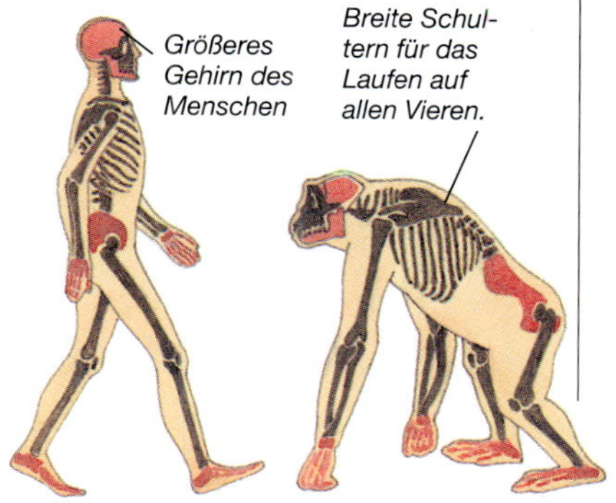

MENSCH ODER AFFE?
Menschen haben kleinere Kiefer und größere Gehirne als Affen. Die Menschenhand hat einen längeren Daumen, Affen haben längere Finger. Becken und Oberschenkel des Menschen erlauben den aufrechten Gang. Die Beine des Menschen sind länger als die Arme. Bei Affen ist es umgekehrt. Im Gegensatz zu Affen kann der Mensch mit den Füßen und Zehen nicht greifen.

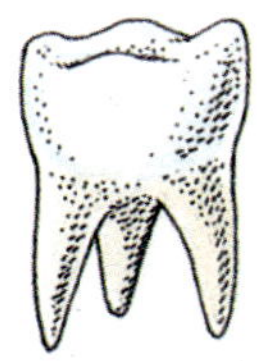

WEISHEITSZAHN
Frühe Menschen brauchten die Weisheitszähne zum Kauen von Wurzeln und Beeren. Heute sind Weisheitszähne nutzlos. Bei manchen Menschen kommen sie gar nicht mehr zum Vorschein.

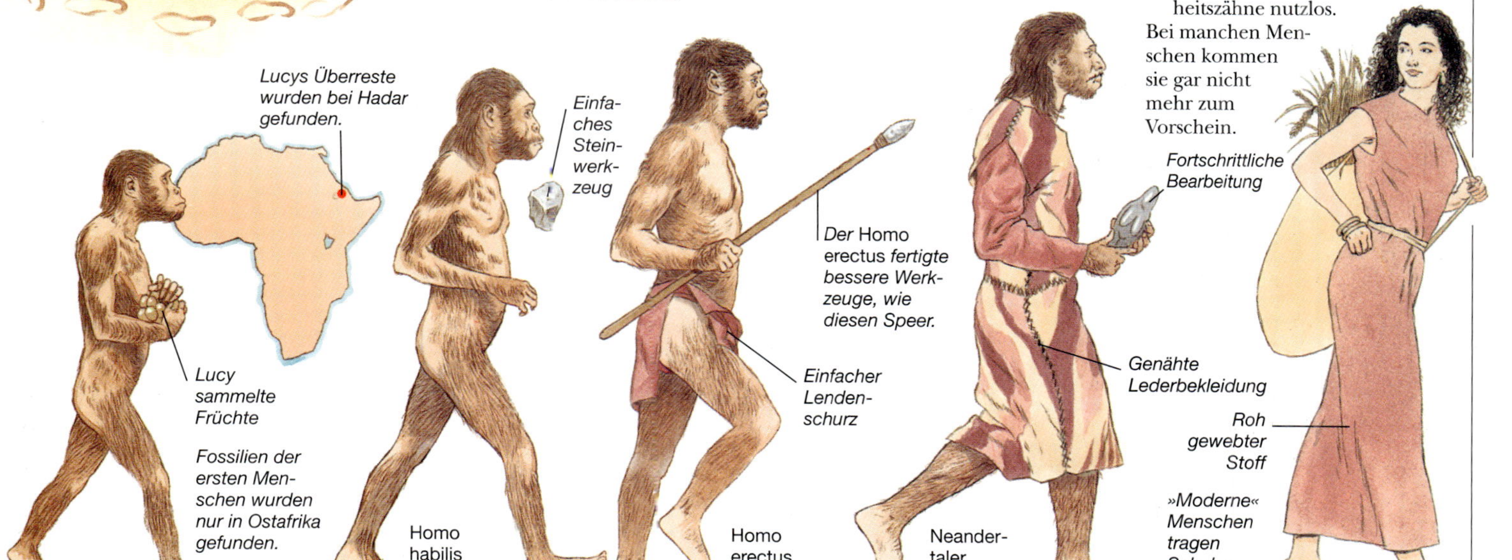

LUCY
Archäologen entdeckten 1974 in Äthiopien das Fossil eines kompletten menschlichen Skeletts. Sie nannten es Lucy – nach dem Beatles-Song »Lucy in the Sky with Diamonds«. Lucy war 3 Mio. Jahre alt. Sie war zwar fast Mensch, gehörte aber wohl nicht zu unseren direkten Vorfahren.

Zu Lebzeiten war Lucy etwa so groß wie ein 10-jähriges Mädchen und wog 30 kg.

VOM HOMINIDEN ZUM MENSCHEN

Vor 2,5 Mio. Jahren fertigten Hominiden, die man als *Homo habilis* (»geschickter Mensch«) bezeichnete, grobe Werkzeuge. Andere, fortschrittlichere Hominiden, *Homo erectus* genannt, breiteten sich von Afrika nach Europa und Asien aus. Sie lebten in Lagern, nutzten das Feuer und hatten wahrscheinlich eine Sprache. Nach der Eiszeit lebten in Europa Neandertaler. Die Neandertaler sahen heutigen Menschen schon sehr ähnlich, trugen Kleidung, stellten Werkzeuge aus Feuerstein her, machten Feuer und bestatteten die Toten. Sie verschwanden vor rund 30 000 Jahren und wurden vom »modernen Menschen« ersetzt, der vor etwa 9000 Jahren die Landwirtschaft einführte und sich in Gemeinschaften niederließ.

MODERNE MENSCHEN
Als die Menschen begannen Tiere zu zähmen und Getreide anzubauen, ließen sie sich in dauerhaften Siedlungen nieder, die langsam zu Städten heranwuchsen.

Siehe auch

ARCHÄOLOGIE
BRONZEZEIT
ERDGESCHICHTE
EVOLUTION
STEINZEIT

Ernährung

KONSERVIERUNG VON SPEISEN
Lebensmittel verderben, weil sich in ihnen Bakterien ausbreiten. Einsalzen, Räuchern, Einfrieren, Einlegen in Säure oder Zugeben von viel Zucker verhindern, dass Bakterien gedeihen. Lebensmittel in Dosen sind haltbar, weil sie erhitzt wurden und keine Luft an sie kommt. Heute werden Lebensmittel auch bestrahlt, doch ist noch nicht erforscht, wie sich dies auf die menschliche Gesundheit auswirkt.

ALLE LEBEWESEN brauchen Nahrung. Sie liefert die Energie, die der Körper benötigt, um Körperwärme zu erzeugen, Bewegungen auszuführen, zu wachsen und sich zu regenerieren. Menschen vertragen eine große Auswahl an pflanzlichen und tierischen Nahrungsmitteln. Aber nicht jeder Mensch isst alles. Religion, Gesundheit und persönliche Vorlieben und Abneigungen bestimmen unseren Speiseplan. Die Aufnahme der Nahrungsstoffe und die alltäglichen Essgewohnheiten bezeichnet man als Ernährung. Mangel an wichtigen Nährstoffen oder ungesunde Ernährung führen zu schweren Wachstumsstörungen und zu Krankheiten.

Obst- und Gemüsestand

Ernährung

Als ausgewogene Ernährung bezeichnet man eine Ernährung, die dem Körper alles liefert, was er braucht, um gesund zu bleiben. Energie liefern Lebensmittel, die Kohlehydrate und Fette enthalten, die der Körper langsam verbrennt. Die in Nahrung enthaltene Energie wird in Kalorien gemessen. Ein Zehnjähriger braucht am Tag ungefähr 2000 Kalorien. Eiweiss oder Protein, braucht der Körper, um Muskeln aufzubauen. Es ist v. a. in Fleisch, Fisch, Milch, Eiern, Nüssen und Getreide enthalten. Vitamine sind wichtig, damit Haut, Augen, Blutgefäße und Organe gesund bleiben. Wasser hilft, Nährstoffe zu lösen und zu verdauen. Für Wachstum und Gesundheit sind auch Minerale wichtig, darunter Kalzium und Eisen. Fasern in der Nahrung unterstützen die Verdauung.

HUNGER UND ÜBERFLUSS

Die Bauern dieser Welt würden genügend erzeugen, um die gesamte Weltbevölkerung zu ernähren, doch leider kommt das Essen oft nicht zu den Hungernden. Reiche Industrieländer wissen nicht, wohin mit dem Überfluss, während über 40 Mio. Hunger leiden.

Nudeln und Reis sind Grundnahrungsmittel. Sie versorgen den Körper mit Energie und Proteinen. Getreide und Hülsenfrüchte zählen ebenfalls zu den Grundnahrungsmitteln. In jedem Land werden andere Grundnahrungsmittel bevorzugt.

Geflügel und Fleisch liefern Protein für den Muskelaufbau und energiereiches Fett.

Algen

Obst und Gemüse liefern dem Körper Vitamine, Fasern und natürlichen Zucker. Manche Gemüse, wie z. B. Kartoffeln, enthalten außerdem energiespendende Kohlehydrate.

Nüsse enthalten Proteine und Fette.

Pilze enthalten in kleinen Mengen Fasern und Minerale.

Eier und Milchprodukte enthalten Fett und sind auch reich an Proteinen, Vitaminen und Mineralen.

Fisch und Muscheln sind wichtige Proteinquellen und liefern Minerale und Vitamine.

ERNÄHRUNGSWEISEN
Nicht überall auf der Welt wird das Gleiche gegessen. Der Speiseplan wird durch Klima, Bräuche und Religion mitbestimmt. In Frankreich verwendet man in der Küche bestimmte Algen und isst Schnecken. In Teilen Afrikas und Asiens isst man Insekten.

Weinbergschnecke

Der Kochherd mit Platten und Backrohr, dessen Hitze eingestellt werden kann, wurde 1795 von Benjamin Thompson erfunden.

TRADITIONELLE KÜCHE
Die älteste Methode, etwas genießbar zu machen, besteht darin, es über einem offenen Holzfeuer zu braten. Das Kochen oder Schmoren in einem Topf über einem Herdfeuer kam erst später. Die ersten »modernen« Herde mit Herdplatten und einem Backrohr entstanden im 19. Jh. Ab 1850 wurde mit Gas gekocht, ab 1900 mit Strom.

Moderne Herde werden mit Gas, Strom oder beidem betrieben.

MIKROWELLE
Ein Mikrowellengerät gart mit elektromagnetischen Wellen, anstatt durch ausgestrahlte Hitze. Mikrowellen versetzen die Wassermoleküle in den Speisen in Schwingungen, sodass sie sich erhitzen. Die Hitze gart die festen Bestandteile. Metall blockiert Mikrowellen. Deshalb darf man Metallbehälter nicht in Mikrowellengeräte stellen.

Wenn das Gerät in Betrieb ist, bleibt die Tür zu.

Zubereitung

Viele Lebensmittel sind nur gekocht genießbar. Andere schmecken gekocht am besten und sind so auch leichter verdaulich. Man kocht oder dämpft sie in Wasser, brät oder grillt sie bei starker Hitze, oder aber schmort, brät oder backt sie im Backrohr. Rohe Lebensmittel wie Salate werden zubereitet, indem man die Zutaten wäscht, schneidet und vermischt.

Beim Kochen sollten Hände und Geräte sauber sein.

Frisch gemahlener Pfeffer ist ein vielseitiges Gewürz.

KÜCHENMASCHINEN
Küchenmaschinen wie Mixer u. ä. haben die Küchenarbeit viel leichter gemacht. Mithilfe verschiedener Aufsätze, Messer und Rührwerkzeuge können die Geräte Teig und andere Zutatenmischungen rühren, Gemüse zerkleinern, Kartoffeln oder Käse reiben und gekochte Gemüse oder Früchte pürieren sowie Eischnee und Schlagsahne aufschlagen.

Rührschüssel

Stielkasserolle

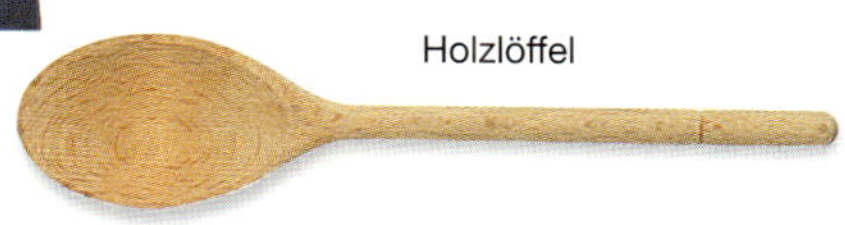

Holzlöffel

Rollholz für Teig

SICHERES KOCHEN

Topflappen

Kochen macht Spaß, aber man sollte dabei auch einige Faustregeln beachten. Vor Arbeitsbeginn und immer, wenn man eine Zutat fertig vorbereitet hat, sollte man sich die Hände waschen, um keine Keime zu verbreiten. Topflappen schützen vor Verbrennungen und Schürzen vor Flecken.

Schürze

Ausrüstung

Die meisten Töpfe und Pfannen sind aus Metall, weil Metall Hitze an die Speisen weitergibt, ohne zu schmelzen. Man rührt mit Kochlöffeln aus Holz um, weil Holz Hitze nicht leitet und man sich so nicht die Hände verbrennt. Messbecher sind meist durchsichtig. Rührschüsseln aus Glas, Metall und Plastik lassen sich leicht reinigen.

Messbecher

Siehe auch

FRÜCHTE UND SAMEN
GESUNDHEIT UND FITNESS
VERDAUUNG

Erste Hilfe

Bei einem Notfall kann schnelle, besonnene Hilfe Leben retten. Jemand, der sich verschluckt hat und zu ersticken droht, kann nicht auf einen Arzt warten. Stattdessen müssen die anwesenden Personen versuchen, das Hindernis in den Atemwegen zu entfernen. Diese Art des schnellen Eingreifens nennt man erste Hilfe. Was zu tun ist, hängt von der Schwere des Falles ab. Kleinere Verletzungen wie Schnittwunden muss nicht immer der Arzt behandeln. Erste Hilfe besteht in dem Fall darin, die Wunde zu reinigen und einen Verband anzulegen. Bei einem Knochenbruch jedoch muss der Verletzte ruhig gelagert und ins Krankenhaus gebracht werden. Bei einem schweren Verkehrsunfall oder bei einer Herzattacke muss unter Umständen sofort mit einer Wiederbelebung begonnen werden. Allerdings kann falsch angewandte erste Hilfe mehr schaden als nützen. Erste-Hilfe-Kurse vermitteln die erforderlichen Kenntnisse, um Leben retten zu helfen.

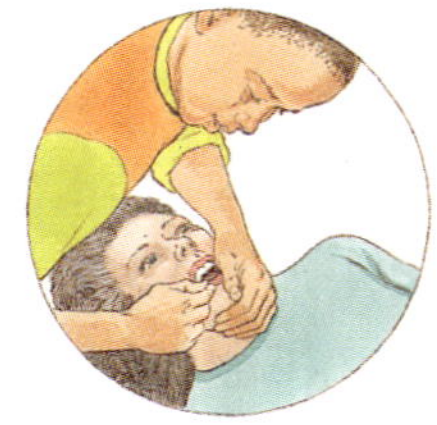

ATEMWEGE ÜBERPRÜFEN
Der erste Schritt besteht darin, die Atemwege des Patienten auf eventuell vorhandene Fremdkörper hin zu untersuchen.

BEATMEN
Mund-zu-Mund- oder Mund-zu-Nase-Beatmung ist eine Möglichkeit, Luft in die Lungen des Patienten zu pumpen.

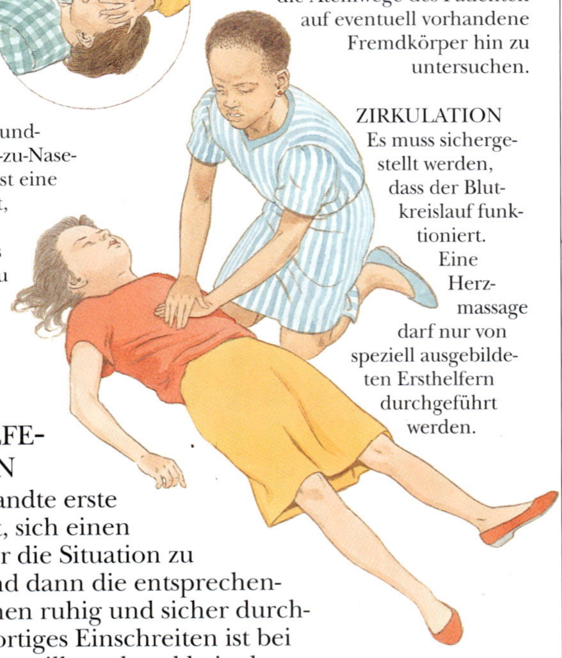

ZIRKULATION
Es muss sichergestellt werden, dass der Blutkreislauf funktioniert. Eine Herzmassage darf nur von speziell ausgebildeten Ersthelfern durchgeführt werden.

Erste-Hilfe-Techniken

Richtig angewandte erste Hilfe bedeutet, sich einen Überblick über die Situation zu verschaffen und dann die entsprechenden Maßnahmen ruhig und sicher durchzuführen. Sofortiges Einschreiten ist bei Herz- oder Atemstillstand und bei schweren Blutungen erforderlich.

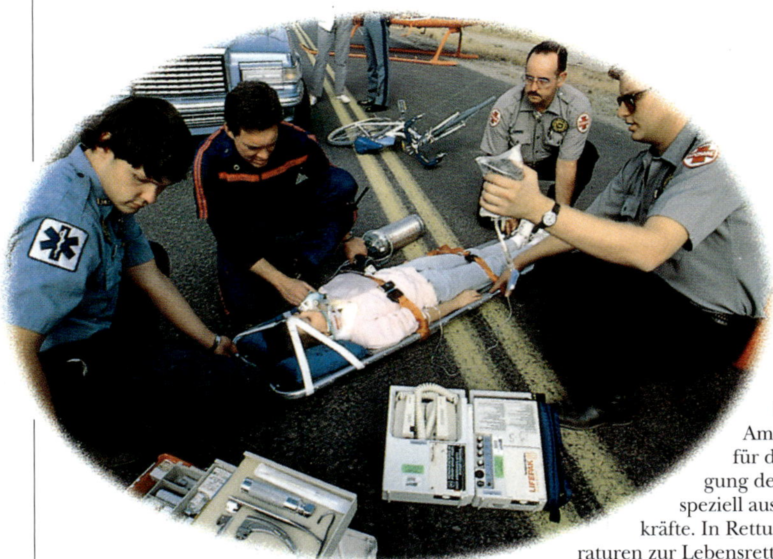

RETTUNGSSANITÄTER
Am Unfallort sorgen Sanitäter für die medizinische Notversorgung der Verletzten. Sanitäter sind speziell ausgebildete Erste-Hilfe-Fachkräfte. In Rettungswagen führen sie Apparaturen zur Lebensrettung mit sich, wie den Defibrillator, der das Herz wieder zum Schlagen bringen kann. So lässt sich das Leben vieler Patienten noch auf dem Weg zum Krankenhaus retten.

ROTES KREUZ
Das Rote Kreuz ist als Symbol überall auf der Welt bekannt. Die Hilfsorganisation wurde im 19. Jh. gegründet. Mitglieder des Roten Kreuzes heute geben Erste-Hilfe-Kurse, führen Blutspende-Aktionen durch und betreuen kranke und alte Menschen.

Verbandskasten

In jedem Haushalt sollte und in jedem Auto muss ein Verbandskasten vorhanden sein. Er ist sauber und trocken zu lagern und muss klar als solcher erkenntlich sein. Meist ist er grün mit einem weißen Kreuz darauf. Der Inhalt sollte von Zeit zu Zeit auf Vollständigkeit und Ablauf der Haltbarkeitsdaten überprüft werden.

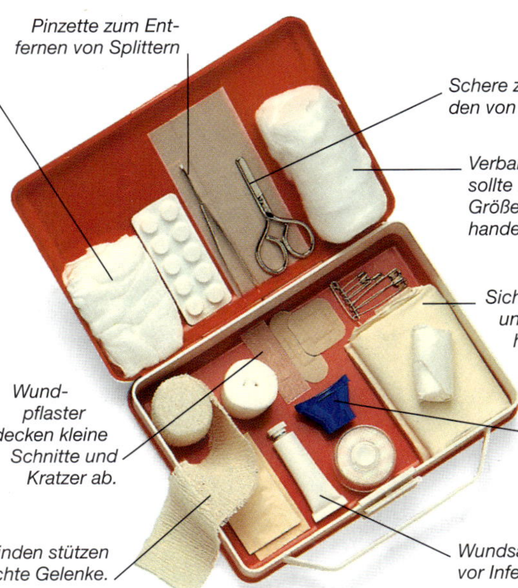

Siehe auch
Gesundheit und Fitness
Krankenhäuser
Krankheiten
Medizin

EULEN

DIE MEISTEN EULEN jagen nachts und werden tagsüber kaum gesichtet. Es gibt über 130 Eulenarten und mehr als 20 davon stehen auf der Liste bedrohter Arten. Viele Eulenarten, die in tropischen Regenwäldern leben, sind sehr selten geworden und vom Aussterben bedroht, weil ihre Lebensräume zerstört werden. Eulen erkennt man leicht an ihren großen Gesichtern und Augen. Sie haben kräftige Greiffüße mit scharfen Krallen und einen gebogenen Schnabel, mit dem sie Fleisch zerreißen können. Der Körper ist relativ klein, die Flügel sind groß und die Schwungfedern weich, sodass sich die Eule aus der Luft lautlos auf ihre Beute stürzen kann. Uhus, die größten Eulen, werden bis 4 kg schwer. Der Elfenkauz in Nordamerika ist nicht größer als ein Spatz.

WEISE UND GEFÄHRLICH
Weil Eulen intelligent aussehen, gelten sie als Symbol der Weisheit. Allerdings nimmt man in einigen Kulturen an, dass sie Unglück ankündigen.

WALDKAUZ

Der Waldkauz lebt hauptsächlich in Europa und Asien. Er jagt kleine Säugetiere und Vögel und frisst auch Würmer, Schnecken und Fische.

SCHLEIEREULE

Die Schleiereule ist überall auf der Welt auf Bauernhöfen ein willkommener Gast, denn sie fängt Mäuse und Ratten.

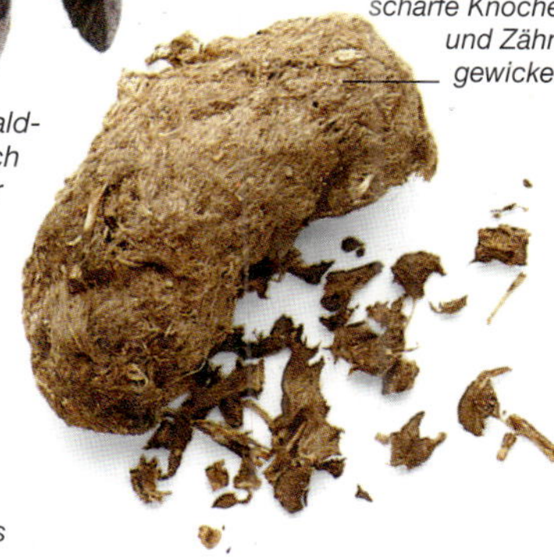

Bei diesem Gewölle haben sich Haare und Federn um scharfe Knochen und Zähne gewickelt.

Die Gewölle eines Waldkauzes enthalten auch Überreste gefressener Vögel. Hier sind Schädel und Unterschnabel eines Stars zu erkennen.

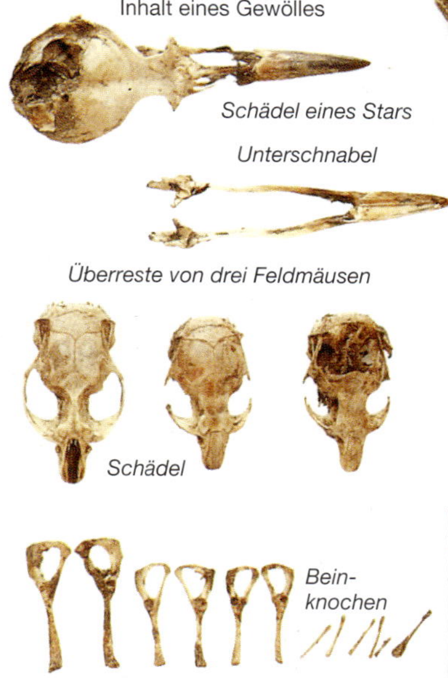

GEWÖLLE
Eulen verschlingen ihre Beute ganz, verdauen aber Knochen, Fell, Füße, Schnäbel und andere harte Teile nicht. Stattdessen würgt die Eule diese Überreste wieder in Form eines Gewölles hoch. Man findet sie auf dem Boden unter den Ruheplätzen von Eulen. Sie verraten, was die Eule in letzter Zeit gefressen hat.

SEHEN UND HÖREN

Eulen haben scharfe Augen und ein sehr gutes Gehör. Ihre Augen sind vorne am Kopf, sodass sie mit beiden Augen gleichzeitig nach vorne sehen können (während die meisten Vögel seitlich am Kopf liegende Augen haben). Die Augen können sich nicht in den Höhlen drehen. Dafür ist der Hals sehr beweglich.

Siehe auch

GREIFVÖGEL
NORDAMERIKA, TIERE
TIERE, FLUG
VÖGEL

EUROPA

VERGLICHEN MIT SEINEM riesigen östlichen Nachbarn Asien ist Europa ein winziger Kontinent. Der Einfluss europäischer Kultur reicht weit über die Grenzen des Kontinents hinaus. Europas lange Geschichte prägten Zeiten großen Wohlstands, eine hochentwickelte Industrie, große Handelsmacht und immer wieder mächtige Staaten, die weltweiten Einfluss hatten. Der Wohlstand Europas rührt ursprünglich aus dem fruchtbaren Ackerland, das von vielen Flüssen und reichem Regen ausgiebig bewässert wird. Doch das Klima ist auf dem Kontinent höchst unterschiedlich. Die Länder Südeuropas grenzen ans Mittelmeer mit seinem langen, heißen Sommer. Der Norden des europäischen Festlands reicht bis weit über den Polarkreis hinaus. Es gibt auch eine ganze Anzahl hoher Gebirgszüge wie die Alpen und die Pyrenäen. So vielfältig wie die Landschaft ist auch die ethnische Zusammensetzung der etwa 725 Mio. Europäer. Die meisten Nordeuropäer haben blondes Haar, helle Haut und blaue Augen, während viele Menschen im Süden dunklere Haut und lockiges schwarzes Haar haben.

EURO
Ein großer Schritt auf dem Weg zur Währungsunion war die Einführung des Euro als einheitliche europäische Währung. Elf EU-Staaten, darunter Frankreich und Deutschland, übernahmen im Jahr 1999 diese Währung. Seit Beginn des Jahres 2002 ersetzt der Euro in 12 Staaten (Griechenland war dazugekommen) die angestammten Währungen. England, Dänemark und Schweden behielten ihre nationale Währung.

Europa liegt nördlich des Mittelmeers und am Nordostteil des Atlantischen Ozeans. Es umfasst auch große Inseln wie die Britischen Inseln und Grönland. Das Uralgebirge in der Russischen Föderation markiert Europas lange Ostgrenze zu Asien.

Alte europäische Bauwerke mögen malerisch aussehen, aber ihr helles Mauerwerk bietet zudem einen wesentlichen Schutz gegen das kühle, feuchte Wetter.

Um sich gegen ausländische Konkurrenz, insbesondere aus Japan, zu behaupten, müssen europäische Unternehmen ständig ihre Fabriken modernisieren.

INDUSTRIE
Die Großindustrie entstand in Europa. Dank Arbeit sparender Erfindungen im 18. und 19. Jh. konnten europäische Fabriken Güter billig und in großer Zahl herstellen. Die Industrielle Revolution erfasste bald andere Erdteile wie die USA, Indien und Japan. Die verarbeitende Industrie spielt noch immer eine wichtige Rolle in den meisten europäischen Ländern.

Der österreichische Komponist Johann Strauß (Sohn; 1825–99) nannte einen seiner berühmtesten Walzer An der schönen blauen Donau.

DONAU
Europas zweitlängster Fluss, die Donau, entspringt im Schwarzwald und fließt dann bis zum Schwarzen Meer. Dabei passiert sie neun Staaten: Deutschland, Österreich, die Slowakei, Ungarn, Kroatien, Serbien und Montenegro, Rumänien, Bulgarien und die Ukraine.

STÄDTE

Viele europäische Städte sind schon sehr alt und haben sich im Laufe der Jahrhunderte nach und nach entwickelt. Daher unterscheiden sie sich in ihrer Anlage und in ihrem Aussehen erheblich von den modernen Städten in Amerika und Australien. Ursprünglich für ein geringes Verkehrsaufkommen geschaffen, bestehen europäische Städte aus einer unregelmäßigen Mischung enger gewundener Straßen und breiter Boulevards. Moderne Städte, die sorgfältig für moderne Verkehrsmittel geplant werden, entsprechen eher einem gleichförmigen Rastermuster.

HANDEL

Die Europäer waren stets bedeutende Kaufleute und Handelsmächte. Vom 15. bis zum 18. Jh. waren die Länder Europas die mächtigsten auf der Welt. Ihr Handel führte sie in alle Winkel der Erde, und europäische Siedler beherrschten Teile von Amerika, Afrika, Indien, Südostasien und Australien. Diese Regionen sind heute zwar alle unabhängig, weisen aber noch viele Zeugnisse der europäischen Kultur auf.

Der Handel und die Geldwirtschaft der Europäer legten die Basis für das weltweite Bankensystem.

SKANDINAVIEN

Eine hakenförmige Halbinsel umschließt große Teile der Ostsee in Nordeuropa und erstreckt sich bis ins Nordpolarmeer. Schweden und Norwegen bilden diese Halbinsel und ergeben zusammen mit Dänemark im Süden Skandinavien. Oft werden zu dieser Gruppe auch Finnland im Osten und die große Insel Island im Nordatlantik gezählt.

Die Häuser sind weiß gestrichen, damit sie die Sonnenhitze reflektieren.

Im warmen Klima des Mittelmeerraums gedeihen Oliven, Orangen, Zitronen, Sonnenblumen, Melonen, Tomaten und Auberginen.

Ziegen und Schafe gibt es häufiger als Rinder, die üppigere Weiden brauchen.

MITTELMEERRAUM

Elf europäische Staaten liegen am Mittelmeer: Spanien, Frankreich, Monaco, Italien, Slowenien, Kroatien, Bosnien-Herzegowina, Serbien und Montenegro, Albanien, Griechenland und Zypern. Auch ein kleiner Teil der Türkei gehört zu Europa. Die Menschen im Mittelmeerraum leben traditionell von der Landwirtschaft (oben), aber viele Länder haben heute blühende Industrien. Das Klima am Mittelmeer ist zwar viel wärmer als in Nordeuropa, die Winter können dennoch ziemlich kalt sein.

KUNST UND KULTUR

Die künstlerischen und kulturellen Traditionen Europas unterscheiden sich sehr von denen in anderen Teilen der Welt. Ölmalerei, klassische Musik und Ballett entstanden in Europa. Theater, Musik, Literatur, Malerei und Bildhauerei Europas gehen in ihren Anfängen zurück auf die Antike.

Tallinn (links), die Hauptstadt Estlands, ist ein wichtiger Ostseehafen.

BALTIKUM

Die Agrarländer Litauen, Lettland und Estland an der Ostküste der Ostsee bilden das Baltikum. Sie entstanden 1918 und blieben bis 1940 unabhängig, als sie von der Sowjetunion besetzt wurden. 1991 erlangte Litauen als eine der ersten ehemaligen Sowjetrepubliken die Unabhängigkeit, ein paar Wochen später folgten Estland und Lettland.

Siehe auch

DEUTSCHLAND
FRANKREICH
GROSSBRITANNIEN
ITALIEN
ÖSTERREICH
RUSSLAND
SCHWEIZ
SKANDINAVIEN
SPANIEN

FAKTEN

Fläche: 10 498 000 km^2
Einwohner: 725 000 000
Höchster Punkt: Elbrus, Kaukasus (europäisches Russland), 5642 m
Längster Fluss: Wolga (europäisches Russland), 3688 km
Größter See: Ladogasee (europäisches Russland), 18 300 km^2
Haupterwerbszweige: Landwirtschaft, Produktion, Industrie
Hauptexportgüter: Maschinen und Transportmittel
Hauptimportgüter: Erdöl und andere Rohstoffe

EUROPÄISCHE UNION

1957 schlossen sich sechs europäische Länder zur Europäischen Wirtschaftsgemeinschaft (EWG) zusammen. Ihre wirtschaftliche und politische Zusammenarbeit sollte die Wahrscheinlichkeit von Kriegen verringern und Europa Wohlstand bringen. Im Dezember 1991 schufen die Maastrichter Verträge die Europäische Union. In vielen Mitgliedsstaaten wurde ab 1999 der Euro als Währung eingeführt. Die EU-Flagge (unten) zeigt 12 Sterne auf blauem Untergrund. Inzwischen hat die Union 25 Mitglieder.

ALBANIEN
Fläche: 28 750 km^2
Einwohner: 3 200 000
Hauptstadt: Tirana

ANDORRA
Fläche: 468 km^2
Einwohner: 69 000
Hauptstadt: Andorra la Vella

BELGIEN
Fläche: 33 100 km^2
Einwohner: 10 300 000
Hauptstadt: Brüssel

BOSNIEN-HERZEGOWINA
Fläche: 51 130 km^2
Einwohner: 4 200 000
Hauptstadt: Sarajevo

BULGARIEN
Fläche: 110 910 km^2
Einwohner: 7 900 000
Hauptstadt: Sofia

DÄNEMARK
Fläche: 43 069 km^2
Einwohner: 5 400 000
Hauptstadt: Kopenhagen

DEUTSCHLAND
Fläche: 356 910 km^2
Einwohner: 82 500 000
Hauptstadt: Berlin

ESTLAND
Fläche: 45 125 km^2
Einwohner: 1 300 000
Hauptstadt: Tallinn

FINNLAND
Fläche: 338 130 km^2
Einwohner: 5 200 000
Hauptstadt: Helsinki

FRANKREICH
Fläche: 551 500 km^2
Einwohner: 60 100 000
Hauptstadt: Paris

GRIECHENLAND
Fläche: 131 990 km^2
Einwohner: 11 000 000
Hauptstadt: Athen

GROSSBRITANNIEN UND NORDIRLAND
Fläche: 244 880 km^2
Einwohner: 59 800 000
Hauptstadt: London

IRLAND
Fläche: 70 280 km^2
Einwohner: 4 000 000
Hauptstadt: Dublin

ISLAND
Fläche: 103 000 km^2
Einwohner: 290 000
Hauptstadt: Reykjavik

ITALIEN
Fläche: 301 270 km^2
Einwohner: 57 400 000
Hauptstadt: Rom

KROATIEN
Fläche: 56 540 km^2
Einwohner: 4 400 000
Hauptstadt: Zagreb

LETTLAND
Fläche: 64 589 km^2
Einwohner: 2 300 000
Hauptstadt: Riga

LIECHTENSTEIN
Fläche: 160 km^2
Einwohner: 33 000
Hauptstadt: Vaduz

LITAUEN
Fläche: 65 200 km^2
Einwohner: 3 400 000
Hauptstadt: Vilnius

LUXEMBURG
Fläche: 2586 km^2
Einwohner: 453 000
Hauptstadt: Luxemburg

MALTA
Fläche: 320 km^2
Einwohner: 394 000
Hauptstadt: Valletta

MAZEDONIEN
Fläche: 25 715 km^2
Einwohner: 2 020 000
Hauptstadt: Skopje

MOLDAWIEN
Fläche: 33 700 km^2
Einwohner: 4 300 000
Hauptstadt: Chisinău

MONACO
Fläche: 1,95 km^2
Einwohner: 32 000
Hauptstadt: Monaco

NIEDERLANDE
Fläche: 37 330 km^2
Einwohner: 16 100 000
Hauptstadt: Amsterdam/ Den Haag

NORWEGEN
Fläche: 323 900 km^2
Einwohner: 4 500 000
Hauptstadt: Oslo

ÖSTERREICH
Fläche: 83 850 km^2
Einwohner: 8 100 000
Hauptstadt: Wien

POLEN
Fläche: 312 680 km^2
Einwohner: 38 600 000
Hauptstadt: Warschau

PORTUGAL
Fläche: 92 390 km^2
Einwohner: 10 100 000
Hauptstadt: Lissabon

RUMÄNIEN
Fläche: 237 500 km^2
Einwohner: 22 300 000
Hauptstadt: Bukarest

RUSSLAND
Fläche: 17 075 400 km^2
Einwohner: 143 000 000
Hauptstadt: Moskau

SAN MARINO
Fläche: 61 km^2
Einwohner: 28 000
Hauptstadt: San Marino

SCHWEDEN
Fläche: 449 960 km^2
Einwohner: 8 900 000
Hauptstadt: Stockholm

SCHWEIZ
Fläche: 41 290 km^2
Einwohner: 7 200 000
Hauptstadt: Bern

SERBIEN UND MONTENEGRO
Fläche: 102 173 km^2
Einwohner: 10 500 000
Hauptstadt: Belgrad

SLOWAKEI
Fläche: 49 500 km^2
Einwohner: 5 400 000
Hauptstadt: Bratislava

SLOWENIEN
Fläche: 20 250 km^2
Einwohner: 2 000 000
Hauptstadt: Ljubljana

SPANIEN
Fläche: 504 780 km^2
Einwohner: 41 100 000
Hauptstadt: Madrid

TSCHECHISCHE REPUBLIK
Fläche: 78 370 km^2
Einwohner: 10 200 000
Hauptstadt: Prag

UKRAINE
Fläche: 603 700 km^2
Einwohner: 47 700 000
Hauptstadt: Kiew

UNGARN
Fläche: 93 030 km^2
Einwohner: 9 900 000
Hauptstadt: Budapest

VATIKANSTADT
Fläche: 0,44 km^2
Einwohner: 900
Hauptstadt: Vatikanstadt

WEISSRUSSLAND
Fläche: 207 600 km^2
Einwohner: 9 900 000
Hauptstadt: Minsk

BEVÖLKERUNG
Knapp 700 Mio. Menschen leben in Europa, und zwar überwiegend in Städten – in Belgien und den Niederlanden fast 90 Prozent. Im Süden und Osten leben mehr Menschen in ländlichen Gebieten.

PYRENÄEN
Die Pyrenäen liegen auf der Grenze zwischen Frankreich und Spanien. Der Gebirgszug erstreckt sich über 435 km vom Golf von Biskaya bis zum Mittelmeer. Das Klima hier ist mild und feucht. Die Berge laden zum Wandern, zum Angeln und zum Wintersport ein. Es gibt auch Kurorte mit heißen Quellen.

1992 kamen UN-Friedenstruppen in die vom Krieg zerrissene bosnische Hauptstadt Sarajevo.

Die majestätischen Pyrenäen (links) bilden die spektakuläre natürliche Grenze zwischen Spanien und Frankreich.

Osteuropa

Zu Osteuropa zählen im weitesten Sinne Länder von Albanien bis Estland, die 1945 unter sowjetische Kontrolle kamen, ebenso wie der Westen Russlands. Nach 1989 brachen die kommunistischen Regime zusammen und wurden durch demokratische Regierungen ersetzt. Manche Länder behielten ihre Grenzen, die anderer Länder veränderten sich. Kroatien, Slowenien und Bosnien-Herzegowina spalteten sich von Jugoslawien ab. Anfang der 90er-Jahre kam es zu erbitterten Kämpfen zwischen Serben, Kroaten und Muslimen um ethnische Gebiete von Kroatien und Bosnien-Herzegowina.

EUROPA
GESCHICHTE

PRÄHISTORISCHES EUROPA
Die ersten Europäer waren primitive Jäger auf der Suche nach Nahrung und Unterschlupf. Um 5000 v. Chr. bauten Menschen in Europa Feldfrüchte an und zähmten Tiere. Sie siedelten in Dörfern, und in Nordeuropa legten sie große Grabhügel für ihre Toten an.

EUROPA IST ZWAR der zweitkleinste Kontinent, spielte aber seit je her in der Weltgeschichte eine wichtige Rolle. Die Reiche der alten Griechen und Römer erstreckten sich bis nach Nordafrika und in den Nahen Osten, und ihre Kunst, Philosophie und Wissenschaft beeinflussen uns noch heute. Über 1000 Jahre später segelten portugiesische und spanische Entdecker zu neuen Kontinenten und umrundeten sogar die Welt. Damit begann die weltweite Vorherrschaft Europas, die 400 Jahre andauerte. Diese Epoche brachte aber für die Länder Europas nur selten Friedenszeiten, und im 20. Jh. führten Auseinandersetzungen zwischen europäischen Nationen zu zwei Weltkriegen. Seit 1945 hat sich Europas globaler politischer Einfluss durch den Aufstieg der USA zur Supermacht zwar verringert, aber wirtschaftlich und kulturell bleibt es von großer Bedeutung.

Römischer Aquädukt bei Nîmes in Südfrankreich

GRIECHENLAND UND ROM
Um 800 v. Chr. errichteten die Griechen mächtige Stadtstaaten wie Athen und Sparta. Ihre Kaufleute trieben ums Mittelmeer herum Handel und gründeten Kolonien von Spanien bis zum Schwarzen Meer. Das der Sage nach 753 v. Chr. entstandene Römische Reich kontrollierte im Jahr 117 n. Chr. fast ganz Europa, Nordafrika und den Nahen Osten.

Rosettenfenster, Kathedrale von Chartres

CHRISTENTUM
Im 4. Jh. wurde das Christentum die Hauptreligion im Römischen Reich. In den folgenden 700 Jahren verbreitete es sich in ganz Europa. Die christliche Kirche mit dem Papst in Rom an der Spitze war sehr mächtig. Sie einte den Kontinent und beherrschte das tägliche Leben, auch die Erziehung.

HANDEL IM MITTELALTER
Im Mittelalter erlebte der Handel in Europa eine Blüte. Im Jahr 1356 gründeten Städte vor allem an Nord- und Ostsee die Hanse, die von Häfen wie Lübeck und Brügge aus Handel trieb und bis zum 17. Jh. erhalten blieb. Tuche, Gewürze und Gold wurden auf großen Handelsmessen verkauft.

Portugiesische Karavelle

VORHERRSCHAFT EUROPAS
Seit Mitte des 15. Jh. erforschten die Portugiesen die Küste Afrikas mit einem neuen, schnellen Schiff: der Karavelle. Sie errichteten Handelsposten, und europäische Forscher und Händler gelangten in alle Regionen der Erde. Bald beherrschten die Europäer den Welthandel, errichteten Kolonien in Amerika, Asien und Afrika und gründeten Weltreiche.

Die Aufklärung

Im 18. Jh. kamen immer mehr europäische Denker dazu, alte, auf Religion und Aberglauben basierende Überzeugungen abzulehnen. Stattdessen entwickelten sie neue Ideen, die auf Vernunft und Wissenschaft beruhten. In ganz Europa kam es zu einer intellektuellen Revolution, der Aufklärung. Neue Staatsvorstellungen führten zu Revolutionen in Frankreich und Amerika. Die Religionen wurden toleranter, Wirtschaft, Philosophie und Wissenschaft erlebten eine Blüte.

Intellektuelle diskutieren neue Ideen.

WELTKRIEGE

Im 20. Jh. führten Konflikte zwischen europäischen Mächten zu zwei verheerenden Weltkriegen. Der Erste Weltkrieg (1914–18) schwächte Europa, doch 1939 brach erneut ein Krieg aus. Als er 1945 endete, waren Städte zerstört, Tausende obdachlos, und es gab zwei neue »Supermächte«: die USA und die Sowjetunion.

Kemal Atatürk (1881–1938), der »Vater der Türken«

DAS ENDE DER WELTREICHE

Nach dem Ersten Weltkrieg zerfielen multinationale Kaiserreiche wie Österreich-Ungarn, die osmanische Türkei und das zaristische Russland. Es formten sich aus den verschiedenen Nationalitäten unabhängige Staaten wie die Tschechoslowakei und Polen. Kemal Atatürk schaffte die alte islamische Regierung des Osmanischen Reiches ab und begründete eine nichtreligiös regierte Türkei.

Russische Panzer 1956 in den Straßen von Budapest in Ungarn.

Kommunistisches Europa

Nach 1945 war Europa praktisch in kommunistische Länder, die von der Sowjetunion beherrscht wurden, und in nichtkommunistische Länder geteilt, die von den USA beeinflusst waren. Deutschland war zweigeteilt. In kommunistischen Ländern war das Leben oft hart, Bürgerrechte waren eingeschränkt. Aufstände in der DDR (1953), in Ungarn (1956) und der Tschechoslowakei (1968) wurden vom Militär niedergeschlagen.

DAS ENDE DES KOMMUNISMUS

In den späten 80er-Jahren des 20. Jhs. war der Kommunismus in Europa am Ende, und die Sowjetunion verlor ihren Einfluss über Osteuropa. 1989 demonstrierten die Ostdeutschen für Freiheit und Bürgerrechte und rissen die Mauer nieder, die Berlin seit 1961 geteilt hatte. Am 3. Oktober 1990 war Deutschland wiedervereint. In der Folge stürzten alle kommunistischen Regime in ganz Ost- und Mitteleuropa.

CHRONIK

5000 v. Chr. Steinzeitmenschen beginnen in Dörfern zu siedeln.

800 v. Chr. Griechische Stadtstaaten gegründet.

753 v. Chr. Sagenhafte Gründung Roms.

117 n. Chr. Römisches Reich auf dem Höhepunkt seiner Ausdehnung.

313 Christentum wird alleinberechtigte Religion im Römischen Reich.

11. Jh. Christentum verbreitet sich in ganz Europa.

1356 Förmlicher Zusammenschluss aller Hansestädte in Lübeck.

1492 Kolumbus entdeckt Amerika; erster Schritt zur europäischen Vorherrschaft über diesen Kontinent.

1498 Europäische Forscher erreichen Indien.

1517 Luthers Thesen über den Ablass führen zu Reformation und Entstehen des Protestantismus.

18. Jh. Zeitalter der Aufklärung.

19. Jh. Europäische Mächte kontrollieren große Teile Afrikas und Asiens.

1914–18 Erster Weltkrieg verwüstet Europa.

1939–45 Zweiter Weltkrieg führt zur Teilung Europas in kommunistische und nichtkommunistische Länder.

1957 Römische Verträge: Gründung der Europäischen Wirtschaftsgemeinschaft (EWG).

1989 Fall der Berliner Mauer führt zum Ende des Kommunismus in Osteuropa.

1991 Die UdSSR zerfällt in selbstständige Staaten.

1991–99 Balkankriege; Jugoslawien zerbricht.

JUGOSLAWIEN

In den 90er-Jahren des 20. Jhs. zerfiel Jugoslawien, als Serbien, der größte und mächtigste Teilstaat, nach der Vorherrschaft strebte. Slowenien, Kroatien und Bosnien-Herzegowina erklärten ihre Unabhängigkeit, was zu Krieg und Gräueltaten auf allen Seiten führte. 1999 kam es zu einem Eingreifen der NATO (des Nordatlantischen Verteidigungsbündnisses) und im selben Jahr zu einem Friedensschluss, der die Region langsam stabilisiert.

Siehe auch

Europäische Union
Mittelalter
Weltkrieg, Erster
Weltkrieg, Zweiter

Europäische Union

JEAN MONNET
Der französische Politiker Jean Monnet (1888–1979) war der erste Präsident der Europäischen Gemeinschaft für Kohle und Stahl. Er überzeugte die französische Regierung, dies würde einen weiteren Krieg mit Deutschland verhindern.

IN DEN 75 JAHREN zwischen 1870 und 1945 führten Frankreich und Deutschland drei Kriege gegeneinander. Nach dem Zweiten Weltkrieg beschlossen sie, freundschaftlich miteinander zu leben und gemeinsam ihre Wirtschaftskraft zu nutzen. Vier weitere Länder gründeten mit ihnen 1951 die Europäische Gemeinschaft für Kohle und Stahl. Im März 1957 unterzeichneten sie die Römischen Verträge zur Errichtung der Europäischen Wirtschaftsgemeinschaft. Seitdem hat sich daraus die Europäische Union (EU) mit – ab Mitte 2004 – 25 Ländern entwickelt. Sie wirkt sich nachhaltig auf das tägliche Leben in Europa aus. Langsam werden die Länder Europas eine Einheit.

DIE FLAGGE
Die Flagge der Europäischen Union stammt von 1986 und besteht aus zwölf fünfzackigen Sternen auf blauem Feld.

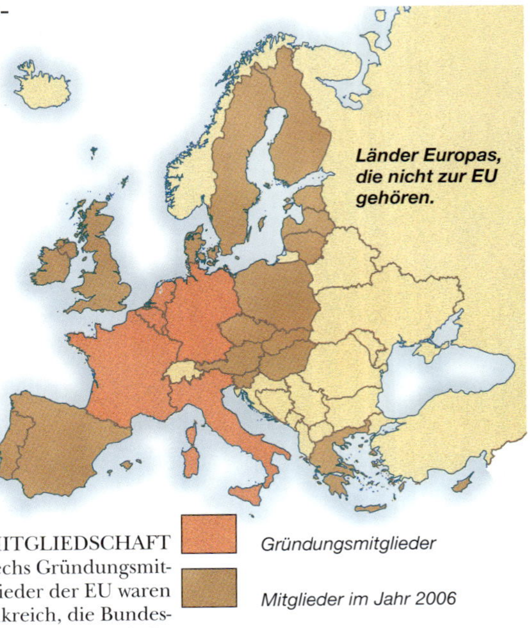

Eine Sitzung des Europäischen Parlaments in Straßburg.

Die Abgeordneten sitzen im Halbkreis.

EU-MITGLIEDSCHAFT
Die sechs Gründungsmitglieder der EU waren Frankreich, die Bundesrepublik Deutschland, die Niederlande, Belgien, Luxemburg und Italien. Großbritannien, Irland und Dänemark kamen 1973 hinzu, Spanien und Portugal 1981, Griechenland 1986, Finnland, Schweden und Österreich 1995. Seit Mitte 2004 gibt es zehn weitere EU-Mitglieder: Estland, Lettland, Litauen, Malta, Polen, Slowakei, Slowenien, Tschechische Republik, Ungarn und Zypern.

Europaparlament

Alle fünf Jahre wählen die Europäer 626 Mitglieder des Europaparlaments (MEP), die sie in Straßburg in Frankreich vertreten. Das Europäische Parlament ist zwar nicht so mächtig wie ein nationales Parlament, spielt aber eine wichtige Rolle bei der Entwicklung der Europäischen Union.

Dieser Pass gewährt seinem Inhaber freies Reisen in Europa.

WAS DIE EU MACHT
Die EU kümmert sich um wirtschaftliche, industrielle und kulturelle Angelegenheiten, um Landwirtschaft und Fischerei. Sie hilft den ärmeren Ländern Europas durch Straßenbau und Zuschüsse zu Bildungs- und Ausbildungsprojekten. Alle Europäer haben einen gemeinsamen europäischen Pass.

Euro-Münzen

EUROPÄISCHE WÄHRUNGSUNION
Die EU-Länder verknüpften erstmals 1979 ihre Währungen und strebten eine volle Währungs- und Wirtschaftsunion an. Ab 1999 wurde in zwölf Mitgliedsländern die gemeinsame Währung Euro eingeführt. Seit 2002 ersetzen Euro-Banknoten und -münzen nationale Währungen wie die österreichischen Schillinge und die deutsche Mark.

CHRONIK

1951 Frankreich, Deutschland, Italien und die Beneluxländer gründen die Europäische Gemeinschaft für Kohle und Stahl (EGKS), die 1952 in Kraft tritt.

1957 EGKS-Mitglieder unterzeichnen die Römischen Verträge zur Errichtung der Europäischen Wirtschaftsgemeinschaft (EWG) und von Euratom, der Atomenergiebehörde.

1967 EGKS, EWG und Euratom vereinen sich zur Europäischen Gemeinschaft (EG).

1979 Das Europäische Währungssystem tritt in Kraft.

1992 Gründung der Europäischen Union (EU).

2002 Einführung des Euro.

2004 10 neue Staaten werden Mitglied der EU.

Siehe auch
EUROPA
EUROPA, GESCHICHTE
HANDEL UND GESCHÄFTE

Evolution

Vor rund 150 Jahren schockierte ein englischer Naturforscher die Welt: Charles Darwin schrieb in seinem Buch, dass die Menschen mit den Affen verwandt sind. Die Evolutionstheorie, die auf Darwins Ideen gründet, ist heute immer noch anerkannt. »Evolution« bedeutet Entwicklung, genauer: die Entwicklung, die die Arten im Lauf der Zeit durchmachten. Die Evolutionstheorie gründet auf drei wichtigen Annahmen. Erstens sind alle Lebewesen einer Art voneinander verschieden hinsichtlich Größe, Gestalt, Farbe und Kraft. Keine zwei Pflanzen und Tiere sind völlig gleich. Zweitens wirkt sich diese Verschiedenheit dahingehend aus, dass einzelne Eigenschaften eines Individuums seine Fortpflanzungsfähigkeit und Überlebensfähigkeit verbessern oder verschlechtern können. So kann ein Tier besser an seinen Lebensraum angepasst sein als seine Artgenossen. Drittens werden Eigenschaften vererbt. Eigenschaften wie die bessere Anpassung an einen Lebensraum können an Nachkommen weitergegeben werden, die damit ebenfalls überlebensfähiger sind als andere Individuen der gleichen Art. Im Laufe der Zeit zeigt sich, dass die besser angepassten Pflanzen oder Tiere gut gedeihen, während die weniger gut angepassten allmählich aussterben. Dieser Prozess der Evolution könnte zur Artenvielfalt der Lebewesen unseres Planeten geführt haben.

NATÜRLICHE AUSLESE
Charles Darwin erklärt seine Evolutionstheorie in seinem Buch *Die Entstehung der Arten durch natürliche Zuchtwahl* (1859). Viele Menschen fanden seine Vorstellung lächerlich, dass Menschen und Tiere verwandt seien. Die Karikatur zeigt Darwin mit einem Afffen.

Heutiger Afrikanischer Elefant

Evolution des Elefanten

Moeritherium *lebte vor etwa 38 Mio. Jahren.*

Das Wollhaarmammut lebte vor etwa 2 Mio. Jahren bis 8000 v. Chr.

Platybelodon *lebte vor 15 bis 7 Mio. Jahren.*

Trilophodon *lebte vor 26 bis 3 Mio. Jahren.*

Zeugen der Vergangenheit

Fossilien, die versteinerten Überreste von Tieren und Pflanzen, beweisen die Richtigkeit der Evolutionstheorie. An ihnen kann man sehen, dass sich Tiere und Pflanzen im Laufe der Zeit verändert haben. So hatte jedes der oben abgebildeten Rüsseltiere als Art eine Zeit lang Bestand, wie wir durch Fossilien wissen. Wir wissen nicht, ob sich aus der einen Art jeweils die nächste entwickelte, doch ist es unwahrscheinlich, dass zwischen den einzelnen Arten keinerlei Verbindung bestand. Vermutlich waren sie miteinander verwandt. Je mehr Fossilien gefunden werden, desto eindeutiger kann man die Beziehungen zwischen Arten erkennen.

BEWEISE AUS DER GEGENWART
Auch heute lebende Tier- und Pflanzenarten dienen als Belege für die Evolutionstheorie. Auf Hawaii leben mehrere Arten von Naschvögeln, die ähnlich aussehen. Es ist unwahrscheinlich, dass dies ein Zufall ist. Eher könnten all diese Arten von einer einzigen Naschvogelart abstammen. Diese ersten Naschvögel flogen vor 5 Mio. Jahren auf die Inseln. Durch natürliche Zuchtwahl (Selektion) entstanden verschiedene Arten.

Akiapolaau sucht mit Oberschnabel Insekten

Schnabel und Zunge von Liwi eignen sich zum Nektartrinken.

Apapane hat einen runden Schnabel.

Mit dem Unterschnabel schlägt Maui Holz auf, um Insekten zu suchen.

Der Kona-Fink quetscht mit dem Schnabel Samen.

Ursprüngliche Naschvogelart

Kauai akialoa bohrt mit dem langem Schnabel nach Insekten.

Auf den Inseln von Hawaii leben 28 Arten von Naschvögeln. Man nimmt an, dass sie sich aus einer Art entwickelten.

Wie Evolution abläuft

Um sich klar zu machen, wie die Evolution abgelaufen ist, sollte man sich einmal grüne Frösche in einer grünen Umgebung vorstellen. Die meisten Jungen erben die grüne Färbung der Eltern. So sind sie gut getarnt und werden nur selten von Fressfeinden entdeckt. Ihre grüne Farbe ist eine Anpassung an den Lebensraum, die ihr Überleben fördert. Aufgrund der Verschiedenheit sind einige Junge nicht grün. Räuberisch lebende Tiere entdecken sie rasch im Gras und fressen sie: Hier findet natürliche Auswahl (Selektion) statt. Dann verändert sich das Klima, das Gras vertrocknet und der Lebensraum wird zur Wüste: Nun fallen die grünen Frösche ihren Fressfeinden auf. Allmählich setzen sich die gelb gefärbten Frösche durch.

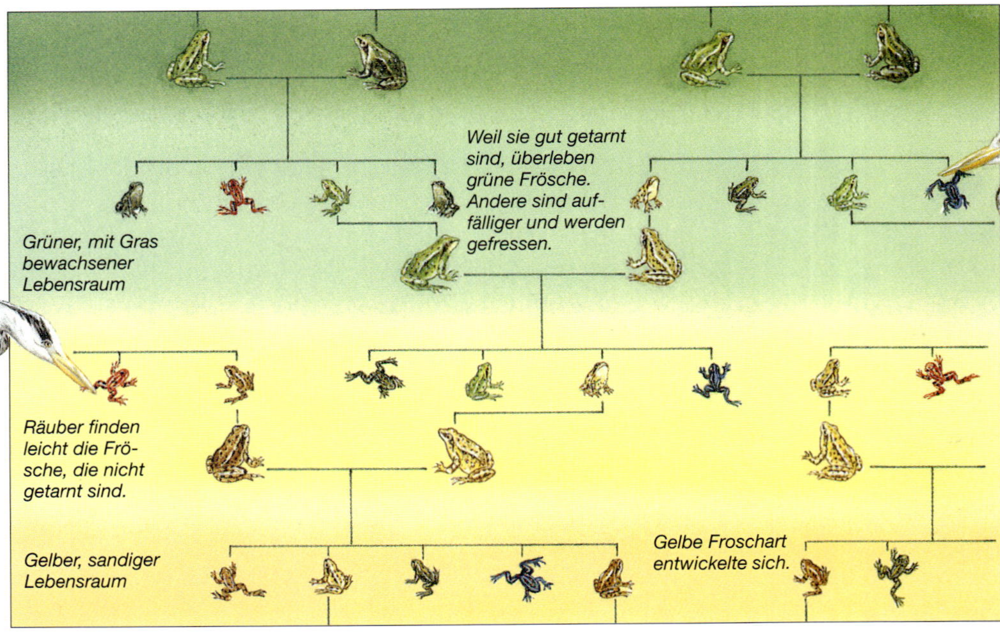

WANDEL DER LEBENSRÄUME

Lebensräume verändern sich, und die in ihnen heimischen Lebewesen machen Entwicklungen durch. Vor etwa 200 Jahren hatten Birkenspanner meist helle Flügel, die der Farbe der Baumstämme glichen, auf denen sie sich ausruhten. Deshalb konnten räuberische Vögel sie nicht leicht entdecken. Durch die Abgase der Fabriken, die später entstanden, wurden die Baumstämme dunkler. Helle Falter waren leichter zu sehen. Allmählich entwickelten sich dunklere Falter, die auf den Stämmen besser getarnt sind.

Der Ichthyosaurus ist ein ausgestorbenes Reptil. Die flossenähnlichen Vorderbeine hatten viele Knochen.

Der Delfin ist ein Säugetier. Seine Flossen haben die typischen Hand- und Armknochen der Säugetiere.

Der Pinguin ist ein flugunfähiger Vogel. Die Knochen seiner zu Flossen umgestalteten Flügel sind die typischen Flügelknochen.

Konvergente Evolution

Aufgrund der Evolution sehen manchmal unterschiedliche Arten ähnlich aus. Dies bedeutet, dass verschiedene Arten, die im gleichen Lebensraum heimisch sind, sich mit der Zeit auf ähnliche Weise anpassen. Alle drei hier gezeigten Tierarten (oben) leben im Wasser und entwickelten die gleiche stromlinienförmige Körperform, die ihnen ermöglicht, im Wasser schnell vorwärts zu kommen.

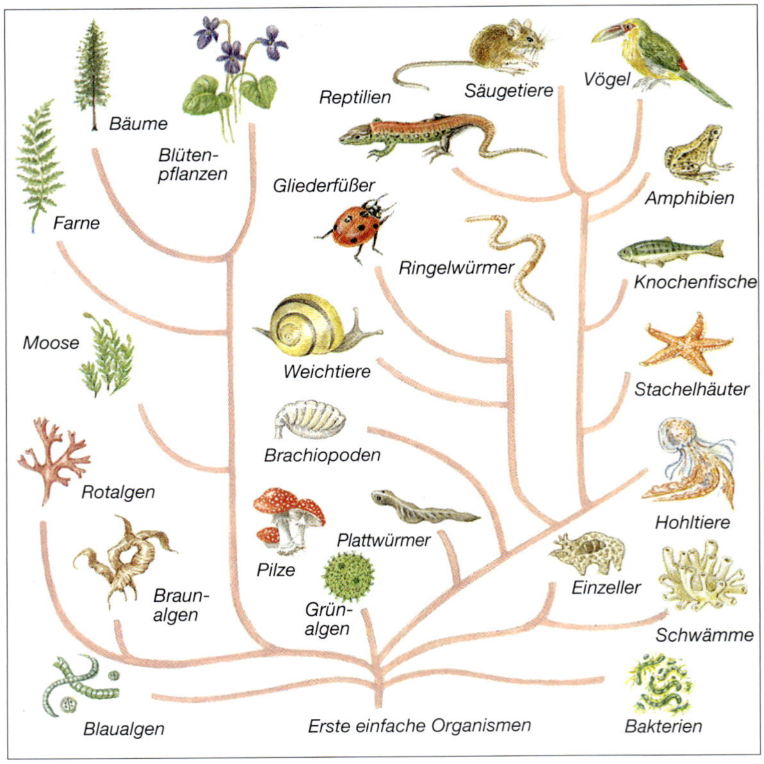

Evolutionärer Stammbaum

Die Wissenschaft geht davon aus, dass alle Lebewesen miteinander verwandt sind und sich über Millionen von Jahren aus gemeinsamen Vorfahren entwickelt haben. Die Linien zeigen, welche heutigen Arten mit welchen anderen am engsten verwandt sind.

Siehe auch

Darwin, Charles
Dinosaurier
Erdgeschichte
Erdgeschichte, Entwicklung des Menschen
Fossilien
Geologie
Tiere

FABRIKEN

VIKTORIANISCHE FABRIK
Die ersten Fabriken waren laut, unsauber und gefährlich. Hier arbeiteten auch Frauen und Kinder.

MILLIONEN MENSCHEN STELLEN WELTWEIT in Fabriken Güter aller Art her, von T-Shirts bis zu Jumbojets. Fabriken sind Gebäude, in denen Menschen an Maschinen arbeiten, um vor allem Gebrauchsgüter herzustellen. Das Fabriksystem entstand in England während der Industriellen Revolution, als die Menschen vom Land in die Städte strömten. Erfahrene Handwerker, die Dinge in kleinen Werkstätten mit der Hand gefertigt hatten, wurden von halb- oder ungeschulten Arbeitern an Fabrikfließbändern abgelöst, die jeweils eine bestimmte, ganz fest umrissene Aufgabe erledigten. Eine Maschine bewältigte die Arbeit vieler Menschen, sodass die Zahl der Erzeugnisse erheblich zunahm. Diese so genannte Massenproduktion ist die Basis moderner Herstellungsprozesse. Heute ersetzen Roboter viele Fabrikarbeiter.

Die Karosserie rollt auf der Montagestraße zwischen Robotern hindurch, die sie zusammenschweißen.

Ein Roboterarm greift nach der Karosserie.

HENRY FORD
Der US-Industrielle Henry Ford (1863–1947) war ein Pionier der Fließbandmassenproduktion. 1913 produzierte er nach dieser Methode sein neues Auto, das Modell T. Die Autos wurden auf Karren durch die Fabrik gezogen. Die Arbeiter erledigten ihre Aufgaben stets an derselben Stelle, während die Fahrzeuge an ihnen vorbeifuhren.

ROBOTERMONTAGESTRASSE

In vielen Autofabriken ersetzen computergesteuerte Maschinen oder Roboter die meisten Fließbandarbeiter. Die Maschinen lassen sich für alle möglichen Aufgaben programmieren, vom Lackieren bis zum Schweißen. Sie sind zwar kostspielig, arbeiten aber, anders als menschliche Arbeiter, Tag und Nacht mit perfekter Präzision.

SAUBERE CHIPHERSTELLUNG
Manche Fabriken müssen so sauber sein wie der Operationssaal in einem Krankenhaus. Hochempfindliche Computerchips werden bei größtmöglicher Sauberkeit hergestellt, damit sie nicht beschädigt werden. Arbeiter in Computerchipfabriken tragen Schutzkleidung, und das ganze Gebäude ist staubdicht versiegelt.

FABRIKSCHIFF
Fabrikschiffe fahren dorthin, wo sich der Rohstoff für ihr Produkt befindet – hier sind es Fische. Statt zur Verarbeitung der Fische zum Hafen zurückfahren zu müssen, bleiben sie monatelang auf See. Unter Deck verarbeiten und gefrieren Arbeiter den Fang, der dann im Frachtraum verstaut wird. Fabrikschiffe folgen den Fischen auf den Ozeanen um die Erde.

KINDERARBEIT
Im 19. Jh. erließen britische Politiker Gesetze zum Schutz von Frauen und Kindern vor Ausbeutung durch Fabrikbesitzer. Heute ist die Kinderarbeit in den meisten Industrienationen gesetzlich geregelt. Doch in manchen Regionen der Erde werden Kinder noch immer in Fabriken als ganz billige Arbeitskräfte beschäftigt.

Siehe auch
FISCHEREI
INDUSTRIE UND HANDEL
INDUSTRIELLE REVOLUTION

Fahrräder und Motorräder

Abgesehen vom Gehen gibt es keine einfachere und billigere Art der Fortbewegung als das Fahrradfahren. Fahrräder wurden vor gut 200 Jahren in Europa erfunden. Heute sind sie weltweit beliebt, denn sie sind nicht nur preiswerter als Autos, sondern auch umweltfreundlich. Motorräder sind zwar teurer als Fahrräder, doch fast ebenso klein und wendig und darum ideal für den Stadtverkehr. Spezielle Geländemaschinen lassen sich an Orten fahren, an die kein Auto gelangt. Wer erstmals ein Rad fährt, hat Mühe, nicht umzufallen. Gerade bei langsamem Tempo spielt der Gleichgewichtssinn eine große Rolle. Aber bei schnellerem Tempo bleibt man im Gleichgewicht, und das Fahrrad ist dank der speziellen Bauart der Vordergabel sehr stabil.

HOCHRAD
Vor der Erfindung des Kettenantriebs hockte man hoch oben auf einem Rad mit einem riesigen Vorderrad, mit dem man schnell vorankam.

Fahrräder

Um 1790 erfand der französische Comte de Sivrac das erste Holzrad. 1885 produzierte der Engländer J. K. Starley das Sicherheitsrad, auf dessen Konstruktion die meisten heutigen Fahrräder basieren.

Motorräder

1885 baute der deutsche Autofabrikant Gottlieb Daimler das erste Motorrad, indem er einen Motor an einem Fahrradrahmen befestigte. Noch heute sind die kleinsten Motorräder, die Mopeds, eng mit dem Fahrrad verwandt. Ihr Motor ist so schwach, dass der Fahrer manchmal bergauf in die Pedale treten muss. Die größten Motorräder dagegen sind so stark, dass sie bis zu 300 km/h schnell sind – schneller als viele Sportwagen.

KURVENLAGE
In Kurven neigen sich Motorradfahrer zur Innenseite – sonst würde zwar das Vorderrad abbiegen, aber Maschine und Fahrer würden aufgrund ihres Trägheitsmoments geradeaus fahren. Die Seitenneigung gleicht diesen Effekt aus.

Mountain-Bikes haben dicke Reifen und robuste Rahmen für Fahrten in schwerem Gelände.

EINRÄDER
Einräder haben nur ein Rad. Sie sind schwer zu fahren und eignen sich gut für Zirkusnummern.

TANDEMS
Räder für zwei Personen heißen Tandems. Die beiden Fahrer sitzen hintereinander und treten gemeinsam in die Pedale, um das Tandem zu beschleunigen.

RENNRÄDER
Rennräder sind leicht und schnell. Der Fahrer beugt sich tief über den Lenker, um den Luftwiderstand zu minimieren.

DREIRÄDER
Fahrräder mit drei Rädern, Dreiräder genannt, können nicht umfallen, erfordern beim Treten aber mehr Kraft.

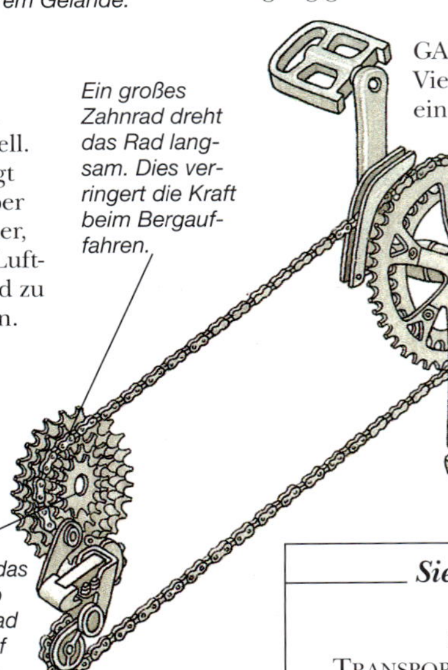

GANGSCHALTUNG
Viele Fahrräder haben eine Gangschaltung. So kann der Fahrer bequem schnell oder langsam fahren. Beim Betätigen des Schalthebels wird die Kette von einem Zahnrad auf ein anderes gehoben.

Siehe auch
Rad
Sport
Transport und Verkehr

Farben

Eine Welt ohne Farbe wäre kaum denkbar. Zudem würde so manches dadurch erschwert. Schon an der Verkehrsampel gäbe es große Probleme, hätten wir nicht Rot und Grün. Auch die Natur kennt Signalfarben: Die leuchtenden Farben tropischer Frösche warnen andere Tiere vor ihrem Gift, Blumen locken mit bunten Farben die Insekten an. Nicht alle Tiere sind in der Lage, Farben zu erkennen, und manche, wie das Meerschweinchen und das Eichhörnchen, sind sogar völlig farbenblind. Der Eindruck von Farben entsteht durch verschiedene Arten von Licht, die unsere Augen unterschiedlich wahrnehmen. Licht besteht aus winzig kleinen, unsichtbaren Wellen, von denen alle eine bestimmte Wellenlänge und Farbe haben, die von unseren Augen unterschieden werden. Weißes Licht wie etwa das Licht der Sonne ist eine Mischung aus allen Farben des Regenbogens.

PRISMA
Ein dreieckiges Stück Glas, Prisma genannt, spaltet weißes Licht in seine Bestandteile auf. Lichtstrahlen, die durch ein Prisma fallen, werden gebrochen. Da die unterschiedlichen Wellenlängen nicht im selben Winkel gebrochen werden, kann ein Prisma einen Lichtstrahl in seine farblichen Bestandteile zerlegen.

Spektrum

Ein Prisma fächert weißes Licht immer in derselben Reihenfolge auf. Man nennt diese Farbenfolge von Violett bis Rot Spektrum. Wenn Regentropfen das Sonnenlicht aufspalten, entsteht ein Regenbogen, der alle Farben des Spektrums enthält.

MALFARBEN
Rot, Gelb und Blau sind die Hauptbestandteile aller Farbmischungen. Im richtigen Verhältnis gemischt ergeben sie Schwarz.

Farbmischungen

Rot, Grün und Blau sind die Primärfarben des Lichts. Sie werden so bezeichnet, weil alle anderen Farben des Spektrums auf Mischungen aus Rot, Grün und Blau basieren. In der Drucktechnik gibt es eine andere Gruppe von »Primärfarben«: Cyan (Blaugrün), Magenta (Rot), Gelb und Schwarz. Damit lassen sich alle Farbdrucke herstellen.

BÜHNEN-ZAUBER
Wenn die drei Primärfarben des Lichts im richtigen Verhältnis gemischt werden, ergeben sie Weiß. Lichttechniker bei Popkonzerten und Theatervorstellungen verzaubern die Bühne, indem sie das Licht verschiedenfarbiger Scheinwerfer mischen.

Farbige Gegenstände

Gegenstände erscheinen deshalb als farbig, weil sie das einfallende Licht unterschiedlich reflektieren. Wenn weißes Licht auf eine Oberfläche fällt, werden manche Farben verschluckt, d.h. absorbiert, andere prallen ab. Wenn unser Blick auf die Oberfläche fällt, erkennen wir nur die Farben, die abprallen und dem Gegenstand seine Farbe verleihen.

ROTE SCHUHE
Wenn Tageslicht auf ein Paar roter Schuhe fällt, sind sie deshalb rot, weil sie ausschließlich rotes Licht reflektieren.

SCHWARZE SCHUHE?
In blauem Licht erscheinen rote Schuhe plötzlich als schwarz, weil das blaue Licht gänzlich absorbiert und überhaupt kein Licht reflektiert wird.

Siehe auch
Augen
Drucktechnik
Licht
Niederschlag
Tiere, Tarnung

FARNE UND MOOSE

SCHACHTELHALM
Der Schachtelhalm ist eine farnähnliche Pflanze ohne Blüten. Vor etwa 300 Millionen Jahren bildeten 46 m hohe Schachtelhalmgewächse Wälder, die später zu Kohle wurden.

IN TROPISCHEN Regenwäldern und den Wäldern gemäßigter und kalter Zonen wachsen einige der einfachsten Pflanzenarten. Dies sind die Moose, die auch auf Baumstämmen, Steinmauern und Rasen gedeihen. Sie haben keine echten Wurzeln, Blüten oder Samen. Stattdessen besitzen sie Rhizoiden, die nur eine geringe Wassermenge aus dem Boden saugen, und kurzstängelige Blättchen, die aus der Luft Feuchtigkeit aufnehmen. Auch Farne haben keine Blüten. Sie bilden eine alte Gruppe von Pflanzen, die seit über 300 Millionen Jahren auf der Erde wachsen. Farne haben echte Wurzeln. Röhrchen in den Stängeln leiten Wasser zu den Blättern. Die Baumfarne sind die größten aller Farne. Sie werden bis zu 20 m hoch und erinnern an Palmen. Die kleinsten Farne wachsen in tropischen Regenwäldern. Ihre Wedel sind nicht einmal 1 cm lang. Farne gedeihen in den meisten Bodenarten, jedoch nicht in heißem Wüstensand.

Ein Moosteppich bedeckt das Holzstück.

FORTPFLANZUNG DER MOOSE
Die Moospflanze hat weibliche und männliche Organe. Befruchtete Eier wachsen in braunen Sporenkapseln heran, die an langen Stängeln über die Blätter ragen.

FARN

Ein junger Farnwedel entrollt sich allmählich. Wenn er reif ist, erscheinen an der Unterseite Sori genannte Pünktchen. Sie enthalten die Sporen. Aus den Sporen werden winzige Pflänzchen mit männlichen und weiblichen Organen.

Wedelspitze entrollt sich.

Tüpfelfarnwedel bleiben den ganzen Winter grün.

Aufgerollter Tüpfelfarnwedel

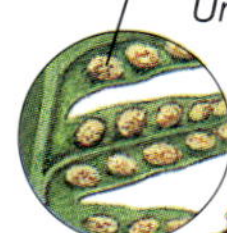

Sori an der Unterseite der Farnwedel

Farn

Lebermoos

FEUCHTIGKEIT LIEBEND

Moose wachsen dort, wo es feucht ist, weil sie viel Wasser brauchen. Ihre Rhizoide nehmen nicht genug Wasser auf, um die Blätter zu versorgen. Deshalb absorbieren (saugen) die Blätter Feuchtigkeit aus der Luft.

Adlerfarn verbreitet sich auf einer Weide und verdrängt die Gräser.

ADLERFARN
Adlerfarn ist auf allen Kontinenten verbreitet, außer auf Antarktika. Er wurzelt tief und bildet Ausläufer, die seine Verbreitung in Grasland und Wäldern beschleunigen. Für Gärtner und Landwirte ist Adlerfarn lästig, weil er schwer wieder loszuwerden ist.

LEBERMOOS

Lebermoos wächst nahe am Boden, von dem es Wasser aufsaugt. Manche Moose und Farne wachsen an Bäumen und anderen Pflanzen.

Lebermoose verdanken den Namen ihrer Form, die an die einer Leber erinnert.

TORFMOOS

Torfmoos gehört zu den wenigen Pflanzen, die man auf Hochmooren antrifft, wo es schwammige Polster bildet. Wenn das Moos abstirbt, verfault es und wird im Laufe von Jahrhunderten zu Torf.

Siehe auch

BÖDEN
PFLANZEN
TIERE, MARSCHLAND UND SÜMPFE
TIERE, WALD

Feiertage

MAIBAUM
In vielen Ländern Europas begrüßen die Menschen den Frühling mit einem Tanz um den Maibaum. Ursprünglich schmückte man für den Maifeiertag eine Birke mit Blüten und Bändern, heute wird oft ein hoher, mit Schnitzereien verzierter Holzpfahl aufgestellt.

ÜBERALL AUF DER WELT gibt es jährlich wiederkehrende Fest- und Feiertage. Die meisten dieser Feste haben einen religiösen Hintergrund, aber auch der Wechsel der Jahreszeiten und geschichtliche Ereignisse werden feierlich begangen. Rituale wie gemeinsames Singen oder der Austausch von Geschenken begleiten die Feiern, und in vielen Gesellschaften haben bestimmte Handlungen, Bilder oder Gegenstände eine besondere Bedeutung. Beim chinesischen Neujahrsfest z. B. ist der Goldfisch ein Symbol für Reichtum. Manchmal kommt das gleiche Symbol in unterschiedlichen Kulturen vor. Die Christen zünden zu Weihnachten Kerzen an, genau wie die Hindus an ihrem Diwali-Fest. Üppige Mahlzeiten stehen im Mittelpunkt vieler Feste auf der ganzen Welt.

Neujahr in China

Nach dem chinesischen Kalender wird das Neujahrsfest Ende Januar oder Anfang Februar gefeiert. Angeführt von einem Drachen ziehen die Chinesen in Prozessionen durch ihre Städte und zünden Feuerwerkskörper.

KARNEVAL
Der Karneval hat seinen Ursprung in katholischen Ländern. Die Menschen dort wollten möglichst ausgelassen feiern, ehe die vorösterliche Fastenzeit beginnt. Berühmt, vor allem wegen seiner prächtigen Kostüme, ist der Karneval in Rio. In Deutschland ist der Höhepunkt des Karnevals am Rosenmontag und Faschingsdienstag.

HALLOWEEN
Mit Kerzen beleuchtete Kürbisfratzen sollen am Abend des 31. Oktober böse Geister vertreiben. Der Brauch hat seinen Ursprung auf den Britischen Inseln.

Höhepunkte des rheinisches Karnevals sind die Festsitzungen.

Fronleichnam

Das Fronleichnam-Fest ist ein wichtiger Feiertag in der katholischen Kirche. Sein Name leitet sich ab vom Mittelhochdeutschen *vronlichnam* (Leib des Herrn). Die katholische Kirche begeht das Fest am Donnerstag nach dem ersten Sonntag nach Pfingsten mit Prozessionen, bei denen eine Monstranz, ein reich verziertes Gefäß, mit einer geweihten Hostie (dem Leib Christi) getragen wird. Entstanden ist das Fest im späten Mittelalter.

Siehe auch
Buddhismus
Christentum
Hinduismus
Islam
Judentum
Religionen

Ferngläser und Teleskope

Aus der Ferne sieht ein Mensch wie ein winziger Punkt aus. Aber mit einem Teleskop erkennt man jedes Detail seines Gesichts. Große, moderne Teleskope zeigen selbst unglaublich weit entfernte Objekte. Das Hale-Teleskop auf dem Mount Palomar im US-Staat Kalifornien nimmt im Weltall so genannte Quasare wahr, die viele Milliarden Kilometer von der Erde entfernt sind. Auch weniger starke Teleskope sind wertvolle Instrumente für Kartografen, Seefahrer und Vogelbeobachter. Mithilfe von Teleskopen machten Forscher einige der wichtigsten Entdeckungen über das Universum. 1609 richtete der Italiener Galileo Galilei erstmals ein Teleskop zum Himmel. Aufgrund seiner Beobachtungen erklärte er, die Erde drehe sich um die Sonne und sei nicht das Zentrum des Universums, wie man damals glaubte. Seither durchsuchen Astronomen mit Teleskopen die fernsten Bereiche diesseits und jenseits unseres Sonnensystems und entdecken ständig neue Sterne und Planeten.

Operngläser
Operngläser sind die einfachsten Ferngläser. Sie bestehen aus zwei kleinen, nebeneinander liegenden Teleskopen.

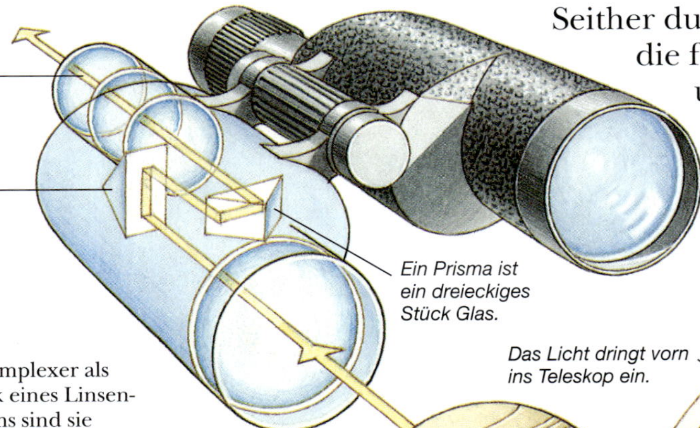

Ferngläser
Ferngläser sind komplexer als Operngläser. Dank eines Linsen- und Prismensystems sind sie stark und doch handlich.

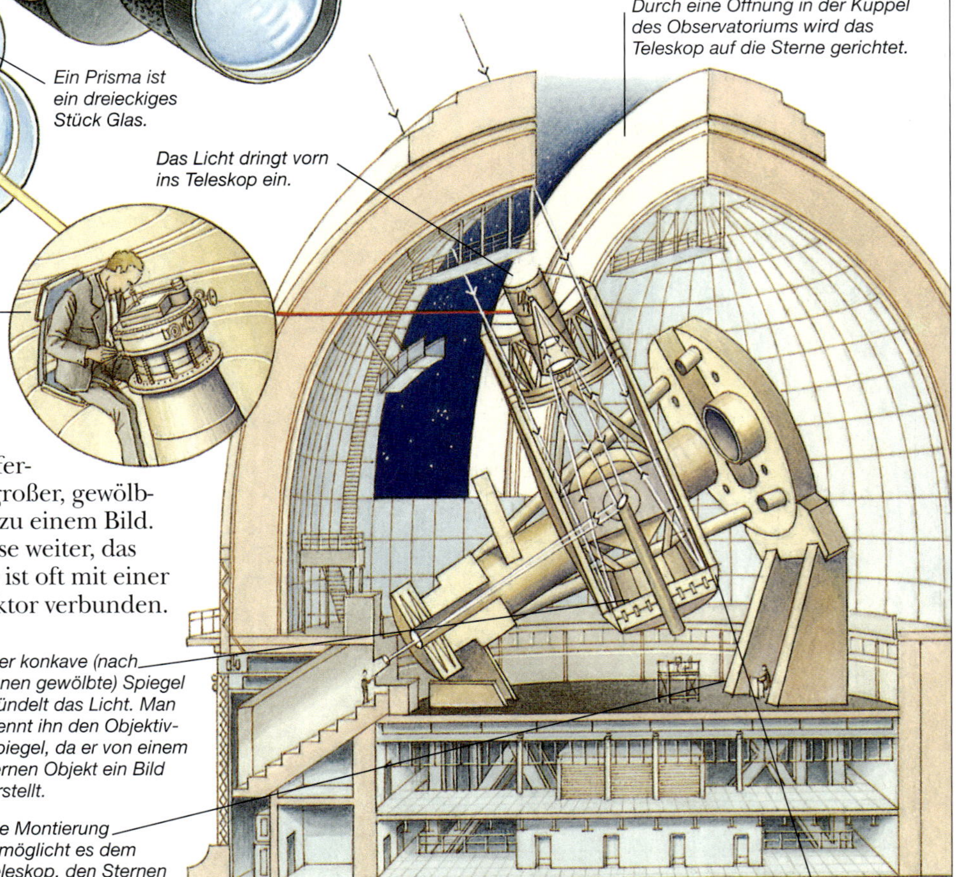

Spiegelteleskop

Die meisten Astronomen verwenden Spiegelteleskope, mit denen sich das schwache Licht ferner Sterne am besten wahrnehmen lässt. Ein großer, gewölbter Spiegel fängt das Licht ein und bündelt es zu einem Bild. Ein kleinerer Spiegel gibt das Bild an eine Linse weiter, das Okular. Das Okular astronomischer Teleskope ist oft mit einer Kamera oder einem elektronischen Lichtdetektor verbunden.

Radioteleskope

Sterne und andere Objekte im Weltall geben außer Licht auch unsichtbare Radiowellen ab. Astronomen beobachten das Universum mit Radioteleskopen – großen, schüsselförmigen Antennen, die Radiowellen aus dem All empfangen. Mithilfe der Radioastronomie werden sterbende Sterne und ferne Galaxien entdeckt, die sonst nicht zu sehen wären.

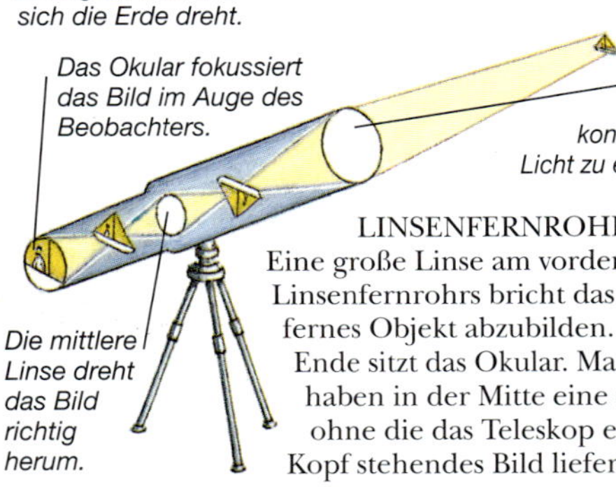

Linsenfernrohr
Eine große Linse am vorderen Ende eines Linsenfernrohrs bricht das Licht, um ein fernes Objekt abzubilden. Am hinteren Ende sitzt das Okular. Manche Fernrohre haben in der Mitte eine dritte Linse, ohne die das Teleskop ein auf dem Kopf stehendes Bild liefern würde.

Siehe auch
Astronomie
Licht
Mikroskope
Naturwissenschaften, Geschichte

Fernsehen

Seit seiner Erfindung im frühen 20. Jh. wurde das Fernsehen eines der wichtigsten Meinungs-, Informations- und Unterhaltungsmedien der Welt. Es verschafft uns die besten Plätze im Theater, bei einem Rockkonzert oder bei den Olympischen Spielen. Es liefert uns aber auch Bilder von Kriegen und Katastrophen, sowie von der Eroberung des Weltalls und anderen Weltereignissen, und zwar im selben Moment, in dem sie stattfinden. Fernsehsendungen sind elektronische Signale, die über Satelliten und unterirdische Kabel ausgestrahlt werden. Ein Fernseher wandelt sie in Töne und Bilder um. Viele Menschen sehen sich gern auf Videokassetten oder DVDs aufgezeichnete Filme an. Mit einer Videokamera kann man selbst Filme drehen. Mit Videoüberwachungskameras werden Läden und Büros, der Verkehr und Menschenmassen bei Sportereignissen überwacht.

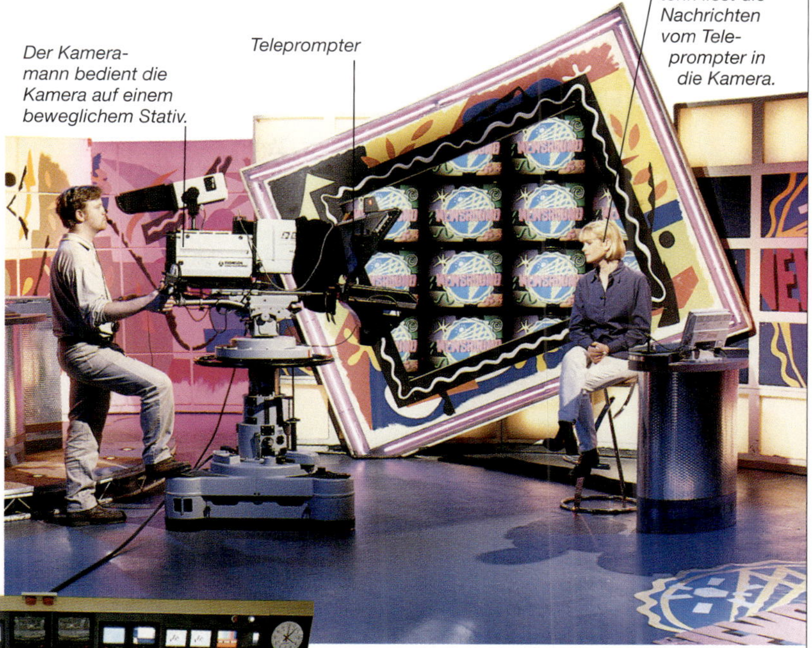

Fernsehstudio

Innerhalb weniger Stunden könnte ein Studio für eine Gameshow, ein Fernsehspiel, eine Varietéshow oder eine Podiumsdiskussion benutzt werden. Studiokulissen müssen also sehr rasch wechseln können. Die Moderatoren und Kamerateams erhalten Anweisungen über Kopfhörer vom Regieraum. Die meisten Sendungen werden aufgezeichnet, oft Monate bevor sie gesendet werden.

Regieraum

Regisseur und Bildmischer sitzen im Regieraum (oben) vor einer Konsole mit Bildschirmen, die Bilder aus mehreren Quellen zeigen – von Kameras an verschiedenen Positionen im Studio und an Außenschauplätzen, von Videogeräten und von Satelliten. Andere Bildschirme zeigen Standfotos, Bildunterschriften und Titel. Der Regisseur weist den Bildmischer an, welches Bild wie lange über den Bildschirm gehen soll. Gleichzeitig wird der Ton dazu gemischt. Der Produzent hat meist die Gesamtkontrolle über die endgültige Sendung.

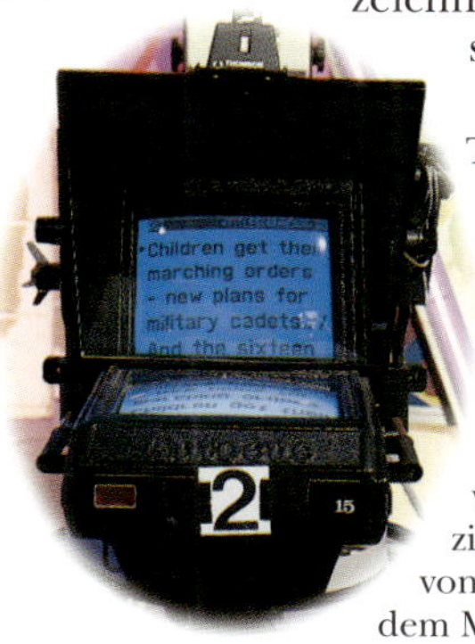

Teleprompter

Der Moderator liest seinen Text von einem Teleprompter ab. Die auf einem Bildschirm ablaufenden Wörter werden auf einen Zweiwegspiegel vor der Kamera projiziert. Ihr Tempo wird von einem Operator oder dem Moderator selbst über eine Vorrichtung auf dem Studioboden gesteuert.

Aussenübertragung

Außenübertragungsteams verwenden tragbare Kameras, um beweglich zu sein, z. B. bei einer Reportage, und fest installierte Kameras, etwa bei Fußballspielen. Die Bilder werden aufgezeichnet oder zum Studio über eine mobile Antennenschüssel gesendet.

Schneideraum

Wird eine Sendung nicht live übertragen, wählt ein Cutter aus dem Videomaterial jeder Kamera die besten Ausschnitte und setzt sie in der richtigen Reihenfolge zusammen. Dies geschieht im Schneideraum (links) mit Spezialgeräten. Der Schnitt erlaubt ein Filmen in beliebiger Reihenfolge und aus verschiedenen Perspektiven. Ein sauberer Schnitt kann für Ablauf und endgültige Fassung einer Sendung wichtig sein.

Fernsehempfänger

Ein Fernsehempfänger (oder Fernseher) empfängt die von Fernsehsendern gesendeten Signale und wandelt sie mit einer Bildröhre in bewegte Bilder um. Bei einer Abfolge von 25–30 Bildern pro Sekunde scheinen sich die Bilder zu bewegen. Über die innere Oberfläche eines Farbbildschirms streichende Strahlen von Elektronen (geladenen Atomteilchen) treffen auf Leuchtstoffpunkte und regen diese an, rot, grün oder blau zu leuchten. Durch Kombination wird jede Farbe im Bild reproduziert.

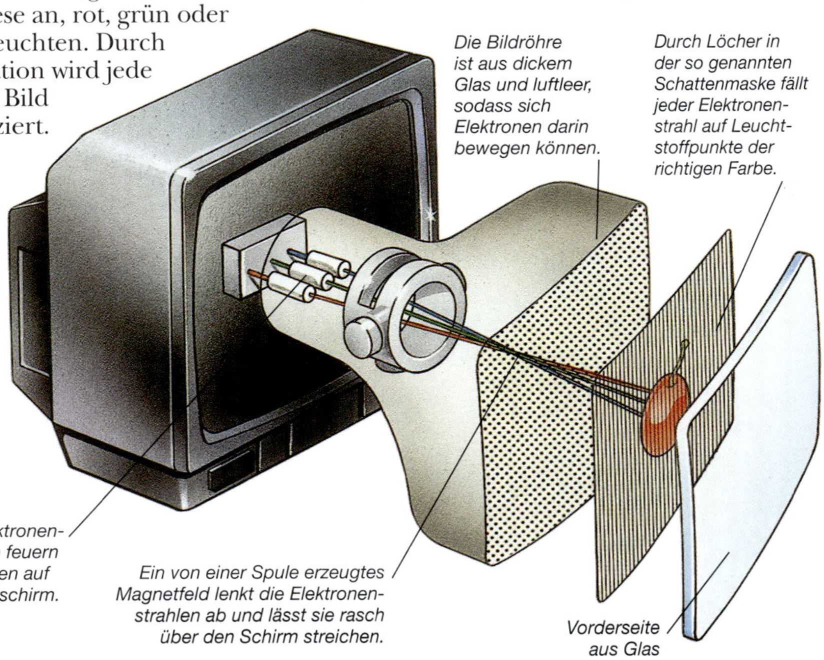

Neue Technologien

Die modernen Breitbild-Fernseher haben anstelle der großen Bildröhren flache Bildschirme mit Plasma- oder LCD-Technik. Videokassetten werden durch DVDs ersetzt und durch digitale Personal Video Recorder (PVRs), die wie Computer über eine interne Festplatte verfügen. Kinofilme und Fernsehsendungen können aus dem Internet heruntergeladen werden. Beim digitalen Fernsehen werden mittels Binärcode TV-Bilder von besserer Qualität übertragen. Beim interaktiven Fernsehen kann der Zuschauer aus einem breiten Angebot auswählen, was er wann anschauen will.

Handheld-Fernseher

Flachbildschirmfernseher

Personal Video Recorder (PVR)

Fernsehübertragung

Fernsehsignale können auf verschiedenen Wegen übertragen werden. Meist übertragen Sender die Signale direkt zum Empfänger als ultrahochfrequente (UHF) Radiowellen. Oder sie werden zu einem Satelliten gesendet, der sie über ein größeres Gebiet ausstrahlt. Die Satelliten-Signale werden von Schüssel-Antennen (rechts) auf den Hausdächern empfangen. Oder eine Bodenstation nimmt sie auf, von der sie über Kabel übertragen werden.

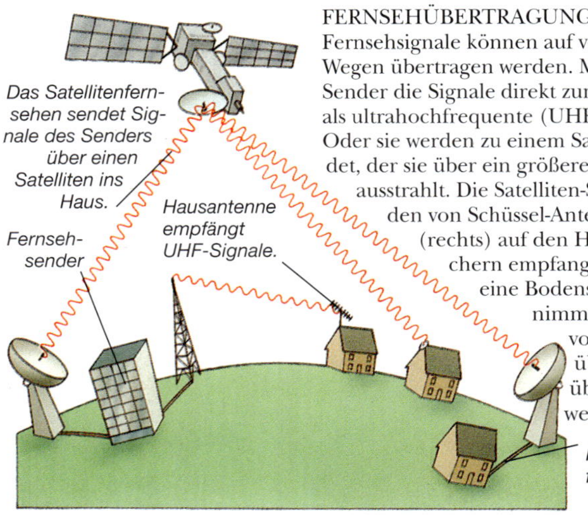

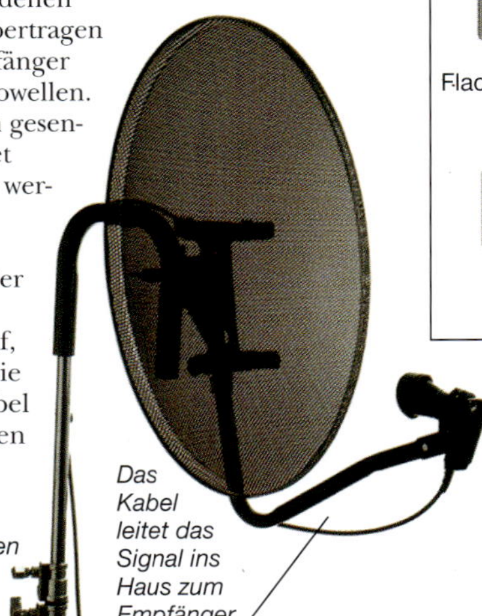

Erfindung

1926 führte der schottische Ingenieur John Logie Baird (1888–1946) erstmals öffentlich das Fernsehen vor. Etwa um die gleiche Zeit erfand der russisch-amerikanische Ingenieur Wladimir Zworykin (1889–1982) die elektronische Bildröhre, die ausgeklügelter als Bairds System war und die Basis heutiger Fernseher ist. 1956 produzierte die US-Firma Ampex das erste Videoband; 1969 brachte Sony in Japan die ersten Videorekorder heraus.

Video

Moderne Videokameras oder Camcorder sind winzig im Vergleich mit den riesigen Studiokameras, die in den frühen Tagen des Fernsehens verwendet wurden. Sie passen leicht in eine Hand. Meist funktionieren sie heute mit Digitaltechnologie und liefern Bilder höchster Qualität sowie Stereoton. Gespeichert werden die Daten auf Magnetband, DVD, Speicherkarten oder eine interne Festplatte.

Camcorder

Siehe auch

Elektronik
Filmkameras und Fotoapparate
Informationstechnologie
Radio
Tonaufnahme

Feuer

ZÜNDHÖLZER
Feuer braucht drei Dinge: Brennstoff, Hitze und Sauerstoff. Man entfacht ein Feuer, indem man ein Zündholz an der Schachtel reibt und so Hitze erzeugt. Die erhitzten Chemikalien im Zündholzkopf beginnen zu brennen, wenn sie sich mit dem Sauerstoff der Luft verbinden.

EIN BLITZ, der in einen Baum einschlägt, oder die glühend heiße Lava aus einem Vulkan können in Sekundenschnelle ein Feuer entfachen. Durch solche Naturereignisse entdeckten vor Jahrmillionen die Urmenschen das Feuer. Später lernten sie, selbst Feuer anzuzünden, indem sie Stöcke aneinander rieben oder bestimmte Steine, Feuersteine genannt, aufeinander schlugen. Heute dient Feuer vielfältigen Aufgaben: zum Kochen, Heizen und zum Betreiben von Maschinen und Kraftwerken. Feuer ist das Licht und die Wärme, die entstehen, wenn etwas brennt. Das Brennen selbst tritt ein, wenn sich ein Stoff sehr schnell mit Sauerstoff verbindet, der etwa ein Fünftel der uns umgebenden Luft ausmacht. Jedes Material hat eine bestimmte Temperatur, die so genannte Zündtemperatur, bei der das Material in Flammen aufgeht. Wenn es einmal brennt, erzeugt es selbst so viel Hitze, dass es weiter brennt. Es ist sehr gefährlich, wenn ein Feuer außer Kontrolle gerät. Immer wieder kommen Menschen bei Bränden ums Leben und ganze Gebäude oder Landstriche werden verwüstet.

Der ausfahrbare Leiterbaum hebt die Feuerwehrleute in einem Korb nach oben, damit diese Menschen retten und Flammen mit Wasser löschen können.

Wenn Menschen vom Feuer eingeschlossen sind, brechen Feuerwehrleute Fenster und Türen auf. Sie tragen feuer- und wasserfeste Kleidung und haben Atemgeräte mit Sauerstoffflaschen, damit sie auch im dichten Rauch arbeiten können.

Bei Feuer entstehen Rauch und Asche sowie für den Menschen gefährliche Gase.

Der Wassertank enthält eine begrenzte Menge Wasser für die Schläuche.

LÖSCHFAHRZEUG
Es gibt verschiedene Arten von Löschfahrzeugen. Alle haben kräftige Pumpen, die Wasser unter hohem Druck durch Schläuche befördern.

Löschfahrzeuge haben Leitern, Sauerstofftanks, Lampen, Brechstangen und viele andere Ausrüstungsgegenstände, mit denen die Feuerwehrleute Brände bekämpfen und Menschen retten können.

HYDRANTEN
Hydranten sind Wasserzapfstellen am Straßenrand, die der Feuerwehr unbegrenzt Löschwasser zur Verfügung stellen.

WIE SICH FEUER AUSBREITEN

Feuer sind oft die Folge von Unachtsamkeit: Schon eine Zigarette kann verheerende Waldbrände verursachen. Feuer breitet sich auf unterschiedliche Weise aus: Warme Luftströmungen können brennende Teile mitreißen, die neue Feuer entfachen. Die Wärmestrahlung der Flammen kann Gegenstände in der Nähe entzünden. Schließlich können Metalldrähte die Hitze weiterleiten und neue Brandherde schaffen.

Im Jahr 1988 kam es zu verheerenden Bränden im Yellowstone-Nationalpark, USA.

Feuerwehr

Feuerwehrleute sind so ausgebildet, dass sie Feuer schnell und sicher löschen können. Bei einem Alarm eilen sie sofort zur Feuerstelle. Dort retten sie zuerst die eingeschlossenen Menschen und löschen dann das Feuer mit Wasser oder Schaum.

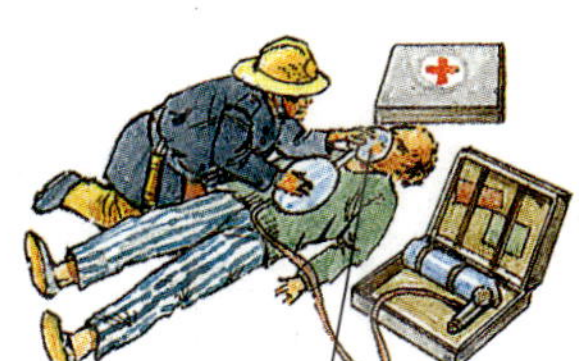

Feuerwehrleute versorgen die Brandopfer mit Sauerstoff, wenn diese zu viel Rauch eingeatmet haben.

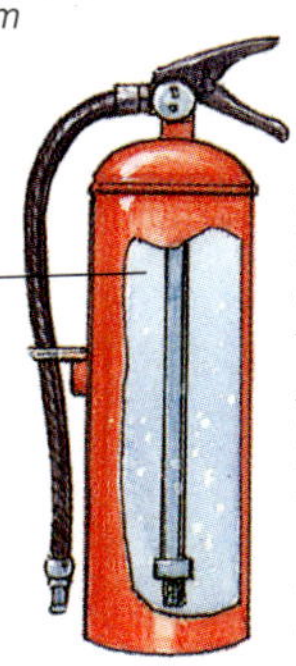

Beim Druck auf den Griff wird ein Ventil geöffnet, und das unter hohem Druck im Zylinder eingeschlossene Kohlendioxid kann durch den Schlauch entweichen.

Bei Elektrogeräten sollte niemals Wasser zum Löschen verwendet werden, da Wasser Strom leitet.

FEUERLÖSCHER
Es gibt verschiedene Arten von Feuerlöschern. Nasslöscher werden bei brennendem Holz und Papier eingesetzt, da das Wasser die Hitze vermindert. Andere Arten, wie Schaumlöscher, löschen das Feuer, indem sie keinen Sauerstoff mehr ans Feuer lassen und es so »ersticken«.

Siehe auch

ERDGESCHICHTE,
ENTWICKLUNG DES MENSCHEN
SAUERSTOFF
WÄRME

Film

Im Dezember 1895 fand in einem Pariser Café die erste Filmvorführung statt. Der Film der Brüder Louis und Auguste Lumière bestand zwar nur aus wenigen Szenen, aber das Publikum war fasziniert und verlangte sofort nach mehr. Die ersten richtigen Filme waren Stummfilme mit Untertiteln zur Erklärung der Handlung. Dazu spielte ein Pianist die passende Musik – z. B. wild und aufbrausend während einer Verfolgungsjagd. Bald wurden die Vereinigten Staaten zur führenden Filmnation. Das Publikum hatte bald seine Lieblingsschauspieler und war hingerissen von ersten Filmstars wie Rudolph Valentino. 1927 wurde der erste Tonfilm gezeigt, und von da an gab sich das Publikum mit nichts anderem mehr zufrieden. Weitere technische Neuerungen folgten. Studios wie Metro-Goldwyn-Mayer und wenige andere drehten in den USA 95 Prozent aller Filme. In den 50er-Jahren des 20. Jhs. wurde das Fernsehen zum großen Konkurrenten des Kinos, heute jedoch ist es beliebter denn je. Russische, deutsche und französische Filme haben Regisseure auf der ganzen Welt beeinflusst, und doch haben viele Länder eine eigene unverwechselbare Filmindustrie.

CHARLIE CHAPLIN
Der britische Schauspieler Charles Chaplin (1889–1977) schuf eine Leinwandfigur, die Weltruhm erlangte: der »kleine Mann« mit dem komischen Watschelgang.

HOLLYWOOD
Im milden Süden Kaliforniens mit seiner gigantischen Naturkulisse entstand 1911 das erste Filmstudio. Heute ist Hollywood das Zentrum der amerikanischen Filmindustrie. So manche Filmstars, wie z. B. King Kong (oben), waren keine Menschen aus Fleisch und Blut.

Der erste Beleuchter am Set wird in der Fachsprache »gaffer« genannt.

Garderobe und Maske sind für Kostüm und Make-up der Schauspieler verantwortlich.

Der künstlerische Leiter entwirft die Szenenbilder und wählt passende Schauplätze für Außenaufnahmen aus.

Das »Scriptgirl« macht sich Notizen über sämtliche Einzelheiten einer Szene, damit keine Fehler passieren, wenn die Szenen später im Schneideraum zusammengesetzt werden.

Tontechniker begleiten die Schauspieler mit Mikrofonen an langen Stangen, so genannten Galgen.

Lichtexperten arbeiten mit riesigen Scheinwerfern und sorgen damit für ein möglichst natürliches Licht. Ihre Arbeit ist im Studio, aber auch bei Außenaufnahmen gefragt.

Der Produzent übernimmt die Vorfinanzierung und die anschließende Vermarktung eines Films. Dafür hat er die Macht zu bestimmen, welches Drehbuch er mit welchem Regisseur verfilmen will.

Der Regisseur leitet die Schauspieler an und bestimmt den Blickwinkel der Kamera. Damit prägt er dem Film seinen ganz persönlichen Stempel auf.

Der Kameramann leitet ein Team von Mitarbeitern, die für das Einlegen der Filmspulen, für ein scharfes Bild und für das Bedienen der Klappe zuständig sind. Sie sind es auch, die die Kamera bei Action-Szenen auf Schienen »wackelfrei« dahingleiten lassen.

Bei Nahaufnahmen ist jede Regung im Gesicht deutlich sichtbar, und die Schauspieler müssen ihre Mimik gut unter Kontrolle haben. Zudem müssen sie dazu in der Lage sein, einzelne, aus dem Zusammenhang herausgenommene Szenen wiederholt zu spielen.

Immer wenn es gefährlich wird, übernehmen Stuntmen die Rolle der Darsteller. Bei Autounfällen, Sprüngen aus großer Höhe oder aus fahrenden Zügen riskieren sie sogar ihr Leben.

Ausstattung

Szenenbildner bauen in großen Hallen oder im Freien auf dem Studiogelände den Schauplatz des Films nach – Großstadtstraßen oder die Prärie. Hunderte von Mitarbeitern kümmern sich darum, dass am ersten Drehtag jedes Detail stimmt. Wenn das der Fall ist, leuchtet eine rote Signallampe auf, und die erste Einstellung kann gedreht werden. Ton und Kameras laufen, und der Regisseur ruft: »Achtung, Aufnahme!«

SPEZIALEFFEKTE

Spezialeffekte haben es möglich gemacht, im Film ganz neuartige Fantasiewelten zu erschaffen. Bei der so genannten Rückprojektion, 1913 erstmals eingesetzt, wurde ein zuvor aufgenommener Hintergrund von hinten auf eine Leinwand projiziert. Die Schauspieler agierten vor diesem Hintergrund, sodass der Eindruck entstand, sie bewegten sich tatsächlich in der dargestellten Umgebung. Glaswände mit aufgemalten Szenerien, kontrollierte Explosionen am Set, Nebel- und Windmaschinen sowie Trickfilm-Techniken wurden benutzt, um fantastische Szenen auf der Leinwand zum Leben zu erwecken. Noch in den 1970er-Jahren wurden Horrorszenen wie zum Beispiel in *Der Weiße Hai* oder ganze Weltraum-Schlachten wie in *Krieg der Sterne* mit Hilfe von lebensechten Puppen und Pappmaschee-Modellen gedreht: Heute entstehen solche Szenen fast ausschließlich am Computer. Früher wurde der Film tatsächlich noch geschnitten und die Filmstücke wieder zusammengeklebt – heute geschieht dies digital.

Die Schauspieler werden vor einem blauen oder grünen Hintergrund gefilmt.

Die Szene wird auf einen anderen Hintergrund projiziert und die Drähte, die die Schauspieler hielten, werden wegretuschiert.

Am Computer wird der einfarbige Hintergrund mit Hilfe eines digitalen Filters entfernt.

ZEITLUPEN-EFFEKT BULLET-TIME

Hinter jedem kleinen Loch im Bild oben verbirgt sich eine Kamera, die Bilder der Szene aus einem anderen Blickwinkel aufnimmt. Die Bilder werden am Computer zusammengefügt. Zwischen jedes dieser Bilder werden viele weitere Einzelbilder eingefügt, die am Computer hergestellt werden. So entsteht der Eindruck, als ob sich die Kamera in extremer Zeitlupe um die Akteure herumbewegt hätte.

SPIELBERG

Filmregisseure werden oft selbst zu »Stars«. 1946 geboren, drehte der Regisseur Steven Spielberg seinen ersten Film bereits mit zwölf. Nach dem College bekam er seinen ersten Vertrag mit den Universal Studios in Hollywood. Mit Kassenschlagern wie *Der Weiße Hai* (1975), *Jurassic Park* (1993) und *Schindlers Liste* (1993) wurde er zum erfolgreichsten amerikanischen Regisseur des ausgehenden 20. Jhs.

DIGITALE TRICKS

Computerprogramme ermöglichen es, Schauspieler in jede nur vorstellbare Umgebung einzufügen. Sie werden vor grünem oder blauem Hintergrund gefilmt, der später durch eine andere Szenerie ersetzt wird – das können gefilmte Bilder sein, aber auch eine Szene, die am Computer entstand. Echte Schauspieler werden mit computeranimierten Trickfiguren kombiniert, so z. B. in *Harry Potter*. Manchmal werden aber auch ganze Armeen erschaffen, die ein von der Realität vollkommen unabhängiges, künstliches Eigenleben führen – wie z. B. in *Herr der Ringe*.

IM SCHNEIDERAUM

Der Schnittmeister oder Cutter hat die Aufgabe, die einzelnen Filmstreifen in der richtigen Reihenfolge zu montieren und darauf zu achten, dass der Film die gewünschte Länge erhält. Aber das ist noch nicht alles. Ein guter Cutter kann einen Film verbessern, indem er langatmige Szenen herausnimmt und dafür Nahaufnahmen einbaut, um die Dramatik zu steigern. Das erfordert viel Erfahrung. Oft arbeiten Regisseur und Cutter viele Stunden zusammen, bis das gewünschte Ergebnis erreicht ist.

DER TON

Der Tonmeister ist für den »Soundtrack«, alles was beim Film hörbar ist, verantwortlich. Der Soundtrack liegt zunächst auf vielen unterschiedlichen Bändern vor. Sie enthalten Dialoge, Musik, Hintergrundgeräusche und spezielle Effekte. Diese Bänder müssen in der richtigen Lautstärke auf ein gemeinsames Band gemischt werden. Erst dann werden in einem weiteren Arbeitsgang Ton und Bild genau aufeinander abgestimmt.

FILME

1895 Erste öffentliche Filmvorführung in Paris.
1905 In den USA wird das erste Nickolodeon-Kino eröffnet.
1907 Erstes Filmstudio in Hollywood
1927 Mit *The Jazz Singer* (USA) erscheint der erste abendfüllende Tonfilm.
1928 In dem Film *Steamboat Willie* hat Mickey Mouse, die populärste Figur des Trickfilmers Walt Disney (1901–66), ihren ersten Auftritt.
1929 Erste Oscar-Preisverleihung
1935 *Becky Sharp* erscheint als erster Film in Dreifach-Technicolor.
1947–54 Der Senatsausschuss für unamerikanische Umtriebe macht Jagd auf Kommunisten in Hollywood.
1953 Erster Film im Cinemascope-Verfahren (Breitwand): das Bibelepos *Das Gewand*.
1995 *Toy Story*, der erste ausschließlich im Computer-Animationsverfahren hergestellte Film.

Siehe auch

Cartoon und Zeichentrick
Fernsehen
Filmkameras und Fotoapparate
Kameras
Theater

Filmkameras und Fotoapparate

Das erste Foto wurde zwar erst vor rund 180 Jahren aufgenommen, doch Kameras sind viel älter. Jahrhunderte zuvor entdeckten die Chinesen, dass Licht, das in einen dunklen Raum durch ein kleines Loch fällt, ein verschwommenes Bild der Außenwelt auf die Wand gegenüber wirft. Um 1500 nannte man in Europa so einen Raum eine Camera obscura (lateinisch für »dunkle Kammer«). Im 17. Jh. zeichneten einige Künstler Skizzen mit Hilfe einer Camera obscura, die statt eines Loches eine Linse hatte, damit das Bild schärfer und heller wurde. Die Entdeckung von Chemikalien, die sich verdunkelten, wenn sie Licht ausgesetzt wurden, ermöglichte es schließlich, das Bild zu fixieren – auf Papier, auf Glasplatten oder auf Film. Digitalkameras verwenden statt Film einen lichtempfindlichen Sensor. Die raffinierte Elektronik in vielen Kameras sorgt dafür, dass jedes Bild richtig belichtet und absolut scharf wird. Aber alle Kameras arbeiten noch immer nach dem Grundprinzip der Camera obscura.

EINÄUGIGE SPIEGELREFLEXKAMERA
Einäugige Spiegelreflexkameras gibt es für Film und digitale Technologie. Beliebt sind sie wegen ihrer Vielseitigkeit und weil das Bild im Sucher exakt dem Ausschnitt entspricht, den die Kamera auch aufzeichnet. Wechselobjektive ermöglichen die Wiedergabe des Motivs aus der Ferne oder Nähe.

Verschiedene Kameras

Es gibt viele Arten von Kameras wie einäugige Spiegelreflex-, Autofokus-, Wegwerf-, Digital-, Polaroid- und Großformatkameras. Die meisten arbeiten mit 35-mm- Film, Großformatkameras sogar mit Film von bis zu 255 mm Breite. Heute sind auch viele Handys mit einer winzigen Digitalkamera ausgestattet.

DIGITALKAMERA
Eine Digitalkamera hält Bilder elektronisch statt auf Standardfilm fest. Die Bilder lassen sich auf einen Computer übertragen und ausdrucken oder übers Internet verbreiten.

Bilder, die auf der Speicherkarte der Digitalkamera abgelegt sind, können auf dem LCD-Bildschirm betrachtet werden (LCD = liquid crystal display).

DIGITALER FOTODRUCK
Manche Digitalkameras können direkt mit dem Drucker verbunden werden, einige haben Speicherkarten, die man an den Drucker anschließen kann.

POLAROIDKAMERA
Die Polaroidkamera oder »Sofortbildkamera« enthält statt einer Filmrolle dünne Kunststoffhüllen. Darin sind ein Filmblatt und Chemikalienkapseln, die das Bild in nur 90 Sekunden entwickeln.

FILMKAMERAS

Die Bewegung, die wir im Kino sehen, ist eine Illusion. Ein Kinofilm ist eigentlich eine Serie von Standbildern, die in so schneller Folge auf die Leinwand projiziert werden, dass sie ineinander überzugehen scheinen. Befindet sich das Motiv in jedem Bild an einer etwas anderen Stelle, scheint es sich zu bewegen. Die meisten Filmkameras nehmen pro Sekunde 24 Bilder auf einen langen Filmstreifen auf, der gleichmäßig durch die Kamera läuft. Bei jeder Aufnahme hält er kurz an und läuft dann rasch zur nächsten Aufnahme weiter.

GROSSFORMATKAMERA
In frühen Kameras wurde das Objektiv durch Verstellen eines Balgens – eines ziehharmonikaartigen Tuchtunnels – fokussiert. Viele Fotografen verwenden noch heute Großformatbalgenkameras für hochwertige Atelieraufnahmen.

Siehe auch
Ferngläser und Teleskope
Fernsehen
Film
Fotografie
Licht

Fische

Merkmale der Fische

Der Kabeljau verfügt über alle typischen Merkmale der Fische: einen stromlinienförmigen Körper, der schnelles Schwimmen ermöglicht, einen kräftigen Schwanz sowie Flossen. Die Sinneszellen der Seitenlinie nehmen Bewegungen im Wasser wahr.

KIEMEN
Alle Fische atmen, indem sie mit den stark durchbluteten Kiemen Sauerstoff aus dem Wasser aufnehmen.

Seit fast 530 Mio. Jahren

schwimmen in den Meeren Fische. Die ersten Fische hatten weder Schuppen noch Flossen. Die Artenvielfalt der Fische, die in unseren Flüssen, Seen und Meeren leben, ist enorm. Es gibt die riesigen Walhaie und die winzigen Zwerggrundeln, es gibt die Schwertfische mit ihrem seltsamen Schwert, die bunten Clownfische und die stacheligen Igelfische, die sich bei Gefahr aufblähen. Manche Arten leben in Süßwasser, andere in Salzwasser. Die einen schwimmen knapp unter der Oberfläche, die anderen in großer Tiefe. Obwohl sie vom Aussehen und den Lebensgewohnheiten her sehr unterschiedlich sind, haben Fische verschiedener Arten vieles gemeinsam: die Stromlinienform, die Seitenlinie mit ihren Sinnesorganen, eine schützende Schuppen- oder Schleimschicht sowie die Flossen, mit deren Hilfe sie im Wasser steuern und ihr Gleichgewicht halten. Bemerkenswerte Ausnahmen bilden die kieferlosen Neunaugen und die Lungenfische, die mit Lungen atmen.

Skelett eines Plattfisches

FISCHKNOCHEN
In der Entwicklungsgeschichte der Arten waren Fische die ersten Tiere, die eine Wirbelsäule hatten. Die meisten Fischarten haben ein knochiges Skelett wie der hier gezeigte Plattfisch. Allerdings gibt es auch Ausnahmen: Haie, Chimären und Rochen haben ein Knorpelskelett. Deshalb nennt man sie Knorpelfische.

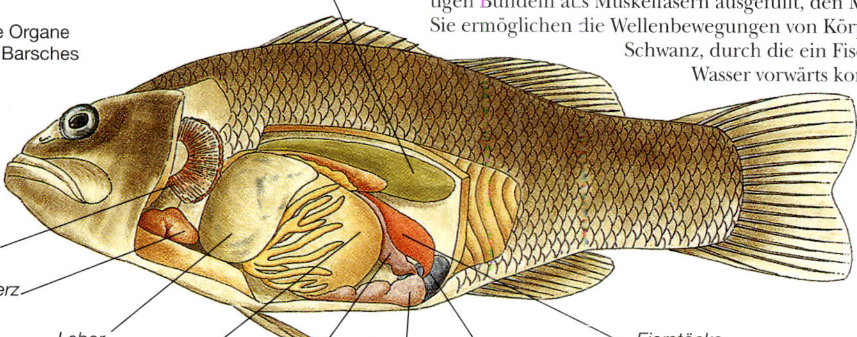

Innere Organe eines Barsches

ORGANE DER FISCHE
Die meisten inneren Organe eines Fisches befinden sich in der unteren Körperhälfte. Der übrige Körper wird von kräftigen Bündeln aus Muskelfasern ausgefüllt, den Myotomen. Sie ermöglichen die Wellenbewegungen von Körper und Schwanz, durch die ein Fisch im Wasser vorwärts kommt.

SCHUPPEN
Die Schuppen sind feine Knochenplättchen. Sie sind in die Haut eingebettet und schützen den Körper. Die meisten Fische haben Rund- oder Kammschuppen.

SELTSAME KÖRPERFORMEN

Jede Fischart hat sich an eine bestimmte Lebensweise angepasst. Der Pinzettfisch holt sich sein Futter aus schmalen Felsspalten. Flugfische können dank ihrer vergrößerten Flossen aus dem Wasser schnellen. Die leuchtenden Farben des Rotfeuerfisches warnen vor seinen giftigen Stacheln.

Rotfeuerfisch

Pinzettfisch

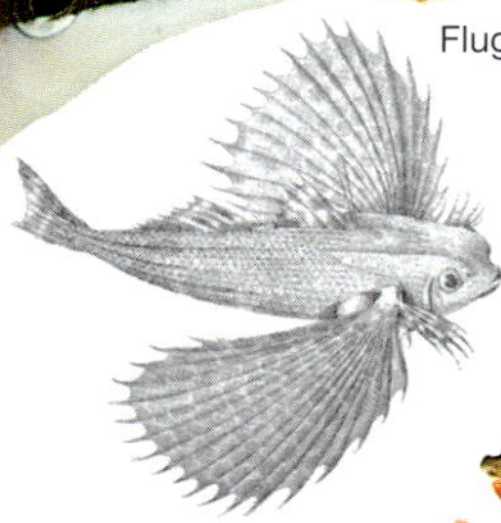

Flugfisch

FISCHSCHULE

Fische leben häufig in großen Gruppen, die man Schwärme oder »Schulen« nennt. Raubfische werden dann durch die große Zahl und die schnellen Wendemanöver so verwirrt, dass sie sich nicht darauf konzentrieren können, einen einzelnen Fisch zu verfolgen.

Fischschwarm an einem Korallenriff im Roten Meer

FORTPFLANZUNG

Die meisten Fischarten pflanzen sich fort, indem die Weibchen die Eier im Wasser ablegen und die Männchen ihr Sperma darüber gießen. Aus den befruchteten Eiern entwickeln sich die Jungen. Bei manchen Arten bewachen Elterntiere die Eier oder die frisch geschlüpften Jungen. Andere Fische, z. B. Haie, gebären lebende Junge, weil sich die Eier im Mutterleib entwickeln.

Seepferdchen

Seepferdchen halten sich mit dem Schwanz fest.

SEEPFERDCHEN

Das Weibchen legt seine Eier in der Brusttasche des Männchens ab. Aus dieser Tasche schlüpfen nach etwa vier Wochen die Jungen.

ERNÄHRUNG

Schnell schwimmende Raubfische wie Barrakudas und Hechte haben lange schlanke Körper und scharfe Zähne. Die Körper langsamerer Schwimmer sind meist rundlicher. Trotz seiner Gestalt ist der Papageienfisch ein gewandter Schwimmer. Auf Nahrungssuche schlüpft er durch Felsspalten.

Mit dem harten, schnabelähnlichen Maul schabt der Papageienfisch Algen von den Felsen.

MAULBRÜTER

Die in afrikanischen Seen heimischen Buntbarsche bewahren die befruchteten Eier im Maul auf. Die geschlüpften Jungen finden noch eine Zeit lang im elterlichen Maul Schutz.

Buntbarsch mit Jungen

Königsbarsch

EUROPÄISCHE AALE

Erwachsene Aale laichen in der Sargassosee. Aus ihren Eiern schlüpfen Larven, die in den folgenden drei Jahren zu den Küsten Europas und von dort aus als Glasaale die Flüsse hinaufschwimmen. Hier entwickeln sie sich zu Steigaalen.

TROPISCHE MEERESFISCHE

Fische – und besonders die in tropischen Gewässern heimischen Arten – gehören zu den farbenprächtigsten Lebewesen. Diese Pracht kann unterschiedliche Funktionen haben. Sie hilft den Fischen, sich zwischen den ebenfalls bunten Korallen zu verstecken, warnt Räuber davor, dass diese Fische giftig sind, und hilft den Fischen, Partner zu finden.

Siehe auch

TIERE
TIERE, MEERE
TIERE, MEERESKÜSTE
TIERE, TIEFSEE
TIERE, WANDERUNGEN

Fischerei

DIE FLÜSSE, Seen und Meere der Welt liefern eines der wichtigsten Nahrungsmittel des Menschen: Fische sind reich an Eiweiß und anderen lebenswichtigen Nährstoffen. Man kann einzelne Fische mit einem Angelhaken und einer Schnur fangen Da aber eine große Zahl von Menschen mit Fisch zu ernähren ist, hat sich das Fischereiwesen zu einer gewaltigen Industrie entwickelt. Allein die japanische Fischereiflotte z. B. fängt täglich über 35 500 t Fisch. Dabei werden verschiedene Fangmethoden praktiziert, die u. a. unterschiedliche Typen von Netzen verwenden. Manche Netze sind mehrere Kilometer lang und können über 100 Mio. Fische auf einmal fangen. Mit Reusen und anderen Fallen fängt man Krebse und Hummer. An einer langen Leine befestigt man Hunderte von Haken, sodass zur gleichen Zeit Hunderte von Fischen anbeißen können.

WALFANG
Seit zwei Jahrhunderten ist der Walfang ein bedeutender Wirtschaftszweig. Einige Walarten sind nun vom Aussterben bedroht. Wenn die Wale zum Atmen auftauchen, beschießen die Walfänger sie mit Harpunen, die Sprengkörper enthalten.

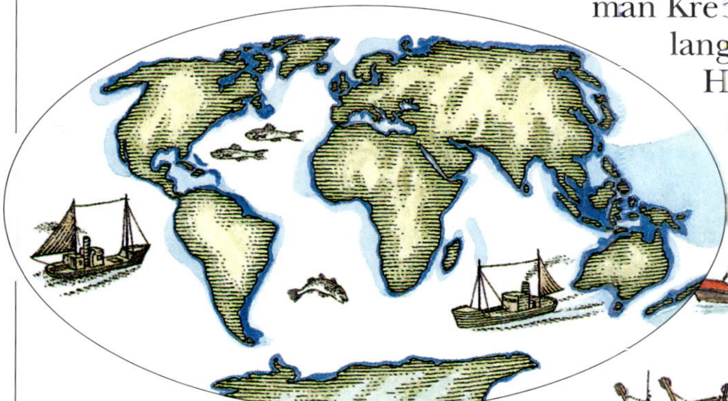

FANGGEBIETE
Die meisten Fische werden in Küstennähe in den Meeren über dem Kontinentalschelf gefangen (auf der Karte dunkelblau). Das Schelf sind die von Wasser bedeckten Ausläufer der Kontinente, auch Flachseegürtel genannt. Tiefseeströmungen fließen in die Schelfmeere ein und schwemmen viele Kleinstlebewesen an.

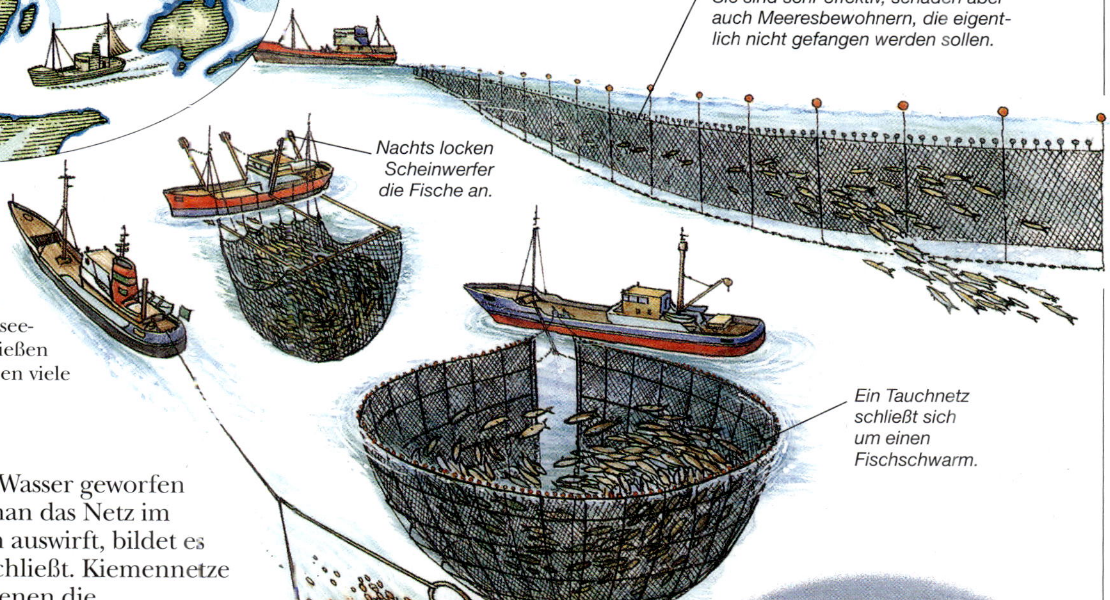

Meeresfischerei

Waden sind Netze, die auf das Wasser geworfen werden und absinken. Wenn man das Netz im Bogen um einen Fischschwarm auswirft, bildet es einen Sack, der den Fang umschließt. Kiemennetze sind große Netzvorhänge, an denen die Fische mit den Kiemendeckeln hängen bleiben. Schwebenetze werden ausgeworfen. Bodennetze hängen an Ankern, die man auf den Meeresboden hinablässt. Ein Schleppnetz ist ein Netzsack, der von einem Schiff gezogen wird. Tauchnetze hängen an Rahmen seitlich am Schiff.

EINFRIEREN
Toter Fisch verfault rasch. Durch Einfrieren, Eindosen, Trocknen, Räuchern und Einsalzen verhindert man, dass frischer Fisch verdirbt. Die heute gebräuchlichste Methode ist das Einfrieren. Große Fischereischiffe verfügen über Kühlräume.

FISCHFARMEN
Nicht alle Fische, die in den Handel kommen, waren frei lebend. Manche Fischarten, wie Karpfen, Lachse, Forellen, Muscheln und Krebse werden heute in Fischfarmen gezüchtet. Die Zuchtfische wachsen in großen Becken, Teichen oder abgegrenzten Teilen von Seen oder Flussmündungen heran, in die sie als Laich oder Jungfische gesetzt wurden.

Siehe auch
ERNÄHRUNG
FISCHE
LANDWIRTSCHAFT
TIERE, MEERE

Flaggen

Bunte, im Wind wehende Fahnen haben immer auch etwas zu bedeuten. Jede Nation hat heute ihre eigene Flagge, die ein Symbol für das ganze Land ist. Viele Organisationen wie das Internationale Rote Kreuz haben ebenfalls eine Fahne. Eine Fahne ist fast immer rechteckig und besteht aus festem Stoff mit einem einprägsamen Muster. Eine Fahne wird an einer Fahnenstange befestigt und hochgezogen, man nennt diesen Vorgang »die Flagge hissen«. Eine wichtige Rolle haben Flaggen seit jeher bei Kriegen gespielt. Die Anführer der sich bekriegenden Armeen trugen eine Flagge mit sich. So konnten die Soldaten im Schlachtgetümmel immer sehen, wo ihr Anführer gerade war. In den Besitz der Flagge des Feindes zu kommen, bedeutete oft, dass man die Schlacht gewonnen hatte. Vor der Erfindung von Telefon und Radio wurde mit Fahnen schnell eine Nachricht übermittelt. Heute sind Signalflaggen bis auf wenige Ausnahmen bedeutungslos geworden. So bezeugt man mit einer auf Halbmast gesetzten Flagge Toten die letzte Ehre.

Nationalflagge

Die Flaggen vieler Nationen sind nicht willkürlich gewählt, sondern haben eine bestimmte, auf die Geschichte des Landes verweisende Bedeutung. So zeigt die Flagge Australiens auch ein verkleinertes Abbild der britischen Flagge, um auf die historische Verbindung der beiden Länder hinzuweisen. Das Schwarz-Rot-Gold der deutschen Flagge geht auf die Zeit der Kriege gegen Napoleon zurück.

FLAGGEN IM WIND

Wenn eine ganze Reihe von Flaggen vor einem Gebäude im Wind flattert, ist das ein imposanter Anblick. Vor dem Sitz der Vereinten Nationen in New York sind die Flaggen aller Mitgliedsländer versammelt. Auch Hotels, Supermärkte und Fabriken schmücken sich oftmals mit nebeneinander aufgereihten Fahnen.

ZIELFLAGGE

Bei einem Autorennen signalisiert eine schwarz-weiß karierte Flagge, dass der Sieger die Ziellinie passiert hat. Bei Autorennen sind noch weitere Signalflaggen im Einsatz. Eine schwarze Flagge zeigt an, dass der Pilot einen Boxenstop machen muss. Eine gelb und rot gestreifte Flagge warnt vor Öl auf der Fahrbahn, und eine rote Flagge fordert den Fahrer auf, sofort anzuhalten.

SIGNALFLAGGEN

Eine der frühesten Einsatzmöglichkeiten von Flaggen war es, Signale auf hoher See auszusenden. Das Internationale Flaggenalphabet ordnet jedem Buchstaben eine Flagge zu. Bestimmte einzelne Flaggen haben auch eine eigene Bedeutung. »A« z. B. bedeutet Taucherarbeiten, »N« und »C« zusammen bedeuten SOS.

WINKERALPHABET

Mit nur zwei Flaggen kann der Signalgeber Nachrichten übermitteln. Für jeden Buchstaben des Alphabets gibt es eine bestimmte Armstellung. Auch dieses System wurde überwiegend in der Seefahrt eingesetzt. Durch die Verwendung großer Flaggen in kräftigen Farben können Nachrichten über weite Entfernungen übermittelt werden, vorausgesetzt es herrscht kein Nebel.

Siehe auch

Boote und Schiffe

Ritter

Fledermäuse

Fledermäuse schlafen tagsüber und mit dem Kopf nach unten.

WENN ANDERE TIERE abends ihre Schlafplätze aufsuchen, fliegen die Fledermäuse auf die Jagd. Sie sind nachtaktiv und können mit ihren Hautschwingen fliegen und gleiten. Die meisten Fledermäuse sind Insektenfresser und jagen Falter und andere nachtaktive Fluginsekten. Doch gibt es auch Arten, die sich von Früchten, Nektar, Pollen oder aber von Fischen, kleinen Säugetieren und Reptilien ernähren. Die Weibchen gebären im Jahr meist ein oder zwei Junge. Diese bleiben an den Schlafplätzen zurück, wenn ihre Mütter auf die Jagd fliegen, und schmiegen sich dann eng aneinander, um sich zu wärmen. Es gibt etwa 1000 Fledermausarten. Viele unserer heimischen Arten sind bedroht, da sie immer weniger geeignete Schlafplätze (alte Gebäude, Höhlen) finden und die Bestände der Insekten, von denen sie sich ernähren, durch Insektenbekämpfungsmittel zurückgegangen sind.

VAMPIRFLEDERMAUS
Die südamerikanische Vampirfledermaus ernährt sich vom Blut von Säugetieren und Vögeln, greift aber kaum Menschen an.

Die Haut der Flügel ist mit den Knochen der Arme und Finger verwachsen. Zum Schlafen halten sich die Tiere mit den Zehenkrallen fest.

Am oberen Flügelrand ist eine Klaue. Die Fledermaus setzt sie ein, wenn sie an Höhlenwänden klettert.

HUFEISENNASEN
Zur Familie der Hufeisennasen gehören über 145 Arten. Sie verdanken ihren Namen dem halbrunden Hautlappen an der Nase, der die ausgestoßenen Schallwellen ausrichtet. Die Große Hufeisennase hat über 30 cm Spannweite.

FISCHFRESSENDE FLEDERMAUS
Die südamerikanische Hasenmaulfledermaus setzt ihre langen Beine und scharfen Krallen zum Fischefangen ein. Mithilfe des Echoortungssystems erkennt sie, wenn sich die Wasseroberfläche durch die Bewegungen eines Fisches kräuselt. Dann fliegt sie knapp über dem Wasser, taucht mit den Füßen ein und packt den Fisch.

Flughunde

Die großen Flughunde mit bis zu knapp 2 m Spannweite sind ebenso wie die Fledermäuse Fledertiere. Flughunde schlafen tagsüber in Bäumen oder Höhlen und ernähren sich nachts von Früchten, Blüten und Blättern. Die verschiedenen Arten dieser Familie leben in Afrika, Südasien und Australien. In Regionen, in denen sie stark verbreitet sind, fügen sie Obstplantagen große Schäden zu.

Echoortung

Fledermäuse orientieren sich in der Dunkelheit durch Laute, die so hoch sind, dass die meisten Menschen sie nicht hören. Diese Laute prallen von Objekten in der Umgebung ab – wie z. B. Bäumen oder Faltern – und kehren als Echo zur Fledermaus zurück. Dies bezeichnet man als Echoortung. Die Fledermaus fängt das Echo mit den Ohren auf und schließt daraus auf Größe und Position des Objekts.

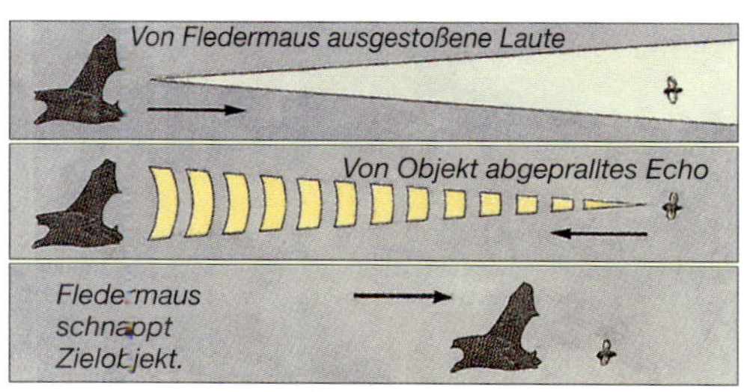

Siehe auch
Delfine und Wale
Säugetiere
Tiere
Tiere, Flug
Tiere, Sinne

Fliegen und Mücken

Stubenfliegen laufen an der Decke.

Klein, aber gefährlich: Fliegen und Mücken übertragen einige Krankheiten, die für den Menschen sehr gefährlich sind, darunter Cholera, Malaria und Gelbfieber. Es gibt ungefähr 120 000 Fliegenarten. Zu den bekanntesten zählen Schmeißfliegen, Bremsen, Fruchtfliegen, Stechmücken und Moskitos. Alle Fliegen haben ein Flügelpaar; sie werden auch als Zweiflügler oder *Diptera* bezeichnet. Fliegen legen Eier, aus denen Larven schlüpfen, die man auch Maden nennt. Wenn sie genug gefressen haben, verpuppen sich die Larven und werden nach einer Weile zu erwachsenen Fliegen. Während wir Fliegen als lästige Tiere ansehen, haben sie in der Natur wichtige Aufgaben: Sie bestäuben Blüten, recyceln Abfälle und Überreste, indem sie sie fressen, und dienen vielen Tierarten als Nahrung.

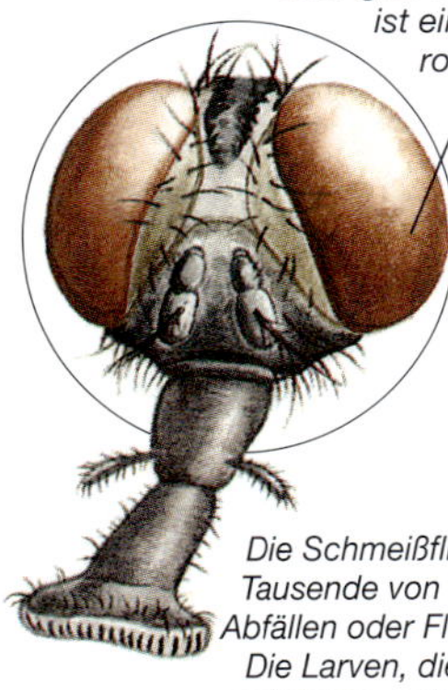

Die Stubenfliege sieht sehr gut. Im Rüssel ist ein Saugrohr.

Eine Stubenfliege frisst faulendes Fleisch.

Die Schmeißfliege legt Tausende von Eiern auf Abfällen oder Fleisch ab. Die Larven, die daraus schlüpfen, entwickeln sich rasch zu Puppen und erwachsenen Fliegen.

Mücken

Mit nadelscharfen Mundwerkzeugen durchbohren Mücken die Haut von Menschen sowie von Pferden und anderen Tieren, um ihr Blut zu trinken. Wenn das Weibchen der Mückenart *Anopheles* einen Malariakranken sticht, nimmt es mit dem Blut die Erreger der Krankheit auf. Sticht es danach einen Gesunden, so gehen die Erreger in dessen Blut über. Auf diese Weise verbreitet die *Anopheles*-Mücke die Malaria. Die Karte unten zeigt die Malariagebiete der Welt.

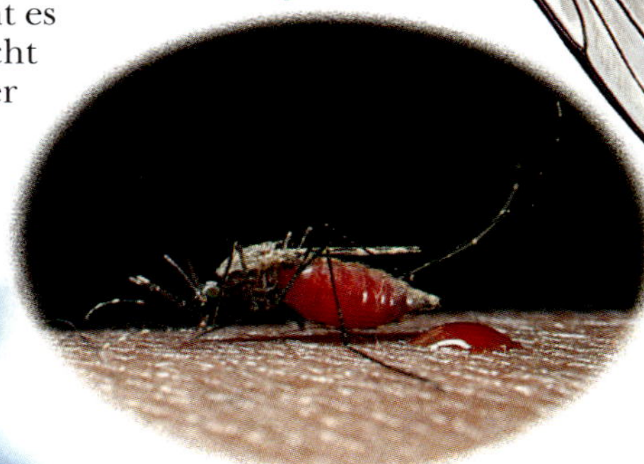

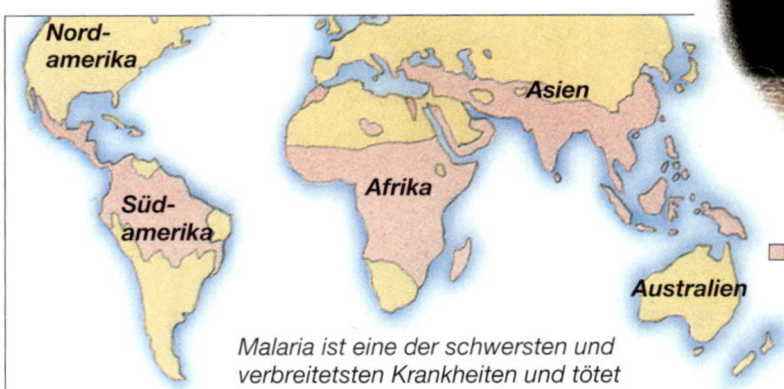

Malaria ist eine der schwersten und verbreitetsten Krankheiten und tötet im Jahr etwa 1-3 Mio. Menschen.

Fliegen und Krankheiten

Stubenfliegen, Schmeißfliegen und ähnliche Arten legen ihre Eier in Abfällen und Kot ab. Dabei werden ihre Mundwerkzeuge und Füße von Bakterien besiedelt. Wenn sie sich dann auf Lebensmittel oder Geschirr hocken, setzen sich dort die Bakterien ab. Die Folge können Magenverstimmungen sein, aber auch schwere Krankheiten, wie z. B. Typhus.

Bei jedem Flügelschlag beschreiben die Flügelspitzen der Schwebfliege eine 8.

Schwebfliege

Die Schwebfliege ist ein wahrer Flugkünstler. Sogar bei Wind kann sie in der Luft »stehen« und dann ganz plötzlich aufwärts, abwärts oder seitwärts schießen. Winzige Stäbchen hinter den Flügeln drehen sich rasch und wirken im Flug als Stabilisatoren.

Lebenszyklus einer Mistbiene

Die Mistbiene ist eine Schwebfliegenart. Sie ähnelt den Bienen und erzeugt beim Fliegen ein tiefes Summen. Nach der Paarung legt das Weibchen seine Eier an einem Teich oder einer anderen stehenden Wasserfläche ab. Die Larven leben im Wasser und atmen durch den langen Schwanz. Deshalb nennt man sie auch »Rattenschwanzlarven«. Bevor sie sich verpuppen, suchen sie eine trockenere Umgebung auf. Sobald sich die erwachsene Schwebfliege aus der Puppenhülle befreit hat, fliegt sie zu Blumen hin. Sie ernährt sich von Pollen und Nektar.

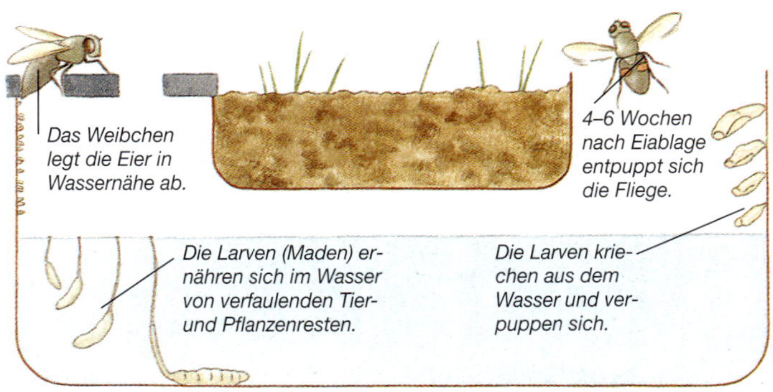

Siehe auch

Insekten
Krankheiten
Tiere
Tiere, Flug

Flughafen

Jedes Jahr bevölkern über 100 Mio. Menschen die Flughäfen der Welt. Frachtterminals fertigen Millionen Tonnen Luftfracht ab. Alle Menschen oder Waren, die per Flugzeug befördert werden, müssen einen Flughafen passieren. Manche Flughäfen sind extrem groß. Am John F. Kennedy International Airport in New York in den USA gibt es täglich fast 1000 Starts. Große Flugzeuge fliegen Tausende von Kilometern, oft zu einem anderen Kontinent. Kleinere Flugzeuge befördern Passagiere auf Inlandflügen. Sie können auf kleinen Flughäfen bei Städten oder auf Inseln landen. Alle Flughäfen haben Rollfelder, damit Flugzeuge beschleunigen und abheben können, sowie Einrichtungen zum Wiederbetanken und für Reparaturen. In größeren Flughäfen gibt es Restaurants und Warteräume für die Passagiere.

PÄSSE
Internationale Reisende weisen sich mit Pässen aus. Am Flughafen stempeln Beamte oft den Pass als Beleg, dass der Reisende legal eingereist ist. Pässe kamen zwar schon im 16. Jh. auf, sind aber erst seit den letzten 50 Jahren allgemein verbreitet.

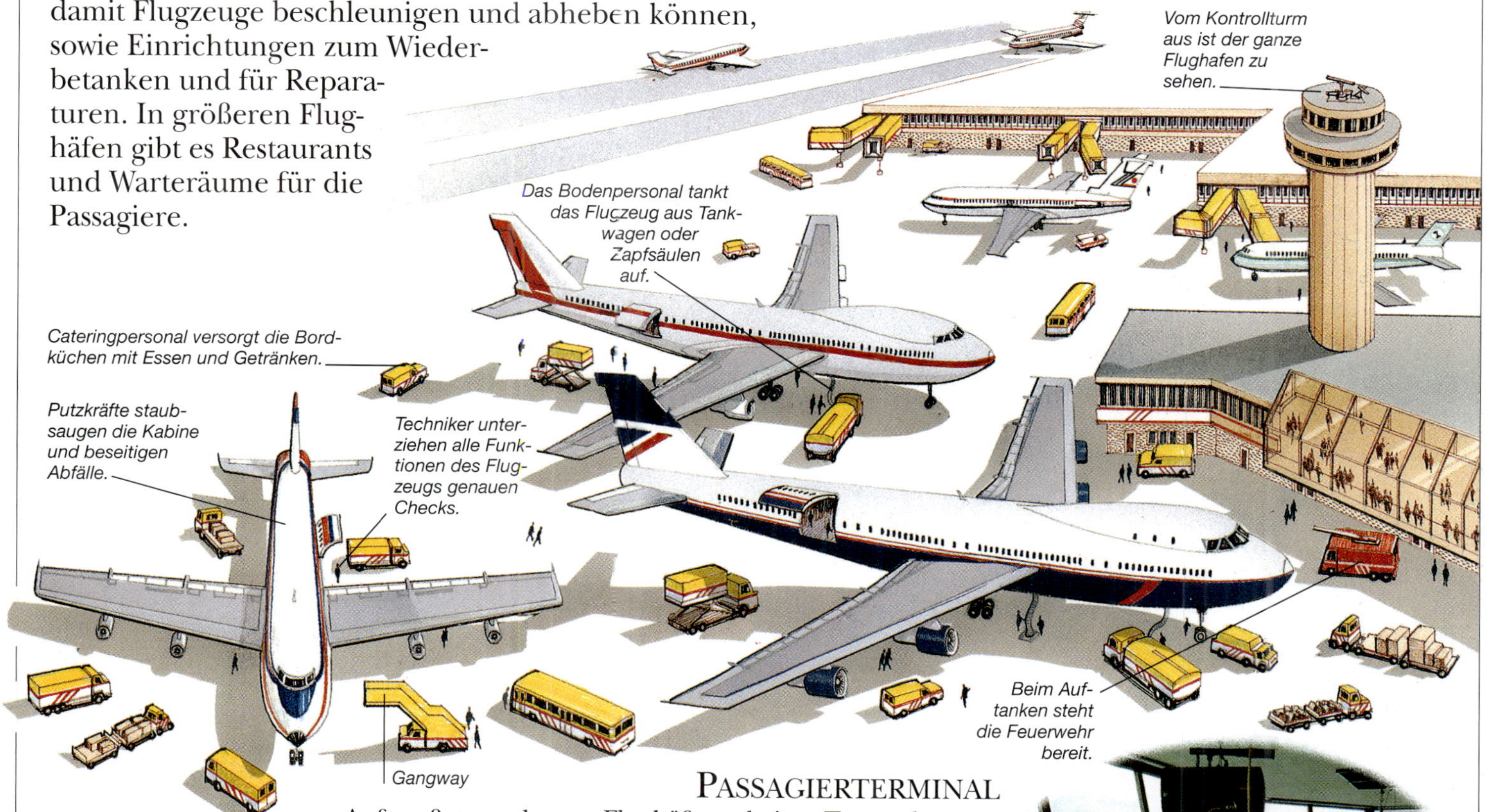

Passagierterminal

Auf großen modernen Flughäfen arbeiten Tausende von Menschen. Sobald ein Flugzeug gelandet ist, wird es zu einem Haltepunkt dirigiert. Die Passagiere verlassen das Flugzeug über eine rollbare Treppe, die Gangway. Das Gepäckpersonal holt die Koffer aus dem Flugzeug und bringt sie zu den Abholbändern. Mit ihrem Gepäck gehen die Passagiere durch den Zoll, dann steigen sie in andere Flugzeuge um oder reisen per Bus, Auto oder Eisenbahn weiter.

FLUGSICHERUNG
Auf belebten Flughäfen starten und landen stündlich etwa 50 Flugzeuge. Die Fluglotsen im Kontrollturm entscheiden, wann jedes Flugzeug starten darf. Sie geben auch den am Himmel kreisenden Flugzeugen, die auf die Landung warten, über Funk Anweisungen.

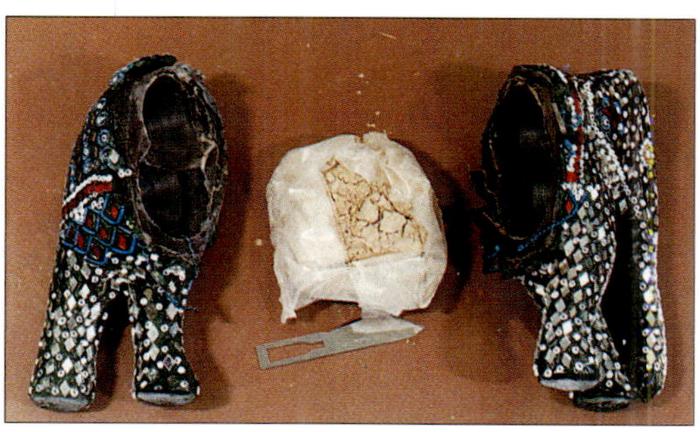

Schmuggler verstecken Drogen in hohlen Schmuckstücken und anderen Gegenständen.

ZOLL
Die Passagiere gehen nach der Landung durch den Zoll. Dort durchsuchen Beamte Gepäck und Kleidung nach Drogen und anderen verbotenen Substanzen sowie nach Waren, für die Import- oder Exportsteuern gezahlt werden müssen. Schmuggler verstecken illegale oder zu versteuernde Waren, um die Zollbeamten auszutricksen.

SICHERHEIT
Die Flughafenbehörden führen Sicherheitschecks durch, um Flugzeuge vor Bomben und Terroristen zu schützen. Röntgenapparate scannen das Handgepäck nach Bomben und Waffen. Die Passagiere gehen durch Metalldetektoren – schwere Metallteile wie Waffen lösen einen Alarm aus.

Siehe auch
Flugzeuge
Röntgenstrahlen
Transport und Verkehr

Flugzeuge

VOR ETWA 100 JAHREN benötigte auch das schnellste Schiff zur Überquerung des Atlantiks über eine Woche. Heute schaffen die meisten Düsenverkehrsflugzeuge diese 4800 km lange Strecke in knapp sieben Stunden. Flugzeuge sind das schnellste Verkehrsmittel, da sie direkt über Hindernisse wie Berge und Ozeane hinwegfliegen. Dank starker Düsentriebwerke erreichen die schnellsten Kampfflugzeuge Geschwindigkeiten von 3200 km/h – die dreifache Schallgeschwindigkeit. Selbst normale Passagiermaschinen erreichen über 850 km/h. Moderne Flugzeuge fliegen dank modernster Technik sicher und wirtschaftlich bei großen Geschwindigkeiten. Ausgeklügelte elektronische Steuer- und Navigationssysteme halten das Flugzeug auf Kurs. Am Computer konstruierte Tragflügel sowie leichte und starke Rümpfe aus Metalllegierungen und Verbundstoffen helfen Treibstoff sparen.

DÜSENVERKEHRSFLUGZEUG
Wie alle Düsenverkehrsflugzeuge fliegt die *Boeing 747-400* hoch über den Wolken, um schlechtem Wetter auszuweichen. Die Luft in der luftdichten Kabine steht unter Druck. Dies schützt Passagiere und Besatzung vor Luftdruckabfall und Sauerstoffmangel in großen Höhen.

Das Fahrgestell wird zur Verringerung des Luftwiderstands während des Flugs eingezogen.

Das Verkehrsflugzeug Boeing 747-400 *kann 412 Passagiere befördern und über 13 600 km nonstop fliegen. Die Sitze befinden sich auf zwei Decks.*

Das Flugzeugradar zeigt der Besatzung die Wetterverhältnisse 320 km im Voraus an, sodass sie Unwettern ausweichen kann.

FLUGDECK
Der Kapitän und seine Besatzung steuern das Flugzeug vom Cockpit aus. Früher gab es darin unzählige Skalen und Schalter. Moderne Düsenverkehrsflugzeuge stecken voller Elektronik, Computerbildschirme haben die Skalen abgelöst. Hat der Pilot bei schlechtem Wetter keine Sicht, startet und landet er mithilfe computergesteuerter Autopilotsysteme.

Ein Flugzeug fliegen

Jedes Flugzeug hat drei Hauptsteuervorrichtungen: die Drossel zur Geschwindigkeitssteuerung, Seitenruderpedale, um nach links oder rechts zu steuern (Gieren), und einen Steuerknüppel, der das Flugzeug nach einer Seite (Rollen) oder auf und ab neigt (Kippen). Der Pilot betätigt meist alle drei, um das Flugzeug durch die Luft zu lenken.

Zum Rollen bewegt der Pilot den Steuerknüppel nach links oder rechts. Dies hebt die Querruder an einem Tragflügel an und senkt sie am anderen ab.

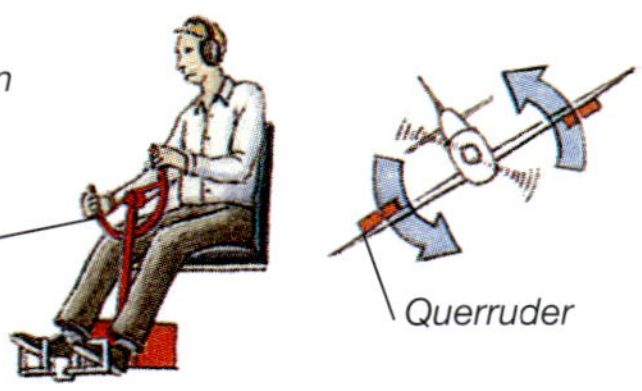

Um nach oben oder unten zu kippen, drückt oder zieht der Pilot am Steuerknüppel. Dies hebt oder senkt die Höhenruderklappen am Höhenleitwerk.

Um nach links oder rechts zu gieren, betätigt der Pilot die Seitenruderflosse am Schwanz des Flugzeugs über den Seitenruderfußhebel.

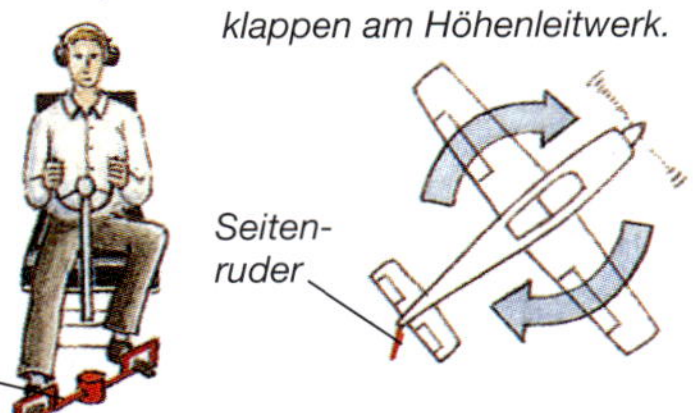

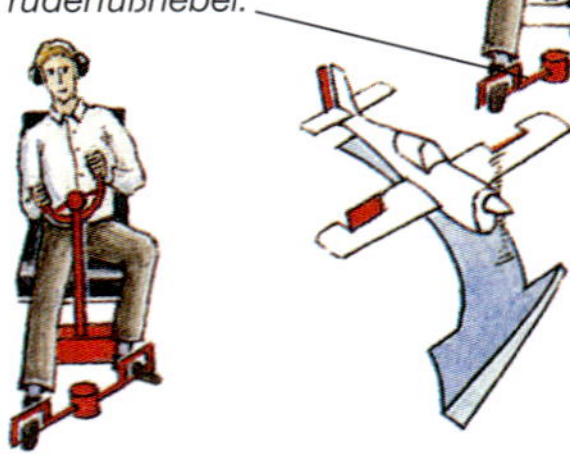

Wie ein Fahrrad, das um eine Kurve fährt, muss sich auch ein Flugzeug in die Kurve legen. Dazu betätigt der Pilot den Steuerknüppel und die Seitenruderpedale zusammen, sodass das Flugzeug gleichzeitig rollt und giert.

Luftfahrzeuge

Flugzeuge sind Luftfahrzeuge mit Motoren und Flügeln. Als Luftfahrzeuge bezeichnet man alle Flugmaschinen wie Hubschrauber, Segelflugzeuge, Drachen und Flugzeuge. Die meisten Verkehrs- und Kampfflugzeuge können mithilfe von Düsentriebwerken schnell und hoch fliegen. Aber Düsentriebwerke sind teuer und verbrauchen viel Treibstoff. Viele kleinere Flieger werden von Propellern angetrieben.

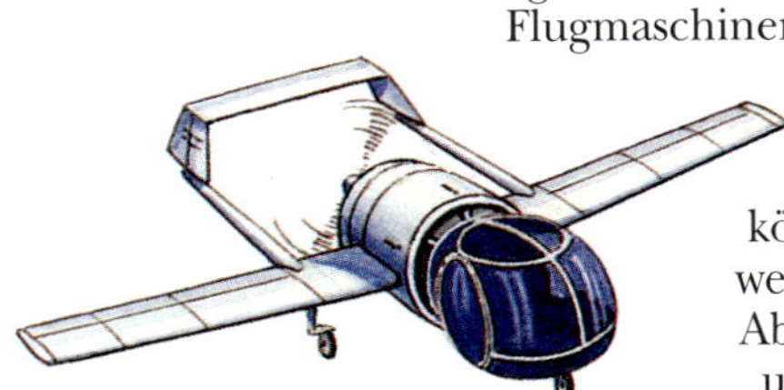

BEOBACHTUNGSFLUGZEUGE
Spezialflugzeuge dienen der Beobachtung – von Verkehrsstaus bis hin zu Hurrikanen.

DÜSENFLUGZEUG
Jedes Jahr befördern Düsenverkehrsflugzeuge Millionen Menschen über lange Strecken. Die meisten Düsenverkehrsflugzeuge haben so genannte Turbofan-Triebwerke, die stark und relativ leise sind.

WASSERFLUGZEUGE
Mit Flugzeugen kann man leicht zu entlegenen Orten gelangen. Um im Wasser zu landen, haben Wasserflugzeuge Schwimmer statt Fahrwerke.

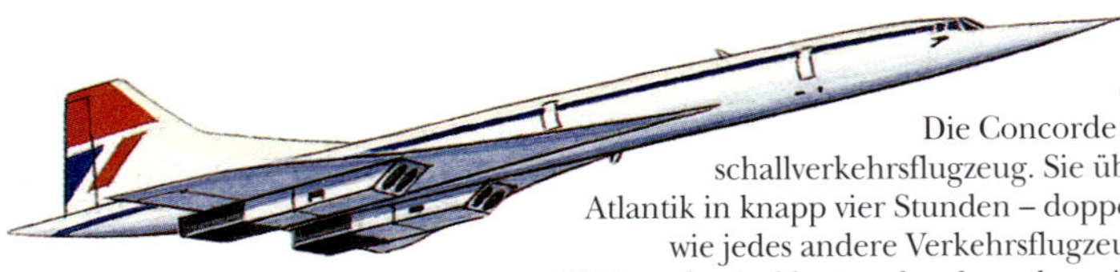

CONCORDE
Die Concorde ist ein Überschallverkehrsflugzeug. Sie überquert den Atlantik in knapp vier Stunden – doppelt so schnell wie jedes andere Verkehrsflugzeug. Aber ihre Triebwerke sind laut und verbrauchen viel Treibstoff.

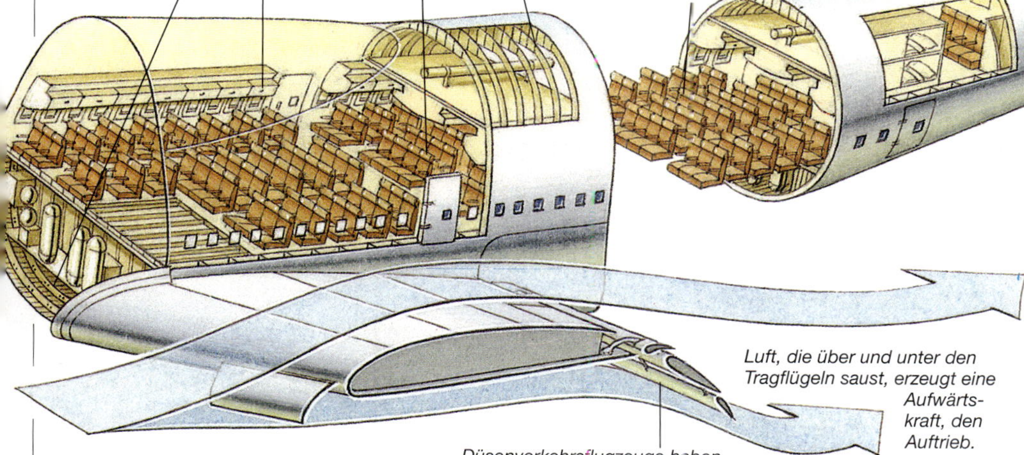

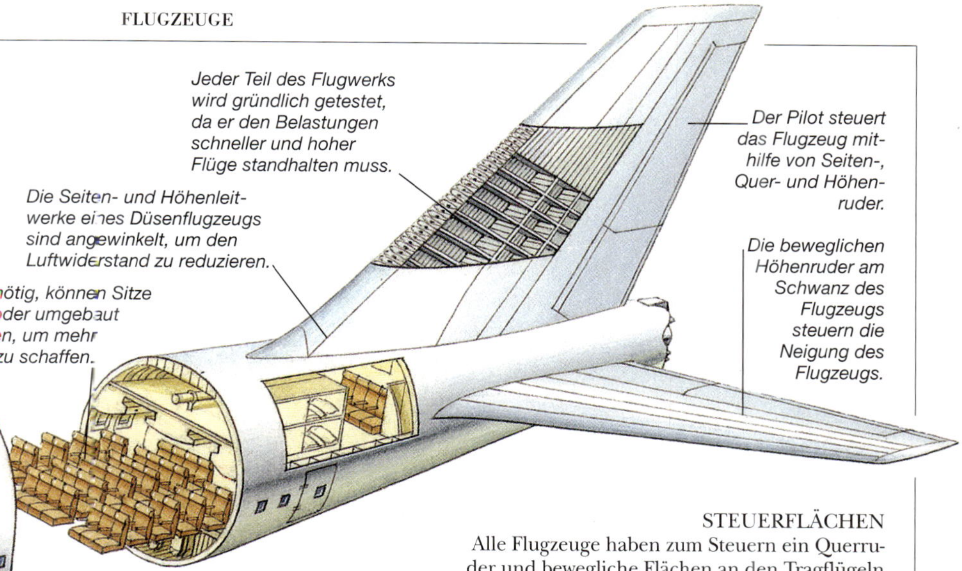

STEUERFLÄCHEN
Alle Flugzeuge haben zum Steuern ein Querruder und bewegliche Flächen an den Tragflügeln und Leitwerken. In älteren Flugzeugen betätigt der Pilot die Klappen mechanisch über Metallkabel. In modernen Flugzeugen werden die Steuerflächen oft elektronisch mit Computerhilfe bedient, das so genannte fly-by-wire. Eines Tages könnten die Steuerflächen in Fly-by-light-Flugzeugen über faseroptische Kabel betätigt werden.

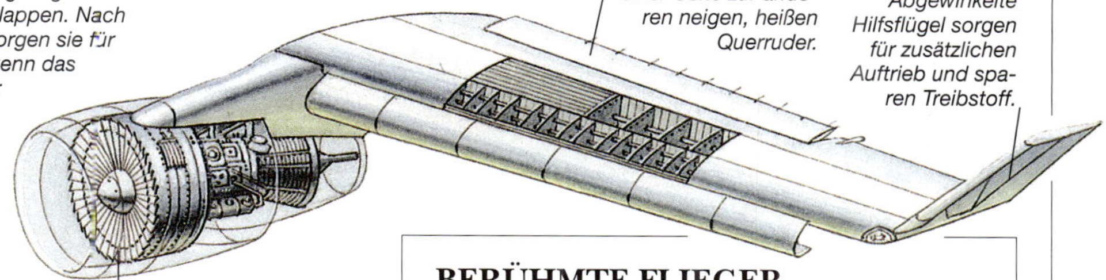

TRAGFLÜGEL
Flugzeuge können fliegen, weil die vorbeiströmende Luft ihre Flügel hebt. Ein Tragflügel ist stets nach oben gewölbt, sodass die Luft über der Oberseite sich beschleunigen und ausdehnen muss und an Druck verliert. Unter dem Flügel bewegt sich die Luft langsamer – der Druck nimmt zu. Der Tragflügel wird also praktisch von oben angesaugt und von unten gedrückt.

Geschichte des Fliegens

Um 1850 baute der englische Erfinder Sir George Cayley einen Gleitflieger, der einen Menschen trug, wenn er in die Luft gezogen wurde. Bald versuchten viele Männer mit Flugmaschinen abzuheben, die erst von Dampfmaschinen und später von Benzinmotoren angetrieben wurden. Aber erst Anfang des 20. Jh. gelang den amerikanischen Gebrüdern Wright der erste erfolgreiche Motorflug.

OTTO LILIENTHAL
1891 ging der deutsche Ingenieur Otto Lilienthal mit einer Art Hängegleiter in die Luft. Dies war der erste Flug, bei dem der Pilot das Flugzeug steuerte.

Berühmte Flieger

In der Frühzeit des Fliegens gab es viele kühne Rekorde. 1919 etwa gelang den britischen Fliegern John Alcock und Arthur Whitten Brown der erste Nonstopflug über den Atlantik in einem Flugzeug mit offenem Cockpit. 1927 schaffte der Amerikaner Charles Lindbergh die Überquerung ganz allein, und 1932 tat es ihm die Amerikanerin Amelia Earhart gleich. 1930 flog die Engländerin Amy Johnson (rechts) solo von England nach Australien.

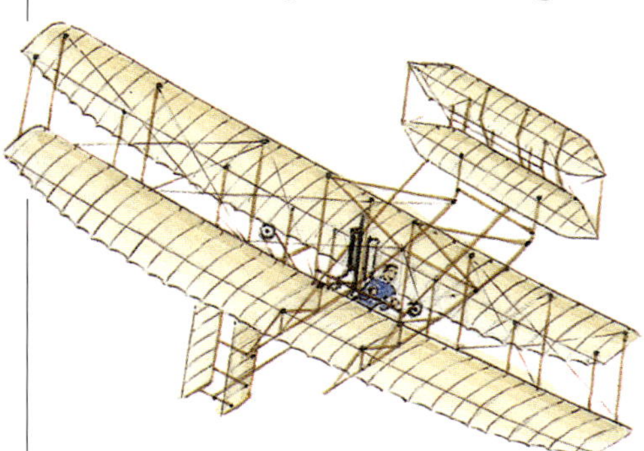

GEBRÜDER WRIGHT
Orville und Wilbur Wrights *Flyer* machte am 17. Dezember 1903 bei Kitty Hawk im US-Staat North Carolina den ersten gesteuerten Motorflug der Welt. Er dauerte zwar nur 12 Sekunden, doch damit hatte das Zeitalter des Motorflugzeugs begonnen.

SCHALLMAUER
Viele Menschen glaubten früher, Flugzeuge könnten nicht schneller als mit Schallgeschwindigkeit fliegen. Doch am 14. Oktober 1947 durchbrach der amerikanische Pilot Chuck Yeager mit dem Raketenflugzeug *Bell X-1* die Schallmauer.

Siehe auch
Ballons und Luftschiffe
Drachen und Segelflugzeuge
Flughafen
Helikopter
Motoren
Transport und Verkehr

Flüsse

Während Wasser aus hoch gelegenen Gebieten landabwärts fließt, bahnt es sich einen Weg durchs Gestein. Das fließende Wasser bildet einen Fluss, der durch einen schmelzenden Gletscher, durch einen See oder eine Gebirgsquelle gespeist werden kann. Flüsse gestalten die Landschaft, die sie durchfließen: Das Wasser spült Boden fort und schneidet oft tiefe Täler ins Land. Eines der tiefsten Täler der Welt, das der Fluss Kali Gandak in den Himalaja eingeschnitten hat, ist 5,5 km tief. Es gibt auch unterirdische Flüsse, die Kalkstein lösen und lange, verzweigte Höhlen bilden.

Flüsse sind als Transportwege und als Trinkwasserquellen von großer Bedeutung, daher liegen fast alle Großstädte an einem Fluss. Die längsten Flüsse der Welt sind der Nil in Afrika mit 6670 km und der Amazonas in Südamerika mit 6448 km Länge.

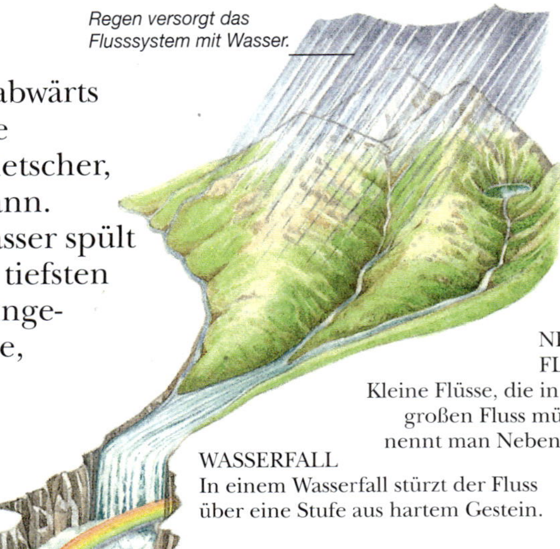

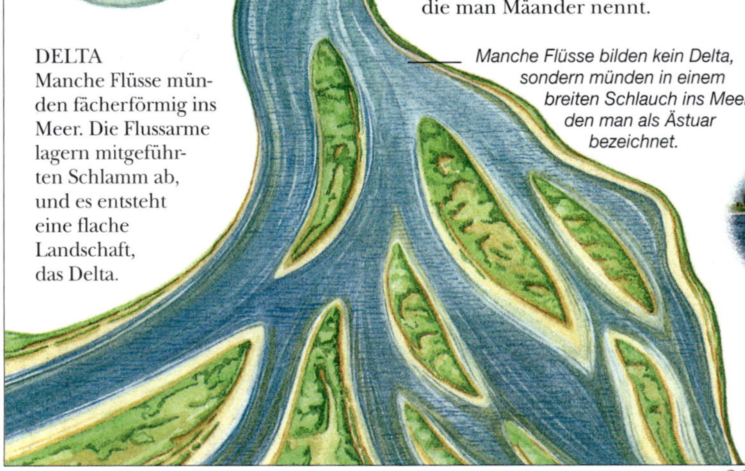

Fluss-System

Kleine Flüsse und Bäche speisen einen großen Fluss mit Wasser. Ein Fluss-System besteht aus mehreren Flüssen und Bächen. Eine Wasserscheide trennt zwei Fluss-Systeme voneinander. Beiderseits einer Wasserscheide fließen die Gewässer in eine andere Richtung.

NEBENFLÜSSE
Kleine Flüsse, die in einen großen Fluss münden, nennt man Nebenflüsse.

WASSERFALL
In einem Wasserfall stürzt der Fluss über eine Stufe aus hartem Gestein.

SCHLUCHT
Der Wasserfall schneidet langsam eine tiefe Schlucht ein.

STROMSCHNELLEN
An steilen Hängen bildet das Wasser schnelle, wirbelnde Strömungen. Solche Abschnitte eines Flusses nennt man Stromschnellen.

TAL
Der Fluss führt Steine und Schlamm mit sich, die das Flussbett und das Ufer abschleifen und so ein V-förmiges Tal bilden.

ALTWASSERSEE
Der Fluss trägt langsam die Landzunge an einer Flussschlinge ab und durchschneidet sie. Aus der Schlinge entwickelt sich ein so genannter Altwassersee.

FLUSSEBENE
Am Unterlauf des Flusses wird das Tal flacher. Manchmal wird dieses als Flussebene bezeichnete Gebiet überschwemmt. Der Fluss durchzieht die Ebene in Schlingen, die man Mäander nennt.

DELTA
Manche Flüsse münden fächerförmig ins Meer. Die Flussarme lagern mitgeführten Schlamm ab, und es entsteht eine flache Landschaft, das Delta.

NIAGARAFÄLLE
In den Niagarafällen stürzt der Niagara River fast 55 m in die Tiefe. Die Niagarafälle liegen an der Grenze zwischen Kanada und den USA.

ÜBERSCHWEMMUNGEN
Nach heftigen Regenfällen oder bei Schneeschmelze können Flüsse ganze Gebiete überschwemmen. Überschwemmungen kommen meist in tief liegenden Regionen vor, z. B. in Brasilien (links), die auch oft von tropischen Wirbelstürmen heimgesucht werden. Die Zerstörung der Regenwälder erhöht die Gefahr noch zusätzlich.

Die Nutzung von Flüssen

Große Flüsse werden von Schiffen befahren, die schwere Güter transportieren. Manche Flüsse sind durch Dämme zu Stauseen aufgestaut. Mit dem aufgestauten Wasser werden Städte mit Trinkwasser versorgt, Felder bewässert und Turbinen in Wasserkraftwerken angetrieben. Flüsse sind auch ein wichtiger Lebensraum für Fische. Heute sind jedoch viele Flüsse durch Industrie und Landwirtschaft stark verschmutzt.

DER RHEIN
Der Rhein ist eine bedeutende Wasserstraße. Schleppkähne ziehen die schweren Lasten von Hafen zu Hafen.

Siehe auch

Dämme und Staumauern
Gletscher
Niederschlag
Seen
Tiere, Flüsse und Seen
Wasser

FORTPFLANZUNG

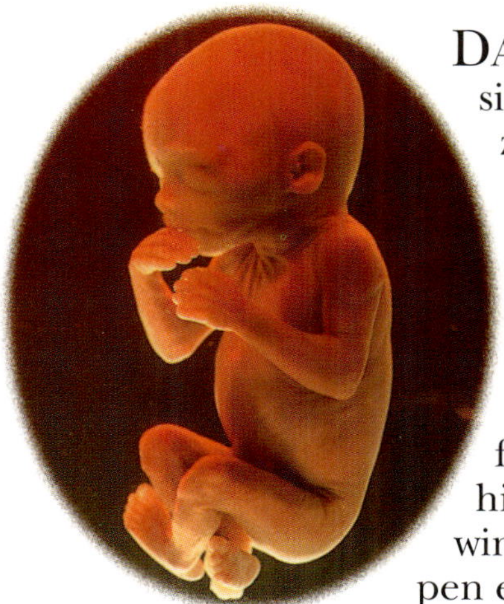

FETUS
Vor dem zweiten Monat der Schwangerschaft nennt man das Baby einen Embryo, danach einen Fetus. In der Gebärmutter schwimmt der Fetus im Fruchtwasser, das ihn vor Erschütterungen schützt. Der Fetus kann den Herzschlag und die Darmgeräusche der Mutter hören.

DAMIT SIE NICHT AUSSTERBEN, pflanzen sich Menschen und Tiere fort. Die Fortpflanzung verläuft beim Menschen ähnlich wie bei anderen Säugetieren. Von ihrer Geburt an hat eine Frau im Unterleib Eierstöcke, in denen sich viele stecknadelkopfgroße Eizellen befinden. Ab der Pubertät wird jeden Monat eine dieser Eizellen im Verlauf des monatlichen Menstruationszyklus' freigesetzt. Sein ganzes erwachsenes Leben hindurch erzeugen die Hoden eines Mannes winzige Spermien, deren Form an Kaulquappen erinnert. Beim Geschlechtsverkehr gelangen Spermien des Mannes in die Scheide der Frau und schwimmen zu deren Eileitern. Wenn ein Spermium auf eine reife Eizelle trifft, verschmelzen die beiden. Diesen Vorgang nennt man Befruchtung. Die befruchtete Eizelle entwickelt sich in der Gebärmutter der Frau im Laufe von neun Monaten zu einem Baby.

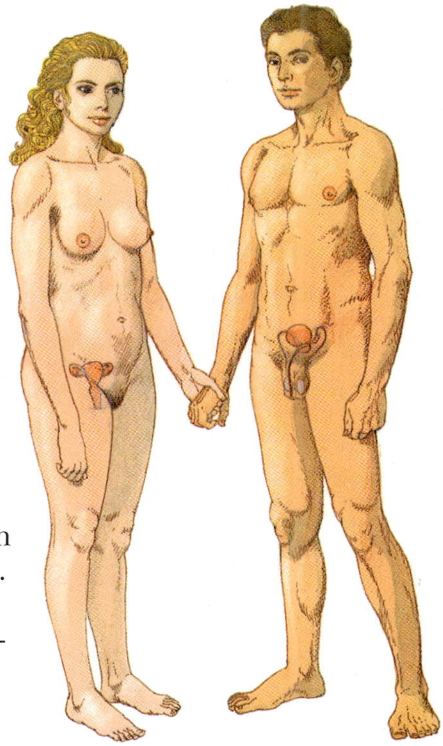

GESCHLECHTSORGANE
Eierstöcke und Gebärmutter der Frau sind in ihrem Unterleib. Die Hoden und der Penis des Mannes befinden sich außerhalb des Unterleibs. Dies sind die primären Geschlechtsmerkmale. Als sekundäre Geschlechtsmerkmale bezeichnet man u.a. die Brüste der Frau.

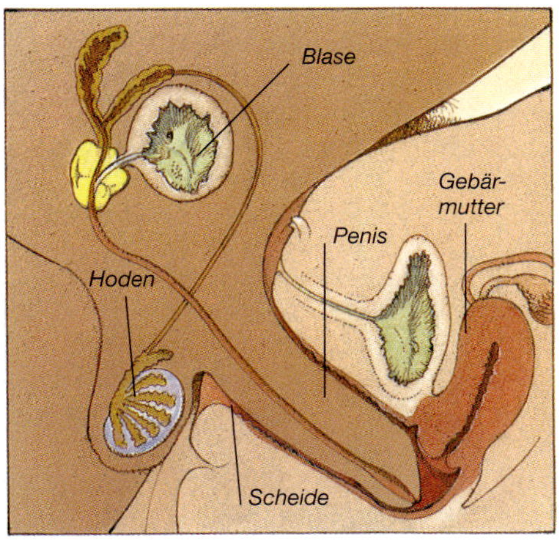

GESCHLECHTSVERKEHR

Beim Geschlechtsverkehr wird der Penis des Mannes steif und die Scheide der Frau weitet sich. Der Penis kann dann in die Scheide eingeführt werden. Muskeln pressen Spermien enthaltende Samenflüssigkeit aus den Hoden in den Penis und von dort in die Scheide. Diesen Vorgang nennt man Ejakulation. Von Stößen ihres Schwanzes angetrieben schwimmen die Spermien durch Scheide und Gebärmutter in die Eileiter. Trifft ein Spermium auf eine reife Eizelle, so kommt es zur Befruchtung.

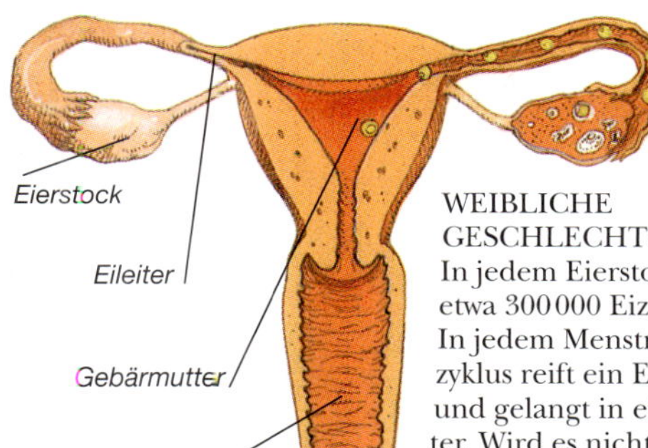

WEIBLICHE GESCHLECHTSORGANE
In jedem Eierstock lagern etwa 300 000 Eizellen. In jedem Menstruationszyklus reift ein Ei heran und gelangt in einen Eileiter. Wird es nicht befruchtet, so wandert es in die Gebärmutter, stirbt ab und wird bei der Menstruation zusammen mit Gebärmutterschleimhaut ausgestoßen.

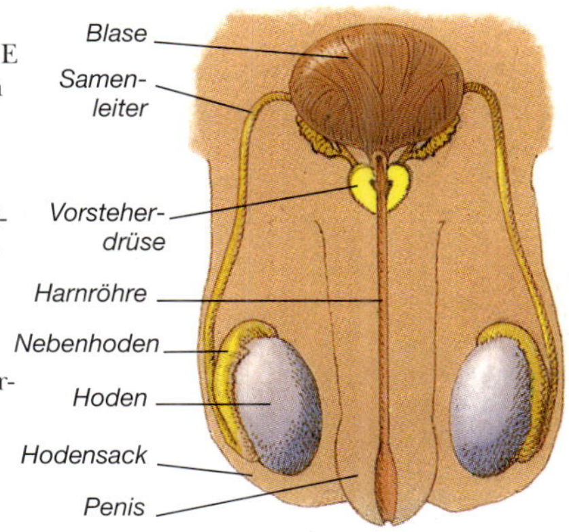

MÄNNLICHE GESCHLECHTSORGANE
Jeder Hoden produziert täglich Millionen Spermien. Diese lagern in den Hoden und Nebenhoden. Wenn sie nicht ausgestoßen werden, baut der Körper sie ab.

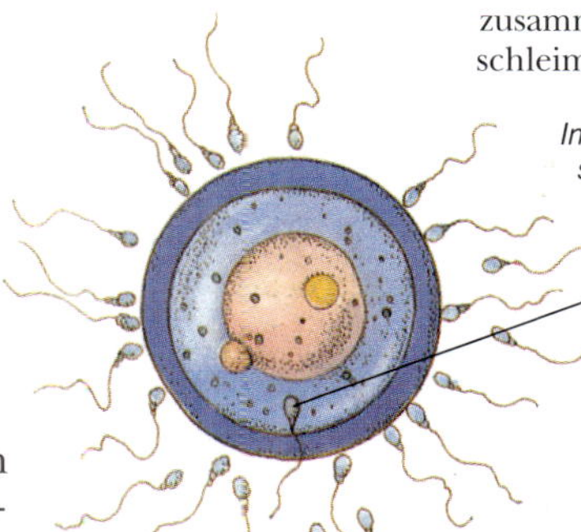

Im Eileiter versammeln sich Spermien um eine Eizelle.

Nur ein Spermium befruchtet die Eizelle.

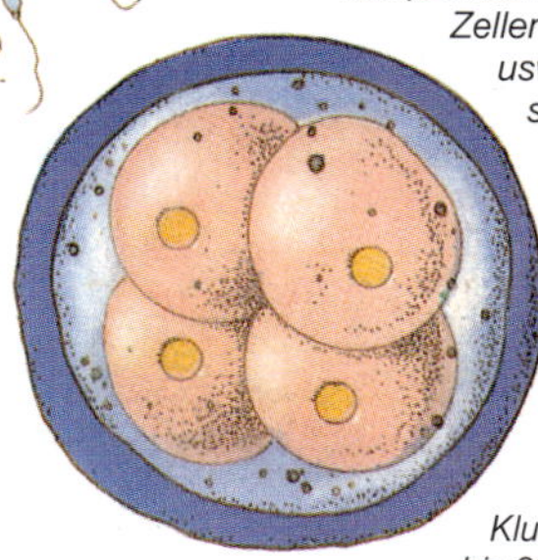

Innerhalb von 3 Tagen teilt sich das befruchtete Ei mehrfach, zunächst in zwei Zellen, dann in vier usw. Membranen schützen es vor den anderen Spermien.

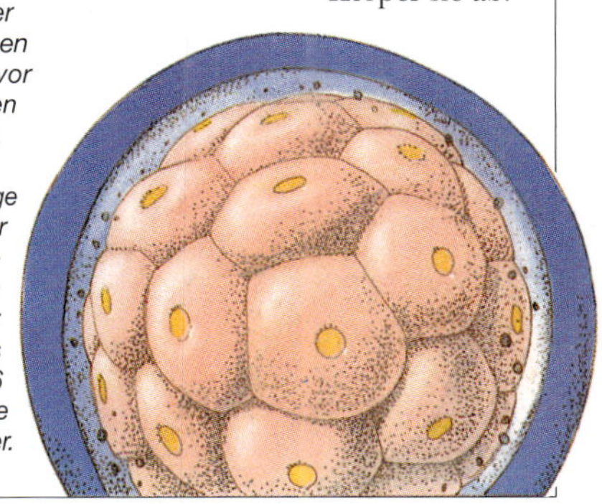

Drei Tage nach der Befruchtung gelangt der Embryo als Klumpen von 16 bis 32 Zellen in die Gebärmutter.

BEFRUCHTUNG
Eine Eizelle kann nur dann beginnen sich zu teilen und sich zu einem Baby zu entwickeln, wenn sie von einem Spermium befruchtet wird. Nach dem Geschlechtsverkehr dringen Hunderte von Spermien bis zu einer Eizelle vor, aber nur ein Spermium kann ihre äußere Schicht durchbrechen. Wenn dies geschehen ist, verbindet sich das im Spermium enthaltene genetische Material mit dem der Eizelle.

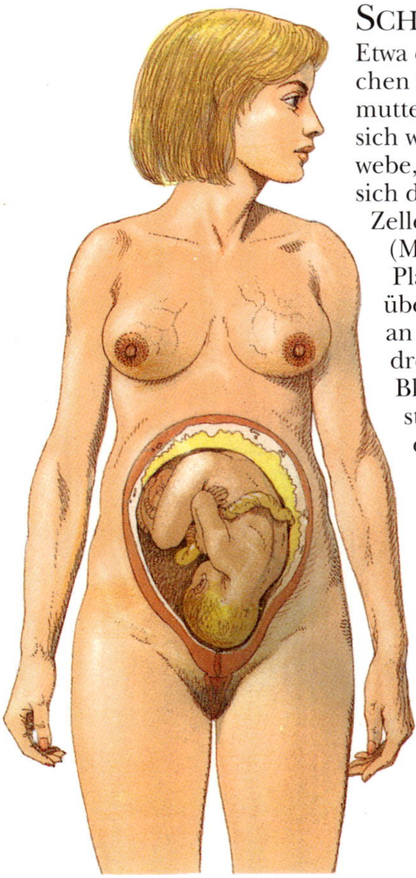

SCHWANGERSCHAFT

Etwa eine Woche nach der Befruchtung nistet sich das Zellklümpchen in der gut durchbluteten inneren Schleimhaut der Gebärmutter ein und nimmt aus ihr Nährstoffe auf. Die Zellen teilen sich weiter und verändern sich. Es entstehen die ersten Gewebe, wie Blutgefäße und Nerven. Allmählich entwickelt sich die Grundform des Körpers. Gleichzeitig bilden Zellen der Gebärmutterschleimhaut die Plazenta (Mutterkuchen), ein tellerförmiges Organ. Die Plazenta nimmt Blut der Mutter auf und gibt über die Nabelschnur Sauerstoff und Nährstoffe an den Embryo weiter. Die Nabelschnur enthält drei Blutgefäße: die dickste Ader befördert Blut, das mit Sauerstoff und Nährstoffen angereichert ist, die dünneren entsorgen Abfallstoffe und sauerstoffarmes Blut.

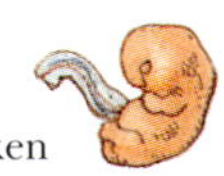

5 WOCHEN
Der Embryo ist jetzt etwa 10 mm lang. Man kann schon Kopf, Rücken und Herz erkennen sowie erste Ansätze von Mund und Augen. Die Glieder sind erst kleine Knospen.

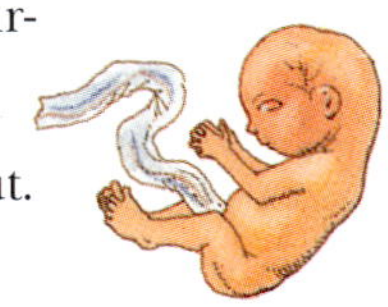

8 WOCHEN
Der Fetus ist ungefähr 25 mm lang und alle wichtigen Teile des Körpers sind ausgebildet, sogar die Finger und Zehen.

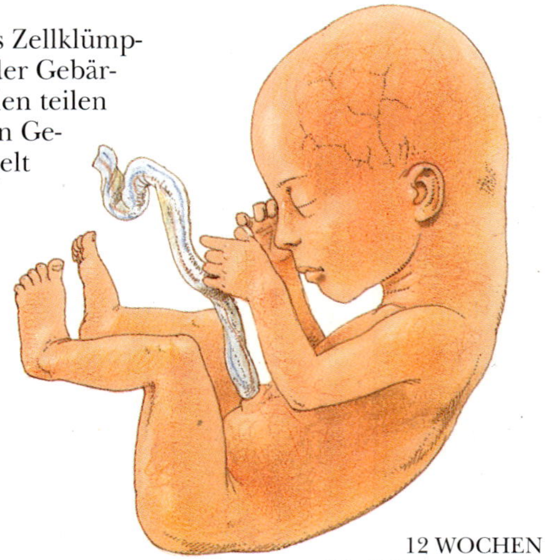

12 WOCHEN
Die Zellen teilen sich weiter. Nun sind auch die Augenlider vorhanden, die Finger- und die Zehennägel. Allerdings ist das Baby erst 13 cm lang. Bis es geboren wird, werden noch etwa 28 Wochen vergehen.

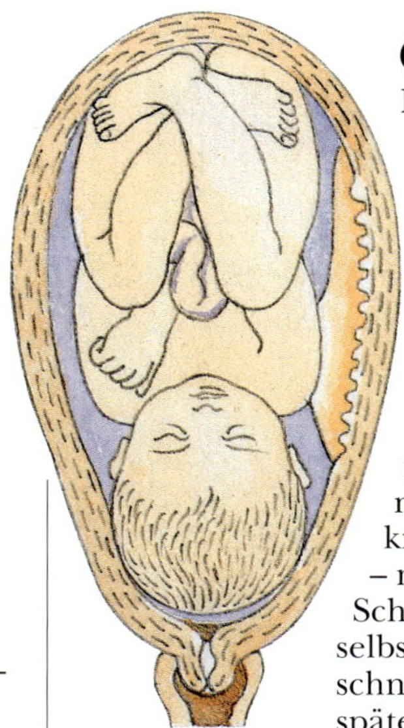

GEBURT

Mit der Geburt, bei der das Kind aus der Gebärmutter geschoben wird, endet die Schwangerschaft. Die Geburt findet gewöhnlich 38 bis 42 Wochen nach der Befruchtung statt. Das ausgereifte Baby (links) ist etwa 50 cm lang. Die Wehen werden durch das Hormon Oxytocin und weitere Veränderungen im Hormonspiegel der Mutter ausgelöst. Während der Wehen weitet sich der Gebärmutterhals. Die Gebärmutter zieht sich kräftig zusammen und drückt das Baby – meist mit dem Kopf zuerst – durch die Scheide nach draußen. Das Kind beginnt selbstständig zu atmen und die Nabelschnur kann durchtrennt werden. Wenig später wird die Plazenta ausgestoßen.

PUBERTÄT

Babys und Kinder haben Geschlechtsorgane, die aber noch keine befruchtungsfähigen Eizellen oder Spermien erzeugen. In der Pubertät, die meist im Alter zwischen zehn und 15 Jahren beginnt, schütten Drüsen Sexualhormone ins Blut aus. Diese Hormone regen die Reifung der Geschlechtsorgane an. Gleichzeitig laufen im Körper auch andere Veränderungen ab.

Bei Jungen erzeugen die Hoden ein Hormon, das Testosteron genannt wird. Dies regt das Wachstum von Haaren in Gesicht und am Körper an. Die Stimme wird tiefer, die Muskeln entwickeln sich stärker und die Spermienproduktion beginnt.

Bei Mädchen erzeugen die Eierstöcke Progesteron und Östrogen. Diese Hormone regen das Wachstum der Brüste und die Bildung von Fettpolstern an. Der Körper bekommt rundere, weibliche Formen. In der Pubertät setzt auch erstmals der Menstruationszyklus (auch Regel oder Periode genannt) ein. Wechselnde Hormonspiegel bewirken, dass sich Gebärmutterschleimhaut immer wieder auf- und abbaut.

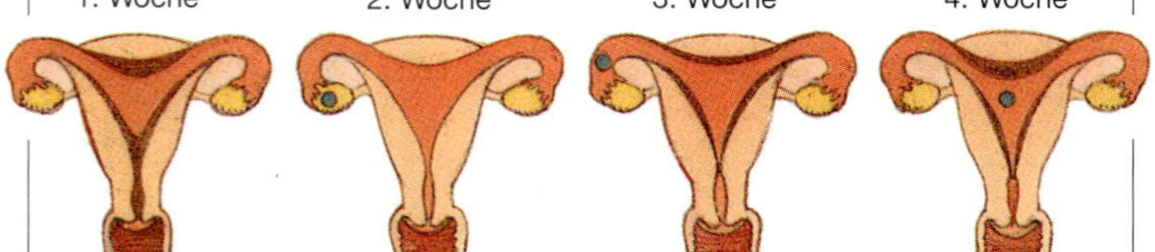

Die innere Gebärmutterschleimhaut löst sich und verlässt mit der Blutung den Körper durch die Scheide.

Die Schleimhaut wird wieder dicker. Das nächste Ei reift im Eierstock heran.

Das reife Ei verlässt den Eierstock. 36 Stunden lang kann es im Eileiter befruchtet werden.

Wurde das Ei befruchtet, nistet es sich in der Gebärmutter ein.

FRÜHGEBURTEN
Wenn ein Baby vor der 37. Schwangerschaftswoche geboren wird, bezeichnet man es als Frühgeborenes. Es ist noch nicht voll entwickelt und kann Schwierigkeiten mit dem Atmen haben. Es kommt in einen Brutkasten und wird künstlich beatmet und sorgfältig überwacht.

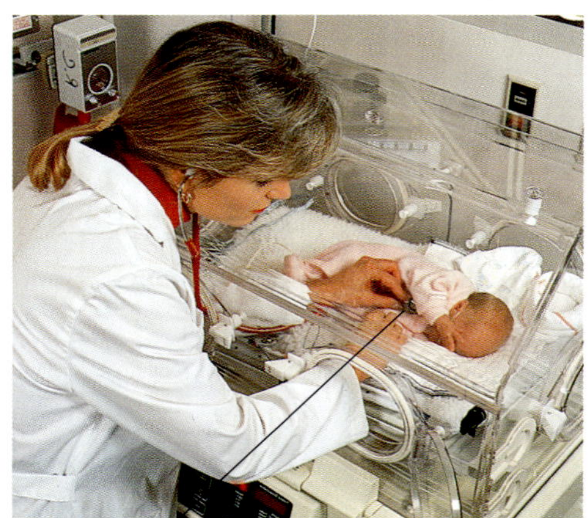

Die Ärztin kontrolliert den Herzschlag des Frühgeborenen im Brutkasten.

Siehe auch
KÖRPER, MENSCHLICHER
TIERE

Fossilien

AMMONIT
Zu den häufigsten Fossilien gehören die Schalen kleiner Meereslebewesen, der so genannten Ammoniten. Die Ammoniten lebten vor etwa 250 Mio. Jahren und waren mit Tintenfischen und Kraken verwandt. Die kleinsten Ammoniten hatten einen Durchmesser von weniger als 2 cm, die größten erreichten etwa 2,5 m. Ammoniten starben wie die Dinosaurier vor rund 65 Mio. Jahren aus.

FOSSILIEN LIEFERN UNS wichtige Informationen über die ersten Pflanzen und Tiere sowie über die Anfänge des Menschen. Fossilien sind die Reste toter Tiere und abgestorbener Pflanzen, die mehrere Millionen Jahre überdauert haben. Als Fossil bezeichnet man sowohl einen Zahn eines Dinosauriers als auch den Umriss eines Blattes im Gestein. Untersuchungen der Fossilien zeigen, wie Tiere und Pflanzen früher ausgesehen und wie sie gelebt haben. Die meisten Fossilien gibt es von Pflanzen und Tieren, die im Wasser lebten. Nach dem Absterben der Pflanze oder des Tieres verrotteten die weichen Teile, und die harten Bestandteile wie Knochen oder Blattvenen blieben erhalten. Mit der Zeit lagerte sich Schlamm auf den Resten ab, die immer tiefer sanken und schließlich versteinerten. Über Jahrtausende hinweg wurden die Gesteinsschichten durch die Bewegungen der Erdkruste aufgebogen, wodurch die Fossilien wieder der Erdoberfläche näher kamen. Sonne, Wind und Regen trugen die oberen Gesteinsschichten ab und legten die Fossilien schließlich wieder frei.

Das Sammeln von Fossilien ist ein beliebtes Hobby. Fossilien findet man im Gestein.

Fossiler Fisch der Gattung Sparnodus *– ein Vorfahr der Meerbrasse*

Das Wort Fossil bedeutet so viel wie »ausgegraben«. Wissenschaftler, die Fossilien erforschen, nennt man Paläontologen.

Ichthyosaurus

Manchmal ist der Umriss der Haut eines Tieres genau so gut erhalten wie seine Knochen, z. B. beim Ichthyosaurus (oben) – einem Meeresbewohner, der vor 150 Mio. Jahren lebte. Der Ichthyosaurus erinnert stark an einen Delfin. Der Umriss dieses Fossils lässt eine Rückenflosse und eine zweilappige Schwanzflosse erkennen. Die Zähne weisen darauf hin, dass dieses Tier nach Fischen und anderen schlüpfrigen Tieren jagte.

Fossilienarten

Wenn Mineralien die ursprünglichen Bestandteile toter Organismen ersetzen, spricht man von Versteinerung. Manchmal verrotten die Bestandteile der Lebewesen unter der Erde und hinterlassen einen Hohlraum im Gestein, den man als Abdruck bezeichnet. Wird der Hohlraum von Gesteinsmineralien angefüllt, nennt man dies einen Steinkern. Versteinerte Spuren eines Tieres, z. B. Fußabdrücke, Kot oder Eier, bezeichnet man als Spurenfossilien.

Versteinerung eines 25 Mio. Jahre alten Pappelblattes

Steinkern eines so genannten Trilobiten, der im Meer lebte

Siehe auch
Dinosaurier
Erdgeschichte,
Entwicklung des Menschen
Evolution
Mineralien und Gesteine

FOTOGRAFIE

Ein Fotograf im 19. Jh. versucht die Aufmerksamkeit eines Babys zu fesseln, während er seine unförmige Kamera bedient.

ÜBER ZWEI MILLIONEN MAL am Tag klickt irgendwo auf der Welt ein Kameraverschluss, und ein Foto entsteht. Schnappschüsse von glücklichen Momenten bei Familienfeiern, Bilder von dramatischen Tagesereignissen, Werbe- und Modefotos, Steckbrieffotos, von Satelliten im All empfangene Bilder unserer Erde – die Anwendungen der Fotografie sind schier grenzenlos. Die ersten Fotografien wurden mit polierten, von lichtempfindlichen Chemikalien überzogenen Metallplatten gemacht. Das verschwommene, silbergraue Bild war jedoch nur aus bestimmten Winkeln zu erkennen. Heute sind die Chemikalien auf einen Film aus Zelluloid (einem Kunststoff) aufgetragen, und es gibt Schwarz-Weiß- und Farbfotos. Fotos können auch elektronisch mit Video- oder Digitalkameras auf Computerspeicher aufgenommen werden, auf einem Bildschirm betrachtet und digital bearbeitet und ausgedruckt, ins Internet gestellt oder per E-Mail um die ganze Welt gesendet werden.

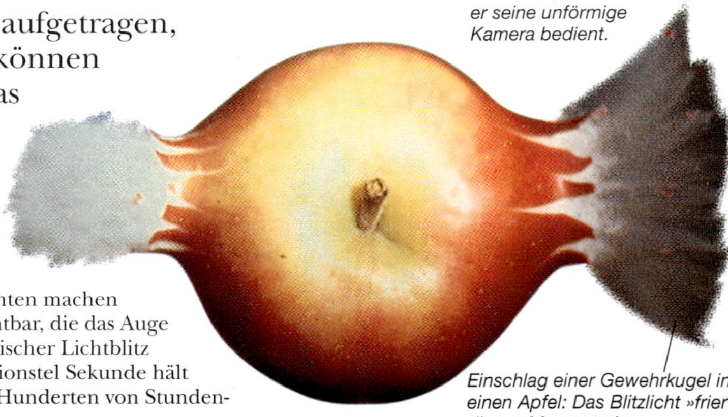

HOCHGESCHWINDIGKEITSFOTOGRAFIE
Spezialkameras und -leuchten machen schnelle Bewegungen sichtbar, die das Auge nicht erfasst. Ein elektronischer Lichtblitz von weniger als einer Millionstel Sekunde hält Objekte fest, die sich mit Hunderten von Stundenkilometern bewegen.

Einschlag einer Gewehrkugel in einen Apfel: Das Blitzlicht »friert« diesen Moment ein.

GESCHICHTE DER FOTOGRAFIE

Der Franzose Joseph Nicéphore Niepce machte 1826 das erste Foto. Die Belichtung dauerte acht Stunden, und das Bild war verschwommen und dunkel. 1837 entdeckte sein Landsmann Louis Daguerre, wie sich scharfe Fotos in ein paar Minuten machen lassen. Nur zwei Jahre später erfand der britische Chemiker William Fox Talbot das noch heute verwendete fotografische Verfahren. Damals waren die Kameras unhandlich und für jedes Bild mussten Fotografen eine separate Glasplatte dabei haben. 1888 erfand der Amerikaner George Eastman die Kodak-Kamera. Sie war klein, leicht und mit einer Filmrolle anstelle der Platten ausgerüstet. Von nun an war Fotografieren so einfach, dass jedermann es ausprobieren konnte.

Auf alten Aufnahmen sehen die Menschen oft sehr steif aus, da sie minutenlang still halten mussten.

Die Kodak-Box »Brownie« sei so einfach zu bedienen, behauptete Eastman, dass selbst Kinder mit ihr zurechtkämen.

RUNDUMSICHT
Die Fotografie erschafft sehr eigenartige und dramatische Abbilder von vertrauten Gegenständen. Fischaugen-Objektive mit Bildwinkeln von bis zu 180 Grad produzieren hochgradig verzerrte Abbilder unserer Welt.

Blick von der Großen Pyramide in Khufu (Ägypten), durch ein Fischaugen-Objektiv gesehen

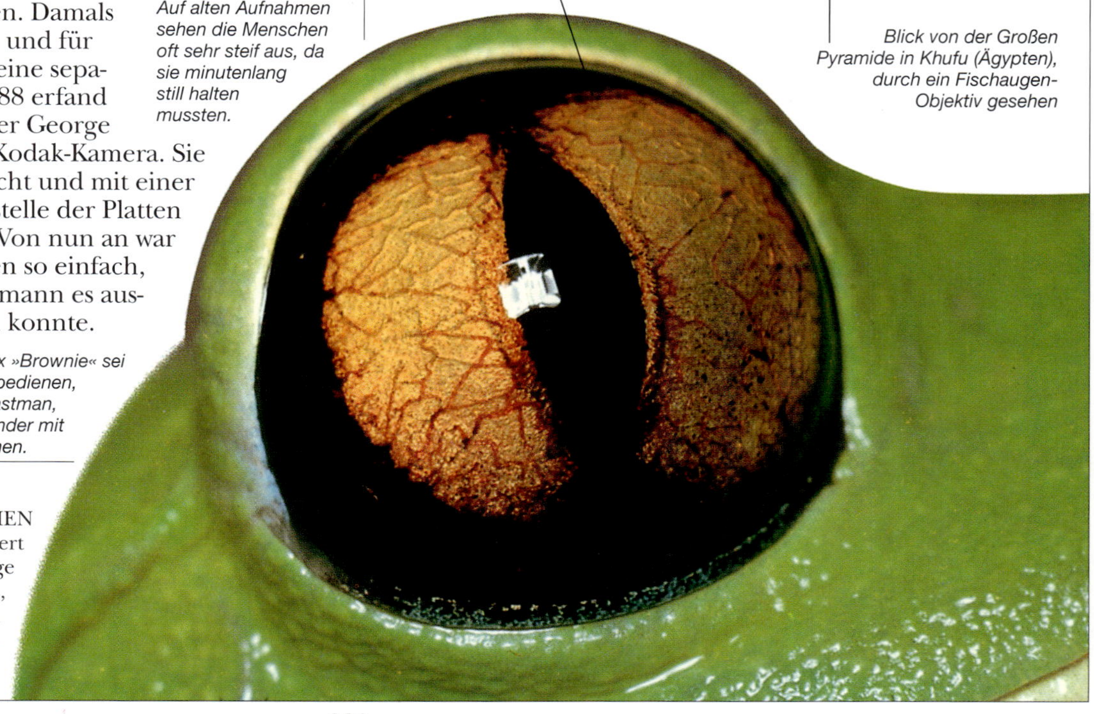

Makro-Objektive ermöglichen solch beeindruckende Nahaufnahmen.

NAHAUFNAHMEN
Die Makrofotografie vergrößert winzige, für das bloße Auge kaum sichtbare Details, wie das wunderschön goldfarbene Auge eines Laubfroschs (rechts).

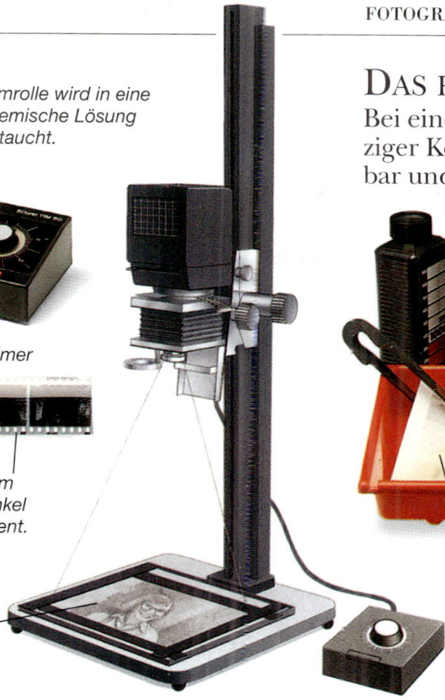

Das fotografische Verfahren

Bei einem Schwarz-Weiß-Foto besteht das Bild aus Millionen winziger Körnchen aus schwarzem Silber, die fürs bloße Auge unsichtbar und nur unterm Mikroskop zu sehen sind. Wo viele Körnchen sind, wirkt das Bild dunkel, wo weniger Körnchen sind, hell. Der Film enthält Silbersalze, auf die das Licht einwirkt. Bei der Herstellung wird transparenter Film mit solchen Salzkörnchen überzogen, die von einer dünnen Gelatineschicht festgehalten werden. Da dieser Überzug, Emulsion genannt, lichtempfindlich ist, braucht er absolute Dunkelheit – Filmspule und Kamera müssen also völlig lichtdicht sein.

Digitale Fotografie

Digitalkameras verwenden keinen Film, sondern einen lichtempfindlichen Bildsensor – einen Mikrochip, der aus Millionen lichtempfindlicher Punkte besteht. Jeder dieser Punkte zeichnet die Helligkeit und Farbe des Lichts auf, das bei der Belichtung auf ihn fällt. Die elektrischen Signale der Bildinformation werden in digitale Form umgewandelt und auf der Speicherkarte gespeichert. Von dort können die Bilder auf einen Computer geladen werden.

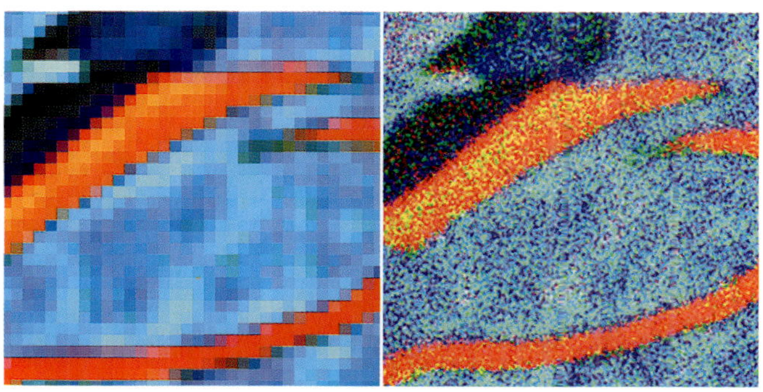

Vergrößerung eines Digitalbildes, sodass man die einzelnen Pixel erkennt

Vergrößerung eines Films, sodass das Korn des Films sichtbar wird

BILDER UNTER DER LUPE

Digitalbilder und Bilder auf Film bestehen aus Teilchen, die so winzig sind, dass man sie mit bloßem Auge nicht erkennt. Wenn man ein Digitalbild am Bildschirm stark vergrößert, werden die einzelnen Teilchen (Pixel) sichtbar. Wenn man einen Film oder einen Abzug davon unter ein Mikroskop oder Vergrößerungsglas legt, erkennt man das Filmkorn.

Foto-Handy

Die meisten neuen Handys besitzen eine eingebaute Digitalkamera, mit der man Fotos und kurze Videofilme aufnehmen kann. Diese kann man sofort an andere Handys schicken oder drahtlos an Fernseher, Computer, Drucker oder andere Digitalgeräte übermitteln. Mit zunehmender Verbesserung der Bildqualität könnten sich in Zukunft immer mehr Menschen für solche multifunktionellen Handys entscheiden, mit denen man auch mailen, fotografieren, filmen oder Musik hören kann.

Siehe auch

FARBEN
FERNSEHEN
FILM
FILMKAMERAS UND FOTOAPPARATE
LICHT

FRANKREICH

Frankreich grenzt im Osten an Italien, die Schweiz und Deutschland, im Norden an Luxemburg und Belgien und im Süden an Spanien. Der Süden Frankreichs liegt an der Mittelmeerküste, der Westen am Atlantischen Ozean.

FRANKREICH IST DAS GRÖSSTE LAND IN WESTEUROPA – ein Land mit grünen, offenen Landschaften, in denen malerische Dörfer und Städtchen liegen. Zahlreiche schöne alte Landschlösser (Châteaux) sind Zeugen für Frankreichs große Geschichte. Zugleich ist Frankreich eine moderne Nation mit blühenden Industrien und eines der führenden Länder in der Europäischen Union (EU). In Nordfrankreich ist das Wetter meist kühl und feucht. Der Süden mit seiner Mittelmeerküste ist trockener und wärmer. Die Berge und Täler im Hinterland der Küste bieten gutes Ackerland. Die Mitte des Landes wird von den zerklüfteten Bergen des Zentralmassivs eingenommen. Die Gebirgszüge der Pyrenäen und Alpen markieren die Grenzen im Südwesten und im Osten. Zu Frankreich gehören auch die Mittelmeerinsel Korsika sowie einige Inseln im Pazifischen Ozean und in der Karibik. Die demokratisch gewählte Präsidialregierung hat ihren Sitz in Paris.

In vielen kleinen Familienbetrieben werden die Trauben noch mühsam mit der Hand gelesen. Zahlreiche Menschen verbringen ihren Urlaub bei der Traubenlese.

Auch die kleinen Winzerbetriebe arbeiten heute mit modernen Geräten wie Edelstahlgärfässern.

WEIN-ERZEUGUNG

Frankreich produziert etwa ein Fünftel der Weine der Welt. Viele berühmte französische Weine sind nach der Region benannt, aus der sie stammen, etwa Champagner und Bordeaux. Meist stammt der Wein von Genossenschaften, lokalen Winzergruppen, die gemeinsam Wein erzeugen und abfüllen. Einige Weine kommen jedoch noch immer von den kleinen Gütern der alten Châteaux. Im Frühherbst werden die Trauben gelesen und gekeltert. Dem so gewonnenen Saft wird in großen Fässern Hefe zugesetzt, wodurch die alkoholische Gärung einsetzt. Nach diesem Prozess wird der Wein in Flaschen abgefüllt.

Der Louvre in Paris ist eines der berühmtesten Kunstmuseen der Welt. Die Glaspyramide wurde 1989 errichtet.

MARSEILLE

Frankreichs größer Seehafen ist Marseille an der Mittelmeerküste. Im warmen Klima Südfrankreichs spielt sich das Leben meist im Freien ab. Der Handel mit dem übrigen Mittelmeerraum hat eine lange Geschichte. Marseille hat einen großen arabischen Bevölkerungsanteil, der vorwiegend aus Nordafrika stammt.

PARIS

Seit der Antike leben Menschen an der Seine, dort, wo sich heute Paris befindet. Paris ist die Hauptstadt Frankreichs, und ein Fünftel der über 60 Mio. Franzosen leben in Paris und seiner Umgebung. Mit seinen breiten, von Bäumen gesäumten Boulevards und den vielen berühmten Denkmälern und Museen ist Paris eine der großartigsten Städte Europas. Die heutige Stadtanlage entstand großenteils im 19. Jh.

EIFFELTURM
Ursprünglich war der Eiffelturm nur für die Dauer der Pariser Weltausstellung von 1889 errichtet worden. Sein Erbauer, der französische Ingenieur Alexandre Gustave Eiffel, war international berühmt für seine Brückenkonstruktionen. Die Stahlträger des Turms wiegen 7000 t und werden von 2,5 Mio. Nieten zusammengehalten. Mit seiner Höhe von 322 m war er bis zur Errichtung des Empire State Buildings in New York (1931) das höchste Bauwerk der Welt. Die verschiedenen Ebenen erreicht man per Lift oder über Hunderte von Stufen.

Bei seinem Entstehen im 19. Jh. noch heftig kritisiert, ist der Eiffelturm heute das Wahrzeichen von Paris und eine beliebte Sehenswürdigkeit.

MONACO

Monaco, ein winziger Staat an der Côte d'Azur, liegt im Südosten Frankreichs. Sein Zentrum ist die für ihre Casinos und den Formel-I-Grand-Prix berühmte Stadt Monte Carlo. Monaco ist ein unabhängiges Fürstentum, das über all die Jahre fast ausschließlich von Mitgliedern der Familie Grimaldi (oben) regiert wurde. Nur ein kleiner Teil der Bevölkerung stammt aus Monaco – mehr als die Hälfte sind französische Staatsbürger, die vom hohen Lebensstandard und dem weltweit höchsten Pro-Kopf-Einkommen dieses »Steuerparadieses« angezogen werden.

Die Normandie wird geprägt von Flachland, sanften Hügeln und Ackerland. Sie ist bekannt für ihre Hecken.

NORMANDIE
Die Region der Normandie liegt zwischen Paris und dem Ärmelkanal. Dieses Agrargebiet ist in ganz Frankreich wegen seiner Molkereiprodukte und Äpfel bekannt. Viele Bauern lassen auch ihr Vieh in den Obstgärten weiden. Sie verkaufen die Äpfel als Obst oder machen daraus den Apfelwein Cidre und einen köstlichen Apfelbranntwein namens Calvados. Normannische Kühe geben die Milch als Grundprodukt für einige der berühmtesten französischen Käse wie Brie und Camembert.

LOIRETAL

Das Tal der Loire ist berühmt für seine herrlichen Schlösser, Châteaux genannt, wie dieses in Gien. Könige, Adlige und reiche Grundbesitzer errichteten sie als Wohnsitze – oft an erhöhter Stelle und umgeben von einem Graben, sodass sich das Château leicht verteidigen ließ. Das Loiretal ist auch ein bedeutendes Weingebiet.

Das TGV-Design wird ständig weiterentwickelt. Die aerodynamische spitze Nase dieser Lokomotive erlaubt hohe Geschwindigkeiten.

VERKEHR
Die Franzosen sind nicht nur Luftfahrtpioniere – sie sind Miterbauer der Concorde –, sondern auch führend in der Eisenbahntechnik. Mit bis zu 300 km/h ist der französische TGV (Train à grande vitesse) der schnellste Zug der Welt. Die erste TGV-Strecke von Paris nach Lyon wurde 1983 eröffnet. Der Ärmelkanaltunnel bietet eine direkte Zugverbindung zwischen Frankreich und England.

TOUR DE FRANCE
Radfahren ist in Frankreich ein äußerst beliebter Freizeitsport. Die weltberühmte Tour de France findet jeden Sommer statt. Ihre etwa 3500 km lange Route folgt öffentlichen Straßen, überwiegend in Frankreich, aber einzelne Etappen gehen auch in Nachbarländer. An dem meist drei Wochen dauernden Rennen nehmen die besten Fahrer der Welt teil.

Französische Küche

Französische Köche zählen zu den besten der Welt. Es gibt zahlreiche gute Restaurants, sogar in Kleinstädten, und die Qualität des Alltagsessens ist sehr hoch. Die Lebensmittelspezialisten im ganzen Land produzieren vorzügliches gekochtes Fleisch, Teigwaren und Brot wie die berühmten Baguettes. Französischer Käse wie der Camembert wird auf der ganzen Welt gegessen.

Eine Patisserie produziert täglich vielfältige köstliche Backwaren für ihre Kunden.

Bei schönem Wetter kann man in Straßencafés draußen sitzen und gemütlich essen und trinken.

Auf dem Dorfplatz trifft man sich traditionell zu Spielen wie Boule oder Petanque.

Landgemeinden

Frankreich besteht großenteils aus ländlichen Regionen, wo die meisten Menschen in der Landwirtschaft tätig sind. Jeder fünfte Franzose lebt und arbeitet auf dem Land. In den kleinen Landgemeinden gibt es Märkte, Banken, Restaurants, Läden und Supermärkte. Die Gemeindeverwaltung, die *Mairie*, liegt oft am zentralen Platz, wo sich die Menschen treffen und dann auch eine Partie des Nationalsports *Boule* spielen.

Der Extrakt von Duftblüten wie Lavendel ist ein wichtiger Bestandteil von Parfüms.

PARFÜM UND MODE
Zwei der bekanntesten Industrien Frankreichs sind die Herstellung von Parfüm und die Modebranche, Haute Couture genannt. Viele der weltweit berühmtesten und teuersten Parfümmarken stammen aus Frankreich. Französische Modeschöpfer dominierten die Mode im letzten Jahrhundert. Die Pariser Frühjahrskollektionen sind die wichtigsten internationalen Modenschauen und werden von Modemachern aus aller Welt besucht. Sie bestimmen die Trends von morgen.

Die 176 Buntglasfenster der Kathedrale von Chartres (rechts) sind Meisterwerke der Kunsthandwerker der Region.

CHARTRES
Frankreich ist überwiegend katholisch. In jedem Dorf gibt es eine Kirche, in den Großstädten Kathedralen. Die Kathedrale von Chartres in Nordfrankreich wurde 1260 vollendet. Sie ist für ihre Architektur und für ihre herrlichen Buntglasfenster berühmt. Die 176 Fenster haben eine Gesamtfläche von 2600 m² – so viel wie zehn Tennisplätze.

Siehe auch
EUROPA
FRANKREICH, GESCHICHTE
FRANZÖSISCHE REVOLUTION
KIRCHEN
NORMANNEN

Vulkan	Berg	Historische Stätte	Hauptstadt	Großstadt	Stadt

FAKTEN
Fläche: 551 500 km²
Einwohner: 60 100 000
Hauptstadt: Paris
Sprachen: Französisch, Provenzalisch, Deutsch, Bretonisch, Katalanisch, Baskisch, Korsisch
Religionen: römisch-katholisch, muslimisch, protestantisch, jüdisch, buddhistisch
Währung: Euro

SEEALPEN

Die Landschaften Frankreichs bestehen meist aus sanften Hügeln und Tälern, aber im Südwesten und Südosten gibt es hohe Gebirgszüge. An der Südostgrenze reicht die Gebirgskette der Alpen bis zum Mittelmeer an der Côte d'Azur (»blaue Küste«). Die Berge im Hinterland der Küste heißen Seealpen (Alpes maritimes; rechts). Die ganze Region lebt vom Tourismus, und es gibt viele elegante Seebäder.

Dieses friedliche Dorf hoch oben in den Seealpen hat einen fantastischen Rundblick.

KANALTUNNEL

Der Kanaltunnel verläuft von Frankreich nach Großbritannien unter dem Ärmelkanal. Der Tunnel ist 50 km lang und hat drei Röhren: zwei für den Eisenbahnverkehr und einen Sicherheitstunnel.

Atlantischer Ozean

SÜDFRANKREICH

Im Sommer steigen die Temperaturen in Südfrankreich oft über 30 °C. In den Städten spenden Platanen Schatten, und Brunnen kühlen die Luft. Die Landwirtschaft ist fast überall in Frankreich wichtig, aber die meisten Höfe sind klein, und viele Bauern verkaufen ihre Produkte nur auf lokalen Märkten (unten).

ANDORRA
Fläche: 468 km²
Einwohner: 69 000
Hauptstadt: Andorra la Vella

MONACO
Fläche: 1,95 km²
Einwohner: 32 000
Hauptstadt: Monaco

FRANKREICH
GESCHICHTE

DER NAME FRANKREICH geht auf einen kriegerischen Stamm zurück, der die Region vor über 1000 Jahren eroberte: Die Franken herrschten in Europa über 400 Jahre lang und besetzten ganz Frankreich nach dem Zusammenbruch des Römischen Reiches im Jahre 476. Am größten war ihre Macht unter Karl dem Großen zu Beginn des 9. Jhs., und sie endete, als sich 895 die Wikinger aus Skandinavien in Nordfrankreich niederließen. Diese Nordmänner oder Normannen, wie sie auch genannt wurden, eroberten England 1066, und die Verbindung zwischen beiden Ländern hielt 500 Jahre. Die Engländer brachten ganz Frankreich unter ihre Kontrolle, aber 1453 wurden sie vertrieben, nur in Calais konnten sie sich noch halten. In den folgenden 300 Jahren erlangten die französischen Könige eine außergewöhnliche Machtposition – ein Vorbild für andere Herrscherdynastien in Europa.

Doch beim Volk wurde die Monarchie immer unbeliebter, und 1789 wurde König Ludwig XVI. während der Revolution gestürzt; diese Umwälzung schockierte einerseits die Menschen in aller Welt, inspirierte sie aber auch. Fortan regierte sich das französische Volk selbst. Frankreich erlebte in der Folge verschiedene Republiken und wurde zu einem der mächtigsten Länder Europas.

CARNAC
Die Kulture der Steinzeitmenschen in Frankreich war hoch entwickelt. Vor über 7500 Jahren errichteten sie in Carnac in der Bretagne eine ganze Anzahl langer Steinreihen, die wahrscheinlich religiösen Zeremonien dienten.

FRÄNKISCHE SOLDATEN
Als sich die Römer aus Gallien (dem alten Frankreich) zurückgezogen hatten, kamen verschiedene Völker als Eroberer in die Region. Erst die gefürchteten fränkischen Krieger vereinten Frankreich wieder.

RÖMISCHE INGENIEURSKUNST
Die Römer hielten Gallien von 58 v. Chr. bis 486 n. Chr besetzt. Sie bauten viele Straßen und Städte, die sie mit fließendem Wasser aus Kanälen versorgten. Diese Kanäle führten sie auf so genannten Aquädukten über Täler, wie hier am Fluss Gard.

Die Grundherren bauten große Festungsanlagen dank ihres im Feudalismus erworbenen Reichtums. Im Zentrum stand das Schloss oder Château.

Die Bauern schufteten auf dem Land des Grundherrn und durften dafür ihre eigene Nahrung anbauen.

Die Bauern bearbeiten das Land mit von Ochsen gezogenen Pflügen.

FEUDALES FRANKREICH

Im Mittelalter unterstanden die französischen Bauern dem Feudalsystem: Sie hatten kein eigenes Land und mussten für einen Grundherrn arbeiten. Erst die Französische Revolution schaffte dieses System ab.

FELD DES GOLDENEN TUCHES
Im 16. Jh. war Frankreich eine Großmacht in Europa. 1520 unterzeichneten der französische König Franz I. und Heinrich VIII. von England einen Friedensvertrag zwischen beiden Ländern. Der Ort, an dem sie zusammenkamen, wurde später das Feld des Goldenen Tuches genannt.

VERSAILLES
Unter König Ludwig XIV. und seinen Nachfolgern im 18. Jh. zählten die Kunstschaffenden und das Kunsthandwerk in Frankreich zu den besten in Europa. Ludwig ließ in Versailles bei Paris einen herrlichen Palast mit prächtigen Skulpturen und Brunnen errichten.

JEAN JACQUES ROUSSEAU
Der Philosoph und Schriftsteller Rousseau (1712–78) hatte großen Einfluss auf das Denken des 18. Jhs. Der Gesellschaft gab er die Schuld am Bösen im Menschen. Seine Ideen führten mit zur Französischen Revolution von 1789.

REVOLUTIONEN
In Frankreich haben Revolutionen des Volkes gegen eine absolute Monarchie Tradition. In der Juli-Revolution von 1830 erhob sich das Volk gegen Karl X., der mit der absoluten Macht eines Ludwig XIV. herrschen wollte. Das patriotische Gemälde von Eugène Delacroix (oben) zeigt den Aufstand.

PARIS

Die französische Hauptstadt war stets das politische Zentrum des Landes. 1871 rebellierten die Pariser gegen die Bedingungen eines Friedensvertrags nach dem deutsch-französischen Krieg: Sie verbarrikadierten die Straßen und riefen die »Pariser Kommune« aus. Bei der grausamen Niederschlagung des Aufstands gab es 17 000 Tote. Unter dem Präfekten Georges Eugène Baron Haussmann (1809–91) wurde Paris modernisiert und die Straßen verbreitert, damit keine Barrikaden mehr errichtet werden konnten.

Der Ingenieur Alexandre Gustave Eiffel (1832–1923) baute seinen berühmten Eiffelturm zur Pariser Weltausstellung 1889.

Breite Straßen verhindern den Bau von Barrikaden.

CHRONIK

5700 v. Chr. Carnac errichtet.
58 v. Chr.–486 n. Chr. Römische Besatzung.
500 Besiedlung durch die Franken.
768–814 Karl der Große regiert das Frankenreich.
895 Die Wikinger fallen in Frankreich ein.
1337–1453 Hundertjähriger Krieg gegen England.
1431 Jeanne d'Arc wird von den Engländern verbrannt.
1515–47 Herrschaft von Franz I.
1562–98 Religionskriege zwischen Katholiken und Protestanten.
1643–1715 Herrschaft von Ludwig XIV.
1789 Beginn der Französischen Revolution.
1792 Frankreich wird Republik.
1799 Napoleon übernimmt die Macht.
1815 Niederlage Napoleons bei Waterloo; Monarchie wiederhergestellt.
1830 Juli-Revolution vertreibt den König.
1848 Zweite Republik errichtet.
1852 Napoleon III. errichtet Zweites Kaiserreich.
1870/71 Niederlage Frankreichs im Deutsch-Französischen Krieg. Errichtung der Dritten Republik.
1914–18 Erster Weltkrieg. Frankreich im Krieg gegen Deutschland.
1940 Deutschland besetzt Frankreich.
1944 Frankreich von den Alliierten befreit.
1954–62 Algerienkrieg.
1957 Frankreich und andere westeuropäische Staaten gründen die Europäische Wirtschaftsgemeinschaft.
1958–69 Charles de Gaulle Präsident.
1981 Frankreich wählt seinen ersten sozialistischen Präsidenten, François Mitterand (bis 1995).

ALGERIEN
Die Franzosen hatten Kolonien in Nordafrika wie z. B. Algerien. In den 50er-Jahren des 20. Jhs. wurden fast alle Kolonien unabhängig, aber Frankreich wollte Algerien halten – die Heimat von fast einer Million französischer Siedler. Die Algerier revoltierten, und im darauffolgenden Krieg besetzten französische Truppen Algerien (oben). 1962 erhielt das Land endlich die Unabhängigkeit.

CHARLES DE GAULLE
Im Zweiten Weltkrieg leitete de Gaulle (1890–1970) das »Komitee Freies Frankreich«. 1958 wurde er Präsident der Fünften Republik und führte Frankreich durch schwierige Zeiten (Algerienkrise). 1969 trat er zurück.

Siehe auch
FRANZÖSISCHE REVOLUTION
LUDWIG XIV.
NAPOLEON BONAPARTE

Französische Revolution

DIE HINRICHTUNG LUDWIGS XVI.
»Weil das Land leben muss, muss Ludwig sterben.« Mit diesen Worten wurde der König von Frankreich am 21. Januar 1793 unter der Guillotine hingerichtet.

»FREIHEIT! Gleichheit! Brüderlichkeit!«, schallte es 1789 durch Frankreich, als das hungernde französische Volk sich vereinte, um den reichen Adel zu stürzen, der das Land regierte. So kam in Frankreich das Volk an die Macht – eine Hoffnung für die Unterdrückten der ganzen Welt. Die Revolution begann, als der bankrotte König Ludwig XVI. erstmals seit 1614 das Parlament, die Generalstände, zusammenrief. Aber statt ihm dabei zu helfen, die Steuern anzuheben, ergriffen die Stände die Macht. In Paris stürmte die Menge die Bastille – Gefängnis und Symbol der königlichen Autorität. 1792 wurde Frankreich Republik, Ludwig wurde hingerichtet. In Teilen Frankreichs kam es 1793 zur Gegenrevolution, die in ein Terrorregime mündete, das viele Segnungen der Revolution zunichte machte. 1799 übernahm Napoleon in einem Militärputsch die Macht – das Ende der Revolution.

CHRONIK

Mai 1789 Einberufung der Generalstände (Parlament) in Versailles.

Juli 1789 Sturm auf die Bastille.

Aug. 1789 Erklärung der Menschenrechte.

Juni 1790 Abschaffung des Adels.

Juni 1791 Ludwig XVI. versucht aus Paris zu fliehen.

Aug. 1792 Ludwig XVI. im Gefängnis.

Sept. 1792 Monarchie abgeschafft, Frankreich wird Republik.

März 1793 Gegenrevolution in der Region Vendée.

Sept. 1793 Beginn der Schreckensherrschaft.

Juli 1794 Schreckensherrschaft endet mit dem Sturz Robespierres.

Nov. 1795 Das Direktorium kommt an die Macht; neue Verfassung.

Nov. 1799 Napoleon stürzt das Direktorium und übernimmt die Macht.

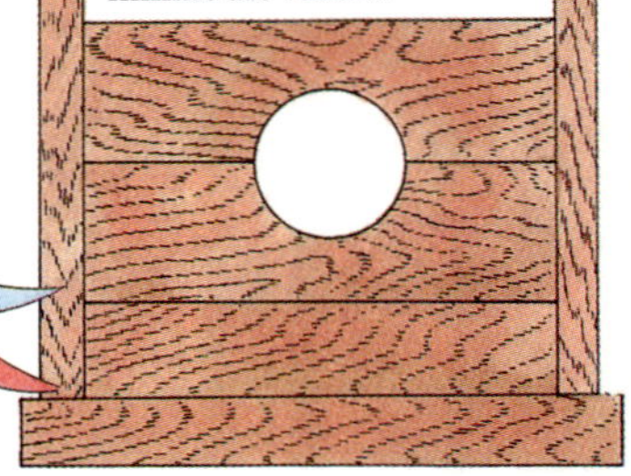

MAXIMILIEN ROBESPIERRE
Als der 35-jährige Anwalt Robespierre 1793 an die Macht kam, organisierte er die Revolution mit strengen Maßnahmen. Er errichtete eine Schreckensherrschaft und wurde 1794 selbst hingerichtet.

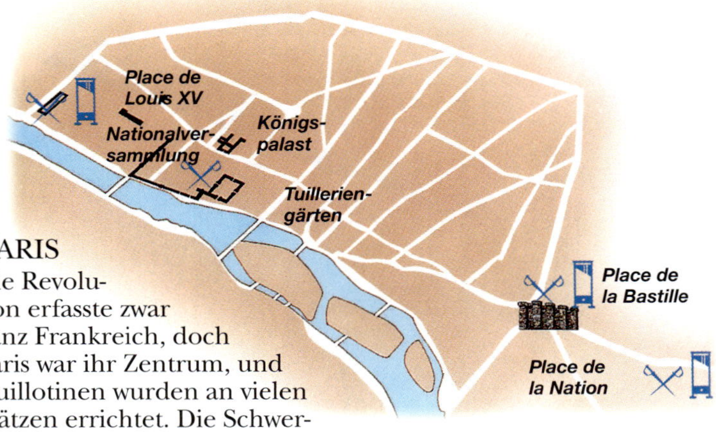

Paris

Die Revolution erfasste zwar ganz Frankreich, doch Paris war ihr Zentrum, und Guillotinen wurden an vielen Plätzen errichtet. Die Schwerter markieren die Standorte.

Die von den Revolutionären getragene rote Mütze und die Trikoloreflagge der Republik

MARIANNE
Der neue Revolutionskalender begann mit dem Tag, an dem der König gestürzt wurde. Marianne, eine symbolische Revolutionsgestalt (hier auf einer Briefmarke), versinnbildlichte den ersten Monat.

Sansculotten

Die gut gekleideten Aristokraten nannten die Revolutionäre verächtlich Sansculotten – Menschen ohne Hosen. Die Revolutionäre machten sich diesen Namen zu eigen. Ihre einfache Kleidung symbolisierte die neue Lebensweise im revolutionären Frankreich.

WEIBLICHE REVOLUTIONÄRE
Frauen waren in der Revolution sehr aktiv und führten viele Märsche an. Aber sie durften weder wählen noch sich an der Regierung beteiligen, und die Menschenrechte galten nicht für sie.

Siehe auch
Frankreich, Geschichte
Napoleon Bonaparte
Napoleonische Kriege

Friedrich der Grosse

König Friedrich II. von Preussen war ein Mann voller Gegensätze. Er wurde 1712 in Berlin geboren und hatte als Junge sehr unter seinem strengen Vater zu leiden. Mit 18 Jahren beschloss er zusammen mit einem Freund nach England zu fliehen. Die Flucht misslang, und der Vater ließ Friedrichs Freund vor dessen Augen hinrichten. Den eigenen Sohn warf er ins Gefängnis. Dieses schreckliche Erlebnis vergaß Friedrich nie. Als er 1740 selbst König wurde, tat er alles, um sein Reich zu vergrößern. Ohne jede Rücksicht überfiel er das zu Österreich gehörende Schlesien. In mehreren Kriegen gelang es ihm, Preußen zu einer europäischen Großmacht zu machen. Gleichzeitig begeisterte er sich für Musik und Philosophie. Er selbst sah sich als ersten Diener seines Staates und tat viel für sein Land: Er schaffte die Folter ab, sorgte dafür, dass die Ärmsten weniger Steuern zahlen mussten, und richtete öffentliche Volksschulen ein. 1786 starb der »Alte Fritz«.

Die Kartoffeldekrete

Friedrich der Große machte die Kartoffel zum Volksnahrungsmittel. Damit die Bevölkerung auch in Kriegszeiten keinen Hunger leiden musste, erließ Friedrich im Jahr 1740 die Kartoffeldekrete und zwang die Bauern in Pommern und Schlesien zum Kartoffelanbau. Soldaten mussten die Kartoffelfelder bewachen, um die Menschen auf die Bedeutung der Knolle neugierig zu machen. Die Kartoffel, die ursprünglich aus Amerika stammt, war erst im 16. Jahrhundert nach Europa gekommen und damals noch längst nicht so verbreitet wie heute.

Porzellan – das weisse Gold

Die erste Porzellanmanufaktur Europas wurde 1710 im sächsischen Meißen gegründet. Auch Friedrich II. fand großen Gefallen an der kostbaren Keramik, die die europäischen Höfe ursprünglich aus China und Japan hatten einführen müssen. Aus diesem Grund unterstützte er 1751 die Gründung einer eigenen Königlichen Porzellanmanufaktur in Berlin.

Tasse, Teller und Apothekerbüchse aus der Königlich Preußischen Porzellanmanufaktur

Der Oderbruch

Im Siebenjährigen Krieg gegen Österreich hatte Preußen schwer gelitten. Um das Land wieder aufzubauen, befahl Friedrich 60 000 Soldaten in der Landwirtschaft zu helfen, Straßen und Kanäle zu bauen. In der Nähe von Berlin ließ er ein riesiges Sumpfgebiet trockenlegen, den so genannten Oderbruch. Auf diese Weise gewann er 108 Morgen neues Land dazu, auf dem er 7000 Menschen aus ganz Europa ansiedelte. Als er den fruchtbaren Landstrich betrachtete, soll er gesagt haben: »Ich habe eine Provinz gewonnen« – diesmal ganz ohne Krieg!

Religionsfreiheit

Im Gegensatz zu anderen Fürsten war Friedrich der Große sehr tolerant, was die Religion anging. Die katholischen Schlesier durften ihren Glauben genauso behalten wie die Hugenotten, französische Protestanten, die in ihrer Heimat verfolgt wurden und in Preußen Zuflucht fanden. Friedrich sagte: »Jeder soll nach seiner Fasson selig werden«.

Freundschaft mit Voltaire

Friedrich las viel und war ein großer Anhänger von François Marie Arouet Voltaire (1694–1778), einem bedeutenden Philosophen der französischen Aufklärung. Fast zehn Jahre lang schrieben sich die beiden regelmäßig Briefe, bis der König den Philosophen 1750 einlud, auf sein Potsdamer Schloss Sanssouci zu kommen und an der neu gegründeten Berliner Akademie der Wissenschaften zu lehren. Voltaire kam und blieb über zwei Jahre. In dieser Zeit hatte er großen Einfluss auf den preußischen König und lehrte ihn religiöse Toleranz. 1753 kam es zum Streit zwischen den Freunden, und Voltaire musste Preußen wieder verlassen.

Siehe auch

Deutschland, Geschichte
Philosophie
Preussen

Früchte und Samen

Alle Blütenpflanzen, von den winzigen Wasserlinsen bis hin zu den riesigen Eichen, entwickeln sich aus Samen. Jeder Same enthält einen Embryo (eine junge Pflanze) sowie einen Vorrat an Nährstoffen. Eine Frucht ist ein Samenbehälter. Sie schützt die sich entwickelnden Samen, bis sie von Tieren oder dem Wind an einen Ort gebracht worden sind, an dem sie sich zu einer Pflanze entwickeln können. Zu den Früchten zählen z.B. Zitronen, Melonen, Kirschen und Tomaten. Die in ihnen enthaltenen Kerne sind die Samen. Viele Früchte, wie z.B. Orangen, sind wichtige Lebensmittel. Sie enthalten große Mengen an Vitamin C, das uns gesund erhält. Seit Jahrhunderten schon ziehen die Menschen Pflanzen wegen ihrer Früchte. Bauern erzeugen weltweit alljährlich Millionen von Tonnen Obst. Auch Gurken und Tomaten, die wir als Gemüse bezeichnen, sind in Wirklichkeit Früchte, ebenso wie Pfefferkörner und Peperoni.

APFEL
Das Fruchtfleisch des Apfels – das, was wir essen – entwickelt sich aus dem Blütenboden. Das Kernhaus wird aus dem Fruchtknoten gebildet, und die Kerne sind die Samen. Birne, Quitte und Hagebutte entstehen ebenfalls auf diese Weise.

Echte und Scheinfrüchte

Früchte, die sich aus dem Fruchtknoten entwickelt haben, nennt man echte Früchte. Wenn sie sich zusätzlich noch aus anderen Teilen der Blüte entwickelt haben – z.B. aus dem Blütenboden –, dann bezeichnet man sie als Scheinfrüchte.

Die roten Früchte der Eberesche entwickeln sich aus kleinen weißen Blüten.

WEINTRAUBEN
Beeren sind saftige echte Früchte, bei denen der Kern vom Fruchtfleisch umschlossen wird. Zu dieser Gruppe gehören auch die Weintrauben. Weltweit gibt es ungefähr 5000 Traubenarten, die für die Herstellung von Wein oder als Tafelobst angebaut werden. Bananen, Stachelbeeren, Tomaten und Zitrusfrüchte (Orangen, Zitronen usw.) sind ebenfalls Beerenfrüchte.

HÜLSENFRÜCHTE
Hülsenfrüchte sind Trockenfrüchte. Ihre Samen sind von Hülsen umgeben, den Schoten. Zu den Hülsenfrüchten zählen Erbsen, Bohnen, Erdnüsse. Die Pflanzen, die sie hervorbringen, nennt man Hülsenfrüchtler.

MOHNKAPSEL
Kapseln sind harte Trockenfrüchte der verschiedenen Arten von Mohn, Veilchen, Löwenmaul und Kastanie. Die Mohnkapsel ist wie ein Salzstreuer: Die Samen fallen oben durch die Löcher heraus.

PFLAUMEN
Pflaumen sind wie Beeren saftige echte Früchte. Anders als Beeren haben sie jedoch einen sehr harten Kern, der den Samen enthält. Deshalb nennt man sie Steinfrüchte. Zu ihnen gehören u.a. Aprikosen, Pfirsiche und Kirschen.

Nuss

Eine Nuss ist eine Trockenfrucht mit harter Schale. Wir bezeichnen die meisten von einer holzigen Schale umgebenen Früchte als Nüsse, doch die Walnuss ist eine Steinfrucht und die Paranuss ein Samen.

Paranüsse sind die Samen einer südamerikanischen Baumart. Die Samen reifen in melonengroßen Schoten.

Sonnenblumenkerne nutzt man als Tierfutter und zur Herstellung von Öl.

SONNENBLUME
Sonnenblumen stehen auf bis zu 2,5 m hohen Stängeln. Nach der Befruchtung reifen auf dem Blütenkopf die Samen, die wir Sonnenblumenkerne nennen. Sie enthalten Vitamine und Öl.

KEIMUNG

Um keimen zu können, brauchen Samen Wärme, Feuchtigkeit und Sauerstoff. Die Samen mancher tropischer Pflanzen keimen wenige Tage nach dem Reifen. In anderen Klimazonen ruhen die Samen meist, bis die Umweltbedingungen stimmen. Bei uns reifen Samen oft im Herbst und keimen dann erst wieder im Frühjahr.

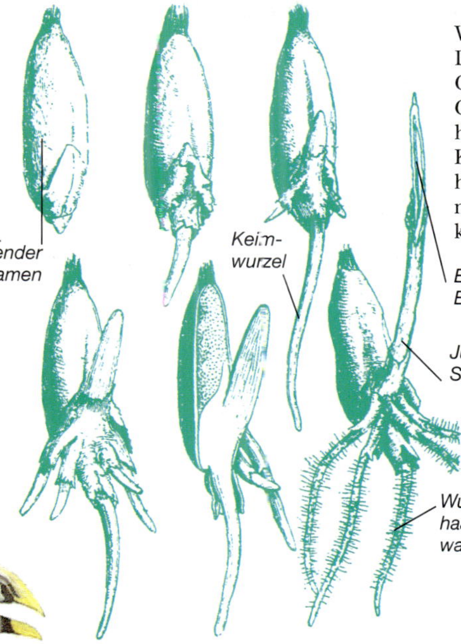

WEIZEN
Die Samen von Getreide- und Gräserarten haben nur ein Keimblatt. Deshalb bezeichnet man sie als einkeimblättrig.

STANGENBOHNE
Die beiden Keimblätter bilden die Nährstoffreserve des Samens der Stangenbohne.

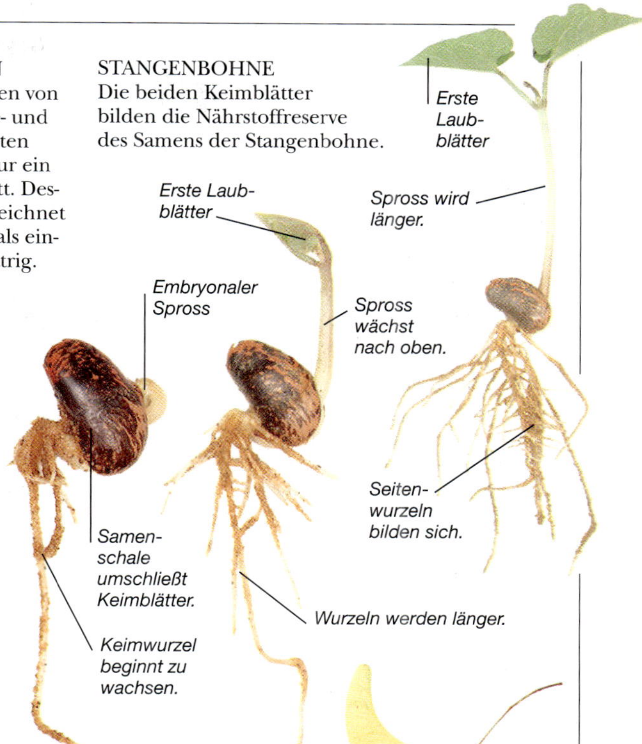

WIE SAMEN VERBREITET WERDEN

Zur Verbreitung der Samen entwickelten die Pflanzen unterschiedliche Strategien. Manche Samen haben Schirme oder Flügel, um vom Wind fortgetragen zu werden. Die Samen der Kokospalme sind schwimmfähig und treiben auf dem Meer. Auch Tiere verbreiten Samen. Wenn Vögel Früchte fressen, fallen die Samen zu Boden oder werden mit dem Kot ausgeschieden.

VÖGEL
Die Samen vieler Pflanzen werden von Tieren verbreitet, die gern die süßen Früchte fressen – von Vögeln und Eichhörnchen ebenso wie von Affen und Elefanten.

EICHELN
Von den Eichen fallen im Herbst unzählige Eicheln. Nicht alle werden von Tieren gefressen. Viele, die übrig blieben, keimen.

EINGEGRABEN
Eichhörnchen graben Nüsse als Wintervorrat ein und vergessen dann einige Verstecke. Nüsse, die in der Erde bleiben, können keimen.

WIND
Die leichten geflügelten Früchte der Ahornbäume fliegen mit dem Wind fort. Dabei drehen sich ihre Flügel ähnlich wie die Rotoren eines Hubschraubers. Auch Kiefern haben geflügelte Samen. An Baumwoll- und Löwenzahnsamen bilden Fasern zarte »Fallschirme«.

WASSER
Im Wasser wachsende Pflanzen wie Seerosen bringen Früchte hervor, die mit der Strömung flussabwärts treiben. Die jungen Pflanzen treiben oft weit weg von ihren »Eltern«.

Lotusblumen leben im Wasser. Die Strömung treibt ihre Samen weit fort.

LÖWENZAHN
Jedes Mal, wenn man auf eine »Pusteblume« bläst, hilft man der Pflanze, ihre Samen zu verbreiten.

SCHOTEN-EXPLOSION
Die Früchte der Lupine sind zunächst grün und fleischig. Wenn sie ganz reif sind, platzen die Schoten auf und schleudern die Samen heraus. Auf diese Weise breitet sich die Pflanze weiter aus.

HAKEN UND HÄKCHEN
An den Schalen der Früchte vieler Arten sind kleine Haken. Wenn die Frucht reif ist, kann sie leicht von der Pflanze abbrechen und bleibt mit ihren Haken am Fell eines Säugetiers oder den Federn eines Vogels hängen. Man bezeichnet solche Früchte häufig als Kletten.

Wenn ein Dachs im Herbst durch den Wald läuft, bleiben viele Kletten an seinem Fell hängen. Fallen sie an geeigneten Stellen herunter, so können sie keimen und zu neuen Pflanzen heranwachsen.

Siehe auch
BÄUME
BLUMEN UND KRÄUTER
GETREIDE UND GRÄSER
PFLANZEN

Fussball

Überall in den grossen Fussballarenen der Welt jubeln begeisterte Fans ihren Idolen zu. Kein Sport zieht weltweit so viele Zuschauer an, und in keinem anderen Mannschaftssport gibt es so viele aktive Spieler wie beim Fußball. Die großen Turniere wie die alle vier Jahre stattfindende Fußballweltmeisterschaft werden auf der ganzen Welt von Milliarden Zuschauern an den Fernsehbildschirmen verfolgt. Die großen Stars wie Kahn, Zidane oder Ronaldo kennt im wahrsten Sinne jedes Kind. Sie sind weltweit die Vorbilder für die Amateur- und Freizeitfußballer, die in Tausenden Mannschaften Woche für Woche gegeneinander antreten.

Die richtige Technik der Ballbehandlung sollte man so früh wie möglich erlernen.

Regeln

Beim Fußballspiel, wie wir es kennen, versuchen zwei Teams aus je elf Spielern den Ball mit dem Fuß oder auch mit dem Kopf in das Tor des Gegners zu befördern. Der Ball darf mit allen Teilen des Körpers berührt werden, nur das Handspiel ist tabu: Lediglich der Torwart darf den Ball mit den Händen berühren.

FUSSBALL IN FRÜHERER ZEIT
Im England des Mittelalters gab es ein Kampfspiel ohne jede Regel, bei dem die Bewohner ganzer Dörfer versuchten einen Ball in ein Tor zu befördern. Das Spiel wurde im 14. Jh. verboten. Die moderne Form des Fußballspiels kam erst im 19. Jh. auf.

Frauenfussball

Frauenfußball wird weltweit immer beliebter. Mittlerweile gibt es eine Welt- und Europameisterschaft für Nationalmannschaften und Frauenfußball ist olympische Disziplin. Im Deutschen Fußball-Bund sind über 870 000 Frauen und Mädchen aktiv.

SPIELFELDER
Die Spielfelder beim American Football und beim Rugby sind wie unser Fußballfeld rechteckig; nur das Feld beim Australian Rules Football ist oval. Die Abmessungen sind bei internationalen Wettbewerben genau vorgeschrieben, können aber auf lokaler Ebene oder außerhalb des Profifußballs variieren.

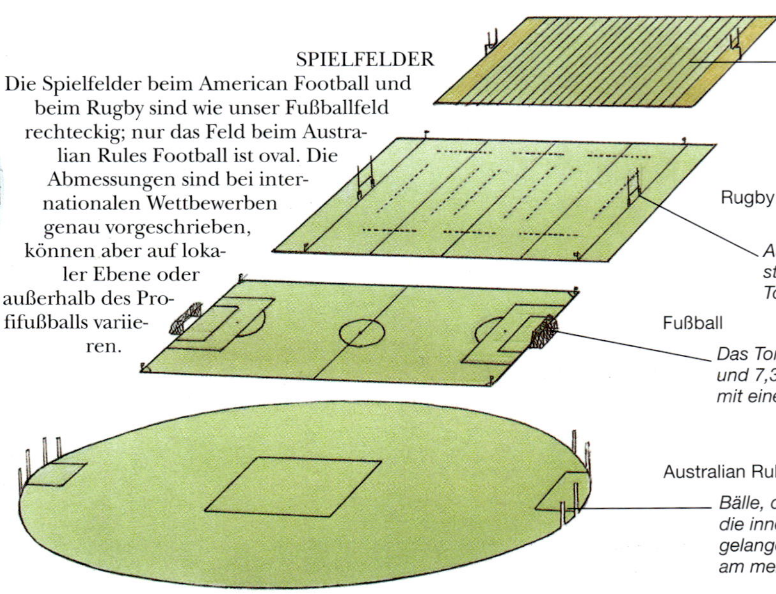

PROFIFUSSBALL
Im Profi-Bereich stehen die Welt- und Europameisterschaften, aber auch die Pokalwettbewerbe für Profi-Vereinsmannschaften im Mittelpunkt des Interesses. Das Bild oben zeigt die Spieler von Brasilien beim Gewinn ihres 5. Weltmeistertitels 2002.

Nou Camp, das Fußballstadion des FC Barcelona

STADIEN
Wichtige Fußballspiele finden in großen Stadien statt. Früher standen die Fans auf terrassenförmigen Stufen, während heute jeder seinen meist überdachten Sitzplatz hat. Auch die Ausstattung hat sich wesentlich gebessert. Es gibt Zugänge für Behinderte und Restaurants. Manche Stadien haben bewegliche Dächer.

SPIELREGELN

Beim Fußballspiel überwachen der Schiedsrichter und zwei Assistenten die Einhaltung der Regeln. Bei einem Regelverstoß pfeift der Schiedsrichter, die Assistenten an der Seitenlinie heben eine Flagge. Eine gelbe Karte dient als Verwarnung, die rote Karte als Feldverweis. Die »Ampelkarte« (gelbe und rote Karte) wird gezeigt, wenn ein Spieler in einem Spiel zum zweiten Mal eine Verwarnung erhält.

Rote und gelbe Karte

VEREINE

In Deutschland sind die Fußballer im Deutschen Fußball-Bund organisiert. Der DFB wurde im Jahr 1900 gegründet und ist der größte Sportverband der Welt mit über 6 Mio. Mitgliedern. Auch wenn stets die Profis aus der Ersten und Zweiten Bundesliga im Mittelpunkt stehen – das Herzstück des DFB ist der Amateurfußball: In 26 300 Vereinen kommen jede Woche 166 200 Mannschaften zum Einsatz – von den Alten Herren bis zu den Bambinis.

Auch Kinder spielen in Vereinsmannschaften gegeneinander.

IDOLE DES SPORTS
Fußballstars genießen Weltruhm und werden von Millionen von Fans verehrt. Der legendäre Brasilianer Pelé (geboren 1940) spielte bei vier Weltmeisterschaften, von denen Brasilien drei gewann. Michael Ballack gilt als einer der stärksten Mittelfeldspieler der Welt. Seit 2004 ist er Kapitän der deutschen Nationalmannschaft.

Michael Ballack

Die Trikotfarbe zeigt, zu welcher Mannschaft ein Spieler gehört.

Schienbeinschoner unter den Strümpfen schützen vor Verletzungen.

Spezialschuhe zum Training

Torhüter-Handschuhe

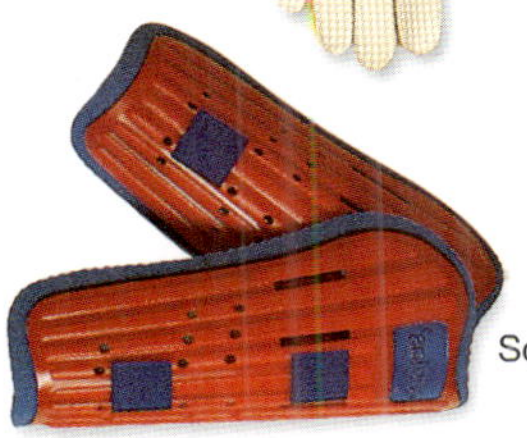

Schienbeinschoner

Fußballschuhe

Zahnschutz

Fußball

Rugbyball

Edson Arantes do Nascimento, besser bekannt unter dem Namen Pelé

AUSRÜSTUNG

Wer Fußball spielen will, braucht eigentlich nur einen Ball. Aber eine gute Ausrüstung nutzt modernste Materialien, um die Spieler zu schützen und zu unterstützen. Stollen an den Schuhen verhindern das Ausrutschen, und Handschuhe mit Noppen lassen den Torhüter den Ball sicher fangen. Beim sehr körperbetonten Rugby tragen viele Spieler einen Zahnschutz.

Siehe auch
BALLSPORTARTEN
SPORT

MAHATMA
GANDHI

MAHATMA, »GROSSE SEELE«, wie Mohandas Karamchand Gandhi später von seinen Anhängern genannt werden sollte, kam 1869 als Sohn einer reichen Hindufamilie zur Welt. Schon als Dreizehnjähriger wurde er von seiner Familie verheiratet. Er studierte Jura in London und ging dann als Anwalt nach Südafrika. Dort erlebte er am eigenen Leib, wie schlecht man die indischen Einwanderer behandelte, und setzte sich für ihre Rechte ein. Wieder in Indien führte er die indische Unabhängigkeitsbewegung an. Er rief die Bevölkerung zum gewaltfreien Widerstand auf und erreichte, dass die britischen Kolonialherren Indien 1947 in die Unabhängigkeit entließen. 1948 wurde Gandhi, der immer Gewaltlosigkeit gepredigt hatte, von einem fanatischen jungen Hindu erschossen.

Diese Statue steht in Südafrika, wo Gandhi von 1893 bis 1914 lebte und als politischer Kopf der indischen Bevölkerung wirkte.

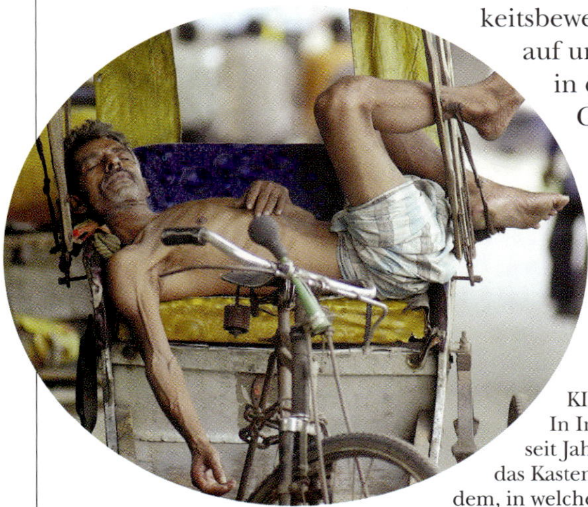

KINDER GOTTES
In Indien gibt es seit Jahrtausenden das Kastenwesen. Je nachdem, in welche Familie ein Mensch hineingeboren wird, gehört er einer bestimmten sozialen Schicht an, die er sein Leben lang nicht verlassen darf. Man unterscheidet vier Kasten: die der Priester, der Krieger, der Kaufleute und der Diener. Neben ihnen gibt es noch die Parias, die so genannten Unberührbaren. Sie stehen auf der sozialen Leiter so weit unten, dass niemand etwas mit ihnen zu tun haben will. 1925 rief Gandhi zur Abschaffung der Kaste der Unberührbaren auf. Jahrelang setzte er sich bei den Hindus dafür ein, dass den Parias die gleichen Rechte zugesprochen werden wie allen anderen auch. Statt »die Unberührbaren« nannte er sie »Harijans« – die Kinder Gottes.

In Neu-Delhi wurde Gandhi 1948 ermordet.

GEWALTFREIER WIDERSTAND

Noch heute ist Gandhis Philosophie der Gewaltfreiheit für viele Menschen ein Vorbild. Der Vater der indischen Unabhängigkeit war nicht nur ein Politiker, sondern auch ein spiritueller Lehrer, der seinen hinduistischen Glauben tief verinnerlicht hatte. Indem er die Bevölkerung zu zivilem Ungehorsam aufrief, bewies er, dass man mit Boykottmaßnahmen, Hungerstreiks und Protestmärschen mehr erreichen kann als durch Waffengewalt.

DIE HANDSPINNEREI
Viele Unberührbare waren besitzlose Landarbeiter. Um ihre Lebensbedingungen zu verbessern und dafür zu sorgen, dass sie ihre Familien ernähren konnten, ermunterte sie Gandhi an der Charka zu arbeiten, dem indischen Handspinnrad. Er wollte die alten Handwerkstraditionen wie das Spinnen und Weben wiederbeleben und so erreichen, dass Indien von der britischen Textilindustrie unabhängig wurde.

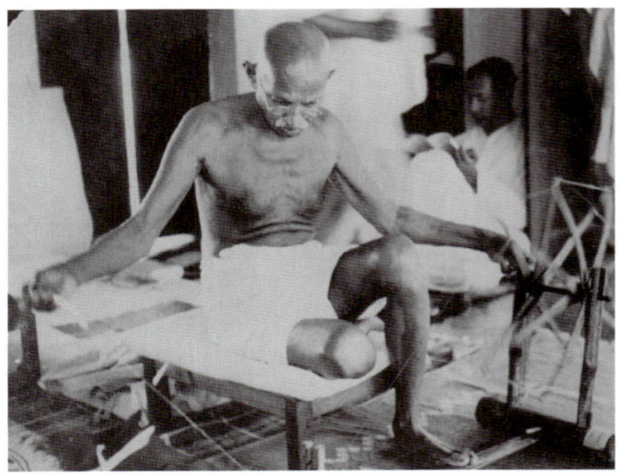

DER SALZMARSCH
Am 12. März 1930 brach Mahatma Gandhi zu seinem »Salzmarsch« in Richtung Meer auf. Bald folgten ihm Tausende Inder und zogen bis an die Küste. Dort hoben sie Salzklumpen auf und verstießen damit bewusst gegen das britische Salzgewinnungsmonopol. Damals mussten die Inder auf Salz hohe Steuern zahlen, worunter vor allem die Ärmsten der Armen zu leiden hatten. Trotz des gewaltfreien Protests kam es zu Massenverhaftungen.

Gandhis »großer Marsch zum Meer« hatte Erfolg: Schon im Frühling darauf durften die Inder das Salz zum persönlichen Gebrauch selbst herstellen.

DAS ATTENTAT
Ausgerechnet der Mann, der sich sein ganzes Leben lang für Gerechtigkeit und Frieden eingesetzt hatte, wurde ermordet. Gandhi hatte immer versucht zu vermitteln – zwischen Indern und Briten genauso wie zwischen reichen Hindus und Unberührbaren. Um so schmerzvoller war es für ihn mitzuerleben, wie die Kluft zwischen den Hindus und den Muslimen immer größer wurde. Auch ein Hungerstreik konnte nicht verhindern, dass Indien bei seiner Unabhängigkeit in zwei Staaten zerfiel: in das hinduistische Indien und das muslimische Pakistan. Am 30.1.1948 wurde Mahatma Gandhi nach dem Besuch eines Tempels in Neu-Delhi von einem religiösen Eiferer erschossen.

Siehe auch

HINDUISMUS
INDISCHER SUBKONTINENT
RELIGIONEN

GAS

DAS VERBRENNEN VON GAS ist einfach und schnell, weshalb sich Gas sehr gut zum Heizen und Kochen eignet. Gas wird auch in der Industrie angewandt, sowohl als Brenn- als auch als Rohstoff. Als Brennstoff wird meist Erdgas verwendet, das aus Lagerstätten tief unter dem Meeresboden gewonnen wird. Als Brenngas dient häufig auch das bei der Kohlegewinnung gebildete Kohlegas. Neben diesen Brenngasen gibt es viele weitere Gase, die in unterschiedlicher Weise eingesetzt werden. So besteht z. B. die Atemluft aus einem Gemisch mehrerer Gase.

DIE ENTSTEHUNG VON ERDGAS
Das Erdgas, das wir heute nutzen, ist viele Millionen Jahre alt. Es entstand aus den Resten einstiger Algen und Pflanzen. Auch heute entstehen noch neue Erdgaslagerstätten.

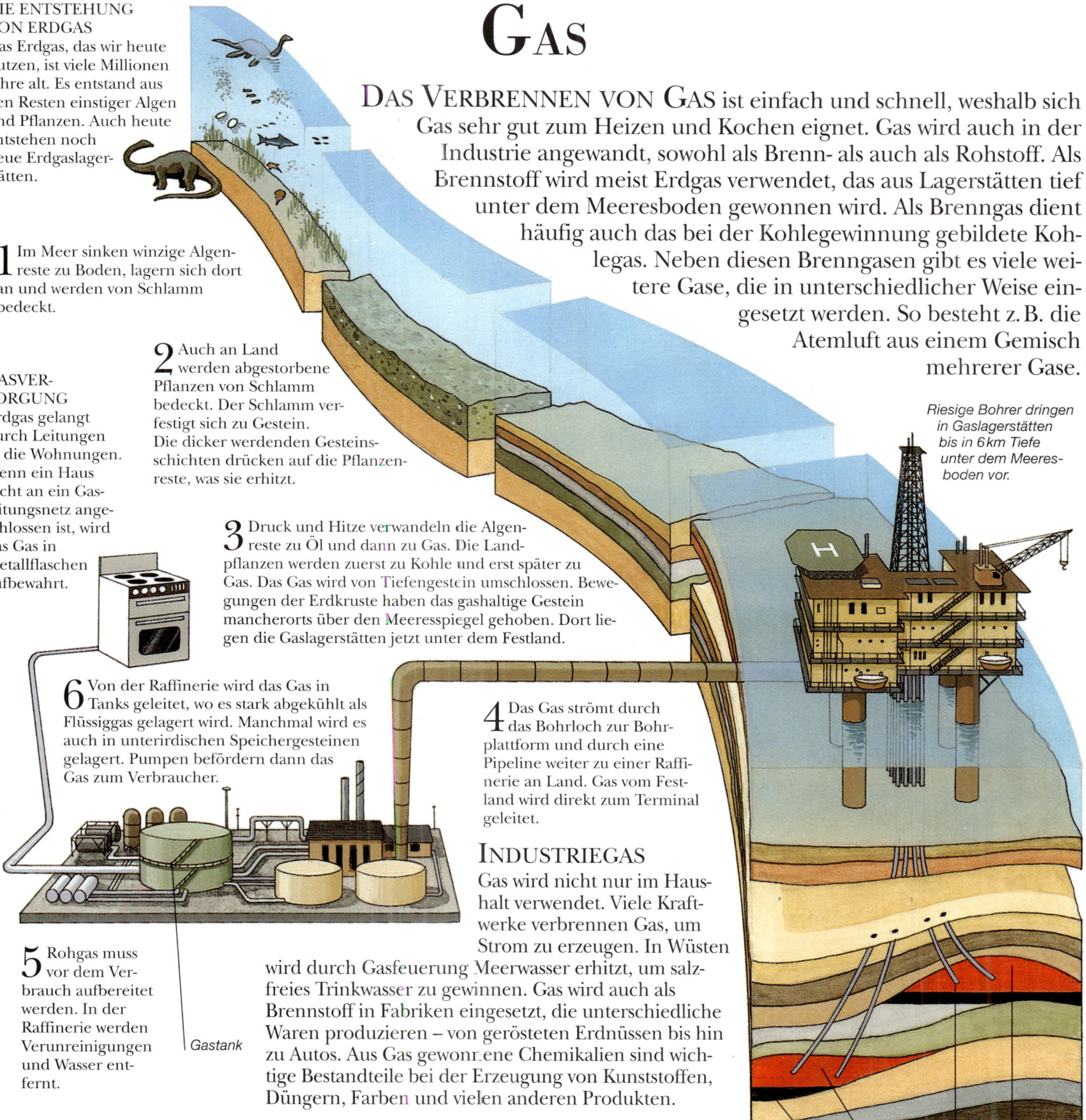

1 Im Meer sinken winzige Algenreste zu Boden, lagern sich dort an und werden von Schlamm bedeckt.

2 Auch an Land werden abgestorbene Pflanzen von Schlamm bedeckt. Der Schlamm verfestigt sich zu Gestein. Die dicker werdenden Gesteinsschichten drücken auf die Pflanzenreste, was sie erhitzt.

3 Druck und Hitze verwandeln die Algenreste zu Öl und dann zu Gas. Die Landpflanzen werden zuerst zu Kohle und erst später zu Gas. Das Gas wird von Tiefengestein umschlossen. Bewegungen der Erdkruste haben das gashaltige Gestein mancherorts über den Meeresspiegel gehoben. Dort liegen die Gaslagerstätten jetzt unter dem Festland.

4 Das Gas strömt durch das Bohrloch zur Bohrplattform und durch eine Pipeline weiter zu einer Raffinerie an Land. Gas vom Festland wird direkt zum Terminal geleitet.

5 Rohgas muss vor dem Verbrauch aufbereitet werden. In der Raffinerie werden Verunreinigungen und Wasser entfernt.

6 Von der Raffinerie wird das Gas in Tanks geleitet, wo es stark abgekühlt als Flüssiggas gelagert wird. Manchmal wird es auch in unterirdischen Speichergesteinen gelagert. Pumpen befördern dann das Gas zum Verbraucher.

GASVERSORGUNG
Erdgas gelangt durch Leitungen in die Wohnungen. Wenn ein Haus nicht an ein Gasleitungsnetz angeschlossen ist, wird das Gas in Metallflaschen aufbewahrt.

Riesige Bohrer dringen in Gaslagerstätten bis in 6 km Tiefe unter dem Meeresboden vor.

Gaslagerstätte

Erdöllagerstätte

Der Gasdruck treibt das Öl durch die Bohrlöcher empor.

Über dem Erdöl bildet sich oft eine Gasschicht.

INDUSTRIEGAS

Gas wird nicht nur im Haushalt verwendet. Viele Kraftwerke verbrennen Gas, um Strom zu erzeugen. In Wüsten wird durch Gasfeuerung Meerwasser erhitzt, um salzfreies Trinkwasser zu gewinnen. Gas wird auch als Brennstoff in Fabriken eingesetzt, die unterschiedliche Waren produzieren – von gerösteten Erdnüssen bis hin zu Autos. Aus Gas gewonnene Chemikalien sind wichtige Bestandteile bei der Erzeugung von Kunststoffen, Düngern, Farben und vielen anderen Produkten.

NÜTZLICHE GASE

In Gaslagerstätten sind neben dem Hauptbestandteil Methan auch die Brenngase Propan und Butan zu finden. In der Raffinerie werden diese Gase in Metallbehälter gefüllt und an Haushalte geliefert, die nicht an eine Gasleitung angebunden sind. In Gaslagerstätten ist auch Helium zu finden. Mit Helium werden z. B. Gasballons gefüllt, da das Gas sehr leicht ist und nicht brennt. Nützliche Gase sind auch in der Luft enthalten, wie z. B. Kohlendioxid – das Gas, das Getränke sprudeln lässt. Die Luft enthält auch Spuren von Neon. Mit diesem Edelgas gefüllte Glasröhren werden oft für Leuchtwerbung eingesetzt, da Neon in Verbindung mit Strom hell leuchtet.

Neonleuchte

Mit Helium gefüllte Luftballons

Siehe auch
KOHLE
LUFT
ÖL
SAUERSTOFF
WÄRME

Gebirge

Kontinente stossen zusammen und schieben sich aufeinander, während unter der Erdoberfläche heißes, flüssiges Gestein brodelt. Diese mächtigen Kräfte heben bis zu 8 km hohe Gebirge empor. Viele Gebirge wachsen noch heute, während andere vor langer Zeit angehobenen Gebirge langsam wieder abgetragen werden. Manche Berge sind Vulkane und bestehen aus mehreren Schichten verfestigter Lava. Gebirge gibt es auch in den Meeren und auf anderen Planeten. Der höchste bekannte Berg ist der Olympus Mons auf dem Mars – er ist dreimal so hoch wie der Mount Everest. Die Erde hat zwei ausgedehnte Gebirgssysteme: Die Rocky Mountains und die Anden verlaufen durch Nord- und Südamerika; der Himalaja, die Alpen und das Atlasgebirge durchziehen Asien, Europa und Nordafrika. Alle diese Gebirge sind »jung«, d.h. sie entstanden in den letzten 50 Mio. Jahren. Andere Gebirge, wie der Ural in Russland, sind viel älter und niedriger. Sie sind nach ihrer Bildung vor mehr als 200 Mio. Jahren von den Kräften der Erosion abgetragen worden.

MOUNT EVEREST
Der Mount Everest, der höchste Berg der Welt, ist 8848 m hoch und liegt an der Grenze zwischen China und Nepal. Das Bild zeigt Edmund Hillary aus Neuseeland (links) und Tenzing Norgay aus Nepal, die 1953 als Erste den Gipfel des Mount Everest erreichten.

BERGSTEIGEN
Bergsteiger benötigen eine besondere Ausrüstung, u.a. Seile zum Schutz vor Abstürzen und Steigeisen – Stahlzacken, die an den Bergstiefeln befestigt werden.

LAWINE
Schnee und Eis können sich plötzlich lösen und den Berghang herabstürzen. Solche Lawinen treten oft bei der Schneeschmelze im Frühjahr auf.

GEBIRGSZONEN
Ein hoher Berg lässt sich in mehrere Zonen mit unterschiedlichem Pflanzenbewuchs einteilen. Die unteren Hänge sind von Wäldern bestanden. Darüber liegt eine Zone mit kleinen, niedrigen Pflanzen. Der Gipfel ist schneebedeckt und ohne Bewuchs. Grund für diese Zonen ist die Temperaturabnahme mit der Höhe.

Brüche und Falten

Wenn sich Kontinente bewegen, üben sie auf die Gesteinsschichten starken Druck aus. Dabei kann es zu Brüchen oder Verwerfungen kommen, die ganze Schollen zu einem so genannten Bruchschollengebirge heben. Daneben können auch Faltengebirge entstehen. Staukuppen bilden sich dort, wo geschmolzener Granit das darüber liegende Gestein kuppenförmig aufwölbt.

Entstehung von Bruchschollengebirgen

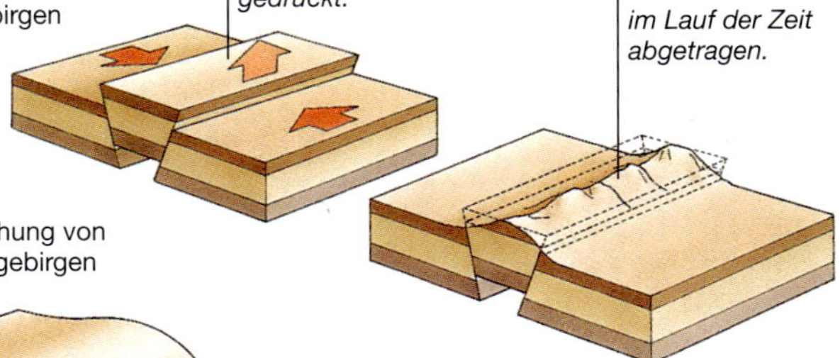

Entstehung von Faltengebirgen

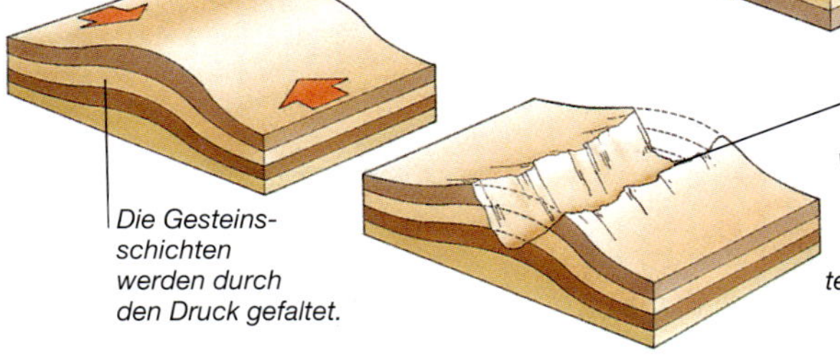

EROSION
Eis, Wind und Wasser lockern das Gestein und tragen es im Laufe von Jahrmillionen ab. Bei diesem Prozess, Erosion genannt, werden tiefe Täler ausgeschnitten und hohe Gipfel herausgearbeitet. Anhaltende Erosion trägt dann auch die Gipfel ab, und die Berge werden zu flachen Hügeln.

Siehe auch
Gletscher
Kontinente
Meere
Tiere, Gebirge
Vulkane

Gehirn und Nerven

SCHLAF
Wenn wir schlafen, ruht sich der Körper aus, doch das Gehirn arbeitet weiter und steuert den Herzschlag und die Atmung – und auch unsere Träume.

JEDER UNSERER GEDANKEN und jede unserer Bewegungen wird vom Gehirn gesteuert. Unser Gehirn ist komplexer als jeder Computer. Es ermöglicht uns zu denken, zu sprechen, zu hören, zu sehen, zu fühlen und uns zu bewegen. Das Gehirn arbeitet ununterbrochen, Tag und Nacht. Es besteht aus Milliarden lebender Einheiten, den Neuronen oder Nervenzellen. Neuronen übertragen über das Rückenmark, das in der Wirbelsäule verläuft, Botschaften vom Körper zum Gehirn und zurück. Das Gehirn sortiert diese Botschaften oder Signale und versendet über die Nervenbahnen Anweisungen an andere Körperteile. Nerven bestehen aus Bündeln von Nervenfasern. Sinnesnerven versorgen das Gehirn mit Informationen von den Sinnesorganen. Motorische Nerven übermitteln Signale vom Gehirn an die Muskeln. Das Gehirn eines Erwachsenen wiegt durchschnittlich 1,4 kg. Es ist weich und wird vom Schädel geschützt.

GEHIRNHÄLFTEN
Das Großhirn, der größte Teil des Gehirns, besteht aus zwei gefalteten Hälften. Hier entstehen unsere Gedanken. Die äußere Schicht des Gehirns nennt man graue Substanz. Sie enthält sehr viele Nervenzellen. Die innere Schicht nennt man weiße Substanz. Sie besteht v. a. aus Nervenfasern. Auseinander gezogen würden die beiden Hälften einen Kissenbezug bedecken.

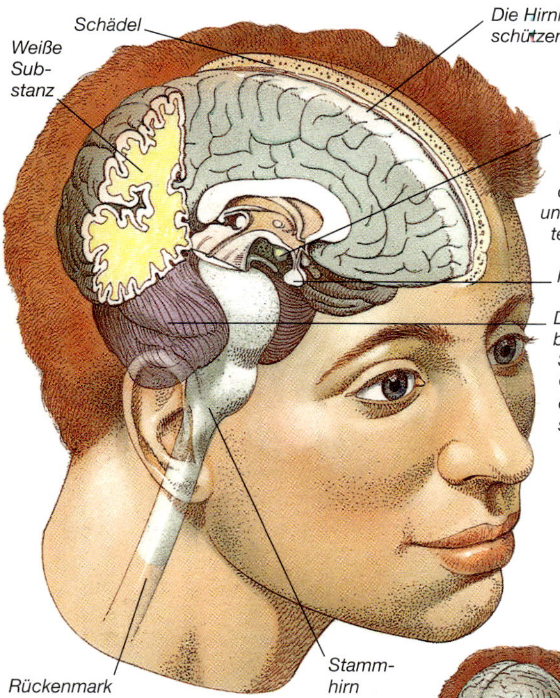

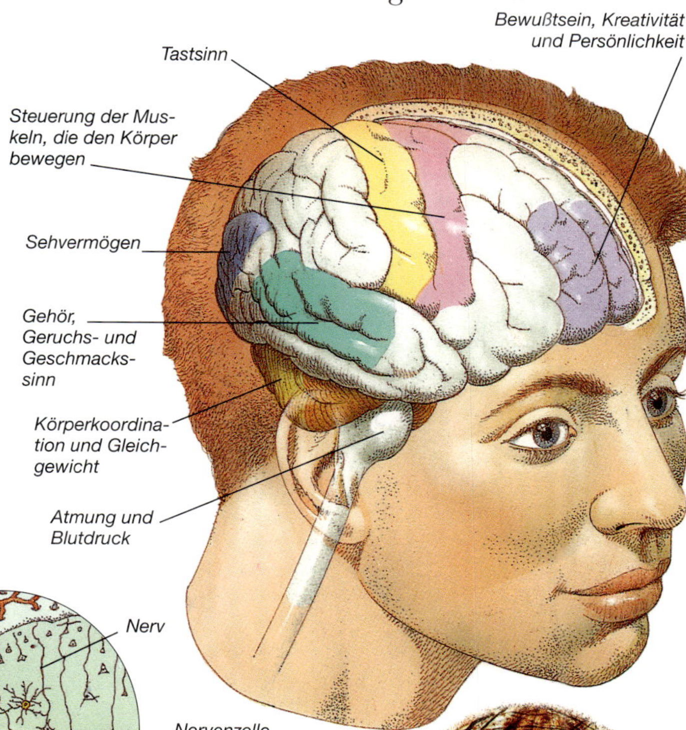

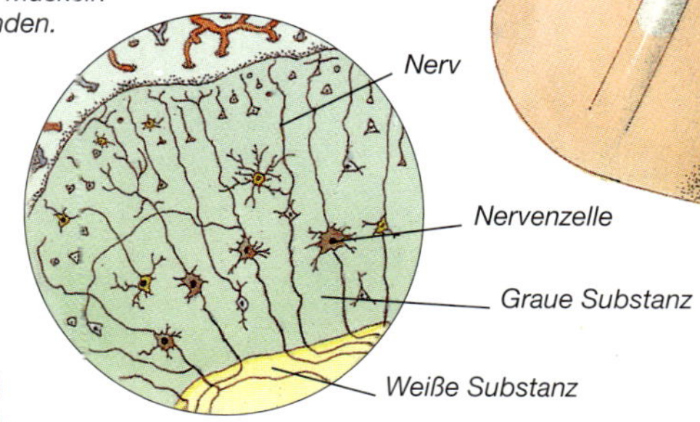

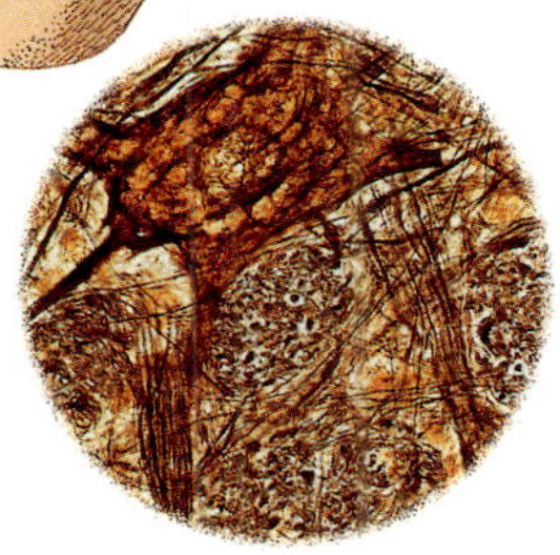

NERVENZELLEN
Jede Nervenzelle verfügt über einen Zellkörper mit dünnen Ästen, die Dendriten, sowie eine lange Faser, das Axon. Das Axon stellt die Verbindung zu anderen Zellen her. So enstehen »Straßen« für die Übermittlung von Nervensignalen.

NERVENREFLEX
Wenn man sich in den Finger sticht, übermitteln sensorische Nerven die Signale ans Rückenmark. Hier gehen sie durch Verbindungsnervenzellen hindurch und direkt weiter zum Muskel, sodass man den Finger schnell wegzieht. Diese automatische Reaktion nennt man Reflex.

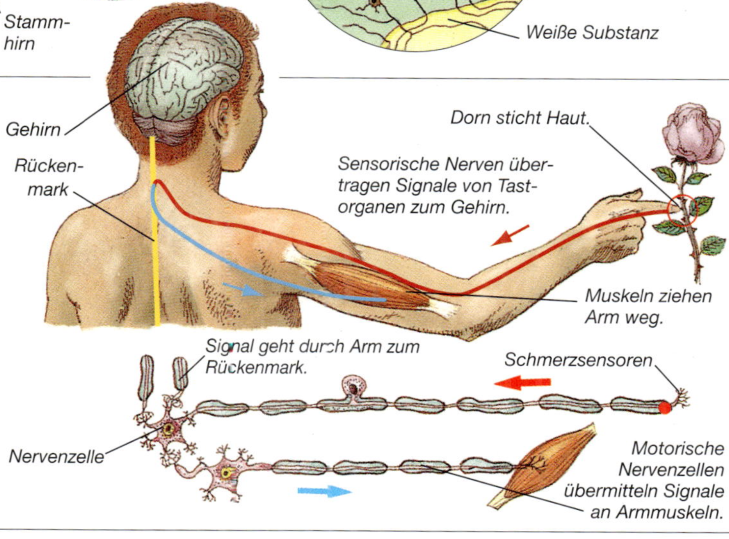

Siehe auch
HERZ UND KREISLAUF
KÖRPER, MENSCHLICHER
MUSKELN

Geld

MÜNZANSTALT
Unter staatlicher Aufsicht stellt eine Münzanstalt Münzen und Geldscheine her. Je nach Wert zeigen Münzen auf der Vorderseite unterschiedliche Abbildungen, während die Rückseite den Wert angibt. Münzen werden dazu geprägt.

Münzen und Geldscheine bestehen aus Metall und Papier, und doch nimmt sie ein Verkäufer als Zahlungsmittel für wertvolle Waren entgegen. Geld ist ein Tauschmittel mit einem fest vereinbarten Wert, das die Menschen gegen Waren eintauschen. Die Geschichte kennt die merkwürdigsten Tauschmittel. Im Nachkriegsdeutschland waren es Zigaretten, und die Tibeter verwendeten früher Blöcke aus getrocknetem Tee! Es spielt eigentlich keine Rolle, was man als Zahlungsmittel benutzt, vorausgesetzt man einigt sich auf einen bestimmten Wert. Die ersten Münzen waren aus Gold und Silber geprägt. Papiergeld kam erst im China des 11. Jahrhunderts in Umlauf. Früher hatten alle europäischen Länder verschiedene Währungen. Seit dem 1. Januar 2002 gilt in zwölf Staaten der EU der Euro als Einheitswährung, die Schweiz z.B. verwendet aber nach wie vor die Schweizer Franken.

Die Indianer benutzten Muschelperlen als Zahlungsmittel.

Die ersten Münzen in China waren aus Bronze und geformt wie Werkzeuge.

Bei Münzen aus Edelmetall entspricht der Wert dem Gewicht.

Der Materialwert heutiger Münzen liegt fast bei Null, weshalb ihr Zahlungswert aufgeprägt ist.

Das Wasserzeichen im Spezialpapier ist nur sichtbar, wenn der Schein gegen das Licht gehalten wird.

Mechanisch erzeugte Wellenlinien und Schleifen machen den Schein fälschungssicher.

Banknoten

Die Regierung eines Landes lässt in ihrem Auftrag Geldscheine drucken und garantiert für deren Wert. Für den Euro wurde die Europäische Zentralbank (EZB) gegründet. Die EZB und die nationalen Zentralbanken der Teilnehmerländer bilden zusammen das Eurosystem. Es ist verboten, Banknoten nachzumachen oder gefälschte Banknoten in Umlauf zu bringen. Verschiedene Sicherheitsmaßnahmen machen Fälschern das Handwerk schwer.

Münzen

Die ersten Münzen wurden vor etwa 2700 Jahren in Lydien, dem Gebiet der heutigen Türkei geprägt. Sie bestanden aus Elektrum, einer Mischung aus Gold und Silber. Heute werden nur Münzen mit niedrigem Nennwert (Betrag) geprägt. Größere Beträge erscheinen als Papiergeld, da Geldscheine schwerer zu fälschen sind als Münzen.

BANKEN
Die meisten Menschen geben Geld, das sie sparen möchten, in eine Bank. Dort wird das Geld sicher verwahrt. Braucht ein Kunde Geld, weil er sich etwas kaufen möchte, zahlt ihm die Bank die entsprechende Menge in Scheinen und Münzen aus. Braucht er mehr Geld, als er auf seinem Konto hat, kann er von der Bank einen Kredit bekommen. Die entsprechende Summe muss er dann später inklusive der Zinsen, einer Art Leihgebühr, zurückzahlen.

Kreditkarten dürfen nur von der Person benutzt werden,die auf der Rückseite unterschrieben hat.

Name des Inhabers und die Nummer der Karte

Viele Kreditkarten verfügen über Hologramme, die schwer nachzumachen sind.

KREDITKARTEN
Eine Kreditkarte, eigentlich nur ein Stück Plastik, kann als Zahlungsmittel verwendet werden. Wer etwas mit Kreditkarte kauft, unterschreibt eine Quittung. Die Kreditkartengesellschaft bezahlt die Waren, und man zahlt ihr den Betrag nach einem Monat wieder zurück.

Siehe auch
Börse
Handel und Geschäfte
Industrie und Handel
Mineralien und Steine

Genetik

Die Wissenschaft Genetik gibt es offiziell, seit das Wort »Gen« 1909 von dem dänischen Botaniker Wilhelm Johannsen (1857–1927) geprägt wurde. Mit diesem Begriff bezeichnete er die »Partikel« der Vererbung, durch die Eigenschaften von einer Generation an die nächste weitergegeben werden. Die Genetik wurde im Laufe des 20. Jhs. immer weiter entwickelt. Sie führte zu wichtigen Entdeckungen über die Funktionsweise von Genen. Wissenschaftler stellten fest, dass Gene aus Strängen von Desoxyribonukleinsäure (DNS) bestehen, die Kernschleifen bilden. Diese Schleifen sind die Chromosomen. Gene enthalten den Bauplan der Zellen. Durch geschlechtliche Fortpflanzung gezeugte Nachkommen erben Gene beider Elternteile.

Jede »Sprosse« ist ein Basenpaar.

Die Seitenstränge der Leiter sind aus Phosphat und Zuckermolekülen.

Modelle von DNS erinnern an verdrehte Strickleitern. In Wirklichkeit sieht das Molekül wie eine Kette kugeliger chemischer Verbindungen aus.

DNS

Desoxyribonukleinsäure, kurz DNS genannt, ist das Molekül in Genen, das den genetischen Code enthält. Es ist als so genannte Doppelhelix aufgebaut: die beiden Seitenstränge werden durch chemische Stoffe verbunden wie durch Sprossen. Jede »Sprosse« besteht aus einem Paar von zwei Basen aus einer Auswahl von vier Basen. Ihre Anordnung ist der Verschlüsselungscode genetischer Information.

Vererbung

Eine Pflanze oder ein Tier, das entsteht, erhält eine Mischung genetischer Information von beiden Elternteilen. Vererbung ist die Weitergabe von Eigenschaften der Eltern an ihre Kinder. Deshalb haben eine junge Pflanze, ein Jungtier oder ein Menschenbaby mit jedem Elternteil eine Anzahl von Eigenschaften gemeinsam.

Kinder ähneln ihren Eltern, sehen aber nicht genauso aus wie sie. Geschwister erben unterschiedliche Eigenschaften.

Blaue Augen

Einige der durch Gene bestimmten Merkmale sind äußerlich sichtbar, wie blaue Augen, helle Haut und glattes Haar.

Albinohamster mit weißem Fell und roten Augen

Normal gefärbter Hamster

Mutation

Bei der Entstehung neuer DNS schleichen sich mitunter beim Kopieren der Information Fehler ein. Diese Fehler nennt man Mutationen. Sie können als Nachteil oder neue Eigenschaft in Erscheinung treten. Nützliche Mutationen können bei folgenden Generationen zu verbreiteten Eigenschaften werden.

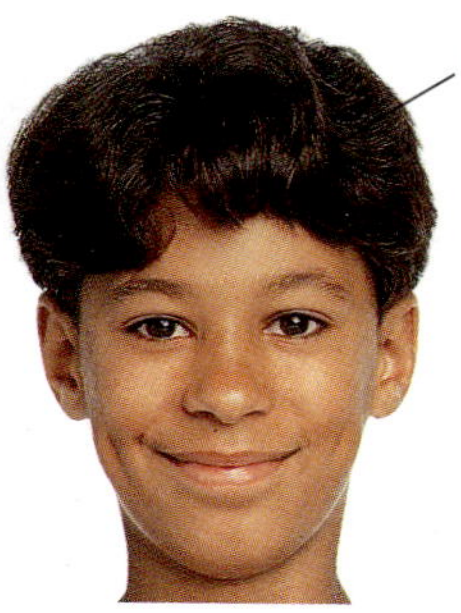

Welliges Haar

Die Gene in seinen Zellen bewirkten, dass er dunkle Augen, dunkle Haut und welliges Haar hat.

Gene

Chromosomen sehen wie Stäbchen aus, sind aber sehr stark aufgerollte Ketten. Die Ketten bestehen aus Segmenten oder Abschnitten. Jedes Segment ist ein Gen. Ein Gen ist ein Teil eines Chromosoms, der für eine bestimmte Eigenschaft verantwortlich ist, z. B. für die Augenfarbe. Gene sind unterschiedlich lang. Ihre Länge hängt davon ab, welcher Code für die Information zu einer Eigenschaft notwendig ist.

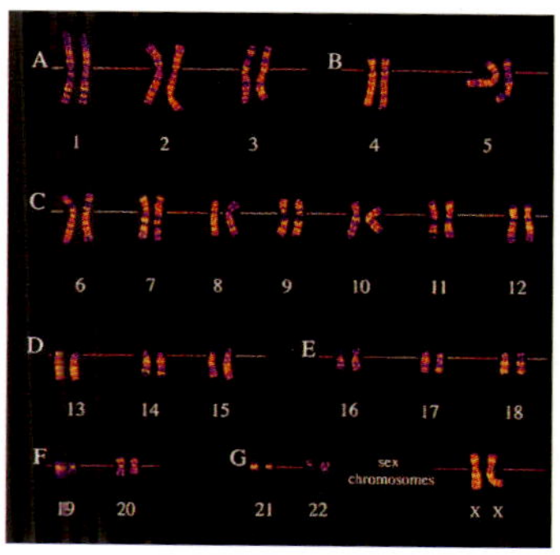

Die Geschlechtschromosomen bestimmen, ob eine Zelle männlich oder weiblich ist. Männliche Zellen enthalten ein XY-Paar, weibliche ein XX-Paar.

Chromosomen

Der Kern jeder lebenden Zelle enthält eine Anzahl von Chromosomenpaaren. Sie sind so etwas wie Karteikästen, die alle genetischen Informationen über das Lebewesen enthalten. Chromosomen sind in Paaren angeordnet, die sich bei der Befruchtung und der Entstehung neuer Zellen teilen.

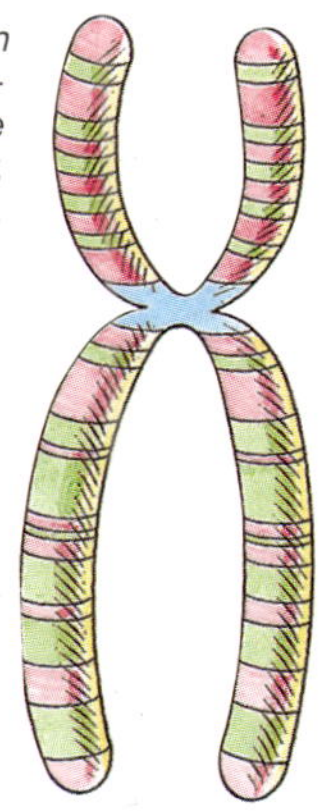

X-Chromosom

Gregor Johann Mendel

Der österreichische Wissenschaftler Gregor Johann Mendel (1822–1884) entdeckte die Vererbungsregeln bei seinen Experimenten mit Erbsenpflanzen. 1866 zeigte er, dass Eigenschaften von Pflanzen, z. B. die Hervorbringung glatter oder schrumpeliger Erbsen, durch genetische Informationen festgelegt sind, die von den Eltern vererbt werden. Mendel nannte diese Informationen »Partikel«. 43 Jahre später erfand der Däne Johannsen den Begriff »Gene«.

Gregor Mendel war Augustinerprior und gleichzeitig Naturkundelehrer.

Vererbungsmuster

Gene bestehen aus kleinen Teilen, den Allelen, die dominant oder rezessiv sind. Dominante Allele setzen sich immer durch, auch wenn die Information, die sie weitergeben, von nur einem Elternteil kommt. Rezessiv bedeutet, dass eine Eigenschaft zwar weitergegeben wird, aber nicht in Erscheinung treten muss. Oft spielt dabei das Geschlecht eine Rolle.

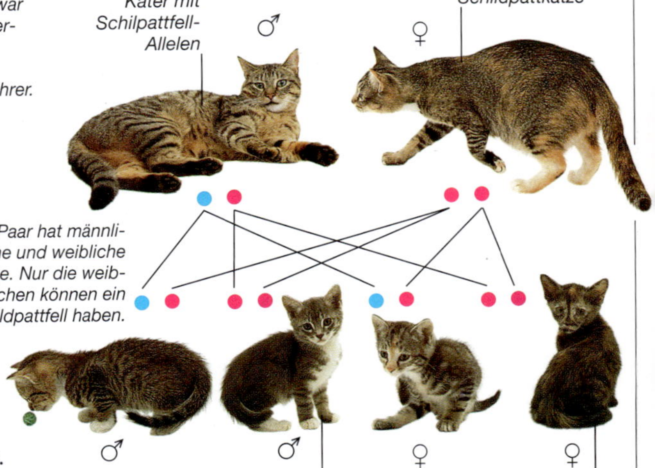

Kater mit Schilpattfell-Allelen

Schildpattkatze

Das Paar hat männliche und weibliche Junge. Nur die weiblichen können ein Schildpattfell haben.

Das zweite Kätzchen hat zwei Schildpattallele, aber kein Schildpattfell, weil es ein Kater ist.

Nur ein Kätzchen hat ein Schildpattfell wie die Mutter, denn es hat zwei Schildplattallele und ist weiblich.

Zwillinge

Wenn sich ein befruchtetes menschliches Embryo im frühen Stadium teilt, entwickeln sich daraus eineiige Zwillinge. Beide besitzen die gleichen genetischen Informationen. Allerdings sind sie nicht in allem genau gleich, denn nach der Teilung entwickelt sich jeder Embryo ein bisschen anders. Deshalb können eineiige Zwillinge sehr ähnlich aussehen, aber unterschiedliche Persönlichkeiten entwickeln.

Weil sich eineiige Zwillinge aus einem Embryo entwickelten, haben sie das gleiche Geschlecht.

Die Medien aus aller Welt interessierten sich sehr für Dolly, das erste geklonte Schaf, das 2003 starb.

Das geklonte Schaf

Klone sind nahezu identische (in allem gleiche) Organismen, die die gleichen Gene haben, aber nicht durch natürliche Fortpflanzung entstanden sind. Viele Jahre lang versuchten Forscher, identische Kopien von Tieren oder Pflanzen herzustellen. 1997 gelang es, ein Schaf zu klonen, das man Dolly nannte. Danach wurde viel diskutiert, ob Klonen moralisch vertretbar ist.

Genetisch verändert

Genetisch veränderte Nahrungsmittel stammen von Pflanzen oder Tieren, bei denen von Forschern Gene ausgetauscht wurden. Theoretisch kann man dadurch die gleichen Ergebnisse erhalten wie durch Zucht – nur viel schneller. Doch bevor wir wissen, ob dies gefährlich ist, müssen wir noch viel mehr über die Auswirkungen von Genmanipulation herausfinden.

Genetik

1858 Darwins Evolutionstheorie.

1866 Mendel entdeckt die Vererbungsgesetze.

1905 Entdeckung der Geschlechtschromosomen X und Y.

1918 Entdeckung, dass alle menschlichen Zellen 48 Chromosomen enthalten.

1927 Röntgenstrahlen verursachen Mutationen bei Fruchtfliegen.

1950 Entdeckung von DNS und RNS.

1953 Watson, Crick und Wilkins entdecken die Doppelhelix der DNS.

1967 DNS synthetisch hergestellt.

1976 Schaffung künstlicher Gene.

1981 Erster Gentransfer.

1984 Klonen eines Embryos.

1985 Einführung des genetischen Fingerabdrucks.

1997 Klonschaf Dolly.

Siehe auch

Atome und Moleküle
Fortpflanzung
Radioaktivität

Geologie

Die Erde unterliegt ständigen Veränderungen. Gebirge werden gehoben und wieder abgetragen. Kontinente wandern, wodurch sich die Größe der Ozeane verändert. Diese Veränderungen erfolgen jedoch so langsam, dass man Unterschiede erst nach Jahrmillionen erkennen würde. Andere Veränderungen, etwa durch Erdbeben oder Vulkanausbrüche, sind sofort bemerkbar. Die Geologie ist die Wissenschaft von der Entstehung der Erde, ihren Veränderungen und den Gesteinen, aus denen sie besteht. Gesteine enthalten Hinweise auf die Erdgeschichte. Geologen kartieren das Land und graben tief in die Gesteinsschichten. Anhand von Alter und Zusammensetzung der Gesteine erkennen sie, wie sich die Erde entwickelt hat. Geologen helfen auch bei der Entdeckung wichtiger Lagerstätten von Erdöl, Kohle und anderen Bodenschätzen. Sie untersuchen den Untergrund vor dem Bau eines großen Bauwerks, um festzustellen, ob der Boden das große Gewicht tragen kann. Geologen warnen auch vor möglichen Katastrophen. Mit Spezialinstrumenten erkennen sie Bewegungen im Gestein und können so z. B. Erdbeben vorhersagen.

GEOLOGEN BEI DER ARBEIT
Geologen können an Gesteinen deren Vergangenheit erkennen. So weisen z. B. große Risse in Gesteinsschichten darauf hin, dass einst gewaltige Kräfte auf das Gestein drückten.

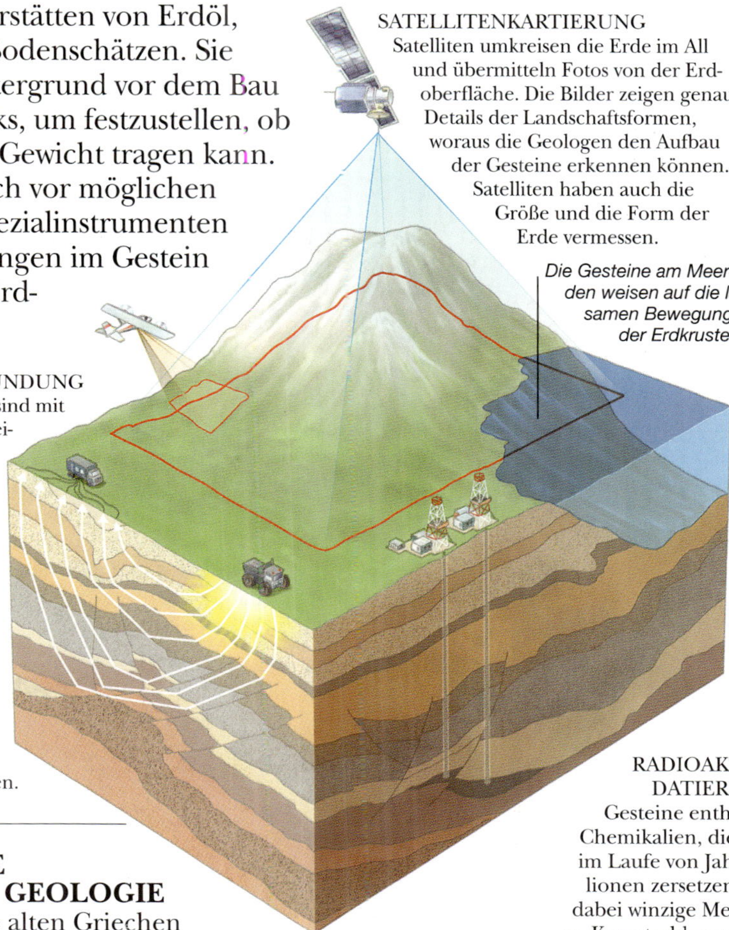

SATELLITENKARTIERUNG
Satelliten umkreisen die Erde im All und übermitteln Fotos von der Erdoberfläche. Die Bilder zeigen genaue Details der Landschaftsformen, woraus die Geologen den Aufbau der Gesteine erkennen können. Satelliten haben auch die Größe und die Form der Erde vermessen.

Die Gesteine am Meeresboden weisen auf die langsamen Bewegungen der Erdkruste hin.

FERNERKUNDUNG
Fernerkundungsflugzeuge sind mit Kameras ausgestattet, die dreidimensionale Bilder von der Landschaft aufnehmen.

SEISMISCHE TESTS
Spezial-Lkws schlagen mit riesigen Hämmern auf den Boden und produzieren dadurch Schockwellen oder seismische Wellen, die vom Untergrundgestein abprallen. Anhand des Wellenverhaltens erstellen Computer Karten der unterirdischen Gesteinsschichten.

RADIOAKTIVE DATIERUNG
Gesteine enthalten Chemikalien, die sich im Laufe von Jahrmillionen zersetzen und dabei winzige Mengen an Kernstrahlung abgeben. Die radioaktive Datierung misst diese Strahlung und zeigt das Alter der Gesteine an.

BOHRUNG
Bei Tiefbohrungen bis in mehr als 3000 m Tiefe werden Gesteinsproben der unterirdischen Gesteinsschichten gewonnen.

GESTEINSPROBE
Die hier gezeigte Gesteinsprobe (oben) stammt aus tief liegenden Schichten.

DIE GESCHICHTE DER GEOLOGIE

James Hutton begründete 1795 die Geologie als Wissenschaft.

Die alten Griechen und die Inder befassten sich erstmals mit den Gesteinen der Erde. Gegen Ende des 18. Jhs. erkannte der schottische Wissenschaftler James Hutton als erster Europäer, dass die Erde viele Millionen Jahre alt ist und sich ständig verändert. Der deutsche Meteorologe Alfred Wegener behauptete 1912, dass sich die Kontinente bewegen. Es dauerte jedoch noch 50 Jahre, bis seine Theorie von der Kontinentaldrift bewiesen wurde.

Erforschung der Erde

Die Erdkruste besteht aus vielen unterschiedlichen Gesteinsschichten, die sich im Laufe von Jahrmillionen übereinander abgelagert haben. Die obersten Schichten sind meist am jüngsten, die untersten Schichten am ältesten. Durch Erschließen der Gesteinsschichten können Geologen die Geschichte der Erde nachvollziehen.

Siehe auch
Erdbeben
Erde
Fossilien
Gas
Kohle
Kontinente
Mineralien und Steine
Öl

Geometrie

THALES
Der antike griechische Philosoph und Forscher Thales (um 624 – um 547 v. Chr.) besuchte Ägypten und Babylon, wo er Astronomie und Landvermessung studierte. Aufgrund seiner Studien entwickelte er die ersten Theorien zur Geometrie. Er soll auch die Sonnenfinsternis von 585 v. Chr. vorhergesagt haben.

Siebeneckige Zwanzig-Pence-Münze

Kreisförmiger amerikanischer Vierteldollar

Das Studium von Formen, Punkten, Linien, Kurven, Oberflächen und Winkeln heißt Geometrie, nach zwei griechischen Wörtern, die »Erde« und »messen« bedeuten. Die Welt um uns herum ist voller geometrischer Formen. Flüssigkeiten haben glatte Oberflächen, und Regentropfen sind vollkommene Kugeln. Objekte fallen in geraden Linien und drehen sich in Kreisen. Kristalle wachsen zu Prismen mit quadratischem, dreieckigem oder sechseckigem Querschnitt. Dank der Geometrie verstehen wir diese Formen. Sie lässt sich auch im Alltag vielfach praktisch anwenden. Mithilfe der Geometrie errichten Architekten Gebäude, die nicht umfallen, bauen Ingenieure sichere Straßen und Brücken und planen Piloten und Seeleute ihre Routen. Die Prinzipien der Geometrie wurden schon von antiken griechischen Gelehrten entdeckt und aufgeschrieben, aber wir benutzen sie noch heute.

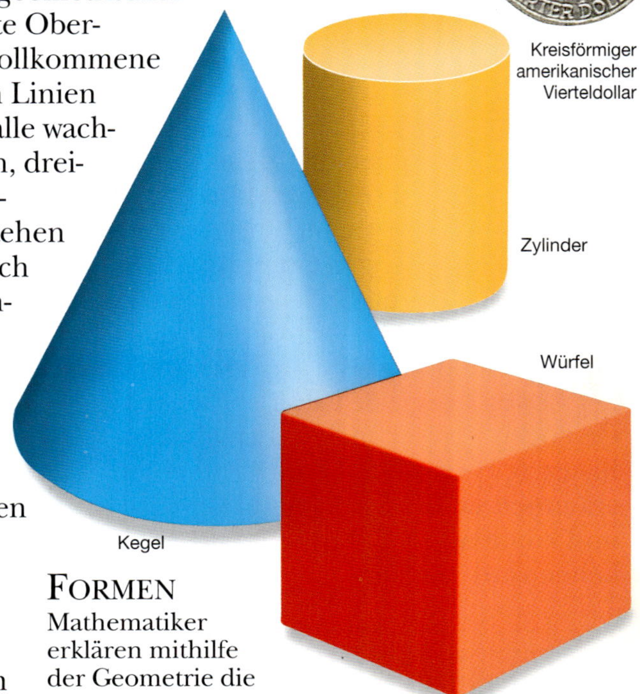

Formen

Mathematiker erklären mithilfe der Geometrie die mathematischen Eigenschaften von Formen. Mit Begriffen wie Länge, Winkel, Fläche und Volumen drücken sie die Beziehungen zwischen Seiten, Ecken und Oberflächen aus. Es gibt zweidimensionale Formen, wie Kreise, Dreiecke, Rechtecke und Vielecke, oder dreidimensionale, wie Kegel, Zylinder und Würfel.

Die Skizze oben zeigt, dass die Form der Schale eine Folge von Kurven jeweils innerhalb eines Quadrates ist, deren Größe in einem bestimmten Verhältnis abnimmt, sodass die Spiralform entsteht.

Geometrische Formen in der Natur

Viele Dinge in der Natur haben geometrische Formen. Der italienische Mathematiker Leonardo Fibonacci (um 1170 – um 1250) entdeckte, dass die äußere Form von Schneckenhäusern geometrisch berechenbaren komplizierte Kurven wie Spiralen entspricht.

SEXTANT
Der Sextant wurde nach 1730 zur Navigation von Schiffen erfunden. Indem man den Winkel zwischen einem Stern und dem Horizont misst, berechnet man mit dem Sextanten die Schiffsposition.

ANGEWANDTE GEOMETRIE
Viele Tätigkeiten nutzen die Geometrie, so auch die Architektur und die Technik. Die drei Seiten der berühmten Glaspyramide am Louvre von Paris in Frankreich sind z. B. jeweils dreieckig und bestehen wiederum aus Hunderten kleinerer Dreiecke.

WINKEL
Die Geometrie befasst sich mit Winkeln – dem Maß, in dem sich eine Linie oder ein Objekt dreht. Winkel werden durch Linien gebildet, die sich in Punkten treffen, und in Grad (°) gemessen. Ein rechter Winkel hat 90°. Ein stumpfer Winkel ist größer, ein spitzer Winkel kleiner als 90°.

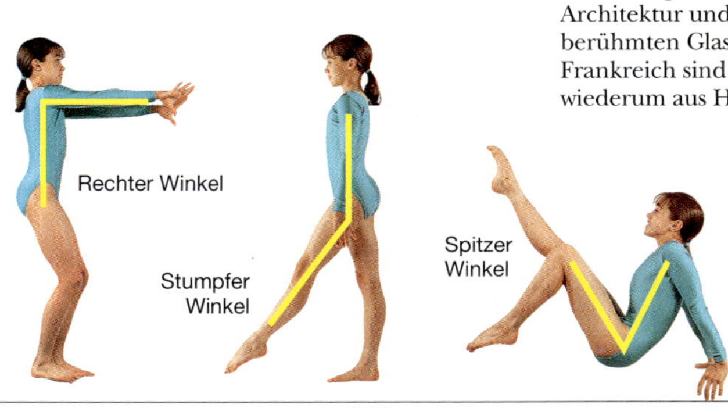

Siehe auch
Architektur
Griechenland, Altes
Mathematik
Navigation

Germanen

Der Ursprung der Germanen konnte bis heute nicht genau geklärt werden. Die Germanen verstanden sich nicht als Volk, sondern setzten sich aus vielen verschiedenen Stämmen zusammen, die zuerst Südschweden, die dänische Halbinsel und Norddeutschland besiedelten. Im Laufe der Jahrhunderte breiteten sie sich immer weiter aus. Sie verdrängten die Kelten und führten erbitterte Schlachten gegen die Römer, die ihre Reichsgrenzen östlich des Rheins mit der Errichtung eines Schutzwalls, Limes genannt, sicherten. Das meiste, was wir über die alten Germanen wissen, stammt vom römischen Geschichtsschreiber Tacitus, der ihre Sitten und Gebräuche 98 n. Chr. genau beschrieben hat. Erst im 3. Jh. n. Chr. schlossen sich die Großstämme der Alemannen, Franken, Sachsen und Goten zusammen, während sich die Langobarden, Burgunder, Angeln und Vandalen über ganz Europa verteilten und neue Reiche gründeten.

Ackerbau und Viehzucht prägten das Gesicht der Dörfer.

Fürstengräber

Im Gegensatz zum einfachen Volk wurden die germanischen Fürsten aufwändig bestattet. Sie fanden ihre letzte Ruhe in Grabkammern, die in hohe Erdhügel hineingebaut wurden. Den Toten wurden Reitzeug und kostbare Gefäße aus Bronze, Silber und Glas mitgegeben.

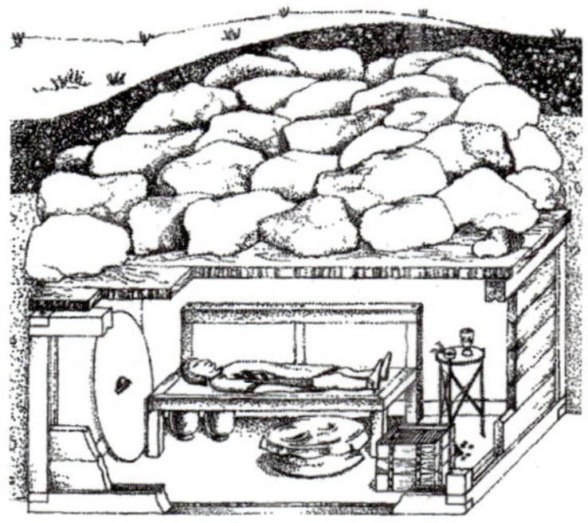

Die Germanen lebten in rechteckigen Wohn- und Stallhäusern mit strohgedecktem Dach.

Die Schlacht am Teutoburger Wald

Als Julius Cäsar 59–51 v. Chr. Gallien eroberte, wurden Römer und Germanen zu direkten Nachbarn. Unter Kaiser Augustus kamen große Teile Germaniens zum Römischen Reich. Plötzlich mussten die Germanen hohe Steuern zahlen, was ihnen ganz und gar nicht gefiel. Im Jahr 9 n. Chr. tat sich der germanische Fürst Arminius mit anderen Stämmen zusammen. In einer Schlacht am Teutoburger Wald gelang es ihm, die Truppen des römischen Statthalters Varus zu besiegen. Während die linksrheinischen Gebiete römische Provinzen blieben, wurde aus der rechten Rheinseite wieder ein freies Germanien.

»Die Pferde, im eigenen Blut und auf dem schlüpfrigen Sumpfboden ausgleitend, werfen erst die Reiter ab (…) und zertreten die am Boden Liegenden …« (Cornelius Tacitus, ca. 55–120 n. Chr.)

Der Alltag

Die Germanen gingen selten auf die Jagd. Stattdessen bauten sie Weizen und Gerste an und züchteten Rinder, Schafe, Schweine und Pferde. Ihre Dörfer errichteten sie meist in der Nähe eines Flusses. Die Männer waren mit Kittel, Mantel und Hose bekleidet, während die Frauen einen wollenen Umhang über Bluse und Rock trugen. Zusammengehalten wurde er mit prächtigen Spangen aus Silber, Bronze oder Glas. Wenn es im Dorf zu Streitigkeiten kam, entschied ein von der Gemeinschaft gewählter Richter, wie die Strafe auszusehen hatte. Richtige Gesetzesbücher gab es erst verhältnismäßig spät, etwa nach dem Jahr 500.

GERMANISCHE HELDEN
Im 19. Jahrhundert, als man von einem geeinten Nationalstaat träumte, beschworen viele Schriftsteller und Komponisten ihre germanischen Wurzeln und beschäftigten sich mit den altnordischen Helden aus dem Nibelungenlied. Mit seinem Musikdrama *Der Ring des Nibelungen* brachte Richard Wagner 1876 Gestalten wie den Drachentöter Siegfried, Kriemhild, dessen Frau, den Kämpfer Hagen von Tronje (oben) und den edlen Helden Dietrich von Bern auf die Bühne.

Diese Bronzeskulptur aus dem 8. Jh. zeigt den Donnergott Thor, zu dem die Bauern um Regen beteten, um eine gute Ernte zu bekommen. Der deutsche Name für Thor ist Donar – nach ihm ist im Deutschen der Wochentag Donnerstag benannt.

GERMANISCHE GÖTTER

Wie alle Völker versuchten auch die Germanen sich bestimmte Naturereignisse mithilfe von Göttern zu erklären. Eine der bedeutendsten germanischen Gottheiten war Thor. Er trug immer einen Hammer bei sich, mit dem er Götter und Menschen vor Riesen und Ungeheuern beschützte. Immer, wenn er mit seinem Wagen fuhr, der von Geißböcken gezogen wurde, donnerte es. Mächtiger als Thor war nur sein Vater Wotan, der Gott der Toten und des Krieges. Dessen Frau war die Göttin Freya, die große Mutter. Das meiste, was wir über den Glauben der alten Germanen wissen, steht in den Aufzeichnungen des römischen Geschichtsschreibers Tacitus, denn die Germanen selbst haben sich ihre Götter- und Heldensagen nur mündlich überliefert. Erst im 13. Jahrhundert entstand »Die Edda«, die wichtigste Sprüche- und Liedersammlung der altnordischen Mythologie. Sie erzählt von den beiden Göttergeschlechtern der Asen und der Vanen, von Riesen, Zwergen und Menschen, von Hel, der Unterwelt, und von Walhall, wo die gefallenen Helden ihre letzte Ruhe finden.

RUNEN
Welchen Ursprung die germanischen Schriftzeichen haben, ist bis heute nicht geklärt. Man nimmt an, dass sie etwa um 200 v. Chr. entstanden sind. Damals wurden sie allerdings hauptsächlich zu magischen Zwecken benutzt und nicht, um sich schriftlich zu verständigen. Die frühesten Runeninschriften, die man gefunden hat, stammen aus dem 3.–6. Jh. n. Chr. und befinden sich in Dänemark und in Schleswig-Holstein. Es gab nicht nur das Runenalphabet Futhark (oben). Das älteste Alphabet bestand aus 24, spätere bloß noch aus 16 Zeichen. Als die Germanen um 500 den christlichen Glauben annahmen, verdrängte das lateinische Alphabet die germanischen Schriftzeichen.

MOORLEICHEN
In Norddeutschland und in Dänemark sind über die Jahre Hunderte von Moorleichen gefunden werden. Der Schlamm hat die Toten mit Haut und Haar konserviert – manche davon so gut, dass man jede einzelne Falte in ihrem Gesicht erkennen kann, obwohl sie bereits vor weit mehr als 2000 Jahren gestorben sind! Durch die besondere Zusammensetzung des Moorwassers, das wenig Sauerstoff, aber umso mehr Gerbsäure enthält, sind nicht nur die Körper unserer germanischen Vorfahren perfekt erhalten geblieben, sondern auch ihre Kleidung.

»Das Mädchen von Windeby« wurde in Schleswig-Holstein gefunden. Diese Moorleiche eines 14-jährigen Mädchens ist 2000 Jahre alt. Es gehörte zum Volk der Kimbern, die Tote oft im Moor bestatteten.

GERMANISCHE SPRACHEN

Die germanischen Sprachen gehören zur Gruppe der indogermanischen Sprachen. Man unterscheidet zwischen den westgermanischen Sprachen wie Englisch, Deutsch, Niederländisch, Friesisch und den nordgermanischen Sprachen Schwedisch, Dänisch, Norwegisch, Isländisch und Färöisch. Die ostgermanischen Sprachen der Goten wie Krimgotisch, Burgundisch, Vandalisch oder Lombardisch sind heute ausgestorben. Wo sich germanische Stämme ansiedelten, kann man noch heute an den Ortsnamen erkennen. Orte und Städte, die auf -lar, -mar, -tar, -ingen, -ungen, -aha, -affa, -a enden, haben typische germanische Ortsnamen.

Siehe auch
ALPHABETE
DEUTSCHLAND, GESCHICHTE
LITERATUR, DEUTSCHSPRACHIGE
ROM, ALTES
WIKINGER

Gesundheit und Fitness

Regelmäßige Bewegung beugt Herzkrankheiten vor.

Was bedeutet es eigentlich, gesund zu sein? Gesund sein heißt nicht nur, dass man gerade nicht an einer Krankheit leidet. Gesund sein bedeutet, sich körperlich und geistig wohl zu fühlen und rundum fit zu sein. Gesundheit ist kostbar und kann leicht geschädigt werden. Zum Glück kann man viel tun, um sich seine Gesundheit zu erhalten. Eine ausgewogene Ernährung, Sport und genügend Schlaf tragen dazu bei, gesund zu bleiben. Der Gesundheitszustand der Bevölkerung und die Gefahren, die der Gesundheit drohen, können von Land zu Land sehr unterschiedlich sein. In manchen Teilen der Welt haben viele Menschen schwere Gesundheitsprobleme, weil sie arm sind, Hunger haben, und weil das Trinkwasser nicht sauber ist. Aber auch Stress im Beruf, zu wenig Bewegung und zu viel Essen schaden der Gesundheit.

Auch in Industrieländern könnten mehr Hygiene und ausgewogenere Ernährung viele Krankheiten verhindern.

Gesund bleiben

Die Ernährung ist für unsere Gesundheit wichtig. Eine ausgewogene Ernährung besteht aus frischem Obst und Gemüse, aus Fleisch, Fisch, Brot, Eiern und Milch. Fettes, Salziges und Süßes sollte man nur selten und in kleinen Mengen essen.

Impfschutz

Zur Gesundheitsfürsorge gehört auch der Impfschutz gegen bestimmte Krankheiten. Bei einer Impfung werden Erreger der Krankheit, die besonders behandelt und dadurch relativ harmlos sind, in den Körper eingeführt – mit einer Spritze oder als Schluckimpfung. Der Körper bildet Antikörper gegen die Krankheit. Heute kann man u.a. gegen Diphterie, Polio (Kinderlähmung), Tetanus, Masern, Mumps, Röteln und Tuberkulose geimpft werden. Die Pocken wurden durch Impfungen weltweit beseitigt.

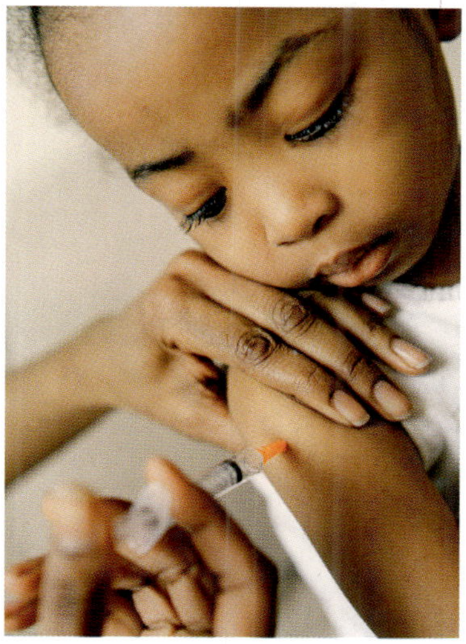

Ärzte, Schwestern oder Krankenpfleger führen Impfungen durch.

Die Psychiaterin beobachtet das Kind beim Spielen.

Geistige Gesundheit

Ein gesunder Geist ist ebenso wichtig wie ein gesunder Körper. Stress, Drogenmissbrauch, körperliche Krankheiten und familiäre Probleme gefährden die geistige Gesundheit. Ärzte, die sich auf die Behandlung von Geisteskrankheiten spezialisiert haben, nennt man Psychiater.

Vorsorgeuntersuchungen

Bei Routineuntersuchungen können Ärzte schwere Krankheiten wie Krebs in einem frühen Stadium entdecken, sodass man sie noch rechtzeitig behandeln kann. Bei solchen Untersuchungen können auch Erbkrankheiten festgestellt werden.

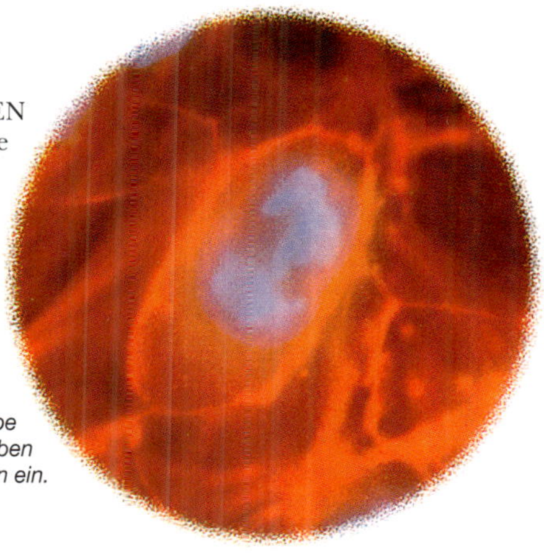

Um an Krebs erkranktes Gewebe sichtbar zu machen, färben Labortechniker Gewebeproben ein.

Gesundheitswesen

Schmutz kann die Gesundheit beeinträchtigen. Wenn unhygienische Bedingungen nicht beseitigt werden, schaden sie sehr vielen Menschen. Die Londoner Pestepidemie des Jahres 1665 war eine Folge schlechter hygienischer Verhältnisse. Ab den 40er-Jahren des 19. Jhs. wurden in Europa die Versorgung mit sauberem Trinkwasser und effektive Kanalisationssysteme eingeführt. Organisationen wie die Weltgesundheitsorganisation WHO arbeiten für die weltweite Verbesserung der Hygiene.

TÄGLICHE BEWEGUNG

Durch regelmäßigen Sport unterstützen wir unseren Kreislauf, stärken Herz und Atmung und sorgen dafür, dass die Muskeln kräftig und die Gelenke beweglich bleiben. Sport ist für das Gehirn ebenso wichtig wie für den Körper und trägt zu unserem Wohlbefinden bei. Wichtig ist, sich vor dem Sport aufzuwärmen und die Muskeln danach zu entspannen.

Dehnungsübungen erhalten uns gelenkig.

RADFAHREN

Radfahren ist eine angenehme Art, sich fit zu halten. Man ist dabei an der frischen Luft und kann diesen Sport auch gut in seinen Tagesablauf einbauen, indem man z. B. mit dem Fahrrad in die Schule fährt. Man kann schnell oder gemächlich fahren – auf jeden Fall baut man dabei seine Kondition auf, stärkt die Beinmuskulatur und verbessert die Sauerstoffversorgung von Herz und Gehirn.

Nie ohne Fahrradhelm fahren!

Räder müssen gewartet und geölt werden.

Pedale mit den Fußballen treten.

GESUNDE KOST

Unsere Nahrung liefert uns die Energie, die wir täglich benötigen. Sie versorgt uns auch mit allen Stoffen, die unser Körper braucht, um zu wachsen und sich zu regenerieren. Die Vitamine in der Nahrung erhalten und stärken unser Abwehrsystem. Frisches Obst und Gemüse sollten ein Drittel unserer täglichen Nahrung ausmachen.

Artischocken sind gut für die Leber.

Fenchel unterstützt die Nieren.

Zucchini sind reich an Folsäure und Kalium.

Avocado enthält die Vitamine E und B6 sowie Kalium.

Knoblauch unterstützt den Kreislauf.

Rote Paprika enthält viel Vitamin A.

Zwiebeln senken den Fettspiegel im Blut.

FITNESS UND SPASS

Man sollte sich unbedingt einen Sport aussuchen, der einem auch Spaß macht. Je mehr Freude ein Sport macht, desto öfter betreibt man ihn und desto mehr hat man davon. Die Auswahl ist groß: Trampolinspringen, Fußball, Tennis, Badminton, alle Arten von Tanz, Gymnastik, Schwimmen, Laufen und Leichtathletik – all diese Sportarten verbessern die Kondition und machen gute Laune.

HALTUNG

Auch eine gute Haltung hilft, gesund zu bleiben. Man sollte immer gerade, aber entspannt stehen und beide Füße gleichermaßen belasten. So unterstützt man den Kreislauf und schont den Rücken. Wenn man krumm und schief sitzt, belastet man Rücken, Schultern und Nacken und behindert das Atmen.

Knie leicht beugen

Entspannt und nicht steif stehen

Belastung von Nacken und Rücken

Druck auf die Brust behindert die Atmung.

GEISTIGE FITNESS

Auch das Gehirn muss fit gehalten werden. Gesunde Ernährung, genügend Schlaf und viel Bewegung sorgen dafür, dass das Gehirn mit Nährstoffen und Sauerstoff versorgt wird und dadurch gesund bleibt. Kreuzworträtsel und Puzzles sowie Brettspiele wie Schach, bei denen man denken muss, sind anregend und so etwas wie Sport für die grauen Zellen.

Siehe auch

HERZ UND KREISLAUF
SPORT
VERDAUUNG

Getreide von Hand zu ernten ist eine schwere Arbeit. Ein moderner Mähdrescher bewältigt die Arbeit von bis zu 100 Menschen.

Getreide und Gräser

WELTWEIT GIBT ES mehr als 10 000 Arten von Gräsern. Rasen, Getreidefelder, Bambuswälder, die afrikanische Savanne, sie alle bestehen zu einem Großteil aus Gräsern. Gräser sind schlanke Blütenpflanzen mit steifen Stängeln, den so genannten Halmen, und langen schmalen Blättern. Ihre vielen kleinen Wurzeln bilden ein dichtes Geflecht. Die Blüten sind fedrige Büschel ohne Blütenblätter und sitzen oben am Stängel. Gräser werden vom Wind bestäubt. Die Samen entwickeln sich auf die gleiche Weise aus den Blüten wie bei anderen Blütenpflanzen. Die Keimblätter bilden eine reichhaltige Nahrungsquelle für den Samen – und auch für den Menschen. Getreide sind für uns die wichtigste Nahrungsquelle. Wir essen sie u.a. in Form von Brot und anderem Gebäck. Auch Nutztiere füttern wir mit Getreide. Weizen und Gerste sind zwei der ältesten Nutzpflanzen und wurden schon vor 10 000 Jahren angebaut.

ZUCKERROHR
Zuckerrohr wächst bis zu 4,5 m hoch. Bei der Ernte schneidet man das Rohr knapp über dem Boden und reißt die Blätter ab. In der Zuckermühle wird das Rohr gehäckselt und gepresst. Der Saft wird zu Sirup und dann zu Zucker eingekocht.

Getreide

Die reifen Samen von Getreidearten wie Hafer, Gerste, Roggen und Mais werden geerntet, um zu Mehl vermahlen oder zu anderen Produkten wie z. B. Frühstücksflocken verarbeitet zu werden. Die Stängel verwendet man als Einstreu für Tiere. Blätter und Stängel des Mais werden gehäckselt und in Silos gelagert. Durch Wärmebildung gären sie. Die fertige Silage verfüttert man an Nutztiere.

GERSTE
Gerste wird als Tierfutter und beim Brauen von Bier verwendet.

WEIZEN
Es gibt über 30 Weizensorten. Aus Hartweizen stellt man Nudeln her. Für Brot und anderes Gebäck wird Weizen zu Mehl vermahlen.

ROGGEN
Roggen ist ein Brotgetreide. Außerdem dient es als Tierfutter.

HIRSE
Aus Hirsemehl macht man Fladenbrote oder Breie. Auch Vogel- und Viehfutter wird Hirse beigegeben.

REIS
Auch Reis gehört zur Familie der Gräser. In vielen Teilen der Welt ist Reis das wichtigste Grundnahrungsmittel.

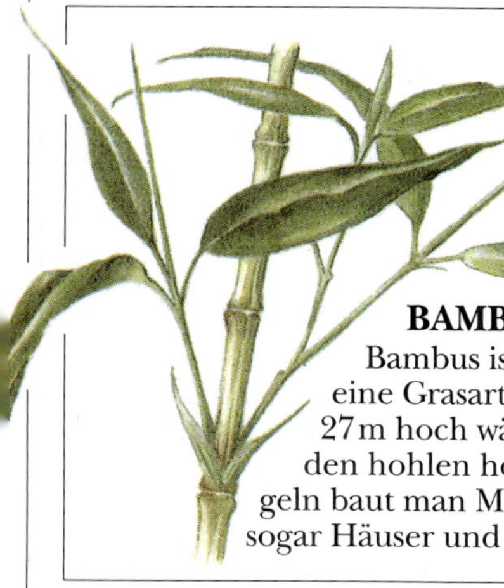

BAMBUS
Bambus ist ebenfalls eine Grasart, die bis zu 27 m hoch wächst. Aus den hohlen holzigen Stängeln baut man Möbel und sogar Häuser und Baugerüste.

SCHILF
Getrocknete Schilfgräser dienen zur Dachabdeckung.

Siehe auch
Böden
Früchte und Samen
Pflanzen
Tiere, Grasland

Gewitter und Wirbelstürme

Tornados

Die stärksten Wirbelwinde sind Tornados – rotierende Luftsäulen unter einer Gewitterwolke, die Geschwindigkeiten bis zu 400 km/h erreichen. Im Zentrum der Luftsäule ist der Luftdruck sehr niedrig, was zur Explosion von Gebäuden führen kann. Eine Wasserhose ist ein Tornado über Wasser. Sie entsteht, wenn die Luft Wasser mitreißt. Staubstürme sind Tornados über einer Wüste, die Sand und Staub aufwirbeln.

Gerade in diesem Moment wüten rund um die Erde etwa 2000 Gewitter, und seit du diese Zeilen liest, haben sich ungefähr 500 Blitze entladen. Gewitter und Wirbelstürme haben eine gewaltige Kraft: Die Energie eines Hurrikans könnte mehr Glühbirnen zum Leuchten bringen als es in Europa gibt. Ein Sturm ist ein sehr starker Wind. Schwere Stürme wie Tornados, Hurrikane oder andere Wirbelstürme bilden ein eigenes, gewaltiges Sturmsystem aus. Bestimmte Gebiete, wie der Bereich um den Golf von Mexiko, werden regelmäßig von schweren Wirbelstürmen heimgesucht. Wirbelstürme richten durch die hohen Windgeschwindigkeiten, durch die mit ihnen einhergehenden Regen- und Schneefälle oder durch den aufgewirbelten Sand oder Staub große Schäden an. Ein Hurrikan wird meist von einer zerstörerischen Sturmflut begleitet. Der Meeresspiegel steigt dabei wegen des raschen Luftdruckabfalls im Zentrum des Sturms stark an. Dieser Anstieg führt zusammen mit dem starken Wind zu einer hohen Wasserwelle, die beim Aufprall an der Küste schwere Schäden verursacht.

Blitz und Donner

Gewitterwolken entstehen meist an heißen, feuchten Tagen. Starke Luftströmungen in der Wolke lassen Regentropfen und Hagelkörner zusammenstoßen, wodurch sich eine elektrische Ladung aufbaut. Zwischen den Ladungen entstehen Blitze, die oft bis zum Boden reichen. Durch die Hitze des Blitzes dehnt sich die Luft in der Umgebung schlagartig aus, und es erdröhnt ein Donnerschlag.

ZERSTÖRENDE KRAFT
Wenn ein Hurrikan die Küste erreicht, hinterlassen Winde mit 320 km/h eine Schneise der Verwüstung (unten). Die Winde sind am Rand des windstillen Auges am stärksten.

Hurrikane

Wenn warme, feuchte Luft über dem Meer wirbelförmig aufsteigt, entsteht ein Hurrikan – ein Wirbelsturm, der auch als Taifun oder Zyklon bezeichnet wird. Die Erddrehung führt dazu, dass der Sturm um ein windstilles Zentrum, Auge genannt, rotiert. Das Auge wandert normalerweise mit 25 km/h. Sein Durchmesser kann bis zu 800 km betragen.

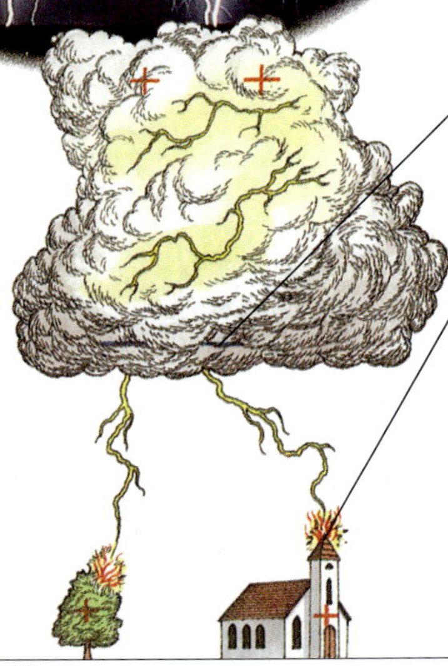

Siehe auch
Klima
Niederschlag
Wetter
Wind

Glas und Keramik

BUNTGLAS
Einfassungen aus Blei halten die vielen Einzelteile der Buntglasfenster zusammen, die Kirchen, Rathäuser und manchmal auch Wohnhäuser schmücken.

KLEBRIGEN LEHM UND TROCKENEN SAND sind wir eher am Spaten als auf dem Esstisch gewöhnt. Und doch sind dies die Grundbestandteile der Teller, von denen wir essen, und auch der Flaschen und Gläser, in denen wir Essen und Getränke kaufen. Die Materialien Glas und Keramik haben einige gemeinsame nützliche Eigenschaften: Elektrischer Strom und Hitze können nicht durch sie hindurchgehen, und sie haben eine harte Oberfläche. In anderer Hinsicht unterscheiden sie sich: Anders als Keramik ist Glas lichtdurchlässig, und Keramik wird bei hohen Temperaturen nicht flüssig. Gegenstände aus Glas und Keramik sind zerbrechlich, aber bestimmte Zusätze und Herstellungsverfahren machen beide Materialien stabiler. Glas und Keramik sind als Werkstoff schon lange bekannt. Bereits vor über 5000 Jahren stellten die Ägypter Glasperlen her; aus Lehm gebrannte Gegenstände sind sogar noch älter.

Zündkerzen für den Automotor

Keramik

Feuchter Lehm lässt sich leicht zu Geschirr und Fliesen formen. Beides bekommt im Brennofen dauerhafte Gestalt. Keramik ist hitzebeständig und undurchlässig für Strom.

Glas

Behältnisse aus klarem Glas schützen den Inhalt und rücken ihn ins beste Licht. Geschliffene Linsen aus Glas lenken Strahlen um und bündeln das Licht. Aber nicht immer erfüllt Glas bestimmte Zwecke; manche Gegenstände sind rein dekorativ.

Medizinflasche aus undurchsichtigem Glas

Gläsernes Tintenfass

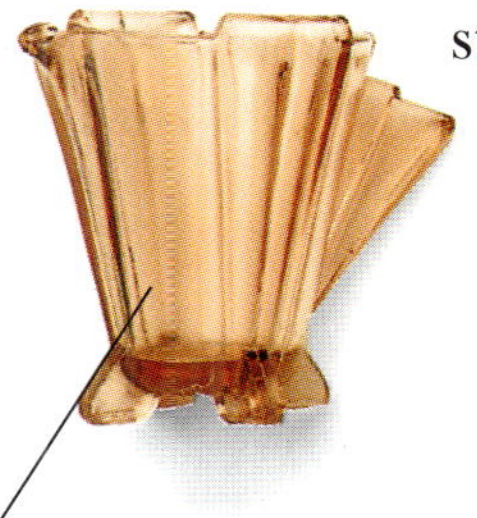

Kunstvolle Vase aus den 30er-Jahren des 20. Jh.

Keramikfliese

Tasse aus Keramik

Eine nach außen gewölbte Linse dient als Lupe (Vergrößerungsglas).

EMAIL
Email ist mit Glas vergleichbar. In dünner Schicht auf Metall und andere Materialien aufgetragen, schützt es vor den Einflüssen der Witterung und vor Abnutzung.

GLASHERSTELLUNG

FIBERGLAS

Verstärkt man Plastik mit Glasfasern, entsteht ein Werkstoff, der Fiberglas genannt wird. Er ist so stabil, dass sogar Karosserien für Autos daraus gefertigt werden.

HITZEBESTÄNDIGKEIT
Keramik kann sehr hohen Temperaturen standhalten. Als Isoliermaterial schützt es Astronauten, wenn das Raumschiff beim Eintreten in die Erdatmosphäre von außen glüht.

GLASBLÄSER BEI DER ARBEIT
Der Glasbläser bläst in ein langes Rohr, an dessen Ende sich ein Klumpen weiches Glas befindet. Dieser dehnt sich aus wie eine Blase. Durch geschicktes Formen noch vor dem Abkühlen entstehen daraus edle Objekte aus Glas.

Siehe auch
KIRCHEN
KUNSTSTOFFE
LICHT

Gletscher

SCHNEE, DER AUF die höchsten Berggipfel der Welt fällt, schmilzt nicht. Die Temperatur klettert dort selten über den Gefrierpunkt, und Neuschnee, der auf den alten Schnee fällt, drückt diesen zu Eis zusammen. Mit der Zeit entsteht eine dicke Eisschicht, die in U-förmigen Trogtälern als breiter Eisstrom oder Gletscher hangabwärts fließt. Die Gletscher fließen sehr langsam – oft weniger als 1 cm pro Tag. An den unteren Hängen ist es meist wärmer, sodass der Gletscher dort abschmilzt. In der Arktis und der Antarktis können die Gletscher jedoch nicht schmelzen. Hier fließen sie ins Meer und bilden Eisberge oder schwimmendes Schelfeis. In der letzten Eiszeit vor einer Million Jahren bedeckte eine riesige Eisschicht fast ganz Nordamerika und Europa. Als sich das Klima vor etwa 10 000 Jahren erwärmte, schmolz ein Großteil des Eises, und die Eisschicht zog sich zurück. Heute sind nur noch Grönland und die Antarktis von einer Eisschicht überdeckt.

GLETSCHER
Gletscher fließen oft zusammen – wie Flüsse, die sich zu einem Strom vereinigen. Das Eis kann mehr als 1 km tief sein.

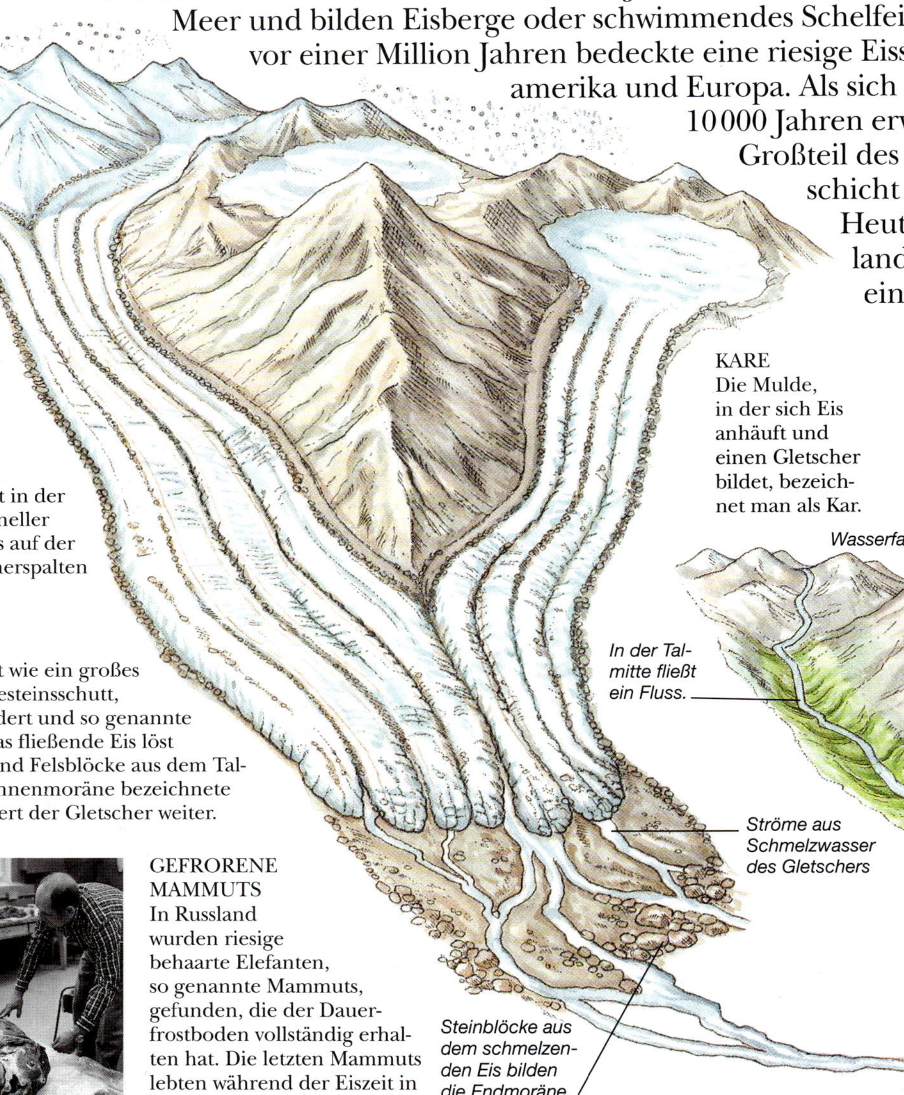

EISKAPPE
Eiskappen bedecken riesige Flächen. Ab einer Mächtigkeit von 60 m setzt das hohe Gewicht das Eis in Bewegung.

TALGLETSCHER
Der Gletscher fließt in der Mitte des Tales schneller als am Rand, sodass auf der Oberfläche Gletscherspalten aufreißen.

MORÄNE
Der Gletscher wirkt wie ein großes Förderband, das Gesteinsschutt, hangabwärts befördert und so genannte Moränen bildet. Das fließende Eis löst außerdem Steine und Felsblöcke aus dem Talboden. Dieses als Innenmoräne bezeichnete Material transportiert der Gletscher weiter.

KARE
Die Mulde, in der sich Eis anhäuft und einen Gletscher bildet, bezeichnet man als Kar.

LANDSCHAFTSFORMUNG
Gletscher tragen sogar das härteste Gestein ab und verändern dadurch die Landschaft. Wo sich Gletscher zurückgezogen haben, sind Täler, Seen, Flüsse und Wasserfälle zu finden, die es zuvor nicht gab.

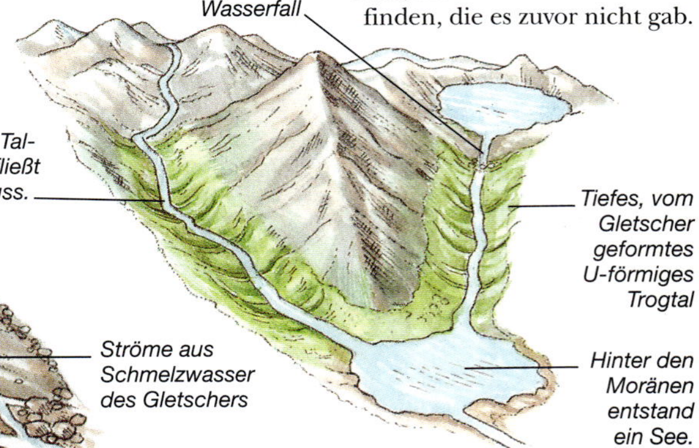

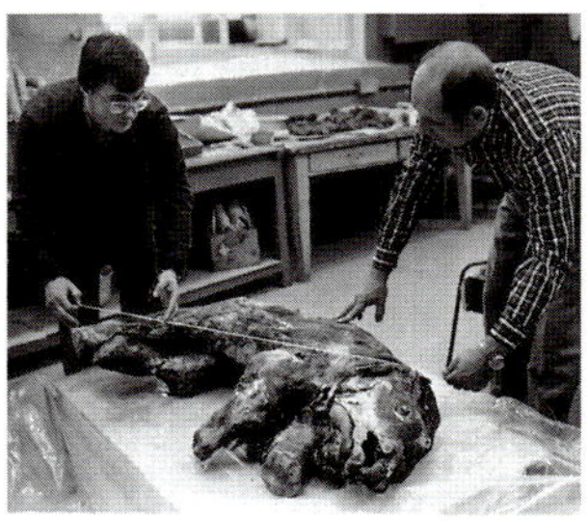

GEFRORENE MAMMUTS
In Russland wurden riesige behaarte Elefanten, so genannte Mammuts, gefunden, die der Dauerfrostboden vollständig erhalten hat. Die letzten Mammuts lebten während der Eiszeit in Europa und Asien.

FJORDE
Am Ende der Eiszeit stieg der Meeresspiegel an und überflutete die von Gletschern geschaffenen Täler. Es blieben tiefe, steilwandige Buchten zurück, die man als Fjorde bezeichnet.

EISBERGE
Große, schwimmende Eisbrocken nennt man Eisberge. Neun Zehntel des Eises sind unter Wasser. Der Passagierdampfer *Titanic* sank 1912 nach dem Zusammenstoß mit einem Eisberg.

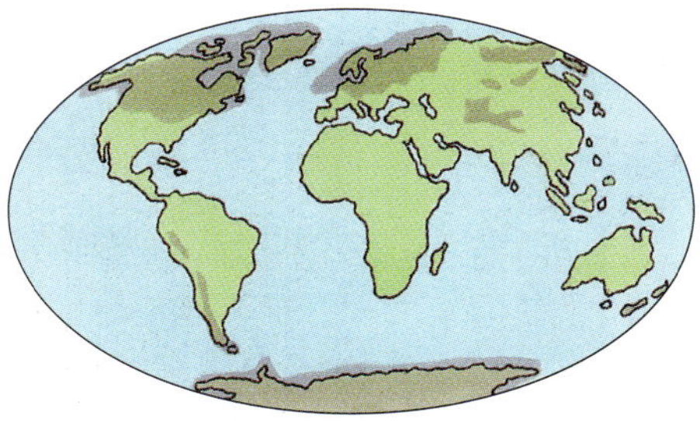

EISZEIT
Zur letzten Eiszeit bedeckte eine dicke Eisschicht etwa ein Drittel der weltweiten Festlandfläche. Das Eis dehnte sich fast bis in die Mitte Deutschlands aus. Es gab schon vorher Eiszeiten, und es wird auch in Zukunft wieder welche geben.

Siehe auch
ANTARKTIS
ARKTIS
GEBIRGE
NIEDERSCHLAG
TIERE, POLARGEBIETE

Globalisierung

Kinder und Jugendliche fast überall auf der Welt hören die gleiche Musik, sehen ähnliche Fernsehserien und wünschen sich dieselben Jeans oder Turnschuhe – in Afrika genauso wie in Deutschland, Österreich oder der Schweiz. Das liegt daran, dass die Wirtschaftssysteme der einzelnen Länder immer stärker zusammenwachsen. Diesen Prozess nennt man Globalisierung. Dadurch entsteht ein riesiger Markt, der viele Chancen und Gemeinsamkeiten schafft, aber auch gefährliche Abhängigkeiten. Kritiker dieser Globalisierung befürchten, die Industriestaaten könnten die armen Länder immer mehr an den Rand drängen. Sie haben Angst, dass die großen Konzerne immer mächtiger werden, ohne soziale Verantwortung zu übernehmen.

Die Fastfoodkette McDonald's gehört zu den Gewinnern der Globalisierung: Mittlerweile besitzt sie mehr als 30 000 Restaurants in 118 Ländern. Kritiker werfen McDonald's vor althergebrachte, gesündere Essgewohnheiten zu zerstören.

Wohlstand für alle

Befürworter der Globalisierung glauben, dass der freie Austausch von Waren und Dienstleistungen dafür sorgt, dass es den Menschen überall auf der Welt besser geht. Ein riesiger Markt entsteht und damit auch neue Arbeitsplätze. Das wiederum ermöglicht den Menschen genug Geld zu verdienen, um ihre Kinder zur Schule zu schicken und dafür zu sorgen, dass sie eine gute Ausbildung bekommen.

Bürgerbewegungen

Damit die Globalisierung möglichst gerecht vor sich geht, haben sich Freiwillige auf der ganzen Welt zu so genannten Nichtregierungsorganisationen (NROs, oder englisch: NGOs) zusammengeschlossen. Ihre Mitglieder sind unabhängig und setzen sich aktiv für Menschenrechte, die Umwelt und andere soziale Anliegen ein. Über 1500 NGOs arbeiten direkt mit den Vereinten Nationen zusammen.

Globalisierungsgegner

Viele Menschen werfen der Globalisierung vor, dass sie die Gegensätze zwischen Arm und Reich noch mehr verschärft. Sie haben Bürgerbewegungen gegründet, die sich für neue, gerechtere Wirtschaftsformen einsetzen. Eine der bekanntesten heißt *Attac*. Sie wurde 1998 in Paris gegründet und hat heute Mitglieder auf der ganzen Welt. Eine der Hauptforderungen von *Attac* besteht darin, dass die Entwicklungsländer dieselben Chancen bekommen sollen wie die Industrienationen.

Globale Kommunikation

Ein gutes Beispiel für die Vorteile der Globalisierung ist das Internet. Es bietet den Menschen die technische Möglichkeit, sich weltweit auszutauschen, und stellt ihnen unendlich viele Informationen zur Verfügung. Allerdings darf man dabei nicht vergessen, dass mehr als die Hälfte der Menschen auf der Welt noch nie einen Telefonhörer in der Hand hatte. Viele Gegenden sind gar nicht an ein Telefonnetz angebunden, oder die Menschen können sich die Telefongebühren nicht leisten – von einem Computer ganz zu schweigen.

Vorsicht Ausbeutung!

Manche Firmen nutzen die Globalisierung, indem sie in Ländern produzieren, in denen es z. B. keine Kranken- und Rentenversicherung gibt. Verschiedene Unternehmen schrecken auch nicht davor zurück, Kinder zu beschäftigen, ohne ihnen den Besuch einer Schule zu ermöglichen. Das zeigt: Die Globalisierung darf sich nicht nur auf den Austausch von Waren beschränken. Auch umweltgerechtes Verhalten, Demokratie und Menschenrechte müssen weltweit durchgesetzt werden.

Weltweite Konkurrenz

Durch die Globalisierung können die großen Konzerne billiger produzieren: Sie lassen ihre Waren dort herstellen, wo es am wenigsten kostet. Wo die Firma ihren Hauptsitz hat oder die Waren später einmal verkauft werden sollen, spielt dabei keine Rolle. Das führt dazu, dass die Fabriken eines Landes nicht nur untereinander um Aufträge kämpfen, sondern sich gegen Fabriken in aller Welt durchsetzen müssen. Viele Konzerne verlegen die Produktion in so genannte Billiglohnländer, weil ihnen die Arbeitskraft der Menschen in den Industrienationen zu teuer geworden ist. Dort müssen Fabriken schließen, und die Menschen werden arbeitslos.

Siehe auch

Industrie und Handel
Industrielle Revolution
Internet
Umweltschutz

JOHANN WOLFGANG VON
GOETHE

DER GROSSE DEUTSCHE DICHTER Johann Wolfgang von Goethe wurde 1749 in Frankfurt geboren, seine Eltern waren sehr wohlhabend. Mit 16 Jahren ging er von zu Hause fort, um in Leipzig und Straßburg Jura zu studieren. Als Rechtsanwalt in Frankfurt schrieb er sein erstes Drama und einen Briefroman, beide wurden große Erfolge. 1775 holte man ihn nach Weimar, wo er als hoher Staatsbeamter Karriere machte. Nach einer Italienreise wurde er Direktor des Weimarer Hoftheaters. Dort schockierte er die Hofgesellschaft, weil er in wilder Ehe mit dem einfachen Blumenmädchen Christiane Vulpius zusammenlebte. Die Freundschaft mit Friedrich Schiller regte ihn dazu an, liegen gelassene Arbeiten fortzuführen, so auch den *Faust*, Goethes berühmtestes Theaterstück. Weitere Dramen, Balladen und Romane folgten. Nachdem er in *Dichtung und Wahrheit* seine Lebensgeschichte erzählt hatte, starb Goethe 1832 im Alter von 82 Jahren.

DIE LEIDEN DES JUNGEN WERTHERS
Mit diesem Briefroman gelang dem gerade einmal 24-jährigen Goethe ein echter Bestseller. Die dramatische Geschichte vom jungen Werther, der unglücklich in die bereits verlobte Lotte verliebt ist, löste eine richtige Werthermode aus. Viele Männer kleideten sich genau wie Werther und trugen blauen Frack, gelbe Weste, Lederhose, Stulpenstiefel und fassten ihre Haare zu einem Zopf zusammen.

Goethes Gartenhaus in Weimar

GOETHE IN WEIMAR
Herzog Karl-August war erst 18 Jahre alt, als er Goethe 1775 an den Weimarer Hof holte. Goethe, der den Herzog unterrichten sollte, freundete sich rasch mit ihm an. Die beiden gingen gemeinsam auf die Jagd und spielten der Hofgesellschaft so manchen Streich. In Anna Amalia, der Mutter des Herzogs, fand Goethe eine wichtige Gönnerin. Sie holte viele Künstler an den Hof, baute die Bibliothek aus und gründete das Theater, das Goethe später leitete.

ITALIENREISE
1786 reiste Goethe nach Italien und hielt seine Eindrücke in einem Tagebuch fest. Er war so begeistert von Land und Leuten, dass er zwei Jahre lang blieb. Über Verona und Bologna fuhr er nach Rom und dann weiter nach Neapel und Sizilien. Vor allem die Kunst der Antike beeindruckte ihn sehr.

Goethe war auch ein begabter Zeichner. Auf seiner Italienreise machte er zahlreiche Skizzen.

An der Figur und der Geschichte des Faust arbeitete Goethe sein Leben lang.

DIE WERKE
Neben seinen zahlreichen Gedichten, Liedern, Hymnen, Balladen und Romanen *(Die Leiden des jungen Werthers, Die Wahlverwandtschaften, Wilhelm Meisters Lehrjahre)* wurden vor allem Goethes Dramen *(Götz von Berlichingen, Egmont, Iphigenie, Torquato Tasso)* zu Klassikern. Das mit Abstand berühmteste Drama ist der *Faust*. Darin verarbeitet er einen alten Sagenstoff und erzählt die Geschichte des Gelehrten Doktor Faust, der einen Pakt mit dem Teufel Mephisto schließt, um alle seine Wünsche erfüllt zu bekommen, und ihm dafür seine Seele verkauft.

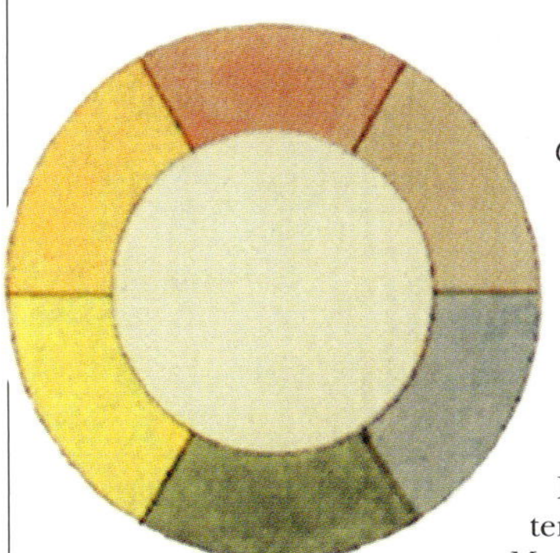

Goethes Farbkreis

DER NATURFORSCHER
Als Beamter am Weimarer Hof leitete Goethe das Ilmenauer Bergwerk. Das weckte sein Interesse an der Natur, dem er auch auf seiner Italienreise nachging. Nachdem er bereits 1784 den menschlichen Zwischenkieferknochen beschrieben hatte, glaubte er im botanischen Garten von Palermo die Urpflanze entdeckt zu haben. Zurück in Weimar stellte er weitere naturwissenschaftliche Forschungen an, veröffentlichte den *Versuch, die Metamorphose der Pflanze zu erklären* und entwickelte 1810 eine eigene *Farbenlehre*.

Siehe auch
DICHTER UND SCHRIFTSTELLER
LITERATUR
LITERATUR, DEUTSCHSPRACHIGE
SCHILLER, FRIEDRICH VON

Greifvögel

Adler, Falken, Habichte, Eulen und Geier nennt man Greifvögel, weil sie Beute »greifen«, oder Raubvögel, weil sie zu den räuberisch lebenden Tieren zählen. Weltweit gibt es ungefähr 300 Arten, die alle über außergewöhnlich scharfe Augen verfügen. Auch aus großer Höhe können sie Beutetiere am Boden erkennen. Sie haben lange, kräftige Beine mit scharfen Krallen und einen scharfen gebogenen Schnabel, mit dem sie Fleisch auseinander reißen können. Einer der größten Adler ist der australische Keilschwanzadler, der 2,5 m Spannweite erreicht. Ein weit verbreiteter Greifvogel ist der in Eurasien und Afrika lebende Turmfalke, der oft über Wiesen und Straßen schwebend Ausschau nach Beute hält. Die Zahl der Tiere nimmt bei vielen Arten beständig ab, weil ihre Lebensräume immer kleiner werden.

Schreiseeadler

Der afrikanische Schreiseeadler hat an den Flügelspitzen lange Federn, um seinen Gleitflug zu steuern. Er überfliegt die Seen, Sümpfe und Flüsse in Afrika südlich der Sahara und stürzt sich auf Fische, die er aus der Luft erkennt.

Sperber

Der Sperber (oben) ist ein geschickter Flieger, der in Wäldern und in offener Landschaft kleinere Vögel jagt. Er überfällt seine Beute im Sturzflug oder verfolgt sie durch den Wald.

Falknerei

Jahrhundertelang wurden Falken, Habichte und andere Greifvögel für die Falknerei oder Beizjagd abgerichtet. Der Greifvogel trägt bis zum Beginn der Jagd eine Haube, die seine Augen verdeckt, damit er ruhig bleibt. Im Nahen Osten ist die Falknerei heute noch sehr beliebt.

Weisskopf-Seeadler

Wegen ihrer Größe und ihres majestätischen Aussehens sind Adler beliebte Wappentiere. Der nordamerikanische Weißkopfseeadler (links) ist ein Fischadler und das Wahrzeichen der USA.

Kondor

Kondore zählen zu den größten flugfähigen Vögeln weltweit. Ihre Spannweite beträgt 3 m. Der südamerikanische Andenkondor kann stundenlang über Berggipfeln kreisen.

Aasfresser

Altweltgeier und Neuweltgeier, zu denen auch die Kondore gehören, ernähren sich meist von toten und sterbenden Tieren. Sie drehen hoch oben in der Luft ihre Kreise. Sobald ein Geier irgendwo Nahrung erblickt, stürzt er sich sofort darauf, und alle anderen Geier in der Nähe folgen seinem Beispiel.

Königsgeier

Wie fast bei allen Geiern sind beim schön gefärbten südamerikanischen Königsgeier Hals und Kopf kahl. Er lebt in tropischen Regenwäldern und überfliegt Baumkronen, Sümpfe und Grasland auf der Suche nach Aas. Darüber hinaus jagt er auch kleine Reptilien und Säugetiere.

Der orangerote Kopf und der graue Federkragen machen den Königsgeier zu einem der schönsten Geier.

Ein Königsgeier hält nach Beute Ausschau.

Siehe auch

Eulen
Tiere
Tiere, Flug
Vögel

GRIECHENLAND

Vulkan | Berg | Historische Stätte | Hauptstadt | Großstadt | Stadt

Griechenland liegt am Ostende des Mittelmeers, von diesem, dem Ägäischen und dem Ionischen Meer umgeben. Es besteht aus dem Festland, der Halbinsel Peloponnes und über 2000 Inseln.

FAKTEN
Fläche: 131 990 km²
Einwohner: 11 000 000
Hauptstadt: Athen
Sprachen: Griechisch, Türkisch, Mazedonisch, Albanisch
Religionen: griechisch-orthodox, islamisch
Währung: Euro

GRIECHENLAND IST EIN LAND der rauen Berge, abgelegenen Täler und verstreuten Inseln. Die meisten Menschen leben von der Landwirtschaft; Oliven wachsen auf den trockenen Berghängen, abgehärtete Schafe und Ziegen weiden in der zerklüfteten Landschaft. Griechenland ist der drittgrößte Olivenölerzeuger der Welt und exportiert auch Zitrusfrüchte, Trauben und Tomaten. Mit einer der größten Handelsflotten ist es eine Seefahrtnation. In neuerer Zeit hat der Tourismus die griechische Wirtschaft umgewandelt. Millionen Besucher werden von der Landschaft und der reichen Geschichte Griechenlands, der Geburtsstätte der Demokratie im 5. Jh. v. Chr., angezogen.

DIE GRIECHISCHEN INSELN

Das griechische Festland ist von vielen Inseln umgeben und mit diesen durch Schiffe und Fähren verbunden. Im Sommer sind die Inseln mit ihrem warmen Klima, ihren Fischerdörfern und herrlichen Stränden Touristenzentren, die über 9 Mio. Besucher anziehen. Im Winter verlassen die Sommergäste die kleinen Inseln und kehren zum Festland zurück.

ORTHODOXE PRIESTER
Die orthodoxe Kirche wurde in Konstantinopel (Istanbul) im 4. Jh. gegründet. Die griechisch-orthodoxe Kirche wurde 1850 unabhängig und ist die vorherrschende Glaubensgemeinschaft Griechenlands, mit über 10 Mio. Gläubigen. Die auffällig gekleideten Priester sind ein vertrauter Anblick.

ATHEN
Das historische Athen, kulturelles Zentrum Griechenlands im 5. Jh. v. Chr., gilt als Geburtsstätte der westlichen Zivilisation. Die befestigte Akropolis (oben) erhebt sich 100 m über die Stadt, gekrönt vom Parthenontempel, der der Schutzgöttin der Stadt, Athene, geweiht war und 432 v. Chr. erbaut wurde. Heute ist die geschäftige moderne Stadt ein Haupthandels-, Schifffahrts- und Touristenzentrum und Sitz der griechischen Regierung.

Maßstab
0 50 100 km

TINTENFISCHE
Tintenfische sind eine griechische Delikatesse, werden aber im überfischten Mittelmeer rar.

Siehe auch
ARCHÄOLOGIE
CHRISTENTUM
DEMOKRATIE
GRIECHENLAND, ALTES

ALTES
GRIECHENLAND

VIELE WÖRTER, BAUWERKE und gesellschaftliche Erscheinungen haben ihren Ursprung im alten Griechenland. Vor etwa 2500 Jahren gründeten die Griechen eine Gesellschaft, die Einfluss auf die ganze Welt hatte. Griechische Architekten entwarfen einen Baustil, der noch heute nachgeahmt wird. Griechische Denker stellten Fragen über das Leben, die noch heute diskutiert werden. Das moderne Theater hat seine Wurzeln in Schauspielen, die die Griechen vor Jahrtausenden unter freiem Himmel aufführten. Außerdem entwickelte sich in Athen die erste Demokratie (Volksherrschaft) der Welt. Allerdings hatten nur freie, in Athen geborene Männer ein Recht, mitzuregieren. Die altgriechische Gesellschaft erlebte mehrere Stadien, mit einem »Goldenen Zeitalter« zwischen 600 und 300 v. Chr., als Kunst und Kultur ihre höchste Blüte erlebten. Schließlich wurde die griechische Zivilisation von den Makedoniern unter Philipp II. unterworfen. Philipps Sohn, Alexander der Große, breitete die griechische Kultur in den Nahen Osten und nach Nordafrika aus.

TEMPEL DER GÖTTIN HERA
Die Griechen errichteten Tempel, um ihre vielen Götter zu verehren. Dieser Tempel von Paestum in Italien war der Göttin Hera geweiht, der Schutzgöttin der Ehe und der Frauen.

PERIKLES
Als Stadtoberhaupt von Athen ließ Perikles (um 490–429 v. Chr.) eine Stadtverschönerung durchführen. Dazu gehörte der Bau des Parthenon, eines Tempels für die Göttin Athene.

In Athen gab es viele geschäftige Märkte, wo die Menschen Handel betrieben.

ATHEN
Im Goldenen Zeitalter bestand die griechische Welt aus unabhängigen Städten – den so genannten Stadtstaaten. Mit dem Hafen von Piräus war Athen der wichtigste aller Stadtstaaten. Es entwickelte sich zum Zentrum der griechischen Zivilisation und Kultur und zog viele berühmte Dichter und Denker an, z. B. Sokrates. In Athen herrschte Demokratie. Die Menschen versammelten sich auf der Agora (Marktplatz), wo sie einkauften und über Politik redeten. Über Athen erhob sich die Akropolis.

SPARTA

In Griechenlands zweitgrößtem Stadtstaat, Sparta, drehte sich alles um Krieg. Die Spartaner führten ein hartes Leben. Jeder männliche Spartaner begann mit sieben Jahren die Militärausbildung und blieb Soldat, bis er 60 Jahre alt war. Frauen hielten sich durch Laufen und Ringen stark. Die Hopliten (Fußsoldaten) waren überall gefürchtet.

Hopliten aus Sparta

Athen (in Attika) und abhängige Staaten (rosa), um 450 v. Chr.

GRIECHISCHE WELT
Die griechische Welt bestand aus vielen Stadtstaaten und ihren Kolonien im Mittelmeerraum.

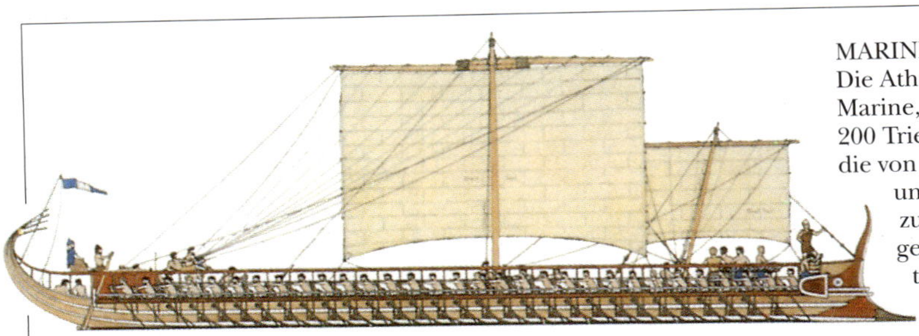

Nachbau einer griechischen Triere

MARINE
Die Athener hatten eine starke Marine, deren Flotte mehr als 200 Trieren umfasste – Kriegsschiffe, die von einem quadratischen Segel und von drei Ruderreihen mit zusammen 170 Männern angetrieben wurden. Die Kampftaktik bestand darin, dass die Trieren gegnerische Schiffe rammten. In der Schlacht von Salamis schlug 480 v. Chr. die Marine Athens die persische Flotte.

Griechisches Theater

Die Schauspielkunst hat ihren Ursprung in Athen. Sie ging aus einem Sing- und Schauspiel als Teil eines religiösen Festes zu Ehren des Gottes Dionysos hervor. Die Zuschauer betrachteten mehrere Dramen, und am Ende des Festes wurden das beste Drama und der beste Schauspieler ausgezeichnet. Dichter wie Sophokles und Aristophanes schrieben auch Tragödien und Komödien. Tragödien waren eher traurig, Komödien dagegen humorvoll und witzig.

DENKER
Die großen Denker oder Philosophen aus Athen beherrschten im 5. und im 4. Jh. v. Chr. die griechische Bildung und Kultur. Sokrates (469–399 v. Chr., oben) war einer der bekanntesten. Er beschäftigte sich mit dem Sinn des Lebens. Durch geschickte Gespräche führte er den Menschen vor, dass ihre Gedanken falsch sind. Sokrates selbst schrieb keine Bücher, doch einer seiner Anhänger, Plato (427–347 v. Chr.), beschrieb ihn in vielen seiner Bücher.

VASENMALEREI

Bemalte griechische Vasen geben uns einen Einblick in das Alltagsleben. Die Malereien zeigen oft ergreifende Szenen, z. B. einen Krieger, der von seiner Familie Abschied nimmt, bevor er in den Krieg zieht. Oft sind auch griechische Gottheiten dargestellt.

Amphore (Vase) aus Attika mit einer Darstellung von Zeus, dem König der Götter, bei der Geburt seiner Tochter Athene

ALTES GRIECHENLAND

1500 v. Chr. Blütezeit der minoischen Kultur (auf der Insel Kreta).

um 1400 Die mykenische Zivilisation mit den großen Palästen auf dem griechischen Festland beherrscht Griechenland.

um 1250 Trojanische Kriege zwischen Mykene und der Stadt Troja.

um 1000 Griechisch sprechende Völker kommen nach Griechenland und gründen die ersten Stadtstaaten.

776 Erste Olympische Spiele in Olympia, Griechenland.

um 750 Gründung der ersten griechischen Kolonien.

um 505 Einführung der Demokratie in Athen.

um 400 Goldenes Zeitalter des griechischen Theaters.

490–479 Perserkriege. Griechische Staaten vereint im Kampf gegen die Perser.

490 Sieg der Griechen über die Perser bei Marathon.

480 Griechen zerstören die persische Flotte in der Schlacht von Salamis.

479 Letzte Niederlage der Perser bei Plataä.

461–429 Perikles regiert in Athen. Bau des Parthenon.

431–404 Peloponnesischer Krieg zwischen Athen und Sparta führt zur Vormachtstellung Spartas in Griechenland.

359 Philipp II. wird König von Makedonien.

338 Philipp II. von Makedonien erobert Griechenland.

336–323 Alexander der Große, Sohn Philipps II., gründet das griechische Reich im Nahen Osten.

Siehe auch

Alexander der Grosse
Architektur
Bildhauerei
Demokratie
Minoische Kultur
Theater

GROSSBRITANNIEN
UND NORDIRLAND

Großbritannien liegt vor der Nordwestküste Europas. Im Osten ist die Nordsee, ein Teil des Atlantischen Ozeans, der auch die Nord- und Westküsten umspült. Der Ärmelkanal trennt das Inselreich vom europäischen Festland.

GROSSBRITANNIEN ENTSTAND aufgrund des Act of Union von 1801. Es besteht aus England, Wales und Schottland, die zusammen die Insel Großbritannien bilden, und der Provinz Nordirland. Zusammen bilden sie das Vereinigte Königreich. Ende der 90er-Jahre des 20. Jhs. übertrug die britische Regierung einen Teil ihrer Macht an Regionalregierungen durch die Schaffung neuer Parlamente in Nordirland, Schottland und Wales. Die englische Landschaft ist berühmt für ihre sanften Hügel und ihr reiches Agrarland. Wales und Schottland sind meist wild und gebirgig, Nordirland ist großenteils sumpfig. In Wales und Teilen Schottlands sprechen viele Menschen eine eigene Sprache keltischen Ursprungs. Großbritannien ist ein multikulturelles Land. In den letzten 100 Jahren ließen sich Flüchtlinge und Einwanderer aus Europa, Afrika, Asien und der Karibik in Großbritannien nieder und brachten ihre Sprachen und Religionen mit. Seit einigen Jahren erlebt das einstige Weltreich eine wirtschaftliche Flaute, doch durch die Entdeckung von Öl in der Nordsee wurde das Land zum Selbstversorger im Energiesektor.

Rote Doppeldeckerbusse und schwarze Taxis sind unverwechselbare Londoner Verkehrsmittel.

LONDON
Als die Römer Großbritannien vor fast 2000 Jahren eroberten, errichteten sie eine befestigte Stadt namens Londinium zur Sicherung des Themseübergangs. Um 1100 war London so groß geworden, dass es die Hauptstadt des ganzen Landes wurde. Heute ist es eine Weltstadt mit fast 7 Mio. Einwohnern und das politische, finanzielle und kulturelle Zentrum Großbritanniens. Touristen aus der ganzen Welt bewundern die historischen Gebäude, besonders den Tower (links), eine Festung aus dem 11. Jh.

CITY OF LONDON
Das alte Zentrum von London heißt City. London ist eines der führenden Finanzzentren der Welt, und die meisten britischen Banken und Unternehmen haben hier ihre Zentralen. Bei Lloyd's im modernen Lloyd's Building (links) sind die Schiffe der Welt registriert und versichert.

Der Nationalsport Cricket ist eine britische Erfindung. Viele Orte haben ihre eigenen Teams.

ENGLAND
Der größte und bevölkerungsreichste Teil Großbritanniens ist England. Viele Menschen leben in großen Städten wie London, Birmingham und Manchester. Der Südosten und der Norden sind zum Teil dicht besiedelt. Die vielfältige englische Landschaft weist hügeliges Agrarland im Süden und Osten und Heide und Hochmoore im Norden und Westen auf. Den Kern der malerischen Dörfer bilden oft alte Häuser und Läden und die Dorfwiese.

Die Rose ist die Nationalblume von England.

Jersey und Guernsey

Die Kanalinseln Jersey und Guernsey liegen näher an Frankreich als an Großbritannien. Die französische Küste ist von Jersey, der größten Insel, nur 24 km entfernt. Einige kleinere Inseln bei Jersey und Guernsey gehören ebenfalls zu den Kanalinseln. Alle Inseln haben ein mildes Klima – der Gemüseanbau ist einer der Haupterwerbszweige. Warmes Wetter und reichlich Sonnenschein ziehen auch Urlauber an, die in den Sommermonaten neben den 156 000 Bewohnern die Inseln bevölkern.

Unzählige bunte Blumen schmücken die Flöße für das Fest der »Battle of the Flowers« auf Jersey.

Nordengland

Im Norden Englands befindet sich traditionell die Schwerindustrie Großbritanniens. Während der Industriellen Revolution im 19. Jh. erzeugten die Fabriken Exportgüter für das Britische Empire, das die halbe Welt umfasste. Heute stehen in den Industriestädten des Nordens viele Fabriken leer, da die Fertigung in anderen Erdteilen billiger ist. Nordengland ist auch für seine landschaftliche Schönheit berühmt, etwa im gebirgigen Lake District im Nordwesten. Hier liegen zwischen tiefen Seen steile Berge, die fast 1000 m hoch sind. Die herrliche Gegend zieht viele Besucher und Touristen an.

»Mad Sunday«, ein Motorradrennen auf der Isle of Man

Isle of Man

Die Isle of Man gehört zwar zu Großbritannien, erfreut sich aber einer gewissen Unabhängigkeit. Die Manx, wie die Insulaner heißen, haben ihre eigene Regierung, den Tynwald, der viele Entscheidungen zur Verwaltung der Insel trifft. Es gibt auch eine Manx-Sprache, die heute aber nur noch für Zeremonien benutzt wird. Die Unabhängigkeit der Manx hat eine lange Geschichte, und zwischen 1405 und 1765 war die Insel ein eigenes Königreich.

Fischindustrie

Die Gewässer des nordöstlichen Atlantiks gehören zu den reichsten Fischgründen der Erde. Aber EU-Vorschriften zur Reduzierung von Fangquoten und zur Erhaltung von Fischbeständen sorgen für Unzufriedenheit bei den Fischern.

Großbritannien hat viele Fischereihäfen wie diesen in Schottland.

Die Menschen

Großbritannien ist dicht besiedelt, und meist leben die Menschen in Stadtgebieten, besonders im Südosten von England. Fast 12 % der Gesamtbevölkerung des Landes leben in London. Der Südosten ist auch am wohlhabendsten. Andere Landesteile sind weniger dicht besiedelt. Die schottischen Highlands etwa haben heute weniger Einwohner als vor 200 Jahren.

Shetland und Orkney

Nordöstlich von Schottland bilden zwei Inselgruppen Großbritanniens nördlichsten Vorposten. Orkney und Shetland umfassen insgesamt etwa 170 Inseln, aber nur die größeren sind bewohnt. In der kargen Landschaft gibt es kaum Bäume. Der Boden ist zu karg für die Landwirtschaft, und die vorherrschende heimische Industrie ist traditionell die Fischerei. Berühmt sind die Inseln auch für ihre handgestrickten Wollsachen – ein bestimmtes Strickmuster ist z.B. nach Fair Isle benannt.

Ein walisisches Dorf hat den längsten Ortsnamen in Großbritannien.

Wales

Land- und Forstwirtschaft sowie Tourismus sind die wichtigsten Erwerbszweige im ländlichen Wales. Die Farmen sind meist klein – im Durchschnitt etwa 40 ha. Die Farmer in den Hochlandregionen halten Rinder und Schafe. Wales war einst einer der Hauptkohleerzeuger der Welt: 1913 gab es 630 Zechen in der Region. Doch nach dem Ersten Weltkrieg ging es mit der Kohleindustrie bergab – 1990 waren nur noch sieben Zechen in Betrieb.

PUBS

Pubs (kurz für Public houses) entwickelten sich aus Gasthäusern, die Reisenden Essen, Trinken und Unterkunft boten. Das Pub spielt auch im britischen Kulturleben eine Rolle. In den *Canterbury Tales* von Geoffrey Chaucer (1340–1400) steigen Pilger auf dem Weg nach Canterbury in Südostengland in Pubs ab und erzählen einander Geschichten. Viele Stücke von William Shakespeare (1564–1616) wurden in den Höfen Londoner Pubs aufgeführt. Heute ist das Pub ein sozialer Treffpunkt. Oft unterhalten Pubs ihre Kunden mit Musik oder Dichtkunst, und viele britische Rockbands starteten ihre Karriere im Pub.

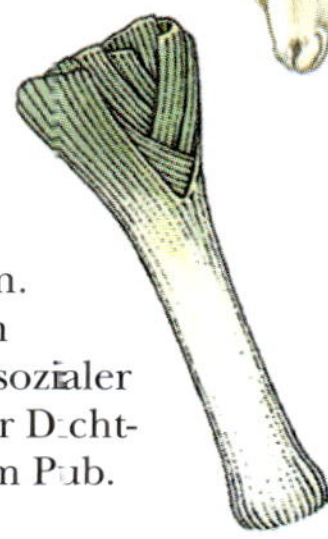

Der Lauch ist das Nationalemblem von Wales.

Der erste Sohn des britischen Königs oder der Königin wird traditionell Prince of Wales und trägt eine goldene Krone.

EISTEDDFOD

Jedes Jahr wird ein Lyrik-, Musik- und Dramenfestival zur Förderung des Walisischen veranstaltet. Dieses National Eisteddfod geht auf das 7. Jh. zurück. Heute werden bei diesem Ereignis Chöre und Orchester preisgekrönt.

Schottland-Tourismus

Der Tourismus ist eine wichtige Einnahmequelle für Schottland. Die Region lockt Besucher mit ihren herrlich wilden Highlands, aber auch mit ihren geschichtsträchtigen Burgen und Schlössern. Jahrhundertelang bekämpften sich in Schottland rivalisierende Familien, die Clans. Eines der beliebtesten Touristensouvenirs ist heute der Tartan – in den Clansfarben gewobene Textilien.

Das schottische Emblem ist die Distel.

Das irische Emblem: ein Kleeblatt

Nordirland

Bis nach 1960 bildeten Fertigung, Maschinenbau, Schiffbau und Textilien die wirtschaftliche Basis Nordirlands. In der auf Belfast konzentrierten Schwerindustrie sorgte der Schiffbau (oben) für die meisten Arbeitsplätze. Doch die Unruhen seit 1968 wirkten sich nachteilig aus. Heute sind in der Fertigung weniger als 22 % der Arbeitskräfte der Region tätig.

Schottland besteht überwiegend aus hohen Bergen und abgelegenen Glens (Tälern).

Siehe auch

Grossbritannien, Geschichte
Irland

Vulkan | Berg | Historische Stätte | Hauptstadt | Großstadt | Stadt

FAKTEN

Fläche: 244 880 km²
Einwohner: 58 200 000
Hauptstadt: London
Sprachen: Englisch, Walisisch, schottisches und irisches Gälisch
Religionen: anglikanisch, römisch-katholisch, presbyterianisch, muslimisch, methodistisch
Währung: Pfund Sterling
Haupterwerbszweige: Finanzen, Maschinenbau, Erdöl- und Erdgasproduktion, Fertigung, Landwirtschaft
Hauptexportgüter: Erdöl, Erdgas, Chemikalien, Elektronik, Autos, Flugzeuge
Hauptimportgüter: Maschinen, Obst und Gemüse, Metalle, Rohstoffe

ÄRMELKANAL
Die Briten nennen die Meerenge, die ihr Land von Frankreich trennt, English Channel, die Franzosen La Manche – »Der Ärmel«.

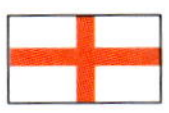

ENGLAND
Fläche: 130 432 km²
Einwohner: 50 093 800
Hauptstadt: London

SCHOTTLAND
Fläche: 78 133 km²
Einwohner: 5 078 400
Hauptstadt: Edinburgh

WALES
Fläche: 20 766 km²
Einwohner: 2 952 500
Hauptstadt: Cardiff

NORDIRLAND
Fläche: 14 695 km²
Einwohner: 1 700 100
Hauptstadt: Belfast

NORDSEEÖL

Seit etwa 1980 profitiert die britische Wirtschaft vom Erdöl unter der Nordsee. Bau und Betrieb der Bohrinseln sorgten für viele Arbeitsplätze, und die Erlöse aus dem Ölgeschäft ermöglichten Steuererleichterungen.

GROSSBRITANNIEN
GESCHICHTE

MIT DEM ACT OF UNION von 1801 wurde Großbritannien das Vereinigte Königreich. Davor hatte es vier separate Länder gegeben: England, Wales, Schottland und Irland. Doch England hatte die Herrschaft über Wales schon im 11. Jh. und über Irland im 12. Jh. übernommen und mit Schottland seit 1603 eine gemeinsame Monarchie gebildet. Großbritannien ist ein kleines Land, aber Ende des 19. Jhs. war es die reichste und mächtigste Nation der Welt geworden und herrschte über das größte Reich der Geschichte. Noch heute gehören zum britischen Commonwealth of Nations über 40 unabhängige Staaten, die einst britische Kolonien waren. Großbritannien war oft in lange und erbitterte Kriege verwickelt, aber dank seiner Insellage und seiner starken Marine ging es meist siegreich daraus hervor. Das britische Rechtssystem und die parlamentarische Regierungsform wurden von vielen Nationen übernommen.

STEINZEITSIEDLER
Vor rund 250 000 Jahren begannen während des milden Klimas zwischen zwei Eiszeiten Menschen Großbritannien zu besiedeln. Sie gingen einfach über die Landbrücke, die Großbritannien damals mit Europa verband.

SCHLACHT VON HASTINGS
1066 veränderte eine Schlacht den Lauf der englischen Geschichte. Das von Wilhelm dem Eroberer angeführte Normannenheer besiegte den englischen König Harold von Wessex bei Hastings in Südengland. Wilhelms Nachkommen haben das Land seither regiert. Er ließ in seinem neuen Königreich Burgen bauen und gab mächtigen Baronen Land, die wiederum Land an lokale Lords gaben, die bereit waren, für sie zu kämpfen. Bauern bestellten das Land des Lords und bezahlten ihre Pacht in Naturalien und Geld. Dieses System hieß Feudalismus.

HEINRICH VIII.
Heinrich VIII. war ein wahrhaft vielseitiger König: Er war ein guter Turnierkämpfer und Bogenschütze, Lautenspieler und kannte sich mit Sprachen aus. Sein Einfluss auf England war gewaltig. 1541 zwang er das irische Parlament, ihn als König von Irland anzuerkennen. Wegen der Scheidung von seiner Frau brach er mit der römisch-katholischen Kirche und wurde Oberhaupt der neuen Kirche von England. Als absoluter Herrscher ließ er jeden hinrichten, der ihm missfiel – auch zwei seiner sechs Frauen.

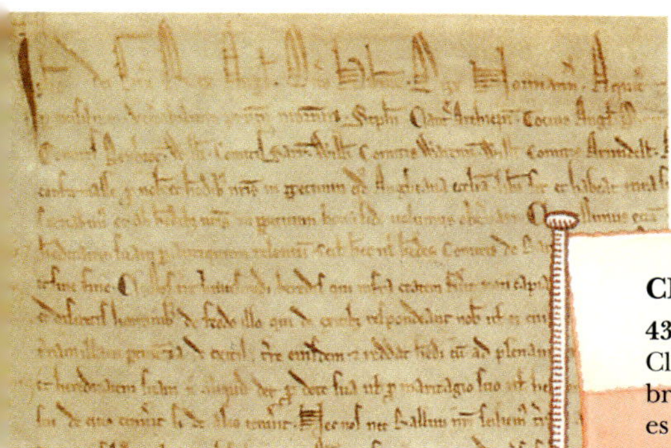

MAGNA CHARTA
Die Magna Charta (große Urkunde) von 1215 war ein Abkommen zwischen dem König und dem Adel von England, das den Adel vor einem Machtmissbrauch des Königs schützte. Seit diesem wichtigen Augenblick in der englischen Geschichte galt, dass selbst Könige sich an bestimmte Gesetze des Landes halten müssen.

CHRONIK

43 Die Römer unter Kaiser Claudius erobern Großbritannien und verleiben es ihrem Reich ein.

400 Die Römer verlassen Großbritannien.

um 500 Christliche Missionare kommen nach Großbritannien.

um 870 Beginn der Eroberung Großbritanniens durch die Wikinger.

1066 Die Normannen erobern Großbritannien.

1215 Magna Charta zwischen dem König und dem Adel von England.

1282 Eduard I., König von England, erobert Wales.

1485 Schlacht von Bosworth. Heinrich VII. wird erster Tudor-König.

1534 Das Parlament ernennt Heinrich VIII. zum Oberhaupt der Kirche von England.

1588 Die englische Marine besiegt die spanische Armada von Philipp II. von Spanien.

UNION JACK
Die Flagge Großbritanniens besteht aus den roten Kreuzen von St. Georg von England und St. Patrick von Irland sowie dem weißen St.-Andreas-Kreuz von Schottland auf blauem Untergrund. Wales hat eine eigene Flagge.

KARL II.
Die Armee des Parlaments besiegte König Karl I. im englischen Bürgerkrieg (1642–51) und ließ ihn hinrichten. Neun Jahre beherrschte Oliver Cromwell (1599–1658), ein Parlamentsmitglied, mit seiner Armee die neue Republik. 1660 kehrte Karls Sohn aus dem Ausland zurück (oben) und beanspruchte als König Karl II. den Thron. Die Nation, die der Republikaner überdrüssig war, feierte ihn.

Admiral Nelson

Der berühmteste und tapferste Kommandeur der britischen Royal Navy war Admiral Horatio Nelson (1758–1805). Vor der Schlacht von Trafalgar, in der er die Spanier und Franzosen schlug, erklärte er: »England erwartet von jedem Mann, dass er seine Pflicht tut.« Nelson selbst fiel in der Schlacht.

CHARTISTEN
Im 19. Jh. kämpften die Briten um ihr Wahlrecht. Gruppen wie die Chartisten (1837–48) forderten auf Demonstrationen ein gerechteres System, das alle vertrat, ein geheimes Wahlsystem und regelmäßige Wahlen. Oben ein von der Polizei niedergeschlagener Chartistenaufruhr.

Einwanderung

Großbritannien ist eine multiethnische und -kulturelle Gesellschaft geworden, in die vorwiegend Menschen aus Commonwealthländern in der Karibik und aus vielen asiatischen Ländern einwandern. Auf diesem Bild aus den 1960er-Jahren erhalten Neuankömmlinge aus Jamaika eine Mahlzeit in einer Anlaufstelle für Immigranten.

SOZIALSTAAT
1945 kam nach dem Zweiten Weltkrieg die Labourpartei an die Regierung und führte den Sozialstaat ein. Dabei wurde eine Reihe von Privatunternehmen verstaatlicht. Außerdem erhielten die Menschen »von der Wiege bis zur Bahre« Wohlfahrtsleistungen, so eine kostenlose medizinische Fürsorge vom National Health Service.

New Labour

Als die Labour Party 1997 die Konservativen haushoch besiegte, wurde Tony Blair (links) Premierminister Großbritanniens. Unter seiner Führung hatte die Partei die politische Mitte besetzt und sich in »New Labour« umbenannt. Blair gewann auch die Wahlen 2001 und 2005 – obwohl er heftige Kritik für die Teilnahme am Irak-Krieg erntete.

GROSSBRITANNIEN

1642–51 Bürgerkrieg zwischen König und Parlament.

1660 Karl II. wird König von England.

1707 England, Wales und Schottland zu Großbritannien vereint.

1801 Irland mit Großbritannien vereint.

1900 Großbritannien ist das stärkste und reichste Land der Welt.

1914–18 Großbritannien im Ersten Weltkrieg.

1931 Commonwealth of Nations errichtet.

1939–45 Großbritannien im Zweiten Weltkrieg.

1945 Sozialstaat eingeführt.

1973 Großbritannien wird Mitglied der Europäischen Gemeinschaft (EG).

1997 Schottland entscheidet sich für ein eigenes Parlament.

Siehe auch

Grossbritannien und Nordirland
Industrielle Revolution
Irland
Normannen

DIE HABSBURGER

FAMILIENWAPPEN
Das Familienwappen der Habsburger zeigte einen schwarzen, doppelköpfigen Adler. Es erschien auf all ihren Flaggen und Bannern.

IM 10. JH. BESASS die Familie der Habsburger Ländereien in Frankreich und in der Schweiz. Von dort aus stieg sie zu einem Herrschergeschlecht auf, das die europäische Geschichte mehr als 1000 Jahre lang prägte. Der Name Habsburg stammt von einer der ersten Burgen dieser Familie, der Habichtsburg in der Schweiz. Durch mehrere Kriege, Erbschaften und ausgewählte Hochzeiten gewann die Familie immer mehr Land dazu. Im 16. Jh. gehörten ihr zum größten Teil Süd- und Mitteleuropa und weite Teile Amerikas. Der Besitz der Habsburger wurde so groß, dass der Habsburger Kaiser Karl V. das Land unter Familienmitgliedern aufteilte. Philipp II. regierte eine Hälfte von Madrid aus, während Ferdinand von Österreich die andere Hälfte von Wien aus führte. Die spanische Linie der Habsburger starb 1700 aus, doch die österreichischen Habsburger dehnten ihr Reich weiterhin aus. Im 19. Jh. begann allerdings ihre Macht zu schwinden, da in ihrem Reich zu viele verschiedene Völker lebten. Nach dem Ersten Weltkrieg (1914–1918) gingen daraus vier neue Staaten hervor: Österreich, die Tschechoslowakei, Ungarn und Jugoslawien.

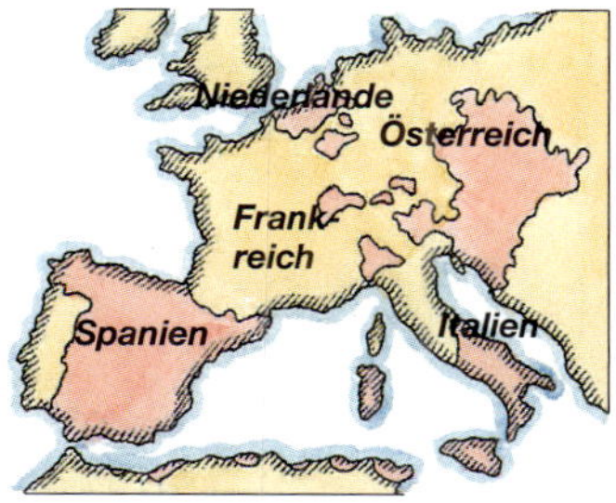

KARL V.
Unter Karl V., der 1530–1556 Kaiser des Heiligen Römischen Reiches war, erreichten die Habsburger die Höhe ihrer Macht. Karl V. beherrschte ein riesiges Reich (in der Karte rosa).

JOSEPH II.
Seit der Zeit Rudolfs I. weiteten die Habsburger ihre Macht in ganz Europa aus. Joseph II., Sohn Maria Theresias, war über die Lebensbedingungen der ärmeren Untergebenen erschrocken. Er setzte Reformen durch.

HABSBURGER

1273 Rudolf I. wird König des Heiligen Römischen Reiches.

1282 Albrecht I. regiert als erster Habsburger Österreich.

1438 Albrecht II. König des Heiligen Römischen Reiches.

1519 Karl V. wird Kaiser des Heiligen Römischen Reiches.

1526 Ferdinand, der Bruder Karls, erwirbt Böhmen.

1556 Karl V. teilt Habsburg in zwei Hälften.

1700 Tod Karls II., des letzten spanischen Monarchen der Habsburger.

1740–1780 Maria Theresa weitet die Macht der Habsburger in Europa aus.

1781 Joseph II., Sohn Maria Theresias, führt Reformen ein und befreit die Bauern.

1867 Das österreichische Reich wird in die Monarchien Österreich und Ungarn gespalten.

1918 Karl I., der letzte Habsburger Kaiser, verzichtet auf den Thron.

MARIA THERESIA
Maria Theresia bestieg 1740 den österreichischen Thron. Sie war erst 23, und das Reich war bankrott. In den nächsten 40 Jahren stellte sie jedoch Macht und Reichtum des Habsburgerreiches wieder her.

ÖSTERREICH
Unter Maria Theresia wurde Österreich zum führenden kulturellen Zentrum Europas. Österreich war Heimat der Komponisten Joseph Haydn und Wolfgang Amadeus Mozart. Künstler und Architekten aus ganz Europa arbeiteten an großen Schlössern, z. B. Schönbrunn in Wien (oben).

Siehe auch
DEUTSCHLAND, GESCHICHTE
EUROPA, GESCHICHTE
KARL DER GROSSE
ÖSTERREICH
SPANIEN, GESCHICHTE

Häfen und Kanäle

Schiffe laden und entladen ihre Fracht in Häfen – das sind geschützte Plätze an Küsten oder Flüssen mit Kränen und Lagerhäusern zur Abfertigung von Schiffen, Passagieren und Gütern. Straßen und Eisenbahnen verbinden die Häfen mit dem Binnenland. Die frühesten Häfen waren einfache Landeplätze an Flussmündungen. Hier waren Schiffe sicher vor Unwettern, und die Fracht konnte auf kleinere Boote für den Transport flussaufwärts verladen werden. Durch Mauern an den Flussufern entstanden Kaianlagen, die das Laden erleichterten. Im 18. und 19. Jh. legten die Hafenbehörden Docks an – tiefe, künstliche Becken, die von den Flüssen abgingen. Schiffe und Boote fahren über Wasserstraßen zu Binnenhäfen oder nutzen sie als Verbindungsweg zwischen Meeren. Wasserstraßen können natürliche Flüsse oder künstliche Kanäle sein. Eines der größten Wasserstraßensysteme der Welt verbindet in Nordamerika die Großen Seen über den Mississippi mit dem Golf von Mexiko. Es ist 24 000 km lang.

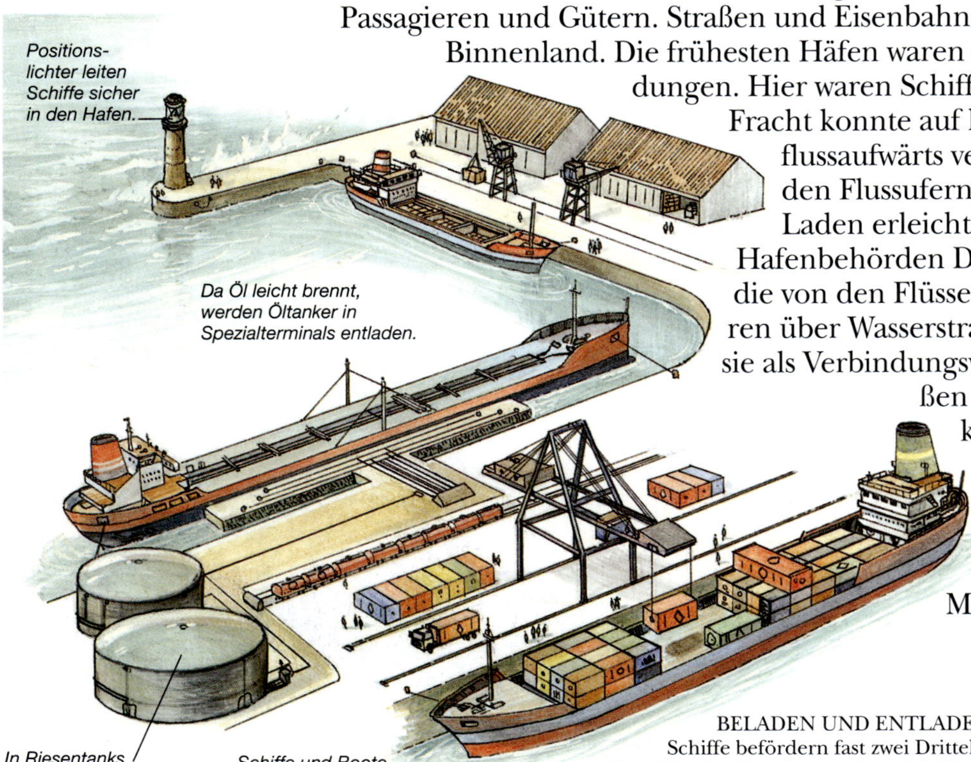

BELADEN UND ENTLADEN
Schiffe befördern fast zwei Drittel aller Güter in Containern, aber viele Dinge passen nicht hinein. Kräne heben diese großen Einzelteile auf die Schiffe und von ihnen herunter. Lose Fracht wie Getreide wird von großen Pumpen angesaugt und durch Rohre entladen. Fahrzeuge fahren auf Spezialschiffe, »Ro-Ros« genannt (roll-on, roll-off).

CONTAINER
Ein Spezialkran auf Rädern fertigt Container ab. Er hebt sie vom Schiff und stapelt sie entweder oder setzt sie auf einen Containertransporter. Kräne, Schiffe und Transporter haben auf der ganzen Welt Standardmaße, um den Austausch von Containern zu ermöglichen.

Docks

Große Schleusentore am Eingang zu den Docks sichern den Wasserspiegel darin. Die Lagerhäuser und Kräne älterer Docks verschwinden heute, da immer mehr Schiffe Güter in Containern befördern – großen Stahlbehältern in Standardgröße, die leicht zu stapeln und zu bewegen sind.

SINGAPUR
Inmitten der Seerouten von Südasien liegt Singapur, einer der belebtesten Häfen der Welt. In seinen großen, modernen Docks werden Güter aus aller Welt umgeschlagen. Viele große Schiffe aus Europa und Amerika entladen ihre Fracht hier in kleinere Schiffe zur Verteilung auf die benachbarten Länder.

Schleusen

Um Schiffe auf ein anderes Wasserniveau zu heben oder zu senken, gibt es Schleusen. Fährt ein Schiff zu einem niedrigeren Wasserniveau, füllt sich die Schleuse mit Wasser, und das Schiff fährt hinein. Die oberen Tore werden geschlossen, das Wasser wird abgelassen, und das Schiff sinkt auf das Wasserniveau vor den unteren Toren.

PANAMAKANAL
Um Südamerika von der Karibik bis zum Pazifik zu umrunden, müssen Schiffe fast 10 000 km zurücklegen. Daher bauten die USA einen großen Kanal durch Panama in Mittelamerika, wo Pazifik und Karibik nur 82 km auseinander liegen. Der Kanal wurde 1914 eröffnet.

Siehe auch
Boote und Schiffe
Industrie und Handel
Navigation

HAIE UND ROCHEN

DIE PERFEKTE KÖRPERFORM, um schnell zu schwimmen, ein außergewöhnlich guter Geruchssinn und ein Maul voller scharfer Zähne machen Haie zu den erfolgreichsten Raubfischen der Meere. Es gibt sie bereits seit 350 Millionen Jahren, und in dieser Zeit hat sich ihre Gestalt kaum verändert. Sie haben keine natürlichen Feinde und damit – außer dem Menschen – niemanden zu fürchten. Der Weißhai ist mit über 9 m Körperlänge und 2,7 t Gewicht der größte Raubfisch. In seinen Kiefern stecken Dutzende großer Zähne. Weißhaie streifen durch die Meere und fressen alles, gleichgültig ob lebend oder tot. Häufig schlingen sie die Beute ganz hinunter. Haie müssen ständig in Bewegung bleiben, um Sauerstoff aufzunehmen. Der Weißhai legt jeden Tag über 500 km zurück. Anders als die so genannten Knochenfische haben Haie und Rochen Knorpelskelette. Rochen haben einen flachen Körper und leben in der Nähe des Meeresbodens. Mit ihren stumpfen Zähnen knacken sie Muscheln.

FUCHSHAI

Diese Haiart wird 6 m lang und lebt v. a. in den warmen Küstengewässern des Atlantischen und des Pazifischen Ozeans. Im Sommer ist der Fuchshai auch weiter nördlich anzutreffen.

RÜCKENFLOSSE
Vor dem Angriff wird die Rückenflosse des Hais an der Oberfläche sichtbar. Die Rückenfinne des Delfins ist eher halbmondförmig.

STECHROCHEN

Es gibt etwa 100 Arten von Stechrochen. Die größten sind 4 m breit.

Mit der gezahnten Kante zersägen die Haizähne das Fleisch.

ZÄHNE
Haie besitzen mehrere Zahnreihen. Die einzelnen Reihen verschieben sich im Laufe des Wachstums vom Inneren des Mauls nach außen. Mit der Zeit brechen sie oder nutzen sich ab und werden ersetzt.

HAUT
Durch harte Zähnchen ist die Haut rau wie Sandpapier.

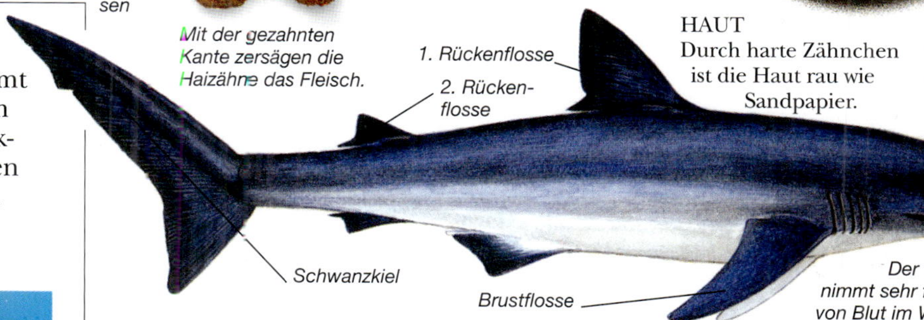

SCHWIMM-MASCHINE
Der Schub eines Hais kommt durch den Schwanz zustande. Der größere obere Lobus drückt die zweite Körperhälfte nach unten und hilft, den Hai gerade zu halten, der sonst kopfüber abkippen würde. Haie können nicht mit den Flossen bremsen, sondern schwimmen Kurven.

RIESENHAI

Der harmlose Riesenhai schwimmt gemächlich durch die tropischen Meere. Er ernährt sich von Plankton, das er mit den Kiemenreusen aus dem Wasser filtert. Von allen Fischen ist er mit 15 m Körperlänge der größte.

Ein Mensch kann gefahrlos den friedlichen Riesenhai begleiten, den größten aller Fische.

HAMMERHAI
Augen und Nasenöffnungen eines Hammerhais sitzen auf den beiden »Enden« seines Kopfes. Hammerhaie jagen Stechrochen und sind unempfindlich gegen ihr Gift.

Siehe auch
FISCHE
TIERE
TIERE, MEERE
TIERE, SINNE

Handel und Geschäfte

MUSCHEL-GELD
Auf den Pazifikinseln, in Indien und Teilen von Afrika wurden früher Kaurimuscheln als Zahlungsmittel verwendet.

WENN MAN LEBENSMITTEL oder vielleicht ein Buch kaufen möchte, findet man wahrscheinlich ein Geschäft oder Kaufhaus ganz in der Nähe. Aber Einkaufen war nicht immer so einfach. Die ersten Geschäfte entstanden im alten China im Zuge der Einführung des Geldes. Bis dahin überwog der Tauschhandel. Anfangs wurden nur spezielle Waren verkauft; der Metzger verkaufte Fleisch und der Bäcker Brot. 1850 eröffnete in Paris das erste Kaufhaus mit einem Warenangebot, das alles bisher Dagewesene übertraf. Selbstbedienungsläden im Stil unserer heutigen Supermärkte kamen um 1930 in den USA auf. Bis dahin musste jeder Kunde persönlich bedient werden, vor allem weil viele Waren noch nicht fertig verpackt waren. Große Supermärkte heutzutage haben riesige Parkplätze und Einkaufswagen, die so groß sind, dass ein wöchentlicher oder sogar monatlicher Einkauf genügt. Mittlerweile kann man sogar von zu Hause aus einkaufen – über Telefon oder das Internet.

EINKAUFEN IM MITTELALTER
Im Mittelalter gab es keine festen Preise, sodass gehandelt werden musste. Fahrende Händler, die von Ort zu Ort zogen, kauften und verkauften Waren.

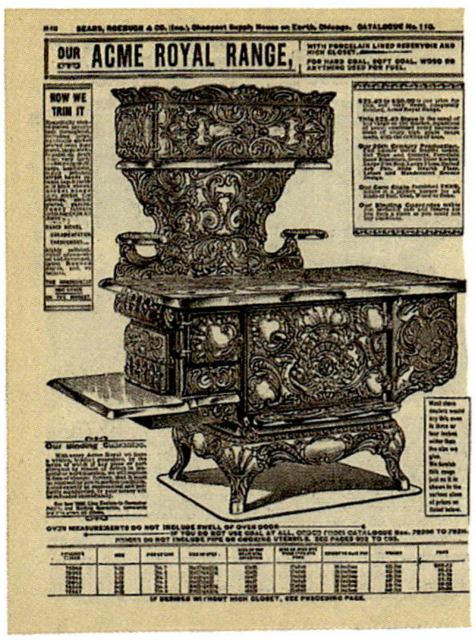

POSTVERSAND
Den Versandhandel gibt es schon seit 100 Jahren. Er wurde für Leute eingerichtet, die weitab von allen Geschäften in abgelegenen Gegenden wohnen.

TANTE-EMMA-LÄDEN
Der Tante-Emma-Laden früherer Zeiten bot alle Dinge des täglichen Gebrauchs: Lebensmittel, Werkzeuge und sogar Möbel. Da es keine industriellen Verpackungen gab, mussten lose Produkte wie Zucker extra abgewogen werden. Es war nicht immer alles vorrätig, und die Kunden konnten auch anschreiben lassen.

Einkaufszentren

Moderne Einkaufszentren bestehen aus vielen einzelnen Geschäften, alle unter einem Dach. Sie verteilen sich auf mehrere Stockwerke. Ruhezonen und Restaurants machen das Einkaufen zu einem angenehmen Erlebnis.

MÄRKTE
Noch heute gibt es überall auf der Welt Märkte im Freien. Sie sind die Vorläufer der Läden und befinden sich meist an zentralen, verkehrsreichen Plätzen. Das Angebot besteht überwiegend aus frischem Obst und Gemüse.

Barcodes

Ein Barcode ist eine Kombination schwarzer und weißer Striche, die in verschlüsselter Form Auskunft gibt über Inhalt und Preis der Ware. Er wird von einem Laserscanner abgelesen und an einen Computer weitergeleitet. Der Kunde erhält einen ausführlichen Bon, und der Geschäftsinhaber weiß genau, wann er nachbestellen muss.

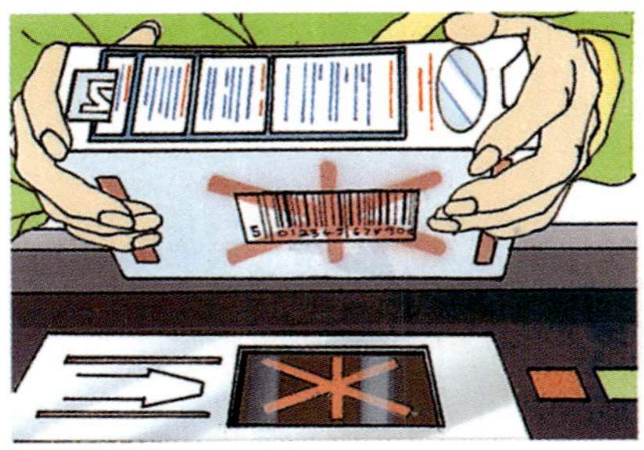

REGISTRIERKASSEN
Die ersten Registrierkassen summierten die Einzelbeträge und verwahrten die Einnahmen in einer Schublade. Heutige elektronische Kassen drucken einen Bon aus und berechnen automatisch das Wechselgeld.

Siehe auch
GELD
INDUSTRIE UND HANDEL
WERBUNG

Hasen und Kaninchen

Ein einziges weibliches Wildkaninchen kann im Jahr über 40 Junge bekommen.
Weil sie sich so rasch vermehren, können Wildkaninchen für Felder und Gärten eine ernst zu nehmende Plage darstellen. Allerdings starben in den letzten Jahren sehr viele Kaninchen an einer Krankheit, die Myxomatose heißt. Kaninchen gehören zur Familie der Hasenartigen – zusammen mit Hasen und Pfeifhasen. Hasen und Kaninchen sind schnelle und wendige Läufer. Sie können auch langsam hoppeln, eilen aber meist mit schnellen Sprüngen durch das Gelände. Sie haben empfindliche Tasthaare und scharfe Sinne. Ihre Schneidezähne ähneln denen der Nagetiere. Sie fressen Gras, Wurzeln und Blätter, die sie auf ungewöhnliche Weise zweimal verdauen. Sie verdauen einen Teil der Nahrung, scheiden ihn als weichen Kot aus und fressen ihn dann wieder, um die Nährstoffe besser nutzen zu können. Dann erst scheiden sie die bekannten kleinen harten Kotkügelchen aus. Kaninchen legen Baue an. Hasen schlafen in offenen Kuhlen. Junge Hasen werden mit Fell und offenen Augen geboren, junge Kaninchen nackt und blind.

Wildkaninchen

Die meisten Wildkaninchen entfernen sich nicht weiter als etwa 140 m von ihrem Bau. Obwohl Kaninchen meist in der Dämmerung und nachts fressen, kommen sie manchmal auch tagsüber ins Freie. Kaninchen beißen Gräser und andere Pflanzen knapp über dem Boden ab. Sie verbringen viel Zeit damit, sich mit Pfoten, Zunge und Zähnen zu putzen und Ungeziefer aus dem Fell zu entfernen.

Pfeifhase

Der in Asien und Nordamerika lebende Pfeifhase ist wesentlich kleiner als das mit ihm verwandte Kaninchen. Im Sommer bricht er Gräser und Blätter ab, lässt sie an der Sonne trocknen und stapelt sie zu kleinen »Heuhaufen«. Dies ist sein Vorrat für den Winter.

Bau

Der Kaninchenbau ist ein System von Tunneln, die die Tiere unter Wurzeln, in einer Uferböschung oder in einer Düne graben. In einem Bau leben etwa zehn erwachsene Tiere und ihre Jungen. Die Weibchen ziehen ihre Jungen oft in separaten Tunneln auf.

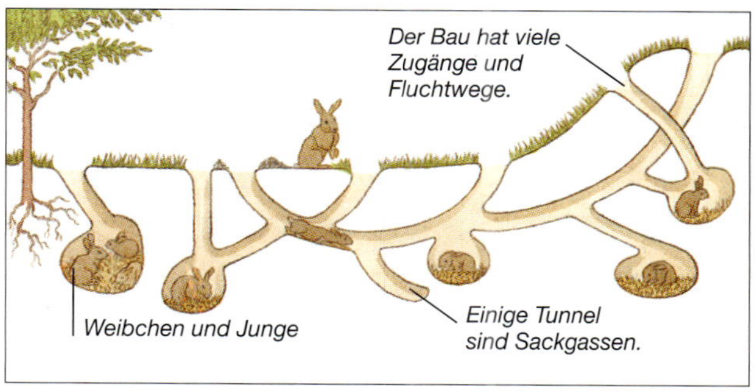

Hase

Hasen sind größer als Kaninchen und ihre Hinterbeine und Ohren sind länger. Das Weibchen bringt je Wurf zwei bis drei Junge zur Welt. Wenn die Mutter auf Nahrungssuche geht, ducken sich die Jungen in eine Kuhle. Durch ihre Fellfärbung sind sie gut getarnt, solange sie sich nicht bewegen.

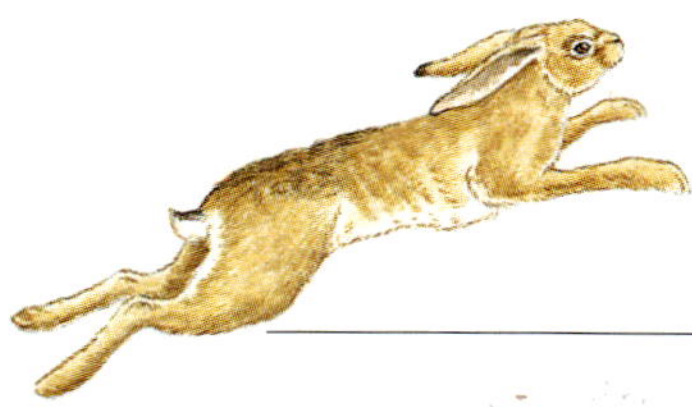

Eselhase

Der nordamerikanische Eselhase verdankt seinen Namen seinen Ohren, die bis zu 15 cm lang sind. Sie helfen, den Körper bei Hitze kühl zu halten. Eselhasen sind sehr schnell: Manche von ihnen erreichen 80 km/h. Im Westen Nordamerikas richten die Tiere auf Feldern großen Schaden an.

Siehe auch

Marder
Säugetiere
Tiere
Tiere, Baue und Nester
Tiere, Tarnung

Häuser

Indem unsere Ahnen die Kunst des Bauens erlernten, vermochten sie die dunklen Höhlen zu verlassen, die ihnen bis dahin Schutz geboten hatten. Da sie nun in der Lage waren, Häuser zu bauen, konnten die ersten Siedler von da an auch Teile der Welt besiedeln, in denen es keinen natürlichen Schutz gab. Selbst in den Eiswüsten der Arktis bauten sich die Eskimos ihre Häuser: kuppelförmige Iglus aus Eis. Die meisten Häuser bestehen aber aus Wänden und haben ein Dach. Das jeweilige Material, das es vor Ort gibt, bestimmt meist, in welcher Art ein Haus gebaut wird, und auch das Klima ist von Bedeutung: Häuser in den Alpen z.B. haben steile Dächer, damit der schwere Schnee im Winter abrutscht. Moderne Häuser sind oft komplex – in ihren Wänden befinden sich Röhren und Kabelnetze zur Wasser- und Stromversorgung und zur Abfallbeseitigung. Doch in der Zentraltürkei leben manche Menschen noch in Höhlen – wie in prähistorischer Zeit.

MOBILE HÄUSER
Die von Pferden gezogenen Wohnwagen des fahrenden Volkes waren Vorläufer des heutigen mobilen Hauses.

Lehm war eines der ersten Materialien, das für den Hausbau verwendet wurde.

LEHMHÄUSER
In New Mexico bauen die Menschen von Alters her Häuser aus Lehm. Da es kaum regnet, bleibt er hart, und der Bau und etwaige Reparaturen gehen rasch und leicht vonstatten. Dicke Wände und kleine Fenster halten die Sonnenhitze ab und speichern nachts die Wärme.

HAUSBOOTE
Ein schwimmendes Haus löst das Problem, in einer überfüllten Stadt Wohnraum zu finden. Hausboote liegen gewöhnlich an festen Ankerplätzen.

Solche Hausboote gibt es in Hongkong.

HOLZHÄUSER
Amerikanische Siedler bauten ihre Häuser aus Holz. Holzhäuser eignen sich gut für kalte Waldgebiete, da Holz nicht nur reichlich vorhanden ist, sondern auch als guter Isolator die Kälte abhält.

Die ersten Holzhäuser waren primitive Blockhütten. Wände und Dach dieses Hauses sind aus gesägtem Holz.

WOHNUNGEN
Stadtwohnungen liegen meist in mehrstöckigen Häusern auf kleinen Grundstücken, denn in einer Stadt ist die Fläche eng begrenzt. In solch einem Haus leben viele Familien. Die höchsten Gebäude sind aus starken Materialien wie Stahl und Beton.

Haus der Zukunft

Die Häuser der Zukunft sind auf Energiesparen angelegt. Künftig werden wir also in immer besser isolierten Häusern leben und noch weniger Brennstoffe verbrauchen, denn Windenergie wird Strom erzeugen, die Sonne wird das Wasser erwärmen, und Computer Fenster und Heizung steuern.

ELENDS-SIEDLUNG
Viele Großstädte haben Elendssiedlungen, da die Menschen in der Stadt zwar Arbeit, aber keine erschwingliche Wohnung finden. Oft sind die Hütten aus einfachstem Material zusammengezimmert. Viele Menschen leben hier sogar auf der Straße.

Siehe auch
Architektur
Bautechnik
Inuit
Möbel

HAUSTIERE

WIE GUTE FREUNDE schenken uns Haustiere ihre Zuneigung und leisten uns Gesellschaft. Umgekehrt müssen wir Menschen dafür sorgen, dass sie gesundes Futter bekommen und auf artgerechte Weise untergebracht sind. Haustiere sind zahme Tiere, die Menschen sich wegen ihrer besonderen Eigenschaften halten. Vor 11 000 Jahren domestizierten Menschen die ersten Tiere, um stets Milch und Fleisch zur Verfügungen zu haben. Seit etwa 2000 v. Chr. halten sich Menschen Tiere, um Gesellschaft zu haben. Die alten Ägypter hatten Hyänen, Katzen und sogar Löwen als »Schoßtierchen«. Die Auswahl eines Haustiers ist eine wichtige Entscheidung. Große Hunde brauchen viel Auslauf, Katzen erkunden die Umgebung gerne selbstständig. Käfigvögel und Aquarienfische brauchen weniger Platz.

KATZEN
Säugetiere sind als Haustiere gut geeignet, denn sie zeigen Persönlichkeit und werden oft mit der Zeit sehr anhänglich. Katzen und Hunde sind die verbreitetsten Haustiere. In den USA z. B. leben über 50 Millionen Hauskatzen.

Kanarienvögel

Viele Käfigvögel fressen v. a. Samen und Früchte.

Wellensittich

VÖGEL
Viele Vogelfreunde halten Kanarienvögel wegen ihres Gesangs. Papageien, Wellensittiche und Beos können lernen Worte und Geräusche nachzuahmen. Ein afrikanischer Graupapagei wurde als gesprächigster Vogel berühmt: Er sprach über 800 Wörter nach.

HAUSTIERE HALTEN

In ihrem natürlichen Lebensraum sorgen Tiere für sich selbst. Doch nur wenige Tiere können auch als Haustier ihre natürliche Lebensweise beibehalten. Deshalb ist es wichtig, die Bedürfnisse eines Haustiers zu kennen und ihm alles zu bieten, was es braucht. Am wichtigsten sind Bewegung, passende Ernährung und Sauberkeit. Kranke Tiere müssen zum Tierarzt.

Das Laufrad bietet die Möglichkeit, sich zu bewegen.

Wasserbehälter mit Trinkröhrchen

Hamster nagen, um die Zähne scharf zu halten. Deshalb sollte der Käfig aus Metall oder Plastik sein.

Hamster mögen Trockenfutter (Samen und Nüsse) und frisches Gemüse.

ZÜCHTEN
Mit geeigneten Elterntieren kann man alle Haustiere züchten. In einer großen Voliere (oben) paaren sich Vögel und bauen Nester, wie sie es auch in Freiheit tun würden. Bei besonders wertvollen Haustierarten wählt man für die Zucht nur die besten Weibchen und Männchen aus.

MEERSCHWEINCHEN
Bei mildem Wetter können Meerschweinchen in Außenausläufen sein und frisches Gras fressen. Einige Rassen haben ein langhaariges Fell, das regelmäßig gebürstet werden muss. Meerschweinchen sind keine Schweine, sondern Nagetiere.

Springmäuse spielen gerne mit Papprollen, nagen sie aber auch an.

Sumpfschildkröten schwimmen gerne. Deshalb sollte im Terrarium auch Wasser sein.

ERZIEHUNG
Haustiere, die nicht in Käfigen leben, müssen lernen stubenrein zu sein. Hunde muss man außerdem erziehen, da sie sonst gefährlich werden können.

In vielen Orten werden Lehrgänge für Hundehalter angeboten.

UNGEWÖHNLICHE HAUSTIERE

Wer weniger alltägliche Haustiere halten will, der muss ihr natürliches Verhalten gut kennen.

Pythons erwürgen ihre Beute. Bei sachgerechter Behandlung sind sie gute Haustiere.

Siehe auch

HUNDE
KATZEN
PFERDE
TIERE, BAUERNHOF
TIERMEDIZIN

HELIKOPTER

DER HELIKOPTER ist die vielseitigste Flugmaschine. Er kann vorwärts, rückwärts oder seitwärts fliegen, gerade auf- und absteigen und sogar auf der Stelle in der Luft schweben. Da Helikopter senkrecht starten, brauchen sie keine Startbahn und können fast überallhin fliegen. Mit ihnen werden Menschen aus Bergnot gerettet, sie fliegen zu Bohrinseln auf dem Meer und landen auch auf dem Dach eines Wolkenkratzers. Helikopter gibt es in vielen Formen und Größen. Manche befördern nur eine Person, andere sind stark genug, um ein Lastauto zu heben. Alle Helikopter haben einen oder zwei große Rotoren. Die Rotorblätter sind wie lange, dünne Flügel geformt. Wenn sie sich drehen, heben sie den Helikopter an und tragen ihn durch die Luft.

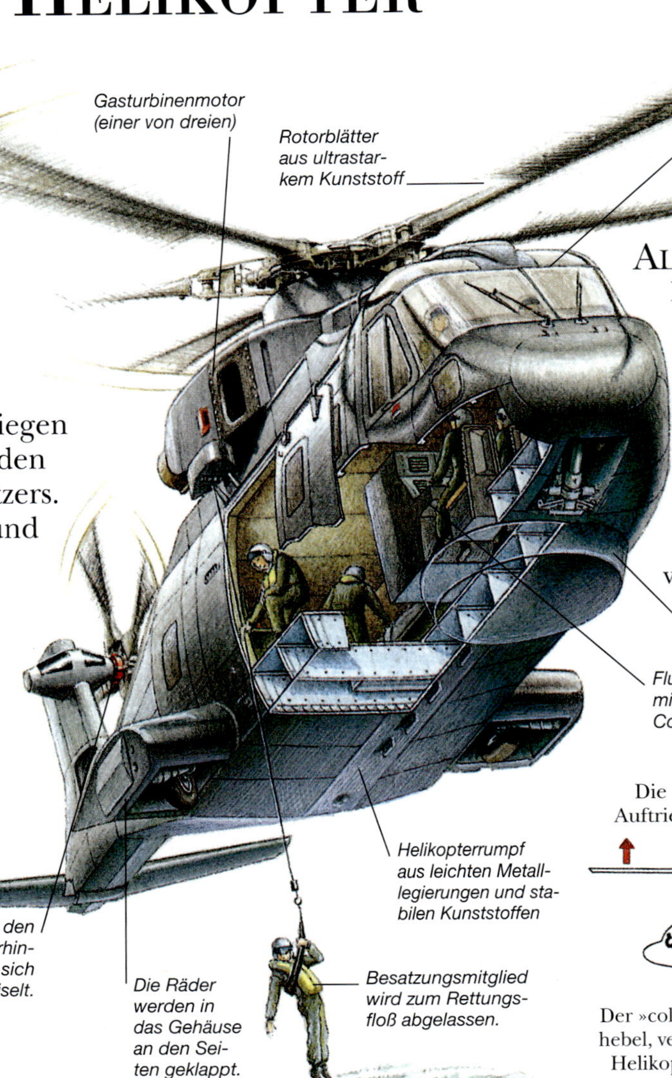

ALLZWECK-HELIKOPTER

Der EH101 kann 30 Passagiere transportieren, als Luftambulanz 16 Patienten auf Tragen befördern oder eine Last von über 6 t heben. Er erreicht eine Geschwindigkeit von bis zu 280 km/h.

START
Die Rotorblätter erzeugen einen Auftrieb, der den Helikopter trägt.

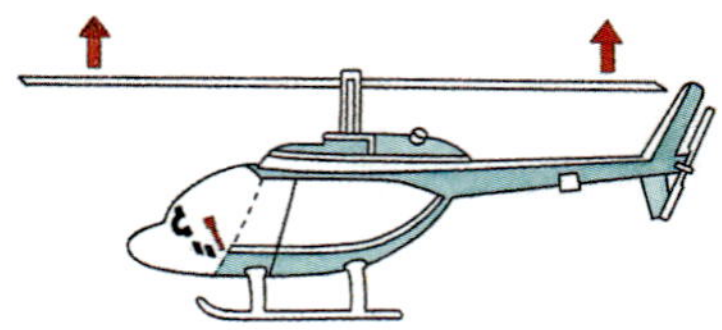

Der »collective pitch«, ein Steuerungshebel, verstellt die Rotoren, sodass der Helikopter steigt, schwebt oder sinkt.

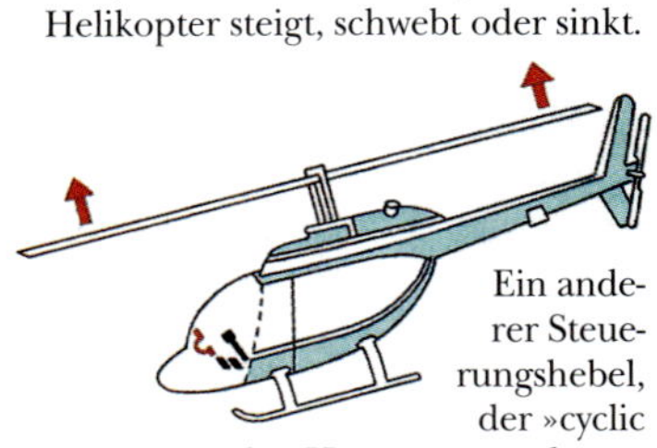

Ein anderer Steuerungshebel, der »cyclic pitch«, neigt den Hauptrotor, sodass er den Helikopter in jede Richtung ziehen kann – rückwärts, vorwärts oder seitwärts.

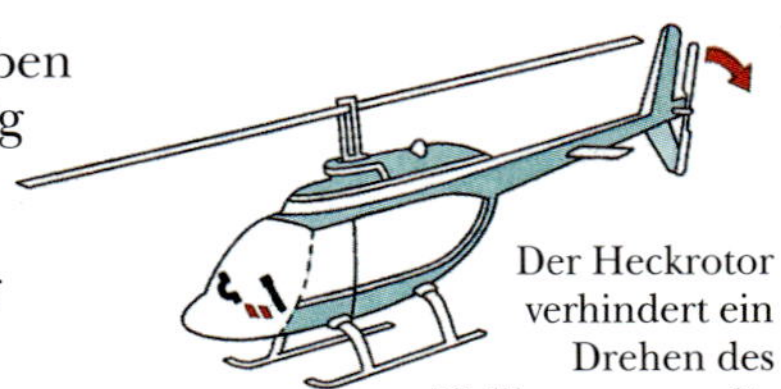

Der Heckrotor verhindert ein Drehen des Helikopters um die eigene Achse. Pedale steuern ihn, sodass der Helikopter in jede Richtung gedreht werden kann.

ENTWICKLUNG

Der Italiener Leonardo da Vinci zeichnete vor etwa 500 Jahren einen einfachen Helikopter, der aber nie gebaut wurde. Erst 1907 trug ein von dem französischen Mechaniker Paul Cornu gebauter Helikopter einen Menschen.

Igor Sikorsky, ein russischstämmiger Amerikaner, baute 1939 den VS-300, den ersten Einzelrotorhelikopter – das Vorbild für künftige Maschinen.

TANDEMROTOR-HELIKOPTER

Große Helikopter wie dieser Boeing Chinook haben als Tandemrotor-Maschinen zwei sich gegenläufig drehende Hauptrotoren und keinen Heckrotor. Der größte Helikopter der Welt, der russische Mil Mi 12, hat Tandemrotoren und wird von vier Gasturbinenmotoren angetrieben.

Siehe auch
FLUGZEUGE
KUNSTSTOFFE

Herz und Kreislauf

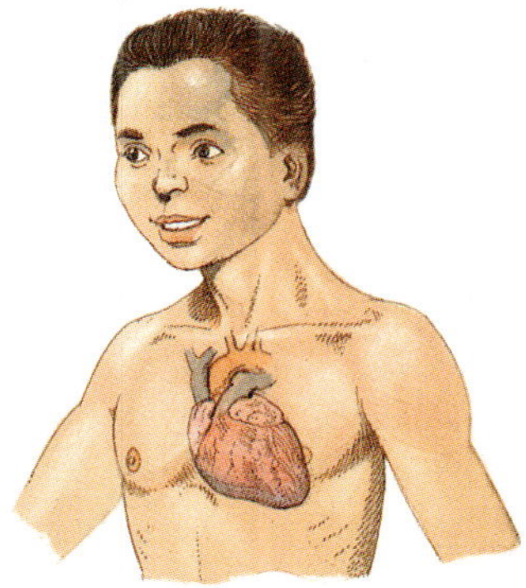

MENSCHLICHES HERZ
Das Herz liegt im Brustkorb. Das Herz eines Erwachsenen ist so groß wie eine geschlossene Faust und wiegt ca. 300 g.

UNSER KÖRPER enthält etwa 4,5 l Blut. Das ganze Leben lang pumpt das Herz das Blut in alle Teile des Körpers. Das Herz ist eine so kraftvolle Pumpe, dass die Reise einer Blutzelle durch den gesamten Körper nur eine Minute dauert. Das Blut bewegt sich in den so genannten Blutbahnen, den Venen und Arterien, durch den Körper. Auf seinem Weg versorgt es das Gewebe mit Sauerstoff und Nährstoffen und transportiert Abfallstoffe ab. Blut besteht aus weißen und roten Blutkörperchen, aus Blutplättchen und dem Plasma, einer wässrigen Flüssigkeit. Ein stecknadelgroßer Blutstropfen enthält ungefähr fünf Millionen Zellen. Etwa einmal pro Sekunde ziehen sich die muskulösen Wände des Herzens zusammen und pressen dabei das Blut aus der linken Kammer in die Arterien. Die Arterien verzweigen sich und werden immer dünner, bis sie ein Netzwerk aus Kapillaren bilden. Die Kapillaren vereinen sich wieder, werden dicker und bilden schließlich die Venen. In den Venen fließt das Blut zum Herzen zurück, das es in die Lunge pumpt.

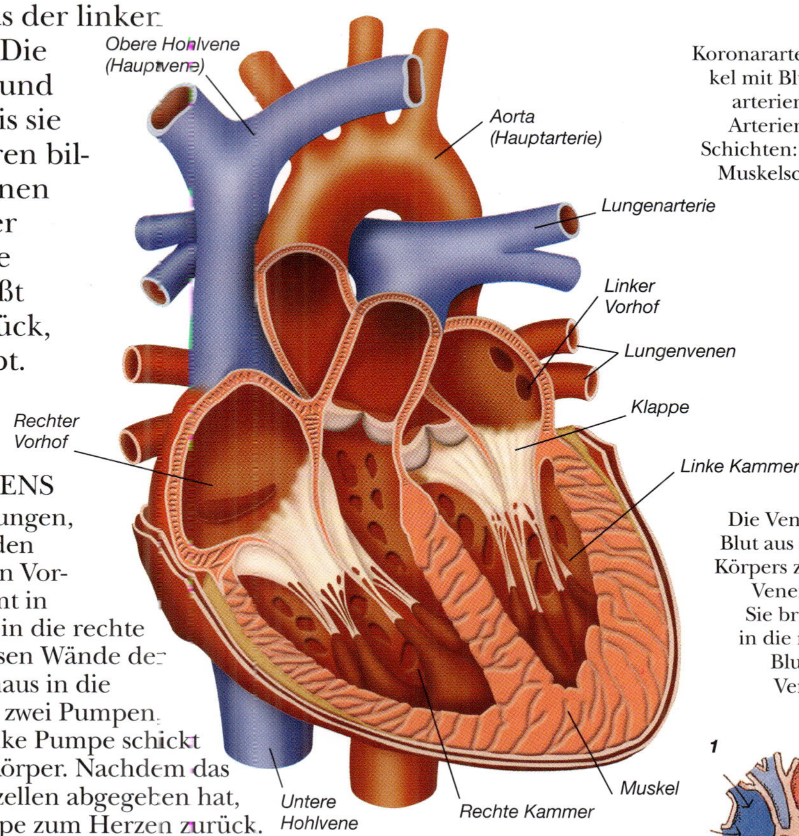

ARTERIEN
Koronararterien versorgen den Herzmuskel mit Blut. Die beiden Hauptkoronararterien sind so dick wie Trinkhalme. Arterien haben dicke Wände aus drei Schichten: eine feste Außenschicht, eine Muskelschicht und eine glatte Schicht.

KAPILLAREN
Die feinen Blutgefäße, die das Blut zwischen den dünnsten Arterien (Arteriolen) und den dünnsten Venen (Venolen) transportieren, nennt man Kapillaren. Durch ihre durchlässigen Wände gelangen Sauerstoff und Nährstoffe aus dem Blut zu den Zellen.

VENEN
Die Venen befördern sauerstoffarmes Blut aus den verschiedenen Teilen des Körpers zurück zum Herz. Die größten Venen sind die beiden Hohlvenen. Sie bringen das sauerstoffarme Blut in die rechte Herzhälfte, aus der das Blut in die Lunge gepumpt wird. Venen sind dünner und weniger muskulös als Arterien.

Das Innere des Herzens

Innen hat das Herz vier Abteilungen, je zwei auf jeder Seite. Die beiden oberen Abteilungen nennt man Vorhöfe. Blut aus den Venen strömt in den rechten Vorhof und dann in die rechte Kammer. Die dicken, muskulösen Wände der Kammern pressen das Blut hinaus in die Arterien. Das Herz besteht aus zwei Pumpen, die zusammenarbeiten. Die linke Pumpe schickt sauerstoffreiches Blut in den Körper. Nachdem das Blut den Sauerstoff an Körperzellen abgegeben hat, kehrt es durch die rechte Pumpe zum Herzen zurück. Diese schickt es in die Lunge, damit es mit frischem Sauerstoff angereichert wird. Dann presst die linke Pumpe das Blut wieder in den Körper hinaus.

HERZSCHLAG
Das Herz eines Erwachsenen schlägt in der Minute ca. 60 bis 90 Mal. Nach körperlicher Anstrengung kann es in der Minute bis zu 200 Mal schlagen. Jeder Herzschlag besteht aus zwei Hauptphasen. In der Systole ziehen sich die Herzkammern zusammen und drücken das Blut heraus. In der Diastole entspannen sich die Kammern und füllen sich wieder mit Blut.

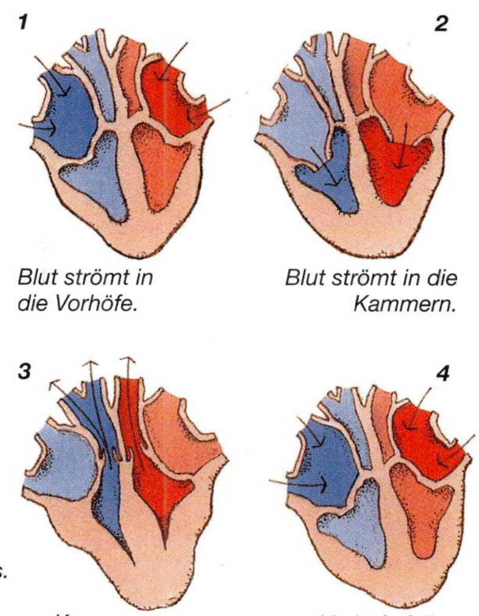

1 Blut strömt in die Vorhöfe.
2 Blut strömt in die Kammern.
3 Kammern pumpen Blut in die Arterien.
4 Vorhöfe füllen sich mit Blut.

BLUTKÖRPERCHEN
Das Blut enthält drei Arten von Zellen. Rote Blutkörperchen transportieren den Sauerstoff von der Lunge in den übrigen Körper. Weiße Blutkörperchen bekämpfen Infektionen und schützen den Körper vor Krankheiten. Blutplättchen, die kleinsten Bestandteile des Bluts, bewirken die Gerinnung. Alle Blutzellen werden vom Knochenmark erzeugt.

SO GERINNT BLUT
Bald nachdem eine Wunde entstanden ist, kleben Blutplättchen mit Eiweiß (Fibrin) zusammen und bilden ein feines Netz aus Fasern. In diesem Netz bleiben weitere Blutplättchen hängen. So wird die Wunde abgedichtet.

Durch einen Schnitt im Gefäß tritt Blut aus.
Plättchen verkleben mit Fibrin: Das Blut gerinnt.
Es entsteht ein Netz aus Fibrin und Plättchen.
Das geronnene Blut verschließt die Wunde.

Siehe auch

Atmung
Gehirn und Nerven
Körper, Menschlicher
Muskeln

Heuschrecken

Das Zirpen der Heuschrecken und Grillen an heißen Sommertagen ist ein vertrautes Geräusch. Es wird von Männchen erzeugt, die damit Weibchen anlocken und männliche Rivalen fernhalten. Das Zirpen entsteht dadurch, dass das Insekt gezahnte Leisten der Vorderflügel gegeneinander reibt, oder indem es einen Teil des Hinterbeins gegen den Flügel reibt. Feldheuschrecken, Laubheuschrecken und Grillen gehören mit den Gespensterschrecken, Grillenschaben und Ohrwürmern zur Überordnung der Geradflügler. Bekannt sind über 20 000 Arten von Heuschrecken und Grashüpfern, die in allen Regionen der Welt leben, außer in den kältesten. Heuschrecken sind Pflanzenfresser und ernähren sich von Blättern und Stängeln. Grillen sind Allesfresser, ernähren sich also auch von tierischer Nahrung. Einige dieser Tiere leben unter der Erde und fressen Wurzeln und Nährstoffe im Boden. Die Laubheuschrecken haben lange Fühler, die Feldheuschrecken kurze. Die Hinterbeine sind bei allen lang und zum Springen geeignet. Eine große Heuschrecke kann über 1 m weit springen.

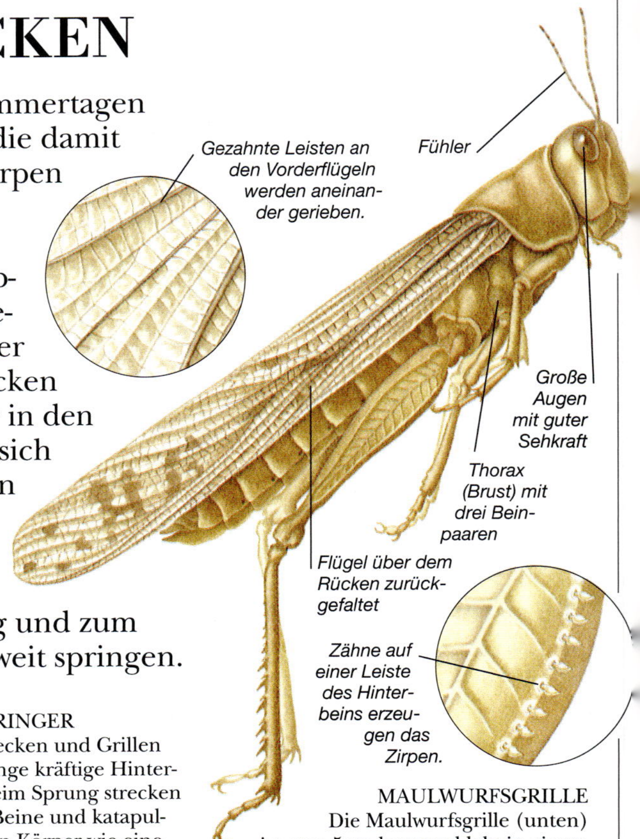

Weitspringer

Heuschrecken und Grillen haben lange kräftige Hinterbeine. Beim Sprung strecken sich die Beine und katapultieren den Körper wie eine mechanische Feder nach vorne, wobei sich das Tier mit den Füßen abstößt. An den Beinen mancher Arten sind Stacheln, die zur Verteidigung dienen. Sie verursachen Wunden, wenn die Heuschrecke nach einem Fressfeind tritt.

Maulwurfsgrille

Die Maulwurfsgrille (unten) ist etwa 5 cm lang und lebt in einem Bau, den sie sich mit den schaufelförmigen Vorderbeinen gräbt. In der Brutzeit sitzt das Männchen am Eingang seines Baues und zirpt. Dabei wirkt der Baueingang als Verstärker, so dass man es etwa 1,5 km weit hört. Die Weibchen legen ihre Eier in unterirdische Nester und bewachen sie.

Grünes Heupferd

Durch seine Färbung ist das Grüne Heupferd im Gebüsch und im Laub der Bäume gut getarnt. Beim Männchen sind die Flügel länger als der Körper. Das Weibchen hat am Hinterleib eine lange, abgeflachte Legeröhre. Heupferde fressen Blätter und Insekten.

Schädlinge

Unter für sie günstigen Bedingungen vermehren sich Wüsten- und Wanderheuschrecken sehr rasch. Sie bilden dann Schwärme von über 50 Mrd. Insekten, die über Felder herfallen und Hungersnöte verursachen.

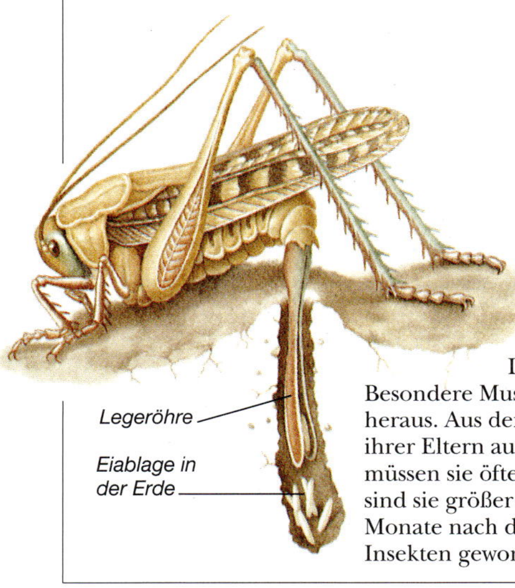

Fortpflanzung

Nach der Paarung legen die weiblichen Heuschreckenartigen ihre Eier mithilfe ihrer Legeröhre in der Erde oder in verrottetem Laub ab. Besondere Muskeln strecken den Hinterleib und drücken die Eier heraus. Aus den Eiern schlüpfen Larven, die wie Miniaturausgaben ihrer Eltern aussehen. Sie fressen gierig. Um wachsen zu können, müssen sie öfters die alte Haut abstreifen. Nach jeder Häutung sind sie größer und sehen ihren Eltern ähnlicher. Etwa fünf Monate nach dem Schlüpfen sind aus den Larven ausgewachsene Insekten geworden.

Siehe auch

Insekten
Tiere
Tiere, Sinne

Hinduismus

Der Hinduismus gehört zu den ältesten Religionen der Welt. Er entstand vor mehr als 5000 Jahren in Indien. Der Hinduismus hat keinen einzelnen Gründer, sondern er entwickelte sich aus früheren Glaubensrichtungen. Heute gibt es verschiedene hinduistische Gruppen oder Sekten. Sie verehren zwar dieselben Gottheiten, haben aber nicht denselben religiösen Glauben. Trotzdem glauben die meisten Hindus an eine Seele, die nicht mit dem Menschen stirbt, sondern dem sterbenden Körper entweicht und in ein neugeborenes Lebewesen übergeht. Menschen, die gut leben, werden in einem höheren Status wiedergeboren. Schlechte Taten können zu einer Wiedergeburt als Tier oder Insekt führen. Man kann dem Kreislauf von Tod und Wiedergeburt durch das Karma entrinnen – den Folgen guter Taten, die den Einzelnen zum Moksha (»Befreiung«) führen. Hindus werden in so genannte Kasten hineingeboren – das sind soziale Gruppen, die den Rang innerhalb der Gesellschaft bestimmen. Heute gibt es ungefähr 900 Mio. Hindus auf der Welt.

HINDU-FESTE

Holi Zweitägiges Fest im Frühling.

Janmashtami August/September: Geburtstagsfest des Gottes Krishna.

Durga puja September/Oktober: Neuntägiges Fest mit Gebeten und Opfern für die Göttin Durga, die Verkörperung von Energie.

Diwali Lichterfest.

Tempelfeste werden einmal im Jahr gefeiert.

Götter

Im Hinduismus gibt es drei Hauptgötter – Vishnu, Brama und Shiva. Jeder Hindu kann sich einen jeden dieser Götter als seine Gottheit aussuchen. Vishnu, der Schützer der Weltordnung, erscheint in zehn unterschiedlichen Inkarnationen (Formen). Zwei der bekanntesten davon sind Rama und Krishna. Geschichten der Götter und ihrer Kämpfe gegen das Böse sind in altindischen Schriften, wie dem Mahabharata, enthalten.

Vishnu gilt als sanfter als der grimmige Shiva. Er bewahrt die Ordnung und den Frieden der Welt.

Die vier Köpfe von Brahma, dem Schöpfer, blicken in alle vier Richtungen – dies soll zeigen, dass er allwissend ist.

Shiva, der Zerstörer, beherrscht Leben und Tod aller Dinge der Welt. Es heißt, wenn Shiva tanzt, zerstört er alles Leben.

Hochzeit

Familienleben und Hochzeiten sind für Hindus von sehr großer Bedeutung. Die Eltern sind oft an der Partnerwahl ihrer Kinder beteiligt. Von Frauen wird verlangt, dass sie Vater und Ehemann gehorsam sind. Eine Hochzeitsfeier wird von Musik und Feierlichkeiten begleitet. Braut und Bräutigam tauschen farbenfrohe Blumengirlanden aus und geben sich vor einem Priester feierliche Versprechen.

Tempel

In Süd- und Mittelindien gibt es große Tempel mit schmuckvollen Schnitzereien und zahlreichen Statuen der vielen Hindu-Gottheiten. Die Priester kümmern sich um die Tempel. Sie baden und schmücken ihre Götterbilder jeden Tag. Die Besucher kommen zum Beten und bringen Blumen und Essen als Gaben. Nachdem das Essen geweiht wurde, geben es die Betenden meist an die Armen weiter.

Siehe auch

Feiertage
Indischer Subkontinent
Religionen

Hirsche und Antilopen

Der nordamerikanische Gabelbock ist eines der schnellsten Landtiere. Er erreicht Geschwindigkeiten von bis zu 90 km/h.

Beeindruckende Geweihe und anmutige Bewegungen kennzeichnen die Hirsche und ihre Verwandten. Hirsche, Rehe, Antilopen und Gazellen sind gut ausgestattet, um sich durch Flucht in Sicherheit zu bringen. Ihr unauffällig gefärbtes Fell ist eine gute Tarnung. Ihre Sicht, das Gehör und der Geruchssinn sind stark entwickelt und lassen sie Raubtiere früh erkennen. Es gibt rund 40 Arten von Hirschen. Die meisten davon sind in Wäldern heimisch, aber Karibus leben auch in der baumlosen Arktis, während man Gazellen und Antilopen in Wüsten und offenem Grasland antrifft.

RENTIERE
Rentiere leben in Skandinavien, in Russland und in Nordamerika, wo man sie Karibus nennt. Bei den Rentieren tragen beide Geschlechter Geweihe.

HÖRNER UND GEWEIHE
Antilopen, Rinder und Gazellen tragen auf dem Kopf Hörner, die das ganze Leben lang wachsen. Die Hörner bestehen wie unsere Fingernägel aus Keratin. Die Geweihe der Hirsche und Rehe sind aus Knochen. Sie werden jedes Jahr abgestoßen, und ein größeres Geweih wächst nach.

ANTILOPEN
Es gibt etwa 100 Antilopenarten. Diese Paarhufer sind eng mit Rindern und Ziegen verwandt. Die Elenantilope ist die größte Antilope. Sie lebt in den Savannen Ost- und Südafrikas. Sie trinkt nicht oft, weil ihr die Flüssigkeit genügt, die sie mit ihren Futterpflanzen aufnimmt. Elenantilopen werden etwa 15 Jahre alt. Das Kleinstböckchen ist die kleinste aller Antilopen. Es lebt in Westafrika.

Herden

Die Mehrzahl der Hirsche und Antilopen lebt in Herden. In der Brunftzeit (Paarungszeit), die in Europa auf den Herbst fällt, kämpfen die männlichen Tiere miteinander um Reviere und um Weibchen. Männliche Rothirsche röhren den Rivalen laut an und setzen das Geweih im Kampf ein. Die größten und kräftigsten Hirsche siegen und versammeln nach und nach eine Gruppe von Weibchen um sich: ihren »Harem«.

BAMBI
Die jungen Hirsche, auch Hirschkälber genannt, werden im späten Frühjahr geboren und liegen anfangs im Unterholz versteckt. Hier sind sie mit dem gefleckten Fell gut getarnt. Später verblassen die weißen Flecken.

Siehe auch
AFRIKA, TIERE
NORDAMERIKA, TIERE
TIERE, WALD

Höhlen

UNTER DER ERDOBERFLÄCHE liegt vielerorts eine geheimnisvolle Welt verborgen. Höhlen verlaufen durch unterirdisches Gestein und öffnen sich manchmal zu großen Kammern. Unterirdische Flüsse schlängeln sich durch das Tiefengestein, und Wasserfälle stürzen in verborgene Seen. Höhlen wie die hier gezeigten sind viele tausend Jahre alt. Sie entstanden, weil Wasser langsam den Kalkstein auflöste. Aber nicht alle Höhlen sind unterirdisch. An Meeresklippen gibt es Höhlen, die von Wellen ausgespült wurden. Höhlen können aber auch in Gletschern und in der erstarrten Lava eines Vulkans entstehen.

In Höhlen ist es feucht und dunkel. Manche sind gerade hoch genug, dass ein Mensch darin stehen kann. Andere, wie die Mammuthöhlen in den USA, bilden Höhlensysteme, die sich über mehrere hundert Kilometer erstrecken. Eine der tiefsten Höhlen der Welt liegt in Frankreich: Sie reicht bis in fast 1,5 km Tiefe! Urvölker benutzten Höhlen als Zufluchtsort. In den Höhlen von Lascaux, Frankreich, wurden Wandmalereien und alte Werkzeuge entdeckt, die möglicherweise 20 000 Jahre alt sind.

Stalaktiten und Stalagmiten wachsen über Jahrtausende hinweg.

STALAKTITEN

Stalaktiten hängen von der Decke einer Höhle herab. Wenn Wassertropfen über das Gestein fließen, lösen sie ein weißes Mineral, Kalzit genannt, heraus. Das Wasser verdunstet, und der Kalzit bleibt zurück. Diese Rückstände bauen dann die Stalaktiten auf. Das geht jedoch sehr langsam vor sich: Stalaktiten wachsen in 500 Jahren nur etwa 2,5 cm.

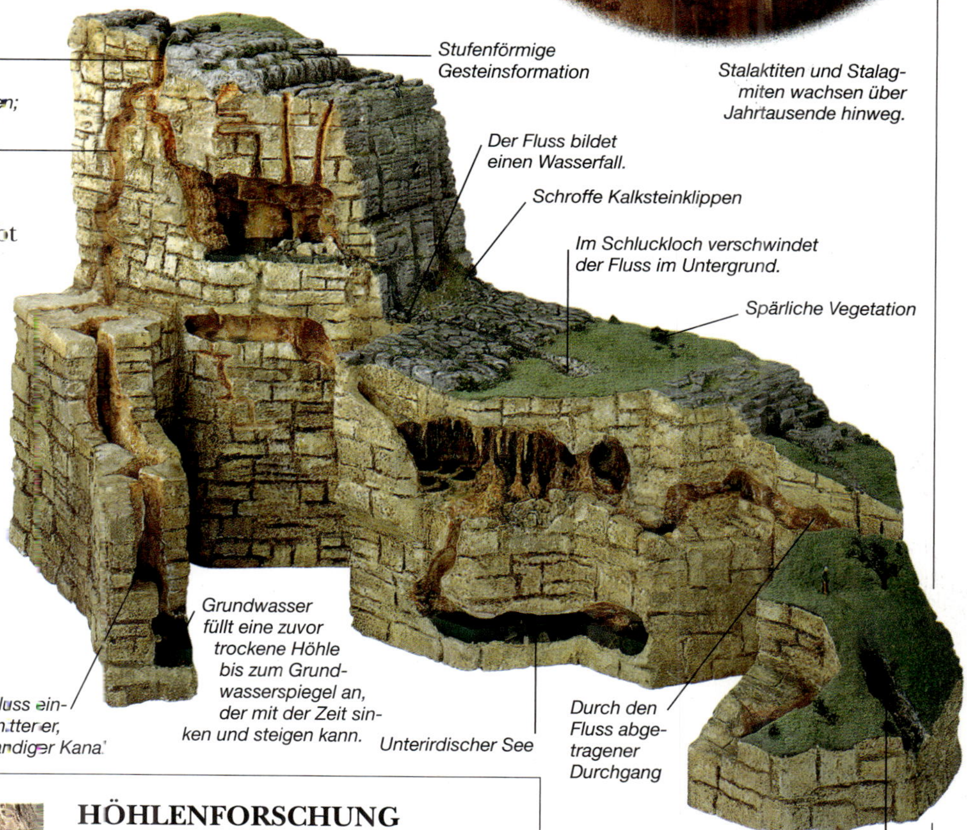

HÖHLENBILDUNG

Große Höhlensysteme gibt es in Gebieten, wo der Untergrund aus Kalkstein besteht. Im Lauf von Jahrtausenden löst das von Natur aus leicht saure Regenwasser den Kalkstein. Zunächst entstehen kleine Spalten, die sich langsam zu tiefen Löchern ausweiten und schließlich Höhlen bilden.

Wassertropfen fallen von der Spitze eines Stalaktiten.

STALAGMITEN

Von der Höhlendecke oder einem Stalaktiten tropfendes Wasser fällt auf den Boden und hinterlässt eine Kalzitschicht. So wächst langsam eine Säule, Stalagmit genannt, empor.

Stalaktit und Stalagmit können zusammenwachsen und eine vom Boden zur Decke reichende Säule bilden.

Höhlenforscher bestaunen die eindrucksvollen Gesteinsformationen an einem unterirdischen See in Frankreich.

HÖHLENFORSCHUNG

Die Höhlenforschung hat sich zu einem richtigen Sport entwickelt. In den Höhlen ist es oft schmierig und feucht, daher ist strapazierfähige Kleidung wichtig. Zur Ausrüstung gehören auch Kletterseile, ein Helm mit Lampe und Strickleitern. Höhlenforscher sind meist in Gruppen unterwegs. Manchmal ist es auch gefährlich: Regen kann die Höhlen überschwemmen oder ein plötzlicher Steinschlag kann die Forscher einschließen.

Siehe auch

ERDGESCHICHTE, ENTWICKLUNG DES MENSCHEN
FLEDERMÄUSE
GEOLOGIE
MINERALIEN UND STEINE
VULKANE

Holocaust

GELBER STERN
Nach 1941 mussten alle Juden, die älter als sechs Jahre waren, in Deutschland und im von Deutschland besetzten Europa einen gelben Davidstern an der Kleidung tragen, damit man sie leichter erkennen konnte.

Adolf Hitlers Partei NSDAP kam 1933 in Deutschland an die Macht. Die Nationalsozialisten waren antisemitisch, d. h. gegen Juden eingestellt. Sie brachten die Juden in Arbeits- oder Konzentrationslager, gemeinsam mit anderen Menschen, die sie nicht duldeten – darunter Sinti und Roma, Homosexuelle und Kommunisten. Die Juden in den von Deutschen besetzten Ländern Europas wurden in Gettos (abgeschlossene Stadtviertel) gezwungen. Im Jahr 1942 beschlossen die Nationalsozialisten, durch ein Genozid (Völkermord) alle Juden zu vernichten. Niemand weiß, wie viele Menschen genau in den Todeslagern wie Auschwitz und Treblinka umgekommen sind. Es ist jedoch sicher, dass bis Ende des Zweiten Weltkriegs mehr als sechs Millionen Juden ihr Leben verloren haben. Dieses schreckliche Ereignis der Geschichte nennt man Holocaust.

Oskar Schindler

Gettos

In vielen osteuropäischen Städten, die nach 1939 in deutscher Hand waren, wurden Juden in Gettos gezwungen. Die Gettos waren vom Rest der Stadt getrennt. Ihre Bewohner bekamen weder angemessene Nahrung noch medizinische Versorgung. 1943 schlugen die Deutschen den Aufstand der Juden im Warschauer Getto blutig nieder. Von den 500 000 Bewohnern haben bis 1945 nur 100 überlebt.

WIDERSTAND
Viele Juden leisteten den Nationalsozialisten Widerstand. Sowohl Ungarn als auch Italien, beides Verbündete der Deutschen, weigerten sich, ihre Juden auszuliefern. Der schwedische Diplomat Raoul Wallenberg half vielen Juden 1944 zur Flucht nach Schweden. Berühmt wurde der deutsche Geschäftsmann Oskar Schindler, der rund 1200 Juden vor dem Tod bewahrte, indem er sie in seiner Fabrik arbeiten ließ.

Die »Endlösung«

Nach dem Einmarsch in Polen 1939 und in Russland 1941 kam eine große Zahl Juden unter deutsche Herrschaft. Auf der Wannsee-Konferenz in Berlin 1942 wurde die »Endlösung« beschlossen: der Tod aller Juden. Konzentrations- bzw. Vernichtungslager gab es z. B. in Auschwitz und Treblinka (Polen) sowie in Bergen-Belsen, Dachau und Buchenwald (Deutschland).

Tor zum Lager Auschwitz

GEDENKEN
Nach dem Krieg versuchten die Vereinten Nationen, die Juden für ihr Leiden zu entschädigen, indem sie 1948 in Palästina einen jüdischen Staat – Israel – gründeten. In Berlin und in anderen Orten wurden Holocaust-Museen eröffnet. Viele Länder begehen einen Holocaust-Gedenktag am 27. Januar – dem Jahrestag der Befreiung von Auschwitz.

DER HOLOCAUST

1933 NSDAP, geführt von Hitler, in Deutschland an der Macht.

1935 Nürnberger Gesetze verbieten die Heirat von Juden mit Nichtjuden.

1937 Schließung jüdischer Geschäfte.

1938 Progromnacht (9./10. November). Jüdische Synagogen, Geschäfte und Häuser werden zerstört.

1942 Beginn der »Endlösung«.

1943 Niederschlagung des Aufstands im Warschauer Getto.

1945 Befreiung der Konzentrationslager.

1948 Gründung Israels.

ANNE FRANK
Viele Juden versteckten sich vor den Nazis. Die 13-jährige Anne Frank lebte mit ihrer Familie zwei Jahre lang in einem Hinterhaus in Amsterdam, Niederlande. Sie wurden jedoch 1944 verraten und in ein Konzentrationslager gebracht, wo Anne 1945 an Typhus starb. Im Versteck schrieb Anne ein Tagebuch, in dem sie die täglichen Ereignisse und ihre Hoffnungen festhielt. Das Tagebuch wurde 1947 veröffentlicht und in mehr als 50 Sprachen übersetzt.

Jüdisches Museum, Berlin

Siehe auch
Israel
Judentum
Weltkrieg, Zweiter

HUNDE

FRÜHE HUNDE
Der Haushund ist eine Unterart des Wolfs. Wie Höhlenzeichnungen zeigen, gab es ihn schon in der Steinzeit.

WENN EIN HAUSHUND einen Fremden anbellt oder im Kreis herum läuft, bevor er sich zum Schlafen niederlegt, verhält er sich genau so, wie es Wölfe und Wildhunde auch schon vor Jahrtausenden taten. Die Familie der Hunde besteht aus etwa 35 Arten, zu denen auch der Wolf gehört. Der Haushund gilt als Unterart des Wolfs. Es gibt viele Haushundrassen, von großen Bernhardinern bis hin zu winzigen Terriern. Weitere Hundearten sind der asiatische Rothund, der Afrikanische Wildhund, die zahlreichen Fuchsarten und die drei Schakalarten. Ihr Körperbau macht Hunde zu erfolgreichen Jägern. Die Kiefer des länglichen Schädels eignen sich, um Beute im Lauf zu packen. Viele wilde Arten leben in Familiengruppen oder Rudeln unter der Führung eines Leittiers. Ein Haushund sieht seinen Besitzer als Leittier an.

WOLF

Der Wolf gilt als Vorfahre der Haushunde. Er ist mit 2 m Körperlänge (mitsamt dem Schwanz) das größte Mitglied der Familie der Hunde. Ist genügend Futter vorhanden, bilden Wölfe Rudel von bis zu 20 Tieren. Bei Nahrungsknappheit teilt sich das Rudel in kleinere Gruppen zu ungefähr sieben Tieren auf.

DEUTSCHER SCHÄFERHUND
Mit der langen Schnauze und den großen Ohren erinnert diese Rasse stark an die wölfischen Vorfahren. Es sind kräftige, geschickte und intelligente Tiere.

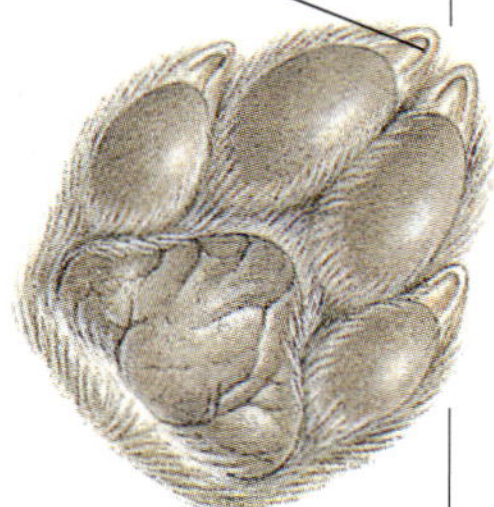

Hunde haben an jeder Pfote vier Krallen. Die rauen Ballen geben beim Laufen Halt.

HAUSHUNDE

Seit über 10 000, vielleicht sogar 100 000 Jahren, leben Hunde mit Menschen zusammen. Es ist gut möglich, dass die Menschen im Laufe der Jahrtausende mehrere Arten aus der Familie der Hunde domestizierten – zuerst als Helfer bei der Jagd und beim Hüten der Herden, und später als Wach- und Familienhund. Heute gibt es schätzungsweise weltweit 400 Rassen.

ARBEITSHUNDE
Hunde können in vielfacher Hinsicht ausgebildet werden, um Aufgaben zu übernehmen. Für manche dieser Aufgaben, wie das Schafehüten, brauchen sie vor allem ihre natürlichen Instinkte. Hunde können aber auch lernen, Blinde zu führen, Schlitten zu ziehen, Drogen aufzuspüren oder Verschüttete zu finden.

Rotfuchs

Rotfüchse sind Anpassungskünstler. Sie sind in fast allen Ländern nördlich des Äquators verbreitet und fressen so gut wie alles, auch Fische und Insekten. Ihre Beute springen sie auf ähnliche Weise an wie Katzen es tun. Füchse sind nicht nur im Märchen schlau, sondern sie sind auch in Wirklichkeit sehr gewandt. Deshalb fühlen sie sich mittlerweile selbst in Städten wohl.

Mischlinge oder Promenadenmischungen sind Haushunde ohne Stammbaum.

Kojotenweibchen haben meist einmal im Jahr Junge.

Kojote

Der nordamerikanische Kojote ist eng mit Wölfen, Schakalen und Haushunden verwandt. Wie bei den meisten Arten der Familie der Hunde ist das Weibchen neun Wochen lang trächtig und wirft dann meist fünf Junge. Die Welpen leben bis zu sieben Wochen lang nur von Muttermilch. Nach dem ersten Monat erhalten sie auch halbverdaute, von der Mutter hochgewürgte Nahrung.

HECHELN
Wenn Hunden heiß ist, kann sich ihr Körper nicht durch Schwitzen abkühlen, weil er kaum Schweißdrüsen hat. Deshalb öffnen Hunde das Maul und atmen schneller, damit Zunge und Maul Hitze abstrahlen.

YORKSHIRE-TERRIER
Der kleine Hund wird nur 18 cm hoch. Er ist schnell und gelenkig und wurde gezüchtet, um Ratten zu jagen.

WALDFUCHS
Der Waldfuchs ist in Südamerika heimisch und ernährt sich von vielen verschiedenen Beutetieren und auch von Früchten. In Küstennähe lebende Tiere fressen sogar Krebse.

MÄHNENWOLF
Zoos züchten den südamerikanischen Mähnenwolf, um die Art vor dem Aussterben zu retten.

Schosshündchen

Hundezüchter schufen die unterschiedlichsten Rassen, indem sie Hunde mit besonderen körperlichen Eigenarten kreuzten. Die kleinsten Rassen, auch Schoßhündchen genannt, sehen ganz anders aus als ihre fernen Vorfahren, die Wölfe. Ein Chihuahua, einer der kleinsten Rassehunde, kann weniger als 1 kg wiegen.

Artenschutz

Der Mähnenwolf ist eines von vielen Mitgliedern der Familie der Hunde, die auf der Liste der bedrohten Arten stehen. Viele Wölfe und Füchse, darunter auch die in Europa heimischen Wölfe, wurden nicht nur wegen ihrer Felle bejagt, sondern auch, weil sie Nutztiere reißen. Die größte Bedrohung für alle Hundeartigen aber stellt der Verlust ihrer natürlichen Lebensräume dar, die in landwirtschaftliche Flächen und in Siedlungen umgewandelt werden.

WELPEN
Junge Hunde verbringen viel Zeit damit, zu spielen – wie der Labrador-Welpe auf unseren Fotos. Sie laufen, springen, verbeißen sich in Gegenstände, schütteln sie – und üben so Fertigkeiten, die sie später brauchen werden.

Siehe auch

Afrika, Tiere
Artenschutz
Australien, Tiere
Polarforschung
Säugetiere
Tiere
Tiere, Sinne

HUNDERTFÜSSER UND TAUSENDFÜSSER

STUMMELFÜSSER
Der Stummelfüßer hat viele Beine und erinnert vom Aussehen her an Tausendfüßer und Hundertfüßer. Auf dem Foto sieht man, wie ein Stummelfüßer einen Tausendfüßer mit Klebfäden überzieht.

AUF MEHR BEINEN als die meisten anderen Tiere läuft dieser räuberisch lebende Gliederfüßer, der Hundertfüßer. Er verfolgt flink Insekten und andere kleine Tiere, darunter auch Tausendfüßer, mit denen er verwandt ist. Hundertfüßer können bis zu 180 Beinpaare haben. Jedes ist mit einem Körpersegment verbunden. Bekannt sind etwa 3000 Arten von Hundertfüßern und 10 000 Arten von Tausendfüßern. Beide Klassen von Gliederfüßern bevorzugen dunkle, feuchte Waldregionen und halten sich meist im Boden, in altem Laub und faulendem Holz auf. Manche Hundertfüßerarten legen die Eier im Boden ab, ohne sich weiter um sie zu kümmern. Die Larven schlüpfen und versorgen sich ohne Hilfe der Elterntiere. Andere Arten pflegen ihre Brut. Tausendfüßerweibchen legen Klumpen von 30 bis 100 Eiern im Boden ab. Die Weibchen anderer Arten bauen ein Nest auf getrocknetem Kot oder spinnen einen Kokon. Tausendfüßer ernähren sich überwiegend von Pflanzen. Sie verwerten Pflanzenreste, indem sie sie fressen und dann wieder ausscheiden.

Der flache Körper kann in Risse und Spalten kriechen.

Fühler spüren Bewegungen und Geruch der Beutetiere.

Die hinteren Beine sind länger als die vorderen.

GÜRTELSKOLOPENDER
Der Gürtelskolopender ist ein erfolgreicher Räuber, der sich von Würmern, Nacktschnecken und Insekten ernährt. Hundertfüßer finden ihre Beute mithilfe der langen Fühler. Dann senken sie in den Leib der Beute lange Mundwerkzeuge, die keine Zähne, sondern zu Giftstacheln umgewandelte Beine sind. Die Kiefer zerschneiden die Beute und stecken die Stücke ins Maul.

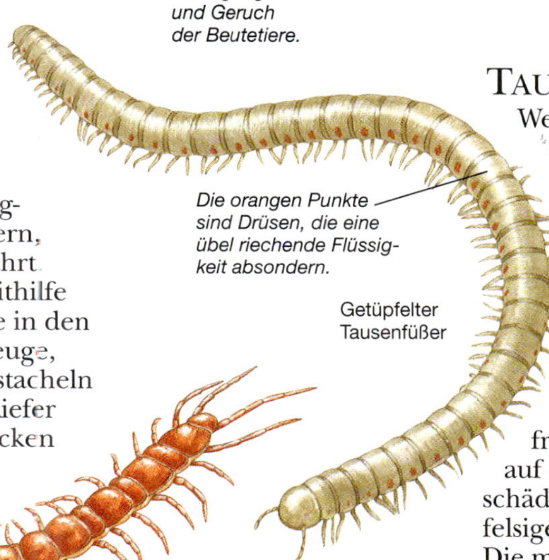

Die orangen Punkte sind Drüsen, die eine übel riechende Flüssigkeit absondern.

Getüpfelter Tausenfüßer

TAUSENDFÜSSER
Wenn ein Tausendfüßer über den Boden krabbelt, bewegen sich seine Beine in Wellen: Immer zehn bis 20 Beine führen die Bewegung gleichzeitig aus. Die Mundwerkzeuge schaben Pflanzenmaterial aus und kauen es. Viele Tausendfüßer ernähren sich von verrottenden Pflanzenteilen, andere fressen Wurzeln und können auf diese Weise Nutzpflanzen schädigen. Einige Arten leben in felsiger Umgebung, z. B. in Höhlen. Die meisten Tausendfüßer sondern zur Abschreckung von Fressfeinden eine stinkende Flüssigkeit ab.

Gemeiner Erdläufer

GEMEINER ERDLÄUFER
Der Gemeine Erdläufer greift alle Tiere an, die so groß sind wie er, auch andere Hundertfüßer. Er hat 15 Beinpaare und hält sich meistens an feuchten Orten auf, z. B. unter Holzklötzen, Steinen, unter Rinde und Laubhaufen.

GIFTIGER HUNDERTFÜSSER
Es gibt auch sehr große Hundertfüßer. Zu ihnen gehören die Skolopender- oder Riesenläuferarten, die in Afrika, Asien und Amerika leben. Sie werden etwa 30 cm lang. Mitunter kommen sie auch in die Häuser und ernähren sich dort von Insekten. Weil ihr Gift auch für den Menschen gefährlich ist, muss man sich vor ihnen in Acht nehmen.

Das harte Außenskelett eines Tausendfüßers setzt sich aus vielen Segmenten zusammen. Diese Segmente überlappen einander und ermöglichen dem Tier, sich bei Gefahr zusammenzurollen.

Weder haben Hundertfüßer 100 Beine noch Tausendfüßer 1000. Aber weil sie sehr viele Beine haben, passen die Namen.

Die Beine eines Tausendfüßers bewegen sich in Wellen.

Siehe auch
INSEKTEN
TIERE

IGEL,

MAULWÜRFE UND SPITZMÄUSE

NACHTS SIND IGEL, Maulwürfe und Spitzmäuse am aktivsten. Diese kleinen Säugetiere sind optimal an das Leben im Dunkeln angepasst. Sie sehen nicht sehr gut, doch ihr Geruchssinn ist hoch entwickelt und ihre Tasthaare helfen ihnen sich im Dunkeln zu orientieren. Igel werden etwa 23 cm lang. Sie haben kleine Ohren, einen kurzen Schwanz und eine lange Schnauze. Starre Stacheln bedecken die Oberseite des Körpers. Die meisten Igel ruhen tagsüber in Bauen und jagen nachts Insekten und Würmer. Der europäische Maulwurf verbringt den Großteil seines Lebens unter der Erde. Sein samtiges Fell legt sich in jeder Richtung glatt an den Körper an, sodass es das Tier in den engen unterirdischen Gängen nicht behindert. Der Maulwurf gräbt mit seinen gebogenen Vorderzähnen und den schaufelförmigen Vorderpfoten Gänge, in denen er nach Insekten sucht. Spitzmäuse ähneln Mäusen, haben aber keine Nagezähne, sondern ein Gebiss mit scharfen, spitzen Zähnen. Igel, Maulwürfe und Spitzmäuse gehören zur großen Gruppe der Insektenfresser.

Trotz der kurzen Beine können Igel überraschend schnell laufen.

Bei Gefahr rollt sich ein Igel zu einer Kugel zusammen. So sind Gesicht, Bauch und Beine geschützt.

Ab und zu schaut der Igel raus, um zu prüfen, ob noch Gefahr besteht. Ist sie vorbei, streckt er sich wieder.

WINTERSCHLAF
Auch im Winter rollen sich die Igel zusammen. So schlafen sie bis zum Frühjahr.

IGEL

Bei Gefahr rollt sich der Igel zusammen. Schnauze und Beine steckt er dabei in die Mitte der »Kugel«. Ein Ring von Muskeln des unteren Körperbereichs zieht sich zusammen wie die Schnur eines Beutels. Igel haben rund 5000 Stacheln. Wenn sie bedroht werden, richten sie diese auf.

STERNMULL
Der Sternmull hat eine seltsam geformte Nase, die auch leichteste Berührungen und Schwingungen wahrnimmt und so die Jagd nach Beute erleichtert.

MAULWURF

Insgesamt gibt es etwa 35 Maulwurfarten. Wie andere Arten lebt auch der Europäische Maulwurf überwiegend unter der Erde. Täglich gräbt er neue, etwa 5 cm breite Gänge. Er sucht seine Gänge regelmäßig nach Insekten und Würmern ab, die durch die Wände hereingefallen sind.

SPITZMAUS
Die kleinsten Spitzmäuse sind von der Nasen- bis zur Schwanzspitze nur 5 bis 8 cm lang. Weil ihr kleiner Körper so rasch Wärme verliert, muss eine Spitzmaus täglich ihr eigenes Gewicht an Futter fressen.

MAULWURFSHÜGEL
Ein Maulwurfshügel besteht aus der überschüssigen Erde, die beim Graben der Gänge anfällt. In diesen baut er sein Nest, schläft und lagert seine Vorräte.

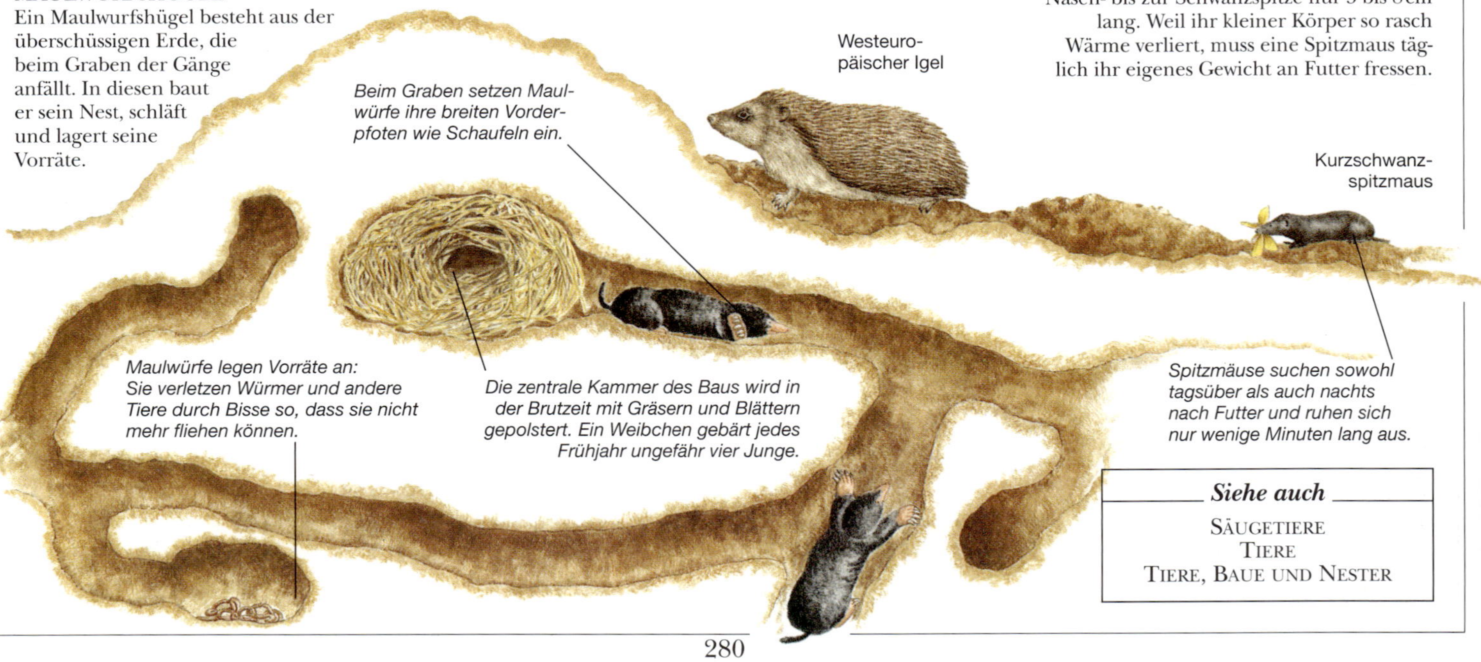

Siehe auch
SÄUGETIERE
TIERE
TIERE, BAUE UND NESTER

INDIANER

DIE ERSTEN BEWOHNER Nordamerikas kamen vor mehr als 20 000 Jahren aus Asien. Sie waren Jäger und folgten den Tieren über die Beringstraße, die damals noch eine Landbrücke war – heute ist sie eine Wasserstraße zwischen Asien und Nordamerika. Im Lauf der Zeit spalteten sich diese Völker in mehrere Stämme auf. Im 16. Jh. kamen die ersten Europäer nach Nordamerika. Da sie glaubten, in Indien angekommen zu sein, bezeichneten sie die Ureinwohner Amerikas als »Indianer«. Die Europäer nahmen ihnen das Land und bedrohten dadurch die Existenz ganzer Stämme. Die Indianer setzten sich in heftigen Kämpfen gegen die neuen Siedler zur Wehr. Im 19. Jh. leisteten sie Widerstand, als die Regierung der USA sie aus ihren angestammten Gebieten vertreiben wollte. Nach erbitterten Kämpfen wurden die Indianer in Reservate umgesiedelt – abgeschiedene Gebiete, in denen sie unter sich blieben und wo viele noch heute leben.

TIPIS

Die Sioux und andere Stämme der Großen Ebenen lebten in Tipis. Tipis waren Zelte aus Bisonhäuten, die über ein Holzgerüst gespannt wurden. Sie ließen sich leicht aufbauen. Durch die Klappen an der Spitze konnte der Rauch entweichen.

FRAUEN

Frauen spielten eine wichtige Rolle für den Stamm. Sie kümmerten sich um Essen, stellten Kleidung her und zogen die Kinder groß. Die Frauen der Hopi-Indianer im Südwesten der USA bestimmten sogar das Dorfleben.

STÄMME

Die Indianer Nordamerikas gehörten zahlreichen Stämmen an. Die meisten davon waren Jäger, Fischer und Bauern. Zu den bekanntesten Stämmen zählen die Cheyenne, die Comanchen und die Sioux, die in den Großen Ebenen lebten. Apachen, Navajos und Pueblos lebten im Südwesten. Und die Irokesen, Huron und Cherokee lebten im Osten.

GERONIMO

Einer der erfolgreichsten Indianerhäuptlinge im Kampf gegen den »Weißen Mann« war Geronimo (1829–1909) vom Stamm der Chiricahua-Apachen. Geronimo führte Kämpfe in den Südweststaaten der USA und in Mexiko. Er wurde 1886 gefangen genommen und ins Exil nach Florida gebracht. Später kam er frei und wurde zu einem Helden.

ZEICHENSPRACHE

Jeder Indianerstamm sprach eine eigene Sprache. Angehörige unterschiedlicher Stämme konnten sich jedoch mit einer Zeichensprache verständigen, die bei allen Stämmen verbreitet war.

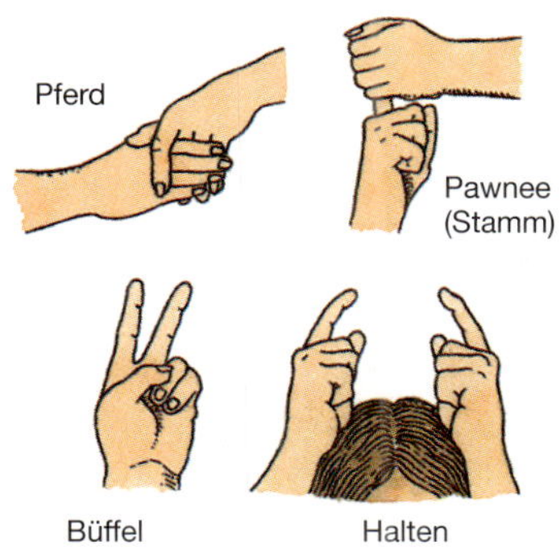

SIOUX
Die Sioux lebten in den Großen Ebenen. Sie jagten auf ihren Pferden nach Bisons. Die Häute verwandten sie für ihre Tipis, das Fleisch aßen sie und aus den Knochen fertigten sie Werkzeuge. Die Sioux waren für ihren Kampfgeist bekannt. Sie kämpften lange gegen die Europäer, die ihr Land um 1880 einnahmen. Im Jahr 1876 schlugen die Sioux die US-Kavallerie bei der Schlacht von Little Bighorn in Montana. Schließlich wurden die Sioux jedoch auch in Reservate abgeschoben.

KANUS

Nördliche Indianerstämme, die an Flüssen und Seen lebten, wie die Penobscot und die Malecite, bauten Kanus aus Birkenrinden. Diese widerstandsfähigen Kanus waren so leicht, dass sie sich an Land einfach tragen ließen.

WAFFEN

Indianer hatten Pfeil und Bogen, Messer und Keulen. Viele trugen auch einen Tomahawk bei sich. Im 16. Jh. bekamen sie von europäischen Händlern Gewehre.

PUEBLOS
Die Pueblos waren ein friedlicher Indianerstamm im Südwesten der USA. Sie bauten Gemüse an und waren geschickte Handwerker, webten farbenfrohe Kleider aus selbstgesponnener Baumwolle und stellten Töpfe her. Ihre mehrstöckigen Häuser bauten sie aus Stein oder Adobeziegeln (luftgetrockneten Ziegeln). Heute leben viele Pueblos in Reservaten Arizonas und New Mexicos.

HANDARBEIT

Viele Indianer waren geschickte Handwerker. Sie fertigten sehr schön verzierte Kleidungsstücke und Kopfschmuck. Dieses Mokassin-Paar des Blackfeet-Stammes im Westen Kanadas wurde aus Leder zusammengenäht, mit Lederschnüren verziert und mit farbigen Perlen bestickt.

STAMMESGEBIETE
Vor Ankunft der Europäer bevölkerten die Indianer einen Großteil des Landes, das heute die USA bildet. Die Stämme ließen sich grob in sechs geografische Regionen unterteilen. Die europäischen Siedler vertrieben die Indianer schrittweise nach Westen und Südwesten, bis sie ab 1890 in wenigen, verstreuten Reservaten lebten.

MODERNE RESERVATE
Die 1,5 Mio. Indianer der USA leben heute in Reservaten, die sie selbst verwalten. Das Navajo-Reservat z. B. bedeckt eine Fläche von mehr als 6 Mio. ha in Arizona, New Mexico und Utah. In jüngster Zeit haben mehrere Stämme, z. B. die Indianer der pazifischen Nordwestküste, erfolgreich geklagt und Land zurückerhalten.

Siehe auch
AZTEKEN
INKA
KANADA, GESCHICHTE
SYMBOLE UND ZEICHEN
VEREINIGTE STAATEN VON AMERIKA, GESCHICHTE

Indischer Ozean

Der Indische Ozean wird im Westen von Afrika, im Osten von Indien und Australien und im Norden von Asien begrenzt. Im Süden geht er ins Südpolarmeer über. Der Sueskanal verbindet ihn über das Rote Meer mit dem Mittelmeer.

Über 1 Mrd. Menschen leben in den Ländern um den Indischen Ozean sowie auf einigen der 5000 Inseln, die in ihm verstreut liegen. Der drittgrößte Ozean der Erde verbindet Europa und Asien. Die Monsunwinde, die vielen Ländern um den Ozean starken Regen bringen, wirken sich auch auf die Strömungen aus, die ihre Richtung zwischen März und August ändern. Frühe Seefahrer ließen sich von den Winden und Strömungen von Arabien aus nach Südindien und Indonesien tragen. Von dort brachten sie die islamische Religion und Kultur mit. Malaien und Indonesier fuhren nach Westen und besiedelten Madagaskar. Die meisten Inseln im Indischen Ozean sind klein und unbewohnt. Doch viele Touristen zieht es an ihre herrlichen, von Palmen gesäumten Strände, und mancherorts hat der Tourismus traditionelle, auf Fischfang und Ackerbau basierende Lebensweisen abgelöst.

MONSUN
Die Länder um den Indischen Ozean sind auf den Monsunregen angewiesen. Monsune sind jahreszeitliche Winde, die im Sommer aus Südwest und im Winter aus Nordost wehen und Sturzregen bringen. Nach sehr starken Monsunregen schwellen die Flüsse an, und nach verheerenden Überschwemmungen treten oft Krankheiten wie Cholera auf. Besonders anfällig für Überschwemmungen ist der Golf von Bengalen.

Stelzenfischer

Im Indischen Ozean gibt es weniger Gebiete mit flacher See, wo Fische laichen, als im Pazifik oder Atlantik. Eine Großfischindustrie mit Trawlern und Fabrikschiffen hat sich daher in der Region nicht entwickelt. Fische werden meist in nicht zu großer Entfernung von der Küste gefangen. Wertvollster Fang ist der Tunfisch. Auf Sri Lanka sitzen Fischer auf dünnen Pfählen und werfen ihre Angeln aus.

MADAGASSISCHES DORF
Die meisten Madagassen sind Nachkömmlinge von Malaien und Indonesiern, die im 7. Jh. den Indischen Ozean überquerten. Diese Dorfbewohner leben an der Südostküste. Die Ostküste ist dicht bevölkert und arm. Die Oberschicht Madagaskars stammt meist vom Zentralplateau.

Seychellen

Die Inselrepublik der Seychellen besteht aus 40 verstreuten gebirgigen Inseln. Diese sind von über 70 Koralleninseln umgeben, die tief liegen und dünn besiedelt sind. Die Hauptinseln sind wunderschön; an ihren Berghängen wächst eine üppige tropische Vegetation, gesäumt von weißen Stränden. Die das ganze Jahr konstanten Temperaturen liegen tagsüber bei 30 °C. Die Seychellen ziehen vor allem Besucher von der Nordhalbkugel an.

Madagaskar

Die viertgrößte Insel der Erde liegt vor der Ostküste Afrikas. Die Bevölkerung konzentriert sich auf dem schmalen Streifen fruchtbaren Landes an der Ostküste, die ein tropisch feuchtes Klima hat. Die Landwirtschaft überwiegt, Hauptfeldfrüchte sind Reis und Maniok, für den Export werden Kaffee und Vanille angebaut. Im kleinen Maßstab werden Geflügel, Schafe, Schweine und Ziegen gehalten. Versuche der Regierung, die Viehwirtschaft zu modernisieren, sind gescheitert.

Siehe auch
Afrika
Asien
Korallentiere und Quallen
Meere
Südostasien

KOMOREN
Fläche: 2230 km²
Einwohner: 768 000
Hauptstadt: Moroni
Sprachen: Arabisch, Komorisch, Französisch
Religionen: muslimisch, römisch-katholisch
Währung: Komoren-Franc

MADAGASKAR
Fläche: 587 040 km²
Einwohner: 17 400 000
Hauptstadt: Antananarivo
Sprachen: Malagassi, Französisch
Religionen: Naturreligionen, christlich, muslimisch
Währung: Madagaskar-Franc

MALEDIVEN
Fläche: 300 km²
Einwohner: 318 000
Hauptstadt: Male'
Sprachen: Dhivehi (Maledivisch)
Religionen: sunnitisch-muslimisch
Währung: Rufiyaa

MAURITIUS
Fläche: 2400 km²
Einwohner: 1 200 000
Hauptstadt: Port Louis
Sprachen: Englisch, Französisch, Frz.
Religionen: hinduistisch, römisch-katholisch, kreolisch
Währung: Mauritius-Rupie

REUNION
Fläche: 2 517 km²
Status: Französisches Überseedépartement
Annektiert: 1649
Einwohner: 777 000
Hauptstadt: Saint-Denis

SEYCHELLEN
Fläche: 455 km²
Einwohner: 80 500
Hauptstadt: Victoria
Sprachen: Französisches Kreolisch, Englisch, Französisch
Religionen: römisch-katholisch
Währung: Seychellen-Rupie

WEIHNACHTS-INSELN
Fläche: 134,6 km²
Status: australisches Außengebiet
Annektiert: 1958
Einwohner: 1300
Hauptstadt: Flying Fish Cove

Vulkan | Berg | Historische Stätte | Hauptstadt | Großstadt | Stadt

Maßstab
0 1000 2000 km

Arabische Dhau

Dhaus sind arabische Handelsschiffe aus Teak- oder Palmenholzbrettern, die mit Tauen zusammengehalten werden. Sie haben ein oder zwei dreieckige Lateinsegel. Dhaus sind schnell und manövrierfähig. Seit dem 8. Jh. erkundeten die Araber damit den Indischen Ozean. Arabische Kaufleute, die mit den Monsunwinden fuhren, erlangten bald die Kontrolle über den Handel auf dem Indischen Ozean. Sie brachten den Islam bis nach Indonesien.

DIE MALEDIVEN
Die Malediven bestehen aus 1800 tief liegenden Koralleninseln, die Kronen alter abgesunkener Vulkane. Keine Insel ist höher als 1,8 m, und nur 20 haben mehr als 1000 Einwohner. Der durch die globale Erwärmung steigende Meeresspiegel droht die Inseln zu überfluten.

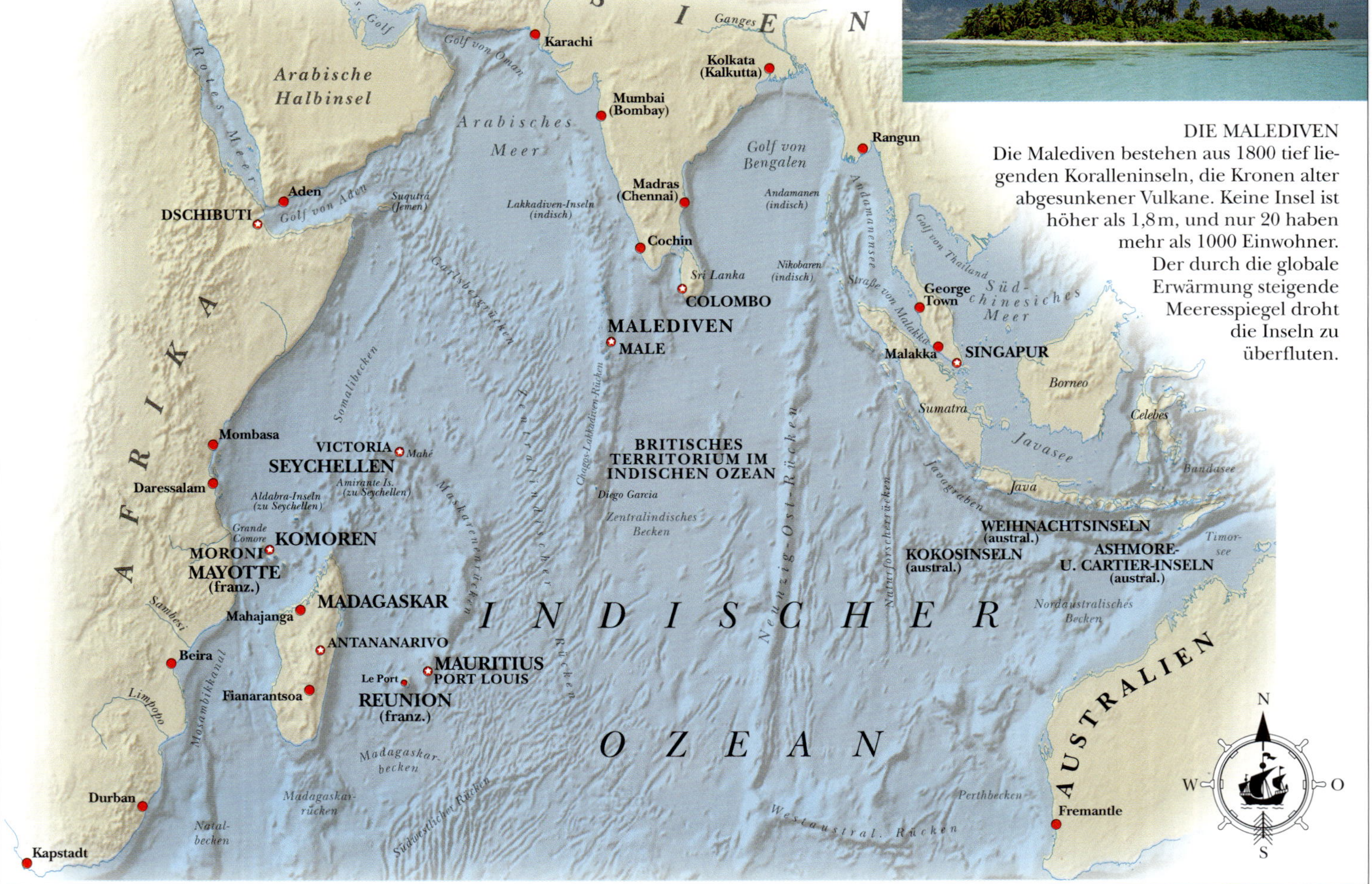

Indischer Subkontinent

Indien, Pakistan, Nepal, Bhutan, Bangladesch und Sri Lanka bilden den indischen Subkontinent. China liegt im Norden, im Osten sind die Dschungel Südostasiens. Der Indische Ozean umbrandet die südlichen Küsten; die Gebirge und Wüsten von Iran und Afghanistan begrenzen den Subkontinent im Westen.

Ein Indienreisender müsste über 1000 Sprachen sprechen, um sich in jedem Landesteil verständigen zu können. Hindi und Englisch sind die beiden offiziellen Sprachen, und 14 andere Sprachen werden im ganzen Land gesprochen, neben vielen lokalen Sprachen. Die Mehrheit der Inder sind Hindus, aber es gibt auch viele Muslime, Sikhs, Christen und Buddhisten. Auch geografisch ist das Land sehr vielfältig. Der Norden ist gebirgig, und im Zentrum bewässert der Ganges eine landwirtschaftlich genutzte Ebene. Im Süden umgibt die heiße und fruchtbare Küstenregion ein trockenes Inlandplateau. Mit über 1 Mrd. Einwohnern ist Indien nach China das bevölkerungsreichste Land der Erde. Etwa 70 % der Menschen leben in kleinen, oft ganz armen Dörfern und arbeiten auf dem Land. Die übrigen leben in Großstädten, und einige arbeiten in modernen Fabriken und Büros. Fortschritte in der Landwirtschaft sorgen für mehr Produktivität, und nach langen Hungerjahren kann Indien sich heute selbst ernähren.

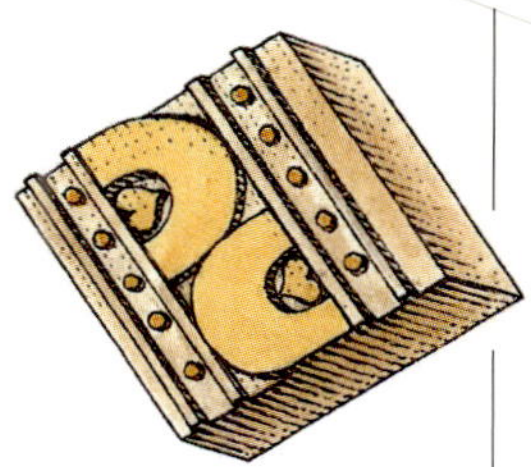

DRUCKSTOCK
Traditionelle hölzerne Druckstöcke werden noch heute zur Erzeugung bunter Textilien verwendet.

Tee

1824 wurden Teepflanzen in den Bergen an der Grenze zwischen Birma und dem indischen Staat Assam entdeckt. Die Briten führten den Teeanbau 1836 in Indien und 1867 in Sri Lanka ein – heute kommt der meiste Tee der Welt vom indischen Subkontinent. Die niedrigen Teesträucher gedeihen gut auf den geschützten, gut bewässerten Vorgebirgen des Himalaja. Nur die Blätter an der Spitze der Pflanze werden gepflückt, dann getrocknet, gerollt und erhitzt. Tee wächst auch in Südindien und Sri Lanka.

Teepflücken ist mühsam und oft schmerzhaft. Die Pflücker, meist Frauen, ernten den ganzen Tag über mit der Hand.

Karakorumgebirge

Ein hoher Gebirgszug trennt den indischen Subkontinent im Norden von China. Er gehört größtenteils zum Himalajagebirge, das am westlichen Ende ins Karakorum übergeht, die Nordgrenze von Pakistan. In diesen Gebirgsregionen leben nur wenige Menschen. Dennoch haben die Gebirge großen Einfluss auf Menschen, die Tausende Kilometer von ihnen entfernt leben: Die Flüsse, die die fruchtbaren Ebenen des Subkontinents bewässern, entspringen meist im Himalaja.

TEXTILIEN
Die Produktion von Textilien, Teppichen und Kleidung ist eine der Hauptindustrien Indiens. Millionen spinnen, weben und verarbeiten Baumwolle und zahlreiche andere Stoffarten, die oft mit Jahrhunderte alten Mustern bedruckt werden. Viele Produkte werden exportiert. Die Menschen arbeiten in großen Fabriken, aber auch in Heimarbeit.

DAS MODERNE INDIEN
Indien ist mit seinen vielfältigen Maschinenbau-, Elektronik- und Fertigungsindustrien eines der bedeutendsten Industrieländer Asiens. Sein Eisenbahnnetz ist eines der größten der Welt. Doch Mode und Lebensweise sind noch traditionell.

PAKISTAN

Pakistan entstand 1947, als das Ende der britischen Herrschaft in Indien zur Bildung zweier getrennter Staaten führte: dem überwiegend hinduistischen Indien und dem überwiegend muslimischen Pakistan. Das Gebiet des heutigen Staates Bangladesch gehörte ursprünglich zu Pakistan. Nach einem Aufstand gegen West-Pakistan (das heutige Pakistan) erklärte sich das ehemalige Ost-Pakistan 1971 als Staat Bangladesch für unabhängig. Heute herrscht ein erbitterter Konflikt zwischen beiden Staaten um die Region Kaschmir an der Nordostgrenze Pakistans – beide Länder beanspruchen sie für sich. 1999 drohte ein Krieg, als Indien Luftangriffe gegen Kaschmir flog, um pakistanische Truppen zu vertreiben. Pakistans andere Sorge ist die Übervölkerung.

Die Expansion Bombays ist durch seine Insellage begrenzt – die Stadt hat eine der größten Bevölkerungsdichten der Erde.

SHERPAS

Die Sherpas (rechts) in Nepal sind als Bergführer berühmt. Sie begleiten oft Touristen und Bergsteiger auf Expeditionen im Himalaja.

MUMBAI

Mit über 10 Mio. Einwohnern ist Mumbai eine der größten Städte Indiens. Es ist die Hauptstadt des westlichen Staats Maharashtra und ein bedeutender Handelshafen. Mumbai ist auf einer Insel erbaut und hat einen natürlichen Hafen im Osten. In der Nähe wird Baumwolle angebaut: Mumbai ist das größte Baumwolltextilzentrum des Landes. Die Hälfte der Bevölkerung Mumbais arbeitet in der Textilindustrie.

KERALA

Der Staat Kerala im Südwesten Indiens grenzt ans Arabische Meer. Der Ostteil ist bergig, aber das Land – einer der am dichtesten besiedelten Staaten Indiens – ist großenteils eben. Die Fischerei ist wichtig für die heimische Wirtschaft. An der Küste werden Cashewnüsse, Kokosnüsse und Reis angebaut, im Osten gibt es Tee-, Gummi-, Kaffee- und Pfefferplantagen. Die Regierung fördert zwar moderne Anbautechniken, doch traditionelle Methoden, auch in Transport und Verkehr, sind verbreitet, wie auch das Kanu (links). Wichtig ist ferner die Forstwirtschaft. In den Bergen gibt es Teak-, Ebenholz- und Rosenholzwälder sowie eine vielfältige Fauna.

BHUTAN

Die meisten Bewohner Bhutans sind Nachkommen von Tibetern, die vor Jahrhunderten einwanderten. Wie ihre Nachbarn sind sie überwiegend Buddhisten und sehen im Dalai Lama ihr geistiges Oberhaupt. Die dichten Wälder und hohen Berge auf dem indischen Subkontinent sind der Lebensraum vieler Tiere, wie Tiger (links), Affen und Elefanten. Um Bhutans Kultur und Umwelt zu schützen, wird der Tourismus stark eingeschränkt.

DIE VÖLKER INDIENS

Indien hat eine auf der Welt einzigartige Bevölkerungsvielfalt. Im Lauf der Geschichte ließen sich unterschiedliche Rassen in Indien nieder, mit ihrer jeweils eigenen Kultur, ihren Gebräuchen und Sprachen. Sie vermischten sich zwar oft, doch nicht alle Aspekte der Gesellschaft wurden so verwässert – viele Gruppen hielten an ihren Traditionen fest. Daher gibt es keine indische Einheitssprache – die Menschen in den einzelnen Landesteilen haben oft ihre ganz eigenständige Lokalsprache.

Bollywood

Die indische Filmindustrie produziert mehr Filme als Hollywood in den USA. Über 800 Spielfilme werden jedes Jahr gedreht, vorwiegend in Bombay (Spitzname »Bollywood«). Auch Madras ist ein Zentrum der Filmindustrie.

Szene aus einem Film des indischen Regisseurs Satyajit Ray, dessen Werke weltweit gezeigt und bewundert werden.

MUSIK
Traditionelle indische Musik ist sehr komplex und reich an Rhythmen. Die Melodien basieren auf Ragas: formelhaften Notenreihen, die dem Spieler als Basis zum Improvisieren dienen. Seit einigen Jahren ist Bhangra, eine neue Musik, die traditionelle indische Musik aus der Provinz Punjab mit westlicher Rockmusik kombiniert, bei jungen Leuten sehr beliebt.

Heilige Wasser

Von seiner Quelle im Himalaja fließt der Ganges (unten) ostwärts durch Indien und dann nach Süden. Sein 2510 km langer Lauf führt durch Bangladesch und mündet in den Golf von Bengalen. Die Hindus glauben, dass ein Bad im Wasser dieses heiligen Flusses die Sünden abwäscht und Krankheiten heilt. Indien ist auf den Ganges zur Bewässerung des Landes angewiesen.

TANZ
Traditionelle indische Tänze kennen viele Formen und Rhythmen. Sie unterscheiden sich je nach Region, Beruf und Kaste.

Kühe sind in Indien für Hindus heilig und dürfen keinen Schaden erleiden.

Delhi

Die alte Stadt Delhi liegt auf den heißen Ebenen von Nordindien. 1638 wurde sie die Hauptstadt des indischen Mogul-Reiches. Als die Briten Indien im 19. Jh. besetzten, verlegten sie die Hauptstadt nach Kolkata im Osten des Landes. 1912 begannen sie eine neue Stadt am Rande von Delhi zu erbauen, von wo aus sie ihr Riesenreich regieren konnten. Neu-Delhi ist Indiens Hauptstadt seit der Unabhängigkeit (1947).

Der Tadsch Mahal aus feinstem weißem Marmor ist ein herausragendes Beispiel muslimischer Architektur.

TADSCH MAHAL
Der Tadsch Mahal (links) in Agra in Nordindien wurde 1631–43 vom Großmogul Shah Jahan als Grabdenkmal für seine geliebte Frau Mumtaz Mahal erbaut. Sie war Mutter von 14 Kindern. Der Tadsch Mahal besteht aus weißem Marmor, in den Halbedelsteine eingelegt sind.

Siehe auch
Asien
Buddhismus
Hinduismus
Indischer Subkontinent, Geschichte
Südostasien, Geschichte
Tanz

Vulkan | Berg | Historische Stätte | Hauptstadt | Großstadt | Stadt

FAKTEN

Fläche: 3 287 590 km²
Einwohner: 1 070 000 000
Hauptstadt: Neu-Delhi
Sprachen: Hindi, Englisch, Urdu, Bengali, Marathi, Telugu, Tamil, Bihari, Gujarati, Kanaresisch
Religionen: Hinduismus, Islam, Christentum, Sikhismus, Buddhismus
Währung: Indische Rupie
Haupterwerbszweige: Landwirtschaft, Industrie
Hauptexportgüter: Textilien, Reis, Eisenerz, geschliffene Diamanten
Hauptimportgüter: Erdöl, Kohle, Stahl

AMRITSAR

Die Stadt Amritsar im Punjab in Nordwestindien ist das bedeutendste Religionszentrum der Sikhs, die vorwiegend in Nordindien leben. Die Stadt umgibt einen heiligen Teich, und auf einer kleinen Insel darin steht der Goldene Tempel (oben). 1984 besetzten Sikhs, die für einen unabhängigen Sikhstaat kämpften, den Tempel, bis sie von Regierungstruppen vertrieben wurden.

Maßstab
0 250 500 km

NATÜRLICHE GRENZE
Ein Massiv schneebedeckter Gipfel erstreckt sich bogenförmig zwischen dem indischen Subkontinent und dem übrigen asiatischen Kontinent.

BANGLADESCH
Fläche: 143 998 km²
Einwohner: 147 000 000
Hauptstadt: Dhaka

BHUTAN
Fläche: 47 000 km²
Einwohner: 2 300 000
Hauptstadt: Thimphu

NEPAL
Fläche: 140 800 km²
Einwohner: 25 200 000
Hauptstadt: Kathmandu

PAKISTAN
Fläche: 796 100 km²
Einwohner: 154 800 000
Hauptstadt: Islamabad

SRI LANKA
Fläche: 65 610 km²
Einwohner: 19 100 000
Hauptstadt: Colombo

BANGLADESCH

Bangladesch liegt am Gangesdelta, wo sich Ganges, Brahmaputra und Meghna in Dutzende kleinerer Flüsse verzweigen, bevor sie in den Golf von Bengalen fließen. Das Gebiet ist anfällig für Monsune, eine Art tropischer Stürme, und häufig kommt es zu Überschwemmungen. Die Menschen leben meist in Holzhäusern, die auf Stelzen über dem Wasserspiegel stehen, damit sie nicht bei schwerem Monsun hinweggespült werden.

Indischer Subkontinent
GESCHICHTE

INDUSKULTUR
Die Menschen im Industal bewässerten ihre Böden mit dem Wasser des Indus. Sie errichteten Mohenjo-Daro und Harappa, die ersten Städte der Welt. Kunsthandwerker schufen herrliche Figuren von Menschen, Tieren und Göttern, wie dieses Siegel, das einen Stier darstellt.

BEREITS VOR FAST 5000 JAHREN entstand am Indus in Südasien eine Zivilisation. Die Menschen in dieser Region erbauten die ersten Städte der Welt. Indien ist zudem die Wiege zweier großer Religionen: des Hinduismus und des Buddhismus. Das Land hatte viele Herrscher und wurde immer wieder erobert. Die ersten Eroberer waren die Arier aus dem Nordwesten. Damals bestand Indien aus Stadtstaaten, die oft im Konflikt miteinander lagen. Die Maurya-Dynastie bildete sich um 322 v. Chr., und unter Kaiser Ashoka erlebte Indien eine Zeit des Friedens. Dann kam die Gupta-Dynastie, gefolgt von den Moguln, die eine großartige Zivilisation schufen. Aber die Streitigkeiten zwischen Muslimen, Sikhs und Hindus schwächten Indien. Zwischen dem 17. und 18. Jh. übernahm die britische Ostindische Kompanie große Teile des Landes; ein Jahrhundert später annektierte die britische Regierung ganz Indien. Viele Inder wollten jedoch die Unabhängigkeit. 1947 wurde Indien unabhängig, geriet aber in den Konflikt zwischen Muslimen und Hindus. Es entstanden zwei Staaten: das hinduistische Indien und das muslimische Pakistan.

GUPTA-REICH
Eine Familie reicher Grundbesitzer, die Gupta, gründete ihr Reich 320 n. Chr. unter Chandra Gupta I. Nach nur einem Jahrhundert umfasste das Reich große Teile von Nord- und Ostindien. Ein goldenes Zeitalter begann. Die Gupta erfanden das Dezimalsystem und die Zahlen, die wir noch heute verwenden. Nach dem Einfall von Stämmen aus Zentralasien zerfiel das Reich im 7. Jh.

OSTINDISCHE KOMPANIE
Im Jahr 1600 gründeten die Briten die Ostindische Kompanie für den Handel mit Indien. 1765 regierte die Gesellschaft über Teile von Indien, 1858 übernahm dann die britische Regierung die Macht. Die Ostindische Kompanie existierte bis 1873. Die Zeichnung rechts zeigt einen Briten auf einem indischen Elefanten.

Mogul-Reich
1526 kam der Mogul-Herrscher Babur aus Zentralasien und errichtete seine Herrschaft über ein Indien, das eine nur schwache Verwaltung besaß. Die muslimischen Moguln erbauten einige der herrlichsten Moscheen (muslimische Gotteshäuser) und Paläste der Welt. 1858 zerfiel das Mogul-Reich, und die Briten kontrollierten nun fast ganz Indien.

British Raj

Seit dem frühen 16. Jh. versuchten Portugal, Frankreich, Großbritannien und die Niederlande, Indien zu kontrollieren. Am erfolgreichsten waren die Briten. Mitte des 19. Jhs. regierten sie auf dem gesamten Subkontinent. 1877 wurde Queen Victoria Kaiserin von Indien. Die Regierung von Indien hieß British Raj (ein indisches Wort, das »Herrschaft« bedeutet). Der Raj verwaltete das Land von der Hauptstadt Neu-Delhi aus, die 1931 fertig gestellt war.

Mahatma Gandhi

Der Führer der indischen Unabhängigkeitsbewegung war Mohandas Gandhi (1869–1948), Mahatma – »große Seele« – genannt. Gandhi versuchte die verschiedenen Religionen und Völker Indiens zu einen. Er befürwortete die *Satyagraha*, den gewaltlosen Widerstand gegen die Briten.

FAMILIE NEHRU

Der erste Premierminister Indiens war Jawaharlal Nehru (1889–1964, oben). Zwei Jahre nach seinem Tod wurde seine Tochter Indira Gandhi (rechts) seine Nachfolgerin. Sie war bis zu ihrer Ermordung 1984 mit nur kurzer Unterbrechung Indiens Premierministerin; Nachfolger wurde ihr Sohn Rajiv. 1989 verlor er die Mehrheit im Parlament; 1991 wurde auch er ermordet.

PAKISTAN UND BANGLADESCH

Unter britischer Herrschaft waren die meisten Inder Hindus, aber es gab auch Muslime, und es kam zu Konflikten zwischen ihnen und den Hindus. Als Indien 1947 unabhängig wurde, teilten die Briten das Land.

Ein Zug aus Pakistan mit verängstigten Hindu-Flüchtlingen

1947 teilte Indien den Muslimstaat Pakistan in zwei Hälften. 1971 machte sich Ost-Pakistan selbstständig und wurde der unabhängige Staat Bangladesch.

CHRONIK

vor 2500 v. Chr. Induskultur gründet Städte.

um 1500 v. Chr. Arische Eroberer zerstören Induskultur und führen den Hinduismus ein.

um 320–um 550 n. Chr. Gupta-Dynastie regiert Indien.

6. Jh. Hunnen aus Zentralasien stürzen die Gupta.

8. Jh. Arabische Händler kommen nach Indien; Turkvölker führen Islam ein.

10. Jh. Muslimische Invasion.

1206–1526 Das Delhi-Sultanat (erstes muslimisches Königreich) regiert fast das ganze Land.

1526 Babur vereint Indien mit dem Mogul-Reich.

1877 Queen Victoria wird Kaiserin von Indien.

1885 Indischer Nationalkongress gegründet, strebt die Unabhängigkeit an.

1947 Britisch-Indien in das unabhängige Indien und Pakistan geteilt. Über 500 000 Menschen bei der Teilung getötet.

1948 Hindu-Fanatiker ermordet Mahatma Gandhi.

1956, 1961 Indien übernimmt verbliebene französische und portugiesische Kolonien in Indien.

1962 Grenzstreit mit China führt zum Krieg.

1964 Tod von Premierminister Nehru.

1965 Krieg zwischen Indien und Pakistan um die Provinz Kaschmir.

1966 Indira Gandhi wird Premierministerin.

1971 Bangladesch erlangt Unabhängigkeit.

1984 Indira Gandhi ermordet.

1991 Rajiv Gandhi ermordet.

1998 Indien und Pakistan machen Atombombentests.

Siehe auch

Buddhismus
Gandhi, Mahatma
Hinduismus
Induskultur
Südostasien, Geschichte

INDUSKULTUR

VOR UNGEFÄHR 4500 JAHREN entwickelte sich am Ufer des Indus im westlichen Punjab (Fünfstromland) eine der größten alten Zivilisationen. Die meisten Angehörigen dieser Induskultur lebten in Dörfern und bearbeiteten die fruchtbaren Talböden. Den Mittelpunkt der Kultur bildeten zwei große Städte, Harappa und Mohenjo Daro. Die Wege in diesen planmäßig gebauten Städten waren wie die Straßen vieler moderner Städte geradlinig angelegt. Die vielen Innenhöfe und die ummauerten Zitadellen machten sie zu den eindrucksvollsten Städten der damaligen Zeit. Häufige Überschwemmungen beschädigten jedoch die Mauern, weshalb die Gebäude immer wieder ausgebessert werden mussten. Vermutlich war es eine Kombination aus Wasserschäden und schlechten Ernten, die zum Untergang der Zivilisation führte. Nach 1800 v. Chr. ging die Induskultur ihrem Ende entgegen.

SIEGEL
Händler hatten kleine Siegel (oben), die sie vermutlich zur Unterzeichnung von Dokumenten oder zur Markierung ihrer Ware anwandten. Jedes Siegel zeigte ein Tier und Buchstaben der einzigartigen Schrift der Induskultur. Bisher konnte diese Schrift noch niemand entziffern.

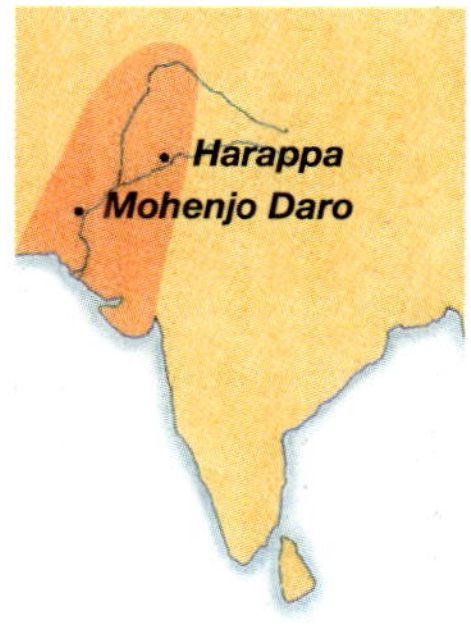

INDUSTAL
Der Indus durchfließt Ostpakistan. Die Induskultur entwickelte sich in einem breiten Landstreifen beiderseits des Flusses.

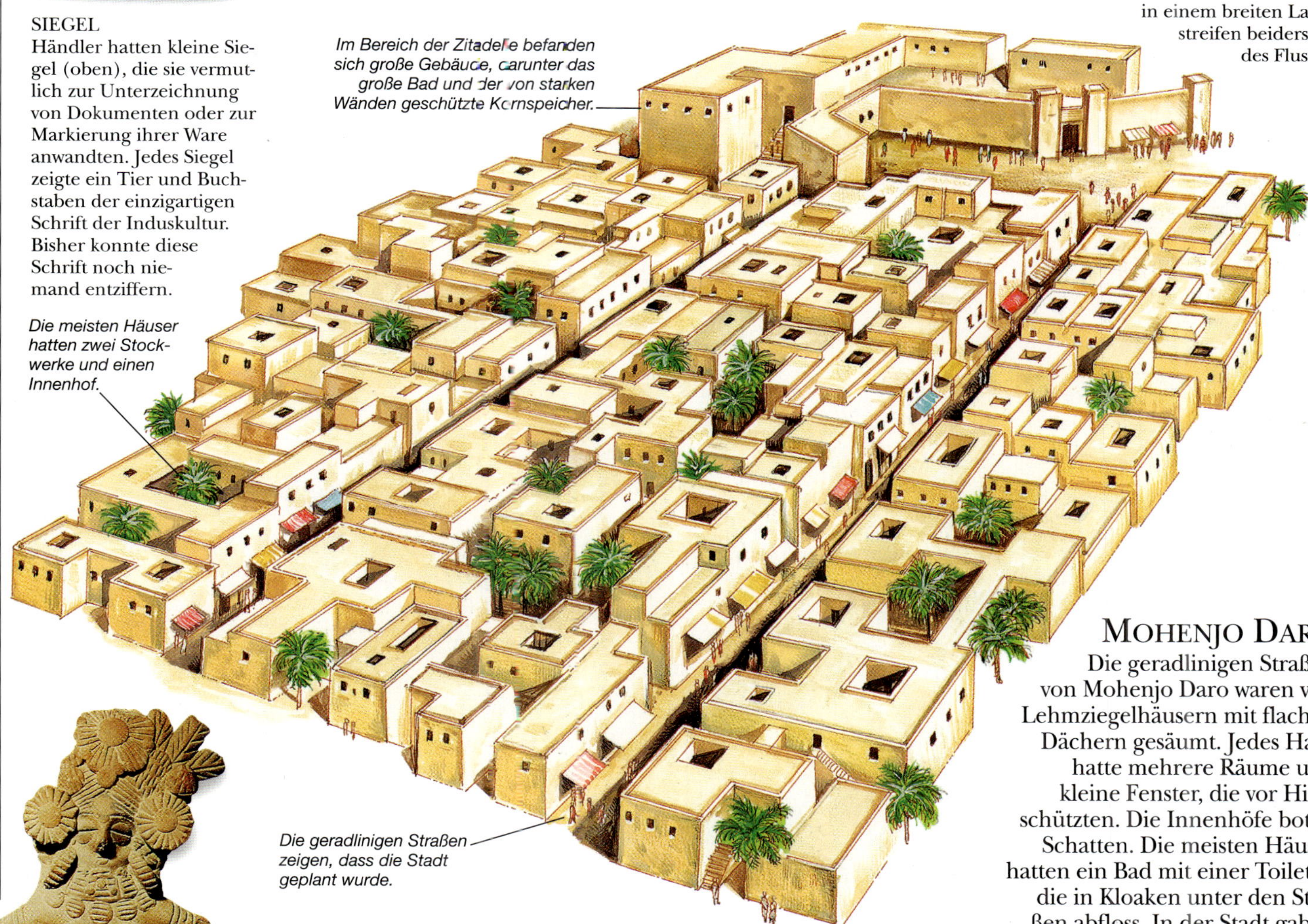

Im Bereich der Zitadelle befanden sich große Gebäude, darunter das große Bad und der von starken Wänden geschützte Kornspeicher.

Die meisten Häuser hatten zwei Stockwerke und einen Innenhof.

Die geradlinigen Straßen zeigen, dass die Stadt geplant wurde.

MOHENJO DARO

Die geradlinigen Straßen von Mohenjo Daro waren von Lehmziegelhäusern mit flachen Dächern gesäumt. Jedes Haus hatte mehrere Räume und kleine Fenster, die vor Hitze schützten. Die Innenhöfe boten Schatten. Die meisten Häuser hatten ein Bad mit einer Toilette, die in Kloaken unter den Straßen abfloss. In der Stadt gab es auch ein großes Badehaus, das möglicherweise religiösen Zwecken diente. Historiker glauben, dass Mohenjo Daro und Harappa jeweils rund 40 000 Einwohner hatten.

INDUS-GÖTTER

In Mohenjo Daro und Harappa gab es in vielen Häusern kleine Keramikstatuen einer weiblichen Figur mit Kopfputz und Schmuck. Sie war vermutlich eine Muttergöttin. Die Völker im Industal verehrten sie zu Hause und hofften, dass sie ihnen gute Ernten und ausreichend Lebensmittel brachte.

SPIELZEUG MIT RÄDERN
Die Kinder im Industal spielten mit Keramikspielzeug wie diesem Ochsenkarren. Er ist vermutlich das Miniaturmodell eines Karrens, mit dem Getreide in den großen Kornspeicher gebracht wurde. Archäologen haben auch Würfel, Murmeln und kleine Tiere mit Rädern gefunden.

Siehe auch

INDISCHER SUBKONTINENT, GESCHICHTE
RAD
RELIGIONEN
STÄDTE

Industrie und Handel

Ohne Handel und Industrie müssten die Menschen alles, was sie zum Leben brauchen, selbst herstellen. Für einen Laib Brot müsstest du Weizen anbauen, die Körner mahlen, das Mehl zu einem Teig verarbeiten und diesen dann backen. Auch die Mühle und den Ofen müsstest du erst einmal bauen! Statt dessen kümmern sich Spezialisten, nämlich Bauern, Müller und Bäcker, darum, Brot in großen Mengen für alle zu produzieren. Auch alle anderen Dinge des täglichen Bedarfs stellt die Industrie bereit. Handel umfasst alles, was mit Kaufen und Verkaufen zu tun hat. Der Handel sorgt dafür, dass die Produkte vom Hersteller zum Verbraucher gelangen. Er sorgt aber auch dafür, dass die Fabriken immer genügend Rohmaterial haben, um die Produktion aufrecht zu erhalten. Zusammen sind Handel und Industrie Kernbereiche der Wirtschaft eines Landes.

DIE SEIDENSTRASSE
Völker und Regionen unterhielten schon immer Handelsbeziehungen. Zu den ältesten und berühmtesten Handelsstraßen gehört die Seidenstraße. Auf dieser Route brachten in der Zeit zwischen 300 v. Chr. und 1600 n. Chr. Pferde- und Kamelkarawanen Seide von China nach Europa.

Welthandel

Zu Wasser, zu Land und in der Luft werden Güter rund um die Welt ausgetauscht. So gelangen Rohstoffe wie Öl aus Ländern mit großen Ölvorkommen in Länder, die selber wenig oder gar kein Erdöl haben. Der Welthandel ist auch erforderlich, weil manche Waren in den Ländern, in denen sie produziert werden, nur geringe Preise erzielen würden. Kleidung wird z. B. oft in Ländern mit niedrigen Löhnen hergestellt. Verkauft werden die Kleider aber in reicheren Ländern, die einen höheren Preis dafür bezahlen können. Mit dem Gewinn finanzieren ärmere Länder ihre Importe.

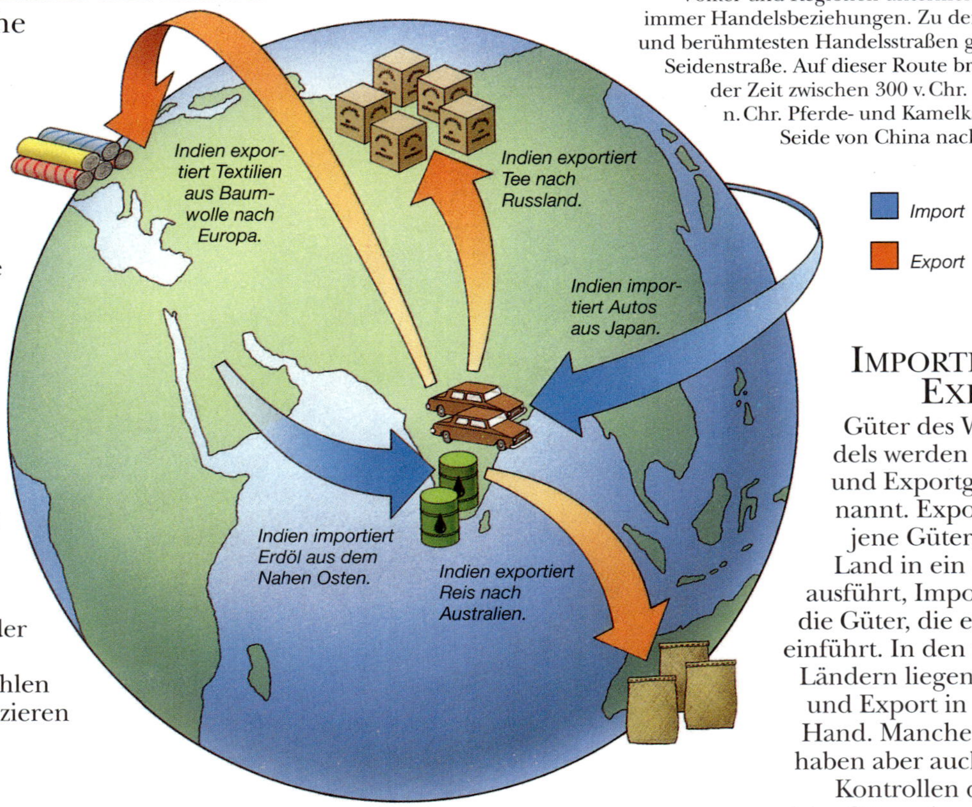

Importe und Exporte

Güter des Welthandels werden Import- und Exportgüter genannt. Exporte sind jene Güter, die ein Land in ein anderes ausführt, Importe sind die Güter, die ein Land einführt. In den meisten Ländern liegen Import und Export in privater Hand. Manche Länder haben aber auch strikte Kontrollen darüber, welche Güter ein- und ausgeführt werden dürfen.

HANDELSABKOMMEN
Zwischen manchen Ländern bestehen Handelsabkommen, die den Güteraustausch regeln. So kann z. B. ein fester Preis vereinbart werden, zu dem bestimmte Güter, etwa Weizen und Tee, die Grenzen passieren. Die Europäische Union (EU) verpflichtete alle Mitgliederländer vertraglich, den freien Austausch von Gütern zuzulassen. Entsprechend unterliegt der Handel mit Ländern, die nicht Mitglieder der EU sind, bestimmten Einschränkungen. Das fördert Wirtschaft und Industrie innerhalb der EU.

Die Industrie- und Handelskammern vertreten die Interessen aller Gewerbetreibenden in ihrem jeweiligen Bezirk.

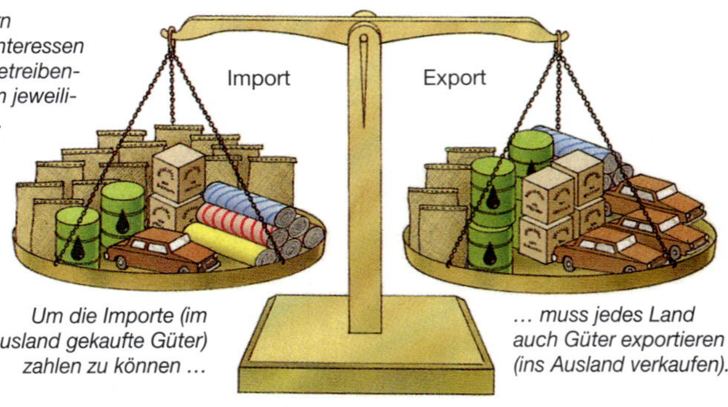

Um die Importe (im Ausland gekaufte Güter) zahlen zu können …

… muss jedes Land auch Güter exportieren (ins Ausland verkaufen).

ZAHLUNGSBILANZ
Jedes Land finanziert seine Importe mit dem Erlös der Exporte in andere Länder. Dieses Gleichgewicht zwischen Import und Export wird Zahlungs- oder Handelsbilanz genannt. Länder, die nur wenig exportieren, müssen Kredite aufnehmen, um ihre Importe bezahlen zu können.

FABRIKEN

Wenige Güter entstehen in Heimarbeit. Fast alle Produkte, die wir kaufen, werden in Fabriken hergestellt. In einer Fabrik hat der einzelne Arbeiter nur eine kleine Aufgabe innerhalb des Produktionsprozesses. Er oder sie bedient eine Maschine oder montiert kleine Teile mit der Hand. Niemand ist für alle Arbeitsschritte alleine zuständig. Diese Form der Massenproduktion ist schneller und billiger. Die meisten Fabriken befinden sich im Besitz großer Konzerne.

ANGEBOT UND NACHFRAGE

Firmen stellen Waren her, von denen man annimmt, dass Leute sie kaufen wollen. Die Ware wird zu einem Preis verkauft, der es der Firma ermöglicht, Gewinn zu erwirtschaften. Solange es Bedarf an diesen Waren gibt, wird die Firma sie produzieren. Wenn weniger Leute die Waren kaufen wollen, sinkt der Preis. Damit wird die Ware wieder interessant für eine breitere Käuferschicht; es kann aber auch dazu führen, dass Arbeiter entlassen werden müssen.

Eine neu gegründete Fabrik stellt Schirme in kleiner Stückzahl her.

Die Geschäfte bieten wenige Schirme zu einem hohen Preis an.

Schirme sind plötzlich gefragt, werden gekauft, somit steigt die Nachfrage.

Die Fabrik stellt zusätzliche Arbeiter ein, um die Nachfrage zu befriedigen.

Wenn jeder einen Regenschirm hat, sinkt die Nachfrage nach Regenschirmen.

Die Preise fallen, und die Fabrik muss Arbeiter entlassen.

Restaurants erbringen eine Dienstleistung. Ihr »Produkt« ist das Zubereiten und Servieren von Speisen.

DIENSTLEISTUNGEN

Nicht jeder Industriebereich stellt Gegenstände her. Manche »Industrien« liefern gegen Bezahlung eine Dienstleistung. Eine Autowerkstatt z. B. stellt gegen Bezahlung den Motor ein, um den Benzinverbrauch des Autos zu senken. Für diese Dienstleistung zahlt der Kunde einen zuvor vereinbarten Betrag.

Die Endmontage des Autos wird z. B. in Spanien vorgenommen.

Den Motor liefert eine Fabrik in Spanien.

Aus britischem Stahl stellt eine Fabrik in Frankreich die Karosserie her.

Heutige Autos sind so kompliziert, dass sie nicht komplett in einer Fabrik hergestellt werden. Also werden die einzelnen Teile in unterschiedlichen Fabriken gefertigt und in einem Montagewerk zusammengebaut.

Das Getriebe kommt aus Deutschland.

GÜTERPRODUKTION

Zu den Grundformen der Industrie gehört die Güterproduktion. Dabei werden Rohstoffe so lange be- und verarbeitet, bis ein fertiges Produkt entsteht. Fast alle unsere Gebrauchsgüter werden industriell hergestellt, stammen also aus großen Fabriken. Manchmal stellen Facharbeiter in kleinen Gruppen ein Produkt von Anfang bis Ende her, dann wiederum ist der Herstellungsprozess zerstückelt in viele kleine Schritte. Autos z. B. werden aus Einzelteilen montiert, die zuvor in ganz anderen Fabriken hergestellt wurden.

GEWERKSCHAFTEN

Im 19. Jh. begannen die Arbeiter sich in Gewerkschaften zusammenzuschließen, um höhere Löhne und bessere Arbeitsbedingungen durchzusetzen. Streiks waren und sind ein Mittel, Druck auf die Arbeitgeber auszuüben.

Der erfolgreiche Streik von Arbeiterinnen in einer Londoner Streichholzfabrik im Jahr 1888 brachte den Gewerkschaften großen Zulauf.

Siehe auch

FABRIKEN
GELD
INDUSTRIELLE REVOLUTION
WELTWIRTSCHAFTSKRISE
WERBUNG

Industrielle Revolution

Die moderne Zeit mit ihren Fabriken und großen Städten begann vor weniger als 300 Jahren in Großbritannien und breitete sich von dort nach Europa und in die USA aus. Ab 1760 vollzog sich ein Wandel, der das Leben der Menschen für immer veränderte. Diese Veränderungen bezeichnet man heute als Industrielle Revolution. Es wurden wasser- und später dampfbetriebene Maschinen erfunden, mit denen Kleidung und andere Güter schneller hergestellt werden konnten. Zur Bedienung der Maschinen benötigte man viele Arbeitskräfte, daher zogen arme Familien vom Land in die jungen Industriestädte. In den Städten gab es mehr Arbeit und höhere Löhne, die Lebensbedingungen waren jedoch schlecht. Das britische Fabrikgesetz von 1833 verbot zwar die Fabrikarbeit von Kindern, es gab aber keine Gesetze, die die tägliche Arbeitszeit regelten oder für sichere Maschinen sorgten.

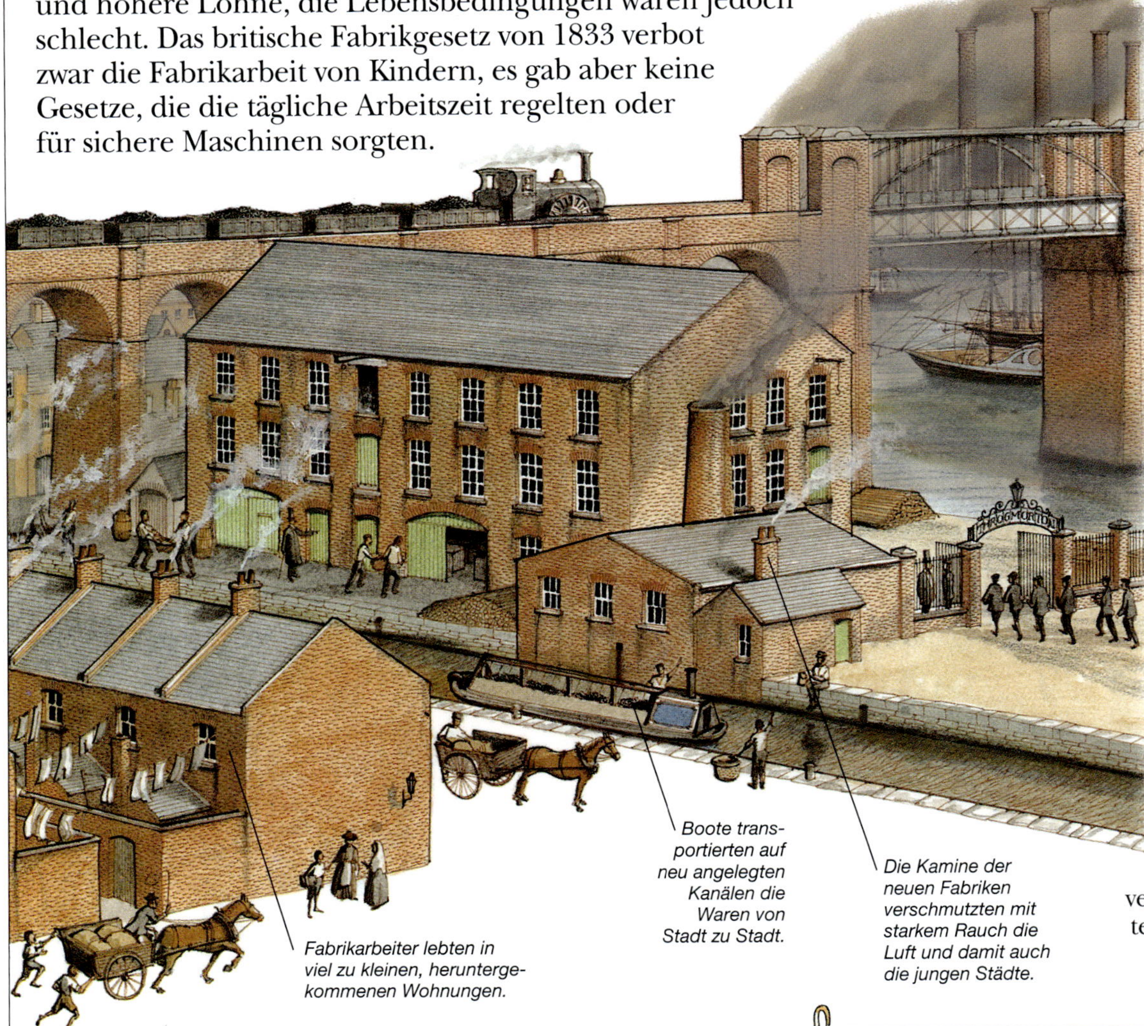

FABRIKANTEN
Robert Owen (1771–1858) war ein großzügiger britischer Fabrikant, der sich für eine Verbesserung der Arbeitsbedingungen einsetzte. Viele andere Fabrikanten wurden reich, da sie die Arbeiter viele Stunden für wenig Lohn arbeiten ließen.

Boote transportierten auf neu angelegten Kanälen die Waren von Stadt zu Stadt.

Die Kamine der neuen Fabriken verschmutzten mit starkem Rauch die Luft und damit auch die jungen Städte.

Fabrikarbeiter lebten in viel zu kleinen, heruntergekommenen Wohnungen.

Junge Städte

Industriestädte wurden schnell und billig erbaut. Große Familien lebten in winzigen Wohnungen, und das Wasser war oft verschmutzt. Krankheiten breiteten sich rasant aus, und viele Menschen starben jung.

NEUE TECHNIKEN

Für Maschinen brauchte man stärkere Metalle, daher wurden Gusseisen und Stahl entwickelt. Es wurde immer mehr Kohle verbrannt, um Wasser zu kochen und mit dem Dampf die Motoren anzutreiben. Die ersten maschinengefertigten Produkte waren Kleidungsstücke aus Baumwolle. Diese waren ziemlich preiswert, da sie in großer Zahl gefertigt wurden.

Baumwolle verdrängte die Wolle als wichtigstes Bekleidungsmaterial.

GRUBENLAMPE
Der Brite Sir Humphry Davy erfand 1815 eine Sicherheitslampe für Bergleute.

Gusseisen ließ sich in alle Formen gießen.

BETTGESTELL
Aus Eisen wurden auch Bettgestelle gemacht.

MÜHLEN

Die ersten Fabriken waren wasserbetriebene Baumwollmühlen, in denen Baumwolle zu Kleidung verarbeitet wurde. Die Arbeitsplätze waren laut und gefährlich. Die Mühlenbesitzer beschäftigten Frauen und Kinder, da diese weniger Lohn bekamen als Männer.

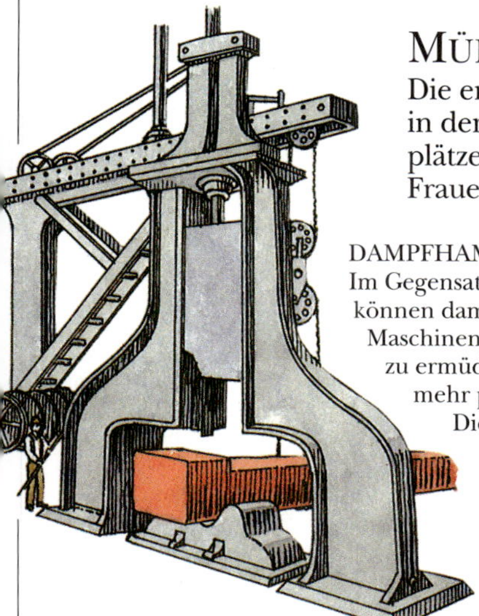

DAMPFHAMMER
Im Gegensatz zu Menschen können dampfbetriebene Maschinen arbeiten, ohne zu ermüden, und somit mehr produzieren. Dieser 1839 erfundene Dampfhammer konnte mit großer Kraft und Präzision Eisen schmieden.

Wuppertaler Schwebebahn

EINKAUF IM KONSUM

In Zuge der Industrialisierung und der mit ihr einhergehenden Verstädterung wurden die meisten Nahrungsmittel beim Kleinhändler gekauft. Seit 1875 gab es in Deutschland Konsumgenossenschaften (oben), die durch privaten, gemeinschaftlichen Bezug von Waren günstig beim Großhandel einkauften.

EINE NEUE ZEIT
Sie stehen für das Industriezeitalter in Deutschland: Die Wuppertaler Schwebebahn (oben) wurde 1899 bis 1903 als revolutionäres Verkehrsmittel erbaut. Der Industrielle Alfred Krupp (rechts) verhalf dem 1811 von seinem Vater gegründeten Stahlwerk zu Weltruhm.

INDUSTRIELLE REVOLUTION

1760 Beginn der Industriellen Revolution in Großbritannien.

1765 Der Brite James Hargreaves erfindet die Jenny-Spinnmaschine. Sie beschleunigte das Spinnen von Baumwolle. Der Schotte James Watt entwickelt die Dampfmaschine, die Maschinen in der Baumwollindustrie betreibt.

1784 Der Brite Henry Cort erfindet das Puddelverfahren zur Herstellung von Schweißstahl aus Roheisen.

1789 Der erste dampfbetriebene Webstuhl beschleunigt die Textilproduktion (Großbritannien).

1793 Eli Whitneys Entkörnungsmaschine mechanisiert die Baumwollverarbeitung (USA).

1804 Der Brite Richard Trevithick baut die erste Dampflokomotive.

1811 Alfred Krupp gründet in Essen ein Stahlwerk.

1825 Der erste Personenzug der Welt fährt von Stockton nach Darlington, Großbritannien.

1842 Der »Mines Act« verbietet in Großbritannien die Untertagearbeit von Frauen und Kindern.

1851 Die Weltausstellung in London zeigt neue Industrieprodukte und Techniken.

1855 In Großbritannien wird die Bessemer-Birne entwickelt. Sie verwandelt Roheisen in Stahl.

1870 In Großbritannien, Deutschland und den USA hat sich die Industrialisierung durchgesetzt.

ab 1875 Konsumgenossenschaften sind in Deutschland verbreitet, die zu günstigen Konditionen beim Großhandel einkaufen.

1901 Einweihung der Wuppertaler Schwebebahn.

Siehe auch
FABRIKEN
GROSSBRITANNIEN, GESCHICHTE
INDUSTRIE UND HANDEL
LANDWIRTSCHAFT
NATURWISSENSCHAFTEN, GESCHICHTE
TEXTILIEN

Informationstechnologie

Der Begriff »Informationstechnologie«, kurz IT, bezeichnet Technologien, die sich mit der Speicherung, Verarbeitung und Übertragung von Informationen befassen. Wer von IT spricht, meint meist die Verwendung von Computern zur Speicherung und Weitergabe von Informationen, aber Radio, Fernsehen, Telefone, Faxgeräte und DVDs sind ebenfalls Beispiele für Informationstechnologie. Eine Informationstechnologie existiert eigentlich schon, seit die Menschen Bilder und Schrift entwickelten. Spätere Erfindungen wie der Druck machten Informationen dann allgemeiner verfügbar. Die moderne Informationstechnologie basiert auf der Elektronik. Riesige Informationsmengen, etwa Bilder oder Musikdateien, lassen sich als elektrische Signale speichern und in die ganze Welt übertragen. Informationstechnologie wird in allen Lebensbereichen genutzt: in Schulen, Krankenhäusern und beim Einkaufen – so ist die Welt ein »globales Dorf« geworden.

Frühes Telefon mit Wählscheibe

Kamera

FRÜHE INFORMATIONSTECHNOLOGIE
Telefon und Kamera waren die IT-Geräte des 19. Jhs. Sie hatten großen Einfluss auf die Gesellschaft. Mit dem Telefon konnten Menschen auf der ganzen Welt miteinander sprechen. Mit der Kamera hielten sie ihr Leben und ihre Familie im Bild fest.

Nutzung der Informationstechnologie

Zur Nutzung der Informationstechnologie braucht man Hard- und Software. Hardware sind die Maschinen, wie z. B. der Computer. Als Software bezeichnet man die Programme oder Anwendungen im Computer, mit denen er läuft. Es gibt Textverarbeitungs-, Multimedia- und Spielprogramme, die ständig auf den neuesten Stand gebracht werden.

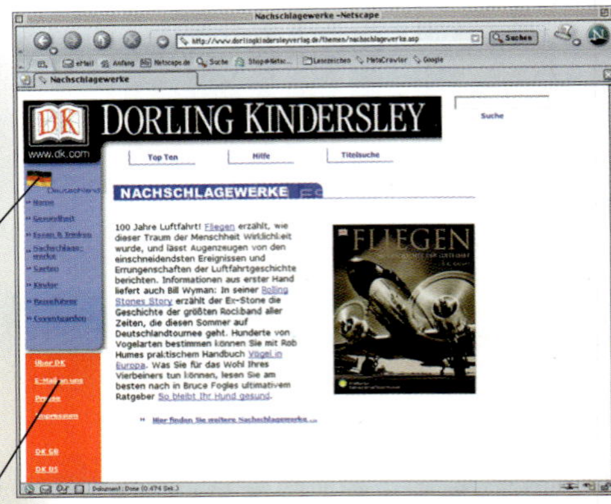

Viele Webseiten kann man in verschiedenen Sprachen aufrufen.

Klickt man hier, kann man direkt eine E-Mail an den Betreiber der Seite schicken.

MULTIMEDIA
Die meisten Computer arbeiten mit Compact Discs (CDs), die Informationen in Multimediaform vermitteln: Wörter, Bilder und Töne. Mit Multimediaprogrammen kann man gut lernen, da sie Informationen auf interessante Weise vermitteln und zeigen, wie Dinge funktionieren. Mit der Computermaus kann man auf dem Bildschirm navigieren.

DESKTOP-PUBLISHING
Mit so genannten Desktop-Publishing-Programmen (DTP) lassen sich Buchseiten mit Wörtern und Bildern am Computer gestalten. DTP wird von Verlagen verwendet, aber auch jeder Laie kann es verwenden, um eigene Zeitschriften, Poster und Newsletter zu gestalten.

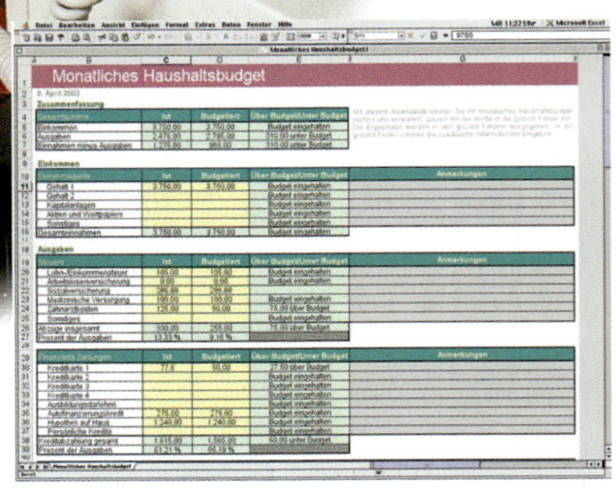

TABELLENKALKULATION
Manche Computer enthalten so genannte Tabellenkalkulations-Programme. Sie speichern Zahlen und andere Informationen in Form von Tabellen. Das Programm kann Rechenoperationen ausführen, etwa Addieren, oder Prozentzahlen errechnen. Tabellenkalkulations-Programme haben viele Anwendungsmöglichkeiten, so z. B. zum Erstellen von Rechnungen oder Budgetplanungen.

Anfänge der Elektronik

Die Nutzung der Elektronik in der Informationstechnologie hat eine lange Geschichte. Die ersten Geräte mögen veraltet wirken, was Material und Form angeht, aber sie erfüllten ebenso ihren Zweck wie moderne Exemplare.

Ein frühes Wandtelefon

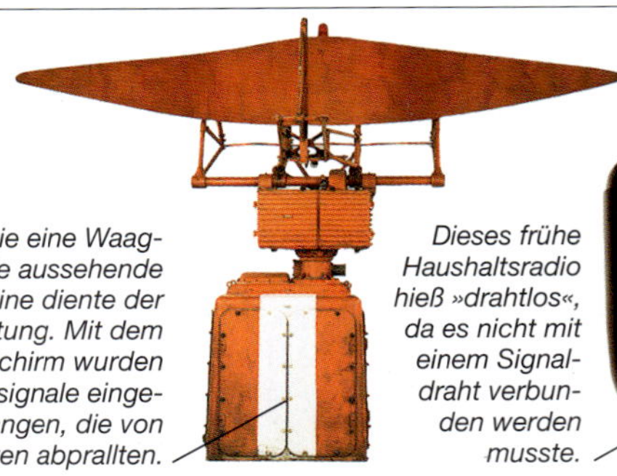
Diese wie eine Waagschale aussehende Maschine diente der Radarortung. Mit dem flachen Schirm wurden Radarsignale eingefangen, die von Objekten abprallten.

Dieses frühe Haushaltsradio hieß »drahtlos«, da es nicht mit einem Signaldraht verbunden werden musste.

BÜROKOMMUNIKATION

Im frühen 20. Jh. entstand ein neuartiger Arbeitsplatz: das Büro. In den ersten Büros gab es mechanische Schreibmaschinen und Telefone. Später kamen elektrische Schreibmaschinen und Fotokopierer dazu. Heutige Büros sind computerisiert und nutzen die neueste Informationstechnologie – von Faxgeräten über Computer bis zu Bildscannern.

VERKEHR
Die Informationstechnologie spielt eine große Rolle im Verkehr: Ob Flugzeug, großes Schiff oder Auto, sie alle nutzen die neue Technologie. Das Cockpit eines Flugzeugs ist deshalb sehr komplex geworden. Die Informationen, die Piloten durch die neue Technolgie erhalten, sind so exakt, dass sie sich blind darauf verlassen können. Sie müssen beim Fliegen gar nicht mehr aus dem Cockpit schauen.

Beim Online-Shopping betrachtet man Bilder von Waren in virtuellen Läden.

ONLINE-SHOPPING
E-Commerce, das Kaufen und Verkaufen übers Internet, ist ein neuer Trend – viele Menschen kaufen mittlerweile online ein. Meist wird mit einer Kreditkarte bezahlt, was das Risiko des Betrugs bergen kann; deshalb überprüfen Spezialprogramme die Kreditkartennummern.

KRANKENHÄUSER

Die Informationstechnologie ist in Krankenhäusern und der Medizin allgemein von großem Nutzen – viele Krankheiten kann man heute diagnostizieren und behandeln ohne in den Körper schauen zu müssen. Mit Scannern kann ein Arzt die Entwicklung eines ungeborenen Babys auf dem Bildschirm überwachen und irgendwelche Probleme im Frühstadium erkennen.

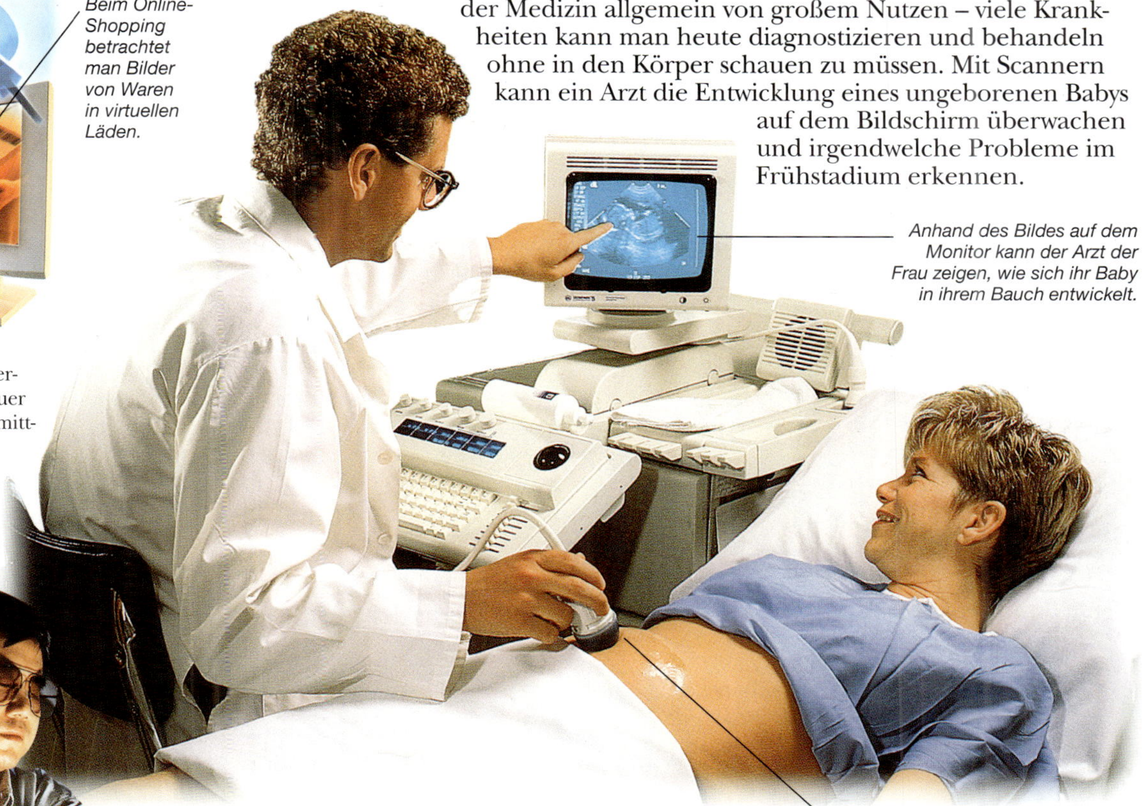

Anhand des Bildes auf dem Monitor kann der Arzt der Frau zeigen, wie sich ihr Baby in ihrem Bauch entwickelt.

Der Arzt fährt mit dem Scanner über den Bauch der Frau und sammelt Informationen, die dann auf dem Bildschirm zu sehen sind.

BEHINDERUNGEN

Die Informationstechnologie erleichtert Behinderten das Leben, denn sie ermöglicht es, die vorhandenen physischen Fähigkeiten eines Menschen optimal zu nutzen. Für Blinde etwa gibt es sprachgesteuerte Internet-Arbeitsplätze, die akustische Mitteilungen empfangen, verarbeiten und weiterleiten können. Sie können via E-Mail weltweit kommunizieren oder Informationen übers Internet abrufen, ohne das Haus zu verlassen.

Siehe auch
COMPUTER
ELEKTRONIK
INTERNET
TECHNIK

Inka

Im 12. Jh. wanderte ein Indianervolk von den Anden in Südamerika in das fruchtbare Cuzco-Tal und ließ sich dort nieder. Bis Ende des 15. Jhs. hatten die Inka ein riesiges, rund 1,14 Mio. km² großes Gebiet eingenommen, in dem mehr als 10 Mio. Menschen lebten. Die Inka eroberten das Land mithilfe ihrer starken Truppen und regierten es über ein bemerkenswertes Kommunikationsnetz. Ingenieure der Inka bauten ein Netz aus befestigten Wegen, das das ganze Reich durchzog. Auf diesen Straßen waren Läuferstaffeln unterwegs (es gab weder Pferde noch Wagen mit Rädern), die Nachrichten in die Hauptstadt Cuzco und in andere Orte übermittelten. An einem Tag konnte sich eine Nachricht somit über 250 km ausbreiten. An der Spitze des Reiches stand der oberste Inka, der als Gott verehrt wurde und absolute Macht besaß. Als 1525 der oberste Inka Huayna Capac starb, stritten sich zwei seiner Söhne um den Thron, und es brach ein Bürgerkrieg aus. Als 1532 spanische Soldaten ins Land kamen, war das Reich bereits stark geschwächt. Die Spanier schlugen die Truppen der Inka, und schon 1533 war das Inkareich ganz unter spanischer Herrschaft.

Das Inkareich

Auf dem Höhepunkt seiner Macht um 1525 erstreckte sich das Inkareich über mehr als 3200 km entlang der Pazifikküste Südamerikas. Es umfasste große Teile der heutigen Länder Ecuador, Peru, Bolivien und Chile.

Machu Picchu

Die Festungsstadt Machu Picchu nimmt eine Fläche von 13 km² ein. Sie wurde an den terrassierten Hängen eines Berges in einer Höhe von mehr als 2280 m über dem Meeresspiegel angelegt.

Lamas werden seit 4000 Jahren als Lasttiere eingesetzt.

Eine Inkafrau beim Weben eines kunstvoll ausgearbeiteten Stoffes.

Quipu

Die Inka besaßen keine Schrift. Stattdessen verwendeten sie Quipus – Knotenschnüre, mit denen sie alles zählen und aufzeichnen konnten. Auf diese Weise registrierten sie historische Ereignisse, Goldreserven, Bevölkerungsstatistiken und andere Informationen.

Die Farbe der Schnüre, die Zahl der Knoten und die Länge der Schnüre hatten eine bestimmte Bedeutung.

Die Inka waren hervorragende Goldschmiede. Oft dienten Goldfiguren (rechts) als Grabbeigaben.

Webkunst

Die Inka webten schöne, farbenfrohe Stoffe mit kunstvollen Mustern. Sie verarbeiteten die Wolle von Bergtieren wie Lamas, Alpakas und Vikuñas, die von den Inka gezähmt und zu Hause gehalten wurden. Viele Stoffmuster erinnerten an das Fell von Jaguars und Pumas.

Terrassenfeldbau

Die Inka bebauten in ihrem gebirgigen Reich jedes nur mögliche Fleckchen fruchtbaren Landes. An den steilen Berghängen schufen sie Terrassen, die sie mit dem Wasser von Bergbächen bewässerten. Hier konnten sie Getreide anbauen und Tiere halten, um die Menschen in der Stadt mit Lebensmittel zu versorgen.

Siehe auch

Kamele und Lamas
Konquistadoren
Südamerika, Geschichte

INSEKTEN

AUF DER ERDE wimmelt es nur so von Insekten: Sie stellen die größte Gruppe des Tierreichs dar. Es gibt mindestens eine Million verschiedener Arten, darunter Käfer, Schmetterlinge, Ameisen und Bienen. Die ersten Insekten traten vor über 500 Millionen Jahren auf der Erde auf und sind in nahezu allen Lebensräumen anzutreffen, in kalten Gebirgszonen ebenso wie in tropischen Regenwäldern. Allen Insekten gemeinsam sind die sechs Beine und das harte Außenskelett aus Chitin. Hinsichtlich von Größe und Gestalt gibt es gewaltige Unterschiede: Der Goliathkäfer wiegt über 100 g, während die winzige Zwergwespe mit bloßem Auge kaum sichtbar ist. Manche Insekten bereiten Menschen große Probleme. Fliegen verbreiten Krankheiten, und Heuschrecken fressen ganze Felder leer. Parasiten wie Zecken und Wanzen befallen Nutztiere und Menschen. Andererseits spielen Insekten in der Natur eine wichtige Rolle. Sie bestäuben Blüten und sind die Nahrung vieler Vögel und kleiner Säugetiere.

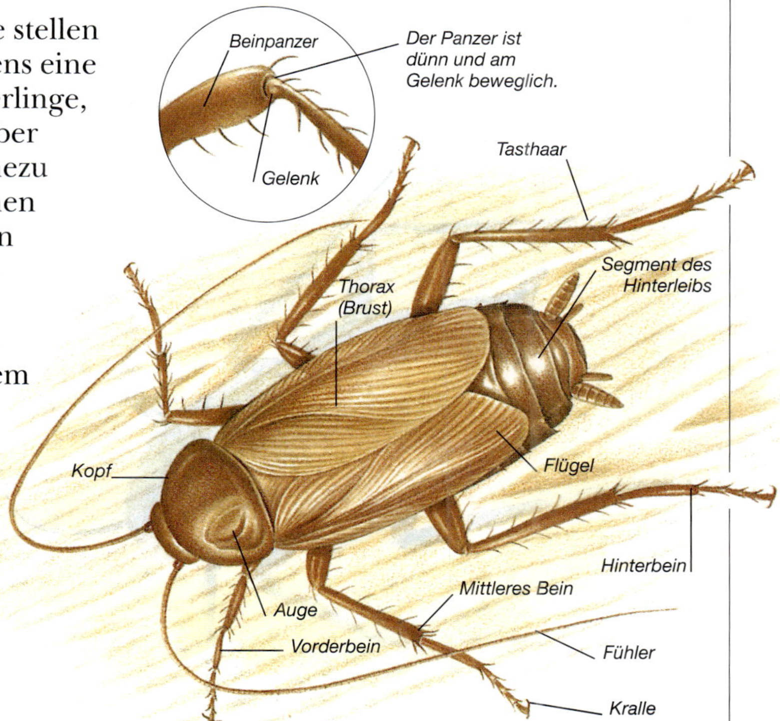

KÜCHENSCHABE

Der Körper eines typischen Insekts wie der Küchenschabe ist dreigeteilt. Vorne ist der Kopf mit dem Gehirn, den Antennen, Mundwerkzeugen und Augen. Der mittlere Abschnitt ist die Brust (Thorax), mit der die drei Beinpaare verbunden sind. Dritter Abschnitt ist der Hinterleib, der die Verdauungs- und die Fortpflanzungsorgane enthält.

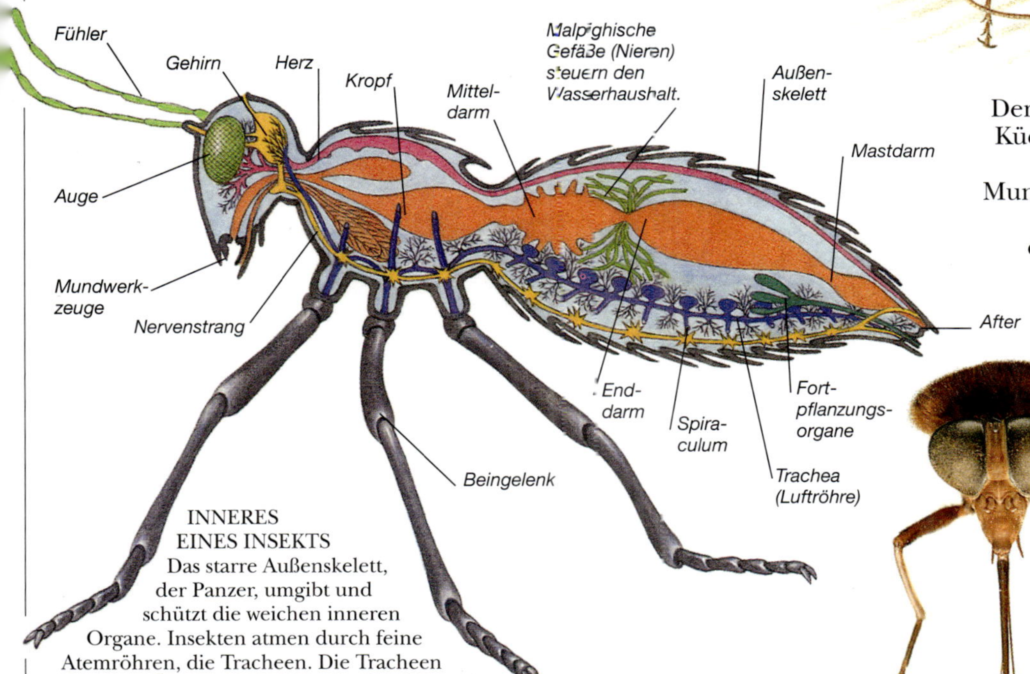

INNERES EINES INSEKTS
Das starre Außenskelett, der Panzer, umgibt und schützt die weichen inneren Organe. Insekten atmen durch feine Atemröhren, die Tracheen. Die Tracheen führen zu Öffnungen im Panzer, den Spiracula. Im Wasser lebende Insekten wie die Larven von Wasserkäfern atmen durch Kiemen, die aus feinen Chitinfalten gebildet sind.

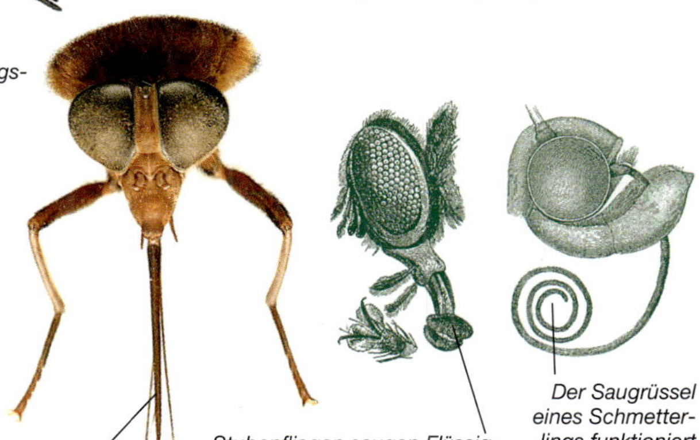

Blattläuse haben nadelähnliche Mundwerkzeuge.

Stubenfliegen saugen Flüssigkeiten durch schwammartige Mundwerkzeuge.

Der Saugrüssel eines Schmetterlings funktioniert wie ein Strohhalm.

ERNÄHRUNG

Sehr viele Dinge werden von Insekten gefressen: Holz, Blut, Nektar, Papier, Schuhcreme, Algen – und andere Insekten. Die Mundwerkzeuge der meisten Arten sind auf eine bestimmte Art von Nahrung spezialisiert und nur dazu geeignet, zu beißen, zu saugen, zu schaben oder zu bohren. Es gibt vier Hauptformen von Mundwerkzeugen: die harten Ober- und Unterkiefer, die beißen und kauen, sowie die Ober- und die Unterlippe.

KOMPLEXAUGE
Das Insektenauge besteht aus vielen kleinen Stäbchen, den Einzelaugen oder Ommatidien. Das Auge einer Stubenfliege besteht aus etwa 4000 Ommatidien. Jedes einzelne dieser Stäbchen erkennt die Menge und Farbe des Lichts, das in das Auge fällt, kann das Gesehene aber nicht alleine abbilden. Alle Ommatidien zusammen erzeugen aus hellen und dunklen Flecken ein mosaikartiges Bild der Umwelt.

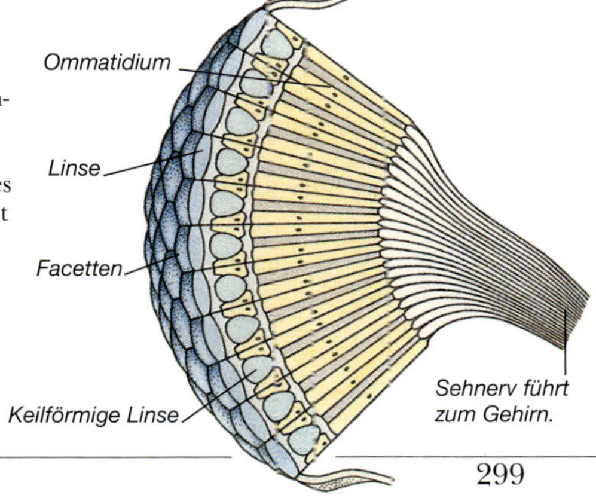

Die Gottesanbeterin kann als einziges Insekt den Kopf auf den Rücken drehen.

Werbung

Einige Arten, wie die Gottesanbeterin, haben komplizierte Paarungsrituale. Nach der Paarung frisst das Weibchen oft das Männchen auf. Die Nährstoffe aus dem Körper des Männchens kommen den Eiern zugute.

Geweihartige Fühler.

Rüsselkäfer mit L-förmigen Fühlern

Fühler

Die Fühler sind Sinnesorgane, die Gerüche und Schwingungen in der Luft und an Dingen wahrnehmen. Häufig sind die Fühler des Männchens größer als die des Weibchens der gleichen Art. Mit den Fühlern nimmt das Männchen in der Paarungszeit auch den Geruch des Weibchens auf. Nahe den Fühlern liegen mehrere Einzelaugen.

Metamorphose

Ein Insekt beginnt sein Leben als Ei und verändert während seiner Entwicklung öfter seine Gestalt. Um wachsen zu können, muss es immer wieder seinen alten Panzer abstoßen. Darunter kommt ein neuer, größerer zum Vorschein, der an der Luft hart wird. Bei manchen Insekten, wie den Schmetterlingen, schlüpft aus dem Ei eine Raupe, die sich später verpuppt. Aus der Puppe schlüpft schließlich der erwachsene Schmetterling. Eine so starke Veränderung bezeichnet man als vollständige Metamorphose. Bei anderen Insekten wie den Heuschrecken dagegen ähnelt schon das junge Tier den Eltern.

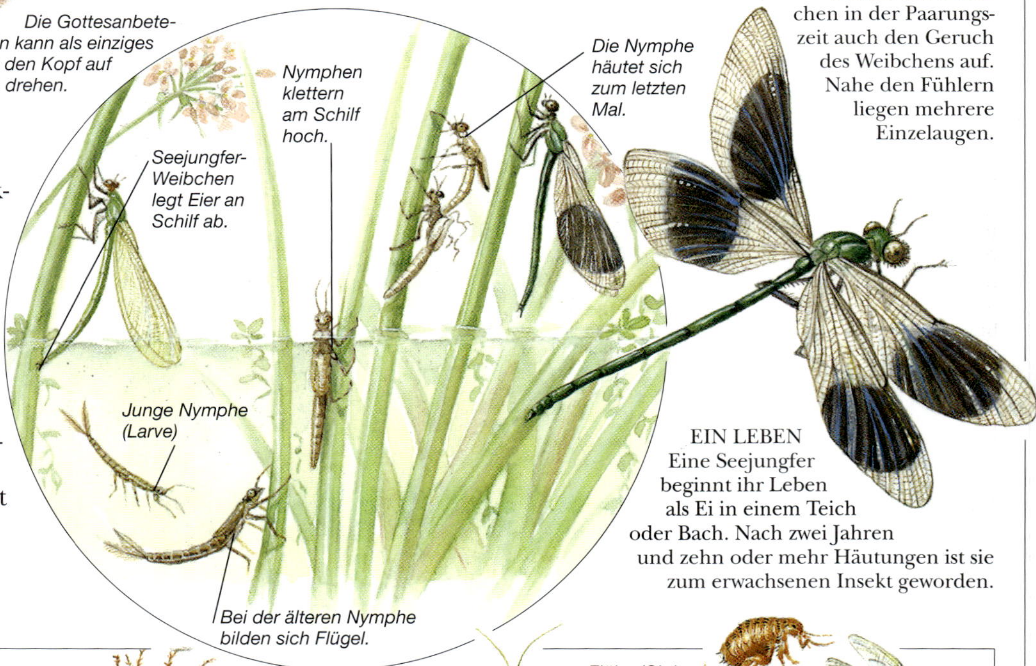

Ein Leben

Eine Seejungfer beginnt ihr Leben als Ei in einem Teich oder Bach. Nach zwei Jahren und zehn oder mehr Häutungen ist sie zum erwachsenen Insekt geworden.

Typen von Insekten

Es gibt etwa 20 Hauptgruppen von Insekten. Die größte Gruppe bilden mit über 300 000 bekannten Arten die Käfer. Die meisten Insekten haben mindestens in einer Phase ihres Lebens Flügel – mit Ausnahme von Borstenschwänzen wie Silberfischchen. Auch Flöhe haben keine Flügel: Ihre Flügel haben sich im Laufe der Evolution zurückentwickelt.

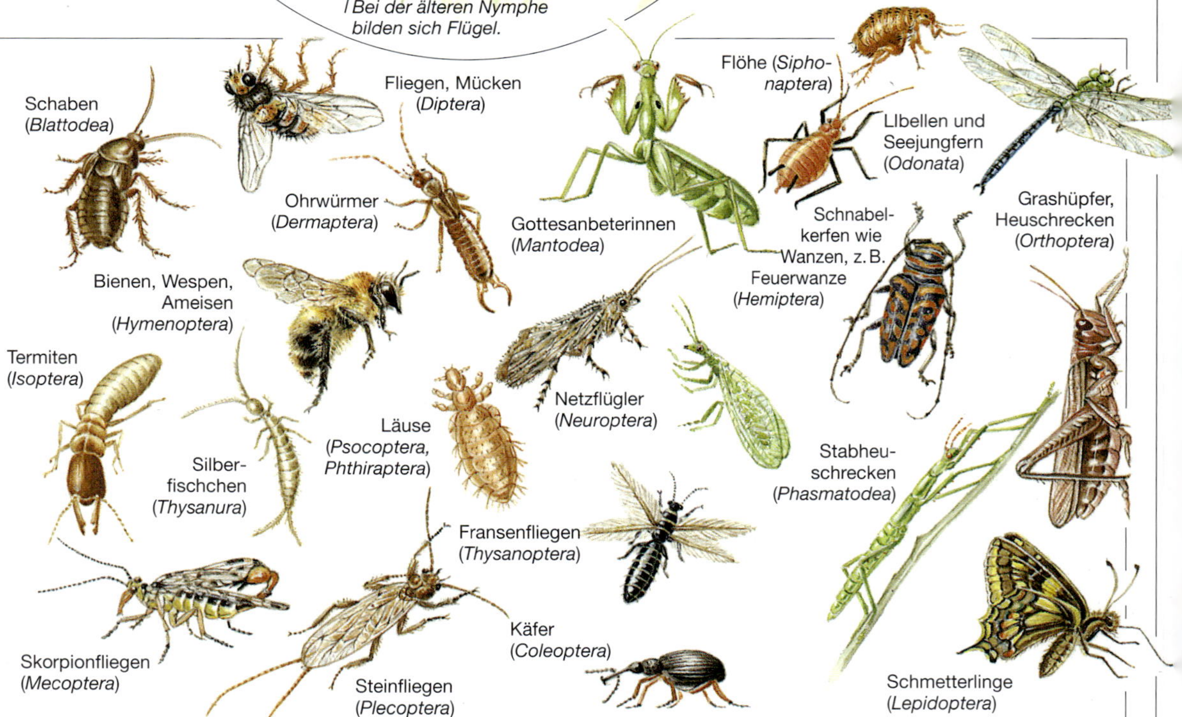

Floh

Ein Floh kann bis zu 30 cm hoch springen. Das ist so, als würde ein Mensch 245 m hoch springen – z. B. über ein Haus mit 70 Etagen oder über die St.-Pauls-Kathedrale in London.

Kräftige Hinterbeine ermöglichen weiten Sprung.

St.-Pauls-Kathedrale

Wie viele andere Insekten haben auch Flöhe kräftige Muskeln. Die Elastizität des Panzers erlaubt den Beinen, nach der Bewegung rasch zurückzuschnellen.

Siehe auch

Ameisen und Termiten
Fliegen und Mücken
Heuschrecken
Käfer
Schmetterlinge

INTERNET

INFORMATIONEN
Das Internet ist wie eine riesige Bibliothek mit elektronischen Büchern auf elektronischen Regalen. Wer einen Computer besitzt, kann diese Internetbibliothek benutzen.

JAHRHUNDERTELANG WURDE WISSEN vor allem durch Bücher weitergegeben, aber seit das Internet (kurz für International Network) existiert, können Menschen Informationen über einen Computer senden und empfangen. Das Internet wurde 1969 vom US-Verteidigungsministerium eingerichtet, aber 1994 auch an private Firmen verkauft. Seither ist es für alle offen und enthält riesige Datenmengen (Informationen) aus der ganzen Welt. Die Daten werden in elektronische Signale umgewandelt, die per Telefon, Funk oder via Satellit gesendet werden können. Die Daten werden zwischen den starken Computern der Internet Service Provider (ISP) ausgetauscht. Der mit einem ISP verbundene Personal Computer ruft die benötigten Daten dann von dort ab.

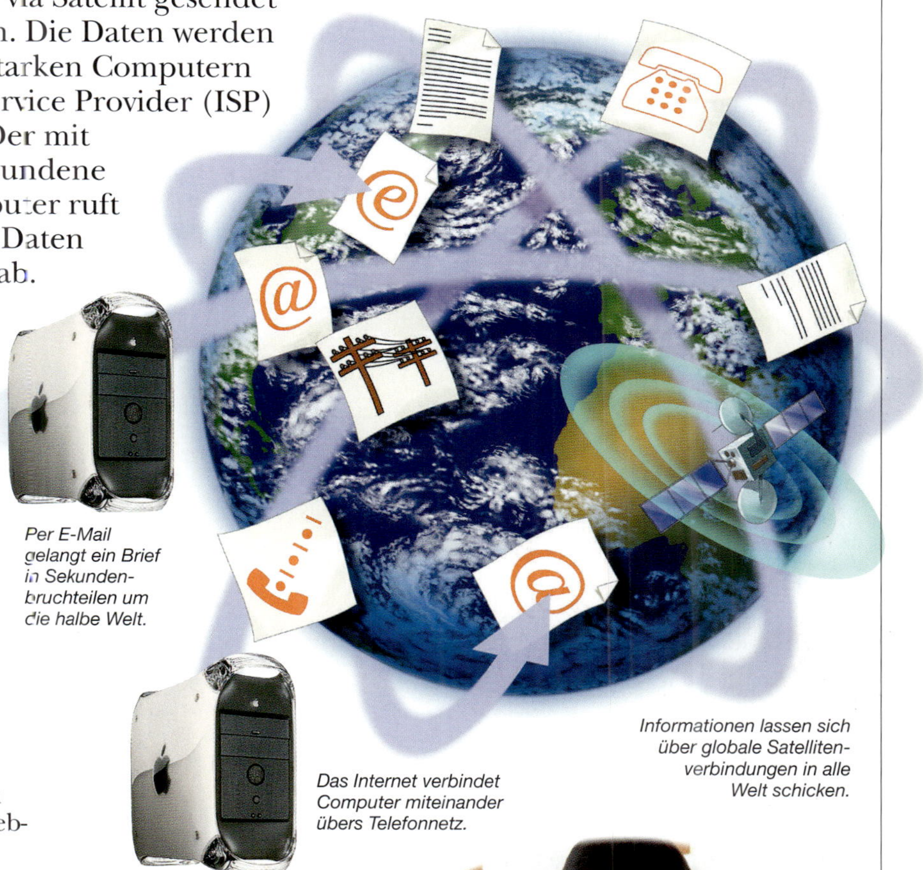

Per E-Mail gelangt ein Brief in Sekundenbruchteilen um die halbe Welt.

Das Internet verbindet Computer miteinander übers Telefonnetz.

Informationen lassen sich über globale Satellitenverbindungen in alle Welt schicken.

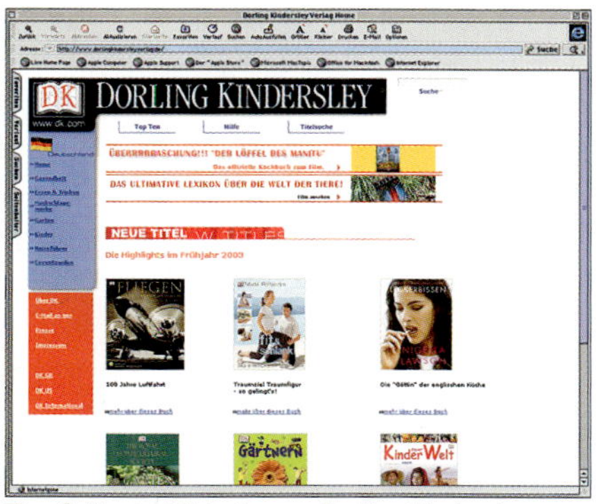

Eine Seite der Website von Dorling Kindersley. Webseiten werden regelmäßig aktualisiert.

WORLD WIDE WEB

Die meisten Informationen enthält das Internet in Form von »Seiten«. Diese sind elektronisch zu »Websites« verknüpft und im World Wide Web (WWW) gespeichert. Website-Informationen werden durch »Webserver« (sehr große Computer) erteilt. Zur Verbindung mit dem Internet sendet man eine Anfrage von seinem Computer an einen Webserver.

IM INTERNET SURFEN

Die Suche nach Informationen im Internet heißt »Surfen«. In eine Suchmaschine (eine Art elektronischen Katalog) tippt man ein oder zwei Stichwörter zu dem Thema ein, das man sucht. Die Suchmaschine zeigt eine Liste von Sitekategorien. Man wählt eine Kategorie aus und erhält eine Liste mit nützlichen Websites. Dann klickt man auf die gewünschte Website.

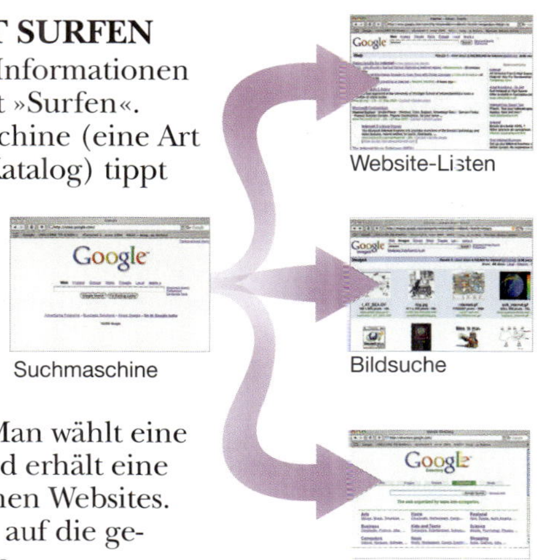

Übers Internet kann man eine E-Mail um die ganze Welt zum Preis eines Ortsgesprächs verschicken.

E-MAIL

Als Internetbenutzer kann man Mitteilungen direkt per E-Mail (elektronische Post) verschicken. Man benötigt eine E-Mail-Adresse, eine Telefonleitung und einen Computer mit Modem. Dieses übersetzt elektronische Informationen durchs Telefon in Mitteilungen, die man auf dem Bildschirm lesen kann.

Siehe auch
COMPUTER
INFORMATIONSTECHNOLOGIE
SATELLITEN
TELEFON

Inuit

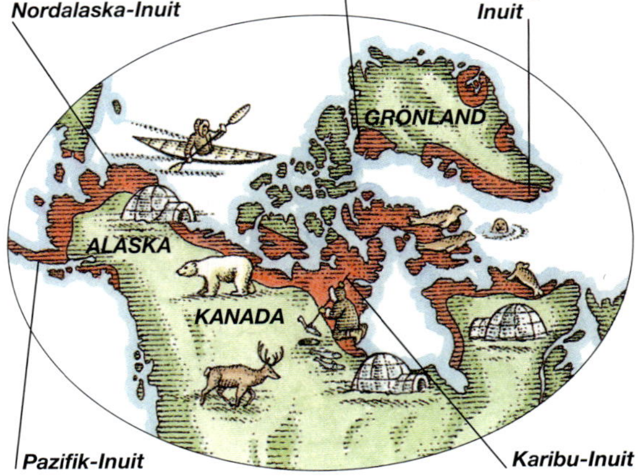

DIE ARKTIS GEHÖRTE zu den letzten Regionen der Welt, die von Menschen besiedelt wurden. Die Inuit (Eskimos) sind ein Volk, das ursprünglich aus Asien stammt und sich vor rund 4000 Jahren im Nordpolargebiet niederließ. Von Indianern wurden sie Eskimos genannt, was »Rohfleischesser« bedeutet. Sie selbst bezeichnen sich als Inuit, was einfach »Mensch« heißt. Inuit waren Nomaden. Sie wanderten in Familienverbänden umher und jagten nach Tieren wie Robben oder Rentieren. Die Inuit-Familien überlebten die bittere Kälte der Winter, indem sie Schutzräume in den Boden gruben. Dächer machten sie aus Treibholz oder aus Walfischknochen. Für ihre Kleidung verwenden sie doppelte Lagen von Karibu- oder Eisbärfellen. Heute leben die Inuit in kleinen Siedlungen oder Dörfern. Sie pflegen ihre Sprache, die Kunst und ihre Gesänge und leben immer noch von der Jagd.

INUIT-GEMEINSCHAFTEN
Inuit leben in Sibirien, Alaska, Kanada und Grönland. Es gibt viele unterschiedliche Gruppen, die jeweils nach der Gegend benannt sind, in der sie leben. Die grönländischen Polar-Inuit leben von allen Völkern der Erde am nördlichsten.

Heute jagen Inuit mit Schneemobilen anstatt mit Schlitten.

Ein Jagdgang dauert mehrere Tage. Die Verpflegung wird mit dem Schneemobil transportiert.

Um eine Robbe zu fangen schneiden die Inuit ein Loch ins Eis. Wenn die Robbe zum Atmen aus dem Loch kommt, wird sie erlegt.

Inuit essen sowohl rohes als auch gekochtes Robbenfleisch.

JAGD
Die Inuit jagen, um Nahrung und Felle zu erhalten. Sie jagen die Tiere nicht zum Spaß. Sie schätzen Füchse, Karibus, Robben und andere arktische Tiere, gefährden mit ihrer Jagd aber nicht den Bestand dieser Tierarten. Die Jagd verlangt Übung und Geduld. Manche Inuit legen im Jahr bis zu 5000 km auf Jagdgängen zurück. Wenn sie im Winter fern von zu Hause sind, bauen die Jäger Schutzbehausungen aus Schneeblöcken, so genannte Iglus.

Inuit-Künstler verzieren alltägliche Gegenstände wie diesen Pfeilstrecker.

KUNST DER INUIT
In den langen Wintermonaten gibt es in der Arktis sehr wenig Tageslicht, was die Jagdmöglichkeiten stark einschränkt. Früher nutzten geübte Schnitzer die Zeit, um Holz, Knochen, Speckstein und Walrossstoßzähne zu bearbeiten. Sie fertigten Statuen von Tieren, Menschen und Jagdszenen. Heute sind Inuit-Schnitzereien bei Sammlern und Museen sehr begehrt.

Alltagsleben

In Nordamerika leben rund 25 000 Inuit. Die meisten wohnen in Holzhäusern, die wie typisch amerikanische Wohnhäuser ausgestattet sind. Manche Inuit sind noch immer Jäger. Viele andere arbeiten aber auch in der Industrie.

Der traditionelle Inuit-Schlitten wird von 10 bis 15 Huskys gezogen. Ein solcher Hundeschlitten kann am Tag etwa 80 km zurücklegen.

Siehe auch
Antarktis
Arktis
Kanada
Polarforschung
Tiere, Polargebiete

IRLAND

Irland ist die kleinere der beiden Britischen Inseln. Großbritannien, die größere, liegt im Osten, der Atlantische Ozean im Westen. Irland besteht aus der unabhängigen Republik Irland und der Provinz Nordirland, die zu Großbritannien gehört.

VOR DER NORDWESTKÜSTE EUROPAS liegt eine der schönsten Inseln der Erde. Seit Jahrhunderten rühmen Dichter und Sänger das grüne Land und die wilden Berge Irlands. Doch Irland ist kein reiches Land und hat nur wenige natürliche Ressourcen – es hat keine Kohle, kein Eisen, keine nennenswerten Ölreserven. Irlands Reichtum sind seine Menschen und ihre ausgeprägt gälische Kultur. Fast überall auf der Welt gibt es eine irische Gemeinschaft, deren Mitglieder die Erinnerung an ihre Heimat und ihr Brauchtum am Leben erhalten. 1973 trat Irland (Eire) der Europäischen Gemeinschaft (der heutigen EU) bei. Bis dahin hatte Großbritannien, der mächtige Nachbar und frühere Herrscher, die Wirtschaft des Landes dominiert. Als Mitglied der Union wird Irland allmählich wohlhabender und wirtschaftlich unabhängig von Großbritannien. Moderne Hightech-Industrien lösen die traditionelle Landwirtschaft und die Textilindustrie als Haupterwerbszweige ab.

Blöcke aus Torf – kohlenstoffhaltigem Boden aus zersetzten Pflanzen – werden aus dem Sumpfland ausgegraben, getrocknet und dann als Brennstoff verwendet.

DUBLIN

Die Hauptstadt von Irland ist Dublin. Sie liegt am Liffey unweit der Irischen See. Die Wikinger gründeten die Stadt im 9. Jh. In Dublin findet man viele historische Bauten und reizvolle Plätze.

DAS LAND

Feuchte Westwinde vom Atlantischen Ozean bringen Teilen von Irland über 200 cm Regen pro Jahr und sorgen für ein sehr fruchtbares Acker- und Weideland. Etwa 16 % der Iren arbeiten in der Landwirtschaft und in der Lebensmittelindustrie.

Die Ha'penny Bridge über den Liffey gilt als das Wahrzeichen Dublins. Sie wurde 1816 eröffnet und nach der einstigen Gebühr für ihre Benutzung benannt.

GEOGRAFIE
Gebirge im Süden, Westen und Norden umgeben die große zentrale Ebene Irlands. Sie ist an manchen Stellen sumpfig, und es gibt viele Seen, Loughs genannt. Lough Neagh (rechts) in Nordirland, der größte See auf den Britischen Inseln, ist berühmt für sein Federwild und seine Lachse.

MUSIK

Irland hat eine starke musikalische Tradition. Irische Musiker sind international bekannt. Die Corrs, U2 und Boyzone sind sehr erfolgreiche irische Bands. Besonders wichtig für Irlands kulturelles Erbe sind auch traditionelle Musik und Tänze.

Flöten, Fiedeln und Banjos werden in der traditionellen irischen Musik gespielt.

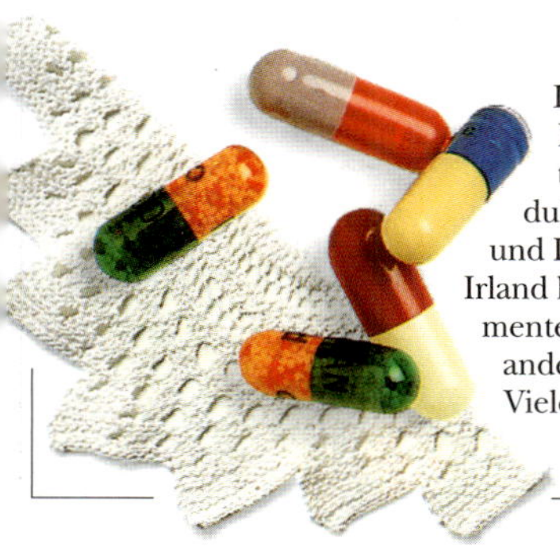

INDUSTRIE
Einst berühmt für traditionelle Produkte wie Glas, Spitze und Leinen, produziert Irland heute auch Medikamente, Elektronik und andere moderne Güter. Viele Menschen arbeiten in der Tourismusindustrie.

Siehe auch
EUROPA
GROSSBRITANNIEN UND NORDIRLAND
GROSSBRITANNIEN, GESCHICHTE
IRLAND, GESCHICHTE
KELTEN
WIKINGER

Vulkan | Berg | Historische Stätte | Hauptstadt | Großstadt | Stadt

GLENDALOUGH
Das Tal von Glendalough in den Wicklow Mountains ist berühmt wegen Saint Kevin, einem Eremiten, der dort im 6. Jh. ein Kloster gründete. Saint Kevin soll viele Wunder vollbracht haben und 120 Jahre alt gewesen sein, als er 618 starb.

FAKTEN
Fläche: 70 280 km^2
Einwohner: 4 000 000
Hauptstadt: Dublin
Sprachen: Englisch, Irisch (Gälisch)
Religionen: römisch-katholisch, anglikanisch, jüdisch
Währung: Euro
Haupterwerbszweige: Herstellung, Landwirtschaft, Lebensmittel
Hauptexportgüter: Vieh, Rindfleisch, Molkereiprodukte
Hauptimportgüter: Textilien, Maschinen, Fahrzeuge

SLIEVE LEAGUE
Die Felsenklippen von Donegal zählen zu den höchsten Europas. Durch Meereserosion entstanden, erreicht Slieve League eine Höhe von 670 m.

HURLING
Das mit Feldhockey verwandte Hurling ist ein alter gälischer Sport. Hinweise auf das Spiel finden sich in den ältesten irischen Handschriften aus dem 13. Jh., und viele Helden der alten Sagen waren sehr gute Hurler. Der im Spiel verwendete Stock heißt hurley – gälisch camán. Das 18. Jh. war das Goldene Zeitalter des Hurling, aber zwischen 1790 und 1800 wandte sich der Landadel von dem Spiel ab. Auch die Hungersnot von 1845–47 verhinderte seine weitere Entwicklung. Mit der Gründung der Gaelic Games Association 1884 erlebte Hurling dann eine Wiedergeburt.

SHANNON
Der Shannon, der längste Fluss auf den Britischen Inseln, hat eine Länge von etwa 380 km. Er entspringt in Nordwestirland und mündet westlich von Limerick ins Meer. Auf seinem gewundenen Lauf durchfließt er zahlreiche Seen, von denen Lough Derg der größte ist.

IRLAND
GESCHICHTE

ARDAGH-KELCH
Im Goldenen Zeitalter fertigten irische Kunsthandwerker großartige Schätze. Der berühmte silberne Ardagh-Kelch ist mit Bronze und Gold verziert.

SCHON IN DER STEINZEIT kamen die ersten Menschen vom europäischen Festland nach Irland. Später folgten die Kelten. Sie teilten Irland in kleine Königreiche ein. Die Kelten schufen fantastische Sagen und Legenden von Göttern, Helden und großen Schlachten. 432 n. Chr. brachte St. Patrick dem Land das Christentum: Er wurde Irlands Nationalheiliger. Im darauf folgenden Goldenen Zeitalter des christianisierten Irlands entstanden Meisterwerke der Malerei und der Dichtkunst. Irland wurde das kulturelle Zentrum Europas. 795 zerstörten die Wikinger diesen Frieden. Sie bauten Siedlungen wie Dublin, die Hauptstadt. Im 12. Jh. erlangten die Normannen die Kontrolle über fast ganz Irland. Die britischen Herrscher Heinrich VIII., Elisabeth I. und Jakob I. gaben irisches Land an protestantische Engländer und Schotten, um so die Zahl ihrer treuen Untertanen zu mehren. Dies funktionierte besonders gut in den Gebieten von Ulster, mit noch heute andauernden Konflikten in Nordirland als Folge.

SCHLACHT AM BOYNE
1690 besiegte der protestantische britische König Wilhelm III. den katholischen Exilkönig Jakob II. in der Schlacht am Boyne, und Jakob verzichtete fortan auf den Thron. Mit Wilhelms Sieg begann eine lange harte Herrschaft der Briten über die irischen Katholiken, auch Penal Law (Strafrecht) genannt.

CHRONIK

um 600 v. Chr. Die Kelten erobern Irland.

795 n. Chr. Die Wikinger überfallen Irland.

1014 König Brian Boru besiegt die Wikinger bei Clontarf.

1170 Die Normannen landen in Irland.

1641 Rebellion der Iren gegen die britische Regierung.

1690 Schlacht am Boyne, in der Folge protestantische Vorherrschaft.

1798 Aufstand der Vereinten Iren niedergeschlagen.

1845–49 Hungersnot. Bevölkerung geht um 3 Mio. zurück.

1916 Osteraufstand.

1919–23 Unabhängigkeitskrieg. Sechs Grafschaften von Ulster bleiben bei Großbritannien. Anglo-irischer Vertrag führt zu Bürgerkrieg im Süden.

1973 Irland tritt der EG bei.

1997 Mary McAleese als Präsidentin Nachfolgerin von Mary Robinson.

1998 Karfreitagsabkommen über Nordirland.

HUNGERSNOT
Im 19. Jh. hatten die meisten Iren kein Land und waren sehr arm. Sie aßen vorwiegend Kartoffeln. Oft blieb die Ernte aus; 1845 und 1848 waren die schlimmsten Jahre. Über 750 000 Menschen verhungerten, und Tausende wanderten aus.

OSTERAUFSTAND
Am Ostermontag 1916 erhoben sich irische Republikaner, die die Unabhängigkeit anstrebten, zum bewaffneten Aufstand. Die britische Armee schlug ihn nieder und richtete 15 Rebellen hin. Sie wurden Helden, und die Sache der Republikaner fand verstärkt Zuspruch.

DIE UNRUHEN
1922 entstand der Irische Freistaat im Süden. In Nordirland regierte die protestantische Mehrheit. 1968 wurden katholische Bürgerrechtsdemonstrationen unterdrückt, und neue Gewalt flammte auf. Die britische Armee kam nach Nordirland, um den Frieden zu wahren, aber der Konflikt eskalierte. Auch nach dem Karfreitagsabkommen von 1998 sucht man weiter nach einer friedlichen Lösung.

Siehe auch
GROSSBRITANNIEN UND NORDIRLAND
GROSSBRITANNIEN, GESCHICHTE
IRLAND

Islam

IM 7. JH. GRÜNDETE der Prophet Mohammed in Arabien eine Religion, die sich zu einer mächtigen Kraft in der Welt entwickeln sollte. Die Religion wird als Islam bezeichnet, ihre Anhänger nennt man Muslime. Muslime glauben, dass Gott mehrere Propheten sandte, darunter Moses und Jesus Christus, doch Mohammed war von ihnen der letzte. Wie Christen und Juden glauben auch Muslime an nur einen Gott, den sie Allah nennen. Islam bedeutet »Unterwerfung unter den Willen Gottes«, und die Muslime verpflichten sich zu absolutem Gehorsam gegenüber Allah. Das islamische Leben basiert auf den so genannten fünf Pfeilern des Islam. Muslime glauben, durch Befolgung dieser Grundregeln in den Himmel zu gelangen. Es gibt sehr strenge Verhaltensregeln, und Alkohol sowie Glücksspiele sind verboten. Viele muslimische Frauen tragen Kleider, die den ganzen Körper bedecken. Heute gibt es mehr als 1,3 Mrd. Muslime, vorwiegend im Nahen Osten, in Asien und Afrika. Die Ausbreitung des Islam schreitet rasch voran, und immer mehr Fundamentalisten fordern die Rückkehr zu strengen, traditionellen islamischen Werten.

KORAN
Das heilige Buch des Islam ist der Koran. Muslime glauben, dass der Koran das dem Propheten Mohammed mitgeteilte Wort Gottes ist.

ISLAMISCHE FESTE

Hedschra Erster Tag des islamischen Jahres.

Ramadan Fastenmonat.

Eid ul-Fitr Fest zum Ende des Ramadan.

Lailat ul-Qadr Offenbarung des Koran an Mohammed.

Meelad ul-Nabi Mohammeds Geburtstag.

Lailut ul-Isra Tod Mohammeds.

Moscheen

Die muslimische Gebetsstätte ist die Moschee. Vor dem Betreten ziehen die Muslime die Schuhe aus und waschen sich. Die Gläubigen knien sich zum Beten nieder und berühren mit dem Kopf den Boden. Zur Gebetszeit blicken sie zum Mihrab, einer Nische, die in Richtung Mekka zeigt. Obwohl Muslime am Freitag die Moschee besuchen, beten sie auch zu anderen Zeiten und an anderen Orten.

MINARETTE
Fünfmal am Tag stehen Muezzine an der Spitze der als Minarette bezeichneten hohen Türme und rufen die Gläubigen zum Gebet.

Bevor sich Muslime in der Moschee zum Beten niederknien, waschen sie das Gesicht, die Hände und die Füße.

BLAUE MOSCHEE
Die ersten Moscheen waren sehr einfach. Einige spätere Bauwerke, wie die Blaue Moschee in Istanbul, Türkei (rechts) sind großartige Beispiele der islamischen Kunst. Der Islam verbietet die Darstellung von Menschen und anderen Lebewesen, daher sind die gekachelten Mauern mit feinen Mustern und kunstvollen Kalligrafien (Schönschriften) verziert.

MOHAMMED
Die Shahada ist das islamische Glaubensbekenntnis: »Es gibt keinen Gott außer Allah, und ich bezeuge, dass Mohammed sein Diener und Gesandter ist.«

Mekka

Mohammed wurde in Mekka, Saudi-Arabien geboren. Jeder Muslim versucht, mindestens einmal im Leben die heilige Stadt zu besuchen. Ziel dieser Reise ist die Kaaba, der heiligste Schrein des Islam. In der Kaaba befindet sich der Schwarze Stein, den Gabriel Abraham gegeben haben soll.

Muslimische Pilger müssen siebenmal um die Kaaba gehen.

Siehe auch
Entdecker
Magnetismus
Navigation
Satelliten

ISRAEL

Vulkan | Berg | Historische Stätte | Hauptstadt | Großstadt | Stadt

Israel liegt am Ostende des Mittelmeers; es grenzt im Norden an den Libanon, im Osten an Syrien und Jordanien und im Südwesten an Ägypten.

DER MODERNE STAAT ISRAEL existiert erst seit 1948. Er entstand auf historischem jüdischen Gebiet. Juden aus aller Welt zogen damals in den neuen Staat, darunter viele, die die Verfolgung durch die Nationalsozialisten überlebt hatten. Das alte Hebräisch wurde zur Nationalsprache Israels. Die Geschichte des modernen Israel war von Anfang an von Kriegen und Gewalt begleitet: Viele der dort seit alters her lebenden arabischen Palästinenser mussten das Land verlassen und leben seit Jahrzehnten in Flüchtlingslagern. Heute machen die Palästinenser etwa 15 % der Bevölkerung Israels aus. Ab 1990 keimten Hoffnungen auf, der Konflikt mit den Palästinensern ließe sich lösen: Im Gazastreifen und Teilen des Westjordanlands entstanden Gebiete unter palästinensischer Selbstverwaltung. Ab dem Jahr 2001 zerstörte eine nicht enden wollende Zahl an Gewaltaten den Friedensprozess.
Israel ist ein wohlhabendes Land mit vielen modernen Industrien; es hat große Wüstengebiete in Ackerland umgewandelt.

FAKTEN
Fläche: 20 770 km²
Einwohner: 6 400 000
Hauptstadt: Jerusalem
Sprachen: Hebräisch, Arabisch, Jiddisch, Deutsch, Russisch, Polnisch, Rumänisch, Persisch
Religionen: jüdisch, islamisch, christlich, drusisch
Währung: Neuer Schekel
Haupterwerbstätigkeit: Industrie, Landwirtschaft, Finanzdienstleistungen
Hauptexportgüter: Maschinen, Baustoffe, Salz, Wein, Zitrusfrüchte
Hauptimportgut: Wasser

KLAGEMAUER
Israel nimmt einen Großteil des in der Bibel beschriebenen »Heiligen Landes« ein. Dieses Land ist nicht nur für Juden, sondern auch für Christen und Muslime heilig. Die Klagemauer in Jerusalem ist die wichtigste heilige Stätte der Juden. Es sind die Überreste des Tempels, den König Herodes vor 2000 Jahren erbauen ließ. Ihren Namen verdankt die Mauer der lauten Klage gläubiger Juden über die Zerstörung des Tempels.

TOTES MEER
Das Tote Meer ist ein abflussloser Salzsee, der vom Jordan gespeist wird. Es ist einer der tiefsten Punkte der Erdoberfläche: Sein Wasserspiegel liegt etwa 400 m unter dem des Mittelmeers. Das Wasser des Jordan verdunstet an diesem heißen und unfruchtbaren Ort sehr schnell, zurück bleibt ein dickflüssiger Salzschlamm. Der Salzgehalt des Toten Meeres nimmt immer weiter zu.

TEL AVIV-YAFO

Das Handels- und Industriezentrum Israels ist Tel Aviv-Yafo, die zweitgrößte Stadt des Landes. Früher waren dies zwei selbstständige Städte, doch Tel Aviv wuchs rasch und schluckte die alte Hafenstadt Yafo (Jaffa).

Tel Avivs Zentrum steht für das moderne, wohlhabende Israel.

Diese Touristen haben im Schlamm des Toten Meeres gebadet, weil dies der Haut sehr gut tut.

Siehe auch
CHRISTENTUM
ISLAM
JUDENTUM
KREUZZÜGE
NAHER OSTEN

Italien

Italien bildet in Südeuropa einen Teil der Nordküste des Mittelmeers. Es hat gemeinsame Grenzen mit Frankreich, der Schweiz, Österreich und Slowenien.

DIE ITALIENISCHE HALBINSEL liegt in Südeuropa. Sie hat die Form eines Stiefels, der weit ins Mittelmeer hineinragt. Das längs zwischen der Ost- und der Westküste aufragende Apenningebirge teilt Italien der Länge nach. Norditalien ist grün und fruchtbar und erstreckt sich von den schneebedeckten Alpen bis zur Mitte der italienischen Halbinsel. Es umfasst Ackerland in der großen flachen Poebene und große Industriestädte wie Turin und Mailand. Die Fabriken im Norden produzieren Autos, Textilien, Tuche und Elektrowaren. Dank dieser Erzeugnisse ist Italien eines der wohlhabendsten Länder Europas. Süditalien ist trocken und felsig. Es gibt hier weniger Landwirtschaft und Industrie, und die Menschen sind ärmer als im Norden. Sizilien und Sardinien, die beiden größten Mittelmeerinseln, gehören ebenfalls zu Italien. Rom, Italiens Hauptstadt, liegt in der Mitte des Landes. Hier ist der Sitz der italienischen Regierung. Auch die Vatikanstadt, das Zentrum der römisch-katholischen Kirche, befindet sich in Rom.

Viele italienische Bauernhäuser sind alt und malerisch; die Landmaschinen sind meist modern.

LANDWIRTSCHAFT
Italienische Bauern erzeugen mit modernen Maschinen Nahrung für die 57,4 Mio. Italiener und für den Export. Italien ist berühmt für seine Oliven und sein Olivenöl, seine Tomaten, Weine, für Pasta, Käse, Früchte und Fleischprodukte wie Salami und Schinken. Es wird auch in großen Mengen Getreide angebaut, besonders Weizen, sowie Reis, Kartoffeln und Sonnenblumen, die zu Öl verarbeitet werden. Fast ein Drittel der Italiener lebt in ländlichen Gebieten.

ROM
Ein Gang durch Rom ist wie ein Gang durch die Geschichte. Seit der Erbauung der Stadt vor über 2500 Jahren hat jede neue Generation etwas hinzugefügt. Heute spielt sich das Leben in der »Ewigen Stadt« zwischen antiken römischen Arenen, Kirchen aus dem 15. und Palästen aus dem 17. Jh. ab. Wie viele historische Städte Italiens zieht auch Rom alljährlich zahllose Touristen an.

PASTA
Es gibt mindestens 200 Pastaformen, wie Ravioli, Spaghetti und Makkaroni. Pasta ist ein Teig aus Hartweizenmehl, das reich am Protein Gluten ist. Italiens Lieblingsgericht wird mit einer schmackhaften Sauce serviert. Marco Polo soll das Rezept für Pasta aus China nach Italien gebracht haben.

Venedig

Venedig ist eine der ältesten Kultur- und Touristenstädte der Welt. Im Spätmittelalter war es Europas größter Seehafen, die Brücke nach Asien für Handel und Kultur. In Venedig finden sich, wie auch in verschiedenen anderen italienischen Städten, viele herrliche historische Gebäude. Seine mit Marmor und Fresken geschmückten Paläste, Türme und Kuppeln ziehen alljährlich zahllose Touristen an.

Die Stadt wurde auf etwa 120 kleinen Inseln erbaut, in einer Lagune, einem Meeresteil mit seichtem Wasser. Ein 4 km langer Damm verbindet Venedig mit dem Festland. Autos dürfen in der alten Stadt nicht fahren. Die traditionelle Gondel (oben) ist noch immer ein verbreitetes Verkehrsmittel auf den über 170 Kanälen Venedigs.

Ferrari baut einen der besten Formel-1-Rennwagen.

AUTOS
Die italienische Motorindustrie produziert einige der besten Autos Europas. Marken wie Alfa Romeo, Ferrari und Lamborghini sind berühmt für schnelle und schicke Wagen.

Die Märchenfestung hoch oben auf einem Felsvorsprung ist das Wahrzeichen von San Marino.

San Marino

San Marino ist nach Monaco und der Vatikanstadt der drittkleinste unabhängige Staat Europas. Es ist etwa 14 km lang, 8 km breit und liegt überwiegend an den Hängen des Monte Titano an der Adriaküste. Der Tourismus ist eine wichtige Einnahmequelle ebenso wie die eigenen Briefmarken. Die Sanmarinesen, wie die Einwohner von San Marino heißen, werden von zwei Capitani Reggenti (Regierenden Kapitänen) regiert, die alle sechs Monate gewählt werden. San Marino verbindet seit 1862 ein Freundschaftsvertrag mit Italien.

Der dorische Tempel im Tal der Tempel auf Sizilien wurde in der Zeit von 460–450 v. Chr. errichtet.

SIZILIEN

Sizilien ist die größte Insel im Mittelmeer. Von Italien ist sie durch die Straße von Messina getrennt. Höchster Punkt Siziliens ist mit 3332 m der Ätna, ein aktiver Vulkan. Landwirtschaft und Tourismus sind die wichtigsten Einkommensquellen. Immer mehr Touristen besuchen die herrlichen Strände der Insel und die antiken Ruinen.

KATHOLIKEN

Mehr als die Hälfte aller Christen sind römisch-katholisch. Ihr Oberhaupt ist der Papst im Vatikan. Wie die meisten Christen glauben die Katholiken an die Dreieinigkeit Gottes: Schöpfer und Vater, Jesus Christus als Mensch gewordener Gott und Heiliger Geist. Über 80 % der Italiener sind römisch-katholisch.

Maria, die jungfräuliche Mutter Christi, ist für die Katholiken das höchste menschliche Wesen.

Der Petersdom in der Vatikanstadt in Rom ist die größte christliche Kirche der Welt. Er ist in Kreuzform angelegt, fast 210 m lang und an seiner breitesten Stelle etwa 137 m breit.

Vatikanstadt

Die Vatikanstadt, ein ummauerter Stadtteil in Rom, ist das Zentrum der katholischen Kirche – die offizielle Residenz des Papstes und mit einer Fläche von 0,44 km² der kleinste unabhängige Staat der Welt. Der Vatikan hat eine eigene Flagge, eine Nationalhymne, Briefmarken und Münzen sowie eine Zeitung und einen Rundfunksender. Der Petersdom mit seiner großartigen Piazza (links) dominiert die Stadt.

SARDINIEN

Die Insel Sardinien liegt 175 km vor der Küste Italiens im Mittelmeer. Sie hat als autonome Region in Italien einen Sonderstatus mit einem eigenen Präsidenten und einer gewählten Regionalversammlung. Der Zentralregierung in Rom unterstehen Bildung und Erziehung, Justiz, Eisenbahn und Post, Verteidigung und Steuern.

Dies ist der südlichste Gebirgsausläufer der Monti dei Gennargentu auf Sardinien.

MALTA

Malta ist eine kleine Inselrepublik im Mittelmeer südlich von Sizilien. Seit der Antike ist es eine wichtige Marinebasis für die Handelsrouten gen Osten. Römer, Araber, Franzosen, Türken, Spanier und Briten haben die Insel kolonisiert oder um sie gekämpft. 1964 wurde Malta von Großbritannien unabhängig. 2004 trat Malta der EU bei. Haupteinkommensquelle ist der Tourismus.

Siehe auch

EUROPA
ITALIEN, GESCHICHTE
RENAISSANCE
ROM, ALTES

DOLOMITEN
Dieses Hochgebirge ist ein Gebirgszug der Alpen. Es entstand vor 65 Mio. Jahren.

APENNIN
Dieser Gebirgszug bildet das »Rückgrat« Italiens und trennt die felsige Westküste von der flacheren, sandigen Ostküste.

BEVÖLKERUNG
Die meisten Italiener leben im industriellen Norden, vorwiegend in der und um die Poebene. Süditalien ist ländlicher; das Leben in den kleineren Städten kann viel härter sein.

TYRRHENISCHES MEER
Dieses Meer trennt das italienische Festland von Sardinien. Die Flüsse, die in das Meer münden, lagern nach und nach Sedimentgestein ab.

SIZILIEN
Sizilien hat einen aktiven Vulkan, den Ätna, und erlebt oft Erdbeben.

GOLF VON TARENT
Bei Erdbeben sind große Landblöcke abgebrochen und im Meer versunken. So entstand die quadratische Form des Golfes.

FAKTEN

Fläche: 301 270 km²
Einwohner: 57 400 000
Hauptstadt: Rom
Sprachen: Italienisch, Deutsch, Französisch, Rätoromanisch, Sardisch
Religionen: römisch-katholisch, protestantisch, jüdisch, muslimisch
Währung: Euro
Haupterwerbszweige: Mode, Kommunikationstechnik, Tourismus, Landwirtschaft
Hauptexportgüter: Designerkleidung, Haushaltsgeräte, Autos, Kunststoffe
Hauptimportgüter: Erdöl, Rohstoffe, Maschinen

MALTA
Fläche: 320 km²
Einwohner: 394 000
Hauptstadt: Valetta
Sprachen: Maltesisch, Englisch

SAN MARINO
Fläche: 61 km²
Einwohner: 28 100
Hauptstadt: San Marino
Sprachen: Italienisch

VATIKANSTADT
Fläche: 0,44 km²
Einwohner: 900
Hauptstadt: Vatikanstadt
Sprachen: Italienisch, Latein

MAILAND
Mit 1,3 Mio. Einwohnern ist Mailand die zweitgrößte Stadt Italiens. Es ist seit dem Zweiten Weltkrieg aufgrund des Zuzugs von Arbeitern aus dem verarmten Süden in den industriellen Norden rapide gewachsen.

ITALIEN
GESCHICHTE

ETRUSKER
Die Etrusker lebten um 800 v. Chr. in einem Gebiet Westitaliens namens Etruria. Sie waren große Händler, Bauern, Künstler und Ingenieure und errichteten kleine Stadtstaaten. Die Römer besiegten die Etrusker zwar, nahmen aber viele ihrer Bräuche an, wie Gladiatorenkämpfe und Wagenrennen. Oben die Skulptur eines etruskischen Kampfwagens, der einen Gestürzten überfährt.

500 JAHRE LANG WAR ITALIEN das Zentrum des mächtigen Römischen Reiches, das 476 n. Chr. unterging. Verschiedene auswärtige Mächte eroberten dann Italien und teilten es unter sich auf. Die italienischen Päpste spielten eine beherrschende Rolle in Religion und Politik und konnten den stärksten Stamm, die Langobarden, vertreiben. Im 14. Jh. entstanden unabhängige Stadtstaaten aus Städten, die durch Industrie, Handel und Bankenwesen reich geworden waren. Ihre wohlhabenden Herrscher förderten im 15. Jh. das Wiederaufblühen der Kunst in der Renaissance. Eine Zeit lang dominierten die Ideen und Stilformen aus Italien in ganz Europa. Die durch interne Auseinandersetzungen geschwächten Stadtstaaten wurden schließlich von den Habsburgern aus Österreich und Spanien übernommen. 1796 eroberte Napoleon Italien, und die verschiedenen Stadtstaaten strebten die Einheit an. Sie gelang 1861. Aber Italien gewann nie seine einstige Macht in Europa zurück. Der Diktator Benito Mussolini (1883–1945) zog Italien in den Zweiten Weltkrieg hinein. Danach hat Italien sich zu einem führenden Land in Europa entwickelt.

Reiche Bürger besaßen Land außerhalb der Stadtmauern.

Handelsschiffe fuhren in ferne Länder.

STADTSTAATEN
Während der Renaissance (einer Blüte der Künste und des Wissens) waren italienische Stadtstaaten wie Venedig und Florenz bedeutende Zentren. In Florenz kam die berühmte Familie Medici 1434 an die Macht und herrschte fast 300 Jahre. Viele andere Stadtstaaten wurden von Fürsten regiert, die von reichen Bürgern gewählt wurden, die riesige Güter vor den Stadtmauern besaßen. Diese Güter erzeugten die Nahrungsmittel für die Stadt mit ihren Handwerkern und Gelehrten. Die meisten Stadtstaaten lagen am Meer, sodass italienische Kaufleute leicht Handel mit fernen Ländern treiben konnten.

DAS SCHIFF DES DOGEN
Venedig, der mächtigste Stadtstaat Italiens, ist in einer Lagune erbaut und von Kanälen durchzogen. Mithilfe seiner großen Flotte errichtete es ein großes Reich im östlichen Mittelmeerraum. Jedes Jahr stach der Doge, der Herrscher Venedigs, mit seinem herrlichen Schiff in See und dankte für seinen Reichtum, indem er sich mit dem Meer mit einem goldenen Ring »vermählte«. Der Doge lebte im Dogenpalast (rechts).

ITALIEN NACH DER RENAISSANCE
Am Ende der Renaissance schwächten ständige Kämpfe die Stadtstaaten. Italien wurde eine leichte und attraktive Beute für Eroberer aus Spanien, Österreich und Frankreich, die das Land für sich beanspruchten.

Garibaldi

1860 wurde Giuseppe Garibaldi (1807–82) ein italienischer Held. Er führte ein kleines Heer von zunächst 1000 Freiwilligen (Zug der Tausend), um Sizilien von der Herrschaft des Königs von Neapel zu befreien, sodass die Insel Teil eines neuen, vereinten Italiens werden konnte.

Cavour

Camillo Graf Cavour (1810–61), Ministerpräsident des Stadtstaats Piemont, träumte als großer Staatsmann von einem vereinten Italien. Als er starb, war Italien bis auf Venetien und Rom geeint.

MUSSOLINI

1922 wurde Benito Mussolini (unten) italienischer Ministerpräsident. Bereits zwei Jahre später führte er den Staat als Diktator; seine neue Bewegung, der Faschismus, kontrollierte das ganze Land. Mussolinis gewaltige Bauprojekte schufen Arbeitsplätze, aber seine Geheimpolizei brachte die Gegner um oder machte sie mundtot. Mussolini, der auch Il Duce (der Führer) genannt wurde, wollte Italien groß machen, aber nach der Niederlage im Zweiten Weltkrieg wurde er hingerichtet.

Benito Mussolini hält eine Rede.

NAPOLEON

Napoleon Bonaparte (oben, zu Pferde) eroberte Italien und besiegte die Habsburger, die dort herrschten. Er schaffte das alte System der Klein- und Mittelstaaten ab, führte ein einheitliches System mit gleichen Gesetzen ein und ließ sich zum König krönen. Zum ersten Mal seit dem antiken Rom hatten Italiener aus verschiedenen Regionen wieder einen gemeinsamen Herrscher. Viele träumten von einem geeinten Italien, das frei von fremden Mächten war.

PALIO

Jeden Sommer findet in der alten Etruskerstadt Siena in Norditalien ein prächtiges Fest statt. Bei diesem so genannten Palio wird die Macht des Stadtstaats gefeiert – Höhepunkt ist ein schnelles und gefährliches Pferderennen auf dem Hauptplatz der Stadt. Jede Contrada (Stadtbezirk) wird durch eine eigene bunte Flagge und ein Symbol repräsentiert und kämpft mit vollem Einsatz um die Ehre des Sieges.

CHRONIK

509 v. Chr. Römer vertreiben Etrusker und errichten die Römische Republik.

476 n. Chr. Germanische Barbaren setzen den letzten römischen Kaiser, Romulus Augustulus, ab. Das Reich zerbricht.

um 1350 Beginn der Renaissance in Italien.

1796 Napoleon Bonaparte erobert Italien.

1815 Napoleon bei Waterloo besiegt. Österreich, Großbritannien, Preußen und Russland (die Siegermächte) geben auf dem Wiener Kongress fast ganz Italien seine alten Machtstrukturen zurück.

1858 Cavour, Ministerpräsident des Königreichs Piemont-Sardinien, schließt ein Abkommen mit Napoleon III., um das Königreich gegen die Österreicher zu verteidigen.

1859 Eine vereinte französische und piemontesische Armee besiegt Österreich.

1861 Ganz Italien außer Venedig, San Marino und Rom vereint sich zum Königreich Italien. Viktor Emanuel II. von Piemont wird König von Italien.

1871 Rom wird Hauptstadt Italiens, aber die Vatikanstadt des Papstes bleibt ein unabhängiger Staat.

1915 Italien tritt auf Seiten der Alliierten (Großbritannien, Frankreich, Russland und USA) in den Ersten Weltkrieg ein.

1922 Benito Mussolini wird Ministerpräsident Italiens.

1940 Italien tritt auf der Seite Deutschlands in den Zweiten Weltkrieg ein.

1943 Italien schließt einen Waffenstillstand mit den Alliierten.

1945 Italienische Widerstandskämpfer töten Mussolini.

1946 Italien wird eine Republik.

1949 Italien tritt mit elf anderen westlichen Ländern zum Schutz vor einer sowjetischen Expansion im Nordatlantikvertrag der NATO (North Atlantic Treaty Organization) bei.

1957 Italien ist Gründungsmitglied der Europäischen Wirtschaftsgemeinschaft (EWG).

Siehe auch

Italien
Napoleon Bonaparte
Napoleonische Kriege
Renaissance
Rom, Altes

JAPAN

BONSAI
Japanische Bonsaibäume werden zurückgeschnitten, sodass sie einen zwergenhaften Wuchs entwickeln.

DIE SPITZEN EINER Unterwassergebirgskette bilden die Inseln Japans. Etwa drei Viertel des Landes sind zu steil für die Landwirtschaft oder für eine Bebauung. Die meisten der 128 Mio. Japaner leben in Tälern und auf der schmalen Küstenebene. Japan ist erst seit relativ kurzer Zeit eine führende Industrienation: Bis 1853 war das Land für Ausländer geschlossen, und die Regierung weigerte sich, moderne Maschinen zu importieren. Inzwischen exportieren japanische Firmen sehr erfolgreich ihre eigenen Güter, und Japan ist wohlhabend geworden. Trotz starker westlicher Einflüsse sind die Japaner sehr stolz auf ihre traditionelle Kultur und Religion und wissen moderne Technologien mit alten Bräuchen zu vereinbaren. Die meisten Japaner gehören zu den Religionsgemeinschaften der Buddhisten und der Shintoisten. Staatsoberhaupt ist der Kaiser, aber die Regierung ist demokratisch gewählt. Einst wurde Japan von Adligen und Samurai regiert, Berufssoldaten mit einem strengen Ehrenkodex. Die Samurai sind zwar längst aufgelöst, doch ihr Kodex beeinflusst noch immer das Alltagsleben.

Japan liegt im Pazifischen Ozean vor der Ostküste Asiens. Im Westen befinden sich Nord- und Südkorea, im Norden liegt Russland. Die vier Hauptinseln haben eine Fläche von fast 370 000 km².

TOKIO

Größte Stadt Japans ist die Hauptstadt Tokio. Über 20 Mio. leben in der City und in den Vorstädten, und der ganze Großraum ist extrem übervölkert. Auspuff- und Industrieabgase sind ein großes Problem, aber die Umweltverschmutzung wird wirkungsvoll bekämpft.

SUSHI
Japaner ernähren sich traditionell vorwiegend von Fisch und Reis. Oft wird der Fisch roh oder leicht gekocht in so genannten Sushi-Gerichten verzehrt.

SUMORINGEN
Japans Nationalsport, das Sumoringen, begeistert die Massen und wird im Fernsehen gezeigt. Die beiden Ringer versuchen einander aus einem kleinen Ring zu stoßen. Kraft und Gewicht sind entscheidend, und in Schulen bekommen Sumoringer neben dem Training eine spezielle Ernährung. Erfolgreiche Ringer können sehr reich und berühmt werden. Der traditionelle Sport hat ein strenges Regelwerk, das von dekorativ gekleideten Offiziellen kontrolliert wird.

INDUSTRIE
Trotz geringer eigener Rohstoffvorkommen wie Metallerze und Kohle ist die japanische Industrie eine der erfolgreichsten der Welt. Die Hauptressource des Landes sind seine Arbeitskräfte. Sie sind ihren Firmen gegenüber sehr loyal, nehmen gemeinsam Urlaub, machen zusammen Gymnastik und singen täglich das Firmenlied. Die Manager sind der Firma ergeben und zugleich stolz auf ihre Kooperation mit den Arbeitern. Neue Technologien werden rasch eingeführt und steigern den Wohlstand.

HOCHGESCHWINDIGKEITSZUG
Das Eisenbahnnetz Japans ist über 25 000 km lang. Der berühmteste Zug ist der Shinkansen, der von Tokio nach Fukuoka fährt. Er legt die 1176 km in knapp sechs Stunden zurück – bei einem Durchschnittstempo von 195 km/h.

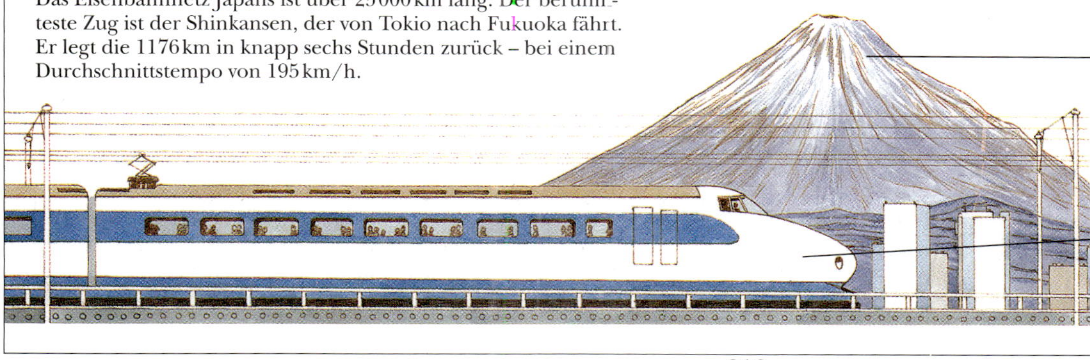

REISKUCHEN
Reiskuchen, *Chimaki* genannt, werden traditionell in ganz Japan gegessen. Sie sind kegelförmig und in Bambusblätter gewickelt. Ein ähnlicher Snack, *Sasadango* genannt, wird in einigen Gegenden Nordjapans gegessen.

Kyushu

Kyushu, die südlichste Insel Japans, ist gebirgig – höchster Punkt ist der Vulkan Aso. Kyushu ist die am dichtesten besiedelte japanische Insel und mit der Insel Honshu durch einen Eisenbahntunnel unter der Straße von Shimonoseki verbunden.

Fahrzeugindustrie

Japanische Fahrzeughersteller wurden nach 1980 die Nummer 1 in der Welt dank ihrer eleganten Designs, neuen Technologien und effizienten Produktionsmethoden. Motorfahrzeuge sind heute das wichtigste Exportgut. Auch in Europa und in den USA haben japanische Fahrzeughersteller Fabriken eröffnet.

SAKE
Sake ist ein japanisches alkoholisches Getränk aus vergorenem Reis. Das Nationalgetränk wird in einer speziellen Zeremonie serviert. Zuvor erwärmt man es in einer kleinen Flasche aus Ton oder Porzellan (rechts), *Tokkuri* genannt.

Diese Kawasaki ZZ–R1100 erreicht ein Spitzentempo von 282 km/h.

Zen-Garten

In buddhistischen Zen-Klöstern in Japan gibt es Felsengärten, die das Universum in Kleinformat symbolisieren. Sie sind keine direkte Verkörperung einer Landschaft, sondern vermitteln nur den Eindruck von Wasser und Land. Sand oder Kies steht für Wasser, Felsen für Land. Im Zen-Garten gibt es somit keine Pflanzen, Bäume oder Wasser, nur geharkten Kies oder Sand und Felsgruppen. Diese »trockenen Gärten« wurden im 14. Jh. von buddhistischen Mönchen eingeführt.

DRACHEN
Karpfendrachen lässt man am 5. Mai zur Feier des Kindertags *Kodomono-hi* steigen. Der Karpfen ist ein robuster, für seine Energie und Entschlossenheit berühmter Fisch, der flussaufwärts gegen den Strom schwimmen muss und oft hoch aus dem Wasser springt – ein gutes Vorbild also für japanische Jungen, die viele Hindernisse überwinden müssen, um Erfolg zu haben. Eine Gruppe von Karpfendrachen symbolisiert eine Familie – der größte Drachen stellt den Vater dar.

Zen-Buddhisten glauben, dass einfache Aufgaben wie das Rechen von Kies in einem Zen-Garten den Geist erleuchten können.

OSAKA
Japans drittgrößte Stadt Osaka an der Südküste der Insel Honshu ist ein Hauptindustriezentrum mit Stahl-, Chemie und Elektroindustrien. Sie ist eine der ältesten Städte Japans und hat viele Buddha- und Shinto-Tempel. Im 16. Jh. wurde in Osaka eine eindrucksvolle Burg vom Shogun (Kriegsherrn) Toyomoti Hideyoshi erbaut, der einst Japan regierte. 1970 fand in Osaka die Weltausstellung statt.

Siehe auch
Asien
Demokratie
Erdbeben
Japan, Geschichte
Waffen

Vulkan | Berg | Historische Stätte | Hauptstadt | Großstadt | Stadt

FAKTEN

Fläche: 377 800 km²
Einwohner: 128 000 000
Hauptstadt: Tokio
Sprachen: Japanisch, Koreanisch, Chinesisch
Religionen: shintoistisch, buddhistisch, christlich
Währung: Yen
Höchster Punkt: Fujiyama, 3776 m
Haupterwerbszweige: Fertigung, Finanzen
Hauptexportgüter: Autos, Stahl, elektronische Geräte, Eisen, Textilien, Schiffe, Fahrzeuge
Hauptimportgüter: Erdöl, Maschinen, Kohle, Eisenerz, Holz, Weizen, Lebensmittel

PENDLER

Die meisten Japaner leben zwar in Städten, aber nur wenige können sich Wohnungen in Stadtzentren leisten, sodass die meisten Menschen Pendler sind. Die schnellen und leistungsfähigen Züge sind so überfüllt, dass spezielles Personal die Pendler in die Waggons schiebt.

Maßstab
0 100 200 km

FUJIYAMA
Der Fujiyama, der höchste Punkt der Insel Honshu, ist ein gewaltiger kegelförmiger Vulkan, der letztmals 1707 ausbrach. Der Berg gilt als heilig und ist ein traditionelles Pilgerziel. Der Legende nach schuf ein Erdbeben den Fujiyama 286 v. Chr.

KYUSHU
Kyushu, die südlichste japanische Hauptinsel, ist auch am dichtesten besiedelt.

IWO JIMA

Die Insel Iwo Jima war im Zweiten Weltkrieg Schauplatz einer erbitterten Schlacht zwischen Japan und Amerika.

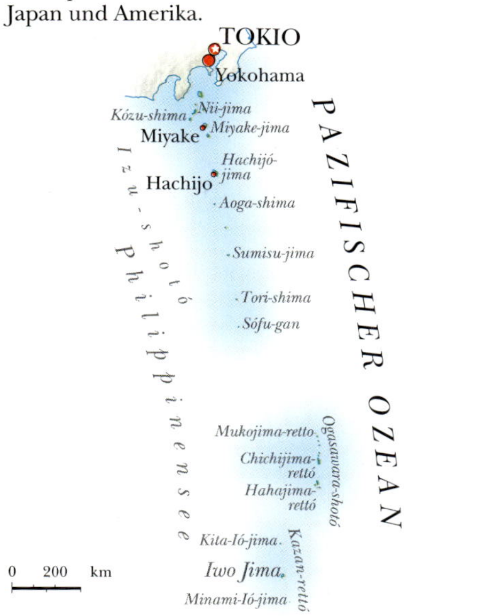

ERDBEBEN

In Japan gehören Erdbeben zum Alltag. Die Inseln liegen auf einer Verwerfungslinie, und die Erde bebt im Jahr rund 5000 mal. Die meisten Beben sind schwach und unmerklich, aber ständig droht eine Katastrophe.

RIUKIUINSELN

Die Inselkette der Riukiuinseln erstreckt sich über 1120 km südlich von Japan nach Taiwan. Okinawa, die größte Insel, hat eine Fläche von 1165 km², die anderen Inseln sind kleiner. Die meisten Inselbewohner sind Landwirte und bauen Reis, Zuckerrohr und Süßkartoffeln an.

JAPAN
GESCHICHTE

NARA
Nara, die erste Hauptstadt Japans, war das politische und religiöse Zentrum des Landes. Hier befindet sich der buddhistische Horyuji-Tempel (oben).

NOCH VOR NICHT ALLZU LANGER ZEIT waren die japanischen Inseln von der übrigen Welt isoliert. Im 6. Jh. übernahm Japan Ideen seines Nachbarn China ebenso wie dessen buddhistische Religion und das chinesische System des Kaisertums. 200 Jahre später ging dann der Einfluss Chinas zurück, und das Kaisertum brach zusammen. Bis um 1860 regierten mächtige Familien und dann Shogune (Militärgeneräle) Japan im Namen des Kaisers. Versuche, Japan zu erobern, waren selten erfolgreich. Das gelang weder den Mongolen im 13. Jh. noch europäischen Händlern im 16. Jh. Im Jahr 1868 begann Japan sich dem Westen zu öffnen. Innerhalb von 50 Jahren schuf es eine starke, moderne Wirtschaft und ein großes Reich. All das wurde im Zweiten Weltkrieg (1939–45) zerstört. Doch Japan erholte sich davon und ist heute erneut ein wohlhabendes Land.

TEEZEREMONIE
Nach dem 14. Jh. wurde die rituelle Zeremonie des Teetrinkens in Japan sehr beliebt. Sie basierte auf den zen-buddhistischen Prinzipien der Selbstdisziplin und Meditation und wurde auch von den kriegerischen Shogunen und Samurai praktiziert.

DIE GESCHICHTE VOM PRINZEN GENJI

Im frühen 11. Jh. schrieb die Japanerin Murasaki Shikibu einen der ersten Romane der Welt. *Die Geschichte vom Prinzen Genji* schildert eine abenteuerliche Bildungsreise – das Werk wurde auf Japanisch geschrieben zu einer Zeit, als Chinesisch die offizielle Landessprache war. Nur das Volk und die Frauen durften Japanisch sprechen.

SHOGUNAT

Das Shogunat war eine militärische Erbdiktatur. Unter der Shogunherrschaft erlangte die aristokratische Ritterklasse der Samurai beträchtliche Macht. Diese Krieger schützten die Ländereien des Daimyo (Lokalherren) und folgten einem Ehrenkodex, dem Bushido – »dem Weg des Kriegers«. Verloren Samurais ihre Ehre, begingen sie Harakiri (Selbstmord).

5. Jh. Yamato-Clan eint Japan.
794 Hauptstadt Kyoto gegründet.
1192 Minamoto Yoritomo wird erster Shogun.
1281 »Göttlicher Wind« rettet Japan vor den Mongolen.
1338–1573 Bürgerkriege.
1542 Portugiesische Seefahrer besuchen Japan.
1549 Der heilige Franz Xaver führt das Christentum in Japan ein.
1592, 1597 Japan erobert Korea.
1639 Fast alle Europäer verlassen das Land.
1853 US-Marine zwingt Japan zum Handel mit dem Westen.
1868 Meiji-Restauration gibt dem Kaiser die Macht zurück.
1868 Tokio wird zur Hauptstadt.
1889 Konstitutionelle Monarchie.
1904/05 Russisch-japanischer Krieg.
1914–18 Japan kämpft im Ersten Weltkrieg gegen Deutschland.
1937–45 Japan hält zeitweise große Teile Chinas und Südostasiens besetzt, bombardiert 1941 Pearl Harbor und zieht die USA in den Zweiten Weltkrieg.
1945 USA werfen erste Atombomben auf Hiroshima und Nagasaki ab; Japan kapituliert.
1989 Kaiser Hirohito stirbt.

Tokugawa-Dynastie

1603 wurde Ieyasu aus der Familie Tokugawa Shogun. Seine Dynastie regierte Japan bis zum Sturz des Shogunats 1868. Ieyasu rottete das Christentum aus, das der heilige Franz Xaver gebracht hatte. Ausländer wurden vertrieben, und der Kontakt mit der Außenwelt wurde verboten.

ÖFFNUNG ZUM WESTEN
1853 segelte Kommodore Matthew Perry von der US-Marine in die Bucht von Tokio und verlangte, dass Japan seine Isolierung beende und den Handel mit der Außenwelt eröffne. Dramatische Veränderungen folgten. Das Shogunat endete, und der junge Kaiser Meiji kam an die Macht. Innerhalb von 50 Jahren wurde Japan eine der führenden Industrie- und Wirtschaftsmächte der Welt. Fabriken und Eisenbahnen wurden gebaut, ein nationales Bildungssystem eingerichtet, und Studenten lernten das Leben im Westen kennen.

CHINESISCH-JAPANISCHER KRIEG
Japan führte 1894/95 Krieg gegen China wegen der Kontrolle über Korea und 1904/05 mit Russland, um Kolonien in Taiwan, Korea und China zu gewinnen. In beiden Kriegen erwies sich das neue verwestlichte Japan als starke Weltmacht.

KAMIKAZE
Im 13. Jh. vernichtete ein Sturm die mongolische Flotte und rettete Japan vor der Eroberung. Die Japaner nannten den Sturm *Kamikaze*, »göttlicher Wind«. Im Zweiten Weltkrieg stürzten sich japanische Kamikazepiloten mit ihren Sturzbombern auf amerikanische Kriegsschiffe. Diese »Selbstmordpiloten« glaubten, sie würden Japan wie jener Sturm retten, und wurden vom Kaiser gesegnet, der für sie ein Gott war.

HIROHITO
Der Legende nach stammte der erste Kaiser Japans von der Sonnengöttin ab und kam um 660 v. Chr. an die Macht. In ununterbrochener Folge wurde Hirohito 1926 der 124. Kaiser. 1946 sprach Hirohito nach der Niederlage im Zweiten Weltkrieg öffentlich dem Kaisertum seine göttliche Herkunft ab. Er starb 1989. Sein Sohn Akihito wurde 1990 Kaiser.

Siehe auch
Atomzeitalter
China, Geschichte
Japan
Weltkrieg, Erster
Weltkrieg, Zweiter

Jesus Christus

GEBURT CHRISTI
Jesus kam in einem Stall in Bethlehem zur Welt. Den Geburtstag Jesu Christi feiern Christen jedes Jahr am 25. Dezember – dem ersten Weihnachtsfeiertag.

EINE DER GRÖSSTEN Weltreligionen – das Christentum – wurde von einem Mann namens Jesus Christus gegründet. Wir wissen über das Leben Jesu Christi aus den Evangelien des Neuen Testaments, die Jesu Jünger Matthäus, Markus, Lukas und Johannes verfassten. Jesus war Jude und wurde in Bethlehem in der römischen Provinz Judäa geboren. Er gilt als Sohn Gottes. Im Alter von 30 Jahren zog er durch das damals unter römischer Herrschaft stehende Palästina und verkündete seine Botschaft in Form von Gleichnissen. Die Evangelien beschreiben auch Wundertaten Jesu – z. B. die Wiedererweckung von Toten. Es gab jedoch Menschen, die befürchteten, dass diese Gedanken eine Auflehnung gegen römisches Recht bewirken könnten. Er wurde gefangen genommen und zum Tode verurteilt. Als Jesus nach seinem Tod den Jüngern erschien, waren sie überzeugt, dass Gott ihn von den Toten hatte auferstehen lassen. Dieser Glaube ist Grundlage der christlichen Kirche.

BERGPREDIGT
Jesus predigte, dass Menschen, die angegriffen werden, nicht zurückschlagen, sondern »die andere Wange hinhalten sollen«. Er betonte die Bedeutung der Nächstenliebe. In der Bergpredigt beschrieb er auch, wie jeder Mensch durch Bescheidenheit, Güte und Verzicht in den Himmel kommen kann. In der Bergpredigt brachte er den Gläubigen das Vaterunser bei.

WO JESUS LEBTE
Jesus verbrachte seine Kindheit in Nazareth. Später predigte er vorwiegend in Judäa und in Galiläa.

Jesu Christi Reisen im Heiligen Land

Auferstehung
Am Sonntagmorgen, drei Tage nach dem Tod Jesu, war das Grab, in dem sich sein Leichnam befand, leer. Die Evangelien von Matthäus, Markus, Lukas und Johannes beschreiben, wie er seinen Jüngern erschienen ist und nach 40 Tagen in den Himmel aufstieg.

LETZTES ABENDMAHL
Kurz vor seinem Lebensende teilte Jesus mit seinen zwölf Jüngern das Letzte Abendmahl. Mit Brot und Wein als Symbolen für sein Fleisch und Blut gab er ihnen den Auftrag, das Abendmahl zum Gedächtnis seines Opfertodes später zu wiederholen. Heute wird das Letzte Abendmahl in Messen durch die Kommunion gefeiert, wenn den Gläubigen Hostien gereicht werden.

KREUZIGUNG
Jesus war vom römischen Statthalter Pontius Pilatus wegen Landesverrats gegen Rom angeklagt. Das Urteil hieß Kreuzigung – er wurde am Kalvarienberg bei Jerusalem an ein Kreuz genagelt. Nach seinem Tod wurde der Leichnam in einer Höhle bestattet.

Siehe auch
Christentum
Religionen

JUDENTUM

JÜDISCHE FESTE

Jom Kippur (Versöhnungstag) Zehnter Tag des Neuen Jahres. Das heiligste aller Feste mit 24-stündigem Fasten.

Purim Jüdisches Freudenfest im Februar/März.

Passah (Vorübergehen) Frühlingsfest.

Schawuot (Wochenfest) Wallfahrtsfest im Frühsommer.

Rosch Haschana (Neujahrsfest) Früher Herbst.

Sukkot (Laubhüttenfest) Herbstfest.

Chanukka (Lichter- und Tempelweihfest) Achttägiges Winterfest.

DIE GESCHICHTE DES jüdischen Volkes ist eng mit der Geschichte des Judentums verbunden. Alle Juden glauben an einen Gott, der vor mehr als 4000 Jahren eine besondere Vereinbarung mit ihrem Vorfahren Abraham schloss: Sie sollten das Volk Gottes werden. Im Gegenzug versprachen sie, seine Gesetze zu befolgen und seine Botschaft zu verkünden. Juden glauben, dass eines Tages ein Messias (von Gott gesandter Heilskönig) auf die Erde käme, um die Welt in einen besseren Ort zu verwandeln und das frühere jüdische Königreich wieder aufzubauen, das im 6. Jh. v. Chr. zerstört worden ist. Das Judentum verfolgt das Ziel eines gerechten und friedlichen Lebens für alle Menschen auf der Erde. Nach jüdischen Schriften ist für die Erreichung dieses Ziels richtiges Verhalten äußerst wichtig. Orthodoxe Juden – die besonders streng sind – befolgen viele Regeln im Alltag, darunter auch, was sie anziehen und was sie essen. So essen sie z. B. kein Schweinefleisch. Viele Juden sind jedoch nicht orthodox und halten sich weniger streng an die Regeln. Für alle Juden ist Hebräisch die Sprache des Gebets. Es ist auch die Nationalsprache Israels, der Heimat der Juden. Heute leben Juden aber auch in vielen anderen Ländern der Welt.

Zu Chanukka zünden die Juden Kerzen in einem mehrarmigen Leuchter an.

Jüdische Männer tragen ein Samtkäppchen, das man Jarmulke oder Kipa nennt.

Während des Gebets tragen jüdische Männer einen Tallit oder Gebetsmantel um die Schultern.

Der Talmud enthält Anleitungen für die jüdische Lebensweise.

TALMUD

Die jüdischen Geistlichen nennt man Rabbiner. Ihre Aufgaben sind die Predigt und die Leitung der Gottesdienste. Sie haben zwei heilige Bücher: Den Talmud (rechts) und die Tora, die auf Pergamentrollen aufbewahrt wird. Im Talmud sind jüdische Traditionen und Gesetze niedergeschrieben.

SYNAGOGE

Das Gebetshaus der Juden ist die Synagoge. Gebete und bestimmte Familienfeierlichkeiten, z. B. Hochzeiten oder Bar Mizwa (die Aufnahme der Kinder in die jüdische Gemeinschaft) finden hier statt. Es ist ein »Minyan« (Mindestzahl von zehn Männern) erforderlich, um einen Gottesdienst durchführen zu können.

TORA

Die ersten fünf Bücher der Hebräischen Bibel – die Tora (links) – enthalten die jüdischen Gesetze und die Frühgeschichte des jüdischen Volkes. Andere Abschnitte enthalten Psalme, die Worte der Propheten und andere heilige Schriften. Für Juden ist die Tora das wichtigste aller Bücher.

Siehe auch

FEIERTAGE
ISRAEL
RELIGIONEN

Käfer

GLÜHWÜRMCHEN
Das Glühwürmchen ist ein Käfer. Leuchtzellen an der Unterseite des Hinterleibs erzeugen je nach Art ein grünliches Leuchten oder Blinksignale. Auf diese Weise locken sie Partner an.

Maikäfer, Gelbrandkäfer und Totengräber sind Käfer – und gehören damit der größten Gruppe von Tieren an. Von allen bekannten Tierarten zählt jede dritte zur Ordnung der Käfer. Viele Käfer können fliegen und haben harte, oft bunte Deckflügel, die auf dem Rücken aufliegen und die eigentlichen Flügel schützen, wenn das Tier nicht fliegt. Im Flug sind die Deckflügel angehoben. Manche Käfer leben räuberisch, wie der Schwarze Schneckenjäger, der als Larve und auch als erwachsener Käfer Schnecken frisst. Andere, wie der Pappelblattkäfer, leben ausschließlich von pflanzlicher Nahrung. Einige Käferarten sind ausgesprochene Schädlinge, wie der Kartoffelkäfer, der die Blätter der Kartoffelpflanzen frisst, sodass die Pflanzen eingehen. Andere Käfer dagegen sind nützlich, weil sie tote Tiere oder altes Laub und weitere Pflanzenreste fressen. Käfer gehören zu den wenigen Tieren, die sogar abgestorbenes Holz verdauen können.

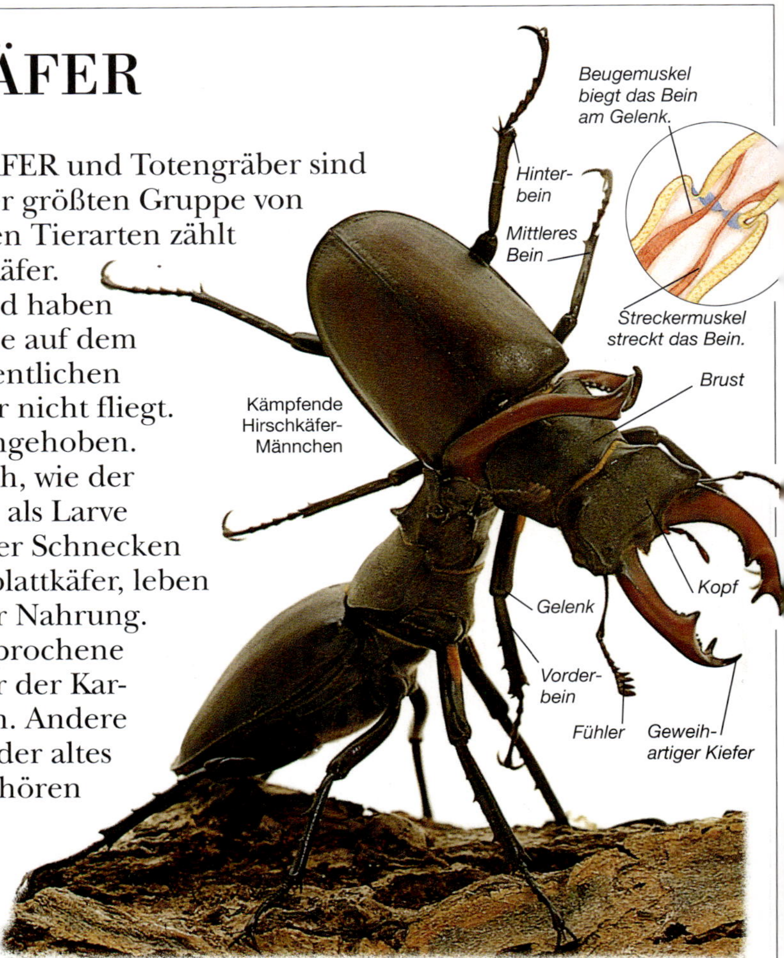

Sandlaufkäfer

Echter Widderbock

Collops vittatus

Dickmaulrüssler

Hirschkäfer

Hirschkäfer verdanken ihren Namen dem an ein Geweih erinnernden Überkiefer. Nur die Männchen haben diese vergrößerten Kiefer, die so schwer sind, dass der Käfer damit nicht fest zubeißen kann. Die Männchen setzen sie v. a. ein, um Rivalen einzuschüchtern und mit ihnen um Weibchen zu kämpfen.

MISTKÄFER
Mistkäfer heißen so, weil sie sich vom Mist größerer Tiere ernähren und ihre Eier in Mist ablegen. Nach dem Ausschlüpfen ernähren sich auch ihre Larven von Mist. Einige Arten drehen ein Mistklümpchen zu einer Kugel und rollen sie vor der Eiablage zu ihrem Bau.

Einige Mistkäferarten nennt man auch Skarabäen. Die alten Ägypter verehrten sie als heilige Tiere.

Maikäfer

Der Maikäfer ist im Flug langsam und ungeschickt. Er wird von Licht angezogen und fliegt deshalb häufig gegen Fensterscheiben. Die Larven, auch Engerlinge genannt, leben im Boden und fressen Wurzeln. Die erwachsenen Käfer ernähren sich vom Laub der Bäume. Der Junikäfer ist ein kleinerer Verwandter.

LEBENSZYKLUS DES HOLZWURMS
Ein Käfer beginnt sein Leben als Ei, aus dem eine Larve schlüpft. Die Larven einiger Käferarten, wie z. B. des Hausbocks, ernähren sich von Holz und fressen sich deshalb oft durch alte Möbel und Balken. Ohne das Holz zu verlassen, verpuppt sich die Larve. Aus der Puppe schlüpft schließlich ein erwachsener Käfer, der sich aus dem Holz herausbohrt.

MARIENKÄFER
Die leuchtenden Farben der Marienkäfer sollen Fressfeinde vor ihrem schlechten Geschmack warnen. Erwachsene Marienkäfer und ihre Larven fressen Blattläuse, die Zier- und Nutzpflanzen beschädigen. Deshalb bezeichnet man Marienkäfer als Nützlinge.

Siehe auch
Insekten
Tiere
Tiere, Flug
Tiere, Gebirge

Kalter Krieg

POTSDAM
Der britische Premierminister Winston Churchill, US-Präsident Harry Truman und der Sowjetführer Josef Stalin (von links nach rechts) trafen sich 1945 in Potsdam, um über die Zukunft der westlichen Welt zu beraten. Es kam zu ernsten Meinungsverschiedenheiten, da Stalin nicht bereit war, die Länder Osteuropas aus dem kommunistischen Herrschaftsbereich zu entlassen. Dies beunruhigte den Westen.

NACH ENDE DES Zweiten Weltkriegs 1945 lag Europa am Boden. Die USA und die damalige Sowjetunion gingen aus dem Krieg als die zwei mächtigsten Länder, als so genannte »Supermächte«, hervor. Bis 1949 entstanden zwei neue Machtblöcke. Der von der Sowjetunion geführte Ostblock war kommunistisch, der von den USA angeführte Westen war kapitalistisch. In den folgenden 40 Jahren standen sich die beiden Blöcke feindlich gegenüber, was man als den »Kalten Krieg« bezeichnete. Jeder Block versuchte, der mächtigere zu sein, und so begannen beide Seiten, ihre Waffen aufzurüsten. Während des Kalten Krieges gab es viele Spannungen, die sich jedoch kurz vor 1990 lösten. Beide Seiten begannen mit der Abrüstung, und 1990 erklärten die USA und die Sowjetunion den Kalten Krieg für beendet.

BERLINER LUFTBRÜCKE
Großbritannien, Frankreich, die USA und die Sowjetunion teilten 1945 Berlin unter sich auf. Stalin blockierte 1948 alle Verkehrswege nach Westberlin. Die westlichen Alliierten versorgten die Berliner sodann mit Flugzeugen.

Eiserner Vorhang

Nach dem Zweiten Weltkrieg schloss Stalin die Grenzen zu Osteuropa. Winston Churchill erklärte: »Ein eiserner Vorhang ist vor ihrer Front niedergegangen«. In den Ländern hinter dem Eisernen Vorhang ergriffen die Kommunisten die Macht. Die Länder wurden zu sowjetischen Satellitenstaaten, d. h. sie wurden von der Sowjetunion aus gelenkt. Jugoslawien löste sich 1948. Ostdeutschland kam 1949 dazu.

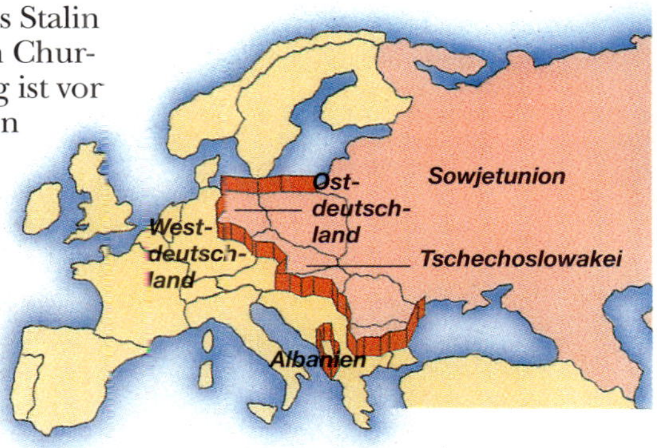

Das Symbol der NATO

NATO
Die USA und mehrere europäische Länder gründeten 1949 das Nordatlantische Verteidigungsbündnis (NATO). Das Ziel dieser Militärorganisation war, eine sowjetische Invasion in Europa zu verhindern. Im Gegenzug bildeten die Sowjetunion und ihre verbündeten kommunistischen Staaten den Warschauer Pakt.

INF-VERTRAG
Seit etwa 1960 haben sich die Beziehungen zwischen beiden Supermächten verbessert. Der US-Präsident Ronald Reagan und der sowjetische Generalsekretär Michail Gorbatschow unterzeichneten 1987 den INF-Vertrag zur Beseitigung aller landgestützten atomaren Mittelstreckenraketen. Der Vertrag war ein wichtiger Meilenstein für die Beendigung des Kalten Krieges.

KOREAKRIEG
Das kommunistische Nordkorea griff 1950 mit sowjetischen Waffen Südkorea an. UN-Streitkräfte unter Führung der USA drängten die Kommunisten wieder zurück. Als die UN-Truppen in Nordkorea einmarschierten, entsandte China Soldaten, um sie zu bekämpfen. Es war das erste Mal, dass die USA einen »heißen Krieg« gegen den Kommunismus führten.

Siehe auch

Atomzeitalter
Kommunismus
Sowjetunion
Vereinte Nationen
Weltkrieg, Zweiter

Kamele und Lamas

Kamele sind an das Leben in der Wüste besser angepasst als andere Säugetiere. Weil in ihren Höckern Fett gespeichert ist, können sie weite Strecken zurücklegen, ohne fressen zu müssen. Sie müssen auch nicht oft trinken, weil sie die Körpertemperatur der Außentemperatur anpassen und so weniger Feuchtigkeit verlieren. Sind reichlich Wasser und Nahrung vorhanden, so kann der große Magen des Tieres riesige Mengen davon aufnehmen. Es gibt zwei Kamelarten: das Dromedar und das Trampeltier. Die südamerikanischen so genannten Schafkamele sind nahe mit den Kamelen Afrikas und Asiens verwandt. Lamas, Guanakos, Alpakas und Vikunjas haben keinen Höcker. Alle Arten der Familie der Kamele sind Wiederkäuer. Sie haben lange kräftige Beine und sind gute Läufer. Kamele, Dromedare, Lamas und Alpakas werden seit Jahrtausenden als Lasttiere eingesetzt. In der Wüste Gobi leben auch heute noch Wildkamele.

Das dicke Fell bewirkt, dass das Kamel nachts warm und tagsüber kühl bleibt.

Dank des langen Halses kann es viele Pflanzen erreichen.

Mit den langen Beinen bewegt es sich schnell und mühelos.

Die breiten, von Schwielen geschützten Füße sinken im Sand nicht tief ein.

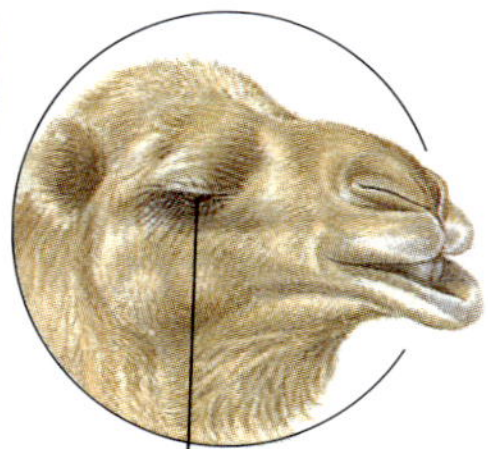

Die langen dicken Wimpern schützen das Auge vor Hitze, Frost und Sandstürmen.

Überleben im Sandsturm

Im Sandsturm lässt sich das Kamel auf die mit Schwielen geschützten Knie nieder, legt die Ohren flach an, schließt Augen und Maul und verschließt fast vollständig die Nüstern. Auf diese Weise vermeidet es, Sand und Staub einzuatmen, die der Sturm aufwirbelt.

Wüstenschiff

Weil es in den Wüsten Nordafrikas und des Nahen Ostens lange Zeit das wichtigste Verkehrsmittel war, wird das Dromedar auch »Wüstenschiff« genannt. Außerdem versorgen Dromedare und Kamele die Menschen mit Fleisch und Milch, und aus ihrer Wolle stellt man Zelte, Teppiche und Kleidung her. Die Lippen der Kamele sind so hart, dass sie auch dornige Pflanzen fressen. Wenn es Wasser gibt, trinken sie 100 Liter auf einmal.

Lamas

Lamas werden durchschnittlich 140 kg schwer und erreichen 1,20 m Schulterhöhe. Lamas wurden bereits vor über 4000 Jahren von Menschen domestiziert. Heute gibt es Autos, Lastwagen und Züge, aber trotzdem werden Lamas in Südamerika, wie hier in Peru (links), immer noch als Lasttiere eingesetzt. Sowohl Lamas als auch Alpakas werden auch wegen ihres Fleischs und ihrer Felle gehalten.

Guanako

Das zierliche Guanako (rechts) lebt wild im Vorgebirge der südamerikanischen Anden. Auch Vikunjas sind Wildtiere, die ebenfalls in den Anden, aber in größerer Höhe weiden. Vikunjas sind eigentlich geschützt, doch sowohl Vikunjas als auch Guanakos werden wegen ihres Fleisches und der Felle gejagt.

Die meisten der 14 Mio. Kamele auf der Welt sind Dromedare.

Das Trampeltier hat ein zottiges Fell und zwei Höcker.

Kamelhöcker

Das Dromedar hat einen Höcker, das Trampeltier zwei. Ein erwachsenes Kamel ist am Höcker gemessen durchschnittlich 2,1 m hoch und wiegt ungefähr 500 kg.

Siehe auch

Afrika
Tiere
Tiere, Wüste

Kanada

Kanada erstreckt sich in der Nordhälfte von Nordamerika vom Pazifik bis zum Atlantik. Zum Teil liegt das Land innerhalb des Polarkreises. Mit 6416 km ist die Grenze zwischen Kanada und den USA die längste durchgehende Ländergrenze der Welt.

DAS ZWEITGRÖSSTE LAND der Welt ist auch eines der leersten – Kanada ist großenteils praktisch unbewohnt. Der Nordteil ist fast das ganze Jahr ein feindseliges Ödland aus Schnee und Eis. Nur wenige Menschen leben in den hohen Rocky Mountains im Westen ebenso wie in den riesigen zentralen Ebenen, in denen Weizen angebaut wird. Die Mehrheit der über 31,5 Mio. Kanadier lebt im Südosten, nahe der Grenze zu den USA. Sie sprechen meist Englisch, aber für einige, besonders in der Provinz Québec, ist Französisch die Hauptsprache. Diese Kanadier sind die Nachkommen der Franzosen, die sich im 16. Jh. in Kanada niederließen. Die Sprachen der nordamerikanischen Indianer und der Inuit (Eskimos) hört man heute kaum noch. Kanadas stärkster Handelspartner sind die USA, doch es hat auch enge Verbindungen zu europäischen, asiatischen und afrikanischen Ländern.

Toronto

Über 4 Mio. Menschen leben in Toronto, Kanadas Geschäftszentrum und Hauptstadt der Provinz Ontario. Zu den vielen Wolkenkratzern Torontos zählt der 553 m hohe Canadian National Tower.

Ahornsirup gewinnt man aus Saft von Ahornbäumen, der in ein Sammelgefäß geleitet wird.

SPORT UND FREIZEIT
Wintersportarten wie Skifahren, Eislaufen und Eishockey sind in Kanada wegen der langen schnee- und eisreichen Winter beliebt. Eishockey wurde um 1870 in Kanada erfunden und wird heute fast überall auf der Welt gespielt. Im Sommer sind auch Segeln, Kanufahren und Hockey die Lieblingssportarten der Kanadier.

Eishockey ist der kanadische Nationalsport. Das Land stellt einige der besten Spieler der Welt.

ROCKY MOUNTAINS
Westkanada wird von den Rocky Mountains beherrscht, die sich von der Grenze zu den USA im Süden bis Alaska im Norden erstrecken. Die Berge sind von Bäumen bedeckt und bieten Bären und anderen Wildtieren Zuflucht.

BERITTENE POLIZEI
Mounties ist der Spitzname der Royal Canadian Mounted (»berittenen«) Police.

Bodenschätze

Kanada ist reich an Mineralien wie Zink und Eisenerz und hat riesige Erdöl-, Kohle- und Erdgasreserven. Vor der Ostküste liegen die Grand Banks, einer der reichsten Fischgründe der Erde. Die Gewässer innerhalb der 200-Meilen-Zone sind ausschließlich kanadischen Fischern vorbehalten. Die riesigen Wälder im ganzen Land liefern Bauholz. Die Exportgüter des Landes werden vorwiegend in die USA verkauft. Beide Länder bilden eine Freihandelszone – die Ex- und Importe zwischen ihnen werden nicht besteuert.

PROVINZEN der Konföderation Kanada mit Datum des Beitritts

ALBERTA 1905
Fläche: 661 190 km²
Einwohner: 3 223 400
Hauptstadt: Edmonton

BRITISH COLUMBIA 1871
Fläche: 947 800 km²
Einwohner: 4 220 000
Hauptstadt: Victoria

MANITOBA 1870
Fläche: 649 950 km²
Einwohner: 1 174 600
Hauptstadt: Winnipeg

NEW BRUNSWICK 1867
Fläche: 73 440 km²
Einwohner: 751 300
Hauptstadt: Fredericton

NEWFOUNDLAND UND LABRADOR 1949
Fläche: 404 720 km²
Einwohner: 517 000
Hauptstadt: St. John's

NOVA SCOTIA 1867
Fläche: 55 490 km²
Einwohner: 937 500
Hauptstadt: Halifax

ONTARIO 1867
Fläche: 1 068 630 km²
Einwohner: 12 449 500
Hauptstadt: Toronto

PRINCE EDWARD ISLAND 1873
Fläche: 5660 km²
Einwohner: 137 700
Hauptstadt: Charlottetown

QUÉBEC 1867
Fläche: 1 540 680 km²
Einwohner: 568 600
Hauptstadt: Quebec

SASKATCHEWAN 1905
Fläche: 652 330 km²
Einwohner: 995 300
Hauptstadt: Regina

TERRITORIEN der Konföderation Kanada mit Datum des Beitritts

NORTHWEST TERRITORIES 1870
Fläche: 1 346 106 km²
Einwohner: 42 900
Hauptstadt: Yellowknife

NUNAVUT 1999
Fläche: 2 093 190 km²
Einwohner: 29 700
Hauptstadt: Iqaluit

YUKON TERRITORY 1898
Fläche: 483 450 km²
Einwohner: 31 200
Hauptstadt: Whitehorse

In Québec verbinden gewundene Straßen das Viertel Lower Town am Hafen mit Upper Town am Cape Diamond, einem 91 m hohen Steilhang über dem Sankt Lorenz.

Diese Aussichtsplattform auf dem Harbour Centre Tower bietet einen Rundblick über Vancouver.

VANCOUVER
Vancouver ist Kanadas führender Pazifikhafen. Er liegt im Südwesten von British Columbia an der Strait of Georgia und ist von Bergen umgeben. Die architektonischen Sehenswürdigkeiten der Stadt seit Ende des 19. Jhs. reichen von Neorenaissance und Art Deco bis zur Moderne und Postmoderne.

Québec

Die Stadt Québec (oben) ist die älteste Stadt Kanadas und Hauptstadt der Provinz Québec. Der französische Baustil erinnert daran, dass viele der ersten Kolonisten aus Frankreich kamen. Die Stadt wurde 1608 von dem Forscher Samuel de Champlain gegründet, und die Provinz blieb bis zur Übernahme durch die Briten (1759) französische Kolonie. Das heutige Québec ist das Zentrum der frankokanadischen Kultur. Offizielle Sprache ist noch immer Französisch, und die Bevölkerung ist meist römisch-katholisch. Viele Québecois distanzieren sich von den anderen Kanadiern und streben seit Jahren nach Unabhängigkeit.

Yukon Territory

Das bevölkerungsarme Yukon Territory im Nordwesten Kanadas ist reich an Silber, Zink, Blei und Gold. Um 1890 erlebte es den Goldrausch am Klondike. Hoffnungsfrohe Goldsucher und Abenteurer gründeten Whitehorse, das 1952 Hauptstadt des Territoriums wurde. Die Winter am Yukon sind lang und kalt, aber im Sommer erreichen die Temperaturen immerhin 16 °C. So kann hier eine reiche, im Herbst farbenprächtige Vegetation gedeihen. Am Yukon leben viele Elche, Karibus, Biber und Bären.

Siehe auch
Gebirge
Indianer
Inuit
Kanada, Geschichte
Sport

Vulkan | Berg | Historische Stätte | Hauptstadt | Großstadt | Stadt

FAKTEN

Fläche: 9976140 km^2
Einwohner: 31500000
Hauptstadt: Ottawa
Sprachen: Englisch, Französisch, Chinesisch, Italienisch, Deutsch, Ukrainisch, Portugiesisch, Inuit, Cree
Religionen: römisch-katholisch, protestantisch
Währung: Kanadischer Dollar
Haupterwerbszweige: verarbeitende Industrie, Bergbau, Forstwirtschaft, Sägemühlen, Maschinenbau
Hauptexportgüter: Forstprodukte, Fisch, Pelze, Weizen, Zink, Uran, Nickel, Asbest, Kaliumkarbonat, Gips, Erdöl, Erdgas
Hauptimportgüter: Autos, Chemikalien, Maschinen, Elektronik

Getreidespeicher (rechts) stehen neben den Eisenbahngleisen in Kanadas Prärieprovinzen.

Die Prärien

Die Provinzen Manitoba, Saskatchewan und Alberta nennt man die Prärieprovinzen. Getreide gedeiht auf den reichen Böden der Prärien, dem landwirtschaftlichen Herzen Kanadas. Nach dem Schnitt wird das Korn in riesigen Getreidespeichern (links) gelagert und dann per Bahn in Städte oder Häfen gebracht. Erst die Eisenbahn erschloss die Prärien für die Landwirtschaft.

Holzfällen

Holz hat für Kanada große wirtschaftliche Bedeutung, und über ein Drittel des Landes ist von dichtem Wald bedeckt. Holzprodukte wie Industrieholz, Zeitungspapier und Bauholz machen 20 Prozent des Gesamtexports aus. Die Provinzen Québec, Ontario und British Columbia sind die Hauptholzerzeuger. Harthölzer aus den Wäldern von Québec und Ontario sind ideal für Möbel, während British Columbia Bauholz und Sperrholz liefert.

Bis vor einiger Zeit wurde das Holzfällen in Kanada nicht kontrolliert. So wurden riesige Waldgebiete wie dieses oben vernichtet.

GROSSER BÄRENSEE
Mit einer Fläche von 31800 km^2 ist der Große Bärensee der größte See Kanadas.

MAGNETISCHER NORDPOL
Der magnetische Nordpol liegt in Nordkanada, Hunderte von Kilometern vom richtigen Nordpol entfernt. In seiner Nähe sind Kompasse für die Navigation unbrauchbar.

BAFFIN BAI
Im Sommer ist die See zwischen den Inseln von Nordkanada offen. Doch im Winter füllt Packeis die Kanäle dazwischen.

KANADISCHER SCHILD
Der Kanadische Schild, ein riesiger U-förmiger Bogen aus altem Gestein, bedeckt über die Hälfte Kanadas sowie große Teile Grönlands und Teile der USA.

Kanadas beliebtestes Emblem ist das Blatt des Nationalbaums, des Rotahorns.

KANADA
GESCHICHTE

VOR RUND 25000 JAHREN BETRATEN die ersten Menschen Kanada über die Landbrücke, die damals Sibirien und Alaska miteinander verband. Vor etwa 1000 Jahren erkundeten Fischer aus Europa die reiche Küste Kanadas, und die indianischen Ureinwohner verloren die Kontrolle über ihr Land, als britische und französische Siedler im 17. Jh. Handelsposten errichteten. England und Frankreich kämpften miteinander um das Gebiet, im Jahr 1759 gewann England schließlich die Kontrolle. Ein Jahrhundert später wurde Kanada von britischer Herrschaft unabhängig, blieb aber ein britisches Dominion (Territorium). Nach dem Zweiten Weltkrieg wurde Kanada sehr wohlhabend und entwickelte enge Handelsbeziehungen zu den USA. In den 70er-Jahren des 20. Jhs. forderten Frankokanadier mehr Macht und drohten mit der Abspaltung der Provinz Québec. Doch Kanada ist noch immer vereint.

CHRONIK

um 25000 v. Chr. Erste Menschen kommen nach Kanada.

um 1005 n. Chr. Wikinger landen in Neufundland.

1497 John Cabot erforscht Neufundland.

1534 Jacques Cartier fährt auf dem Sankt Lorenz.

1605 Franzosen errichten die erste europäische Siedlung in Port Royal.

1670 Die Hudson's Bay Company erhält vom englischen König die Handelsurkunde für Kanada.

1689–1763 Häufige Kriege zwischen Franzosen, Briten und Indianern.

1759 England erobert Québec von den Franzosen.

1778 Der englische Forscher James Cook beansprucht die Westküste für England.

1867 Kanada wird Dominion.

1885 Die Kanadisch-Pazifische Eisenbahn verbindet die Küsten des Landes.

1891–1914 Über 3 Mio. Europäer wandern ein.

1949 Neufundland kommt als Provinz dazu.

1999 Nunavut wird Provinz.

Indianer waren die ersten Bewohner Kanadas.

Schneeschuhe

Holzhütte

Europäische Händler tauschten Waren mit Indianern, die wilde Tiere wegen ihrer Felle fingen.

Die Händler fuhren mit dem Kanu zu Handelsposten. Das Kanu war in Kanada auch ein Verkehrsmittel für die Missionare und Forscher.

HUDSON'S BAY COMPANY

Briten wie Franzosen gründeten im 17. Jh. Gesellschaften für den Handel mit den wertvollen kanadischen Pelzen. Sie wurden reich und mächtig und agierten wie unabhängige Regierungen. Die britische Hudson's Bay Company herrschte bis 1869 über große Teile Nordkanadas, bis ihre Ländereien Teil des Dominions Kanada wurden.

CABOT UND CARTIER

Der für England tätige italienische Forscher John Cabot besuchte als erster Europäer nach den Wikingern Kanada, als er 1497 die Küste von Neufundland entlang segelte. Der französische Forscher Jacques Cartier fuhr 1534 die Mündung des Sankt-Lorenz-Stroms hinauf. Nach diesen beiden Reisen erhoben England wie Frankreich Ansprüche auf Kanada.

John Cabot

PIERRE TRUDEAU

Seit etwa 1960 wurde Kanada immer unabhängiger von Großbritannien. Eine neue Flagge wurde 1965 eingeführt, und zwei Jahre später demonstrierte Kanada zur Jahrhundertfeier seiner Unabhängigkeit auf der Weltausstellung Expo '67 seine großen Fähigkeiten. 1968 wurde Pierre Trudeau (1919–2000) Premierminister (rechts). Als bedeutender Intellektueller machte er sich für ein vereintes Kanada stark.

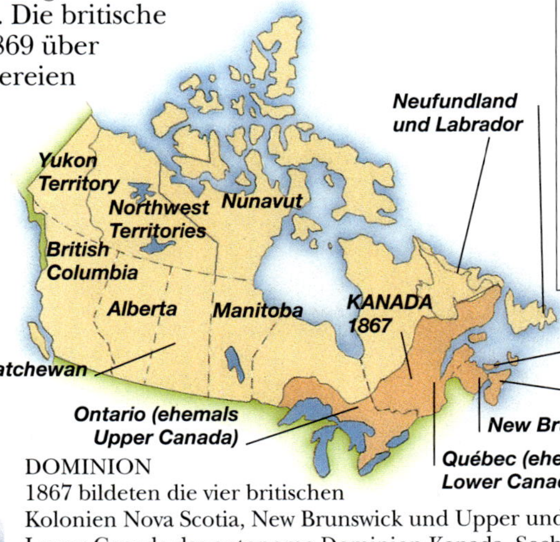

DOMINION

1867 bildeten die vier britischen Kolonien Nova Scotia, New Brunswick und Upper und Lower Canada das autonome Dominion Kanada. Sechs weitere Kolonien kamen nach 1867 dazu, 1949 folgte Neufundland und 1999 Nunavut.

Siehe auch

COOK, JAMES
INDIANER
INUIT
KANADA
WIKINGER

Karibik

Das Karibische Meer hat eine Fläche von etwa 1 943 000 km². Auf drei Seiten ist es von Zentralamerika, Südamerika und den karibischen Inseln umschlossen.

WIE AUF EINER PERLENSCHNUR aneinander gereiht erstreckt sich eine lange tropische Inselkette über 3200 km zwischen Mexiko und Venezuela. Es sind die Karibischen Inseln. Manche sind winzige unbewohnte Felsen oder Korallenriffe, andere sind große Inseln mit vielen Einwohnern. Auf Martinique etwa leben 432 900 Menschen um die Waldhänge mehrerer Vulkane, die Hunderte von Metern über dem Meer aufragen. Es gibt in der Karibik 13 Staaten und zwölf andere Territorien. Mit rund 11 Millionen Einwohnern ist Kuba der größte Staat. Jedes Land hat zwar seine eigene Kultur, aber viele Inseln haben Verbindungen zu anderen Ländern – ein Überbleibsel der europäischen Kolonisierung im 18. und 19. Jahrhundert. Damals wurden afrikanische Sklaven für die Zuckerernte in die Karibik gebracht. Heute haben deren Nachkommen einen großen Anteil an der Bevölkerung.

TOURISMUS
Die karibischen Inseln sind wunderschön mit ihren üppigen Bäumen, bunten Vögeln, langen Sandstränden und dem monatelangen Sonnenschein. Touristen aus aller Welt machen Urlaub auf den Inseln. Heute ist der Tourismus die Haupteinnahmequelle für viele Staaten der Region.

Brian Lara (rechts) spielt für die West Indies Cricket. Mit 400 Runs hält er den Weltrekord für das höchste Testmatchergebnis.

Cricket

Cricket erinnert an die koloniale Vergangenheit der Karibik. Es ist in vielen ehemaligen britischen Kolonien ein sehr beliebter Sport. Bei internationalen Wettkämpfen treten die karibischen Inseln gemeinsam als Team der West Indies an. Sie siegten beim Cricket-World-Cup 1975 und 1979.

LANDWIRTSCHAFT
Mehr als die Hälfte der karibischen Bevölkerung lebt von der Landwirtschaft. Viele arbeiten für einen Landbesitzer, der Zucker und Kaffee erzeugt. Oder sie pachten oder kaufen eine kleine Parzelle, um auf ihr Feldfrüchte anzubauen, von denen sie ihre Familien ernähren oder die sie auf lokalen Märkten verkaufen.

BASTILLE-TAG
Die Inseln Guadeloupe und Martinique gehören zu Frankreich, und die Menschen sind mit diesem Land eng verbunden. Sie sprechen Französisch, hissen die französische Fahne und feiern französische Feiertage wie den Bastille-Tag. Andere karibische Inseln haben enge politische und finanzielle Verbindungen zu Großbritannien, den Niederlanden oder den USA.

ARCHITEKTUR
Leuchtende Farben betonen die traditionellen Formen der karibischen Architektur. Auch karibische Musik, Literatur, Kunst und Speisen sind eine einzigartige Mischung europäischer und afrikanischer Kulturen.

Siehe auch

KOLUMBUS, CHRISTOPH
SKLAVEREI
ZENTRALAMERIKA

Vulkan | Berg | Historische Stätte | Hauptstadt | Großstadt | Stadt

ANGUILLA
Fläche: 91 km²
Status: britisches Territorium
Annektiert: 1650
Einwohner: 12 700
Hauptstadt: The Valley

ANTIGUA UND BARBUDA
Fläche: 440 km²
Einwohner: 67 900
Hauptstadt: St. John's

ARUBA
Fläche: 193 km²
Status: niederl. autonomes Gebiet
Annektiert: 1643
Einwohner: 70 800
Hauptstadt: Oranjestad

BAHAMAS
Fläche: 13 935 km²
Einwohner: 314 000
Hauptstadt: Nassau

BARBADOS
Fläche: 431 km²
Einwohner: 270 000
Hauptstadt: Bridgetown

BRITISCHE JUNGFERNINSELN
Fläche: 153 km²
Status: britisches Territorium
Annektiert: 1672
Einwohner: 21 700
Hauptstadt: Road Town

DOMINICA
Fläche: 751 km²
Einwohner: 69 700
Hauptstadt: Roseau

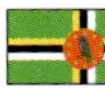
DOMINIKANISCHE REPUBLIK
Fläche: 48 442 km²
Einwohner: 8 700 000
Hauptstadt: Santo Domingo

GRENADA
Fläche: 344 km²
Einwohner: 89 300
Hauptstadt: Saint George's

GUADELOUPE
Fläche: 1779 km²
Status: französisches Überseedepartement
Annektiert: 1635
Einwohner: 440 000
Hauptstadt: Basse-Terre

HAITI
Fläche: 27 750 km²
Einwohner: 8 300 000
Hauptstadt: Port-au-Prince

JAMAIKA
Fläche: 10 991 km²
Einwohner: 2 700 000
Hauptstadt: Kingston

JUNGFERNINSELN (USA)
Fläche: 352 km²
Status: externes US-Territorium
Annektiert: 1917
Einwohner: 124 800
Hauptstadt: Charlotte Amalie

KAIMANINSELN
Fläche: 259 km²
Status: britisches Territorium
Annektiert: 1670
Einwohner: 41 900
Hauptstadt: George Town

KUBA
Fläche: 114 524 km²
Einwohner: 11 300 000
Hauptstadt: Havanna

MARTINIQUE
Fläche: 1101 km²
Status: französisches Überseedepartement
Annektiert: 1635
Einwohner: 393 000
Hauptstadt: Fort-de-France

MONTSERRAT
Fläche: 101 km²
Status: britisches Territorium
Annektiert: 1632
Einwohner: 9000
Hauptstadt: Plymouth

NIEDERLÄNDISCHE ANTILLEN
Fläche: 992 km²
Status: niederl. autonomes Gebiet
Annektiert: 1816
Einwohner: 221 000
Hauptstadt: Willemstad

PUERTO RICO
Fläche: 8897 km²
Status: US-Commonwealth-Territorium
Annektiert: 1898
Einwohner: 3 890 000
Hauptstadt: San Juan

ST. KITTS UND NEVIS
Fläche: 269 km²
Einwohner: 38 800
Hauptstadt: Basseterre

ST. LUCIA
Fläche: 616 km²
Einwohner: 162 100
Hauptstadt: Castries

ST. VINCENT UND DIE GRENADINEN
Fläche: 388 km²
Einwohner: 116 800
Hauptstadt: Kingstown

TRINIDAD UND TOBAGO
Fläche: 5128 km²
Einwohner: 1 300 000
Hauptstadt: Port-of-Spain

TURKS- UND CAICOSINSELN
Fläche: 500 km²
Status: britisches Territorium
Annektiert: 1766
Einwohner: 19 400
Hauptstadt: Cockburn Town

INSELGRUPPEN
Die größeren Inseln der Karibik zwischen Kuba und Puerto Rico nennt man oft die Großen Antillen, im Unterschied zu den Kleinen Antillen im Osten. Die kleinen Inseln von den Jungferninseln bis Trinidad heißen auch Inseln über dem Winde, die südlichen Inseln der kleinen Antillen werden auch Inseln unter dem Winde genannt.

KARIBIK
GESCHICHTE

JAHRHUNDERTE LANG WAREN die schönen karibischen Inseln die Heimat arawakischer und karibischer Völker, die wohl aus Südamerika stammten. Sie waren geschickte Seefahrer, errichteten Siedlungen und lebten von Ackerbau und Fischfang. 1492 erreichte der europäische Entdecker Christoph Kolumbus die Karibik. Andere Eroberer leiteten eine 500-jährige europäische Herrschaft ein, wobei erst die Spanier, dann die Briten, Franzosen und Niederländer um die Kontrolle über die Inseln konkurrierten. Die Europäer versklavten oder töteten die einheimische Bevölkerung und holten Afrikaner auf Sklavenschiffen zur Arbeit auf die Zuckerrohrplantagen. Im 20. Jahrhundert wurden viele Inseln unabhängig. Heute sind viele karibische Inseln von einer einzigen Feldfrucht wie Zuckerrohr oder Bananen abhängig.

DIE ERSTEN BEWOHNER
Die ersten Siedler waren die Arawaken – auf Inseln im Norden und Westen – und die Kariben, die auf den kleineren östlichen Inseln lebten. Die Arawaken waren für ihre Holz- und Steinritzzeichnungen berühmt.

RASTAFARI
Viele Menschen auf Jamaika und anderen Karibikinseln sind Rastafari. Sie glauben, dass die Schwarzen einst nach Afrika zurückkehren und ihre Freiheit erlangen werden. Sie sind nach Fürst Ras Tafari benannt – dem äthiopischen Kaiser Haile Selassie (1930–74), der als einziger afrikanischer Herrscher die Unabhängigkeit seines Landes von Europa bewahrte.

SKLAVEREI

Als die Spanier die Karibik im frühen 16. Jahrhundert eroberten, versklavten sie die Einheimischen und zwangen sie zur Arbeit auf Zuckerrohr-, Obst-, Gewürz- und Kaffeeplantagen. Als diese Sklaven starben, wurden weitere aus Afrika geholt. England war führend im Sklavenhandel. Britische Schiffe beförderten Sklaven über den Atlantik und brachten Zucker und andere Feldfrüchte nach Europa.

UNABHÄNGIGKEIT

1962 erlangten Jamaika sowie Trinidad und Tobago ihre Unabhängigkeit von Großbritannien. Während der nächsten 20 Jahre wurden weitere acht britische Kolonien unabhängig. Doch einige Inseln sind noch immer unter amerikanischer, französischer oder niederländischer Oberhoheit.

Feiern zur Unabhängigkeit Jamaikas

CHRONIK

1492 Christoph Kolumbus landet auf den Bahamas.

16. Jh. Spanien kontrolliert die Karibik.

18. Jh. Briten, Franzosen, Niederländer und Dänen annektieren viele Inseln.

1804 Haiti erster unabhängiger schwarzer Karibikstaat.

1834 Mit der Abschaffung der Sklaverei im Britischen Empire kommen die Sklaven frei.

1898 Kuba wird unabhängig von Spanien.

1962 Jamaika sowie Trinidad und Tobago werden unabhängig von Großbritannien.

1983 USA stürzen linke Regierung Grenadas.

1994 Von den USA geführte Invasion stürzt Diktatur auf Haiti.

KUBA
1959 stürzte Fidel Castro (*1927) die korrupte Regierung Kubas und errichtete ein kommunistisches Regime. Er reformierte das Land, gab ihm freie Bildung und Gesundheitsfürsorge für alle, löste 1962 aber fast einen Atomkrieg aus, als sich die USA der Stationierung sowjetischer Raketen auf der Insel widersetzten.

Siehe auch
GROSSBRITANNIEN U. NORDIRLAND
KARIBIK
KOLUMBUS, CHRISTOPH
SKLAVEREI

Karl der Grosse

THRON
Karl der Große war ein sehr mächtiger Herrscher, dennoch war sein Marmorthron ganz schlicht. Der Thron war eine Nachahmung des in der Bibel beschriebenen Throns, von dem aus König Salomon Israel regiert hatte. Karl der Große ließ in seinem Palast eine Kapelle bauen, in der auch der Thron stand. Diese so genannte Pfalzkapelle ist heute Teil des Aachener Doms.

Vor zwölf Jahrhunderten regierte ein Mann weite Teile Westeuropas: Es war Karl der Große. Er konnte zwar kaum lesen und schreiben, schaffte es jedoch, ein riesiges Reich zu gründen. Karl der Große war König der Franken – ein Volk, das im 5. Jh. ins untergehende Römische Reich einfiel und sich im Norden Frankreichs ansiedelte. Als Karl im Jahr 768 n. Chr. König wurde, war sein Territorium noch ziemlich klein und von französischen Nachbarn bedroht. Karl der Große konnte sie jedoch alle besiegen und eroberte auch noch Norditalien. Er war ein großer Krieger. Er kämpfte gegen die Völker in Ungarn und gegen die Sachsen in Deutschland. Auch in Spanien fiel er ein und hielt die dort lebenden Muslime von einem weiteren Vordringen nach Europa ab. Karl der Große wollte nicht nur mehrere Länder beherrschen, sondern deren Bewohner auch zum Christentum bekehren. Um dieses Ziel zu erreichen, ging er skrupellos gegen seine Gegner vor. Dennoch war er kein besonders grausamer Herrscher. Er reformierte die ihn untergebenen Länder und ließ viele Schulen gründen. Der Papst krönte Karl den Großen im Jahr 800 zum Römischen Kaiser, denn das europäische Reich Karls des Großen war das erste, das nach dem Untergang Roms entstand. Als Karl der Große 14 Jahre später starb, war er der mächtigste Herrscher in ganz Europa.

SO SAH ER AUS
Es gibt nur wenige Porträts von Karl dem Großen, doch alle zeigen einen großen, bärtigen, blonden Mann.

Krönung

Am Weihnachtstag des Jahres 800 krönte Papst Leo III. im Petersdom in Rom Karl den Großen zum Römischen Kaiser. Er war somit der erste Römische Kaiser seit drei Jahrhunderten. Karl nahm den Titel zwar an, glaubte aber nicht daran, dass er sehr wertvoll war.

Diese Münze stammt aus der Regierungszeit Karls des Großen.

HEILIGES RÖMISCHES REICH

Das Reich Karls des Großen (rosa) umfasste fast ganz Europa. Nach seinem Tod bildete der Rest des Reiches das Heilige Römische Reich (grün). Der letzte Kaiser, Franz II., gab den Kaisertitel 1806 auf. Manche sagen, dass er das Kaiserreich abschaffte, damit Napoleon Bonaparte, Kaiser der Franzosen, diesen Titel nicht annehmen konnte. Andere meinen, dass Napoleon dem selbst ein Ende bereitete, da er keinen zweiten Kaiser in Europa duldete.

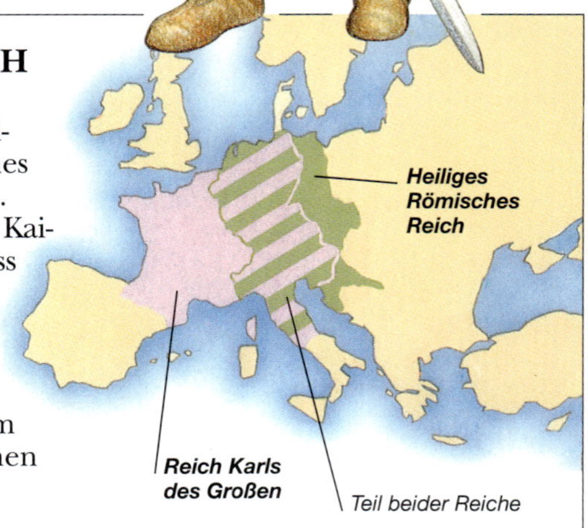

KÖNIGSGRAB
Das Grab Karls des Großen im Aachener Dom ist mit Szenen aus seinem Leben geschmückt. Eine Seite zeigt, wie er mit seinen Truppen die spanische Stadt Pamplona belagert. Das Grab ist reich mit Gold verziert und mit Edelsteinen besetzt.

Siehe auch
Barbaren
Mittelalter
Napoleon Bonaparte

KATZEN

SCHON AN DER ART, wie eine Katze sich an ihre Beute anschleicht, sieht man, dass Katzen sehr eng mit Löwen und Tigern verwandt sind. Alle Katzen sind ausgezeichnete Jäger. Sie haben eine sehr feine Sinneswahrnehmung, ihre Zähne und Krallen sind scharf, und sie sind stark und gelenkig. Katzen jagen meistens nachts und können auch im Dunkeln gut sehen. Auch eine einfache Hauskatze könnte auf sich gestellt in der freien Natur überleben, indem sie Mäuse, Vögel, Insekten und andere kleine Tiere jagt. Viele Rassekatzen allerdings sind so an das Leben in der Wohnung gewöhnt, dass sie sich in Wald und Wiese nicht zurechtfinden würden.

Der Vorfahre unserer Hauskatze war die Nubische Falbkatze, die vor etwa 1 Mio. Jahren lebte. Diese kleine Wildkatze verbreitete sich über Afrika, Asien und Europa und wurde in Afrika allmählich domestiziert, damit sie Lebensmittelvorräte vor Mäusen und Ratten schützte. Seither wurden viele verschiedene Katzenrassen gezüchtet, von der langhaarigen Perserkatze bis hin zur schwanzlosen Manxkatze. Im alten Ägypten, vor 3000 Jahren, waren Katzen bereits alltägliche und gleichzeitig hoch geschätzte Haustiere. Heute leben auf der Erde über 500 Mio. Hauskatzen.

WILDKATZEN
Die Afrikanische Wildkatze ähnelt der getigerten Hauskatze, ist jedoch schwerer gebaut und hat einen größeren Kopf. Schwanz und Beine sind schwarz gestreift.

SCHWARZE KATZEN
Lange Zeit brachte man schwarze Katzen mit Magie und Hexerei in Verbindung. Heute noch glauben viele, sie könnten Glück oder Pech bringen.

WENDIG
Katzen verfügen über einen außergewöhnlichen Gleichgewichtssinn. Sie haben auch sehr schnelle Reflexe, die ihnen zugute kommen, wenn sie irgendwo herunter fallen. Im Sturz erkennt das Gleichgewichtsorgan im Ohr sofort, wo oben ist, und die Katze dreht sich in der Luft so, dass sie sicher auf den Pfoten landet.

Katze stürzt.

Zuerst dreht sie den Kopf.

Körper folgt dem Kopf.

Beine zur Landung ausgestreckt

Im Dunkeln öffnen sich die Pupillen, um Licht einzulassen.

Bei Helligkeit werden die Pupillen schmal.

AUGEN
Wenn es dämmrig oder dunkel ist, weiten sich die Pupillen, um viel Licht ins Auge zu lassen. Eine spiegelähnliche Schicht reflektiert das Licht auf die Netzhaut. Deshalb können Katzen im Dunkeln sehen.

HAUSKATZE

Es gibt über 100 anerkannte Katzenrassen und sehr viele, die nicht oder noch nicht als Rasse anerkannt sind. Katzenexperten schaffen durch Züchtung immer neue Rassen. Die Bombaykatze (links) ist eine neue Rasse, die nach 1970 in den USA aus der Kreuzung einer Burmakatze mit einer schwarzen Amerikanischen Kurzhaarkatze entstand. Abgesehen vom sehr kurzen und dichten Fell hat die Bombaykatze alle Merkmale einer gewöhnlichen Hauskatze.

KÄTZCHEN

Wenn sie nicht gerade schlafen oder gesäugt werden, spielen junge Katzen. Sie jagen hinter dem eigenen Schwanz her oder balgen miteinander. Auf diese Weise entwickeln sie ihre Muskeln und das Reaktionsvermögen. Beides werden sie später bei der Beutejagd brauchen.

SCHLAF
Eine durchschnittliche Katze schläft 16 Stunden am Tag. Ihr Tagesablauf besteht aus Phasen, in denen sie aktiv ist und Ruhephasen, in denen sie ihre Nickerchen macht.

PUTZEN
Katzen sind sehr reinliche Tiere. Jeden Tag verbringen sie etwa eine Stunde damit, ihr Fell mit Speichel zu waschen und mit ihrer rauen Zunge abzulecken. Deshalb ist das Fell seidig und glatt. Ein sauberes Fell wärmt besser. Außerdem regt das Putzen den Kreislauf an.

VERHALTEN

Die Hauskatze hat noch viel mit ihren wilden Vorfahren gemeinsam. Obwohl sich die meisten Hauskatzen ihr Futter nicht mehr selbst fangen müssen, zeigen sie noch viele Eigenarten von Jägern. So sind sie in der Dämmerung besonders aktiv und tun immer wieder gerne so, als müssten sie sich an Beute anschleichen. Ein großer Teil dieses Verhaltens ist instinktiv oder angeboren und muss nicht erlernt werden. Auch eine Katze, die fern von anderen Katzen aufwächst, zeigt dieses Verhalten.

JAGEN
Die empfindliche Nase einer Katze nimmt selbst den feinsten Mäusegeruch wahr. Wenn sie sich der Beute nähert, nutzt sie auch ihre scharfen Augen und Ohren. Nachdem sie sich nahe genug angeschlichen hat, springt sie mit ausgefahrenen Krallen auf die Beute und beißt ihr das Genick durch.

SPRINGEN
Die langen Beine mit beweglichen Gelenken ermöglichen der Katze geschickte Sprünge. Bevor sie springt, bewegt eine Katze ihren Kopf meist seitlich, um die Entfernung genau einzuschätzen. Falls der Sprung allzu hoch wäre, sucht sie sich einen anderen Weg.

Die Kätzchen saugen die Milch aus Zitzen am Bauch ihrer Mutter.

Die Katzenmutter versorgt ihre Jungen, bis sie alleine zurechtkommen.

FORTPFLANZUNG

Weibliche Katzen sind ungefähr neun Wochen lang trächtig. Sie bringen je Wurf ein bis zehn Kätzchen zur Welt, im Durchschnitt meist zwei bis fünf. Die neugeborenen Babys sind hilflos. Erst nach einer Woche oder noch später öffnen sich ihre Augen, und erst mit zwei Wochen können sie krabbeln. Zuerst leben sie nur von der Milch ihrer Mutter. Mit etwa acht Wochen gehen sie allmählich zu fester Nahrung über. Diesen Vorgang nennt man Entwöhnen. Vier Wochen später kann sich die Katzenmutter wieder mit einem Kater paaren.

Die alten Ägypter hielten Katzen, die die Getreidespeicher vor Mäusen schützten. Sie schätzten Katzen so sehr, dass sie sich eine Göttin in Katzengestalt vorstellten und ihr Statuen weihten.

HAARLOSE KATZE
Die heutigen Sphinxkatzen stammen von einem Kätzchen ab, das in den 60er-Jahren des 20. Jh. ohne Fell zur Welt kam. Nur an den Pfoten und der Schwanzspitze sowie im Gesicht haben sie feine, flaumige Haare. In der freien Natur könnten sie nicht überleben.

Siehe auch

ÄGYPTEN, ALTES
KATZEN, GROSSKATZEN
SÄUGETIERE
TIERE
TIERE, SINNE

KATZEN
GROSSKATZEN

JUNGE GROSSKATZEN
Die Jungen aller Großkatzen haben bei der Geburt Streifen oder Flecken. Bei Tigern werden die Streifen nach einigen Monaten dunkler.

NUR WENIGE TIERE flößen den Menschen so viel Respekt ein wie die Großkatzen, die wir auch Raubkatzen nennen. Diese gewandten Raubtiere haben scharfe Zähne und Klauen, kräftige Muskeln und sehr hoch entwickelte Sinne. Die Färbung und Musterung ihres Fells ist zwischen Bäumen oder hohen Gräsern eine ausgezeichnete Tarnung, die es ihnen ermöglicht, nichts ahnende Beutetiere aus dem Hinterhalt anzugreifen. Es gibt rund sieben Arten von Großkatzen. Die größten sind die Tiger. Ein ausgewachsener Tiger kann von der Nase bis zur Schwanzspitze über 3 m lang sein. Ein ausgewachsener Löwe ist fast ebenso groß. Die ersten Großkatzen lebten vor 45 Millionen Jahren. In Afrika sind Löwen, Geparden und Leoparden heimisch. Schneeleoparden und Löwen leben in den Gebirgen Asiens. Jaguare sind die größten Großkatzen Amerikas. Sie können auch schwimmen und klettern.

JAGD IM RUDEL
Löwen leben überwiegend in Savannen und in Buschland. Meist jagen nur die Weibchen eines Rudels. Das Foto zeigt zwei erwachsene Löwinnen, die eine Gazelle von ihrer Herde trennen, um sie zu erlegen.

LÖWENRUDEL

Löwen sind die einzigen Großkatzen, die in Rudeln leben. Ein Rudel kann aus bis zu 30 Tieren bestehen, die über eine Fläche von etwa 100 km² umherstreifen. Die größten Männchen verteidigen das Revier des Rudels und die Weibchen gegen Löwen aus anderen Rudeln.

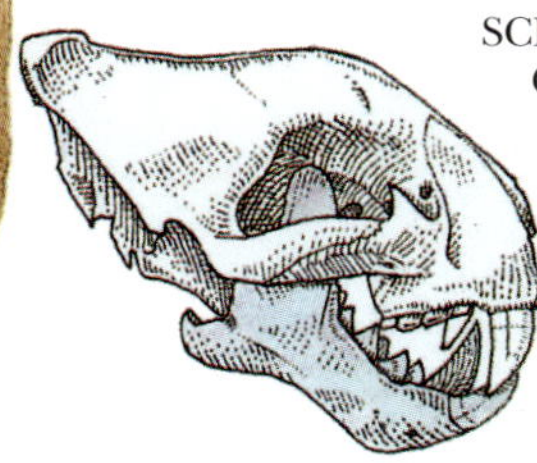

SCHÄDEL UND ZÄHNE
Großkatzen haben kurze Schädel mit mächtigen Kiefern. Mit ihren großen, spitzen Eckzähnen durchbohren und zerreißen sie das Fleisch ihrer Beute. Mit den Backenzähnen brechen sie die Knochen.

FLEISCHFRESSER
Löwen, Tiger und andere Großkatzen sind echte Fleischfresser. Löwen schlagen meist große Beutetiere wie Antilopen und Zebras. Von einer Giraffe wird ein ganzes Löwenrudel satt.

AUSGEFAHRENE KRALLEN
Beim Anspringen der Beute sind die scharfen Krallen ausgefahren. Muskeln in der Pfote schieben die Krallen vor.

EINGEZOGENE KRALLEN
Die meiste Zeit über sind die Krallen eingefahren und von Hautscheiden geschützt. Auf diese Weise brechen die Krallen nicht und bleiben scharf.

LEOPARD
Leoparden werden ungefähr 60 kg schwer und 1,50 m lang. Sie können sich an das Leben in tropischen Wäldern ebenso gut anpassen wie an kalte Gebirgsregionen. Manche Leoparden halten sich in der Nähe menschlicher Siedlungen auf.

KLETTERN
Leoparden können ausgezeichnet klettern. Sie schlafen und ruhen auf Bäumen und halten von hier aus auch nach Beute Ausschau. Was sie nicht gleich fressen, schleppen sie auf einen hohen Ast. So schützen sie ihren Nahrungsvorrat vor Aasfressern.

PANTER
Der Schwarze Panter (rechts) ist eine Variante des Leoparden. Bei hellem Licht erkennt man im graubraunen Fell schwarze Tupfen.

GEBRÜLL
Nur Großkatzen können brüllen, und zwar ziemlich laut. Jaguare und Schneeleoparden brüllen allerdings nur selten. Durch das Gebrüll zeigen die Tiere, dass sie gereizt sind.

JAGUAR
Der Jaguar (unten) schleicht sich auf die gleiche Weise wie der Tiger an seine Beute heran. Jaguare fressen u.a. Tapire, Fische, Frösche, Nagetiere, Faultiere und kleine Kaimane (südamerikanische Krokodile).

Tiger

Anders als die meisten Katzen sind Tiger keineswegs wasserscheu. Manchmal schleppen sie ihre Beute auch zu einem Gewässer, weil sie beim Fressen viel trinken müssen. Tiger schleichen sich durch dichtes Gestrüpp an ihre Beute und überwinden die letzten 15 m laufend und springend. Durchschnittlich benötigt ein Tiger 18 kg Fleisch am Tag.

Gepard

Auf kurzen Strecken kann kein Tier einen Geparden überholen. Geparden erreichen mit 100 km/h die Geschwindigkeit eines Autos. Anders als andere Katzen können Geparden ihre Krallen nicht einziehen. So geben die Krallen den Pfoten beim Laufen zusätzlichen Halt. Wenn das Beutetier den Geparden bemerkt, bevor er sich auf etwa 180 m genähert hat, führt er seinen Angriff nicht aus.

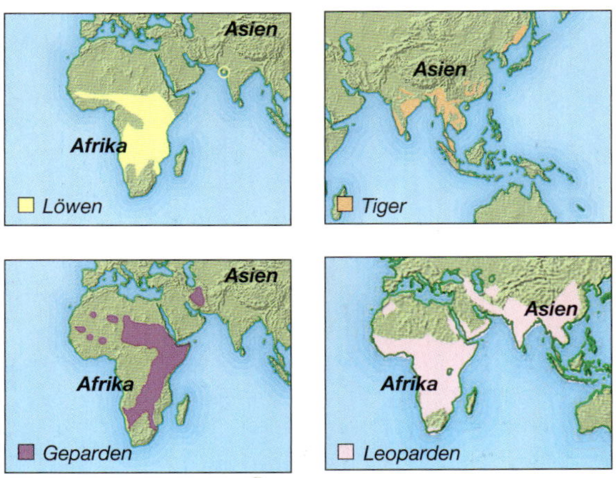

Artenschutz

Leoparden und andere Großkatzen wurden stark bejagt, weil ihre Felle begehrt sind und weil sie Nutztiere und mitunter auch Menschen angreifen. Der Handel mit Fellen wurde inzwischen durch internationale Abkommen verboten. Die Karten zeigen die Verbreitungsgebiete einiger Arten.

Siehe auch

Afrika, Tiere
Artenschutz
Katzen
Säugetiere
Tiere
Tiere, Tarnung
Zoo

Gepard

KAUKASUSREPUBLIKEN

Georgien, Aserbaidschan und Armenien liegen zwischen den Gebirgen des Großen und Kleinen Kaukasus. Das Schwarze Meer bildet die Westgrenze, das Kaspische Meer die Ostgrenze. Jenseits des Kaukasus im Norden liegt Russland.

DIESE ZERKLÜFTETEN GEBIRGSREPUBLIKEN liegen zwischen den flachen Steppen der Russischen Föderation und den Hochplateaus von Südwestasien. Alle drei Länder gehörten früher zur Sowjetunion und wurden 1991 unabhängig. Die Region ist reich an natürlichen Ressourcen und hat viele unterschiedliche Klimate und Landschaften. Die Westgrenze Georgiens am Schwarzen Meer ist üppig grün und hat ein feuchtwarmes Klima, während Armenien großenteils ein Hochplateau mit Halbwüsten ist. Die Landwirtschaft ist in allen drei Ländern wichtig; man baut Aprikosen, Pfirsiche, Getreide, Zitrusfrüchte, Wein und Tee an. In den Gebirgen gibt es reiche Bodenschätze – Eisen, Kupfer und Blei –, während das Kaspische Meer große Ölvorkommen aufweist. Im Kaukasus leben über 50 ethnische Gruppen, die jeweils ihre eigene Sprache und Kultur bewahren. Seit der Unabhängigkeit herrschen zunehmend ethnische und religiöse Spannungen.

BOHRINSELN
Im 20. Jh. war Aserbaidschan einer der Hauptölerzeuger der Welt und belieferte die gesamte Sowjetunion. Die kaspischen Ölressourcen werden zwar noch immer ausgebeutet, doch fehlende Investitionen in Bohrinseln haben die Produktion reduziert. Das Öl wird vom Industriezentrum Baku über Pipelines nach Iran, Russland, Kasachstan und Turkmenistan geleitet.

KAUKASUS
Der Kaukasus im Norden bildet eine Hochgebirgsbarriere, die die Region von Russland abtrennt. Viele Gipfel sind höher als 4600 m.

SCHWARZES MEER
Das Schwarze Meer ist ein Binnenmeer zwischen Asien und Europa. Es ist mit dem Mittelmeer durch Bosporus, Marmarameer und Dardanellen verbunden.

JEREWAN
Jerewan, die Hauptstadt Armeniens, liegt 23 km von der türkischen Grenze am Razdan. Die Stadt ist seit langem ein Handelszentrum, auf den Märkten werden heute Obst, Gemüse und heimische Teppiche feilgeboten. In der Sowjetära expandierte die Stadt rapide, dank dem Bau von Wasserkraftwerken am Razdan, die Energie für chemische Industrie und Maschinenbau lieferten.

Maßstab
0 50 km

Vulkan	Berg	Historische Stätte	Hauptstadt	Großstadt	Stadt

ARMENIEN
Fläche: 29 000 km²
Einwohner: 3 100 000
Hauptstadt: Jerewan

ASERBAIDSCHAN
Fläche: 86 600 km²
Einwohner: 8 400 000
Hauptstadt: Baku

GEORGIEN
Fläche: 69 700 km²
Einwohner: 5 100 000
Hauptstadt: Tiflis (Tbilisi)

Siehe auch
ASIEN
ASIEN, GESCHICHTE
ERDÖL
GEBIRGE
SOWJETUNION

KELTEN

VOR 2000 JAHREN lebten in weiten Teilen Westeuropas die Angehörigen eines kämpferischen, aber auch kunstbegabten Volkes – die Kelten. Sie waren erfahrene Krieger, gute Bauern und Metallarbeiter. Ihre Kultur beherrschte mehrere Jahrhunderte den Nordwesten Europas. Den Kelten gehörten mehrere Volksstämme an, z. B. die Atrebaten im südlichen Britannien oder die Parisier in Nordfrankreich. Die meisten Kelten lebten in Dörfern oder in Bergfestungen, von denen sich einige zu kleinen Städten entwickelt haben. Die Kelten bildeten jedoch niemals eine gemeinsame Nation. Zwischen 3000 v. Chr. und 100 n. Chr. gingen sie im Römischen Reich auf. Heute gibt es noch einige kleine keltisch sprechende Volksgruppen in Großbritannien, Irland und Frankreich.

BOUDICA
Im Jahr 61 n. Chr. führte Boudica (oder Boadicea), eine Anführerin der Icener, eines Stammes in Britannien, einen massiven Aufstand gegen die Römer. Die Briten kamen jedoch gegen die gut organisierten Römer nicht an, und ihr Aufstand wurde unterdrückt.

UNTERKUNFT

Keltische Familien lebten in einer großen Hütte zusammen. Manche Hütten bestanden aus Stein, andere aus geputztem Flechtwerk. Das Dach war mit Stroh gedeckt, um vor Regen geschützt zu sein. Über offenem Feuer wurde in einem Eisentopf gekocht. Zum Brotbacken diente ein kuppelförmiger Lehmofen. Die Familienmitglieder webten Stoffe, arbeiteten als Bauern oder töpferten.

DRUIDEN

Druiden spielten bei den Kelten eine wichtige Rolle. Als Priester gestalteten sie religiöse Zeremonien, fungierten als Richter und Berater und waren für die Ausbildung der Häuptlingssöhne zuständig. Das Druidentum verehrte viele Götter. Auch Eichen und Mistelzweige galten den Druiden als heilig.

METALLBEARBEITUNG

Die Kelten bearbeiteten viele unterschiedliche Metalle, darunter Eisen, Bronze, Kupfer, Gold und Silber. Landwirtschaftliche Geräte, Waffen, Schutzschilde, Streitwägen und Helme wurden aus Metall hergestellt, und viele waren mit Pflanzen- und Tiermustern verziert, wie sie am Rand dieser Seite zu sehen sind.

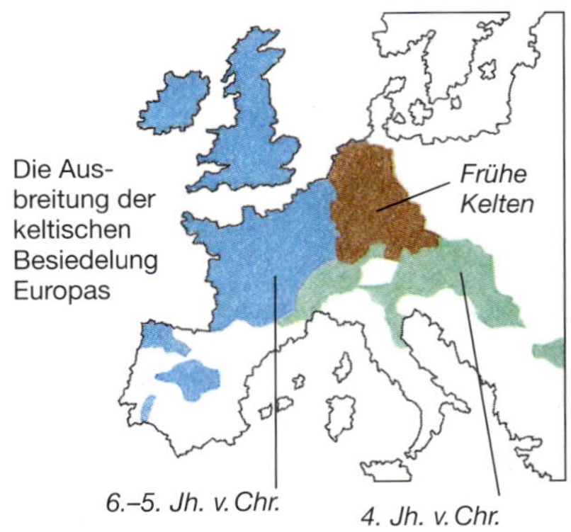

KELTISCHE GEBIETE
Die ersten Kelten lebten in Mitteleuropa im Bereich des heutigen Süddeutschlands. Bis um 500 v. Chr. haben sie sich von Irland bis zum Schwarzen Meer über weite Teile Europas ausgebreitet.

Siehe auch
EISENZEIT
GROSSBRITANNIEN, GESCHICHTE

Kernenergie

Experimenteller Kernfusionsreaktor bei Oxford in England

Die Atome, aus denen das Universum besteht, sind eine gewaltige Energiequelle namens Kernenergie. Sie erzeugt die sengende Hitze und das blendende Licht der Sonne, die tödlichen Explosionen von Kernwaffen und ungeheure Mengen von Elektrizität in Kernkraftwerken. Die Kernenergie beruht darauf, dass Materie und Energie zwei verschiedene Formen ein und derselben Sache sind und die eine in die andere umgewandelt werden kann. Die Kernreaktion erfolgt in den Atomkernen auf zweierlei Weise: als Kernspaltung, wenn sich ein schweres Atom teilt, und als Kernfusion, wenn zwei leichte Kerne miteinander verschmelzen. In Kernwaffen geschieht die Spaltung oder Fusion in Sekundenbruchteilen. Kernkraftwerke dagegen erzeugen Elektrizität aus Spaltungsreaktionen bei kontrollierter Geschwindigkeit.

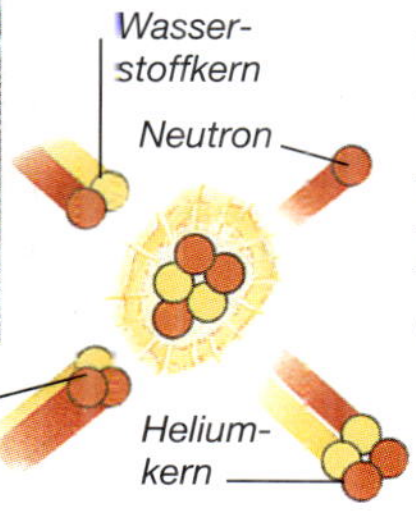

KERNFUSION

Wissenschaftler versuchen Reaktoren zu bauen, die die Kernfusion nutzen, ein Verfahren, das weniger gefährlichen Abfall als die Kernspaltung erzeugt (unten). Bei der Kernfusion prallen Wasserstoffatome aufeinander und vereinen sich zu schwereren Heliumatomen. Doch die Fusion ist extrem schwer herbeizuführen. Dazu müssen Wasserstoffatome durch ein Magnetfeld gehalten und auf eine höhere Temperatur erhitzt werden, als sie im Sonnenzentrum herrscht.

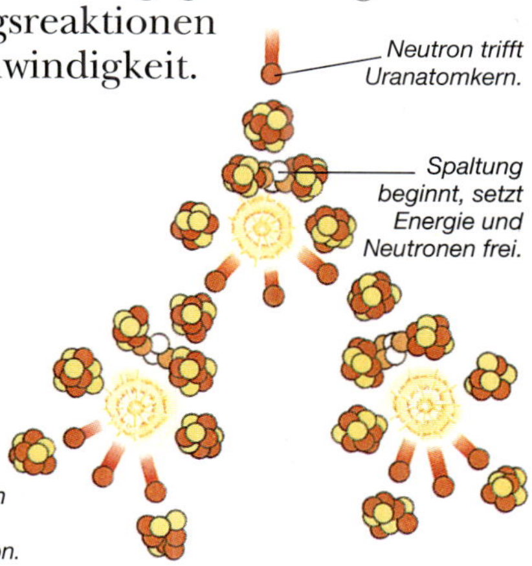

KERNSPALTUNG

Kernkraftwerke erzeugen Energie aus der Spaltung von Urandioxid-Atomen. Der Aufprall eines Teilchens namens Neutron spaltet ein Uranatom. Dies setzt Wärmeenergie und zwei oder drei Neutronen frei. Diese Neutronen spalten andere Uranatome. Bald spalten sich viele Atome (Kettenreaktion) und erzeugen eine gewaltige Menge Energie.

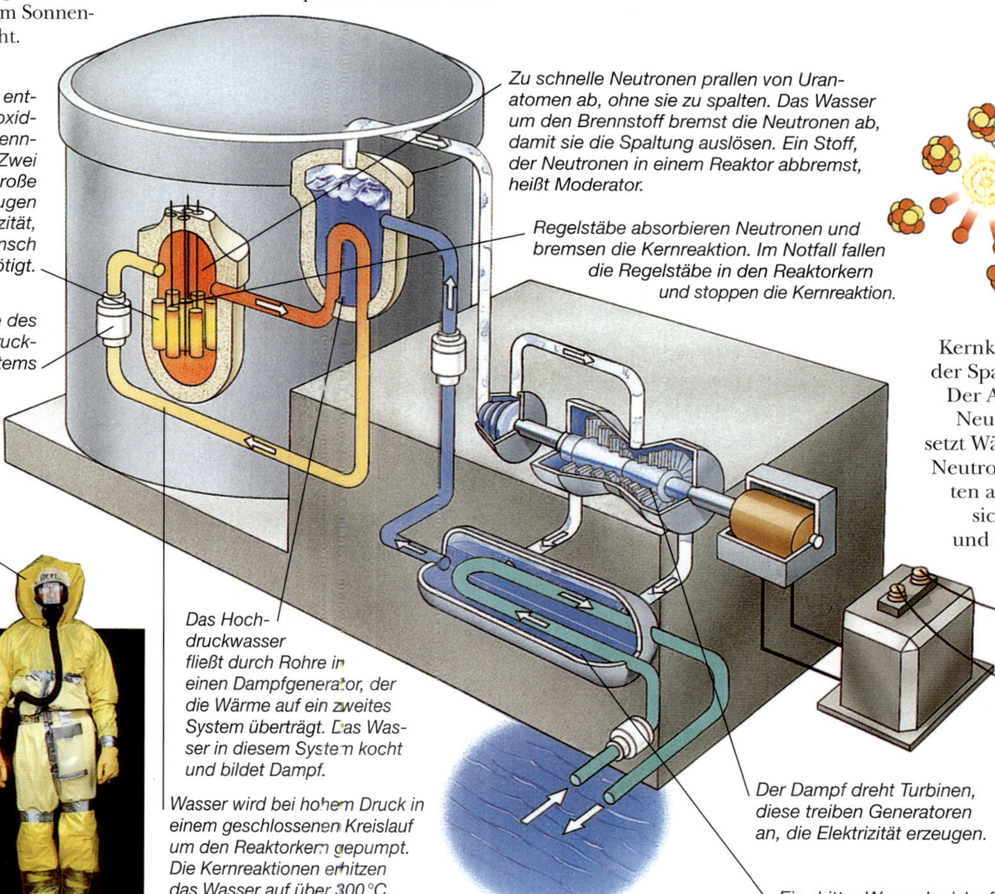

Druckwasserreaktor (DWR)

Beim Umgang mit Kernabfall wird Schutzkleidung getragen.

Kernstrahlung

Abfall aus Kernkraftwerken ist teilweise radioaktiv – er erzeugt tödliche Kernstrahlung aus winzigen Teilchen oder unsichtbaren Wellen, die lebende Zellen zerstören. Radioaktivität kann Jahrtausende überdauern, daher wird der Abfall unterirdisch in versiegelten Behältern vergraben. Viele Menschen sind wegen der Gefahren dieses Abfalls besorgt und fordern ein Ende der Kernenergieproduktion.

Kernkraftwerk

Eine Kernspaltungsreaktion läuft nur dann weiter, wenn eine gewisse Menge Brennstoff vorhanden ist, die kritische Masse. In einem Kernreaktor enthalten Stäbe Uranbrennstoff. Die dicht beieinander liegenden Stäbe erzeugen die kritische Masse, die die Reaktion startet.

Siehe auch

Atome und Moleküle
Atomzeitalter
Energie
Physik
Radioaktivität
Sowjetunion
Waffen

Kirchen

FRÜHE KIRCHEN
Die ersten Kirchen wurden aus Materialien erbaut, die vor Ort verfügbar waren. Frühe norwegische Stabkirchen (links) bestehen ganz aus Holz und haben steile Dächer, damit sich der Schnee nicht hält.

STRAHLEND WEISSE TÜRME, steinerne Fratzen und goldene Kuppeln zieren viele Kirchen und Kathedralen in christlichen Ländern. Da Kirchen meist entsprechend dem jeweils in der Region vorherrschenden Kunst- und Architekturstil errichtet werden, gibt es weltweit sehr unterschiedlich gebaute Kirchen. Sie alle dienen aber dem gleichen Zweck: Kirchen sind Gebäude für Gottesdienst und Gebet. Der Name geht auf das griechische Wort für »Gottes Haus« zurück. Eine alte Kirche ist oft das prächtigste Bauwerk einer Stadt. Ihre Erbauer glaubten, eine herrliche Kirche sei ein Symbol für Gottes Herrlichkeit. Eine Kathedrale ist eine Kirche, der ein Bischof vorsteht. Viele Kathedralen sind sehr alt und mit riesigen Buntglasfenstern verziert. Auch andere Religionen haben Häuser für den Gottesdienst, nennen sie aber nicht Kirchen. Zahlreiche jüdische Synagogen, buddhistische Tempel und islamische Moscheen entfalten eine Pracht wie die schönsten Kathedralen der Welt.

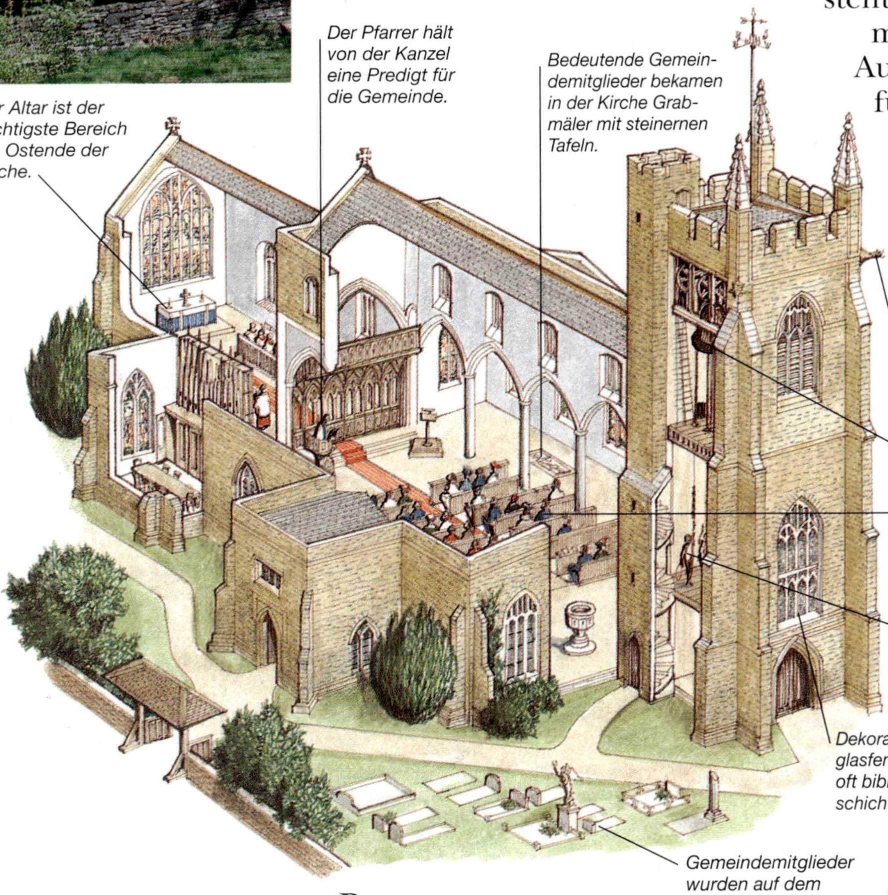

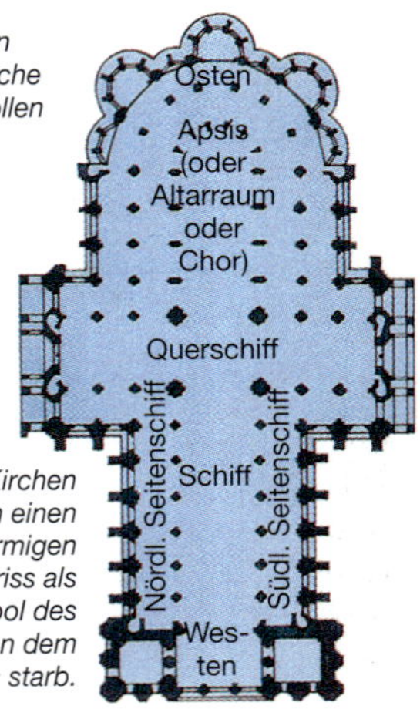

Viele Kirchen haben einen kreuzförmigen Grundriss als Symbol des Kreuzes, an dem Christus starb.

Pfarrkirche

Viele christliche Länder sind in Pfarrgemeinden eingeteilt, die jeweils eine Kirche mit eigenem Priester oder Pfarrer haben. Früher war die Pfarrkirche das Zentrum des Dorflebens. Hier wurden Kinder getauft, Erwachsene verheiratet und Verstorbene beerdigt.

Die Basilica di San Marco in Venedig wurde zwischen dem 11. und 15. Jh. erbaut.

KATHEDRALE
Von einer Kathedrale aus führt der Bischof seine Diözese. Der Name Kathedrale leitet sich ab von der Kathedra, dem Thron des Bischofs, der in der Kathedrale steht. Viele Kathedralen und Kirchen sind nach christlichen Heiligen benannt.

MODERNE KIRCHEN
Auch heute werden immer neue Kirchen gebaut. Manche Architekten halten sich an die Tradition der Kirchenarchitektur, aber viele verwenden moderne Baumaterialien und -techniken und erzielen so neue und verblüffende Effekte (links).

Siehe auch
ARCHITEKTUR
CHRISTENTUM
MITTELALTER
RELIGIONEN

KLEIDUNG

VON DER ELEGANTEN SEIDENROBE bis hin zum Arbeitsanzug – die Kleidung spiegelt immer auch die Lebensumstände der Menschen wieder. Die ersten Kleidungsstücke waren Felle, die Kälte, Regen und Schnee abhielten. Noch heute schützt die Kleidung vor der Witterung, aber in ihrer Form wird sie auch von der Gesellschaft bestimmt – ein Geschäftsanzug wirkt am Strand deplatziert und niemand geht in der Badehose ins Büro. Heute geraten Kleidungsstücke schnell aus der Mode. Die Mode erwuchs aus dem Bedürfnis, seinen Reichtum zur Schau zu stellen. Im Lauf der Jahrhunderte hat sich die Mode den geänderten Lebensbedingungen angepasst. So war in einer Zeit, als die Frauen noch kaum Rechte hatten, die Kleidung für Frauen extrem einengend. Als sich die Frauen dann mehr Freiheiten eroberten, kamen auch Hosen für Frauen auf, die ihnen mehr Bewegungsfreiheit ließen.

Mütze, Schal und Handschuhe aus Wolle halten im Winter warm.

KALTE REGIONEN
Seit jeher kleiden sich die Bewohner kalter Gebiete in Pelz. Die nach innen getragene flauschige Seite bildet ein Luftpolster, das die Körperwärme nicht entweichen lässt. Heute verwendet man anstelle von Tierfellen dichte, wind- und wasserabweisende Nylongewebe. Daunen als Füllung bilden wie der Pelz eine wärmende Luftschicht um den Körper.

Ein Schleier kann auch schützen.

DER SCHLEIER
In manchen Kulturen müssen sich Frauen ganz oder teilweise verhüllen. Diese Kunama-Frau aus Eritrea in Ostafrika trägt einen Schleier, der Kopf und Schultern bedeckt.

GESCHÄFTSANZUG
Für manche Arbeitsplätze ist eine bestimmte Kleidung vorgeschrieben. Anzug und Krawatte ist für leitende Angestellte großer Firmen unerlässlich, während in niedrigeren Positionen auch lockere Kleidung erlaubt ist.

Viele Stofflagen übereinander schützen vor Hitze.

WARME REGIONEN
Menschen in Wüstenregionen tragen lange, lose Kaftans aus Baumwolle. Der Kaftan schützt vor übermäßiger Sonnenstrahlung, und die Luftschichten zwischen den vielen Falten halten den Körper kühl. Die traditionelle Kleidung der Araber besteht aus dem langen weißen Kaftan samt Umhang und Tuch für den Kopf.

KLEIDUNG UND IHRE FUNKTION

Manchmal ist die Funktion der Kleidung – was sie bewirken soll – der wichtigste Grund für ihr Aussehen. So besteht die Funktion von Schlechtwetterkleidung darin, Kälte, Wind und Regen abzuhalten; Farbe oder Form stehen eher im Hintergrund. Auch bestimmte Arbeiten und Sportarten erfordern funktionale Kleidung. Ein Fabrikarbeiter braucht unter Umständen einen festen Schutzanzug, während Sportler möglichst viel Bewegungsfreiheit brauchen.

SCHNEIDERN

Die Meisten kaufen heute Kleidung, die in Fabriken in großer Stückzahl hergestellt wurde. Wer jedoch originelle Stücke im Stoff seiner Wahl bevorzugt oder wer sich die Kleider im Geschäft nicht leisten kann, schneidert selbst. Schnittmuster aus Papier zeigen, wie der Stoff zugeschnitten werden muss. Die Einzelteile werden in großen Stichen geheftet und dann zusammengenäht.

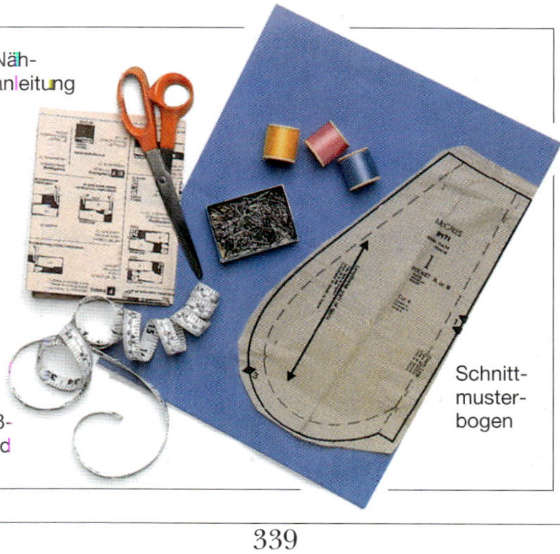

Näh-anleitung

Maß-band

Schnitt-muster-bogen

Kleider

Ihr Stil hat sich im Lauf der Zeitalter stark gewandelt. Im alten Griechenland drapierte man Stoffbahnen um den Körper. Im 14. Jh. wurden die Kleider eng auf den Körper geschneidert, und im 16. Jh. wurden die Mieder mit Fischbeinstäbchen verstärkt. Erst im ausgehenden 19. Jh. war das Ende dieser engen Korsetts gekommen. In dieser Zeit kamen auch die umständlichen Reifröcke aus der Mode. Noch einschneidender war der Wandel in den 20er-Jahren des letzten Jahrhunderts: Die Frauen trugen bequeme Hemdkleider und erstmals kürzere Röcke.

REIFROCK
Die Mode vergangener Zeiten erscheint heute oft seltsam. Das späte 19. Jh. kannte den Reifrock, der die Kleider weit aufblähte.

Der Reifrock, ein Gestell aus Drahtreifen, wird nach unten immer weiter.

Eine Menge Stoff, Spitze, Fischbein und Draht war erforderlich, um dieses elegante Kleid im Stil des 19. Jh. herzustellen.

MINIKLEIDER
Der Kleidungsstil wurde einfacher und lockerer. In den 60er-Jahren des 20. Jhs. waren junge Menschen so unabhängig wie nie zuvor. Frauen brachten diese Freiheit zum Ausdruck, indem sie sehr kurze Röcke trugen.

Modische Stiefel gehörten auch in den 60er-Jahren des letzten Jahrhunderts schon dazu.

MODEHÄUSER
Als die schicksten Kleider gelten jene der berühmten Modeschöpfer. Im Namen großer Modehäuser entwerfen sie *Haute Couture* (große Mode). Models führen die jeweils neueste Kollektion der Designer bei Modeschauen vor. Die Modeschöpferin Coco Chanel (1883–1971) revolutionierte mit ihren simplen Kostümen und Kleidern die Damenmode. Als Material verwandte sie Jersey, einen gestrickten Stoff, der sich den Bewegungen der Trägerin anpasst.

Coco Chanel entwarf erstmals Kleider, die schlicht und funktional waren.

Frühe Levi's-Anzeigen betonten die Haltbarkeit der Hose.

BLUE JEANS
Blue Jeans, preiswert, problemlos zu waschen und dauerhaft, kamen erstmals 1850 auf den amerikanischen Markt. Damals ließ sich ein Goldgräber bei dem Schneider Levi Strauss ein Paar extra robuster Hosen anfertigen, da die bisher benutzten Hosen so schnell einrissen. Jeans werden aus Denim hergestellt, einem festen, mit der Naturfarbe Indigo gefärbten Baumwollstoff.

SCHUTZKLEIDUNG
Feuerwehrmänner und Arbeiter in einem Kernkraftwerk brauchen Kleidung, die für ihre Sicherheit sorgt. Dieser Feuerwehrmann (oben) trägt einen brandsicheren Anzug, der auch vor hohen Temperaturen schützt. Eine Sauerstoffmaske verhindert, dass er bei zuviel Rauch erstickt.

Uniformen

Menschen, die derselben Gruppierung oder Organisation angehören, tragen oft die gleiche Art Kleidung, sodass sie besser erkannt werden. Diese Einheitskleidung nennt man Uniform. Sie stärkt das Zusammengehörigkeitsgefühl, weshalb viele Menschen stolz auf ihre Uniform sind. Manche Uniformen, wie die von Krankenschwestern schützen den Träger bei der Arbeit.

Schulmädchen — Krankenschwester — Fußballspieler — Pilot

Siehe auch
DESIGN
TEXTILIEN

Klima

In manchen Teilen der Welt ist es das ganze Jahr über heiß und feucht, so z. B. in den tropischen Regenwäldern Südamerikas. In anderen Gebieten, wie in der Arktis, herrschen lange, eisige Winter. Solch längerfristige Bedingungen werden als Klima bezeichnet. Klima ist nicht gleich Wetter: Das Wetter kann sich innerhalb von Minuten ändern, während das Klima die Wettererscheinungen in einem Gebiet über einen langen Zeitraum umfasst. Jede Region hat ein eigenes Klima. Es hängt davon ab, wie groß die Entfernung zum Äquator und somit die Sonneneinstrahlung ist. Auch die Landschaft beeinflusst das Klima. Im Hochgebirge ist es immer kühler als im Tiefland. Die Meere können in Küstenbereichen Hitze wie auch Kälte ausgleichen, während das Wetter inmitten eines Kontinents extremer ist. Das Klima einer Region bestimmt auch die Landschaft und die Lebensformen – von Kleidung über Anbauprodukte bis hin zu den Gebäuden. Das Klima kann sich aber auch ändern. Forscher gehen heute davon aus, dass sich das Weltklima langsam erwärmt.

DIE EISIGE ANTARKTIS
Nur sehr widerstandsfähige Lebewesen wie Pinguine können im Eis der Antarktis überleben.

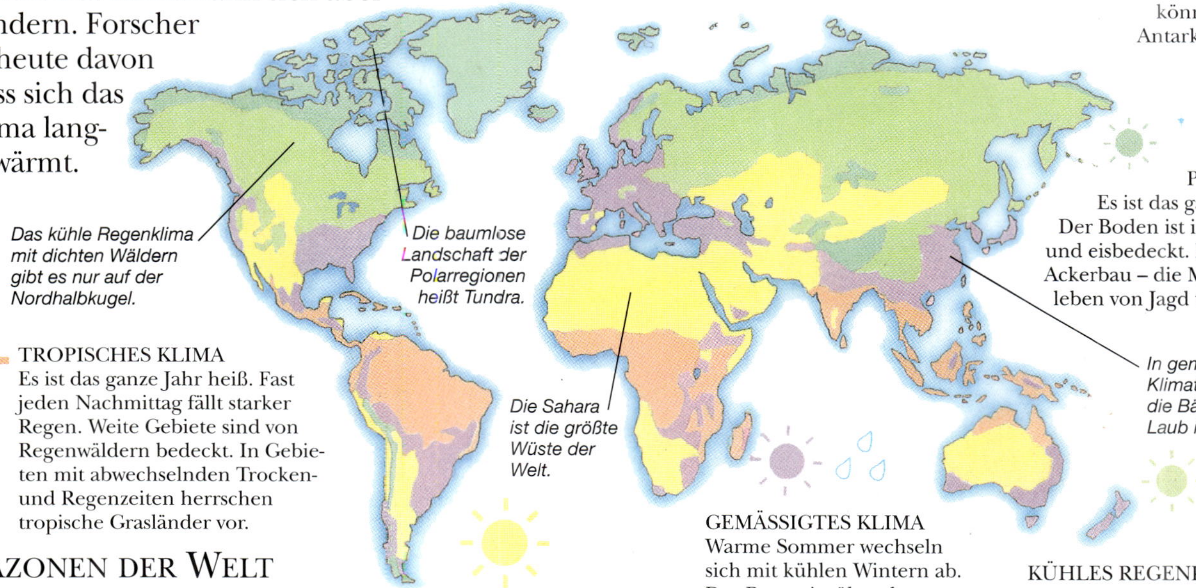

POLARKLIMA
Es ist das ganze Jahr kalt. Der Boden ist immer schnee- und eisbedeckt. Es gibt keinen Ackerbau – die Menschen hier leben von Jagd und Fischerei.

TROPISCHES KLIMA
Es ist das ganze Jahr heiß. Fast jeden Nachmittag fällt starker Regen. Weite Gebiete sind von Regenwäldern bedeckt. In Gebieten mit abwechselnden Trocken- und Regenzeiten herrschen tropische Grasländer vor.

WÜSTENKLIMA
In den trockenen Wüsten wechseln sich kalte, klare Nächte mit heißen Tagen ab. Es gibt aber auch Gebirgswüsten mit kalten, trockenen Wintern.

GEMÄSSIGTES KLIMA
Warme Sommer wechseln sich mit kühlen Wintern ab. Der Regen ist über das ganze Jahr verteilt, oder der Sommer ist trocken und sonnig, so wie am Mittelmeer.

KÜHLES REGENKLIMA
Die Sommer sind kühl und kurz, die Winter kalt und lang. Hier ist ein Großteil des Landes von dichten Nadelwäldern bedeckt.

Klimazonen der Welt

Die unterschiedlichen Klimate verlaufen beiderseits des Äquators in breiten Zonen rund um die Erde. Sie reichen von heißen, regenreichen Klimaten am Äquator bis zu den kalten Klimaten an den Polen. Es gibt fünf Hauptklimazonen, die in der Karte verschiedenfarbig dargestellt sind.

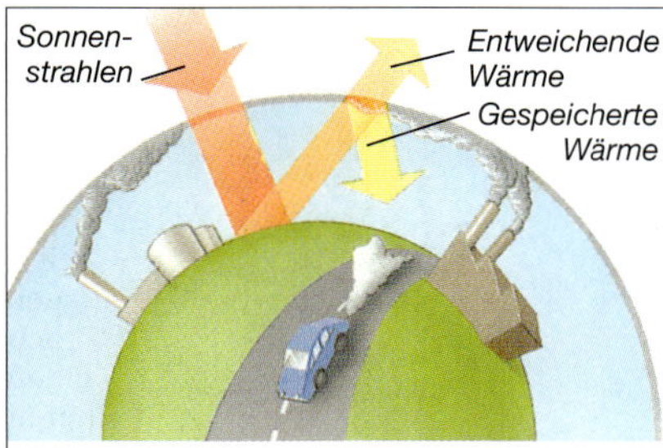

DER TREIBHAUSEFFEKT
Die Atmosphäre wirkt wie ein Treibhaus, indem sie Sonnenwärme speichert und die Erde erwärmt. Durch Luftverschmutzung wird noch mehr Wärme gespeichert. Wenn die Luftverschmutzung nicht verringert wird, kann das langfristig negative Folgen für das Weltklima haben.

Klimawandel

Über Jahrtausende hinweg treten klimatische Veränderungen auf, wie z. B. Eiszeiten. Ein folgenreicher Klimawandel kann aber auch kurzfristig auftreten. So kann die Asche eines Vulkanausbruchs die Sonne verdunkeln und das Klima abkühlen. Windverlagerungen können Regen von einer Region fernhalten, was zu Dürre führt. Auch der Mensch verändert durch Umweltverschmutzung das Klima.

DIE WÜSTE SAHARA
Die Tuareg-Nomaden gehören zu den wenigen Bewohnern der Sahara. Im Wüstenklima der Sahara herrscht tagsüber brennende Hitze – in der Nacht dagegen fällt die Temperatur stark ab, und es wird richtig kalt.

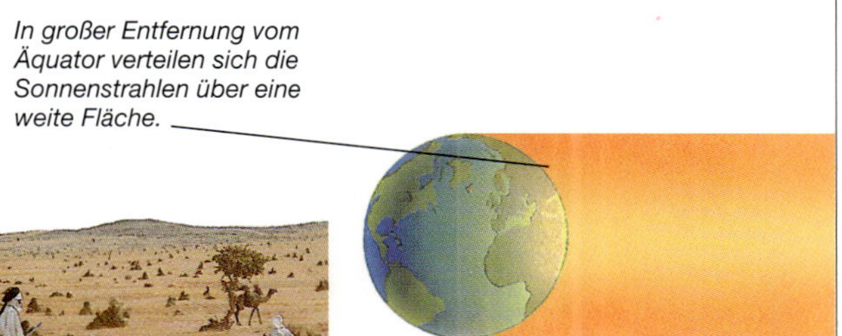

SONNE UND KLIMA
Die Sonnenstrahlen fallen senkrecht auf den Äquator und sorgen für heißes Tropenklima. Weiter weg vom Äquator fallen die Sonnenstrahlen schräger ein, und es ist kühler.

Siehe auch
Atmosphäre
Erde
Gletscher
Wetter
Wüste

Klöster

Im Mittelalter gingen Männer, die sich dem christlichen Leben verschrieben hatten, oft als Mönche ins Kloster. Sie gelobten, ihren ganzen Besitz aufzugeben und niemals zu heiraten. Sie folgten einem strengen Tagesablauf mit Arbeit und Gebet. Mönche nahmen jeden Tag bis zu achtmal an einer Andacht in der Abtei teil. Es gab festgelegte Stunden für die Arbeit, für das Beten, für Studium und Erholung. Die meisten Mönche verließen ihr Kloster nie wieder. Sie bauten die eigenen Lebensmittel an, hielten Tiere und stellten alles, was sie benötigten, selbst her. Die Klöster halfen den Kranken und gaben den Armen zu essen. Sie waren auch wichtige Bildungsstätten.

STUDIEN
Viele Klöster hatten Schulen und große Bibliotheken, wo ausgebildete Mönche Bücher abschrieben und mit der Hand verzierten.

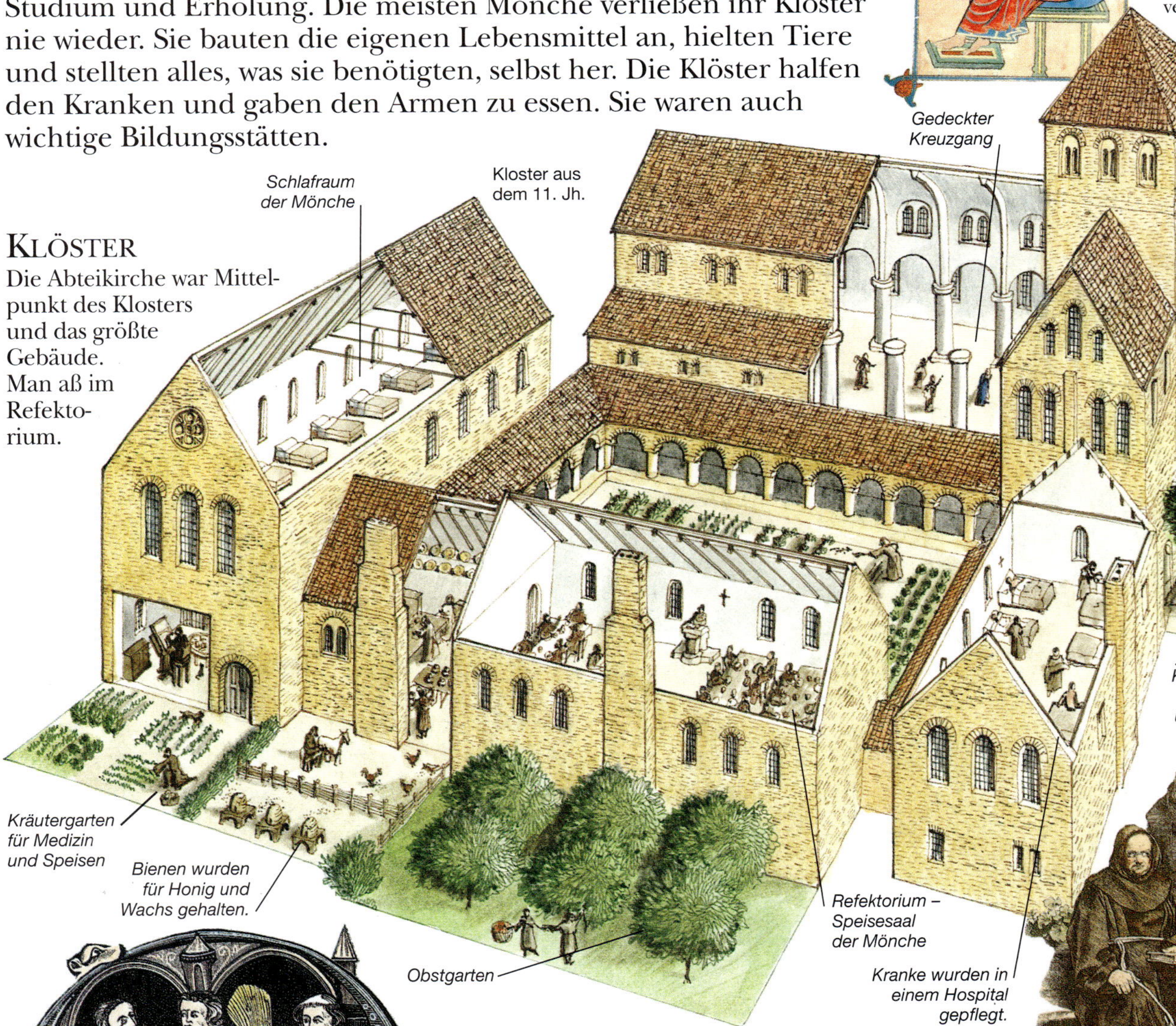

Klöster

Die Abteikirche war Mittelpunkt des Klosters und das größte Gebäude. Man aß im Refektorium.

KLEIDUNG
Mönche trugen Sandalen und weite Kutten. Auf dem Kopf hatten sie eine kreisrund kahlgeschorene Stelle, die man als Tonsur bezeichnete. Sie sollte Christi Dornenkrone versinnbildlichen.

MÖNCHSORDEN
Verschiedene Mönchsgemeinschaften oder Orden gestalteten ihr Leben auf unterschiedliche Weise. Manche Orden verbrachten die Zeit vorwiegend mit Gebeten und Meditation, andere verübten mehr körperliche Arbeit.

Nonnen und Nonnenklöster

Manche Frauen gingen aus religiösen Gründen ins Nonnenkloster, andere traten ins Kloster ein, um einem gewalttätigen Ehemann zu entfliehen. Nonnen lehrten, beteten und studierten. Ihr Leben war genau so organisiert wie das der Mönche. Manche Orden waren sehr streng, andere waren lockerer.

Siehe auch
Christentum
Kirchen
Mittelalter
Religionen

Kohle

Anthrazit – eine harte, schwarzglänzende Steinkohleart

Menschen verwenden Kohle schon seit Jahrtausenden zum Heizen und zum Kochen. Im 19. Jh. war Kohle der wichtigste Brennstoff der Welt. Mit ihr wurden die Dampfmaschinen angetrieben, die die Industrielle Revolution ermöglicht hatten. Auch heute wird Kohle noch in riesigen Mengen genutzt. Die meiste Kohle wird in Kraftwerken verbrannt, um Strom zu erzeugen. Kohle ist aber auch ein wichtiger Rohstoff für die Herstellung unterschiedlicher Produkte, vor allem von Eisen und Stahl. Kohle wird meist als fossiler Brennstoff bezeichnet, da sie aus den fossilisierten Resten von Pflanzen besteht, die vor Millionen von Jahren wuchsen. Die Erde hat Kohlereserven, die bei sparsamer Nutzung einige hundert Jahre ausreichen könnten. Allerdings trägt die Kohleverbrennung auch zur Umweltverschmutzung bei.

Die Entstehung von Kohle

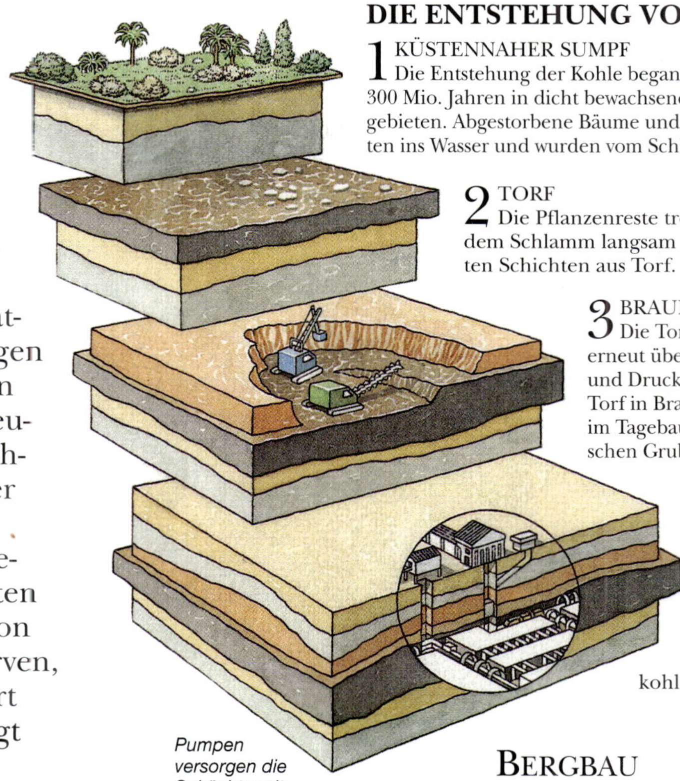

1 Küstennaher Sumpf
Die Entstehung der Kohle begann vor etwa 300 Mio. Jahren in dicht bewachsenen Sumpfgebieten. Abgestorbene Bäume und Pflanzen stürzten ins Wasser und wurden vom Schlamm bedeckt.

2 Torf
Die Pflanzenreste trockneten unter dem Schlamm langsam aus und bildeten Schichten aus Torf.

3 Braunkohle
Die Torfschichten wurden erneut überdeckt. Wärme und Druck verwandelten den Torf in Braunkohle, die heute im Tagebau, d.h. aus oberirdischen Gruben, abgebaut wird.

4 Steinkohle
Starke Hitze und Druck verwandelten tiefer liegende Braunkohle in Steinkohle oder Anthrazit.

Bergbau

Unterirdische Grubenschächte führen zu den Kohleflözen (Kohleschichten). Die Bergleute treiben ein ganzes Tunnelsystem ins Bergwerk, um die Kohle ans Tageslicht zu bringen. Im Bergbau werden auch andere Minerale gewonnen. Die tiefste Mine ist eine fast 4 km tiefe Goldmine in Südafrika.

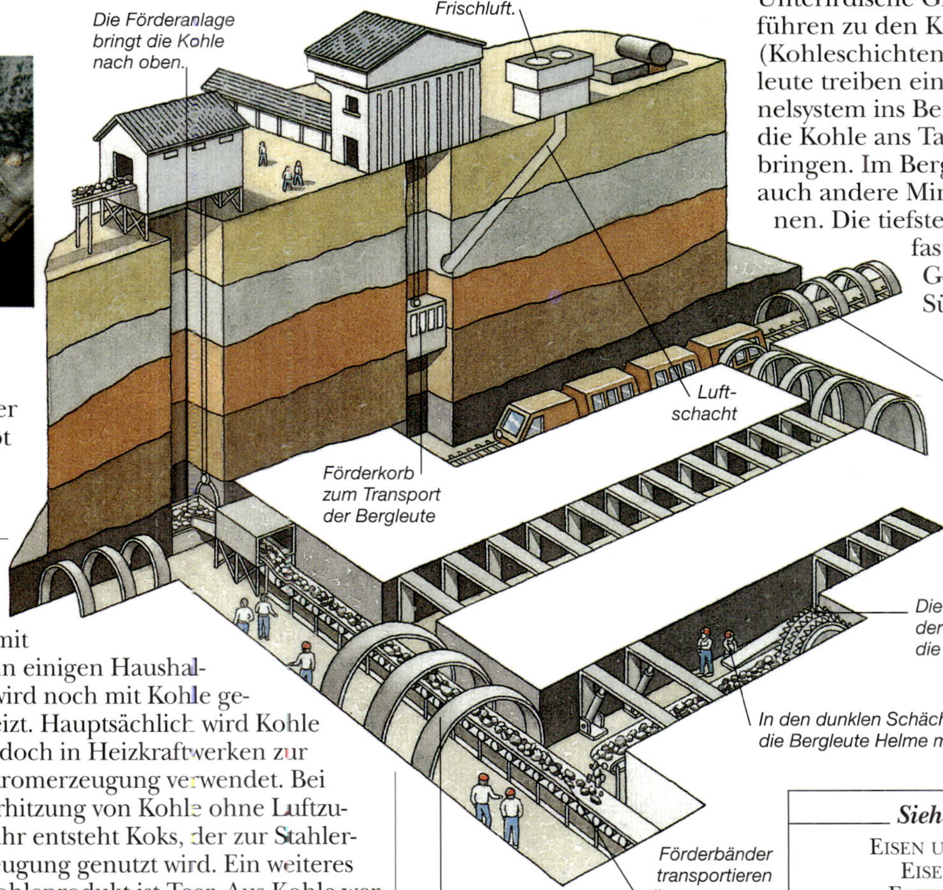

Bergleute

Die Bergleute haben jahrhundertelang die Kohle per Hand abgebaut. Heute gibt es Bohrer und computergesteuerte Maschinen.

Kohlenutzung

Noch heute gibt es Dampflokomotiven, die mit Kohle fahren, und auch in einigen Haushalten wird noch mit Kohle geheizt. Hauptsächlich wird Kohle jedoch in Heizkraftwerken zur Stromerzeugung verwendet. Bei Erhitzung von Kohle ohne Luftzufuhr entsteht Koks, der zur Stahlerzeugung genutzt wird. Ein weiteres Kohleprodukt ist Teer. Aus Kohle werden auch Chemikalien gewonnen, die zur Herstellung von Medikamenten, Kunststoffen, Farben u.ä. dienen.

Ein großes Kohleheizkraftwerk in Berlin

Siehe auch

Eisen und Stahl
Eisenbahn
Elektrizität
Erdgeschichte,
Entwicklung des Menschen
Feuer
Industrielle Revolution

CHRISTOPH
KOLUMBUS

IM JAHR 1492 brachen drei Segelschiffe – *Niña, Pinta* und *Santa Maria* – von Spanien aus auf und begaben sich auf eine gewagte Reise. Ziel der Reise war, einen neuen Seeweg nach Asien zu finden, um Gewürze und Gold zu beschaffen. Die Leitung hatte Christoph Kolumbus, ein italienischer Seefahrer aus Genua. Im Gegensatz zu den damaligen Entdeckern, die ostwärts segelten, glaubte Kolumbus, dass er nach Westen segeln müsse, um Indien und seine Reichtümer in nur wenigen Monaten zu erreichen. Da den Spaniern der Handel mit Indien und dem Rest Asiens sehr wichtig war, konnte Kolumbus die spanische Königin Isabella überzeugen, seine Expedition zu bezahlen. Er segelte am 3. August los und erreichte zwei Monate später das Land, von dem er glaubte, es sei Indien. In Wirklichkeit waren es aber die karibischen Inseln. Kolumbus wusste nicht, dass er damit Amerika entdeckt hatte.

DIE ERSTE REISE
Kolumbus' Reise in die Karibik dauerte vier Monate. Es folgten drei weitere Reisen. Die letzte führte ihn nach Mittelamerika.

WELTKARTE DES PTOLEMÄUS
Die von Kolumbus verwendete Karte erstellte der altgriechische Kartograf Ptolemäus im 2. Jh. Die Karte zeigte weder Nord- und Südamerika, noch Australien oder den Pazifik.

ENTDECKUNG DER KARIBIK

Als Kolumbus in der Karibik ankam, wurde er von Kariben und Arawak-Indianern willkommen geheißen. Sie wurden als Indianer bezeichnet, da die Entdecker glaubten, sie seien in Indien gelandet.

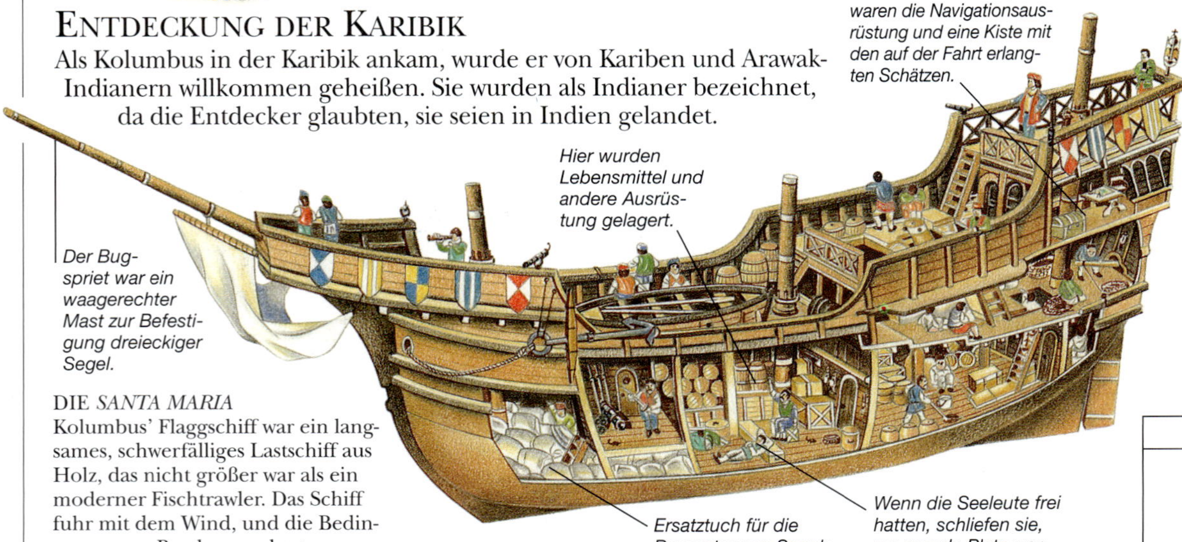

DIE *SANTA MARIA*
Kolumbus' Flaggschiff war ein langsames, schwerfälliges Lastschiff aus Holz, das nicht größer war als ein moderner Fischtrawler. Das Schiff fuhr mit dem Wind, und die Bedingungen an Bord waren hart.

DIE MANNSCHAFT
Die Mannschaft der *Santa Maria* bestand aus 40 Mann. Die größte Gefahr bestand darin, dass Wasser und Lebensmittel zur Neige gingen.

Siehe auch
ENTDECKER
KARIBIK
KONQUISTADOREN

Kometen und Meteore

In einer klaren Nacht kann man bisweilen Sternschnuppen sehen. Eine Sternschnuppe ist ein Meteor, der plötzlich als Lichtstreifen am Himmel erscheint und wieder verschwindet. Ein Meteor tritt auf, wenn ein kleiner Körper aus dem All, Meteoroid genannt, in die Erdatmosphäre eintritt und dabei verglüht. Wenn der Meteor mit rund 240 000 km/h zur Erde fällt, erzeugt die Reibung an der Luft eine Hitze, die zu einem Leuchten am Himmel führt. Meteore verglühen meist in einer Höhe von 90 km.

Viele Meteoroide sind Bruchstücke von Kometen, die um die Sonne kreisen. Ein Komet erscheint als lichtschwacher, sternähnlicher Punkt, der einige Nächte lang über den Himmel wandert. In Sonnennähe bildet sich hinter dem Kometen ein Schweif. Schließlich entfernt sich der Komet auf seiner Umlaufbahn wieder von der Sonne und das Leuchten wird schwächer. Viele Kometen kehren in regelmäßigen Abständen zurück, wenn sie sich auf ihrer Bahn der Erde wieder nähern.

KOMETENSCHWEIF
Wenn sich ein Komet der Sonne nähert, verwandelt die Sonnenwärme das Eis in Gas. Das Gas entweicht zusammen mit Staub und bildet einen oder mehrere Schweife. Die Schweife weisen immer von der Sonne weg. Wenn sich der Komet von der Sonne entfernt, werden sie wieder kürzer.

Der Staubschweif kann etwa 1 Mio. km lang werden. Er leuchtet weiß, da die Staubteilchen Sonnenlicht reflektieren.

Der Gasschweif kann bis zu 100 Mio. km lang werden. Der Schweif hat einen bläulichen Schimmer, da die Gasmoleküle in der Sonnenwärme blaues Licht aussenden.

Die Größe eines Kometenkerns kann zwischen einigen hundert Metern und mehr als 10 km betragen.

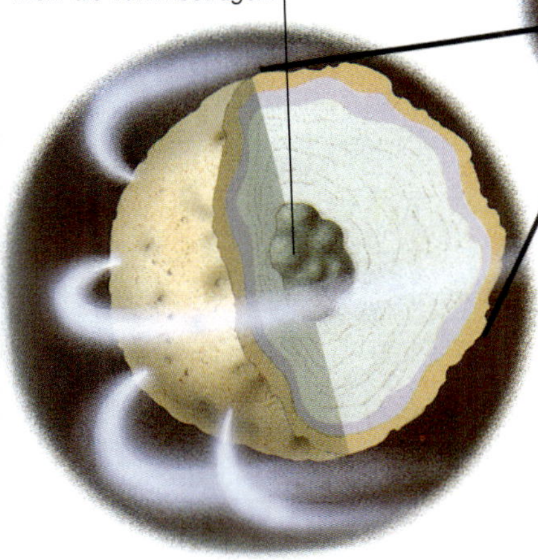

Der Sonnenwind – von der Sonne abgestrahlte, geladene Teilchen – weht die Kometenschweife von der Sonne weg. Wenn sich der Komet der Sonne nähert, folgen ihm die Schweife. Entfernt er sich von der Sonne, eilen die Schweife voraus.

Kometen

Ein Komet besteht aus einem zentralen Kern aus Staub und Eis, einer den Kern umgebenden Gas- und Staubwolke, Koma genannt, und einem oder mehreren Schweifen. Astronomen haben bereits viele hundert Kometen beobachtet, und sie glauben, dass es noch ungefähr 1 Mrd. Kometen gibt, die bislang unentdeckt sind.

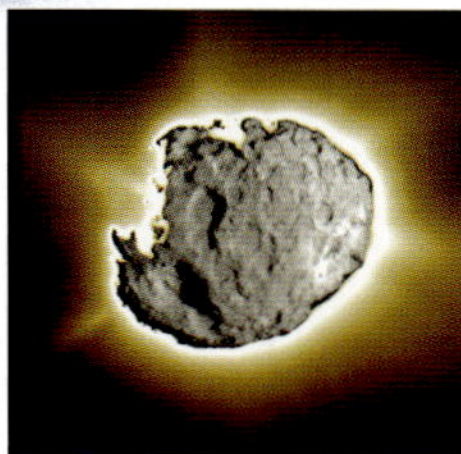

Die Raumsonde Stardust flog 2004 zum Kometen Wild 2. Die Sonde übermittelte u. a. dieses Falschfarbenbild.

Halleyscher Komet

Der englische Astronom Edmund Halley (1656–1742) erkannte als Erster, dass manche Kometen regelmäßig wiederkehren. Im Jahr 1705 zeigte er, dass der heute als Halleyscher Komet benannte Komet alle 75 oder 76 Jahre an der Erde vorbeikommt.

Chinesische Astronomen beobachteten den Halleyschen Kometen vermutlich schon vor 2200 Jahren. Er ist auch auf dem Teppich von Bayeux aus dem 11. Jh. dargestellt, der die Eroberung Englands durch die Normannen zeigt.

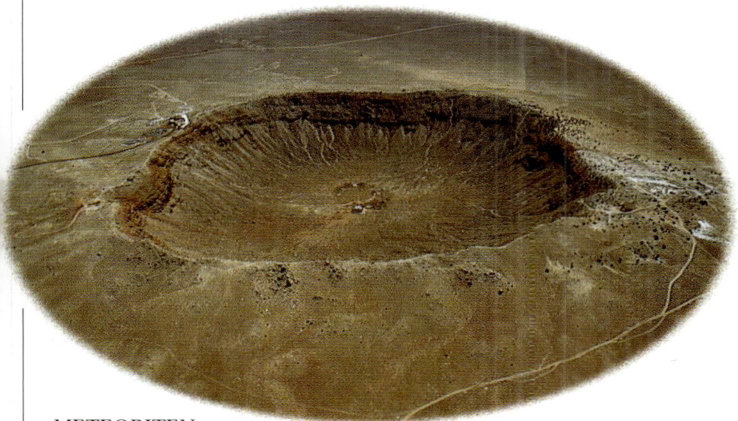

METEORITEN
Meteoriten sind große Brocken aus Stein oder Eisen, die durch die Erdatmosphäre fallen, ohne dabei ganz zu verglühen. Vor etwa 25 000 Jahren verursachte ein 900 000 t schwerer Meteorit einen Krater in Arizona, USA (oben) mit 1200 m Durchmesser. Wissenschaftler gehen davon aus, dass ein riesiger Meteorit vor rund 65 Mio. Jahren zu einem gewaltigen Artensterben, darunter dem der Dinosaurier, führte.

METEORE
Von Meteoren oder Sternschnuppen gibt es zwei Arten: einzelne Meteore und in Schauern auftretende Meteore. Dieser eindrucksvolle Meteorschauer (links) wurde 1833 beobachtet. Ein ähnliches Bild ist alle 33 Jahre im November zu sehen. Dann durchquert die Erde einen Schwarm von Meteoren, die Leoniden, die sich in der Bahn eines Kometen ausbreiten.

Siehe auch

Astronomie
Erde
Mineralien und Steine
Planeten
Schwarze Löcher
Sonne
Sterne

Kommunismus

IN KETTEN GELEGTE WELT »Die Proletarier haben nichts in ihr zu verlieren als ihre Ketten. Sie haben eine Welt zu gewinnen«, schrieb Marx im Kommunistischen Manifest. Bild oben: Ein Arbeiter sprengt die Ketten.

NACH 1917 WURDE ein neuer Begriff populär – der Kommunismus. Damals kam in Russland die erste kommunistische Regierung der Welt an die Macht. Um 1950 lebte bereits fast ein Drittel der Weltbevölkerung unter kommunistischer Herrschaft. Das Wort Kommunismus kommt vom lateinischen Wort *communis*, was so viel wie »allen gemeinsam gehörend« bedeutet. Vor mehr als 2000 Jahren legte der griechische Philosoph Plato in seiner Schrift *Politeia* die ersten Gedanken zum Kommunismus dar. Erst sehr viel später entwickelte der russische Revolutionär Wladimir Lenin den modernen Kommunismus auf Grundlage der Werke des deutschen Philosophen Karl Marx. Im Gegensatz zu Kapitalisten, die privates Eigentum fordern, glauben Kommunisten, dass die Reichtümer und die Industrie eines Landes dem ganzen Volk gehören sollten. Im 20. Jh. war der Kommunismus eine starke politische Kraft. Die Menschen in den kommunistischen Ländern mussten jedoch wirtschaftliche Armut und Freiheitsbeschränkungen hinnehmen. Ab 1990 schafften die meisten Staaten, darunter auch die ehemalige Sowjetunion, den Kommunismus schließlich ab.

Karl Marx

Der Kommunismus gründet auf den Gedanken des deutschen Philosophen Karl Marx (1818–1883). Sein Hauptwerk war *Das Kapital*. Seiner Meinung nach besteht ein ständiger Kampf zwischen den reichen Herrschern und den armen Arbeitern, was schließlich in einer Revolution münden wird.

AUSBREITUNG DES KOMMUNISMUS Nach 1917 breitete sich der Kommunismus von Russland ausgehend in viele Länder der ganzen Welt aus (in der Karte rot). In Osteuropa und Nordkorea wurden kommunistische Regierungen von der Sowjetarmee eingesetzt. In China und Südostasien gelangten lokale kommunistische Gruppierungen nach langen Kämpfen an die Macht.

Im Kapitalismus gehören die Fabriken wenigen Menschen. Die Arbeiter erhalten Löhne, sind aber nicht am Gewinn beteiligt.

Im Kommunismus gehören die Fabriken den Menschen, die darin arbeiten. Die Arbeiter sollen alle gleich am Gewinn beteiligt werden.

CHINA China wurde 1949 unter Mao Zedong (1893–1976) ein kommunistischer Staat und stellt mit 63 Mio. Mitgliedern die größte kommunistische Partei der Welt. Seit den 70er-Jahren des 20. Jh. fördert das Regime privatwirtschaftliche Unternehmungen, um das Wirtschaftswachstum zu stärken. Aber die Partei hat die politische Macht nach wie vor fest in der Hand. So fordert sie z. B. zum Gruppensport auf (hier links Tai Chi).

FIDEL CASTRO Der kubanische Politiker Fidel Castro (links) führte 1959 die Revolution gegen Kubas Diktator Batista. Castro setzte in Kuba den Kommunismus durch. Er verstaatlichte das Eigentum und versprach dem kubanischen Volk Freiheit. Während der 1960er-Jahre unterstützte Fidel Castro kommunistische Gruppierungen überall in Zentral- und Südamerika.

Siehe auch

China, Geschichte
Kalter Krieg
Mao Zedong
Marx, Karl
Russische Revolution
Sowjetunion

Komponisten

Im 15. Jh. waren die Notenblätter von aufwändigen Verzierungen umrahmt.

Ein Schriftsteller kann unter mehr als hunderttausend Wörtern wählen, die alle aus den 26 Buchstaben des Alphabets gebildet werden. Dagegen hat ein Komponist nur die 12 Töne der chromatischen Reihe – die Noten auf einem Klavier von einem C zum nächsthöheren C – und kann doch beliebig viele Musikstücke unterschiedlichster Stile erzeugen. Diese reichen von Jazz, Folk und Pop bis hin zur klassischen Musik. Komponisten lernen ihr Handwerk mittels Fingerübungen in den Fächern Harmonie und Kontrapunkt. Von Harmonie spricht man, wenn zwei Töne oder Melodien zusammenklingen, von Kontrapunkt immer dann, wenn zwei Melodien wie beim Kanon gegeneinander geführt werden. Komponisten erkunden auch die Möglichkeiten der einzelnen Instrumente, wie sie klingen und wie man sie einsetzen kann. Viel lernt man auch über Komposition, wenn man die Musik bekannter Komponisten studiert. Sie begeistern und bewegen ihre Zuhörer durch ihre große Begabung, Gefühle durch Töne auszudrücken.

PURCELL
Der englische Komponist Henry Purcell (1659–95) sang als Knabe in der Londoner King's Chapel (oben). Im Alter von 20 Jahren wurde er Organist in der Westminster Abbey. Er schrieb Kammermusik und dramatische Opernwerke wie *Dido* und *Aeneas*.

ARBEITSWEISE EINES KOMPONISTEN
Die meisten Komponisten erfinden zunächst Themen oder Melodien, die sie dann für ein oder mehrere Instrumente ausführen; oder sie beginnen damit, den Text für eine oder mehrere Stimmen zu schreiben. In Opern und Chorwerken verschmelzen Gesang und Musik. Das zu erreichen, erfordert eine Menge Erfahrung. Die Noten werden in einer Partitur aufgeschrieben. Diese kann sehr umfangreich sein.

Die Orchestermusiker erhalten separate Notenblätter, auf denen nur die Musik für ihr Instrument notiert ist.

Eine Orchesterpartitur führt die Noten für jede einzelne Instrumentengruppe auf.

Viele Komponisten arbeiten gerne am Klavier, damit sie ihre Einfälle gleich spielen können.

Barockmusik

In Anlehnung an den ausladenden Baustil der Zeit wird die Musik des 17. und des frühen 18. Jhs. Barockmusik genannt. Die Melodien dieser komplexen Musik sind ineinander verschlungen wie die Fäden eines farbenprächtigen Wandteppichs.

BACH
Als größter Komponist der Barockzeit gilt Johann Sebastian Bach (1685–1750). Zu seinen berühmtesten Werken gehören die *Brandenburgischen Konzerte*, die er 1721 vollendet hat.

HÄNDEL
Georg Friedrich Händel (1685–1759) wurde in Deutschland geboren und siedelte 1712 nach England über. Er schrieb Musik für den dortigen Königshof und viele berühmte Chorwerke.

Zu Händels berühmtesten Werken zählt die Feuerwerksmusik, die 1749 zu einem königlichen Feuerwerk aufgeführt wurde.

Klassik

Zur Abgrenzung von der rein unterhaltenden Musik wird ernste Musik auch klassische Musik genannt. Streng genommen jedoch ist es die Musik des späten 18. und frühen 19. Jhs. Die Komponisten dieser Zeit erweiterten den Harmonien- und Formenschatz des Barocks. Auch die Symphonie stammt aus dieser Zeit. Joseph Haydn (1732–1809) komponierte 104 Symphonien.

BEETHOVEN
Ludwig van Beethoven (1770–1827) war in seinen letzten zehn Lebensjahren vollständig taub. Trotzdem komponierte er weltberühmte Werke. Seine späte Musik trägt bereits romantische Züge.

MOZART
Wolfgang Amadeus Mozart (1756–91) war das typische Wunderkind seiner Zeit. Später schrieb er Kammermusik, Symphonien, Serenaten und große Opern wie *Die Zauberflöte.*

Im Alter von nur sechs Jahren trat Mozart in ganz Europa auf.

Romantik

Ab ungefähr 1820 begannen die Komponisten mit neuen Harmonien und Formen zu experimentieren. Im Zentrum ihres Schaffens stand der Ausdruck von Gefühlen. Die Einhaltung formaler Regeln war für Komponisten dieser Zeit wie z. B. Chopin weniger wichtig.

TSCHAIKOWSKY
Der russische Komponist Peter Iljitsch Tschaikowsky (1840–1893) war lebenslang unglücklich. Das verlieh seiner Musik eine besondere emotionale Tiefe. Er schrieb berühmte Symphonien und Ballett-Musiken wie *Der Nussknacker.*

Strawinskys Ballett Der Feuervogel *erlebte 1910 eine sensationelle Uraufführung in Paris.*

Von dem elektronischen Klavier erscheinen die gespielten Noten automatisch auf dem Bildschirm.

ELEKTRONISCHE MUSIK

Der Computer unterstützt auch die Komponisten bei ihrer Arbeit. Mit dem Computer lassen sich neue Klänge herstellen, bereits aufgezeichnete und gespeicherte Klänge lassen sich verändern.

Moderne Musik

Im 20. Jh. erlebte die ernste Musik einen tiefgreifenden Wandel. Der Russe Igor Strawinsky (1882–1971) experimentierte mit neuen Harmonien und erschuf Klänge, die für das Publikum manchmal schwer zu verstehen waren. Auch heute noch machen es Komponisten wie Karlheinz Stockhausen (geb. 1928) dem Zuhörer nicht immer leicht. In dessen Werk für Schlagzeug *Zyklus* setzt der Solist an beliebiger Stelle der Partitur ein, spielt seinen Part bis zum Ende und beginnt von Neuem.

KOMPONISTEN

um 800 Komponisten zeichnen ihre Musik erstmals auf. Für den Gottesdienst entwickeln Mönche den Gregorianischen Gesang.

1300–1600 Komponisten des späten Mittelalters und der Renaissance entwickeln eine neue Harmonielehre, indem sie mehrere Stimmen zu einem dichten Gewebe verbinden. Diese Mehrstimmigkeit nennt man Polyphonie.

1597 Der Italiener Jacopo Peri komponiert *Daphne,* die erste Oper.

um 1600 Die Barockzeit mit ihrem Sinn für Verzierungen lässt auch die Musik verspielter und komplizierter werden.

1750–1820 Das Zeitalter der musikalischen Klassik bevorzugt einfachere, eingängigere Melodien, die bei einem großen Publikum Gefallen finden.

1817–23 Beethoven komponiert die *9. Symphonie,* in der erstmals ein Chor und Solosänger eingesetzt werden.

um 1820 Das romantische Zeitalter beginnt, und die Komponisten suchen nach neuen Wegen, um mit ihrer Musik die Herzen der Hörer zu bewegen.

um 1850 Komponisten aus Ost- und Nordeuropa begründen mit ihrer Musik einen eigenen Nationalstil. Dieser basiert oft auf Volksliedern und Erzählungen ihrer Heimat.

1865 Richard Wagners (1813–1883) Oper *Tristan und Isolde* bereitet den Weg für die moderne Musik.

1888 Der Russe Nikolai Rimsky-Korsakow komponiert seine *Scheherazade,* die auf der Erzählsammlung *Tausendundeine Nacht* beruht.

Um 1900 Das moderne Zeitalter in der Musik beginnt. Im Umkreis des Impressionismus entsteht Musik, die vor allem von der Atmosphäre und den schillernden Klangfarben lebt.

1905 Der französische Impressionist Claude Debussy (1862–1918) schreibt *La Mer* (Das Meer).

1924 Der Amerikaner George Gershwin komponiert *Rhapsody in Blue* für Jazz-Orchester und Klavier.

1959 Karlheinz Stockhausen (geboren 1928) schreibt *Zyklus,* ein Stück für Solo-Schlagzeug.

Siehe auch
MUSIK
MUSIKINSTRUMENTE
OPER UND GESANG
ORCHESTER
RENAISSANCE

Konquistadoren

Zu Beginn des 16. Jhs. folgten die ersten spanischen Abenteurer Christoph Kolumbus' Spuren in die Karibik, nach Süd- und nach Mittelamerika. Diese so genannten Konquistadoren (spanisch für »Eroberer«) waren Soldaten, die gierig nach Gold, Silber und Land waren. Sie nahmen Priester mit, die von der katholischen Kirche gesandt waren, um die Indianer zu bekehren. Die beiden bekanntesten Konquistadoren waren Hernando Cortés (1485–1547), der die Azteken in Mexiko unterwarf, und Francisco Pizarro (1470–1541), der das Inkareich in Peru eroberte. Die Konquistadoren wurden zwar nur von wenigen Soldaten begleitet, doch waren diese von großem Nutzen, da sie Gewehre, Pferde und Stahlwaffen bei sich hatten. Die Konquistadoren brachten allerdings auch europäische Krankheiten wie Pocken und Masern nach Amerika, gegen die die Indianer keine Abwehrkräfte hatten. Diese Krankheiten rafften mehr als 70 Mio. Indianer dahin und zerstörten ganze Zivilisationen. Die Konquistadoren nahmen sich das Land und ebneten den Weg für ein riesiges spanisches Reich in Amerika, das bis ins 19. Jh. bestehen blieb.

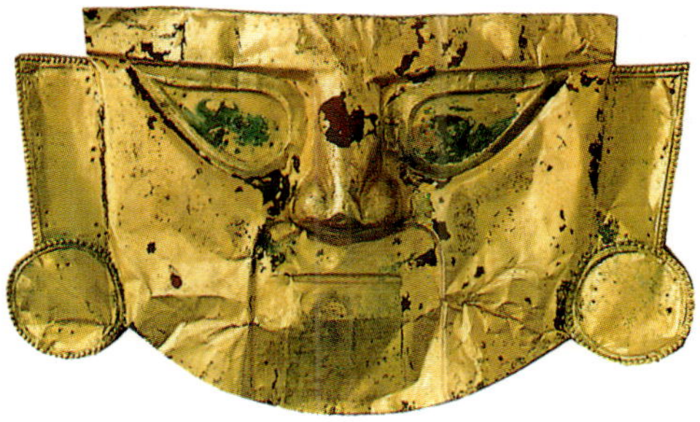

EL DORADO
Die Konquistadoren hörten von einem Goldland, das »El Dorado« – der »Vergoldete« – regierte. Sie suchten dieses sagenhafte Land, fanden es aber nicht. Die meisten Goldgegenstände, die sie nach Europa brachten, wurden eingeschmolzen.

HERNANDO CORTÉS
Cortés brach 1519 von Kuba auf, um Mexiko zu erobern – entgegen dem Willen von Gouverneur Velásquez, der Cortés für zu ehrgeizig hielt. Schon in jungen Jahren hatte Cortés den Wunsch nach Abenteuer und Reichtum. Dieser wurde schließlich erfüllt, als er ganz Mexiko regierte.

Montezuma trifft Cortés

Als der Aztekenherrscher Montezuma in Tenochtitlán mit Cortés zusammentraf, glaubte er, dass Cortés der hellhäutige, bärtige Gott Quetzalcoatl sei, dessen Rückkehr aus dem Osten prophezeit war. Er hieß Cortés willkommen. Dieser jedoch nahm ihn gefangen und unterwarf das Aztekenreich.

Neu-Spanien

Die Spanier besiedelten rasch die neu eroberten Länder und schufen das Vize-Königreich Neu-Spanien. Die Silberminen und Viehfarmen brachten den Spaniern großen Reichtum.

INDIANER
Nach der Eroberung wurden die Indianer grausam behandelt und von den Spaniern gnadenlos ausgebeutet. Viele arbeiteten als Sklaven in den Goldminen. Bald darauf ging ihre Lebensart für immer verloren.

FRANCISCO PIZARRO
Pizarro fiel 1532 mit nur 200 Soldaten in Peru ein. Er nahm den Inkaherrscher Atahualpa gefangen, gab ihn gegen Gold wieder frei und ließ ihn dann erdrosseln. Das führerlose Inkareich brach daraufhin zusammen.

Siehe auch
Azteken
Entdecker
Inka
Kolumbus, Christoph
Maya
Südamerika, Geschichte

Kontinente

Fast ein Drittel der Erdoberfläche ist Festland. Es gibt sieben große Landblöcke, so genannte Kontinente, die den größten Teil des Festlands ausmachen. Den Rest bilden Inseln – viel kleinere Landmassen, die völlig von Wasser umgeben sind. Die sieben Kontinente konzentrieren sich auf eine Erdhälfte; der Pazifische Ozean nimmt einen Großteil der anderen Hälfte ein. Der größte Kontinent ist Asien, er hat eine Fläche von mehr als 44 Mio. km^2. Die meisten Forscher glauben heute, dass die Kontinente vor mehr als 200 Mio. Jahren eine einzige, gewaltige Landmasse bildeten. Im Lauf der Jahrmillionen drifteten sie auseinander und veränderten ihre Form. Sie sind auch heute noch in Bewegung. Die Kontinente liegen auf riesigen Gesteinsplatten, tektonische Platten genannt, die sich bewegen, zusammenstoßen und sich aufeinander schieben. Diese Kontinentalbewegungen führen zu Vulkanen und Erdbeben und lassen Gebirge sowie tiefe Gräben in der Erdkruste entstehen.

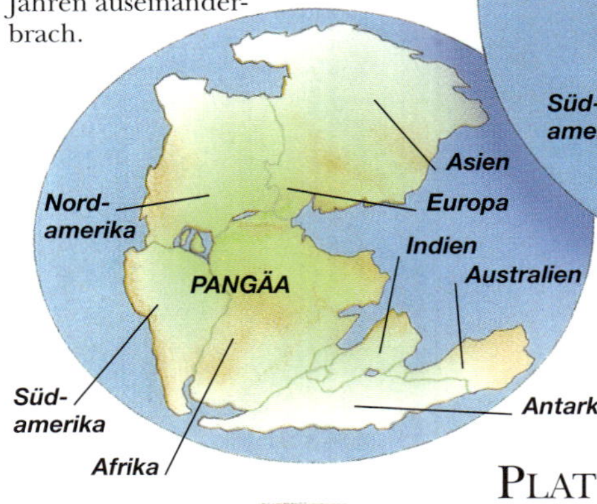

1 PANGÄA
Die Kontinente waren in einem Superkontinent namens Pangäa vereint, der vor etwa 200 Mio. Jahren auseinanderbrach.

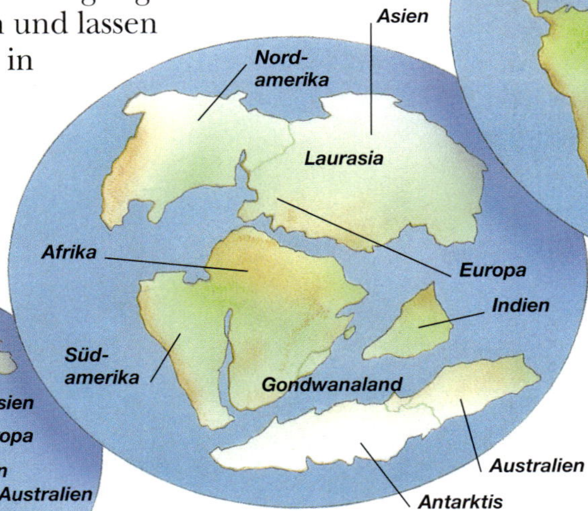

2 TEILUNG
Vor rund 135 Mio. Jahren brach Pangäa in zwei Teile – Gondwanaland und Laurasia.

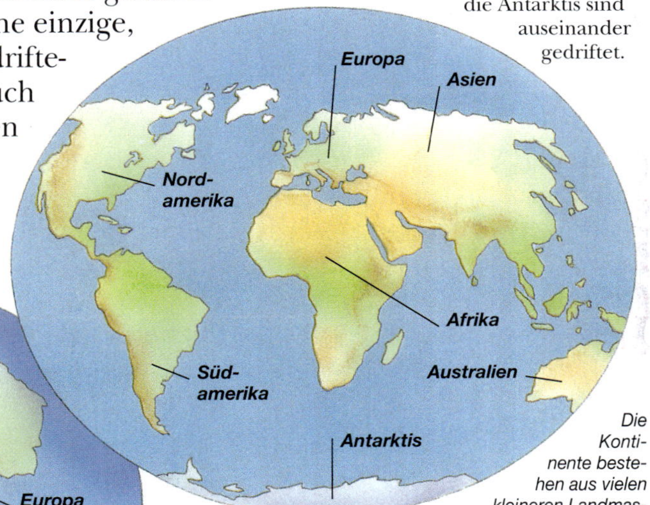

3 DIE WELT HEUTE
Nord- und Südamerika haben sich von den anderen Kontinenten entfernt, Indien hat sich auf Asien geschoben. Australien und die Antarktis sind auseinander gedriftet.

Die Kontinente bestehen aus vielen kleineren Landmassen, die zusammengeschoben wurden.

Kontinentaldrift

Ein Blick auf die Weltkarte zeigt, dass die Ostränder von Nord- und Südamerika sowie die Westränder Europas und Afrikas einen korrespondierenden Verlauf aufweisen. Der deutsche Meteorologe Alfred Wegener erkannte 1912, dass die Kontinente einst wie die Teile eines Puzzles ineinander griffen. Diese riesige Landmasse teilte sich, und die Kontinente drifteten dann auseinander.

Plattentektonik

Die Kontinente liegen auf mehreren riesigen Gesteinsplatten, die bis in rund 100 km Tiefe reichen. Diese Platten schwimmen auf dem glutflüssigen Gestein des Erdmantels. Hitze aus dem Erdinneren führt zu Bewegungen der Platten, wodurch sich die Kontinente verschieben. An den Plattenrändern entstehen aufgrund dieser Bewegungen Gebirge und Meeresrücken, Tiefseegräben und Bruchtäler.

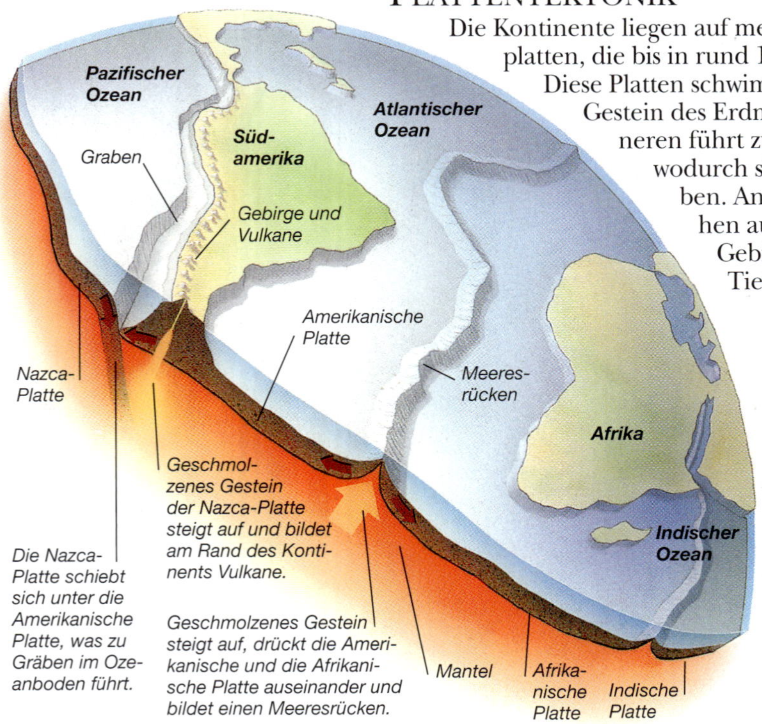

SAN-ANDREAS-SPALTE
Die San-Andreas-Spalte in den USA liegt direkt an der Grenze zweier Platten. Sie gleiten aneinander vorbei, was schwere Erdbeben verursacht.

Plattenbewegung

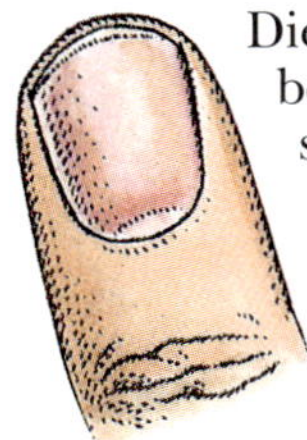

Die Platten bewegen sich pro Jahr um 2,5 cm – so schnell, wie ein Fingernagel wächst. Dabei verbreitert sich der Atlantische Ozean, während sich Amerika von Europa und Afrika entfernt.

Siehe auch
Erdbeben
Erde
Gebirge
Geologie
Meere
Vulkane

KORALLENTIERE UND QUALLEN

Die Fangfäden der Portugiesischen Galeere sind bis zu 15 m lang.

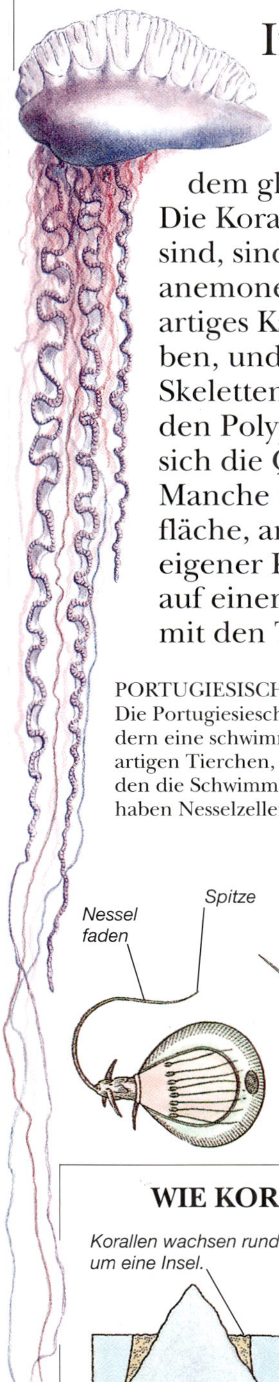

IN DEN WARMEN TROPISCHEN Meeren leben in der Nähe von Koralleninseln faszinierende Meeresbewohner. Obwohl sie so unterschiedlich aussehen, gehören Korallen, Quallen und Seeanemonen dem gleichen Stamm an: Sie alle sind Nesseltiere. Die Korallen, aus denen die Korallenriffe gebildet sind, sind winzige Polypen, die wie Miniatur-Seeanemonen aussehen. Jeder Polyp erzeugt ein kelchartiges Kalkskelett. Die Polypen wachsen und sterben, und im Laufe der Zeit entsteht aus ihren Skeletten das Riff. Im Unterschied zu den Polypen der Korallen bewegen sich die Quallen frei im Wasser. Manche treiben an der Oberfläche, andere schwimmen aus eigener Kraft. Seeanemonen sitzen auf einer Unterlage und fangen mit den Tentakeln Fische.

PORTUGIESISCHE GALEERE
Die Portugiesische Galeere ist nicht eine einzige Qualle, sondern eine schwimmende Kolonie von Hunderten von quallenartigen Tierchen, die man Polypen nennt. Einige Polypen bilden die Schwimmblase, die auf dem Wasser treibt, andere haben Nesselzellen, wieder andere fressen für alle.

Würfelqualle

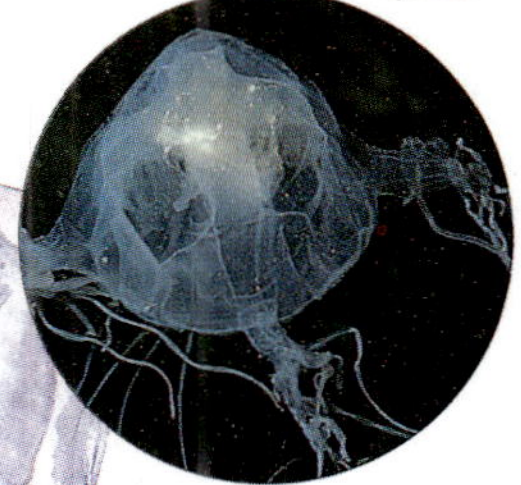

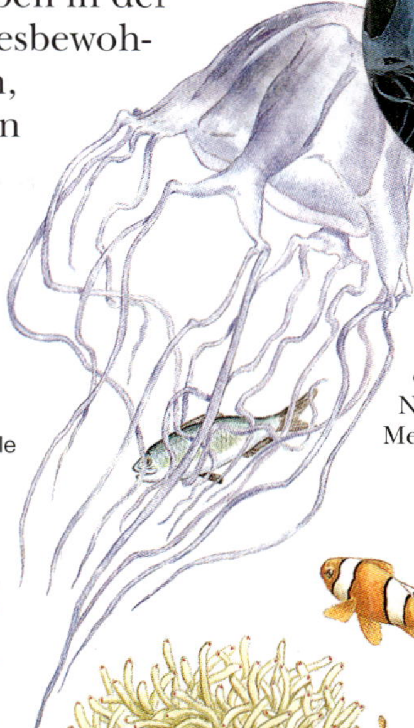

QUALLE
Die Würfelqualle tötet mit ihren Fangfäden Fische. Das in den Fäden enthaltene Nesselgift ist auch für Menschen gefährlich.

Füllhornkoralle

Seeanemone

Clownfisch

CLOWNFISCH
Dieser Fisch lebt mit Seeanemonen zusammen. Sein Körper ist von einer Schleimschicht überzogen, die ihn vor dem Nesselgift schützt. Der Fisch frisst das Futter, das zwischen den Tentakeln der Seeanemone hängen bleibt.

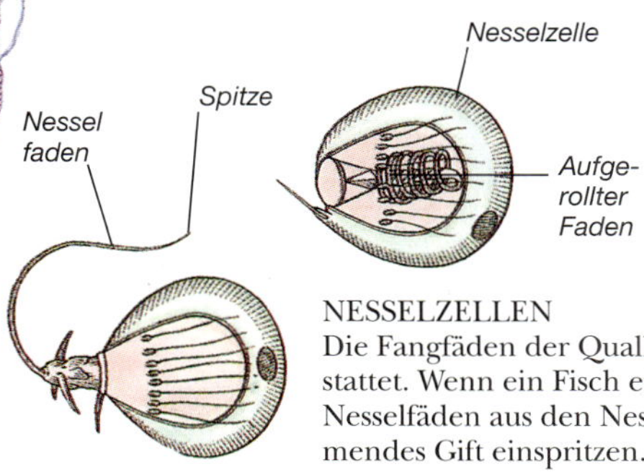

NESSELZELLEN
Die Fangfäden der Quallen sind mit tödlichen Waffen ausgestattet. Wenn ein Fisch einen Fangfaden berührt, schnellen Nesselfäden aus den Nesselzellen, die in das Opfer ein lähmendes Gift einspritzen.

FORMEN DER KORALLEN
Die Form einer Koralle hängt von der Anordnung der Polypen und ihrer Art zu wachsen ab. Korallen können leuchtend bunt sein und Formen haben, die an die verschiedensten Dinge erinnern. Diese Füllhornkoralle sieht wie ein Baum aus.

WIE KORALLENRIFFE ENTSTEHEN

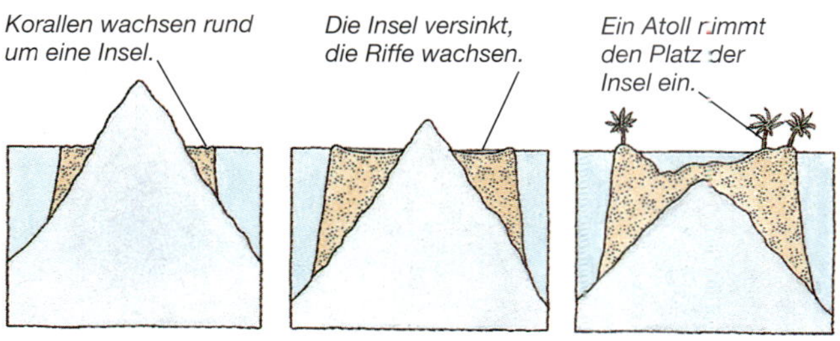

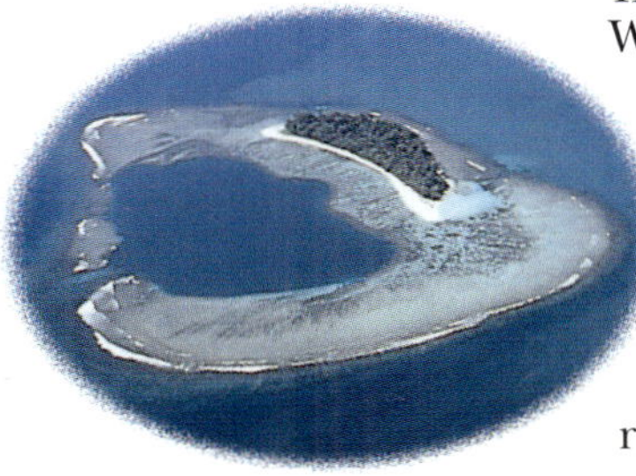

Korallen leben im seichten Wasser rund um eine Insel. Sie brauchen zum Wachsen Sonnenlicht. Wenn die Insel aufgrund von Bewegungen der Erdkruste versinkt, bilden die Korallen ein Riff. Schließlich ist nur das runde Riff übrig: das Atoll.

Seeanemone verschlingt einen gefangenen Fisch.

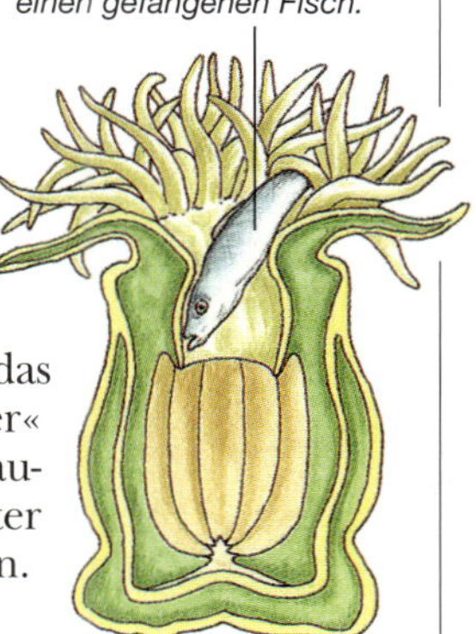

SEEANEMONE

Wenn der Fisch zu zappeln aufhört, verkürzen sich die Tentakel und ziehen ihn durch die Mundöffnung in das Schlundrohr im »Körper« der Seeanemone. Unverdauliche Reste werden später ausgeschieden.

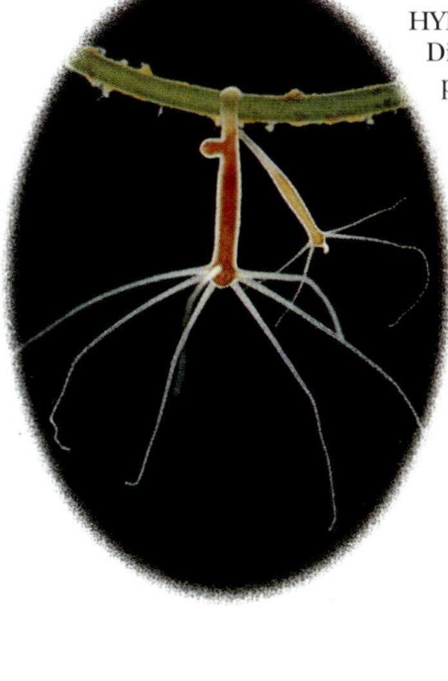

HYDRA
Die winzige Hydra ist ein Süßwasserpolyp, der in Teichen lebt. Sie ist grün, braun oder grau und ernährt sich von anderen kleinen Wasserbewohnern, die sie mit ihren Tentakeln fängt. Die Nesselzellen an den Tentakeln lähmen das Opfer. Hydren vermehren sich, indem sie an ihrem Stiel Knospen bilden. Diese brechen später ab und werden zu neuen Hydren (ungeschlechtliche Vermehrung).

Siehe auch

TIERE
TIERE, MEERE
TIERE, TIEFSEE

Korea

Die koreanische Halbinsel grenzt an China und im Nordosten an Russland. Im Westen liegt das Gelbe Meer, im Osten das Japanische Meer. Die Halbinsel ist entlang dem 38. Breitengrad in Nord- und Südkorea geteilt.

DIE KOREANISCHE HALBINSEL kennt eine lange Geschichte der Eroberung und Besatzung durch ihre beiden mächtigen Nachbarn China und Japan. 1948 wurde Korea in den kommunistischen Norden und den demokratischen Süden geteilt. Der Angriff Nordkoreas auf den Süden führte zum Koreakrieg (1950–53). Beide Länder wurden verwüstet, in der Folge entwickelten sie sich dann aber ganz unterschiedlich: Das einst ländliche Südkorea wurde eine wichtige Industriemacht, einer der weltweit führenden Schiffbauer und Autohersteller sowie ein bedeutender High-Tech-Standort. Ganz anders erging es der Wirtschaft unter der kommunistischen Diktatur im Norden: Hier verschmutzt die Schwerindustrie die Umwelt, häufig gibt es Stromausfälle; seit 1995 kam es zu mehreren Hungersnöten, weil durch Überschwemmungen die Ernte vernichtet wurde.

NORD-KOREA

Fläche: 120 540 km²
Einwohner: 22 700 000
Hauptstadt: Pjöngjang
Sprachen: Koreanisch, Chinesisch
Religionen: Christen, Naturreligionen, Ch'ondogyo, buddhistisch
Währung: Won

Nordkorea

Die unabhängige kommunistische Volksrepublik Nordkorea fiel 1950 in den Süden ein, was zum Koreakrieg (1950–53) führte. Noch heute sind beide Länder durch die wohl dichteste Grenze der Welt geteilt. Nordkorea besitzt eine riesige Armee und eine moderne Waffenindustrie. Regelmäßig demonstriert es seine Militärmacht bei straff organisierten Paraden.

GINSENG
Korea ist ein Hauptexporteur der wertvollen Ginsengwurzel, die die Gesundheit stärken und für ein langes, vitales Leben sorgen soll.

SÜD-KOREA

Fläche: 99 020 km²
Einwohner: 47 700 000
Hauptstadt: Seoul (Soul)
Sprachen: Koreanisch, Chinesisch
Religionen: Mahayana-Buddhismus, protestantisch, römisch-katholisch
Währung: Won

Seoul

Seoul (Soul) war von 1394 bis 1948 die Hauptstadt von Korea, dann die Hauptstadt von Südkorea. Es ist eine rasch expandierende Großstadt mit über 10 Mio. Einwohnern. Das Schachbrettmuster der Straßen im Zentrum kontrastiert mit den ausgedehnten Vorstädten auf den umliegenden Hügeln. Seoul ist ein Haupthandels- und Produktionszentrum mit vielen kleinen Textilfabriken. Die Stadt erstickt am Verkehr und leidet unter Umweltverschmutzung.

Siehe auch

Asien
Asien, Geschichte
Japan, Geschichte
Kommunismus

MENSCHLICHER KÖRPER

FÄHIGKEITEN DES KÖRPERS
Der menschliche Körper ist zu erstaunlichen Leistungen im Stande. Viele Tiere laufen schneller oder springen höher, doch unser Körper ist sehr anpassungsfähig. Das komplexe Gehirn steuert den Körper so, dass wir unsere Fertigkeiten optimal einsetzen können.

DER MENSCHLICHE KÖRPER besteht aus unzähligen Zellen. Es gibt mehr als 200 Typen von Zellen, darunter hoch spezialisierte Zellen wie die Neuronen genannten Nervenzellen oder die Zellen der Drüsen. Bestimmte Drüsen erzeugen Hormone oder Enzyme und schütten sie in den Körper aus. Hier entfalten diese Stoffe verschiedene Wirkungen. Jeder Zellentyp erfüllt im Körper eine besondere Aufgabe. Die meisten Zellen bilden Gewebe, wie Muskelgewebe oder Nervengewebe. Aus verschiedenen Geweben setzen sich wiederum die Organe zusammen. Lunge, Herz, Leber und Nieren sind einige unserer wichtigsten Organe. Die Organe bilden Systeme. Jedes System hat eine bestimmte Funktion. Herz, Blutgefäße und Blut z. B. bilden zusammen den Kreislauf, der dafür sorgt, dass der Körper mit Sauerstoff und Nährstoffen versorgt wird und dass Abfallstoffe abtransportiert werden. Das Gehirn steuert die einzelnen Systeme und koordiniert ihr Zusammenwirken. Unser Körper ist ein wahres Wunderwerk und vom Moment der Zeugung bis zum Tod aktiv.

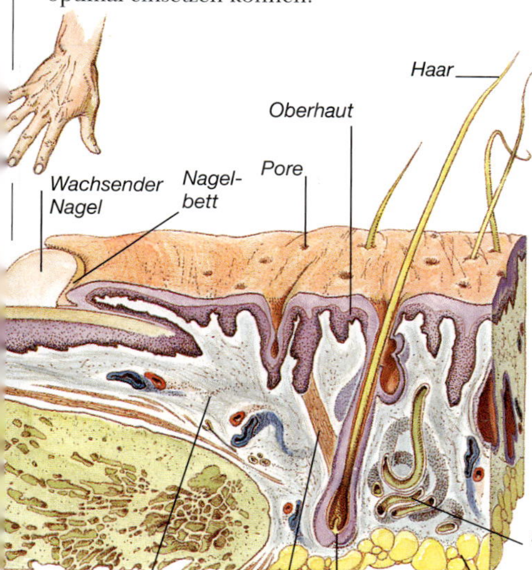

HAUT
Der Körper ist von Haut bedeckt. Haut ist elastisch und schützt den Körper. Sie hält Wasser und schädliche Bakterien ab und verhindert das Entweichen von Körperflüssigkeiten. In der Basis der Oberhaut entstehen ständig neue Zellen, die sich wie auf einem Fließband nach oben bewegen, um alte, abgenutzte Zellen zu ersetzen.

ZELLE

In jeder Sekunde sterben Millionen von Zellen und werden von Millionen neuer Zellen ersetzt. Zellen haben einen Durchmesser von wenigen Tausendstel mm, aber es gibt viele verschiedene Typen von Zellen, die jeweils auf besondere Aufgaben abgestimmt sind. Nervenzellen sind lang und dünn und können wie die Drähte der Kabel elektrische Signale übertragen. Rote Blutkörperchen sind rund und flach und können Sauerstoff aufnehmen und wieder abgeben. Hautzellen sind breit und flach.

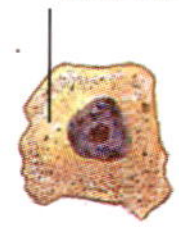

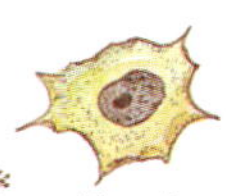

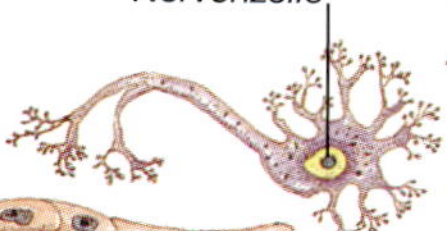

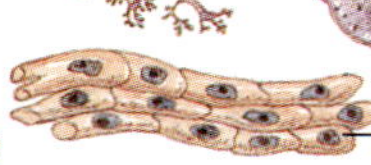

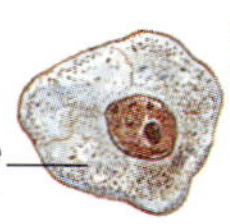

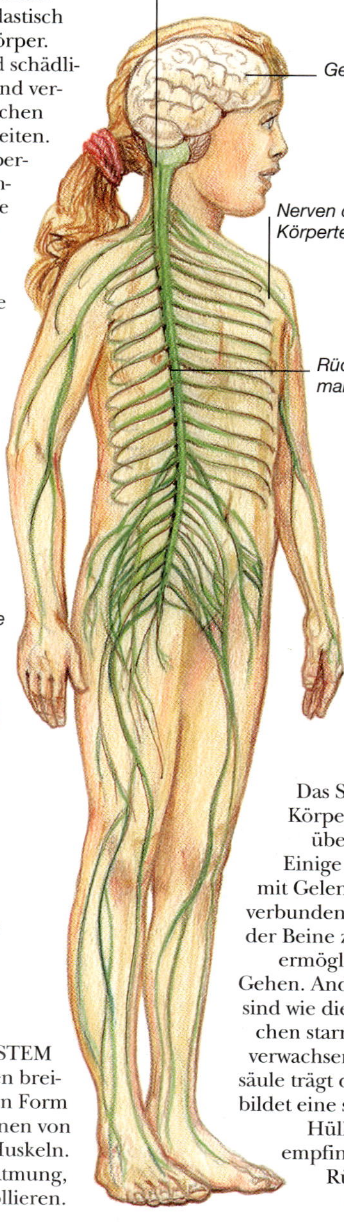

NERVENSYSTEM
Gehirn und Nerven bilden miteinander das Nervensystem. Die Nerven breiten sich vom Gehirn in alle Körperteile aus und übertragen Signale in Form kleiner elektrischer Impulse. Diese Signale übermitteln Informationen von den Organen ans Gehirn und Befehle des Gehirns an die Muskeln. Das Gehirn steuert automatisch viele Vorgänge wie Atmung, Herzschlag und Verdauung, die wir nicht bewusst kontrollieren.

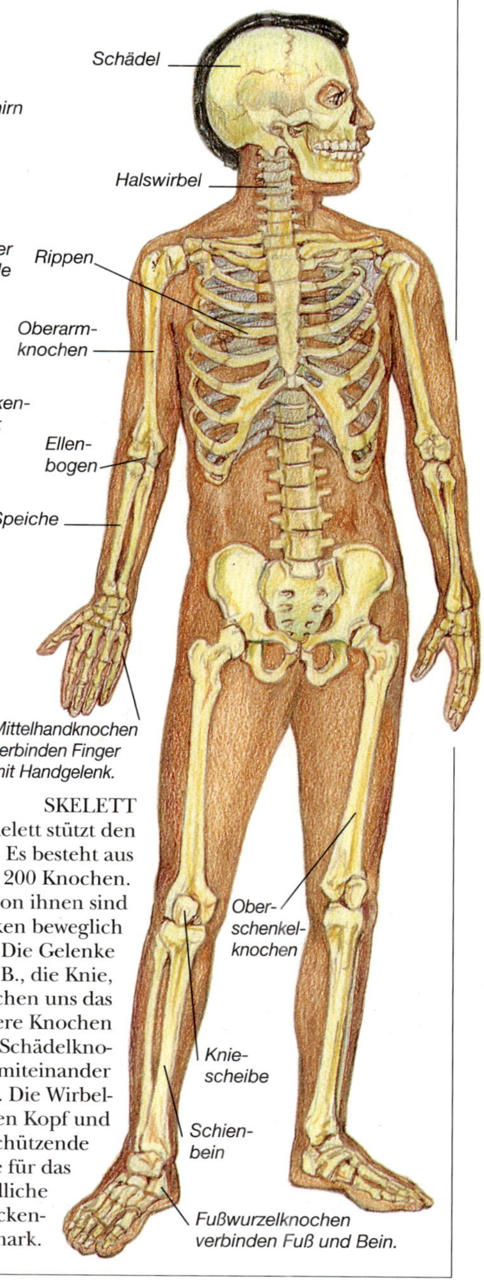

SKELETT
Das Skelett stützt den Körper. Es besteht aus über 200 Knochen. Einige von ihnen sind mit Gelenken beweglich verbunden: Die Gelenke der Beine z. B., die Knie, ermöglichen uns das Gehen. Andere Knochen sind wie die Schädelknochen starr miteinander verwachsen. Die Wirbelsäule trägt den Kopf und bildet eine schützende Hülle für das empfindliche Rückenmark.

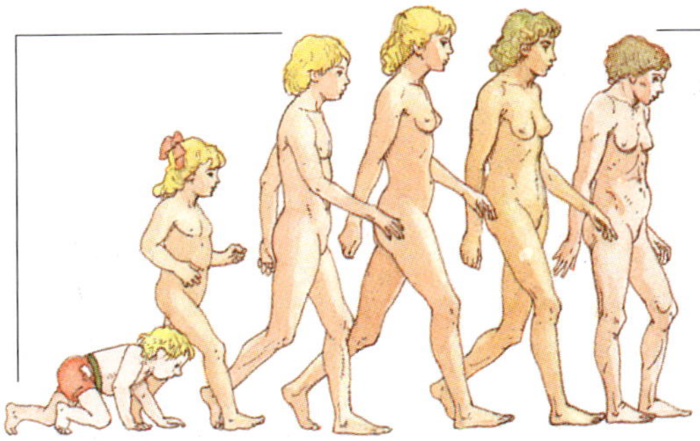

Im Leben machen wir eine Reihe von Entwicklungsstufen durch: von der Geburt über Kindheit und Jugend zu Erwachsensein und Alter.

WACHSTUM UND ENTWICKLUNG

Mit zunehmendem Alter entwickelt ein Mensch immer mehr Fähigkeiten. Babys lernen zu lächeln, zu sitzen, zu krabbeln, zu laufen und zu sprechen. Der Höhepunkt der körperlichen Entwicklung ist mit 18 bis 25 Jahren erreicht. Später im Alter treten weitere Veränderungen auf. Die Haut wird faltig, die Gelenke werden steifer, die Muskeln verlieren an Kraft, man wird ein bisschen kleiner, und die Haare werden grau oder fallen aus.

Viele alte Leute machen das Abnehmen der körperlichen Kraft durch das Wissen und die Erfahrung wett, die sie im Laufe ihres Lebens erwarben.

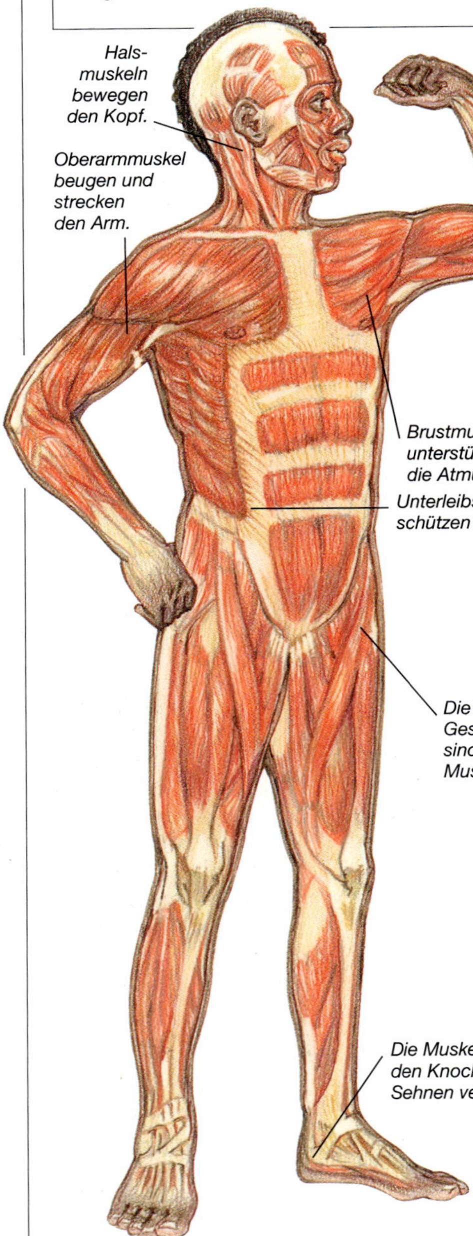

MUSKELN
Im Körper gibt es annähernd 650 Muskeln. Einige – wie die Armmuskeln – können wir willentlich steuern, um die Knochen zu bewegen. Andere – wie die Muskeln des Darms und des Herzens – arbeiten automatisch.

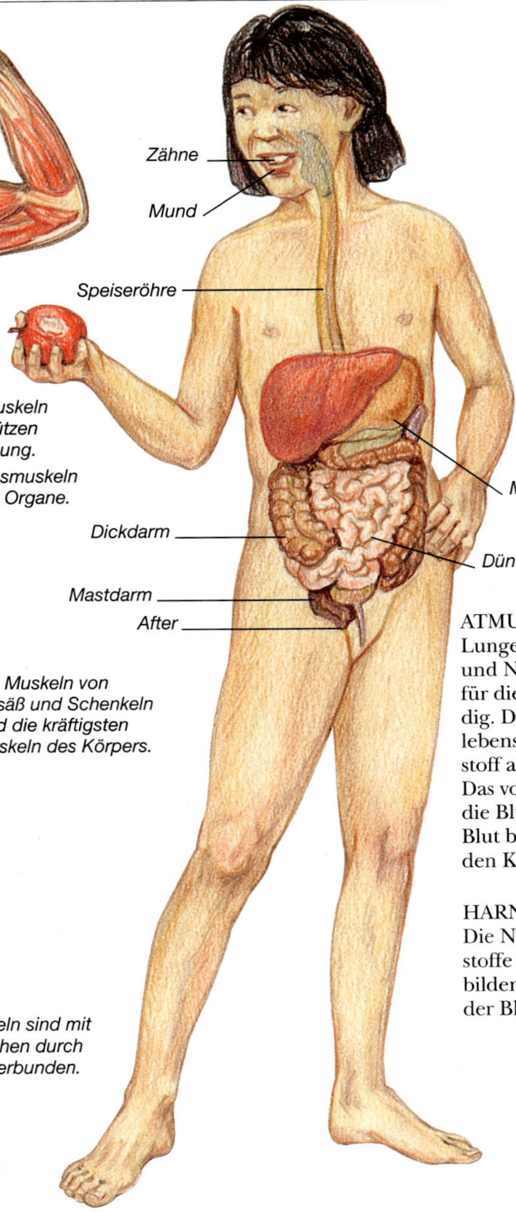

VERDAUUNGSSYSTEM
Mund, Speiseröhre, Magen und Darm sind Teile des Verdauungssystems und arbeiten zusammen, um Nahrung in Teilchen aufzuspalten, die klein genug sind, um durch die Darmwände ins Blut zu gelangen. Mund und Zähne zerkleinern Speisen, die dann im Magen mit chemischen Substanzen vermischt werden. Die Leber ist das wichtigste der Organe, die aufgenommene Nährstoffe so umwandeln, dass sie von den einzelnen Organen leichter aufgenommen werden können. Der Dickdarm entsorgt unverdauliche Reste.

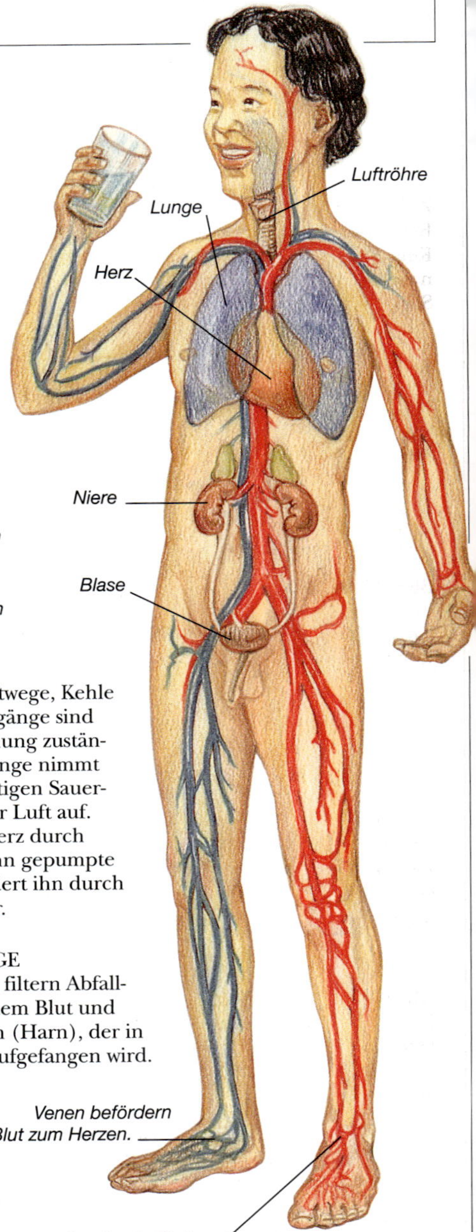

ATMUNG
Lunge, Luftwege, Kehle und Nasengänge sind für die Atmung zuständig. Die Lunge nimmt lebenswichtigen Sauerstoff aus der Luft auf. Das vom Herz durch die Blutbahn gepumpte Blut befördert ihn durch den Körper.

HARNWEGE
Die Nieren filtern Abfallstoffe aus dem Blut und bilden Urin (Harn), der in der Blase aufgefangen wird.

Siehe auch

ATMUNG
AUGEN
FORTPFLANZUNG
GEHIRN UND NERVEN
HERZ UND KREISLAUF
OHREN
SKELETTE
ZÄHNE

KRAFT UND BEWEGUNG

ZENTRIFUGALKRAFT
Bewegt man sich schnell im Kreis, wie z. B. in einem Kettenkarussell, wird man nach außen gedrückt. Diese nach außen wirkende Kraft nennt man Zentrifugalkraft. Sie ist genau so stark wie die ihr entgegengesetzte Kraft, mit der die Ketten nach innen ziehen.

WAS VERURSACHT BEWEGUNGEN? Warum schwimmt ein Boot? Wie funktioniert ein Magnet? Ohne Einwirkung von außen bliebe jeder Gegenstand in Ruhestellung, wenn er jedoch angestoßen oder gezogen wird, bewegt er sich. Etwas, das anstößt oder zieht, wird als Kraft bezeichnet. Kräfte bewirken häufig eine Bewegung. So erzeugt z. B. ein Motor eine Kraft, die ein Auto antreibt. Es gibt unterschiedliche Arten von Kräften. Ein Magnet erzeugt eine magnetische Kraft, die Eisen anzieht, ein Gummiband erzeugt eine elastische Kraft, wenn man an ihm zieht. Auch Flüssigkeiten erzeugen Kräfte. Ein Boot schwimmt, da die Kraft des Wassers auf den Bootsrumpf drückt. Ein Wassertropfen wird durch Oberflächenspannung zusammengehalten. Diese Oberflächenspannung scheint alle Flüssigkeiten mit einer elastischen Haut zu umgeben. Vom kleinsten Teilchen in einem Atom bis hin zur größten Galaxie – alles wird von starken Kräften zusammengehalten. Eine dieser Kräfte ist die Schwerkraft, die uns auf der Erde hält.

BESCHLEUNIGUNG
Eine Kraft, die Bewegung erzeugt, bewirkt die Beschleunigung eines Gegenstands. So wird z. B. ein Schiff durch Motorkraft beschleunigt. Je stärker die Kraft ist, desto größer ist die Beschleunigung.

TRÄGHEIT
Um einen schweren Gegenstand in Bewegung zu setzen und ihn wieder zum Stillstand zu bringen, ist jedes Mal eine starke Kraft vonnöten. Den Widerstand, den die Kraft in beiden Fällen überwinden muss, nennt man Trägheit.

Wasser und Luft bilden einen Widerstand, der Bewegungen bremst. Wenn ein Boot beschleunigt, nimmt der Wasserwiderstand zu. Sobald die Widerstandskraft und die Motorkraft des Boots ausgeglichen sind, bleibt dessen Geschwindigkeit konstant.

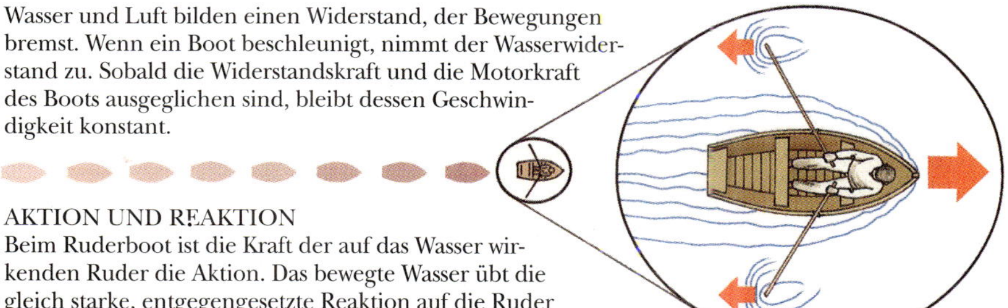

AKTION UND REAKTION
Beim Ruderboot ist die Kraft der auf das Wasser wirkenden Ruder die Aktion. Das bewegte Wasser übt die gleich starke, entgegengesetzte Reaktion auf die Ruder aus. Diese Reaktionskraft treibt das Boot voran.

NEWTONS BEWEGUNGSGESETZE

Isaac Newton (1643–1727) veröffentlichte 1687 seine drei Gesetze der Bewegung. Das erste Gesetz besagt, dass sich ein Objekt mit unveränderlicher Geschwindigkeit bewegt, so lange keine Kraft auf es einwirkt. Das zweite erklärt, wie Kraft die Trägheit überwindet und eine Beschleunigung veranlasst. Das dritte Gesetz besagt, dass einer in eine Richtung wirkenden Kraft (Aktion) eine gleich große Kraft (Reaktion) entgegenwirkt.

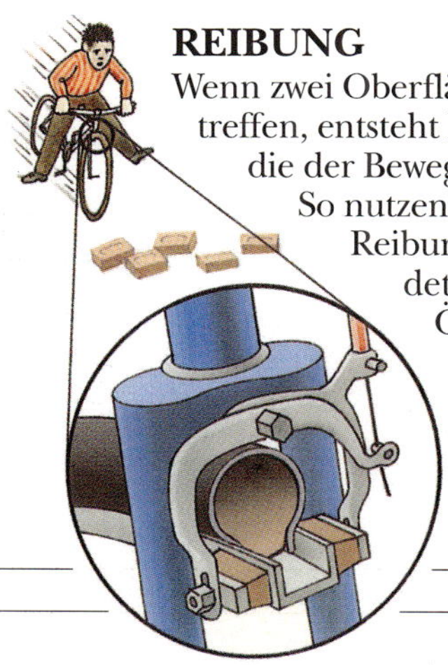

REIBUNG

Wenn zwei Oberflächen aufeinander treffen, entsteht Reibung – eine Kraft, die der Bewegung entgegenwirkt. So nutzen z. B. Bremsen die Reibung. Reibung vergeudet aber Energie. Eine Ölschicht zwischen beweglichen Maschineteilen verringert die Reibung und erhöht so die Leistungsfähigkeit.

Bei einer Bogenbrücke tragen die Pfeiler das gesamte Gewicht des Bogens.

STATISCHE KRÄFTE
Wenn beim Tauziehen beide Mannschaften gleich stark ziehen, bewegt sich nichts, da sich die Kräfte beider Mannschaften ausgleichen. Ausgeglichene Kräfte, die keine Bewegung verursachen, nennt man statische Kräfte. Eine Brücke bleibt aufgrund statischer Kräfte stehen: Das nach unten drückende Gewicht wird durch die nach oben drückenden Bauteile ausgeglichen.

Siehe auch
ATOME UND MOLEKÜLE
BRÜCKEN
MAGNETISMUS
PHYSIK
SCHWERKRAFT

Krankenhäuser

Eine Maschinerie, die kranke Menschen wieder gesund machen kann – klingt wie die Idee eines Erfinders, aber sie ist bereits Realität: das Krankenhaus. Wie eine Maschine, bei der ein Rädchen ins andere greift, besteht auch ein Krankenhaus aus mehreren Abteilungen, die so aufeinander abgestimmt sind, dass dort alle Krankheiten behandelt werden können. Aber im Gegensatz zu einer Maschine ist ein Krankenhaus ein lebendiges Ganzes, in dem Ärzte und Schwestern ihr Bestes geben. Krankenhäuser sind nötig, weil manche Patienten nicht in einer Arztpraxis behandelt werden können. Jemand, der operiert wird, muss in der Regel einige Tage im Krankenhaus bleiben. Andere wiederum kommen nur für einen Tag ins Krankenhaus, um einen Herzspezialisten aufzusuchen oder für eine gründliche Untersuchung. Aber auch Menschen, die nicht krank sind und doch medizinische Betreuung brauchen, gehen in ein Krankenhaus, wie z. B. werdende Mütter.

FRÜHE KRANKENHÄUSER
Bis in das 19. Jh. hinein waren die meisten Krankenhäuser überfüllte Massensäle, in denen die arme Bevölkerung behandelt wurde. Auch Menschen mit gefährlichen ansteckenden Krankheiten kamen in ein Krankenhaus.

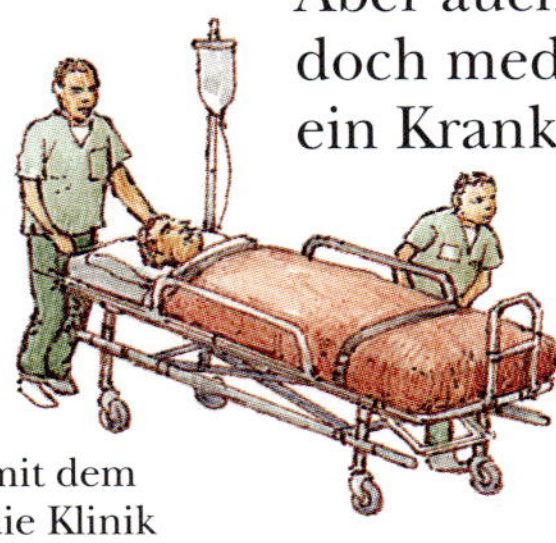

NOTFÄLLE
Verletzte oder plötzlich schwer Erkrankte werden mit dem Rettungswagen in die Klinik gebracht.

Allgemeines Krankenhaus

In einem allgemeinen Krankenhaus können, anders als etwa in einer Spezialklinik z. B. für psychisch Kranke, alle möglichen Krankheiten behandelt werden. Fast jede Stadt verfügt über ein allgemeines Krankenhaus. Dieses ist unterteilt in Stationen wie die chirurgische Station, die Kinderstation und die Entbindungsstation. Mit Operationssälen und einer Unfallstation sind sie auch für Notfälle eingerichtet.

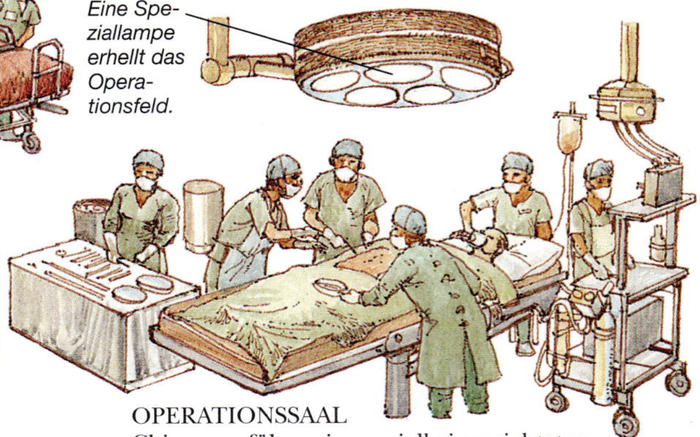

Eine Speziallampe erhellt das Operationsfeld.

OPERATIONSSAAL
Chirurgen führen in speziell eingerichteten Räumen Operationen durch. Zur Vermeidung von Ansteckungen, so genannten Infektionen, herrscht dort höchste Sauberkeit.

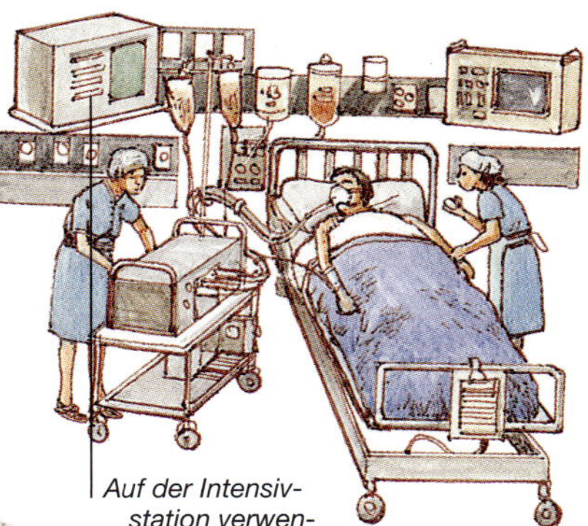

Auf der Intensivstation verwendet das Personal spezielle elektronische Überwachungsgeräte. Diese informieren über den Zustand schwer kranker Patienten.

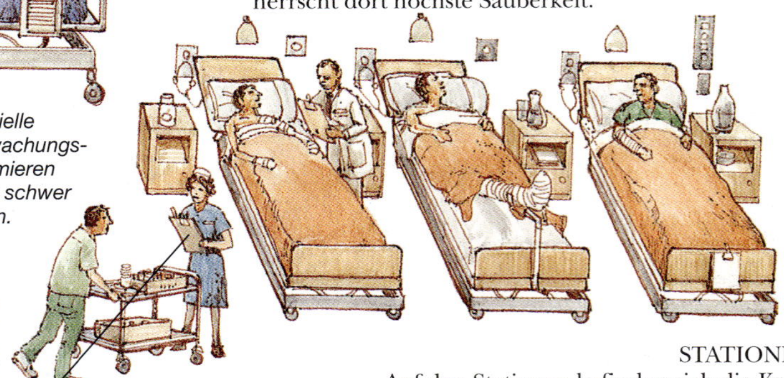

Die Abgabe von Medikamenten an die Patienten wird von Krankenschwestern überwacht.

STATIONEN
Auf den Stationen befinden sich die Krankenzimmer – Einzel- oder Mehrbettzimmer. Nach Art der Erkrankung unterscheidet man zwischen Innerer Station, Herzstation usw.

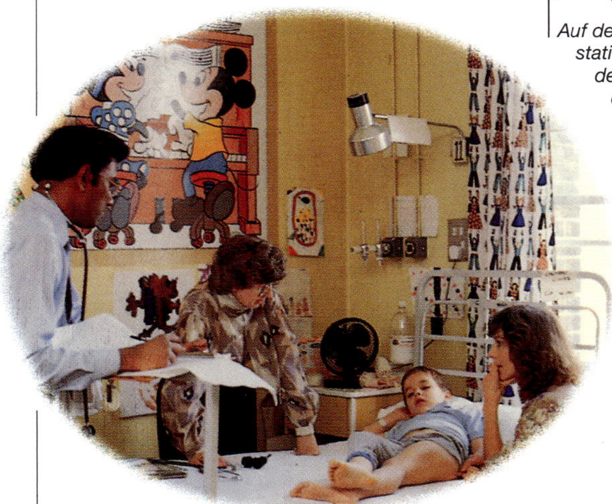

Kinderkliniken

In manchen Städten gibt es spezielle Krankenhäuser nur für Kinder. Die dort arbeitenden Ärzte und Schwestern sind Spezialisten für die Behandlung von Kindern und Babys. Den Eltern ist es bisweilen gestattet, den ganzen Tag oder sogar über Nacht bei ihren Kindern zu bleiben.

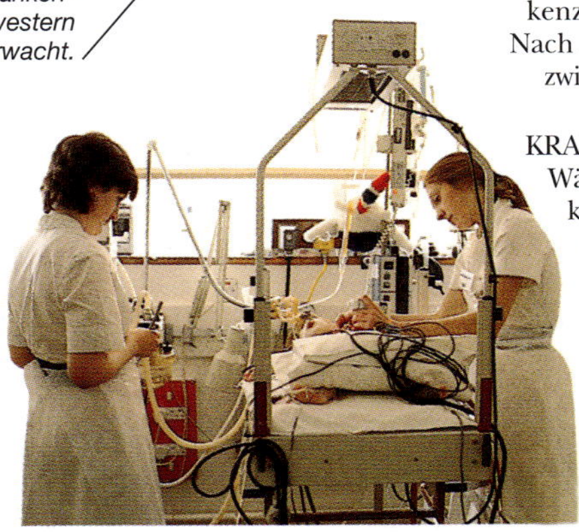

KRANKENPFLEGE
Während ihrer Ausbildung lernen Krankenschwestern und -pfleger alles über die Versorgung und Pflege von Kranken und Verletzten.

Siehe auch
Ärzte
Medizin
Medizin, Geschichte
Röntgenstrahlen

Krankheiten

Es kommt immer wieder einmal vor, dass wir krank werden. Es gibt ziemlich harmlose, aber auch sehr schwere Krankheiten. Eine Krankheit kann den Körper oder den Geist befallen. Masern und Schnupfen, Störungen der Herztätigkeit und Depressionen sind nur einige Krankheiten von vielen. Manche Krankheiten sind chronisch, d. h. sie dauern lange an. Arthrose z. B. ist eine chronische Krankheit, die Gelenke schmerzhaft anschwellen lässt. Die so genannten akuten Krankheiten befallen den Körper plötzlich und können relativ rasch wieder ausheilen, wie z. B. eine Grippe. Krankheiten können viele Ursachen haben. Schädliche Mikroorganismen (winzige Tiere oder Pflanzen) können in den Körper eingedrungen sein und Entzündungen hervorrufen. Auch ungesunde Lebensbedingungen machen krank. Manche Krankheiten treten bei der Geburt auf. Einige sind von den Eltern vererbt. Die Ursachen vieler Krankheiten sind noch unbekannt und werden weiter erforscht.

UMWELTKRANKHEITEN
Unsere Lebensbedingungen wirken sich auf unsere Gesundheit aus. Atomare Strahlung kann Krebs verursachen, Luftverschmutzung kann die Atmungsorgane schädigen, und das Schwimmen in Wasser, das mit Kanalisationsabwässern verseucht ist, kann Infektionskrankheiten wie Typhus zur Folge haben.

Beim Niesen werden Krankheitserreger versprüht.

Es gibt unterschiedliche Typen von Bakterien (unten). Jede Bakterie besteht aus einer lebenden Zelle. Einige Bakterien verursachen Krankheiten, die meisten sind harmlos.

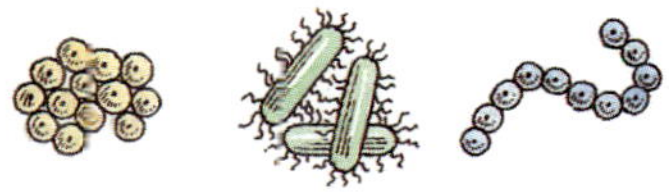

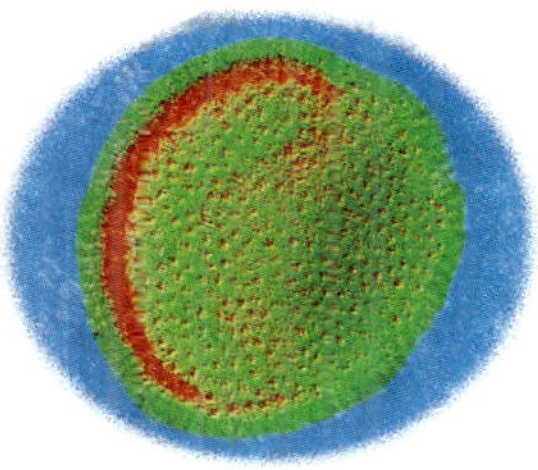

Viren sind kleiner als lebende Zellen. Sie dringen in gesunde Zellen ein, um sich zu vermehren, und lösen dadurch Krankheiten aus. Der Grippevirus (oben) verbreitet sich durch Husten und Niesen (»Tröpfcheninfektion«).

Bakterien und Viren

Infektionskrankheiten sind die einzigen Krankheiten, die von einem Menschen auf den anderen übertragen werden können. Ihre Erreger sind winzige, nur unter dem Mikroskop sichtbare Bakterien und Viren. Typhus und Cholera werden von Bakterien verursacht, Windpocken und Masern von Viren.

Herzerkrankungen entstehen häufig durch Verstopfungen der Blutgefäße im Herzen. Ursachen können Rauchen und fettes Essen sein.

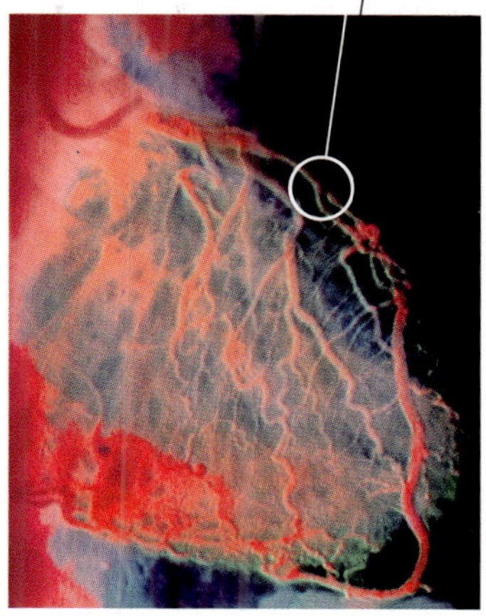

AIDS

Unser Körper verfügt über Systeme, die Krankheiten abwehren. Eines davon ist das Immunsystem. Es greift Erreger an, die in unseren Körper eindringen. In den 80er-Jahren des 20. Jh. breitete sich eine neue Krankheit aus. Die Immunschwächekrankheit Aids legt das Immunsystem lahm und kann zum Tod führen.

HI-Viruspartikel unter dem Mikroskop

ERBKRANKHEITEN
Eltern können die so genannten Erbkrankheiten an ihre Kinder weitergeben. Sichelzellenanämie ist eine solche vererbbare Krankheit. Meist erben nicht alle Kinder eines Paares die vererbbare Krankheit, die auch erst später zu Tage treten kann. Krankheiten, die sich bei der Geburt zeigen, bezeichnet man als angeboren.

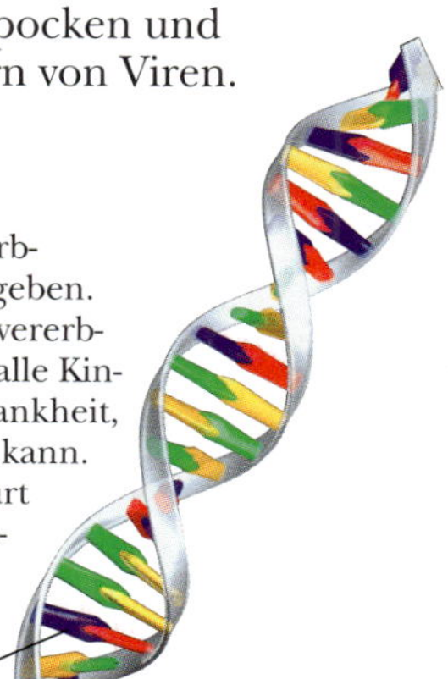

Erbkrankheiten können durch die Gene an Kinder weitergegeben werden.

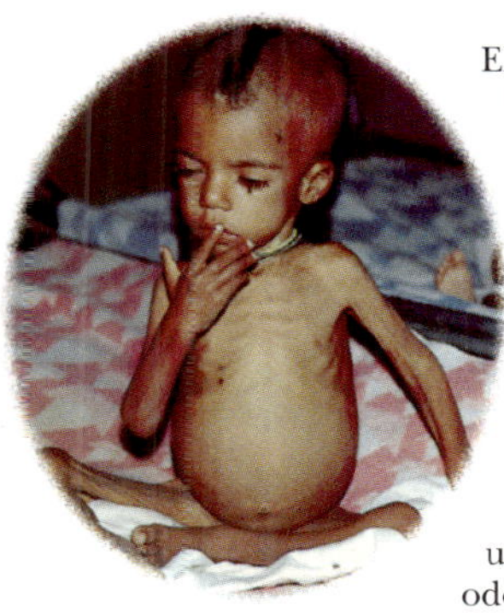

ERNÄHRUNGSBEDINGTE KRANKHEITEN
Viele Menschen haben nicht genug zu essen. Nährstoffmangel kann viele Krankheiten zur Folge haben, darunter Anämie, Rachitis und Skorbut. In manchen Teilen der Welt, wie in Europa und den USA, essen viele Menschen wiederum zu viel, bekommen Übergewicht und erkranken an Diabetes oder an einem Herzleiden.

EPIDEMIEN
Wenn eine ansteckende Krankheit viele Menschen gleichzeitig befällt, spricht man von einer Epidemie. In vielen Regionen Afrikas gibt es z. B. Aids- oder Malariaepidemien. Auch in Industrieländern kommt Aids gehäuft vor. In den reichen Industrieländern leiden außerdem so viele Menschen an Herzkrankheiten oder Krebs, dass man hier zuweilen auch von Epidemien spricht.

Siehe auch
Ärzte
Gesundheit und Fitness
Krankenhäuser
Medikamente
Medizin
Medizin, Geschichte

Krebstiere

EINSIEDLERKREBS
Einsiedlerkrebse haben am Hinterleib keinen Panzer und schlüpfen daher in leere Schneckenschalen.

TAUSENDE VON KREBSTIERARTEN krabbeln an Stränden und Felsklippen umher. Es gibt winzige Krebschen, die als Parasiten in Muscheln leben, und riesige Tiere wie die Japanische Riesenkrabbe, deren Beine über 3 m lang werden. Krebstiere atmen unter Wasser mithilfe von Kiemen, doch manche Arten können auch außerhalb des Wassers lange Zeit überleben. Alle Krebstiere sind von einem harten Panzer geschützt, der ihren Körper als Außenskelett umgibt. Ihr Körper ist in mehrere Abschnitte gegliedert. Auch ihre Beine sind gegliedert. Am Kopf haben sie zwei Fühlerpaare. Ihr Leben beginnen sie als Ei, aus dem eine Larve schlüpft. Diese entwickelt sich zum erwachsenen Krebstier. Um zu wachsen, muss es immer wieder den alten Panzer abstoßen, sobald sich unter ihm ein neuer, größerer entwickelt hat.

TASCHENKREBS
Der Taschenkrebs ist nur eine von vielen Krebstierarten, die in den verschiedenen Teilen der Welt gekocht und gegessen werden.

Hummer

Hummer sind überwiegend Aasfresser, die auf dem Meeresboden nach toten Fischen und anderen tierischen Resten suchen. Ihre eine Schere hat stumpfe Höcker zum Knacken von Schalen. An der anderen sind scharfe »Zähne«. Die größten Hummer sind 60 cm lang und werden bis zu 70 Jahre alt.

GARNELEN
Diese kleinen Meeresbewohner sind vorwiegend Aasfresser. Tagsüber liegen sie im Sand vergraben. Nachts kommen sie heraus, um mit ihren Fühlern Nahrung aufzuspüren. Bei Gefahr laufen sie rückwärts und schlagen mit dem Schwanzfächer.

Rankenfüsser

Diese kopflosen Krebstiere nehmen mit den beweglichen Beinen aus dem Wasser Futterpartikel auf. Seepocken leben auf Felsen. Ihre Schalen erinnern an Vulkane. Entenmuscheln heften sich mit dem Stiel an Treibholz.

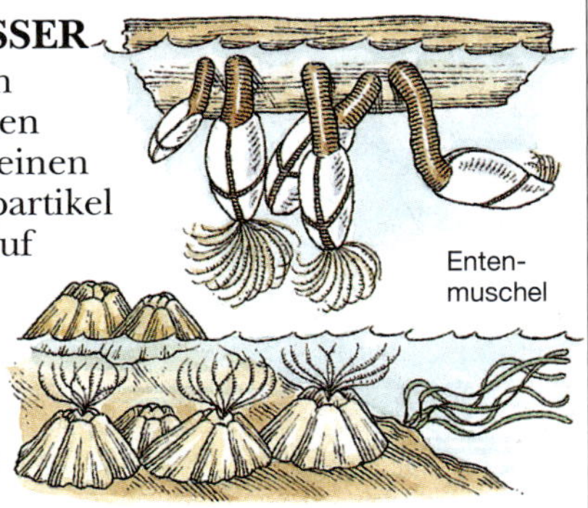

LEBENSRÄUME DER KREBSE
Neben den im Meer lebenden Krebstieren gibt es auch Arten, die in Süßwasser leben, wie z. B. der Flusskrebs und der Wasserfloh. Einige Arten leben ständig an Land, so etwa die Rollassel, die man unter altem Laub findet.

Rollassel

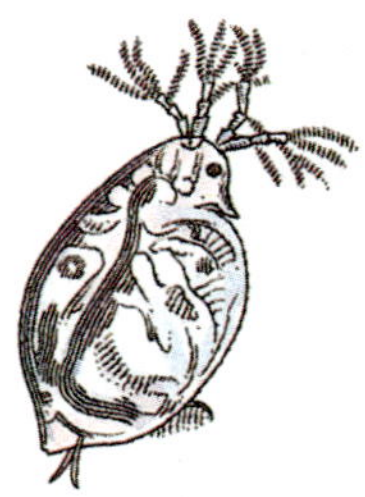
Wasserfloh

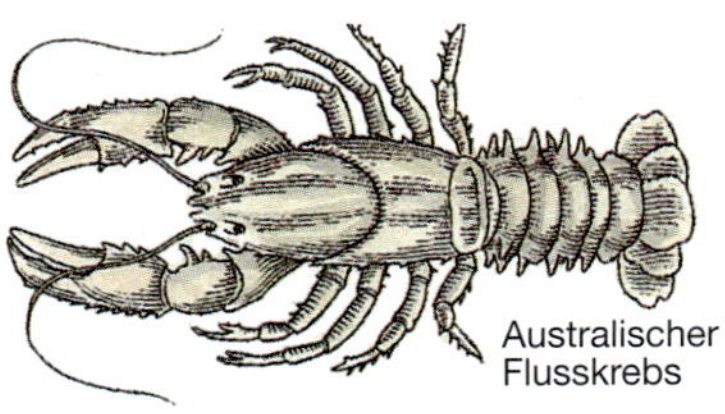
Australischer
Flusskrebs

Siehe auch
TIERE
TIERE, MEERE
TIERE, MEERESKÜSTE

Kreuzzüge

Vor neun Jahrhunderten rief der Papst die Christen auf, die heilige Stadt Jerusalem von türkischen Muslimen zu befreien. Tausende europäischer Christen – Ritter, Prinzen, Pilger und Bauern – folgten dem Aufruf und machten sich auf eine lange, anstrengende Pilgerreise von Europa nach Palästina, die man als Kreuzzug bezeichnet. Nach vier Jahren, vielen Schlachten, Hungersnöten und Krankheiten, nahmen die überlebenden Kreuzfahrer die Stadt Jerusalem ein. Die Kreuzfahrer gründeten an der Küste Palästinas ein Königreich, das fast ein Jahrhundert lang bestehen blieb. Im Jahr 1187 eroberte jedoch der arabische Sultan Saladin Jerusalem zurück. Daraufhin folgten sieben weitere Kreuzzüge, die jedoch allesamt erfolglos blieben.

DER KINDERKREUZZUG
Im Jahr 1212 brachen Tausende Kinder zu einem Kreuzzug von Europa nach Jerusalem auf. Die meisten verhungerten jedoch auf dem Weg oder wurden als Sklaven verkauft.

BELAGERUNG VON AKKO
Mit hölzernen Belagerungstürmen griffen die Kreuzfahrer die Stadt Akko an. Die Verteidiger antworteten mit Speeren, heißem Sand und kochendem Wasser.

Der Dritte Kreuzzug

König Richard I. von England nahm mit dem französischen König Philipp II. am Dritten Kreuzzug teil. Richard I. eroberte den Hafen von Akko, wurde jedoch gefangen genommen und nur gegen hohes Lösegeld freigelassen. Es gelang den Königen bei diesem Kreuzzug nicht, Jerusalem einzunehmen. Sie vereinbarten aber mit Saladin, dass christliche Pilger die Stadt betreten durften.

SULTAN SALADIN
Der Anführer der muslimischen Streitkräfte, Saladin (1137–1193), war Sultan von Ägypten und Syrien. Er machte aus Ägypten eines der einflussreichsten Länder im Nahen Osten.

Nach Jerusalem

Der Weg von Europa ins Heilige Land war lang und gefährlich. Viele Kreuzfahrer kamen ums Leben. Diejenigen, die aus Palästina zurückkehrten, brachten neben Seidenstoffen und Gewürzen auch islamische Wissenschaften wie Mathematik und Astronomie nach Europa.

KREUZZÜGE

1096 Beginn des Ersten Kreuzzugs (»Kreuzzug des Volkes«). Viele Bauern sterben auf dem Weg, wenngleich die Ritter überleben.

1097 Kreuzfahrer erreichen Konstantinopel (heute Istanbul).

1098 Französische und normannische Truppen erobern Antiochia.

1099 Kreuzfahrer nehmen Jerusalem ein und teilen das Küstenland in vier Königreiche.

1147–49 Zweiter Kreuzzug. Angriff auf Muslime in Spanien, Portugal und Kleinasien.

1187 Saladin erobert Jerusalem und den größten Teil Palästinas.

1189 Dritter Kreuzzug unter Führung der Könige von England und Frankreich sowie des römisch-deutschen Kaisers Friedrich I. Barbarossa. Friedrich kommt ums Leben.

1191–92 Die Kreuzfahrer nehmen Akko ein, kehren aber nach Europa zurück.

1202–04 Vierter Kreuzzug. Einnahme von Konstantinopel.

1217 Fünfter Kreuzzug. Die Kreuzfahrer erobern Damietta, Ägypten, geben es aber wieder zurück.

1228–29 Sechster Kreuzzug. Kaiser Friedrich II. vereinbart eine 10-jährige Waffenruhe.

1248–50 Siebter Kreuzzug. Ludwig IX. von Frankreich unterwirft Damietta, muss es aber wieder aufgeben.

1270 Achter Kreuzzug. Tod Ludwigs IX. Letzte Kreuzfahrer kehren nach Europa zurück.

Siehe auch
Barbarossa, Friedrich
Burgen

KROKODILE

IM WASSER LIEGEN SIE bewegungslos wie Baumstämme, und trotzdem sind sie jederzeit bereit, sich auf eine Beute zu stürzen. Krokodile sehen nicht nur so aus wie Überlebende aus längst vergangener Zeit, sie sind es tatsächlich. Vor 100 Mio. Jahren, zur Zeit der Dinosaurier, lauerten schon Krokodile in den Sümpfen. Krokodile und Alligatoren gehören der Ordnung der Crocodylia an, die 14 Arten von Krokodilen, sieben Arten Alligatoren (fünf davon nennt man Kaimane) und eine Gavialart umfasst. Sie alle sind Fleisch fressende Reptilien, die in Flüssen, Seen und Sümpfen auf Beute lauern. Krokodile und Alligatoren verschlingen Frösche und Fische ganz. Größere Säugetiere packen sie mit den Zähnen, ziehen sie unter Wasser und wirbeln sie herum. Dabei reißen sie Fleischstücke heraus. Krokodile und Alligatoren fressen mitunter auch Menschen.

NILKROKODIL

Nilkrokodile leben in vielen Regionen Afrikas, dort, wo es Gewässer gibt. Das Weibchen legt Eier, die es bewacht, bis die Jungen schlüpfen. Diese können die Schritte ihrer Mutter hören und rufen nach ihr. Sie nimmt sie vorsichtig ins Maul und trägt sie zum Wasser, wo sie vor Fressfeinden relativ sicher sind.

JUNGKROKODILE
Nach etwa drei Monaten schlüpfen aus den Eiern junge Krokodile. Die Mutter bewacht ihre Eier sorgfältig, denn große Echsen und Füchse fressen sie gerne.

KROKODIL
Bei geschlossenem Maul ist auf beiden Seiten der vierte Zahn des Unterkiefers sichtbar.

ALLIGATOR
Anders als bei Krokodilen sieht man bei geschlossenem Maul keine Zähne.

KAIMAN
Das Maul ist breiter und kürzer als bei Krokodil und Alligator.

GAVIAL
Das Maul des Gavials ist sehr lang und schmal, die Zähne sind sehr scharf.

KROKODILSLÄCHELN
Krokodile liegen oft mit weit aufgesperrtem Maul in der Sonne. Dabei nehmen Blutgefäße im Maul die Sonnenwärme auf, sodass die Körpertemperatur ansteigt und das kaltblütige Tier beweglicher wird. Nur wenn es warm ist, kann es jagen.

ALLIGATOR

Es gibt zwei Arten echter Alligatoren: den chinesischen und den amerikanischen. Der China-Alligator ist heute vom Aussterben bedroht. Der amerikanische Mississippi-Alligator lebt in Flüssen und Sümpfen der südöstlichen USA und ernährt sich von Fischen, Wasservögeln und allen anderen Tieren, die er fangen kann. In dichter besiedelten Gegenden greift der Mississippi-Alligator auch Haustiere an.

Siehe auch

ECHSEN
ERDGESCHICHTE
TIERE

KÜHE

HEILIGE KUH
Weil Kühe dem Menschen helfen zu überleben, gelten sie in Teilen Asiens als heilg. Hier sitzt die Hindugöttin Parvati auf einer Kuh.

IMMER, WENN WIR Eis essen oder Milch trinken, sollten wir uns eigentlich bei einer Milchkuh bedanken. Jedes Jahr geben Milchkühe weltweit Millionen von Litern Milch, aus der die unterschiedlichsten Milchprodukte hergestellt werden. Die Milchkuh ist aber nur ein Mitglied der Familie der Rinder. Der Mensch domestizierte das Rind vor etwa 6000 Jahren. Heute werden Rinder wegen ihres Fleisches, wegen der Milch und der Häute auf allen Kontinenten gezüchtet. Es gibt viele Rinderarten, die alle Paarhufer sind und in Herden leben. Aufgrund ihrer Verdauung zählt man sie zu den Wiederkäuern. Zu den Wildrindern gehören der Wasserbüffel Zentral- und Südöstasiens und das seltene Anoa, das im Regenwald der indonesischen Insel Sulawesi lebt.

WIEDERKÄUEN
Kühe haben wie alle anderen Wiederkäuer große Mägen mit vier Kammern. Sie fressen Gras und andere Pflanzen, die nach dem Schlucken im Pansen teilweise verdaut werden. Später würgt die Kuh die schwer verdaulichen faserreichen Teile des Speisebreis in kleinen Mengen wieder ins Maul und »käut wieder«. Nach dem erneuten Durchkauen schluckt die Kuh den Speisebrei, der dann in den Netzmagen gelangt. Von dort aus kommt der Brei in den Blättermagen und anschließend in den Labmagen, in dem die eigentliche Verdauung stattfindet.

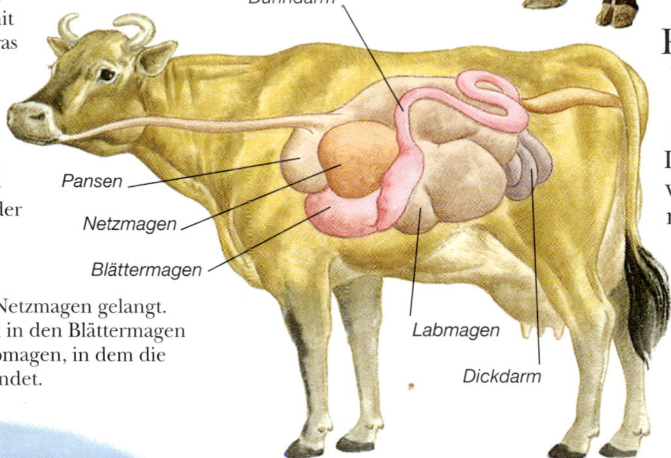

Es dauert über drei Tage, bis das Futter das Verdauungssystem durchlaufen hat.

RINDER

Weltweit gibt es ungefähr 12 Mrd. domestizierte Rinder. Ihr Vorfahre war ein Wildrind, der 1627 ausgestorbene Auerochse. Im Laufe der Jahrhunderte entstanden viele Hausrindrassen. Sie sind an ihr heimisches Klima angepasst und als überwiegende Milch- oder Fleischlieferanten gezüchtet. Holsteiner, Braunvieh, Jersey und Guernsey sind Milchrassen; Pinzgauer, Angus, Charolais und Schottisches Hochlandrind sind Fleischrassen.

BISONS

Über die Ebenen Nordamerikas streiften früher riesige Herden von Bisons (oft fälschlicherweise Büffel genannt). Im 19. Jh. wurden jedoch so viele dieser Tiere von Siedlern getötet, dass nur 500 überlebten. Inzwischen gibt es in Schutzgebieten in Nordamerika etwa 50000 Tiere. Der mit dem Bison verwandte europäische Wisent konnte vor dem Aussterben bewahrt werden, indem man ihn in Zoos züchtete und später auswilderte.

BÜFFEL
In Asien und Afrika leben heute etwa 130 Mio. zahmer Wasserbüffel. Sie dienen als Zugtiere und liefern Fleisch und Milch. Mit ihren Paarhufen und den kräftigen Beinen kommen sie auch auf schlammigem Boden gut voran. Häufig setzt man sie auf überfluteten Reisfeldern ein.

Nordamerikanischer Bison

Siehe auch
LANDWIRTSCHAFT
NORDAMERIKA, TIERE
SÄUGETIERE
TIERE
TIERE, BAUERNHOF

Kunststoffe

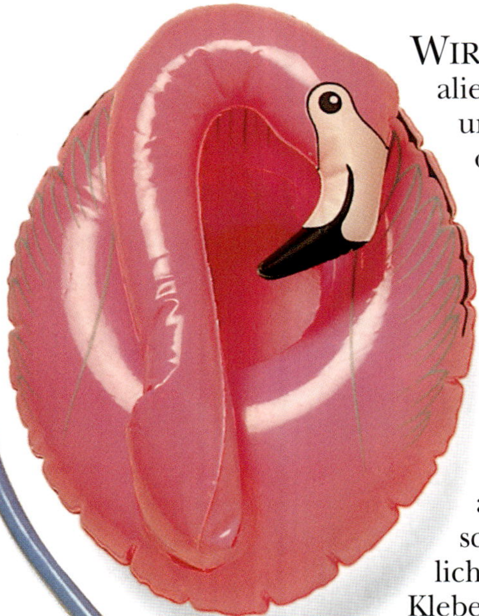

Wir benutzen viele natürliche Materialien wie Baumwolle, Wolle, Leder, Holz und Metall. Sie stammen von Pflanzen oder Tieren oder werden aus dem Boden gewonnen. An ihrer Stelle können auch Kunststoffe verwendet werden – zur Herstellung von Kleidung, Autoteilen und vielen anderen Produkten. Kunststoffe sind synthetische Materialien, d. h., sie werden aus Chemikalien in Fabriken erzeugt. Die Chemikalien stammen vorwiegend aus Erdöl, aber auch aus Erdgas und Kohle. Kunststoffe haben eine wichtige Eigenschaft: Sie lassen sich leicht formen. Man kann aus ihnen alle möglichen Objekte herstellen ebenso wie Fasern für Textilien. Superstarke Kleber, lange haltende Farben und leichte Materialien, die stärker als Metall sind – solche Produkte können nicht aus natürlichen Materialien hergestellt werden, sondern nur aus Kunststoffen mit speziellen Eigenschaften.

BAKELIT
Bakelit wurde 1909 vom amerikanischen Chemiker Leo Baekeland erfunden – der erste Kunststoff aus synthetischen Chemikalien.

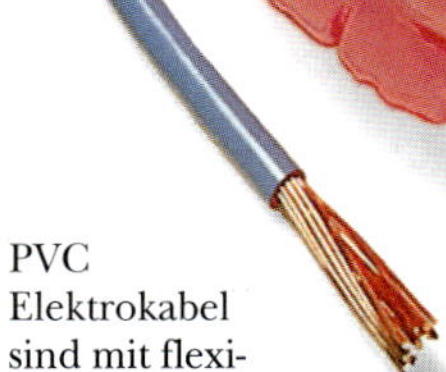

PVC
Elektrokabel sind mit flexiblem PVC (Polyvinylchlorid) ummantelt, aus dem auch nicht brennbare Spielsachen sind.

Kunststoffe

Es gibt Tausende von Kunststoffen. Hier sind einige der meistverbreiteten.

POLYETHYLEN
Plastiktüten sind oft aus Polyethylen, einem Kunststoff, der sich zu einem zähen, flexiblen Film verarbeiten lässt. Aus dickerem Polyethylen werden Flaschen, Schüsseln und andere Haushaltsbehälter hergestellt.

NYLON
Aus Fasern von Nylon, einem starken, aber flexiblen Kunststoff, werden Seile und strapazierfähige Gewebe gemacht, aus massivem Nylon Zahnräder und andere mechanische Teile.

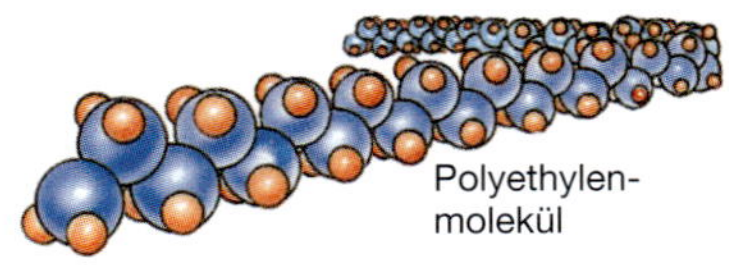

Polymere

Kunststoffe sind Polymere: Substanzen mit Molekülen aus langen Atomketten. Daher beginnen die Namen für Kunststoffe oft mit Poly-, was »viel« heißt. Diesen langen Molekülen verdanken Kunststoffe Eigenschaften wie Biegsamkeit und Stärke.

POLYSTYROL
Verpackungen aus Polystyrol (Styropor) sind leicht und steif. Harte Kunststoffe enthalten oft Polystyrol.

BEECH STARSHIP 1
Im Flugzeugbau haben Verbundstoffe inzwischen viele Metallteile ersetzt. Diese Maschine ist fast völlig aus korrosionsfreien und bruchsicheren Verbundstoffen.

POLYCARBONAT
Sportbrillen müssen klar und stark sein, zwei Eigenschaften von Polycarbonat, das auch für Scheinwerfer und Sturzhelme geeignet ist.

Verbundstoffe

Starke Fasern werden mit harten Kunststoffen zu Verbundstoffen (rechts) verarbeitet, die sehr stark und doch leicht sind und sich gut formen lassen. Man verwendet dazu dünne Fasern von Glas, Karbon oder Kevlar.

Siehe auch
Atome und Moleküle
Chemie
Kohle
Materialien
Öl
Textilien

Kunstturnen

RHYTHMISCHE SPORTGYMNASTIK
Hierbei handelt es sich um eine relativ neue Disziplin, die nur von Frauen und Mädchen ausgeübt wird. Die Übungen, bei denen Reifen, Bänder, Keulen oder Bälle verwendet werden, verbinden Elemente des Tanzes mit traditionellen gymnastischen Übungen. Der Schwerpunkt liegt auf Anmut und Grazie. Kampfrichter beurteilen die Darbietungen nach Schwierigkeitsgrad und Ausdruckskraft.

Erfolgreiche Kunstturner müssen ihren Körper perfekt beherrschen, während einfache gymnastische Übungen für jedermann geeignet sind. Purzelbaum und Handstand lernen Kinder schon in der Schule. Gymnastik als eine Form von Bodenakrobatik war schon im alten Griechenland bekannt. Heute ist daraus ein immer beliebterer Zuschauersport geworden. Man unterscheidet zwei Grundtypen: Rhythmische Sportgymnastik und Kunstturnen (artistische Gymnastik), die an Geräten wie Pferd oder Barren ausgeführt wird. Männer und Frauen gleichermaßen machen Bodenübungen und den Pferdsprung. Barren, Seitpferd, Reck und Ringe sind typische Geräte für Männer, Stufenbarren und Schwebebalken Geräte für Frauen. Preisrichter vergeben Noten zwischen Null und Zehn.

BEWERTUNG
Um eine möglichst hohe Punktzahl zu erzielen, müssen die Athleten die Übungen nach bestimmten Regeln korrekt ausführen und auch noch auf ihre Körperhaltung achten. Beim Pferdsprung z. B. müssen die Zehen während der ganzen Übung gestreckt sein.

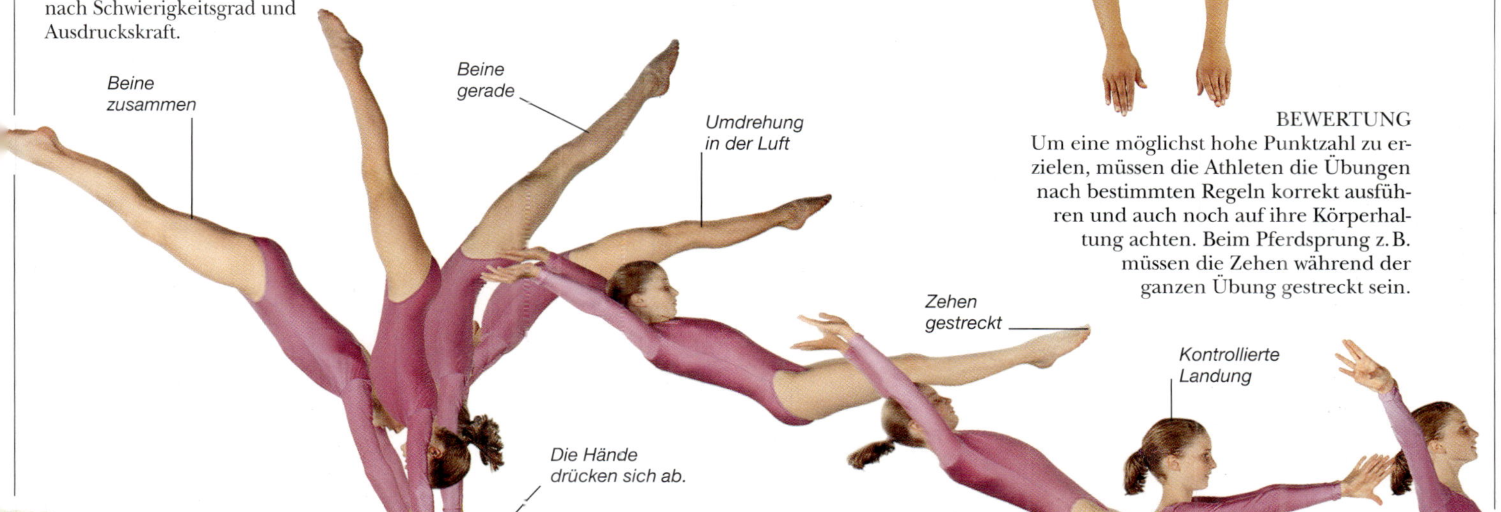
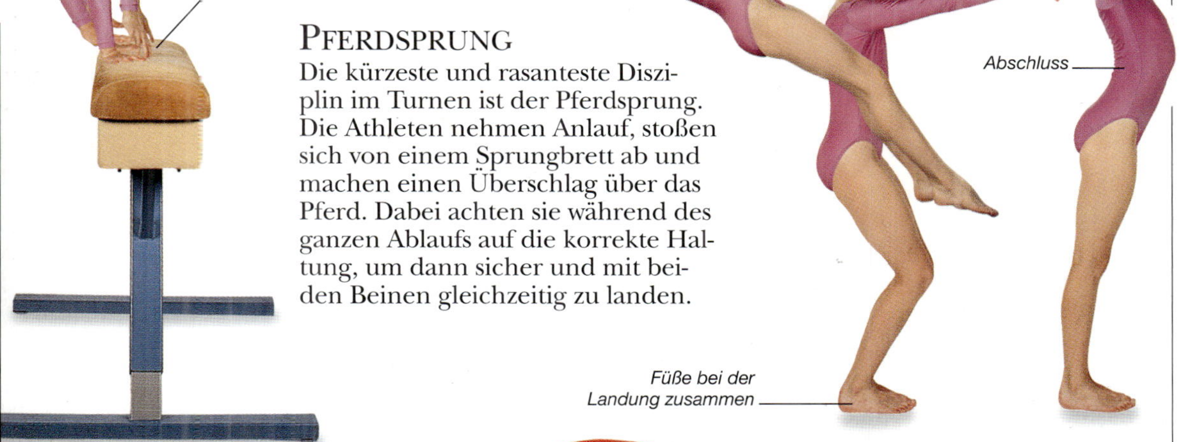

Pferdsprung

Die kürzeste und rasanteste Disziplin im Turnen ist der Pferdsprung. Die Athleten nehmen Anlauf, stoßen sich von einem Sprungbrett ab und machen einen Überschlag über das Pferd. Dabei achten sie während des ganzen Ablaufs auf die korrekte Haltung, um dann sicher und mit beiden Beinen gleichzeitig zu landen.

RECK
Übungen am Reck werden nur von Männern ausgeführt. Dabei vollführt der Athlet, begleitet von Griffwechseln, imposante Schwünge um die Stange herum. Am schwierigsten ist der freie Flug mit erneutem Ergreifen der Stange.

GLEICHGEWICHT
Drehungen und Überschläge gehören zu fast allen Turnübungen. Dabei darf den Athleten keinesfalls schwindlig werden.

Siehe auch
Muskeln
Olympische Spiele
Sport

LANDKARTEN

MAPPA MUNDI
Zwischen 1280 und 1300 schuf ein englischer Priester die Mappa Mundi, auf Deutsch Weltkarte. Sie gibt die damalige christliche Sicht der Welt wieder, war aber Reisenden kaum eine Hilfe. Jerusalem bildet den Mittelpunkt der Welt, oben auf der Karte ist nicht, wie heute üblich, Norden, sondern Osten.

REISENDE FRÜHERER ZEITEN fanden sich zurecht, indem sie Fremde nach dem Weg fragten. Diese zeichneten oft grobe Lagepläne oder Skizzen in den Weg und schufen so die ersten Landkarten. Heute gibt es eine Vielzahl verschiedener Karten, die die genaue Lage von Dörfern und Städten, Bergen oder Seen angeben. Für Fahrten in der näheren Umgebung benutzen Reisende Karten in großem Maßstab, die nur ein kleines Gebiet abbilden, aber dafür viele Einzelheiten zeigen. Für weitere Reisen eignen sich Karten mit kleinem Maßstab besser: Sie bilden große Gebiete ab, zeigen dafür aber weniger Details. Manche Reisende greifen gleich zum Atlas, einer Sammlung mehrerer Karten in Buchform. Es gibt auch Spezialkarten: Politische Karten z.B. verzeichnen Ländergrenzen, Seekarten zeigen den Verlauf der Küstenlinie und geben die Wassertiefe an.

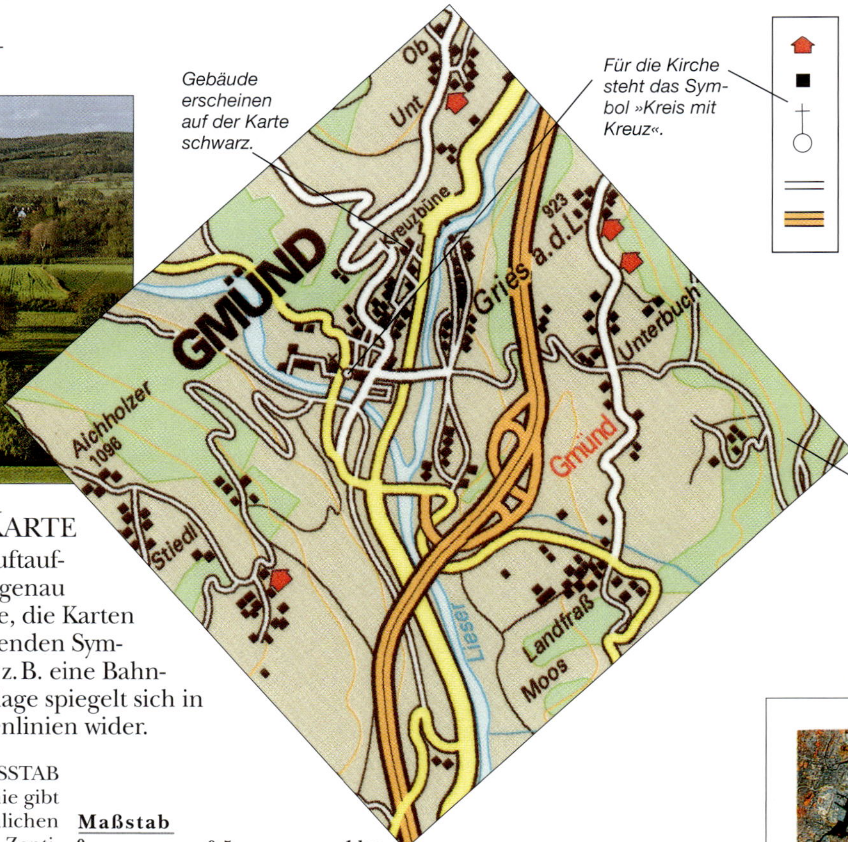

Gebäude erscheinen auf der Karte schwarz.

Für die Kirche steht das Symbol »Kreis mit Kreuz«.

Die gelben Linien sind Höhenlinien. Je steiler der Hügel, desto enger liegen sie beisammen.

LEGENDE
Viele Karten verfügen über ein Feld, das Legende genannt wird. Darin wird die Bedeutung einzelner Symbole und Farben erklärt. Diese Symbole sparen in der Karte Platz, sodass mehr Raum für andere Informationen bleibt.

HÖHENLINIEN
Eine Höhenlinie auf der Karte verbindet Punkte gleicher Höhe und zeigt das Gefälle der Landschaft.

BENUTZUNG EINER KARTE

Eine Landkarte ist wie eine Luftaufnahme, aber man muss doch genau wissen, wie man sie liest. Leute, die Karten anfertigen, Kartografen, verwenden Symbole, um Besonderheiten wie z.B. eine Bahnlinie darzustellen, die Höhenlage spiegelt sich in den Farben oder durch Höhenlinien wider.

MASSSTAB
Eine unterteilte Linie gibt an, welcher tatsächlichen Entfernung ein Zentimeter auf der Karte entspricht.

Maßstab
0 — 0,5 — 1 km

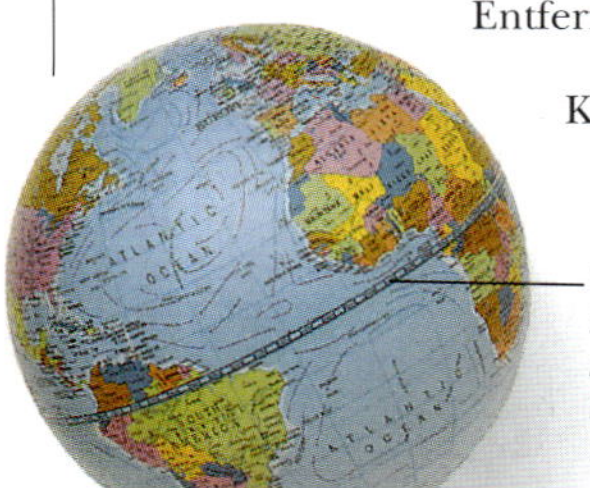

Der Äquator ist die Linie mit dem Breitengrad Null.

LÄNGEN- UND BREITENGRADE
Die Längengrade (Meridiane) verlaufen als Halbkreise zwischen den Polen. Sie geben an, wie weit östlich oder westlich man sich befindet. Gezählt wird in Graden, ausgehend von der Linie, die durch den englischen Ort Greenwich verläuft (der Nullmeridian). Breitengrade verlaufen parallel zum Äquator und geben an, wie viele Grade nördlich oder südlich von ihm man sich befindet.

Mercator-Projektion

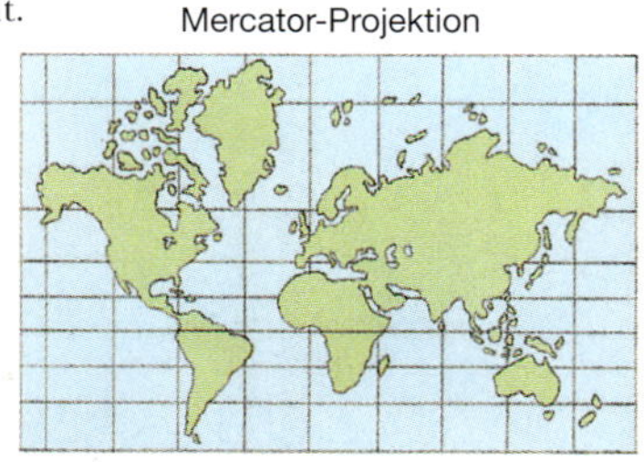

Peters-Projektion

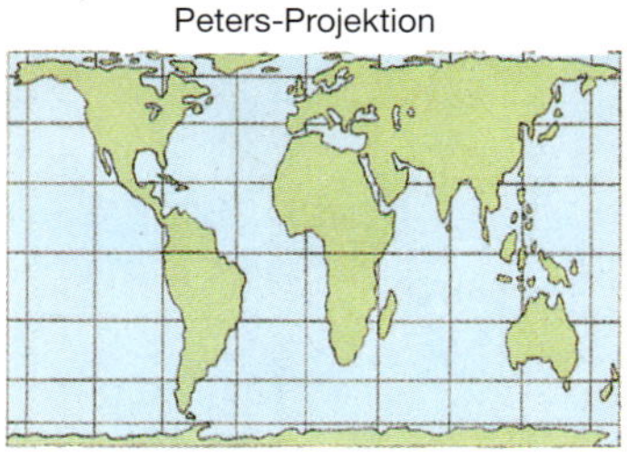

DIE MERCATOR-PROJEKTION
Um die gekrümmte Erdoberfläche auf einem flachen Stück Papier wiederzugeben, verwendet der Kartenmacher das Mittel der Projektion. Stell dir einen gläsernen Globus mit einem Licht darin vor. Das Licht projiziert Schatten der Kontinente auf einen Wandschirm. Alle Projektionen verzerren die Erdoberfläche, in der Form oder Flächengröße. Die von Gerhard Mercator 1569 angefertigte Projektion zeigt die korrekte Form der Erdteile, gibt aber die Flächen verzerrt wieder. Die von Arno Peters 1973 veröffentlichte Projektion verzerrt die Form der Erdteile, gibt aber die Flächen exakt wieder. Sie korrigiert Mercator, dessen Karte Europa größer erscheinen lässt.

Satellitenaufnahme von New York

SATELLITENKARTE
Heute können Satelliten jeden Teil der Erde erfassen. Ihre Videoaufnahmen von der Erdoberfläche werden dann zu Karten verarbeitet.

Siehe auch
ENTDECKER
MAGNETISMUS
NAVIGATION
SATELLITEN

Landwirtschaft

Um die Lebensmittelregale der Geschäfte in aller Welt zu füllen, bearbeiten die Landwirte hierzulande ihre Felder mit moderner Technologie. Sie nutzen Maschinen zum Pflügen und zum Abernten großer Felder. Sie bewässern Obstgärten und züchten Gemüse in riesigen Gewächshäusern. Und sie halten Tiere in großen Ställen, um Fleisch und Milch zu erzeugen. Durch diese intensive Landwirtschaft ernähren moderne Landwirte heute mit demselben Land zehnmal so viele Menschen wie früher. Es können jedoch nicht alle Bauern viel erzeugen. Auf Feldern im Gebirge können keine Maschinen eingesetzt werden. Stattdessen weiden dort Tiere, oder das Land wird mit der Hand bewirtschaftet. In trockenen Gebieten müssen die Bauern sich mit geringeren Ernten begnügen. Und Bauern, die sich Maschinen oder Dünger nicht leisten können, müssen auf althergebrachte, langsame Anbaumethoden zurückgreifen.

Subsistenzwirtschaft

In manchen Ländern erzeugen die meisten Bauernfamilien nur so viele Lebensmittel, dass es für sie selbst ausreicht. Dies nennt man Subsistenzwirtschaft. In guten Jahren ist genügend Nahrung vorhanden. Bei einer Dürre kann es aber zur Hungersnot kommen.

Maschinenpark

Im modernen Getreideanbau werden unterschiedliche Spezialmaschinen eingesetzt. Zuerst wird mit dem Pflug der Boden aufgebrochen. Eine Sämaschine verteilt das Saatgut gleichmäßig auf das Feld. Mit einem Spritzgerät werden Pflanzenschutzmittel ausgebracht, die vor Krankheiten und Schädlingen schützen. Der Mähdrescher erntet schließlich das Getreide und bereitet es auf.

Superweizen

Normaler Weizen

Getreide

Fast alle heute angebauten Getreidearten sind Nachkommen wilder Pflanzen. Züchtungen brachten jedoch Sorten hervor, die große Ernten einbringen. Vor allem Getreidearten wie Weizen wurden weiterentwickelt. Heutige Weizensorten haben viel größere Körner als die früheren Sorten. Allerdings ist dieser »Superweizen« viel krankheitsanfälliger als die anderen Sorten.

Mit der Ballenpresse wird das Stroh – die geschnittenen Halme nach Entnahme der Körner – zu runden Ballen gepresst und zusammengebunden.

Bio-Bauern verwenden für die organische Landwirtschaft natürliche Düngemittel, z. B. Seetang oder Tierdung, um die Böden fruchtbarer zu machen.

Organische Landwirtschaft

Ackerbau und Viehzucht erfolgen vermehrt auf biologische oder organische Weise, d.h. es werden keine künstlichen Pflanzenschutzmittel oder Dünger eingesetzt. Organische Lebensmittel sind zwar etwas teurer, dafür aber auch gesünder.

In Hühnerfarmen transportieren Förderbänder das Futter zu den Hennen und sammeln die gelegten Eier ein.

Intensive Landwirtschaft

Intensive Landwirtschaft versucht, die Produktion möglichst zu steigern und die Preise damit niedrig zu halten. Tiere wie Hühner und Schweine werden dazu in winzigen Käfigen oder Ställen gehalten. Da sie diese Tierhaltung für unnatürlich halten, kaufen viele Menschen nur noch Fleisch oder Eier von frei laufenden Tieren.

Siehe auch

Landwirtschaft, Geschichte
Tiere, Bauernhof

LANDWIRTSCHAFT
GESCHICHTE

FRÜHE LANDWIRTSCHAFT
Die ersten Bauern domestizierten (zähmten) wilde Tiere, um Fleisch, Milch, Häute und Wolle zu gewinnen. Manche Völker entwickelten sich eher zu nomadisierenden Hirten als zu Bauern. Sie zogen mit den Tieren umher, um neue Weiden zu finden. Dieses Bild stammt aus einer Höhle in der Sahara – es entstand vor etwa 8000 Jahren, als die Sahara noch Grasland war.

GETREIDEANBAU UND TIERZUCHT zur Gewinnung von Lebensmitteln zählen zu den wichtigsten Errungenschaften der Menschheit. Vor Einführung der Landwirtschaft ernährten sich die Menschen von Beeren und anderen Pflanzenbestandteilen, die sie sammelten, und von wilden Tieren, die sie jagten. Die Menschen waren Nomaden, d.h. sie wanderten von Ort zu Ort, um Nahrung zu finden. Vor ungefähr 12000 Jahren erkannten Menschen im Nahen Osten, dass man Getreide wie z.B. Weizen selbst anbauen kann. Aus diesen Menschen wurden die ersten Bauern. Mit Beginn der Landwirtschaft wurden auch die ersten festen Siedlungen gegründet, Dörfer und kleine Städte entstanden. Die Bauern erzeugten genügend Nahrungsmittel für die ganze Bevölkerung, sodass andere Leute für andere Aufgaben frei waren, z.B. zur Herstellung von Kleidung oder Werkzeugen. Da jedoch jeder von den Produkten der Landwirtschaft abhängig war, mussten viele Menschen verhungern, wenn die Ernte ausfiel. Die landwirtschaftliche Revolution im 18. Jh. brachte neuartige, wissenschaftliche Methoden hervor, die Ernteausfälle zu verhindern halfen. Heute ist Landwirtschaft ein internationaler Wirtschaftszweig.

GETREIDEANBAU
Um 10000 v.Chr. begannen Bauern im Nahen Osten mit der Feldbewirtschaftung. Die wichtigsten Anbauprodukte waren Getreide wie Weizen, Gerste oder Hirse. Die Bauern im Fernen Osten begannen 5000 v.Chr. mit dem Anbau von Reis.

BEWÄSSERUNG
Bebaute Felder brauchen immer ausreichend Wasser. In China und in anderen Ländern des Fernen Ostens, wo Reis das Hauptanbauprodukt ist, wird das Wasser in kleinen Kanälen die terrassierten Reisfelder entlang geleitet.

Das Berkshireschwein wurde im 18. Jh. erstmals für die Fleischproduktion gezüchtet.

LANDWIRTSCHAFT IM MITTELALTER
Im 11. Jh. gelangte das Pferdegeschirr aus China nach Europa. Damit konnten neben Ochsen auch Pferde zum Pflügen eingesetzt werden. Bis ins 13. Jh. waren alle Felder offen, und jeder Bauer bestellte seinen Teil der Felder. Später wurden die Parzellen eingegrenzt.

Sämaschine

REVOLUTION
Im 18. Jh. wurden neue landwirtschaftliche Methoden entwickelt, und es wurden neue, pflegeleichtere Tierarten gezüchtet, wie z.B. das große Berkshireschwein (oben). Die Erfindung neuer Maschinen, wie die Sämaschine, ermöglichte den Bauern, mehr Getreide als zuvor anzubauen.

Dampftraktor

MECHANISIERUNG
Die Entwicklung der Dampfkraft im 19. Jh. und des Verbrennungsmotors im 20. Jh. führten zu einer grundlegenden Veränderung der Landwirschaft. Traktoren ersetzten Pferde als Zugkräfte und dank Eisenbahnen oder Kühlschiffen konnten nun Lebensmittel in alle Welt transportiert werden.

Siehe auch
LANDWIRTSCHAFT
MOTOREN
TIERE, BAUERNHOF

Laser

WAS IST DAS HELLSTE, intensivste Licht? Es ist nicht das Sonnenlicht, sondern das Licht von Lasern. Ein Laser erzeugt einen bleistiftdünnen Strahl farbigen Lichts, das so intensiv sein kann, dass es ein Loch durch Stahl brennt, oder so geradlinig und schmal bleibt, dass es exakt auf einen kleinen Spiegel auf dem Mond gerichtet werden kann – in über 384000 km Entfernung. Der Physiker Theodore Maiman baute 1960 den ersten Laser. Er erzeugte den Lichtstrahl, indem er normales Licht durch einen Spezialstab aus synthetischem Rubin schickte. Heutige Laser arbeiten auch mit anderen Materialien: Gaslaser z. B. mit Argon, das einen für die Chirurgie idealen energiearmen Strahl abgibt. Starke Festkörperlaser dagegen erzeugen einen starken Strahl aus Kristallen wie dem Smaragd.

LASERSHOW
Vielfarbige Laser erzeugen spektakuläre Lichtshows für Rockkonzerte und öffentliche Feste.

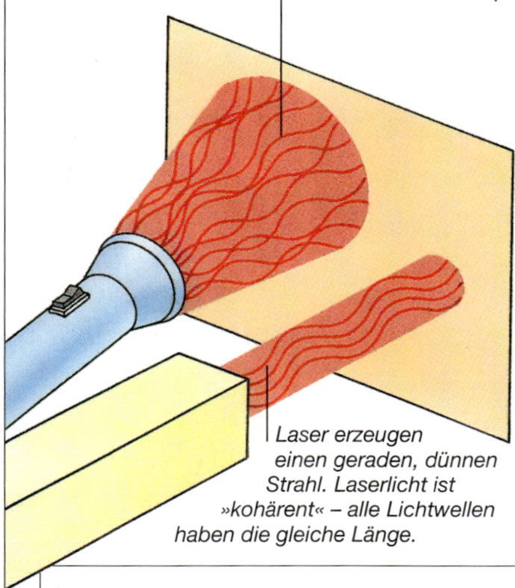

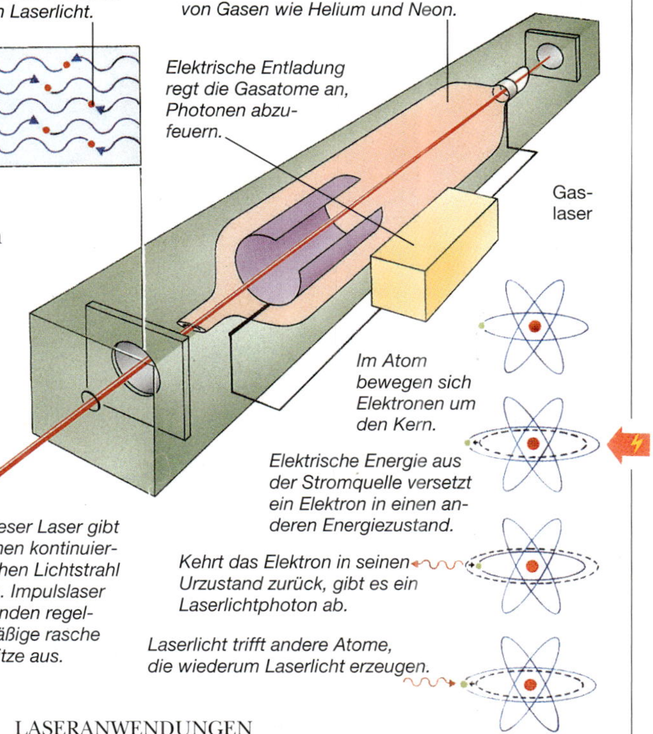

Laser

Ein elektrischer Funke gibt Energie an Atome im Laserrohr ab. Dadurch feuern einige Atome Photonen ab, winzige Lichtblitze. Diese Photonen treffen auf andere Atome, die wiederum Photonen abfeuern. Spiegel reflektieren die Photonen im Rohr, wobei diese mit weiteren Atomen zusammenstoßen. Einige Photonen dringen durch einen halbdurchlässigen Spiegel vorn am Laser und bilden den Strahl.

Hologramme

Ein Hologramm ist ein mit Laserlicht erzeugtes Foto. Betrachtet man ein Hologramm, sieht man eine dreidimensionale Ansicht des Objekts, genau wie bei dem realen Gegenstand. Für Hologramme spaltet man einen Laserstrahl. Der »Referenzstrahl« fällt direkt auf den Film; der andere Strahl trifft zuerst auf das Objekt und zerlegt dessen Lichtwellenmuster. Der Film hält fest, wie der gestörte »Objektstrahl« den ungestörten Referenzstrahl anregt, und erzeugt so ein dreidimensionales Bild.

LASERANWENDUNGEN
Laser werden in der Industrie zum Bohren von Stahl und zum Ätzen von Mikrochips verwendet; Ingenieure richten damit Brücken und Wolkenkratzer präzise aus; in Telefonnetzen leiten optische Fasern Anrufe rasch und ohne Rauschen weiter, und Ärzte behandeln mit Laseranwendungen Krebs und führen heikle Augenoperationen durch.

Laserstrahlen werden von Satelliten im All reflektiert; Forscher untersuchen damit die Verschiebung der Kontinente.

Siehe auch

EDELSTEINE UND SCHMUCK
GAS
HANDEL UND GESCHÄFTE
LICHT
TONAUFNAHME

Lastwagen

Vom kleinsten Lieferwagen bis zum größten Lastzug, der alle anderen Verkehrsmittel überragt, spielen Lastwagen in unserem Leben eine wichtige Rolle. Diese starken, robusten Fahrzeuge befördern Güter aller Art: Sie transportieren Lebensmittel zu Läden, Rohstoffe zu Fabriken, Treibstoff zu Kraftwerken und vieles mehr. In vielen Ländern transportieren sie alles bis auf die sperrigsten Güter. Eisenbahnzüge können größere Frachten befördern, sind aber auf Eisenbahnnetze beschränkt. Ein Lastwagen kann Güter aufnehmen und von Tür zu Tür liefern. Spezielle Typen transportieren große oder kleine, schwere oder leichte, flüssige oder feste Frachten und erreichen abgelegene Orte fern vom nächsten Bahnhof. Für die eisigen Siedlungen im hohen Norden, die Wüstenstädte im Nahen Osten und für viele hungernde Menschen in Ländern wie Äthiopien sind Lastwagen eine lebenswichtige Verbindung zur übrigen Welt.

ROBUST UND VERLÄSSLICH
In und aus schwer zugänglichen Gebirgsregionen lassen sich Güter oft nur mit Lastwagen befördern. Wegen der schlechten Straßenverhältnisse müssen sie robust und verlässlich sein. Große Räder sorgen für genügend Bodenfreiheit.

Der Luftabweiser, ein speziell geformtes Blech, lässt die Luft glatt über Zugmaschine und Auflieger strömen und spart Treibstoff.

Fernfahrer verbringen viele Stunden auf der Straße und brauchen daher ein möglichst bequemes Führerhaus. Oft enthält es ein Bett für nächtliche Zwischenstopps.

Der Turbodieselmotor ist sehr stark, da er schwere Lasten bewegen muss. Manche Laster haben bis zu 20 Vorwärts- und 10 Rückwärtsgänge, um alle Straßenverhältnisse zu bewältigen.

Dreifachräder verteilen die Last auf eine größere Straßenfläche.

Der Auflieger dreht sich um ein Spezialgelenk. Mithilfe von Hydraulikkolben lässt er sich abkuppeln.

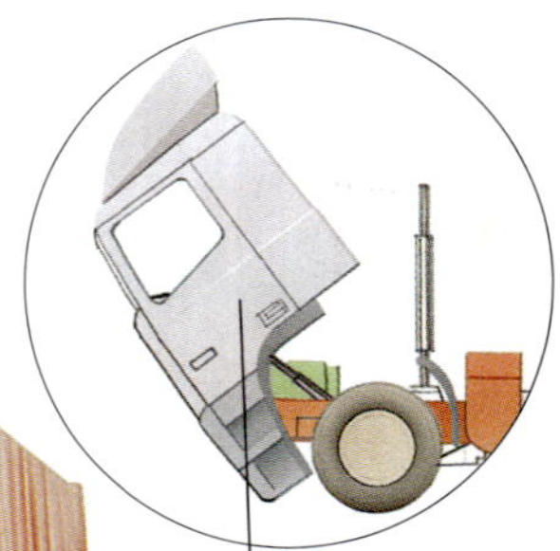

Kippbare Kabine erleichtert Arbeiten am Motor.

SATTELSCHLEPPERZÜGE
Die meisten modernen großen Lastzüge sind Sattelschlepperzüge. Die Ladung wird auf einem separaten Auflieger hinter einer Zugmaschine befördert, die den Motor und das Führerhaus enthält. Ein Sattelschlepperzug ist manövrierfähiger als ein starrer Lastzug. Auf unterschiedlichen Aufliegern werden alle möglichen Lasten transportiert wie Lebensmittel, Holz, Öl und Tiere.

Spezialfahrzeuge

Es gibt verschiedene für spezielle Zwecke gebaute Lastwagentypen. Viele befördern besonders große oder schwere Lasten wie dieser Muldenkipper (unten). Ein riesiger Sattelschlepper bringt z.B. den Spaceshuttle zu seiner Startrampe.

Lastwagentypen

Viele unterschiedliche Lastwagentypen rollen über die Straßen der Welt. Lkw-Züge donnern durch Australien mit zwei oder gar drei Anhängern, um Kosten zu sparen. Auch Autotransporter haben Anhänger, die bis zu 18 Autos aufnehmen. Tanklastzüge befördern Benzin, Wein, Milch und sogar Mehl. Lieferwagen transportieren viele kleine Ladungen.

Siehe auch

Autos
Transport und Verkehr

Speer

Leichtathletik

Bei den meisten Sportfans steht Leichtathletik hoch im Kurs – nicht zuletzt wegen der immer wieder neu aufgestellten Rekorde. Die Wettkämpfe werden in der Halle, meistens aber im Freien, in einem Stadion, ausgetragen. Die 400 m lange, ovale Laufbahn mit einer Oberfläche aus Kunststoff oder Asche umschließt eine Rasenfläche, auf der die so genannten technischen Disziplinen ausgetragen werden. Die Athleten müssen über Ausdauer, Kraft und Siegeswillen verfügen. Auf den kürzesten Sprintstrecken erreichen die Läufer Geschwindigkeiten von bis zu 36 km/h. Viele Menschen betreiben Leichtathletik nicht wettkampfmäßig, sondern nur, um sich gesund und fit zu erhalten.

MARATHON
Die Marathonstrecke ist exakt 42,195 Kilometer lang. In fast allen großen Städten der Welt, wie hier in San Francisco, werden heutzutage City-Marathons veranstaltet, an denen sich Läufer in großer Zahl beteiligen.

LAUFDISZIPLINEN
Diese reichen von den kürzesten, den Sprints, über den Mittelstreckenlauf bis zum Langstreckenlauf. Neben dem Hürden- und Staffellauf zählt auch das Gehen zu dieser Disziplin.

SPRUNGDISZIPLINEN
Früher waren Stabhochsprung und Dreisprung rein männliche Disziplinen, heute sind, wie beim Weitsprung und Hochsprung, auch Frauen zugelassen. Beim Weitsprung und Dreisprung landen die Athleten auf weichem Sand, beim Hochsprung und Stabhochsprung auf einer Schaumstoffmatte.

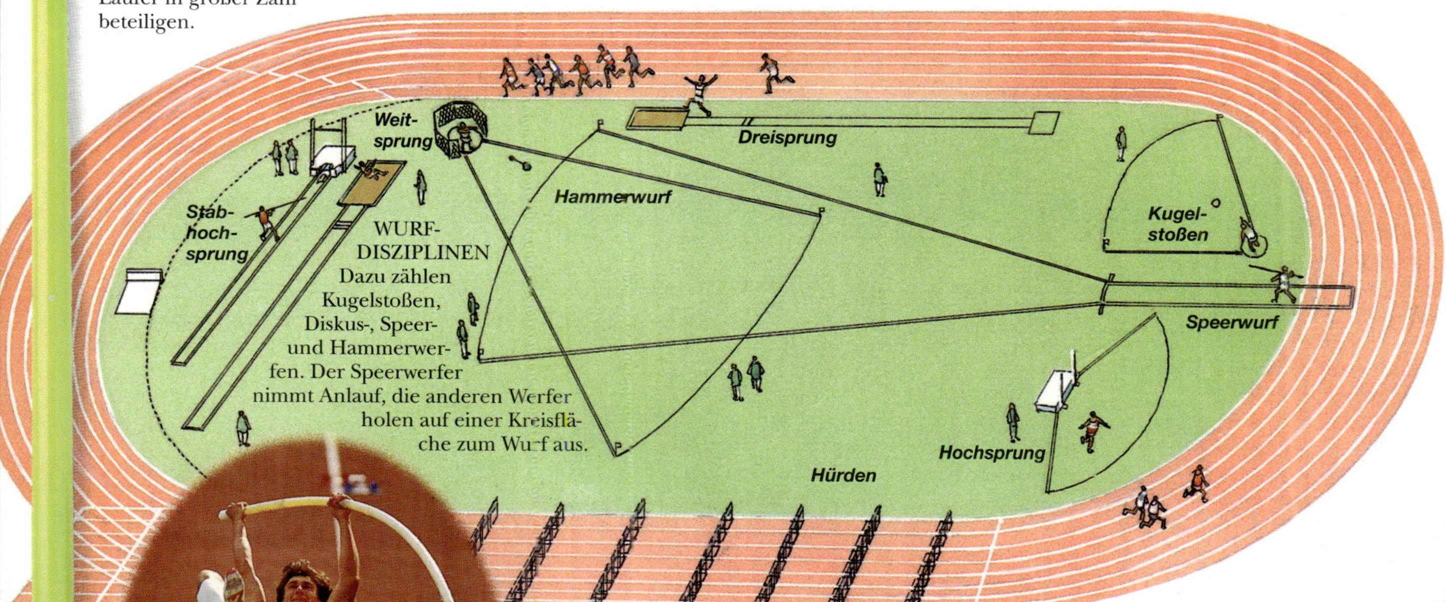

WURF-DISZIPLINEN
Dazu zählen Kugelstoßen, Diskus-, Speer- und Hammerwerfen. Der Speerwerfer nimmt Anlauf, die anderen Werfer holen auf einer Kreisfläche zum Wurf aus.

Sprung- und Wurfdisziplinen

Diese Wettkämpfe werden im Inneren des Ovals ausgetragen. Bei Hoch- und Stabhochsprung haben die Athleten mindestens drei Versuche, bei den anderen Disziplinen in der Regel sechs.

STABHOCHSPRUNG
Hier benutzen die Athleten einen biegsamen Stab, um sich über die Latte zu schwingen, ohne diese zu reißen.

Die Stoppuhr misst bis auf eine Hundertstel Sekunde genau. Bei internationalen Wettkämpfen wird die Zeit elektronisch gemessen.

Männer werfen einen 2 kg schweren Diskus. Der Diskus der Frauen wiegt nur die Hälfte.

SCHUHE
Leichte Laufschuhe mit Spikes sorgen für Halt auf der Bahn. Läufer auf normalen Straßen brauchen stoßgedämpfte Schuhe, um die Gelenke zu schonen.

Siehe auch
Kunstturnen
Olympische Spiele
Schwimmen
Sport

Leonardo da Vinci

1452 Geboren im Dorf Vinci, Italien.

1466 Umzug nach Florenz. Arbeit im Studio des Künstlers Verrochio.

1482 Arbeit als Architekt, Ingenieur und Maler in Mailand, Norditalien.

1503 Beginn der Arbeit an der *Mona Lisa.*

1503 Entwurf desr berühmten Flugapparats.

1513 Optische Studien.

1515 Anatomische Studien.

1516 Tod in Frankreich.

DER HOCH BEGABTE Künstler und Wissenschaftler Leonardo da Vinci war seiner Zeit um viele Jahre voraus. Er war eine der führenden Persönlichkeiten in der Renaissance – dem Wiederaufleben von Kunst und Gelehrigkeit, die im 15. Jh. von Italien ausgegangen ist. Heute ist Leonardo den meisten Menschen für seine berühmten Malereien bekannt, er war jedoch viel mehr als nur ein Maler. Er entwarf Burgen und Waffen, erfand Apparate, befasste sich mit Physik und Mathematik und erstellte wissenschaftliche Zeichnungen von Pflanzen, Tieren und dem menschlichen Körper. Leonardo da Vinci war sicherlich eines der größten Allroundgenies der Welt.

MONA LISA
Leonardos bekanntestes Gemälde ist das Porträt der reichen Florentinerin Lisa del Giocondo. Berühmt wurde das Gemälde für Mona Lisas Lächeln und für die verschwimmend gemalten Umrisse – ein Effekt, den man als *sfumato* bezeichnet.

Universalmensch

Zur Zeit Leonardos glaubte man, dass ein Mensch alle Wissensbereiche studieren könne – solche Menschen wurden als »Universalmenschen« bezeichnet. Leonardo brachte auf fast jedem Gebiet, mit dem er sich befasste, neue Ideen hervor. Viele dieser Ideen hielt er in seinen illustrierten Notizbüchern fest.

Apparate

Leonardos Notizbücher wimmeln vor Entwürfen genialer Apparate. Manche dieser Entwürfe, wie eine Pumpe, ein Rüstwagen und eine Linsenschleifmaschine, hätten tatsächlich funktioniert. Andere, wie sein berühmter »Ornithopter«-Flugapparat mit den schlagenden Flügeln, hätten nie funktioniert, waren ihrer Zeit aber weit voraus.

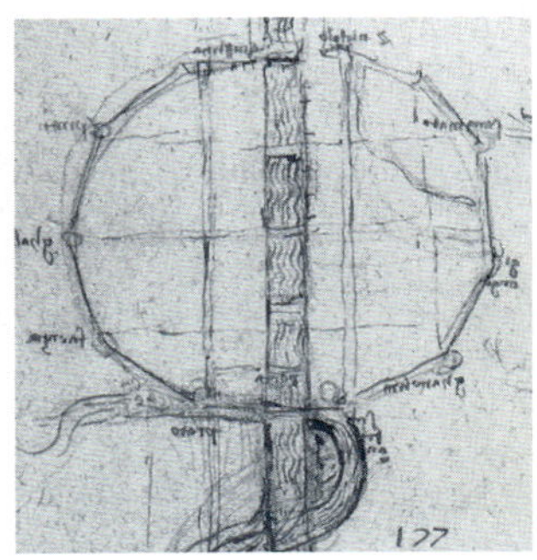

Flugapparat

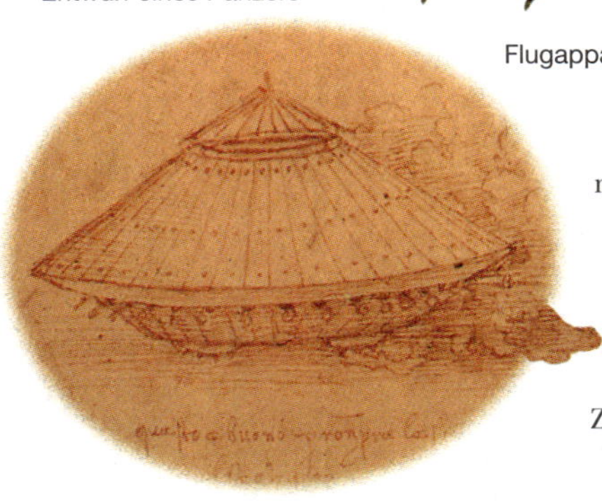

Entwurf eines Panzers

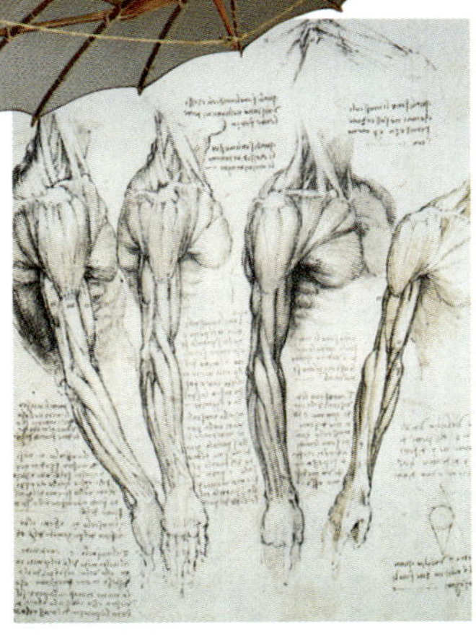

ANATOMIE
Im 16. Jh. wussten die Menschen nur sehr wenig über die Anatomie (den Aufbau und die Funktion des menschlichen Körpers). Leonardo war einer der Ersten, der Leichen sezierte (aufschnitt) und jeden Muskel und Knochen aufzeichnete. Hätte er die Zeichnungen veröffentlicht, wären sie Ärzten und anderen Wissenschaftlern sehr hilfreich gewesen.

ARCHITEKTUR
Leonardo war von Bauwerken und von der Stadtplanung fasziniert. Er entwarf eine »ideale Stadt«, die nie gebaut wurde. Die Straßen der Stadt waren gitterförmig angelegt, ähnlich wie in modernen amerikanischen Städten. Er entwarf auch Badehäuser sowie Abfluss- und Abfallbeseitigungssysteme, die damals noch unbekannt waren.

Siehe auch
HELIKOPTER
RENAISSANCE
ZEICHNEN

LICHT

OHNE LICHT GÄBE es auf der Erde kein Leben. Sonnenlicht liefert die Energie, die Pflanzen wachsen lässt und alle Lebewesen am Leben hält. Das Licht ist eine Energieform, die sich in kleinen, unsichtbaren Wellen fortbewegt. Die Lichtwellen tragen winzige elektromagnetische Energieteilchen, die Photonen. Wenn die Photonen auf unsere Augen treffen, regen sie bestimmte lichtempfindliche Zellen an, damit wir sehen können. Andere Energieformen, die sich in elektromagnetischen Wellen verbreiten, sind Radiowellen, Röntgenstrahlen und Mikrowellen. So wie es im Licht ein Farbspektrum gibt, so gibt es auch ein elektromagnetisches Spektrum. Lichtwellen sind ebenfalls eine Art elektromagnetischer Wellen, und die Farben sind nur ein kleiner Teil des elektromagnetischen Spektrums. Lichtwellen und alle anderen elektromagnetischen Wellen breiten sich mit 300 000 km pro Sekunde aus – somit könnten sie die Erde in einer Sekunde fast achtmal umrunden.
Es gibt nichts, das schneller ist als Licht.

GLÜHLAMPE
In jeder Glühlampe befindet sich eine winzige Spirale aus Wolframdraht, der so genannte Glühfaden. Wenn elektrischer Strom den Faden durchläuft, wird er so heiß, dass er weiß glüht. Es ist dieser hell glühende Faden, der das Licht aussendet.

Glühfaden aus Wolfram

Die Glühlampe ist mit einem Edelgas, z. B. Argon, gefüllt. Das Gas verhindert, dass der Glühfaden verbrennt, was an der Luft der Fall wäre.

Glühfaden und Elektroden sind in eine luftdichte Birne eingeschmolzen.

Elektrischer Kontakt entsteht, wenn die Glühlampe in die Lampenfassung geschraubt wird.

Die Explosion von Schießpulver erzeugt bei einem Feuerwerk buntes Licht.

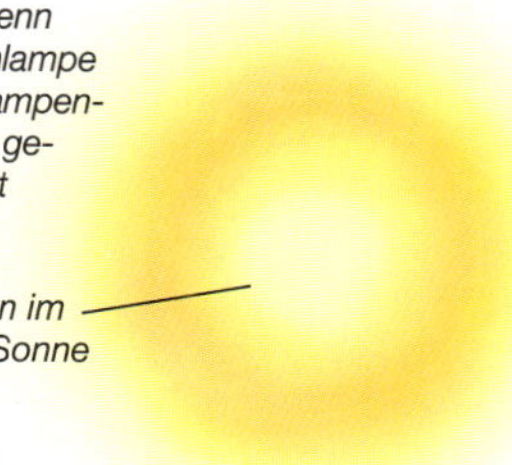

Kernreaktionen im Zentrum der Sonne erzeugen helles Licht und extreme Hitze. Auch die Sterne anderer Galaxien erzeugen durch Kernreaktionen Licht.

Suchscheinwerfer strahlen sehr helles Licht ab.

DIE HELLIGKEIT VON LICHT

Je weiter man von einer Lichtquelle entfernt ist, desto dunkler erscheint sie. Das liegt daran, dass sich das Licht in alle Richtungen ausbreitet. So sind z. B. viele Sterne um ein Vielfaches heller als unsere Sonne, doch da sich das Licht über einen so weiten Raum verteilt, erscheinen uns die Sterne kaum so hell wie eine Kerze.

Manche Tiefseefische haben lumineszierende Streifen und Punkte am Körper, die Licht aussenden.

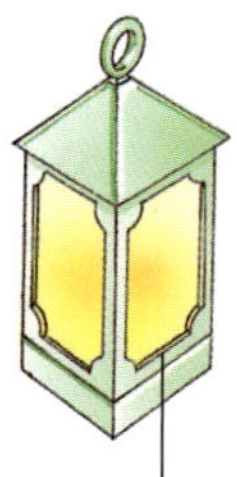

Kerzen und Laternen erzeugen Licht.

Wenn Gegenstände verbrennen, erzeugen sie sowohl Licht als auch Wärme.

Richte eine Taschenlampe auf eine Wand und gehe langsam rückwärts – du siehst, wie der Lichtstrahl größer, aber auch schwächer wird.

Die Kerze ist eine großflächige Lichtquelle, daher erzeugt sie einen unscharfen Schatten.

LICHT UND SCHATTEN
Licht bewegt sich geradlinig fort, daher kann es Hindernissen nicht ausweichen. Wenn Lichtstrahlen auf ein undurchsichtiges Objekt treffen, prallt ein Teil zurück, ein anderer Teil wird vom Objekt absorbiert. Der dahinter liegende Bereich liegt dann im Schatten.

LICHTQUELLEN

Es gibt viele unterschiedliche Lichtquellen. Die Sonne, Glühlampen und Feuerwerkskörper leuchten, weil sie heiß sind. Doch nicht alle Lichtquellen sind heiß. Die Leuchtpunkte mancher Tiefseefische werden durch Chemikalien und nicht durch Wärme erzeugt. Alle kalten Lichtquellen, auch fluoreszierendes Licht, nennt man lumineszierend.

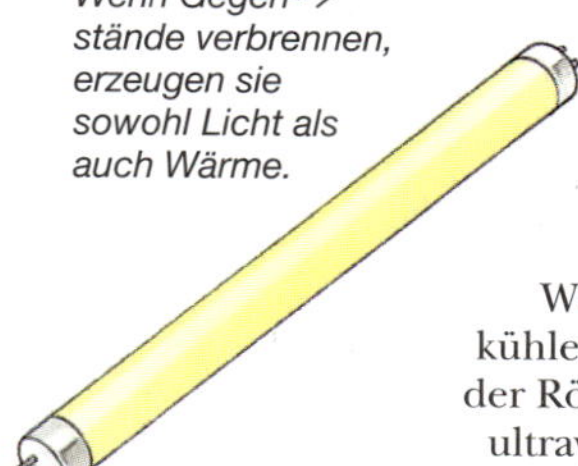

FLUORESZIERENDES LICHT
In einer Glühlampe geht viel Energie als Wärme verloren. Fluoreszierende Röhren sind kühler und sparsamer. Wenn Strom auf das Gas in der Röhre trifft, geben die Gasatome unsichtbares, ultraviolettes Licht ab. Das ultraviolette Licht fällt auf den in der Röhrenbeschichtung enthaltenen Phosphor, der dann hell und weiß leuchtet.

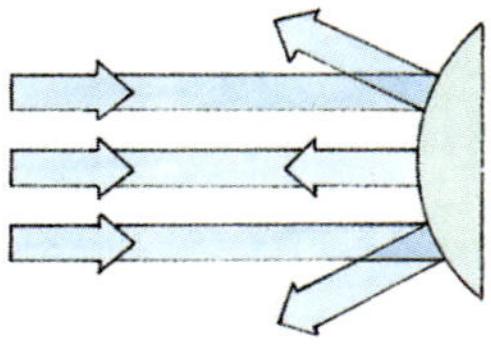

KONVEXER SPIEGEL
Nach außen gewölbte Spiegel bezeichnet man als konvexe Spiegel. Ihre gewölbte Oberfläche reflektiert Licht aus einem größeren Winkel als ein normaler Spiegel. Daher wirken alle Objekte im Spiegelbild kleiner.

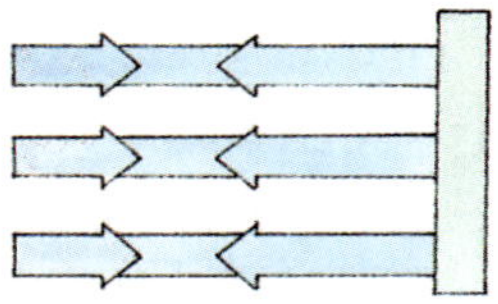

FLACHER SPIEGEL
Bei flachen Spiegeln ist das Abbild genau so groß wie das Objekt – links und rechts sind jedoch vertauscht. Sowohl bei gewölbten als auch bei flachen Spiegeln scheint das Abbild hinter dem Spiegel zu sein.

Spiegel

Licht durchquert problemlos durchsichtige Substanzen wie Glas und Wasser, aber keine undurchsichtigen Stoffe, wie z. B. Pappe. Die meisten undurchsichtigen Stoffe haben eine raue Oberfläche, die Licht in alle Richtungen streut. Ein Spiegel dagegen hat eine glatte Oberfläche, die Licht gleichmäßig reflektiert. Wenn man sein Gesicht im Spiegel betrachtet, prallt das Licht direkt zurück und erzeugt so ein scharfes Abbild. Die meisten Spiegel bestehen aus Glas, das auf der Rückseite mit einem glänzenden Metall beschichtet ist.

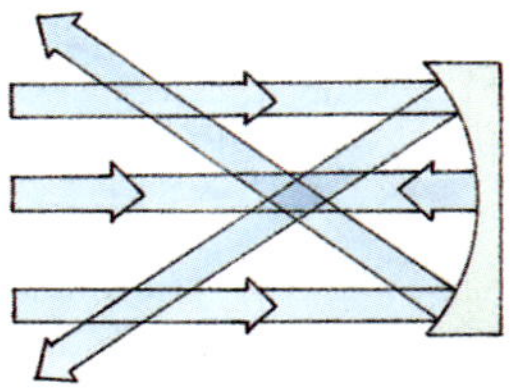

KONKAVER SPIEGEL
Konkave Spiegel sind nach innen gewölbt. Sie erzeugen zwei Arten von Bildern: Befindet sich das Objekt nahe am Spiegel, erscheint es im Spiegelbild vergrößert. Weiter entfernte Objekte erscheinen kleiner und stehen auf dem Kopf.

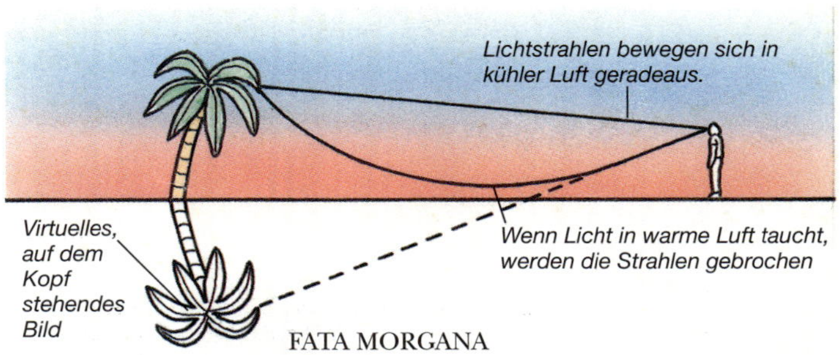

FATA MORGANA
In heißen Wüsten glauben Reisende oft eine Oase zu sehen, wo gar keine ist. Die Oase erscheint am Horizont und verschwindet, sobald man sich ihr nähert. Dieses Phänomen ist eine Luftspiegelung (Fata Morgana). Im Beispiel oben wird das von der Palme ausgehende Licht von der warmen Luftschicht reflektiert. Für den Betrachter scheinen die Lichtstrahlen jedoch gerade zu verlaufen, sodass er eine flimmernde Spiegelung der Palme auf dem Boden sieht.

GLASFASEROPTIK

Glasfaserkabel sind Lichtleiter. Sie sind biegsam und können das Licht um Ecken lenken. Die Fasern bestehen aus langen, dünnen Glasdrähten. Das Licht reflektiert an den Innenwänden der Fasern und wird so weitergeleitet. Glasfasern werden an schwer erreichbaren Orten eingesetzt – so kann z. B. ein Arzt mit einem Glasfaser-Endoskop in den Körper eines Patienten blicken, ohne ihn zu öffnen.

Linsen und Lichtbrechung

Brillen, Kameras, Fernrohre und Mikroskope haben Linsen, um bestimmte Arten von Bildern zu erzeugen. So erzeugen z. B. die Linsen eines Fernrohrs eine Vergrößerung entfernter Objekte. Alle Linsen funktionieren nach dem Prinzip, dass sich Licht zwar geradlinig fortbewegt, jedoch Glas langsamer durchquert als Luft. Wenn ein Lichtstrahl schräg auf ein Glas fällt, trifft eine Seite des Strahls vor der anderen auf das Glas und bremst daher früher ab. Dabei wird der Lichtstrahl gebrochen – ähnlich wie ein Auto mit einem Platten auf eine Seite zieht. Die Lichtbrechung nennt man auch Refraktion.

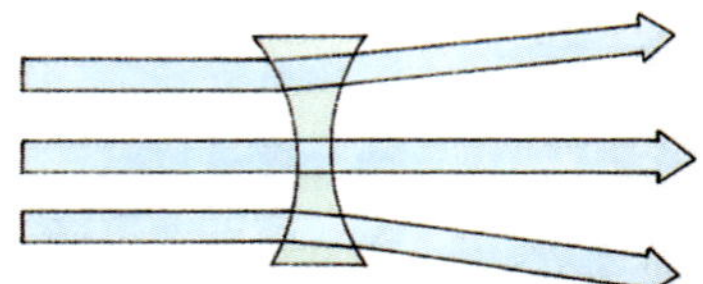

KONKAVE LINSE
Eine konkave Linse ist am Rand dicker als in der Mitte, sodass sie Lichtstrahlen nach außen lenkt. Durch eine konkave Linse betrachtet erscheint alles kleiner.

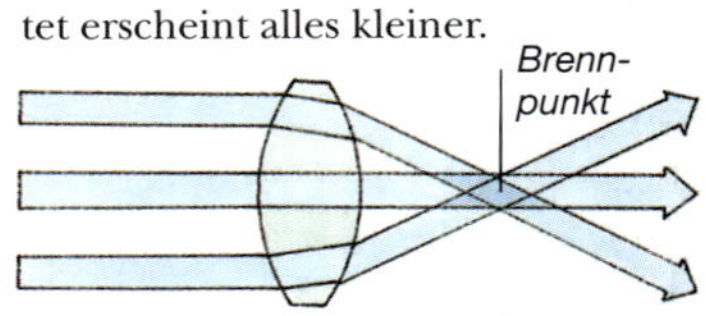

KONVEXE LINSE
Eine konvexe Linse lenkt Lichtstrahlen zusammen. Im Brennpunkt, wo sich die von einem entfernten Objekt ausgehenden Lichtstrahlen kreuzen, entsteht ein Abbild des Objekts.

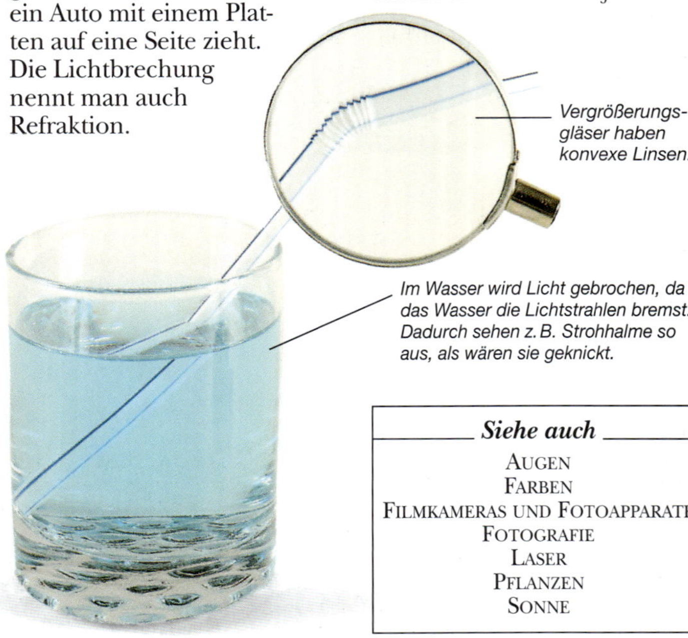

Siehe auch
AUGEN
FARBEN
FILMKAMERAS UND FOTOAPPARATE
FOTOGRAFIE
LASER
PFLANZEN
SONNE

Literatur

Zur Literatur gehören Theaterstücke, Gedichte, Romane und Erzählungen. Literatur soll meistens unterhalten, bringt aber auch Werke von zeitloser Gültigkeit hervor, die dem Leser Einsichten in die Natur des Menschen vermitteln sollen. Der englische Dramatiker William Shakespeare (1564–1616) z.B. schrieb Stücke von großer Aussagekraft, die z.T. auf alten Stoffen beruhen und noch heute auf allen Bühnen der Welt gespielt werden. Literatur verfügt auch über eine gewisse Macht, da in ihren Werken die Ideale und Überzeugungen des Schreibers zum Ausdruck kommen. Viele Autoren, oder Schriftsteller, haben mit ihren Werken gegen Ungerechtigkeiten in der Welt demonstriert, indem sie die aussichtslose Lage der betroffenen Menschen geschildert haben. Damit haben sie Leser und oft auch Regierungen unmittelbar beeinflusst. Der Dramatiker Gerhard Hauptmann (1862–1946) z.B. schilderte in seinem Stück *Die Weber* die erbärmliche soziale Lage der Weber im 19. Jahrhundert.

Gullivers Reisen

Der englische Autor Jonathan Swift (1667–1745) schrieb *Gullivers Reisen* im Jahr 1726. Die ersten beiden Bände des vierteiligen Werks gehören zu den Klassikern der Literatur.

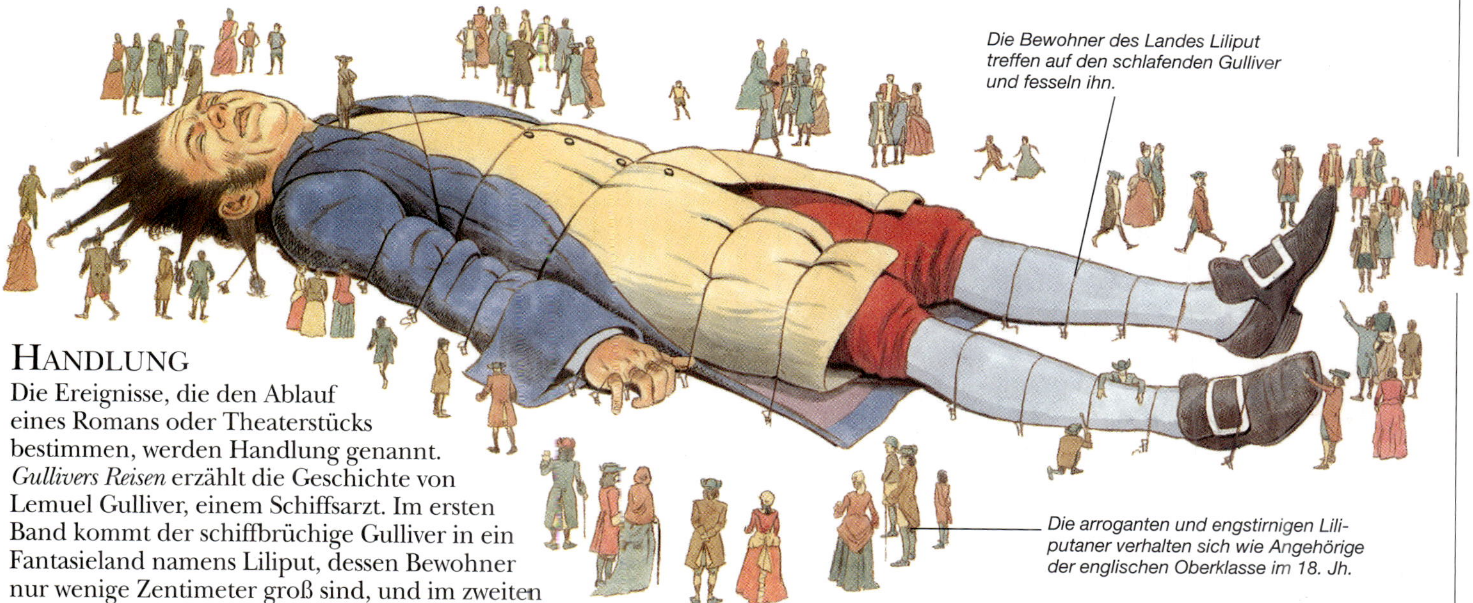

Die Bewohner des Landes Liliput treffen auf den schlafenden Gulliver und fesseln ihn.

Die arroganten und engstirnigen Liliputaner verhalten sich wie Angehörige der englischen Oberklasse im 18. Jh.

Handlung

Die Ereignisse, die den Ablauf eines Romans oder Theaterstücks bestimmen, werden Handlung genannt. *Gullivers Reisen* erzählt die Geschichte von Lemuel Gulliver, einem Schiffsarzt. Im ersten Band kommt der schiffbrüchige Gulliver in ein Fantasieland namens Liliput, dessen Bewohner nur wenige Zentimeter groß sind, und im zweiten Band trifft er auf die Riesen von Brobdingnag. Nach dem Besuch mehrerer seltsamer Länder im dritten Band gerät er im vierten schließlich unter die Houyhnhnms – Pferde einer bestimmten Rasse, die klüger sind als ihre negativ gezeichneten menschlichen Diener, die Yahoos. Nach seiner Rückkehr nach England zieht sich Gulliver ganz zurück von den Menschen.

Handelnde Personen

Einen wesentlichen Teil aller Literatur macht die Beschreibung der Personen, der Charaktere, aus. Ein Autor charakterisiert eine Figur, indem er darstellt, wie diese in bestimmten Situationen reagiert. Swift z.B. beschreibt, wie Gulliver mit den Liliputanern spielt, und zeigt damit, dass Gulliver ein herzensguter Mensch ist: »Manchmal legte ich mich hin und ließ fünf oder sechs von ihnen auf meiner Handfläche spielen. Schließlich trauten sich die Buben und Mädchen sogar, in meinen Haaren Verstecken zu spielen.«

Die Politiker des Landes Liliput planen wieder einmal Krieg zu führen.

Thema

Schriftsteller stellen allgemeingültige Themen dar. Dazu gehören Liebe, Tod und die Frage, wie der Mensch sich in schwierigen Situationen verhält. *Gullivers Reisen* sieht aus wie eine Abenteuergeschichte, aber das eigentliche Thema ist das England des 18. Jhs. Die Liliputaner und die anderen Völker repräsentieren unterschiedliche gesellschaftliche Gruppen.

Mündliche Literatur

Lange vor Erfindung der Schrift wurden Mythen, Volksmärchen und Zaubersprüche mündlich von Generation zu Generation weitergegeben. Im Mittelpunkt der arabischen Geschichtensammlung *Tausendundeinenacht* steht eine Erzählerin mit Namen Scheherazade (rechts). Sie hält ihren grausamen Ehemann, der sie hinrichten lassen möchte, von seinem Vorhaben ab, indem sie Nacht für Nacht eine Geschichte erzählt; das Ende aber lässt sie am Morgen immer offen.

Das in arabischen Schriftzeichen verfasste Königsbuch

EPEN UND SAGEN

Epen und Sagen erzählen von »sagenhaften« Helden und ihren Taten. Ein Epos ist wie ein langes Gedicht in Versen geschrieben, während Sagen wie Erzählungen in Prosa abgefasst sind. Das persische Nationalepos *Schah-Name (Das Königsbuch)* des Dichters Firdausi (um 934–1020) erzählt von persischen Königen und ihren Schlachten gegen urzeitliche Ungeheuer. Andere große Epen sind die *Ilias* und die *Odyssee* von Homer und Vergils *Aeneis*. Das berühmteste deutsche Epos ist das Nibelungenlied aus dem Mittelalter.

BIOGRAFIE

Eine Biografie beschreibt das Leben einer Person. Der amerikanische Schriftsteller Mark Twain (rechts) wurde in J. Kaplans Biografie *Mr. Clemens and Mark Twain* porträtiert (der Titel spielt an auf Twains wirklichen Namen, Samuel Langhorne Clemens).

Lyrik

Die Lyrik unterscheidet sich von den anderen Gattungen der Literatur, da sie in der Regel in Versen und Reimen abgefasst ist. In der Lyrik folgen die Wortbetonungen einem festen Schema, das sich in jeder Verszeile wiederholt. Daraus ergibt sich der Rhythmus eines Gedichts. Sind die Verse noch dazu gereimt, dann enden sie in jeweils gleich klingenden Worten. Zu den großen Lyrikern zählt der in Prag geborene Rainer Maria Rilke (1875–1926). Seine berühmtesten Gedichtsammlungen sind die *Neuen Gedichte* (1907), die *Duineser Elegien* (1923) und *Die Sonette an Orpheus* (1923).

Roman

Ein Roman ist eine längere, in Prosa abgefasste Erzählung. Handlung und Personen sind frei erfunden. Im Verhältnis zu anderen Formen der Literatur gibt es Romane noch nicht sehr lange, erst seit dem frühen 17. Jh. Sie wurden sehr schnell sehr beliebt, weil es Romane für jeden Lesergeschmack gibt. Manche bieten interessante Schilderungen des Alltagslebens, andere wiederum erzählen von fantastischen Abenteuern. In seinem Roman *Buddenbrooks* erzählt Thomas Mann (1875–1955) die Geschichte vom Niedergang einer Lübecker Kaufmannsfamilie. Das Buch machte den jungen Autor auf einen Schlag berühmt. Im Jahr 1929 erhielt Thomas Mann den Nobelpreis für Literatur. Erfolgreiche Romanautoren können heutzutage mit dem Verkauf ihrer Bücher und den Filmrechten daran ein hohes Einkommen erzielen.

DRAMA

Anspruchsvolle Theaterstücke werden Dramen oder Schauspiele genannt. Jedes Land hat seine eigene Form des Theaters. Das japanische Noh-Theater entstand im 14. Jh. und kommt mit sehr wenig Dekoration aus. Bei den oft Stunden dauernden Aufführungen verwenden die ausschließlich männlichen Schauspieler die Mittel des Tanzes, der Pantomime sowie Masken. Das Noh-Theater ist von Buddhismus und Shintoismus beeinflusst.

Das Noh-Theater kennt fünf Arten von Stücken: Götter-, Helden-, Zeit-, Irrsinns- und Geisterstücke.

MÄRCHEN

Jedes Volk hat seine eigenen Märchen. Die berühmteste deutsche Märchensammlung wurde 1812 von den Brüdern Grimm zusammengetragen und enthält so bekannte Märchen wie *Rotkäppchen* oder *Hänsel und Gretel*. Genauso berühmt sind die Märchen des dänischen Schriftstellers Hans Christian Andersen (1805–75). Er schrieb z. B. *Des Kaisers neue Kleider* und *Das hässliche Entlein*.

Ein Märchen von Hans Christian Andersen, Die Prinzessin auf der Erbse, berichtet davon, wie eine einzige Erbse unter einem ganzen Stapel von Matratzen einem Mädchen den Schlaf raubt.

Siehe auch

BÜCHER

DICHTER UND SCHRIFTSTELLER

DRUCKTECHNIKEN

THEATER

DEUTSCHSPRACHIGE
LITERATUR

AM ANFANG STEHT DIE MITTELALTERLICHE LITERATUR mit ihren Sagen, Heldenliedern und Ritterromanen, die im 12. und 13. Jahrhundert ihren Höhepunkt erreicht. Damals wurde auf Alt- und Mittelhochdeutsch geschrieben. Erst mit Martin Luther beginnt sich das Neuhochdeutsche zu entwickeln. Im Lauf der Geschichte verändert sich nicht nur die Gesellschaft, sondern auch die Literatur. Spielen im 17. und 18. Jahrhundert vor allem Gedichte und Theaterstücke eine Rolle, werden im 19. und 20. Jahrhundert Erzählungen und Romane immer wichtiger. Auch heute lesen die Meisten Romane. Die Auswahl ist groß. Es gibt Liebes- und Kriminalromane, historische Romane, Abenteuer-, Bildungs-, Zeit- und Gesellschaftsromane.

Der Schauspieler Klaus Kinski als Woyzeck in dem gleichnamigen Stück von Georg Büchner

LITERATUR DES MITTELALTERS
Im frühen Mittelalter gab es fast nur geistliche Literatur, also Gebets- oder Bibeltexte. Das änderte sich erst zur Zeit der Kreuzzüge. Mitte des 12. Jahrhunderts begannen fahrende Spielleute von Burg zu Burg zu ziehen, um ihre Sagen und Lieder vorzutragen. Darin erzählten sie von fantastischen Ritterabenteuern oder besangen schöne Damen. Einer der berühmtesten Dichter des Mittelalters war Wolfram von Eschenbach (um 1170–1220). Er erzählte die Geschichte von Parsifal, einem Knaben, der in die weite Welt hinauszieht, um sich als Ritter zu bewähren. Parsifal muss viele Abenteuer bestehen, bis er zu Gott findet und König wird.

NIBELUNGENLIED
Wer das Nibelungenlied geschrieben hat, weiß man nicht. Es entstand Anfang des 13. Jh. und erzählt vom tapferen Siegfried, der dem Burgunderkönig Gunther hilft, Brünhild zu besiegen und zu heiraten. Doch Brünhild fühlt sich betrogen und lässt Siegfried von Hagen ermorden. Siegfrieds Witwe Kriemhild heiratet den Hunnenkönig Etzel und rächt sich, indem sie die Burgunder in einen Hinterhalt lockt und töten lässt. Sie erschlägt Hagen und findet selbst den Tod.

Der Held Siegfried im Kampf gegen den Drachen

DRAMA

Im Mittelalter gab es die ersten Krippen- und Fastnachtsspiele in deutscher Sprache. Jahrhundertelang führte man eher derbe Komödien auf, bis im 18. Jh. mit Gotthold Ephraim Lessing, Friedrich Schiller, Johann Wolfgang von Goethe und Heinrich von Kleist ein deutsches Nationaltheater von Weltrang entstand. Im 19. Jh. kamen die lustigen Volksstücke des Österreichers Johann Nestroy in Mode. Gleichzeitig wollten Autoren wie Georg Büchner und später Gerhart Hauptmann das wirkliche Leben darstellen. In ihren realistischen Stücken schildern sie das Elend der einfachen Soldaten, Tagelöhner und Weber. Um die Wende zum 20. Jh. feierte man vor allem die Stücke des Wiener Arztes Arthur Schnitzler, der sich psychologisch sehr genau in seine Figuren einfühlte. Im 20. Jh. wehrten sich viele Autoren gegen das traditionelle Theater. Sie brachten stark verfremdete Figuren auf die Bühne, wollten den Zuschauer aufrütteln und selbst zum Denken anregen. Zu den wichtigsten modernen Theaterautoren zählen Bertolt Brecht, Heiner Müller, Rolf Hochhuth, die Schweizer Friedrich Dürrenmatt und Max Frisch sowie die Österreicher Thomas Bernhard und Elfriede Jelinek.

Bettina von Arnim (1785–1859)

DIE ROMANTIK
Anfang des 19. Jh. begannen Philosophen und Dichter in Berlin, Jena und Heidelberg nach dem Poetischen im normalen Leben zu suchen. Sie interessierten sich für das Wunderbare und Fantastische, sammelten Märchen und alte Volkssagen und beschäftigten sich mit den unheimlichen »Nachtseiten« des Menschen. Neben Schriftstellern wie Novalis, Clemens von Brentano, E. T. A. Hoffmann und Joseph von Eichendorff gab es auch eine Vielzahl berühmter Dichterinnen wie Karoline von Günderode und Bettina von Brentano. Bettina, die später den Dichter Achim von Arnim heiratete, führte einen Briefwechsel mit Goethe und verfasste Briefromane. In ihren Werken setzte sie sich stark für die Rechte der Armen und der Frauen ein.

THEODOR FONTANE
Im Jahr 1819 kam Theodor Fontane als Sohn eines Apothekers in Neuruppin zur Welt. Der junge Mann wurde ebenfalls Apotheker, gab seinen Beruf jedoch bald auf, um als Journalist zu arbeiten. Als Schriftsteller war er lange Zeit erfolglos. Fontane war bereits 60 Jahre alt, als er anfing Romane wie *Irrungen, Wirrungen* und *Frau Jenny Treibel* zu schreiben. Sein großer Durchbruch gelang ihm erst 1895, drei Jahre vor seinem Tod: In *Effi Briest* schildert er das Schicksal einer jungen Frau, die von einem Offizier verführt wird. Als ihr Mann Jahre später davon erfährt, kommt es zur Katastrophe.

Die Schauspielerin Hanna Schygulla als Effi Briest in der Verfilmung von Rainer Werner Fassbinder (1974)

Bertolt Brecht

Der Sohn eines Papierfabrikanten wurde 1898 in Augsburg geboren. Er studierte Medizin und begann schon als junger Mann zu schreiben. Brecht war gerade einmal 20 Jahre alt, als seine ersten Theaterstücke in München aufgeführt wurden. Die ganze Stadt sprach davon. 1924 ging Brecht nach Berlin, wo er zum begeisterten Anhänger des Marxismus wurde. Dort verfasste er auch die *Dreigroschenoper,* ein Stück über Bettler und Ganoven, das viele Lieder mit provozierenden Texten enthält. Brecht erfand das Epische Theater: Ein Theater, bei dem man die Welt um sich herum nicht vergisst, sondern mit neuen Augen betrachtet. Das Publikum soll etwas dazulernen und dazu angeregt werden, die Gesellschaft zu verändern. Als 1933 die Nationalsozialisten an die Macht kamen, ging Brecht ins Exil. In der Folgezeit verfasste er so berühmte Lehrstücke wie *Mutter Courage* oder *Der Kaukasische Kreidekreis.* Nach dem Zweiten Weltkrieg ging Bertolt Brecht nach Ost-Berlin, wo er mit seiner Frau, der Schauspielerin Helene Weigel, das »Berliner Ensemble« gründete. Die Aufführungen dieser Experimentierbühne wurden weltberühmt. 1956 starb Brecht an einem Herzinfarkt.

»Erst kommt das Fressen, dann die Moral«: In seiner Dreigroschenoper *zeigt Brecht, dass Armut Gewalt und neue Armut hervorbringt.*

Schriftsteller der DDR

Die Autoren der ehemaligen Deutschen Demokratischen Republik sollten Werbung durch den sozialistischen Realismus machen. Um ihre Werke durch die staatliche Zensur zu bringen, durften sie keine Kritik an ihrem Land üben. Aus diesem Grund mussten sie vieles umschreiben und entwickelten einen ganz eigenen Stil. Doch wer zwischen den Zeilen lesen konnte, verstand sofort, was gemeint war. Zu den bekanntesten Schriftstellern der DDR gehörten Anna Seghers, Stefan Heym, Stefan Hermlin, Heiner Müller, Jurek Becker, Christa Wolf, Irmtraud Morgner, Ulrich Plenzdorf sowie der Dichter und Liedermacher Wolf Biermann. Er wurde 1976 mit Günter Kunert, Sarah Kirsch und anderen unerwünschten Kollegen in die Bundesrepublik ausgebürgert.

INGEBORG BACHMANN
Die Autorin, die 1926 in Klagenfurt geboren wurde, gehört zu den berühmtesten Schriftstellerinnen der Moderne. Die studierte Philosophin verfasste Gedichte *(Die gestundete Zeit),* Hörspiele *(Der gute Gott von Manhattan),* Erzählungen *(Das dreißigste Jahr)* und Romane *(Malina).* Seit 1965 lebte sie in Rom, wo sie 1973 bei einem Wohnungsbrand ums Leben kam.

Kinderbücher

Die ganz frühen deutschen Kinderbücher wie der *Struwwelpeter,* der 1844 von Heinrich Hoffmann verfasst wurde, sollten die Kinder vor allem erziehen. Doch seit dem 20. Jahrhundert gibt es immer mehr Autoren, denen es einfach Spaß macht, Geschichten für Kinder zu erfinden. Einer der berühmtesten war Erich Kästner (1899–1974). Viele seiner Bücher wie *Emil und die Detektive, Pünktchen und Anton, Das fliegende Klassenzimmer* und *Das doppelte Lottchen* wurden verfilmt. Dasselbe gilt für den *Räuber Hotzenplotz* von Otfried Preußler und *Die unendliche Geschichte* von Michael Ende – Geschichten, die von Kindern auf der ganzen Welt verschlungen werden.

ROMANAUTOREN DER NACHKRIEGSZEIT
Nach dem Zweiten Weltkrieg setzten sich viele Autoren wie Rolf Hochhuth, Siegfried Lenz oder Heinrich Böll kritisch mit der deutschen Vergangenheit auseinander. Auch der Schriftsteller Günter Grass verarbeitet die deutsche Geschichte, wenn auch nicht auf realistische Weise. 1959 erschien sein Roman *Die Blechtrommel.* Darin erzählt er die absurde Geschichte des Oskar Matzerath, der einfach nicht erwachsen werden will. Deshalb stürzt er sich als Dreijähriger die Kellertreppe herunter und bleibt sein Leben lang ein Zwerg. Erst als der Krieg vorbei ist, beschließt er wieder zu wachsen. Auch die Schweizer Schriftsteller Friedrich Dürrenmatt *(Der Besuch der alten Dame,* 1956*)* und Max Frisch *(Biedermann und die Brandstifter,* 1958*)* nutzten Übertreibungen, Verzerrungen und groteske Einfälle für ihre Dramen, um auf Missstände in der Gesellschaft hinzuweisen.

Szene aus Die Blechtrommel

DEUTSCHE LITERATUR

750–1350 Alt- und mittelhochdeutsche Literatur.

um 1210 Wolfram von Eschenbach schreibt den Ritterroman *Parsifal.*

1534 Reformation: Martin Luthers deutsche Bibelübersetzung erscheint und macht ihn zum Begründer der deutschen Hochsprache.

1779 Aufklärung: Lessing schreibt *Nathan der Weise.*

1781 Sturm und Drang: Schiller schreibt *Die Räuber.*

1808/1833 Klassik: *Faust I* und *Faust II* von J. W. v. Goethe.

1812–1822 Romantik: Die *Kinder- und Hausmärchen* der Gebrüder Grimm erscheinen.

1879 Realismus: Büchners *Woyzeck* wird veröffentlicht.

1892 Naturalismus: Gerhart Hauptmanns *Die Weber* werden aufgeführt.

1894/1895 Theodor Fontane verfasst *Effi Briest.*

1901 Moderne: Thomas Manns *Buddenbrooks* erscheinen.

1959 *Die Blechtrommel* von Günter Grass erscheint, der 1999 für sein Gesamtwerk den Nobelpreis erhält.

Siehe auch

Dichter und Schriftsteller
Goethe, Johann W. von
Literatur
Schiller, Friedrich von

Ludwig XIV.

Ludwig XIV. wurde 1643 König von Frankreich. Er regierte das Land 72 Jahre lang und machte Frankreich zum damals mächtigsten Land Europas. So lange Ludwig minderjährig war, leiteten seine Mutter und Kardinal Mazarin die Regierung in seinem Namen. Während dieser Zeit erhob sich der Adel gegen den Thron und die Steuerpolitik in einem Aufruhr, der als Fronde bezeichnet wurde. Mit 23 Jahren übernahm dann Ludwig die ganze Macht und regierte Frankreich als absoluter Monarch, d.h. er fällte alle Entscheidungen selbst. Er verlegte den Hof nach Versailles bei Paris und ernannte Jean Colbert zum Finanzminister. Unter Colbert erlebten Handel und Industrie eine neue Blüte. Ludwig XIV. führte mehrere Kriege und vergrößerte das Staatsgebiet Frankreichs. Diese Kriege kosteten jedoch viel Geld, und Frankreich war nahe am Bankrott. Zur Schuldentilgung wurden die Steuern erhöht.

1638 Geboren in St.-Germain-en-Laye, Frankreich.

1643 Ludwig wird König.

1662 Ludwig verlegt den Hof nach Versailles.

1667–1668 Krieg mit den Niederlanden.

1701 Spanischer Erbfolgekrieg. Frankreich kämpft um das Spanische Reich.

1713 Der Friede von Utrecht beendet den Spanischen Erbfolgekrieg und markiert den Machtverlust Frankreichs.

1715 Tod Ludwigs XIV.

Schloss von Versailles

Das Schloss von Versailles ist sehr großzügig gebaut. Zu den vielen Räumen gehört ein prachtvoll ausgestatteter Spiegelsaal mit 73 m Länge. Das Schloss umgeben gepflegte Gartenanlagen mit Brunnen und formschön geschnittenen Hecken. Ludwig gab ein Zehntel der gesamten Staatsgelder für die Erhaltung des Schlosses aus. Trotzdem waren viele Teile des Schlosses überbelegt, dunkel und kalt.

Der Spiegelsaal im Schloss von Versailles war ein beliebter Versammlungsort für Adlige.

Detaillierte Stickerei auf einem Stuhl, der ein typisches Beispiel für den Möbelstil Ludwigs XIV. ist.

Sonnenkönig

Ludwig XIV. umgab sich mit Prunk. Sein Hof war Treffpunkt großer Schriftsteller, Künstler und Musiker. Er sagte von sich: »L'état c'est moi« oder »Der Staat bin ich«. Ludwig hatte den Beinamen »Sonnenkönig« nach dem griechischen Gott Apollo, der auch ein Gönner der Kunst gewesen ist.

Möbel

Ludwig XIV. beschäftigte besonders ausgebildete Handwerker, die für seinen Hof in Versailles die Möbel fertigten. Der Stil dieser Möbel, wie dieses Stuhls aus Walnussholz, war sehr verspielt. Er war bekannt als Stil Ludwigs XIV.

Siehe auch

Frankreich, Geschichte
Französische Revolution

Luft

Die Luft ist die Lebensgrundlage für alle Pflanzen und Tiere. Sie besteht aus einem Gemisch von Gasen. Luftbewegungen kennen wir als Wind. Wenn sich die Luft bewegt, drückt sie gegen alles, was ihr in den Weg kommt, lässt Blätter tanzen und hebt Drachen hoch über die Baumwipfel. Auch ruhige Luft übt einen Druck aus. Die Erde ist von einer rund 650 km dicken Lufthülle umgeben. Die Luft ist zwar leicht, doch ist diese Lufthülle so dick, dass sie auf alles unter sich einen Druck ausübt. Am Boden ist dieser Druck genau so stark wie 10,40 m unter Wasser. Wir nehmen das Gewicht der Luft jedoch nicht wahr, da sie von allen Seiten gleichmäßig auf uns lastet und unsere Körperflüssigkeiten in demselben Maße nach außen drücken. In größeren Höhen herrscht niedrigerer Luftdruck; in einem Flugzeug in 16 000 m Höhe entspricht der Druck nur noch einem Zehntel des Drucks auf dem Boden.

GASE IN DER LUFT
Die meisten Gase in der Luft sind farb- und geruchlos.

FALLSCHIRM
Ein Fallschirm erhöht den Luftwiderstand, sodass der Fallschirmspringer langsam und sicher zu Boden gleitet. Fallschirmspringer nutzen den Luftwiderstand schon vor Öffnen des Schirms, wenn sie Arme und Beine ausstrecken und somit den Fall abbremsen.

LUFTWIDERSTAND
Wie alles andere nimmt auch die Luft Raum ein. Ein Auto muss die auf dem Weg liegende Luft verdrängen. Dabei entsteht eine bremsende Kraft – der so genannte Luftwiderstand. Moderne Fahrzeuge sind stromlinienförmig, d. h. sie verdrängen die Luft mit einem geringeren Widerstand. Neue Modelle werden in Windkanälen getestet, in denen Luft mit hoher Geschwindigkeit über das Auto bläst.

Luftdruck

Der Luftdruck unterstützt uns auch im Alltag. So leert z. B. ein Saugheber mithilfe des Luftdrucks ein Aquarium aus, das man nicht heben kann, wenn es voll Wasser ist. Die Funktionsweise vieler Maschinen beruht auf Luftdruck. Pumpt man Luft in Autoreifen, werden sie fest, bleiben aber elastisch und federn Unebenheiten ab. Viele Werkzeuge, wie Pressluftbohrer, werden mit komprimierter Luft aus mechanischen Pumpen angetrieben.

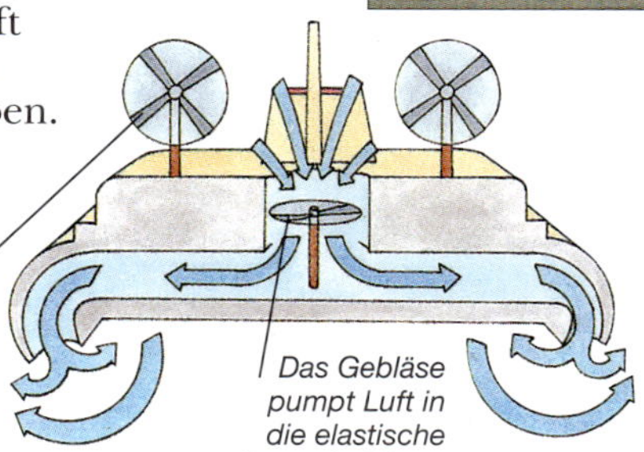

LUFTKISSENBOOT
Ein Luftkissenboot schwebt auf einer Schicht aus komprimierter Luft, die sein Gewicht gleichmäßig verteilt. So kann das Luftkissenboot über Sümpfe, Tiefschnee und Wasser gleiten, ohne dabei einzutauchen. Das tragende Luftkissen wird durch ein starkes Gebläse erzeugt.

UNTERDRUCK
Unterschiede im Luftdruck führen zur Bewegung von Flüssigkeiten und Feststoffen. Wenn man z. B. an einem Strohhalm zieht, wirkt die Lunge wie eine Pumpe und vermindert den Luftdruck über der Flüssigkeit im Strohhalm. Der höhere Luftdruck außerhalb des Strohhalms zieht das Getränk den Strohhalm hoch und in den Mund.

Siehe auch
Atmosphäre
Erde
Sauerstoff
Umweltverschmutzung
Wetter

MARTIN LUTHER

DER GROSSE KIRCHENREFORMATOR und Mitbegründer der protestantischen Konfession Martin Luther wurde 1483 als Sohn eines Bergmanns und späteren Hüttenmeisters geboren. Seine Eltern schickten ihn auf die Universität nach Erfurt. Sie waren sehr verärgert, als Luther das Studium abbrach, um Mönch zu werden. Er trat in den Bettelorden der Augustiner ein und lehrte als Theologieprofessor in Wittenberg. Aus Gewissensgründen übte er heftige Kritik an der Kirche und wurde als Ketzer verfolgt. Luther weigerte sich seine Lehren zu widerrufen und flüchtete auf die Wartburg. Doch die Zahl seiner Anhänger wuchs, und so wagte sich Luther 1522 zurück nach Wittenberg, um seine Ideen in zahlreichen Predigten, Vorlesungen und Schriften weiter zu verbreiten. 1546 starb Luther in seiner Geburtsstadt Eisleben.

DAS MÖNCHSGELÜBDE

Als Luther beschloss, Mönch zu werden, konnte das zunächst niemand verstehen. Was wollte der lebenslustige Student im Kloster? Später erzählte Luther, dass ein Unwetter der Auslöser gewesen war. Am 2. Juli 1505 kehrte er von einem Besuch bei seinen Eltern zurück und geriet in ein heftiges Gewitter. Als ganz in seiner Nähe der Blitz einschlug, gelobte er der heiligen Anna, Mönch zu werden, wenn er nur heil nach Hause käme.

Nachdem der Kaiser Luther für vogelfrei erklärt hatte, gewährte ihm der Kurfürst von Sachsen auf der Wartburg bei Eisenach Schutz. Hier entstand Luthers berühmte Bibelübersetzung.

Luthers Zimmer auf der Wartburg ist bis heute unverändert geblieben.

GEGEN DEN ABLASSHANDEL

»Wenn das Geld im Säckel klingt, die Seele in den Himmel springt.« Weil die Kirche Geld brauchte, erfand sie den Ablasshandel. Das bedeutete, dass die Gläubigen nicht mehr zur Beichte zu gehen brauchten: Stattdessen konnten sie sich einfach von ihren Sünden freikaufen. Luther war darüber sehr empört. Er hielt die Vergebung für ein Geschenk Gottes, das die Menschen in Demut entgegennehmen sollten.

KATHARINA VON BORA

Im Jahr 1525 heiratete Martin Luther die aus dem Kloster geflohene Nonne Katharina von Bora. Die beiden lebten einträchtig zusammen und bekamen sechs Kinder. Das brachte Luther dazu, das Traubüchlein zu schreiben, in dem er Ratschläge für eine gute Ehe gibt. Kurz nachdem Luther gestorben war, erklärte Kaiser Karl V. den protestantischen Fürsten, die sich im Schmalkaldischen Bund zusammengeschlossen hatten, den Krieg. Katharina floh nach Dessau und dann nach Magdeburg. 1552 starb sie in Torgau an der Pest.

DIE 95 THESEN

Luther hielt viele Predigten gegen den Ablasshandel, durch den man sich das Seelenheil mit Geld erkaufen konnte. 1517 verfasste er schließlich 95 Thesen, um bei den Bischöfen schriftlich gegen die Unsitte zu protestieren. Dass er die Thesen für jeden lesbar an das Tor der Schlosskirche in Wittenberg nagelte, ist eine Legende. Trotzdem wurden seine Thesen weithin bekannt und fanden begeisterte Anhänger.

DIE LUTHER-BIBEL

Als Luther 1521–1522 auf der Wartburg festsaß, übersetzte er das Neue Testament in nur elf Wochen aus dem Griechischen ins Deutsche. Um die Heilige Schrift richtig wiederzugeben, erfand er rund 7500 neue Begriffe wie „Feuereifer“, »Herzenslust«, »Morgenland« und »Abendland«. Nach und nach übertrug er auch das Alte Testament. 1534 erschien die erste Gesamtausgabe der Bibel in deutscher Sprache, die ein richtiges Volksbuch wurde. Luthers Bibelübersetzung hatte großen Einfluss auf die Entwicklung der deutschen Sprache und machte ihn zum Begründer der deutschen Hochsprache.

Siehe auch

CHRISTENTUM
DEUTSCHLAND, GESCHICHTE
REFORMATION

MAGNETISMUS

DER MAGNETISMUS ist eine unsichtbare Kraft – man sieht nur ihre Auswirkung, wenn ein Magnet ein Metallstück anzieht. Ein Material, das bestimmte Materialien, z. B. Eisen, anzieht, nennt man Magnet. Materialien, die von einem Magneten angezogen werden, bezeichnet man als magnetisch. Jeder Magnet hat zwei Pole – die Stellen, um die sich magnetische Objekte ansammeln. Die Erde ist selbst ein riesiger Magnet. Ihre magnetischen Pole befinden sich in Nähe des geografischen Nord- und Südpols. Von jedem Magneten ist ein Pol zum magnetischen Nordpol und der andere zum magnetischen Südpol der Erde ausgerichtet. Materialien, die ihre magnetischen Eigenschaften behalten, nennt man Dauermagnete. Wenn elektrischer Strom durch eine Drahtspule läuft, wird daraus ein so genannter Elektromagnet, der sich an- und ausschalten lässt. Elektromagnete werden in Elektromotoren, Lautsprechern und vielen anderen Geräten angewandt.

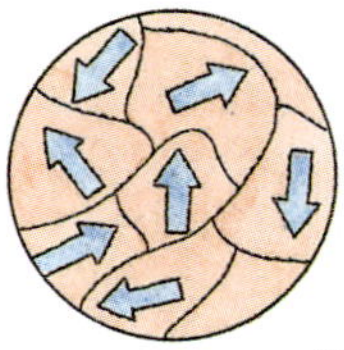

QUELLE DES MAGNETISMUS
Eisen enthält Millionen winziger Magneten, Dipole genannt. Normalerweise weisen alle Dipole in eine andere Richtung, sodass sich ihr Magnetismus aufhebt. In einem Magnet weisen alle in dieselbe Richtung und wirken daher magnetisch.

MAGNETFELD
Der Bereich um einen Magneten, in dem seine magnetische Kraft wirkt, wird als Magnetfeld bezeichnet. So wird z. B. eine Büroklammer nur vom Magneten angezogen, wenn sie sich in dessen Magnetfeld befindet.

Alle Magnete ziehen Gegenstände aus Eisen und Stahl an, nicht aber aus Plastik oder Holz.

MAGNETEISEN
Magnetit ist ein stark magnetisches Eisenerz. Magnetit wird auch als Magneteisen oder als Magneteisenstein bezeichnet und wurde früher oft als eine Art Kompass benutzt.

MAGNETISCHE POLE

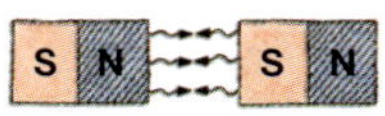

Der Nordpol eines Magneten und der Südpol eines anderen Magneten ziehen sich an.

Zwei gleiche Pole, z. B. die Südpole zweier Magneten, stoßen sich gegenseitig ab.

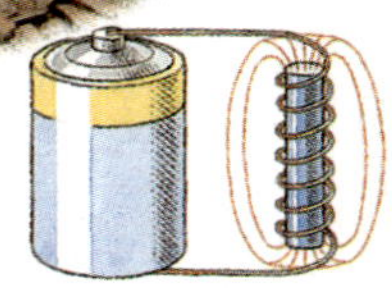

ELEKTROMAGNETE
Ein Elektromagnet besteht aus einer Drahtspule. Sobald elektrischer Strom die Spule durchläuft, entsteht ein Magnetfeld. Stellt man den Strom ab, wird das Magnetfeld ausgeschaltet. Es gibt Kräne, die zum Heben der Last keinen Haken, sondern einen Elektromagneten verwenden.

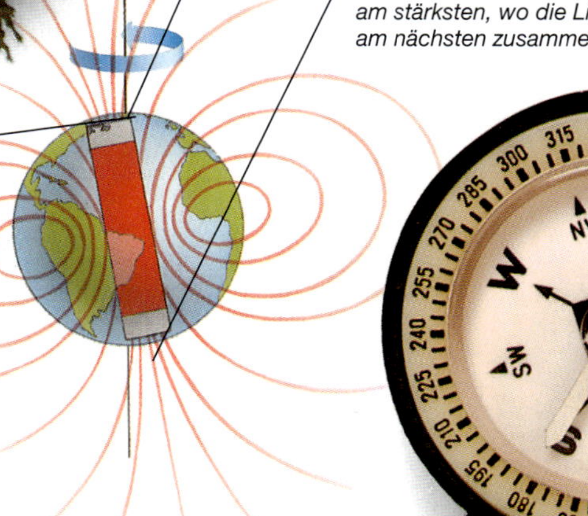

Der geografische Nordpol und der Südpol bilden die Enden der Erdachse, um die sich die Erde dreht.

Die Linien stellen das Erdmagnetfeld dar. Das Feld ist am stärksten, wo die Linien am nächsten zusammen sind.

Magnetischer Nord- und Südpol liegen in der Nähe vom geografischen Nord- bzw. Südpol.

ERDMAGNETISMUS
Die Erde erzeugt ein Magnetfeld und wirkt etwa so, als wäre ein riesiger »Stabmagnet« in ihr enthalten. Der Erdmagnetismus wird von elektrischen Strömen im flüssigen Eisenkern der Erde erzeugt.

KOMPASS
Die Nadel eines Kompasses ist ein flacher und sehr leichter, frei schwenkbarer Magnet. Der Nordpol der Nadel zeigt immer zum magnetischen Nordpol der Erde, der sich in der Nähe des geografischen Nordpols befindet. Kompasse werden zur Orientierung an Land und auf den Meeren verwendet.

Siehe auch
ELEKTRIZITÄT
ERDE
LANDKARTEN
NAVIGATION

Maler

ANFÄNGE DER MALEREI
Im alten Ägypten bemalten Künstler die Wände von Grabmälern mit Göttern und Göttinnen, Jagd- und Festszenen. Die frühgriechische minoische Kultur auf Kreta schmückte ihre Paläste mit Bildern von Tänzern, Vögeln und Blumen. Die Maler der Römerzeit schufen Bilder von Göttern sowie Szenen der klassischen Mythologie.

SO WIE SCHRIFTSTELLER Worte verwenden, um ihre Ideen auszudrücken, verwenden Maler Farben. Maler geben ein Gesicht oder eine Blume wirklichkeitsgetreu wieder, aber sie können viel mehr, als »nur« ein realistisches Bild malen. Der geschickte Umgang mit Farben und Formen lässt immer wieder neue, aufregende Bilder entstehen, Ansichten der Welt, wie sie die Maler mit eigenen Augen sehen. Jede geschichtliche Epoche hat große Maler hervorgebracht, von Giotto im 14. Jh. bis zu Picasso im 20 Jh., und immer wieder haben sich Gruppen mit einem eigenen Stil herausgebildet wie etwa Klassizimus, Kubismus oder Pop Art. Maler verändern unsere Sicht der Welt. Rembrandts Porträts z. B. sind beeindruckende Studien der realen Welt, wohingegen Salvador Dalis fremdartige, surrealistische (traumähnliche) Landschaften reine Fantasiegemälde sind. Um ein Bild zu malen, verwenden Maler viele Arten von Farbe – Ölfarbe, die meist dick mit dem Spachtel auf Leinwand aufgetragen wird, oder Wasserfarbe, mit zarten Pinselstrichen auf Papier gesetzt. Manche Maler tragen Farbe mit einem Schwämmchen oder Tuch, ja sogar mit den Fingern auf. Andere wiederum lassen die Farbe einfach auf das Bild laufen.

MALEREI IM MITTELALTER
Bis zum 13. Jh. beherrschten christliche Themen die abendländische Kunst – Bilder aus dem Leben Christi und der Heiligen. Die Maler dieser religiösen Gemälde arbeiteten mit kräftigen Farben und Blattgold. In ihrer Malweise unterschieden sich die frühen Künstler von ihren Nachfolgern, aber obwohl die Bilder uns flach erscheinen, sind sie dennoch nicht weniger beeindruckend. Die Maler malten auf frisch verputzte, noch feuchte Kirchenwände.

Auf mittelalterlichen Gemälden wirken die Menschen oft steif und ausdruckslos, wie diese Darstellungen eines Kaisers, eines Heiligen und eines Engels aus dem 11. Jh. (links).

Die Decke der Sixtinischen Kapelle, bemalt von Michelangelo

Renaissance

Zu den größten Epochen europäischer Malerei gehört die Renaissance. Ihre Blüte erlebte sie im Italien des frühen 16. Jhs. In der Renaissance entwickelten die Maler einen realistischeren Darstellungsstil. Sie entdeckten die Perspektive und studierten den menschlichen Körper. Es entstanden erste Porträts und realistische Landschaften.

Michelangelo

Michelangelo Buonarroti (1475–1564) zählt zu den bedeutendsten italienischen Malern der Renaissance. Er arbeitete viel für Papst Julius II. Von 1508 bis 1521 bemalte er in dessen Auftrag die Decke der Sixtinischen Kapelle im Vatikan.

Damit Michelangelo die Decke der Sixtinischen Kapelle überhaupt erreichen konnte, wurde eigens ein Gerüst für ihn erbaut. Manchmal arbeitete er auf dem Rücken liegend.

Giotto

Der italienische Maler Giotto (um 1266–1337) arbeitete zu Beginn der Renaissance. Er führte eine neue, natürliche Sichtweise in die Malerei ein. Dieses Gemälde (oben) trägt den Titel *Die Flucht nach Ägypten* Es zeigt Maria und das Jesuskind auf einem Esel sitzend, geführt von Josef.

REMBRANDT

Der niederländische Maler Rembrandt H. van Rijn (1606–69) ist fast nur über seinen Vornamen bekannt. Sein Ruhm gründet sich besonders auf seine ausdrucksstarken Porträts. Das hier abgebildete Gemälde ist eines seiner vielen Selbstporträts.

DIE ROMANTIK

Zwischen dem späten 18. und dem frühen 19. Jh. entwickelten Maler wie der Franzose Eugène Delacroix einen neuen Malstil und damit eine neue Kunstrichtung, die Romantik. Die Vorliebe der Romantiker für leuchtende Farben und ihr freier Umgang damit ließ stimmungsvoll bewegte Bilder entstehen. Der englische Maler J. M. W. Turner (1775–1851) malte Landschaften und Ansichten des Meeres, die in Licht und Farbe zu schwimmen scheinen.

FERNÖSTLICHE MALEREI

Die Künstler im Fernen Osten bildeten ihre eigenen Malstile heraus. Die chinesischen Maler beobachteten die Natur sehr genau; mit Tusche und wenigen Pinselstrichen malten sie zarte Bilder auf Seide und Papier. Japanische Künstler wie Hokusai (1760–1849) sind für ihre Holzschnitte berühmt.

Das Bild Blütenglanz *stammt vom japanischen Maler Kaii Higashiyama (1908-1999).*

PICASSO

Viele sind der Meinung, der spanische Maler Pablo Picasso (1881–1973) war der kreativste und einflussreichste Künstler des 20. Jhs. Schon in jungem Alter fiel das Talent Picassos zum Malen und Zeichen auf. Seine ruhelose Persönlichkeit ließ ihn viele Malstile entwickeln. Einer dieser Stile wird als die »Blaue Periode« bezeichnet, weil in dieser Zeit Blau die wichtigste Farbe seiner Bilder war. 1907 malte Picasso das Bild *Die Mädchen von Avignon*, das einen Schock unter den Zeitgenossen auslöste – eckige und verzerrte Formen beherrschten das Bild. Tatsächlich waren das die Anfänge eines neuen Stils in der Malerei, des Kubismus.

Links ein Ausschnitt aus dem Gemälde Die Schaukel *des französischen Malers Fragonard (1732–1806).*

Claude Monet: Das Mohnfeld

Dieses Foto zeigt Picasso mit einer Darstellung seiner Kinder Claude und Paloma. Er ist auf dem Weg zu einer Ausstellung seiner Werke.

MONET

Claude Monet (1840–1926) gehörte zu den führenden Impressionisten. Viele seiner Gemälde zeigen seinen Garten in Giverny und die französische Landschaft wie auch das Bild rechts oben. Aus der Nähe betrachtet, besteht das Bild aus vielen Pinselstrichen höchst unterschiedlicher Farben, tritt man jedoch zurück, dann verbinden sich die Farbtupfer zu einem harmonischen Ganzen.

DER IMPRESSIONISMUS

Bei einer Pariser Ausstellung des Jahres 1874 löste ein Bild des französischen Malers Claude Monet einen Aufschrei aus. Kunstkritiker und die Öffentlichkeit waren gewohnt an realistische Darstellungen, aber Monet und seine Künstlerfreunde malten in einzelnen Farbtupfern, um Licht und Schatten unmittelbar sichtbar werden zu lassen. Weitere große Impressionisten waren Camille Pissarro, Pierre-Auguste Renoir, Edgar Degas, Mary Cassatt und Alfred Sisley.

MODERNE MALER

Schon zu Beginn des 20. Jhs. haben Maler entdeckt, dass zum »Malen« nicht unbedingt ein Pinsel erforderlich ist. Picasso und Braque schufen Collagen aus Stoff, Sand und Zeitungspapier. Der Amerikaner Jackson Pollock begründete das Action Painting. Dabei wird die Farbe auf die auf dem Boden liegende Leinwand geschüttet, gespritzt oder getröpfelt.

DAVID HOCKNEY

Der britische Maler David Hockney (geb. 1937) ist vor allem für seine Kalifornien-Bilder berühmt. Ein immer wiederkehrendes Motiv ist der Swimmingpool: Das Bild links trägt den Titel *A Bigger Splash.* Hockney arbeitet mit vielen unterschiedlichen Materialien, darunter auch Fotos und Farbkopien.

Siehe auch

BILDHAUEREI
LEONARDO DA VINCI
MALEREI
RENAISSANCE
ZEICHNEN

Maler
aus Deutschland, Österreich und der Schweiz

LANGE ZEIT HOLTEN SICH die deutschen Maler ihre Anregungen vor allem in den Niederlanden und in Italien. Die Techniken, die sie dort erlernten, wandten sie dann in ihren eigenen Meisterwerken an. Zu großen Erneuerern wurden Maler aus dieser Region Anfang des 20. Jahrhunderts, als die Expressionisten in ihren grellfarbigen, perspektivisch verzerrten Bildern das moderne Großstadtleben zeigten. Das gefiel den Nationalsozialisten nicht, die ihre Werke als »entartete Kunst« beschlagnahmten. Heutige Künstler dagegen dürfen bei ihrer Suche nach neuen Formen durchaus schockieren.

OTTONISCHE BUCHMALEREI

Von 962 bis 1024 waren die Klöster wichtige Kunstzentren. Mönche illustrierten die Handschriften des Neuen Testaments und verzierten die Seitenränder mit verschlungenen Ornamenten. Das Foto zeigt das kostbare Evangeliar von Otto III. (um 1000), das für seine ausdrucksstarken Bilder berühmt ist.

HANS HOLBEIN, DER JÜNGERE

Der aus einer Malerfamilie stammende Künstler, der 1497 in Augsburg geboren wurde und 1543 in London starb, lernte in der Werkstatt seines Vaters. Bald ging er nach Basel, wo er Wandmalereien und Altarbilder schuf. Am bekanntesten wurde er jedoch durch seine Porträts. Der englische König Heinrich VIII. beauftragte ihn damit, an verschiedene europäische Höfe zu reisen, um die heiratsfähigen Prinzessinnen zu malen. Später arbeitete er in London weiter für Heinrich VIII., außerdem porträtierte er dort viele deutsche Kaufleute. Mit jedem seiner Porträts gelang es Holbein, den Charakter des gezeigten Menschen genau einzufangen und ihm eine vornehme Würde zu verleihen. Das hier gezeigte Bild stammt von 1523 und zeigt seinen Freund und Förderer, den großen niederländischen Philosophen Erasmus von Rotterdam.

ALBRECHT DÜRER

Der berühmteste Künstler der deutschen Renaissance lebte 1471–1528. Bevor er eine eigene Malerwerkstatt eröffnete, machte er eine Studienreise nach Italien, wo er viel über Anatomie und Perspektive lernte. In seiner Heimatstadt Nürnberg brachte er es zu solchem Ansehen, dass er bald eine Leibrente vom deutschen Kaiser erhielt. Am bedeutendsten sind Dürers Holzschnitte, Kupferstiche und Selbstporträts. Das Bild links zeigt keinen Handwerker, sondern einen selbstbewussten Künstler von knapp 30 Jahren, der fast schon an Jesus Christus erinnert. Mit diesem Porträt von 1500 stellte sich Albrecht Dürer als idealen Menschen dar, der nach dem Ebenbild Gottes geschaffen wurde. Dürer schrieb zahlreiche Lehrwerke über die richtigen Proportionen, nach denen sich die Maler noch lange richteten.

CASPAR DAVID FRIEDRICH

Der bedeutendste Landschaftsmaler der Romantik wurde 1774 als Sohn eines Handwerkers in Greifswald geboren. Nach dem Studium in Dänemark ging Caspar David Friedrich nach Dresden, wo er viele Dichter der Romantik kennen lernte. Auf seinen stimmungsvollen Landschaftsbildern wollte der Künstler nie nur die Natur abbilden, sondern immer auch seine eigene Seele. 1820 entstand das Bild *Kreidefelsen auf Rügen*. Vor der unendlichen Weite des Meeres wirken die Menschen beinahe bedeutungslos.

CARL SPITZWEG

Der Münchener Biedermeier-Künstler wurde 1808 in eine reiche Kaufmannsfamilie hineingeboren. Mit 25 Jahren brachte sich der studierte Apotheker selbst das Malen bei und wurde durch seine sympathischen Darstellungen schrulliger Zeitgenossen schnell zum gefragten Künstler. Sein bekanntestes Bild ist *Der arme Poet* (oben). Spitzweg liebte das Wandern und Reisen. In der freien Natur entstanden viele kleinformatige Landschaftsbilder.

Der Kuss *(1918)*

GUSTAV KLIMT

Der Sohn eines österreichischen Goldschmieds wurde 1862 geboren. Er studierte an der Wiener Kunstgewerbeschule, um danach mit seinem Bruder ein Atelier für Wanddekorationen zu eröffnen. Mit ihren Bühnenvorhängen, Wandbildern und Deckengemälden waren sie sehr erfolgreich. Unter dem Einfluss des Jugendstils, einer Kunstrichtung um die Jahrhundertwende vom 19. zum 20. Jh., gründete Gustav Klimt die »Wiener Sezession«, eine Vereinigung von Künstlern und Architekten. Nach ersten Landschaftsbildern begann er sich verstärkt mit den Themen Sexualität, Liebe und Tod zu beschäftigen. Seine erotischen Frauendarstellungen verursachten manchen Skandal. Trotzdem ließen sich immer mehr Damen der Wiener Gesellschaft von ihm porträtieren. Indem sie der Künstler nur teilweise realistisch malte und mit mosaikartigen Ornamenten umgab, verlieh er ihnen eine verführerische Anmut.
1918 starb Gustav Klimt mit 56 Jahren an einem Schlaganfall.

DIE BRÜCKE

In Dresden hatte sich 1905 unter dem Namen »Die Brücke« eine Gruppe junger Künstler zusammengefunden. Ernst Ludwig Kirchner, Erich Heckel, Karl Schmidt-Rottluff, Fritz Bleyl, Max Pechstein, Emil Nolde, Otto Müller und der Schweizer Cuno Amiet wollten nicht länger nach akademischen Regeln malen. Stattdessen orientierten sie sich an der Kunst primitiver Völker. In nur wenigen Jahren entwickelten sie sich zu den bedeutendsten Malern des Expressionismus. Mit ihren leuchtenden Farbflächen und kraftvollen Pinselstrichen standen sie für ein völlig neues Lebensgefühl und sagten von sich selbst: »Jeder gehört zu uns, der unmittelbar und unverfälscht das wiedergibt, was ihn zum Schaffen drängt.« 1911 zog »Die Brücke« von Dresden nach Berlin: Statt Menschen in der Natur malten die Künstler nun Zirkus-, Tanz- und Straßenszenen, mit denen sie das moderne Großstadtleben einfingen. 1913 löste sich die Gruppe auf.

Kirchner: Berliner Straßenszene *(1913)*

ARNOLD BÖCKLIN

Der Schweizer Maler studierte in Düsseldorf Landschaftsmalerei. Als Künstler des Symbolismus war er ein großer Bewunderer Italiens. Beeindruckt von den Spuren der Antike, begann er seine klassischen Landschaften mit fantastischen Gestalten aus alten Sagen zu bevölkern. 1880 entstand sein schwermütiges Meisterwerk *Die Toteninsel*. Die weiße Gestalt steht für die Seele, die vom Tod ins Jenseits gerudert wird.

DANIEL SPOERRI

Bekannt wurde der Schweizer Künstler rumänischer Abstammung vor allem durch seine nach 1960 entstandenen »Fallenbilder«, mit denen er ein Stück Alltag einfing: Dazu konservierte er beispielsweise die Überreste eines Frühstücks und klebte sie auf der Tischplatte fest. Diese eingefrorene Momentaufnahme bezeichnete er als »Landkarte des Zufalls«.

Eat-Art: Im Restaurant Spoerri wurde das Essen zu Kunst gemacht.

DER BLAUE REITER

1911 schlossen sich in München mehrere Maler zu einer expressionistischen Künstlergemeinschaft zusammen, die sich nach einem Bild Wassily Kandinskys »Der Blaue Reiter« nannte. Ihre Mitglieder, Kandinsky, August Macke, Paul Klee, Gabriele Münter, Alfred Kubin und Franz Marc, waren auf der Suche nach einer ganz neuen Form der Malerei, mit der sie auch ihre Gefühle ausdrücken konnten. Das nebenstehende Aquarell von Franz Marc zeigt blaue Pferde. Darauf ist gut zu erkennen, dass er die Dinge nicht mehr malte, wie sie in der Natur erscheinen, sondern so, wie er sie sah.

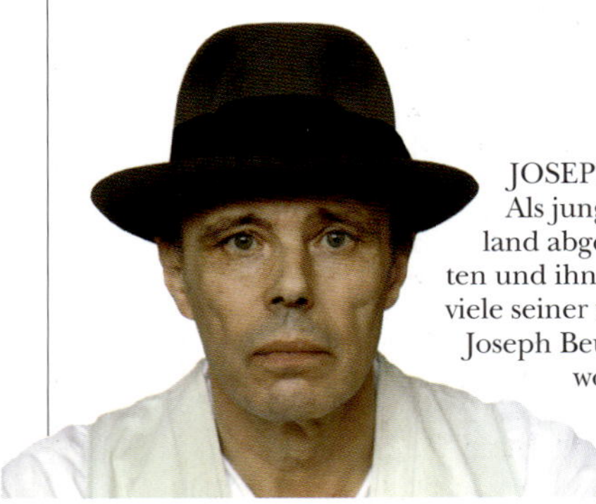

JOSEPH BEUYS

Als junger Mann war Joseph Beuys Pilot im Zweiten Weltkrieg. Er wurde über Russland abgeschossen und überlebte nur, weil die Tataren seine Wunden mit Fett pflegten und ihn mit Filz vor dem Erfrieren retteten – beides Materialien, aus denen er später viele seiner ungewöhnlichen Kunstwerke schuf. Wegen einer Schädelverletzung trug Joseph Beuys immer einen Hut, der zu seinem Markenzeichen wurde. Der Künstler wollte die Menschen mit seinen Aktionen zum Denken anregen. Er behauptete: »Jeder ist ein Künstler« und gründete die Freie Internationale Hochschule für Kreativität. 1986 starb er mit 65 Jahren.

Siehe auch

MALER
MALEREI

Malerei

HÖHLENMALEREI
Die Urmenschen vor 18000 Jahren bemalten Höhlenwände. Dazu benutzten sie Holzkohle, verkohlte Knochen oder Farbmixturen aus rotbrauner Erde und Tierfett. Die Szene oben stammt von südafrikanischen Buschmännern. Sie zeigt Menschen bei der Antilopenjagd.

SEIT DER ZEIT DER PRÄHISTORISCHEN Felsmalereien verwenden die Menschen Farben, um sich künstlerisch auszudrücken. Malereien sind oft wichtige historische Dokumente, liefern sie doch Hinweise auf Bräuche und Interessen der Menschen und darauf, wie sie sich zu einer bestimmten Zeit kleideten. Zum Malen ist nicht unbedingt eine Ausbildung erforderlich, aber das Erlernen der Grundtechniken kann doch hilfreich sein. Ein Gemälde kann z.B. mit Ölfarben, mit Wasserfarben oder als Fresko, d.h. auf feuchtem Kalkputz, ausgeführt werden. Die Art der Farbe hängt davon ab, womit man die pulverisierten Pigmente (Farbstoffe) vermischt, damit sie streichfähig werden. Ölfarben werden in der Regel aus pflanzlichen Ölen, meist Lein- oder Mohnöl, hergestellt. Vor der Entwicklung der Ölfarben im 15. Jh. waren Temperafarben gebräuchlich, eine Mixtur aus Pigmenten, Öl, Wasser und Eiweiß. Als Untergrund zum Malen kommt fast alles in Frage: Felswände, Holz, Stoff, Papier, Metall, Plastik – sogar die menschliche Haut. Auch bei der Themenwahl sind dem Maler keine Grenzen gesetzt.

Ölmalerei

Ölfarbe hat den Vorteil, dass sie langsam trocknet. Dadurch hat der Künstler mehr Zeit, missglückte Stellen zu ändern, solange die Farbe noch feucht ist. Mit Ölfarbe ist es leichter, Farbtöne direkt auf dem Bild zu mischen und das Ganze auch wieder abzuschaben, wenn der Ton nicht passt. Ölfarbe kann sowohl dick wie auch dünn aufgetragen werden. Auch ein schichtweiser Farbauftrag ist möglich, um bestimmte Wirkungen zu erzeugen. Die Farbe wird auf Leinwand aufgetragen (Stoff, der auf einen Rahmen gespannt wurde) und zwar mit Pinsel, Spachtel oder den Fingern.

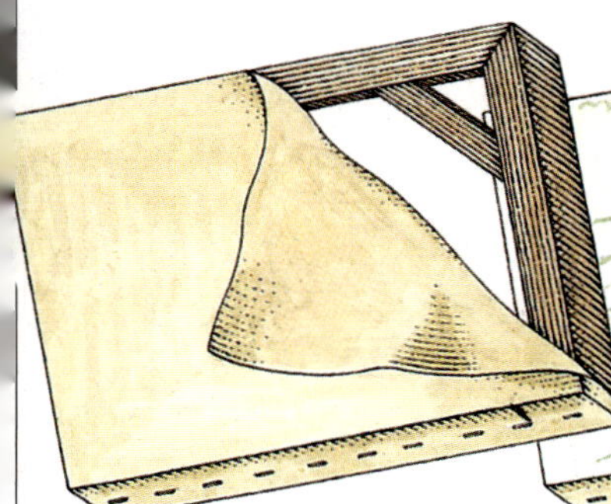

Der Künstler spannt zunächst die Leinwand auf einen Holzrahmen.

Eine Grundierung sorgt dafür, dass die Leinwand die Farbe nicht aufsaugt. Danach wird eine Skizze gezeichnet.

Ölfarbe wird in Schichten aufgetragen. Das getrocknete Bild wird mit Firnis überzogen, zum Schutz vor Schmutz.

VORBEREITUNGEN FÜR EIN ÖLGEMÄLDE
Leinwand, ein fester Stoff aus Leinen oder Baumwolle, ist als Untergrund für Ölgemälde weit verbreitet. Vor dem ersten Pinselstrich erfolgt eine Vorbehandlung (links). Danach kann der Maler beginnen, die Farbschichten aufzutragen. Manche Künstler machen zuvor eine Skizze mit Kohle oder Bleistift, andere malen gänzlich frei. Wenn Ölfarbe mit Terpentin verdünnt wird, erreicht man eine aquarell-ähnliche Wirkung.

RESTAURIERUNG

Mit der Zeit verlieren Gemälde ihre Frische. Ölfarben werden brüchig und neigen zu einem Gelbstich, die Leinwand kann verrotten. Auch grelles Licht und verschmutzte Luft können Bildern schaden. Zu ihrer Reinigung und Wiederherstellung nutzen Gemälderestaurateure sowohl moderne Technik als auch ihr Wissen über die Malweise der Künstler und die verwendeten Farben.

KÖRPERBEMALUNG
Naturvölker bemalen seit Jahrtausenden ihren Körper. Sie verwenden rote, gelbe und braune Erde sowie Kalk und Farben aus pflanzlichen und tierischen Rohstoffen. Manche Muster gelten als festlicher Schmuck, andere haben ganz bestimmte Bedeutungen. In dem Glauben, Macht über ihre Beute zu gewinnen, bemalten sich viele Stämme mit Bildern der Tiere, die sie jagen wollten. Noch heute malen sich in Indien viele Bräute komplizierte Muster mit Hennafarben auf die Hände.

MALEN MIT WASSERFARBEN

Wasserfarben bestehen aus pulverisierten Pigmenten, die in Gummi arabicum, einer Ausscheidung des Akazienbaums, gelöst werden. Mit Wasser vermischt, kann die ausgehärtete Farbe wieder verflüssigt und auf das Papier aufgetragen werden. Es gibt zwei Arten der Malerei mit Wasserfarben: die lichtdurchlässige Aquarellmalerei, bei welcher das Weiß des Papiers durchschimmert, und die Malerei mit deckenden Wasserfarben, so genannten Gouachefarben.

Plakatfarben

Hochwertiges Papier ist die beste Unterlage für das Malen mit Wasserfarben.

Künstler verwenden langstielige Zobelhaar-Pinsel zum Malen mit Wasserfarben.

Acrylfarben – in Kunstharz gebundene Pigmente – wurden im 20. Jh. entwickelt. Weil sie schnell trocknen und auf jeden Untergrund aufgetragen werden können, sind sie bei Malern besonders beliebt.

Diese in einem Fresko festgehaltenen Delfine »schwimmen« in den Räumen der Königin im Palast von Knossos auf Kreta.

FRESKOMALEREI
Bei der Freskomalerei (italienisch »fresco« bedeutet auf Deutsch frisch) werden in Wasser gelöste Pigmente direkt auf den noch feuchten Putz aufgetragen. Auf diese Weise zieht die Farbe tief in das Mauerwerk ein. Der Maler muss dabei kleinflächig, dafür aber sehr schnell arbeiten. Ihre Blütezeit hatte diese Technik während der Renaissance in Italien; Michelangelo (1475–1564) malte mehrere Jahre lang an einem Deckenfresko der Sixtinischen Kapelle in Rom. Auch die alten Griechen beherrschten die Freskomalerei auf hohem Niveau.

Siehe auch

BILDHAUEREI
MALER
MINOISCHE KULTUR
RENAISSANCE
ZEICHNEN

NELSON

MANDELA

1918 Geboren in Mvezo in der ehemaligen Transkei.
1942 Studienabschluss als Anwalt; Tätigkeit in Johannesburg.
1952 Ernennung zum stellvertretenden Präsidenten des ANC.
1962 Verhaftung als Anführer des ANC.
1964 Verurteilung zu lebenslanger Haft und Verlegung in das Gefängnis auf Robben Island (bis 1985).
1990 Freilassung aus dem Gefängnis.
1993 Auszeichnung mit dem Friedensnobelpreis.
1994 Wahl zum ersten schwarzen Präsidenten Südafrikas.
1999 Rücktritt vom Präsidentenamt.

IM FEBRUAR 1990 wurde der damals 72-jährige Nelson Mandela nach 27 Jahren Gefangenschaft in die Freiheit entlassen. Er hatte unermüdlich gegen die von Weißen geführte südafrikanische Regierung gekämpft, die die Politik der Apartheid – oder Rassentrennung – verfolgte. Innerhalb von vier Jahren führte Mandela seine Partei, den Afrikanischen Nationalkongress (ANC), zum Wahlsieg und wurde der erste schwarze Präsident eines viele Rassen umfassenden, demokratischen Südafrikas. Auch nach seinem Rücktritt 1999 blieb Mandela eine der weltweit beliebtesten Persönlichkeiten.

AFRIKANISCHER NATIONALKONGRESS

Der Afrikanische Nationalkongress (ANC) wurde 1912 gegründet, um die Interessen der schwarzen Bevölkerung Südafrikas zu wahren. Sein Ziel war es, auf friedlichem Wege ein demokratisches und viele Rassen umfassendes Land aufzubauen. Die Regierung betrachtete den ANC jedoch als revolutionär und verbot ihn 1961. Ab 1952 war Mandela ein Führungsmitglied der Organisation und wurde 1991 deren Führer.

ROBBEN ISLAND
Nelson Mandela verbrachte 21 von 27 Gefängnisjahren auf Robben Island, einem Hochsicherheitsgefängnis vor der Küste Kapstadts. Er musste dort im Steinbruch arbeiten. Heute ist das Gefängnis geschlossen, und Mandelas Zelle kann besichtigt werden.

FREE NELSON MANDELA
Weltweit setzten sich Menschen für die Freilassung Nelson Mandelas ein. Sie boykottierten südafrikanische Produkte wie Obst und Wein und demonstrierten gegen die südafrikanische Regierung. Im Jahr 1988 wurde im Londoner Wembley-Stadion ein Rockkonzert zur Feier des 70. Geburtstags Mandelas veranstaltet.

WAHRHEIT UND VERSÖHNUNG
Um die von der Apartheid aufgerissenen Wunden zu heilen, setzte Mandela die Kommission für Wahrheit und Versöhnung ein. Die Kommission leitete der Friedensnobelpreisträger Erzbischof Desmond Tutu. Die Kommission untersuchte die Ereignisse während der Apartheid und versuchte, frühere Gegner auszusöhnen.

WINNIE MANDELA
Mandela heiratete 1961 Winnie Mdikizela (geb. 1934). Sie setzte sich für seine Freilassung ein, doch verfolgte sie andere politische Ziele. Sie wurden 1996 geschieden.

PRÄSIDENT

Die ersten für alle Volksgruppen offenen Wahlen Südafrikas wurden 1994 abgehalten. Mandela führte den ANC zu einem großen Sieg und wurde Präsident. Er arbeitete für den Frieden und die Einheit aller Völker seines Landes. Wenn er berühmte Gäste empfing – wie hier Prince Charles und die Spice Girls – trug er immer eines seiner besonderen Hemden.

Siehe auch

AFRIKA, GESCHICHTE
MENSCHENRECHTE
SÜDAFRIKA, GESCHICHTE

Mao Zedong

1893 Geboren in Shaoshan, Provinz Hunan.
1921 Gründungsmitglied der Kommunistischen Partei Chinas.
1928 Errichtung einer kommunistischen »Chinesischen Sowjetrepublik« in der Provinz Kiangsi.
1934–35 Organisation des Langen Marsches.
1945–49 Führer der Kommunisten im Kampf gegen die nationalistische Regierung.
1958 Großer Sprung nach vorn.
1966–69 Kulturrevolution.
1976 Tod Mao Zedongs.

Ein Mann verwandelte China von einem rückständigen Bauernstaat in eine der mächtigsten Nationen der Erde. Dieser Mann war Mao Zedong. Mao wurde in eine Bauernfamilie geboren. Als junger Mann reiste er sehr viel und beschäftigte sich mit den Lebensbedingungen der Armen. Er interessierte sich für den Kommunismus als Weg, den Armen zu helfen, und unterstützte 1921 die Gründung der Kommunistischen Partei Chinas. Es folgten lange Auseinandersetzungen zwischen den von Mao geführten Kommunisten und der Nationalistischen Partei (die eine starke nationale Regierung forderte) unter Chiang Kai-shek. Die Auseinandersetzungen mündeten in einen Bürgerkrieg. Im Oktober 1949 setzte sich die Kommunistische Partei durch und übernahm in China die Macht. Mao rief die Volksrepublik China aus. Unter seiner Führung nahmen die Kommunisten alles unter staatliche Kontrolle. Viele Menschen starben an den Folgen der Politik Maos.

Der Lange Marsch

Der Lange Marsch

Im Oktober 1934 führte Mao seine kommunistischen Anhänger von ihrer Hochburg, Juichin in der Provinz Kiangsi, nach Yenan in der Provinz Shensi im Nordwesten. Kiangsi wurde von Maos Gegner Chiang Kai-shek angegriffen. Mehr als 100 000 Menschen marschierten über ein Jahr lang und legten dabei 9700 km zurück. Nur 8000 Menschen überlebten.

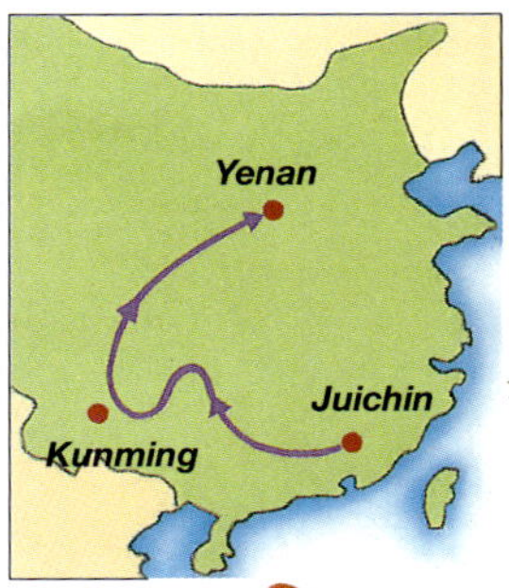

Marschroute

KULTURREVOLUTION

Nach Scheitern des »Großen Sprungs nach vorn« verlor Mao an Einfluss. Er startete 1966 die Kulturrevolution, mit der er Macht wiedererlangen und ausländische Einflüsse abschaffen wollte. Drei Jahre lang war China im Aufruhr, da die Mao unterstützenden Roten Garden die Gesellschaft veränderten. Sie bewaffneten sich mit dem »Kleinen roten Buch«, das Maos Gedanken enthielt.

PERSONENKULT

Mao Zedong entfachte einen Kult um seine Person, um das Land zu vereinen. Sein Porträt wurde an jedem öffentlichen Gebäude in China angebracht. Man verehrte ihn als Vater und Führer der Nation, und es wurden riesige Versammlungen durchgeführt, bei denen er zu seinen Anhängern sprach.

DER GROSSE SPRUNG NACH VORN

Mit dem »Großen Sprung nach vorn« wollte Mao 1958 die chinesische Wirtschaft stärken. Er beschleunigte die Gründung großer Volkskommunen und das Wachstum kleiner, arbeitsintensiver Industrien. Schlechte Ernten und mangelhafte Wirtschaftsplanung führten jedoch zu großen Hungersnöten.

Siehe auch

China, Geschichte
Kommunismus

Marder

Mit ihren scharfen Zähnen und ihren flinken Körpern sind die Mitglieder der Familie der Marder, zu der auch die Dachse, Wiesel und Iltisse zählen, hervorragende Jäger. Sie sind schnell und im Verhältnis zu ihrer Größe sehr stark. Ihre Augen und ihr Gehör sind scharf, und ihr Geruchssinn hilft ihnen, die Beute aufzuspüren. Mit den scharfen Zähnen können sie die Beute fest packen. Wiesel sind die kleinsten Mitglieder der Marderfamilie: Mauswiesel werden nur etwa 20 cm lang. Trotzdem töten sie Kaninchen, die viel größer sind als sie selbst. Iltisse, Wiesel und Marder sehen einander relativ ähnlich: Sie haben einen lang gestreckten Körper, kleine Ohren, einen langen buschigen Schwanz, ein dichtes Fell und einen hellen Bauch oder Brustfleck. Weitere Mitglieder der Familie der Marder sind Nerze, Stinktiere oder Skunks, Otter und Vielfraße. Die meisten Arten ziehen ihre Jungen in Bauen auf. Im Alter von einigen Wochen verlassen die Jungen den Bau, um in der Nähe herumzutollen und zu raufen. So bereiten sie sich auf ihr Leben als Jäger vor.

Marder

Obwohl er meist am Boden jagt, ist der Baummarder ein so hervorragender Kletterer und Akrobat, dass er sogar Eichhörnchen fängt. Er frisst v. a. Käfer, Mäuse, Eier und Beeren.

Hermelin

Im Frühjahr und Sommer sind Hermeline so braun wie Wiesel. Im Herbst jedoch bekommen sie ein schneeweißes Fell, das als Pelz sehr wertvoll ist. Dieses weiße Fell macht es für das Tier leichter, in Schnee und Eis Mäuse, Lemminge und Kaninchen zu jagen. Ebenso wie andere Tiere aus der Familie der Marder fressen Hermeline gerne Vogeleier und dringen auf der Suche nach Eiern auch in Hühnerhöfe und -ställe ein.

Nerz

Die Pfoten der Nerze sind teilweise mit Schwimmhäuten ausgestattet. Ihr 40 bis 50 cm langer Körper ist gelenkig und schlank. Diese beiden Eigenschaften machen Nerze zu ausgezeichneten Schwimmern und Tauchern. Sie leben an den Ufern von Seen und Flüssen und jagen Wasservögel, Schermäuse und Fische.

Nerz

Iltis

Es gibt drei wild lebende Iltisarten: den europäischen Waldiltis, den asiatischen Steppeniltis und den Schwarzfußiltis, der in der nordamerikanischen Prärie heimisch ist. Diese Art ist bedroht, weil der Bestand der Präriehunde – ihre Hauptnahrung – stark zurückgegangen ist. Aus Iltissen wurden die zahmen Frettchen gezüchtet.

Mauswiesel

Mit seinem langen zierlichen Körper und den kurzen kräftigen Beinen dringt das Mauswiesel in Kaninchenbaue und Rattenlöcher ein. Weil es so gelenkig ist, kann sich ein Wiesel durch die engen Kurven der Kaninchengänge winden.

Siehe auch

Artenschutz
Dachse und Stinktiere
Hasen und Kaninchen
Säugetiere
Tiere

KARL MARX

DER PHILOSOPH, JOURNALIST, SOZIOLOGE und Nationalökonom wurde 1818 als Sohn eines Rechtsanwalts in Trier geboren. Die Familie war jüdisch, trat jedoch zum evangelischen Glauben über. Marx studierte Jura und Philosophie und arbeitete als politischer Journalist. 1843 heiratete er Jenny von Westphalen und ging nach Paris, wo er Friedrich Engels kennen lernte. Die beiden schlossen sich der Arbeiterbewegung an und riefen zum Klassenkampf auf: »Die Philosophen haben die Welt nur interpretiert; es kommt darauf an, sie zu verändern.« Nachdem er aus Frankreich, Belgien und Deutschland, wo die Revolution 1848 gescheitert war, ausgewiesen worden war, ging Marx nach London ins Exil. Dort schrieb er an seinem Hauptwerk *Das Kapital*, bis er 1883 starb.

KLASSENKAMPF

Karl Marx sah die Geschichte als einen einzigen Klassenkampf: Waren es in der Antike die Römer und Griechen, die ihre Kriegsgefangenen als Sklaven ausbeuteten, ließen es sich im Mittelalter die Fürsten auf Kosten der Bauern gut gehen. Zu seiner Zeit kämpfte Marx auf der Seite der Arbeiter, die unter unmenschlichen Bedingungen für die Fabrikbesitzer schuften mussten, ohne angemessen dafür entlohnt zu werden. Marx hoffte auf eine Revolution, nach der alles Privateigentum abgeschafft würde. Er glaubte an die klassenlose Gesellschaft, in der alles allen gehört und sich die Menschen frei entfalten können.

Die Begründer des Marxismus, Karl Marx und Friedrich Engels, gehörten zu den größten Denkern ihrer Zeit.

DAS KOMMUNISTISCHE MANIFEST

Für den Bund der Kommunisten verfassten Marx und Engels im Februar 1848 gemeinsam diese Programmschrift. Sie enthält alle wichtigen Grundüberzeugungen des Marxismus wie die Revolution der Arbeiter, die Abschaffung des Privateigentums und die klassenlose Gesellschaft. Das Manifest endet mit dem berühmten Satz: »Proletarier aller Länder, vereinigt euch!«

Das Kommunistische Manifest, Programmschrift für den Bund der Kommunisten.

In Bergwerken mussten Kinder schwerste Arbeiten verrichten.

ENTFREMDETE ARBEIT

Anfang des 19. Jahrhunderts änderte sich die Arbeitswelt von Grund auf. Das Zeitalter der Industrialisierung begann. Durch die Erfindung mechanischer Webstühle und anderer Maschinen kam es zu einer Arbeitsteilung, bei der die Arbeit in viele kleine Arbeitsschritte aufgeteilt wurde. Auf diese Weise wurde mehr produziert, aber die Arbeit war so eintönig und stumpfsinnig, dass sich der Mensch nicht mehr darin wieder erkennen konnte: Er verrichtete entfremdete Arbeit.

FRIEDRICH ENGELS

Der deutsche Kaufmann Friedrich Engels wurde 1820 in Barmen geboren. Als junger Mann ging er nach England, um die Textilfabrik seines Vaters in Manchester zu leiten. Dann zog er nach Paris, wo er sich mit Karl Marx anfreundete.1848 verfassten sie das *Kommunistische Manifest.* Nach dem Tod seines Freundes vollendete Engels für ihn *Das Kapital.* Engels selbst starb 1895 in London.

»Völker, hört die Signale, auf zum letzten Gefecht! Die Internationale erkämpft das Menschenrecht!«, lautet der Refrain der Internationale, des Kampflieds der Arbeiterbewegung.

DIE ERSTE INTERNATIONALE

1864 wurde die Internationale Arbeiterassoziation gegründet, eine Vereinigung von Arbeitern aus verschiedenen Ländern. Auch ihr Programm legte Karl Marx in seiner so genannten *Inauguraladresse* schriftlich nieder. 1871 bekam die Arbeiterbewegung ein eigenes Kampflied, das bis heute auf Demonstrationen gesungen wird. 1876 kam es zum Streit zwischen Karl Marx und seinem Mitstreiter, dem russischen Revolutionär Michail Bakunin. Die 1. Internationale wurde aufgelöst.

Siehe auch

FABRIKEN
INDUSTRIELLE REVOLUTION
KOMMUNISMUS

Maschinen

SCHIEFE EBENE
Einfache Maschinen reduzieren zwar die zum Bewegen eines Objekts benötigte Kraft, aber das Objekt muss weiter bewegt werden. Die einfachste Maschine ist die schiefe Ebene. Man braucht weniger Kraft, um ein Objekt mit einer nach unten gerichteten Last eine schiefe Ebene hinaufzuschieben, als wenn man es direkt hochhebt. Je sanfter die Neigung, desto weiter muss man schieben, aber um so leichter ist es.

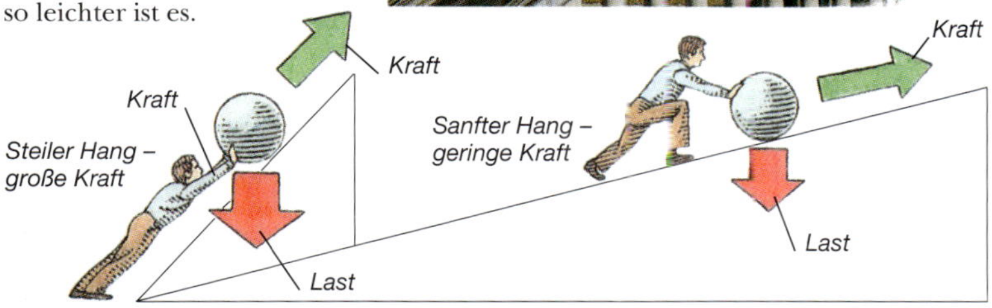

WAS HABEN EINE SÄGE und ein Computer miteinander gemein? Beide sind Maschinen. Die eine ist einfach, die andere sehr komplex, aber beide verrichten als Geräte Arbeit für uns. Maschinen übernehmen Aufgaben, die für den Menschen schwierig oder unmöglich wären. Holz kann man z. B. nicht mit bloßen Händen zerlegen, aber leicht mit einer Säge. Und ein Computer erledigt blitzschnell Berechnungen, für die ein Mensch sehr viel Zeit benötigen würde. Alle Maschinen brauchen eine Energiequelle. Mechanische Maschinen, etwa ein Korkenzieher, nutzen die Bewegungsenergie. Ein Motor oder die Muskeln eines Menschen treiben die Maschine mit einer gewissen Kraft an. Die Maschine wendet diese Bewegung an, erzeugt aber eine größere Kraft um Lasten zu bewegen. Deine Finger betätigen z. B. einen Dosenöffner, aber die Klinge des Öffners bewegt sich mit viel mehr Kraft als der, die deine Finger erzeugen. Viele handbetriebene Maschinen sind uns bei Aufgaben behilflich, für die wir nicht genügend Kraft haben, und verwenden dazu so genannte einfache Maschinen wie Hebel, Getriebe, Flaschenzüge und Schrauben.

Schraube

Eine Schraube bewegt sich eine kürzere Strecke voran, als sie sich dreht. Daher bewegt sie sich mit mehr Kraft voran, als für die Drehung benötigt wird. Sie frisst sich mit großer Kraft ins Holz und hat starken Halt.

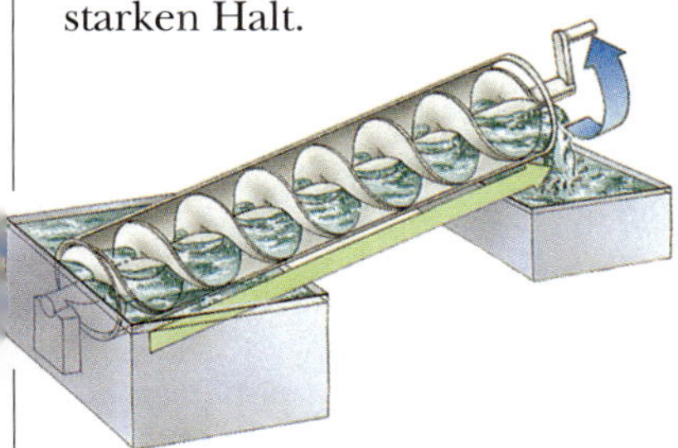

Die Archimedische Schraube (oben) ist ein uraltes Wasserhebegerät. Beim Drehen befördert sie Wasser über ihr Gewinde, statt sich selbst vorwärts zu bewegen.

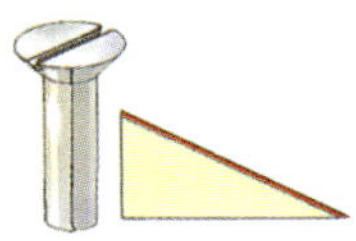

Die Schraube nutzt das Prinzip der schiefen Ebene.

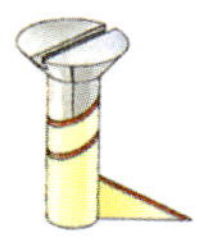

Das Schraubgewinde ist wie eine um einen Zylinder gewickelte schiefe Ebene.

PFLUG
Der Pflug hat eine Schneide, die sich in den Boden gräbt, und eine V-förmige Schaufel, die den Boden wendet.

PERPETUUM MOBILE

Viele Erfinder versuchten eine Maschine zu bauen, die, einmal gestartet, nie stehen bleiben und selbsttätig ohne Energiequelle laufen würde. Doch ein solches »Perpetuum mobile« ist unmöglich: Alle Maschinen verlieren beim Arbeiten Energie, und ohne ständige Energiezufuhr wird eine Maschine langsamer und bleibt stehen.

Man glaubte, in dieser Maschine würde die Bewegung der Kugeln das Rad ständig drehen.

KEIL
Der Keil ist eine Art schiefer Ebene, die eine Last beiseite oder aufwärts schiebt, während sie sich voranbewegt. Der Keil schiebt mit mehr Kraft, als man benötigt, um ihn zu bewegen. Scharfe Klingen sind dünne Keile, die das Schneiden erleichtern.

Flaschenzüge

Mit einem Flaschenzug ist eine schwere Last leicht zu heben. Er enthält Rollen an einer Aufhängung. Zieht man an einem um die Rollen laufenden Seil, werden die untere Rolle und die Last gehoben. Das Heben erfordert wenig Kraft, aber das Seil muss über eine lange Strecke gezogen werden, um die Last ein wenig zu heben.

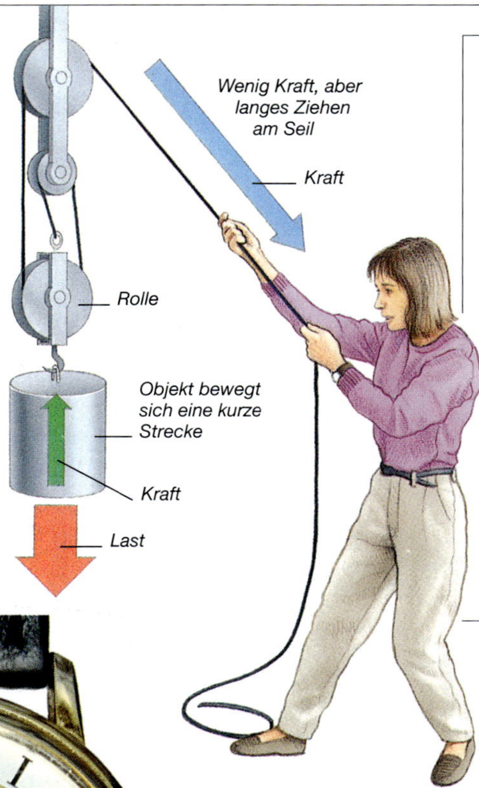

Automatische Maschinen

Viele Maschinen müssen nicht von Menschen betätigt werden. Solche automatischen Maschinen enthalten Mechanismen oder Computer, die sich selbst steuern. Sie können eine Reihe von Aufgaben verrichten, wenn dies erforderlich ist; automatische Türen öffnen sich z. B., wenn man auf sie zu geht. Andere Maschinen können ihre Arbeit kontrollieren und ihren Betrieb nach Anweisungen ändern, z. B. ein Autopilot, der ein Flugzeug automatisch steuert.

Verkehrsampeln sind Maschinen, die den Verkehr automatisch regeln.

Mechanische Uhren enthalten Getriebe, die die Zeiger verschieden schnell drehen.

Getriebe

Getriebe sind ineinander greifende Zahnräder. Sie verstärken Kraft oder Geschwindigkeit, je nach der relativen Größe der Räder und der Zahl der Zähne. Ein Zahnrad, das von einem kleineren Rad angetrieben wird, dreht sich langsamer als das kleinere Rad, aber mit mehr Kraft. Ein von einem größeren Rad angetriebenes Rad dreht sich schneller, aber mit weniger Kraft.

Hebel

Mit einer auf ein Objekt (Drehpunkt) gelegten Stange kann man eine Last bewegen. Dies ist eine einfache Maschine, die Hebel heißt. Drückt man auf das vom Drehpunkt entfernte Ende, hebt sich das andere Ende mit größerer Kraft. Andere Hebel erhöhen entweder die auf eine Last angewandte Kraft oder die von ihr zurückgelegte Strecke.

Eine Schere besteht aus zwei Hebeln mit einem Scharnier.

Es gibt drei Hebelarten. Bei der Brechstange ist der Drehpunkt zwischen der Last und der Kraft, die man anwendet.

Bei einer Schubkarre liegt die Last zwischen Drehpunkt und Kraft.

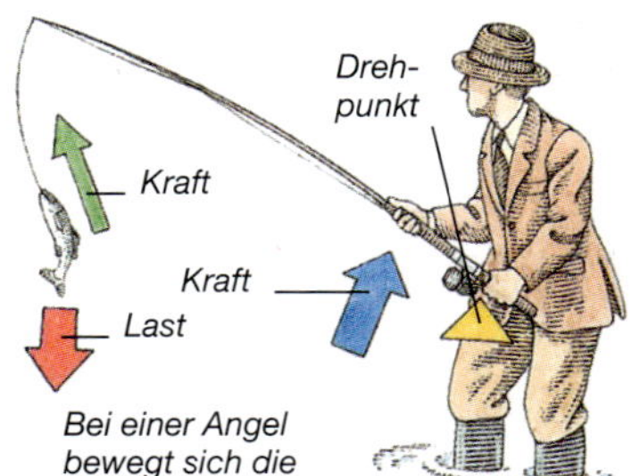

Bei einer Angel bewegt sich die Last weiter als die Kraft, aber mit weniger Kraft. Die Kraft setzt zwischen Last und Drehpunkt an.

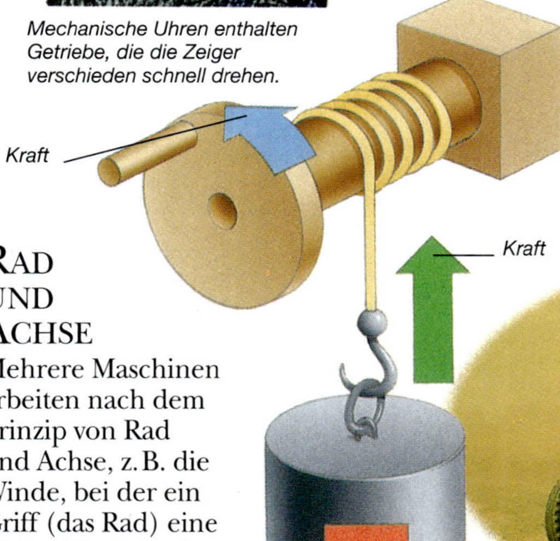

Rad und Achse

Mehrere Maschinen arbeiten nach dem Prinzip von Rad und Achse, z. B. die Winde, bei der ein Griff (das Rad) eine Welle (die Achse) dreht, die eine Last hebt. Der Griff dreht sich weiter, als die Last sich hebt. Somit hebt die Winde die Last mit größerer Kraft, als sie zum Drehen des Griffs erforderlich ist.

Lenkrad

Das Lenkrad eines Autos ist ein Beispiel von Rad und Achse. Die Lenksäule dreht sich mit größerer Kraft, als sie zum Drehen des Lenkrads erforderlich ist.

Siehe auch
Fabriken
Industrielle Revolution
Motoren
Roboter
Technik

MASSEINHEITEN

WIE WEIT IST der Mond entfernt? Wie tief sind die Meere? Wie groß bin ich? Wie warm ist es auf dem Mars? All dies und vieles mehr lässt sich messen. Man muss jeden Tag Messungen durchführen: Beim Kochen z. B. benötigt man möglichst genau abgewogene Zutaten, die dann bei einer bestimmten Temperatur gekocht werden müssen, damit das Essen schmeckt. Die einzelnen Messungen werden mit Messinstrumenten durchgeführt. So misst z. B. ein Thermometer die Temperatur, ein Lineal die Strecke und eine Uhr die Zeit. Allen Messungen liegen bestimmte Einheiten zugrunde. Die Zeit wird beispielsweise in den Einheiten Minuten und Sekunden angegeben und eine Strecke wird in Metern gemessen. Genaue Messungen sind besonders in der Wissenschaft und in der Medizin sehr wichtig. Wissenschaftler haben für alles exakte Messinstrumente, z. B. um die Entfernung zwischen zwei Atomen oder auch um die Temperatur auf einem fremden Planeten, wie Neptun, zu bestimmen.

Waagschale mit geeichten Gewichten, die in Gramm angegeben werden.

GEWICHT
Waagen messen das Gewicht. Sie vergleichen das Gewicht eines Gegenstands in einer Schale mit einem geeichten Gewicht in der anderen Schale.

VOLUMEN
Das Volumen gibt den Raum an, den ein Gegenstand oder eine Flüssigkeit einnimmt. Ein Messbecher misst das Volumen einer Flüssigkeit. An der Maßskala kann man das Volumen der Flüssigkeit im Becher ablesen.

LÄNGE UND FLÄCHE
Maßband und Lineal dienen zur Messung von Längen und Strecken. Man kann mit ihnen auch eine Fläche berechnen, die z. B. angibt, wie viel Land ein Fußballfeld bedeckt oder wie viel Stoff man für einen Mantel braucht.

Thermometer messen die Temperatur.

Man kann auch Dinge messen, die man nicht sieht. Dieses digitale Messgerät bestimmt die Stromstärke in Ampere (A).

MASSEINHEITEN

Wenn man etwas misst, z. B. eine Höhe, vergleicht man das Gemessene mit einer festgelegten Einheit wie Meter oder Zentimeter. Wissenschaftler haben diese Einheiten mit größter Genauigkeit festgelegt: Wenn man also eine Strecke mit zwei verschiedenen Linealen misst, erhält man immer die gleiche Länge. Ein Meter entspricht z. B. der Entfernung, die das Licht in einer bestimmten Zeit zurücklegt. Somit erhält man eine exakte Längenmessung.

ZEIT
Die Zeit wird in Stunden, Minuten und Sekunden gemessen. Eine digitale Stoppuhr kann die Zeit, z. B. bei einem Wettlauf, bis zu einer Tausendstel-Sekunde messen.

METRISCHES SYSTEM
Ein Mess-System legt bestimmte Einheiten für alle Größen fest. Die meisten Länder benutzen das metrische System, das vor etwa 200 Jahren in Frankreich eingeführt wurde. Damals war der Meter als zehnmillionster Teil der Entfernung zwischen Nordpol und Äquator festgelegt. Heute wird er anhand der Lichtgeschwindigkeit bestimmt.

IMPERIALES SYSTEM
Das imperiale oder angelsächsische System misst z. B. die Länge in Inches, Fuß oder Meilen und das Volumen in Pints oder Gallonen. Es wird heute vorwiegend noch in den USA angewandt.

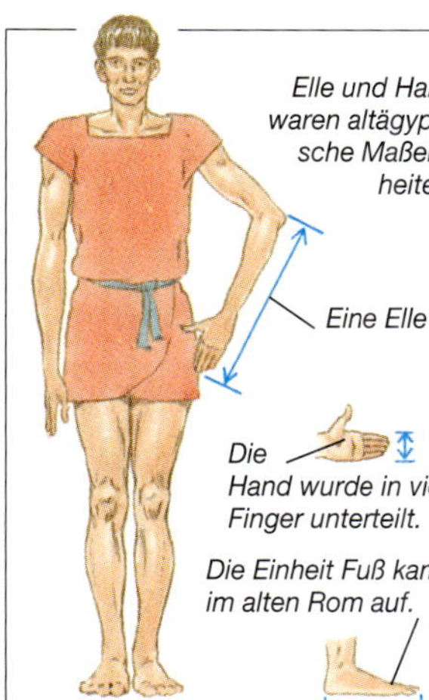

Elle und Hand waren altägyptische Maßeinheiten.

Eine Elle

Die Hand wurde in vier Finger unterteilt.

Die Einheit Fuß kam im alten Rom auf.

KÖRPERMASSE

Die ersten Mess-Systeme bezogen sich auf Körperteile, z. B. Hand und Fuß. Sowohl die alten Ägypter (um 3000 v. Chr.) als auch die Römer (ab etwa 800 v. Chr.) wandten derartige Einheiten an. Körpermaße stellen jedoch ein Problem dar: Es gibt immer unterschiedliche Ergebnisse, da sie von der Größe der jeweils Maß nehmenden Person abhängen.

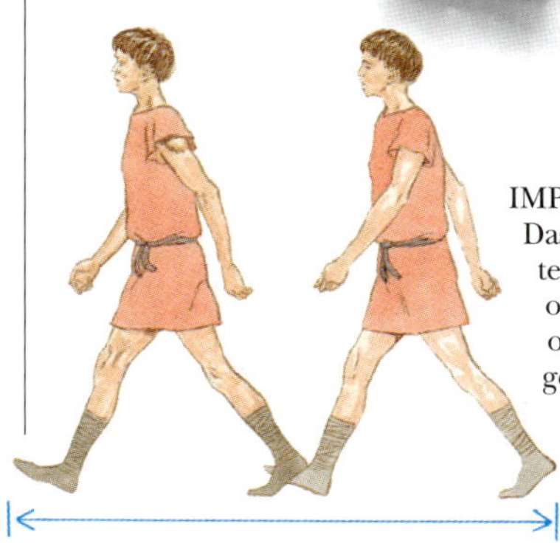

Viele imperiale Einheiten wurden zuerst im alten Rom angewandt. Eine Meile entsprach 1000 Passi (Doppelschritte). Das Wort Meile kommt vom lateinischen Wort für »Tausend«.

Siehe auch

ÄGYPTEN, ALTES
MATHEMATIK
ROM, ALTES
UHREN

Materialien

Seitdem Menschen erstmals vor etwa 2,5 Mio. Jahren Werkzeuge gebraucht haben, spielen Materialien eine große Rolle in unserem Leben. Was auch immer wir in die Hand nehmen, ist aus irgendeinem Material gefertigt. Material ist alles, was dazu verwendet wird, etwas herzustellen – nicht nur Stoff, das Material für Kleider. Häuser, Autos, Möbel, einfach alles ist aus irgendeinem Material. Manche Materialien sind natürlich, wie etwa Stein und Holz zum Hausbau. Andere sind künstlich, wie etwa Plastik. Natürliche Materialien können weiter unterteilt werden in Gruppen wie Mineralien, Metalle und organische Stoffe. Jedes Material hat bestimmte Eigenschaften, die es für den einen oder anderen Zweck geeignet macht. Die Wissenschaft erfindet auch neue Materialien.

METALL
Aufgrund ihrer Härte und Dauerhaftigkeit werden Metalle seit Jahrhunderten verwendet. Reine Metalle wie Eisen kommen direkt in der Natur vor. Metalle können auch gemischt werden; dies nennt man Legierungen.

Sonnenbrille aus Plastik

Kappe aus reiner Baumwolle

Tennisschläger aus Plastik, mit Graphit verstärkt

Strümpfe aus Naturfasern

Sportkleidung aus einem Gemisch aus Nylon, Polyester und Baumwolle

Getränkedose aus Aluminium

Stuhl aus Holz, einem robusten natürlichen Material

Tennisbälle aus Gummi mit einem Filzüberzug

Aus Holz hergestelltes Papier

Schuhe aus Segeltuch mit einer Laufsohle aus Gummi

GUMMI
Manche Materialien wie Gummi gibt es in natürlicher und in synthetischer Form. Naturgummi wird in einem aufwändigen Verfahren aus dem Saft des Gummibaums gewonnen. Die chemische Industrie hat die genaue Zusammensetzung erforscht und stellt Gummi heute in einem billigeren Verfahren künstlich her.

Glas

Manche Gefäße sind aus Glas, einem lichtdurchlässigen und hitzebeständigen Material. Glas wird aus Quarzsand hergestellt, der zu kleinen Kristallen zermahlen ist. Diese werden bei großer Hitze geschmolzen und schnell abgekühlt. Dabei entsteht festes Glas.

Organische Materialien

Materialien, die von Tieren oder Pflanzen stammen, werden als organisch bezeichnet. Dazu gehören Knochen, Leder, Baumwolle, Schafwolle und Holz. Seit jeher hat man Gebrauchsgegenstände, wie Kleider und Möbel, aber auch Kunstwerke und Musikinstrumente aus organischen Materialien hergestellt. Jedes davon hat ganz typische Eigenschaften. Wollstoffe z. B. wärmen und halten trocken.

Flachs für die Leinenherstellung

KUNSTSTOFFE
Es gibt viele Arten von Kunststoffen. Manche sind natürlichen Materialien nachgebildet, andere wurden für neue Verwendungszwecke erfunden. Das Wort Plastik heißt »formbar«, und genau diese Eigenschaft macht Kunststoffe so vielseitig. Manche Kunststoffe schmelzen beim Erhitzen und können so problemlos in Formen gegossen werden. Andere erhärten beim Erhitzen und sind deshalb geeignet für Gegenstände, die beim Gebrauch heiß werden wie z. B. Teekannen.

Eierschale aus Plastik

Siehe auch

Glas und Keramik
Kunststoffe
Metalle
Textilien

Mathematik

WAHRSCHEINLICHKEITSTHEORIE
Die Wahrscheinlichkeitstheorie ist die Untersuchung von Zufällen. Mit ihr kann man z. B. berechnen, wie hoch die Wahrscheinlichkeit ist, mit zwei Würfeln eine bestimmte Zahlenkombination zu erhalten.

WENN MAN EINE RAUMSONDE zu einem fernen Planeten schickt, ist es so ähnlich, als würde man einen Stein auf ein unsichtbares, bewegtes Objekt zielen. Weltraumforscher verlassen sich aber nicht auf Ungewissheiten, sondern berechnen mithilfe der Mathematik den genauen Weg der Sonde zu ihrem Ziel. Mathematik ist die Wissenschaft von Zahlen, Formen und Mengen. Sie ist in verschiedene Zweige unterteilt und hat sowohl für die Wissenschaft als auch für das Alltagleben große Bedeutung. So umfasst z. B. die Arithmetik die Grundrechenarten Addition, Subtraktion, Multiplikation und Division, die man z. B. beim Einkaufen anwendet. Die Geometrie untersucht Formen und Winkel, daher ist sie u. a. für die Architektur von Bedeutung. Die Algebra ist eine Art mathematischer Sprache, in der Probleme mittels Symbolen gelöst werden, die veränderliche oder unbekannte Größen ersetzen. Den Zweig der Mathematik, der sich praktischen Problemen widmet, nennt man Angewandte Mathematik. Die Reine Mathematik befasst sich dagegen mit Theorien ohne praktischen Nutzen.

Unendlichkeit
Die Reine Mathematik befasst sich mit fundamentalen Theorien über Zahlen und Formen. Eine solche Theorie ist die Theorie der Unendlichkeit. Dieses Muster (oben) ist ein so genanntes Fraktal, das ein Computer nach einer strengen Formel (Regel) entwarf. Jeder Abschnitt des Musters lässt sich immer wieder vergrößern, und jede Vergrößerung weist wieder das genau selbe Muster auf – es ist also unendlich komplex.

Symmetrie
Ein symmetrisches Objekt besteht aus spiegelbildlich übereinstimmenden Teilen. So weist z. B. ein Seestern eine Achsensymmetrie auf, d. h. durch die Mitte jeden Armes verläuft eine Linie (Achse), die den Arm in zwei spiegelbildlich gleiche Hälften teilt. Zudem zeigen Seesterne eine Drehsymmetrie, d. h. wenn man sie in einem bestimmten Winkel um das Zentrum dreht, sieht man keinen Unterschied zur Ausgangsposition.

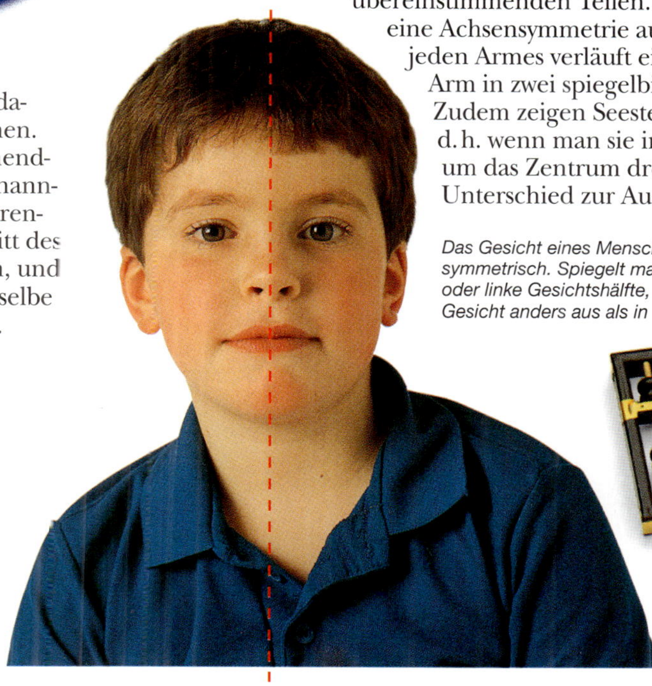

Das Gesicht eines Menschen ist nicht symmetrisch. Spiegelt man die rechte oder linke Gesichtshälfte, sieht das Gesicht anders aus als in Wirklichkeit.

ABAKUS
Der Abakus ist ein altes Rechengerät, das in China entwickelt wurde. Es besteht aus einer Reihe von Kugeln, die für Zehner, Hunderter und Tausender stehen. Diese Kugeln werden dann nach bestimmten Regeln in den Reihen verschoben, um Addition, Subtraktion, Multiplikation und Division durchführen zu können. In vielen asiatischen Ländern ist der Abakus noch heute weit verbreitet.

EUKLID
Der griechische Mathematiker Euklid (um 330–275 v. Chr.) formulierte als Erster Theorien über die Eigenschaften von Formen und Winkeln. In seinem Buch *Die Elemente* beschrieb er die Grundlagen der Geometrie. Seine Theorien wurden viele Jahrhunderte lang angewandt. Euklid erkannte den Nutzen der Geometrie, z. B. für die Optik.

TEILE EINES KREISES
Ein Kreis ist eine geometrische Form, bei der alle Punkte des Umfangs die gleiche Entfernung zum Mittelpunkt haben. Der Durchmesser ist die Linie, die den Kreis in zwei gleiche Hälften teilt. Die Entfernung vom Mittelpunkt bis zum Umfang bezeichnet man als Radius. Den Bereich zwischen zwei Radien nennt man Sektor, und den Abschnitt des Umfangs, der den Sektor umgibt, bezeichnet man als Bogen.

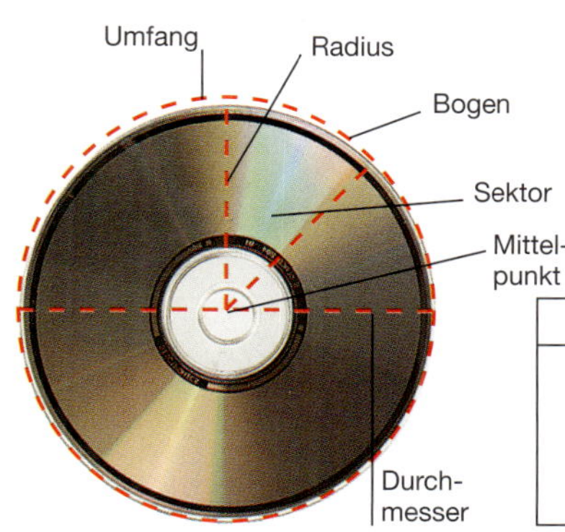

Siehe auch
COMPUTER
GEOMETRIE
MASSEINHEITEN
ZAHLEN

Maya

Tief in den tropischen Wäldern Mexikos errichteten die Maya eine der eindrucksvollsten alten Zivilisationen, die ihren Höhepunkt zwischen 250 und 900 n. Chr. erlebte. Die Maya bauten Städte mit gewaltigen Tempeln aus Stein. Jede Stadt war Mittelpunkt eines eigenen Königreichs. Die Könige wurden wie Götter verehrt. Die Maya hatten große Gelehrte, die sich intensiv mit Mathematik und Astronomie beschäftigten. Sie entwickelten sogar ein eigenes Schriftsystem und meißelten die Geschichte ihrer Städte in Steinplatten ein. Trotz ihrer Fortschrittlichkeit verwendeten die Maya einfachste Techniken. Sie arbeiteten mit Werkzeugen aus Stein, und das Rad war ihnen unbekannt. Im 16. Jh. unterwarfen die Spanier ihr Reich.

FEUERSTEIN-WERKZEUGE
Die Handwerker stellten ihre Werkzeuge aus Feuersteinen oder Obsidian (einem schwarzen, glasartigen Gestein) her. Aus diesen Materialien ließen sich leicht scharfe Kanten formen. Die Maya waren in der Bearbeitung dieser Steine sehr geschickt und fertigten feingliedrige Schnitzereien, die oft als Opfergaben in Gräber gelegt wurden.

MAYA-ZIVILISATION
Die Maya stammten von der Halbinsel Yucatán und den südlich davon liegenden Hochländern, die heute Ostmexiko bilden. Sie bauten auch Städte im heutigen Guatemala und in Honduras.

Palenque

Der Tempel der Inschriften in Palenque ist eine berühmte Maya-Pyramide. Tief im Innern befand sich eine geheime Kammer mit dem Grab des einheimischen Königs Pacal, der um 684 n. Chr. starb. Im Tempel auf der Pyramidenspitze befanden sich mit eingemeißelten Glyphen versehene Steintafeln mit der Geschichte der einheimischen Könige.

Diese Glyphen beschreiben eine Adlige der Maya namens Xoc.

GLYPHEN
Die Maya-Schrift bestand aus Zeichen, die Archäologen als Glyphen bezeichnen. Viele Glyphen waren vereinfachte Abbildungen der Dinge, für die sie standen. Manche stellten auch Laute dar, aus denen Wörter gebildet wurden. Andere waren Symbole für verschiedene Zahlen. Die Maya benutzten die Glyphen für ihre Kalender und für Steininschriften über ihre Geschichte.

Gefäß mit der Form eines Jaguars.

BLUTOPFER
Viele Maya glaubten, dass ihre Götter zufrieden gestellt werden, wenn man ihnen zu Ehren Menschen tötete. Sie betrachteten Opferblut als Nahrung für die Götter. In manchen Orten sammelten sie das Blut in Gefäßen mit der Form eines Jaguars – einem für die Maya heiligen Tier.

BALLSPIEL
Viele Städte hatten einen Ballplatz, wo mit einem Gummiball gespielt wurde. Die Spieler trugen gepolsterte Kleidung und durften den Ball nur mit der Hüfte, mit Armen oder Ellenbogen berühren. Ziel war es, den Ball durch einen Ring am Spielfeldrand zu schlagen. Die Verlierer wurden mitunter getötet.

Siehe auch

Bronzezeit
Mittelamerika
Rad

Medikamente

Medikamente können gefährlich sein. Besondere Verschlüsse verhindern, dass kleine Kinder von ihnen »naschen«.

Wer krank ist, bekommt vom Arzt Medikamente verschrieben. Medikamente können die Symptome (Anzeichen) einer Krankheit abmildern oder beheben, Entzündungen abklingen lassen oder Schmerzen lindern. Mit Medikamenten werden auch geistige Störungen wie z. B. Depressionen behandelt. Heute sind Tausende von Medikamenten in Gebrauch. Jedes hat eine besondere Funktion und wirkt sich häufig nur auf einen Teil des Körpers aus, etwa auf den Magen. Medikamente können synthetisch aus chemischen Stoffen oder aber aus natürlichen Pflanzenwirkstoffen hergestellt sein. In Pflanzen, ihren Blättern, Früchten und Wurzeln sind Wirkstoffe enthalten, die schon seit Jahrtausenden eingesetzt werden. Aus ihnen oder aus künstlich hergestellten Stoffen entwickeln Forscher ständig neue Medikamente, die Krankheiten heilen und Leben retten können.

EINNAHME
Viele Medikamente werden oral (durch den Mund) eingenommen. Über das Verdauungssystem und den Blutkreislauf gelangen die Wirkstoffe an ihren »Einsatzort«.

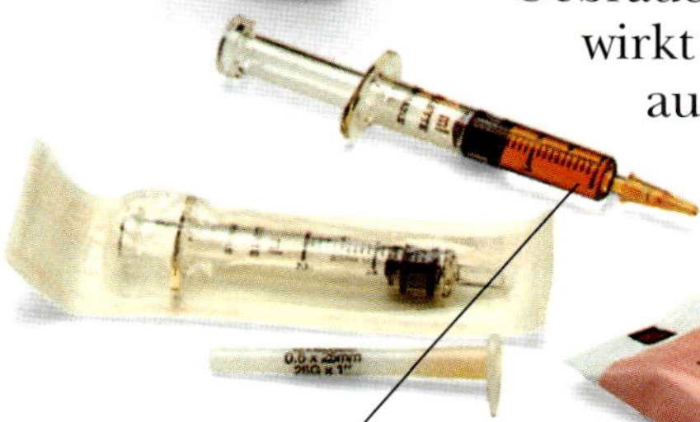

Wenn ein Medikament schnell wirken soll, wie z.B. ein Antihistaminikum (Mittel gegen einen allergischen Anfall), wird es durch eine Nadel direkt in den Blutkreislauf gespritzt.

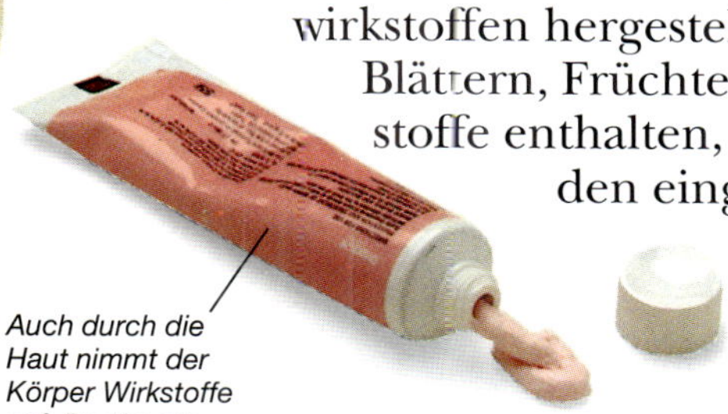

Auch durch die Haut nimmt der Körper Wirkstoffe auf. Bestimmte Salben helfen gegen Hauterkrankungen.

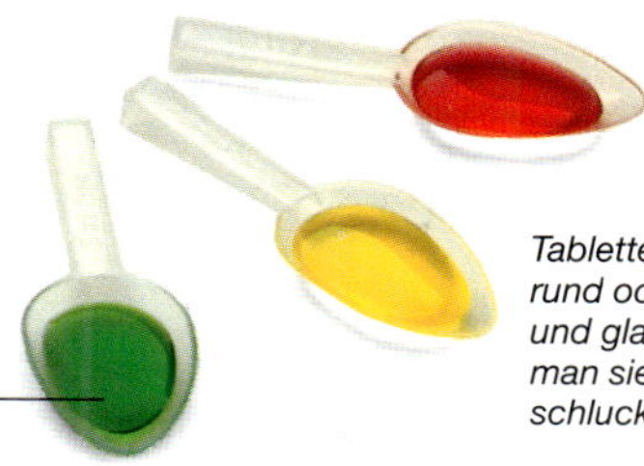

Besonders Medikamente, die auch für kleine Kinder bestimmt sind, sind in süßem Sirup aufgelöst. Mit den in den Packungen enthaltenen Messlöffeln kann man sie genau dosieren.

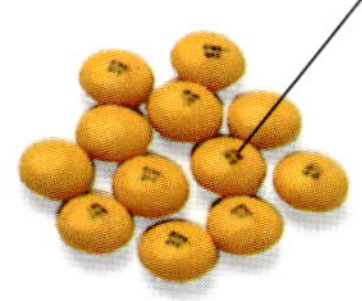

Tabletten sind rund oder oval und glatt, damit man sie leicht schlucken kann.

Medikamente in Pulverform werden in Wasser gelöst und gehen schneller ins Blut über, als wenn man sie in Tablettenform einnimmt.

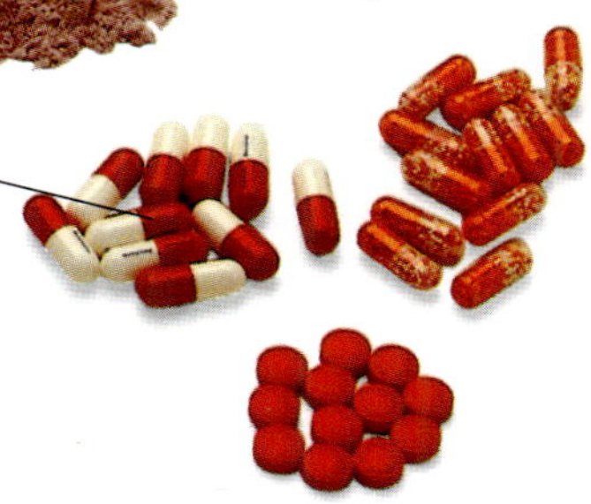

Tabletten und Kapseln enthalten sorgfältig abgemessene Mengen. Über das Verdauungssystem gelangen sie allmählich ins Blut. Manche haben einen Überzug, der dafür sorgt, dass der Wirkstoff nur nach und nach ans Blut abgegeben wird.

Unterschiedliche Medikamente

An der Bezeichnung erkennt man, wozu ein Mittel bestimmt ist. Es gibt Antibiotika zur Behandlung von Infektionen. Schmerzmittel lindern Schmerzen. Betäubungsmittel versetzen Patienten vor Operationen in Narkose (künstliche Bewusstlosigkeit).

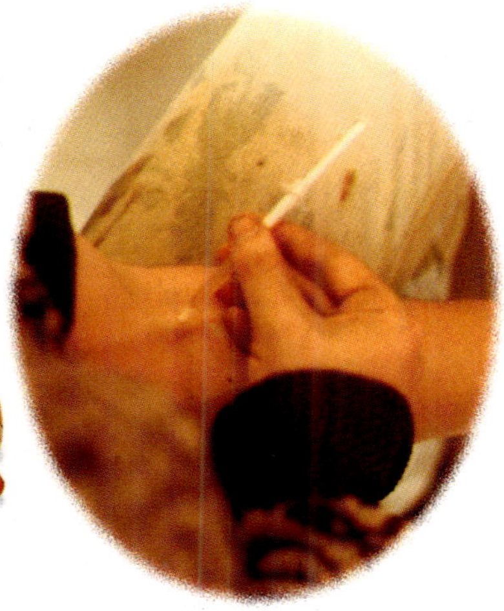

ABHÄNGIGKEIT
Viele Medikamente können zur Abhängigkeit führen. Das bedeutet, dass der Patient nach ihnen süchtig wird. Aus dieser Sucht können neue Krankheiten entstehen. Manche sind sogar tödlich. Ebenso gefährlich ist die Abhängigkeit von Rauschgiften wie Heroin oder Kokain. Gesetzlich erlaubte Süchte wie Alkohol- oder Nikotinsucht fordern ebenfalls viele Opfer.

HERSTELLUNG

Früher wurden Medikamente v. a. aus Pflanzen hergestellt. Heute stammen die meisten aus künstlicher Produktion. In der Gentechnologie versucht man u. a. Gene herzustellen, die fehlerhafte Gene von Kranken ersetzen sollen.

Insulin, ein Medikament für Diabetiker, wird aus Rindern und Schweinen gewonnen oder gentechnisch hergestellt.

Aus der Pflanze Fingerhut stellt man das Herzmittel Digitalis her.

Der Grundstoff von Aspirin kommt auch in Weidenrinde vor.

Das Antibiotikum Penicillin gewann man früher aus dem Schimmelpilz Penicillium.

Siehe auch

Ärzte
Blumen und Kräuter
Gesundheit und Fitness
Krankheiten
Medizin
Medizin, Geschichte

Medizin

Vor 250 Jahren lebten die meisten Menschen nicht länger als 35 Jahre. In den Industrieländern ist die Lebenserwartung inzwischen auf über 70 Jahre angestiegen. Grund dafür sind verbesserte Hygiene und Ernährung, aber auch die Fortschritte, die in der Medizin erzielt wurden. Die Medizin ist eine Wissenschaft, die sich mit der Vorbeugung, der Diagnose (Erkennung) und der Behandlung von Krankheiten und Schäden des menschlichen Körpers befasst. Medizinische Forscher entwickeln laufend neue Behandlungsmethoden. Behandlung erfolgt u.a. durch Medikamente, Strahlentherapie und operative Eingriffe. Vorbeugende Maßnahmen wie Impfungen spielen in der modernen Medizin eine zunehmend wichtige Rolle.

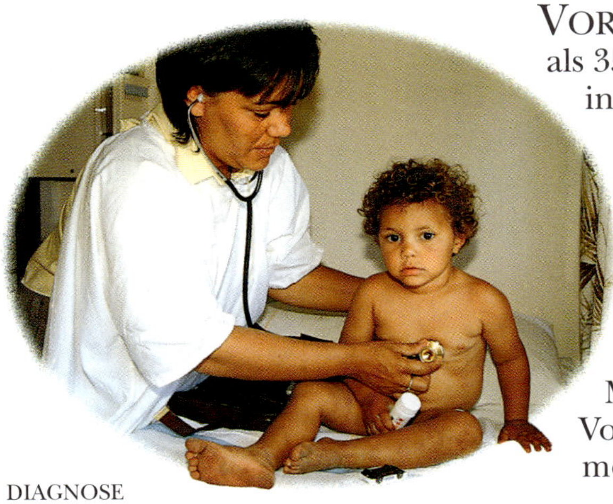

DIAGNOSE
Wenn er mit der Behandlung eines Kranken beginnt, erstellt ein Arzt als Erstes eine Diagnose. Dazu fragt er den Patienten nach dessen Symptomen (Schmerzen u.a. Empfindungen), untersucht den Kranken und führt, wenn nötig, medizinische Tests durch.

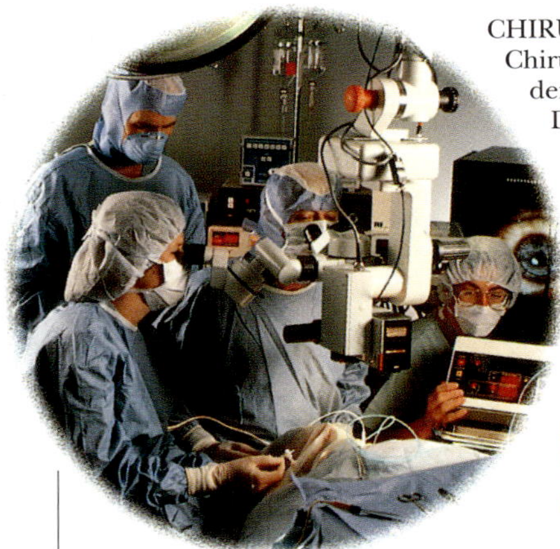

CHIRURGIE
Chirurgie ist jener Zweig der Medizin, der durch Operationen behandelt. Dabei werden kranke, missgebildete oder verletzte Teile des Körpers wiederhergestellt oder entfernt. Die Chirurgie ist heute so weit fortgeschritten, dass kranke Organe wie Herz und Nieren transplantiert (ersetzt) werden können.

ZWEIGE DER MEDIZIN

Die Medizin hat sehr viele Teilgebiete – zu viele, als dass sich ein einzelner Mensch mit allen eingehend befassen könnte. Deshalb spezialisieren sich viele Ärzte, Schwestern und Pfleger durch jahrelange Ausbildung auf bestimmte Gebiete.

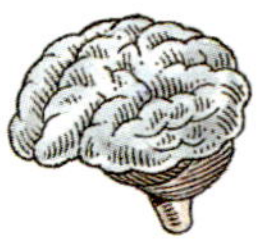

Die Neurologie befasst sich mit Störungen von Nerven und Gehirn.

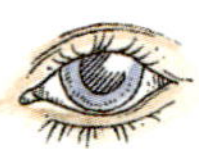

Die Ophthalmologie (Augenheilkunde) befasst sich mit den Augen.

Die Orthopädie ist für Knochen, Gelenke und Muskeln zuständig.

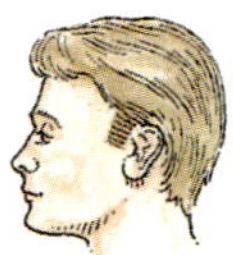

Die Psychiatrie behandelt seelische Krankheiten.

Die Behandlung durch Operationen nennt man Chirurgie.

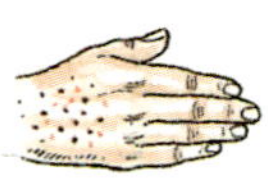

Die Dermatologie beschäftigt sich mit Hautkrankheiten.

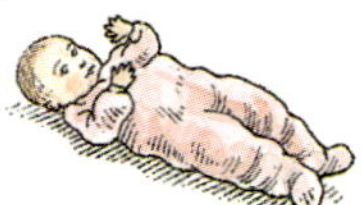

Pädiatrie ist die Kinderheilkunde.

GESUND WERDEN
Manchmal erholt man sich innerhalb von Stunden von einer Krankheit, manchmal dauert es Wochen. Die Dauer der Genesungszeit hängt von der Schwere der Krankheit und den Auswirkungen der Behandlung ab.

Raute hilft gegen bestimmte Verdauungsstörungen.

Die Heilkraft der Katzenminze war schon prähistorischen Menschen bekannt.

Minze beruhigt den gereizten Magen.

Ganzheitliche Medizin

Die ganzheitliche Medizin setzt sich zum Ziel, den ganzen Menschen zu behandeln und nicht nur die erkrankten Körperteile. Zu den ganzheitlichen Therapien (Behandlungen) zählen u.a. die Akupunktur (Anregung der Nerven durch in die Haut gesteckte Nadeln) und die Aromatherapie (Einatmen von duftenden Pflanzenextrakten).

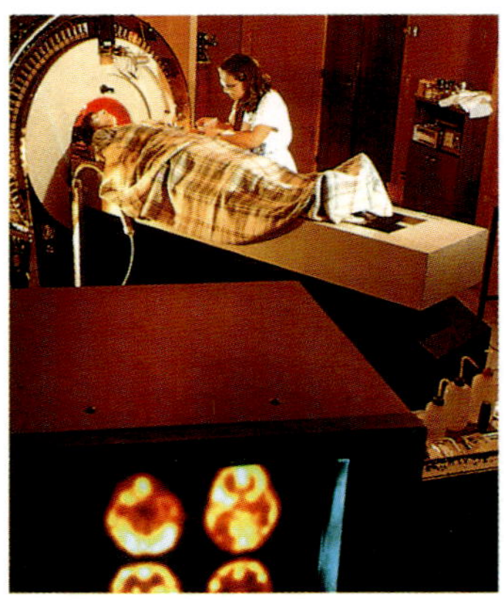

Durch Kernspintomographie stellen Ärzte Krebserkrankungen oder Schädigungen des Gehirns fest.

Medizinische Technologie

Die moderne Medizin setzt auf vielfältige Weise Technologie ein. Zu den neueren Errungenschaften zählen Verfahren, bei denen das Innere des Körpers mit Röntgenstrahlen oder Ultraschallwellen abgebildet wird. Die Erfindung dieser Geräte führte zu einer Revolution in der Medizin.

Siehe auch

Ärzte
Erste Hilfe
Gesundheit und Fitness
Krankenhäuser
Krankheiten
Medikamente
Medizin, Geschichte

GESCHICHTE DER

MEDIZIN

SCHON IN FRÜHESTER ZEIT forschten die Menschen nach Möglichkeiten, Krankheiten zu heilen. Lange hielten sie Krankheiten für eine Strafe der Götter und glaubten, dass Priester oder Zauberer sie heilen könnten. Im alten Griechenland besuchten die Kranken einen Tempel und brachten Äskulap, dem Gott der Heilkunst, Opfer dar. Außerdem wandten sie, um gesund zu werden, auch Heilwasser an, die sie tranken oder in denen sie badeten, und hielten eine strenge Diät ein. Im 5. Jahrhundert v. Chr. erklärte der griechische Arzt Hippokrates, dass Krankheiten nicht magische, sondern natürliche Ursachen hätten. Hippokrates gilt heute als »Vater der Medizin«. Er und seine Nachfolger schrieben zahlreiche medizinische Bücher. Der Forscherdrang, der in der Renaissance aufkam (einer kulturellen Epoche im Europa des 14. Jahrhunderts) ermöglichte Experimente, die der europäischen Medizin zu einer wissenschaftlichen Grundlage verhalfen. Traditionelle Vorstellungen von Krankheit und Gesundheit wurden infrage gestellt. Forscher wie Vesalius (1514–1564) untersuchten Leichen, um mehr über Krankheiten und ihre Behandlung zu erfahren.

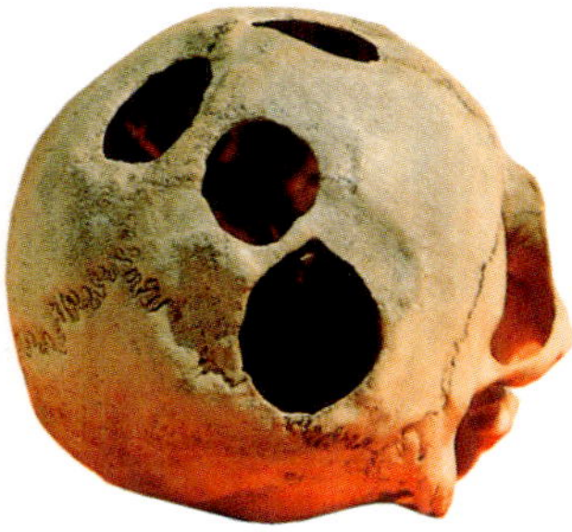

TREPANATION
Vor 10 000 Jahren versuchten frühe Ärzte, Kranke zu heilen, indem sie ihnen Löcher in den Schädel bohrten. Durch die Löcher sollten die bösen Geister entweichen, die das Leiden verursachten.

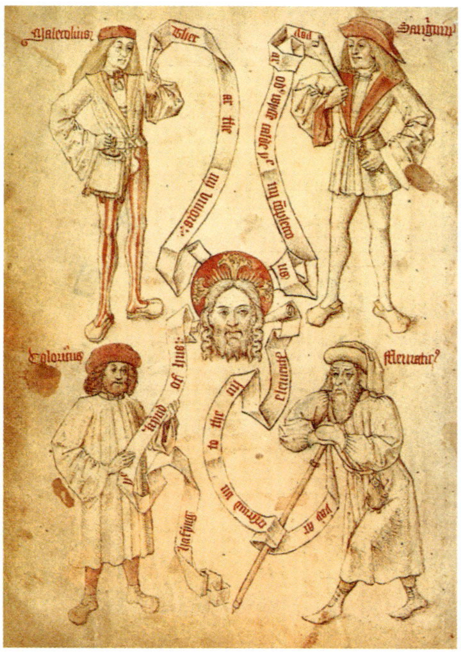

KÖRPERSÄFTE
Der griechische Arzt Galen (um 130–200 n. Chr.) entwickelte die Vorstellung, dass der Körper vier Grundflüssigkeiten enthalte: Blut, Schleim, gelbe und schwarze Galle. Er glaubte, dass die Stimmung davon abhing, welche Flüssigkeit im Körper vorherrschte, und dass jede Krankheit Folge eines mangelnden Gleichgewichts sei.

PFLANZLICHE HEILMITTEL

Seit Jahrtausenden werden zur Vorbeugung und Behandlung von Krankheiten Pflanzen eingesetzt. Pflanzenheilkundler stellten Listen von Pflanzen und ihren Anwendungsmöglichkeiten zusammen. Die ersten Apotheker fertigten aus Pflanzenteilen Pillen, Säfte und Salben. Im Mittelalter wurden in Europa viele Pflanzenheilkundler der Hexerei angeklagt. Später aber wandten sich wieder viele Menschen den pflanzlichen Heilmitteln zu.

WILLIAM HARVEY
Im Jahre 1628 entdeckte der englische Arzt William Harvey (1578–1657) den Kreislauf des Blutes im Körper. Er beschrieb, wie das Blut vom Herzen in die Arterien gepumpt wird und durch die Venen zum Herzen zurückkehrt. Er zeigte, dass Klappen in den Venen verhindern, dass das Blut rückwärts fließt. Zuerst wurde Harvey verlacht, weil er alten Vorstellungen widersprach. Schließlich aber wurde er zum Leibarzt von König Karl I. von England.

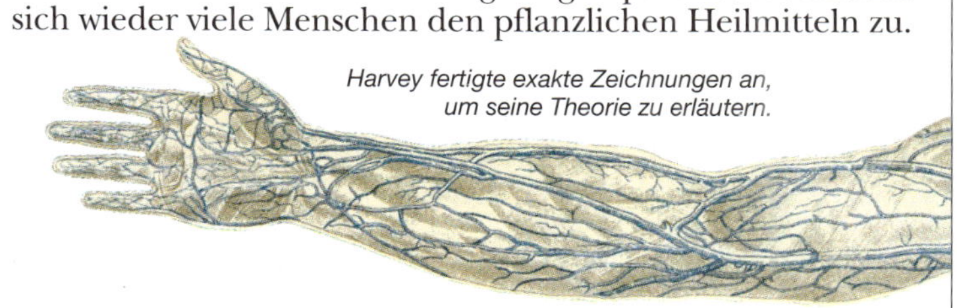

Harvey fertigte exakte Zeichnungen an, um seine Theorie zu erläutern.

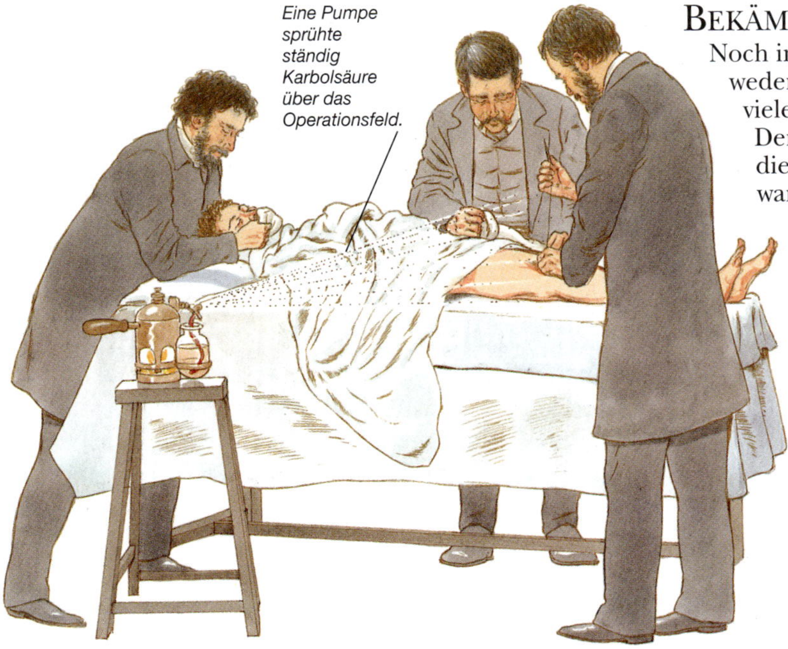

Bekämpfung von Keimen

Noch im 19. Jh. wuschen Chirurgen vor einer Operation weder ihre Hände noch ihre Instrumente. Deshalb starben viele Patienten nach Operationen an tödlichen Infektionen. Der englische Chirurg Joseph Lister (1827–1912) kam auf die Idee, dass die Todesfälle eine Folge der Operationen waren. 1865 setzte er Karbolsäure ein, um die Keime im Operationssaal abzutöten. Wichtige Entdeckungen zur besseren Hygiene in der Medizin machten auch der ungarische Geburtshelfer Ignaz Semmelweiß (1818– 1865) und der deutsche Arzt und Bakteriologe Robert Koch (1843–1910).

ZUR ADER LASSEN
Früher glaubte man, dass ein Zuviel an Blut im Körper die Ursache vieler Krankheiten sei. Den Blutüberschuss entfernte der Arzt, indem er den Patienten zur Ader ließ. Dazu schnitt er entweder in eine Vene, oder er setzte ihm ein kleines, Blut saugendes Tier auf die Haut: einen Blutegel. Der Blutegel biss die Haut auf und sog Blut. Je nach Krankheit wurden Blutegel auf verschiedene Körperstellen gesetzt.

Alexander Fleming

Bakterien verursachen viele Krankheiten, an denen Menschen leiden. Deshalb suchten Forscher lange nach einem Wirkstoff, der Bakterien tötet, ohne menschlichem Gewebe zu schaden. Der schottische Bakteriologe Alexander Fleming (1881–1955) identifizierte als Erster eine antibaktierielle Substanz. Bei seiner Forschungsarbeit in einem Londoner Krankenhaus entdeckte Fleming 1928 durch Zufall einen Schimmelpilz, der Bakterienkulturen abtötete. 1941 entwickelten die Wissenschaftler Howard Florey und Ernst Chain aus dem Schimmelpilz *Penicillium* das Penizillin, das erste Antibiotikum der Welt. Fleming, Florey und Chain teilten sich 1945 den Nobelpreis für Medizin. Penizillin wird gegen zahlreiche Krankheiten eingesetzt, darunter Meningitis (Hirnhautentzündung) und Lungenentzündung.

MEDIZINGESCHICHTE

um 8000 v. Chr. Schädel-Trepanationen.

um 400 v. Chr. Beginn der Medizin als Wissenschaft durch Hippokrates.

1543 Vesalius veröffentlicht erste wissenschaftliche Studie über den menschlichen Körper.

1615 Der Italiener Santorio erfindet das Fieberthermometer.

1683 Anton van Leeuwenhoek entdeckt die Bakterien.

1796 Edward Jenner führt erste Pockenimpfung durch.

1816 René Laennec aus Frankreich erfindet das Stethoskop.

1842 Der Amerikaner Horace Long operiert mit Vollnarkose.

1895 Der Deutsche Wilhelm Röntgen entdeckt die Röntgenstrahlen.

1898 Die in Polen geborene Marie Curie und ihr französischer Ehemann Pierre Curie entdecken das Radium, mit dem Krebs behandelt werden kann.

1928 Der Schotte Alexander Fleming entdeckt das Penizillin.

PIONIERE

Viele Menschen trugen zu revolutionären Entwicklungen in der Geschichte der Medizin bei. Der Niederländer Vesalius fertigte präzise Zeichnungen des menschlichen Körpers an. Der Holländer Anton van Leeuwenhoek (1632–1723) beschrieb als Erster die Bakterien. Der englische Arzt Edward Jenner (1749–1823) entdeckte die vorbeugende Wirkung von Impfungen.

LOUIS PASTEUR
Der Franzose Louis Pasteur (1822–1895) bewies, dass Bakterien Krankheiten hervorrufen. Er erfand die so genannte »Pasteurisierung«: das Vernichten von Bakterien durch Erhitzen.

SIGMUND FREUD
Der österreichische Arzt Sigmund Freud (1856–1939; unten) wollte wissen, wie Geist und Seele arbeiten. Er behandelte Patienten mit seelischen Störungen, indem er sie ihre Träume erzählen ließ. So entwickelte er die Psychoanalyse. In seinem 1900 veröffentlichten Buch *Die Traumdeutung* erklärte er erstmals seine Methode.

Siehe auch

Ägypten, Altes
Griechenland, Altes
Medikamente
Medizin

Meere

FISCHFANG
Fischer befahren mit ihren Booten die Meere und fangen die Fische und anderen Meerestiere, die wir essen. Die besten Fischereigründe sind flache Meere, wo das Wasser am fischreichsten ist. Die Fänge müssen jedoch kontrolliert werden, damit die Fische Möglichkeit zur Fortpflanzung haben.

WIR STEHEN ZWAR AUF festem Boden, doch mehr als zwei Drittel unseres Planeten sind mit Wasser bedeckt. Ozeane und ihre Nebenmeere machen 71 Prozent der Erdoberfläche aus. Sie beeinflussen das Klima, liefern uns Lebensmittel, wertvolle Minerale sowie Energie und bieten einen Lebensraum für zahllose Tiere und Pflanzen. Die Meere sind vor Millionen von Jahren entstanden, nachdem die Erde abgekühlt und fest geworden ist. Wasserdampf aus dem Erdinneren trat bei Vulkanausbrüchen aus, kühlte ab und fiel als Regen zu Boden. Das Regenwasser füllte die gewaltigen Hohlformen und Becken rund um die erhöhten Gesteinsmassen, aus denen sich langsam die heutigen Kontinente entwickelt haben. An Land entstanden Flüsse, die aus dem Festlandgestein Salze lösten und ins Meer schwemmten, wodurch das Wasser der Meere salzig wurde.

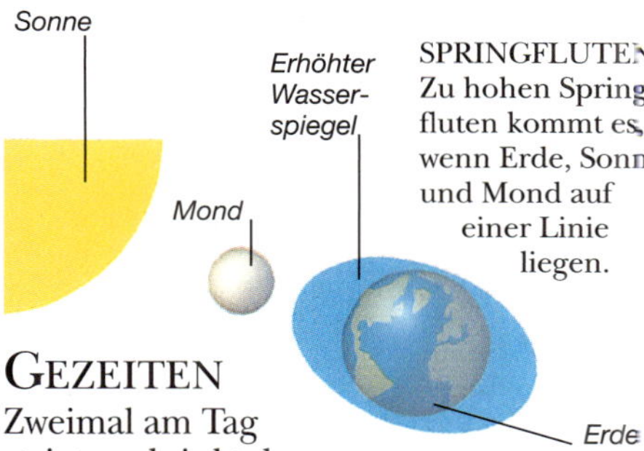

SPRINGFLUTEN
Zu hohen Springfluten kommt es, wenn Erde, Sonne und Mond auf einer Linie liegen.

Gezeiten

Zweimal am Tag steigt und sinkt der Wasserstand der Meere. Diese Schwankungen bezeichnet man als Gezeiten. Hauptursache ist die Schwerkraft des Mondes. Wenn der Mond direkt über dem Meer steht, zieht er das Wasser an. Auch auf der anderen Erdseite steigt das Wasser, da die Erde selbst zum Mond hin- und somit vom Wasser weggezogen wird.

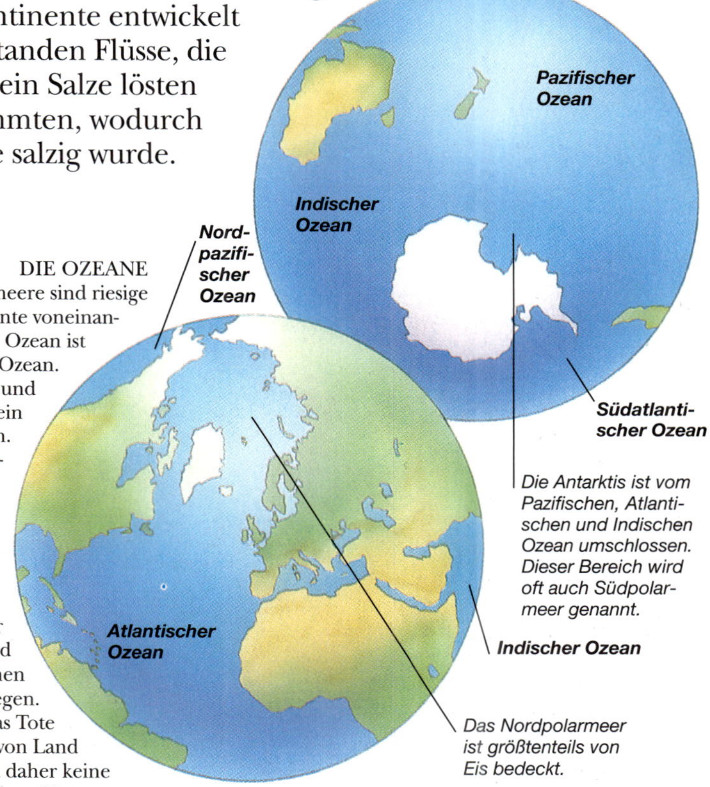

DIE OZEANE
Ozeane oder Weltmeere sind riesige Wassermassen, die Kontinente voneinander trennen. Der Pazifische Ozean ist der größte und tiefste Ozean. Er liegt zwischen Amerika und Asien und nimmt mehr als ein Drittel der Erdkugel ein. Die beiden anderen Weltmeere sind der Atlantische und der Indische Ozean. Zwischen den Landmassen rund um den Nordpol liegt das Nordpolarmeer. Die anderen Meere, wie das Mittelmeer oder der Golf von Mexiko, sind Nebenmeere, die zwischen Inseln oder Halbinseln liegen. Das Kaspische Meer und das Tote Meer sind dagegen völlig von Land umschlossen und daher keine Meere, sondern Binnenseen.

Meeresströmungen

Meerwasser bewegt sich pausenlos in großen, kreisförmigen Strömungen. Winde treiben die Oberflächenschicht der Ozeane an und bilden diese Strömungen, die warmes oder kaltes Wasser an die Küsten der Kontinente spülen und damit das Klima stark beeinflussen. Manchmal treten Strömungen tief unter der Wasseroberfläche auf, die sich in entgegengesetzte Richtung zur Oberflächenströmung bewegen. So transportieren z. B. Oberflächenströmungen warmes Wasser vom Äquator weg, während Tiefenströmungen kaltes Wasser zum Äquator hin transportieren. Die meisten Meere haben starke Strömungen – nur die Sargassosee im westlichen Atlantik ist fast still, weshalb hier besonders viel Seetang wächst.

DIE EXPEDITION DER *KON-TIKI*
Frühe Völker nutzten möglicherweise die Strömungen aus, um über die Meere zu fahren. Der Norweger Thor Heyerdahl wollte dies 1947 mit dem Holzfloß *Kon-Tiki* beweisen und ließ sich von Peru nach Polynesien treiben.

GOLFSTROM
Von der Sonne erwärmtes Wasser strömt aus dem Golf von Mexiko über den Atlantischen Ozean bis an die Küsten Westeuropas. Dort sind die Winter daher mild, während es in Gebieten auf der anderen Seite des Ozeans in größerer Entfernung zum Golfstrom bitterkalt wird.

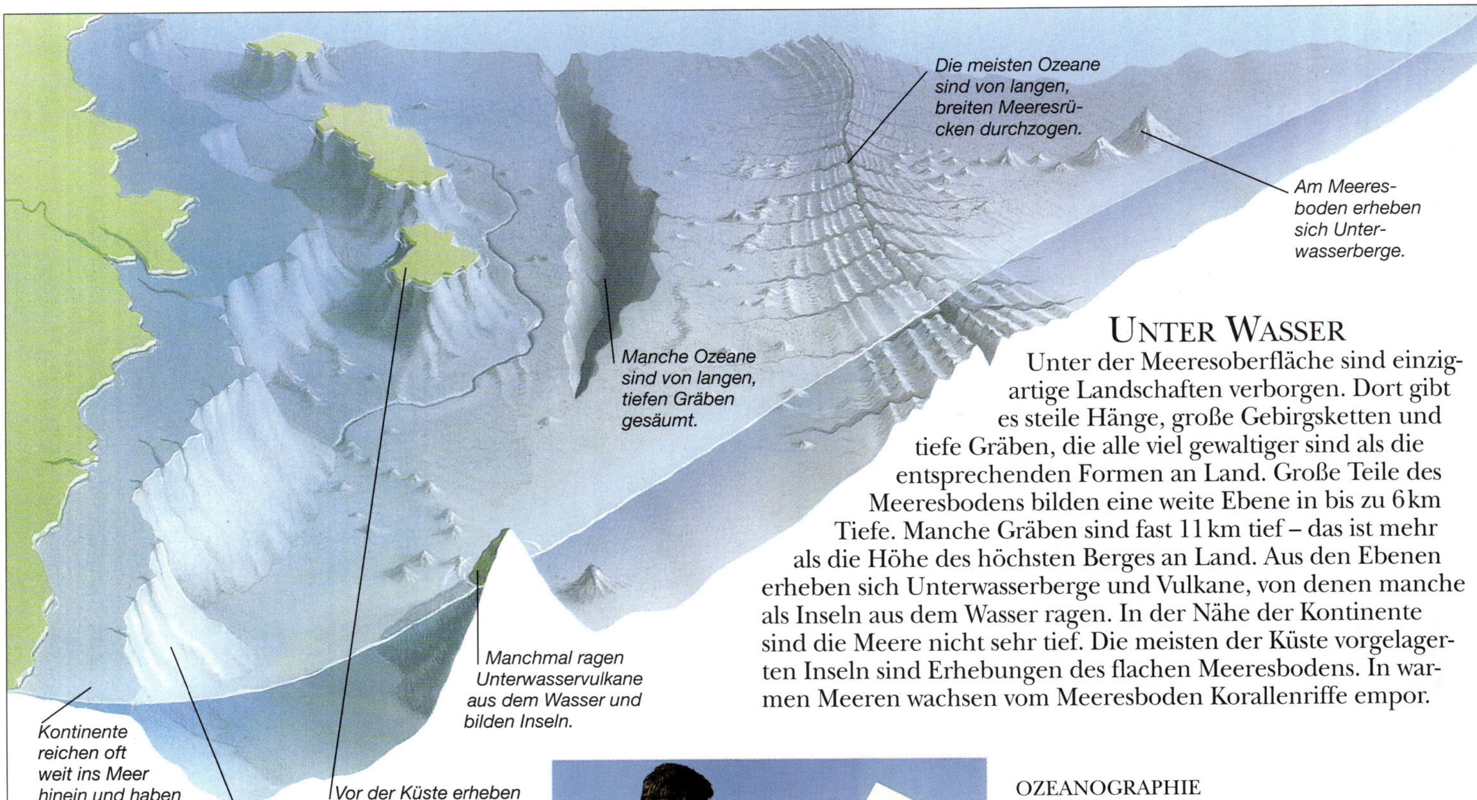

Unter Wasser

Unter der Meeresoberfläche sind einzigartige Landschaften verborgen. Dort gibt es steile Hänge, große Gebirgsketten und tiefe Gräben, die alle viel gewaltiger sind als die entsprechenden Formen an Land. Große Teile des Meeresbodens bilden eine weite Ebene in bis zu 6 km Tiefe. Manche Gräben sind fast 11 km tief – das ist mehr als die Höhe des höchsten Berges an Land. Aus den Ebenen erheben sich Unterwasserberge und Vulkane, von denen manche als Inseln aus dem Wasser ragen. In der Nähe der Kontinente sind die Meere nicht sehr tief. Die meisten der Küste vorgelagerten Inseln sind Erhebungen des flachen Meeresbodens. In warmen Meeren wachsen vom Meeresboden Korallenriffe empor.

OZEANOGRAPHIE
Das Wissen über die Meere verdanken wir den Ozeanographen (Meereswissenschaftlern). Mit Spezialschiffen und -instrumenten nehmen sie Wasserproben und Proben vom Meeresboden, messen Meeresströmungen und kartieren die Gebirge und Gräben in der Tiefe. Die Wissenschaftler untersuchen mit Tauchbooten und Unterwasserrobotern auch die Lebewesen, die in diesen Tiefen leben. Außerdem beobachten sie die Meere mit Satelliten aus dem All.

Wellen

Die Meeresoberfläche ist selbst an windstillen Tagen ruhelos. Die Wellen steigen und fallen unaufhörlich, bis sie schließlich ans Land schlagen. Wellen werden von Winden verursacht, die über das Meer wehen. Mit der Energie der Wellen lassen sich Generatoren antreiben, die Strom erzeugen. Hohe Springwellen, die man als Tsunamis bezeichnet, können bis zu 30 m hoch werden und sind meist zerstörerisch. Auslöser dieser Tsunamis sind Erdbeben und Vulkanausbrüche am Meeresboden.

Küsten und Strände

Hochländer an der Küste fallen in steilen Klippen ab, während Tiefländer flache Strände bilden. Die Wellen branden unablässig an die Unterseite der Klippen, bis schließlich ganze Felsen einstürzen und eine Küstenlandschaft mit Buchten und Landvorsprüngen entsteht. Oft sind hier bizarre Felsformationen und Höhlen zu finden. Die Wellen brechen das Gestein immer weiter, bis es zu Kies und schließlich zu Sand wird, der sich an Stränden unter den Klippen ansammelt.

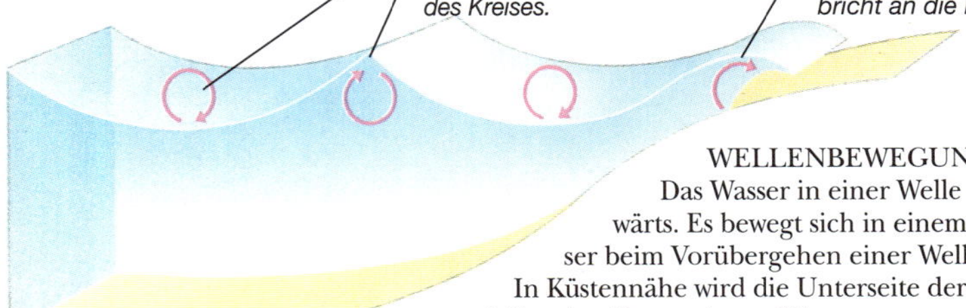

WELLENBEWEGUNG
Das Wasser in einer Welle bewegt sich nicht vorwärts. Es bewegt sich in einem Kreis, sodass das Wasser beim Vorübergehen einer Welle nur auf und ab wiegt. In Küstennähe wird die Unterseite der Welle abgebremst, und die schnelleren oberen Wassermassen schlagen ans Ufer.

Siehe auch

Erdbeben
Fischerei
Indischer Ozean
Kontinente
Tiere, Meere
Tiere, Meeresküste
Tiere, Tiefsee

Menschenrechte

FÜR UNS IST ES SELBSTVERSTÄNDLICH, dass wir das Recht haben, in der Gesellschaft gerecht und gleich behandelt zu werden – unabhängig von Herkunft, Geschlecht, Religion oder sozialer Gruppe. Diese Gleichbehandlung umfasst auch das Recht auf Bildung und Arbeit sowie das Recht, wählen zu dürfen. Diese grundlegenden Menschenrechte sind in vielen Ländern durch das Gesetz geschützt und in der Verfassung verankert. Im Verlauf der Geschichte wurden jedoch viele Gruppen, darunter Afro-Amerikaner, schwarze Südafrikaner, Indianer und Frauen nicht gleich behandelt und hatten oft wenige oder gar keine bürgerlichen Rechte. Eine solche Art gezielter schlechter Behandlung bezeichnet man als Diskriminierung. Im 20. Jh. kämpften viele Menschen – Schwarze, Homosexuelle, Frauen und Behinderte – lange und manchmal erbittert für die gleichen Rechte innerhalb der Gesellschaft.

NELSON MANDELA
Die Regierung Südafrikas führte 1948 die Apartheid ein, unter der die schwarze Bevölkerungsmehrheit keine Bürgerrechte hatte. Der Afrikanische Nationalkongress (ANC) führte unter Nelson Mandela (geb. 1918) einen langen Kampf gegen die Apartheid. Sie wurde 1991 abgeschafft.

MOHANDAS GANDHI
Menschenrechtsaktivisten – Personen, die für Bürgerrechte kämpfen – wenden nur friedliche Mittel an. Mohandas Gandhi (1869-1948) begehrte ab 1915 gegen die britische Herrschaft in Indien auf. Gandhis Aufruf zu gewaltlosem bürgerlichen Ungehorsam, zu Fasten und Protestmärschen führte 1947 zur Unabhängigkeit Indiens.

Rechte der Afro-Amerikaner

In der US-amerikanischen Verfassung werden den Afro-Amerikanern volle Bürgerrechte garantiert. Um 1890 wurden in den Südstaaten diese Rechte abgeschafft, was Afro-Amerikaner zu Bürgern zweiter Klasse machte und zu einer Rassentrennung führte. Unter Führung von Martin Luther King Jr. (1929–1968) entstand eine Bürgerrechtsbewegung. Sie wandte gewaltlose Mittel an, z. B. eine Besetzung (links), bei der Afro-Amerikaner friedlich für sie nicht zugängliche, öffentliche Plätze besetzten. Der Kongress verabschiedete schließlich 1964 den Civil Rights Act und 1965 den Voting Rights Act. Diese Gesetze beendeten die Diskriminierung aufgrund von Rasse, Hautfarbe oder Religion bei der Bildung, bei Wahlen oder bei der Arbeit.

Amnesty International

Die weltweit wirkende Menschenrechtsorganisation Amnesty International wurde 1961 von dem britischen Rechtsanwalt Peter Benenson gegründet, nachdem er von der Verhaftung zweier Studenten gelesen hatte, die in Portugal auf die Freiheit angestoßen hatten. Amnesty versucht, schnelle und gerechte Verfahren für alle Gefangenen herbeizuführen, Folter und Todesstrafe abzuschaffen und die Freilassung von Menschen zu erreichen, die nur für ihre politische oder religiöse Einstellung eingesperrt sind. Die in London ansässige Organisation hat mehr als eine Million Mitglieder. Im Jahr 1977 wurde Amnesty International als Anerkennung ihrer Arbeit mit dem Friedensnobelpreis ausgezeichnet.

DIE INDIANERBEWEGUNG
Ab etwa 1960 haben sich die Indianer in den USA für gleiche Rechte eingesetzt. Die Indianerbewegung (AIM) wurde 1968 gegründet, um für Bürgerrechte zu kämpfen. Als militante Organisation führte die AIM zahlreiche Aufsehen erregende Proteste durch. Sie besetzte 1973 Wounded Knee in South Dakota, den Schauplatz eines Massakers an Sioux-Indianern 1890. Polizisten umringten die Protestierenden, und es kam zu Ausschreitungen, bei denen zwei AIM-Mitglieder starben. Seit damals haben manche Indianer zwar wieder Landrechte zurückerhalten, doch die Diskriminierung hält weiterhin an.

Siehe auch

Afrika, Geschichte
Indianer
Mandela, Nelson
Rechtsprechung
Sklaverei
Vereinigte Staaten von Amerika, Geschichte

METALLE

GÄBE ES KEINE METALLE, dann gäbe es auch keine Autos oder Flugzeuge, und Wolkenkratzer würden ohne die sie tragenden Metallrahmen zusammenstürzen. Metalle sind universal verwendbar, da sie einzigartige Eigenschaften haben. Sie sind sehr fest und leicht zu formen, und fast alle Metalle leiten Elektrizität. Einige sind ideal für Drähte und Elektrogeräte. Metalle leiten auch Wärme und eignen sich daher gut für Kochtöpfe. Diese Eigenschaften lassen sich durch Mischen von zwei oder mehr Metallen zu Legierungen verbessern. Die meisten Metallobjekte sind aus Legierungen und nicht aus reinen Metallen. Es gibt über 80 Arten reine Metalle, doch manche sind sehr selten. Aluminium und Eisen werden am häufigsten verwendet. Einige Metalle wie Gold kommen im Gestein als reine Metalle vor, die übrigen als Erze. Metalle lassen sich auch durch Recycling von alten Autos und Dosen gewinnen. Dies reduziert den Abfall und kostet weniger als das Verarbeiten von Metallerzen.

REINE METALLE

Gold und Silber werden wegen ihrer Seltenheit und ihres Glanzes seit Jahrtausenden geschätzt. Andere reine Metalle dienen besonderen Verwendungen. Elektrodrähte sind aus Kupfer, das Elektrizität gut leitet. Thermometer enthalten flüssiges Quecksilber.

Flugzeugrumpf aus Aluminiumlegierungen

ALUMINIUM

Das verbreitetste Metall in der Erdkruste ist Aluminium. Es kommt als Erz vor, dem Bauxit, der die Verbindung Aluminiumoxid enthält. Aluminium ist leicht, leitet Elektrizität und Wärme und ist rostbeständig. Aufgrund dieser Eigenschaften sind das Metall und seine Legierungen vielseitig verwendbar, etwa für Flugzeuge und Fahrräder, Fensterrahmen, Farben, Töpfe und Stromversorgungskabel.

Bauxitklumpen

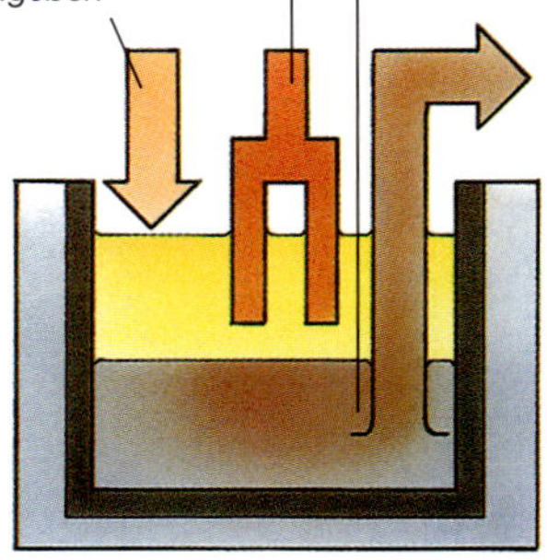

ELEKTROLYSE
Ein durch Aluminiumoxid geleiteter Strom zerlegt es in Aluminium und Sauerstoff. Dieses Verfahren heißt Elektrolyse.

Dünne, flexible Alufolie dient zum Kochen und Konservieren von Essen, da sie nicht reagiert und hohe Temperaturen aushält.

LEGIERUNGEN

Die meisten Metallobjekte sind aus Stahl oder anderen Legierungen. Diese sind nämlich oft stärker oder leichter zu verarbeiten als reine Metalle. Kupfer und Zinn sind weich und biegsam, ergeben aber zusammen eine harte Legierung namens Bronze. Messing ist eine harte und nicht rostende Legierung aus Kupfer und Zink. Aluminiumlegierungen sind leicht und fest und werden im Flugzeugbau verwendet.

METALLERMÜDUNG
Metalle gehen zuweilen kaputt, obwohl sie sehr hart und fest sein können. Korrosion (Rost) schwächt manche Metalle wie Stahl. Wiederholtes Biegen kann Metallteile zerbrechen – infolge von Metallermüdung.

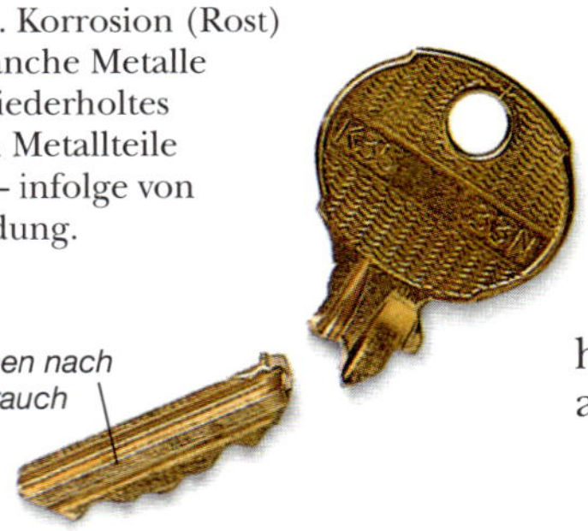

Schlüssel können nach längerem Gebrauch brechen.

METALLVERARBEITUNG

Metall lässt sich auf vielerlei Weise formen. Durch Gießen erhält man Objekte wie Metallstatuen. Heißes, geschmolzenes Metall wird in eine Gussform gegossen, wo es aushärtet. Metall kann man auch pressen, hämmern oder schneiden.

SCHWEISSEN
Metallteile lassen sich durch Schweißen verbinden. Dabei werden die Ränder zweier Teile durch eine Gasflamme oder einen elektrischen Funken erhitzt. Die Ränder schmelzen und verbinden sich.

Siehe auch

BILDHAUEREI
BRONZEZEIT
EISEN UND STAHL
EISENZEIT
MINERALIEN UND STEINE

MEXIKO

Mexiko gehört zum nordamerikanischen Kontinent und liegt zwischen den USA im Norden und Zentralamerika im Süden.

MEXIKO VERDANKT SEINEN REICHTUM traditionell den Schätzen des Bodens: In den Bergen finden sich große Mengen an Edelmetallen, in den Tälern gedeihen reiche Feldfrüchte. An der Küste wird Erdöl gewonnen. Die Mexikaner machten sich diese Schätze schon vor Jahrhunderten zu Nutze. Sie lebten meist von der Landwirtschaft und fertigten aus dem Silber der Bergwerke schönen Schmuck. Die Bodenschätze des Landes zogen im 16. Jh. europäische Eroberer an, und Spanien regierte Mexiko drei Jahrhunderte lang. 1821 erlangten die Mexikaner durch eine Revolte gegen die Spanier ihre Unabhängigkeit. Neuen Reichtum brachte die Entdeckung von Erdöl zu Beginn des 20. Jhs. Die Regierung investierte ihn in neue Fabriken und in Sozialdienste, um den Hunger zu lindern und das Gesundheits- und Bildungswesen zu verbessern. Die 1994 gegründete Nordamerikanische Freihandelszone (NAFTA) verringert die Handelsbarrieren zwischen Mexiko, Kanada und den USA und verspricht langfristig wirtschaftliche Vorteile. Doch angesichts der etwa 850 000 illegalen Einwanderer pro Jahr machen die USA ihre Grenze zu Mexiko immer undurchdringlicher.

José Guadalupe Posada (1852–1913) zeichnete viele Karikaturen, die die mexikanische Revolution unterstützten.

POLITIK UND REVOLUTION
Mexiko war von 1521 bis 1821 spanische Kolonie, dann wurde es eine unabhängige Republik. Nach langen politischen Unruhen gab es 1910 eine Revolution, in der eine halbe Million Menschen starben. Seit 1929 regierte der Partido Revolucionario Institucional. Erst die Wahl von Vicente Fox zum Präsidenten beendete im Jahr 2000 dessen 70-jährige Vorherrschaft.

MEXIKO-STADT

Über 18 Mio. Menschen leben in und um Mexiko-Stadt, die Hauptstadt Mexikos, die damit eine der bevölkerungsreichsten Städte der Welt ist. Sie liegt 2265 m über Meereshöhe in einem von Bergen umgebenen Hochtal. Wegen der Umweltverschmutzung durch die Industrie ist Mexiko-Stadt eine der weltweit ungesündesten Städte – dazu kommen eine unzureichende Wasserversorgung, fehlender Wohnraum und die ständige Gefahr von Erdbeben.

AGRARPRODUKTE

Weniger als ein Viertel der Mexikaner lebt und arbeitet auf dem Land, wo sie die Hauptnahrungsmittel anbauen. Doch die Bauern stellen sich immer mehr auf Kaffee, Baumwolle, Zucker und Tomaten für den Export um. Diese »cash crops« (Englisch cash: »Bargeld«; crop: »Frucht«) entziehen wichtiges Land dem Anbau von Feldfrüchten, die die Mexikaner selbst als Nahrung benötigen. Die meisten Bauern sind in Genossenschaften organisiert.

Mexikanische Kunsthandwerker fertigen schönen Schmuck aus den Edelmetallen, die es in ihrem Land gibt.

BODENSCHÄTZE
Kupfer, Silber, Zink, Quecksilber und andere wertvolle Metalle gehören zu den vielen Mineralien in Mexiko. Wichtigster Bodenschatz ist das Erdöl. 1974 wurden riesige neue Vorkommen im Süden des Landes entdeckt.

Siehe auch

ENTDECKER
NORDAMERIKA
VULKANE

FAKTEN

Fläche: 1 958 200 km²
Einwohner: 104 000 000
Hauptstadt: Mexiko-Stadt
Sprachen: Spanisch, Nahuatl, Maya, Zapotekisch, Mixtekisch, Otomi, Totonakisch, Tzotzil, Tzeltal
Religionen: römisch-katholisch, protestantisch
Währung: Mexikanischer Peso
Haupterwerbszweige: Subsistenzwirtschaft, Fertigung, Erdölproduktion
Hauptexportgüter: Erdöl, Baumwolle, Maschinen, Kaffee
Hauptimportgüter: Maschinen, Fahrzeuge, Chemikalien

SIERRA MADRE
Das Hauptgebirgssystem Mexikos, die Sierra Madre, verläuft über 2400 km südöstlich der Grenze zu den USA. Die drei Gebirgszüge im Osten, Süden und Westen umschließen das Zentralplateau Mexikos. Der dritthöchste Berg, der Vulkan Iztaccihuatl (rechts) liegt in der Sierra Madre del Sur. Er hat drei verschiedene Gipfel, und sein Name bedeutet auf Aztekisch »Weiße Frau«, da die Gipfel einer Frau mit einer weißen Haube ähneln.

Der höchste Gipfel des Iztaccihuatl ist 5268 m hoch.

BEVÖLKERUNG

Der Norden Mexikos ist wegen des heißen, trockenen Klimas und des Mangels an Ackerland meist spärlich besiedelt. Da die Menschen auf der Suche nach Arbeit die ländlichen Regionen verlassen, wachsen die Städte rapide – fast 75 % der Mexikaner leben heute in Stadtgebieten. In Mexiko-Stadt, einer der größten Städte der Welt, lebt fast ein Viertel der Bevölkerung. Das unkontrollierte Wachstum führt zu einer schlechten Kanalisation und Wasserversorgung.

GUANAJUATO
Spanische Goldsucher gründeten 1554 Guanajuato (unten). Die Hauptstadt des gleichnamigen Bundesstaates in den Bergen von Zentralmexiko liegt etwa 2050 m über Meereshöhe. Sie ist in eine Schlucht gebaut und hat steile, gewundene Straßen.

RIO GRANDE
Der Rio Grande entspringt im US-Staat Colorado und bildet einen Großteil der Nordgrenze Mexikos. Auf seinem Lauf zum Golf von Mexiko fließt er durch eine riesige trockene Region.

BAJA CALIFORNIA
Baja California (Niederkalifornien) ist eine Halbinsel in Mexiko und gehört nicht zum US-Bundesstaat Kalifornien.

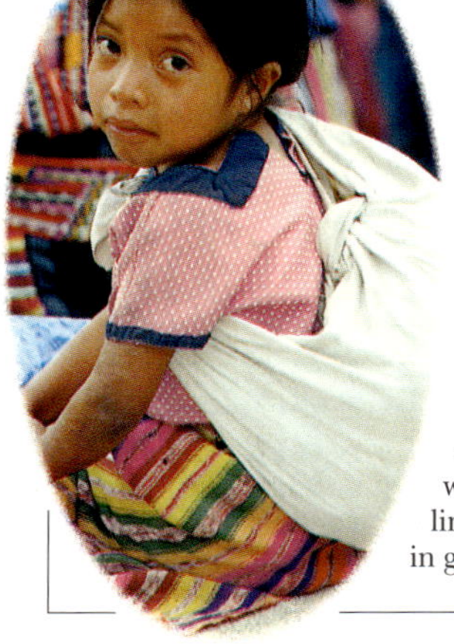

MEXIKANISCHE STOFFE
Die Mexikaner sind seit alter Zeit geschickte Weber. Sie erzeugen leuchtend bunte Stoffe mit aufwändigen, geometrischen Mustern wie auf dem gestreiften Rock des Mädchens links. Heute werden mexikanische Stoffe meist in großen Fabriken produziert.

MIKROORGANISMEN

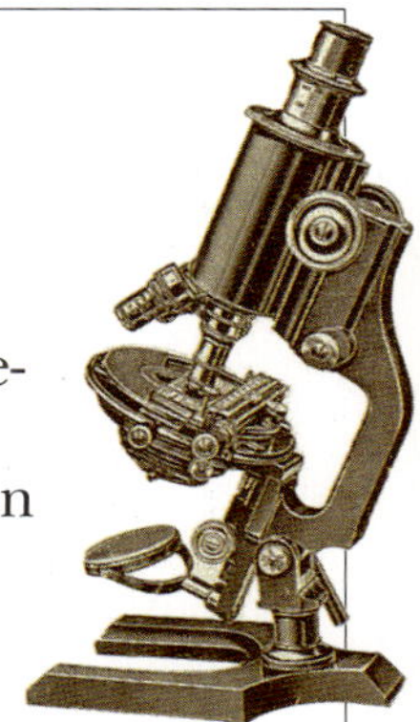

RINGS UM UNS HERUM sind Lebewesen, die wir mit bloßem Auge nicht sehen können. Sie schweben in der Luft, schwimmen in Pfützen und in den Meeren, haften an Felsen, Pflanzen und Tieren oder befinden sich in der Erde. Zu den Mikroorganismen gehören Bakterien und Viren, Protozoen (einzellige Tiere) und Algen (primitive Pflanzen). Eine Reihe größerer Pflanzen und Tiere machen einen Lebensabschnitt als Mikroorganismen durch. Darunter sind alle Pflanzen, die sich durch Pollen vermehren und die Pilze, die sich durch Sporen vermehren. Bakterien und Algen sind so klein, dass wir sie nur durch ein Mikroskop sehen können. Viren sind die kleinsten und einfachsten aller Lebewesen. Um sie sehen zu können, müssen wir sie eine Million mal vergrößern. Viele Mikroorganismen spielen eine wichtige Rolle. Plankton besteht aus Protozoen und Algen und ist die Nahrung vieler im Wasser lebender Tiere.

Milbe

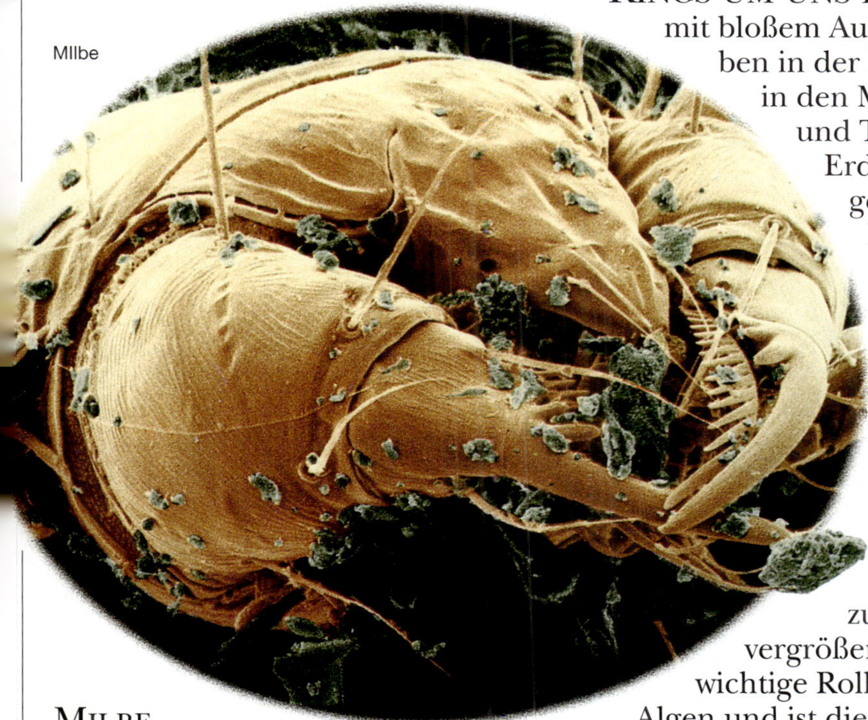

MILBE

Dieses Mikrolebewesen ist in allen von Menschen bewohnten Räumen zu Hause. Es lebt im Staub und ernährt sich von den Hautschüppchen, die wir täglich verlieren.

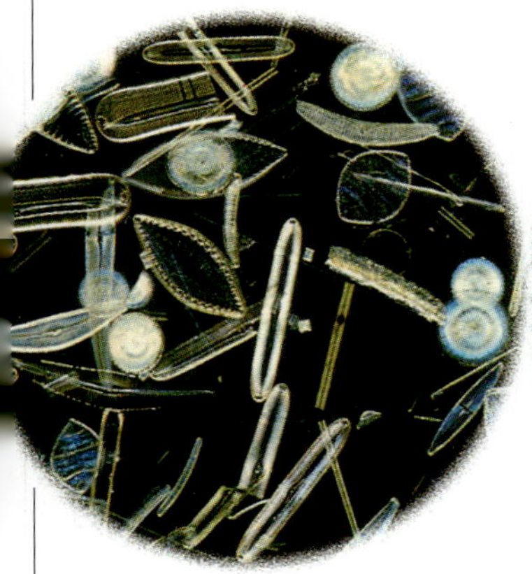

KIESELALGE

Mikroskopisch kleine Pflanzen, die man Diatomeen oder Kieselalgen nennt, leben in Seen, Flüssen und Meeren. Es gibt Tausende verschiedener Arten, die vielen Insekten und Wassertieren als Nahrung dienen. Kieselalgen ernähren sich von Nährstoffen im Wasser und durch Sonnenlicht. Sie besitzen ein Stützgerüst aus Kieselsäure.

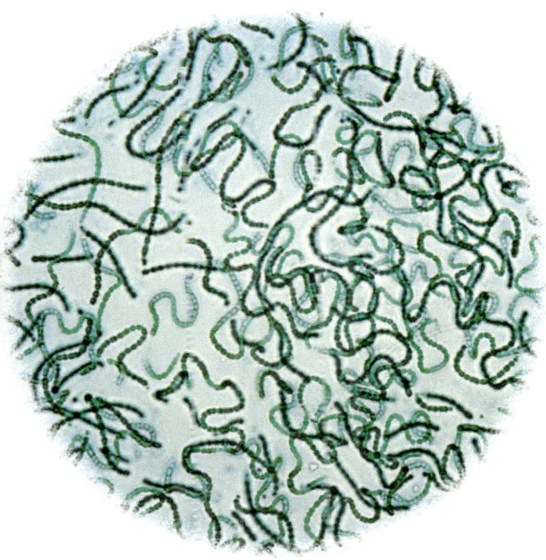

ALGE

Der grüne Schleim auf der Oberfläche von Teichen besteht aus Blaualgen. Diese Algen sind keine echten Pflanzen, sondern sind enger mit Bakterien verwandt. Blaualgen zählen zu den ersten Lebewesen, die vor 2 Mrd. Jahren auf der Erde erschienen.

AMÖBE

Die Amöbe ist ein einzelliger Organismus. Sie lebt im Wasser. Um sie sehen zu können, muss man eine Amöbe etwa 400-mal vergrößern. Die Amöbe bewegt sich (»fließend«), indem sie einen Teil ihres Körpers ausstreckt, den man Pseudopodium oder Scheinfüßchen nennt. Der übrige Körper fließt dann in das Scheinfüßchen. Um Bakterien u.a. Nahrung zu fressen, umgeben Amöben sie mit den Scheinfüßchen und fließen dann über die Beute.

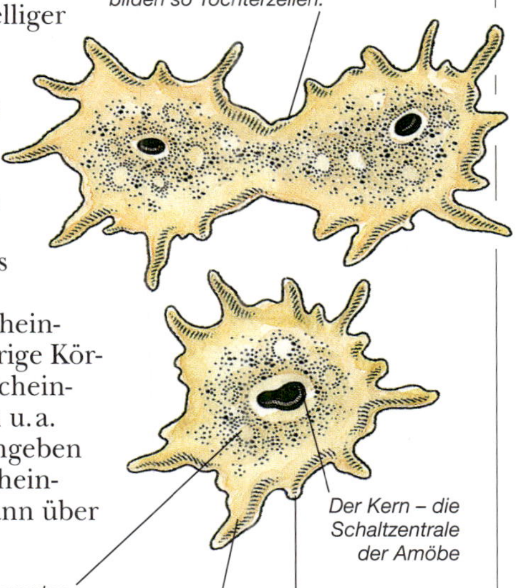

FORTPFLANZUNG DER AMÖBEN

Um sich fortzupflanzen, teilt sich die Amöbe. Diesen Vorgang nennt man Zellteilung. Erst teilt sich der Zellkern, dann der übrige Körper. Es entstehen zwei vollständige Amöben, die Tochterzellen.

POLLEN

Die winzigen Pollenkörner entstehen an den männlichen Teilen einer Blüte, den Staubgefäßen. Die Pollenkörner jeder Pflanzenart haben ihr charakteristisches Aussehen.

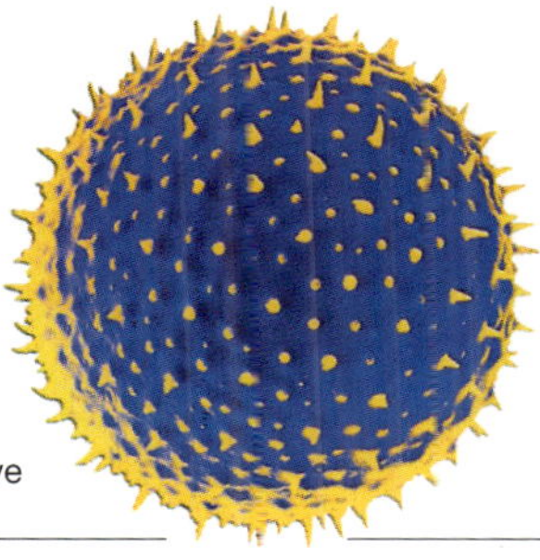

Pollen der Malve

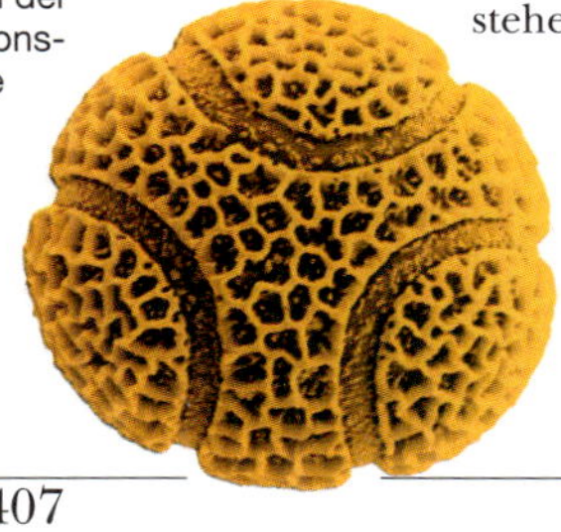

Pollen der Passionsblume

Siehe auch

KÖRPER, MENSCHLICHER
KRANKHEITEN
MIKROSKOPE
TIERE, MEERE

Mikroskope

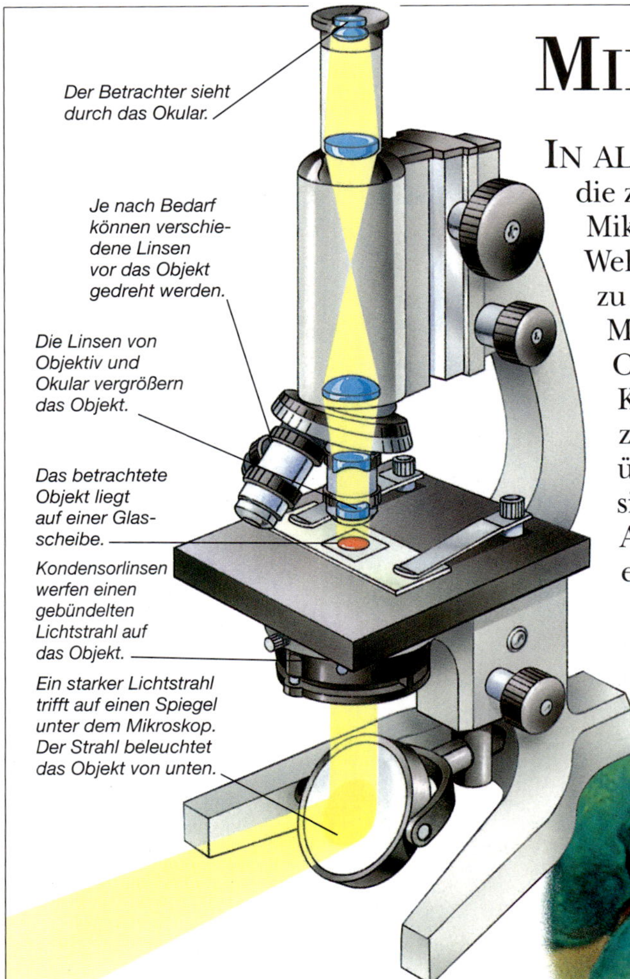

In allen Dingen und Lebewesen ist eine Welt verborgen, die zu klein ist, als dass wir sie sehen könnten. Die Erfindung des Mikroskops im 16. Jahrhundert ermöglichte Forschern, in diese Welt hineinzusehen und einige bahnbrechende Entdeckungen zu machen. Sie fanden heraus, dass Tiere und Pflanzen aus Millionen von Zellen bestehen. Später konnten sie die kleinen Organismen identifizieren, die wir Bakterien nennen und die Krankheiten auslösen. Frühe Mikroskope hatten nur eine einzige vergrößernde Linse. Die heutigen Mikroskope verfügen über mehrere Linsen und machen sehr, sehr kleine Dinge sichtbar. Elektronenmikroskope vergrößern noch stärker. Anstelle von Licht setzen sie einen Strahl aus Elektronen ein – Partikel, die normalerweise Teile von Atomen sind –, die Millionen von Malen vergrößern. Mit ihnen kann man die kleinsten Zellen und die Strukturen von Stoffen betrachten.

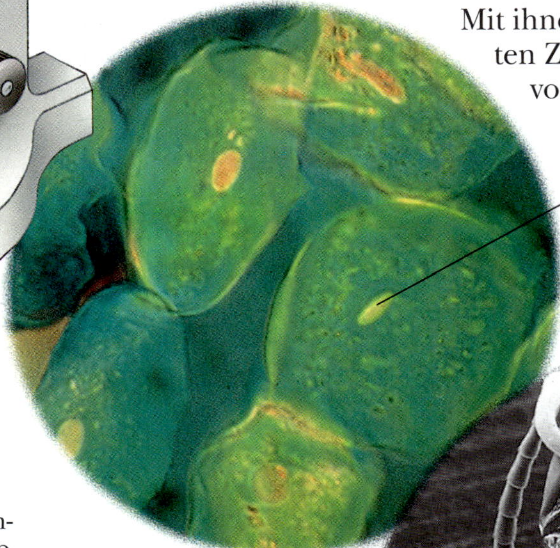

Durch optische Mikroskope werden lebende Zellen wie diese sichtbar, die von einer menschlichen Wange stammen. Sie sind über 200-mal vergrößert.

Optisches Mikroskop

Das optische oder Licht-Mikroskop hat zwei Hauptlinsen: das Objektiv und das Okular. Bei sehr hochwertigen Mikroskopen tragen mehrere zusätzliche Linsen dazu bei, ein deutliches Bild zu geben. Je nach eingebautem Objektiv vergrößert das Mikroskop 10- bis 1500-fach.

ERFINDUNG DES MIKROSKOPS

Vergrößernde Linsen waren schon im alten Rom bekannt, doch das erste echte Mikroskop wurde um 1590 von den holländischen Brillenmachern Hans und Zacharias Janssen gebaut. Der Engländer Robert Hooke untersuchte 1663 Insekten und Pflanzen mithilfe eines Mikroskops. Für die Wissenschaft wichtig war seine Entdeckung, dass Kork aus kleinen Zellen besteht. Durch die Erfindung des Mikroskops erwachte das Interesse für Mikrolebewesen.

ELEKTRONENMIKROSKOP
Um Objekte durch ein Mikroskop betrachten zu können, muss man sie in dünne Scheiben schneiden. Ein Rasterelektronenmikroskop (REM) vergrößert dagegen das ganze Objekt – wie diese 15-fach vergrößerte Ameise.

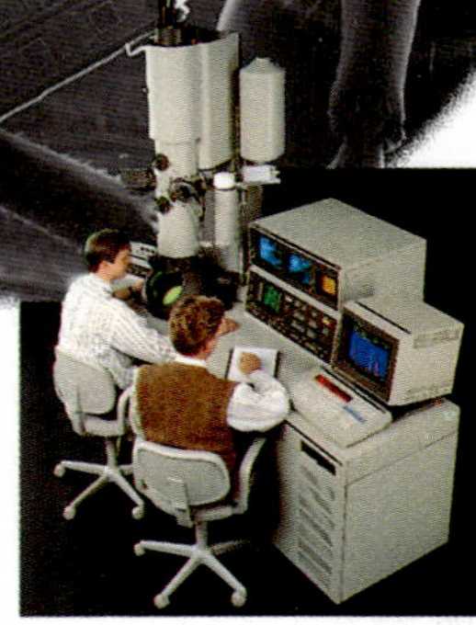

Ein Rasterelektronenmikroskop überträgt das Bild auf Monitore.

DARSTELLUNG VON ATOMEN
Elektronenmikroskope können Atome sichtbar machen, obwohl diese so klein sind, dass eine Reihe von 500 000 Atomen gerade einmal den Querschnitt eines Menschenhaars einfassen könnte. Dieses Stück Silikon (oben) ist 45 Millionen mal vergrößert, sodass man die Atome sieht.

Siehe auch
Atome und Moleküle
Biologie
Mikroorganismen

Mineralien und Steine

GIANT'S CAUSEWAY
Die Stufen dieses »Damms des Riesen« in Nordirland bestehen aus Basaltsäulen, die entstanden sind, als die aus einem Vulkan herausgeschleuderte Lava langsam abkühlte und erstarrte. Beim Abkühlen brach das Gestein auf.

WIR LEBEN AUF der Oberfläche einer riesigen Gesteinskugel – der Erde. Das Festland besteht überall aus Gestein. Meist ist das Gestein von Boden oder Pflanzen bedeckt. Mancherorts sind die Gesteine jedoch deutlich sichtbar, wie z.B. der Uluru (Ayers Rock) in Australien, ein Sandsteinfelsen, der 348 m über die Umgebung ragt. Die ältesten Gesteine der Erde sind etwa 3,8 Mrd. Jahre alt. Andere Gesteine sind viel jünger, und es entstehen immer wieder neue Gesteine. Alle Gesteine setzen sich aus so genannten Mineralien zusammen. Marmor z.B. besteht vorwiegend aus Kalzit (Kalkspat); Granit besteht aus den Mineralien Feldspat, Quarz und Glimmer. Gesteine werden auf verschiedene Arten gebildet: aus geschmolzenem Gestein im Erdinneren, aus den Fossilien von Tieren und Pflanzen oder durch Einwirkung von Hitze und Druck auf ältere Gesteine im Untergrund. Gesteine bleiben niemals erhalten, auch wenn sie noch so hart sind. Sie werden fortwährend von Wind, Regen und anderen Wettereinflüssen abgetragen.

Gesteinsbildung

Alle Gesteine sind auf riesige Staubwolken im All zurückzuführen, die sich vor rund 4,6 Mrd. Jahren zu den Planeten, Monden und Meteoriten des Sonnensystems zusammenballten. Auf der Erdoberfläche gibt es drei Gesteinsarten: magmatische, Sedimentgesteine und metamorphe Gesteine. Jede Gesteinsart entsteht auf eine andere Weise.

In der Lava eingeschlossene Gasblasen führten zu diesen Löchern im Gestein.

Wenn vulkanische Lava auf der Erdoberfläche abkühlt, entsteht Basalt.

Schlamm und Kiesel werden überdeckt und zusammengedrückt. Dabei entsteht ein hartes Sedimentgestein, Konglomerat genannt.

ERSTARRUNGSGESTEINE
Tief im Untergrund ist es so heiß, dass die Gesteine teilweise geschmolzen sind. Das schmelzflüssige Gestein nennt man Magma. Wenn Magma abkühlt, wird es hart und bildet ein magmatisches Gestein. Dies kann im Untergrund erfolgen, oder das Magma tritt als Lava an die Oberfläche und erstarrt dort.

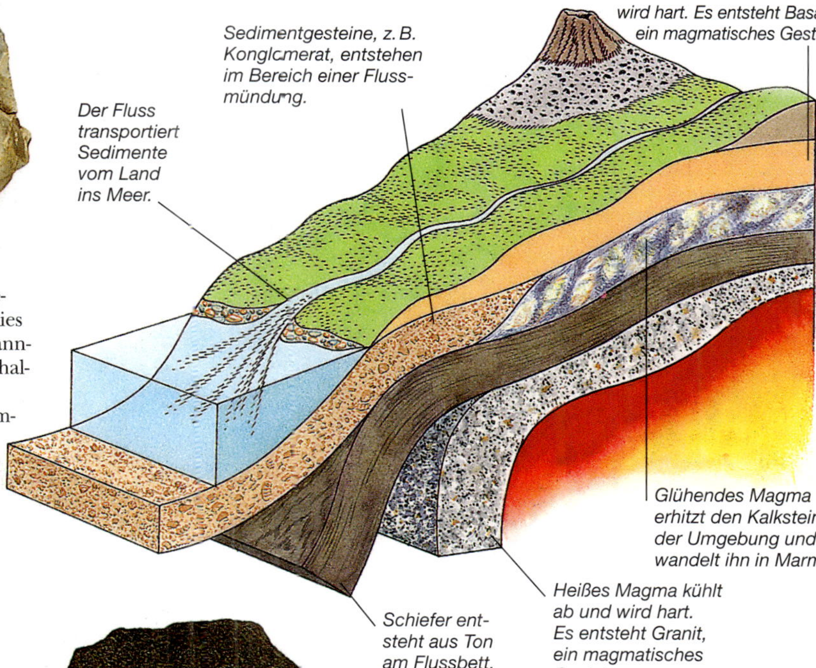

SEDIMENTGESTEINE
Eis, Wind und Wasser tragen Gestein ab und zerkleinern es zu Kies und kleineren Teilchen, so genannten Sedimenten. Sedimente enthalten Sand, Ton und Tierskelette. Sie werden überdeckt und zusammengedrückt und verhärten schließlich zu Sedimentgestein.

Wenn Magma im Untergrund langsam abkühlt, entsteht meist Granit, ein hartes Gestein, das oft als Baumaterial verwendet wird.

Kalkstein enthält die Reste von Schalentieren. Kreide ist eine weiche Kalksteinart, die aus den Skeletten von Seetierchen besteht.

Dieser Stein hier ist Tonschiefer – ein unter hohem Druck aus tonigem Sedimentgestein entstandenes metamorphes Gestein.

METAMORPHE GESTEINE
Hitze und Druck im Untergrund pressen Sediment- und Erstarrungsgesteine fest zusammen. Dadurch verändern sich deren Mineralienbestandteile und werden härter. Es entstehen neue, so genannte metamorphe Gesteine. Nach Millionen Jahren werden die oberen Gesteine abgetragen und die metamorphen Gesteine gelangen an die Oberfläche.

Hitze und hoher Druck verwandeln Kalkstein zu Marmor. Marmor ist ein hartes metamorphes Gestein.

MINERALIEN

Viele Gesteine bestehen aus wunderschönen Mineralkristallen. Mineralien sind die aus unterschiedlichen Chemikalien bestehenden Stoffe, aus denen sich Gesteine zusammensetzen. So sind z.B. Kalkstein und Marmor aus dem weißen Mineral Kalzit (Kalkspat) zusammengesetzt. Zu den Mineralien gehören auch wertvolle Steine wie Diamanten sowie Erze – Mineralien, die Metalle wie Eisen oder Aluminium enthalten. Fast alle Metalle werden durch das Verhütten von Erzen gewonnen.

WÜSTENROSE
Das Mineral Gips bildet in Wüsten und Trockengebieten blütenförmige Kristalle aus. Die Formen entstehen, wenn Wasser verdunstet und die Mineralien zurücklässt. Da die Kristalle wie Blüten aussehen, nennt man sie Wüstenrose.

TÜRKIS
Aus Türkis werden Schmucksteine hergestellt. Türkis ist ein blaugrünes Mineral, das oft in schmalen Adern in anderen Gesteinen verläuft.

HALIT
Speisesalz wird aus dem Mineral Halit gewonnen. Halit entsteht durch Verdunstung von Meerwasser. Unterirdische Halitablagerungen sind Reste ehemaliger Salzseen. Reines Salz ist farblos. Verunreinigungen lassen es rosa erscheinen.

SCHWEFEL
Gelbe Kristalle entstehen durch Abkühlen geschmolzenen Schwefels. Große unterirdische Lagerstätten wie in den USA liefern Schwefel für die Produktion von Chemikalien.

BLEIGLANZ
Glänzend graue Kristalle des Minerals Bleiglanz sind oft in weißem Kalkstein zu finden. Bleiglanz bildet würflige Kristalle aus. Es ist das wichtigste bleihaltige Erz. In Bleiglanz ist Blei mit Schwefel vermischt. Durch Erhitzen in einem Hochofen wird der Schwefel entfernt, und reines Bleimetall bleibt zurück.

KRISTALLE

Mineralien bilden meist Kristalle aus – regelmäßig geformte Feststoffe mit geraden Seiten. Kristalle funkeln, sind durchsichtig und haben glänzende Oberflächen. Ein Mineral bildet immer dieselben Kristalle aus, z.B. Säulen oder Würfel. Kristalle wachsen aus geschmolzenen oder in Flüssigkeiten gelösten Mineralien.

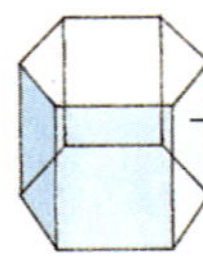

Hexagonale Kristalle bilden sechsseitige Säulen.

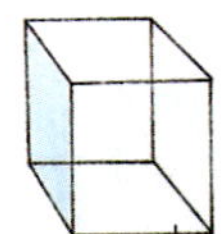

Kubische oder würflige Kristalle bilden vierseitige Säulen.

Manche Mineralien, z.B. Skolezit, bilden nadelförmige Kristalle aus.

Kristalle bilden häufig Säulen aus, so wie dieses Stück des Minerals Beryll.

QUARZ
Quarz zählt zu den häufigsten Mineralien. Elektronische Uhren enthalten kleine Quarzteilchen, deren Schwingungen eine exakte Zeitmessung ermöglichen.

DER GEBRAUCH VON GESTEIN

Wir sind überall von Gestein umgeben, sowohl in Städten als auch auf dem Land. Gesteine wie Granit, Sandstein und Kalkstein eignen sich als Baumaterial. Auch Straßen enthalten zerkleinerte Gesteine. Selbst weiche Gesteine finden Verwendung. Wenn man Ton, Kalkstein und Kreide mahlt und vermischt, erhält man Zement-Rohmehl. Ziegelsteine werden hergestellt, indem man Ton in Formen gießt und brennt.

Die ersten Werkzeuge wurden aus Stein gefertigt. Die frühen Menschen schlugen die Steine so zurecht, dass sie scharfe Kanten erhielten.

Bildhauer fertigen aus Steinen und reinen Mineralien kunstvolle Statuen und Ornamente.

Siehe auch
ATOME UND MOLEKÜLE
EDELSTEINE UND SCHMUCK
FOSSILIEN
GEOLOGIE
KOMETEN UND METEORE
UHREN
VULKANE

Minoische Kultur

Fast ein Jahrtausend lang beherrschte eine glanzvolle Kultur den Mittelmeerraum. Es waren die Minoer, so benannt nach dem sagenhaften König Minos. Um 6000 v. Chr. zogen Siedler vom griechischen Festland auf die Insel Kreta. Dank der fruchtbaren Böden und dem fischreichen Meer wurde dieses Volk sehr wohlhabend und entwickelte eine reiche Kultur, die ihren Höhepunkt zwischen 2200 v. Chr. und 1500 v. Chr. erreichte. Die Minoer errichteten große Paläste, wie den Palast von Knossos, ihrer Hauptstadt. Sie waren auch ausgezeichnete Seefahrer. Mit ihren Schiffen transportierten sie Menschen, Wein, Öl, Kleidung und Bronze. Sie trieben Handel mit dem ganzen Mittelmeerraum und mit Ägypten. Sie bauten Weizen, Wein und Oliven an, und Hirten führten ihre Schafherden ins Gebirge. Die minoische Kultur wurde plötzlich durch einen Vulkanausbruch vernichtet. Den Palast von Knossos haben Archäologen erst zu Beginn des 20. Jhs. wiederentdeckt.

STIERTANZ
Junge Minoer führten vermutlich aus religiösen Gründen lebensgefährliche Heldentaten auf. Sie sprangen abwechselnd durch die Hörner eines wilden Stiers. Nach dem »Tanz« opferten sie den Stier und verteilten das Blut auf dem Boden. Diese Rituale haben wohl nur wenige überlebt.

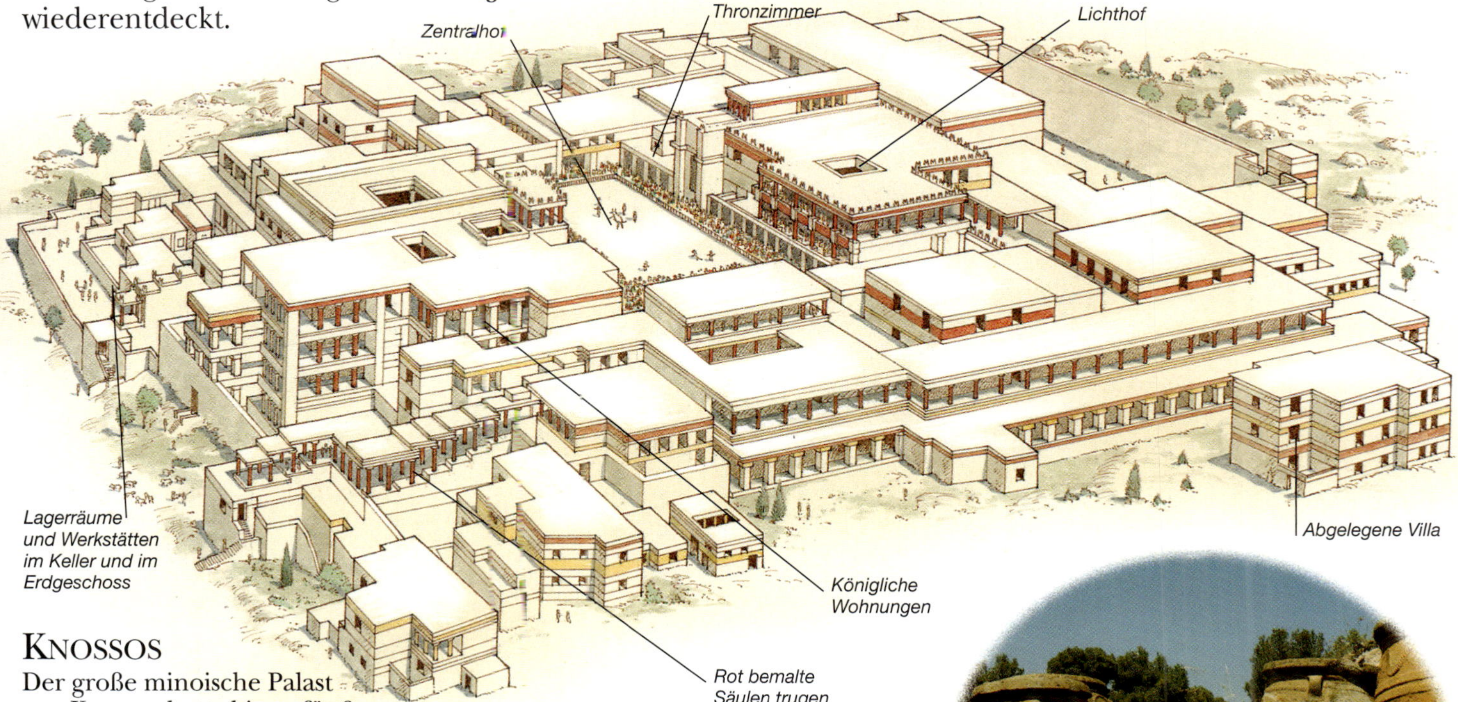

Knossos

Der große minoische Palast von Knossos hatte bis zu fünf Stockwerke und zählte mehr als 1300 Räume. Die Wände waren mit Szenen aus dem minoischen Leben bunt bemalt. Im Palast selbst gab es Räume mit religiösen Schreinen, Werkstätten für Handwerker, Lagerräume und Wohnungen.

DAS MINOISCHE REICH
Die Minoer bauten auf der Insel Kreta ein Netz aus Städten und errichteten Handelsposten rund um das östliche Mittelmeer. Nach dem Vulkanausbruch auf der benachbarten Insel Thera um 1550 v. Chr. wurde Kreta von Völkern des griechischen Festlands – den Mykenern – eingenommen. Die minoische Zivilisation war dem Untergang geweiht.

Dieses Fresko eines Fischerjungen wurde in einem Haus auf der Insel Thera entdeckt (ein Fresko ist eine Wandmalerei auf feuchtem Kalkputz).

FISCHFANG
Minoische Seeleute fischten in den stürmischen Gewässern um Kreta und verkauften die Fische. Der Fischfang war Grundlage der minoischen Wirtschaft.

MINOISCHE KERAMIK
Die Minoer fertigten außergewöhnliche Keramikwaren. Mithilfe von Töpferscheiben stellten sie hauchdünne, fein dekorierte Gefäße und große Vorratsbehälter (Pithoi, oben), her. In den Pithoi wurden Öl, Wein und Getreide aufbewahrt.

Siehe auch
Ägypten, Altes
Griechenland, Altes

Mittelalter

JAHRMÄRKTE
In Städten, die an wichtigen Handelsrouten lagen fand jedes Jahr ein Jahrmarkt statt. Händler fuhren durch ganz Europa, um ihre Waren zu verkaufen.

ADLIGE, DIE IN BURGEN beim Bankett sitzen, Bauern, die das Land bewirtschaften, Ritter in ihren Rüstungen – all dies verbindet man mit einer Zeit in Europa, die man heute das Mittelalter nennt. Es war die Zeit eines großen Umbruchs in Europa zwischen dem 5. und dem 15. Jh. Im 5. Jh. ging das Römische Reich unter und wurde von Germanenstämmen eingenommen. Westeuropa teilte sich in viele Königreiche auf. Der Handel brach zusammen, und die Menschen mussten sich vom eigenen Land ernähren. Langsam traten immer mächtiger werdende adlige Grundbesitzer auf, und der Feudalismus breitete sich aus. Die ersten Jahre des Mittelalters in Europa werden oft als Finsteres Mittelalter bezeichnet, da die geistigen Errungenschaften des antiken Griechenlands und Roms fast vergessen waren. Der Einfluss der Kirche zeigt sich vor allem an den Kreuzzügen gegen den Islam. Der Handel blühte langsam wieder auf. Um das 13. Jh. herum erreichte das Mittelalter seinen Höhepunkt. Der Feudalismus prägte die Gesellschaft, und die Klöster waren die Zentren der Bildung. Das Mittelalter ging seinem Ende entgegen, als sich im 15. Jh. die Renaissance von Italien ausgehend in Europa ausbreitete.

Dorfleben

Ein mittelalterliches Dorf war meist von zwei oder drei offenen Feldern umgeben. Das Land gehörte einem Gutsherren, doch Bauern bearbeiteten es in schmalen Parzellen und behielten einen Großteil der Ernte. Sie arbeiteten sehr hart und bezahlten dem Gutsherren und der Kirche Abgaben in Form von Arbeit und Waren.

Schuhmacher

Die Frauen kauften Stoffe, aus denen sie selbst Kleidung nähten.

Der Geflügelhändler verkaufte Gänse.

STADTSZENE

Im späten Mittelalter nahm der Handel zu, und die Kaufleute wurden reich und mächtig. Die Städte entwickelten sich zu wichtigen Handelszentren. Die Handwerker gründeten Organisationen, so genannte Gilden.

FEUDALISMUS

Könige gaben ihren Vasallen – einflussreichen Adligen – Landflächen, die man Lehen nannte. Im Gegenzug unterstützten die Vasallen ihren König. Die Vasallen, oder Gutsherren, unterteilten das Land in Güter, die sie an niedere Adlige und Ritter weitergaben. Im Gegenzug arbeiteten diese für den Gutsherren und kämpften für ihn, wenn er sie benötigte.

Dieses Manuskript aus dem 14. Jh. (rechts) zeigt die Feudalstruktur mit dem König an der Spitze.

Die Jagd (oben) war im Mittelalter für Frauen der gehobenen Schicht eine beliebte Freizeitbeschäftigung.

Christine de Pisan, eine Französin aus dem Mittelalter (links), arbeitete als Schriftstellerin.

FRAUEN

Bäuerinnen arbeiteten ihr ganzes Leben lang sehr hart. Sie zogen Kinder groß, sponnen Wolle, webten Stoffe und halfen in der Landwirtschaft. Auch Frauen der gehobenen Schicht führten ein arbeitsreiches Leben. Sie leiteten oft den Familienbesitz, während die Männer unterwegs waren, Krieg führten oder an Kreuzzügen teilnahmen. Frauen kümmerten sich auch um die Alten und Kranken und unterrichteten die Kinder.

MITTELALTER

400 n. Chr. Beginnender Untergang des Römischen Reiches.

450 Germanenstämme – Angeln, Jüten und Sachsen – lassen sich in Britannien nieder.

um 480 Franken gründen ein Königreich in Gallien (heute Frankreich).

800 Der fränkische König Karl der Große vereint Westeuropa.

900–1000 Europa wird in Feudalstaaten geteilt. Es herrschen Armut und Krankheiten.

1066 Die Normannen erobern England.

um 1000–um 1200 Hohes Mittelalter: verbesserter Handel, Bevölkerungswachstum, Stadtentwicklung, bessere Bildung.

um 1100 Gründung der ersten Universitäten.

1215 Magna Charta: Englische Barone erhalten Rechte und Macht von König Johann I.

1300–1500 Spätes Mittelalter.

um 1320 Beginn der Renaissance in Italien – Wiederaufleben von Kunst und Bildung.

1337 Beginn des Hundertjährigen Krieges zwischen England und Frankreich.

1348 Der Schwarze Tod – die Pest – erreicht Europa. Ein Drittel der europäischen Bevölkerung wird ausgelöscht.

1378–1417 Das große Schisma: Das katholische Europa wird von zwei Päpsten gespalten – Urban VI. und Gegenpapst Clemens VII.

1454 Johannes Gutenberg erfindet den Buchdruck mit beweglichen Lettern.

Siehe auch

KIRCHEN
KLÖSTER
PEST
RENAISSANCE
RITTER
ROM, ALTES

Möbel

Egal ob zu Hause – in Küche, Wohn- und Schlafzimmer – oder in der Schule: Möbel umgeben uns Tag und Nacht. Und sie sind so gebaut, dass sie möglichst bequem sind. Sie dienen zudem auch als Aufbewahrungsort für unser gesamtes Hab und Gut. Alles ist griffbereit und doch sicher verstaut. Stühle, Betten, Tische und Schränke gehören für uns wie selbstverständlich zum Leben. Dabei waren noch bis in das 19. Jh. hinein sämtliche Möbel von Hand gemacht, und nur wenige Familien konnten sich eine komplette Einrichtung leisten. Einen Tisch gab es zwar in den meisten Häusern, zum Sitzen jedoch mussten einfache, gezimmerte Bänke und Hocker ausreichen. Ihre wenigen Besitztümer bewahrten die Menschen damals in einer Truhe auf, und zum Schlafen begnügten sie sich oft mit einem Strohsack. Heute kommen Möbel fast immer aus der Fabrik. Sie sind praktisch, bequem und pflegeleicht. Es gibt sie in allen möglichen Stilrichtungen. So genannte Stilmöbel z. B. imitieren mit ihren Schnörkeln die Stile vergangener Zeiten.

Ein Bett aus der römischen Stadt Pompeji

Möbel des Altertums

Vor mehr als 2000 Jahren saßen wohlhabende Römer aus der Stadt Pompeji an Tischen aus Bronze. Das Grab des Tutanchamun enthielt wertvolle Möbel, mit denen der ägyptische König vor 3500 Jahren bestattet worden war.

Polsterung

Manche Stühle und Sofas sind gepolstert, damit der Benutzer nicht auf nacktem Holz sitzt. Um eine bequeme Polsterung zu erreichen, sind viele Materialien erforderlich, denn die Polsterung muss an manchen Stellen fest, an anderen wiederum nachgiebig sein. Nur so wird vermieden, dass der Sitzende Rückenschmerzen bekommt.

Antiker Wandschirm aus Japan

Antiquitäten

Die von Hand gefertigten Möbel des englischen Schreiners Thomas Chippendale (1718–79) waren schön und gleichzeitig praktisch. Möbel vergangener Zeiten werden als Antiquitäten bezeichnet. Sie sind wertvoll und meist teuer.

Möbel der Nomaden

Die meisten Menschen auf der Welt sind sesshaft und ziehen nur selten um. Entsprechend schwer sind auch ihre Möbel. Nomaden jedoch ziehen mit ihrem gesamten Besitz über Land, weshalb große Stühle und Tische nicht praktisch sind. Die Beduinen im Mittleren Osten möblieren ihre Wüstenzelte ausschließlich mit Teppichen, Kissen und Bettrollen.

Die Indianer Südamerikas erfanden die Hängematte als Bett, das man jederzeit einpacken kann.

Möbel für jeden Zweck

Die Bauart von Möbeln hat sich im Laufe der Zeit dem Zweck angepasst. So haben Küchenmöbel, in denen Töpfe und Pfannen verstaut werden, feste Türen, während die Türen einer Vitrine aus Glas sind, um wertvolles Porzellan gut sichtbar aufzubewahren.

Die Schubladen des Schranks sind für das Besteck gedacht. Der obere Teil stellt das beste Porzellan zur Schau.

Ein gut durchdachter Schreibtisch ist wie ein kleines Büro. Dieser verfügt über extra Fächer für das Briefpapier und über abschließbare Schubladen für Dokumente.

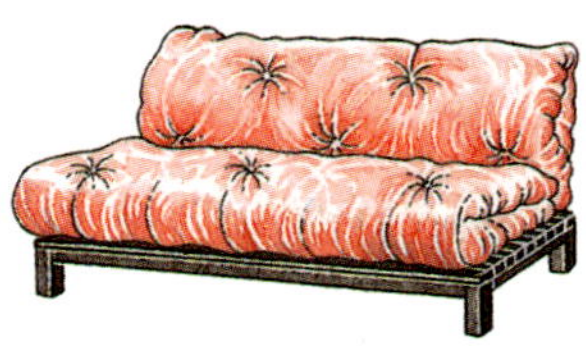

Ein mit Baumwolle gefüllter Futon dient ausgeklappt als Bett. Erfunden wurde er in Japan, wo der Wohnraum besonders knapp ist.

Die ersten Spiegel aus Glas entstanden im 16. Jh. Die Seitenflügel ermöglichen dem Betrachter fast eine Rundumsicht.

Siehe auch

Ägypten, Altes
Design
Häuser

MOHAMMED

PROPHET DES ISLAM
Der Erzengel Gabriel sagte zu Mohammed, dass er von Gott als Prophet auserwählt sei – genau so wie Moses und Abraham vor ihm.

IM 5. JH. GRÜNDETE ein Mann eine Religion, die heute zu den größten Religionen der Welt zählt. Sein Name war Mohammed, und die Religion ist der Islam. Mohammed wurde um 570 in einen arabischen Klan der Stadt Mekka im Südwesten Arabiens (heute Saudi-Arabien) geboren. Nachdem er schon früh seine Eltern verloren hatte, wurde er zum Händler und heiratete Khadija, eine wohlhabende Witwe, mit der er drei Töchter hatte. Zu jener Zeit verehrten die Araber viele Götter und beteten Idole und Geister an. Mohammed glaubte aber nur an einen Gott, Allah, und fühlte sich als Allahs Prophet. Mohammeds Familie und Freunde waren die Ersten, die mit ihm diesen Glauben teilten, doch die Bewohner Mekkas waren über seine Ansichten erzürnt und zwangen ihn zur Flucht nach Medina, einer Stadt nördlich von Mekka. Dort verkündete er die Grundsätze des Islam und gewann viele Anhänger. Nach mehreren heiligen Kriegen eroberten Mohammed und seine Anhänger im Jahr 630 Mekka zurück. Missionare breiteten die Botschaft des Islam in Nah und Fern aus. Arabien war bereits zum Zeitpunkt des Todes Mohammeds im Jahr 632 ein islamischer Staat.

HEDSCHRA

Menschen kamen nach Mekka, um an der Kaaba, einem großen Schrein mit Götzenbildern, zu beten und Handel zu treiben. Als sich Mohammed gegen die Götzenverehrung aussprach, wurde er verfolgt. Im Jahr 622 floh er mit einigen seiner Anhänger nach Medina. Ihre Flucht wird als Hedschra (»Auswanderung«) bezeichnet. Heute ist die Kaaba der heilige Schrein der Muslime (Anhänger des Islam). Sie ist von einer großen Moschee umgeben und wird jedes Jahr von vielen Pilgern besucht.

MOHAMMEDS PREDIGTEN
Mohammed behauptete nicht, göttlich zu sein. Er glaubte, dass er der letzte Prophet war und dass er Gottes Botschaft erhielt, die er weitergeben sollte. Er predigte, dass es nur einen Gott gibt, dass die Menschen Gottes Willen gehorchen sollen und dass alle Menschen gleich sind. Er prangerte auch die Selbstsucht der Reichen, die Ungerechtigkeit gegenüber Frauen, Sklaven und Armen sowie die Gewalt gegen Tiere an. Im Jahr 632 pilgerte er das letzte Mal nach Mekka. Dort hielt er eine berühmte Predigt über die wichtigsten Prinzipien des Islam.

DER BERG HIRA
Als Mohammed in einer Höhle am Berg Hira nördlich von Mekka meditierte, hatte er eine Offenbarung. Ihm erschien der Erzengel Gabriel und forderte ihn auf, den Menschen zu predigen, dass sie nur an einen Gott – Allah – glauben sollen. Die Lehren Allahs wurden Mohammed in mehreren Offenbarungen während seines Lebens übermittelt.

FATIMA UND ALI
Mohammeds Tochter Fatima (605–633) zog mit ihrem Vater nach Medina. Später heiratete sie Mohammeds Vetter Ali. Fatimas Nachkommen gründeten die Stadt Kahira (Kairo) in Ägypten.

MOHAMMEDS TOD
Nach der letzten Pilgerreise kehrte Mohammed nach Medina zurück, wo er wenige Tage später starb. Sein Grab liegt in der Prophetenmoschee in Medina. Nach Mohammeds Tod schrieben seine Anhänger die Predigten im Koran, dem heiligen Buch des Islam, auf.

MOHAMMED

um 570 n. Chr. Geboren in Mekka.
595 Hochzeit mit Khadija, einer wohlhabenden Witwe.
610 Offenbarung: der Erzengel Gabriel sagt ihm, dass er den Islam verkünden soll.
613 Beginn der Predigten in Mekka.
622 Auswanderung von Mekka nach Medina.
624 Die Truppen Mekkas werden bei der Schlacht von Badr durch Mohammeds Truppen geschlagen.
630 Eroberung Mekkas.
632 Tod in Medina.

Siehe auch
ISLAM
RELIGIONEN

MOND

Nach großen Meteoriteneinschlägen vor mehr als 4 Mrd. Jahren floss Lava aus dem Mondinneren aus. Die Lava verfestigte sich und bildete glatte Ebenen, die man Maria nennt, was auf Lateinisch so viel wie »Meere« bedeutet.

Die zahlreichen Krater entstanden durch Meteoriteneinschläge.

UNSER NÄCHSTER NACHBAR im Weltall ist der Mond. Er umkreist die Erde, wobei er ihr immer die gleiche Seite zuwendet. Der Mond hat keine Atmosphäre, die – wie auf der Erde – die Temperatur konstant hält. Daher treten Temperaturen zwischen unerträglich heißen 115 °C während des Mondtages und eisigen –160 °C während der Nacht auf. Auf dem Mond gibt es kein Wasser, nur Eis an den Polen, und damit auch keine Lebewesen. Die Mondoberfläche besteht vorwiegend aus weiten Ebenen, aus denen hohe Berge ragen und die mit unzähligen Kratern durchsetzt sind. Der Mond selbst leuchtet nicht. Wir sehen den Mond, da er das Sonnenlicht ähnlich wie ein Spiegel reflektiert. Der Mond ist ein natürlicher Satellit – ein Objekt, das einen Planeten oder Stern umläuft. Manche Planeten unseres Sonnensystems haben sogar mehrere Monde.

Die Schwerkraft des Mondes verursacht auf der Erde Ebbe und Flut.

ENTSTEHUNG DES MONDES

Über die Entstehung des Mondes gibt es mehrere Theorien. Früher nahmen manche Wissenschaftler an, dass der Mond ein Teil der Erde ist, der sich vor einigen Jahrmillionen loslöste. Heute gehen die meisten Astronomen davon aus, dass Mond und Erde vor 4,5 Mrd. Jahren gleichzeitig aus einer Gas- und Staubwolke entstanden sind.

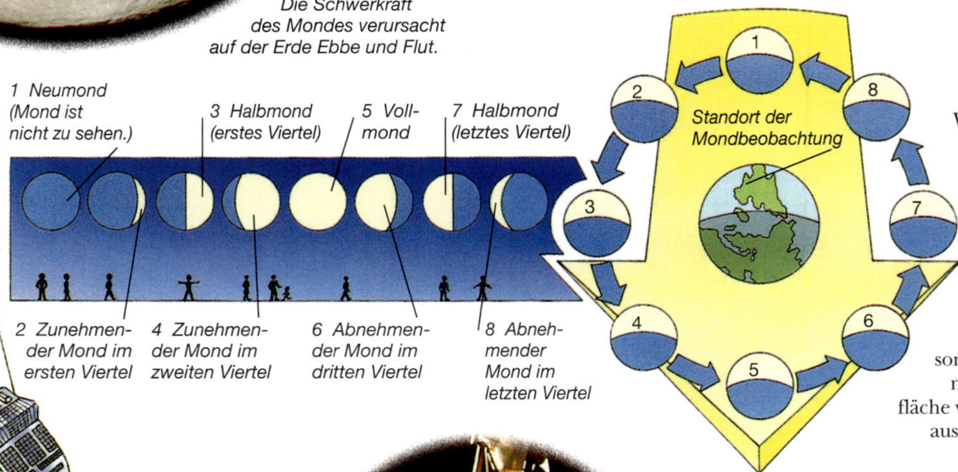

MONDPHASEN

Während des Erdumlaufs erscheint der Mond in verschiedenen Phasen, die davon abhängen, wie viel der sonnenbeschienenen Mondfläche von der Erde aus zu sehen ist.

LUNA 3

Bis 1959 hat kein Mensch je die erdabgewandte Seite des Mondes gesehen. Im Oktober 1959 übermittelte die russische Mondsonde *Luna 3* (rechts) die ersten Bilder dieser Mondseite.

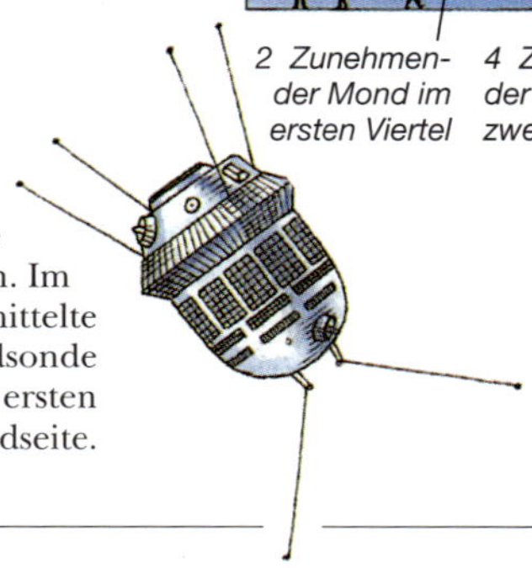

ANDERE MONDE

In unserem Sonnensystem sind bislang rund 160 Monde bekannt. Die meisten davon umlaufen die riesigen äußeren Planeten. Der größte Planet, Jupiter, hat mindestens 63 Monde, von denen drei größer sind als unser Mond. Einer davon, Io (neben Jupiter links zu sehen) besitzt unzählige aktive Vulkane. Ein weiterer Jupitermond, Ganymed, ist der größte Satellit im Sonnensystem. Der Planet Saturn hat viele kleine Monde im Außenbereich seiner Ringe.

Neben dem Landemodul steht Armstrongs Kollege Edwin Aldrin.

MONDLANDUNGEN

Der russischen Sonde *Luna 9* gelang 1966 die erste kontrollierte Landung auf dem Mond. Nur drei Jahre später, im Juli 1969, kletterte der amerikanische Astronaut Neil Armstrong aus dem Apollo-11-Landemodul und betrat damit als erster Mensch die Mondoberfläche.

DER MOND IN ZAHLEN

Entfernung zur Erde	384 401 km
Durchmesser am Äquator	3 477,8 km
Umlaufzeit um die Erde	27 Tage, 7 Stunden, 43 Minuten
Zeit zwischen zwei Vollmonden	29 Tage, 12 Stunden, 43 Minuten
Schwerkraft auf der Oberfläche	1/6 der Schwerkraft auf der Erde
Helligkeit	1/425 000 der Helligkeit der Sonne

Siehe auch

ASTRONOMIE
ERDE
MEERE
PLANETEN
RAUMFAHRT

Mongolisches Reich

DSCHINGIS KHAN
Temudschin (1162–1227) war Sohn eines Stammeshäuptlings. Sein Vater wurde getötet, als Temudschin noch ein Kind war. Als Heranwachsender schlug er seine Gegner, vereinte alle anderen Stämme und nahm den Titel Dschingis Khan an, was so viel wie »Prinz aller Länder zwischen den Meeren« bedeutet. Er wollte die ganze Welt erobern.

GEGEN ENDE DES 12. JHS. vereinte ein gebieterischer Anführer eine Gruppe von Wanderstämmen zu einer starken Armee. Sein Name war Dschingis Khan, und die Stämme waren die Mongolen. Alle waren durch ein entbehrungsreiches Hirtenleben in den baumlosen Steppen Nordostasiens abgehärtet. Mit dem Ziel, die beste Armee seiner Zeit hervorzubringen, stellte Dschingis Khan eine schlagkräftige Kavallerie zusammen. Dank neuartiger Waffen wie Rauchbomben und Schießpulver waren sie unbesiegbar. Im Jahr 1211 fielen die Mongolen in China ein und zogen dann durch Asien. Sie kamen mit unglaublicher Geschwindigkeit voran. Ihre militärischen Operationen waren bis ins kleinste Detail durchdacht. Wegen ihrer Plünderungen und Einäscherungen waren sie sehr gefürchtet. Dschingis Khan starb 1227 und hinterließ seinen vier Söhnen ein riesiges Reich, das diese bis nach Europa ausdehnten. Das Reich zerfiel jedoch in der Folge.

Mongolische Khanate

Nach Dschingis Khans Tod wurde das Mongolische Reich in vier Khanate unterteilt. Kubilai Khan, der Enkel des Dschingis Khan, regierte das östliche Khanat. Die kleinen Khanate im Westen wurden zwar im 14. Jh. von Timur vereint, fielen aber rasch wieder auseinander.

Rüstung durchdringender Pfeil

Die Kavalleristen lenkten die Pferden mit den Füßen und hatten so die Hände zum Kampf frei.

Pferde im Kampfgeschirr

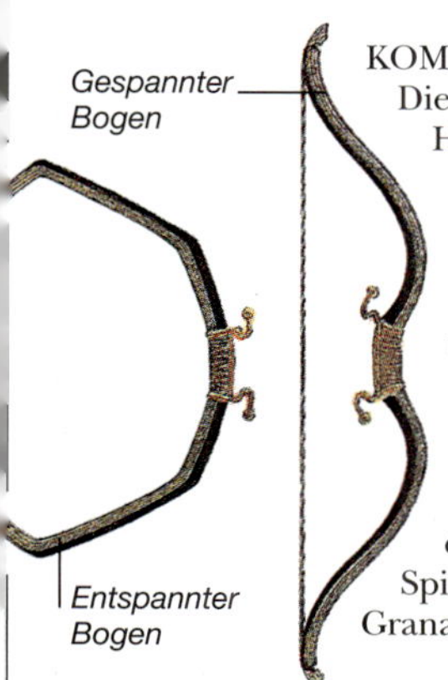

Gespannter Bogen

Entspannter Bogen

KOMPOSITBOGEN
Die Mongolen fertigten ihre Bögen aus Holz, Horn und Sehnen. Die Mongolen waren hervorragende Bogenschützen und konnten im vollen Galopp zielen. Sie entwickelten Pfeile, die Rüstungen durchdrangen, pfeifende Pfeile als Signalgeber und auch Pfeile, die an der Spitze eine Granate hatten.

MONGOLISCHES REICH

1206 Temudschin vereinigt alle Mongolenstämme.

1219 Die Mongolen erobern Persien.

1223 Die Mongolen erobern Russland.

1237 Batu, Enkel des Dschingis Khan, erobert Nordrussland.

1240 Batu erobert Polen und Ungarn.

1260 Mamelucken, ägyptische Krieger, schlagen die Mongolen.

1279 Kubilai Khan erobert China.

1370 Timur erobert die westlichen Khanate.

JURTEN
Die Wanderhirten der mongolischen Steppe folgten ihren Herden. Sie lebten in kreisrunden Zelten (Jurten), die sie auf der Wanderung mit sich nahmen. Die Frauen fuhren mit Karren, in denen die Jurten verstaut waren, während die Männer auf Jagd gingen, sich um die Herden kümmerten und Handel trieben. Noch heute leben manche Mongolen in Jurten.

Siehe auch

CHINA, GESCHICHTE
ENTDECKER
RUSSLAND, GESCHICHTE

Motoren

Als der prähistorische Mensch das Feuer entdeckte, hatte er auch eine Energiequelle gefunden, denn beim Verbrennen entstehen Wärme und Licht. Etwa eine Million Jahre später wurde die Dampfmaschine erfunden, und nun konnte der Mensch diese Energie nutzen und in Bewegung umwandeln. Heute gibt es in Verkehr und Industrie viele Arten von Motoren. Alle haben eine Funktion: die in Brennstoffen wie Erdöl oder Kohle gespeicherte Energie in Bewegung umzuwandeln. Vor der Erfindung von Motoren hingen viele Arbeiten von der Kraft des Menschen und seiner Tiere ab. Heute erzeugen Motoren genug Kraft, um schwerste Lasten zu heben und die größten Maschinen anzutreiben. Der stärkste Motor ist der Raketenantrieb – dank ihm überwindet der Mensch die Schwerkraft der Erde und gelangt ins Weltall.

VIERTAKTMOTOR
Automotoren sind meist Viertaktmotoren, bei denen jeder Kolben sich in vier Phasen bewegt.

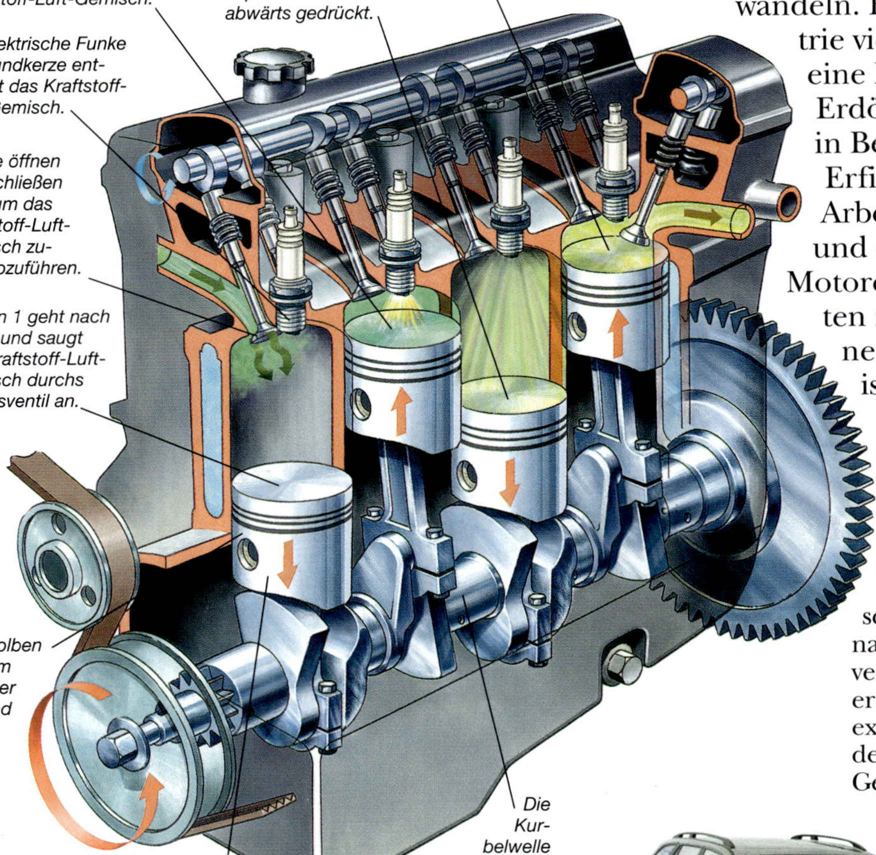

Verbrennungsmotor

Die meisten Motoren gehen auf den Deutschen Nikolaus Otto zurück, der 1876 den nach ihm benannten Viertaktgasmotor mit verdichteter Ladung und Fremdzündung erfand. Aus der Energie von Gasen, die durch explodierenden Kraftstoff entstehen, erzeugt der Verbrennungsmotor Bewegung. Ein Gemisch von Luft und Benzintröpfchen gelangt in die Zylinder des Motors, die jeweils einen Kolben enthalten. Ein elektrischer Funke entzündet das Gemisch, und die Explosionsgase treiben den Kolben an.

Dieselmotor

Nach seinem deutschen Erfinder Rudolf Diesel (1858–1913) ist der Dieselmotor benannt, ein Verbrennungsmotor, der statt Benzin Dieselöl verbrennt. Der Motor arbeitet genau wie ein Benzinmotor, hat aber keine Zündkerzen. Statt dessen wird der Kraftstoff durch Düsen in die Zylinder gespritzt. Der Kolben komprimiert die Luft, die sich dabei so stark erhitzt, dass der Dieselkraftstoff explodiert und den Kolben antreibt.

Elektromotoren

Benzin- und Dieselmotoren erzeugen Abgase, die die Luft verschmutzen und zum Treibhauseffekt beitragen (wodurch die Erdtemperatur steigt). Elektromotoren sind sauber, leise und umweltfreundlich. Mehrere Hersteller entwickeln Autos mit Elektromotoren. Hybrid-Autos wie der Toyota Prius (unten) haben Motoren, die Elektroenergie mit Benzin- oder Gasantrieb kombinieren. Diese Motoren erbringen eine hohe Leistung bei geringer Umweltbelastung.

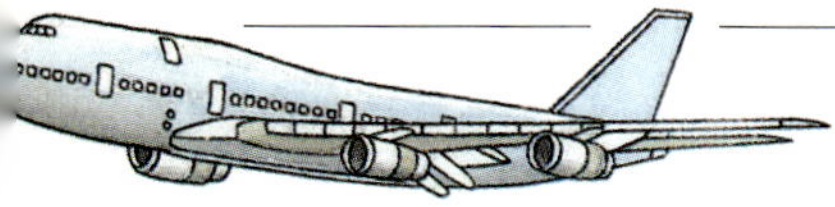

DÜSENTRIEBWERK

Das Düsen- oder Gasturbinentriebwerk treibt heute die meisten Hochgeschwindigkeitsflugzeuge an. Es stößt einen schnellen Strahl heißer Luft aus seinem Auspuff aus und schiebt so die Maschine vorwärts. Sich drehende Schaufelräder vor dem Triebwerk saugen Luft ein und pressen sie unter Hochdruck in mehrere Verbrennungskammern. Dort erhitzt brennendes Kerosin die Luft, die sich ausdehnt und beim Ausströmen eine Turbine dreht, die die Schaufelräder vorn antreibt.

FRANK WHITTLE

1928 kam dem englischen Piloten und Ingenieur Frank Whittle (1907–1996) die Idee zum Düsentriebwerk. Sein Motor trieb erstmals 1941 ein Experimentalflugzeug an. Der erste Düsenflug gelang jedoch schon in den 30er-Jahren in Deutschland, wo der Ingenieur Hans von Ohain 1939 das Turbostrahltriebwerk entwickelt hatte.

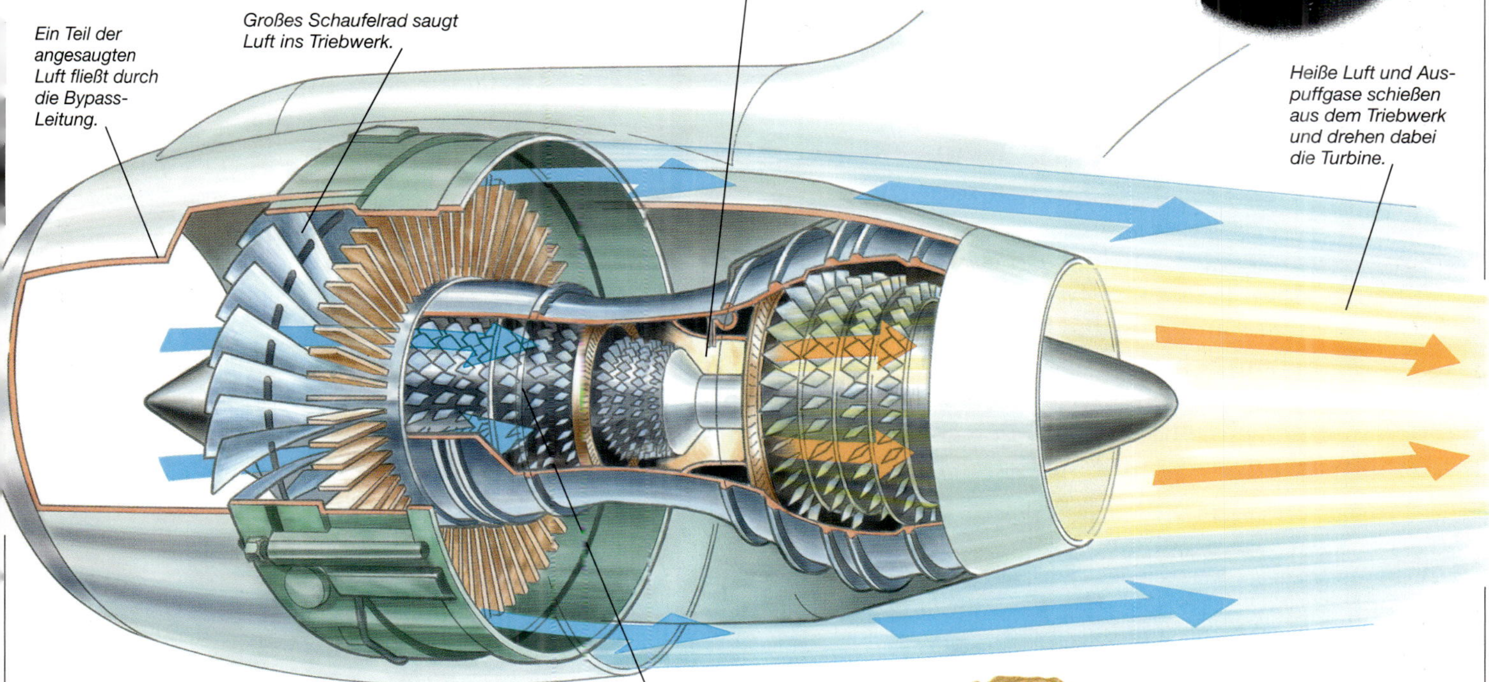

ZWEISTROMTRIEBWERK

Ein Zweistromtriebwerk ist ein sehr effizientes Gasturbinentriebwerk. Ein Teil der Luft fließt durch eine Bypass-Leitung um den Hauptteil des Triebwerks. Dies erhöht die Menge der durchs Triebwerk fließenden Luft und gibt ihr mehr Schub. Die Bypass-Leitung macht das Triebwerk auch leiser.

DAMPFMASCHINE

Die Dampfmaschine wurde im 18. Jh. erfunden und veränderte das Leben der Menschen entscheidend, da sie zur Entwicklung von Industrie und Verkehr führte. Die Menschen verließen die ländlichen Gegenden, um in den neuen Fabriken mit ihren Dampfmaschinen zu arbeiten. Dampfeisenbahnen ermöglichten ein ausgedehnteres und schnelleres Reisen.

JAMES WATT

Der erste Motor war eine einfache Dampfmaschine, die der griechische Forscher Hero im 1. Jh. n. Chr. erfand – eher ein Spielzeug. 1712 baute der britische Ingenieur Thomas Newcomen den ersten echten Motor: eine große Dampfmaschine, die Wasser aus Bergwerken pumpte. 1769 verbesserte James Watt (links), ein weiterer britischer Ingenieur, die Dampfmaschine erheblich. Die Einheit der Leistung, das Watt, ist nach ihm benannt.

Siehe auch

AUTOS
EISENBAHN
ELEKTRIZITÄT
FLUGZEUGE
RAKETEN
TRANSPORT UND VERKEHR

Muscheln, Schnecken, Tintenfische

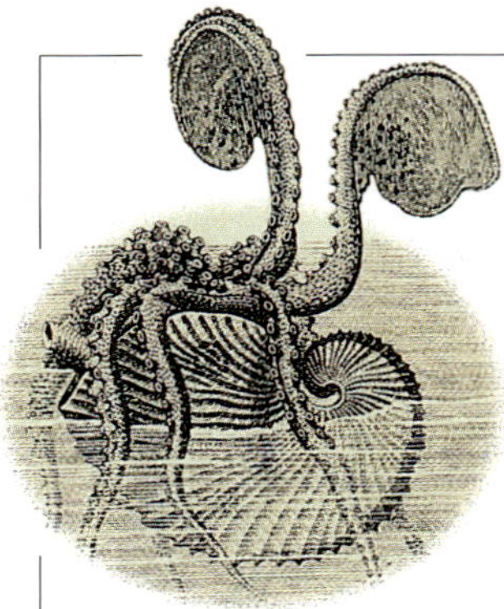

PAPIERBOOT
Das Papierboot ist eine Kopffüßer-Art. Das Weibchen erzeugt eine schützende Schale für ihre Eier.

ALL DIE SCHÖNEN Muscheln, die man am Strand findet, waren einmal die »Häuschen« von Meeresbewohnern aus der Gruppe der Weichtiere. Diesem Tierstamm gehören Schnecken, Muscheln und Kopffüßer an. Im Meer lebt eine Vielzahl sehr unterschiedlich aussehender Muscheln und Schnecken. Manche sind klein und zart, wie das Wendeltürmchen. Andere haben, wie die Riesenmuschel oder das Tritonshorn, große, schwere Schalen. Die Schalen wurden von den Tieren selbst »gebaut«: Beim Fressen nehmen sie Kalziumkarbonat aus dem Wasser auf. Aus diesem Mineral baut das Weichtier seine Schale Schicht um Schicht auf. Je stärker das Tier wächst, desto größer wird auch seine Schale. Schnecken leben in einer einzelnen, spiraligen Schale. Muscheln haben zwei miteinander verbundene Schalenhälften.

INNERES EINER SCHALE
Die Schale des Nautilus hat viele Kammern. Im Laufe seines Wachstums schließt das Tier immer wieder Kammern durch »Wände« und baut neue. Es lebt immer nur in der letzten Kammer.

NAUTILUS
Dieser räuberische und Aas fressende Kopffüßer jagt nachts. Er lebt im Indischen und Pazifischen Ozean und hat über 30 Tentakel.

WIE WEICHTIERE WACHSEN
Weichtiere beginnen ihr Leben als Eier. Nach dem Schlüpfen bauen sie die Schale auf. Tiere mit einer einzigen, spiraligen Schale wie diese Tritonschnecke vergrößern sie, indem sie am offenen Ende ständig Kalziumkarbonat hinzufügen. Muscheln lagern das Kalziumkarbonat an den runden Kanten der beiden Schalen ab.

MUSCHELSCHALEN
Die beiden Hälften einer Muschelschale sind durch ein Scharnier verbunden. Kräftige Muskeln öffnen und schließen die Schale: Zum Atmen und Fressen wird sie geöffnet, bei Gefahr geschlossen.

Inneres einer Herzmuschel

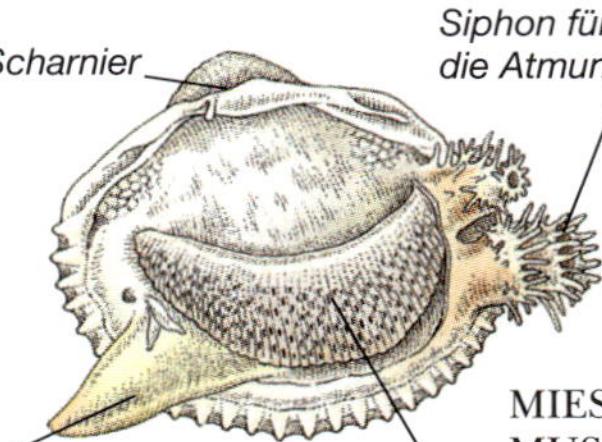

MIESMUSCHEL
Miesmuscheln findet man an vielen Küsten.

HERZMUSCHEL
Die Herzmuschel gräbt sich im Sand ein und filtert ihr Futter aus dem Wasser der Flut.

KAMMMUSCHELN
Die Kammmuschel schwimmt, indem sie sich öffnet und schließt. So flieht sie vor Fressfeinden.

SO ENTSTEHEN PERLEN
Die Auster überzieht jeden Fremdkörper mit dem Perlmutt, mit dem die Schalen innen ausgekleidet sind.

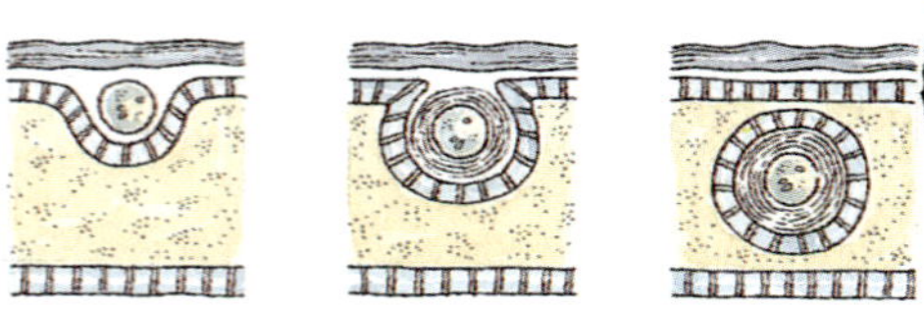

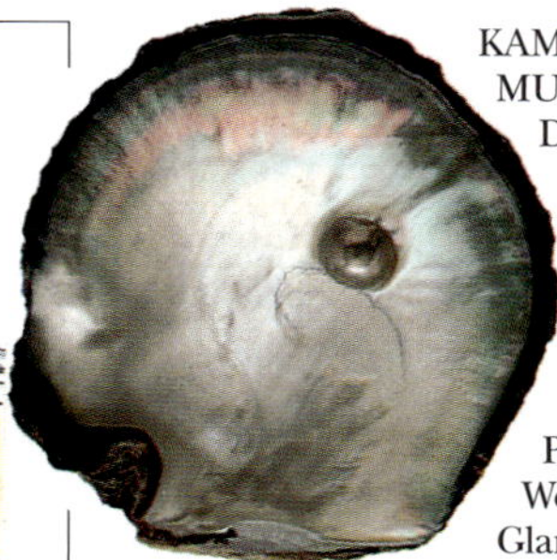

PERLE
Wegen ihres matten weißen Glanzes sind Perlen aus Austernmuscheln besonders wertvoll. Doch auch andere Weichtiere erzeugen Perlen. Die Flügelschnecke bringt rosa Perlen hervor. In anderen Muscheln findet man orange Perlen. Diese Perle stammt von der Echten Seeperlmuschel.

Siehe auch
Ernährung
Tiere
Tiere, Meere
Tiere, Meeresküste
Tiere, Sinne

Musik

Als Musik bezeichnet man regelmäßig geordnete Klangmuster, die das Ohr als angenehm empfindet. Jede Art von Musik besteht aus Tönen. Ein Ton ist eine regelmäßige Schwingung der Luft, die Musiker mit Instrumenten oder der Stimme hervorrufen. Je schneller die Luft schwingt, um so höher klingt der Ton für den Hörer. Manche Töne klingen besser zusammen als andere. Meistens ist Musik aus Tönen zusammengesetzt, die der Ordnung einer Tonleiter entnommen sind. Eine Tonleiter ist eine Reihe von Tönen, die schrittweise immer höher werden. Musiker spielen oder singen bestimmte Töne in festen Zeitabständen. Dieses regelmäßige Muster wird Rhythmus oder Metrum genannt. Eine Melodie ist eine Kombination aus Rhythmus und Tönen. Sie ist das alles übergreifende Klangmuster, das wir hören – und das wir noch Tage oder Wochen später im Ohr haben.

Musiker in der antiken Stadt Ur (im heutigen Irak) spielten Laute, Flöte, Dudelsack und Schlaginstrumente.

DIE ANFÄNGE DER MUSIK
Wahrscheinlich hat alles mit dem Gesang vorgeschichtlicher Völker angefangen. Die ältesten erhaltenen Musikinstrumente sind 35 000 Jahre alte Mammutknochen aus dem nördlichen Eurasien; um Töne zu erzeugen, wurden sie möglicherweise geblasen oder aneinander geschlagen.

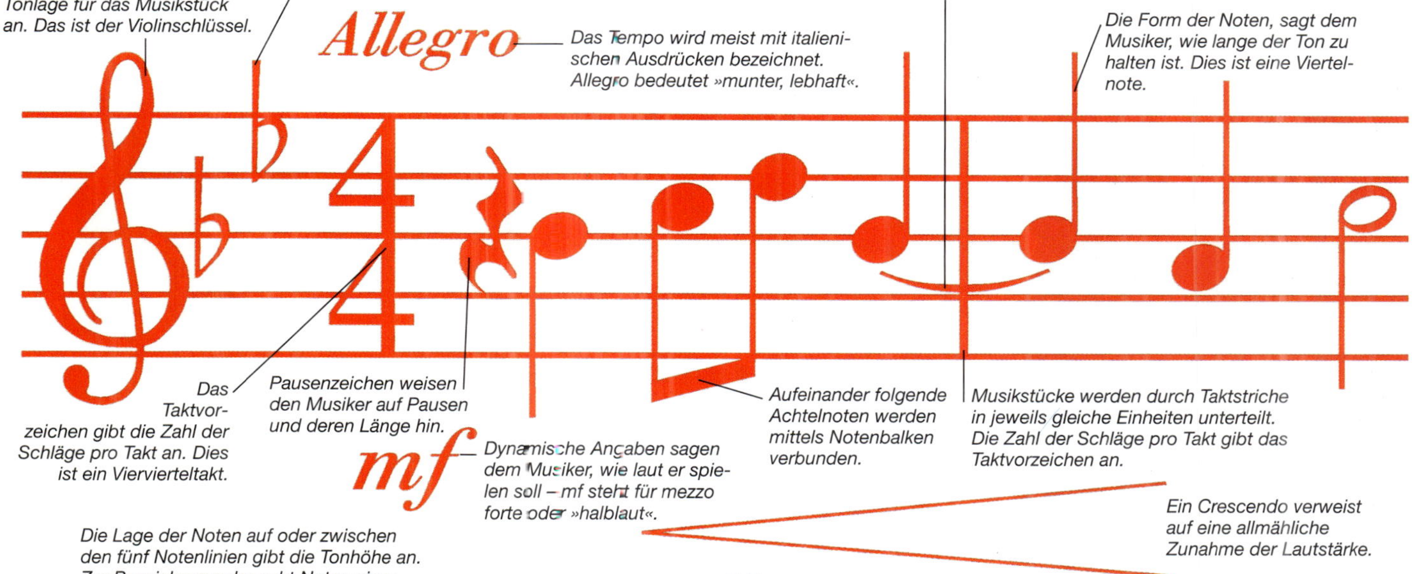

Die Lage der Noten auf oder zwischen den fünf Notenlinien gibt die Tonhöhe an. Zur Bezeichnung der acht Noten einer Oktave verwenden die Musiker Buchstaben.

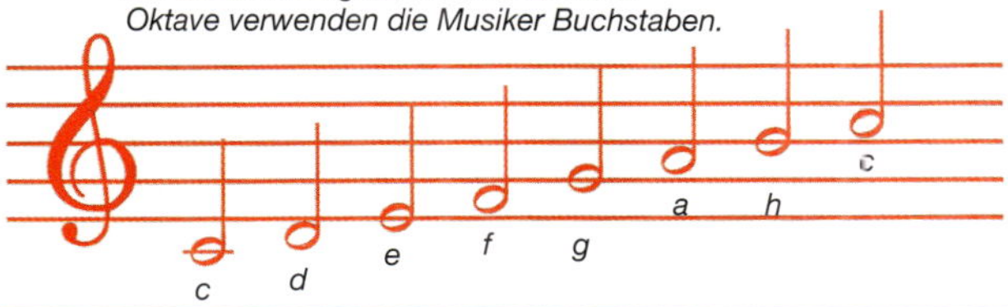

Notenschrift

Komponisten brauchen ein Mittel, um die von ihnen geschaffene Musik aufzuschreiben. Die Notenschrift ist ein System von Zeichen und Symbolen, die ein Musikstück mit allem, was dazu gehört, festhalten. Im 9. Jh. verwendeten Mönche erstmals Noten, um ihre Chorgesänge aufzuzeichnen und für die Nachwelt zu bewahren. Unser heutiges Notensystem war um 1200 bereits vollständig entwickelt.

JAZZ

Was Jazzmusik so unverwechselbar macht, ist die Improvisation – d. h. die Musiker erfinden ihre Stücke zu großen Teilen erst beim Spielen. Die ersten Jazzmusiker traten zu Beginn des 20. Jhs. in New Orleans in den USA auf. Jazz ist eine Mischung aus den religiösen Gospelsongs, Blues und europäischer Musik.

Charlie Bird Parker (1920–55) machte in den 40er-Jahren des 20. Jhs. eine neue Form des Jazz, den »Bebop«, bekannt.

KAMMERMUSIK
Nicht nur in Rock und Pop, auch in der klassischen Musik gibt es Stücke, die für eine kleine Gruppe von Musikern bestimmt sind – die Kammermusik. Sie heißt so, weil sie ursprünglich zur privaten Unterhaltung in kleinen Räumen zu Hause gespielt wurde. Bald folgten die ersten Kompositionen speziell für die Bühne oder für Kirchen. Heute wird Kammermusik meist in Konzertsälen aufgeführt.

VOLKSLIEDER UND TRADITIONELLE MUSIK
Bei einem Großteil der traditionellen Musik ist der Komponist unbekannt, und es sind auch keine Noten überliefert. Es war auch gar nicht nötig, die Musik aufzuschreiben, da die Musikanten die Stücke auswendig spielten oder sangen. Oftmals wurde die Musik beim Spielen auch abgeändert. Aus dem Grund gibt es heute oft mehrere Fassungen eines traditionellen Stücks.

»Cheerleader« marschieren im Takt der Musik und fordern die Zuschauer zum Mitsingen und Mitklatschen auf.

An religiösen Feiertagen spielen buddhistische Mönche extra große Hörner.

MILITÄRMUSIK UND MÄRSCHE

Im Gleichschritt marschierende Soldaten brauchen Musik mit einem einfachen, gut hörbaren Rhythmus. Aber Marschmusik wird heute nicht nur von Militärkapellen gespielt. In Amerika unterhalten oft Schulen und Fußballmannschaften eigene Kapellen, die bei Sportveranstaltungen oder besonderen Ereignissen auftreten.

GEISTLICHE MUSIK
Für alle Religionen war Musik seit jeher von großer Bedeutung. Bei Andachten und zeremoniellen Feiern unterstützt Musik die Gläubigen darin, sich in ihren Gott zu versenken. Sie begleitet religiöse Gesänge und heilige Tänze. Manche Komponisten schreiben auch Musik zu religiösen Themen, die nicht für den Gottesdienst bestimmt ist: *Der Messias* von Georg Friedrich Händel (1685–1759) bringt Bibeltexte zu Gehör.

KLASSISCHE MUSIK
Klassische Musik wurde im Lauf der letzten Jahre immer beliebter, was nicht zuletzt das Verdienst junger Musiker wie der Geigerin Vanessa Mae ist. Mae begann im Alter von neun Jahren selbst zu komponieren und schon mit 18 hatte sie in Konzertsälen in aller Welt gespielt. Sie hat auch versucht, moderne und klassische Musik zu verbinden, indem sie die Klänge elektrischer und akustischer Violinen verschmolz.

ROCKMUSIK

In den 50er-Jahren des 20. Jhs. wurde eine neue Form populärer Musik geboren. Rock 'n' Roll Songs hatten einen kräftigen Beat und Texte, die junge Menschen unmittelbar ansprachen. Ihren Ursprung hat diese Musikrichtung im *Rhythm and Blues* der schwarzen Bevölkerung in den Vereinigten Staaten. Sie hat im Lauf der Jahre viele andere Musikformen beeinflusst.

Der amerikanische Rock 'n' Roller Elvis Presley (1935–77) verkaufte Millionen von Schallplatten und spielte in 33 Filmen mit.

Siehe auch

KOMPONISTEN
OPER UND GESANG
ORCHESTER
ROCK UND POP

Musikinstrumente

Der hämmernde Beat einer elektrischen Gitarre scheint wenig gemeinsam zu haben mit den zarten Tönen einer klassischen Violine, aber beide Instrumente erzeugen ihren Klang auf ähnliche Weise. Bei beiden benutzt man eine straff gespannte Saite, um jene Schwingungen zu erzeugen, die wir als Musik wahrnehmen. E-Gitarre und Geige haben gemeinsame Ursprünge, aber heute gehören sie verschiedenen Instrumentenfamilien an. Saiteninstrumente wie die Geige erklingen, wenn der Musiker die Saiten zupft oder mit einem Bogen darüber streicht. Instrumente wie die elektrische Gitarre erzeugen nur schwache Schwingungen, die verstärkt werden müssen, um vom Publikum als Musik wahrgenommen zu werden. Es gibt fünf weitere Instrumentenfamilien: Holz- und Blechblasinstrumente, Schlaginstrumente, Tasteninstrumente und elektronische Instrumente. Diese Aufzählung umfasst eine riesige Bandbreite – von der einfachen Blockflöte bis zum komplexen Synthesizer.

SCHNECKENHAUSHORN
Im Altertum war die Schale der Schneckenmuschel beliebt als Musikinstrument – und sie ist es noch heute in Peru.

Saiteninstrumente

Bei diesen Instrumenten erzeugen gespannte Saiten den Ton: Je feiner und kürzer die Saite ist, um so höher ist der Ton. Auch die Größe des Instruments beeinflusst den Klang. Die kleine Geige z. B. erzeugt höhere Töne als der sehr viel größere Kontrabass. Die Saiten von Gitarren, Harfen und Lauten werden gezupft, während sie bei der Geige, der Bratsche, dem Cello und dem Kontrabass meist gestrichen werden.

GEIGE
Der Musiker hält die Geige beim Spielen unter das Kinn.

Geigenspielerin

CELLO
Die vier Saiten des Cellos ergeben einen satten, weichen Klang.

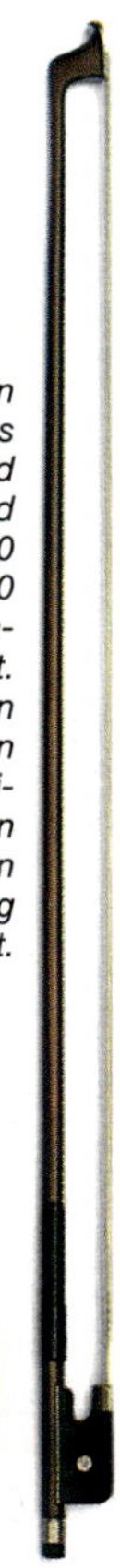

Ein Stab aus Holz wird mit rund 150 bis 250 Rosshaaren bespannt. Streicht man mit dem Bogen über die Saiten, werden diese in Schwingung versetzt.

Holzblasinstrumente

Die Töne bei den Holzblasinstrumenten entstehen dadurch, dass der Spieler hineinbläst und die darin befindliche Luft in Schwingungen versetzt. Verlängert er nun diese Luftsäule, indem er die Löcher mit den Fingern oder mittels Klappen zuhält, wird der Ton automatisch tiefer. Die kürzesten Instrumente wie die Pikkoloflöte erzeugen die höchsten Töne. Andere Holzblasinstrumente sind das Fagott, das Englischhorn, Saxophon, Klarinette, Oboe und Flöte.

FLÖTE
Bei einer Querflöte (links) bläst der Spieler scharf über die Kante des Mundstücks hinweg.

OBOE
Das Mundstück einer Oboe ist ein doppeltes Blatt aus Schilfrohr. Das Instrument erzeugt einen hellen, traurig tönenden Klang.

Flötist beim Spielen einer Querflöte

Oboespielerin

OBOENROHRBLATT
Oboisten, die in einem Orchester spielen, machen ihr Mundstück oft selbst. Dazu binden sie zwei Stücke gespaltenes Schilfrohr an einen mit Kork umgebenen Schaft.

Blechblasinstrumente

Diese Gruppe umfasst Waldhorn, Trompete, Flügelhorn, Kornett, Posaune und Tuba. Die Instrumente bestehen aus langen Röhren aus Messing oder anderen Metallen, die oft gebogen sind. Der Ton, den der Musiker mit seinen Lippen am Mundstück produziert, hallt durch die Röhre hindurch. Ein Drücken der Ventile öffnet die Röhre weiter hinten und der Ton wird tiefer. Zu den ältesten Instrumenten dieser Art gehört die Trompete. Beim Begräbnis des ägyptischen Königs Tutanchamun vor mehr als 3000 Jahren wurden auf seinem Sarkophag zwei Trompeten abgelegt.

Das Spiel auf dem Horn

DAS KORNETT
Militärkapellen und andere Blaskapellen verwenden noch heute das Kornett. Dabei handelt es sich um eine Weiterentwicklung des Posthorns, mit dem der Kutscher früher die Ankunft der Postkutsche ankündigte. Mit einer Röhre von ca. 1,5 m ist das Kornett eines der kleinsten Blechblasinstrumente.

Kornettspielerin

WALDHORN
Ausgerollt ist dieses Horn 5 m lang. Es ist eine Weiterentwicklung des Jagdhorns aus dem 18. Jh. und erzeugt einen warmen, volltönenden Klang. Wolfgang Amadeus Mozart komponierte vier Konzerte für das Waldhorn.

Schlaginstrumente

Glocken, Gongs und Trommeln gehören zu den Schlaginstrumenten. Überall auf der Welt nutzen die Menschen verschiedene Gegenstände, die einen Klang erzeugen, wenn man sie schüttelt oder gegen sie schlägt. Manche Schlaginstrumente wie Pauke und Xylophon sind auf bestimmte Töne gestimmt.

SCHNARRTROMMEL
Quer über das untere Fell sind Spiralen aus Draht gespannt. Diese vibrieren, wenn der Trommler auf das obere Fell schlägt.

KLAVIER UND FLÜGEL
Drückt der Pianist eine Taste, schlägt im Inneren des Klaviers ein Hammer eine Saite an. Pedale lassen die Saite weiter schwingen, wenn die Taste wieder losgelassen wird.

Traditionelle Instrumente

Ein Symphonieorchester gibt nur einen kleinen Einblick in die Vielzahl der Musikinstrumente, die weltweit gespielt werden. Sehr viel mehr kommen in der Volksmusik zum Einsatz. Einige dieser Instrumente haben ganz eigenartige Formen entwickelt, die sich auch aus den verwendeten Materialien ergeben. Andere wiederum sind erstaunlich ähnlich: Der Dudelsack wird in Europa, Asien und Afrika gespielt.

Thailändische Flötenspielerin

Elektronische Instrumente

Diese Instrumente können herkömmliche Musikinstrumente nachahmen oder völlig neue Klänge produzieren. Der Musiker kann eine Melodie mit verschiedenen Instrumenten einspielen und speichern, um diese dann zusammen abzuspielen und so den Eindruck eines ganzen Orchesters zu erwecken.

Siehe auch
Komponisten
Musik
Orchester
Rock und Pop

Muskeln

Jede Bewegung, die wir machen, wird von Muskeln ausgeführt. Die Muskeln werden durch elektrische Impulse gesteuert, die von den Nerven übertragen werden. Es gibt drei Typen von Muskeln: Skelettmuskeln, glatte Muskeln und Herzmuskeln. Die Skelettmuskeln und der Herzmuskel werden auch quergestreifte Muskeln genannt. Durch die Sehnen sind sie mit den Knochen des Skeletts verbunden. Indem sie gestreckt werden oder sich zusammenziehen, bewegen sie den Knochen. Diese Bewegungen können wir willkürlich (aus eigenem Willen) steuern. Glatte Muskeln liegen in den Wänden der Verdauungsorgane, der Blase und der Blutgefäße. Ihre Bewegungen sind unwillkürlich, also nicht bewusst steuerbar, und erfolgen automatisch und auch im Schlaf. Herzmuskeln sind nur im Herzen zu finden. Alle Muskeln des Körpers benötigen Energie. Bei starker Arbeit pumpt das Herz schneller, um sie besser zu versorgen.

FIT BLEIBEN
Alle Muskeln müssen regelmäßig bewegt werden, weil sie sich sonst zurückbilden – auch die des Herzens. Es genügt, zwei- bis dreimal pro Woche Sport zu treiben, um gesund und fit zu bleiben.

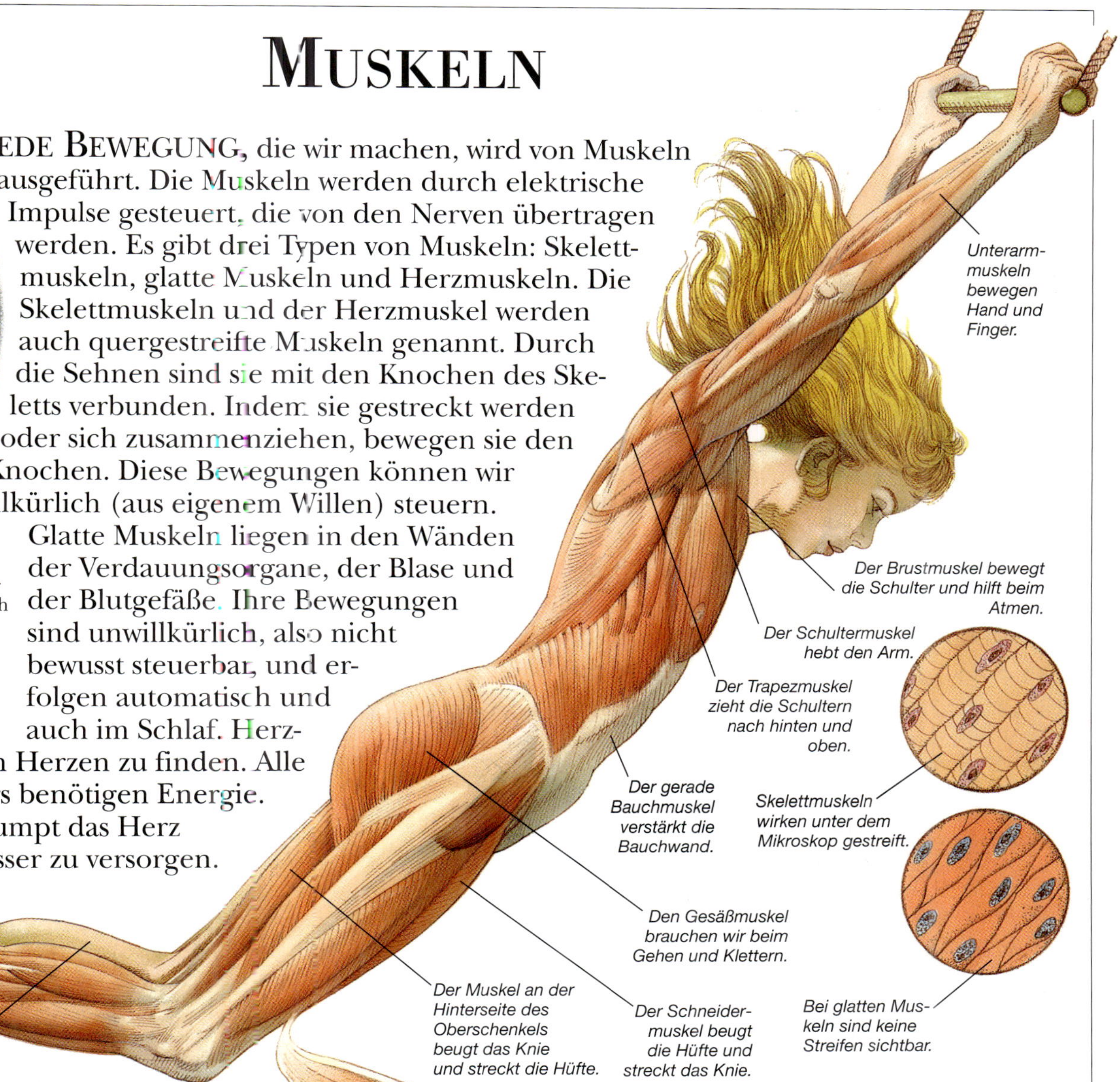

Die Muskeln des Menschen

Beim Anheben eines Arms treten Dutzende von Muskeln in Aktion, deren Arbeitsleistungen sehr präzise aufeinander abgestimmt sind. Insgesamt bewegen etwa 650 Muskeln unser Skelett. Der größte Muskel ist der große Gesäßmuskel. Die kleinsten Muskeln sind die winzigen Muskeln, die die Gehörknöchelchen bewegen. Beim Erwachsenen beträgt das Gesamtgewicht der Muskeln mehr als die Hälfte seines Körpergewichts.

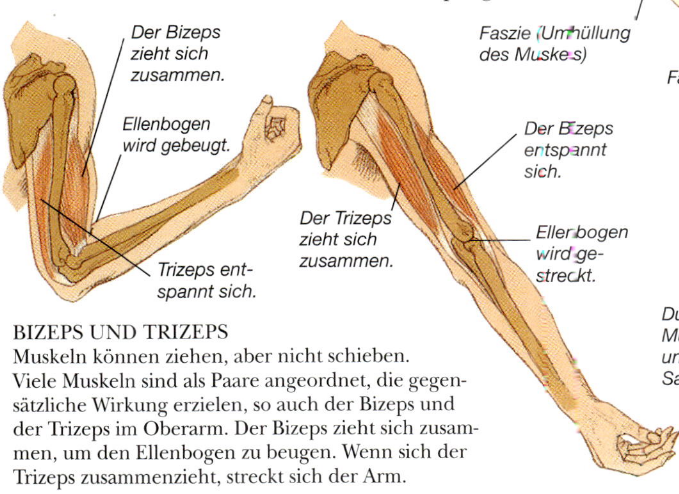

BIZEPS UND TRIZEPS
Muskeln können ziehen, aber nicht schieben. Viele Muskeln sind als Paare angeordnet, die gegensätzliche Wirkung erzielen, so auch der Bizeps und der Trizeps im Oberarm. Der Bizeps zieht sich zusammen, um den Ellenbogen zu beugen. Wenn sich der Trizeps zusammenzieht, streckt sich der Arm.

Das Innere eines Muskels

Jeder Muskel besteht aus einem Bündel dünner Fasern, die wiederum aus noch dünneren Fäserchen bestehen, den Myofibrillen. Diese Fibrillen sind aus Molekülgruppen von Aktin und Myosin gebildet. Wenn sich der Muskel zusammenzieht, schieben sich die Aktin- und Myosinmoleküle aneinander vorbei.

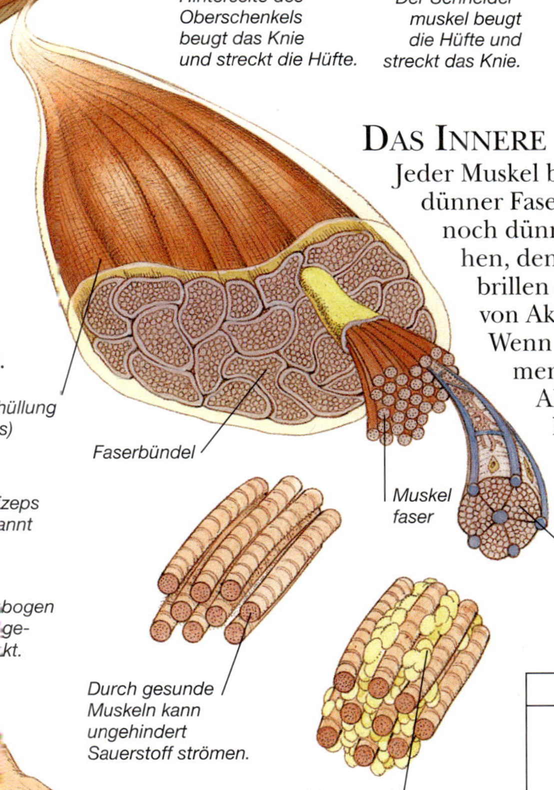

Siehe auch
Atmung
Gehirn und Nerven
Herz und Kreislauf
Körper, menschlicher
Skelette

Mythen und Sagen

Als es noch keine Bücher gab, spielten mündliche Erzählungen eine wichtige Rolle bei der Wissens- und Glaubensüberlieferung zwischen den Generationen. Oft nahmen die Geschichten die Form von Mythen an, die versuchten, Naturerscheinungen wie z.B. Gewitter zu erklären. Alte Völker kannten Geschichten von Gottheiten und von Helden mit besonderen Fähigkeiten. Diese Mythen wurden Teil der Kunst und der Literatur. Sagen gründeten dagegen häufig auf wirkliche Menschen und Vorkommnisse. Um die Geschichten spannender zu machen, übertrieben die Eltern, wenn sie die Sagen ihren Kindern erzählten. Jedes Land hat seine eigenen Sagen. Manchmal wurden auch sagenhafte Ungeheuer erfunden – so der Werwolf, der in Geschichten vieler Kulturen erscheint.

SAGE VOM TROJANISCHEN PFERD
Griechische Soldaten eroberten die belagerte Stadt Troja, indem sie sich in einem großen Holzpferd versteckten. Als die Trojaner das Pferd in die Stadt zogen, sprangen die Griechen heraus und eroberten Troja.

Sonnengötter

Die gleichen Mythen finden sich in verschiedenen Kulturen, die Tausende Kilometer voneinander entfernt sind. Dies liegt daran, dass Naturerscheinungen wie Regen, Meer oder Mond überall bekannt sind. Viele Völker verehrten Sonnengötter: Surya in Indien und Apollo im alten Griechenland fuhren in Streitwägen über den Himmel.

Der indische Sonnengott Surya in einem Gemälde über einem Eingang in Jaipur, Indien

Der ägyptische Sonnengott Re

WILHELM TELL
Eine Schweizer Sage beschreibt, wie Wilhelm Tell die unbeliebten österreichischen Herrscher beleidigte. Zur Strafe musste er einen Apfel vom Kopf seines Sohnes schießen. Das gelang ihm.

Schöpfungsmythen

Die meisten Völker haben Mythen, die den Ursprung der Welt erklären. Dieser Indianer-Mythos stammt vom Stamm der Kwakiutl.

Ein Rabe flog über das Wasser, fand aber keine Stelle zum Landen. So ließ er Kieselsteine fallen, die Inseln bildeten.

Dann schuf er Bäume und Gräser. Wilde Tiere lebten in den Wäldern, Vögel flogen durch die Luft und das Meer war voller Fische.

Nach vielen Fehlversuchen gelang es dem Raben, aus Lehm und Holz den ersten Mann und die erste Frau zu erschaffen. Endlich war die Welt komplett.

Götter und Göttinnen

Die alten Griechen verehrten viele Götter und Göttinnen. Die Göttin Athene nahm an Schlachten teil und liebte die Tapferkeit. Nach ihr ist die griechische Hauptstadt Athen benannt. Quetzalcoatl ist in der mexikanischen Mythologie einer der größten Aztekengötter. Als Luftgott schuf Quetzalcoatl die Winde, die den Regen forttragen.

Athene, die griechische Göttin der Tapferkeit

Der mexikanische Luftgott Quetzalcoatl

Siehe auch

Griechenland, Altes
Literatur
Religionen

Nagetiere

DIE KLEINE HAUSMAUS ist nach dem Menschen das auf der Erde am weitesten verbreitete Säugetier. Sie hat schwarze Knopfaugen, einen langen dünnen Schwanz und große Vorderzähne und gehört, ebenso wie Ratten und Hörnchen, zur Ordnung der Nagetiere. Alle Nagetiere haben lange kräftige Vorderzähne, mit denen sie Nüsse u.ä. aufnagen. Die Zähne nutzen sich durch das Nagen ab, wachsen aber stetig nach. Es gibt über 1000 Arten von Mäusen und Ratten, die sich an die verschiedensten Lebensräume angepasst haben. Mäuse haben kleine Körper, nahezu nackte Schwänze, spitz zulaufende Schnauzen und an der Schnauze selbst empfindliche Tasthaare. Ratten ähneln ihnen, sind aber größer. Die am häufigsten anzutreffenden Arten sind die Hausratte und die Wanderratte, die in großen Gruppen zusammenleben. Ratten sind als Überträger der Pest und anderer Krankheiten gefürchtet. Außerdem beschädigen sie durch Nagen und Graben elektrische Anlagen und Gebäude. Hörnchen haben buschige Schwänze. Es gibt Arten, die auf Bäumen und andere, die auf dem Boden leben.

Hausmäuse und Wanderratten sind Schädlinge, weil sie Vorräte fressen und verunreinigen.

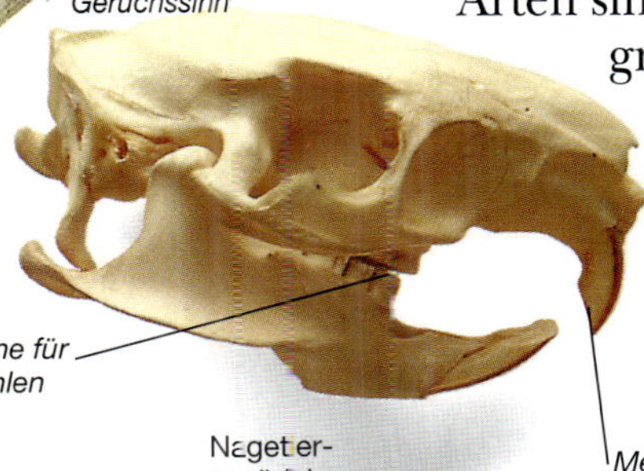

Nagetierschädel

Erntemaus

Typische Mäuse haben runde schwarze Augen, kleine Ohren und einen langen Schwanz. Die Amerikanische Erntemaus zählt zu den kleineren Mäusen. Ihr Körper wird 6,5 cm lang und wiegt 10 g. Die Erntemaus ernährt sich von Getreide. Für ihre Jungen flicht sie aus Grashalmen ein Nest von der Größe eines Tennisballs. Erntemäuse leben auch im Unterholz und auf Waldlichtungen.

Wanderratte

Die Wanderratte hat ein braunes Fell. Sie ist beweglich und schnell. Sie ist ein guter Schwimmer, frisst so gut wie alles und kann sich durch Holz, Beton und Metall nagen, um an Futter zu kommen. Wanderratten haben sich über alle Erdteile ausgebreitet. Einer ihrer Lebensräume sind die Abwasserkanäle. Wanderratten werden von Nasen- bis Schwanzspitze bis zu 50 cm lang.

LEMMING

Diese Nagetiere sind mit den Mäusen verwandt, haben aber eine stumpfe Schnauze, einen stämmigen Körper und ein sehr dickes Fell. Lemminge leben im hohen Norden. Sie überstehen die kältesten Winter, indem sie sich unter dem Schnee Gänge graben und Moose, Wurzeln, Stängel und Zwiebeln fressen. Es stimmt, dass Lemminge in großen Gruppen wandern, aber sie stürzen sich nicht in Massen von Felsen. Dagegen kommt es vor, dass Tiere auf den Wanderungen verhungern oder in Flüssen ertrinken.

Im Winter verschlafen Eichhörnchen die kalten Tage im Kobel. Bei milder Witterung gehen sie auf Futtersuche.

Eichhörnchen

Mit seinen scharfen Krallen und dem buschigen Schwanz, den es als Balancierhilfe einsetzt, ist ein Eichhörnchen gut an das Leben auf den Bäumen angepasst. Eichhörnchen sind großartige Akrobaten, die sich geschickt von Baum zu Baum bewegen. Das Amerikanische Grauhörnchen wurde vor 200 Jahren in Europa eingeführt und breitete sich in manchen Ländern erfolgreich in Wäldern und Parks aus und verdrängte dabei das einheimische rotbraune Eichhörnchen. Eichhörnchen ruhen und schlafen in Bäumen in runden Nestern aus Zweigen und Blättern. In einem größeren »Kobel« werden die Jungen aufgezogen.

Eichhörnchen

Fortpflanzung

Fressfeinde und schlechtes Wetter töten laufend eine sehr hohe Zahl kleiner Nagetiere. Durch die rasche Vermehrung gleichen sie diese Verluste aus. Ein Hausmausweibchen kann im Laufe eines Jahres über 50 Junge zur Welt bringen. Die Babys haben erst im Alter von zwei Wochen ein Fell. Dann können sie auch sehen und hören und beginnen, die Umgebung des Nests zu erkunden. Im Alter von drei Wochen werden sie nicht mehr gesäugt und können das Nest verlassen. Mit sechs Wochen sind sie geschlechtsreif.

Neugeborene Mäuse sind nackt, blind und taub. Im Nest ist es für sie sicher und warm.

Rennmaus

Viele Nagetiere polstern ihre Nester mit klein gebissenen Pflanzenteilen. Die Mongolische Rennmaus (oben) stammt aus den trockenen Regionen Zentralsiens und ist ein beliebtes Haustier.

Backenhörnchen

Das Backenhörnchen gehört zur Familie der Hörnchen und wird auch Chipmunk genannt. Backenhörnchen halten Nahrung mit den Vorderpfoten und benagen sie mit den Schneidezähnen. Sie sind mutig und neugierig. In nordamerikanischen Parks kann man sie gut bei der Futtersuche beobachten. Wenn sie satt sind, tragen Backenhörnchen überschüssiges Futter in den Backentaschen in ihr Nest.

Wie alle Nagetiere putzen sich auch Wühlmäuse ausgiebig. Dabei befreien sie ihr Fell von Ungeziefer und fetten es mit Öl aus besonderen Drüsen ein, damit es Wasser abweisend bleibt und nicht verklebt.

Wühlmaus

Die Wühlmaus ist eng mit dem Lemming verwandt und hat einen ähnlich stämmigen Körperbau und eine stumpfe Schnauze. Es gibt etwa 100 Arten, die in unterschiedlichsten Lebensräumen verbreitet sind, von der Arktis bis hin zu tropischen Regenwäldern. Die Bisamratte ist eine der größten Wühlmäuse. Eine weitere Art, die Schermaus, ähnelt der Ratte.

Siehe auch

PEST
SÄUGETIERE
TIERE
TIERE, BAUE UND NESTER

Naher Osten

Der Nahe Osten besteht aus 15 unabhängigen Staaten an den Schnittstellen dreier Kontinente: Im Nordwesten liegt Europa, im Südwesten Afrika, im Norden und Osten sind der Kaukasus und die zentralasiatischen Republiken, die zu Asien gehören.

NOCH VOR WENIGER ALS 100 JAHREN waren viele Bewohner des Nahen Ostens Beduinen – Wüstennomaden, die in Zelten lebten und für ihre Herden Nahrung suchten. Die übrige Bevölkerung lebte in Kleinstädten und Dörfern als Bauern oder Handwerker. Fast alle waren arm und ungebildet. Heute hat das Erdöl das Leben ihrer Kinder und Enkelkinder verändert. Viele Menschen in der Region sind durch die mit der Erdölproduktion und -verarbeitung verbundenen neuen Industrien und Dienstleistungszweige reich geworden. In manchen Ländern, vor allem in Kuwait und Bahrain, gibt es kostenlose Bildung und Gesundheitsfürsorge für alle. Auch die internationale Bedeutung des Nahen Ostens änderte sich durch das Erdöl. Heute kontrollieren die Nahost-Staaten ein Viertel der Erdölproduktion der Welt, und ihre Entscheidungen beeinflussen die Wirtschaft Europas, Amerikas und Asiens. Dennoch wurden traditionelle Bräuche nicht völlig aufgegeben, und die Religion des Islam beherrscht weiterhin den Alltag im Nahen Osten – wie seit über 1300 Jahren.

Wasserwege

Die in den Bergen der Türkei entspringenden Flüsse Euphrat und Tigris bewässern das regenarme Land des Nahen Ostens auf ihrem parallelen Weg zum Persischen Golf. Das fruchtbare Land hieß seit der Antike Mesopotamien (Zweistromland). Hier entstanden die ersten Städte der Welt.

Modernisierung

Die Entdeckung von Erdöl brachte dem Nahen Osten großen Reichtum und raschen industriellen und sozialen Wandel. Aber die Staaten der Region wissen, dass das Öl schließlich versiegen wird. Daher investieren sie einen Teil des Geldes aus dem Erdölverkauf in die Modernisierung von Industrien und Geschäftszweigen im eigenen Land. Viele Staaten legen ihr Geld auch in Grundbesitz und Firmen in Ländern auf der ganzen Welt an.

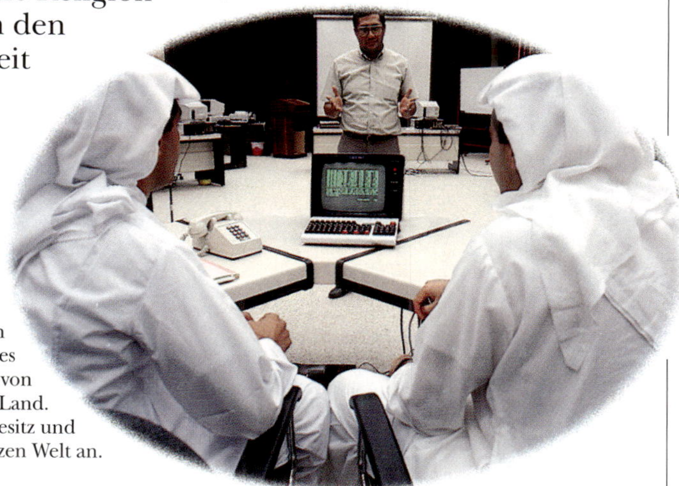

Auf einer Wirtschaftsakademie im Nahen Osten werden Studenten ausgebildet, die dann an der Modernisierung der Wirtschaft ihres Landes mitarbeiten.

Die Wüstengebiete gehen direkt an Euphrat und Tigris in Sümpfe und Marschen über. Hier sind Kähne statt der Kamele das verbreitetste Transportmittel.

Landschaft und Klima

Der Nahe Osten besteht überwiegend aus heißen, trockenen Felswüsten. Ein Halbmond fruchtbaren Landes erstreckt sich westlich von Euphrat und Tigris durch den Nordirak und Syrien und südlich bis in den Libanon und nach Israel. Die Türkei und der Iran sind gebirgig, ebenso wie die südlichen Teile der Arabischen Halbinsel. Südöstlich von Saudi-Arabien liegt die Rub' al Khali (»das leere Viertel«), eine riesige, unbewohnte Sandwüste.

Kamele sind an die rauen Bedingungen des Nahen Ostens gut angepasst und noch heute ein beliebtes Transportmittel.

Sueskanal

Der über 160 km lange Sueskanal verbindet das Mittelmeer mit dem Roten Meer. Als er nach zehnjähriger Bauzeit 1869 vollendet war, verkürzte er die Schiffsroute in den Fernen Osten um über 11 000 km. Heute fahren täglich fast 50 Schiffe durch den Kanal. Der Sueskanal ist eine wichtige Handelsroute und stand oft im Zentrum von Konflikten im Nahen Osten. Mehrmals wurde die Wasserstraße in Kriegen und politischen Auseinandersetzungen geschlossen, zuletzt im arabisch-israelischen Sechstagekrieg von 1967.

Der Sueskanal ist nicht breit genug, dass zwei Schiffe einander passieren könnten. Die Schiffe müssen im Konvoi fahren (oben), bis zu Ausweichstellen, an denen der Kanal doppelt so breit ist.

DUBAI

Dubai am Persischen Golf gehört zu den Vereinigten Arabischen Emiraten. Es hat ein modernes Zentrum, geht aber an den Rändern in die Wüste über. Auf der Arabischen Halbinsel, wo Dubai liegt, fallen weniger als 100 mm Regen pro Jahr, und an den meisten Orten stammt natürliches Wasser nur aus unterirdischen Quellen. Entsalzungsanlagen wandeln Salzwasser vom Golf in Trinkwasser für die Stadt um.

Das Land in Dubai ist weitgehend flach; Dünen und nackter Fels bedecken große Gebiete.

Die großartige Architektur von Abu Dhabi (unten) wurde durch Erdöleinkünfte finanziert.

ABU DHABI

Die Herrscher vieler Nahost-Staaten investierten Einkünfte aus dem Verkauf von Erdöl in die Verbesserung der Lebensbedingungen ihres Volkes und in die wirtschaftliche Entwicklung. In den 60er-Jahren des 20. Jhs. war Abu Dhabi nur ein Fischerdorf am Golf. Heute hat die Hauptstadt des gleichnamigen Emirats in den Vereinigten Arabischen Emiraten einen internationalen Flughafen und Hochhäuser. Dank seiner Erdöleinkünfte hat Abu Dhabi eines der höchsten Pro-Kopf-Einkommen der Welt.

Vereinigte Arabische Emirate

Wie viele Nahost-Staaten haben die Vereinigten Arabischen Emirate keine demokratisch legitimierte Regierung. Das Land wird vielmehr von einer Gruppe reicher Emire oder Scheichs regiert, die absolute Macht über ihr Volk haben. Jeder Scheich kontrolliert sein Emirat oder Scheichtum, aber Entscheidungen, die die Föderation betreffen, werden im Obersten Rat der Scheichs gefällt. Das Land verdankt seinen Reichtum überwiegend dem Erdöl. Für den traditionell wichtigen Schiffsverkehr gibt es große Häfen in Abu Dhabi, Dubai und Sharjah.

Im Hafen von Sharjah können die modernsten Containerschiffe abgefertigt werden.

Muslimische Guerillas kämpfen in den Straßen von Beirut.

Nahostkriege

Israel und seine arabischen Nachbarn haben in den letzten 60 Jahren vier Kriege ausgetragen. In den 1980er-Jahren herrschte Krieg zwischen Iran und Irak, und der Libanon wurde durch einen Bürgerkrieg verwüstet. 1991 wurde die irakische Armee von UN-Truppen besiegt, nachdem der Irak Kuwait überfallen hatte. 2003 stürzten amerikanische und britische Truppen im Irak den Diktator Hussein.

Nach dem Sturz des Regimes 2003 wird in Bagdad eine Statue des irakischen Diktators Saddam Hussein zerstört.

Siehe auch

ISLAM
ISRAEL
ÖL
WÜSTE

BAHRAIN
Fläche: 680 km²
Einwohner: 72400
Hauptstadt: Manama

IRAK
Fläche: 438 320 km²
Einwohner: 25 200 000
Hauptstadt: Bagdad

IRAN
Fläche: 1 648 000 km²
Einwohner: 68 900 000
Hauptstadt: Teheran

ISRAEL
Fläche: 20 700 km²
Einwohner: 6 400 000
Hauptstadt: Jerusalem

JEMEN
Fläche: 527 970 km²
Einwohner: 20 000 000
Hauptstadt: Sanaa

JORDANIEN
Fläche: 89 210 km²
Einwohner: 5 500 000
Hauptstadt: Amman

KATAR
Fläche: 11 000 km²
Einwohner: 610 000
Hauptstadt: Doha

KUWAIT
Fläche: 17 820 km²
Einwohner: 2 500 000
Hauptstadt: Kuwait

LIBANON
Fläche: 10 400 km²
Einwohner: 3 700 000
Hauptstadt: Beirut

OMAN
Fläche: 212 460 km²
Einwohner: 2 900 000
Hauptstadt: Maskat

SAUDI-ARABIEN
Fläche: 2 149 690 km²
Einwohner: 24 200 000
Hauptstadt: Riad

SYRIEN
Fläche: 185 180 km²
Einwohner: 17 800 000
Hauptstadt: Damaskus

TÜRKEI
Fläche: 769 630 km²
Einwohner: 71 500 000
Hauptstadt: Ankara

Erdölindustrie

Erdöl- und Erdgaslager wurden in der Golfregion zu Beginn des 20. Jhs. entdeckt. Heute liegt dort über die Hälfte der Erdölreserven der Welt. Die Erdölindustrie hat mehrere Länder sehr reich gemacht, insbesondere Saudi-Arabien, die Vereinigten Arabischen Emirate, Bahrain und Kuwait.

Die überstehenden Dächer von Gebäuden in Bahrain bieten Schutz vor der sengenden Sonne.

BAHRAIN
Die Insel Bahrain ist gut 50 km lang. Ölquellen und Raffinerien bieten vielen Menschen Arbeit, aber auch der Tourismus ist bedeutend – 1986 wurde ein Damm eröffnet, der Bahrain mit Saudi-Arabien verbindet. Seither kommen viele Besucher aus den benachbarten Golfstaaten mit ihren strengen islamischen Gesetzen nach Bahrain, um dessen liberale Lebensweise zu genießen.

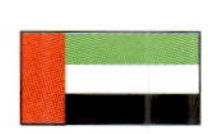
VEREINIGTE ARABISCHE EMIRATE
Fläche: 83 600 km²
Einwohner: 3 000 000
Hauptstadt: Abu Dhabi

ZYPERN
Fläche: 9251 km²
Einwohner: 802 000
Hauptstadt: Nikosia

Napoleon Bonaparte

15. August 1769 Geboren auf der Insel Korsika.
1779–84 Militärschule.
ab 1799 Herrscher von Frankreich.
1804 Krönung zum Kaiser.
1812 Niederlage in Russland.
1814 Exil auf der Mittelmeerinsel Elba.
1815 Rückkehr nach Frankreich. Niederlage bei Waterloo.
5. Mai 1821 Tod im Exil auf der Insel St. Helena.

Napoleon Bonaparte krönte sich mit prunkvollen Feierlichkeiten 1804 selbst zum Kaiser der Franzosen. Er war ein eigenartiger Regent und sprach Französisch mit breitem korsischen Akzent. Dennoch zählt er zu den großartigsten Feldherren der Geschichte. Napoleon stand erstmals 1793 im Licht der Öffentlichkeit, als er einen Angriff gegen die britische Flotte leitete, als diese den französischen Hafen Toulon belagerte. Im Jahr 1795 schlug er einen Aufstand in Paris nieder und führte bald darauf französische Truppen zum Sieg in Italien. Bis 1799 war Napoleon stark genug, um mithilfe der Armee die Macht zu übernehmen. Er ernannte sich selbst zum Ersten Konsuln und setzte nach dem Chaos der Französischen Revolution wieder eine starke französische Regierung ein. Er führte viele soziale Reformen ein und legte die Fundamente zu den französischen Rechts-, Bildungs- und Finanzsystemen. Napoleon war ein genialer Feldherr, der Europa vom Ärmelkanal bis zur Grenze Russlands beherrschen wollte. In Russland erlitt er jedoch eine schwere Niederlage. Als ihn Briten und Preußen 1815 bei der Schlacht von Waterloo schlugen, wurde er auf die britische Insel St. Helena im Südatlantik verbannt. 1821 starb er.

Das Napoleonische Reich

1812 beherrschte Napoleon Europa von der Ostsee bis südlich von Rom. Seine Verwandten regierten Spanien, Italien und Teile Deutschlands. Auch der Rest Deutschlands, die Schweiz und Polen waren unter französischer Herrschaft und Dänemark, Österreich sowie Preußen waren Verbündete. Nur Portugal, Großbritannien, Schweden und Russland waren unabhängig.

KAISER
Am 2. Dezember 1804 krönte sich Napoleon bei einer Zeremonie im Dom von Notre Dame in Paris selbst zum Kaiser von Frankreich. Er hatte bereits seinen italienisch klingenden Namen Buonaparte in den französischen Namen Bonaparte umgeändert. Nun war er Napoleon I.

Das Jahr 1812 und der Rückzug aus Moskau

Im Juni 1812 fiel Napoleon mit mehr als 500 000 Soldaten in Russland ein. Die Russen zogen sich zurück, und die Franzosen drängten nach. Napoleon nahm die Hauptstadt Moskau ein, musste sich aber wieder zurückziehen, da er seine Armee nicht versorgen konnte. Der strenge russische Winter kostete viele Franzosen auf dem Rückweg das Leben.

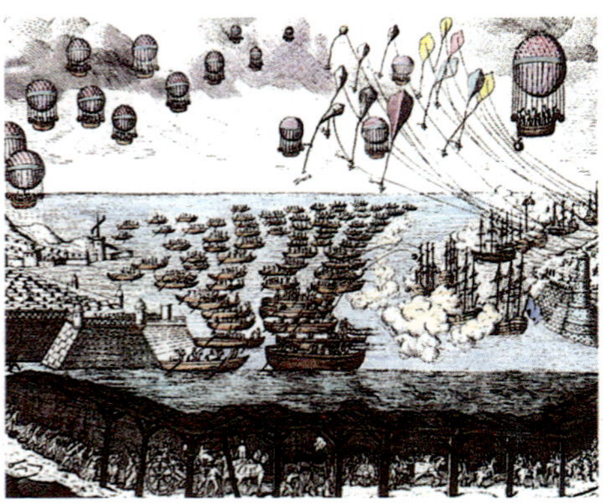

DER PLAN DER EROBERUNG ENGLANDS
Napoleon stellte 1805 am Ärmelkanal eine Armee aus 140 000 Soldaten zusammen und plante, England einzunehmen, dessen Bewohner er als »Krämervolk« bezeichnete. Seine Pläne umfassten die Überquerung des Ärmelkanals mit Schiffen und Ballons sowie durch Ausheben eines Tunnels unter dem Meer. Der Eroberungszug wurde gestoppt, nachdem der britische Admiral Nelson die französische Flotte bei der Schlacht von Trafalgar geschlagen hatte.

Siehe auch
Frankreich, Geschichte
Französische Revolution
Napoleonische Kriege

Napoleonische Kriege

SPANISCHER VOLKSAUFSTAND
Napoleon fiel 1808 in Spanien ein und setzte seinen Bruder auf den spanischen Thron. Die Spanier antworteten mit einem so genannten Guerilla oder »Kleinen Krieg«. Viele starben im Kampf.

VOR ZWEI JAHRHUNDERTEN war Europa Schauplatz mehrerer Kriege. Die von der Französischen Revolution ausgelösten Napoleonischen Kriege begannen 1792 und hielten fast ein Vierteljahrhundert an. Auf der einen Seite stand das revolutionäre Frankreich, auf der anderen die alten Königreiche Großbritannien, Österreich, Russland und Preußen. Zunächst kämpften die französischen Nachbarstaaten gegen die neue Republik, um die Revolution aufzuhalten. Nachdem jedoch Napoleon 1799 an die Macht kam, eroberten die Franzosen fast ganz Europa – außer Großbritannien. Die französische Armee war die stärkste in ganz Europa, doch für die Bezahlung der Truppen mussten hohe Steuern erhoben werden. Nur wenige meldeten sich freiwillig zur Armee, und die Regierung musste Männer zum Kampf zwingen. Dies stieß in den eroberten Ländern auf heftigen Widerstand, was wiederum in Spanien und andernorts zu Aufständen führte.

Die französischen Soldaten konnten die Kanonen sehr schnell nachladen und feuern.

Landkrieg

Napoleon war bekannt dafür, zur richtigen Zeit die richtigen Entscheidungen zu treffen und seine Truppen möglichst wirkungsvoll einzusetzen. Mit seiner Taktik konnte er oft viel größere Truppen schlagen.

HERZOG VON WELLINGTON
»Ein Wellington-Stiefel, oder der Kopf der Armee.« Alle Kriegsteilnehmer wurden karikiert, so auch der Herzog von Wellington, der die britische Armee führte, als diese Napoleon bei Waterloo schlug.

Schlacht von Trafalgar

Horatio Nelson war Admiral der britischen Marine. Bei der Schlacht von Trafalgar 1805 zerstörte er die französische Flotte, indem er sie in einer Fächerformation und nicht, wie erwartet, in traditioneller Formation angriff.

Traditionelle Seeschlacht

So griff Nelson die französische Flotte an.

SCHLACHT AN DEN PYRAMIDEN
Im Juli 1798 eroberte Napoleon die damalige britische Kolonie Ägypten. Bei der Schlacht an den Pyramiden schlug er die Mameluken, die damals das Land beherrschten.

Siehe auch

FRANKREICH, GESCHICHTE
NAPOLEON BONAPARTE
SPANIEN, GESCHICHTE

NASHÖRNER UND TAPIRE

DIE VORFAHREN DER NASHÖRNER lebten vor etwa 30 Millionen Jahren auf der Erde. Sie waren die größten Landsäugetiere aller Zeiten. Heute sind Nashörner stark vom Aussterben bedroht.

Tausende dieser Tiere wurden wegen ihrer Hörner getötet. Nashörner sind Pflanzenfresser. Es gibt fünf Nashornarten: In Afrika leben Spitzmaul- und Breitmaulnashorn, in Asien Panzernashorn, Javanashorn und Sumatranashorn. Nashörner sind Einzelgänger. Sie sind kurzsichtig, verfügen aber über ein scharfes Gehör und einen ausgezeichneten Geruchssinn. Tapire sind mit Nashörnern eng verwandt. Es sind stämmige, an Schweine erinnernde Säugetiere, die in Wäldern leben. Tapire sind überwiegend nachtaktiv und ernähren sich von Pflanzen. Sie können gut schwimmen und verbringen viel Zeit im Wasser. Weil sie stark bejagt wurden, sind sie in vielen Teilen ihrer Verbreitungsgebiete selten geworden.

BREITMAUL-NASHORN
Mit einem Gewicht von über 2 t ist es nach dem Elefanten das zweitgrößte Landtier. Es ist sehr kurzsichtig und greift oft Objekte an, die es nicht identifizieren kann. Mit den breiten Lippen rupft es Gräser und andere am Boden wachsende Pflanzen. Breitmaulnashörner werden wegen ihrer Hörner gejagt, denen manche Leute Heilkraft zuschreiben.

SPITZMAULNASHORN

Das Spitzmaulnashorn (oben) ist ein wenig kleiner als das Breitmaulnashorn. Beide Arten leben in Zentral- und Südafrika. Sie können Dinge, die weiter als 30 m entfernt sind, nicht klar erkennen und greifen manchmal ihnen verdächtig erscheinende Objekte an. Spitzmaulnashörner fressen v. a. nachts Laub von Bäumen und Sträuchern, das sie mit der langen beweglichen Oberlippe greifen.

KÖPFE
Flachlandtapir und Spitzmaulnashorn haben lange gebogene Oberlippen. Die Lippen des Breitmaulnashorns sind kürzer. Tapire haben eine längliche Schnauze.

NASHORN
Das Horn besteht aus haarähnlichen Fasern, die zu einer harten Masse zusammengewachsen sind. Panzernashorn (rechts) und Javanashorn haben nur ein Horn, die anderen Arten jeweils zwei.

NASHORNHAUT
Die Haut der Nashörner ist extrem dick und fest. Sie wirkt, als hänge sie in Lappen über dem Körper. Falten an Hals und Gelenken geben Bewegungsfreiheit. Das Panzernashorn sieht aus, als würde es einen Panzer tragen. Nur das Sumatranashorn hat ein Fell.

SCHABRACKENTAPIR

Tapirweibchen bringen ihre Jungen nach einer Tragzeit von 400 Tagen zur Welt. Neugeborene Schabrackentapire haben ein weiß getupftes Fell, das sie im Unterholz gut tarnt. Im Alter von sechs Monaten verblassen die Tupfen und die jungen Tapire ähneln immer stärker ihren Eltern. Erwachsene Schabrackentapire haben einen weißen Fleck über Rücken und Seiten, der ihre Umrisse im Dämmerlicht optisch bricht.

Siehe auch

AFRIKA, TIERE
ARTENSCHUTZ
SÄUGETIERE
TIERE

Naturwissenschaften

Ein Glasstab in einem Wasserbecher sieht geknickt aus, da das Licht Wasser langsamer durchdringt als Luft.

ES GIBT VERSCHIEDENE Wissenschaften, die sich mit der Natur und allem, was mit ihr zusammenhängt, beschäftigen. Sie lassen sich in vier Hauptrichtungen unterteilen: Naturwissenschaften, physikalische Wissenschaften, technische Wissenschaften und Sozialwissenschaften. Zu den Naturwissenschaften gehören die Biowissenschaften Zoologie und Botanik sowie die Geowissenschaften wie Geologie. Die physikalischen Wissenschaften umfassen u.a. Physik und Chemie. Zu den technischen Wissenschaften zählen die Ingenieurwissenschaften. Sozialwissenschaften untersuchen den Menschen und sein Zusammenleben. Dazu gehören die Anthropologie und die Psychologie. Alle Wissenschaften basieren auf der Mathematik. Wissenschaftler versuchen Erkenntnisse durch praktische Methoden zu gewinnen, d.h. sie beobachten, messen, führen Experimente durch und schreiben die Ergebnisse nieder.

PHYSIK

Physik ist die Wissenschaft von Energie und Materie. Da es verschiedene Arten von Materie und unterschiedliche Energieformen gibt, ist die Physik in mehrere Zweige unterteilt. So befasst sich beispielsweise die Optik mit Lichtwellen und deren Verhalten – z.B. warum sich Licht unterschiedlich schnell durch Luft, Glas oder Wasser bewegt.

Wissenschaftliche Methoden

Wissenschaftler halten bei ihren Experimenten immer strenge Regeln ein, um sicherzustellen, dass die Ergebnisse genau sind. Eine Probe des im Experiment verwendeten Materials wird für einen so genannten Kontrollversuch beiseite gelegt. Ist das Ergebnis des Experiments unerwartet, kann mit der zweiten Probe sichergestellt werden, dass das erste Experiment unter richtigen Voraussetzungen durchgeführt wurde und somit das Ergebnis echt ist.

Ein einfaches Experiment soll zeigen, wie viel Salz in Wasser gelöst werden kann.

Eine bestimmte Menge Salz wird mit einer bestimmten Menge Wasser vermischt.

Dem Wasser wird so lange Salz beigemischt, bis sich das Salz nicht mehr löst und zu Boden sinkt. Dies bezeichnet man als Sättigungspunkt.

Wasser und Salz für einen Kontrollversuch

SOZIALWISSENSCHAFTEN

Wissenschaften, die das Verhalten der Menschen untersuchen, nennt man Sozialwissenschaften. Es gibt verschiedene Bereiche: Die Anthropologie ist die Lehre vom Menschen, seiner Entwicklung und seinen Kulturen. Die Soziologie erforscht das Verhalten der Menschen in der Gesellschaft oder in der Familie. Die Psychologie dagegen setzt sich vorwiegend mit dem Verhalten und den Gefühlen des einzelnen Menschen auseinander.

Bohnenspross

Der Spross wächst in Richtung zur Sonne.

Alle Lebewesen brauchen eine intakte Umwelt zum Überleben.

Die Wurzeln nehmen Wasser und Nährstoffe auf.

BIOWISSENSCHAFTEN

Wissenschaften, die sich mit Lebewesen beschäftigen, bezeichnet man als Biowissenschaften. Die Biologie untersucht alle Lebensformen, die Botanik ist die Lehre von den Pflanzen und die Zoologie die Lehre von den Tieren. Da Tiere und Pflanzen voneinander abhängen, werden sie oft gemeinsam betrachtet. Die Ökologie untersucht die Beziehungen zwischen den Lebewesen.

GEOWISSENSCHAFTEN

Geografie und Geologie sind Geowissenschaften. Geowissenschaftler beschäftigen sich mit der Erde. Die Erforschung von Gesteinen und Fossilien zeigt uns viel über die Entwicklung der Erde und des Lebens. Da es auf der Erde Leben gibt, bestehen enge Verbindungen zwischen den Geo- und den Biowissenschaften.

Geologen erforschen Gesteine und Kristalle.

Chrysokoll

Cyanotrichit

Siehe auch

Biologie
Chemie
Erde
Mineralien und Steine
Physik

NATURWISSENSCHAFTEN
GESCHICHTE

RAUMFAHRT, COMPUTER UND Medizin sind nur einige Beispiele für die Errungenschaften, die wir Wissenschaftlern und Erfindern verdanken. Naturwissenschaftler erforschen alles – von entfernten Galaxien bis hin zu winzigen Atomen. Die Arbeit eines Wissenschaftlers basiert auf Experimenten, Beobachtungen und Theorien. Der englische Naturwissenschaftler Isaac Newton experimentierte z.B. im 17. Jh. mit Sonnenlicht, das er durch ein Prisma scheinen ließ. Er entdeckte das Farbspektrum und entwickelte daraus die Theorie, dass weißes Licht eine Mischung verschiedener Farben ist. Erfinder sind Personen, die sich etwas Neues ausdenken und es in die Praxis umsetzen. Eine Erfindung kann das Ergebnis einer wissenschaftlichen Entdeckung sein, wie z.B. der Laser, den Theodore Maiman (geb. 1927) nach seinen Erkenntnissen über Licht und Atome baute. Dies ist jedoch nicht immer der Fall: Frühe Menschen erfanden den Hebel, ohne seine Funktionsweise zu kennen. Wissenschaftler aller Bereiche haben eines gemeinsam: Sie wissen etwas, was nur wenige wissen, und versuchen neue Entdeckungen sinnvoll umzusetzen.

FRÜHE MENSCHHEIT
Die Urmenschen erfanden die ersten Werkzeuge vor etwa 2 Mio. Jahren. Vor rund 10 000 Jahren begannen die Menschen, sich in Gemeinschaften anzusiedeln und Landwirtschaft zu betreiben. Die ersten Zivilisationen entstanden im Nahen Osten, in Afrika, Indien und China. Dort beobachteten die Menschen die Sterne, entwickelten die Mathematik und lernten, Metalle und Keramik zu bearbeiten.

Dieses Steinwerkzeug wurde vor 20 000 Jahren in Ägypten verwendet.

Das Rad wurde um 3500 v. Chr. erfunden.

Der Pflug wurde um 4000 v. Chr. erfunden.

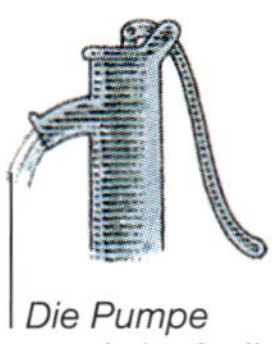

Die Pumpe wurde im 2. Jh. v. Chr. erfunden.

GRIECHEN UND RÖMER

Um 600 v. Chr. begannen die Griechen, ihre Welt zu erforschen. Große Philosophen (Denker) wie Pythagoras entwickelten die »wissenschaftliche Methode« – das Prinzip von Beobachtung und Experiment, wie es noch heute angewandt wird. Die Griechen befassten sich mit Mathematik und Astronomie und erfanden einfache Geräte. Etwa zur selben Zeit nutzten die Römer griechische Erkenntnisse zum Bau ihrer großen Bauwerke.

ARCHIMEDES
Der griechische Gelehrte Archimedes (287–212 v. Chr.) erklärte die Funktionsweise von Hebeln und Flaschenzügen. Archimedes erkannte außerdem die Gesetze des Auftriebs.

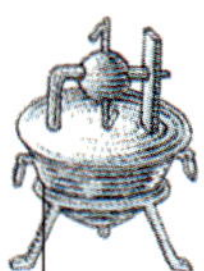

Hero von Alexandrien baute die erste einfache Dampfmaschine im 1. Jh. n. Chr.

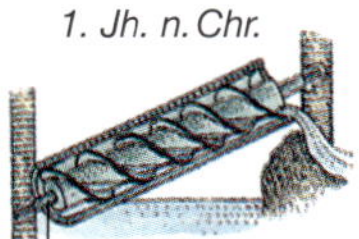

Die archimedische Schraube diente der Bewässerung von Feldern.

Der erste bemannte Ballonflug fand 1783 statt.

Der niederländische Optiker Hans Lippershey erfand 1608 das Fernrohr.

ISAAC NEWTON
Isaac Newton (1642–1727) stellte 1666 die umstrittene Behauptung auf, dass die Schwerkraft sowohl Planeten und Monde in ihren Bahnen hält als auch die Dinge auf der Erde zu Boden fallen lässt. Newton formulierte außerdem die berühmten Bewegungsgesetze und erkannte, dass sich das Licht aus den Regenbogenfarben zusammensetzt.

LEONARDO DA VINCI
Der große italienische Künstler und Erfinder Leonardo da Vinci (1452–1519) entwarf viele Geräte, u.a. einen Fallschirm und einen Helikopter. Die Geräte wurden jedoch nie gebaut.

1000–1600 N. CHR.

In dieser Zeit machten arabische Gelehrte mehrere Entdeckungen, vor allem über die Eigenschaften des Lichts. Ab etwa 1000 n. Chr. machten sich die Völker Europas die wissenschaftlichen Methoden der alten Griechen zunutze. Der polnische Astronom Nikolaus Kopernikus (1473–1543) erkannte, dass die Erde um die Sonne kreist, und der flämische Arzt Andreas Vesalius (1514–1564) befasste sich mit der Anatomie.

Johannes Gutenberg (um 1398–1468) aus Mainz erfand um 1440 den Buchdruck.

1600–1800

Der Italiener Galileo Galilei (1564–1642) untersuchte u.a. die Gesetze der Schwerkraft und der Bewegung. Die moderne Astronomie begann 1609, als der deutsche Astronom Johannes Kepler (1571–1630) die Gesetze der Planetenbewegung entdeckte und Galilei ein Fernrohr anfertigte, um den Himmel zu beobachten. Im 18. Jh. bauten Erfinder wie der Schotte James Watt (1736–1819) erste Maschinen. Auch die Chemie machte Fortschritte, nachdem Forscher erkannt hatten, dass alle Stoffe aus Elementen wie Sauerstoff und Wasserstoff bestehen.

1800–1900

Die Erfindung der Batterie durch den Italiener Alessandro Volta (1745–1827) führte zu Entdeckungen über die Elektrizität und den Magnetismus, z. B. vom Engländer Michael Faraday (1791–1867). Der Engländer John Dalton (1766–1844) und andere Forscher erkannten, dass alle Stoffe aus winzigen Atomen bestehen. Der Franzose Louis Pasteur (1822–1895) fand heraus, dass Bakterien Krankheiten verursachen, was die Gesundheitsvorsorge verbesserte. Der Transport machte durch Lokomotiven, Dampfschiffe und Autos große Fortschritte.

THOMAS ALVA EDISON
Thomas Alva Edison (1847–1931) gehört zu den erfolgreichsten Erfindern der Welt. Er ließ mehr als 1000 Erfindungen patentieren, darunter das Mikrofon (1876) und ein System zur Erzeugung bewegter Bilder. Edison war auch einer der Erfinder der elektrischen Glühbirne.

Der Engländer Richard Trevithick erfand 1804 die Dampflokomotive.

Das Telefon erfand der in Schottland geborene Amerikaner Alexander Graham Bell 1876.

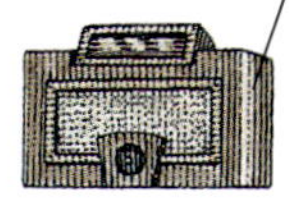

Der Italiener Guglielmo Marconi erfand 1895 die Sendeantenne für Radioübertragungen.

1900 BIS HEUTE

Wissenschaftler erforschten das Atom, fanden Elektronen und den Atomkern und untersuchten dann den Atomkern selbst. Das führte zur Entwicklung der Kernkraft und der Elektronik, die uns Fernsehen und Computer brachte. Wissenschaftler erforschten lebende Zellen und fanden neue Wege der Krankheitsbekämpfung. Astronomen untersuchten Planeten, Sterne und entfernte Galaxien. Die Entwicklung der Luft- und Raumfahrt ermöglichte weite Reisen und sogar bemannte Flüge ins All.

DIE GEBRÜDER WRIGHT
Im Jahr 1903 verfolgte die ganze Welt voller Spannung Orville Wright (1871–1948) und seinen Bruder Wilbur (1867–1912), als sie den ersten Motorflug unternahmen.

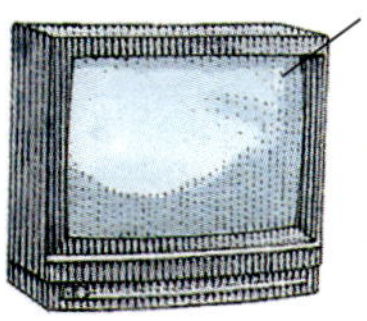

Um 1920 arbeiteten mehrere Wissenschaftler an der Entwicklung von Fernsehgeräten.

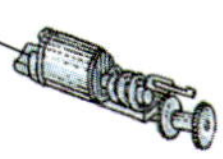

Theodore Maiman und Charles Townes erfanden 1960 den ersten funktionierenden Laser.

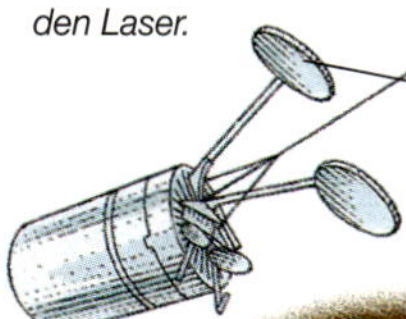

Die ersten künstlichen Satelliten wurden 1957 gestartet.

WILLIAM SHOCKLEY
Computer, Fernseh- und andere elektronische Geräte basieren auf dem Transistor, den 1948 ein Forscherteam unter Leitung von William Shockley (1910–1989) erfand. Heute haben Millionen von Transistoren in winzigen Mikrochips Platz.

Ein amerikanisches Team baute 1946 den ersten vollelektronischen Computer.

ALBERT EINSTEIN
Der deutsche Wissenschaftler Albert Einstein (1879–1955) stellte 1905 und 1915 seine Relativitätstheorien auf. Sie zeigen, dass nichts schneller ist als Licht und dass bei Reisen in Nähe der Lichtgeschwindigkeit die Zeit langsamer, Strecken kürzer und Massen schwerer werden. Seine Entdeckungen erklärten auch, dass die Sonne Quelle von Energie und Kernkraft ist und dass im Weltall Schwarze Löcher existieren können.

MAX PLANCK
Max Planck (1858–1947) veröffentlichte 1900 seine Quantentheorie, mit der er die Eigenschaften von Energie erklärte und vielen neuen Entdeckungen den Weg bereitete. So erklärt z. B. die Quantentheorie, dass das Licht nicht wie meist angenommen wellenförmig ist, sondern aus winzigen Teilchen, so genannten Photonen, besteht.

GESCHICHTE DER NATURWISSENSCHAFTEN

5000 v. Chr. Im Nahen Osten werden erste Metallgegenstände hergestellt.

400 v. Chr. Der griechische Gelehrte Demokrit behauptet, dass alle Dinge aus Atomen bestehen.

105 n. Chr. Der chinesische Erfinder Ts'ai Lun stellt Papier her.

650 n. Chr. Die Perser erfinden die Windmühle.

1000 n. Chr. Die Chinesen setzen bei Schlachten Schießpulver ein.

1657 Der Niederländer Christiaan Huygens baut eine Pendeluhr.

1712 Der englische Ingenieur Thomas Newcomen baut die erste funktionierende Dampfmaschine.

1775 Joseph Priestley und Carl Scheele entdeckten unabhängig voneinander den Sauerstoff.

1789 Der französische Forscher Antoine de Lavoisier erklärt chemische Reaktionen.

1803 Der Engländer John Dalton erläutert die Existenz von Atomen.

1826 Der Franzose Joseph Niépce nimmt das erste Foto auf.

1869 Der Russe Dmitri Mendelejew stellt das Periodensystem der chemischen Elemente auf.

1879 Thomas A. Edison und Joseph Swan erfinden die elektrische Glühbirne.

1885 Der deutsche Ingenieur Karl Benz baut das erste Auto.

1888 Der deutsche Wissenschaftler Heinrich Hertz entdeckt die Radiowellen.

1898 Die Polin Marie Curie entdeckt das Radium.

1911 Der englische Wissenschaftler Ernest Rutherford entdeckt den Atomkern.

1924 Der US-Astronom Edwin Hubble entdeckt Galaxien und 1929 die Ausdehnung des Weltalls.

1942 Der Italiener Enrico Fermi baut den ersten Kernreaktor.

1943 Die Sowjetunion startet die erste Raumsonde.

um 1990 Das weltweite Kommunikationsnetz wird eingerichtet.

Siehe auch
BIOLOGIE
CHEMIE
MEDIZIN, GESCHICHTE
NATURWISSENSCHAFTEN
PHYSIK
RENAISSANCE
TECHNIK

NAVIGATION

SOGAR IN EINER STADT mit hilfreichen Wegweisern und Straßenschildern kann man sich verirren. Aber wie findet man sich auf dem offenen Land oder auf dem Meer ohne Karte zurecht? Vor diesem Problem standen einst Seefahrer, als sie zu ihren Entdeckungsreisen aufbrachen. Die Lösung: Man beobachtet tagsüber die Sonne und nachts die Sterne. Da die Sonne stets im Osten auf- und im Westen untergeht, konnten Seefahrer berechnen, wohin sie fuhren. Auch die Position der Sterne am Himmel zeigt die Richtung an: Der Polarstern z. B. liegt fast senkrecht über dem Nordpol. Mithilfe der Navigation erfährt man, wo man ist und in welche Richtung man sich bewegt – an Land, auf See oder in der Luft. Heute haben Navigatoren viele Hilfsmittel. Es gibt detaillierte Karten von fast jeder Gegend der Erde, und mit elektronischen Systemen, die Radar und Satelliten nutzen, lässt sich die Position eines Flugzeugs oder Schiffs bis auf wenige Meter bestimmen. Selbst weite Reisen sind damit leicht und sicher.

KARTE UND KOMPASS
Markierungen auf einer Karte zeigen Wege, Hügel und andere Merkmale. Nach einem Magnetkompass kann man eine Karte ausrichten, sodass sie die Landschaft darstellt. Die Chinesen nutzten vor etwa 1000 Jahren die ersten Kompasse; um 2300 v. Chr. wurde die erste Karte in Babylon gezeichnet.

SEXTANT
Seit über 250 Jahren benutzen Navigatoren ein Gerät namens Sextant. Er misst den Winkel zwischen zwei Himmelsobjekten, etwa zwei Sternen. Anhand dieses Winkels lässt sich die Position eines Schiffs oder eines Flugzeugs berechnen.

NAVIGATIONSSYSTEME

Heute reisen Schiffe und Flugzeuge routinemäßig um die Welt, ohne sich zu verirren. Navigatoren benutzen einen Kreiselkompass, der die Richtung noch genauer als ein Magnetkompass angibt. Überdies werden Schiffe und Flugzeuge von elektronischen Navigationssystemen automatisch geleitet.

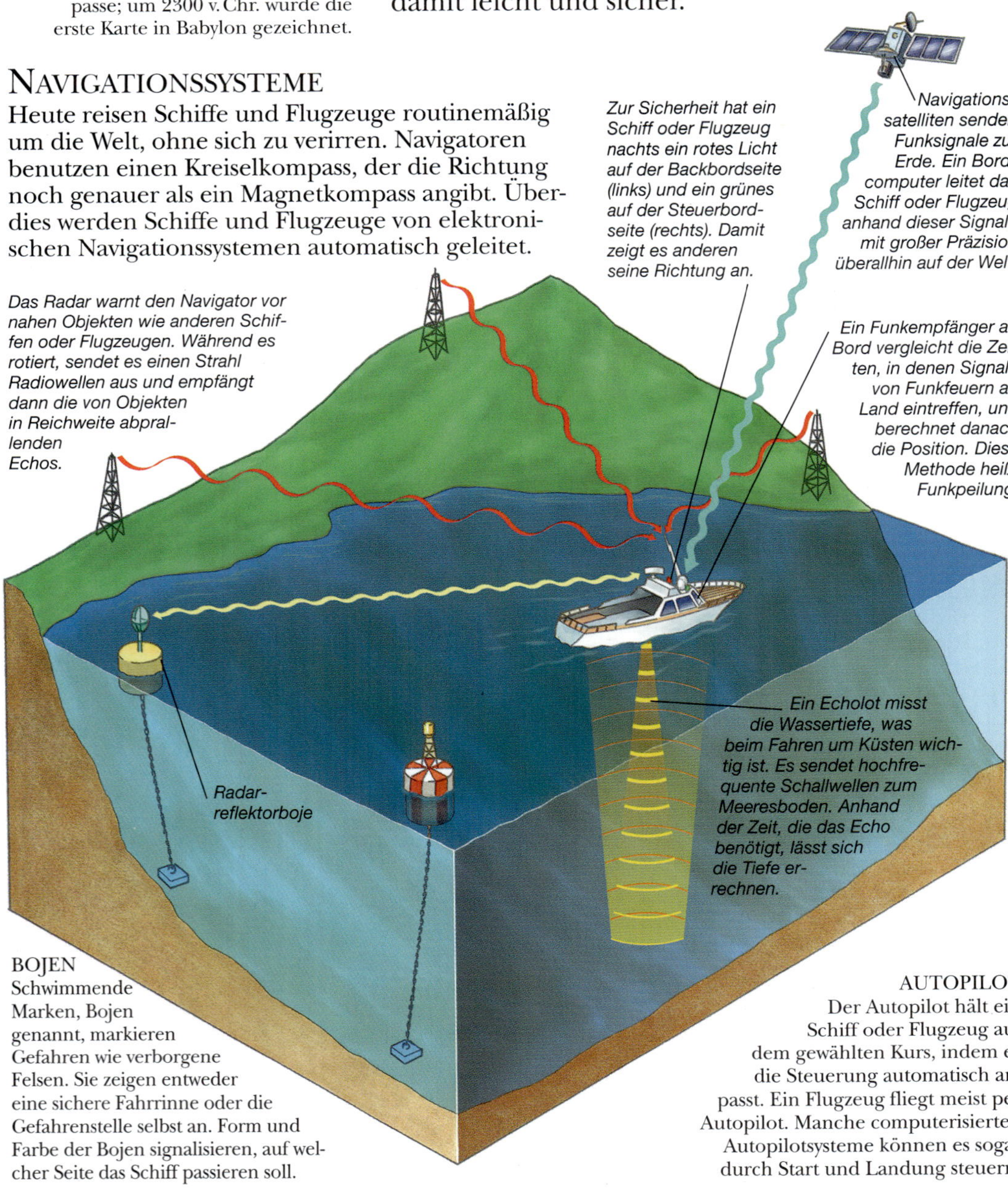

BOJEN
Schwimmende Marken, Bojen genannt, markieren Gefahren wie verborgene Felsen. Sie zeigen entweder eine sichere Fahrrinne oder die Gefahrenstelle selbst an. Form und Farbe der Bojen signalisieren, auf welcher Seite das Schiff passieren soll.

AUTOPILOT
Der Autopilot hält ein Schiff oder Flugzeug auf dem gewählten Kurs, indem er die Steuerung automatisch anpasst. Ein Flugzeug fliegt meist per Autopilot. Manche computerisierten Autopilotsysteme können es sogar durch Start und Landung steuern.

LEUCHTTURM
Küstengewässer sind wegen der Felsen oder Gezeiten gefährlich. Leuchttürme warnen Schiffe mit einem hellen Lichtstrahl. Anhand des Intervals zwischen den Lichtblitzen lässt sich der Leuchtturm identifizieren.

Siehe auch
BOOTE UND SCHIFFE
FLUGZEUGE
LANDKARTEN
MAGNETISMUS
RADAR
SATELLITEN

Neuseeland

Neuseeland liegt im Pazifischen Ozean östlich von Australien. Die beiden großen Inseln – Nordinsel und Südinsel – haben zusammen mit vielen kleineren Inseln eine Gesamtfläche von 268 670 km².

Der Inselstaat Neuseeland weist ein faszinierendes Gemisch von Menschen und Kulturen auf. Die Maori, die Ureinwohner, nennen das Land Aotearoa, und sie leben noch immer hier, zusammen mit den Nachkommen der ersten britischen Siedler und der Einwanderer aus anderen europäischen und aus asiatischen Ländern. In Neuseeland leben nur 3,9 Mio. Menschen, und es gibt nur wenige große Städte. Die Menschen sind jung – über die Hälfte der Bevölkerung ist unter 35 Jahre alt –, und die Geburtenrate ist höher als in anderen entwickelten Ländern. Die ehemalige britische Kolonie wurde 1907 unabhängig. Neuseeland ist ein führender Pazifikstaat und hat enge Verbindungen zu vielen der kleinen Inseln in der Region, etwa zu Niue. Die Landschaft ist sehr vielfältig. Sie wird durch hohe Berge, Gletscher, Vulkane, Seen, heiße Quellen, Sandstrände, Hügel und Ebenen geprägt.

KIWI
Neuseeland liegt fern von anderen Landmassen, sodass sich hier eine ungewöhnliche Flora und Fauna erhalten hat. Der flugunfähige Kiwi ist das berühmteste Tier Neuseelands. Es gibt noch mehrere andere Arten flugunfähiger Vögel.

Wellington

Neuseelands Hauptstadt Wellington liegt an der Südspitze der Nordinsel um einen natürlichen Hafen herum. In der belebten Hafenstadt stehen ältere Holzhäuser dicht neben moderneren Bauten.

Schafscherer arbeiten sehr schnell: Manche scheren ein Schaf in knapp einer Minute.

MAORI-KULTUR
Die Maori, ein polynesisches Volk, kamen um 950 von anderen Inseln im Pazifik nach Neuseeland und brachten dem Land eine reiche Kultur mit Holzschnitzereien, Webkunst und Musik und Tanz. Ihre Nachkommen halten heute diese Kultur am Leben.

Landwirtschaft

Das feuchtwarme Klima Neuseelands ist ideal für die Landwirtschaft. Die größte Rolle spielt die Schaf- und Rinderhaltung. Auf jeden Neuseeländer kommen zwei Rinder und 13 Schafe. Das Land exportiert mehr Molkerei- und Lammprodukte als jedes andere Land und ist der zweitgrößte Exporteur von Wolle. In den letzten 15 Jahren hat die Produktion anderer Erzeugnisse wie Kiwis, Orangen und Zitronen zugenommen. Moderne Fischereiboote erhöhen die Fangquote der neuseeländischen Flotte, und heute ist das Land ein Hauptexporteur von Meeresfrüchten.

Südinsel

Die Südinsel ist zwar die größte neuseeländische Insel, sie hat aber weniger Einwohner als die Nordinsel. Im Westen liegen die Neuseeländischen Alpen mit ihren Bergen und Gletschern, die zum Teil noch unerforscht sind. Die übrige Insel besteht aus Ackerland, Weideland für Schafe und Rinder sowie ein paar Häfen und Küstenstädten.

Siehe auch
Fussball
Gebirge
Neuseeland, Geschichte
Pazifischer Ozean
Straussenvögel

FAKTEN
Fläche: 268 680 km²
Einwohner: 3 900 000
Hauptstadt: Wellington
Sprachen: Englisch, Maori
Religionen: anglikanisch, presbyterianisch, römisch-katholisch, methodistisch, Naturreligionen
Währung: Neuseeland-Dollar
Haupterwerbszweig: Landwirtschaft
Hauptexportgüter: Butter, Wolle, Lammfleisch, Obst, Gemüse, Fisch, Kork, Holz, Textilien
Hauptimportgüter: Fertigerzeugnisse, Eisen, Stahl

AUCKLAND
Die Stadt Auckland liegt auf einem knapp 1,5 km schmalen Landstreifen der Nordinsel. Der Pazifik liegt im Osten, die Tasmansee im Westen, sodass Auckland zwei Hafengebiete hat und Neuseelands Haupthafen ist. Auckland ist ein bedeutendes Handelszentrum, besonders für die wichtige Molkereiindustrie, und im Geschäftszentrum stehen hohe Wolkenkratzer. Ein Drittel der Einwohner von Auckland sind Polynesier.

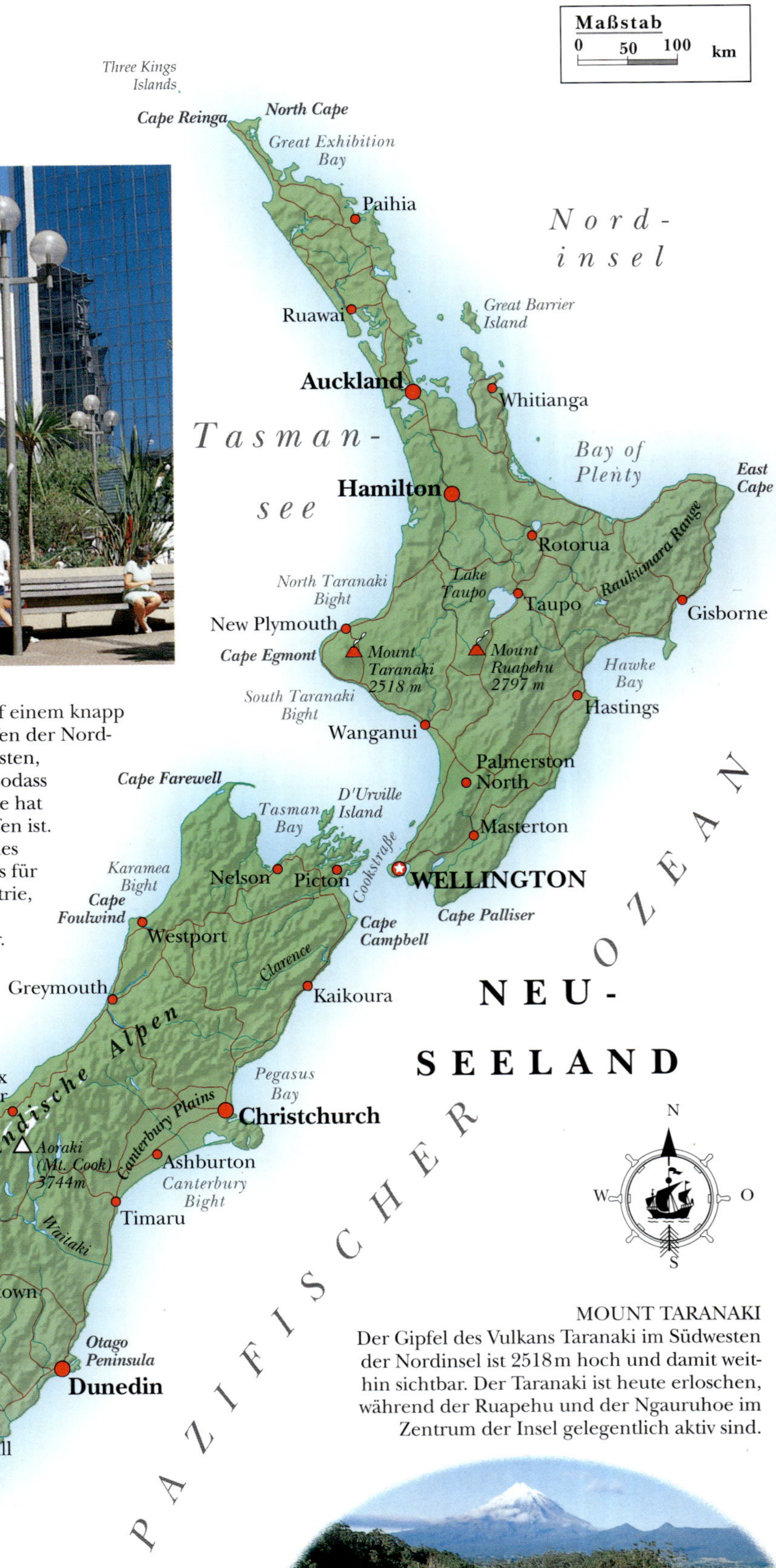

NEUSEELÄNDISCHE ALPEN
An der Westküste der Südinsel reichen die Neuseeländischen Alpen fast bis zur Tasmansee. In dem steilen Gebirgsterrain gibt es nur wenige Pässe zwischen der Ost- und Westküste.

Sutherland Falls, 580 m

MOUNT TARANAKI
Der Gipfel des Vulkans Taranaki im Südwesten der Nordinsel ist 2518 m hoch und damit weithin sichtbar. Der Taranaki ist heute erloschen, während der Ruapehu und der Ngauruhoe im Zentrum der Insel gelegentlich aktiv sind.

Mit 19 wurde Jonah Lomu (rechts) der jüngste Spieler der All Blacks. Beim World Cup 1995 wurde er zum Spitzenspieler des Turniers gewählt.

RUGBY
Rugby ist Neuseelands Lieblingssport. Das Nationalteam, die All Blacks, ist weltberühmt und nach seinen schwarzen Trikots und Hosen benannt. Vor jedem internationalen Spiel tanzen die All Blacks den *Haka*, einen Maoritanz. Rugby wurde von Charles John Monro eingeführt, einem Neuseeländer, der in England studierte. Das erste Spiel wurde 1870 vom Nelson College und vom Nelson Football Club bestritten.

NEUSEELAND
GESCHICHTE

CHRONIK

um 950 Ankunft der ersten Maori.
1642 Der niederländische Seefahrer Abel Tasman besucht die Inseln.
1769–77 Der britische Forscher James Cook besucht die Inseln viermal.
1814 Britische Missionare treffen ein.
1840 Britische Siedlung in Wellington errichtet. Vertrag von Waitangi.
1844–70 Landkriege zwischen Maori und britischen Siedlern.
1852 Großbritannien gewährt Neuseeland Autonomie.
1863 Goldrausch lockt viele Einwanderer aus Europa an.
1893 Frauen erhalten das Wahlrecht.
1907 Neuseeland wird ein unabhängiges Dominion im Britischen Empire.
1914–18, 1939–45 Neuseeland auf der Seite Großbritanniens in zwei Weltkriegen.
um 1965 Neuseeland beteiligt sich mit den USA am Vietnamkrieg.
1985 Neuseeland erklärt mit seinen pazifischen Nachbarn die Region zur kernwaffenfreien Zone.

VOR ETWA 1000 JAHREN LANDETE eine Gruppe Menschen auf einer Inselkette im Südpazifik. Dies waren die Maori, die in Kanus über den Pazifischen Ozean von den fernen Inseln Polynesiens zu einem Land gefahren waren, das sie Aotearoa nannten. Etwa 700 Jahre lang lebten sie ungestört auf den Inseln. 1642 besuchte der niederländische Forscher Abel Tasman die Inseln und nannte sie Neuseeland, nach einer Provinz in den Niederlanden. Bald beuteten amerikanische, australische und europäische Robben- und Walfänger die reichen Küstengewässer aus, und 1840 gründeten die Briten die erste europäische Siedlung. Die Maori kämpften dagegen an, bis sie 1870 ihr Land verloren. Als britische Kolonie kam Neuseeland durch den Export seiner Landwirtschaftsprodukte zu Wohlstand. 1907 wurde es unabhängig. In jüngerer Zeit versuchte Neuseeland in mehreren Allianzen mit seinen Nachbarn im Südpazifik die Region von Kernwaffen freizuhalten.

Traditioneller Maori-Umhang aus Federn

MAORI

Lange bevor die Europäer nach Neuseeland kamen, hatten die Maori eine blühende Agrargemeinschaft errichtet. Sie bauten Süßkartoffeln an, fingen Fische und hielten Geflügel. Sie trugen bunte, aus Flachs gewobene Kleidung und bewohnten Häuser aus Holz und Binsen. Heute gibt es noch über 500 000 Maori, überwiegend auf der Nordinsel.

VERTRAG VON WAITANGI
1840 übertrugen die Maori die Souveränität (Besitz) über ihr Land an Großbritannien. Im Gegenzug sollte Großbritannien ihre Rechte und ihren Besitz schützen. Neuseeland wurde eine Kolonie im Britischen Empire.

UNABHÄNGIGKEIT
1852 gewährte Großbritannien Neuseeland die Autonomie. Das Land zahlte Arbeitern eine Rente und gab erstmals auf der Welt den Frauen das Wahlrecht. 1907 erlangte Neuseeland die volle Unabhängigkeit, blieb Großbritannien aber eng verbunden. Queen Elizabeth II., hier in einem traditionellen Maori-Umhang (neben ihr Prinz Philip), ist noch heute Neuseelands Staatsoberhaupt.

Demonstranten stellen sich einem Atom-U-Boot in den Weg.

KERNWAFFENFREIE ZONE
1983 blockierten Kernkraftgegner das US-Atom-U-Boot Phoenix im Hafen von Auckland. 1985 unterzeichnete Neuseeland den Vertrag von Rarotonga, der den Südpazifik zur kernwaffenfreien Zone erklärte. Als Frankreich weitere Atombombentests auf dem Mururoa-Atoll im Südpazifik durchführte, waren andere Pazifikländer dagegen.

Siehe auch
COOK, JAMES
NEUSEELAND

NIEDERSCHLAG

WASSER BEFINDET SICH in einem unaufhörlichen Kreislauf. Dieser Kreislauf beginnt, wenn Wasser auf der Erdoberfläche verdunstet und als Wasserdampf in die Luft steigt. Aufsteigende Luftmassen befördern den Dampf in große Höhen. Beim Aufstieg kühlt die Luft ab, und der Wasserdampf verwandelt sich in kleine Tröpfchen. Diese sind so klein, dass sie in der Luft schweben und Wolken bilden. Eine Regenwolke enthält Millionen von Wassertröpfchen, die sich zu großen Tropfen zusammenschließen. Wenn diese Tropfen zu groß und zu schwer werden, fallen sie als Regen zu Boden, und der Kreislauf beginnt von neuem. In sehr kalter Luft friert das Wasser in den Wolken, und es entstehen Schneeflocken oder Hagelkörner. Niederschläge sind nicht überall auf der Welt gleich verteilt. In Wüsten regnet es fast nie. In den Tropen dagegen regnet es so stark, dass es häufig zu Überschwemmungen kommt. In den Polargebieten fällt der Niederschlag nur als Schnee.

LEBEN SPENDENDER REGEN
Regen ist lebenswichtig: Pflanzen brauchen Wasser zum Wachsen. Sie dienen Mensch und Tier als Nahrungsgrundlage. Regen füllt auch Flüsse und Seen, die uns Trinkwasser liefern.

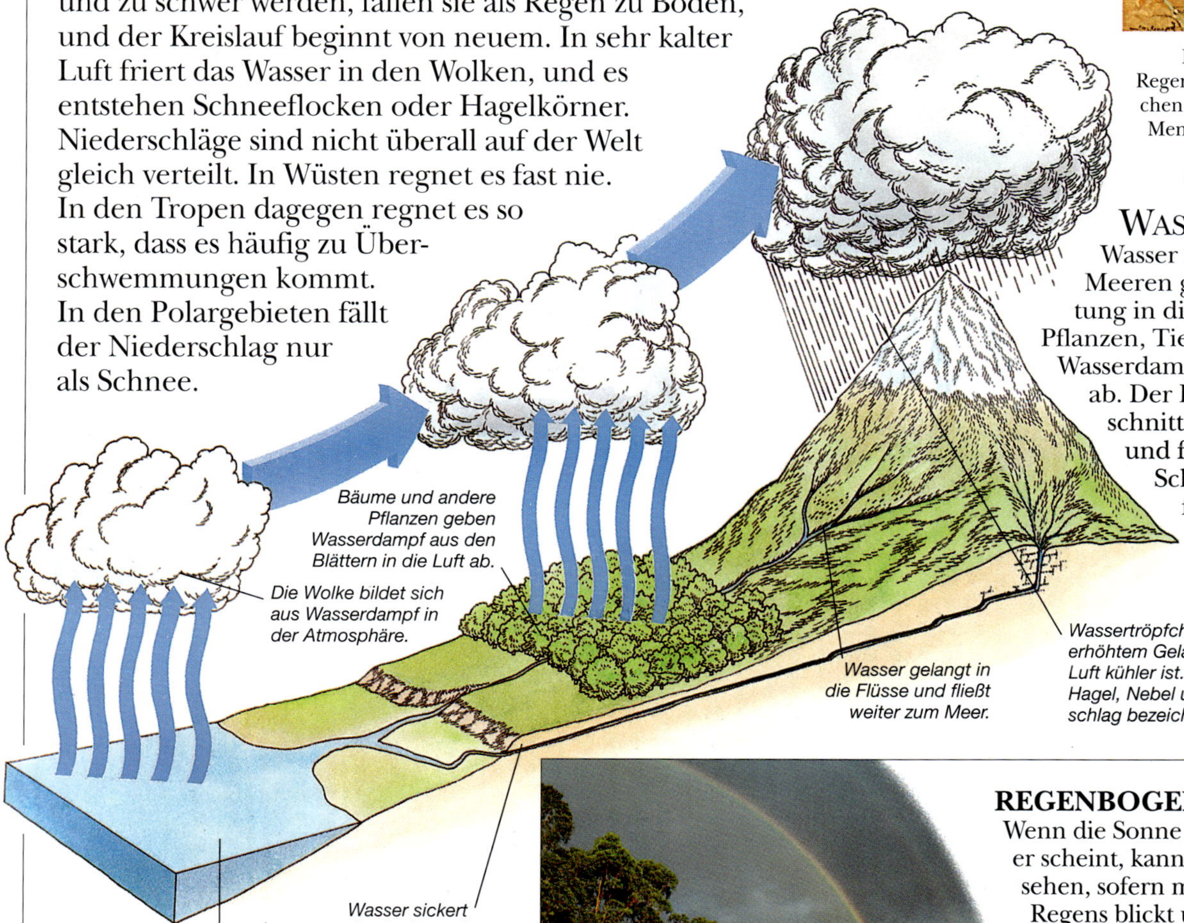

WASSERKREISLAUF

Wasser aus Flüssen, Seen und Meeren gelangt durch Verdunstung in die Luft. Außerdem geben Pflanzen, Tiere und Menschen Wasserdampf in die Atmosphäre ab. Der Dampf bleibt im Durchschnitt zehn Tage in der Luft und fällt dann als Regen oder Schnee wieder zu Boden, fließt in Flüsse, Seen und Meere – und der Kreislauf beginnt von neuem.

REGENBOGEN

Wenn die Sonne bei einem Regenschauer scheint, kann man einen Regenbogen sehen, sofern man in Richtung des Regens blickt und die Sonne im Rücken hat. Die Regentropfen reflektieren das Sonnenlicht. Wenn das Sonnenlicht die Tropfen durchdringt, löst es sich in ein kreisrundes Farbenband auf. Den oberen Teil des Kreises sieht man als Regenbogen.

SCHNEE UND HAGEL

Bei kaltem Wetter friert das Wasser in einer Wolke und bildet Eiskristalle. Diese Kristalle verbinden sich und fallen als Schneeflocken. Der Schnee kann beim Fallen leicht antauen; so entsteht Graupel. In manchen Wolken wirbeln starke Luftströme die gefrorenen Tropfen auf und ab. Dabei frieren an die Tropfen weitere Wasserschichten an, und die Tropfen werden zu Eiskügelchen. Diese Eiskügelchen werden immer schwerer und fallen schließlich als Hagel zu Boden.

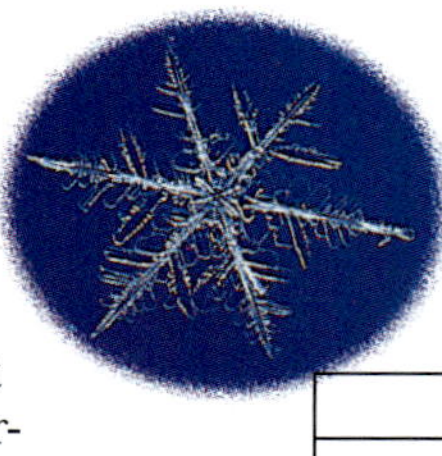

EISKRISTALL
Ein Mikroskop zeigt, dass Schneeflocken aus winzigen, sechsseitigen Kristallen bestehen, wobei jedes Kristall anders aussieht.

Siehe auch

FARBEN
FLÜSSE
GEWITTER UND WIRBELSTÜRME
WASSER
WETTER
WIND

NORDAMERIKA

Der nordamerikanische Kontinent erstreckt sich vom Polarkreis bis zu den Tropen. Ihn umgeben der Atlantik, der Pazifik und das Nordpolarmeer. Die fünf Großen Seen in Nordamerika bilden das größte Süßwassergebiet der Erde.

DER NORDAMERIKANISCHE Kontinent ist voller Gegensätze. Gewaltige Gebirgsketten – die Appalachen und die Rocky Mountains – verlaufen an der Ost- bzw. Westküste und umschließen eine endlose, meist flache Landschaft mit mächtigen Flüssen wie dem Mississippi und dem Missouri. Den Norden bedecken Nadelwälder. Die zentralen Great Plains sind Grasländer, auf denen früher riesige Bisonherden weideten. Die arktische Region ganz im Norden ist ständig gefroren, im Süden dagegen liegen trockene Wüsten und Felsencanyons das ganze Jahr in der Sonne. Tropische Wälder bedecken das südliche Mexiko, im Südosten der USA finden in den subtropischen Feuchtgebieten viele gefährdete Tier- und Pflanzenarten Schutz. Die Indianer sind Nachkommen der Menschen, die den Kontinent vor über 25 000 Jahren besiedelten. Sie wurden von europäischen Kolonisatoren immer weiter zurückgedrängt, die den Kontinent ab dem 16. Jh. erforschten und besiedelten. Immer wieder kamen Einwanderer nach Nordamerika, zuerst aus Europa, dann aus der übrigen Welt, angezogen von den reichen Schätzen der Natur, den fruchtbaren Prärien und den pulsierenden Großstädten, wo der Großteil der Bevölkerung lebt.

DIE GROSSE KÄLTE
Strenge Winter sind die Regel in der Mitte des Kontinents, zumal um die Großen Seen herum, die im Winter häufig zufrieren. Chicago am Michigansee erlebt oft schwere Schneestürme, die die Stadt völlig isolieren können. 1998 ließ ein enormer Eissturm an den Großen Seen in Kanada die Stromleitungen gefrieren, sodass das Gebiet tagelang ohne Strom war.

ROCKY MOUNTAINS
Die Rocky Mountains sind das »Rückgrat« des nordamerikanischen Kontinents und trennen die großen Ebenen des Ostens von den Hochplateaus und Becken des Westens. Sie erstrecken sich von der kanadischen Arktis bis New Mexico und sind in Colorado am höchsten, wo 254 Berge über 4000 m hoch sind. Am höchsten ist der Mt. Elbert (4312 m).

TUNDRA IN ALASKA

Tundra kommt vom finnischen Tunturi (»waldloser Berg«). So heißt auch die Landschaft von Alaska (oben), wo Flechten, Moose, Gras und niedrige Sträucher die einzige Vegetation sind. Die Durchschnittstemperatur liegt unter dem Gefrierpunkt und kann im Winter auf –32 °C absinken. Dadurch entsteht eine Schicht von permanent gefrorenem Boden, die bis zu 1525 m Tiefe reichen kann.

HERBST IN NEW ENGLAND
Das Klima Nordamerikas reicht von den heißen Regenwäldern von Yucatán bis zur gefrorenen Arktis. An der Ostküste der USA gibt es vier ausgeprägte Jahreszeiten. Die Herbstfärbung, besonders das Rot des Ahorns, im »Indian Summer« ist eine Attraktion für Touristen.

GRAND CANYON

Canyons sind spektakuläre tiefe Felsformationen, entstanden durch die Erosion (Erdabtragung) eines Flusses. Am berühmtesten ist der vom Colorado in Arizona gebildete Grand Canyon. Er ist 350 km lang und reicht bis zu einer Tiefe von 1820 m. Die Erosionsprozesse begannen vor etwa 5–6 Mio. Jahren. Einige Gesteine an der Basis sind 2 Mrd. Jahre alt – die ältesten bekannten Gesteine in den USA.

Kalkstein, Sandstein, Schiefer und Granit werden unterschiedlich schnell erodiert (abgetragen). So entstanden die ausgeprägt farbigen Schichten des Grand Canyon.

Elche leben in den subarktischen Wäldern. Sie haben ein großes Geweih, lange Beine und fleischige Muskeln.

Seekühe werden etwa 3 m groß. Diese sanften Geschöpfe leben in den flachen Küstengewässern von Florida.

Florida – Everglades

Die Everglades (links) sind ein riesiges subtropisches Sumpfland im Südwesten Floridas. Auf niedrigen Inseln, den »hammocks« (Hängematten), wachsen die vielfältigsten Baumarten, von tropischen Hartholzbäumen wie Mahagoni bis zu Lorbeerbäumen, Eukalyptus und Mangroven. Über 400 Vogelarten leben hier, und auch Alligatoren, Laubfrösche und Ottern sind in den Sümpfen zu Hause. Dieses einzigartige Ökosystem profitiert vom regelmäßigen Wechsel zwischen trockenen Wintern und feuchten Sommern.

Das Satellitenfoto (oben) zeigt den Zusammenfluss des Mississippi und des Missouri bei St. Louis während des Hochwassers von 1993.

Mississippi

Der 6020 km lange Mississippi ist die Hauptflussader der USA und einer der belebtesten Wasserwege der Erde. Er entspringt im Norden von Minnesota, fließt nach Süden und vereint sich in seinem Mittellauf mit den Flüssen Missouri und Ohio. Der Mississippi mündet in den Golf von Mexiko. In seinem Delta verschiebt sich die Küstenlinie in 100 Jahren um fast 10 km ins Meer hinein.

Das dicke Haar und der Bart lassen den Bison noch mächtiger erscheinen.

Great Plains

Die Great Plains in der Mitte von Nordamerika waren einst Graslandgebiete (Prärien), auf denen riesige Bisonherden weideten. Als sich im 19. Jh. die Pioniersiedlungen immer weiter nach Westen verlagerten, wurde das Land von Farmern besiedelt. Heute sind die Great Plains eine der am intensivsten landwirtschaftlich genutzten Regionen der Erde, in der vorwiegend Mais und Weizen angebaut wird.

Eine Scheune neben einem Feld Canola (eine Rapssorte) auf den Great Plains östlich von Washington

Bison

Der so genannte Amerikanische Büffel, der früher in großer Zahl die Great Plains bevölkerte, ist eigentlich ein Bison. Ein ausgewachsener Bison wird 2 m hoch und wiegt über 900 kg. Den auf den Prärien lebenden Indianern lieferte der Bison Nahrung und Kleidung. Bis ins 18. Jh. gediehen die Bisons prächtig, denn die Jagdmethode der Indianer hatte keinen Einfluss auf den Bestand. Erst als der »weiße Mann« mit seinen Gewehren kam, wurden die Herden drastisch dezimiert. Während des Eisenbahnbaus im 19. Jh. wurden ganze Herden abgeschossen, um die Eisenbahnarbeiter zu ernähren. Heute gibt es nur noch 40 000–50 000 Bisons, die meist in besonders geschützten Gebieten leben.

Das Leben in den Städten

Weite Bereiche Nordamerikas sind spärlich besiedelt, z. B. der trockenere Süden und Westen. In den gemäßigten Regionen an den Küsten und an den Ufern der Großen Seen findet man dagegen viele große Städte mit einer enormen Bevölkerungszahl und stark verdichteter Industrie. New York (rechts) liegt im Zentrum des riesigen Ballungsgebiets, das von Boston bis Washington D. C. reicht. Am Atlantik und am Hudson River gelegen, entwickelte sich New York zu einem bedeutenden Hafen. Heute ist es das Finanz-, Handels- und Kulturzentrum der USA. Toronto ist das größte Stadtgebiet in Kanada und ein bedeutendes Wirtschaftszentrum. In der Stadt und ihrem Umland entsteht über die Hälfte der Fertigerzeugnisse Kanadas.

WEISSKOPFSEEADLER
Der Weißkopfseeadler, der einzige in Nordamerika heimische Adler, ist seit 1782 der Wappenvogel der USA. Er hat eine Flügelspannweite von 2 m und lebt als geschützte Art vorwiegend in den Küstenregionen.

INDIANER

Die ersten Menschen, die Nordamerika besiedelten, gelangten vor über 25 000 Jahren aus Asien auf den Kontinent. Dabei mussten sie sich an unterschiedliche klimatische Verhältnisse, Ressourcen und Landschaften anpassen. Heute leben viele Indianer nach jahrhundertelangen Konflikten mit europäischen Einwanderern in staatlichen Reservaten. Die Navajo sind der größte Stamm in den USA und leben zum Großteil in einem großen Reservat im Südwesten. Sie sind berühmt für ihre Web- und Silberarbeiten, und viele ihrer handgefertigten Erzeugnisse werden an Touristen verkauft.

BOHRINSEL

Die USA haben eine Fülle natürlicher Ressourcen wie Erdöl, Kohle und Mineralien. Erdöl wurde 1901 an der Küste von Osttexas entdeckt. Nach Alaska ist Texas heute der Haupterdölerzeugerstaat der USA. Das Öl wird per Pipeline, Tanker und Eisenbahn zu Raffinerien an der Golfküste transportiert. In Houston, dem Zentrum des Erdölgeschäfts, gibt es auch High-Tech-Industrien und die Zentrale des Spaceshuttle-Programms.

GEFÄHRLICHE NATUR

Eine Kette von Vulkanen erstreckt sich von der mexikanischen Grenze bis hinunter zum Südende Südamerikas. Der Popocatepetl, einer der vielen untätigen Vulkane Mexikos, ist 5452 m hoch und hat einen 152 m tiefen Krater. Zentralmexiko ist anfällig für Erdbeben, die in den am dichtesten bevölkerten Regionen des Landes häufig vorkommen. 1985 starben bei einem Erdbeben in Mexiko-Stadt rund 9500 Menschen.

El Castillo, die Tempelpyramide in Chichén Itzá, ist 22 m hoch. Sie steht an der Hauptplaza der Stadt.

CHICHÉN ITZÁ
Die Geschichte der Städte Mexikos reicht zurück bis um 1150 v. Chr. – bis zu den kunstvollen Ritualzentren der Olmeken. Ab dem Jahr 200 n. Chr. erbauten die Maya monumentale Städte und Tempel in den Dschungeln von Yucatán. Sie sollen als erste amerikanische Zivilisation ein Schriftsystem entwickelt haben. Der Pyramidentempel der Maya bei Chichén Itzá entstand im 12. Jh.

WÜSTE

Die Trockenwüsten des Südwestens sind raue und unfruchtbare Gegenden, die oft von heftigen Wirbelwinden und sengender Hitze heimgesucht werden. Hier überleben nur die abgehärtetsten Tiere wie Schlangen, Eidechsen und Reptilien. In der Wüste gedeihen stachelblättrige Joshuabäume; sie werden bis zu 1000 Jahre alt.

Joshuabäume wachsen in den höhergelegenen, kühleren Teilen der kalifornischen Wüste.

Zerklüftete rosafarbene und graue Felsformationen prägen die Wüstenlandschaft.

Siehe auch

KANADA
MEXIKO
NORDAMERIKA, TIERE
VEREINIGTE STAATEN VON AMERIKA

Vulkan	Berg	Historische Stätte	Hauptstadt	Großstadt	Stadt

Gletscher in Alaska

Gletscher sind große Eismassen, die über die Jahre dort heranwachsen, wo im Winter regelmäßig mehr Schnee fällt als im Sommer schmilzt. Sie können mehrere hundert Meter dick sein. Ganz langsam bewegen sie sich das Tal hinab, bearbeiten dabei die Erdoberfläche und hinterlassen Tonnen an erodiertem Gestein. Der Hubbardgletscher bildet das längste Gletschertal in Nordamerika. Er ist 150 km lang und kommt etwa 5 cm pro Tag voran.

MOUNT ST. HELENS
Der Vulkan Mount St. Helens im US-Staat Washington ist in den letzten 4500 Jahren 20 mal ausgebrochen, am verheerendsten im Jahr 1980: In nur wenigen Tagen wurde der Berg durch die Vulkantätigkeit um 1100 m abgetragen. Dabei kam es zu einem gewaltigen Erdrutsch, der mit bis zu 250 km/h zu Tal schoss und 10 Mio. Bäume vernichtete. Eine 8 cm dicke Ascheschicht legte sich auf die umliegenden Städte.

BERINGSTRASSE
Die Beringstraße zwischen Asien und Nordamerika ist an der engsten Stelle 85 km breit. In der letzten Eiszeit war der Meeresspiegel viel tiefer und legte hier eine Landbrücke frei. Menschen, Pflanzen und Tiere gelangten vor 20 000–35 000 Jahren auf dieser Route nach Amerika.

MONARCHFALTER
Jeden Winter fliegen Tausende Monarchfalter vom Norden der USA und aus Kanada nach Südkalifornien und Mexiko. Dabei legen sie an einem Tag bis zu 130 km zurück.

TOTEMPFAHL
Die Indianerstämme im westlichen Kanada waren ursprünglich Jäger und Fischer. Sie errichteten hohe Pfähle aus Holz, mit geschnitzten Tier- und Menschenfiguren – so genannte Totempfähle, die als Statuszeichen einer Familie, als Respektsbeweis oder als Denkmal dienten. Diese traditionelle Holzschnitzerei wird heute wiederbelebt.

KALIFORNISCHE REDWOODBÄUME
Als vor rund 60 Mio. Jahren Dinosaurier auf der Erde lebten, bedeckten riesige Redwoodbäume große Teile Nordamerikas. Heute gibt es sie nur noch an der Westküste der USA. Diese größten Bäume der Erde werden bis zu 112 m hoch.

Maßstab
0 500 1000 km

NORDAMERIKA
TIERE

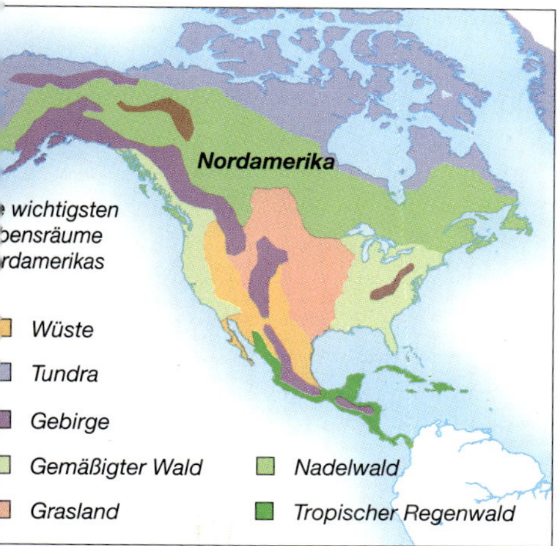

IN NORDAMERIKA LEBEN faszinierende Tiere und Pflanzen, darunter Steinadler, Luchse, Kojoten, Kakteen und gewaltige Mammutbäume. Im hohen Norden liegen von Eis bedeckte Inseln. Weiter südlich ist die baumlose Tundra, deren Boden monatelang gefroren bleibt. Im Winter scharren Rentiere im Schnee, um an Moose und Flechten zu kommen. Am Südrand der Tundra beginnt ein breiter Gürtel von Nadelwäldern, in denen Kiefern, Fichten, Lärchen und Tannen wachsen. Inzwischen wurden weite Teile dieser Wälder abgeholzt, doch in der Wildnis leben immer noch Wölfe, Bären und Luchse. Den Mittleren Westen Nordamerikas bedecken große Graslandflächen, die Prärien. Die Ahorn- und Hickorywälder im Osten waren früher wesentlich größer als heute. Im Westen gibt es Gebirge und Mammutbaum-Wälder. Im Südwesten findet man heiße Wüsten wie das Death Valley, im Südosten Sümpfe, in Mittelamerika tropische Regenwälder.

FEUCHTGEBIETE
Die Seen und Sümpfe des nordamerikanischen Südostens sind die Heimat vieler Pflanzen, Fische und Reptilien. Hier gibt es Wasserhyazinthen und Alligatoren, die ungefähr 6 m Körperlänge erreichen. Auch Frösche, Kröten, Schildkröten und andere in und am Wasser lebende Tiere trifft man hier an.

WEISSKOPFSEEADLER
Der Weißkopfseeadler ist das Wappentier der USA. Seine Flügelspannweite beträgt ca. 2 m. Er ernährt sich überwiegend von Fischen.

KAKTEEN
Die riesigen Saguarokakteen trifft man v.a. in Arizona an. Sie werden bis zu 14 m hoch. Die weißen Blüten ziehen viele Insekten an, darunter Schwalbenschwanz-Schmetterlinge.

WÜSTEN
Der Kaktus ist eine von vielen Pflanzen, die trotz des sehr trockenen Klimas im nordamerikanischen Südwesten gedeihen. Kakteen haben dicke Stämme, in denen sie Wasser speichern. Ihre Dornen schützen sie davor, gefressen zu werden. In Mexiko gibt es Hunderte verschiedener Kakteenarten.

WALDKANINCHEN
Wie viele in Trockengebieten heimische Pflanzenfresser hält sich auch dieses Kaninchen in der Nähe von Felsen und Gebüsch auf, um sich bei Gefahr schnell verstecken zu können.

GRASLAND

Der größte Teil der Prärie, die früher den Mittleren Westen bedeckte, ist heute Ackerland. Trotzdem konnten viele hier heimische Tiere überleben, darunter Baue anlegende Nagetiere wie die Präriehunde. Ihre Tunnel durchlüften den Boden, doch sie schaden auch den Weiden.

ALFALFA
Diese südamerikanische Pflanze gehört wie die Erbse zur Gattung der Schmetterlingsblüter. Heute wird sie als Speise- und Futterpflanze angebaut.

HALSBANDLEGUAN
Dieser Leguan ernährt sich von anderen Echsen und von Insekten. Er wird bis zu 50 cm lang.

Ein Erdwall rund um den Eingang hält Regenwasser ab.

PRÄRIEHUND

Diese Hörnchen werden so genannt, weil sie bellende Laute erzeugen. Sie leben gesellig in Gruppen, die aus einem Männchen, einigen Weibchen und ihren Jungen bestehen. Diese Gruppen bilden Kolonien, die wiederum zu »Städten« von über 40 ha Fläche zusammenwachsen.

PUMA

Der amerikanische Puma gehört zur Familie der Katzen und wird auch Silberlöwe oder Berglöwe genannt. Er kann in dichten Wäldern ebenso überleben wie in offener Halbwüste. Ein großes Männchen erreicht knapp 1,80 m Länge und ein Gewicht von annähernd 100 kg. Pumas jagen v. a. nachts. Die Auswahl ihrer Beutetiere reicht von Ratten und Kaninchen bis hin zu kleinen Hirschen. Früher wurden Pumas gejagt, weil sie auch Nutztiere angreifen.

DIE WÄLDER NORDAMERIKAS

In den weitläufigen Nadelwäldern des Nordens ist der Sommer kurz und der Winter lang und bitterkalt. Im Herbst ziehen sich die Bären in ihre Unterschlupfe zurück, die Schneehühner wenden sich wieder ihrem kargen Winterfutter zu, das aus Tannennadeln und Zweigen besteht, und die Zugvögel fliegen nach Süden. Elche und Rentiere suchen die dichteren Stellen der Wälder auf, scharren nach Moosen und Flechten und sind vor Wölfen auf der Hut. Im Frühling kehren die Zugvögel zurück, und durch die Luft fliegen Insekten.

SCHNEE-EULE

Im hohen Norden Nordamerikas fängt die Schnee-Eule am Tag Wühlmäuse, Lemminge, Kaninchen, Schneehasen, Enten u. a. Vögel. Die Männchen sind meist weiß oder leicht meliert. Weibchen sind größer und gestreift.

ROTKOPF-SPECHT

Spechte suchen unter der Rinde und im Holz nach Maden, Käfern u. a. kleinen Tieren. Mit dem steifen Schwanz stützen sie sich am Stamm ab, den sie mit dem Schnabel bearbeiten.

Jungfernrebe

ELCH

Der Elch ist das größte Mitglied der Familie der Hirsche. Die Männchen haben Schaufelgeweihe und erreichen bis über 2 m Schulterhöhe. Die Weibchen sind kleiner und tragen kein Geweih. Im Sommer fressen die Elche in den aufgetauten Sümpfen, Seen und Flüssen Wasserpflanzen. Im Winter ernähren sie sich von Zweigen und anderen Pflanzenteilen. Außer in der Paarungszeit sind Elche Einzelgänger.

Elche leben in den Waldgebieten Nordamerikas und Nordeuropas.

GEBIRGE

Die Rocky Mountains bieten Tieren und Pflanzen mehrere Arten von Lebensräumen. Bis auf 1400 m Höhe ist Grasland, darüber wachsen Salbei- und Wacholdersträucher, ab 2000 m beherrschen Tannen und Kiefern das Landschaftsbild. Über 3200 m Höhe gedeihen im kurzen Sommer nur noch Gräser und u. a. kleine Blütenpflanzen. In den Bergen leben noch Bären und Vielfraße sowie Dickhornschafe und Schneeziegen, die von Luchsen gejagt werden.

Baumstachler klettern gut.

BAUMSTACHLER

Der Urson oder Nordamerikanische Baumstachler lebt im Winter von Baumnadeln und Rinde. Im Sommer verbringt er mehr Zeit am Boden und frisst Blüten, Samen und Früchte. Über dem Rücken haben die Baumstachler einen Kamm aus langen Stacheln.

WALDSCHNEPFE

Die Amerikanische Waldschnepfe bohrt im lockeren Waldboden mit ihrem Schnabel nach Würmern und Maden. Ihr Geruchssinn und die empfindliche Schnabelspitze sagen ihr, wo Beute zu finden ist.

Siehe auch

ECHSEN
EULEN
GREIFVÖGEL
HASEN UND KANINCHEN
HIRSCHE UND ANTILOPEN
KATZEN, GROSSE

Normannen

TEPPICH VON BAYEUX
Der aus dem 11. Jh. stammende Teppich von Bayeux stellt die Eroberung Englands durch die Normannen in Schlachtszenen dar. Er ist heute in Bayeux, Frankreich, zu sehen.

NOCH HEUTE ERINNERN Steinburgen in England, auf Sizilien und in Frankreich an die Normannen – nordgermanische Seefahrer und Eroberer, die sich im 11. und 12. Jh. in fast ganz Europa ausbreiteten. Die Normannen waren Nachfahren der Wikinger. Sie ließen sich Anfang des 10. Jhs. in Nordfrankreich nieder, einem Gebiet, das heute noch Normandie heißt. Die Normannen waren nicht nur Krieger, sondern verstanden sich auch sehr gut auf die Verwaltung von Ländern. Ihre Fürsten entwickelten gut funktionierende Gesellschaften und teilten ihr Reich in so genannte Lehen ein. Jedes Lehen unterstand einem Ritter. Den Höhepunkt ihrer Macht erreichten die Normannen unter Wilhelm I., Herzog der Normandie, der 1066 die Eroberung Englands anführte. Sie machten aus England ein normannisches Königreich, errichteten Burgen zur Verteidigung des Landes sowie Kirchen, Klöster und Kathedralen. Die Normannen beherrschten England bis 1154. Danach begann die Verschmelzung der Normannen und Sachsen zu einer Nation. Im Jahr 1204 riss der französische König die Normandie an sich.

Wilhelm I., der Eroberer

Wilhelm I., Herzog der Normandie (um 1028–1087), war ein skrupelloser Befehlshaber. Er führte die Normannen bei der Eroberung Englands an und wurde nach dem Sturz des Sachsenkönigs Harold II. zum König von England gekrönt.

DOMESDAY BOOK
König Wilhelm I. ordnete 1085 die komplette Landvermessung Englands an. Das so genannte Domesday Book war ein Grundbuch, in dem alle Güter, Tiere und Landbesitzungen aufgezeichnet waren.

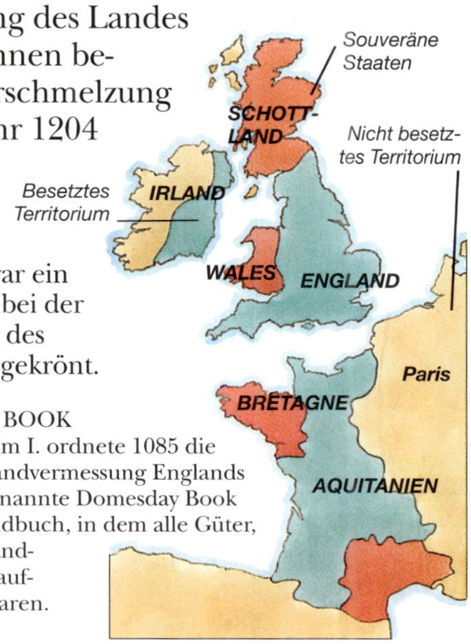

DAS REICH
Auf der Höhe ihrer Macht unter Heinrich II. (1133–1189) hatten die Normannen Nordfrankreich, England, Süditalien und Sizilien erobert. Sie blieben jedoch nicht als eigene Volksgruppe erhalten, sondern verschmolzen mit den eroberten Völkern.

ARCHITEKTUR
Die Normannen waren hervorragende Architekten. Sie errichteten feste Burgen zum Schutz ihrer Eroberungen, wie den Tower of London, der noch heute steht. Sie bauten auch Kirchen, Kathedralen und Klöster. Normannische Kirchen haben fein verzierte Tor- und Fensterbögen sowie massive Wände und Säulen.

Siehe auch

BURGEN
FRANKREICH, GESCHICHTE
GROSSBRITANNIEN, GESCHICHTE
WIKINGER

Ohren

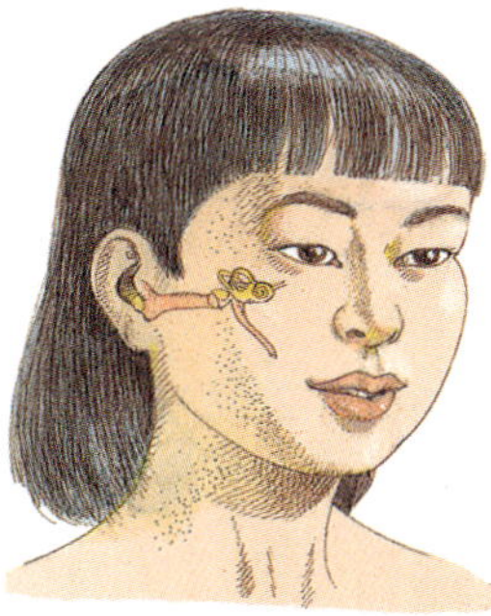

IM OHR
Der Gehörgang ist leicht gebogen und etwa 2,5 cm lang. Die empfindlichen Teile des Mittel- und des Innenohrs liegen gut geschützt im Schädel, hinter und unter den Augen.

DIE OHREN SIND die Organe des Gehörs und des Gleichgewichtssinns. Sie nehmen aus der Luft Schallwellen auf und verwandeln sie in Nervensignale, die ans Gehirn weitergeleitet werden. Jedes Ohr besteht aus drei Hauptteilen: dem Außenohr, dem Mittelohr und dem Innenohr. Das Außenohr ist das, was man außen sehen kann. Es besteht aus der Ohrmuschel und dem äußeren Gehörgang. Im Mittelohr befinden sich das Trommelfell und die drei Gehörknöchelchen. Sie übertragen Geräusche vom Trommelfell zum Innenohr. Wichtigstes Teil des Innenohrs ist die mit Flüssigkeit gefüllte Schnecke. Sie setzt Schwingungen in Nervensignale um. Das Innenohr sorgt auch dafür, dass der ganze Körper im Gleichgewicht bleibt. Obwohl wir sehr viele verschiedene Geräusche hören können, hören wir so gut wie viele Tiere. Auch können wir unsere Ohren kaum bewegen und müssen den Kopf drehen.

Ultraschall liegt jenseits unseres Hörbereichs.

HÖRBEREICH
Menschen hören zahlreiche Geräusche, doch viele Tiere hören mehr, darunter Töne, die sehr hoch sind. Der Bereich, in dem Menschen Töne wahrnehmen, liegt zwischen 20 und 20 000 Hertz (Schwingungen in der Sekunde), der Hörbereich einer Fledermaus geht bis zu 100 000 Hertz.

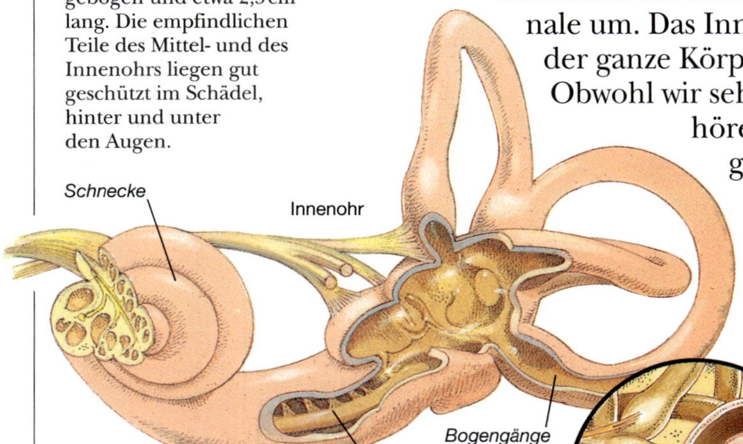

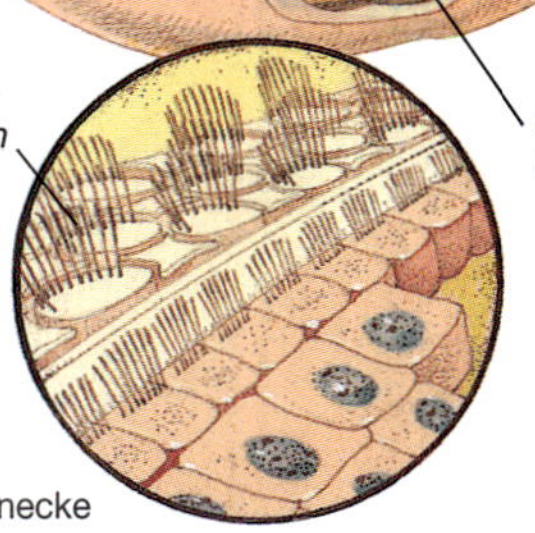

MITTELOHR
Die Gehörknöchelchen des Mittelohrs nennt man Hammer, Amboss und Steigbügel.

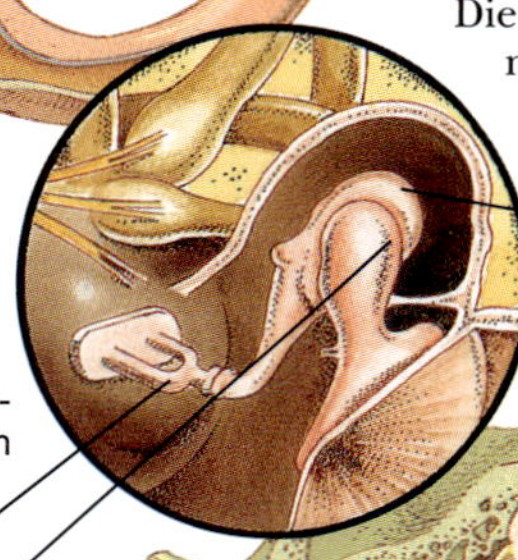

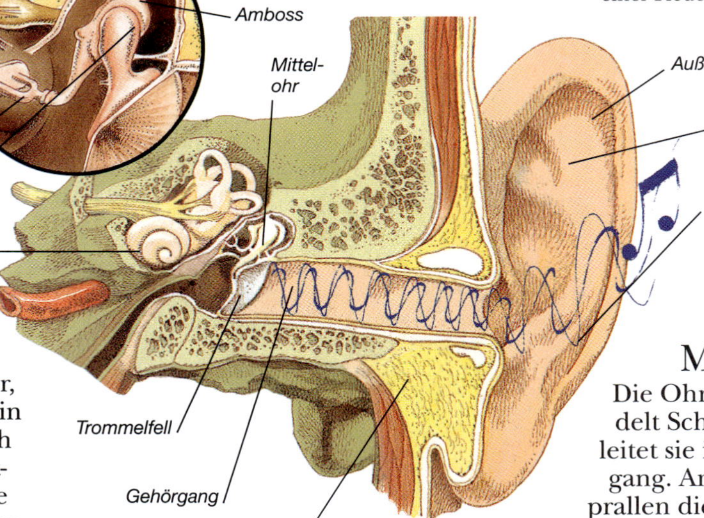

Innenohr

Der Steigbügel liegt auf einem dünnen, elastischen Teil der Schnecke auf, dem ovalen Fenster, und überträgt Schwingungen an die Flüssigkeit in der Schnecke. Diese versetzen die mikroskopisch kleinen Sinneshärchen auf einem dünnen Häutchen in der Schnecke in Bewegung. Durch diese Bewegung entstehen Nervensignale, die über den Schneckennerv zum Gehirn übertragen werden.

Aussen- und Mittelohr

Die Ohrmuschel bündelt Schallwellen und leitet sie in den Gehörgang. An dessen Ende prallen die Schallwellen gegen das Trommelfell. Die so entstandenen Schwingungen gehen auf die Gehörknöchelchen über. Durch Hebelwirkung verstärken sie die Schwingungen.

HÖRVERMÖGEN BEI TIEREN
Fische und Tintenfische nehmen Schwingungen im Wasser wahr. Bei Fischen sitzen an den Seiten des Körpers die Seitenlinienorgane. Härchen in den Zellen spüren Bewegungen und Töne, die von Tieren in der Nähe ausgehen. Die Barteln von Welsen (rechts) spüren ebenfalls Schwingungen.

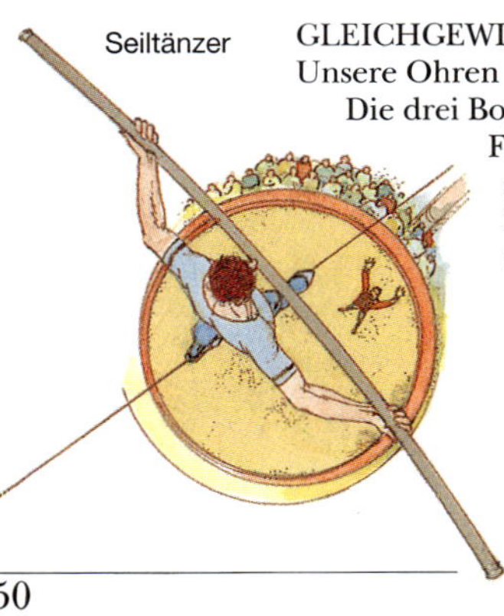

GLEICHGEWICHTSSINN
Unsere Ohren helfen uns, das Gleichgewicht zu halten. Die drei Bogengänge im Innenohr enthalten eine Flüssigkeit, die umherfließt, wenn man sich bewegt. Sinneshärchen nehmen die Bewegungen wahr und übermitteln dem Gehirn, welche Lage der Körper hat.

Siehe auch
KÖRPER, MENSCHLICHER
SCHALL
SKELETTE

Ökosysteme

Ökosystem

Eine Gemeinschaft von Lebewesen und ihr Lebensraum, zu dem auch der Boden, die Luft, das Klima und die Einwirkung anderer Gemeinschaften rundherum gehören, bilden zusammen ein Ökosystem. Unser Planet ist ein riesiges Ökosystem. In ihm werden Abfallstoffe verwertet, und die Sonne speist es mit ihrer Energie.

Wir können die Natur auf die gleiche Weise betrachten wie eine komplizierte Maschine, um zu erfahren, wie die einzelnen Teile zusammenpassen, wie sie voneinander abhängen und sich gegenseitig beeinflussen. Jedes Lebewesen hat in der Natur seinen Platz, und die Ökologie ist die Wissenschaft über die Beziehungen zwischen den Lebewesen und ihrer Umgebung. Es ist eine ziemlich neue Wissenschaft, die besonders wichtig geworden ist. Sie hilft uns zu verstehen, wie Tiere und Pflanzen voneinander und von ihrem Lebensraum abhängig sind, um zu überleben. Die Ökologie soll auch dabei helfen, Arten vor dem Aussterben zu bewahren und die durch Umweltverschmutzung entstandenen Probleme zu lösen. Nach ihrer ökologischen Funktion teilt man Pflanzen- und Tierarten in verschiedene Gruppen ein. Pflanzen setzen Sonnenlicht in Energie um. Deshalb nennt man sie Produzenten. Tiere konsumieren (fressen) Pflanzen und andere Tiere. Sie werden deshalb Konsumenten genannt. Alle Pflanzen und Tiere in einem Lebensraum bilden eine Gemeinschaft.

Der europäische Eisvogel hat kaum natürliche Feinde. Sein buntes Gefieder warnt vor seinem schlechten Geschmack. Eisvögel sind geschickte Fischer. Den Namen verdanken sie dem Glanz ihrer Federn.

NAHRUNGSKETTEN UND NAHRUNGSNETZE

Eine Pflanze nutzt die Energie der Sonne, um zu wachsen. Ein Pflanzenfresser frisst die Pflanze. Ein Fleischfresser oder Allesfresser frisst den Pflanzenfresser. Zusammen bilden sie eine Nahrungskette.

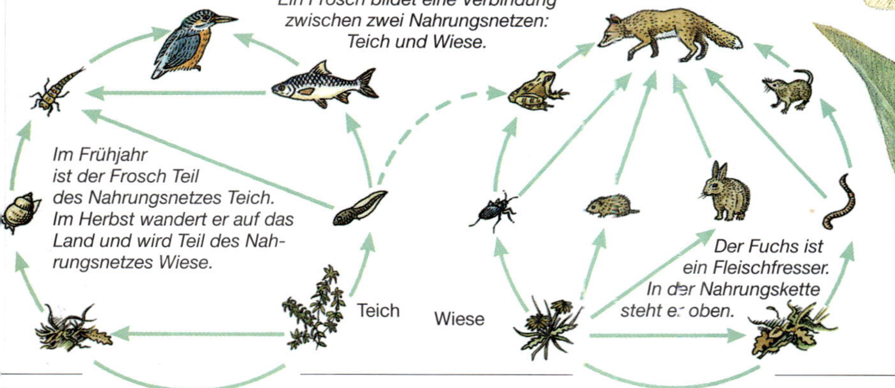

Ein Frosch bildet eine Verbindung zwischen zwei Nahrungsnetzen: Teich und Wiese.

Im Frühjahr ist der Frosch Teil des Nahrungsnetzes Teich. Im Herbst wandert er auf das Land und wird Teil des Nahrungsnetzes Wiese.

Der Fuchs ist ein Fleischfresser. In der Nahrungskette steht er oben.

FLEISCHFRESSER
Der erwachsene Frosch ist ein Fleischfresser, der von Fliegen u. ä. kleinen Tieren lebt.

ALLESFRESSER
Viele kleinere Fische sind Allesfresser. Sie ernähren sich von von Wasserpflanzen und kleinen Tieren wie Kaulquappen.

PFLANZENFRESSER
Kaulquappen, die jungen Frösche, ernähren sich von Wasserpflanzen.

Im Teich ebenso wie auf der Wiese bilden Pflanzen den Beginn der Nahrungskette.

DETRITIVORE
Egel und Wasserschnecken bezeichnet man als Detritivore, weil sie Abfälle oder verrottende Überreste fressen, die sie auf dem Boden von Gewässern finden. Sie tragen zur Wiederverwertung von Stoffen bei.

Eisvogel

Einige Fleischfresser bilden das obere Ende einer Nahrungskette, weil sie keine Fressfeinde haben. Sie sterben meist an Krankheiten, Verletzungen oder Altersschwäche und werden dann von Aasfressern vertilgt. Der Eisvogel frisst viele kleine Tiere, darunter kleine Fische, Wasserschnecken, Käfer, Libellenlarven, Kaulquappen und kleine Frösche. Andererseits frisst kein Tier den Eisvogel. Deshalb steht er in seiner Nahrungskette ganz oben.

LEBENSRAUM

Ein Lebensraum ist eine Umgebung, in der ein bestimmtes Tier oder eine bestimmte Pflanze gewöhnlich lebt. Es gibt viele verschiedene Lebensräume, darunter Eichenwälder, Mangrovensümpfe und Kalkklippen. In einem Lebensraum wachsen oft eine oder mehrere bestimmende Pflanzen, wie das Pampasgras, das in den Grasland-Lebensräumen Südamerikas wächst. Bestimmte Tierarten ernähren sich von diesen Pflanzen. Manche Tiere leben in nur einem oder zwei Lebensräumen, wie z.B. der Desman, ein Insektenfresser, der nur an Bergbächen vorkommt. Andere Tiere wie Rotfüchse oder Wanderratten können in vielen verschiedenen Lebensräumen überleben. Korallenriffe (links) zählen zu den artenreichsten Lebensräumen der Welt. Sonnenlicht und warmes Wasser lassen viele Arten gedeihen. In den kalten Regionen nahe Arktis und Antarktis überleben nur Tundra-Pflanzen.

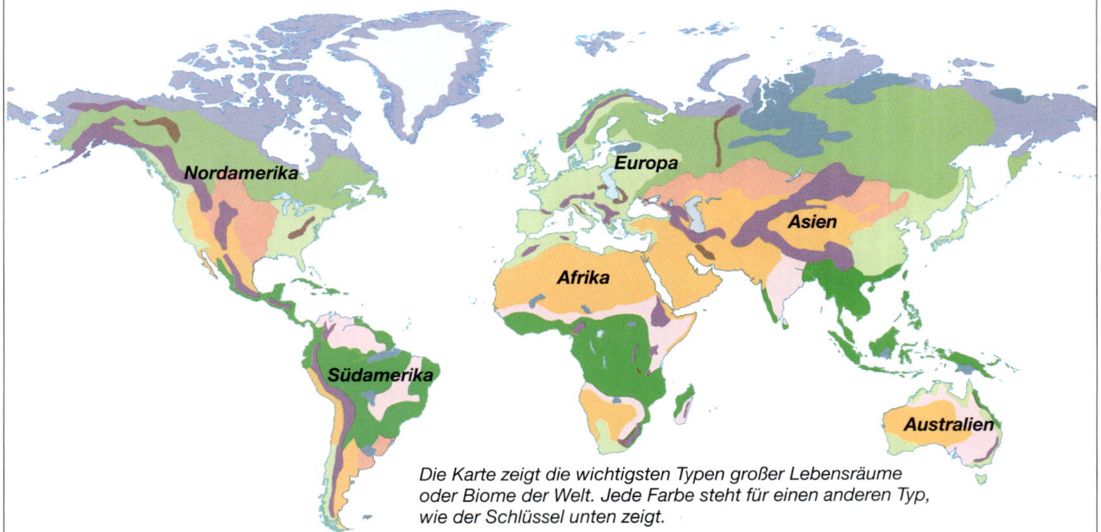

Die Karte zeigt die wichtigsten Typen großer Lebensräume oder Biome der Welt. Jede Farbe steht für einen anderen Typ, wie der Schlüssel unten zeigt.

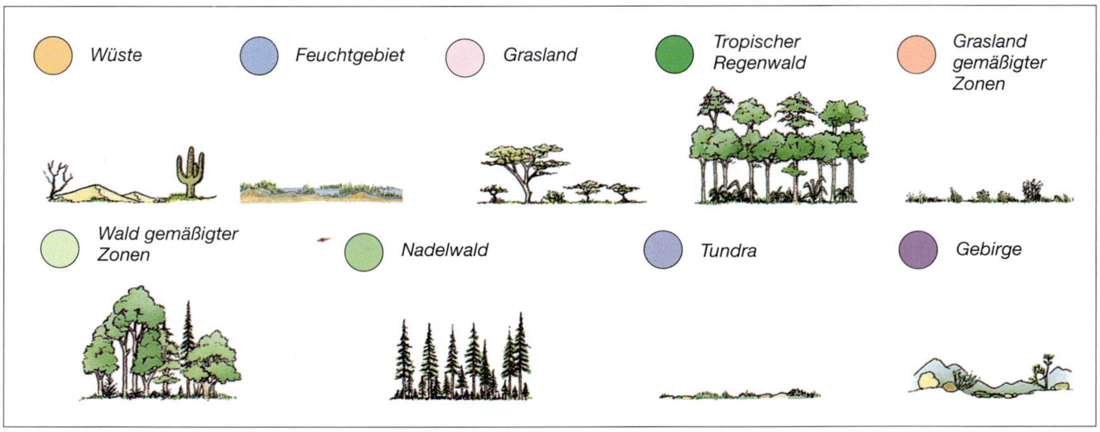

BIOME

Ein Biom ist ein großer Lebensraum wie z.B. ein tropischer Regenwald oder eine Wüste. Die Wüsten Afrikas, Zentralasiens und Nordamerikas sind jeweils von besonderen Tieren- und Pflanzenarten besiedelt, doch ihre Ökologie ist ähnlich. In jedem dieser großen Lebensräume ist eine Katze das wichtigste Raubtier: in Afrika der Wüstenluchs oder Karakal, in Nordamerika der Rotluchs, der Manul in Zentralasien. Das Klima bestimmt, welche Pflanzen hauptsächlich in einem Biom wachsen. Regionen in Äquatornähe, in denen es sehr viel regnet, wurden zu tropischen Regenwäldern.

SCHÄDLINGSBEKÄMPFUNGSMITTEL

Landwirte und Gärtner setzen zur Bekämpfung von Schädlingen Pestizide genannte, giftige Mittel ein. 1972 wurde das Insektengift DDT in vielen Ländern verboten, weil es wild lebende Tiere stark schädigte. Wenn DDT auf Nutzpflanzen versprüht wurde, gelangte etwas davon durch Körner u.ä. auch in die Mägen von Mäusen und Eichhörnchen. Im Körper dieser Tiere sammelte es sich an, und wenn Raubtiere oder Raubvögel viele von ihnen fraßen, lagerte es sich auch in deren Organismen ab. Bei Vögeln verursacht DDT dünne oder missgebildete Eierschalen, die leicht brechen, sodass der Fötus darin stirbt. Seit DDT verboten wurde, wachsen die Falkenbestände wieder.

Falken und andere Greifvögel sind selten geworden. Viele starben durch Pestizide, mit denen Landwirte ihre Felder von Schädlingen befreien wollten.

Siehe auch

ARTENSCHUTZ
GREIFVÖGEL
PFLANZEN
TIERE
TIERE, FLÜSSE UND SEEN
UMWELTVERSCHMUTZUNG

Öl

Ohne Öl würde das moderne Alltagsleben zum Stillstand kommen. Aus Öl werden Brennstoffe gewonnen, die Autos, Lkws, Dieselloks, Schiffe und Flugzeuge antreiben. Kraftwerke verbrennen Öl, um einen Großteil des benötigten Stroms zu gewinnen, und viele Haushalte werden von einer Ölheizung beheizt. Öl ist außerdem ein wichtiger Rohstoff für Plastik, Textilien und andere Gegenstände. Erdöl ist eine dunkle, zähe Flüssigkeit, die in tiefen Gesteinsschichten eingeschlossen ist. Diese finden sich auch in Flachmeeren. Zur Förderung werden riesige Bohrtürme errichtet. Erdöl enthält verschiedene Chemikalien und mehrere unterschiedliche Ölarten. Aus Erdöl wird z. B. auch Schmieröl gewonnen, das für Maschinenteile benötigt wird.

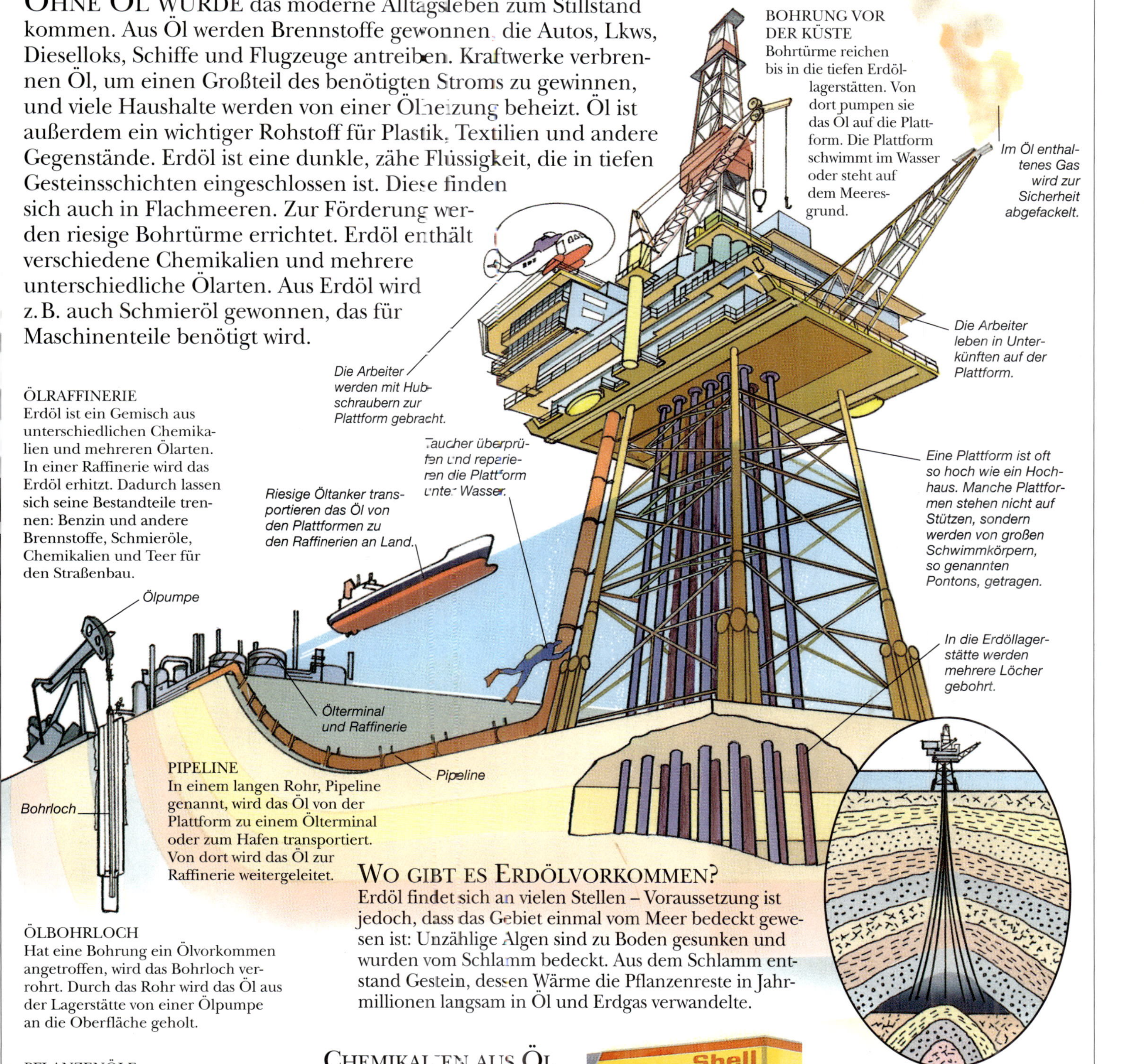

BOHRUNG VOR DER KÜSTE
Bohrtürme reichen bis in die tiefen Erdöllagerstätten. Von dort pumpen sie das Öl auf die Plattform. Die Plattform schwimmt im Wasser oder steht auf dem Meeresgrund.

ÖLRAFFINERIE
Erdöl ist ein Gemisch aus unterschiedlichen Chemikalien und mehreren Ölarten. In einer Raffinerie wird das Erdöl erhitzt. Dadurch lassen sich seine Bestandteile trennen: Benzin und andere Brennstoffe, Schmieröle, Chemikalien und Teer für den Straßenbau.

PIPELINE
In einem langen Rohr, Pipeline genannt, wird das Öl von der Plattform zu einem Ölterminal oder zum Hafen transportiert. Von dort wird das Öl zur Raffinerie weitergeleitet.

ÖLBOHRLOCH
Hat eine Bohrung ein Ölvorkommen angetroffen, wird das Bohrloch verrohrt. Durch das Rohr wird das Öl aus der Lagerstätte von einer Ölpumpe an die Oberfläche geholt.

Wo gibt es Erdölvorkommen?

Erdöl findet sich an vielen Stellen – Voraussetzung ist jedoch, dass das Gebiet einmal vom Meer bedeckt gewesen ist: Unzählige Algen sind zu Boden gesunken und wurden vom Schlamm bedeckt. Aus dem Schlamm entstand Gestein, dessen Wärme die Pflanzenreste in Jahrmillionen langsam in Öl und Erdgas verwandelte.

PFLANZENÖLE
Verschiedene Pflanzen und Früchte, wie Oliven, Erdnüsse, Sonnenblumen und Mais, enthalten wertvolle Öle. Olivenöl wird aus zerstoßenen Oliven gewonnen, Sonnenblumenöl aus den Kernen. Die Öle werden zum Kochen verwendet. Aus Pflanzenölen werden auch Seifen, Farben und andere Produkte hergestellt.

Chemikalien aus Öl

Ölraffinerien gewinnen aus dem Erdöl viele Chemikalien (Petrochemikalien). Aus diesen Chemikalien werden Kunststoffe, Textilien und andere Produkte hergestellt. So wird z. B. Polyethylen aus einem Gas erzeugt, das im Erdöl enthalten ist. Petrochemikalien dienen auch zur Herstellung von Arzneimitteln, Kunstdüngern, Waschmitteln und Farben.

BENZIN
Benzin ist eines der wichtigsten Ölprodukte. Ein weiterer wichtiger, aus Öl gewonnener Brennstoff ist Diesel.

Siehe auch
Gas
Geologie
Kunststoffe
Mineralien und Steine
Textilien

Olympische Spiele

Fünf ineinander verschlungene Ringe sind das olympische Symbol.

Im Abstand von jeweils zwei Jahren finden abwechselnd die Olympischen Sommer- und Winterspiele statt. Bei den Olympischen Sommerspielen treten fast 10 000 Athleten aus fast 200 Ländern in mehr als 25 Disziplinen an. Die Winterspiele sind kleiner, mit etwa 1800 Athleten in sieben Sportarten aus fast 80 Nationen.

Die Idee, Olympische Spiele abzuhalten, stammt aus dem alten Griechenland und ist mehr als 2000 Jahre alt. In der Neuzeit fanden Olympische Spiele erstmals 1896 in Athen statt. Im Vordergrund sollten nicht der Wettbewerb der Nationen stehen, sondern Teamgeist und die Leistung des Einzelnen. Das Internationale Olympische Comitée (IOC) beauftragt eine Stadt und nicht ein Land, die Spiele auszurichten. Es wird kein Gewinner unter den Nationen gekürt. Statt dessen kämpfen einzelne Sportler und Mannschaften um Medaillen aus Gold, Silber und Bronze. Allerdings hat sich das IOC in den letzten Jahrzehnten einer massiven Vermarktung geöffnet.

Die Eröffnungsfeierlichkeiten sind oft ein großes Spektakel.

Das olympische Feuer

Die Olympischen Spiele werden mit einer feierlichen Zeremonie eröffnet. Im Mittelpunkt steht das Entzünden des olympischen Feuers. Fackelläufer bringen die Flamme aus Olympia in Griechenland, dem Veranstaltungsort der antiken Spiele, in die aktuelle Olympiastadt. Dies geht auf das Jahr 1928 zurück, als Pierre de Coubertin, der Begründer der modernen olympischen Spiele, die Athleten dazu aufrief, »das Feuer des neu belebten olympischen Geistes wach zu halten«.

Skispringen gehört zu den aufregendsten Wettbewerben der Winterspiele.

Die Spiele in der Antike

Ursprünglich hatten die Olympischen Spiele einen religiösen Hintergrund. Zu ihrer Glanzzeit dauerten sie fünf Tage und umfassten Sportarten wie Ringen und Wagenrennen. Als Teilnehmer und Zuschauer waren nur Männer zugelassen. Die Frauen veranstalteten ihre eigenen Spiele zu Ehren der Göttin Hera.

Politik und olympische Spiele

Das große internationale Interesse bewirkt, dass politische Protestakte, aber leider auch Terroranschläge im Umfeld der Spiele sich ereignen. 1968 zeigten Athleten auf dem Siegerpodest mit hoch erhobener, geballter Faust, dass sie den Freiheitskampf der Schwarzen unterstützen. Vier Jahre später, bei den Spielen in München, starben elf israelische Sportler bei einem Terroranschlag.

Demonstration von »Black Power«

Olympische Winterspiele

Separate Winterspiele finden alle vier Jahre statt, jeweils zwei Jahre vor und nach den Sommerspielen. Zu den Winterspielen gehören sämtliche Wintersportarten.

Die Spiele umfassen eine Vielzahl von Einzel- und Mannschaftssportarten. Manchmal kommen neue Sportarten hinzu, alte werden fallengelassen.

Laufen

Radfahren

Gewichtheben

Rhythmische Sportgymnastik

Siehe auch

Ballsportarten
Griechenland, Altes
Kunstturnen
Leichtathletik
Sport

Oper und Gesang

DAS OPERNHAUS IN SIDNEY
Der ungewöhnliche Bau am Hafen von Sidney in Australien sorgt seit seiner Eröffnung im Jahr 1973 für großes Aufsehen. Die Bögen der Dachkonstruktionen sollen an die Schiffe im Hafen erinnern. Heute hat der Bau den Rang eines Wahrzeichens für das ganze Land.

DIE MENSCHLICHE STIMME ist ein vielseitiges »Instrument«, das die Komponisten aller Zeiten dazu angeregt hat, Lieder und Chorwerke zu schreiben. Jede Stimme ist einzigartig. Manche Frauen haben eine hohe Sopranstimme, andere eine tiefe Altstimme. Die Bandbreite der männlichen Stimme reicht vom sehr hohen Countertenor bis zum tiefsten Bass. Daneben gibt es auch Mittellagen. Im Mittelalter brachten Mönche mit ihrem Gesang auch ihre Gläubigkeit zum Ausdruck, und wandernde Sänger, Troubadoure genannt, sangen Lieder von Tapferkeit und Liebe. Im 17. Jh. entstand in Italien als eine Art gesungenes Schauspiel die Oper. Neue musikalische Formen verlangten nach ausgebildeten Stimmen, und schon im 18. Jh. begeisterten Berufssänger ihr Publikum. Sänger heute führen Stücke aller Epochen auf, suchen aber auch stets nach neuen Möglichkeiten für ihre Stimme.

Grosse Oper

Große Oper kennt kein gesprochenes Wort. Die meisten der Hauptfiguren bekommen die Gelegenheit, in Arien mit ihren Stimmen zu glänzen. Manche Arien wie »Eines schönen Tages« aus Puccinis *Madame Butterfly* sind weltberühmt. In fast allen Opern von Puccini, Verdi, Wagner und Mozart tritt auch ein Chor auf. Diese Sänger haben eine Ausbildung speziell als Chorsänger.

BERÜHMTE OPERNSÄNGER

Große Sänger vermögen ihr Publikum im Innersten zu berühren. Manche bewegten ihre Zuhörer zu Tränen. Maria Callas erweckte Figuren wie Aida und Tosca durch ihr außergewöhnliches Gesangs- und Schauspieltalent zum Leben. Sänger wie Kiri Te Kanawa und Placido Domingo singen Arien, aber auch populäre Lieder.

Maria Callas

Musicals

Die ersten Musicals erschienen zu Beginn des 20. Jhs. in den USA. Wie in der Oper gibt es Solo-Sänger und einen Chor, aber es wird nicht ausschließlich gesungen. Ein wichtiger Bestandteil aller Musicals sind Tanzeinlagen, und auch der berühmte Dirigent und Komponist Leonard Bernstein hat für sein Musical *West Side Story* nicht darauf verzichtet. Viele erfolgreiche Musicals sind auch verfilmt worden.

Das Musical Anatevka, *hier ein Filmausschnitt, steht musikalisch in der jüdisch-russischen Tradition.*

ANATEVKA
Beliebte Musicals machen die Darsteller zu Stars. Haim Topol (oben) wurde weltberühmt als Milchmann Tevje in dem Musical *Anatevka*, das der Choreograph Jerome Robbins verfilmt hat.

Arbeitslieder

In der Zeit der großen Segelschiffe gab es spezielle Seemannslieder, Shanties genannt, die bei schweren Arbeiten gesungen wurden. Der unüberhörbare Rhythmus half den Seemännern im Takt zu bleiben, wenn sie etwa an einem Seil zogen, um den Anker zu lichten oder die Segel aufzuziehen.

Siehe auch
KOMPONISTEN
MUSIK
ORCHESTER
THEATER

ORCHESTER

DER AUFREGENDE KLANG eines Orchesters kommt nicht zufällig zustande. Ein Orchester ist eine bewusst geplante Anordnung unterschiedlicher Instrumententypen oder -familien. Jede Instrumentenfamilie hat bei der Aufführung eines Musikstücks ihre eigene Rolle zu spielen. Ein Symphonieorchester ist die größte Orchesterform. Die Musiker spielen vier große Obergruppen von Instrumenten: Streichinstrumente, Holzblasinstrumente, Blechblasinstrumente und Schlaginstrumente. Orchester früherer Zeiten waren nicht so gut organisiert und lange Zeit spielten die Musiker einfach das Instrument, das sie besaßen. Aber im 18. Jh. wollten die Komponisten sicherstellen, dass ihre Musik immer gleich klingt, wann immer sie gespielt wird. Also schrieben sie nicht nur die Noten auf, sondern auch, welche Orchesterinstrumente die einzelnen Abschnitte des Stücks spielen sollten. Im frühen 20. Jh. stand dann die Zusammensetzung eines Symphonieorchesters endgültig fest, und viele große Städte in Europa und in den USA gründeten ihre eigenen Orchester.

GAMELAN
Traditionelle Orchester in Indonesien werden Gamelan genannt. Fast alle Instrumente gehören zur Familie der Schlaginstrumente: Gong, Metallophon, Xylophon und Glockenspiele. Flöten, Lauten und Zithern vervollständigen das Gamelan, das ungefähr 30 Musiker umfasst.

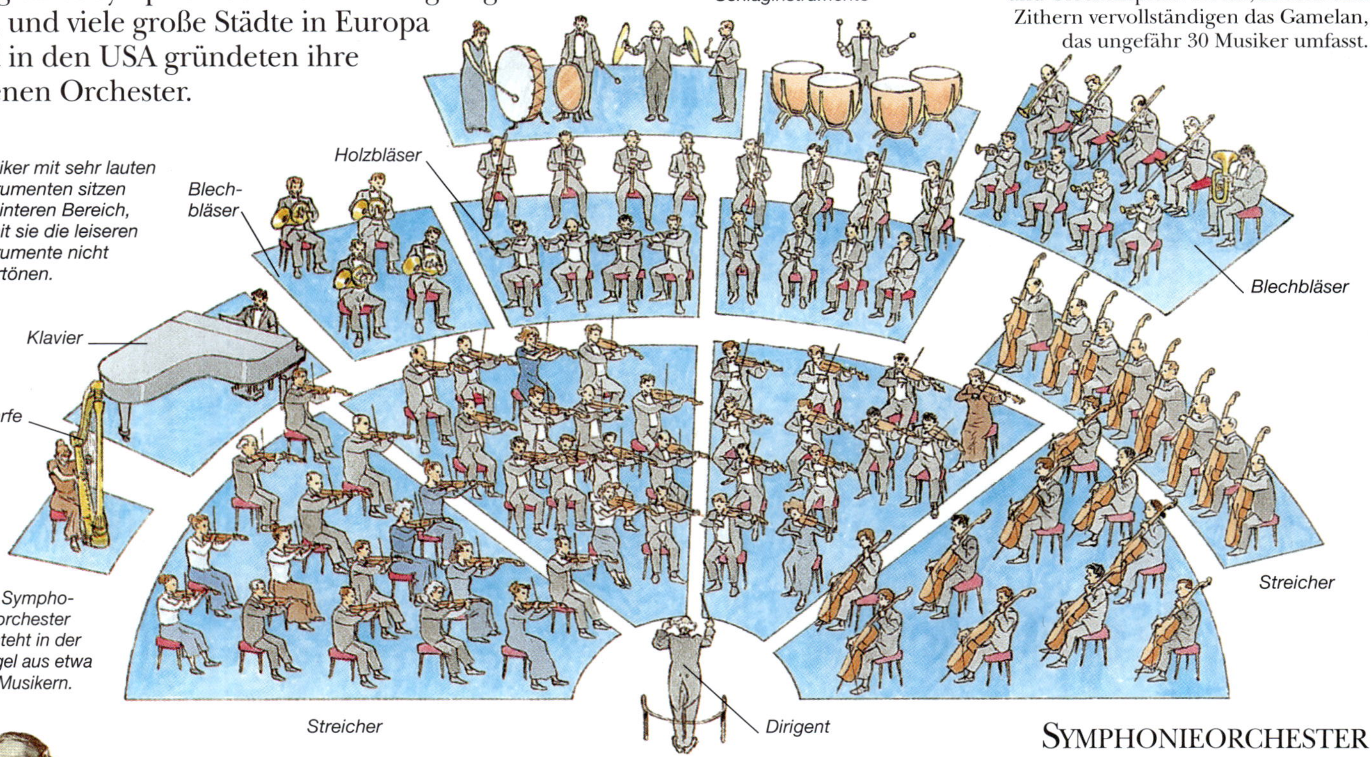

SYMPHONIEORCHESTER

Große Komponisten wie Wolfgang Amadeus Mozart und Ludwig van Beethoven schrieben größere Orchesterstücke, die Symphonien genannt werden. Der Name Symphonieorchester leitet sich davon ab, Symphonieorchester spielen aber auch andere Formen klassischer Musik – manchmal sogar Filmmusiken und Popsongs.

DER DIRIGENT

Mit einem Stab, dem Dirigentenstab, oder auch nur mit den Händen gibt der Dirigent dem Orchester das Tempo vor. Dirigenten leiten ein Orchester nicht nur so wie etwa ein Polizist, der den Verkehr lenkt; sie drücken der Musik des jeweiligen Komponisten ihren eigenen Stempel auf, sodass jede Aufführung einzigartig ist. Der hier abgebildete Arturo Toscanini (1867–1957) war ein außergewöhnlicher Dirigent.

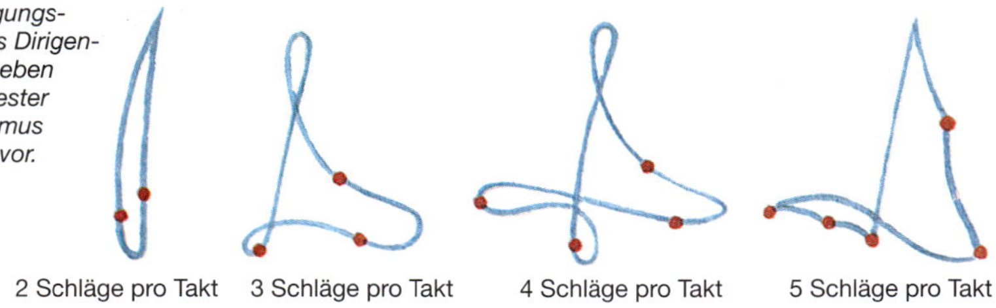

Die Bewegungsmuster des Dirigentenstabs geben dem Orchester den Rhythmus der Musik vor.

Siehe auch

KOMPONISTEN
MUSIK
MUSIKINSTRUMENTE
OPER UND GESANG

Osmanisches Reich

SULEIMAN DER PRÄCHTIGE
Der größte aller osmanischen Sultane war Suleiman I. (1495–1566), genannt der Prächtige. Unter seiner Herrschaft erreichte das Osmanische Reich die Höhe seiner Macht. Suleiman war Kunstliebhaber und reformierte das Bildungs- und Rechtssystem.

GEGEN ENDE DES 13. JHS. ließ sich eine Gruppe türkischer Nomadenstämme in Anatolien, einem Teil der heutigen Türkei, nieder. Ihr Anführer war Sultan Osman. Nach ihm wurde das Osmanische Reich benannt – eines der größten Reiche der Welt. Bis 1566 breitete sich das Reich entlang des Mittelmeers quer durch den Nahen Osten bis zum Persischen Golf aus. Die Osmanen verdankten den Erfolg ihrem militärischen Geschick. Zu ihren Armeen gehörten auch die aus christlichen Kriegsgefangenen zusammengestellten Gruppen gut ausgebildeter Fußsoldaten, die so genannten Janitscharen. Das Reich beherrschte den Handel im Nahen Osten und wurde dadurch sehr wohlhabend. Kunst und Architektur erlebten eine Blüte. Die Unzufriedenheit mit der osmanischen Herrschaft schwächte im 19. Jh. das Reich, das 1918 völlig auseinanderbrach. Aus dem Osmanischen Reich ging die heutige Türkei hervor.

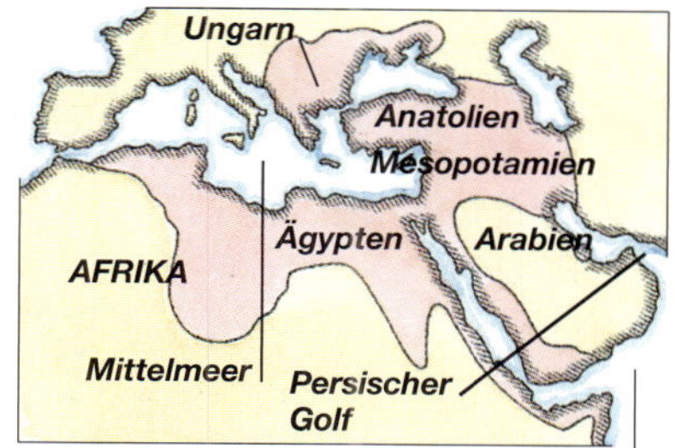

Größte Ausdehnung des Osmanischen Reiches

Die Osmanen

Obwohl die Osmanen Muslime waren, erlaubten sie den Christen und Juden, ihre eigene Religion auszuüben, und sie tolerierten viele andere Völker in ihrem Reich. Die Sultane lebten in großem Luxus und Reichtum. Sie förderten die Kunst und die Bildung. Osmanische Frauen lebten in einem getrennten Bereich des Hauses, dem so genannten Harem.

SEESCHLACHT BEI LEPANTO
Um die Ausbreitung der osmanischen Macht zu beenden, gründete Papst Pius V. eine christliche Liga, der Spanien, Venedig, Genua und Neapel angehörten. Die Christen schlugen 1571 die Türken in der Seeschlacht bei Lepanto vor der Küste Griechenlands. Die Niederlage war der erste Rückschlag für das Osmanische Reich und beendete die türkische Seemacht im Mittelmeer.

KRANKER MANN EUROPAS
Im 19. Jh. verlor das Osmanische Reich seine europäischen Besitztümer und war in Gefahr, auseinander zu fallen. Das Reich erhielt den Beinamen »Kranker Mann Europas«.

Diese Karikatur aus dem 19. Jh. verspottet den Untergang des Osmanischen Reiches.

OSMANISCHES REICH

1281–1324 Osman gründet das Osmanische Reich.

1333 Die Osmanen erobern Gallipoli, Türkei, und setzen sich so in Europa fest.

1453 Die Osmanen erobern Konstantinopel (heute Istanbul), die Hauptstadt des Byzantinischen Reichs. Die Stadt wird Hauptstadt des neuen Reichs.

1566 Größte Ausdehnung des Osmanischen Reichs.

1571 Die christliche Marine zerstört die türkische Flotte bei Lepanto.

1697–1878 Russland drängt die Türken langsam vom Schwarzen Meer zurück.

1878–1913 Die Türken verlieren die meisten europäischen Gebiete.

1914–18 Das Osmanische Reich kämpft im Ersten Weltkrieg gegen Deutschland und Österreich.

1918 Mehrere alliierte Nationen, darunter Großbritannien und Griechenland, erobern das Osmanische Reich.

1922 Sturz des letzten Sultans. Die Republik Türkei wird ausgerufen.

Siehe auch
BYZANTINISCHES REICH
ISLAM

ÖSTERREICH

Österreich ist ein Binnenstaat im Herzen Europas. Der Westen liegt in den Alpen. Den Nordosten bildet das fruchtbare Donautal.

ÖSTERREICH HAT EINE STRATEGISCH GÜNSTIGE LAGE im Herzen Europas. Die Donau wie die Alpenpässe im Süden und Westen sind seit vielen Jahrhunderten wichtige Handelsrouten, die Süd- und Osteuropa mit dem Norden und dem Westen verbinden. Bis 1918 gehörte Österreich zum Habsburgerreich, das große Teile Mitteleuropas beherrschte. Heute ist es eine Republik, die aus neun Bundesländern besteht. Im Nordosten bieten die fruchtbaren Ebenen um die Donau reiches Agrarland, auf dem Kartoffeln, Rüben und Getreide angebaut werden. Im Westen erhebt sich die herrliche Bergwelt der Alpen. Sie nimmt beinahe zwei Drittel des gesamten Landes ein und zieht Millionen Besucher an. Österreich ist nicht nur landschaftlich sehr reizvoll, sondern auch eine große Kulturnation, die viele berühmte Architekten, Maler, Komponisten, Musiker, Schriftsteller und Schauspieler hervorgebracht hat. Das beliebte Urlaubsland ist außerdem ein reicher Industriestaat: Österreich hat viele Bodenschätze, besonders Eisen. Von schnellen Gebirgsbächen angetriebene Wasserkraftwerke liefern Strom für die Stahl- und Fertigungsindustrien.

ÖSTERREICHISCHER KAFFEE
Der Kaffee wurde im 17. Jahrhundert in Wien von den Türken übernommen. Die berühmten Wiener Kaffeespezialitäten werden zu köstlichen Mehlspeisen und Torten getrunken. Die berühmteste Leckerei ist die Sachertorte, eine Schokoladenschichttorte aus dem Wiener Hotel Sacher.

WIEN

Die Habsburger herrschten in Österreich mehrere Jahrhunderte, und Wien war die Hauptstadt ihres Reiches. Wien liegt an der Donau und ist eine Drehscheibe zwischen Ost- und Westeuropa. Die Stadt ist berühmt für ihre großartige Architektur. Ihr Wahrzeichen ist der mit bunten Ziegeln gedeckte Stephansdom, eines der bedeutendsten Bauwerke der Gotik. Weitere Sehenswürdigkeiten sind die Hofburg, die jahrhundertelang Regierungssitz von Königen und Kaisern war, ferner die Spanische Hofreitschule, die älteste Reitschule der Welt, in der noch heute die hohe Kunst des Dressurreitens vorgeführt wird. Anfang des 20. Jahrhunderts war Wien ein bedeutendes Zentrum der »Sezession«, einer Künstlervereinigung, die einen neuen Stil durchsetzte, bei dem Pflanzenmotive und geschwungene Linien eine große Rolle spielen. Heute ist die österreichische Hauptstadt ein wichtiges Handels- und Industriezentrum. Viele internationale Tagungen und Kongresse werden hier abgehalten, und einer der Amtssitze der Vereinten Nationen befindet sich ebenfalls in Wien.

Schloss Schönbrunn, die Sommerresidenz der Habsburger

SKISPRINGEN
Aufgrund seiner geografischen Lage spielt Österreich eine bedeutende Rolle im Wintersport. Vor allem Innsbruck ist dadurch berühmt geworden, denn hier fanden 1964 und 1976 die Olympischen Winterspiele statt. Seit 1953 ist die Stadt in Tirol neben Oberstdorf, Garmisch-Partenkirchen und Bischofshofen auch Austragungsort der Vierschanzentournee – ein sportliches Großereignis, das in alle Welt übertragen wird. Am 14.9.2002 wurde in Innsbruck die modernste Schanzenanlage der Welt eröffnet, deren Design sich auf einzigartige Weise in die Landschaft einfügt.

Seit 2002 hat Innsbruck ein neues Wahrzeichen: Die Bergisel-Sprungschanze der irakischen Star-Architektin Zaha Hadid.

TIROL
Im Westen Österreichs liegt das alpine Bundesland Tirol. Die Region mit ihrer starken Identität und Volkskultur war historisch ein wichtiges Bindeglied zwischen Deutschland und Italien. Salz- und Kupferbergbau sowie die Milchwirtschaft sind bedeutende Wirtschaftsfaktoren. Die Schönheit des Landes lockt zu allen Jahreszeiten Touristen an.

MUSIK

Österreich hat viele berühmte Komponisten, Sänger und Dirigenten hervorgebracht. Die katholische Kirche und das Kaiserhaus waren wichtige Auftraggeber, die bei den Komponisten Konzerte, Menuette, Symphonien und Opern bestellten. Vor allem unter Maria Theresia (1717–1780) und Franz Joseph (1830–1916) entstanden viele Meisterwerke der klassischen Musik. Ob Wolfgang Amadeus Mozart, Joseph Haydn, Franz Schubert, Anton Bruckner oder Gustav Mahler – sie alle arbeiteten für den Wiener Hof, wenn auch in ganz unterschiedlichen Epochen. Auch der Wiener Walzer und die Operette stammen aus Österreich. Ihre berühmtesten Schöpfer sind Johann Strauß und Franz Lehár, deren eingängige Melodien auf der ganzen Welt bekannt sind. Im 20. Jahrhundert schrieben Arnold Schönberg, Alban Berg und Anton von Webern Musikgeschichte, als sie die Zwölftonmusik entwickelten. Noch heute genießen Institutionen wie die Wiener Staatsoper, die Wiener Philharmoniker, die Wiener Sängerknaben oder Veranstaltungen wie die Salzburger Festspiele Weltruf.

Mozart mit seiner geliebten älteren Schwester Anna Maria – von ihm liebevoll »Nannerl« genannt.

W. A. MOZART
Der Komponist Wolfgang Amadeus Mozart (1756–1791) wurde in Salzburg geboren und verbrachte hier seine Kindheit. Er war ein musikalisches Wunderkind und schuf in seinem kurzen Leben viele unvergängliche Kompositionen. Diese Miniatur stammt aus dem Mozartmuseum in Salzburg.

Wegen der Mautgebühren gab es Unstimmigkeiten zwischen der Europäischen Union und Österreich. Auf den Transitstrecken wurde deshalb häufig demonstriert.

VERKEHRSPROBLEME
Wegen seiner geografischen Lage in der Mitte Europas ist Österreich Kreuzungspunkt zahlreicher Verkehrsrouten. Das bringt dem Land wirtschaftlich viele Vorteile, macht aber der Umwelt zu schaffen. Der Durchgangsverkehr ist so gewaltig, dass täglich Lastwagen aus aller Welt Landstraßen und Autobahnen verstopfen. Weil sie eine erhebliche Lärm- und Schadstoffbelastung darstellen, suchen Politiker schon seit Jahren nach einer Lösung für dieses Transitproblem.

BURGENLAND
Das östlichste Bundesland Österreichs, das früher einmal zu Ungarn gehörte, ist ein beliebtes Urlaubsziel. In der hügeligen Landschaft um den Neusiedler See lässt es sich nicht nur hervorragend Wandern und Rad fahren: Hier liegt auch ein bekanntes Weinanbaugebiet. In der fruchtbaren Region am Westufer des Neusiedler Sees wird aus zu Rosinen gewordenen Trauben der Ruster gekeltert, ein edler, süßer Weißwein, dessen Rezept auf das 16. Jahrhundert zurückgeht.

DACHSTEIN-EISRIESENWELT
Im Dachsteingebirge befindet sich eines der größten Naturwunder der Alpen: In den Höhlengletschern kann man eine Wanderung in die Vergangenheit der Erde unternehmen und bizarre Eispaläste bestaunen. Schon in der Steinzeit drangen die ersten Menschen in die Höhlen vor, später wurden sie von Wilderern und Almhirten als Versteck und als Keller genutzt. Richtig erforscht wurden sie jedoch erst im 20. Jahrhundert.

Der Vater der Psychoanalyse, Sigmund Freud (1856–1939)

SIGMUND FREUD

Der Wiener Nervenarzt wurde berühmt, weil es ihm gelang eine Methode zur Heilung von psychischen Störungen zu entwickeln – die so genannte Psychoanalyse. Er erforschte das Unterbewusstsein seiner Patienten, indem er sie nach ihren Träumen fragte und sich erzählen ließ, was ihnen gerade durch den Kopf ging. Auf diese Weise wollte er ihre versteckten Wünsche und Ängste herausfinden, die er für ihre seelische Krankheit verantwortlich machte. Weil Sigmund Freud Jude war, musste er 1938 vor den Nationalsozialisten fliehen. Er wanderte nach London aus, wo er bereits ein Jahr später starb.

Vulkan	Berg	Historische Stätte	Hauptstadt	Großstadt	Stadt

Die Burg Aggstein in Niederösterreich wurde am Steilufer der Donau erbaut.

DONAU
Die Donau ist der bedeutendste Fluss Österreichs, der das Land auf einer Länge von rund 350 km durchfließt. Doch sie ist nicht nur ein wichtiger Wasserweg: Von Wien bis ins slowakische Bratislava erstreckt sich das Naturschutzgebiet Donau-Auen – die letzte unverbaute Flusslandschaft Europas. Sie beherbergt über 700 Pflanzen- und mehr als 100 verschiedene Brutvogelarten.

LANDWIRTSCHAFT
Beinahe die Hälfte der österreichischen Bevölkerung lebt auf dem Land. Dort ist die Agrarindustrie nach wie vor ein wichtiger Arbeitgeber. Um die Zukunft zu sichern, setzen die Bauern vermehrt auf ökologische Anbaumethoden.

FAKTEN

Fläche: 83 858 km²
Einwohner: 8 100 000
Hauptstadt: Wien
Sprachen: Deutsch, Kroatisch, Slowenisch, Ungarisch
Haupterwerbszweig: Tourismus
Hauptexportgüter: Maschinen, bearbeitete Waren
Hauptimportgüter: Maschinen, bearbeitete Waren
Religionen: römisch-katholisch, protestantisch, muslimisch, jüdisch
Währung: Euro

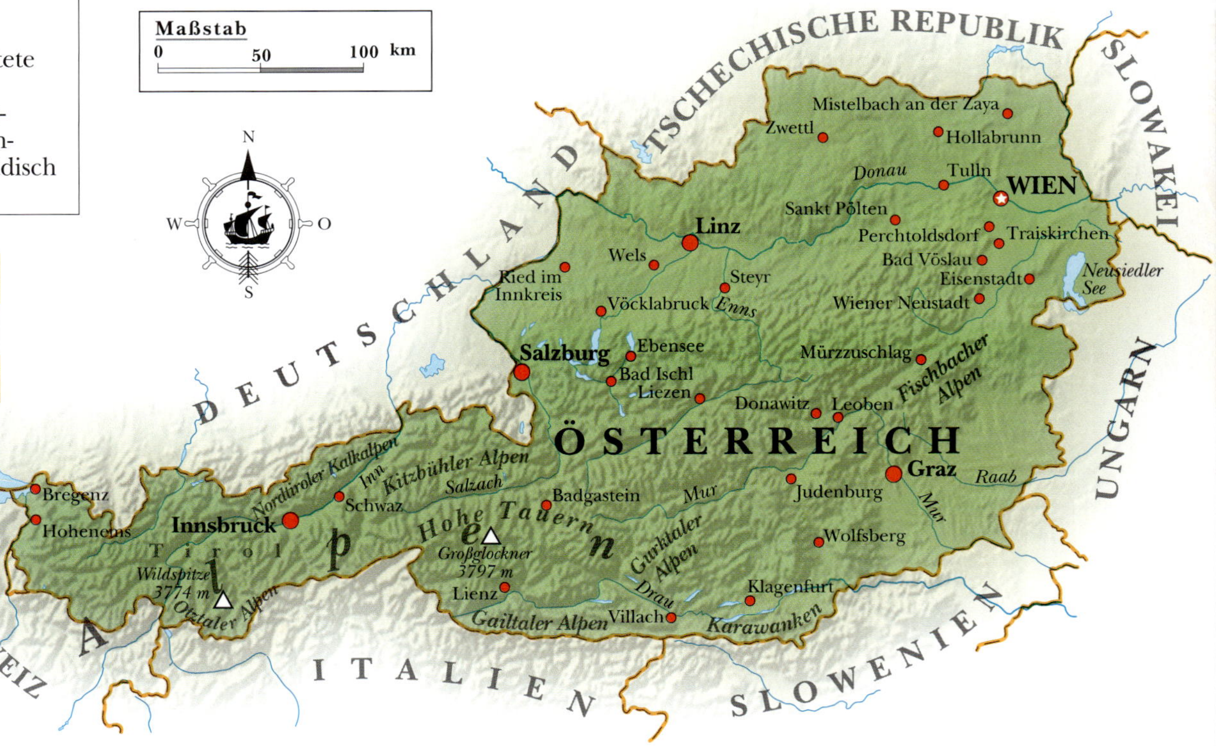

HOLZINDUSTRIE
Im waldreichen Österreich spielt die Holzindustrie eine große Rolle. Sie ist der fünftwichtigste Arbeitgeber im Land. Das Holz wird teilweise im Land verarbeitet, größtenteils jedoch nach Italien exportiert. Nicht alles Holz wird für die Produktion von Möbeln verwendet: Österreich ist auch ein bedeutender Weihnachtsbaumproduzent.

SALZBERGWERK

Die berühmtesten Salzbergwerke in Österreich befinden sich in Salzburg und Hallstatt. Hallstatt gilt als ältester Salzbergbau der Welt, denn hier brach man das Salz bereits 1500 v. Chr. aus den unterirdischen Stollen und handelte damit. Heute besteht die Möglichkeit, die Salzbergwerke zu besichtigen. Mit der Bergmannsrutsche geht es in die Tiefe, wo man unterirdische Salzseen befahren kann.

Der Wolfgangsee im Salzkammergut: Wie fast alle österreichischen Seen besitzt er Trinkwasserqualität.

TOURISMUS

Wegen seiner reizvollen Landschaft und der strengen Umweltschutzauflagen ist Österreich ein beliebtes Urlaubsziel. Jedes Jahr kommen über 25 Millionen Auslandsgäste, um zu wandern, Ski zu fahren oder die Kunstschätze des Landes zu besichtigen. Sie sind ein wichtiger Wirtschaftsfaktor, der der stark ausgebauten Freizeit- und Tourismusindustrie des Landes hohe Einnahmen beschert.

Siehe auch
EUROPA
EUROPÄISCHE UNION
KOMPONISTEN

ÖSTERREICH
GESCHICHTE

»OSTARRICHI«, das 996 zum ersten Mal urkundlich erwähnt wird, war ein kleines Land, das erst durch die Adelsgeschlechter der Babenberger und Habsburger zur Großmacht wurde. Durch eine geschickte Politik gelang es den Habsburgern, die von 1282 bis 1806 ununterbrochen regierten, über das Heilige Römische Reich und damit über weite Teile Europas zu herrschen. Als Österreich im 19. Jahrhundert die Vorherrschaft über Deutschland verlor, orientierte es sich nach Osten. Die riesige Doppelmonarchie Österreich-Ungarn entstand, die jedoch nach dem Ersten Weltkrieg zerbrach. Daraus ging die Erste Republik Österreich hervor, die 1938 von den Nationalsozialisten unter Zwang an Deutschland angeschlossen wurde. Erst 1945 wurde Österreich wieder eine unabhängige Republik.

MARIA THERESIA (1717–1780)
Die erste Frau auf dem österreichischen Thron führte während ihrer Regierungszeit weitreichende Reformen durch und schuf einen modernen Verwaltungsstaat. Ihre Söhne Joseph II. und Leopold II. setzten ihr Werk fort.

DIE TÜRKENKRIEGE

Vom 16. bis ins 18. Jahrhundert hinein führten die Habsburger insgesamt sieben Türkenkriege, um das Osmanische Reich, das sich immer weiter nach Westen ausgebreitet hatte, zurückzudrängen. Am Anfang betrachtete man es noch als christliche Pflicht, die Muslime zu bekämpfen, doch schon bald ging es nur noch um eigene Machtinteressen. Zweimal gelang es den Türken sogar, bis vor die Tore Wiens vorzudringen. Im Ersten Türkenkrieg wurde die Stadt 1529 von den Truppen des Sultans über drei Wochen lang eingekesselt. Erst eine Seuche zwang die Türken zum Rückzug. 1683 ließ der Sultan seine Soldaten erneut gegen Wien vorrücken. Zwei Monate belagerten sie die Stadt und begannen einen gefährlichen Minenkrieg: Dazu gruben sie unterirdische Gänge bis zu den Stadtmauern, um diese zu sprengen. Wien hätte keine Chance gehabt, wären ihm nicht polnische Truppen zu Hilfe gekommen, um die Feinde in die Flucht zu schlagen.

DER WIENER KONGRESS

Klemens Metternich (1773–1859)

1815 trafen sich die Herrscher von Russland, Großbritannien, Preußen und Frankreich in Wien, um die Neuordnung Europas nach den Napoleonischen Kriegen zu verhandeln. Vorsitzender des Wiener Kongresses war der österreichische Fürst Metternich. Er sorgte dafür, dass sich die revolutionären Ideen nicht weiter ausbreiten konnten und der Kaiser die unumschränkte Macht behielt. Mit seinen Verhandlungen erreichte Metternich ein Gleichgewicht der europäischen Kräfte und sicherte so die Existenz einer großen, mächtigen Habsburger Monarchie.

DIE K. U. K.-MONARCHIE

Im Jahr 1867 wurde aus dem Habsburgerreich die kaiserliche und königliche (k. u. k.) Doppelmonarchie Österreich-Ungarn. Beide Reichshälften waren gleichberechtigt und hatten jede ihr eigenes Parlament. Doch dafür teilten sie sich ein Staatsoberhaupt und hatten eine gemeinsame Außenpolitik, ein Militär und ein Finanzwesen. Der Vielvölkerstaat, in dem Deutsche, Ungarn, Tschechen, Slowenen, Kroaten, Polen, Rumänen, Slowaken, Serben, Ukrainer und Italiener lebten, war nach Russland der zweitgrößte Staat Europas. Nach dem Ersten Weltkrieg blieb von der einstigen Großmacht nichts mehr übrig: Die österreichisch-ungarische Monarchie zerfiel in lauter einzelne Nationalstaaten.

CHRONIK

996 »Ostarrichi« wird erstmals urkundlich erwähnt.

1452 König Friedrich IV. wird als erster Habsburger Kaiser des Heiligen Römischen Reiches. Bis 1806 regieren nur Habsburger.

1529/1683 Die Türken belagern Wien.

1740–1780 Maria Theresia.

1780–1790 Joseph II.

1806 Franz I. lehnt die Kaiserkrone des Heiligen Römischen Reiches ab.

1815 Wiener Kongress.

1848 Niederschlagung der Revolution.

1867 Doppelmonarchie Österreich-Ungarn entsteht.

1914 Ermordung des Thronfolgers in Sarajevo, Ausbruch des 1. Weltkriegs.

1918 Ende der Monarchie.

1920 1. Republik Österreich.

1938 Erzwungener Anschluss an NS-Deutschland.

1945 2. Republik Österreich.

1995 Beitritt Österreichs zur Europäischen Union.

DIE ZWEITE REPUBLIK ÖSTERREICH

Am 27. April 1945 bildete Karl Renner eine provisorische Regierung, die unter Aufsicht der Alliierten stand, und rief die Zweite Republik Österreich aus. Erst nach langen Verhandlungen mit den Besatzungsmächten wurde Österreich 1955 unabhängig, indem es sich zur Neutralität verpflichtet hatte. Darüber, ob Österreich der Europäischen Union beitreten sollte, gab es heftige Diskussionen. Die Mehrheit der Bevölkerung entschied sich dafür. Seit 1995 ist Österreich Mitglied.

Nach dem Zweiten Weltkrieg sorgten die Alliierten dafür, dass aus Österreich wieder eine demokratische Republik wurde.

Osteuropa

Dieser Teil des europäischen Kontinents besteht im Norden aus Polen, das direkt an die Ostsee grenzt und das größte Land Osteuropas bildet. Daran schließt sich im Südwesten die Tschechische Republik an, die bis 1992 zusammen mit ihrem östlichen Nachbarn, der Slowakei, die Tschechoslowakei bildete. Im Süden wiederum liegt Ungarn, durch das von Norden nach Süden die Donau fließt. Die Länder Osteuropas verfügen nicht nur über eine abwechslungsreiche Landschaft, sondern können auch auf eine wechselvolle Geschichte zurückblicken. Nachdem sie unter dem Kommunismus lange Zeit von Westeuropa abgeschnitten waren, begann für sie mit Ende des Kalten Krieges eine ganz neue Epoche.

Osteuropa erstreckt sich von der Nordeuropäischen Tiefebene über verschiedene Gebirgszüge bis hin zur Donautiefebene.

Vielvölkergemisch

In Osteuropa haben sich im Laufe der Geschichte die verschiedensten Volksstämme niedergelassen. Einer der ältesten sind die Slawen, die um 3000 v. Chr. aus Asien nach Osteuropa einwanderten. Um 1000 v. Chr. kamen die Germanen in die Region und Ende des 9. Jh. schließlich die Vorfahren der Ungarn, die Magyaren. Dieses Vielvölkergemisch schlägt sich auch heute noch in der Struktur der Bevölkerung nieder. Auch wenn viele Volksgruppen eigene Nationalstaaten gegründet haben, leben darin stets sowohl Tschechen, Slowaken, Russen, Polen als auch Ungarn und Deutsche.

Franz Kafka (1883–1924) schrieb den unheimlichen Roman Der Prozess. *Er handelt davon, dass ein Mann zum Tode verurteilt wird, ohne dass er jemals erfährt, warum.*

Die Moldau hat Smetana zu einer eigenen Symphonie inspiriert.

Musik, Kunst, Literatur

Viele osteuropäische Künstler spielen eine wichtige Rolle in der Musik-, Kunst- und Literaturgeschichte. Dazu zählen unter anderem die beiden Tschechen Bedřich Smetana und Antonín Dvořák, die im 19. Jh. mit ihren Symphonien Aufsehen erregten, ferner der ungarische Maler László Moholy-Nagy, einer der Vorreiter der abstrakten Kunst, und der Prager Schriftsteller Franz Kafka. Seine Erzählungen und Romane wurden erst nach seinem Tod berühmt und beeinflussen noch heute viele Autoren.

In der Katharinenkirche von Krakau befindet sich ein riesiger gotischer Goldaltar.

Krakau

Die drittgrößte polnische Stadt war im Laufe ihrer Geschichte deutsch, polnisch und österreichisch. Im 14. Jh. erlebte Krakau eine große wirtschaftliche und kulturelle Blüte. Die zweitälteste Universität Mitteleuropas wurde hier gegründet, und prächtige Architektur entstand. Die Katharinenkirche gehört zu den bedeutendsten gotischen Bauwerken der Stadt. Wegen ihrer hervorragenden Akustik ist sie eine der begehrtesten Konzertkirchen Polens.

Ungarisches Gulasch

Das ungarische Nationalgericht kennt auch bei uns jedes Kind. Benannt ist es nach seiner Hauptzutat, Rindfleisch, das auf Ungarisch »guliás hús« heißt. Erfunden haben es ungarische Rinderhirten, die das klein geschnittene Fleisch zusammen mit Brühe, Zwiebeln und reichlich Paprika in einem Kessel über dem Feuer kochten. Am besten schmeckt das Eintopfgericht, wenn es mehrere Tage lang durchziehen konnte. Es gibt unzählige Gulaschrezepte. Berühmt ist das aus der Stadt Szeged: Es wird mit Schweinefleisch, Sauerkraut und saurer Sahne zubereitet und zu Kartoffeln gegessen.

POLEN
Fläche: 312 685 km²
Einwohner: 38 600 000
Hauptstadt: Warschau
Sprachen: Polnisch, Deutsch, Ukrainisch, Weißrussisch
Hauptexportgüter: Maschinen, Textilien, Metallerzeugnisse, Fahrzeuge
Hauptimportgüter: Maschinen, chemische Erzeugnisse, Fahrzeuge
Religion: römisch-katholisch
Währung: Zloty

MASUREN
Die Landschaft im Nordosten Polens, die einst zu Ostpreußen gehörte, ist mit ihren über 3000 Seen und unberührten Wäldern einzigartig. Andererseits gehört Masuren zu den ärmsten Regionen Polens, die in Zukunft hoffentlich vom Tourismus profitieren kann.

TSCHECHISCHES BIER
Bier ist das Nationalgetränk der Tschechen. Schon seit Jahrhunderten brauen sie aus Hopfen, Gerste und frischem Quellwasser zahlreiche Sorten. Die bekanntesten tschechischen Biere sind das Budweiser und das Pilsener. Beide sind nach ihrem Herkunftsort Budweis bzw. Pilsen benannt.

Bevor er 1989 zum Staatspräsidenten der Tschechoslowakei und später der Tschechischen Republik wurde, war Václav Havel ein berühmter Schriftsteller und politischer Dissident.

SLOWAKEI
Fläche: 49 034 km²
Einwohner: 5 400 000
Hauptstadt: Bratislava
Sprachen: Slowakisch, Ungarisch, Tschechisch
Hauptexportgüter: Transportmittel, Metalle, Maschinen
Hauptimportgüter: Maschinenbauerzeugnisse, Fahrzeuge
Religionen: römisch-katholisch, griechisch-orthodox, protestantisch
Währung: Slowakische Krone

TSCHECHISCHE REPUBLIK
Fläche: 78 866 km²
Einwohner: 10 200 000
Hauptstadt: Prag
Sprachen: Tschechisch
Hauptexportgüter: Maschinen, Transportausrüstungen
Hauptimportgüter: Maschinen, Transportausrüstungen
Religionen: römisch-katholisch, protestantisch
Währung: Tschechische Krone

UNGARN
Fläche: 93 030 km²
Einwohner: 19 900 000
Hauptstadt: Budapest
Sprachen: Ungarisch
Hauptexportgüter: Maschinen und Ausrüstungen
Hauptimportgüter: Maschinen und Ausrüstungen
Religionen: römisch-katholisch, protestantisch
Währung: Forint

BUDAPEST

Die ungarische Hauptstadt besteht aus den beiden Stadtteilen Buda und Pest, die durch die Donau getrennt sind. Heute lebt etwa jeder fünfte Ungar in Budapest, das nicht nur das politische, sondern auch das wirtschaftliche und kulturelle Zentrum des Landes ist. Hier sitzt die ungarische Fahrzeug- und Chemieindustrie, und hierher zieht es Jahr für Jahr Millionen von Touristen.

OSTEUROPA
GESCHICHTE

IM LAUFE DER GESCHICHTE siedelten Slawen, Germanen und Magyaren in Osteuropa und schlossen wechselnde Bündnisse. Im frühen Mittelalter entstanden die Königreiche Polen, Böhmen, Mähren und Ungarn, die im 14. Jahrhundert ein goldenes Zeitalter erlebten. Doch dann bildeten sich mit Preußen, Österreich und Russland europäische Großmächte heraus, die um die Vorherrschaft in Osteuropa stritten. Im 19. Jahrhundert strebten die Völker nach eigenen Nationalstaaten. Es kam vor allem in Europa zu immer größeren Spannungen, die zu zwei Weltkriegen führten. Danach hatte die Sowjetunion Osteuropa fest im Griff, bis 1989 mit dem Ende des Kommunismus unabhängige Demokratien entstanden.

ATTILA, »DIE GEISSEL GOTTES«
Ab 375 fiel das Reitervolk der Hunnen in Osteuropa ein. Unter ihrem König Attila (395–453) stießen sie von Ungarn weiter nach Westen vor, bis sie ein Reich kontrollierten, das vom Kaspischen Meer bis ins heutige Frankreich und nach Italien reichte.

DER PRAGER FRÜHLING
1968 versuchte der tschechoslowakische Politiker Alexander Dubček den Kommunismus zu reformieren und einen menschlichen Sozialismus zu schaffen. Die Menschen bejubelten den so genannten Prager Frühling, bis ihm die Ostblocksoldaten des Warschauer Pakts in der Nacht vom 20. auf den 21. August 1968 ein Ende machten. Vergeblich versuchte die Bevölkerung die Panzer durch gewaltfreien Widerstand aufzuhalten.

POLNISCHE TEILUNGEN
Im Laufe seiner Geschichte wurde Polen zwischen seinen Nachbarländern Österreich, Preußen, und Russland fünf Mal geteilt – 1772, 1793, 1795, 1815 und 1939. Zeitweise hörte das Land völlig auf zu existieren. Neue Grenzen erhielt es 1918 und 1945, stand jedoch bis 1989 unter sowjetischem Einfluss.

»SOLIDARITÄT«

1980 erhöhte die polnische Regierung die Lebensmittelpreise. Daraufhin kam es zu Massenprotesten. Lech Walesa gründete die unabhängige Gewerkschaft Solidarność (»Solidarität«), die ein Jahr später verboten wurde.
1989 gewann die Solidarität die ersten freien Wahlen und Lech Walesa wurde polnischer Staatspräsident.

Johannes Paul II. alias Karol Jozef Wojtyla war der erste nicht-italienische Papst seit knapp 500 Jahren. Der frühere Erzbischof und Kardinal verteidigte das Christentum gegen die kommunistischen Herrscher seiner polnischen Heimat und setzte sich für Glaubensfreiheit und Völkerverständigung ein.

DAS ENDE DES EISERNEN VORHANGS

Als 1985 Michail Gorbatschow in der Sowjetunion an die Macht kam, begann er sein Land Schritt für Schritt zu erneuern. Seine Reformpolitik ließ die osteuropäischen Länder immer mutiger werden: Zwischen 1989 und 1990 stürzte die Bevölkerung dann ihre kommunistischen Herrscher und hielt erste freie Wahlen ab. Das Ende des Eisernen Vorhangs, der den Ostblock beinahe 45 Jahre lang vom Westen abgegrenzt hatte, war gekommen: In Polen, der Tschechoslowakei und Ungarn begann das Zeitalter der Demokratie.

OSTEUROPA

3000 v. Chr. Aus Asien wandern die ersten Slawen nach Osteuropa ein.

1000 v. Chr. Germanen siedeln sich an.

375 n. Chr. Die Hunnen fallen in Ungarn ein.

9. Jh. Das Großmährische Reich entsteht, zu dem auch Böhmen gehört.

906 Die Magyaren erobern das Großmährische Reich.

955 Otto der Große drängt die Magyaren in die Donauebene zurück.

966 Polen entsteht.

11. Jh. Mähren wird ins Königreich Böhmen eingegliedert.

1471 Böhmen wird habsburgisch und steht bis 1918 unter dem Einfluss Österreichs.

1618 Prager Fenstersturz löst Dreißigjährigen Krieg aus, der ganz Europa verwüstet.

1772–1795 Die ersten drei Teilungen Polens. Danach verschwindet Polen bis 1918 von der Landkarte.

19. Jh. Überall in Osteuropa wünschen sich die Menschen eigene Nationalstaaten.

1914–1918 1. Weltkrieg.

1918 Polen, Tschechoslowakei (früher Böhmen und Mähren) sowie Ungarn werden demokratische Staaten.

1938 Hitler und Stalin teilen Polen unter sich auf.

1939–1945 Im 2. Weltkrieg werden Polen, die Tschechoslowakei und Ungarn von Deutschland besetzt.

nach 1945 In ganz Osteuropa kommen kommunistische Regierungen an die Macht.

1989–1990 Mit dem Ende des Kommunismus wird Osteuropa demokratisch.

Siehe auch

DEUTSCHLAND, GESCHICHTE
EUROPA
EUROPÄISCHE UNION
ÖSTERREICH, GESCHICHTE

Papier

Beim genauen Ansehen eines zerrissenen Blattes Papier fallen kleine Fasern an der Bruchstelle auf. Es handelt sich dabei um Pflanzenfasern, dem wichtigsten Rohmaterial für die Papierherstellung. Dazu kommen weitere Zutaten: Füllstoffe, die das Papier fester machen, Harze, die das Eindringen der Tinte in die Fasern verhindern, Färbemittel für buntes Papier, Bleichmittel für weißes Papier. Von den Rohstoffen hängt es ab, welche Papiersorte man bekommt: von fester, schwerer Pappe bis zu leichten, weichen Kosmetiktüchern. Die Pflanzenfasern im Papier stammen hauptsächlich von Bäumen. Deshalb werden jedes Jahr ganze Wälder abgeholzt. Ein Teil unseres Papiers wird aus Lumpen hergestellt, und auch aus Altpapier wird neues Papier gemacht. Manche Papiersorten bestehen zu 100 % aus Altpapier. Dieses Recycling spart Energie, verringert die Verschmutzung von Luft und Wasser und schont unsere Wälder. Das Wort Papier leitet sich von Papyrus ab; das ist eine Schilfpflanze, aus der die alten Ägypter Schriftrollen herstellten. Das Papier, wie wir es kennen, wurde vor 2000 Jahren in China erfunden. Wespen machen aber schon viel länger Papier: Sie zerkauen Pflanzenfasern und bauen daraus Papiernester.

ORIGAMI
Die Kunst, ein Blatt Papier so zu falten, dass daraus Figuren entstehen, wird Origami genannt. Origami stammt aus Japan und ist dort schon seit mehr als 300 Jahren bekannt.

DEKORATION
Tapeten verleihen einem Raum das gewisse Etwas. Das Muster wird auf festes Papier gedruckt. Für Parties und andere Feiern werden oft große Räume mit Papier dekoriert.

PAPIER IM HAUSHALT
Papiertücher aller Art sind sehr beliebt, weil sie nur einmal gebraucht und dann weggeworfen werden. Besonders eine Eigenschaft von Papier ist hier gefragt, seine Saugfähigkeit.

INFORMATIONEN AUF PAPIER
Große Mengen von gedruckten Informationen erscheinen auf Papier, in Form von Texten, Fotos und Bildern. Auch Geldscheine und Schecks sind aus Papier.

Papierherstellung

In der Papierfabrik, der Papiermühle, wird das angelieferte Holz zerkleinert. Mit Wasser gemischt entsteht daraus ein Faserbrei, die Pulpe. Dünne Schichten davon werden zu Papier gepresst.

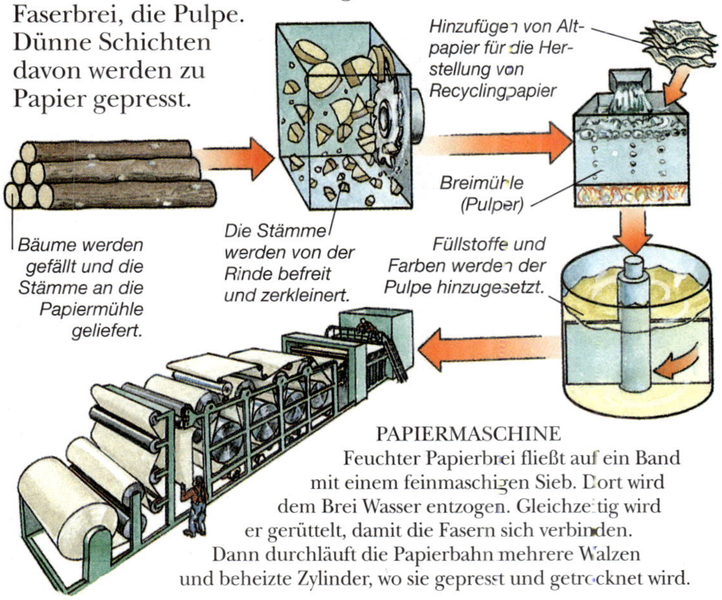

PAPIERMASCHINE
Feuchter Papierbrei fließt auf ein Band mit einem feinmaschigen Sieb. Dort wird dem Brei Wasser entzogen. Gleichzeitig wird er gerüttelt, damit die Fasern sich verbinden. Dann durchläuft die Papierbahn mehrere Walzen und beheizte Zylinder, wo sie gepresst und getrocknet wird.

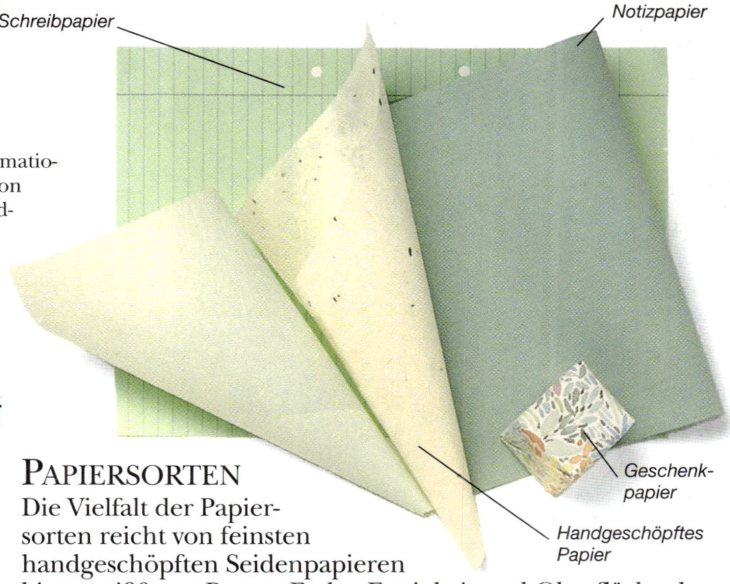

Papiersorten

Die Vielfalt der Papiersorten reicht von feinsten handgeschöpften Seidenpapieren bis zu reißfester Pappe. Farbe, Festigkeit und Oberfläche des Papiers lassen sich durch Bedrucken, Färben und Zusatzstoffe wie Harz oder Kunststoff beeinflussen.

BÄUME ALS ROHSTOFFLIEFERANTEN
Jeder von uns verbraucht in nur einem Jahr so viel Papier, dass dafür ein ausgewachsener Baum gefällt werden muss. Oft stammen die Bäume aus Plantagen, die sofort wieder aufgeforstet werden. Das dauert dann 15 bis 50 Jahre.

Siehe auch
Bäume
Bücher
Drucktechnik
Umweltverschmutzung
Zeitungen

Pazifischer Ozean

Von den rund 25 000 Pazifikinseln sind nur ein paar tausend bewohnt. Sie liegen im mittleren Teil des Pazifiks um den Äquator und nehmen ein Gebiet ein, das größer als ganz Asien ist. Im Westen und Südwesten liegen Südostasien, Australien und Neuseeland, im Osten Nord- und Südamerika.

Auf einer Karte des Pazifischen Ozeans sehen die sonnigen Tropeninseln wie winzige, ins Meer gestreute Sandkörnchen aus. Die ersten abenteuerlustigen Siedler dieser Inseln kamen aus Südostasien. Nach und nach erkundeten sie die gesamte Region, indem sie über die Weiten des Ozeans mit ihren leichten Segelbooten fuhren. Heute sind die Inseln in drei Hauptgruppen eingeteilt: Mikronesien im Norden, Melanesien im Süden und Polynesien im Osten. Es gibt zwölf unabhängige Pazifikstaaten, darunter Fidschi, Tonga und Nauru, einer der kleinsten Staaten der Welt. Europäer kamen erstmals im 16. Jh. in den Pazifik, und eine Reihe von Inseln ist Europa eng verbunden. Neukaledonien etwa ist französisches Überseegebiet. Das Leben vieler Pazifikinsulaner hat sich seit Jahrhunderten kaum verändert, aber es gibt wichtige moderne Industrien wie Fischerei, Bergbau und Tourismus.

Die hölzernen Segelboote, Ausleger genannt, haben einen Hauptrumpf und auf beiden Seiten Schwimmer, wie ein Katamaran.

INSELLEBEN
Viele Pazifikinseln sind sehr klein. Sie sind die Spitzen von Unterwasserbergen. Korallenriffe schützen sie vor den Ozeanwellen. Auf den entlegeneren Inseln leben die Menschen noch wie ihre Vorfahren. Die einfachen Häuser sind mit Palmwedeln gedeckt. Die Familien halten Schweine und Hühner und bauen Obst und Gemüse an. Ihre traditionellen Boote dienen dem Fischfang und dem Handel zwischen den Inseln.

Die Teilnehmer an den spektakulären traditionellen Tänzen in Papua-Neuguinea tragen mit Federn und Perlen verzierte Kostüme.

PAPUA-NEUGUINEA
Neuguinea, eine der größten Inseln der Erde, gehört zu Melanesien. Die eine Hälfte ist indonesisch und heißt Irian Jaya. Die andere Hälfte ist ein unabhängiger, gebirgiger Staat namens Papua-Neuguinea. In seinen dichten tropischen Wäldern leben viele Stämme, die kaum Kontakt mit der Außenwelt haben.

OSTERINSEL
Die winzige, abgelegene Osterinsel ist eine der östlichsten Pazifikinseln. Ein niederländischer Admiral gab der Insel ihren Namen, als er zu Ostern 1722 dort landete. Vor über 1000 Jahren errichteten die polynesischen Ahnen der Inselbewohner mysteriöse Steinstatuen, die noch heute die öde Landschaft zieren.

Auf der Osterinsel stehen über 600 dieser Riesenköpfe, die zum Teil über 20 m hoch sind.

US-Militärbasen gibt es auf etlichen Pazifikinseln, vorwiegend in Mikronesien.

WAKE
Die USA kontrollieren eine Reihe von Pazifikinseln, wie Wake (oben) und die Midway-Inseln, die Schauplatz einer großen Schlacht im Zweiten Weltkrieg waren. Die Inseln von Hawaii sind einer der 50 Bundesstaaten der USA.

Siehe auch
Meere
Weltkrieg, Zweiter

FAKTEN
Fläche: 790225 km^2
Einwohner: 7820900
Zahl der unabhängigen Staaten: 12
Sprachen: Englisch, lokale Sprachen und Dialekte
Religionen: protestantisch, römisch-katholisch, hinduistisch
Höchster Punkt: Mount Wilhelm (Papua-Neuguinea), 4509 m
Haupterwerbszweige: Landwirtschaft, Fischerei

FIDSCHI
Fläche: 18270 km^2
Einwohner: 839000
Hauptstadt: Suva
Währung: Fidschi-Dollar

KIRIBATI
Fläche: 710 km^2
Einwohner: 98500
Hauptstadt: Bairiki
Währung: Australischer Dollar

MARSCHALL-INSELN
Fläche: 181 km^2
Einwohner: 56400
Hauptstadt: Dalap-Uliga-Darrit
Währung: US-Dollar

MIKRONESIEN
Fläche: 2900 km^2
Einwohner: 108100
Hauptstadt: Palikir (Pohnpei Island)
Währung: US-Dollar

NAURU
Fläche: 21,2 km^2
Einwohner: 12600
Hauptstadt: Yaren
Währung: Australischer Dollar

PALAU
Fläche: 497 km^2
Einwohner: 19700
Hauptstadt: Koror
Währung: US-Dollar

PAPUA-NEUGUINEA
Fläche: 462840 km^2
Einwohner: 5700000
Hauptstadt: Port Moresby
Währung: Kina

SALOMONEN
Fläche: 289000 km^2
Einwohner: 477000
Hauptstadt: Honiara
Währung: Salomonen-Dollar

SAMOA
Fläche: 2840 km^2
Einwohner: 178000
Hauptstadt: Apia
Währung: Tala

TONGA
Fläche: 750 km^2
Einwohner: 108100
Hauptstadt: Nuku'alofa
Währung: Pa'anga

TUVALU
Fläche: 26 km^2
Einwohner: 11300
Hauptstadt: Fongale
Währung: Australischer Dollar

VANUATU
Fläche: 12190 km^2
Einwohner: 212000
Hauptstadt: Port Vila
Währung: Vatu

NEUKALEDONIEN
Die Île des pins (oben) ist eine der kleinsten bewohnten Inseln der Neukaledoniengruppe. Wie viele Pazifikinseln wird Neukaledonien von einem größeren, mächtigeren Land regiert: von Frankreich. Ein Drittel des Nationaleinkommens verdankt sich französischer Hilfe, der Rest meist dem Export von Nickel – die Inseln haben 40 % der Weltreserven dieses Metalls.

ABHÄNGIGE GEBIETE

Neben den zwölf unabhängigen Staaten gibt es viele andere Inselgruppen im Pazifik. Die meisten sind auf die Hilfe eines größeren Landes angewiesen, und einige haben sehr wenig Bewohner. Pitcairn etwa ist ein britisches abhängiges Territorium, und hier leben weniger als 100 Menschen.

Persisches Reich

KYROS DER GROSSE
Kyros (Regierungszeit 549–529 v. Chr.) gründete das Persische Reich. Während seiner Herrschaft lebten viele Völker im Reich, darunter Babylonier, Ägypter und Griechen.

VOR MEHR ALS 3000 Jahren war der heutige Iran die Heimat verschiedener Stämme, darunter der Meder und der Perser. Viele Jahre lang beherrschten die Meder das Gebiet, doch im Jahr 549 v. Chr. unterwarf Kyros, der persische König des kleinen Staates Ashan, die Meder und begann mit Errichtung eines riesigen Königreichs. Innerhalb von 30 Jahren wurde Persien zur mächtigsten Nation der Welt, und das Persische Reich nahm das gesamte Mesopotamien, Anatolien (Türkei), den östlichen Mittelmeerraum und die Gebiete der heutigen Staaten Pakistan und Afghanistan ein. Mehr als 200 Jahre lang war das Persische Reich das größte Reich der Welt. Die Perser waren hervorragende Krieger, Reiter und Handwerker. Sie waren auch sehr gut organisiert. Unter Dareios I. wurde das Reich in Provinzen, Satrapien genannt, unterteilt. Ein Straßennetz verband diese Provinzen miteinander und ermöglichte einen einfachen Handel. Dareios führte auch ein Postsystem und eine einheitliche Währung für das ganze Reich ein. Das Reich blühte, bis es 331 v. Chr. vom griechischen Herrscher Alexander dem Großen erobert wurde.

Untertanen bringen Geschenke an den Hof.

Das Relief zeigt Teilnehmer eines Neujahrsfestes.

Persepolis

Um 520 v. Chr. begann Dareios I. mit dem Bau der Stadt Persepolis. Die Bauarbeiten dauerten bis zur Regentschaft von Xerxes I. (486–465 v. Chr.). Persepolis hatte schöne Bauwerke, darunter einen Königspalast. Die Stadt wurde nur einmal im Jahr – zum Neujahrsfest – genutzt, wenn die Reichsbewohner dem König Geschenke brachten.

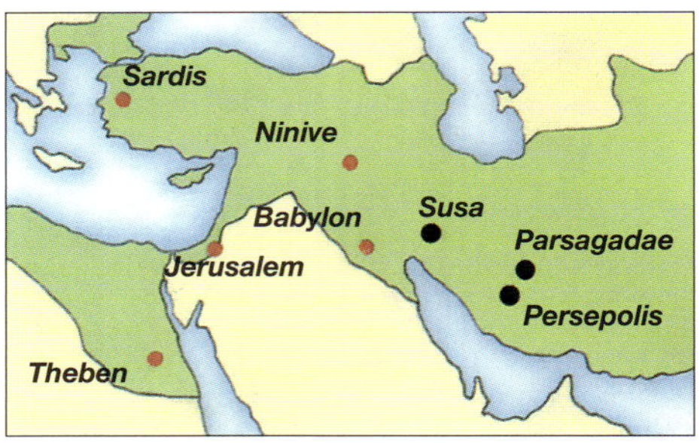

DAS PERSISCHE REICH
Auf seinem Höhepunkt erstreckte sich das Persische Reich von Indien bis zum Nil in Ägypten. Die Stadt Susa war das Verwaltungszentrum des Reichs, Persepolis war die königliche Hauptstadt, und Parsagadae war die Stadt, in der die Könige gekrönt wurden.

Zoroastrische Priester trugen einen Stab mit einem Bullenkopf als Symbol des religiösen Kampfes gegen das Böse.

ZOROASTRISMUS
Die Perser folgten den Predigten eines Propheten namens Zarathustra, der etwa von 628 bis 551 v. Chr. lebte. Der Zoroastrismus war die Hauptreligion in Persien, bis das Land im 7. Jh. n. Chr. muslimisch wurde.

Reste von Persepolis umfassen Statuen wie diesen gemeißelten Pferdekopf im Zentralpalast.

PERSEPOLIS HEUTE
Als Alexander der Große in das Persische Reich einfiel, setzte er Persepolis in Flammen. Die Ruinen der Stadt, auch die des Königspalastes, kann man jedoch noch heute im südlichen Iran besichtigen.

PERSISCHES REICH

549 v. Chr. Kyros der Große schlägt die Meder und gründet das Persische Reich.

538 v. Chr. Kyros erobert das Babylonische Reich.

529 v. Chr. Tod des Kyros.

525 v. Chr. Die Perser erobern Ägypten.

521–486 v. Chr. Regierungszeit von Dareios dem Großen.

510 v. Chr. Die Perser erobern Südosteuropa und Mittelasien.

500–449 v. Chr. Perserkriege zwischen dem Persischen Reich und den griechischen Staaten. Grund: Die Perserkönige fühlen sich von der Demokratie in Griechenland bedroht.

490 v. Chr. Die Griechen schlagen die Perser bei der Schlacht von Marathon.

480 v. Chr. Die griechische Marine schlägt die Perser bei der Schlacht von Salamis.

334 v. Chr. Alexander der Große fällt in Persien ein.

331 v. Chr. Alexander schlägt die Perser bei der Schlacht von Gaugamela. Zusammenbruch des Persischen Reichs.

Siehe auch
ALEXANDER DER GROSSE
ASSYRER
BABYLONIER
GRIECHENLAND, ALTES
NAHER OSTEN

Pest

Die Karte zeigt, wie sich die Pest wellenartig in Europa ausbreitete.

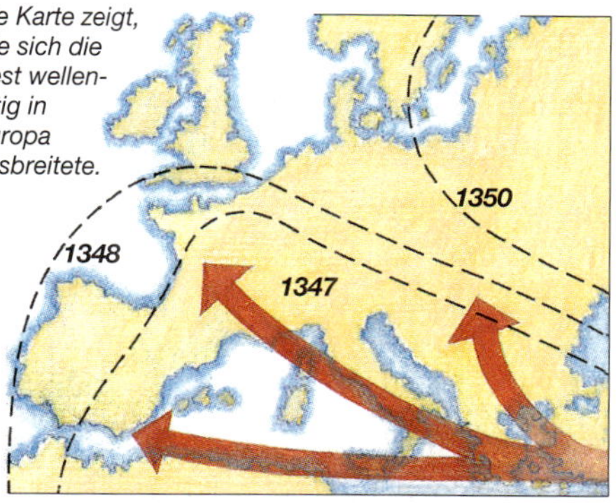

SIZILIEN WAR 1347 ein Ort des Grauens: Auf der ganzen Insel starben Menschen an einer rätselhaften Krankheit. Jeder, der davon befallen war, hatte Bauchkrämpfe und Eiterbeulen unter den Achseln. Ihre Körper waren von schwarzen Flecken übersät, und nach drei Tagen starben sie. Die Krankheit wurde wegen der dunklen Flecken als »Schwarzer Tod« bezeichnet – heute wissen wir, dass es die Beulenpest war. Sie breitete sich nach Italien und Frankreich aus. Bis Ende 1348 hatte die Pest etwa ein Drittel der Bevölkerung Europas dahingerafft. Wo die Pest hinkam, herrschte Panik. Die Menschen gingen sich aus dem Weg, da sie befürchteten, sich anzustecken. Viele Stadtbewohner flohen aufs Land und brachten die Krankheit mit sich. Es kam bald zu einer Lebensmittelknappheit, da immer weniger Menschen das Land bearbeiten konnten. Überall auf den Feldern lagen verrottende Tierkadaver.

AUSBREITUNG DER PEST
Der Schwarze Tod kam aus Asien. Er gelangte im Oktober 1347 mit Schiffen aus der Türkei nach Sizilien. Bis Ende 1348 hatte er schon Großbritannien erreicht. Die Pest brach bis Ende des 18. Jhs. alle paar Jahre aus. Sogar im 19. Jh. gab es noch einzelne Ausbrüche.

Darstellung aus dem 15. Jh.

Die Toten wurden in großen Pestgräbern bestattet.

DER SCHWARZE TOD
Der Tod traf Arme und Reiche. Weil viele dachten, die Pest sei eine Strafe Gottes, peitschten sie sich selbst aus und beteten um Rettung.

KREUZ DES TODES
An die Türen der von Pest betroffenen Häuser wurden Kreuze gemalt. Gefangene und Freiwillige transportierten die Toten auf Karren zu den Gräbern.

BEULENPEST

Die Beulenpest breitete sich durch Rattenflöhe aus. Die Flöhe übertrugen die Krankheit durch Bisse auf den Menschen. Eine noch ansteckendere Form der Krankheit – die Lungenpest – wurde durch Husten übertragen.

Behandlung der Pest

Ärzte behandelten die Kranken mit Kräutern oder öffneten ihre Venen, damit das »böse Blut« ablaufen konnte. Viele Menschen wagten sich jedoch nicht in die Nähe der Kranken.

BAUERNAUFSTAND
Der Schwarze Tod traf so viele Menschen, dass es bald einen Mangel an Arbeitskräften gab. Die Überlebenden forderten höhere Löhne. In Frankreich und England machten Bauern Aufstände gegen hohe Steuern und veraltete, strenge Gesetze.

Siehe auch
KRANKHEITEN
MITTELALTER

Pferde

Vor der Erfindung von Lokomotiven und Automobilen waren Pferde 3000 Jahre lang schnelle und effiziente Verkehrsmittel. Pferde zählen zu den intelligentesten Tieren und lassen sich leicht zähmen und ausbilden. Heute leben auf der Welt über 75 Millionen domestizierte Pferde, die über 100 verschiedenen Rassen angehören. Pferde, Esel und Zebras sind ebenso wie Maultiere und Maulesel Equiden. Alle Equiden haben lange Beine und laufen auf dem Huf, der einzigen Zehe. An Hinterteil und Nacken haben sie lange Haare, den Schweif und die Mähne. Sie können sehr schnell galoppieren, sind mit gutem Geruchssinn und scharfem Gehör ausgestattet und können gut sehen. Sie sind aufmerksam und immer zur Flucht bereit (so genannte Fluchttiere). Sie ernähren sich fast ausschließlich von Gräsern, die sie mit den Vorderzähnen abbeißen.

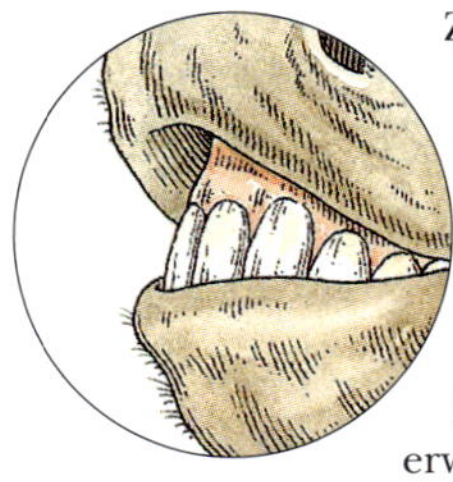

ZÄHNE
Fachleute können an der Anzahl und dem Aussehen der Zähne eines Pferdes erkennen, wie alt das Tier ist. Die meisten erwachsenen Pferde haben 36 bis 44 Zähne.

EINHORN
Das Einhorn ist ein Fantasiegeschöpf, das dem Pferd ähnelt. In Märchen tritt es als Symbol der Reinheit auf.

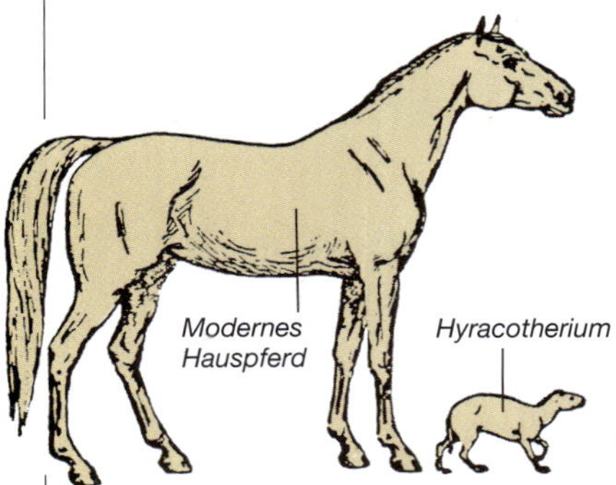

DIE ERSTEN PFERDE
Hyracotherium, eines der ersten Pferde, lebte vor über 50 Millionen Jahren in Wäldern. Es war nur 60 cm hoch. Im Laufe der Zeit wurden seine Nachkommen größer und machten das offene Grasland zu ihrem Lebensraum.

HUFE
Pferde gehen auf Zehenspitzen. Die einzige Zehe des Fußes wird durch einen Huf aus Horn geschützt. Der weichere Hufstrahl wirkt beim Laufen als Stoßdämpfer. Damit sich die Hufe auf hartem Boden nicht zu stark abnutzen, kann man sie mit Hufeisen schützen (beschlagen).

ALTE UND JUNGE
Ein erwachsenes männliches Pferd nennt man Hengst, ein erwachsenes weibliches Stute. Junge Pferde nennt man Fohlen.

Pferde und Menschen

Domestizierte Pferde bezeichnet man auch als Hauspferde. Sie können für viele Aufgaben ausgebildet werden, z. B. als Zug- oder Reitpferde. Es gibt auch viele Pferdesportarten, darunter Galopprennen, Springen und Dressurreiten. Erfolgreiche Sportpferde sind sehr viel Geld wert und gewinnen hohe Preisgelder.

In manchen Ländern gibt es nur wenige Autos, und Lasten werden mit Eseln und Maultieren befördert. Auch in der Landwirtschaft werden noch Zugtiere eingesetzt.

Zebras leben in den Savannen Afrikas.

ZEBRA

Das Zebra ist das einzige Mitglied der Familie der Equiden, das am ganzen Körper Streifen trägt. Obwohl Zebras auf den ersten Blick alle gleich aussehen, verlaufen die Streifen bei jedem Tier ein bisschen anders. Ebenso wie Pferde sind Zebras gesellige Tiere und leben in Herden. Nur die jungen Hengste bleiben eine Weile für sich. Wenn sie erwachsen sind, kämpfen sie gegen andere Hengste, um eine Herde aus Stuten zu erobern. Fliehende Zebras erreichen Geschwindigkeiten von bis zu 65 km/h.

ESEL

Die domestizierten Esel stammen von Wildeseln ab und werden vom Menschen seit Jahrtausenden als Lasttiere eingesetzt. Ihre Duldsamkeit, aber auch ihr Starrsinn sind sprichwörtlich. Das ebenfalls als Lasttier eingesetzte Maultier ist das Kind einer Pferdestute und eines Eselhengstes.

WILDESEL

Es gibt zwei Arten von Wildeseln: den Afrikanischen Wildesel und den in Asien lebenden Onager. Der Afrikanische Wildesel lebt im trockenen Grasland Nordafrikas. Wildesel brauchen nur sehr wenig Wasser und können sich von zähen, dornigen Gräsern ernähren. Wie bei anderen Equiden bekommen die Stuten nur jeweils ein Fohlen im Jahr, das schon kurz nach der Geburt laufen kann.

Ein Afrikanischer Wildesel und ein kleinerer Hausesel

Das Przewalskipferd hat eine steife, stehende Mähne.

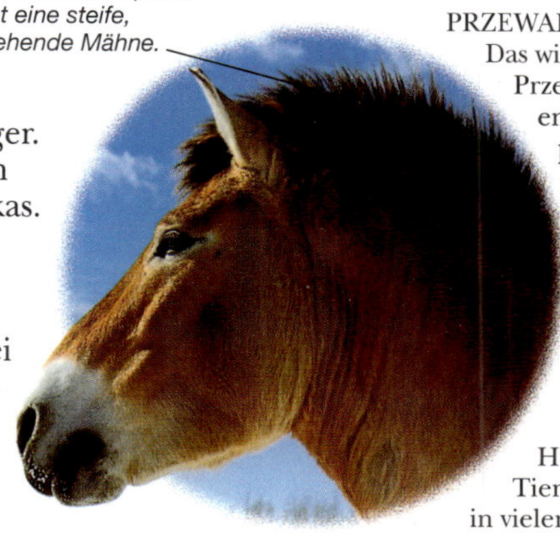

PRZEWALSKIPFERD

Das wild lebende Przewalskipferd ist eng mit dem Hauspferd verwandt. Dieses Wildpferd lebte einst in Herden auf den Hochebenen der Mongolei in Nordasien. Heute gibt es nur noch einige Hundert dieser Tiere. Sie werden in vielen Ländern in Zoos und Tierparks gehalten.

GALOPP

Pferde laufen Schritt, Trab oder Galopp. Beim Galoppieren berührt einen kurzen Moment lang kein Huf mehr den Boden. Die schnellsten Rennpferde erreichen auf kurzen Strecken 65 km/h. Pferde einiger Rassen laufen auch im Passgang.

Im Galoppsprung sind alle vier Hufe in der Luft.

Leicht gebaute Pferde sind schnelle Sprinter.

WIE MAN PFERDE MISST

Pferde werden vom Boden bis zum höchsten Punkt des Widerrists (Schulterhöhe) gemessen. Man misst mit Stock- oder Bandmaß. Shetlandponys sind mit die kleinsten Pferde, Shire-Horses die größten.

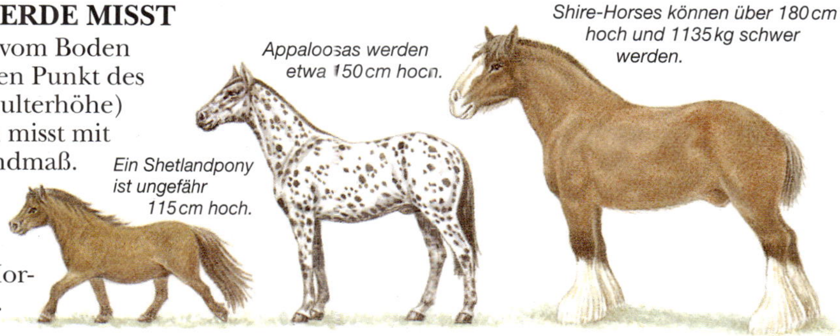

Ein Shetlandpony ist ungefähr 115 cm hoch.

Appaloosas werden etwa 150 cm hoch.

Shire-Horses können über 180 cm hoch und 1135 kg schwer werden.

PFERDETYPEN

Man unterscheidet bei Pferden meist drei Gruppen: die massigen Kaltblüter, die leichteren Warmblüter und Vollblüter sowie die kleineren, stämmigen Ponys. Kaltblüter werden v. a. als Zugpferde eingesetzt.

Siehe auch

REITEN
SÄUGETIERE
TIERE
TRANSPORT UND VERKEHR

Pflanzen

Ohne die Pflanzen könnten auf der Erde auch keine anderen Lebewesen existieren. Menschen und Tiere sind auf die Pflanzen angewiesen, weil diese Sauerstoff erzeugen und als Nahrung dienen. Frühstücksflocken oder Brot, Fruchtsäfte, Wein und Bier, Jeans, Blusen und Hemden – sie alle sind aus Pflanzenteilen hergestellt. Bäume liefern Holz, das wir als Brennstoff, für Möbel und für Werkzeuge verwenden. In fast allen Ländern der Erde ziehen Menschen in ihren Gärten Nutz- und Zierpflanzen. Chemiker und Pharmazeuten stellen aus Pflanzen Medikamente her (z.B. ein Herzmittel aus Fingerhut und Morphine aus Schlafmohn). Es gibt mikroskopisch kleine Pflanzen wie das pflanzliche Plankton der Meere und riesige Pflanzen wie den Mammutbaum. Ihnen allen gemeinsam ist die erstaunliche Fähigkeit, Sonnenlicht durch Fotosynthese als Energiequelle zu nutzen. Ungefähr 400000 Pflanzenarten sind bekannt, aber wahrscheinlich gibt es mehr als doppelt so viele, die aber noch nicht alle entdeckt sind. Andererseits sind über 25000 Pflanzenarten vom Aussterben bedroht.

BLÜTEN
In den Blüten befinden sich die Teile, die der Fortpflanzung dienen: Pollen und Eizellen.

STÄNGEL
Die Stängel stützen die Pflanze. In ihrem Inneren steigt Wasser von den Wurzeln auf.

BLÄTTER
Grüne Blätter fangen Sonnenlicht ein und wandeln es durch Fotosynthese in Energie um.

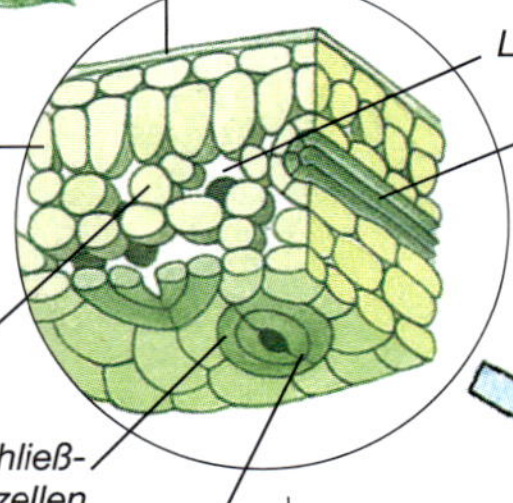

FRUCHT
Die Frucht enthält den Samen, aus dem eine neue Pflanze entstehen kann. Diese Samen sind Bohnen.

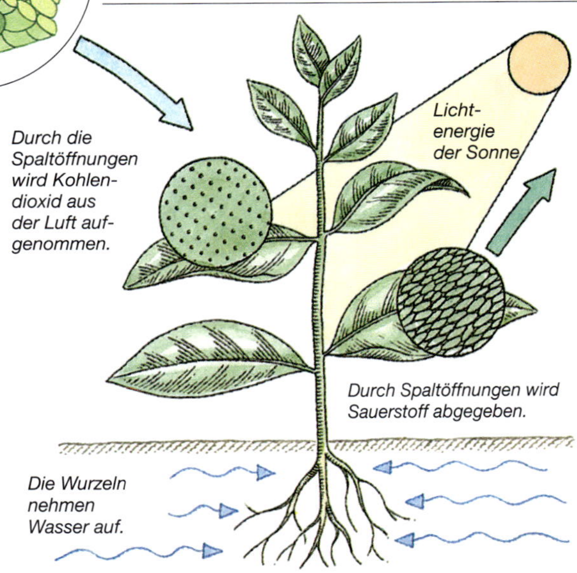

FOTOSYNTHESE
Pflanzen setzen Sonnenlicht in Energie um, die ihnen das Wachsen ermöglicht. Dies nennt man Fotosynthese. Die Zellen der Blätter enthalten die grüne Substanz Chlorophyll, die Energie aus den von der Sonne ausgehenden Lichtwellen einfängt. Dann laufen chemische Reaktionen ab, in deren Verlauf Kohlendioxid aus der Luft mit Wasser aus dem Boden verbunden wird. Dabei entstehen Zucker und andere Stoffe, die Pflanzen zum Wachsen brauchen.

Aufbau einer Pflanze

Im Laufe ihres Lebens bildet eine typische Blütenpflanze wie diese Stangenbohne einen Stängel, Wurzeln, Triebe, Blätter, Blüten und Früchte aus. Bäume sind große Pflanzen mit einem Stamm: einem dicken holzigen Stängel.

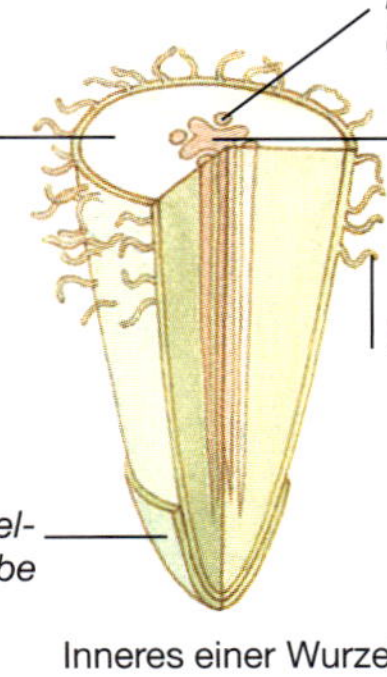

Inneres einer Wurzel

WURZELN
Die Wurzeln nehmen aus der Erde Wasser und Minerale auf, die sie durch Gefäße im Stängel an Blätter und Früchte weitergeben. Außerdem geben sie der Pflanze Halt.

Fortpflanzung

Die meisten Pflanzen vermehren sich geschlechtlich. Pollen befruchtet die weibliche Keimzelle, aus der sich dann eine Frucht entwickelt, die Samen enthält. Manche Pflanzen aber vermehren sich auch ungeschlechtlich, wie die Kartoffel, die Knollen bildet.

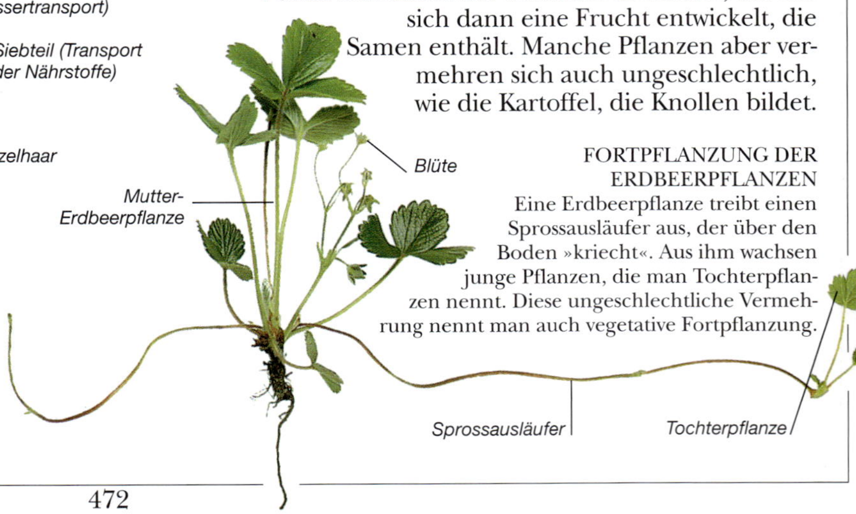

FORTPFLANZUNG DER ERDBEERPFLANZEN
Eine Erdbeerpflanze treibt einen Sprossausläufer aus, der über den Boden »kriecht«. Aus ihm wachsen junge Pflanzen, die man Tochterpflanzen nennt. Diese ungeschlechtliche Vermehrung nennt man auch vegetative Fortpflanzung.

DIE WICHTIGSTEN PFLANZENGRUPPEN

Das Pflanzenreich ist in verschiedene Gruppen unterteilt. Hier sind Algen, Moose, Farn- und Samenpflanzen zu sehen.

Seetang ist eine Alge, die im Meerwasser wächst und sich an Felsen heftet.

Moos wächst auf feuchtem Waldboden, an Baumstämmen und Mauern.

Mikroskopisch kleine Pflanzen können wir mit dem bloßen Auge nicht sehen.

Flechten sind Gemeinschaften aus je einer Alge und einem Pilz. Sie haben keine echten Blätter oder Wurzeln.

Lebermoos ist eine kleine Sporenpflanze, die mit dem Moos verwandt ist.

Schachtelhalm zählt zu den ältesten Landpflanzen.

Bärlappe waren unter den ersten Pflanzen, die echte Stängel entwickelten.

Farne wachsen überall auf der Welt. Manche sind so groß wie Bäume, andere so klein wie Moose.

Tannen, Fichten und Kiefern nennt man Nadelbäume. Sie sind das ganze Jahr über grün.

Unkraut nennen wir bestimmte wild wachsende Blütenpflanzen wie Löwenzahn und Brennnesseln.

Bäume bringen viele Arten von Früchten hervor. Alle Früchte sind reich an Vitaminen.

Als Gemüse essen wir Teile wie Blätter, Wurzeln und Früchte von Blütenpflanzen. Sie enthalten viele Vitamine und Minerale.

Als Zierpflanzen bezeichnen wir Rosen, Tulpen und andere Gartengewächse.

Büsche haben holzige Stämme, werden aber nicht so groß wie Bäume.

Kräuter duften würzig. Beliebt sind u. a. Basilikum und Oregano.

Zu den Gräsern zählen auch die Getreidearten, z. B. Weizen, Reis, Gerste und Mais.

Laubbäume verlieren bei uns im Herbst ihr Laub.

Sträucher haben mehrere verholzte Hauptstämme.

UNKRAUT

Unkraut nennt man jede Pflanze, die dort wächst, wo sie Menschen stört. Die meisten Unkrautarten wachsen, blühen und verbreiten sich rasch. Die Winde (oben) hat zarte, blasse Blüten. Die Blüten mancher anderer Unkrautpflanzen sind auffälliger, wie die leuchtend gelben Blüten des Löwenzahns.

SCHOKOLADE

In jeder großen Frucht des tropischen Kakaobaums sind etwa 40 Kakaobohnen. Sie werden geröstet, geschält und zu einer Paste vermahlen. Zur Herstellung von Schokolade wird die Paste bei großer Hitze mit Zucker u. a. Zutaten gemischt.

NAHRUNG AUS PFLANZEN

Die Menschen ziehen viele Nutzpflanzen. Darunter sind Getreide wie Reis, Früchte wie Orangen und Gemüse wie Karotten. Auch Gewürze wie Zimt sind Teile von Pflanzen. Manche Pflanzenteile kann man nicht essen, weil sie bitter, sauer oder giftig sind. Die Kartoffel ist eine wichtige Speisepflanze, doch wir essen nur die Knolle, die unter der Erde wächst. Blätter und Beeren der Kartoffel sind dagegen giftig.

DIE GRÖSSTE BLÜTE

Die Rafflesia ist ein Parasit. Sie hat keine Blätter und bezieht ihre Nahrung von den Lianen, auf denen sie lebt. Mit einem Durchmesser von 1 m ist sie die größte Blüte der Welt. Sie stinkt nach fauligem Fleisch.

MISTELN

Misteln sind Halbschmarotzer, die in Baumkronen wachsen und unter der Rinde des Wirtes verankert sind. Sie machen selbst Fotosynthese, entziehen dem Wirt aber Wasser und Nährstoffe.

FLEISCH FRESSENDE PFLANZEN

Einige Pflanzen beziehen zusätzliche Nährstoffe von Insekten und anderen kleinen Tieren, die sie anlocken, fangen und verdauen. Die Venusfliegenfalle wächst in Sümpfen, deren Boden arm an Nährstoffen ist.

Venusfliegenfalle

Die Falle schließt sich in einer Fünfzigstelsekunde, sobald die Fühlborsten berührt worden sind.

Wenn ein kleines Tier die Fühlborsten im Inneren der Falle berührt, klappt die Falle zu. Dies ist eine der schnellsten Bewegungen im Pflanzenreich.

Siehe auch

BÄUME
BLUMEN UND KRÄUTER
BÖDEN
FARNE UND MOOSE
FRÜCHTE UND SAMEN
GETREIDE UND GRÄSER

Philosophie

DER MENSCH LEBT NICHT EINFACH vor sich hin, sondern denkt über sich selbst und seine Umwelt nach. Er stellt Fragen. Woher kommen wir? Wohin gehen wir? Warum leben wir? Jeder, der sich solche Gedanken macht, philosophiert. Philosophie ist ein aus dem Griechischen stammender Begriff und bedeutet »Liebe zur Weisheit«. Bestimmte Fragen stellt sich der Mensch immer wieder, zum Beispiel: Was kann ich wissen? Was soll ich tun? Was darf ich hoffen? Was ist der Mensch? Im Laufe der Geschichte haben die Philosophen verschiedene Antworten darauf gefunden, neue Fragen sind hinzugekommen. Auf diese Weise haben sich bestimmte philosophische Schulen herausgebildet.

In der Antike wurden zahlreiche Denkschulen gegründet. Lehrer und Schüler kamen auf den Plätzen zusammen, um sich wichtige Sinnfragen zu stellen.

ARISTOTELES

Der bedeutende antike Philosoph und Naturforscher lebte von 384–324 v. Chr. und besuchte die Akademie Platons. Neben seinen berühmten Büchern zur Logik schrieb er unter anderem naturwissenschaftliche Werke sowie Schriften über die Kunst des Redens *(Rhetorik)* und des Dichtens *(Poetik)*. Die Frage, die den antiken Philosophen am meisten beschäftigt hat, war die Frage nach dem Wesen der Dinge.

SCHOLASTIK

Aurelius Augustinus (354–430 n. Chr.) war der Erste, der die Philosophie der Antike mit der christlichen Lehre verband: Nur wer an Gott glaubt, kann zu wirklicher Erkenntnis gelangen. Diese Denkweise prägte auch die gesamte Philosophie des Mittelalters. Weil sie an den Hof- und Domschulen und später an den Universitäten gelehrt wurde, hat man sie unter dem Begriff Scholastik zusammengefasst (lat. *schola* = Schule). Ihr berühmtester Vertreter war Thomas von Aquin (1225–1274). Er gelangte zu der Auffassung, dass sich Glaube und Vernunft nicht ausschließen, da beide von Gott stammen.

Immanuel Kant (1724–1804)

DEUTSCHER IDEALISMUS

Obwohl der deutsche Philosoph Immanuel Kant ebenfalls zu den Aufklärern zählt, kam er zu dem Schluss, dass die Vernunft auch ihre Grenzen hat. Er schrieb die drei Werke *Die Kritik der reinen Vernunft*, *Die Kritik der praktischen Vernunft* und *Die Kritik der Urteilskraft*. Auch Georg Wihelm Friedrich Hegel (1770–1831) beschäftigte sich mit der Vernunft, die sich nicht nur auf den Menschen beschränkt: Für ihn ist alles Wirkliche vernünftig und nur das Vernünftige wirklich.

Die Aufklärung

Im 17. und 18. Jahrhundert stellten Philosophen wie Spinoza, Locke, Hume, Voltaire, Lessing und Kant die weltlichen und kirchlichen Regeln in Frage. Sie wollten, dass die Menschen selbst anfangen zu denken und sich einzig und allein von ihrer Vernunft leiten lassen. Viele der großen Aufklärer waren berühmte Naturwissenschaftler wie der Mathematiker René Descartes oder der Begründer der Mechanik, Isaac Newton. In Großbritannien und Amerika entstanden wichtige Rechtstexte, die jedem Menschen das Recht auf Leben, Freiheit, Eigentum, Glück und Sicherheit garantieren.

»Ich denke, also bin ich.« René Descartes (1596–1650)

Jean-Paul Sartre (1905–1980)

DIE PHILOSOPHIE DER MODERNE

Die zunehmende Bedeutung der Technik im 19. Jh. stellte das Selbstverständnis des modernen Menschen in Frage. Arthur Schopenhauer und Friedrich Nietzsche dachten über den menschlichen Willen nach, Sigmund Freud erforschte das Unterbewusste. Existenzialisten wie Jean-Paul Sartre griffen solche Fragestellungen im 20. Jh teilweise wieder auf. In Deutschland wurde die Frankfurter Schule, die kritische Gesellschaftsphilosophie von Max Horkheimer, Theodor W. Adorno und später Jürgen Habermas, wegweisend, während sich so unterschiedliche Denker wie Ludwig Wittgenstein, Martin Heidegger, Hans-Georg Gadamer und Jacques Derrida damit befassten, wie die Sprache die Kultur und das Denken prägt.

Siehe auch

BILDUNG
EUROPA, GESCHICHTE
MARX, KARL
REGIERUNGSFORMEN
SCHULE

Phönizier

Die Phönizier stellten aus den Schalen von Purpurschnecken Farbe her.

Eine kleine Gruppe von Städten an der Mittelmeerküste brachte die berühmtesten Seefahrer und Händler der alten Welt hervor. Diese Seefahrer bezeichnete man als Phönizier. Die Städte Phöniziens waren durch das Meer verbunden und betrieben regen Handel, darunter mit Purpurfarben, Glas und Elfenbein. Von 1200 bis 350 v. Chr. beherrschten die Phönizier den gesamten Mittelmeerhandel. Sie breiteten ihre Handelsverbindungen zu vielen Orten rund um die Küste aus. Ihr bekanntester Handelshafen war Karthago an der Nordküste Afrikas. Im Lauf seiner Geschichte wurde Phönizien von mehreren Reichen erobert, darunter von Assyrern, Babyloniern und Persern. Diese fremden Herrscher erlaubten den Phöniziern weiterhin, Handel zu treiben. Im Jahr 332 v. Chr. eroberte Alexander der Große Phönizien, und es siedelten sich viele Griechen an. Die Griechen verbreiteten ihre eigene Kultur, und die Kultur der Phönizier ging unter.

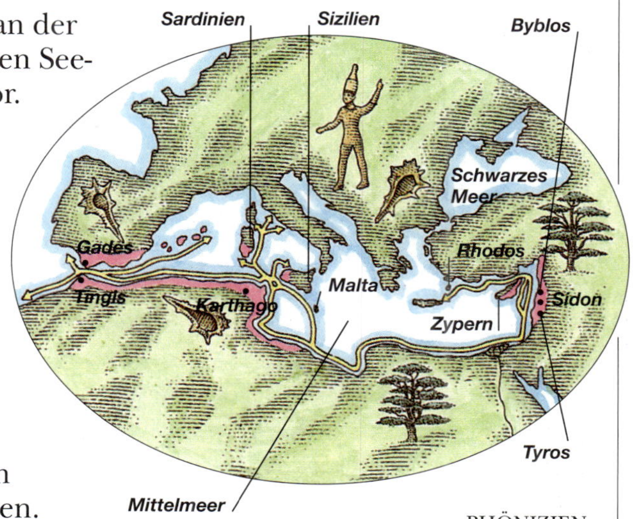

PHÖNIZIEN
Phönizien lag an der Ostküste des Mittelmeers, etwa im Bereich des heutigen Libanon. Die Phönizier breiteten sich im ganzen Mittelmeerraum aus – nach Karthago, Rhodos, Zypern, Sizilien, Malta, Sardinien, Gades (Cadiz) und Tingis (Tanger).

Wenn sie an einem neuen Ort ankamen, legten die Phönizier ihre Waren am Strand aus und zeigten den Einheimischen, was sie mitgebracht hatten.

Skulpturen haben gezeigt, dass phönizische Männer kegelförmige Hüte trugen.

Die Phönizier handelten mit unterschiedlichsten Waren aus dem Mittelmeerraum, unter anderem mit Metallen, Tieren, Weizen, Kleidung, Schmuck und Edelsteinen.

Phönizische Schiffe

Die phönizischen Schiffe waren im ganzen Mittelmeerraum bekannt. Sie waren auch der Hauptgrund für den Erfolg phönizischer Händler. Die Schiffe hatten Ruderer und Segel, sodass sie in alle Richtungen fahren konnten.

Phönizische Glaswaren, wie dieser Glaskrug, waren im Altertum sehr begehrt.

FÄRBEN
Die Phönizier wussten als Einzige, wie man aus der Purpurschnecke die kräftige Purpurfarbe gewinnt. Die Farbe galt als besonders schön, war aber auch sehr teuer. Im Römischen Reich konnten nur hohe Regierungsbeamte purpurfarbene Kleidung tragen.

PHÖNIZISCHE GLASWAREN
Die alten Ägypter stellten schon viele Jahre vor den Phöniziern Glas her, das ägyptische Glas war jedoch matt, das phönizische dagegen klar. Die Phönizier konnten klares Glas herstellen, da ihr Sand große Mengen an Quarz enthielt.

Byblos

Der Phönizierhafen Byblos war berühmt für den Handel mit Papyrus – einer Art Papier, das in Ägypten aus der Papyrusstaude hergestellt wurde. Die Griechen bezeichneten Papyrus nach dem Hafen Byblos als *biblos*. Von diesem Wort stammen einige unserer Wörter ab, z. B. die Bibel oder die Bibliographie.

Die Papyrusstaude wuchs in der warmfeuchten Umgebung des Nils in Ägypten.

Siehe auch

Alexander der Grosse
Alphabete
Assyrier
Babylonier
Griechenland, Altes
Persisches Reich
Sumerer

Physik

Die Physik wird manchmal als Naturphilosophie bezeichnet – d. h. als Wissenschaft, die sich intensiv mit der Natur auseinandersetzt. Physiker versuchen, das Universum zu verstehen und zu erklären – von der größten, entferntesten Galaxie bis zum winzigsten, unsichtbaren Teilchen. Große Physiker stellten sich grundlegende Fragen – z. B. was uns auf der Erde festhält, was Zeit ist und was sich in einem Atom befindet. Physiker arbeiten mit Theorien und Experimenten. Sie führen Experimente durch und erklären die Ergebnisse anhand von Theorien. Danach führen sie weitere Experimente durch, um ihre Theorien zu prüfen. Manche Theorien erklären die Natur so gut, dass sie als physikalische Gesetze betrachtet werden. So besagt z. B. ein solches Gesetz, dass nichts schneller sein kann als das Licht. Diese These stellte der Physiker Albert Einstein (1879–1955) im Jahr 1905 im Zusammenhang mit seiner Relativitätstheorie auf.

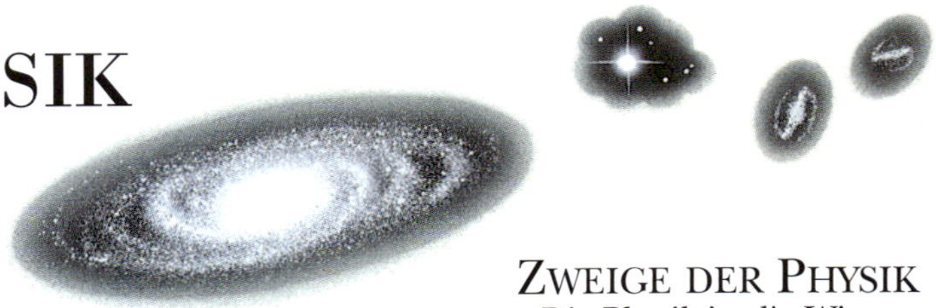

Zweige der Physik

Die Physik ist die Wissenschaft von Energie und Materie (den Stoffen, aus denen alles besteht). Es gibt mehrere Forschungszweige, die sich mit unterschiedlichen Fragen befassen.

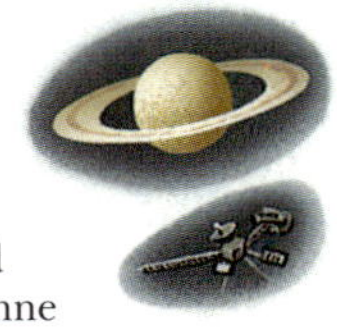

ASTROPHYSIK
Astronomen erforschen mithilfe der Physik den Ursprung und das Innere von Sonne und Sternen. Dieser Physikzweig heißt Astrophysik.

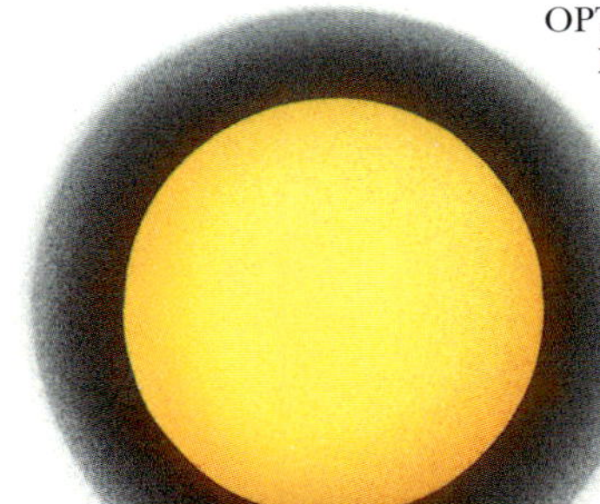

OPTIK UND THERMODYNAMIK
Licht und Wärme sind bedeutende Energieformen: Die Sonne strahlt Licht und Wärme aus, ohne die kein Leben auf der Erde möglich wäre. Die Lehre vom Licht nennt man Optik, die Wärmelehre wird als Thermodynamik bezeichnet.

STATIK
Die Statik befasst sich mit den Kräften, die Gebäude und Brücken tragen und im Gleichgewicht halten.

MECHANIK
Die Mechanik ist die Lehre vom Zusammenwirken der Kräfte und Bewegungen.

ELEKTRIZITÄT
Eine der gebräuchlichsten Energieformen ist die Elektrizität. Physiker erforschen die Eigenschaften der Elektrizität und suchen nach Wegen, sie nutzbar zu machen.

ELEKTROMAGNETISMUS
Physiker haben eine Gruppe vorwiegend unsichtbarer Strahlen entdeckt, die man elektromagnetische Wellen nennt. Der Elektromagnetismus untersucht die Wirkung dieser Wellen.

KINETISCHE THEORIE
Anhand von Molekülen erklären Physiker die Eigenschaften von Feststoffen, Flüssigkeiten und Gasen.

MAGNETISMUS
Physiker erforschen Magnete und die von ihnen ausgehenden Kräfte. Dazu gehört auch der Erdmagnetismus, der auf Bewegungen des geschmolzenen Metallkerns im Erdmittelpunkt zurückzuführen ist.

QUANTENMECHANIK
Energie kann nur in winzigen Größen, Quanten genannt, existieren. Diese Vorstellung ist für die Erforschung von Atomen von großer Bedeutung. Damit befasst sich die Quantenmechanik.

AKUSTIK
Die Lehre vom Schall nennt man Akustik. Mithilfe des Schalls können Physiker das Erdinnere und die Meere untersuchen.

KERNPHYSIK
Physiker versuchen unablässig, mehr über die Eigenschaften der Teilchen zu erfahren, aus denen Atomkerne bestehen. Mit dieser Thematik befasst sich die Kernphysik.

GEOPHYSIK
Das Erdinnere ist uns zwar verborgen, dennoch haben Physiker erkannt, dass dort große Hitze und hoher Druck herrschen, der sich manchmal in Vulkanausbrüchen entlädt. Der Forschungszweig der Physik, der sich mit den Vorgängen im Erdinneren befasst, heißt Geophysik.

MEILENSTEINE DER PHYSIK

um 200 v. Chr. Der Grieche Archimedes entdeckt die Gesetze des Hebels und des Auftriebs.

1687 Der Engländer Isaac Newton veröffentlicht die Gesetze der Bewegung und der Schwerkraft.

1900 Der deutsche Physiker Max Planck entwickelt die Quantentheorie.

1905 Der deutsche Physiker Albert Einstein veröffentlicht die Relativitätstheorie.

1938 Die deutschen Physiker Fritz Strassmann und Otto Hahn spalten das Atom.

Der englische Physiker Stephen Hawking (geb. 1942) entwickelte neue Theorien über die Eigenschaften von Materie, über Schwarze Löcher und den Ursprung des Weltalls. Sie eröffneten der Physik neue Wege.

Siehe auch

Einstein, Albert
Elektrizität
Kraft und Bewegung
Licht
Magnetismus
Naturwissenschaften
Schall
Schwerkraft
Wärme

Viele Pilze wachsen in ringförmigen Gruppen. Weil die Menschen das unheimlich fanden, nannten sie diese Gruppen »Hexenringe«.

PILZE

DIE ROTEN, WEISS getupften Fliegenpilze, die schmackhaften Steinpilze und der graue haarige Schimmel auf altem Brot gehören alle der gleichen Gruppe von Organismen an: den Pilzen. Pilze sind weder Tiere noch Pflanzen. Sie sorgen mit dafür, dass alle Überreste von Pflanzen und Tieren verrotten. Pilze ernähren sich, indem sie Enzyme ausschütten, die das, wovon sie sich ernähren, verfaulen lassen. Die in der fauligen Materie gelösten Nährstoffe und Minerale werden dann von den Pilzen aufgenommen und verwertet. Viele Pilzarten wachsen in feuchten Wäldern und auf Wiesen. Bei uns ist die eigentliche Pilzzeit der Herbst. Giftige Pilzarten sind oft – aber nicht immer! – auffällig gefärbt. Der Hut des Pilzes enthält die Sporen. Dies sind winzige Zellen, aus denen wieder Pilze wachsen. Es gibt schädliche Pilze, die Menschen, Tiere und Pflanzen befallen. Auch die beim Backen verwendete Hefe ist ein Pilz. Das Penizillin, das Bakterien tötet, wird von einem Schimmelpilz gebildet.

SCHIMMEL
Schimmelpilze lassen Überreste von Tieren und Pflanzen verrotten. Hier hat sich auf einem Pfirsich Schimmel gebildet.

OCHSENZUNGE
Wegen seiner Form wird dieser Baumpilz Ochsenzunge oder Leberreischling genannt.

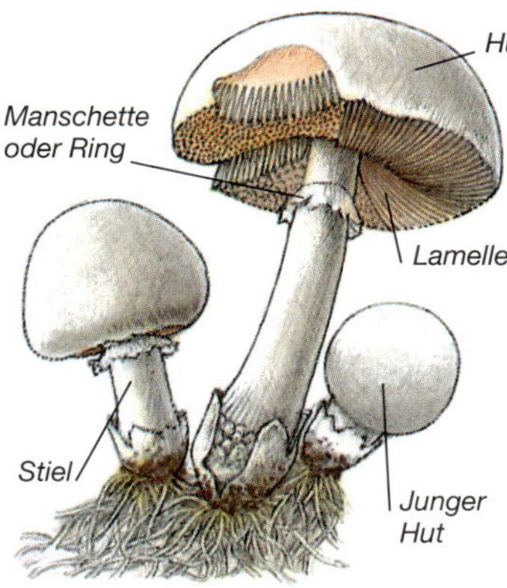

Die Sporen fallen zwischen den Lamellen reifer Hüte heraus.

ESSBARE PILZE

Viele Pilzarten sind nicht genießbar. Andere sind nicht nur köstlich, sondern auch eine Quelle wertvoller Nährstoffe. Zuchtpilze werden in dunklen Hallen in Torfbeeten gezogen. Es ist nicht ungefährlich, selbst gesammelte Pilze zu essen. Viele hoch giftige Pilze sehen Speisepilzen sehr ähnlich.

AUSTERNPILZ
Der Austernpilz wächst an Stämmen von Laubbäumen. Sein Hut erinnert an eine Austernschale. Austernpilze sind sehr schmackhaft und können auch getrocknet werden.

FELDCHAMPIGNON
Im Herbst wachsen sie über Nacht aus den Böden feuchter Wiesen und Weiden.

MORCHEL
Der beliebte Speisepilz Morchel hat einen unregelmäßig gerippten Hut.

PFIFFERLING
Der Hut des Pfifferlings ist wie ein Trichter geformt und riecht nach Aprikosen. Pfifferlinge findet man in Eichen-, Buchen- und Birkenwäldern. Der Pfifferling wächst langsam und schmeckt gut.

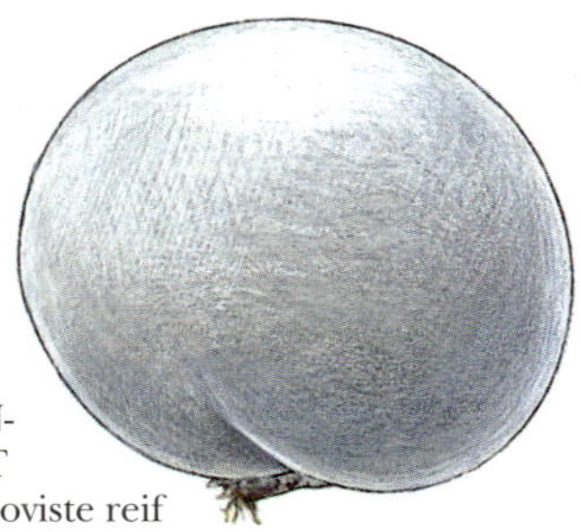

RIESENBOVIST
Wenn Boviste reif sind, brechen sie auf und beim leisesten Windhauch quellen Wolken von Sporen heraus.

ULMENSTERBEN
Tote und sterbende Ulmen sind in Europa und Nordamerika leider ein vertrauter Anblick. Ein Pilz, der den Körpern von Ulmensplintkäfern anhaftet, tötete bereits Millionen von Bäumen. Der Pilz wächst durch die Rinde und blockiert die Versorgungswege im Stamm.

GIFTIGE PILZE

Jedes Jahr sterben Menschen an Pilzvergiftung. Bekannte giftige Pilze sind die Fliegenpilze. Sie sind sehr auffällig. Andere, wie z. B. Knollenblätterpilze, sehen harmlos aus, wirken aber tödlich.

Der harmlos wirkende Knollenblätterpilz ist sehr giftig. Schon knapp 28 g davon genügen, um einen Menschen zu töten.

Der Fliegenpilz ist giftig. Durch Essen kleiner Mengen kann man das Bewusstsein verlieren.

Siehe auch
BÖDEN
ERNÄHRUNG
MEDIKAMENTE
PFLANZEN
TIERE, WALD

Piraten

SCHATZKARTE
Vergrabene Piratenschätze, in der Karte mit einem X markiert, sind die Erfindung von Schriftstellern. Piraten überfielen meist nur Handelsschiffe und raubten sie aus.

IN PIRATENGESCHICHTEN SEGELN dunkle Gestalten durch die Nacht, um ihre Schätze auf tropischen Inseln zu vergraben. In Wirklichkeit war das Piratenleben jedoch ganz anders als in solchen Geschichten. Die meisten Piraten waren Kriminelle, die Schiffe auf offener See ausraubten und deren Mannschaften umbrachten. Piraten tauchten erstmals vor etwa 4000 Jahren auf, als die ersten Handelsschiffe über das Mittelmeer fuhren. Seit damals breiteten sie sich über alle Meere der Welt aus, am aktivsten waren sie jedoch von 1500 bis 1800. Manche Piraten, wie z.B. Blackbeard, machten das Karibische Meer unsicher. Andere, wie Kapitän Kidd, griffen Schiffe im Indischen Ozean an. Manche kriegsführenden Länder unterstützten die Piraterie. Sie nannten die Piratenschiffe Kaperschiffe und gaben ihnen Kaperbriefe, die sie zur Plünderung feindlicher Schiffe ermächtigten. In jüngster Zeit gab es Piraten im Südchinesischen Meer, die Flüchtlingsboote aus Vietnam ausraubten.

Piratenschiffe

Piratenboote waren ursprünglich klein, schnell und wendig. Sie schwammen hoch im Wasser, sodass sie in flache Buchten entwischen konnten. Meist hatten sie so viele Kanonen wie möglich an Bord. Manche Kanonen konnten schwere Metallkugeln abfeuern. Andere hatten leichtere Drehgeschütze zum Schießen mit Bleikugeln.

ANNE BONNY
Anne Bonny wurde in Irland geboren. Sie verliebte sich in den Piraten Rackham und fuhr mit ihm zur See. Auf einem erbeuteten Schiff traf sie eine andere Piratin, Mary Read. Die Frauen wurden 1720 gefangen genommen, entkamen jedoch dem Galgen, da sie schwanger waren.

BLACKBEARD
Einer der gefürchtetsten Piraten war Edward Teach. Sein Spitzname war Blackbeard (»Schwarzbart«), und sein Lieblingsgetränk war Rum mit Schießpulver. Im Kampf trug er sechs Pistolen und im Haar lodernde Streichhölzer. Er starb 1718 auf einem britischen Kriegsschiff.

DUBLONEN
Die Piratenwährung war eine spanische Goldmünze, genannt Dublone. Dublonen hießen auch doblón de la ocho, was so viel heißt wie »acht Stücke«, da jede Dublone acht spanische Gold-Escudos wert war.

Siehe auch
Räuber und Ganoven

Planeten

DIE ERDE IST EINER von neun Planeten im Sonnensystem. Planeten sind kugelförmige Himmelskörper aus Gestein, Metall und Gasen, die einen Stern umkreisen, so wie die Erde die Sonne umkreist. Die Planeten des Sonnensystems bewegen sich – mit Ausnahme von Pluto – alle in derselben Richtung um die Sonne und beschreiben dabei eine elliptische (ovale) Bahn. Durch ein Fernrohr betrachtet, erscheinen die Planeten als kleine Lichtscheiben. Dabei senden sie selbst jedoch kein Licht aus, sondern reflektieren das Sonnenlicht. Einige Planeten, wie die Erde und die Venus, sind von einer Gasschicht, der Atmosphäre, umgeben. Zwischen den Planeten herrschen sehr große Temperaturunterschiede: Merkur, der sonnennächste Planet, ist glühend heiß. Pluto, der sonnenfernste Planet, ist zehn mal kälter als ein Gefrierschrank. Soweit wir wissen, ist die Erde der einzige Planet im Sonnensystem, auf dem es Leben gibt. Es gibt jedoch Milliarden von Sternen, die unserer Sonne ähnlich sind und vermutlich auch Planeten besitzen – möglicherweise existiert auf einem dieser fernen Planeten irgendeine Form von Leben.

JUPITER
Jupiter ist der größte Planet im Sonnensystem. Seine aus Flüssigkeiten und Gasen bestehende Oberfläche ist von wirbelnden Gaswolken umhüllt. Jupiter hat 63 bekannte Monde und ist von einem Ring aus Staub umgeben.

DIE SONNE
Die Sonne ist ein Stern – ein riesiger, heißer Gasball, weit größer als jeder Planet.

MARS
Mars ist ein kleiner Planet mit einer rötlichen Gesteinsoberfläche. Er hat zwei Polkappen aus Eis und gefrorenem Gas. Die Temperatur schwankt zwischen 20 °C und -140 °C. Mars hat zwei kleine Monde: Phobos und Deimos.

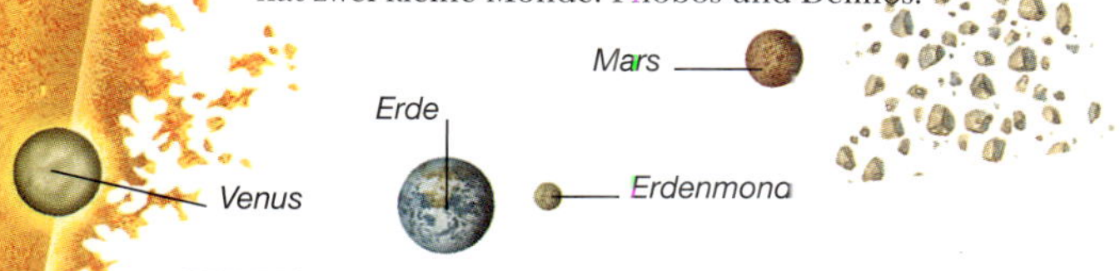

MERKUR
Merkur ist der Sonne so nahe, dass er weder eine Atmosphäre noch Meere besitzt. Die Oberfläche wird etwa 350 °C heiß und kühlt nachts auf -200 °C ab.

VENUS
Die Oberfläche der Venus ist von dicken Wolken verhüllt. Sie speichern die Sonnenwärme und machen die Venus so zum heißesten Planeten des Sonnensystems. Die Oberflächentemperatur beträgt etwa 480 °C.

ERDE
Die Erde hat eine lufterfüllte Atmosphäre und wassergefüllte Meere. Die Durchschnittstemperatur der Erde liegt bei 22 °C. Luft und flüssiges Wasser bilden die Grundlage für das Leben auf der Erde. Wäre es heißer, würde das Wasser verdunsten. Wäre es kälter, würde es frieren.

Asteroiden

Asteroiden sind winzige Himmelskörper, die um die Sonne kreisen. Die meisten befinden sich zwischen Mars und Jupiter. Asteroiden sind so alt wie das Sonnensystem. Sie bestehen größtenteils aus Gestein und Metall und haben meist einige Kilometer Durchmesser. Jupiters Schwerkraft befördert Asteroiden manchmal in unregelmäßige Bahnen, auf denen sie auch mit Planeten zusammenstoßen können.

Planetenbilder

Dank der Weltraumtechnik wissen wir, wie andere Planeten des Sonnensystems aussehen und woraus sie bestehen. Sie hat auch gezeigt, dass auf anderen Planeten wahrscheinlich kein Leben existiert. Die hier gezeigten Aufnahmen stammen von verschiedenen Raumfahrzeugen.

Dieses zusammengesetzte Foto zeigt die von Mariner 10 aufgenommene, stark durchkraterte Oberfläche des Merkur.

Dieses Foto der Venussonde Pioneer zeigt die dicken, gelblichen Wolken, die die Venusoberfläche verhüllen.

Die Erde in einer Aufnahme des Wettersatelliten Meteosat. Die Farben wurden mittels Computer verstärkt.

Ein aus 100 Einzelaufnahmen der Raumsonde Viking 1 zusammengesetztes Bild vom Mars.

SATURNRINGE

Jupiter, Saturn, Uranus und Neptun sind von Ringen umgeben. Am eindrucksvollsten sind die Saturnringe, die aus Millionen von eisumhüllten, im Raum schwebenden Gesteinsbrocken bestehen. Die Ringe kann man von der Erde aus schon mit einem Fernglas sehen. Astronomen wissen nicht sicher, wie die Ringe entstanden sind. Möglicherweise sind sie die Reste eines zerborstenen Mondes.

NEPTUN

Neptun (unten) hat eine blau schimmernde Atmosphäre aus den Gasen Wasserstoff, Helium und Methan, die einen Gesteinskern von der Größe der Erde umhüllt. Neptun hat vier Ringe und 13 bekannte Monde.

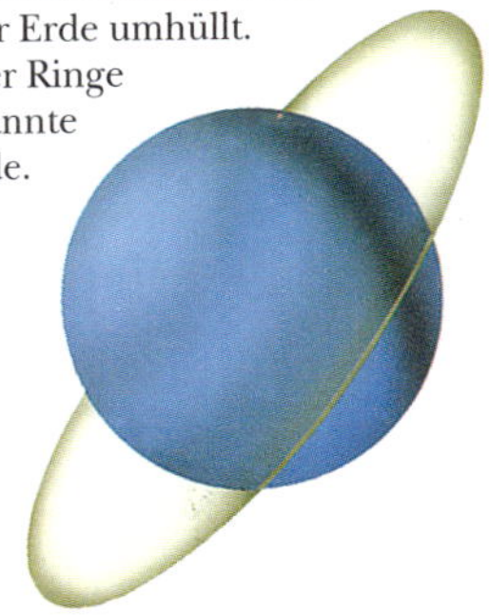

PLUTO

Pluto (oben) ist der äußerste und kleinste Planet. Sein Durchmesser beträgt ein Fünftel des Erddurchmessers. Mit etwa –230 °C ist er der kälteste Planet des Sonnensystems. Pluto hat drei Monde, einer ist fast halb so groß wie er selbst.

URANUS

Uranus (links) hat einen von Eis und Gasen umgebenen festen Metallkern. Seine blaugrüne Atmosphäre besteht u. a. aus Methan, Wasserstoff und Helium. Auf Uranus herrscht mit rund –214 °C extreme Kälte. Uranus hat elf Ringe und 27 bekannte Monde.

SATURN

Der Riesenplanet Saturn (links) ist fast so groß wie Jupiter. Dichte Sturmwolken umhüllen den Planeten und verleihen ihm ein gebändertes Aussehen. Sein fester Kern aus Gestein und Eis ist von flüssigem und gasförmigem Wasserstoff umgeben. Saturn hat 47 bekannte Monde. Viele, vor allem kleinere Monde wurden erst in den letzten Jahren von Raumsonden entdeckt.

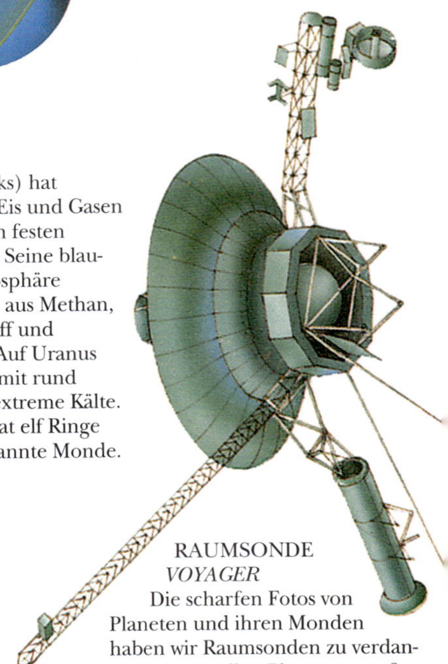

RAUMSONDE *VOYAGER*

Die scharfen Fotos von Planeten und ihren Monden haben wir Raumsonden zu verdanken, die an allen Planeten – außer Pluto – vorbeigeflogen sind. Eine der erfolgreichsten Sonden war *Voyager 2*. Sie war mehr als zehn Jahre unterwegs und sandte Bilder zur Erde, bis sie 1990 das Sonnensystem verließ. *Voyager* nutzte die Schwerkraft der Planeten aus, um neuen Antrieb zu erhalten – ähnlich dem Effekt, wie wenn man von einem drehenden Karussell abspringt.

SONNENSYSTEM

Das Sonnensystem besteht aus der Sonne, neun Planeten und ihren Monden, sowie Asteroiden und Kometen. Es entstand vor ungefähr 4,5 Mrd. Jahren aus einer gewaltigen Gas- und Staubwolke. Die Schwerkraft der Sonne hält alle Planeten in ihren Bahnen. Die Planeten unterteilt man in zwei Gruppen: Die inneren Planeten Merkur, Venus, Erde und Mars sowie die äußeren Planeten Jupiter, Saturn, Uranus, Neptun und Pluto.

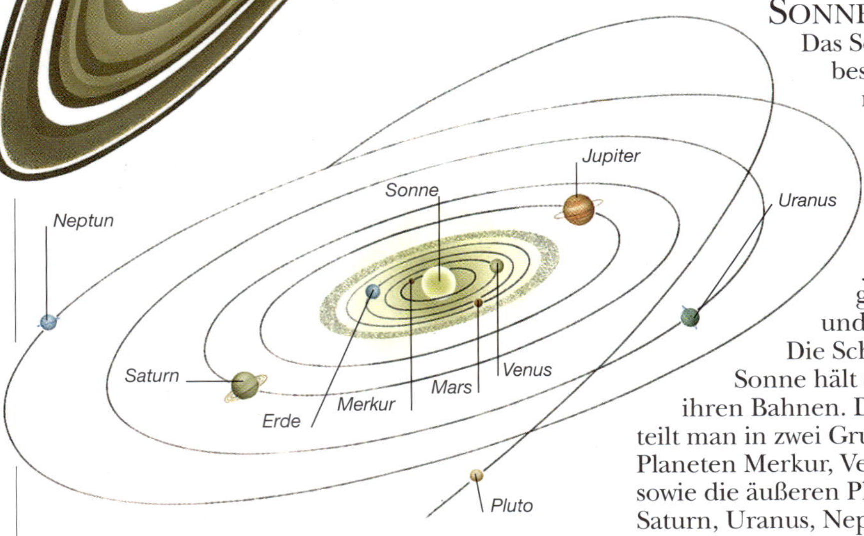

Pluto aus der Sicht eines Künstlers. Als Vorlage dienten Aufnahmen des Hubble-Weltraumteleskops von 1994.

Voyager 1-Aufnahme vom Jupiter. Man sieht den Großen Roten Fleck – einen gewaltigen Wirbelsturm.

Dieses Bild vom Saturn und seinen bunten Ringen nahm die Raumsonde Voyager 1 *auf.*

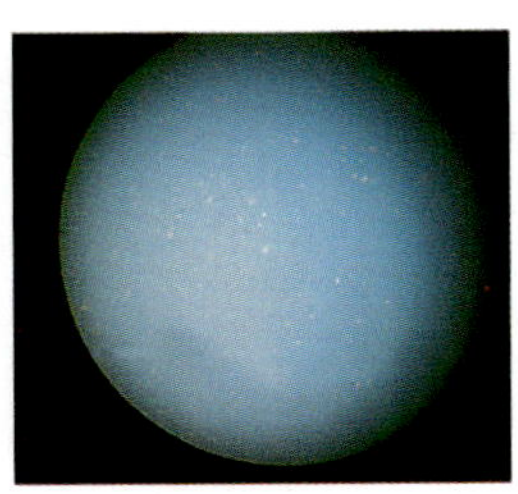

Voyager 2-*Aufnahme von Uranus. Die Atmosphäre erscheint blau, da Methanwolken die roten Lichtanteile absorbieren.*

Voyager 2-*Aufnahme von Neptun. Die beiden dunklen Flecken sind gewaltige Wirbelstürme in der Atmosphäre.*

Siehe auch

ASTRONOMIE
MOND
SCHWERKRAFT
SONNE
WELTALL

Polarforschung

ROBERT PEARY
Robert Peary (1856–1920) erreichte am 6. April 1909 zusammen mit einem anderen Amerikaner und vier Inuit als erster Mensch den Nordpol.

Die kältesten Orte auf der Erde sind auch die letzten, die erforscht wurden. Am Nord- und am Südpol wehen schneidend kalte Winde über die ausgedehnten Schnee- und Eismassen. Die ersten europäischen Forscher an den Polen riskierten ihr Leben, und manche kehrten nie wieder zurück. Sie hatten einfache Ausrüstungen und bescheidene Transportmittel. Die Forscher legten einen Teil des Weges mit dem Schiff zurück und stiegen dann auf Skier um. Die mit Ausrüstung bepackten Schlitten ließen sie von Huskys oder Ponys ziehen. Sie setzten sich dabei großen Gefahren aus. Die tiefen Temperaturen verursachten häufig Erfrierungen, und sie mussten alles mitnehmen, was sie brauchten, vor allem ausreichend Nahrung für den langen Weg zum Pol und wieder zurück. Diese frühen Forscher orientierten sich an der Sonne, da die Landschaften an den Polen sonst keine Anhaltspunkte bieten. Später verfügten Forscher über modernere Transportmittel, dennoch dauerte es bis Mitte des 20. Jhs., bis beide Polargebiete gänzlich erforscht waren.

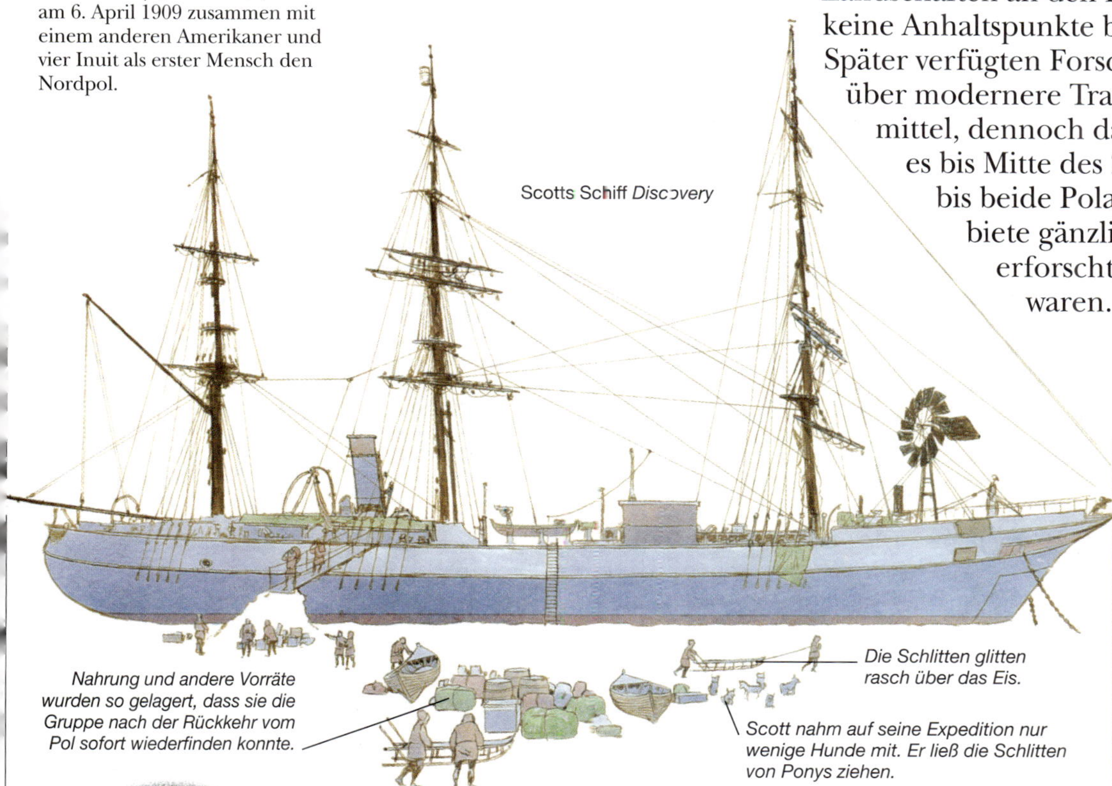

Scotts Schiff *Discovery*

Nahrung und andere Vorräte wurden so gelagert, dass sie die Gruppe nach der Rückkehr vom Pol sofort wiederfinden konnte.

Die Schlitten glitten rasch über das Eis.

Scott nahm auf seine Expedition nur wenige Hunde mit. Er ließ die Schlitten von Ponys ziehen.

NORDPOL

982 Der Wikinger Erich der Rote entdeckt Grönland.

1607 Hudson versucht Nordkanada zu umsegeln.

1827 Sir William Parry versucht, den Pol mit Hundeschlitten zu erreichen.

1893–96 Der Norweger Fridtjof Nansen lässt sein Schiff im Packeis festfrieren, damit es darin dem Pol entgegendriftet.

1909 Peary erreicht den Pol.

1926 Erster Flug zum Pol.

1959 Das amerikanische U-Boot *Skate* taucht am Pol auf.

SÜDPOL

1820 Erste Sichtung des antarktischen Kontinents.

1821 Ein Russe umsegelt die Antarktis. Ein Amerikaner geht an Land.

1911 Fünf Expeditionen sind auf dem Weg zum Pol. Roald Amundsen erreicht ihn als Erster.

Amundsen und Scott

Das Holzschiff *Discovery* brachte 1912 die vom britischen Kapitän Robert Scott (1868–1912) geführte Expedition auf bis zu 1450 km an den Südpol heran. Als Scotts Männer den Pol erreichten, stellten sie jedoch fest, dass sie nicht die Ersten waren. Eine von Roald Amundsen (1872–1928) geführte norwegische Expedition hatte den Südpol bereits am 14. Dezember 1911 vor den britischen Konkurrenten erreicht. Scott und seine Begleiter kamen auf dem Rückweg ums Leben.

MODERNE FORSCHUNG
Die Entdecker wurden inzwischen durch Wissenschaftler ersetzt, die den Südpol mit moderner Ausrüstung erforschen – die unwirtliche Umgebung ist jedoch dieselbe geblieben!

Die Kleidung früher Forscher

Eine dicke Kapuze hielt den Kopf warm.

Pelzfäustling

Schutzbrillen schützten die Augen vor gleißendem Sonnenlicht.

Siehe auch

Antarktis
Arktis
Entdecker
Gletscher

POLIZEI

ZUM SCHUTZ DER BÜRGER gibt es in jedem Staat festgelegte Gesetze. Nur wenige Naturvölker sorgen selbst für die Einhaltung ungeschriebener Regeln. In den meisten Staaten ist es die Aufgabe der Polizei, dafür zu sorgen, dass die Gesetze eingehalten werden. Polizisten und Polizistinnen haben vielfältige Aufgaben. Sie verfolgen Straftäter, stoppen Temposünder und gehen in Wohngebieten auf Streife. Manche arbeiten im Büro und gehen von dort aus Hinweisen nach, die ein Verbrechen aufklären könnten. Die Polizei nimmt Verdächtige fest, verhört sie und führt sie einem Gerichtsverfahren zu. Dabei muss mit Bedacht vorgegangen werden, damit niemand zu Unrecht festgehalten wird. In den meisten Ländern, wie z.B. auch in Deutschland, sind die Polizisten Staatsbeamte. Einige Länder haben ihr Polizeiwesen militärisch organisiert. In manchen Staaten behaupten sich Regierungen nur deshalb an der Macht, weil sie mithilfe der Polizei die Opposition und Andersdenkende ausschalten.

»DER SCHUTZMANN«
Im 19. Jahrhundert wurde in Preußen die Königliche Schutzmannschaft eingeführt. Die Schutzmänner trugen blaue Uniform und Pickelhaube. Auf dem Land sorgten Gendarmen für Ruhe, Sicherheit und Ordnung. Auch sie waren am Symbol des Deutschen Kaiserreichs, der Pickelhaube, zu erkennen.

Anhand von Zeugenbeschreibungen fertigt die Polizei ein Phantombild des Verdächtigen an.

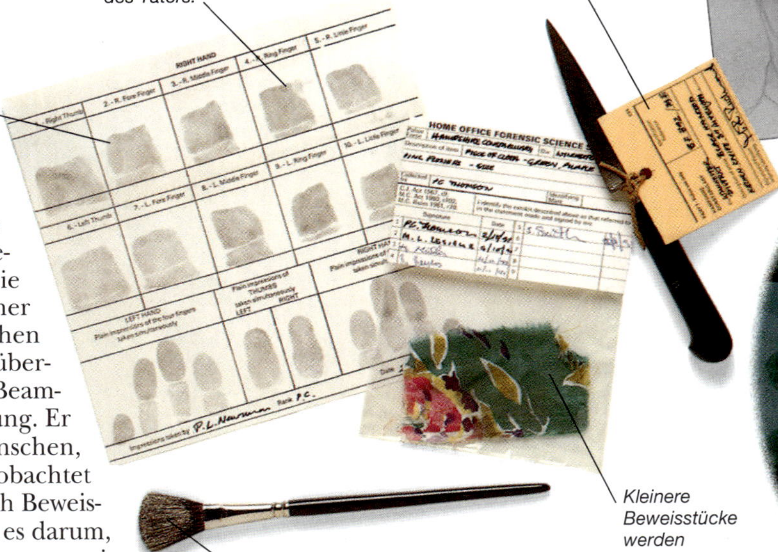

Der Fingerabdruck eines jeden Menschen ist einzigartig. Deshalb suchen Polizisten am Ort eines Verbrechens nach Fingerabdrücken des Täters.

Sicher gestelltes Beweismaterial wird gekennzeichnet.

Polizeiarchive sammeln die Fingerabdrücke aller Straftäter.

Spezialpuder auf glatten Oberflächen macht das Rillenmuster von Fingerabdrücken sichtbar.

Kleinere Beweisstücke werden in Plastikbeuteln sicher aufbewahrt.

KRIMINALPOLIZEI

Polizisten mit Spezialausbildung für die Aufklärung von Verbrechen arbeiten für die Kriminalpolizei. Immer wenn ein Verbrechen begangen wurde, übernimmt ein »Kripo«-Beamter die Aufklärung. Er befragt Zeugen – Menschen, die das Verbrechen beobachtet haben – und sucht nach Beweismaterial. Zuerst geht es darum, den möglichen Täter zu ermitteln. Dazu müssen Beweise gesucht werden, die den Verdacht bestätigen.

Japan *Simbabwe* *Deutschland* *Thailand*

UNIFORMIERTE POLIZEI
Kripobeamte gehen oft in zivil, d.h. sie tragen Alltagskleidung, während Polizisten sonst eine Uniform tragen. Damit können sie gleich als Polizisten erkannt werden. In manchen Ländern tragen Verkehrspolizisten eine eigene Uniform. Eine Uniform muss praktisch sein, mit Taschen für Funkgerät, Notizbuch, Polizeiknüppel, Handschellen und andere Ausrüstungsgegenstände. In den meisten Ländern sind die Polizisten bewaffnet. Das gilt auch für Deutschland, nicht aber für Großbritannien.

BEREITSCHAFTSPOLIZEI
Nicht alle Demonstrationen und Aufmärsche verlaufen friedlich. Es können Pflastersteine oder Farbbeutel geworfen oder Geschäfte geplündert werden. Derartige Ausschreitungen zu verhindern, ist die Aufgabe der Bereitschaftspolizei. Sie versucht die Gewalt einzudämmen, indem sie Anstifter dingfest macht und die Menge zerstreut. Es gibt Polizeieinheiten mit Spezialausbildung, oft aber handelt es sich um normale Polizisten, die zu ihrem Schutz Helm und Schild tragen.

LÄNDER- UND BUNDESPOLIZEI

Jedes Bundesland hat seine eigene Polizei. Sie gliedert sich in Streifenpolizisten, in Kriminalbeamte, in Bereitschaftspolizisten und in Verwaltungsbeamte. Darüber hinaus gibt es mehrere Bundesbehörden. Dazu gehört das Bundeskriminalamt, das deutschlandweit für die Aufklärung von Verbrechen zuständig ist. Eine weitere Bundesbehörde ist der Bundesgrenzschutz. Er überwacht den Bahn- und Flugverkehr, führt Personenkontrollen durch und schützt wichtige Gebäude wie das Kanzleramt, das Innenministerium sowie das Verfassungsgericht. Bei wichtigen Fußballspielen oder anderen Großveranstaltungen kommen Grenzschutzbeamte ihren Kollegen in den jeweiligen Bundesländern zur Hilfe. Außerdem gibt es noch das Zollkriminalamt. Es kümmert sich darum, dass die eingeführten Waren korrekt verzollt werden, bekämpft den illegalen Waffen- und Rauschgifthandel sowie die Geldwäsche.

Beamte des Bundesgrenzschutzes im Einsatz am Düsseldorfer Flughafen

VERKEHRSPOLIZEI

Die Hauptaufgabe der Verkehrspolizei besteht darin, darauf zu achten, dass die Straßenverkehrsordnung eingehalten wird. Mit speziellen Radargeräten können die Beamten bei vorbeifahrenden Fahrzeugen feststellen, ob die zulässige Höchstgeschwindigkeit überschritten wurde. Liegt ein Verstoß vor, wird das Fahrzeug »geblitzt«. Außerdem kontrollieren sie die Fahrtüchtigkeit der Autofahrer, indem sie Alkoholkontrollen durchführen. Verkehrspolizisten nehmen Unfälle auf, verfolgen Fluchtfahrzeuge, überwachen die Lenk- und Ruhezeiten von Lastwagenfahrern, kontrollieren Gefahrgut und regeln den Verkehr. Manche Beamte gehen in die Schulen und unterrichten dort Verkehrserziehung.

VIDEOÜBERWACHUNG

Um Straftaten zu verhindern, setzt die Polizei Videokameras ein, mit denen sie kriminelle Brennpunkte wie U-Bahnhöfe und Bahnhofsvorplätze überwacht. Das soll mögliche Täter abschrecken oder dabei helfen, sie eindeutig zu überführen.

MODERNE POLIZEI

Heute speichert die Polizei alle ihre Erkenntnisse in einem zentralen Computersystem. Auf diese Weise hat sie immer alle Informationen griffbereit, wenn es darum geht, ein Verbrechen zu bekämpfen oder einen flüchtigen Täter zu fassen. Um besser mit der ausländischen Bevölkerung zusammenarbeiten zu können, hat die Polizei in manchen Bundesländern nicht deutschstämmige Beamte eingestellt. Die meisten von ihnen sind türkischer Herkunft.

Die Aufnahmen der Videokameras werden in eine Zentrale übertragen, von wo aus bei kritischen Situationen die Einsatzpolizei alarmiert wird.

DIE POLIZEI IN ÖSTERREICH UND DER SCHWEIZ

In Österreich und der Schweiz ist die Polizei anders organisiert als in Deutschland. In Österreich gibt es keine Aufteilung nach Bund oder Ländern, sondern drei nebeneinander existierende Behörden: die Bundespolizei, die Bezirkspolizei und die Gemeindepolizei. Ihre Beamten werden als Gendarmen bezeichnet. In der Schweiz kennt man zwar auch eine Bundes- und eine Kantonspolizei, aber bis auf wenige Ausnahmen ist die Kantonspolizei für alles zuständig – sie übernimmt die Aufgaben der Kriminal-, Sicherheits- und Verkehrspolizei ebenso wie den Grenz- und Staatsschutz. Flüchtet ein Verbrecher von einem Kanton in den anderen, darf ihn der ermittelnde Polizist über die Kantonsgrenze hinweg verfolgen und festnehmen.

Siehe auch

COMPUTER
DEUTSCHLAND, GESCHICHTE
KLEIDUNG
RECHTSPRECHUNG

Portugal

Portugal, das westlichste Land Europas, liegt an der Westseite der Iberischen Halbinsel, die es sich mit Spanien teilt. Außerdem gehören zu Portugal die Azoren und Madeira, zwei selbstverwaltete Inselgruppen im Atlantik.

PORTUGAL MIT SEINER langen Atlantikküste war von jeher eine Seefahrernation. Es ist ein Land mit wenigen Bodenschätzen, und seine Wirtschaft basiert traditionell auf Fischfang und Landwirtschaft. Die Reben an den feuchten, fruchtbaren Hängen des Douro liefern feine Weine. Wichtige Exporterzeugnisse sind auch Oliven, Kork und Fischkonserven. Heute ist Portugal stärker industrialisiert, seine Textilindustrie expandiert. Portugal hat zwar ein gutes Straßennetz, doch sind die Verkehrsverbindungen zum Nachbarn Spanien schlecht – schwere Güter werden meist per Schiff transportiert. Von zunehmender Bedeutung ist der Tourismus, vor allem an der milden Südküste.

Algarve

Das fruchtbare Küstenland im Süden Portugals ist dicht besiedelt. Landeinwärts basiert die Landwirtschaft vor allem auf dem Anbau von Mais, Feigen, Oliven, Mandeln und Trauben. An der Küste liegen viele Fischerdörfer. In den letzten Jahren wurde diese stille Provinz vom Tourismus umgewandelt (oben), zum Teil auf Kosten traditioneller Dörfer. Die Touristen kommen wegen der milden Winter, der schönen Landschaft und wegen einiger der besten Golfplätze in Europa.

WEINBERGE

Weinberge bedecken die terrassierten Hügel, die das Tal des Douro säumen (links). Die hier gelesenen Trauben liefern Portugals erlesenste Weine wie den berühmten gespriteten Wein, nach der Hafenstadt Porto an der Douromündung »Portwein« genannt. Die Trauben werden auf Booten über den Fluss nach Porto und Villa Nova da Gaia transportiert, wo der Wein verschnitten wird, in Fässern und Flaschen reift und in die ganze Welt exportiert wird. Auch die Insel Madeira ist berühmt für ihren Wein, der ein halbes Jahr lang durch eine Kombination von Heißwasserröhren und Sonnenstrahlen erwärmt wird.

Portwein ist ein Dessertwein, der durch Zusatz von Brandy zu den gärenden Trauben entsteht.

Lissabon

Portugals Hauptstadt und wichtigster Hafen liegt an den Ufern des Tejo, 13 km von der Küste entfernt. Baixa, das historische Stadtzentrum (unten), befindet sich am Nordufer. 1755 wurde Baixa großenteils von einem Erdbeben zerstört, danach wieder völlig aufgebaut. Heute ist es das belebte Handelszentrum der Stadt. Am Südufer des Tejo liegen Lissabons große Zement- und Stahlwerke.

KORKANBAU

Portugal ist der führende Erzeuger von Kork, aus der Rinde der Korkeiche. Die Bäume werden erstmals im Alter von 15 bis 20 Jahren vom Kork befreit, danach alle zehn Jahre. Aus Kork werden Korken für Flaschen und Gläser gefertigt.

FESTE

Portugal ist ein römisch-katholisches Land; viele Dörfer feiern alljährlich am Tag eines bestimmten Heiligen oder an einem Feiertag ihr Fest. Bei bunten Zügen durch die Straßen spielt die portugiesische Gitarre (eine Art Mandoline) auf, und das ganze Dorf versammelt sich zu einem üppigen Mahl bei Musik und Tanz. Portugals traditionelle Musik ist der *Fado* mit seinen melancholischen Melodien.

Siehe auch

EUROPA, GESCHICHTE
PORTUGAL, GESCHICHTE

Vulkan	Berg	Historische Stätte	Hauptstadt	Großstadt	Stadt

FAKTEN

Fläche: 92 300 km^2
Einwohner: 10 100 000
Hauptstadt: Lissabon
Sprache: Portugiesisch
Religionen: römisch-katholisch, protestantisch
Währung: Euro
Haupterwerbstätigkeit: Finanzdienstleistungen, Tourismus, Landwirtschaft, Industrie
Hauptexportgüter: Textilien, Schuhe, Wein, Tomaten, Zitrusfrüchte, Kork, Sardinen, Wolfram, Kupfer, Zinn
Hauptimportgut: Erdöl

LANDWIRTSCHAFT

Insgesamt ist der Boden in Portugal fruchtbar und gut bewässert, im tiefen Süden allerdings sehr trocken. Angebaut werden Weizen, Roggen, Hafer, Gerste, Oliven, Feigen, Trauben und Tomaten. Ziegen und Schafe gibt es in ganz Portugal, auch im trockenen Süden. Die meisten Bauernhöfe sind kleine Familienbetriebe, die ganz traditionell arbeiten. In der Region Alentejo im Süden (unten) wird ein Teil des Landes erfolgreich von Kooperativen (Genossenschaften) bewirtschaftet.

FISCHFANG

Der Fischfang hatte für Portugal schon immer große Bedeutung, an der langen Atlantikküste liegen viele Fischerdörfer. In ihren kleinen Booten fangen die Fischer mit Netzen Tunfisch, Sardellen, Sardinen, Austern und Makrelen, die dann in Fabriken an der Küste verarbeitet werden. Portugal ist ein Hauptexporteur von Büchsensardinen. Das portugiesische Nationalgericht ist *Bacalhão*, getrockneter und gesalzener Kabeljau, der von Fischereiflotten im Atlantik gefangen wird.

KERAMIK

Diese glasierten Keramikkacheln, *Azulejos* genannt, stammen vom Minho im Norden. Mit bildhaften Szenen bemalt, schmücken sie seit Jahrhunderten die Wände.

Portugal
Geschichte

Als Teil der Iberischen Halbinsel wurde Portugal erst im 12. Jh. ein eigenes Land. Die Römer, die das Gebiet kolonisierten, nannten es Lusitania. Die Mauren übernahmen die Region im 8. Jh., und Portugal erblühte unter ihrer Herrschaft. Im 15. Jh. errichteten portugiesische Seefahrer ein großes Reich im Wettstreit mit Spanien, das Portugal im 16. Jh. besetzte. 1910 wurde Portugal Republik. Jahrzehntelang von einer Militärdiktatur beherrscht, ist es seit 1974 eine Demokratie.

ALFONS III.
Portugal wurde im 12. Jh. ein unabhängiges Land, allerdings hielten die Mauren noch die Südregion besetzt. 1248 wurde Alfons III. König und vertrieb die Mauren schließlich aus Portugal.

PORTUGIESISCHES WELTREICH
Im 15. Jh. unternahmen Seefahrer, ermutigt von Prinz Heinrich dem Seefahrer (Sohn von Johann I., dem König von Portugal), lange Seereisen um die Erde. 1498 führte Vasco da Gama vier Schiffe nach Kalikut in Indien, zwei Jahre später erreichte Pedro Álvares Cabral Brasilien. Bald besaß Portugal ein Weltreich mit Ländern in Südasien, Afrika und Brasilien.

Revolte

1580 nahm Philipp II. von Spanien Portugal in Besitz. Die Portugiesen vermochten gegen die Fremdherrschaft erst 1640 aufzubegehren, als Spanien durch einen Krieg mit Frankreich stark geschwächt war. Johann, Herzog von Bragança, Portugals größter Grundbesitzer, führte die Revolte an. Die Spanier wurden vertrieben, und Johann wurde zu Johann IV., dem ersten König des Hauses Bragança gekrönt, das Portugal bis zum Ende der Monarchie 1910 regierte.

Kampfszene während des portugiesischen Aufstands

CHRONIK

201 v. Chr. Die Römer kolonisieren die Iberische Halbinsel.

8. Jh. Die Mauren (Muslime aus Nordafrika) besetzen Portugal.

12. Jh. Die Christen vertreiben die Mauren; Portugal wird von Spanien selbstständig.

1419 Die Portugiesen beginnen die Welt zu erforschen.

1494 Vertrag von Tordesillas: Spanien und Portugal teilen die Welt unter sich auf.

1500 Brasilien wird portugiesische Kolonie.

1580–1640 Spanien herrscht über Portugal.

1822 Portugal verliert Brasilien.

1910 Portugal wird eine Republik.

1974 Ein Militärputsch beseitigt die Diktatur.

1986 Portugal tritt der Europäischen Gemeinschaft bei.

Das Erdbeben von Lissabon

1755 zerstörte ein schweres Erdbeben die Unterstadt von Portugals Hauptstadt Lissabon und tötete über 60 000 Menschen. Die Burg São Jorge, der einstige Königspalast, überstand das Beben, da sie auf einem Berg steht. Der Marquis von Pombal, Portugals leitender Minister (1750–77), ließ die Stadt wieder aufbauen.

ANTONIO DE SALAZAR
Antonio de Oliveira Salazar, Portugals Ministerpräsident seit 1932, regierte bis 1968 als Diktator. Sein Nachfolger wurde Marcello Caetano. 1974 stürzte die Bewegung der Streitkräfte in einer unblutigen Revolution das Regime.

Siehe auch

Demokratie
Erdbeben
Phönizier
Spanien, Geschichte

Post

Millionen Briefe und Pakete laufen täglich über die Laufbänder und durch die Sortiersysteme der Post. Selbst Sendungen vom anderen Ende der Welt erreichen innerhalb weniger Tage den Empfänger. Damit das funktioniert, arbeitet die Post mit einem Netzwerk von Sortierämtern. Abhängig von der Entfernung des Zielorts durchläuft ein Brief mehrere Sortierprozesse in unterschiedlichen Sortierämtern. Wenn man einen Brief an einen Freund im Ausland aufgibt, wird der Brief zunächst einmal vom Briefkasten abgeholt. Dann wird er ins nächste Sortieramt gebracht und dort zusammen mit anderen Briefen für ein bestimmtes Land in einen Beutel gesteckt. Per Flugzeug, Bahn oder LKW erfolgt dann der Versand in das jeweilige Land. Dort beginnt der Sortierprozess wieder von neuem, bis der Brief von einem großen Zentralpostamt in ein Stadtteil-Postamt und von dort zum Empfänger gebracht wird.

LEUCHTFEUER
Lange vor Einführung des Postwesens waren Leuchtfeuer eine weit verbreitete Methode zur Übermittlung von Nachrichten. Im 16. Jh. warnten Leuchtfeuer die Briten vor der Gefahr einer spanischen Invasion. Sobald ein Leuchtfeuer auf einem Berg am Horizont gesichtet wurde, entfachten die Menschen ein neues. So wanderte das Signal von Bergspitze zu Bergspitze. Ein berittener Bote hätte nicht schneller sein können.

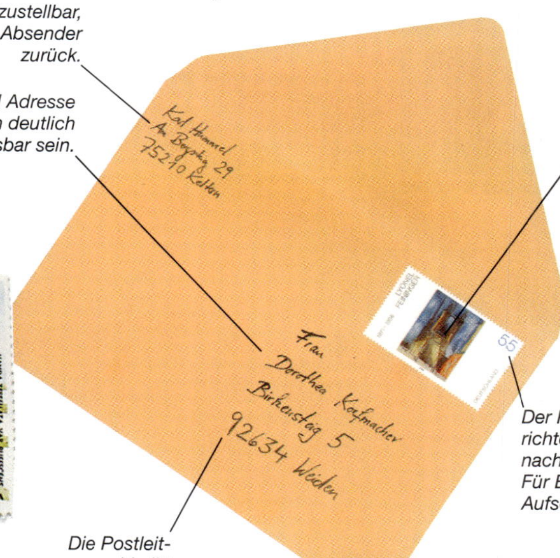

Ist der Brief nicht zustellbar, geht er an den Absender zurück.

Name und Adresse müssen deutlich lesbar sein.

Briefmarken sollten immer rechts oben aufgeklebt werden. Die Post entwertet die Marke mit einem Stempel, um zu verhindern, dass sie mehrmals verwendet wird.

Der Preis einer Sendung richtet sich vor allem nach dem Gewicht. Für Eilbriefe wird ein Aufschlag berechnet.

Die Postleitzahl gibt Region, Ort und Zustellbezirk an.

Briefmarken

Die erste Briefmarke der Welt wurde 1840 in Großbritannien herausgegeben. Bald darauf folgten Länder wie Deutschland und die USA. Die berühmteste Briefmarke der Welt, die Blaue Mauritius, erschien 1847 auf der Insel Mauritius. Heute geben die Postdienste aller Länder Marken unterschiedlicher Preisklassen heraus. Eine Marke erinnert oft an geschichtliche Ereignisse oder an berühmte Personen.

Päckchen und Pakete müssen noch immer von Hand sortiert werden.

SORTIERSYSTEME
Maschinen haben das Sortieren der Briefpost schneller und bequemer gemacht. Modernste Anlagen übernehmen nicht nur das Lesen und Entwerten der Briefmarken, sie lesen auch die Anschrift, egal ob hand- oder maschinenschriftlich. Damit können bis zu 350 000 Briefe pro Stunde sortiert und weitergeleitet werden.

Pony-Express

1860 wurde in den Vereinigten Staaten der Pony-Express in Betrieb genommen, ein schneller Postservice. Die Reiter, die die Post von Station zu Station brachten, legten bis zu 120 km an einem Tag zurück. Damit verkürzte sich die reguläre Beförderungszeit von sechs Wochen auf acht Tage. Unter den 80 Reitern befand sich auch der 14-jährige William Cody, später als Buffalo Bill berühmt. Nach nur einem Jahr wurde der Service durch die Telegrafie ersetzt.

Siehe auch
Industrie und Handel
Transport und Verkehr

PREUSSEN

SEIT DEM 17. JAHRHUNDERT spielte Preußen eine bedeutende Rolle für die deutsche Geschichte. Vom kleinen Kurfürstentum Brandenburg stieg es zu einer europäischen Großmacht auf, die man noch heute mit pflichtbewussten Beamten und militärisch gedrillten Soldaten verbindet. Da die deutsche Reichsgründung unter der Führung Preußens stattfand – später der größte Einzelstaat im Deutschen Reich –, setzte man Preußen lange Zeit mit Deutschland gleich. Wegen seiner militaristischen Vergangenheit und der Unterstützung der Nationalsozialisten durch den preußischen Adel wurde der Staat Preußen 1947 von den Siegermächten aufgelöst.

Ein »langer Kerl«

DER SOLDATENKÖNIG FRIEDRICH WILHELM I.
Der König mit der Vorliebe fürs Militär herrschte in Preußen von 1713 bis 1740. Er war ein absolutistischer Herrscher, der alles in seinem Land selbst kontrollieren wollte. Dazu schuf er eine zentrale Verwaltungsbehörde, das Generaldirektorium. Er führte die Schulpflicht ein und erließ zahlreiche Vorschriften für seine Untertanen. Friedrich Wilhelm reformierte nicht nur den Staat, sondern auch die Armee, die auf 80 000 Mann anwuchs. Von seinen Offizieren forderte er blinden Gehorsam und strenge Disziplin. Seine Leibgarde bestand aus Soldaten, die mindestens 1,90 m groß sein mussten und vom Volk nur »Lange Kerls« genannt wurden. Mit seinem großen Heer führte er Krieg gegen Schweden und konnte Preußen um Usedom, Rügen und das östliche Vorpommern erweitern. Damit legte er den Grundstein für ein großes, mächtiges Preußen.

KAISER WILHELM I.
1867 war Preußen so mächtig, dass sich Frankreich durch die deutsche Großmacht bedroht fühlte. Als sich dann noch ein Deutscher für den spanischen Königsthron interessierte, war das Maß voll. Bismarck nutzte die Situation aus und beschwor einen Krieg mit Frankreich herauf. Die süddeutschen Staaten schlossen sich seinem Norddeutschen Bund an und gemeinsam siegte man über die Franzosen. Bismarck nutzte die allgemeine Begeisterung und gründete einen deutschen Nationalstaat. Geführt wurde er vom preußischen König: 1871 wurde Wilhelm I. deutscher Kaiser.

Sein Schloss Sanssouci in Potsdam entwarf Friedrich II. der Große zum Teil selbst.

FRIEDRICH II., DER GROSSE
Dass Preußen zu einer europäischen Großmacht aufsteigen konnte, ist Friedrich II. (1712–1786) zu verdanken. Vor seiner Regentschaft bestand Preußen nur aus Ostpreußen, Brandenburg und ein paar Gebieten am Rhein. Doch dann führte der Sohn des Soldatenkönigs Friedrich Wilhelm I. drei Kriege, in denen er den Österreichern Schlesien entriss und in Sachsen einmarschierte. Er erwarb Ostfriesland, dessen Herrscher keine eigenen Nachkommen hatten, und verbündete sich mit der russischen Zarin Katharina II., der Großen, um bei der ersten polnischen Teilung Westpreußen zu erhalten. Endlich durfte er sich König von ganz Preußen nennen.

CHRONIK

1640–1668 Der Große Kurfürst Friedrich Wilhelm baut Brandenburg zum absolutistischen Staat aus.

1701 Sein Nachfolger Friedrich I. krönt sich zum ersten König in Preußen.

1713–1740 Der Soldatenkönig Friedrich Wilhelm I. baut Preußen zum Beamten- und Militärstaat aus.

1740–1786 Friedrich II. der Große macht Preußen zur europäischen Großmacht.

1807 In den Napoleonischen Kriegen verliert Preußen einen Großteil seiner Gebiete.

1815 Auf dem Wiener Kongress wird Preußen als Großmacht wiederhergestellt.

1867 Preußen gründet den Norddeutschen Bund.

1871 Der preußische König Wilhelm I. wird Kaiser des neu gegründeten Deutschen Reiches.

1918 Nach dem 1. Weltkrieg endet das Königreich Preußen, bleibt aber größtes Land.

1933 Preußen wird unter Adolf Hitler gleichgeschaltet.

1947 Preußen wird aufgelöst.

OTTO VON BISMARCK
Dass Preußen immer mächtiger wurde, gefiel den Herrschenden in Österreich ganz und gar nicht. Man versuchte den größten Konkurrenten im Deutschen Bund klein zu halten, doch ohne Erfolg. Der preußische Ministerpräsident Otto von Bismarck wurde zu Österreichs erbittertstem Feind, der sogar vor einem deutsch-deutschen Krieg nicht zurückschreckte. Als der 1866 zu Ende ging, hatte sich Preußen auch noch Hannover, Holstein, Schleswig und Frankfurt am Main einverleibt. Ein Jahr später gründete Bismarck den Norddeutschen Bund, dem 17 deutsche Staaten beitraten. Auf diese Weise hatte er erreicht, was er wollte: die Vorherrschaft Preußens über ganz Nord- und Mitteldeutschland.

1868 wurde in Preußen die Norddeutsche Bundespost gegründet. Sie war die Vorläuferin einer einheitlichen deutschen Post.

Siehe auch
BISMARCK, OTTO VON
DEUTSCHLAND, GESCHICHTE
FRIEDRICH DER GROSSE
ÖSTERREICH, GESCHICHTE

PUPPENSPIEL

MARIONETTEN
Marionetten werden über Fäden bewegt, die an den Händen und Füßen, manchmal auch zusätzlich am Kopf der Figur befestigt sind. Die Fäden laufen an einem Holzkreuz zusammen und sind dort so geschickt angeordnet, dass der Spieler die Figur mit nur einer Hand lenken kann.

DAS PUPPENTHEATER GEHÖRT zu den ältesten Formen des Theaters. Im Lauf der Geschichte wurde es immer wieder neu belebt. In Afrika, China und Indien gab es schon im Altertum Puppenspiele, die Volkssagen und religiöse Themen darbrachten. Im Japan des 18. Jhs. stellten Bunraku-Puppen die Geschichten dar, die ein Erzähler vortrug. Dabei standen die Puppenspieler ebenfalls auf der Bühne. Traditionelle Figuren wie Kasperl und Hanswurst, Punch und Judy in England sowie Petruschka in Russland entwickelten sich aus der italienischen Komödie des 17. Jhs. Aus dieser Zeit stammt auch die Tradition des Puppentheaters, aktuelle Ereignisse kritisch zu kommentieren. Es gibt unterschiedliche Methoden, eine Puppe zum Leben zu erwecken. Bei einfachen Fingerpuppen genügt schon eine Hand, während manche japanischen Puppen so kompliziert sind, dass drei Puppenspieler erforderlich sind. Puppenspieler in der heutigen Zeit bewegen ihre Puppen mit elektronischen Mitteln.

FINGERPUPPEN

Eine Fingerpuppe kann jeder basteln – und auch das Spielen ist denkbar einfach. Mit ein wenig Übung kann man bald ein ganzes Puppenspiel aufführen.

LEBENSGROSSE PUPPEN

Diese Art Puppen erfordern ein Team: Die Person unter der Maske bewegt Arme und Beine, während die anderen von außen die Gesichtsbewegungen steuern. Die Puppe besteht aus einem festen Rahmen, der mit Schaumstoff überzogen ist.

Um lebensgroße Puppen zu steuern, sind mehrere Personen erforderlich.

SCHATTENSPIEL

Bei dieser alten Form des Puppentheaters führt der Spieler die Puppe vor einer Leinwand. Dahinter ist eine Lichtquelle angebracht, sodass die Zuschauer auf der anderen Seite der Leinwand nur den Schatten der Figur sehen. Indonesische Puppen wie die hier abgebildete sind oft bis zu 1 m groß. Die Arme werden über Stäbe bewegt. Diese Figuren werden meist aus Leder gefertigt, das zuvor in den Farben Gold, Rot oder Blau bemalt wurde.

HANDPUPPEN
Handpuppen lassen sich sehr leicht führen. Das Kostüm wird über die Hand gestülpt, der Zeigefinger hält und bewegt den Kopf. Die Arme der Muppets (oben) werden über Stäbe bewegt; sie sind also eine Kombination aus Hand- und Stabpuppe.

Siehe auch
THEATER

Rabenvögel

Die Mitglieder der Familie der Rabenvögel gehören aufgrund ihrer Größe, ihres Charakters und ihres »Krächzens« wohl zu den bekanntesten Vögeln. Es gibt von ihnen 117 Arten, darunter die Kolkraben, Saatkrähen, Elstern und Eichelhäher. In Europa, Nordamerika, Afrika und Australien leben viele Rabenvogelarten in besiedelten und landwirtschaftlich genutzten Gebieten. Sie werden oft als Schädlinge angesehen, weil sie die Saat fressen. In Asien und Südamerika gibt es Häher- und Elsternarten, die in dichten Wäldern leben und nur selten von Menschen gesichtet werden. Der Speiseplan der Rabenvögel ist abwechslungsreich: Früchte, Insekten, kleine Säugetiere, Aas, Eier und Jungvögel sind gewöhnlich ihre Kost. Sie können die Stimmen von Vögeln, Tieren und Menschen nachahmen und sind intelligenter als andere Vögel.

KRÄHENKOLONIE
Saatkrähen brüten in Kolonien hoch in den Baumkronen. Ihre Nester bauen sie aus Zweigen.

KRÄHENPLAGE
Krähen können sehr lästig werden, denn sie fressen die Saat oder die Ernte von den Feldern. Von einer Vogelscheuche lassen sie sich nicht lange täuschen.

ELSTER
Die Elster gilt als »diebischer Vogel«. Sie wird von glänzenden Dingen angezogen, die sie sich gerne holt, um sie zu verstecken oder zu vergraben. Elstern leben in Europa, Nordamerika, Nordafrika und Asien.

Eichelhäher
Der in Europa heimische Eichelhäher lebt überwiegend in Wäldern und Parks und ernährt sich von Eicheln, Bucheckern, Früchten und Beeren. Sein Gefieder ist rosabraun mit schön gezeichneten blauen und schwarzen Flügeln. Auch in Asien leben Häher mit prächtigem Gefieder.

Rabe
Der Rabe ist mit einer Spannweite von 2 m der größte Rabenvogel. Früher glaubte man, Raben würden Unglück bringen – vielleicht deshalb, weil sie von den Leichen der Gehenkten fraßen.

Dohle
In Baumhöhlen und Kaminen bauen sich Dohlen Nester aus Zweigen. Sie polstern sie mit Gras, Haaren und Wollbüscheln, die sie Schafen vom Rücken zupfen. Ebenso wie Elstern sind sie von glänzenden Dingen fasziniert.

RABENBALZ
Viele Rabenvögel führen zu Beginn der Brutzeit Tänze aus oder stellen sich auf andere Weise zur Schau. Hier plustert sich ein Rabenmännchen auf, verbeugt sich vor der Partnerin und gibt ein lautes »kaaa« von sich.

Siehe auch
Tiere, Flug
Vögel

Rad

Zuweilen sind die bedeutendsten Erfindungen ganz einfach. Wir wissen zwar nicht, wer das Rad erfunden hat, aber die frühesten Belege reichen etwa 5500 Jahre zurück. Das Rad hat die Entwicklung einer ganzen Reihe von Maschinen ermöglicht, vom Fotokopierern bis zum Düsentriebwerk, die für uns heute selbstverständlich sind. Räder haben ein einzigartiges Merkmal: Sie sind kreisrund und können daher gleichmäßig rollen oder sich drehen. Auf diese Weise rollen fast alle Arten von Landverkehrsmitteln – Fahrräder, Autos, Züge und Straßenbahnen – glatt über Straßen, Schienen und unebenen Boden. Dank seiner Kreisbewegung kann ein Rad Kraft von einem Motor kontinuierlich übertragen. Viele andere Erfindungen basieren auf Rädern. Der Kran etwa arbeitet mit Flaschenzügen (Rädern, über die ein Seil läuft), die die zum Heben von Lasten erforderliche Kraft reduzieren; Getriebe vervielfachen oder reduzieren Tempo und Kraft eines Rades in zahllosen anderen Maschinen.

ACHSE UND LAGER
Ein Rad dreht sich auf einer Welle, die Achse heißt und oft in Kugellagern läuft, kleinen Stahlkugeln zwischen Achse und Rad, die für einen runden Lauf sorgen. Ohne Lager würde das große Gewicht eines Riesenrads (oben) das Rad gegen die Achse drücken und es am Drehen hindern.

Vor Erfindung des Rades wurden schwere Lasten über den Boden geschoben oder gezogen. Vielleicht kam den Menschen beim Anblick eines rollenden Steines die Idee, Räder für den Transport zu verwenden.

Vor rund 4500 Jahren bauten die alten Ägypter große Pyramiden als Gräber und Tempel. Arbeitertrupps zogen riesige Steinblöcke mithilfe von Rundhölzern.

Die Erfindung des Rades

Zum ersten Mal wird vom Gebrauch eines Rades um 3500 v. Chr. berichtet: Es war die Töpferscheibe, eine Drehscheibe, auf der mesopotamische Töpfer in Kleinasien glatte, runde Tontöpfe fertigten. Etwa 300 Jahre später versahen die Mesopotamier einen Karren mit Rädern – das Zeitalter des Transports auf Rädern hatte begonnen.

Die ersten Karrenräder waren aus massivem Holz. Sie wurden aus zwei oder drei miteinander verbundenen Brettern gefertigt und kreisförmig geschnitten. Sie kamen um 3200 v. Chr. auf.

Speichenräder gab es um 2000 v. Chr. Sie sind leichter und schneller als massive Räder. Mit ihnen wurden Kampfwagen versehen.

Durch Drahtspeichen zusammengehaltene Räder kamen um 1800 auf. Sie sind sehr leicht und stabil und wurden zuerst für Autos, Fahrräder und die ersten Flugzeuge verwendet. Nach 1950 wurden sie an Autos durch Stahlräder ersetzt.

GYROSKOP
Ein Gyroskop ist ein in einem Rahmen rotierendes Rad. Dreht es sich, bleibt es durch seinen Schwung wie ein Kreisel im Gleichgewicht. Ein sich drehendes Gyroskop versucht immer in die gleiche Richtung zu zeigen. Flugzeuge, Schiffe und Raketen werden mithilfe von Gyroskopen zu ihren Zielen gesteuert.

Bibendum, das berühmte Symbol der französischen Reifenfirma Michelin

REIFEN
Auto- und Fahrradräder haben mit Luft gefüllte Gummireifen. Sie sorgen für bequemes Fahren und haben – außer bei Rennautoreifen – ein Rillenprofil für bessere Straßenhaftung bei Nässe. Der Schotte Robert W. Thomson erfand 1845 den mit Luft gefüllten Reifen.

Die Getrieberäder sind durch ineinander greifende Zahnkränze miteinander verbunden. Je nach ihrer Position verändert sich die Kraft.

GETRIEBE
Ein Getriebe ist ein Satz ineinander greifender Zahnräder. Es überträgt Bewegung in Maschinen und verändert Tempo und Kraft der Räder. Ein großes Getrieberad lässt z. B. ein kleines Rad schneller drehen, aber das schneller drehende Rad erzeugt weniger Kraft. Getriebe können auch die Bewegungsrichtung verändern.

Siehe auch
Autos
Fahrräder und Motorräder
Transport und Verkehr

RADAR

ÜBER HUNDERTE VON KILOMETERN HINWEG lassen sich die Bewegungen eines Schiffes oder Flugzeugs sogar bei Dunkelheit oder bei Wolken am Radar verfolgen. Das Radar, das hochfrequente Radiowellen ausstrahlt und anhand der reflektierten Wellen Objekte aufspürt, ist ein höchst nützliches Instrument. Es hilft dabei, sicher die Flugbahn von Flugzeugen zu berechnen, warnt Meteorologen vor aufziehenden Unwettern und reduziert das Risiko von Kollisionen auf See. Astronomen studieren mit dem Radar Planeten, während beim Militär das Radar als Zielgerät und zum Lokalisieren gegnerischer Truppen genutzt wird.

Nach 1930 entwickelte eine Gruppe britischer Forscher unter Sir Robert Watson-Watt (1892–1973) ein erstes Radarsystem. Im Zweiten Weltkrieg (1939–45) warnte dieses System früh vor Bombenangriffen, sodass Abwehrflugzeuge rechtzeitig aufsteigen konnten.

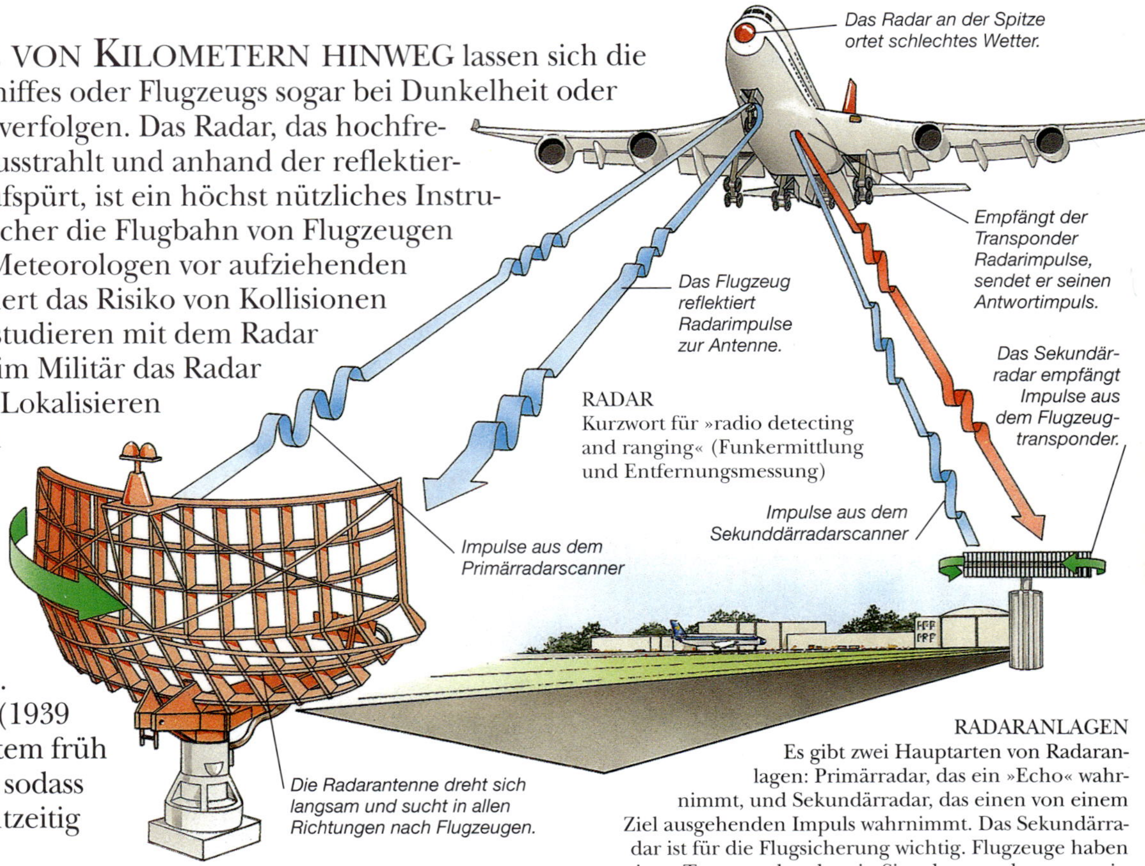

RADAR
Kurzwort für »radio detecting and ranging« (Funkermittlung und Entfernungsmessung)

RADARANLAGEN
Es gibt zwei Hauptarten von Radaranlagen: Primärradar, das ein »Echo« wahrnimmt, und Sekundärradar, das einen von einem Ziel ausgehenden Impuls wahrnimmt. Das Sekundärradar ist für die Flugsicherung wichtig. Flugzeuge haben einen Transponder, der ein Signal aussendet, wenn ein Impuls eines Flugsicherungsradars das Flugzeug trifft. Das Transpondersignal enthält Informationen wie Identität, Höhe und Geschwindigkeit des Flugzeugs.

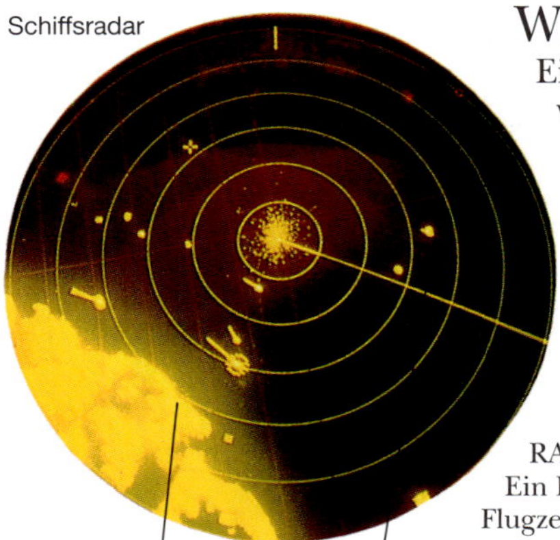

WIE RADAR FUNKTIONIERT

Eine Radarantenne sendet kurze Impulse von Funkwellen. Dazwischen ist die Antenne empfangsbereit für ein Antwortsignal, das von einem Zielflugzeug oder -schiff reflektiert wird. Die Richtung, in die die Antenne zeigt, gibt die Richtung des Ziels an. Aus der Verzögerung zwischen Sender- und Antwortimpuls errechnet sich die Entfernung des Ziels.

RADARBILDSCHIRM
Ein Radarbildschirm auf einem Schiff oder Flugzeug zeigt eine computergenerierte Karte vom Land und vom Meer. Ein zentraler Punkt steht für die Position des Schiffes oder Flugzeugs; andere Objekte werden durch Symbole dargestellt.

MILITÄRRADAR
Ein weit reichendes Bodenradar sucht den Himmel nach Interkontinentalraketen ab; das Radar von in großen Höhen fliegenden Flugzeugen sucht nach sich nähernden Flugzeugen, die unterhalb der weit reichenden Strahlen fliegen. Hochgeschwindigkeitsjagdflugzeuge scannen mit modernsten Radaranlagen den Boden im Voraus ein, sodass sie tief über Baumwipfeln fliegen und einen Feind ohne Vorwarnung angreifen können.

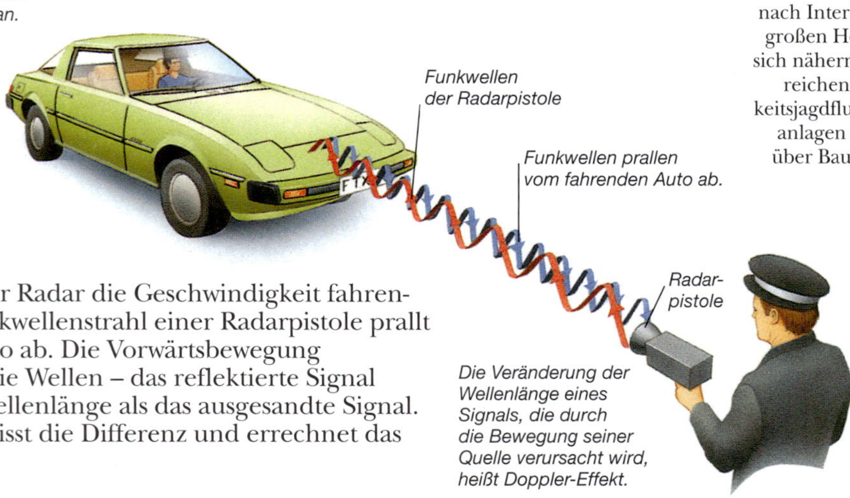

RADARFALLE

Die Polizei misst per Radar die Geschwindigkeit fahrender Autos. Der Funkwellenstrahl einer Radarpistole prallt vom nahenden Auto ab. Die Vorwärtsbewegung des Autos staucht die Wellen – das reflektierte Signal hat eine kürzere Wellenlänge als das ausgesandte Signal. Die Radaranlage misst die Differenz und errechnet das Tempo des Autos.

Siehe auch

FLUGHAFEN
FLUGZEUGE
NAVIGATION
RADIO

Radio

Frühe Radios hießen oft »drahtlos«, da die Tonübertragung von einem Ort zum anderen durch unsichtbare Wellen statt über Drähte vonstatten ging. Heute sind Radiowellen ein wichtiges Mittel zur weltweiten Übertragung von Tönen und Bildern. In den Schaltkreisen eines Funksenders erzeugen rasch schwankende elektrische Ströme Radiowellen von unterschiedlicher Länge, die zu einem Funkempfänger gelangen. Radiowellen sind elektromagnetische (EM) Wellen, wie Licht und Röntgenstrahlen. Wie diese breiten sie sich mit Lichtgeschwindigkeit aus: 300 000 km/Sek. – fast 1 Mio. mal schneller als Schallwellen. Radiowellen pflanzen sich durch Luft, Feststoffe und auch durchs leere Weltall fort. Sie breiten sich optimal aus, wenn die Senderantenne erhöht steht, etwa auf einem Hügel.

MORSECODE
Frühe Funksignale waren durch eine Taste erzeugte Pieptöne. Funker sendeten Nachrichten mittels kurzer und langer Pieptöne, anhand des Morsecodes, der 1837 von Samuel Morse (1791–1872) erfunden wurde.

RUNDFUNKSTUDIO
Ein Mikrofon wandelt die Schallwellen der Stimme des Ansagers in elektrische Signale um, die als Radiowellen gesendet werden.

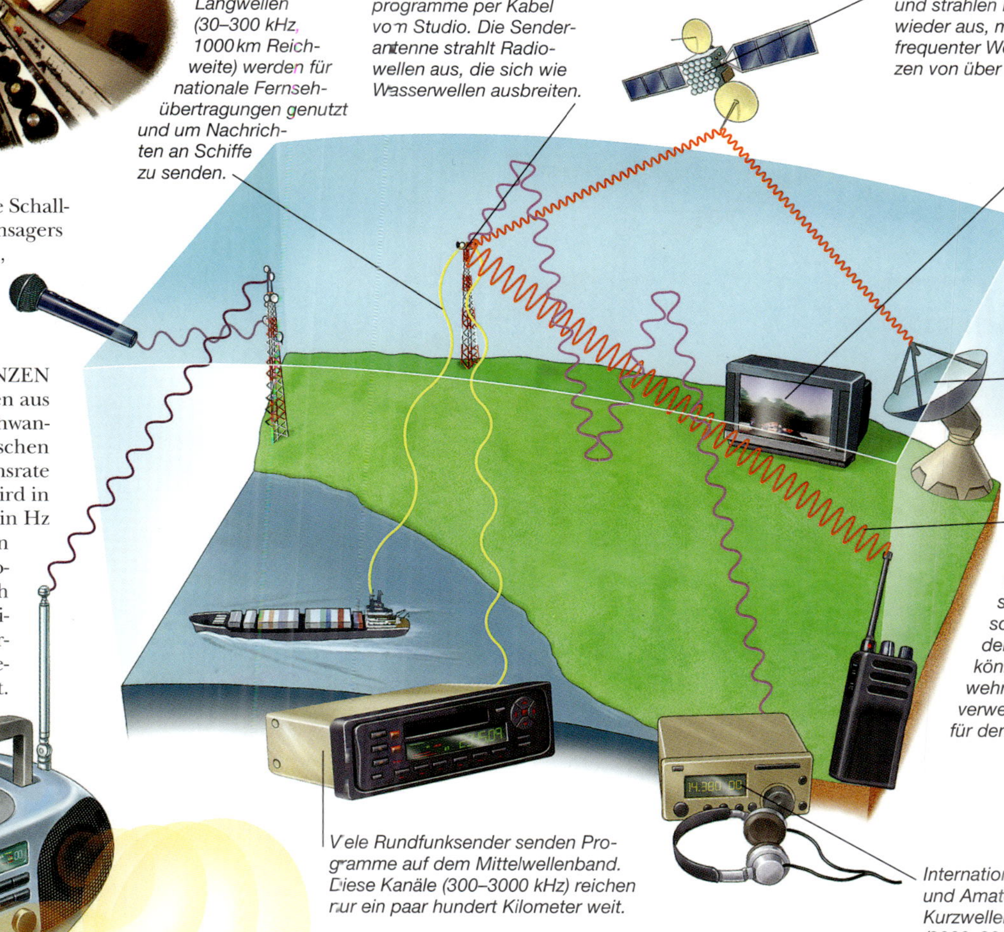

Langwellen (30–300 kHz, 1000 km Reichweite) werden für nationale Fernsehübertragungen genutzt und um Nachrichten an Schiffe zu senden.

Ein Sender erhält Radioprogramme per Kabel vom Studio. Die Senderantenne strahlt Radiowellen aus, die sich wie Wasserwellen ausbreiten.

Nachrichtensatelliten empfangen und strahlen Radioprogramme wieder aus, mittels superhochfrequenter Wellen mit Frequenzen von über 3 Mio. kHz.

Fernsehprogramme werden von UHF-(ultra-high-frequency-) Radiowellen übertragen (300 000–3 000 000 kHz).

Schüssel, sendet und empfängt Radiowellen

VHF- (very-high-frequency-) Radiowellen (30 000–300 000 kHz) pflanzen sich geradlinig fort, sodass sie nicht über den Horizont gelangen können. Polizei-, Feuerwehr- und CB-Funk verwenden VHF-Wellen für den Nahfunkverkehr.

Viele Rundfunksender senden Programme auf dem Mittelwellenband. Diese Kanäle (300–3000 kHz) reichen nur ein paar hundert Kilometer weit.

Internationale Rundfunksender und Amateurfunker arbeiten mit Kurzwellensignalen. Kurzwellen (3000–30 000 kHz) haben eine große Reichweite. Sie werden von der Erdoberfläche und der Ionosphäre, einer Atmosphäreschicht, um die Erde reflektiert.

FUNKFREQUENZEN
Radiowellen bestehen aus rasch oszillierenden (schwankenden) elektromagnetischen Feldern. Die Oszillationsrate heißt Frequenz und wird in Hertz (Hz) gemessen. Ein Hz ist gleich eine Oszillation pro Sekunde, ein Kilohertz (kHz) ist gleich 1000 Hz. Unterschiedliche Informationen werden auf bestimmten Frequenzbändern gesendet.

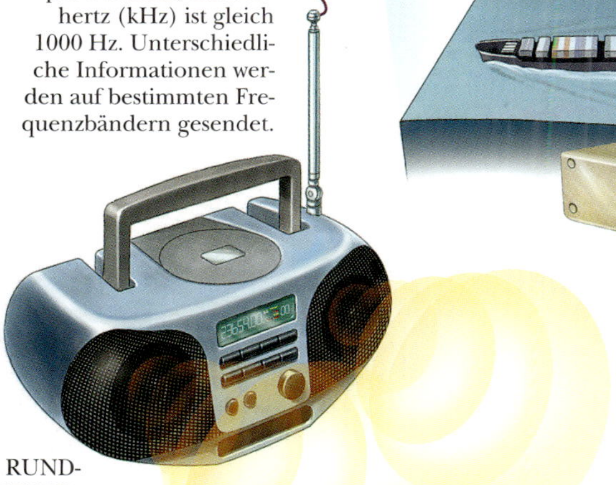

RUNDFUNKEMPFÄNGER
Wenn Radiowellen die Antenne eines Radios erreichen, erzeugen sie winzige schwankende Ströme darin. Wird der Senderknopf gedreht, wählt ein elektronischer Schaltkreis eine einzige Frequenz aus diesen Strömen, die einem bestimmten Sender entspricht. Dieses Signal wird für die Lautsprecher verstärkt, die es dann in Schallwellen umwandeln.

Rundfunkpioniere

1864 entwickelte der schottische Physiker James Clerk Maxwell die Theorie der elektromagnetischen Wellen, auf denen das Radio basiert. 1888 entdeckte der deutsche Physiker Heinrich Hertz die Radiowellen. Der Italiener Guglielmo Marconi (1874–1937, rechts) schuf die erste Radioanlage 1895 und sendete 1901 Funksignale über den Atlantik.

Siehe auch

Astronomie
Fernsehen
Navigation
Radar
Telefon

Radioaktivität

MARIE CURIE
Die Polin Marie Curie (1867–1934) erhielt für die Entdeckung der Radioaktivität zusammen mit ihrem Mann Pierre 1903 den Nobelpreis für Physik. Sie starb 1934 an den Folgen der radioaktiven Verstrahlung.

MANCHE ELEMENTE LEUCHTEN im Dunkeln. Wir sehen das Leuchten aber nicht immer, da es unsere Augen nicht wahrnehmen – dennoch ist es vorhanden. Das Leuchten ist eine Strahlung, eine Energieform wie Licht und Wärme, die man aus Strom gewinnt. Doch anders als Wärme und Licht wird das Leuchten im Stoff selbst erzeugt. Einen solchen Stoff bezeichnet man als radioaktiv, d.h. er erzeugt Radioaktivität. Eine radioaktive Substanz wie Uran besteht aus großen, nicht stabilen Atomen. Teile der Partikel, die ein Atom bilden, lösen sich und werden als Alpha- und Betateilchen oder als Gammastrahlen abgestoßen. Dies geschieht so lange, bis der Zerfall zum Stillstand kommt und die Substanz nicht mehr radioaktiv ist. Allerdings kann ein solcher Prozess Millionen Jahre andauern.

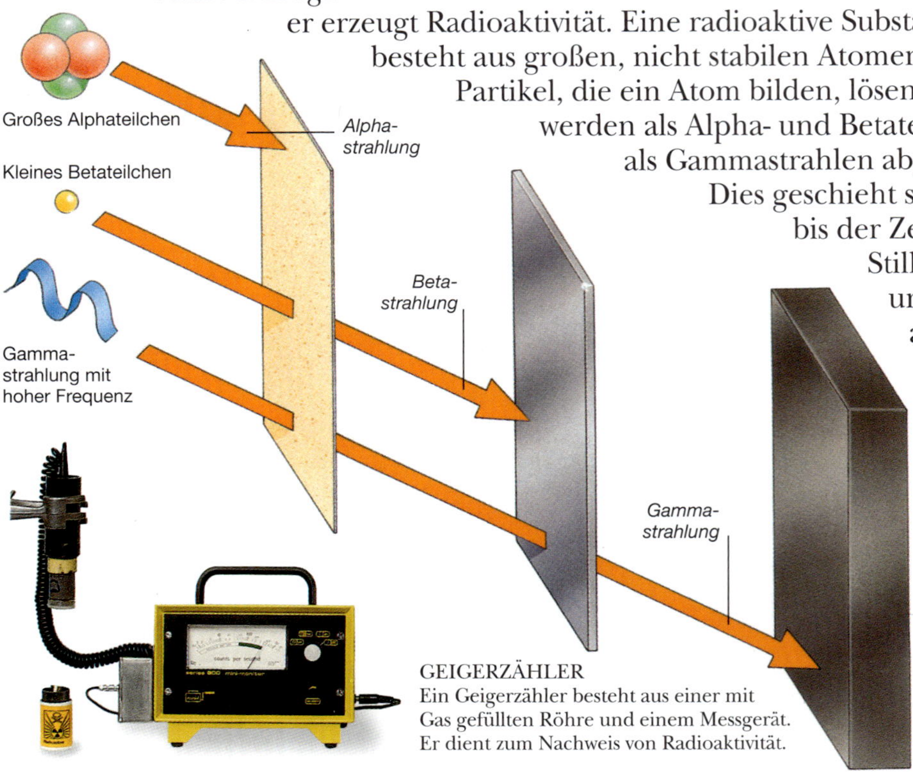

GEIGERZÄHLER
Ein Geigerzähler besteht aus einer mit Gas gefüllten Röhre und einem Messgerät. Er dient zum Nachweis von Radioaktivität.

Arten von Radioaktivität

Es gibt drei Arten radioaktiver Strahlung: Alpha-, Beta- und Gammastrahlen. Alphateilchen sind größer als die der Betastrahlung und können daher nicht so weit vordringen. Gammastrahlen haben eine sehr hohe Frequenz und können daher die meisten Materialien durchdringen. Sie sind nur durch direkten Zusammenstoß mit Atomen zu stoppen. Gammastrahlen-Schutzschilder bestehen daher aus sehr dichtem Material wie z.B. Blei.

STRAHLUNGSQUELLEN

Die Sonne sendet sowohl Wärmestrahlen als auch alle Farben des sichtbaren Lichts aus. Diese Art von Strahlung bezeichnet man als elektromagnetische Strahlung.

Objekte wie dieses Flugzeug reflektieren die elektromagnetischen Strahlen von der Sonne in Form von Lichtwellen.

Die Explosion einer Atombombe ruft sowohl elektromagnetische als auch radioaktive Strahlung hervor und ist dabei sehr zerstörerisch.

In einem Kernkraftwerk wird durch Atomspaltung Wärme gewonnen, die wiederum mit der radioaktiven Strahlung Dampf erzeugt, der einen Stromgenerator antreibt.

Fernsehgeräte und Computermonitore setzen elektrische Energie in sichtbare elektromagnetische Strahlen um, die wir als Licht bezeichnen.

Radiografie

Radioaktive Substanzen produzieren auch Röntgenstrahlen. Diese haben eine längere Wellenlänge als Gammastrahlen. Der deutsche Physiker Wilhelm Röntgen (1845–1923) erkannte, dass Röntgenstrahlen zwar den Körper, nicht aber die Knochen durchdringen. So können Knochenbrüche und harte Objekte im Körper entdeckt werden. Die fotografische Aufzeichnung der Röntgenstrahlen bezeichnet man als Radiografie.

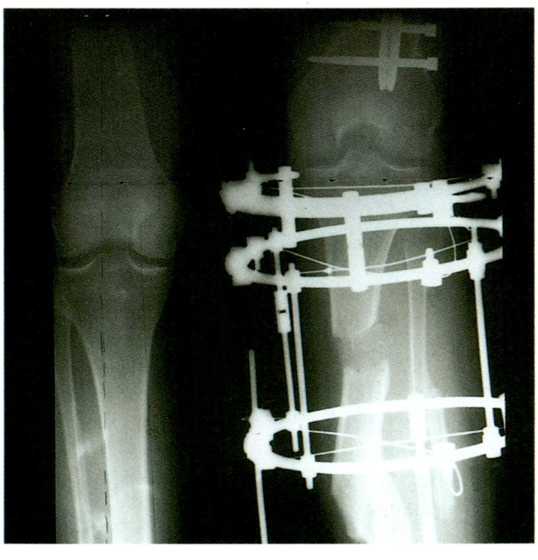

Mutierte Hausfliege

GENMUTATION
Radioaktive Alpha- und Betateilchen, Röntgenstrahlen und Gammastrahlen können Lebewesen schädigen, da sie die DNS der Gene verändern. Dies kann zu Krankheiten wie z.B. Krebs führen. Sie können auch Mutationen, d.h. Veränderungen bei den nächsten Generationen, hervorrufen.

Siehe auch
ATOME UND MOLEKÜLE
GENETIK
KERNENERGIE
RÖNTGENSTRAHLEN

RAKETEN

DIE ERFINDUNG DES RAKETENTRIEBWERKS ist ein Meilenstein der Geschichte. Mit der Rakete kann der Mensch nicht nur das Weltall erforschen, sondern er hat auch eine Waffe von furchtbarer Zerstörungskraft. Ein Raketentriebwerk ist der stärkste aller Motoren. Es kann ein Raumschiff mit über 40 000 km/h Geschwindigkeit antreiben, sodass es die Schwerkraft der Erde überwindet. Der verbrennende Treibstoff erzeugt Gase, die beim Ausströmen die Rakete vorwärts treiben. Im Unterschied zu anderen Motoren benötigen Raketen keinen Sauerstoff aus der Luft. Sie führen ihren eigenen Vorrat an flüssigem Sauerstoff mit, sodass sie im luftleeren Weltall operieren können. Während Weltraumraketen Menschen oder einen Satelliten befördern, tragen Raketenwaffen einen Sprengkopf.

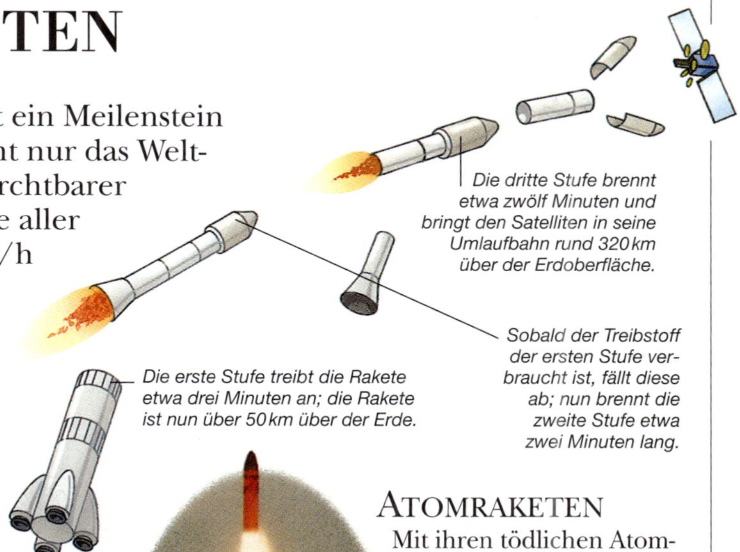

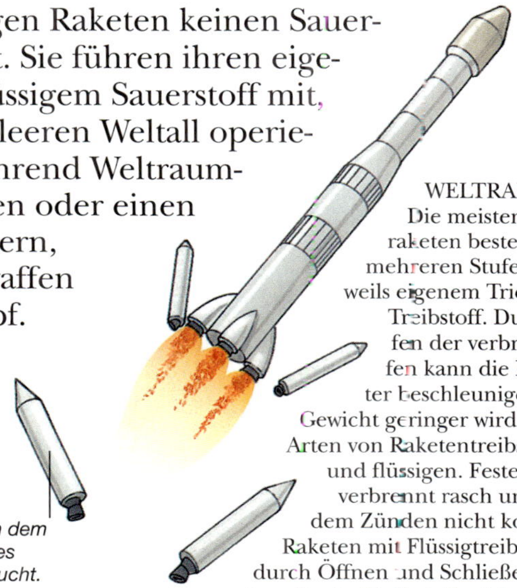

WELTRAUMRAKETE

Die meisten Weltraumraketen bestehen aus mehreren Stufen mit jeweils eigenem Triebwerk und Treibstoff. Durch Abwerfen der verbrauchten Stufen kann die Rakete weiter beschleunigen, da ihr Gewicht geringer wird. Es gibt zwei Arten von Raketentreibstoff: festen und flüssigen. Fester Treibstoff verbrennt rasch und ist nach dem Zünden nicht kontrollierbar. Raketen mit Flüssigtreibstoff können durch Öffnen und Schließen von Ventilen, die die Treibstoffzufuhr dosieren, gesteuert werden.

ATOMRAKETEN

Mit ihren tödlichen Atomsprengköpfen und den präzisen Navigationssystemen sind Atomraketen die gefährlichsten Waffen in der Geschichte der Kriegsführung. Ein einziger Sprengkopf kann eine Großstadt zerstören und Millionen Menschen töten. Atomraketen können von U-Booten, Flugzeugen, Lastwagen und unterirdischen Startsilos gestartet werden.

ARIANE

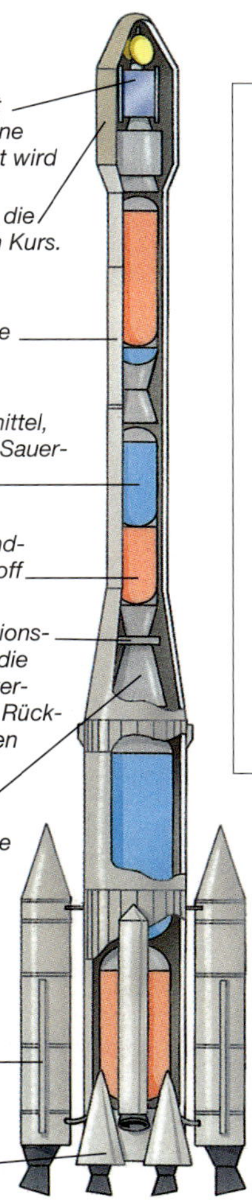

RAKETENWAFFEN

Große ballistische Interkontinentalraketen (ICBM) rasen ins Weltall und gehen auf ihre Tausende von Kilometern entfernten Ziele nieder. Andere Raketenwaffen ersetzen Kanonen für Angriffe in kurzer Reichweite auf Panzern, Schiffen und Flugzeugen. Viele dieser Raketen steuern ihre Ziele automatisch an.

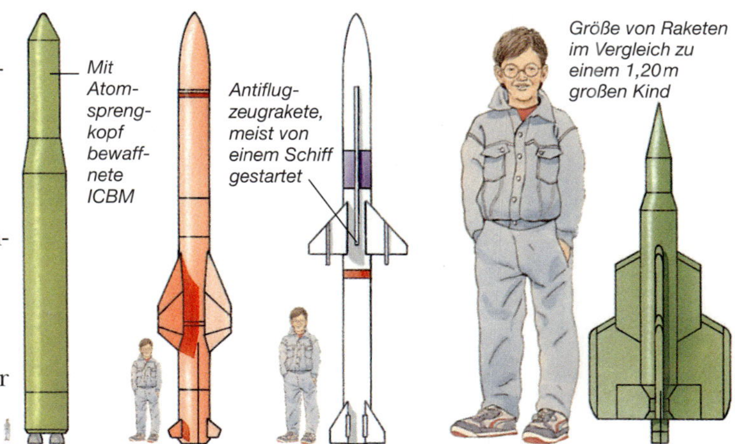

ENTWICKLUNG VON RAKETEN

Im 13. Jh. erschreckten die Chinesen die Pferde ihrer Feinde mit einfachen Schießpulverraketen. 600 Jahre später entwickelte Sir William Congreve eine Schießpulverrakete, die die Engländer in den Napoleonischen Kriegen einsetzten. Im Zweiten Weltkrieg (1939–45) entwickelte der Deutsche Wernher von Braun die erste Langstreckenrakete, die V-2, einen Vorläufer der ICBM.

Siehe auch

ATOMZEITALTER
KERNENERGIE
NAPOLEONISCHE KRIEGE
RAUMFAHRT
SATELLITEN
U-BOOTE
WAFFEN
WELTKRIEG, ZWEITER

Rätsel

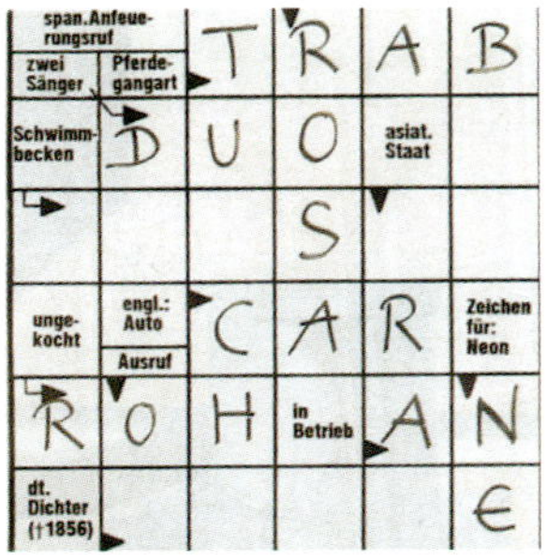

KREUZWORTRÄTSEL
Beim Kreuzworträtsel fügen sich Buchstaben wie in einem Puzzlespiel zusammen. Die Lösungen werden senkrecht und waagerecht in ein Gitter aus quadratischen Feldern geschrieben.

WAS DIE MENSCHEN SICH nicht erklären können, gibt ihnen ein Rätsel auf. Das menschliche Gehirn ist wie geschaffen dafür, Rätsel zu lösen. Manche Wissenschaftler sind der Ansicht, dass der Mensch sich überhaupt nur deshalb so weit entwickelt hat, weil er von Grund auf neugierig und immer darauf bedacht ist, Probleme zu lösen. Heutzutage ist unser Überleben im Alltag weitgehend gesichert, und so dienen die meisten Rätsel der Unterhaltung. Sie können alle möglichen Formen annehmen, von der abstrakten Denksportaufgabe über Kreuzworträtsel und Puzzles bis hin zu dreidimensionalen Rätselspielen wie Irrgärten, Zauberwürfel oder Computerspiel. Aber wir lösen auch Probleme, wenn wir einen Krimi lesen oder einen spannenden Film sehen und uns den Kopf zerbrechen, wer der Täter sein könnte. Auch geheimnisvolle Dinge in der realen Welt werden Rätsel genannt. Viele wurden gelöst, einige, wie das Rätsel des Bermudadreiecks, warten noch immer auf eine Erklärung.

Puzzlespiele

Die englische Bezeichnung lautet »jigsaw puzzle«, wörtlich »Laubsäge-Puzzle«, was wohl daher kommt, dass die einzelnen Teile ursprünglich mit diesem Werkzeug ausgesägt wurden. Heute werden Puzzlespiele aus festem Karton gestanzt. Die Auswahl reicht von einfach bis sehr kompliziert, von vier bis zu 10 000 Einzelteilen. Puzzlespiele richten sich an alle Altersgruppen und erfordern stets Geduld und Konzentration.

Ein spezielles Gerät ermöglicht die Wahrnehmung dreidimensionaler Bilder.

Irrgärten

Um sich in einem Irrgarten zurechtzufinden, braucht man guten Orientierungssinn und die Fähigkeit, logisch zu denken. Ziel ist es, bis in das Zentrum vorzudringen und danach auch wieder herauszufinden. Im alten Ägypten und in Griechenland wurden Irrgärten als Gefängnisse gebaut.

Die künstliche, so genannte virtuelle Welt eines Computerspiels

COMPUTERSPIELE
Viele Computerspiele stellen dem Spieler schwierige Aufgaben. Nur wer in der Lage ist, sie zu lösen, erreicht die nächste Stufe des Spiels. Die meisten Computerspiele erschaffen virtuelle Welten.

Gehirntätigkeit

Die meisten von uns lösen gerne Rätsel, weil diese Aktivität schon im Gehirn angelegt ist. Die menschliche Intelligenz macht uns neugierig, sodass wir entschlossen der Lösung eines Rätsels nachspüren, bis wir sie gefunden haben. Während dieser Tätigkeit setzt unser Gehirn Stoffe frei, die Endorphine; sie machen uns glücklich und zufrieden.

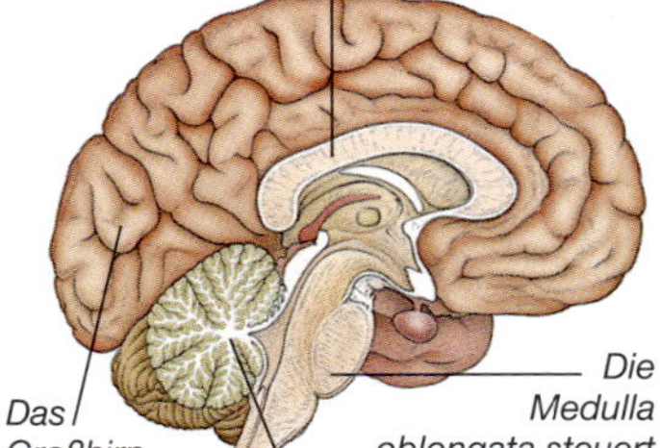

Das Mittelhirn ist das Sprachzentrum.

Das Großhirn ist für logisches Denken zuständig.

Die Medulla oblongata steuert den Stoffwechsel.

Das Kleinhirn steuert unsere Muskelreflexe.

Blick in Richtung des Bermudadreiecks

BERMUDADREIECK
In diesem Gebiet im Atlantik zwischen den Bermudainseln, Florida und Puerto Rico sind ungewöhnlich viele Flugzeuge und Schiffe auf unerklärliche Weise verschwunden. Als »Bermudadreieck« wurde es erstmals 1964 bezeichnet. Das Gebiet, in dem reger Schiffs- und Luftverkehr herrscht, ist für seine dramatischen Wetterumschwünge gefürchtet. Insofern wären Unfälle eine naheliegende Erklärung. Aber selbst das ist reine Spekulation.

Siehe auch
ATLANTISCHER OZEAN
COMPUTER
GEHIRN UND NERVEN
SPIELE

Räuber und Ganoven

BELOHNUNG
Belohnungen ermutigten die Menschen, den Gesetzeshütern zu melden, wo sich Ganoven aufhielten. Wenn es eine Belohnung für die Festnahme eines Ganoven gab, sprach man von »Kopfgeld«. Belohnungen wurden auf Plakaten ausgeschrieben.

RÄUBER UND GANOVEN brechen meist nicht nur ein- oder zweimal Gesetze – oft ist ihre gesamte Lebensweise illegal oder gegen das Gesetz gerichtet. Einige Räuber und Ganoven sind Kriminelle, die darauf hoffen, durch Diebstahl reich zu werden. Viele der berühmten Räuber des Wilden Westens führten solch ein Leben. Sie konnten aber immer leicht entkommen, da es nur wenige Menschen gab, die sich um die Einhaltung der Gesetze kümmerten. Andere Räuber sind jedoch »soziale Ganoven«. Sie rauben, weil sie die Gesellschaft verändern und verbessern wollen. Viele Länder haben Gesetze, die reiche und mächtige Menschen bevorzugen und die Armen und Schwachen bestrafen. Das sind die Gesetze, die solche »sozialen Ganoven« brechen. Sie werden oft jahrelang nicht gestellt, da sie von vielen Menschen unterstützt werden, die ihnen Essen und Unterkunft bieten. Die meisten Länder der Welt hatten irgendwann einmal solche »sozialen Ganoven«. Manche wurden zu Sagengestalten, von denen noch heute viele Geschichten im Umlauf sind.

Robin Hood

Einer der berühmtesten Räuber war Robin Hood. Er soll um 1300 in England gelebt haben. Er und seine Gefährten trieben ihr Unwesen im Sherwood Forest bei Nottingham. Sie verteidigten die armen Bauern vor der ungerechten Herrschaft der Gutsherren. Robin Hood raubte die Reichen aus und verteilte deren Geld und Besitz an die Armen.

NED KELLY
Der australische Ganove Ned Kelly (1855–1880) war Sohn eines Häftlings, der als Strafe für seine Verbrechen in Irland nach Tasmanien geschickt wurde. Auch er wurde straffällig. Kelly und seine Bande erschossen 1878 drei Polizisten. Einheimische versteckten sie, doch 1880 gingen sie der Polizei in einem Hotel in die Falle. In einer selbstgemachten Rüstung (links) versuchte Ned, sich den Weg freizuschießen, doch die Polizisten ergriffen ihn, und er wurde hingerichtet.

BELLE STARR
Belle Starr war eine berühmte Räuberbraut. Sie teilte mit mehreren Ganoven das gesetzlose Leben. Im Jahr 1880 führte sie zusammen mit dem Cherokee-Indianer Sam Starr eine Farm in Oklahoma, die zu einem Zufluchtsort für Ganoven wurde. Ein Unbekannter erschoss Belle Starr 1889.

Strassenräuber

Im 18. Jh. gab es immer wieder Überfälle von Straßenräubern. Sie hielten Kutschen an abgelegenen Stellen an und raubten die reichen Reisenden aus. Einer der bekanntesten Straßenräuber war Dick Turpin (1705–1739). Er raubte Kutschen auf den Straßen nordöstlich von London aus. Er war bekannt für seine Großzügigkeit und dafür, dass er seine Beute verteilte.

Siehe auch
Australien, Geschichte
Mythen und Sagen
Piraten

Raumfahrt

Spaceshuttle

Nach der Columbia-Katastrophe im Jahr 2003, als der Shuttle nach dem Wiedereintritt in die Erdatmosphäre explodierte, wurde das Shuttle-Programm aus Sicherheitsgründen gekürzt. Derzeit wird an der Konstruktion eines völlig neuen Raumfahrzeugtyps gearbeitet, der die Spaceshuttles ersetzen wird.

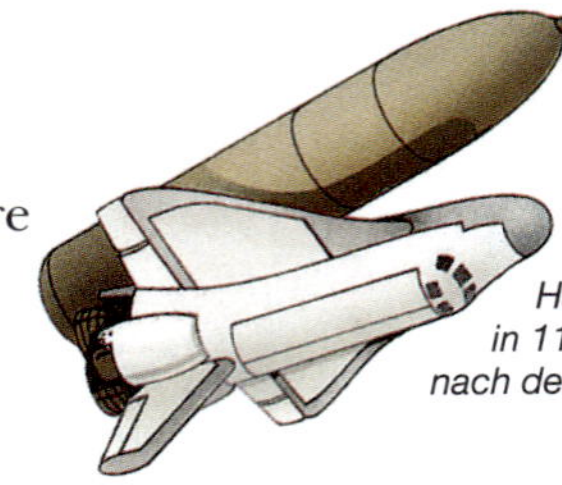

Ein großer Treibstofftank versorgt die Haupttriebwerke und wird in 110 km Höhe acht Minuten nach dem Start abgetrennt.

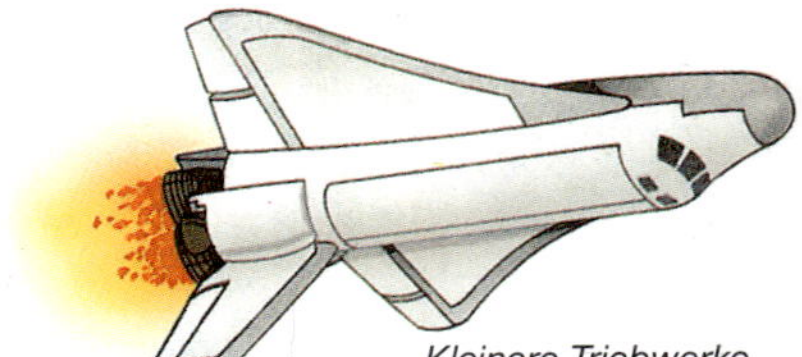

Kleinere Triebwerke steuern den Shuttle auf die Umlaufbahn.

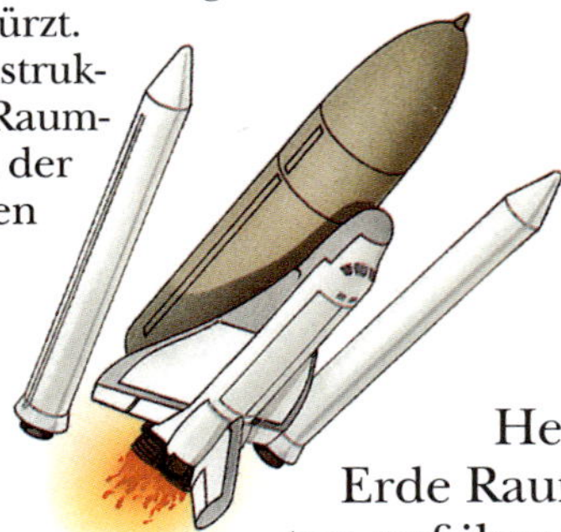

Die Schubraketen werden in einer Höhe von 47 km abgeworfen, aus dem Ozean geborgen und erneut verwendet.

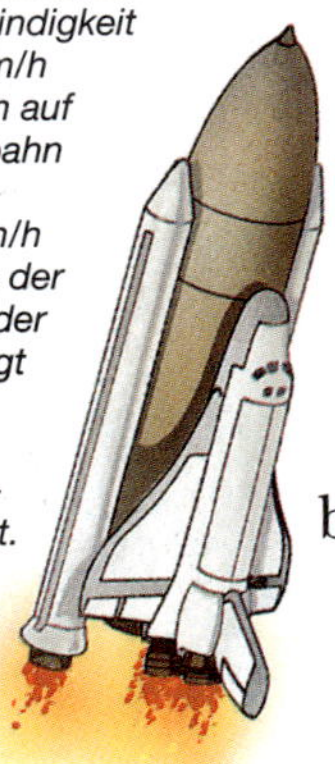

Ein Raumschiff muss eine Geschwindigkeit von 28 000 km/h erreichen, um auf eine Umlaufbahn zu gelangen. Bei 40 000 km/h entkommt es der Schwerkraft der Erde und fliegt ins All. Dies nennt man die Fluchtgeschwindigkeit.

Noch vor wenigen Jahrzehnten fand die Raumfahrt nur in Science-Fiction-Romanen und -Filmen statt. Heute starten regelmäßig von der Erde Raumschiffe, die künstliche Satelliten auf ihre Umlaufbahnen und Raumsonden und Astronauten ins Weltall bringen. Zwei Erfindungen haben die Raumfahrt ermöglicht: der Raketenantrieb, der einzige Motor, der im luftleeren Weltall funktioniert, und der Computer, der ein Raumschiff auf seiner Mission steuert. Raumschiffe haben viele Aufgaben im Weltall. Vor allem starten sie Satelliten, die die Erde kartieren oder Nachrichtenverbindungen zwischen Ländern schaffen. Doch am aufregendsten an der Raumfahrt ist die Erkundung des Weltalls. Raumschiffe haben Astronauten zum Mond gebracht. Aber die wahren Weltraumforscher sind *Voyager, Pioneer* und andere unbemannte Sonden, die viele Jahre durchs Sonnensystem und darüber hinaus fliegen und dabei Planeten, Monde und andere Objekte fotografieren.

Weltraumrakete

Die Startrakete, die das Raumschiff ins All befördert, besteht aus mehreren Stufen mit je einem Raketentriebwerk. Jede Stufe fällt ab, wenn der Treibstoff verbraucht ist, bis nur noch das Raumschiff im All fliegt. Bei der Rückkehr zur Erde bremst ein kleines Triebwerk das Raumschiff ab, bis es aus der Umlaufbahn fällt. Dann landet es an Fallschirmen.

An der Startrampe erreichen die Astronauten über ein hohes Gerüst den Shuttle. Die Triebwerke werden gezündet, und das Raumschiff hebt zu seinem Flug ins All ab.

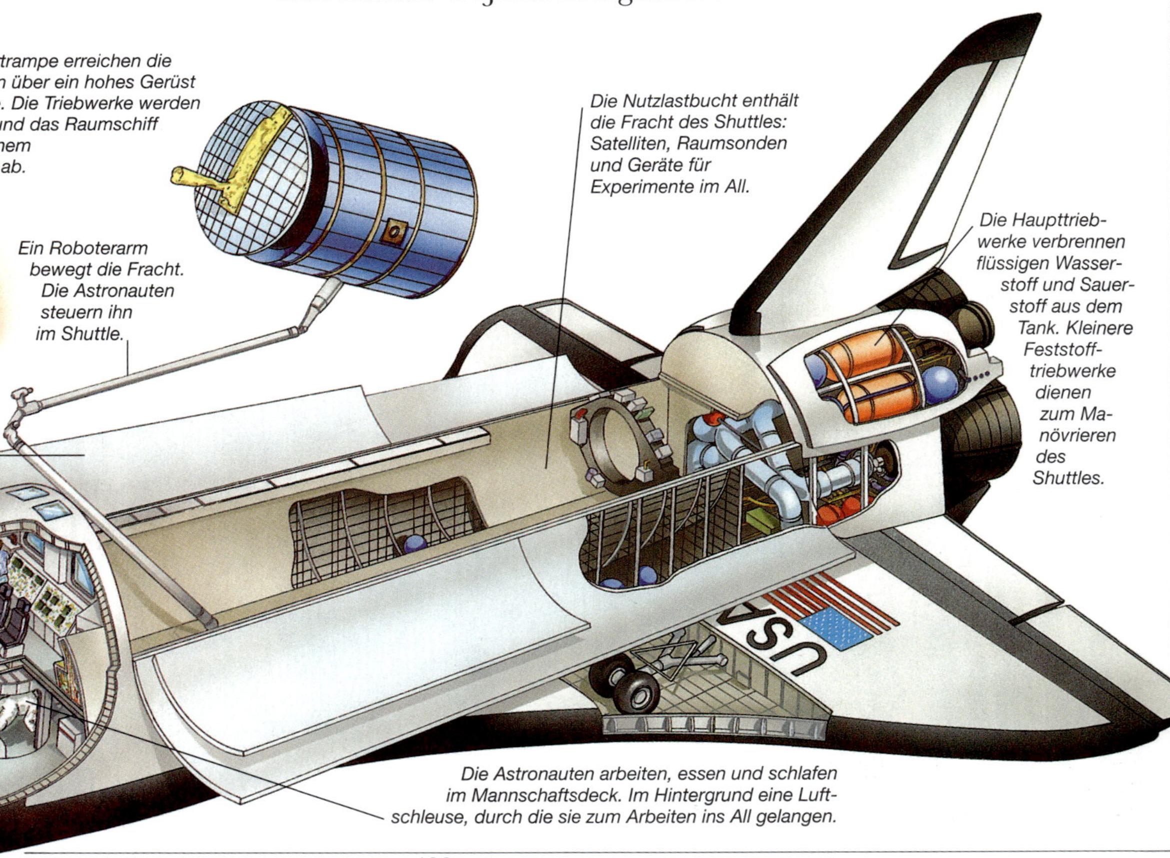

Die Nutzlastbucht enthält die Fracht des Shuttles: Satelliten, Raumsonden und Geräte für Experimente im All.

Ein Roboterarm bewegt die Fracht. Die Astronauten steuern ihn im Shuttle.

Die Haupttriebwerke verbrennen flüssigen Wasserstoff und Sauerstoff aus dem Tank. Kleinere Feststofftriebwerke dienen zum Manövrieren des Shuttles.

Die Türen öffnen sich zum Aussetzen von Satelliten und Raumsonden.

Im Flugdeck ist die Steuerung für zwei Piloten zum Fliegen des Shuttles.

Die Astronauten arbeiten, essen und schlafen im Mannschaftsdeck. Im Hintergrund eine Luftschleuse, durch die sie zum Arbeiten ins All gelangen.

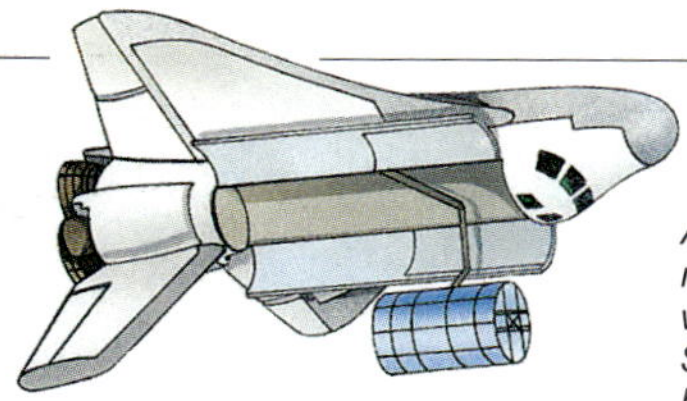

In der Umlaufbahn setzt der Shuttle Satelliten und Raumsonden aus oder fängt beschädigte Satelliten zur Reparatur ein.

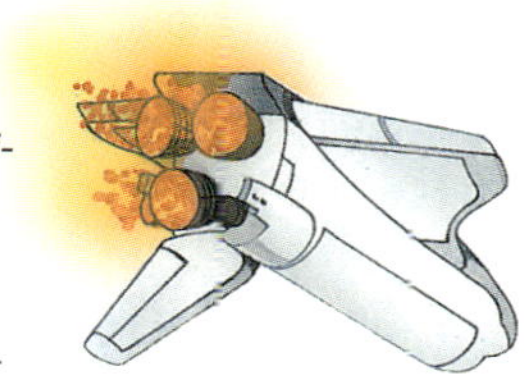

Am Ende seiner Mission wendet der Shuttle und bremst mit seinen Triebwerken ab.

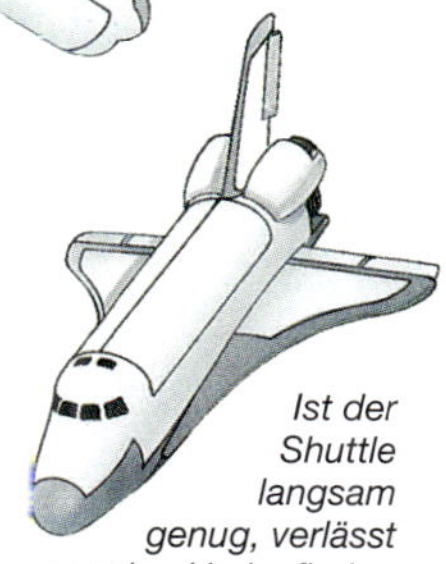

Ist der Shuttle langsam genug, verlässt er seine Umlaufbahn. Der Abstieg zur Erde beginnt.

Raumsonden

Raumsonden verlassen die Erde und fliegen ins Weltall. Sie sind mit Kameras und Sensoren ausgerüstet, die Informationen übers Universum und die Planeten sammeln und zur Erde zurückfunken.

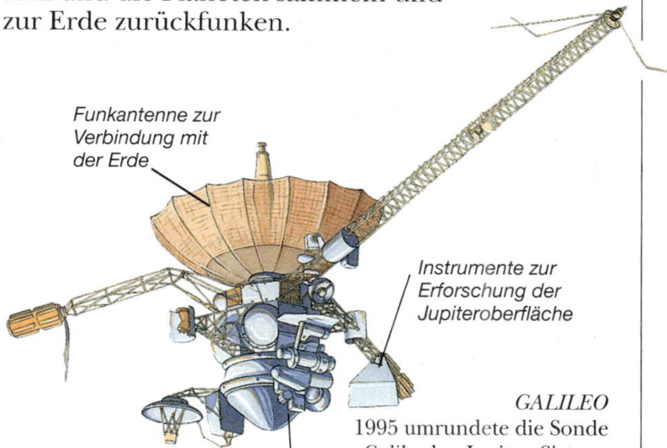

GALILEO
1995 umrundete die Sonde *Galileo* den Jupiter. Sie entdeckte, dass der größte Jupitermond Ganymed ein Magnetfeld innerhalb des starken Magnetfelds des Jupiter hat, ein Phänomen, das nirgendwo sonst im Sonnensystem bekannt ist.

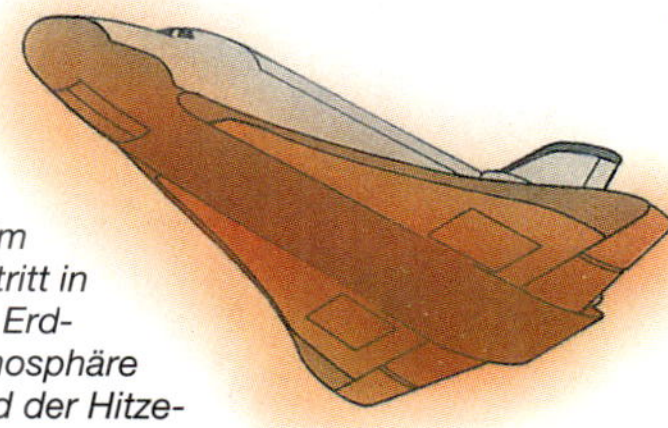

Beim Eintritt in die Erdatmosphäre wird der Hitzeschild unter dem Shuttle infolge der Reibung der Luft rot glühend.

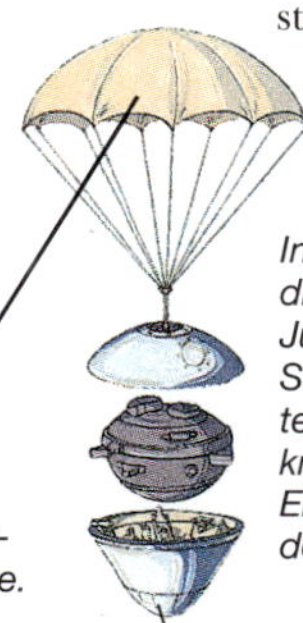

RAUMFAHRTCHRONIK

1957 Der erste künstliche Satellit, *Sputnik 1* (Sowjetunion), umkreist die Erde.

1959 *Luna 3* (Sowjetunion), die erste erfolgreiche Raumsonde, passiert den Mond und sendet das erste Bild von seiner Rückseite.

1961 Der Russe Juri Gagarin fliegt als erster Mensch ins All und umrundet einmal die Erde.

1962 *Mariner 2* (USA), die erste erfolgreiche planetare Raumsonde, passiert die Venus.

1969 Der Amerikaner Neil Armstrong betritt als erster Mensch den Mond.

1971 Die erste Raumstation, *Saljut 1* (Sowjetunion), erreicht die Umlaufbahn.

1977 *Voyager 2* (USA) verlässt die Erde und passiert Jupiter (1979), Saturn (1981), Uranus (1986) und Neptun (1989).

1981 Erster Testflug des US-Spaceshuttle *Columbia* ins Weltall.

1986 Die europäische Raumsonde *Giotto* sendet Nahaufnahmen vom Kern des Halleyschen Kometen.

1995 *Discovery* (USA) ist die erste Raumfähre mit einer Pilotin (Eileen Collins).

2001 Geschäftsmann Dennis Tito fliegt als erster Weltraumtourist ins All.

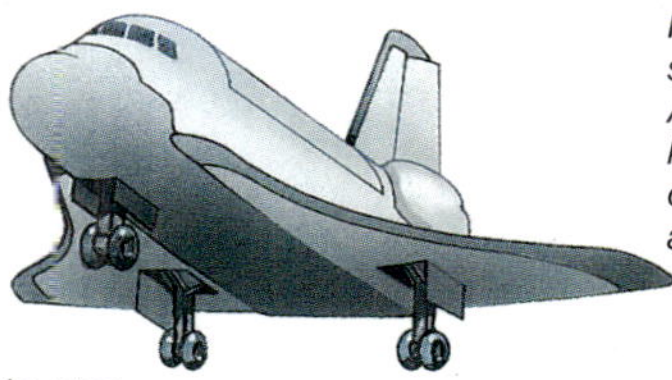

Der Shuttle schwebt zur Landebahn hinunter wie ein normales Flugzeug.

Der Shuttle landet auf der Landebahn und rollt aus. Nach monatelangen intensiven Checks kann er wieder fliegen.

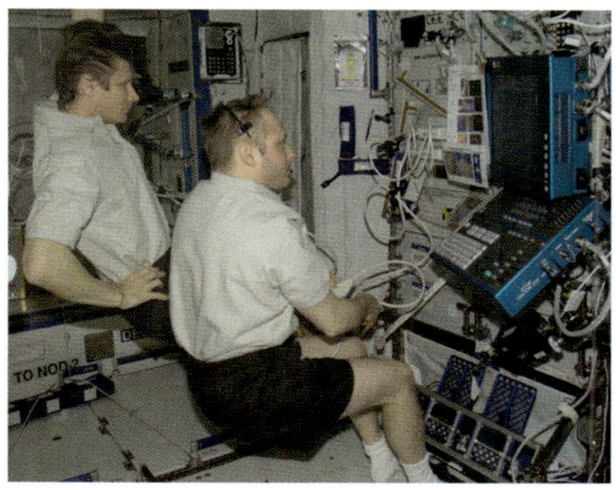

AN BORD DER ISS
Während ihres Aufenthaltes in der ISS führen die Astronauten Experimente und Reparaturen durch. Die Raumstation befindet sich im Aufbau und wird 2010 fertig sein.

Raumstation

Die längsten Raumflüge können Menschen an Bord von Raumstationen machen – großen Raumschiffen, die die Erde jahrelang umkreisen. Kleinere Raumschiffe bringen Astronautenteams zur Raumstation, wo sie wochen- oder monatelang leben und arbeiten. Raumschiffe, die an der Station andocken, bringen Vorräte und Ablösungsteams.

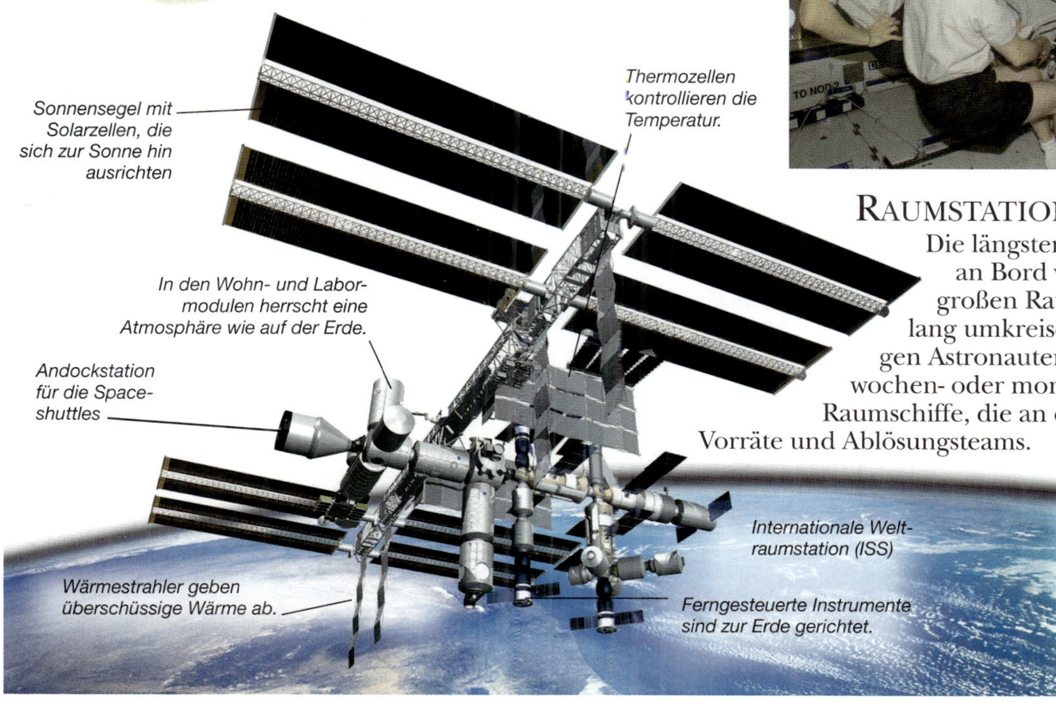

Siehe auch

Astronauten
Kometen und Meteore
Mond
Planeten
Raketen
Satelliten
Schwerkraft

Rechtsprechung

NEUTRALITÄT DER JUSTIZ
Justitia, eine Figur, die auf der ganzen Welt Recht und Gesetz symbolisiert, trägt eine Augenbinde. Damit wird zum Ausdruck gebracht, dass das Gesetz niemanden bevorzugt. Aber nicht alle Gesetze sind gut, denn die Regierungen können auch Gesetze erlassen, die die Freiheit der Bürger einschränken. Die Waagschalen bringen zum Ausdruck, dass die Justiz die Standpunkte zweier Gegner vor Gericht genau abwägt. Das Schwert repräsentiert die Bestrafung.

IN JEDEM LAND GIBT ES Gesetzbücher, um die rechtlichen Belange der Bürger zu regeln und um das Recht des Einzelnen gegen die Interessen der Allgemeinheit abzugrenzen. Aber Recht und Gesetz sorgen nicht nur für den Schutz der Bürger, sie schlichten auch Streitfälle zwischen einzelnen Bürgern. Wenn z. B. jemand der Meinung ist, er hat fehlerhafte Ware gekauft und der Verkäufer widerspricht ihm, muss das Gesetz entscheiden, wer von beiden im Recht ist. Streitfälle dieser Art werden durch das so genannte Zivilrecht geregelt. Die Gesetze eines Landes sind sehr vielfältig, da sie den Bedürfnissen und Erwartungen aller Staatsbürger entsprechen müssen. Die wichtigsten Rechtsgebiete sind das öffentliche Recht, das Straf- und das Zivilrecht, das hauptsächlich im Bürgerlichen Gesetzbuch zusammengefasst sind, wie etwa das Familienrecht, in dem auch Ehescheidungen geregelt werden. Sich in dem Wirrwarr der Gesetze auszukennen, ist nicht leicht. Rechtsanwälte und Richter müssen ein Universitätsstudium vorweisen können, und die meisten spezialisieren sich auf einen Teilbereich des Rechts.

Richter und Schöffen fällen gemeinsam das Urteil.

Der Verteidiger vertritt die Interessen des Angeklagten.

Der Staatsanwalt erhebt Anklage im Strafprozess.

TODESSTRAFE
Bis in das 19. Jh. hinein wurden Straftäter öffentlich an einem Galgen aufgehängt. Mittlerweile wurde die Todesstrafe in allen europäischen Ländern abgeschafft. In den USA dagegen können schwere Verbrechen noch heute mit dem Tod bestraft werden.

Schöffengericht

Geringere Strafsachen werden am Amtsgericht verhandelt. Bei kleinen Vergehen kann der Strafrichter allein ein Urteil fällen, ist aber eine Freiheitsstrafe von über zwei Jahren möglich, werden ihm zwei Schöffen zur Seite gestellt. Diese sind Laienrichter, die keine juristische Ausbildung haben. Für das Urteil zählen die Stimmen von Strafrichter und Schöffen gleich viel. Schwerere Verbrechen gehen vor das Schwurgericht, wo drei Berufsrichter und zwei Schöffen über das Urteil entscheiden.

INTERNATIONALES RECHT

Grenzüberschreitende Probleme erfordern eine internationale Zusammenarbeit der Justiz. Bei Flugzeugunglücken z. B. kommen die Opfer oftmals aus vielen Ländern. Gerichte müssen klären, wer für das Unglück verantwortlich ist. Ein Auslieferungsvertrag zwischen zwei Ländern ermöglicht, dass Straftäter in ihr Heimatland überführt werden, wenn sie in einem anderen Land festgenommen werden.

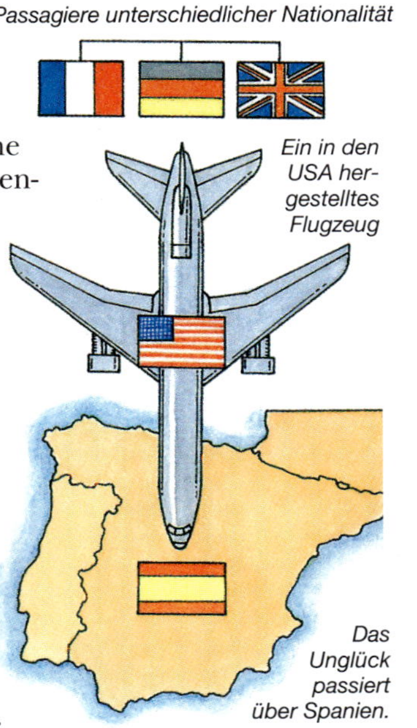

ALTERNATIVEN ZUM GEFÄNGNIS
Elektronische Fesseln an den Fußgelenken des Straftäters schränken seine Bewegungsfreiheit ein und verhindern somit, dass er erneut eine Straftat begeht. Verlässt der so »Gefesselte« ein bestimmtes Gebiet, wird über Funk sofort ein Alarm bei der nächstliegenden Polizeistation ausgelöst.

Häftlinge lernen nützliche Dinge, wenn sie in den Gefängnisablauf eingebunden werden. Arbeiten in der Küche gehören dazu.

GEFÄNGNIS ALS STRAFE
Schwerverbrecher müssen zur Strafe oft viele Jahre lang ins Gefängnis, um sie von weiteren Straftaten abzuschrecken und um die Allgemeinheit vor ihnen zu schützen. Gefängnisse bereiten den Täter auch auf eine Wiedereingliederung in die Gemeinschaft vor – z. B. mit einer Berufsausbildung.

Das Grundgesetz

Das Grundgesetz ist die Verfassung der Bundesrepublik Deutschland. Es wurde am 23. Mai 1949 – also vier Jahre nach Ende des Zweiten Weltkriegs – verkündet. Das Grundgesetz legt unter anderem fest, dass Deutschland ein demokratischer Rechtsstaat ist. Wesentlicher Bestandteil sind die Grundrechte. Sie garantieren jedem Einzelnen seine Freiheit gegenüber dem Staat und legen fest, dass alle Menschen gleich sind. Das Grundgesetz kann nur mit einer Zwei-Drittel-Mehrheit des Bundestages und des Bundesrates geändert werden.

»Alle Staatsgewalt geht vom Volke aus«: Durch Wahlen bestimmen die Bürger, wer regiert und die Gesetze macht.

RECHTSINSTANZEN

Wer vor einem Gericht nicht Recht bekommt, hat die Möglichkeit, diese Entscheidung von einem höheren Gericht, einer so genannten höheren Instanz, überprüfen zu lassen. Die unterste Stufe bei Zivil- und Strafgerichten heißt Amtsgericht. Nach dem Amtsgericht kommt das Landgericht, das Oberlandesgericht und als letzte Instanz der Bundesgerichtshof.
In Verwaltungsstreitigkeiten wendet man sich zuerst an das Verwaltungs-, dann an das Oberverwaltungs- und schließlich an das Bundesverwaltungsgericht. Ähnlich verhält es sich bei den Arbeits- und Sozialgerichten, bei den Finanzgerichten dagegen gibt es nur zwei Instanzen: das Finanzgericht und den Bundesfinanzhof.

Eine besondere Stellung unter den Gerichten hat das Bundesverfassungsgericht. Es hat seinen Sitz in Karlsruhe und wacht über die Einhaltung des Grundgesetzes.

VERSCHIEDENE GERICHTE

Die Gerichte entscheiden darüber, was geschieht, wenn jemand gegen ein Gesetz verstößt. In Deutschland gibt es verschiedene Arten von Gerichten: Die Zivilgerichte befassen sich mit dem Privatrecht, also zum Beispiel mit Streitigkeiten zwischen Nachbarn oder mit Erbangelegenheiten. Von den Strafgerichten werden Straftäter verurteilt. Die Verwaltungsgerichte sind für Auseinandersetzungen zuständig, die Bürger mit Behörden oder Behörden untereinander haben. Daneben gibt es noch Arbeitsgerichte, die sich zum Beispiel mit Kündigungen beschäftigen, Sozialgerichte, die unter anderem für die Rente zuständig sind, und Finanzgerichte, die man sich bei Steuerstreitigkeiten anruft.

WER MACHT DIE GESETZE?

Bis ein Gesetz gemacht ist, muss es ein kompliziertes Verfahren durchlaufen. In Deutschland dürfen die Abgeordneten des Bundestages, die Mitglieder des Bundesrates sowie die Minister der Bundesregierung einen Gesetzentwurf vorschlagen. Dieser Entwurf muss dem Bundestag vorgelegt werden, der darüber abstimmt. Damit ist das Gesetz aber noch nicht angenommen. Oft muss noch der Bundesrat zustimmen. Sind sich Bundestag und Bundesrat nicht einig, erarbeitet ein Vermittlungsausschuss Kompromisslösungen, die dann wieder in den Bundestag kommen. Gibt es jetzt eine Mehrheit für das neue Gesetz, unterschreibt es der Bundespräsident. Wenn es im Bundesgesetzblatt veröffentlicht ist, tritt es in Kraft.

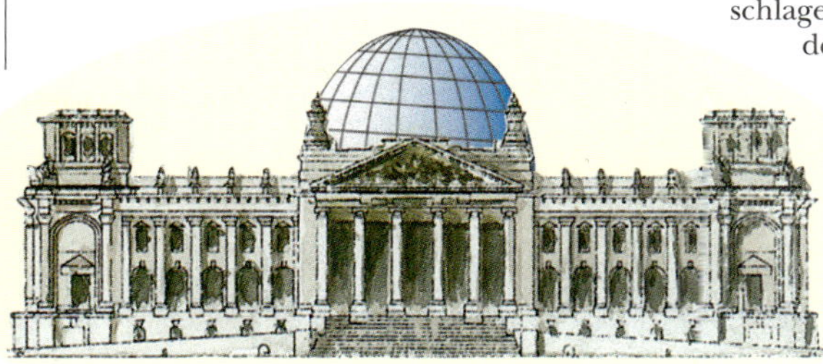

Verteidigung und Anklage

In einem Gerichtsverfahren treten nicht nur Richter, sondern auch Staats- und Rechtsanwälte auf. Staatsanwälte erheben Anklage im Strafprozess. Auf der anderen Seite stehen die Rechtsanwälte. Im Strafprozess heißen sie Verteidiger, weil sie den Angeklagten gegen die Vorwürfe des Staatsanwalts verteidigen. Im Zivilprozess, in dem sich zum Beispiel zwei Nachbarn über Grundstücksgrenzen streiten, bringen beide Parteien – der Kläger und auch der Beklagte – ihren eigenen Rechtsanwalt mit. Er soll dem Mandanten (Auftraggeber) zu seinem Recht verhelfen.

Siehe auch

DEUTSCHLAND
POLIZEI
REGIERUNGSFORMEN

Reformation

MARTIN LUTHER
Martin Luther (1483–1546) gab den Anstoß zur Reformation. Er griff den Ablasshandel an und sagte, dass die Sünden eines Menschen nicht mit Geld zu sühnen sind. Den Menschen kann nur durch ihren Glauben geholfen werden.

AM 31. OKTOBER 1517 veröffentlichte der Mönch Martin Luther eine Liste mit 95 Thesen in Wittenberg, Sachsen-Anhalt. Damit entfachte er die Reformationsbewegung, die die Reform der katholischen Kirche forderte. Viele waren Luthers Meinung und griffen ihren Reichtum sowie den Ablasshandel an, mit dem die Gläubigen einen Erlass ihrer Sünden erkaufen konnten. Luther wurde 1521 von der Kirche ausgeschlossen. Daraufhin gründete er eine eigene Kirche, die »protestantisch« genannt wurde, da ihre Anhänger gegen die in ihren Augen falschen Vorgänge der katholischen Kirche »protestierten«. Der Protestantismus breitete sich in ganz Europa aus. Später begann die katholische Kirche mit einer Gegenreformation. Eine Folge der Reformation war der 30-jährige Krieg (1618–1648).

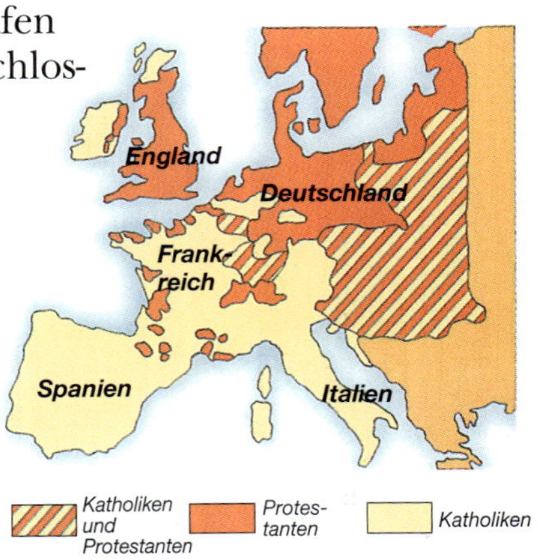

PROTESTANTISMUS
Um 1560 gab es in Europa zwei Glaubensrichtungen – römisch-katholisch und protestantisch. Der Protestantismus ging von Deutschland aus. Viele deutsche Fürsten nahmen die neue Glaubensrichtung an, sodass sie sich vom Papst und dem Römischen Kaiser lösen konnten.

30-JÄHRIGER KRIEG
Der 30-jährige Krieg dauerte von 1618 bis 1648. Er begann als Religionskrieg zwischen Katholiken und Protestanten in Deutschland. Danach wurde er zum Krieg zwischen den Habsburgern des Heiligen Römischen Reiches und den Königen von Frankreich. Im Jahr 1648 konnten die Protestanten den Krieg mit dem Westfälischen Frieden für sich entscheiden.

INQUISITION
Der Papst führte 1231 die Inquisition ein – eine Organisation, die so genannte Häretiker (vom katholischen Glauben abweichende Menschen) bestrafen sollte. Die Inquisitoren sperrten Häretiker und Hexen ein, folterten sie und richteten sie hin. Während der Reformation, 300 Jahre später, versuchte die Inquisition, die neue protestantische Kirche zu zerstören, was aber nicht gelang.

KONZIL VON TRIENT
Die Gegenreformation begann, als sich katholische Kirchenführer 1545 beim Konzil von Trient trafen. Das Konzil stellte die wichtigsten Prinzipien der katholischen Kirche dar, und es wurden Schulen zur Ausbildung von Priestern gegründet. Damals wurden die 1534 als Lehrorden gegründeten Jesuiten immer beliebter.

Siehe auch
DEUTSCHLAND, GESCHICHTE
EUROPA
FRANKREICH, GESCHICHTE
GROSSBRITANNIEN, GESCHICHTE
LUTHER, MARTIN

REGIERUNGSFORMEN

PLATON
Vor mehr als 2000 Jahren schrieb der griechische Philosoph Platon das erste Buch über Regierungen und ihre Aufgaben – unsere heutige Vorstellung von Politik. Sein Buch mit dem Titel *Politeia* beschreibt die Grundformen der Demokratie. Dieses griechische Wort bedeutet »Volksherrschaft«.

DIE GESCHICKE EINES LANDES werden von einer Regierung geleitet, welche die Richtlinien politischer Entscheidungen vorgibt. Das Aufgabengebiet von Regierungen ist groß: Sie entscheiden, wie die Steuergelder über die Bereiche Gesundheit, Bildung, Verteidigung und Sozialeinrichtungen verteilt werden. Sie unterhalten Armeen zur Landesverteidigung und die Polizei, die für die Sicherheit der Bürger zuständig ist. Aufgrund unterschiedlicher kultureller und politischer Traditionen unterscheiden sich die Staats- und Regierungsformen von Land zu Land. Es gibt jedoch drei Haupttypen: Republik, Monarchie und Diktatur. Die meisten Länder sind Republiken, in denen die Menschen in freien Wahlen Regierung und Staatsoberhaupt bestimmen. In einer Monarchie stellt die königliche Familie das Staatsoberhaupt. Länder, in denen ein Alleinherrscher die alleinige Macht an sich gerissen hat – oft mit Hilfe des Militärs –, bezeichnet man als Diktaturen.

MONARCHIE
In einer Monarchie regiert der König das Land. Nur wenige der heutigen Monarchen haben wirkliche politische Macht.

PARLAMENT

Alle westlichen Länder sind Demokratien – das Staatsvolk bestimmt in Wahlen, welcher politischen Partei es die Regierungsmacht übertragen will. In Demokratien gibt es immer ein Parlament, in dem gewählte Abgeordnete unterschiedlicher Parteien sitzen. Zusammen mit der Regierung entscheiden sie, welchen Weg das Land gehen soll. Die Regierung stellt in der Regel diejenige Partei, welche bei den Wahlen die meisten Stimmen bekam. Oft wird der Vorsitzende dieser Partei das Regierungsoberhaupt.

Das niederländische Parlamentsgebäude in Den Haag

Thabo Mbeki wurde 1999 als Präsident der Republik Südafrika vereidigt.

PRÄSIDIALSYSTEM

In einer Republik wie Südafrika wählen die Bürger das Staatsoberhaupt. In diesem Land hat der Präsident wirkliche politische Macht und ist verantwortlich für die Innen- und Außenpolitik. Ähnlich große Macht hat der Präsident auch in Frankreich. In manchen Ländern, wie z. B. Deutschland, ist der Präsident mehr ein repräsentatives Staatsoberhaupt, das sein Land bei öffentlichen Anlässen vertritt.

ANARCHIE
Nicht jeder findet Regierungen gut. Anarchisten bevorzugen einen Staat ohne zentrale Macht. Dieses Gemälde aus dem 19. Jh. zeigt eine Szene, in der französische Anarchisten eine Bombe vor einem Opernhaus zünden.

REPUBLIK ÖSTERREICH
Österreich ist ein Bundesstaat, der aus den neun Ländern Wien, Salzburg, Kärnten, Tirol, Oberösterreich, Niederösterreich, Burgenland, Vorarlberg und der Steiermark besteht. Staatsoberhaupt und gleichzeitig Repräsentant dieses demokratischen Staates ist der Bundespräsident, der alle sechs Jahre direkt vom Volk gewählt wird. Regierungsoberhaupt ist der Bundeskanzler. Über ihn wird alle vier Jahre neu entschieden. Das österreichische Parlament heißt Nationalrat. Es setzt sich aus 183 Abgeordneten zusammen, die vom Volk gewählt werden. Dann gibt es noch den Bundesrat, der mit für die Gesetze verantwortlich ist. In ihm sitzen 63 Vertreter der einzelnen Landesregierungen.

Das Wiener Parlamentsgebäude wurde von 1861–1884 nach dem Entwurf des dänischen Architekten Theophil Hansen errichtet. Dass es aussieht wie ein Bauwerk der griechischen Antike, ist kein Zufall: Das alte Griechenland gilt als Wiege der Demokratie.

DIE SCHWEIZERISCHE EIDGENOSSENSCHAFT
Die Schweiz, die sich auch als Eidgenossenschaft bezeichnet, ist ein Bundesstaat, der sich aus 26 Kantonen zusammensetzt und von einem siebenköpfigen Bundesrat regiert wird. Jedes Jahr nimmt ein anderes Mitglied das Präsidentenamt wahr. Das Schweizer Parlament besteht aus zwei Kammern: dem Ständerat, in den jeder Kanton zwei Mitglieder entsendet, und dem Nationalrat mit 200 Volksvertretern.

Das Schweizer Parlamentsgebäude in Bern wurde von dem Architekten Hans Auer entworfen und 1902 vollendet. In seiner Glaskuppel steht der Wahlspruch »Einer für alle, alle für einen«.

REGIERUNGSFORMEN IM LAUF DER GESCHICHTE
Deutschland, Österreich und die Schweiz waren nicht immer unabhängige Republiken. Im frühen Mittelalter gehörten sie alle drei zum Heiligen Römischen Reich. Diese Monarchie wurde von einem »Kaiser von Gottes Gnaden« regiert. Ende des 13. Jahrhunderts verbündeten sich die Schweizer Urkantone Uri, Schwyz und Unterwalden zur so genannten Eidgenossenschaft, einem Bundesstaat, dem sich immer mehr Orte anschlossen. In dessen Staatssystem gab es aristokratische Stadtrepubliken, in denen wenige wohlhabende Bürger die Macht besaßen. Erst mit der Französischen Revolution von 1789 kam die Idee einer demokratischen Volksregierung auf. 1798 wurde aus der Eidgenossenschaft die Helvetische Republik, während das deutsche und das österreichisch-ungarische Kaiserreich an der Monarchie festhielten. Diese Regierungsformen gingen Ende des Ersten Weltkriegs unter. In Österreich entstand die Erste Republik und in Deutschland die Weimarer Republik, die ab 1933 unter Hitler jedoch schnell zur Diktatur wurden. Erst 1949 konnte auch in Deutschland und Österreich die Demokratie einziehen.

GEWALTENTEILUNG

Die Mitglieder einer Regierung besitzen große politische Macht. Damit sie sie nicht missbrauchen können, muss es jemanden geben, der sie kontrolliert. Aus diesem Grund liegt die Staatsgewalt nicht in einer Hand, sondern wurde auf drei verschiedene Stellen verteilt: Die Legislative (Parlament) macht die Gesetze. Für ihre Ausführung ist die Exekutive (Verwaltung) zuständig. Die wiederum darf etwa Gesetzesbrecher nicht selbst bestrafen. Darum kümmert sich die Judikative (unabhängige Gerichte), die zuerst prüfen muss, ob überhaupt eine Schuld vorliegt. Diese ausgeklügelte Gewaltenteilung schützt sowohl den Staat als auch die Rechte seiner Bürger.

BUNDESTAG
Der Bundestag ist die Volksvertretung der Bundesrepublik Deutschland, mit anderen Worten das deutsche Parlament. Er setzt sich aus den einzelnen Abgeordneten zusammen, die alle vier Jahre neu gewählt werden. Der Bundestag wählt die Bundeskanzlerin bzw. den Bundeskanzler. Außerdem beschließt er die Bundesgesetze und entscheidet über die Verwendung der Steuergelder. Die Abgeordneten des Bundestages können nicht an jeder Sitzung teilnehmen: In verschiedenen Ausschüssen zu bestimmten Themen wie Recht, Finanzen, Familie, Bildung oder Verteidigung bereiten sie sich z. B. auf die Lesungen der Gesetze vor. Diese finden meist öffentlich statt.

BUNDESPRÄSIDENT

Der deutsche Bundespräsident wird von der Bundesversammlung gewählt, die sich aus den Vertretern des Bundestages und der Länder zusammensetzt. Der Bundespräsident wird auf fünf Jahre gewählt. Er ist zwar Staatsoberhaupt, hat aber weniger Macht als der Bundeskanzler. Seine Aufgabe besteht in erster Linie darin, den Staat zu repräsentieren, Reden zu halten sowie andere Staatsoberhäupter zu empfangen.

Seit 2004 deutscher Bundespräsident: Horst Köhler

Wahlen in einer Demokratie müssen allgemein, unmittelbar, frei, gleich und geheim sein.

POLITISCHE PARTEIEN
In einem Staat treffen sehr viele verschiedene Meinungen aufeinander. Damit die Bürger besser einschätzen können, wer ihre Interessen am besten vertritt, sind die zur Wahl stehenden Kandidaten in der Regel Mitglieder einer bestimmten Partei. Für welche Auffassungen eine Partei steht, kann man in ihrem Parteiprogramm nachlesen. Wie Österreich und die Schweiz hat auch Deutschland ein Mehrparteiensystem. Die wichtigsten Parteien, die schon seit Jahren in den Bundestag einziehen, sind die SPD (Sozialdemokratische Partei Deutschlands), Bündnis 90/Die Grünen (eine Partei, die aus Umwelt- und Bürgerrechtsbewegungen aus Ost- und Westdeutschland hervorgegangen ist), die CDU (Christlich Demokratische Union) sowie ihre bayerische Schwesterpartei CSU (Christlich Soziale Union), die FDP (Freie Demokratische Partei, die sich auch »Die Liberalen« nennt) sowie die Linkspartei (auch mit dem Zusatz: PDS). Sie entstand aus der SED (Sozialistische Einheitspartei Deutschlands) der DDR. Gelingt es bei der Bundestagswahl keiner Partei, die absolute Mehrheit der Stimmen zu holen, schließen sich zwei oder mehrere Parteien zusammen, um gemeinsam regieren zu können. In diesem Fall bilden sie eine Regierungskoalition. Die anderen im Parlament sitzenden Parteien sind in der Opposition. Ihre Aufgabe besteht darin, die Arbeit der Regierung zu kontrollieren.

WAHLEN
Jeder deutsche Staatsbürger, der volljährig, also 18 Jahre alt ist, darf mitbestimmen, wer die Regierungsgeschäfte übernehmen soll. Gewählt wird allerdings nicht der Bundeskanzler, sondern die Abgeordneten, die in den Bundestag einziehen dürfen. Diese entscheiden, wer Kanzler wird und die Richtlinien der Politik bestimmen darf. Dazu ist eine absolute Mehrheit nötig. In Deutschland hat jeder Wähler zwei Stimmen. Mit der Erststimme kann er eine bestimmte Person wählen, die er vielleicht aus seinem Wahlkreis kennt. Da es in Deutschland 299 Wahlkreise gibt, kommen auf diese Weise 299 der insgesamt 603 Abgeordneten zusammen. Wer die restlichen Sitze erhält, entscheidet der Wähler mit seiner Zweitstimme: Die gibt er einer bestimmten Partei, die seine Interessen im Parlament vertreten soll. Je nachdem, in welchem Verhältnis abgestimmt wurde, entsenden die Parteien dann eine entsprechende Zahl weiterer Mitglieder in den Bundestag.

FÖDERALISMUS

Deutschland, Österreich und die Schweiz sind Bundesstaaten, die alle aus mehreren Bundesländern bzw. Kantonen bestehen. Diese Form der Staatsordnung bezeichnet man auch als Föderalismus. In einem Bundesstaat hat jedes einzelne Bundesland eine eigene Verfassung, wählt ein eigenes Parlament sowie eine eigene Regierung und besitzt eigene, unabhängige Gerichte. Gesetze, die auswärtige Angelegenheiten, die Verteidigung des Landes, die Staatsangehörigkeit, Zölle, den Grenzschutz und andere wichtige Dinge von nationalem Interesse betreffen, können nur zentral vom Bund geregelt werden. Im Zweifelsfall gilt meist der Grundsatz: Bundesrecht bricht Landesrecht.

Viele mächtige Gruppierungen wie zum Beispiel Wirtschaftsverbände oder Gewerkschaften versuchen das Parlament bei der Gesetzgebung zu beeinflussen. Sie nennt man Lobbyisten.

STAATSBÜRGERSCHAFT

In Deutschland, Österreich und der Schweiz sind nur die eigenen Staatsbürger wahlberechtigt bei Wahlen zum Bundesparlament und den Länderparlamenten. Ausländer, auch wenn sie schon lange im Land leben und dort ihre Steuern zahlen, haben kein Wahlrecht. Anders als z.B. in den USA bestimmt in diesen Ländern die Abstammung die Staatsangehörigkeit und nicht das Geburtsland. Nur wer z.B. einen deutschen Vater oder eine deutsche Mutter hat, bekommt automatisch einen deutschen Pass.

Siehe auch
DEUTSCHLAND
ÖSTERREICH
RECHTSPRECHUNG
SCHWEIZ

Reise und Tourismus

Die Menschen früherer Zeiten reisten wenig. Für Entfernungen, die heute mit dem Auto in wenigen Stunden bewältigt werden, brauchte man Wochen; Monate oder sogar Jahre brauchte man für Ziele, die heute ein Paar Flugstunden entfernt liegen. Wenn jemand verreiste, dann meist, um eine Pilgerfahrt zu machen. Erst im 17. und 18. Jh. begannen Angehörige der Oberschicht, Erholungsreisen zu unternehmen. Im 19. Jh. machte die Eisenbahn das Reisen für breitere Schichten erschwinglich. Später kamen Autobusse dazu. Heute können sich Dank billiger Flüge viele Menschen einen Auslandsurlaub leisten. Reisebüros, Fluggesellschaften und Anbieter von Pauschalreisen bilden einen neuen Industriezweig, der einen wichtigen Faktor für die Weltwirtschaft darstellt.

Jakobsmuschel

Pilger

Pilgerfahrten gibt es in allen Weltreligionen. An heiligen Stätten – Wallfahrtsorten – erbitten die Gläubigen Hilfe und Glaubenskraft. Im Mittelalter pilgerten viele Menschen nach Santiago de Compostela in Spanien zum Grab des heiligen Jakobus. Zum Beweis, dass sie tatsächlich dort waren, brachten sie eine Jakobsmuschel mit.

Bildungsreisen

In britischen Adelskreisen des 18. Jh. galt eine ausgedehnte Europareise als besonders schick. Sie sollte Bildung eines jungen Menschen vervollkommnen. Höhepunkt einer derartigen Reise war der Besuch der antiken Stätten Italiens und Griechenlands. Eine solche Bildungsreise konnten sich nur die ganz Reichen leisten.

Pauschalreisen

Man versteht darunter Komplett-Angebote von Reiseunternehmen, die alles enthalten: Anreise, meist per Flugzeug, Hotel und Verpflegung. Beliebt bei Pauschaltouristen sind besonders Spanien und Griechenland. Dort sind in den letzten Jahren riesige Hotelanlagen entstanden. Sie bieten wichtige Arbeitsplätze für die einheimische Bevölkerung.

Snowboarder vollführen oft gewagte Kunststücke.

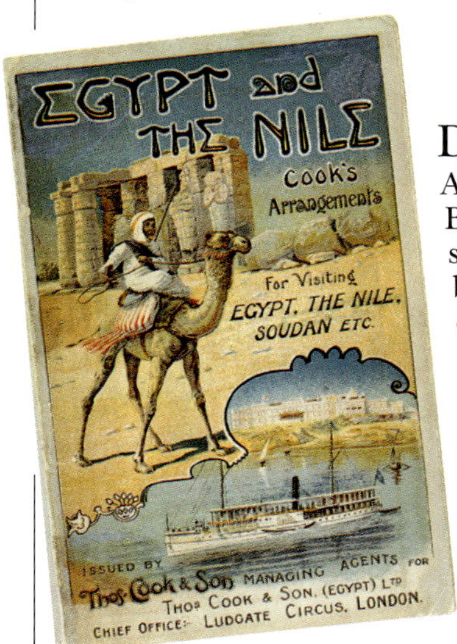

Das erste Reisebüro

Als Begründer des modernen Tourismus gilt der Brite Thomas Cook (1808–92). 1841 organisierte er erstmals einen Ausflug mit Reisebegleitung. Der Erfolg war so groß, dass er 1845 das weltweit erste Reisebüro gründete. Im Jahr 1827 hatte in Koblenz Karl Baedecker seinen Reisehandbücherverlag ins Leben gerufen.

Der Eiffelturm in Paris – eine Touristenattraktion

Tagesausflüge

Eisenbahnen und Busse rückten ehemals entfernte Ziele in erreichbare Nähe. Sie waren zudem so preiswert, dass breite Bevölkerungskreise sich Tagesausflüge leisten konnten. Davon profitierten wiederum die Hersteller von Souvenirartikeln. Schließlich wollten die Ausflügler auch ein Erinnerungsstück mit nach Hause nehmen.

Abenteuerurlaub

Viele Touristen entscheiden sich für einen Aktivurlaub. Zu den beliebtesten Sportarten gehören Tauchen, Windsurfen und Segeln. Im Winter stehen nach wie vor Skilaufen und Snowboarden an vorderster Stelle. Große Anziehungskraft gerade für jüngere Menschen haben Rucksackreisen gewonnen – Erkundungen unbekannter Regionen fernab von den großen Touristenströmen.

Siehe auch
Sport
Transport und Verkehr
Wassersport

Reiten

Pferd und Mensch ergänzen sich seit mehr als 2000 Jahren, und Jahrhunderte lang waren Last- und Zugpferde das einzige Transportmittel des Menschen. Der Reitsport entwickelte sich im 17. Jh., und noch heute gehört Reiten zu den beliebtesten Hobbys. Gerade für Kinder und Jugendliche ist Reiten die ideale Freizeitbeschäftigung. Wer bereits sicher im Sattel sitzt, kann dann an Wettkämpfen wie dem Sprung- oder Dressurreiten teilnehmen. Das macht Spaß, erfordert aber auch eine gehörige Menge Erfahrung und vor allem Mut, insbesondere beim Springen. Reiter sitzen in einem Sattel, die Füße stecken in Steigbügeln. Gelenkt wir das Pferd über die Zügel, die mit einer Metallspange im Maul des Pferdes verbunden sind. Ein sanfter Schenkeldruck gibt die Gangart an – Schritt, Trab oder Galopp.

Ein Schenkeldruck von rechts bewegt das Pferd zu einer Kehre nach links.

STEIGBÜGEL
Reiterstämme in Kleinasien haben um 300 v. Chr. den Steigbügel entwickelt. Damit konnten sie sich bei Kämpfen besser im Sattel halten. Heutige Steigbügel sind meist aus Stahl.

REITERHÖFE
Viele junge Reiter, die kein eigenes Pferd haben, nehmen Reitstunden auf einem Reiterhof. Dort lernen sie den sicheren Umgang mit einem Pferd zunächst in einer Halle, dann bei Ausritten in die nähere Umgebung. Die Kurse umfassen auch Anleitungen zur Pflege von Sattel und Zaumzeug und nicht zuletzt der Pferde selbst.

POLO
Bei diesem schnellen und aufregenden Spiel treten zwei Mannschaften zu je vier berittenen Spielern gegeneinander an. Mit einem Schläger versuchen die Spieler einen Holzball ins Tor des Gegners zu schießen. Sieger ist diejenige Mannschaft, welche die meisten Tore erzielt hat. Poloponys müssen sehr schnell und vor allem wendig sein. Da die Ponys bei dem rasanten Spiel schnell ermüden, werden sie oft mehrere Male in einem Spiel ausgetauscht.

Sattelknauf

Westernsattel

SÄTTEL
Der Sattel ist ein wichtiger Teil der Reitausrüstung. Er bietet dem Reiter einen festen und bequemen Halt und schont das Rückgrat der Tiere. Der Sattel wird mit dem Sattelgurt am Körper des Pferdes festgeschnallt. Ein Westernsattel hat weite Steigbügel und einen Knauf.

Schritt — Trab — Galopp

DIE GANGARTEN DES PFERDES
Die drei wichtigsten Gangarten sind Schritt, Trab und Galopp. Beim Schritt bewegen sich die Beine in der Reihenfolge links vorne, rechts hinten, rechts vorne und links hinten. Beim Trab werden die diagonalen Beinpaare gleichzeitig bewegt. Das ergibt einen recht ruckeligen Gang. Sehr viel weicher ist der Galopp. Einen Wechsel der Gangarten erreicht der Reiter durch Schenkeldruck und indem er die Zügel anzieht oder locker lässt. Beim Trab hebt und senkt sich der Reiter mit dem Rhythmus des Pferdes, bei den anderen Gangarten bleibt er sitzen.

TURNIERREITEN
Es gibt drei Disziplinen. Beim Springreiten müssen Reiter und Pferd Hindernisse überwinden, beim Dressurreiten zeigen sie verschiedene Gangarten und spezielle Figuren. Im Mittelpunkt der »Military« steht der Querfeldein-Ritt über mächtige, oft natürliche Hindernisse.

Siehe auch
Olympische Spiele
Pferde
Sport

Religionen

MUTTERGÖTTINNEN
Figuren schwangerer Frauen waren vermutlich ein Symbol für die Entstehung neuen Lebens.

MENSCHEN HABEN IMMER nach Antworten auf die Rätsel des Lebens gesucht. Diese Suche hat zur Entwicklung von Religionen geführt, die Leben und Tod einen Sinn geben sollen. Die meisten religiösen Menschen glauben an einen Gott oder an mehrere Götter. Gottheiten gelten als höchste Wesen, die die Welt erschufen oder bestimmen, was in ihr geschieht. Manche Religionen sind gut organisiert und lehren die Menschen, wie sie leben und wonach sie sich richten sollen. Es gibt bestimmte Orte, an denen die Gläubigen beten, sowie einen geistigen Führer. Die Anhänger mancher Religionen glauben, dass allem – sei es ein Stein oder ein Tier – ein Geist oder Gott innewohnt. Viele glauben auch an ein Leben nach dem Tod. Die sechs größten organisierten Weltregionen sind Christentum, Judentum, Islam, Hinduismus, Buddhismus und Sikhismus.

RELIGION UND KUNST
Viele Völker nutzen Kunst, Architektur und Bildhauerei, um ihre religiösen Gedanken auszudrücken und ihre wichtigen Heiligen darzustellen. Diese christliche Skulptur der Jungfrau Maria mit dem Jesukind zeigt Maria als Königin des Himmels.

Verehrung und Gebet

Jede Religion hat eigene Wege der Verehrung und des Gebets. Öffentliche Gottesdienste finden meist in einem Gebetshaus, z. B. einer Kirche oder einer Moschee, statt. Gebete können auch alleine und zu Hause gesprochen werden. Sie sind ein an Gott oder an ein Heiligtum gerichteter Dank oder eine Bitte. Dieses Mädchen (oben) betet anlässlich des buddhistischen Festes der hungrigen Geister in Singapur.

GÖTTER
Viele Religionen verehren entweder einen einzigen Gott oder mehrere Götter. Es gibt Mythen oder Geschichten über die Götter, die ein wichtiges Ereignis erklären. Ganesha (rechts) ist der Hindu-Gott der Weisheit. Der Sage nach schlug ihm sein Vater versehentlich den Kopf ab und ersetzte ihn in seiner Verzweiflung durch einen Elefantenkopf.

TOD UND HIMMEL
Die Angehörigen vieler Religionen glauben, dass die Seele nach dem Tod in einem neuen Körper wiedergeboren werden kann oder, als Belohnung für gute Taten auf der Erde, in den Himmel aufsteigt. Die meisten Religionen haben bestimmte Rituale, um der Toten zu gedenken, wie der Totentag in Mexiko (oben). Es werden Kerzen angezündet, um verstorbenen Verwandten den Weg ins Land des Lebens zu weisen.

Jerusalem

Jerusalem ist für drei Religionen eine heilige Stadt. Juden beten an der Klagemauer, den Ruinen eines im Jahr 70 n. Chr. zerstörten Tempels. Der Felsendom ist den Muslimen heilig, da von hier aus Mohammed in den Himmel stieg. Die den Christen heilige Grabeskirche ist an der Stelle von Kreuzigung und Grab Jesu erbaut.

HEILIGE TEXTE
Viele Religionen haben Texte, die die Gläubigen anleiten. Muslime lesen den Koran, Christen die Bibel. Buddhisten folgen dem Dharma; für die Juden ist der Talmud (oben) das wichtigste Buch.

JUDENTUM

Das Judentum entstand vor mehr als 4000 Jahren. Juden glauben an einen Gott. Sie glauben, dass Gott die Juden zum auserwählten Volk machte und dass sie seine Botschaft in der Welt verbreiten sollen. Das jüdische Passah-Fest im Frühjahr erinnert an die Zeit, als die Juden aus ihrem Exil in Ägypten nach Israel zurückkehrten.

Teller mit einem Passah-Mal

HINDUISMUS

Die Hindu-Religion entstand vor Jahrtausenden in Indien. Hindus haben viele Götter, doch sind alle Teil der großen Macht Brahman. Hindus glauben, dass man nach dem Tod als Mensch, Tier oder Pflanze wiedergeboren wird. Je besser man lebte, desto besser wird man wiedergeboren. Das Hindu-Fest Diwali feiert den Sieg des Guten über das Böse.

Beim Diwali-Fest werden Kerzen angezündet.

Buddhistische Mönche haben fast kein Eigentum. Sie verschreiben ihr Leben ganz der Ausbreitung von Buddhas Lehre.

BUDDHISMUS

Anhänger des großen indischen Lehrers Buddha werden als Buddhisten bezeichnet. Wie die Hindus glauben auch sie an eine Wiedergeburt nach dem Tod. Indem sie versuchen, ein gutes Leben mit Meditation und Weisheit zu führen, hoffen sie, dem Kreislauf von Tod und Wiedergeburt zu entkommen.

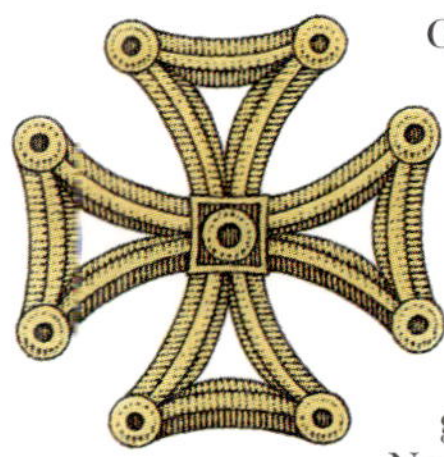

CHRISTENTUM

Christen glauben, dass Jesus von Nazareth Sohn Gottes ist. Er lebte in der römischen Provinz Palästina und wurde gekreuzigt. Christen glauben, dass Jesu Leben, Tod und Auferstehung die Gläubigen von der Sünde befreit. Das wichtigste christliche Fest ist Ostern, an dem die Auferstehung Jesu gefeiert wird. Ostereier symbolisieren den Neubeginn des Lebens.

Osterei

ISLAM

Die Anhänger des Islam nennt man Muslime. Ihr Glaube wurde dem Propheten Mohammed im 7. Jh. überbracht. Muslime glauben an einen Gott. Sie geloben, fünfmal am Tag zu beten, im Fastenmonat Ramadan zu fasten, den Armen Almosen zu geben und mindestens einmal im Leben eine Pilgerreise nach Mekka zu unternehmen.

Beim Beten blicken Muslime immer in Richtung Mekka.

Sikh-Junge mit einem Turban

SIKHISMUS

Der geistliche Lehrer Guru Nanak gründete den Sikhismus im 16. Jh. in Nordindien. Sikhs folgen den zehn Gurus, die die Wahrheit über Gott verkündeten, und betonen die Bedeutung des Betens und der Gemeinschaft. Männliche (manchmal auch weibliche) Sikhs tragen einen Turban, um ihren Glauben und die Mitgliedschaft in der Gemeinschaft der Sikhs zu zeigen.

Siehe auch

BUDDHISMUS
CHRISTENTUM
HINDUISMUS
ISLAM
JUDENTUM

Renaissance

Im Italien des 15. Jhs. begannen gebildete Menschen, sich Gedanken über die Welt zu machen und entdeckten die Künste und Kenntnisse der alten Römer und Griechen neu. In einem Zeitraum von 200 Jahren, der als Renaissance (Wiederaufleben) bezeichnet wird, machten die Menschen in Bildung, Technik und Kunst große Fortschritte. Durch die Erfindung des Buchdrucks breitete sich die Renaissance langsam von Italien in ganz Europa aus. Obwohl die Renaissance vorwiegend das Leben der Reichen betraf, hatte sie auch einen großen Einfluss auf das Alltagsleben. Die Renaissance brachte große Künstler wie Michelangelo und Raffael hervor. Es entwickelte sich eine Art neues Denken, der so genannte Humanismus, in dem Gelehrte und Denker wie Erasmus begannen, die Autorität der katholischen Kirche in Frage zu stellen. Der Humanismus verlieh dem einzelnen Menschen mehr Bedeutung. Das führte dazu, dass Künstler wie Leonardo da Vinci erstmals realistische Bilder anstelle symbolischer Szenen malten. Wissenschaftler stellten alte Ansichten über die Entstehung des Universums in Frage und führten grundlegende Experimente durch.

KOPERNIKUS
Durch Beobachtung der Bewegung von Planeten und Sternen stellten Astronomen wie Nikolaus Kopernikus (1473–1543) die seit der Antike geltenden Theorien über das Sonnensystem in Frage. Kopernikus erkannte als Erster, dass sich die Erde in 24 Stunden einmal um sich selbst dreht und dass sie in einem Jahr einmal die Sonne umkreist. Diese Erkenntnisse wurden erst viele Jahre nach seinem Tod anerkannt.

TECHNIK
Wissenschaftler der Renaissance erfanden oder entwickelten neue wissenschaftliche Instrumente, die ihre Arbeit erleichterten. Die Armillarsphäre mit der Erde in der Mitte diente zur Positionsbestimmung der Sterne. Galileo erfand den Proportionszirkel, der sich in alle Winkel einstellen ließ.

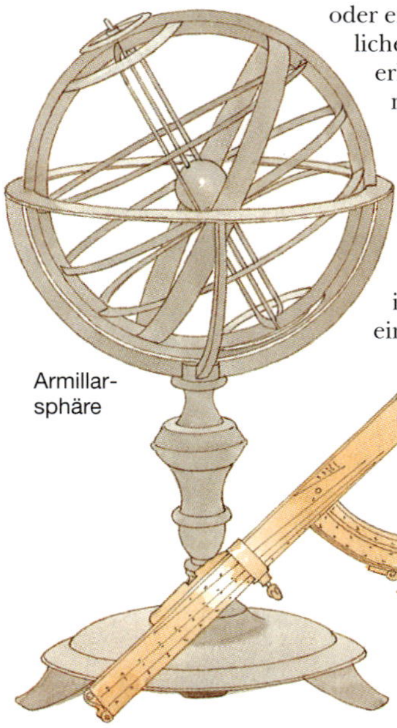

Armillarsphäre

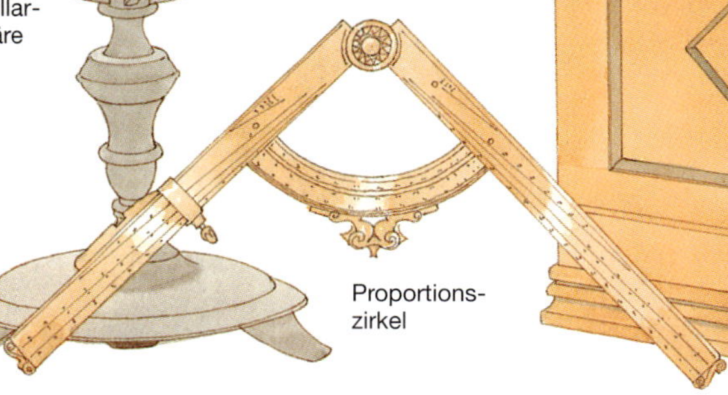

Proportionszirkel

Galileo bei der Arbeit

GALILEO
Galileo Galilei (1564–1642) war ein italienischer Astronom und Physiker. Er widerlegte viele Theorien des altgriechischen Philosophen Aristoteles, darunter die Annahme, dass schwere Gegenstände schneller fallen als leichte. Er baute ein Fernrohr und erkannte, dass die Erde und alle Planeten des Sonnensystems um die Sonne kreisen.

ERASMUS
Der niederländische Priester Erasmus von Rotterdam (1466–1536) wollte die römisch-katholische Kirche reformieren. Er kritisierte den Aberglauben der Geistlichen und veröffentlichte Studien über das Alte und Neue Testament, um die Bibel verständlicher zu machen. Als Humanist stellte er die Autorität der Kirche in Frage – was damals als unerhört galt.

MUSIK DER RENAISSANCE

Als im späten 15. Jh. in Italien erstmals Musiknoten gedruckt wurden, entwickelten sich in ganz Europa neue Musikrichtungen. Nicht-religiöse Musik wurde immer beliebter, was den Einfluss der Humanisten auf das Leben zur Zeit der Renaissance zeigt. Die Musik wurde harmonischer und melodiöser. William Byrd (1543–1623, links) ließ als erster Engländer seine Musik in England drucken. Er war ein bekannter Organist, zuerst in der Lincoln-Kathedrale, später in der Königlichen Kapelle von Königin Elisabeth I. in London. Er war auch Komponist und schrieb die ersten Madrigale (gesungene Lyrik ohne instrumentelle Begleitung).

BOTTICELLI
Die Gemälde von Sandro Botticelli (1444–1510) zeigen viele Eigenheiten der Renaissance-Kunst: klare Linien, gleichmäßige Komposition und eine Betonung der menschlichen Aktivität. Künstler der Renaissance malten realistische, mythologische und biblische Szenen. Sie versuchten meist möglichst realistisch zu malen, indem sie durch Perspektive eine Tiefe vortäuschten. Dieses Gemälde ist Botticellis *Venus und Mars.*

Medici

Die Medici-Familie war eine einflussreiche Bankiersfamilie, die vor mehr als 500 Jahren Florenz beherrschte. Viele Familienmitglieder, vor allem Lorenzo »der Prächtige« (1449–1492) förderte Künstler wie Michelangelo und unterstützte sie auch finanziell.

MICHELANGELO
Michelangelo (1475–1564) war ein außergewöhnlicher italienischer Künstler und Bildhauer. Seine Marmorstatue des David (links) zählt zu den besten Beispielen der Renaissance-Skulpturen. Die Menschen bewunderten die jugendliche Stärke und Schönheit der Skulptur, die Ausdruck des neuen, realistischen Kunststils war.

Die Kuppel erhebt sich mehr als 120 m über den Kirchenboden.

Nach Baubeginn 1505 dauerte es 150 Jahre bis zur Fertigstellung.

Petersdom

Der in der Vatikanstadt gelegene Petersdom hat eine reichhaltige Geschichte. An seinem Bau waren zehn Architekten beteiligt. Michelangelo entwarf die Kuppel. Der italienische Architekt Bernini (1598–1680) entwarf das Innere des Doms und den großartigen Platz davor. Der Petersdom enthält viele große Kunstwerke.

BILDHAUEREI
Die Bildhauer der Renaissance arbeiteten häufig mit Marmor und kopierten den Stil altrömischer Statuen. Ein neues Verständnis der Anatomie ließ die Bildhauer nackte Figuren mit genau definierten Muskeln und Gelenken herstellen. Manche Bildhauer sezierten sogar Leichen, um den Körper zu untersuchen.

ARCHITEKTUR
Die Architektur der Renaissance hatte den klassischen römischen Baustil als Vorbild. Architekten schufen kuppelförmige Dächer, Gewölbe, verzierte Säulen und Rundbögen. Einer der einflussreichsten Architekten war Andrea Palladio (1508–1580). Das von Palladio angewandte klassische Design seiner Villen und Paläste wurde später von Architekten oft nachgeahmt.

RENAISSANCE

1420–36 Der Architekt Filippo Brunelleschi entwickelt das System der Perspektive.

1430–35 Donatellos Skulptur David ist die erste große, nackte Statue seit dem Römischen Reich.

1480–85 Sandro Botticelli malt die *Geburt der Venus.*

1497 Leonardo da Vinci malt das *Letzte Abendmahl.*

1501 Petrucci veröffentlicht das erste gedruckte Musikwerk in Venedig.

1501–04 Michelangelo fertigt den David.

1502 Leonardo malt die Mona Lisa.

1505 Der Architekt Donato Bramante beginnt mit dem neuen Petersdom in Rom. Fertigstellung: 1655.

1508 Der Künstler Raffael beginnt mit der Ausschmückung der Papsträume im Vatikan.

1508–12 Michelangelo schmückt die Sixtinische Kapelle aus.

1509 Erasmus schreibt die Kirchenkritik *Das Lob der Torheit.*

um 1510 Die Renaissance-Kunst in Venedig erreicht ihren Höhepunkt mit Künstlern wie Tizian, Veronese und Tintoretto.

1513 Tod des Papstes Julius II.

1532 Niccolo Machiavellis Buch *Der Fürst* wird veröffentlicht. Es beschreibt, wie ein Herrscher regieren sollte.

1543 Kopernikus behauptet, dass die Erde und die anderen Planeten die Sonne umkreisen.

1552 Der Architekt Palladio beginnt mit dem Bau der Villa Rotunda in Venedig.

1564 Tod von Michelangelo.

1593 Galileo entwickelt das Thermometer.

1608 Galileo entwickelt das Fernrohr.

Siehe auch

ARCHITEKTUR
BILDHAUEREI
ITALIEN, GESCHICHTE
LEONARDO DA VINCI
MALER

Reptilien

TIERE MIT SCHUPPIGER HAUT wie Alligatoren, Schildkröten und Schlangen gehören zur Klasse der Reptilien. Manche Reptilien leben auf dem Land, andere im Wasser, und die meisten leben in den wärmeren Regionen der Erde. Es gibt sechs Hauptgruppen: Echsen, Schlangen, Doppelschleichen, Schildkröten, Krokodile und Alligatoren sowie die Brückenechse. Schildkröten sind die einzigen Reptilien, die einen Panzer haben. Echsen bilden mit ungefähr 4500 Arten die größte Gruppe. Die Brückenechse dagegen ist die einzige Art ihrer Ordnung. Reptilien zählen zu den ältesten Tieren. Die Vorfahren heutiger Reptilien waren die Dinosaurier, die 150 Millionen Jahre lang über die Landmassen streiften und vor 65 Millionen Jahren plötzlich ausstarben. Heute gibt es über 8000 Reptilienarten. Anders als die warmblütigen Säugetiere und Vögel sind Reptilien kaltblütig (wechselwarm): Die Sonne muss ihren Körper aufwärmen, damit sie sich bewegen können.

Wenn ihre Haut zu eng wird, stoßen Schlangen sie in einem Stück ab, indem sie sich mit dem Kopf zuerst aus ihr winden.

Netzpython

Krokodil

Brückenechse

SCHLANGE
Die meisten Schlangen können gut schwimmen und klettern und bewegen sich an Land sehr schnell fort, obwohl sie keine Beine haben. Die giftige Schwarze Mamba, die über 2 m lang wird, erreicht an Land bis zu 20 km/h.

ECHSE
Mit dem schlanken, beweglichen Körper und den scharfen Krallen ergreifen Echsen bei Gefahr meist schnell die Flucht. Echsen sind überwiegend in warmen Ländern heimisch und v. a. tagsüber aktiv.

BRÜCKENECHSE
Die Brückenechse oder Tuatara kommt nur auf einigen neuseeländischen Inseln vor. Der Körperbau der Brückenechse hat sich im Laufe von Jahrtausenden kaum verändert: Sie ähnelt stark 140 Millionen Jahre alten Fossilien. Brückenechsen werden ca. 60 cm lang. Sie fressen Käfer, Würmer, Schnecken, kleinere Echsen, Vogeleier und Küken. Die Art ist geschützt.

DOPPELSCHLEICHEN
Diese blinden Reptilien werden je nach Art zwischen 8 und 60 cm lang. Sie jagen Insekten, Würmer, Nagetiere und kleinere Echsen. Dabei setzen sie Gehör und Geruchssinn ein.

Landschildkröten

Seit ungefähr 200 Millionen Jahren gibt es Schildkröten, und in all dieser Zeit haben sie sich kaum verändert. Einige werden über 100 Jahre alt. Die größte Art ist die Aldabra-Riesenschildkröte, die fast 272 kg wiegt.

Argentinische Landschildkröte

Krokodile

Alligatoren, Echte Krokodile, Kaimane und Gaviale werden in der Ordnung der Krokodile zusammengefassst. Es gibt 14 Arten von Echten Krokodilen, zwei Arten von Alligatoren, fünf Arten von Kaimanen und den Ganges-Gavial. Das größte lebende Reptil ist das bis zu 7 m lange Salzwasserkrokodil.

Die meisten Krokodile und einige Arten von Schildkröten, Schlangen und Echsen sind heute offiziell geschützt. Der Handel mit diesen Tieren und mit den aus ihnen hergestellten Produkten ist illegal.

Alligator

Der Panzer besteht aus ungefähr 60 Hornplatten, die Rücken und Unterseite der Schildkröte schützen.

Grüne Meeresschildkröte

WASSERSCHILDKRÖTE
Von der Größe her unterscheiden sich die einzelnen Wasserschildkrötenarten stark voneinander. Die große Lederschildkröte wird 1,20 bis 3 m lang und wiegt bis zu 916 kg, während die Klappschildkröte nur 7 bis 12 cm lang wird. Meeresschildkröten sind schnelle Schwimmer: Die Grüne Meeresschildkröte erreicht 32 km/h.

Fortpflanzung

Die meisten Reptilien legen Eier, aus denen die Jungen schlüpfen. Die Eier von Schlangen und Echsen haben eine ledrige, biegsame Schale. Die Schalen von Krokodil- und Schildkröteneiern sind fest wie die von Vogeleiern. Die Unechte Karettschildkröte (rechts) gräbt ein tiefes Loch in den Sand und legt ihre Eier im Dunkeln. Die Jungen schlüpfen nach einigen Wochen, wenn die Eier nicht vorher von Füchsen und Waranen gefressen wurden. Nach dem Schlüpfen eilen die Jungen ins Meer.

Die Unechte Karettschildkröte schwimmt ans Ufer und legt ihre Eier nachts am Strand.

Das Schildkrötenweibchen legt ungefähr 100 Eier.

Schuppen

Die Schuppen eines Reptils sind ein guter Schutz gegen Fressfeinde und bewahren das Tier vor dem Austrocknen. An der Art und Anordnung der Schuppen erkennen Zoologen die Zugehörigkeit zu einer Art. Chamäleons z. B. haben ganz besondere Schuppen. Diese bewirken, dass sich die in der Haut eingelagerten Pigmentzellen ausdehnen oder zusammenziehen. Auf diese Weise ändert das Tier die Farbe.

Gewöhnliche Blauzunge

Eine Reptilienzunge erfüllt mehrere Funktionen. Echsen und Schlangen erforschen mithilfe ihrer Zunge ihre Umgebung. Die Zunge schnellt aus dem Maul, um chemische Stoffe in der Luft wahrzunehmen und sie an das Jacobsonsche Organ zu führen, ein Sinnesorgan im Gaumen. Bei Gefahr öffnet die Australische Blauzunge weit das Maul, streckt die leuchtend blaue Zunge heraus, zischt und bläht sich auf.

Mauergecko

Mauergeckos haben an der Unterseite der Zehen Haftpolster, die ihnen ermöglichen, sogar an Glasscheiben hinauf und hinunter und an der Decke entlang zu laufen.

Manche Geckoarten sind kleiner als eine Hand.

Bei Sonnenaufgang legt sich die Echse quer zur Sonne, um möglichst viel Wärme aufzunehmen.

In der Mittagsglut bleibt die Echse im Schatten, um sich nicht zu überhitzen.

Gegen Abend hält die Echse ihren Kopf in Richtung der Sonne, um möglichst lange warm zu bleiben.

Regelung der Temperatur

Man bezeichnet Reptilien häufig als kaltblütig. Richtiger ist zu sagen, dass sie wechselwarm sind. Ihr Körper kann keine Wärme erzeugen, doch sie regulieren ihre Körpertemperatur durch ihr Verhalten. Um warm zu werden, lassen sie sich von der Sonne bescheinen.

Coelophysis jagte vermutlich eidechsenähnliche Reptilien u. a. kleine Tiere.

Riesen und Zwerge

Das Salzwasserkrokodil ist das größte Reptil, wenn auch einige Schlangen wie z. B. die Netzpython mit 10 m Körperlänge länger sind. Die größte Echse ist der Komodo-Waran. Die kleinsten aller Reptilien sind einige Geckoarten, die auch ausgewachsen nur wenige Zentimeter Körperlänge erreichen.

Coelophysis

Die ersten Reptilien erschienen vor über 300 Millionen Jahren auf der Erde. Allmählich wurden sie größer als die Amphibien. *Coelophysis* (oben) war ein frühes Reptil, das sich vor etwa 200 bis 220 Millionen Jahren entwickelte und ungefähr so groß wie ein erwachsener Mensch wurde.

Siehe auch

Dinosaurier
Echsen
Krokodile
Schlangen
Tiere

Ritter

Auf Argent ein Fünfzackstern Azure

Auf Vert eine Lilie Or

Auf Hermelin ein Wiederkreuz Gules

Auf Azure ein Delfin Argent

Auf Sable eine Biene Or

Die Männer, die vor einem Jahrtausend auf dem Rücken von Pferden kämpften, nennt man Ritter. Zunächst waren es einfache Krieger, die Fußsoldaten des Gegners in Angst und Schrecken versetzten. Doch bis zum 13. Jh. kam den Rittern in Westeuropa eine wichtige Rolle in der Gesellschaft zu. Sie kämpften in den königlichen Armeen und wurden dafür mit Land belohnt. Ritter schützten auch die auf dem Land lebenden und arbeitenden Bauern, die ihnen im Gegenzug ihren Dienst und ihre Erzeugnisse anboten. Da alle Ritter in den Rüstungen gleich aussahen, wurden Wappen eingeführt, um die Ritter im Kampf voneinander unterscheiden zu können. So wählte sich jeder Ritter ein Wappen mit einem Muster oder Bild in einer bestimmten Farbe aus, damit man ihn sofort erkennen konnte. Das Wappen war auf dem Waffenrock aufgenäht, den jeder Ritter über der Rüstung trug. Das einmal gewählte Muster wurde vom Vater zum Sohn weitergegeben.

Das Symbol oder Wappen des Ritters war auf all seinen Gegenständen aufgemalt oder aufgenäht.

Ein Sturz vom Pferd bedeutete eine Niederlage. Oft verletzte sich der Ritter dabei.

Auf Gules ein aufrechter Löwe Or

Auf Or ein gezacktes Schildhaupt Purpure

Ritterturniere

Die ersten Turniere fanden Mitte des 11. Jhs. in Frankreich statt. Sie dienten der Ritterausbildung in Friedenszeiten. Rasch entwickelten sie sich zu großen Ereignissen mit genauen Regeln. Die Rittermannschaften führten Scheinkämpfe in freier Landschaft aus und die unterlegene Mannschaft bezahlte Lösegeld. Im 13. Jh. wurden die Turniere immer besser organisiert und fanden nur noch auf einem Feld statt. Es kämpften immer nur zwei Ritter gleichzeitig mit stumpfen Waffen gegeneinander. Später verwendeten die Ritter Lanzen, mit denen sie die Gegner vom Pferd stießen.

Ritterzeit

Die Zeit zwischen dem 11. und 14. Jh. wird oft als »Ritterzeit« bezeichnet. Damals folgten die Ritter einem bestimmten ritterlichen Kodex – Regeln über Ehre, Gehorsam gegenüber Gott und dem König und Schutz der Armen. Viele Ritter hielten sich jedoch nicht an diesen Kodex. Sie dienten nur den Adligen und raubten Arme und Schwache aus.

Der Sage nach war der hl. Georg ein Ritter, der eine Jungfrau vor einem gefährlichen Drachen rettete.

Auf Argent ein stehender Talbot Sable

Auf Azure ein Querbalken Hermelin

Auf Gules eine Galion Argent

Auf Azure eine Eule Argent

Auf Eisenhutfeh ein Sparren Sable

Der Knappe wurde zum Ritter geschlagen, indem ihm ein Schwert auf die Schulter gelegt wurde.

Der zum Ritter geschlagene Knappe musste sich selbst um seine Ausrüstung kümmern.

RITTERTUM

Nur Jungen konnten Ritter werden. Sie begannen ihre Ausbildung mit sieben Jahren als Pagen im Haushalt eines Adligen. Dort erlernten sie die Regeln des ritterlichen Dienstes und den Gebrauch der Waffen. Mit 15 oder 16 Jahren wurden die Pagen zu Knappen. Ein Knappe war der Diener seines Herren und lernte alles, was er für den berittenen Kampf benötigte. Nach fünf Jahren konnte ein Knappe zum Ritter geschlagen werden. Zunächst war dies eine Ehre, die jeder Ritter einem Knappen zukommen lassen konnte. Heute können nur englische Könige und Königinnen jemanden zum Ritter schlagen – allerdings zeichnen sich heutige Ritter nicht durch Kampfesgeist aus, sondern durch besondere Verdienste für das Land.

DIE RITTER DER TAFELRUNDE

König Artus und seine Ritter sollen sich am Hof von Camelot immer an einem runden Tisch versammelt haben. Falls Camelot wirklich existierte, wurde es vermutlich vor etwa 1500 Jahren im Westen Großbritanniens erbaut. Der Sage nach führte Artus seine keltischen Ritter in einen Kampf gegen sächsische Eindringlinge. Die Ritter von Camelot wurden zu Helden.

Caerleon Castle in Wales – möglicherweise die Reste von Camelot.

HOSPITALITER

Ritter aus Nordwesteuropa nahmen auch an den Kreuzzügen teil – religiöse Kriege zwischen Christen und Muslimen im Mittelalter während des 12. und 13. Jhs. Manche Kämpfer schlossen sich zu mächtigen Orden zusammen, zu denen auch die Hospitaliter gehörten. Dieser Orden errichtete auf der Route der Kreuzritter Krankenhäuser.

WAPPENSCHILDE

Alle Ritter stellten ihr persönliches Wappen auf einem Schild dar. Jeder Schild bestand aus zwei Teilen: Dem Feld, das mit einer durchgehenden Farbe oder einem Muster bemalt war, und einer Figur, die ein Symbol oder ein Tier darstellte. Die Wappen waren überall an der Ausrüstung eines Ritters zu sehen. Manchmal war über dem Schild ein Helm mit einer Helmzier oder einer Helmdecke dargestellt. Unter dem Wappen befand sich manchmal der Leitspruch oder das Motto des Ritters. Die Lehre von den Wappen bezeichnet man als Heraldik.

Auf Gules ein Fass, gespalten Or

Auf Argent eine Rose Gules

Auf Vert ein Gewand Or

Auf Sable ein Wildschweinkopf Or

DIE BESCHREIBUNG DER SCHILDER

Die Blasonierung oder Beschreibung unter jedem Schild bezeichnet das Feld und die Figur. Dabei werden Farbe und andere Details mit Ausdrücken aus dem mittelalterlichen Französisch angegeben.

BLASONIERUNG	
Argent	Silber
Azure	Blau
Gules	Rot
Or	Gold
Purpure	Purpur
Sable	Schwarz
Vert	Grün

Die Figur ist ein »sitzender Drache Vert« – also ein grüner, sitzender Drache.

Das Feld des Schildes ist Or (Gold).

Auf Or ein sitzender Drache Vert

Auf Argent eine natürliche Distel

Auf Or ein gehender Löwe Gules

Achtfach geständert Argent und Gules

Auf Argent ein Adler Sable

Auf Sable ein gezacktes Kreuz Or

Auf Gules ein Äskulapstab Or

Auf Azur eine Harpyie Or

Auf Vert ein aufrechtes Einhorn Argent

Siehe auch

BURGEN
KREUZZÜGE
MITTELALTER
RÜSTUNG
WAFFEN

Robben

MIT IHREN STROMLINIENFÖRMIGEN Körpern sind Robben gut an das Leben im Meer angepasst. Ihr von Drüsen eingefettetes Fell hält sie auch in kaltem Wasser warm. Außerdem isoliert eine dicke Fettschicht den Körper gegen Kälte. Durch Bewegungen ihrer hinteren Flossen sind sie im Wasser schnell und wendig. An Land dagegen sind sie sehr schwerfällig und müssen, da ihre Flossen ihr Gewicht hier nicht tragen können, mühsam auf dem Bauch über den Strand robben. Seelöwen setzen sich gerne auf Felsen. Dabei stützen sie sich mit den vorderen Flossen ab und klappen die hinteren Flossen unter den Körper. Im Wasser, bei der Jagd auf Fische, setzen sie die vorderen Flossen wie Ruder ein. Es gibt über 30 Robbenarten.

Kalifornischer Seelöwe

Diese Seelöwen treten oft im Zirkus oder in Delfinarien auf. Tausende von ihnen leben an der Küste Kaliforniens.

SATTELROBBE
Neugeborene Sattelrobben haben ein weißes Fell, das sie auf dem Eis gut tarnt. Nach einigen Wochen wird ihr Fell grau.

Seehund

Diese Robbe frisst Fische und ist sehr weit verbreitet: sie lebt an den nördlichen Atlantik- und Pazifikküsten. Oft wird sie in Häfen gesichtet und schwimmt auch ein Stück die Flüsse hoch.

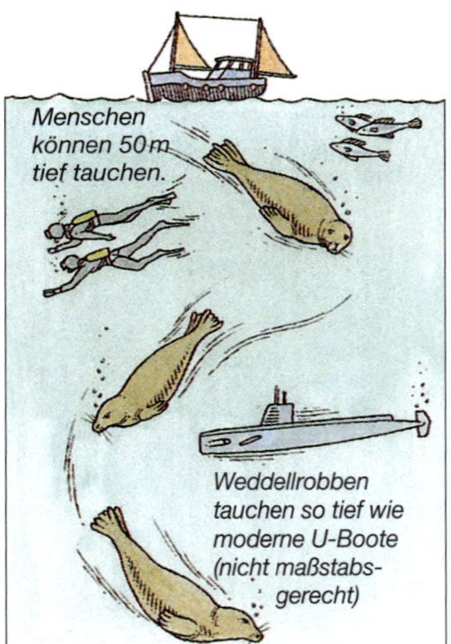

WEDDELLROBBE

Diese Robbe kann fast 600 m tief tauchen und dabei fast eine Stunde unter Wasser bleiben, ohne zu atmen.

KOLONIEN
In der Paarungszeit im Frühjahr und Frühsommer wird es in den Robbenkolonien ziemlich eng. Alle Robbenarten kommen für die Aufzucht ihrer Jungen an Land und versammeln sich an bestimmten Plätzen zu Hunderten. Die Männchen kämpfen – wie diese beiden See-Elefanten – um Reviere. Unter dem Schutz eines Bullen werfen die Kühe ihren Nachwuchs, der im Vorjahr gezeugt wurde. Sie säugen die Jungen mehrere Wochen. Mit 3 t ist der erwachsene männliche See-Elefant das größte und schwerste Mitglied der Ordnung der Robben.

Walross

Das Walross, das zur Ordnung der Robben gehört, ist im kalten Nordpolarmeer heimisch. Die Männchen werden über 3 m lang, die Weibchen sind etwas kleiner. Im Wasser gleiten sie durch Bewegungen der hinteren Flossen und steuern mit den vorderen. Die feste Haut ist bis 4 cm dick und mit kurzen Borsten bedeckt.
Ein Weibchen bekommt jedes zweite Jahr ein Junges, das bis zu zwei Jahre lang bei der Mutter bleibt. Walrosse werden bis zu 40 Jahre alt.

WALROSSZÄHNE
Die Eckzähne der Walrosse werden bis zu 50 cm lang. Der Rang eines Tieres ist von der Länge seiner Stoßzähne abhängig. Das Männchen mit den längsten Zähnen wird meist Oberhaupt der Herde. Mit den Stoßzähnen schlagen die Tiere Löcher ins Eis oder ziehen sich damit auf die Schollen.

Siehe auch

SÄUGETIERE
TIERE
TIERE, MEERE
TIERE, POLARGEBIETE

ROBOTER

BEI ROBOTERN DENKT MAN OFT an die stählernen Monster aus Science-Fiction-Filmen. Doch die meisten Arbeitsroboter sehen heute ganz anders aus. Ein Roboter ist eine computergesteuerte Maschine, die mechanische Aufgaben ausführt. Der tschechische Dramatiker Karel Capek erfand das Wort Roboter, nach dem tschechischen robota, »Fronarbeit«. Roboter übernehmen Arbeiten, die für Menschen gefährlich oder langweilig wären. Viele Fabrikroboter bestehen aus einem Arm, der an einer Stelle fixiert ist. Er wiederholt eine einfache Aufgabe, die ihm einprogrammiert ist, etwa das Lackieren von Autoteilen. Heute entwickeln Ingenieure immer raffiniertere Roboter. Moderne Roboter können sich umherbewegen und mit elektronischen Detektoren ihre Umgebung wahrnehmen. Sie können auf das reagieren, was sie sehen und hören, und treffen selbstständige Entscheidungen. Intelligente Roboter fungieren als Wachen und als Feuerwehrleute und erforschen sogar im Weltall ferne Welten.

SCIENCE-FICTION-ROBOTER
Roboter wie C3-P0 aus dem Film *Star Wars* sind oft anthropoid (menschenähnlich). Echte anthropoide Roboter sind selten. Immerhin haben japanische Ingenieure Experimentierroboter mit zwei Beinen gebaut.

ROBOTERARM
Raffinierte Roboter arbeiten in Fabriken beim Zusammenbau, Lackieren und Schweißen von Komponenten (Teilen). Ein erfahrener Schweißer oder Lackierer programmiert den Roboter. Manche Roboter verstehen auch einfache gesprochene Anweisungen. Roboter haben oft Sensoren wie Laserbildsysteme, mittels derer sie komplexe Teile erkennen und bearbeiten.

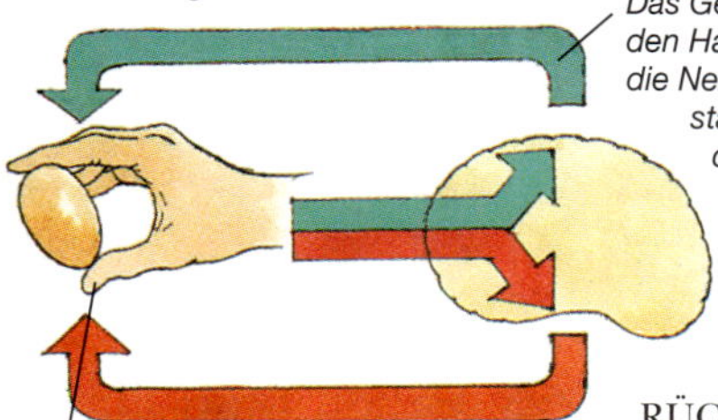

RÜCKKOPPLUNG
Hebt man ein Ei auf, senden die Sinne Signale ans Gehirn. Aufgrund dieser Informationen stellt das Gehirn automatisch die Bewegungen der Hand und den Druck der Finger ein. Dies nennt man Rückkopplung. Moderne Roboter steuern ihre Aktionen durch Rückkopplung von elektronischen Detektoren wie Lasern, Videokameras und Berührungssensoren.

Dieser Bombenräumroboter kann sich auf Raupen auch in schwierigem Gelände bewegen. Seine Kameras senden Bilder an den Sprengmeister, und mit seiner Kanone sprengt er die Bombe.

WELTRAUMROBOTER
Im Januar 2004 landeten die beiden unbemannten Rover *Spirit* (rechts) und *Opportunity* auf dem Mars. Sie machten Aufnahmen von der Oberfläche des Planeten und analysierten Gesteinsproben.

Weltraumsonden müssen unabhängig arbeiten können, da Funkanweisungen von der Erde sie erst nach Minuten oder gar Stunden erreichen.

FERNGESTEUERT
Mobile Roboter verrichten gefährliche Aufgaben wie das Reparieren und Demontieren von Kernreaktoren oder das Sprengen versteckter Bomben. Sie sind ferngesteuert: Ein Mensch steuert die allgemeinen Aktionen des Roboters aus sicherer Distanz, Computer an Bord steuern die Feinmotorik.

Siehe auch

COMPUTER
FABRIKEN
TECHNIK

Rock und Pop

Um 1950 wurde in den USA eine neue Musikrichtung kreiert. Zunächst sprach man von Rock 'n' Roll, später allgemein von Rockmusik. In ihr vereinigen sich so unterschiedliche Stilarten wie Folk, Gospel, Blues, Country und Western, klassische Musik und Weltmusik. Rockmusik wurde meist von jungen Menschen gespielt und geschrieben, die damit gegen die Musik und den Lebensstil ihrer Eltern rebellierten. Darin unterschied sich der Rock von allen vorausgegangenen Stilrichtungen. Die weichere Variante von Rock ist Popmusik. In der Rock- und Popwelt spielt das äußere Erscheinungsbild eine besondere Rolle, da die Fans sich mit Gruppen oder Sängern identifizieren und Kleidung oder Frisuren ihrer Idole nachahmen. Heute sind Rock- und Popmusik eine Massenindustrie, mit Millionen von Zuhörern jeden Alters.

Bono und The Edge, Mitglieder der irischen Rockband U2

Rock 'n' Roll zu tanzen grenzt an Akrobatik.

Instrumente

Spätestens seit dem Hit *Rock Around the Clock* von Bill Haley and the Comets war der Rock 'n' Roll nicht mehr aufzuhalten. Die neuen Bands begeisterten mit elektrischen Gitarren und Schlagzeug, und der Rhythmus ihrer Musik ging unmittelbar ins Blut. In dieser Zeit etablierte sich die heute klassische Besetzung einer Band: Sänger, Leadgitarre, Rhythmusgitarre, Bass und Schlagzeug.

RHYTHM AND BLUES
In den 40er-Jahren des letzten Jahrhunderts sangen Muddy Waters (1915–83) und andere Bluesmusiker den eindringlichen Blues schwarzer US-Amerikaner erstmals zu den Klängen einer E-Gitarre. Dieser neue Stil – Rhythm and Blues – beeinflusste die Rockmusik.

ELVIS PRESLEY
Der Sänger Elvis Presley (1935–77) war der erste Superstar des Rock 'n' Roll. Ihm lagen Millionen Teenager zu Füßen. Er wuchs im Süden der USA auf und hörte als Jugendlicher alle Arten populärer Musik. Daraus formte er seinen unverwechselbaren, wilden Rock-'n'-Roll-Stil, der weiße und schwarze Fans gleichermaßen begeisterte.

ROCK 'N' ROLL
Die Teenager in den 50er-Jahren des letzten Jahrhunderts rebellierten gegen die Schnulzenmusik ihrer Eltern. Sie sehnten sich nach einer eigenen Musik: laute, schnelle, rhythmische Songs, zu denen man auch tanzen konnte.

DIE BEATLES
Vier junge Musiker aus Liverpool in England – George Harrison, Ringo Starr, John Lennon und Paul McCartney (von links nach rechts) – nahmen 1962 ihre erste gemeinsame Platte auf. 1964 hatten sie mit ihrer Gruppe, The Beatles, Weltruhm erlangt. 1970 trennten sich ihre Wege, aber ihre Songs werden noch heute gespielt.

Aretha Franklin

SOULMUSIK
Soul ist eine Mischung zwischen Blues und Gospel. Viele Soulsänger sangen tatsächlich vor ihrer Karriere in Kirchen. Das gilt auch für Aretha Franklin (geb. 1942), die ihre Songs noch heute mit der Kraft und Hingabe einer Gospelsängerin vorträgt. Andere berühmte Soulsänger waren Marvin Gaye (1939–84) und Otis Redding (1941–67).

Bob Marley

REGGAE

Der Reggae stammt von der karibischen Insel Jamaika und ist beeinflusst von Jazz, Gospel, Rhythm and Blues und Soul. Die Kombination eingängiger Melodien und politisch-religiöser Texte nimmt den Hörer unmittelbar gefangen. Durch Bob Marley (1945–81), seinen bedeutendsten Interpreten, wurde der Reggae international bekannt.

Das Woodstock-Festival zog mehr als 400 000 Zuschauer an.

Das Festival wurde auf einem Farm-Gelände abgehalten.

Das Woodstock-Festival

ROCK-FESTIVALS

Die ersten Rock-Festivals fanden in den 60er-Jahren des 20. Jhs. in Kalifornien statt. Bei freiem Eintritt zogen sie Tausende Zuhörer an. Das berühmteste Festival aller Zeiten fand 1969 in Woodstock im US-Bundesstaat New York statt. Es dauerte drei Tage, an denen u. a. Janis Joplin, Jimi Hendrix und The Who zu hören waren. Heute sind die meisten Festivals oft rein kommerzielle Veranstaltungen ohne viel Atmosphäre.

ROCK UND POP

1951 Erste Rock-'n'-Roll-Platten.

1954 Erscheinen der ersten Elvis-Presley Single, *That's All Right.*

1955–58 Elvis hat 14 Millionen-Hits in Folge, u. a. *Heartbreak Hotel.*

1962 Die Beatles nehmen *Love Me Do* auf, ihre erste Single.

1964 Mehrere Singles der Beatles rücken bis auf die ersten fünf Plätze der US-Charts vor.

1965 Bob Dylan spielt erstmals Folkmusik mit E-Gitarre.

1967 Aretha Franklin veröffentlicht ihre ersten Soulsongs.

1969 Woodstock-Festival.

1975 Bob Marley wird mit *No Woman No Cry* weltberühmt.

1976 Die Punkmusik erschüttert die Musikszene.

1983 Erscheinen des ersten Albums von Madonna.

1994 OutKast veröffentlichen ihr erstes Album.

MADONNA

Die US-amerikanische Sängerin Madonna (geb. 1958) startete ihre Karriere in den frühen 80er-Jahren des 20. Jhs. mit einfachen Popsongs. Bald wurde sie zu einer der erfolgreichsten Sängerinnen der Welt. Ihr Ruhm hängt auch mit dem ständig wechselnden Bild zusammen, das sie in der Öffentlichkeit von sich schafft.

DANCE MUSIC

Die erste vorwiegend zum Tanzen bestimmte Musik war die Disco-Musik der 70er-Jahre des 20. Jhs. Zehn Jahre später erschien die House Music – elektronisch verstärkte schnelle Rhythmen. Heute gibt es viele Arten von elektronischer Musik, u. a. House und Drum and Bass.

Norman »Fatboy Slim« Cook

OutKast ist eine der erfolgreichsten Hip-Hop-Bands.

HIP HOP

Hip Hop entstand in den 1970er-Jahren in den afroamerikanischen Vierteln von New York und ist inzwischen weltweit sehr populär. Hip-Hop-Musiker verwenden Sound-Effekte, die mit Plattenspielern erzielt werden, Ausschnitte aus anderen Musikstücken und Rap-Texte. Das amerikanische Duo OutKast aus Atlanta (USA) ist mit mehr als 20 Millionen verkauften Alben einer der weltweit erfolgreichsten Hip-Hop-Acts.

Siehe auch

MUSIK
MUSIKINSTRUMENTE
TANZ

ALTES ROM

VOR 2000 JAHREN vereinte eine einzige Regierung und eine Lebensweise weite Teile Westeuropas, des Nahen Ostens und Nordafrikas. Das Römische Reich gründete auf einer guten Organisation und auf einer zentralisierten Herrschaft. In unterschiedlichen Ländern wurden alle Städte auf gleiche Weise geplant. Ein Netz steingepflasterter Straßen (von denen noch heute manche existieren) verband alle Gebiete mit Rom. Mit der Herrschaft des ersten Kaisers, Augustus, begann eine lange Phase der Stabilität, die man als Pax Romana (»Römischer Friede«) bezeichnet und die etwa 200 Jahre anhielt. Das ganze Reich war von starken Grenzbefestigungen geschützt und von ausgebildeten Beamten geführt. Der Handel blühte, und die Völker waren vereint. Das Reich erreichte die Höhe seiner Macht um 200 n.Chr., danach begann es sich langsam aufzulösen. Im Jahr 395 wurde es in zwei Teile aufgeteilt. Barbarenstämme eroberten 476 das Weströmische Reich mit der Hauptstadt Rom. Das Oströmische Reich mit der Hauptstadt Konstantinopel (heute Istanbul) blieb bis 1453 bestehen.

GRAFFITI
Die Römer machten gerne Scherze über andere. Diese Karikatur wurde an einer Mauer in Pompeji gefunden. Es ist das Zerrbild einer führenden Persönlichkeit – der Lorbeerkranz lässt einen Adligen vermuten.

Im Tempel verehrten die Menschen ihre Götter.

Die Händler verkauften ihre Waren an Marktständen.

Öffentliche Bäder

STADTLEBEN

Römische Städte waren sorgfältig angelegt. Sie hatten gerade Straßen, fließendes Wasser und Abflusskanäle. Das Forum, oder der zentrale Marktplatz, war von Geschäften, Gerichten und der Stadthalle umgeben. Die reichen Römer lebten in schönen Villen. Die Armen in kleinen Wohnungen. Es gab viele Tempel. Die meiste Arbeit verrichteten die Sklaven, die keine Bürgerrechte hatten – so durften sie z.B. nicht in die Bäder.

KOLOSSEUM
Die Kaiser zahlten für kostspielige öffentliche Spiele, z.B. Streitwagenrennen, um die Gunst des Volkes zu gewinnen. In Rom wurde dafür ein riesiges Theater, das Kolosseum, errichtet. Es fasste 45000 Menschen, die Gladiatorenkämpfen zusahen.

RÖMISCHE BÄDER

Die Römer badeten gerne. Sie säuberten sich, rieben die Haut mit Öl ein, erholten sich in Dampfräumen und schwammen in Warmwasser-Becken.

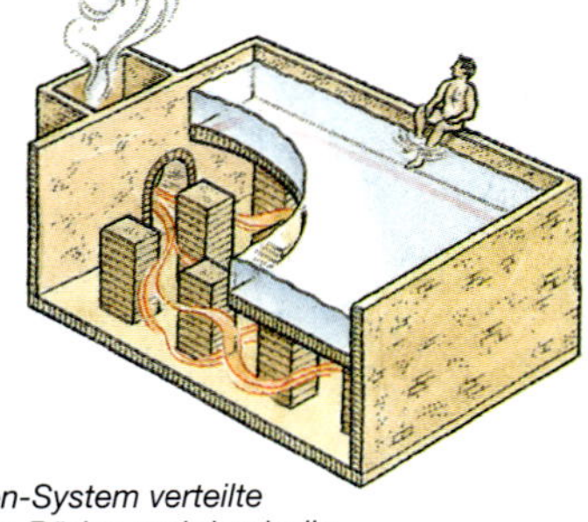

Das Hypokausten-System verteilte Heißluft unter den Böden und durch die Wände, um Räume und Bad zu heizen.

Die Römer rieben sich mit Öl ein, das sie in Ölflaschen bei sich trugen.

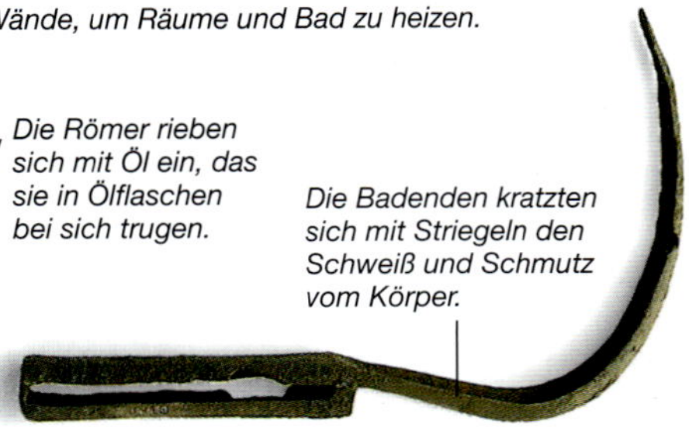

Die Badenden kratzten sich mit Striegeln den Schweiß und Schmutz vom Körper.

Die befehlshabenden Offiziere trugen am Helm oft einen Helmbusch, damit sie die Soldaten im Kampf erkennen konnten.

DIE RÖMISCHE ARMEE

Die Macht des Reiches hing von der Stärke der Berufsarmeen oder Legionen ab. Die einer Legion (etwa 5000 Mann) angehörenden Soldaten nannte man Legionäre. Sie waren sehr gut ausgebildet und mit Speeren, Schildern und kurzen Schwertern ausgestattet. Sie bauten Straßen und Festungen zur Verteidigung ihrer Eroberungen. Bei Erreichen des Ruhestands erhielten die Soldaten oft Land in den Kolonien.

ALTES ROM

um 753 v. Chr. Legendäre Gründung Roms.

509 v. Chr. Die Etrusker werden aus Rom vertrieben. Ausrufung der Republik.

275 v. Chr. Eroberung Italiens. Beginn der Expansion über das Meer.

146 v. Chr. Die Zerstörung von Karthago gibt Rom die Herrschaft über Spanien und Nordafrika.

71 v. Chr. Sklavenaufstand unter Führung von Spartakus.

52 v. Chr. Julius Cäsar erobert Gallien (Frankreich).

44 v. Chr. Ermordung Cäsars.

27 v. Chr. Augustus wird erster Kaiser.

43 n. Chr. Claudius erobert Britannien.

117 n. Chr. Das Reich erreicht die größte Ausdehnung.

395 n. Chr. Das Reich wird in zwei Hälften geteilt.

410 n. Chr. Die Westgoten nehmen Rom ein.

476 n. Chr. Niedergang des Weströmischen Reiches.

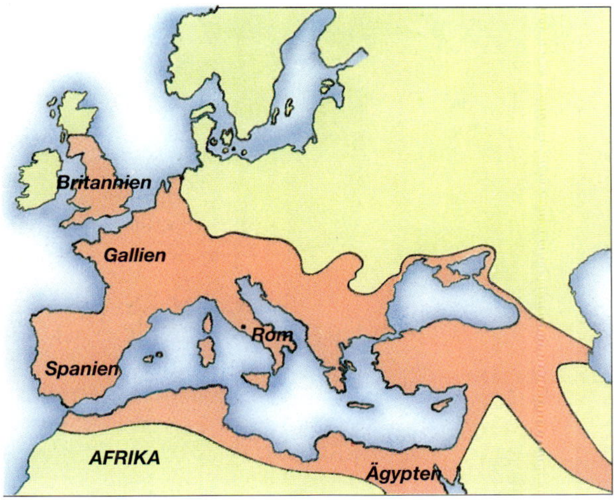

DAS RÖMISCHE REICH
Auf der Höhe seiner Macht erstreckte sich das Römische Reich vom Nahen Osten bis nach Britannien. Die Bewohner gehörten unterschiedlichen Völkern an und sprachen viele verschiedene Sprachen.

HADRIANSWALL
Der Kaiser Hadrian ließ quer durch Nordbritannien einen Wall errichten, der das römische Territorium vor den wilden, noch nicht eroberten Stämmen schützte, die in den Bergen Schottlands lebten. Der Wall, von dem einige Abschnitte noch heute zu sehen sind, war 120 km lang und hatte 17 Kastelle. Die Armee hob entlang des Walls Gräben aus, die der Verteidigung dienen sollten.

TECHNIK UND HANDWERK

Die Römer waren geschickte Ingenieure und Handwerker. Ihre Städte hatten Wasserversorgung und Abwasserkanäle. Wohlhabende Römer lebten in Häusern mit Zentralheizung. Die Fußböden bestanden häufig aus Mosaiken. Kunsthandwerker stellten aus Glas, Metallen, Horn und Ton schöne Dinge her.

Schlüssel aus Metall

Verzierte Öllampe aus Ton

Glaskrug für Flüssigkeiten

Siehe auch

BARBAREN
BYZANTINISCHES REICH
CÄSAR, GAIUS JULIUS
ITALIEN, GESCHICHTE

Röntgenstrahlen

Den frühen Pionieren der Medizin wäre der Gedanke, durch einen menschlichen Körper zu sehen, wohl wie Magie vorgekommen. Heute aber ist es für Ärzte und Zahnärzte Routine, die Knochen und Zähne ihrer Patienten mit einer Röntgenkamera zu fotografieren. Wie Licht- oder Radiowellen sind auch Röntgenstrahlen unsichtbare Wellen. Sie durchdringen weiche Materialien wie Haut und Fleisch auf die Weise, wie Licht Glas durchdringt, werden aber durch harte Materialien wie Knochen und Metall gestoppt – diese erscheinen auf einer Röntgenaufnahme als Schatten. Forscher erkunden mit Röntgenstrahlen die Molekularstruktur von Materialien wie Kunststoffen, und Techniker suchen an Flugzeugen mit Röntgenscannern nach gefährlichen Rissen. Die Sonne, Sterne und andere Objekte im Weltall erzeugen natürliche Röntgenstrahlen.

WILHELM CONRAD RÖNTGEN
Der deutsche Physiker Wilhelm Conrad Röntgen (1845–1923) entdeckte 1895 Strahlen, deren Natur er nicht verstand. Daher nannte er sie X-Strahlen.

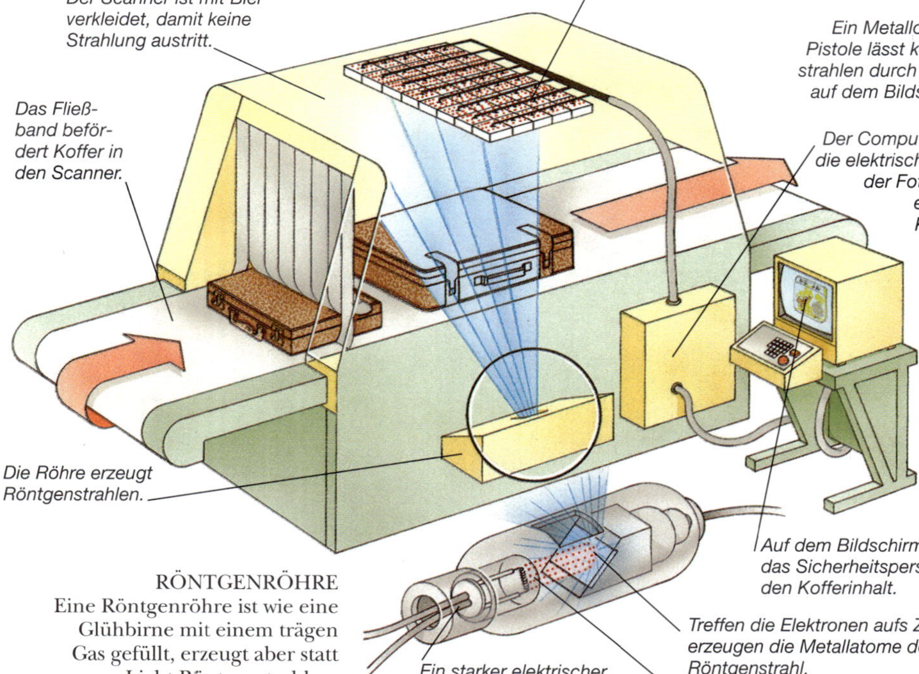

RÖNTGENRÖHRE
Eine Röntgenröhre ist wie eine Glühbirne mit einem trägen Gas gefüllt, erzeugt aber statt Licht Röntgenstrahlen.

Gepäckscanner

Auf Flughäfen wird das Gepäck mit Röntgenscannern (links) auf Waffen und gefährliche Objekte durchsucht. Eine Röntgenröhre erzeugt einen Röntgenstrahl, in den hinein ein Fließband das Gepäck transportiert. Elektronische Sensoren nehmen die Strahlen wahr, sobald sie das Gepäck passiert haben. Aus den Signalen der Sensoren baut ein Computer ein Bild des Gepäckinhalts auf.

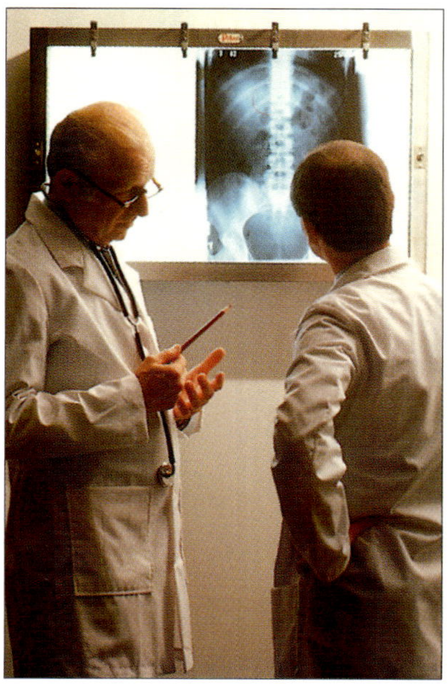

Röntgendiagnose

Ärzte und Zahnärzte schauen mit Röntgenapparaten in den Körper ihrer Patienten, ohne einen Eingriff machen zu müssen. Der Apparat macht eine Röntgenaufnahme auf einen Film. Das Foto ist ein Negativ – die Knochen erscheinen weiß. Große Dosen von Röntgenstrahlen sind schädlich. Röntgenuntersuchungen müssen daher sorgfältig kontrolliert werden.

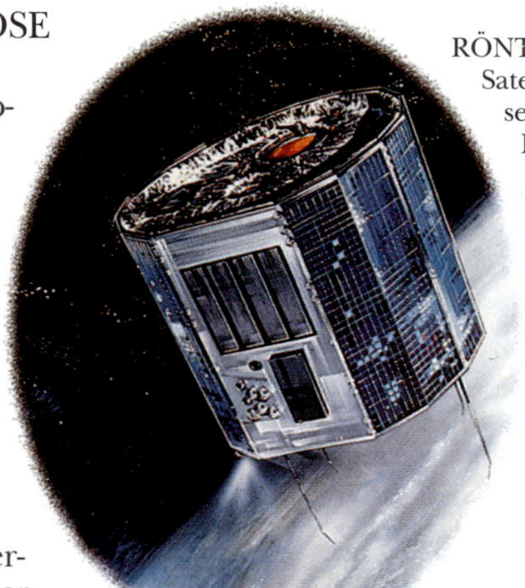

RÖNTGENSTRAHLEN IM WELTALL
Satelliten mit Röntgenteleskopen umkreisen die Erde. Die Teleskope nehmen Röntgenstrahlung der Sonne und der Sterne sowie von Gebilden wie den Schwarzen Löchern wahr. Die Satelliten senden Röntgenbilder zur Erde. Diese Bilder erweitern das Wissen der Astronomen vom Weltall.

Siehe auch
Ärzte
Atome und Moleküle
Flughafen
Medizin, Geschichte
Sterne

Russische Revolution

1917 ERHOBEN SICH DIE RUSSEN zu einer Revolution, die den Lauf der Geschichte verändern sollte. Das Volk sehnte verzweifelt Veränderungen herbei. Russland erlitt im Ersten Weltkrieg schwere Verluste. Lebensmittel und Heizmaterialien waren knapp. Viele Menschen verhungerten. Zar Nikolaus II., der Herrscher Russlands, wurde dafür verantwortlich gemacht. Im März 1917 (im Februar nach dem alten russischen Kalender) kam es in Petrograd (dem heutigen Sankt Petersburg) zu einem Generalstreik. Nikolaus musste abdanken, und eine Gruppe von Revolutionären, die Menschewiken, bildete eine provisorische Regierung. Diese zerbrach bald, da sie den Krieg nicht beenden konnte. Im November übernahmen die Bolschewiken, eine extremere Gruppe, die Macht. Sie beendeten den Krieg und errichteten unter Lenin den ersten kommunistischen Staat der Welt. Sie erklärten das Land zur sowjetischen Republik. Später folgten andere Länder ihrem Beispiel.

DIE REVOLUTION VON 1905
1905 marschierten unbewaffnete Arbeiter zum Winterpalast von Nikolaus II. in Sankt Petersburg. Soldaten schossen auf sie. Nikolaus ließ ein gewähltes Parlament zu, die Duma. Da diese keine echte Macht hatte, wuchs das Misstrauen gegen den Zaren.

OKTOBERREVOLUTION
Die so genannte Oktoberrevolution brach am 7. November 1917 aus (nach dem alten russischen Kalender am 26. Oktober). Der Kreuzer *Aurora* feuerte Blindmunition über die Newa auf das Hauptquartier der Menschewikenregierung im Winterpalais. Die Bolschewiken stürmten dann das Gebäude. Zuvor hatten sie alle wichtigen Punkte in Petrograd besetzt.

CHRONIK

1914 Russland tritt in den Ersten Weltkrieg gegen Deutschland und Österreich ein.

1916 Eine Million russische Soldaten sterben nach deutscher Offensive. Preise in Russland steigen.

1917 März Demonstration am Internationalen Frauentag in Petrograd wird zum Aufstand für Brot. Menschewiken errichten provisorische Regierung. Bolschewiken organisieren Gegenregierung aus Sowjetkomitees.

Juli Lenin flieht aus Russland.

Oktober Lenin zurück in Petrograd.

7. November Petrograd: Bewaffnete Arbeiter besetzen Gebäude.

15. November Bolschewiken kontrollieren Petrograd.

NIKOLAUS II.
Russlands letzter Zar, Nikolaus II. (1868–1918), hatte keinen Kontakt zu seinen Untertanen. Sie gaben ihm die Schuld an den Niederlagen Russlands im Ersten Weltkrieg (1914–18), in dem er an der Front war. Sein unheimlicher Berater, der Mönch Rasputin, war verhasst und gefürchtet. Nach dem Thronverzicht wurde Nikolaus mit seiner Familie verhaftet und ein Jahr später von den Bolschewiken ermordet.

Lenin

Wladimir Iljitsch Uljanow, genannt Lenin (1870–1924), Gründer der Bolschewikenpartei, glaubte an die Ideen des Deutschen Karl Marx. Bis zur Oktoberrevolution lebte er meist im Exil. Sein einfacher Slogan »Frieden, Land und Brot« veranlasste viele Russen, die Bolschewiken zu unterstützen. Allerdings regierte er Russland als Diktator.

Siehe auch

Kommunismus
Marx, Karl
Russland, Geschichte
Sowjetunion
Weltkrieg, Erster

Russland

Russland erstreckt sich von Osteuropa im Westen über ganz Asien bis hin zum Pazifischen Ozean im Osten sowie vom Polarkreis im Norden bis nach Zentralasien im Süden.

Das grösste Land der Welt ist Russland. Es besteht aus 21 sich selbst regierenden Republiken und aus über 60 anderen Einheiten. Es bedeckt ein Zehntel der Landfläche der Erde – ein Drittel von Asien und zwei Fünftel von Europa. Das Klima ist sehr vielfältig, und die Landschaft reicht von Gebirgen im Süden und Osten bis zu riesigen Tiefebenen und Flüssen im Norden und Westen. Von den 143 Mio. Einwohnern sind die meisten russischer Herkunft und sprechen Russisch. Das heutige Russland entstand 1991 nach dem Zusammenbruch der Sowjetunion (UdSSR). Seither hat das russische Volk zwar mehr politische Freiheit, leidet aber unter wirtschaftlicher Not, da die Umwandlung der sowjetischen Planwirtschaft in eine freie Marktwirtschaft schwierig ist. Es gibt riesige landwirtschaftliche Ressourcen sowie reiche Bodenschätze und eine große Industrie. Auch wenn die meisten Russen sehr arm sind, leben im Land einige der reichsten Menschen der Welt.

DAS MODERNE RUSSLAND
Das Moskauer Warenhaus GUM gehört zu den größten der Welt. Es befindet sich am Roten Platz, mitten im Herzen Moskaus. Das Haus wurde 1888-1893 im Auftrag des Zaren durch die Architekten Pomeranzew und Schuchow erbaut. Es ist rund 250 Meter lang, 88 Meter tief und beherbergt drei glasbedachte Passagen mit je drei Etagen. Das Angebot der Geschäfte richtet sich heute vorwiegend an zahlungskräftige Kunden und Touristen.

Moskau

Moskau, die Hauptstadt Russlands, wurde im 12. Jh. gegründet. Im Zentrum, an den Ufern der Moskwa, liegt der Kreml. Diese ummauerte Festung enthält alle Regierungsgebäude. Direkt angrenzend liegt der berühmte Rote Platz, an dessen Südende die Basiliuskathedrale steht. Sie wurde im 16. Jh. zur Feier eines militärischen Sieges errichtet.

RUSSISCH-ORTHODOXE KIRCHE
Die Hauptreligion in Russland ist die russisch-orthodoxe Kirche. Unterm Kommunismus wurden alle Religionen verfolgt. Ende der 1980er-Jahre gab es in Russland wieder die Religionsfreiheit, und heute gehen Millionen zu den Gottesdiensten (oben). In Russland gibt es auch viele Muslime, Juden und Buddhisten.

Der Newski-Prospekt ist die geschäftigste Prachtstraße von Sankt Petersburg.

SANKT PETERSBURG
Die zweitgrößte Stadt Russlands, Sankt Petersburg, hat 4,8 Mio. Einwohner. Vor 1917 war Sankt Petersburg (von 1924–91 Leningrad genannt) die Hauptstadt von Russland. Noch heute besitzt sie viele herrliche historische Gebäude wie die Gemäldegalerie Eremitage und den Winterpalast der Zaren.

LANDWIRTSCHAFT

Die fruchtbare russische Ebene von der Westgrenze bis nach Zentralasien wird überwiegend landwirtschaftlich genutzt. Die Bauern produzieren Weizen und andere Getreide, Fleisch, Milchprodukte, Wolle und Baumwolle. Russland, einer der größten Getreideerzeuger der Welt, produziert dennoch oft nicht genügend Nahrung für die eigene Bevölkerung und muss Getreide importieren.

Der Ackerbau in Russland beschränkt sich wegen des kalten Klimas im Norden überwiegend auf die Regionen im Süden und Westen.

RUBEL UND KOPEKEN

Die russische Währungseinheit ist der Rubel (= 100 Kopeken). Lange Zeit wurde der Kurs des Rubel zu anderen Währungen nicht frei ermittelt, sondern war festgelegt. Als am 17. August 1998 der Rubelkurs freigegeben werden musste, führte dies zu einer drastischen Abwertung – Russland war zahlungsunfähig.

RUSSISCHE VÖLKER

Unter den Bewohnern Russlands gibt es mindestens 100 ethnische Minderheiten wie Tataren, Ukrainer, Baschkiren und Tschuktschen. Die hier in ihre traditionelle Kleidung gewandeten Jakuten sind ursprünglich türkischer Abstammung; viele Volksgruppen stammen aus Asien. Das Riesenland ist nicht gleichmäßig besiedelt. Etwa 75 % der Russen leben westlich vom Uralgebirge – weniger als 25 % in Sibirien und im Fernen Osten.

Die Jakuten (links) siedeln in einem großen Gebiet um die Lena. Die im Süden leben von der Rinder- und Pferdehaltung, die im Norden von der Jagd, vom Fischen und als Hirten.

Das Bolschoitheater, Spielstätte des Bolschoiballetts

BOLSCHOIBALLETT

Das Bolschoiballett wurde 1773 in Moskau gegründet. Weltberühmt wurde es durch seine Tourneen mit Aufführungen russischer Volkstänze und klassischer Ballette wie *Schwanensee*. Andere russische Kunstformen hatten diese Freiheit nicht. Künstler, die Gegner des kommunistischen Regimes waren, arbeiteten im Untergrund. So waren die Romane von Alexander Solschenizyn (*1918) jahrelang verboten. Seine berühmten Werke wie *Der Archipel Gulag* wurden in den Westen geschmuggelt oder von Lesern abgetippt und heimlich verteilt.

Ленинград

VIELE SPRACHEN

In Russland werden über 110 Sprachen gesprochen, so etwa Tatarisch, Ukrainisch und Russisch. Russisch ist Amtssprache und die Sprache der meisten Menschen in Russland. Es wird in anderen ehemaligen Sowjetrepubliken auch als zweite Sprache gesprochen. Als Schrift wird das kyrillische Alphabet verwendet (oben: »Leningrad«).

TECHNISCHE LEISTUNGEN

In der Sowjetunion entwickelten sich die Wissenschaften nicht gleichförmig. Heute ist Russland weltweit führend in manchen Medizintechniken, besonders der Augenchirurgie (rechts), hinkt aber etwa in der Computertechnologie weit hinter Westeuropa und den USA hinterher. 1957 startete die Sowjetunion den ersten Satelliten und schickte 1961 mit Juri Gagarin den ersten Menschen ins All. Derzeit befördern die Russen zahlungskräftige Privatpersonen ins All.

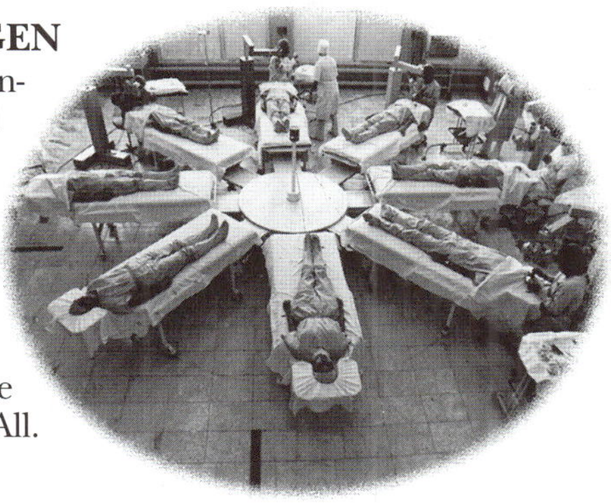

SIBIRIEN

Die riesige Region Sibirien liegt im Nordosten Russlands und erstreckt sich vom Ural im Westen bis zur Spitze Alaskas im Osten. Sibirien nimmt zwar fast 80 % der Landfläche Russlands ein, ist aber dünn besiedelt. Die meisten Sibirer leben dicht an der Route der Transsibirischen Eisenbahn, die über 9289 km zwischen Moskau und Wladiwostok verläuft. Nordsibirien liegt zum großen Teil nördlich des Polarkreises – im Sommer geht hier die Sonne nie unter, sondern streift nachts nur den Horizont.

WOLGA

Russland hat den längsten Fluss Europas, die Wolga. Sie entspringt in den Waldaihöhen und mündet nach 3530 km ins Kaspische Meer. Als führende Wasserstraße des Landes ist sie von enormer wirtschaftlicher Bedeutung: Große Schiffe transportieren Öl, Weizen, Bauholz und Maschinen durchs Land. Kanäle verbinden den Fluss mit der Ostsee und dem Weißen Meer. Die Wolga ist reich an Fischen, besonders an Stör, dessen Eier zu köstlichem Kaviar verarbeitet werden.

BAIKALSEE

Mit einer Fläche von 31 468 km² und einer Tiefe bis zu 1940 m ist der Baikalsee der größte und tiefste Süßwassersee der Erde. Seit Jahren wird dem Gewässer durch Abholzung und chemische Industrieabwässer zugesetzt. Umweltverbände haben zur Rettung des gefährdeten Sees aufgerufen.

Der Baikalsee, das »blaue Auge Sibiriens«, enthält über 20 % der gesamten Süßwasserreserven der Erde.

TRANSSIBIRISCHE EISENBAHN

Die Transsibirische Eisenbahn verbindet das europäische Russland quer durch Sibirien mit der Pazifikküste. Die längste Eisenbahnstrecke der Welt beginnt in Moskau und endet nach 9289 km am Pazifikhafen Wladiwostok. Der Bau der Eisenbahn ermöglichte die Erschließung der Bodenschätze Sibiriens, und große Städte entstanden entlang ihrer Route. Die Fahrt dauert acht Tage und geht durch acht Zeitzonen. Täglich verkehrt nur ein Personenzug, aber Güterzüge fahren Tag und Nacht alle fünf Minuten.

Nowosibirsk, 3183 km östlich von Moskau gelegen und 1893 an der Überquerung des Ob durch die Transsibirische Eisenbahn gegründet, hat sich zu einem bedeutenden Handelszentrum entwickelt.

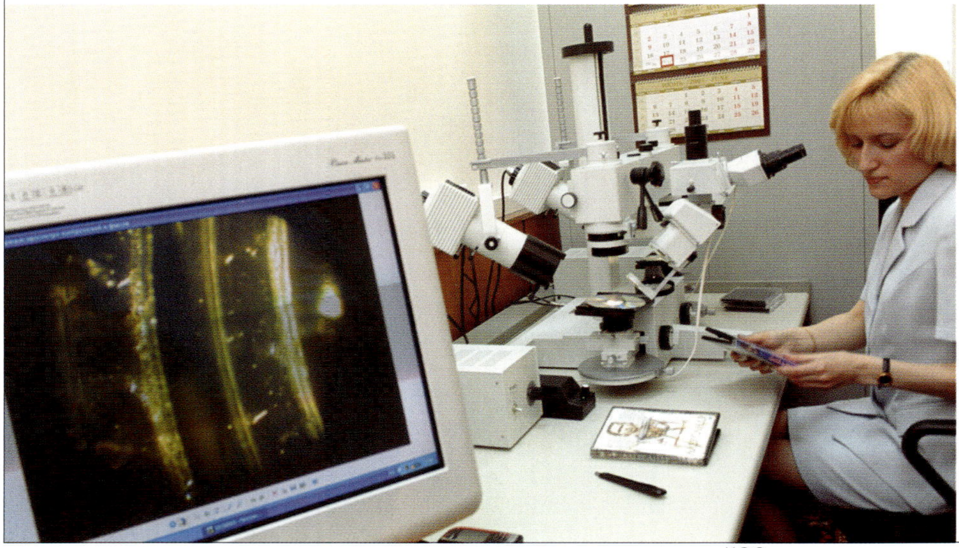

Eine Wissenschaftlerin untersucht im Labor, ob es sich bei der CD um eine Raubkopie handelt.

WEIBLICHE ARBEITSKRÄFTE

Im Zweiten Weltkrieg und in den vom Sowjetführer Stalin errichteten Arbeitslagern starben viele russische Männer. Deshalb mussten viele Frauen arbeiten gehen, auch in Berufen mit harter körperlicher Arbeit. In der Sowjet-Ära ermöglichte es das umfassende Angebot an Kinderbetreuung auch Müttern berufstätig zu sein. Heute ist in Russland der Anteil der Frauen in Wissenschaft und technischer Industrie höher als in anderen europäischen Staaten. Doch nur wenige erreichen auch die Führungsebene.

Siehe auch
KALTER KRIEG
KOMMUNISMUS
RUSSLAND, GESCHICHTE
RUSSISCHE REVOLUTION
SOWJETUNION

FAKTEN
Fläche: 17 075 400 km²
Einwohner: 143 000 000
Hauptstadt: Moskau
Sprachen: Russisch
Religionen: russisch-orthodox
Währung: Rubel
Haupterwerbszweige: Maschinenbau, Forschung, Landwirtschaft
Hauptexportgüter: Erdöl, Erdgas, Elektrizität, Wodka
Hauptimportgüter: Autos, Maschinen

Weltraumprogramm

Russlands Weltraumprogramm begann mit dem Start des Satelliten *Sputnik* 1957. 1965 machte der russische Kosmonaut Alexei Leonow als erster Mensch einen Weltraumspaziergang. 1969 verloren die Russen das Wettrennen um die erste Mondlandung gegen die USA. Die russische Raumstation *Mir*, die von 1986 bis zu ihrem kontrollierten Absturz 2001 die Erde umkreiste, wurde nach dem Zusammenbruch der Sowjetunion 1991 auch von internationalen Forscherteams benutzt.

RUSSISCHES KÄSTCHEN
Lackkästchen werden in der Region Moskau seit vier Jahrhunderten gefertigt. Die Pappmascheekästchen werden mit Miniaturbildern von Volkssagen, ländlichen Szenen, Tänzen, Wäldern und Märchen verziert und dann lackiert.

KAVIAR
Kaviar, eine teure Delikatesse, besteht aus den winzigen schwarzen Eiern des Störs, einer Fischart aus dem Schwarzen und dem Kaspischen Meer. Kaviardöschen werden weltweit exportiert.

Lada

1965 vereinbarten die Russen mit der italienischen Autofirma Fiat die Herstellung eines preiswerten Autos, das in der ehemaligen Sowjetunion Lada hieß. Heute werden auf dem Fiat basierende Ladas in den Westen exportiert. Inzwischen nimmt in Russland die Nachfrage nach importierten Westautos zu.

Russland
Geschichte

Im Gebiet des heutigen Russland lebten vor dem 9. Jh. weit verstreut die verschiedensten Stämme, die hauptsächlich aus Osteuropa stammten und eine karge Landschaft aus Sümpfen, Wäldern und Steppen bewirtschafteten. 882 wurde der erste russische Staat, die Kiewer Rus, errichtet mit Kiew als Hauptstadt. Im 13. Jh. fielen die Heere der Mongolen in Russland ein und zerstörten große Teile des Landes. Damit begann eine lange Zeit der Schreckensherrschaft in Russland. Im 15. Jh. wurde Moskau nach dem Rückzug der Mongolen die Hauptstadt Russlands. Im Laufe der nächsten 300 Jahre eroberten die Zaren (Kaiser) neue Gebiete, und Russland wurde das größte Land der Erde, blieb aber hinter anderen Nationen zurück, da es sich nur langsam modernisierte. Nach 1900 verlor das erstarkte Russland seine neu gewonnene Macht bald wieder in Kriegen. Der gewaltige Gegensatz zwischen dem Reichtum der Zaren und der Armut des Volkes führte 1917 zur Revolution. Die Kommunisten kamen an die Macht, und von 1917 bis 1991 war Russland die größte Republik der Sowjetunion. Als diese 1991 zusammenbrach, wurde Russland erneut unabhängig.

KIEW
882 eroberte ein Wikinger namens Oleg die Stadt Kiew und machte sie zur Hauptstadt Russlands. Danach herrschten russische Fürsten in der Stadt – sie erkannten deren günstige Lage an der Handelsroute zwischen der Ostsee und dem Schwarzen Meer. 988 wurde Fürst Wladimir I. von Kiew zum Christen und machte die russisch-orthodoxe Kirche zur Staatsreligion. 1240 fiel Kiew an die Mongolen.

BASILIUSKATHEDRALE
1552 erbaute Iwan der Schreckliche die Basiliuskathedrale in Moskau. Ihr reicher Schmuck stand für den Wohlstand Moskaus. Der Sage nach ließ Iwan die Architekten blenden, damit sie kein weiteres schönes Bauwerk mehr errichteten.

Die Zwiebeltürme der farbenprächtigen Basiliuskathedrale sind typisch für russisch-orthodoxe Kirchen.

Moskau

Unter mongolischer Herrschaft wuchs Moskaus Macht: Die Mongolen ließen Fürst Iwan I. (Spitzname »Geldbeutel«) für sie Steuern erheben; er behielt einen Teil des Geldes und begann Russlands Territorium auszuweiten. Durch ihn wurde Moskau auch zum religiösen Zentrum Russlands. Großfürst Iwan III. erweiterte das Gebiet mit Moskau als Zentrum, vertrieb die Mongolen und machte Moskau zur mächtigsten Stadt in Russland.

IWAN DER SCHRECKLICHE
Unter Zar Iwan IV. (1530–84) erlangte Moskau große Macht. Iwan war brutal und bösartig – daher sein Beiname »der Schreckliche«. Er hasste und fürchtete die Bojaren (die Adligen), ließ Hunderte ermorden und tötete sogar den eigenen Sohn. Unter seiner Herrschaft verarmten Millionen, und die Bauern wurden zu Leibeigenen.

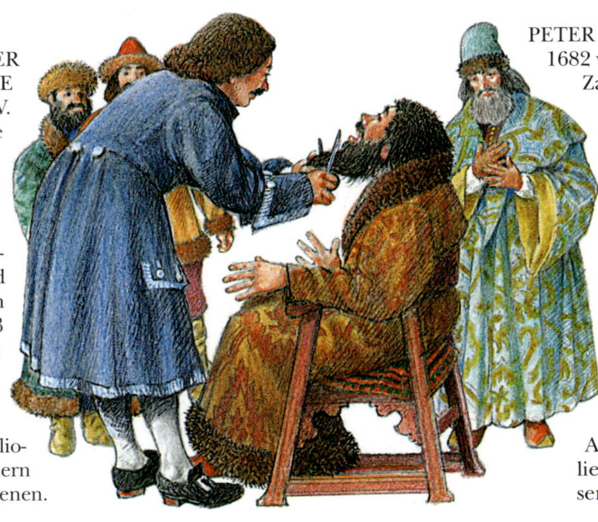

PETER DER GROSSE
1682 wurde Peter der Große zum Zaren. Er modernisierte die Armee, besiegte Schweden und kontrollierte bald die Ostseeküste, Russlands »Fenster« zum Westen. Er erbaute eine neue Hauptstadt, Sankt Petersburg, und förderte die Industrie und das Erziehungswesen. Verkleidet reiste er durch Europa, um den Westen kennen zu lernen, und modernisierte Russland mit westlichen Methoden. Als Symbol des Wandels ließ er den orthodoxen Russen die Bärte abschneiden.

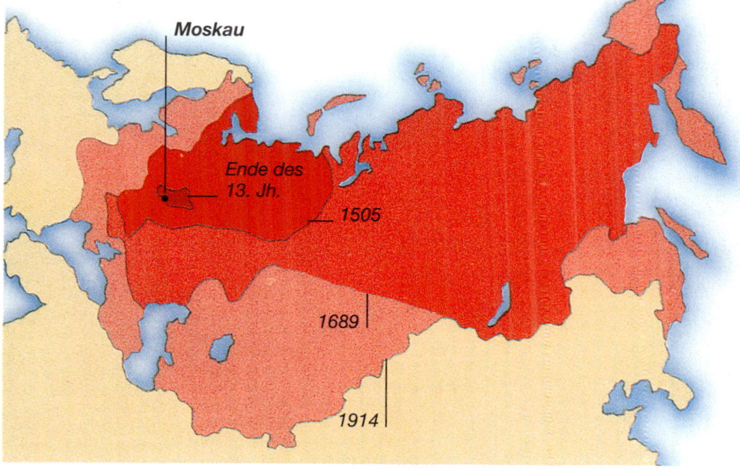

EXPANSION RUSSLANDS
Ab dem 14. Jh. wurde Russland durch Eroberungen immer größer. Ein Grund für diese Expansion war die Suche nach einem ganzjährig eisfreien Hafen. Die Pioniere, die sich in den neuen Gebieten, etwa in Polen, niederließen, fristeten eine bescheidene Existenz als Kleinbauern. Die Macht hatten der Zar und einige sehr reiche Adlige. Die Kommunikation in einem solchen Riesenreich war schwierig – die Zaren hatten deshalb keine Vorstellung von den Problemen und der Armut ihres Volkes.

Katharina die Grosse

Auch während Katharinas Herrschaft (1762–96) expandierte Russland. Katharinas prächtiger Hof wurde außerhalb Russlands sehr bewundert. Sie gab dem Adel mehr Macht, tat aber nichts für die Bauern. Sie lebten in unsäglichem Elend als Leibeigene in entlegenen Gebieten.

Russische Bauern arbeiten auf dem Land.

Katharina die Große

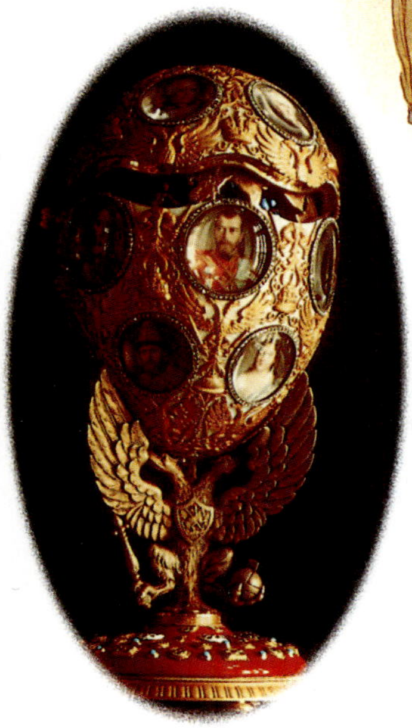
FABERGÉ-EI
1884 wurde Carl Peter Fabergé Juwelier des Zaren. Er schuf herrliche, mit Gold, Juwelen und farbiger Emaille bedeckte Stücke für den reichen russischen Hofadel. Seine berühmtesten Kreationen waren die Ostereier für die Zaren Alexander III. und Nikolaus II.

ALEXANDER II.
Zar Alexander II. (1818–81) erkannte, dass Russland mit dem Westen gleichziehen musste. Er beendete die Leibeigenschaft der Bauern und verhalf ihnen zu Land. Aber sie waren über dessen Qualität und die hohen Steuern enttäuscht. 1881 ermordete eine revolutionäre Gruppe den Zaren.

CHRONIK

882 Wikinger errichten ersten russischen Staat in Kiew.

988 Fürst Wladimir I. zwingt alle Russen zur Annahme des christlich-orthodoxen Glaubens.

1237 Die Mongolen erobern Russland.

1480 Iwan III. beendet die Mongolenherrschaft und weitet die Macht Russlands aus.

1547 Iwan IV. führt Leibeigenschaft ein – die Bauern müssen an einem Ort bleiben und für einen Grundherrn arbeiten.

1604–13 »Zeit der Wirren«. In Bürgerkriegen kämpfen rivalisierende Gruppen um die Macht.

1613 Michail Romanow wird Zar. Die Romanows herrschen bis 1917.

1703 Zar Peter der Große beginnt mit dem Bau seiner neuen Hauptstadt Sankt Petersburg und holt Ausländer zur Modernisierung der Industrie.

1773–75 Bauernaufstand gegen Katharina die Große.

1812 Der französische Kaiser Napoleon fällt in Russland ein. Große Teile seiner Armee kommen im strengen Winter um.

1825 Aufstand der »Dekabristen«. Offiziere fordern eine gewählte Regierung.

1905 Niederlage Russlands im Russisch-japanischen Krieg. Eine Arbeiterrevolution zwingt Nikolaus II. zur Einrichtung eines Parlaments, der Duma.

1914–17 Russland kämpft gegen Deutschland im Ersten Weltkrieg. Unzufriedenheit des Volkes führt zur Revolution.

1917–91 Kommunisten regieren Russland.

1991 Zusammenbruch der Sowjetunion; Russland unabhängig.

Siehe auch
Kommunismus
Napoleonische Kriege
Russische Revolution
Russland
Sowjetunion

RÜSTUNG

SCHON FRÜH HABEN KRIEGER erkannt, dass sie Kämpfe überleben können, wenn sie sich besser schützen. Sie entwarfen Rüstungen – spezielle Kleidungsstücke, die so fest waren, dass sie vor Waffen schützen konnten. Die ersten Rüstungen waren sehr einfach. Sie bestanden aus Leder, das jedoch stark genug war, um einfache Speere und Schwerter abzuhalten. Als die Waffen schärfer wurden, mussten auch die Rüstungen verbessert werden. Im Römischen Reich stellten Waffenschmiede widerstandsfähige Metallrüstungen her. Nach dem Untergang Roms im 5. Jh. wurden die Rüstungen von normalen Schmieden hergestellt und ihre Qualität ging zurück. Im 14. Jh. erfanden Waffenschmiede den Plattenpanzer. Doch selbst die beste Rüstung konnte nicht vor Gewehrkugeln schützen, somit verloren die Rüstungen nach Erfindung der Schusswaffen ihren Sinn. Heute gibt es keine traditionelle Rüstung mehr, dennoch tragen Soldaten im Kampf Schutzkleidung, die aus modernen Kunststoffen und robusten Metallen besteht.

GERÜSTETE TIERE
Im Kampf wurden oft Tiere eingesetzt, z. B. Hunde oder Pferde. Auch diese Tiere wurden mit einer Rüstung geschützt. Sehr kunstvoll war diese indische Elefantenrüstung aus dem 17. Jh.

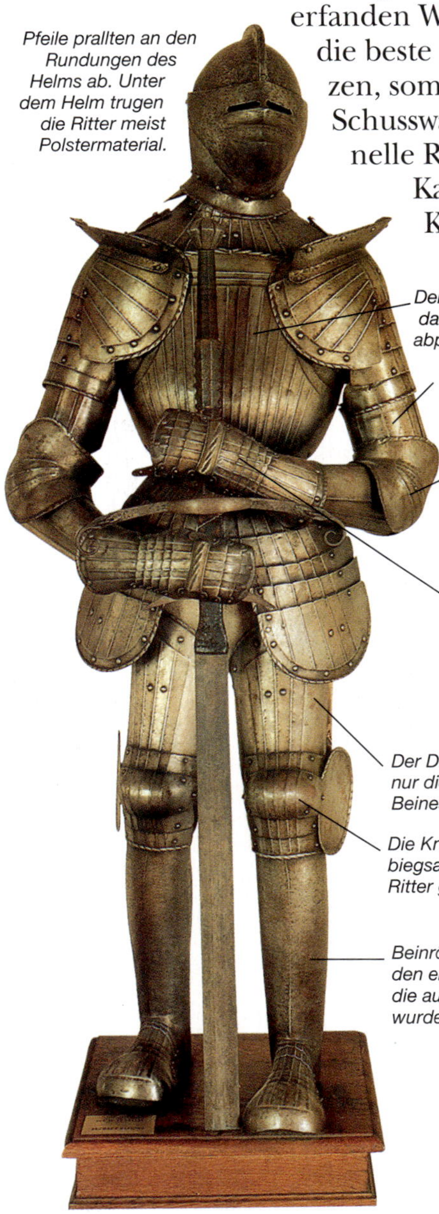

RÜSTUNG

Im späten 15. Jh. schützten sich die Ritter mit einer solchen Metallrüstung. Die Rüstung war sehr robust und so gelenkig zusammengestellt, dass sich der Ritter gut bewegen konnte. Eine Rüstung wog jedoch bis zu 30 kg, sodass es z. B. unmöglich war, schnell zu laufen.

HELME

Ein einziger Schlag auf den Kopf kann einen Menschen töten, daher waren Helme die ersten Rüstungsteile, die es gab. Auch heute werden noch Helme getragen. Verschiedene Helmformen schützen vor unterschiedlichen Waffen.

Helme der Bronzezeit schützten vor mehr als 3000 Jahren gegen Schwerter.

Helm aus dem 12. Jh.

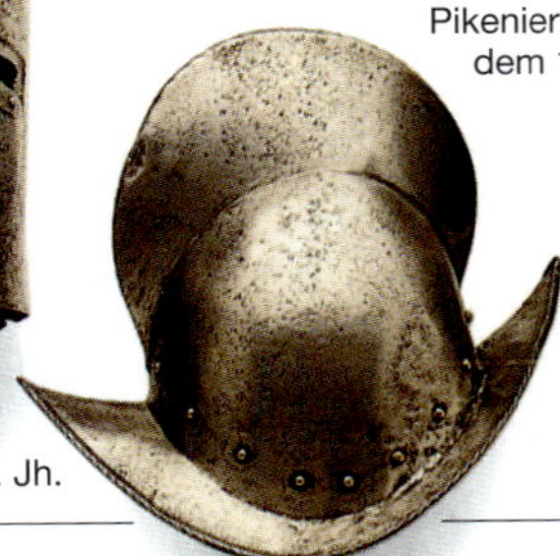

Pikenierhelm aus dem 16. Jh.

Moderne Helme schützen vor Bombensplittern.

KUGELSICHERE WESTE
Polizisten tragen heute manchmal kugelsichere Westen, um sich vor möglichen Schüssen von Kriminellen oder Terroristen zu schützen. Die Westen bestehen aus mehreren Schichten robuster Materialien, wie z. B. Nylon.

KETTENHEMD
Die Herstellung eines Kettenhemdes war für einen Schmied einfacher als die einer komplizierten Plattenrüstung. Kettenhemden waren zwischen dem 6. und 13. Jh. weit verbreitet. Sie bestanden aus miteinander verbundenen Stahlringen. Der Träger konnte sich gut bewegen, war aber nicht vor schweren Axt- oder Schwerthieben geschützt.

Siehe auch

JAPAN, GESCHICHTE
MITTELALTER
RITTER
ROM, ALTES
WAFFEN

Satelliten

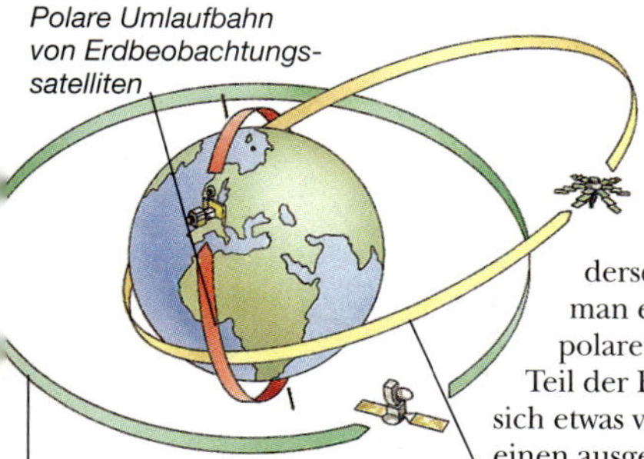

SATELLITENUMLAUFBAHNEN
Ein Nachrichtensatellit umrundet in exakt 24 Stunden die Erde, sodass er immer über derselben Stelle zu stehen scheint. Dies nennt man eine geostationäre Umlaufbahn. Auf einer polaren Bahn kann ein Satellit nach und nach jeden Teil der Erde überfliegen, da der Verlauf der Bahnen sich etwas verschiebt. In einer elliptischen Bahn kann er einen ausgewählten Teil der Erde niedrig passieren.

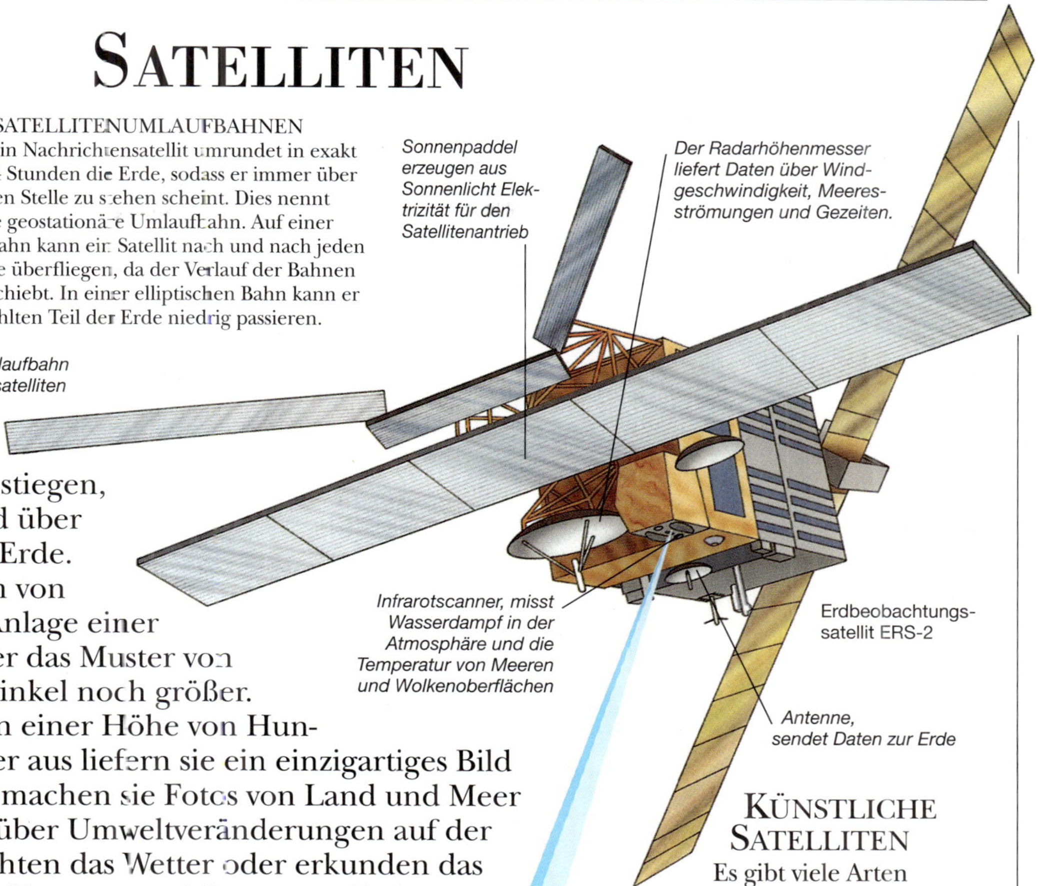

Als die ersten Ballons und Flugzeuge in den Himmel stiegen, staunten die Menschen an Bord über den ungewohnten Anblick der Erde. Aus einer Höhe von Hunderten von Metern sahen sie erstmals die Anlage einer Großstadt, eine Küstenlinie oder das Muster von Feldern. Heute ist unser Blickwinkel noch größer. Satelliten umkreisen die Erde in einer Höhe von Hunderten von Kilometern. Von hier aus liefern sie ein einzigartiges Bild unseres Planeten. Mit Kameras machen sie Fotos von Land und Meer und vermitteln Informationen über Umweltveränderungen auf der Erde. Andere Satelliten beobachten das Wetter oder erkunden das Weltall und senden Daten über Planeten und Sterne zur Erde. Das Wort Satellit bezeichnet eigentlich jedes Objekt, das einen Planeten umrundet und von dessen Schwerkraft auf seiner Bahn gehalten wird. Im Universum gibt es zahllose natürliche Satelliten. Auch die Erde hat einen: den Mond.

Künstliche Satelliten

Es gibt viele Arten von künstlichen Satelliten. Wettersatelliten beobachten Regen, Unwetter und Wolken und messen Land- und Meerestemperaturen. Nachrichtensatelliten senden Radio- und Fernsehsignale von einem Erdteil zum anderen. Spionagesatelliten beobachten militärische Ziele aus geringen Höhen und senden detaillierte Bilder an Bodenstationen. Erdbeobachtungssatelliten überwachen Vegetation, Luft- und Wasserverschmutzung, Veränderungen der Besiedlungsform und geologische Faktoren.

KARTOGRAFIE
Spezielle Satelliten fotografieren die Erdoberfläche. Mit verschiedenen Filtern nehmen die Kameras Infrarotstrahlung (Wärme) und verschiedene Lichtfarben wahr. Vegetation etwa reflektiert Infrarotlicht stark – ein Indiz für Wälder. Mit computergenerierten Farben werden Gebiete mit unterschiedlichen Vegetationsarten und Mineralien hervorgehoben.

Satellitenkartenbild der San Francisco Bay in Kalifornien. Deutlich sichtbar sind die Golden Gate Bridge (links) und die Bay Bridge (rechts).

Der Planet Jupiter mit zwei seiner Monde: Io (links) und Europa (rechts).

SPUTNIK 1

Am 4. Oktober 1957 startete die Sowjetunion *Sputnik 1*, den ersten künstlichen Satelliten. Er hatte einen Funksender, der Signale zur Erde sendete, bis er nach 96 Tagen in der Atmosphäre verglühte.

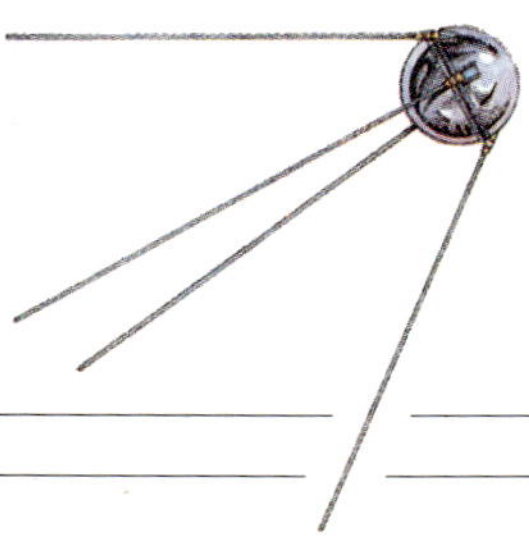

NATÜRLICHE SATELLITEN
Im Sonnensystem kennen wir rund 160 natürliche Satelliten oder Monde. Die meisten umrunden die vier äußeren großen Planeten: Jupiter, Saturn, Uranus und Neptun. Die größten Monde sind größer als Pluto, der kleinste Planet; die kleinsten Monde sind nur wenige Kilometer groß und unregelmäßig geformt wie eine Kartoffel.

Siehe auch
Astronomie
Fernsehen
Geologie
Navigation
Raumfahrt
Telefon

Sauerstoff

Wir können Sauerstoff weder sehen, riechen noch schmecken, doch ohne Sauerstoff müssten wir innerhalb von Minuten sterben. Deshalb ist es ein großes Glück, dass Sauerstoff der am häufigsten vorkommende chemische Stoff der Erde ist, wenn er auch nicht frei wie ein Gas im Umlauf ist. Stattdessen ist Sauerstoff in fester oder flüssiger Form mit anderen Stoffen verbunden. Grund dafür ist, dass Sauerstoff mit anderen Stoffen chemisch reagiert. Dabei gibt er oft Energie ab. Wenn z. B. etwas brennt, dann ist Sauerstoff an dem Vorgang beteiligt. Beim Verbrennen von Holz reagiert Sauerstoff mit dem Holz und gibt Wärme ab. Sauerstoff ist auch in Wasser enthalten. Hier ist er mit den Atomen des Gases Wasserstoff verbunden. Sauerstoff kann aus Wasser gewonnen werden, wenn man elektrischen Strom durch das Wasser leitet. Durch Einwirkung der Elektrizität zerfällt das Wasser in seine Bestandteile (die Gase Sauerstoff und Wasserstoff) und der Sauerstoff steigt in Form von Blasen hoch.

ATMUNG
Unser Körper benötigt Sauerstoff, um Energie freizusetzen, die wir für die Muskelarbeit brauchen. Mithilfe des Sauerstoffs, den wir atmen, »verbrennen« wir die Nahrung, die wir essen. Dabei entsteht Energie. Die Lunge nimm beim Atmen Sauerstoff auf, den das Blut zu den Muskeln bringt.

Verbrennung

Ohne Sauerstoff gibt es kein Feuer. Im Weltall gibt es weder Luft noch Sauerstoff. Deshalb kann dort nichts brennen. Die Raketenmotoren brauchen Sauerstoff, um Treibstoff verbrennen und das Raumschiff antreiben zu können. Deshalb führen sie reinen Sauerstoff mit, der sich im Raketenmotor mit dem Treibstoff vermischt. Beim Brennen mit reinem Sauerstoff entsteht eine sehr heiße Flamme. Schweißbrenner vermischen brennbares Gas mit reinem Sauerstoff und erzeugen eine Flamme, die Metall schmelzen lässt.

KREISLAUF DES SAUERSTOFFS
Durch die Atmung der Lebewesen oder z.B. das Verbrennen von Treibstoff wird der Atmosphäre Sauerstoff entzogen und Kohlendioxid zugegeben. Pflanzen bewirken den umgekehrten Vorgang. Tagsüber erzeugen sie durch Fotosynthese die Energie, die sie zum Wachsen brauchen. Die grünen Teile der Pflanze nehmen Sonnenlicht, Wasser und Kohlendioxid auf, um neue Zellen zu bilden. Dabei entsteht Sauerstoff, der in die Luft übergeht.

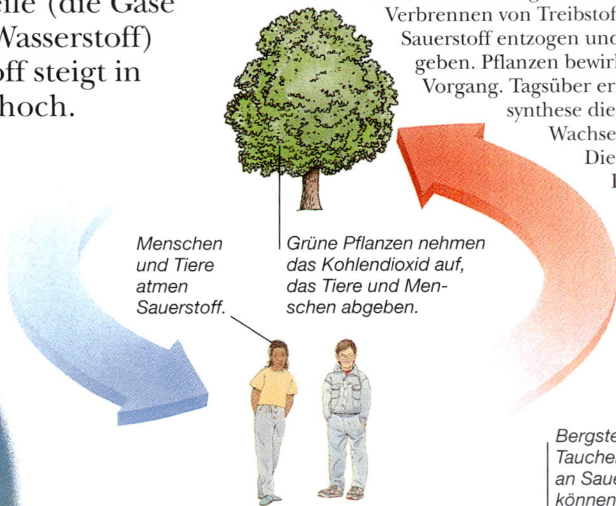

SAUERSTOFF IM WASSER
Meereswasser enthält gelösten Sauerstoff. Fische atmen durch ihre Kiemen. Diese entnehmen den Sauerstoff dem Wasser, das sie umgibt. Anders als andere Fische können manche Haie nur atmen, wenn sie sich im Wasser bewegen. Deshalb schwimmen sie auch im Schlaf.

Bergsteiger, Astronauten und Taucher führen einen Vorrat an Sauerstoff mit, um atmen zu können. Der Druck des Geräts wird der Atmung entsprechend eingestellt.

Siehe auch

Chemie
Feuer
Körper, Menschlicher
Luft
Pflanzen

Säugetiere

Zur Klasse der Säugetiere gehören die schwersten, größten und schnellsten Landtiere: die Elefanten, Giraffen und Geparden. Mäuse, Wale, Nashörner, Fledermäuse und Menschen sind ebenfalls Säugetiere. Ebenso wie Vögel sind auch Säugetiere warmblütig, doch durch drei Eigenschaften unterscheiden sie sich von allen anderen Tieren: Alle Säugetiere haben ein Fell, die Weibchen aller Arten säugen ihre Jungen, und alle Säugetiere haben ein besonderes Kiefergelenk. Mithilfe dieses Kiefergelenks können wir die fossilen Knochen urzeitlicher Säugetiere identifizieren, die vor Millionen von Jahren auf der Erde lebten. Die Säugetiere gehören zum Unterstamm der Wirbeltiere, denn sie alle haben eine Wirbelsäule. Heute leben auf der Erde ungefähr 5000 Arten von Säugetieren. Man unterscheidet Fleischfresser, Pflanzenfresser und Allesfresser.

Rinder, Schafe, Ziegen und viele weitere Nutztiere und Haustiere sind Säugetiere. Säugetiere trifft man fast überall auf der Welt an. Sie leben auf dem Land, im Meer, in der Luft, in Polargebieten ebenso wie in heißen Wüsten.

JUNGE BEUTELTIERE
Bei der Geburt sind Beuteltiere sehr klein. Ein neugeborenes Känguru ist knapp 2,5 cm lang. Es krabbelt durch das Fell der Mutter in einen Beutel an ihrem Bauch. Hier hängt es sich an die Milchdrüse und säugt.

Plazentatiere

Die Mehrheit der Säugetiere gehört zur Gruppe der Plazentatiere, die so genannt werden, weil sich die Jungen in der Gebärmutter der Mutter entwickeln und die Embryos und Föten über die Plazenta ernährt werden. Die Plazenta ist ein Organ, das in die Wand der Gebärmutter eingebettet ist und das Baby mit wichtigen Nährstoffen aus dem Blut der Mutter versorgt. Dank dieser Nährstoffe kann sich das Junge entwickeln. Die Plazenta wird nach der Geburt abgestoßen.

Primaten

Halbaffen und Affen, zu denen auch die Menschenaffen und Menschen zählen, gehören der Ordnung der Primaten an. Primaten haben Greifhände, besitzen meist Daumen und große Zehen und haben anstelle von Krallen flache Fingernägel. Zu den kleinsten Primaten zählen die nur 85 g schweren Koboldmakis. Gorillas, die bis zu 275 kg erreichen, sind die schwersten.

BEUTELTIERE
Bei Kängurus, Beutelratten, Koalas, Wombats, Beutelmardern und anderen Beuteltieren tragen die Weibchen ihre Jungen im Beutel, bis die Jungen selbstständig sind. Auch wenn ein junges Känguru die Tasche seiner Mutter bereits verlassen hat, kehrt es zum Trinken in den Beutel zurück. Beuteltiere leben in Australien und in Neuguinea sowie in Nord- und Südamerika. Einige wenige Beuteltiere wie die Peru-Opossummaus haben keine Beutel.

KLOAKENTIERE
Eier legende Säugetiere nennt man Kloakentiere. Zu ihnen gehören das Schnabeltier und drei Arten von Schnabeligeln. Alle leben in Australien. Nach etwa zehn Tagen schlüpfen die Jungen und werden von da an von der Mutter gesäugt.

AMEISENIGEL
Das Weibchen dieses Kurzschnabeligels legt in einen Beutel, der sich vorübergehend an seinem Bauch bildet, ein Ei. Nach dem Schlüpfen saugt das Junge Milch an den Milchdrüsen im Beutel seiner Mutter.

GRUPPEN VON SÄUGETIEREN

Es gibt ungefähr 18 Gruppen (oder Ordnungen) von Plazentatieren. Das Erdferkel ist die einzige Art seiner Ordnung. Fast die Hälfte aller Arten sind Nagetiere. Der Familie der Elefanten gehören nur zwei Arten an.

Die meisten Welpen leben zwei bis drei Monate lang von Muttermilch. Eine Spitzmaus säugt ihre Jungen vier Wochen lang. Eine Walmutter säugt ihr Baby sechs Monate oder länger.

MUTTERMILCH

Säugetiere sind die einzigen Tiere, bei denen die Weibchen ihre Jungen mit ihrer Milch ernähren. Kurz vor der Geburt beginnt der Körper des Weibchens Milch zu erzeugen, die die Jungen aus Drüsen an Brust oder Bauch saugen. Muttermilch stellt die ideale Ernährung für die Jungen dar: Sie ist warm und nahrhaft und enthält viele Substanzen, die die Jungen vor Krankheiten schützen. Wenn die Jungen kräftiger werden, trinken sie weniger Milch und fressen zunehmend feste Nahrung.

TRAGZEIT

Die Zeit zwischen Zeugung und Geburt bezeichnet man bei Tieren als Trächtigkeit oder Tragzeit. Meist bekommen große Tiere nach langer Tragzeit nur ein Junges, kleine Tiere dagegen nach kurzer Tragzeit viele Junge.

Die Tragzeit beträgt ca. 15 Monate. Nur ein Junges wird geboren.

Die Tragzeit beträgt 30 Tage. Ein Wurf kann aus bis zu acht Jungen bestehen.

Schmutziges Fell wärmt weniger und bietet Ungeziefer Unterschlupf. Deshalb putzen sich viele Säugetiere.

HAARE, FELL UND PELZ

Ein Fell schützt die Haut der Säugetiere vor Verletzungen und Sonnenbrand. Außerdem reguliert es Wärme und Feuchtigkeit. Farbe und Musterung des Fells können der Tarnung dienen. Im Wasser lebende Tiere haben ein fettiges, Wasser abweisendes Fell. Stacheln oder das Horn des Nashorns bestehen aus Keratin, das auch in Haaren vorkommt.

GÜRTELTIER

Einige Säugetierarten wie Gürteltier und Schuppentier haben anstatt eines Fells Schuppen wie Reptilien. Die Schuppen des Gürteltiers bestehen aus Knochen und Horn, die aus der Haut wachsen. Zwischen den Schuppen und am Bauch befinden sich Haare.

Huskys bleiben dank des dicken Pelzes auch bei großer Kälte warm.

KÖRPERTEMPERATUR

Säugetiere und Vögel bezeichnet man als warmblütig, weil sie auch in einer kalten Umgebung warm bleiben. Damit ihr Körper diese Wärme erzeugen kann, brauchen Säugetiere sehr viel Futter. Die Körperwärme entsteht durch chemische Reaktionen, die im Körper des Tieres ablaufen – besonders in den Muskeln.

Siehe auch

AUSTRALIEN, TIERE
ERDGESCHICHTE
TIERE
TIERE, BAUERNHOF
TIERE, FLUG
TIERE, SINNE
TIERE, WINTERSCHLAF

SCHALL

WIR LEBEN IN EINER LAUTEN WELT: Der Lärm des Großstadtverkehrs, die Musik eines Klaviers, das Bellen eines Hundes – all dies gelangt zu unseren Ohren, da Schallwellen sich durch die Luft fortpflanzen. Schall entsteht, wenn eine Störung Luft bewegt, z.B. wenn man eine Gitarrensaite zupft. Wir hören Schall, wenn Schallwellen – kleine Luftschwingungen – unsere Trommelfelle treffen. Schallwellen benötigen eine Substanz, um sich darin zu bewegen. Dies kann eine Flüssigkeit wie Wasser, ein Feststoff wie Stein oder ein Gas wie Luft sein. Laute wie musikalische Töne haben eine bestimmte Höhe. Ein hoher Ton lässt die Luft öfter pro Sekunde schwingen als ein tiefer Ton. Die Zahl der Schwingungen pro Sekunde heißt Schallfrequenz und wird in Hertz gemessen. Schall mit Frequenzen über 20 000 Hertz oder unter 30 Hertz können wir Menschen nicht hören.

LAUTSTÄRKE UND DEZIBEL
Das Geräusch eines Zuges ist lauter als ein Flüstern, da der Zug größere Schwingungen in der Luft erzeugt. Die Lautstärke hängt auch davon ab, wie nahe man der Schallquelle ist. Lautstärke wird in Dezibel (dB) gemessen. Ein startendes Düsenflugzeug liegt bei etwa 120 dB, das Rascheln von Laub bei etwa 33 dB.

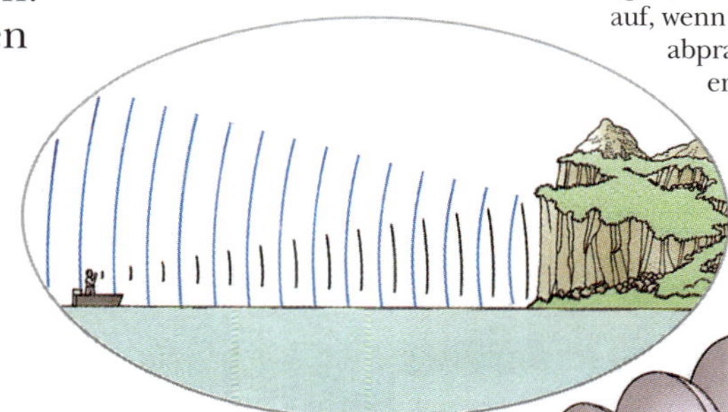

ECHOS
Ruft man laut in einer großen Halle oder gegenüber von Bergen, hört man ein Echo seiner Stimme. Ein Echo tritt auf, wenn Schall von Oberflächen wie einer Felswand abprallt und einen kurz nach dem direkten Schall erreicht. Die Klarheit von Sprache und Musik in einem Raum oder Konzertsaal hängt davon ab, wie Töne darin widerhallen.

SCHALLGESCHWINDIGKEIT
Schall pflanzt sich in Luft mit etwa 1224 km/h fort. Er ist langsamer, wenn Temperatur und Druck der Luft niedriger sind. In der dünnen, kalten Luft in 11 km Höhe beträgt die Schallgeschwindigkeit etwa 1000 km/h. In Wasser pflanzt sich Schall viel schneller als in Luft fort – mit 5400 km/h.

SCHALLWELLEN
Eine Schallwelle besteht aus hin und her schwingenden Luftmolekülen. In jedem Augenblick drängen sich die Moleküle an manchen Stellen und erzeugen Gebiete von hohem Druck, während sie anderswo auseinander liegen und Gebiete von tiefem Druck erzeugen. Von der Schallquelle breiten sich durch die Luft Wellen aus, in denen hoher und tiefer Druck wechseln. Diese Schallwellen tragen den Schall an unsere Ohren.

RESONANZ
Ein Objekt wie ein Glas gibt einen Ton von sich, wenn man es anschlägt, da es eine natürliche Schwingungsfrequenz hat. Singt man einen Ton mit dieser Frequenz, regen die Schallwellen das Glas an, in seiner natürlichen Frequenz zu schwingen. Dies heißt Resonanz. Bei einem sehr lauten Ton kann das Glas so stark schwingen, dass es zerbricht.

OBERTÖNE
In einem Ton sind sekundäre Frequenzen, Obertöne genannt, mit der Hauptfrequenz vermischt. Obertöne sind typisch für einzelne Instrumente – ein auf einem Klavier gespielter Ton klingt anders als der gleiche Ton auf einer Geige. Obertöne machen den Klang von Musikinstrumenten so lebendig: Ein elektronisch erzeugter Ton mit einer reinen Frequenz klingt künstlich und leer.

Siehe auch
OHREN
MUSIK
RADIO
TONAUFNAHME

Der Dramatiker, Balladendichter und Gelehrte Friedrich von Schiller (1759–1805)

FRIEDRICH VON SCHILLER

IM ALTER VON 22 JAHREN verfasste der Stuttgarter Regimentsarzt Friedrich Schiller sein erstes Theaterstück, *Die Räuber*, mit dem er 1782 großes Aufsehen erregte. Weil ihm der Herzog Karl Eugen das Schreiben verbot, floh er ins pfälzische Ausland nach Mannheim. Dort wurde er Theaterdichter, verdiente aber so wenig, dass er nicht davon leben konnte. Schiller zog zu Freunden nach Leipzig und Dresden, die ihn mit Geld unterstützten. Weil ihm seine Werke nicht genug einbrachten, arbeitete er auch als Gelehrter und verfasste geschichtliche und philosophische Abhandlungen. 1790 heiratete Schiller Charlotte von Lengefeld und wurde nicht fest besoldeter Professor in Jena. Bald darauf gab er *Die Horen* heraus, die bedeutendste literarische Zeitschrift der damaligen Zeit. Von einem langen Lungenleiden gezeichnet starb er 1805 mit nur 44 Jahren.

DER DRAMATIKER

»Das Theater glich einem Irrenhaus. (...) Fremde Menschen fielen einander schluchzend in die Arme, Frauen wankten einer Ohnmacht nahe zur Türe«, schreibt ein Zuschauer über die Uraufführung von *Die Räuber*. In ihrem Kampf für Gerechtigkeit und Freiheit begeistern uns die Helden von Schillers Stücken noch heute. Neben den *Räubern* schrieb er *Die Verschwörung des Fiesko zu Genua*, *Kabale und Liebe*, *Don Carlos*, *Wallenstein*, *Maria Stuart*, *Die Jungfrau von Orleans*, *Die Braut von Messina* und *Wilhelm Tell*.

Kupferstich von 1816: Szene der Amalia Moor aus Die Räuber

DIE VERHASSTE MILITÄRAKADEMIE

Im Stuttgarter Schloss Solitude richtete der württembergische Herzog Karl Eugen eine Beamten- und Militärschule ein, die auch Schiller besuchen musste. Der junge Mann hasste die Zeit auf der Stuttgarter Akademie, denn hier gab es weder Ferien noch Freistunden. Die Studenten wurden rund um die Uhr gedrillt und gedemütigt. Sieben Jahre lang musste Schiller hier aushalten, bis er 1780 sein Medizinstudium abgeschlossen hatte. Danach arbeitete er als Regimentsarzt und schrieb sein erstes Theaterstück *Die Räuber*, das er auf eigene Kosten drucken ließ. 1782 wurde es in Mannheim uraufgeführt und machte Schiller mit einem Schlag berühmt.

AUS GEGNERN WERDEN FREUNDE

1788 begegneten sich Schiller und Goethe zum ersten Mal. Doch die beiden Dichter waren sich unsympathisch. Goethe konnte mit dem leidenschaftlichen Dramatiker wenig anfangen, und Schiller war der, wie er fand, angeberische, vom Glück verwöhnte Goethe zuwider. Sechs Jahre vergingen, bis sich die beiden Dichter näher kamen. Sie begannen sich zu schreiben, tauschten Ideen, Entwürfe und Arbeiten aus. So inspirierten sie sich gegenseitig und brachten die größten Werke der deutschen Klassik hervor.

1789 wurde Schiller Professor der Philosophie in Jena. Für seine Geschichtsvorlesungen an der Universität erhielt er keine feste Bezahlung.

Siehe auch

GOETHE, JOHANN W. VON
LITERATUR
LITERATUR, DEUTSCHSPRACHIGE
THEATER

Schlangen

ZÄHNE
Die beiden langen Zähne vorne im Oberkiefer liegen bei geschlossenem Maul flach am Kiefer an und schnellen beim Aufreißen des Mauls nach vorne. Beim Biss pumpen Muskeln das Gift aus Drüsen in die Beute.

RASSEL
Klapperschlangen heißen so, weil sie am Schwanzende eine Klapper oder Rassel aus Hornringen haben, die klappern, wenn die Schlange den Schwanz bewegt.

DIE SCHUPPIGEN, BEINLOSEN Schlangen bilden eine sehr erfolgreiche Gruppe der Reptilien. Sie sind fast überall auf der Erde verbreitet – außer in den kältesten Regionen, auf den höchsten Gipfeln und einigen wenigen Inseln. Die meisten Schlangen können gut schwimmen und klettern, und sie alle jagen. Einige Arten, wie Pythons und Boas, erwürgen ihre Beute. Andere, wie die Kobras, lähmen sie durch ihr Gift. Schlangen, die sich schnell bewegen können, ernähren sich von Insekten, kleinen Vögeln und Säugetieren. Blindschlangen leben im Boden und fressen Ameisen und Termiten. Über 400 Schlangenarten sind giftig, doch nur bei einigen dieser Arten ist der Biss für den Menschen gefährlich.

SCHLANGENBESCHWÖRER
Hierbei folgt die Schlange den Bewegungen der Flöte und nicht etwa der Musik.

Klapperschlange

Mit über 2 m Länge ist die Östliche Diamant-Klapperschlange die größte aller Klapperschlangen. Außerdem ist sie die giftigste Schlange Nordamerikas. Sie ernährt sich u. a. von Ratten, Kaninchen und Vögeln. Anders als die meisten Schlangen gebiert das Weibchen dieser Art lebende Junge.

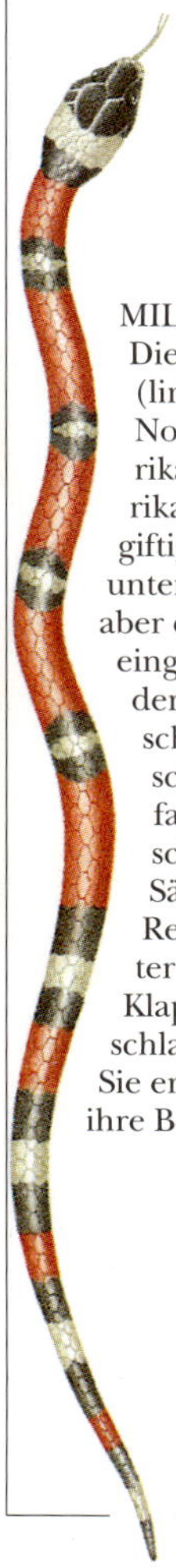

MILCHSCHLANGE
Die ungiftige Milchschlange (links) ist fast überall in Nordamerika, in Mittelamerika und im Norden Südamerikas heimisch. Sie ähnelt der giftigen Korallenschlange, unterscheidet sich von ihr aber durch die schwarz eingefassten gelben Bänder. Die giftige Korallenschlange dagegen hat schwarze, gelb eingefasste Bänder. Die Milchschlange jagt kleine Säugetiere, Vögel und Reptilien, darunter auch Klapperschlangen. Sie erwürgt ihre Beute.

JUNGE SCHLANGEN
Manche Schlangenarten bezeichnet man als lebend gebärend, weil sie vollständig entwickelte Junge zur Welt bringen. Andere legen Eier, die sie unter einem Baumstamm oder in einem Bau sich selbst überlassen. Es gibt auch Pythonarten, die ihre Eier bewachen.

Die Plättchenschlange schwimmt durch schlängelnde Seitwärtsbewegungen.

Eine junge Ringelnatter schlüpft mit dem Kopf zuerst aus dem Ei und erforscht ihre Umgebung.

Würgeschlangen

Boas und Pythons erwürgen ihre Beute, indem sie sich um deren Körper wickeln und sie ersticken. Es gibt 66 Arten von Boas und Pythons. Darunter sind einige der größten Schlangen der Welt. Anakondas sind die größten Würgeschlangen Südamerikas. Sie werden über 8 m lang und 225 kg schwer.

SEESCHLANGEN
Es gibt ungefähr 50 Arten von Seeschlangen. Die Plättchenschlange (links) ist die verbreitetste Art. Sie wird bis zu 80 cm lang und jagt Fische. Sie ist lebend gebärend und bringt ihre ungefähr fünf Jungen im Meer zur Welt. Seeschlangen verbringen ihr Leben schwimmend in den warmen Gewässern des Indischen Ozeans und des westlichen Pazifischen Ozeans.

Siehe auch

Australien, Tiere
Reptilien
Tiere
Tiere, Wald
Tiere, Wüste

Schmetterlinge

DIE FLÜGEL DER Schmetterlinge sind oft so leuchtend bunt wie Blütenblätter. Die farbenprächtigen, am Tag fliegenden Schmetterlinge sind uns vertrauter als die Nachtfalter, von denen es jedoch wesentlich mehr Arten gibt: Bekannt sind 147 500 nachtaktive und 17 500 tagaktive Arten. Die so genannten Tagfalter und die Nachtfalter sowie die Motten gehören der Ordnung der Lepidoptera oder Schmetterlinge an. Ihr Leben ist in vier Abschnitte oder Stadien unterteilt: Ei, Raupe (Larve), Puppe, erwachsener Schmetterling. Die Veränderung von einem Stadium zum anderen bezeichnet man als Metamorphose. Alle Schmetterlinge leben von pflanzlicher Nahrung und kommen überall dort vor, wo es Pflanzen gibt, außer in sehr kalten Regionen. Einige Arten wie der Admiral fallen in Winterstarre, andere wie der Bogong-Falter fliegen weite Strecken, um Nahrung zu finden. Es gibt auch Schädlinge wie den Kohlweißling, dessen Raupen Kohlpflanzen fressen.

SEIDENRAUPE
Die Seidenraupe ist die Raupe des Seidenspinners. Um sich zu verpuppen, spinnt sie sich in einen Kokon aus einem Seidenfaden ein. Aus diesen Kokons gewinnt man die Seide.

Morphofalter

Die am Tage fliegenden Schmetterlinge haben oft sehr schön gefärbte Flügel. Der Morphofalter (oben) lebt in Südamerika.

Schwalbenschwanz

Nachtaktive Schmetterlinge

Die Flügel der Arten, die vorwiegend nachts unterwegs sind, sind meist unauffällig gefärbt. Ihr Körper ist meist plump und pelzig, die Fühler gefiedert. Diese Art aus Südostasien hat gefiederte Fühler.

VOM EI ZUR RAUPE
Nach der Paarung legt das Schmetterlingsweibchen die Eier an einer Stelle ab, an der die Raupen nach dem Schlüpfen geeignete Nahrung finden. Die Raupen mancher Arten schlüpfen erst, wenn das Wetter nach einer Kälteperiode wärmer wird, denn dies bedeutet meist, dass die Pflanzen wieder wachsen und die Raupen genügend Futter vorfinden werden.

Der Eulenfalter legt mehrere Eier auf einmal. Die Eier werden nach der Ablage immer dunkler. Jedes Ei ist etwa 1 mm groß.

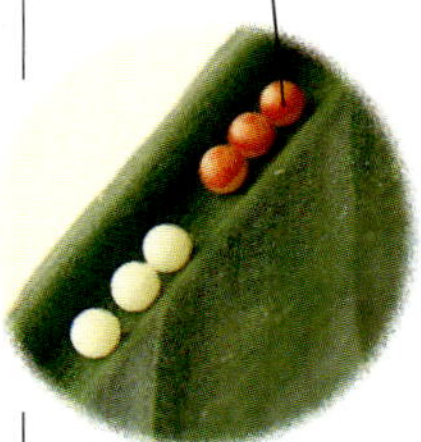

ERNÄHRUNG
Die Raupen einer jeden Art bevorzugen bestimmte Pflanzen. Sie verbringen praktisch ihr gesamtes Raupenleben mit Fressen. Deshalb können Raupen auch großen Schaden anrichten. Nur wenn sie sich häuten, weil die alte Haut zu eng geworden ist, fressen Raupen nicht. Bevor die neue Haut erhärtet, legt die Raupe an Größe zu.

Nicht alle Motten sind schlicht gefärbt. Sie können auch bunt sein – wie die hier gezeigten Arten.

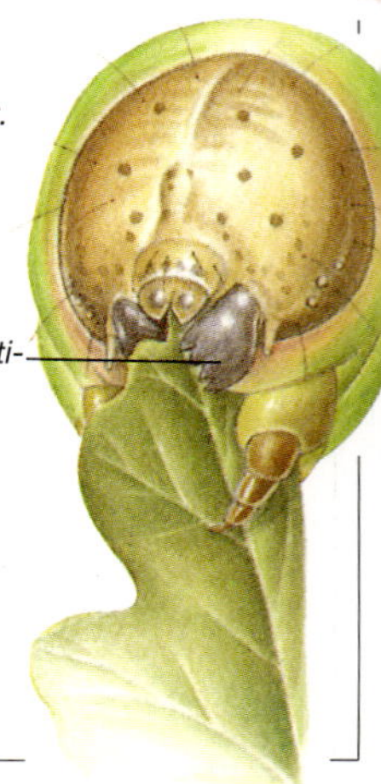

Die Raupe befestigt sich an einem Zweig, um sich zu verpuppen.

Die Raupe hängt mit einem Seidenfaden am Zweig.

Die Raupe spinnt einen Gürtel um ihren Körper. Dann platzt ihre Haut.

Spinndrüsen erzeugen den Seidenfaden.

Der Gürtel ist fertig. Die Verpuppung beginnt.

Neue Haut der Puppe

Leere Haut und Beine der Raupe

Von der Raupe zur Puppe

Vor ihrer letzten Häutung hört die Raupe zu fressen auf. Ihre Farbe ändert sich. Die Raupe sucht sich einen Ort, um sich zu verpuppen. Spinndrüsen am Hinterleibsende erzeugen einen Seidenfaden, mit dem sie sich an einer Unterlage befestigt. Viele Motten- und Spinnerraupen spinnen einen Kokon. Die Raupen der Familie der Wickler rollen sich in ein Blatt ein, dessen Ränder sie mit Seide zusammenspinnen.

Von der Puppe zum Schmetterling

Unter der harten Haut der Puppe gehen große Veränderungen vor sich, die von Hormonen gesteuert werden. Nach einigen Wochen platzt die Haut der Puppe auf, und der erwachsene Schmetterling kommt zum Vorschein. Sobald seine Flügel trocken und glatt sind, kann er fliegen.

Die Puppe des Morphofalters sieht wie ein Blatt aus.

Die Puppe platzt auf.

Morphofalter mit gefalteten Flügeln

In die Adern der Flügel strömt Blut. Sie werden glatt und fest.

Schuppen

Die Flügel der Schmetterlinge sind mit feinen Schuppen bedeckt. Durch Farben und Anordnung der Schuppen entsteht die Musterung der Flügel.

Mit gefalteten Flügeln sieht Kallima paralekta *wie ein totes Blatt aus.*

Tarnung

In einer neutralen Umgebung würde ein Schmetterling vielleicht auffallen. Bei vielen Arten aber tarnen Farbe und Musterung der Flügel das Tier in seinem Lebensraum ausgezeichnet. Mitunter sehen die Flügel durch ihre Form wie Früchte oder Blätter aus.

Kallima paralekta *mit ausgebreiteten Flügeln*

Artenschutz

Hunderte von Schmetterlingsarten sind bedroht, denn ihre Lebensräume werden kleiner, werden landwirtschaftlich intensiv genutzt oder müssen Siedlungen weichen. Außerdem werden viele schöne Schmetterlinge getötet, um an Sammler verkauft zu werden.

Der Isabellspinner ist inzwischen geschützt.

Der Schmetterling Königin-Alexandra-Vogelfalter ist bedroht, weil die Regenwälder, in denen er lebt, zerstört werden.

Enzian-Ameisenbläulinge konnten in Großbritannien wieder eingeführt werden.

Augenflecken

Die Flecken auf den Flügeln können wie die Augen einer Eule aussehen.

Taenaris macrops *aus Neuguinea lebt von reifen Bananen.*

Beim Öffnen der Flügel erscheinen Augen wie die eines Räubers.

Siehe auch

Insekten
Tiere
Tiere, Flug
Tiere, Tarnung

Schnecken

DIE LANGSAMEN SCHNECKEN werden wissenschaftlich als »Gastropoda« bezeichnet, als »Bauchfüßer«. Wenn man sie beobachtet, sieht es aus, als würden sie auf dem Bauch kriechen. In Wirklichkeit ist die Unterseite ihres Körpers ein Fuß mit einer Kriechsohle. Die ungefähr 75 000 Schneckenarten, die heute auf der Erde leben, gehören ebenso wie Muscheln und Tintenfische dem Tierstamm der Weichtiere an. Außer den bekannten Weinbergschnecken und den Nacktschnecken zählen zu der Klasse der Schnecken auch die Schnecken, die am und im Meer leben, sowie die in Süßwasser lebenden Schnecken. Alle Schnecken haben Fühler, an deren Enden die Augen sitzen. Ebenfalls vielen Schnecken gemeinsam ist, dass sie Hermaphroditen sind, d.h. dass sie sowohl weibliche als auch männliche Geschlechtsorgane haben. Sehr kalte oder heiße Perioden im Jahr überstehen die Schnecken, die ein Haus besitzen, indem sie sich in ihr Haus verkriechen und es mit Schleim versiegeln.

Weinbergschnecke

Ihre Schale schützt die Weinbergschnecke vor Fressfeinden und verhindert, dass der weiche, feuchte Körper austrocknet. Die Schale besteht aus Kalziumkarbonat und weiteren Mineralen. Im Laufe des Wachstums einer Schnecke vergrößert und verbreitert sich auch ihre Schale. Die Zunge ist klein und mit bis zu 150 000 Zähnchen besetzt. Mit ihr schabt die Schnecke Pflanzen ab.

JUNGE SCHNECKEN
Nach der Paarung legen die Schnecken ihre Eier einzeln oder in Klumpen ab. Die jungen Schnecken schlüpfen nach zwei bis vier Wochen.

SCHLEIM
Schnecken und Nacktschnecken produzieren verschiedene Schleimarten. Schnecken hinterlassen dort, wo sie gekrochen sind, eine Schleimspur. Einen anderen Schleim erzeugen sie, wenn ein Fressfeind sie angreift.

Nacktschnecken

Nacktschnecken sind bei Gärtnern sehr unbeliebt, weil sie Pflanzen Schaden zufügen. Die meisten Nacktschnecken haben keine Schale oder nur aber eine sehr kleine, überwachsene. Um nicht auszutrocknen, kommen sie nur nachts und bei Regen heraus.

MEERESSCHNECKE
In den seichten Küstengewässern der Meere leben viele schön gefärbte Schnecken, und die schönsten von ihnen leben in der Nähe von Korallenriffen. Viele haben fedrige oder buschige Kiemen. Meeresschnecken leben räuberisch und fressen Schwämme, Seepocken und Seeanemonen.

IM WASSER
Diese purpurfarbene Schnecke lebt im Hochwasserbereich.

Siehe auch
MUSCHELN, SCHNECKEN,
TINTENFISCHE
TIERE, MEERE
TIERE, MEERESKÜSTE

SCHULE

SCHULEN IM MITTELALTER
In den Schulen des 13. Jahrhunderts herrschte strenge Disziplin. Der Schultag für die Schüler war sehr lang. Die Schüler lasen und schrieben nur wenig, hauptsächlich hörten sie ihrem Lehrer zu. Ende des 15. Jahrhunderts wurden dann Bücher zur lateinischen Grammatik immer beliebter.

FAST JEDER VON UNS erinnert sich an seinen ersten Schultag, an diese Mischung aus Aufregung und neugieriger Erwartung. Auch sonst unterscheiden sich unsere ersten Schulerfahrungen gar nicht so sehr. Ziel des Schulunterrichts überall auf der Welt ist es, Grundfertigkeiten zu vermitteln, die wir für unser ganzes späteres Leben brauchen. Lesen, Schreiben und Rechnen sind deshalb die wichtigsten Fächer. In den westlichen Ländern werden diese Fächer in der Grundschule unterrichtet; sie heißt so, weil auf ihr weitere Unterrichtsjahre aufbauen. In vielen anderen Ländern jedoch gehen die Kinder im Alter von zehn Jahren von der Schule ab. Schulen sind teuer, und nur die reicheren Länder können sich freien Unterricht für alle über die ersten vier oder fünf Jahre hinaus leisten. Aber auch in den Ländern mit kostenlosem Schulbesuch sind die Familien oft darauf angewiesen, dass die Kinder Geld dazu verdienen. So gibt es Millionen von Kindern, die neben der Schule – oder anstatt der Schule – arbeiten.

Fremdsprachen zu erlernen und über die Lebensgewohnheiten anderer Völker Bescheid zu wissen, trägt zum Völkerverständnis bei.

Modellieren und Malen gehören zu den Lieblingsfächern der Schüler; zudem helfen sie große Kunst besser zu verstehen.

Wer ein Musikinstrument erlernen möchte, braucht Gespür für Takt und Tonhöhen. Musizieren mit anderen Musikern fördert den Gemeinschaftssinn.

SCHULEN IM 19. JAHRHUNDERT
Im vorletzten Jahrhundert wurde in vielen europäischen Ländern die allgemeine Schulpflicht eingeführt. Obwohl die Lehrpläne sich wenig von unseren heutigen unterschieden, wurde besonderer Wert auf das Auswendiglernen von Jahreszahlen und von langen Gedichten gelegt. Diese mussten vor der Klasse vorgetragen werden.

UNTERRICHT IM FREIEN
In Teilen Afrikas und Indiens können sich viele Dörfer keine Schulhäuser leisten. Dort findet der Unterricht im Freien statt. In dünn besiedelten Ländern ist der Schulweg vieler Kinder oft kilometerlang. Wenn die Entfernung zu groß ist, wie z.B. in Australien, dann kommt die Schule per Sprechfunk nach Hause.

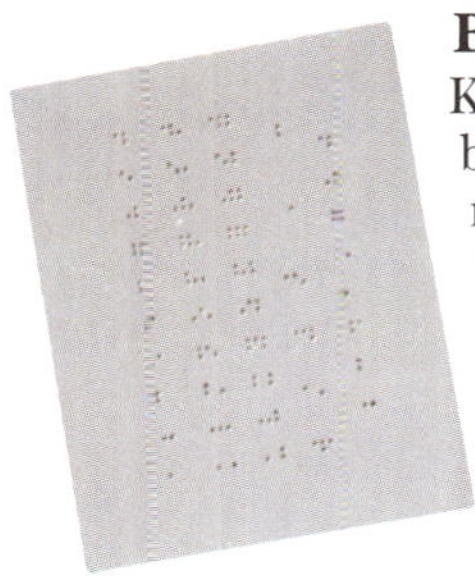

BRAILLE
Körperbehinderte Schüler brauchen spezielle Lernmaterialien, wie z.B. Bücher in Blindenschrift. Braille ist eine Schrift, die aus einem System erhöhter Punkte besteht. Sehbehinderte oder blinde Schüler lesen, indem sie die Zeilen mit den Fingerspitzen abtasten.

SOZIALE FÄHIGKEITEN
Ein Teil des Schullebens ist es, teilen zu lernen und den Anderen zu verstehen – wenn es auch nicht immer leicht ist, in einer Klasse zusammen zu arbeiten und einander zuzuhören. Die Schule ist auch ein Ort, an dem junge Menschen lernen, Freundschaften zu schließen und Streitigkeiten zu schlichten.

Regelmäßig Sport zu treiben ist nicht nur für die körperliche, sondern auch für die geistige Gesundheit gut. Im Sportunterricht lernen die Kinder Disziplin und Ausdauer sowie die Fähigkeit, im Team und als Einzelner eine gute Leistung zu bringen.

Ein gesundes Pausenbrot und viel Obst sind wichtig für die geistige Fitness in der Schule.

Mathematische Fähigkeiten sind für manche Berufe unbedingt notwendig. Mathematische Kenntnisse fördern zudem das Denk- und Problemlösungsvermögen.

Die verschiedenen Schultypen sollten so durchlässig sein wie möglich: Wer in der vierten Klasse ein schlechter Schüler ist, kann seine Leistungen zwei Jahre später schon wesentlich verbessert haben. Aus diesem Grund kann man nach einer Übertrittsprüfung jederzeit von der Haupt- auf die Real- und von der Realschule aufs Gymnasium wechseln.

Verschiedene Schultypen

In Deutschland, Österreich und der Schweiz besuchen die meisten Kinder öffentliche Schulen. Es gibt auch Privatschulen, die allerdings nicht ganz billig sind. Das öffentliche Schulsystem sieht in der Regel folgendermaßen aus: Als erstes besuchen alle Kinder die Grundschule. Danach entscheidet sich, ob sie auf eine Haupt-, Realschule oder auf das Gymnasium wechseln. In einer Gesamtschule sind alle drei Schultypen zusammengefasst. Wer den Hauptschulabschluss hat und eine betriebliche Ausbildung macht, geht wochen- oder tageweise in die Berufsschule. Um studieren zu können, braucht man die Hochschulreife. Sie erhält, wer das Gymnasium oder eine Berufsoberschule abschließt.

Sonderschulen

Manche Kinder sind geistig oder körperlich behindert oder leiden unter Lern- und Konzentrationsstörungen. Würden sie eine normale Schule besuchen, könnten sie dem Unterricht nicht folgen. Die Lehrer würden viel Zeit mit Erklärungen verlieren. Deshalb hat man Sonderschulen eingerichtet, in denen Blinde, Gehörlose oder Lernbehinderte besonders gefördert werden. In manchen Schulen gibt es auch gemischte Klassen, in denen behinderte und nicht behinderte Kinder gemeinsam lernen.

Abendschulen

Wer als Erwachsener feststellt, dass er doch noch gern studieren oder seine beruflichen Chancen verbessern möchte, kann eine Abendschule besuchen. Dort hat er die Möglichkeit, auf dem so genannten Zweiten Bildungsweg versäumte Schulabschlüsse nachzuholen. Die Berufserfahrung wird auch angerechnet. Wer die Fachhochschulreife erwerben will, muss nicht unbedingt Mittlere Reife haben. Kann man eine abgeschlossene Ausbildung vorweisen oder hat man mindestens vier Jahre lang gearbeitet, wird man ebenfalls zum Unterricht zugelassen.

Zu arbeiten und nebenher einen Schulabschluss nachzuholen, ist sehr anstrengend. Nicht alle haben die Disziplin, das durchzuhalten.

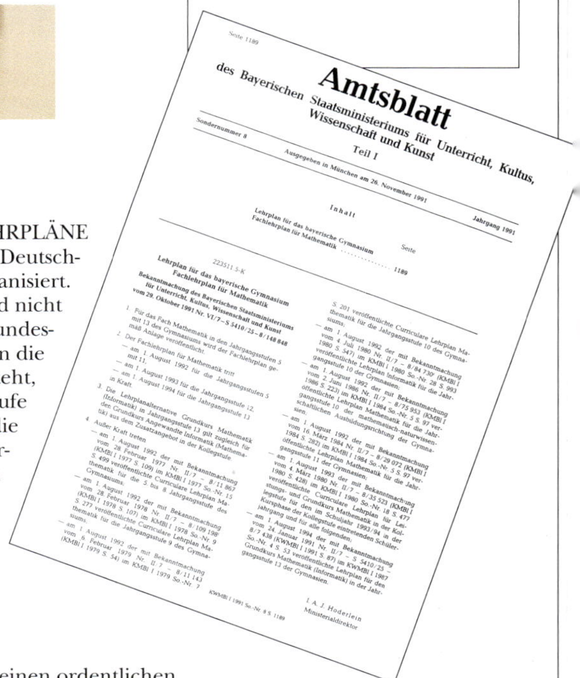

Unterschiedliche Lehrpläne

Anders als in anderen Ländern ist das Schulwesen in Deutschland, Österreich und der Schweiz nicht einheitlich organisiert. Was die Lehrer unterrichten und wie sie prüfen, wird nicht vom Staat festgelegt, sondern von den einzelnen Bundesländern oder Kantonen bestimmt. Sie geben die Lehrpläne heraus, in denen geschrieben steht, welchen Stoff die Schüler einer Jahrgangsstufe durchnehmen und beherrschen müssen. Weil sich die Lehrpläne von Bundesland zu Bundesland sehr unterscheiden, kann ein Umzug von Köln nach Berlin Schulprobleme verursachen. Wie lange man zur Schule gehen muss, ist ebenfalls unterschiedlich geregelt. Manchmal sind es zwölf und manchmal dreizehn Jahre bis zur Hochschulreife.

Der Notendurchschnitt im Abiturzeugnis kann darüber entscheiden, ob man den gewünschten Studien- bzw. Ausbildungsplatz bekommt oder nicht.

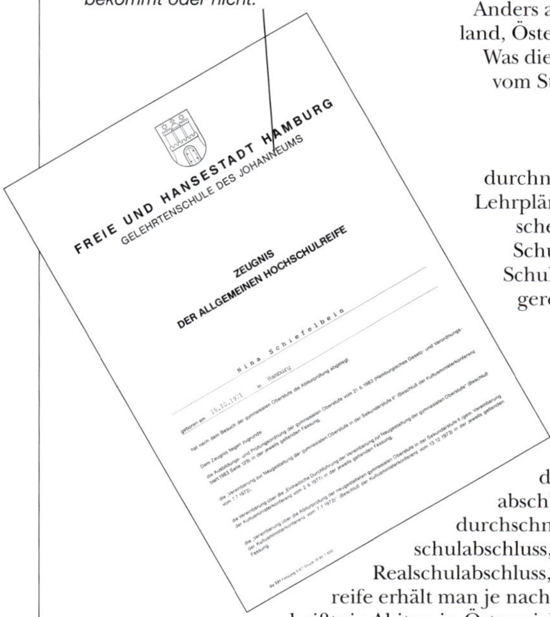

Schulabschlüsse

Bevor man die Schule verlässt, sollte man einen ordentlichen Abschluss in der Tasche haben. In Deutschland kann man die Schule frühestens nach neun Jahren mit dem Hauptschulabschluss verlassen. Wer die Abschlussprüfung mit einem Notendurchschnitt von mindestens 3,0 besteht, hat den qualifizierten Hauptschulabschluss, kurz »Quali« genannt. Wer zehn Jahre durchhält, kann den Realschulabschluss, die so genannte »Mittlere Reife« erwerben. Die Hochschulreife erhält man je nach Bundesland nach zwölf bzw. dreizehn Jahren. In Deutschland heißt sie Abitur, in Österreich Matura und in der Schweiz Maturität.

Siehe auch

Bildung
Deutschland
Mittelalter
Österreich
Schweiz

Schwarze Löcher

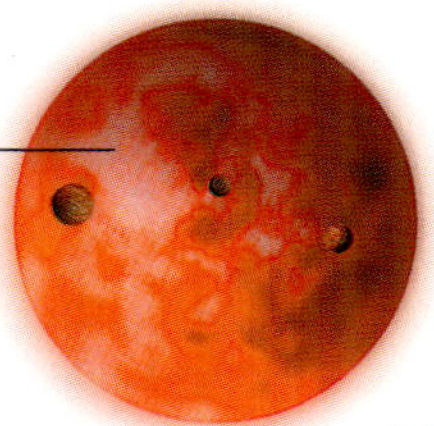

In einem großen Stern wird durch Kernfusion Wasserstoff in Helium umgewandelt. Wenn der Wasserstoff fast aufgebraucht ist, dehnt sich der Stern zu einem Roten Riesen aus.

WENN EIN RIESENSTERN EXPLODIERT und in sich zusammenstürzt, kann ein »Neutronenstern« von unvorstellbar hoher Dichte entstehen. Dieses Objekt hat eine solch starke Anziehungskraft, dass nichts entweichen kann – nicht einmal Licht. Man bezeichnet es als »Schwarzes Loch«. Alles, was sich einem Schwarzen Loch nähert, wird angezogen und der Masse hinzugefügt, was die Schwerkraft weiter erhöht. Schwarze Löcher entstehen jedoch nicht nur aus den Überresten von Riesensternen, sondern auch aus Gaswolken im Zentrum von Galaxien. Sie werden dann Supermassive Schwarze Löcher genannt. Ihre Masse kann mehrere hunderttausend Mal so groß sein wie die unserer Sonne. Die Anziehungskraft kann Tausende von Sternen in den Strudel reißen. Dabei entsteht ein Gemisch aus Gas, Staub und zertrümmerten Sternen. Dieses Gemisch sendet gleißendes Licht aus und wird als Quasar bezeichnet.

ALBERT EINSTEIN
Albert Einstein (1879–1955) entwickelte die Allgemeine Relativitätstheorie. Sie besagt, dass auch Licht von Schwerkraft angezogen wird – und somit in einem Schwarzen Loch verschwinden kann.

Am Ende seines Lebens explodiert der Stern in einer Supernova.

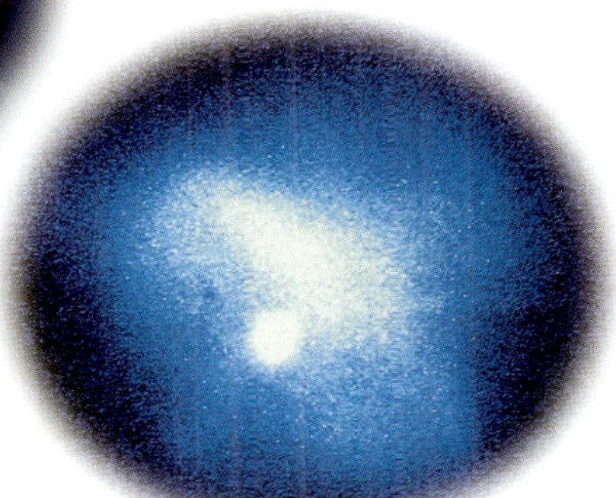

NEBEL
Die bei einer Supernova entstehende Schutt- und Gaswolke nennt man Nebel. In dessen Mitte liegt das Schwarze Loch. Reicht die Masse des ursprünglichen Sterns nicht für die Bildung eines Schwarzen Lochs aus, bleibt ein schnell rotierender Pulsar übrig.

Sternentwicklung

Als Schwarze Löcher können nur sehr schwere Sterne enden. Wenn der Wasserstoff aufgebraucht ist, dehnen sie sich zu »Roten Riesen« aus. Diese Riesensterne explodieren schließlich in einer Supernova, stürzen dann in sich zusammen und bilden Neutronensterne oder Schwarze Löcher.

Der meiste Schutt stürzt in sich zusammen und bildet den extrem dichten Kern eines Schwarzen Lochs.

Gravitationstrichter

Wenn man sich den Raum als Ebene vorstellt, erschiene ein Schwarzes Loch darin wie ein Trichter. Jeder Körper, der in seine Nähe käme, würde sich spiralförmig in sein Zentrum bewegen. Diesem »Gravitationstrichter« könnte nicht einmal Licht entkommen.

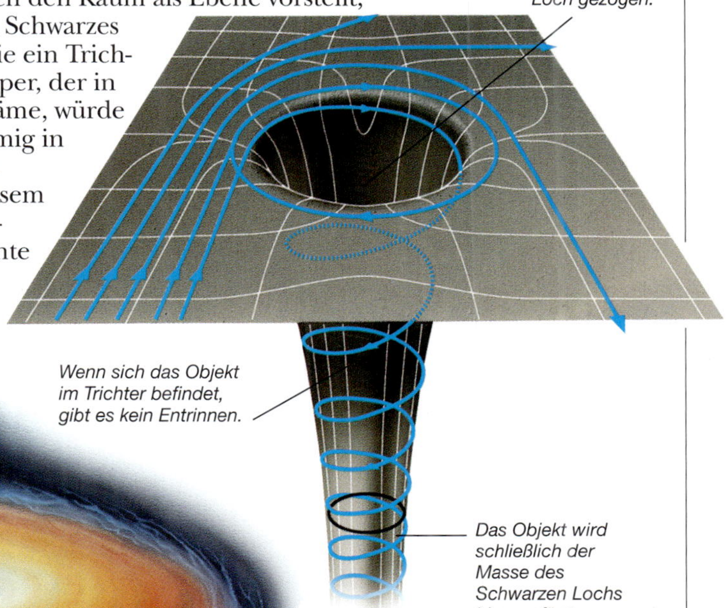

Das Objekt wird durch Schwerkraft in das Schwarze Loch gezogen.

Wenn sich das Objekt im Trichter befindet, gibt es kein Entrinnen.

Das Objekt wird schließlich der Masse des Schwarzen Lochs hinzugefügt.

Von einem nahe gelegenen »Blauen Riesen« angezogenes Gas.

In der Akkretionsscheibe wirbelt die Materie ins Schwarze Loch.

AKKRETIONSSCHEIBE
Die spiralförmig in ein Schwarzes Loch wirbelnde Materie bezeichnet man als Akkretionsscheibe. Sie kann neben Gas und Staub auch ganze Sterne und Planeten beinhalten. Schwarze Löcher kann man nicht sehen. Man erkennt sie daran, dass sie Röntgenstrahlen aussenden.

Siehe auch

ASTRONOMIE
EINSTEIN, ALBERT
SCHWERKRAFT
STERNE

ALBERT
SCHWEITZER

DER SPÄTERE MISSIONSARZT ALBERT SCHWEITZER hatte viele Talente. Der 1875 im Elsass geborene Sohn eines evangelischen Pfarrers studierte in Straßburg Philosophie und Theologie. Gleichzeitig war er ein begabter Orgelmusiker, der besonders die Kompositionen von J. S. Bach schätzte und ein viel beachtetes Buch über Leben und Werk des deutschen Barockkomponisten verfasste. 1905 beschloss Albert Schweitzer Missionsarzt zu werden. Er absolvierte ein Medizinstudium und ging zusammen mit seiner Frau Helene Bresslau ins afrikanische Gabun. Dort errichtete er in Lambarene mit seinem eigenen Geld ein Krankenhaus, das er durch Vortrags- und Konzertreisen finanzierte. Im Ersten Weltkrieg geriet er in französische Kriegsgefangenschaft. 1924 kehrte er nach Afrika zurück, um dort neben dem Krankenhaus eine Leprastation aufzubauen. Für seine Arbeit erhielt er mehrere wichtige Auszeichnungen, darunter 1952 den Friedensnobelpreis. 1965 starb Albert Schweitzer in Lambarene.

DER WISSENSCHAFTLER
Albert Schweitzer hatte drei Doktortitel: in Philosophie, Theologie und Medizin. In jedem dieser Fächer veröffentlichte er wichtige Arbeiten. So erforschte er das Leben von Jesus und schrieb ein Buch über den Apostel Paulus. 1923 entstand seine Kulturphilosophie, in deren Mittelpunkt die Ehrfurcht vor allem Leben steht: »Ich bin Leben, das leben will, inmitten von Leben, das leben will.«

DER TROPENARZT

1913 ging Albert Schweitzer in die damalige französische Kolonie Gabun in Zentralafrika. Mit seiner Frau, die sich vorher noch zur Krankenschwester hatte ausbilden lassen, gründete er in Lambarene ein Tropen-Hospital, das er selbst finanzierte. Während des Ersten Weltkriegs geriet er als deutscher Staatsbürger in französische Kriegsgefangenschaft. Doch schon 1924 kehrte er wieder nach Afrika zurück, um in Lambarene ein neues Krankenhaus zu errichten. Bald darauf folgte eine Leprastation. 1963 kümmerte er sich um 350 Patienten und 150 Leprakranke. Neben seiner Frau Helene unterstützten ihn 36 Ärzte, Krankenschwestern und einheimisches Hilfspersonal. Immer wieder reiste er nach Europa, um Spenden zu sammeln. Albert Schweitzers Krankenhaus existiert bis heute. 1974 hat es eine internationale Stiftung übernommen. Geleitet wird es von einem internationalen Ärzteteam.

Albert Schweitzer konnte nicht nur gut Orgel spielen, sondern verstand auch etwas vom Orgelbau. Außerdem setzte er sich für den Erhalt alter Instrumente ein.

DER FRIEDENSNOBELPREIS

Albert Schweitzer stellte sein ganzes Leben in den Dienst des Menschen – und zwar unabhängig von dessen Nation oder Hautfarbe. Auf seinen Reisen und bei Vorträgen setzte er sich für die internationale Völkerverständigung ein. Als man ihm 1952 den Friedensnobelpreis verlieh, hielt er eine Rede mit dem Titel »Das Problem des Friedens in der heutigen Welt«, in der er vor den Gefahren eines Atomkriegs warnte.

Albert Schweitzer anlässlich der Verleihung des Friedensnobelpreises zusammen mit seiner Frau Helene

Siehe auch
ÄRZTE
MEDIZIN
SKANDINAVIEN, GESCHICHTE

Schweiz

Die Schweiz ist ein Binnenstaat im Herzen Europas. Die Alpen bilden eine Barriere nach Süden. Das Juragebirge im Nordwesten ist die Grenze zu Frankreich. Durch den Genfer See an der französischen Grenze fließt die Rhône.

Die 26 Kantone der Schweiz, einem Land mit hohen Bergen und vielen isoliert liegenden Tälern, bilden seit 1291 einen Bundesstaat. Durch den Zugang nach Norden über den Rhein und die Kontrolle der Alpenpässe nach Süden beherrscht die Schweiz seit vielen Jahrhunderten die Nord-Süd-Handelsrouten Europas. Dem Land fehlen zwar natürliche Ressourcen, es ist aber ein reiches Finanz- und Handelszentrum und für Präzisionstechnik, besonders im Uhrenbau, weltberühmt. Drei Viertel des Landes sind gebirgig. Die Milchwirtschaft ist sehr bedeutend, und die Schweiz exportiert viele Käse- und Schokoladensorten. Auch das kleine Fürstentum Liechtenstein an der Schweizer Ostgrenze ist ein wichtiges Finanz- und Fertigungszentrum.

ALMEN
Die meisten Alpendörfer liegen am Fuß von Berghängen und in Talauen. Hier gibt es fruchtbare Böden, ausreichend Wasser und ein gemäßigtes Wetter. An Südhängen wird sogar Wein angebaut. Schweizer Milchbauern halten ihr Vieh im Winter im Tal und bringen es im Sommer auf üppige Almweiden.

Wintersport

Über 100 Millionen Besucher kommen alljährlich zum Klettern, Wandern und Wintersport in die Schweiz. Gebirgsorte sind mit einer Vielzahl von Sesselliften, Pisten und Skilehrern auf Winterbesucher eingerichtet. Aber der Tourismus hat wie in allen Skiregionen der Alpen eine gefährliche Kehrseite. Da für Pisten Bäume gerodet werden, herrscht ohne diese natürlichen Barrieren ein viel größeres Lawinenrisiko, und die starke Belastung schadet dem Boden.

GENFER SEE
Malerische Dörfer säumen die Ufer von Europas größtem Alpensee, besonders im Norden mit seinem fruchtbaren Boden. Genf am Südwestende des Sees ist ein bedeutendes Banken- und Versicherungszentrum. Viele internationale Organisationen wie das Rote Kreuz haben ihren Sitz in Genf.

Das Schweizer Bankgeheimnis

Die Schweizer Banken sind auf der ganzen Welt berühmt, weil sie die Geldgeschäfte ihrer Kunden streng geheim halten. Anders als in anderen Ländern sind sie nicht verpflichtet, den Gerichten, der Polizei oder den Finanzbehörden Auskunft über die Konten zu geben. Im Gegenteil: Ein Bankier, der die Verschwiegenheitspflicht bricht, macht sich strafbar. Aus diesem Grund gibt es viele Menschen, die ihr Geld in die Schweiz bringen und dort anlegen, um zu Hause keine Steuern zahlen zu müssen. In Ausnahmefällen müssen aber auch Schweizer Bankiers Auskunft geben, nämlich dann, wenn der begründete Verdacht besteht, dass das Geld mit einer schweren Straftat in Zusammenhang steht, zum Beispiel, weil es mit Waffen- oder Drogenhandel verdient wurde.

BERN

Bern ist Bundesstadt, das heißt sie ist Hauptstadt der Schweiz. Gleichzeitig ist das 1191 gegründete und 1353 zur Schweizer Eidgenossenschaft beigetretene Bern auch noch Hauptstadt des gleichnamigen Kantons. In Bern tagt das Schweizer Parlament, hier haben auch Ämter und Behörden ihren Sitz. Die Verwaltungsstadt hat viele schöne alte Bauwerke. Weithin sichtbar ist das spätgotische Münster, das 1421–1598 erbaut wurde.

UHRENINDUSTRIE

Das Schweizer Uhrmacherhandwerk hat eine lange Tradition. Mitte des 16. Jahrhunderts brachten französische Glaubensflüchtlinge das Uhrmachergewerbe nach Genf, wo es sich rasch zu einem riesigen Industriezweig entwickelte. Doch nach 1970 wollten alle nur noch Quarzuhren, und die wurden in Fernost billiger hergestellt. Der Schweizer Uhrenindustrie drohte das Aus. Aber dann begann 1983 der Siegeszug der preiswerten Swatch-Uhren. Sie laufen zwar ebenfalls mit Batterie, fallen aber durch ihr unverwechselbares Design auf. Inzwischen sind auch mechanische Uhren wieder gefragt, für die Liebhaber hohe Summen ausgeben.

JOHANNA SPYRI

Auch wenn man den Namen Johanna Spyri noch nie gehört hat – Heidi, den Geißenpeter und den Alm-Öhi kennen Kinder auf der ganzen Welt. Die berühmteste Schriftstellerin der Schweiz, die von 1827–1901 lebte, wurde als Tochter eines Arztes geboren. 1852 heiratete sie und zog nach Zürich, fühlte sich in der großen Stadt jedoch überhaupt nicht wohl. Hier begann sie Erzählungen für Kinder zu schreiben. Als sie die beiden Welterfolge *Heidis Lehr- und Wanderjahre* sowie *Heidi kann brauchen, was es gelernt hat* schrieb, war sie bereits 53 Jahre alt. Ihre Geschichte vom Naturkind aus den Schweizer Bergen wurde in 50 Sprachen übersetzt und mehrfach verfilmt – sogar als Zeichentrickserie.

SCHOKOLADE

Trinkschokolade kannten schon die Azteken und die Maya in Südamerika, und die erste feste Schokolade stammt aus Frankreich. Den wahren Durchbruch für diese Leckerei gab es jedoch erst, als man in der Schweiz die Milchschokolade erfand. Touristen nahmen sie mit in die Heimat und machten die Schweiz zum weltweit größten Schokoladeproduzenten. Hohe Qualitätsstandards sorgen dafür, dass Feinschmecker Schweizer Schokolade bis heute hoch zu schätzen wissen.

Firmen wie Suchard, Sprüngli, Tobler und Lindt machten die kleine Schweiz zur großen Schokoladenmacht.

Diese beiden Frauen tragen Graubündner Tracht. In ihrem Kanton wird Rätoromanisch und Italienisch gesprochen.

SPRACHENVIELFALT

In der Schweiz gibt es vier offizielle Landessprachen: Schweizerdeutsch wird vor allem im Mittelland und in den Alpen gesprochen. Die Menschen im Jura, im Südwesten und im Unterwallis dagegen unterhalten sich auf Französisch. Im Tessin wiederum verständigt man sich auf Italienisch. Diese Sprache ist auch am Rand von Graubünden zu hören, wo ansonsten das Rätoromanische zu Hause ist. Diese Sprache, die in der Schweiz und in Italien beheimatet ist, wird nur noch von einer halben Million Menschen gesprochen – in der Schweiz von gerade einmal einem Prozent der Bevölkerung.

ALBERTO GIACOMETTI

Der Schweizer Maler, Zeichner und Bildhauer zählt zu den bedeutendsten Künstlern des 20. Jahrhunderts. Als junger Mann ging er nach Paris, wo er dann überwiegend lebte. Nach einem Kinobesuch nahm Giacometti die Welt plötzlich ganz anders wahr und begann damit, Figuren mit extrem langen Gliedmaßen zu zeichnen und zu formen, die kaum noch räumlich wirken. Viele erkennen darin die Verlorenheit des Menschen in einer ihm immer fremder werdenden Welt.

»Ich sehe, und alles ist mir unbegreiflich.« Der Künstler Alberto Giacometti (1901–1966) suchte Zeit seines Lebens nach einer Form, die seine Weltsicht perfekt wiedergab.

SCHWEIZ
Fläche: 41 290 km^2
Einwohner: 7 200 000
Hauptstadt: Bern
Sprachen: Deutsch, Französisch, Italienisch, Rätoromanisch
Hauptexportgüter: Maschinen, Chemikalien, Uhren
Hauptimportgüter: Maschinen, Chemikalien, Fahrzeuge
Haupterwerbszweige: Baugewerbe, Gastgewerbe, Versicherungsgewerbe
Religionen: römisch-katholisch, protestantisch, muslimisch
Währung: Schweizer Franken

LIECHTENSTEIN
Fläche: 160 km^2
Einwohner: 33 100
Hauptstadt: Vaduz
Sprachen: Deutsch, alemannischer Dialekt, Italienisch
Religionen: römisch-katholisch, protestantisch
Währung: Schweizer Franken

Erst beim neunten Versuch gelang Edward Whymper der Gipfelsturm.

MATTERHORN

Das Matterhorn ist ein pyramidenförmiger Felsgipfel in den Walliser Alpen, der direkt an der Grenze zwischen der Schweiz und Italien liegt. Bei dem Versuch, es zu besteigen, sind schon viele Menschen zu Tode gekommen. Der Erste, dem das gelang, war der Engländer Edward Whymper. 1865 erklomm er vom Schweizer Ort Zermatt aus den 4478 m hohen Berg. Nur drei Tage später gelang das auch zwei Konkurrenten, allerdings von der italienischen Seite aus. 1929 gelang der Aufstieg über die Westwand, und 1931 wurde auch die Nordwand bezwungen.

Die Burg Liechtenstein – hier lebt das Staatsoberhaupt des kleinen Landes, Fürst Hans-Adam II.

Liechtenstein

Der viertkleinste Staat in Europa liegt im Alpengebiet zwischen der Schweiz und Österreich. Er ging aus einem 1719 gegründeten Fürstentum hervor, das ursprünglich einmal zum Deutschen Reich gehört hat.
Das Land ist heute eine parlamentarische Monarchie und wird seit 1989 von dem Fürsten Hans-Adam II. regiert, der wie seine Vorfahren aus einem alten niederösterreichischen Adelsgeschlecht stammt. Liechtenstein, das sich von einem Agrarland zu einer bedeutenden Industrienation entwickelte, ist trotz seiner bescheidenen Größe eines der reichsten Länder der Erde.

SCHWEIZER KÄSE

Die Schweiz ist ein sehr gebirgiges Land. Aus diesem Grund ist es für den Ackerbau wenig geeignet. Stattdessen betreiben die Menschen dort seit jeher Vieh- und Milchwirtschaft. Bauern und Mönche in den Klöstern stellten schmackhafte Käsesorten her. Zu den bekanntesten zählen Emmentaler, Appenzeller, Greyerzer und Raclette. Besonders köstlich schmeckt das Käsefondue, für das mehrere Käsesorten zusammen mit etwas Wein, Kirschwasser und Knoblauch in einem Topf geschmolzen werden, in den Brot getunkt wird.

SCHWEIZ
GESCHICHTE

WILHELM TELL
Der Sage nach war es der Schweizer Jäger Wilhelm Tell, der den Befreiungskampf der drei Urkantone Uri, Schwyz und Unterwalden gegen die mächtigen Habsburger ausgelöst hat. Der Landvogt Gessler soll ihn gezwungen haben, einen Apfel vom Kopf des eigenen Sohnes zu schießen. Tell gelang das Unglaubliche, doch er rächte sich, indem er dem Tyrannen in der Hohlen Gasse bei Küssnacht auflauerte und ihn tötete. Der Schweizer Freiheitsheld Wilhelm Tell ist auf der Rückseite jedes 5-Franken-Stücks abgebildet.

DIE KELTISCHEN HELVETIER waren die Ersten, die das Gebiet der heutigen Schweiz besiedelten, gefolgt von den Römern sowie den germanischen Stämmen der Franken und Alemannen. 1291 schlossen sich die Bauern mehrerer Täler zur »Alten Schweiz« zusammen, um sich vor den Machtansprüchen der Grafen von Habsburg zu schützen. Diesem Bundesstaat traten im Laufe der Geschichte immer mehr Orte bei. 1798 versuchte Napoleon eine zentral regierte Helvetische Republik daraus zu machen, doch schon 1815 wurde der Bundesstaat wiederhergestellt und ist seit 1848 immer demokratischer geworden. Im Ersten und Zweiten Weltkrieg blieb die Schweiz neutral und entwickelte sich im 20. Jahrhundert zu einer hoch industrialisierten Wohlstandsgesellschaft.

CALVINISMUS

Im 16. Jahrhundert gab es immer mehr Geistliche, die sich gegen den Sittenverfall der katholischen Kirche auflehnten. Während in Deutschland Martin Luther mit dem Papst brach, waren es in der Schweiz Ulrich Zwingli (1484–1531) und Johannes Calvin (1509–1564), die den christlichen Glauben reformierten. Sie schafften das Freitagsfasten ab, die Wallfahrten und Heiligenbilder. Auch erlaubten sie ihren Priestern zu heiraten. Am strengsten war die Lehre von Johannes Calvin, der jeden Luxus und alle Vergnügungen wie Spiel und Tanz verbot. Er war der Meinung, dass Gott schon bei der Geburt vorherbestimmt hat, welche Menschen in den Himmel kommen: Da der Mensch nicht weiß, ob er auserwählt ist, sollte er brav seinen Pflichten nachgehen und sich durch nichts ablenken lassen. Calvins Lehre breitete sich rasch nach Frankreich, England, die Niederlande und Amerika aus. Weil die Calvinisten eine so hohe Arbeitsmoral hatten, waren sie meist erfolgreiche Geschäftsleute.

RÜTLI-SCHWUR
Rütli heißt auf Schweizerdeutsch »kleine Rodung«. Auf einer solchen Wiese am Vierwaldstätter See trafen sich die drei Talgemeinschaften Uri, Schwyz und Unterwalden, um sich den Bund der ewigen Treue zu schwören, aus dem später die Schweiz hervorging. Daran erinnert jedes Jahr am 1. August der Schweizer Nationalfeiertag. Die Schweizer begehen ihn mit Ansprachen, einer Schweigeminute, Feuerwerk, Lampionumzügen und auf Berggipfeln entzündeten Höhenfeuern.

Henri Dunant (1828–1910)

DAS ROTE KREUZ
Überall auf der Welt, wo Hilfe gebraucht wird, ist das Rote Kreuz zur Stelle. Dass die internationale Hilfsorganisation gegründet wurde, ist dem Genfer Bankier Henri Dunant zu verdanken. 1859 musste er in Oberitalien das schreckliche Leid der Verwundeten und Sterbenden im Krieg zwischen Frankreich und Italien miterleben. Schockiert rief er einen Verein von Freiwilligen ins Leben, der die Kriegssanitäter bei ihrer Arbeit unterstützte. 1864 unterschrieben mehrere Nationen die Genfer Konventionen, ein internationales Abkommen, das Verwundete, Kriegsgefangene und die Zivilbevölkerung schützt. Für seine herausragende Leistung wurde Henri Dunant 1901 mit dem Friedensnobelpreis ausgezeichnet.

NEUTRALITÄT
Die Schweiz hat sich freiwillig dafür entschieden, dauerhaft ein neutrales Land zu sein. Sie verfügt über eine eigene Armee, die jedoch nur eingesetzt werden darf, wenn die eigene Bevölkerung geschützt werden muss. Wenn sich andere Staaten in einem bewaffneten Konflikt befinden, wird sich die Schweiz nicht daran beteiligen. Bislang haben Schweizer Soldaten nur an internationalen Friedensmissionen teilgenommen. Sogar im Ersten und Zweiten Weltkrieg ist es der Schweiz gelungen, sich ihre Neutralität zu bewahren. Darüber, ob die Schweiz den Vereinten Nationen beitreten soll, gingen die Meinungen auseinander. 2002 gab es zu diesem Thema eine Volksabstimmung. Die Mehrheit der Schweizer entschied sich für eine Mitgliedschaft.

Siehe auch
DEUTSCHLAND, GESCHICHTE
LUTHER, MARTIN
ÖSTERREICH, GESCHICHTE
REGIERUNGSFORMEN

Schwerkraft

FREIER FALL
Fallende Objekte werden von der Schwerkraft der Erde beschleunigt. Die Geschwindigkeit hängt nicht vom Gewicht ab, denn ein leichter Gegenstand fällt genau so schnell wie ein schwerer, sofern ihn nicht die Luft abbremst. Galileo Galilei (1564–1642) erkannte dies.

Ein schwerer Stein wiegt viel mehr als ein gleich großes Ei. Beide Objekte fallen jedoch gleich schnell und schlagen gleichzeitig am Boden auf.

DIE ERDE WANDERT um die Sonne und ist dabei 50 mal schneller als eine Gewehrkugel. Dabei wird die Erde von einer sehr starken Kraft in ihrer Bahn gehalten – der Schwerkraft. Ohne die Schwerkraft würde die Erde richtungslos ins All schießen. Alle Körper besitzen eine Schwerkraft. Es ist eine Kraft, die alle Gegenstände sich gegenseitig anziehen lässt. Ihre Stärke hängt jedoch von der Masse des Gegenstands ab, daher haben nur riesige Objekte, wie Planeten, eine wirklich starke Schwerkraft. Man spürt sie zwar nicht, doch wirkt die Schwerkraft auf jeden von uns. Die Schwerkraft der Erde hält uns überall auf der Erde fest. Das liegt daran, dass die Schwerkraft immer zur Erdmitte zieht. Manchmal kann man die Auswirkungen der Schwerkraft fühlen – beispielsweise wenn man auf einen Turm steigt, denn dann kämpft man gegen die Kräfte der Schwerkraft an.

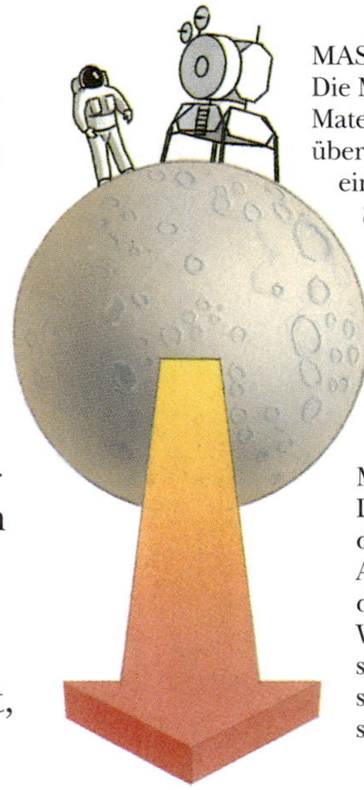

MASSE UND GEWICHT
Die Masse eines Körpers ist die Menge an Material, aus der er besteht. Die Masse bleibt überall im Universum gleich. Das Gewicht eines Körpers hängt dagegen von der Schwerkraft ab und kann sich verändern. Der Mond ist kleiner als die Erde und hat eine geringere Schwerkraft – etwa ein Sechstel der Erdschwerkraft. Ein Astronaut wiegt daher auf dem Mond, trotz gleicher Masse, nur ein Sechstel so viel wie auf der Erde.

MOND UND ERDE
Die Schwerkraft der Erde hält den Mond in der Erdumlaufbahn. Aber auch die Schwerkraft des Mondes hat Auswirkungen auf die Erde: Wenn der Mond direkt über dem Meer steht, zieht seine Schwerkraft das Wasser an und verursacht eine Flut. Wenn sich die Erde dreht, folgt eine Ebbe.

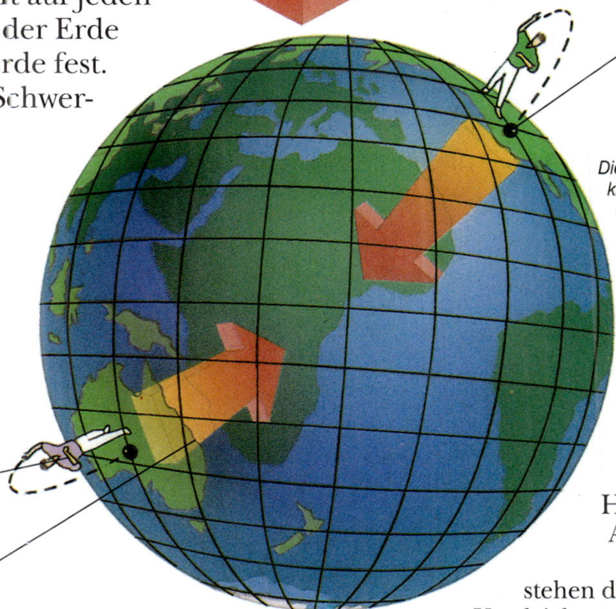

Die Gegenstände fallen auf beiden Seiten der Erde in entgegengesetzter Richtung.

Die Größe der Schwerkraft nimmt vom Erdmittelpunkt nach außen hin ab. Auf einem hohen Berg ist die Schwerkraft leicht geringer als in Meereshöhe – daher sind alle Objekte auf einem Berg etwas leichter.

Wenn man einen Ball wirft, zieht ihn die Schwerkraft in Richtung des Erdmittelpunkts – also nach unten.

Die Schwerkraft zieht alle Objekte in Richtung des Erdmittelpunkts.

ERDANZIEHUNGSKRAFT
Auf der anderen Seite der Erde stehen die Menschen im Vergleich zu uns »kopfüber«. Dennoch fallen sie nicht ins All. Sie werden wie wir auf der Erdoberfläche festgehalten. Dies ist der Schwerkraft der Erde zu verdanken, die alles zum Erdmittelpunkt zieht.

ISAAC NEWTON
Der englische Physiker Isaac Newton (1642–1727) erkannte als Erster die Gesetze der Schwerkraft. Als er 1666 einen Apfel zu Boden fallen sah, kam ihm der Gedanke, dass die gleiche Kraft, die den Apfel fallen lässt, auch den Mond in der Erdumlaufbahn hält. Aus dieser Annahme formulierte er das Schwerkraftgesetz, das er zu einem universalen Gesetz erklärte – ein Gesetz, das im ganzen Universum gilt.

DAS SCHWERKRAFTZENTRUM
Einen sperrigen Gegenstand, z. B. eine Leiter, trägt man am einfachsten, wenn man ihn in der Mitte hält. Das Gewicht der Leiter ist im Mittelpunkt, dem Schwerkraftzentrum, ausgeglichen. Ein Objekt mit einer großen Grundfläche hat ein tief liegendes Schwerkraftzentrum, was es stabil hält.

Ein Gegenstand wie ein volles Tablett bleibt im Gleichgewicht, wenn man es direkt unter dem Schwerkraftzentrum hält.

Siehe auch

ASTRONAUTEN
MASSEINHEITEN
NATURWISSENSCHAFTEN, GESCHICHTE
PHYSIK
PLANETEN
WELTALL

Schwimmen

Egal ob im Hallenbad oder in natürlichen Gewässern, Schwimmen ist eine der beliebtesten Freizeitbeschäftigungen bei Jung und Alt. Es trainiert den ganzen Körper und hält fit und gesund. Auch als Sportart hat Schwimmen international Bedeutung. Wettkampfschwimmer brauchen Kraft und Ausdauer. Sie trainieren täglich mehrere Stunden und legen dabei so manchen Kilometer zurück. Die höchste Auszeichnung für diese Schwimmer ist olympisches Gold. Aber die meisten von uns sind Hobbyschwimmer, und es spielt keine Rolle, ob jemand das schnelle Kraulen, das langsamere Brustschwimmen bevorzugt oder wie ein Hund plantscht. Um die Gefahr des Ertrinkens zu senken, erhalten heute schon Babys Schwimmunterricht.

CAPTAIN WEBB
Am 25. August 1875 durchschwamm Captain Matthew Webb als erster Mensch den Ärmelkanal. Er legte die Strecke zwischen England und Frankreich in nur 22 Stunden zurück. Langstreckenschwimmer brauchen vor allem Ausdauer. Um sich vor Unterkühlung zu schützen, tragen die Schwimmer einen Neopren-Anzug.

Spass und Sicherheit

Schwimmen macht einfach Spaß, ob in den Ferien am Meer oder zu Hause im Schwimmbad. Aber Schwimmen erhöht auch die Sicherheit bei anderen Wassersportarten wie Segeln, Windsurfen oder Rudern.

Schnorchel und Tauchermaske

Bleiringe für Tauchübungen

Schwimmbrille

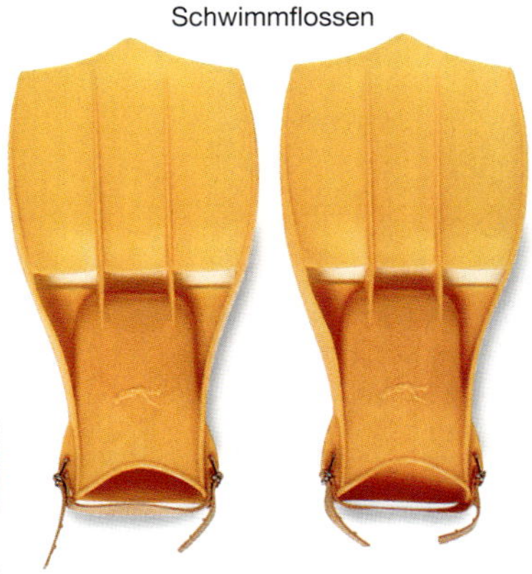

Schwimmflossen

DIE WENDE
Eine möglichst schnelle Wende ist wichtig, um zwischen den einzelnen Bahnen Zeit zu sparen. Deshalb atmen die Schwimmer am Ende einer Bahn tief ein, tauchen unter und schlagen unter Wasser einen Purzelbaum. Eine gelungene Wende kann über Sieg und Niederlage entscheiden.

Schwimmstile

Man unterscheidet vier Grundstile beim Schwimmen. Am schnellsten ist das Kraulen. Der Schwimmer zieht dabei die Arme abwechselnd durch das Wasser. Rückenschwimmen ist ähnlich wie das Kraulen, wobei der Schwimmer auf dem Rücken liegt. Beim Delfinschwimmen werden beide Arme gleichzeitig durch das Wasser gezogen. Beim Brustschwimmen werden die gestreckten Arme zunächst zur Seite, dann durch das Wasser nach vorne bewegt.

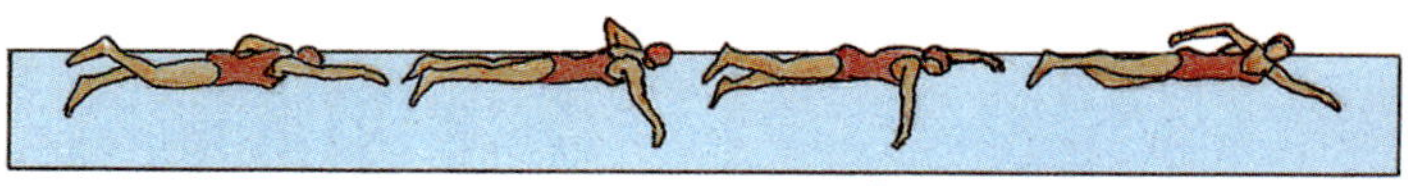

Kraulschwimmen

Rückenschwimmen

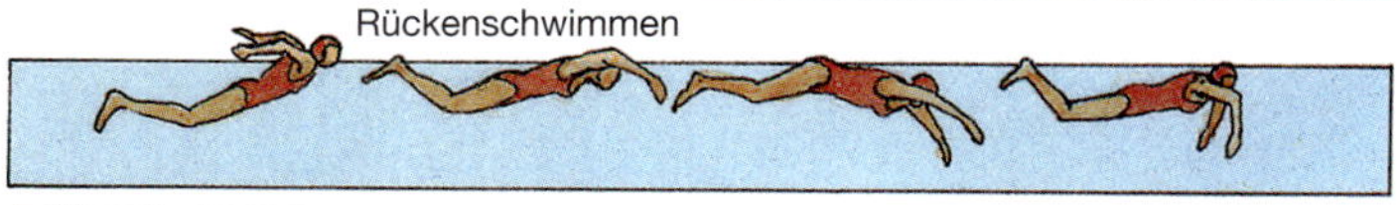

Delfinschwimmen

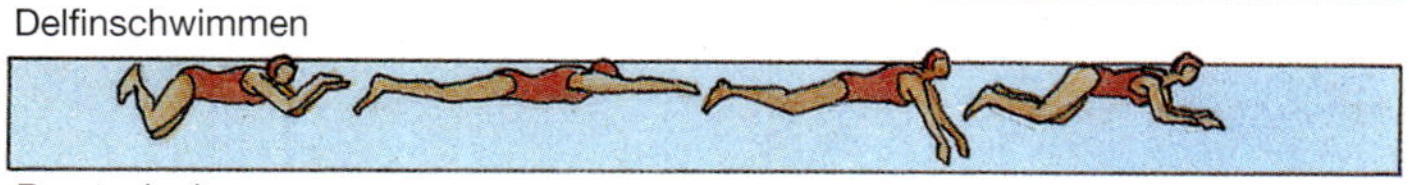

Brustschwimmen

AUSRÜSTUNG
Mit Taucherbrille und Schnorchel kann ein Schwimmer auch unter Wasser sehen und atmen. Das offene Ende des Schnorchels bleibt über der Wasseroberfläche. Eine Schwimmbrille schützt vor brennenden Augen. Schwimmflossen sind gebaut wie die Schwanzflosse von Fischen und erleichtern die Vorwärtsbewegung im Wasser.

Siehe auch
Gesundheit und Fitness
Sport
Wassersport

Seeigel und Seesterne

Kugelförmiges Außenskelett oder Schale eines Seeigels

Auf dem Meeresboden leben unzählige so genannte Stachelhäuter. Diesem Stamm der Wirbellosen gehören u.a. Seesterne und Seeigel an. Seesterne können je nach Art 8 cm bis 1 m Durchmesser erreichen. Von ihrer runden Körpermitte strahlen fünf Arme aus. Seeigel sehen aus wie stachelige Kugeln. Ihr hartes Außenskelett wird von langen Stacheln bedeckt. Die Stacheln der Seesterne dagegen sind kurz und eher kleine Erhebungen auf der Haut. Seeigel fressen kleine Tiere und Pflanzen von Felsen und Meeresboden, und Seesterne ernähren sich von Korallen und Muscheln. Beide bewegen sich mittels Röhren im Körper, die in Hunderte kleiner Röhrenfüße Wasser hineinpumpen und es wieder heraussaugen. Durch den Druck des Wassers verlängern und biegen sich die Röhrenfüße, sodass das Tier vorankommt. Mithilfe der Saugnäpfe an den Röhrenfüßen klettern Seeigel Felswände hoch, und die Seesterne öffnen mit ihnen Muscheln.

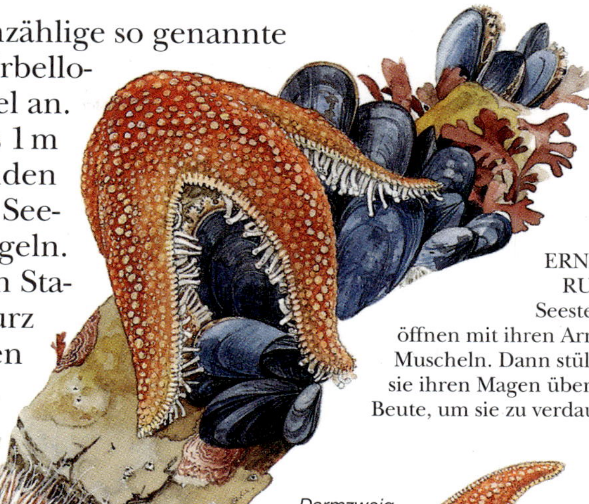

ERNÄHRUNG
Seesterne öffnen mit ihren Armen Muscheln. Dann stülpen sie ihren Magen über die Beute, um sie zu verdauen.

Der Mund eines Seeigels besteht auf fünf sternförmig angeordneten Kalkplatten.

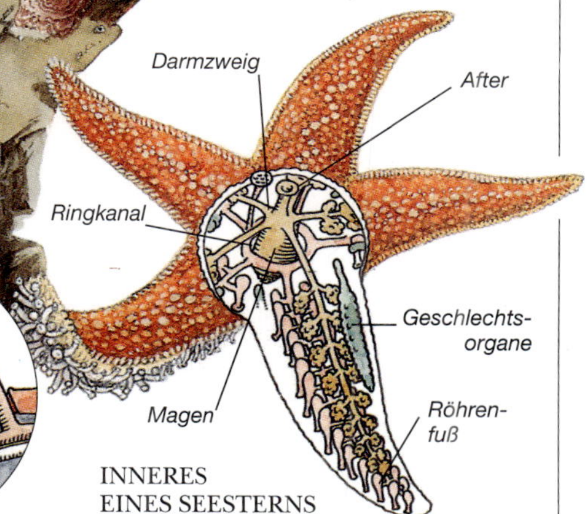

INNERES EINES SEESTERNS
In der zentralen Körperscheibe liegt der Magen, unter ihm der Mund und über ihm der After. In jedem Arm verlaufen Nerven, Darmzweige und Wasserkanäle.

STYELA RUSTICA
Die *Styela rustica* ist ein Seeigel, der sich mit seinen abgeflachten Stacheln im Meeresboden eingräbt. Die Spitzen seiner Röhrenfüße sind so geformt, dass sie die Nahrung zum Mund weitergeben können. Ein längerer Fuß dient als Atemrohr, und über einen weiteren langen Röhrenfuß werden Abfallstoffe ausgeschieden.

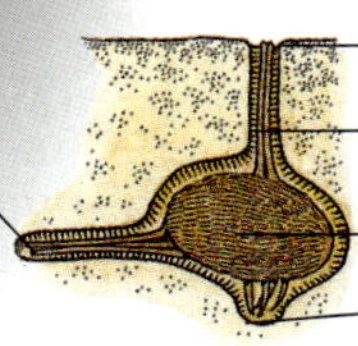

Seeigel

Seeigel haben lange Stacheln. Rund um die Stacheln sind Giftdrüsen, und zwischen ihnen stehen die Röhrenfüße, an deren Enden sich Saugnäpfe befinden. An einigen Röhrenfüßen sind kleine Scheren zum Festhalten der Beute, andere enthalten Giftblasen.

ERSATZARME
Wenn Arme abgebrochen sind, wachsen den meisten Seesternen und Schlangensternen innerhalb weniger Wochen neue nach. Sie können auch einen Arm abstoßen, an dem ein Fressfeind sie festhält.

SCHLANGENSTERN
Schlangensterne (links) ernähren sich von den Futterpartikeln, die an den mit Schleim bedeckten Armen hängen bleiben. Mit den Röhrenfüßen schieben sie die Nahrung zum Mund. Dieser Schlangenstern bewegt sich fort, indem er mit den Armen »rudert«.

DORNENKRONE
Diese großen stacheligen Seesterne fressen Korallentiere und fügten auf diese Weise schon einigen Korallenriffen große Schäden zu, darunter auch dem australischen Großen Barriereriff. Zwischen Kenia und Tahiti ist kein Korallenriff vor ihnen sicher.

Dornenkronen haben über ein Dutzend mit giftigen Stacheln bedeckte Arme.

SEEGURKE
Dieser Meeresbewohner liegt auf einer Körperseite und sieht wirklich wie eine Gurke aus. Fedrige Tentakel fangen Futterpartikel aus dem Wasser ab.

Siehe auch
Tiere
Tiere, Meeresküste
Tiere, Tiefsee

Seen

Seen sind von Land umgebene Wasserflächen, die von Wasser aus Flüssen, Gebirgsquellen und Regen gespeist werden. Die Mulden, in denen sich das Wasser sammelt, können von Gletschern ausgeschürfte Vertiefungen sein oder es sind Hohlräume, die nach Auflösung des Kalksteinuntergrundes entstanden sind. Es gibt auch künstlich angelegte Seen, z. B. Stauseen, bei denen ein Damm das Wasser eines Flusses aufstaut. Einige Seen werden auch als Meere bezeichnet, so das Kaspische Meer oder das Tote Meer – in Wirklichkeit sind es jedoch große Binnenseen. Das Kaspische Meer liegt zwischen Europa und Asien und ist der größte See der Erde. Seen sind der Lebensraum einer reichen Pflanzen- und Tierwelt. Oft sind sie von fruchtbarem Land umgeben. Süßwasserseen liefern Trinkwasser und sind beliebte Ausflugs- und Erholungsgebiete. Seen verändern sich jedoch mit der Zeit: Wenn Schlick und Pflanzen einen See auffüllen, verwandeln sie ihn langsam in einen Sumpf.

SALZSEEN
In abflusslosen Seen reichert sich Salz an, so auch im Toten Meer zwischen Israel und Jordanien. Das Wasser ist dort so salzig, das man nicht untergehen kann.

VULKANSEEN
Der Crater Lake am Gipfel des Mount Mazama, Oregon, USA ist ein von Regenwasser gefüllter Vulkankrater. Mit 589 m Tiefe ist der Crater Lake der tiefste See in den USA.

Formen von Seen

Manche Seen entstanden in Hohlformen, die Gletscher während der letzten Eiszeit eintieften, und an Orten, wo Gletscher Gesteinsbarrieren hinterließen. Manche Seen sind mit Regenwasser gefüllte Hohlformen in Kalksteinlandschaften oder in Vulkankratern.

SÜSSWASSERSEEN
Das Wasser in Süßwasserseen ist nicht salzhaltig, da ununterbrochen Flüsse zu- und wieder abfließen. Die größte Gruppe von Süßwasserseen bilden die Großen Seen zwischen Kanada und den USA. Der Obere See (links) ist der größte der Großen Seen.

Sümpfe

Die Everglades sind eine große Sumpflandschaft in den USA. Sümpfe entstehen oft am Rand eines Sees, wo der Boden wasserdurchtränkt oder mit flachem Wasser bedeckt ist. Sie können auch in Gebieten entstehen, wo Wasser nicht abfließen kann.

Das Leben eines Sees

Seen sind keine beständigen Landschaftsformen. Sie kommen und gehen, je nach Wasserversorgung. Seen können langsam mit Schlick und Steinen angefüllt werden. Oder der abfließende Fluss vertieft sein Flussbett und entwässert den See ganz.

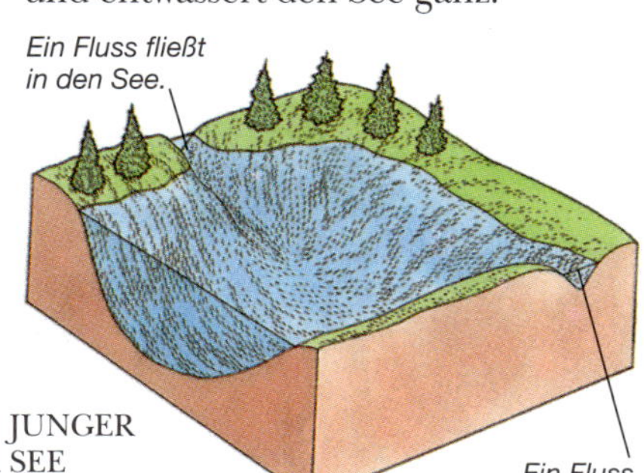

1 JUNGER SEE
Ein Fluss füllt eine Hohlform mit Wasser. Das Wasser fließt durch den See und verlässt ihn in einem anderen Fluss.

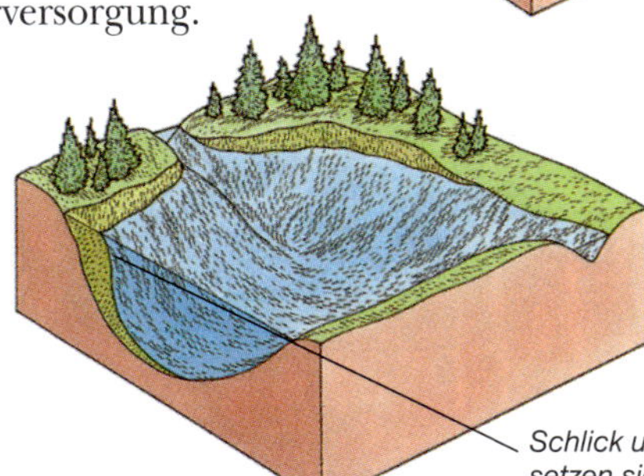

2 SCHRUMPFENDER SEE
Der Fluss schwemmt Schlick an, der sich beim Einfluss in den See absetzt. Am Rand des Sees bildet sich langsam eine neue Bodenschicht.

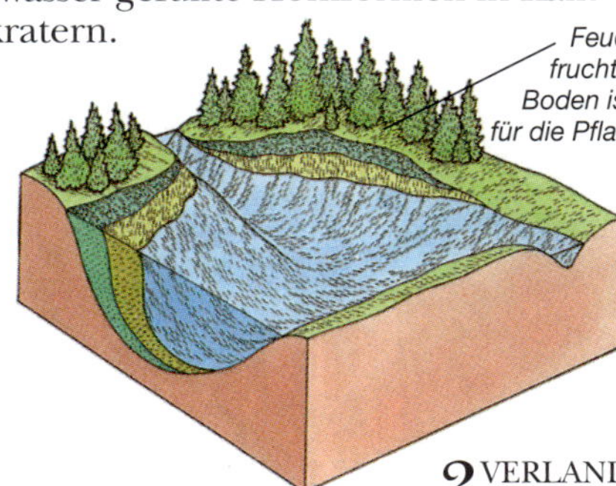

3 VERLANDENDER SEE
Die Bodenschicht breitet sich aus. Pflanzen wachsen, und der Boden wird zu Land. Der See verschwindet schließlich ganz.

Siehe auch
Dämme und Staumauern
Flüsse
Gletscher
Tiere, Flüsse und Seen
Tiere, Marschland und Sümpfe
Wasser

Segeln und Rudern

Einst für den Gütertransport von großer Bedeutung, wird Segeln heutzutage fast nur mehr als Freizeitsport betrieben. Die kleinsten Segelboote sind Einmannjollen, während große Hochseejachten bis zu 20 Mann Besatzung haben. Ein einfaches Segelboot zu steuern, ist nicht schwer. Es wird über ein Ruder gelenkt, der Kiel bewahrt es vor dem Kentern. Die Kunst besteht darin, das Segel entsprechend der Windrichtung richtig zu positionieren. Ruderboote und Kanus sind unabhängig vom Wind. In Skullbooten bewegt jeder Ruderer zwei Holme mit Ruderblättern. Kanufahren ist beliebt bei Touristen, die in Ruhe Flüsse und Seen erkunden wollen. Weniger gemütlich sind Wildwasserfahrten, bei denen die Kanuten auf reißenden Flüssen Felsblöcke umfahren.

AMERICA'S CUP
Eine der berühmtesten Segelregatten ist der America's Cup. Nur zwei Boote, der Titelverteidiger und der Herausforderer, ringen auf einem Dreieckskurs um den Gewinn des Pokals. Dieser wird nach der Jacht America benannt, die 1851 die Regatta erstmals gewann. Danach ging der Pokal, der Cup, 132 Jahre hintereinander an die USA.

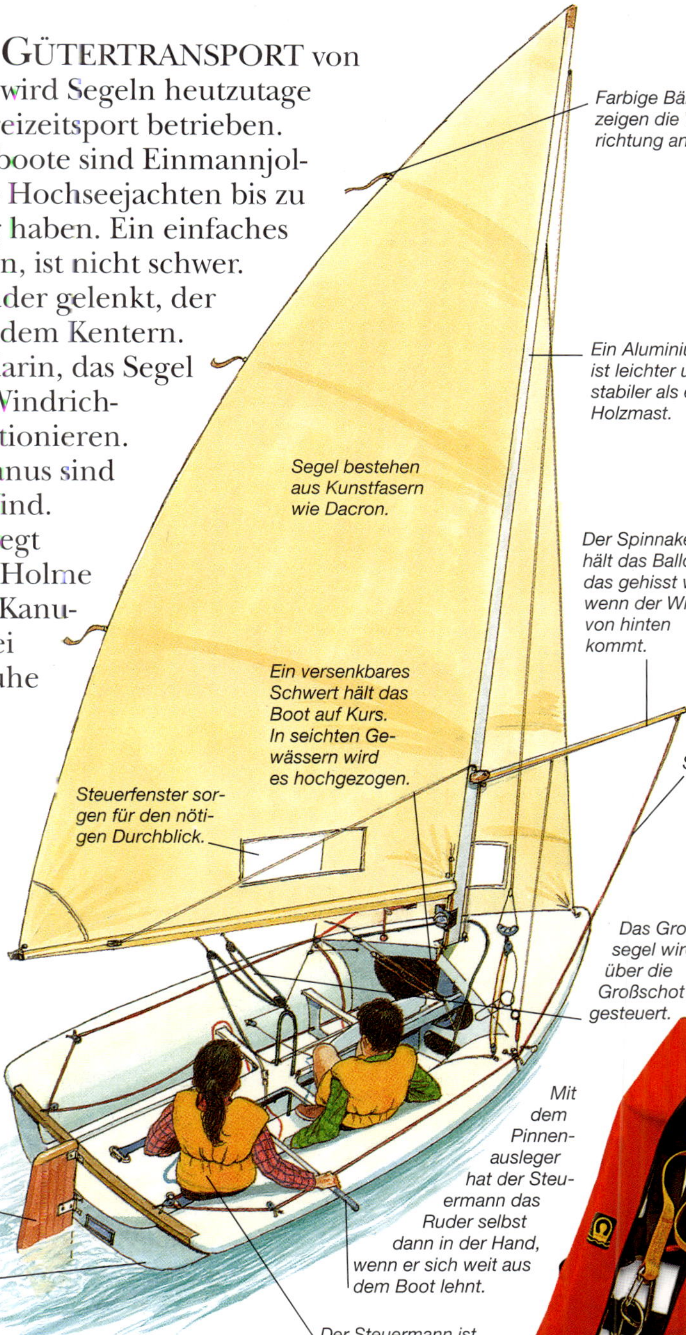

Bootsklassen

Die meisten Rennen sind auf einen einheitlichen Bootstyp ausgerichtet. So wird sicher gestellt, dass nur das Geschick der Mannschaft und nicht der Bootstyp über den Sieg entscheidet. Selbst die einfachsten Trainingsboote können sich an Rennen beteiligen. Aber die meisten Rennboote haben eine mehrköpfige Crew.

Kanus

Das Kajak, ein geschlossenes Kanu, kommt bei Wildwasserrennen zum Einsatz. Es wird mit einem Doppelpaddel gelenkt, während das offene Kanu mit einem Stechpaddel mit nur einem Blatt bewegt wird. Bei Rennen in einem Kanadier, wie das Kanu auch genannt wird, führt der Sportler das Stechpaddel in kniender Position.

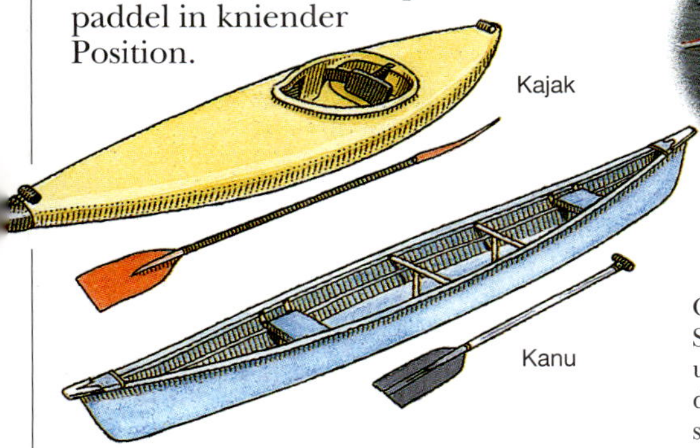

OXFORD-CAMBRIDGE-BOOTSRENNEN
Seit 1829 tragen die Mannschaften der Universitäten Oxford und Cambridge ihren alljährlichen Ruderwettkampf aus. An der 6,4 km lange Strecke auf der Themse in London versammeln sich zu dem weltberühmten Ereignis Tausende von Zuschauern.

SICHERHEITSMASSNAHMEN
Segler tragen aus Sicherheitsgründen immer eine Schwimmweste. Darüber hinaus dürfen in keinem Boot Eimer und Paddel fehlen. Der Eimer, um Wasser aus dem Boot zu schöpfen, das Paddel, um bei einer Flaute das Boot von Hand zu bewegen.

Siehe auch

Boote und Schiffe
Häfen und Kanäle
Navigation

WILLIAM

SHAKESPEARE

1564 Geburt in Stratford-upon-Avon in England.

1582 Heirat mit Mary Anne Hathaway.

1592 Entstehung der ersten Stücke in London.

1594–99 Fertigstellung der ersten Komödien und vieler Historiendramen.

1599 Das Globe Theatre wird gebaut.

1600–08 Entstehung der großen Tragödien.

1616 Tod in Stratford-upon-Avon.

ALS GRÖSSTER DRAMATIKER aller Zeiten gilt William Shakespeare. Er wurde in Stratford-upon-Avon geboren, wo er zur Schule ging und später auch heiratete. Als er Anfang zwanzig war, siedelte er nach London über, um ganz als Schauspieler und Dramatiker zu arbeiten. Seine Stücke, von denen 37 erhalten sind, waren alle erfolgreich. Er schrieb Tragödien, ernste Stücke wie z. B. *Hamlet*, die oft mit dem Tod des Helden enden. Andere Stücke wie z. B. *Was ihr wollt* sind Komödien. Darin geraten die amüsantesten Figuren in schreckliche Schwierigkeiten, die am Ende alle gelöst werden. Stücke wie *Heinrich IV.* sind Historiendramen mit realen Personen als Vorbild. Fast alle Stücke Shakespeares sind in reimlosen Versen, dem Blankvers, geschrieben. Sie sind zeitlos gültig und berühmt für ihre reiche Sprache und faszinierenden Figuren.

DIE LATEINSCHULE
Die alte Lateinschule in Stratford steht noch heute. An einer der hölzernen Schulbänke saß wahrscheinlich auch William Shakespeare.

KING'S MEN

1594 schloss sich Shakespeare der Theatergruppe *The Lord Chamberlain's Men* an, für die er auch seine Stücke schrieb. Später gewann die Truppe die Unterstützung durch König Jakob I. und nannte sich fortan *The King's Men.* Sie hatten ihr eigenes Theater, das Globe Theatre an der Themse in London.

Henry Wriothesley

GEDICHTE
Shakespeare verfasste auch Gedichte. Seine Sonette, Liebesgedichte mit je 14 Verszeilen, sind an zwei Personen gerichtet, eine »dark lady« und einen Mr. W. H. Bei letzterem handelt es sich wahrscheinlich um Henry Wriothesley, den Dritten Earl of Southampton und Shakespeares Mäzen.

WAR ES BACON?
Weil Shakespeare nie eine Universität besucht hatte, hielten im 19. Jh. viele Forscher den gelehrten Autor Francis Bacon (1561–1626) für den eigentlichen Verfasser von Shakespeares Stücken. Jedoch gibt es keine Beweise für diese Annahme.

Die englische Schauspielerin Maggie Smith in einer Vorstellung von Ein Sommernachtstraum

EIN SOMMERNACHTSTRAUM
Eines der bekanntesten Stücke Shakespeares, *Ein Sommernachtstraum*, ist eine Komödie. Unter den zahlreichen Personen finden sich zwei junge Paare, die sich ineinander verlieben und wieder »entlieben«, eine Gruppe von Arbeitern und das Elfenkönigspaar. Dieses sorgt mit seiner Zauberkunst für allerlei Spaß.

Siehe auch
GROSSBRITANNIEN UND NORDIRLAND
LITERATUR
THEATER

Skandinavien

Skilanglauf ist ein beliebter Sport in vielen Teilen Skandinaviens.

Im hohen Norden Europas liegen die Länder von Skandinavien, die trotz vieler Gemeinsamkeiten höchst unterschiedlich sind. Sie sind wirtschaftlich eng verbunden, haben aber teils eigene Währungen. Sie sind unabhängige Staaten, aber mehrere haben sich früher zu einer Union zusammengeschlossen. Jedes Land hat seine eigene Sprache, aber enge kulturelle Beziehungen zu den anderen Ländern. Unterschiedlich sind ihre Landschaften. Dänemark ist flach – an der höchsten Stelle nur 173 m hoch – und überwiegend fruchtbar; Norwegen und Island sind gebirgig und haben kaum Agrarland. Schweden und Finnland sind von Seen übersät – allein Finnland hat über 180 000 Seen. Grönland ist fast völlig von Eis und Schnee bedeckt. Politisch kooperieren die Länder im Nordischen Rat. Dänemark, Finnland und Schweden gehören der Europäischen Union an. Die meisten Skandinavier genießen einen hohen Lebensstandard und ein aktives Kulturleben. Schweden und Norwegen verleihen alljährlich die Nobelpreise für Wissenschaften, Literatur und Frieden.

Geografisch gehören zur Halbinsel Skandinavien die Länder Norwegen und Schweden. Meistens werden aber auch Dänemark und Finnland mit dazugerechnet, oft zudem die Färöer, Island und Grönland.

In Lappland, dem eisigen Norden Skandinaviens, leben rund 40 000 Lappen. Viele halten Rentiere wegen der Felle und des Fleisches.

Die schwedische Hauptstadt Stockholm ist auf zahlreichen Inseln erbaut.

Finnland

Finnland gehört zwar zu Skandinavien, ist aber eng mit Russland verbunden – beide Länder haben eine lange gemeinsame Grenze. Bis 1917 war Finnland eine Provinz des alten Russischen Reiches. Auch heute haben Finnland und das moderne Russland enge Handelsbeziehungen. Zu zwei Dritteln ist Finnland von Wäldern bedeckt, und die Papierindustrie beherrscht die Wirtschaft. Wichtig sind auch Schiffbau und Tourismus. Finnland ist eines der nördlichsten Länder der Erde, und in den Wintermonaten ist nur die südliche Küste eisfrei.

Schweden

Schweden ist das größte und wohlhabendste skandinavische Land. Die Schweden haben in den letzten Jahren ihr Steuer- und Wohlfahrtssystem, das allen einen guten Lebensstandard gewähren soll, wegen der hohen Kosten drastisch reformiert. Die meisten der rund 8,9 Mio. Einwohner leben im Süden und Osten des Landes; der gebirgige Norden liegt nördlich des Polarkreises und ist fast unbewohnt.

Die Hochseefischerei ist ein Haupterwerbszweig in ganz Skandinavien.

Norwegen

Schifffahrt, Forst- und Fischwirtschaft waren traditionelle Industrien Norwegens. 1970 wurde dann Erdöl im norwegischen Teil der Nordsee entdeckt, und heute erfreuen sich die 4,5 Mio. Norweger eines hohen Lebensstandards, niedriger Steuern und relativ geringer Arbeitslosigkeit. Aber außer Öl und Bauholz hat Norwegen fast keine natürlichen Ressourcen. Das waldreiche und gebirgige Land ist von vielen Fjorden oder Meeresarmen des Nordatlantiks eingeschnitten. Sie erschweren die Kommunikation zwischen den Städten im Süden und den dünner besiedelten Regionen im Norden.

Fischerei

Der Nordatlantik bietet den skandinavischen Fischern reiche Fischgründe. Hochwertige Dorsche und Makrelen werden in den kalten, nährstoffreichen Gewässern gefangen. Auch die Fischzucht, speziell in den Fjorden, nimmt in Norwegen zu, dem weltgrößten Lachslieferanten.

ERDÖL AUS DER NORDSEE

Die Entdeckung von Erdöl und Erdgas unter der Nordsee setzte 1959 ein, als man im nordöstlichen Teil der Niederlande ein bis unters Meer reichendes Erdgasfeld feststellte. Binnen zwei Jahrzehnten wurde ein 160 km breites Erdgasband von den Niederlanden bis Ostengland ausgebeutet. Norwegens erstes Offshore-Ölfeld (auf einer Bohrinsel) nahm 1971 die Produktion auf. Heute basiert Norwegens Wirtschaft vor allem auf diesen reichen natürlichen Ressourcen – das Land ist Europas größter Ölerzeuger. Bei Erdgas und Erdöl ist Norwegen Selbstversorger.

Erdöl aus der Nordsee, das auf Bohrinseln wie dieser oben gewonnen wird, wird weltweit exportiert. Norwegen ist ein führender Hersteller von Bohrinseln.

SAUNAS

Finnland ist die Heimat der Sauna, die hier so etwas wie eine nationale Einrichtung geworden ist: Seit Jahrhunderten reinigen und entspannen die Finnen den Körper im Dampfbad und heute haben die meisten Häuser eine Sauna – einen kleinen, sehr warmen Raum voller Dampf. Der Dampf wird durch Wasser erzeugt, das man ab und zu über heiße Steine gießt. Nach dem Saunagang kühlt man sich unter einer kalten Dusche oder in einem eisigen Tümpel (links) ab. Saunas werden traditionell mit Holzblöcken beheizt, doch zunehmend auch durch Elektrizität, vor allem in finnischen Städten.

Dieser Mann kühlt sich nach einem Saunagang in eiskaltem Wasser ab.

KOPENHAGEN

Kopenhagen (rechts) ist die Hauptstadt Dänemarks – ein Viertel aller Dänen lebt in der Stadt oder in ihrem Umland. Sie liegt an der Ostküste von Seeland, der größten der 482 Inseln, die etwa 30 % der Fläche Dänemarks ausmachen. Die übrige Landfläche besteht aus der tiefliegenden Halbinsel Jütland im Westen.

FJORDE

In der Eiszeit schnitten Gletscher steilwandige Täler in die Felsen an Norwegens Küste. Als das Eis schmolz, strömte die Nordsee hinein und schuf Fjorde. An Skandinaviens Atlantikküste gibt es Hunderte von Fjorden. Sie sind in ihrer Mitte und im oberen Teil meist tiefer als an der Seeseite. Das Wasser in diesen Meeresarmen ist ruhiger als in der offenen See.

Das stille Wasser eines norwegischen Fjords. Fjorde erreichen oft große Tiefen. Das Gewicht der Gletscher, die sie bildeten, erodierte den Talboden tief unter Meereshöhe. Das beste Agrarland liegt in den Flachlandgebieten um die Fjorde.

LANDWIRTSCHAFT IN SCHWEDEN

Wegen seines fruchtbaren Bodens ist Südschweden das produktivste Agrargebiet im Land, hier gibt es Schweinezucht, Milchwirtschaft und den Anbau von Weizen, Gerste und Kartoffeln. Viele schwedische Bauern gehören Genossenschaften an, die ihre Ernte weiterverarbeiten und verkaufen.

Die Agrarregionen um den Bottnischen Meerbusen sind wegen ihrer Molkereiprodukte bestens bekannt.

Siehe auch

GLETSCHER
INUIT
KONTINENTE
POLARFORSCHUNG

GRÖNLAND (DÄNEMARK)
Fläche: 2175600 km²
Einwohner: 56400

ISLAND
Fläche: 103000 km²
Einwohner: 290000
Hauptstadt: Reykjavík

FÄRÖER (DÄNEMARK)
Fläche: 1399 km²
Einwohner: 46300

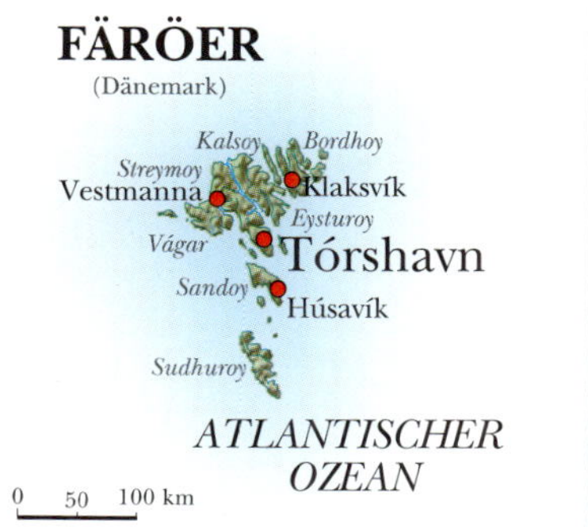

DÄNEMARK
Fläche: 43609 km²
Einwohner: 5400000
Hauptstadt: Kopenhagen

FINNLAND
Fläche: 338130 km²
Einwohner: 5200000
Hauptstadt: Helsinki

NORWEGEN
Fläche: 323900 km²
Einwohner: 4500000
Hauptstadt: Oslo

SCHWEDEN
Fläche: 449960 km²
Einwohner: 8900000
Hauptstadt: Stockholm

Vulkan	Berg	Historische Stätte	Hauptstadt	Großstadt	Stadt

SKANDINAVIEN
GESCHICHTE

HISTORISCH gesehen besteht die Region Skandinavien in Nordeuropa aus Norwegen, Schweden und Dänemark. Heute gehören dazu auch Finnland und Island. Der Lauf der Geschichte hat diese unabhängigen Länder seit alten Zeiten eng miteinander verknüpft. Zur See fahrende Wikinger zählten vor über 1000 Jahren zu den frühesten Siedlern der Region. Im 10. Jh. entstanden die drei eigenständigen Länder Dänemark, Norwegen und Schweden. Im Laufe der nächsten Jahrhunderte waren sie immer wieder miteinander vereint. Im 16. Jh. ging Schweden seine eigenen Wege, bildete ein eigenständiges Reich und wurde eine europäische Großmacht. Als Folge davon waren Norwegen und Dänemark eng verbunden. 1814 kam Norwegen unter schwedische Herrschaft, wurde aber 1905 ein unabhängiger Staat. Heute sind die Skandinavier weltweit führend in Umwelt- und Gesundheitsfragen.

KNUT DER GROSSE
1018 wurde Knut (um 995–1035) König von Dänemark. Er eroberte 1016 England und 1028 Norwegen. Knut regierte ein riesiges Reich und galt als gerechter Herrscher.

MARGARETE I.
Margarete I. (1353–1412) wurde Königin von Dänemark (1375), Norwegen (1380) und Schweden (1389). 1397 vereinte sie diese Länder in der Kalmarer Union.

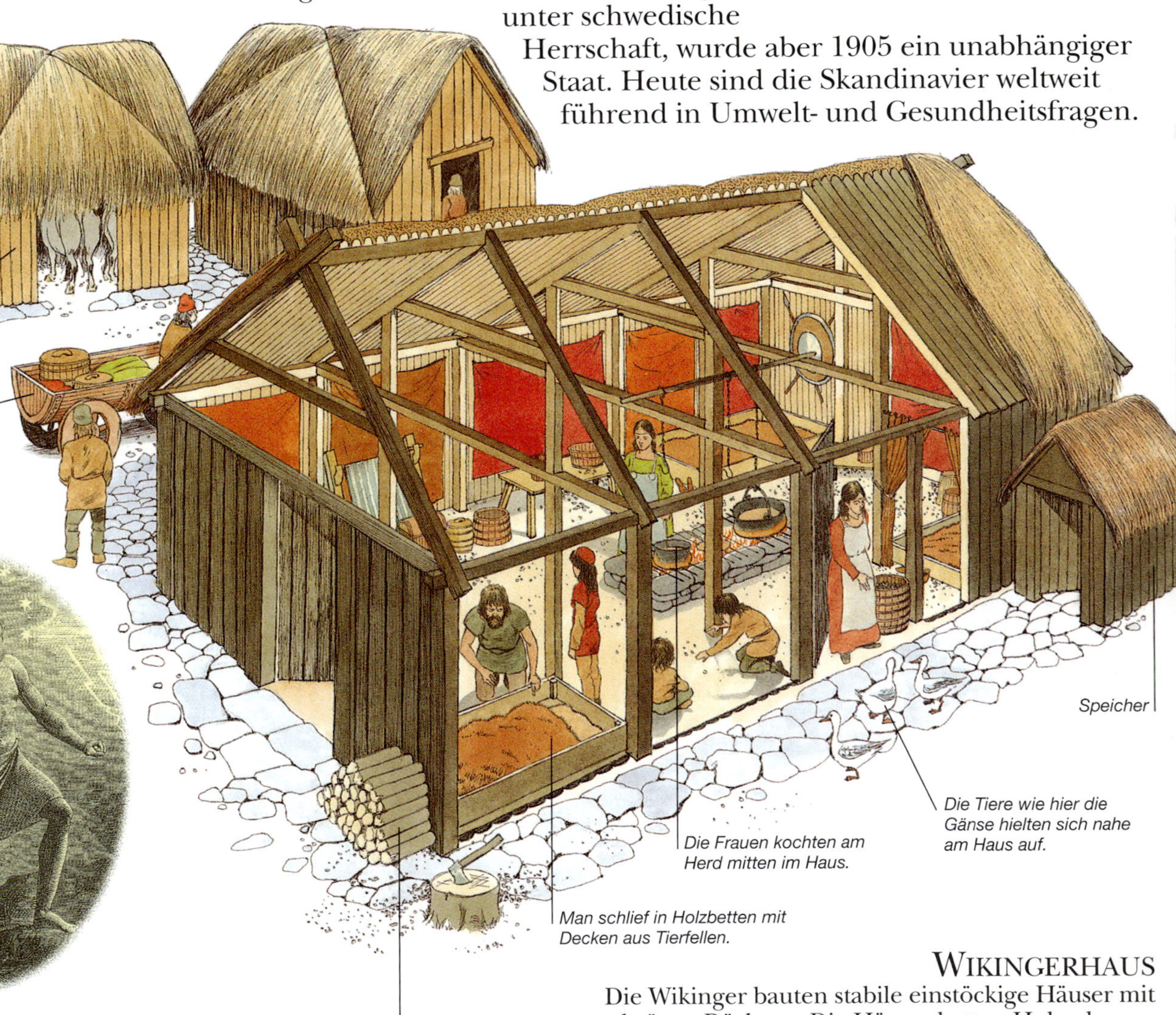

THOR
Die Wikinger verehrten viele Götter. Thor war einer der mächtigsten. Als Herrscher des Himmels lenkte er das Wetter und war der Gott von Donner, Blitz, Regen und Stürmen. Die Wikinger beteten zu ihm um gute Ernten und für ihr Wohlergehen. Nach Thor ist der Donnerstag benannt.

WIKINGERHAUS

Die Wikinger bauten stabile einstöckige Häuser mit schrägen Dächern. Die Häuser hatten Holzrahmen, Holz- oder Steinwände und Reetdächer. Der Herd war Mittelpunkt des Hauses. Er lieferte Wärme und Licht und war Kochstelle. Wikingerhäuser hatten keine Fenster – der einzige Raum war meist sehr verraucht.

Das Flaggschiff Vasa fährt in den Stockhomer Hafen ein (1628).

SCHWEDEN

1523 verließ Schweden die Kalmarer Union und erklärte sich unter König Gustav I. (1496–1560) für unabhängig. Gustav stärkte Schweden mit vielen Reformen. Er machte den Protestantismus zur Staatsreligion, errichtete eine effiziente Armee und verbesserte die Wirtschaft des Landes. Unter der Herrschaft von Gustav II. Adolf (1611–32) wurde Schweden eine europäische Großmacht. Gustav erweiterte Schwedens Territorium, indem er von Russland große Teile Finnlands übernahm. Er baute auch eine starke Marine auf.

CHRONIK

9.–11. Jh. Wikingerraubzüge durch Europa.

1018–35 König Knut von Dänemark regiert ein riesiges Reich.

1319 Norwegen und Schweden vereint.

1397–1523 Dänemark, Norwegen und Schweden in der Kalmarer Union zu Skandinavien vereint.

1523 Schweden wird unter Gustav I. unabhängig; Norwegen bleibt Teil von Dänemark bis 1814.

16.–18. Jh. Schweden und Russland streiten über Finnland.

1612–32 Unter der Herrschaft von Gustav II. Adolf wird Schweden eine europäische Großmacht.

1658 Schweden auf dem Höhepunkt seiner Macht.

1700–21 2. Nordischer Krieg beendet Schwedens Macht im Ostseeraum.

1814–1905 Norwegen von Schweden regiert.

1901 Erste Nobelpreise verliehen.

1905 Norwegen unabhängig.

1917 Finnland erklärt sich nach der Russischen Revolution für unabhängig von Russland.

1914–18 Skandinavische Länder im Ersten Weltkrieg neutral.

1940–45 Deutschland besetzt im Zweiten Weltkrieg Norwegen und Dänemark.

1973 Dänemark wird Mitglied der EG.

1995 Finnland und Schweden treten der EU bei.

NORDISCHE KRIEGE

Zwischen 1563 und 1658 führten die Schweden Kriege mit ihren Nachbarn und erlangten die Vorherrschaft in der Ostsee, einem wichtigen Wasserweg. 40 Jahre lang herrschte ein unsicherer Frieden. 1700 erklärten Russland, Dänemark und Polen Schweden den Krieg, um dessen Macht zu beenden. Der so genannte Große Nordische Krieg dauerte 21 Jahre. Die Schweden verloren Landbesitz im Osten an Russland.

EDVARD GRIEG
Im 19. Jh. regierte Schweden in Norwegen. Der norwegische Komponist Edvard Grieg (1843–1907) setzte sich für die Unabhängigkeit ein. Er wurde bekannt als Stimme Norwegens, da er patriotische Musik nach alten norwegischen Volksliedern schrieb. Sein berühmtestes Werk ist die Bühnenmusik für Ibsens Drama *Peer Gynt*.

CHRISTIAN X.
Deutschland besetzte im Zweiten Weltkrieg (1939–45) Norwegen und Dänemark. Der norwegische König Håkon VII. ging ins Exil nach England, und Vidkun Quisling, ein Kollaborateur der Deutschen, übernahm die Macht. Noch heute nennt man einen Verräter »Quisling«. In Dänemark leistete König Christian X. (links) passiven Widerstand. Als alle Juden einen gelben Stern tragen sollten, erklärte Christian, auch er werde einen Stern tragen. Die Dänen verhalfen vielen Juden zur Flucht ins neutrale Schweden.

GRO HARLEM BRUNDTLAND
1987 veröffentlichte die norwegische Ministerpräsidentin Gro Harlem Brundtland den Brundtland-Report *Unsere gemeinsame Zukunft*, in dem sie Umweltprobleme und deren Auswirkungen auf die Armen der Erde beschrieb und Lösungen vorschlug.

NOBELPREIS
Der schwedische Chemiker Alfred Nobel (1833–96) erfand das Dynamit. Er war gegen dessen militärischen Einsatz und stiftete Geld für Preise zur Förderung von Frieden und Bildung. Die Nobelpreise für Physik, Chemie, Medizin, Literatur und Frieden werden seit 1901 verliehen.

Siehe auch
SKANDINAVIEN
WIKINGER

Skelette

Wie ein Gerüst stützen Hunderte untereinander verbundener Knochen als Skelett unseren Körper. Ohne Skelett würde der Körper in sich zusammenfallen. Die Knochen halten ihn aufrecht und geben den weichen Teilen eine Form. Außerdem schützen sie die Organe: Der Schädel bildet eine Kapsel um das Gehirn, die Rippen umgeben wie ein Käfig Lunge und Herz. An den Skelettknochen sind die Muskeln verankert, die unseren Körper bewegen. Knochen besteht aus lebenden Zellen, die von Mineralen umhüllt sind, besonders von Kalzium und Phosphat. Ein weiterer Bestandteil der Knochen ist Kollagen, ein zähes elastisches Gewebe. Bei einem Neugeborenen bestehen viele Skeletteile noch aus Knorpel. Im Laufe des Wachstums verwandelt sich dieser Knorpel in Knochen. Unsere Knöchel und Handgelenke verknöchern zuletzt. Im Alter werden die Knochen spröder.

Innere Skelette

Menschen und alle anderen Säugetiere, Fische, Vögel, Reptilien und Amphibien haben ein inneres Skelett, das aus vielen einzelnen Knochen besteht. Der zentrale Teil des Skeletts ist die Wirbelsäule (Rückgrat). Alle Tiere mit einer Wirbelsäule bezeichnet man als Wirbeltiere. Tiere ohne Wirbelsäule sind Wirbellose. Sie haben ein Außenskelett. Der Körper von Würmern wird vom inneren Druck ihrer Körperflüssigkeiten in Form gehalten. Man sagt, sie haben ein hydrostatisches Skelett.

Wie andere Wirbeltiere haben auch Echsen ein inneres Skelett.

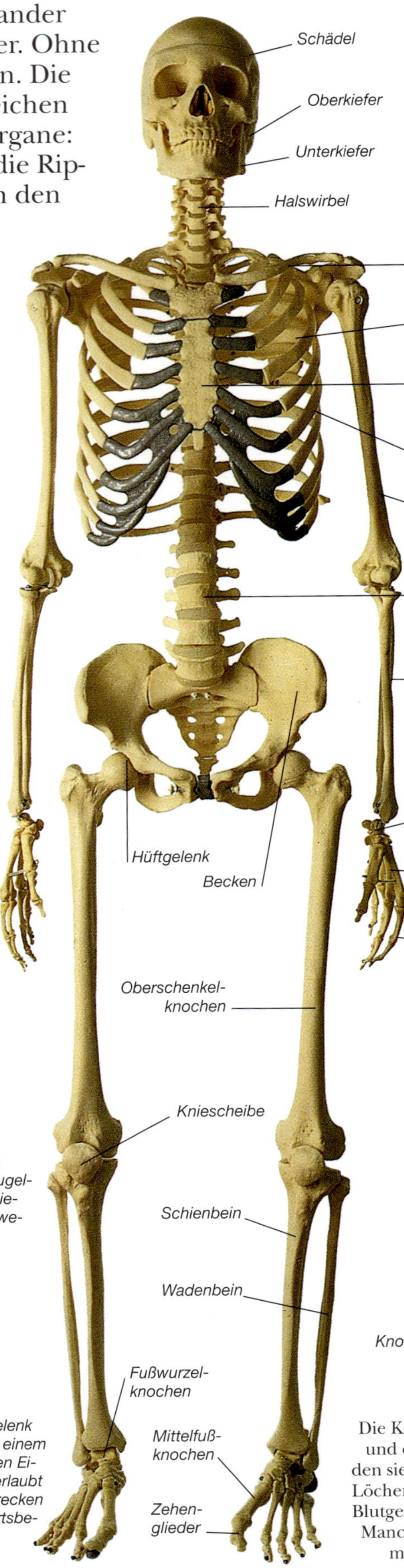

MENSCHLICHES SKELETT
Das Skelett des Menschen besteht aus über 200 Knochen. Der größte Knochen ist der Oberschenkelknochen, die kleinsten Knochen sind die Gehörknöchelchen.

Gelenke

Die Knochen sind miteinander durch Gelenke verbunden. Es gibt mehrere Typen von Gelenken, darunter starre Gelenke, Scharniergelenke und Kugelgelenke. Starre Gelenke verbinden z. B. die Knochen des Schädels. Scharniergelenke wie das des Ellenbogens ermöglichen Bewegungen in eine Richtung. Kugelgelenke wie die Hüfte ermöglichen dem Knochen Bewegungen in alle Richtungen.

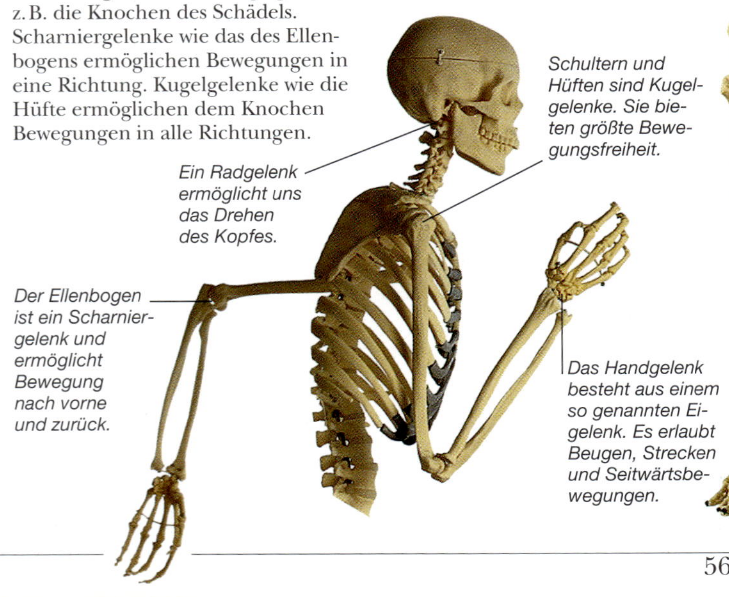

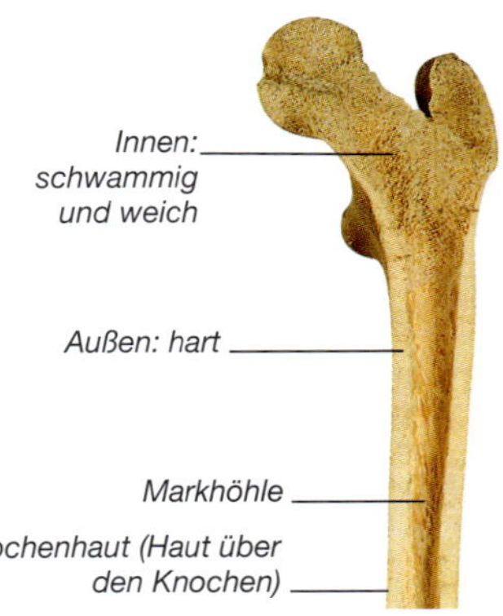

Knochen

Die Knochen eines Lebenden sind fest und elastisch. Erst nach dem Tod werden sie weiß und brüchig. Durch kleine Löcher in der Oberfläche verlaufen die Blutgefäße, die die Knochen versorgen. Manche Knochen enthalten Knochenmark, das Blutkörperchen erzeugt.

Menschliche Wirbelsäule

Die Wirbelsäule besteht in der Regel aus 26 miteinander verbundenen Wirbeln. Die weichen Bandscheiben zwischen den Wirbeln polstern sie gegeneinander ab.

Steißbein

Wirbelsäule

Die Wirbelsäule, auch Rückgrat genannnt, verläuft entlang des Rückens. Sie stützt die anderen Teile des Skeletts, wie den Schädel, den Brustkasten und das Becken. Als Wirbeltiere bezeichnet man all jene Tiere (einschließlich des Menschen) die eine Wirbelsäule haben. Die Wirbelsäule setzt sich aus Wirbeln zusammen, die miteinander beweglich verbunden sind. Deshalb ist auch die Wirbelsäule insgesamt beweglich und biegsam.

Die vielen Träger, aus denen der Eiffelturm besteht, bewirken das gleiche wie ein Skelett: Sie stützen die Konstruktion und bewahren ihre Form.

Regenwurm

Der Körper eines Regenwurms ist mit unter Druck stehender Flüssigkeit gefüllt.

Die Wände eines Planschbeckens werden von dem darin enthaltenen Wasser aufrecht gehalten.

HYDROSTATISCHES SKELETT

Es gibt Skelette, die aus Stoffen bestehen, die nicht fest und starr sind. Stattdessen sind sie in Abteilungen unterteilt, die mit Flüssigkeit gefüllt sind. Dieser hydrostatische Druck ist es, der sie steif macht. Viele der Zellen, aus denen Tiere und Pflanzen bestehen, bewahren dank des inneren Drucks ihre Form.

Käfer

Chitin

Insekten, Spinnen und Skorpione haben kein inneres Skelett, sondern ein Außenskelett aus einem harten Stoff, den man Chitin nennt. Es besteht aus mehreren Schichten, deren Fasern unterschiedliche Ausrichtung haben. Nach dem gleichen Prinzip stellt man Sperrholz her.

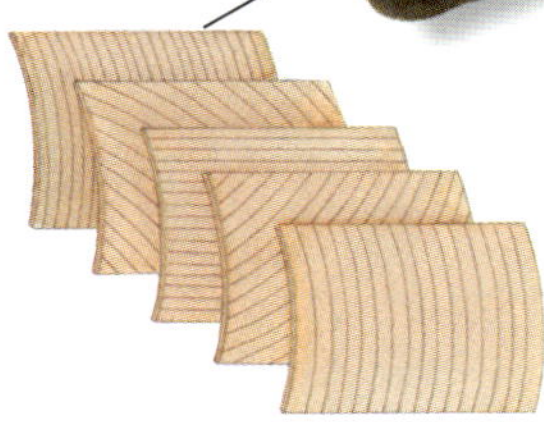

Chitin

Volkswagen »Käfer«

Auch der wegen seiner Form so genannte »Käfer« hat ein Außenskelett: die Karosserie.

AUSSENSKELETT

Skelette, die den Körper eines Tieres außen umgeben, nennt man Außenskelette. Viele Dinge, die Menschen herstellen, haben ebenfalls ein Außenskelett – so z. B. moderne Autos. In flache Metallplatten werden Ein- und Ausbuchtungen eingeprägt. So entsteht ein kräftiger äußerer Panzer, der das Innere schützt.

Pneumostatisches Skelett

Hydrostatische Skelette sind mit Flüssigkeit gefüllt, pneumostatische Skelette mit Luft. Weil Gase viel leichter als Flüssigkeiten sind, sind die Wände dieser Skelette meist dünner. Mit Gas gefüllte pneumostatische Skelette können im Wasser schwimmen oder sogar in die Luft aufsteigen.

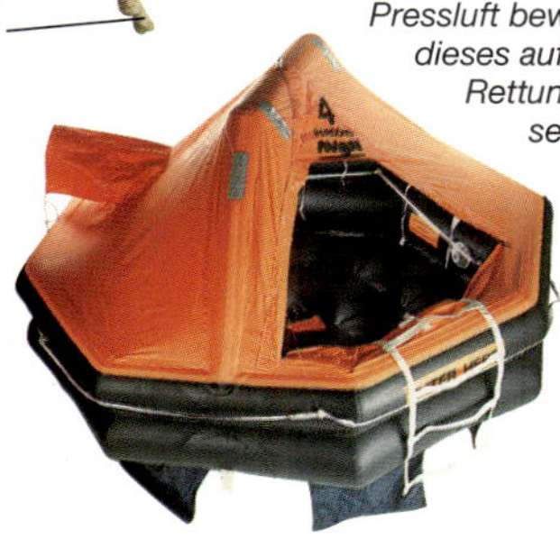

Pressluft bewirkt, dass dieses aufblasbare Rettungsfloß seine beabsichtigte Form bekommt und beibehält.

Die Portugiesische Galeere treibt auf der Oberfläche des Meeres. Die Blase ist mit Gas gefüllt. Deshalb behält sie ihre Form.

Von der Blase hängen Tentakel.

Siehe auch

Körper, Menschlicher
Muskeln
Tiere

Sklaverei

RÖMISCHE SKLAVEN
Die meisten wohlhabenden Römer besaßen Sklaven. Manche Sklaven lebten in der Familie, andere wurden sehr schlecht behandelt. Manche Sklaven wurden wegen ihrer Treue zum Herrn mit der Freilassung belohnt.

VOR 5000 JAHREN zwangen die Sumerer ihre Gefangenen zur Feldarbeit. Diese Sklaven hatten weder Rechte noch eine Bezahlung, und sie galten als Eigentum ihrer Herren. Im alten Griechenland und im alten Rom stellten Sklaven Waren her und arbeiteten als Hausdiener. Im 16. Jh. begannen europäische Staaten mit der Kolonisierung Amerikas, wohin sie Tausende Afrikaner als Sklaven brachten, die dort in Plantagen und Silberminen arbeiten mussten. Zwischen 1500 und 1800 brachten europäische Schiffe ungefähr 12 Mio. Sklaven aus ihrer Heimat in die neuen Kolonien. Im 19. Jh. riefen Gegner der Sklaverei in den USA und in Großbritannien zur Beendigung der Sklaverei auf. Bis Mitte des 19. Jhs. wurde sie im Britischen Reich und in den USA formell abgeschafft. Doch leider gibt es sie in manchen Ländern der Welt noch heute, wo sie meist Kinder und Einwanderer betrifft.

Handelsdreieck

Der britische Sklavenhandel war als Dreieckshandel bekannt. Schiffe verließen die britischen Häfen voll beladen mit Waren wie Gewehren und Kleidung. Händler tauschten diese Waren an der Westküste Afrikas gegen Sklaven ein. Die Sklavenschiffe brachten die Sklaven über den Atlantik nach Amerika und in die Karibik. Dort wurden Sklaven für die Plantagenarbeit gebraucht. Die Händler tauschten sie gegen Zucker, Tabak, Rum und Sirup ein. Die Schiffe brachten diese Güter nach Großbritannien, wo sie dann teuer verkauft wurden.

SKLAVENSCHIFFE
Auf den Schiffen waren die Sklaven angekettet und mussten fast die ganze Fahrt unter Deck verbringen. Unbekleidet und unterernährt kamen Tausende von Afrikanern bei der Atlantiküberquerung ums Leben.

SKLAVENAUFSTÄNDE
Viele Afrikaner setzten sich gegen die Sklaverei zur Wehr. Im Jahr 1791 begann ein 13 Jahre anhaltender Aufstand in der französischen Kolonie Haiti. Ein Sklave namens Toussaint L'Ouverture führte eine Sklavenarmee gegen französische Soldaten. L'Ouverture starb 1803 im Gefängnis. Im Jahr 1804 erlangte Haiti die Unabhängigkeit und wurde zur ersten, von Schwarzen geführten Republik der Welt.

Sklavenmarkt

In Westindien oder in den Südstaaten Amerikas angekommen, wurden die Sklaven wie Tiere auf Märkten versteigert. Oft wurden Familien getrennt und die Familienmitglieder einzeln an Plantagenbesitzer verkauft. Sklaven wurden zur Arbeit in Baumwoll-, Zucker- und Tabakplantagen eingesetzt.

Siehe auch

Afrika, Geschichte
Karibik, Geschichte
Rom, Altes

Sonne

DER NACHTHIMMEL IST voller Sterne, die so weit entfernt sind, dass man sie nur als Punkte sieht. Auch die Sonne ist ein solcher Stern, dem wir jedoch näher sind als jedem anderen Stern. Wie alle Planeten des Sonnensystems kreist auch die Erde um die Sonne und wird von ihrer Schwerkraft auf der Bahn gehalten. Die Sonne ist die Quelle von Licht und Wärme, ohne die es kein Leben auf der Erde gäbe. Sie ist eine riesige Kugel aus glühenden Gasen, die sich zu etwa drei Vierteln aus Wasserstoff und einem Viertel aus Helium zusammensetzen. Andere Elemente kommen nur in Spuren vor. Im heißen, dichten Kern der Sonne stoßen Wasserstoffatome aufeinander. Bei den dabei erfolgenden Kernreaktionen entsteht Helium, und es wird Energie in Form von Hitze und Licht freigesetzt. Diese Energie gibt die Oberfläche als Strahlung ab. Die Energiequellen auf der Erde haben ihren Ursprung in der Sonne – so besteht z. B. Kohle aus Resten früherer Pflanzen, die die Sonnenenergie gespeichert haben.

DIE GESCHICHTE DER SONNE

Die Sonne ist erst vor knapp 5 Mrd. Jahren aus einer Wasserstoff-, Helium- und Staubwolke entstanden, die sich unter der eigenen Schwerkraft zusammenballte. Dabei wurde die Wolke so stark erhitzt, dass es zu Kernreaktionen kam, die Wasserstoff in Helium verwandelten. Zu diesem Zeitpunkt begann die Sonne unaufhörlich zu leuchten. Wissenschaftler glauben, dass die Sonne noch weitere 5 Mrd. Jahre scheinen wird, bevor der Wasserstoff verbraucht ist.

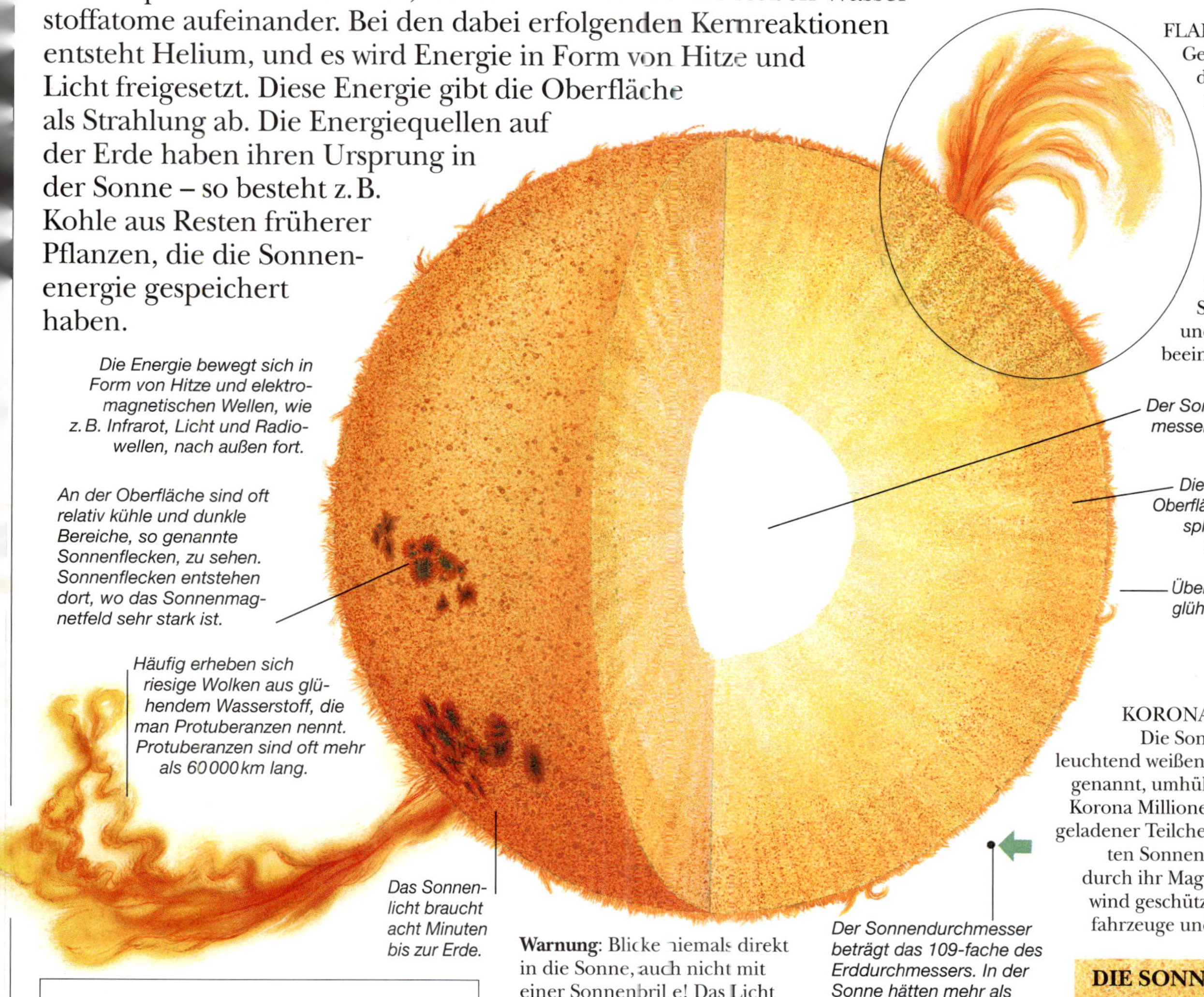

FLARES

Gewaltige Explosionen auf der Sonnenoberfläche, so genannte Flares, schleudern elektrisch geladene Teilchen ins All. Manche Flares führen auf der Erde zu bunt leuchtenden Polarlichtern. Sie sind auch Ursache für Magnetstürme, die das Stromnetz lahm legen und den Radioempfang beeinträchtigen können.

Die Energie bewegt sich in Form von Hitze und elektromagnetischen Wellen, wie z. B. Infrarot, Licht und Radiowellen, nach außen fort.

An der Oberfläche sind oft relativ kühle und dunkle Bereiche, so genannte Sonnenflecken, zu sehen. Sonnenflecken entstehen dort, wo das Sonnenmagnetfeld sehr stark ist.

Häufig erheben sich riesige Wolken aus glühendem Wasserstoff, die man Protuberanzen nennt. Protuberanzen sind oft mehr als 60 000 km lang.

Das Sonnenlicht braucht acht Minuten bis zur Erde.

Der Sonnenkern hat einen Durchmesser von mehr als 300 000 km.

Die leuchtende, weiß glühende Oberfläche der Sonne wird Photosphäre (»Lichtkugel«) genannt. Sie ist ungefähr 400 km tief.

Über der Photosphäre liegt eine glühend rote Gasschicht, die so genannte Chromosphäre (»Farbkugel«). Sie ist einige tausend Kilometer tief.

Der Sonnendurchmesser beträgt das 109-fache des Erddurchmessers. In der Sonne hätten mehr als 1 300 000 Erdkugeln Platz.

KORONA UND SONNENWIND

Die Sonne ist von einer dünnen, leuchtend weißen Gasatmosphäre, Korona genannt, umhüllt. Jede Sekunde gibt die Korona Millionen von Tonnen elektrisch geladener Teilchen ab, die den so genannten Sonnenwind bilden. Die Erde ist durch ihr Magnetfeld vor dem Sonnenwind geschützt. Er kann jedoch Raumfahrzeuge und Satelliten beschädigen.

Warnung: Blicke niemals direkt in die Sonne, auch nicht mit einer Sonnenbrille! Das Licht kann die Augen stark schädigen!

SONNENENERGIE

Elektronische Bauelemente, so genannte Solarzellen, wandeln Sonnenlicht in Strom um. Solarzellen treiben Satelliten an, können aber auch Strom für Fahrzeuge und Häuser erzeugen. Das Solarmobil *Sunraycer* (unten) durchquerte 1987 Australien mit durchschnittlich 66,9 km/h.

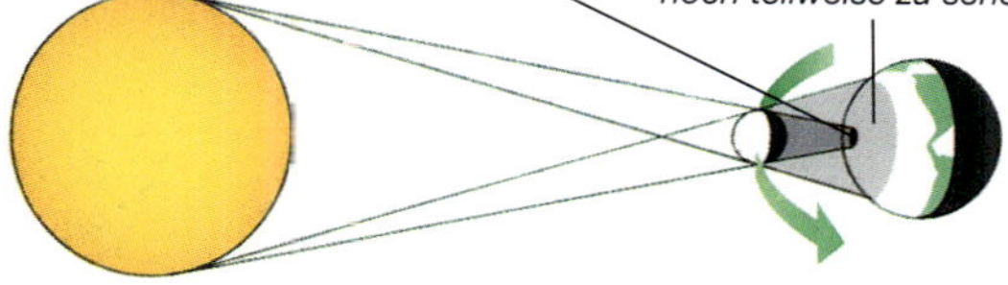

Der Kernschatten ist der Bereich des Mondschattens, in dem die Sonne völlig verdeckt ist.

Der Halbschatten ist der äußere Bereich des Mondschattens. Die Sonne ist noch teilweise zu sehen.

SONNENFINSTERNIS

Wenn sich der Mond zwischen Erde und Sonne schiebt, ist die Sonne verdeckt. Dies nennt man eine Sonnenfinsternis. Auf der Erde tritt eine totale Sonnenfinsternis dort auf, wo die Sonne völlig bedeckt ist (nur die Korona ist sichtbar). Andernorts kommt es zu einer partiellen Sonnenfinsternis, bei der die Sonne teilweise sichtbar ist.

DIE SONNE IN ZAHLEN

Entfernung Erde–Sonne	149,6 Mio. km
Durchmesser am Äquator	1 392 000 km
Rotationsdauer	25,4 Erdentage
Temperatur an der Oberfläche	5500 °C
Temperatur im Kern	15 000 000 °C

Siehe auch

ASTRONOMIE
ENERGIE
STERNE

Sowjetunion

1922 ENTSTAND ein neuer Staat: die Union der sozialistischen Sowjetrepubliken (UdSSR), kurz Sowjetunion. Dies war der neue Name für das kommunistische Russland unter Wladimir Iljitsch Lenin (1870–1924). Die Jahre nach der Revolution von 1917 brachten schwere Belastungen für den neuen Staat. Ein Bürgerkrieg zwischen Kommunisten und Antikommunisten hatte das Land zerrissen. Über 20 Mio. Menschen waren umgekommen. Als Lenin 1924 starb, folgte ihm Stalin, der ein Terrorregime einrichtete, das jeden Widerstand beseitigte. Andererseits wandelte er die Sowjetunion in einen modernen Industriestaat um, der den deutschen Einmarsch 1941 überstand, auch wenn der Zweite Weltkrieg (1939–1945) viele Menschenleben kostete. Nach 1945 wurde die UdSSR eine Großmacht, konnte das Volk aber nur mühsam mit Waren versorgen. Michail Gorbatschow, der 1985 an die Macht kam, leitete eine Politik der Reformen und der Offenheit gegenüber dem Westen ein. 1991 wurde die Kommunistische Partei KPdSU verboten, und die Sowjetunion zerbrach.

INDUSTRIALISIERUNG
Stalin steigerte mit mehreren Fünfjahresplänen die Kohle-, Stahl- und Energieproduktion. Die Pläne waren für das Land ein Erfolg, aber die Arbeiter bekamen wenig Lohn für ihre Mühe, und viele wurden als Sklavenarbeiter missbraucht.

Plakate mit muskulösen Arbeitern feuerten die Menschen zu harter Arbeit an.

Hier ein Schema der von Stalin eingeführten landwirtschaftlichen Kollektive. Dazu gehörten jeweils eine Schule, eine Fabrik und ein Krankenhaus. Das Kollektiv musste einen festen Anteil der Produktion an den Staat liefern.

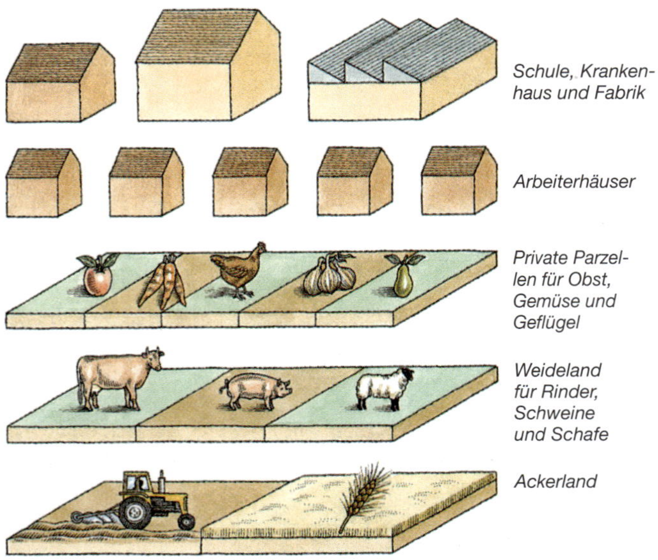

LANDWIRTSCHAFTLICHES KOLLEKTIV
Stalin wollte alle altmodischen Bauernhöfe beseitigen und die Produktivität steigern. Er reorganisierte das Land in staatlich gesteuerten Kolchosen, riesigen Kollektiven. Der Staat nahm Millionen Kulaken (reicheren Bauern) Land und Vieh ab – wer protestierte, wurde in Zwangsarbeitslager gesteckt. Die Erzeugnisse der Kollektive wurden meist exportiert oder zur Ernährung der städtischen Arbeiter verwendet.

JOSSIF STALIN
Der aus armen Verhältnissen aus Georgien im Südwesten Russlands stammende Jossif Stalin (1879–1953) war ein Anhänger Lenins. Nach dessen Tod übernahm er die Macht und beseitigte seine Gegner. Seine Geheimpolizei verhaftete, folterte und ermordete Millionen angeblicher Feinde. Diese »Säuberungen« hielten Stalin bis zu seinem Tod an der Macht.

ALEXANDRA KOLLONTAI
Eigentlich sollte der Kommunismus für Gleichheit in der Sowjetgesellschaft sorgen. Doch die Frauen arbeiteten zwar neben den Männern – etwa in der Schwerindustrie –, sie bekamen aber keine wirkliche Macht. Immerhin wurde mit Alexandra Kollontai (1872–1952) eine Frau Mitglied in Stalins Regierung. Sie hielt wichtige Reden und schrieb Artikel über Frieden und Frauenrechte.

ZWEITER WELTKRIEG
1941 fielen die deutschen Truppen in die Sowjetunion ein und standen bald vor der Hauptstadt Moskau. Die Sowjets leisteten erbitterten Widerstand. Stalingrad und Leningrad überstanden lange Belagerungen. Neue Fabriken im Osten produzierten moderne Waffen wie den Panzer T-34. 1943 gewann die Rote Armee unter Marschall Schukow die größte Panzerschlacht der Geschichte. Aber das sowjetische Volk zahlte einen hohen Preis für den Sieg. Es verzeichnete mehr Kriegstote als jedes andere Land – über 20 Mio. Menschen!

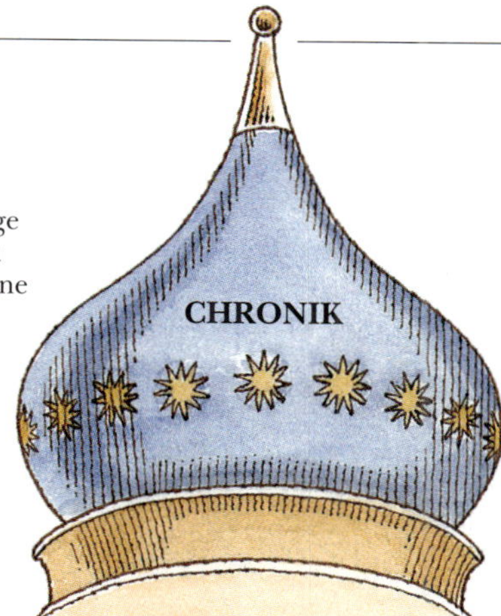

CHRONIK

1917 Russische Revolution.

1922 Gründung der Sowjetunion.

1924 Lenin stirbt, Stalin wird sein Nachfolger.

1941–45 Über 20 Mio. Einwohner der Sowjetunion sterben im Zweiten Weltkrieg.

1955 Gründung des Warschauer Pakts, einer Allianz kommunistischer Staaten.

1962 UdSSR errichtet Raketenbasen auf Kuba. US-Marine blockiert die Insel. Die UdSSR entfernt die Raketen schließlich.

1979/80 Sowjetische Invasion in Afghanistan.

1988/89 Sowjettruppen ziehen sich aus Afghanistan zurück.

1991 Die Sowjetunion zerbricht, als Litauen, Lettland und andere Republiken ihre Unabhängigkeit erklären.

TSCHERNOBYL
1986 gab es eine Katastrophe in Tschernobyl bei Kiew. Ein Block des Kernkraftwerks explodierte; mindestens 30 Menschen kamen dabei um, Hunderte wurden verletzt. Radioaktivität breitete sich in ganz Europa aus. Noch heute sterben Menschen in der Region um Kiew an den Spätfolgen. Statt diese Katastrophe geheim zu halten, warnten die Sowjets jedoch im Sinne ihrer neuen Politik der Glasnost, der Offenheit, die Welt vor der Gefahr.

WETTLAUF INS ALL
Am 4. Oktober 1957 lauschte die Welt erstaunt einem seltsamen Piepsen aus dem Weltall: Die Sowjetunion hatte den ersten Satelliten, *Sputnik 1,* in eine Erdumlaufbahn geschickt. Vier Jahre später war Juri Gagarin (links) der erste Mensch im Weltraum.

ENDE DES KOMMUNISMUS
Nach seiner Ernennung zum Generalsekretär der Kommunistischen Partei führte Michail Gorbatschow 1985 die Politik der *Glasnost* (Offenheit) und *Perestroika* (Wirtschaftsreform) zur Ankurbelung der sowjetischen Wirtschaft ein. Die Sowjetbürger begannen mehr Freiheit zu fordern. Die Kommunistische Partei war fortan nicht mehr die einzige Partei. In Rumänien wurde der kommunistische Diktator Nicolae Ceau∞escu 1989 gestürzt und hingerichtet. In der UdSSR zerstörten die Teilnehmer antikommunistischer Demonstrationen Statuen von Lenin und anderen kommunistischen Führern. In Moskau wurde die Statue von Felix Dserschinski, dem Chef der verhassten Geheimpolizei KGB, umgestürzt.

GORBATSCHOW UND JELZIN

In den späten 80er-Jahren des 20. Jh. litt das sowjetische Volk unter schwerer wirtschaftlicher Not. Viele hielten die von Gorbatschows Politik bewirkten Veränderungen für zu langsam. Gorbatschow (rechts) trat 1991 zurück. Boris Jelzin (links) wurde neuer Präsident der neu geformten Russischen Föderation. Die UdSSR zerbrach, da viele Republiken sich für selbstständig erklärten und eigene Regierungen bildeten. Jelzin trat im Dezember 1999 zurück.

Siehe auch
KALTER KRIEG
KAUKASUSREPUBLIKEN
KOMMUNISMUS
RUSSISCHE REVOLUTION
RUSSLAND, GESCHICHTE
WELTKRIEG, ZWEITER

Spanien

Spanien liegt auf der Iberischen Halbinsel im Südwesten Europas. Im Norden grenzt es an Frankreich und den Golf von Biskaya, im Osten ans Mittelmeer, im Süden an die Straße von Gibraltar und an Afrika und im Westen an Portugal.

Spanien liegt neben Portugal auf der Iberischen Halbinsel. Es ist das viertgrößte Land in Europa und von seiner Landschaft und seiner Bevölkerung her sehr vielfältig. Sein Zentrum ist ein heißes, trockenes Plateau mit schneebedeckten Gebirgszügen im Norden und Süden. Im Süden Spaniens liegt Europas einzige Wüste. Großen Einfluss haben die verschiedenen Regionen mit ihren eigenen Sprachen und Kulturen. Etwa 16 % der Bevölkerung sind Katalanen, die Galizier machen 7 % aus, die Basken etwa 2 %. Die große Mehrheit bilden die kastilischen Spanier. Von 1936–39 wurde das Land durch einen grausamen Bürgerkrieg zerrissen, und jahrzehntelang gab es in Spanien eine rechtsgerichtete Diktatur. Ab 1975 fand das Land zur Demokratie. 1986 trat Spanien der Europäischen Gemeinschaft bei, der heutigen Europäischen Union (EU). Während Spanien einst von Landwirtschaft und Fischerei abhängig war, hat es seit dem Beitritt zur EU Wirtschaftskraft und Lebensstandard enorm gesteigert; stärkster Wirtschaftszweig des Landes ist heute der Tourismus.

In vielen Teilen Spaniens ist der Eselskarren noch immer ein Transportmittel.

Flamenco

Musik und Tanz des Flamencos wurden von Zigeunern in Andalusien im Süden Spaniens entwickelt. Flamencolieder behandeln die ganze Bandbreite menschlichen Fühlens, von der Verzweiflung bis zur Ekstase. Die Tänzer in ihren traditionellen Kostümen werden meist von Gitarren und einem Perkussionsinstrument, den Kastagnetten, begleitet, das sie selbst spielen. Die Männer steppen dazu mit Zehen und Hacken, während der Tanz der Frauen eher auf der Anmut ihrer Hand- und Körperbewegungen beruht.

Tourismus

Über 60 Mio. Touristen aus aller Welt besuchen Spanien. 10 % der arbeitenden Bevölkerung sind im Tourismus tätig. Die Touristen genießen die Sonne, da das Klima im Winter mild und im Sommer heiß ist. Berühmt sind die schönen Strände, und die alten Städte sind voller interessanter Bauten und herrlicher Kunstwerke.

Religion

Die römisch-katholische Kirche spielt im Leben der meisten Spanier und Portugiesen eine wichtige Rolle. Fast alle gehen sonntags zur Messe. Der Priester hat auch im Alltagsleben großen Einfluss, die Kirche ist ein Zentrum vieler Aktivitäten.

In Spanien ist der Stierkampf Nationalsport. Aber viele Menschen halten ihn für grausam. Der Stierkämpfer (links) trägt die typische kunstvoll bestickte traditionelle Kleidung.

Stierkampf

Nachdem der Stier bereits durch die *capeadores* gereizt und die *picadores* sowie *banderilleros* mit Lanzen und Spießen verwundet wurde und geschwächt ist, tritt der eigentliche Torero, *matador* genannt, auf. Er reizt den Stier mit einem roten Tuch, vollführt vorgegebene Schritte und tötet das Tier schließlich mit dem Degen.

Traditionelle spanische Pferdekutschen sind ein beliebtes Gefährt für Touristen. Diese Kutschen (links) stehen auf der Plaza de España in Sevilla.

Sevilla

Sevilla ist ein wichtiger Hafen und ein bedeutendes Industrie-, Kultur- und Touristenzentrum. Mit der Entdeckung der Neuen Welt im Jahr 1492 kam es zu großem Wohlstand als Haupthafen im Handel mit den neuen Kolonien, bis es 1718 von Cádiz abgelöst wurde. Die Stadt ist die Hauptstadt des Stierkampfs in Spanien und ein Zentrum der für ihre Lieder und Tänze berühmten andalusischen Sinti und Roma.

Der Maurenpalast in Granada mit seiner herrlichen Architektur und Gartengestaltung

Granada

Granada war einst Hauptstadt des Königreichs der Mauren, nordafrikanischer Muslime, die 711–1492 über weite Teile Spaniens herrschten. Die Festung Alhambra über der Stadt umschließt einen großartigen maurischen Palast. Nach der Vertreibung der Mauren im Jahr 1492 verfielen der Palast und seine Gärten (links) allmählich, aber ihr einstiger Glanz wurde inzwischen wiederhergestellt.

Spanische Gitarre

Die Gitarre entstand im 16. Jh. in Spanien. Sie spielt eine wichtige Rolle beim Flamenco als traditionelles Begleitinstrument für den Sänger. Die Flamencogitarre entwickelte sich im 19. Jh. aus der modernen klassischen Gitarre. Sie ist leichter, flacher gebaut und hat eine verstärkte Platte unter dem Schallloch, auf die der Rhythmus geklopft wird. Heute treten viele Flamencogitarristen auch solo auf.

Die klassische Gitarre ist Spaniens Nationalinstrument.

König Juan Carlos

Der Spanische Bürgerkrieg von 1936–1939 führte zur Diktatur von General Franco. 1975, als Franco starb, wurde Juan Carlos, Enkel des letzten spanischen Königs, sein Nachfolger. Unter König Juan Carlos wurde Spanien eine Mehrparteiendemokratie und Mitglied der EG.

König Juan Carlos und seine Gemahlin Königin Sophia (rechts), eine Tochter des früheren Königs von Griechenland

Regionale Spezialitäten sind Pökelschinken (oben), Tortillas (links) und Muscheln in Zwiebel- und Knoblauchsauce (unten).

Regionale Spezialitäten

Spanien ist für seine Vielfalt regionaler Gerichte berühmt, vor allem für Paella und Tapas. Paella ist ein klassisches Gericht aus der Region Valencia, wo Reis angebaut wird. Sie enthält Fleisch, Fisch, frische Gemüse und mit Safran aromatisierten Reis. Tapas, auch Pinchos genannt, sind kleine Snacks, die zuerst im 19. Jh. in Andalusien zu Sherry gereicht wurden. Damals bedeckte ein Barkeeper ein Glas mit einer Untertasse oder Tapa (Deckel), um die Fliegen abzuhalten, und dieser Brauch führte dazu, dass zum Getränk Happen auf einem Teller angeboten wurden – von kaltem Fleisch oder Käse bis zu warmen Gerichten aus Meeresfrüchten, Fleisch oder Gemüsen. Eine Tapa ist eine einzelne Portion, eine *Ración* besteht aus zwei oder drei Tapas.

Als Höhepunkt der alljährlichen Fiesta Los Sanfermines in Pamplona jagen Stiere durch die Stadt (links).

Fiestas

Über 3000 Fiestas finden alljährlich in Spanien statt. An jedem Tag des Jahres gibt es irgendwo eine oder mehrere Fiestas. Mit einer Fiesta feiert ein Dorf oder eine Stadt den Namensheiligen, die heilige Jungfrau oder den Wechsel der Jahreszeiten. Bei Fiestas gibt es Prozessionen, Stierrennen (oben), Feuerwerke, nachgespielte Schlachten, uralte Bräuche oder auch eine Massenwallfahrt zu einer Grabstätte auf dem Lande. Während einer Fiesta hat jeder die Gelegenheit, sein normales Leben zu unterbrechen und sich rund um die Uhr auszutoben.

Malerei

Viele große Künstler waren Spanier. Diego Velázquez (1599–1660) war berühmt für seine Bilder der spanischen Königsfamilie. Verschiedene moderne Maler wie Pablo Picasso (1881–1973) und Salvador Dalí (1904–89) wurden in Spanien geboren.

In seinem Bild Las Meninas tritt Velázquez selbst als Maler in Erscheinung.

Industrie

Landwirtschaft und Fischerei waren früher die Basis der spanischen Wirtschaft. Inzwischen haben sich im Land Industrien wie Textilien, Metallverarbeitung, Schiffbau, Autobau und Tourismus entwickelt. Eisenerz, Kohle und andere Mineralien werden in der Cordillera Cantabrica im Norden abgebaut. In den 1980er-Jahren siedelten sich viele ausländische Elektronik- und Hightech-Firmen im Land an. Hauptagrarprodukte sind Getreide, Oliven, Weintrauben und Zitrusfrüchte, speziell Orangen aus Sevilla.

In den Küstenstädten Spaniens arbeiten viele Menschen in der Fischerei, im Bootsbau oder in der Netzherstellung.

BARCELONA
Barcelona liegt an der Mittelmeerküste im Osten Spaniens. Es ist mit fast 2 Mio. Einwohnern nach Madrid die zweitgrößte Stadt des Landes und besitzt einen geschäftigen Hafen. Barcelona, die Hauptstadt der Provinz Cataluña (Katalonien), liegt im Zentrum eines großen Industriegebiets und war Austragungsort der Olympischen Spiele 1992. Die Menschen hier sprechen Catalan, das sich vom Spanischen stark unterscheidet. Berühmt ist Barcelona für seine herrliche Architektur und viele historische Bauten.

Die Kathedrale Sagrada Familia in Barcelona wurde von Antonio Gaudí entworfen und 1882 begonnen. Sie ist noch heute nicht vollendet.

GIBRALTAR

Gibraltar liegt an der Südspitze Spaniens. Seit 1713 ist dieser Felsvorsprung britische Kolonie, aber Spanien erhebt weiterhin Anspruch auf das Gebiet. Gibraltar ist nur 6,5 km² groß. Die meisten der 28 000 Bewohner sind im Tourismus tätig.

Der Felsen von Gibraltar ragt über der Zufahrt zum Mittelmeer auf.

OLIVEN
Die tiefen fruchtbaren Böden und das warme Klima von Süd- und Ostspanien sind ideal für den Olivenanbau. Spanien ist einer der führenden Olivenerzeuger der Welt. Die Ernte wird meist zu Olivenöl verarbeitet.

Siehe auch
Europa, Geschichte
Europäische Union
Portugal, Geschichte
Spanien, Geschichte

Madrid

Madrid, Spaniens größte Stadt, liegt im Zentrum des Landes, umgeben von einer weiten Ebene. Madrid ist Spaniens Hauptstadt seit dem 16. Jh. In neuerer Zeit ist es ein bedeutendes Handels- und Industriezentrum geworden. Die Hauptstraßen verlaufen sternförmig von der Plaza del Sol (links) im Herzen der Altstadt aus. Im Osten Madrids liegen die neueren Stadtteile.

Vulkan | Berg | Historische Stätte | Hauptstadt | Großstadt | Stadt

BEVÖLKERUNG
In der ersten Hälfte des 20. Jh. lebten die Spanier meist in Dörfern oder Kleinstädten, die übers Land verteilt lagen. Heute ziehen Tourismus und Industrie die Menschen in die Großstädte und in die Küstengebiete.

FAKTEN

Fläche: 449 440 km²
Einwohner: 41 100 000
Hauptstadt: Madrid
Sprachen: Spanisch, Katalanisch, Galizisch, Baskisch
Religion: römisch-katholisch
Währung: Euro
Haupterwerbszweige: Dienstleistungen, Industrie, Landwirtschaft, Fischerei
Hauptexportgüter: Textilien, Chemikalien, Schiffe, Autos, Fische, Obst und Gemüse
Hauptimportgüter: Erdöl, Erdgas

CORDILLERA CANTÁBRICA
Dieses zerklüftete, waldige Gebirge erhebt sich an Spaniens Atlantikküste. Es bildet den Nordrand der Meseta.

MESETA
Dieses weite Plateau aus altem Gestein besteht großenteils aus trockenen, staubigen Hochebenen. Auf den kargen Böden weiden vorwiegend Schafe.

PYRENÄEN
Dieses majestätische Gebirge bildet die natürliche Grenze zu Frankreich.

KANARISCHE INSELN

Nicht nach einem Vogel, sondern nach dem Hund sind die Kanarischen Inseln benannt – das Wort Kanaren geht auf das lateinische *canis* (Hund) zurück. In alter Zeit lebten auf den Inseln viele Hunde. Die Inseln liegen etwa 100 km vor der Nordwestküste Afrikas.

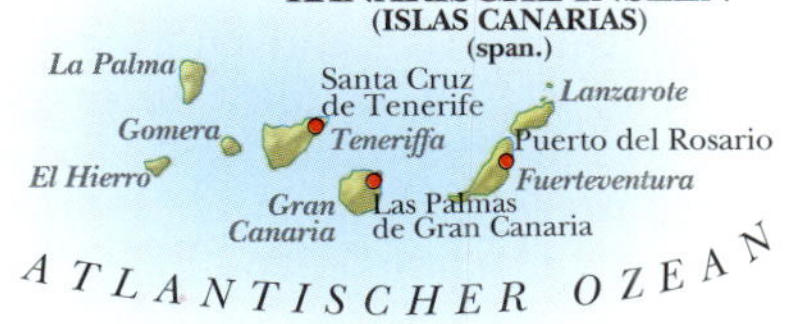

Spanien
Geschichte

Um 1550 war Spanien einer der mächtigsten Staaten in Europa. In seinem Auftrag erkundeten Entdecker die Welt; so entstand ein Weltreich mit Kolonien in Afrika, Amerika, der Karibik und Asien. In seiner Frühgeschichte war Spanien selbst Ziel von Eroberern gewesen. Als Erste kamen die Kelten aus dem Norden. Ab etwa 1000 v. Chr. gründeten die Phönizier, später die Karthager und die Griechen Handelskolonien auf der Halbinsel. Die Römer und dann die germanischen Westgoten besetzten das ganze Land. Im Jahr 711 eroberten muslimische Mauren aus Nordafrika Spanien und Portugal. Am Ende des 15. Jhs. hatten Spanien und Portugal die Mauren vertrieben; von nun an konkurrierten beide Staaten beim Aufbau ihrer Überseereiche. 1580 eroberte Spanien Portugal und hielt es 60 Jahre lang besetzt. Dann befreiten sich die Portugiesen von der spanischen Herrschaft. Spanien kämpfte in den Napoleonischen Kriegen mit Frankreich gegen Portugal. Im 20. Jh. wurde Spanien vom Diktator General Franco von 1939 bis 1975 regiert. Seit 1978 hat es eine demokratische Verfassung und ist seit 1986 Mitglied der EG.

HISPANIA
201 v. Chr. eroberten die Römer Spanien. Sie nannten die Region Hispania und führten Latein als offizielle Sprache ein. Die Römer bauten auch große Aquädukte (wie diesen oben in Segovia), die Wasser zu den Städten leiteten. Einige der bedeutendsten Kaiser Roms, wie Hadrian und Trajan, kamen in Hispania zur Welt.

ALHAMBRA
Die ab 1248 errichtete Alhambra in Granada war das letzte Bollwerk der Mauren in Spanien. Seinen Namen verdankt der Palast den Außenmauern aus roten Ziegeln (alhambra ist das arabische Wort für »rot«). Die Alhambra hat 13 Türme. Sie beherbergt die schönsten Schätze maurischer Kunst in Europa.

EROBERUNGEN
Spanien hat schon immer von seiner Lage direkt am Atlantik profitiert. So auch Ende des 15. Jhs., als es Entdecker Richtung Westen nach Amerika entsandte. Bis Mitte des 16. Jhs. hatte Spanien das Gebiet von Mexiko bis Peru kolonisiert.

El Cid

Während der maurischen Besatzung verteidigten die Menschen in Kastilien in Nordspanien das Christentum. Rodrigo Díaz de Vivar (1040–99) war ein Adliger und ein Soldat, der unter König Sancho II. von Kastilien seine Tapferkeit unter Beweis stellte. Aber als Alfons, Sanchos Bruder, König wurde, musste Rodrigo in die Verbannung. Bald sammelte dieser ein kleines Heer um sich und kämpfte gegen die Mauren. 1094 eroberte er Valencia. Rodrigo erhielt den Ehrentitel El Cid (nach dem arabischen Wort sidi, »Herr«) und ist bis heute einer der Nationalhelden Spaniens. Er starb als reicher Mann und als Herrscher über sein eigenes Königreich.

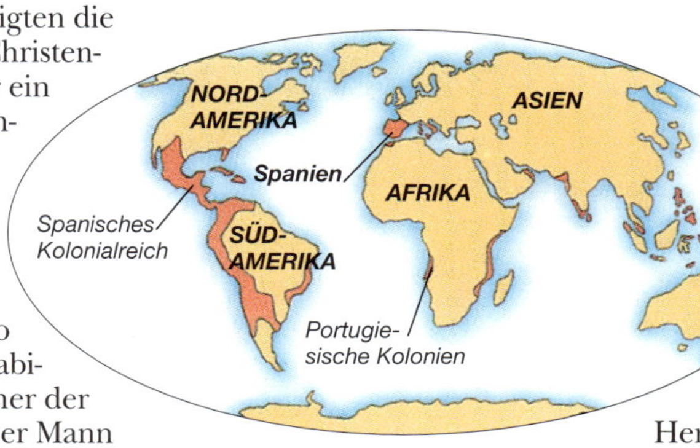

Das spanische Kolonialreich, 1588

Spanisches Kolonialreich

Im Vertrag von Tordesillas teilten Spanien und Portugal die nichteuropäische Welt untereinander auf, um Kriege zu verhindern. 1580 kam auch Portugal unter spanische Herrschaft, und Spanien war auf dem Höhepunkt seiner Macht.

Dieses kunstvoll gestaltete Schwert wurde vom französischen Kommandeur einer spanischen Festung während der spanischen Erhebung gegen Napoleon übergeben.

Erhebung gegen Napoleon

1807 erklärte sich Spanien bereit, den französischen Kaiser Napoleon I. im Krieg gegen Portugal zu unterstützen. Französische Truppen besiegten Portugal, besetzten aber in der Folge auch größere spanische Städte. 1808 stürzte Napoleon den spanischen König und ernannte seinen Bruder Joseph Bonaparte zum König von Spanien. Es kam zu Aufständen, und schließlich vertrieben die Spanier 1814 die Franzosen im so genannten Spanischen Unabhängigkeitskrieg.

Die Politik Philipps II. zielte auf die Errichtung einer absolutistischen Monarchie.

Spanischer Bürgerkrieg

Im Februar 1936 wurde eine linke republikanische Regierung in Spanien gewählt. Das größtenteils rechte und konservative Militär rebellierte und versuchte, die Regierung zu stürzen. Unter General Franco kämpfte die Armee fast drei Jahre erbittert mit den Republikanern. Die beiden Diktatoren Mussolini und Hitler entsandten Truppen zu Francos Unterstützung. Tausende Spanier starben in diesem blutigen Bürgerkrieg. 1939 waren die Republikaner am Ende, und Franco wurde zum Diktator von Spanien.

PHILIPP II.

Unter König Philipp II. (1527–98) war Spanien auf dem Höhepunkt seiner Macht. Mit ihm wurden spanische Kunst, Literatur und Mode führend in Europa. Er vereinte Spanien mit Portugal und eroberte die Philippinen. Philipp war in viele Kriege verstrickt; im Kampf gegen England wurde die spanische Armada (Flotte) vernichtet. Wegen all dieser Kriege verarmte Spanien; nach Philipps Tod begann die Auflösung der Macht des Königreichs.

BASKEN

Das Volk der Basken lebt seit Jahrtausenden in den Pyrenäen. Es hat seine eigene Sprache, Euskera genannt. Ab den 60er-Jahren des 20. Jhs. forderten die in Spanien lebenden Basken einen unabhängigen Baskenstaat. Es entstanden terroristische Gruppen, die gegen die spanische Regierung kämpfen. Heute haben die Basken ihr eigenes Parlament, und ihre Regionalregierung besitzt eine gewisse Selbstständigkeit.

Franco

General Francisco Franco (1892–1975) hatte bereits eine steile Karriere im Militär hinter sich, als er zum spanischen Diktator wurde. Franco hielt Spanien aus dem Zweiten Weltkrieg (1939–1945) heraus. Nach dem Krieg gab es ein rasches Wirtschaftswachstum. Aber viele Menschen waren unglücklich über die Einschränkungen der persönlichen Freiheit. Zahlreiche Spanier wurden wegen ihrer Proteste von Francos Polizei verhaftet und hingerichtet.

CHRONIK

800–200 v. Chr. Phönizier, Karthager und Griechen errichten Handelskolonien an der Küste Spaniens.

201 v. Chr. Die Herrschaft derRömer beginnt.

415 Vordringen der Westgoten.

711 Die muslimischen Mauren aus Nordafrika erobern Spanien.

1094 El Cid nimmt Valencia ein.

1385 Spanien versucht vergeblich, Portugal zu erobern.

1494 Vertrag von Tordesillas zwischen Spanien und Portugal legt ihre Weltreiche fest.

1580 Philipp II. von Spanien erobert Portugal und vereint beide Länder.

1588 England besiegt die spanische Armada.

1640 Spanien verliert Portugal und alle portugiesischen Kolonien. Der Niedergang des spanischen Weltreichs beginnt.

1808 Aufstände gegen Napoleon beginnen.

1898 Der Krieg Spaniens gegen die USA wegen Kuba führt zum Ende des spanischen Weltreichs.

1931 König Alfons XIII. geht ins Exil. Spanien wird eine Republik.

1936–39 Spanischer Bürgerkrieg.

1939 General Franco wird Diktator von Spanien.

1975 General Franco stirbt. Spanien wird eine Demokratie.

1986 Spanien tritt der Europäischen Gemeinschaft (EG) bei.

1992 Die Olympischen Sommerspiele finden in Barcelona statt.

Siehe auch

Habsburger
Kolumbus, Christoph
Spanien
Südamerika, Geschichte

Spiele

WÜRFEL
Würfeln bei einem Spiel bedeutet, dass so manches auch von Glück und Zufall abhängt. In Brettspielen wie Monopoly entscheidet die Zahl der Augen auf den zwei Würfeln darüber, um wie viele Felder ein Spieler vorrücken darf. In der Regel hat ein Würfel sechs Seiten, die so nummeriert sind, dass gegenüber liegende Seiten immer die Zahl Sieben ergeben.

SEILSPRINGEN IM SCHULHOF und Meisterschaften im Schach haben eines gemeinsam – beides sind Spiele. Für manche Spiele gibt es Vereine wie beim Sport; dort kann man sich, ebenso wie beim Sport, mit anderen Spielern in Wettkämpfen messen. Es gibt eine Vielzahl höchst unterschiedlicher Spiele. Für manche, wie für Schach, gelten überall die gleichen Regeln. Für andere wiederum, wie für das Kartenspiel Poker, sind die Regeln keineswegs einheitlich. Viele Spiele verwenden die gleiche Grundausstattung: Würfel sehen auf der ganzen Welt gleich aus, aber sie kommen bei einer Vielzahl von Spielen zum Einsatz. Nicht alle Spiele erfordern eine spezielle Ausrüstung. Oft reichen schon ein Bindfaden, Zahnstocher oder Steine. Es gibt Denkspiele und Geschicklichkeitsspiele oder Kombinationen aus beidem. Man kann manche Spiele alleine spielen, bei anderen muss man zu zweit sein, und wieder andere machen nur Spaß, wenn man sie in der Gruppe spielt.

COMPUTERSPIELE
Spieler eines Computerspiels verwenden die Tastatur oder spezielle Hebel, die »Joysticks« genannt werden. Man spielt gegen den Computer oder gegen andere Mitspieler.

SEILSPRINGEN
Oft wird das Seilspringen von Liedern oder Versen begleitet. Ist das Seil lang genug, können mehrere Kinder gleichzeitig springen.

JÄGERBALL
Jäger, die um das Spielfeld herum stehen, versuchen die Hasen im Inneren des Spielfelds mit dem Ball zu erlegen. Erlegte Hasen werden ebenfalls Jäger.

FANGEN
Ein Auszählreim bestimmt das Kind, das die anderen fangen muss.

HIMMEL UND HÖLLE
Die meisten Spiele dieser Art haben neun bis zwölf durchnummerierte Felder. Das Gleichgewicht beim Hüpfen zu halten, ist nicht ganz einfach.

Spiele im Freien

Auf Spiel- und Sportplätzen laufen oft mehrere Spiele gleichzeitig ab. Seilspringen kann man auch am Rand des Spielfelds, während andere Spiele wie Fangen mehr Platz erfordern.

FARBEN
Ein Päckchen Spielkarten besteht aus vier Serien von je dreizehn Karten. Die Serien tragen die Symbole Herz, Kreuz, Karo und Pik (von links nach rechts).

Für die bei Kindern beliebten Quartettspiele gibt es besondere Karten.

Französische Spielkarten sind durchnummeriert von Eins (oder As) bis zehn. Besonders gestaltet sind die Figurenkarten Bube, Dame und König.

KARTENSPIELE
Ein Kartenspiel-Set besteht aus 52 Karten, mit denen man unzählig viele verschiedene Spiele spielen kann. Bridge z. B. ist ein sehr komplexes Spiel, das man lange üben muss. Andere beliebte Spiele sind Doppelkopf oder Poker. Für das Quartettspiel gibt es spezielle Karten, aus denen man zusammengehörige Vierergruppen sammeln muss.

Brettspiele

Die ersten Brettspiele entstanden vor 4000 Jahren. Schach und Dame stellten damals wohl Schlachten dar, in denen die Spieler gegnerische Figuren »gefangen nehmen«. Beim Backgammon bewegen die Spieler ihre Steine durch feindliches Gebiet. Moderne Brettspiele ahmen Handlungen des modernen Alltags nach wie das Kaufen und Verkaufen von Grundstücken beim Monopoly.

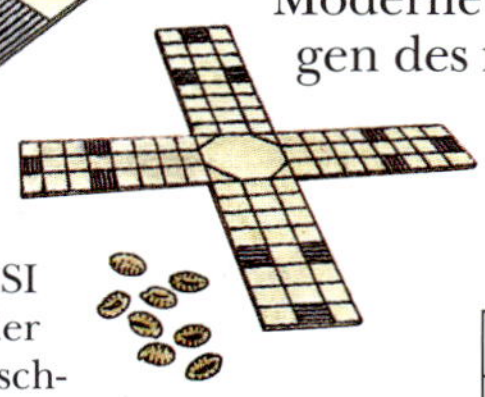

PACHISI
Das Würfelspiel ist der Ursprung unseres „Mensch-ärgere-dich-nicht“ und verwandt mit Backgammon und stammt ursprünglich aus Indien. Zwei oder vier Spieler versuchen, ihre Steine in das Zentrum des Bretts zu bringen.

Siehe auch
RÄTSEL
SPORT
SPIELZEUG

Spielzeug

Spielsachen sind zwar in erster Linie zum Spielen da, aber sie haben auch noch andere Aufgaben. Spielen bereitet Kinder nämlich auf das Erwachsenenleben vor. In früheren Zeiten z. B. machten Schaukelpferde die Kinder mit dem Reiten vertraut, lange bevor diese selbst im Sattel sitzen konnten. Auf ähnliche Weise bereiten heutige Tretautos die Kinder auf den Straßenverkehr vor. Im Mittelalter waren Rasseln und Kreisel weit verbreitet, aber die aufwändigen Spielsachen, die danach aufkamen, konnten sich nur die wenigsten leisten. In gläubigen Familien waren an Sonntagen nur Spielsachen erlaubt, die mit der Bibel zu tun hatten, z. B. die Arche Noah. Heute hat man die Auswahl zwischen hochtechnisierten Spielsachen und einfachem Holzspielzeug.

REIFEN
Einfache Gegenstände werden mit etwas Fantasie zum Spielzeug. Ein Besenstiel wird zum Steckenpferd, eine Schuhschachtel zum Puppenbett. Reifen jeder Art waren seit jeher ein beliebtes Spielzeug. Holzräder oder Fassreifen können die Straße entlang gerollt, in die Luft geworfen oder als Hula-Hoop-Reifen benutzt werden.

SPIELSACHEN IM ALTERTUM
In Ägypten fand man Pferde aus gebranntem Ton; sie sind fast 2500 Jahre alt. Auf der griechischen Insel Rhodos wurden sogar noch ältere Spielsachen entdeckt.

Puppen

Die ersten Puppen waren aus Wachs, Stoffresten, Holz und Papier gefertigt. Im 19. Jh. waren wertvoll gekleidete Puppen mit Köpfen aus Porzellan weit verbreitet. Heutige Puppen sind stabiler, und manche können sogar laufen, sprechen und essen.

Bälle sind das auf der Welt am weitesten verbreitete Spielzeug.

Bauklötze helfen Kleinkindern, die Welt zu »begreifen«.

ELEKTRONISCHE SPIELSACHEN
Bei diesen technischen Wunderwerken sind hauptsächlich Reaktionsvermögen und Denkfähigkeit gefragt. Die elektronischen Bauelemente sind so klein, dass sogar komplizierte Spielgeräte in eine Tasche passen.

Teddybären

Auf einem Jagdausflug im Jahr 1902 weigerte sich der amerikanische Präsident Theodore »Teddy« Roosevelt, ein Bärenjunges zu töten. Die Zeitungen berichteten darüber, und bald darauf bot ein Spielzeughändler niedliche Plüschfiguren an, die er Teddybären nannte. Zum Inbegriff des Teddybären wurden die Bären der deutschen Firma Steiff. Heute gibt es Teddys in allen Farben und Größen, aber die Grundform blieb unverändert.

SPIELZEUGAUTOS
Manche dieser Spielzeugautos besitzen sogar eine Fernbedienung.

BAUKÄSTEN
Baukastensysteme sind beliebig erweiterbar. Mit Fantasie und technischem Verständnis lassen sich daraus Burgen, Schlösser und sogar Raumschiffe basteln.

Siehe auch
Puppenspiel
Rätsel
Spiele

Spinnen und Skorpione

Sie gehören nicht gerade zu den beliebtesten Tieren. Deswegen wissen viele Leute auch nicht, dass Spinnen und Skorpione keine Insekten sind, sondern zusammen mit Zecken und Milben die Klasse der Spinnentiere bilden. Insekten haben sechs Beine, Spinnentiere dagegen haben acht Beine. Es gibt ungefähr 40 000 Spinnenarten und 1400 Arten von Skorpionen. Sie alle sind Fleischfresser. Skorpione jagen ihre Beute und töten sie mit ihren Scheren. Viele Spinnen fangen ihre Beute in einem Netz. Die Seide mancher Netze ist reißfester als ein Stahldraht gleicher Dicke. Allerdings bauen nicht alle Spinnen Netze, in die ihre Beute hineinfliegt oder -krabbelt: Manche Spinnen werfen ein Netz auf die Beute, oder sie lauern in Verstecken, um die Beute anzufallen. Einige Spinnen- und Skorpionarten sind auch für den Menschen tödlich, z.B. die Australische Trichternetzspinne und eine mexikanische Skorpionart.

NETZ
Das Spinnennetz besteht aus einem Seidenfaden, der von Drüsen am Hinterleibsende erzeugt wird. Spinnwarzen genannte Röhren drücken den Faden heraus, der mit den Beinen weitergezogen und an der Luft fest wird.

Gartenkreuzspinne

In Häusern und Gärten leben Tausende von Spinnen und ernähren sich von Fliegen, Mücken und Faltern. Die Gartenkreuzspinne baut ein so genanntes Radnetz. Manche Spinnen lauern in der Mitte ihres Netzes auf Beute. Andere verstecken sich in der Nähe. Die meisten so genannten Radnetzspinnen spinnen fast jeden Tag ein neues Netz.

JUNGE SPINNEN
Spinnen umgeben ihre Eier mit einem schützenden Seidenkokon. Nach dem Schlüpfen leben die Jungen eine Weile von einem Eigelbvorrat, der in ihrem Körper angelegt ist. Nach einigen Tagen, Wochen oder Monaten verlassen sie den Kokon und suchen Nahrung.

Der Biss der weiblichen Schwarzen Witwe ist gefährlich.

SCHWARZE WITWE
Das Weibchen dieser Art von Kugelspinnen tötet manchmal nach der Paarung das Männchen; daher kommt der Name. Das Weibchen zählt auch zu den wenigen Spinnen, deren Biss für den Menschen gefährlich ist. Rechts im Bild ein Eikokon.

VOGELSPINNEN
Zur Unterordnung der Vogelspinnen rechnet man viele große, haarige Spinnen, die in den Tropen und Subtropen leben. Ihr Biss ist für Menschen schmerzhaft, aber weniger gefährlich als der Biss kleinerer Spinnen wie der Schwarzen Witwe. Einige Arten werden von Spinnenfreunden in Terrarien gehalten.

ERNÄHRUNG
Spinnen fressen Beutetiere. Ihre häufigsten Opfer sind Insekten, Würmer und andere Spinnen. Das Gift der Spinne lähmt die Beute, und die Spinne kann sie fressen oder in Seide einwickeln – für später.

JUNGE SKORPIONE
Viele Skorpionarten sind lebend gebärend. Die Jungen sehen wie ihre Eltern aus, nur viel kleiner. Die Mutter trägt sie eine Zeit lang auf dem Rücken, um sie vor Fressfeinden zu schützen. Nach ihrer ersten Häutung sind die jungen Skorpione selbstständig.

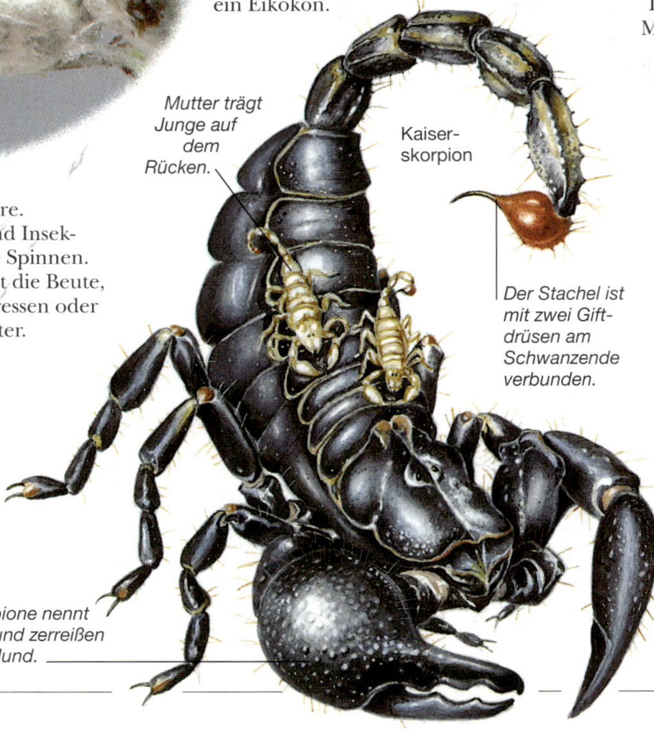

Skorpion

Skorpione leben überwiegend in warmen Regionen und verstecken sich gerne unter Steinen und in Felsspalten. Die meisten jagen nachts Insekten und Spinnen. Der Stachel am Schwanzende wird meist zur Verteidigung gegen Fressfeinde eingesetzt oder zur Überwältigung größerer Beutetiere.

Siehe auch

Australien, Tiere
Tiere
Tiere, Wüste

Spionage

Im Krieg ist es unerlässlich, dass verfeindete Staaten über kommende Schritte des Gegners Bescheid wissen. Der Versuch, die Pläne eines Feindes oder Konkurrenten insgeheim auszuforschen, wird Spionage genannt. Spione, die diese Aufgabe übernehmen, geben oft vor, für die eine Seite zu arbeiten, während sie für die andere Informationen sammeln. Ihre Arbeit ist auch gefährlich. Spione, die im Krieg enttarnt werden, müssen mit der Todesstrafe rechnen.

Spionage gab es schon immer, aber einen Höhepunkt erlebte sie im Zweiten Weltkrieg (1939–45) und in den Jahren danach. Die USA und die damalige Sowjetunion befanden sich zwar nicht im Krieg, aber jede Seite befürchtete einen Angriff der anderen. Deshalb wurde mit allen Mitteln versucht, die Stärke des gegnerischen Militärs auszuspionieren. Heutzutage wird mehr Industrie- als Militärspionage betrieben.

MATA HARI

Eine in Paris unter dem Namen Mata Hari auftretende Tänzerin war die berühmteste Spionin in der Zeit des Ersten Weltkriegs. In den Niederlanden 1876 als Margarete Zelle geboren, arbeitete Mata Hari wahrscheinlich als Doppelagentin. Sie spionierte in Deutschland für Frankreich, verriet aber auch französische Geheimnisse an Deutschland. 1917 wurde sie in Frankreich hingerichtet.

Hingerissen von Mata Haris Schönheit verrieten ihr hohe Militärs so manches Geheimnis.

Geheimagenten nehmen oft einfache Putzstellen an, um Zugang zu Geheiminformationen zu gewinnen.

Geheimagenten

Spione treten oft mit falschen Pässen auf, um ihre Aktivitäten zu verschleiern. Sie führen ein scheinbar normales Leben, verfolgen aber insgeheim ihre eigentlichen Zwecke. Man nennt diese Spione Geheimagenten. Sie arbeiten mit allen Mitteln: Sie finden z.B. peinliche Informationen über eine Person heraus und drohen, diese zu veröffentlichen – es sei denn, das Opfer verrät etwas.

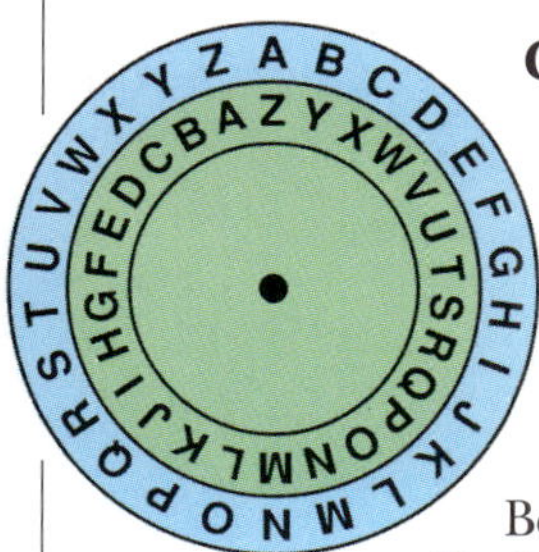

CODES

Nachrichten übermitteln Spione nur in verschlüsselter Form. Einem Code entsprechend werden bestimmte Buchstaben untereinander ausgetauscht, sodass die Meldung nur entziffern kann, wer den Code kennt. Bei dieser Code-Scheibe sind die Buchstaben der Nachricht in Blau aufgeführt, ihre codierte Form in Grün. C z.B. wird codiert zu X. ICH BRAUCHE HILFE wäre in codierter Form RXS YIZFXSV SROUV. Dieser Code ist leicht zu knacken, was jedoch bei computergenerierten Codes nicht der Fall ist.

Wanzen, kleine Funkgeräte, werden zum Abhören von Gesprächen benutzt.

Nachtferngläser sorgen auch bei Dunkelheit für gute Fernsicht.

Zum Abhören von Telefongesprächen dienen spezielle Wanzen.

Mini-Tonbänder haben selbst in einer Zigarettenschachtel Platz.

In Uhren eingebaute Kameras machen geheime Fotoaufnahmen.

Wanzen-Detektoren in Form eines Kugelschreibers melden mögliche Wanzen in einem Raum.

SPIONAGE-AUSRÜSTUNG

Spione brauchen spezielle Hilfsmittel, um Leute zu beobachten und abzuhören und um Meldungen sicher weiterzugeben. Wanzen sind winzige Mikrofone mit Sender, die von Spionen in Büros oder Privaträumen installiert werden. Mit einem Transistorempfänger kann der Spion die von der Wanze übermittelten Signale hören. Riesige Teleobjektive dienen dazu, peinliche Fotos zu schießen, mit welchen das Opfer erpresst werden soll. Ein zunehmender Trend heute ist es, sich als Hacker in Computer und Geheimdateien von Regierungen und Konzernen einzuschleichen.

SATELLITENSPIONE

Der erste Satellit dieser Art wurde 1961 von den USA in Umlauf gebracht. Er filmte vom Weltall aus Truppenbewegungen auf der Erde. Heute gibt es zahlreiche Spionagesatelliten, die technisch sehr viel weiter entwickelt sind. Sie zeichnen Funksignale auf und unterscheiden bestimmte Fahrzeugtypen auf dem Boden. Die Weltraumspionage hat den Einsatz herkömmlicher Spione weitgehend ersetzt.

Siehe auch

Polizei
Rechtsprechung
Satelliten
Weltkrieg, Zweiter

SPORT

Viele Sportarten früherer Zeiten werden noch heute ausgeübt, manche sind jedoch – wie etwa das Fußringen – ausgestorben.

JEDER, DER SPORT TREIBT, tut das aus einem bestimmten Grund. Jogger wollen sich in erster Linie fit halten und ihre Kondition verbessern. Rucksack-Reisende brauchen die Herausforderung, fernab von jeder Zivilisation zu überleben. Und keine Erfahrung kommt dem Hochgefühl gleich, das der Gewinner eines Wettkampfs verspürt. Wettkampfsportarten haben feste Regeln und sind so organisiert, dass jeder, der daran teilnimmt, die Chance hat zu gewinnen. Viele sportliche Aktivitäten erfordern Kraft und Ausdauer.

Viele Sportarten wie z. B. Bogenschießen, Laufen und Ringen entwickelten sich aus Aktivitäten, die ursprünglich für das Überleben wichtig waren. Dagegen sind manche Sportarten wie z. B. Basketball oder Volleyball Erfindungen unserer Zeit. Heute wird der Sport in zunehmendem Maß von Sponsoren und vom Fernsehen beeinflusst; Spitzenspieler verdienen Millionen, und wichtige Wettkämpfe und Meisterschaften haben ein großes internationales Publikum.

Zeitnehmer achten auf die genaue Einhaltung der Spieldauer.

Sportschuhe verringern die Rutschgefahr.

AUSRÜSTUNG UND TRIKOTS

Bei Mannschaftssportarten sind gut unterscheidbare Trikots wichtig. So sehen die Zuschauer und die Spieler auf dem Platz sofort, zu welcher Mannschaft ein Spieler gehört. Unter Shorts und Trikot tragen die Spieler mancher Sportarten wie etwa dem Eishockey eine spezielle Schutzausrüstung. Die Art der Schuhe richtet sich nach der Oberfläche des Spielfelds – Gummisohlen für das Basketballfeld und Schuhe mit Stollen für den Fußballrasen. Zur Ausrüstung gehören für bestimmte Sportarten auch Ball oder Schläger.

Handzeichen des Basketball-Schiedsrichters

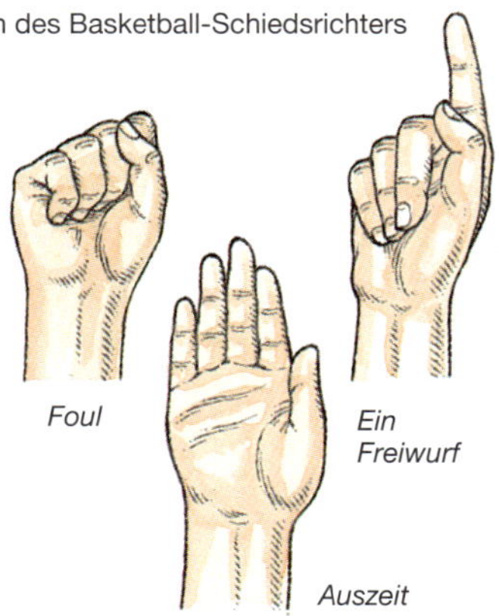

REGELN

Jede Mannschaftssportart hat Regeln, die genau festlegen, was erlaubt ist und was nicht. Schiedsrichter und Linienrichter am Rand des Spielfelds sorgen dafür, das niemand gegen die Regeln verstößt. Bei manchen Sportarten benutzen sie eine laute Pfeife, um das Spiel an- und abzupfeifen. Ihre Entscheidungen machen sie mit bestimmten Handzeichen oder Fähnchen deutlich.

MANNSCHAFTSSPORTARTEN

Bei Mannschaftssportarten zählt vor allem Teamgeist. Die Stars einer Mannschaft sind zwar meist die Angriffsspieler, die Punkte machen und Tore schießen. Aber nicht jeder Spieler kann ein Star sein. Sonst gäbe es keine Verteidiger, die verhindern, dass der Gegner Punkte macht. In diesem Sinn hat jeder Spieler einer Mannschaft seine Aufgabe, und an einem Sieg sind sie alle in gleicher Weise beteiligt.

SPIELFELD

Die Regeln jeder Mannschaftssportart beinhalten auch Vorschriften für das Spielfeld, seine Größe, die Markierungen und die Torhöhe. Je nachdem, ob das Spiel von Erwachsenen oder Jugendlichen gespielt wird, kann es auch Abweichungen davon geben. Das bezieht sich beim Basketball etwa auf die Höhe des Korbbretts. Das Basketball-Spielfeld für Amateure und Profis ist 15 m breit und 28 m lang.

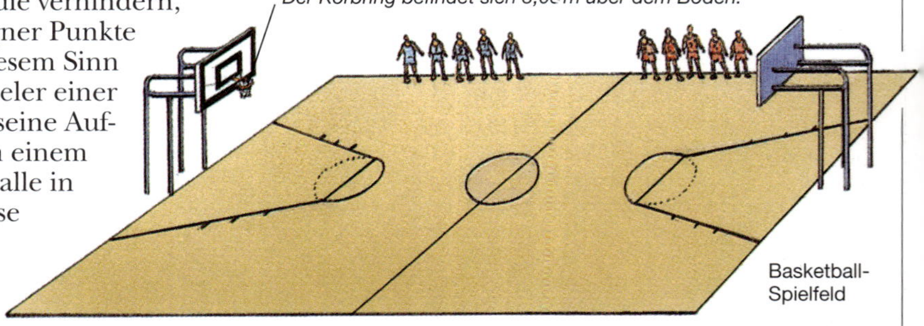

Basketball-Spielfeld

Wettkämpfe

Bei Einzelwettkämpfen tritt jeder Teilnehmer für sich alleine an. Manche versuchen, einen Rekord zu brechen, andere messen sich mit anderen Teilnehmern. Bei Sportarten wie Fechten, Judo und Tennis tragen die Gegner einen Zweikampf aus. Und mehrere Sportler schließlich treten bei Rennsportarten gegeneinander an. In manchen Sportarten wie dem Alpinskilauf und dem Bogenschießen treten die Wettkämpfer einzeln an, um die beste Zeit oder Punktzahl zu erreichen. In anderen Sportarten wiederum, wie etwa dem Turnen oder Tauchen, entscheiden Kampfrichter über die Punktzahl.

Skiläufer erreichen oft hohe Geschwindigkeiten.

Turnen

Turnen im klassischen Sinn besteht aus Übungen auf dem Boden und am Gerät. Zu den Geräten gehören Pferd, Ringe und Barren. Nicht jedes Gerät ist für Männer und Frauen gleichermaßen zugelassen, und auch die Übungen von Männern und Frauen unterscheiden sich. So sind die Ringe ein Gerät ausschließlich für Männer, während am Schwebebalken nur Frauen turnen.

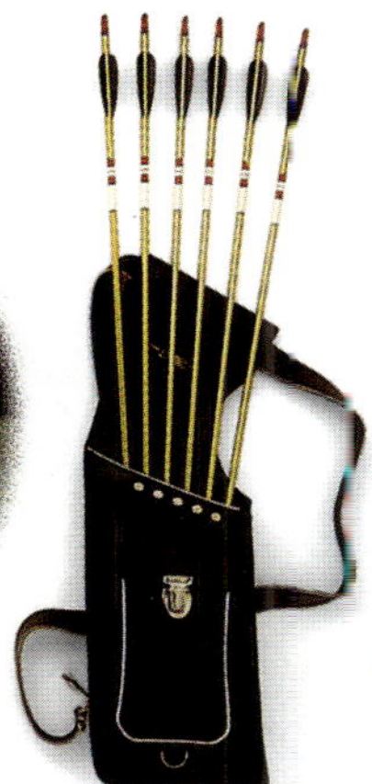

Zielscheibe beim Bogenschießen

Kampfsportarten

Die heutigen Kampfsportarten haben ihren Ursprung in den Ringkämpfen im alten Griechenland, wenn auch Ringen als Sport schon 15 000 Jahre früher verbreitet war. Es bildeten sich unterschiedliche Spielarten des waffenlosen Zweikampfs heraus – Boxen und Ringen im Westen und Jiu-Jitsu im Osten. Die asiatischen Kampfsportarten wie Judo, Karate, Aikido und Taekwondo entstanden aus dem Jiu-Jitsu.

Schiess-Sport

Die Anfänge des Bogenschießens vor 500 Jahren sind die Anfänge des Schießsports überhaupt. Beim Bogenschießen schießen die Wettkampfteilnehmer heute eine Serie von Pfeilen aus verschiedenen Entfernungen auf eine Zielscheibe. Die innerste Zone der Scheibe zählt zehn Punkte, die äußere einen Punkt. Zum Schießsport gehört auch das Schießen mit Pistolen und Gewehren. Hier gibt es auch bewegliche Ziele.

Sport auf Rädern

Wettkämpfe auf Rollen oder Rädern umfassen eine große Bandbreite, vom Skateboardfahren bis zum Autorennen. Geschicklichkeit und Ausdauer sind besonders wichtig bei Sportarten wie dem Rollschuhlaufen, Radrennfahren und Mountainbiking.

Flugsport

Im Gegensatz zum Motor- und Kunstflugsport nutzen Gleitflieger und Drachenflieger warme Luftströmungen, um ohne zusätzlichen Antrieb in der Luft zu bleiben. Fallschirmspringer durchmessen mehrere tausend Meter im freien Fall; dabei fassen sich oft mehrere Flieger an den Händen und bilden Formationen. Erst im letzten Augenblick öffnen sie den Schirm, um sicher zu landen.

Pferdesport

Der Pferderennsport ist sehr beliebt. Man unterscheidet zwischen Hindernisrennen und so genannten Flachrennen, die über eine hindernisfreie Strecke ausgetragen werden. Beim Trabrennen zieht das Pferd ein »Sulky«, einen zweirädrigen Wagen samt Fahrer. Andere Pferdesportarten sind Springreiten, Dressurreiten und Military, eine Art Geländereiten.

Beim Gleitschirmfliegen wird wie beim Drachenfliegen von einem Berg aus gestartet.

Siehe auch

Ballsportarten
Fussball
Leichtathletik
Olympische Spiele
Spiele

Sprachen

TURM VON BABEL
Nach einer biblischen Erzählung sprachen alle Menschen ursprünglich die gleiche Sprache. Als sie jedoch einen Turm bis in den Himmel bauen wollten, ärgerte sich Gott. Er schuf viele Sprachen, sodass sich die Menschen nicht mehr untereinander verständigen konnten.

DAS SPRECHEN IST EINE der Fähigkeiten, die Menschen von Tieren unterscheidet. Manche Säugetiere und auch Vögel haben einfache »Sprachen«, die aus wenigen Lauten bestehen, die menschliche Sprache dagegen ist viel höher entwickelt. Allein die deutsche Sprache hat einen Wortschatz von mehr als 300 000 Wörtern – allerdings werden nur etwa 3000 davon alltäglich angewandt. Eine Sprache ist die Art und Weise, seine Gedanken mit gesprochenen Lauten auszudrücken. Die menschliche Sprache entwickelte sich im Laufe der Jahrtausende, wobei die Menschen in unterschiedlichen Ländern verschiedene Sprachen verwenden. Oft sind einzelne Worte in benachbarten Sprachen sehr ähnlich: So heißt z. B. Buch auf Italienisch libro – genauso auf Spanisch und ähnlich auf Französisch: livre. Es gibt fast 5000 verschiedene Sprachen und Dialekte.

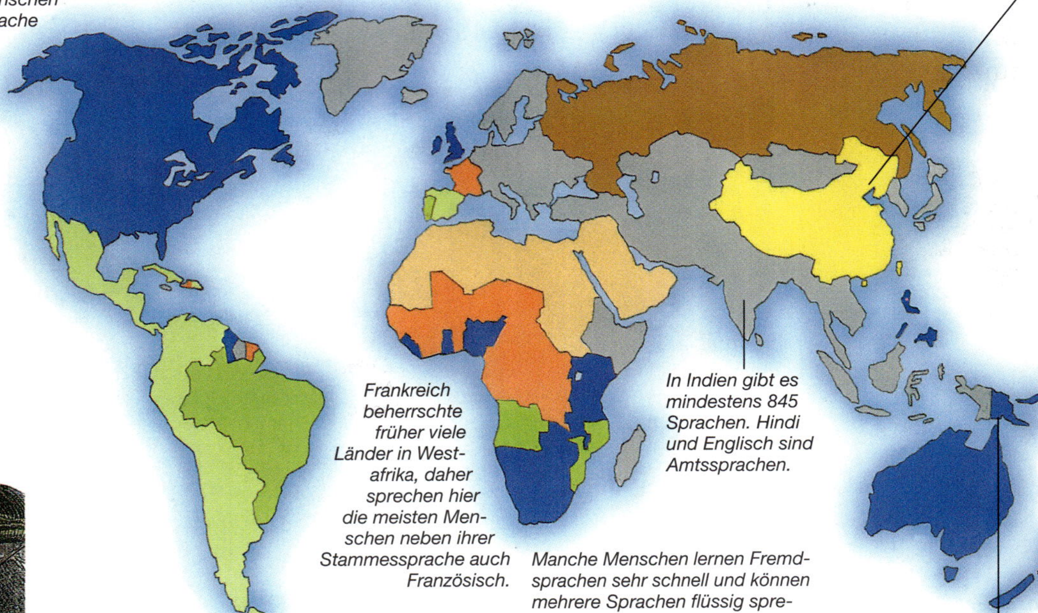

- Mandarin-Chinesisch
- Englisch
- Russisch
- Spanisch
- Französisch
- Portugiesisch
- Arabisch
- Andere Sprachen

LATEIN
Viele Jahrhunderte lang sprachen die gebildeten Menschen vieler Länder neben ihrer Muttersprache auch Latein. In ganz Europa war Latein lange die wichtigste Sprache für Gelehrte und für die christlichen Kirche.

Weltsprachen

Eine Karte der Sprachenverteilung zeigt, wie europäische Nationen die Welt erobert haben: Die Briten brachten z. B. ihre Sprache in die USA, nach Kanada, Australien und Neuseeland. Die Spanier eroberten weite Teile Südamerikas, wo noch heute Spanisch gesprochen wird. Viele Menschen sprechen in all diesen Ländern jedoch auch noch eine lokale Sprache, die Teil ihrer Stammeskultur ist.

ZEICHENSPRACHE

Sprechen und Hören sind Grundvoraussetzungen für Sprache. Menschen, die taub oder stumm sind, können die gesprochene Sprache nicht anwenden. Stattdessen verwenden sie Handzeichen. Es gibt Zeichen für alle gebräuchlichen Wörter und auch für einzelne Buchstaben.

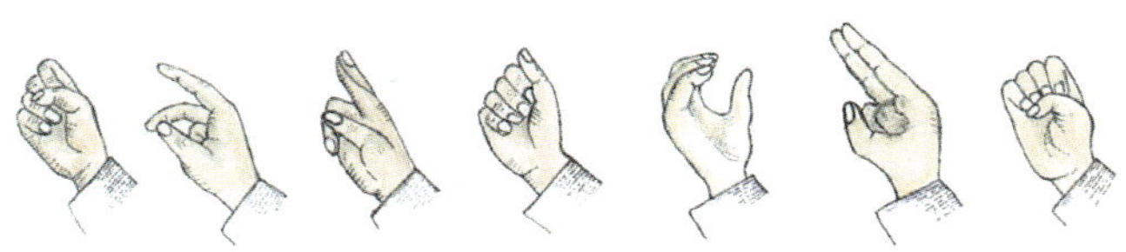

S P R A C H E

Siehe auch
ALPHABETE
BILDUNG
SYMBOLE UND ZEICHEN

Städte

Ein Drittel der Menschheit lebt in Städten. Die größte Stadt der Welt, Tokio in Japan, hat über 26 Mio. Einwohner. Aber nicht alle Städte sind so riesig. Eine einheitliche Definition für den Begriff Stadt gibt es nicht, meist bedeutet er eine Mindesteinwohnerzahl von 20 000 Menschen. Stadtbewohner benötigen Wasser, Strom, eine gute Infrastruktur, Schulen und Läden. Dies alles erfordert eine ausgeklügelte Organisation. Schlecht geführte Städte sind hässlich und ungesund und leiden unter Problemen wie Wohnungsnot, Verkehrsstaus und Luftverschmutzung. Die ersten Städte entwickelten sich vor etwa 7000 Jahren als Handelszentren in Nordafrika, im Nahen Osten, in Indien und in China. Reiche Städte wie Alexandria in Ägypten wurden Regierungs- und Machtzentren. Wie heutige Städte hatten sie Märkte, Banken, Hotels, Fabriken und Stätten der Unterhaltung.

Hauptstädte

Die wichtigste Stadt jedes Landes heißt Hauptstadt. Sie ist meist der Regierungssitz, wenn auch vielleicht nicht die größte Stadt des Landes. Manche Hauptstädte wie Brasilia wurden in neuerer Zeit extra für diesen Zweck erbaut.

Brasilia löste Rio de Janeiro als Hauptstadt Brasiliens ab.

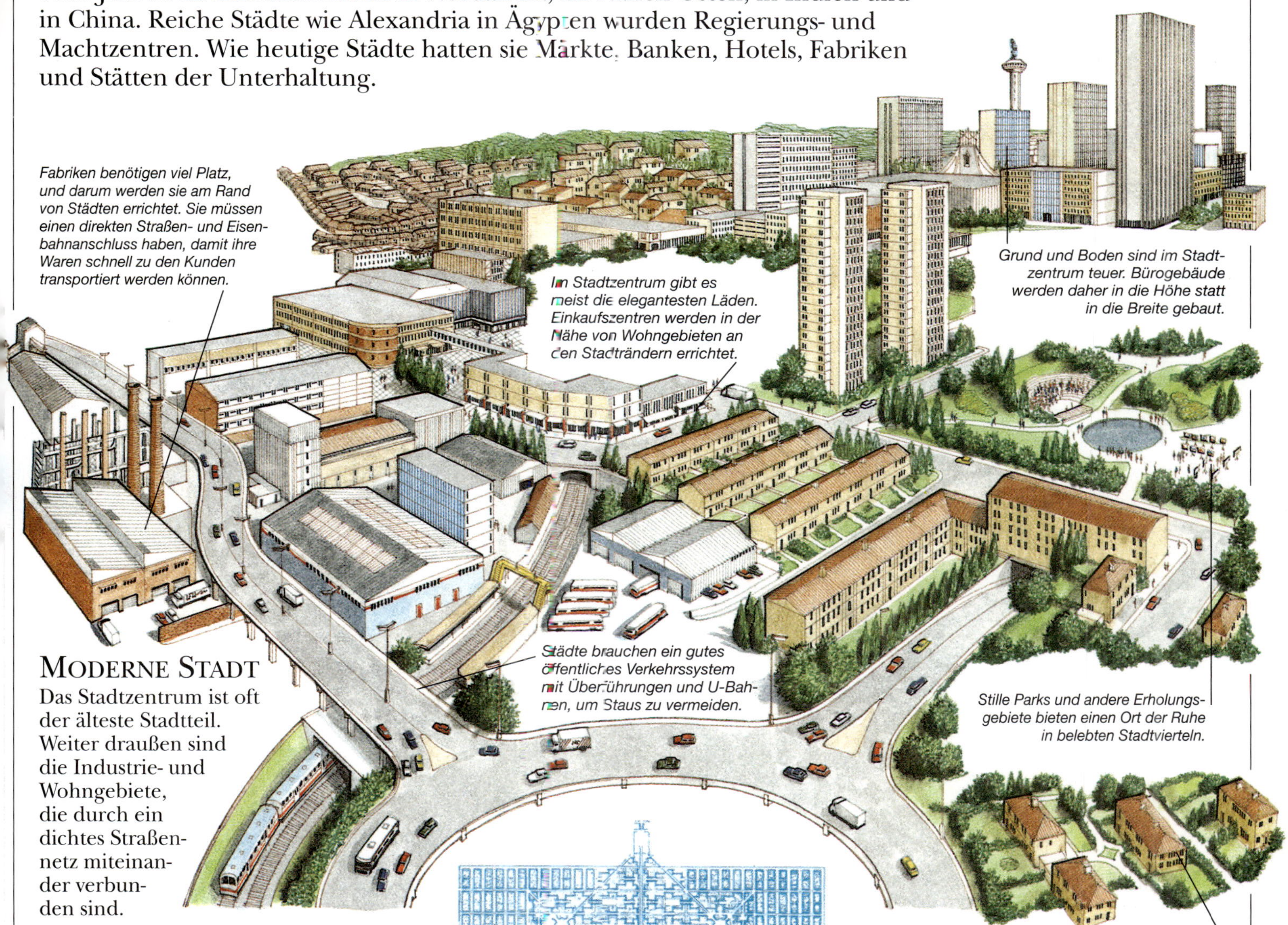

Moderne Stadt

Das Stadtzentrum ist oft der älteste Stadtteil. Weiter draußen sind die Industrie- und Wohngebiete, die durch ein dichtes Straßennetz miteinander verbunden sind.

Planung

Viele Städte entwickeln sich um ihr historisches Zentrum ohne eine Gesamtplanung. Andere Städte, wie Washington, D. C., wurden von Anfang an sorgfältig geplant. Straßen und Plätze, Verkehrssysteme, Kanalisation, Geschäftszentren und Sportanlagen werden genau vorgeplant, bevor das Bauen beginnt.

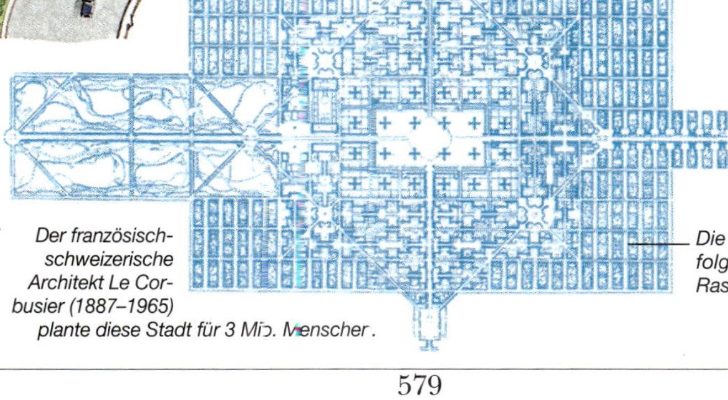

Der französisch-schweizerische Architekt Le Corbusier (1887–1965) plante diese Stadt für 3 Mio. Menschen.

Siehe auch
Architektur
Industrielle Revolution
Straßen

STATISTIK

DURCHFÜHRUNG VON UMFRAGEN
Vor jeder statistischen Analyse müssen Zahlen gesammelt werden. Wenn die Statistik von Menschen handelt, werden die Daten mittels Fragebögen oder persönlicher Interviews erhoben. Die Befragten gehören einer bestimmten Gruppe an, oder sie werden nach dem Zufallsprinzip ausgewählt. Sämtliche Antworten, egal ob mündlich oder auf einem Fragebogen, müssen in reines Zahlenmaterial umgearbeitet werden.

DAS WORT STATISTIK HAT zwei Bedeutungen. Zunächst bezeichnet es schlicht und einfach Fakten, die in Form von Zahlen angegeben werden – z. B. wie viele Kinder sind in dieser oder jener Klasse, wie oft regnet es in einem Jahr oder wie hoch sind die Steuereinnahmen. Dann aber meint dieses Wort auch das Bearbeiten und Auswerten dieser Zahlen durch Spezialisten, so genannte Statistiker. Sie analysieren z. B. Messungen der jährlichen Regenmenge und erhalten dadurch Durchschnitts- und Prozentwerte. Daraus leiten sie Vorhersagen über die Regenmenge in der Zukunft ab, was für die Landwirtschaft und den Tourismus hilfreich ist. Die wissenschaftliche Statistik ist ein Teilgebiet der Mathematik.

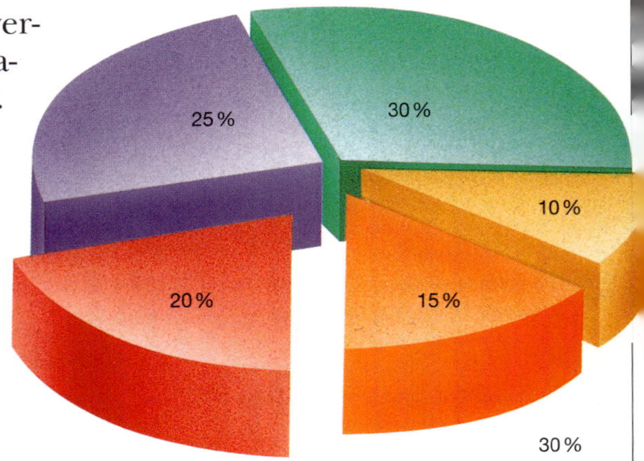

Kreisdiagramm

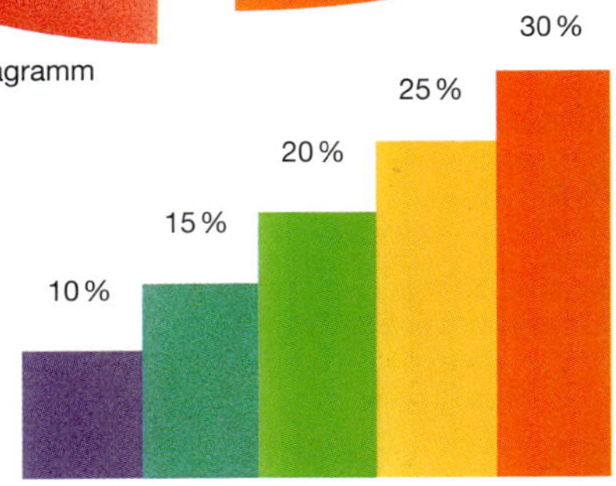

Säulendiagramm

KREIS- UND SÄULENDIAGRAMME
Statistische Informationen können in Tabellenform dargestellt werden. Eine bequemere und übersichtlichere Art der Darstellung sind Kreis- oder Säulendiagramme. Kreisdiagramme ähneln einem in Stücke geschnittenen Kuchen. Säulendiagramme stellen die Information mittels mehrfarbiger Balken dar.

VOLKSZÄHLUNG

Die frühesten bekannten Volkszählungen dienten vor allem der Steuererhebung, während heute wesentlich mehr Daten erhoben werden. Dazu muss jeder erwachsene Bürger einen Fragebogen ausfüllen, auf dem er Angaben über Alter, Geschlecht und Einkommen macht. In Deutschland wurde die erste Volkszählung 1871, die letzte 1987 durchgeführt.

Im 19. Jh. erhielten Schüler Unterricht im Ausfüllen von Fragebögen, weil ihre Eltern nicht lesen konnten.

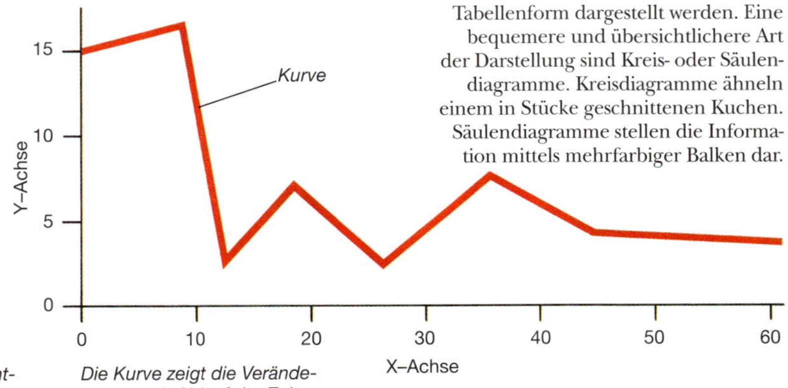

Die Kurve zeigt die Veränderungen mit Ablauf der Zeit.

GRAFIKEN
Wie Diagramme zeigen Grafiken statistische Daten in übersichtlicher Form. Auf der senkrechten Linie, der Y-Achse, wird die Anzahl von Dingen, Personen oder Ereignissen markiert. Die waagrechte Linie, die X-Achse, dient zur Markierung eines Zeitablaufs. Die Kurve zeigt auf einen Blick, welche Veränderungen eingetreten sind.

DURCHSCHNITTSWERTE

Der Durchschnitt bezeichnet den Mittelwert einer vergleichbaren Gruppe von Zahlen. Er wird nach einer bestimmten Methode berechnet. Dabei werden alle Elemente zusammengezählt und die Summe durch die Anzahl der Elemente geteilt. So ermittelt man die durchschnittliche Körpergröße von fünf Personen, indem man alle fünf »Größen« addiert und die Summe durch fünf teilt.

Das Kind in der Mitte entspricht der durchschnittlichen Größe aller fünf Kinder.

Siehe auch
MATHEMATIK
NATURWISSENSCHAFTEN
ZAHLEN

STEINZEIT

VOR MEHR ALS ZWEI Millionen Jahren fertigten die Menschen Werkzeuge und Waffen aus Stein, vor allem aus Feuerstein. Diese frühen Menschen, Hominiden genannt, waren den Affen noch sehr ähnlich. Langsam lernten sie, einfache Hilfsmittel wie Messerklingen herzustellen. Die Menschen der Steinzeit waren auf ständiger Wanderschaft. Sie suchten nach Jagdgründen und ließen sich nur kurzzeitig in kleinen Gruppen nieder. Im Winter zogen sich manche Gruppen in Höhlen zurück. Sie sammelten Obst, Beeren sowie Wurzeln und jagten wilde Tiere. Bis zum Beginn des Mesolithikums (Mittelsteinzeit, vor 10 000 Jahren) sind viele größere Tierarten ausgestorben. Die Menschen des Mesolithikums, die bereits wie wir »moderne Menschen« *(Homo sapiens)* waren, nutzten die scharfkantigen Steinwerkzeuge zum Fischen und Jagen. Vor rund 5000 Jahren begannen Menschen des Neolithikums (Neusteinzeit), Tiere zu zähmen, Feldfrüchte anzubauen und sich bei ihren Äckern anzusiedeln.

um 2 500 000 v. Chr. Beginn des Paläolithikums (Altsteinzeit).

um 2 000 000 v. Chr. Hominiden stellen die ersten Steinwerkzeuge her.

um 1 500 000 v. Chr. Erste Handaxt.

um 125 000 v. Chr. Rückgang der Eiszeit. Menschen kehren nach Europa zurück. Großtierjagd.

um 75 000 v. Chr. Menschen machen erstmals Feuer und begraben die Toten.

um 20 000 v. Chr. Erfindung der Speerschleuder, von Harpunen, Pfeil und Bogen, des Nähens und der Höhlenmalerei.

um 8300 v. Chr. Mesolithikum.

um 6500 v. Chr. Neolithikum.

um 3000 v. Chr. Metallwerkzeuge und -waffen ersetzen die aus Stein.

MAMMUTJAGD

Vor rund 50 000 Jahren begannen die Menschen mit der Jagd nach wilden Tieren. Durch Zusammenarbeit in Gruppen und durch Einsatz des Denkvermögens konnten sie Tiere töten, die größer waren als sie selbst. Manchmal töteten sie ganze Herden gleichzeitig, indem sie sie über Klippen jagten. Beliebt waren die elefantenähnlichen, behaarten Mammuts, die inzwischen ausgestorben sind.

HERSTELLUNG VON FEUERSTEINKEILEN

1 Die ersten Steinwerkzeuge waren unbehandelt. Die scharfe Kante eines Steins diente als Schneidewerkzeug.

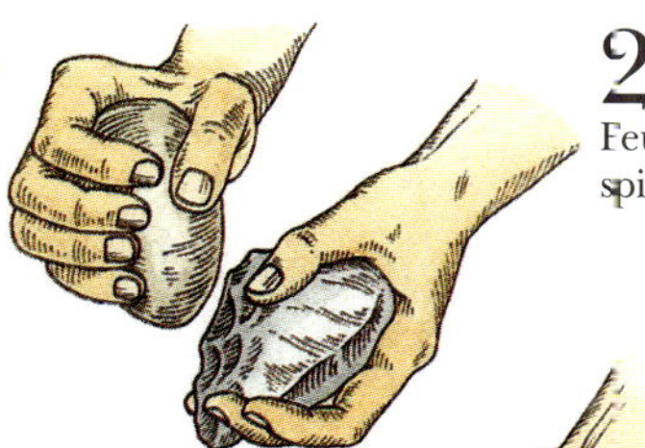

2 Spätere Werkzeuge waren besser. Feuersteine wurden spitz zugeschlagen.

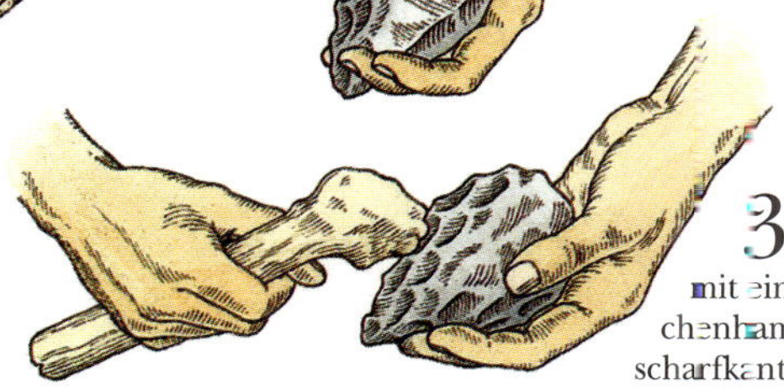

3 Durch Beschlagen mit einem Knochenhammer sprangen scharfkantige Splitter ab.

HANDAXT

Die Handaxt war das erste vom Menschen bewusst geformte Werkzeug. Sie wurde am abgerundeten Ende gehalten, und mit dem spitzen Ende wurde Fleisch bearbeitet oder nach Wurzeln gegraben. Mehr als 1 Mio. Jahre war sie das praktischste Werkzeug.

Handaxt aus Feuerstein, gefunden bei Theben, Ägypten.

Siehe auch

ARCHÄOLOGIE
ERDGESCHICHTE,
ENTWICKLUNG DES MENSCHEN
EVOLUTION

Sterne

Wenn man in einer klaren Nacht zum Himmel schaut, kann man etwa 3000 Sterne von den Milliarden Sternen unserer Galaxie sehen. Obwohl sie uns als winzige Punkte erscheinen, sind sie genau wie unser nächster Stern, die Sonne, gewaltige, heiße Kugeln aus brennendem Gas. Manche Sterne sind riesig: Befänden sie sich in der Mitte unseres Sonnensystems, dehnten sie sich bis über die Erdumlaufbahn hinaus aus. Andere sind viel kleiner, etwa so groß wie die Erde, und senden nur schwaches Licht aus. Sterne sind so unvorstellbar weit entfernt, dass das Licht vom nächsten Stern (nach der Sonne) mehr als vier Jahre braucht, bis es uns erreicht.

Himmelsbeobachter erkannten schon sehr früh, dass Sterne am Himmel Muster bilden. Sie fassten Sterne in Gruppen zusammen, die wir Sternbilder oder Konstellationen nennen. Sternbilder, z. B. der Große Bär, sind hilfreich, wenn man die Position eines Sterns beschreiben will. Astronomen bezeichnen die einzelnen Sterne eines Sternbilds je nach Helligkeit mit griechischen Buchstaben: Alpha, Beta, Gamma usw. So trägt z. B. der zweithellste Stern im Sternbild Zentaur die Bezeichnung Beta Centauri.

SCHWARZES LOCH
Die Überreste eines sehr massereichen Sterns können in sich zusammenstürzen und ein winziges »Schwarzes Loch« bilden. Dessen Schwerkraft ist so groß, dass weder Materie noch Strahlung, z. B. Licht, entweichen können.

PULSAR
Nach einer Supernova kann ein Pulsar zurückbleiben – eine rotierende Kugel, die mehr Masse hat als die Sonne, deren Durchmesser aber nur rund 16 km beträgt. Beim Rotieren sendet der Pulsar Radio- und Lichtwellen aus.

SUPERNOVA
Wenn ein massereicher Stern stirbt, stürzt er in weniger als einer Sekunde in sich zusammen. Dies führt zu einer gewaltigen Explosion, genannt Supernova. Nach der Explosion dehnt sich eine riesige Gaswolke ins All aus.

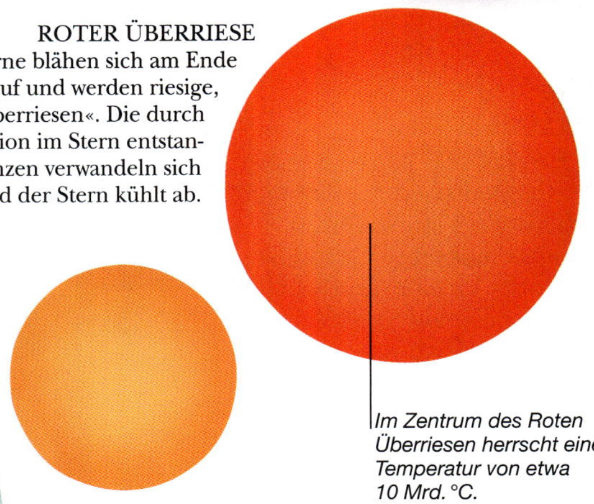

ROTER ÜBERRIESE
Manche Sterne blähen sich am Ende ihres Lebens auf und werden riesige, kühle »Rote Überriesen«. Die durch Kernreaktion im Stern entstandenen Substanzen verwandeln sich zu Eisen, und der Stern kühlt ab.

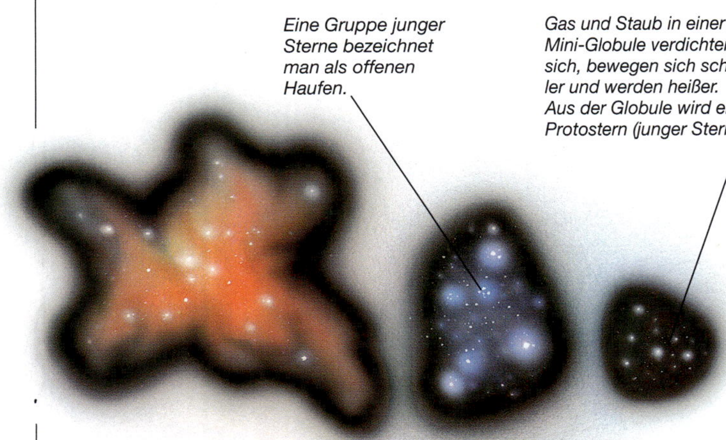

NEBEL
Sterne entstehen aus so genannten Nebeln – großen Wolken im All, die aus Staubteilchen und aus gasförmigem Wasserstoff bestehen.

DIE GEBURT EINES STERNS
Die Schwerkraft zieht die Nebel zu so genannten Globulen zusammen. Diese werden kleiner und rotieren immer schneller, bis sie in einige hundert »Mini-Globulen« zerbersten, die alle zu Sternen werden.

EIN STERN BEGINNT ZU LEUCHTEN
Wenn die Temperatur im Zentrum eines so genannten Protosterns auf 10 Mio °C klettert, setzen Kernreaktionen ein, die Wasserstoff langsam in Helium verwandeln. Der Protostern beginnt zu leuchten und wird ein richtiger Stern.

ROTER RIESE
Wenn bei einem sonnenähnlichen Stern der Wasserstoff zur Neige geht, bläht er sich zu einem kühleren Roten Riesen auf. Dies wird in rund 5 Mrd. Jahren auch mit der Sonne geschehen.

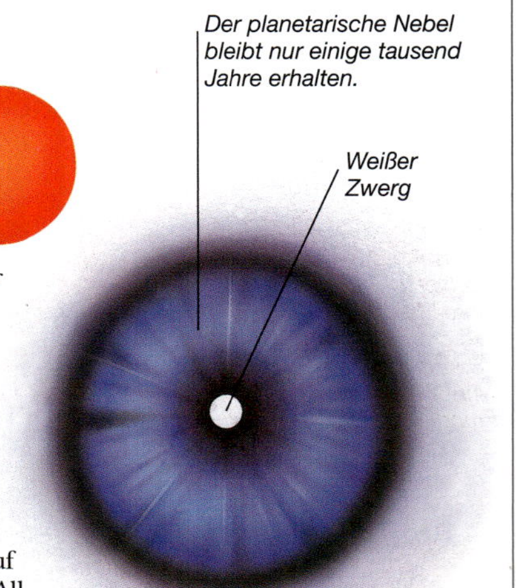

PLANETARISCHER NEBEL
Vor seinem Ende kann ein sonnenähnlicher Stern in sich zusammenstürzen. Es bleibt ein heißer, dichter Kern zurück. Dieser flammt auf und schleudert eine glühende Gashülle ins All, die man als planetarischen Nebel bezeichnet (rechts), da sie durch ein Fernrohr wie ein Planet aussieht.

Leben und Tod eines Sterns

Überall im Weltall werden neue Sterne geboren, und alte Sterne sterben. Sterne entstehen aus Staub- und Gaswolken, die im Weltall verteilt sind. Sterne mit der Größe unserer Sonne leuchten etwa 10 Mrd. Jahre. Die massereichsten Sterne (die 100-mal mehr Materie besitzen als die Sonne) leuchten sehr hell, haben aber ein kürzeres Leben – nur etwa 10 Mio. Jahre.

FUNKELNDE STERNE
Im Inneren eines Sterns strahlen Kernreaktionen Energie in Form von Licht und Hitze aus. Ein Stern scheint zu funkeln, da sein Licht durch die Erdatmosphäre dringt, die aus verschiedenen bewegten Gasschichten besteht. Vom Weltraum aus betrachtet leuchten die Sterne ganz gleichmäßig, da dort keine Atmosphäre den Weg des Lichts behindert.

STERNBILDER

Astronomen unterteilen den Sternhimmel in 88 Sternbilder oder Konstellationen. Jede hat neben ihrem deutschen auch einen lateinischen Namen, z. B. Ursa maior (Großer Bär). Die Sternzeichen der Astrologie sind die zwölf Sternbilder des Tierkreises – dem Band von Sternbildern, das die Sonne während eines Jahres durchläuft.

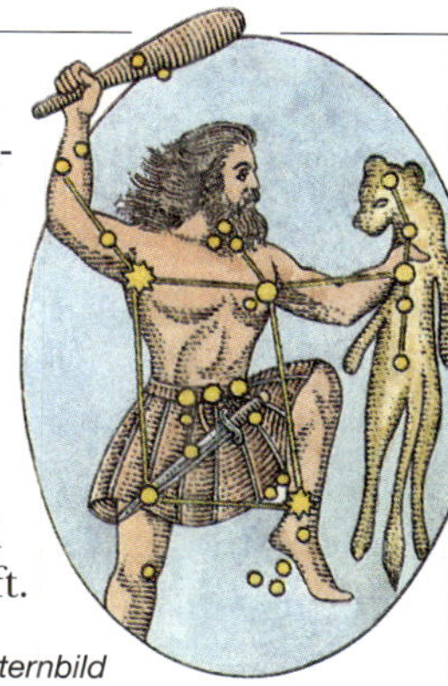

Je nach Jahreszeit kann man das Sternbild Orion (oben) von der ganzen Erde aus sehen.

WEISSER ZWERG
Am Ende seines Lebens schrumpft ein sonnenähnlicher Stern auf die Größe der Erde und bildet einen Weißen Zwerg. Dieser ist zwar sehr heiß, wegen seiner geringen Größe aber sehr leuchtschwach.

SCHWARZER ZWERG
Nach etwa 1 Mrd. Jahren kühlt ein Weißer Zwerg zu einen dunklen, kalten Schwarzen Zwerg ab. Bislang wurde jedoch noch kein Schwarzer Zwerg beobachtet, da unsere Galaxie so jung ist, dass noch kein Schwarzer Zwerg entstehen konnte.

PARALLAXE

Astronomen bestimmen mittels der so genannten Parallaxe die Entfernung eines Sterns. Da sich die Erde um die Sonne bewegt, scheinen die näheren Sterne im Vergleich zu den entfernteren Sternen weniger zu wandern. Astronomen bestimmen die Position eines Sterns im Abstand von sechs Monaten. Daraus können sie die Entfernung eines Sterns berechnen.

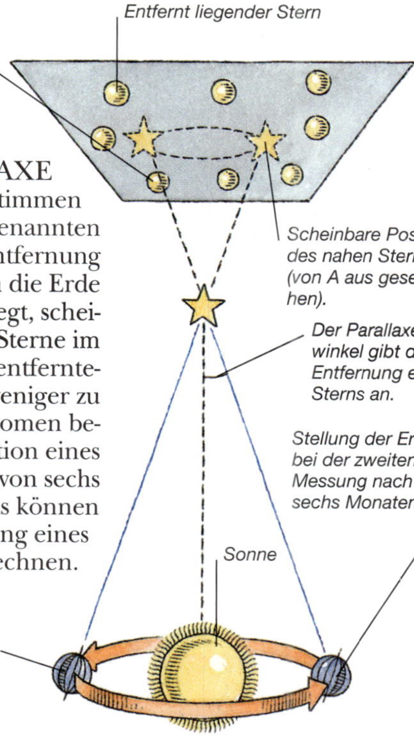

VERÄNDERLICHE STERNE

Viele Sterne scheinen ihre Helligkeit zu verändern. Manche Sterne schwellen an und schrumpfen wieder zusammen, wodurch sie mal heller, mal dunkler sind. Andere Veränderliche sind in Wirklichkeit zwei sich umkreisende Sterne, wobei der eine Stern immer wieder den anderen verdeckt.

Doppelsterne umkreisen sich gegenseitig. Wenn ein Stern den anderen verdeckt, nimmt die Helligkeit ab. Wenn man beide Sterne sieht, nimmt die Helligkeit wieder zu.

Bei manchen Veränderlichen handelt es sich um explodierende Sterne. Die Explosion lässt den Stern viel heller erscheinen als zuvor, wobei das hellere Leuchten einige Tage bis mehrere Jahre anhalten kann.

STERNHELLIGKEITEN

Die Farbe des Sternlichts entspricht der Oberflächentemperatur eines Sterns: Rote Sterne sind am kühlsten, blaue Sterne am heißesten. Die Helligkeit eines Sterns (die Energiemenge, die er ausstrahlt) hängt mit seiner Masse zusammen (der Materialmenge, die er enthält): Je schwerer ein Stern ist, desto heller leuchtet er. Astronomen messen Farbe und Helligkeit eines Sterns und können so auf dessen Größe und Entfernung schließen.

Siehe auch

ASTRONOMIE
FERNGLÄSER UND TELESKOPE
NAVIGATION
PLANETEN
SCHWARZE LÖCHER
SCHWERKRAFT
SONNE
WELTALL

Strassen

Die USA haben mehr Strassen als jedes andere Land – ein Netz von über 6 Mio. km. Um diese Strecke zurückzulegen, müsste man fast neun Jahre lang nonstop mit 80 km/h fahren. Die meisten Länder haben dichte Straßennetze: Kreuzungsfreie Autobahnen sowie Überlandstraßen verbinden Städte, normale Straßen führen durch die Städte hindurch und verbinden auch einzelne Stadviertel und Häuser. Autos und Omnibusse befördern Menschen auf den Straßen und Autobahnen von Ort zu Ort. Lastwagen bringen die Waren, die man in den Läden kauft. Die meisten Staaten haben Rechtsverkehr. In manchen Staaten wie Großbritannien, Indien, Japan und Australien ist Linksverkehr vorgeschrieben. Die meisten Großstädte haben Einbahnstraßennetze, damit der Verkehr glatt fließen kann.

Antike Strassen

Die alten Römer waren große Straßenbauer. Vor rund 2000 Jahren errichteten sie in ihrem Reich ein Straßennetz. Diese und viele andere alte Straßen gibt es noch heute, allerdings mit Fahrbahnen für Motorfahrzeuge. Antike Straßen waren auch Handelsrouten. Seit dem 3. Jh. v. Chr. gelangte Seide aus China über die Seidenstraße durch Asien nach Europa.

Autobahnen

Kreuzungsfreie Autobahnen befördern den Verkehr nonstop zwischen Städten und um Stadtzentren herum. Sie sind sehr breit und haben oft drei Spuren in jeder Richtung. Ein Mittelstreifen trennt beide Fahrstreifen.

Strassenbau

Zum Bau einer Hauptstraße für starken Verkehr wird der Boden zuerst von Bulldozern geräumt und eingeebnet, nötigenfalls werden noch Böschungen oder Gräben angelegt. Abflüsse für Regenwasser werden verlegt, und dann wird die Straße in mehreren Schichten gebaut. Auf den Boden kommen eine oder mehrere Schichten Schotter. Die Straßendecke kann aus Beton oder einem Gemisch aus Bitumen und Kies sein. Dampfwalzen verdichten jede Schicht.

VERKEHRSSTAU

Bis 2025 wird es schätzungsweise 1 Mrd. Autos auf den Straßen der Erde geben – und damit noch mehr Staus.

STRASSEN-REKORDE

Das längste Straßensystem der Welt ist der Panamerican Highway, der über 47 000 km lang ist. Er verläuft von Alaska bis Chile, mit einer Unterbrechung in Panama und Kolumbien.

Verkehrsregelung

Straßenschilder wie Tempolimits und Warnungen vor Gefahren machen den Verkehr sicherer. Straßenmarkierungen grenzen Fahrspuren ab, Ampeln verhindern, dass Fahrzeuge an Kreuzungen zusammenstoßen. Die Polizei überwacht belebte Straßen mit Videokameras, und Computer steuern den Stadtverkehr durch Ampelschaltungen, die den Verkehrsfluss begünstigen und Staus vorbeugen.

Siehe auch

Bautechnik
Brücken
Rom, Altes
Städte
Tunnel

STRAUSSENVÖGEL

ES GIBT VIELE FLUGUNFÄHIGE Vögel. Zu ihnen gehören auch die Straußenvögel. Die meisten von ihnen sind sehr groß. Mit über 2,50 m Körperhöhe sind Strauße die größten heute lebenden Vögel. Sie leben im trockenen Grasland Afrikas. Ihre Federn sind sehr weich, weil sie nicht zum Fliegen genutzt werden. Straußeneier sind die größten Vogeleier. Ihre Schalen sind nur 3 mm dick, aber sehr hart. Strauße und Emus sind schnelle Läufer und Emus können auch gut schwimmen. In seiner Heimat Australien gilt der Emu als Schädling, weil er Weizenfelder zertrampelt. Weitere flugunfähige Vögel sind der scheue Helmkasuar, der in dichten Wäldern Neuguineas und Australiens lebt, sowie der in Neuseeland heimische Kiwi. Kiwis werden etwa 30 cm hoch. Der Nandu ist ebenfalls ein guter Läufer. Er lebt im Grasland Brasiliens und Argentiniens. Nandus versammeln sich im Winter zu großen Gruppen.

DICKSTES EI
Ein Straußenei ist etwa 20 cm lang und 30 mal schwerer als ein Hühnerei. Kein heute lebender Vogel legt größere Eier!

STRAUSSE

Beide Straußeneltern bewachen die Küken, doch meist ist es das Männchen, das die Eier bebrütet, bis die Jungen schlüpfen. Schon im ersten Lebensmonat können die Küken schnell laufen und selbstständig Futter suchen. Erwachsene Strauße haben kräftige Beine und große Füße.

SCHNELLSTER LANDVOGEL
Der Strauß ist schneller als jeder andere Vogel und als die meisten anderen Tiere. Er kann mehrere Minuten lang 50 km/h schnell laufen und erreicht bei kurzen Sprints sogar 70 km/h.

EMU

Der australische Emu wird 2 m hoch und ist damit der zweitgrößte heute lebende Vogel. Emus fressen Samen, Blätter, Früchte, Triebe und Insekten. Das Weibchen legt in ein flaches Nest am Boden bis zu 15 grüne Eier. Die frisch geschlüpften Jungen sind gestreift und bleiben 18 Monate lang bei ihren Eltern.

NANDU
Der männliche Nandu scharrt eine Nistkuhle, in die bis zu 60 Eier passen. Dieser Darwin-Nandu wird etwa 1 m hoch.

HELMKASUAR
In Australien und Neuguinea leben drei Arten von Kasuarvögeln. Auf der Suche nach Samen und Früchten streifen sie durch die dichten Wälder. Das Weibchen des Helmkasuars legt meist fünf grüne Eier in ein flaches, mit Blättern gepolstertes Nest. Das Männchen brütet die Eier aus. Nachdem die Jungen geschlüpft sind, beschützt das Männchen sie etwa ein Jahr lang.

Siehe auch
AUSTRALIEN, TIERE
TIERE, GRASLAND
VÖGEL

SÜDAFRIKA

SÜDAFRIKA, AFRIKAS SÜDLICHSTES LAND, ist ungeheuer reich an Bodenschätzen, hat eine vielfältige Landschaft und zahlreiche Tierarten. Im 17. Jh. wurde die Region Kapstadt von Holländern besiedelt, denen bald die Briten folgten. Um 1830 begannen die Holländer (*Buren*) ins Landesinnere vorzudringen. Hier kam es zu Zusammenstößen mit der schwarzen Mehrheit, besonders dem Kriegsvolk der Zulu. Im 20. Jh. herrschte in Südafrika die weiße Minderheit. Die schwarze Bevölkerung litt lange Zeit unter der Apartheid und erhielt erst 1994 zu den ersten demokratischen Wahlen das Wahlrecht. Südafrikas wirtschaftliche Vielfalt basiert auf Bergbau und Landwirtschaft; das touristische Potenzial wird gerade erschlossen. Die beiden unabhängigen Staaten Lesotho und Swasiland sind fast vollständig von Südafrika umschlossen und wirtschaftlich von ihrem großen Nachbarn abhängig.

Südafrika liegt an der Südspitze Afrikas am Atlantik und am Indischen Ozean. Das Land besteht großenteils aus einem weiten Plateau, das im Nordwesten an die Wüsten Namib und Kalahari und im Süden an verschiedene Bergketten und eine sandige Küstenebene grenzt.

KAPSTADT
Kapstadt, Sitz des südafrikanischen Parlaments, liegt an der Südwestküste an der Table Bay. Über der Stadt erhebt sich der markante, 1005 m hohe Tafelberg. Kapstadt war die erste Siedlung holländischer Kolonisten im 17. Jh., denn es lag strategisch günstig an den Hauptschifffahrtsrouten zwischen Europa und Asien. Noch heute ist es ein bedeutender Hafen und ein wichtiges Handelszentrum.

ESSSCHALE
Holzgefäße werden auf dem ganzen afrikanischen Kontinent verwendet. Schalen wie diese aus Lesotho werden traditionell aus einem einzigen Holzblock geschnitzt.

DIE DRAKENSBERGE
Die Drakensberge sind ein großer Gebirgszug im Südosten von Südafrika. Sie bilden eine aus der Großen Randstufe herausragende steile Stufe, die bis zu einer Höhe von 3482 m ansteigt. Das Innere Südafrikas wird großenteils vom Tafelland beherrscht, einem trockenen Grasland (*Veld*) mit vereinzelten Bäumen. An manchen Stellen sind die Weidegründe von Schafen und Rindern über 1200 m hoch.

TOWNSHIPS

Bis 1994 bedeutete das System der »Apartheid« die Trennung der schwarzen Mehrheit von der herrschenden weißen Minderheit. Viele Schwarze mussten in speziellen »Townships« leben und sind noch heute dort. Soweto besteht aus einer ganzen Gruppe von Townships mit etwa 2 Mio. Einwohnern. Es liegt außerhalb von Johannesburg, wo die meisten Bewohner arbeiten, sodass sie lange Anfahrtswege in Kauf nehmen müssen.

BODENSCHÄTZE
Südafrika ist der weltgrößte Golderzeuger. Es exportiert auch große Mengen Diamanten, Mangan, Chrom und Platin.

EIN FRUCHTBARES LAND
Südafrika mit seinen fruchtbaren Böden und seinem warmen Klima ist ideal für die Landwirtschaft. Hauptexportgüter sind Weizen, Zuckerrohr, Kartoffeln, Erdnüsse, Zitrusfrüchte und Tabak. Schafe und Rinder weiden im *Veld*. Europäische Siedler brachten im 17. Jh. Reben nach Südafrika. Die Kapprovinz ist ein großes Weinanbaugebiet, und südafrikanischer Wein wird in alle Welt exportiert.

Siehe auch
AFRIKA
AFRIKA, GESCHICHTE
AFRIKA, TIERE
ARTENSCHUTZ
ELEFANTEN

Vulkan	Berg	Historische Stätte	Hauptstadt	Großstadt	Stadt

FAKTEN
Fläche: 1 221 040 km²
Einwohner: 45 000 000
Hauptstadt: Pretoria
Sprachen: Englisch, Afrikaans, Zulu, Xhosa, Ndebele, Setswana, Siswati, Nordsoto, Südsoto, Tsongo, Venda
Religionen: protestantisch, römisch-katholisch, hinduistisch, islamisch, Naturreligionen
Währung: Rand
Haupterwerbszweige: Finanzdienstleistungen, Industrie
Hauptexportgüter: Gold, Diamanten, Mangan, Chrom, Vanadium, Uran, Platin

Südafrikas Verwaltungshauptstadt ist Pretoria, Kapstadt ist Sitz des Parlaments und Bloemfontein der des Obersten Gerichts.

Ein südafrikanischer Medizinmann erklärt einem Patienten die Heilwirkung seiner Medizin.

SANGOMA

In den Stammesgemeinschaften von Südafrika hat ein so genannter Sangoma (Medizinmann) viele Funktionen. Er heilt die Kranken, sagt die Zukunft voraus und spricht mit den Ahnen. Musik und Tanz spielen eine zentrale Rolle in diesen Naturreligionen – bei der Geisterbeschwörung und als Begleitung der Heilrituale.

SWASILAND

Das kleine Königreich Swasiland ist an drei Seiten von Südafrika und im Osten von Mosambik begrenzt. Es besteht großenteils aus Hochplateaus und Bergen. In Swasiland wird vor allem Landwirtschaft betrieben – Zuckerrohr ist das Hauptexportprodukt. Die Menschen leben meist in traditionellen Clans in verstreuten Dörfern. Swasiland wird von einem König regiert; seine Mutter, »Große Elefantendame« genannt, ist eine mächtige Persönlichkeit. Südafrikanische Touristen kommen wegen der Wildtierreservate und Kasinos.

FAUNA UND FLORA
Die Südafrikaner sind Pioniere in der Erhaltung von Tier- und Pflanzenwelt. Der Krüger-Nationalpark (unten) bietet großen Elefantenherden Zuflucht.

LESOTHO
Fläche: 30 350 km²
Einwohner: 1 800 000
Hauptstadt: Maseru

SWASILAND
Fläche: 17 360 km²
Einwohner: 1 100 000
Hauptstadt: Mbabane

SÜDAFRIKA
GESCHICHTE

ALS DIE ERSTEN EUROPÄER SÜDAFRIKA im 17. Jh. besiedelten, fanden sie ein reiches, fruchtbares Land vor, seit langem die Heimat entwickelter Kulturgemeinschaften. Die Europäer errichteten Versorgungshäfen für ihre Schiffe nach und von Indien und dem Fernen Osten. Im Landesinnern gerieten sie in Konflikt mit den Zulu und anderen afrikanischen Königreichen. 1910 wurde Südafrika unabhängig, aber seine schwarze Bevölkerung war viele Jahre von der Macht ausgeschlossen. Heute hat Südafrika einen schwarzen Präsidenten. In der Regierung sind alle Rassen vertreten.

ZULU
Ureinwohner von Südafrika waren die Buschmänner (San), die Khoikoi (Hottentotten) und Bantuvölker wie die Zulu, die das Land jahrtausendelang besiedelten. Das Kriegervolk der Zulu lebte in schützenden Holzbehausungen mit Grasdächern.

CHRONIK

1652 Die Holländer errichten den Hafen von Kapstadt.

1814 Großbritannien annektiert die Kapprovinz.

1836–45 Der Große Treck.

1852 Die Buren gründen Transvaal und 1854 den Oranje-Freistaat.

1879 Zulukrieg.

1899–1902 Burenkrieg, von den Briten gewonnen.

1910 Südafrika wird unabhängige Republik im Britischen Empire.

1948 Die National Party führt die Apartheid ein.

1960 67 Afrikaner werden in Sharpeville bei Demonstrationen gegen die Apartheid getötet.

1994 Erste freie, allgemeine und gleiche Wahlen.

Ochsen zogen Planwagen durch das raue Land.

Der Große Treck

DER GROSSE TRECK

Die Holländer ließen sich als erste Europäer in Südafrika nieder und gründeten 1652 Kapstadt. 1806 übernahmen die Briten die Kontrolle über die Kolonie. Das Verhältnis zwischen den holländischen Farmern, Buren genannt, und den Briten war schlecht. 1836–45 zogen über 15000 Buren nach Norden und besiedelten Natal und Transvaal.

APARTHEID
1948 kam die National Party an die Macht und führte eine Politik der Apartheid oder Rassentrennung ein. Die schwarzen Afrikaner durften in ihrem eigenen Land nicht wählen und mussten in verarmten Gebieten, den Homelands, leben.

DAS ENDE DER APARTHEID
Der Afrikanische Nationalkongress (ANC) führte die weltweit unterstützte Opposition gegen die Apartheid. 1990 verhandelte der südafrikanische Präsident F. W. de Klerk mit dem ANC über das Ende der Apartheid und entließ Nelson Mandela aus dem Gefängnis. Die Apartheid wurde beendet. 1994 kam es in Südafrika zu ersten freien, allgemeinen und gleichen Wahlen, die der ANC gewann.

BURENKRIEG

1886 wurde in der Burenrepublik Transvaal Gold entdeckt. Britische Bergleute strömten ins Land. Die Buren fühlten sich von diesen Uitlanders (Ausländern) bedroht und erklärten 1899 Großbritannien den Krieg. Nach und nach besetzten die Briten immer mehr Land der Buren. Die Buren kämpften weiter, aber viele starben in britischen Lagern. 1902 kapitulierten die Buren.

Siehe auch
AFRIKA
AFRIKA, GESCHICHTE
GROSSBRITANNIEN UND NORDIRLAND
MANDELA, NELSON

SÜDAMERIKA

Südamerika liegt südlich des Isthmus von Panama, umgeben vom Atlantik und vom Pazifik. Es hat eine Fläche von 17,8 Mio. km².

DREI VERSCHIEDENE LANDSCHAFTSFORMEN bestimmen den südamerikanischen Kontinent, der in seiner Form an ein Dreieck erinnert. Entlang der Westküste sind die gewaltigen Anden bis zu 6900 m hoch. Dichte Regenwälder bedecken den feuchtheißen Nordosten. Im Süden liegen große offene Gras- und Buschebenen. Es gibt reiche Bodenschätze und fruchtbares Agrarland. Dennoch gehören einige der zwölf Länder, die den Kontinent bilden, zu den ärmsten der Erde. Bis vor knapp 200 Jahren beherrschten Spanien und Portugal fast ganz Südamerika. Dessen Bewohner kann man in drei Gruppen einteilen: Abkömmlinge europäischer Siedler, Indios und Menschen gemischter Herkunft. Viele Menschen sind unglaublich arm und können sich kaum etwas zu essen kaufen. Große Teile der Bevölkerung sind Analphabeten. Viele südamerikanische Regierungen sind instabil. Die meisten sind bei den reicheren Staaten hoch verschuldet. Die Kosten zur Rückzahlung dieser Schulden erschweren vielen südamerikanischen Staaten die Entwicklung von Industrien, die ihre natürlichen Ressourcen verwerten könnten.

Die argentinischen Cowboys werden Gauchos genannt.

NUTZUNG DES LANDES

Große Rinderherden weiden auf den Grasländern der Pampas und versorgen die Fleischverarbeitungsindustrie in Argentinien, Uruguay und Paraguay. Mais wird als Hauptfeldfrucht auf dem ganzen Kontinent angebaut. Kaffee ist in Brasilien und Kolumbien wichtiges Exportprodukt, während der Anbau von Kokapflanzen in Bolivien, Peru und Kolumbien den Drogenhandel mit Kokain beliefert und deshalb bekämpft wird.

ANDEN

Die Gebirgskette der Anden, die sich über den gesamten Kontinent erstreckt, ist 7500 km lang. Die Anden sind reich an Bodenschätzen wie auch an Ackerland in Gebirgstälern und auf dem Altiplano, einem großen Plateau in Peru und Bolivien.

Straßen über die Anden verlaufen über wenige niedrige Pässe.

TITICACASEE

Der Titicacasee in den Anden auf der Grenze zwischen Peru und Bolivien ist der höchste See der Welt – er liegt 3812 m über Meereshöhe. An manchen Stellen ist er 180 m tief. Zwar verkehren große Schiffe auf dem See, doch die Einheimischen nutzen noch immer ihre traditionellen Fischerboote aus Schilf.

PERU

Mit über 27 Mio. Einwohnern ist Peru eines der größeren südamerikanischen Länder. Es umfasst einen langen Abschnitt der Anden und einen Teil des Regenwaldes. Viele Menschen leben auf Bergbauernhöfen und sind sehr arm. Andere arbeiten auf Kaffee-, Zucker- oder Baumwollplantagen für den Export. Vor kurzem entdecktes Erdöl könnte Peru zusätzliche Einnahmen bringen.

Kaffee wird in Teilen von Südamerika noch per Hand gepflückt.

Eine Bolivianerin in traditioneller Tracht

BOLIVIEN

Das Gebirgsland Bolivien hat keine Küste. Mit der übrigen Welt ist es nur über Eisenbahnen und Straßen durch Peru und Chile verbunden. In den Anden gibt es zwar große Erdöl-, Zinn- und Silbervorkommen, doch das Land ist noch sehr arm. Etwa 70 % der Bevölkerung sind Indios vom Stamme der Aimará oder der Ketschua, die in den Bergen gerade genug Nahrung für sich selbst anbauen. Einige Bauern leben zudem vom Anbau der Kokapflanze, die zur verbotenen Droge Kokain verarbeitet wird.

FUSSBALL

Fußball ist in den meisten Ländern Südamerikas der weitaus beliebteste Sport. International sehr erfolgreich sind Argentinien, Brasilien und Uruguay, das 1930 erstes Gastgeberland der Fußballweltmeisterschaft war und damals auch den Titel gewann. Brasilien hat die heiß umkämpfte Weltmeisterschaft häufiger als jedes andere Land der Welt gewonnen: 1958, 1962, 1970, 1994 und 2002.

Argentinische Fußballfans feiern auf den Straßen ihre Nationalmannschaft. Argentinien gewann die Weltmeisterschaft der FIFA (Fédération Internationale de Football) in den Jahren 1978 und 1986.

Bei den Indios in den südamerikanischen Wäldern leben viele Familien gemeinsam in großen Hütten. Sie schlafen in Hängematten zwischen den Pfosten der Hütten.

UREINWOHNER

Ureinwohner von Südamerika sind die Indios. Im Flachland lebten sie in kleinen Dörfern und sammelten Nahrung im Wald. In den Anden errichteten sie bedeutende Kulturen. Diese wurden durch europäische Eroberer zerstört, und heute leben in abgeschiedenen Teilen des Regenwalds nur noch wenige Stämme wie ihre Ahnen. Doch die Vernichtung des Regenwalds durch Landwirtschaft und Bergbau droht auch diese letzten Spuren der indianischen Gesellschaft zu beseitigen.

FALKLANDINSELN

Die Falklandinseln im südlichen Atlantik wurden 1592 vom britischen Seefahrer John Davis entdeckt. 1690 benannte man die Inseln nach Viscount Falkland, dem Schatzmeister der britischen Marine. Islas Malvinas, so der spanische Name, geht auf »Les Malouines« zurück, wie französische Seeleute im 18. Jh. die Inseln nannten. Sie waren zu unterschiedlichen Zeiten von Großbritannien, Spanien, Frankreich und Argentinien besetzt.

Felsen-, Magellan- und Eselspinguine gibt es auf den Falklandinseln in großer Zahl.

AMAZONAS

Der längste Fluss Südamerikas, der Amazonas, entspringt in den Anden und mündet nach 6400 km in den Atlantik. Er fließt größtenteils durch Regenwald, der eine Fläche von 6,5 Mio. km² bedeckt. Seit etlichen Jahren werden große Teile des Regenwalds für Agrarland gerodet. Inzwischen allerdings hat sich das Tempo des Abholzen verlangsamt.

Siehe auch

ARGENTINIEN
BRASILIEN
FUSSBALL
INKA
KONTINENTE

BODENSCHÄTZE IN CHILE
Kupfer ist Chiles Hauptexportgut. Chuquicamata (oben) ist die produktivste Kupfermine Chiles. Entlang der Anden gibt es große Lagerstätten von Erzen. Sie sind über Jahrtausende durch Druck und Hitze während der Gebirgsbildung entstanden. In der Atacamawüste im Norden des Landes befinden sich Kupfer-, Silber-, Gold- und große Salpetervorkommen.

* Länder mit eigenen Artikeln

ARGENTINIEN *
Fläche: 2 766 890 km²
Einwohner: 38 400 000
Hauptstadt: Buenos Aires

BOLIVIEN
Fläche: 1 098 580 km²
Einwohner: 8 800 000
Hauptstadt: Sucre, La Paz
Sprachen: Spanisch, Ketschua, Aimará
Religionen: römisch-katholisch
Währung: Boliviano
Haupterwerbszweige: Subsistenzwirtschaft, Bergbau, Handel
Hauptexportgüter: Gold, Silber, Zink, Blei, Zinn, Erdöl, Erdgas

BRASILIEN *
Fläche: 8 511 970 km²
Einwohner: 179 000 000
Hauptstadt: Brasília

CHILE
Fläche: 756 950 km²
Einwohner: 15 800 000
Hauptstadt: Santiago de Chile
Sprachen: Spanisch, indianische Sprachen
Religionen: römisch-katholisch, Naturreligionen
Währung: Chilenischer Peso
Haupterwerbszweige: Bergbau, Landwirtschaft
Hauptexportgüter Kupfer, Frischobst, Fischmehl, Lachs, Wein, Lithium, Molybdän, Gold

ECUADOR
Fläche: 283 560 km²
Einwohner: 13 000 000
Hauptstadt: Quito
Sprachen: Spanisch, Ketschua, andere indianische Sprachen
Religionen: römisch-katholisch, protestantisch, jüdisch
Währung: US-Dollar
Haupterwerbszweige: Erdölproduktion, Landwirtschaft, Fischerei
Hauptexportgüter: Erdöl, Bananen, Fisch

FRANZÖSISCH-GUAYANA
Fläche: 83 533 km²
Einwohner: 186 900
Hauptstadt: Cayenne
Status: Französisches Überseedepartement

GUYANA
Fläche: 214 970 km²
Einwohner: 765 000
Hauptstadt: Georgetown
Sprachen: Englisches Kreolisch, Hindi, Tamilisch, indianische Sprachen, Englisch
Religionen: christlich, hinduistisch, muslimisch
Währung: Guyana-Dollar
Haupterwerbszweige: Subsistenzwirtschaft, Bergbau, Forstwirtschaft
Hauptexportgüter: Gold, Zucker, Bauxit, Diamanten, Bauholz, Reis

KOLUMBIEN
Fläche: 1 138 910 km²
Einwohner: 44 200 000
Hauptstadt: Bogotá

PARAGUAY
Fläche: 406 750 km²
Einwohner: 5 900 000
Hauptstadt: Asunción
Sprachen: Guaraní, Spanisch
Religionen: römisch-katholisch
Währung: Guaraní
Haupterwerbszweige: Landwirtschaft
Hauptexportgüter: Energie, Baumwolle, Ölsaaten, Soja

PERU
Fläche: 1 285 220 km²
Einwohner: 27 200 000
Hauptstadt: Lima
Sprachen: Spanisch, Ketschua, Aimará
Religionen: römisch-katholisch
Währung: Nuevo Sol
Haupterwerbszweige: Subsistenzwirtschaft, Fischerei, Fertigung
Hauptexportgüter: Erdöl, Fisch, Baumwolle, Kaffee, Textilien, Kupfer, Blei, Kokablätter, Zucker

SURINAME
Fläche: 163 270 km²
Einwohner: 436 000
Hauptstadt: Paramaribo
Sprachen: Pidgin-Englisch (Taki-Taki), Niederländisch, Hindi, Javanisch, Saramaccan, Karibisch
Religionen: christlich, hinduistisch, muslimisch
Währung: Suriname-Gulden
Haupterwerbszweige: Land- und Forstwirtschaft, Bergbau, Fischerei
Hauptexportgüter: Bauxit, Gold, Erdöl, Reis, Bananen, Zitrusfrüchte, Shrimps, Aluminium

URUGUAY
Fläche: 174 810 km²
Einwohner: 3 400 000
Hauptstadt: Montevideo
Sprachen: Spanisch
Religionen: römisch-katholisch, protestantisch, jüdisch
Währung: Uruguayische Pesos
Haupterwerbszweige: Landwirtschaft, Tourismus, Fertigung
Hauptexportgüter: Wolle, Fleisch, Reis

INKATERRASSEN
Diese Terrassen bei Cuzco in Peru wurden von den Inka für den Anbau an Berghängen angelegt. Sie werden noch heute von Nachkommen der Inka bewirtschaftet.

VENEZUELA
Fläche: 912 050 km²
Einwohner: 25 700 000
Hauptstadt: Caracas
Sprachen: Spanisch, indianische Sprachen
Religionen: römisch-katholisch, protestantisch
Währung: Bolívar
Haupterwerbszweige: Bergbau, Landwirtschaft, Öl
Hauptexportgüter: Kohle, Bauxit, Eisen, Gold, Asphalt, Stahl, Aluminium, Erdöl, Kaffee

Mit einer Höhe von 979 m ist der majestätische Salto Angel in Venezuela (oben) der höchste zusammenhängende Wasserfall der Erde. Er wurde nach dem Buschpiloten Jimmy Angel benannt.

FAKTEN

Fläche: 17 797 465 km²
Einwohner: 362 787 900
Höchster Punkt: Cerro Anconcagua (Argentinien) 6959 m
Längster Fluss: Amazonas (Brasilien) 6516 km
Größter See: Titicacasee (Bolivien/Peru) 8340 km²

WACHSENDE STÄDTE
Viele südamerikanische Städte wie Lima, Santiago de Chile, Rio de Janeiro und Buenos Aires sind hoffnungslos übervölkert. Ihr unmäßiges Anwachsen beruht auf der Zuwanderung von Menschen aus ländlichen Gebieten in die Industrie- und Handelszentren. Diese Menschen fahren auf Arbeitssuche in die Städte, wo es für sie oft kein Obdach gibt. Viele müssen in Elendssiedlungen oder im Freien leben.

BODENSCHÄTZE

Über ein Viertel der bekannten Kupfervorkommen der Erde liegen in Nordchile. Weitere Erzvorkommen befinden sich entlang der Anden. Ölvorkommen, die um 1920 im Maracaibosee (unten) entdeckt wurden, haben Venezuela zu einem führenden Ölerzeuger der Welt gemacht.

INDUSTRIE

Die unterentwickelte Industrie Südamerikas ist auf die Großstädte beschränkt und betreibt überwiegend die Verarbeitung von Agrarprodukten. Textilarbeiter spinnen und weben Tuche aus Schaf- und Lamawolle. Andere arbeiten in Fleischfabriken und verpacken Fleisch oder gefrieren es für den Export. Viele Menschen sind auch in Bergbau, Forst- und Fischwirtschaft beschäftigt.

SÜDAMERIKA
GESCHICHTE

CHIMUREICH
Das Chimureich lag um die riesige Hauptstadt Chan Chan auf dem Gebiet des heutigen Nordperu. Es umfasste einen Großteil der Pazifikküste Südamerikas und war im 15. Jh. auf der Höhe seiner Macht. 1460 eroberten die Inka das Chimureich, und Chan Chan verfiel. Die Chimu gelten als hoch zivilisierte Gesellschaft. Die toten Könige wurden mit reichen Opfergaben bestattet.

JAHRTAUSENDELANG ENTWICKELTE sich der Kontinent Südamerika unabhängig von der übrigen Welt. Große Kulturen entstanden und vergingen, wie die Nazca, Chimu und Inka, die alle hochmoderne, wohlhabende und leistungsfähige Zivilisationen schufen. 1532 eroberten die Spanier das Inkareich und beherrschten binnen weniger Jahre fast den ganzen Kontinent. Die Portugiesen nahmen Brasilien unter ihre Kontrolle. Bald waren Spanisch und Portugiesisch die Hauptsprachen Südamerikas, und in den nächsten 300 Jahren wurde in Europa über das Schicksal Südamerikas entschieden. Die einheimischen Menschen, Nachkommen der Ureinwohner, wurden durch Krankheiten und schlechte Behandlung fast ausgelöscht. Als Spanien und Portugal in die Napoleonischen Kriege verstrickt waren, nutzten die Südamerikaner ihre Chance, die Unabhängigkeit zu erlangen. In der Folgezeit wurden die neuen Länder dann von europäischen Siedlerfamilien regiert. Im 19. und im frühen 20. Jh. kamen immer mehr Europäer nach Südamerika, dessen Staaten erst spät zu wirklicher Selbstbestimmung fanden.

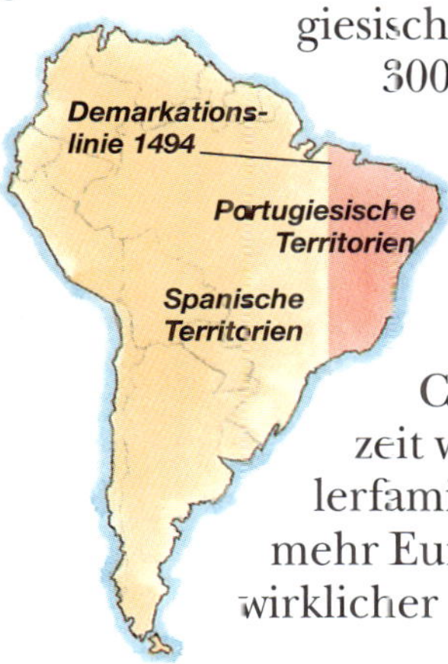

VERTRAG VON TORDESILLAS
Im Vertrag von Tordesillas teilten Spanien und Portugal 1494 die nichteuropäische Welt unter sich auf. Sie zogen eine grobe Linie durch Südamerika – Spanien bekam die Gebiete westlich, Portugal diejenigen östlich der Linie.

CHRONIK
200 v. Chr.–600 n. Chr. Nazcareich in Peru.

600 Stadtstaaten von Tiahuanaco und Huari in Peru.

1000–1470 Chimureich in Peru.

1200 Inkareich in Bolivien, Chile, Ecuador und Peru.

1494 Vertrag von Tordesillas teilt die Neue Welt zwischen Spanien und Portugal auf.

1499–1510 Amerigo Vespucci erforscht große Teile Südamerikas; der Kontinent wird nach ihm benannt.

1530 Portugal kolonisiert Brasilien.

1532–33 Francisco Pizarro erobert das Inkareich für Spanien.

1545 Silber in Peru entdeckt.

1808–25 Befreiungskriege der spanischen und portugiesischen Kolonien.

1822–89 Kaiserreich Brasilien.

1879–84 Grenzkriege zwischen Peru, Chile und Bolivien.

1932–35 Krieg zwischen Paraguay und Bolivien um ein strittiges Gebiet (Chaco).

1946 Juan Perón wird Präsident von Argentinien.

1967 Che Guevara in Bolivien getötet.

SPANISCHE HERRSCHAFT
Von 1532 bis 1810 kontrollierte Spanien ganz Südamerika bis auf Brasilien, das von Portugal beherrscht war. Das riesige spanische Reich bestand aus drei Vizekönigreichen: Neugranada im Norden, Peru im Zentrum und Rio de la Plata im Süden. Rechts Santiago, der Schutzheilige spanischer Soldaten.

INDIOS
Die Indios mussten in den Silberbergwerken und in den großen Plantagen arbeiten, in denen Zucker und andere Feldfrüchte für den Export nach Europa angebaut wurden. Die meisten Indios starben wegen der schlechten Bedingungen, an Überarbeitung und an europäischen Krankheiten, gegen die sie nicht immun waren.

Simón Bolívar

1808 war Spanien in einen Krieg gegen den französischen Kaiser Napoleon Bonaparte verwickelt; die südamerikanischen Kolonien nutzten diese Gelegenheit, ihre Unabhängigkeit zu erklären. Angeführt von Simón Bolívar (1783–1830) und José de San Martín (1778–1850) erlangten sie um 1825 ihre Freiheit. Bolívar hoffte, ganz Südamerika zu vereinen, aber viele waren gegen sein diktatorisches Auftreten. 1822 erklärte Brasilien seine Unabhängigkeit von Portugal. Nur Guayana im Norden blieb unter europäischer Kontrolle.

Römisch-katholische Kirche

Als die Spanier nach Südamerika kamen, brachten sie die katholische Religion mit. Die Priester versuchten, die lokalen Religionen auszumerzen und die Indios zu bekehren. Am Ende mussten sie Teile der alten indianischen Religionen in ihren Gottesdienst einbeziehen. An manchen Orten schützten die Priester die Indios gegen die grausamen spanischen Herrscher, aber die meisten Priester hielten zur spanischen Kolonialregierung. Im 20. Jh. begann die katholische Kirche die Armen gegen mächtige Grundbesitzer und korrupte Regierungen zu unterstützen.

Bolívar führt Soldaten in die Schlacht.

Kaiser Pedro trifft in Recife (früher Pernambuco) ein, einer wohlhabenden Stadt im brasilianischen Reich.

Briefmarke mit dem Porträt Pedros II.

Kaiserreich Brasilien

Von 1822 bis 1889 war Brasilien ein Kaiserreich. Unter Kaiser Pedro II. (1825–91) wurden Straßen und Eisenbahnen gebaut, und die Kaffee- und Gummiindustrie blühte auf. Tausende von Einwanderern aus Italien, Portugal und Spanien strömten ins Land. 1888 wurden die afrikanischen Sklaven, die in den Plantagen arbeiten mussten, befreit. Dies erzürnte viele Grundbesitzer, für die die Sklaven billige Arbeitskräfte waren. Sie entzogen Kaiser Pedro ihre Unterstützung; 1889 übernahm das Militär die Macht, und eine Republik wurde ausgerufen.

Ernesto »Che« Guevara

Che Guevara (1928–67), einer der populärsten Helden des 20. Jhs., kam als Sohn reicher Argentinier zur Welt. Er wurde Arzt, bevor er beschloss, sein Leben der Unterstützung von Revolutionen gegen korrupte südamerikanische Regime zu widmen. 1959 half er Fidel Castro beim Sturz der kubanischen Regierung. Er diente bis 1965 unter Castro, 1966 ging er nach Bolivien, um unter Bauern zu leben. 1967 wurde er vom Militär getötet. Durch seinen Tod wurde er zum Helden aller Revolutionäre. 1997 fand er auf Kuba seine letzte Ruhestätte.

Juan Perón

Von 1946 bis 1955 regierte in Argentinien Präsident Juan Perón (1895–1974). Vor allem die verarmte Bevölkerung in den Städten unterstützte Perón und seine Frau Eva. Er führte viele Reformen durch, duldete aber keinen Widerspruch und regierte autoritär. Nach der Wirtschaftskrise um 1950 und nach Evas Tod (1952) sank die Beliebtheit Peróns. 1955 stürzte ihn das Militär. 1973 kam er erneut an die Macht, starb aber ein Jahr später. Seine dritte Frau, Isabel Martínez de Perón, wurde seine Nachfolgerin.

Siehe auch
Entdecker
Inka
Südamerika
Zentralamerika

SÜDOSTASIEN

Südostasien ist der Teil Asiens südlich von China und östlich von Indien. Das Festland hat eine Fläche von 1,6 Mio. km². Die Region setzt sich nach Süden als Inselkette fort, die den Pazifik und den Indischen Ozean trennt. Die Insel Sumatra ist 1720 km lang, andere Inseln sind sehr klein.

IM SÜDOSTEN ERSTRECKT sich der Kontinent Asien weit ins Meer hinaus, in Form zweier Halbinseln und einer riesigen Inselkette. Hier in Südostasien leben rund 543 Mio. Menschen in elf unabhängigen Ländern. Die Region hat eine reiche und vielfältige Kultur – besonders wichtig sind Musik und Tanz. Sie werden oft nach strengen Ritualen und Regeln aufgeführt und sind zum Teil religiös. Es gibt mehrere Religionen: Auf dem Festland sind die meisten Menschen Buddhisten; Indonesien ist vorwiegend muslimisch, die Philippinen sind christlich. Im 20. Jahrhundert litten viele Menschen in Südostasien unter Kriegen. Ein normaler Handel, Landwirtschaft und Industrie waren unmöglich, sodass Laos und Kambodscha die beiden ärmsten Länder der Erde wurden. In Kambodscha forderten Guerillakriege bis vor kurzem das Leben vieler Soldaten und Zivilisten. Anderen Ländern, besonders den Inselstaaten, blieben die schlimmsten Kämpfe erspart. Sie sind heute wohlhabender und friedlicher.

THAILAND
In Thailand leben etwa 62,8 Mio. Menschen, und das Land ist eines der reichsten in der Region. Die meisten Städter arbeiten in Bergbau und Industrie; auf dem Land leben meist Bauern, die Reis, Zucker und Gummibäume anbauen. Zum reichen kulturellen Erbe zählen rituelle Tempeltänze und herrliche Bauten.

Zum Zapfen des Saftes wird die Rinde mit einem scharfen Messer eingeritzt oder abgeschabt.

Plantagenarbeiter zapfen den klebrigen Saft morgens, wenn er am schnellsten fließt, aus den Stämmen.

GUMMI
Eines der wichtigsten Produkte Südostasiens ist Gummi. Die Industrie begann vor etwa einem Jahrhundert, als britische Händler Gummibäume aus Brasilien mitbrachten. Der Saft der Bäume wird gesammelt, dann mit Säure vermischt. Die festen Latexbahnen werden im Freien zum Trocknen aufgehängt.

Singapur entstand als kleine britische Handelsniederlassung – heute prägen Wolkenkratzer die Skyline.

SINGAPUR

Der kleine Inselstaat Singapur vor der Küste von Malaysia ist nur 620 km² groß. Er ist hoch industrialisiert und sehr reich. Die meisten der 4,4 Mio. Singapurer verdienen ihren Lebensunterhalt in der Textil- oder Elektronikindustrie.

JAVA

Indonesien besteht aus 13 677 Inseln. Java ist mit etwa 127 Mio. Einwohnern die bevölkerungsreichste Insel. Viele Javaner erzeugen als Bauern große Mengen Reis. Die Hauptstadt Jakarta ist ein Zentrum der Textilindustrie. Die Insel hat eine einzigartige Fauna – bestimmte Tiger- und Nashornarten gibt es nirgendwo sonst.

Der Borobudur-Tempel wurde aus etwa 56 600 m³ grauem Vulkangestein erbaut.

BOROBUDUR-TEMPEL
Der Borobudur, ein gewaltiges buddhistisches Denkmal auf Java, wurde zwischen 778 und 850 errichtet. Seit etwa 1000 war die Tempelanlage unter Vulkanasche begraben, bis sie der englische Vizegouverneur Thomas Stamford Raffles 1814 wiederentdeckte. Ein niederländisches Archäologenteam restaurierte sie von 1907 bis 1911, eine zweite Restaurierung wurde 1983 beendet.

Gesetzlich geschützte Orang-Utans sind noch immer durch Jäger und die Zerstörung ihres Regenwaldhabitats bedroht. Orang-Utan heißt auf Malaiisch »Waldmensch«.

VIETNAM
Vietnam ist ein gebirgiges Land im Ostteil der indochinesischen Halbinsel in Südostasien. Seine vorwiegend ländliche Bevölkerung lebt meist in den Flachlanddeltas des Roten Flusses und des Mekong. Drei Viertel der Einwohner sind in der Landwirtschaft tätig. Der Reis beansprucht mehr Landfläche als alle in Vietnam produzierten Feldfrüchte zusammen. Angebaut werden auch Gummi, Mais, Zucker, Bananen, Kokosnüsse, Pfeffer, Tee, Tabak und Süßkartoffeln. Nordvietnam ist industrialisierter als der ländliche Süden. Es hat Bodenschätze wie Kohle, Salz, Zinn und Eisen. Die Bauern bessern oft in Salzfarmen (links) ihr Einkommen aus der Landwirtschaft auf.

ORANG-UTAN
Der Orang-Utan, ein großer Menschenaffe, lebt heute nur noch in Flachlandsumpfwäldern auf Borneo und einem kleinen Teil von Sumatra. Früher gab es Orang-Utans auch in den Dschungeln auf dem Festland, aber ihre Anzahl ist von Jägern dezimiert worden. Mit seinem kurzen, stämmigen Körper, den langen Armen und kurzen Beinen ähnelt der Orang-Utan Gorillas und Schimpansen. Doch mit seinem zottligen, roten Fell und dem noch größeren Missverhältnis in der Länge der Arme und Beine unterscheidet er sich von seinen Primatenverwandten. Reife Männchen können etwa 1,37 m groß und etwa 85 kg schwer werden, während Weibchen meist um die 40 kg wiegen.

DAO-VOLK
Mit 47 000 Angehörigen ist das Volk der Dao die achtgrößte ethnische Gruppe in Vietnam, wo es in den nördlichen Grenzgebieten lebt. Man findet die Dao auch in den Nachbarländern China, Laos und Thailand. Über ihre Anfänge in Vietnam ist kaum etwas bekannt – vermutlich sind sie im 18. und 19. Jh. aus ihrer Heimat in Südchina ausgewandert.

Myanmar (Birma)

Birma wurde 1948 aus britischer Kolonialherrschaft entlassen und geriet in politische und wirtschaftliche Isolation. Das einst reiche Land wurde trotz seiner natürlichen Ressourcen bald eines der ärmsten Länder der Erde. Das Irawadibecken nimmt den Großteil des Landes ein und sorgt für reiches Agrarland. Das heutige Myanmar hat seit Jahren eine Militärregierung, die alle ausländischen Einflüsse abwehrt. Über 89 Prozent der Einwohner sind Buddhisten, aber auf dem Lande glauben viele noch an die *nats* – alte Wald- und Berggeister. Die Anhänger des Buddhismus beten in Tempeln wie der Shwedagon-Pagode (unten) in Yangon (Rangun).

Elefantenschule

Elefanten werden in Thailand zu Arbeitstieren dressiert. Sie sind viel kostengünstiger als moderne Traktoren. Sie brauchen weniger Treibstoff, rosten nicht und benötigen keine Ersatzteile. Traktoren halten etwa sechs Jahre – ein Elefant wird 30. Außerdem schaden Elefanten ihrer Umwelt weniger. Sie bewegen Bauholz und befördern Touristen durch den Regenwald.

BRUNEI
Fläche: 5770 km²
Einwohner: 358 000
Hauptstadt: Bandar Seri Begawan
Sprachen: Malaiisch, Englisch, Chinesisch
Religionen: muslimisch, buddhistisch, christlich
Währung: Brunei-Dollar

INDONESIEN
Fläche: 1 904 570 km²
Einwohner: 220 000 000
Hauptstadt: Jakarta
Sprachen: Javanisch, Maduresisch, Sundanesisch, Bahasa Indonesia, Niederländisch
Religionen: muslimisch, protestantisch, röm.-kath., hinduistisch, buddhistisch
Währung: Rupiah

KAMBODSCHA
Fläche: 181 040 km²
Einwohner: 14 100 000
Hauptstadt: Phnom Penh
Sprachen: Khmer, Französisch, Chinesisch, Vietnamesisch, Cham
Religionen: Hinayana-Buddhismus
Währung: Riel

LAOS
Fläche: 236 800 km²
Einwohner: 5 700 000
Hauptstadt: Vientiane
Sprachen: Lao, Miao, Yao, Vietnamesisch, Chinesisch, Französisch
Religionen: buddhistisch, animistisch
Währung: Kip

MALAYSIA
Fläche: 329 750 km²
Einwohner: 24 400 000
Hauptstadt: Kuala Lumpur
Sprachen: Malaiisch, Chinesisch, Tamilisch, Englisch
Religionen: muslimisch, buddhistisch, chinesische Sekten, christlich, traditionelle Religionen
Währung: Ringgit

MYANMAR (BIRMA)
Fläche: 676 550 km²
Einwohner: 49 500 000
Hauptstadt: Yangon (Rangun)
Sprachen: Birmanisch, Karen, Shan, Chin, Kachin, Mon, Palaung, Wa
Religionen: buddhistisch, christlich, muslimisch, hinduistisch
Währung: Kyat

OSTTIMOR
Fläche: 15 007 km²
Einwohner: 778 000
Hauptstadt: Dili
Sprachen: Tetum, Bahasa Indonesisch, Portugiesisch
Religionen: röm.-kath.
Währung: US-Dollar

PHILIPPINEN
Fläche: 300 000 km²
Einwohner: 80 000 000
Hauptstadt: Manila
Sprachen: Filipino, Cebuano, Hiligaynon, Samaran, Ilocano, Bicol, Englisch
Religionen: römisch-katholisch, protestantisch, muslimisch, buddhistisch
Währung: Philipp. Peso

SINGAPUR
Fläche: 620 km²
Einwohner: 4 300 000
Hauptstadt: Singapur
Sprachen: Mandarin-Chinesisch, Malaiisch, Tamilisch, Englisch,
Religionen: buddhistisch, christlich, muslimisch
Währung: Singapur-Dollar

THAILAND
Fläche: 513 120 km²
Einwohner: 62 800 000
Hauptstadt: Bangkok
Sprachen: Thai, Chinesisch, Malaiisch, Khmer, Mon, Karen, Miao
Religionen: Theravada-Buddhismus, muslimisch, christlich
Währung: Baht

VIETNAM
Fläche: 329 560 km²
Einwohner: 81 400 000
Hauptstadt: Hanoi
Sprachen: Vietnamesisch, Chinesisch, Thai, Khmer, Muong, Nung, Miao, Yao, Jarai
Religionen: buddhistisch, christlich
Währung: Dông

Die prächtigen Goldkuppeln der Omar-Ali-Saifuddin-Moschee von Brunei

PHILIPPINEN
Die meisten Inseln der Philippinen sind gebirgig und bewaldet. Die Philippiner leben in Kleinstädten und Dörfern auf den schmalen Küstenebenen oder auf Plateaus zwischen den Gebirgszügen. Der Vulkankegel des Mount Mayon, 320 km südöstlich von Manila, ist einer der schönsten der Welt. Doch er ist noch immer aktiv, und frühere Eruptionen haben Teile der nahe gelegenen Stadt Albay zerstört.

Brunei

Brunei an der Nordwestküste der Insel Borneo wird von einem Sultan regiert. Seit der Unabhängigkeit von Großbritannien (1984) wird das Land zunehmend vom Islam beeinflusst. Das Landesinnere ist meist Regenwald, und den reichen Erdöl- und Erdgasreserven verdanken die Bewohner einen der höchsten Lebensstandards der Welt.

Die geschäftige Stadt Yogyakarta liegt am Fuße eines Vulkans.

INDONESIEN
Die Republik Indonesien besteht zwar aus über 13 500 Inseln, doch nur etwa 6000 sind bewohnt. Die meisten Indonesier leben auf dem Land und arbeiten auf Farmen. Manche Städte sind aber dicht bevölkert. Die Stadt Yogyakarta etwa (links) an der Südküste der dicht besiedelten Insel Java hat etwa 600 000 Einwohner.

Siehe auch
ISLAM
SÜDOSTASIEN, GESCHICHTE

FAKTEN

Fläche: 4477761 km^2
Einwohner: 543336000
Anzahl der unabhängigen Staaten: 11
Religionen: Buddhismus, Islam, Taoismus, Christentum, Hinduismus
Größte Stadt: Jakarta (Indonesien) 7829000
Höchster Punkt: Hkakabo Rasi (Myanmar) 5885 m
Längster Fluss: Mekong 4184 km
Haupterwerbszweig: Landwirtschaft
Hauptexportgüter: Zucker, Obst, Bauholz, Reis, Gummi, Tabak, Zinn
Hauptimportgüter: Maschinen, Eisen- und Stahlprodukte, Textilien, Chemikalien, Brennstoffe

BEVÖLKERUNG
Die Bevölkerung auf dem südostasiatischen Festland konzentriert sich in den Flusstälern, Plateaus oder Ebenen. Die Bevölkerung der Inseln ist ungleichmäßig verteilt: Java ist dicht besiedelt, andere Inseln sind kaum bewohnt.

BORNEO
Borneo ist die drittgrößte Insel der Welt mit einer Gesamtfläche von 292297 km². Die Insel liegt am Äquator und im Bereich der Monsunwinde. Borneo hat ein sehr heißes Klima und ist einer der feuchtesten Plätze der Welt.

SÜDOSTASIEN
GESCHICHTE

VIELE LÄNDER SPIELEN in der Geschichte von Südostasien eine Rolle. Die Region liegt zwischen Indien und China und kontrolliert die Seewege von Europa und dem Nahen Osten in den Fernen Osten. 111 v. Chr. fiel das Han-Reich von China in Teile Südostasiens ein. In den nächsten 1000 Jahren hatten chinesische Dynastien großen Einfluss auf Südostasien. Damals führten Mönche aus Indien den Buddhismus ein. Dann kamen arabische Händler auf der Suche nach Gewürzen über den Indischen Ozean und führten den Islam ein. 1511 brachten portugiesische Händler aus Europa das Christentum, und die Zeit der europäischen Vorherrschaft dauerte bis ins 20. Jh. 1940–45 besetzte Japan die Region. Kurz gewannen die Europäer die Kontrolle zurück, aber bald war Südostasien unabhängig.

ANGKOR WAT

Zwischen dem 9. und 15. Jh. beherrschte das Khmer-Reich aus Kambodscha Südostasien. König Suryavarman II. (reg. 1113–50) erbaute einen herrlichen Hindutempel in der Hauptstadt Angkor, Angkor Wat genannt. Alle Bauten hatten Reliefs mit Pflanzen, Tieren, Tänzern und Schlachtenszenen. 1434 eroberten die Thai Angkor. Erst 1861 wurde die Anlage wiederentdeckt.

Die Ruinen von Angkor Wat sind bis heute in Kambodscha zu besichtigen.

Äußerer Kreuzgang

Innere Mauern waren mit Reliefs von Geschichten der Hindus und Schlachtenszenen geschmückt.

THAILAND
Die Thai lebten ursprünglich in Nanchao in Südchina. 1253 überrollten die Mongolen ihr Königreich, und die Thai ließen sich weiter südlich im heutigen Thailand nieder. In den nächsten 600 Jahren suchten sie sich in Kämpfen gegen ihre birmanischen, laotischen und Khmer-Nachbarn in ihrer neuen Heimat zu etablieren. Dieses Relief (rechts) zeigt den Angriff auf die Khmer-Hauptstadt Angkor.

VIELSEITIGE ELEFANTEN
Der Asiatische Elefant, der kleiner als der Afrikanische Elefant ist, dient seit Jahrhunderten als Arbeitstier, wurde im Krieg eingesetzt und war königliches Transportmittel.

Gewürzhandel

Im 15. Jh. fanden europäische Entdecker auf den Inseln von Südostasien eine große Vielfalt an Gewürzen wie Muskatnuss, Pfeffer und Nelken. Nach solchen Gewürzen gab es in Europa eine große Nachfrage, sie waren sehr teuer. Daher kämpften zunächst die Portugiesen und Spanier und dann die Niederländer und Briten um die Kontrolle über den profitablen Gewürzhandel.

Niederländische Kaufleute landeten an Asiens Küsten, um mit den Einheimischen zu handeln.

Singapur

1824 übernahm Großbritannien die Kontrolle über die Insel Singapur wegen ihres wichtigen Hafens. 1942 eroberten die Japaner im Zweiten Weltkrieg (1939–45) die Insel und zwangen die Briten zur Kapitulation (links). Jahre später besetzte Großbritannien Singapur erneut. 1965 wurde es unabhängig.

Chronik

111 v. Chr. Die Chinesen erobern Vietnam und beherrschen den Norden.

0–500 n. Chr. Buddhismus breitet sich in ganz Südostasien aus.

802 Khmer errichten ein Reich in Kambodscha und Laos.

1113–1150 Bau der Tempelanlage Angkor Wat.

14. Jh. Arabische Händler führen Islam in Indonesien ein.

1434 Thai erobern Angkor Wat und überrollen Khmer-Reich.

1564 Spanien erobert Philippinen.

1700 Britische Ostindische Kompanie errichtet Handelsbasis auf Borneo.

1766–69 Chinesen erobern Birma.

1786 Britische Ostindische Kompanie errichtet eine Basis in Malaya.

1799 Niederländer übernehmen ganz Indonesien.

19. Jh. Thailand einziges von Europa unabhängiges Land in der Region.

1819 Singapur vom Briten Sir Stamford Raffles gegründet.

1824–1886 Briten übernehmen Kontrolle über Birma.

1859–1893 Franzosen übernehmen Kontrolle über Vietnam, Laos und Kambodscha.

1896 Großbritannien erlangt Kontrolle über Malaya.

1940–1945 Japan besetzt im Zweiten Weltkrieg Südostasien.

1946–54 Die Franzosen kämpfen um ihre Macht in Südostasien.

1948 Birma unabhängig.

1949 Indonesien unabhängig.

1953 Kambodscha und Laos erlangen Unabhängigkeit von Frankreich.

1956 Bürgerkrieg in Vietnam beginnt.

1957 Malaya unabhängig.

1967 Bildung von ASEAN (Association of Southeast Asian Nations).

1965–73 USA in Vietnamkrieg verwickelt.

1975 Vietnamkrieg beendet, Nordvietnamesen übernehmen die Kontrolle über das Land.

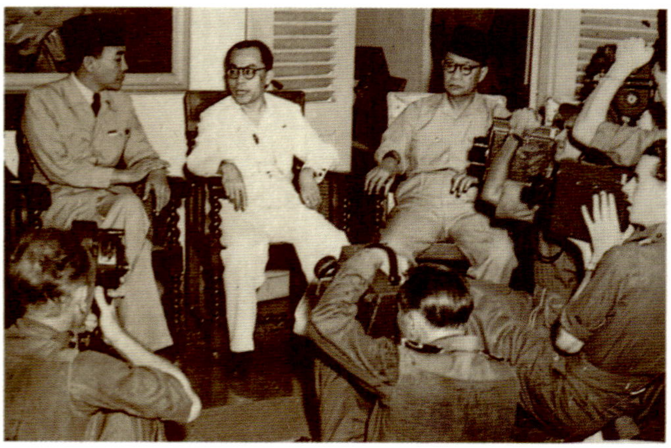

INDONESIEN
Am 17. August 1945 erklärte Achmed Sukarno (1901–70) Indonesiens Unabhängigkeit und wurde Präsident der Republik Indonesien, die aber erst vier Jahre später von den Niederlanden anerkannt wurde. Bis Ende der 50er-Jahre waren auch Malaysia, Laos, Vietnam, Kambodscha und Birma unabhängig geworden.

CORAZON AQUINO
Von 1986 bis 1992 war Corazon Aquino Präsidentin der Philippinen. Sie ging in die Politik, als ihr Mann Benigno, ein beliebter Politiker, im Auftrag des Diktators Ferdinand Marcos, der die Philippinen 20 Jahre lang regierte, ermordet worden war. Marcos versuchte den Wahlsieg von Aquino zu verhindern, aber das Volk erhob sich und zwang ihn zur Flucht in die USA.

Siehe auch
Japan, Geschichte
Südostasien

ZENTRALES
SÜDOSTEUROPA

Die südöstlich der Alpen gelegene Region ist im Westen gebirgig und weist hier tiefe Waldtäler auf. Die Felsküste der Adria bildet die Westgrenze. Im Osten liegen hügelige Steppen und die flache Ebene der Donau, die ins Schwarze Meer mündet.

DIE BEEINDRUCKENDE DONAU TEILT den mittleren Teil Südosteuropas in zwei Hälften und sorgt an ihrem Unterlauf im Herzen der Region für fruchtbaren Ackerboden. Die so genannte Donauebene ist umgeben von mächtigen Gebirgszügen: den Karpaten im Norden und dem Balkan- sowie dem Rhodopengebirge im Süden. Nach dem Zweiten Weltkrieg standen die Länder im mittleren Südosteuropa über 50 Jahre ausnahmslos unter kommunistischer Herrschaft – bis zum Zusammenbruch der Sowjetunion Anfang der 1990er-Jahre. Seit der Unabhängigkeit 1991 herrschen hier Spannungen. Serbien war früher ein Teil von Jugoslawien. Nach dessen Zerfall kam es 1991 zum Bürgerkrieg, aus dem schließlich fünf neue Staaten hervorgingen. Der Kosovo, eine Region im Süden Serbiens, die von muslimischen Kosovo-Albanern bewohnt wird, steht nach Unruhen seit 1999 unter der Verwaltungshoheit der Vereinten Nationen.

BULGARISCHER TABAK
Bulgarien hat fruchtbare Böden und ein mildes Klima, deshalb werden hier alle möglichen Feldfrüchte angebaut wie Getreide, Sonnenblumen, Trauben und Tomaten. Qualitätsrotweine aus Trauben von der Donauebene werden international exportiert. Im Süden des Landes wird Tabak im türkischen Stil angebaut und in Fabriken um die Stadt Plowdiw verarbeitet. Frauen fädeln die geernteten Tabakblätter aneinander. Nach dem Trocknen in der Sonne werden die Blätter nach Größe und Farbe sortiert.

LÄNDLICHES MOLDAWIEN

Moldawien, früher ein Teil von Rumänien, wurde 1940 eine Sowjetrepublik und 1991 nach dem Zusammenbruch der Sowjetunion unabhängig. Das kleine Land wird von fruchtbaren hügeligen Steppen beherrscht. Die Bevölkerung arbeitet meist in der Landwirtschaft. Warme Sommer und gleichmäßiger Regen sind ideale Bedingungen für den Anbau von Gemüse, Obst und Trauben. International berühmt sind die Weine aus Moldawien. Während die Sowjets große Landgüter einrichteten, bewirtschaften heute viele Kleinbauern ihr Land nach traditionellen Methoden.

Eine Angehörige der Roma in Rumänien verkauft Beeren.

SINTI UND ROMA
In Rumänien leben die meisten Sinti und Roma in Europa. Sie haben eine eigene Sprache und Kultur und stammen wohl aus Indien, von wo sie über den Nahen Osten nach Europa gelangten. Seit Alters her wanderten sie von Ort zu Ort, verkauften Waren, reparierten Metallgegenstände und handelten mit Pferden und Vieh. Jahrhundertelang litten sie unter der Verfolgung in den Ländern, in denen sie sich niederließen und die ihre fremden Bräuche und Lebensweisen nicht tolerierten.

SIEBENBÜRGEN

Die rumänische Region Siebenbürgen ist ein von den Karpaten umgebenes Hochplateau. Im Osten und Süden bilden die Berge eine unpassierbare Barriere. Diese zerklüftete Landschaft mit ihren spektakulären Burgen hat eine wechselvolle Geschichte und stand unter ungarischer, türkisch-osmanischer und habsburgischer Herrschaft. Ein wegen seiner Grausamkeit berüchtigter Herrscher war im 15. Jh. Fürst Vlad der Pfähler. Als Bram Stoker 1897 seinen Roman *Dracula* schrieb, griff er auf slawische und ungarische Erzählungen zurück. Sein Blut saugender Vampir entstand nach der Figur von Vlad dem Pfähler.

ROSEN
In Bulgarien gibt es riesige Rosenfelder. Die Blütenblätter werden in der Morgendämmerung gesammelt und liefern das ätherische Rosenöl.

Siehe auch

BLUMEN UND KRÄUTER
EUROPA
KOMMUNISMUS
REISE UND TOURISMUS
TANZ

Vulkan	Berg	Historische Stätte	Hauptstadt	Großstadt	Stadt

BULGARIEN
Fläche: 110 550 km²
Einwohner: 8 400 000
Hauptstadt: Sofia
Währung: Lew

MAZEDONIEN
Fläche: 25 715 km²
Einwohner: 2 200 000
Hauptstadt: Skopje
Währung: Denar

MOLDAWIEN
Fläche: 33 800 km²
Einwohner: 4 500 000
Hauptstadt: Chişinău
Währung: Moldau-Leu

RUMÄNIEN
Fläche: 230 340 km²
Einwohner: 22 600 000
Hauptstadt: Bukarest
Währung: Leu

SERBIEN UND MONTENEGRO
Fläche: 102 173 km²
Einwohner: 10 400 000
Hauptstadt: Belgrad
Währung: Neuer Dinar

DAS EISERNE TOR
Die Donau, Europas zweitlängster Fluss, fließt von Deutschland bis zum Schwarzen Meer. Am Eisernen Tor, einem schmalen Durchbruch an der rumänisch-serbischen Grenze, wurde ein Wasserkraftwerk zur Erzeugung von Elektrizität errichtet.

KARPATEN
Die Karpaten sind ein Hauptgebirgszug, der sich 1500 km entlang der Nord- und Ostseite der Donauebene erstreckt und die Alpen mit dem Balkan verbindet.

COPSA MICA
Die kommunistische Regierung wollte aus Rumänien ein bedeutendes Industriezentrum machen. Das Ergebnis waren Fabriken wie die in Copsa Mica (unten): Sie stieß Rauchwolken aus, die weiße Schafe schwärzten und die ganze Stadt mit einer Rußschicht bedeckten. Die Fabrik ist zwar mittlerweile geschlossen und die Luft klarer, doch das giftige Erbe der Industrialisierung ist geblieben.

SERBISCHES KLOSTER
Die Serbische Kirche ist ein unabhängiger Teil der orthodoxen Kirche und hat rund 8 Mio. Gläubige. Die Serben wurden bereits im 13. Jh. orthodox. 1389 besiegten die Türken die Serben auf dem Amselfeld. Von 1459 an war Serbien eine türkische Provinz und wurde erst 1878 ganz unabhängig. In dieser Zeit hielt nur die Kirche das Nationalbewusstsein am Leben. Die Klöster wurden zu Schatzkammern der Nationalliteratur und -geschichte. Viele der schönsten und geschichtsträchtigsten serbischen Klöster liegen im nördlichen Kosovo. Sie werden von den Serben hoch geschätzt und verehrt.

MEDITERRANES

SÜDOSTEUROPA

Der am Mittelmeer gelegene Bereich Südosteuropas ist großenteils gebirgig. Im Westen verlaufen die Dinarischen Alpen von Nord nach Süd entlang der Küste des Adriatischen Meeres, einem Teil des Mittelmeers.

DIE SÜDOSTEUROPÄISCHE LANDSCHAFT am Mittelmeer besteht aus zerklüfteten Gebirgen, Felsküsten und isoliert liegenden Tälern. Jahrhunderte lang erlebte die Region Konflikte und Eroberungen durch Mächte aus Europa und Asien. Kroatien, Bosnien-Herzegowina und Albanien waren einst Teil des türkisch-osmanischen Reiches. Slowenien fiel 1281 an die Habsburger und gehörte später zum österreichisch-ungarischen Kaiserreich. Nach dem Zweiten Weltkrieg waren die meisten Staaten Südosteuropas Teil des kommunistischen Ostblocks. 1990 wählte Slowenien eine nichtkommunistische Regierung, was zum Bürgerkrieg und zum Auseinanderbrechen der Jugoslawischen Föderation führte. Albanien hatte nach 1961 als einziger Staat Europas den chinesischen Kommunismus eingeführt. 1991 fanden hier erstmals Mehrparteienwahlen statt.

SARAJEVO

Die Hauptstadt von Bosnien-Herzegowina im Tal der Miljacka ist ausgeprägt muslimisch mit ihren Moscheen, Holzhäusern und dem alten türkischen Marktplatz. 1992, als Bosnien seine Unabhängigkeit von Jugoslawien erklärte, wurde Sarajevo der Brennpunkt des Bürgerkriegs. Tausende Muslime flohen wegen der Kämpfe vom Land in die Stadt. 1993 wurde Sarajevo durch serbischen Beschuss stark zerstört.

Slowenische Tänzer in Lederhosen und Dirndlkleid

SLOWENIEN-TOURISMUS

Slowenien ist ein zunehmend beliebtes Touristenziel, besonders für die deutschsprachigen Länder. Über 3 Mio. Touristen besuchen jedes Jahr die Küstenorte und historischen Seebäder an der Adria und die Berge, wo sie Ski fahren, wandern, Boot fahren und angeln können. Der Bleder See (oben) am Fuße der Julischen Alpen ist im Sommer ein beliebter Badeort und im Winter ein Zentrum des Wintersports.

SLOWENISCHE TÄNZER
Slowenien hat eine lange gemeinsame Geschichte mit seinem nördlichen Nachbarn Österreich. Kulturell hat es mehr mit diesem und der Schweiz gemein als mit den Ländern im Süden. Die kulturellen Traditionen werden durch Musik und Tanz am Leben erhalten. Die Nationaltrachten weisen Slowenien als Alpenland aus.

DUBROVNIK

Die Geschichte Dubrovniks, der malerischen Stadt an der Adria, reicht über 1000 Jahre zurück. Mit seinen steilen und gewundenen Gassen, der alten Stadtmauer und den historischen Befestigungen war es einst eine der Hauptattraktionen Kroatiens. 1991 geriet es im Unabhängigkeitskrieg unter Beschuss. Dabei wurden Teile der Stadt zerstört. Durch den Bürgerkrieg kam auch die Tourismusindustrie lange Zeit zum Erliegen.

ZAGREB
Die kroatische Hauptstadt ist ein Haupthandelszentrum. Von einheimischen Bauern erzeugtes Gemüse und Obst wird auf den Marktplätzen der Stadt verkauft. Die meisten Gebäude stammen aus dem 19. Jh., doch es gibt auch einige mittelalterliche Bauten aus dem 13. Jh. Als Industriezentrum hat sich Zagreb auf Maschinenbau, Textilien und Chemikalien konzentriert.

Vulkan | Berg | Historische Stätte | Hauptstadt | Großstadt | Stadt

ALBANIEN
Fläche: 27 400 km²
Einwohner: 3 200 000
Hauptstadt: Tirana
Währung: Lek

BOSNIEN-HERZEGOWINA
Fläche: 51 130 km²
Einwohner: 4 200 000
Hauptstadt: Sarajevo
Währung: Konvertible Mark

KROATIEN
Fläche: 56 538 km²
Einwohner: 4 400 000
Hauptstadt: Zagreb
Währung: Kuna

SLOWENIEN
Fläche: 20 250 km²
Einwohner: 2 000 000
Hauptstadt: Ljubljana
Währung: Tolar

Am zentralen Skanderbergplatz in Tirana sieht man nur wenige Autos.

TIRANA

Die Hauptstadt von Albanien wurde von den Türken im 17. Jh. gegründet. An der Kreuzung mehrerer Handelsrouten gelegen, entwickelte sie sich zu einem bedeutenden Handelszentrum. 1920 wurde Tirana Hauptstadt. Um 1930 gestalteten italienische Architekten das Zentrum um. Nach 1946 wurde das kommunistische Albanien von Russland, dann aber immer mehr von China unterstützt. Die Sowjets erbauten den Kulturpalast im Zentrum. Heute ist Tirana Albaniens Hauptindustriezentrum, wichtigste Branchen sind die Glas- und Porzellanproduktion, ferner Metallverarbeitung, Traktorenreparaturen und Nahrungsmittelerzeugung.

Wassermelonen gedeihen gut in Albaniens sengend heißen Sommern.

ALBANISCHE LANDWIRTSCHAFT

Die Hälfte der Albaner ist in der Landwirtschaft beschäftigt, und die Zahl der Höfe in Privatbesitz nimmt inzwischen zu. Zwar lässt sich nur ein Viertel dieses zerklüfteten Landes bewirtschaften, dennoch kann es sich durch den Anbau von Weizen, Mais, Zuckerrüben, Baumwolle, Sonnenblumen, Tabak, Kartoffeln und Obst fast völlig selbst versorgen. Allerdings herrschen in der Landwirtschaft noch stark die traditionellen Methoden vor.

OHRIDSEE

Der Ohridsee auf der mazedonisch-albanischen Grenze ist Mazedoniens Hauptattraktion. Die Besucher kommen zum Angeln oder Schwimmen und um die Stadt Ohrid am Nordostufer zu besichtigen. Ohrid hat viele historische Gebäude wie diese mittelalterliche Kirche (rechts) nahe dem Seeufer. Mazedonien wird von Slawen dominiert, die etwa zwei Drittel der Bevölkerung ausmachen und wie die Serben Angehörige der christlich-orthodoxen Kirche sind. Allerdings sind 23 % der mazedonischen Bevölkerung Albaner und damit meist Muslime. So kommt es zu ethnischen Spannungen, zumal die albanische Bevölkerung rasch wächst.

Sumerer

Die ersten Städte der Welt entstanden an den Ufern der Flüsse Euphrat und Tigris im Gebiet des heutigen Irak. Vor rund 5000 Jahren begann das Volk von Sumer im Bereich des Zusammenflusses dieser Flüsse mit dem Bau großer Städte. Aus dem Uferschlamm formten sie Ziegelsteine, mit denen sie Häuser und große Tempel errichteten. Die Sumerer entwickelten auch eines der ersten Schriftsysteme der Welt, indem sie Zeichen in weiche Tontafeln ritzten, die sie dann trocknen ließen. Die ersten Städte wie Ur und Uruk wurden im ganzen Nahen Osten bekannt, als sumerische Händler durch das Land zogen und die Produkte der fruchtbaren Felder feilboten. Die Blütezeit der Sumerer ging um 2000 v. Chr. zu Ende, als Wüstenstämme in ihr Land einfielen.

MESOPOTAMIEN
Das Land zwischen den Flüssen Euphrat und Tigris wird Mesopotamien (»Zwischenstromland«) genannt. Die Heimat der Sumerer lag im Süden Mesopotamiens. Ur war eine der größten Städte.

Die Keilschrift wurde mit einem Schilfrohr in Lehm eingeritzt.

GILGAMESCH
Die Sumerer schufen die erste schriftlich überlieferte Geschichte. Auf Tontafeln wurde die Geschichte von Gilgamesch, dem König von Uruk und Sohn einer Göttin, aufgezeichnet. Gilgamesch war anfangs ein grausamer Herrscher, doch nach Ermordung zweier Furcht erregender Ungeheuer wurde er zum Helden.

ZIKKURAT
Im Zentrum jeder sumerischen Stadt stand ein stufenförmiger Turm, Zikkurat genannt, auf dessen Spitze sich ein Tempel befand. Indem sie die Zikkurats sehr hoch bauten, glaubten die Sumerer, dass sie in den Himmel reichten. Somit konnte jeder Tempel zur Heimstatt einer oder mehrerer Gottheiten werden. Im Tempel durften nur Priester beten.

Sumer

Das Land zwischen den beiden Flüssen war fruchtbar, aber trocken. Die Bauern hoben Kanäle aus, um Wasser zu den Feldern zu leiten. Die Sumerer entdeckten an den Flüssen auch andere wertvolle Rohstoffe. Mit dem Schilf bauten sie Boote und einfache Häuser und aus dem Lehm fertigten sie Ziegelsteine und Keramikwaren.

Arbeiter schaufelten Lehm für die Ziegelherstellung.

Der gepflegte Bart war in Mesopotamien sehr modern.

SARGON
Sargon war zunächst Diener eines Königs von Kisch in Akkad, nördlich von Sumer, stieg dann aber zum Herrscher von Akkad auf. Um 2350 v. Chr. eroberte er Sumer, Mesopotamien und den östlichen Teil Elams. Er machte Sumer erstmals zu einem vereinten Land. Sargon war ein mächtiger König. Er schützte die Händler und ermöglichte einen blühenden Handel.

Siehe auch

Alphabete
Bronzezeit
Rad

Symbole und Zeichen

Überall sind wir umgeben von Zeichen und Symbolen. Ein Zeichen bedeutet etwas Bestimmtes oder weist auf etwas Besonderes hin. Verkehrszeichen sind ein gutes Beispiel. Zeichen verwenden vereinfachte bildliche Darstellungen und sind in der Regel auf den ersten Blick verständlich. Auf ähnliche Weise funktionieren Symbole, meistens aber sind sie komplizierter. Oft muss man über ihre Verwendung Bescheid wissen, um sie voll und ganz zu verstehen. Das Sonnensymbol z. B. hat unterschiedliche Bedeutungen. So ist die Sonne ein Symbol für Wärme und Licht, aber weil sie die Ernte auf dem Feld reifen lässt, kann sie in manchen Kulturen auch für Wachstum und Fruchtbarkeit stehen.

Sonne und Mond sind Symbole für männliche und weibliche schöpferische Energie.

NATURSYMBOLE
In jeder Kultur gibt es Symbole, die der Natur entnommen sind. Pflanzen und Bäume symbolisieren den Kreislauf des Lebens von der Geburt bis zum Tod. Blumen stehen für Schönheit und Liebe; Kräuter für die magische Kraft der Pflanzen, Kranke zu heilen. Die Gestirne am Himmel stehen oft für Götter, die das Leben auf der Erde beeinflussen.

Maske des Schlangendämons aus Sri Lanka, ein Symbol für Schöpfung und Zerstörung

Universelle Symbole

Manche Symbole sind von so großer Kraft, dass mehrere Kulturen sie verwenden und verstehen. Die Sonne z. B. gilt fast überall auf der Welt als Symbol des Lebens. Aber manche dieser weit verbreiteten Symbole haben nicht immer die gleiche Bedeutung. Fast alle Völker kennen die Schlange als Symbol, doch sie kann für vieles stehen – für Leben, Kraft, Blitz, List oder Verführung.

FARBSYMBOLE

Farben können je nach Kultur ganz unterschiedliche Bedeutungen annehmen. In der westlichen Welt beispielsweise steht die Farbe Weiß für das Heilige und für Reinheit, während sie in Asien die Farbe der Trauer ist. Manche Farbsymbole wie grün für »gehen« und rot für »Gefahr« gelten überall auf der Welt.

Die Farbe Rot kann vieles bedeuten. Ein rotes Auto strahlt Vitalität aus, das rote Gewand eines Priesters symbolisiert das Blut der christlichen Märtyrer, und eine rote Rose repräsentiert Schönheit und Liebe.

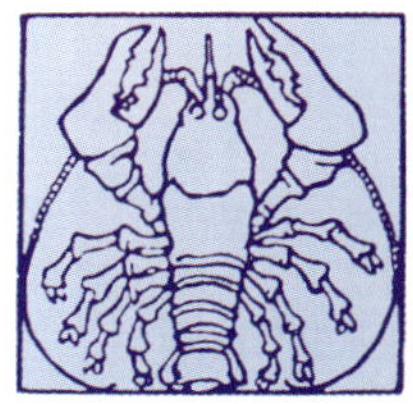

Stier, Krebs und Fische gehören in der westlichen Astrologie zu den Sonnenzeichen.

SYMBOLSYSTEME
Spezialgebiete wie die Naturwissenschaften oder die Musik haben eigene Symbole entwickelt, die zusammen ein System ergeben. Wer die Symbole beherrscht, kann sie wie eine Sprache benutzen – um ein Musikstück zu spielen oder eine Formel abzuleiten. Eines der interessantesten dieser Systeme verwendet die Astrologie, in der jedes Sonnenzeichen sein eigenes Symbol hat.

Tiersymbole

Tiere haben im Leben des Menschen seit jeher eine Schlüsselrolle gespielt. Und so ist es nur zu verständlich, dass fast jedes Tier zu einem Symbol werden kann, egal ob es der starke Löwe ist, der erhabene Adler, der hinterhältige Esel oder die friedliebende Taube. Vögel werden aufgrund ihrer Fähigkeit zu fliegen oft als Götterboten gesehen. Amphibien und Fische sind weit verbreitete Symbole des Lebens, weil das Leben spendende Wasser ihr Element ist.

Schwarze Katzen werden mit der Nacht in Verbindung gebracht, mit Hexen, mit Pech, aber auch mit Glück.

UNIVERSELLE ZEICHEN

Viele Zeichen – z. B. Pfeile als Wegweiser – verstehen wir auf Anhieb. Jeder Mensch weiß auf den ersten Blick, was sie bedeuten. Manche Zeichen, wie etwa die Olympischen Ringe, die Fahne der Vereinten Nationen und das Rote Kreuz (muslimische Länder haben dafür einen Halbmond), sind so weit verbreitet, dass fast jeder sie erkennt.

HINWEISZEICHEN
Diverse international verständliche Zeichen finden sich an öffentlichen Plätzen. Ohne den Gebrauch von Worten sollen diese Zeichen vor allem für Touristen leicht verständlich sein. Meistens handelt es sich um vereinfachte bildliche Darstellungen wie z. B. das Rollstuhl-Symbol. Nur manchmal werden Buchstaben benutzt, so z. B. das »i« auf den Hinweiszeichen für die Touristeninformation.

MYTHOLOGIE
Sagen und Mythen der Welt sind reich an Symbolen, von denen einige noch immer verwendet werden. In fast allen Mythen gibt es Götter und Göttinnen, die bestimmte Seiten des Lebens oder der Natur repräsentieren. Athene z. B. war bei den alten Griechen die Göttin des Krieges und der Weisheit; ihr Symbol war die Eule. In den nordischen Sagen ist Thor der Gott des Donners. Sein Symbol ist der Hammer.

Eros, der Gott der Liebe

HINWEISZEICHEN
Bei der Arbeit, im Verkehr und zu Hause, überall sind Zeichen und Symbole nützliche Hinweismittel. Ein international verbreitetes Zeichensystem gibt Anweisungen für Wäsche und Pflege bestimmter Stoffe und Fasern. Die Symbole geben Auskunft über die Waschtemperatur, aber auch Anleitungen für das Trocknen und Bügeln. Ein durchgestrichenes Symbol bedeutet »Tun Sie das nicht«.

BRAILLE

Braille ist die Bezeichnung für die Blindenschrift, ein System erhabener Pünktchen, die Buchstaben und Zahlen repräsentieren. Blinde lesen diese Schrift, indem sie mit den Fingerspitzen die Zeilen abtasten. Das System ist benannt nach seinem Erfinder, dem Franzosen Louis Braille (1809–52), der selbst blind war.

HANDELSZEICHEN
Ein Symbol oder Name als eindeutiger Hinweis auf eine Firma und ihre Produkte kann als Handelszeichen rechtlich geschützt werden. Es darf dann von keiner anderen Firma benutzt werden. Eines der weltweit bekanntesten Handelszeichen, die goldenen Torbögen, gehört exklusiv der Restaurantkette McDonald's. Im Jahr 1955 wurde ein McDonald's-Restaurant mit einem Torbogen an jeder Seite des Gebäudes errichtet. Sie waren zwar ursprünglich nicht als Initialen gedacht, aber von einem bestimmten Blickwinkel aus bildeten sie ein »M«, und so wurden die goldenen Torbögen das Symbol für McDonald's.

SCHRIFTSYSTEME

Alle Schriftsysteme bestehen aus einer bestimmten Zahl von Symbolen, die für ganze Wörter oder Teile von Wörtern stehen können. Frühe Systeme wie die Hieroglyphen der alten Ägypter waren zu Beginn Bildsymbole, die für ganze Wörter oder Vorstellungen standen. Eine relativ neue Bilderschrift, wie die hier gezeigten Symbole, entstand Anfang des 20. Jhs. in dem afrikanischen Staat Kamerun.

Faden · Kind · Haus · Teller · nein · gehen · geben

ERKENNUNGSSYMBOLE
Sanitäter, Polizisten und Soldaten müssen sofort als solche erkannt werden. Uniformen und Abzeichen sind Symbole, die erkennen lassen, ob jemand zu einer dieser Berufsgruppen gehört. Beim näheren Betrachten einer Uniform erfährt man einiges über die Person, die darin steckt: Abzeichen oder Bänder geben Auskunft über Dienstgrad oder Rang der Person. Orden werden als Auszeichnung für besondere Leistungen vergeben.

Der höchste vom US-Kongress verliehene amerikanische Orden

VERKEHRSZEICHEN
Fast alle Verkehrszeichen sehen überall auf der Welt gleich aus. Die Form bestimmt die Art des Hinweises. Dreieckige Zeichen sind Warnsignale, die z. B. vor Straßenglätte oder anderen Gefahren warnen. Runde Zeichen stehen für Verbote. Rechteckige Zeichen geben Richtungsanweisungen und andere Informationen.

WARNSIGNALE
Dreieckige Warnsignale verweisen auf Gefahren. Verkehrsteilnehmer in Westeuropa sind mit Schildern vertraut, die vor Vieh oder Wild auf der Straße warnen; im Mittleren Osten wird auf diese Art vor Kamelen gewarnt. Ein dreieckiges Zeichen mit gelbem Hintergrund bezeichnet Gefahrguttransporte; es warnt z. B. vor giftigen Chemikalien oder radioaktivem Material.

Siehe auch
ALPHABETE
DESIGN
MYTHEN UND SAGEN

TANZ

RITUELLE TÄNZE
Bei Naturvölkern ist der Tanz ein Mittel, sich bei den Göttern zu bedanken oder ihre Hilfe zu erflehen. Diese nordamerikanischen Indianer vollführen einen Fruchtbarkeitstanz. Wichtig ist, dass die Schrittfolge genau eingehalten wird.

WENN SIE MUSIK HÖREN, bewegen viele Menschen automatisch Hände oder Füße. Offenbar steckt der Tanz den Menschen im Blut. Es gibt die unterschiedlichsten Tanzformen, vom hektischen Breakdance bis zum gemächlichen Walzer. Allen gemeinsam ist jedoch die Freude an der rhythmischen Bewegung, welche die Menschen schon seit Urzeiten hatten. Prähistorische Höhlenmalereien zeigen Menschen beim Tanz. Den Takt gaben sie durch Händeklatschen oder Stampfen mit den Füßen vor. Später kamen feste Grundmuster und Schrittfolgen dazu. In vielen Ländern tragen die Menschen zum Volkstanz Trachten.

»Square«-Tänzer verkleiden sich oft als Cowboys oder Cowgirls.

SQUARE DANCE
Square Dance ist sehr gesellig. Vier Paare stellen sich in einem Quadrat (»square«) auf. Sie folgen den Anweisungen eines Ansagers (»caller«) und wechseln im Lauf des Tanzes die Partner. Diesen traditionellen nordamerikanischen Tanz gibt es in vielen Varianten.

Diese Jazztänzerin verbindet die Anmut des traditionellen Balletts mit weicheren, flüssigeren Bewegungen. Damit bringt sie ihre Gefühle unmittelbar zum Ausdruck. Der wirbelnde Rock unterstreicht die Wirkung des Tanzes.

Heutige Tänzer treten barfuß auf und erfinden oft eigene Schritte.

MODERNER TANZ

Bei den meisten traditionellen Tanzarten gibt es eine feste Schrittfolge. Dagegen ermutigt der moderne Tanz die Tänzer sich frei zu bewegen. Angefangen hat alles zu Beginn des 20. Jhs. Damals löste sich die Tänzerin Isadora Duncan vom klassischen Ballett und entwickelten ihren eigenen Stil. Der Jazztanz kam in den 20er-Jahren des 20. Jhs. auf und bildet heute einen festen Bestandteil des modernen Tanzes.

ROCK AND ROLL
Mit dem Rock and Roll in den 50er-Jahren des 20. Jhs. wurde erstmals eine moderne Tanzform in weiten Kreisen der Bevölkerung übernommen. Die stark rhythmischen Songs hatten Texte, die junge Leute direkt ansprachen. Die Schritte beim Rock and Roll waren wild und gewagt.

Der klassische indische Tanz kennt sechs Stilarten. Dazu werden meist mythologische Szenen pantomimisch dargestellt.

TANZ UND GÖTTERVEREHRUNG
In Indien haben die darstellenden Künste fast immer einen religiösen Bezug. Bharatanatyam ist ein klassischer Tanzstil aus dem südindischen Tamil Nadu. Er geht auf alte Tempeltänze zurück. Die Tänzerinnen tragen einen roten Farbstoff auf Hände und Füße auf. Früher kamen sie aus ausgewählten Familien und hießen Devadasis.

Liebe – Anstecken eines Rings

Hochzeit – die Braut bekommt einen Liebesknoten um den Hals geschlungen.

PANTOMIME

Die Pantomime mischt Tanz und Schauspielerei und schafft so eine Sprache ohne Worte, die alle Kulturen verstehen. Hier ist ein Inder als Tänzer zu sehen, aber die Pantomime ist auch ein Bestandteil anderer östlicher und westlicher Tanzstile.

Siehe auch

BALLETT
FILM
INDISCHER SUBKONTINENT

TECHNIK

Knochen- und Steinhämmer

Feuer-stein-klinge

FRÜHE TECHNIK
In der Steinzeit entwickelten die Menschen verschiedene Werkzeuge für den täglichen Gebrauch. Mit Steinen und Knochen als Hämmern formten sie Schneidewerkzeuge aus Feuerstein. Er wurde so lange bearbeitet, bis eine scharfe, klingenartige Schnittkante entstanden war.

DIE ERFINDUNG VON STEINWERKZEUGEN vor über 2 Mio. Jahren war der Beginn der Technik: Erstmals entdeckten Menschen, dass Schneiden oder Hacken mit Werkzeugen leichter als mit bloßen Händen funktioniert. Technik ist die Nutzung wissenschaftlicher Ideen zum Bau von Maschinen und zur Erleichterung von Tätigkeiten. Die Wissenschaft von der Technik heißt Technologie. Technik gab es zwar schon in prähistorischer Zeit, aber rapide Fortschritte machte sie während und nach der Industriellen Revolution seit dem 18. Jh. Seither hat die Technik unsere Welt dramatisch verändert. Wir verdanken ihr schnellen, sicheren Transport und Verkehr, Materialien wie Kunststoffe, eine zunehmende weltweite Kommunikation und viele nützliche Alltagsdinge. Wohl am segensreichsten ist die Technik in der modernen Medizin, die unsere Gesundheit verbessert und unser Leben verlängert. Doch die Technik hat auch ihre negativen Seiten – sie ermöglicht die Herstellung von Waffen mit tödlicher Zerstörungskraft. Der technische Fortschritt verursacht auch viele Umweltprobleme wie den Abbau der Ozonschicht und ist oft von nicht erneuerbaren Ressourcen wie Erdöl abhängig. Staatliche und andere Organisationen versuchen inzwischen, diese Probleme mithilfe neuer, verbesserter Techniken zu lösen.

Dreschmaschinen trennen bei Reispflanzen die Köpfe von den Stängeln. Früher wurde dies mit der Hand erledigt.

COMPUTER

Die Entwicklung von Computern ist einer der bedeutendsten jüngsten technischen Fortschritte. Durch die Erfindung des Mikrochips (rechts) verlagerte sich der Schwerpunkt von der mechanischen zur elektronischen Produktion von Gütern. Viele Aufgaben, die zuvor manuell erledigt wurden, sind nun automatisiert. Computer werden im Bankenwesen, in der Architektur, Herstellung und vielen anderen Bereichen eingesetzt. Sie dienen auch neuen Techniken, mit denen neue Maschinen entwickelt werden.

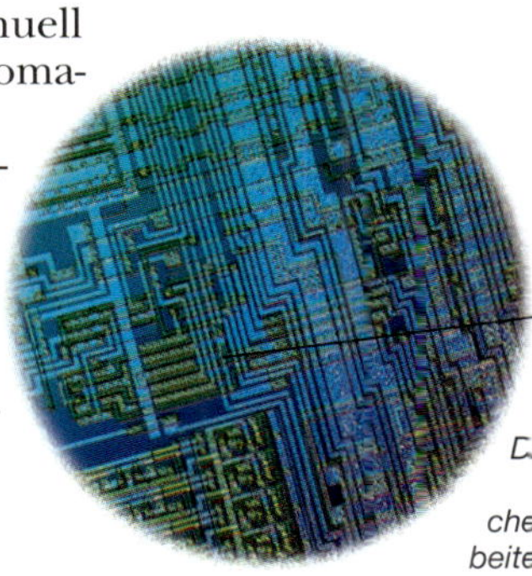

Mikrochips sind das Herz eines Computers. Diese winzigen Geräte speichern und verarbeiten blitzschnell riesige Mengen Information.

BESCHEIDENE TECHNIK

Menschen in ärmeren Ländern können sich die in reicheren Erdteilen wie Nordamerika und Europa üblichen technischen Güter nicht leisten. Für sie haben Ernährung und Wohnraum für ihre Familien Vorrang, und sie bedienen sich kleinerer, einfacherer Maschinen wie Windmühlen, die Bewässerungspumpen antreiben.

Synthetische Textilien sind leicht, waschmaschinengeeignet und bequem zu tragen.

Der Fahrradhelm ist aus Kunststoff und Styropor. Seine aerodynamische Form erlaubt höhere Geschwindigkeiten.

Behinderte können ihr Leben aktiver gestalten dank der modernen Technik, wie dieses Spezialfahrrad zeigt.

Die um 3500 v. Chr. entwickelte Technik des Rades revolutionierte Maschinen und die Form des Transports.

KOMFORT UND FREIZEIT
In der westlichen Welt erleichtert die Technik das tägliche Leben. Annehmlichkeiten wie Waschmaschinen, Autos und Geldautomaten verschaffen uns Menschen auch mehr Freizeit für Hobbys und Sport ebenso wie für Reisen in ferne Länder, wo wir andere Kulturen und Landschaften erleben.

MEDIZINTECHNIK
Erfindungen wie Röntgenapparate und Tomografen helfen Ärzten, Krankheiten zu erkennen und zu behandeln. Sie können Organe transplantieren, winzige Herzschrittmacher einpflanzen und beschädigtes Gewebe mittels plastischer Chirurgie reparieren. Auch Brillen, Kontaktlinsen oder Hörhilfen erleichtern vielen Menschen, die schlecht sehen oder hören, das Leben. Verbesserte Prothesen (künstliche Gliedmaßen) verschaffen ihren Trägern mehr Beweglichkeit.

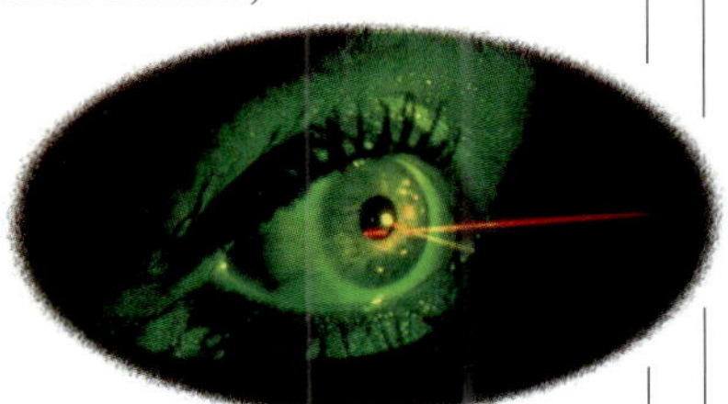

Laserchirurgie kann viele Augenfehler ohne Schnitt ins Auge korrigieren.

MILITÄRTECHNIK

Das Militär entwickelt mithilfe der Technik neue Waffen und Navigationsmethoden. Viele fürs Militär gebaute Maschinen nützen auch Zivilisten, wie Düsentriebwerk und Radar für moderne Verkehrsflugzeuge.

TELEKOMMUNIKATION

Sprache und Bilder werden in Signale umgewandelt, die per Kabel, Radiowellen oder Satelliten fast überallhin zu Telefonen, Faxgeräten, Radios, Computern und Fernsehern übertragen werden.

LEBENSMITTELTECHNIK

Auch die Lebensmittelproduktion ist heute ohne Technik undenkbar, von Anbau und Ernte bis zur Konservierung und Vermarktung. Dank internationaler Kontakte und moderner Transporttechniken gibt es jetzt eine größere Nahrungsvielfalt.

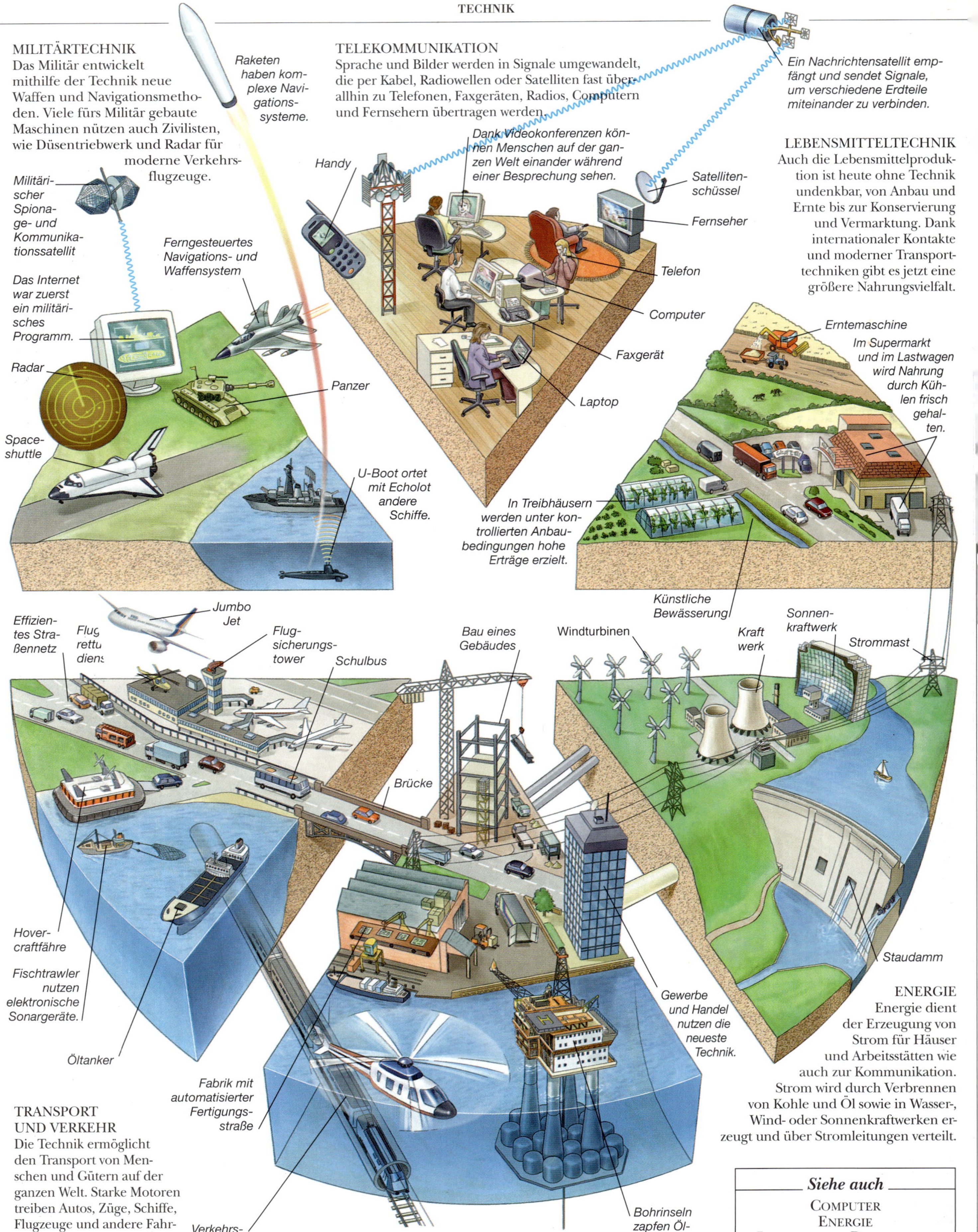

ENERGIE

Energie dient der Erzeugung von Strom für Häuser und Arbeitsstätten wie auch zur Kommunikation. Strom wird durch Verbrennen von Kohle und Öl sowie in Wasser-, Wind- oder Sonnenkraftwerken erzeugt und über Stromleitungen verteilt.

TRANSPORT UND VERKEHR

Die Technik ermöglicht den Transport von Menschen und Gütern auf der ganzen Welt. Starke Motoren treiben Autos, Züge, Schiffe, Flugzeuge und andere Fahrzeuge an, während Brücken, Tunnel, Straßen, Eisenbahnnetze, Häfen und Flughäfen die Infrastruktur für Transport und Verkehr bilden.

INDUSTRIE

Bautechnik, Fertigung, Handel und Landwirtschaft sind große Industrien, die von der Technik abhängen. Mithilfe der Technik entwickelt jede Industrie spezielle Geräte, Maschinen und Methoden.

Siehe auch

COMPUTER
ENERGIE
INDUSTRIELLE REVOLUTION
INFORMATIONSTECHNOLOGIE
MASCHINEN
TRANSPORT UND VERKEHR

Telefon

INDEM WIR AUF EIN PAAR KNÖPFE am Telefon drücken, können wir Gespräche mit Menschen fast überall auf der Welt führen. Durch diese Möglichkeit, direkt miteinander zu sprechen, hat das Telefon mehr als jede andere Erfindung die Welt »kleiner« gemacht. Ein Telefonsignal kann unterwegs mehrere Formen annehmen. Unterirdisch pflanzt es sich als elektrischer Strom in Kabeln oder als Lichtwelle in dünnen Glasfasern fort. Als Radiowelle wird es über Satelliten in andere Länder oder zwischen Mobiltelefonen ausgestrahlt. Viele elektronische Geräte »sprechen« miteinander, indem sie Signale über Telefonverbindungen senden. Computer tauschen so Informationen aus, Faxgeräte senden binnen Sekunden Kopien von Bildern und Texten an andere Faxgeräte auf der ganzen Welt.

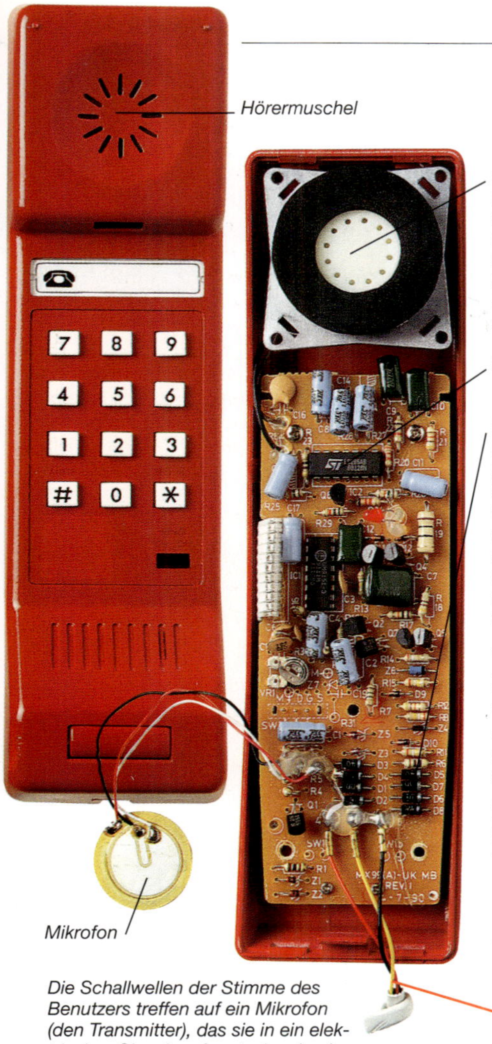

Die Schallwellen der Stimme des Benutzers treffen auf ein Mikrofon (den Transmitter), das sie in ein elektrisches Signal umformt, das durch das Telefonkabel gesendet wird.

TELEFONHÖRER

Ein schwacher Gleichstrom fließt in den mit einem Telefonhörer verbundenen Drähten. Signale, die die Stimme von Anrufern, Computerdaten und Faxnachrichten darstellen, bestehen aus raschen Schwankungen der Stärke dieses Stroms.

Das elektrische Kabel ist mit dem Telefonnetz und damit mit der ganzen Welt verbunden.

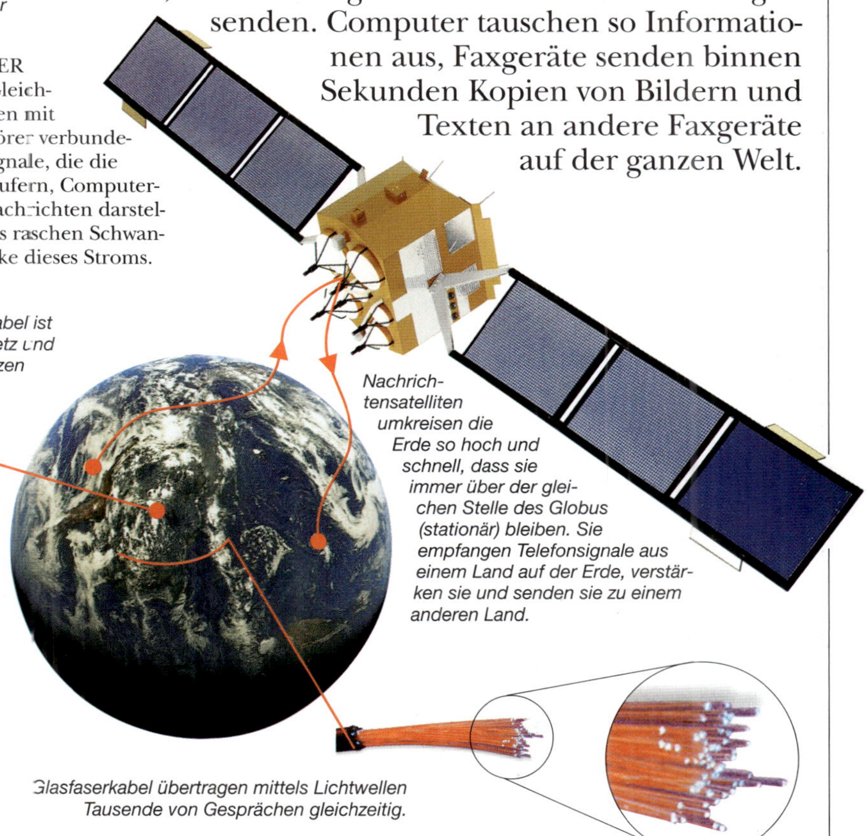

Nachrichtensatelliten umkreisen die Erde so hoch und schnell, dass sie immer über der gleichen Stelle des Globus (stationär) bleiben. Sie empfangen Telefonsignale aus einem Land auf der Erde, verstärken sie und senden sie zu einem anderen Land.

Glasfaserkabel übertragen mittels Lichtwellen Tausende von Gesprächen gleichzeitig.

Telefonnetz

Computergesteuerte Fernsprechvermittlungen stellen die Verbindung zwischen zwei Telefonen her. Wählt man eine Telefonnummer, verbinden automatische Schaltungen bei der lokalen Vermittlung die Telefone direkt. Internationale Ferngespräche laufen über Unterwasserkabel oder in Form von Radiowellen über Satelliten.

Von einem Faxgerät gedruckte Wörter und Bilder haben Zickzackränder, da sie aus Tausenden von Punkten bestehen.

FAX

Ein Faxgerät scannt ein Bild oder eine Textseite, indem es die Helligkeit an Tausenden einzelnen Punkten misst. Dann sendet es Signale übers Telefonkabel, die jeweils die Helligkeit an einem Punkt darstellen. Ein Drucker im Empfangsgerät druckt überall, wo das Originalbild dunkel ist, einen Punkt und erzeugt so eine Kopie (»Faksimile«).

ALEXANDER GRAHAM BELL

Der Erfinder des Telefons, der schottisch-amerikanische Lehrer Alexander Graham Bell (1847–1922), experimentierte 1875 mit Telegrafensystemen, für die er schwingende Stahlzungen benutzte. Er entdeckte, dass wenn eine Zunge an einem Ende der Leitung vibrierte, eine Zunge am anderen Ende einen Laut von sich gab. 1876 ließ Bell sich das erste Telefon der Welt patentieren.

TRAGBARE TELEFONE

Ein schnurloses Telefon hat einen eingebauten Sender und Empfänger und kommuniziert mit einer mit dem Telefonnetz verbundenen Feststation. Mobiltelefone (rechts) sind mit starken Relaisstationen (Zellen) verbunden. Moderne Handys funktionieren heute sogar als Kamera und haben Internetzugang.

Siehe auch

Radio
Satelliten
Technik

Textilien

SPINNRAD
Spinnen ist schwere Handarbeit. Dabei werden einzelne Fasern zwischen den Fingern zusammengedreht. Das Spinnrad mit Fußantrieb erleichtert die Arbeit.

SPINNEN, WEBEN UND STRICKEN verwandeln kurze Fasern in etwas sehr viel Nützlicheres: in ein Gewebe. Dekorative Textilien gestalten unsere Wohnwelt und liefern die Grundlage für unsere Kleidung. Textiles Material wärmt. Um die Fasern bildet sich eine isolierende Luftschicht, welche die Körperwärme nicht entweichen lässt. Aber Textilien können noch viel mehr. Dichte Kunstfasergewebe sind leicht und doch reißfest – und somit ideal zur Herstellung von Rucksäcken, Segeln und Fallschirmen. Die in einem Handtuch locker verwobenen Naturfasern sind extrem saugfähig und trocknen den Körper nach einem Bad im Nu. Manche Textilien können eine Rüstung ersetzen, wie etwa eine kugelsichere Weste. Die Menschheit kennt Textilien seit 12 000 Jahren, seit der Zähmung der ersten Tiere. Damals rollten die Menschen Wolle zu losen Fäden, die sie miteinander verwoben. Pflanzenfasern wie Baumwolle kamen erst später hinzu, und Kunstfasern gibt es seit der Erfindung des Nylons im Jahr 1938.

Wollfaden

Wollfasern

Ausgangsprodukte

Zu den Naturfasern zählen Baumwolle, Flachs (für Leinen), Wolle und Seide. Fast alle Chemiefasern wie Nylon werden aus dem Rohstoff Erdöl hergestellt.

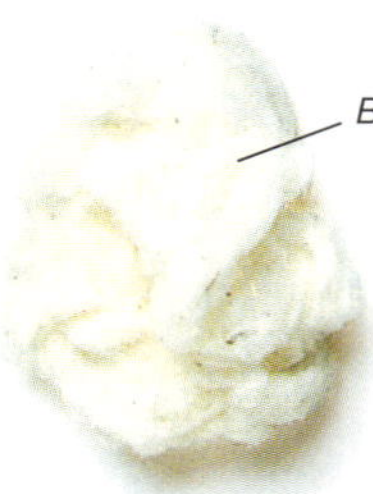

Baumwollvlies

Rohöl

Schafwollvlies

Spinnen

Naturfasern bilden ein dichtes Vlies. Nach dem Trennen der einzelnen Fasern werden diese zu einem festen Faden versponnen. Je nach der erwünschten Qualität des fertigen Garns werden beim Spinnen auch Kunstfasern beigemischt.

KUNSTFASERN
Chemisch aufbereitetes Erdöl, Polymere genannt, zieht Fäden, die anschließend aushärten. Vor der Weiterverarbeitung werden diese Fäden noch veredelt.

Weben und Stricken

Auf Webstühlen werden quer und längs verlaufende Garne miteinander verwoben. Stricken von Hand erfordert nur zwei Nadeln, ist aber sehr zeitaufwändig. Durch das Zusammenpressen unversponnener Fasern entsteht ein dickes Gewebe, der Filz. Hüte bestehen in der Regel aus Filz.

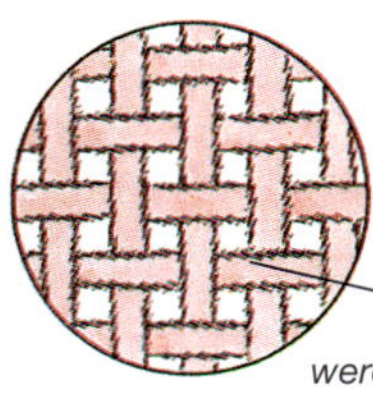

Beim Weben werden die Fäden wie in einem Gitter verflochten.

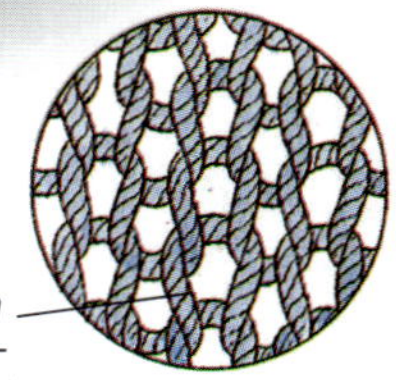

Beim Stricken entstehen einzelne Maschen, die ineinandergreifen.

Textilveredelung

Bei der Batiktechnik (oben) bewirkt ein zuvor aufgebrachtes Muster aus Wachs, dass der Stoff die Farbe nur an bestimmten Stellen annimmt. Spezialbehandlungen machen Textilien besonders weich oder wasserdicht oder sie verhindern das Einlaufen oder Verfilzen der Stoffe.

TEPPICHE

Teppiche sind gewebte oder geknüpfte Textilien. Beim Knüpfen werden kurze Einzelfäden aus Wolle in eine Reihe senkrecht aufgespannter Fäden eingeknüpft. Damit ein gleichmäßiger Flor entsteht, werden die geknoteten Fäden nach der Fertigstellung geschoren.

Siehe auch

INDUSTRIELLE REVOLUTION
KLEIDUNG
KUNSTSTOFFE
SCHMETTERLINGE

THEATER

DAS AUFREGENDE am Theater ist, dass die Zuschauer eine Aufführung unmittelbar miterleben. Ein Stück auf die Bühne zu bringen, erfordert die Mitarbeit vieler Personen. Der Verfasser des Stücks, der Regisseur, die Schauspieler, sie alle tragen zum Eindruck der Zuschauer bei, sie würden einem realen Geschehen beiwohnen. Das Theater hat seinen Ursprung in religiösen Festen, die im alten Griechenland zu Ehren des Gottes Dionysos gefeiert wurden. Zu den Darbietungen gehörten auch Gesang und Tanz. Auch die unterschiedlichen Theaterformen in Indien, China und Japan hatten religiöse Ursprünge. Im mittelalterlichen Europa sahen die Menschen »Mysterienspiele«, die Szenen aus dem Leben Jesu darstellten. Später entstanden Stücke, die alle Aspekte des Lebens beinhalteten und die in festen Theatern ganzjährig aufgeführt wurden.

WILLIAM SHAKESPEARE
Shakespeare, der berühmte Dramatiker, wurde in Stratford-upon-Avon geboren, zog aber als junger Mann nach London. Er schrieb über 37 Stücke, darunter Tragödien wie *Hamlet*, Komödien wie *Ein Sommernachtstraum* und Geschichtsdramen wie *Heinrich IV.*

FREILICHTTHEATER
Die antiken Theater Griechenlands passten sich in das natürliche Gelände ein. Die Schauspieler trugen auffällige Masken, sodass die Figuren von weitem erkannt werden konnten.

DAS GLOBE THEATRE

Shakespeare zählte zu den Mitbegründern dieses berühmten Londoner Theaters. Viele seiner Stücke wurden dort uraufgeführt. Das Theater bot Platz für 2000 Zuschauer. Diese standen im Innenhof unter freiem Himmel oder saßen auf einem der überdachten Galerieplätze – bis es im 17. Jh. abgerissen wurde. 1996 wurde ein Nachbau in der Nähe des ursprünglichen Theaters eröffnet.

GRIECHISCHES THEATER
Die Zuschauer saßen in einem Halbrund ansteigender Sitzreihen. Sie blickten direkt auf die runde Orchestra, dem Auftrittsort für Chor und Tänzer. Dahinter lag die ebenerdige Bühne.

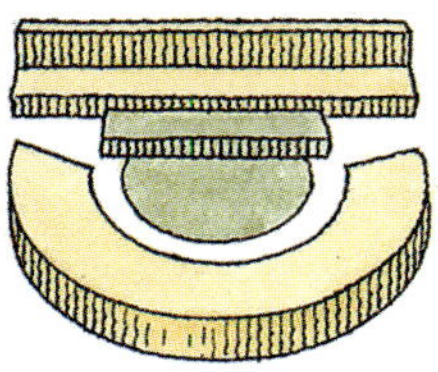

RÖMISCHES THEATER
Im römischen Theater wurde die halbkreisförmige Orchestra erstmals durch ein festes Bühnenhaus im Hintergrund begrenzt. Die Zuschauerränge waren nicht überdacht.

RAUMBÜHNE
Manche modernen Theater haben eine zum Zuschauerraum hin offene Bühne ohne Vorhang. Dadurch haben die die Schauspieler besseren Kontakt zum Zuschauer.

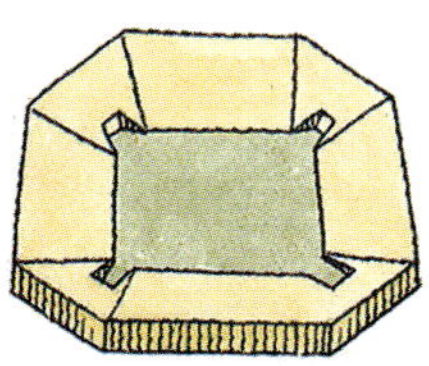

ARENABÜHNE
Hier verlaufen die Zuschauerreihen um die Bühne herum. Die Schauspieler betreten die Bühne über Gänge zwischen den Sitzreihen. Dadurch erleben die Zuschauer das Theater als Spiel.

LAURENCE OLIVIER
Laurence Olivier (1908–89) war einer der großen Schauspieler seiner Zeit. Berühmte Rollen wie z. B. Shakespeares Macbeth präsentierte er aus neuer Sicht. Zu seinen berühmtesten Rollen gehört der Archie Rice in dem Stück *Der Entertainer* von John Osborne. Olivier war auch als Regisseur und Produzent erfolgreich.

DRAMATIKER UND DAS DRAMA

Die Kunst des Dramas umfasst mehrere Gattungen. Der Niedergang großer Figuren in der Tragödie hilft uns, die Menschen besser zu verstehen. Komödien bringen uns zum Lachen; doch drückten Dramatiker wie George Bernard Shaw mit ihren Komödien auch Kritik an der Gesellschaft aus. Moderne Dramatiker wie Samuel Beckett oder George Bernard Shaw gelten als die Erfinder des experimentellen Theaters.

DIE GUCKKASTENBÜHNE

Im Gegensatz zu der nach drei Seiten hin offenen Shakespeare-Bühne sind bei dieser Bühnenform Zuschauerraum und Bühne strikt voneinander getrennt. Der Zuschauer hat die Illusion, fremde Welten und Charaktere real zu erleben.

BELEUCHTUNG

An den Seiten des Zuschauerraums oder dahinter befinden sich zusätzliche Scheinwerfer. Sie zu bedienen, auch während der Vorstellung, ist Aufgabe der Beleuchter.

AUF DEM SCHNÜRBODEN

Über der Bühne ist Platz für Kulissen und Ausstattungsstücke. Sie werden bei Bedarf an Seilzügen rasch hochgezogen oder heruntergelassen.

KLANGEFFEKTE

Bestimmte Geräusche dürfen nicht verspätet oder verfrüht ertönen. Fällt ein Schauspieler noch vor dem Pistolenknall um, ist die ganze Szene ruiniert. So verfolgt der Tontechniker aufmerksam das Bühnengeschehen.

Siehe auch

BALLETT
LITERATUR
MUSIK
OPER UND GESANG
SHAKESPEARE, WILLIAM

Tiefseeforschung

Unter den Ozeanen liegt eine fremde Welt verborgen, die noch darauf wartet, entdeckt zu werden. Taucher haben bisher nur die Randgebiete erforscht. In wenigen Metern Tiefe begegnet man faszinierenden Meeresbewohnern, herrlich bunten Korallenriffen und seltsamen Felsformationen. Auf dem Meeresboden ruhen die Wracks von Schiffen, die teilweise vor Hunderten von Jahren sanken. Sie sind voller Töpfe, Münzen und anderer Gegenstände, die uns verraten können, wie die Menschen früher lebten. Taucher arbeiten vor allem unter Wasser. Sie warten Konstruktionen wie Ölleitungen und erforschen das Leben auf dem Meeresboden. Tauchen kann aber auch gefährlich sein, und die Taucher müssen strenge Sicherheitsvorschriften beachten. In die dunkle Tiefsee können Taucher nicht vordringen. Diese Tiefen werden mit Tauchbooten erforscht, von denen aus man Lebewesen und das Profil des Meeresbodens studieren kann.

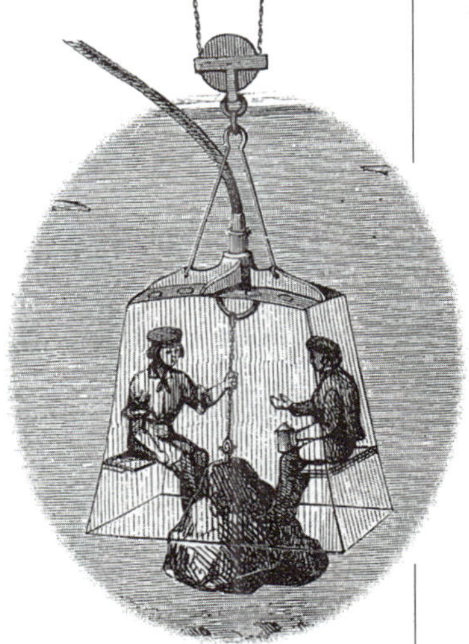

TAUCHERGLOCKE
Früher benutzten Forscher luftgefüllte Taucherglocken, die man auf den Meeresboden herunterließ.

SCHNORCHELN
Eine Tauchermaske und der Schnorchel ermöglichen, beim Schwimmen an der Oberfläche tiefere Wasserschichten zu beobachten.

SPORTTAUCHEN
Mit Tauchgeräten können Taucher ungefähr eine Stunde lang unter Wasser bleiben und bis auf eine Tiefe von 50 m absteigen.

Ausflug in die Tiefe

Um zu tauchen genügt es, die Luft anzuhalten und ins Wasser zu springen. Doch solche Tauchgänge dauern nicht sehr lange. Um länger und tiefer tauchen zu können, braucht man Flaschen mit Atemluft oder einen Schlauch, in den von oben Luft gepumpt wird. Mithilfe der notwendigen Ausrüstung können Taucher bis zu 500 m tief tauchen. Einen Teil des Abstiegs legen sie in Tauchbooten zurück.

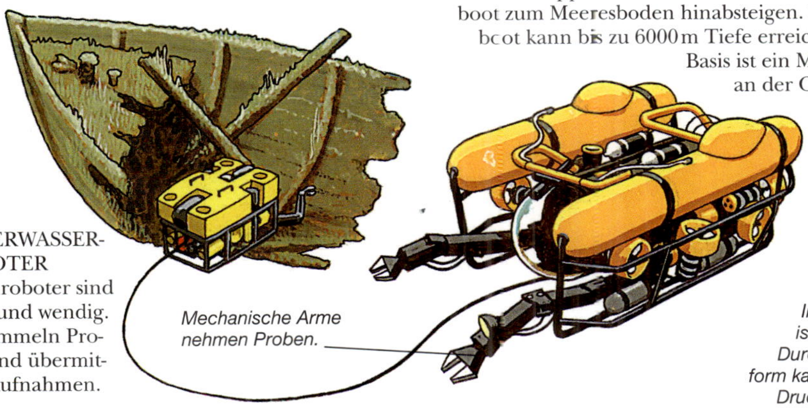

TAUCHBOOTE
Eine Gruppe von Leuten kann in einem Tauchboot zum Meeresboden hinabsteigen. Ein Tauchboot kann bis zu 6000 m Tiefe erreichen. Seine Basis ist ein Mutterschiff an der Oberfläche.

UNTERWASSER-ROBOTER
Tauchroboter sind klein und wendig. Sie sammeln Proben und übermitteln Aufnahmen.

ERKUNDUNG DER *TITANIC*
1986 erkundete das US-U-Boot *Alvin* das Wrack der *Titanic*. Um den Rumpf und das Innere des Schiffs zu untersuchen, setzte die Crew den Tauchroboter *Jason Junior* (links) ein. Die angeblich unsinkbare *Titanic* rammte bei ihrer Jungfernfahrt 1912 einen Eisberg und sank über 3,2 km tief auf den Boden des nördlichen Atlantischen Ozeans.

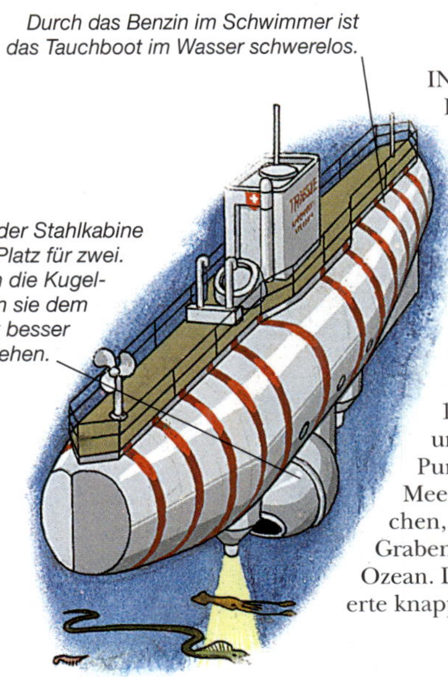

IN DIE TIEFE
Bathyskaphe genannte Tauchboote steigen zu den tiefsten Stellen des Meeresbodens hinab. Im Jahre 1960 tauchte die *Trieste* fast 11 km tief, um den tiefsten Punkt unter den Meeren zu erreichen, den Marianen-Graben im Pazifischen Ozean. Der Abstieg dauerte knapp fünf Stunden.

Tauchausrüstung

Um unter Wasser zu überleben, braucht ein Taucher eine Ausrüstung. Eine Aqualunge versorgt ihn mit Luft, und ein Anzug hält ihn warm. Da Taucher in größeren Tiefen leichter sinken, ist eine Tarierweste nützlich. Um sich das Aufsteigen oder Absteigen zu erleichtern, kann der Taucher sie aufblasen oder Luft ablassen.

Tauchgerät

Der Taucher atmet mittels eines Tauchgeräts, auch Aqualunge genannt. Es besteht aus einer Flasche, die Pressluft enthält, und einem Schlauch mit einem Mundstück. Damit der Taucher die Luft atmen kann, muss sie den gleichen Druck wie das umgebende Wasser haben. Das Flaschenventil steuert automatisch den Luftdruck, damit der Taucher mühelos ein- und ausatmen kann.

Jacques Cousteau

Die Franzosen Jacques Cousteau (oben) und Emile Gagnan erfanden 1943 das Tauchgerät. Später wurde Cousteau ein berühmter Meeresforscher.

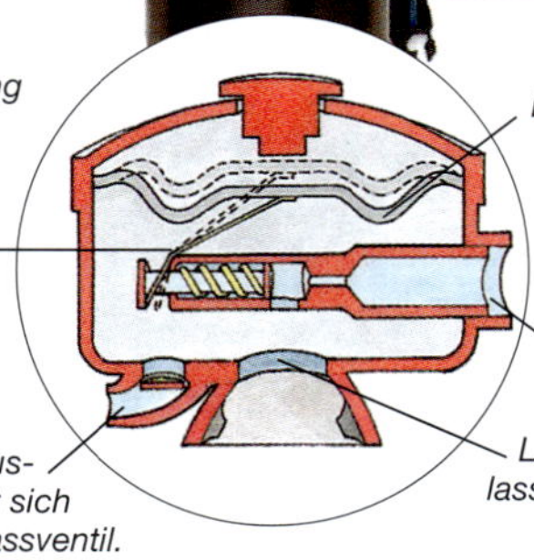

Tauchpanzer

Mit einem Tauchpanzer können sich Taucher lange in großer Tiefe aufhalten, ohne dass ihnen der dort herrschende hohe Wasserdruck etwas anhaben kann. Der Anzug enthält auch einen Luftvorrat.

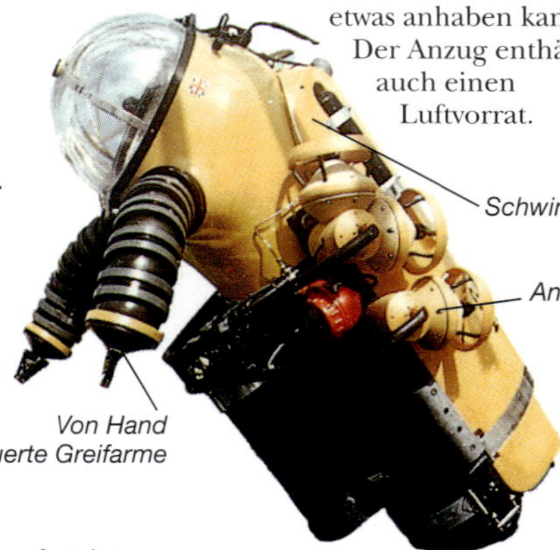

Gefahren unter Wasser

Luft enthält Stickstoff. Wenn ein Taucher absteigt, presst der steigende Druck Stickstoff in sein Blut. Weil ein zu hoher Stickstoffgehalt des Blutes gefährlich ist, darf der Taucher nicht zu tief tauchen und nicht zu lange unter Wasser bleiben. Aus großer Tiefe darf der Taucher nur sehr langsam zurückkehren, denn sonst bildet der Stickstoff Blasen im Blut, und es kommt zu Gesundheitsschäden.

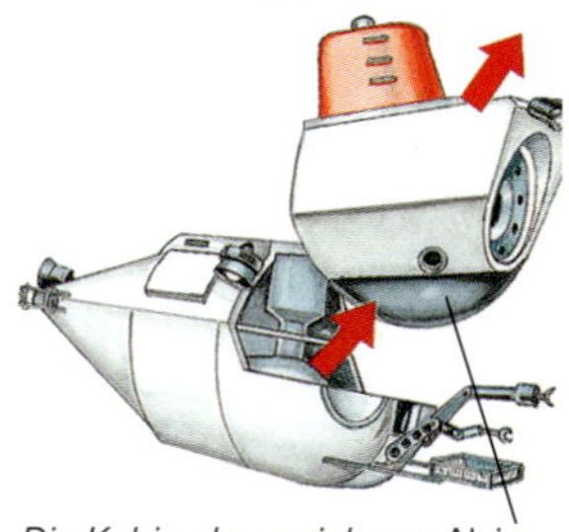

Die Kabine kann sich von Alvin lösen, um die Besatzung notfalls zurück an die Oberfläche zu bringen.

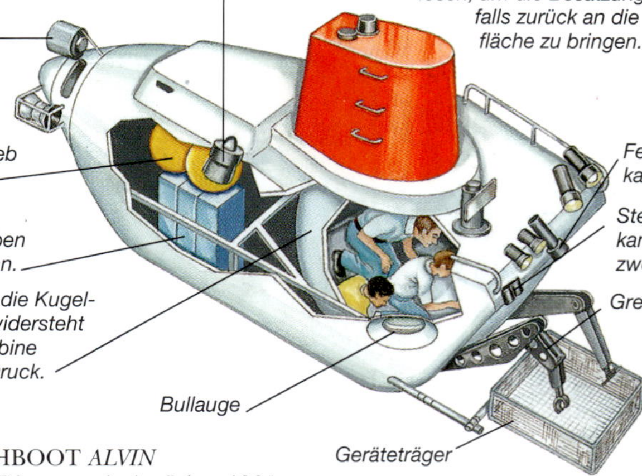

Das Tauchboot *Alvin*

Seit seinem Dienstantritt im Jahre 1964 bewältigte *Alvin* über 2000 Tauchgänge in die tiefen Bereiche der Ozeane. *Alvin* wird v. a. für wissenschaftliche Zwecke eingesetzt. Mit einem Piloten und zwei Forschern an Bord taucht das Boot sechs bis zehn Stunden lang bis zu 4000 m tief.

Unterwasser-Archäologie

Antike Schiffe hatten oft Tonbehälter an Bord, die man Amphoren nennt und die Wein oder Öl enthielten.

So wie Archäologen an Land Reste alter Gebäude ausgraben, so können Taucher die Reste alter Wracks bergen. Mit den unter Wasser gefundenen Gegenständen gehen sie sehr vorsichtig um. Einige Schiffe wurden vollständig aus dem Wasser geholt und konserviert.

Siehe auch

Meere
Tiere, Tiefsee
U-Boote

Tiere

Das Tierreich stellt eine der größten Gruppen von Lebewesen dar. Wissenschaftler gehen davon aus, dass es ungefähr 30 Mio. Arten gibt. Es gibt ganz kleine, einfache Tiere, die wie Geleeklümpchen aussehen, und es gibt riesengroße wie den Blauwal. Das Tierreich ist in sich unterteilt. Der Igel gehört z.B. der Ordnung der Insektenfresser an. Außerdem gehört er zur Unterklasse der Höheren Säugetiere. Alle Säugetiere sind Wirbeltiere (Tiere mit einem Rückgrat). Tiere sind Lebewesen, die fressen, sich bewegen und sich fortpflanzen. Sie erleben einen Lebenszyklus: Sie werden geboren, wachsen, reifen, vermehren sich und sterben. Sie fressen und verdauen Nahrung, die dem Körper erlaubt, zu wachsen und sich zu entwickeln. Die Nahrung liefert die Energie, die das Tier braucht, um sich zu bewegen. Es gibt aber auch Tiere, die sich nicht bewegen: Schwämme z.B. haften ihr Leben lang am gleichen Felsen. Viele Tierarten starben im Laufe der Geschichte der Erde aus – wie die Dinosaurier. Andere Arten, z.B. der Tiger, sind bedroht, weil sie zu stark bejagt werden oder ihre natürlichen Lebensräume verschwinden.

FROSCH
Wie viele Tiere kann der Laubfrosch seine Umwelt wahrnehmen, sich bewegen, fressen und sich fortpflanzen. Frösche gehören der Klasse der Amphibien an, die ihr Leben zumindest teilweise im oder am Wasser verbringen.

Innere Skelette

Das Tierreich teilt sich in Wirbeltiere und Wirbellose. Wirbeltiere haben ein inneres Skelett mit einem Rückgrat, das meistens aus Knochen besteht. Manche im Meer lebenden Wirbeltiere wie die Haie und Rochen besitzen dagegen ein Knorpelskelett.

DAS HÖCHSTE TIER
Giraffen werden von allen heutigen Tieren am höchsten. Sie erreichen etwa 5 m Gesamthöhe.

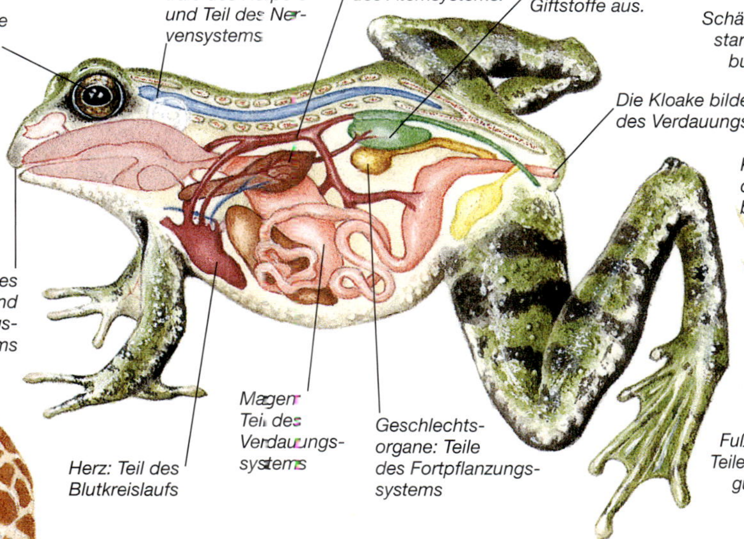

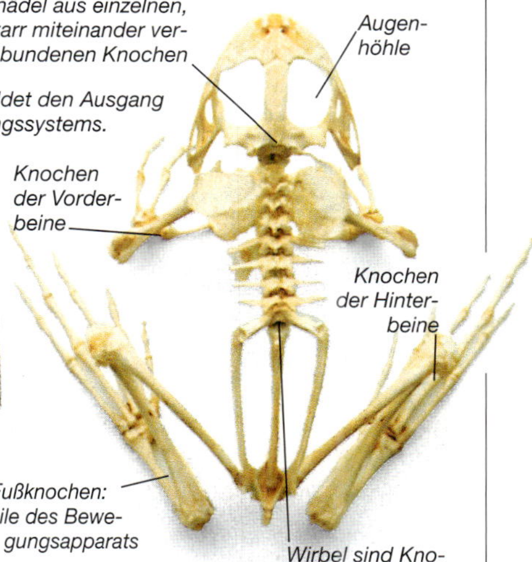

Innere Organe eines Wirbeltiers

Jedes Tier hat wie dieser Frosch eine Anzahl von Organen, die verschiedene Aufgaben übernehmen. Manche Organe bilden zusammen mit anderen Systeme, wie z.B. das Verdauungssystem, den Kreislauf oder das Fortpflanzungssystem. Das Nervensystem und die Hormone steuern die Abläufe im Körper und stimmen sie aufeinander ab.

KNOCHEN DES SKELETTS
Das Aussehen des Skeletts ist von Art zu Art verschieden und stellt eine Anpassung an die Lebensweise dar. Frösche z.B. haben besonders kräftige Hinterbeine. Es gibt aber auch viele Gemeinsamkeiten: Alle Wirbeltiere haben einen Schädel, der das Gehirn und die wichtigsten Sinnesorgane enthält, sowie zwei Paare von Gliedmaßen. Manche Knochen sind fest miteinander verbunden, andere beweglich durch Gelenke.

DIE KLEINSTEN TIERE
Die kleinsten Tiere sind die Protozoen. Sie sind Einzeller und so klein, dass man sie mit bloßem Auge kaum sehen kann. Die kleinsten Säugetiere sind die Hummelfledermaus und die Etruskerspitzmaus, die nur 6cm lang wird – mitsamt dem Schwanz.

WIRBELTIERE

Fische, Amphibien, Reptilien, Vögel und Säugetiere bilden die größten Gruppen von Wirbeltieren. Vögel und Säugetiere sind warmblütig. Ihre Körper erzeugen Wärme, sodass sie auch in kalter Umgebung aktiv sein können. Fische, Reptilien und Amphibien können ihre Körpertemperatur nicht selbst steuern: Sie sind kaltblütig.

Haie und Lachse sind Fische.

Menschen zählen zu den Säugetieren.

Pelikane und Adler zählen zu den Vögeln.

Frösche und Kröten sind Amphibien.

Zu den Reptilien zählen u. a. Schildkröten, Krokodile und Schlangen.

Mäuse, Katzen und Koalas sind Säugetiere.

AUSSENSKELETT

Viele Wirbellose, wie Insekten und Spinnen, haben ein Außenskelett. Es bildet einen starren Panzer, der den Körper stützt und schützt. Der Panzer hat bewegliche Gelenke und wird durch innere Muskeln bewegt. Das Außenskelett ist hart und wächst nicht mit. Wenn das Tier größer wird, legt oder streift es das Außenskelett in regelmäßigen Abständen ab. Unter dem alten Panzer kommt dann ein neuer zum Vorschein.

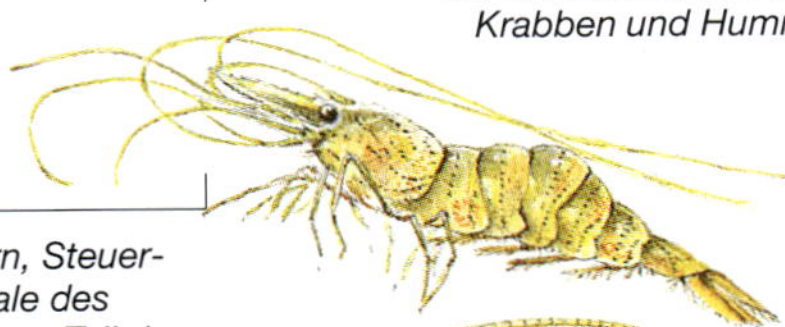

Die Garnele ist ein Krebstier und mit Krabben und Hummern verwandt.

INNERE ORGANE EINES WIRBELLOSEN

Die inneren Organe eines komplexen wirbellosen Tieres wie z. B. einer Garnele (rechts) ähneln denen eines Wirbeltiers. Zusammen mit Insekten und Spinnentieren gehören die Garnelen, die zu den Krebsen zählen, zum Stamm der Gliederfüßer oder Arthopoden.

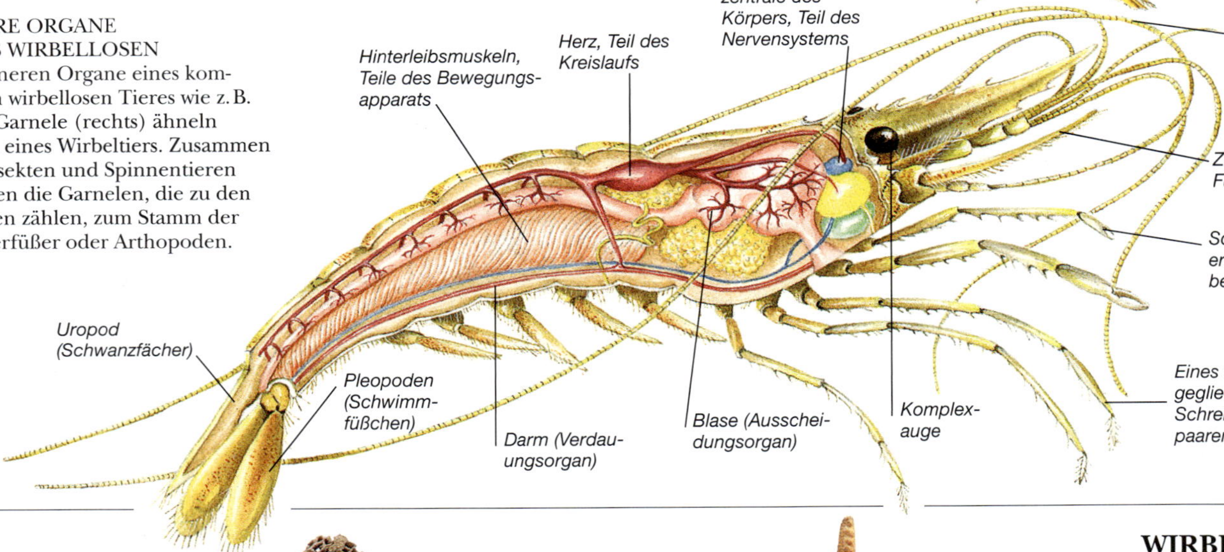

WIRBELLOSE

Bei manchen Wirbellosen, wie z. B. bei Schnecken, schützt eine Schale den Körper. Andere, wie die Quallen, haben weiche, ungeschützte Körper. Insekten bilden die größte Gruppe der Wirbellosen. Es gibt über eine Million Insektenarten. Die kleinsten Wirbellosen sind nur unter dem Mikroskop sichtbar. Der größte Wirbellose ist der Riesenkalmar, der mitsamt seinen Fangarmen bis zu 20 m lang werden kann.

Zu den Krebsen zählen Krabben und Seepocken.

Zu den Nesseltieren gehören Korallen und Quallen.

Moostierchen zählen zu den Bryozoen.

Zu den Stachelhäutern zählen Seesterne und Seegurken.

Käfer, Flöhe sind Insekten.

Schwämme

Skorpione und Spinnen sind Spinnentiere.

Zu den Weichtieren zählen Schnecken und Tintenfische.

Zu den Fadenwürmern zählen Rundwürmer und Hakenwürmer.

Zu den Plattwürmern zählen die Bandwürmer.

Regenwürmer und Egel sind Ringelwürmer.

Hundertfüßer

Tausendfüßer

Siehe auch

AMPHIBIEN
INSEKTEN
REPTILIEN
SÄUGETIERE
VÖGEL

TIERE
BAUE UND NESTER

Nistkästen und Taubenhäuser werden von vielen Vögeln gerne jedes Jahr aufgesucht.

DIE MEISTEN Tiere brauchen geschützte Orte zum Ausruhen und zum Aufziehen der Jungen. In einem Nest in einem Baum oder in einem unterirdischen Bau sind Tiere vor extremen Temperaturen und vor Fressfeinden sicher. Viele Tierarten, darunter Vögel und Eichhörnchen, bauen Nester. Die Nester mancher Tiere sind sehr kunstfertig geflochten. Die Erntemaus ruht in ihrem Nest. Andere Tiere, wie z. B. die Vögel, bauen ihr Nest nur für die Paarungszeit. Damit ihre Jungen es warm haben, polstern sie es mit Moos, Gras, Federn oder Haaren. Kaninchen und Füchse graben unterirdische Baue. Auch Wüstentiere graben Baue, um darin vor der größten Hitze Schutz zu suchen. Manche Baue sind einfach und flach. Andere, wie die Baue der Kaninchen, haben viele Tunnel und Notausgänge und eine eigene Kammer für die Jungen.

Natürliche Baumaterialien aus der Umgebung wie z. B. Flechten helfen, das Nest zu tarnen.

Das Nest ist innen mit Moos, Haaren und Federn gepolstert.

Die Schafstelze flicht ihr Nest aus Zweigen und Stängeln.

NESTER

Der Nestbau kann mehrere Wochen dauern. Jede Vogelart bevorzugt besondere Baumaterialien wie Zweige, Grashalme oder Haare. Außerdem sucht sich jede für ihr Nest eine besondere Stelle, wie einen Baum oder eine Bodensenke. Schafstelzen nisten gern in der Nähe von Bauernhöfen. Sie verwenden zum Nestbau Zweige, Strohhalme, Blätter und Moos. Bachstelzen dagegen bauen ihr Nest aus Gräsern und Moos in der Nähe schnell fließender Gewässer.

Die Nester der Flamingos sind aus Schlamm.

FLAMINGO
Viele Tiere nisten wie diese afrikanischen Flamingos in großen Gruppen, die man Kolonien nennt. Wenn ein Fressfeind naht, machen die Flamingos einen furchtbaren Lärm, der ihn meist vertreibt. Die Flamingos wissen: »Gemeinsam sind wir stark.«

FALLTÜRSPINNEN
Falltürspinnen graben in lockerer Erde einen Gang und verstecken sich darin. Mit ihrem Seidenfaden klebt die Spinne Erdkörnchen zu einer gut getarnten Falltür. Wenn ein Insekt oder ein anderes Beutetier vorbeikommt, kriecht die Spinne durch die Tür und packt es.

In den ersten vier Lebensmonaten bleiben junge Schnabeltiere in ihrem Nest in einem unterirdischen Bau und trinken bei der Mutter.

SCHNABELTIERBAU

Das australische Schnabeltier gräbt einen verzweigten, bis zu 20 m langen Bau in die Uferböschung eines Flusses. Hier legen die Weibchen ihre Eier und ziehen die geschlüpften Jungen auf. Immer wenn das Elterntier den Bau verlässt, verschließt es den Eingang, damit seine Jungen vor Eindringlingen geschützt sind.

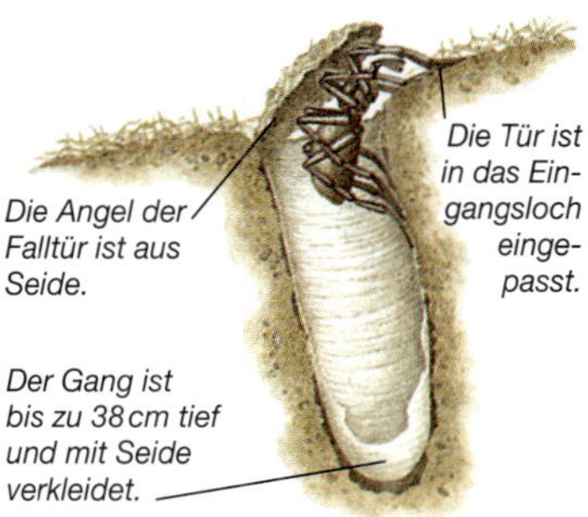

Die Angel der Falltür ist aus Seide.

Die Tür ist in das Eingangsloch eingepasst.

Der Gang ist bis zu 38 cm tief und mit Seide verkleidet.

Siehe auch

AMEISEN UND TERMITEN
BIENEN UND WESPEN
HASEN UND KANINCHEN
NAGETIERE
VÖGEL

TIERE
FLUG

VÖGEL, FLEDERMÄUSE UND INSEKTEN sind die einzigen Tiere, die wirklich fliegen können. Zwar gibt es auch Tiere, die wie Gleitbeutler und Gleitflieger, Flugfische und Flugdrachen gleiten oder sich durch die Luft katapultieren, doch können diese nicht aus eigener Kraft fliegen. Das Leben in der Luft bietet flugfähigen Tieren viele Vorteile: Raubtiere können ihre Beute im Flug fangen oder sie von oben beobachten, während andere Vögel schnell räuberischen Tieren entkommen, indem sie wegfliegen. Vögel können im Flug weite Strecken zurücklegen, um günstige Brut- oder Futterplätze aufzusuchen. Die Küstenseeschwalbe ist der »Vielflieger« unter den Vögeln: Sie fliegt jedes Jahr von der Arktis zur Antarktis und legt dabei jeweils etwa 18 000 km zurück. Der Mauersegler verbringt den größten Teil seines Lebens in der Luft und sucht nur zum Nisten festen Untergrund auf. Vögel, Fledermäuse und Insekten sind auch in der Lage, rasch gute Nahrungsquellen zu finden. Kolibris trinken Blütennektar im Flug, Flughunde fliegen in Baumkronen, um die Früchte zu fressen, und Libellen schweben über Teichen, um kleine Fliegen zu fangen. Alle fliegenden Tiere, von der Biene bis zum Bussard, brauchen viel Nahrung, um für das Fliegen genug Kraft zu haben. Die ersten fliegenden Tiere entwickelten sich vor etwa 300 Mio. Jahren. Um Fliegen zu können, brauchen Tiere kräftige Brustmuskeln, die die Flügel bewegen. Vögel haben hohle Knochen und sind deshalb sehr leicht: Auch ein großer Adler wiegt kaum 4 kg.

ARCHAEOPTERYX
Einer der ersten bekannten Vögel ist *Archaeopteryx*. Fossile Reste dieses Urvogels sind 150 Mio. Jahre alt. *Archaeopteryx* konnte gleiten und durch die Luft fliegen.

TRAUERSEESCHWALBE
Diese Seeschwalbe verbringt zehn oder mehr Lebensjahre in der Luft. Dann erst lässt sie sich zum Nisten nieder.

Fledermaus

FLÜGEL

Die Flügel fliegender Tiere wiegen nicht viel, damit sie leicht bewegt werden können. Sie sind breit und flach, denn durch das Niederdrücken der Luft erhält das Tier Auftrieb. Um in der Luft gut steuern zu können, müssen die Flügel auch elastisch sein. Insektenflügel bestehen aus einer dünnen Haut, die von feinen Adern verstärkt wird. Vogelflügel haben im vorderen Teil Knochen und Muskeln. Die übrige Oberfläche wird von Federn gebildet. Fledermausflügel bestehen aus einer dünnen Schicht aus Muskeln und Bindegewebe zwischen zwei dünnen Häuten und sind zwischen Arm- und Fingerknochen gespannt.

Turmfalkenflügel

Rüttelflug

Nur wenige Tiere können in der Luft »stehen«. Der Rüttelflug stellt hohe Anforderungen, denn auch die kleinste Brise muss durch Flügelbewegungen ausgeglichen werden. Nur wenige Tiere rütteln bei der Nahrungsaufnahme. Zu ihnen zählen die Kolibris. Sie bleiben förmlich in der Luft stehen, um aus Blüten den Nektar zu trinken. Ähnlich wie Hubschrauber können sie auch aufwärts und abwärts und sogar rückwärts fliegen. Sie schlagen 20 bis 50 mal in der Sekunde mit den Flügeln.

ABWÄRTS
Die Flügel schlagen fast waagerecht und drücken die Luft herunter.

AUFWÄRTS
Die Flügel drehen sich herum und schlagen aufwärts. Auch dabei drücken sie Luft herunter, um den Auftrieb zu erhalten.

Insektenflügel

Viele Formen von Insekten können fliegen. Kleine Fluginsekten wie Mücken schlagen in der Sekunde über 1000-mal mit den Flügeln. Größere Insekten, wie Schmetterlinge, brauchen ihre großen Flügel nicht so oft zu bewegen. Fliegen, Bremsen und Mücken haben nur ein Flügelpaar. Schmetterlinge, Bienen, Wespen und Käfer haben zwei Flügelpaare. Bei Käfern bildet das vordere Flügelpaar die Deckflügel, die auf dem Rücken aufliegen, wenn der Käfer nicht fliegt. Insektenflügel wachsen aus dem Chitin-Außenskelett.

LIBELLE
Die Libelle besitzt zwei Flügelpaare und ist ein geschickter Flieger. Sie jagt kleine Mücken und andere Fluginsekten.

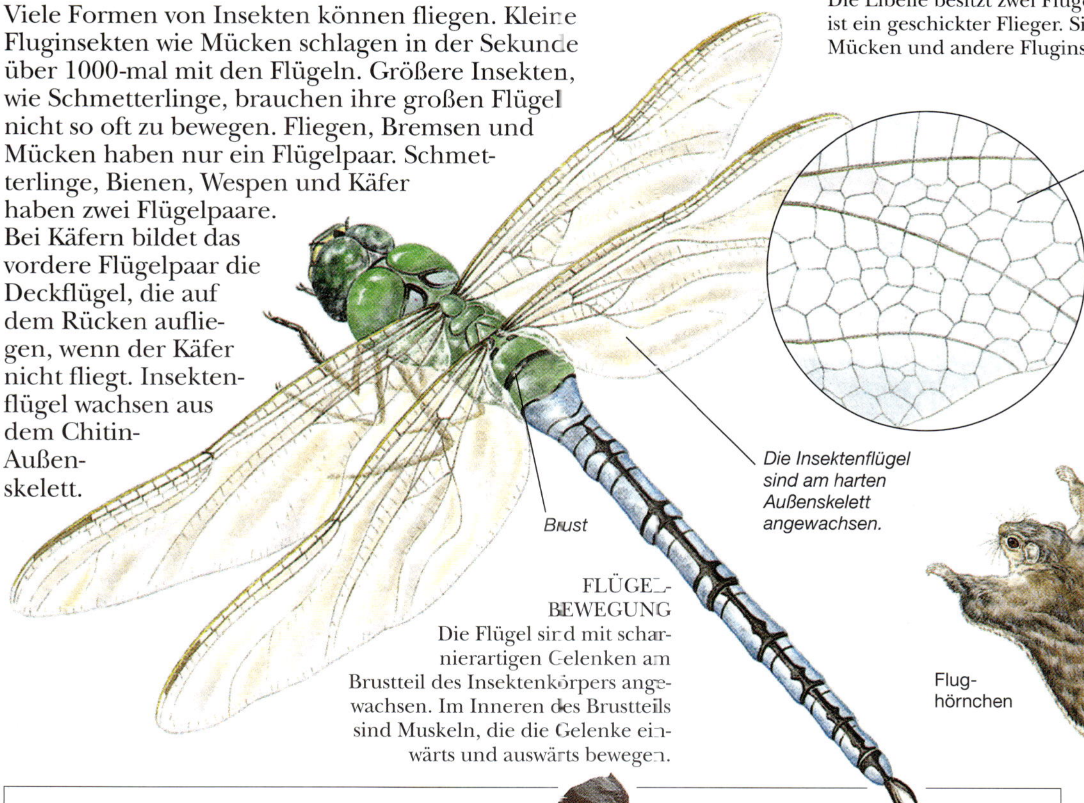

FLÜGELBEWEGUNG
Die Flügel sind mit scharnierartigen Gelenken am Brustteil des Insektenkörpers angewachsen. Im Inneren des Brustteils sind Muskeln, die die Gelenke einwärts und auswärts bewegen.

GLEITEN
Es gibt Säugetiere, die durch die Luft gleiten können, darunter Flughörnchen. Sie können sich in der Luft drehen und steuern, haben aber keine Flügel. Auch einige Schlangen- und Froscharten beherrschen den Gleitflug.

Fliegende Reptilien

Die Pterosaurier oder Flugechsen starben vor 70 Mio. Jahren aus. Zuerst dachte man, die meisten von ihnen seien Gleiter gewesen. Heute nimmt man an, dass die meisten gut fliegen konnten. Der größte Pterosaurier hatte 12 m Spannweite.

Siehe auch

Dinosaurier
Erdgeschichte
Fledermäuse
Insekten
Tiere
Tiere, Wanderungen
Vögel

TIERE
SINNE

ALLE TIERE SIND sich ihrer Umgebung bewusst. Durch Tasten, Riechen, Schmecken, Sehen und Hören finden Tiere und Menschen heraus, was um sie herum geschieht. Allerdings sind die Sinnesempfindungen der Tiere insgesamt wesentlich komplexer als die der Menschen. Eine Hundenase ist z.B. so geruchsempfindlich, dass der Hund die Welt als ein Muster von Gerüchen »sieht«, so wie wir mit unseren Augen Licht und Farben sehen. Viele Tiere, darunter v.a. Fische, bestimmen ihre Position mithilfe der bioelektrischen Ausstrahlung anderer Lebewesen in ihrer Umgebung. Fische nehmen außerdem mithilfe der seitlich am Körper liegenden Seitenlinienorgane Schwingungen im Wasser wahr. Ebenso wie die Körperform sind auch die Sinne eines Tieres das Ergebnis der Anpassung an seine Lebensweise. Tiere, die in ewiger Dunkelheit leben, brauchen keine scharfen Augen, sondern einen gut ausgebildeten Geschmacks- und Geruchssinn. Manche Sinnesorgane sind hoch spezialisiert, wie die Fühler des männlichen Kleinen Nachtpfauenauges, die ein 5 km entferntes Weibchen wahrnehmen.

DIE SINNE DES JÄGERS
Ein Hai kann über Hunderte von Metern hinweg Blut im Wasser riechen. Beim Angriff nutzt der Hai seine scharfen Augen und den Elektrosinn, der Elektrosignale wahrnimmt.

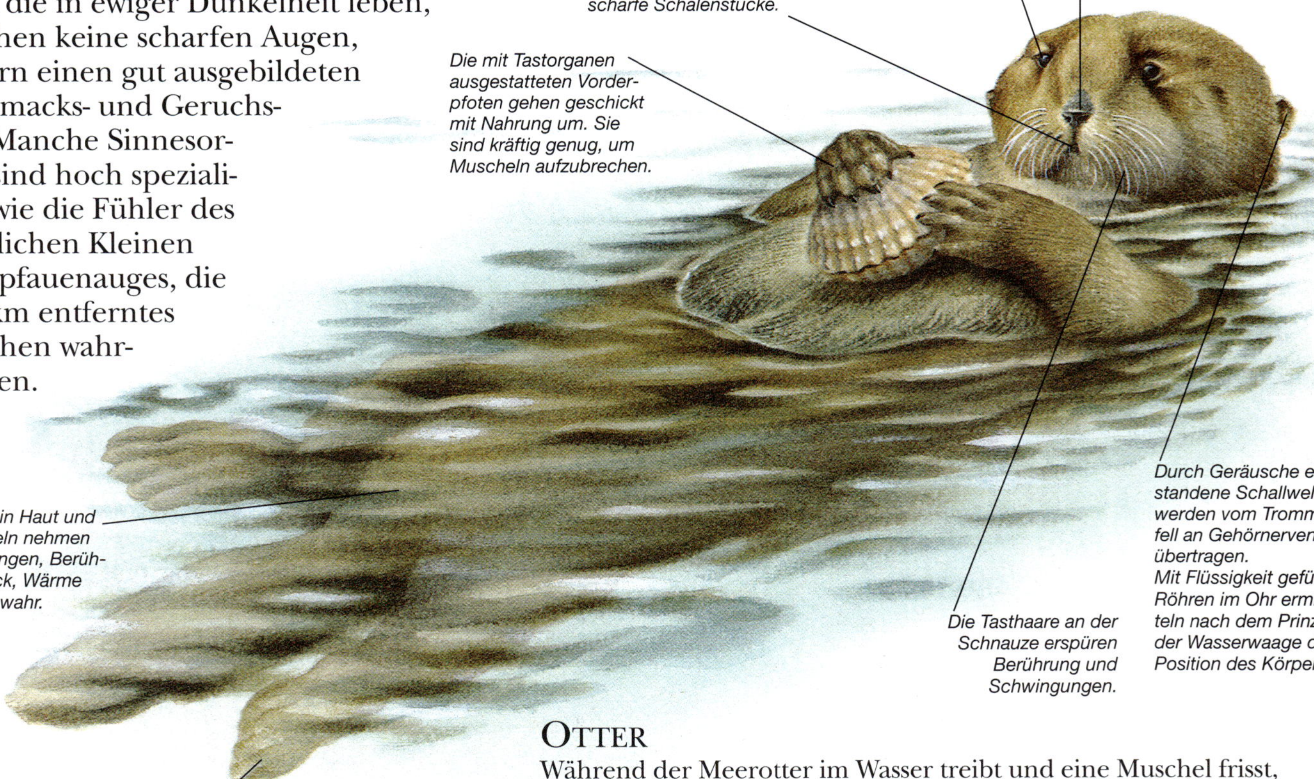

OTTER

Während der Meerotter im Wasser treibt und eine Muschel frisst, versorgen seine Sinne das Gehirn ständig mit Informationen über die Umgebung. Für den Otter wichtige Sinnesorgane sind Augen und Ohren, Nase, Zunge, Tasthaare, Haut und Gleichgewichtssensoren. Rezeptoren in Gelenken und Muskeln ermitteln die Position des Körpers. Den Geruch einer verdorbenen Muschel oder die von einem Hai ausgehenden Schwingungen würde er sofort wahrnehmen.

BLUTHUND

Bluthunde wurden als Spürhunde gezüchtet. Ihr Geruchssinn ist schätzungsweise eine Million mal schärfer als der eines Menschen. Bluthunde nehmen selbst die winzigen Hautschüppchen wahr, die vom Körper eines sich bewegenden Menschen abfallen.

Der Geruchsinn spürt sogar Gerüche auf, die schon einige Tage alt sind.

Mit der Nase in Bodennähe folgt der Hund einer Duftspur.

Wärmesensoren

Grubenottern nehmen die Infrarotstrahlen wahr, die von ihren warmblütigen Beutetieren ausgehen. Zu beiden Seiten der Nasenlöcher der Otter liegen die Grubenorgane, in denen sich wärmeempfindliche Nervenenden befinden. Indem die Otter ihren Kopf von einer Seite auf die andere bewegt, kann sie die Beute orten. Deshalb sind Ottern in der Lage, auch im Dunkeln treffsicher zuzuschlagen.

LUFT SCHMECKEN
Alle Schlangen strecken die Zunge heraus, um die Luft zu schmecken. An der feuchten Zunge bleiben Geruchspartikel haften. Im Mund werden sie näher bestimmt. Auf diese Weise verfolgen Schlange ihre Beute, suchen nach Partnern und meiden Fressfeinde.

Schlangen spüren die Schwingungen, die von anderen Tieren ausgehen.

Insektensinne

Die Position der wichtigen Sinnesorgane eines Tieres hängt mit dessen Lebensweise zusammen. Mit den Härchen an ihren Füßen können Fliegen z. B. die Nahrung, auf der sie gelandet sind, ertasten und prüfen. Aus dem Verhalten eines Tieres kann man schließen, welche Sinne für das Tier wichtig sind. Heuschrecken zirpen, um Partner anzulocken oder Rivalen zu vertreiben. Deshalb müssen Heuschrecken auch gut hören können.

FÜHLER
Die langen Fühler bewegen sich ständig, um Informationen aus der Luft aufzunehmen.

KNIE-OHREN
Punktierte Zartschrecken (oben) haben ihre Ohren an den Knien, Heuschrecken dagegen am Hinterleib. Feine Hautlappen an den Beinen vibrieren, wenn der Partner zirpt.

MAGNETSINN
Manche Tiere scheinen so etwas wie einen eingebauten Kompass zu besitzen, den sie auf Wanderungen benutzen. Monarchfalter fliegen wenige Wochen, nachdem sie aus ihrer Puppe geschlüpft sind, vom Norden Nordamerikas in den Süden. Ihr Körper enthält eine natürliche magnetische Substanz, das Magnetit. Forscher nehmen an, dass sie sich mit dessen Hilfe am Magnetfeld der Erde orientieren.

ELEKTROSINN
Jeder Körper erzeugt schwache elektrische Impulse. Der ledrige Schnabel des Schnabeltiers nimmt im Wasser kleinste Bewegungen und elektrische Strömungen wahr. Die bei den Schwanzbewegungen von Flusskrebsen entstehenden Signale führen das Tier zu seiner Beute.

Radar-Ohren

Die großen Ohrmuscheln des Fennek oder Wüstenfuchs fangen auch schwache Schallwellen ein und leiten sie in den Gehörgang. Jedes Ohr kann sich unabhängig vom anderen in die Richtung drehen, aus der ein Geräusch kommt. Außerdem strahlt der Körper des Fennek durch die vielen Blutgefäße in den Ohren Wärme ab, sodass das Tier auch in der heißen Wüste relativ kühl bleibt.

Siehe auch
Fische
Haie und Rochen
Hunde
Säugetiere
Schlangen
Tiere
Vögel

TIERE
TARNUNG

EIN SCHMETTERLING, der wie eine Blume aussieht, ein Vogel, der einem Stück Holz ähnelt, ein Fisch, der so unbeweglich an einer Stelle liegt wie ein Stein: Viele Pflanzen und Tiere verbessern ihre Überlebenschancen, indem sie sich optisch an ihre Umwelt anpassen. Man nennt dies Tarnung. Sowohl Gestalt als auch Farbe und Musterung können zur Tarnung beitragen. Man erkennt z. B. ein Rehkitz nur schlecht zwischen den Bäumen, weil sein Fell hellbraun und weiß gefleckt ist. Eine Gottesanbeterin ist von einem Zweig kaum zu unterscheiden, und ein Chamäleon nimmt die Farbe seiner Umgebung an. Durch Tarnung schützen sich Tiere vor ihren Fressfeinden. Raubtieren dagegen erleichtert die Tarnung, sich an ihre Beute heranzupirschen.

Kommt es auf einen unbelaubten Ast, ändert sich die Farbe von Grün zu Braun.

Die Hautfarbe wird an die grüne Farbe des Laubs angepasst.

CHAMÄLEON

Bei Chamäleons passen sich Farbe und Musterung der Haut ihrer Umgebung an. Die Farbe verändert sich, weil Zellen in der Haut ihre Größe verändern und die darin enthaltenen Farbpigmente dann näher an die Oberfläche oder tiefer nach unten gedrückt werden. Als das hier gezeigte Dreihornchamäleon (oben) von seinem Ast genommen wurde, änderte es innerhalb von fünf Minuten seine Farbe von Grün und Gelb zu Braun.

SCHNEEHASE

Der Schneehase hat im Sommer ein braunes Fell, das sich wenig von der Farbe der Erde und des Gestrüpps abhebt. Im Winter wird es durch ein weißes Fell ersetzt, das den Hasen im Schnee hervorragend tarnt. Der Polarfuchs jagt Schneehasen. Im Winter hat auch er ein weißes Fell.

MEISTER DER TARNUNG
Die Gespensterheuschrecke (oben) ist nur sehr schwer von einem Zweig zu unterscheiden. Bei Gefahr verharrt sie unbeweglich – wie ein Zweig. Das Wandelnde Blatt (unten) ist ebenfalls eine Heuschreckenart. Körper und Glieder sind blattförmig.

TIGER-STREIFEN
Tiger werden durch ihre Streifen getarnt. Diese ähneln dem Spiel von Licht und Schatten, das entsteht, wenn Sonne auf hohes Gras scheint. Tiger schleichen sich im Unterholz langsam an ihre Beute heran.

Siehe auch

FISCHE
HASEN UND KANINCHEN
INSEKTEN
KATZEN, GROSSKATZEN
TIERE
VÖGEL

TIERE
WANDERUNGEN

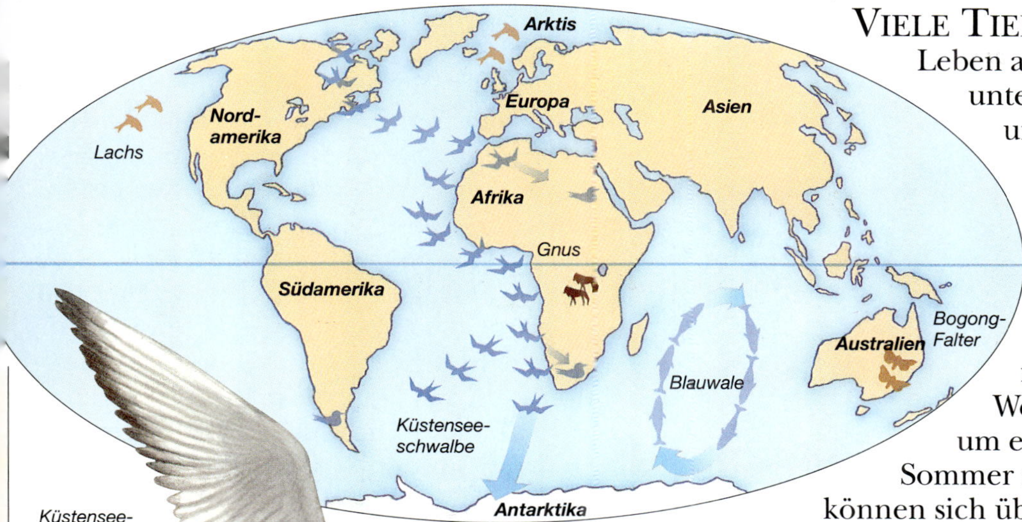

VIELE TIERE verbringen ihr gesamtes Leben an einem Ort. Andere dagegen unternehmen lange Wanderungen, um Futter, Wärme oder einen guten Platz für die Aufzucht der Jungen zu suchen. Es gibt Tierarten, die zu bestimmten Jahreszeiten wandern wie die Büffel, welche sich in der Trockenzeit auf die Suche nach Wasserstellen und frischen Weiden machen. Andere wandern, um einem kalten Winter oder heißen Sommer zu entkommen. Wanderungen können sich über Tausende von Kilometern erstrecken, und oft wandern die Tiere später wieder zurück – wie die Schwalben und andere Zugvögel. Manche Tierarten wandern nur, wenn sie so zahlreich geworden sind, dass sie keine Nahrung mehr finden – wie die Lemminge.

Küstenseeschwalben werden 30 Jahre alt und älter und legen in ihrem Leben über 1 Mio. km zurück.

KÜSTENSEESCHWALBE
Das Tier, das bei seinen Wanderzügen die längste Strecke zurücklegt, ist die Küstenseeschwalbe, denn sie fliegt jedes Jahr vom Nordpol zum Südpol. Den Sommer verbringt sie in der Arktis. Hier zieht sie ihre Jungen auf und ernährt sich von Insekten, Fischen und Muscheln. Nach dem kurzen Sommer fliegt sie nach Süden, in die Antarktis. Die direkte Strecke ist 15 000 km lang, doch manche Küstenseeschwalben fliegen noch weiter: erst in östlicher Richtung über den Nordatlantik, dann westlich über den Südatlantik. Wenn der antarktische Sommer vorbei ist, ziehen die Vögel wieder nach Norden.

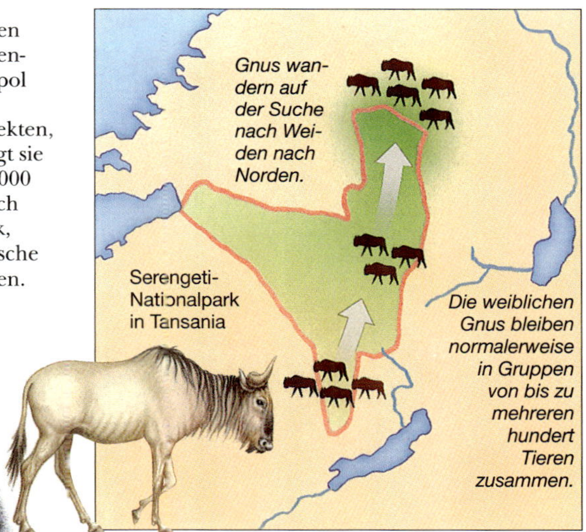

NAVIGATION

Manche Tierarten scheinen sich mithilfe von Sonne, Mond und Sternen zurechtzufinden. Andere haben so etwas wie einen eingebauten Kompass und orientieren sich am Magnetfeld der Erde oder an Meeresströmungen. Wir können nicht sicher sagen, woher Tiere wissen, wohin sie ziehen müssen – zumal wenn sie jung sind und zum ersten Mal wandern.

GNU
In der Trockenzeit brechen riesige Gnuherden auf, um Wasser und Weiden zu suchen. Manchmal legen sie über 1500 km zurück, bis sie eine geeignete Stelle gefunden haben.

LACHS
Lachse schlüpfen aus Eiern, die ihre Eltern in Flüssen und Bächen abgelegt haben. Dann schwimmen sie ins Meer. Als erwachsene Fische wandern sie Tausende von Kilometern weit zu den Flüssen zurück, aus denen sie stammen, um selbst Eier abzulegen. Den Wasserlauf, in dem sie geschlüpft sind, erkennen sie an der chemischen Zusammensetzung seines Wassers wieder. Lachse sind ausgezeichnete Schwimmer. Um gegen die Strömung anzukommen, schnellen sie sich aus dem Wasser.

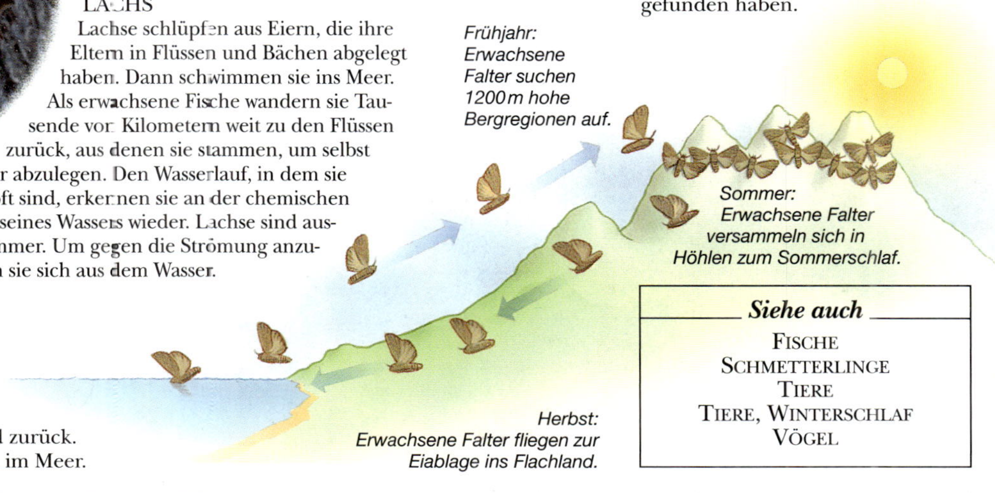

BOGONG-FALTER
In manchen Regionen wandern die Tiere nicht wie bei uns im Winter, sondern im Sommer. Die Bogong-Falter verbringen die heißen Sommer Südostaustraliens in kühlen Höhlen und Felsspalten im Gebirge und halten Sommerschlaf. Im Herbst kehren sie ins Tiefland zurück. Manche fliegen über ihr Ziel hinaus und sterben im Meer.

Siehe auch
FISCHE
SCHMETTERLINGE
TIERE
TIERE, WINTERSCHLAF
VÖGEL

Tiere
Winterschlaf

Während des Winterschlafs sind die Sinne nicht aktiv.

Die Haselmaus rollt sich zusammen, um den Wärmeverlust des Körpers gering zu halten.

Haselmäuse bauen sich ihr Nest aus Laub und Moos auf oder unter dem Boden.

Mit dem pelzigen Schwanz schützt es das Gesicht vor Kälte.

Während des Winterschlafs verliert das Tier die Hälfte des Körpergewichts.

IM WINTER VERBRAUCHT der Körper warmblütiger Tiere zusätzliche Energie, um warm zu bleiben. Andererseits wird im Winter das Futter knapp. Viele Tierarten überstehen den kalten Winter, indem sie in wärmere Regionen ziehen. Andere wie z.B. Igel und Fledermäuse halten an einem ruhigen, geschützten Ort Winterschlaf – in einer Höhle, einem Nest oder einem Bau. Beim echten Winterschlaf laufen die Körperfunktionen stark verlangsamt ab: Die Anzahl der Atemzüge und der Herzschläge pro Minute nimmt stark ab. Die Körpertemperatur liegt nur noch wenige Grade über der Außentemperatur: Bei Hamstern beträgt sie dann z.B. um 0°C. Wenn die Außentemperatur unter 0°C fällt, verhindern chemische Reaktionen im Körper des schlafenden Tieres, dass es erfriert. Tiere, die Winterschlaf halten, fressen sich im Herbst dick und rund, damit ihr Körper den Winter ohne Nahrung übersteht.

Haselmaus

Einer der bekanntesten »Winterschläfer« ist die Haselmaus. Im Herbst frisst sie eifrig, um eine Fettreserve anzulegen. Dann baut sie sich ihr Nest. Ihr Herz schlägt nur einmal alle paar Minuten und auch die Atmung verlangsamt sich. Ihre Körpertemperatur ist nach einer Weile nur wenige Grad höher als die Außentemperatur.

Baribal

Der Winterschlaf von Bären und Stinktieren ist nicht so tief wie der echte Winterschlaf von Fledermäusen oder Haselmäusen. Die Körpertemperatur des Nordamerikanischen Schwarzbären oder Baribal sinkt etwas, doch sein Herzschlag wird kaum langsamer. Daher kann der Bär aus seinem Winterschlaf aufwachen, wenn das Wetter für kurze Zeit milder ist. Obwohl er wach ist, frisst der Bär im Winter nichts und lebt bis zum Frühjahr von seinen Fettreserven. Manche Bärinnen bringen ihre Jungen in den Wintermonaten zur Welt.

KÄLTESTARRE
Um Energie zu sparen, lassen kleine warmblütige Tiere, wie z.B. Fledermäuse oder Kolibris, einen Teil des Tages oder der Nacht ihre Körpertemperatur stark sinken. Dabei verlangsamen sich auch ihr Herzschlag und ihre Atmung. Bei großen Tieren wie Bären fällt die Körpertemperatur nicht stark ab, denn sie würden zu viel Energie benötigen, um wieder warm zu werden. Fledermäuse hängen oft eng nebeneinander, um größeren Wärmeverlust zu verhindern. Wenn die kalte Jahreszeit kommt, suchen sie geeignete Höhlen als Winterquartiere auf.

Sommerschlaf

Viele Tiere der Wüste schlafen in der heißesten Zeit des Jahres, um die starke Hitze zu überleben. Zu ihnen zählen Echsen, Frösche, Insekten und Schnecken. Bevor sie in ihren Sommerschlaf fallen, versiegeln Schnecken ihr Haus mit Schleim, der in der heißen Luft hart wird.

Für den Sommerschlaf versammeln sich Schnecken auf Stängeln.

Siehe auch

Bären und Pandas
Fledermäuse
Nagetiere
Schnecken
Tiere, Wanderungen

TIERE
BAUERNHOF

Weibliche Schafe nennt man Mutterschafe, männliche heißen Böcke, und die Jungen nennt man Lämmer.

Die beste Wolle haben Merinoschafe. Der Vorfahre des modernen Merinoschafs ist das Spanische Merinoschaf. Diese Rasse ist 1000 Jahre alt.

Weibliche Hühner nennt man Hühner oder Hennen. Die männlichen nennt man Hähne. Sie sind meist bunter.

Fleisch von kastrierten männlichen Tieren heißt Hammelfleisch.

FLEISCH, Wurst, Butter und Käse kommen von Nutztieren, die auf Bauernhöfen, Farmen und in anderen landwirtschaftlichen Betrieben gehalten werden. Zu ihnen zählen Schweine, Rinder, Schafe, Kaninchen, Ziegen und Geflügel. Sie werden wegen ihres Fleisches, ihrer Milch, ihrer Felle oder Häute gezüchtet. Die Haut von Rindern, Schweinen, Ziegen und Schafen wird zu Leder gegerbt, aus dem man Schuhe und andere Kleidung herstellt. Schafe, Ziegen und Angorakaninchen liefern Wolle. Seit mindestens 9000 Jahren werden Nutztiere gehalten. Sie sind in Koppeln, auf Weiden, in Ställen oder Käfigen untergebracht. Die ersten Nutztiere waren wilde Tiere, die von Menschen gefangen und domestiziert (gezähmt) wurden. Über Jahrhunderte hinweg kreuzten Bauern die gesündesten und zahmsten Tiere, die am meisten Wolle, Fleisch oder Milch lieferten. So entstanden die Nutztierrassen, die wir heute kennen.

SCHWEINE
Weibliche Schweine nennt man Sauen (Einzahl: Sau). Die männlichen Schweine nennt man Eber, die Jungen Ferkel.

Rhodeländer sind nach dem US-Staat Rhode Island benannt. Die Rasse gilt als guter Fleischlieferant, und die Hühner sind fleißige Legehennen.

Die Küken werden geschlachtet, wenn sie etwa 8 Wochen alt und 2 kg schwer sind.

HÜHNER
Auf der Welt leben heute etwa 7 Mrd. Hühner von ungefähr 500 verschiedenen Rassen. Die verbreitetste Legehenne ist die Leghornhenne.

GEFLÜGEL

Hühner werden von vielen Menschen zur Eigenversorgung mit Eiern und Fleisch gehalten. Sie scharren auf Höfen und Wiesen nach Würmern, Körnern und Insekten und fressen auch Abfälle. Ihre Eier legen sie in Hühnerställen oder suchen sich draußen ein ruhiges Eckchen. Artgerecht gehaltene Legehennen können sich tagsüber im Freien aufhalten. Batteriehaltung ist nicht artgerecht.

SCHAFE
Wolle kann von Schafen, Ziegen, Kaninchen, Alpakas und Vikunjas stammen. Die weichste und feinste Wolle kommt von Lämmern. Die größten Schafherden gibt es in Australien, wo etwa 140 Mio. Schafe leben. Einmal im Jahr werden Schafe, die wegen ihrer Wolle gehalten werden, geschoren. Ein erfahrener Scherer kann ein Schaf mit einer elektrischen Schere innerhalb von 40 Sekunden von seiner Wolle befreien. Die Wolle wird gewaschen, gekämmt und zu Garn gesponnen. Hier spinnt eine Frau in Nepal Wolle von Hand.

INTENSIVHALTUNG

Viele Nutztiere werden wie diese Schweine intensiv gehalten. Sie leben in großen Hallen und werden sorgfältig überwacht. In manchen großen Hühnerställen leben Tausende von Hühnern oft in kleinen Einzelkäfigen. Sie können nicht frei herumlaufen und nach Futter scharren. Futtermischung, Raumtemperatur und Licht sind so abgestimmt, dass jedes Huhn im Jahr bis zu 300 Eier legt. Solche Hühnerställe nennt man Legebatterien. Schweine werden so gehalten und gefüttert, dass sie in möglichst kurzer Zeit möglichst viel zunehmen. Manche werden jeden Tag 700g schwerer. Schweine können schon im Alter von drei Monaten geschlachtet werden.

SCHWEINE

In Asien leben heute ungefähr 400 Mio. Schweine, und weitere 400 Mio. sind auf die übrigen Kontinente verteilt. Manche Schweine werden extensiv gehalten, dürfen auf Weiden nach Wurzeln und Würmern suchen und Küchenabfälle fressen. Andere werden in Zucht- und Mastbetrieben gehalten (oben). Es gibt eine Vielzahl von Schweinerassen. Die schwersten Tiere wiegen über 200kg. Fast jeder Teil eines Schweines kann gegessen werden, sogar die Füße. Das Fleisch wird frisch, geräuchert oder gepökelt verkauft.

ZEBURIND
Rinder sind die zahlenstärksten Nutztiere: Allein in Indien leben 200 Mio. von ihnen und eine weitere Milliarde lebt in der übrigen Welt. Anfangs wurden sie als Zugtiere gehalten. Heute werden bestimmte Rassen wegen ihres Fleisches gehalten (Fleischrassen), andere wegen der Milch (Milchrassen). Außerdem gibt es Rassen, die als Milch- und Mastrasse gute Ergebnisse liefern. Es gibt ein paar hundert Rinderrassen. Zeburinder (links) haben über den Schultern einen Höcker. Sie stammen aus Indien und können gut in heißen Regionen gehalten werden.

PUTEN
Die heute am häufigsten gehaltene Rasse sind weiße Truthühner, die aus den bronzefarbenen gezüchtet wurden. Truthühner oder Puten stammen aus Nordamerika. Europäische Reisende und Eroberer brachten im 16. Jh. Truthühner nach Europa, wo neue Rassen gezüchtet wurden.

Für die winterlichen Feiertage St. Martin und Weihnachten werden zahllose Puten und Gänse geschlachtet.

Truthähne oder Puter sind doppelt so schwer wie Truthennen, die man auch Puten nennt.

ENTEN UND GÄNSE
Wasservögel wie Gänse und Enten werden überwiegend wegen ihres Fleisches gehalten. Außerdem kann man mit ihren weichen Daunen Betten, Kleidung (z.B. Daunenjacken) und Schlafsäcke füllen. Gänse bewachen ihren Hof: Sie schreien, wenn Fremde kommen. Wegen ihrer Eier hält man v.a. Indische Laufenten, Khaki-Campbell-Enten, Emdener Gänse und Chinesische Gänse.

Die aus Frankreich stammende Toulousegans ähnelt ihren wilden Vorfahren, den Graugänsen. Sie wiegt über 13kg.

Die Indische Laufente kann nicht richtig fliegen, aber schnell laufen.

In vielen Teilen der Welt werden Ziegen wegen ihrer Milch gehalten, aus der man auch Käse und Jogurt macht.

ZIEGEN

Ziegen zählen zu den ältesten Nutztieren. Sie ernähren sich von zähen und dornigen Pflanzen und können sich derart an Baumstämmen aufrichten, dass sie an die niedrigen Äste kommen. Weltweit werden ungefähr 600 Mio. Ziegen gehalten, viele davon in trockenen und bergigen Gebieten. Man nutzt ihr Fleisch, die Milch, die Häute und die Wolle. Die wichtigste Milchrasse ist die Anglo-Nubier-Ziege. Diese Ziegen geben im Jahr bis zu 800 Liter Milch.

Siehe auch

ENTEN, GÄNSE UND SCHWÄNE
KÜHE
LANDWIRTSCHAFT
LANDWIRTSCHAFT, GESCHICHTE
PFERDE
TIERE, GEBIRGE

TIERE

FLÜSSE UND SEEN

IM WASSER VON Flüssen und Seen leben viele Tier- und Pflanzenarten. Gräser, Schilf und andere Pflanzen wachsen an den Ufern und bieten Insekten, Vögeln und Säugetieren wie Seeottern und Bisamratten Nahrung und Schutz. Das schnell fließende Wasser von Flüssen schwemmt Pflanzen fort, doch in stehenden Gewässern gibt es viele kleine schwimmende Pflanzen, von denen sich Wasserflöhe und Krebse ernähren, die wiederum von größeren Fischen gefressen werden. Größere schwimmende Wasserpflanzen spenden Fischen Schatten. Tierkot, altes Laub und sonstiges Pflanzenmaterial verrotten auf dem Grund zu Schlamm, in dem Würmer, Schnecken u. a. kleine Tiere leben. Heute sind viele Gewässer durch Abwässer, Düngemittel und andere Substanzen verschmutzt, sodass das biologische Gleichgewicht dieser Lebensräume oft gestört oder zerstört ist.

SÜSSWASSER
Der Anteil des Süßwassers an der gesamten Wassermenge der Erde beträgt nur 0,03 Prozent. Süßwassergewässer wie Seen, Flüsse, Bäche und Teiche sind der Lebensraum von Tausenden von Tieren.

Hechtkraut wächst an den Ufern von Seen und Flüssen.

BISAMRATTE
Die Bisamratte ist ein Nagetier. Sie ernährt sich hauptsächlich von Wasserpflanzen, frisst aber auch Fische, Frösche und Muscheln.

Die Bisamratte ist ein guter Schwimmer. Sie hat Schwimmhäute und benutzt den langen Schwanz als Ruder.

RIESENOTTER
Das größte Mitglied der Familie der Otter lebt in Südamerika. Der Riesenotter wird mit Schwanz über 1,50 m lang. Er jagt Welse, Piranhas und andere Fische. Anders als andere Otter hält sich der Riesenotter lieber im Wasser auf und wird nicht oft an Land gesehen. Diese Art ist sehr selten geworden und gilt als bedroht.

SCHWARZKOPF-RUDERENTE
Ruderenten sind in vielen Teilen Europas verbreitet. Sie haben einen steil nach oben weisenden Schwanz und leben von Pflanzen, kleinen Wasserinsekten, Larven und Würmern.

HECHT
Der Hecht ist ein großer Raubfisch. Mit seinen scharfen Zähnen packt er viele Arten von Fischen sowie auch Frösche, Wasservögel und kleine Säugetiere. Hechte leben in Seen und langsam fließenden Wasserläufen. Sie werden über 1 m lang.

HÖCKERSCHILDKRÖTE
Eines der vielen Tiere, die unter verschmutztem Wasser besonders leiden, ist die Mississippi-Höckerschildkröte. Die schädlichen chemischen Abfälle, die man in Gewässer ablässt, vergiften die Schnecken und Muscheln, von denen sie lebt.

UFERPFLANZEN

Die Strömung eines Flusses hat großen Einfluss auf die Tiere, die in oder an ihm leben. In der Mitte eines Flusses mit starker Strömung kann nichts wachsen, und am Ufer gedeihen am besten Bäume wie Weiden, deren Zweige in das Wasser hängen. Am Boden eines langsam dahinfließenden Flusses sammelt sich Schlick an, und an den Ufern können viele Pflanzen Wurzeln schlagen.

KREBSE
Flusskrebse sind mit den im Meer lebenden Hummern und Krabben verwandt. Sie sind überwiegend nachtaktiv und laufen auf ihren vier Beinpaaren durch das Flussbett. Sie ernähren sich von Würmern, Muscheln und kleinen Fischen.

Laichkraut ist die Nahrung vieler Fischarten.

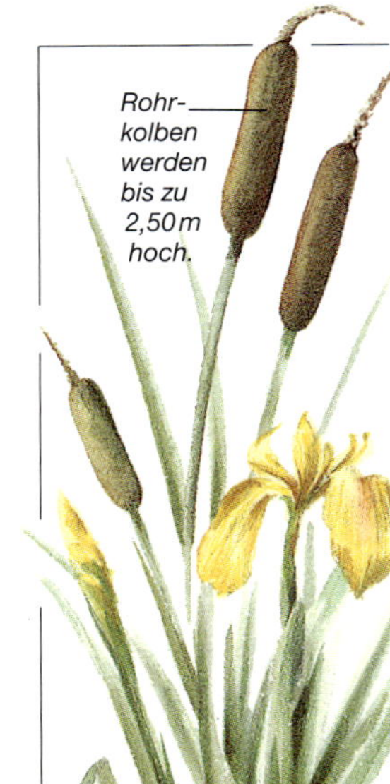

Rohrkolben werden bis zu 2,50 m hoch.

Seen als Lebensraum

An den Ufern vieler Seen stehen Weiden und Erlen. Näher am Wasser wachsen Schilf, Riedgras und weitere Sumpfpflanzen. Andere Pflanzen wie Seerosen wurzeln auf dem Grund der Gewässer, während ihre Blätter und Blüten auf der Oberfläche schwimmen. Jeder Pflanzentyp dient verschiedenen Tierarten als Nahrung.

WEIDE

Die Weide gedeiht am besten im feuchten Boden der Fluss- und Seeufer. Ihre langen Wurzeln befestigen die Ufer.

Reiher

Die zahlreichen Reiherarten besuchen Seen und Flüsse in aller Welt. Sie waten in seichtem Wasser und stehen minutenlang ganz still, um dann plötzlich mit dem Schnabel nach einem Frosch oder Fisch zu stoßen.

TEICHHUHN

In der Brutzeit baut das Teichhuhnpaar inmitten der Pflanzen am Seeufer ein Nest. Dann legt das Weibchen bis zu elf Eier. Mit ihren langen, weit spreizbaren Zehen können Teichhühner auf Seerosenblättern über das Wasser laufen. Sie ernähren sich von Pflanzen, Früchten und Insekten.

In den Sommermonaten kann man an Flüssen und Seen viele Libellen sehen.

SEEROSEN

Es gibt ungefähr 200 Arten von Seerosen. Ihre Blätter und Blüten treiben an der Wasseroberfläche. Über oft 2 m lange Stängel sind sie mit den Wurzeln verbunden, die im Schlamm des Gewässerbodens wachsen.

WASSERLÄUFER

Diese Wanzenart bewegt sich auf der Wasseroberfläche vorwärts, indem sie mit den Mittelbeinen rudert und mit den Hinterbeinen steuert.

WASSERSCHLANGE

Viele Schlangen fühlen sich im Wasser wohl und schwimmen so vorsichtig und geschickt, dass sie das Wasser kaum bewegen. Sie fressen kleine Säugetiere, Frösche, Fische, kleine Wasservögel und ihre Gelege.

Die Pflanzen in Ufernähe bieten Insektenlarven, Jungfischen und anderen kleinen Tieren ein gutes Versteck.

SPIEGELKARPFEN

Karpfen sind in langsam fließenden und in moorigen, stehenden Gewässern verbreitet. Spiegelkarpfen werden so genannt, weil sie große, glänzende Schuppen haben. Sie suchen den Gewässerboden nach kleinen Pflanzen, Muscheln und Würmern ab.

Gelbrandkäfer atmen unter Wasser die Luft, die sie unter den Flügeldecken gespeichert haben.

GELBRANDKÄFER

Der Gelbrandkäfer jagt Kaulquappen, kleine Fische, Würmer und Insekten.

ARTENSCHUTZ

Der Axolotl (rechts) ist ein mexikanischer Lurch. Er kann an Land nicht überleben und tritt nur in einigen Seen wie dem Xochimilco-See in Mexiko auf. Wie viele andere Bewohner von Flüssen und Seen ist auch der Axolotl durch die Umweltverschmutzung bedroht. In Tausenden von Seen in aller Welt wurde die Tier- und Pflanzenwelt durch Abwässer und andere Abfälle vernichtet. Inzwischen wurden viele Seen zu Schutzgebieten erklärt.

Axolotl bedeutet »Wassertier«.

Siehe auch

Amphibien
Enten, Gänse und Schwäne
Fische
Schlangen
Tiere, Sinne

Tiere
Gebirge

In den Gebirgen der Welt trifft man eine artenreiche Tier- und Pflanzenwelt an. Die tiefer gelegenen Hänge sind oft von üppigem Pflanzenwuchs bedeckt und Lebensraum vieler Arten. In großer Höhe ist es kühler. Hier leben weniger Tiere. Die in hohen Gebirgszonen heimischen Säugetiere haben ein dichtes Fell. Dort, wo es für die meisten Tiere schon zu steil ist, klettern wilde Ziegen, Gämsen u. ä. geschickt zwischen den Felsen. Im Bereich der Gipfel ist der Wind so stark, dass das Fliegen viel Kraft kostet. Deshalb leben hier nur große Vögel wie die Kondore. Viele Insekten, die in windigen Zonen leben, haben im Lauf der Evolution ihre Flügel verloren. Spinnen und flügellose Insekten leben in größerer Höhe als alle anderen Tiere. Wenn man hoch hinauf steigt, fällt die Temperatur alle 300 Höhenmeter um 3,6 °C. Etwa ab 2400 m Höhe wachsen keine Bäume, sondern vom Wind verkrüppelte Sträucher. Weiter oben gedeihen nur Moose und Flechten. Auf den Gletschern der hohen Gipfel trifft man kaum noch Tiere an.

LÄMMERGEIER
Der Lämmergeier ist einer der größten Geier. Seine Flügelspannweite beträgt ungefähr 3 m. Er fliegt über den hohen Gipfeln der Gebirge Afrikas, Asiens und Europas. Der Lämmergeier ist ein Greifvogel, der überwiegend von Aas lebt.

ARTENSCHUTZ
Nationalparks bieten Bergtieren wie dem Luchs (oben) geschützten Lebensraum. Luchse wurden früher wegen ihres Fells stark bejagt und sind heute gefährdet.

Gämse

Dank der gummiartigen Sohlen ihrer Hufe kann die Gämse gut zwischen den Felsen klettern und springen. Gämsen leben in Gruppen von bis zu 30 Weibchen und Jungen. Die Männchen sind außer in der Paarungszeit Einzelgänger. Nahrung sind Gräser und Kräuter.

Die Karte zeigt die wichtigsten Gebirge der Welt.

Die Schneeziege ist die nordamerikanische Verwandte der europäischen Gämse. Ihr Körper ist stämmiger, und sie wird dreimal schwerer als die Gämse. Im hohen Schnee bewegt sie sich langsam und bedächtig.

BRILLENBÄR
Der einzige südamerikanische Bär ist der Brillenbär. Er verdankt seinen Namen seiner Gesichtszeichnung. Er lebt in warmen, feuchten Bergwäldern der Anden. Der Brillenbär ist ein Allesfresser, der sich u. a. von Blättern, Früchten, Insekten, Eiern, Nagern und Vögeln ernährt.

GEBIRGSPFLANZEN
Oberhalb der Baumgrenze – dort also, wo keine Bäume mehr wachsen – gedeihen Alpenblumen. Die Blätter der meisten Alpenblumen wachsen flach und niedrig über dem Boden, sodass sie vor den heftigen, kalten Winden geschützt sind. Die Blüten werden überwiegend von Insekten bestäubt, die den Winter als Eier oder erwachsene Tiere unter dem Schnee verbrachten.

In vielen Regionen ist das Edelweiß heute geschützt.

Es gibt mehrere Arten von Enzian, deren Blüten blau, rot oder gelb sind. Der Stängellose Enzian wächst in Erdansammlungen zwischen Felsen und auf feuchten Wiesen bis in 3000 m Höhe in den Alpen, den Pyrenäen und im Apennin.

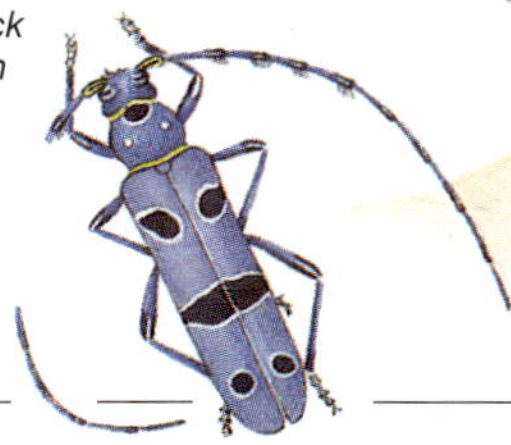

Der Alpenbock (rechts) ist ein Käfer, der sich auf Gebirgsblüten sonnt und von Pollen ernährt.

Schliefer fressen Gräser.

KLIPPSCHLIEFER
Die kleinen pelzigen Schliefer sind die nächsten lebenden Verwandten der Elefanten. Klippschliefer leben in bis zu 4000 m Höhe in felsigen Gebieten und Gebirgen Afrikas.

Siehe auch

Artenschutz
Bären und Pandas
Gebirge
Greifvögel
Katzen, Grosskatzen

TIERE
GRASLAND

WEITE TEILE AFRIKAS, Amerikas, Asiens und Australiens sind von Grasland bedeckt. In diesen heißen Regionen können keine Bäume wachsen, sondern nur Gräser. Gräser sind Blütenpflanzen, die rasch nachwachsen, wenn Tiere den über der Erde wachsenden Teil der Pflanze abgefressen haben. Gräser erholen sich auch nach Bränden in der heißen, trockenen Jahreszeit schnell wieder, sofern ihre Wurzeln unbeschädigt bleiben. Grasland ist der Lebensraum vieler Tierarten, die sich jeweils auf das Fressen bestimmter Grasteile spezialisiert haben. So fressen Zebras z.B. den oberen Teil der Gräser, Gnus den mittleren, und Thomsongazellen den Teil direkt oberhalb der Wurzeln. Heuschrecken, Ameisen und Termiten leben im Bereich zwischen den Grashalmen und den Wurzeln. Von diesen Insekten wiederum ernähren sich größere Tiere wie Ameisenbären und Gürteltiere. Weil es im Grasland kaum Bäume gibt, müssen sich kleine Tiere und manche Vogelarten Baue graben, in denen sie ruhen und ihre Jungen aufziehen können.

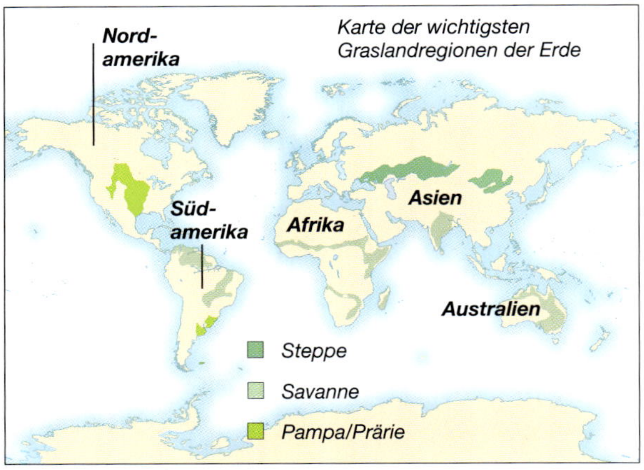

GRASLANDREGIONEN
Die größten Graslandflächen sind die Steppen Zentralasiens, die Savannen Afrikas, die Prärien Nordamerikas und die Pampa Südamerikas, die in das tropische Grasland am Rande des Amazonasgebiets übergeht. In Teilen Indiens und Nordaustraliens gibt es tropisches Grasland, in Südaustralien auch Grasland gemäßigter Zonen.

Disteln wachsen überall dort auf der Welt, wo auch Gras wächst. Ihre Stacheln schützen sie vor Pflanzenfressern. Die Blüten sind oft lila, die Samen haben zarte Schirmchen.

DIE PAMPA

Die größten Tiere der südamerikanischen Pampa sind Pampahirsche, sowie Guanakos und Baue grabende Nagetiere wie das Viscacha. Auch ein großer, flugunfähiger Laufvogel lebt hier: der Nandu. Er ernährt sich von Gräsern und anderen Pflanzen der Pampa, aber auch von Insekten und kleinen Tieren.

VISCACHA
Das Viscacha ist mit dem Meerschweinchen verwandt. Das Männchen wiegt bis zu 8 kg und ist fast doppelt so groß wie das Weibchen. Diese Nagetiere graben mit den Vorderbeinen ein System von Tunneln, an deren Eingängen sie Steine anhäufen. Sie fressen hauptsächlich Blätter und Stängel.

GROSSER AMEISENBÄR

Mit den mächtigen Krallen an den Vorderzehen reißt der Große Ameisenbär Löcher in Ameisenhaufen und Termitenbaue. Mit der langen, klebrigen Zunge leckt er die Insekten einfach auf. Die Zunge ist ungefähr 60 cm lang.

Der Große Ameisenbär schläft in flachen Kuhlen und deckt sich mit seinem Schwanz zu.

KANINCHENEULE
Diese Eule lebt in der Prärie Nordamerikas und in der südamerikanischen Pampa. Sie lebt in Bauen, die von Kaninchen oder anderen Nagern gegraben wurden, und ernährt sich von kleineren Tieren.

PAMPASGRAS
Auch in unseren Parks und Gärten ist das Pampasgras mit seinen wolligen, weißen Samenähren ein vertrauter Anblick. In Argentinien bedeckt es große Flächen. Die Blätter dieser Grasart sind scharf und gezahnt, sodass man sich leicht daran schneiden kann.

SCHAKAL
Goldschakale fressen so ziemlich alles, was sie in der afrikanischen Savanne finden können: Früchte, kleine Säugetiere, Eier, Vögel und die Kadaver größerer Tiere.

Schakale jagen auch im Rudel, z.B. wenn sie es auf Tiere abgesehen haben, die in kleiner Herden leben, wie Thomsongazellen.

Savanne

Die riesigen Graslandflächen Ost- und Südafrikas nennt man Savannen. Sie sind der Lebensraum riesiger Herden von Pflanzenfressern, die sich u.a. aus Zebras, Gnus und Kuhantilopen zusammensetzen. Viele dieser großen Tiere folgen den Regenwolken, um frische Weiden zu finden. Die vereinzelt wachsenden Akazien und Baobabbäume bieten Löwen ein schattiges Plätzchen zum Ruhen, Leoparden ein Versteck und Pavianen einen Schlafplatz.

THOMSONGAZELLE
Diese schnellen, eleganten Gazellen leben in Herden von bis zu 30 Tieren. Beide Geschlechter tragen Hörner, doch die der Männchen sind größer als die der Weibchen. Thomsongazellen werden von den Raubtieren der Savanne gejagt, z.B. von Geparden und Schakalen.

Das Erdstachelschwein lebt in der afrikanischen Savanne.

ERDSTACHELSCHWEIN
Das Erdstachelschwein trägt auf dem Rücken lange Stacheln, die es vor Fressfeinden schützen. Um diese zu warnen, rasselt es mit den hohlen Stacheln auf seinem Schwanz. Lässt sich der Angreifer nicht abschrecken, läuft das Stachelschwein rückwärts auf ihn zu und sticht ihn.

Wilde Päonien gedeihen überall auf der Welt im Lebensraum Grasland. Pfingstrosen und andere Zuchtsorten stammen von diesen wilden Päonien ab.

ARTENSCHUTZ

Weite Flächen des Graslands werden inzwischen landwirtschaftlich genutzt, sodass die wild lebenden Tiere mit immer engeren Lebensräumen zurechtkommen müssen. Die Tiere des Graslands werden außerdem oft stark bejagt. Früher wurden Saiga-Antilopen wegen ihrer Hörner getötet. Inzwischen sind sie geschützt, denn es gibt nur noch 50 000 frei lebende.

Eine neugeborene Saiga-Antilope hat noch keine Hörner.

Steppe

Die großen Ebenen Zentralasiens nennt man Steppen. Im westlichen Teil Asiens liegt die Niederschlagsmenge im Jahr über 25 cm, sodass Gräser und andere Pflanzen gedeihen. Weiter östlich liegt sie unter 6 cm. Weil dies für Gras zu trocken ist, geht das regenarme Gebiet in die Wüste Gobi über. Auf den Steppen grasen Saiga-Antilopen, Rothirsche und Rehe.

RINGELNATTER
Die Ringelnatter lebt an den Flussufern und in den Sümpfen Europas und Asiens und ist ein guter Schwimmer.

MANUL
Diese Wildkatze lebt in Gebirgen, auf Hochebenen und in offenen Landschaften Zentralasiens. Nachts jagt sie Hasen, Vögel und Mäuse.

Gesamte Körperlänge ungefähr 60 cm

Gedrungener, gelenkiger Körper mit kurzen Beinen

Das weiche, dicke Fell schützt vor Wind.

AFRIKANISCHER HAUSGECKO
Dank der scharfen Krallen und der Haftpolster an den Füßen finden Geckos sogar an glatten Felsen Halt. Der Hausgecko ist nachtaktiv und jagt Insekten. Tagsüber ruht er unter Steinen oder in verlassenen Termiten- oder Ameisennestern.

STEPPENHUHN
Mit seinem getupften Federkleid ist das Steppenhuhn auf den Steppen Zentralasiens zwischen Gras und Steinen hervorragend getarnt. Dieser Vogel braucht nicht viel Wasser und frisst Samen und andere trockene Pflanzenteile.

Siehe auch

Afrika, Tiere
Echsen
Katzen, Grosskatzen
Pferde

TIERE
SÜMPFE

ARTENSCHUTZ
Intensive Landwirtschaft und Nutzung durch die Industrie bedrohen zahlreiche Feuchtgebiete, doch viele Tiere dieser Lebensräume sind geschützt, wie diese Rohrweihen, die im spanischen Nationalpark Coto Doñana leben.

SÜMPFE bezeichnet man auch als Feuchtgebiete. In ihnen leben an diese Bedingungen angepasste Tiere wie Krokodile, Frösche, bestimmte Arten von Vögeln und Fischen und eine Vielzahl von Pflanzen. In Feuchtgebieten leben meist keine großen Tiere, außer in Afrika: Hier sind Nilpferde in den Sümpfen heimisch. Kleinere Säugetiere wie Bisamratten leben in den Sümpfen Nordamerikas, und in europäischen Feuchtgebieten trifft man viele Vögel an. Die wichtigsten Pflanzen sind Schilf und Riedgräser. In tropischen Sümpfen wachsen Mangrovenbäume, in europäischen Feuchtgebieten Weiden, Erlen und andere Baumarten.

NASENAFFE
Dieser Affe aus Borneo lebt in den Mangrovenwäldern an Flüssen und Küsten. Er ist ein guter Schwimmer und frisst Blätter, Blüten und Früchte.

PELIKAN
Pelikane ernähren sich von Fischen und bauen ihre Nester in Feuchtgebieten. Einige Arten nisten auf den Bäumen, andere am Boden. Weil ihre Nistplätze zerstört worden sind, sind einige Arten sehr selten geworden, wie z. B. der Krauskopfpelikan.

WASSERMOKASSINSCHLANGE
Die meisten Schlangen können gut schwimmen und klettern und bewegen sich auf der Jagd geschickt durch die Sümpfe. Die giftige Wassermokassinschlange lebt in den Sümpfen Nordamerikas.

SUMPFKANINCHEN
Dieses große nordamerikanische Kaninchen schwimmt und taucht, um Fressfeinden zu entkommen. Es frisst Wasserpflanzen und Gräser.

SCHLAMMSPRINGER
Dieser ungewöhnliche Fisch speichert in den Kammern seiner Kiemen Wasser, sodass er am Rand flacher Tümpel leben kann. Trocknen solche Tümpel aus, robbt der Schlammspringer zum nächsten Wasserloch.

SÜMPFE
Sümpfe sind eine Brutstätte für Insekten, deren Larven im Wasser leben. Diese Larven sind auch wichtig für die Ernährung der Fische und Wasservögel, die außerdem Frösche, Kröten und Kaulquappen fressen.

MANGROVENSÜMPFE
Mangrovenbäume wachsen in tropischen Sümpfen. Einige Arten benötigen Süßwasser, andere vertragen auch Salzwasser und wachsen an der Küste oder in Mündungsgebieten. Ihre Wurzeln halten Schlamm zurück, und ihre Samen keimen, während sie noch mit der Mutterpflanze verbunden sind. Wenn der Keimling dann in den Schlamm fällt, schlägt er Wurzeln, damit er nicht fortgespült wird.

SCHÜTZENFISCH
Der Schützenfisch »schießt« mit Wassertropfen Insekten von niedrigen Zweigen herunter.

Siehe auch
AFFEN
FISCHE
HASEN UND KANINCHEN
SCHLANGEN
TIERE, MEERESKÜSTE
VÖGEL

TIERE
MEERE

See-
vögel

DAS LEBEN AUF DER ERDE begann vor Millionen Jahren im Meer. Heute bedecken die Ozeane über 71 Prozent der Erdoberfläche. Sie sind der Lebensraum von Fischen, Tintenfischen, Robben, Haien, Quallen und unzähligen anderen Meeresbewohnern. Am artenreichsten sind die warmen, seichten Gewässer, in denen sich Korallenriffe bildeten. Hier leben Clownfische, Pinzettfische und viele andere farbenfrohe Arten. In tieferem Wasser findet man Wale, Schweinswale und Delfine. Die Mehrheit der Tiere und Pflanzen lebt in der Nähe der Oberfläche. Dank des Sonnenlichts gedeihen hier winzige Pflanzen, wie z. B. die Kieselalgen. Von den Organismen, die wir Plankton nennen, leben die kleinsten Meeresbewohner. Größere Meeresbewohner fressen die kleineren, und so setzt sich die Nahrungskette fort bis hin zu den großen Raubfischen. Doch ist das ökologische Gleichgewicht durch Umweltverschmutzung und Überfischung heute stark gefährdet.

QUASTENFLOSSER
Der Quastenflosser ist ein Überlebender aus der Urzeit, wurde aber erst 1938 entdeckt. Quastenflosser leben in den Gewässern Indonesiens und rund um die Inselgruppe der Komoren vor der Küste Südostafrikas in 70 bis 400 m Tiefe. Die erwachsenen Fische sind etwa 1,70 m lang. Ausgestopfte Quastenflosser sind begehrte Sammlerstücke. Deshalb ist die Art inzwischen bedroht.

PLANKTON
Milliarden mikroskopisch kleiner Tiere und Pflanzen schweben im Wasser. Sie bilden das Plankton, dessen Name vom griechischen Wort *planktos*, »Wanderer« abgeleitet ist. Das Plankton ist die Nahrung vieler Meeresbewohner.

Gemeiner
Kalmar

Finnwal

FINNWAL
Der Finnwal ist das zweitgrößte lebende Tier der Welt (das größte ist der Blauwal) und in allen Gewässern zwischen Nord- und Südpol heimisch. Finnwale werden etwa 25 m lang und über 70 t schwer. Sie leben von kleinen Krebstieren, dem so genannten Krill, den sie mithilfe ihrer Barten aus dem Wasser filtern. Barten sind zerfranste Hornplatten, die vom Oberkiefer herabhängen.

DAS OFFENE MEER
Viele Tiere, die im offenen Meer leben, sind stromlinienförmig, sodass sie ihren Fressfeinden durch Flucht entkommen können. Im offenen Meer leben zahllose Fischarten, Quallen und andere Wirbellose sowie Meeressäuger wie die Robben. Wasservögel wie Albatrosse, Sturmvögel und Sturmtaucher jagen nahe der Oberfläche nach Fischen.

SANDHAI
Haie sind die aggressivsten Raubfische. Sandhaie jagen bereits, bevor sie geboren werden. Im Bauch der Mutter entstehen jeweils zehn bis 15 Embryos, die sich, sobald sie dazu in der Lage sind, gegenseitig auffressen, bis nur noch zwei übrig bleiben. Die beiden Überlebenden werden fertig entwickelt geboren und verlassen sogleich die Mutter. Ausgewachsen sind sie bis zu 3,50 m lang.

HERING
Früher schwammen große Schulen (Schwärme) von Heringen durch die Meere. Sie waren leicht zu fangen und wurden überfischt. Deshalb sind Heringe heute selten geworden. Sie ernähren sich von Plankton.

SARDINE
Die Sardinen des Pazifischen Ozeans sind mit den Heringen verwandt. Weitere Angehörige der Gattung der Heringsartigen sind die Sardellen, Sprotten und Alsen.

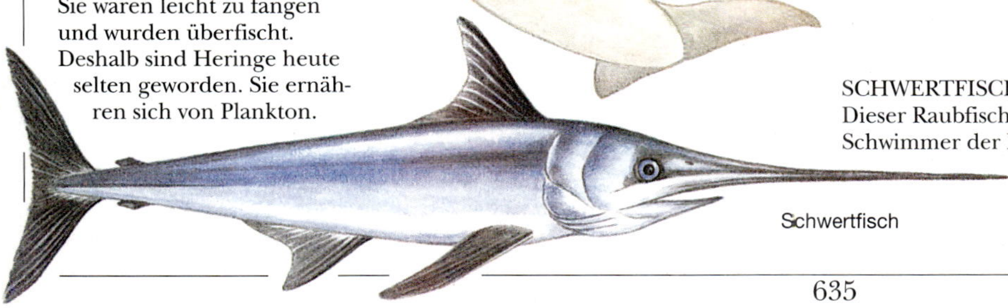

Schwertfisch

SCHWERTFISCH
Dieser Raubfisch mit dem schwertförmigen Oberkiefer ist der schnellste Schwimmer der Meere und erreicht bis zu 95 km/h. Er ähnelt dem Blauen Marlin und wiegt bis zu 500 kg. Schwertfische verletzen ihre Beute durch seitwärts geführte Schläge mit ihrem »Schwert«, bevor sie sie fressen.

Meeresalgen wie dieser Fingertang wachsen an den Küsten und in Küstennähe. Sie bieten vielen Tieren Nahrung und Schutz.

DALL-HAFENSCHWEINSWAL
Es gibt sechs Arten von Schweinswalen. Der Größte ist der Dall-Hafenschweinswal. Er wiegt bis zu 150 kg und lebt im nördlichen Pazifischen Ozean. Schweinswale bleiben gewöhnlich in Küstennähe, wo sie kleine Fische, Tintenfische und andere Meeresbewohner fangen.

In der Paarungszeit bläht der männliche Fregattvogel seinen Kehlsack zu einem auffälligen Ballon auf, um die Aufmerksamkeit der Weibchen auf sich zu ziehen.

FREGATTVOGEL
Fregattvögel halten im Flug nach Fischen, Quallen u.a. Meerestieren Ausschau und stürzen sich dann auf ihre Beute. Sie zwingen auch andere Vögel dazu, Beute wieder fallen zu lassen. Fregattvögel brüten auf kleinen tropischen Inseln.

RIESENMANTA
Der Riesenmanta schwimmt nahe der Oberfläche und bewegt die Brustflossen wie ein Vogel seine Flügel. Er ernährt sich von Plankton und kleinen Fischen, die er beim Schwimmen in das geöffnete Maul einströmen lässt. Die größten Riesenmantas wiegen über 1,6 t und erreichen eine Spannweite von 6 m.

Kontinentalsockel

Die Kontinente fallen an ihren Rändern nicht steil ab, sondern sitzen auf einem Sockel oder Schelf, der Hunderte von Kilometern breit sein kann. Über dem Schelf ist das Meer bis zu 200 m tief, jenseits davon wird es tiefer. Im Wasser der Schelfmeere gibt es viele, von den Flüssen angeschwemmte Nährstoffe. Das Sonnenlicht kann in das relativ seichte Wasser gut eindringen. Deshalb wachsen hier auch viele Pflanzen.

BLAUGERINGTER TINTENFISCH
Dieser Bewohner des Pazifischen Ozeans ist sehr gefährlich: Sein giftiger Biss kann einen Menschen töten. Wenn er sich bedroht fühlt, leuchten die blassen Ringe auf Körper und Armen als Warnsignal in einem lebhaften Blau auf.

MURÄNE
Muränen gelten als gefährlich, doch eigentlich sind es scheue Fische, die sich in Höhlen verstecken und nur beißen, wenn sie angegriffen werden. Sie ernähren sich von Fischen, Krebsen und Muscheln.

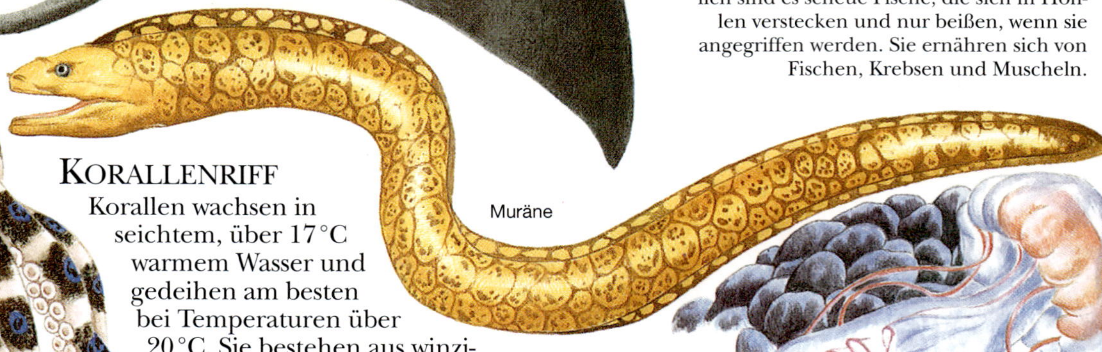

Korallenriff

Korallen wachsen in seichtem, über 17 °C warmem Wasser und gedeihen am besten bei Temperaturen über 20 °C. Sie bestehen aus winzigen Tieren, den Korallenpolypen, die wie Miniaturausgaben von Seeanemonen aussehen. Jeder Polyp hat ein hartes Skelett, und das Riff ist nichts anderes als eine Ansammlung von Skeletten, auf der lebende Korallenpolypen sitzen.

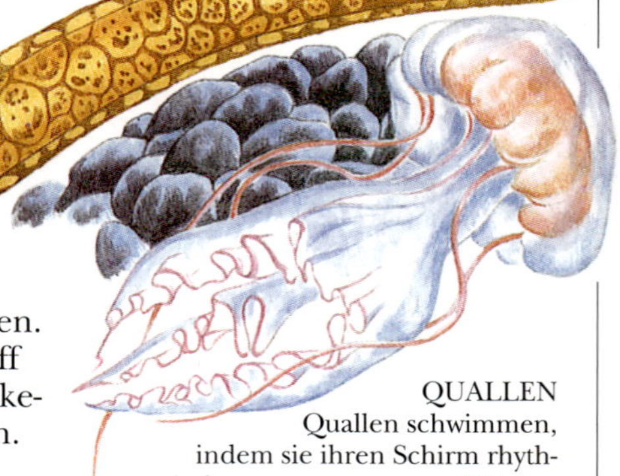

QUALLEN
Quallen schwimmen, indem sie ihren Schirm rhythmisch zusammenpressen. Mit den Nesselzellen der langen Tentakel betäuben sie kleine Fische und Krebse, die sie mit den Tentakeln zur Mundöffnung führen.

KAISERFISCH
An den Korallenriffen leben sehr bunte Fische. Ihre Färbung dient als Tarnung, hilft ihnen Partner zu finden oder dient zur Abschreckung von Rivalen. Der Kaiserfisch (oben links) frisst kleine Tiere und Pflanzen.

ROTER FELSENBARSCH
Rote Felsenbarsche leben in der Umgebung von Korallenriffen und können über 3 m lang werden. Der Felsenbarsch lauert in Riffspalten. Mit dem Maul verschlingt er seine Opfer oft völlig. Die leuchtenden blauen Tupfen sind inmitten der Farbenpracht der Korallenriffe eine gute Tarnung.

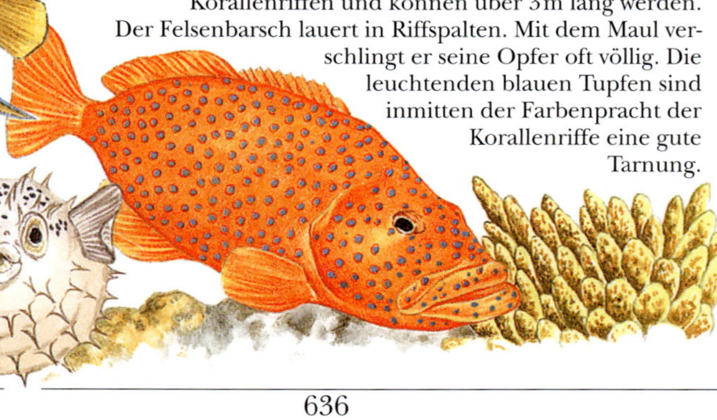

Um sich zu verteidigen, schluckt der Igelfisch Wasser, bis er anschwillt wie ein Ball und seine Stacheln steif abstehen.

Siehe auch
FISCHE
HAIE UND ROCHEN
KORALLENTIERE UND QUALLEN
MEERE
ROBBEN
TIERE, TIEFSEE
WALE UND DELFINE

TIERE
MEERESKÜSTE

GEFÄHRLICHE KÜSTEN
Die meisten dieser jungen Schildkröten, die soeben aus im Sand vergrabenen Eiern geschlüpft sind, werden sterben. Für Möwen, Krebse und andere Fleischfresser sind sie leichte Beute. Auch Menschen holen sich Eier. Heute versucht man, viele Schildkrötenarten zu schützen.

EINE KÜSTE ist überall dort, wo Meer und Land zusammentreffen. Sie kann aus Felsenklippen im Polargebiet bestehen oder aus tropischen Sandstränden. Durch die Wellen und die Gezeiten wird die Küste laufend verändert. Je nach geografischer Lage leben an jeder Küste besondere Tier- und Pflanzenarten. Sie alle haben sich an einen Lebensraum angepasst, der von den Gezeiten beherrscht wird. Die Bewohner der Meeresküste müssen mit starken Wellen, Salzwasser, nicht salzigem Regenwasser, trocknenden Winden und heißer Sonnenwärme zurecht kommen. An Felsküsten und in Watten gedeihen Pflanzen, die Tieren Schutz und Nahrung bieten. Auf Sand oder Kies wächst kaum etwas. Zu den erfolgreichen Küstenbewohnern zählen Muscheln und Krebstiere, die beide durch harte Schalen bzw. Panzer geschützt sind.

Möwen halten aus der Luft Ausschau, während Watvögel am Strand jagen.

Möwe

Viele Seevögel überfliegen die Küste auf der Suche nach Nahrung und stürzen sich auf angespülte Kadaver.

Buschkorallen überleben auch das Reiben der Sandkörner. In ihnen finden viele kleine Tiere Unterschlupf.

Gemeiner Seestern

SANDSTRÄNDE
Durch die Wellen sind die feinen Sandkörner eines Sandstrands ständig in Bewegung. Weil Pflanzen hier keinen Halt finden, wachsen sie meist in größerer Entfernung zum Wasser. Auch wenn ein Strand leer wirkt, wird er von vielen Tierarten bewohnt, die sich im Sand vergraben haben. Viele filtern während der Flut Nährstoffe aus dem Wasser oder verdauen im Sand enthaltene Futterpartikel.

WATVÖGEL
Watvögel bohren mit ihren langen, schmalen Schnäbeln im Sand nach Muscheln und Würmern. Die größeren Arten erreichen mit der Spitze des langen Schnabels auch Muscheln, die mehrere Zentimeter tief eingegraben sind. Kleinere Vögel, wie der Alpenstrandläufer, kommen nur an das, was nahe der Oberfläche liegt.

GEISTERKRABBE
An den Küsten der Welt leben Hunderte verschiedener Krebsarten. Sie halten Strände und Felsen sauber, weil sie so gut wie alles Essbare fressen können, gleichgültig ob es lebendig oder tot ist. Die Geisterkrabbe (oben rechts) verdankt den Namen ihrer blassen Farbe.

KLAPPENASSELN
Klappenasseln sind Krebstiere, die sich von verrottenden Pflanzenresten ernähren. Sie werden von angespülten Algen angelockt und hüpfen bei Gefahr auf ihren starken Hinterbeinen davon.

EIKAPSELN
Manche Haie und Rochen legen ihre Eier in Küstennähe ab. Die Eier heften sich mit langen Fäden an Algen oder Felsen. Nach dem Schlüpfen der Fische werden die Kapseln oft an Stränden angespült. Man nennt sie auch Nixentäschchen.

MEERSCHEIDE
Diese Muschel wird so genannt, weil ihre Form an die Scheide eines Schwerts erinnert. Sie hat zwei durch ein Gelenk verbundene Schalen. Die Muschel gräbt sich ein, indem sie den Fuß in den Sand drückt.

Die Arme der Zylinderrose breiten sich aus, um kleine Tiere zu betäuben und zu fangen. Der bis zu 30 cm lange »Stängel« verankert sie im Sand.

PETERMÄNNCHEN
Das Petermännchen liegt im Sand eingegraben und wartet auf vorbeikommende kleine Fische, Krebse und Garnelen. An seinen Rückenflossen hat es giftige Stacheln.

SANDAAL
Papageitaucher, Heringe und viele andere Tiere ernähren sich von Sandaalen (rechts). Die Sandaale fressen wiederum kleinere Fische sowie Würmer und Plankton. Sandaale sind keine echten Aale, sondern Mitglieder der Familie der Barsche.

Salzsumpf

Salzsümpfe entstehen im hinteren Strandbereich, wenn bei Flut flaches Gelände in der Nähe einer Flussmündung überschwemmt wird. Schlickgras, Seespargel, Seegras, Strandroggen und Strandaster gedeihen auch in Böden, die viel Salz enthalten. In Salzsümpfen finden Gänse, Möwen und Seeschwalben das ganze Jahr über Nahrung, besonders aber im Winter, wenn im Binnenland alles gefroren ist. Für manche Vögel sind Salzsümpfe auch ideale Brutplätze, andere machen hier auf ihren Zügen Rast.

Es gibt sehr kleine Algen und sehr große, wie z. B. Zuckertang und Fingertang.

Klippen

Nur wenige gewandte Kletterer wie Schlangen können auf die schmalen Simse steiler Felsen gelangen. Deshalb sind diese Vorsprünge gute Nistplätze für viele Vögel, darunter Basstölpel, Möwen und Kormorane. Einige Pflanzen, wie z. B. Grasnelken, können hier wurzeln, sofern sie dem Wind und der Gischt widerstehen.

Algen

Man unterscheidet mehrere Typen von Algen, darunter braune, rote und grüne. Sie haben weder Wurzeln und Stängel noch Blätter wie höhere Pflanzen. Stattdessen verankern sie sich mit so genannten Haftorganen an Felsen. Die größeren Braun- und Rotalgen haben stielartige Stängelorgane, die sich weiter oben blattähnlich verbreitern und den Pflanzenkörper oder Thallus bilden.

Wenn sich die Flut zurückzieht, kleben sich Strandschnecken mit Schleim an Felsen. Dadurch trocknen sie auch nicht aus.

Felsküsten

Gesteinsflächen bieten Pflanzen eine feste Unterlage, auf der sie wurzeln können. Trotzdem haben es Pflanzen an felsigen Küsten nicht leicht. Wellen drücken sie gegen den harten Untergrund, bei Flut werden sie von Salzwasser überspült, und bei Ebbe stehen sie trocken. Für viele Tierarten dagegen sind Felsküsten ein idealer Lebensraum: Muscheln können sich an die Felsen heften, und eine Vielzahl von Fischen und Krebsen verstecken sich in Rissen und Spalten.

Wellhornschnecken

Diese Aasfresser leben an Felsküsten und suchen dort nach toten oder sterbenden Tieren. Sie sind Verwandte der Landschnecken und finden ihre Beute, indem sie deren Geruch im Wasser wahrnehmen.

Käferschnecken

Die Käferschnecken gehören einer sehr alten Klasse von Weichtieren an. Käferschnecken haben einen Panzer, der an den Rücken einer Assel erinnert. Sie kriechen auf einem Fuß und fressen kleine Algen.

Zwischen den Haftorganen verstecken sich kleine Tiere.

Rotalge

Seeanemonen

Seeanemonen sind ebenso wie Quallen Nesseltiere und haben an ihren Tentakeln Nesselzellen, mit denen sie kleine Fische und andere Tiere betäuben. Bei Ebbe falten sie die Tentakel zum Schutz nach innen.

Seepocke

Heuschreckenkrebs

Der Heuschreckenkrebs lauert in einem Loch auf Beute. Wenn sich ein Fisch oder ein anderes Opfer nähert, betäubt dieser Krebs es durch einen starken Schlag seiner Fangarme.

Seestern

Der schöne Seestern *Tosia magnifica* ernährt sich von Muscheln, Korallen, Schwämmen u. a. Tieren. Er gleitet auf Dutzenden winziger hydraulischer Saugfüßchen über den Meeresboden.

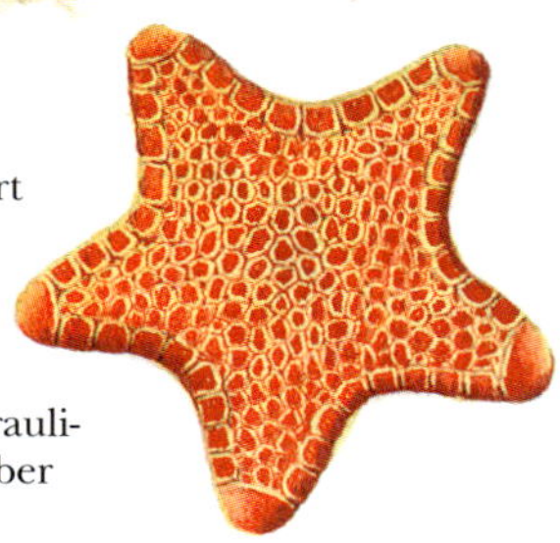

Siehe auch

Fische
Korallentiere und Quallen
Krebstiere
Muscheln, Schnecken,
Seeigel und Seesterne
Tiere, Meere
Tintenfische
Vögel, Seevögel

TIERE
POLARGEBIETE

NORDPOL
In der Mitte des Nordpolarmeers gibt es ausgedehnte Flächen von mehrere Meter dickem Eis.

SÜDPOL
Der Südpol liegt auf dem Kontinent Antarktika, der von einer dicken Eisschicht bedeckt ist.

NORDPOL UND SÜDPOL sind die kältesten Regionen der Erde. Doch trotz Minusgraden und beißend kaltem Wind leben in der Nähe der Pole viele Tier- und Pflanzenarten. Sie überleben dank ihrer Anpassung an die rauen Lebensbedingungen. Die Pflanzen dieser Regionen bleiben niedrig, weil sie in Bodennähe besser vor dem Wind geschützt sind. Ihr Lebenszyklus beschränkt sich auf den nur wenige Wochen langen Sommer. Auch die Tiere passten sich an die besonderen Bedingungen ihrer Umwelt an. Manche haben ein dickes Fell oder Gefieder. Andere sind durch eine dicke Schicht Körperfett gut isoliert. Die größten Tiere, die Wale, durchstreifen die Gewässer der Antarktis, und der größte Bär, der Eisbär, lebt in der Arktis in der Nähe des Nordpols. Hier gibt es auch viele andere warmblütige Tiere, darunter Wölfe, Füchse, Rentiere, Hasen und Lemminge. Um in Eis und Schnee gut getarnt zu sein, haben die meisten ein weißes Fell. Auch in den kalten Meeren wimmelt es von Lebewesen, besonders im Sommer.

GROSSE RAUBMÖWE
Die Große Raubmöwe beraubt andere Vögel wie Möwen und Papageientaucher. Sie verfolgt sie im Flug, bis sie ihre Beute fallen lassen.

NARWAL
Der Narwal ist ein Mitglied der Familie der Wale. Narwale jagen in kleinen Gruppen zwischen Eisschollen Kabeljau, Plattfische, Garnelen und Tintenfische. Narwale haben nur zwei Zähne. Beim Männchen entwickelt sich der linke zu einem Stoßzahn, der bis zu 2,50 m lang werden kann.

EISBÄRENJUNGE
Junge Eisbären werden im Winter in einer von der Mutter gegrabenen Schneehöhle geboren. Hier säugt die Eisbärenmutter ihre Jungen. Dann lernen sie von ihr das Jagen. Sie bleiben bei der Mutter, bis sie etwa zwei Jahre alt sind.

BARTROBBE
Bartrobben leben in der gesamten Arktis und überwiegend in seichtem Wasser. Sie fressen z.B. Muscheln, Krebse und Seegurken. In der Paarungszeit »singen« die Männchen unter Wasser. Die Weibchen bringen ihre Jungen im Frühjahr auf Eisschollen zur Welt.

KLAPPMÜTZE
Im Sommer suchen die Klappmützen die Gewässer vor Grönland auf. Sie jagen Tiefseefische wie Heilbutt und Tintenfische. Den Winter verbringen sie weiter südlich vor den nordöstlichen Küsten Kanadas. Sie ruhen auf Eisschollen und kommen nur selten an Land.

Männliche Klappmützen blähen den Wulstaufsatz auf Nase und Stirn auf, um Rivalen zu vertreiben.

EISBÄR
Der Eisbär hat ein dickes, wasserabweisendes Fell. Nur die Fußballen und die Nase sind unbehaart. Eisbären haben einen ausgezeichneten Geruchssinn. Sie können mit großen Sätzen schnell über das Eis laufen. Ein erwachsener Eisbär wiegt ungefähr eine halbe Tonne und ist so stark, dass er einen Menschen mit einem Tatzenhieb töten kann.

Die Klauen sind sehr scharf.

Eisbären jagen Robben, Fische, Vögel und kleine Säugetiere. Sie fressen auch die Kadaver von Walen.

ARTENSCHUTZ

Eisbären und Wale sind inzwischen durch Gesetze vor Bejagung geschützt. Jedoch sind viele Tiere der Polargebiete v.a. durch Ölkatastrophen und Überfischung bedroht. Wenn große Mengen von Fischen weggefangen werden, wirkt sich dies auch auf die Tiere aus, die von Fischen leben.

KRILL
Die kleinen Krebstierchen auf dem Foto (links) werden Krill genannt. Sie sind die Hauptnahrung der Bartenwale, die täglich Tausende von ihnen aus dem Meerwasser filtern.

PINGUINE

Es gibt etwa 18 Pinguinarten, die alle auf der südlichen Halbkugel leben. Pinguine können nicht fliegen, dafür aber hervorragend schwimmen und tauchen. Mit hoher Geschwindigkeit verfolgen sie unter Wasser Fische und Tintenfische.

KAISERPINGUIN
Der Kaiserpinguin ist am Hals orangegelb gefärbt. Um seinem Fressfeind, dem Seeleoparden zu entkommen, kann er mit hoher Geschwindigkeit aus dem Wasser springen. Kaiserpinguine brüten am kältesten Ort der Welt: auf dem Eis der Antarktis. Hier beträgt die Durchschnittstemperatur –20 °C. Nachdem das Weibchen das Ei gelegt hat, hält das Männchen es 60 Tage lang zwischen Füßen und Bauch warm und brütet es so aus.

EISFISCH
Das Blut der meisten Fische gefriert bei 0 °C, und die Wassertemperaturen liegen in den Polargebieten oft darunter. Chemische Stoffe im Blut des Eisfisches schützen ihn vor dem Kältetod.

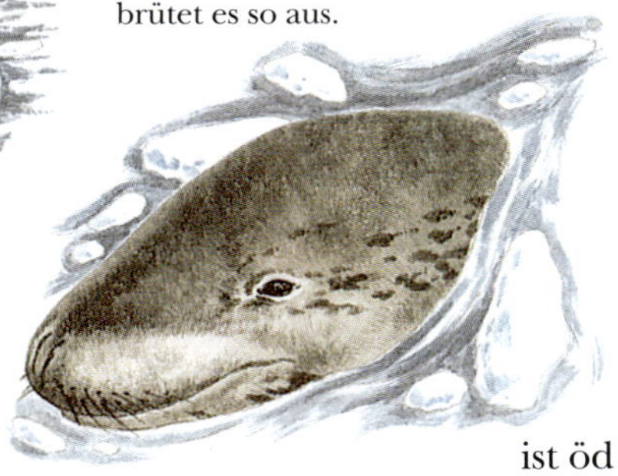

SEELEOPARD
Die vier wichtigsten Arten von Robben, die um Antarktika leben (Südrobben) sind Seeleopard, Krabbenesser, Ross-Robbe und Wedell-Robbe. Seeleoparden werden bis zu 3 m lang. Zwischen dem Packeis und vor Inseln jagen sie Pinguine und Robben.

TUNDRA

Das Land am Südrand des Nordpolarmeers ist öd und baumlos. Diese Landschaftsform nennt man Tundra. Im kurzen arktischen Sommer können nur kleinere Pflanzen wie Riedgräser, Steinbrech, Heidekraut, Moose und Flechten gedeihen. Diese Pflanzen dienen vielen Insekten und auch Rentieren als Nahrung. Vögel brüten in Küstennähe und ziehen im Herbst nach Süden.

Auf Antarktika gibt es kaum Leben. Einzige Ausnahmen sind einige Moose, Flechten und kleine Tiere wie Milben.

MOSCHUSOCHSE
Der Moschusochse ist mit Ziegen und Schafen verwandt. Er ist das einzige große Säugetier, das den Winter in der Tundra überleben kann. Sein stämmiger Körper ist von dichter Unterwolle und einem dicken zottigen Fell bedeckt. Bei großer Kälte oder Gefahr stehen die Tiere eng beieinander.

SCHNEEGANS
Etwa 100 Vogelarten kommen im Frühjahr zum Brüten in die Tundra. Schneegänse treffen zwei Wochen bevor die ersten Pflanzen austreiben ein. In dieser Zeit, in der sie nisten und Eier legen, zehren sie von ihren Fettreserven. Später füttern sie die Küken mit dem frischen Gras.

Zwergweiden zählen zu den kleinsten Sträuchern der Welt. Um vor dem Wind geschützt zu sein, bleiben sie niedrig.

ARKTISCHER STEINBRECH
Steinbrech, Krähenbeere und andere Stauden bilden Polster. So sind sie durch Frost weniger gefährdet. In diesen Polstern finden auch Insekten Schutz.

Siehe auch

ANTARKTIS
ARKTIS
BÄREN UND PANDAS
DELFINE UND WALE
FISCHE
ROBBEN
VÖGEL, SEEVÖGEL

TIERE
TIEFSEE

DIE TIEFEREN SCHICHTEN der Meere bilden den größten natürlichen Lebensraum der Erde. In Tiefen unter 1000 m wachsen keine Pflanzen, weil das Sonnenlicht nicht bis hierher dringt. Dennoch leben in dieser Finsternis erstaunliche Wesen, die es nirgendwo anders gibt. Sie haben sich an den extremen Wasserdruck angepasst, der bis zu 1000 mal höher als an der Oberfläche ist. Einige Tiefseefische fressen die Überreste toter Tiere und Pflanzen, die aus höheren Wasserschichten absinken. Andere packen mit ihren gewaltigen Mäulern und den nach hinten gebogenen Zähnen alles, was in ihre Nähe schwimmt. Ihre Mägen sind so elastisch, dass sie Beute fressen können, die größer ist als sie selbst. Auf dem Meeresgrund filtern Seeanemonen, Würmer, Seegurken, Schlangensterne, Krebstiere und Muscheln den Schlamm, um darin Futterpartikel zu finden. Hier unten leben auch Tintenfische, Garnelen und Quallen.

PELIKANAAL
Einige Pelikanaale werden über 2 m lang. Sie sehen aus, als würden sie nur aus Maul und Schwanz bestehen – außer, sie haben viel gefressen, denn dann wölbt sich der Magen vor. Wie viele Tiefseefische sind sie meist schwarz oder dunkelbraun. Der oben abgebildete Pelikanaal ist 60 cm lang. Er fängt kleinere Beute, indem er mit offenem Maul schwimmt.

LATERNENFISCH
Der Laternenfisch lebt in dunklen Wasserschichten, die Hunderte von Metern unter der Oberfläche liegen. Mit seinen großen Augen hält er nach Raubfischen Ausschau. Er frisst im Wasser treibende Pflanzen- und Tierreste. Niemand weiß, wozu die leuchtenden Punkte dienen: um besser zu sehen oder um Partner zu finden?

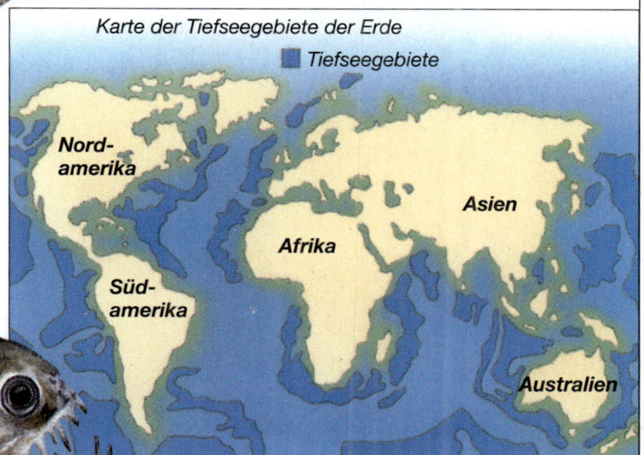

VIPERFISCH
Der nur 30 cm lange Viperfisch ist ein erfolgreicher Raubfisch. Wenn er schwimmt, hält er den Stachel an der Rückenflosse über dem Kopf. Dessen Ende leuchtet und zieht neugierige Fische an. Der Viperfisch verletzt sie mit den langen Zähnen seines Unterkiefers, hält sie mit den nach hinten gebogenen Zähnen fest und verschlingt sie.

LEUCHTORGANE

Hunderte von Tiefseefischarten leuchten im Dunkeln, darunter die Anglerfische, Laternenfische und Großmünder. Das Licht an ihren Körpern entsteht durch so genannte Leuchtorgane, in denen Licht durch chemische Reaktionen erzeugt wird. Es kann sehr hell sein (z. B. als Lichtsignal für mögliche Partner) oder nur matt, um in der Finsternis nicht allzu stark aufzufallen.

ANGLERFISCH
In den Tiefen der Ozeane schwimmen Dutzende von Anglerfischarten umher. Ebenso wie ihre in seichteren Wasserschichten lebenden Verwandten locken sie ihre Beute mit der »Angel« auf ihrem Kopf an. Ein leuchtendes fleischiges Gebilde am Ende der Angel dient als Köder.

ARTENSCHUTZ

Anders als andere Lebensräume wie z. B. der Regenwald ist die Tiefsee nicht unmittelbar durch Umweltverschmutzung oder andere Einwirkungen des Menschen bedroht. Allerdings wurden auch schon in großer Tiefe gefährliche Schadstoffe gefunden. Da seichtere Fanggebiete bereits überfischt sind, verlegen sich die Fangflotten darauf, Tiefseefische zu fangen, wie den Kaiserbarsch (rechts).

BEILFISCH
Der in der Tiefsee lebende Beilfisch hat einen schmalen, hohen Körper, der wie der Kopf eines Beiles geformt ist. Der Tiefsee-Beilfisch lebt in etwa 500 m Tiefe, kommt aber nachts näher an die Oberfläche, um kleine Krebse und andere schwimmende Tiere zu fressen.

FUMAROLEN

An manchen Stellen des Meeresbodens dringen heißes Wasser und Gase aus dem Erdinneren durch den Meeresboden ins Wasser. Diese Stellen nennt man Fumarolen. Hier treten chemische Stoffe aus, die bestimmten Bakterien als Nahrung dienen. Andere Tiere ernähren sich von diesen Bakterien. In der Nähe der Fumarolen leben auch blinde Krebse und 3 m lange Würmer.

SEELILIE
Dieses Tier ist ein Stachelhäuter und damit der in der Tiefsee lebende Verwandte der Seesterne. Mit ihrem Stiel haftet die Seelilie am Meeresboden. Ihre Arme fangen Plankton und strudeln es in den Mund.

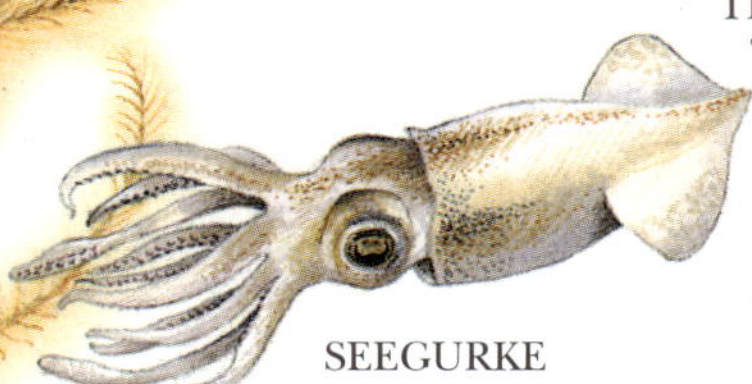

TIEFSEE-TINTENFISCHE
Tintenfische schwimmen über den Meeresgrund und jagen Fische und andere Tiere. Auch der Riesenkalmar schwimmt nahe dem Meeresboden.

SEEGURKE
Die Seegurke oder Seewalze ist ein Tier und ein Verwandter des Seesterns. Am Mundende hat sie einen Kranz von Tentakeln. Sie wirbeln Futterpartikel vom Meeresboden auf, während sich die Seegurke auf ihren Röhrenfüßen vorwärts bewegt.

LEBEN AUF DEM MEERESGRUND

Viele Tiere filtern das Wasser und den Schlick auf dem Meeresgrund, um sich von dem darin enthaltenen Futter zu ernähren. Dort, wo Strömungen viel anschwemmen, ist der Meeresboden von zahlreichen Tieren bedeckt. Die meisten von ihnen sind blind und bewegen sich nur langsam. Bringt man sie an die Oberfläche, so führt der geringe Druck dazu, dass sie platzen. Forscher beobachten sie mithilfe von Kameras, die auf kleine ferngesteuerte Tauchboote montiert sind.

Siehe auch
ATMOSPHÄRE
FISCHE
SEEIGEL UND SEESTERNE
TIEFSEEFORSCHUNG
TIERE, MEERE
TINTENFISCHE

TIERE
WALD

DIE WICHTIGSTEN BEWOHNER eines Waldes sind die Bäume. Sie geben den Tieren einen Lebensraum sowie Nahrung und die Möglichkeit, sich vor Fressfeinden zu verstecken. Wälder sind häufig nach dem Baumtyp benannt, der in ihnen am häufigsten vorkommt. So bezeichnet man die Wälder des kalten Nordens als Nadelwälder. Auch Begriffe für Region und Klima tauchen in der Bezeichnung für einen Wald auf, wie im Fall des tropischen Regenwalds, kurz Tropenwald genannt. Wälder bestehen aus mehreren Schichten von Pflanzen. Der Boden ist mit totem Laub bedeckt, das verrottet und von kleinen Tieren wie Tausendfüßern und Würmern gefressen und wieder ausgeschieden wird und dadurch zu Dünger wird. In der nächsten Schicht, der Kräuterschicht, wachsen Blumen und Farne. Sträucher und junge Bäume bilden das Untergeschoss des Waldes. Das Obergeschoss bilden die hohen Baumstämme und die an ihnen wachsenden Schlingpflanzen. Darüber liegen die Baumkronen mit ihren Blättern, Blüten und Früchten.

SUMPFOHREULE
Lautlos fliegt die Sumpfohreule in der Dämmerung und nachts durch den Wald. Tagsüber ruht sie in den Ästen und ist in ihrem braungesprenkelten Gefieder gut getarnt. Die Haarbüschel oben auf dem Kopf erinnern an Ohrmuscheln.

VIELFRASS
Der Vielfraß der nordischen Wälder ist ein außergewöhnlich starkes Tier. Er greift Tiere an, die viel größer sind als er selbst. Außerdem frisst er Aas, Früchte und Beeren. Seinen Namen verdankt er wahrscheinlich seinem herzhaften Appetit.

NADELWALD

In Nadelwäldern wachsen Fichten, Tannen und andere Nadelbäume. Nadelbäume werfen – mit Ausnahme der Lärchen – nie ihr ganzes Laub auf einmal ab und bleiben immer grün, sodass sie Tieren guten Schutz bieten. Jedoch können nur wenige Tiere die zähen Nadeln fressen.

LAUBWALD

Laubbäume werfen ihr Laub einmal im Jahr vollständig ab und treiben nach einer Pause neu aus. Bei uns geschieht das Austreiben im Frühjahr, das auch die Paarungszeit vieler Tierarten ist. Die jungen Triebe sind ein nahrhaftes Futter – ebenso wie die Früchte, die Bäume und Sträucher im Herbst tragen, und die vielen Tieren helfen, den Winter zu überstehen.

REH
Durch ihr rotbraunes Fell sind Rehe inmitten von Bäumen und Farnen gut getarnt. Rehe leben den größten Teil des Jahres allein und fressen in der Dämmerung Knospen, Triebe und Blätter.

Farne wie der Adlerfarn wachsen rasch und bedecken schnell ganze Lichtungen. Der Adlerfarn ist weltweit verbreitet, außer in der Antarktis. Er vermehrt sich durch Sporen und indem sich seine Wurzeln unterirdisch ausbreiten.

In Wäldern leben verschiedene Vogelarten mit schwerem Körperbau und kräftigen Beinen. Zu ihnen zählt auch der Pfau. All diese Vögel können fliegen, bringen sich bei Gefahr aber dadurch in Sicherheit, dass sie ins Unterholz laufen und sich verstecken.

ARTENSCHUTZ

Wenn Wälder gerodet werden, verlieren Tiere ihren Lebensraum. In Bäumen lebende Tiere wie der südamerikanische Rote Uakari (links) sind besonders stark bedroht. Diese Affen leben von den Blüten und Früchten der großen alten Bäume der Regenwälder. Weltweit bemühen sich Umweltschutzorganisationen, die Zerstörung der Regenwälder aufzuhalten.

TROPENWÄLDER

In den Tropen ist das Klima das Jahr über nahezu gleich. Hohe Temperaturen und ausgiebige Regenfälle machen die Tropenwälder zu außerordentlich artenreichen Lebensräumen. Hier gibt es viel mehr Pflanzen- und Tierarten als in anderen Regionen.

TANGARE

Die Siebenfarben-Tangare ist ein kleiner lauter Vogel, der in den Baumkronen der Tropenwälder lebt. Er trägt sein buntes Federkleid das ganze Jahr über und frisst Insekten und reife Früchte.

FAULTIER

Wohl nur wenige Tiere bewegen sich langsamer als die Faultiere Mittel- und Südamerikas. Sie hängen an ihren gebogenen Krallen von Ästen, ernähren sich von Blättern und führen ein so ruhiges Leben, dass auf ihrem Fell Algen wachsen. Diese grünen Algen tarnen sie im Laub sehr gut.

PAPAGEI

Männlicher und weiblicher Edelpapagei sehen sich so wenig ähnlich, dass man lange Zeit glaubte, es mit zwei verschiedenen Vogelarten zu tun zu haben. Edelpapageien leben in den Regenwäldern Neuguineas und Australiens. Wie alle Papageien haben sie kräftige Schnäbel.

Mehrere Arten von Fröschen, Echsen, Schlangen und Hörnchen entwickelten die Fähigkeit zum Gleitflug, bei dem sie von einem hohen Ast durch die Luft hinabgleiten, um Fressfeinden zu entkommen oder Futter zu erreichen. Die Schmuckbaumnatter spreizt ihre Rippen, sodass ihr Körper flach wird.

TUKAN

Die leuchtenden Farben des Gefieders helfen diesen Vögeln, in der Brutzeit einen Partner zu finden. Es gibt über 40 Tukanarten, die alle in Südamerika leben. Sie nisten in Baumhöhlen und fressen außer Beeren und Früchten auch Insekten, Frösche sowie die Eier und die Jungen anderer Vögel.

Atlasfalter auf einer Bromelienblüte

ATLASFALTER

Mit seiner Spannweite von 30 cm ist der Atlasfalter einer der größten Schmetterlinge der Welt. Heute sind Atlasfalter selten geworden, nachdem Tausende getötet und an Sammler verkauft worden sind.

PFEILGIFTFROSCH

In tropischen Regenwäldern ist es so feucht, dass Frösche ihr Leben in den Bäumen verbringen können. Froschweibchen legen ihren Laich (Eier) in Wasseransammlungen ab, die sich in Blättern, Blüten und auf Pilzen bilden. Pfeilgiftfrösche leben in den Tropenwäldern Mittel- und Südamerikas. Ihre bunten Farben warnen Fressfeinde vor dem Gift in ihrer Haut.

LEMUR

Es gibt rund 50 Lemurenarten. Lemuren sind mit Affen verwandt und leben auf den Bäumen von Madagaskar, einer Insel vor der Küste Ostafrikas. Mausmakis (oben) wiegen nur 60 g.

Das Gewürz Ingwer wird aus der Wurzelknolle einer Pflanze hergestellt, die aus den Wäldern Asiens stammt.

Diese Ameisen rollen am Boden liegende Blätter zusammen und machen daraus ihr Nest.

Siehe auch

AMPHIBIEN
ARTENSCHUTZ
EULEN
SCHMETTERLINGE
VÖGEL

TIERE

WÜSTE

Wüste

Karte der Wüstengebiete der Welt

WÜSTEN WIRKEN ZWAR einsam und unbewohnt, sind jedoch der Lebensraum zahlreicher Pflanzen- und Tierarten. Wüsten sind die trockensten Regionen der Erde. In manchen von ihnen fällt im Jahr weniger als 10 cm Niederschlag. Tiere, die in der Wüste heimisch sind, haben sich auf vielfältige Weise an den Wassermangel angepasst. Kamele z. B. können lange überleben, ohne trinken zu müssen. Anderen Tieren genügt zum Überleben die Flüssigkeit, die in den Pflanzen und Insekten enthalten ist, die sie fressen. Auch die Pflanzen verfügen über besondere Überlebensstrategien. So haben Baobabbäume besonders lange Wurzeln, die Grundwasser aufnehmen. Wüstenbewohner müssen aber auch mit den extremen Temperaturen und dem Fehlen von Schatten und Wetterschutz fertig werden. In manchen Wüsten ist es glühend heiß, in anderen eiskalt. Die Säugetiere der Wüste haben ein dickes Fell, und viele Tiere graben sich Baue, in die sie sich vor starker Hitze oder Kälte zurückziehen.

RAUBADLER
Der Raubadler hat sich gut an die in der Wüste herrschenden Bedingungen angepasst. Seine scharfen Augen erkennen ein Kaninchen oder eine Eidechse auch aus großer Entfernung.

MUNGO ODER MANGUSTE
Diese sehr anpassungsfähige Schleichkatze jagt tagsüber die unterschiedlichsten kleinen Tiere, darunter Bienen, Spinnen, Skorpione, Mäuse und Schlangen. Das Reaktionsvermögen ist ausgezeichnet. Daher können Mungos den Angriffen von Schlangen ausweichen und sie töten.

KOBRA

Die Brillenschlange, eine Kobraart, tötet kleine Säugetiere, Frösche und Eidechsen, indem sie sie mit ihren Giftzähnen beißt, die ein tödliches Gift verspritzen. Bei Gefahr richtet sich diese Schlange auf und spreizt die Halsrippen, sodass die Haut darüber zu einer Haube gedehnt wird. Dadurch wirkt sie bedrohlicher.

KALTE WÜSTEN

Auch in heißen Wüsten ist es nachts kalt, und besonders kalt ist es in kalten Wüsten wie der Wüste Gobi in Asien, die sehr hoch liegt: in etwa 1000 m Höhe über dem Meer. Deshalb ist für viele Tiere ein Bau für das Überleben entscheidend. Manche Tiere, wie der Mungo, graben sich ihren Bau selbst. Andere, darunter die Schlangen, ziehen in einen verlassenen Bau ein oder töten und fressen dessen Bewohner.

Großohrigel

GROSSOHRIGEL
Der hier abgebildete Großohrigel hat große Ohren, deren Funktion es ist, Wärme abzugeben, damit sich die Körpertemperatur des Tieres nicht allzu stark erhöht. Den Tag verbringt er in seinem Bau. Nachts jagt er Insekten und Würmer.

Viele Echsenarten wandern über den Sand der Wüsten und »schmecken« mit ihrer Zunge die Luft. Dieser Waran frisst die Eier von anderen Reptilien und Vögeln.

Blasse Kängurumaus

KÄNGURUMAUS
In der Wüste leben viele kleine Säugetiere, darunter Taschenmäuse und Wüstenspringmäuse. Mit ihren langen Hinterbeinen kann die Blasse Kängurumaus weit springen. Dabei spreizt sie die Zehen, um nicht im Sand einzusinken.

ARTENSCHUTZ

Weil Wüsten als Lebensräume nicht stark bedroht sind, ist der Bedarf an Maßnahmen des Artenschutzes im Moment nicht sehr dringend. Allerdings werden einige Wüstengebiete künstlich bewässert, um landwirtschaftlich genutzt zu werden – zum Schaden der natürlichen Pflanzenwelt.

DORKASGAZELLE

Dorkasgazellen leben in Nordafrika, dem Nahen Osten und Südwestasien. Sie zählen zu den bedrohten Arten, weil sie durch Landwirtschaft und Nutztiere aus ihren natürlichen Lebensräumen verdrängt werden.

DATTELPALME

Die Dattelpalme ist in mehrfacher Hinsicht nützlich: Die Früchte sind für Menschen und Tiere wertvolle Nahrung. Rinde und Holz sind faserig und werden zu Matten und Seilen geflochten. Mit den Wedeln deckt man Dächer.

Dorkasgazellen

KAKTEEN

Kakteen speichern in ihren fleischigen Sprossen Wasser. Scharfe Stacheln schützen die Pflanze vor hungrigen Tieren. Hier abgebildet ist ein Feigenkaktus, dessen Früchte essbar sind.

HEISSE WÜSTEN

Die Sahara in Afrika ist die größte und heißeste Wüste der Welt. Mittags ist der Sand so heiß, dass man sich daran innerhalb von Sekunden die Haut verbrennen kann. Die Temperaturen liegen auch im Schatten über 55 °C. In der heißen Zeit sind nur wenige Tiere aktiv. Sobald aber die Sonne untergeht und Sand und Luft abkühlen, kommen viele Tiere aus ihren Bauen oder unter Steinen hervor. Der nächtliche Tau spendet etwas Feuchtigkeit.

ERDKUCKUCK

Der Erdkuckuck kann zwar auch fliegen, läuft aber die meiste Zeit und versteckt sich bei Gefahr im Gebüsch. Er lebt in Wüsten und trockenen Regionen Nordamerikas und ernährt sich von kleinen Tieren wie z. B. Heuschrecken und Schlangen, frisst aber auch Eier und Früchte.

MENDESANTILOPE

Diese große, in der Sahara heimische Antilope trinkt nie, sondern nimmt beim Fressen genügend Wasser auf. Sie kann die zwei Zehen ihrer Hufe so weit spreizen, dass sie nicht stark im Sand einsinkt. Ihre Hörner weisen spiralige Rillen auf. Die Antilope benutzt die Hörner zur Verteidigung und bei Rangkämpfen mit Artgenossen.

GEHÖRNTE KLAPPERSCHLANGE

S-förmige Spuren im Sand weisen auf die Anwesenheit einer Gehörnten Klapperschlange hin. Indem sie sich seitwärts über den Sand windet, berühren immer nur zwei kleine Stellen ihres Körpers gleichzeitig den Sand, sodass sie gut vorwärtskommt.

YUCCA-MOTTE UND YUCCA-PFLANZE

Die Yucca ist ein Agavengewächs. Sie hat blasse, duftende Blüten, die die kleine weibliche Yucca-Motte anlocken. Die Motte krabbelt in die Blüten und sammelt Pollen. Dann fliegt sie zu einer anderen Yucca. Hier legt sie ihre Eier in den Fruchtknoten der Blüte und streift dabei Pollen an der Narbe der Blüte ab. Dadurch entsteht dann später eine Frucht, von der sich die Raupe der Motte ernährt.

NACKTMULL

Dieses nackte Nagetier ist nahezu blind und lebt in großen Gruppen, Kolonien genannt, in unterirdischen Bauen. Die Kolonien sind wie Ameisenvölker organisiert: Es gibt eine Königin, die als einziges Weibchen Junge gebärt. Nacktmulle fressen nur Knollen, die sie im Boden finden.

GÜRTELMULL

Dieses kleine Gürteltier ist nur 15 cm lang und lebt in den Wüsten Südamerikas. Nachts verlässt es seinen unterirdischen Bau und gräbt nach Ameisen, Würmern u. ä.

Siehe auch

HIRSCHE UND ANTILOPEN
NORDAMERIKA, TIERE
REPTILIEN
SCHLANGEN
SCHMETTERLINGE
WÜSTE

TIERMEDIZIN

HUFSCHMIED
Bevor es Tierärzte gab, behandelten die Hufschmiede Rinder, Pferde u.a. Bauernhoftiere mit überlieferten Kuren und Heilmitteln.

ANDERS ALS MENSCHEN können kranke Tiere ihre Beschwerden nicht beschreiben. Deshalb ist es nicht leicht, sie zu heilen. Die Tiermedizin befasst sich mit der Vorbeugung, Erkennung und Heilung von Erkrankungen der Tiere. Tierärzte studieren, wie man Tiere behandelt. Früher kümmerten sie sich v.a. um Nutztiere wie Kühe und Pferde. Inzwischen zählen auch Haustiere zu ihren Patienten. Tierärzte untersuchen regelmäßig Zuchttiere und helfen bei der Geburt von Lämmern und Kälbern. Manche spezialisieren sich auf Zootiere, andere sind Zahnärzte für Tiere. Wenn ein Tier sehr krank oder schwer verletzt ist, muss der Tierarzt es einschläfern. Die ersten Institute für Tiermedizin entstanden im 18. Jahrhundert in Europa.

Tierärzte verwenden teilweise die gleichen Instrumente wie andere Ärzte – z. B. Stethoskope.

TIERARZTPRAXIS

Im Wartezimmer können sehr unterschiedliche Tiere einander treffen. Um Raufereien und Ansteckungen zu vermeiden, sollen Hunde an der Leine geführt und Katzen in Transportkörben getragen werden. Der Tierarzt untersucht das Tier und fragt den Besitzer nach Anzeichen der Krankheit. Manchmal gibt er Spritzen oder verschreibt Medikamente, macht Röntgenbilder oder operiert.

Leute mit ihren Haustieren im Wartezimmer

Wenn Hühner geimpft sind, kann ein krankes Tier nicht den ganzen Hühnerhof anstecken.

TIERMEDIZINISCHE FORSCHUNG

Um mehr über die Gesundheit und über die Krankheiten der Tiere herauszubekommen, wird ständig geforscht. Wichtig ist auch, Tierkrankheiten unter Kontrolle zu bringen, die auf den Menschen übergehen können, wie z. B. die Tollwut.

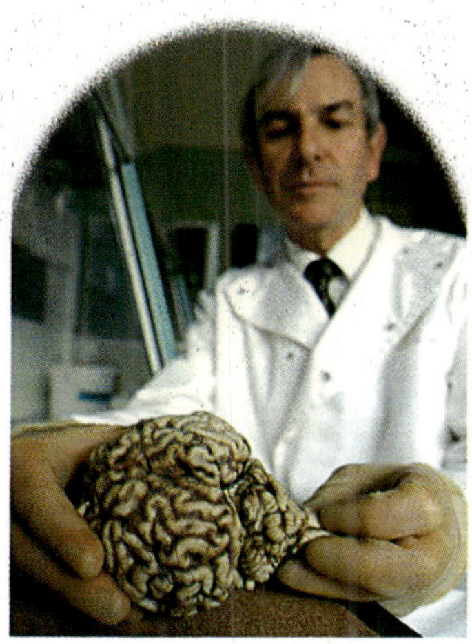

Tierärzte müssen Tiere in freier Wildbahn manchmal sogar mit Hubschraubern aufspüren.

NUTZIERE

Tierärzte spielen in der Tierzucht und der landwirtschaftlichen Tierhaltung eine wichtige Rolle. Die Nutztiere sind heute daraufhin gezüchtet, möglichst viel Milch, Fleisch oder Eier zu produzieren. Andererseits sind sie anfälliger für Krankheiten geworden und müssen sorgfältig betreut werden.

ARTENSCHUTZ

Auch im Artenschutz sind Tierärzte aktiv tätig. Große wild lebende Tiere, wie Löwen und Giraffen, bekommen vor der eigentlichen Behandlung durch den Tierarzt Beruhigungsmittel. Die Wirkung des Mittels klingt später ab und hinterlässt beim Tier keinerlei Nachwirkungen.

Siehe auch

ARTENSCHUTZ
HAUSTIERE
LANDWIRTSCHAFT

Tintenfische und Kraken

Sehr große Kraken erreichen mit ausgebreiteten Armen 9 m Durchmesser. Geschichten über Riesenkraken, die Taucher verschlingen, sind allerdings frei erfunden.

AUF DEN MENSCHEN haben Tintenfische und Kraken schon immer eine starke Faszination ausgeübt. Wegen ihrer Fangarme und ihrer seltsamen Gestalt hielt man sie für Seeungeheuer. Kraken sind sehr schlaue und aktive Tiere, die intelligentesten unter den Wirbellosen. Sie haben gute Augen, ein großes Gehirn, reagieren schnell und besitzen die Fähigkeit, sich zu erinnern. Sie sind Weichtiere und mit den Tieren verwandt, deren weiche Körper von einer schützenden Schale umgeben sind, den Schnecken und Muscheln. Anders als diese haben die meisten Tintenfische keine äußere Schale, dafür aber eine innere Kalkstütze, den Schulp, der oft an Stränden angespült wird. Kraken haben acht Fangarme, deren Unterseiten mit Saugnäpfen bedeckt sind. Der Gemeine Tintenfisch hat zehn »Arme«, darunter zwei lange Tentakel, die sich aufrollen und entrollen. Die Tiere nutzen die Arme zum Schwimmen und die Tentakel zum Fangen der Beute.

Zur Fortbewegung nach dem Rückstoßprinzip wird Wasser durch die Trichter ausgestoßen.

Der Mund an der Körperunterseite hat einen knochigen »Schnabel« zum Zerteilen der Nahrung. Der Speichel ist giftig.

An jedem Fangarm liegen zwei Reihen von Saugnäpfen. Sie dienen zur Fortbewegung und zum Fangen der Beute.

Gemeiner Krake

Der Gemeine Krake hält sich tagsüber in Höhlen und Spalten verborgen. Nachts jagt er Krebse, Muscheln und kleine Fische. Er hat schnabelartige Kiefer und eine raue Zunge.

GEMEINER TINTENFISCH
Kraken und Tintenfische können in weniger als einer Sekunde ihre Farbe wechseln. Auf diese Weise tarnen sie sich. Durch seine fleckig rote Färbung ist dieser Tintenfisch kaum von den umgebenden Korallen zu unterscheiden. Farbveränderungen zeigen auch Stimmungswechsel an: Männliche Tintenfische werden schwarz, wenn sie sich ärgern.

Echter Kalmar

Tintenwolke

Kraken und Tintenfische besitzen eine Tintendrüse. Um Feinde zu verwirren, pressen sie aus dem Trichter Tinte und verschwinden hinter der Wand aus dunklem Wasser. Diese Tinte wurde früher als Farbstoff benutzt und wird Sepia genannt – daher der wissenschaftliche Name der Tintenfische.

KALMAR
Mit seinem torpedoförmigen Körper ist der Echte Kalmar ein schneller Schwimmer. Auch er schwimmt nach dem Rückstoßprinzip: Kräftige Muskeln pressen das Wasser durch den Trichter.

RIESENKALMAR

Mit 20 m Körperlänge (einschließlich der Tentakeln) ist der Riesenkalmar das größte wirbellose Tier. Er ist eine wichtige Nahrung für Pottwale.

Siehe auch

TIERE
TIERE, MEERE
TIERE, TIEFSEE

Tonaufnahme

PLATTENSPIELER
Die frühesten Aufnahmen bestanden aus Rillen in mit Wachs beschichteten Zylindern. 1887 führte der Deutschamerikaner Emil Berliner die ersten Schellackplatten vor. Das Grammofon oben ist das berühmte Markenzeichen der Plattenfirma His Master's Voice (HMV).

HEUTE KÖNNEN WIR TÖNE SPEICHERN und nach Belieben wiedergeben. Wir können Musik hören, wann wir wollen, Hörbücher für Blinde produzieren, Töne mit Minirekordern aufnehmen und vieles mehr. Alle Aufnahmesysteme speichern Töne, indem sie ein Bild oder eine Kopie der Schallwellen erstellen: in Form von Magnetismus auf einem Tonband, von Spiralrillen auf einer Schallplatte oder von Pits in einer CD. Im Aufnahmestudio werden Töne mit vielen Mikrofonen aufgezeichnet und auf jeweils einer Tonspur festgehalten. Früher wurden diese Spuren auf Magnetband gespeichert, aber heute speichern die meisten Studios sie im Computer. Der Toningenieur kann jede Spur separat bearbeiten, um Ton und Lautstärke von einem Instrument oder Sänger in Perfektion zu erhalten. Die Studioaufnahme ist die Masterversion der Musik, von der dann Tausende von Kopien auf CDs, Minidiscs, Schallplatten und Musikkassetten produziert werden.

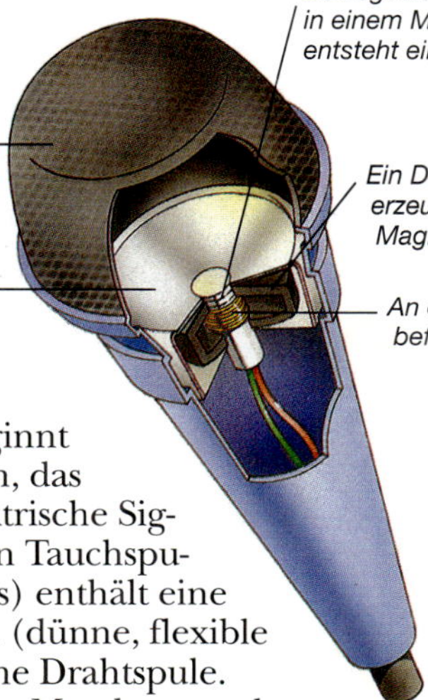

Mikrofon

Jede Aufnahme beginnt mit einem Mikrofon, das Schallwellen in elektrische Signale umwandelt. Ein Tauchspulenmikrofon (rechts) enthält eine mit einer Membran (dünne, flexible Scheibe) verbundene Drahtspule. Schallwellen bringen Membran und Spule zum Schwingen. Die Spule bewegt sich im Magnetfeld eines kleinen Magneten, wodurch ein elektrischer Strom in ihr entsteht, dessen Stärke je nach der der Schallwelle schwankt.

TONBANDAUFNAHME
Eine Kassette enthält eine Spule Kunststoffband, das mit winzigen magnetischen Metallkörnern beschichtet ist. Bei der Tonaufnahme ändert sich ihr Magnetismus. Das neue Magnetmuster stellt den Ton dar.

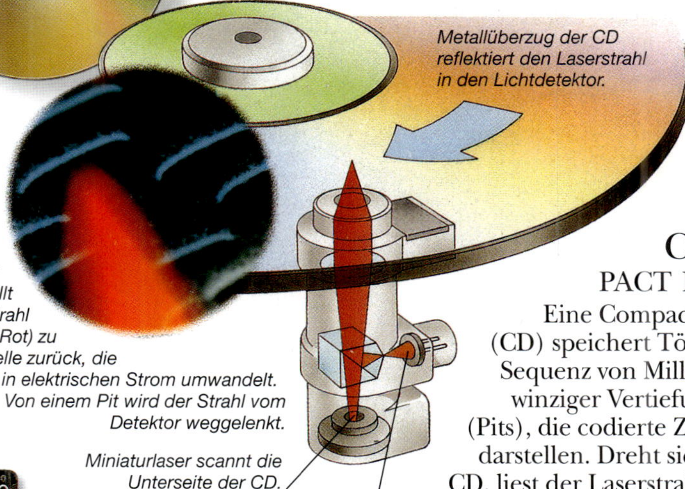

Compact Disc

Eine Compact Disc (CD) speichert Töne als Sequenz von Millionen winziger Vertiefungen (Pits), die codierte Zahlen darstellen. Dreht sich die CD, liest der Laserstrahl des CD-Players die Sequenz und sendet Signale zum Lautsprecher.

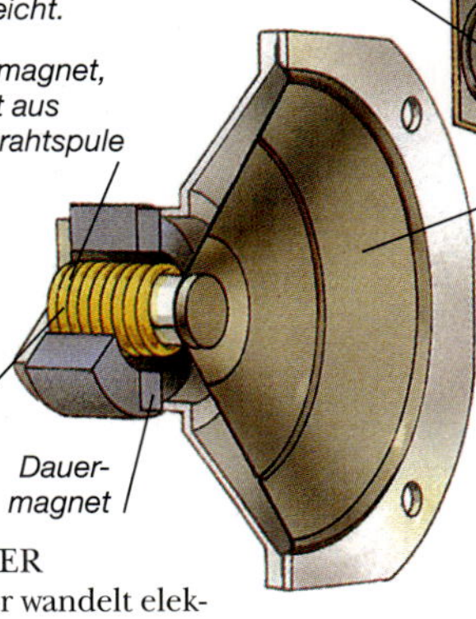

LAUTSPRECHER
Ein Lautsprecher wandelt elektrische Signale in Schallwellen um. Ein schwankender elektrischer Strom von einem CD-Player oder Kassettenrekorder gibt Impulse an einen Elektromagneten ab und erzeugt ein schwankendes Magnetfeld. Dieses bringt eine kegelförmige Membran zum Schwingen, die Schall erzeugt.

MINIDISC UND MP3
Ständig werden neue Datenspeicher für Tonaufnahmen entwickelt. Eine Minidisc ist eine digitale Tonspeicherscheibe wie eine CD. Doch die Tonqualität ist weniger perfekt als bei einer CD, da die Daten wegen der geringeren Größe stark komprimiert sind. MP3 ist ein digitales Musikdateiformat, das sich im Computer oder einem kleinen tragbaren Abspielgerät speichern lässt. Die Tonqualität ist kristallklar und nahezu perfekt.

Siehe auch

Funk und Fernsehen
Laser
Musik
Rock und Pop
Schall

Transport und Verkehr

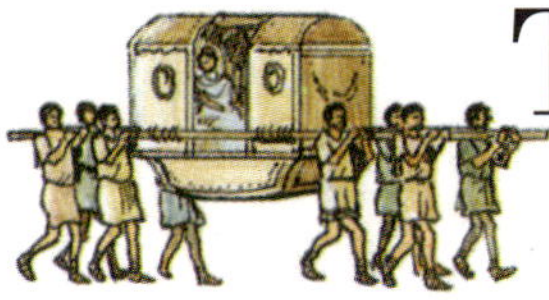

Wir leben in einem Zeitalter, in dem man in knapp drei Stunden über den Atlantik fliegen kann. Auf der ganzen Welt verbinden Straßen die Städte miteinander. Ganz anders war es vor 7000 Jahren: Damals gelangten Menschen nur zu Fuß von einem Ort zum anderen. Um 5000 v. Chr. benutzten die Menschen Esel und Ochsen als Packtiere, statt ihre Güter auf dem Rücken oder dem Kopf zu tragen. 1500 Jahre später kamen die ersten Räderfahrzeuge in Mesopotamien auf. Ab dem Ende des 15. Jh. begannen die Europäer mit hochseetüchtigen Segelschiffen die Welt zu erkunden. Im 18. Jh. leitete die Nutzung der Dampfkraft einen weiteren Fortschritt ein: Bald trieben Dampfmaschinen Schiffe und Züge so schnell an, wie das niemand sich hatte vorstellen können. Und nur ein Jahrhundert später fuhren die ersten Autos, und die ersten Flugmaschinen erhoben sich in die Luft.

POSTKUTSCHE
Postkutschen waren im 17. und 18. Jh. das beliebteste öffentliche Transport- und Verkehrsmittel zu Lande. An häufig befahrenen Routen entstanden Stationen zum Pferdewechseln und Gasthöfe.

Eisenbahnen kamen in den USA nach 1820 auf. Sie konnten mehr Menschen und Güter befördern als andere Transportmittel.

Landverkehr

Der meiste Verkehr und Transport findet auf dem Land statt. Vor 2000 Jahren erbauten die Römer ein Netz von hervorragenden Straßen, über die Menschen sich zu Fuß oder in Pferdekarren fortbewegten. Erst im 19. Jh. löste die Dampfkraft die Pferde ab. Dampflokomotiven ermöglichten preiswerte Fernreisen. Mit dem Wechsel zum 20. Jh. wurden die ersten von Motoren angetriebenen Autos, Lastwagen und Omnibusse vorgestellt.

AUTOS
Autos sind heute das beliebteste private Verkehrsmittel. Sie wurden gegen Ende des 19. Jhs. erfunden.

DSCHUNKE
Die Dschunke, eines der stärksten Segelschiffe der Welt, dient in Asien seit Jahrtausenden vorwiegend als Handelsschiff. Ihre großen, überaus wirksamen Segel sind aus Leinen oder aus Matten.

LASTKAHN
Ein Lastkahn transportiert Frachten wie Kohle über Kanäle und Flüsse von einem Ort zum andern.

Ozeandampfer (unten) sind schwimmende Hotels. Auf Kreuzfahrten steuern sie verschiedene Urlaubsziele an.

Seefahrt

Treibholz war das Vorbild des ersten Wasserfahrzeugs, des Floßes. Um 3500 v. Chr. fertigten Sumerer und Ägypter Fischerboote aus Uferschilf. Für Seereisen bauten sie wasserdichte Holzschiffe mit Rudern und einem Segel. Im 19. Jh. löste Stahl das Holz ab, und die Dampfmaschine verdrängte nach und nach die Segel. Heutige Schiffe befördern große Frachten mit einem Tempo, das Segelschiffe nie erreicht haben.

Luftfahrt

1783 fuhren die Franzosen Pilâtre de Rozier und der Marquis d'Arlandes als erste Menschen in einem Heißluftballon. 1903 erbauten und flogen die Brüder Orville und Wilbur Wright das erste Motorflugzeug bei Kitty Hawk im US-Staat North Carolina. Der Flugzeugbau entwickelte sich rasch in den beiden Weltkriegen. 1918 entstand in den USA der erste Luftpostdienst. Heute sind Flugzeuge nicht mehr wegzudenken.

Schon in der Frühzeit des Fliegens warben Fluggesellschaften mit bunten Plakaten um Passagiere.

Ballons

Lange vor der Erfindung von Flugzeugen stiegen Menschen mit Ballons auf – das sind mit Heißluft oder einem leichten Gas gefüllte Hüllen. 1783 erbauten die Brüder Montgolfier in Frankreich den ersten Heißluftballon. Der französische Kaiser Napoleon benutzte Ballons als fliegende Beobachtungsposten, später wurden sie im Bürgerkrieg der USA und im Ersten Weltkrieg verwendet. Heute ist Ballonfahren ein beliebter Freizeitsport.

Flugzeuge

Heute sind Millionen von Menschen auf Flugzeuge für Beruf und Freizeit angewiesen. Die Flugzeugentwicklung erlebte erst vor 90 Jahren ihren Aufschwung, als mutige Piloten Flugzeuge testeten und lange Strecken flogen. Düsenverkehrsflugzeuge kamen nach 1950 auf. Das Überschallflugzeug *Concorde* (von 1976 bis 2003 in Betrieb) konnte mit 2500 km/h sogar schneller als mit Schallgeschwindigkeit fliegen.

Raumfahrt

Schon lange lockt die Menschen die Erkundung des Weltalls und ferner Planeten. 1957 brachten die Sowjets mit *Sputnik 1* den ersten Satelliten auf eine Erdumlaufbahn. 1968 ließen die USA die erste bemannte Rakete den Mond umrunden, den der Astronaut Neil Armstrong 1969 als erster Mensch betrat.

Mondlandefähre *Eagle*

UMWELTFREUNDLICHE VERKEHRSMITTEL

Viele moderne Verkehrsmittel verschmutzen mit den gefährlichen Abgasen ihrer Motoren die Umwelt. Insbesondere Autos stören das natürliche Gleichgewicht der Atmosphäre. Mit bleifreiem Benzin lassen sich die giftigen Abgase reduzieren. Umweltfreundlicher sind Verkehrsmittel, die natürliche Energien wie Wind nutzen. Zu Lande können wir die Umwelt schonen, wenn wir zu Fuß gehen, Rad fahren oder von Tieren gezogene Fahrzeuge benutzen. Auf See können große Lasten von Segelschiffen bewegt werden, die vom Wind angetrieben werden.

Rollerblades

Skateboard

Gehen

Radfahren

Siehe auch

Autos
Ballons und Luftschiffe
Boote und Schiffe
Eisenbahn
Flugzeuge

Tunnel

In einer Stadt sind viele ihrer wichtigsten Bauwerke unter der Erdoberfläche verborgen – manche sehen wir überhaupt nicht, z.B. Tunnel, die unter der Erde ein wahres Labyrinth bilden können. Durch diese Röhren im Untergrund fahren Züge und Autos, gehen Fußgänger, es fließt die Kanalisation, das Wasser aus Reservoiren, und sogar Flüsse und Kanäle können durch einen Tunnel geleitet werden. Andere Tunnel ermöglichen es Zügen und Fahrzeugen, durch Hügel und Berge und unter Flüssen und Meeren hindurchzufahren. Die tiefsten Tunnel gibt es in Bergwerken. Schon in der Antike wurden Tunnel in die Felsen gehauen. Auf der griechischen Insel Samos gibt es noch heute einen 1 km langen Tunnel, der etwa 525 v. Chr entstanden ist. Damals grub man von beiden Enden aus in den Berg hinein, bis man sich in der Mitte traf. Viele Paläste und Festungen aus dem Mittelalter besitzen Fluchttunnel, die für den Fall einer Belagerung geschaffen wurden.

REKORDTUNNEL
Der 17 km lange Gotthard-Tunnel in der Schweiz (oben) ist einer der längsten Straßentunnel der Welt. Der längste Eisenbahntunnel ist der 54 km lange Seikan-Tunnel in Japan. Längster Tunnel überhaupt ist ein 169 km langer Wasserversorgungstunnel im US-Staat New York.

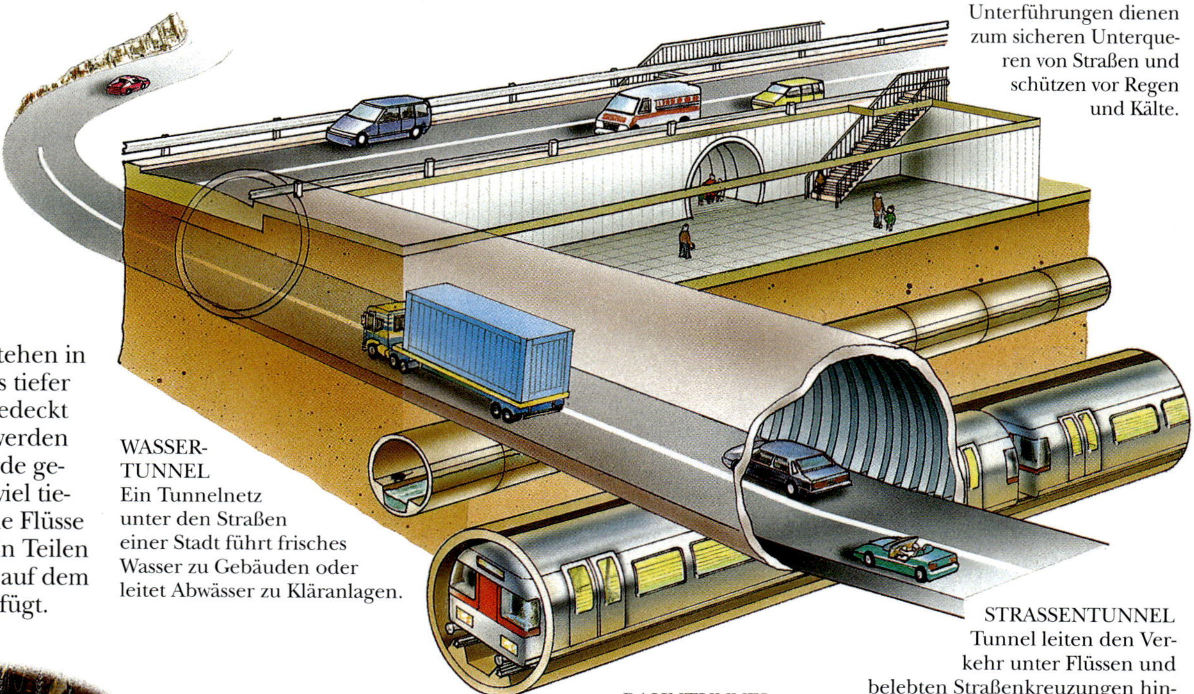

FUSSGÄNGERTUNNEL
Unterführungen dienen zum sicheren Unterqueren von Straßen und schützen vor Regen und Kälte.

WASSERTUNNEL
Ein Tunnelnetz unter den Straßen einer Stadt führt frisches Wasser zu Gebäuden oder leitet Abwässer zu Kläranlagen.

STRASSENTUNNEL
Tunnel leiten den Verkehr unter Flüssen und belebten Straßenkreuzungen hindurch. Helle Lampen beleuchten sie, Luftschächte entsorgen giftige Abgase aus langen Tunneln.

BAHNTUNNEL
U-Bahnen sind das schnellste Verkehrsmittel einer Stadt. Die U-Bahntunnel befinden sich entweder direkt unter der Fahrbahn oder tief unter ihr.

Tunnelarten

Viele Stadttunnel entstehen in »offener« Bauweise: als tiefer Graben, der dann abgedeckt wird. Andere Tunnel werden durch Gestein oder Erde gebohrt und können so viel tiefer reichen. Tunnel, die Flüsse unterqueren, werden in Teilen an Land gefertigt und auf dem Flussbett zusammengefügt.

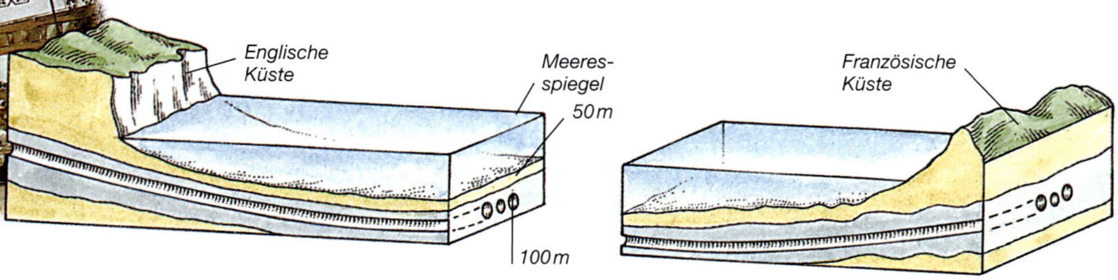

Tunnelbau

Große, oft von Lasern und Computern gesteuerte Tunnelbaumaschinen bohren Tunnel im so genannten Vortriebverfahren durch Gestein und Erde. Ein runder Schneidekopf vorn an der Maschine trägt das Material ab. Dahinter wird abschnittsweise das Tunnelgewölbe errichtet. Es stützt Decke, Boden und Seiten des Tunnels.

EUROTUNNEL
1994 wurde eine Eisenbahnverbindung zwischen Großbritannien und Frankreich unter dem Ärmelkanal eröffnet. Sie ist 50 km lang und verläuft auf 38 km unterm Meer. Der Tunnel hat drei separate Röhren: zwei für die Züge und einen für Notfälle und den Service. Spezialzüge befördern Fahrgäste und Autos.

Siehe auch
Eisenbahn
Kohle
Städte
Wasser

TÜRKEI

MARKTERZEUGNISSE
Straßenmärkte gehören zu jeder türkischen Stadt. An den Ständen werden Oliven, Gewürze und Gemüse ebenso wie Kleidung und Haushaltswaren verkauft. Diese Frau hat die traditionelle türkische Kleidung an – lose Pluderhosen und ein bedrucktes Kopftuch –, wie sie vor allem auf dem Land getragen wird.

DIE TÜRKEI LIEGT sowohl in Asien als auch in Europa. Heute ist sie auf dem Weg, Teil des modernen Europas zu werden, doch sie bewahrt viele Elemente ihrer asiatischen Geschichte. Die Westtürkei war ein wichtiger Teil der Reiche der Griechen und der Römer. Während des Osmanischen Reiches war die Türkei im 15. Jh. die beherrschende Seemacht im östlichen Mittelmeer und verbreitete so den Einflussbereich des Islam. 1923 wurde die Türkei Republik. Der Islam ist seitdem keine Staatsreligion mehr, wird aber allgemein praktiziert. Die wirtschaftlichen Verbindungen mit Europa sind sehr eng. Wegen des warmen Klimas und der fruchtbaren Böden ist die Türkei bei der Nahrungsproduktion von Einfuhren unabhängig – sogar im trockenen Südosten wird das Land durch die gewaltigen Staudämme des Euphrat bewässert. An der West- und Südküste boomt der Tourismus.

Die Türkei liegt am Westrand von Asien und bildet die Südostspitze Europas. Im Norden ist sie vom Schwarzen Meer, im Westen und Süden vom Mittelmeer umgeben.

Das Kastell St. Peter in Bodrum (rechts) ist ein schönes Beispiel der Kreuzfahrerarchitektur.

ISTANBUL

Istanbul, die größte Stadt und der bedeutendste Seehafen der Türkei, liegt auf den Kontinenten Europa und Asien, getrennt von der Meeresstraße des Bosporus. Im 8. Jh. v. Chr. von den Griechen gegründet, wurde Istanbul die Hauptstadt des oströmischen Reiches und fiel 1453 an die osmanischen Türken. Diese bauten viele schöne Moscheen und den prächtigen Topkapi-Palast für den Sultan und seine vielen Frauen. Heute ist Istanbul eine quirlige Stadt mit über 6 Mio. Einwohnern.

TÜRKEI-TOURISMUS

Das warme Klima, die herrliche Küste und die reiche Geschichte der Türkei locken viele Touristen aus Nordeuropa an. Meist fahren sie ans südöstliche Mittelmeer und in die Ägäis, wo sich malerische Häfen wie Bodrum (oben) mit wunderschönen Stränden befinden. Doch die schnelle Entwicklung beim Tourismus gefährdet auch die Landschaft.

ANKARA
Ankara wurde 1923 die Hauptstadt der neuen türkischen Republik – ein Bruch mit der osmanischen Vergangenheit. Ankaras Geschichte reicht bis ins 2. Jahrtausend v. Chr. zurück. Es war ein bedeutendes osmanisches Kultur- und Handelszentrum an den Hauptkarawanenstraßen. Heute befindet sich im modernen Stadtzentrum der Sitz der Regierung.

Die Celsusbibliothek in Ephesos wurde im 2. Jh. für einen römischen Konsul erbaut.

ANTIKE RUINEN
Die ägäische Küste wurde im 7. Jh. von den Griechen kolonisiert, und die Westtürkei war ein wichtiger Teil der Reiche der Griechen und Römer. Viele gut erhaltene antike Städte ziehen Archäologen wie Touristen in die Türkei. In Ephesos stand der Artemistempel, eines der Sieben Weltwunder der Antike.

Siehe auch
ASIEN, GESCHICHTE
GRIECHENLAND, ALTES
OSMANISCHES REICH
ROM, ALTES
WELTWUNDER, DIE SIEBEN

TÜRKEI
Fläche: 769 630 km²
Einwohner: 71 300 000
Hauptstadt: Ankara
Sprachen: Türkisch, Kurdisch, Arabisch, Tscherkessisch, Armenisch, Griechisch, Georgisch, Ladinisch
Religion: muslimisch
Währung: Türkisches Pfund (Lira)

ZYPERN
Fläche: 9251 km²
Einwohner: 802 000
Hauptstadt: Nikosia
Sprachen: Griechisch, Türkisch
Religion: griechisch-orthodox, muslimisch
Währung: Zypern-Pfund

ARMENISCHE KIRCHE
Die Armenier sind Christen mit einer eigenen alten Sprache und Kultur. Viele siedelten am Van-See in der Osttürkei. In einer Welle des Nationalismus vertrieben die Türken 1915 die gesamte armenische Bevölkerung, und über 600 000 Menschen starben.

ERDBEBEN
Die Türkei liegt an einer Hauptverwerfungslinie, und viele türkische Städte sind von Erdbeben bedroht. 1999 wurden bei einem großen Beben bei Izmir Tausende getötet.

Schafe hüten

Herden von Angoraziegen, Eseln, Schafen und Pferden weiden auf den öden, windgepeitschten Ebenen der Zentraltürkei. Einst war diese Region von Nomaden bewohnt, die sich mit ihren Herden im Sommer im Hochland und im Winter in den Ebenen aufhielten. Heute leben nur noch wenige ihrer Nachkommen auf diese Weise, da die meisten Menschen in Dörfern wohnen.

ZYPERN
Als Zypern 1959 von Großbritannien unabhängig wurde, kam es zu Konflikten zwischen den Griechisch und Türkisch sprechenden Volksgruppen. Eine UN-Friedenstruppe wurde auf die Insel entsandt. Seit der türkischen Invasion von 1974 ist sie zweigeteilt. Die Seebäder im Norden wie Girne (oben) ziehen immer mehr Touristen an.

HOCHLAND VON ANATOLIEN
Ein Viertel der Türkei liegt in Höhen über 1220 m. Das Zentrum des Landes ist ein Hochland mit Ebenen und Bergen. Ackerland beschränkt sich auf fruchtbare Flusstäler, sonst gibt es überwiegend Weideland. In den rauen Wintern liegt das Temperaturmittel im Januar unter 0 °C, und in manchen Teilen des Ostens bleibt der Schnee bis zu vier Monate liegen.

U-Boote

Die grosse Stärke von U-Booten ist ihr Operieren im Verborgenen. Sie fahren unsichtbar unter den Wellen mit ihrer tödlichen Fracht von Raketen und Torpedos und können monatelang unter Wasser bleiben. Der Sage nach ließ Alexander der Große bei der Belagerung von Tyros (Libanon) 332 v. Chr. die Stadt aus einem untergetauchten Glasfass angreifen. Dank der Erfindung des Elektromotors für den Unterwasserantrieb und des gegen Schiffe eingesetzten Torpedos entwickelten sich moderne U-Boote zu starken Waffensystemen in den beiden Weltkriegen des 20. Jhs. Die heutigen U-Boote werden entweder von einer Kombination aus Diesel- und Elektromotoren oder durch Atomreaktoren angetrieben. Es gibt zwei Haupttypen: Patrouillen-U-Boote, die Schiffe und andere U-Boote suchen und versenken, und mit Raketen bestückte U-Boote. Tauchboote dienen vorwiegend nichtmilitärischen Zwecken wie der Tiefseeforschung.

ATOM-U-BOOT
Das stärkste Waffensystem ist das mit Atomraketen bestückte U-Boot. Mit seinem Kernenergieantrieb kann es fast unbegrenzt unter Wasser bleiben, und mit seinen Atomraketen vermag es mehrere Großstädte zu zerstören.

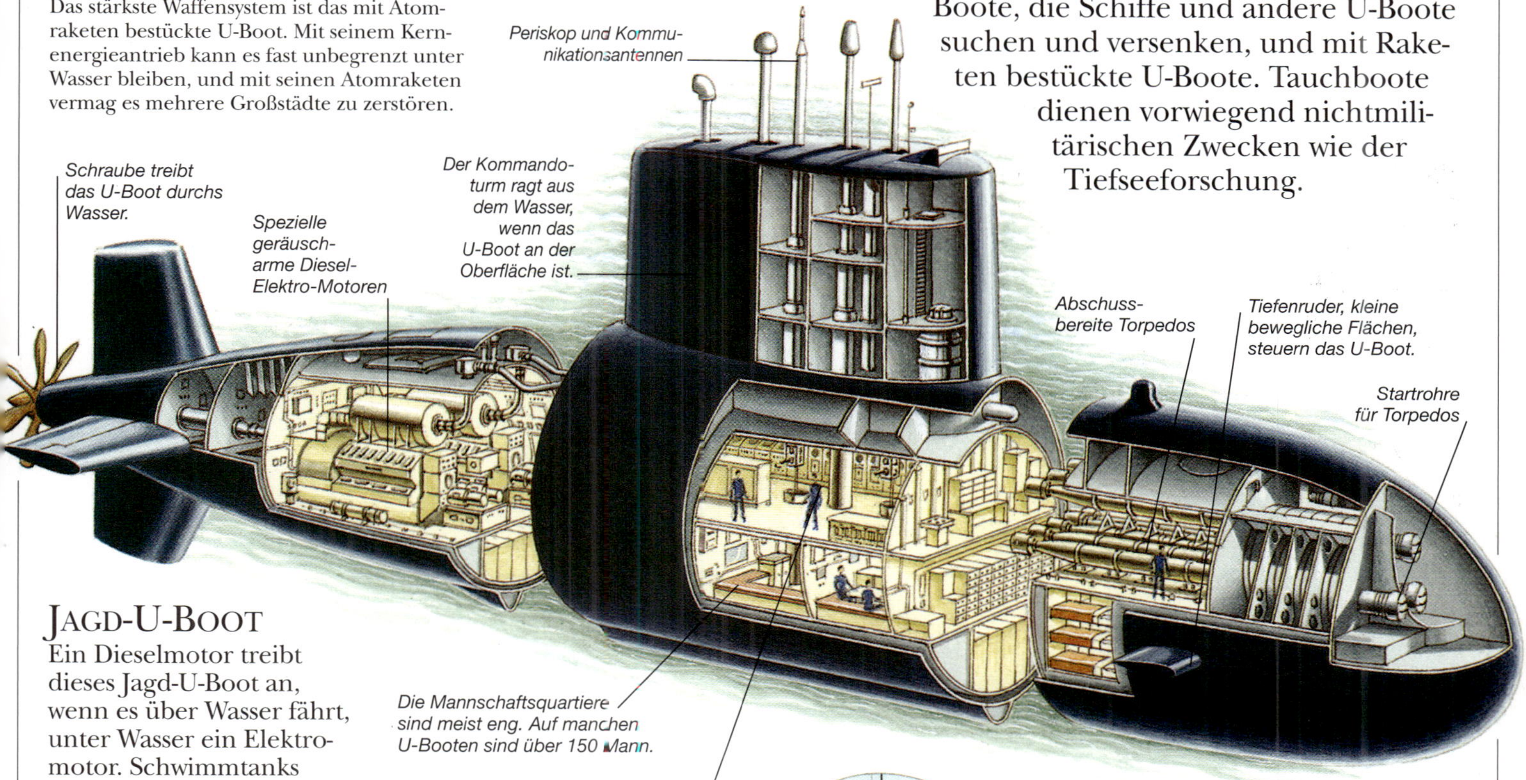

Jagd-U-Boot

Ein Dieselmotor treibt dieses Jagd-U-Boot an, wenn es über Wasser fährt, unter Wasser ein Elektromotor. Schwimmtanks füllen sich mit Wasser, damit das U-Boot tauchen kann; zum Wiederauftauchen drückt Pressluft das Wasser aus den Tanks.

TORPEDOS
Torpedos enthalten Sprengstoff. Motorenkraft bringt sie zu ihren Zielen. Sie werden mit Pressluft aus Rohren in der Nase und im Heck des U-Boots gestartet.

PERISKOP
Durch ein Periskop sieht der Kapitän, was sich über Wasser abspielt, während das U-Boot getaucht ist. Ein Periskop ist ein hohles Rohr, das aus dem Kommandoturm ragt. Über Spiegel an beiden Enden und ein Linsensystem ist das Objekt auf der Oberfläche zu sehen.

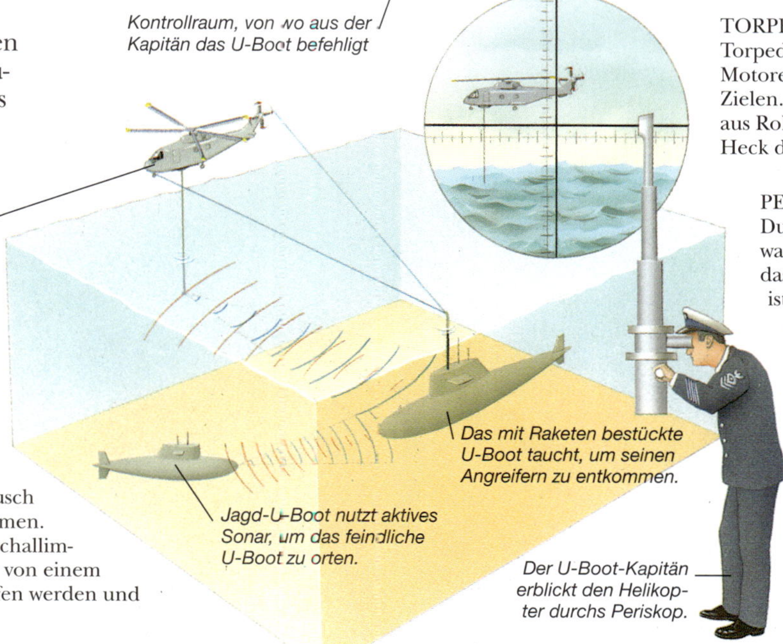

SONARGERÄT
Helikopter, Schiffe und Jagd-U-Boote haben Sonargeräte (sound navigation and ranging) zur Ortung von U-Booten. Das passive Sonar besteht aus Mikrofonen, die das Geräusch von U-Boot-Motoren wahrnehmen. Das aktive Sonar sendet Ultraschallimpulse, die unhörbar sind, aber von einem anderen U-Boot zurückgeworfen werden und ein typisches Echo erzeugen.

Siehe auch

Boote und Schiffe
Raketen
Tiefseeforschung
Waffen

Uhren

Wie oft wohl schaut man am Tag auf die Uhr? Die Zeit regelt unser Alltagsleben. Um einen Bus zu erwischen, zur Schule zu gehen oder einen Freund zu treffen, muss man rechtzeitig aufbrechen. Uhren in allen Größen ermöglichen dies. An manchen Armbanduhren lässt sich die Zeit an Zeigern, die sich um ein Zifferblatt drehen, an anderen an Zahlen ablesen. Alle Uhren haben ein Uhrwerk, das die Zeit gleichmäßig misst.

Einst richteten sich die Menschen nach dem Ablauf von Tagen, Nächten und Jahreszeiten. Später maßen sie die Zeit mit anderen Methoden, etwa mit Sonnenuhren, Wasseruhren oder Kerzen mit Markierungen. Mechanische Zeitmesser wurden zwischen dem 15. und 17. Jh. dank der Erfindung von Uhrwerk und Pendel entwickelt. Federn oder fallende Gewichte bewegten Zahnräder, die die Uhren in Gang hielten. Diese Uhren hatten Zeiger und ein Zifferblatt, und als sie immer kleiner wurden, entstand die Armbanduhr. Heute sind viele Uhren elektronisch – anhand der regelmäßigen Schwingungen eines Quarzkristalls lässt sich die Zeit sehr exakt messen.

SONNENUHR
Der Sonnenschatten bewegt sich langsam um ein Zifferblatt mit Stundeneinteilung und zeigt so die Zeit an. Die vor über 5000 Jahren in Ägypten erfundene Sonnenuhr war eine der frühesten Methoden zur Zeitmessung.

WASSERUHR
Wasser fließt in und aus Schalen, sodass der sich ändernde Wasserspiegel oder ein Schwimmer die vergehende Zeit anzeigt. Diese chinesische Wasseruhr stammt aus dem 14. Jh.

ASTRONOMISCHE UHR
Diese schöne Uhr in Prag zeigt nicht nur die Stunden und Minuten, sondern auch die Tierkreiszeichen und Mondphasen an.

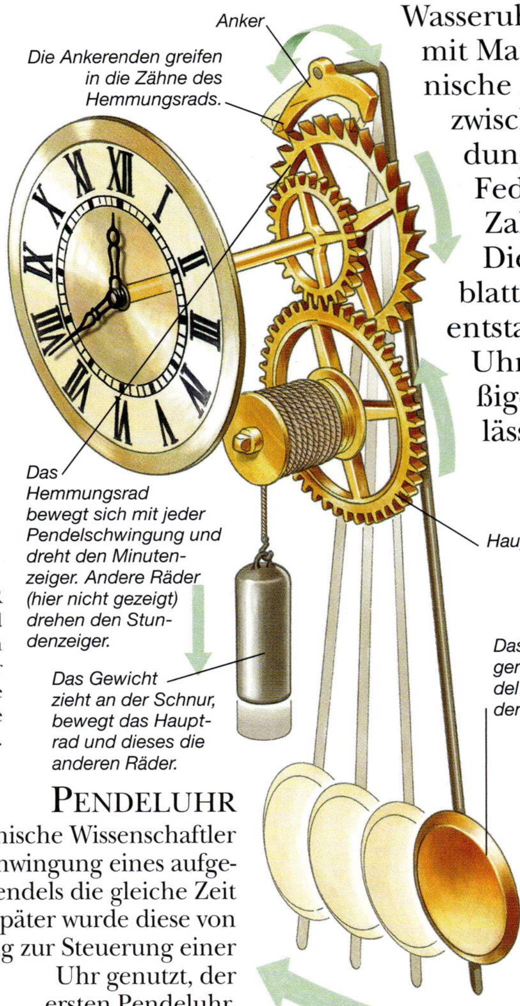

Pendeluhr

Um 1580 entdeckte der italienische Wissenschaftler Galileo Galilei, dass jede Schwingung eines aufgehängten Gewichts oder Pendels die gleiche Zeit benötigt. Erst 70 Jahre später wurde diese von Galilei entdeckte Bewegung zur Steuerung einer Uhr genutzt, der ersten Pendeluhr.

MECHANISCHE UHREN
Eine Feder treibt eine mechanische Uhr an, die wie eine Pendeluhr funktioniert. Die erste Taschenuhr wurde um 1500 in Deutschland erfunden.

Diese Taschenuhr aus dem 19. Jh. wurde an einer kleinen Kette getragen.

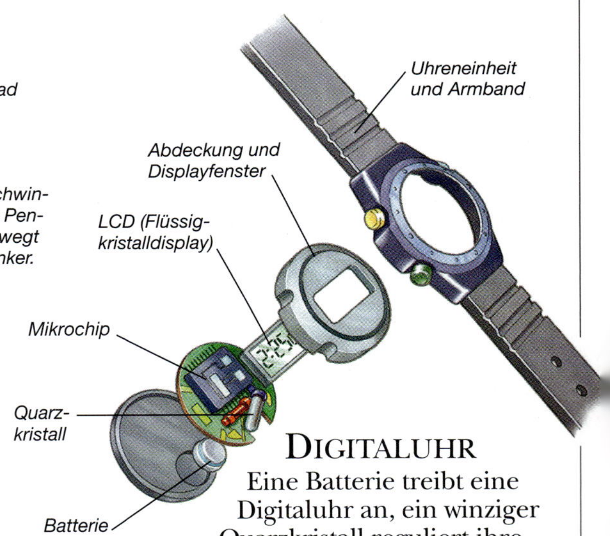

Digitaluhr

Eine Batterie treibt eine Digitaluhr an, ein winziger Quarzkristall reguliert ihre Geschwindigkeit. Der Batteriestrom lässt den Kristall Tausende Male pro Sekunde schwingen. Mithilfe dieser regelmäßigen Schwingungen ändert der Mikrochip die Zahlen im Display jede Sekunde. Die Uhr zeigt die Zeit also sehr präzise an.

Atomuhr

Auch nach über einer Million Jahren würde diese Atomuhr um weniger als eine Sekunde abweichen! Die Atomuhr ist die genaueste Uhr. Sie wird von schwingenden Atomen gesteuert und dient der Wissenschaft zur Messung von Zeitintervallen mit extremer Genauigkeit.

Siehe auch

Elektronik
Mineralien und Steine
Zeit

Ukraine

Vulkan | Berg | Historische Stätte | Hauptstadt | Großstadt | Stadt

Die Karpaten bilden die Westgrenze der Ukraine. Im Süden liegt das Schwarze Meer. Die Halbinsel Krim im Schwarzen Meer umschließt im Osten das Asowsche Meer. Die flachen Steppen der Ukraine werden vom Dnjepr zweigeteilt, der ins Schwarze Meer fließt.

INDUSTRIEZENTRUM
Die östliche Ukraine mit ihren reichen Eisen-, Kohle-, Erdgas- und Erdölvorkommen ist ein Hauptindustriezentrum. Große Eisen- und Stahlwerke beherrschen die Landschaft – die Ukraine ist einer der größten Stahlerzeuger der Welt. Ferner stellt sie Bergbau- und Transportgeräte, Lastwagen, Autos, Lokomotiven, Schiffe und Turbinen her.

DIE UKRAINE ist seit 1991, nach dem Zusammenbruch der Sowjetunion, eine unabhängige Republik. Das Land wird von hügeligen Grasländern mit fruchtbaren Böden beherrscht und von großen Flüssen wie Dnjepr, Donez und Bug durchquert. Das Klima ist das ganze Jahr warm, und die Sandstrände der Halbinsel Krim ziehen viele Touristen an, besonders aus Russland. Die Ukraine ist ein bedeutender Getreideerzeuger und wurde früher der »Brotkorb« der Sowjetunion genannt. Im Osten ist das Donezbecken reich an Kohle, Eisenerz, Mangan, Zink und Quecksilber. Hier befindet sich ein großes Industriezentrum. In der Sowjetära war die Ukraine ein Hauptwaffenproduzent – heute versucht man Waffenfabriken in Fabrikationsstätten für Konsumgüter umzuwandeln. 1986 sorgte ein Strahlungsleck im Kernkraftwerk Tschernobyl für den größten Atomunfall der Geschichte. Die Gebiete in der Umgebung des Kraftwerks sind noch immer großenteils verseucht, und ganze Städte sind verlassen, Tausende starben.

FAKTEN
Fläche: 603700 km^2
Einwohner: 47700000
Hauptstadt: Kiew
Sprachen: Ukrainisch, Russisch, Tatarisch
Religionen: orthodox, römisch-katholisch, protestantisch, jüdisch
Währung: Griwna
Haupterwerbszweige: Landwirtschaft, Bergbau
Hauptexportgüter: Kohle, Titan, Eisenerz, Manganerz, Stahl
Hauptimportgüter: Erdöl, Erdgas

KIEW
Kiew ist eine der ältesten Städte Osteuropas. Bereits 860 wurde es in einer Urkunde erwähnt.

Kiew

Die Hauptstadt der Ukraine liegt am Dnjepr, 952 km von der Mündung des Flusses ins Schwarze Meer entfernt. Kiew war im 9.–12. Jh. Hauptstadt eines Wikingerreiches. In der alten Oberstadt haben historische Gebäude den Zweiten Weltkrieg überstanden. Die aus dem 11. Jh. stammende Sophienkirche (links), die älteste russische Kirche, ist ein berühmtes Wahrzeichen des Glaubens der ukrainisch-orthodoxen Christen.

Siehe auch
Eisen und Stahl
Europa
Europa, Geschichte
Kernenergie
Sowjetunion

UMWELTSCHUTZ

DURCH SEINE LEBENSWEISE GREIFT DER MENSCH stark in die Umwelt ein. Doch nur wenn er Rücksicht auf Luft, Boden, Wasser, Tiere und Pflanzen nimmt, können er und seine Nachkommen auch in Zukunft überleben. Aus diesem Grund haben viele Staaten das Verschmutzen der Umwelt unter Strafe gestellt und Ämter, Behörden oder Ministerien eingerichtet, die sich darum kümmern, dass bestimmte Höchstwerte für die Umweltbelastung nicht überschritten werden. Um die Umwelt zu schützen, gibt es zwei Möglichkeiten: Entweder greift man so vorsichtig in den Kreislauf der Natur ein, dass es ökologisch und biologisch verträglich ist. Oder man versucht die Schäden durch eine Reihe von technischen Maßnahmen wie Filtersysteme oder Kläranlagen so gering wie möglich zu halten.

Die Nachtbeleuchtung von New York verbraucht viel Energie.

Anstatt die Wälder immer weiter abzuholzen, um Papier daraus zu gewinnen, kann man Altpapier recyclen, also vollständig wiederverwerten.

ERNEUERBARE ENERGIEN

Durch die Industrialisierung, den technischen Fortschritt und den modernen Verkehr nimmt der Energieverbrauch weltweit immer mehr zu. Vor allem die Erdölvorkommen, unsere wichtigste Enegiequelle, gehen bald zur Neige. Wenn der Verbrauch weiter so steigt, werden die bekannten Weltvorräte nur bis zum Jahr 2040 reichen. Um die Energieversorgung auch in Zukunft zu sichern, ohne dafür auf die gefährliche Atomenergie zurückgreifen zu müssen, beschäftigen sich Forschungsinstitute in aller Welt intensiv mit erneuerbaren Energien. Dazu gehört die Energiegewinnung aus Wasserkraft, das Nutzen von Sonnen-, Windenergie und Erdwärme, aber auch die Energiegewinnung aus nachwachsenden Rohstoffen wie Holz, Faser- und Ölpflanzen.

GROSSE UMWELTORGANISATIONEN

In den 60er- und 70er-Jahren des 20. Jahrhunderts begannen sich immer mehr Menschen Gedanken um die Umwelt zu machen. Zahlreiche unabhängige Umweltorganisationen wie der World Wildlife Fund (WWF, seit 1961, heute Worldwide Fund for Nature) oder die 1969 in San Francisco gegründeten Friends of the Earth entstanden. Weitere wichtige Organisationen sind heute der Bund für Umwelt- und Naturschutz Deutschland (BUND, seit 1975), die Schweizer Organisation Pro Natura (seit 1909) und das Österreichische Umweltbündnis Global 2000 (seit 1982). Wie die weltweit bekannte Organisation Greenpeace (seit 1971) setzen sich ihre Mitglieder z. B. für den Arten- und Klimaschutz ein sowie für den Erhalt der Regenwälder und kämpfen gegen Atomkraft, Gentechnik und Giftmülltransporte.

UMWELTSCHUTZPOLITIK

1972 veröffentlichte der Club of Rome, ein Zusammenschluss von Wirtschaftsführern und Wissenschaftlern, das Buch *Die Grenzen des Wachstums.* Darin stand, dass sich der Lebensstandard in den nächsten 50 bis 100 Jahren dramatisch verschlechtern würde, wenn die Weltbevölkerung weiterhin explodiert und so rücksichtslos mit Natur und Umwelt umgeht. Im selben Jahr wurde in Stockholm der erste UN-Umweltgipfel abgehalten, dem 1992 der Umweltgipfel in Rio de Janeiro folgte. Dort schuf man mit der so genannten Agenda 21 einen 800 Seiten dicken Leitfaden für eine nachhaltige Entwicklung und eine gerechtere Verteilung von Einkommen und Wohlstand. 2002 fand der nächste Umweltgipfel im südafrikanischen Johannesburg statt. Jedoch verpflichteten sich nur wenige der teilnehmenden 190 Staaten zu konkreten Maßnahmen.

Im ehemaligen Grenzgebiet zur DDR blieb die Natur 50 Jahre lang unberührt. Dieses »Grüne Band« versucht der BUND als zusammenhängende Naturregion zu erhalten.

NATURSCHUTZGEBIETE

Die Geschichte der Naturschutzgebiete reicht weit zurück. Im Jahr 1872 beschloss der US-Kongress den Yellowstone National Park zu gründen – ein Gebiet in den Rocky Mountains, das sich über 9000 km² erstreckt und für seine Geysire berühmt ist. Anfang des 20. Jahrhunderts hat man auch in Europa zahlreiche Naturschutzgebiete geschaffen. 1948 wurde die Internationale Union zum Schutz der Natur und der natürlichen Ressourcen gegründet (IUCN). Sie hat strenge Richtlinien für Naturschutzgebiete festgelegt. Von der IUCN werden als Nationalparks in Deutschland u.a. der Bayerische Wald, Berchtesgaden, die Halbinsel Jasmund, in Österreich die Parks Donau-Auen, Hohe Tauern, Kalkalpen, Neusiedler See und Nockberge, ferner im Unterengadin der Schweizerische Nationalpark anerkannt.

Siehe auch

ARTENSCHUTZ
GLOBALISIERUNG
UMWELTVERSCHMUTZUNG

UMWELTVERSCHMUTZUNG

AUSGELAUFENES ÖL, Autoabgase und Müll verschmutzen unsere Umwelt. Die Umweltverschmutzung kann unsere Gesundheit beeinträchtigen und Tieren sowie Pflanzen Schaden zufügen. Wir belasten die Umwelt mit chemischen Abfallstoffen aus Fabriken und Kraftwerken. Diese Stoffe sind die ungewollten Folgen des modernen Lebens. Die Umweltverschmutzung an sich ist nichts Neues – auch schon vor 100 Jahren stießen Fabriken giftige Rauchwolken aus. Heute jedoch gibt es viel mehr Fabriken und viel mehr andere Verschmutzungsquellen. Die Umweltverschmutzung betrifft Land, Luft und Wasser überall in der Welt, sogar in der Antarktis und am Mount Everest. Durch Abgase wird die Atmosphäre aufgeheizt und die Erde erwärmt sich. Wir können die Umwelt schützen, indem wir Abfall wiederverwerten und biologisch abbaubare Materialien verwenden.

PLÖTZLICHE VERSCHMUTZUNG
Neben der alltäglichen Verschmutzung gibt es plötzliche Verschmutzungen – z. B. wenn ein Tanker Öl verliert, das auf dem Meer einen Ölteppich bildet. Diese Art der Verschmutzung kann der Umwelt sehr stark schaden und viele Fische und Seevögel töten (oben).

ATMOSPHÄRISCHE VERSCHMUTZUNG
Ozon ist eine Sauerstoffverbindung in der Erdatmosphäre. Die Ozonschicht filtert schädliche ultraviolette Strahlen von der Sonne aus, die beim Menschen Hautkrebs verursachen. Diese Ozonschicht wird von Chemikalien zerstört, die man FCKWs (Fluorchlorkohlenwasserstoffe) nennt und die in Kühlschränken und Spraydosen vorkommen. Forscher haben über den Polen bereits Löcher in der Ozonschicht entdeckt.

SAURER REGEN
Autoabgase erzeugen Stickstoffoxide. Die in Kraftwerken verbrannte Kohle erzeugt Schwefeldioxid. Wenn sich diese beiden Stoffe mit dem Wasser in der Luft vermischen, werden sie zu Säuren und fallen als saurer Regen zu Boden. Saurer Regen schädigt Bäume, zerstört Mauern und tötet das Leben in Flüssen. Heute kann man das von Kraftwerken ausgestoßene Schwefeldioxid verringern, was allerdings sehr viel kostet.

Landwirte bringen Dünger aus und besprühen die Felder mit Mitteln, die vor Schädlingen und Unkraut schützen. Diese Chemikalien können jedoch Tiere schädigen, die sich vom Getreide ernähren.

Viele Fabriken stoßen als Nebenprodukte Chemikalien aus. Diese Chemikalien können Luft, Flüsse und Meere verschmutzen.

Schiffe verlieren Öl, was Meerestiere und -pflanzen schädigt.

Jeden Tag werfen wir Abfall weg – Bonbonpapiere, Tüten, Dosen, Flaschen und Zigarettenschachteln. Abfall ist hässlich, unhygienisch und feuergefährlich. Außerdem können Tiere sterben, wenn sie Abfall fressen.

STRASSENVERKEHR
Die Abgase von Autos, Lkws und Bussen enthalten Blei (das unser Nervensystem schädigen kann), Kohlenmonoxid, Kohlendioxid und Stickstoffoxide, die sauren Regen oder Smog verursachen können. Manche dieser Schadstoffe lassen sich durch so genannte Katalysatoren in den Auspuffanlagen der Autos reduzieren.

RECYCLING
Glas, Metall, Plastik und Papier lassen sich recyceln oder wiederverwerten. Dadurch werden natürliche Rohstoffe eingespart. Recycling verkleinert die Müllberge, vermindert die Luft- und die Wasserverschmutzung und hilft, Energie zu sparen. In jedem Ort stehen Container, in die man die Abfallstoffe getrennt einwerfen kann.

SCHUTTHALDEN

In vielen Teilen der Welt werden giftige Chemikalien und andere gefährliche Abfallprodukte gelagert. Diese Stoffe sickern in den Boden und ins Grundwasser, was der Natur großen Schaden zufügt. Oft werden Meere als Schutthalden missbraucht – so ist z. B. die Nordsee ernsthaft verschmutzt und der Lebensraum vieler Tiere ist bedroht.

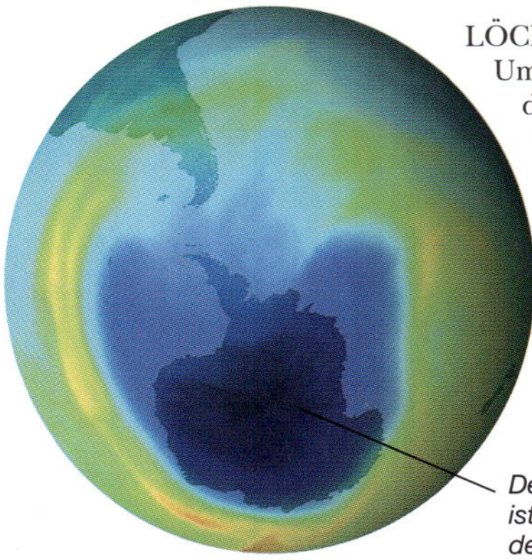

LÖCHER IN DER OZONSCHICHT

Um 1980 haben Wissenschaftler über dem Nord- und dem Südpol Löcher in der Ozonschicht festgestellt. Die vermutlich durch Luftschadstoffe wie FCKWs und Methan verursachten Löcher scheinen noch immer zu wachsen. Bereits 1987 unterzeichneten mehr als 30 Staaten das so genannte Montrealer Protokoll mit dem Ziel, die FCKW-Produktion zu reduzieren.

Der dunkle Bereich ist das Ozonloch über der Antarktis.

Ein Aerosol ist das Gemisch aus einem Wirkstoff und Treibgas.

Das Treibgas sorgt für einen hohen Druck innerhalb der Dose.

SCHÄDLICHE TREIBGASE

Am schädlichsten sind die Fluorchlorkohlenwasserstoffe (FCKWs), die viele Jahre als Treibgase in Sprühdosen benutzt wurden und heute noch vielfach in Kühlsystemen von Kühlschränken angewandt werden. Inzwischen werden FCKWs vielfach durch weniger schädliche Gase ersetzt.

SÄUBERUNGSARBEITEN

Verschmutzungen kann man mit neutralisierenden Chemikalien entgegentreten. Ausgelaufenes Öl lässt sich z. B. mit so genannten Detergenzien bekämpfen. Leider sind jedoch solche Chemikalien oft genau so gefährlich wie der ursprüngliche Schadstoff. Manchmal bleibt nichts anderes übrig als die Schadstoffe per Hand zu beseitigen.

Wenn möglich wird ausgelaufenes Öl mithilfe von Baggern entfernt.

Die Ölklumpen werden mit V-förmigen Schaufeln aufgehäuft.

ÖLBARRIERE

Rohöl ist ein besonders gefährlicher chemischer Schadstoff. Da Öl jedoch auf Wasser schwimmt, kann das von einem Tanker ausgelaufene Öl durch Barrieren zurückgehalten werden. Das Öl muss dann rasch entsorgt werden, damit es nicht verdickt und zu Boden sinkt. Ein Nachteil ist, dass Ölbarrieren nicht sturmsicher sind.

ENERGIESPAREN

Einen großen Anteil an der Umweltverschmutzung hat das Verbrennen von Brennstoffen in Kraftwerken und Kraftfahrzeugen. Man kann die Leistungsfähigkeit von Generatoren und Motoren erhöhen, damit sie weniger Brennstoffe benötigen. Auch wir können im Alltag Energie sparen, indem wir z. B. Stromsparlampen verwenden und weniger Auto fahren.

Energiesparlampen schonen die Umwelt – noch besser ist jedoch, das Licht ganz auszuschalten.

REGENWÄLDER

Seit 1945 ist weltweit mehr als die Hälfte der Regenwälder zerstört worden. Sie wurden abgeholzt, um Nutzholz zu gewinnen oder verbrannt, um neue Weide- und Anbauflächen zu erhalten. Beim Verbrennen entsteht Kohlendioxid, das zur globalen Erwärmung und damit zu einer Gefährdung der Umwelt beiträgt.

Siehe auch

ATMOSPHÄRE
ENERGIE
KLIMA
UMWELTSCHUTZ

Urknall

VOR ETWA 14 MRD. JAHREN explodierte das Weltall wie aus dem Nichts. Diese Theorie vom Urknall stellte erstmals der belgische Wissenschaftler Georges Lemaître (1894–1966) auf. Edwin Hubble (1889–1953) stützte diese Theorie, indem er erkannte, dass sich das Weltall ausdehnt. Wenn das stimmt, ist der ganze Weltraum aus einem winzigen, explodierenden Punkt entstanden. Wie aber war dieser Punkt beschaffen? Wissenschaftler bezeichnen ihn als »Singularität« – ein winziger, unendlich dichter Punkt, der einst die gesamte Materie des Weltalls enthielt. Einen solchen Körper können sich selbst Astronomen nur schwer vorstellen. Dieser Punkt hat sich innerhalb weniger Minuten nach dem Urknall zu einer riesigen Gaswolke ausgedehnt. Nach einigen Jahrmillionen haben sich daraus Galaxien, Sterne und Planeten entwickelt.

FRED HOYLE
Der Astronom Fred Hoyle (1915–2001) führte zwar die Bezeichnung »Urknall« in die Astronomie ein, glaubte selbst aber nicht an die Theorie.

ROTVERSCHIEBUNG
Das Licht bestimmter Sterne erscheint uns rötlicher, als es in Wirklichkeit ist. Dieses Phänomen ist eine Folge des »Doppler-Effekts« und zeigt, dass diese Sterne sich von uns entfernen. Auch weit entfernte Galaxien erscheinen uns rötlicher, weil sich das gesamte Weltall ausdehnt und die Lichtwellen der sich entfernenden Galaxien auf dem Weg zu uns gestreckt werden. Diese Erscheinung nennt man Rotverschiebung.

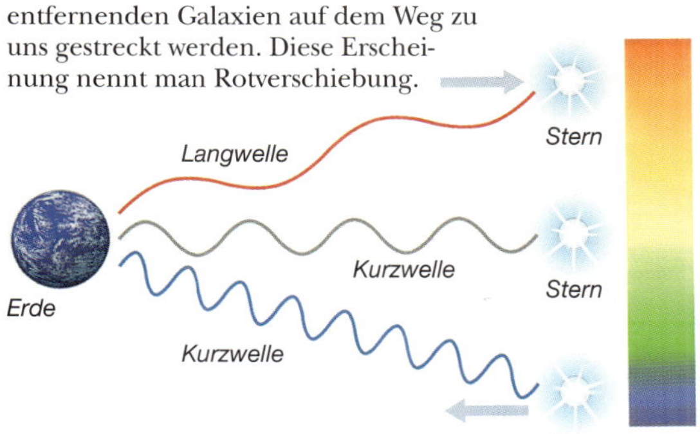

Wenn ein Stern sich entfernt, werden seine Lichtwellen gestreckt und verschieben sich in den roten Spektralbereich.

Bleibt ein Stern in gleicher Entfernung zur Erde, verändert sich die Wellenlänge des Lichts, das er aussendet, nicht.

Wenn sich ein Stern der Erde nähert, werden die Lichtwellen gestaucht und verschieben sich in den blauen Spektralbereich.

DOPPLER-EFFEKT
Christian Doppler (1803–1853) erkannte, dass Schallwellen gestaucht werden, wenn sich die Schallquelle nähert, und gedehnt werden, wenn sie sich entfernt. Dabei verändert sich die Tonhöhe des Schalls. Das gleiche gilt auch für die Lichtwellen ferner Sterne.

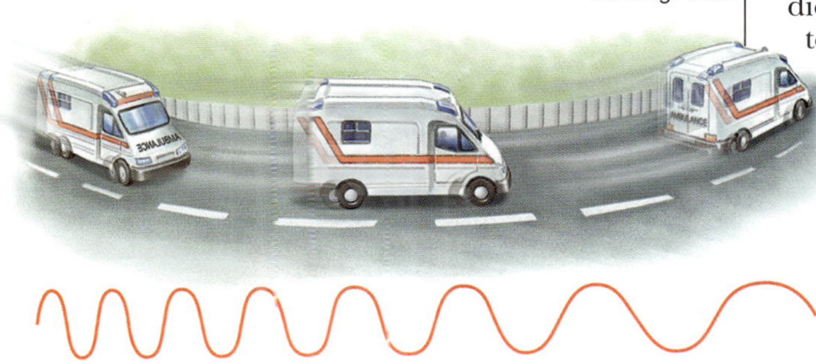

Wenn sich der Krankenwagen entfernt, werden die Schallwellen der Sirene gestreckt. Die Wellenlänge wird größer und der Ton klingt tiefer.

Wenn sich der Krankenwagen nähert, werden die Schallwellen der Sirene gestaucht. Die Wellenlänge wird kleiner, und der Ton klingt höher.

Ereigniskette

Bis zum Urknall war die gesamte Materie in einem unvorstellbar kleinen, dichten Punkt konzentriert. Dieser Punkt begann sich auszudehnen und abzukühlen. Dabei wurde Energie in kleine Teilchen umgewandelt. Nach vielen tausend Jahren ballten sich diese Teilchen zusammen und bildeten Wasserstoff- und Heliumatome, aus denen schließlich Galaxien und Sterne entstanden.

Siehe auch
ASTRONOMIE
PHYSIK
STERNE
WELTALL

Verdauung

MENSCHEN MÜSSEN ESSEN, um zu überleben. Nur wenn er Nahrung erhält, kann der Körper funktionieren, wachsen und sich regenerieren. Nahrung enthält Wasser und fünf lebenswichtige Stoffe: Eiweiß (Proteine), Kohlehydrate, Fette, Vitamine und Mineralien. Um die Nahrung verwerten zu können, muss der Körper sie verdauen und mit Sauerstoff vermischen. Das Verdauungssystem besteht aus mehreren Organen. Durch Mund und Speiseröhre gelangt die gekaute Nahrung in den Magen und von dort in den Zwölffingerdarm, in dem sie mit Verdauungssäften vermischt wird. Der Dünndarm nimmt die Nahrung dann auf und schiebt sie durch sich hindurch, indem er sich abwechselnd weitet und zusammenzieht. Kleine Nährstoffteilchen gehen durch seine Wände ins Blut über. Der Dickdarm zieht das Wasser aus der Nahrung und verwandelt die Abfallstoffe in Kot.

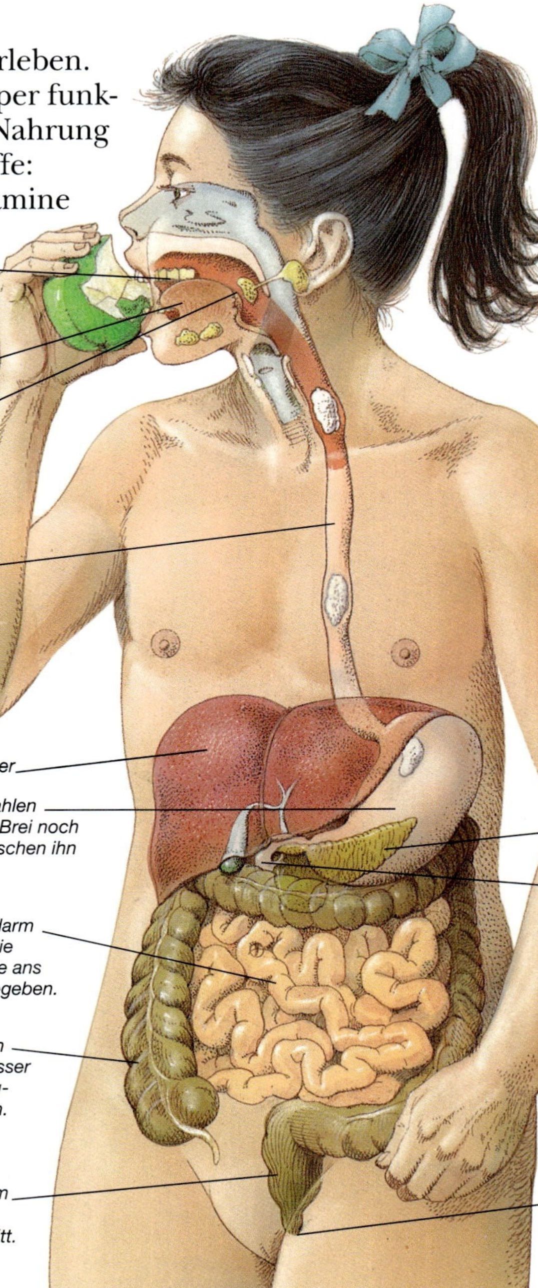

NAHRUNGSAUFNAHME
Durch das Schlucken gelangt die Nahrung in die Kehle. Der Kehldeckel legt sich über den Eingang der Luftröhre, damit die Nahrung nicht hineinfällt und die Atmung behindert.

LEBER
Die Leber ist die »Chemiefabrik« des Körpers. Sie wandelt verdaute Nährstoffe in Stoffe um, die vom Körper noch leichter aufgenommen werden können, z.B. in Glukose (Blutzucker), den »Treibstoff« der Muskeln.

DÜNNDARM
Der Dünndarm befindet sich im Bauch und ist sehr lang: ganze 6m. Seine innere Haut ist sehr faltig, damit sie möglichst viele Nährstoffe aufnehmen kann.

DICKDARM
Der Dickdarm ist viel kürzer als der Dünndarm, doch dreimal so breit: Sein Durchmesser beträgt bis zu 7cm.

VERDAUUNG
Die Verdauung beginnt im Mund. Hier zerkleinern die Zähne die Nahrung. Speichel befeuchtet den Brei, sodass er leicht zu schlucken ist. Die Muskeln in den Magenwänden zerquetschen den Brei noch stärker und mischen Säure ein. Im Zwölffingerdarm kommen Verdauungssäfte dazu. Die enthaltenen Nährstoffe sickern nun durch die Wände des Dünndarms in die darin verlaufenden Blutgefäße.

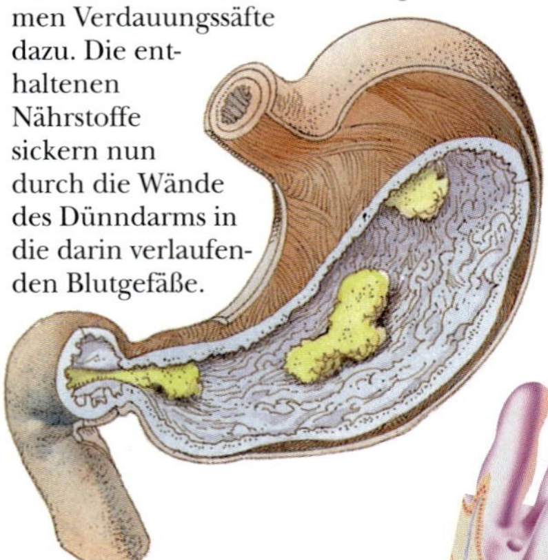

MAGEN
Der Magen ist wie ein Sack geformt. Innen ist eine Schicht Schleimhaut. In ihr liegen die Drüsen, die Säure produzieren.

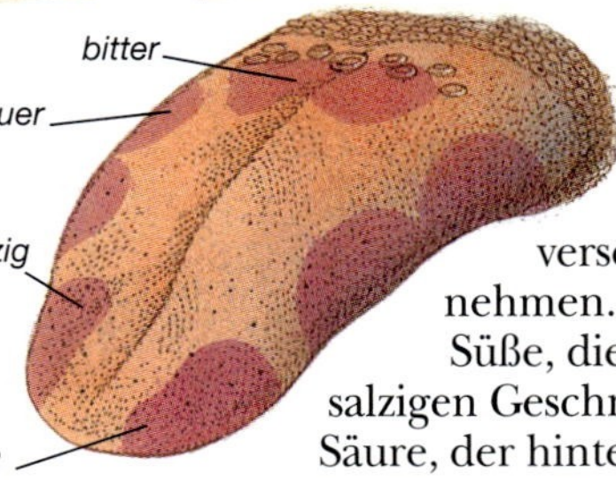

ZUNGE

Die Zunge ist ein beweglicher Muskel. Auf ihrer Oberfläche liegen die Geschmacksknospen, die verschiedene Geschmäcke wahrnehmen. Die Zungenspitze schmeckt Süße, die Zone hinter der Spitze den salzigen Geschmack. Die Seiten schmecken Säure, der hintere Teil bitteren Geschmack.

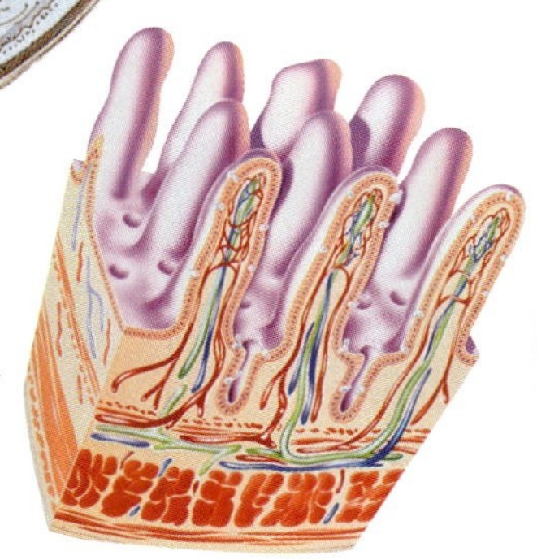

DARMZOTTEN
Die Falten der inneren Haut des Dünndarms sind mit Tausenden fingerförmigen Zäpfchen besetzt, den Darmzotten. Sie enthalten die Blutgefäße, die die Nährstoffe aufnehmen.

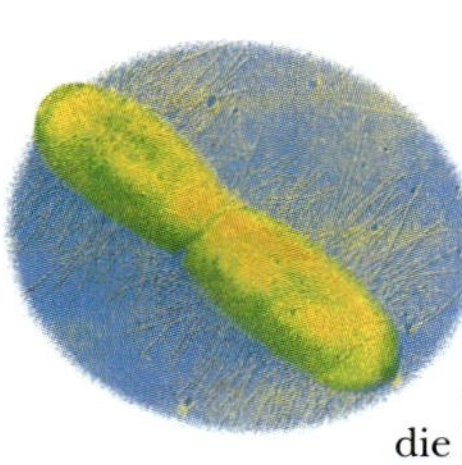

ENZYME
Die Verdauungssäfte enthalten Enzyme genannte Proteine. Sie lösen aus dem Speisebrei die Nährstoffe heraus.

Siehe auch
ERNÄHRUNG
GESUNDHEIT UND FITNESS
KÖRPER, MENSCHLICHER
MUSKELN

Vereinigte Staaten von Amerika

Die Flagge der USA zieren 50 gleich große Sterne für die 50 Staaten des Landes. Aber diese Staaten könnten nicht unterschiedlicher sein. Würde die Größe der Sterne für die Fläche der Staaten stehen, wäre der Stern für Alaska fast 500 mal größer als der Stern für den kleinsten Staat, Rhode Island. Ginge es nach der Bevölkerungszahl, dann hätte Alaska den kleinsten Stern, und der Stern für Kalifornien, das die meisten Einwohner hat, wäre 60 mal größer. Die Staaten unterscheiden sich auch in manch anderer Hinsicht: In den westlichen Staaten liegt das Gebirge der Rocky Mountains, das bis über 4400 m hoch ist; dagegen erstrecken sich in der Mitte des Landes flache Ebenen über Hunderte von Kilometern. In Barrow in Alaska, der nördlichsten Stadt, beträgt die Durchschnittstemperatur –13 °C, in Arizona wird es bis zu 57 °C heiß. Seit 1945 spielen die USA als mächtigste westliche Großmacht die führende Rolle in der Welt. In finanzieller, kultureller und politischer Hinsicht haben die USA großen Einfluss. Produkte »made in USA« gibt es in jedem Land. Entscheidungen amerikanischer Politiker wirken sich auf das Leben vieler Menschen auf der ganzen Welt aus.

Die USA bedecken einen Großteil des Kontinents Nordamerika: vom Atlantik bis zum Pazifik und von der mexikanischen Grenze bis Kanada. Die Gesamtfläche beträgt 9,37 Mio. km².

STAATS- UND BUNDESREGIERUNG
Die USA sind eine Demokratie mit einer geschriebenen Verfassung, die auch regelt, wie das Land regiert wird. Die Regierungen der Bundesstaaten haben Kompetenzen vor allem in den Bereichen, die direkt ihre Einwohner betreffen. Die Staaten hatten früher fast vollständige Selbstverwaltung, aber heute hat die Bundesregierung mehr Macht. Sie trifft Entscheidungen zur Außen-, Wirtschafts- und Verteidigungspolitik.

NASA

Die USA sind technologisch, besonders in der Weltraumforschung, die führende Nation. Die NASA (National Aeronautics and Space Administration) gibt jährlich Millionen Dollar für Satelliten und Raumschiffe aus. 1969 betrat Neil Armstrong, Kommandeur der *Apollo 11,* als erster Mensch den Mond. Einer der neueren Erfolge der NASA ist das Space Shuttle, ein wiederverwendbares Raumschiff.

Datenüberwachung in einem Space-Shuttle-Kontrollzentrum der NASA

New York City

An der Mündung des Hudson River an der Ostküste der USA liegt New York, die größte Stadt des Landes. Sie ist auch eine der ältesten Städte. New York wurde um 1620 gegründet und hat heute 8 Mio. Einwohner. Die Stadt ist das Finanzzentrum des Landes und beherbergt die Zentralen vieler großer Firmen und Dutzende von Theatern, Museen und Parks. Hohe Wolkenkratzer beherrschen Manhattan, das Stadtzentrum.

Manhattan, das Zentrum von New York, ist auf einer Felseninsel zwischen dem Hudson und dem East River erbaut.

HAWAII UND ALASKA

Hawaii, eine Inselgruppe im zentralen Nordpazifik, wurde 1959 der 50. Staat der USA. Auf Hawaii werden Ananas, Zucker und Kaffee angebaut. Als Erste besiedelten im 8. Jh. Polynesier die Inselgruppe, und noch heute leben hier viele Polynesier. Auch Alaska liegt außerhalb des Kerngebietes der USA und ist von ihm durch Kanada getrennt.

Der Sugar Train *auf der Hawaii-Insel Maui*

KALIFORNIEN

1848 wurde in Kalifornien Gold entdeckt, und viele Menschen eilten dorthin, um reich zu werden. Noch heute ist Kalifornien der Staat mit den meisten Einwohnern – fast 36 Mio. Menschen leben hier. In Kalifornien herrscht überwiegend mildes, sonniges Klima. Aus diesem Grund wird hier besonders viel Obst angebaut. Viele Orte sind zu Urlaubsorten geworden, die vom Tourismus leben. Auch moderne Industrien haben sich angesiedelt: Das Silicon Valley ist ein Zentrum für Computerfirmen.

Auf einige der 43 Hügel, auf denen San Francisco in Kalifornien erbaut ist, kann man noch heute mit den berühmten Kabelbahnen fahren.

DIE AMERIKANER

Die Indianer, die Ureinwohner Amerikas, sind heute nur ein kleiner Teil der Gesamtbevölkerung von 295 Mio. Menschen. Die meisten Amerikaner sind Nachkommen von Siedlern aus Übersee und sprechen Englisch. Ihre jeweiligen Kulturen haben sich vermischt und eine neue Form von Englisch hervorgebracht, die sich von der in England gesprochenen Sprache unterscheidet. Einige Gruppen, wie die Chinesen und Italiener, halten in kleinen Stadtvierteln ihre Traditionen und auch ihre Sprache am Leben.

BASEBALL

Das erste Baseballmatch fand im Jahr 1846 statt.

Der Grand Canyon ist eine der größten Touristenattraktionen – viele Besucher reiten auf Maultieren durch den Canyon.

HOLLYWOOD

Hollywood, ein Stadtteil von Los Angeles, wurde 1887 gegründet. Heute ist es das Zentrum der Filmindustrie der USA. Hier gibt es viele große Filmstudios, und Schauspieler und andere Prominente leben und arbeiten in der Nähe. Alle Touristen wollen die Stars sehen und das Wahrzeichen Hollywoods (rechts) in den Hollywood Hills fotografieren.

BLUES

Im 17., 18. und 19. Jh. wurden Tausende von Afrikanern als Sklaven nach Amerika gebracht. 1865 wurde die Sklaverei abgeschafft, und seither prägen schwarze Autoren, Künstler und Musiker die Kultur Amerikas. Die beliebte Musikform des Blues wurde von den Sklaven in den Südstaaten der USA geschaffen.

*Der berühmte Bluessänger B. B. King (*1925) hat mit seiner Gitarre* Lucille *auf Konzerten in aller Welt gespielt.*

GRAND CANYON

In den USA gibt es viele Naturwunder – der Grand Canyon in Arizona ist eines der eindrucksvollsten. Jahrtausendelang formte der Colorado River durch natürliche Erosion den Canyon, indem er das Felsgestein abtrug. Der Grand Canyon ist 347 km lang, bis zu 29 km breit und über 1800 m tief.

Siehe auch

INDIANER

REGIERUNGSFORMEN

REGIERUNGSSITZ

DISTRICT OF COLUMBIA
Fläche: 159 km²
Einwohner: 553 500
Hauptstadt: Washington

STAATEN, mit dem Datum der Aufnahme in die Union

ALABAMA 1819
Fläche: 133 906 km²
Einwohner: 4 530 200
Hauptstadt: Montgomery

ALASKA 1959
Fläche: 1 530 572 km²
Einwohner: 655 400
Hauptstadt: Juneau

ARIZONA 1912
Fläche: 295 237 km²
Einwohner: 5 743 800
Hauptstadt: Phoenix

ARKANSAS 1836
Fläche: 137 744 km²
Einwohner: 2 752 600
Hauptstadt: Little Rock

COLORADO 1876
Fläche: 269 575 km²
Einwohner: 4 601 400
Hauptstadt: Denver

CONNECTICUT 1788
Fläche: 12 996 km²
Einwohner: 3 503 600
Hauptstadt: Hartford

DELAWARE 1787
Fläche: 5296 km²
Einwohner: 830 400
Hauptstadt: Dover

FLORIDA 1845
Fläche: 151 928 km²
Einwohner: 17 397 200
Hauptstadt: Tallahassee

GEORGIA 1788
Fläche: 152 565 km²
Einwohner: 8 829 400
Hauptstadt: Atlanta

HAWAII 1959
Fläche: 16 759 km²
Einwohner: 1 262 800
Hauptstadt: Honolulu

IDAHO 1890
Fläche: 216 414 km²
Einwohner: 1 393 300
Hauptstadt: Boise

ILLINOIS 1818
Fläche: 145 922 km²
Einwohner: 12 713 600
Hauptstadt: Springfield

INDIANA 1816
Fläche: 93 712 km²
Einwohner: 6 237 600
Hauptstadt: Indianapolis

IOWA 1846
Fläche: 145 740 km²
Einwohner: 2 954 500
Hauptstadt: Des Moines

KALIFORNIEN 1850
Fläche: 411 017 km²
Einwohner: 35 893 800
Hauptstadt: Sacramento

KANSAS 1861
Fläche: 213 081 km²
Einwohner: 2 735 500
Hauptstadt: Topeka

KENTUCKY 1792
Fläche: 104 654 km²
Einwohner: 4 145 900
Hauptstadt: Frankfort

LOUISIANA 1812
Fläche: 123 678 km²
Einwohner: 4 515 800
Hauptstadt: Baton Rouge

MAINE 1820
Fläche: 86 150 km²
Einwohner: 1 317 300
Hauptstadt: Augusta

MARYLAND 1788
Fläche: 27 089 km²
Einwohner: 5 558 000
Hauptstadt: Annapolis

MASSACHUSETTS 1788
Fläche: 21 454 km²
Einwohner: 6 416 500
Hauptstadt: Boston

MICHIGAN 1837
Fläche: 151 573 km²
Einwohner: 10 112 600
Hauptstadt: Lansing

MINNESOTA 1858
Fläche: 218 584 km²
Einwohner: 5 101 000
Hauptstadt: St. Paul

MISSISSIPPI 1817
Fläche: 123 505 km²
Einwohner: 2 903 000
Hauptstadt: Jackson

MISSOURI 1821
Fläche: 180 501 km²
Einwohner: 5 754 600
Hauptstadt: Jefferson City

MONTANA 1889
Fläche: 380 820 km²
Einwohner: 926 900
Hauptstadt: Helena

NEBRASKA 1867
Fläche: 200 334 km²
Einwohner: 1 747 200
Hauptstadt: Lincoln

NEVADA 1864
Fläche: 286 331 km²
Einwohner: 2 334 800
Hauptstadt: Carson City

NEW HAMPSHIRE 1788
Fläche: 24 031 km²
Einwohner: 1 299 500
Hauptstadt: Concord

NEW JERSEY 1787
Fläche: 20 167 km²
Einwohner: 8 698 900
Hauptstadt: Trenton

NEW MEXICO 1912
Fläche: 314 902 km²
Einwohner: 1 903 300
Hauptstadt: Santa Fe

NEW YORK 1788
Fläche: 127 180 km²
Einwohner: 19 227 000
Hauptstadt: Albany

NORTH CAROLINA 1789
Fläche: 136 402 km²
Einwohner: 8 541 200
Hauptstadt: Raleigh

NORTH DAKOTA 1889
Fläche: 183 104 km²
Einwohner: 634 400
Hauptstadt: Bismarck

OHIO 1803
Fläche: 107 036 km²
Einwohner : 11 459 000
Hauptstadt: Columbus

OKLAHOMA 1907
Fläche: 181 076 km²
Einwohner: 3 523 600
Hauptstadt: Oklahoma City

OREGON 1859
Fläche: 251 400 km²
Einwohner: 3 594 600
Hauptstadt: Salem

PENNSYLVANIA 1787
Fläche: 117 339 km²
Einwohner: 12 406 300
Hauptstadt: Harrisburg

RHODE ISLAND 1790
Fläche: 3139 km²
Einwohner: 1 080 600
Hauptstadt: Providence

SOUTH CAROLINA 1788
Fläche: 80 576 km²
Einwohner: 4 198 000
Hauptstadt: Columbia

SOUTH DAKOTA 1889
Fläche: 199 715 km²
Einwohner: 770 900
Hauptstadt: Pierre

TENNESSEE 1796
Fläche: 109 145 km²
Einwohner: 5 901 000
Hauptstadt: Nashville

TEXAS 1845
Fläche: 690 977 km²
Einwohner: 22 490 000
Hauptstadt: Austin

UTAH 1896
Fläche: 219 871 km²
Einwohner: 2 389 000
Hauptstadt: Salt Lake City

VERMONT 1791
Fläche: 24 898 km²
Einwohner: 621 400
Hauptstadt: Montpelier

VIRGINIA 1788
Fläche: 105 578 km²
Einwohner: 7 459 800
Hauptstadt: Richmond

WASHINGTON 1889
Fläche: 176 466 km²
Einwohner: 6 203 800
Hauptstadt: Olympia

WEST VIRGINIA 1863
Fläche: 62 756 km²
Einwohner: 1 815 400
Hauptstadt: Charleston

WISCONSIN 1848
Fläche: 145 425 km²
Einwohner: 5 509 000
Hauptstadt: Madison

WYOMING 1890
Fläche: 253 306 km²
Einwohner: 506 500
Hauptstadt: Cheyenne

Vulkan | Berg | Historische Stätte | Hauptstadt | Großstadt | Stadt

FAKTEN

Fläche: 9372610 km²
Einwohner: 295734000
Hauptstadt: Washington, DC
Sprachen: Englisch, Spanisch, Italienisch, Deutsch, Französisch, Polnisch, Chinesisch, Tagalog, Griechisch, Indisch, Koreanisch, Japanisch
Religionen: protestantisch, römisch-katholisch, jüdisch
Währung: US-Dollar
Haupterwerbszweige: Forschung, Fertigung, Landwirtschaft
Hauptexportgüter: Energie, Rohstoffe, Lebensmittel, Elektronik, Autos, Kohle
Hauptimportgüter: Erdöl

MITTLERER WESTEN

Die USA sind der weltgrößte Weizenexporteur und erzeugen 50 % des Getreides der Erde. Diese enorme Menge wird auf den offenen Ebenen des Mittleren Westens zwischen dem Mississippi und den Rocky Mountains angebaut. Der Getreideanbau ist stark mechanisiert – Riesenmaschinen bearbeiten die Hunderte von Hektar großen Felder. Die USA erzeugen auch ein Viertel der Orangen, ein Siebtel der Nüsse und die Hälfte der Sojabohnen weltweit.

Die schier endlosen Weizenfelder des Mittleren Westens

INDUSTRIE

Die meisten Industrien in den USA sind die größten und profitabelsten ihrer Art auf der Welt. Amerika hat reichlich Bodenschätze, Rohstoffe und Energiequellen. Die wirtschaftlich bedeutendsten Industrien sind Autoherstellung, Lebensmittelverarbeitung, Textilien und Bekleidung sowie die Computerindustrie. Das »Silicon Valley« in Kalifornien ist ein Weltzentrum für Mikroelektronik. New York ist die Finanzmetropole der USA; Washington hat eine bedeutende Raumfahrtindustrie.

GRENZE
Die Grenze zwischen Kanada und den USA ist die längste Landgrenze der Welt.

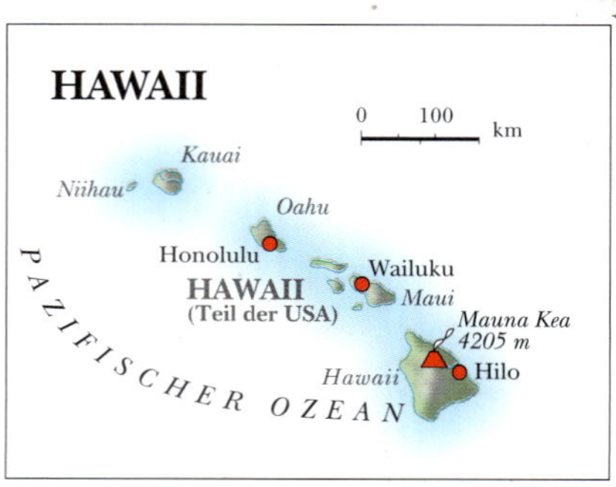

HAWAII
Hawaii liegt als einziger US-Bundesstaat nicht auf dem nordamerikanischen Festland. Die acht Hauptinseln der Gruppe liegen rund 3380 km südwestlich von San Francisco. Die Bevölkerung der Inselgruppe lebt zwar überwiegend auf der Insel Oahu, doch Hawaii selbst ist die größte Insel.

DISTRICT OF COLUMBIA
Als die Kongressmitglieder 1790 und 1791 per Gesetz die Hauptstadt der USA festlegten, wollten sie eine Rivalität zwischen den Staaten vermeiden. Als George Washington die Stätte für die Hauptstadt wählte, die seinen Namen trägt, wurde die Region zum eigenen Distrikt erhoben, District of Columbia (DC) genannt. Doch DC ist kein Staat – die Menschen dort nehmen zwar an den Kongresswahlen teil, aber ihr Delegierter im Repräsentantenhaus darf nicht abstimmen.

Vereinigte Staaten von Amerika
Geschichte

Heute sind die Vereinigten Staaten von Amerika das mächtigste Land der Erde. Doch noch vor 230 Jahren waren die USA ein junges und instabiles Land: ein schmaler Streifen an der Atlantikküste von Nordamerika, auf dem etwa 4 Mio. Menschen lebten. Jenseits davon lagen riesige Gebiete mit nicht erschlossenem Land. Im 19. Jh. verschoben amerikanische Siedler diese Grenze immer weiter nach Westen und kämpften gegen die Indianer um die Kontrolle über das Land. Gleichzeitig trafen Millionen von Einwanderern aus Europa an der Ostküste ein. Um 1900 produzierten die Farmen und Fabriken der USA mehr als jedes andere Land. Dank ihres Reichtums und ihrer Macht spielten die USA international fast immer eine bedeutende Rolle und wurden in zwei Weltkriege hineingezogen. Auch nach 1945 gehören die US-Amerikaner aufgrund des Systems des freien Unternehmertums, das schon die Gründer der USA inspirierte, zu den reichsten Völkern der Erde, und ihre Wirtschaft und Kultur beeinflussen die übrige Welt.

GRÜNDUNGSVÄTER
Ursprünglich bestanden die USA aus 13 Staaten mit jeweils eigenen Bräuchen und eigener Geschichte. 1787 entwarfen George Washington und andere führende Persönlichkeiten, auch Gründungsväter genannt, die Verfassung der Vereinigten Staaten, die eine starke zentrale Regierung festschreibt. Diese Verfassung, die auch die Rechte der Bundestaaten und ihrer Bürger schützt, ist seit 1789 in Kraft.

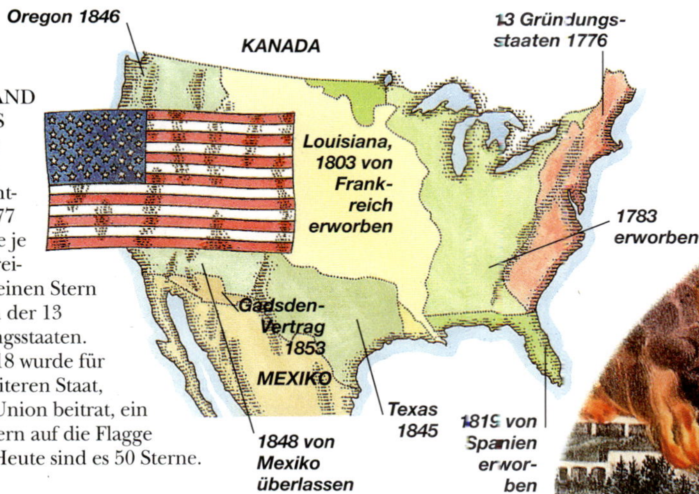

STARS AND STRIPES
Die erste offizielle Flagge entstand 1777 und hatte je einen Streifen und einen Stern für jeden der 13 Gründungsstaaten. Nach 1818 wurde für jeden weiteren Staat, der der Union beitrat, ein neuer Stern auf die Flagge gesetzt. Heute sind es 50 Sterne.

ENTWICKLUNG DER USA
Die 13 Gründungskolonien an der Ostküste wurden 1783 von Großbritannien unabhängig und erwarben alles Land im Westen bis zum Mississippi. 1803 wurde Louisiana von Frankreich erworben, und 1848 reichten die USA schließlich bis an den Pazifischen Ozean.

Niederlage des Südens
Der Bürgerkrieg stürzte 1865 den Süden in verheerende Armut. Der Hass und die Verbitterung, die der Krieg ausgelöst hatte, hielten noch viele Jahre an, da die Bundesregierung zeitweise die Südstaaten kontrollierte.

ENTWICKLUNG DER EISENBAHN
1860 gab es über 48 000 km Eisenbahngleise im Osten der USA, aber fast keine westlich des Mississippi. Am 10. Mai 1869 wurde die erste transkontinentale Eisenbahnlinie vollendet, die erstmals die beiden Küsten Amerikas miteinander verband. Aus diesem Anlass gab es eine Feier bei Promontory Point in Utah. Die Entwicklung des Eisenbahnnetzes trug zur Einigung des Landes bei.

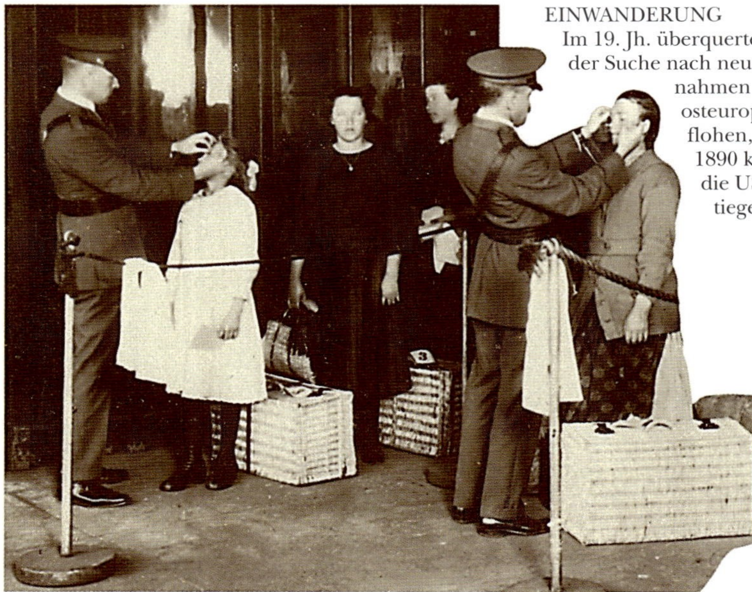

Einwanderer werden bei der Ankunft in den USA auf Ellis Island bei New York untersucht.

EINWANDERUNG

Im 19. Jh. überquerten viele Europäer den Atlantik auf der Suche nach neuen Chancen und Freiheiten. Die USA nahmen Iren, die dem Verhungern entgingen, osteuropäische Juden, die vor der Verfolgung flohen, und zahllose andere Menschen auf. 1890 kam eine halbe Mio. Einwanderer in die USA. So wurde das Land ein Schmelztiegel vieler Kulturen und Religionen.

INDUSTRIE

Die Rohstoffe der USA schienen den Industriellen des 19. Jhs. schier unerschöpflich. Hersteller wie Ransom Olds waren Pioniere in der Massenproduktion von Autos und vielen anderen Gütern. In den Olds Motor Works bewegten sich die Autos entlang einer Fertigungsstraße, an der Arbeiter in Abständen jeweils eine bestimmte Aufgabe bewältigten. Diese Technik beschleunigte die Montage, und Henry Ford und andere Hersteller übernahmen sie.

DIE USA IM KRIEG

Bevor die USA 1917 in den Ersten Weltkrieg eingriffen, hatten ihre Streitkräfte noch nie im Ausland gekämpft. Danach waren sie bemüht, sich aus weiteren Überseekonflikten herauszuhalten. Aber 1941 zog der Angriff Japans auf den Marinestützpunkt Pearl Harbor auf Hawaii die USA in den Zweiten Weltkrieg hinein. Seit 1945 waren die USA an mehreren Überseekriegen beteiligt, vor allem in Korea (1950–53) und in Vietnam (1961–73).

Das Iwo-Jima-Denkmal im Arlington National Cemetery erinnert an die US-Amerikaner, die im Zweiten Weltkrieg fielen. Marinesoldaten errichteten die Flagge auf der Pazifikinsel Iwo Jima. Viele US-Soldaten starben in der Schlacht um die Insel.

JOHN F. KENNEDY

1960 wurde John F. Kennedy (1917–63) als jüngster Präsident aller Zeiten gewählt. 1961 billigte er die Invasion des kommunistischen Kubas durch Exilkubaner. Die Invasion in der Schweinebucht war ein Desaster, und Kennedy wurde heftig kritisiert. 1962 stationierten die Sowjets Atomraketen auf der Insel. Eine Woche lang drohte ein Atomkrieg, aber Kennedy brachte nach langen Verhandlungen die Sowjets zum Abzug der Raketen und wendete den Krieg ab. Am 22. November 1963 wurde er bei einem Besuch in Dallas im US-Staat Texas nach genau 1000 Tagen im Amt unter bis heute nicht vollständig geklärten Umständen ermordet.

CHICAGO DAILY NEWS

PRESIDENT IS KILLED

Texas Sniper Escapes; Johnson Sworn In

Story Begins on Next Page

CHANCENGLEICHHEIT

Seit 1789 garantiert die US-Verfassung jedem Bürger gleiche Rechte. Tatsächlich werden sie vielen Minderheiten erst jetzt gewährt. Das Foto oben zeigt David Dinkins, den ersten schwarzen Bürgermeister von New York (1989–1993).

CHRONIK

1783 Die 13 Kolonien erlangen ihre Freiheit von Großbritannien.

1787 Entwurf der Verfassung.

1789 George Washington wird erster Präsident.

1790–1800 Die neue Hauptstadt Washington, DC, wird am Potomac erbaut.

1803 Der Kauf von Louisiana verdoppelt die Größe des Landes.

1845 Texas tritt der Union bei.

1848 Die USA besiegen Mexiko und erwerben Kalifornien und andere Gebiete.

1861–65 Bürgerkrieg beendet Sklaverei.

1869 Erste transkontinentale Eisenbahn fertig gestellt.

1917–18 Die USA greifen in den Ersten Weltkrieg ein.

1929 Wirtschaftskrise.

1941 Die USA greifen in den Zweiten Weltkrieg ein.

1963 Präsident Kennedy wird ermordet.

1969 Neil Armstrong betritt den Mond.

1987 Präsident Ronald Reagan unterzeichnet mit der UdSSR Abkommen über Vernichtung von Kernwaffen.

1991, 2003 Die USA führen Krieg gegen den Irak.

Siehe auch

ATOMZEITALTER
VEREINIGTE STAATEN VON AMERIKA

VEREINTE NATIONEN

NACH ENDE DES Zweiten Weltkriegs 1945 beschlossen die gegen Deutschland, Italien und Japan Krieg führenden Länder, dass es nie wieder einen solchen Krieg geben dürfe. Sie gründeten die Vereinten Nationen (United Nations, UN) mit dem Ziel, zukünftige Konflikte zu vermeiden, und schufen die UN-Charta. Heute gehören der UN 191 Mitgliedsstaaten an. Die UN hat sechs Hauptorgane: die Vollversammlung, den Sicherheitsrat, das Generalsekretariat, den Wirtschafts- und Sozialrat, den Treuhandrat sowie den Internationalen Gerichtshof. Jedes Organ befasst sich mit dem Weltfrieden und der sozialen Gerechtigkeit. Die UN umfasst auch Organisationen, die sich mit weltweiten Fragen wie Gesundheit befassen. Jeder Mitgliedsstaat der UN hat einen Sitz in der Vollversammlung; 15 Nationen sitzen im Sicherheitsrat. Die UN hat aber auch Probleme: Es herrscht oft Uneinigkeit zwischen den Mitgliedern, und es gibt finanzielle Schwierigkeiten.

VÖLKERBUND
Im Jahr 1919 gründeten die Siegermächte des Ersten Weltkriegs den Völkerbund, der Frieden sichern sollte. Doch 1935 konnte der Völkerbund nicht verhindern, dass Italien Äthiopien angriff. Die Aufgaben des Völkerbunds gingen 1946 auf die Vereinten Nationen über. Hier sieht man den äthiopischen Kaiser Haile Selassie bei einer Rede (oben).

VEREINTE NATIONEN
Im Hauptquartier der UN in New York treten die Vollversammlung und der Sicherheitsrat sowie viele besondere Ausschüsse der Organisation zusammen. Politiker aller Mitgliedsstaaten der UN kommen nach New York, um vor der UN Reden zu halten. Hier versucht man auch, internationale Konflikte zu lösen.

SICHERHEITSRAT

Aufgabe des Sicherheitsrats ist die Sicherung des Friedens. Er untersucht alle Vorfälle, die zu einem Krieg führen könnten. Der Rat hat fünf ständige Mitglieder – Großbritannien, die USA, Russland, Frankreich und China – sowie zehn Mitglieder, die für zwei Jahre gewählt werden.

SYMBOL DER UN
Das Symbol der Vereinten Nationen (oben) besteht aus einer Weltkarte, umgeben von Olivenzweigen – dem Symbol für Frieden.

FRIEDENSERHALTUNG
Die UN wird manchmal aufgerufen, eine Frieden erhaltende Truppe in ein Land zu entsenden, um einen Krieg zu verhindern. Im Jahr 1989 wurde eine UN-Truppe nach Namibia im südlichen Afrika entsandt, um die Wahlen zu überbewachen, die Namibia in die Unabhängigkeit führen sollten. In letzter Zeit wurden UN-Truppen nach Äthiopien entsandt, um den Friedensprozess mit dem Nachbarstaat Eritrea zu überwachen.

UNICEF

Das Internationale Kinderhilfswerk der UN (UNICEF) zählt zu den erfolgreichsten Organisationen der UN. UNICEF wurde ursprünglich gegründet, um den Kindern nach dem Zweiten Weltkrieg zu helfen. Heute setzt sie sich für die Bildung und Gesundheit der Kinder in aller Welt ein, vor allem in Ländern, in denen Krieg oder Hunger herrscht. Die meiste Arbeit ist in den armen Ländern Afrikas und Asiens zu leisten.

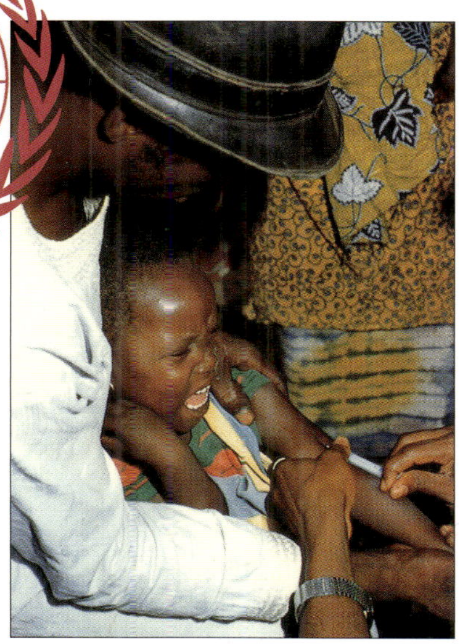

Kinder in unterentwickelten Ländern können dank der UNICEF gegen Krankheiten geimpft werden.

Siehe auch

REGIERUNGSFORMEN
WELTKRIEG, ERSTER
WELTKRIEG, ZWEITER

Vögel

IM TIERREICH SIND VÖGEL die einzigen Geschöpfe, die Federn haben. Ebenso wie die Säugetiere sind Vögel warmblütig. In aller Welt leben ungefähr 9800 bekannte Vogelarten. Zu ihnen zählen für uns sehr exotische Vögel wie Papageien, Singvögel wie Rotkehlchen und Drosseln, Wasservögel wie Enten, Meeresvögel wie Papageientaucher und Pinguine, und viele mehr. Der Körperbau der meisten Vögel ist an das Fliegen angepasst: Die Brustmuskeln sind kräftig genug, um die Flügel zu bewegen, und die Knochen sind leicht. Auch die Federn sind leicht und halten den Körper dennoch warm. Die Schwungfedern der Flügel sind so angeordnet, dass sie eine glatte, luftdichte Oberfläche bilden, die dem Vogel den Gleitflug ermöglicht. Die Schwanzfedern helfen dem Vogel, das Gleichgewicht zu halten und den Flug zu steuern. Es gibt allerdings auch flugunfähige Arten wie die Strauße, die Pinguine und den seltenen neuseeländischen Kakapo oder Eulenpapagei. Vögel haben keine Zähne, die sie zu schwer machen würden, sondern einen Schnabel. Die meisten Vögel können gut sehen – wie z. B. die Raubvögel – und hören, doch ihr Geruchssinn ist nur schwach entwickelt.

Buchfink-Männchen im Flug

Gefieder

Das Federkleid eines Vogels nennt man Gefieder. Bei manchen Arten, wie beim Spatz oder dem Zaunkönig, ist es braun und tarnt den Vogel gut. Andere Vögel dagegen haben leuchtend buntes Gefieder. Meist sind es die Männchen, die ein auffälliges Federkleid tragen, denn das erregt die Aufmerksamkeit der Weibchen. Die spezielle Musterung des Gefieders erleichtert es den Vögeln außerdem, ihren Schwarm zusammenzuhalten.

Skelett einer Taube

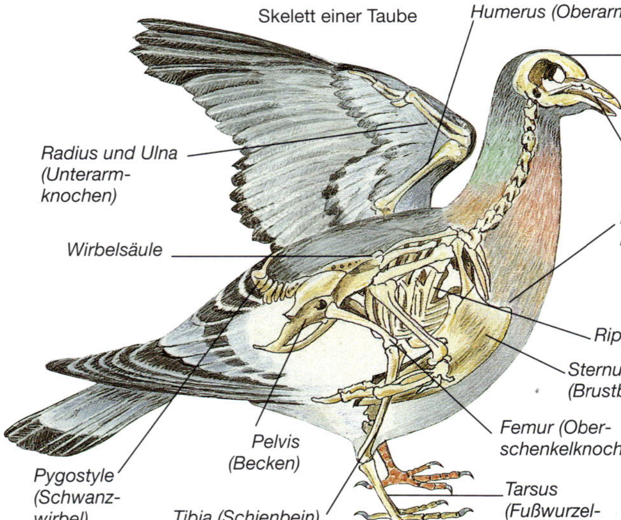

Innere Organe eines Stars

Die grössten und die kleinsten Vögel

Der Hummelkolibri ist mit 5 cm Länge (von der Schnabel- bis zur Schwanzspitze gemessen) der kleinste Vogel und auch der leichteste: Er wiegt kaum 2 g. Der größte aller Vögel ist der flugunfähige, über 2,5 m hohe Strauß.

Im Vergleich zu einem winzigen Kolibri sieht der Kopf des Straußes riesig aus.

Der Hummelkolibri ist so klein, dass er gut auf eine Handfläche passt.

Vogelknochen

Die meisten Knochen des Vogelskeletts sind hohl, um den Vogel leichter zu machen. Die Flügel werden von kräftigen Muskeln bewegt, die am Kielbein angewachsen sind.

Vogelorgane

Muskeln, Herz, Lunge und Verdauungssystem nehmen im Vogelkörper viel Platz ein. Vögel haben zwei Mägen: Im ersten, dem Kropf, wird Nahrung gesammelt, im zweiten, dem Muskelmagen, wird sie zu Brei zermahlen.

Brachvogel

Schnäbel

Der Schnabel besteht aus einer harten Substanz, dem Keratin, und ist für den Vogel wie ein Werkzeug, das er auf vielfältige Weise einsetzt: zum Fressen, zum Putzen, zum Nestbau und im Kampf gegen Fressfeinde und Rivalen. Die Form des Schnabels verrät, was der Vogel frisst. Gebogene Schnäbel eignen sich z. B. zum Zerreißen von Fleisch.

BRACHVOGELSCHNABEL
Langer dünner Schnabel, geeignet für das Bohren nach Würmern im Schlick.

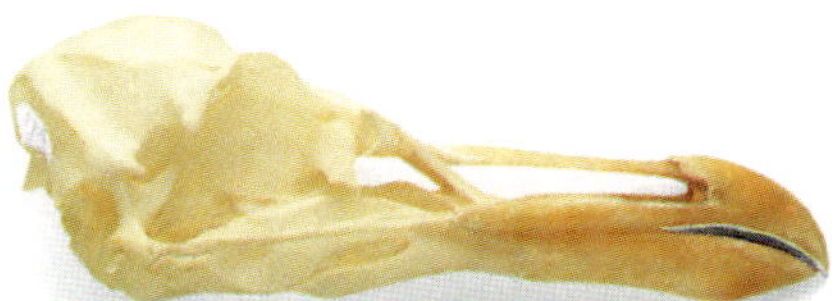

MÖWENSCHNABEL
Die vielseitige Form eignet sich zum Sondieren, Schneiden, Reißen und Halten.

PAPAGEIEN-SCHNABEL
Eignet sich zum Zerreißen von Früchten und Knacken von Samen und Nüssen.

ARASCHNABEL
Mit seinem großen kräftigen Schnabel knackt der Ara Samen und Nüsse. Aras und viele andere Papageienarten sind bedroht, weil die Regenwälder, in denen sie leben, zerstört werden.

Schwungfeder eines Ara

Federn

Die kleinen Kolibris haben weniger als 1000 Federn, die großen Schwäne dagegen über 25 000. Federn bestehen hauptsächlich aus Keratin – ebenso wie der Schnabel oder unsere Haare und Fingernägel. Jede Feder hat einen Schaft zu dessen beiden Seiten Strahlen sind, die durch Häkchen miteinander verbunden werden. Flugfedern sind groß und glatt, Daunen weich und flauschig.

Daunen eines Papageis

Pfauenfedern

Die bunten Flecken, »Augen« genannt, spielen bei der Balz eine wichtige Rolle.

Blaumeisenei

Harte Eierschale

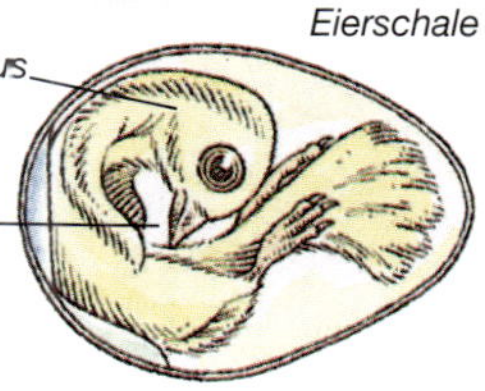

Nester und Eier

Vogelweibchen bringen keine Junge zur Welt, sondern legen hartschalige Eier; viele Arten brüten die Eier dann selbst aus. Im Inneren des Eies entwickelt sich der junge Vogel, der sich vom Eigelb ernährt. Nach einigen Wochen schlüpft das Küken aus der Schale. Manche Arten bauen, wie z. B. die Flamingos, Nester für ihre Eier. Andere, wie die Lummen, legen ihre Eier einfach auf Felsen oder anderem Untergrund ab. Kuckucke legen ihre Eier in die Nester anderer Vogelarten und lassen diese ihre Jungen aufziehen.

VERHALTEN DER VÖGEL

Tagsüber sind tagaktive Vögel damit beschäftigt, ihre Jungen zu versorgen, mit anderen Vögeln zu kommunizieren, zu fressen und sich zu putzen. Verhaltensmuster wie das Wandern im Herbst oder das Fressen sind angeboren. Es gibt tagaktive Vögel und nachtaktive, die nachts nach Futter suchen und tagsüber ruhen.

Blauer Paradiesvogel

BALZVERHALTEN
In der Balzzeit hängt sich das Männchen des Blauen Paradiesvogels kopfüber von einem Ast, um sein Gefieder zur Geltung zu bringen und ein Weibchen anzulocken. Bei anderen Arten kämpfen die Männchen um Reviere. Nur wer ein Revier hat, kann ein Weibchen für sich gewinnen.

Einen Tag alte Blaumeisen

Noch ungeöffnete Augen

JUNGVÖGEL
Die meisten frisch ausgeschlüpften Vogelbabys sind völlig hilflos und blind und haben noch keine Federn. Bis sie ausgewachsen sind, bleiben sie im Nest und werden von einem oder von beiden Elternteilen gefüttert, die dann oft täglich Dutzende Male hin und her fliegen müssen.

Siehe auch

EULEN
ENTEN, GÄNSE UND SCHWÄNE
GREIFVÖGEL
RABENVÖGEL
STRAUSSENVÖGEL
VÖGEL, SEEVÖGEL
VÖGEL, SINGVÖGEL

Vögel
Seevögel

Der Eissturmvogel hat röhrenförmige Nasenlöcher

Viele Vogelarten leben am und vom Meer und werden deshalb unter dem Begriff »Seevögel« zusammengefasst. Sie schwimmen auf den Wellen, überfliegen die Wasseroberfläche, tauchen oder waten am Ufer – immer auf der Suche nach Fischen und anderen Meeresbewohnern, von denen sie sich ernähren. Die meisten Seevögel haben Schwimmfüße, ein wasserabweisendes Gefieder und scharfe Schnäbel, mit denen sie die glatten Fische fest packen können. Zu den Seevögeln zählt man Krabbentaucher und Lummen, die ihre kleinen Flügel im Wasser wie Flossen einsetzen. Andere Seevögel, wie Albatrosse und Sturmvögel, haben lange schmale Flügel, mit denen sie hoch über dem Meer kreisen. Möwen und Raubmöwen sind Aasfresser, die so gut wie jedes Futter nehmen, angefangen von Tierkadavern bis hin zu den Eiern und Jungen anderer Vögel. Tölpel tauchen 30 m tief nach Fisch.

Wanderalbatros
Die meisten der 21 Albatrosarten leben südlich des Äquators. Von allen Vögeln haben sie die längsten Flügel: Ihre Spannweite beträgt über 3 m. Sie können stundenlang über dem Meer schweben, ohne die Flügel zu bewegen.

Die langen schmalen Albatrosflügel haben die richtige Form, um damit auf dem Wind zu gleiten.

Heringsmöwe
Die lauten und aggressiven Heringsmöwen leben in Europa, Nordamerika, Nordafrika und Asien. Sie folgen Fischerbooten und fressen deren Abfälle, plündern Müllkippen und picken nach dem Pflügen die Würmer aus dem Acker.

Basstölpel
Ein Basstölpel sammelt Gras für sein Nest und kehrt damit zu seiner Brutkolonie zurück. Manchmal nisten über 50 000 Tölpel zusammen auf einer Klippe.

Spitzer Schnabel für das Harpunieren von Fischen

Kolonien
Viele Seevögel ziehen ihre Jungen auf Klippen oder kleinen Inseln heran. Hier leben sie in der Nähe des Futters, und die Jungen sind auf den Felsvorsprüngen vor Fressfeinden sicher. In den Kolonien herrscht ohrenbetäubender Lärm. Hier nisten Dreizehenmöwen, Kormorane und Lummen. Zwischen den Nestern lassen die Vögel einen Sicherheitsabstand.

Kormorane, Dreizehenmöwen und Lummen teilen sich den Platz auf den Klippen.

Die Dreizehenmöwe baut ihr Nest aus Algen- und Pflanzenteilen, die mit Kot verklebt sind.

Lummeneier mit schmalen Spitzen

Eier
Lummen bauen keine Nester. Die Eier sind an einem Ende spitz, sodass sie nur im Kreis rollen und nicht vom Felsvorsprung fallen.

Papageitaucher

Papageitaucher
Der Papageitaucher kann in seinem leuchtend bunten Schnabel ein Dutzend Sandaale oder andere kleine Schwarmfische festhalten. Wenn der Schnabel voll ist, bringt er die Fische seinen Jungen.

Siehe auch

Tiere, Flug
Tiere, Meeresküste
Tiere, Wanderungen
Vögel

VÖGEL
SINGVÖGEL

DIE MEISTEN VÖGEL geben Laute von sich. Manche erzeugen lange, komplizierte Abfolgen von Pfiffen und Trillern, die für uns so melodisch klingen, dass wir diese Vögel Singvögel nennen. Es gibt über 5000 Arten von Singvögeln, deren gemeinsames Merkmal die Anzahl der Muskeln an der Syrinx ist, dem Lautäußerungsorgan. Singvögel sind oft klein und unscheinbar gefärbt und bleiben meist im Geäst der Bäume verborgen. In dunklen Wäldern ist eine weithin hörbare Stimme für die Kommunikation mit Artgenossen wichtiger als buntes Gefieder. Die Männchen singen gewöhnlich am schönsten. Durch ihren Gesang zeigen sie anderen Vögeln, wo ihr Revier liegt und locken auch Weibchen an. Jede Singvogelart hat ihren besonderen Gesang. Zu den bemerkenswertesten Sängern zählen der afrikanische Weißkehl-Rötel und die in Europa und Asien lebende Grasmücke.

CHOR IM MORGENGRAUEN
Sobald die Sonne aufgeht, wachen die Vögel auf. Zu diesem Zeitpunkt wie auch vor Sonnenuntergang singen viele Vögel. So zeigen sie ihren Nachbarn, dass sie die letzten Stunden überlebt haben und ihr Revier weiter besetzen.

SINGDROSSEL
Dieser Vogel singt laut und melodisch. Am liebsten lässt er sich dazu auf sehr hohen Plätzen nieder, z. B. auf Fernsehantennen und hohen Baumästen. Singdrosseln fressen u. a. Schnecken, deren Schale sie aufbrechen, indem sie sie auf Steine schleudern.

ROTKEHLCHEN
Wenn sich die Rotkehlchen im Frühjahr gepaart haben und ein Nest für ihre Jungen bauen, hält das schöne, traurig klingende Lied des Männchens Eindringlinge aus seinem Revier fern. Der Warnruf, ein scharfes *tic-tic-tic,* warnt andere Vögel vor Fressfeinden.

NACHTIGALL
Für viele Menschen ist die Nachtigall der Singvogel mit der schönsten Stimme. Seit jeher inspiriert die Nachtigall (rechts) Dichter und Musiker. Sie singt sowohl am Tag als auch nachts, doch nachts fällt ihr Lied stärker auf. Das Nest wird in niedrigem, dichtem Gestrüpp gebaut, sodass die Eier im Schatten der Zweige gut getarnt sind.

VOGELGESANG

Den Gesang von Vögeln kann man auf verschiedene Weise beschreiben. Mithilfe von Tonaufnahmen kann man lernen, die Sänger zu erkennen.

SAMTKOPF-GRASMÜCKE
Laute, schnelle Triller

NACHTIGALL
Glatte, fließende Töne

GOLDWALDSÄNGER
In Nord- und Mittelamerika ist der Goldwaldsänger in Parks und Obstgärten ein häufiger Gast. Sein Lied beginnt oft mit drei oder vier sanften *Whiet*-Rufen und endet mit einer raschen Folge hoher und tiefer Töne. Er ernährt sich von Raupen, Faltern, Käfern und Spinnen, die er von Blättern und aus Rinde pickt.

Siehe auch
TIERE
TIERE, FLUG
TIERE, WANDERUNGEN
VÖGEL

VULKANE

DAS LEBEN IN DER Nähe eines aktiven Vulkans birgt immer Gefahren in sich. Ein aktiver Vulkan kann ohne Vorwarnung ausbrechen: Rauch sowie heiße Asche quellen aus dem Gipfel des Vulkans, und glutflüssige Lava fließt die Hänge hinab und setzt alles auf ihrem Weg in Brand. Vulkane entstehen durch die Bewegung riesiger Gesteinsplatten, aus denen sich die Erdkruste zusammensetzt. Wenn die Platten zusammenstoßen oder auseinander driften, gelangt an der Plattengrenze geschmolzenes Gestein an die Erdoberfläche. Es gibt mehr als 500 aktive Vulkane auf der Erde. Die meisten liegen im so genannten Feuergürtel rund um den Pazifischen Ozean. Vulkane gibt es auch am Meeresboden, wo sie Unterwasserberge oder Inseln bilden, wie z. B. den Archipel von Hawaii.

Eine Wolke aus Asche und Gas steigt aus dem Krater empor.

Glühende Lava fließt den Vulkanhang hinab.

Die Erdkruste besteht aus verschiedenen Gesteinsschichten. In der großen Hitze im Erdinnern schmelzen die Gesteine.

Magma steigt durch den Hauptschlot und durch Nebenschlote empor. Wenn zähflüssige Lava den Hauptschlot verstopft, kann der Vulkan explodieren.

Tief im Untergrund befindet sich eine Magmakammer.

Schichten aus erstarrter Lava und Asche lassen den Berg wachsen.

VULKANAUSBRÜCHE

Ein Vulkan liegt über einer tiefen Kammer, die mit glutflüssigem Gestein, Magma genannt, gefüllt ist. Der Druck heißer Gase treibt das Magma an die Oberfläche. Das geschmolzene Gestein fließt durch eine Öffnung am Vulkangipfel aus. Hat es die Oberfläche erreicht, bezeichnet man es als Lava. Die Lavaschichten kühlen ab und erstarren. Dabei entsteht ein kegelförmiger Berg mit einem Schlot in der Mitte. Zwischen den Ausbrüchen bezeichnet man den Vulkan als ruhend. Wenn er nie mehr ausbricht, ist er erloschen.

MAGMA

Die Form eines Vulkans hängt vom Magma ab, das er hervorbringt. Dickes Magma führt zu einem steilen Kegel; dünnflüssiges Magma zu einem flachen, schildartigen Vulkan. Manche Vulkankegel bestehen nur aus Asche.

LAVA

Geschmolzenes Gestein, das die Erdoberfläche erreicht, nennt man Lava. Der Krater ist von einem brodelnden See aus glutflüssigem Gestein erfüllt, aus dem feurige Lavafontänen in die Höhe schießen. Aus dem Krater fließen glühende Lavaströme, die sich wie Flüsse aus Feuer den Vulkanhang hinabwälzen. Die Lava hat eine Temperatur von etwa 1100 °C – heiß genug, um Stahl zu schmelzen.

BIMSSTEIN

Lava, die viele Gasblasen enthält, erstarrt zu einem durchlöcherten Gestein, das man Bimsstein nennt. Die Löcher machen den Bimsstein sehr leicht. Bimsstein ist das einzige Gestein, das im Wasser schwimmt.

POMPEJI

Im Jahr 79 n. Chr. brach der Vesuv in Italien aus und begrub die Stadt Pompeji unter einer dicken Schicht aus heißer Asche. Archäologen haben Pompeji ausgegraben, und vieles ist noch gut erhalten. Die Leichen haben in der Asche Hohlräume hinterlassen. Dieser Abguss (unten) stammt aus einem solchen Hohlraum und zeigt die letzten Momente eines Opfers. Der Vesuv brach das letzte Mal 1944 aus. Er kann jederzeit wieder ausbrechen. Eine der größten Vulkankatastrophen ereignete sich 1883, als in Indonesien die Insel Krakatau explodierte.

GEYSIRE

Ein Strahl kochenden Wassers, das plötzlich aus dem Boden schießt, wird Geysir genannt. Heißes Gestein im Untergrund erhitzt das Wasser in einer unterirdischen Kammer, bis es kocht. Der Dampf drückt das Wasser an die Oberfläche. Wenn die Kammer wieder angefüllt ist und das Wasser kocht, bricht der Geysir erneut aus.

Siehe auch

ERDBEBEN
GEBIRGE
GEOLOGIE
KONTINENTE
MINERALIEN UND STEINE

WAFFEN

PRÄHISTORISCHE JÄGER entdeckten, dass sie ihre Beute mit einem Steinmesser rascher und sicherer als mit bloßen Händen töten konnten. Diese primitive Waffe wurde später zu Dolch und Schwert verfeinert. Beide gehören zur Gruppe der so genannten Seitenwaffen. Doch noch wirkungsvoller bei der Jagd waren Fernwaffen. Wenn sie Steine oder Speere warfen, konnten frühe Jäger wilde Tiere wie menschliche Feinde aus einer Entfernung von zehn Schritten oder mehr niederstrecken. Fernwaffen ließen sich leicht effizienter machen: Mit Schleudern oder Pfeil und Bogen konnten Jäger kleinere, fernere Ziele treffen. Seit diesen frühen Zeiten wurden Reichweite und Treffsicherheit von Waffen technisch erheblich verbessert. Die Erfindung des Schießpulvers ermöglichte vor sieben Jahrhunderten noch stärkere Waffen. Kugeln und Kanonenkugeln flogen schneller als jeder Pfeil. Musketen und Kanonen waren somit tödlicher als Bögen und beherrschten rasch das Schlachtfeld. Heutige Kernwaffen können eine ganze Stadt auf der anderen Seite der Erde in Sekunden zerstören.

Speere konnten geworfen oder zum Stechen benutzt werden.

Bumerangs kehren zum Werfer zurück, wenn sie ihr Ziel verfehlen.

Sogar einfache Bögen können Pfeile weit schießen.

Mittelalterlicher Dolch (um 1400)

Manche Streitäxte wurden geworfen.

Bolas, Schnüre mit Gewichten, wickeln sich um die Beine eines Tiers und bringen es zu Fall.

Starke Armbrüste waren tödlicher und präziser als einfache Bögen.

SCHWERTER

Mit Schwertern konnten Krieger Gegner aus größerem Abstand verletzen als mit Dolchen oder Messern. Die ersten Schwerter entstanden um 1500 v. Chr. aus Bronze. Später waren sie aus Eisen und Stahl. Es gab verschiedene Typen, zum Stoßen oder Hauen. Heute haben Pistolen Schwerter im Nahkampf abgelöst, aber das Schwert spielt noch immer eine Rolle: als Symbol der Macht, z. B. bei Militärzeremonien.

SAMURAI-DOLCH
Hochwertiger Stahl wurde für Samuraiwaffen wie diesen Dolch verwendet. Handwerker benötigten zur Herstellung viele Stunden.

BRONZEZEIT-SCHWERT
Schwerter, deren Klinge am Ende breiter wurde, waren effektivere Hiebwaffen. Der Griff dieses Bronzezeitschwerts war mit Leder umwickelt.

RAPIER
Um 1580 wurde ein neuartiges Schwert, das Rapier, erfunden. Es war eine lange und dünne Stoßwaffe.

Den besten Samuraischwertern schrieb man übernatürliche Kräfte zu. Sie bekamen Namen und gingen vom Vater auf den Sohn über.

SAMURAIKRIEGER

Schwertkampf und Bogenschießen waren die wichtigsten Fähigkeiten der Samuraikrieger Japans. Diese Krieger bildeten seit dem 12. Jh. Privatarmeen von Grundbesitzern. Sie wurden sehr mächtig, und der Shogun, der oberste aller Samuraikriegsherren, kontrollierte Japan in den nächsten sieben Jahrhunderten.

PFEILE
Ein guter Pfeil muss absolut gerade und biegsam sein und das richtige Gewicht haben. Die Form der Spitze hängt vom Verwendungszweck ab.

Pfeil und Bogen

Vor der Erfindung des Schießpulvers waren Pfeil und Bogen die stärkste Fernwaffe. Das federnde Holz des Bogens speicherte die Energie des Schützen, während er langsam die Sehne zog – beim Loslassen wurde die Energie freigesetzt, und der Pfeil flog weiter und genauer, als wenn er mit der Hand geworfen worden wäre. Über 10 000 Jahre alte Höhlenmalereien zeigen Jäger mit einfachen Bögen.

ARMBRUST
Die Armbrust war ein kurzer, kräftiger, auf einen hölzernen »Schaft« montierter Bogen. Manche Armbrüste waren so stark, dass die Sehne mit einer Winde gespannt werden musste. Ein Haken hielt die Sehne zurück, während der Schütze einen kurzen Pfeil, Bolzen genannt, lud und zielte. Mit einem Abzug wurde der Bolzen abgefeuert.

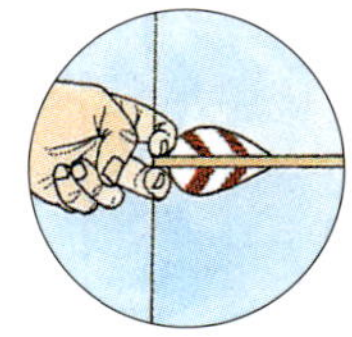

So hält der Schütze Sehne und Pfeil.

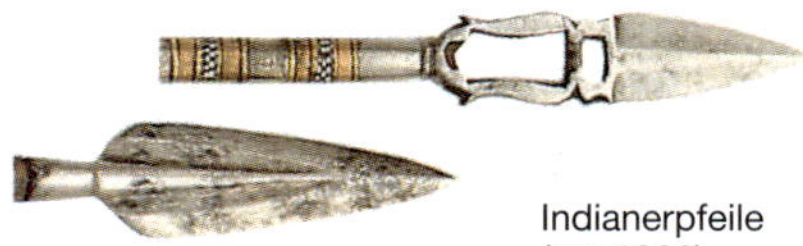

Indianerpfeile (um 1800)

KURZE UND LANGE BÖGEN
Frühe Bögen waren sehr kurz. Indianer benutzten etwa 1 m lange Bögen. Der starke englische Langbogen aus dem 14. bis 16. Jh. war so groß wie der Schütze.

Kanonen

Die Kanone ist eine große und schwere Schusswaffe und meist auf Rädern montiert. Das Entzünden der Schießpulverladung am geschlossenen Ende einer Kanone erzeugte eine mächtige Explosion. Das starke Rohr der Kanone lenkt die Explosion vorwärts und schleudert die Stein- oder Eisenkugel 1,5 km weit oder weiter. Später lösten Sprenggranaten einfache Kugeln ab.

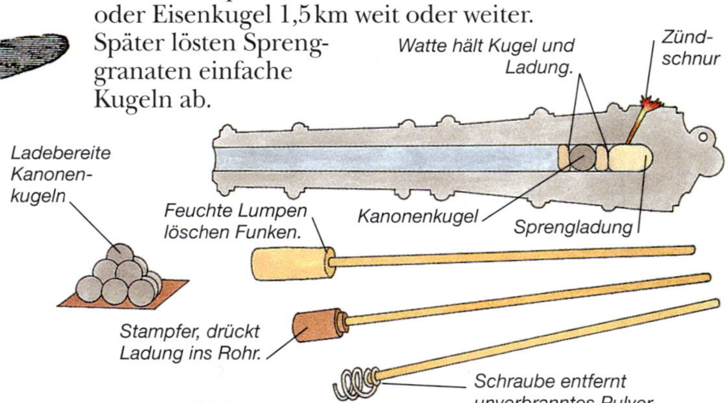

Moderne Waffen

Die Handgranate ist eine kleine Sprengbombe mit Zeitzünder, die auf den Feind geworfen wird. Moderne Soldaten haben auch Maschinenwaffen, die viele Geschosse rasch hintereinander ohne Nachladen abfeuern. Zu den ausgeklügelteren und stärkeren Waffen zählen heute Minen und Atomraketen.

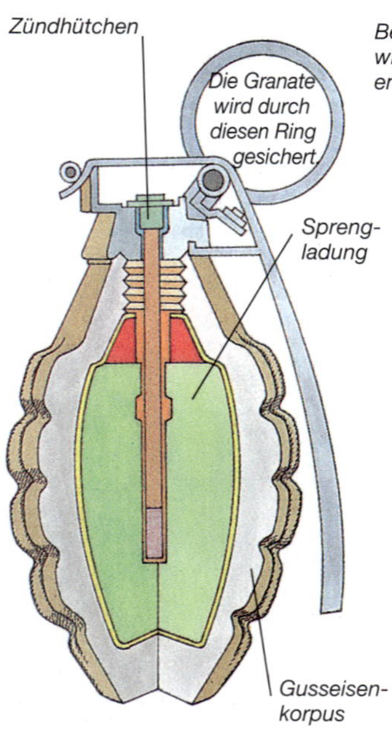

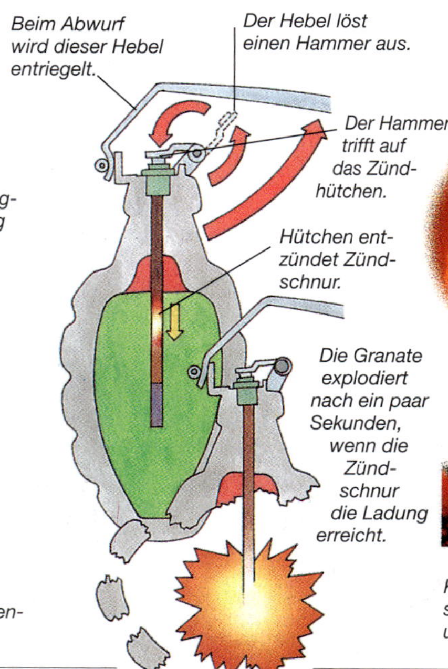

Kernwaffen erzeugen eine extrem starke Explosion, sengende Hitze und tödliche Kernstrahlung.

ATOMARE ABSCHRECKUNG
Eine einzige Kernwaffe kann die Bevölkerung einer ganzen Stadt töten – ein Atomkrieg könnte alles Leben auf der Erde vernichten. Manche Politiker sprechen von atomarer Abschreckung, weil die fürchterlichen Folgen eines Atomkriegs den Ausbruch eines Atomangriffs verhindern würden.

Siehe auch
ATOMZEITALTER
RAKETEN
RÜSTUNG

WALTIERE

ZEHN MILLIONEN JAHRE bevor die ersten Menschen auf der Erde erschienen, schwammen in den Meeren bereits Wale. Die Mitglieder der Ordnung der Waltiere zählen zu den intelligentesten Lebewesen, und die Blauwale, ihre größten Vertreter, sind gleichzeitig auch die größten heute lebenden Tiere. Delfine und Wale sind warmblütig, haben aber kein Fell. Eine dicke Fettschicht unter der Haut, auch Blubber genannt, isoliert ihren Körper. Man unterscheidet zwischen zwei Unterordnungen: den Zahnwalen und den Bartenwalen. Es gibt über 70 Arten von Zahnwalen. Die Großen Tümmler und die Orcas oder Schwertwale sind z.B. Zahnwale. Bartenwale sind u.a. der Buckelwal und der Blauwal. Statt Zähnen haben sie lange, feine Hornplatten (Barten), die dicht aneinander gereiht im Oberkiefer hängen und mit denen sie die kleinen Meerestiere aus dem Wasser filtern, von denen sie sich ernähren. Da alle Waltiere Luft atmen, müssen sie zum Atmen regelmäßig auftauchen. Waltiere schwimmen, indem sie ihren Schwanz auf und ab bewegen (während Fische den Schwanz von einer Seite auf die andere schwingen). Die Walbestände gingen durch Bejagung stark zurück, und 21 Arten gelten heute als bedroht. Sie werden nur noch in beschränktem Umfang gejagt.

GESELLIGE DELFINE
Eines der geselligsten Tiere ist der Delfin. Delfine leben in »Schulen« von bis zu 1000 Tieren. Sie sind schnelle Schwimmer und sehr verspielt. Deshalb schwimmen sie gerne in den Bugwellen von Schiffen.

BLAUWAL
Blauwale sind die größten bekannten Tiere überhaupt. Sie streifen durch alle Meere und werden bis zu 80 Jahre alt. Die Haut an der Kehle hat Furchen, die sich ausdehnen, wenn der Wal sein Maul mit Wasser füllt.

BLAUWALKALB
Ein neugeborener Blauwal wiegt ungefähr 2,7 t und ist 8 m lang. Er wird sieben Monate lang von der Mutter gesäugt. Dann ist er in der Lage, sich selbstständig mittels seiner Barten zu ernähren.

SCHWEINSWALE
Es gibt sechs Arten von Schweinswalen. Der Hafenschweinswal (links) wird oft in seichten Gewässern und in Häfen gesichtet.

GROSSER TÜMMLER
Der hoch intelligente Große Tümmler verhält sich Menschen gegenüber sehr sanft und freundlich.

ZÄHNE UND BARTEN

Zahnwale wie der Große Tümmler (oben) haben Dutzende scharfer Zähne, mit denen sie Fische und andere glatte Beutetiere gut festhalten können. Bartenwale wie der Grönlandwal (links) haben Barten. Diese sind wie die Zähne eines Kamms angeordnet und sieben Krill aus dem Wasser.

FORTPFLANZUNG

Die weiblichen Wale gebären ihre Jungen (»Kälber«) gewöhnlich in warmen Gewässern, weil das Neugeborene noch nicht über eine dicke Fettschicht verfügt. Die Weibchen der großen Walarten bringen jedes zweite Jahr ein Junges zur Welt.

MUTTERMILCH
Ein neugeborener Wal muss innerhalb weniger Minuten lernen, an der Oberfläche Luft zu atmen, sonst ertrinkt er. Um an den Zitzen der Mutter zu trinken, muss er tauchen. In den ersten Tagen lernt der kleine Wal das Auf- und Abtauchen.

Pottwal

Der Pottwal ist, soweit bekannt, das Säugetier, das am tiefsten tauchen kann. Er steigt bis in 1000 m Tiefe ab und verzichtet dabei über eine Stunde darauf zu atmen. Mit 15 m Länge ist er der größte Zahnwal. Auch seine Zähne sind gewaltig: Sie werden bis zu 25 cm lang! Pottwale ernähren sich von Tintenfischen und Tiefseefischen, die in der Nähe des Meeresbodens leben. In der Vergangenheit wurden sehr viele Pottwale getötet – wegen ihres Blubbers (Speck) und des Walrats (Öl), das vorne in ihrem Kopf ist. Deshalb gibt es heute nicht mehr viele von ihnen.

Das grösste Gehirn

Das Gehirn des Pottwals ist das größte der Tierwelt. Es wiegt über 9 kg!

Vorne im Kopf des Pottwals ist eine Höhlung, die Walrat enthält. Diese ölige Flüssigkeit ist beim Schwimmen und Tauchen von Bedeutung.

Im Unterkiefer sind bis zu 50 Zähne.

Der Blas

Nach einem Tauchgang kommen Wale an die Oberfläche, um warme feuchte Luft auszuatmen. Wenn sich diese Atemluft mit der kühlen Luft über dem Meer mischt, kondensiert das darin enthaltene Wasser, und man kann eine Dampfwolke sehen.

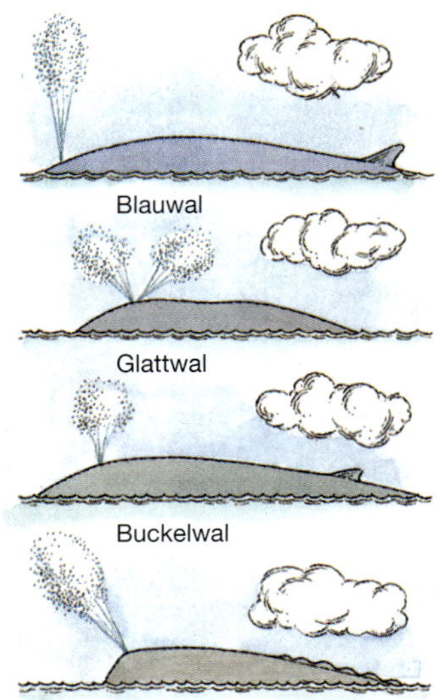

Walgesänge

Wale können viele verschiedene Geräusche erzeugen, die für uns wie Quietschen, Jaulen und Klagen klingen und die mehrere Kilometer weit hörbar sind. Jeder männliche Pottwal hat ein eigenes Lied, das über 35 Minuten lang ist und das er ständig wiederholt. Die Delfine einer Gruppe »sprechen« ständig miteinander.

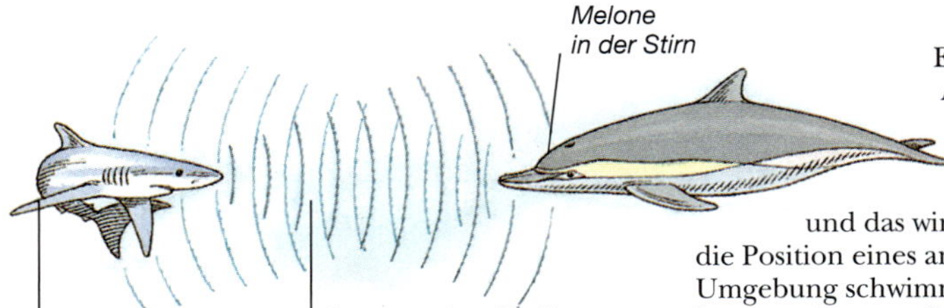

Melone in der Stirn

Hai wird vom Delfin erkannt.

Ausgesendete Klicklaute und zurückkehrendes Echo

Echoortung

Außer durch ihre Augen und ihr Gehör nehmen Delfine andere Tiere in ihrer Nähe auch durch ein besonderes Organ wahr, das in ihrer Stirn ist und das wir »Melone« nennen. Um die Größe und die Position eines anderen Tieres zu erfahren, das in seiner Umgebung schwimmt, stößt ein Delfin einen lauten Klicklaut aus, der vom Objekt abprallt und zu einem Echo wird.

Wanderungen

Viele Wale verbringen den Winter in warmen Gewässern und den Sommer in kalten Meeren und legen auf ihren Wanderungen große Entfernungen zurück. Weibliche Grauwale bringen jeweils im Winter ein Kalb vor der Küste Kaliforniens zur Welt. Dann schwimmen Mutter und Kind zum Beringmeer zurück.

Die Wale der Welt

Alle Wale und die meisten Delfinarten leben im Meer, fünf Delfinarten leben in Flüssen (Flussdelfine). Einige Walarten, wie Buckelwale und Schwertwale, leben in allen Meeren. Andere, wie der Narwal und der Beluga, bleiben im Nordpolarmeer.

Buckelwal: 16 m, 26 t

Gestrandet

Wale kommen gelegentlich der Küste zu nahe und stranden. Weil sie an Land wesentlich schwerer als im Wasser sind, erdrückt ihr Gewicht sie.

Schwertwal (Orca): 8 m, 3,5 t

Pazifischer Weißseitendelfin: 90 kg

Beluga: 1,5 t

Narwal: 1,5 t

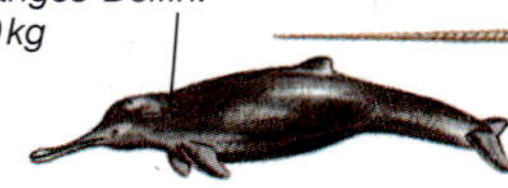

Ganges-Delfin: 90 kg

Das grösste Tier

Blauwale sind mit 30 m Körperlänge größer als es die größten Dinosaurier waren. Sie sind auch die schwersten Tiere aller Zeiten: Ein Blauwal wiegt 136 t – etwa so viel wie 2000 Menschen.

Tauchender Mensch: 1,80 m Körperlänge – Blauwal: 30 m Körperlänge

Siehe auch

Säugetiere
Tiere
Tiere, Meere
Tiere, Sinne
Tiere, Wanderungen

Weißglühender Stahl

WÄRME

WENN MAN IN DER SONNE STEHT, fühlt man Wärme. Auch wenn man schnell läuft, wird es einem warm. Die Wärme des Sonnenlichts kommt von der Hitze, die im Zentrum der Sonne entsteht. Auch der Körper produziert Wärme, die den Menschen am Leben hält. Wärme ist in vieler Hinsicht wichtig. Die Sonnenwärme bestimmt das Wetter, lässt Winde wehen und Regen fallen. Auch im Erdinneren ist es sehr heiß – diese Hitze ist für Vulkanausbrüche und Erdbeben verantwortlich. Motoren von Autos, Flugzeugen und anderen Transportmitteln setzen die Wärme aus dem Verbrennen von Brennstoffen in Bewegung um. Kraftwerke produzieren aus Wärme elektrischen Strom. Wärme ist eine Energieform. Alles, selbst das kälteste Objekt, enthält Wärme – ein kaltes Objekt weist einfach nur weniger Wärme auf als ein heißes Objekt. Alle Dinge bestehen aus winzigen Teilchen, den so genannten Molekülen. Wärmeenergie entsteht durch die Bewegung von Molekülen. In kalten Objekten bewegen sich die Moleküle langsam, in heißen Objekten dagegen schnell.

FESTSTOFFE, FLÜSSIGKEITEN UND GASE

Ein Stoff kann fest, flüssig oder gasförmig sein – das hängt von seiner Wärme ab. Eine Temperaturveränderung verändert auch den Zustand eines Stoffes. So wird z. B. flüssiges Wasser bei unter 0 °C (Gefrierpunkt) zu Eis und bei über 100 °C (Siedepunkt) zu gasförmigem Dampf.

SIEDEPUNKT

Der Siedepunkt bezeichnet die Temperatur, bei der eine Flüssigkeit in Gas übergeht. Unter dem Siedepunkt wird das Gas wieder flüssig. Der Siedepunkt von Wasser liegt bei 100 °C.

SCHMELZPUNKT

Bei Erhitzung schmilzt ein Feststoff und wird flüssig. Dazu ist eine bestimmte Temperatur nötig, die man als Schmelzpunkt bezeichnet. Bei Unterschreiten dieser Temperatur geht die Flüssigkeit wieder in einen Feststoff über. Der Schmelzpunkt von Wassereis liegt bei 0 °C.

Ein Feststoff, wie das Eis am Fenster, besteht aus Reihen von Molekülen, die nur vor- und rückwärts vibrieren können. Die Moleküle sind fest verbunden, daher sind Feststoffe hart und oft schwer formbar.

Ein Gas, z. B. Wasserdampf, hat frei bewegliche Moleküle, sodass sich das Gas ausbreiten kann.

Eine Flüssigkeit, z. B. Wasser, hat miteinander verbundene Moleküle. Die Moleküle sind aber beweglicher als in einem Feststoff, daher kann Flüssigkeit fließen.

Die so genannte Konvektion verteilt die Wärme in Gasen und Flüssigkeiten. So steigt z. B. die Luft über einer Heizung auf. Kalte Luft strömt nach, wird warm und steigt dann auch auf. Auf diese Weise bewegt sich ein kreisförmiger Luftstrom durch den Raum und erwärmt ihn.

Alle Objekte geben Wärmestrahlung ab, die sich durch die Luft und den Raum fortbewegt. Die Heizung eines Ofens kocht das Essen mit Wärmestrahlen. Die Wärmestrahlung ist jedoch etwas ganz anderes als z. B. die Kernstrahlung.

Auch feste Objekte können Wärme leiten. Metall ist ein sehr guter Wärmeleiter. So wird z. B. der Löffel in einer Tasse mit heißem Tee schnell selbst heiß. Andere Stoffe, wie Holz oder Plastik, sind keine guten Wärmeleiter. Daher nennt man sie Isolatoren und verwendet sie für Gegenstände, die nicht heiß werden sollen, z. B. für Pfannengriffe.

Eine Flüssigkeit geht schon bei einer Temperatur unter dem Siedepunkt langsam in Gas über. Dies bezeichnet man als Verdunstung. Der aus der Kaffeetasse aufsteigende Dampf ist verdunstetes Wasser.

WÄRMEENERGIE

Wärme ist eine von vielen Energieformen. Wärmequellen überführen eine andere Form von Energie in Wärmeenergie. So überführt z. B. ein brennendes Feuer die chemische Energie des Brennstoffes in Wärmeenergie.

Das Verdauungssystem eines Tieres oder eines Menschen überführt im Körper chemische Energie aus der Nahrung in Wärmeenergie.

INFRAROTSTRAHLEN

Wärmestrahlen werden auch als Infrarotstrahlen bezeichnet. Es sind unsichtbare Strahlen, die dem roten Licht ähnlich sind – daher die Bezeichnung Infrarot. Alle Objekte geben diese Strahlen ab. Heiße Objekte produzieren stärkere Infrarotstrahlen als kalte Objekte. Manche Elektroheizer haben gebogene Reflektoren, die Wärmestrahlen aussenden.

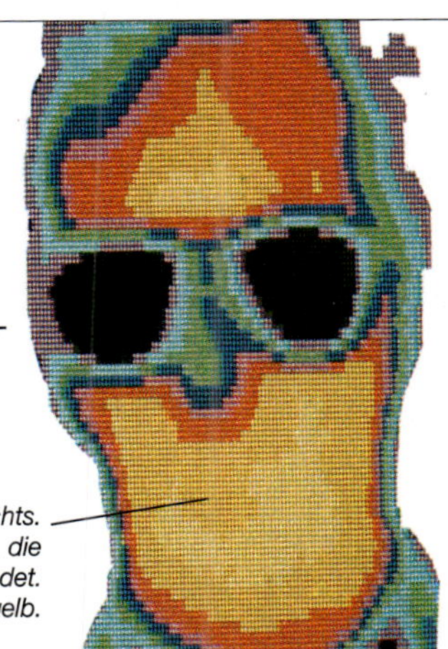

Thermogramm (Wärmebild) eines Gesichts. Es wurde von einer Spezialkamera aufgenommen, die Wärmestrahlen anstelle von Lichtstrahlen verwendet. In diesem Bild sind die wärmsten Stellen gelb.

TEMPERATUR

Die Temperatur ist das Maß für Wärme. Ein heißer Körper hat eine höhere Temperatur als ein kalter Körper. Extrem kalte Körper haben eine negative Temperatur: Ein Minuszeichen deutet darauf hin, dass die Temperatur unter dem Nullpunkt auf der Temperaturskala liegt.

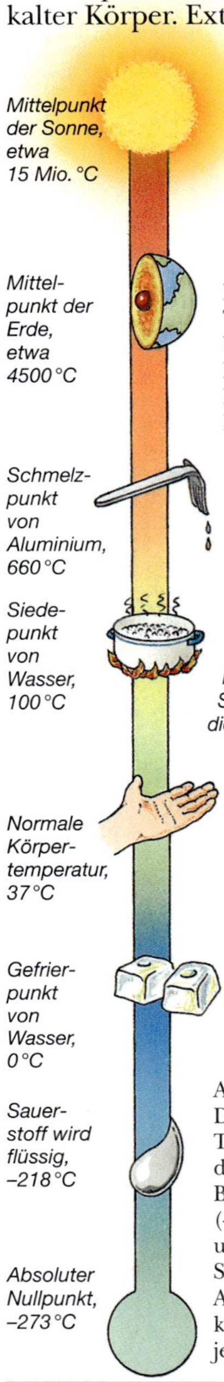

FAHRENHEIT

Temperaturangaben, die mit »F« bezeichnet sind, entsprechen der Fahrenheit-Skala. Nach der Fahrenheit-Skala friert Wasser bei 32 °F und kocht bei 212 °F. In manchen Ländern, darunter in den USA, wird die Fahrenheit-Skala anstelle der Celsius-Skala angewandt.

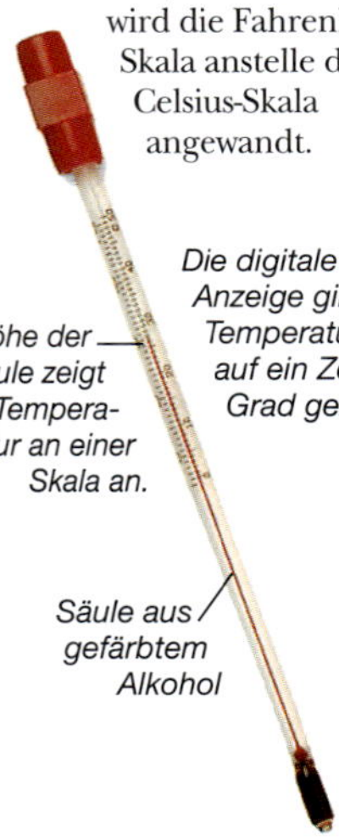

ABSOLUTER NULLPUNKT

Die niedrigste mögliche Temperatur nennt man den Absoluten Nullpunkt. Bei dieser Temperatur (–273 °C) sind alle Moleküle unbeweglich. Forscher haben Substanzen fast bis zum Absoluten Nullpunkt abgekühlt, die exakte Temperatur jedoch noch nie erreicht.

CELSIUS

Mit einem »C« gekennzeichnete Temperaturangaben entsprechen der Celsius-Skala. Nach dieser Skala friert Wasser bei 0 °C und kocht bei 100 °C. Die Celsius-Skala wird in den meisten Ländern der Welt angewandt.

AUSDEHNUNG UND ZUSAMMENZIEHUNG

Die meisten Dinge dehnen sich bei Erwärmung aus und ziehen sich beim Abkühlen wieder zusammen. Grund dafür ist, dass die Moleküle in einem Objekt durch Erwärmung größere und schnellere Bewegungen durchführen. Dabei nehmen die Moleküle mehr Raum ein, wodurch sich das Objekt ausdehnt. Die Golden Gate Bridge in San Francisco (USA) dehnt sich bei heißen Sommertemperaturen um etwa 0,9 m aus.

THERMOMETER

Ein Thermometer ist ein Instrument zur Temperaturmessung. Bei einem Digitalthermometer wird die Temperatur auf einer Anzeige in Ziffern dargestellt. Glasthermometer enthalten eine dünne Säule aus Quecksilber oder gefärbtem Alkohol, die sich bei steigender Temperatur im Thermometer ausdehnt.

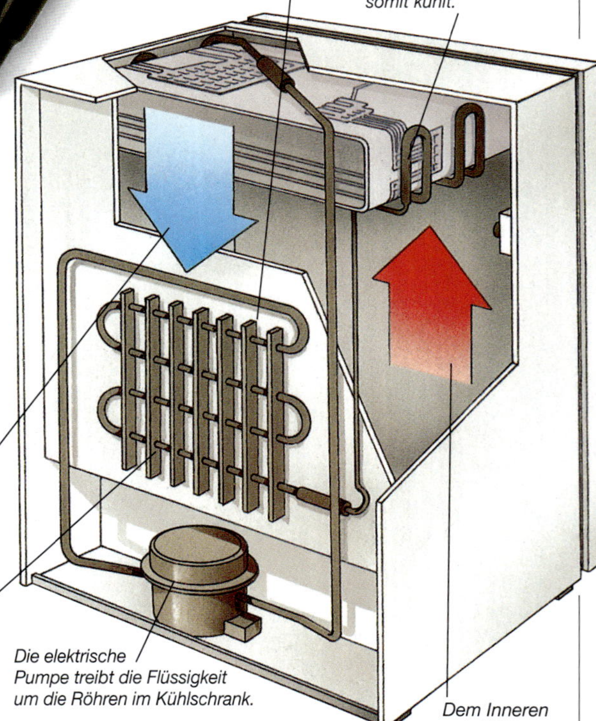

KÜHLSCHRANK

Wenn Flüssigkeiten verdunsten (sich also in Gas verwandeln), nehmen sie Wärme aus der Umgebung auf. In einem Kühlschrank fließt eine Kühlflüssigkeit, die abwechselnd verdunstet und kondensiert (wieder flüssig wird). Beim Verdunsten zieht die Flüssigkeit die Wärme aus dem Inneren des Kühlschranks ab.

ZITTERN UND SCHWITZEN

Der Körper eines Menschen hat eine Normaltemperatur von 37 °C. Er verhindert von selbst, dass er zu kalt oder zu warm wird. Das Schwitzen kühlt bei Wärme ab und das Zittern wärmt bei Kälte auf. Wenn der Körper abkühlt, stellen sich die Haare der Haut auf und halten dadurch eine Luftschicht fest, die den Wärmeverlust verringert.

Siehe auch

ATOME UND MOLEKÜLE
ERDE
FEUER
MOTOREN
SONNE
STERNE
VULKANE

WASSER

Die Oberflächenspannung hält Wassermoleküle zusammen, sodass sie kleine, fast kugelrunde Tropfen bilden können.

MEHR ALS 70 PROZENT der Erdoberfläche sind von Meeren und Seen bedeckt. Außerdem sind zehn Prozent des Festlandes von Wasser in Form von Eis bedeckt. Auf der Erde entsteht jedoch kaum neues Wasser. Das Regenwasser ist schon milliardenfach vom Himmel gefallen und wird noch milliardenfach weiter fallen. Das Regenwasser fließt vom Land zum Meer, verdunstet und fällt abermals zu Boden: Es ist ein endloser Kreislauf. Wasser ist für unseren Planeten und dessen Bewohner von größter Bedeutung. Alle Pflanzen und Tiere brauchen Wasser zum Leben. Das Leben selbst entwickelte sich in den Urmeeren der Erde. Meere und Flüsse formen das Land über Jahrtausende hinweg, bilden Steilküsten und schneiden tiefe Schluchten ins Land. Gletscher aus Eis schürfen breite Täler aus. Wasser ist auch für Haushalte, für die Landwirtschaft und für Fabriken unentbehrlich.

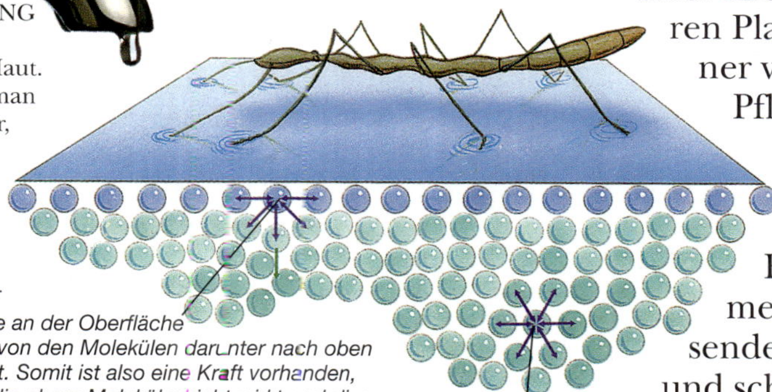

OBERFLÄCHENSPANNUNG
Die Oberfläche von Wasser erinnert an eine elastische Haut. Man kann dies sehen, wenn man Insekten, wie z. B. Wasserläufer, beobachtet: Ihre Beine berühren die Wasseroberfläche, ohne dabei einzutauchen. Diesen »Hauteffekt« nennt man Oberflächenspannung. Sie wird durch die gegenseitige Anziehungskraft der Wassermoleküle verursacht. Dank der Oberflächenspannung kann Wasser auch Tropfen bilden.

Moleküle an der Oberfläche werden von den Molekülen darunter nach oben gedrückt. Somit ist also eine Kraft vorhanden, die auf die obere Molekülschicht wirkt und diese wie ein elastisches Band unter Spannung hält.

Inmitten der Flüssigkeit ist jedes Wassermolekül von anderen umgeben, sodass sich deren Kräfte ausgleichen.

WASSER ZUM LEBEN
Alle Pflanzen und Tiere und somit auch der Mensch bestehen größtenteils aus Wasser; daher ist Wasser für sie lebensnotwendig. Der Körper eines Menschen besteht zu zwei Dritteln aus Wasser. Um das durch Urin, Schweiß und die Atemluft verlorene Wasser zu ersetzen, müssen wir jeden Tag Wasser trinken um gesund zu bleiben. Kaum jemand kann mehr als vier Tage ohne Wasser überleben.

EIS
Wasser friert, wenn die Temperatur unter 0 °C fällt. Wasser, das friert, dehnt sich aus. Im Winter platzen manchmal Wasserleitungen, wenn Wasser darin friert und sich ausdehnt.

ZUSTÄNDE VON WASSER

Reines Wasser besteht aus zwei Elementen: Wasserstoff und Sauerstoff. Jedes Wassermolekül setzt sich aus zwei Wasserstoffatomen und einem Sauerstoffatom zusammen. Wissenschaftler drücken dies durch die Formel H_2O aus. Wasser ist meist flüssig, kann aber auch fest oder gasförmig sein. Wenn es steht, verdunstet es langsam und bildet Wasserdampf. Bei Kälte geht es in Eis über und wird fest.

WASSER
Salzwasser kocht bei einer höheren Temperatur und friert bei einer tieferen Temperatur als Süßwasser. Im Winter wird daher Salz gestreut, um Glatteis zu verhindern.

WASSERDAMPF
Wasser kocht bei 100 °C. Bei dieser Temperatur verdunstet es so schnell, dass sich in der Flüssigkeit Blasen bilden. Wasserdampf ist unsichtbar. Dampfwolken bestehen nicht aus Wasserdampf, sondern aus winzigen Tröpfchen, die entstehen, wenn heißer Dampf auf kalte Luft trifft.

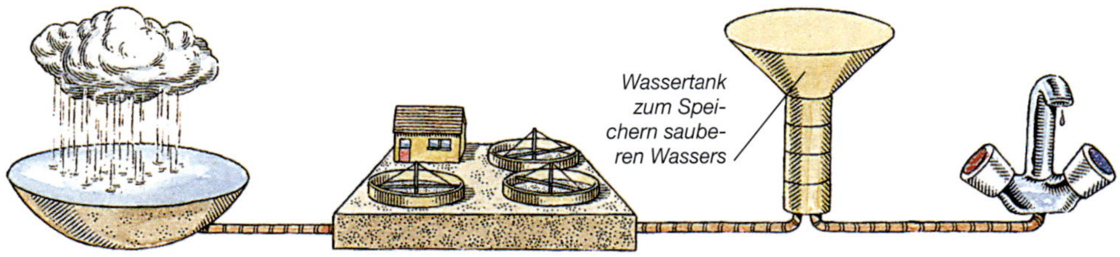

Wassertank zum Speichern sauberen Wassers

Wasser fällt als Regen und sammelt sich in Seen oder künstlichen Stauseen.

Im Wasserwerk wird das Wasser gesäubert.

Das aufbereitete Wasser wird in einen Hochbehälter gepumpt und steht zur Entnahme zur Verfügung.

Auf Wasser, das aus dem Hochbehälter kommt, lastet ein so hoher Druck, dass es aus dem Wasserhahn fließen kann.

WASSERAUFBEREITUNG

Wasser aus einem Stausee ist nicht zum Trinken geeignet. Es benötigt zunächst eine Aufbereitung, d.h. Keime und andere Schadstoffe müssen herausgeholt werden. Oft wird Chlorgas ins Wasser geleitet, das Bakterien und Viren abtötet. Zudem wird das Wasser in große Becken gefüllt, wo die Schmutzpartikel zu Boden sinken können. Mit Filtern aus Sand und Kies werden die restlichen Unreinheiten entfernt.

Wasser ist eine unbegrenzte Energiequelle – anders als die fossilen Brennstoffe Kohle und Gas.

WASSERKRAFT

Der Mensch nutzt Wasser schon seit mehr als 2000 Jahren als Energiequelle. Heute wird mit Wasser auch Strom gewonnen. Wasserkraftwerke sind meist am Fuß von Dämmen eingerichtet: Das Wasser eines hinter dem Damm aufgestauten Sees stürzt durch Rohre ins Tal und setzt Turbinen in Bewegung, die wiederum Strom erzeugende Generatoren antreiben. Wasserkraft erzeugt Energie, ohne begrenzte Rohstoffe zu verbrauchen.

Lösungen

Reines Wasser ist in der Natur selten anzutreffen, da Wasser andere Stoffe aufnimmt und Lösungen bildet – wie das Meerwasser, in dem viele Minerale gelöst sind, und das daher salzig ist. Wasserlösungen sind lebenswichtig. So besteht z.B. auch das Blutplasma zu 90 % aus Wasser.

Zucker ist wasserlöslich und bildet eine süße Zuckerlösung.

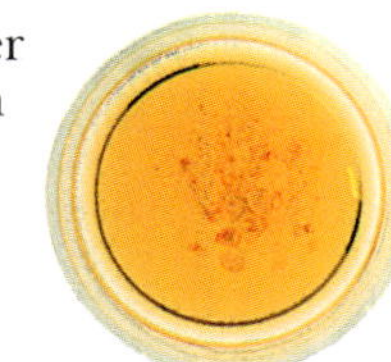

Wenn sich der Zucker ganz aufgelöst hat, ist er nicht mehr zu sehen.

Wenn man in eine Wassertonne drei gleich große Löcher übereinander bohrt, spritzt das Wasser aus dem untersten Loch am weitesten, da dort der Wasserdruck am höchsten ist.

Wasserdruck

Wasser fließt aus der Leitung, da es unter Druck steht. Entweder ist es in einem Hochbehälter gespeichert, oder der Druck wird von Pumpen ausgeübt, die das Wasser mit Kolben vorantreiben. Wasserdruck wird auch durch das Gewicht des Wassers selbst ausgeübt. Je tiefer das Wasser, desto höher ist der Druck. Wenn man in Wasser taucht, kann man den Wasserdruck in den Ohren spüren.

Feuerwehrmänner schließen die Schläuche an Löschfahrzeugen mit kräftigen Pumpen an. Die Pumpen erhöhen den Druck so stark, dass das Löschwasser in die Flammen gespritzt werden kann.

Verschmutzung und Dürre

In manchen Regionen, wie in Ostafrika, fällt zu wenig Regen, und es herrscht oft Dürre. Pflanzen können nicht wachsen, und Mensch und Tier kämpfen ums Überleben. Aber auch dort, wo es sehr viel regnet, ist es manchmal schwer, an frisches, sauberes Wasser zu kommen. Oft verseuchen Abfälle das Wasser und machen es ungenießbar.

Unter der Erdoberfläche gibt es große Grundwasservorräte. Bei einer Dürre schrumpfen diese und es kann Jahre dauern, bis sie sich wieder füllen.

Siehe auch

Elektrizität
Flüsse
Meere
Niederschlag
Seen
Wärme

WASSERSPORT

SCHWIMMEN, TAUCHEN, SURFEN – im Wasser herumzuspielen gehört in jedem Fall zu den angenehmsten und vergnüglichsten Arten sich fit zu halten. Menschen aller Altersgruppen haben Spaß am Wassersport: Sogar Babys lernen heute schwimmen. Und für ältere oder behinderte Menschen ist das Schwimmen eine sanfte, aber doch wirksame Form körperlicher Betätigung. Schon im Altertum wussten die Menschen – Ägypter, Griechen und dann die Römer – von der wohltuenden Wirkung des Schwimmens. Wettkämpfe gab es schon im 19. Jh., und auch bei den ersten Olympischen Spielen im Jahr 1896 gehörte Schwimmen als Disziplin dazu. Wie Schwimmer bleiben Surfer und Wasserskiläufer an der Wasseroberfläche. Taucher dagegen zieht es in die Tiefe. Mit ausreichend Sauerstoff können sie eine Stunde und länger unter Wasser bleiben. Beim Schnorcheln kann der Taucher, ausgerüstet mit nur einer Brille, Flossen und Schnorchel, bis zu 9 m tief tauchen.

Bei Wasserskiwettkämpfen gibt es drei Disziplinen: Slalom, Springen und Figurenlaufen.

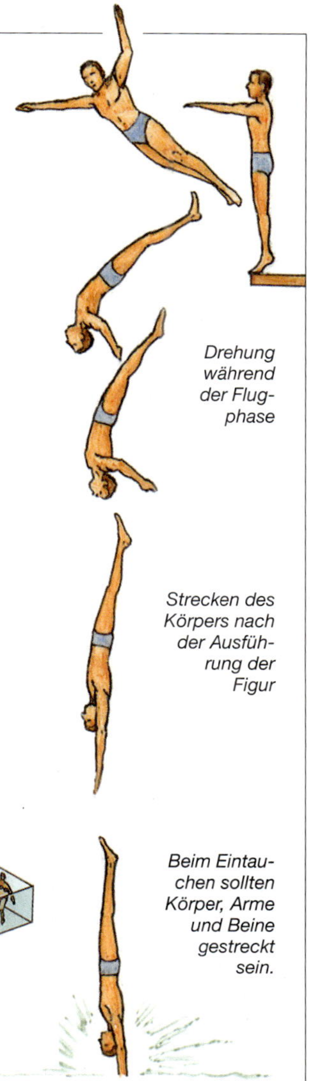

Drehung während der Flugphase

Strecken des Körpers nach der Ausführung der Figur

Beim Eintauchen sollten Körper, Arme und Beine gestreckt sein.

KUNST- UND TURMSPRINGEN
Bei Springwettbewerben vergeben Kampfrichter Punkte für mehrere Sprünge. Kompliziertere Figuren werden höher bewertet. Gesprungen wird vom Ein-Meter-Brett, vom Drei-Meter-Brett und von der Zehn-Meter-Plattform.

WASSERBALL
Beim Wasserball versuchen je sieben Spieler einer Mannschaft, den Ball ins gegnerische Tor zu werfen. Das Spielbecken misst 30 auf 20 m. Nur der Torwart darf den Ball mit beiden Händen halten.

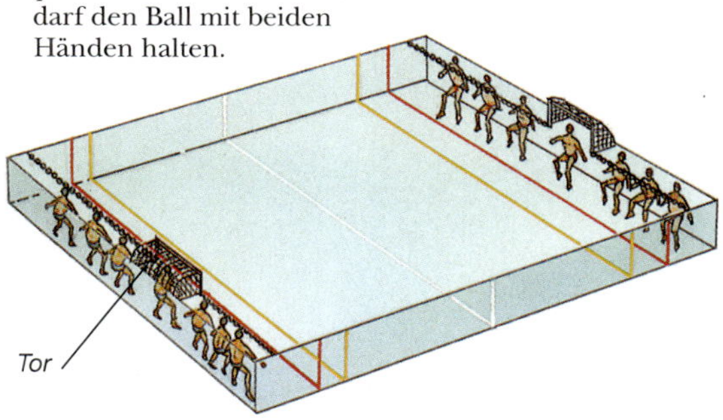

WASSERSKILAUFEN

Ein schnelles Motorboot zieht die Läufer an einem langen Seil hinter sich her. Dabei können die Läufer slalomartige Kurven fahren. Eine Rampe ermöglicht sogar Luftsprünge.

RAFTING
In einem Schlauchboot einen wilden Gebirgsfluss hinabzufahren, ist nicht ungefährlich und erfordert sehr viel Können. Die Boote bestehen aus einer dicken Gummiwand und sind extra breit gebaut, um nicht so schnell zu kentern.

Die Stellung des Segels bestimmt die Fahrtrichtung.

Der Surfer balanciert das Brett aus.

Der Surfer steht aufrecht auf dem Brett.

WINDSURFING

Windsurfen als Freizeitsport kam um 1960 auf. Seit 1984 ist es auch eine olympische Disziplin. Der Surfer hält die Balance, indem er sich am so genannten Gabelbaum festhält. Das Brett wird durch ein versenkbares Schwert, das ins Wasser hineinreicht, stabilisiert. Beim Surfen als Wettkampfdisziplin unterscheidet man zwischen Slalom, Wellenreiten, Kursrennen und Freistil.

Siehe auch

SCHWIMMEN
SEGELN UND RUDERN
SPORT
TIEFSEEFORSCHUNG

WELTALL

DER UNVORSTELLBAR WEITE RAUM, den wir als Weltall oder Universum bezeichnen, enthält alle Materie, die es gibt. Dazu zählen die Sonne, die Planeten, die Milchstraße und alle anderen Galaxien. Das Weltall dehnt sich immer weiter aus, wobei sich alle Teile voneinander entfernen. Wir können mit Fernrohren ins Weltall blicken und Licht, Radiowellen, Röntgenstrahlen und andere Strahlen messen, die zur Erde gelangen. Das von einem Stern ausgehende Licht bewegt sich fast 9,5 Billionen km pro Jahr fort (1 Lichtjahr). Das Licht eines Sterns, das wir auf der Erde sehen, war viele Jahre lang auf dem Weg zu uns. Heute geht man davon aus, dass das Universum vor etwa 14 Mrd. Jahren durch eine gewaltige Explosion entstand. Diese Vorstellung wird als Urknall-Theorie bezeichnet. Viele Wissenschaftler glauben, dass die sichtbare Materie nur 7 % des Universums ausmacht.

MILCHSTRASSE
Die Sonne ist einer von 100 Mrd. Sternen in der Milchstraße. Die Milchstraße ist eine Spiralgalaxie und hat Arme aus Sternen, die von einem kugelförmigen Zentrum nach außen gebogen sind. Ihr Durchmesser beträgt 100 000 Lichtjahre. Die Sonne ist 30 000 Lichtjahre vom Zentrum entfernt.

GALAXIEN

Galaxien sind Anhäufungen von Gas, Staub und Milliarden von Sternen. Es gibt drei Hauptarten – elliptische, unregelmäßige und spiralförmige Galaxien. Die meisten Galaxien sind elliptisch. Manche Galaxien sind unregelmäßig. Andere, wie die Milchstraße, sind Spiralgalaxien. Die meisten Galaxien gehören zu Galaxienhaufen, die oft Tausende von Galaxien aller drei Arten enthalten.

GALAXIENHAUFEN
Die meisten Galaxien gehören zu Gruppen, die als Haufen bezeichnet werden. Sie können tausende von Galaxien aller Arten umfassen. Die Galaxienhaufen wiederum bilden Supergalaxienhaufen. Zwischen den einzelnen Galaxienhaufen liegen weite, leere Räume, sodass man sich das Universum wie einen porösen Schwamm vorstellen kann.

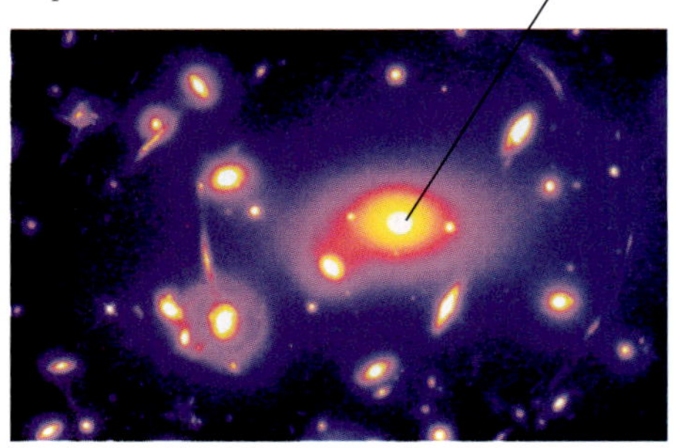

DAS UNSICHTBARE UNIVERSUM
Wenn Wissenschaftler die Masse eines Galaxienhaufens schätzen, ergibt sich ein viel höherer Wert, als die sichtbare Materie allein ausmachen würde. Der Rest, die unsichtbare Materie, wird dunkle Materie genannt. Niemand weiß, woraus sie besteht. Sichtbare Materie und dunkle Materie machen aber zusammen nur 30 % des Universums aus. Die verbleibenden 70 % bezeichnen die Wissenschaftler als dunkle Energie. Das ist eine Kraft, die der Schwerkaft entgegenwirkt und die Galaxien voneinander entfernt. Die dunkle Energie bewirkt, dass sich die Ausdehnung des Universums beschleunigt.

AUSDEHNUNG DES WELTALLS
Man kann sich gut vorstellen, wie sich das Weltall ausdehnt, wenn man mehrere Papierschnipsel auf einen Ballon klebt. Jeder Schnipsel soll dabei einen Galaxienhaufen darstellen. Wenn man den Ballon aufbläst, bewegen sich die Schnipsel auseinander. Auf die gleiche Weise bewegen sich auch die Galaxienhaufen von einander weg. Je weiter ein solcher Haufen von uns entfernt ist, desto schneller entfernt er sich von uns.

BLICK IN DIE VERGANGENHEIT

Durch ein Fernrohr sieht man Galaxien, die Millionen Lichtjahre entfernt sind. Man sieht jedoch nicht, wie sie heute aussehen, sondern wie sie aussahen, als sie das Licht aussandten, das wir heute sehen – wir blicken in die Vergangenheit.

Siehe auch
ERDE
FERNGLÄSER UND TELESKOPE
KOMETEN UND METEORE
LICHT
MOND
PLANETEN
SCHWARZE LÖCHER
SONNE
STERNE

ERSTER
WELTKRIEG

ZWISCHEN 1914 UND 1918 wütete ein schrecklicher Krieg in Europa. Man nennt ihn den Ersten Weltkrieg, da er fast jedes Land der Welt erfasste. Er brach aufgrund der Rivalität zwischen mehreren mächtigen europäischen Ländern aus, als das österreichisch-ungarische Kaiserreich Serbien den Krieg erklärte. Bald traten andere Länder in den Krieg ein. Sie bildeten zwei Gruppen: die Alliierten (Großbritannien, Frankreich, Italien, Russland und die USA) und die Mittelmächte (Deutschland, Österreich-Ungarn und die Türkei). Anfangs glaubte jeder, der Krieg wäre kurz und ruhmreich. Junge Männer meldeten sich freiwillig. Aber bald war klar, dass keine Armee stark genug war, um einen eindeutigen Sieg zu erringen. Tausende Soldaten starben für ein paar hundert Meter Bodengewinn. Am Ende hatte der »Krieg, der alle Kriege beenden« sollte, nichts bewirkt. Nach wenigen Jahren brach in Europa ein noch schlimmerer Krieg aus.

ERZHERZOG FERDINAND
Am 28. Juni 1914 erschoss ein serbischer Terrorist Franz Ferdinand, den Thronfolger von Österreich-Ungarn. Deutschland ermutigte Österreich, Serbien den Krieg zu erklären. Einen Monat nach dem Attentat begann der Erste Weltkrieg.

Grün = alliierte Länder, rosa = Mittelmächte, beige = neutrale Länder

DIE LÄNDER IM KRIEG
Fast 30 Länder waren in den Krieg verstrickt – mehr als je zuvor. Es gab Kämpfe im Nahen Osten, in Afrika und im Pazifik, doch überwiegend in Europa. Die Schützengräben der Westfront in Nordfrankreich reichten von der Schweiz bis zum Ärmelkanal. An der Ostfront standen Soldaten auf dem Gebiet des heutigen Polen. Gekämpft wurde zu Land, zur See und in der Luft.

DER ROTE BARON
Im Ersten Weltkrieg griffen erstmals Flugzeuge in die Kämpfe ein. Der Deutsche Manfred von Richthofen (der »Rote Baron«) wurde eines der ersten Flieger-Asse.

YPERN
Die belgische Stadt Ypern war im Ersten Weltkrieg mehrmals ein Schlachtfeld. Hier setzten die Deutschen erstmals Giftgas an der Westfront ein. 1918 war die Stadt zerstört (links).

GRABENKRIEG

Die Armeen rückten möglichst weit vor und verschanzten sich dann in Gräben. Die Soldaten standen darin oft bis zu den Knien im Schlamm, geplagt von Läusen und Ratten. Verließen sie die Gräben, um vorzurücken, tötete der Feind viele von ihnen mit Maschinengewehren. Jede Seite hatte auch Artillerie – Geschütze, die große Granaten abfeuerten –, die noch mehr Menschen tötete und das Schlachtfeld in ein Schlammmeer verwandelte.

U-BOOTE
Deutsche U-Boote (Kurzform von Unterseeboote) versenkten viele Frachter im Atlantik, was in England zu Lebensmittelknappheit führte.

LUSITANIA
Am 7. Mai 1915 torpedierte ein deutsches U-Boot das britische Passagierschiff *Lusitania.* Über 100 zum Teil sehr reiche und berühmte Amerikaner ertranken. Das brachte viele Amerikaner gegen Deutschland auf und trug dazu bei, dass die USA auf Seiten der Alliierten in den Krieg eintraten.

CHRONIK

Juni 1914 Ermordung von Erzherzog Ferdinand.

Juli 1914 Österreich-Ungarn erklärt Serbien den Krieg.

August 1914 Deutschland erklärt Russland und Frankreich den Krieg und erobert Belgien. England erklärt Deutschland und Österreich-Ungarn den Krieg.

Mai 1915 Italien tritt den Alliierten bei.

Juli 1916 Alliierte setzen in Frankreich erstmals Panzer ein.

April 1917 Kriegseintritt der USA.

März 1918 Friedensvertrag zwischen Russland und Deutschland. Deutschland verliert bei Schlussoffensive an der Marne.

September 1918 Schlussoffensive der Alliierten beginnt.

November 1918 Waffenstillstand beendet den Krieg.

KRIEGSARBEITERINNEN
Als die Männer in den Krieg zogen, übernahmen Frauen ihre Jobs in den Fabriken. Die meisten Frauen arbeiteten lange, und viele hatten gefährliche Jobs, etwa in Munitionsfabriken. Dies widerlegte die Vorstellung, Frauen wären Männern unterlegen, und führte schließlich zum Wahlrecht für Frauen. Aber als die Soldaten nach dem Krieg heimkehrten, gab es eine große Arbeitslosigkeit, und die Frauen verloren ihre Jobs.

PROPAGANDA
Plakate und Zeitungen suggerierten den Menschen, dass der Feind böse sei und der Krieg weitergehen müsse. Die Botschaft dieser Propaganda oder staatlich kontrollierter Nachrichten lautete, dass alle mitkämpfen und mitarbeiten, Geld spenden und Opfer bringen sollten. Das Plakat links zeigt Europa im Griff des Monsters Deutschland.

POSTZENSUR
Die Menschen in der Heimat wussten kaum, wie es im Krieg zuging. Die Offiziere zensierten die Post der Soldaten und entfernten Informationen, die die Wahrheit wiedergaben. Heimkehrende Soldaten waren des Lebens in den Schützengräben oft überdrüssig und verschwiegen, wie es wirklich war oder wie viele Kameraden verwundet oder tot waren.

DIE DEUTSCHEN
Bis 1918 schien es, als könnten die Deutschen und ihre Verbündeten gewinnen. Aber sie waren zahlenmäßig unterlegen, und als die Briten die Häfen blockierten und den Nachschub abschnitten, kam es zu Unruhen. Das Volk wollte Nahrung und Frieden, und der Kaiser dankte ab. Dann schloss Deutschland mit den Alliierten den Friedensvertrag von Versailles. Die Deutschen verloren viel Land und übernahmen die Schuld für den Krieg.

DIE TOTEN
Deutschland und Russland verloren jeweils fast zwei Mio. Soldaten, England verlor fast eine Mio. Insgesamt starben 10 Mio. Soldaten.

Siehe auch

WELTKRIEG, ZWEITER
WELTWIRTSCHAFTSKRISE

ZWEITER WELTKRIEG

1939 GRIFFEN DEUTSCHE Panzer und Bomber Polen an, und der blutigste Krieg der Geschichte begann. Wie der Erste war auch der Zweite Weltkrieg ein globaler Krieg zu Lande, in der Luft und zur See. Er war die Folge der Machtübernahme der von Adolf Hitler geführten Nationalsozialisten, die die Erinnerung an die Niederlage im Ersten Weltkrieg auslöschen wollten. Nach einem Jahr hatten deutsche Armeen mit Hilfe von Italien Europa großenteils besetzt. Nur England widersetzte sich. 1941 fiel Hitler in die Sowjetunion ein. Millionen starben bei erbitterten Kämpfen. Im Pazifik bildeten die Japaner eine »Achse« mit Deutschland und Italien. Sie bombardierten den US-Marinestützpunkt Pearl Harbor auf Hawaii, wonach die USA als Alliierte der Sowjetunion und Englands in den Krieg eintraten. Bis Mai 1945 war Hitlerdeutschland in Europa besiegt; Japan ergab sich im August. 45 Mio. Menschen waren umgekommen, und Europa lag großteils in Schutt und Asche. Zwei neue »Supermächte« – die Sowjetunion und die USA – beherrschten fortan die Weltpolitik.

HITLER
1933 kam Adolf Hitler in Deutschland als Führer der NSdAP an die Macht. Die Nationalsozialisten waren gegen den Kommunismus und glaubten an eine starke nationale Regierung. Rücksichtslos vernichteten sie alle Gegner. Sie versklavten und ermordeten Juden, Zigeuner und andere Minderheiten, denen sie alle Probleme Deutschlands zuschrieben, von der Niederlage im Ersten Weltkrieg bis zu Arbeitslosigkeit und Inflation.

DIE INVASION
1938 übernahm Hitler Österreich und Teile der Tschechoslowakei. England und Frankreich hinderten ihn nicht daran, doch als er 1939 Polen eroberte, erklärten sie Deutschland den Krieg. Deutsche Truppen marschierten 1940 in Frankreich ein und überrollten die Armeen Englands und Frankreichs. Fischerboote und Vergnügungsdampfer von der Südküste Englands halfen der Royal Navy, die alliierten Soldaten von Dünkirchen an der Küste Frankreichs zurückzuholen.

BLITZKRIEG

Zwischen August und Oktober 1940 kämpfte die britische Royal Air Force gegen die deutsche Luftwaffe in der Schlacht von England und siegte am Ende. Ohne Lufthoheit konnte Hitler England nicht erobern. Nachts ließ er britische Städte bombardieren. Bei diesem »Blitzkrieg« starben 40 000 Menschen, meist Zivilisten.

EVAKUIERUNGEN
Wegen der Bombenangriffe auf Großstädte wie London wurden britische Kinder in Städte auf dem Land und in Dörfer evakuiert, wo sie viel sicherer waren.

MIDWAY

Japan eroberte viele Pazifikinseln und fiel auf dem asiatischen Festland ein. Doch die US-Flotte schlug die Japaner in der Schlacht von Midway vom 3.–6. Juni 1942. Dies brachte den Alliierten die Wende im Pazifikkrieg.

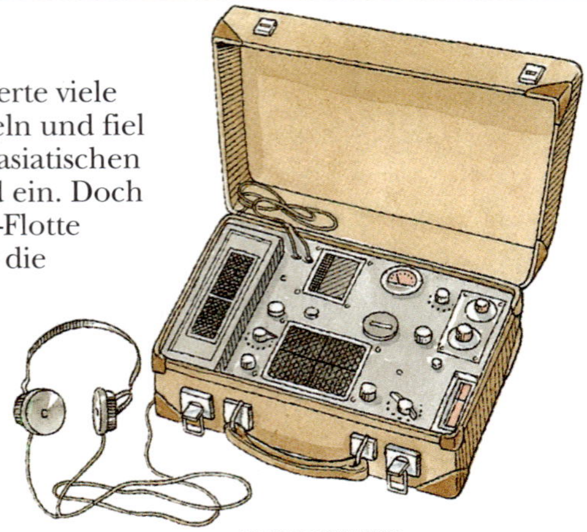

WIDERSTAND
Viele Menschen in Europa hassten die Deutschen als Besatzer ihrer Länder. Also bildeten sie geheime Widerstandsbewegungen, um den Feind zu bekämpfen. Mit versteckten Funkgeräten (oben) arbeiteten sie hinter der Front. Widerständler riskierten Folter und Tod, wenn sie aufflogen.

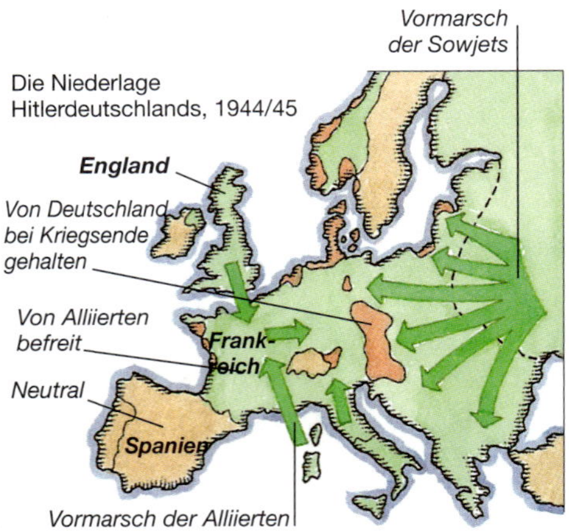

FRIEDEN IN EUROPA
Im Frühjahr 1945 hatten die Alliierten Europa großteils zurückerobert und drangen über den Rhein nach Deutschland vor. Im Osten rückte die Sowjetarmee in die deutsche Hauptstadt Berlin ein. Zwischen diesen Streitkräften eingekeilt, ergaben sich die deutschen Armeen. Hitler beging Selbstmord, und der größte und blutigste Krieg der Geschichte war zu Ende.

D-DAY
Im Juni 1944 rückten die Alliierten mit der größten Landungsstreitkraft aller Zeiten in das besetzte Europa ein. Der Codename D-Day stand für »deliverance«, Befreiung. Nach erbittertem Kampf und mit Hilfe von Widerstandskämpfern zwangen die Alliierten die deutschen Soldaten zum Rückzug oder nahmen sie gefangen.

KONZENTRATIONSLAGER

Nach der deutschen Kapitulation entdeckten die alliierten Truppen entsetzliche Konzentrationslager in ganz Europa, wo die Nationalsozialisten bis zu 26 Mio. »unerwünschte« Menschen eingesperrt hatten, darunter Millionen Juden. Die Gefangenen litten Hunger und Folter, und viele wurden vergast.

VE-DAY
Am 8. Mai 1945 feierten die Allierten den VE-Day (Victory in Europe, Sieg in Europa). Doch im Pazifik wurde noch erbittert gekämpft. Im August warfen US-Bomber zwei Atombomben auf Japan ab und zerstörten Hiroshima und Nagasaki. Damit wurde Japan zur Kapitulation gezwungen und den Alliierten eine verlustreiche Invasion Japans erspart. Nach wenigen Wochen ergaben sich die Japaner, und der Krieg war zu Ende.

CHRONIK

1. September 1939 Deutschland erobert Polen. Zwei Tage später erklären England und Frankreich Deutschland den Krieg.

April 1940 Deutschland erobert Dänemark und Norwegen.

Mai 1940 Deutschland erobert Belgien, die Niederlande und Frankreich.

Juni 1940 Deutsche rücken in Paris ein; Frankreich unterzeichnet Waffenstillstand mit Deutschland.

April 1941 Deutschland erobert Griechenland und Jugoslawien.

September 1941 Belagerung Leningrads beginnt und dauert über zweieinhalb Jahre.

7. Dezember 1941 Japanische Flugzeuge greifen Pearl Harbor an. Die USA, England und Kanada erklären Japan den Krieg.

Februar 1942 Japaner erobern viele Pazifikinseln.

August 1942 Deutsche greifen Stalingrad an.

November 1942 Alliierte Truppen kämpfen in Nordafrika gegen Deutschland und Italien. Die Briten unter General Montgomery schlagen die von Rommel geführten Deutschen bei El Alamein in Ägypten.

Februar 1943 Niederlage der Deutschen in Stalingrad.

Mai 1943 Deutsche Armeeeinheiten in Nordafrika ergeben sich den Alliierten.

Juli 1943 Alliierte besetzen Sizilien.

September 1943 Italien kapituliert.

Juni 1944 Alliierte Streitkräfte landen am D-Day in der Normandie in Nordwestfrankreich.

Mai 1945 Deutschland kapituliert; der Krieg in Europa endet.

August 1945 Alliierte werfen Atombomben auf Japan ab.

2. September 1945 Japan beendet mit bedingungsloser Kapitulation den Zweiten Weltkrieg.

Siehe auch

ATOMZEITALTER
HOLOCAUST
WELTKRIEG, ERSTER

Weltwirtschaftskrise

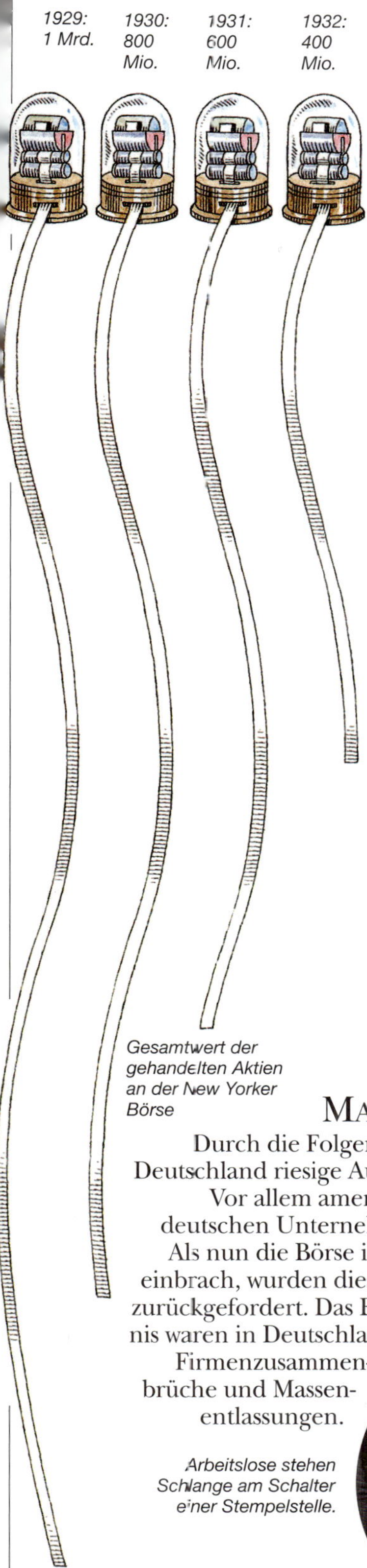

Gesamtwert der gehandelten Aktien an der New Yorker Börse

Im Oktober 1929 brachen die Kurse an der New Yorker Börse ein, und die Anleger verloren riesige Summen ihres angelegten Geldes. Das war der Beginn einer Wirtschaftskrise, die im darauf folgenden Jahrzehnt die ganze Welt betreffen sollte. Der Börsencrash verursachte Angst, Vertrauensverlust und den Zusammenbruch der amerikanischen Wirtschaft. Die Banken liehen kein Geld mehr aus, Fabriken mussten schließen, und der Handel ging zurück. Die Wirtschaftskrise erfasste rasch die ganze Welt und betraf fast jedes Land. Viele Staaten waren auf die Hilfe der USA angewiesen, um sich von den Schäden des Ersten Weltkriegs (1914–1918) zu erholen. Diese Hilfen blieben jedoch aus. Geschäfte brachen zusammen, und Millionen von Menschen verloren ihren Arbeitsplatz. Das Ergebnis war eine noch nie da gewesene Massenarbeitslosigkeit: Hatte die Zahl der Arbeitslosen in Deutschland im Juli 1929 noch 1,2 Mio. betragen, stieg sie über 4 Mio. (Juli 1931) auf 6 Mio. im Januar 1933. Die Arbeitslosigkeit verursachte große Armut und trieb die verzweifelten Menschen in die Fänge extremistischer Parteien: Im Januar 1933 wurde Adolf Hitler, Führer der Nationalsozialistischen Deutschen Arbeiterpartei, deutscher Reichskanzler. Hitlers massive Aufrüstung ab Mitte der 30er-Jahre ließ dann die Wirtschaftskrise abflauen.

Ein Arbeitsloser in den 30er-Jahren des 20. Jhds.

Massenentlassungen

Durch die Folgen des Ersten Weltkriegs hatte Deutschland riesige Auslandsschulden aufgetürmt. Vor allem amerikanische Kredite hatten die deutschen Unternehmen nach 1923 unterstützt. Als nun die Börse im Oktober 1929 einbrach, wurden diese Kredite zurückgefordert. Das Ergebnis waren in Deutschland Firmenzusammenbrüche und Massenentlassungen.

Arbeitslose stehen Schlange am Schalter einer Stempelstelle.

Wirtschaftshilfe

Als Franklin D. Roosevelt 1932 US-Präsident wurde, leitete er den »New Deal« zur Stärkung der Wirtschaft ein. So erhielt z.B. das Energieunternehmen Tennessee Valley Authority Geld für den Bau von Staudämmen und Wasserkraftwerken im Südosten der USA.

Crash an der Wall Street

Am 24. Oktober 1929, dem »Schwarzen Donnerstag«, begann das Ende der Jahre des Aufschwungs nach dem Ersten Weltkrieg. In Hoffnung auf Reichtum legten immer mehr Menschen ihr Geld an der New Yorker Börse an. Als die Kurse einbrachen, versuchten alle, ihre Aktien zu verkaufen. In nur zwei Monaten verloren die Aktien ein Drittel ihres Wertes. Viele Menschen verloren ihre Ersparnisse und Tausende Unternehmen brachen zusammen.

Der Marsch von Jarrow

In Großbritannien führte die Massenarbeitslosigkeit zu »Hungermärschen«. Etwa 200 arbeitslose und hungrige Männer marschierten 1936 über 480 km von Jarrow im Nordosten Englands bis zur Hauptstadt London, um auf ihre Notlage aufmerkam zu machen.

Siehe auch

Börse
Deutschland, Geschichte
Weltkrieg, Erster
Weltkrieg, Zweiter

DIE SIEBEN

WELTWUNDER

PYRAMIDEN
Drei Pyramiden wurden bei Giseh in Ägypten um 2600 v. Chr. als Gräber für drei ägyptische Könige erbaut. Die größte besteht aus über zwei Mio. Kalksteinblöcken und ist 147 m hoch.

VOR 2000 JAHREN besuchten antike griechische und römische Touristen genau wie wir heute die großen Wahrzeichen der Welt. Antike »Reiseagenturen« stellten Listen von erstaunlichen Dingen zusammen, die die Reisenden sehen sollten. Diese »Wunder« waren herausragende Beispiele von Kunst und Technik. Am häufigsten wurden die Sieben Weltwunder genannt, die alles andere in den Schatten stellten. Einige waren die schönsten Statuen, andere die größten damaligen Bauwerke. Von den Sieben Weltwundern existieren heute nur noch die Pyramiden.
Die Hängenden Gärten, der Artemistempel, die Zeusstatue, das Mausoleum, der Koloss und der Leuchtturm von Pharos sind verschwunden oder in Ruinen.

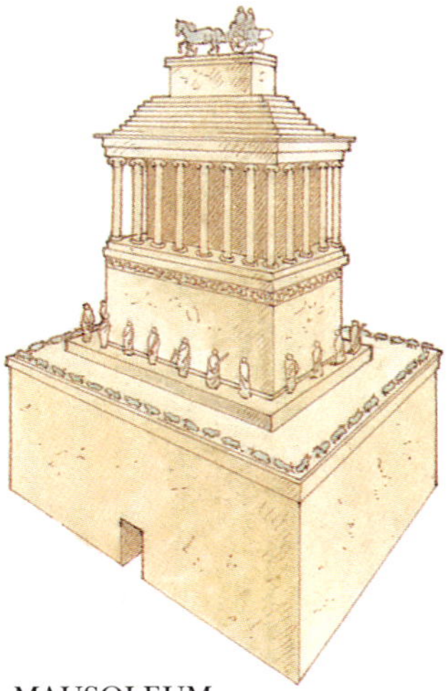

MAUSOLEUM
Das Mausoleum von Halikarnassos (heute in der Türkei) war ein großes Marmorgrab, errichtet für Mausolos, einen reichen Statthalter. Es war 41 m hoch, hatte einen Sockel mit 36 Säulen und eine Stufenpyramide. Ein Erdbeben zerstörte es fast völlig.

HÄNGENDE GÄRTEN
605 v. Chr. ließ Nebukadnezar II., König von Babylon, die Hängenden Gärten errichten. Auf einer Ziegelterrasse 23 m über dem Boden wuchsen viele exotische Pflanzen. Von Sklaven bediente Maschinen bewässerten sie.

LEUCHTTURM
Der griechische Architekt Sostratos konstruierte den ersten Leuchtturm der Welt. Er wurde um 280 v. Chr. auf der Insel Pharos bei Alexandria in Ägypten erbaut und war etwa 134 m hoch. Ein Feuer an der Spitze markierte die Hafeneinfahrt.

TEMPEL DER ARTEMIS
Der damals größte Tempel war der Artemis geweiht, der Göttin des Mondes und der Jagd. Die Griechen erbauten ihn fast ganz aus Marmor bei Ephesos (heute in der Türkei) im 6. Jh. v. Chr. 356 v. Chr. wurde er von Herostratos in Brand gesetzt.

KOLOSS

Die Bronzestatue des Sonnengottes Helios ragte 32 m über der Hafeneinfahrt der Insel Rhodos im Ägäischen Meer auf. Um 300 v. Chr. errichtet, stürzte sie bereits gegen 225 v. Chr. bei einem Erdbeben um.

ZEUS
Die Statue von Zeus, dem obersten griechischen Gott, stand in Olympia und war 12 m hoch. Phidias, ein berühmter Bildhauer, schuf sie um 430 v. Chr. Die Gewänder des Gottes und die Ornamente waren aus Gold, die Haut war aus Elfenbein.

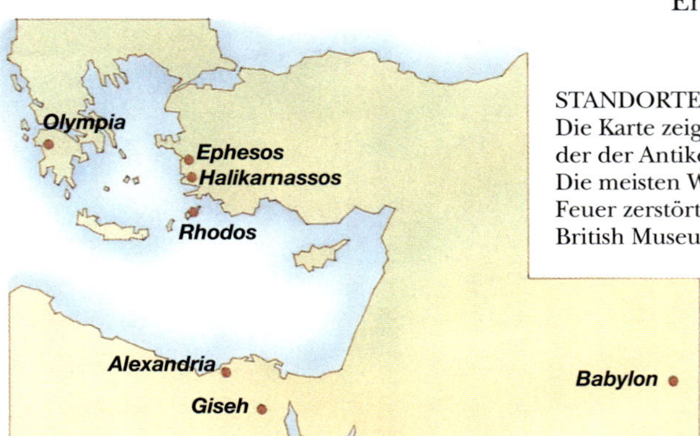

STANDORTE DER WELTWUNDER
Die Karte zeigt die Standorte der Sieben Weltwunder der Antike. Reisende besuchten viele per Schiff. Die meisten Wunder wurden durch Erdbeben oder Feuer zerstört, aber einige Überreste sind noch im British Museum in London in England zu sehen.

Siehe auch
ÄGYPTEN, ALTES
ALEXANDER DER GROSSE
BABYLONIER

Werbung

Riesige Plakatwände an Straßen und Gebäuden dienen demselben Zweck wie kleinformatige Zeitungsanzeigen. Sie präsentieren die neuesten Produkte und wollen uns von den Vorzügen der einen oder anderen Marke überzeugen. Werbespots im Fernsehen erreichen heute ein Millionenpublikum, aber in ihren Anfängen war die Werbung in ihrer Wirkung begrenzt. Händler auf dem Markt priesen ihre Waren mit lauter Stimme an, und Geschäftsschilder verwiesen auf die jeweilige Branche. Die moderne Werbung begann vor circa 150 Jahren, als Verbrauchsgüter erstmals in großen Mengen fabrikmäßig hergestellt wurden. In Zeitungen wurde Reklame gemacht für alles Mögliche, von Hüten bis zur Wundermedizin. Heute gehört die Werbung in den Bereich Marketing, der auch für das Produktdesign, die Preisgestaltung und die Verpackung zuständig ist. Werbung gibt es heute nicht nur im Fernsehen und im Radio, sie ist allgegenwärtig. Sie begegnet uns in Kaufhausdurchsagen, auf Autos und als Rauch-Schriftzug, von Flugzeugen in den Himmel gemalt. Viele Werbebotschaften amüsieren uns, aber nicht alles ist erlaubt. Das Gesetz schützt die Kunden vor irreführender Werbung, und die Werbung für schädliche Produkte wie Tabak und Alkohol ist eingeschränkt.

Fragebogen zur Marktforschung

Produktprobe

Storyboard

Zeitschriftenwerbung

Neue Produkte herausbringen

Werbung ist sehr kostspielig. Wenn eine Schokofirma einen neuen Riegel auf den Markt bringen will, muss sie sich sicher sein, dass das Produkt attraktiv ist und es die Kunden zum Kauf anregt.

Storyboards

Vor dem Drehen eines Werbespots muss die Handlung, wie in einem Comicstrip, Szene für Szene vorgezeichnet werden. Ein Werbetexter verfasst den dazu gesprochenen Text und die Slogans.

Marktforschung

Ehe der Schokoriegel in den Verkauf geht, wird er von Hunderten probiert und bewertet. Die Testesser äußern sich zu Geschmack, Preis und Attraktivität der Verpackung. Man nennt das Marktforschung.

Werbekampagnen

Da der Werbeetat der Firmen begrenzt ist, werden die meisten Werbemaßnahmen konzentriert als Kampagnen durchgezogen – zeitlich begrenzt und dennoch hochwirksam. Kampagnen sind sehr sorgfältig geplant. So erscheinen beispielsweise Werbespots für einen Schokoriegel im Kinderprogramm und nicht am späten Abend. Parallel dazu werden Anzeigen in Jugendzeitschriften geschaltet.

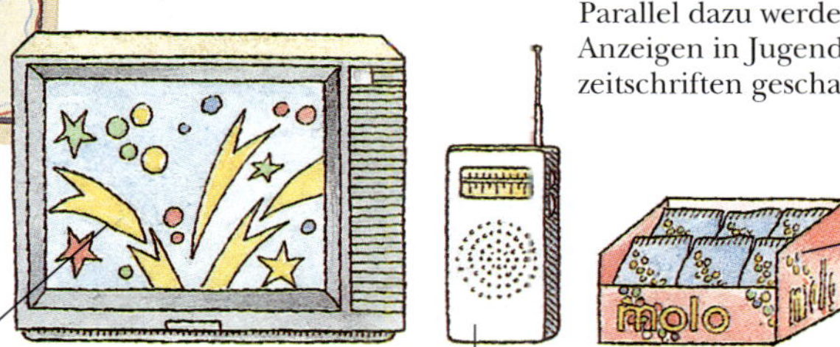

Fernsehwerbung ist teuer, erreicht aber ein großes Publikum.

Ohrwürmer beherrschen die Radiowerbung.

Spezielle Präsentationsformen werben direkt im Laden für ein Produkt.

Coca-Cola

Ein erfolgreich beworbenes Produkt wird so bekannt, dass die Kunden ausdrücklich danach verlangen. Man spricht dann von einer Marke. Manche Marken sind weltweit im Handel. Zu den berühmtesten Markenerzeugnissen gehört Coca-Cola. Es wurde 1886 in den USA erfunden. Der Hersteller setzte von Anfang an auf die Werbung. Er führte ein bestimmtes Symbol ein, ein so genanntes Warenzeichen, im Fall von Coca-Cola ein elegant geschwungener Schriftzug in Weiß. Schon nach zehn Jahren wurde Coca-Cola überall in Amerika getrunken. Heute ist das Warenzeichen weltweit verbreitet.

© The Coca-Cola Company

Propaganda

An die Bevölkerung gerichtete Werbemaßnahmen von Seiten einer Regierung heißen Propaganda. Dieses Plakat z. B. ruft die Chinesen dazu auf, für eine bessere Gesellschaft zu arbeiten. Es gibt auch Kampagnen gegen das Rauchen oder für eine bestimmte Partei.

Siehe auch
Fernsehen
Handel und Geschäfte
Industrie und Handel

Wetter

Der Begriff Wetter steht für den Zustand der Atmosphäre zu einem bestimmten Zeitpunkt an einem bestimmten Ort. Das Klima dagegen bezieht sich auf die längerfristigen Bedingungen in einem Gebiet. Das Wetter kann sich von einem Moment auf den anderen verändern: An einem warmen, sonnigen Tag kann plötzlich starker Wind aufkommen, es kann zu regnen anfangen – und kurz darauf wieder sonnig sein. In manchen Teilen der Welt jedoch, z.B. in den Tropen, bleibt das Wetter über einen längeren Zeitraum gleich. Dort ist es immer heiß, und fast jeden Tag fällt starker Regen. Meteorologen sind Wissenschaftler, die das Wetter untersuchen und vorhersagen. Dazu beobachten sie die Wolken und messen die Windgeschwindigkeit, die Temperatur und den Luftdruck. Doch trotz moderner Satelliten, Computer und anderer technischer Hilfsmittel bleibt das Wetter eine Naturerscheinung, die sich nur sehr schwer genau vorhersagen lässt.

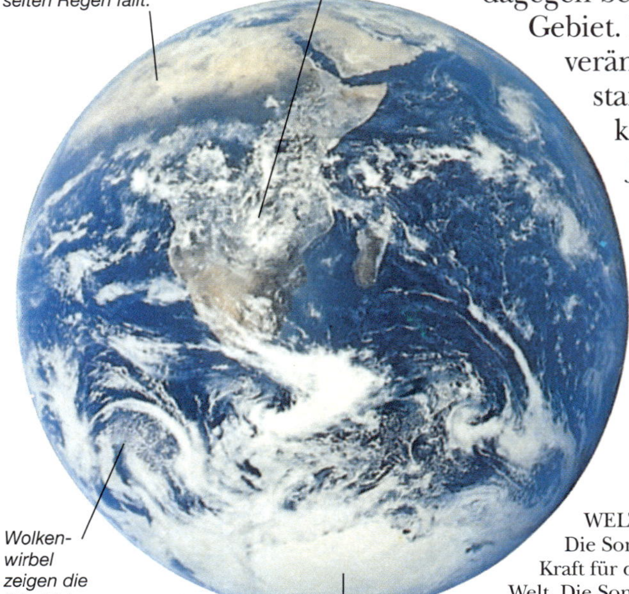

Über der Wüste Sahara ist die Luft so stabil und trocken, dass sehr selten Regen fällt.

Über den heißen und regenreichen Tropen Zentralafrikas hängen dicke Wolken.

Wolkenwirbel zeigen die Windrichtungen an.

Der kalte Kontinent Antarktis ist von Schnee und Eis bedeckt.

WELTWEITES WETTER
Die Sonne ist die treibende Kraft für das Wetter in aller Welt. Die Sonnenwärme erzeugt Wind und lässt Wasser verdunsten, das dann wieder als Regen zu Boden fällt. Die direkte Sonneneinstrahlung über dem Äquator führt zu heißem Wetter, während es an den Polen sehr kalt ist.

Wettermessungen

Es gibt viele tausend Wetterstationen an Land, auf Schiffen und in Flugzeugen, die überall auf der Welt das Wetter messen. Die Stationen enthalten Messinstrumente, die Temperatur, Regenmenge, Windgeschwindigkeit und -richtung, Luftdruck und Luftfeuchtigkeit aufzeichnen. Wetterballons, so genannte Radiosonden, transportieren Messinstrumente in große Höhen, und Wettersatelliten übermitteln Wolkenbilder aus dem Weltall.

Eine Stundenskala im Sonnenscheinautographen zeigt an, wann die Sonne schien.

SONNENSCHEIN-AUTOGRAPH
Der Sonnenscheinautograph ist ein Messgerät, das die tägliche Sonnenscheindauer aufzeichnet. Die Glaskugel wirkt wie eine Linse: Sie bündelt die Sonnenstrahlen auf einen Pappstreifen, wo sie eine Brennspur hinterlassen.

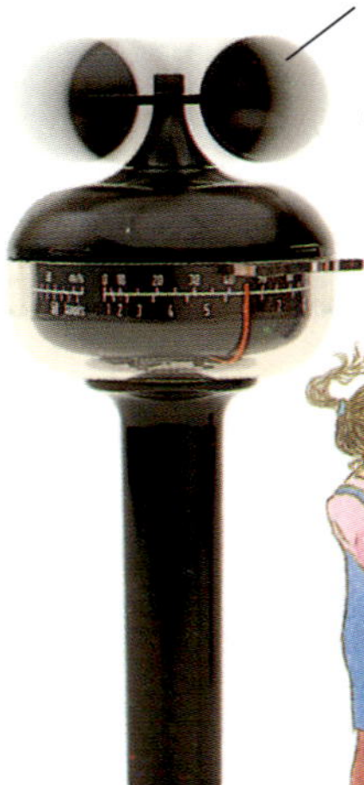

Der Wind dreht die Schalen, und das Zifferblatt zeigt die Windgeschwindigkeit an.

ANEMOMETER
Die Sonnenwärme erzeugt Winde – Luftmassen, die über die Erdoberfläche strömen. Meteorologen messen die Windgeschwindigkeit mit dem Anemometer. Damit berechnen sie, wie schnell sich Wetterveränderungen nähern.

Der Regen fließt durch ein Rohr in einen Behälter. Alle 24 Stunden wird das gesammelte Wasser in einen Messzylinder gegeben, der die Höhe des gesamten Tagesniederschlags anzeigt.

REGENMESSER
Wassertröpfchen und winzige Eiskristalle in der Luft bilden Wolken und fallen schließlich als Regen oder Schnee wieder zu Boden. Meteorologen messen die Regenhöhe, die angibt, wie hoch das Regenwasser stünde, wenn es nicht abfließen könnte.

Der Barograph zeichnet den zeitlichen Verlauf des Luftdrucks auf.

Barograph

Ein Barograph misst den Luftdruck. Das ist für die Wettervorhersage besonders wichtig, da hoher Luftdruck oft stabiles Wetter, tiefer Luftdruck dagegen Wind und Regen bringt.

WOLKEN

Tief hängende Wolken führen zu kalter und feucht-nebliger Luft. Wolken entstehen in aufsteigenden Luftmassen. Die Luft enthält unsichtbaren Wasserdampf. Wenn die Luft aufsteigt, kühlt sie ab. Kühlere Luft kann jedoch nicht so viel Dampf halten, sodass sich ein Teil des Wasserdampfes in kleine Wassertröpfchen oder Eiskristalle verwandelt, die dann eine Wolke bilden. Langsam aufsteigende Luft bildet dünne Wolkenschichten. Wenn die Luft schnell aufsteigt, entstehen dicke Wolken.

WOLKENBILDUNG
Es gibt drei Hauptarten von Wolken, die sich in verschiedenen Höhen bilden. Federartige Zirruswolken sind am höchsten. In mittlerer Höhe sind die flaumigen Kumuluswolken. Die schichtartigen Stratuswolken hängen meist tief am Himmel. Graue Stratuswolken bringen Regen. Die zu den Kumuluswolken zählenden Kumulonimbuswolken reichen hoch in den Himmel und bringen meist Gewitter.

ZIRRUSWOLKEN
Zirruswolken bilden sich in der Höhe. Sie bestehen nur aus Eiskristallen. Auch Zirrokumulus- (oben) und Zirrostratuswolken entstehen in großen Höhen.

KUMULUSWOLKEN
Einzelne Wolkenmassen nennt man Kumuluswolken. Altokumuluswolken sind mittelhohe, unregelmäßige Wolken. Stratokumuluswolken sind tief hängende, dichte Wolkenballen.

LUFTMASSEN UND FRONTEN

Luftmassen bilden sich über Land und über Meer. Luftmassen mit warmer, kalter, feuchter oder trockener Luft werden vom Wind verlagert und bringen unterschiedliches Wetter mit sich. Eine Front ist die Grenze zweier Luftmassen. Das Wetter ändert sich, wenn die Front ankommt.

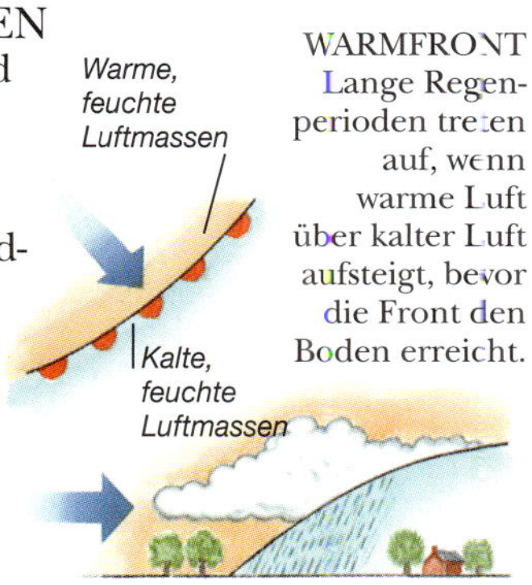

WARMFRONT
Lange Regenperioden treten auf, wenn warme Luft über kalter Luft aufsteigt, bevor die Front den Boden erreicht.

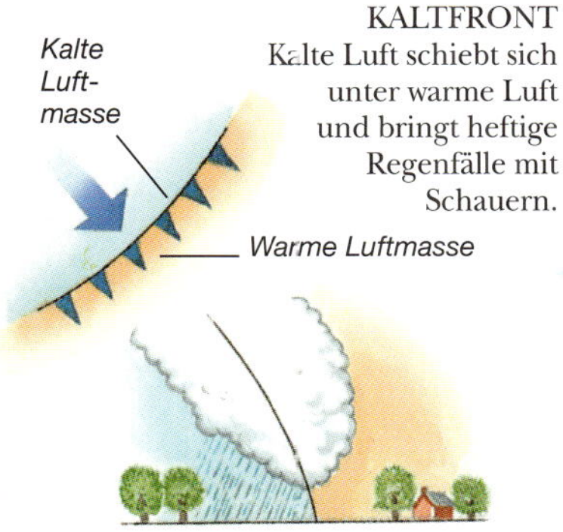

KALTFRONT
Kalte Luft schiebt sich unter warme Luft und bringt heftige Regenfälle mit Schauern.

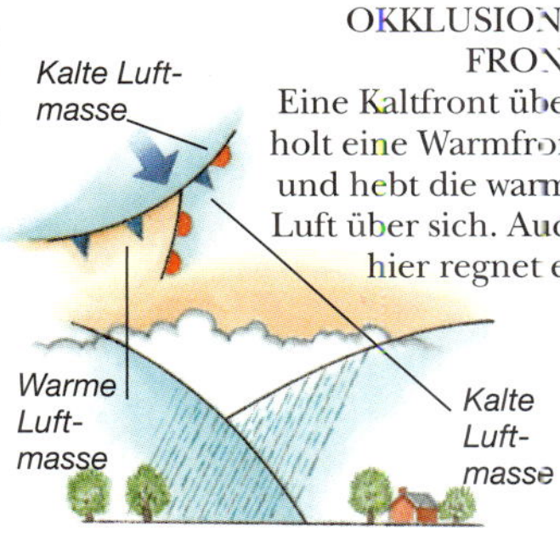

OKKLUSIONSFRONT
Eine Kaltfront überholt eine Warmfront und hebt die warme Luft über sich. Auch hier regnet es.

WETTERVORHERSAGE

Die Wetterzentren der verschiedenen Länder erhalten die Wettermessdaten von Satelliten und Wetterstationen in aller Welt. Anhand dieser Daten können sie Wetter vorausberechnen. Die komplizierten Berechnungen führen Supercomputer aus, die dann auch die Wetterkarten erstellen. Anhand der Wetterkarten sagen Meteorologen das Wetter für die kommenden Tage voraus. Diese Wettervorhersagen werden an Radio- und Fernsehsender, Zeitungen, Schiffe und Flughäfen weitergegeben.

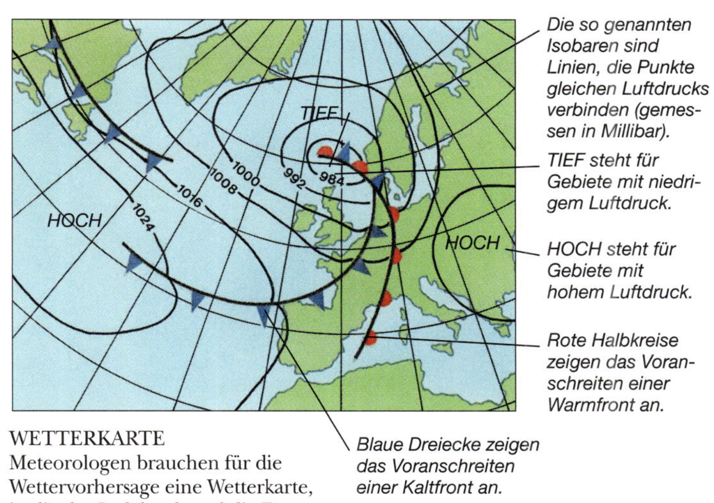

WETTERKARTE
Meteorologen brauchen für die Wettervorhersage eine Wetterkarte, in die der Luftdruck und die Fronten in einem großen Gebiet eingetragen sind. Die als Isobaren bezeichneten Linien verbinden Gebiete mit demselben Luftdruck. Enge Isobarenschleifen mit abnehmendem Druck zeigen ein Tief an, wo es windig ist und möglicherweise regnet. Isobaren mit steigendem Druck markieren ein Hoch mit stabilem Wetter.

HOCH- UND TIEFDRUCKGEBIETE
Der Luftdruck verändert sich ständig, und er ist von Ort zu Ort verschieden. Regionen mit niedrigem Luftdruck nennt man Zyklonen oder Tiefdruckgebiete. Die Luft steigt auf, kühlt ab und bringt Regen. Eine Antizyklone oder Hochdruckgebiet ist eine Region mit hohem Luftdruck. Die Luft steigt ab, erwärmt sich und bringt trockenes, klares Wetter. Auf diesem Satellitenbild sieht man, wie Winde um ein Tiefdruckgebiet wirbeln.

Siehe auch

ATMOSPHÄRE
ERDE
GEWITTER UND WIRBELSTÜRME
KLIMA
NIEDERSCHLAG
WIND

Wikinger

ZWISCHEN DEM 8. und 12. Jh. terrorisierten wilde Krieger, die man Wikinger nannte, die Völker Europas. Sie unternahmen Raubzüge von Norwegen, Schweden und Dänemark aus, wo das Wetter kalt und der Boden unergiebig war. Anfangs überfielen sie Küstendörfer und isolierte Bauernhöfe. Sie stahlen Pferde und Nahrung, machten Gefangene zu Sklaven und raubten Gold und Silber aus Kirchen. Später besiedelten sie als Eroberer Teile von England, Frankreich, Deutschland, Italien und Russland. Die Wikinger waren die besten Schiffsbauer ihrer Zeit und konnten mit ihren schnellen, leichten Booten weit fahren. Sie ließen sich in Island und Grönland nieder und erreichten als erste Europäer Nordamerika. Die meisten nordischen Völker hingegen lebten friedlich in kleinen Siedlungen als Bauern, Kaufleute und Handwerker.

Wikingerlangschiff

LANGSCHIFF UND KNORR
Die Wikinger waren auf Schiffe angewiesen, da ihre Länder vom Meer umgeben und von dichten Wäldern bedeckt waren. Sie bauten herrliche Langschiffe aus dem Holz der riesigen skandinavischen Wälder. Ein Langschiff beförderte etwa 80 Krieger, die das Schiff ruderten und Segel setzten und an Land Schlachten austrugen. Die Wikinger bauten auch kleinere Schiffe, so genannte Knorrs, mit denen sie Handelswaren transportierten.

KRIEGER

Wikingerkrieger kämpften meist mit Schwertern und Streitäxten, doch manche auch mit Speeren und Pfeil und Bogen. Sie trugen Holzschilde und zum Teil Rüstungen aus Schichten dicker Tierhäute. Ihre Häuptlinge hatten oft Metallhelme und Kettenpanzer.

Schwedischer Helm (7. Jh.)

Beidhändig schwangen Krieger die langstieligen Streitäxte gegen ihre Feinde.

Das Schwert war die wichtigste Waffe eines Wikingers.

BESTATTUNGEN
Bedeutende Wikinger wurden mit ihren Schiffen bestattet. Verwandte legten den Leichnam in eine Holzhütte an Deck. Zuweilen wurden Hunde, Pferde, Rinder und Sklaven mit ihren Besitzern begraben. Die Leichen großer Krieger wurden auf Scheiterhaufen verbrannt oder auf ein Langschiff gelegt, das dann angezündet wurde.

Verwandte umgaben den Leichnam mit den wertvollsten Besitztümern des Toten, auch mit seinem Pferd.

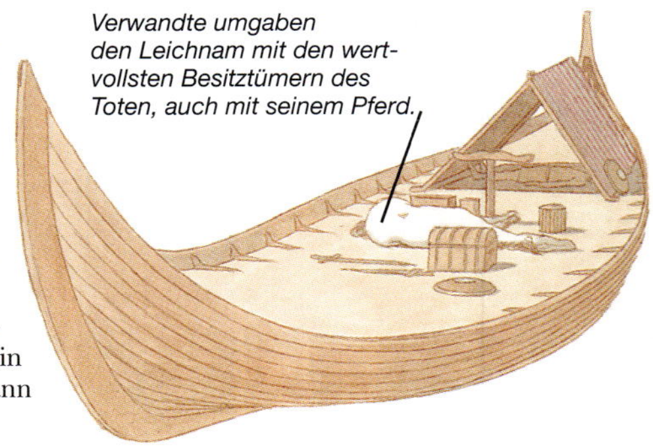

Wikingerfamilien

Manche Wikinger lebten in Handelsstädten wie York in England, die meisten aber in isolierten Bauernsiedlungen. Alles, was die Familie brauchte, wurde auf dem Hof erzeugt. Wikingerinnen hatten damals mehr Rechte als viele andere Europäerinnen. So durften sie sich etwa scheiden lassen, wenn sie dies wünschten.

Siehe auch
NORMANNEN
SKANDINAVIEN, GESCHICHTE

WIND

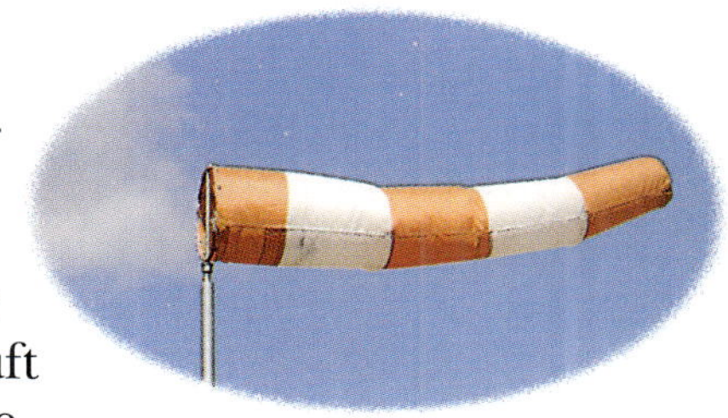

WINDRICHTUNG
Ein Wind wird oft nach der Richtung benannt, aus der er kommt. So wird z.B. ein aus Westen kommender Wind als Westwind bezeichnet. Die Windrichtung zeigen Windsäcke (oben) oder Windfahnen an.

ES WEHT IMMER ein Wind – ob als leichte Brise oder als starker Orkan. Winde sind von Sonnenwärme angetriebene Luftmassen. Warmluft ist leichter als Kaltluft, daher steigt von der Sonne erwärmte Luft in die Höhe; ihr fließt sofort kalte Luft nach. Dabei entsteht eine kreisrunde Luftströmung, die Winde erzeugt. Leichte, warme Luft übt einen geringeren Druck auf die Erde aus als kalte Luft und schafft somit ein Tiefdruckgebiet, in das kalte Luft einfließt. Dementsprechend sinkt kalte Luft ab und schafft ein Hochdruckgebiet, von dem die Luft abfließt. Je größer der Druckunterschied dieser beiden Gebiete ist, desto stärker sind die Winde. Die Windgeschwindigkeit wird mit Hilfe der Beaufortskala gemessen. Sie reicht von 0 bis 12: Stärke 2 bedeutet leichte Brise und Stärke 12 steht für einen Orkan. Auch Größe und Form von Land- und Wasserflächen beeinflussen die Winde, die in manchen Gebieten spezielle Bezeichnungen tragen – so z.B. der Chinook in Nordamerika, der Schirokko in Italien oder der Föhn in Süddeutschland.

Am Äquator erwärmt die Sonne die Luft. In diesem Bereich steigt die Luft auf und schafft so einen windstillen Gürtel, den so genannten Kalmengürtel.

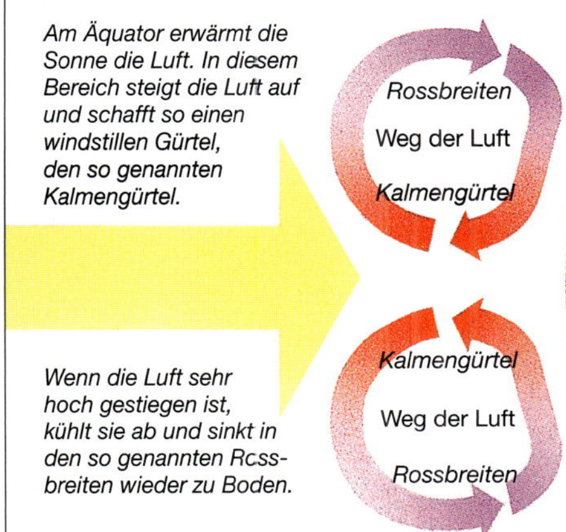

Wenn die Luft sehr hoch gestiegen ist, kühlt sie ab und sinkt in den so genannten Rossbreiten wieder zu Boden.

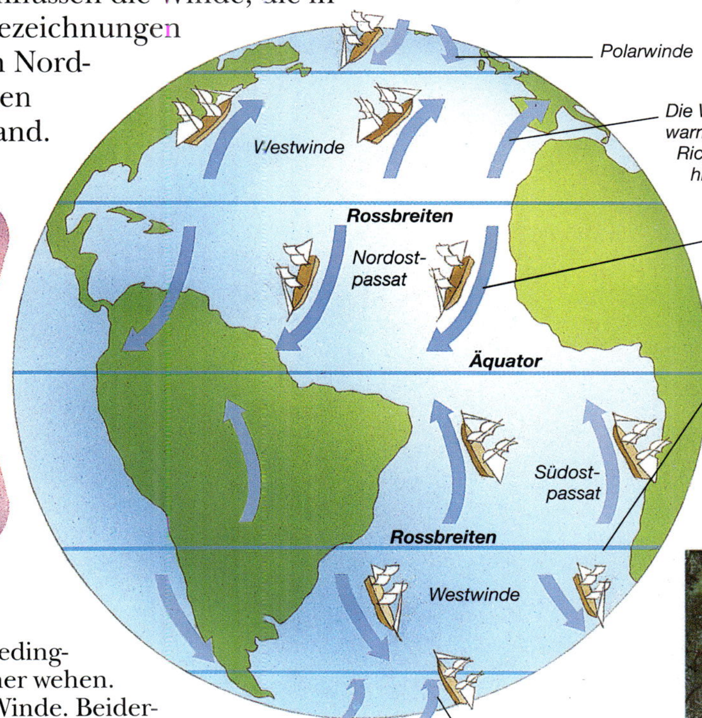

Polarwinde

Die Westwinde sind warme Winde, die aus Richtung der Rossbreiten hin zu den Polen wehen.

Die Passate wehen von den Rossbreiten zum Äquator.

Zwischen den Westwinden und den Passaten liegen windstille Bereiche, die man als Rossbreiten bezeichnet. Der Name geht auf die vielen Pferde zurück, die auf den Schiffen starben, als diese wegen der Windstille nicht vorankamen.

Die Polarwinde sind kalte, aus Richtung der Pole wehende Winde.

WINDSYSTEME

Neben lokalen und jahreszeitlich bedingten Winden gibt es Winde, die immer wehen. Diese nennt man vorherrschende Winde. Beiderseits des Äquators gibt es drei Hauptgürtel vorherrschender Winde: Es sind die Passate, die Westwinde und die Polarwinde. Die Windrichtung wird von der Erdrotation beeinflusst. Auf der Südhalbkugel sind die Winde nach links abgelenkt, auf der Nordhalbkugel nach rechts.

MONSUNE

Jahreszeitlich bedingte Winde, die in eine bestimmte Richtung wehen, nennt man Monsune. In Südasien weht z.B. im Sommer der Wind vom Indischen Ozean übers Land und bringt heftige Regenfälle mit sich. Im Winter weht der Wind in die entgegengesetzte Richtung, vom Himalaja zum Meer.

WINDTURBINEN

Frühe Schiffe nutzten die Windkraft, um über die Meere zu segeln. Wind treibt auch Maschinen an: Windmühlen wurden in Persien bereits im 7. Jh. zur Bewässerung von Feldern und später zum Mahlen des Getreides eingesetzt. Heute erzeugen Windturbinen elektrischen Strom. Eine große Windturbine kann genügend Strom für eine Kleinstadt erzeugen. Windturbinen schonen zwar die Umwelt, aber sie benötigen viel Platz, und sie sind ziemlich laut.

Bei dieser für Testzwecke eingerichteten Windfarm in den USA erzeugen 300 Windturbinen elektrischer Strom.

Siehe auch
ENERGIE
GEWITTER UND WIRBELSTÜRME
KLIMA
WETTER

Würmer

WIR BEZEICHNEN viele längliche, weiche und beinlose Tiere einfach nur als Würmer. Dabei sind viele wurmförmige Tiere nicht näher miteinander verwandt. Würmer gehören zu den Wirbellosen. Ihnen fehlen Beine, Fühler und meist auch ein festes Skelett. Sie werden in verschiedene Stämme, Klassen, Ordnungen, Familien und Arten eingeteilt. Zu den Ringelwürmern zählen die Egel und Regenwürmer. Die Rundwürmer haben röhrenförmige Körper, die nicht segmentiert (gegliedert) sind. Es gibt mindestens 12 000 Arten Rundwürmer. Manche von ihnen verursachen, wie der Hakenwurm, bei Menschen schwere Krankheiten wie Flussblindheit und Elephantiasis. Plattwürmer bilden einen dritten Stamm, dem rund 20 000 Arten angehören, darunter der Bandwurm.

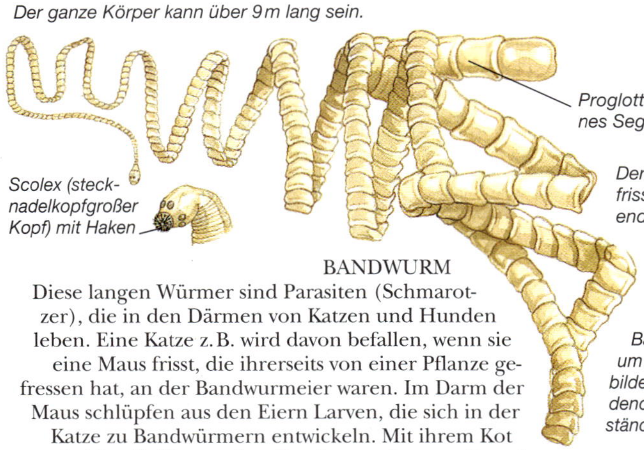

BANDWURM
Diese langen Würmer sind Parasiten (Schmarotzer), die in den Därmen von Katzen und Hunden leben. Eine Katze z. B. wird davon befallen, wenn sie eine Maus frisst, die ihrerseits von einer Pflanze gefressen hat, an der Bandwurmeier waren. Im Darm der Maus schlüpfen aus den Eiern Larven, die sich in der Katze zu Bandwürmern entwickeln. Mit ihrem Kot scheidet die Katze später Bandwurmeier aus, die auf andere Tiere übergehen können.

STRANDWÜRMER
Seeringelwürmer leben von Plankton oder von kleineren Watttieren. Sie besitzen Hautlappen an ihrem Körper, die sie wie einen Lumpen aussehen lassen. Große Seeringelwürmer können menschliche Haut durchbeißen, sodass Blut kommt. Wattwürmer leben in U-förmigen Röhren im Sand. Sie fressen Sand und Schlick und verdauen die darin enthaltenen Nährstoffe.

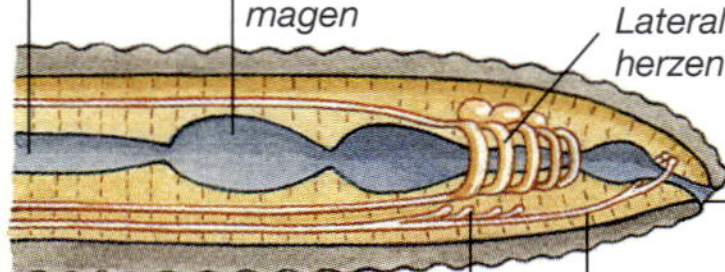

INNERES EINES REGENWURMS
Regenwürmer sind Ringelwürmer, d. h. ihr Körper ist in Segmente gegliedert. Ein Verdauungstrakt verläuft durch den gesamten Körper des Wurms. Die Hauptnerven treffen am Kopfende zu einem einfachen Gehirn zusammen. Die Blutgefäße bilden fünf schlingenartige so genannte Lateralherzen.

Regenwurm

Es gibt über 3500 Regenwurmarten. Diese lang gezogenen Tiere sind für die Fruchtbarkeit des Bodens verantwortlich. Sie schieben sich durch die Erde und nehmen sie mit dem Mund auf. Nachdem sie die darin enthaltenen Nährstoffpartikel verdaut haben, scheiden sie die Reste am Hinterende aus. Indem sie sich durch die Erde arbeiten, vermischen sie die einzelnen Schichten, und durch ihre Gänge kann Wasser nach unten sickern und Luft einströmen. Dadurch steigt die Bodenqualität.

WÜRMER IN TEICHEN
Sogar in einem kleinen Teich leben viele Würmer, z. B. Egel und Tubifex-Würmer. Der Körper eines Egels besteht aus 32 Segmenten. Egel saugen das Blut anderer Tiere, darunter auch das von Fischen und Menschen. Sie schwimmen durch wellenförmige Bewegungen ihres Körpers, der an jedem Ende einen Saugnapf hat. Tubifex-Würmer leben von Futterpartikeln im Schlamm.

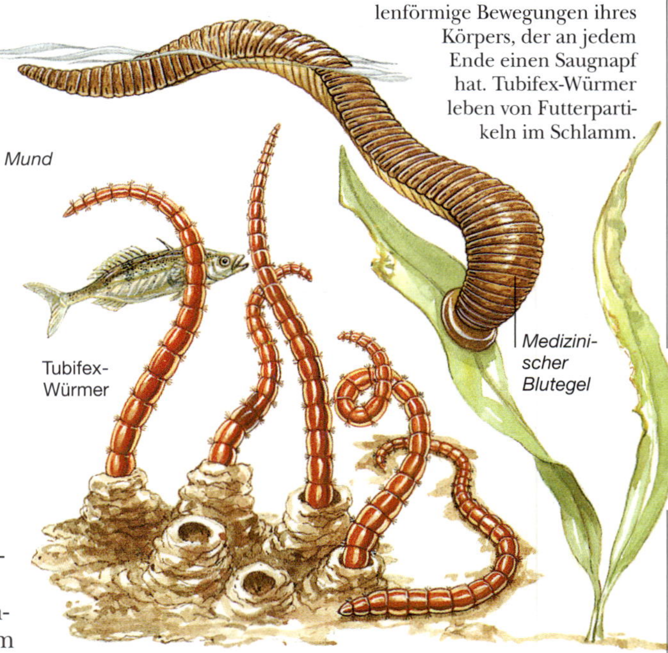

TUBIFEX-ENDEN
Die in Teichen lebenden Tubifex bewegen das Hinterende im Wasser, weil sie mit dem Darm atmen. Der Kopf ist im Schlamm vergraben und nimmt Nährstoffe auf.

Siehe auch
BÖDEN
MEDIZIN, GESCHICHTE
TIERE

Wüste

Ein Fünftel der Landfläche auf der Erde ist von trockenen, unwirtlichen Wüsten bedeckt, in denen nur sehr wenige Pflanzen, sehr widerstandsfähige Tiere und kaum Menschen leben. Das Leben der Wüstenbewohner ist ein beständiger Kampf ums Überleben, da es wenig Nahrung und Wasser gibt.

In Wüsten regnet es fast nie, da die Luft immer warm ist und keine Wolken entstehen. Der klare Himmel lässt es tagsüber immer sehr heiß werden, doch weil es keine Wolken gibt, die die Wärme halten können, fällt die Temperatur nachts stark ab, und es wird sehr kalt. Nicht alle Wüsten sind heiß und sandbedeckt; viele sind steinig und in manchen Wüsten Asiens ist es meist sehr kalt, da sie in großen Höhen liegen. Neue Wüsten können sich ausbreiten, wenn häufig Dürre herrscht oder wenn die Menschen alle Bäume fällen und ihre Tiere alle Pflanzen abweiden (so genannte Überweidung). In den 70er-Jahren des 20. Jh. verwandelten Dürre und Überweidung die Sahelzone in Afrika in eine Wüste – ein Problem, das bis heute noch nicht gelöst werden konnte.

MONUMENT VALLEY
Das Monument Valley liegt in einem Wüstengebiet der USA. Es ist bekannt durch seine eindrucksvollen Felssäulen, die der Wind aus dem Gestein geformt hat, indem er immer wieder Sand an die Felsen blies.

SANDDÜNEN
In vielen Wüsten sind riesige Sandwälle zu finden, die man als Dünen bezeichnet. Der Wind häuft den Sand zu Dünen an, die wie Wellen aus Sand langsam über den Boden wandern. Dünen werden oft über 30 m hoch.

Sand

In der Wüste ist es tagsüber sehr heiß und nachts sehr kalt. Durch diesen Temperaturwechsel dehnt sich das Gestein immer wieder aus und zieht sich zusammen, sodass sich von seiner Oberfläche bald Gesteinsstückchen lösen. Diese Steinchen werden vom Wind fortgeblasen und über anderes Gestein geschleift. Im Laufe der Zeit bedecken Millionen solcher Gesteinskörner den Wüstenboden als Sand.

SANDSTÜRME
Starke Winde blasen Sand und Staub in wirbelnden Wolken über den Wüstenboden. Hoch reichende Winde verteilen feine Staubteilchen manchmal über ganze Kontinente.

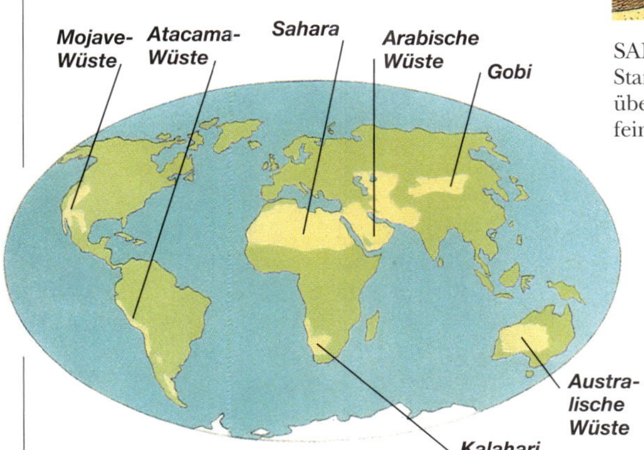

DIE WÜSTEN DER WELT
Beiderseits des Äquators umfassen zwei breite Gürtel mit Wüstenklima die ganze Erde. Wüsten entstehen auch in Gebieten, wo hohe Gebirge den Regen fernhalten. Die größte Wüste der Welt ist die Sahara im Norden Afrikas. Sie bedeckt eine Fläche von mehr als 9 Mio. km². In einigen Gebieten Zentralasiens, wo trockene Winde herrschen, breiten sich kalte Wüsten aus.

OASEN
Oasen sind Wasservorkommen in der Wüste. Das Wasser stammt aus weit entfernten Gebieten, fließt tief unter dem Wüstenboden und tritt an Quellen in den Oasen aus. Diese Oase liegt in der Tamerza-Wüste, Tunesien.

BEWÄSSERUNG
Durch Bewässerung lassen sich Wüstengebiete in grünes, fruchtbares Land verwandeln. Das Wasser kann aus nahen Flüssen abgeleitet sein oder aus unterirdischen Quellen stammen.

Siehe auch
Kamele und Lamas
Klima
Tiere, Wüste

BRÜCHE
Manchmal muss die Zahl 1 in kleinere Einheiten unterteilt werden. Teile einer ganzen Zahl heißen Brüche.

ZAHLEN

WENN WIR ZÄHLEN ODER MESSEN, verwenden wir Zahlen. Zahlen sind Symbole, die eine Menge bezeichnen. Es gibt nur zehn Zahlen-Symbole: 0, 1, 2, 3, 4, 5, 6, 7, 8, 9. In Zusammensetzungen können diese aber beliebig viele Zahlen jeder Größe ausdrücken. Wir verwenden Zahlen außer zum Zählen und Messen auch dafür, Zeitabstände und Entfernungen zu berechnen oder eine Reihenfolge anzugeben. Die Kunst des Umgangs mit Zahlen wird Arithmetik genannt. Unsere frühen Vorfahren benutzten wahrscheinlich die Finger zum Zählen und Rechnen. Da wir zehn Finger haben – an jeder Hand fünf – beruht unser Zahlensystem auf der Zehn als Einheit. Wir nennen es nach dem lateinischen Wort für zehn Dezimalsystem. Zur Weitergabe von Informationen sind Zahlen ebenso wichtig wie Wörter. Und wie diese können sie auch aufgeschrieben werden, sodass man sie nachvollziehen und weitergeben kann.

ZÄHLEN

Wenn die Menschen beim Zählen die Zahl Zehn überschritten, benutzten sie Gegenstände wie Kieselsteine zur Bezeichnung einer ganzen Zehnereinheit. Dies führte zur Erfindung der ersten Rechenmaschine mit Perlen, dem Abakus. Viel später folgten Rechenschieber und Taschenrechner.

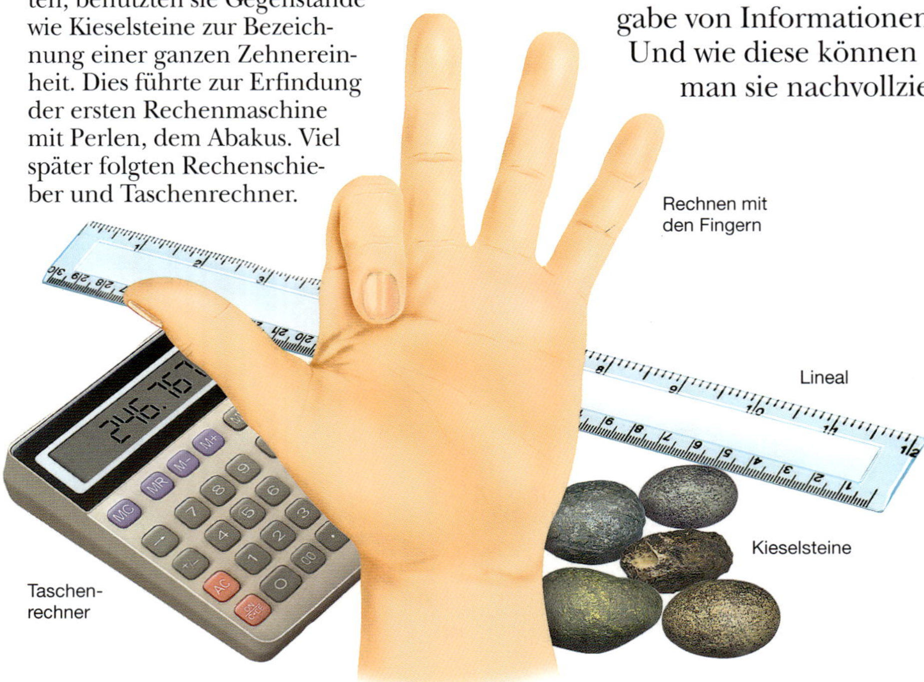

GESCHICHTE DER ZAHLEN
Im Laufe der Geschichte haben die Menschen viele unterschiedliche Zahlensymbole entwickelt. Das moderne Dezimalsystem gilt heute überall auf der Welt, aber ältere Systeme sind durchaus noch im Gebrauch. Selbst römische Zahlen kommen noch zum Einsatz, besonders häufig auf Zifferblättern von Uhren.

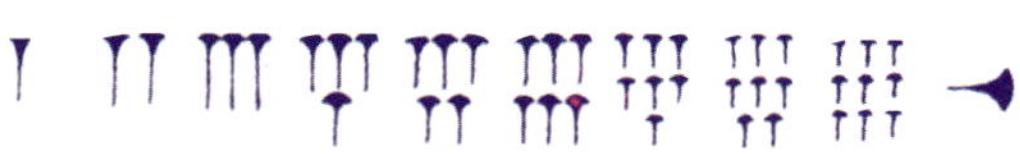

Schon vor 3500 Jahren erfanden die Babylonier ein auf der Zehn basierendes Zahlensystem. Es war aber sehr umständlich.

I II III IV V VI VII VIII IX X

Das Zahlensystem der Römer entstand um 500 v. Chr. Es ist ebenfalls umständlich, aber manchmal noch heute im Gebrauch.

Um 200 v. Chr. arbeiteten die Hindus mit am Dezimalsystem orientierten Zahlen. Vor rund 1400 Jahren kam die 0 mit in das System.

Im 15. Jh. hatten die arabischen Zahlen das römische Zahlensystem fast vollständig verdrängt.

0 1 2 3 4 5 6 7 8 9 10

Heute verwenden fast alle Länder eine moderne Version des arabischen Zahlensystems, weil es das Rechnen enorm erleichtert.

ZAHLEN IM ALLTAG
Man braucht sich nur umzusehen, und man erkennt, welch große Rolle Zahlen im alltäglichen Leben spielen. Kalender, Verkehrsschilder, Wegweiser, Preisschilder oder Anzeigetafeln beim Sport, alle verwenden sie Zahlen. Seitenangaben im Register dieses Buches verweisen darauf, wo man sich über ein Thema informieren kann. Auch unser Geldsystem arbeitet mit Zahlen.

ARTEN VON ZAHLEN

Ganze Zahlen, die eine Menge angeben, wie etwa 3 Bäume, werden Kardinalzahlen genannt. Zahlen, die eine Menge ordnen, der 3. Baum, werden Ordnungszahlen genannt. In einem Bruch bezeichnet die Zahl unter dem Strich, der Nenner, die Größe der Teile, in die das Ganze geteilt wurde. Die Zahl über dem Strich, der Zähler, gibt an, wie viele von diesen Teilen vorhanden sind.

Siehe auch
COMPUTER
GEOMETRIE
MATHEMATIK
STATISTIK

Zähne

Gesunde Zähne
Damit die Zähne gesund bleiben, brauchen sie die richtige Pflege. Nach jeder Mahlzeit sollte man sie mit Zahnbürste und Zahnpasta reinigen. Süßigkeiten schaden den Zähnen.

Immer, wenn wir essen, benutzen wir unsere Zähne, um von Lebensmitteln abzubeißen und sie zu kauen und zu zermahlen. Unsere Zähne ermöglichen uns, die Speisen so zu zerkleinern, dass das Verdauungssystem sie verdauen und in Energie verwandeln kann. Beim Zahn unterscheiden wir drei Teile: die über dem Zahnfleisch sichtbare Krone, den teilweise über dem Zahnfleisch sichtbaren Hals und die im Kiefer verborgene Wurzel. Die Zahnwurzel ist im Kiefer mit Zahnzement verankert. Zähne sind von weißem Zahnschmelz überzogen, der härtesten Substanz, die es im Körper gibt. Darunter liegt das Zahnbein oder Dentin. Diese beiden Schichten schützen die Zahnhöhle, die Nerven und Blutgefäße enthält. Es gibt vier Haupttypen von Zähnen, die jeweils besondere Aufgaben übernehmen. Die Schneidezähne vorne zerschneiden die Nahrung, die längeren und spitzen Eckzähne zerreißen sie. Die vorderen und hinteren Backenzähne zermahlen sie zu Brei.

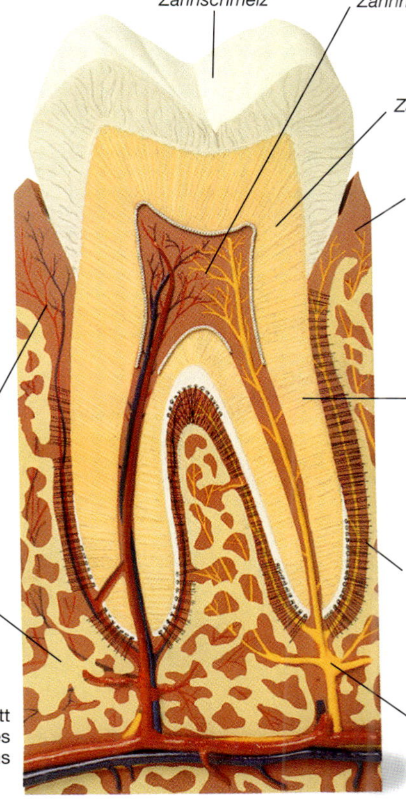

Querschnitt eines Backenzahns

Aufbau eines Zahns

Zähne haben eine, zwei (wie dieser Backenzahn), drei oder bis zu vier Wurzeln, die sie fest im Kiefer verankern und dem durch das Beißen und Kauen entstehenden Druck widerstehen. Blutgefäße, die Nährstoffe und Sauerstoff transportieren, sowie die Nerven laufen durch kleine Löcher unten in den Wurzeln.

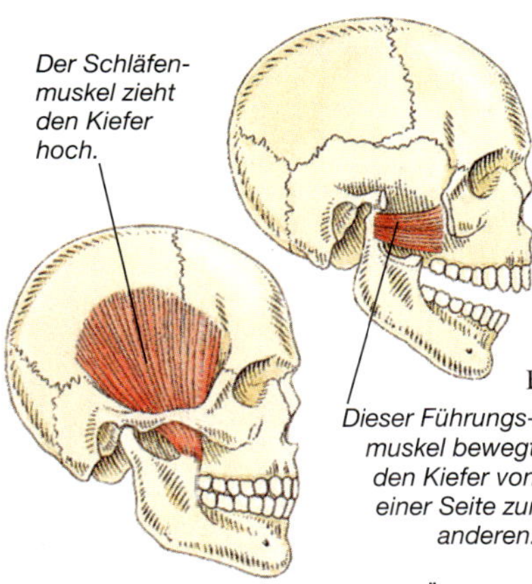

Kiefer
Der Oberkiefer ist mit dem Schädel verwachsen und nicht beweglich. Kräftige Muskeln in den Wangen und an den Seiten des Kopfes ziehen den Unterkiefer zum Oberkiefer hinauf, sodass die Zähne mit großem Druck beißen können. Andere Muskeln ziehen den Unterkiefer zur Seite, sodass wir ihn beim Kauen seitwärts bewegen können. Das Kauen ist der Beginn der Verdauung.

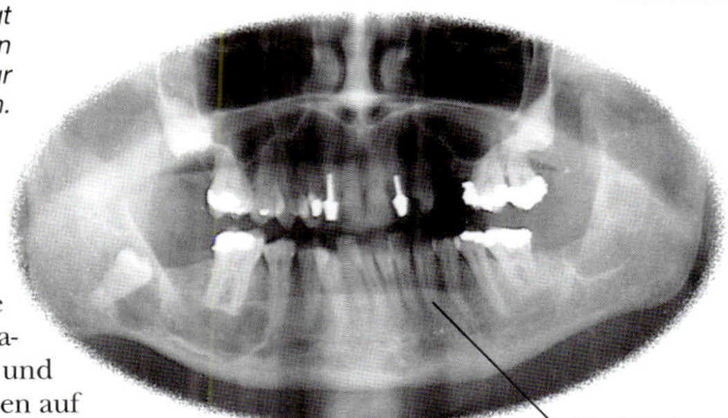

Zahnärzte
Um die Zahnwurzeln und Löcher in den Zähnen sehen zu können, machen Zahnärzte Röntgenaufnahmen. Früher zogen Zahnärzte alle schadhaften Zähne. Heute werden dagegen nur die Löcher ausgebohrt und wieder gefüllt. Die weißen Flecken auf dem Röntgenbild sind Zahnfüllungen.

Milchzähne und bleibende Zähne

Kinder haben 20 Milchzähne, die später nach und nach ausfallen und durch ein zweites, bleibendes Gebiss ersetzt werden. Das Gebiss des Erwachsenen besteht aus 32 Zähnen. In jedem Kiefer sind 4 Schneidezähne, 2 Eckzähne, 4 vordere und 6 hintere Backenzähne (davon zwei Weisheitszähne, die erst spät durchbrechen).

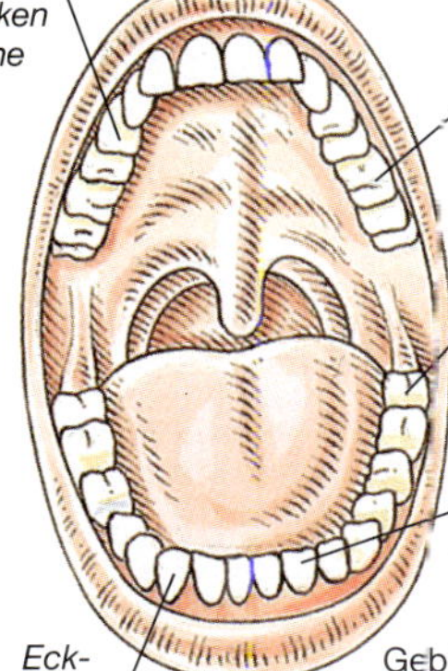

Gebiss des Erwachsenen

Stoßzähne
Tiere setzen ihre Zähne nicht nur zum Fressen ein. Große Zähne helfen beim Kampf gegen Fressfeinde oder Rivalen. Das Warzenschwein (rechts) hat zu Stoßzähnen vergrößerte Eckzähne. Mit Stoßzähnen können Tiere Raubtiere verjagen oder nach Nahrung graben.

Siehe auch
Körper, Menschlicher
Skelette
Verdauung

ZEICHNEN

VIELLEICHT SIND DIE ERSTEN ZEICHNUNGEN so entstanden, dass die Menschen mit Fingern oder Stäbchen Schatten im Sand nachgezogen haben. Dann erst gingen sie dazu über, mit Holzkohle oder Naturfarben auf anderen Unterlagen zu zeichnen. Griffel aus Blei, Zinn, Kupfer oder anderen Metallen wurden bis in das 18. Jh. verwendet. Heute zeichnen die Menschen mit Kreide, Kohle, Buntstift, Bleistift oder mit Feder und Tusche. Oftmals entsteht eine Zeichnung als Vorstufe für ein Gemälde oder eine Skulptur. Dennoch gelten viele Zeichnungen als eigenständige Kunstwerke. Eine Zeichnung erfüllt aber auch rein praktische Zwecke. Ein Architekt muss ein Haus bis in alle Einzelheiten in einem Plan entwerfen, ehe es gebaut werden kann. Ein Gerichtszeichner zeichnet in Verhandlungen, bei denen keine Fotografen zugelassen sind. Vor der Erfindung der Fotografie erschienen sogar gezeichnete Darstellungen von Tagesereignissen in Zeitungen.

ALBRECHT DÜRER
Auf seinen Zeichnungen porträtierte Albrecht Dürer (1471–1528) vor allem Menschen, Landschaften und Tiere. Die Pinselzeichnung *Betende Hände* diente als Vorstudie für ein Altargemälde. Dürers Werk umfasst auch Gemälde, Kupferstiche und Holzstiche.

BLEISTIFTE

Der »Blei«-stift, wie wir ihn kennen, besteht aus einer Mischung aus Graphit und Lehm, die bei großer Hitze gebrannt wird. Dann erhält die Bleistiftmine einen Halter aus Holz. Bleistifte gibt es erst seit dem Ende des 18. Jh. Die besten Ergebnisse erzielt man auf gutem Papier. Die rauhe Oberfläche verleiht der Zeichnung mehr Ausdruck.

SKIZZEN
Künstler arbeiten oft mit Skizzen – schnellen Entwürfen –, um einen Eindruck festzuhalten oder ein größeres Werk vorzubereiten. Der italienische Künstler Leonardo da Vinci (1452–1519) machte Skizzen in großer Zahl, um seine Beobachtungen festzuhalten. Er füllte ganze Bücher mit Zeichnungen des menschlichen Körpers, Plänen für Maschinen, Pflanzenstudien und Stadtplänen. Die Abbildung oben zeigt eine Vorstudie für das Werk *Kopf der Leda.*

TECHNISCHES ZEICHNEN
Architekten, Ingenieure und Designer machen Entwürfe in Form von technischen Zeichnungen. Zu ihrer Ausrüstung gehören Reißschiene und Zirkel. Technische Zeichnungen geben genau an, wie etwas gebaut werden soll, egal ob Brücken oder Flugzeuge. Der Zeichner braucht eine ruhige Hand und ein geschultes Auge. Der geringste Fehler könnte verheerende Folgen haben.

Siehe auch
ARCHITEKTUR
CARTOON UND ZEICHENTRICK
MALEREI

ZEIT

SANDUHR
Der durch eine Sanduhr sickernde Sand zeigt an, wie die Zeit vergeht. In einer bestimmten Zeit fließt der Sand vom oberen ins untere Gefäß.

DIE ZEIT FLIESST unaufhörlich in eine Richtung. Hinter uns liegt die Vergangenheit, die wir kennen. Vor uns liegt die Zukunft, die wir noch nicht kennen. Wir können die Zeit nicht beeinflussen, aber wir können sie messen. Die Menschen haben die Zeit zunächst in Tage und Nächte unterteilt. Sie unterteilten die Zeit später auch nach Monaten, indem sie die Phasen des Mondes beobachteten, und in Jahre, indem sie den Lauf der Jahreszeiten verfolgten. Heute haben wir Uhren, die die Zeit sogar sekundengenau messen.

Der deutsche Physiker Albert Einstein stellte 1905 die Relativitätstheorie auf. Sie besagt, dass die Zeit nicht immer konstant ist, sondern dass sie langsamer vergeht, wenn man sich sehr schnell (fast mit Lichtgeschwindigkeit) oder in starken Schwerefeldern bewegt. Wissenschaftler glauben sogar, dass die Zeit in Schwarzen Löchern stehen bleiben könnte.

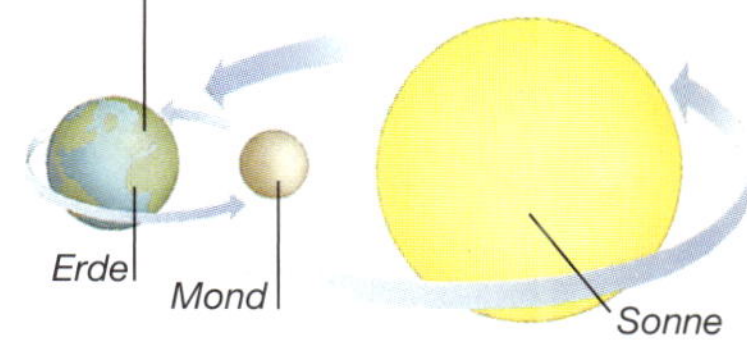

JAHRE UND MONATE
Ein Jahr ist die Zeit, in der die Erde einmal die Sonne umkreist. Dies sind genau 365,26 Tage. Monate dauern zwischen 28 und 31 Tagen. Sie basierten ursprünglich auf der Zeit eines Mondumlaufs um die Erde, der 27,3 Tage dauert.

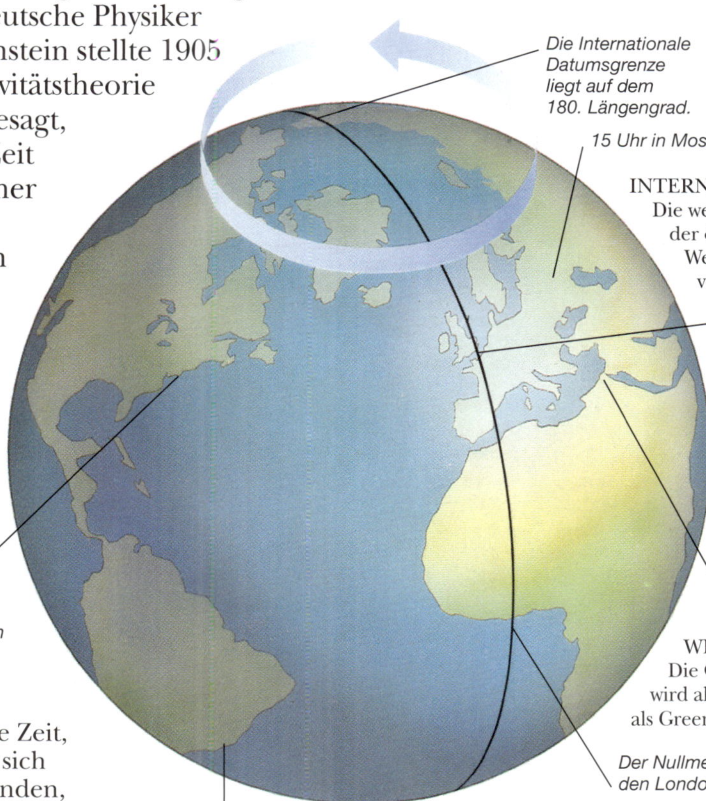

INTERNATIONALE DATUMSGRENZE
Die westliche Seite der Datumsgrenze ist der östlichen Seite einen Tag voraus. Wenn man die Grenze überschreitet, verändert sich das Datum.

ZEITZONEN
Die Welt ist in 24 Zeitzonen unterteilt, in denen es unterschiedlich spät ist. Sie wurden eingeführt, damit in einem Gebiet keine Zeitunterschiede herrschen und damit überall auch wirklich um die Tagesmitte herum Mittag ist.

WELTZEIT
Die Ortszeit am Nullmeridian von Greenwich wird als Weltzeit (WT) oder international auch als Greenwich Mean Time (GMT) bezeichnet.

ZEITEINHEITEN

Ein Tag und eine Nacht sind die Zeit, in der sich die Erde einmal um sich selbst dreht. Der Tag hat 24 Stunden, jede Stunde hat 60 Minuten und jede Minute 60 Sekunden. Diese Einheiten führten die Babylonier vor etwa 5000 Jahren ein. Sie wählten 24 und 60, da sie sich leicht durch 2, 3 und 4 teilen lassen.

TAGE UND NÄCHTE
Die Sonne erhellt die eine Erdhälfte, auf der Tag herrscht. Die der Sonne abgewandte Seite ist dunkel, hier ist Nacht. Tage und Nächte wechseln sich ab, da sich die Erde in 24 Stunden einmal um die eigene Achse dreht. Da jedoch die Erdachse zur Erdbahn geneigt ist, sind Tage und Nächte im Jahresverlauf unterschiedlich lang.

Der Hindu-Kalender richtet sich nach dem Mond. Das Lichtfest Diwali markiert den Beginn eines neuen Jahres. Es findet im Oktober oder November statt.

KALENDER

Das Datum legt der Kalender fest, der zwölf Monate mit insgesamt 365 Tagen umfasst. Jedes vierte Jahr ist ein Schaltjahr mit einem zusätzlichen Tag, dem 29. Februar. Schaltjahre sind Jahre, die sich durch vier teilen lassen, so wie 1996 und 2000. Es gibt Schaltjahre, da die Erde etwas mehr als 365 Tage benötigt, um einmal die Sonne zu umkreisen. In prähistorischer Zeit bauten die Menschen Monumente wie das in Stonehenge, Südengland (unten), anhand derer sie die Position der Sonne und die genaue Länge eines Jahres bestimmen konnten.

Siehe auch

EINSTEIN, ALBERT
ERDE
NATURWISSENSCHAFTEN
PHYSIK
STERNE
UHREN
WELTALL

Zeitschriften

EGAL WOFÜR MAN SICH INTERESSIERT, es gibt für jedes Gebiet eine entsprechende Zeitschrift. Wie bei einer Zeitung auch erscheinen regelmäßig neue Ausgaben – in der Regel wöchentlich oder monatlich. Aber Zeitschriften sind dauerhafter als Zeitungen. Oft werden sie von mehreren Leuten gelesen, ehe sie ins Altpapier wandern. Und manche Zeitschriften, etwa wissenschaftliche, sind eher wie Nachschlagewerke. Ihre Käufer sammeln sie, um noch Monate oder Jahre später darin etwas nachzulesen. Die einfachsten Zeitschriften, wie z. B. Schülerzeitungen, bestehen aus fotokopierten und zusammengehefteten Blättern. An ein breiteres Publikum richten sich die in Geschäften erhältlichen Zeitschriften. Sie enthalten viele Bilder und sind auf Hochglanzpapier gedruckt. Der Herausgeber bestimmt den Inhalt, Redakteure und Journalisten recherchieren die Themen und verfassen die Artikel.

MAGAZINE
Die ersten Zeitschriften in Europa erschienen im 17. Jh. Zeitschriften mit einem hohen Anteil an Bildern werden auch Magazine genannt. Diese gibt es dementsprechend erst, seit es möglich ist, auch Fotos abzudrucken. Eines der bekanntesten deutschen Magazine ist der *Stern*, der 1948 gegründet wurde.

Wissenschaftsmagazine erklären neue Entdeckungen und Erfindungen.

Essen und Trinken sind ein beliebter Themenbereich.

Magazine werden auch übersetzt und erscheinen in mehreren Landessprachen.

COMICS
Kinder, aber auch viele Erwachsene lieben Comics. Ursprünglich erschienen Comics als Comic Strip, als kurze Folge von Bildern in amerikanischen Zeitungen. In den 30er-Jahren des 20. Jh. wurden diese auch in Heftform nachgedruckt. Das war die Geburt des Comic-Hefts, und den ersten Comic-Helden, Batman und Superman, sollten bald viele andere nachfolgen.

Superman, einer der berühmtesten Comic-Helden der Welt, erschien erstmals 1938 in den so genannten Action Comics.

Magazine zu allen Themen

Für beinahe jedes Interessengebiet gibt es auch eine Zeitschrift. Behandelt werden die Themen Mode, Schönheit, Familie, aber auch Hobbies wie Segeln, Angeln, Computer oder Malerei. Magazine wie *Focus* und *Spiegel* liefern Hintergrundberichte zu aktuellen Ereignissen, über die in der Tageszeitung oder den Fernsehnachrichten nur kurz informiert wird. Spezielle Themen werden in Wissenschaftsmagazinen abgehandelt. Besonders beliebt bei Jugendlichen sind Fanzines, Magazine über Popstars.

ZEITUNGSKIOSK
Ein Zeitungskiosk bietet nationale und internationale Presseprodukte in großer Auswahl und zu allen Themenbereichen. Dort kann sich der Leser im Vorbeigehen mit Lesematerial eindecken.

JOURNALISTEN
Zeitschriften werden auch Journale genannt. Davon abgeleitet ist das Wort Journalisten, die Berufsbezeichnung für jemanden, der Artikel schreibt. Den fertigen Artikel leitet der Journalist in das Redaktionsbüro weiter. Dort sitzt der Redakteur, der den Artikel unter Umständen überarbeitet und auf die richtige Länge bringt. Redakteure haben auch einen Einfluss auf die Auswahl der Artikel.

Siehe auch
CARTOON UND ZEICHENTRICK
WERBUNG
ZEITUNGEN

Zeitungen

FLUGSCHRIFTEN
Die erste Zeitung erschien im 17. Jh. in Deutschland. Bis dahin wurden Nachrichten auf Flugschriften verbreitet. Diese bestanden wie ein Flugblatt nur aus einer Seite.

EINE TAGESZEITUNG KOSTET nicht viel und hält den Leser auf dem Laufenden über lokale, nationale und internationale Neuigkeiten. Im Gegensatz zu den Fernsehnachrichten haben Zeitungen genügend Platz dafür, vertieft auf die Ereignisse einzugehen; zudem berichten sie über ein breiteres Themenspektrum. Zusätzlich zu den reinen Nachrichten gibt es Hintergrundberichte aus den Bereichen Politik, Kultur, Sport, Mode, Technik, Naturwissenschaften und Umwelt. Zeitungen enthalten auch Kommentare, welche die persönliche Meinung des Verfassers wiedergeben. Manche Zeitungen unterstützen eine politische Partei, andere erstreben Unabhängigkeit. Regionale Zeitungen berichten in erster Linie aus einer bestimmten Stadt oder Region; sie gehören zur Lokalpresse. Überregionale Zeitungen werden im ganzen Land gelesen und berichten über nationale und internationale Geschehnisse. Redakteure, Reporter, Fotografen, Setzer, Drucker – alle sind an einer Zeitung beteiligt.

AM ZEITUNGSKIOSK
In jedem Land gibt es mehrere Zeitungen. Manche erscheinen täglich, andere wöchentlich. Einige erscheinen in Millionenauflage, von anderen werden nur ein paar tausend Exemplare gedruckt. Jede Zeitung hat ein bestimmtes Erscheinungsbild. Dazu gehören Format, Schriftart und die Aufteilung der Seite in Text und Bilder.

In der Nachrichtenredaktion

Das Herz einer Zeitung ist die Nachrichtenredaktion. Über Telefon, Fax und Internet laufen hier rund um die Uhr Nachrichten und Reportagen aus aller Welt ein. Hier bearbeiten Redakteure die Berichte der Reporter. In der Redaktionssitzung entscheiden die Redakteure und der Chefredakteur, welche dieser Berichte tatsächlich gedruckt werden.

Die Titelseite

Dicke Schlagzeilen und Fotos beherrschen das Erscheinungsbild der Titelseite. An ereignisreichen Tagen muss die Redaktion immer wieder neu darüber entscheiden, welche Geschichte letztendlich auf der Titelseite erscheint. Darunter sind oft Nachrichten, die in die Geschichte eingehen – der Ausbruch eines Krieges z.B. oder wichtige politische Ereignisse.

Druckmaschinen

Das Rattern der Rotationsmaschine erfüllt den Raum. Von einer Endlosrolle, die oft bis zu 8 km lang ist, läuft das Papier unablässig in die Maschine. Manche Maschinen drucken, falten, schneiden und stapeln bis zu 1000 Zeitungen in nur einer Minute. Noch in derselben Nacht wird die Zeitung ausgeliefert – im wahrsten Sinne druckfrisch.

Siehe auch
CARTOONS
DRUCKTECHNIK
INFORMATIONSTECHNOLOGIE
WERBUNG
ZEITSCHRIFTEN

Zentralamerika

Zentralamerika bildet einen Isthmus (Landenge) von Mexiko im Norden bis Kolumbien im Süden.

Wie die Glieder einer Kette scheinen die sieben zentralamerikanischen Staaten die Kontinente Nord- und Südamerika zusammenzuhalten. Im feuchtheißen Klima gedeihen Bäume, Pflanzen und Dschungeltiere um die sumpfigen Küsten und auf den hohen Bergen. Vor über 2500 Jahren bewohnten Indianer Zentralamerika. Einige der heute dort lebenden Völker sind ihre direkten Nachfahren. Viele sind Mestizen: Menschen mit indianischen und europäischen Ahnen. Europäer kamen erstmals um 1500 nach Mittelamerika, wo die Spanier über drei Jahrhunderte lang herrschten. Bis 1823 waren viele Länder unabhängig geworden, aber dies brachte den Menschen weder Frieden noch Wohlstand. Noch heute sind die meisten Zentralamerikaner arm und haben kein Land. Es gibt zu wenig Arbeit und nicht genug Nahrung. Da die Regierungen in der Region diese Probleme nicht lösen können, kommt es immer wieder zu Kriegen und Revolutionen.

In Zentralamerika gibt es viele aktive Vulkane. Der größte, der Tajumulco, ist in Guatemala.

Der Boden in den Tälern ist sehr fruchtbar.

Dschungel bedeckt die östliche Küstenebene und viele Berge.

DIE BEWOHNER
Über 38 Mio. Menschen leben in Zentralamerika, meist auf dem Land und in Kleinstädten. Die größte Stadt, Guatemala-Stadt, hat über 2 Mio. Einwohner. Die meisten Menschen sprechen Spanisch oder eine der einheimischen Indianersprachen. In Belize sprechen viele Menschen Englisch. Viele Zentralamerikaner sind Christen, und die römisch-katholische Kirche hat großen Einfluss auf Alltagsleben und Kultur.

Maya

Zwischen 250 und 900 lebte das indianische Volk der Maya in Zentralamerika, wo sie ein riesiges Reich schufen. Sie bauten große Städte in Palenque und Tikal (im heutigen Mexiko und Guatemala) und große Steintempel und Paläste in Form von Pyramiden. Zur Ernährung der Menschen in den Städten entwickelten die Maya geniale Anbaumethoden auf den kleinen Landflächen.

In Honduras angebaute Bananen werden auf der ganzen Welt verzehrt.

Bis zum Bürgerkrieg war Nicaragua ein bedeutender Baumwollerzeuger.

In Panama wird Zucker aus Zuckerrohr gewonnen, das im feuchtheißen Klima rasch wächst.

Kaffee ist Guatemalas wichtigstes Exportgut.

Belize verarbeitet Grapefruits und exportiert Saft.

BILDUNG
Bürgerkriege und andere bewaffnete Konflikte haben oft ein normales Leben in Zentralamerika behindert. Darum gibt es hier viele Analphabeten. Doch in Nicaragua bringt man mit einer großen Kampagne den Menschen Lesen und Schreiben bei.

Industrie

Viele Länder in Zentralamerika hängen von der Landwirtschaft ab. Belize wie El Salvador erzeugen auch Textilien und Leichtindustrieprodukte. Guatemala produziert Öl für den Export.

Siehe auch

Azteken
Karibik
Konquistadoren
Mexiko

Vulkan | Berg | Historische Stätte | Hauptstadt | Großstadt | Stadt

PANAMAKANAL

Der Panamakanal verbindet als große internationale Wasserstraße Atlantik und Pazifik. Er ist über 80 km lang und bis zu 150 m breit sowie mindestens 12 m tief. Über 12 000 Schiffe aus aller Welt passieren jährlich die Schleusen. Ihre Fracht ist meist für die USA bestimmt oder kommt von dort.

FAKTEN
Fläche: 523 160 km^2
Einwohner: 38 756 000
Zahl der unabhängigen Länder: 7

PAZIFISCHER KÜSTENSTREIFEN
Die Hälfte der Bevölkerung lebt an den westlichen Hängen, die höher liegen und trockener sind als die Bereiche an der Küste der Karibik. Die meisten Menschen im Westen arbeiten als Bauern. Sie bauen Kaffee an, Bananen, Zuckerrohr und Baumwolle.

BELIZE
Fläche: 22 960 km^2
Einwohner: 256 000
Hauptstadt: Belmopan
Währung: Belize-Dollar

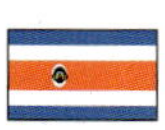

COSTA RICA
Fläche: 51 100 km^2
Einwohner: 4 200 000
Hauptstadt: San José
Währung: Colón

HONDURAS
Fläche: 112 090 km^2
Einwohner: 6 900 000
Hauptstadt: Tegucigalpa
Währung: Lempira

EL SALVADOR
Fläche: 21 040 km^2
Einwohner: 6 500 000
Hauptstadt: San Salvador
Währung: Colón

NICARAGUA
Fläche: 130 000 km^2
Einwohner: 5 500 000
Hauptstadt: Managua
Währung: Córdoba

GUATEMALA
Fläche: 108 890 km^2
Einwohner: 12 300 000
Hauptstadt: Guatemala-Stadt
Währung: Quetzal

PANAMA
Fläche: 77 080 km^2
Einwohner: 3 100 000
Hauptstadt: Panama-Stadt
Währung: Balboa

COSTA RICA
Über die Hälfte der Costa-Ricaner leben auf einem breiten, fruchtbaren, von Vulkangebirgen umgebenen Plateau (oben). Kleine Farmen bauen Kaffee, Mais, Reis und Zucker auf den Hängen an. Im Unterschied zu anderen mittelamerikanischen Ländern erfreut sich Costa Rica politischer Stabilität.

Zentralasien

Im Osten und Süden bilden die zentralasiatischen Gebirge eine Barriere zwischen Zentralasien, China und Pakistan. Im Westen liegen der Iran und die Ostküste des Kaspischen Meeres, im Norden die flachen Steppen von Kasachstan.

ZENTRALASIEN MIT SEINEN HOCHGEBIRGEN, fruchtbaren Tälern und ausgedehnten Wüsten wurde früher von Nomaden bevölkert, die das Land mit ihren Herden auf der Suche nach neuen Weiden durchstreiften. Einst führte durch diese Region die Seidenstraße, eine Handelsroute von China nach Europa, an der eine Reihe von Städten gegründet wurde. Von 1922 bis 1991 gehörte die Region größtenteils zur Sowjetunion. In dieser Zeit verschwanden traditionelle Lebensweisen, und neue Techniken machten das Land produktiver. Heute erzeugen die unabhängigen Staaten der Region Strom aus den Gebirgsbächen und bewässern das trockene Land. Vielfältige Feldfrüchte – Gemüse, Weizen, Obst und Tabak – werden angebaut. Haupterzeugnis ist Baumwolle, die von Usbekistan exportiert wird. Afghanistan im Süden ist nach erbitterten Bürgerkriegen und der Befreiung vom fundamentalistischen Islamregime der Taliban auf dem Weg zur Demokratie.

Die Tierzucht ist wichtig für die Kirgisen, da sie so wenig Ackerland haben. Sie sind bekannt für ihre Reitkunst.

SAMARKAND
Samarkand, eine der ältesten Städte Zentralasiens, lag an der alten Seidenstraße von China nach Europa. Einige der schönsten Gebäude stammen aus dem 13. und 14. Jh., als Samarkand das Zentrum eines islamischen Reiches war.

Die Bauwerke des Registan-Platzes (unten) sind mit Mosaiken, Marmor und Gold verziert.

Samarkand ist noch heute ein bedeutendes Handelszentrum, das Seide und Baumwolle, Obst, Gemüse und Tabak exportiert.

Kirgisische Nomaden

Die vorwiegend aus Kirgisistan stammenden Kirgisen sind ein Nomadenvolk, das traditionell auf den Hochplateaus mit Schaf-, Ziegen-, Yak-, Pferde- und Kamelherden lebt und früher Jurten, filzbedeckte Rundzelte, bewohnte. In der Sowjetära mussten sich viele Kirgisen in großen Agrarkollektiven niederlassen.

TEPPICHE
Handgeknüpfte Wollteppiche aus Turkmenistan und Usbekistan haben auffallend geometrische Muster. Sie dienen als Satteldecken, Wandbehänge und Gebetsteppiche.

Aralsee

In Usbekistan leiten Baumwollfarmer den Amu-Darja zur Bewässerung ihrer Felder um. Der Aralsee, der auch von diesem Fluss gespeist wird, trocknet aus. Seit 1960 ist er um mehr als die Hälfte zurückgegangen, sein Salzgehalt hat sich vervierfacht. Darum ist er für Fische zu salzig, und die Fischereihäfen sind heute von gestrandeten Schiffen umgeben. Düngemittel vergiften das Trinkwasser und verursachen Gesundheitsprobleme.

BAUMWOLLERNTE
Usbekistan ist eines der größten Baumwollanbaugebiete der Erde. Baumwolle wird auch anderswo in Zentralasien angebaut, das damit die nördlichste Baumwollregion der Welt ist. Usbekistan baut und exportiert Baumwollernte- und -verarbeitungsmaschinen. Das Ernten der weißen, flaumigen Baumwolle ist hochmechanisiert.

Siehe auch
Asien
Dämme
Islam
Meere
Sowjetunion

AFGHANISTAN
Fläche: 652 090 km²
Einwohner: 23 900 000
Hauptstadt: Kabul
Sprachen: Persisch, Paschtu, Dari, Usbekisch, Turkmenisch
Religionen: islamisch (sunnitisch, schiitisch)
Währung: Afghani

KIRGISISTAN
Fläche: 198 500 km²
Einwohner: 5 100 000
Hauptstadt: Bischkek
Sprachen: Kirgisisch, Russisch
Religionen: islamisch, russisch-orthodox
Währung: Kirgisistan-Som

TADSCHIKISTAN
Fläche: 143 100 km²
Einwohner: 6 200 000
Hauptstadt: Duschanbe
Sprachen: Tadschikisch, Russisch
Religionen: islamisch (sunnitisch, schiitisch)
Währung: Somoni

TURKMENISTAN
Fläche: 488 100 km²
Einwohner: 4 900 000
Hauptstadt: Aschgabad
Sprachen: Turkmenisch, Usbekisch, Russisch
Religionen: islamisch (sunnitisch), orthodox
Währung: Turkmenistan-Manat

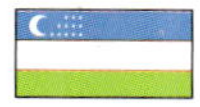

USBEKISTAN
Fläche: 447 400 km²
Einwohner: 26 100 000
Hauptstadt: Taschkent
Sprachen: Usbekisch, Russisch
Religionen: islamisch (sunnitisch), orthodox
Währung: Usbekistan-Sum

KHYBER-PASS
Der Khyber-Pass ist der Übergang von den Gebirgen Afghanistans in die dicht besiedelten Ebenen des indischen Subkontinents. Eine schmale, im späten 19. Jh. erbaute Straße windet sich zwischen nackten Felswänden dahin – an einem Punkt ist sie nur 5 m breit. Im Zweiten Afghanischen Krieg (1879/80) war der Pass Schauplatz vieler Kämpfe zwischen britischen Truppen und einheimischen Stammeskriegern.

UMKÄMPFTES KABUL

Die Hauptstadt Afghanistans hat eine strategische Lage an den Gebirgspässen nach Pakistan. Während des Bürgerkriegs (1979/89) zwischen der von der Sowjetunion unterstützten kommunistischen Regierung und den einheimischen Stämmen (*Mudschaheddin*) wurde sie schwer beschädigt. Das anschließende Terrorregime der radikalislamischen Taliban wurde 2002 von den USA beendet. Unter dem Schutz von UN-Truppen geht von Kabul der Wiederaufbau des Landes aus.

VAKHSH-SCHLUCHT

Im Süden Tadschikistans treiben die aus dem Pamirgebirge herabstürzenden Flüsse Wasserkraftwerke an. Der Vakhsh-Damm wurde in den 1930er-Jahren von den Sowjets gebaut. Er liefert Elektrizität und Wasser an die Bauern im Tiefland. Das Wasser hat Wüsten in Oasen umgewandelt, wo Mandeln, Aprikosen und Feigen angebaut werden.

Zirkus

Akrobatische Darbietungen und Tiernummern kannten die Menschen schon sehr früh. Aber der Zirkus, wie wir ihn heute kennen, hat seinen Ursprung im Jahr 1768, als der Engländer Philip Astley in einem Amphitheater in London Reitkünstler auftreten ließ. Bald kamen Seiltänzer und Entfesselungskünstler dazu. 1793 gründete John Ricketts eine ähnliche Unternehmung in den USA. Die Vorstellungen damals fanden in festen Gebäuden statt. Wanderzirkusse wie Renz und Hagenbeck kamen erst später auf. Sie zogen von Stadt zu Stadt und zeigten ihre Darbietungen in einem Zelt. Heute ist ein Abend im Zirkus, mit Clowns und Jongleuren, Seiltänzern und Dressurnummern beliebt bei Jung und Alt. Auch der Zirkusnachwuchs muss ausgebildet werden. Dafür Sorgen spezielle Zirkusschulen auf der ganzen Welt.

TRAPEZ
Trapezkünstler müssen ihre Saltos hoch unter der Zirkuskuppel sekundengenau abstimmen. Diese gewagte Zirkusnummer wurde 1859 von dem Franzosen Jules Léotard entwickelt.

MANEGE
Philip Astley fand heraus, dass für Reitnummern ohne Sattel ein Kreis mit einem Durchmesser von 12,8 m am besten geeignet ist. Heute ist das der Standard für die meisten Manegen.

Der englische Clown Joseph Grimaldi

Eierköpfe mit Clownsgesicht

VIERMASTZELT
Große Zirkusunternehmen reisen mit einem Viermastzelt, das auch starken Stürmen standhalten muss. Die Kuppel bietet Platz für Scheinwerfer sowie für Trapez- und Hochseilnummern. Mitreisende Artisten und Tiere leben in Wagen.

ZIRKUSDIREKTOR
Zu Beginn einer jeden Vorstellung betritt der Zirkusdirektor die Manege, um mit ausdrucksstarken Worten das Programm anzukündigen. Der Direktor ist für Vieles verantwortlich. Vor jeder Nummer überprüft er die Geräte und den korrekten Sitz der Kostüme. Er hält die launischen Clowns in Schach und sorgt für einen glatten Ablauf des Abends.

Clowns

Jeder Clown ist einzigartig. Die Leute zum Lachen zu bringen, ist eine ernste Aufgabe, und Clowns müssen über viele Talente verfügen. Sie sind Musiker, Akrobaten, Pantomimen und Komödianten in einer Person. Der erste richtige Clown, Joseph Grimaldi, trat im 19. Jh. auf Londoner Bühnen auf. Mit seinem weiß geschminkten Gesicht ist er das Vorbild heutiger Zirkusclowns. Als Gedächtnisstütze malen britische Clowns ihr Make-up gerne auf »Eierköpfe«.

Zirkusparade

Mit einem Umzug verkündet der Zirkus seine Ankunft in der Stadt. Pferdedressuren haben eine lange Tradition im Zirkus. Heute setzt sich die Meinung immer mehr durch, dass es grausam ist, Raubtiere für die Manege abzurichten.

Trommler

Einradfahrer

Viele Zirkusnummern sind Balanceakte. Mit ausgebreiteten Armen versucht der Einradfahrer das Gleichgewicht zu halten.

Feuerschlucker

Clown

Siehe auch
THEATER

Zoo

VOR ÜBER 3000 JAHREN begannen Menschen, Tiere in Tiergärten oder Zoos zu halten. Damals gründeten chinesische Herrscher einen großen Zoo, den sie »Gärten der Intelligenz« nannten. Heute besitzen die meisten größeren Städte einen Tierpark oder ein Aquarium. Hier können die Besucher Hunderte verschiedener Tierarten sehen und beobachten. Über den Sinn von Zoos herrscht allerdings geteilte Meinung. Die Befürworter sagen, dass Zoos den Menschen die Möglichkeit geben, Tiere aus nächster Nähe zu erleben, dass wir durch Zoos die Wunder der Natur kennen lernen, und dass in Zoos wichtige Forschungen durchgeführt und bedrohte Tierarten gezüchtet werden können. Die Gegner der Zoos finden, dass es nicht richtig ist, Tiere gefangen zu halten, dass die Tiere in den Gehegen unnatürlich leben und leicht krank werden können.

FRÜHE ZOOS
Früher wurden in den Zoos Tiere wie z. B. Elefanten darauf dressiert, vor den Besuchern Kunststücke vorzuführen, wie auf diesem Bild. Heute legt man Wert darauf, den Besuchern zu zeigen, wie Tiere in ihrer natürlichen Umgebung leben. Ideal wäre, natürliche Lebensräume mit ihrer Tier- und Pflanzenwelt zu erhalten und Besuchern zugänglich zu machen. Leider ist dies nicht immer möglich.

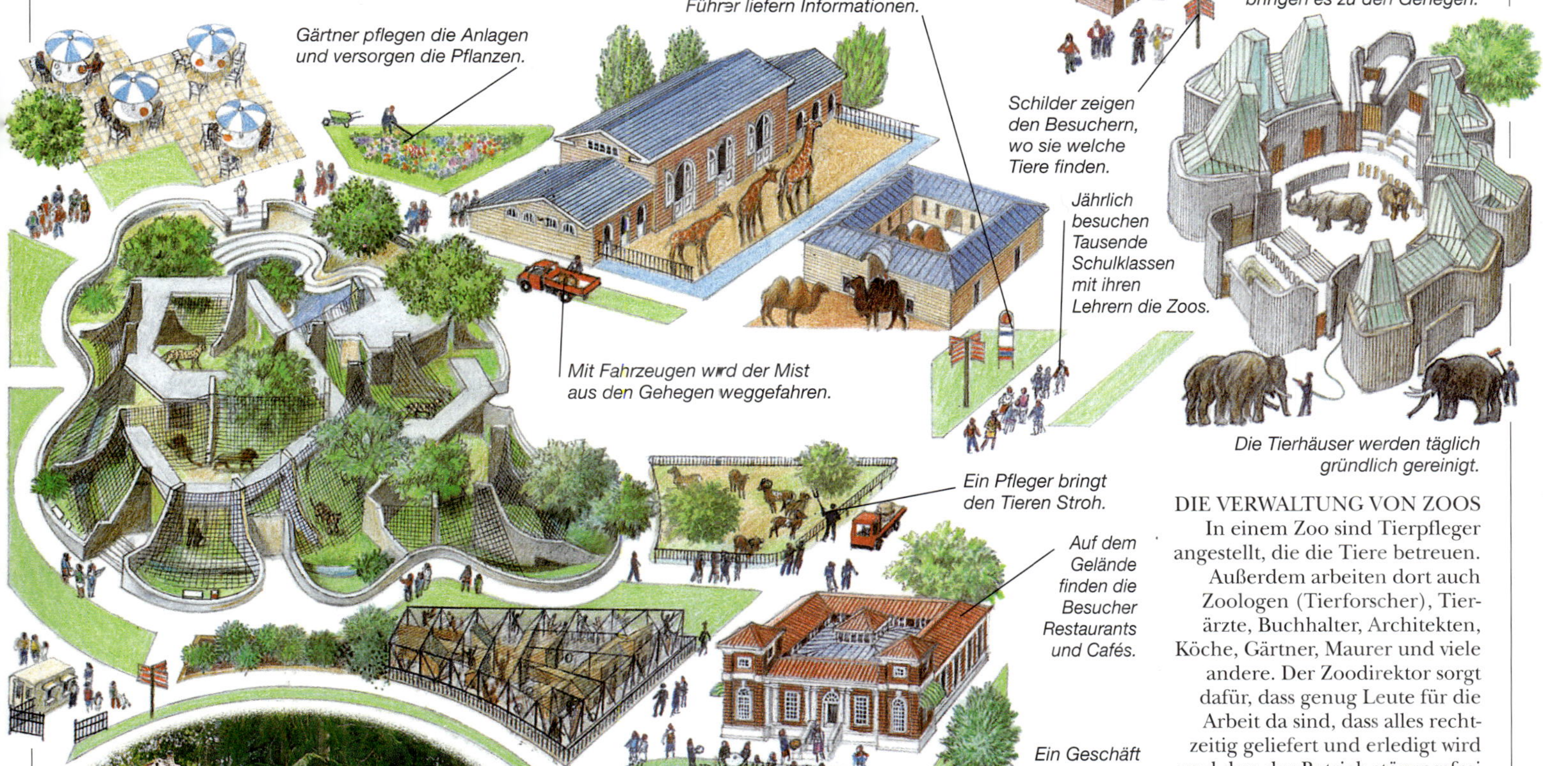

DIE VERWALTUNG VON ZOOS
In einem Zoo sind Tierpfleger angestellt, die die Tiere betreuen. Außerdem arbeiten dort auch Zoologen (Tierforscher), Tierärzte, Buchhalter, Architekten, Köche, Gärtner, Maurer und viele andere. Der Zoodirektor sorgt dafür, dass genug Leute für die Arbeit da sind, dass alles rechtzeitig geliefert und erledigt wird und dass der Betrieb störungsfrei abläuft. Die Besucher zahlen Eintrittsgeld, von dem sich der Zoo teilweise finanziert. Eine weitere Einnahmequelle der Zoos und Tiergärten sind öffentliche Mittel.

MODERNE ZOOS
In manchen Zoos, wie in dem Zoo von San Diego in den USA (links), bewegen sich die Tiere frei in großen Gehegen, die nach dem Vorbild ihrer Lebensräume gestaltet sind. Die Besucher beobachten die Tiere durch Glasscheiben hindurch, anstatt durch Gitterstäbe. In bestimmten Ländern ist es üblich, dass Inspektoren unangemeldet in die Zoos kommen, um zu prüfen, ob es den Tieren gut geht. Leider gibt es aber immer noch Länder, in denen Zootiere unter schlechten Bedingungen leben.

Siehe auch
BÖDEN
MEDIZIN, GESCHICHTE
TIERE

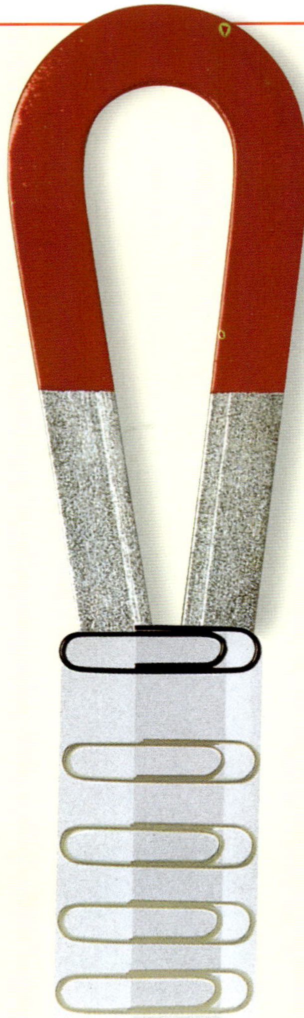

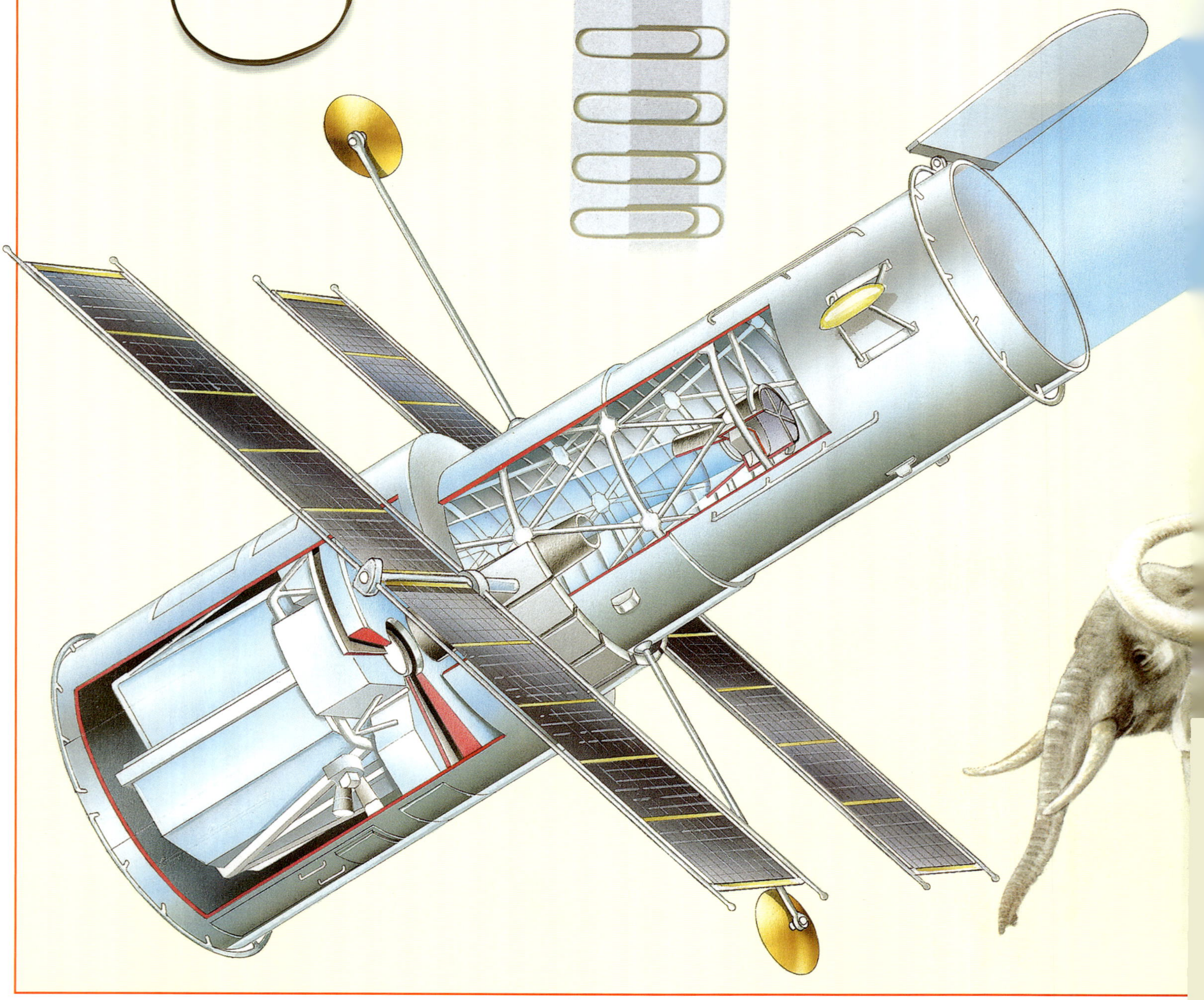

Zahlen, Daten, Fakten

Die folgenden Seiten enthalten zahlreiche Tabellen, Diagramme und Schaubilder mit zusätzlichen Informationen zu den Themen:

v.Chr.	7000	6000	5000	4000	3000	2000
AFRIKA	um 7000 Fischerei in der Sahara in Nordafrika.		um 5000 Ackerbau beginnt in Ägypten.	um 3200 Früheste Hieroglyphenschrift in Ägypten.	um 2650 Pyramidenbau beginnt in Ägypten.	
AMERIKA	um 7000 Frühester Anbau in Mexiko.		um 5000 Mais erstmals in Mexiko angebaut.	um 3500 Lama in Peru erstmals als Packtier verwendet.		um 1100 Olmeke in San Lorenzo.
ASIEN	um 7000 Ackerbau beginnt in Kleinasien.		um 5000 Steinzeitsiedlungen in China.	um 3100 Bronzeguss beginnt im Nahen Osten.	um 2300 Sumerische Kultur erreicht ihren Höhepunkt.	um 2000 Ende de Sumererherrscha
EUROPA	um 6500 Getreideanbau beginnt in Südosteuropa.	um 6000 Kupfer- und Goldverarbeitung beginnt.	um 4500 Vincakultur auf dem Balkan.		um 3000 Bronzezeit beginnt auf Kreta.	um 2000 Minoisc Kultur auf Kreta.
AUSTRALIEN U. OZEANIEN						

AFRIKA

1 500 000 v. Chr.–2500 v. Chr. ERSTE MENSCHEN

1 500 000 v. Chr.
Unser direkter Vorfahr, *Homo erectus*, bewohnt Afrika und geht in den Nahen Osten und die übrige Welt.

um 7000 v. Chr.
Menschen halten Viehherden in der Sahara.

um 3000 v. Chr.
Ägypter entwickeln Hieroglyphenschrift.

um 2600 v. Chr.
Errichtung der Großen Pyramide bei Gise in Ägypten.

2500 v. Chr.–1400 n. Chr. GROSSE KULTUREN

um 1503 v. Chr.
Hatschepsut wird Pharaonin (Herrscherin) von Ägypten.

900 v. Chr.
Königreich Meroë gegründet. Städte, Tempel und Pyramiden weisen Einfluss Ägyptens auf.

814 v. Chr.
Phönizier gründen die Stadt Karthago in Nordafrika. Sie betreiben industriell Färberei, Metall- und Glasverarbeitung, Töpferei und Schnitzerei.

um 671 v. Chr.
Assyrer erobern Ägypten. Sie erbauen Paläste und verzieren sie mit großen Steinreliefs.

500 v. Chr.
Nokkultur in Nigeria. Herstellung von Terrakotta und Skulpturen.

332 v. Chr.
Alexander der Große erobert Ägypten.

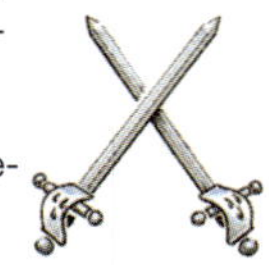

um 290 v. Chr.
Größte Bibliothek der Welt in Alexandria in Ägypten.

100 v. Chr.
Kamel gelangt aus Arabien in die Sahara.

100 n. Chr.
Aksumkultur in Äthiopien. Seehandel und Export von Elfenbein.

641
Islamische Araber besetzen Ägypten und beginnen Nordafrika zu erobern.

971
Erste Universität der Welt in Kairo in Ägypten gegründet.

um 1300
Westafrikanisches Königreich Benin, berühmt für realistische Bronzefiguren.

1400–1900 EINFLUSS EUROPAS UND SKLAVENHANDEL

1430
Großsimbabwe erbaut; Goldhandel mit Muslimen an der Küste Ostafrikas.

1488
Der portugiesische Seefahrer Bartolomeu Diaz umrundet das Kap der Guten Hoffnung.

1510
Die ersten afrikanischen Sklaven werden in die Karibik verschifft.

1652
Buren gründen eine Kolonie am Kap der Guten Hoffnung.

1787
Die Briten gründen eine Kolonie in Sierra Leone in Westafrika.

1795
Die Briten erwerben das Kap der Guten Hoffnung von Holländern.

1822
USA gründen Liberia in Westafrika als Staat freier Sklaven.

1835–37
Buren wandern wegen der Britenherrschaft vom Kap nach Norden.

1899–1902
Burenkrieg gegen die Briten. Burenrepubliken werden britische Kolonien.

1900–2000 UNABHÄNGIGKEIT UND HEUTIGE WELT

1910
Union von Südafrika.

1914–1918
1. Weltkrieg: Deutsche Kolonien in Afrika von Briten und Franzosen erobert.

1935
Italien erobert Äthiopien; Ende des Völkerbunds.

1949
Apartheid (Rassentrennung) beginnt in Südafrika.

1954
Gamal Abd el-Nasser wird Ministerpräsident von Ägypten.

1957
Ghana wird als erster afrikanischer Staat unabhängig.

1962
Algerien erkämpft Unabhängigkeit von Frankreich.

1963
Organisation für Afrikanische Einheit (OAU) gegründet.

1964
ANC-Führer Nelson Mandela zu lebenslänglichem Gefängnis verurteilt.

1965
Rhodesien erklärt Unabhängigkeit von England.

1967–70
Bürgerkrieg in Nigeria.

1975
Marokkaner besetzen Spanisch-Sahara.

1980
Rhodesien wird unabhängig und in Simbabwe umbenannt.

1984
Zehn Jahre Dürre führen zu Hungersnot in Äthiopien, Sudan und Tschad.

1989
Namibia, die letzte Kolonie Afrikas, wird unabhängig von Südafrika.

1993
Eritrea wird unabhängig.

1994
Nelson Mandela, seit 1990 frei, wird Präsident von Südafrika.

00	500	100 n. Chr.	400	500	600	800
700 Eisenverarbeitung …innt in Afrika.	um 400 Kupferschmelze in Mauretanien.	238 Aufstand gegen die Römer in Afrika beginnt.	um 400 Verwendung von Eisen in Ostafrika verbreitet.	um 500 Ghanaisches Kaiserreich entsteht in Westafrika.		
600 Oaxacakultur …andiert in Mexiko.	um 200 Beginn der frühen Mayazeit.	um 100 Mochekultur an der Küste Perus.		um 500 Thulevolk zieht nach Alaska.	um 600 Höhepunkt der Mayakultur.	
–530 Herrschaft von Kyros …n Großen in Persien.	um 250 Arsakes I. gründet das Partherreich in Persien.	um 224 Partherherrschaft endet im Persischen Reich.	um 400 Guptareich erstreckt sich über Indien.	um 500 Die Ziffer Null wird in Indien eingeführt.	634 Arabisches Reich gegründet.	
1000 Frühe Eisenzeit in …ien.	431 Großer Peloponnesischer Krieg.	116/117 Größte Ausdehnung des Römischen Reiches.		527–565 Herrschaft des byzantinischen Kaisers Justinian.	787 Erste Wikingerraubzüge an der Küste Englands.	um 800 Erste Burgen.
	um 500 Aborigineskultur entwickelt sich.	um 300 Beginn der frühen ostpolynesischen Kultur.		um 500 Polynesier segeln nach Osten.	um 700 Polynesier besiedeln Cook-Inseln.	

Amerika

40 000–2000 v. Chr. – Erste Menschen

um 40 000 v. Chr. Die ersten Menschen kommen aus Sibirien über die Beringstraße nach Amerika.

um 15 000 v. Chr. Höhlenmalerei auf brasilianischem Gebiet.

um 6500 v. Chr. Ackerbau beginnt in den peruanischen Anden in Südamerika.

um 3200 v. Chr. Keramikherstellung in Ecuador und Kolumbien in Südamerika.

2000 v. Chr.–1450 n. Chr. – Grossreiche und Kulturen

2000 v. Chr. Mayakultur in Zentralamerika. Bauern lassen sich in Dörfern nieder.

um 1150 v. Chr. Olmeken in Mexiko entwickeln Bilderschrift und Zahlensystem, die sich auf dem Kontinent ausbreiten.

um 300 v. Chr. Mayakultur errichtet große politische und religiöse Zentren, z. B. Palenque.

um 300 n. Chr. Hopewellindianer errichten Grabhügel und treiben Handel in Nordamerika.

um 700 n. Chr. Wandteppiche entstehen in Peru. Dieser Teppich aus Wolle und Baumwolle zeigt Jaguare.

um 900 n. Chr. Tolteken besiegen Maya und gründen ein Reich in Zentralamerika.

um 1000 Wikinger aus Europa erreichen Nordamerika.

1450–1750 – Europas Eroberer und Händler

1492 Der italienische Forscher Christoph Kolumbus erreicht die Karibik und beansprucht Inseln für Spanien; europäische Schatzsucher folgen mit Pferden und Kanonen.

1494 Vertrag von Tordesillas teilt Amerika zwischen Spanien und Portugal auf.

1499 Amerigo Vespucci erforscht den Amazonas; nach ihm wird der amerikanische Kontinent benannt.

um 1510 Erste afrikanische Sklaven in die Karibik gebracht.

1519 Hernán Cortés, ein spanischer Konquistador, erobert Mexiko; Ende des Aztekenreichs unter Kaiser Montezuma.

1620 Das Schiff *Mayflower* erreicht New England in Nordamerika mit puritanischen Flüchtlingen (Pilgrims) aus England.

1636 Harvard College, die erste Universität der künftigen USA, gegründet.

1750–1900 – Die neuen Nationen

1783 Simón Bolivar, der Befreier Südamerikas, geboren.

1776 Amerikanische Unabhängigkeitserklärung.

1787 Dollar als Währung in Amerika eingeführt.

1791 Sklavenrevolte auf Haiti unter Toussaint L'Ouverture gegen die Franzosen.

1803 Louisiana Purchase: USA kaufen Land von Frankreich hinzu und verdoppeln die Größe des Südstaats.

1861–65 Amerikanischer Bürgerkrieg. Sklavenbefreiung.

1849 Goldrausch in Kalifornien.

1852 Elisha Otis erfindet den Aufzug.

1861–65 Amerikanischer Bürgerkrieg. Sklavenbefreiung.

1867 Kanada wird unabhängig.

1869 Eisenbahn durchquert USA von Küste zu Küste.

1876 Schlacht von Little Bighorn zwischen Indianern und Weißen.

1877 Thomas Edison erfindet den Phonographen.

1895 King C. Gilette erfindet den Sicherheitsrasierer mit Wegwerfklinge.

1900–2000 – Heutige Welt

1903 Erster Motorflug der Gebrüder Wright.

1908 Henry Ford produziert den Ford Modell T.

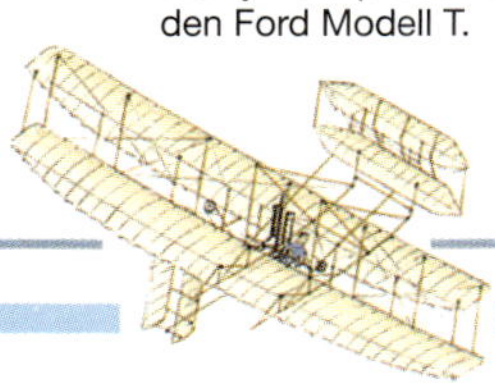

1913 Hollywood wird Zentrum der Filmindustrie.

1917 Eintritt der USA in den 1. Weltkrieg nach Abbruch der diplomatischen Beziehungen zu Deutschland.

1920 Die Boomjahre Jazz-Zeitalter nach dem 1. Weltkrieg (1914–18).

1929 Börsenkrach an der Wall Street; Beginn der Wirtschaftskrise.

1941 Eintritt der USA in den 2. Weltkrieg.

1945 Gründung der Vereinten Nationen in San Francisco.

1958 Siliciumchip von Texas Instruments entwickelt.

1959 Ernesto »Che« Guevara hilft Fidel Castro beim Sturz der kubanischen Regierung.

1969 *Apollo 11* bringt US-Astronauten zum Mond. Neil Armstrong betritt ihn als erster Mensch.

1987 Vertrag über nukleare Mittelstreckenraketen (INF) mit Sowjetunion.

1998 US-Präsident Bill Clinton übersteht Amtsenthebungsverfahren.

2001 Terroranschläge auf New York und Washington erschüttern die Welt.

n. Chr.	900	950	1000	1050	1100	1150
AFRIKA		969 Kairo wird erbaut und Hauptstadt Ägyptens.	um 1000 Königreiche Takrur und Gao in Westafrika.		um 1100 Verfall des Kaiserreichs Ghana in Westafrika.	1173 Saladin wird von Ägypten.
AMERIKA	um 900 Macht der Maya im nördlichen Mexiko schwindet.		um 1000 Bauern in Peru bauen Mais und Kartoffeln an.		um 1100 Aufstieg der Inka, kriegerischer Bauern in Peru.	um 1150 Ende der wellkultur in Nord
ASIEN	906 Ende der Tang-Dynastie in China nach jahrelangem Krieg.	969 China unter Song-Dynastie wiedervereinigt.	um 1000 Chinesen verbessern Herstellung von Schießpulver.	um 1090 Mechanische Uhr mit Wasserantrieb in China gebaut.	1099 Kreuzfahrer erobern Jerusalem in Palästina.	
EUROPA	911 Normannenführer Rollo begründet Dynastie.	962 Otto der Große zum Heiligen Römischen Kaiser gekrönt.	um 986 Wikinger Erik der Rote gründet Kolonie in Grönland.	1066 Normannen erobern England, Schlacht von Hastings.	1132–35 Erste gotische Kirche in Paris erbaut.	1171/72 Heinrich wird »Herr von Ir
AUSTRALIEN U. OZEANIEN	um 900 Erste Siedler erreichen Südinsel Neuseelands.		um 1000 Maori besiedeln Neuseeland.		um 1100 Organisierte Gesellschaften entstehen auf Hawaii.	um 1150 Maori be Flussgebiete Neus

Asien

800 000 v. Chr.–1500 v. Chr. Früheste Kulturen

800 000 v. Chr.
Erste Menschen kommen aus Afrika nach Asien.

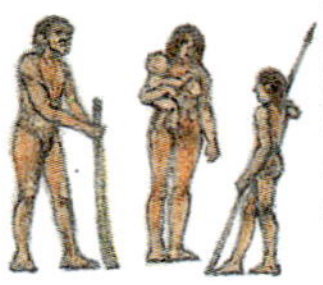

um 9000 v. Chr.
Palästinische Schafe bislang als erste Haustiere ermittelt.

um 8350 v. Chr.
Jericho als erste ummauerte Stadt gegründet. Sie besteht aus Schlammziegelhäusern hinter einer starken Mauer.

um 3500 v. Chr.
Die Sumerer erfinden das Rad.

um 3250 v. Chr.
Die Sumerer entwickeln eine Bilderschrift, die in Tontäfelchen geritzte Keilschrift, und errichten die ersten Städte. Sie bauen auch Gerste an, backen Brot und bereiten Bier.

um 2698 v. Chr.
Der legendäre chinesische Kaiser Shen Nung beschreibt im »Kräuterkanon« über 252 Pflanzen.

um 2500 v. Chr.
Auf Landwirtschaft basierende Kultur im Industal in Indien.

um 1750 v. Chr.
Hammurabi errichtet das Babylonische Reich.

1500 v. Chr.–1500 n. Chr. Reiche und Religionen

um 1500 v. Chr.
Hindureligion in Indien eingeführt.

um 1200 v. Chr.
Beginn des Judentums in Palästina.

um 650 v. Chr.
Erste Münzen im Nahen Osten geprägt.

um 600 v. Chr.
Der chinesische Philosoph Laozi entwickelt den Taoismus.

um 563 v. Chr.
Geburt von Siddhartha Gautama, dem Buddha, Begründer des Buddhismus in Indien.

551 v. Chr.
Geburt des chinesischen Philosophen Konfuzius.

3. Jh. v. Chr.
Bau der Großen Mauer Chinas zur Abwehr von Invasoren.

um 30 n. Chr.
Jesus Christus gekreuzigt; Christentum entsteht in Judäa.

um 100
Papier in China erfunden.

um 606
Erste Eignungsprüfungen für öffentliche Ämter in China.

um 632
Tod des Propheten Mohammed. Islamische Religion von Kalifen (Nachfolgern) verbreitet.

868
Erstes Buch, das Diamant-Sutra, in China gedruckt.

um 1000
Chinesen vervollkommnen das Schießpulver.

1206
Mongolen beginnen Asien zu erobern.

1259
Kubilai Khan wird Mongolenherrscher von China; errichtet Yüan-Dynastie (1279–1368).

1290
Osmanen (türkische Muslime) kommen an die Macht.

1333
Dürre, Hungersnöte, Überschwemmungen und Pest in China. 5 Mio. Tote.

1421
Peking wird Hauptstadt Chinas.

1453
Osmanen erobern Konstantinopel. Ende des Byzantinischen Reiches.

1498
Der portugiesische Seefahrer Vasco da Gama erreicht Indien über Afrika.

1500–1900 Handel und Eroberung

1556
Akbar, der bedeutendste Mogulherrscher, kommt in Indien an die Macht.

1600
Englische Ostindische Handelsgesellschaft gegründet.

1639
Japan verschließt sich Ausländern.

1648
Tadsch Mahal in Indien von Shah Jahan als Grab für seine Lieblingsfrau Mumtaz Mahal erbaut.

1649
Russen erobern Sibirien und erreichen den Pazifik.

1857
Indische Revolte gegen Britenherrschaft. Ein Jahr später niedergeschlagen.

1900–2000 Die heutige Welt

1911
China wird Republik.

1918
Ende des Osmanischen Reiches.

1920
Mahatma Gandhis erste Kampagne des zivilen Ungehorsams in Indien.

1921
Mao Zedong und Li Tachao gründen Kommunistische Partei Chinas in Peking.

1926
Hirohito wird Kaiser von Japan.

1934
Kommunisten Chinas beginnen unter Mao Zedong den Langen Marsch durch die Berge bis Yenan, wo sie eine Regierung bilden.

1941
Japaner greifen US-Flotte in Pearl Harbor (Hawaii) an.

1945
Erste Atombomben auf Japan abgeworfen.

1947
Indien und Pakistan unabhängig.

1947
Teilung Palästinas in arabische und jüdische Gebiete führt zu Kämpfen zwischen Arabern und Juden.

1948
Jüdischer Staat Israel gegründet.

1966
Mao Zedong beginnt Kulturrevolution in China.

1967
Sechstagekrieg zwischen Arabern und Israelis.

1980-1989
Krieg zwischen Iran und Irak.

1989
Demokratische Bewegung in Peking von Militär niedergeschlagen.

Mao Zedong

1990–1991
1. Golfkrieg. Irak rückt in Kuwait ein. UNO interveniert.

2003
USA und GB führen Krieg gegen Irak.

2004
Tsunami im Indischen Ozean fordert 300 000 Todesopfer.

200	1250	1300	1350	1400	1450	1500
1200–30 König von Äthio- a lässt Felsenkirchen bauen.	um 1250 Königreich Kanem zerfällt.	1348 Ägypten von der Pest heimgesucht.		um 1400 Goldhandel blüht im Königreich Großsimbabwe.	um 1450 Songhai-Reich erreicht seinen Höhepunkt.	
1200 Inka in Peru expan- ren von Cuzco aus.	um 1250 Chimu erweitern ihr Reich in Peru.	um 1300 Inka erweitern ihr Reich bis in die Zentralanden.		um 1400 Blütezeit des Inkareichs in Südamerika.	1519 Konquistatoren zerstören Reiche der Azteken und Inka.	
6 Dschingis Khan gründet ngolenreich.	um 1254 Forscher Marco Polo in Venedig geboren.	um 1300 Osmanen gründen Dynastie in der Türkei.	1368 Mongolen aus China vertrieben.		um 1450 Portugiesische Handelsposten im Indischen Ozean – Ausbreitung des Christentums.	
0 Friedrich II wird zum nischen Kaiser gekrönt.	1291 Uri, Schwyz und Unterwalden werden »Alte Schweiz«.	1337 100-jähriger Krieg zwischen England und Frankreich.	1365 Petrarca schreibt seine Liebesgedichte an Laura.	um 1400 Renaissance von Kunst und Wissenschaft.		
	um 1250 Bewässerungsanlagen auf Hawaii.	um 1300 Große Steinstatuen auf der Osterinsel errichtet.	um 1350 Blütezeit der Maori auf der Nordinsel Neuseelands.		um 1450 Moderne Gesellschaften auf polynesischen Inseln.	

EUROPA

1 000 000 v. Chr.–450 n. Chr. Frühe Menschen und die antike Welt

1 000 000 v. Chr.
Erste Menschen in Europa.

6500 v. Chr.
Ackerbau in Griechenland und auf dem Balkan beginnt.

um 1900 v. Chr.
Mykenische Kultur in Griechenland. Die Mykener bauen herrliche Paläste.

um 1500 v. Chr.
Linear-B-Schrift, eine frühe Version der griechischen Schrift, auf Kreta entwickelt.

um 1250 v. Chr.
Trojanischer Krieg zwischen mykenischen Griechen und Trojanern. Der Sage nach schmuggelten sich die Griechen nach 10-jähriger Belagerung in einem Holzpferd in Troja ein und zerstörten es.

um 753 v. Chr.
Rom von den legendären Brüdern Romulus und Remus gegründet.

776 v. Chr.
Erste Olympische Spiele in Olympia.

750 v. Chr.
Homer schreibt die *Ilias* über den Trojanischen Krieg.

um 500 v. Chr.
Kelten besetzen Teile Europas.

146 v. Chr.
Römer erobern Griechenland.

44 v. Chr.
Julius Cäsar ermordet.

391 n. Chr.
Christentum wird Hauptreligion des Römischen Reiches.

450–1450 Religion und Mittelalter

500
Barbarenstämme fallen in Westeuropa ein.

793
Wikingerraubzüge in Nordeuropa.

1096
Erster Kreuzzug; führt 1099 zur Eroberung Jerusalems.

um 1150
Eine der ersten Universitäten Europas in Paris gegründet.

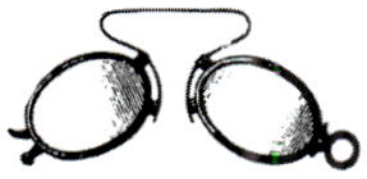

1290
Lesebrille in Italien erfunden.

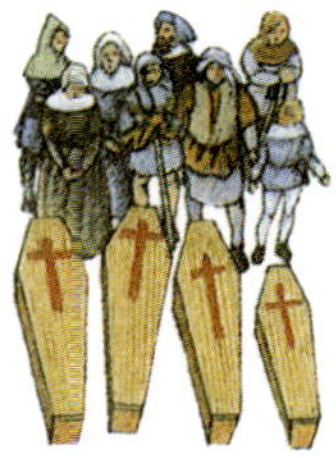

1348
Beulenpest (»Schwarzer Tod«) tötet ein Drittel der Bevölkerung Europas.

1454
Johann Gutenberg druckt erstmals in Europa die Bibel mit beweglichen Kupferlettern.

1450–1780 Forschung und Wissenschaft

1453
Osmanische Türken erobern Konstantinopel; Ende des Byzantinischen Reiches.

1516
Habsburger Reich expandiert unter Karl V. von Spanien.

1517
Martin Luther prangert mit seinen 95 Thesen an der Schlosskirche zu Wittenberg die Ablasspraxis der katholischen Kirche an; Beginn der Reformation.

1519–1521
Erste Seereise des Portugiesen Fernão de Magalhães um die Welt.

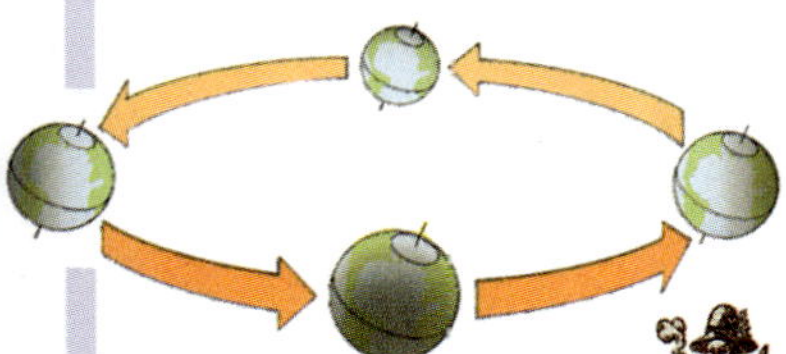

1531
Der polnische Astronom Kopernikus erklärt, die Erde drehe sich um die Sonne.

1555
Tabak von Amerika nach Europa gelangt.

1603
Union von Schottland und England.

1628
Der englische Arzt William Harvey entdeckt den Blutkreislauf.

1665
Der englische Forscher Isaac Newton entdeckt die Schwerkraftgesetze.

1682
Peter der Große wird Zar von Russland.

1683
Türkische Belagerung Wiens gescheitert.

1701–13
Spanischer Erbfolgekrieg zwischen England, Niederlande, Österreich, Frankreich und Bayern um Vorherrschaft in Europa.

1710
Russland erobert schwedische Ostseeprovinzen.

1760–2000 Revolution und die heutige Welt

1789
Ausbruch der Französischen Revolution.

1805
Admiral Nelson besiegt Franzosen in der Seeschlacht von Trafalgar.

1825
Erste öffentliche Eisenbahn in England.

1840
Erste Briefmarke in England herausgebracht.

1846
Hungersnot in Irland.

1848
Karl Marx und Friedrich Engels schreiben das Kommunistische Manifest.

1859
Charles Darwin veröffentlicht Evolutionstheorie.

1876
Alexander Graham Bell erfindet das Telefon.

1895
Guglielmo Marconi erfindet das Radio.

1902
Marie Curie und ihr Mann Pierre entdecken das chemische Element Radium.

1914
1. Weltkrieg beginnt.

1917
Russische Revolution bricht aus.

1923
Inflation in Deutschland.

1933
Machtergreifung Adolf Hitlers.

1939
Otto Hahn und Friedrich Straßmann entdecken die Freisetzung von Energie bei der Kernspaltung von Uranatomen.

1939
2. Weltkrieg beginnt

1949
Bildung der NATO (North Atlantic Treaty Organization).

1957
EWG gebildet.

1957
Sowjetunion startet ersten Satelliten.

1961
Berliner Mauer gebaut.

1990
Wiedervereinigung Deutschlands.

1991
Zusammenbruch der Sowjetunion.

1992–1999
Bürgerkriege auf dem Balkan.

1999
NATO-Truppen greifen Serbien an.

2002
Einführung des Euro.

n. Chr.	1550	1600	1650	1700	1725	1750
AFRIKA	um 1550 Songhai-Reich expandiert in Westafrika.	um 1600 Elfenbeinhandel blüht im Königreich Kalonga.	1652 Holländer gründen Kapstadt in Südafrika.		um 1740 Die Lunda gründen neues Königreich.	1755 Pockenepide in Kapstadt.
AMERIKA		um 1608 Quebec in Kanada von Frankreich gegründet.		um 1700 Nordamerikanische Kolonien florieren.	1727 Entdeckung von Diamanten in Brasilien.	1776 Unabhängig erklärung der US
ASIEN		um 1619 Holländer kontrollieren Gewürzhandel Indonesiens.	um 1620 Japan schränkt Kontakt zur übrigen Welt ein.	1709 Tod des japanischen Shoguns Tsunayoshi.	1722–35 Sibirisch-mongolische Grenze festgelegt.	
EUROPA	1547–1584 Iwan der Schreckliche Zar in Russland.	1618–48 30-jähriger Krieg in Europa.	1652–54 Seekrieg zwischen Niederlanden und England.	1707 Act of Union vereint England mit Schottland.		1789 Ausbruch der zösischen Revolutio
AUSTRALIEN U. OZEANIEN		1642–44 Abel Tasman gründet Tasmanien.	um 1680 Bürgerkrieg auf der Osterinsel.	um 1700 Erster Kontakt zwischen Tahiti und Europa.		1768–71 Kapitän C erste Fahrt zum Pa

Australien und Ozeanien

50 000 v. Chr.–1600 n. Chr. ERSTE SIEDLER

um 40 000 v. Chr.
Aborigines kommen von Südostasien nach Australien.

um 2000 v. Chr.
Menschen kommen nach Neuguinea.

um 1300 v. Chr.
Menschen erreichen Fidschi, Tonga.

um 300 n. Chr.
Menschen erreichen Polynesien.

um 950
Polynesier, später Maori genannt, besiedeln Neuseeland und die Pazifikinseln.

1600–1850 EROBERUNG UND KOLONISIERUNG

1606
Der Holländer Willem Jansz besucht Australien.

1642
Der Holländer Abel Tasman umrundet Australien und Neuseeland.

1770
Der englische Kapitän Cook beansprucht Australien für England.
Er entdeckt in Europa unbekannte Tier- und Pflanzenarten.

1788
Die ersten britischen Sträflinge werden in die Botany Bay gebracht, die erste europäische Siedlung in Australien.

1826
Englische Siedler gegen Aborigines im »Schwarzen Krieg« in Tasmanien.

1840
Im Vertrag von Waitangi treten Maorihäuptlinge die Souveränität über Neuseeland an England ab. Neuseeland wird britische Kolonie.

1851
Goldrausch in Victoria. Siedler kommen von Europa nach Australien.

1850–2000 DIE HEUTIGE WELT

1860
Burke und Wills durchqueren als Erste Australien. Beide verhungern 1861 auf der Rückreise.

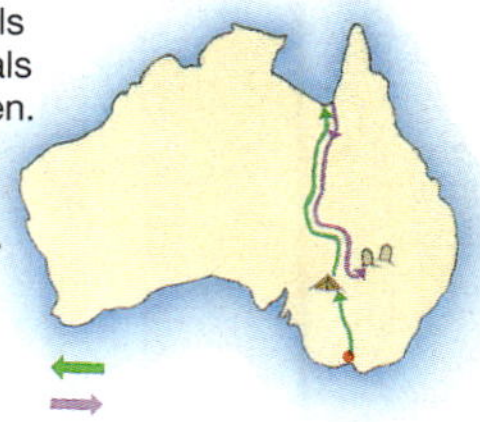

1893
Neuseeländerinnen erhalten das Wahlrecht.

1901
Australien wird unabhängig; Commonwealth von Australien verkündet.

1907
Neuseeland wird unabhängig von England.

1927
Canberra wird Hauptstadt von Australien.

1941-42
Japan erobert die Pazifikinseln.

1945
Australien fördert die Einwanderung von Europäern. Zwei Mio. kommen.

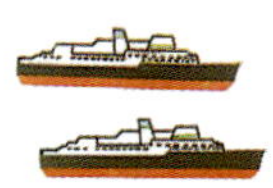

seit 1950
Atombombentests auf Pazifikinseln.

1951
Verteidigungsbündnis ANZUS zwischen Australien, Neuseeland und den USA.

1985
Südpazifisches Forum erklärt Pazifik zur kernwaffenfreien Zone.

1993
Australische Native Title Bill bestätigt Landrechte der Aborigines.

Sprachen der Erde

Afrikanische Sprachen (Afrika)
1) hamitosemitische (afroasiatische) Sprachen (z. B. Berbersprachen)
2) Khoisan-Sprachen (z. B. Hottentottisch)
3) Kongo-kordofanische (nigritische) Sprachen (z. B. Niger-Kongo-Sprachen)
4) nilosaharanische Sprachen (z. B. Kanuri)

Altaische Sprachen (Asien, Europa)
1) Japanisch
2) Koreanisch
3) mongolische Sprachen (z. B. Burjatisch)
4) tungusische Sprachen (z. B. Mandschu)
5) Turksprachen (z. B. Türkisch, Usbekisch)

Australische Sprachen (Australien)

Austrische Sprachen
1) austroasiatische Sprachen (Asien) (z. B. Kambodschanisch)
2) austronesische Sprachen (Asien, Madagaskar, Ozeanien) (z. B. Balinesisch)

Dravidasprachen (Asien) (z. B. Malayalam)

Eskimoisch (Nordamerika, Grönland)

Indianersprachen (z. B. Irokesisch, Maya, Araukanisch)

Indogermanische Sprachen (alle Erdteile)
1) Albanisch
2) Armenisch
3) baltische Sprachen (z. B. Lettisch)
4) germanische Sprachen (z. B. Deutsch, Englisch, Schwedisch)
5) Griechisch
6) indoarische Sprachen (z. B. Hindi)
7) iranische Sprachen (z. B. Kurdisch)
8) keltische Sprachen (z. B. Irisch)
9) romanische Sprachen (z. B. Französisch, Italienisch, Spanisch)
10) slawische Sprachen (z. B. Russisch, Polnisch)

Kaukasische Sprachen (Asien, Europa)
1) nordwestkaukasische Sprachen (z. B. Abchasisch)
2) ostkaukasische Sprachen (z. B. Tschetschenisch)
3) südkaukasische oder Kartwelsprachen (z. B. Georgisch)

Paläosibirische Sprachen (NO-Asien) (z. B. Giljakisch)

Papuasprachen (Asien, Melanesien, Neuguinea)

Semitische Sprachen (Asien, Afrika)
1) Nord(west)semitisch (z. B. Hebräisch)
2) Süd(west)semitisch (z. B. Nordarabisch)

Sinotibetische Sprachen (Ost- und Südostasien) (z. B. Chinesisch)

Uralische Sprachen (Europa, Asien)
1) finnougrische Sprachen (z. B. Finnisch, Ungarisch)
2) Samojedisch

1800	1825	1850	1900	1925	1950	1990
	1825 Ägypter gründen die Stadt Khartoum im Sudan.	1897 Sansibar verbietet die Sklaverei.	1902 Der zweite Burenkrieg endet in Südafrika.	1930 Weiße Frauen erhalten Wahlrecht in Südafrika.	1958–60 Nigeria und Somalia werden unabhängig.	
…1 Thomas Jefferson wird …ter Präsident der USA.	1849 In Kalifornien beginnt der Goldrausch.	1861–65 Bürgerkrieg zwischen den Nord- und den Südstaaten.		1929 Zusammenbruch der New Yorker Börse.	1963 Attentat auf US-Präsident John F. Kennedy.	
…19 Stamford Ruffles …indet Singapur.		1851 Thailand öffnet sich dem Außenhandel.	1905 Japan wird Großmacht nach Sieg über Russland.		1965–73 Vietnam-Krieg.	
…04 Napoleon wird Kaiser …r Franzosen.	1837 Victoria wird Königin von Großbritannien und Irland.		1914–18 Erster Weltkrieg.	1939–1945 Zweiter Weltkrieg.	1961 Die Berliner Mauer wird errichtet.	
…10 Kamehameha I. …d König von Hawaii.	1840 Briten und Maori schließen den Vertrag von Waitangi.	1860–70 Zweiter Krieg der Maori in Neuseeland.	1907 Neuseeland wird Dominion im britischen Commonwealth.	1927 Canberra wird Hauptstadt des Australischen Bundes.	1970 Tonga und Fidschi werden unabhängig.	

Länder und Bevölkerung

Die größten Länder der Erde

Russland	17 075 400 km²
Kanada	9 958 319 km²
China	9 572 419 km²
Vereinigte Staaten von Amerika	9 518 898 km²
Brasilien	8 514 215 km²
Australien	7 692 030 km²
Indien	3 287 263 km²
Argentinien	2 780 400 km²
Kasachstan	2 717 300 km²
Sudan	2 505 813 km²

Die Länder mit den höchsten Einwohnerzahlen der Erde

China	ca. 1,3 Mrd.
Indien	ca. 1,0 Mrd.
Vereinigte Staaten von Amerika	ca. 295 Mio.
Indonesien	ca. 220 Mio.
Brasilien	ca. 179 Mio.
Pakistan	ca. 154 Mio.
Bangladesch	ca. 147 Mio.
Russland	ca. 143 Mio.
Japan	ca. 128 Mio.
Nigeria	ca. 124 Mio.

Die größten Länder Europas (Rang im Weltvergleich)

Türkei	779 452 km² (35)
Ukraine	603 700 km² (40)
Frankreich	543 965 km² (44)
Spanien	504 790 km² (47)
Schweden	410 934 km² (54)
Deutschland	357 020 km² (58)
Norwegen	323 758 km² (62)
Polen	312 685 km² (64)
Finnland	304 530 km² (66)
Italien	301 316 km² (67)

Die Länder mit den höchsten Einwohnerzahlen Europas

Deutschland	82,5 Mio.
Türkei	80,2 Mio.
Frankreich	60,1 Mio.
Großbritannien	59,8 Mio.
Italien	57,4 Mio.
Ukraine	47,7 Mio.
Spanien	41,1 Mio.
Polen	38,6 Mio.
Rumänien	22,3 Mio.
Niederlande	16,1 Mio.

Die größten städtischen Ballungsräume der Erde

Tokio (Japan)	ca. 36,5 Mio.
Mexiko-Stadt (Mexiko)	ca. 22,3 Mio.
Seoul (Südkorea)	ca. 22,0 Mio.
New York (USA)	ca. 21,8 Mio.
São Paulo (Brasilien)	ca. 20,0 Mio.
Mumbai (Indien)	ca. 19,4 Mio.
Delhi (Indien)	ca. 19,0 Mio.
Los Angeles (USA)	ca. 17,7 Mio.
Jakarta (Indonesien)	ca. 16,8 Mio.
Osaka (Japan)	ca. 16,7 Mio.

Geografie

Die längsten Flüsse der Erde

Nil (mit Kagera) (Afrika)	6671 km
Amazonas (Südamerika)	6400 km
Jangtsekiang (Asien)	6300 km
Mississippi/Missouri (Nordamerika)	6021 km
Hwangho (Asien)	4845 km
Mekong (Asien)	4500 km
Amur (Asien)	4440 km
Lena (Asien)	4400 km
Kongo (Afrika)	4374 km
Ob (mit Katun) (Asien)	4338 km

Die längsten Flüsse Europas

Wolga (Russland)	3530 km
Donau (Deutschland bis Rumänien)	2858 km
Dnjepr (Russland bis Ukraine)	2220 km
Don (Russland)	1870 km
Petschora (Russland)	1809 km
Kama (Russland)	1805 km
Oka (Russland)	1500 km
Belaja (Russland)	1430 km
Dnjestr (Ukraine/Moldawien)	1352 km
Rhein (Schweiz bis Niederlande)	1320 km
Elbe (Tschechische Republik/Deutschland)	1165 km

Die größten Seen der Erde

	km²	größte Tiefe in m	Seespiegel in m ü. M.
Kaspisches Meer (Westasien)	ca. 400 000	1030	–28
Oberer See (Nordamerika)	82 100	405	184
Victoriasee (Ostafrika)	68 000	85	1134
Huronsee (Nordamerika)	59 596	229	176
Michigansee (Nordamerika)	57 800	281	177
Aralsee (Mittelasien)	39 500*	ca. 55	40
Tanganjikasee (Ostafrika)	34 000	1435	773
Baikalsee (Südsibirien)	31 500	1637	456
Großer Bärensee (Nordamerika)	31 153	413	156
Malawisee (Südostafrika)	30 800	706	472

* Rückgang des Seespiegels seit 1960 (damals 64 100 km²)

Die höchsten Berge Europas*

Montblanc (Frankreich/Italien)	4807 m
Dufourspitze (Schweiz)	4634 m
Matterhorn (Italien/Schweiz)	4478 m
Finsteraarhorn (Schweiz)	4274 m
Jungfrau (Schweiz)	4158 m

*Die höchsten Berge der Erde siehe Seite 736

Der höchste Berg in:

Deutschland: Zugspitze	2963 m
Österreich: Großglockner	3797 m
Schweiz: Dufourspitze (Monte Rosa)	4634 m

Berühmte Alpenpässe

	Höhe Scheitelpunkt
Großer St. Bernhard (Schweiz/Italien)	2472 m
Furka (Schweiz)	2431 m
St. Gotthard (Schweiz)	2108 m
Arlberg (Österreich)	1793 m
Montblanc (Frankreich/Italien)	1392 m

Die Welt

Schon immer hat die Weltbevölkerung aufgrund von Veränderungen beim Gesundheitszustand und bei der Versorgung mit Nahrungsmitteln zu- oder abgenommen. Bis etwa 800 n. Chr. hielt sich die Bevölkerung der Welt unter 200 Mio. Aber seither erlebt sie einen dramatischen Anstieg. Am größten war er im 20. Jh. – Experten erwarten, dass im Jahr 2020 über 8,5 Mrd. Menschen leben werden. Die über diese beiden Seiten verlaufende Bevölkerungskurve veranschaulicht die Entwicklung der letzten 520 Jahre.

DIE GRÖSSTEN STÄDTE

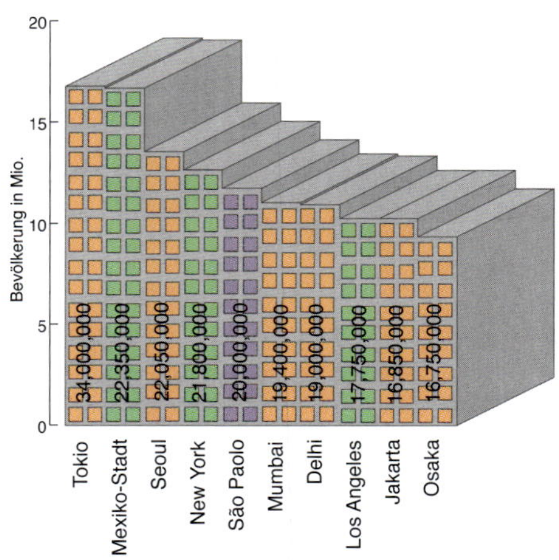

GESUNDHEITSFÜRSORGE

Wie viele Patienten muss jeder Arzt versorgen?

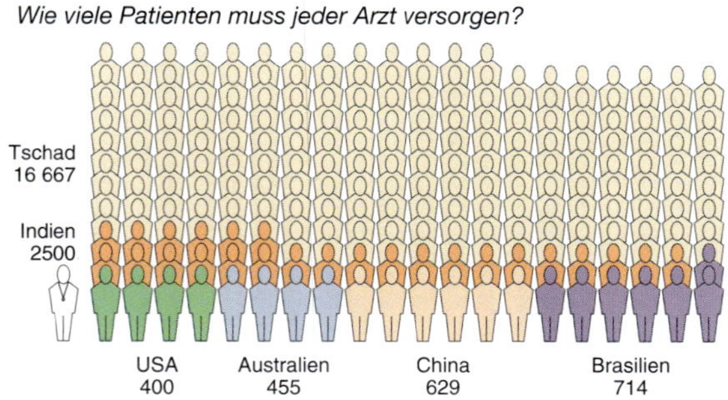

KALORIEN

Wie viele Kalorien stehen im Verhältnis zum Bedarf zur Verfügung?

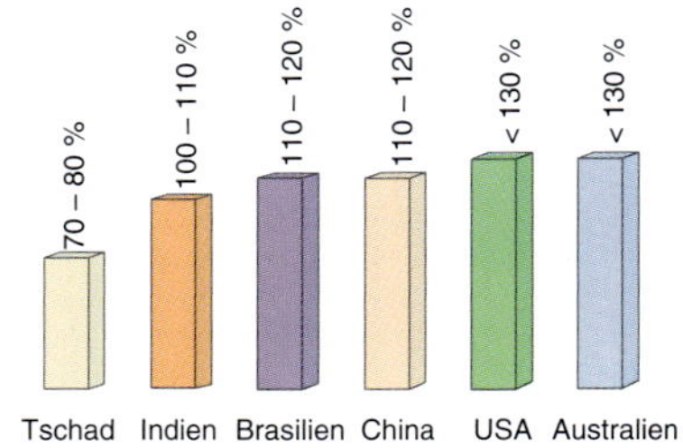

WASSER

Wie viele Kubikmeter Wasser stehen pro Person zur Verfügung?

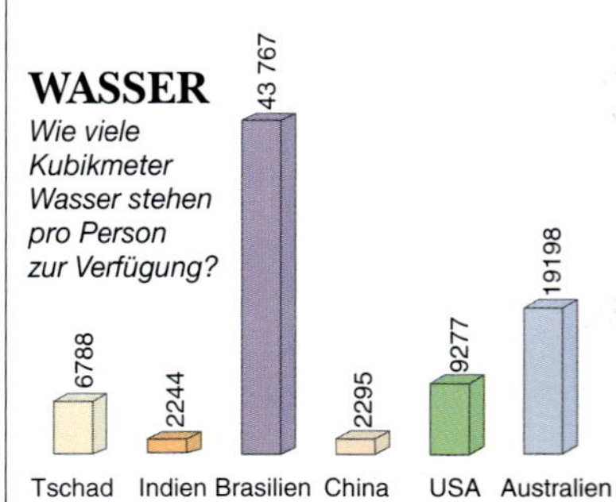

ZUNAHME DER WELTBEVÖLKERUNG SEIT 1500

Eine Figur steht für 500 Millionen Menschen

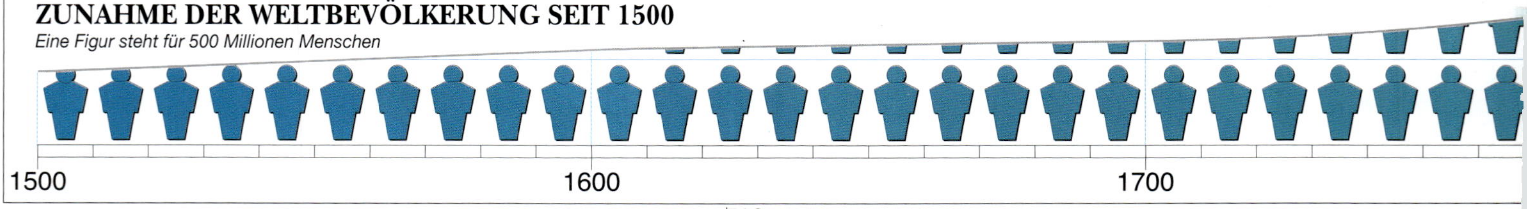

LEBENSERWARTUNG

Wie viele Jahre leben Männer und Frauen im Durchschnitt in Industrienationen und Entwicklungsländern?

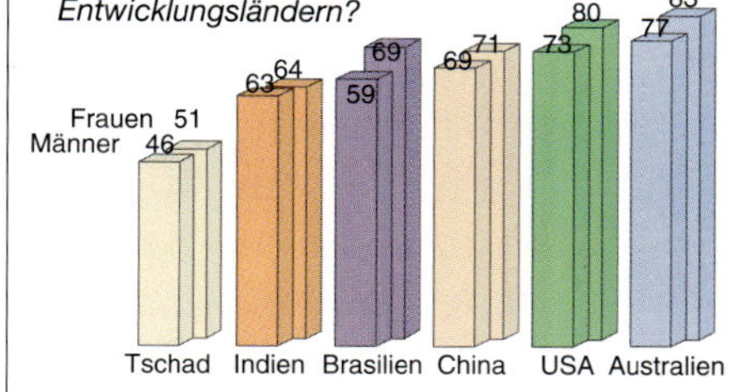

ANALPHABETISMUS

Wie viele Menschen (über 14) von 100 können lesen?

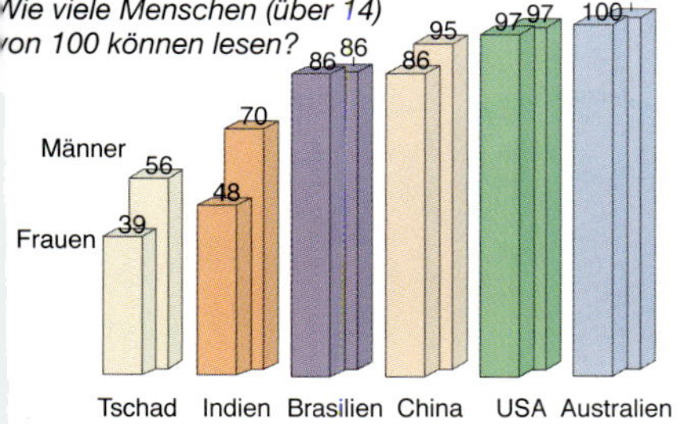

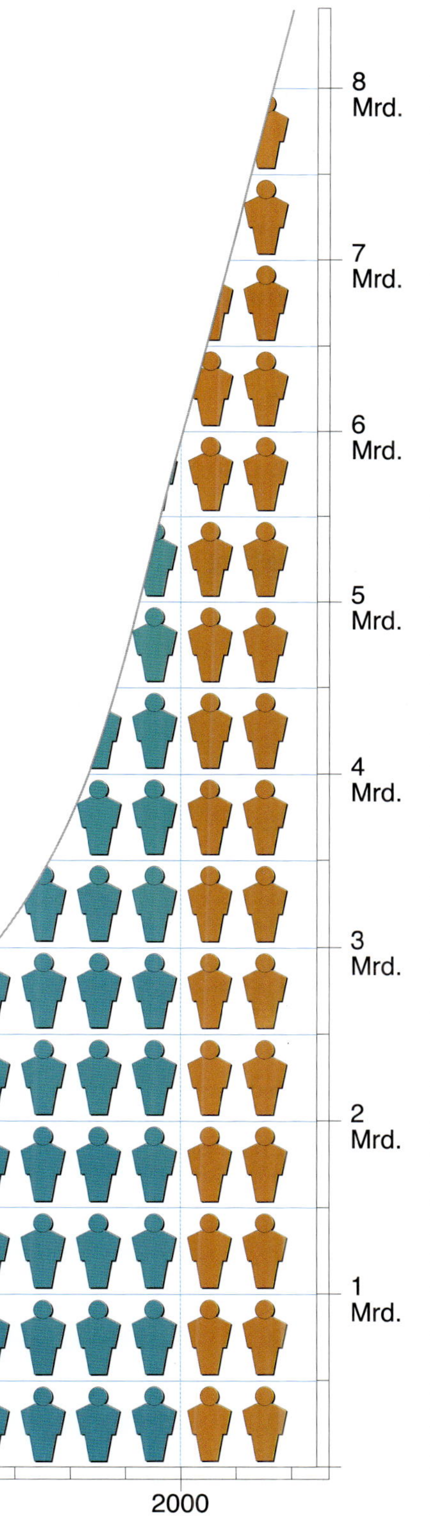

Energiegewinnung und -verbrauch

Fossile Brennstoffe – Öl, Kohle und Gas – liefern zwar noch die meiste Energie, werden aber bald erschöpft sein. Meist stammen sie aus dem Nahen Osten. Auch wenn jedes Jahr neue Erdöl- und Erdgasreserven gefunden werden, weiß niemand, wie lange sie vorhalten. Die Industrienationen verbrauchen weit mehr Energie als die Entwicklungsländer. Allein die USA verbrauchen 25 Prozent der Energie der Welt – bei einem Bevölkerungsanteil von fünf Prozent. Der zunehmenden Verwendung der Kernenergie stehen Sorgen wegen ihrer Sicherheit und des nuklearen Abfalls gegenüber. Auch die Verwendung alternativer Energiequellen wie Wellen-, Solar- und Windenergie nimmt zu, diese liefern aber nur einen Bruchteil der benötigten Energie.

HOLZENERGIE
In den Dörfern von Afrika, Brasilien und Indien liefert das Verbrennen von Holz die meiste Energie. Aber aufgrund der starken Abholzung der Wälder gibt es immer weniger Brennholz. Holzsammeln ist traditionell Frauenarbeit. Wo Holz knapp ist, verbringen Frauen oft bis zu vier Stunden auf der Suche danach und für den Transport zu ihren Dörfern.

Öl

Die Wirtschaft moderner Industrienationen hängt stark vom Öl ab, das ihre Maschinen und Fabriken antreibt. Für die globale Nachfrage werden täglich fast neun Mio. Tonnen produziert. Saudi-Arabien ist der größte Ölerzeuger, die USA sind der größte Verbraucher. Länder, die mehr Öl erzeugen, als sie verbrauchen, exportieren es in Länder ohne Ölreserven. Rohöl wird in großen Tankern transportiert oder in Pipelines gespeist. Weltweite Probleme sind die Umweltverschmutzung und die Gefährdung der Tierwelt durch ausströmendes Öl.

Energieexporteure der Welt

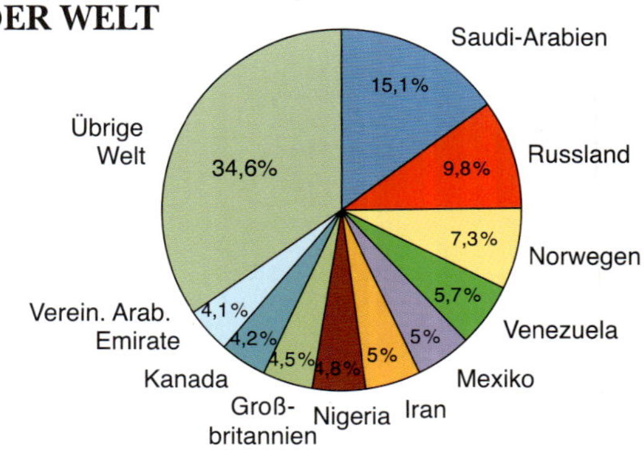

ENERGIEQUELLEN
Nach obiger Grafik liefern nur zehn Länder fast die Hälfte der fossilen Brennstoffe der Welt. Das Verbrennen dieser Brennstoffe ist Hauptursache der globalen Erwärmung, während Wasserkraft eine billige und erneuerbare Energiequelle ist.

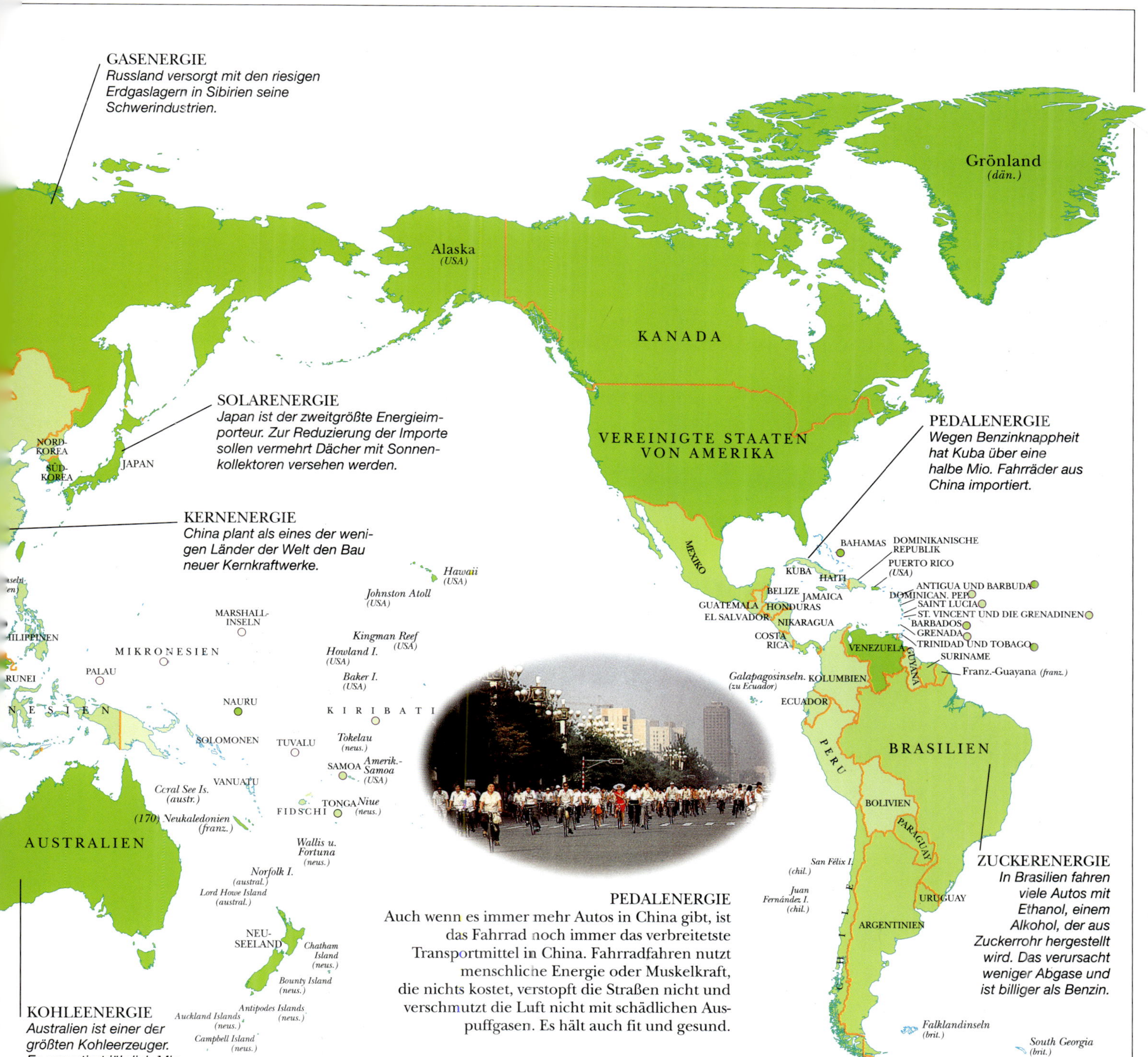

GASENERGIE
Russland versorgt mit den riesigen Erdgaslagern in Sibirien seine Schwerindustrien.

SOLARENERGIE
Japan ist der zweitgrößte Energieimporteur. Zur Reduzierung der Importe sollen vermehrt Dächer mit Sonnenkollektoren versehen werden.

KERNENERGIE
China plant als eines der wenigen Länder der Welt den Bau neuer Kernkraftwerke.

PEDALENERGIE
Wegen Benzinknappheit hat Kuba über eine halbe Mio. Fahrräder aus China importiert.

ZUCKERENERGIE
In Brasilien fahren viele Autos mit Ethanol, einem Alkohol, der aus Zuckerrohr hergestellt wird. Das verursacht weniger Abgase und ist billiger als Benzin.

KOHLEENERGIE
Australien ist einer der größten Kohleerzeuger. Es exportiert jährlich Mio. Tonnen, meist nach Japan.

PEDALENERGIE
Auch wenn es immer mehr Autos in China gibt, ist das Fahrrad noch immer das verbreitetste Transportmittel in China. Fahrradfahren nutzt menschliche Energie oder Muskelkraft, die nichts kostet, verstopft die Straßen nicht und verschmutzt die Luft nicht mit schädlichen Auspuffgasen. Es hält auch fit und gesund.

ABFALL

Je reicher und entwickelter ein Land ist, desto mehr Abfall produziert es. Jeden Tag werfen die Menschen in den USA Tonnen von Papier, Windeln, Alubüchsen, Kleidung und Autoreifen weg. Die Beseitigung dieser Abfallberge ist ein großes Problem. Abhilfe schafft das Recycling. 20 Prozent der täglich anfallenden 520 000 t Abfälle in den USA werden recycelt. Deutschland ist führend beim Abfallrecycling. In manchen Entwicklungsländern leben die Armen vom Verkauf verwertbarer Dinge von Müllhalden an Recyclingzentren.

GEBRAUCHTE AUTOS
Täglich rollen weltweit hunderttausende Fahrzeuge von den Fließbändern. 2025 werden schätzungsweise eine Milliarde Autos auf den Straßen sein. Die USA und Japan stellen jedes Jahr mehr Autos her als jedes andere Land der Welt. Aber täglich werden in den USA rund 32 000 Tonnen Autos verschrottet. Auspuffgase verschmutzen die Luft – in vielen Großstädten ist Atmen inzwischen ein Gesundheitsrisiko.

Siehe auch

ENERGIE
GAS
INDUSTRIE UND HANDEL
KERNENERGIE
KOHLE
ÖL
UMWELTVERSCHMUTZUNG

Globale Telekommunikation

Heute umkreisen Dutzende von Telekommunikationssatelliten die Erde, die verschiedene Punkte miteinander verbinden. Mit einem Telefon und einem Computer kann man Informationen empfangen und versenden, im Internet surfen und mit der ganzen Welt kommunizieren. Alle drei Jahre verdoppelt sich die Zahl der Internetnutzer. 2005 waren es über 900 Mio. Spezielle Satelliten mit niedrigem Orbit werden Handys bald weltweit miteinander verbinden. Die Amerikaner telefonieren täglich 1,3 Milliarden Mal. In manchen Teilen der Welt dagegen können sich die Menschen kein Telefon leisten oder bekommen einen Anschluss erst nach Jahren. In ländlichen Gegenden werden Fernsehsender via Satellitenschüssel empfangen. In den letzten 20 Jahren hat sich die Zahl der Fernseher weltweit fast verdreifacht – auf eine Milliarde.

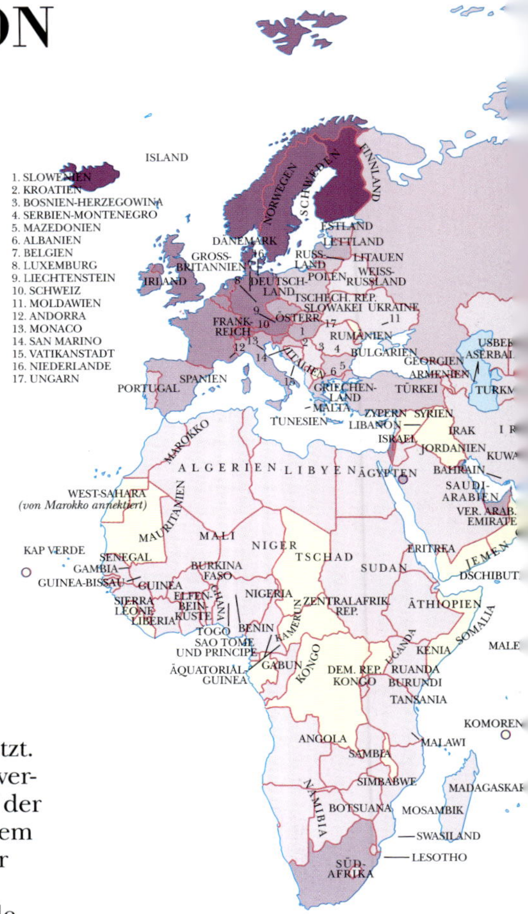

Handys

Täglich werden weltweit über 200 Mrd. Handys benutzt. Mit dem Telefon in der Tasche kann man das Haus verlassen und dennoch mit jemandem fast überall auf der Welt telefonieren – während der Arbeit oder aus dem Urlaub im Ausland. Dank großer, hochauflösender Displays kann man heute mit dem Handy E-Mails und Faxe senden und empfangen, Computerspiele spielen, im Internet surfen oder Musik hören. Bald wird man damit auch fernsehen können.

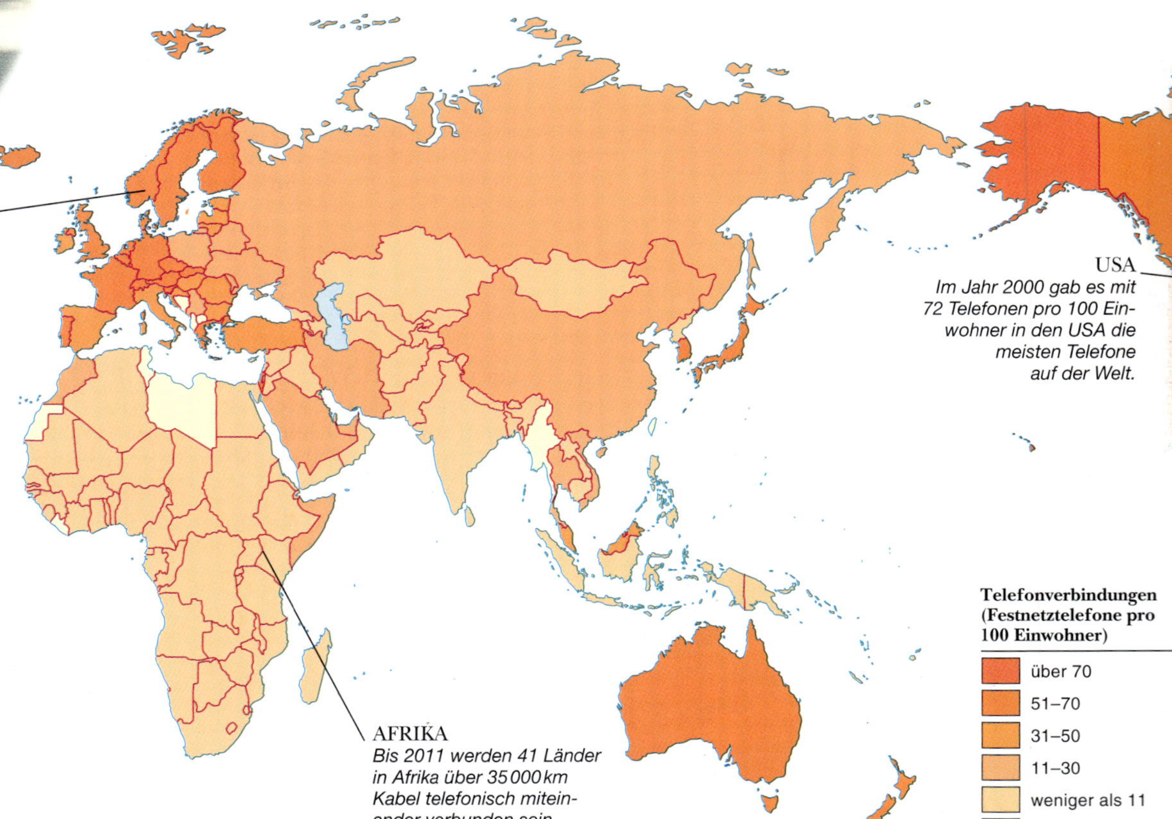

SCHWEDEN
Im Jahr 2003 war Schweden mit 73,6 Telefonen auf je 100 Menschen weltweit am besten versorgt.

USA
Im Jahr 2000 gab es mit 72 Telefonen pro 100 Einwohner in den USA die meisten Telefone auf der Welt.

AFRIKA
Bis 2011 werden 41 Länder in Afrika über 35 000 km Kabel telefonisch miteinander verbunden sein.

Telefonverbindungen (Festnetztelefone pro 100 Einwohner)

- über 70
- 51–70
- 31–50
- 11–30
- weniger als 11
- keine Angaben

COMPUTER
Anzahl von Computern pro 1000 Einwohner

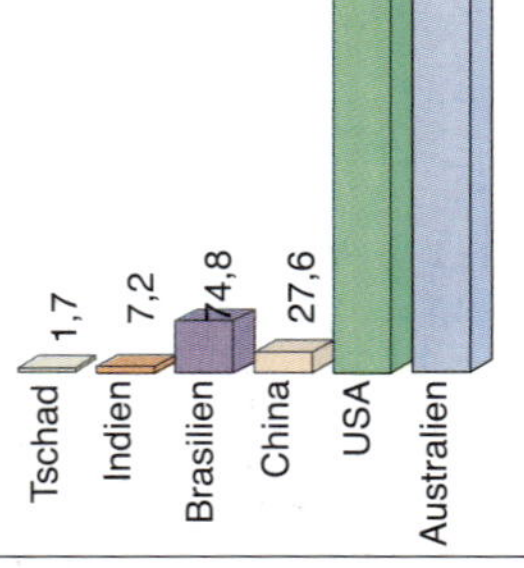

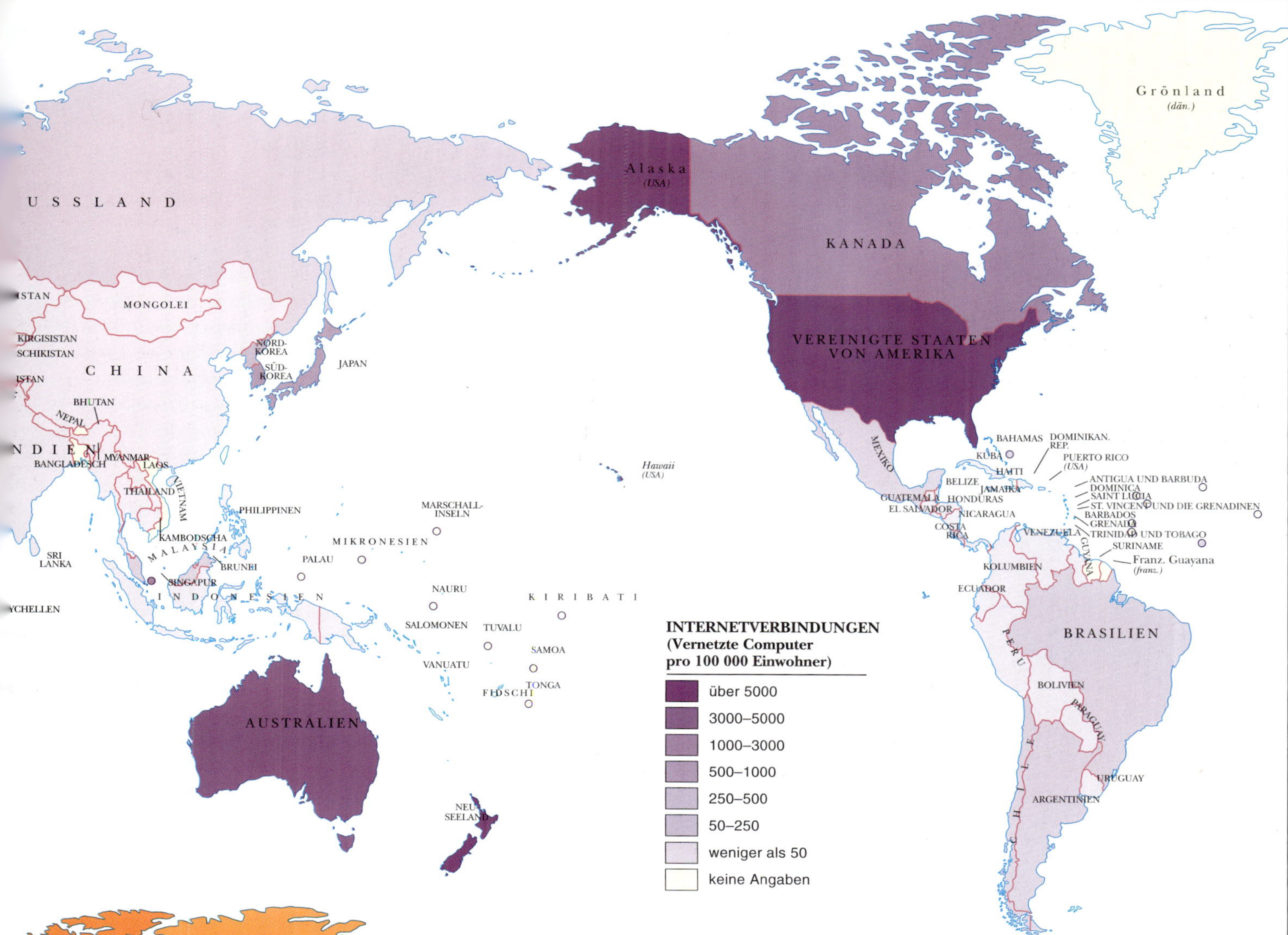

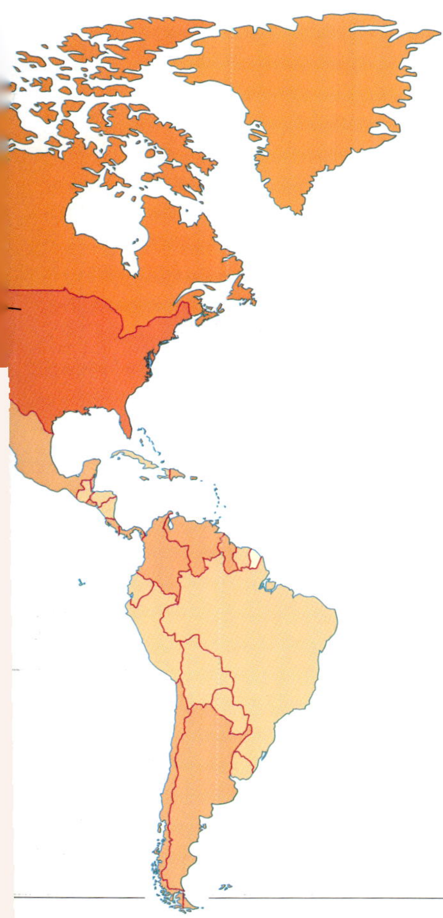

FERNSEHEN
Inzwischen können wir mit unseren Fernsehgeräten via Satellit Hunderte von Programmen empfangen. Manche Geräte sind so klein wie ein Handy. In ein paar Jahren wird man sie wie eine Uhr am Handgelenk tragen können. Viele Menschen stellen den Fernseher kaum noch ab – in Japan läuft er täglich 9 Stunden, in den USA 7 und bei uns etwa 3 Stunden.

TRAGBARE COMPUTER
»Laptop«-Computer (oben) sind heute so klein und leic t, dass sie im Büro genauso wie auf einem Atlantikflug benutzt werden können. Man kann damit am Strand eine E-Mai an einen Freund schicken oder eine Sprachnachricht versenden, indem man in den Computer spricht.

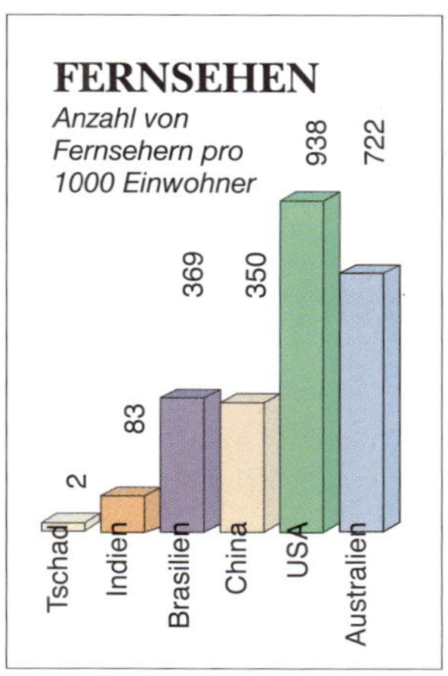

Siehe auch

COMPUTER
FERNSEHEN
INTERNET
SATELLITEN
TELEFON

Bundesländer und Kantone

Bundesländer der Bundesrepublik Deutschland mit Hauptstädten

BUNDESLAND	FLÄCHE IN KM²	BEVÖLKERUNG IN 1000	HAUPTSTADT
Baden-Württemberg	35 752	10 601	Stuttgart
Bayern	70 550	12 330	München
Berlin	892	3388	Berlin
Brandenburg	29 476	2593	Potsdam
Bremen	404	660	Bremen
Hamburg	755	1726	Hamburg
Hessen	21 114	6078	Wiesbaden
Mecklenburg-Vorpommern	23 173	1760	Schwerin
Niedersachsen	47 616	7956	Hannover
Nordrhein-Westfalen	34 082	18 052	Düsseldorf
Rheinland-Pfalz	19 847	4049	Mainz
Saarland	2568	1066	Saarbrücken
Sachsen	18 413	4384	Dresden
Sachsen-Anhalt	20 447	2581	Magdeburg
Schleswig-Holstein	15 761	2804	Kiel
Thüringen	16 172	2411	Erfurt
DEUTSCHLAND (GESAMT)	**357 022**	**82 500**	**BERLIN**

DIE GRÖSSTEN DEUTSCHEN STÄDTE

BERLIN	**3 386 667 EW**
HAMBURG	**1 707 631 EW**
MÜNCHEN	**1 247 934 EW**
KÖLN	**968 917 EW**
FRANKFURT/MAIN	**650 804 EW**

DIE GRÖSSTEN ÖSTERREICHISCHEN STÄDTE

WIEN	**1 550 123 EW**
GRAZ	**241 530 EW**
LINZ	**207 489 EW**
SALZBURG	**143 516 EW**
INNSBRUCK	**131 400 EW**

DIE GRÖSSTEN SCHWEIZERISCHEN STÄDTE

ZÜRICH	**360 980 EW**
GENF	**177 692 EW**
BASEL	**166 285 EW**
BERN	**126 752 EW**
LAUSANNE	**124 835 EW**

Bundesländer der Republik Österreich mit Hauptstädten

BUNDESLAND	FLÄCHE IN KM²	BEVÖLKERUNG	HAUPTSTADT
Burgenland	3965	277 569	Eisenstadt
Kärnten	9536	559 404	Klagenfurt
Niederösterreich	19 178	1 545 804	Sankt Pölten
Oberösterreich	11 982	1 376 797	Linz
Salzburg	7154	515 327	Salzburg
Steiermark	16 392	1 183 303	Graz
Tirol	12 648	673 504	Innsbruck
Vorarlberg	2601	351 095	Bregenz
Wien	415	1 550 123	Wien
ÖSTERREICH (GESAMT)	**83 871**	**8 100 000**	**WIEN**

Kantone der Schweizerischen Eidgenossenschaft mit Hauptstädten

KANTON	FLÄCHE IN KM²	BEVÖLKERUNG IN 1000	HAUPTSTADT/ HAUPTORT
Aargau	1404	551	Aarau
Appenzell-Außerrhoden	243	53	Herisau
Appenzell-Innerrhoden	173	15	Appenzell
Basel-Landschaft	417	261	Liestal
Basel-Stadt	37	187	Basel
Bern	5959	947	Bern
Freiburg/Fribourg	1671	239	Freiburg
Genf	282	414	Genf
Glarus	685	38	Glarus
Graubünden	7105	186	Chur
Jura	839	69	Delémont
Luzern	1493	351	Luzern
Neuenburg	803	167	Neuenburg/ Neuchâtel
Nidwalden	276	39	Stans
Obwalden	491	33	Sarnen
Schaffhausen	299	73	Schaffhausen
Schwyz	908	131	Schwyz
Solothurn	791	246	Solothurn
St. Gallen	2026	453	St. Gallen
Tessin	2812	312	Bellinzona
Thurgau	991	228	Frauenfeld
Uri	1077	35	Altdorf
Waadt	3212	626	Lausanne
Wallis	5225	278	Sitten/Sion
Zug	239	101	Zug
Zürich	1729	1229	Zürich
SCHWEIZ (GESAMT)	**41287**	**7300**	**BERN**

Bundeskanzler und Bundespräsidenten

Bundesrepublik Deutschland

Bundeskanzler:

Konrad Adenauer, CDU (1949–63)
Ludwig Erhard, CDU (1963–66)
Kurt Georg Kiesinger, CDU (1966–69)
Willy Brandt, SPD (1969–74)
Helmut Schmidt, SPD (1974–82)
Helmut Kohl, CDU (1982–98)
Gerhard Schröder, SPD (1998–2005)
Angela Merkel, CDU (seit 2005)

(CDU: Christlich Demokratische Union,
SPD: Sozialdemokratische Partei Deutschlands)

Bundespräsidenten:

Theodor Heuss (1949–59)
Heinrich Lübke (1959–69)
Gustav Heinemann (1969–74)
Walter Scheel (1974–79)
Karl Carstens (1979–84)
Richard von Weizsäcker (1984–94)
Roman Herzog (1994–99)
Johannes Rau (1999–2004)
Horst Köhler (seit 2004)

In Deutschland steht der Bundeskanzler der Bundesregierung vor und bestimmt deren politische Richtlinien. Er wird vom Bundespräsidenten vorgeschlagen und vom Bundestag für vier Jahre gewählt. Der Bundespräsident ist das Staatsoberhaupt. Er wird alle fünf Jahre von der Bundesversammlung gewählt und hat vor allem repräsentative Aufgaben. Während seiner Amtszeit darf er nicht parteipolitisch tätig sein.

Deutsche Demokratische Republik (DDR)

Wilhelm Pieck (Präsident) (1949–60)

Vorsitzende des Staatsrats:

Walter Ulbricht (1960–73)
Willi Stoph (1973–76)
Erich Honecker (1976–Okt. 1989)
Egon Krenz (Okt.–Dez. 1989)
Manfred Gerlach (Dez. 1989–April 1990)

Vorsitzende des Ministerrats:

Otto Grotewohl (1949–1964)
Willi Stoph (1964–1973)
Horst Sindermann (1973–1976)
Willi Stoph (1976–1989)
Hans Modrow (1989–1990)
Lothar de Maizière (1990)

Von 1949 bis 1960 war der Präsident das Staatsoberhaupt. Ab 1960 gab es ein kollektives (gemeinschaftliches) Staatsoberhaupt, den Staatsrat. Als dessen Vorsitzender fungierte in der Regel der Generalsekretär des Zentralkomitees der Regierungspartei SED (Sozialistische Einheitspartei Deutschlands). Die Regierung der DDR war der Ministerrat. Ihr Vorsitzender wurde von der SED-Fraktion vorgeschlagen und vom Parlament gewählt.

Republik Österreich

Bundeskanzler:

Karl Renner SPÖ (1945)
Leopold Figl, ÖVP (1945–53)
Julius Raab, ÖVP (1953–61)
Alfons Gorbach, ÖVP (1961–64)
Josef Klaus, ÖVP (1964–70)
Bruno Kreisky, SPÖ (1970–83)
Fred Sinowatz, SPÖ (1983–86)
Franz Vranitzky, SPÖ (1986–97)
Viktor Klima, SPÖ (1997–2000)
Wolfgang Schüssel, ÖVP (seit 2000)

(SPÖ: Sozialdemokratische Partei Österreichs,
ÖVP: Österreichische Volkspartei)

Bundespräsidenten:

Karl Renner (1945–50)
Theodor Körner (1951–57)
Adolf Schärf (1957–65)
Franz Jonas (1965–74)
Rudolf Kirchschläger (1974–86)
Kurt Waldheim (1986–92)
Thomas Klestil (1992–2004)
Heinz Fischer (seit 2004)

In Österreich wird der Bundeskanzler vom Bundespräsidenten ernannt. Er ist Vorsitzender der Bundesregierung und leitet das Bundesamt. Der Bundespräsident wird alle sechs Jahre vom Volk direkt gewählt. Er ernennt die Bundesregierung. Während seiner Amtszeit darf er nicht parteipolitisch tätig sein.

Schweizerische Eidgenossenschaft

Bundespräsidenten:

Eduard von Steiger, SVP (1945)
Karl Kobelt, FDP (1946)
Philipp Etter, CVP (1947)
Enrico Celio, CVP (1948)
Ernst Nobs, SPS (1949)
Max Petitpierre, FDP (1950)
Eduard von Steiger, SVP (1951)
Karl Kobelt, FDP (1952)
Philipp Etter, CVP (1953)
Rodolphe Rubattel, FDP (1954)
Max Petitpierre, FDP (1955)
Markus Feldmann, SVP (1956)
Hans Streuli, FDP (1957)
Thomas Holenstein, CVP (1958)
Paul Chaudet, FDP (1959)
Max Petitpierre, FDP (1960)
Friedrich Traugott Wahlen, SVP (1961)
Paul Chaudet, FDP (1962)
Willy Spühler, SPS (1963)
Ludwig von Moos, CVP (1964)
Hans Peter Tschudi, SPS (1965)
Hans Schaffner, FDP (1966)
Roger Bonvin, CVP (1967)
Willy Spühler, SPS (1968)
Ludwig von Moos, CVP (1969)
Hans Peter Tschudi, SPS (1970)
Rudolf Gnägi, SVP (1971)
Nello Celio, FDP (1972)
Roger Bonvin, CVP (1973)
Ernst Brugger, FDP (1974)
Pierre Graber, SPS (1975)
Rudolf Gnägi, SVP (1976)
Kurt Furgler, CVP (1977)
Willi Ritschard, SPS (1978)
Hans Hürlimann, CVP (1979)
Georges-André Chevallaz, FDP (1980)
Kurt Furgler, CVP (1981)
Fritz Honegger, FDP (1982)
Pierre Aubert, SPS (1983)
Leon Schlumpf, SVP (1984)
Kurt Furgler, CVP (1985)
Alphons Egli, CVP (1986)
Pierre Aubert, SPS (1987)
Otto Stich, SPS (1988)
Jean-Pascal Delamuraz, FDP (1989)
Arnold Koller, CVP (1990)
Flavio Cotti, CVP (1991)
René Felber, SPS (1992)
Adolf Ogi, SVP (1993)
Otto Stich, SPS (1994)
Kaspar Villiger, FDP (1995)
Jean-Pascal Delamuraz, FDP (1996)
Arnold Koller, CVP (1997)
Flavio Cotti, CVP (1998)
Ruth Dreifuss, SPS (1999)
Adolf Ogi, SVP (2000)
Moritz Leuenberger, SPS (2001)
Kaspar Villiger, FDP (2002)
Pascal Couchepin, FDP (2003)
Joseph Deiss, CVP (2004)
Samuel Schmid, SVP (2005)
Moritz Leuenberger, SPS (2006)

(SVP: Schweizerische Volkspartei,
FDP: Freisinnig-Demokratische Partei,
CVP: Christlichdemokratische Volkspartei,
SPS: Sozialdemokratische Partei der Schweiz)

Die Schweiz hat ein in Europa einzigartiges politisches System, in dem wichtige Fragen per Volksabstimmung entschieden werden. Es steht nicht wie in Deutschland oder Österreich eine einzelne Person an der Spitze der Regierung. Das Land wird vom Bundesrat regiert, der sieben Mitglieder hat. Aus ihrer Mitte wählt die Bundesversammlung jedes Jahr einen neuen Bundespräsidenten, der den Bundesrat nach außen vertritt.

Maler

Diese Liste enthält einige der bekanntesten Maler der Welt, das jeweilige Geburts- und Sterbejahr, das Geburtsland und eines der berühmtesten Werke.

da Vinci, Leonardo
1452–1519 Italien
Mona Lisa

Dürer, Albrecht
1471–1528 Deutschland
Ritter, Tod und Teufel

Michelangelo
1475–1564 Italien
David

Raffael
1483–1520 Italien
Sixtinische Madonna

Rubens, Peter Paul
1577–1640 Belgien
Selbstporträt

Rembrandt van Rijn
1606–1669 Holland
Die Nachtwache

Goya, Francisco
1746–1828 Spanien
Saturn verschlingt eines seiner Kinder

Hokusai
1760–1849 Japan
Die große Woge

Böcklin, Arnold
1827–1901 Schweiz
Toteninsel

Degas, Edgar
1834–1917 Frankreich
Der Badezuber

Cézanne, Paul
1839–1906 Frankreich
Die Großen Badenden

Monet, Claude
1840–1926 Frankreich
Die japanische Brücke

Renoir, Pierre-Auguste
1841–1919 Frankreich
Die Pariserin

Liebermann, Max
1847–1935 Deutschland
Die Gänserupferinnen

Gauguin, Paul
1848–1903 Frankreich
Frauen auf Tahiti

van Gogh, Vincent
1853–1890 Holland
Sonnenblumen

Toulouse-Lautrec, Henri de
1864–1901 Frankreich
Moulin Rouge

Nolde, Emil
1867–1956 Deutschland
Sonnenblumen

Matisse, Henri
1869–1954 Frankreich
Harmonie in Rot

Klee, Paul
1879–1940 Deutschland
Villa R

Picasso, Pablo
1881–1973 Spanien
Guernica

Rothko, Mark
1903–1970 Russland
Schwarz auf Grau

Dalí, Salvador
1904–1989 Spanien
Die dauernde Erinnerung

Kahlo, Frida
1907–1954 Mexiko
Die zwei Fridas

Warhol, Andy
1928–1987 USA
Marylin-Monroe-Diptychon

Hundertwasser, Friedensreich
1928–2000 Österreich
Hundertwasserhaus, Wien

Picasso

Schriftsteller

Diese Liste enthält einige der bekanntesten Autoren der Welt, das jeweilige Geburts- und Sterbejahr, das Geburtsland und eines der berühmtesten Werke.

Cervantes, Miguel de
1547–1616 Spanien
Don Quijote

Shakespeare, William
1564–1616 England
Romeo und Julia

Gryphius, Andreas
1616–1664 Deutschland
Oden

Voltaire
1694–1778 Frankreich
Candide

Lessing, Gotthold Ephraim
1729–1781 Deutschland
Emilia Galotti

Austen, Jane
1775–1817 England
Stolz und Vorurteil

Kleist, Heinrich von
1777–1811 Deutschland
Die Marquise von O. …

Gotthelf, Jeremias
1797–1854 Schweiz
Die schwarze Spinne

Heine, Heinrich
1797–1856 Deutschland
Buch der Lieder

Nestroy, Johann N.
1801–1862 Österreich
Der Talismann

Poe, Edgar Allan
1809–1849 USA
Der Rabe

Dostojewskij, Fjodor
1821–1881 Russland
Schuld und Sühne

Ibsen, Henrik
1828–1906 Norwegen
Hedda Gabler

Stevenson, Robert Louis
1850–1894 Schottland
Die Schatzinsel

Tschechow, Anton
1860–1904 Russland
Der Kirschgarten

Hauptmann, Gerhart
1862–1946 Deutschland
Die Weber

Mann, Thomas
1875–1955 Deutschland
Buddenbrooks

Hesse, Hermann
1877–1962 Deutschland
Der Steppenwolf

Zweig, Stefan
1881–1942 Österreich
Schachnovelle

Joyce, James
1882–1941 Irland
Ulysses

Brecht, Bertolt
1898–1956 Deutschland
Mutter Courage und ihre Kinder

Hemingway, Ernest
1899–1961 USA
Wem die Stunde schlägt

Seghers, Anna
1900–1983 Deutschland
Das Siebte Kreuz

Frisch, Max
1911–1991 Schweiz
Homo Faber

Böll, Heinrich
1917–1985 Deutschland
Ansichten eines Clowns

Dürrenmatt, Friedrich
1921–1990 Schweiz
Der Besuch der alten Dame

Jandl, Ernst
1925–2000 Österreich
Der gelbe Hund

Wolf, Christa
1929– Deutschland
Der geteilte Himmel

Grass, Günter
1927– Deutschland
Die Blechtrommel

Handke, Peter
1942– Österreich
Mein Jahr in der Niemandsbucht

Suter, Martin
1948– Schweiz
Small World

Kinderbuchautoren

Hans Christian Andersen
1805–1875 Dänemark
Die Schneekönigin

Otfried Preußler
1923– Deutschland
Die kleine Hexe

Heinrich Hoffmann
1809–94 Deutschland
Struwwelpeter

Michael Ende
1929–95 Deutschland
Die unendliche Geschichte

Charles Dickens
1812–1870 Großbritannien
Oliver Twist

Janosch
1931– Polen
Überall ist Panama

Johanna Spyri
1829–1901 Schweiz
Heidi

Peter Härtling
1933– Deutschland
Ben liebt Anna

Wilhelm Busch
1832–1908 Deutschland
Max und Moritz

Christine Nöstlinger
1936– Österreich
Die feuerrote Friedrike

Erich Kästner
1899–1974 Deutschland
Emil und die Detektive

Paul Maar
1937– Deutschland
Eine Woche voller Samstage

Astrid Lindgren
1907–2002 Schweden
Pippi Langstrumpf

Joanne K. Rowling
1965– Großbritannien
Harry Potter

Komponisten

Diese Liste enthält einige der bekanntesten Komponisten der Welt, das jeweilige Geburts- und Sterbejahr, das Geburtsland und eines der berühmtesten Werke.

Vivaldi, Antonio
1675–1741 Italien
Die Vier Jahreszeiten

Bach, Johann Sebastian
1685–1750 Deutschland
Matthäuspassion

Bach

Händel, Georg Friedrich
1685–1759 Deutschland
Wassermusik

Haydn, Franz Joseph
1732–1809 Österreich
Die Schöpfung

Mozart, Wolfgang
1756–1791 Österreich
Die Zauberflöte

Beethoven, Ludwig van
1770–1827 Deutschland
9. Symphonie

Chopin, Frédéric
1810–1849 Polen
Klavierkonzerte

Verdi, Giuseppe
1813–1901 Italien
La Traviata

Brahms, Johannes
1833–1897 Deutschland
Ungarische Tänze

Tschaikowsky, Peter Iljitsch
1840–1893 Russland
Der Nussknacker

Puccini, Giacomo
1858–1924 Italien
Madame Butterfly

Mahler, Gustav
1860–1911 Tschechien
Sinfonie der Tausend

Debussy, Claude
1862–1918 Frankreich
La Mer

Strauss, Richard
1864–1949 Deutschland
Der Rosenkavalier

Rachmaninow, Sergei
1873–1943 Russland
2. Klavierkonzert

Ravel, Maurice
1875–1937 Frankreich
Bolero

Strawinsky, Igor
1882–1971 Russland
Der Feuervogel

Prokofjew, Sergei
1891–1953 Russland
Die Liebe zu den drei Orangen

Orff, Carl
1895–1982 Deutschland
Carmina Burana

Gershwin, George
1898–1937 USA
Rhapsody in Blue

Bernstein, Leonard
1918–1990 USA
West Side Story

Viele Komponisten schaffen ihre Werke am Klavier.

Olympische Spiele

Zur Zeit sind 35 olympische Disziplinen vom Internationalen Olympischen Komitee (IOC) zugelassen. Hier sind einige der beliebtesten:

Basketball
Badminton
Biathlon
Bob

Pferdesport
Radsport
Ringen
Rudern

Bogenschießen
Eiskunstlauf
Fechten
Geräteturnen

Schießen
Schwimmen
Segeln
Skispringen

Gewichtheben
Hockey
Kanusport
Leichtathletik

Volleyball
Tennis
Wasserball
Wasserspringen

OLYMPISCHE SOMMERSPIELE

Ort	Jahr
Athen	1896
Paris	1900
Saint Louis	1904
London	1908
Stockholm	1912
Antwerpen	1920
Paris	1924
Amsterdam	1928
Los Angeles	1932
Berlin	1936
London	1948
Helsinki	1952
Melbourne	1956
Rom	1960
Tokio	1964
Mexiko-Stadt	1968
München	1972
Montreal	1976
Moskau	1980
Los Angeles	1984
Seoul	1988
Barcelona	1992
Atlanta	1996
Sydney	2000
Athen	2004
Peking	2008

Internationale Organisationen

INTERPOL
Internationale Kriminalpolizeiliche Organisation
Gegründet 1923/46/56
182 Mitgliedsstaaten (darunter D, A, CH)
www.interpol.com

IMF / IWF
International Monetary Fond / Internationaler Währungsfonds
Gegründet 1945
184 Mitgliedsstaaten (darunter D, A, CH)
www.imf.org

WTO OMC

WTO
World Trade Organization / Welthandelsorganisation
Gegründet 1995
148 Mitgliedsstaaten (darunter D, A, CH)
www.wto.org

UNESCO
United Nations Educational, Scientific and Cultural Organization / Organisation der Vereinten Nationen für Bildung, Wissenschaft, Kultur und Kommunikation
Gegründet 1945
191 Mitgliedsstaaten (darunter D, A, CH)
www.unesco.de

ILO
International Labour Organization / Internationale Arbeitsorganisation
Gegründet 1919
174 Mitgliedsstaaten (darunter D, A, CH)
www.ilo.org

Die Klassifikation der Lebewesen

Alle Lebewesen werden in Gruppen eingeteilt, die man Reiche nennt. Diese Übersicht zeigt die fünf Reiche und typische Lebewesen, die jeweils zu ihnen gehören. Die Lebewesen eines Reiches teilt man in Stämme ein.

Diese Stämme werden in Abteilungen gegliedert, dies wiederum in Klassen. Klassen teilt man in Ordnungen diese in Unterordnungen. Ordnungen und Unterordnungen zerfallen in Familien, diese in Gattungen, und die Gattungen in Arten.

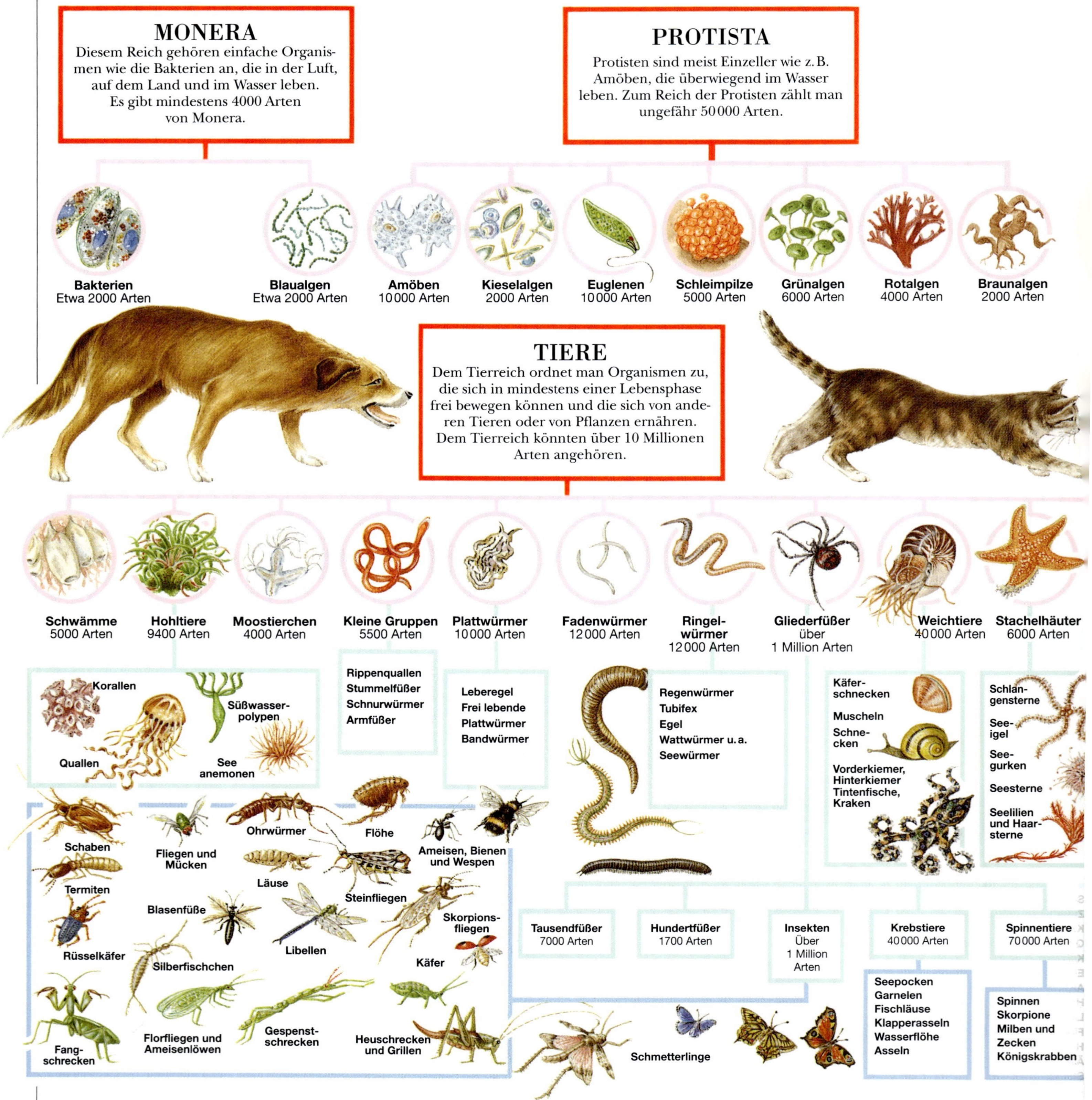

PILZE

Die Pilze bilden ein eigenes Reich. Sie sind weder Tiere noch Pflanzen. Zu ihnen gehören die Speisepilze ebenso wie die Schimmelpilze. Es gibt über 100 000 Pilzarten.

PFLANZEN

Im Pflanzenreich fasst man lebende Organismen zusammen, die mithilfe des Sonnenlichts ihre eigene Nahrung erzeugen. Im Unterschied zu Tieren können sich Pflanzen nicht frei bewegen. Zum Pflanzenreich zählen mindestens 400 000 Arten.

ÜBER DIESE KARTE

Die Farben sind den wichtigsten Tier- und Pflanzengruppen zugeordnet. Sie zeigen, welcher Gruppe die Lebewesen jeweils angehören.

- Reich
- Stamm
- Abteilung
- Klasse
- Unterklasse
- Ordnung

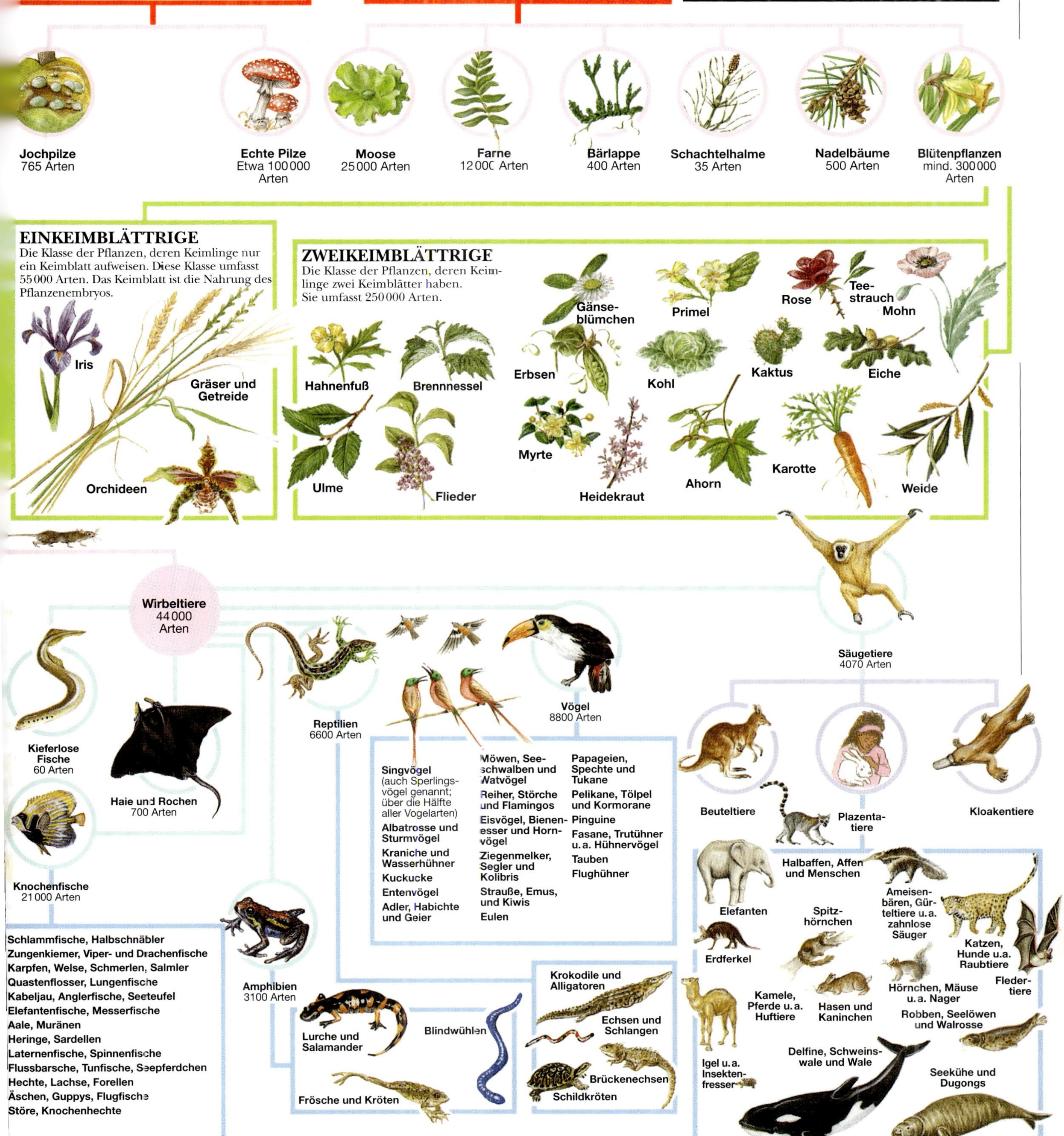

Fakten des Lebens

Interessantes und Wissenswertes über Tiere und Pflanzen

LEBENSERWARTUNG

Die Tabelle unten bietet eine Übersicht über die durchschnittliche Lebenserwartung einiger Tier- und Pflanzenarten.

WENIGE STUNDEN	WENIGE TAGE	EINIGE WOCHEN	EINIGE MONATE	1–5 JAHRE	5–15 JAHRE	15–30 JAHRE	30–45 JAHRE	45–60 JAHRE	60–80 JAHRE	80– JAH
Bestimmte Bakterien 20 Minuten	Blüte der Winde 1 Tag	Fruchtfliege 2 Wochen	Karpfenarten 8 Monate	Klatschmohn 1 Jahr	Gemeiner Seestern 6 Jahre	Kannenpflanze 20 Jahre	Australischer Prachtkäfer 35 Jahre	Blauwal 45 Jahre	Alligator 61 Jahre	Se anen 80 J
Erw. Eintagsfliege 12 Stunden	Nelkenschwindling 5 Tage	Stubenfliege 3 Wochen	Vergissmeinnicht 6 Monate	Monarch-Falter 1–2 Jahre	Rotfuchs 8 Jahre	Flughund 25 Jahre	Kanarienvogel 34 Jahre	Orang-Utan 50 Jahre	Lear-Ara 64 Jahre	Flus 80 J
Einige Pilze 18 Stunden	Wasserfloh 7 Tage	Dickkopffalter 3 Wochen	Wanze 6 Monate	Pastinake 2 Jahre	Dachs 15 Jahre	Goldfisch 30 Jahre	Braunbär 40 Jahre	Grüne Meeresschildkröte 50 Jahre	Andenkondor 70 Jahre	Sees 81 Ja
		Hirtentäschel 6 Wochen	Schwarze Witwe 3–9 Monate	Spitzmaus 3 Jahre	Ameisenkönigin 15 Jahre	Komodo-Waran 30 Jahre	Abgottschlange 40 Jahre	Königsalbatros 53 Jahre	Elefant 75 Jahre	Schwe wa 90 Ja

WANDERUNGEN

Viele Tiere legen einmal oder zweimal im Jahr große Entfernungen zurück, um gute Futterplätze oder günstige Orte für die Aufzucht der Jungen aufzusuchen oder vor extremem Klima zu fliehen.

Rentier
Rentiere (Karibus) wandern auf der Suche nach Weiden jedes Jahr Hunderte Kilometer.

Wanderheuschrecke
Sie legen in Schwärmen in knapp zwei Monaten über 3000 km zurück.

Bärenrobbe
Die Bärenrobbe wandert alljährlich 3000 km weit – und wieder zurück.

Rauchschwalbe
Die Rauchschwalbe fliegt jedes Jahr 11 000 km weit von Nordeuropa nach Südafrika und wieder zurück.

WIE SCHNELL?

LUFT

Libelle
58 km/h

Fregattvogel
153 km/h

Stachelschwanzsegler
170 km/h – schnellster Vogel in geradem Flug

Brieftaube
160 km/h

LAND

Feldhase
70 km/h

Strauß
72 km/h – schnellster Laufvogel

Gabelbock
88,5 km/h – schnellster Langstreckenläufer

Gepard
96,5 km/h – schnellster Kurzstreckenläufer

MEER

Eselspinguin
27 km/h – schnellster Vogel im Wasser

Schwertwal
55,5 km/h

Blauer Marlin
80 km/h

Pazifischer Fächerfisch
109 km/h – schnellster Fisch

…UGETIERE · VÖGEL · …EPTILIEN, …MPHIBIEN · FISCHE · GLIEDERFÜSSER · ANDERE WIRBELLOSE · PILZE · PFLANZEN · EINFACHE ORGANISMEN

WIE GROSS? WIE SCHWER?

Diese Übersicht informiert über die durchschnittlichen Maße und Gewichte verschiedener Tier- und Pflanzenarten.

BENUTZERHINWEIS
Die Farben (Schlüssel rechts) zeigen die Lebensräume der Pflanzen und Tiere an.

LAND · LUFT · WASSER

…100–1000 JAHRE	ÜBER 1000 JAHRE
Brückenechse 101 Jahre	**Stieleiche** 1500 Jahre
Landschildkröten 120 Jahre	**Eibe** 3500 Jahre
Rotbuche 300 Jahre	**Riesenmammutbaum** 4000 Jahre
Gelbkiefer 700 Jahre	**Creosote-Strauch** 11 000 Jahre

GRUPPE	DIE GRÖSSTEN		DIE KLEINSTEN		DIE LÄNGSTEN	DIE HÖCHSTEN	DIE GIFTIGSTEN
SÄUGETIERE einschließlich Beuteltiere, Kloakentiere und Plazentatiere	**Afrikanischer Elefant** 3,2 m hoch, über 5 t schwer	**Blauwal** 30 m lang, 120 t schwer	**Etrusker-Spitzmaus** 4 cm lang, 2–3 g schwer	**Hummelfledermaus** 15 cm lang, 1,5 g schwer	**Finnwal** Der zweitgrößte Wal (nach dem Blauwal) wird 25 m lang.	**Giraffe** Giraffen werden 5,2 m hoch und 1,2 t schwer.	**Der Speichel einiger Maulwürfe und Spitzmäuse enthält Gift.**
VÖGEL einschließlich flugfähige und flugunfähige Vögel	**Kori-Trappe** Der größte flugfähige Vogel wiegt 18 kg.	**Strauß** Mit 130 kg ist der Strauß der größte Vogel.	**Bienenelfe** 57 mm lang, 1,6 g schwer	**Kolibris verbrauchen so viel Energie, dass sie täglich ihr Gewicht an Futter fressen.**	**Bankiva-Huhn** Die Schwanzfedern dieses Vogels sind 10 m lang.	**Mit 2,8 m Höhe von Boden bis Scheitel ist der Strauß der größte Vogel.**	**Es gibt keine giftigen Vögel, wohl aber Ernteschädlinge. Größte Schäden: Blutschnabelweber.**
REPTILIEN Schlangen u. a. AMPHIBIEN Frösche, Lurche u. a.	**Chinesischer Riesensalamander** Mit 1,80 m Länge und 0,9 t Gewicht grösster Salamander	**Salzwasserkrokodil** Mit 5 m Länge und 1 t Gewicht größtes Krokodil	**Gecko** Manche Geckos werden nur 18 mm lang.	**Kubanischer Pfeilgiftfrosch** 1 cm lang	**Netzpython** 10 m lang	**Riesenschildkröte** 1,20 m hoch	**Ruderschlange** Giftigstes aller Reptilien
FISCHE einschließlich Knochenfische, Kieferlose Fische und Knorpelfische	**Walhai** 18 m lang, 40 t schwer		**Zwerggrundel** 1,5 cm lang, 5 mg schwer	**Zu den kleinsten Eiern zählen die des Lengfischs. Das Weibchen legt im Lauf ihres Lebens Millionen davon.**	**Riemenfisch** 14 m lang	**Sonnenfisch** 4,3 m hoch, 3 m lang, über 2 t schwer	**Steinfisch** Durch Stacheln spritzen Steinfische ihrer Beute Gift ein.
GLIEDERFÜSSER Spinnen, Insekten, Hundertfüßer und Krebse	**Goliathkäfer** Das schwerste Insekt wiegt 100 g und ist 11 cm lang.	**Japanische Riesenkrabbe** Das größte Krebstier erreicht 3,5 m Durchmesser.	**Zwergwespe** Das kleinste Insekt erreicht auch erwachsen nur 0,2 mm Länge.	**Alonella-Zwergkrebschen** Das kleinste Krebstier wird nur 0,25 mm lang.	**Riesen-Stabheuschrecke** Mit 38 cm Länge das längste Insekt		**Trichterspinnenarten** Das Gift dieser Spinnen ist tödlich.
WIRBELLOSE (Tiere ohne Wirbelsäule) Weichtiere u. a.	**Riesenkalmar** Das größte Weichtier wird 17,4 m lang.	**Afrikanische Riesenschnecke** Das größte an Land lebende Weichtier wird 907 g schwer.	**Amöben** Sie sind mit bloßem Auge nicht sichtbar.		**Afrikanischer Riesenregenwurm** Der längste Ringelwurm ist 6,7 m lang.	**Gelbe Haarqualle** Dieses Hohltier hat 36 m lange Tentakel.	**Würfelqualle** Ihr Stich ist im Tierreich der schmerzhafteste.
PILZE Speisepilze, giftige Pilze, Schimmel, Hefen u. a.	**Spaltblättling** Dieser Pilz erreicht mehrere Meter Durchmesser.	**Riesenbovist** Dieser Pilz kann 194 cm Durchmesser haben.	**Alle Pilze erzeugen mikroskopisch kleine Sporen – Spaltblättlinge täglich 30 Millionen!**	**Vorsicht! Wild wachsende Pilze sollte man nicht berühren. Viele sind sehr giftig.**	**Unterirdisches Myzel der Pilze** Es kann sich über Hunderte von Metern ausdehnen.	**Pilze wie der Hallimasch wachsen hoch oben im Inneren der Bäume.**	**Knollenblätterpilz** Der giftigste aller Pilze
PFLANZEN, Bäume, Kräuter, Gräser u. a.	**Sequoie (Mammutbaum)** 83,8 m hoch, 2000 t schwer	**Rafflesia** Größte Blütenpflanze	**Zwergweide** Kleinste auf dem Land lebende Pflanze	**Wasserlinse** Nur 0,6 cm lang	**Riesentang** Mit 60 m Länge die längste Alge	**Douglastanne** Mit 126,5 m der höchste auf der Welt wachsende Baum	**Tollkirsche** Eine der giftigsten Pflanzen

Küstenseeschwalbe
Sie ist der Champion unter den Zugvögeln: Zweimal im Jahr fliegt sie 19 000 km weit.

Wanderfalke
362 km/h – schnellster Vogel im Sturzflug

Bedrohung der Arten

Am stärksten sind die Arten wild lebender Tiere und Pflanzen durch den Verlust natürlicher Lebensräume bedroht. Manche Tiere werden gejagt, andere sind Nahrungskonkurrenten des Menschen.

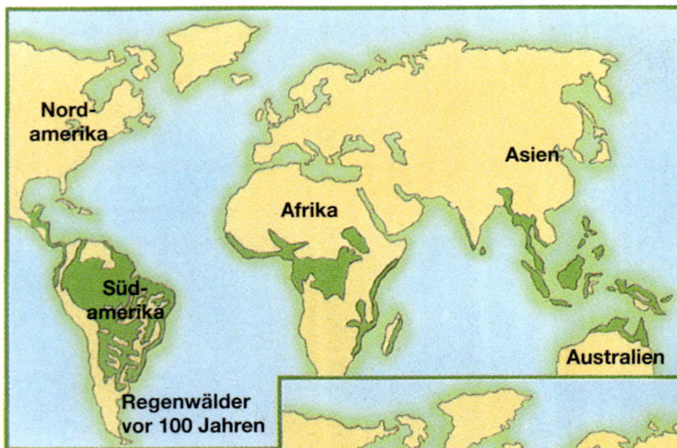

Die beiden Karten zeigen die Gebiete, die vor 100 Jahren und heute von Wald bedeckt waren bzw. sind – und wie die Wälder schrumpfen.

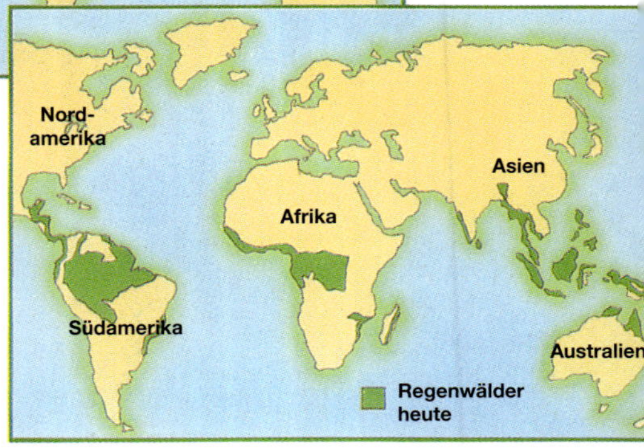

PESTIZID-PYRAMIDE
Grafik und Schlüssel (rechts) zeigen, wie sich Pestizide (chemische Schädlingsbekämpfungsmittel), die auf Pflanzen gesprüht werden, in den verschiedenen Organismen einer Nahrungskette ansammeln.

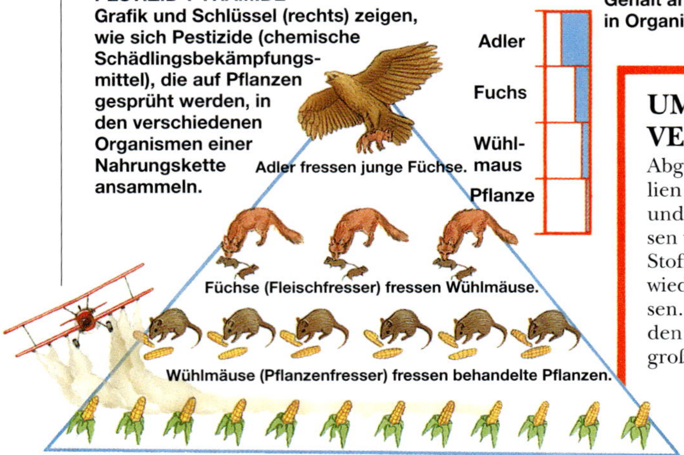

Der Landwirt spritzt auf die Nutzpflanzen ein Pestizid .

UMWELT-VERSCHMUTZUNG

Abgase, Ölschlamm, Müll und Chemikalien gefährden das Leben von Pflanzen und Tieren. Kleine Pflanzenfresser fressen von Pflanzen, die mit chemischen Stoffen behandelt werden. Sie werden wiederum von größeren Tieren gefressen. Im Körper von räuberisch lebenden Tieren lagern sich mit der Zeit große Mengen an Giften an.

NAHRUNGSKONKURRENTEN

Alle Arten der Meeresbewohner sind vom Menschen bedroht, weil auch wir Meeresfische essen. Jedes Jahr sterben viele Delfine, weil sie sich in Fischernetzen verfangen. Andere Tiere der Meere sterben, weil sie nicht mehr genügend Nahrung finden.

VERLUST DES LEBENSRAUMS

Vor nur 100 Jahren waren wesentlich größere Flächen von Wäldern bedeckt als heute. Die Wälder sind durch Abholzung viel kleiner geworden. Zahllose Pflanzen- und Tierarten verlieren auf diese Weise den Lebensraum, an den sie angepasst sind. Deshalb werden viele Arten immer seltener oder sterben ganz aus.

RODUNG DER REGENWÄLDER

AUSSTERBEN

Im Laufe der Erdgeschichte sind viele Tierarten ausgestorben. Häufig ist der Grund für das Aussterben der Verlust des gewohnten Lebensraums. In jüngerer Zeit kam die Bejagung durch den Menschen hinzu. Viele Arten sind erst kürzlich ausgestorben. Wenn dieses Tempo konstant bleibt, werden jedes Jahr 50 000 Arten aussterben. Die Grafik zeigt einige ausgestorbene und bedrohte Arten.

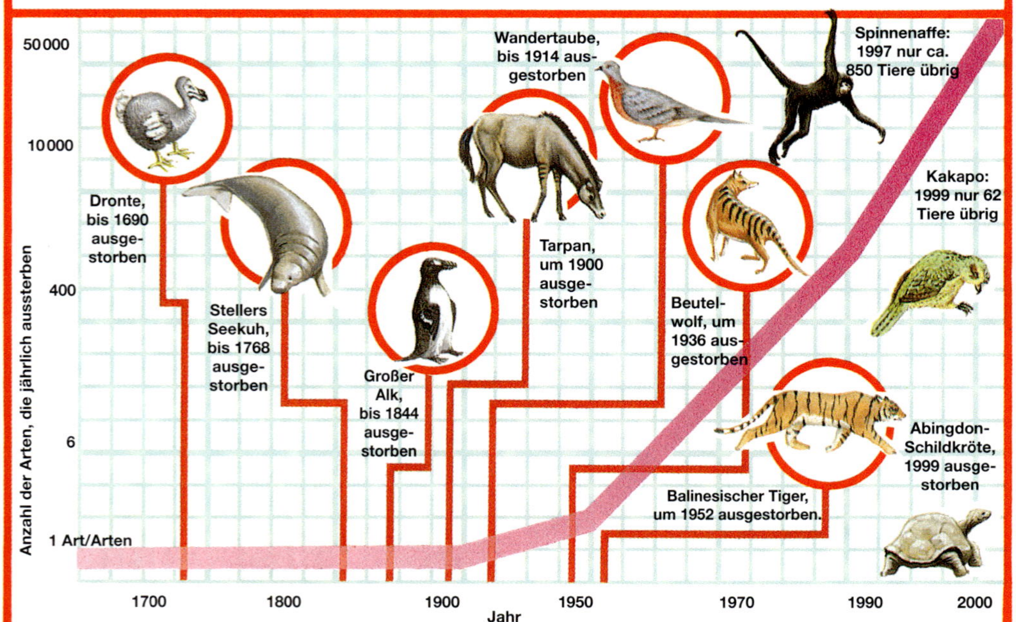

JAGEN UND SAMMELN

Viele Pflanzen- und Tierarten sind deshalb vom Aussterben bedroht, weil sie jahrhundertelang wegen ihres Felles, ihres Fleisches, ihrer Zähne oder einer anderen Trophäe gejagt wurden. Inzwischen ist die Jagd auf bestimmte Tierarten verboten. Geschützte Pflanzen dürfen weder ausgegraben noch gepflückt werden.

Naturschutz

Natur- und Artenschutzorganisationen

In vielen Ländern wurden Vereinigungen gegründet, die sich für den Schutz von Tier- und Pflanzenarten einsetzen und gegen deren Aussterben kämpfen. Hier stellen wir einige von ihnen vor.

WORLD WIDE FUND FOR NATURE
WWF Deutschland
Rebstöcker Straße 55
60326 Frankfurt
069 / 791440
www.wwf.de

Der WWF ist die weltweit größte Naturschutzorganisation und setzt sich für den Schutz bedrohter Tiere und Pflanzen und gefährdeter Naturlandschaften ein.

BUND
Bundesgeschäftsstelle
Am Köllnischen Park 1
10179 Berlin
030 / 2758640
www.bund.net

Der BUND (Bund für Umwelt- und Naturschutz Deutschland) ist Deutschlands größter Natur- und Umweltschutzverband.

GREENPEACE
Greenpeace e.V.
Große Elbstraße 39
22767 Hamburg
040 / 306180
www.greenpeace.de

Greenpeace ist eine internationale, parteiunabhängige Organisation, die sich mit Lobbyarbeit und spektakulären gewaltfreien Aktionen für den Schutz der Lebensgrundlagen engagiert.

NABU
NABU-Bundesgeschäftsstelle
Herbert-Rabius-Str. 26
53225 Bonn
0228 / 40360
www.nabu.de

Der NABU (Naturschutzbund Deutschland) setzt sich durch aktive Naturschutzarbeit, wissenschaftliche Forschung, politisches Engagement und Umweltbildung für den Erhalt der Natur ein.

Nationalparks und Naturschutzgebiete

In Nationalparks und Naturschutzgebieten können gefährdete Arten in ihrem natürlichen Lebensraum überleben. Die Übersicht unten stellt einige wichtige Nationalparks aus aller Welt vor, gibt ihre Größe an und stellt einige der Arten vor, die in ihnen leben.

SALONGA-NATIONALPARK, DEM. REP. KONGO
Wald
36 417 km²
Grösstes Wildreservat Afrikas
Afrikanische Elefanten, Zwergschimpansen

GRÖNLANDISCHER NATIONALPARK
Tundra
700 000 km²
Größter Nationalpark der Welt
Eisbären, Robben, Walrosse

NATIONALPARK DEUTSCHES WATTENMEER
Flache Gezeitenküste
Seevögel

EVERGLADES NATIONAL PARK, FLORIDA
Sumpf
5661 km²
Alligatoren, Manatis

KUSHIRO PARK, HOKKAIDO, JAPAN
Sumpf und Marschland
200 km²
Mandschuren-Kraniche

MEERESNATIONALPARK ZAKYNTHOS, GRIECHENLAND
Inseln
Mittelmeer-Mönchsrobben

GALAPAGOSINSELN, SÜDAMERIKA
Inseln
6912 km²
Riesenschildkröten, Finken, Meerechsen

WOOD BUFFALO NATIONAL PARK, KANADA
Wald
44 900 km²
Bisons, Luchse, Rentiere

YELLOWSTONE-PARK, NORDAMERIKA
Gebirge
8945 km²
Dickhornschafe, Elche

SNOWDONIA NATIONAL PARK, WALES
Gebirge
2188 km²
Gebirgspflanzen, Milane, Merline, Wanderfalken

GREAT BARRIER REEF, CAIRNS SECTION, AUSTRALIEN
Meer
36 000 km²
Korallen, Quallen u.a. Meeresbewohner

IGUAZU-NATIONALPARK, ARGENTINIEN
Wald und Flussufer
492 km²
Kaimane, Jaguare

TAI-NATIONALPARK, ELFENBEINKÜSTE
Tropischer Regenwald
3300 km²
Viele seltene Bäume

ULURU-NATIONALPARK, AUSTRALIEN
Wüste
132 490 km²
Wüstenpflanzen, Wüstenteufel

CHITWAN-NATIONALPARK, NEPAL
Wald
932 km²
Nashörner, Tiger

PYRENÄEN-NATIONALPARK, FRANKREICH
Gebirge
457 km²
Bären, Gämsen

Sternkarten

Rund 6000 Sterne sind von der Erde aus ohne Teleskop sichtbar – etwa 3000 am Nordhimmel und 3000 am Südhimmel. Die Sternbilder sind je nach der Jahres- und Nachtzeit zu sehen und je nach dem, auf welcher Halbkugel man ist. Die Lichter von Städten erhellen den Himmel, sodass Sterne schwerer zu sehen sind. Diese Sternkarten zeigen die von der Nord- und Südhalbkugel aus sichtbaren Hauptsterne.

NORDHALBKUGEL

Die Größe der Sterne auf den Karten steht für ihre Helligkeit, von der Erde aus betrachtet. Je größer der Punkt, desto heller der Stern.

Kleiner Bär (lat. Ursa minor)

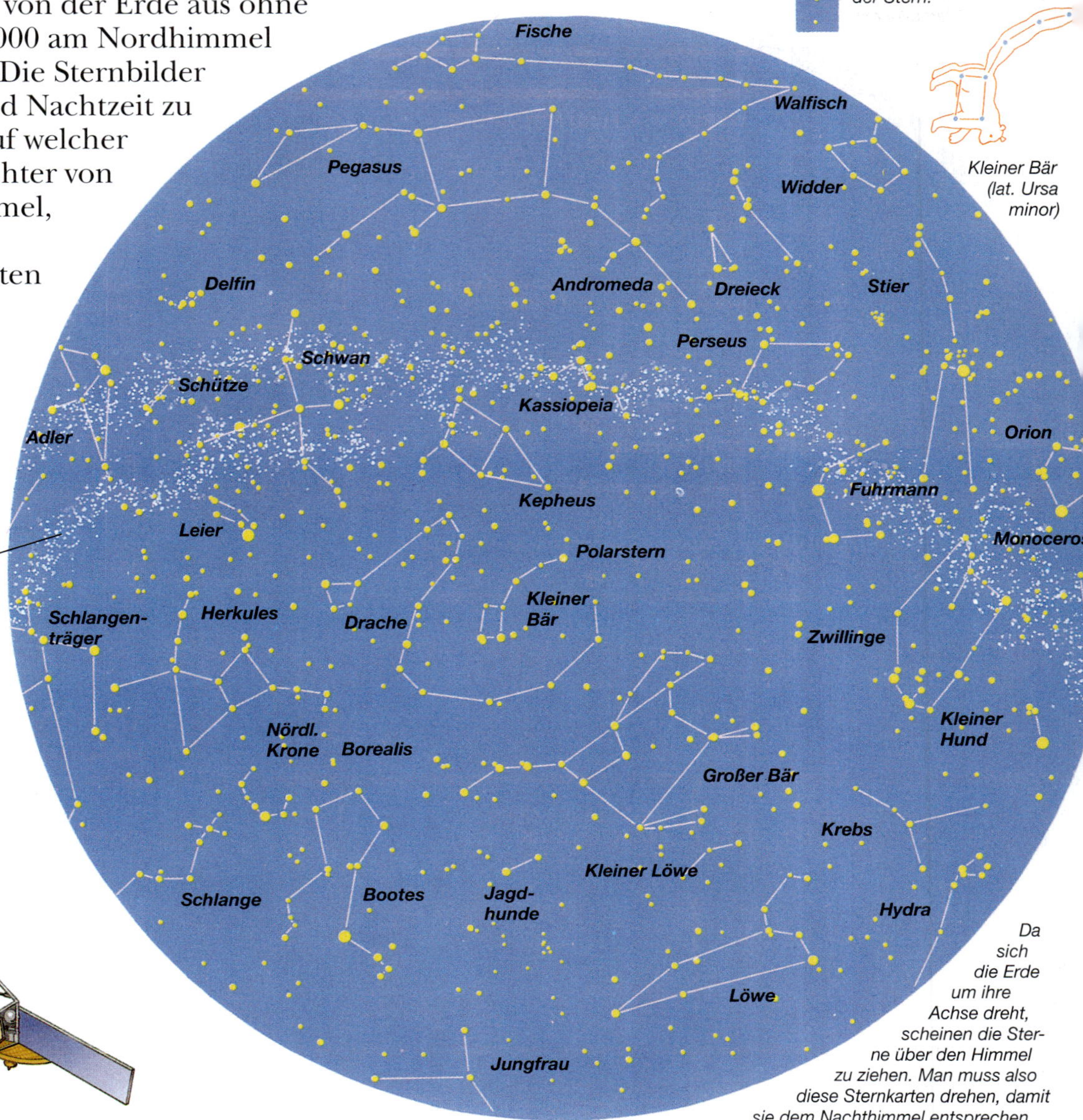

Milchstraße

Da sich die Erde um ihre Achse dreht, scheinen die Sterne über den Himmel zu ziehen. Man muss also diese Sternkarten drehen, damit sie dem Nachthimmel entsprechen.

MONDSONDEN

LUNA 1 (UdSSR)
Start: 2. Januar 1959. Erste Sonde, der Vorbeiflug am Mond gelang.

LUNA 2 (UdSSR)
Start: 12. September 1959. Erreichte als erste Sonde ein anderes Objekt im Weltall.

LUNA 3 (UdSSR)
Start: 4. Oktober 1959. Fotografierte erstmals die Rückseite des Mondes.

RANGER 7 (USA)
Start: 28. Juli 1964. Erste Nahaufnahmen der Mondoberfläche.

APOLLO 11 (USA)
Start: 16. Juli 1969. Brachte als erstes Raumschiff Menschen zum Mond. Am 20. Juli 1969 landeten Neil Armstrong und Edwin Aldrin auf dem Mond.

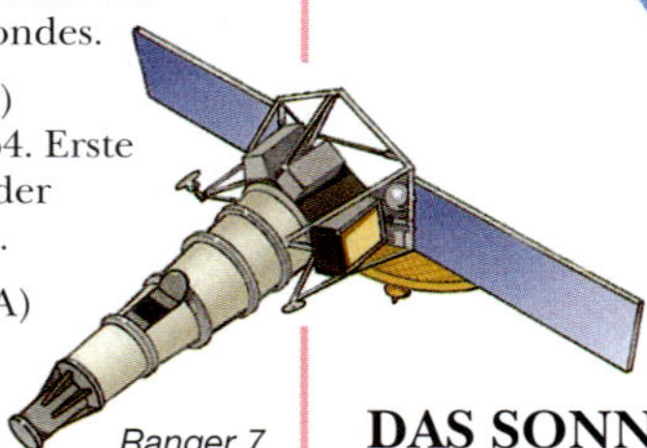

Ranger 7

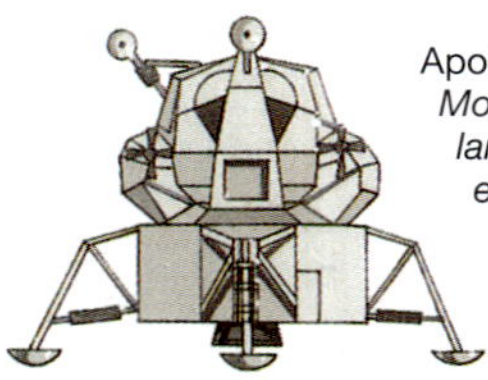

Apollo 11, Mondlandeeinheit

SONNENSONDEN

YOHKOH (Japan)
Start: 30. August 1991. Untersuchte Röntgenstrahlen der Sonne.

SOHO (Europa/USA)
Start: 2. Dezember 1995. Beobachtung der Sonne.

DAS SONNENSYSTEM

Planet	Durchmesser am Äquator in km	Entfernung von der Sonne in Mio. km	Masse (Erde = 1)	Volumen (Erde = 1)	Oberflächentemperatur in Grad C
Merkur	4 879	57,9	0,055	0,056	+350
Venus	12 104	108,2	0,86	0,86	+480
Erde	12 756	149,6	1	1	+22
Mars	6 794	227,9	0,107	0,15	–23
Jupiter	142 884	778,3	318	1319	–150
Saturn	120 536	1427	95	744	–180
Uranus	51 118	2869,6	15	67	–214
Neptun	50 538	4496,7	17	57	–220
Pluto	2445	5900	0,002	0,01	–230

Suche am Himmel der Nordhalbkugel den Polarstern und den Kleinen Bären. Von dort aus kannst du mithilfe der Karte die anderen Sternbilder finden.

SÜDHALB-KUGEL

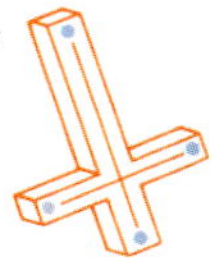

Kreuz des Südens

Suche am Himmel der Südhalbkugel das sehr helle Kreuz des Südens; von dort aus kannst du dich am Südhimmel orientieren.

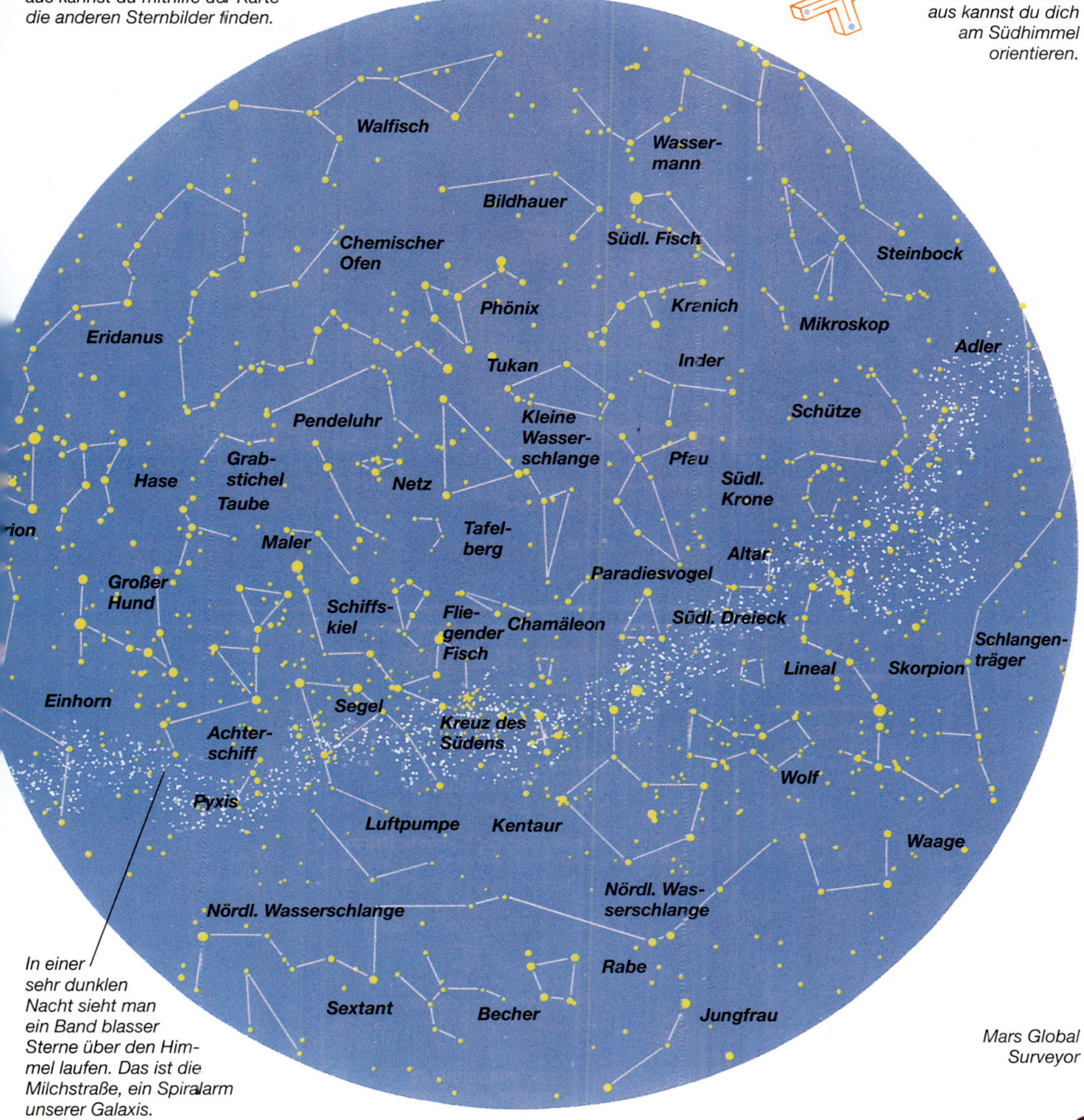

In einer sehr dunklen Nacht sieht man ein Band blasser Sterne über den Himmel laufen. Das ist die Milchstraße, ein Spiralarm unserer Galaxis.

Schwerkraft (Erde = 1)	Dauer einer Umrundung der Sonne	Dauer einer Achsenumdrehung	Bahngeschwindigkeit in km pro Sekunde	Zahl der Monde
0,38	87,97 Tage	58,65 Tage	47,9	0
0,9	224,7 Tage	243,16 Tage	35	0
1	365,26 Tage	23 h 56 m 4 s	29,8	1
0,38	779,9 Tage	24 h 37 m 23 s	24,1	2
2,64	11,86 Jahre	9 h 50 m 30 s	13,1	63
1,16	29,46 Jahre	10 h 39 m	9,6	47
0,93	84,01 Jahre	17 h 14 m	6,8	41
1,2	164,8 Jahre	16 h 3 m	5,4	13
0,05	247,7 Jahre	6 Tage 9 h	4,7	3

PLANETENSONDEN

Hier einige der bislang wichtigsten Raumsonden.

VOYAGER (USA)
Zwei Sonden, *Voyager 1* und *2*, wurden 1977 gestartet. Erkundeten große Teile des Sonnensystems, u.a. Jupiter, Saturn, Uranus und Neptun.

Voyager 1

MAGELLAN (USA)
Start: 4. Mai 1989. Sammelte Gravitationsdaten und tastete mit einem Radarsystem die Venusoberfläche ab.

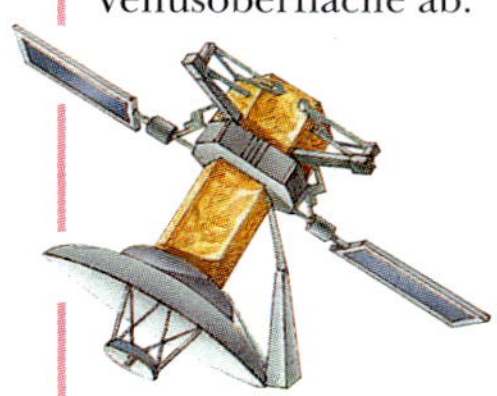

Magellan

GALILEO (USA)
Start: 8. Oktober 1989. Vom Spaceshuttle *Atlantis* aus gestartet, drang *Galileo* am 7. Dezember 1995 in die Jupiteratmosphäre ein. Erste Messung der Atmosphäre des größten Planeten des Sonnensystems.

NEAR SHOEMAKER (USA)
Start: 17. Februar 1996. Umkreiste als erste Raumsonde einen Asteroiden und landete dort. Untersuchte den erdnahen Asteroiden Eros (Asteroid 433).

Near Shoemaker

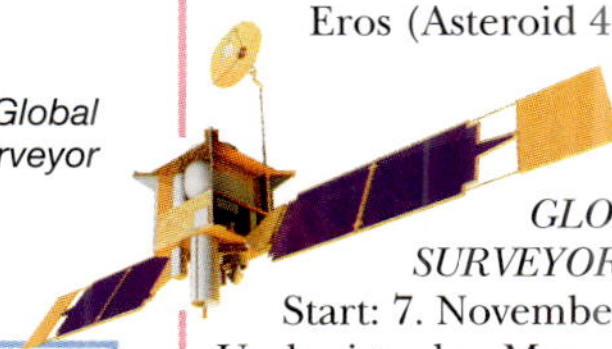

Mars Global Surveyor

MARS GLOBAL SURVEYOR (USA)
Start: 7. November 1996. Umkreiste den Mars und sendete Bilder und Daten.

CASSINI (USA)
Start: 6. Oktober 1997. Erkundungsmission zu Saturn und seinem Mond Titan.

MARS ROVERS (USA)
Start: 10. Juni/7. Juli 2003. Die beiden unbemannten Rover *Spirit* und *Opportunity* landeten im Jahr 2004 an verschiedenen Stellen des Mars. Sie führten wissenschaftliche Experimente mit Marsgestein durch und übermittelten die Ergebnisse zur Erde.

DEEP IMPACT (USA)
Start: 12. Januar 2005. Flog zum Kometen Tempel 1 und setzte erstmals eine Sonde auf dem Kern eines Kometen ab.

DIE GRÖSSTEN OZEANE UND MEERE

1 Pazifischer Ozean
166 240 000 km²
2 Atlantischer Ozean
86 560 000 km²
3 Indischer Ozean
73 430 000 km²
4 Nordpolarmeer
13 230 000 km²
5 Südchinesisches Meer
2 974 600 km²
6 Karibische See
2 753 000 km²
7 Mittelmeer
2 510 000 km²
8 Beringsee
2 261 000 km²
9 Golf von Mexiko
1 542 985 km²
10 Ochotskisches Meer
1 527 570 km²

DIE GRÖSSTEN WÜSTEN

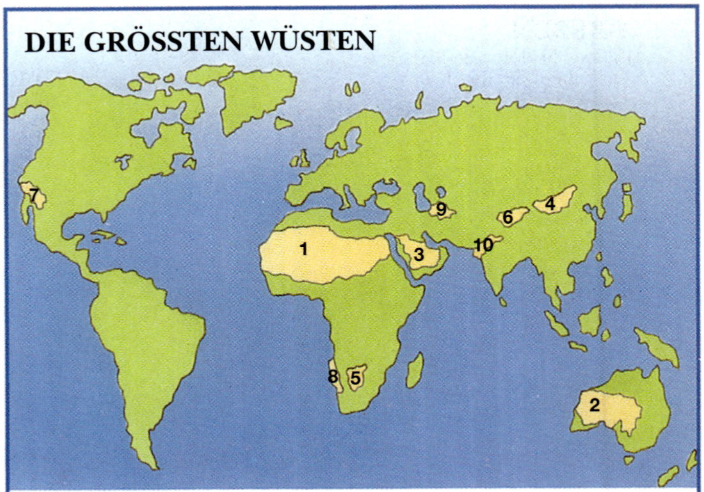

1 Sahara
9 000 000 km²
2 Australische Wüste
3 800 000 km²
3 Arabische Wüste
1 300 000 km²
4 Wüste Gobi (Zentralasien)
1 040 000 km²
5 Kalahariwüste (Südliches Afrika)
520 000 km²
6 Takla-Makan-Wüste (Westchina)
327 000 km²
7 Sonorawüste (USA/Mexiko)
310 000 km²
8 Namibwüste (Südwestafrika)
310 000 km²
9 Karakumwüste (Turkmenistan)
270 000 km²
10 Wüste Thar (Indien und Pakistan)
260 000 km²

DIE GRÖSSTEN INSELN

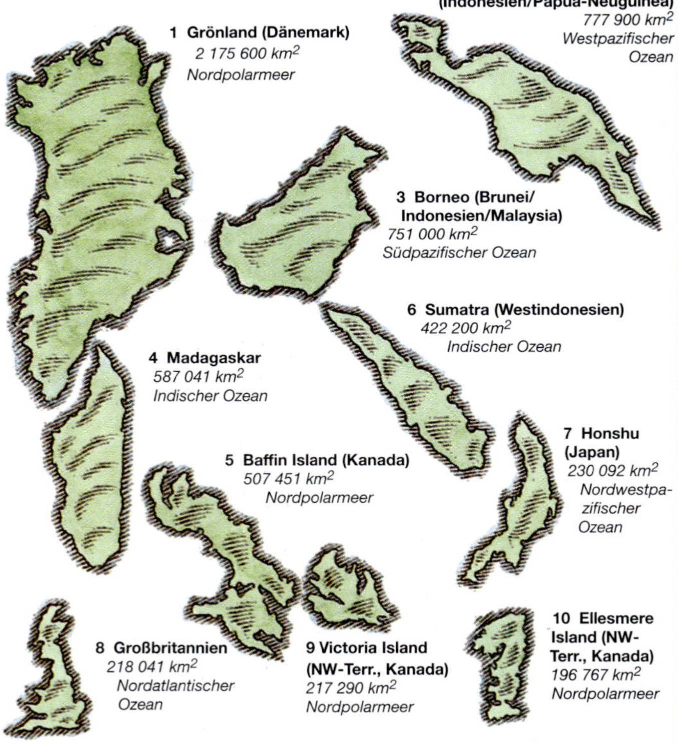

WETTERREKORDE

Stärkster Schneefall
31,1 m, Paradise, Mt. Rainier, Washington State, USA, 19. Februar 1971 bis 18. Februar 1972

Stärkster Regen
Innerhalb von 24 Stunden 1,9 m, Cilaos, Réunion, Indischer Ozean, 15./16. März 1952

Trockenster Ort/Längste Dürre
Jahresdurchschnitt Null, Atacamawüste, bei Calama, Chile. 400 Jahre Dürre, ebenfalls Atacamawüste, 1571–1971

Höchste Windgeschwindigkeit
371 km/h, Mt. Washington (1916 m), New Hampshire, USA, 12. April 1934

Sonnenscheinmaximum
97% (über 4300 Stunden), östliche Sahara, Nordafrika

Sonnenscheinminimum
Null, in normalen Winterabschnitten von 182 Tagen, Nordpol

Höchste Temperatur im Schatten
58°C, al'Azizyah, Libyen (111 m), 13. Sept. 1922

Heißester Ort
Jahresdurchschnitt 34,4 °C, Dallol, Äthiopien, 1960–66

Kältester Ort
Durchschnitt von –56,6 °C, Plateau Station, Antarktis

Meiste Regentage
Jahresdurchschnitt 350 Tage, Mt. Waialeale, 1569 m, Kauai, Hawaii

Windigster Ort
Stürme können 320 km/h erreichen, Commonwealth Bay, George-V.-Küste, Antarktis

DIE HÖCHSTEN BERGE

Die höchsten Berge der Welt liegen alle im Himalaja, Südasien.

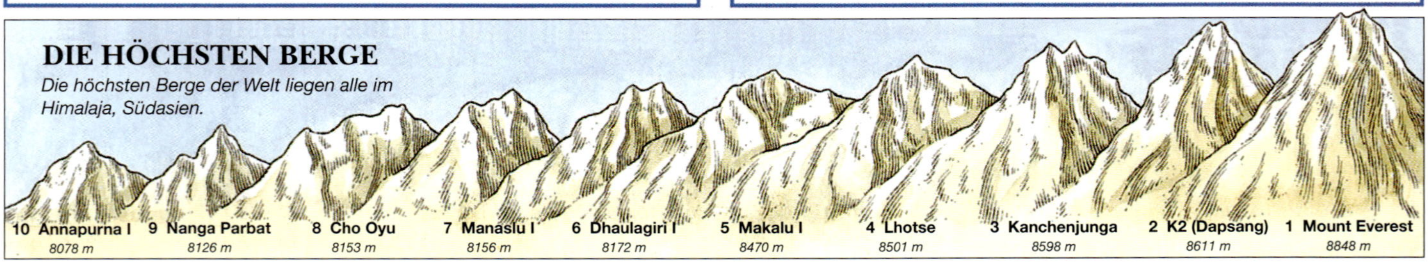

ERDBEBEN

Es gibt zwei Skalen zum Messen von Erdbeben: die Richter-Skala und die modifizierte Mercalli-Skala.

RICHTER-SKALA

Die Richter-Skala misst die Stärke eines Erdbebens an seiner Quelle. Sie ist eine logarithmische Skala, d. h., wenn die Stärke um eine Einheit zunimmt, bewegt sich der Boden 10 mal mehr, und das Erdbeben setzt etwa 30 mal mehr Energie frei. Die Skala unten gibt die Auswirkungen von Erdbeben bestimmter Stärken an.

Stärke	Auswirkungen
1	Nur mit Instrumenten messbar.
2–2,5	Können Menschen gerade spüren.
4–5	Kann leichte Schäden verursachen.
6	Ziemlich zerstörerisch.
7	Ein starkes Erdbeben.
8–9	Ein sehr zerstörerisches Erdbeben

MODIFIZIERTE MERCALLI-SKALA

Die modifizierte Mercalli-Skala misst, wie stark ein Erdbeben den Boden an einem bestimmten Ort erschüttert (»gefühlte Intensität«). Die Skala unten beschreibt die jeweiligen Auswirkungen.

Intensität	Auswirkungen
1	Für Menschen nicht spürbar.
2	In oberen Stockwerken vereinzelt spürbar.
3	Im Hausinneren spürbar. Hängende Objekte können schwingen
4	Hängende Objekte schwingen. Türen und Fenster klappern.
5	Im Freien für die meisten Menschen spürbar. Kleine Objekte bewegt.
6	Für jeden spürbar. Möbel verrutschen. Bäume und Büsche schwanken.
7	Menschen können nur mit Mühe stehen. Gebäude beschädigt, lose Ziegel fallen.
8	Schwere Gebäudeschäden. Äste brechen.
9	Allgemeine Panik. Große Risse im Boden. Häuser stürzen ein.
10	Starke Erdrutsche. Viele Gebäude zerstört.
11	Boden stark aufgewühlt. Eisenbahnschienen verbiegen sich.
12	Fast totale Schäden. Große Objekte fliegen durch die Luft.

BEAUFORT-SKALA DER WINDSTÄRKE

Stärke	Bezeichnung	Geschwindigkeit in km/h
0	Windstille	weniger als 1
1	leiser Zug	1–5
2	leichter Wind	6–11
3	schwacher Wind	12–19
4	mäßiger Wind	20–29
5	frischer Wind	30–39
6	starker Wind	40–50
7	steifer Wind	51–61
8	stürmischer Wind	62–74
9	Sturm	75–87
10	schwerer Sturm	88–101
11	orkanartiger Sturm	102–117
12	Orkan	ab 118

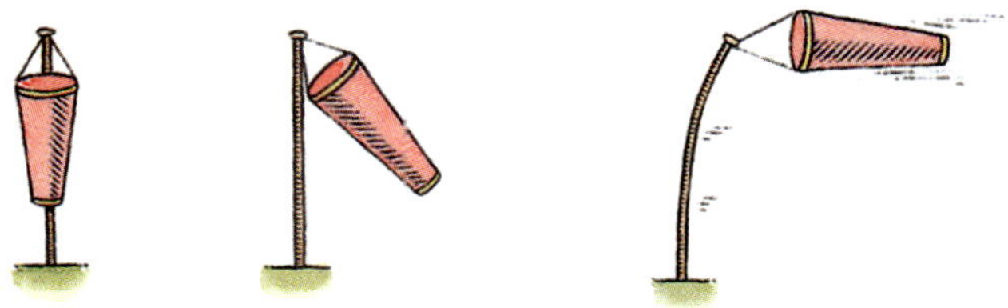

DIE HÖCHSTEN GEBÄUDE

Türme (einschließlich der durch Stahlseile gehaltenen)

		Meter	Erbaut
1	KTHI-Fernsehturm, North Dakota, USA	629	1963
2	CN Tower, Toronto, Kanada	553	1975

Bewohnbare Gebäude

1	Taipei 101, Taipeh, Taiwan	509	2003
2	Petronas Towers, Kuala Lumpur, Malaysia	452	1997
3	Sears Towers, Chicago, USA	443	1974
4	Jin Mao Tower, Schanghai, China	421	1998
5	Two International Finance Center, Hong Kong, China	415	2003
6	CITIC Plaza, Guangzhou, China	391	1997
7	Shun Hing Square, Shenzhen, China	384	1996
8	Empire State Building, New York, USA	381	1931
9	Central Plaza, Hong Kong, China	374	1992
10	Bank of China Tower, Hong Kong, China	367	1990

Die Petronas Towers in Malaysia sind eines der höchsten bewohnbaren Gebäude der Welt.

DIE LÄNGSTEN BRÜCKEN

Hier die zehn längsten Brücken der Welt. Die Maße beziehen sich auf die Länge der zentralen Spannweite. Alle Brücken sind Hängebrücken.

1 Akashi-Kaikyo
1780 m, Honshu-Shikoku, Japan, 1998 eröffnet
2 Großer Belt
1624 m, Korsor, Dänemark, 1998 eröffnet
3 Humber-Mündung
1410 m, Humber, England, 1981 eröffnet
4 Jiangyin
1385 m, Hongkong, China, 1997 eröffnet
5 Tsing Ma
1377 m, Hongkong, China, 1997 eröffnet
6 Verrazano-Narrows
1298 m, New York, USA, 1964 eröffnet
7 Golden Gate
1280 m, San Francisco, USA, 1937 eröffnet
8 Höga Kusten
1200 m, Kramfors, Schweden, 1997 eröffnet
9 Mackinac Straits
1158 m, Michigan, USA, 1957 eröffnet
10 Minami Bisan-Seto
1100 m, Kojima-Sakaide, Japan, 1988 eröffnet

DIE LÄNGSTEN EISENBAHNNETZE

Hier die zehn längsten Eisenbahnnetze der Welt.

1 USA
240 000 km
2 Russland
154 000 km
3 Kanada
70 176 km
4 Indien
62 462 km
5 China
58 399 km
6 Deutschland
43 966 km
7 Australien
38 563 km
8 Argentinien
37 910 km
9 Frankreich
33 891 km
10 Brasilien
27 418 km

Die Gesamtlänge aller Eisenbahnnetze der Welt wird auf 1 201 337 km geschätzt.

Geografische Statistiken geben wegen jahreszeitlicher Veränderungen und je nach Messmethode Annäherungswerte wieder.

FLÄCHE UND VOLUMEN

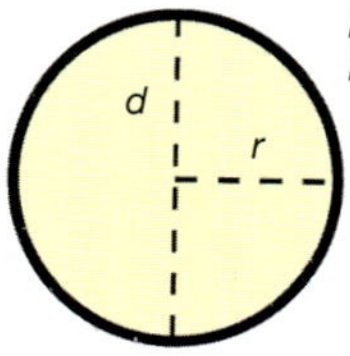

Kreis:
Radius r
Durchmesser d = 2 r

Umfang = 2r • π
Fläche = r² • π (π = 3,1416)

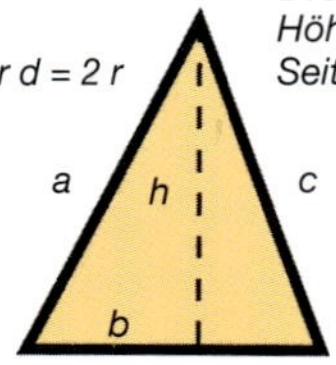

Dreieck:
Höhe h
Seiten a, b, c

Umfang = a + b + c
Fläche = b/2 • h

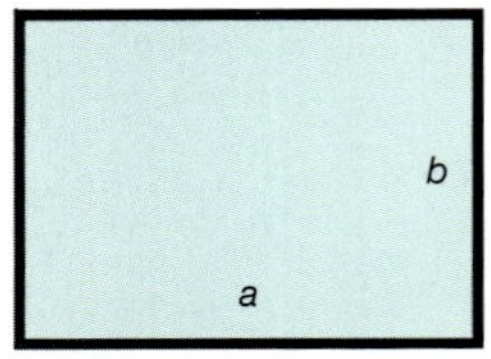

Rechteck:
Seite a, b

Umfang = 2 • (a + b)
Fläche = a • b

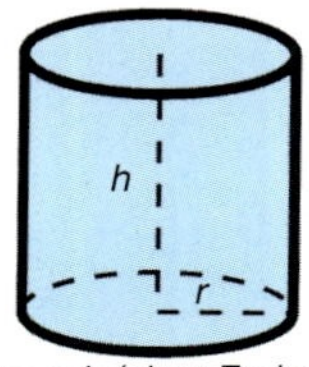

Zylinder:
Höhe h
Radius r

Oberfläche = 2r • π • h (ohne Enden)
Volumen = r² • π • h

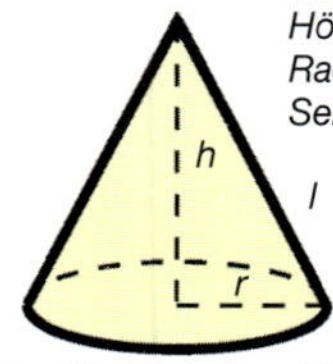

Kegel:
Höhe h
Radius r
Seite l

Oberfläche = r • π • l (ohne Bo
Volumen = 1/3 r² • π • l

MASSEINHEITEN

METRISCHE EINHEIT	ENTSPRICHT	ENGLISCHE EINHEIT	ENTSPRICHT
Länge		**Länge**	
1 Zentimeter (cm)	10 Millimeter (mm)	1 foot (ft)	12 inches (in)
1 Meter (m)	100 Zentimeter (cm)	1 yard (yd)	3 feet
1 Kilometer (km)	1000 Meter	1 mile	1760 yards
Masse		**Masse**	
1 Kilogramm (kg)	1000 Gramm (g)	1 pound (lb)	16 ounces (oz)
1 Tonne (t)	1000 Kilogramm	1 ton	2,240 pounds
Fläche		**Fläche**	
1 Quadratzentimeter (cm^2)	100 Quadratmillimeter (mm^2)	1 square foot (ft^2)	144 square inches (in^2)
1 Quadratmeter (m^2)	10 000 Quadratzentimeter	1 square yard (yd^2)	9 square feet
1 Hektar (ha)	10 000 Quadratmeter	1 acre	4840 square yards
1 Quadratkilometer (km^2)	1 Mio. Quadratmeter	1 square mile	640 acres
Volumen		**Volumen**	
1 Kubikzentimeter (cm^3)	1 Milliliter (ml)	1 pint	34.68 cubic inches (in^3)
1 Liter (l)	1000 Milliliter	1 quart	2 pints
1 Kubikmeter (m^3)	1000 Liter	1 gallon	4 quarts

UMRECHNUNGSTABELLE
Metrische in englische Einheiten

umzuwandeln	*in*	*multiplizie mit*
Länge		
Zentimeter	inches	0,39
Meter	feet	3,28
Kilometer	miles	0,62
Fläche		
Quadratzentimeter	square inches	0,16
Quadratmeter	square feet	10,76
Hektar	acres	2,47
Quadratkilometer	square miles	0,39
Volumen		
Kubikzentimeter	cubic inches	0,061
Liter	pints	1,76
Liter	gallons	0,22
Masse		
Gramm	ounces	0,04
Kilogramm	pounds	2,21
Tonnen	tons	0,98

BINÄRSYSTEM

Mithilfe des Binärsystems stellen Computer Zahlen und Buchstaben dar. Es gibt im Binärsystem nur zwei Symbole – 0 und 1 –, die in Computerschaltkreisen für »Aus« und »An« stehen.

Dezimal	Binär
1	1
2	10
3	11
4	100
5	101
6	110
7	111
8	1000
9	1001
10	1010
11	1011
12	1100

MATHEMATISCHE SYMBOLE

+	plus
–	minus
±	plus oder minus
•	multipliziert mit (mal)
÷	geteilt durch
=	ist gleich
≠	ist nicht gleich
≈	angenähert gleich
>	größer als
<	kleiner als
≥	größer als oder gleich
≤	kleiner als oder gleich
%	Prozent
√	Wurzel aus
π	pi (3,1416)
°	Grad
'	Bogenminute
"	Bogensekunde

PERIODENSYSTEM

Im Periodensystem sind die chemischen Elemente nach ihrer Atomzahl (der Zahl der Protonen in jedem Atom des Elements) angeordnet, und zwar in waagrechten Zeilen, den Perioden, und senkrechten Spalten, den Gruppen. Damit stehen Elemente mit ähnlichen chemischen Eigenschaften (wie die Alkalimetalle) in derselben Gruppe.

Chemisches Symbol – *Atomzahl des Elements* – *Name des Elements* – *Atomgewicht: das Gewicht eines Atoms des Elements im Vergleich zu einem Atom des Elements Kohlenstoff. Zahlen in Klammern bezeichne das stabilste Isotop.*

26
Fe
Eisen
55.847

1 H Wasserstoff 1,008								
3 Li Lithium 6,941	4 Be Beryllium 9,012							
11 Na Natrium 22,990	12 Mg Magnesium 24,305							
19 K Kalium 39,098	20 Ca Calcium 40,08	21 Sc Scandium 44,956	22 Ti Titan 47,90	23 V Vanadium 50,941	24 Cr Chrom 51,996	25 Mn Mangan 54,938	26 Fe Eisen 55,847	2 Co Cobalt 58,933
37 Rb Rubidium 85,468	38 Sr Strontium 87,62	39 Y Yttrium 88,906	40 Zr Zirconium 91,22	41 Nb Niobium 92,906	42 Mo Molybdän 95,94	43 Tc Technetium (97)	44 Ru Ruthenium 101,07	4 Rh Rhodium 102,906
55 Cs Cäsium 132,910	56 Ba Barium 137,34		72 Hf Hafnium 178,49	73 Ta Tantal 180,948	74 W Wolfram 183,85	75 Re Rhenium 186,207	76 Os Osmium 190,2	7 Ir Iridium 192,22
87 Fr Francium (223)	88 Ra Radium 226,025		104 Unq Unnilquadium (260)	105 Unp Unnilpentium (262)	106 Unh Unnilhexium (263)	107 Uns Unnilseptium (262)	108 Uno Unniloctium (265)	10 Une Unnilenniu (266)

uader
eiten
b, c

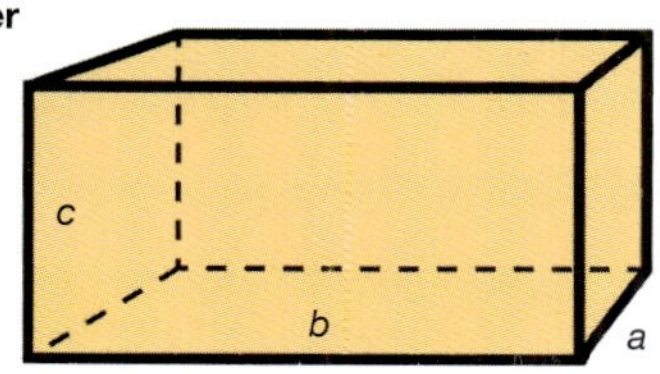

Oberfläche = 2 • (ab + bc + ac)
Volumen = a • b • c

glische in metrische Einheiten

zuwandeln	*in*	*multiplizieren mit*
nge		
hes	Zentimeter	2,54
et	Meter	0,30
es	Kilometer	1,61
che		
uare inches	Quadrat-zentimeter	6,45
uare feet	Quadratmeter	0,09
res	Hektar	0,41
uare miles	Quadrat-kilometer	2,59
lumen		
bic inches	Kubikzentimeter	16,39
nts	Liter	0,57
allons	Liter	4,55
asse		
unces	Gramm	28,35
ounds	Kilogramm	0,45
ns	Tonnen	1,02

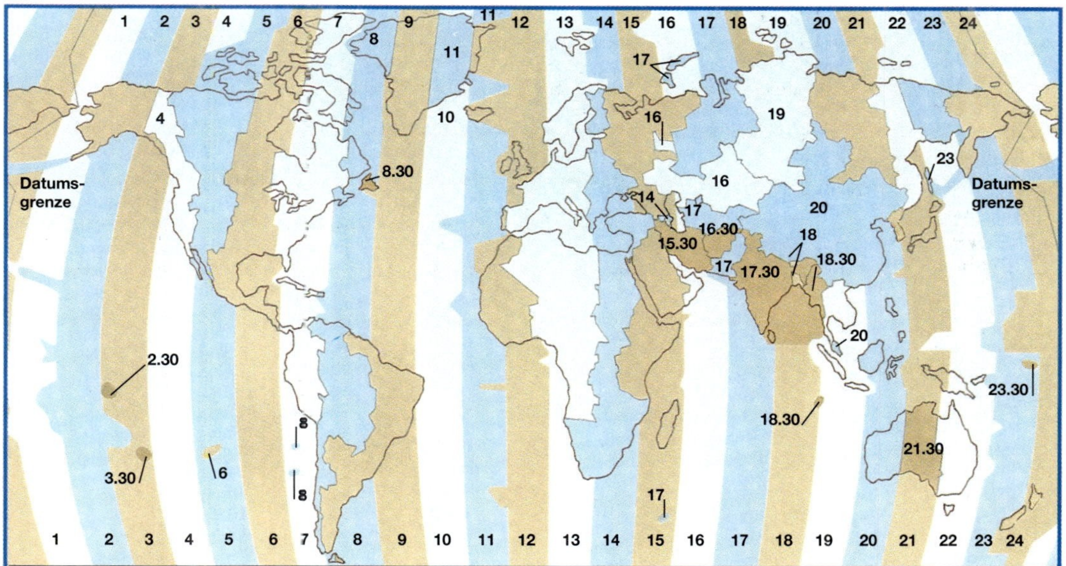

ZEITZONEN

Infolge der Erddrehung scheint die Sonne auf- und unterzugehen. Doch während sie an einem Ort aufgeht, geht sie an einem anderen unter. Ist es z.B. 5 Uhr in New York, dann ist es in Australien 20 Uhr. Folglich teilt man die Erde in Zeitzonen ein, beginnend bei der Datumsgrenze. In jeder Zeitzone zeigt die Uhr eine andere Zeit an, wobei es in jedem Teil der Welt mittags 12 Uhr und um Mitternacht 0 Uhr ist.

Alkali-metalle	*Erdalkali-metalle*
Übergangs-metalle	*Andere Metalle*
Nichtmetalle	*Edelgase*
Lanthanoi-denreihe	*Aktinium-reihe*

								2 **He** Helium 4,003
			5 **B** Bor 10,81	6 **C** Kohlenstoff 12,011	7 **N** Stickstoff 14,007	8 **O** Sauerstoff 15,999	9 **F** Fluor 18,998	10 **Ne** Neon 20,179
			13 **Al** Aluminium 26,982	14 **Si** Silicium 28,086	15 **P** Phosphor 30,974	16 **S** Schwefel 32,06	17 **Cl** Chlor 35,453	18 **Ar** Argon 39,948
28 **Ni** Nickel 58,70	29 **Cu** Kupfer 63,546	30 **Zn** Zink 65,38	31 **Ga** Gallium 69,72	32 **Ge** Germanium 72,59	33 **As** Arsen 74,922	34 **Se** Selen 78,96	35 **Br** Brom 79,904	36 **Kr** Krypton 83,80
46 **Pd** Palladium 106,4	47 **Ag** Silber 107,868	48 **Cd** Cadmium 112,40	49 **In** Indium 114,82	50 **Sn** Zinn 118,69	51 **Sb** Antimon 121,75	52 **Te** Tellur 127,60	53 **I** Iod 126,905	54 **Xe** Xenon 131,30
78 **Pt** Platin 195,09	79 **Au** Gold 196,967	80 **Hg** Quecksilber 200,59	81 **Tl** Thallium 204,37	82 **Pb** Blei 207,2	83 **Bi** Bismut 208,98	84 **Po** Polonium (209)	85 **At** Astat (210)	86 **Rn** Radon (222)

Neue Elemente werden immer noch entdeckt.

TEMPERATURSKALEN

Umrechnung von Celsius in Fahrenheit:

°F = °C x 9/5 + 32

Umrechnung von Fahrenheit in Celsius:

°C = (°F – 32) x 5/9

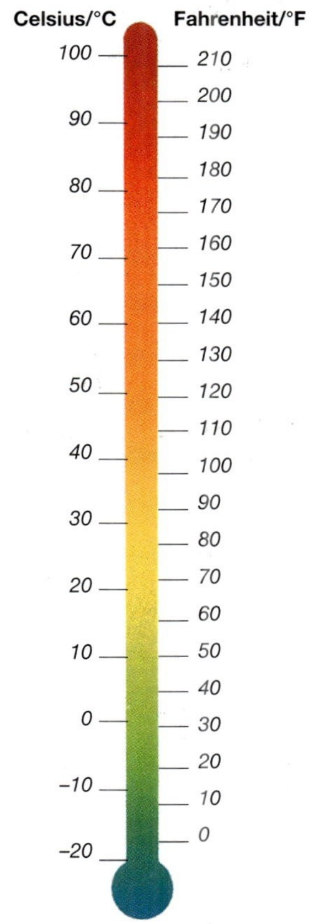

Register

Halbfette Seitenzahlen verweisen auf Haupteinträge, *kursive* Seitenzahlen verweisen auf Einträge in Landkarten.

A

B

E

F

H

I

J

K

Q

R

S

T

U

V

DANK

Mitarbeiter Simon Adams, Neil Ardley, Norman Barrett, Gerard Cheshire, Judy Clark, Chris Cooper, Margaret Crowther, John Farndon, Will Fowler, Adrian Gilbert, Barbara Gilgallon, Peter Lafferty, Margaret Lincoln, Caroline Lucas, Antony Mason, Rupert Matthews, Dan McCausland, Steve Parker, Steve Peak, Theodore Rowland-Entwistle, Sue Seddon, Marilyn Tolhurst, Marcus Weeks, Philip Wilkinson, Frances Williams, Tim Wood, Elizabeth Wyse

Lektoratsassistenz Sam Atkinson, Jane Birdsell, Lynn Bresler, Azza Brown, Liza Bruml, Caroline Chapman, Claire Gillard, Carl Gombrich, Samantha Gray, Sudhanshu Gupta, Prita Maitra, Caroline Murrell, Pallavi Narain, Connie Novis, Louise Pritchard, Ranjana Saklani, Jill Somerscales
Gestaltungsassistenz Sukanto Bhatta-charjya, Tina Borg, Duncan Brown, Darren Holt, Shuka Jain, Ruth Jones, Sabyasachi Kundu, Clare Watson, Simon Yeomans
Koordination Illustrationen Ted Kinsey

Bildrecherche Maureen Cowdroy, Diane LeGrand, Samantha Nunn, Deborah Pownall, Louise Thomas, Emma Wood
Kartografie Pam Alford, Tony Chambers, Rob Stokes, Peter Winfield
DTP-Design Georgia Bryer, Nomazwe Madonko, Pankaj Sharma, Claudia Shill
Fotografie Stephen Oliver
Mitarbeit Herstellung Chris Avgherinos

BERATUNG

Chemie und Physik
Ian M. Kennedy BSc
Jeff Odell BSc, MSc, PhD

Kultur und Gesellschaft
Iris Barry
Margaret Cowan
John Denny B.Mus.Hons
Dr. Peter Drewett BSc, PhD, FSA, MIFA
Dr. Jamal, Islamic Cultural Centre
Miles Smith-Morris
Brian Williams BA
The Buddhist Society

Bodenschätze
April Arden Dip.M
Hedda Bird BSc
Conservation Papers Ltd.
Peter Nolan, British Gas Plc
Stephen Webster BSc, M. Phil
Earth Conservation Data Centre

Geowissenschaften
Erica Brissenden
Alan Heward PhD
Keith Lye BA, FRGS
Rodney Miskin MIPR, MAIE
Shell UK Ltd.
Christine Woodward
The Geological Museum, London
Meteorological Office

Technik
Karen Barratt
Jim Lloyd, Otis Plc
Alban Wincott
Mark Woodward MSc, DICC.Eng

Geschichte
Dr. Anne Millard BA, Dip Ed, PhD
Ray Smith
The Indian High Commission
Campaign for Nuclear Disarmament

Medizin und menschlicher Körper
Dr. T. Kramer MB, BS, MRCS, LRCP
Dr. Frances Williams MB, BChir, MRCP

Musik
Simon Wales BA, MBA,
London Symphony Orchestra

Naturgeschichte
Wendy Ladd und die Mitarbeiter des Natural History Museum
Zoo London

Astrologie und Raumfahrt
National Aeronautics and Space Administration (NASA)
Neil MacIntyre MA, PhD, FRGS
John Randall BSc, PGCE
Christian Ripley BSc, MSc
Carole Stott BA, FRAS

Sport
Brian Aldred
David Barber
Lance Cone
John Jelley BA
International Olympic Committee

Technologie
Jeremy Hazzard BISC
Paul Macarthy BSc, MSc
Cosson Electronics Ltd.
Robert Stone BSc, MSc, C. Psychol, AFBsF, M.ErgS,
Advanced Robotic Research Ltd.
Stuart Wickes B. Eng

Transport
Doug Lloyd, Westland Helicopters
John Pimlott BA, PhD
Tony Robinson
Wing Commander Spilsbury, RAF
M. J. Whitty GI Sore.E

Dorling Kindersley möchte außerdem folgenden Personen und Organisationen für ihre Hilfe bei der Fertigstellung des Lexikons danken:

Liz Abrahams, BBC; Alan Baker; All England Tennis Club; Alvis Ltd.; Amateur Swimming Assoc.; Apple UK Ltd.; Ariane Space Ltd.; David Atwill, Hampshire Constabulary; Pamela Barron; Beech Aircraft Corp; Beaufort Air Sea Equipment; Bike UK Ltd.; BMW; Boeing Aircraft Corporation; BP Ltd.; British Amateur Athletics Assoc.; British Amateur Gymnastics Assoc.; British Antarctic Survey; British Canoe Union; British Coal Ltd.; British Forging Industry Assoc.; British Foundry Assoc.; British Gas Ltd.; British Museum; British Paper and Board Federation; British Parachuting Assoc.; British Post Office; British Ski Federation; British Steel; British Sub-Aqua Club; British Telecom International Ltd.; Paul Bush; Michelle Byam; Karen Caftledine, Courtauld Fibres; Martin Christopher, VAG Group; Citroen; CNHMS; Colourscan, Singapore; "Coca-Cola" und "Coke" sind eingetragene Warenzeichen, die die entsprechenden Produkte der Coca-Cola Company kennzeichnen; Commander Richard Compton-Hall; Lyn Constable-Maxwell; Cottrell & Co Ltd.; Geoffrey Court; Sarah Crouch, Black & Decker Ltd.; F. Darton and Co. Ltd.; Department of Energy, Energy Conservation Support Unit; Adrian Dixon; DRG Paper Ltd.; Patrick Duffy, IBA Museum; Earth Observation Data Centre; Electronic Arts; Embassy of Japan, Transport Department; Esso Plc; Eurotunnel Ltd.; Ford UK Ltd.; Sub Officer Jack Goble, London Fire Brigade; Julia Golding; Brian Gordon; Paul Greenwood, Pentax Cameras Ltd.; Patrick and Betty Gunzi; Hamleys, Regent Street, London; Helmets Ltd.; Jim Henson Productions Ltd.; Alan Heward, Shell UK Ltd.; Cartoons aus "Spider in the Bath", Abbildungsgenehmigung aus HIBBERT RALPH ENTERTAINMENT © und SILVEYJEX PARTNERSHIP ©; Hoover Ltd.; Horniman Museum; House of Vanheems Ltd.; IAL security products; ICI Ltd.; Ilford Ltd.; Imperial War Museum; Institute of Metals; Institution of Civil Engineers; Janes Publications Ltd.; Nina Kara; Jonathan Kettle, Haymarket Publishing; Julia Kisch, Thorn EMI Ltd.; Kite Shop, London; Sarah Kramer; Krauss-Maffei GMBH; Lambda Photometrics Ltd.; Sandy Law; Richard Lawson Ltd.; Leica GmbH; Leyland Daf Ltd.; London Transport Museum; London Weather Centre; The Lord Mayor of West-minster's New Year Parade; Lyndon-Dykes of London; Joan MacDonnell, Sovereign Oil and Gas Ltd.; Neil MacIntyre; Marconi Electronic Devices Ltd., Lincoln; Paul McCarthy, Cosser Electronics Ltd.; McDonnell Douglas Aircraft Corporation; Philip Mead; Mercedes; The Meteorological Office, London; Ruth Milner, Comark Ltd.; A. Mondadori Editore, Verona; Mysteries New Age Centre, London; National Army Museum; National Grid Company Ltd.; National Physical Laboratory; National Remote Sensing Centre, Farnborough; Nautilus Ltd.; Newcastle Hindu Temple; Helene Oakley; Olympus Ltd.; The Ordinance Survey; Osel Ltd.; Otis PLC; Gary Palmer, Marantz Ltd.; Personal Protection Products; Pilkington Glass Ltd.; Pioneer Ltd.; Philips Ltd.; Porter Nash Medical; Powell Cotton Museum; John Reedman Associates; Renaissance Musée du Louvre; Robertson Research Ltd.; Tony Robinson; Rockware Glass Ltd.; Rod Argent Music; Rolls Royce Ltd.; Liz Rosney; Royal Aircraft Establishment; Royal Astronomical Society, London; Royal Military Academy, Sandhurst; SNCF; Andrew Saphir; Malcolm Saunders, Simon Gloucester Saro Ltd.; Seagate Ltd.; Sedgewick Museum; Shell UK Ltd.; Skyship International Ltd.; Dennis Slay, Wessex Consultants Ltd.; Amanda Smith, Zanussi Ltd.; Ross Smith, Winchcombe Folk Police Museum; Sony Ltd.; Rachael Spaulding, McDonald's Restaurant Ltd.; Stanfords Map Shop, London; Steelcasting Research and Trade Assoc.; Stollmont Theatres Ltd.; Swatch Watches Ltd.; Tallahassee Car Museum; Texaco Ltd.; The Theatre Museum, Covent Garden, London; Toyota; Trafalgar House, Building and Civil Engineering; Trevor Hyde; Wastewatch; Jim Webb; Westland Helicopters Ltd.; Westminster Cathedral; Malcolm Willingale, V Ships, Monaco; Wiggins Teape Ltd.; Howard Wong, Covent Garden Records, London; Woods Hole Oceanographic Institute; Yarrow Shipbuilders Ltd.; The YHA Shop, London.

Bildnachweis

Der Verlag dankt den folgenden Personen, Agenturen und Institutionen für die freundliche Genehmigung zum Abdruck ihrer Bilder und Fotos:

Abkürzungen: o = oben, u = unten, m= Mitte, l = links; r = rechts; g = ganz oben.

A

Action Plus: Richard Francis 196gl, 363ul.
Airship Industries: 85mru.
AKG Berlin: 89mr, 145ur, 151m, 151ul, 152ur, 154ml, 154or,163ml, 234ul, 243ol, 251um, 252m, 374ml, 374mr, 375m, 375ol, 375or, 376m, 376or, 390ml, 390ur, 459ur, 462mr, 464m, 474ul, 536ml, 544ml, 544or, 689or; Archiv Peter Rühe 234mr; AP 152ol, 152ul, 464ml, 464ul; Brigitte Hellgoth 154um; Erich Lessing 229mr; Hansgeorg Schöner 143ul; Hilbich 462ul; Lothar Peter 152or; VG Bild-Kunst, Bonn 2003 384mul.
AKG London: 276um, 510ul; Michael Teller 276m.
Alamy Images: Keith Dannemiller 238ul; Images Etc Ltd 680gor; Tom Tracy Photography 52ur.
Bryan And Cherry Alexander Photography: 534um.
Max Alexander: 440ur.
Alvis Ltd: 517ur.
Allsport: 114ml; Ben Bradford 327ml; Howard Boylan 259ml; Shaun Botterill 439ul.
Amtrak: 418ur.
Ancient Art & Architecture Collection: 291gl, 370gl, 370um; N.P.Stevens 35gr; Ronald Sheridan 255mlo, 291ul, 305gl, 318mru, 386ul, 411gr, 411um, 511mo, 605gl.
Animal Photography: Sally Anne Thompson 468ul.
Animals Unlimited: Patty Cutts 468mr.
Ardea London Ltd: 351gr; Francies Gohier 350um.
The Art Archive:181ul, 190ml, 190ul, 330um, 388ul, 433gr, 433mru, bib Arts Decoratifs Paris 506m; Chateau Malmaison 191mlo.
Ashmolean Museum, Oxford: 34um.
Catherine Ashmore: 84m.
Associated Press Ap: 189mr, 565mru, 600ml.
Australian Tourist Commission: 71ul.
National Archaelogical Museum: 115ml.
Neil Audley: 62ul.
Australian Overseas Information Services, London: 76ul, 98um.
Axiom: Chris Bradley 18m; Chris Caldicott 18ml, 19gr, 509ur.

B

Barnaby's Picture Library: 701ul.
Bayer. Zugspitzbahn Bergbahn AG: 144mr.
N.S. Barrett: 232gr.
Beech Aircraft Corporation: 362mlu, 362um.
Belkin.com: 135mru.
I. Bereitschaftspolizei München: 483ul.
Bern Tourismus: 504ml, 546ol;
Walter Bibikow: 584ul.
Bite Communications Ltd.: 301ml, 301m.
BMW AG: 418m, 418 mu, 650mr.
BN Bayern, Projektbüro Grünes Band: Klaus Leidorf: 658ul.
The Boeing Company: 214mo.
D. C. Brandt, Joyce and Partners: 45mlu.
Bridgeman Art Library, London / New York: Greeks under Seige by Eugene Delacroix 347gl, 366mlo; King James I of England by Paul Van Somer 25ul, 377ur, William Morris, phctoraphic portrait by Hollyer, 1884 382um; Henry Wrothesley 3rd Earl Southampton 554ml; Sir Francis Bacon bust by Roubillac 554mr, 709gr; Archivo de la Catedral Oviedo Alfonso III c838-910 486gl; Ashmolean Museum Oxford Chinese Stirrup 6th-7th century bronze 507gr; Bibliotheque Nationale, Paris 381m; British Museum London, Nineveh Epic of Gilgaresh (clay tablet 7th Century BC) 605gl; British Museum, London 37mu, 149gl, 381gl, 399ml, Cairo Museum/Giraudon 264mlu; Chateau de Versailles 312m; Chester Beatty Library & Gallery of Art 316um; Christies, London 179gr, 529ul, 675ul; City of Bristol Museum Art Gallery 318gl; Eton College, Windsor 399mr; Fabbir 124mu; Forbes Magazine Collection 432mru; Galleria dell Accademia Firenze 511ul; Hertford Cathedral 364gl; Lambeth Palace Library collection, burning of Thomas Cranmer from the Foxe's Book of Martyrs 1563 (woodcut), 368ul; Lauros Girandon Musée de la Ville de Paris, Carvaralet 97gr; Liberty and Co. London 1972 Bauhaus fabric by Collier and Campbell for Liberty 141ur; Louvre, Paris 227gm, 255um, 502um; Mallett & Sons Antiquities, London 414ml; Mozart Museum, Salzburg, Austria, Mozart and his sister Maria-Anna, ivory by Eusebius Johann Alphen 459or; Musée Conde, Chantilly 226um; Musée d'Orsay, Paris (© DACS) 382mr; Museo Archeologica Nazionale, Naples, Italy/Alinari: 474or; Musée des Beaux Arts, Tourcoing, Giraudon 175ur; National Army Museum, London 290gm; New Zealand High Commission, London 440ml; Phillips Fine Art Auctioneers 368gl; Prado, Madrid 433gl, 567gr, 571ml; Private Collection, Chariot, Qin Dynasty 130gr, 377ur, 667mr; Queenland Art Gallery, Brisbane 98gl; Roy Miles Gallery, London 311um; Sante Maria delle Grazie, Milano 318ul; Self Portrait with Gloves, 1498 (panel) by Albrecht Durer, Prado, Madrid, Spain 147gl; Snow White and the Seven Dwarves, c.1912 (block print), English School. Stapleton Collection, UK. 147u; Staaliche Museen zu Berlin 336um; Tate Gallery, London 83um; Victoria & Albert Museum, London 289ul; William Morris Gallery, Walthamstow 514ur.
Paul Brierly: 649ul.
British Film Institute: Stills, Posters and Designs 205gr.
British Library, London: 115ul, 117gl, 413ul, 413um, 342ul, 441mlu, 469mro, 469mru.
British Museum, London: 115ur, 211ml, 242gr, 396um; British Museum 242gr; Museum of Mankind 396gl.
British Airways Archive Museum Collection: 651gr, 680mro.
British Steel: 164ml, 164mru.
British Tourist Authority: 257ul.
Brücke-Museum Berlin: 384or.
Budweiser Budvar Brewery: 463or.
Bundespresseamt: 504ur.
Burgenland Tourismus/Photoatelier Laut: 459mr.

C

Camera Press: 104ur.
Casio: 202gor.
Coca-Cola Company: 691gr, 691mr.
Bruce Coleman Ltd.: 92ur, 101gl,126mr,128gl, 164mlu, 168mlu, 175ml, 177gl, 224ml, 231um, 237mru, 266ul, 351ul, 351ur, 389ml; 422mr, 447mro, 450ul, 466um, 466umr, 470gr, 473mru, 490ml, 515ml, 516mro, 541m, 551ur, 612um, 613ml, 619ml, 664ul, 668um, 672gm, 672mru, 672ul, 704mr, Jack Dermid 638gl; A.J. Deane 285ur; Alain Compost 182gl, 456gr, 489ul, 612mru; Bernol Thies 638mlo; Bob and Clara Calhoun 90mlu; Brian and Cherry Alexander 555gr; Brian Coates 361ul, 466uml, 671ul; C. B. Frith 585um; C.B. & D.W. Frith 324m; C.B. Frith 357gl, 357gl, 471gr; Charles Henneghein 341um, 552gr, 566ul; Charlie Ott 267ml; Chris Hollerbeck 235ul, 664gl; Colin Moyneux 614gm; David C. Houston 287ul; David Davies 216um; David Hughes 637gl; Dieter & Mary Plage 422ml, 695mru; Douglas Pike 15ml; Dr. Echart Pott 659ul; Dr. Frieder Sanct 407m; E. Breeze-Jones 185gl; Eric Crichton 106mu; Erwin and Peggy Bauer 203ul; Fitz Prenzel 65ul; Frans Lanting 282mru; Fransisco Erize 516um; Fritz Penzel 69mlu, 455gr; G. D. Plage 253gl, 334ml, 470ml, 471m; G. Zienter 322mru; Gene A. Ahrens 663gl; Gerald Cubitt 51mr, 53um, 248mlu, 249gl, 273um, 283m, 385gl; 533ul; H. Riverola 100ml, 320ml; Hans Reinhardt 188ul, 331gr, 533mu; Hans Richard 170gr; Herbert Kranawetter 226ml; Inigo Everson 639gm, 639mr; Jane Burton 427um, 434gl; 452um, 477mru, 623um, 633ml; Jaroslav Poncar 682mlo; Jeff Foott 623m, 516mu; Jeff Simon 552mlu; Jen and Des Bartlett 333gr; Joe Van Wormer 639ul; John Markhom 469mlu; John Shaw 27ml, 178m, 442ur; 625mlu, John Topham 224gr; John Wallis 585ul; Jonathan T. Wright 316ml; Jonathan Wright 110gr, 401gl; Joseph Van Werner 585ur; Keith Gunner 236ml; Kim Taylor 171um, 194ml, 279ul, 477mro, 673ml, 690gl; L.C. Marigo 102ur, 268ur, 628mo, 649um; Lee Lyon 137mr; Leonard Lee Rue III 448mlu, 699ur; Liz Marigo 414mu; M. Timothy O' Keefe 513gr; Marquez 416gl; Michael Fogden 220ur; 697gr, Michael Freeman 133ur, 273mlu, 424um; Michael Klinec 343ul, 656gr; Michel Viard 477gl; N.A.S.A. 177mr, 416ul, 451gl; Neville Fox-Davies 198mlu; Norbert Rosig 188gr; Norbert Schwertz 674mru; Norman Myers 13ul,14ur, 659gr; Norman Owen Tomalin 12mru, 216mro, 369gl, 622gr, 669mro; Norman Plyers 334gr; Norman R. Lightfort 280m; R. Campbell 219mru; R.I.M. Campbell 264mo, 264ml; Robert Perron 220mr; Rod Williams 13ml, 539um; Ron Cartnell 333ur; Stephen J. Krasemann 98gr, 448gl; Udo Hirsch 298ml; Vatican Museums and Galleries, Rome 381mlu; Walter Lankinen 320um, 552ml, 626mu, 626ul; Werner Stoy 177m, 674mlu.
Collections: Brian Keen 259mr; Brian Shuel 303mr, 304ul; Sandra Lousada 259ur.
Colorific!: Eric Sampers 99ul; Joe McNally/Wheeler Pics 249mro; Roger de la Harpe 29gr.
Columbia Pictures: 608ul.
Thomas Cook Archive: 506ul.
Corbis: 232mgr; Archivo Iconografico S.A. 657ul; Dean Conger 526u, 657ml, 706u; Earl and Nasima Kowall 707ur; Lawrence Manning 484mru; Michael St Maur Sheil 95um; Ariel Skelley 301mru; Tom Wagner 297gol; Walt Disney Pictures/Pixar Animation/Bureau L.A. Collections 123mru; Nik Wheeler 568ur; Stephanie Maze 556gm.
H.M. Customs & Excise: 213ul.

D

DAG/ÖBF S. Gamsjäger: 459ul.
James Davis Travel Photography: 63mr, 94ml, 484u, 653ul, 654ur.
DB AG/Gaertig: 166mr.
Deutsches Historisches Museum Berlin: 488ol.
DK Images: NASA 499ul.
Dregeno Seiffen eG: 146ur.
Duncan Brown: 524gr, 524m, 524ur.
Douglas Dickens: 599mr.
C.M. Dixon: 289gl.
Dominic Photography: Zoe Dominic 554ul.
Zoe Dominic: 455m, 455ur.
Courtesy of **Dyson:** 141um.

E

Earth Satellite Corporation: 364mru.
Empics Ltd: 454gr; 305198 233mr; Andy Heading 683ml, 683ul; Tony Marshall 233gl.
The English Heritage Photo Library: Down House 139ul; Jonathan Bailey, Down House 139gl.
T. Malcolm English: 270um.
Environmental Images: 195um; Toby Adamson 240ul.
l'Etablissement public du musée et du domaine national de Versailles: 105mr.
European Space Agency: 62mro, 484mro.
European Parliament Photolibrary: 192ml, 192ul.
Mary Evans Picture Library: 25ml, 25gl, 32gl, 32gr, 42gr, 41um, 52gr, 67gr, 67ul, 76gl, 76ml, 84mr, 85gl, 85ml, 92mr, 92um, 97gm, 97ml, 98mr, 102ul, 111gl, 116mr, 122mlu, 123mr, 130ul, 131mlu, 132m, 139um, 140gr, 140ml, 488ul, 150ur, 151gl,151gm, 153gl, 154m, 158um, 170ul, 173me, 174mlo, 175ml, 178u, 183gl, 193gl, 195gr, 196gr, 200gl, 209gr, 211gl, 213mru, 215ur, 220gr, 220mlu, 226ur, 227mlo, 228gl, 240gm, 241ul, 256mlu, 263ul, 264um, 266m, 266um, 268gl, 281gr, 292gr, 293ul, 305mu, 312gl, 312gm, 317ml, 318um, 326mru, 329ml, 336gl, 342mru, 342um, 349ul, 349ur, 349mr, 356gl, 359mr, 359ul, 359ul, 366mlu, 377gl, 395ul, 397gr, 399ul, 399ur, 400mu, 400um, 408mlu, 419mu, 426mlu, 426ul, 432ul, 436mo, 436um, 437gl, 437mo, 438mro, 442gr, 454m, 456ul, 457um, 473mr, 473mr, 486ul, 493gr, 493um, 497mlu, 503gl, 503ur, 510ur, 522gr; 523gr, 523mu, 528ul, 529m, 529um, 541ml, 547ul, 558gl, 558gr, 559ml, 559ul, 571mru, 571g, 573gl, 576gr, 594ml, 603mlu, 607mro, 608gl, 611um, 612gl, 613gr, 615gr; 647gl, 647gl, 649gm, 656gl, 656ml, 668gl, 676gr, 686gm, 686mlo, 686gl, 687mo, 701gl, 780gl, Bruce Castle Museum 497ul; Explorer 228ml; 348mlo, 348ml, Illustrazione 191gr; ILN 580ml.
Eye Ubiquitous: David Cumming 94gl; David Fore-

man 654ul; Helen A. Lisher 259gl; Mike Southern 320gl; P. Maurice 654gc; Tim Durham 484mu.

F

Family Life Picture Library: Angela Hampton 296m, 301ur.
Fichtelgebirgsmuseum Wunsiedel: 295um.
FLPA – Images of Nature: 248mlu, 672ml; Dick Jones 279um; Roger Wilmshurst 264mgr; W.S. Clark 445gl.
Michael & Patricia Fogden: 107mr.
Werner Forman Archive: 59gr, 426um, 520gr, 694ul; British Museum 59mlu; Metropolitan Museum of Art, New York 414gr; Mr & Mrs C.D. Wertheim 317mr.
Ford Motor Company Ltd: 378ml, 378ml.
Format Photographers: Jacky Chapman 329gr, 542ro.
Fortean Picture Library: Allen Kennedy 190gl.
French Railways: 165ml.
John Frost Historical Newspapers: 688gl.
FSU Fotozentrum: 536ul.

G

General Motors Corporation: 563ul.
Geoscience Features: 176ul, 241gr, 275um, 468mru.
German National Tourist Office: 147m.
Getty Images: 519ul; AFPum; 2005 Dave M. Benett 519m; Iconica 221ur; Photographers Choice 444ur; Stone 220mr, 324mr; Taxi 479ur.
Photographie Giraudon: 413mo, 433um; Lauros 432ml.
Google: 301ul.
Greenpeace Inc: 50gl.

H

Sonia Halliday Photographs: 122um, 190mr, 224u, 515mro, 457gl; James Wellard 366gm; R.H.C. Birch 255gr.
Hampshire County Constabulary: 482mro.
David Hamilton: 257ml.
Handelskammer Hamburg: 292ul.
Robert Harding Picture Library: 14gl, 15ur, 17gr, 18ur, 19ur, 21ml, 22ml, 40mu, 46um, 46um, 62mr, 101gr, 101mlu, 127gl, 127mr, 130mu, 130mu, 130um, 130um, 223ml, 223u, 302ul, 302ur, 308ul, 316gl, 325gm, 429mr, 439ur, 439g, 443gr, 586mr, 591gr, 595gr, 597ml, 705gm; Adam Woolfit 602um, 603gr; C. Bowman 445mr; David Hughes 192um; Frans Lanting 127m; Fraser Hall 586um; G. P. Corrigan 264gl; G. Renner 264gm; G.Boutin 18ul; G.M. Wilkins 587gm; G.R. Richardson 242ul; Gavin Hellier 458mr, 586mg; Goldstrand 602mr; J.K.Thorne 703ul; James Strachan 706gr; Jeff Greenberg 87ml; Jeremy Lightfoot 254m; J.H.C. Wilson 287ml; Julia Thorne 485ul; Michael Jenner 314ur, 431u; Mitsuaki Iwago 264gr; Paul van Riel 310ur; Phil Robinson 601ur; R. Ashworth 302gl; R. Cundy 445mg; Rob Cousins 325mr; Robert Cundy 586mlu; Robert Francis 73ml; Robert Frerck/Odyssey 445ml; Roy Rainford 443ul; T. van Goubergen 95gm; T. Waltham 446gr; Thierry Borridon 222ul; Victor Engelbert 22mr; Weisbecker 286mr.
Henson Association Inc.: 489mr, 489mu.
Frames taken from "Spider in the Bath". Reproduced by permission from **Ralph Entertainment © and Silveryjex Partnership:** 123g.
Hewlett Packard: 135ur.
Kaii Higashiyama: 382gr.
© Michael Holford: 83gl, 83mlu, 289ur, 330m, 338mru, 468mu, 475mr, 478ur; British Library 344mr; British Museum 421gr.
Holt Studios International: Duncan Smith 365ul; Richard Anthony 609mr.
Houses & Interiors: Nick Huggins 142mlu.
Hulton Getty: 25mu, 58gr, 76mu, 162gl, 162gr, 192gl, 197mru, 242gl, 276gr, 290ml, 290m, 305mlu, 312ml, 317mu, 320gr, 321gl, 321ul, 346um, 366um, 418gr, 481gl, 494gr, 543gr, 550gl, 565ml, 586mru, 586ul, 588mu, 600mlu, 685mlu, 687ul, 688m, 688mlu, 688mu, 689um, Bettmann Archive 321mr, Bettmann/UPI 116mru; Ernst Haas 162m; Keystone 329ur; Keystone, Max Schneider, Zurich 588mlu; MPI Archives 111gr;
Jacqui Hurst: Robert Aberman 430ur.
Hutchison Library: 20ml, 22ul; 24mr, 46ml, 57gl, 57ur, 58ur, 108m, 112ml, 113gr, 113mgl, 131um, 283ml, 284gr, 287m, 307ur, 315gl, 315ur, 320ur, 346ul, 386gr, 589ml, 590gr, 591gl, Anna Tully 52ul; B. Regent 22gl; 475um, Bernard Green 108gl; Bernard Regent 24ul, 24um; Carlos Freste 285um; Christina Dodwell 283ul; Christine Pemberton 320gl; Crispin Hughes 20mr, 22mgr, 26ul, 603gm, Eric Lawrie 590gl; F. Greene 320m; Felix Greene 388mr, 616ur; H.R. Dorig 399gl, 593mru; Jeremy Horner 127ml, 315mru; John Downman 446ur; John G. Egan 604mr; Juliet Highey 286gl; Leslie Woodhead 21gl; M. Friend 601ml; M. Jeliffe 25gr; Mary Jeliffe 18gr; Maurice Harvey 607mlu; Melanie Friend 604u; N. Durrell McKenna 129gr; Nick Haslam 87gl, 87ul, 526mr, 602gr; Nigel Sitwell 113mr; P. Moszynski 397mr; P.E. Parker 647ur; R. Ian Lloyd 352um; Richard Howe 112ur; Robert Aberman 653ur; Robert Francis 315mro; Sarah Erinngton 17m, 21ur, 25um, 26gl, 30ur, 126ur, 357um, 365gl; 357um, 628ul; Timothy Beddow 26m; Titus Moser 707gr; Trevor Page 335ul, 706ml; V. Ivleva 706mr; Vanessa S. Boeye 315ul.

I

I.A.L. Security Products: 522mr.
I.C.I.: 612mu.
Illustrated London News Picture Library: 290ul, 650ur.
Image Bank: 54gr, 56ur, 73gl, 73ur, 82mru, 86mr, 128mr, 128ul, 138ul, 166gr, 205um, 211mru, 225ul, 235um, 248ul, 249um, 293gl, 307gl, 307ul, 314ul, 315gr, 320mr, 323m, 323um, 324m, 327gr, 327ul, 327ur, 343ml, 349gr, 355gl, 356um, 417um, 417um, 425gl, 430ml, 467mr, 553um, 570gl, 576gl, 589ml, 589u, 592ml, 592ur, 595um, 650um, 655gl, 683ml, 683ur, 699gl, 705ur; Alan Beeker 650mo; Alex Hamilton 392um; Andrea Pistolesi 409gl; Anne der Vaeren 338gl; Anthony A. Broccaccio 184ml; Ben Rose 220m; Bernard van Berg 225gr; Brett Frooner 209um; Brian McNeely 615mlo; 679gl; David Hiser 552mo; David Martin 392gr; David W. Hamilton 121gm, 664gr; Don Klumpp 429u, 431gr; Dr. J. Gebhardt 210mu; Eric L. Wheeler 322mu; Erik Leigh 438mru; Francis Hildago 298um; Francisco Ontanon 567ul; Frank Roiter 90mru; Fulvio Roiter 549um; G. A. Wilton 155gr; G. Gundberg 556ur; G. Rontmeester 260um; Gary Gladstone 293gl; Georgina Bowater 145ml; Gianalberto Cigolini 133gl; Giulliano Colliva 323ul; Guido Alberto Rossi 308ml, 324mr, 566um, 567ur; Harold. Sand 405mr, 666gr; Hank Delespinesse 576ml; 683ml, Isy-Schwart 199ml; J. Bronsseau 93mru; J. Bryson 206ul; Jean Pierre Pienchat 442ul; Joe Azzara 491gr; John P. Keely 683ur; Joseph B. Brignolo 264mru, 368ul, 430gr; Kay Charmost 102ml; Kaz Mori 177ml; Kodansha Images 109gr; Lou Jones 535um; Luis Castaneda 189ul; M. Melford 404um; Marc Solomon 355ur; Marvin E. Newman 555ml; Michael Melford 493mlo; Michael Salas 90gr; Milan Skarya 213mru; P. & G. Bower 121gr; Paul Kleuenz 595mr; Peter Thomann 343ml; Robert Holland 532mru; Robert Phillips 264ul; Ronald R. Johnson 313gl, 566mr; Sah Zarember 573ml; Stan Drexter 338ul; Steve Dunwell 238ul; Steve Niedorf 52ur, 398mo; Stockphotos 380mr; Thomas R. Rampy 100mru; Toyotumi Mori 314m; Trevor Wood 259gr; Ulli Seer 269gl.
Impact Photos: Caroline Penn 500um.
Imperial War Museum: 686m.
Innes Photo Library: Ivor Innes 116ml, 116mlu; John Blackburn 116ul.
Intercity: 418mru.

JK

Lou Janitz: 673gl.
JET Joint Undertaking: 337gl.
Katz Pictures: Resnick 111m.
Veronika Kerschreiter: 460or.
Barnabas Kindersley: 126ul, 251om, 314gl, 314mlu, 314mrg.
David King Collection: 346gr.
KMK-Bildarchiv: 501m, 501or.
Kobal Collection: 154ul, 204mro, 205ul, 287gl, 320ur, 422um, 517gr.
Courtesy of **Kodak:** 221gr.
KOS Schweiz: 547ur.

L

Lada: 527ul.
Landesamt für Archäologie Sachsen-Anhalt, Brigitte Parsche: 243mr.
Leitz: 242ur.
Lindt & Sprüngli GmbH: 546mr.
Link Picture Library: 387mu; Greg English 387ur; Orde Eliason 387ml, 387ul; Philip Schelder 588um.
London Features International: 424mru.
Lotus Cars Ltd: 249mu.
LVT OÖ/Himsl: 460ur.
Lupe Cunha: 245ml, 356mlu, 398m.
Ann Lyons: 487gr.

M

Magnum: 565um.
Mander & Mitchenson: 708ml, 708mr, 708mu.
Mansell/Time Inc: 347ur.
Mansell Collection: 25mr, 42um, 76mr, 124ml, 558ul, 685gl.
Marconi Electronic Devises: Bruce Stone 500mr.
Marshall Cavendish: Osel Group 616mr.
McDonald's Restaurants Ltd: 251or.
Medienzentrum Wuppertal: 295ul.
Mercedes Benz: 80mlu.
Michelin: 491mlu.
Museum für Kommunikation Frankfurt am Main: 488ur.

N

N.A.S.A.: 60ml, 65mr, 345m, 416mu, 484m, 499mr, 517ul, 532ul, 651ml, 651ur, 692gl, 693ul; Don Dixon 684mlu; Finlay Holiday Films 249mr; N.A.S.A 543m.
National Gallery, London: 382gl, 511gl.
National Maritime Museum, London: 136gl, 190um, 457ul; James Stevenson 127ur, 242mlu.
The Natural History Museum, London: 38gl, 219mr.
Network Photographers Ltd.: 482mru, 704u; Gideon Mendel 387gl, 387mr; Jenny Matthews 103ul; Louise Gubb 387gm; Peter Jordan 483m.
Peter Newark's Pictures: 281mru, 281um, 282gl, 282ml, 340m, 487um, 497ur, 478um, 593ur, 562um, 689ur.
N.H.P.A.: 47ml, 74gr, 113um, 211gr, 590ur, 591ur; Anthony Bannister 279gl; Bill Wood 443ml, 513gm; Daryl Balfour 28gr; J. H. Carmichael 635mro; Jerry Sauvanet 643gl; John Shaw 445u; Manfred Danegger 631gr; Martin Harvey 596ur; Phillipa Scot 160mlo; Roger Tidney 645gl; Stephen Dalton 211m; Stephen Krasemann 27g; Willima S. Pakon 634m.
Nobel Foundation: 559mru.
Nokia: 135mru, 611ur.
Novosti (London): 523ul, 525ur, 528gl, 564gr, 564mru, 564um; Vladimir Vyatkin 526ul.

O

Olympic Co-ordination Authority: 454gr.
Ordnance Survey © Crown Copyright: 364m.
Christine Osborne: 53ul, 77ml, 101mr, 368gl, 398gl.
OSF/photolibrary.com: 79mru.
Oxford Scientific Films: 537um, 540um, 590ul; Animals Animals, M. Austerman 434ul; Fran Allen 470mr; Fran Allen 471mr; B.G. Murray/JR Garth Scenes 442m; David Fox 153ml; Fritz Penzel 85um; G.I. Bernard 212um, 494mru; J.A.L. Cooke 38um, 272mr, 300gl; JAL Cooke 540mlu; John Paling 632mlu; Kathie Atkinson 320gr, 533gl; Kim Westerskov 641gm; Lawrence Gould 208ml; Michael Fogden 85ml; Pam & Willy Kemp 452gl; Raymond Blythe 320gl; Ronald Toms 695ul; Stan Osolinksi 360m; Sue Trainer 239um.
Courtesy of **Otis' Elevators:** 69um.

P

Palace of Versailles: 377mro.
Panasonic: 206ml.
Panos Pictures: 20ur, 46ul; Alain le Garsmeur 721mr; Alfredo Cadeno 113ul; B. Klass 288u; Caroline Penn 592ul, 723ur; Chris Stowers 602m; Dermot Tatlow 509um; Dominic Harcourt-Webster 26mr; Fred Hoogervorst 720ml; Giacomo Pirozzi 15gr, 24gr, 24ml, 587 mgr; Gregory Wrona 335gl; Heidi Bradner 602ul; Howard Davies 604gl; Jean-Leo Dugast 596gm; Jeremy Hartley 20ur; John Miles 113ml; Liba Taylor 27ul; Maya Kardum 339ml; N. Durrell Mc Kenna 29m; Neil Cooper 30gr; Pietro Cenini 26ur; Trgve Bolstad 29ml.
PA News Photo Library: 503ul.
Patankar, Aditya: 426mg.
Gerd Pfeiffer: 103mr, 542ol.

Philips Scientific: 408mru, 408um.
Pickthall Picture Library: Barry Pickthall 553gl.
Pictor International: 94gr, 94u, 254ml, 254mr, 257gr, 308mr, 308gr, 484gr, 484mr, 503mr, 556ul, 568gl, 601gr, 601m, 602gl.
Picture Mate: 206mr.
Planet Earth Pictures: 49ul, 264ul, 265ul, 587ur, 616gr, 616ul; Adam Jones 443mr, 444ml; Anup Shah 27ur, 596gl; Christin Petron 264mr; David Phillips 198um; Doug Perrine 444gl; Gary Bell 211m; John Downer 29ul; Jonathan Scott 27mr, 647ul; Mary Clay 444mr; Paul Cooper 209mru; Peter David 640gr, 640uml; Peter Lillie 29ur; Tom Walker 286ul, 443ur; Warren Williams 337mo; William Smithey 641m.
Richard Platt: 85um, 170um, 364ml.
Polizeidienststelle München - Verkehr: 483ml.
Popperfoto: 131mru, 133ul, 151ol, 191gm, 191ml, 191mu, 227ul, 227um, 236gr, 272um, 320mu, 382mlu, 401ul, 437m, 454ur, 486um, 575g 594mu, 594ul, 700gl, Dmitri Messinis 191mu; Reuters 162um.
Post Office Picture Library: 487mu.
Powerstock Photolibrary / Zefa: 99um, 99mr, 195mru, 266mr, 293mr, 319ul, 353gl, 473gr, 724ul; D.H. Teuffen 42gl; Geoff Kalt 535gr; Hales 701um; Ingo Seiff 80gl; R.G. Everts 130ur; S. Palmer 522ul; K. Scholz 130mr; T. Schneider 330gl; Transglobe 97um.
Public Record Office Picture Library: 449mu.

QR

© **QA Photos Ltd.:** Eurotunnel 652ul.
Rätisches Museum Chur: 546ul.
Redferns: Charlyn Zlotnik 518ul; David Redfern 519gl; Des Willie 518gl; Elliot Landy 519gr; Glenn A. Baker Archives 518mu; Kieran Doherty 519m; Michael Ochs 518mru; 519ul; Patrick Ford 519mr; S&G 518ur; Simon Ritter 518gm; Steve Grillett 422gl.
Reuters: 563ul.
Rex Features:19ul, 54gl, 63ur, 148g, 186glo, 186glu, 245ml, 315gl, 320ur, 340ml, 388gl, 440um, Chat 501mu; David Pratt 707ul; Fotex 556gl; J. Sutton-Hibbert 240m; LXL 518gol; Richard Gardner 501ml; Sipa 329um, 720ul; Steve Wood 568gr; Times 111ml; Wheeler 172gl.
Ann Ronan Picture Library: 345um, 366m, 412gl.
Cliff Rosney: 664um.
Rover Group: 186mr.
The Royal Collection (© 1999 Her Majesty Queen Elizabeth II)**:** 347gr, 370mru.
The Royal Mint (Crown copyright)**:** 238gl.
RWE Umwelt AG Viersen: 658ml.

S

Salinen Tourismus GmbH: 460ul.
Scala: 381ur, 436mru; Museo Nazionale Athenai 115mu.
Monika Schlitzer: 252r, 536ul,
Science & Society Picture Library: 99ml.
Science Photo Library: 166ul, 200ul, 480ur, 551ul; Alan Hart-Davies 679ur; Alexander Isiaras 337mlu, 609ur; Alta Greenberg 663mr; Astrida Hans Frieder Michler 609m; Chris Bjornberg 357ul; Chris Butler 480ur; CNRI 357ml, 357mr, 662um; David Parker 492ml; David Parker 607; Group 517m; David Parker/Max Planck/Insitut for Aeronomie 345m; David Wintraub 446gl; Dr Fred Espenak 395ml, 583gl; Dr. Gerald Schatten 245ur; Ian Boddy 245mr; Dr. Jeremy Burgess 407gl, 407ul; Dr. T. E. Thompson 52m; Earth Satellite Corp. 531mo; Earth Satellite Corporation 444ml; Eric Grave 408m; E.W. Space Agency 479uml; Frank Espanak 62mro; Hubert Raguet 722ml; I.B.M. 408ur; Jane Stevenson 217gl; Jim Stevenson 124gl; John Bavosi 662ul; John Hopkins University Applied Physics Laboratory 735mr; John Mead 721ul; John Sanford 345ul, 416gl; Julian Baum 735mru; Ken Briggs 172ul; Lawrence Migoale 357ul; M.I. Walker 407ml; Michael Dohrn 378mu, 572gr; N.A.S.A. 62ml, 367ur, 479ul, 479um, 480um, 480 ul, 480uml, 480umr, 522um, 527gr, 660gl; N.I.B.S.C. 271ul; N.R.A.O. 62v; Pasieka 357mru; Philippe Plailly 398mu; Philippe Reilly 367ul; Professor Harold Edgerton 220mro; Professor R. Gehz 62mo; R.E. Litchfield 407um; Royal Greenwich Observatory 656um; Simon Fraser 341gr, 481ul; Smithsonian Institute 62gm; St. Mary's Hospital Medical School 400m; Takeshi Takahara 166ul; Tim Malyon 367gr; Tom McHugh 268ul; U.S. Navy 676um; US Geological Survey 479ur; W. Couch & R. Ellis/NASA 684mu; Yves Bauken 297mu.
National Museum of Scotland: Mayan bowl 396mru.
Shakespeare Globe Trust: 554gr.
Shell UK: 453um.
Ronald Sheridan: 449g.
Siemens AG: 146ol.
Silkeborg Museum: 43gl.
SKR Photos: LFI 421ul.
Sky TV: 202mru.
Sony UK Ltd: 202ur.
South American Pictures: 594mro; Tony Morrison 211um.
Spectrum Colour Library: 138ur; E. Hughes 258ml.
Frank Spooner Pictures: 15mr, 17ul, 223gr, 313um, 326ul; Bartholomew Liaison 140mr; Blanche 68um; Chip Hines 140um, 150um; Eric Bouvet/Gamma 600mu; G. Nel Figaro 441ml; Gamma 127gr, 305um, 321um, 352gl, 430ul, 495mr; Gamma/V. Shone 176gr; Jacques Graf 476mru; John Chiason 264ur; K. Kristen 68mo; Kahu Karita 317ul; L. Novovitch-Liaison 668um; Manaud/Figaro 559mu; Novosti/Gamma 565mo; Pierre Perin/Gamma 571ul.
Sporting Pictures (UK) Ltd: 101um, 196mr, 224gl, 232mr, 308ul, 454ml, 532gl, 577ml.
Stadtmuseum Oldenburg: 103om.
Stiftung Albert Schweitzer-Begegnungsstätte Weimar: 544ol.
Stiftung Schleswig-Holsteinische Landesmuseen Schloß Gottorf: 244u.
Still Pictures: 660m; Edward Parker 660mlu; Harmut Schwartzbach 195ul; Mark Edwards 660ur.
The Stock Market: 3- 9mu; Zefa 218ur.
Tony Stone Images: 64gr, 96ul, 112ul, 114ur, 188ur, 283ur, 293ml; 297gr, 297mlo, 297ml, 297ul, 596ul, 703um; Bob Thompson 445gr; Demetrio Carrasco 508mro; Donald Nausbaum 114gm; Doug Armand 144gl; Gary Yeowell 653gl; Glen Allison 443m; Hugh Sitton 308um, 653m; James Balog 545mr; John Beatty 264gl, 320ml; John Callahan 284mr; John Lamb 222ur; Jon Gray 293ml; Manfred Mehlig 458ur, 545ul; Martin Puddy 283gr; Nigel Hillier 653mr; Nigel Snowdon 73gr; Peter Cade 550gr; Ragnar Sigurdsson 320um; Randy Wells 444gm; Robert Everts 601ul; Rohan 95ul; Seigfreid Layda 145m; Shaun Egan 308gl; Stephen Studd 545gr; Stuart Westmoreland 320mr; Tom Parker 258ul; Tom Walker 264gm.
Superstock Ltd.: 506mr.
Survival Anglia Photo Library: 51ml, 51m; Jeff Foott 51mru.
Swatch AG: 546or.

T

Tass News Agency: 250mlu, 499ml.
© **Tate Gallery, London:** 415mr.
Ron & Valerie Taylor: 647mlu.
Telegraph Colour Library: 435ml, 492mr; Bavania/Bild Agentur 111mru; Jason Childs 320ml.
Thames & Hudson Ltd: The Complete Architecture Works 579um.
Theaterwissenschaftliche Sammlung Universität Köln: 244ol.
Tirol Werbung: 458ul.
Louise Thomas: 596mr.
Topham Picturepoint: 68gl, 68ml, 201ul, 202ul, 262mu, 575u, 687gl; Image Works, Lee Snider 99gr.
Toy Brokers Ltd: 56- gr.
Toyota (GB) PLC: 418ul.
Art Directors & TRIP: B. Vikander 654gr; G. Spenceley 604ml.

U

Ullsteinbild: 232ul, 295um, 375ur, 482ol, 544um, 546ur, Andree 251ur; AP 234ol; ddp Nachrichtenagentur GmbH 199ul, 483or; dpa: 464mr; Fotoagentur imo 234or; Frischmuth 463ol; Hechtenberg/Caro Fotoagentur 462m; Hellgoth 384ul; Kanus 144ul; Keystone Pressedienst GmbH 689um; Kindermann 376ml, Kruse 463ml; Reuters AG 459ml; Rzepka 232ul, SPICA Pressebildagentur 504ur; Tanner 462ol; Vario Press 505ol; Wallocha 146ml; Werek Pressebild 233mr; Zentralbild 163or
Unicef: 669um.
United Nations: 669ml.
Reproduced by permission of United Feature Syndicate Inc.: 123ml.
University of Manchester: Barri Jones, Department of Archaeology 264gr.

V

V&A Picture Library: 130ur, 131gl, 141mru.
La Vie Du Rail: 166.
Verlag am Goetheanum: 103ol.
VG Bild-Kunst, Bonn 2003: 384mul.
View Pictures: Dennis Gilbert 276ur.
Virginia Museum of Fine Arts: gift of Col. & Mrs Edgar W. Garbisch 667gr.

W

National Museum of Wales: 258mro.
The Wallace Collection: 382m.
John Walmsley Photo Library: 104gr, 509mo,
John Watney: 303m.
Reg Wilson: 84ml, 348, 455gr.
Windsor Castle Royal Library (by permission HM The Queen)**:** 669ur.
Harland and Wolf: 258mr.
Alexander Wolf/Herge Verlag: 123um.
Woods Hole Oceangraphic Instititution: 615ul.

XYZ

Xinhua News agency: 498gl.
Jerry Young: 620ul.
Zefa Picture Library: 56ul, 73ul, 128um, 130ur, 147mr, 147ul, 186um, 227gl, 248m, 258gl, 259ul, 275gl, 263um, 293mr, 304g, 306um, 308gr, 308m, 328m, 402ml, 406mr, 406ul, 508um, 526gl, 568ml, 570mro, 597mr, 624ml, 647mu, 681m, 682mru, 703ml, 705mr, Abril 216m; B. Croxford 430mr; B. Keppelmeyer 223mr; Colin Kaket 288gr; Damm 226gl, 430gl, 597um; Dr. David Conker 469ul; Dr. R. Lorenz 386gl; Fritz 441um; G. Hunter 324ul; Groebel 525mr; H. Grathwohl 406gr; Heilman 365um, 628gl; Helbig 90gr; J. Zittenzieher 286ur; K. Goebel 34gl, 146mr, 429ml; K. Keith 569gl; K. Scholz 15gl; K. Schotz 411mru; Kim Heebig 697mru; Klaus Hackenburg 652gl; Knight & Hunt Photo 697um; Kohler 144or; Leidmann 287gr; Messershmidt 579gr; O. Langrand 250um; Orion Press 119gr; Praedel 556mr; R.G. Everts 250mru; Scholz 130mr; Starfoto 286ml; UWS 334mr; W. Benser 286m; W. Deuter 210mr; W. F. Davidson 132gl; W. Mole 421ur; W.F. Davidson 674um; Werner H. Muller 133mr.

Cover:
Vorn: Corbis © Bettmann/Corbis ml; Corbis © Renee Lynn/Corbis ur. Pekka Parviainen/Science Photo Library ol.
Hinten: ESA, NASA und P. Anders (Universität Göttingen Galazy Evolution Group) ml.

Alle anderen Abbildungen © Dorling Kindersley.

Weitere Informationen unter: www.dkimages.com

Außerdem danken wir: Max Alexander; Peter Anderson; Tony Barton Collection; Geoff Brightling; Jane Burton; Peter Chadwick; Joe Cornish; Andy Crawford; Geoff Dann; Tom Dobbie, Philip Dowell; Niel Fletcher; Bob Gathany; Frank Greenaway; Steve Gorton; Alan Hill; Chas Howson; Colin Keates; Barnabas Kindersley; Dave King; Bob Langrish; Liz McAulay; Andrew McRobb; Ray Moller; Tracey Morgan; Stephen Oliver; Susannah Price; Rob Reichenfeld; Tim Ridley; Kim Sayer; Karl Shone; Steve Shott; Clive Streeter; Harry Taylor; Kim Taylor; Wallace Collection; Matthew Ward; Francesca Yorke, Jerry Young.

Der Verlag hat auf jegliche Weise versucht, den Urheber jedes veröffentlichten Bildes ausfindig zu machen und zu nennen. Sollte dies in Einzelfällen nicht geschehen sein, bittet der Verlag, dieses Versehen zu entschuldigen, und garantiert, den Urheber in weiteren Auflagen namentlich zu nennen.

ILLUSTRATIONEN

Abkürzungen: o = oben, u = unten, m = Mitte, l = links, r = rechts, g = ganz oben.

A

Graham Allen: 12
David Ashby: 80ml, gl, gr; 158; 295; 368u; 432ml; 565gl; 562m; 562mr; 667; 668r; 713
Graham Austen/Garden Studios: 274gl, ul

B

Stephen Biesty: 80mr; 120; 121; 200; 214; 215; 270g; 614m; 614gl; 655m; 713
Rick Blakely/Studio Art and Illustration: 109m; 110g, m; 169ml; 293; 367; 391m; 408; 416; 492g; 495m; 498; 499b, l; 522; 531gl; 649; 680; 734ul; 735r
Peter Bull Art Studio: 93gl, mr, ul; 206gr; 242gr; 250m; 291m, um; 419um; 494ul; 616ur; 693, 698ml, mr
Christopher Butzer: 370m,

C

Julia Cobbold: 157u; 216; 236m; 257ur; 258gr 275; 659; **Stephen Conlin:** 28m; 142um; 227m; 264m; 338; 342; 407mr; 511m; 579; 663u
John Crawford-Fraser: 426mr; 455; 489mr; 608mr

D

William Donahue: 122m; 165; 311; 411; 520m, ul; 599g; 690; 694g
Richard Draper: 62
Keith Duran/Linden Artists: 465ul

E

Angelika Elsebach: 38; 91gl; 194; 211; 230ml, ur; 231; 247ul; 278mr; 300; 320; 334gl, m, u; 389; 534; 556; 574; 593m; 617o, m; 618m, 627; 628; 634; 642 außer gl; 643; 672; 673; 677m
Angelika Elsebach/David Moore: 91gr, ul
Gill Elsebury: 39; 272; 537; 619; 644; 645

G

L.R. Galante: 36ml; 59mr; 174um; 263ml; 353m, mr; 354m; 377mr;
Tony Gibbons: 109u; 110u

H

Nick Hall: 177; 178m; 179; 180; 610
Nicholas Hewetson: 14m; 15ul; 28um; 34; 35u, gl; 52ml; 73r; 90ml; 77mr; 102; 119; 126ml, gr; 136m, ur; 140ul; 147; 149m; 156mr; 157gl, ml; 181gr, u; 184; 199; 205gl; 211g; 222m; 224m; 245; 255m; 256ml; 262gl; 263gl, ml; 267ur; 273; 285m; 298; 302 gl, ul; 303ur; 313u; 315; 315g, u; 316; 317; 318gr; 319; 323gr, ul, mr; 324gl; 327mr; 340u; 346ml; 348; 371ul; 377ur; 388gr; 393ul, ur; 394; 400gl; 410u; 417; 422gr; 423; 378g; 427mr; 428u; 440gl, mr; 441gl; 449ml, mr; 454; 457ml, ur; 466; 481m, mr; 482; 497; 503gr; 510m; 513ml; 517ml; 525; 529m; 535um; 549ul; 553mr; 555gl, ur; 558; 566ml; 571gl; 572g; 575ml; 577; 589ml; 590; 593; 594; 595ml; 599u; 600r; 647ml; 649; 664; 676gl, gr; 679u; 684mr, ul; 692; 694ul; 702ul; 704gr
Adam Hook/ Linden Artists: 59mr; 139m; 243ml; 281m; 588ml

J

Kevin Jones Associates: 337

K

Aziz Khan: 36mr; 58l, 87gr, ul; 96mr; 97ur; 103gr; 139ul; 163ul; 174mr; 191ur; 192ur; 192mr; 240ur; 276ul; 291gr; 297mr; 320l; 329ul; 344gr; 359ml; 368gr; 376u; 396gr; 432mr; 450m; 486ur; 509um; 519ml; 562m; 580mr; 588gr; 598mr, 605gr
Steven Kirk: 156gl; 512; 513gl, u

L

Jason Lewis: 130; 196; 268; 270r; 281gm; 343; 414; 419gl
Richard Lewis: 178g; 172; 248g; 269; 292; 345; 355; 476; 493; 517ul; 531gr; 535gm, ul; 563; 679m; 715ml
Ruth Lindsay: 30 außer ml; 78; 79; 85; 100; 106gl; 107; 159ur; 160; 277mr; 299; 320; 322; 332; 427l; 471; 538; 626; 632; 633; 678ul; 712
Chen Ling: 712; 713; 714; 715
Mick Loates/Linden Artists: 50; 51; 90; 98r; 137u; 175ul, ur; 193; 333; 451; 479; 480; 490g; 516g; 597; 598u; 622; 623; 629; 630; 640; 641; 647; 733

M

Coral Mula: 447; 581gl, ul

P

Brian Poole: 98u

Q

Sebastian Quigley/Linden Artists: 138g, ul; 236b; 249ul; 360; 362mr; 404; 652m; 730u

R

Eric Robson/Garden Studios: 33m, ul; 434; 637; 638
Jackie Rose: 514l, u; 515r, u
Clifford Rosney: 714ml
Simon Roulstone: 69ml, mr, gr; 80m; 134m; 158m; 162ml; 164m; 170gl, mr, m; 241m; 301gr; 419ml; 438ul; 493m; 543gl, ml; 584m; 656m, mr; 661m, ul, um; 610; 679mr

S

Sergio: 66; 70; 217; 218; 237; 271; 353ml, 425; 450;
Rodney Shackell: 36m, 44u, 45u; 59ur; 104ml; 125; 171; 174m; 209ml; 210r; 247m; 255u; 256um; 257ul; 258mg, mu, mr; 264u; 285ul; 302gr; 381; 382; 385u; 386gl; 391gm; 392ur; 436; 437gm; 475gr; 509; 562gl; 572ul; 583gr; 598m; 717gm
Eric Shields: 514m
Rob Shone: 132; 133; 161ur; 181gl, mr; 182mr; 226gr; 227r; 248ur; 350ur; 371r, ml; 372; 378ul, mr; 409m; 410mr; 426r; 442; 521g, ml; 532; 552; 612; 616; 675; 676; 697m
Eva Sixt: 482umr, 500m, 545ml
Francesco Spadoni: 359gl, um, ur; 417ml
Francesco Spadoni/Lorenzo Cecchi: 344ml, gr, ul, ur
Clive Spong/Linden Artists: 235; 266gl; 615
Mark Stacey: 124mr; 330mr; 349ml; 368m; 396m; 552ml; 554m

T

Eric Thomas: 23ul; 25ul; 31gr; 32ur; 75; 76ul; 80gm; 88m; 90; 96m; 96ml; 142g; 166gl, ml; 167; 186ml; 188; 228; 242m; 261mr; 289; 290gr; 303gr, ml; 305m; 306; 312u; 321gl, mr; 326gr, ml, um; 336; 412r; 413; 423; 433gr, ml; 469; 475m; 477; 478; 502gl, ml; 523; 528; 566gr; 570m; 581m; 600g; 685ur; 670ul, ur; 686ul; 712; 713; 714; 715; 715m, mr; 716gl

V

François Vincent: 499gr

W

Richard Ward/Precision: 31gr; 33gl; 60m, 65g; 67gl; 68; 76gl,78gl, 83gr, 85m; 88mr; 90gr; 122gl; 174g; 176m, mr, u; 197; 212ul; 222gl; 241; 281ul; 282ul; 290ur; 315m; 318ml; 320g; 320gl; 321m; 330ur; 334u (Karten); 341; 346mr; 350g, ul; 364um; 368mr; 380ul; 388m; 391ur; 392gl, ul; 401; 402; 448gl; 452; 468uml, ul; 491ur; 492u; 529gl; 549g; 625; 631ml; 638gl; 640mr; 642gl; 655u; 681gm; 684g, m; 695; 697ul; 701; 716mr, um; 732gl, ul, gr; 734g, ur; 735l; 736g; 737r; 739
Craig Warwick/Linden Artists: 453
Phil Weare: 108ul; 472l; 696
David Webb/Linden Artists: 168; 175m; 207ul, gl; 212gm, gr, um, ur; 267gr, ul; 279; 280m, u; 337; 351; 361m; 447; 448u; 533ur; 598g; 620ul; 635; 638u; 639; 670um; 678g, um; 730g; 732ur
Ann Winterbotham: 153ur; 198m; 207r; 265; 551gr; 585gr; 624ur
Gerald Wood: 59ul; 202um; 203; 204; 205ur; 209mr; 232ur; 264; 315; 320m; 356; 365; 468glm; 491m; 576ur; 651gl, 652u; 683; 687
John Woodcock: 14mr; 37mu; 85u; 150; 153gr; 154; 169m; 175g, mr; 208ul; 256r; 261u; 262u; 263gr, ur; 294u; 305ur; 312r; 320m; 357; 358; 380gl, m, mr; 397u; 398l; 400ur; 407mr; 420ml, ul; 433ul; 437r; 449um; 457gr; 470; 472mr; 490ur; 511r; 516ul; 520ur; 529r; 531ul; 551ml; 553ul; 559gr; 564; 565gr; 571r; 576ul; 583mr; 585gl, ml; 613ml; 613um; 669; 671gl, 677u; 678ml, gr, m; 682; 685m, mr; 686gr, ur; 688; 731; 732; 736u; 737g, **Dan Wright:** 13; 212m; 331; 729ur; 732ul